Dimitri Wolkogonow (1928–1995) war Professor für Philosophie, Historiker und sowjetischer Generaloberst. Seit 1950 Mitglied der KPdSU, lehrte er ab 1970 Philosophie an der Militärakademie »Lenin«. Danach arbeitete er in der Politischen Hauptverwaltung der sowjetischen Streitkräfte und war Leiter des Instituts für Militärgeschichte des Verteidigungsministeriums der UdSSR. Als solcher hatte er die Möglichkeit, die Geheimarchive der Partei zu studieren.

Dimitri Wolkogonow

LENIN

Utopie und Terror

Aus dem Russischen übersetzt von
Markus Schweisthal, Christian Geisinger,
Jana Neik, Christiane Sieg

edition berolina

1. Auflage dieser Ausgabe

Die Originalausgabe *Lenin. Polititscheskij portrjet* erschien 1993 bei Nowosti, Moskau, eine deutsche Ausgabe 1994 bei ECON Verlag GmbH, Düsseldorf.
Umschlaggestaltung: BEBUG mbH, Berlin
Umschlagabbildung: © BArch, Bild 102-00033A
Druck und Bindung: CPI Moravia Books s. r. o.

edition berolina
Alexanderstraße 1
10178 Berlin
Tel. 01805/30 99 99
FAX 01805/35 35 42
(0,14 €/Min., Mobil max. 0,42 €/Min.)

www.buchredaktion.de

Meiner treuen Freundin
und Ehefrau Galina Wolkogonowa,
die mich stets in meiner Arbeit
bestärkt hat.

Dimitri Wolkogonow

»Wenn man jedoch heutzutage jemandem den Kopf streichelt, beißt er einem die Hand ab. Wir müssen zuschlagen, erbarmungslos zuschlagen, obwohl wir Gewalt im Grunde ablehnen.«

Wladimir Iljitsch Lenin

Inhalt

Viertes Kapitel

Fünftes Kapitel

Sechstes Kapitel

Siebtes Kapitel

Achtes Kapitel

Statt eines Schlusswortes

Statt einer Einleitung
Im Blickpunkt der Geschichte

> *»Lenin war ein Revolutionär vom Scheitel bis zur Sohle. Sein ganzes Leben war bestimmt von einer geschlossenen, totalitären Weltanschauung.«*
>
> Nikolaj Berdjajew

Die schwere, massive Stahltür öffnete sich langsam, und wir betraten ein kommunistisches Heiligtum. Der Raum im Keller des früheren Zentralarchivs der Kommunistischen Partei glich einem Atombunker. Hier wurde jahrzehntelang der theoretische, publizistische und briefliche Nachlass jenes Mannes verwahrt, der die Geschichte des zwanzigsten Jahrhunderts nachhaltig beeinflusste. In diesen Regalen lagern 3724 Dokumente Lenins, die bislang in keine Ausgabe seiner Werke Eingang fanden. Auch weitere 3000 Schriftstücke, die Lenins Unterschrift tragen, verschwanden für viele Jahre im ideologischen Bunker der einst allmächtigen Partei. Warum wurden all diese Zeugnisse des Revolutionsführers, den Millionen von Menschen wie einen Gott verehrten, so lange unter Verschluss gehalten?

Man befürchtete, dass Lenin durch deren Veröffentlichung seinen Heiligenschein verlieren könnte. Als Beispiel mag eine von ihm persönlich verfasste Notiz dienen, die an E. M. Skljanski, den stellvertretenden Vorsitzenden des Revolutionären Kriegssowjets adressiert ist. Sie enthält Anweisungen für Bestrafungsmaßnahmen gegen Estland und Litauen wegen deren Unterstützung für die weißrussischen Truppen unter General Balachowitsch:

»1) Eine Protestnote ist unzureichend.
2) Den Protest hinauszögern, damit wir Estland und Litauen auf frischer Tat ertappen können.
3) Hierfür besondere Maßnahmen ergreifen (d. h. immer mehr Beweismaterial sammeln).

4) Militärische Strafaktionen gegen Estland und Litauen durchführen (d. h. ›auf den Spuren Balachowitschs‹ die Grenze an irgendeiner Stelle mindestens ein Werst überschreiten und dort 100–1000 Beamte und Reiche aufhängen …).« (Archiv für neuere Geschichte)

Briefe wie der des greisen Rebellen Kropotkin vom Dezember 1920 wurden totgeschwiegen, weil sie politisch inopportun schienen. Die Bolschewiki hatten damals eine große Gruppe Sozialrevolutionäre als Geiseln genommen, die sie, laut »Prawda«, »erbarmungslos hinrichten« würden, falls es zu Attentaten auf die Sowjetführer käme. Kropotkin schrieb daraufhin an Lenin: »… Gibt es wirklich unter Ihren Genossen niemanden, der die anderen davon überzeugen könnte, dass derartige Maßnahmen einen Rückschritt in die finstersten Zeiten des Mittelalters und der Religionskriege bedeuten und derer unwürdig sind, die sich anschicken, die Gesellschaft der Zukunft zu errichten …« (Ebd.) Lenin ließ diesen Brief im Archiv verschwinden, obwohl er wusste, dass Kropotkin recht hatte. Die Bolschewiki waren jetzt an der Macht, und ihr Führer war derartigen moralischen Appellen schon nicht mehr zugänglich. Unsere Ansichten über Lenin änderten sich jedoch nicht nur aufgrund einiger neuer Informationen, die dem Bild widersprechen, das man uns jahrzehntelang eingetrichtert hat. Wir begannen vor allem deshalb an seiner Unfehlbarkeit zu zweifeln, weil die »Sache«, die er begonnen hatte und die das Volk mit Millionen von Menschenleben, unermesslichem Leid und Entbehrungen bezahlte, eine große historische Niederlage erlitten hat. Es ist bitter, darüber zu sprechen und zu schreiben.

Nach den Büchern über Stalin und Trotzki gilt meine Aufmerksamkeit nunmehr dem Führer des Oktoberumsturzes. Je häufiger wir Lenin Eigenschaften wie »groß«, »genial«, »überragend«, »einzigartig«, »weise«, »weitsichtig« oder »prophetisch« zuschrieben, desto weiter entfernten wir uns von seiner historischen Gestalt. So wurden Millionen von Dogmatikern erzogen. Lenins Ideologie wurde für die Sowjetmenschen so unentbehrlich wie der Koran für die islamischen Fundamentalisten. Bis zum 1. Januar 1990 lag die Gesamtauflage seiner Werke in unserem Land bei über

653 Millionen in 125 Sprachen. Auf diesem einen Gebiet wenigstens konnte das kommunistische System einen Überschuss verzeichnen. Einige Arbeiten waren besonders erfolgreich. So wurde Lenins Rede über den nahenden Kommunismus (»Über die Aufgaben der Jugendverbände«) 660mal in einer Gesamtauflage von 50 Millionen und in 60 Sprachen herausgegeben! Daneben erschienen unzählige Sammelbände, die bei uns den Status von Schulfibeln erlangten: »Lenin über die Arbeiterdelegierten in den Sowjets«, »Lenin über die Beziehung zwischen den Nationalitäten«, »Lenin über die Partei«, »Lenin über die sowjetische Kriegswissenschaft«, »Lenin über die Kultur«, »Lenin über die Moral« ... Lenin und seine orthodoxen Ideologen erzogen uns zu einem Denken in Katechismen und Zitaten. Ich konnte mich persönlich davon überzeugen, dass ein Großteil der mir bekannten Parteiführer von Lenin nicht mehr als das von der Partei vorgeschriebene »Minimum« gelesen hatte. Parteidirektiven und Beschlüsse bestimmten, was »leninistisch« war. Sie ließen sich von einem Lenin leiten, den sie nicht einmal kannten.

Lange wurde uns suggeriert, der Leninismus befähige zu dem revolutionären Umsturz der alten Gesellschaft und dem Aufbau einer neuen, blühenden Zivilisation auf den Trümmern der vergangenen. Die Diktatur galt als probates Mittel zur Durchsetzung dieses Ziels. Doch genau darin besteht der elementare Fehler des Marxismus in seiner leninistischen Version, denn Marx selbst hatte wenig von der Diktatur als Staatsform gehalten. Lenin und später seine Nachfolger glaubten dagegen bis vor nicht allzu langer Zeit, dass im Namen des Glücks zukünftiger Generationen moralisch alles erlaubt sei: Export von Revolution und Bürgerkrieg, uneingeschränkte Gewaltanwendung und soziale Experimente an Millionen von Menschen. Faszination und Anziehungskraft des Leninismus beruhten über Jahrzehnte hinweg auf der Sehnsucht der Menschen nach einer vollkommeneren und gerechteren Welt. Die russischen Revolutionäre, allen voran Lenin, erhoben Anklage gegen die ewigen Geißeln der Menschheit, gegen Ausbeutung, Unterdrückung und Ungleichheit. Als sie jedoch die Möglichkeit erhielten, diese Übel zu beseitigen, schufen sie stattdessen eine neue, nur mühsam kaschierte Art der Ausbeutung. An die Stelle von sozialer und nationaler Ungleichheit trat die Ungleichheit eines hierarchischen, bürokratischen Systems. Die Unfreiheit einer Klasse wurde ersetzt durch die totale Unfreiheit aller. Der Leninismus als russische Variante des Marxismus nahm in einem riesigen Land Gestalt an. Diese neue, sowjetische Religion beherrschte bald ganz Russland.

Der gewaltige historische Fortschritt, den Lenin einst prophezeit hatte, endete mit einem historischen Rückschritt ungeahnten Ausmaßes. Die Warnung Plechanows, Sasulitschs und Dejtschs war berechtigt. In ihrem »Offenen Brief an die Arbeiter von Petrograd« vom 28. Oktober 1917 heißt es:

»Der Umsturz ist ein großes historisches Unglück. Er wird einen Bürgerkrieg heraufbeschwören, in dessen Verlauf alle Errungenschaften vom Februar 1917 zunichte gemacht werden«.

(»Jedinstwo«, 28. Oktober 1917)

Übrigens glaubten selbst viele bolschewistische Führer noch am Vorabend des Umsturzes nicht an dessen Erfolg. Sie fürchteten den Radikalismus Lenins, der die Massen fanatisch zu einem bewaffneten Aufstand gegen die Provisorische Regierung trieb. Doch der Revolutionär konnte seinen Kurs schließlich durchsetzen.

Das Hauptziel des Leninismus, der gewaltsame Umsturz der alten und die Errichtung einer neuen Ordnung, galt nicht nur auf nationaler Ebene. Mit Hilfe der Komintern, die im März 1919 in Moskau gegründet wurde und faktisch die internationale Sektion der Kommunistischen Partei Russlands bildete, versuchte Lenin, überall dort revolutionäre Prozesse in Gang zu setzen, wo dies nur irgend möglich schien. So schickte er beispielsweise im Juli 1920 ein chiffriertes Telegramm an Stalin:

»Die Lage in der Komintern ist glänzend. Sinowjew, Bucharin und ich glauben, dass man die Revolution in Italien jetzt unbedingt vorantreiben sollte. Ich persönlich meine, dass hierzu die Sowjetisierung Ungarns, vielleicht sogar Tschechiens und Rumäniens vonnöten ist.« (Archiv für neuere Geschichte)

Emissäre der Komintern wurden in aller Herren Länder entsandt. Das Volkskommissariat für Finanzen verteilte auf Weisung der von Lenin geführten Regierung Millionen von Goldrubeln für die »Erfordernisse der Weltrevolution« (ebd.), während im eigenen Land Hunderttausende an Hunger und Typhus zugrunde gingen. Die totale Revolution, so Lenin, forderte eben ihre Opfer. Wer sich mit Lenin beschäftigt, muss sich auch mit dessen größter Schöpfung auseinandersetzen – der Kommunistischen Partei. Die klassische Sozialdemokratie widersprach Lenins Konzept einer strengen, konspirativen Organisation. Sein »Verdienst« bestand nicht nur in der Gründung einer straff organisierten Partei, sondern er vermochte es zudem, sie rasch in das Staatssystem zu integrieren. Schon die ersten Sitzungen des ZK und des Rates der Volkskommissare ließen keine Zweifel daran, dass die Parteiorganisation unter Lenins Führung in erster Linie strategische Fragen entschied, während die gleichfalls von Lenin geleitete Revolutionsregierung sich eher auf taktische Probleme beschränkte. Natürlich wurden für eine Partei dieses Typs nach dem Umsturz nicht nur die Menschewiki rasch zum Störfaktor. Die ehemaligen Verbündeten, die Sozialrevolutionäre, behinderten die Selbstherrschaft der Partei ebenso wie Verfassungsgebende Versammlung, Presse, Intelligenz und Kirche. Schon die leisesten Anzeichen für die Entstehung oder gar Existenz einer wie auch immer gearteten gesellschaftlichen oder politischen Organisation weckten das Misstrauen der KP. Die Partei hatte bald nicht nur das Monopol auf die politische Macht, sondern auch auf das Denken und Handeln der gesamten Bevölkerung. Sie wurde zu einer leninistischen Ordensgemeinschaft, in deren Namen die »Führer« und ihre Kampfgefährten über Jahrzehnte hinweg das Volk regierten. Fast 70 Jahre lang befand sich das riesige Land in den Fängen von Partei und Staat, von Dogmatismus und Bürokratie.

Der rasche Zerfall der KPdSU nach dem August 1991 erklärt sich übrigens in erster Linie aus deren absoluter Unfähigkeit, mit ihrer leninistischen Struktur in einer bürgerlichen Gesellschaft zu überleben. Die Partei Leninschen Typs war der ideale Stützpfeiler einer totalitären Macht. Ein demokratisches System hingegen, selbst ein so unvollkommenes wie das unsere, war ihr fremd.

Ich erinnere mich noch an meine Rede auf dem 28. Parteitag der KPdSU. Meine Hauptthese bestand darin, dass eine Rückkehr zu den alten, sozialdemokratischen Strukturen vermutlich die letzte und einzige Chance für das Überleben der Partei darstellte. »Wenn wir uns nicht von der kommunistischen Utopie lossagen«, erklärte ich, »dann werden wir schon bald das Schicksal der anderen osteuropäischen Parteien ›leninschen Typs‹ teilen«. Doch man ließ mich nicht ausreden. Die Delegierten begannen zu schreien, mit den Füßen zu trampeln und laut zu klatschen. Sie vertrieben mich praktisch vom Rednerpult. Viele von ihnen waren in ihrem aggressiven, leninistischen Denken festgefahren und zu keiner Weiterentwicklung mehr fähig.

Lenin, in dem sich ein kluger, pragmatischer Verstand mit Zielstrebigkeit und Willensstärke verband, war der bedeutendste Revolutionär des 20. Jahrhunderts. Sein politisches Wirken prägte unsere Geschichte in schicksalhafter Weise. Er war Gründer der ersten marxistischen Partei Russlands, formierte die internationale kommunistische Bewegung und schuf den ersten sozialistischen Staat der Welt. Der sowjetische Leser ahnte nichts von dem eiskalten Kalkül des »großen Führers«, der auch vor Mord nicht zurückschreckte. Zu lange war das Bild Lenins in der Öffentlichkeit von der Partei diktiert worden.

Über das Privatleben Lenins ist wenig bekannt. Im Interesse der Partei wurden alle persönlichen Angelegenheiten der Führer vor dem Volk verheimlicht. Im Unterschied zu den einfachen Funktionären unterlag beispielsweise das Privatleben der Mitglieder des Politbüros strengster Geheimhaltung. Ihr Einkommen, die Anzahl der Bediensteten und Dienstwagen, Eigentumswohnungen und Datschen – all das wurde wie ein Staatsgeheimnis gehütet. Niemand durfte von den oft zweifelhaften Handlungen der kommunistischen Führer erfahren.

So blieb auch unklar, wie Lenin seine jahrelangen Auslandsaufenthalte finanzierte, aus welchen Quellen vor der Revolution das Geld in die Parteiklasse floss, warum Lenin nie einer geregelten Arbeit nachging oder wie es ihm möglich war, mitten im Krieg über Deutschland nach Russland zu gelangen.

Einige Unterlagen im Archiv werfen ein erhellendes Licht auf Lenins Beziehungen zu Deutschland. Im Februar 1921 erhält er von der sowjetischen Vertretung in Berlin eine chiffrierte Nachricht über den Ausgang der Verhandlungen mit Deutschland wegen des »Wiederaufbaus unserer Kriegsindustrie«. Die deutschen

Firmen *Blohm und Voss*, *Albatroswerke* und *Krupp* erklärten sich bereit, Russland U-Boote, Flugzeuge und Kanonen zu liefern, obwohl ihnen dies laut dem Versailler Vertrag strengstens untersagt war. Lenins Antwort lautete: »Ich bin einverstanden. Lenin«. (Archiv für neuere Geschichte)
Auch dieser Beschluss wurde mit einem Geheimvermerk versehen und nie veröffentlicht. Stalin sollte später bei seinen Geheimverträgen mit Deutschland nicht anders verfahren.
Die Floskel vom »genialen Lenin« ist uns bereits in Fleisch und Blut übergegangen. Ein kluger Verstand ist jedoch noch lange kein Garant für Genialität. Wirklich geniale Geister zeichnen sich vielmehr durch die Fähigkeit aus, zukünftige Entwicklungen vorausschauend erfassen zu können. Dagegen hat sich keine einzige Prognose Lenins je bewahrheitet, obwohl er sich gern mit derartigen Fragen beschäftigte. Es sei hier nur an seine Vorhersagen über die Unausweichlichkeit der Weltrevolution und der Errichtung der kommunistischen Gesellschaft erinnert.
Es gibt eine Vielzahl sowjetischer Leninbiographien, u.a. von Trotzki, Kamenew, P. Kerschenzew, W. I. Njewski, E. Jaroslawski, G. M. Krschischanowski, K. B. Radek, Sinowjew und B. M. Kedrow. Am interessantesten sind wohl die Skizzen Trotzkis (L. D. Trotzki, O Lenine, Moskau 1924). Kaum ein Jahr nach der Machtergreifung zitierte Sinowjew bereits aus einer ersten offiziellen Leninbiographie, die sich damals in Vorbereitung befand. Schon damals fielen Begriffe wie »Apostel des Kommunismus« und »Führer von Gottes Gnaden« (»Russkaja mysl«, Nr. 12, 1990). Diese Tradition wurde aufrechterhalten. Die offiziellen sowjetischen Biographien sind reich an Lobreden auf den »Übermenschen« Lenin. Eine Ausnahme bilden lediglich die Aufzeichnungen N. K. Krupskajas und M. I. Uljanowas über dessen letzte Lebensjahre, die allerdings damals nicht veröffentlicht werden konnten. Natürlich betonten alle, die Lenin kannten und über ihn schrieben, seine ungeheure Bedeutung für die menschliche Zivilisation. Auf eine fatale Weise hatten sie auch recht. Das Land, in dem er sein schreckliches Experiment begonnen hatte, erlebte ein historisches Debakel. Die ganze Welt wandte sich mit Grauen ab von Russland, das sich selbst von jeder Entwicklung zu einem zivilisierten Gemeinwesen abgeschnitten hatte.

Die fünf Ausgaben von Lenins Werken unterscheiden sich grundlegend voneinander. An der ersten hatte der »Meister« noch persönlich beratend mitgewirkt. Während das geschundene Land in Agonie lag, wetteiferten Lenin, Trotzki und Sinowjew förmlich um die Herausgabe ihrer Werke. Die Sowjetführer wollten Russland möglichst noch zu Lebzeiten mit ihren vielbändigen, bolschewistischen Hirngespinsten beglücken. Der Fundus an Lenins Werken scheint unerschöpflich. Die erste Ausgabe umfasste 20 Bände, die vierte bereits 35 und die fünfte, »vollständige«, 55 riesige Folianten! Und damit nicht genug. Vor dem August 1991 war bereits eine sechste Ausgabe mit nicht weniger als 70 Bänden in Vorbereitung. Lenin war wirklich unerschöpflich! Dabei bestehen ganze Bände lediglich aus Exzerpten, zusammenhanglosen Skizzen oder Regierungsbeschlüssen mit Lenins Unterschrift. Der Aufwand, den das kommunistische System um einen einzigen Autor betrieb, ist wohl in der gesamten Literaturgeschichte ohne Beispiel. Ganze Institute, Museen, Lehrstühle, Bibliotheken und Archive befassten sich mit der Deutung jedes einzelnen Kommas und jeder beliebigen Randbemerkung in noch so unbedeutenden Büchern, ganz zu schweigen von irgendwelchen Anmerkungen oder Unterstreichungen in Telegrammen und Referaten. Über diese historisch einzigartige Vergötterung eines Menschen schreibt N. W. Walentinow: »Ganze Heerscharen von Apologeten ergehen sich in der Exegese jeder noch so unwichtigen Kleinigkeit, die auch nur einen entfernten Bezug zu Wladimir Iljitsch haben könnte. Noch seine allerbanalsten Handlungen, noch die beiläufigste Geste wird zu einem historischen Ereignis aufgebauscht. Es war nicht nur der genialste, sondern auch der tugendhafteste und talentierteste. Er hatte immer recht und war unfehlbar«. (Walentinow, Malosnakomyj Lenin)
Lenin selbst war an diesem irrationalen Personenkult nicht ganz unschuldig. Noch zu Lebzeiten wurde ihm 1922 im Gouvernement Simbirsk ein Denkmal errichtet. Auch gegen ein Denkmal am Ort des Attentats vom August 1918 hatte er nichts einzuwenden. Schon im November 1918 stand er mehreren Bildhauern Modell und saß 1921 dem berühmten Maler Ju. P. Anjenkow für ein Porträt (»Nowy schurnal«, 1961, Nr. 65, S. 139). Lenin hielt es für richtig, die Zarendenkmäler durch Monumente für

die Revolutionsführer zu ersetzen. Dabei stand für ihn nicht so sehr persönliche Eitelkeit im Vordergrund, als vielmehr der Gedanke, auf diese Weise den Rückhalt für die bolschewistische Idee festigen zu können. Er ahnte nicht, dass er damit einen nachgerade religiösen Kult um seine Person initiierte. Noch heute zieren Leninstatuetten die Wohnungen vieler russischer Bürger.
Als das fundierteste sowjetische Werk über Lenin gilt die vielbändige biographische Chronik »Wladimir Iljitsch Lenin«, doch auch sie ist reich an zensierten Passagen, Auslassungen, Entstellungen und einseitigen Interpretationen. Im Vergleich dazu sind ausländische Biographien in wissenschaftlicher Hinsicht zuverlässiger. Zwar können sie nicht auf Primärquellen vor allem aus der sowjetischen Periode im Leben Lenins zurückgreifen, sind aber dafür keinerlei ideologischen Zwängen unterworfen. Es seien hier nur einige Werke genannt, die besondere Aufmerksamkeit verdienen, wie etwa das Buch von S. Possony. Ungefähr zur gleichen Zeit erschien das Buch des Amerikaners Robert Payne, der in Lenin einen zweiten, allerdings wesentlich mächtigeren Netschajew sah. Zu den besten Werken über den Revolutionär zählt Louis Fischers »Das Leben Lenins«. 1988 erschien in London die Studie Ronald Clarks. Dora Sturman versucht, sich Lenin über seine letzten Aufzeichnungen zu nähern. Zu interessanten Ergebnissen kommen auch weitere nichtsowjetische Autoren wie A. Awtorchanow, D. Anin, N. Berdjajew, W. Burzew, A. Balabanowa, F. Dan, A. Iljin, A. Njekritsch, A. Potresow, A. Rabinowitsch, W. Tschernow und D. Shub.
Von großer Bedeutung für das Verständnis des Phänomens Lenin ist das historisch-künstlerische Werk Alexander Solschenizyns. Es gewährt Einblick in die Denkweise jener Männer, die Russland »aus den Angeln hoben«.
Die Bücher von Nikolaj Wladislawowitsch Wolski (Walentinow), der Lenin persönlich kannte, bestechen durch ihre detailgetreue, originelle Analyse. Als einem der wenigen gelingt es ihm, neben der politischen auch die menschliche Seite des Revolutionsführers zu beleuchten. Neben einer Vielzahl charakterlicher Besonderheiten entdeckte er schon beim jungen Lenin einen unverbrüchlichen Glauben an seine historische Mission als Führer von Partei und Volk, der sich mit einem ausgeprägten Zynismus verband.

Krschischanowski beschäftigte sich besonders mit dem äußeren Erscheinungsbild des Revolutionärs. Lenin, so schreibt er, wirke einfach und bescheiden. »Mit seiner gedrungenen Gestalt und der Schirmmütze könnte man ihn für einen einfachen Fabrikarbeiter halten. Die angenehmen Gesichtszüge und der dunkle Teint verleihen ihm ein leicht asiatisches Aussehen. In entsprechender Kleidung würde er auch in einer Versammlung von Wolgabauern nicht auffallen.« Neben dieser offenen Propagierung von Lenins »Volksverbundenheit« bringt dessen Kampfgefährte aber dennoch einen wichtigen Aspekt zum Ausdruck. »Seine Augen«, fährt er fort, »sind dunkelbraun. Er hat einen außergewöhnlichen, durchdringenden Blick, aus dem eine starke innere Kraft spricht.« (Krschischanowski, Weliki Lenin, Moskau 1982, S. 16–17)
Mit dieser Besonderheit befasst sich auch A. I. Kuprin in seiner literarischen Miniatur »Momentaufnahme«:

»Lenin ist von kleinem Wuchs, breitschultrig und hager. Sein Äußeres wirkt weder abstoßend oder feindselig noch besonders tiefsinnig. Er hat breite Backenknochen, und seine Augen verlaufen leicht schlitzförmig nach oben … Der Schädel ist zwar groß und breit, jedoch bei weitem nicht in dem Maße, wie es auf einigen Fotografien scheint … Das verbliebene Kopfhaar und der Bart lassen darauf schließen, dass er in seiner Jugend feuerrote Haare hatte. Seine Hände sind groß und unansehnlich … Ich vertiefte mich in seine Augen … Sie sind von Natur aus schmal, und Lenin hat, vielleicht aufgrund einer Kurzsichtigkeit, die Angewohnheit, sie zusammenzukneifen. Dadurch erhalten sie einen argwöhnischen Ausdruck, der durch seinen finsteren Blick noch verstärkt wird. Was mich jedoch besonders erstaunte, war die Farbe der Augen … Letztes Jahr im Pariser Zoo blickte ich in die goldroten Augen eines Lemuren. Das war Lenins Augenfarbe! Der Lemure hatte allerdings große Pupillen, während die von Lenin kaum größer waren als die Einstichlöcher einer Nadel, aus denen blaue Funken schossen.« (»Obschtschee delo«, Paris, 21.2.1921)

Die russische Revolutionsschriftstellerin Ariadna Tyrkowa, die Lenin des Öfteren zu Gesicht bekommen hatte, fällt ein katego-

risches Urteil: »Lenin war ein böser Mensch. Er hatte die bösen Augen eines Wolfes.« (A. Tyrkowa-Williams, »Auf dem Weg in die Freiheit«, London 1953, S. 104)
All das sind Zeugnisse von Menschen, die Lenin persönlich gesehen haben. Mir blieb dagegen nur das Filmmaterial. Auf alten Fotos und in alten Wochenschauen sah ich einen unscheinbaren Mann mit außergewöhnlichen Augen, die einen starken Intellekt erahnen ließen. Dieser Intellekt nahm nicht selten böse, bisweilen sogar heimtückische Züge an. Bei aller revolutionären Radikalität war Lenin durchaus imperial gesinnt, was keinen Widerspruch darstellt. Sein erklärtes Ziel war schließlich die Erlangung absoluter, uneingeschränkter Macht. So besiegelte er die Niederlage des eigenen Vaterlandes im Ersten Weltkrieg, nur um seine Partei an die Macht zu bringen. Dafür nahm er sogar den Verlust ganzer Nationalitäten in Kauf, die früher zum Russischen Reich gehört hatten. Als jedoch dessen totaler Zerfall drohte, warf Lenin seinen revolutionären Internationalismus über Bord und stellte das Imperium unter der bolschewistischen Sowjetmacht wieder her. Seine Motive waren dabei nicht etwa Patriotismus oder Vaterlandsliebe, sondern einzig und allein der Wille zur Macht. Russland und seine Bevölkerung brachte er keine besondere Wertschätzung entgegen. In einem Brief an Bersin zur Herausgabe von Propagandaliteratur beklagt Lenin den schleppenden Gang der Dinge. Er empfiehlt »Kollner und Schneier aus Zürich kommen zu lassen« und sie »fürstlich« für ihre Arbeit zu entlohnen. Und weiter: »Diese russischen Idioten sollen gefälligst Zeitungsausschnitte schicken und nicht wahllos irgendwelche Ausgaben. Nennen Sie uns die Namen der Verantwortlichen, und wir werden sie uns vorknöpfen.« (Archiv für neuere Geschichte)
Natürlich verschwand auch dieser Brief im Geheimarchiv und ist in keiner sogenannten »Gesamtausgabe« zu finden. Eine derartige Einstellung zu den Russen findet sich häufig bei Lenin.
Dieses Buch wird viele sowjetische Leser schockieren. Man wird meine wissenschaftliche Integrität in Zweifel ziehen und versuchen, mich als Lügner zu entlarven. So haben wir es schließlich von Lenin und seinen Nachfolgern gelernt. Wir haben gelernt, intolerant zu sein gegenüber allem, was nicht mit den leninistischen Dogmen und Propagandaformeln vereinbar ist. Von An-

fang an wurde uns eingeschärft, dass es ein Verbrechen darstellt, anderer Ansicht zu sein.

Auf antisowjetische Propaganda steht die Todesstrafe. So hat es Lenin verfügt, und so wurde es in den berühmten Artikel 58 der Verfassung der RSFSR aufgenommen, auf dessen Grundlage jahrzehntelang Millionen von Menschen ins Arbeitslager wanderten. All das hat sich tief in das Bewusstsein der sowjetischen Menschen eingegraben.

Mit der Tscheka, dem Straforgan der Diktatur, erhob Lenin die Amoralität zur Moral von Partei und Staat.

Es wurde häufig behauptet, Lenin habe mit Hilfe der Neuen Ökonomischen Politik den »wahren Sozialismus« aufbauen wollen. Bei aufmerksamem Studium der Dokumente stößt man allerdings bald auf die bekannten bolschewistischen Motive. Für Lenin war die NOP ein kontrollierter Kapitalismus, dem man jederzeit wieder »den Garaus machen« konnte. Als damals die Wirtschaftskriminalität zunahm, reagierte er schnell: »... Wir brauchen eine Reihe von Schauprozessen mit abschreckenden Urteilen ... Die Neue Ökonomische Politik erfordert auch eine neue, grausame Art der Bestrafung.« (PSS, Bd. 54, S. 160)

Lenin hatte niemals einen Hehl daraus gemacht, dass die neue Gesellschaft nur mit Hilfe von Gewalt errichtet werden könne. Im März 1922 schrieb er an L. B. Kamenew: »Es wäre ein großer Fehler, zu glauben, dass die NÖP ein Ende des Terrors bedeutet. Wir werden den Terror zu gegebener Zeit wieder aufnehmen. Auch den ökonomischen.« (Ebd., Bd. 44, S. 128)

Das war nicht zu viel versprochen. In der folgenden Zeit beherrschte der Terror das ganze Land. Als wir nach Jahrzehnten zögernd darangingen, die Vergangenheit zu verurteilen, vermieden wir ängstlich eine klare Antwort auf die Frage, wer diesen Terror initiiert und als Mittel der Revolution geheiligt hatte.

Erstes Kapitel
Die frühen Jahre

»Lenin vereinigte in sich Charakterzüge von Tschernyschewski, Netschajew, Tkatschew, Scheljabow, den Moskauer Großfürsten, Peter dem Großen und russischen Staatsmännern despotischer Ausrichtung.«

Nikolaj Berdjajew

Ich schreibe keine Biographie (derer gibt es schon so viele), sondern ein politisches Porträt Lenins. Daher möchte ich zunächst auf die frühen Jahre seines Lebens eingehen, die ihn nachhaltig geprägt und zu dem revolutionären Führer gemacht haben, als der er in die Geschichte eingegangen ist.

Wir alle kennen die Bilder von dem kleinen Jungen und dem Gymnasiasten mit den klugen Augen. Von Lenin als jungem Mann haben wir dagegen kaum eine Vorstellung. Es scheint, als habe er diese Etappe seines Lebens übersprungen und sich sogleich vom Jugendlichen in einen reifen, erwachsenen Mann verwandelt. Dieser Eindruck wird von A. N. Potresow bestätigt, der den jungen Lenin sehr gut kannte. Der Vertreter der legalen Strömung des Marxismus in Russland traf mit Lenin zusammen, als dieser 25 Jahre alt war. Er erinnert sich, dass Uljanow »eigentlich nur dem Geburtsdatum nach jung war. Er hatte die Augen eines Vierzigjährigen. Das Gesicht, die Glatze, der spärliche, rötliche Bart, der argwöhnische Blick und die heisere Stimme verstärkten diesen Eindruck noch … Auch anderen, die ihn kannten, schien es, als sei Lenin nie wirklich jung gewesen. Nicht umsonst trug er im ›Petersburger Kampfbund‹, dieser Keimzelle der zukünftigen Partei, den Spitznamen ›der Alte‹. Wir meinten oft im Scherz, dass Lenin wohl schon alt und glatzköpfig auf die Welt gekommen sein müsse.« (B. Nikolajewski, A. N. Potresow, Paris 1987, S. 294)

Vom Vater hat Lenin seine außergewöhnliche Intelligenz geerbt. Beide starben schon früh an Gehirnkrankheiten, der Vater im Alter von 54 Jahren an einem Blutgerinnsel, der Sohn 53-jährig an Sklerose. Vermutlich hatte Lenins permanente geistige Überanstrengung in der Auseinandersetzung mit Andersdenkenden seinen Alterungsprozess rapide beschleunigt und seinen frühen Tod begünstigt.

Genealogie der Familie Uljanow

Das kleine, stille Provinzstädtchen Simbirsk an der mittleren Wolga wurde zur Wiege des Vaters der russischen Revolution und Gründers des ersten sozialistischen Staates der Welt. 1648 durch den Bojaren Chitrowo als Vorposten gegen die Nomadeneinfälle am hohen Ufer des Flusses errichtet, lag Simbirsk um die Jahrhundertwende friedlich, wie im Dornröschenschlaf, in seiner grünen Idylle.

Schon bald sollte es jedoch zum ideologischen Mekka des Bolschewismus werden. Aus Simbirsk wurde Uljanowsk. Man verwandelte das alte Städtchen in einen riesigen Gedenkaltar zu Ehren Lenins. Bedenkenlos wurden alte Kirchen, Kathedralen und Klöster abgerissen. Selbst die Kirche, in der Lenin getauft wurde, und das Gouvernementshaus, in dem einst Puschkin gewohnt hatte, blieben davon nicht verschont. Die Gedenkkathedrale für die Gefallenen im Vaterländischen Krieg von 1812 musste einem Lenindenkmal weichen. Die Straßen wurden nach Marx, Engels, Liebknecht, Luxemburg, Plechanow und Bebel benannt. Im Schreckensjahr 1921, als im Wolgagebiet eine Hungersnot wütete, scheuten die Machthaber von Simbirsk weder Kosten noch Mühen, um Marx ein Denkmal zu errichten. Der Friedhof des Pokrowskiklosters wurde dem Erdboden gleichgemacht. An seine Stelle trat eine Grünanlage, auf der sich nun nur noch das Grab Ilja Nikolajewitsch Uljanows befand. Das Kreuz auf dem Grabstein von Lenins Vater hatte man aus ideologischen Gründen entfernt.

In der zwölfbändigen offiziellen biographischen Chronik heißt es über Lenins Geburt lapidar:

»10. (22.) April
Geburt von Wladimir Iljitsch Uljanow (Lenin).
Sein Vater Ilja Nikolajewitsch Uljanow war zunächst Inspektor, später Direktor der Volksschulen im Gouvernement Simbirsk. Er entstammte der unteren Mittelschicht Astrachans. Sein Vater war leibeigener Bauer.
Lenins Mutter Maria Alexandrowna war die Tochter des Arztes A. D. Blank.
Die Uljanows bewohnten in Simbirsk (heute Uljanowsk) das Haus Nr. 17a in der Streljetzkajastraße (heute Uljanowstraße).«
(»W. I. Lenin«, Biografitscheskaja chronika, Bd. 1, S. 1)

Besonders betont wird die bäuerliche Herkunft von Lenins Großvater väterlicherseits. Wie steht es aber mit der Großmutter väterlicherseits oder den beiden Großeltern mütterlicherseits?
Maria Alexandrowna, Lenins Mutter, war die vierte Tochter der Familie Blank. Alexander Dimitriewitsch (Srul Mojschewitsch) Blank, ihr Vater, ein getaufter Jude aus Schitomir, war von Beruf Arzt. Den Vatersnamen erhielt er von seinem Taufpaten, Dimitri Baranow, sein jüdischer Vorname wurde russifiziert. Laut dem bekannten Leninbiographen D. N. Shub war A. D. Blank der Sohn des jüdischen Kaufmanns Mojsche Itzekowitsch Blank aus Starokonstantinow im Wolynsker Gouvernement, der mit der Schwedin Anna Karlowna Ostedt verheiratet war. Wie aber konnte ein Jude Amtsarzt und Besitzer eines Guts in Kokuschkino werden? Aufgrund seiner Nachforschungen, unter anderem im Archiv des Heiligen Synods von Petrograd, kommt der Biograph zu dem Schluss, dass den Juden nach Annahme des orthodoxen Glaubens alle Karrieremöglichkeiten offen standen: »Unter Nikolaus I., zu Lebzeiten A. D. Blanks, gab es getaufte Juden, die noch wesentlich höhere Posten als den eines Amtsarztes innehatten … Viele getaufte Juden wurden geadelt und genossen die gleichen Privilegien wie christliche Adelige.« (»Nowy schurnal«, 1951, Nr. 63, S. 286–291)
A. D. Blank, Lenins Großvater, heiratete in Petersburg Anna Grigorjewna Großkopf, die aus einer vermögenden deutschen Familie stammte. Zahlreiche Europareisen, unter anderem nach Karlsbad, belegen, dass das Ehepaar Blank finanziell gut gestellt war.

Alexander Dimitriewitsch war zunächst Bezirksarzt in Isretsch, Gouvernement Smolensk. Nach seiner Zeit als Amtsarzt arbeitete er eine Weile an einem Krankenhaus, um dann nach Perm und später nach Slatoust umzusiedeln. Dort wird er medizinischer Inspektor am Krankenhaus der staatlichen Rüstungsbetriebe. 1847 quittiert er den Dienst, tritt als Staatsrat in den Ruhestand und wird in den Adelsstand erhoben. Von der Mitgift seiner Frau erwirbt er das Gut Kokuschkino im Gouvernement Kasan (ebd., 1961, Nr. 61, S. 219 bis 236).
Anna Grigorjewna, die schlecht russisch spricht, behält ihr evangelisch-lutherisches Bekenntnis. In Kokuschkino ziehen sie fünf Töchter groß: Anna, Ljubow, Sofia, Maria (Lenins Mutter) und Katharina.
Kokuschkino war kein kleines Gehöft, wie in den offiziellen Biographien behauptet wird, sondern ein stattliches Landgut, das bis 1861 von leibeigenen Bauern bewirtschaftet wurde. Nach dem frühen Tod Anna Grigoijewna Großkopfs übernahm ihre Schwester Katharina die Verantwortung für die Erziehung der Kinder. Die gebildete Frau unterrichtete Lenins Mutter in Klavierspiel, Gesang und in drei Fremdsprachen (Deutsch, Englisch und Französisch).
In der offiziellen Chronik wird besonders die plebejische Herkunft von Lenins Großvater väterlicherseits betont. Dieser war jedoch kein »leibeigener Bauer«, sondern wurde schon in jungen Jahren vom Grundzins befreit, um sich dann als Schneider in Astrachan niederzulassen. Nur der Urgroßvater Wasili Nikititsch Uljanow war wirklich Leibeigener. Lenins Großvater, Nikolaj Wasiljewitsch, hatte die Fünfzig schon überschritten, als er die um 20 Jahre jüngere Tochter eines getauften Kalmücken heiratete. Von dieser Frau, seiner Großmutter Anna Alexejewna Smirnowa, hat Lenin sein asiatisches Aussehen geerbt. Aus der späten Ehe gingen fünf Kinder hervor: die drei Söhne Alexander, Wasili und Ilja (Lenins Vater) sowie die beiden Töchter Maria und Theodosia. Ilja war das letzte Kind. Als er geboren wurde, war sein Vater bereits über 60 und seine Mutter 43 Jahre alt. Bald darauf starb Nikolaj Wasiljewitsch. Von nun an musste der älteste Sohn für seine Mutter und die vier Geschwister sorgen. Der siebzehnjährige Wasili kümmerte sich aufopferungsvoll um die Familie.

Mit seinem großen Fleiß brachte er es bis zum Verwalter der berühmten Astrachaner Firma *Gebrüder Saposchnikow.* Er schickte Ilja auf die Universität und bestritt bis zu seinem Abschluss dessen gesamten Lebensunterhalt.

Von großem Interesse ist auch der deutsch-schwedische Zweig der Familie. Laut dem Schweizer Historiker L. Haas stammten die Großkopfs aus Norddeutschland. Lenins Urgroßvater J. G. Großkopf war Vertreter der deutschen Handelsfirma Schade. Alle Vorfahren und Verwandten aus der deutschen Linie entstammten dem Großbürgertum. Unter ihnen befinden sich bekannte Persönlichkeiten, wie der Theologe J. Hefer, E. Curtius, der Erzieher Kaiser Friedrichs III., und W. Model, Generalfeldmarschall in Hitlers Wehrmacht.

Ganz ähnlich verhält es sich mit dem schwedischen Zweig. K. F. Estedt war ein reicher Juwelier aus Upsala und Hoflieferant von König Gustav IV. Adolf. Auch die meisten anderen Vorfahren aus dem schwedischen Zweig waren wohlhabende Handwerker.

Obwohl Lenin der Kultur und der Sprache nach Russe war, nahm sein Vaterland bei ihm keinen hohen Stellenwert ein. Er bekannte sich zwar offiziell als Russe, war aber im Grunde Internationalist und Kosmopolit. Revolution, politische Macht und Partei galten ihm mehr als sein Heimatland. In all seinen Handlungen ließ er sich eher von sozialpolitischen als von nationalen Motiven leiten. Es wäre nicht nötig gewesen, auf die Frage nach Lenins Abstammung so detailliert einzugehen, hätte die Partei nicht auch hier wieder eine Lüge zu Hilfe genommen, um die – in Russland durchaus übliche – Vermischung von Nationalitäten in der Genealogie des Revolutionärs zu kaschieren und ihn auf diese Weise ethnisch »rein zu waschen«.

Das Leben der Familie Uljanow, die sich 1869 in Simbirsk niedergelassen hatte, unterschied sich in keiner Weise von dem der übrigen mittelständischen Bevölkerung. Wladimir Iljitsch hatte zwei Brüder und drei Schwestern: Anna (geb. 1864), Alexander (1866), Olga (1871), Dimitri (1874) und Maria (1878). Ein weiterer Bruder und eine Schwester waren schon bei der Geburt gestorben.

Maria Alexandrowna hatte zwar die Universität nicht beendet, war aber dank der guten Erziehung durch ihre Tante Katharina eine sehr gebildete Frau. Über die Erziehung Lenins und seiner Geschwister gibt es eine Vielzahl von Büchern, in denen häufig ein übertriebenes Bild von der intellektuellen Entwicklung des Revolutionärs gezeichnet wird. Glaubte man einigen Autoren, so wäre Lenin schon als Genie auf die Welt gekommen.

Wladimir Uljanow war in der Tat ein begabtes Kind, das in einem intellektuellen Umfeld ohne materielle Not aufwachsen konnte. Die Familie erwarb ein schönes Haus in Simbirsk, in dem die ältesten drei Kinder über ein eigenes Zimmer verfügten. Es gab sowohl eine Köchin als auch eine Amme, und für gelegentlich anfallende Arbeiten wurden Hilfskräfte eingestellt.

Ilja Nikolajewitsch war inzwischen Volksschuldirektor geworden. Seine hervorragenden Leistungen auf dem Gebiet der Volksbildung wurden auch von staatlicher Seite honoriert. Neben mehreren Auszeichnungen, darunter der Stanislaworden Erster Klasse, erhielt er den Titel eines Staatsrats, der dem eines Generals ebenbürtig war. Man erhob ihn in den Adelsstand, wodurch automatisch auch die Kinder, unter ihnen Wladimir Iljitsch, geadelt wurden.

Lenin war immer ein Musterschüler. Von »revolutionärem Freidenkertum«, wie viele Biographen schreiben, konnte zu diesem Zeitpunkt noch keine Rede sein.

Fjodor Michajlowitsch Kerenski, Gymnasialdirektor und Vater des zukünftigen Ministerpräsidenten der Provisorischen Regierung, äußerte sich des Öfteren begeistert über die Begabung und den Fleiß des Gymnasiasten Uljanow.

Die häufigen Belobigungen durch Eltern und Lehrer begünstigten schon beim jungen Lenin die Herausbildung einer gewissen Arroganz und eines Überlegenheitsgefühls gegenüber seinen Altersgenossen. W. W. Wodowosow, ein Kommilitone Alexander Uljanows, erinnert sich an einen Besuch bei dessen Familie, nach dem er »auf keinen Fall mit Wladimir in näheren Kontakt treten wollte. Ihn verärgerte die unerträgliche polemische Grobheit Uljanows und seine grenzenlose Arroganz, der noch dadurch Vorschub geleistet wurde, dass man ihn (schon damals!) für ein Genie hielt und Außenstehende ihn als allgemeine Autorität anerkannten.« (»Nowy schurnal«, 1961, Nr. 61, S. 229)

Lenins weltanschauliche und politische Prägung lag allerdings noch vor ihm. Seine Entwicklung zum Revolutionär wurde maßgeblich durch das Schicksal seines älteren Bruders Alexander beeinflusst.

Alexander und Wladimir

In der offiziellen Leninforschung wurde lange behauptet, Lenins Vater habe einen revolutionären Einfluss auf seine Kinder ausgeübt.

Der Volksschuldirektor I. N. Uljanow war trotz seiner umfassenden Bildung ein tief religiöser, politisch eher konservativer Mensch. Die älteste Tochter Anna erinnert sich, dass der Vater »nie revolutionär gesinnt war und auch die Jugend vor einer derartigen Geisteshaltung bewahren wollte«. Er sei ein großer Verehrer Alexanders II. gewesen, dessen Politik er bedingungslos unterstützte. (»Nowy schurnal«, 1954, Nr. 39, S. 216)

Auch seine jüngere Tochter Maria Iljitschna bestätigt die staatsbürgerliche Loyalität des Vaters gegenüber der Selbstherrschaft. (M. I. Uljanowa, O. W. I. Lenine i semje Uljanowych, Moskau 1989, S. 219)

Ich meine, diese Aussagen spiegeln die Sachlage recht genau wider. Von größerer Wichtigkeit ist jedoch ein anderer Umstand. I. N. Uljanow war ein überzeugter Pädagoge und setzte alles daran, die Familie in einem demokratischen, humanistischen Geist zu erziehen. Im Hause Uljanow herrschten Güte, Harmonie und demokratische Umgangsformen. Damit war der Nährboden bereitet, auf dem das radikale Freidenkertum der beiden Brüder Alexander und Wladimir gedeihen konnte. Von einem direkten revolutionären Einfluss des Vaters auf die Kinder, etwa durch »Lieder Nekrasows«, die »er gelegentlich auf Spaziergängen halblaut vor sich hinsang«, konnte jedoch keine Rede sein. Dabei handelt es sich um Erfindungen der Leninforschung, um die These zu stützen, Lenin sei schon von klein auf Revolutionär gewesen.

Der Vater starb 1886, als Wladimir Uljanow noch keine 16 Jahre alt war. Unmittelbar darauf beantragte M. A. Uljanowa eine Rente für sich und die Kinder sowie eine einmalige finanzielle

Zuwendung vom Kurator der Kasaner Universität. Gemeinsam mit den Einkünften aus Kokuschkino bildete die Rente Ilja Nikolajewitschs von nun an die Existenzgrundlage der Familie. Zudem bestätigte das Simbirsker Kreisgericht noch im selben Jahr M. A. Uljanowa und ihre Kinder als Erben des Vermögens.

Die gute finanzielle Lage der Familie ermöglichte allen Kindern ein Studium. Nach der Hinrichtung seines Bruders wird der siebzehnjährige Lenin im April 1887 als Wehrpflichtiger registriert, bald darauf jedoch als ältester Sohn und Ernährer der verwaisten Familie vom Wehrdienst befreit. (Archiv für neuere Geschichte) Alsbald nimmt er sein Studium auf.

Hatte die liberale Atmosphäre im Elternhaus die Entwicklung radikaler, freidenkerischer Ideen beim jungen Lenin bereits begünstigt, so wurde das Schicksal des älteren Bruders nun zum Katalysator dieses Prozesses. Es wird gemeinhin behauptet, das tragische Ende Alexanders habe einen entscheidenden Wandel bei Lenins revolutionärer Theorie bewirkt. Eine solche Theorie existierte jedoch zu diesem Zeitpunkt noch gar nicht. Die Forschung stützt ihre These auf den berühmten, aber nicht zweifelsfrei belegten Ausspruch Lenins: »Nein, diesen Weg werden wir nicht beschreiten.« Dieser Satz wird in ideologischen Bezug zur Frage der Legitimität individuellen Terrors als Mittel der Revolution gesetzt. Vermutlich handelt es sich auch hierbei um eine Fälschung, denn es scheint mir äußerst unwahrscheinlich, dass Lenin ausgerechnet mit diesem Ausspruch auf die Nachricht vom Tod seines Bruders reagiert haben soll. Zudem ist völlig unklar, wer mit dem kollektiven »wir« gemeint ist, denn Lenin war damals weder Mitglied einer Geheimgesellschaft noch einer wie auch immer gearteten politischen Organisation.

Wladimirs älterer Bruder war ein begabter junger Mann, der das Gymnasium mit Auszeichnung beendet hatte. Noch während der Schulzeit beschäftigte er sich intensiv mit den Naturwissenschaften, insbesondere der Zoologie, und erlernte drei Fremdsprachen. Als er 1883 sein Studium an der Petersburger Universität aufnahm, gehörte er dort bald zu den besten Studenten.

Den universitären politischen Zirkeln stand er zunächst gleichgültig bis skeptisch gegenüber, bis er die Studenten Lukaschewitsch, Goworuchin und Schewyrew kennenlernte, die ihn mit

den Werken von Marx, Engels und Plechanow vertraut machten. Die drei Kommilitonen propagierten die Gewalt als hauptsächliches Mittel zur Veränderung der bestehenden Verhältnisse. Obwohl Alexander Uljanow durch sein Studium voll und ganz in Anspruch genommen war, wollte er sich der »Idee des Fortschritts und der Revolution« nicht verschließen.
Während des Studiums stand der ältere Bruder mit Wladimir nur in losem Briefkontakt. Auch wenn Alexander im Sommer nach Hause kam, bestand kein besonders enges Verhältnis zwischen den beiden. Wladimir schätzte zwar die Intelligenz des Bruders, doch seine Schwester Olga stand ihm näher.
Die ältere Schwester Anna erinnerte sich an ein Gespräch mit Alexander nach dem Tod des Vaters:
»›Wie gefällt dir unser Wolodja (Wladimir)?‹, fragte sie. ›Er ist sicher ein begabter Junge, aber wir vertragen uns nicht besonders.‹ ›Warum nicht?‹ wollte die Schwester wissen. ›Einfach so‹, antwortete Alexander, der sich nicht näher dazu äußern wollte.« (A. I. Uljanowa = Elisarowa, O.W. I. Lenine i semje Uljanowych, Moskau 1988, S. 78) Diese Passage in den Memoiren A. I. Uljanowas muss der Redakteur wohl übersehen haben, widersprach sie doch dem offiziellen, geschönten Bild des Revolutionsführers. Dabei betrafen die Meinungsverschiedenheiten zwischen den beiden Brüdern wohl weniger politische Fragen, als vielmehr Lenins grobe Art der Argumentation.
Ausschlaggebend für den Eintritt Alexanders in die Gruppe der Verschwörer war wohl der Polizeieinsatz gegen eine Studentendemonstration zum Andenken Dobroljubows am 17. November 1886, bei dem einige seiner Bekannten verhaftet und in die Verbannung geschickt wurden. Neben Uljanow traten noch einige andere Studenten der Gruppe um Schewyrew bei: Andrejuschkin, Osipanow, Generalow, Kantscher, Gorkun, Lukaschewitsch und Goworuchin. Im Februar 1887 begann man, die Fahrtroute des Zaren vom Hof zur Isaak-Kathedrale auszukundschaften. Doch die Verschwörer waren zu unerfahren. Am 1. März wurde die gesamte Gruppe verhaftet, nachdem die Polizei einen Brief von Andrejuschkin abgefangen hatte. Die Familie Uljanow war entsetzt, doch man hoffte auf die Großmut des Zaren. Maria Alexandrowna eilte in die Hauptstadt, um bei Alexander III. ein

Gnadengesuch einzureichen. Alle Bemühungen waren jedoch vergeblich, denn der Sohn weigerte sich, den Zaren persönlich um Gnade zu bitten. Hätte er öffentlich Reue gezeigt, wäre die Todesstrafe in Zwangsarbeit umgewandelt worden.

Der Prozess dauerte vier Tage. Am 19. April wurden Uljanow, Andrejuschin, Generalow, Osipanow und Schewyrew zum Tode durch den Strang verurteilt.

Mochte auch ihr Versuch, der russischen Politik auf gewaltsame Weise eine andere Wendung zu geben, historisch naiv erscheinen, so repräsentierten diese Studenten doch mit ihrer Opferbereitschaft und Freiheitsliebe die besten Eigenschaften des russischen Volkes. Ähnlich wie bei der Bewegung der Narodniki fand in ihrem Handeln die große und unsterbliche »russische Idee« ihren diffusen Ausdruck. Am Tag, an dem das Urteil vollstreckt wurde, hatte Wladimir Uljanow eine Mathematikprüfung abgelegt, die wie gewöhnlich mit »sehr gut« bewertet wurde. Die Familie hatte sich bis zuletzt verzweifelt an das Gerücht geklammert, dass die Strafe doch noch in Festungshaft umgewandelt würde.

Wladimir Uljanow war erschüttert über den Tod seines Bruders. An den jungen Terroristen hatten ihn nicht so sehr deren Ideen als vielmehr ihr Stoizismus und ihre Willensstärke fasziniert. Im Mittelpunkt seiner Überlegungen stand nicht die Frage Terror oder Massenbewegung. Darüber hatte der Gymnasiast noch keine eigenen Ansichten. In seinem Innern begann vielmehr jener Gedanke Gestalt anzunehmen, der später das Zentrum seiner Weltanschauung ausmachen würde: Ohne bedingungslose Radikalität und eiserne Willensstärke war die Revolution zum Scheitern verurteilt. Was die Frage des Terrors anbelangt, so begriff der zukünftige Revolutionsführer, dass es nicht darauf ankam, eigenhändig Bomben zu bauen, auf die Barrikaden zu gehen, konterrevolutionäre Aufstände niederzuschlagen oder im Bürgerkrieg an der Front zu kämpfen. Das konnten ebenso gut die anderen für ihn erledigen. Er wollte ihr Führer sein. Führer einer riesigen, ihm bedingungslos ergebenen Masse.

Auf dem Weg zum Revolutionär

Winston Churchill beschrieb den Prozess der Synthese der verschiedensten Einflüsse, die auf Lenin wirkten und ihn schließlich zu der revolutionären Persönlichkeit machten, als die wir ihn kennen. Über den jungen Uljanow heißt es bei ihm:

»Er hatte einen überragenden Verstand. Vor seinem geistigen Auge stand die ganze Welt mit all ihrem Leid, ihrer Dummheit, Falschheit und Ungerechtigkeit. Er war von einer universalen, allumfassenden Intelligenz, wie man sie selten unter den Menschen findet. Durch das Prisma des Todes seines älteren Bruders gebrochen, verwandelte sich das helle, weiße Licht seines Bewusstseins in den roten Strahl der Revolution.« (Winston Churchill, The World Crisis. The Aftermath, London 1927, S. 73)

In der Tat entwickelte sich Lenins revolutionäres Bewusstsein aus einem besonderen Zusammenspiel komplizierter Umstände. Dazu zählt gewiss das Vorgehen der Machthaber gegenüber Wladimir Iljitsch und seiner Familie.
Der junge Abiturient kam mit einem Empfehlungsschreiben F. M. Kerenskis an die Universität von Kasan. Um etwaigen Vorbehalten wegen des älteren Bruders vorzubeugen, heißt es darin: »In keinem einzigen Fall hat Uljanow je das Missfallen von Direktorat oder Lehrerkollegium auf sich gezogen.« (Wladimir Iljitsch Lenin, Biografitscheskaja chronika, Bd. 1, S. 29)
Als Lenin im Dezember 1887 von der Universität verwiesen wird, versucht Kerenski, den Vorfall durch die Hinrichtung Alexanders zu erklären: »Diese schicksalhafte Katastrophe hat die unglückliche Familie erschüttert und einen schädlichen Einfluss auf den sensiblen jungen Mann ausgeübt.« (Lenin i Simbirsk, Uljanowsk 1968, S. 469)
Doch Kerenskis Intervention blieb ohne Erfolg. Lenin wurde, noch bevor er sein erstes Semester beendet hatte, wegen Teilnahme an einer studentischen Versammlung von der Universität verwiesen und nach Kokuschkino verbannt. Dabei war er nicht einmal Organisator dieses politisch harmlosen Meetings, das einen eher liberalen Charakter hatte. Ausschlaggebend war allein die

Tatsache, dass Wladimir Uljanow der Bruder eines Staatsfeindes war.

Aufgrund dieser Verwandtschaft wurde Lenin von nun an jeglicher Zugang zu den staatlichen Lehranstalten verwehrt. Sein Name war mit einem Makel politischer Unzuverlässigkeit behaftet. Als auch mehrere demutsvolle Ersuchen um Wiederaufnahme an die Universität ohne Erfolg blieben, begann er, sich allmählich mit der staatsfeindlichen Einstellung seines Bruders zu identifizieren.

Auch die gute finanzielle Situation der Familie begünstigte die Entwicklung Uljanows zum Theoretiker der Revolution. Ohne den Zwang, für seinen Lebensunterhalt sorgen zu müssen, ließ sich Lenin zunächst auf Kokuschkino nieder und übersiedelte dann mit der Familie auf das Anwesen Alakajewka, unweit von Samara. Dort hat er die Muße, sich umfassend der wissenschaftlichen und revolutionären belletristischen Literatur zu widmen. Er macht Bekanntschaft mit den Werken Tschernyschewskis, Dobroljubows, Darwins, Ricardos, Nekrasows, Turgenjews, Saltykow-Schtschedrins und Uspjenskis. Hier beschäftigt er sich auch erstmals mit dem »Kapital« und anderen Werken von Karl Marx. In Samara, wo sich die Familie im Herbst 1889 niederließ, führte er gleichfalls ein sorgenfreies Leben. Die Polizei hat ein Auge auf den jungen Mann, doch Lenin bietet ihr keinen Anlass zur Beunruhigung. Zwar schreibt er damals einige theoretische Arbeiten, lernt den illegalen sozialdemokratischen Kreis um Skljarenko kennen und trifft sich gelegentlich mit Marxisten. Dennoch wäre es verfehlt, die Zeit in Samara als »revolutionäre Periode« zu bezeichnen, denn Lenin war doch überwiegend von seinem Fernstudium an der Petersburger Universität in Anspruch genommen. Nachdem er sein Examen in Rechtswissenschaft abgelegt hat, wird er Assistent des Rechtsanwalts A. N. Chardin am Kreisgericht von Samara. Dort betätigt er sich mit mäßigem Erfolg als Strafverteidiger in einigen kleineren Prozessen. In zwei Fällen, die ihn persönlich betrafen, konnte er jedoch die Angelegenheit für sich entscheiden. Einmal klagte er gegen benachbarte Bauern, die einen Flurschaden auf dem Anwesen der Uljanows verursacht hatten, das andere Mal später gegen einen französischen Vicomte, der ihn in Paris mit seinem Auto angefahren hatte.

Insgesamt bedeutete Lenin seine juristische Tätigkeit wenig. Sie kam ihm kleinlich vor gegenüber jenem großen historischen Prozess, den er einst für sich entscheiden sollte.
Immerhin konnte Uljanow damals sein intellektuelles Spektrum um eine Fülle verschiedener Konzeptionen und Ansichten erweitern. N. W. Walentinow erinnert sich an ein Gespräch, das er Ende 1904 mit Lenin geführt hatte. Dieser sprach dabei vor allem über die Literatur: »Ich las wie ein Besessener vom frühen Morgen bis zum späten Abend. Mein Lieblingsautor war Tschernyschewski, von dem ich jede Zeile gelesen hatte, die im ›Sowremjennik‹ erschienen war … Er war der Einzige, der mich wirklich beeinflusste, bevor ich die Werke von Marx, Engels und Plechanow kennenlernte. Am meisten beeindruckte mich sein Roman ›Was tun?‹ Das große Verdienst Tschernyschewskis bestand darin, zu zeigen, dass jeder anständig denkende Mensch zum Revolutionär werden muss, und, was noch wichtiger ist, welche Wege und Ziele er dabei verfolgen soll und mit welchen Mitteln diese verwirklicht werden können …« (»Nowy schurnal, 1951, Nr. 26, S. 198–199). Walentinow war der Ansicht, dass Lenins »Was tun?« eine Art Fortsetzung von Tschernyschewskis berühmtem Roman darstellte. Gewiss unterscheiden sich die beiden Werke äußerlich völlig voneinander: auf der einen Seite ein langweiliges belletristisches Traktat, auf der anderen eine praktische Anleitung zur Revolution. Dennoch haben sie ideologisch vieles gemeinsam, vor allem die These, dass die »neue Welt« nur durch den »neuen Menschen« geschaffen werden kann. Die fiktiven Romanhelden Tschernyschewskis, Rachmetow, Kirsanow, Lopuchow und Wera Pawlowna, werden bei Lenin zu wirklichen Menchen, den sogenannten »Berufsrevolutionären«, die sich für Russland als bedrohliche, unheilbringende Gestalten erweisen sollten. Obwohl sie es nie für nötig gehalten hatten, einer geregelten Arbeit nachzugehen, maßten sie sich an, als Außenstehende über soziale und politische Fragen zu urteilen oder gar über das Schicksal von Millionen anderer Menschen zu entscheiden.
Es wäre sicher übertrieben, in Tschernyschewski den »Verführer« Lenins zu sehen. (Übrigens hatte Lenin dem von ihm so verehrten Tschernyschewski im September 1888 einen Brief geschrieben, auf den er allerdings keine Antwort erhielt. Als er ein Jahr

später von Tschernyschewskis Tod erfuhr, versah er eine Fotografie des Schriftstellers mit einem Kreuz und der Anschrift »Saratow, im Oktober 1889.«)

Fest steht aber auch, dass dieser Schriftsteller seine Spuren im Werk des Revolutionärs hinterlassen hat. Das gilt insbesondere für Lenins tiefe Abneigung gegen den Liberalismus, wie sie bereits in einer seiner ersten größeren Arbeiten zum Ausdruck kommt (»Wer sind die ›Volksfreunde‹ und wie kämpfen sie gegen die Sozialdemokraten?«). Unter Berufung auf die »genialen Voraussagen« Tschernyschewskis verurteilt er darin den »verabscheuungswürdigen« Kompromiss zwischen »Liberalen und Gutsbesitzern«, der den »offenen Klassenkampf« in Russland nur behindere (PSS, Bd. 1, 291–292).

Lenin benutzte den Schriftsteller für seine »Russifizierung« des westlichen Marximus, der ihm zu viele liberale, demokratische Elemente und zu wenig »Klassenkampf« enthielt. Seine Methode bestand darin, von bestimmten russischen Autoren diejenigen Gedanken zu übernehmen, die sein Konzept eines radikalen, kompromisslosen Marxismus stützen konnten. Auf diese Weise verfuhr er nicht nur mit Tschernyschewski, sondern auch mit Tkatschew, Bakunin, Netschajew, Struwe, Uspjenski, Postnikow, Lawrow und Herzen.

Nadjeschda Krupskaja schreibt in Erinnerung an die ersten Wochen unter der Sowjetmacht: »Lenin hatte aufmerksam die Geschichte der Pariser Commune studiert. Ein Hauptfehler der Arbeiterregierung des ersten proletarischen Staates der Welt bestand für ihn darin, dass sie sich ihren erklärten Feinden gegenüber zu nachgiebig verhalten hatte. Wenn es um den Kampf gegen die Feinde ging, fürchtete Lenin daher immer am meisten seine eigene Nachgiebigkeit und die der Massen.« (Krupskaja, Wospominanija o Wladimire Iljitsche Lenine, Bd. 2, S. 261)

Dem aufmerksamen Leser mag es befremdlich erscheinen, dass auch Netschajew Lenin beeinflusst haben soll. Schließlich hatten doch schon Marx und Engels – und später Uljanow – selbst dessen Lehre entschieden verurteilt. Netschajew hatte jedoch nicht nur die terroristische Aktion propagiert, sondern auch eine Art russischen Blanquismus. Geheimverschwörung und erbarmungslose Vernichtung der verhassten Regierungsvertreter – das waren die Methoden des Blanquismus, derer sich auch Lenin in den entscheidenen Augenblicken ohne Zaudern bediente. Plechanow sah sich noch 1906 zu folgender Erklärung veranlasst: »Lenin war von Anfang an mehr Blanquist als Marxist. Seine blanquistischen Überzeugungen verbarg er unter dem Deckmantel des orthodoxen Marxismus.« (Plechanow, »Sowremjennaja schisn«, Moskau, Dezember 1906).

Nach dem Erscheinen von Dostojewskis Roman »Die Dämonen«, der die Ermordung des Studenten Iwanow durch Netschajews Geheimbund zur Grundlage hatte, waren selbst revolutionär gesinnte Kreise auf Distanz zu Netschajew gegangen. Dabei vergaßen sie vollkommen, so Lenin, »dass dieser ein besonderes organisatorisches und konspiratives Talent besaß. Außerdem hatte er die Fähigkeit, seine Gedanken in prägnante Formulierungen zu kleiden … Auf die Frage, wer denn aus dem Hause Romanow vernichtet werden müsse, antwortete er einmal treffend: ›Natürlich die ganze Familie!‹ … Das ist doch einfach genial …« (»Tridsat dnjej«, 1934, S. 18).

Lenins Abkehr vom Liberalismus führte dazu, dass er noch Anfang des Jahrhunderts mit Vorliebe über die Notwendigkeit des Kampfes gegen »liberale Dummheiten« debattierte. Wladimir Wojtinski, der Lenin persönlich kannte, erinnert sich: »›Die Revolution ist eine schwierige Sache‹, meinte Uljanow. ›Dabei macht man sich natürlich die Hände schmutzig … Die Partei ist kein Pensionat für höhere Töchter. Irgendein Verbrecher kann uns gerade deshalb nützlich sein, weil er ein Verbrecher ist.‹« (Wojtinski, Gody pobjed i poraschenij, 2. Buch, Berlin 1924, S. 227)

In Netschajews »Katechismus für den Revolutionär« finden sich die folgenden Zeilen: »Für ihn [den Revolutionär, D. W. ist all das moralisch, was der Sache der Revolution dient. Unmoralisch und verbrecherisch hingegen ist alles, was ihr schadet.« Diese Worte wiederholte Lenin fast wörtlich in seiner Rede auf dem dritten Kongress des Russischen Kommunistischen Jugendverbandes, in der es hieß, moralisch sei alles, was dem Sieg des Kommunismus diene. Lenins Amoralismus und ethischer Relativismus waren übrigens schon lange bekannt. In einem Gespräch, das er 1918 mit M. Spiridonowa führte, hatte er zynisch bekannt: »In der Politik herrscht Zweckmäßigkeit und nicht die Moral.«

Seine Waffe war ein Marxismus, den er von allen liberalen und demokratischen »Dummheiten« »befreit« hatte. Die stählerne Faust der Diktatur des Proletariats musste ungehindert zuschlagen können. G. W. Plechanow, der Patriarch des russischen Marxismus, konstatierte kurz nach Auflösung der Verfassungsgebenden Versammlung in seinem letzten Artikel: »Die Taktik der Bolschewiki ist die Taktik Bakunins und in vielen Fällen sogar die Netschajews.« (Plechanow, God na rodine, Paris 1921, Bd. 2, S. 267)
Bereits vor der Jahrhundertwende war Wladimir Uljanow zu der Überzeugung gelangt, dass alles erlaubt war, wenn es nur zum Ziel führte.

Entdeckung des Marxismus

Was faszinierte Lenin am Marxismus? Warum fiel seine Wahl nach der Lektüre so vieler ökonomischer, philosophischer und soziologischer Werke ausgerechnet auf die marxistische Literatur? Meines Erachtens war der junge Uljanow auf der Suche nach einer universellen, allumfassenden Theorie, welche die Welt in all ihren Erscheinungsformen zu erklären vermochte. Da stieß er Ende 1888 auf Karl Marx' »Kapital«. Man kann sich vorstellen, welchen Eindruck dieses umfangreiche, fundierte Werk auf den wissbegierigen jungen Mann machte. Hier, so schien ihm, lag der Schlüssel zur Erfüllung des »ewigen« Wunsches der Menschen nach Gerechtigkeit, Freiheit und Gleichheit, nach der Beseitigung von Ausbeutung und Unterdrückung.
Es ist nun an der Zeit zu erläutern, wer Lenin an die marxistische Literatur herangeführt hat. Als Wladimir Uljanow von der Universität verwiesen wurde, machte er in Kasan die Bekanntschaft von Nikolaj Fedosejew, einem überaus gebildeten, jungen Marxisten mit kühnen Ansichten. Zehn Jahre später sollten sie gemeinsam in die sibirische Verbannung gehen. Lenins marxistische Studien basierten auf einer Lektüreliste, die Fedosejew seinem Traktat über die revolutionäre Bildung angehender Sozialdemokraten vorangestellt hatte.
Uljanows erste politische Arbeit mit dem Titel »Neuere Entwick-

lungen in der Landwirtschaft« gleicht eher einer ausführlichen Rezension von W. E. Postnikows Buch »Die Wirtschaft in Südrussland«. Die Zeitschrift »Russkaja mysl« (Russischer Gedanke) war nicht zum Druck dieser wenig originellen Adaption marxscher Thesen bereit. Lenin orientierte sich zwar auch künftig an Fedosejew, seine Lektüre ging jedoch bald weit über dessen Empfehlungen hinaus.

Nach seinen Werken zu urteilen, faszinierten Uljanow am Marxismus vor allem zwei Elemente: der Klassenkampf und die Diktatur des Proletariats. Dabei saß er dem gleichen historischen Irrtum auf, den schon viele revolutionäre Denker vor ihm begangen hatten. Alles schien denkbar einfach: Man brauchte nur die Reichen zu enteignen, deren Besitz »gerecht« zu verteilen, und schon waren alle Probleme gelöst.

Als Anhänger von Klassenkampf und Diktatur des Proletariats verwarf Lenin entschieden die romantischen Ideen der Narodniki. In einer seiner früheren Arbeiten (»Ein Erbe, von dem wir uns lossagen«) wirft er den Volkstümlern vor, sie würden die kapitalistische Entwicklung in Russland ignorieren und die traditionelle bäuerliche Gemeindestruktur idealisieren (PSS, Bd. 2, S. 532–533). In seiner Kritik an N. K. Michajlowski, einem führenden Vertreter der liberalen Volkstümler, klingt bereits jener aggressive Ton heraus, der auch die späteren Polemiken prägt. Beschimpfungen wie »Blödsinn«, »dummes Geschwätz« und »völliger Unfug« ersetzen dabei nur allzu oft eine fundierte Argumentation. In keinem seiner zahlreichen apologetischen Werke über die »Notwendigkeit« der Diktatur des Proletariats geht Lenin auf die elementare Frage ein, ob denn eine solche Staatsform mit dem marxistischen Anspruch auf Gerechtigkeit und Freiheit überhaupt zu vereinbaren sei. Woher nahm eine gesellschaftliche Klasse das Recht, über die anderen zu herrschen? Und stand nicht die Diktatur des Proletariats im Widerspruch zu einem gleichberechtigten Bündnis zwischen Arbeitern und Bauern?

Marxismus war für Lenin gleichbedeutend mit Revolution. Sie war sein einziger Lebensinhalt, alles andere interessierte ihn nicht. Als sich das Ehepaar Uljanow Anfang des Jahrhunderts in London aufhält, machen die zahlreichen Museen wenig Eindruck auf Lenin. Eine Ausnahme bildete lediglich die Bibliothek im British Museum, wo schon Marx über seinem »Kapital« gesessen hatte. Krupskaja erinnert sich: »Das Museum der Antike langweilte Wladimir Iljitsch schon nach zehn Minuten, so dass wir die endlosen Räume mit ihren Ritterrüstungen und antiken Vasen bald verließen … Nur das Museum der Revolution von 1848 in Paris fesselte ihn derart, dass er stundenlang darin verweilte und nur mit Mühe zum Gehen zu bewegen war.« (Krupskaja, Wospominanija o Wladimire Iljitsche Lenine, Bd. 2, Moskau, 1989, S. 47)

Lenin entwickelte seine eigene revolutionäre Theorie, indem er den klassischen Marxismus mit Ideen so unterschiedlicher Autoren wie Plechanow, Michajlowski, Tkatschew, Bakunin und Struwe verband. Konzepte des Liberalismus und der Ökonomisten, die eine effektive Wirtschaft zum Wohle aller anstrebten, fanden jedoch ebenso wenig Eingang in seine Lehre wie Theorien westlicher Demokraten, die für den Parlamentarismus eintraten. Seine Rezeption des Marxismus war die eines Ekletikers. Was mit den eigenen Vorstellungen nicht vereinbar war, fiel durch das Raster seiner selektiven Sichtweise. Selbst Trotzki warnte zu Beginn des Jahrhunderts davor, dass Lenins mangelnde Flexibilität in theoretischen Fragen schließlich zu einer »Diktatur über das Proletariat« führen könne (L.D. Trotzki, Naschi politischeskie sadatschi, Genf 1904).

Lenin reagierte bereits damals ausgesprochen feindselig auf alles, was nicht in das Prokrustesbett seiner Vorstellungen passte. Über eine philosophische Arbeit Bogdanows, dem er damals relativ nahe stand, schrieb er im Februar 1908 an Gorki: »Seine Skizzen über die Philosophie machten mich rasend. Mir ist jetzt noch klarer geworden, dass er sich völlig auf dem Holzweg befindet.« Ihn ärgerte die Tatsache, dass ein Bolschewik sich die dialektische Lehre über »irgendso einen stinkenden, französischen Positivisten« aneignete (Pisma Lenina Gorkomu Moskau 1936, S. 17–18). Marx und Engels waren Theoretiker. Lenin verflachte ihre Lehre zu einem Katechismus des Klassenkampfes. Kuprin bemerkt dazu: »Marx ist für Lenin eine absolute Autorität. In all seinen Reden stützt er sich auf seinen Messias als das unerschütterliche Zentrum des Weltalls. Marx wäre jedoch sicher entsetzt gewesen über Lenins sektiererischen, asiatischen Bolschewismus und hätte seinen berühmten Satz wiederholt: ›Verzeihen Sie, meine Herren, ich bin kein Marxist.‹«

Nadjeschda Krupskaja

Über die »Herzensangelegenheiten« des jungen Uljanow ist so gut wie nichts bekannt. Ginge es nach den zahlreichen Biographien und Memoiren, dann hätten Lenin seine Bücher und revolutionären Träumereien derart in Anspruch genommen, dass für ihn Gefühle und Erfahrungen, die gewöhnlich eine bedeutende Rolle im Leben junger Menschen spielen, völlig in den Hintergrund traten. Von einer gescheiterten Ehe oder stürmischen Liebesbeziehungen wird nichts berichtet, und doch gab es so etwas wie eine unglückliche Liebe.
Als Wladimir Uljanow 1894 nach Petersburg zurückkehrte, nahm er Beziehungen zu einigen Marxisten und sozialdemokratischen Zirkeln auf, die legal oder im Untergrund arbeiteten. Er konnte frei über seine Zeit verfügen, da er zu keiner regelmäßigen Arbeit gezwungen war, erhielt gelegentlich Besuch von seinen neuen Bekannten und nahm an diversen Versammlungen Petersburger Sozialisten teil. Im Februar desselben Jahres traf sich in der Wohnung des Ingenieurs Klasson eine Gruppe Petersburger Marxisten. Dort begegnet Lenin erstmals Nadjeschda Krupskaja in Begleitung ihrer Freundin A. A. Jakubowa. Er zeigt Interesse an den politisch engagierten Frauen und trifft sich in der Folgezeit häufiger mit ihnen. Am Newski Prospekt ist er regelmäßig zu Gast bei Nadjeschda und ihrer Mutter Jelisawjeta Wasiljewna. Krupskajas Vater war Soldat gewesen, hatte Tschernyschewski und Herzen gelesen und stand in Kontakt zur »Semlja i wolja«, einer Gruppe von Volkstümlern. Er wurde wegen politischer Unzuverlässigkeit vom Dienst suspendiert und vor Gericht gestellt. Einige Jahre später wurde er rehabilitiert, durfte aber nicht in den Staatsdienst eintreten. Nach dem Tod des Vaters zogen Mutter und Tochter nach Petersburg, wo sie von seiner Rente lebten, und Nadjeschda wurde Lehrerin an einer Sonntagsschule.
Wenn Lenin zu Besuch war, kochte die Mutter Tee und verfolgte

schweigend die Gespräche ihrer Tochter mit dem jungen, bereits glatzköpfigen Gast. Man unterhielt sich über Plechanow und Potresow, über Wladimirs Arbeit an einem neuen Buch oder über die Notwendigkeit, mit der europäischen Sozialdemokratie Kontakt aufzunehmen. Wir wissen nicht, ob Nadjeschdas Mutter an ihrem zukünftigen Schwiegersohn Gefallen fand, aber aus einem Aufsatz A. N. Potresows geht hervor, dass sie ihm gegenüber stets ihre Eigenständigkeit bewahrte und aus ihrem Missfallen gegenüber »Leuten, die keiner anständigen Arbeit nachgehen«, nie einen Hehl machte (A. N. Potresow, Otscherki, Paris 1927, S. 19). Wladimir Uljanow setzte seine Besuche fort, wobei ihn jedoch zunächst aktuelle politische Fragen mehr interessierten als seine zukünftige Frau.

Seine private Aufmerksamkeit galt zu diesem Zeitpunkt eher Nadjeschdas Freundin Jakubowa, wie unter anderem Louis Fischer bezeugt, der 14 Jahre in Russland gelebt hatte: »Lenin warb vergeblich um Krupskajas Freundin, die an der gleichen Schule unterrichtete und auch Marxistin war. Apollinaria Jakubowa lehnte seinen Antrag ab und heiratete Professor K. M. Tachterew, den Redakteur der revolutionären Zeitschrift ›Rabotschaja mysl‹ (Arbeitergedanke).« Uljanow und Jakubowa blieben danach noch einige Zeit in Briefkontakt, wobei er Apollinaria schon einmal an ihre »alte Freundschaft« erinnerte, und er traf noch mehrfach persönlich mit ihr zusammen (Leninski sbornik, Bd. 13, Moskau/Leningrad, 1930, S. 39–111).

Eine Reihe von Anhaltspunkten spricht dafür, dass Lenin schon vor seiner Bekanntschaft mit I. Armand ein Verhältnis mit einer Französin hatte. G. A. Alexinski zeigte 1935 in Paris einem Mitarbeiter des Marx-Engels-Lenin-Instituts namens Tichomirow persönliche Briefe Lenins an eine französische Schriftstellerin, die diese nicht vor Krupskajas Tod freigeben wollte. Sie lebte von finanziellen Zuwendungen, die sie über Dserschinski und Menschinski erhielt (Archiv des Präsidenten). Offensichtlich hat Lenin, nachdem er an die Macht gekommen war, seine ehemalige Geliebte nicht vergessen. Die Briefe sind allerdings bis heute nicht wieder aufgetaucht. Nach seiner Verbannung trat Lenin in Ostsibirien unter Aufsicht der Polizei bald in Briefkontakt mit Krupskaja. Seine Mutter, die ihren Wladimir zeitlebens aufopferungsvoll geliebt hatte, überschwemmte die Behörden förmlich mit ihren Bittschriften. »Wegen seines schlechten Gesundheitszustands« bittet sie, auf eigene Kosten nach Sibirien reisen zu dürfen. Dann wieder versucht sie für ihren Sohn die Genehmigung für einen Petersburgaufenthalt zu erwirken. Einmal soll er »wegen ihrer Krankheit« nach Moskau kommen, ein anderes Mal soll sein Aufenthalt in Bjelokamennaja verlängert werden. Sie wendet sich an den Generalgouverneur von Ostsibirien mit der Bitte, »W. Uljanow wegen seines schlechten Gesundheitszustands Krasnojarsk oder eine andere südlich gelegene Stadt im Gouvernement Jenisejsk als Verbannungsort zuzuweisen«. Lenin selbst unterstützte die Gesuche seiner Mutter, indem er schriftlich darum bat, ihm »eine Stadt im Gouvernement Jenisejsk, möglichst im Kreis Krasnojarsk oder Minusinsk, als Verbannungsort« zuzuteilen (Lenin, PSS, Bd. 46, S. 450–455).

Das »zaristische Blutregime« entsprach all diesen Bitten ohne Vorbehalte. Nur das Gesuch der Mutter vom August 1897, den Sohn wegen seines schlechten Gesundheitszustands nach Krasnojarsk zu überführen, wurde abgelehnt. Als Lenin an die Macht kam, verfuhr er freilich ganz anders mit seinen Gegnern und sogar mit seinen ehemaligen sozialdemokratischen Kampfgefährten.

Wladimir Uljanow ging es nicht schlecht in der Verbannung. Die Zeit in Schuschenskoje war für ihn nicht mehr als ein erzwungener Ferienaufenthalt. Sein Wohlergehen wurde weder durch Zwangsarbeit noch durch sonstige Einschränkungen beeinträchtigt. Dennoch hielt er es für nötig, wegen seiner »angegriffenen Gesundheit« um einen anderen Verbannungsort zu ersuchen. Für Martow, der nach Turuchansk verbannt worden war, widersprach dieses Verhalten der Würde eines Revolutionärs. Auch viele andere Verurteilte verzichteten auf derartige Bittgesuche.

Sein »kränklicher Zustand« hinderte Lenin jedoch nicht an gelegentlichen Jagdausflügen und ausgedehnten Spaziergängen. Seiner Familie schrieb er aus der Verbannung: »Neben Jagdausflügen und Badeaufenthalten verbringe ich die meiste Zeit mit Spaziergängen.« (Pisma Wladimira Iljitscha Lenina k rodnym, Moskau 1985, S. 41)

»Mit Kost und Logis bin ich vollauf zufrieden«; »Mir geht es hier wohl kaum schlechter als euch in Spitz [Ort in der Schweiz,

D. W.]«; »Ich schlafe hier außergewöhnlich lang«; »Bedienstete findet man hier schwer und im Sommer fast gar nicht«; »Alle finden, dass ich im Sommer zugenommen habe und braun geworden bin«; »Ich führe wie immer ein ruhiges, friedliches Leben« (ebd., S. 44, 46, 50, 52, 55).
Die Verbannten durften Freunde besuchen, auf Versammlungen gehen, Bücher schreiben, Verwandte empfangen und sogar Familien gründen. Bald nach der Hochzeit seiner Freunde W. Starkow und A. M. Rosenberg, der Tochter Krschischanowskis, im Juli 1897 intensiviert Lenin den Briefwechsel mit der nach Ufa verbannten Nadjeschda Krupskaja.
Im Januar 1898 ersucht er beim Direktor der Gouvernementspolizei für diese um Erlaubnis, den Rest ihrer Verbannungszeit als seine Braut in Schuschenskoje verbringen zu dürfen. Krupskaja selbst erklärte in ihren Erinnerungen, sie habe sich als Lenins Braut ausgegeben, um mit ihm zusammenleben zu können (Wospominanija o Lenine, Moskau 1972, S. 26).
Ein Großteil der Briefe Uljanows an Krupskaja ist verloren gegangen, während umgekehrt die Briefe seiner Frau fast vollständig erhalten sind. Lenin hatte wohl schon damals seine grandiose Zukunft vorausgeahnt und alles verwahrt, was seinen Werdegang dokumentieren konnte.
Anfang 1898 erreichte Nadjeschda Konstantinowna Krupskaja in Begleitung ihrer Mutter nach langer Reise Schuschenskoje. Als diese Lenin erblickte, rief sie aus: »Oh, wie sind Sie dick geworden!« (Pisma W. I. Lenina materi, Moskau 1967, S. 36)
Seiner »lieben Mama« schrieb der Sohn: »Man hat N. K. eine tragikomische Bedingung gestellt: Wenn sie nicht sofort heiratet, muss sie zurück nach Ufa. Da ich keinesfalls die Absicht habe, dies zuzulassen, haben wir mit den Hochzeitsvorbereitungen bereits begonnen ...« (ebd., S. 37).
Krupskajas Mutter bestand auf einer kirchlichen Trauung, und die beiden jungen Atheisten mussten sich ihrem Willen beugen. Wladimir Iljitsch lud G. M. Krschischanowski, W. W. Starkow und andere Freunde aus der Verbannung zur Hochzeit ein, die am 10. Juli 1898 stattfand. Trauzeugen waren Jermolajew und Schurawlew, zwei einfache Bauern aus Schuschenskoje. Glückwünsche kamen auch von Apollinaria Jakubowna aus Kasatschins-

koje bei Krasnojarsk, die wie die Uljanows wegen ihrer Mitgliedschaft im »Kampfbund« verbannt worden war.

Die Ehe hatte einen eher pragmatischen Charakter. Nadjeschda Konstantinowna war eine überdurchschnittlich intelligente Frau und wurde von nun an die Assistentin ihres Mannes, in dem viele schon den zukünftigen Revolutionsführer sahen. Die Hochzeit wurde überschattet vom Selbstmord Fedosejews in Wercholensk. In seinem letzten Brief hatte er Lenin wissen lassen, er sterbe »nicht aus Verzweiflung, sondern im grenzenlosen Glauben an das Leben«. Wenig später folgte ihm seine Verlobte M. G. Hopfenhaus in den Tod.

Bald darauf bezieht die junge Familie Quartier bei der Bäuerin A. P. Petrowa. Lenin kommt bei der Arbeit an dem Buch »Die Entwicklung des Kapitalismus in Russland« zügig voran. Zwischen Spaziergängen und Jagdausflügen »verschlingt« er Unmengen an ökonomischer, philosophischer und historischer Literatur, die ihm P. B. Axelrod, A. N. Potresow und seine Mutter schicken. In Schuschenskoje liest er auch erstmals Parvus' (Helphands) Buch »Der Weltmarkt und die Krise in der Landwirtschaft«. Lenin wusste damals noch nicht, dass dieser Mann einst für kurze Zeit eine bedeutende Rolle in seinem Leben spielen sollte.

Nadjeschda Konstantinowna hilft ihm bei der Auswahl des Materials und der Abschrift einzelner Buchauszüge. Uljanow liest ihr gelegentlich Kapitel aus seinen Manuskripten vor, die sie allerdings selten kritisch kommentiert.

Die Kinderlosigkeit der Ehe war kein Thema in der Öffentlichkeit, obwohl vor allem Krupskaja sehr darunter litt. Nur einmal, als das Ehepaar schon nicht mehr in Schuschenskoje weilte, klagte Lenin in einem Brief an die Mutter: »Nadja leidet an einer Frauenkrankheit. Der Doktor meint, sie müsse für zwei bis drei Wochen das Bett hüten. Ich habe ihr schon einen Teil der hundert Rubel geschickt, die ich von Wodowosowa erhalten habe, denn die Behandlung ist teuer ...« (Pisma W. I. Lenina materi, S. 57). Später litt Krupskaja im Ausland an der Basedowschen Krankheit und musste operiert werden. Damals schrieb Uljanow der Mutter: »Nadjeschda geht es sehr schlecht. Sie hatte starkes Fieber und halluzinierte, was mich sehr beunruhigte« (ebd., S. 119).

Auch Lenins Geschwister hatten insgesamt nur einen Nachkommen. Nadjeschda Konstantinowna spart das Thema Kinderlosigkeit in ihren Erinnerungen weitgehend aus. Nur gelegentlich, wenn sie über das familiäre Glück ihrer Bekannten schreibt, ist die Enttäuschung deutlich zu spüren.

Krupskaja verdankte ihre Berühmtheit in erster Linie der Tatsache, dass sie Lenins Frau war. Nur aus diesem Grunde wurde wohl auch ihre wissenschaftlich eher belanglose Sammlung pädagogischer Aufsätze in einer elfbändigen Ausgabe verlegt. Von historischer Bedeutung sind allerdings die Erinnerungen an Lenins letzte Lebensjahre. Zusammen mit den Memoiren M. I. Uljanowas geben sie Einblick in die Tragödie des Revolutionsführers und präsentieren eine Fülle bislang unbekannter Fakten, wenngleich die beiden längst nicht alles preisgeben durften, was sie wussten (Archiv für neuere Geschichte). Nach anfänglicher Distanz wurde die Beziehung zwischen dem Ehepaar Uljanow schließlich so eng, dass Krupskaja sich völlig mit ihrem Mann identifizierte und zu keiner Kritik mehr fähig war. So erinnert sie sich in ihrem Buch beispielsweise an gelegentliche Jagdausflüge, die Lenin mit Freunden unternahm: »Im Spätherbst, wenn der Jenisej mit Eis bedeckt war, fuhren sie des Öfteren zur Hasenjagd auf eine Insel. Die Hasen hatten schon ihr Winterfell angenommen. Von der Insel gab es für sie kein Entrinnen, so dass sie aufgeregt im Kreis umherliefen. Unsere Jäger schossen manchmal eine ganze Bootsladung voll« (Wospominanija o Lenine, Moskau 1972, S. 33). Selbst diese maßlose Wilderei zählte Nadjeschda Konstantinowna noch zu den Tugenden ihres Mannes. Für sie war er eben ein »leidenschaftlicher Jäger«.

Als das Ehepaar vom Schicksal ins Ausland verschlagen wurde, passte sich Krupskaja bald dem müßigen Lebenswandel Uljanows an. Aus Genf schrieb Lenin seiner Mutter: »… Das Leben hier ist überaus angenehm. Ich gehe spazieren, schwimmen und fröne dem Müßiggang.« Aus Finnland berichtet er: »Wir verleben hier wundervolle Ferien, gehen spazieren, schwimmen und faulenzen. Am besten gefällt mir die Faulenzerei …« Aus Frankreich: »Wir fahren wahrscheinlich schon diesen Samstag zum Urlaub in die Bretagne …« Und schließlich aus Polen: »Der Frühling steht bereits in voller Blüte. Schnee haben wir schon lange keinen mehr. Es ist hier für Krakauer Verhältnisse herrlich warm … Schade,

dass ihr in Wologda so schlechtes Wetter habt!« (Pisma materi, S. 91, 92, 102, 120)
Wie man sieht, lebten einige »Berufsrevolutionäre« gar nicht so schlecht.

Geheime Geldangelegenheiten

Nach dem Tod Ilja Nikolajewitsch Uljanows erhielt seine Witwe Maria Alexandrowna für sich und die Kinder eine Rente von monatlich hundert Rubel. Das reichte damals für die ganze Familie, wenn man bedenkt, dass der nach Schuschenskoje verbannte Lenin für seinen Lebensunterhalt monatlich acht Rubel vom Staat bekam, was problemlos für Kost und Logis reichte (»Proletarskaja revoljuzija« 1928, Nr. 11–12, S. 281–282). Die Erzählungen vom beschwerlichen, entbehrungsreichen Leben des Revolutionsführers entsprechen nicht der Wahrheit. Krupskaja selbst schrieb darüber: »Man behauptet, wir hätten ein Leben voller Entbehrungen geführt. Das ist nicht wahr. Es gab zwar einige Emigranten, die zwei Jahre lang kein Geld aus Russland erhielten, keinerlei Einkommen hatten und wirklich Hunger litten. Aber bei uns war es nicht so. Wir lebten zwar nicht im Luxus, waren aber nie wirklich bedürftig.« (Isbrannye proiswedenija, Moskau 1988, S. 120)
Die zahlreichen Auslandsaufenthalte der Familienmitglieder wurden von dem Geld finanziert, das man noch zu Lebzeiten des Vaters auf die Seite gelegt hatte. Außerdem gab es noch das Anwesen in Kokuschkino, dessen Verkauf eine beträchtliche Geldsumme einbrachte.
Im Februar 1889 erwarb Maria Alexandrowna für 7.000 Rubel das Gut Alakajewka im Gouvernement Samara, das eine Fläche von 85 Hektar umfasste. Unter der Leitung Wladimir Iljitschs begann man dort mit Viehzucht und Getreideanbau. Doch Lenin hatte bald genug von der Landwirtschaft und führte fortan das müßige Leben eines »feinen Herrn«, der genug Zeit zur Verfügung hatte, sich auf sein Staatsexamen an der Petersburger Universität vorzubereiten, den Marxismus zu studieren und nebenbei erste theoretische Arbeiten zu verfassen. In seinem Artikel

»Neuere Entwicklungen in der Landwirtschaft« kritisiert Lenin Auswüchse des Kapitalismus auf dem Land, wie die Zunahme des Großbauerntums und die Ausbeutung der Kleinbauern durch Wucherei und Pachtzins. Dabei hatten die Uljanows mittlerweile selbst ihren Grund und Boden an einen gewissen Kruschwitz verpachtet und dadurch ihr Familienvermögen erheblich vergrößern können. Die Bauern im Wolgagebiet gehörten damals zu den ärmsten im Land. Auch die Gegend von Alakajewka machte da keine Ausnahme. Die Nachbarn der Uljanows besaßen zusammen nicht einmal so viel Hektar Land wie die Familie Lenins. Das hinderte den angehenden Marxisten Wladimir Iljitsch jedoch nicht daran, die Bauern zu verklagen, die aus Not ihr Vieh auf seinem Besitz weiden ließen, und Kruschwitz an seine Zahlungsverpflichtungen zu erinnern.

Da Maria Alexandrowna es für profitabler hielt, alle zur Verfügung stehenden Mittel bei einer Bank anzulegen, wurde das Gut schließlich verkauft. Von den Zinsen konnte die ganze Familie sorgenfrei leben. Wladimir gab bald darauf seine Tätigkeit als Anwalt auf. Seine Geschwister nahmen ihr Studium auf und hatten es ebenfalls nicht nötig, einer geregelten Arbeit nachzugehen (N. Walentinow. Malosnakomy Lenin, S. 34). Lenin konnte es sich leisten, ganz Europa zu bereisen. Neben Bern, Zürich, London, Berlin und Paris besuchte er auch Capri, wo er mit Gorki zusammentraf. Seiner Schwester Anna schrieb er aus Nizza: »Ich bin auf Urlaub in Nizza und genieße die Sonne und das Meer. In einigen Tagen kehre ich nach Paris zurück« (Pisma k rodnym, S. 34). Er musste weder in Nachtasylen noch auf irgendwelchen Dachböden übernachten. Nachdem er 1908 in Paris angekommen war, teilte er seiner Schwester mit: »Wir haben eine sehr schöne, teure Wohnung für 840 Francs gefunden. Hinzu kommen 60 Francs an Steuern und jährlich noch einmal das gleiche für die Concierge. Für Moskauer Verhältnisse ist das billig (4 Zimmer, Küche, Vorratskammer, Wasser und Gas), für hiesige eher teuer« (ebd., S. 95).

Diese materielle Sicherheit war sehr wichtig für die intellektuelle Entwicklung Lenins. Wäre er »Proletarier« gewesen, hätte er weder Zeit für seine literarischen Studien noch für die parteipolitische Arbeit gehabt. Zudem wurde das Ehepaar noch aus der Parteikasse unterstützt. Seiner Mutter schrieb Uljanow, er »beziehe weiterhin das Gehalt, von dem ich dir in Stockholm erzählt habe« (Briefe an die Mutter, S. 108). Übrigens war in Lenins umfangreicher Korrespondenz mit der Familie fast immer vom Geld die Rede. Meist handelte es sich dabei um Bestätigungen über den Empfang bestimmter Summen, die ihm zugeschickt worden waren:

»Das Geld habe ich schon lange erhalten«; »Liebe Mama, ich habe beide Geldsendungen erhalten«; »Ich habe ganz vergessen, Anna zu schreiben, dass ich die 340 Rubel erhalten habe«; »Was das Geld anbelangt – bitte schicke es mir sofort (am besten über Credit Lyonnais). Ich brauche es dringend …« (Pisma k dronym, S. 46, 66, 126, 133, 195)

Als Lenin bereits die Vierzig überschritten hatte, lebte er immer noch auf Kosten der Familie.

Nach Gründung der Sozialdemokratischen Arbeiterpartei Russlands (SDAPR), vor allem aber nach deren Spaltung, galt die besondere Sorge der Bolschewiki ihrer Parteikasse. Sie war unerlässlich für die finanzielle Unterstützung der sogenannten »Berufsrevolutinäre«, die Vorbereitung von Parteitagen und die Propagandatätigkeit in Russland. Es gab legale und illegale Geldquellen. Ein Teil kam von den örtlichen Parteikomitees. A. D. Nagolowski erinnert sich, dass er 1905 auf Geheiß der Kasaner Parteiorganisation nach Genf reiste, um Lenin 20.000 Rubel zu übergeben und Instruktionen einzuholen (»Nowy schurnal«, 1967, Nr. 88, S. 170–172). Die Geldfrage wurde von den Bolschewiki auf sehr machiavellistische Weise gelöst. Nach der Russischen Revolution bekannte Lenin: »Ein alter Bolschewik erkärte einem Kosaken einmal sehr treffend das Wesen des Bolschewismus. Als der Kosak fragte: ›Stimmt es, dass ihr Bolschewiki stehlt?‹, antwortete der Alte: ›Ja, ganz recht, wir stehlen das Gestohlene …‹« (PSS, Bd. 22, S. 253). Noch auf dem vierten Vereinigungskongress kam es zwischen Bolschewiki und Menschewiki zu einem erbitterten Streit über die Frage, ob die Expropriation von Geldmitteln im Interesse der Revolution erlaubt sei. Die Bolschewiki befürworteten in ihrer Resolution bewaffnete Raubüberfälle. Obwohl sich die Menschewiki mit einem gegenteiligen Antrag durchsetzen konnten, wurden die Überfälle mit Billigung der bolschewistischen Parteizentrale fortgesetzt. Krupskaja, die von derartigen Geheim-

operationen wusste, bekannte offen: »Die Bolschewiki hielten den Raub von Staatsgeldern für zulässig und billigten diese Form der ›Enteignung‹« (Wospominanija, Bd. 2, S. 112).
Dschugaschwili (Stalin) und Ter-Petrosjan (Kamo) organisierten die Beutezüge. Krasin übernahm die Überführung der Gelder in die Parteikasse. Der größte Raubüberfall ereignete sich am 26. Juni 1907 auf dem Eriwaner Platz in Tiflis. Als zwei Geldtransporter, die auf dem Weg zur Bank waren, den Platz überqueren wollten, erschien plötzlich wie aus dem Nichts eine ganze Bande von »Expropriateuren«. Schüsse fielen und Bomben wurden geworfen. Es gab drei Tote und viele Verletzte. Die Geldsäcke mit 340.000 Rubeln verschwanden in einem Wagen, der am Straßenrand gewartet hatte. Nach 3 bis 4 Minuten war alles vorbei (»Nowy schurnal«, 1973, Nr. 110, S. 274–275). Da die Bolschewiki überwiegend große Scheine erbeutet hatten, konnten sie bis zur Revolution nur einen Teil des Geldes für ihre Zwecke verwenden. Laut Krupskaja wurden alle verhaftet, die versuchten, die Scheine zu wechseln. Am häufigsten passierte dies in der Schweiz, so dass »die schweizerische Bevölkerung in Angst und Schrecken lebte. Die russischen Expropriateure waren in aller Munde.« (Wospominanija, S. 113) Der Raub von Tiflis war nicht der einzige, den der radikale Flügel der SDAPR durchführte. Auf dem Schiff »Nikolaj I.« im Hafen von Baku sowie bei Überfällen auf Poststellen und Bahnhofskassen wurden gewaltige Summen erbeutet. Offiziell dementierten die Bolschewiki die Beteiligung an diesen Vorfällen, doch über Dschugaschwili und Ter-Petrosjan floss die Beute auf geheimen Wegen in die Parteikasse (»Nowy schurnal«, Nr. 110, S. 270–273). Das Geld ging dann als »Gehalt« weiter an kommunistische Funktionäre wie Kamenew, Sinowjew, Bogdanow und Schanzer. Unter den bisher nicht veröffentlichten Dokumenten Lenins befinden sich auch eine Reihe von Finanzunterlagen, deren Herkunft noch eingehend überprüft werden muss. Offensichtlich handelt es sich dabei jedoch um Operationen mit Geldern der Bolschewiki, die Lenin zur Weiterleitung anvertraut worden waren. So existiert beispielsweise eine Bargeldabrechnung, deren Endsumme sich auf 44 850 Franc beläuft (Archiv für neuere Geschichte). Lenin konnte gut mit Geld umgehen und führte auch über seine privaten Ausgaben genau-

estens Buch. Er hatte stets alle Rechnungen und Quittungen bei sich und nahm sie sogar mit, wenn er in ein anderes Land reiste. Der Geldraub war ein verbrecherisches Kapitel in der Geschichte der Bolschewiki. Offiziell distanzierte sich Lenin davon, wie er es auch in anderen zweifelhaften Angelegenheiten zu tun pflegte. In solchen Fällen zog er es vor, hinter den Kulissen zu bleiben. Andererseits hat er sich in keinem seiner Artikel für den »Proletarier« oder andere revolutionäre Zeitschriften offen für ein Verbot derartiger illegaler Aktionen ausgesprochen. Im Gegenteil: ein halbes Jahr nach dem 4. Parteitag, auf dem die »Partisanenaktivitäten« verurteilt worden waren, schrieb Lenin: »Wenn Sozialdemokraten stolz und selbstzufrieden erklären: ›Wir sind weder Anarchisten noch Räuber, das ist nicht unser Niveau; wir lehnen den Partisanenkampf ab‹, dann frage ich mich: wissen diese Leute überhaupt, was sie da sagen?« (PSS, Bd. 10, S. 86) Schon früher hatte der Revolutionsführer deutlich gemacht, dass er den Einsatz von illegalen Kampfgruppen für unverzichtbar hielt. Dabei sollte allerdings die Zivilbevölkerung nicht gefährdet werden. Vorrangige Ziele waren vielmehr »Spione, aktive Reaktionäre und führende Politiker, ferner Polizei, Armee, Flotte und so weiter und so fort« (ebd., S. 45–47).
Die gängige Ansicht, es habe in der Gewaltfrage einen prinzipiellen Unterschied zwischen Bolschewiki und Sozialrevolutionären gegeben, muss revidiert werden. Die Bolschewiki haben den individuellen Terror nie grundsätzlich abgelehnt. Sie dachten nur globaler. Für sie war der Terrorismus nicht Hauptmittel im revolutionären Kampf, sondern nur eine von vielen Aktionsformen, die eingesetzt werden konnte, wenn die Situation dies erforderte.
Das durchschnittliche »Parteisalär« eines Führungsmitglieds der Bolschewiki in der Emigration betrug 350 Francs. Im Geheimarchiv befindet sich eine große Anzahl von Quittungen über Zahlungen zwischen 200 und 600 Francs an Sinawjew, Kamenew und andere leitende Funktionäre. Auch Lenin erhielt regelmäßig derartige Summen aus der Parteikasse. Viele der Quittungen tragen seine Unterschrift (Archiv für neuere Geschichte). Verantwortlich für die Geldausgabe war die »Wirtschaftskommission der Parteizentrale der Bolschewiki« (ebd.).
Spenden bildeten eine weitere Einnahmequelle der Partei. Die So-

zialdemokraten, aber auch andere Parteien hatten nicht nur Sympathisanten unter den progressiven Intellektuellen, sondern auch in bestimmten Industriellenkreisen, die sich von ihnen Unterstützung bei der Beseitigung archaischer Relikte der Selbstherrschaft erhofften. Der Millionär Sawwa Morosow, Haupt einer bekannten russischen Kaufmannsfamilie, unterstützte das kulturelle Leben und fortschrittliche gesellschaftliche Strömungen in Russland durch regelmäßige finanzielle Zuwendungen. Anfang des Jahrhunderts half er unter dem Einfluss Gorkis sogar den Sozialdemokraten bei organisatorischen Problemen, wie der Herausgabe ihrer Parteizeitung »Iskra« (Der Funke). Dieser Schritt erschien damals um so unbegreiflicher, da sich Morosow bis dahin nie von politischen oder gar revolutionären Motiven leiten ließ, sondern stets aus religiösen und humanistischen Beweggründen handelte. Er starb im Mai 1905 in Cannes und vermachte den Bolschewiki 100.000 Rubel. Sein Neffe Nikolaj Pawlowitsch Schmitt, Besitzer einer großer Möbelfabrik, unterstützte ebenfalls die Sozialdemokratie. Während des bewaffneten Aufstands in Moskau wurde er wegen Unterstützung der »Rebellen« verhaftet und beging 1907 unter rätselhaften Umständen Selbstmord. Diese Tat war vollkommen unverständlich, da der kaum Vierundzwanzigjährige auf Initiative seiner Familie bald aus dem Gefängnis entlassen werden sollte. Auch er hinterließ einen Teil seines Vermögens revolutionären Gruppierungen, darunter den Bolschewiki. Laut Gesetz waren Schmitts minderjähriger Bruder und seine beiden Schwestern die Erben des Vermögens. Zu dieser Zeit gingen jedoch im Hause des Unternehmers bereits zwei seiner Bekannten, die Bolschewiki Andrikanis und Taratuta, aus und ein. Es ist anzunehmen, dass die beiden den Auftrag hatten, die Erbschaft durch Heirat der Töchter in den Besitz der Partei zu bringen. Die Bolschewiki hatten leichtes Spiel mit den Mädchen, deren romantische Schwärmerei für »die Revolution« sie sich zunutze machten. Als die beiden Hochzeitspaare 1909 nach Paris reisten, weigerte sich Andrikanis jedoch, den Geldforderungen der Partei nachzukommen. Lenin selbst bemerkt dazu, dass »eine der beiden Schwestern, Katharina Schmitt (verheiratet mit Herrn Andrikanis) den Bolschewiki das Geld streitig machte. Der daraus entstanden Konflikt wurde durch einen Schiedsspruch beigelegt, der 1908 in Paris im Beisein von

Mitgliedern der Partei der Sozialrevolutionäre gefällt worden war. Laut diesem Urteil musste Schmitts Geld den Bolschewiki ausgehändigt werden« (Leninski sbornik, Bd. 18, S. 66). Schließlich übergab das Ehepaar Andrikanis im November 1909 Lenin persönlich eine Summe von mehr als 250.000 Francs. Bereits zuvor hatten die Bolschewiki aufgrund des Schiedspruchs von einigen anderen Parteien über eine halbe Million Francs erhalten (Archiv für neuere Geschichte). Laut Krupskaja bildete die Gesamtsumme der damaligen Einnahmen »eine dauerhafte materielle Basis« für die Partei (Wospominanija, Bd. 2, S. 121).

Die Menschewiki wollten im Falle einer Vereinigung mit den Bolschewiki auch die Parteikassen zusammenlegen.

Unklar war nur, wer das riesige Vermögen verwalten sollte. Nach langen, hitzigen Debatten einigte man sich schließlich darauf, die bekannten deutschen Sozialdemokraten Clara Zetkin, Karl Kautsky und Franz Mehring als Treuhänder einzusetzen. Nachdem sich jedoch eine Wiedervereinigung der Partei als illusorisch erwiesen hatte, wurden die endlosen Streitereien um das Vermögen unvermindert fortgesetzt. Die Verwalter des Geldes sahen sich nun in die schwierige Lage versetzt, unter beiderseitigem Druck über die Verteilung der Mittel zu entscheiden. Lenin forderte die Rückgabe des Geldes an die Parteikasse der Bolschewiki. Darauf antwortete ihm Kautsky:

»Genosse Uljanow,

Ihren Brief habe ich erhalten. Ich kann Ihnen jedoch erst antworten, wenn ich mit Frau Zetkin und Herrn Mehring zu einer Einigung gekommen bin. Wie Sie vielleicht wissen, ist dieser wegen seiner Krankheit von der Verwaltung des Geldes zurückgetreten. Daher können Frau Zetkin und ich im Falle von Meinungsverschiedenheiten keine Entscheidung treffen.

2. Oktober 1911 K. Kautsky

PS: Meine übrige Arbeit leidet sehr unter dem Zeit- und Kraftaufwand für diese verfahrene Angelegenheit. Daher sehe ich mich nicht mehr in der Lage, diese Aufgaben auch weiterhin wahrzunehmen.

Mit Parteigruß K. Kautsky«

(Archiv für neuere Geschichte)

Clara Zetkin, die nun die alleinige Verfügungsgewalt besaß, beharrte überraschenderweise darauf, dass das Geld der gesamten Partei gehöre und an beide Seiten anteilsmäßig zurückzuerstatten sei. Daraufhin begann eine langwierige Auseinandersetzung, in deren Verlauf Rechtsanwälte bemüht und endlose Briefwechsel geführt wurden. Die Verwalterin des Geldes wurde dabei mit allerlei Bösartigkeiten bedacht. In seinem Brief an Schklowski äußerte sich Lenin nicht gerade höflich über Zetkins Weigerung, das Geld allein an die Bolschewiki zurückzugeben: »›Madame‹ hat in ihrer Antwort so viel zusammengelogen, dass sie sich mehr und mehr in Widersprüche verstrickte« (Archiv für neuere Geschichte). Lenin ging schließlich wegen dieser Angelegenheit vor Gericht. Wenn es um Geld ging, kannte der Führer der Bolschewiki kein Pardon. Doch Clara Zetkin konnte ihre Position behaupten, bis der Erste Weltkrieg dem Streit ein Ende bereitete. Dabei ging es überhaupt nur um einen Bruchteil des bolschewistischen Vermögens, dessen Großteil sich in der ständigen Verfügungsgewalt der Parteiführung befand.

Der berühmte Schriftsteller Maxim Gorki war ein weiterer bedeutender Förderer der Bolschewiki. Dennoch vertrat er in seinen Artikeln, die in dem Sammelband »Nesowremjennye mysli« (Unzeitgemäße Gedanken) und in seiner »Neuen Zeitung« (Nowaja gasjeta) erschienen, auch zu Fragen der Revolution stets seine eigene, unabhängige Meinung. Lenin führte mit Gorki einen umfangreichen Briefwechsel, in dem er freilich ständig über finanzielle Probleme klagte. So bat er Gorki um Unterstützung bei der Herausgabe bolschewistischer Propagandaliteratur, um »Hilfe bei der Werbung von Abonnenten«, um »ein wenig Geld für die ›Prawda‹«. Bei anderer Gelegenheit jammerte er: »Ich bin dringend auf einen Verdienst angewiesen und möchte Sie, falls es Ihnen nicht zu viele Umstände machte, darum bitten, die Veröffentlichung der Broschüre zu beschleunigen« (Pisma Lenina Gorkomu, S. 63, 74, 76, 85, 96, 111). Obwohl Gorki diesen Bitten stets nachkam, äußerte er im November 1917 über Lenin: »Er ist kein allmächtiger Wundertäter, sondern nur ein kaltblütiger Taschenspieler, dem weder die Ehre noch das Leben des Proletariats etwas bedeuten« (»Nowaja schisn«, 7./20. November 1917).

In den 15 Jahren, die er im Ausland verbrachte, hat Lenin nie Not

leiden müssen, obwohl er gewöhnlich dazu neigte, seine finanzielle Lage zu dramatisieren. In der sowjetischen Geschichtsschreibung findet man häufig Zitate aus einem Brief Lenins an Schljapnikow: »Ich kann nur sagen, dass ich dringend Geld brauche. Andernfalls bekomme ich erhebliche Schwierigkeiten ... Hier herrscht eine teuflische Inflation, und es gibt nichts, wovon ich leben könnte. Ich brauche unbedingt das Geld vom Herausgeber der ›Letopisi‹ (Maxim Gorki, D.W.), dem ich zwei meiner Broschüren geschickt habe (er soll sofort zahlen, wenn möglich noch mehr!) ... Wenn das nicht sofort veranlasst wird, dann weiß ich wirklich nicht, wie lange ich noch durchhalten kann. Das ist mein bitterer Ernst, glauben Sie mir« (Sotschinenija, Bd. 24, S. 276).
Warum dieser dramatische Ton? Hatte ihn vielleicht der Tod seiner Mutter, die sich ein Leben lang aufopferungsvoll um ihn gekümmert hatte, derart erschüttert? Immerhin kontrollierte Lenin doch die Parteikasse, in der sich nach wie vor beachtliche Summen befanden. N.K. Krupskaja hatte noch vor dem Krieg ihre Tante beerbt, die in Nowotscherkassk gestorben war. Außerdem erhielt er immer noch gelegentlich Geld von seinen Schwestern Anna und Maria ... Von einer finanziellen Notlage konnte also keine Rede sein. Selbst als er 1917 mit Krupskaja nach Russland zurückkehrte, waren seine Geldreserven noch nicht aufgebraucht. Lenins Emigrationszeit war im Grunde eine ausgedehnte Erholungsreise. Man logierte in der Bretagne und in Nizza, genoss die Aussicht in Schweizer Bergdörfern und flanierte in Paris über die Boulevards. Das Ehepaar fuhr nach Montreux und ins Rhonedelta, unternahm Bootsfahrten und noch vieles mehr. Auch seiner Seele gönnte Lenin Erholung. Zahlreiche Kino- und Theateraufführungen, darunter die »Kameliendame« mit Sarah Bernhardt, vervollständigten das müßige und sorgenfreie Leben des zukünftigen Revolutionsführers. Solch ein Lebenswandel war doch im Grunde ganz normal für Menschen »aus dem Erbadel«, denen sich Lenin ja selbst ausdrücklich zurechnete, wie einige seiner Unterschriften um die Jahrhundertwende belegen (Archiv für neuere Geschichte). Warum also hat die sowjetische Forschung aus diesem Lebensabschnitt so lange ein Geheimnis gemacht?

Zweites Kapitel
Großmeister der Bolschewiki

»Lenins Ziel, das er mit außergewöhnlicher Konsequenz verfolgte, war die Gründung einer starken Partei.«

Nikolaj Berdjajew

In seiner Arbeit »Was tun?«, die im Mai 1902 in Stuttgart veröffentlicht wurde, entwickelte Lenin seinen Plan für die Gründung einer großen, konspirativen Organisation. Er versuchte gar nicht erst, den geheimbündlerischen Charakter dieser Partei zu bestreiten. Es wäre ausgesprochen naiv, schrieb er, »sich vor dem Vorwurf zu fürchten, wir, die Sozialdemokraten, wollten eine Geheimorganisation gründen.« (PSS, Bd. 6, S. 136)

Neben einer »allrussischen Zeitung« hielt Lenin den Aufbau eines »Agentennetzes« für unerlässlich, das »unsere Erfolgschancen im Falle eines Aufstands erhöhen« sollte. Für den Fall, dass sich jemand an dem »schrecklichen Wort ›Agent‹« störte, schlug er den Begriff »Mitarbeiter« vor (ebd., S. 178).

Mit seiner »eisernen« Partei lieferte Lenin gleichzeitig das Vorbild für eine Art Staatsorden, in dem, neben den Kommissaren, »Agenten« und »Mitarbeiter« leitende Funktionen ausübten und der Revolutionsführer selbst die Position des »Großmeisters« einnahm. Uljanows Pläne sollten in Erfüllung gehen. Es gelang ihm, eine »eiserne«, »konspirative«, »zentralisierte« und streng »disziplinierte« Organisation zu schaffen. Nach der Machtergreifung begannen sich die Grenzen zwischen Partei und Staat rasch zu verwischen. Es war nur mehr schwer auszumachen, wo die Macht der Partei endete und das Polizeiregime der Tscheka begann. Lenins Partei herrschte im größten Land der Welt 70 Jahre lang über millionen von Menschen.

Um ihr Hauptziel, die uneingeschränkte politische Macht, erreichen zu können, brauchte die Partei die Revolution. Diesem blutigen Fetisch huldigten die Bolschewiki, allen voran Lenin.

Theoretiker der Revolution

Als sich Lenin und Krupskaja am Morgen des 10. Januar 1905 wie gewöhnlich auf dem Weg in die Genfer Bibliothek befanden, erfuhren sie von den Lunatscharskis eine Neuigkeit, die sie in freudiges Entzücken versetzte: In Petersburg hatte die Revolution begonnen!

Zwei Tage später kam es im Genfer Zirkus zu einem Treffen der beiden verfeindeten Parteigruppen. Für die Bolschewiki sprach A. B. Lunatscharski. Aus der sicheren Emigration heraus begrüßten beide Fraktionen begeistert den Zusammenbruch der Selbstherrschaft. Da sich alle Sozialdemokraten in dieser Frage einig waren, konzentrierte man sich ganz auf die polemischen Spitzen in den Reden der Protagonisten. F. I. Dan, der für die Menschewiki sprach, konnte sich nicht enthalten, in äsopischer Sprache die »Spalter« innerhalb der Partei anzugreifen. Daraufhin gab Lenin ein Zeichen, indem er seine Hand hob, und die Bolschewikik verließen geschlossen die Versammlung. Die Freude über die Revolution wurde von der gegenseitigen Feindschaft überschattet.

Bisher hatte Lenin nur über die Vorbereitung der Revolution, über Parteiorganisation, Parteiprogramm und das autokratische System geschrieben. Nun galt es, die Revolution selbst in Angriff zu nehmen, deren Flamme so unerwartet aufgelodert war. Da war es freilich ärgerlich, dass der Priester Gapon näher am Ort des Geschehens weilte als die erklärten »Berufsrevolutionäre«. In Tausenden von Büchern, die in der UdSSR und im Ausland erschienen, wurden Lenins vermeintlich »geniale« Leistungen glorifiziert: Er entwickelte die Lehre von der Diktatur des Proletariats, schuf die Partei »neuen Typs« und bereicherte die marxistische Theorie auf den Gebieten der Politik, der Philosophie und der Soziologie. Ferner erarbeitete er ein neues Wirtschaftsprogramm für die Arbeiter und Bauern, bestimmte die Aufgaben der internationalen kommunistischen Bewegung und vervollkommnete die marxistische Strategie und Taktik … Nach Meinung seiner Apologeten durchdrang der geniale Intellekt des »großen Führers« alle Bereiche der Gesellschaft.

Wir wollen uns im Folgenden auf seine »Theorie der sozialistischen Revolution« beschränken. Lenin hatte diese Lehre nie systematisch formuliert, sondern in einer Vielzahl von Büchern, Artikeln und politischen Reden fragmentarisch dargelegt. Aus diesen Bruchstücken lassen sich folgende Kernprobleme erschließen: die Beziehung zwischen subjektiven und objektiven Faktoren in der sozialistischen Revolution, die Möglichkeit ihres Siegs in einem einzelnen Land, das Verhältnis zwischen Sozialismus und Demokratie, Formen des Übergangs zum Sozialismus und die Entwicklung der Weltrevolution.

Marx hatte bekanntlich die Möglichkeit einer proletarischen Revolution von entsprechend entwickelten kapitalistischen Produktionsverhältnissen abhängig gemacht. Lenin, der formal mit der marxschen Theorie über das evolutionäre Heranreifen einer revolutionären Situation übereinstimmte, versteifte sich auf seine These, dass nur das bewusste Handeln der Menschen einen Erfolg der Revolution garantiere. Die Möglichkeit, über einen kontinuierlichen Reformprozess zur Verwirklichung sozialistischer Ziele zu gelangen, hatte in seinen Überlegungen von vornherein keinen Platz. Im Zentrum seiner Theorie stand nicht die Entfaltung ökonomischer Entwicklungsgesetze, sondern deren Regulierung durch eine verwaltende Macht. Im Januar 1917 schrieb Lenin, die Gesellschaft sei reif für den Übergang zum Sozialismus und die Verwaltung durch ein »politisches Zentrum« (PSS, Bd. 30, S. 347). Reformen waren für ihn nur »ein Nebenprodukt des revolutionären Klassenkampfes« (ebd., S. 346). In zahlreichen Arbeiten schrieb er dem bewussten Handeln von Partei und Massen die entscheidende Rolle zu. Offiziell erkannte der Theoretiker der Revolution das Primat des objektiven Faktors an. Unter dem Deckmantel der Dialektik verfolgte er jedoch in Wirklichkeit seine voluntaristischen Lösungen.

Im Grunde wusste Lenin, dass Plechanow und die Menschewiki recht hatten, wenn sie behaupteten, die sozialistische Revolution sei in Russland »noch nicht herangereift«. Er wollte jedoch die einmalige Chance zur Machtergreifung nicht ungenützt verstreichen lassen, denn in der Verfassungsgebenden Versammlung hätten die Bolschewiki sonst als extremer, linker Flügel nur einen verschwindend geringen Einfluss gehabt.

Also brach Uljanow mit dem klassischen Marxismus und gleich-

zeitig auch mit der europäischen Sozialdemokratie, die ein parlamentarisches System anstrebte.
Einen entscheidenden Einfluss auf die Ereignisse des Oktobers hatten Lenins Willensstärke und sein unbedingtes Vertrauen in die Richtigkeit des Aprilprogramms, das Plechanow als »abenteuerliche Fieberphantasie« bezeichnet hatte.
Ob wir wollen oder nicht, die leninistische Transformation der marxschen Lehre von der proletarischen Revolution hat die Geschichte des 20. Jahrhunderts entscheidend verändert und die Angst vor der Weltrevolution über den ganzen Globus getragen. Die gesamte übrige Welt setzte alles daran, eine so schicksalhafte und folgenschwere Entwicklung zu verhindern, wie sie sich in Russland vollzogen hatte.
Die Überbetonung des subjektiven Faktors bildete die Grundlage für Lenins gewaltsamen Kurs einer revolutionären Problemlösung. Aus der richtigen Erkenntnis der Inkongruenz in der ökonomischen und politischen Entwickung des Kapitalismus kam er mitten im Ersten Weltkrieg zu der Schlussfolgerung, dass »ein Sieg des Sozialismus zunächst in wenigen oder sogar in einem einzelnen kapitalistischen Land möglich« sei (PSS, Bd. 26, S. 354). Lenin verwechselte dabei offensichtlich zwei völlig verschiedene Dinge, denn seine These traf zwar zu, sofern man sie auf die Machtergreifung einer Partei bezog, doch ein so komplexes System wie der Sozialismus war nicht mit einem einzigen, voluntaristischen Akt des Umsturzes zu erzwingen. Im Laufe des Kriegs präzisierte Lenin seine Theorie noch einmal. Nun hieß es: »Der Sozialismus kann nicht in allen Ländern gleichzeitig siegen« (PSS, Bd. 30, S. 133). Welches aber sollten diese »glücklichen« Länder sein, denen es beschieden war, in stolzer Einsamkeit die Schwelle zum gelobten Land zu überschreiten?
Auch darauf wusste Lenin eine Antwort. Auserwählt waren gerade die schwächsten imperialistischen Staaten. Daraus ergaben sich allerdings einige theoretische Ungereimtheiten. Entwickelte kapitalistische Staaten wie Deutschland, England und die USA hatten demnach geringere Chancen auf soziale und ökonomische Vervollkommnung als Russland. Dabei war doch in Westeuropa, wie Lenin selbst geschrieben hatte, die materielle Basis für den Sozialismus schon beinahe gegeben. Er versuchte noch, diese

Widersprüche zu entkräften, indem er einräumte: »Ohne einen bestimmten Grad der kapitalistischen Entwicklung wäre auch in unserem Land keine Revolution möglich« (Leninski sbornik, 11, S. 397). Doch auch dadurch wurden seine Behauptungen nicht richtiger. Für Lenins eigentliches Ziel, die Machtergreifung seiner Partei, waren die Voraussetzungen allerdings in der Tat ausgesprochen günstig in einem Land, das durch Krieg und politische Instabilität erheblich geschwächt war. Mit Sozialismus freilich hatte das nichts zu tun, denn man darf die politische Macht nicht mit der sozialökonomischen Basis identifizieren. Normalerweise bringt diese Basis eine ihr adäquate Herrschaftsform hervor. Lenin wollte dieses Verhältnis umkehren, indem er durch einen gewaltsamen Umsturz die »Diktatur des Proletariats« errichtete. Wir stützten uns lange Zeit auf die »historische Erfahrung« der Entwicklungsländer als Beweis dafür, dass es möglich sei, vom Feudalismus unter Umgehung des Kapitalismus auf direktem Weg zum Sozialismus zu gelangen. Am Beispiel Äthiopiens und anderer Länder der »Dritten Welt« zeigte sich jedoch, dass es erheblich leichter war, den Sozialismus einfach zu »deklarieren« als wirkliche Veränderungen in der politisch-ökonomischen Struktur eines Landes zu erreichen.

Aufgrund des theoretischen Axioms vom »Sozialismus in einem Land« wurde der Reformismus als Häresie gebrandmarkt, jede Möglichkeit einer gesellschaftlichen Evolution verneint und die »Dikatur des Proletariats« in den Rang eines Dogmas erhoben. Von Anfang an hatten Kautsky, Rosa Luxemburg und Plechanow gewarnt, dass dieses Konzept auf direktem Wege zu einem totalitären Regime führen würde.

Im Schicksalsjahr 1917 schürte Lenin in seinen Artikeln hemmungslos die Wut und die soziale Unzufriedenheit der Massen. Als Lohn für die Unterstützung seiner Partei versprach er Frieden und Land. Die Partei bereitete als geheime Kampforganisation den Umsturz vor. Bereits nach der Februarrevolution, als sämtliche illegalen Parteimitglieder aus dem Untergrund aufgetaucht waren, hatte Lenin verkündet: »Wir werden unsere Parteistrukturen beibehalten und weiterhin die legale Arbeit mit der illegalen verbinden« (PSS, Bd. 49, S. 399).

In einer Gesellschaft, die von Lenin und seinen Gefolgsleuten mit

Gewalt errichtet worden war, konnte wiederum nur die Gewalt zum herrschenden Prinzip werden. Ihr fielen alle moralischen und humanistischen Ideen zum Opfer.

Die Diktatur vernichtete im Dienste der Revolution Edelmut, Individualität und Schöpfertum. Der Partei als Führerin der Revolution wurden alle anderen gesellschaftlichen Kräfte untergeordnet. So durfte die Künstlerorganisation »Prolekult« ihren Kongress nur unter der Bedingung durchführen, dass sie sich uneingeschränkt dem Willen der Bolschewiki beugte (Archiv für neuere Geschichte).

Von Amoralität und Inhumanität des »Sozialismus in einem Land« zeugte eine Sitzung des Politbüros vom November 1921. Einige Parteimitglieder, die noch auf eine Rückkehr der Machthaber zu humanitären Prinzipien hofften, hatten den Antrag gestellt, »eine Kommission zur Verbesserung der Lebensbedingungen zu schaffen und die Entscheidung des ZK über die Lebensmittelrationen für Kinder zu revidieren«.

Das Politibüro unter Lenin, Trotzki, Kamenew, Stalin, Molotow und Kalinin lehnten den Antrag einstimmig ab (Archiv für neuere Geschichte). Derartige Fragen hatten eben keine Priorität. Selbst als Millionen von Bürgern bei der Hungersnot im Wolgagebiet ums Leben kamen, verteilte das oberste Beschlussorgan der Partei großzügig den Staatsschatz unter revolutionären Bewegungen im Ausland. So bewilligte das Politbüro im Mai 1919 die Freigabe einer erheblichen Zahl von Preziosen »zum Zwecke der Beschleunigung des revolutionären Fortschritts«. Die Liste dieser Wertsachen liest sich wie die Inventarliste eines wohlhabenden Juweliers:

»Juwelen, die der Dritten Internationale übergeben wurden:

1 Brosche	5.000 Rubel
12 Brillanten, 8,50 Karat	21.000 Rubel
1 Brillantanhänger	3.500 Rubel
1 Perlenknopf	4.000 Rubel
1 Brillantknopf mit Saphir	2.500 Rubel
1 Brillantring mit Rubin	2.000 Rubel
1 Uhrkette mit Brillant und Saphir	4.500 Rubel
1 Platinarmband mit Brillant	4.500 Rubel
1 Brillant, 2,30 Karat	7.500 Rubel

27 Brillanten, 13,30 Karat	32.000 Rubel
1 Brillant, 3,30 Karat	19.000 Rubel
14 Brillanten, 8,50 Karat	17.000 Rubel
11 Brillanten, 16,40 Karat	56.000 Rubel
2 Perlenohrringe	14.000 Rubel
1 Anhänger mit Perlen und Brillanten	12.000 Rubel
5 Brillanten, 5,08 Karat	22.500 Rubel
1 Brillantring	21.000 Rubel

...«

(Archiv für neuere Geschichte)

So geht es über viele Seiten weiter. Es wird genau aufgelistet, an welche Länder und an welche Parteien die Juwelen verteilt wurden. Man sieht also, dem Politibüro war für die Weltrevolution nichts zu teuer. Selbst Menschen opferte man bedenkenlos dem Halbgott »Weltrevolution«.
Wie ein roter Faden zieht sich ein Leitmotiv durch Lenins Theorie der sozialistischen Revolution, das da lautet: Macht, Macht und nochmals die Macht!
Die Leninforschung wurde nicht müde, den demokratischen Charakter dieser Lehre zu betonen, die angeblich auch die Möglichkeit einer friedlichen Entwicklung in sich barg. Vielleicht ist ja folgendes Schreiben, das mehr als 70 Jahre lang im Geheimarchiv der Partei verborgen war, Ausdruck einer Synthese von Demokratie und Diktatur?

»Nach Pensa — Moskau, 11. August 1918
An die Genossen Kurajew, Bosch, Minkin und die anderen Kommunisten in Pensa.
Genossen! Der Kulakenaufstand in den fünf Amtsbezirken muss erbarmungslos niedergeschlagen werden. Das Interesse der Revolution erfordert dies [hier haben wir also das »Interesse« und den höchsten Sinn der Revolution! D.W.]. Wir befinden uns gegenwärtig in der ›letzten und entscheidenden Schlacht‹ mit den Kulaken. Man muss ein Exempel statuieren.
1) Unverzüglich mindestens 100 führende Kulaken, Reiche und Blutsauger aufhängen (unbedingt hängen, damit das Volk es auch sieht)

2) Ihre Namen öffentlich bekannt machen
3) Ihr gesamtes Getreide konfiszieren
4) Gemäß dem gestrigen Telegramm Geiseln nehmen
Alles so organisieren, dass das Volk im Umkreis von Hunderten von Werst es sieht und herausschreit: Sie erdrosseln die Kulaken und Blutsauger!
Bestätigen Sie Empfang und Ausführung Lenin
PS: Finden Sie die geeigneten Leute«

Der letzte Satz ist besonders aufschlussreich, denn offenbar waren selbst viele Bolschewiki nicht fähig, diesen ungeheuerlichen Befehl auszuführen. Man brauchte »geeignete Leute« …
Möglicherweise zwang Lenin ja die »eiserne« Logik der Revolution, die aus dem Ruder zu laufen drohte, zu derartigen Maßnahmen? Davon kann keine Rede sein. Bereits 1905 schickte er aus dem friedlichen Genf eine Reihe von Artikeln nach Petersburg, die Instruktionen für die Vorbereitung und Durchführung von Aufständen enthielten. Besonders charakteristisch ist ein Aufsatz mit dem Titel »Aufgaben der revolutionären Armee«, der sowohl »selbständige Kriegshandlungen« als auch die »Führung der Massen« zum Thema hat. Darin heißt es: »Die Verbände müssen sich mit allem bewaffnen, was ihnen nur irgend zur Verfügung steht (Pistolen, Revolver, Bomben, Messer, Schlagringe, Stöcke, kerosingetränkte Tücher zur Brandlegung, Seile, Spaten für den Bau von Barrikaden, Pyroxilinsprengkörper, Stacheldraht und Nägel [gegen die Kavallerie] usw.).« Weiter empfiehlt Lenin, Unbewaffnete anzuweisen, aus den oberen Etagen der Häuser »Steine zu werfen«, »kochendes Wasser hinabzuschütten«, Säure herzustellen, »um damit die Polizisten zu übergießen«, und die »Konfiszierung von Regierungsmitteln« durchzuführen. Man müsse ständig zur »Ermordung von Spionen, Polizisten, Gendarmen und Reaktionären« ermuntern. »Verbrecherisch« sei es, »Demokraten« zu vertrauen, die doch nur eine »liberale Quasselbude« errichten wollten (PSS, Bd. 2, S. 339–343). Für Lenin war die Revolution ein soziales Experiment. Wenn sie 1905 nicht gelang, würde es eben 1917 dazu kommen …
Im November 1917 warnte Gorki in seinem Artikel »Den Arbeitern zur Beachtung«: »Das Leben in seiner ganzen Komplexität

ist Lenin unbekannt. Er kennt das Volk nicht und hat nie unter ihm gelebt. Aus Büchern weiß er, wie man die Massen aufhetzt und an ihre niedrigen Instinkte appelliert. Die Arbeitermassen sind für ihn das, was für den Metaller das Erz ist. Kann man unter den gegebenen Umständen aus diesem Erz einen sozialistischen Staat gießen? Offensichtlich ist das nicht möglich. Andererseits: Warum sollte er es nicht versuchen? Was riskiert Lenin schon, wenn das Experiment misslingt?« (Gorki, Nesowremennye mysli, S. 113)

Sein einziges Risiko bestand darin, ob es ihm im Falle eines Scheiterns abermals gelingen würde, ins Ausland zu entkommen.

Im Zentrum von Lenins Experiment stand die Machtergreifung seiner bolschewistischen Partei. Sein Versuch gelang auf erschütternde Weise.

Das Phänomen des Bolschewismus

Der Bolschewismus gewann als radikale Strömung der russischen Sozialdemokratie die Oberhand über die anderen revolutionären Parteien, weil es ihm im entscheidenden Augenblick gelang, die Interessen eines Großteils der Bevölkerung geschickt in seine Agitation zu integrieren.

Eine Trumpfkarte der Bolschewiki war der Erste Weltkrieg, dessen Ende die Massen herbeisehnten. Die Nachricht vom Ausbruch des Krieges hatte den russischen Emigranten zunächst einen Schock versetzt, bis sich schließlich eine Bewegung zur Verteidigung des Vaterlandes bildete, an deren Spitze Plechanow, Lewitzki, Sasulitsch, Maslow und andere bekannte Sozialdemokraten standen. Ganze Hundertschaften von patriotisch gesinnten Emigranten, unter ihnen an die tausend russische Sozialdemokraten, meldeten sich freiwillig für die Westarmeen (G. Aranson, Rossija nakanune rewoljuzii, New York 1962, S. 184).

Bald darauf formierte sich jedoch auch eine Gruppe von Internationalisten unter Ju. Martow, die den Ersten Weltkrieg generell als imperialistischen Krieg ablehnten. Martow forderte die Vereinigung aller progressiven Kräfte im Kampf gegen die militaris-

tische Politik der imperialistischen Staaten, wobei er sowohl antibolschewistische als auch defätistische Strömungen ablehnte. »Es trifft nicht zu«, monierte er, »dass eine Niederlage automatisch zur Revolution und ein Sieg zum Triumph der Reaktion führt« (»Proletarskaja rewoljuzija«, Nr. 3/15, 1923, S. 281–291). Die orthodoxen Bolschewiki, die sich als echte »Berufsrevolutionäre« verstanden, vertraten von Anfang an eine andere Auffassung.
Als Lenin erfuhr, dass die deutschen Sozialdemokraten im Reichstag für die Kriegskredite gestimmt hatten, verkündete er unversehens: »Ab heute bin ich kein Sozialdemokrat mehr, sondern Kommunist.« Nachdem er mit Hilfe von V. Adler in die Schweiz gelangt war, entwickelte er eine rege publizistische Tätigkeit, in deren Verlauf eine Vielzahl von Artikeln und Resolutionen entstand. Aus seiner Resolution »Aufgaben der revolutionären Sozialdemokratie im europäischen Krieg« stammt ein Satz, der von der sowjetischen Forschung jahrzehntelang als unumstößliches Dogma gehandelt wurde: »Für die Arbeiterklasse und alle übrigen Werktätigen der Völker Russlands wäre eine Niederlage des zaristischen Regimes und seiner Truppen, die neben Polen und der Ukraine noch eine Reihe anderer Völker unterdrücken, das geringste Übel« (PSS, Bd. 26, S. 6). Doch Lenin ging noch weiter. Im November 1914 schrieb er im »Sozialdemokrat«: »Die Umwandlung des imperialistischen Kriegs in einen Bürgerkrieg ist die einzig richtige proletarische Losung« (ebd., S. 26). Er präzisierte diese These in seinem Brief an Schljapnikow vom 17. Oktober 1914:

»Eine sofortige Niederlage des Zarismus wäre gegenwärtig das geringste Übel, denn die Selbstherrschaft ist noch hundertmal schlimmer als das Kaiserreich … Es geht allein darum, geduldig und systematisch auf eine Umwandlung des Krieges in einen Bürgerkrieg hinzuarbeiten. Im Moment ist allerdings noch nicht abzusehen, wann genau das gelingen wird … Wir können den Bürgerkrieg zwar nicht einfach per Dekret ›erklären‹, sind aber verpflichtet, beständig in diese Richtung zu wirken.« (PSS, Bd. 49, S. 13–15)

Artikel ähnlichen Inhalts erschienen nun immer häufiger in der Emigrantenpresse. Zwar wetterte der Führer der Bolschewiki bei dieser Gelegenheit nebenbei auch gegen das »imperialistische Deutschland«, doch in Berlin begann man bereits, Lenin als potentiellen Verbündeten zu betrachten. Als ganz Russland in der Agonie des Kriegs und die Staatsmacht in den letzten Zügen lag, nutzten die Bolschewiki ihre Chance, indem sie Frieden versprachen und so mit erstaunlicher Leichtigkeit an die Macht gelangten. Lenin war nun nicht mehr aufzuhalten. Man brauchte nur noch die »Reaktionäre« aus dem Weg zu räumen, und schon konnte das große Experiment beginnen. Sein Frieden erwies sich jedoch als genauso kurzlebig wie die Landreform, die bald rückgängig gemacht wurde, wodurch die russischen Bauern in den Rang von Leibeigenen des 20. Jahrhunderts versetzt wurden. Am Ende hatten die Menschen in Russland auch den letzten Rest an Freiheit eingebüßt, der ihnen aus der in dieser Hinsicht ohnehin nicht reich gesegneten Vergangenheit noch geblieben war. Unmittelbar nach der Machtergreifung formierte Lenin um sich eine Gruppe von Genossen, die die Revolution fortsetzen sollten und für die Verteidigung ihrer »Errungenschaften« zu allem bereit waren. Der Revolutionsführer erwies sich dabei als absoluter Pragmatiker, der jederzeit bereit war, im Interesse der Sache Prinzipien und Programme über Bord zu werfen.

1921 veröffentlichten die Sozialrevolutionäre aus dem Untergrund die Broschüre »Was die Bolschewiki dem Volk gegeben haben«, in der sie den neuen Machthabern vorwarfen, nicht ein einziges ihrer früheren Versprechen gehalten zu haben: »Statt Frieden zu schaffen, haben sie das Land in einen dreijährigen Bürgerkrieg geführt, in dessen Verlauf 13 Millionen Menschen an der Front, an Typhus und durch den Terror ums Leben kamen oder in die Emigration getrieben wurden. In Russland grassiert die Hungersnot. Die Bauern säen nicht mehr, weil sie wissen, dass ihnen die Ernte wieder weggenommen wird. Die Industrie ist zerstört. Russland ist von der übrigen Welt isoliert. Fast alle Staaten haben sich von uns abgewandt. Man hat eine Einparteiendiktatur errichtet. Die Tscheka ist zu einem Staat im Staate geworden. Die Verfassungsgebende Versammlung wurde aufgelöst. Die Staatsmacht führt einen Krieg gegen das eigene Volk« (»Nowy schurnal«, 1986, Nr. 164, S. 143–160).

Man kann gewiss nicht behaupten, die Gegner der Bolschewiki

hätten mit ihren Thesen übertrieben. Lenin selbst legte Zeugnis ab vom brutalen Vorgehen der Bolschewiki, die einen erbarmungslosen Terror gegen Reste des Großbürgertums, Menschewiki, Sozialrevolutionäre und alle Andersdenkenden entfesselten:

»An den Genossen Krestinski.
Ich schlage vor, eine Geheimkommission für die Durchführung außergewöhnlicher Maßnahmen zu gründen (im Sinne Larins. Larin hat recht). Sagen wir: Sie, Larin, Wladimirski (Dserschinski) und Rykow?
Der Terror muss schnell und geheim organisiert werden …
Lenin«
(Archiv für neuere Geschichte)

Bei meiner Untersuchung des Phänomens Bolschewismus gelangte ich zu der scheinbar paradoxen Schlussfolgerung, dass die Macht der Bolschewiki (»Mehrheitler«) in Wirklichkeit auf der Diktatur einer Minderheit beruhte. Faktisch ersetzten sie die Losung »Alle Macht den Sowjets« durch die Parole »Alle Macht der bolschewistischen Partei« und errichteten damit die Diktatur einer absoluten Minderheit des Proletariats oder, genauer gesagt, eine Diktatur über das Proletariat. Das Politbüro gelangte als höchstes Parteiorgan in den Besitz einer Macht, über die nicht einmal der Zar verfügt hatte. Eine Reihe von Beschlüssen dieses sogenannten »Organs der Gesellschaft« dokumentieren die Willkürherrschaft der Partei unter Lenins Führung:

»– 26. April 1919: Falls es zu wiederholten Bombenanschlägen auf die friedliche Bevölkerung kommt, ist ein Teil der Geiseln zu erschießen« (Archiv für Zeitgeschichte).
»– 24. Juni 1919: Gegenüber Personen, die ihre Waffen nicht innerhalb einer festgesetzten Frist abliefern, sind strengste Maßnahmen bis hin zur Erschießung einzuleiten« (ebd.).
»– 4. Mai 1920: Ordschonikidse wird durch Lenin und Stalin zum ›Generalbevollmächtigten‹ für Georgien ernannt« (ebd.).
»– 6. Mai 1920: Die Teilnehmer des Zionistenkongresses sollen verhaftet und es soll kompromittierendes Material über sie in Umlauf gebracht werden« (ebd.).

Auf den zahlreichen Sitzungen des Politbüros wurde nur selten über innerparteiliche Angelegenheiten entschieden. Die Partei war zum führenden Staatsorgan geworden. Das Wesen des Bolschewismus lag in seinem absoluten Machtanspruch, der letztendlich auch seine historische Niederlage besiegeln sollte. Politisch gesehen, bestand er aus einer Synthese von sozialem Jakobinertum, radikalem Marxismus und russischem Blanquismus. Er hatte versucht, das »Reich der Freiheit« auf der Grundlage von Knechtschaft zu errichten. Sein geistiger Vater hieß Wladimir Iljitsch Lenin, dessen Weltanschauung zur Ideologie der Bolschewiki wurde. Hauptelemente dieser Lehre waren revolutionärer Maximalismus, Antireformismus, Antiparlamentarismus, Gewaltanbetung und Machiavellismus in der Politik. Auf Menschen, die an die Möglichkeit eines großen Sprunges vom »Reich der Notwendigkeit« in das »Reich der Freiheit« glaubten, hatte diese ideologische Mixtur eine berauschende Wirkung.

Der Bolschewismus duldete auch in den eigenen Reihen keinerlei Widerspruch. Renegaten wie Angelika Balabanowa, die 1921 mit den Bolschewiki gebrochen hatte, unterlagen der erbarmungslosen Verfolgung durch die Straforgane der Partei, deren langer Arm bis in die Emigration reichte. »Fraktionen«, »Abweichler« und »Plattformen« wurden akribisch vom Parteikörper abgesondert, bis nur noch jener stalinistische Monolith übrig geblieben war, der jede Fähigkeit zur Veränderung eingebüßt hatte.

Bolschewismus war gleichbedeutend mit Unversöhnlichkeit und der Bereitschaft, Opponenten bis hin zur Liquidierung erbarmungslos zu verfolgen. All dies waren Eigenschaften, wie sie sich auch im Charakter des Revolutionsführers selbst fanden. Lenins Briefwechsel mit Revolutionären, Theoretikern und Schriftstellern zeugt von seiner permanenten Neigung zu polemischer Bloßstellung und Intoleranz. Im März 1908 schrieb er an Gorki:

»Lieber A. M.! In meinem philosophischen Eifer verfluche ich diese Zeitung: Einen Autor, der über Empiriokritizismus schreibt, beschimpfe ich im Gassenjargon, und über einen anderen verfalle ich in unflätiges Fluchen …« (Pisma Lenina Gorkomu, S. 24)

Lenin und die Menschewiki

Im Geheimarchiv des NKWD wurde jahrzehntelang eine umfangreiche Akte mit Dossiers über die führenden Vertreter der Menschewiki verborgen. Unter diesen Dokumenten befindet sich ein Lagebericht des Agenten »Ajax« vom 1. Juli 1939 an den Leiter der 4. Abteilung des NKWD:

»Die Auslandsdelegation der Menschewiki [So nannte sich das Führungsorgan der Menschewiki im Ausland, D. W.]
Die Auslandsdelegation verliert langsam, aber stetig an Mitgliedern. Gegenwärtig sind es offiziell noch acht, wobei sich B. Nikolajewski praktisch nicht mehr aktiv an der Arbeit der Delegation beteiligt«

Über F. I. Dan heißt es:

»Fjodor Iljitsch Dan ist ihr Vorsitzender. Gemeinsam mit R. Abramowitsch vertritt er die Menschewiki in der II. Internationale und redigiert das ›Sozialistitscheski Wjestnik‹. Dan steht in engem Kontakt mit Blum, Miralski und Brok. Von der schwedischen sozialistischen Partei erhielten die Menschewiki Geld für die Herausgabe ihrer Zeitschrift. Dans Frau Lidija Ossipowna hält den Kontakt mit der weißen Emigration aufrecht. Dans Verhältnis zu Kerenski ist von gegenseitiger Ironie geprägt …
Dan hat mehrere Verwandte in der UdSSR. Sein Bruder Gurwitsch lebt in Moskau, und ein Neffe arbeitet als Wissenschaftler in Leningrad. Sein anderer Neffe Lew Gurwitsch ist Menschewik. Ich weiß nicht, wo er gegenwärtig seinen Wohnsitz hat. Verwandte von Lidija Ossipowna: ihr Bruder Sergej Ossipowitsch Zederbaum, dessen Frau Konkordija Iwanowna Zederbaum, Wladimir Ossipowitsch Zederbaum sowie ihr Neffe Andrej Kranichfeld. Lidija Ossipowna schickte gelegentlich Päckchen an ihre Verwandten. Dan traf sich mit Katharina Pawlowna Peschkowa, als diese im Ausland weilte, und erhielt von ihr einen genauen Bericht über alle ihm persönlich bekannten Menschewiki.« (Archiv des NKWD)

Es existieren viele derartige Berichte über Menschewiki, die vormals der SDAPR angehörten, mit Lenin zunächst zusammengearbeitet hatten und später zu seinen politischen Gegnern zählten. Alle ehemaligen Weggefährten des Revolutionsführers wurden vom NKWD verfolgt. Sie gehörten ausnahmslos dem sozialdemokratischen Flügel der russischen Revolutionäre an, der sich 1903 von den Bolschewiki getrennt hatte. In der Folgezeit wurden mehrfach Versuche einer Wiedervereinigung der Partei unternommen. Doch die Menschewiki beharrten auf einem parlamentarisch-demokratischen System. Im Ziel, der Errichtung einer sozialistischen Gesellschaft, war man sich zwar einig, doch gab es unüberbrückbare Gegensätze in der Wahl der Mittel.

Im Jahr 1905 kreisten Lenins Gedanken ausschließlich um die Frage der strategischen und taktischen Vorbereitung eines Aufstands zum Zwecke der Machtergreifung. Nach dem Blutsonntag verfasste er eine Reihe von Artikeln und Pamphleten: »Am Vorabend des Blutsonntags«, »Die Zahl der Toten und Verletzten«, »Schlachtplan für den Kampf um Petersburg«, »›Väterchen Zar‹ und die Barrikaden«, »Tag des Blutes«, »Empörung über die Armee« (PSS, Bd. 9, S. 205–229). W. W. Filatow bot er an, eine Broschüre über die Taktik des Straßenkampfes zu verfassen. (Archiv für neuere Geschichte). Nachdem Lenin einen Brief des Priesters Gapon erhalten hat, erstellt er eine Liste von Parteien und Gruppierungen, die als Bündnispartner für einen Aufstand in Frage kämen. In einem im »Vperjod« veröffentlichten Artikel formuliert er als Ziel eines Aufstands innerhalb der bürgerlich-demokratischen Revolution die Errichtung einer Diktatur von Arbeitern und Bauern (Biochronika, Bd. 2, S. 31). Lenin ruft die Bündnispartner dazu auf, den Kampf gegen die Menschewiki zu verschärfen. Während diese sich aktiv an der Duma beteiligen wollten, forderte der Revolutionsführer den Boykott dieser Institution, da in seinen Augen alle Parlamente ohnehin nur »bürgerliche Quasselbuden« waren. Martows Artikel »Das russische Proletariat und die Duma« in der »Rabotschaja gasjeta« trieb ihn zur Raserei, denn sein ehemaliger Mitstreiter und nunmehr erbitterter Gegner rief darin alle Sozialdemokraten zur Teilnahme an den Parlamentswahlen auf. Lenin antwortete mit dem gegen Martow gerichteten Artikel »Lakaien der monarchistischen Bourgeoisie oder Führer der revolutionären Arbeiter und Bauern?« (Leninski sbornik, Bd. 5, S. 345–358). Für ihn zählte nur die Revolution, mit deren Hilfe er Selbstherrschaft und Ausbeuter ein für alle Mal vernichten wollte. Er war unfähig, die gewaltigen Möglichkeiten einer legalen parlamentarischen Tätigkeit einzuschätzen. Seine Artikel und Reden aus dieser Zeit sind durchsetzt vom Hass gegen Liberale und Reformisten, deren gefährlichste Vertreter natürlich die Menschewiki waren. Das »Kaiserliche Manifest« von Nikolaj II. war für ihn nur ein taktisches Manöver von Zar und Bourgeoisie – dabei bedeutete es in Wirklichkeit eine große historische Chance für eine demokratische Entwicklung Russlands. Den Gegnern der Selbstherrschaft galt es jedoch lediglich als Ausdruck der Schwäche des Zaren.

Lenin bemühte sich schließlich nach Russland, um persönlich an der »Beerdigung« der Monarchie teilzunehmen, wovon die Überschriften seiner Artikel beredtes Zeugnis ablegen: »Der nahe Zusammenbruch«, »Die sterbende Autokratie und die neuen Organe der Volksmacht«, »Über das neue konstitutionelle Manifest von Nikolaj dem Letzten«. Eine Zeit lang rückten sogar die wachsenden Meinungsverschiedenheiten mit den Menschewiki in den Hintergrund. Dabei zweifelten diese, wie auch die Liberalen, an der Richtigkeit einer gewaltsamen Veränderung der bestehenden Verhältnisse. Martow, der Lenin mehr und mehr durchschaute, gab seiner Befürchtung Ausdruck, dass eine solche Lösung zu einem Sozialismus ohne demokratische Strukturen führen würde. Im September 1908 schrieb er verzweifelt an Axelrod: »Ich muss gestehen, dass ich inzwischen allein die bloße Mitgliedschaft in dieser Verbrecherbande für einen Fehler halte.« (»Nowy schurnal«, 1966, Nr. 83, S. 255)

Die Menschewiki waren mehr an einer Wiedervereinigung der Sozialdemokratie interessiert als die Bolschewiki, allerdings unter der Bedingung, dass die ursprünglichen, demokratischen Strukturen gewahrt blieben. Lenin hielt eine Vereinigung aufgrund der unüberbrückbaren Gegensätze bereits zu diesem Zeitpunkt für unmöglich und handelte entsprechend, worauf ihm Plechanow vorwarf, er wolle die Partei systematisch »desorganisieren«. Seiner Ansicht nach stellte sich Lenin die Vereinigung beider Fraktionen folgendermaßen vor: »Seine Fraktion verleibt sich die andere ein und verschlingt damit die letzten Reste der russischen Sozialdemokratie.« Für Lenin, so Plechanow in seinem »Brief an den bewussten Teil der Arbeiterklasse«, »geht es nicht in erster Linie um das Verbindende zwischen seiner Fraktion und der anderen, die ja schließlich auch ihre Wurzeln in der Arbeiterbewegung hat, sondern um das Trennende ... Er ist ein unverbesserlicher Sektierer. Der Klassenstandpunkt ist ihm fremd und wird ihm auch bis zu seinem Tod fremd bleiben.« (Plechanow, Sotsch., Moskau 1927, Bd. 19, S. 534, 537)

Was die »Klassenfrage« anbelangt, war Lenin meines Erachtens unbestrittener Meister einer metaphysischen Deutung dieses Prinzips. In Bezug auf das Sektierertum hatte Plechanow allerdings vollkommen recht. Lenins Beharren auf der illegalen Arbeit, seine feindselige Haltung gegenüber jedem, der einen vom ZK der Bolschewiki abweichenden Standpunkt vertrat, und schließlich sein Anspruch auf die absolute Wahrheit – all das sind typische Eigenschaften politischen Sektierertums. Lenin hat sich weder vor noch nach der Revolution damit abfinden können, dass es noch andere Parteien gab. Menschewiki, Sozialrevolutionäre, Kadetten [Konstitutionelle Demokraten, A.d.Ü.] – sie alle wurden ans Messer geliefert und verschwanden von der politischen Bühne Russlands, als Lenin die Regie in seinem historischen Schauspiel übernahm. Als das russische Drama sich immer mehr zuspitzte, als militärische Misserfolge, Hunger und Zerfall das Land heimsuchten, da konzentrierten die Bolschewiki alle ihre Kräfte auf die Vorbereitung des bewaffneten Aufstands. Doch die Menschewiki hielten es mit der Losung »Frieden und Freiheit« und befürworteten die Einberufung der Verfassungsgebenden Versammlung, die eine demokratische Konstitution für das Land ausarbeiten sollte. Für Lenin bedeutete dies einen Verrat an der Sache und eine Minderung der Erfolgschancen für einen bewaffneten, revolutionären Aufstand.

Bis Anfang 1920 konnten die Menschewiki sich noch als halblegale Opposition gegen die Bolschewiki behaupten. Danach begann man auf Befehl des Politbüros mit ihrer offenen Verfolgung und Verhaftung. Zunächst befürwortete das oberste Parteigremium ein »mildes« Vorgehen. Auf der Sitzung vom 22. Juni 1920 wurde beschlossen, jede politische Aktivität dieser »Helfershelfer der Bourgeoisie« zunächst durch Verbannung zu unterbinden: »Allen Volkskommissaren ist mitzuteilen, dass Menschewiki, die in den Kommissariaten tätig sind und eine politische Rolle spielen könnten, aus Moskau in die Provinzen zu versetzen sind. In jedem einzelnen Fall ist dabei Rücksprache mit der Tscheka und dem Organisationsbüro zu halten« (Archiv für neuere Geschichte). Parallel dazu begann man im ganzen Land mit der Verhaftung von Menschewiki. Lenin und das Politbüro wurden daraufhin mit Protesten und Gnadengesuchen überhäuft. Auf einer Sitzung des Politbüros am 14. Oktober wurde über einen Antrag Mtscheladses auf Freilassung einer Gruppe von Menschewiki entschieden. Lenin, Stalin, Kalinin, Molotow, Kamenew, Krestinski, Preobraschenski und Rykow stimmten dagegen. Im Protokoll heißt es lapidar: »Antrag abgelehnt« (ebd.). Die Arrestierten blieben in Haft. Martow galt die besondere Aufmerksamkeit Lenins, der ihn bei jeder sich bietenden Gelegenheit scharf kritisierte. Im Juli 1919 war in seinem Artikel »Alles für den Kampf gegen Denikin« zu lesen: »Martow, Wolski und Konsorten stellen sich über die verfeindeten Seiten [im Bürgerkrieg, D. W.] und meinen, sie könnten eine ›dritte Position‹ einnehmen. Ein solcher Wunsch ist und bleibt jedoch die Illusion kleinbürgerlicher Demokraten, die auch 70 Jahre nach 1848 noch nicht das Einmaleins der Revolution gelernt haben und nicht begreifen wollen, dass es unter kapitalistischen Bedingungen nur zwei Möglichkeiten gibt: entweder die Diktatur der Bourgeoisie oder die Diktatur des Proletariats. Eine dritte Möglichkeit existiert nicht. Martow und Konsorten werden noch an dieser Illusion zugrunde gehen.« (PSS, Bd. 39, S. 60–61) Als Kamenew Lenin von der Wahl Martows und Dans in den Moskauer Sowjet berichtete, befahl Wladimir Iljitsch: »Man muss die beiden aus dem Sowjet entfernen, indem man ihnen ›praktische‹ Aufgaben überträgt: Dan die Leitung des sanitären Bereichs und Martow die Kontrolle über die Kantinen« (ebd., Bd. 51, S. 150). Martows Buch »Aufzeichnungen eines Sozialdemokraten«, das er über Gorki erhalten hatte, unterwarf Lenin einer »legalen« Zensur: »Genosse Karachan! Genosse Kamenew bittet um Einsicht in die Broschüren Tschernows und Martows. Organisieren Sie das möglichst schnell und diskret. Ihr Lenin. PS: Schicken Sie mir die Sachen bald zurück« (Biochronika, Bd. 9, S. 61–62).

Martow war ständig von Verhaftung bedroht, doch Lenin konnte sich nicht zu dieser Maßnahme gegen seinen langjährigen Freund und Mitkämpfer entschließen. Daher reagierte er mit Erleichterung auf Martows Ausreiseantrag, der ihn etwaiger schwieriger Entscheidungen enthob, und verkündete: »Wir haben Martow mit Freuden gehen lassen« (PSS, Bd. 43, S. 241). Die Repressionen gegen die Menschewiki wurden allerdings unvermindert fortgesetzt. Im Februar 1921 verhaftete man Dan, mit dem Lenin nie eine engere Freundschaft verbunden hatte. Martows Kampfgefährte saß beinahe ein Jahr in der Petropawlowsker Festung, wo er bereits ein Vierteljahrhundert zuvor unter dem Zaren geschmachtet hatte. Man beschuldigte ihn, den Kronstadter Aufstand angezettelt zu haben. Darauf stand eigentlich die Todesstrafe, doch wurde er nur zur Verbannung verurteilt. Über den Fall Dan entschied das Politbüro höchstselbst. Er wurde in einen entlegenen nichtproletarischen Rayon geschickt, wo er ein Amt zu bekleiden hatte, das seinem Beruf entsprach (Archiv für neuere Geschichte). Daraufhin trat Dan in den Hungerstreik und forderte eine Genehmigung zur Ausreise. Damals hatten die Bolschewiki noch nicht jene »stalinsche Strenge« erreicht und waren noch eher zur Ausweisung ihrer Gegner bereit. Ab 1922 wurde – noch auf Lenins Initiative – von diesem Verfahren besonders reger Gebrauch gemacht.

Für innere oder äußere, eingebildete oder reale Bedrohungen wurden sogleich die Menschewiki mit ihrer »konterrevolutionären Tätigkeit« verantwortlich gemacht, um die Repressionen gegen sie noch verstärken zu können. So erklärte Trotzki am 28. November 1921 auf einer Politbürositzung, an der Lenin, Stalin, Krestinski, Bucharin, Rykow und Radek teilnahmen, er sei im Besitz von Informationen, dass in Moskau und Petrograd ein konterrevolutionärer Aufstand vorbereitet würde, an dessen Spitze die Menschewiki, die Sozialrevolutionäre und »verbliebene bürgerliche Elemente« stünden. Nach kurzer Beratung wurde Trotzki zum »Vorsitzenden des Moskauer Verteidigungsausschusses« ernannt. Weiter beschloss man, gefangene »Menschewiki nicht aus der Haft zu entlassen und das ZK anzuweisen, verstärkt Menschewiki und Sozialrevolutionäre zu verhaften« (Archiv für neuere Geschichte). Und so geschah es auch …

Das Politbüro sollte sich noch des Öfteren mit den Menschewiki befassen, wobei jedes Mal eine härtere Gangart beschlossen wurde. Stalin, der bereits seinen Weg an die Parteispitze vorbereitete, referierte am 2. Februar 1922 vor dem bolschewistischen Führungsgremium über die Lage der inhaftierten Menschewiki. Man kam überein, »die GPU anzuweisen, die aktivsten und prominentesten Mitglieder der antisowjetischen Parteien in spezielle Gefangenenlager zu überführen. Alle übrigen Menschewiki, Sozialrevolutionäre und Anarchisten, die sich gegenwärtig im Gewahrsam der Tscheka befinden, sollen dort weiter in Haft verbleiben.« (Archiv für neuere Geschichte)

Die Menschewiki versuchten vergeblich, Kontakt mit der westlichen Sozialdemokratie aufzunehmen und diese um Hilfe zu ersuchen. Die Tscheka fing einen Brief an die Internationale Berner Konferenz ab und übergab ihn Lenin. Dieser studierte ihn aufmerksam, wobei er einzelne Zeilen unterstrich: »In Russland sind die Gefängnisse überfüllt, die Arbeiterklasse wird liquidiert, und auch viele unserer Genossen wurden bereits erschossen ...« (ebd.). Auf Lenins Schreibtisch lag noch ein anderer Brief, den W. Wolkski, K. Surew, N. Schmeljew und andere Mitglieder des Zentralbüros der Menschewiki unterschrieben hatten. Sie forderten eine »ehrenhafte Legalisierung« ihrer Partei (ebd.). Lenin lehnte den Antrag seiner ehemaligen Parteigenossen ab und ließ ihn im Archiv verschwinden.

Die theoretischen Auseinandersetzungen über die Diktatur, die Bolschewiki und Menschewiki einst in den Cafés von Bern, Paris und London geführt hatten, waren für letztere grausame Realität geworden. Martow, Dan und Abramowitsch, die nach Berlin emigriert waren, blieb nichts anderes übrig, als zu versuchen, mit Hilfe ihrer Zeitschrift »Sozialistitscheski Wjestnik« an der Revolution zu retten, was noch zu retten war. Diese Bemühungen sollten sich jedoch als vergeblich erweisen ...

Von Gefängnis und Verbannung waren nicht nur Führungsmitglieder der Menschewiki betroffen, sondern auch ganz gewöhnliche Parteigenossen, vorwiegend Angehörige der Intelligenz. Der radikale Flügel der Revolution vernichtete systematisch den demokratischen. Das heißt jedoch nicht, dass die Menschewiki an dieser Entwicklung schuldlos waren. Sie erwiesen sich als unfähig, wirksam für demokratische Werte zu kämpfen, einflussreiche liberale Kräfte um sich zu sammeln und jene Ideen in die Tat umzusetzen, die sie jahrzehntelang gepredigt hatten. So erfüllte sich das traurige Schicksal der Menschewiki. Unter Lenin und den Bolschewiki ging die russische Sozialdemokratie sang- und klanglos zugrunde.

Plechanow – ein Paradoxon

Plechanow gelangte noch vor Lenin am 31. März 1917 nach Petrograd. Kaum ein Jahr später lief der erste Marxist Russlands buchstäblich vor der Revolution davon, die er sein Leben lang gepredigt und sehnsüchtig erwartet hatte. Nach dem Oktoberumsturz wandte er sich gemeinsam mit W. I. Sasulitsch und L. G. Dejtsch in einem offenen Brief an die Petrograder Arbeiter, in dem die drei Männer erklärten, dass jene, welche die Macht an sich gerissen hätten, das russische Volk in ein »großes historisches Unglück« stürzen würden. Dieser Schritt, so prophezeiten die Nestoren des Menschewismus, »wird einen Bürgerkrieg heraufbeschwören, in dessen Verlauf alle Errungenschaften vom Februar 1917 zunichte gemacht werden« (»Jedinstwo«, 28.10.1917). Am Tag darauf stürmte ein Trupp Soldaten und Matrosen Plechanows Quartier. Einer von ihnen bedrohte ihn mit seinem Revolver und forderte: »Gib die Waffen freiwillig heraus. Wenn wir sie finden, erschießen wir dich auf der Stelle!« – »Das könntet ihr auch, wenn ihr keine Waffen fändet. Ich bin unbewaffnet«, antwortete der alte Sozialdemokrat gelassen.

Plechanow wusste, dass man ihm sein vernichtendes Urteil über die Revolution nie verzeihen würde. Glücklicherweise endete die Durchsuchung nicht mit einer Tragödie. Der alte Mann verbarg sich schließlich zunächst in Girsons Klinik und flüchtete später nach Finnland.

Lenins Verhältnis zu Plechanow reicht von anfänglicher Bewunderung (»überragender Theoretiker«) bis zu erbitterter Feindschaft (»brandmarkt den Chauvinisten Plechanow«). Zu Beginn des Jahrhunderts war der angehende Marxist Wladimir Iljitsch begeistert vom Nestor der russischen Sozialdemokratie. Vielleicht imponierte ihm dessen Methode, marxistische Gedanken von ihrer Fixierung auf den Westen zu befreien, indem er sie speziell auf die russischen Verhältnisse anwandte. Vor allem Plechanows Buch »Zur Frage der Entwicklung der monistischen Geschichtsauffassung« faszinierte ihn. An Plechanows Arbeit über Tschernyschewski lobte Lenin die Wertschätzung des Proletariats und die Kritik an der Rückständigkeit der russischen Bauern. Die folgenden Worte des alten Marxisten über Tschernyschewski und die Liberalen sollten für immer in Uljanows Gedächtnis haften bleiben: »Tschernyschewski ließ keine Gelegenheit aus, sich in seinen Artikeln über die russischen Liberalen lustig zu machen und öffentlich zu erklären, weder er noch die übrigen Radikalen hätten mit ihnen irgendetwas gemein. Feigheit, Kurzsichtigkeit, Beschränktheit und Tatenlosigkeit waren für ihn die herausragenden Eigenschaften der Liberalen« (Plechanow, Sotsch., Bd. 5, S. 21, 83, 84). Das war freilich so recht nach dem Geschmack Lenins, der selbst für die Liberalen nur Verachtung übrig hatte.

Später kam es dann zwischen den beiden zunächst zu Auseinandersetzungen über Fragen der Parteiorganisation, bis es schließlich durch den Disput über das Verhältnis zwischen Freiheit und Revolution zum völligen Bruch kam.

Zahlreiche Werke Plechanows bildeten die theoretische Grundlage des Marxismus in Russland: »Sozialismus und politischer Kampf« (1883), »Unsere Meinungsverschiedenheiten« (1885), »Zur Frage der Entwicklung der monistischen Geschichtsauffassung« (1895), »Zur Frage der Rolle der Persönlichkeit in der Geschichte« und andere mehr. Nur wenigen fiel auf, dass Plechanow bei all seiner »Orthodoxie« nie auf eine so radikale, grobe und polemische Art argumentierte, wie Lenin dies später zu tun pflegte. Er sah in den Liberalen keine »konterrevolutionären Elemente«, verneinte nicht den Parlamentarismus, akzeptierte nur bedingt die Idee einer »Hegemonie« des Proletariats und schrieb der Intelligenz eine bedeutende Rolle in den gesellschaftlichen Bewegungen zu. All dies wurde ihm später als Opportunismus, Chauvinismus und liberales Lakaientum ausgelegt. Für die Bolschewiki bestand Plechanows Hauptsünde darin, dass er »die Menschewiki an den Liberalismus heranführte« und die Frage des Klassenkampfes »opportunistisch« behandelte.

Lenin mochte den »späten« Plechanow nicht, und nach der Revolution hasste er ihn sogar. Meines Erachtens durchschaute der erfahrene Marxist den Revolutionsführer früher als alle anderen. In seinem Artikel »Komedija oschibok«, der 1910 in der Februarnummer des »Dnjewnik sozial-demokrata« erschien, brachte er die Sache auf den Punkt: »Er ist ein Parteigänger des Blanquismus und der Narodowolzen. Nur ein Mann wie Lenin konnte auf die Idee kommen, nach dem günstigsten Monat für einen bewaffneten Aufstand Ausschau zu halten.« Die Pläne Lenins – für ihn ausnahmslos auf das Ziel der Machtergreifung gerichtet – nannte er »Utopien« (Plechanow, Sotsch., Bd. 29, S. 54–55). Der Nestor des russischen Marxismus entlarvte als Erster den gefährlichen Radikalismus Lenins als dessen obersten Selbstzweck.
Plechanow war davon überzeugt, dass es im Russland zu Beginn des 20. Jahrhunderts »keine andere als eine bürgerliche Revolution« geben konnte (»Nowy schurnal«, 1948, Nr. 20, S. 272). Sein Paradoxon bestand mithin darin, dass er einerseits sein Leben lang Klassenkampf und Diktatur des Proletariats als Ziele der marxistischen Lehre propagiert und so die Revolution in Russland theoretisch vorbereitet hatte. Als das Land sich jedoch anschickte, dieses Programm in die Tat umzusetzen, protestierte er dagegen mit seiner ganzen Autorität als Nestor des Marxismus. Im Grunde handelt es sich dabei aber nur um einen scheinbaren Widerspruch: Als orthodoxer Marxist richtete er seinen Protest nicht generell gegen die Revolution, sondern lediglich gegen Lenins »abenteuerliche« Variante, die das Überspringen einer ganzen historischen Etappe vorsah.
Plechanow setzte also auf eine bürgerliche, Lenin auf eine sozialistische Revolution. Oberflächlich betrachtet hatte Lenin recht behalten. Dabei ist allerdings zu bedenken, dass die Bolschewiki die bürgerliche Revolution gewaltsam beendeten, bevor sie erste Erfolge zeitigen konnte. Was wir gemeinhin als »sozialistische Revolution« bezeichneten, war in Wirklichkeit nur ein bolschewistischer Umsturz, der die Ausbeutung einer Klasse durch die totale staatliche Ausbeutung aller Menschen ersetzte. Eben davor hatte Plechanow gewarnt. Leider haben sich seine schlimmsten Befürchtungen am Ende bestätigt.
Plechanow, der eher ein herausragender Theoretiker war, er-

wies sich im Vergleich zu Lenin als der schwächere Politiker und Parteiorganisator. Als die politischen Repräsentanten der Februarrevolution mit ihrem Latein am Ende waren, versuchten sie, die Autorität des populären Denkers und ältesten russischen Sozialdemokraten für sich in die Waagschale zu werfen. So wurde Plechanow im August 1917 neben anderen prominenten Revolutionären zur Staatsberatung der Provisorischen Regierung unter Kerenski geladen. Doch auch die »Ikonen« der Revolution konnten den Ministerpräsidenten nicht mehr retten, der es nicht verstanden hatte, Frieden zu schaffen und das Problem der Landreform zu lösen. Die Bolschewiki wussten diese Schwäche für sich zu nutzen. Um den Preis des Separatfriedens von Brest-Litowsk gelangten sie an die Macht. Hätte sich die Provisorische Regierung damals zu einem Friedensvertrag entschließen können, wäre Plechanow heute vermutlich wesentlich bekannter als Lenin.
Plechanows letzte Artikel vor dem Oktober entwickelten ein völlig neuartiges Konzept des Sozialismus. Hatte er früher auf den Sitzungen der II. Internationale noch die Diktatur des Proletariats als Mittel im Klassenkampf verteidigt, so fand er nun den Mut, seine früheren Postulate zu revidieren, indem er sich offen zum Reformismus bekannte. Etwas Schlimmeres gab es damals für Lenin und die Bolschewiki nicht. »Plechanowianer« wurde eines der liebsten Schimpfwörter des Revolutionsführers.
Im März 1920 war I. Kiseljow, ein guter Bekannter Lenins, vom Kiewer Revolutionstribunal zum Tode verurteilt worden. Daraufhin bat der Deliquent den Führer der Bolschewiki persönlich um Hilfe. Dieser reagierte mit folgendem Schreiben:

»Genosse Krestinski!
Es geht um eine dringende Angelegenheit – das Todesurteil für Kiseljow. Ich traf im Zeitraum von 1910 bis 1914 regelmäßig in Zürich mit ihm zusammen. Er war damals Plechanowianer und wurde einer Reihe von Schandtaten beschuldigt (an Einzelheiten erinnere ich mich nicht). 1918 und 1919 traf ich Kiseljow gelegentlich hier in Moskau. Er arbeitete dort bei der ›Iswestija‹ und sagte mir, er sei jetzt Bolschewik. Genaueres weiß ich darüber nicht …«

In Wirklichkeit wollte Lenin mit der Sache nichts zu tun haben, weshalb er die Verantwortung auch an den »Hüter der revolutionären Gerechtigkeit« delegierte: »Dserschinski soll mit Krestinski reden und dann entscheiden.« Dserschinski antwortete: »Ich bin gegen jede Einmischung« (Leninski sbornik, Bd. 38, S. 292–293). Etwas anderes war auch nicht zu erwarten. Für Lenin war am Ende ausschlaggebend, dass Kiseljow einst »Plechanowianer« gewesen war. Plechanow selbst muss über die Entwicklung in Russland entsetzt gewesen sein, war doch die These über die »Diktatur des Proletariats« damals auch auf seine Initiative hin in das Parteiprogramm der SDAPR aufgenommen worden. Hatte er nicht selbst wiederholt unterstrichen, »das Wohl der Revolution« sei »oberstes Gesetz«, und damit den Weg für eine erbarmungslose Gewaltherrschaft bereitet? Zudem vertrat er noch zu Anfang des Jahrhunderts die These, die Existenzberechtigung des Parlaments hinge davon ab, ob es die Revolution vorantreibe und den Interessen des Proletariats diene. Dabei hatte er ausdrücklich betont, dass man das Parlament, sollte es sich nach der Revolution als »ungeeignet« erweisen, »nicht nach zwei Jahren«, sondern bereits »nach zwei Wochen« auflösen müsse. Nichts anderes taten die Bolschewiki, als sie 1918 die Verfassungsgebende Versammlung liquidierten …

Nach Plechanows Tod beantragte Semaschko im Juli 1921 beim Politbüro, diesem ein Denkmal zu errichten. Das oberste Beschlussorgan der Partei hatte nichts dagegen einzuwenden und beschloss: »Der Antrag des Genossen Semaschko wegen der Errichtung eines Denkmals wird angenommen. Er soll sich diesbezüglich mit dem Petrograder Sowjet in Verbindung setzen …« (Archiv für neuere Geschichte). Als man jedoch im April 1922 über eine Veröffentlichung von Plechanows Werken beriet, bestand Lenin darauf, dass nur dessen frühere, »revolutionäre« Arbeiten gedruckt werden sollten (allerdings befand sich damals unter der Redaktion D. Rjasanows bereits eine Werkausgabe in Vorbereitung). Bald darauf bat Plechanows Familie Lenin um finanzielle Unterstützung. Dieser hatte die große Bedeutung des alten Marxisten für seinen revolutionären Werdegang nicht vergessen und willigte ein. Aus dem Fonds des Rates der Volkskommissare wurde eine einmalige Zahlung in Höhe von 10.000 Francs bewilligt. Es blieb jedoch Lenins Geheimnis, warum die Familie des deutschen Sozialisten Karl Liebknecht gleichzeitig mit der wesentlich höheren Summe von 5.000 Goldrubeln unterstützt wurde (ebd.). Vielleicht war ja Sophie Liebknecht hartnäckiger in ihren Forderungen? In ihrem Bittbrief hatte sie Lenin förmlich angefleht:

»Mein Vater war im Besitz von drei Häusern und Aktien in Rostow am Don, im Gesamtwert von drei Millionen Rubeln. Mein Erbteil belief sich auf 600.000 Rubel, doch die Häuser wurden verstaatlicht. Bewilligen Sie 120.000 Rubel für mich und die Kinder … Ich muss mich aus meiner finanziellen Abhängigkeit befreien … Meine Schulden erdrücken mich … Ich flehe Sie an, diese Summe zu zahlen, denn nur sie kann die weitere Versorgung der Familie gewährleisten!
Befreien Sie mich doch aus meiner Abhängigkeit, damit ich wieder freier atmen kann …
Hochachtungsvoll, Sophie Liebknecht«
(Archiv für neuere Geschichte)

Nachdem Lenin die 5.000 Goldrubel bewilligt hatte, ließ er die entsprechenden Unterlagen im Archiv verschwinden. Sophie Liebknecht waren schon früher über Sinowjew einige Edelsteine aus den bolschewistischen Raubzügen im Wert von 6.600 Gulden und 20.000 Reichsmark übermittelt worden. Offensichtlich war Lenin ein deutscher Sozialist mehr wert als sein ehemaliger russischer Lehrmeister …
Anlässlich von Plechanows zehntem Todestag verfasste der Emigrant A. N. Potresow einen Artikel, in dem es heißt:

»Plechanow sollte nur deshalb in seine Heimat zurückkehren, um mitansehen zu müssen, wie Russland abermals an die Kette gelegt wurde. Mit dem Unterschied, dass diesmal die Ketten den Stempel des Proletariats trugen und die Verantwortlichen seine früheren Schüler waren. Eine schlimmere ägyptische Plage als dieser Schicksalsschlag, den Plechanow erlitten hat, lässt sich schwerlich denken … Es erging ihm wie weiland König Lear, der von seinen eigenen Kindern verraten und verkauft wurde.« (»Dni«, 30. März 1928)

Martows Tragödie

Auf dem Zweiten Allrussischen Sowjetkongress wurde in der Nacht vom 24. auf den 25. Oktober 1917 ein neues Kapitel in der Geschichte des großen russischen Volkes aufgeschlagen. Nachdem Dan die Sitzung eröffnet hatte, nahmen die Vertreter von Bolschewiki und Sozialrevolutionären ihre Plätze im Präsidium ein. Lediglich die vier Sitze der Menschewiki waren aus Protest gegen den gewaltsamen Kurs der Bolschewiki freigeblieben. Da ertönte aus dem Plenum die laute, vor Aufregung zitternde Stimme Martows, der zur Besonnenheit in diesem historischen Augenblick aufrief: Man solle auf einen bewaffneten Aufstand verzichten und stattdessen die Krise durch Verhandlungen und die Berufung einer Koalitionsregierung beilegen. Zunächst schien er damit die Mehrheit auf seiner Seite zu haben, doch dann sprach Trotzki und konnte den Kongress von der radikalen Linie Lenins überzeugen. Nun verlor Martow die Nerven: »Wir gehen!«, schrie er abermals mit seiner von Erkältung und übermäßigem Tabakgenuss heiseren Stimme. Seine Anhänger verließen geschlossen den Saal. Damit war die historische Niederlage der Menschewiki besiegelt.

Schon zu Beginn des Jahrhunderts hatte es für Martow keinen Platz in dem von Lenin gegründeten Parteiorden gegeben. Wie ein russischer Don Quijote hegte er den romantischen Wunschtraum, dass ihm, allein aufgrund der besseren Argumente und des guten Beispiels, eine Assoziation von Freien und Gleichen auf seinem demokratischen Weg folgen würde. Lenin setzte dem sein Parteikonzept einer eisernen, streng zentralistisch organisierten Avantgarde des Proletariats entgegen.

Die Differenzen zwischen Martow und Lenin waren wohl eher moralischer denn politischer Natur. In diesem Zusammenhang ist es interessant, wie Martow selbst die moralische Entwicklung seines Kontrahenten einschätzte. Er befasste sich mit dieser Frage in den »Sapiski sozial-demokrata«, die noch zu seinen Lebzeiten in Berlin erschienen:

»Bei unserem ersten Treffen wirkte W. I. Uljanow noch ganz anders als in seiner Spätphase. Seine unglaubliche Selbstsicherheit und der Glaube an seine historische Mission waren überhaupt noch nicht oder doch in viel geringerem Maße entwickelt … Er war damals 25 oder 26 Jahre alt … Bei Uljanow zeigte sich noch nicht jene Verachtung, jenes prinzipielle Misstrauen gegenüber den Menschen, das ihn meines Erachtens erst zu dem typischen, uns wohl bekannten Revolutionsführer gemacht hat … Ich bemerkte an ihm keinerlei Züge persönlicher Eitelkeit.« (Martow, Sapiski sozial-demokrata, 1922, S. 268).

Auf einem studentischen Abend in Petersburg »hielt Lenin eine Rede gegen die Narodniki, in deren Verlauf er, mit der ihm eigenen polemischen Grobheit, W. Woronzow scharf attackierte. Die Rede war ein voller Erfolg. Als Lenin jedoch hinterher von Bekannten erfuhr, dass sich Woronzow selbst unter den Zuhörern befand, verließ er betreten die Versammlung.« (Ebd., S. 269)
Im Laufe der Zeit entledigte sich der Revolutionär allerdings dieser Skrupel und ersetzte sie durch Härte und grausame Unerbittlichkeit.
In der Beziehung zwischen Martow und Lenin spiegelten sich zwei diametral entgegengesetzte Konzepte der Revolution: ein humanes, demokratisches auf der einen Seite stand einem gewaltsamen, totalitären auf der anderen gegenüber. Martows Politikverständnis unterlag dem Primat der Moral, während Lenin davon ausging, dass diese bei politischen Entscheidungen fehl am Platze sei. Für den Menschewik ging es bei den Auseinandersetzungen zwischen beiden Strömungen um mehr als nur einen Flügelkampf. Er erkannte, dass die Bolschewiki, einmal an die Macht gelangt, diese »um jeden Preis« verteidigen würden. In Übereinstimmung mit Plechanow, der in Bezug auf Lenin von einer »bonapartistischen« Politik sprach, wandte Martow sich in einer Broschüre gegen die bolschewistische Parteistruktur mit ihrem streng zentralistischen Netz aus Kontrollen und Direktiven, durch das ein permanenter »Belagerungszustand innerhalb der Partei« etabliert würde (Martow, Borba s »osadnym poloscheniem« w RSDRP, Genf 1904). Dieser »Belagerungszustand« existierte von Anfang an, woraus Lenin auch nie einen Hehl gemacht hatte. In seiner »Antwort an Rosa Luxemburg« vom September 1904 heißt es: »Kautsky täuscht sich, wenn er davon ausgeht, es gäbe unter dem russischen

Polizeiregime einen großen Unterschied zwischen der Zugehörigkeit zu einer Parteiorganisation und der bloßen Arbeit unter der Kontrolle einer solchen Organisation.« (PSS, Bd. 9, S. 57)
Gegenüber A. A. Bogdanow und S. I. Gusew verdeutlichte er noch einmal schriftlich seine Position: »Wir müssen aus den Parteimitgliedern, die wirklich kämpfen wollen, eine eiserne Organisation schmieden und diese kleine, aber starke Partei den zaudernden, unorganisierten Elementen drohend gegenüberstellen ...« Er fügte noch hinzu, dass er jene, »die absolut nicht fähig sind, zu kämpfen«, ohne zu zögern »an Martow abtreten« würde (ebd., S. 246).
Lenin hatte für die moralischen Bedenken der Menschewiki Martow, Plechanow und Axelrod nur Verachtung übrig. In seinen Polemiken, die bezeichnenderweise den Löwenanteil seiner Werke ausmachen, ließ er immer wieder beiläufig verächtliche Bemerkungen über Martow fallen, der ja bekannt sei »für sein moralisches Feingefühl« und sich über »Diebstahl«, »Spionage«, und andere »unmoralische Angelegenheiten« empöre (ebd., S. 287). Herabsetzungen, Beleidigungen und Verurteilungen bestimmten bis über Lenins Sieg im Oktober 1917 hinaus sein Verhältnis zu seinen Gegnern, mit denen ihn doch in jungen Jahren so vieles verbunden hatte. Doch Martow blieb unbeugsam. Er war zwar fähig und sogar geneigt, Kompromisse einzugehen, wollte aber keine Harmonie um jeden Preis. Zu früh schon war ihm bewusst geworden, dass der von Lenin angestrebte Sozialismus mit Gerechtigkeit und Moral, mithin den humanistischen Ursprüngen des sozialistischen Traums, nichts gemein hatte.
In einem Brief an seinen Freund N. S. Krist fällte Martow ein in seiner Weltsicht und seinem Scharfsinn bestechendes Urteil:

»Ich bin nicht nur zutiefst davon überzeugt, dass die Errichtung des Sozialismus in einem ökonomisch und kulturell derart rückständigen Land eine unsinnige Utopie darstellt, sondern auch nicht bereit, ein Verständnis vom Sozialismus wie es einem Araktschejew, oder vom Klassenkampf, wie es einem Pugatschow eigen war, zu akzeptieren. All dies entsprang dem Versuch, ein europäisches Ideal auf asiatische Verhältnisse zu übertragen ... Für mich bedeutete Sozialismus immer auch die Entfaltung der individuellen Persönlichkeit. Diese Vorstellung steht in direktem Gegensatz zu jener Unterdrückung der Individualität durch eine ›Herdenmentalität‹, wie wir sie gegenwärtig erleben … Bei uns entsteht ein ›Kasernenhofsozialismus‹, der auf allseitiger Überwachung und dem Faustrecht beruht.« (»Nowy schurnal«, 1961, Nr. 63, S. 281)

Die Nachricht vom Ausbruch des Ersten Weltkriegs erreichte Martow in Paris. Er wurde nicht müde, in »Golos«, seiner kleinen, zentristischen Zeitung, zu wiederholen: »Es lebe der Frieden! Schluss mit dem Blutvergießen! Genug der unschuldigen Opfer! Es lebe der Frieden!« Als er im Mai 1917 nach Russland zurückkehrte, blieb er seiner internationalistischen Position treu und verurteilte konsequent sowohl Defätismus und Forderungen nach einer Umwandlung des imperialistischen Krieges in einen Bürgerkrieg als auch den im gesamten politischen Spektrum aufflammenden Chauvinismus. I. G. Zereteli zitiert Martow in seinen Erinnerungen:

»Lenin geht es gar nicht um Krieg oder Frieden. Alles, was ihn interessiert, ist eine Revolution, mit deren Hilfe die Bolschewiki an die Macht gelangen können. Meine Frage lautet: Was würde Lenin tun, wenn es der demokratischen Regierung gelänge, einen Friedensvertrag zu schließen? Ich halte es für sehr wahrscheinlich, dass er in diesem Falle seine gesamte Agitation dahingehend umgestalten würde, den Massen zu suggerieren, schuld an den Übeln der Nachkriegszeit sei nur die Regierung, die zur Unzeit Frieden geschlossen habe, weil sie nicht den Mut aufgebracht hätte, bis zur völligen Zerschlagung des deutschen Militarismus weiterzukämpfen.« (Zereteli, Wospominanija o fewralskoj rewoljuzii, Paris 1964, Bd. 1, S. 242)

Als im Juni 1918 die rechten Sozialrevolutionäre und die Menschewiki aus dem WZIK (Allrussisches Zentrales Exekutivkomitee, A.d.Ü.) ausgeschlossen wurden, blieb Martow nichts anders übrig, als den Kampf gegen die Umwandlung der Revolution in eine Diktatur vom Schreibtisch aus fortzusetzen. E. Drabkina war Augenzeugin des Ausschlusses der Menschewiki aus dem revolutionären Regierungsorgan:

»Nachdem Sozialrevolutionäre und Menschewiki per Abstimmung unter der Leitung Swerdlows aus dem WZIK ausgeschlossen worden waren, wies man sie an, den Saal zu verlassen. Martow sprang auf und bemühte sich unter wüsten Beschimpfungen an die Adresse der ›Diktatoren‹, ›Bonapartisten‹ und ›Usurpatoren‹ vergeblich, in seinen Mantel zu schlüpfen. Lenin verfolgte die Szene bleich und stumm. Ein linker Sozialrevolutionär, der in der Nähe saß, deutete lachend mit dem Finger auf den hustenden und fluchenden Martow. Diesem war es schließlich gelungen, seinen Mantel überzuziehen. Im Hinausgehen richtete er das Wort an den lachenden Sozialrevolutionär: ›Sie amüsieren sich umsonst, junger Mann. Keine drei Monate mehr, und ihr seid die nächsten.‹« (»Nowy schurnal«, 1969, Nr. 94, S. 264–265)

Trotz alledem besteht kein Grund, diesen Führer der Menschewiki zu verherrlichen. Er blieb bis ans Ende seiner Tage orthodoxer Sozialist und Führer der »2 ½. Internationale«, glaubte an die historische Rechtmäßigkeit der Diktatur des Proletariats und an viele andere marxistische Dogmen. An Lenin kritisierte er nur dessen Anspruch auf Alleinherrschaft der bolschewistischen Partei sowie die Propagierung von Gewalt und Terror als Mittel der Politik. Das war immerhin nicht zu unterschätzen.
Martow war in dem naiven Glauben befangen, eine Revolution könne mit sauberen Händen und nach moralischen Prinzipien durchgeführt werden. Als nach Ausbruch des Bürgerkriegs eine grausame Welle roten und weißen Terrors das Land zu überfluten begann, schrieb er in seiner Broschüre »Nieder mit der Todesstrafe«:

»Obwohl die Bolschewiki, nachdem sie an die Macht gekommen waren, die Abschaffung der Todesstrafe verkündet hatten, begannen sie, ihre Gefangenen im Bürgerkrieg nach Art der Wilden umzubringen. Dabei hatten sie den Feinden versprochen, ihr Leben zu schonen, falls sie sich ergeben würden ... Die Todesstrafe war zwar offiziell abgeschafft, doch in jeder Stadt, in jedem Bezirk beschlossen außerordentliche Kommissionen und Revolutionskomitees die Erschießung Hunderter von Menschen ... All das geschieht im Namen des Sozialismus, einer Lehre, die Freiheit und Brüderlichkeit auf ihre Fahnen geschrieben hat … Eine Partei, die Todesstrafen verhängt und Pogrome durchführt, ist auch eine Feindin der Arbeiterklasse.« (Martow, Doloj smertnuju kasn, Petrograd 1918, S. 7)

Martow vertrat moralische Standpunkte, Lenin Prinzipien des politischen Pragmatismus. Appelle an die Moral waren für den Revolutionsführer Erscheinungsformen des »bürgerlichen Liberalismus«. Auf derartige Anwürfe reagierte er mit Schreiben wie jenem an J. S. Unschlicht:

»Es ist mir nicht möglich, ins Politbüro zu kommen. Mein Gesundheitszustand hat sich verschlechtert. Ich glaube, meine Anwesenheit ist auch gar nicht erforderlich. Im Augenblick geht es ohnehin nur um technische Maßnahmen, die dazu führen sollen, dass unsere Gerichte die Repressionen gegen die Menschewiki verschärfen und beschleunigen …
Mit kommunistischem Gruß, Lenin« (PSS, Bd. 54, S. 149)

Terror, Repressionen und Gewalt waren für Lenin also nur rein »technische« Angelegenheiten. Martow stand bei den Bolschewiki mit seinen Bemühungen um eine Humanisierung der Politik auf verlorenem Posten.
Am 24. April 1923, ein halbes Jahr vor seinem 50. Geburtstag, starb der Führer der Menschewiki an Tuberkulose. Der Zusammenbruch all seiner Hoffnungen hatte seinen Tod noch beschleunigt. Die Sonne der Demokratie war untergegangen über Russland. Martows persönliches Schicksal war symptomatisch für das gesamte sozialistische Experiment.
Martow, dieser Don Quijote der russischen Revolution, hatte von Anfang an im leninistischen Parteiorden keinen Platz gefunden.

Drittes Kapitel
Die Narbe des Oktober

Der europäische Krieg kam plötzlich wie ein Sommergewitter. Durch die Schüsse von Sarajevo waren die Dämme des Friedens gebrochen, und eine Flut lange aufgestauter nationaler Gegensätze brach über die Völker herein. Österreich stellte den Serben ein Ultimatum, das diese um keinen Preis akzeptieren konnten. Die Stärkeren hatten beschlossen, den Schwächeren eine Lektion zu erteilen.

Als Deutschland Russland den Krieg erklärte, stand die ganze Nation wie ein Mann hinter dem Zaren. Das Volk wurde von einem starken Patriotismus zusammengeschweißt. Am Tag nach der Kriegserklärung rief der Zar in einem Allerhöchsten Manifest zur Einheit aller gesellschaftlichen Klassen und Strömungen auf:

»Mögen in dieser schicksalhaften Stunde alle inneren Streitigkeiten beigelegt werden, auf dass die Einheit des Volkes mit dem Zaren noch wachse und Russland wie ein Mann den feigen Überfall des Feindes zurückschlage.« (Oldenburg, Zarstwowanie imperatora Nikolaja II., New York 1951, S. 519)

Nur Lenin und seine Bolschewiki verspürten keinerlei Bedürfnis, die Heimat zu verteidigen. Dagegen hatte sogar Trotzki in der Emigrantenzeitung »Nasche slowo« unterstrichen, dass jene, die eine Niederlage des zaristischen Russland wünschten, damit gleichzeitig einen Sieg des reaktionären Deutschland befürworteten. Während alle Völker Russlands angesichts der drohenden Gefahr ihre politischen und sozialen Differenzen zurückstellten, sahen Lenin und seine Anhänger in den Ereignissen eine phantastische Chance zur Erfüllung ihres Wunschtraums, der Machtergreifung. Je mehr der Patriotismus im Blut und Schmutz des Krieges versank, desto mehr wuchs auch Lenins Überzeugung, dass weder Nikolaj noch Wilhelm den imperialistischen Krieg ohne Revolution überstehen würden. Für ihn stellte sich die Situation von der fernen, friedlichen Schweiz aus anders dar als für

den russischen Bauernsoldaten, der in einen Gasangriff geriet, oder den russischen Kriegsgefangenen in einem sächsischen Lager. Er konnte die Ereignisse aus der sicheren Beletage der politischen Emigration verfolgen.
Im Laufe des Krieges schrieb Lenin Hunderte von Briefen an einige wenige Bekannte, unter ihnen Schljapnikow, Kollontaj, Radek, Gorki, Pjatakow, Rawitsch, Sinowjew und Kamenew. Die meisten waren jedoch an I. F. Armand adressiert, mit der er eine ausgesprochen emotionale, intime Korrespondenz führte, in der es um mehr ging als nur um trockene Tagespolitik. Sein Briefwechsel mit Ganjetzki oder Belenski betraf dagegen überwiegend geschäftliche und politische Angelegenheiten.
Lenin beschäftigte sich in dieser Zeit mit Hegel, Aristoteles, Lassalle, Napoleon und Clausewitz, las Gedichte von Hugo und besuchte gelegentlich mit Krupskaja das städtische Theater. Die beiden bewohnten ein Zimmer im Ferienheim von Flims im Kanton Sankt Gallen. Hier entstand auch eines seiner Hauptwerke: »Der Imperialismus als höchstes Stadium des Kapitalismus«. Anfang Januar 1917 wurde Lenin in das »Züricher Volkshaus« eingeladen, um dort einen Vortrag über die erste russische Revolution zu halten. Das Publikum bestand aus einigen wenigen Studenten, die eine weitschweifige und ermüdende Rede zu hören bekamen. Die Hauptthese des Referenten bestand darin, dass der Bürgerkrieg 1905 zu zögerlich geführt worden war und so die Selbstherrschaft nicht ernsthaft gefährden konnte:

»Die Bauern setzten damals rund 2000 Landsitze in Brand und teilten die erbeuteten Lebensmittel unter sich auf … Bedauerlicherweise war das nur $^{1}/_{15}$ des adeligen Gutsbesitzes, d. h., sie hatten genau $^{14}/_{15}$ zu wenig zerstört … Die Bauern waren nicht konsequent genug in ihren Aktionen. Eben darin liegt einer der Hauptgründe für die Niederlage der Revolution.« (PSS, Bd. 30, S. 322)

Weiter gab der russische Emigrant seiner Überzeugung Ausdruck, die Revolution von 1905 sei nur ein Vorgeschmack auf die »künftige europäische Revolution« gewesen: »In den nächsten Jahren wird es in ganz Europa zu Volkserhebungen kommen«

(ebd., S. 327). Allerdings bezogen sich seine Prognosen nicht auf Russland, sondern auf Westeuropa, und er war zudem der Überzeugung, dass diese Ereignisse nicht allzu bald zu erwarten seien: »Möglicherweise werden wir, die Älteren, die entscheidenden Schlachten dieser Revolution nicht mehr erleben ...« (ebd., S. 328).

Der russische »Prophet« ahnte nicht, dass nur noch zwei Monate bis zur »künftigen Revolution« vergehen sollten.

Der demokratische Februar

Obwohl man in Russland mit der Revolution gerechnet hatte, kam sie dennoch für viele plötzlich und unerwartet.

Die Forscher gehen mit Recht davon aus, dass es zwei Hauptgründe für die Februarrevolution gab: der erfolglose Kriegsverlauf und die Schwäche der Machthaber. Was den Krieg anbelangt, so war die Lage trotz einiger strategischer Niederlagen nicht aussichtslos, denn Deutschland befand sich ebenfalls in einer schwierigen Situation. Die Frontlinie verlief weit entfernt von Petrograd und anderen wichtigen Zentren Russlands. Der Durchbruch von Brusilow im Sommer 1916 hatte bei den Deutschen den Glauben an einen ehrenvollen Ausgang des Krieges zunichte gemacht. Weitsichtigen Politikern war klar, dass Deutschland den Krieg strategisch nicht gewinnen konnte, zumal die USA die Entente offen und direkt unterstützten. Doch die bolschewistische Agitation hatte eine demoralisierende Wirkung auf die kriegsmüde russische Armee. Die einsetzenden Verbrüderungen an der Front hatten einen einseitigen Charakter. Nicht selten warfen die Deutschen defätistische Agitationsschriften der Bolschewiki in die russischen Schützengräben. Es zeigte sich, dass Lenin und Konsorten mit ihrer Agitation eher den deutschen Kaiser unterstützten als die eigene Armee.

Der Vorsitzende der Staatlichen Duma erinnert sich, dass es »Anzeichen von Wehrkraftzersetzung bereits im zweiten Kriegsjahr gegeben hat ... Der Nachschub aus den Reservebataillonen war bereits um ein Viertel dezimiert, als er die Front erreichte ...

Manchmal mussten ganze Militärzüge, die sich auf dem Weg an die Front befanden, auf halbem Weg ihren Marsch unterbrechen, weil nur noch die Offiziere und Fähnriche übrig geblieben waren« (Rodsjanko, Gosudarstwjennaja Duma i fewralskaja rewoljuzija 1917 g., Rostow am Don 1919, S. 31). Die Bolschewiki hatten mit ihrer Propaganda einen bedeutenden Anteil an der Niederlage der russischen Armee.
Russland hatte zu diesem Zeitpunkt immer noch nicht alle materiellen und ideellen Ressourcen ausgeschöpft, um den Krieg fortzusetzen, der angesichts der Okkupation weiter Teile des Landes aus russischer Sicht immer mehr den Charakter eines gerechten Verteidigungskrieges annahm. Das zaristische Regime erwies sich jedoch in dieser kritischen Situation als führungsunfähig. Davon zeugt auch die Entscheidung des Zaren vom 6. August 1915, den Oberkommandierenden der russischen Streitkräfte, Fürst Nikolaj Nikolajewitsch, seines Amtes zu entheben und selbst dessen Platz einzunehmen. Seine Minister protestierten daraufhin und warnten, dieser Beschluss könne »schwerwiegende Folgen für ganz Russland, für Sie selbst und für Ihre Dynastie haben« (A. N. Jachontow, Archiw russkoj rewoljuzii, Bd. 18, S. 98). Doch der Zar ließ sich nicht umstimmen. Durch seine Abreise ins Hauptquartier überließ er in der Hauptstadt das Feld den ihm feindlich gesinnten, verräterischen Gruppierungen aus seiner engsten Umgebung. Russland war traditionsgemäß eine starke Regierung gewöhnt, die von einer konkreten Person verkörpert wurde. Die Regierungskrise führte daher zu einem baldigen Scheitern der »Politik des inneren Friedens«, die von der Duma verkündet worden war. Das entstandene Machtvakuum zersetzte noch die letzten Reste von staatlicher Autorität, sozialer Stabilität und nationaler Einheit. Nunmehr ging es nur noch um die Frage, wer diese Situation am besten für sich nutzen konnte. Im Volk wuchs immer mehr die Überzeugung, dass lediglich radikale Maßnahmen revolutionären Charakters den Weg aus der Krise weisen konnten. Dabei hatte man in der Umgebung des Zaren längst dessen unentschlossenes und zögerliches Verhalten als Ursache einer möglichen Revolution ausgemacht. Noch einen Monat vor der Abdankung Nikolajs II. klagte der Großfürst Alexander Michajlowitsch: »Wir erleben derzeit in Russland das einmalige Schau-

spiel einer Revolution von oben ...« (Welikie knjasja Nikolaja II., Moskau 1925, S. 122)
Lenin waren im fernen Zürich die Feinheiten der russischen Entwicklung entgangen. Die Nachricht vom Sieg der Revolution in Petrograd traf ihn völlig unvorbereitet. Sogleich zog er mit Mojsej Bronski, einem Sozialdemokraten aus Łódź, durch die ganze Stadt, um Näheres in Erfahrung zu bringen. Doch alle wussten nur das eine: In Petrograd ist Revolution. Die Minister sind verhaftet. Menschenmassen überfluten die Straßen ... Lenin kehrte aufgeregt nach Hause zurück. Irgendetwas musste er unternehmen! Wie fern und weltfremd schienen ihm jetzt seine Studien über die Zukunft der Schweizer Sozialdemokratie, denen er sich in letzter Zeit verstärkt gewidmet hatte! Unruhig lief der verhinderte Revolutionsführer in seiner Wohnung umher und rief Nadjeschda Konstantinowna zu: »Das ist eine Überraschung! Es ist einfach unglaublich! Wir müssen unbedingt nach Hause, aber wie! Nein, das kam wirklich völlig unerwartet! Unglaublich!«
Nachdem er sich ein wenig beruhigt hatte, setzte sich Lenin an seinen Schreibtisch, um Ines Armand die sensationelle Neuigkeit mitzuteilen:

»Wir sind heute hier in Zürich ganz aus dem Häuschen. In der ›Züricher Post‹ und in der ›Neuen Züricher Zeitung‹ wurde berichtet, dass in Petersburg nach dreitägigem Kampf die Revolution gesiegt hat. Ein zwölfköpfiges Gremium von Mitgliedern der Duma hat die Macht übernommen. Alle Minister wurden verhaftet. Wenn das alles keine Erfindung der Deutschen ist, dann ist es wirklich passiert!
Es war ja klar, dass Russland an der Schwelle zur Revolution stand. Ich bin außer mir, dass ich nicht über Skandinavien reisen kann, und werde mir nie verzeihen, es nicht schon 1905 riskiert zu haben!« (Biochronika, Bd. 4, S. 1)

Nur wenige Wochen nachdem er in seinem Referat beklagt hatte, dass er die Revolution vielleicht nicht mehr erleben würde, verkündete Lenin nun mit dem Brustton der Überzeugung, er habe ja schon immer gewusst, dass Russland »an der Schwelle zur Revolution« stünde!

Täglich kamen neue, Aufsehen erregende Nachrichten aus Petrograd. Der Zar hatte abgedankt, sein Bruder Michail auf die Thronfolge verzichtet. Gebannt studierte Lenin die Zeitungen. Die Zusammensetzung der Provisorischen Regierung unter Kerenski quittierte er mit einem sarkastischen Lächeln. »Endlich hat es die Bourgeoisie geschafft, ihre Hintern in die Ministersessel zu bekommen.«
Der Revolutionsführer in spe erkannte bald, dass die neue politische Lage eine gute Ausgangsposition für die Pläne der Bolschewiki bot: Neben der Regierung gab es noch ein anderes mächtiges Gremium, den Petrograder Sowjet der Arbeiter- und Soldatendeputierten unter der Leitung von N. S. Tschcheidse, A. F. Kerenski und M. 1. Skobelew. Im Exekutivkomitee saßen zwar nur zwei Bolschewiki, A. G. Schljapnikow und R A. Salutzki, doch Lenin sah in dieser Zweiteilung der Macht eine einmalige Chance für seine Partei. Der Sowjet war ihm Vorbild für die künftigen Organe einer revolutionären Diktatur des Proletariats. Über die Provisorische Regierung hingegen äußerte er ohne Umschweife:

»Eine Regierung der Oktobristen und Kadetten, der Gutschkows und Miljukows ... kann dem Volk weder Brot noch Frieden und Freiheit geben.« (PSS, Bd. 31, S. 20)

Indem die Bolschewiki von Anfang an die Provisorische Regierung, das legitime Organ einer demokratischen Umgestaltung Russlands, attackierten, schlossen sie eine friedliche Alternative zur revolutionären Entwicklung grundsätzlich aus. Lenins Direktive an seine Parteigenossen, die nach Russland zurückkehrten, war ebenso kurz wie unmissverständlich:

»Unsere Taktik: Keinerlei Unterstützung der neuen Regierung; Kerenski ist besonders verdächtig; in der Bewaffnung des Proletariats liegt die einzige Garantie; sofortige Wahlen zur Petrograder Duma; keinerlei Annäherungen an die anderen Parteien. Telegraphieren Sie das nach Petrograd.« (PSS, Bd. 31, S. 7)

Um die schwierige Lage der Bolschewiki zu verbessern, die in der Februarrevolution keine bedeutende Rolle gespielt hatten, forderte Lenin eine Änderung des historischen Szenarios. Von seinen diesbezüglichen Vorstellungen zeugte ein Vortrag mit dem Titel »Über die Aufgaben der SDAPR in der Russischen Revolution«, den er am 14. (27.) März im Züricher Volkshaus hielt. Lenin, der kurz vor seiner Abreise nach Russland stand, berichtete mit Genugtuung, dass dort »die Umwandlung des imperialistischen Kriegs in einen Bürgerkrieg bereits begonnen« habe (PSS, Bd. 31, S. 7). Die Februarrevolution war für ihn nur die erste Etappe der sozialen Umgestaltung: »Die Besonderheit der gegenwärtigen historischen Situation liegt im Übergang von der ersten revolutionären Etappe zur zweiten, vom Aufstand gegen den Zarismus zum Aufstand gegen die Bourgeoisie« (ebd., S. 75). Nicht zufällig beendete Lenin seinen Vortrag mit der Parole:

»Es lebe die Russische Revolution! Es lebe die Weltrevolution der Arbeiterklasse, die in Russland begonnen hat!«

Dabei war ihm bereits klar, wie das Ende aussehen sollte. Schon vorher hatte er geschrieben: »Das soziale und politische Leben Russlands hat sich in ein einziges blutiges Chaos aufgelöst ...« (PSS, Bd. 31, S. 14)

Die Provisorische Regierung versuchte unterdessen, ihre Regierungsgeschäfte zu ordnen, wobei sie nicht ohne Grund davon ausging, dass die Aufrechterhaltung der russischen Bündnisverpflichtungen weniger Blutvergießen zur Folge haben würde als die bewusste Herbeiführung einer Niederlage der eigenen Armee, wie sie die Bolschewiki anstrebten. Das »blutige Chaos«, von dem Lenin gesprochen hatte, sollte erst noch durch seine eigene Partei hervorgerufen werden.

In der gesamten Weltgeschichte gibt es keinen überzeugenden Präzedenzfall dafür, dass eine politische Partei im Interesse ihrer ehrgeizigen Machtpläne so offen und konsequent die Niederlage des eigenen Vaterlandes betrieben hätte. Lenin und die Bolschewiki spekulierten dabei auf eine strategische Kettenreaktion: War die heimische Regierung erst einmal durch die militärische Niederlage zerfallen, konnten sie in dem desolaten Land um so leichter die Macht ergreifen. Der demokratische Februar wusste diesem heimtückischen Plan nichts entgegenzusetzen.

Während die Mehrheit der Politiker oder Parteien den Februar begrüßte, weil er ein neues, demokratisches Kapitel in der russischen Geschichte aufgeschlagen hatte, wusste Lenin, dass seine Partei bei diesem Stand der Dinge bestenfalls eine unbedeutende Oppositionsrolle in der Verfassungsgebenden Versammlung einnehmen würde. Die ultrarevolutionären Bolschewiki würden als linksextremistische Sektierer, genau wie vergleichbare Gruppen in den westlichen Parlamenten, ein verachtetes Randgruppendasein fristen. Falls der Februar siegte, würden Lenins langjährige Rivalen, die Menschewiki, ihre historische Chance erhalten. Allein den Gedanken daran konnte der Revolutionär nicht ertragen.
All dies galt es zu verhindern. Seine Armee der »Berufsrevolutionäre« musste auf den Plan treten. Bald würde er 47 Jahre alt sein, und eine solch einmalige Chance bot sich ihm gewiss kein zweites Mal …

Parvus und Ganetzki – Die deutsche Frage

Alle Gedanken Lenins waren auf Russland gerichtet. Die Erfüllung seines Lebenstraumes schien in greifbare Nähe gerückt. In seiner Heimat, die er nun schon so lange nicht mehr gesehen hatte, nahmen weltbewegende Ereignisse ihren Anfang: Die Revolution hatte begonnen! Noch wenige Wochen zuvor hätte er davon nicht einmal zu träumen gewagt. Eilig telegraphiert er Sinowjew und schlägt ihm vor, nach Zürich zu kommen. Gleichzeitig schreibt er an N. S. Ganetzki in Stockholm, seinen Vertrauten in Geldsachen und anderen geheimen Angelegenheiten:
»Ich muss unbedingt sofort nach Russland. Mein Plan ist folgender: Finden Sie einen Schweden, der mir ähnlich sieht, nach Möglichkeit einen Taubstummen, da ich des Schwedischen nicht mächtig bin. Für alle Fälle lege ich eine Fotografie bei.«
(Ganetzki, O Lenine. Otrywki wospominanij, 1933, S. 59)
Damit war natürlich selbst Ganetzki überfordert, der die Suche nach dem »taubstummen Schweden« denn auch bald aufgab. Stattdessen begann man, für Lenin und einige bolschewistische Genossen eine möglichst ungefährliche Route nach Russland

zu erkunden. Der Revolutionsführer bat den Züricher Sozialisten R. Grimm, eine Reiseroute über Deutschland auszuarbeiten. Dessen Bemühungen blieben jedoch zunächst ohne Erfolg. Am schnellsten handelte Ganetzki, der sich schon früher durch besondere konspirative Fähigkeiten ausgezeichnet hatte. Bereits am 10. März, nur wenige Tage nach der Februarrevolution, erhält Lenin von ihm ein »Reisegeld« in Höhe von 500 Rubeln (Biochronika, Bd. 4, S. 16). Das Auslandsbüro des ZK der Bolschewiki war natürlich bestrebt, die Parteiführer möglichst rasch in das Zentrum des Geschehens zu bringen, hatte aber auch noch keinen konkreten Plan. Darauf klagte Lenin gegenüber Ines Armand: »Es scheint vollkommen ausgeschlossen, nach Russland zu gelangen!! England lässt uns nicht einreisen, und über Deutschland führt auch kein Weg.« (PSS, Bd. 49, S. 414)
Allerdings waren nicht nur die Bolschewiki daran interessiert, ihren Anführer in die Heimat zu bringen. Der deutsche Generalstab hatte Lenins Aktivitäten schon lange mit Interesse verfolgt und seiner Partei bereits über Strohmänner beachtliche Summen zukommen lassen. Neben dem Generalstab befürworteten auch Teile der deutschen Sozialdemokratie, insbesondere Helphand-Parvus, Herausgeber der Zeitschrift »Die Glocke«, dieses Vorhaben. In einem Gespräch mit dem Botschafter Brockdorff-Rantzau in Kopenhagen vertrat der deutsche Sozialdemokrat mit Nachdruck die Ansicht, dass ein Separatfrieden mit Russland zum gegebenen Zeitpunkt gefährlich sei, da der Zar dann die Revolution unverzüglich niederschlagen würde, was einen deutschen Sieg gefährden könne. Damals ahnte Parvus noch nicht einmal, dass Lenin selbst schon am 19. Juli 1917 verkünden würde, er habe »einen Separatfrieden mit Deutschland schon immer auf das entschiedenste abgelehnt«. (PSS, Bd. 32, S. 414)
Parvus' Position war identisch mit der des deutschen Generalstabs. Erich Ludendorff, »das militärische Gehirn der Nation«, schrieb dazu: »Indem sie Lenin die Reise nach Russland ermöglichte, nahm unsere Regierung eine besondere Verantwortung auf sich. Unter militärischen Gesichtspunkten war dieses Vorgehen absolut gerechtfertigt. Russland musste mit allen Mitteln zu Fall gebracht werden« (Ludendorff, Meine Kriegserinnerungen, 1919, S. 47). Dieser Plan war ebenso zynisch wie bestechend, bot

doch die bolschewistische Revolution Deutschland die unerhörte Chance, einen bereits verloren geglaubten Krieg noch zu gewinnen!
Ludendorff konnte später öffentlich verkünden, die sowjetische Regierung existiere nur »von unseren Gnaden«.
Übrigens hatte das Politbüro auf seiner Sitzung im Mai 1920 einstimmig beschlossen, nur jene Stellen aus Ludendorffs Erinnerungen für die Übersetzung freizugeben, »die sich auf die Brester Verhandlungen« bezogen (Archiv für neuere Geschichte). Obschon man sich nach der Machtergreifung nicht mehr sonderlich vor einer Entlarvung fürchten musste, schien es doch opportun, dem Volk die ganze Wahrheit lieber vorzuenthalten …
Der Historiker S. P. Melgunow, 1920 von den Bolschewiki zum Tode verurteilt und später ins Ausland geflüchtet, enthüllte in seinem Buch »Solotoj nemjetzki kljutsch bolschewikow«:

»Der ›goldene deutsche Schlüssel‹ zum ungewöhnlich schnellen Erfolg der leninistischen Propaganda war im Besitz von Parvus, der sowohl mit der sozialistischen Weltbewegung als auch dem deutschen Außenminister und den Vertretern des Generalstabs in Verbindung stand.«

Die »deutsche Frage« ist um so schwerer zu klären, als die Bolschewiki, ihrer konspirativen Struktur gemäß, Dokumente ihrer Geheimoperationen nach dem Oktoberumsturz entweder vernichteten oder in den Archiven verschwinden ließen.
Die beiden Hauptdarsteller jener deutschen Inszenierung hießen Alexander Lasarewitsch Helphand (Parvus, oder auch Alexander Moskowitsch) und Jakub Stanislawowitsch Fürstenberg (alias Ganetzki, Borell, Gendritschek, Frantitschek, Nikolaj, Marian Keller, Kuba …). Diese beiden teuflisch begabten Männer wirkten 1917 wie unsichtbare Triebfedern, die das Barometer der Russischen Revolution nach oben schnellen ließen, indem sie Lenin und seinen Kampfgefährten die finanzielle Basis für ihre aufrührerische Tätigkeit bereitstellten. Parvus hatte wegen seiner Belesenheit, seines kühnen, klugen Verstandes und seiner Radikalität schon früh Lenins Interesse geweckt. Möglicherweise hatte der Revolutionsführer gerade ihn im Sinn, als er gegenüber Gorki er-

klärte: »Die klügsten Köpfe Russlands sind und waren fast immer Juden oder zumindest Männer mit einem gewissen Anteil jüdischen Blutes.« (»Russki sowremennik«, 1924, Nr. 1, S. 241) Kautsky machte Parvus mit der journalistischen Arbeit vertraut, die er schon bald hervorragend beherrschte. Er wurde Korrespondent des »Vorwärts«, schrieb für das »Berliner Tagblatt« und redigierte die »Molodaja Turzija«. Trotzki war ebenfalls sehr angetan von dem gebürtigen Russen, vor allem wegen dessen Theorie der »permanenten Revolution«. Im Gegensatz zu Lenin hatte er schon in der Revolution von 1905 gemeinsam mit Trotzki eine bedeutende Rolle gespielt. Beide waren damals in Petersburg verhaftet und in verschiedene sibirische Städte verbannt worden, von wo ihnen später die Flucht ins Ausland gelang. Obschon Parvus ein talentierter Schriftsteller war, fiel sein publizistischer Nachlass eher bescheiden aus, denn eine andere Leidenschaft hatte einen Großteil seiner Zeit in Anspruch genommen: der Handel. Als der Erste Weltkrieg begann und Parvus bereits ein reicher, in Regierungskreisen geachteter Mann war, ergriff eine fixe Idee von ihm Besitz: Er wollte Russland schwächen, indem er dort die revolutionäre Bewegung unterstützte, und auf diese Weise Deutschland zum Sieg verhelfen (Staatliches Sonderarchiv). In dem Buch »Freibeuter der Revolution« wird unter Berufung auf deutsche Quellen von einem Gespräch berichtet, das Parvus mit von Wangenheim, dem deutschen Botschafter in Konstantinopel, im Januar 1915 geführt hatte:

»Die Interessen der deutschen Regierung sind vollkommen identisch mit denen der russischen Revolutionäre. Auch diese können ihr Ziel nur durch die totale Vernichtung des Zarismus erreichen. Auf der anderen Seite kann auch Deutschland nicht siegreich aus dem Krieg hervorgehen, wenn es nicht auf eine Revolution in Russland hinarbeitet. Doch selbst falls diese erfolgreich verlaufen sollte, würde Russland immer noch eine große Gefahr für Deutschland darstellen, wenn es nicht in eine Reihe selbständiger Staaten aufgeteilt wird.«

Betrachtet man das weitere Wirken dieses deutschen Sozialdemokraten, so ist davon auszugehen, dass sein »Plan« wirklich existierte und die deutsche Regierung sich tatsächlich dafür zu interessieren begann. Laut Ergebnissen der westlichen Forschung traf Lenin im Mai 1915 mit Parvus zusammen. So heißt es bei D. Schub: »Lenin hörte sich Parvus' Pläne aufmerksam an, gab ihm aber zunächst noch keine eindeutige Antwort. Allerdings schickte er, um mit ihm in Kontakt zu bleiben, Ganetzki (Fürstenberg) nach Kopenhagen, der in Parvus' Institut eintreten und ihn über dessen Tätigkeit informieren sollte« (»Nowy schurnal«, 1959, Nr. 57, S. 226–267). Weiterhin führt Schub aus, dass Lenin dieses Treffen wie ein Staatsgeheimnis hütete und sehr darauf bedacht war, dass niemand davon erfuhr. In der biographischen Chronik des Instituts für Marxismus-Leninismus bleibt es ebenfalls unerwähnt.

A. F. Kerenski war überzeugt von der Verbindung Parvus-Lenin-Ganetzki, wie sein gleichnamiger Artikel in der »Nowaja Rossija« belegt:

»Die Provisorische Regierung hat eindeutig festgestellt, dass die ›Geldgeschäfte‹ Ganetzkis mit Parvus bei der Petersburger Sibirischen Bank fortgesetzt wurden, wo auf die Namen Sumenson (eine Verwandte Ganetzkis) und Koslowski eine immense Summe deponiert war, die unter Vermittlung von Ganetzki persönlich von Berlin über Stockholm überwiesen wurde ...« (Staatliches Sonderarchiv)

Kerenski hatte allen Grund für seine Behauptungen, fanden doch die ersten Nachforschungen über die Beziehungen zwischen den Deutschen und den Bolschewiki noch in seiner Regierungszeit statt.

Im Staatlichen Sonderarchiv finden sich vielfältige Hinweise darauf, dass 1916 in Berlin eine sogenannte »Spezialabteilung Stockholm« unter Leitung eines gewissen Trautmann gegründet wurde, mit dem Fürstenberg und Radek über Parvus in Verbindung standen. Parvus und Fürstenberg wohnten damals unweit voneinander in Kopenhagen.

Grebing, ein Diplomat der österreichisch-ungarischen Botschaft, erinnert sich, dass »Parvus und Fürstenberg tatsächlich mit deutscher Hilfe über Skandinavien reguläre, umfangreiche Export-

geschäfte mit Russland betrieben. Man verfuhr dabei folgendermaßen: Parvus erhielt aus Deutschland bestimmte Waren, die Russland dringend benötigte, wie chirurgische Instrumente, Medikamente, chemische Produkte, Kleidung oder sogar Verhütungsmittel, und Ganetzki schickte sie dann nach Russland weiter. Sämtliche Einnahmen aus diesem Handel wurden nicht nach Deutschland zurücküberwiesen, sondern vom ersten Tag der Revolution an in erster Linie für die Finanzierung leninistischer Propaganda verwendet.« (»Nowy schurnal«, 1967, Nr. 87, S. 308)
Parallel dazu wurden die geheimen Zahlungen an die Revolutionäre auch noch ideologisch getarnt, indem die Bolschewiki Parvus gelegentlich als »Renegaten«, »Sozialrevanchisten« und »Revisionisten« beschimpften, um auf diese Weise den Eindruck zu erwekken, sie unterhielten keinerlei Verbindung zu ihm.
Aus Unterlagen im Staatlichen Sonderarchiv geht zudem hervor, dass Parvus seine abenteuerliche politische Tätigkeit aus den Gewinnen von Spekulationsgeschäften ungeheuren Ausmaßes finanzierte:

»Geschäfte mit Dänemark, der Türkei, Rumänien, Bulgarien und Russland, bei denen er mit Lebensmitteln, Getreide, Kohlen und Medikamenten handelte, seine Beteiligung an der deutschen Propaganda ... sowie Spekulationen mit Frachtverträgen in Skandinavien brachten Parvus ein Kapitel von mehreren zehn Millionen ein, das er auf Züricher Banken deponierte.«

Lenin war zwar nicht persönlich an diesen Geschäften beteiligt, aber gut darüber informiert, da sie ohne sein Einverständnis nicht abgewickelt werden konnten. So wäre er auch im Hintergrund geblieben, falls man die Sache aufgedeckt hätte.
Es gibt eine Reihe von Dokumenten (die meisten wurden natürlich vernichtet), welche belegen, dass Waren und Geld über die Verbindungslinie Ganetzki-Sumenson-Koslowski nach Petrograd gelangten:

»Salzebaden, 389/4 18 4/5 16.25
Sumenson. Nadjeschdinskajastraße 36, Petrograd.
Nummer 127. Habe mehr als einen Monat nichts von Ihnen ge-

hört. Brauche dringend Geld. Neue Telegrammadresse: Salzebaden, Fürstenberg« (Archiv der Russischen Föderation)

»Salzebaden, 439/7 21 7/5 10.
Rosenblit. Petrowkastraße 17. Moskau.
Telegraphieren Sie umgehend, wie viele Bleistifte Sie erhalten und wie viele Sie verkauft haben. Schicken Sie eine genaue Abrechnung. Telegrammadresse: Salzebaden, Fürstenberg« (ebd.)

Die Antwort ließ nicht lange auf sich warten:

»Petrograd, 374 201, 20, 10/II, 13.35
Fürstenberg. Stockholm, Salzebaden.
Nr. 86. Habe Ihr Telegramm Nr. 127 erhalten und verweise auf meine eigenen Nr. 84/85. Heute habe ich wieder 20.000 eingezahlt, macht zusammen 70.000. Sumenson« (ebd.)

In manchen Telegrammen ging es auch um politische Fragen, die in diesen Fällen nicht, wie sonst üblich, äsopisch verschlüsselt wurden:

»Nebenhafen, 105/11 30 11/5 15.6.
An Lenin. Führer der Sozialistischen Partei. Petrograd.
Die dänische radikale Zeitschrift ›Politiken‹ bittet Sie um Ihre Meinung über den kommenden internationalen Sozialistenkongress in Stockholm und die russischen Bedingungen für einen Friedensvertrag. Politiken« (Archiv der Russischen Föderation).

»Petrograd. 451840, 23/22, 4, 21.20
Fürstenberg. Estergasse 58, Kopenhagen.
Ich brauche eine Partie Damenstrümpfe, Größe 8–8½, unbedingt mit Zertifikat. Bitte geben Sie die genaue Anzahl und den Höchstpreis an. Sumenson« (ebd.)

Die verschiedenen Lieferungen gingen über Stockholm zum Verkauf nach Petrograd und in andere russische Städte. Sumenson überwies den Erlös auf die Bank, von wo aus Koslowski das Geld an die Bolschewiki weiterleitete:

»Petrograd, 2801 12 14,2 12.22
Regat. Fürstenberg. Kungsgatan 55, Stockholm.
Nummer 74. Habe an die Russisch-Asiatische Bank 50.000 überwiesen.
Sumenson« (ebd.)

Gelegentlich ließ Sumenson Ganetzki auch eine persönliche Information zukommen:

»Petrograd. 79901 15 17/5 13.45
Regat. Fürstenberg. Kungsgatan 55, Stockholm.
Nummer 81. Richten Sie Ihrem Bruder aus, sein Vermögen sei gut angelegt.
Sumenson« (Archiv der Russischen Föderation)

Mitunter erhielt Ganetzki Telegramme von Lenin persönlich mit politischen Instruktionen:

»Petrograd. 48160 21 21/5 16.10
Fürstenberg. Salzebaden. Stockholm.
Mobilisieren Sie möglichst viele Linke für die bevorstehende Konferenz. Wir entsenden einen Sonderdelegierten. Ihre Telegramme habe ich erhalten. Danke, machen Sie weiter so.
Uljanow, Sinowjew« (ebd.)

Der Revolutionsführer ließ sich allerdings nicht dazu herab, die Geschäfte persönlich zu übernehmen.
Als Jewgenija Mawrikiewna Sumenson am 8. Juli 1917 von der Provisorischen Regierung wegen Spionage unter Arrest gestellt wurde, gestand sie, dass insgesamt »eine Summe von 2.030.044 Rubel« durch ihre und Fürstenbergs Hände gegangen war (Archiv der Russischen Föderation). Die erste Partie Medikamente im Wert von 288 929 Rubel habe sie im Dezember 1915 von Fürstenberg aus Stockholm erhalten (ebd.).
Stand vielleicht Lenins Schweizer Treffen mit Parvus im Mai 1915 mit diesem Geschäft in Zusammenhang? Zeman, der sich mit dieser Problematik ausführlich auseinandersetzte, kam zu dem Ergebnis: »Im Juli 1915 bat das deutsche Außenministerium auf Initiative von Jagows den Staatssekretär für Finanzen um einen

Betrag in Höhe von fünf Millionen Mark für die Unterstützung der revolutionären Propaganda in Russland. Am 9. Juli wurde die Zahlung bewilligt« (Zeman, Germany and Revolution in Russia, S. 8 bis 14). Die meisten Historiker sind sich darüber einig, dass unmittelbar nach jenem denkwürdigen Treffen im Mai deutsche Gelder verstärkt in die Parteikasse der Bolschewiki flossen.
Kerenski vertrat laut Melgunow die Ansicht, dass »die weiteren Ereignisse des Jahres 1917, ja sogar die ganze russische Geschichte, einen anderen Verlauf genommen hätten, wenn Tereschtschenko seine Ermittlungen zu Ende geführt und den juristisch einwandfreien Beweis erbracht hätte für dieses ungeheuerliche Verbrechen, an das eben deshalb niemand glauben wollte, weil es psychologisch so absolut unglaublich schien«. Es habe sich eindeutig um eine Verschwörung zwischen den Bolschewiki und den Deutschen gehandelt, »die weit über die Zahlung und den Empfang von Geldern hinausging und auf die Zerschlagung Russlands durch eine Revolution hinzielte«. (Melgunow, Solotoj nemjetzki kljutsch bolschewikow, S. 128)
Die Bolschewiki hatten erwiesenermaßen wiederholt mit den Deutschen verhandelt. In einem von Lenins chiffrierten Telegramm heißt es:

»Genosse Krestinski!
Niemand hat die Deutschen ›um Hilfe gebeten‹. Wir sind lediglich darin übereingekommen, wann und wie sie, die Deutschen, ihren Plan eines Feldzuges gegen Murman und gegen Alexejew verwirklichen wollen. Unsere Interessen stimmen damit vollkommen überein. Wir wären doch Idioten, wenn wir das nicht ausnutzen würden …«

Ihr Lenin« (Archiv für neuere Geschichte)

Wie wir sehen, schloss Lenin Absprachen mit den Deutschen keineswegs aus. Wenn also die Bolschewiki im August 1918 den Angriff deutscher Truppen auf Alexejew für sich zu nutzen wussten, dann hätten sie ebenso gut schon am Vorabend der Revolution mit diesen »darin übereinkommen« können, gemeinsam den Zarismus zu »zerschlagen«. Dem zynischen Pragmatismus der Revolutionäre hätte eine solche Handlungsweise durchaus ent-

sprochen. Nicht ohne Grund konnten die Bolschewiki nach der Februarrevolution damit beginnen, ganz Russland mit einer wahren Flut von Zeitungen, Flugblättern und Proklamationen zu überschwemmen. Bereits im Juli 1917 gab die Partei 41 Zeitungen mit einer Tagesauflage von 320 000 Exemplaren heraus. 27 dieser Publikationen erschienen in russischer Sprache, die übrigen in Georgisch, Armenisch, Lettisch, Tatarisch und Polnisch. Allein die »Prawda« hatte eine Auflage von 90 000 Exemplaren. Seit dem Februar war die Partei im Besitz einer eigenen Druckerei im Wert von 260.000 Rubel (»Nowy schurnal«, 1971, Nr. 102, S. 226). Für eine publizistische Tätigkeit dieser Größenordnung reichten die Mitgliedsbeiträge bei weitem nicht aus. Zudem bezogen die leitenden Parteifunktionäre in unregelmäßigen Abständen ihre Gehälter. Doch die Parteikasse war keineswegs leer! Just in dem Moment, als sich die einzigartige historische Chance zur Machtergreifung bot, konnte man – neben Spenden und Gewinnen aus den »Expropriationen« – über die immensen »finanziellen Zuwendungen« des »Wohltäters« Parvus verfügen!
B. Nikitin, der sich mit den »deutschen Geldern der Bolschewiki« eingehend befasste, stellt fest, dass Lenin die Verwaltung der Finanzen immer auch als politisches Druckmittel nutzte:

»Lenin war für die Gehälter der Mitglieder des ZK im Ausland zuständig. Wenn jemand seiner politischen Linie nicht folgte, wurde ihm das Salär gestrichen … Mittel, die Lenin als Verwalter der Parteikasse aus den ›Enteignungen‹ und Spenden erhielt, machten ihn zum unumschränkten Herrscher des Parteiapparats im Ausland und in Russland.« (Nikitin, Rokowye gody, Paris 1937, S. 228)

Als Alexinski, Jermolenko, Burzew und andere in der Presse eine Debatte über die Verbindungen der Bolschewiki zu den Deutschen entfachten und sie »des Verrats und der Spionage« bezichtigten, reagierte Lenin in der »Prawda« mit dem Artikel »Wo ist die Macht und wo ist die Konterrevolution?« Darin bezeichnete er die Enthüllungen von G. A. Alexinski, einem ehemaligen Mitglied der II. Reichsduma, als »niederträchtige Verleumdungen« und führte zwei Hauptargumente zur Entlastung seiner Partei ins

Feld. Zum einen habe man Ganetzki erst kürzlich ungehindert nach Russland ein- und wieder ausreisen lassen, was sicher nicht geschehen wäre, wenn man einen begründeten Verdacht gegen ihn gehegt hätte. Dabei ließ der Revolutionsführer außer acht, dass Ganetzki eine Vielzahl falscher Pässe zur Verfügung standen. Er hätte daher ebenso gut unter den Namen Borell, Keller oder Fürstenberg reisen können. Als Sondereinheiten der Provisorischen Regierung ihn übrigens später an der Grenze abfangen wollten, warteten sie vergeblich auf Lenins Vertrauten. Er war rechtzeitig gewarnt worden. Uljanows zweites Argument lautete:

»Weder Ganetzki noch Koslowski sind Mitglieder der Bolschewiki, vielmehr gehören beide der Sozialdemokratischen Partei Polens an … Die Bolschewiki haben weder von Ganetzki noch von Koslowski Geld erhalten. Derartige Behauptungen sind dreiste, gemeine Lügen.« (PSS, Bd. 32, S. 415)

Am 26. Juli 1917, nachdem bereits vonseiten der Provisorischen Regierung ein Haftbefehl gegen ihn ergangen war, unternahm Lenin in der »Rabotschaja gasjeta« einen weiteren Versuch zu seiner Verteidigung:

»Der Staatsanwalt beruft sich darauf, dass Parvus mit Ganetzki in Verbindung stand, und dieser wiederum mit Lenin! Das ist ein betrügerischer Fehlschluss. Alle Welt weiß zwar, dass Ganetzki mit Parvus in Geldgeschäfte verwickelt war, doch wir haben mit Ganetzki nicht das geringste zu tun.« (PSS, Bd. 34, S. 31)

Der »Nichtbolschewik« Ganetzki war jedoch auf dem 5. Parteitag der SDAPR zum Mitglied des ZK gewählt worden und gehörte dem Auslandsbüro des ZK an. Als er im Juli 1937 unter Stalin verhaftet wurde, gab er zu Protokoll: »Mitglied der Kommunistischen Partei (Bolschewiki) seit 1896« (gemeint war die SDAPR, denn die Umbenennung erfolgte erst später, D. W. – Archiv des NKWD). Nach der Februarrevolution führte Lenin nicht nur mit I. Armand, sondern auch mit Ganetzki eine rege Korrespondenz. Am 15. März 1917 teilte er ihm telegraphisch den Plan seiner Rückkehr nach Russland mit. In den darauf folgenden Tagen er-

hielt Ganetzki fast täglich ein Telegramm oder einen Brief, unter anderem mit der Anweisung, »zwei- oder dreitausend Kronen für die Organisation der Reise nach Russland zur Verfügung zu stellen« (Biochronika, Bd. 4, S. 31). Bald darauf informierte Lenin I. Armand über den Empfang des Geldes aus Stockholm (ebd., S. 35). Offensichtlich handelte es sich dabei nicht um die einzige Überweisung, denn in einem weiteren Brief an seine Freundin erklärte er, dass »wir mehr Geld zur Verfügung haben, als ich ursprünglich gedacht hatte« (PSS, Bd. 49, S. 424).
Hatte Lenin nicht behauptet, in keinerlei Verbindung zu Ganetzki und seinen Geldgeschäften gestanden zu haben? Nicht der Staatsanwalt, sondern er selbst war also der Betrüger!
Neben dem deutschen Generalstab und dem Außenministerium unterstützte auch Kaiser Wilhelm II. persönlich den Plan, Lenin die Rückkehr über Deutschland zu ermöglichen. In seinem Brief an den Reichskanzler von Bethmann Hollweg stellte der Monarch allerdings eine Bedingung: »Ich würde die Bitte der russischen Emigranten erfüllen, … wenn diese im Gegenzug für einen sofortigen Friedensschluss einträten.«
Dokumente der französischen Spionageabwehr belegen eine Begegnung Lenins mit Dallenbach, einem Vertreter der deutschen Botschaft, an der ferner noch A. Balabanowa, der Schweizer Sozialist Müller und der französische Journalist Henri Guilbeaux teilnahmen. Anlass für dieses Rendezvous in der Berner Amtsgasse war Lenins bevorstehende Reise über Deutschland nach Russland (Staatliches Sonderarchiv).
Lenin, der genau wusste, dass die deutschen Machthaber nicht weniger als die Bolschewiki an seiner Rückreise interessiert waren, stellte diesen über Fritz Platten noch einige Bedingungen, die seiner Partei den Anschein eines politischen und historischen Alibis vermitteln sollten. Um dieses Alibi zu stützen, wollte er in Stockholm auf ein Treffen mit Parvus verzichten, der für ihn nunmehr ohnehin wertlos geworden war, da er seine Schuldigkeit bereits getan hatte: Die notwendigen Schritte waren eingeleitet worden, und persönliche Kontakte waren nicht mehr erforderlich. Außerdem konnte der Revolutionsführer darauf verweisen, dass die Menschewiki – noch vor den Bolschewiki – auf demselben Weg nach Russland gelangt waren. In seinem Artikel »Wie

wir nach Russland gelangten«, der am 5. (18.) April 1917 in der »Prawda« und der »Iswestija« veröffentlicht wurde, schrieb er, die Initiative für den Plan einer Rückreise über Deutschland sei von Martow ausgegangen (PSS, Bd. 31, S. 120). Nach Louis Fischer sah Lenin die Sache folgendermaßen: »Er wollte unbedingt nach Russland, doch alle anderen Wege waren ihm verschlossen. Was seine Feinde im eigenen Land und im Westen dazu sagen würden, kümmerte ihn nicht im mindesten, denn er wusste, dass ihm die Menschewiki nichts vorwerfen konnten, war doch ihr Führer Juli Martow auf demselben Weg nach Russland gereist.« (L. Fischer, Lenin, London 1970, S. 168)

Am 27. März um 15 Uhr machten sich Lenin und seine Reisegefährten auf den Weg. Er selbst und Krupskaja, Sinowjew und seine Frau Lilina, Inessa Armand, Sokolnikow, Radek und noch weitere 25 Genossen teilten sich einen Sonderwagen, in dem ihnen ein vorzüglicher Koch zur Verfügung stand. Was sie besonders freute: ihnen allen war diplomatische Immunität zugesichert worden.

Alles weitere ist bekannt. Der Waggon mit den Revolutionären war für die Deutschen mehr wert als mehrere Infanterieeinheiten, weshalb sie aufmerksam darüber wachten, dass Lenin sein Reiseziel ohne Zwischenfälle erreichte. Über Gottmadingen, Stuttgart, Frankfurt am Main, Berlin, Stralsund und Saßnitz gelangten die Bolschewiki schließlich am 30. März auf einem schwedischen Dampfer nach Trolleborg, wo sie von Ganetzki in Empfang genommen wurden … Lenin verbrachte 24 Stunden in Malmö und Stockholm, wo er mit den anderen über das weitere Vorgehen beriet. Nebenbei fand er noch Zeit, sich in einem Geschäft Hosen und ein Paar Schuhe zu besorgen. Ganetzki versorgte die Reisenden mit allem Nötigen und besorgte die Fahrkarten für die restliche Strecke.

In Stockholm zog Lenin die Aufmerksamkeit der Presse und der schwedischen Sozialdemokratie auf sich. Man arrangierte ein Mittagessen zu seinen Ehren im Hotel »Regina«, filmte ihn für die Wochenschauen und interviewte ihn für verschiedene Zeitungen. Schließlich wurde er von Karl Lindhagen, dem Bürgermeister von Stockholm, persönlich begrüßt. Lenin fühlte, dass er sein ganzes Leben nur für diesen einen Augenblick der Rückkehr in sei-

ne Heimat gelebt hatte. In seinen Gesprächen mit Emigranten und schwedischen Sozialdemokraten gab er sich bereits ganz als Haupt und Hirn der Russischen Revolution.
Auf dem Weg zur schwedisch-russischen Grenze brachte er in einem Telegramm an W. A. Karpinski in Genf seine Genugtuung darüber zum Ausdruck, dass sich die Deutschen strikt an alle Abmachungen gehalten hatten. Der »Prawda« in Petrograd unterbreitete er den Vorschlag, eine Meldung über seine Ankunft in Russland zu bringen, denn ihm war bereits klar, dass er nicht als gewöhnlicher Emigrant, sondern als künftiger Führer der Russischen Revolution in die Heimat zurückkehrte.
Bereits im Juli 1917 erließ die Provisorische Regierung einen Haftbefehl gegen Lenin. Im Zuge der damit verbundenen Ermittlungen wurden bald 21 Aktenordner mit Beweismaterial über die Kontakte der Bolschewiki zu den deutschen Machthabern zusammengetragen. Bald darauf stellte man das Verfahren jedoch ein, denn Kerenski sah nun die Hauptgefahr in den Gegnern von rechts, den Anhängern Kornilows. Angesichts der bedrohlichen Situation hoffte er dabei auch auf die Unterstützung der Bolschewiki.
Natürlich versuchten Lenin und seine Anhänger unmittelbar nach dem Oktoberumsturz, sämtliches Beweismaterial zu vernichten, konnten aber dennoch nicht verhindern, dass man sich, vor allem im Ausland, weiterhin mit der »deutschen Frage« befasste.
Der berühmte deutsche Sozialdemokrat Eduard Bernstein warf vier Jahre nach den Ereignissen des Oktober im »Vorwärts« als einer der Ersten die Frage nach den »deutschen Geldern« auf. In seinem Artikel hieß es:

»Aus absolut zuverlässigen Quellen habe ich erfahren, dass es sich dabei um eine unglaublich hohe Summe handelte, die 50 Millionen Goldmark noch überstieg. Für Lenin und seine Genossen konnte es daher keinen Zweifel darüber geben, woher das Geld stammte. Ein Resultat der finanziellen Transaktionen war ohne Frage der Frieden von Brest-Litowsk. General Hoffmann, der damals die Verhandlungen mit der bolschewistischen Delegation unter Trotzki leitete, hatte die Bolschewiki fest in der Hand und ließ sie das auch deutlich spüren.«

Eine Woche später, am 20. Januar 1921, veröffentlichte Bernstein einen weiteren Artikel im »Vorwärts«, in dem er die deutschen und russischen Kommunisten öffentlich dazu aufforderte, ihn zu verklagen, falls sie der Ansicht sein sollten, er habe Lenin verleumdet. Doch die beiden Parteien schwiegen und gaben damit faktisch zu, dass sie nicht in der Lage waren, Bernsteins Anschuldigungen zu widerlegen. Der deutsche Sozialdemokrat führte den lückenlosen Beweis über sämtliche finanziellen Transaktionen seit 1915.

Ein Sammelband mit deutschen Dokumenten über die Beziehungen zwischen der Berliner Regierung und den Bolschewiki bestätigt ebenfalls meine Vermutungen:

»Erst nachdem die Bolschewiki von uns über geheime Kanäle regelmäßig mit Geld versorgt wurden, waren sie in der Lage, ihr Parteiorgan ›Prawda‹ herauszugeben, massiv Propaganda zu treiben und ihre anfangs geringe Bedeutung innerhalb der russischen Parteienlandschaft zu vergrößern … Unser Ziel war es, über die neuen Machthaber zunächst einen Waffenstillstand und später einen Friedensvertrag herbeizuführen. Mit einem Separatfrieden hätten wir unser militärisches Ziel erreicht, einen Keil zwischen Russland und seine Verbündeten zu treiben.« (Germany and the Russian Revolution, London 1958, S. 70)

Ich möchte an dieser Stelle noch ein weiteres Dokument aus diesem Band anführen. Mirbach, der deutsche Botschafter in Moskau, sandte am 3. Juni 1918 eine chiffrierte Depesche an das Außenministerium, in der es hieß:

»Wegen der großen Konkurrenz unter den Verbündeten brauchen wir 3 Millionen Mark monatlich.« Zwei Tage später schickte der deutsche Botschaftsrat Trautmann auf Anweisung Mirbachs ein weiteres Telegramm: »Der Fonds, welcher uns bisher für die Verteilung in Russland zur Verfügung stand, ist vollkommen ausgeschöpft. Der Staatssekretär für Finanzen muss uns daher unbedingt neue Mittel bewilligen. In Anbetracht der oben genannten Umstände muss dieser neue Fonds mindestens 40 Millionen Mark umfassen.« (Ebd., S. 133)

Wer immer diese Unterlagen prüft, wird ihre Echtheit nicht in Zweifel ziehen. Sie belegen, dass auf deutscher Seite folgende Personen an der groß angelegten Operation zur finanziellen Unterstützung der Revoulution und der Bolschewiki beteiligt waren: Kaiser Wilhelm II., General Ludendorff, Parvus, die Reichskanzler von Bethmann Hollweg und Graf von Hertling; der Staatssekretär im Außenministerium, Richard von Kühlmann; die deutschen Gesandten in Moskau, Graf von Mirbach und Baron von Romberg; der Staatssekretär für Finanzen, Graf Siegfried von Redern; sowie einige andere, weniger bedeutende Akteure.

Die bolschewistischen Hauptdarsteller in diesem Schauspiel hießen Ganetzki-Fürstenberg, Krasin, Joffe, Koslowski, Keskula, Radek und Rakowski.

Parvus und Ganetzki hatten sicherlich den größten Anteil an den Ereignissen dieses kurzen Abschnitts der russischen Geschichte. Mitte November 1917 wandte sich Parvus in Stockholm über Radek mit der Bitte an Lenin, ihm die Rückkehr nach Russland zu gestatten, damit er dort der Sache der Revolution dienen könne. Er verfüge über Erfahrung, Verstand und, nicht zuletzt, über ein stattliches Vermögen. Sein Ruf habe zwar unter der Zusammenarbeit mit den Sozialpatrioten gelitten und Lenin selbst habe ihn einen »Chauvinisten« genannt, doch er habe bei seinem Wirken stets die Interessen der Revolution vor Augen gehabt. Indem er auf einen deutschen Sieg hinarbeitete, habe er zugleich auch den Triumph der Revolution vorbereitet. Parvus war sogar bereit, sich vor dem Schiedsgericht der Partei zu verantworten, und wartete ungeduldig auf Lenins Antwort, die ihm drei Wochen später, wiederum in Stockholm, von Radek übermittelt wurde: »Die Sache der Revolution duldet keine Befleckung durch schmutzige Geschäfte.« Auch das Verhältnis der deutschen Regierung zu Parvus war nach der Revolution merklich abgekühlt. Man verweigerte ihm sogar die Kredite für seine neuen Handelsunternehmungen. Daraufhin drohte er, belastende Dokumente für eine Million Mark an die Presse zu verkaufen. Ich weiß nicht, ob ihm diese Erpressung geholfen hat oder ob man die Unstimmigkeiten auf andere Weise beilegte, jedenfalls kam es damals zu keinem Skandal (Staatliches Sonderarchiv).

In den folgenden Jahren führte der russisch-deutsche Sozial-

demokrat ein stürmisches Leben mit Wein, Weib und riskanten Finanzspekulationen, das schließlich im Dezember 1924, 10 Monate nach Lenins Tod, durch eine Herzattacke jäh beendet wurde. In dem Buch »Katastrofa i wtoroe roschdjenie« (»Die Katastrophe und die zweite Geburt«) schildert E. A. Gnedin, Parvus' Sohn, seine Bemühungen, die Erbschaft auf Weisung der sowjetischen Machthaber in den Besitz der UdSSR zu bringen. Allerdings hatten Bekannte seines Vaters, die in Geldfragen wesentlich erfahrener waren, das Vermögen bereits an sich gebracht. Gnedin blieben lediglich die Bibliothek und ein Teil der Papiere seines Vaters, die sogleich sorgfältig von der Tscheka überprüft wurden. Obwohl der Sohn die politische Einstellung seines Vaters öffentlich verurteilte, wurde er 1939 verhaftet und musste 16 Jahre in Lagern und Gefängnissen verbringen.
Ganetzkis Schicksal war wesentlich tragischer. Im Gegensatz zu Parvus ereilte ihn der Tod nicht unter der heimischen Bettdecke, obwohl er anfangs von Lenin protegiert wurde und höhere Posten im Volkskommissariat für Finanzen, im Volkskommissariat für Handel und im Obersten Volkswirtschaftsrat bekleidete. Auch nach der Revolution wurde er vom Führer der Bolschewiki gelegentlich noch mit persönlichen Aufträgen betraut, wie im April 1920, als er ihn anwies:

»Genosse Ganetzki!
Seien Sie so gut und erledigen für Nadjeschda Konstantinowna einige Einkäufe nach der beiliegenden Liste. Falls Maria Iljinitschna Ihnen keine Devisen gegeben hat, vergessen Sie bitte nicht, Ihre Ausgaben zu notieren.
Viele Grüße, Lenin« (Archiv für neuere Geschichte)

Anfang Mai, als Ganetzki abermals ins Ausland reiste, bat ihn Lenin:

»Genosse Ganetzki!
Bitte schicken Sie mir Mehl (am besten Roggenmehl), Wurst, Konserven (aber keine Delikatessen), Fleisch und Fisch (teilen Sie mir bitte mit, wie viel dafür von den Schweizer Franken abgeht, die ich Ihnen zukommen ließ) … Viele Grüße, Lenin« (ebd.)

Der Revolutionsführer hätte bestimmt nicht jedem beliebigen Genossen derart delikate Aufträge erteilt, wie »Schnürsenkel für Nadjeschda Konstantinowna zu kaufen«. (Ebd.)
Wenn Lenin mit Ganetzki zu tun hatte, ging es in den allermeisten Fällen um Geld …
Einmal erinnerte ihn sein Vertrauter an das Geld des Sozialdemokraten Moor (83513 Dänische Kronen) und fragte, was damit geschehen solle. Lenin wusste zunächst nichts damit anzufangen. Da half ihm Sinowjew: »Meines Erachtens wäre das Geld bei der Komintern am besten aufgehoben. Moor würde es ohnehin nur versaufen.« (Archiv für neuere Geschichte)
Vergebens versicherte der Parteiführer, er habe »das Geld vergessen«, denn dafür kannte er den gebürtigen Deutschen und Schweizer Sozialdemokraten Karl Moor viel zu gut. Als Mitglied des Kantonparlaments und der Regierung in Bern hatte er Lenin, Krupskaja und I. Armand seinerzeit einen Wohnsitz in der Schweiz vermittelt. Lenin wusste nicht, dass Moor ein von Berlin bezahlter Agent war (diese Tatsache wurde erst nach dem Zweiten Weltkrieg bekannt). Unter dem Decknamen »Bayer« informierte er die deutsche Botschaft regelmäßig über Aktivitäten und Pläne der Bolschewiki, die ihm gut bekannt waren, da er zu Lenin, Radek, Schklowski und Sinowjew persönliche Kontakte pflegte.
Im September 1917 ließ Moor dem ZK der Bolschewiki unter dem Vorwand einer unerwarteten Erbschaft eine große Summe Geldes zukommen. In Wirklichkeit stammte dieser Betrag vom deutschen Generalstab, der hoffte, Moor auf diese Weise in noch engeren Kontakt zur Führungsspitze der Revolutionäre bringen zu können. Zunächst verweigerte das ZK die Annahme dieses »Geschenks«, da man von dessen Berliner Herkunft Wind bekommen hatte. Nach dem Oktober floss das Geld jedoch unverzüglich in die Parteikasse. Moor, der nach dem Umsturz in Russland geblieben war, konnte auch von dort seine Agententätigkeit ungehindert fortsetzen, so dass Berlin stets bestens über die Entwicklungen in der bolschewistischen Führungsspitze informiert war.
Doch nun zurück zu Ganetzki. Der englische Forscher M. Fortrell kam aufgrund seiner Studien über dessen Schicksal zu folgendem Ergebnis: »Wenn man Fürstenbergs früheres Leben eingehend betrachtet, kann man sich schwer vorstellen, dass seine finanziellen

Transaktionen einem anderen Ziel dienten als der Unterstützung der Revolution.« (Fischer, Lenin, S. 172)

Ganetzki betrieb seine Geschäfte im Parteiauftrag auf Weisung Lenins. Sowohl vor als auch nach der Revolution gingen Millionen von Rubeln und eine große Anzahl Preziosen durch seine Hände. Er war es auch, der nach dem Rigaer Frieden von 1921 die finanziellen Angelegenheiten mit Polen regelte und auf Befehl des Politbüros Gold, Brillanten und Geschmeide aus dem Zarenschatz im Ausland verkaufte. Nichtsdestoweniger fand man, als Ganetzki 1937 verhaftet wurde, bei mehreren Hausdurchsuchungen lediglich zwei Dollar. Von irgendwelchen Edelsteinen keine Spur (Archiv des NKWD). Allerdings gibt es Gerüchte, dass noch heute Schweizer Bankkonten auf seinen Namen existieren. Jedenfalls ist unbestritten, dass Ganetzki, wie Lenin selbst mehrfach bezeugte, ein überzeugter Bolschewik war, der seine Geschäfte in den Dienst der Revolution stellte.

Nach Lenins Tod verschwand auch sein Vertrauter aus dem Rampenlicht, hielt sich jedoch weiterhin in der mittleren Führungsebene der Partei. 1935 wurde er zum Direktor des Staatlichen Revolutionsmuseums ernannt. Das sollte sein letztes Amt sein. Am 18. Juli 1937 wird er als »deutscher und polnischer Spion« gemeinsam mit seiner Frau und seinem Sohn verhaftet. Bei der Wohnungsdurchsuchung fand man 78 Broschüren von Trotzki, Sinowjew, Kamenew, Radek, Bucharin und Schljapnikow – eigentlich Belege dafür, dass Ganetzki ein überzeugter Bolschewik war. Doch unter Stalin, der in den von ihm initiierten »Säuberungen« der Partei seine ehemaligen Kampfgefährten als »Spione und Verräter« verfolgte, wurden deren Propagandaschriften zu belastenden »Beweisstücken«. Ganetzki sei schon seit dem Ersten Weltkrieg ein »deutscher Spion« gewesen, erklärte der Ankläger. Dabei handelte es sich natürlich um eine Anspielung auf die alten »deutschen Angelegenheiten«, die allerdings niemand wieder ernsthaft aufrollen wollte (oder konnte). Der Angeklagte konnte sich nicht öffentlich auf seine damaligen Absprachen mit Lenin berufen, denn damit hätte er den vergötterten Revolutionsführer »auf das Schändlichste verleumdet« und wäre umgehend zum Tode verurteilt worden. Stattdessen musste er auf Stalins Gnade hoffen.

Was damals die Provisorische Regierung nicht beweisen konnte, wurde von den stalinistischen Tschekisten einfach konstatiert: Ein Mann, der in seinem Leben so viele Kontakte zu Ausländern gehabt hatte, musste doch ein »Spion« sein. Außerdem bedeuteten Menschen, die zu viel wussten, immer eine Gefahr für das stalinistische System. Bevor man über das Schicksal solcher Leute entschied, wurde gewöhnlich Stalin persönlich befragt. So war es auch in diesem Fall. Der »große Führer« fasste sich kurz: »Liquidieren« …

Zur Ehre Ganetzkis sei hier angemerkt, dass er – obgleich gefoltert wie alle anderen Opfer der Schauprozesse – kein Geständnis ablegte. So standhaft waren damals nur wenige.

In einer nichtöffentlichen Verhandlung des Militärkollegiums des Obersten Gerichts der UdSSR wurde Ganetzki am 26. November 1937 als »Spion und Trotzkist« zum Tode verurteilt. Die Verhandlung hatte ganze 15 Minuten gedauert … Lenin hätte sich gewiss nicht träumen lassen, welche Erfolge Stalin einst im Kampf gegen den »Bürokratismus« erzielen würde. Ganetzki wurde noch am selben Tag erschossen.

Lenin und Kerenski

Kurz nach Lenins Ankunft in Petrograd äußerte Kerenski, der sich selbst gern als »Sozialist« bezeichnete, den Wunsch nach einem Treffen mit dem Führer der Bolschewiki. Kerenski verstand sich als ein Mann der politischen Mitte und des historischen Kompromisses. Deshalb suchte er den Kontakt zu Leuten, die unterschiedliche Pole im politischen Spektrum verkörperten. Obwohl er einerseits mit A. I. Gutschkow, M. W. Rodsjanko, I. W. Godnew, G. E. Lwow und P. N. Miljukow in Verbindung stand, unterhielt er andererseits nicht minder aktive Kontakte zu den Sozialisten I. G. Zereteli, W. M. Tschernow, F. I. Dan und N. S. Tschcheidse, auf deren Bekanntschaft er im Interesse seiner Bemühungen um eine Verständigung mit dem linken Flügel nicht verzichten konnte. Kerenski hegte den naiven Glauben, er könne Lenin helfen, »sich in Bezug auf die Ereignisse zu orientieren« (Archiv der russischen Revolution). Obgleich Kerenski gegenüber dem Revolutionsführer wiederholt sein Interesse an einer Begegnung bekundete, zog dieser es vor, einer direkten Konfrontation aus dem Wege zu gehen. Lenin vernichtete seine Gegner mit Vorliebe aus der Entfernung. Kerenski war für ihn nur ein »Held des Augenblicks«, mit dem er keine Kompromisse schließen würde. Falls der rechte Flügel an die Macht kam, würden die Regierungsbeschlüsse von den Kornilows, Gutschkows und Alexejews unterzeichnet. Im Falle eines Sieges der Linken würden die Dekrete seine eigene Unterschrift tragen. Kerenski hatte jedoch in seinen Augen keine Zukunft, denn in Russland hatte es noch nie eine starke zentristische Partei gegeben. Lenin schätzte seinen Gegner richtig ein: Dieser war weder auf der Seite der Bolschewiki, noch wollte er die weißen Generale unterstützen. Der Sozialrevolutionär und Sozialist Kerenski träumte von einem »dritten Weg«.

Der Ministerpräsident ahnte, dass es ohne ein starkes liberaldemokratisches Zentrum früher oder später zu einer blutigen Auseinandersetzung zwischen den beiden verfeindeten Lagern kommen musste, von der bald auch ganz Russland betroffen sein würde. »Er setzte alles daran, das riesige Staatsschiff in ein Fahrwasser zu bringen, von dem er sich die Rettung versprach«, schreibt Stankjewitsch, ein Anhänger Kerenskis, in seinen Erinnerungen (Stankjewitsch, Memoiren, Berlin 1920, S. 224). Kerenski hatte ihm damals anvertraut, dass er »mit Ungeduld die Einberufung der Verfassungsgebenden Versammlung erwarte, um diese zu eröffnen, alle seine Ämter niederzulegen und unverzüglich zurückzutreten« (ebd., S. 252). Kerenski, der schon bald begriff, dass er Lenin nicht als Verbündeten im Kampf für eine demokratische Entwicklung gewinnen würde, verhielt sich ihm gegenüber aber dennoch zurückhaltend und bisweilen sogar überaus großmütig. Bei allen grundlegenden Differenzen blieb er – ganz im Gegensatz zum Führer der Bolschewiki – immer ein fairer politischer Gegner. Selbst als die Provisorische Regierung auf Druck der empörten Öffentlichkeit Haftbefehl gegen Lenin und einige andere Personen erließ, die verdächtigt wurden, in Verbindung mit den Deutschen zu stehen, verwahrte sich Kerenski gegen alle Forderungen, mit den »Vaterlandsverrätern« kurzen Prozess zu machen:

»Diese Leute müssen sich vor dem Gesetz – und nur vor dem Gesetz – verantworten.«
Der Ministerpräsident war für die Grausamkeiten der Revolution nicht geschaffen. Bei Lenin lag die Sache freilich ganz anders. Als das Revolutionstribunal im Mai 1918 gegen vier korrupte Gerichtsangestellte ein zu mildes Urteil gefällt hatte, protestierte Lenin beim Zentralkomitee:

»Es ist eine Schande für einen Kommunisten und Revolutionär, statt eines Todesurteils ein so unglaublich lächerliches Strafmaß zu verhängen. Derart veranlagte Genossen muss man öffentlich bloßstellen und aus der Partei ausschließen, denn sie gehören zu den Kerenskis und Martows und nicht in die Reihe der revolutionären Kommunisten ...« (Lenin, PSS, Bd. 36, S. 282)

Kerenskis Auftritt auf der politischen Bühne Russlands währte nur ein halbes Jahr. Danach wurde er von den Bolschewiki, weißgardistischen Emigranten, Sozialisten und bürgerlichen Politikern für den Rest seines langen Lebens ins Exil geschickt. In der sowjetischen Historiographie erschien er als Randfigur der Geschichte, als Possenreißer und als Marionette der Bourgeoisie. Seine Akte beim NKWD lautete gar auf den Decknamen »Clown« (Archiv des NKWD). In der sogenannten Gesamtausgabe von Lenins Werken wird Kerenski mehr als zweihundertmal erwähnt. Vor allem dessen Geheimverträge boten dem Revolutionsführer immer wieder Anlass zu scharfer Polemik: »(Kerenski) hielt sich für einen Sozialrevolutionär, täuschte den Sozialisten vor, den Revolutionär, doch in Wirklichkeit war er ein Imperialist, der Geheimverträge in seiner Tasche versteckte« (Lenin, PSS, Bd. 35, S. 294). Diese »in der Tasche versteckten Verträge« ließen Lenin keine Ruhe. Vor dem Moskauer Sowjet erklärte er: »Die Feinde, mit denen wir es bis heute zu tun haben ... sowohl Kerenski als auch die russische Bourgeoisie, sind schwachköpfig, konzeptlos und kulturlos. Zuerst haben sie Romanow die Stiefel geleckt, um dann mit Geheimverträgen in der Tasche davonzulaufen« (PSS, Bd. 36, S. 86). Im Gegensatz zu Kerenski, dessen geheime Verträge und Abkommen lediglich ein Staatsgeheimnis, aber nichts Verbrecherisches darstellten, waren Lenins Geheimnisse oft mit

Blut behaftet. So zeigte sich der Revolutionsführer begeistert von einer Aktion an der Grenze zu Polen:

»Ein hervorragender Plan! Führen Sie ihn gemeinsam mit Dserschinski zu Ende.
Als ›Grüne‹ getarnt (die später als die Schuldigen dastehen) durchqueren wir 10 bis 20 Werst und hängen alle Kulaken, Popen und Gutsbesitzer. Als Prämie gibt es 100.000 Rubel für jeden Erhängten …« (Archiv für neuere Geschichte)

Lenin bezeichnete Kerenski in seinen Arbeiten häufig als den Hauptschuldigen am Niedergang Russlands. Der Zar und »die Kompromissler mit Kerenski an der Spitze« seien schuld daran, dass uns »als geistiges Erbe nur Demoralisierung und totale Zerrüttung geblieben ist« (PSS, Bd. 36, S. 365). Für die bolschewistische Fraktion erklärte er vor dem Sowjetkongress:

»Durch die Politik Kerenskis, der Gutsbesitzer und der Kulaken unter der Losung ›Nach uns die Sintflut‹ wurde unser Land derart herabgewirtschaftet, dass man die Leute reden hört: ›Schlimmer kann es nicht mehr kommen.‹« (PSS, Bd. 36, S. 504)

Doch damit nicht genug: »Kerenski hetzte die Truppen zum Angriff und machte sich damit am Tod von Millionen von Menschen schuldig« (PSS, Bd. 37, S. 371). Viele der »revolutionären Reden« Lenins liefen auf die simple Behauptung hinaus, der Zar und Kerenski, im Verbund mit den Menschewiki und Sozialrevolutionären, seien die Hauptschuldigen an der nationalen Tragödie. Allein die Bolschewiki seien fähig, in die Rolle des Messias zu schlüpfen und Russland zu retten.
Ich erwähnte bereits, dass Lenin vor grober Polemik nicht zurückschreckte. Kerenski (wie auch Kautsky, Bernstein, Plechanow, Nikolaj II., Miljukow und viele, viele andere) belegte der Führer der sozialistischen Revolution mit solch deftigen Beinamen wie »demokratischer Schwätzer« und »Wichtigtuer«.
Die siegreichen Massen belehrte er, es sei »bei weitem schwieriger, Unwissenheit und Schlamperei zu bekämpfen, als den Idioten Romanow oder den Dummkopf Kerenski zu stürzen« (ebd.,

Bd. 36, S. 215). Es sei beileibe nicht schwer, ein Held zu sein, wenn es sich um einen Aufstand »gegen den ungeheuren Idioten Romanow oder den wichtigtuerischen Dummkopf Kerenski« handle (ebd., S. 362). Lenin zweifelte nicht im mindesten an der Zulässigkeit einer solch schmählichen Rhetorik. In Bezug auf seine politischen Gegner folgte er einer Regel, die er bereits im Jahre 1911 in Paris folgendermaßen formulierte: »Solche Leute muss man in die Enge treiben, und, falls sie sich nicht unterwerfen, in den Schmutz ziehen« (Leninski sbornik, Bd. XVIII, S. 33). Diese Äußerung war programmatisch für Lenins Art, eine fundierte Argumentation durch Schimpftiraden zu ersetzen.

Kerenski stand zwischen den Fronten. Auf der einen Seite drohte die Diktatur der Generale, auf der anderen lauerten die bolschewistischen Jakobiner. Beide Seiten setzten auf den Terror als Mittel zur Durchsetzung ihrer »staatlichen« bzw. »revolutionären« Ordnung. Einige Monate gelang Kerenski die Gratwanderung zwischen den Fronten, bis die Bolschewiki ausgerechnet von Kornilow Schützenhilfe erhielten. Dieser hatte in Petrograd eigenmächtig den Kriegszustand ausgerufen und die militärische und politische Macht an sich gerissen. Das Dritte Reiterkorps und drei weitere Divisionen befanden sich bereits im Anmarsch auf Petrograd. Da erwachte Kerenski aus seiner Lethargie und telegraphierte an das Hauptquartier: »Ich befehle, alle Einheiten, die auf Petrograd marschieren, aufzuhalten und in ihre alten Stellungen zurückzuziehen.« Nachdem Kornilow diese Anordnung erhalten hatte, befahl er seinerseits: »Diesen Befehl nicht ausführen, die Truppen in Richtung Petrograd in Bewegung setzen.«

Kerenski konnte durch seine Telegramme die Truppen nicht aufhalten. Da handelten die Bolschewiki: Das ZK und andere sozialistische Organisationen wandten sich mit einem gemeinsamen Appell an die Bevölkerung, in dem sie die Soldaten und Arbeiter aufriefen, Kornilow eine Abfuhr zu erteilen.

Der Aufstand des Generals verlief ähnlich dem Putsch im August 1991. Kerenski verlor damals ebenso rasch an politischem Einfluss wie mehr als sieben Jahrzehnte später Gorbatschow.

Endloses politisches Taktieren mag in bestimmten Situationen erforderlich sein, ist aber in der Politik keine dauerhafte Lösung. Kehren wir zu den dramatischen Ereignissen der Vergangenheit zurück. Bereits 1919 schrieb Kerenski über Kornilow: »Diese Verschwörung machte den Bolschewiken den Weg frei« (Mercure de France, 15. Mai 1919). Kerenskis Vorstellungen vom Sozialismus lassen sich in ihrer Strukturlosigkeit und Verschwommenheit gewiss nicht an den heutigen Maßstäben messen, doch in einem Punkt hatte er schon damals recht: Die Freiheit ging ihm stets über alles andere – sowohl im Dezember 1905 und im Juni 1906, als er wegen »Besitz und Verbreitung von handschriftlichem Material strafbaren Inhalts« verhaftet wurde, wie Jahre später, als er in seiner ersten Amtshandlung als Justizminister eine Amnestie für politische Gefangene erließ, bis kurz vor seinem Tod, als er seine letzte Arbeit »Russland und der Wendepunkt der Geschichte« verfasste.

Juli 1917 – Generalprobe für die Revolution

Jede Revolution streut ihren Samen, der oft genug nicht die erwarteten Früchte bringt. Doch die russische Revolution barg auch ein zweifelhaftes Verdienst: Durch ihr abschreckendes Beispiel wurde sie zum Menetekel für die Weltöffentlichkeit.
Lenin, der nach seiner Ankunft im April 1917 den Kurs auf die sozialistische Revolution proklamiert hatte, blieb diesem Ziel bis zuletzt treu. Anfangs fand er damit selbst in der Führung der bolschewistischen Partei nur wenige Anhänger. Während der Vertiefung der Krise und dem zunehmenden Zerfall des Landes unter der Herrschaft der Übergangsregierung wuchs jedoch die Zahl derer, die sich den Bolschewiki zuwandten, hatten diese doch sehr einfache Lösungen für die schwierigsten Probleme parat.
In dem Leitartikel der »Finansowaja gaseta« vom 17. Mai 1917 hieß es: »Für die politische Revolution war es ausreichend, den Zaren zur Abdankung zu zwingen und Dutzende seiner Minister zu verhaften. So etwas ist schnell an einem Tag getan. Für eine soziale Revolution hingegen ist es notwendig, Millionen von Menschen ihre Eigentumsrechte abzuerkennen und alle Gegner des Sozialismus zu verhaften.« Damit hatte das Blatt die weiteren Ereignisse hellsichtig vorweggenommen. Lenin verfasste bald darauf

eine Antwort auf diesen Artikel, die in der »Prawda« erschien und den Titel trug: »Wie schüchtern die Kapitalisten das Volk ein?« Für einen Sieg der sozialen Revolution, so Lenin, müsse man lediglich »die Mächtigsten der ein- bis zweitausend Millionäre enteignen, die Geschäftsleute von Hochfinanz und Industrie. Das würde vollkommen ausreichen, um den Widerstand des Kapitals zu brechen. Dabei wäre es sogar nicht einmal nötig, selbst den Reichsten all ihre Eigentumsrechte abzusprechen. Das Recht auf ein eigenes bescheidenes Einkommen sei auch ihnen zugebilligt.« Den Widerstand einiger hundert Millionäre zu brechen, nur darin bestehe die Aufgabe. (Lenin, PSS, Bd. 32, S. 121 f.)

Lenin wusste, dass die rückständigen und ungebildeten Massen der Arbeiter, Bauern und Soldaten gerade diese »Umverteilungs-Logik« verstehen und annehmen würden.

Während Lenin gegenüber den »revolutionären Massen« Rezepte propagierte, wie der Übergangsregierung, vertreten durch die »Geschäftsleute von Bank und Industrie«, die Unterstützung entzogen werden konnte, wurde er nicht müde, die Führung der Sowjets für ihren mangelnden revolutionären Geist an den Pranger zu stellen. »Die alleinige Verantwortung für diese Krise, für die herannahende Katastrophe liegt bei den Volkstümlern und Menschewiki. Denn gerade sie nehmen gegenwärtig eine führende Position in den Sowjets ein« (PSS, Bd. 33, S. 129). Die »Prawda«, deren Redaktion er nun selbst übernommen hatte, infiltrierte mit ihren einfachen »Wahrheiten«, Patentrezepten und leicht fasslichen Analysen von Tag zu Tag mehr das verwirrte Bewusstsein der Gesellschaft.

Kaum hatte der Sozialrevolutionär S. Maslow in der Presse die eigenmächtige Inbesitznahme von Land verurteilt, als Lenin auch schon für die Bauern Partei ergriff: »Private Besitztümer sind sofort an die ansässigen Bauern abzutreten …« Die Bolschewiki würden »den Bauern das Land ohne Abfindung, ohne jegliche Entschädigung überlassen« (ebd., S. 132). Diese einfache Losung, die sich tief ins Bewusstsein der Soldaten und Bauern einprägte, ließ sie rasch zu Anhängern der Bolschewiki werden. Auf dem 1. Allrussischen Kongress der Bauerndeputierten im Mai 1917 fanden diese Gedanken Lenins Eingang in seinen Resolutionsentwurf zur Lage der Landwirtschaft, in dem er ein geradezu idylli-

sches Bild von der Zukunft zeichnete: »In unserem Russland wird es freie Arbeit auf freiem Boden geben.« (Ebd., S. 182)
Lenins Friedensappelle stießen auf ein breites Echo unter der kriegsmüden Bevölkerung. Auf dem 1. Allrussischen Sowjetkongress der Arbeiter- und Soldatendeputierten vom 9. (22.) Juni 1917 brachte Lenin die Rede auf den Krieg und schlug eine einfache, leicht fassliche Lösung vor:

»Wie stellen wir uns einen Ausweg aus diesem Krieg vor? Die Antwort auf diese Frage lautet: Allein eine Revolution bietet diesen Ausweg … Wenn man behauptet, wir würden einen Separatfrieden anstreben, dann ist das gelogen. Wir meinen: Es darf keinen Separatfrieden geben …« (PSS, Bd. 32, S. 286 f.)

Unmittelbar nach der Machtergreifung durch die Bolschewiki vollzog sich jedoch eine jähe Kehrtwendung in ihrer Politik. In Bezug auf Frieden, Grund und Boden, Freiheit, Verfassungsgebende Versammlung und Pressefreiheit wurden die Versprechen relativiert oder zurückgenommen. Die Bodenreform wurde faktisch entwertet, da die Bauern einer rigorosen Abgabepflicht für Getreide unterlagen. Während die Bolschewiki und insbesondere Lenin es liebten, ihre Feinde der Demagogie zu bezichtigen, erwiesen sie sich selbst als wahre Meister auf diesem Gebiet, wobei sie versuchten, sich bei den Massen einzuschmeicheln und deren geringes politisches Bewusstsein für sich zu nutzen.
Besonders das Freiheitsversprechen wurde nicht eingelöst. Schon bald nach der Machtergreifung errichteten die Führer des neuen Staates eine terroristische Diktatur, die sie mit Verweisen auf die »Ausnahmesituation«, den »Bürgerkrieg« und die »konterrevolutionäre Bedrohung« zu rechtfertigen suchten.
Nachdem im Juli 1917 die Provisorische Regierung, beunruhigt von Informationen über einen Umsturzversuch der Bolschewiki, ein dreitägiges Demonstrationsverbot verhängt hatte, wandte sich Lenin sogleich mit einigen Protestartikeln an die Öffentlichkeit. Er betonte, »die Durchführung solcher Demonstrationen sei in jedem Land mit verfassungsmäßiger Ordnung ein unanfechtbares Recht aller Bürger« (PSS, Bd. 32, S. 321). Bereits nach einigen Monaten hatte Lenin jedoch scheinbar vergessen, was die »Rechte

der Bürger« ausmachte. Demonstrationen waren nun kein Thema mehr. Politische Versammlungen und kollektive Aktionen durften nur noch mit Genehmigung der GPU stattfinden.

Im Juni 1922 befasste sich das Politbüro auf Initiative Lenins mit den »antisowjetischen Gruppierungen« innerhalb der Intelligenz. Der hierzu gefasste Beschluss, der in erster Linie auf Unschlicht, Kurski und Kamenew zurückging, glich den Richtlinien der mittelalterlichen Inquisition. Unter anderem wurde angeordnet, eine »Aussonderung bei den Studenten« vorzunehmen, mit dem Ziel einer »strengen Aufnahmebeschränkung für Studenten nichtproletarischer Herkunft und politisch unzuverlässige Elemente«. Zudem sollte »eine sorgfältige Überprüfung aller Presseorgane« durchgeführt werden. Man verfügte weiterhin, »dass weder Kongresse noch sonstige Versammlungen diverser Spezialisten (Ärzte, Agronome, Ingenieure, Rechtsanwälte usw.) durchgeführt werden dürfen, die nicht durch den NKWD genehmigt worden sind. Örtliche Kongresse oder Versammlungen dieser Personengruppen werden durch die Exekutivkomitees der Gouvernements kontrolliert. Gewerkschaftliche Vereinigungen dieser speziellen Berufsgruppen werden gesondert behandelt und aufmerksam beobachtet.« (Archiv für neuere Geschichte)

Derartige Beschlüsse brachten sehr anschaulich die strategische Linie der Partei beim Aufbau der »neuen Gesellschaft« zum Ausdruck. In den acht Monaten nach den unblutigen Ereignissen des Februar destabilisierten die Bolschewiki beharrlich die Gesellschaft, untergruben die Autorität der Machthaber, zersetzten die Armee und brachten die demokratischen Parteien durch großspurige Losungen in Misskredit, die mit ihrer späteren politischen Praxis nichts gemein hatten.

Die Übergangsregierung versuchte, sich durch eine groß angelegte militärische Offensive aus der innenpolitischen Krise zu befreien. Kerenski bereiste vom frühen Morgen bis zum Einbruch der Dunkelheit die Regimenter, Divisionen und Korps. Überall versuchte er die Massen zu überzeugen, redete sich heiser. Seiner Ansicht nach »hing das Schicksal der Revolution von diesem Angriff ab«. Die Armee war jedoch nicht mehr in der Lage, solche umfassende operative und strategische Aufgaben zu bewältigen. Vor dem Angriff wurden in den Regimentern unter dem Einfluss der

Bolschewiki Versammlungen abgehalten. Man stellte den Kommandeuren verschiedene Bedingungen und Ultimaten. Von Zeit zu Zeit wurden Resolutionen angenommen: »Wir erobern die Stellungen der Österreicher. Dafür wird der Hälfte des Regiments ein zweiwöchiger Heimaturlaub bewilligt.«
Trotz dieser desolaten Lage gelang zunächst ein taktischer Teilerfolg. Die Österreicher und Ungarn wichen zurück, ohne nennenswerten Widerstand zu leisten. Die Erfolgsmeldung löste in Petrograd einen Freudentaumel aus, doch man hatte nicht lange Grund zu triumphieren. Der Vormarsch war nicht gesichert. Die Regimentskomitees forderten die Beurlaubung und die Ablösung der Kommandeure. Neue Ultimaten wurden gestellt. Der deutsche Generalstab organisierte einen machtvollen Gegenangriff, indem er einige Korps an die Südwestfront warf. Der Durchbruch über Polen führte zu einem überstürzten Rückzug der demoralisierten russischen Streitkräfte. Die Agitatoren der Bolschewiki sahen sich aufs Neue in ihrer Behauptung bestätigt, dass sich der Hauptfeind nicht hinter dem Stacheldraht der deutschen Schützengräben, sondern im Winterpalais befand. Die Armee war nun endgültig zerfallen, Tausende von Deserteuren verschwanden im Hinterland. So schrieb Kerenski nach der gescheiterten Junioffensive: »Wutentbrannte Massen bewaffneter Männer ergriffen die Flucht von der Front ins tiefe Hinterland und fegten auf ihrem Weg die gesamte Staatlichkeit und Kultur hinweg« (Kerenski, Isdaleka, Sbornik statjej [1920–1921], Paris 1922, S. 72). In einem Buch von Rodsjanko wird das ganze Ausmaß der Fahnenflucht deutlich. »Schon im Jahre 1916 hatten anderthalb Millionen unerlaubt die Front verlassen, und mehr als 2 Millionen befanden sich bereits in Gefangenschaft. Mitunter kamen die Einheiten, die zur Front unterwegs waren, nicht an ihrem Bestimmungsort an, da die gesamte Verstärkung davongelaufen war, ausgenommen Offiziere und Fähnriche. Die bolschewistischen Agitatoren hatten ganze Arbeit geleistet.« (Rodsjanko, Gosudarstwennaja Duma i Fewralskaja rewoljuzija, 1919, S. 31)
Nach dem Misserfolg der Junioffensive schlug das politische Pendel erneut stark nach links aus. Die Vorschläge der Bolschewiki schienen der einzige Ausweg aus Krise, Krieg und Zerrüttung. Lenin spürte, dass er sich dem Höhepunkt seiner politischen Lauf-

bahn näherte, und arbeitete mit wachsendem Eifer. Fast täglich erschienen seine Artikel in der »Prawda«. Er führte Gespräche mit Mitgliedern der Militärorganisation beim ZK der SDAPR und mit Vertretern der Arbeiter- und Soldatendeputierten in Kronstadt, trat auf Versammlungen auf, empfing Mitglieder des ZK, erteilte Ratschläge und gab Anweisungen. Die Hauptarbeit zur Vorbereitung der Machtübernahme leistete er jedoch auf publizistischem Gebiet. Seine Materialien waren in der Regel schlecht redigierte, von Wiederholungen und Weitschweifigkeiten strotzende, propagandistische Fließbandproduktionen. Die Artikel »Der 18. Juni«, »Die Revolution, die Offensive und unsere Partei«, »Die verworrene Revolution«, »Das Wunder der revolutionären Energie«, »Der Klassenumschwung« und die Mehrzahl der anderen verfolgten ein und dasselbe Ziel: die Vorbereitung der Partei auf die Machtübernahme.
Auf dem 1. Allrussischen Sowjetkongress der Arbeiter- und Bauerndeputierten am 4. Juni 1917 erklärte Lenin:

»Es wurde behauptet, dass es in Russland keine politische Partei gibt, die ihre Bereitschaft zur Übernahme der Macht im Ganzen zum Ausdruck bringt. Ich sage: Es gibt sie! Unsere Partei wird sich dieser Aufgabe stellen: Wir sind zu jeder Zeit bereit, die ganze Macht in unsere Hände zu nehmen.« (Lenin, PSS, Bd. 32, S. 267)

Nach diesen Worten war im Saal spärlicher Beifall und lautes Gelächter zu vernehmen, da sich unter den 1090 Delegierten, die am Kongress teilnahmen, lediglich 105 Bolschewiki befanden. Es schien unwahrscheinlich, dass diese Partei in weniger als fünf Monaten an der Spitze der Regierung stehen sollte.
Die Karten lagen offen auf dem Tisch: Die Bolschewiki waren zur Machtübernahme bereit, mehr noch – »zu jeder Zeit bereit«. Da ohnehin niemand die Absicht hatte, ihnen die Macht wie ein Beglaubigungsschreiben in die Hände zu legen, konnte die bolschewistische Führung ihre Pläne unverhohlen darlegen. Für eine Machtübernahme war es allerdings erforderlich, den bis dahin geringen Einfluss in den Betrieben und Fabriken sowie bei den Truppen und auf den Kriegsschiffen zu stärken.
Jeden Tag fiel Lenin, kaum dass er sich seiner Kleidung entledigt

hatte, spät nachts vor Müdigkeit ins Bett und versank in einen kurzen, unruhigen Schlaf, denn er war an ein arbeitsames Leben nicht gewöhnt. Wenn er erwachte, verspürte er dumpfe Kopfschmerzen, doch seine Hand griff erneut zum Stift. Schließlich musste er einen neuen Artikel schreiben, den Leitartikel der »Prawda« vorbereiten und außerdem noch die morgendliche Post durchsehen, um festzulegen, wem heute noch eine scharfe Absage zu erteilen sei: Zereteli, Tschernow, Plechanow oder den Ministern der Provisorischen Regierung im Bündnis mit ihren »ausländischen Befehlshabern«? Da Lenin immer sehr auf seine Gesundheit bedacht war (schon im Dezember 1917, zwei Monate nach der Machtübernahme, gönnte er sich einen kleinen Urlaub), entschloss er sich auf Anraten seiner Freunde, für zwei Wochen den revolutionären Rummel hinter sich zu lassen und aufs Land zu fahren, um aus der Ferne die Entwicklung der Ereignisse zu beobachten und zu lenken. Gemeinsam mit Maria Iljinitschna und in Begleitung zweier vertrauenswürdiger Mitarbeiter reiste er am 29. Juni in das Dorf Nejwola, nahe dem Bahnhof Mustamjaki. Unterwegs besuchte man Demjan Bedny und W. D. Bontsch-Brujewitsch.
Die Gerüchte, die über das Scheitern der Offensive an der deutschen Front durchsickerten, riefen am Anfang Bitterkeit hervor, dazu kam Entrüstung über die fehlende Kompetenz der Machthaber. Lenin und seine Anhänger spürten sofort den jähen Stimmungsumschwung in jenem konturlosen Gebilde, das sie »die Massen« nannten. Der Revolutionsführer beschloss, die Ereignisse voranzutreiben. In der »Prawda« griff er vehement die Provisorische Regierung an, indem er ihr vorwarf, sie habe »Tausende von Menschen in ein blutiges Gemetzel getrieben«. Immer öfter verbreiteten die Bolschewiki nun auf Versammlungen Losungen wie »Nieder mit der Provisorischen Regierung!« oder »Nieder mit den menschewistischen Kompromisslern!«. Ihr Einfluss wuchs von Tag zu Tag.
Das ZK der SDAPR(b) umriss erneut die beiden Hauptaufgaben: Eine gewaltige Massenaktion war erforderlich, um die Provisorische Regierung zum Rücktritt zu zwingen, wodurch die ganze Macht auf die Räte übergehen würde, und man musste den Kampf um die bolschewistische Vorherrschaft in den Räten führen. Diese Pläne wurde vonseiten der Fabrikarbeiter und vieler

Truppeneinheiten unterstützt – von Soldaten, die persönlich daran interessiert waren, nicht an die Front geschickt zu werden. »Die Macht in der Hauptstadt zu übernehmen«, war wesentlich verlockender als schmutzige Schützengräben, Läuse und Trauer.
In der Nacht vom 3. zum 4. Juli reiste M. A. Saweljew, ein Mitarbeiter der »Prawda«-Redaktion, im Auftrag des ZK der SDAPR(b) zu Lenin nach Nejwola. Der Revolutionsführer, der bereits seit dem frühen Morgen auf den Beinen war, empfing den Eilboten gleich im Flur und machte sich sofort auf den Weg nach Petrograd. Nach seiner Ankunft in der Hauptstadt stellte sich Uljanow an die Spitze der 10 000 Menschen, die sich zur Demonstration gesammelt hatten. In sämtlichen sowjetischen Schulbüchern und Monographien heißt es zu diesen Ereignissen, die Hauptaufgabe Lenins habe darin bestanden, die Demonstration in eine friedliche Willenskundgebung der Arbeiter Petrograds umzuwandeln. Doch die Autoren schienen vergessen zu haben, dass Lenin noch am 14. (24.) Juni öffentlich erklärt hatte, dass »friedliche Manifestationen der Vergangenheit angehören« (Lenin, PSS, Bd. 32, S. 331). Unterdessen strömten immer mehr Arbeiter aus den Werken und Fabriken, Seeleute aus Kronstadt und Soldaten aus den Kasernen der Petrograder Garnison in das Stadtzentrum. Lenin begab sich auf den von ihm zur Tribüne ausersehenen Balkon der Villa der Kschesinskaja und gab die berühmte Parole aus: »Alle Macht den Räten«.
In den Gesammelten Werken des Revolutionsführers findet sich zwar eine Vielzahl von Notizen, Gesprächen, Resolutionen und Referaten, doch seine damalige Rede sucht man dort vergeblich, obwohl er mit einem Manuskript in der Hand aufgetreten war. Diese Tatsache hatte folgenden Grund: Nachdem die Demonstration, an der auch viele Bewaffnete teilgenommen hatten, gewaltsam aufgelöst worden war, lasteten die Machthaber die Sache den Bolschewiki und insbesondere Lenin an, den sie der Aufwiegelung zu einem bewaffneten Aufstand beschuldigten. Die bolschewistische Presse betonte später den friedlichen Charakter dieser Rede. N. N. Suchanow erinnert sich, dass die Bolschewiki keinen exakten Plan hatten, als sich ihnen plötzlich die Chance zum Umsturz bot. Die bolschewistische Führung war sich unschlüssig. »Lenin hielt von seinem Balkon aus eine überaus zweideutige

Rede«, schreibt Suchanow. »Er schien von den Massen, die vor ihm standen, keine konkreten Handlungen zu fordern. Er rief seine Zuhörer nicht einmal dazu auf, die Straßenmanifestation fortzusetzen, obwohl diese Zuhörerschaft gerade ihre Kampfbereitschaft mit einem Marsch von Kronstadt nach Petrograd unter Beweis gestellt hatte. Lenin agitierte lediglich verstärkt gegen die Provisorische Regierung, gegen den ›sozial-verräterischen Sowjet‹ und rief zur ›Verteidigung der Revolution und zur Unterstützung der Bolschewiki auf‹.« (Rewoljuzija 1917 goda, 1971, S. 312)
In Petrograd, so Suchanow, herrschte das Chaos. Viele Soldaten waren bewaffnet. Hier und da überfiel man Weingeschäfte, anderenorts begannen regelrechte Plünderungen. In einigen Teilen der Stadt wurde mitunter den halben Tag geschossen, so auf dem Suworow-Prospekt, auf der Wassili-Insel, auf dem Kamennoostrowski-, dem Newskiprospekt sowie in der Nähe der Sadowaja- und Litejnystraße.
Lenin beobachtete vom Taurischen Palast aus aufmerksam den Verlauf der Dinge. Eilboten berichteten von chaotischen Zusammenstößen in den verschiedenen Bezirken, von unorganisierten Widerstandsaktionen, von der Formierung regierungstreuer Streitkräfte an den strategisch wichtigen Punkten der Stadt. Immer öfter sprach man von Überfällen, Hausdurchsuchungen und Gemetzeln. Lenin begriff, dass dieser unorganisierte Widerstand nicht einmal eine schwache Regierung stürzen konnte. Nachdem die Bolschewiki mehr als anderthalb Millionen Menschen mobilisiert hatten, operierten sie ohne genauen Plan, ohne klare Führung. Lenin zog es daher vor, die Massenaktionen abzubrechen und sich mit geringen politischen Verlusten zurückzuziehen, denn er musste nicht nur seine Handlungsfähigkeit bewahren, sondern auch seinen Ruf als Revolutionär.
Der Juli wurde zum Indikator eines labilen Gleichgewichts der Kräfte mit geringen Vorteilen für die Provisorische Regierung.
Am 10. Juli verfasste Lenin seine Thesen zur »Politischen Stimmung«, die jedoch erst Anfang August veröffentlicht wurden. Der Führer der Bolschewiki legte seine Karten offen auf den Tisch: »... man muss alle Kräfte sammeln, organisieren und geduldig für einen bewaffneten Aufstand vorbereiten ...« Damit wurde deutlich, dass die Bolschewiki nun endgültig mit den »Kompromiss-

lern« brechen würden: »Die Führer der Sowjets und die Parteien der Sozialrevolutionäre und Menschewiki, mit Zereteli und Tschernow an der Spitze, haben endgültig die revolutionäre Sache verraten ...« (Lenin, PSS, Bd. 34, S. 2–5)
Unterdessen überstürzten sich die Ereignisse: Die »Prawda« wurde verboten, die Provisorische Regierung zog die Truppen von der Front zurück, man begann, aktive Teilnehmer am Juliaufruhr zu inhaftieren. Die gesamte Presse war voll von »Beweisen«, »Dokumenten« und Erklärungen zur »Spionagetätigkeit« Lenins und der Bolschewiki. Die Rückschläge an der Front, so hieß es, machten deutlich, dass die Spione im Taurischen Palast säßen! Lenin beschloss, schnell in den Untergrund abzutauchen. Er wusste, dass man ihn jeden Moment verhaften konnte. Doch die Regierung war sich in diesem Punkt noch uneins: Der Haftbefehl gegen Lenin und die übrigen bolschewistischen Führer wurde erst am 7. (20.) Juli erlassen.
An diesem Tag verließ Lenin gemeinsam mit J. M. Swerdlow heimlich die Wohnung der Elisarows und zog zu M. L. Sulimowa. Dort hielt er sich nicht einmal 24 Stunden auf, sondern siedelte am nächsten Tag zusammen mit N. K. Krupskaja in die Wohnung von W. N. Kajurow auf die Wyborger Seite über. Die komplizierten Umzugsaktionen waren damit jedoch noch nicht beendet. Die nächste Station war das Wächterhäuschen des russischen *Renault*-Werkes: darauf folgte die Flucht zu dem Bolschewiken N. G. Poletaj ew in die Matninski-Straße. Schließlich hielt Lenin sich für zwei bis drei Tage bei dem alten Revolutionär S. J. Allilujew auf. Hier, bei Allilujew, erfuhr Lenin, dass man ihn suchte, um ihn als Staatsfeind zu verhaften. Zu Anfang erklärte er: »Falls das ZIK [Zentrales Exekutivkomitee] mein Erscheinen vor Gericht befürwortet, liefere ich mich freiwillig in die Hände der Machthaber.«
Kurz nach seiner Ankunft in der Wohnung Allilujews beriet sich Lenin mit W. P. Nogin, G. K. Ordschonikidse, E. D. Stasowa, J. W. Stalin, J. M. Swerdlow und einigen anderen Bolschewiki.
Die Diskussion über sein Erscheinen vor Gericht war jedoch reine Formsache, da der Führer der Bolschewiki ja bereits vor der Entscheidung der Provisorischen Regierung beschlossen hatte, unterzutauchen.

Wie alle russischen Revolutionäre liebte auch Lenin die konspirative Tätigkeit. Er bediente sich einer Vielzahl unterschiedlicher Pseudonyme und Decknamen wie »Peterburschez«, »Statik«, »Iljin«, »Frei«, »Petrow«, »Meyer«, »Jordanow«, »Richter«, »Karpow«, »Tulin«, um nur einige zu nennen.
Vermutlich ist der Hang zu Verschwörungen, zum Geheimen, eines der Merkmale autoritärer, antidemokratischer Mentalität.
Möglicherweise wäre eine Gerichtsverhandlung gegen den Revolutionsführer ungünstig verlaufen, denn die Regierung neigte aufgrund ihrer Schwäche zu Fehlern. Eine gerichtliche Verurteilung wegen des »Juliaufstandes« fürchtete Lenin jedoch weit weniger als die Anschuldigungen wegen »Spionage«, die von Pankratow in der Zeitung »Das lebendige Wort« gegen ihn erhoben wurden. Es ist anzunehmen, dass der Revolutionsführer zu diesem Zeitpunkt nicht genau wusste, wie weit die Provisorische Regierung über die finanziellen Transaktionen zwischen den Deutschen und den Bolschewiki informiert war. Einen Vorwurf konnte Lenin allerdings nicht widerlegen: Die Strategie der Bolschewiki, den imperialistischen Krieg in einen Bürgerkrieg umzuwandeln, zielte auf eine Schädigung Russlands. Die meisten Auftritte, Artikel und Proklamationen der Bolschewiki zeugten von dieser zynischen politischen Einstellung.
Lenin rief zwar die Öffentlichkeit zum Aufstand auf, konnte aber nicht persönlich an den Aktionen teilnehmen. Wie auch andere Sozialdemokraten durfte er an der Spitze der Demonstranten, an der Front und auf den Schiffen der Flotte nicht gesehen werden. Die publizistische Arbeit war die Stärke des Bolschewikenführers. Noch während seiner Flucht von Wohnung zu Wohnung schrieb er innerhalb von drei Tagen die Artikel »Zur Widerlegung dunkler Gerüchte« und »Zur Frage des Auftretens bolschewistischer Führer vor Gericht«.
In den Jahren 1917 und 1918 hatte Lenin für den Fall einer Niederlage immer eine Notlösung parat. Er würde untertauchen und sich danach ins Ausland absetzen. Es kümmerte ihn nicht sonderlich, dass im Verlaufe der Unruhen, die er in Gang gebracht hatte, Tausende, wenn nicht sogar Millionen von Menschen ihr Leben verlieren würden. Trotzki erinnert sich, dass er am 4. oder 5. Juli mit Lenin im Tautischen Palast zusammengetroffen war. »Die Of-

fensive wurde zurückgeschlagen.‹ (Trotzki machte keinen Hehl daraus, dass es sich hierbei um eine bolschewistische »Offensive« handelte. D. W.)
»›Jetzt werden sie uns erschießen‹, meinte Lenin. ›Die Gelegenheit wäre ausgesprochen günstig.‹
Sein Hauptgedanke war, das Signal zum Rückzug zu geben und wenn nötig, in den Untergrund abzutauchen …« (L. D. Trotzki, O Lenine, Moskau 1924, S. 58–59)
Später, während des III. Kongresses der Kommunistischen Internationale, bekannte Wladimir Iljitsch: »Im Juli haben wir eine Menge Dummheiten gemacht.«
Lenin war beileibe kein Gott. Wie ein ganz gewöhnlicher Mensch ließ er sich von Hoffnungen leiten und beging Irrtümer, war fähig zu leiden und Angst zu empfinden. Doch er vermochte die Angst unter Kontrolle zu halten: sie half ihm, Gefahren auszuweichen. Lenin ging kein Risiko ein und agierte äußerst vorsichtig. Als er nach Russland fahren musste, vermied er es, über England zu reisen, da er die deutschen U-Boote fürchtete. Als Denikin bedrohlich nahe an Moskau heranrückte, wollte Lenin zunächst an die Front flüchten, doch angesichts der Gefahren dieses Schrittes verwarf er diesen Gedanken wieder. Er überlegte, ob er vor dem Gericht der Provisorischen Regierung erscheinen sollte. Schließlich hatte sich Trotzki selbst in die Hände der Machthaber begeben, um das Gericht als Tribüne für seine Propaganda zu nutzen. Doch nein, seine persönliche Sicherheit ging ihm über alles. Seit dem Beginn der Revolution befand Lenin sich ständig unter Schutz von Leibwächtern.
Die Ereignisse des Juli kamen einer spontanen Probe aufs Exempel für die Machtübernahme gleich.

Der Oktober – Eine »Verschwörung der Gleichen«?

Lenin ließ sich von der Französischen Revolution inspirieren. »Das Beispiel der Jakobiner ist äußerst lehrreich«, schrieb er in seinem Artikel »Die Feindes des Volkes«. »Es ist auch heute noch aktuell und muss lediglich auf die revolutionäre Klasse des

20. Jahrhunderts übertragen werden, auf die Arbeiter und Halbproletarier. Für diese Klasse sind im 20. Jahrhundert nicht mehr die Monarchen die Feinde des Volkes, sondern die Gutsbesitzer und Kapitalisten.« (Lenin, PSS, Bd. 32, S. 306)

Lenin berief sich zwar nicht ausdrücklich auf François Noël (»Gracchus«) Babeuf, doch hatten viele Maßnahmen des Führers der Bolschewiki nach dem Juli 1917 auffallende Ähnlichkeiten mit der »Verschwörung der Gleichen«. Professor W. W. Swjatlowski schrieb in seinem Vorwort zu dem Buch »Gracchus Babeuf und die Verschwörung der Gleichen« von F. Buonarrotti, dass neben Babeuf, Blanqui und Marx auch W. I. Uljanow im Verbund mit den linken Marxisten zu den entschiedenen Verfechtern des revolutionären Terrors zählte. (Buonarrotti, Grakch Babjow i sagowor rawnych, Petrograd-Moskwa, 1923, S. 5–6)

Babeufs »Manifest der Gleichen« und sein »Aufstandsplan« besaßen denselben ideologischen Tenor wie die Manifeste und Proklamationen der Russischen Revolution. So heißt es im »Aufstandsplan«: »Jeglicher Widerstand wird unterdrückt. Wer aufbegehrt, wird vernichtet … Das gesamte Eigentum der Emigranten, Verschwörer und Volksfeinde wird unverzüglich an die Verteidiger des Vaterlandes und die Mittellosen verteilt. Die Armen der gesamten Republik werden sogleich in die Wohnsitze der Verschwörer einquartiert, und deren Hausrat wird unter ihnen aufgeteilt.« (Buonarrotti, ebd., S. 100)

Was für bekannte Motive! Schon vor dem Oktober hatte man also mit Hilfe des Bösen versucht, Gutes zu bewirken, den Menschen Freiheit und Gerechtigkeit zuteil werden zu lassen.

Die russischen Interpreten des Marxismus entfernten sich in ihren Maßnahmen nicht weit von Babeuf, wie der folgende Auszug aus einem Dekret Lenins beweist: »In jedem wohlhabenden Haushalt sollen jeweils eine warme Decke und ein warmes Kleidungsstück beschlagnahmt werden (dazu zählen: Jacken, Filzstiefel, Fausthandschuhe, warme Unterwäsche, warme Socken und Schals).« (Archiv der Russischen Föderation)

Zuerst handelte es sich nur um warme Kleidungsstücke, bis nach und nach der gesamte Besitz enteignet wurde und man schließlich den »Bourgeois« selbst zur Erfüllung seiner Arbeitspflichten zu einer Eisenbahnstation schickte, um die Wege schneefrei zu halten, um Schützengräben auszuheben, um Holz zu sägen ... Schon 1917 begann man, den »Bourgeois« aus seinem Wohnsitz zu verjagen, und entzog ihm die Lebensmittelmarken. Diese Praktik wurde einige Jahre lang fortgesetzt, bis das Politbüro des ZK unter Mitwirkung Lenins am 20. April 1921 eine geeignetere Maßnahme zur »Verbesserung der Lebensumstände der Arbeiter« gefunden hatte: »Bürgerliche Elemente« wurden nun einfach ausgewiesen. (Archiv für neuere Geschichte)

Die Mehrzahl aller Bücher über den Oktoberumsturz besitzt apologetischen Charakter. Ich habe nicht die Absicht, die unzähligen Ereignisse, die diesen Wendepunkt der Geschichte markieren, chronologisch wiederzugeben. Mein Anliegen ist bescheidener: Ich konzentriere mich allein auf die Person Lenins am Vorabend des Oktobers und in den Tagen des Umsturzes.

In der Nacht vom 9. zum 10. Juli, unmittelbar nach dem Beschluss der Provisorischen Regierung, Lenin zu verhaften, gelangte dieser in Begleitung von S. J. Allilujew, W. I. Sof und J. W. Stalin über eine eigens ausgekundschaftete Route zum Primorski-Bahnhof. Danach fuhr er in Begleitung von N. A. Emeljanow zur Station Rasliw, wo er sich auf einem Scheunenboden versteckt hielt, um dann, als finnischer Schnitter getarnt, gemeinsam mit G. E. Sinowjew eine Laubhütte in der Nähe des Sees zu beziehen.

Während seines Aufenthaltes in Rasliw besuchten ihn A. W. Schotman, E. Rachja, W. I. Sof, G. K. Ordschonikidse und J. W. Stalin. In periodischen Abständen reiste die Arbeiterin A. I. Tokarewa aus Petrograd mit einem Koffer voll Wäsche, Lebensmitteln und Zeitungen zu den Illegalen. Nachdem Lenin die neuesten Nachrichten überflogen hatte, setzte er sich gewöhnlich sogleich an seinen Schreibtisch, um seinen Gegnern zu antworten oder den Parteigenossen »Instruktionen« zu erteilen. So entstanden die Artikel »Zu den Losungen«, »Antwort«, »Der Beginn des Bonapartismus«, »Lehrstunden der Revolution« und »Sie sehen den Wald vor lauter Bäumen nicht«. In der verbleibenden Zeit, vor allem nach der Übersiedlung nach Helsingfors, widmete er sich seiner Schrift »Staat und Revolution«, der er eine große Bedeutung zumaß.

In diesem nur 120 Seiten starken Pamphlet entfaltete der Revolutionsführer die Grundzüge der leninistischen Theorie. Über Jahrzehnte hinweg galt diese Arbeit als Meisterwerk des Marxismus. Allein in der UdSSR erschien das Werk mit einer Auflage von mehr als 7 Millionen Exemplaren in den 46 Sprachen der Völker des Landes, und die kommunistischen »Bruderparteien« machten es im Ausland ebenfalls zum Bestseller.

Das gesamte Buch besteht aus weitschweifigen Kommentaren zu ausgedehnten Zitaten von Marx und Engels und verherrlicht den Klassenkampf, die Diktatur des Proletariats und den Antiparlamentarismus. Der Autor erbringt den »Beweis« für die Überlegenheit der Diktatur des Proletariats als höchster Form der Demokratie sowie für die Notwendigkeit der gewaltsamen Revolution und der Zerschlagung des alten Staatsapparates. Der Revolution folgt nach Lenin ein allmähliches Verschwinden der Klassen und das Absterben des Staates. Der Revolutionsführer ignorierte bei seinen Betrachtungen vollkommen die ursprünglich humanistischen Ziele der deutschen Sozialisten. Für ihn war die Demokratie eine »Einrichtung zur gewaltsamen, systematischen Unterordnung einer Klasse unter die andere, zur Unterdrückung eines Teils der Bevölkerung durch den anderen« (Lenin, PSS, Bd. 33, S. 83). Der Autor weist nachdrücklich darauf hin, dass »man erst dann von Freiheit sprechen kann, wenn der Staat verschwunden ist«. Das gesamte Buch ist voll von schwerwiegenden Behauptungen wie dieser: »Je demokratischer ein ›Staat‹ wird, der von bewaffneten Arbeitern getragen wird und schon keinen Staat im eigentlichen Sinne des Wortes mehr darstellt, umso mehr beginnt jeder Staat abzusterben.« (Ebd., S. 89)

Nur zwei Monate bevor er selbst in fieberhaftem Tempo seinen eigenen Staat durch schrankenlose Gewalt, Zwangsmaßnahmen und Repressionen zu festigen begann, philosophierte Lenin enthusiastisch über ein »Absterben« des Staates. Der Revolutionsführer formulierte zwar eine Reihe von fraglos richtigen Thesen über die Entstehung des Staates, seine Funktionen in den verschiedenen Phasen seiner Existenz bis hin zur Gegenwart, kam aber zu Schlussfolgerungen, die in ihrer Abstraktheit und Konstruiertheit jeglichen Realitätsbezug vermissen ließen. Gleichzeitig äußerte sich Lenin abfällig über seine realen und potentiellen Gegenspieler, wobei er sich wie üblich keineswegs um eine intelligente Ausdrucksweise bemühte. Er erhob sich zum Sprachrohr der »Massen«, in deren Namen er pauschalisierende Urteile abgab: »Das Proletariat der fortschrittlichen parlamentarischen Länder empfindet Abscheu gegenüber solchen ›Sozialisten‹ wie Scheidemann, David, … Henderson, Vandervelde, Stauning, Branting, Bissolati und Konsorten« (Lenin, PSS, Bd. 33, S. 45). Ich glaube, dass die unterdrückten »Massen« von der Existenz dieser Personen nicht die geringste Ahnung hatten. Mit Hilfe derartiger Bücher wurden ganze Generationen von »Erbauern des Kommunismus« erzogen. Einige theoretische Überlegungen des Revolutionsführers lassen schaudern. Seiner Ansicht nach konnte man nur unter Androhung von Gewalt den Menschen die »Grundregeln des menschlichen Zusammenlebens« einimpfen. Ich erlaube mir, einen etwas ausführlicheren Auszug aus Lenins Überlegungen zur »höchsten Phase« des Kommunismus anzuführen:

»Die allgemeine Selbstverwaltung wird auch die gesellschaftliche Produktion erfassen. Die Menschen werden selbständig die Erfassung und die Kontrolle der Nichtstuer, Junker, Gauner und ähnlicher ›Verteidiger der kapitalistischen Traditionen‹ durchführen. Eine Abweichung von dieser allgemeinen Erfassung und Kontrolle durch das Volk wird dann unvergleichlich schwerer. In den seltenen Fällen, wo es dennoch dazu kommt, werden die betreffenden Personen sehr bald von den Arbeitern, die ja praktisch denkende Menschen sind und keine sentimentalen Intellektuellen, drakonisch bestraft, so dass die Einsicht in die Notwendigkeit einiger elementarer Regeln schnell zu einer Selbstverständlichkeit im menschlichen Zusammenleben wird. Es gibt dann kein Entrinnen mehr.« (Lenin, PSS, Bd. 33, S. 102)

Das war nicht zu viel versprochen. Es gab »kein Entrinnen mehr« vor der allumfassenden ideologischen Infiltration durch Werke wie »Staat und Revolution«, welcher das Volk jahrzehntelang ausgesetzt wurde.
Es gab auch »kein Entrinnen mehr« vor allgemeiner Polizeikontrolle, Beschattung, dem »Einfluss der Partei« und den Fängen der Bürokratie.
Ende September übersiedelte Lenin von Helsingfors nach Wyborg. Von dort aus war es leichter, die Verbindungen mit dem ZK

und den Parteiorganisationen Petrograds aufrechtzuerhalten. Der Revolutionsführer entwickelte eine hektische Betriebsamkeit und verfasste ununterbrochen Artikel, Notizen und Briefe, die Programmen oder Direktiven gleichkamen. In seinem Brief an das ZK der SDAPR(b) mit dem Titel »Marxismus und Aufstand« verlieh Lenin seiner festen Überzeugung Ausdruck, dass ein Aufstand der Bolschewiki zum Sieg führen müsse. Er forderte die sofortige Berufung eines Organisationskomitees für den Aufstand, die Verhaftung von Generalstab und Regierung, die Mobilisierung der Arbeiter und die Besetzung des Telegraphen. Dabei rückte er auch von seinem revolutionären Pathos nicht ab: »Wir entreißen den Kapitalisten all ihr Brot und all ihre Stiefel. Wir lassen ihnen nur die Brotrinde und ziehen ihnen Bastschuhe an …« In Bezug auf den Krieg war er ebenfalls voller Zuversicht: »Mit neunundneunzigprozentiger Sicherheit werden uns die Deutschen zumindest einen Waffenstillstand gewähren. Ein Waffenstillstand im jetzigen Augenblick bedeutet einen Sieg auf der ganzen Linie.« (Lenin, PSS, Bd. 34, S. 245, 247)

Nicht einmal drei Monate zuvor hatte Lenin noch beteuert, dass er einen Separatfrieden kategorisch ablehnte.

Nach den Briefen und Artikeln dieser Zeit zu urteilen, war Lenin ausgesprochen nervös und machte sich Gedanken über die Unentschlossenheit seiner Partner. In dieser Beziehung ist der umfassende Artikel »Die Krise ist akut« von Bedeutung, den Lenin Ende September in Wyborg verfasst hatte.

»Die Massenverhaftungen der Parteiführer im freien Italien und besonders der Beginn von bewaffneten Aufständen in Deutschland sind zweifellos Vorboten des großen Umschwungs und deuten darauf hin, dass wir uns am Vorabend einer Revolution im Weltmaßstab befinden.« (Lenin, PSS, Bd. 34, S. 272 ff.) Diese These hatte jedoch nicht den geringsten Bezug zur Realität.

Was Russland betraf, war Lenin davon überzeugt, dass die Krise »akut« sei. »Die Zukunft der russischen Revolution steht auf dem Spiel … Die Zukunft der internationalen, sozialistischen Arbeiterrevolution steht auf dem Spiel. Die Krise ist akut …« (Ebd., S. 280) Der Vergleich mit einem Glücksspiel lag nahe, denn Russland war für die bolschewistischen Führer in der Tat ein riesiger Spieltisch, und sie schickten sich an, die Führer der übrigen politischen Kräfte zu verdrängen, um allein über das Schicksal des russischen Volkes zu entscheiden. Villeicht hätten sie das russische Volk einmal selbst zu seinen Vorstellungen über die Zukunft befragen sollen. Immerhin hatten die Sowjets doch Wahlen zur Verfassungsgebenden Versammlung beschlossen, einem Gremium, das für den demokratischen Aufbau in dem riesigen Lande hervorragend geeignet war! Doch Lenin fällte ein kategorisches Urteil:

»Es wäre idiotisch, den Sowjetkongress abzuwarten, denn dieser Kongress wird nichts bringen, er kann gar nichts bringen ... Besiegt zuerst einmal Kerenski, dann könnt ihr den Kongress einberufen.«

Was war zu tun? Lenin hatte einen exakten Plan: »Der Erfolg des Aufstandes ist nun durch die Bolschewiki gesichert: Wir können (wenn wir die Entscheidung des Rätekongresses nicht erst abwarten) einen Überraschungsangriff von drei Punkten aus beginnen, von Petrograd, Moskau und der baltischen Flotte ... Ich bin mir zu 99 Prozent sicher, dass wir siegen werden, und zwar mit geringeren Opfern als im Juli, denn die Streitkräfte werden nicht gegen eine Regierung des Friedens vorgehen.« Falls sein Plan abgelehnt würde, drohte er im Stil eines Erpressers mit seinem Rückzug aus dem ZK.

Anfang Oktober forderte Lenin eine Statistik über die Mitgliederzahlen der bolschewistischen Partei. E. Rachja schickte ihm ein Paket mit den nötigen Angaben:

Februar 1917	23 000 Parteimitglieder
April 1917	100 000 Parteimitglieder
August 1917	240 000 Parteimitglieder
Anfang Oktober 1917	350 000 Parteimitglieder

Der Revolutionsführer war begeistert: Die Partei, zu Beginn der Februarrevolution noch ein kleines Häufchen, war in einem halben Jahr um mehr als das Zehnfache angewachsen! Ganze Stadtteile und Werke wechselten auf die Seite der Bolschewiki. Die Schwäche der Machthaber war Wasser auf die Mühlen der Revolutionäre.

In seinen Aufzeichnungen beschrieb N. I. Suchanow recht überzeugend die Tatenlosigkeit der Machthaber, die bereits dem Untergang geweiht waren: »Es gab vonseiten der Zentralregierung keinerlei Orientierung und keine organisierte Arbeit, von den örtlichen Machtorganen ganz zu schweigen. Der Zerfall des Regierungsapparats schritt unaufhaltsam voran. Das Land aber lebte. Es forderte eine starke Regierung und eine funktionierende Staatsmaschinerie ... Die Verhandlungen über Grund und Boden gerieten zu dieser Zeit ins Stocken, und die Unruhen in den untersten Volksschichten erreichten ihren Höhepunkt. In Petersburg überschritten wir die unsichtbare Grenze, hinter der der Hunger mit all seinen Folgeerscheinungen lauerte ... In den nächsten Tagen setzte sich die gesamte Armee von der Front ab ... Die Situation entlang der Eisenbahnstrecken wurde bedrohlich. Alle möglichen Presseorgane prophezeiten mit unterschiedlichem Tenor und verschiedenen Tendenzen und Schlussfolgerungen, aber mit derselben Deutlichkeit und demselben Nachdruck den bevorstehenden wirtschaftlichen Zusammenbruch.« (Suchanow, Sapiski o rewoljuzii, Bd. 6, S. 73–75)

Es scheint, als habe Suchanow mit seinen Berichten die Symptome jenes »Grundgesetzes der Revolution« beschrieben, das von Lenin in seinem Werk »Der linke Radikalismus als Kinderkrankheit des Kommunismus« so formuliert wurde: Die unteren Schichten können nicht nach alter Manier weiterleben, und die oberen sind nicht mehr in der Lage, nach dem Muster der Vergangenheit zu regieren.

Im ZK verlas man die emotionsgeladenen Briefe Lenins, mit denen man durchaus übereinstimmte, die aber kaum praktische Konsequenzen zeitigten. So wurde auf der Sitzung des ZK vom 15. September 1917 lediglich beschlossen, in der Folgezeit die Frage der Parteitaktik zu erörtern. Lenins Briefe gelangten nicht über das ZK hinaus. Die Mitglieder dieses Gremiums waren schockiert über den Radikalismus ihres Führers. Mehr noch, sie beschlossen, alle Briefe Lenins, die den Aufstand betrafen, mit Ausnahme eines einzigen zu vernichten. Das ZK hatte noch die Hoffnung, seine Ziele mit Hilfe der Demokratischen Beratung und des Vorparlaments auch ohne Gewalt durchsetzen zu können. Der freiwillige Gewaltverzicht machte Lenin jedoch wütend. In dem Artikel »Über die Helden der Fälschung und über die

Fehler der Bolschewiki«, den Lenin Anfang Oktober verfasste, bemerkte er sarkastisch, dass die Teilnahme an der Demokratischen Beratung »eine Schwächung der Revolution bedeutet, da man auf diese Weise seine Zeit mit Spielereien vergeudet«. (Lenin, PSS, Bd. 34, S. 253) Lenin gelang es nur langsam, das Zentralkomitee von seiner radikalen Position zu überzeugen. Der Areopag der Partei reagierte ausweichend, indem er sich zu dem Ultimatum und der Rücktrittsdrohung in Schweigen hüllte. Einige Artikel des Revolutionsführers wurden in der Redaktion sogar gekürzt und redigiert, wobei man allzu extreme Passagen einfach strich.
Lenin spürte, dass sein eigentlicher Platz in Petrograd unter den Mitgliedern des ZK war, die tatsächlich in der Partei und den anderen Massenorganisationen die Fäden in den Händen hielten. Als er dann das Einverständnis des ZK für seine Rückkehr nach Petrograd erhalten hatte, trachtete er danach, jedes Risiko zu vermeiden. Gemeinsam mit seinem Gefährten E. Rachja erarbeitete er eine genaue Route für seine Rückreise in die Hauptstadt, wobei sie jede Kleinigkeit und alle möglichen Zwischenfälle, die das Unternehmen hätten vereiteln können, berücksichtigten.
Nachdem er verschiedene Varianten verworfen hatte, gelangte Lenin in einem Vorortzug nach Petrograd und fand auf der Wyborger Seite in der Wohnung von M. W. Fofanowa Unterschlupf. Die Bemühungen, seinen Aufenthaltsort geheim zu halten, gestalteten sich noch rigoroser als in Rasliw, Helsingfors oder Wyborg. Am Vorabend der entscheidenden Ereignisse wollte Lenin nichts dem Zufall überlassen.
Ab dem 7. Oktober übernahm der Revolutionsführer persönlich die organisatorischen Aufgaben der Partei und leitete die Vorbereitungen für den Aufstand. (Archiv für neuere Geschichte)
In Anbetracht der Situation betonte Lenin, dass ein Aufstand, wenn er erfolgreich verlaufen sollte, sich nicht auf eine Verschwörung oder die Partei stützen dürfe, sondern von der fortschrittlichen Klasse getragen werden müsse. (Lenin, PSS, Bd. 34, S. 242) Wann immer es ihm möglich war, distanzierte sich Lenin öffentlich vom Blanquismus. Dennoch blieb sein Unterfangen eine groß angelegte Verschwörung, die noch wesentlich effektiver geplant war, als Babeuf dies je vermocht hätte: Die Instruktionen an die Leitungen der aufständischen Truppen, die Aufteilung der

Kräfte, die Besetzung der Telegraphenstationen und des Generalstabs, die Verhaftung der Regierung, die Neutralisierung der »wilden Division« – das alles waren elementare marxistische und blanquistische Maßnahmen für die konspirative Organisation eines Aufstandes. (Ebd., S. 247)

Nach seiner Ankunft in Petrograd forderte Lenin den Auszug der Bolschewiki aus dem Vorparlament, »um den Massen die Illusionen zu nehmen«. Er wollte sich von niemandem seinen größten Trumpf, einen Friedensvertrag, aus der Hand nehmen lassen, zumal er wusste, dass dem Volk der Frieden als Allheilmittel gegen Armut und Not erschien.

Man wollte nicht wahrhaben, dass Deutschland ebenfalls unmittelbar vor einer Niederlage stand und der Frieden möglicherweise schneller hätte erreicht werden können, wenn sich die Verbündeten um ein gemeinsames Vorgehen ihrer Kräfte bemüht hätten. Lenin verstärkte den Druck auf die Partei, bis das Petrograder Komitee der SDAPR in einer geschlossenen Sitzung am 5. Oktober seinen Vorschlag billigte. (Otscherki istorii Leningradskoj organisazii KPSS, Bd. 1, 1962, S. 568 f.)

Am 7. Oktober fasste auch das Moskauer Komitee der SDAPR den Beschluss, Lenins Kurs auf einen Aufstand zu unterstützen. (Podgotowka i pobjeda Oktjabrskoj rewoljuzii w Moskwe. Dokumenty i materialy. Moskwa 1957, S. 343)

Am 8. Oktober 1917 verfasste Lenin den Artikel »Ratschläge eines Unbefugten«, der aus taktischen Gründen erst am 7. November 1920 veröffentlicht wurde. Darin gab er eine neue strategische Losung aus: »Die Machtübernahme durch die Räte bedeutet nichts anderes als einen bewaffneten Aufstand.« Wiederum ist die Rede davon, dass man unbedingt strategisch wichtige Punkte wie Fernmeldeämter, Telegraphenstationen, Bahnhöfe und Brücken besetzen müsse: »Als Preis für die Besetzung der strategisch wichtigen Punkte werden beliebige Verluste in Kauf genommen.« Nach der Besetzung der Junkerschulen, der Telegraphenstationen, Fernmeldeämter und anderer Institutionen sollte man seiner Meinung nach die Losung verbreiten: »Lieber in der Revolution sterben als dem Feind den Sieg zu überlassen.« (Lenin, PSS, Bd. 34, S. 383 f.) Auf Drängen Lenins fand kurz nach seiner Ankunft in Petrograd am 10. Oktober eine außerordentliche Sitzung des ZK der SDAPR statt, auf der die Frage des bewaffneten Aufstandes erörtert wurde. Von den 21 Mitgliedern des ZK waren nur 12 anwesend: Lenin, Sinowjew, Kamenew, Trotzki, Stalin, Swerdlow, Uritzki, Dserschinski, Kollontaj, Bubnow, Sokolnikow und Lomow (Oppokow). Swerdlow führte den Vorsitz. Die Tagesordnung gab jedoch keinerlei Aufschluss über das eigentliche Thema: »1. Die rumänische Front. 2. Die Litauer. 3. Die Minsker und die Nordfront. 4. Die gegenwärtige Lage. 5. Der Gebietskongress. 6. Der Truppenabzug.« Es galt als ungeschriebenes Gesetz der politischen Verschwörung, die Hauptfrage unter dem Deckmantel der Auseinandersetzung mit der »gegenwärtigen Lage« zu behandeln.

In seinem Bericht über die gegenwärtige Lage unterstrich Lenin, dass »die Sache politisch völlig ausgereift« sei und nunmehr die Frage der militärtechnischen Vorbereitung anstünde. Lenin rechnete als erfahrener Verschwörer nicht damit, dass die Mehrheit der Bevölkerung die Bolschewiki unterstützen würde, und betonte: »Bis zur Verfassungsgebenden Versammlung zu warten, die offensichtlich nicht auf unserer Seite steht, wäre sinnlos, denn das würde unsere Aufgabe nur erschweren.« (Lenin, PSS, Bd. 34, S. 392)

Lenin verurteilte die Ansicht einiger Delegierter, welche die technische Vorbereitung des Aufstandes als »politische Sünde« ablehnten. Er verhehlte nicht den volksfeindlichen Charakter der Verschwörung: Die Verfassungsgebende Versammlung »steht offensichtlich nicht auf unserer Seite«. Obwohl Lenin wusste, dass die Verfassungsgebende Versammlung, die den Willen von Millionen von Menschen vertrat, nicht mit den Bolschewiki zusammenarbeiten würde, strebte er dennoch die Machtergreifung an.

Wider Erwarten erklärten sich die Mitglieder des ZK mit Lenins Vorschlägen zur Vorbereitung und baldigen Durchführung des Aufstandes einverstanden. Die Resolution wurde mit 10 Ja- und 2 Neinstimmen angenommen. Lediglich Sinowjew und Kamenew stimmten gegen das Vorhaben, da ihres Erachtens die Bolschewiki über zu wenig Rückhalt in der Provinz verfügten. Mit Hilfe der Verfassungsgebenden Versammlung sei mehr zu erreichen.

Zwei der Abwesenden, Rykow und Nogin, hätten vermutlich ebenfalls mit »Nein« gestimmt. Nach der Versammlung erklärte

Kamenew öffentlich: »Die Meinung der Partei wurde nicht eingeholt. Derartige Fragen können nicht von 10 Mitgliedern entschieden werden.« (Lenin, PSS, Bd. 34, S. 424)
Sinowjew und Kamenew ahnten damals noch nicht, dass ihnen Stalin zwei Jahrzehnte später wegen ihrer »Oktobersünde« den Prozess machen sollte.
Die Resolution des ZK der SDAPR vom 10. Oktober bestand im wesentlichen aus 2 Absätzen. Der erste fasste stilistisch plump und weitschweifig die revolutionären Ereignisse zusammen: »Der Aufstand der Flotte in Deutschland«; »Die Entwicklung der Weltrevolution«; »Die Drohung der imperialistischen Welt, die Revolution in Russland zu ersticken«; »Die Entscheidung der russischen Bourgeoisie und Kerenskis, die Stadt Petrograd den Deutschen zu überlassen«; »Die Erlangung der Mehrheit der proletarischen Partei in den Räten« ... – »all das setzt zwingend den bewaffneten Aufstand auf die Tagesordnung.« (Lenin, PSS, Bd. 34, S. 393)
Lenin hatte Erfolg: Sein Kurs der radikalsten Lösung der Krise wurde durch die Parteiführung gebilligt.
Im Anschluss daran wurde ein Politbüro zur Leitung der politischen Vorbereitung des Aufstandes gegründet, dem Lenin, Sinowjew, Kamenew, Trotzki, Stalin, Sokolnikow und Bubnow angehörten. Als oberstes Machtorgan etablierte sich dieses Gremium jedoch erst nach dem VIII. Parteitag im Mai 1919. Im Oktober 1917 stellte es dagegen nur eine Gruppe von Männern dar, die zu Lenins engsten Freunden zählten und als Autoritäten auf höchster Ebene galten.
Bald nach der Sitzung des ZK erkannte Lenin, dass trotz der Annahme seiner Resolution in verschiedenen Parteikomitees weiterhin Bedenken gegen seine Pläne bestanden. Man wollte die »Frage« bis zum Sowjetkongress und zur Verfassungsgebenden Versammlung vertagen. Aufgebracht forderte Lenin sogleich eine weitere Sitzung des ZK, die auch tatsächlich am 16. Oktober in einem Haus der Bolotnaja-Straße auf der Wyborger Seite stattfand. Die ganze Nacht hindurch wurde heftig diskutiert. Im ZK kristallisierten sich 3 Gruppen heraus: Die Gegner der bewaffneten Machtübernahme (Sinowjew und Kamenew); Lenin, der leidenschaftlich den Beginn des Aufstandes noch vor dem Kongress forderte; eine Gruppe von Mitgliedern des ZK, die die Ansicht

vertrat, dass man vom Kongress ein »Mandat« für den Aufstand erhalten müsse (Trotzki, L. D., O Lenine, S. 70). Doch Lenin konnte sich abermals mit einer Resolution durchsetzen, laut der der Beginn des Aufstandes, der »günstigste Moment«, vom ZK bestimmt werden sollte.

In den erhalten gebliebenen Aufzeichnungen Lenins finden sich einige fragmentarische Notizen aus der damaligen Sitzung: »Wir trauen uns einen Sieg nicht zu – das ist der Haupttenor aller Reden«. »Sinowjew: Die Massen sind zweifellos müde«. »An die Stelle der Sowjetmacht ist das ZK der SDAPR getreten«. »Nogin: Man sollte mit politischen, nicht mit militärischen Mitteln nach einem Ausweg suchen« (Archiv für neuere Geschichte). Lenin sah sich veranlasst, dreimal das Wort zu ergreifen. Seinen Aufzeichnungen nach zu urteilen, hatte er es nicht leicht, seine Linie des bewaffneten Aufstandes durchzusetzen.

Noch vor der Sitzung des ZK hatte der Petrograder Sowjet ein Militär-Revolutionäres Komitee gegründet, das sich später mit dem vom ZK geschaffenen Militär-Revolutionären Zentrum vereinigte (Archiv für neuere Geschichte). Dieses Komitee, an dessen Spitze der Sozialrevolutionär P. E. Lasimir stand, verfolgte ursprünglich das Ziel, die Bevölkerung für die Verteidigung Petrograds zu mobilisieren, doch die Bolschewiki verstanden es geschickt, dieses legale Organ zur Vorbereitung ihres Aufstandes zu nutzen.

In den letzten zehn Tagen vor der Revolution überließ Lenin anderen die organisatorische Arbeit. Nach dem 16. Oktober traf er sich mit W. A. Antonow-Owsejenko, W. I. Newski und N. I. Podwojski, den Leitern der militärischen Organisation, ließ sich über den Verlauf der Vorbereitungen für den Aufstand informieren und forderte die raschere Erledigung der aufgetragenen Arbeit. In der verbleibenden Zeit bombardierte er das ZK mit Briefen. So schrieb er nach der Sitzung des ZK vom 16. Oktober einen 20-seitigen »Brief an die Genossen«, in dem er wieder und wieder seine alten Argumente vortrug und auf einen bewaffneten Aufstand drängte. In Lenins Unterschlupf entstanden der »Brief an die Mitglieder der bolschewistischen Partei« und ein »Brief an das Zentralkomitee der SDAPR(b)«, in denen er Sinowjew und Kamenew vernichtend kritisierte. Dabei schreckte er auch vor Be-

zichtigungen wie »Gaunerei«, »schmutzige Lüge«, »maßlose Niederträchtigkeit« und »Schamlosigkeit« nicht zurück und forderte den Ausschluss der beiden aus der Partei.
Der Anlass für diese Äußerungen war ein Artikel Kamenews in der Zeitung »Nowaja schisn«, in dem er seine ablehnende Haltung gegenüber der Taktik der Bolschewiki bekundete. Lenin wertete diese öffentliche Stellungnahme als Verrat, da Kamenew damit eines der elementaren Prinzipien der revolutionären Verschwörung verletzt hatte, nach dem alle Vorhaben und vor allem der Zeitplan des Aufstandes strengster Geheimhaltung unterlagen. Dabei kamen die Äußerungen Kamenews durchaus nicht überraschend, denn Lenin selbst hatte noch am 16. auf der Plenumssitzung des ZK erklärt, dass »man, da die Zeit reif für den Aufstand ist, nicht mehr über Verschwörungen reden« müsse. (Lenin, PSS, Bd. 34, S. 396)
Trotzki meinte auf der Sitzung des Petrograder Sowjets zur Frage des Militär-Revolutionären Komitees: »Man hat uns vorgeworfen, dass wir einen Stab für die Machtübernahme vorbereiten. Daraus haben wir nie ein Geheimnis gemacht« (Trotzki, Sotsch., Bd. III, S. 15). Die Äußerungen der bolschewistischen Führer vor großem Publikum hatten jedoch einen ganz anderen Inhalt. Am 21. Oktober sprach Trotzki vor den in Petrograd stationierten Kosaken und verkündete: »Man hat euch gesagt, dass der Sowjet für den 22. Oktober einen Aufstand plant, eine Schlacht gegen euch, Schießereien in den Straßen, Gemetzel. Jene, die euch das gesagt haben, sind Taugenichts und Provokateure.« (Ebd., S. 39)
In dem Kapitel »Der Umsturz« aus seinem Buch »Über Lenin« bemerkte Trotzki treffend: »Wie schon in den Julitagen, als er fest damit gerechnet hatte, dass ›sie‹ uns erschießen, versetzte er sich auch jetzt in die Lage des Feindes und kam zu dem Schluss, dass es vom Standpunkt der Bourgeoisie aus das einzig Richtige sei, uns überraschend festzunehmen, die Revolution zu destabilisieren und sie im weiteren Verlauf Stück für Stück zu zerschlagen. Genau wie damals im Juli überschätzte Lenin erneut den Scharfsinn und die Entschlossenheit des Feindes und wahrscheinlich auch dessen materielle Möglichkeiten.« (Trotzki, O Lenine, Moskau 1924, S. 71) Offenbar veranlasste gerade diese »Überschätzung« des Gegners die Partei zum Handeln. Lenins Schlussfolgerung

war: Wenn wir die Macht nicht an uns reißen, werden sie uns »erschießen«. In seinem letzten Brief an das ZK vor dem Umsturz forderte er erneut: »Die Regierung taumelt. Man muss sie endgültig zerschlagen, koste es, was es wolle! Jede Verzögerung würde unseren sicheren Tod bedeuten.« (Lenin, PSS, Bd. 34, S. 436)
Von diesem Zeitpunkt an bildete die »Zerschlagung« des Gegners für lange Zeit die Hauptaufgabe der Bolschewiki. So vernichteten sie die Monarchisten, die Bourgeoisie, die Gutsbesitzer, die weißen Offiziere, die Kosaken, die »reaktionäre« Intelligenz, die Menschewiki, die Sozialrevolutionäre und die Kulaken …
N. N. Suchanow, Augenzeuge der Ereignisse des Oktober, berichtete, dass »kein Widerstand geleistet wurde. Ab zwei Uhr nachts besetzten nur wenige Soldaten nach und nach die Bahnhöfe, Brücken, Elektrostationen, die Telegraphenämter und die Telefonzentrale. Einige Junker ergaben sich widerstandslos. Im Grunde handelte es sich bei diesen bewaffneten Operationen eher um eine Art Wachablösung in den politisch wichtigen Zentren … Die Stadt war wie ausgestorben. Die Menschen schliefen den Schlaf der Gerechten und hatten nicht die leiseste Ahnung, was in der Stille dieser kalten Herbstnacht vor sich ging.« (Suchanow, Sapiski o rewoljuzii. Kniga sedmaja. Berlin/Petersburg/Moskau 1923, S. 160)
Am Morgen verließ Kerenski fluchtartig die Stadt, um an die Front zu eilen. Die Übergangsregierung war offensichtlich nicht mehr in der Lage, ernsthafte Maßnahmen zur Verhinderung des Umsturzes zu ergreifen. Die Macht in Petrograd glitt ihnen aus den Händen. Nur das weibliche »Todesbataillon«, einige Junker und 40 georgische Kavalleristen mit einem verkrüppelten Hauptmann an der Spitze verteidigten noch den letzten Zufluchtsort der russischen Demokratie, das Winterpalais.
Als Trotzki dem Führer der Bolschewiki von seiner »Kriegslist beim Beginn der Kämpfe« berichtete, jubelte Lenin:
»Das ist gut! Das ist sehr gut!«
»Lenin liebte Kriegslisten über alles«, erinnert sich Trotzki, »den Feind zu täuschen, ihn als Dummkopf hinzustellen, gab es denn etwas Schöneres?
Für das Ziel der Machtergreifung war jedes Mittel recht.« (Trotzki, O Lenine, Moskau 1924, S. 74 f.)

Unter dem Vorsitz Trotzkis fand am Mittag eine Dringlichkeitssitzung des Petrograder Sowjets statt. Suchanow berichtet, dass der große Saal voller Menschen war und es überall von Bewaffneten wimmelte. Nachdem Trotzki die Versammlung eröffnet hatte, erklärte er:
»Im Namen des Militär-Revolutionären Komitees gebe ich hiermit bekannt, dass es keine Provisorische Regierung mehr gibt. Einzelne Minister sind bereits verhaftet worden. Die übrigen werden in den nächsten Tagen und Stunden hinter Gitter gebracht.« Trotzkis Rede wurde mit tosendem Beifall und lautstarkem Geschrei quittiert. Am Ende erklärte er, dass sich »in unserer Mitte Wladimir Iljitsch Lenin befindet, der sich aufgrund der bislang herrschenden Bedingungen nicht in der Öffentlichkeit zeigen konnte. – Es lebe der Genosse Lenin, der zu uns zurückgekehrt ist!« Spät abends, um 22.40 Uhr, wurde im Smolny der 2. Allrussische Sowjetkongress eröffnet. Aufgrund des Umsturzes und der Veränderungen im Land stellten die Bolschewiki mit 60 Prozent bereits die Mehrheit der Delegierten. Das Präsidium setzte sich nun aus Bolschewiki und Sozialrevolutionären zusammen. Martow rief dazu auf, die neue Regierung ohne Waffengewalt zu bilden. Der Sozialrevolutionär Mstislawski und der Bolschewik Lunatscharski unterstützten diesen Vorschlag. Für einen Moment schien ein historischer Kompromiss zwischen den gegnerischen Fraktionen in greifbare Nähe gerückt. Es schien jedoch nur so … Die Menschewiki und Rechten Sozialrevolutionäre drängten auf ein demokratisches Vorgehen. Man verlas eine gemeinsame Erklärung, in der eine Verurteilung des bewaffneten Aufstandes der Bolschewiki und baldige Verhandlungen mit der Provisorischen Regierung gefordert wurden. Im Saal erhob sich tumultartiges Getöse, worauf der demokratische Flügel der russischen Sozialdemokratie sich zu einem Fehler hinreißen ließ: er verließ den Kongress. Damit hatten die Menschewiki die politische Bühne den Bolschewiki und linken Sozialrevolutionären überlassen. Suchanow klagte später voll Bitterkeit: »Wir gingen, ohne zu wissen wohin und weshalb, nachdem wir mit dem Sowjet gebrochen und uns mit den konterrevolutionären Elementen zusammengetan hatten. Wir haben uns selbst in den Augen der Massen diskreditiert und untergruben so die Zukunft unserer Organisati-

on. Mehr noch: Wir gingen, nachdem wir den Bolschewiki freie Hand gelassen und sie zu Herren der Lage gemacht hatten. Wir überließen ihnen die gesamte Arena der Revolution.« (Suchanow, Sapiski o rewoljuzii, Bd. 7, S. 219 f.)
Unterdessen erfolgte ein neuer Angriff auf das Winterpalais. Aus der Peter-und-Pauls-Festung wurden 30 bis 35 Geschosse abgefeuert, lediglich 2 von ihnen schlugen ein … Es wurde niemand verletzt (K. Rjabinski, Rewoluzija 1917 g. Bd. 5. Oktjabr, Moskau/Leningrad, S. 189).
Man begann mit der Entwaffnung der Junker. Die alten Machthaber erwiesen sich als handlungsunfähig. Sogar der operettenhafte Beschluss und die inszenierte Belagerung lähmten den Willen der Verteidiger des Winterpalais. Letzten Endes wurde der Palast nicht von einer bolschewistischen Truppe gestürmt, sondern von einem bunt zusammengewürfelten Haufen, der sogleich mit der Plünderung der Zarenresidenz begann (»Nowy schurnal«, 1947, Nr. 17, S. 307).
Auf der ersten Sitzung des Sowjetkongresses war Lenin zunächst nicht anwesend, da er sich in einem der leeren Zimmer des Smolny gemeinsam mit Trotzki von den Strapazen der Ereignisse erholte. Trotzki erinnert sich, dass Lenin sich mit einem müden Lächeln an ihn wandte: »Das ist ein steiler Aufstieg aus dem Keller an die Macht. Mir dreht sich der Kopf …« (Trotzki, O Lenine, Moskau 1924, S. 77)
Um 2 Uhr nachts befand sich das Winterpalais in den Händen der Aufständischen und die Regierung in der Gewalt von W. A. Antonow-Owsejenko. Lunatscharski verlas einen Aufruf »An die Arbeiter, Soldaten und Bauern!«, in dem er bekannt gab, dass die Räte nunmehr die Macht übernommen hatten. Die menschewistischen Internationalisten unternahmen einen letzten Versuch, in der Machtfrage doch noch zu einem Kompromiss zu gelangen. Aber der Saal war bereits berauscht vom Erfolg. Mit der Billigung des »Aufrufs« wurde die Machtübernahme durch die Räte bestätigt und damit zum politischen Faktum.
Als Lenin auf der zweiten Abendsitzung des Kongresses erschien, wurde er von den Delegierten begeistert empfangen. Nun war er die Verkörperung der Macht. Seine Berichte auf dem Kongress bildeten die Grundlage für die Annahme der beiden berühmten

Dekrete über Grund und Boden und den Frieden. Als neue Regierung wurde ein »Rat der Volkskommissare« mit Lenin an der Spitze gebildet.

Nachdem Lenin noch Anfang 1917 für die nähere Zukunft nicht mit einer sozialistischen Revolution gerechnet hatte, war er nun, ein paar Monate später, bereits der Chef der ersten sozialistischen Regierung! Sein Lebenstraum war endlich in Erfüllung gegangen. Nun konnte er darangehen, seine theoretischen Pläne zu verwirklichen. In Russland begann ein gigantisches, in seiner Ungeheuerlichkeit einzigartiges Experiment.

Noch 24 Stunden zuvor waren Lenin im Smolny Zweifel gekommen. Als Trotzki dem Führer der Bolschewiki berichtete, dass die bewaffneten Kräfte in Petrograd den Befehlen des Militär-Revolutionären Komitees folgten, »war Lenin begeistert und brachte dies durch Ausrufe, Lachen und freudiges Händereiben zum Ausdruck. Danach wurde er schweigsam und sagte nachdenklich: ›Meinetwegen auch auf diese Weise, Hauptsache, wir kommen an die Macht.‹«

»Da verstand ich«, schreibt Trotzki weiter, »dass er sich erst jetzt endgültig damit abgefunden hatte, dass wir nicht über eine konspirative Verschwörung an die Macht gelangen würden.« (Trotzki, O Lenine, Moskau 1924, S. 75)

Nach zwei bis drei Jahren begannen die Teilnehmer der historischen Ereignisse, jeder auf seine Weise, die Vergangenheit gedanklich zu verarbeiten. Viktor Tschernow, einer der namhaften Sozialrevolutionäre, kam dabei zu folgendem Ergebnis: »... Es gab keine Oktoberrevolution, sondern einen Umsturz, der den Wandel von der Lenin-Ugatschow-Ära zur Lenin-Araktschejew-Ära markierte. Gleichzeitig bedeutete er den Übergang zu einer Konterrevolution im roten Gewande.« (Archiv für neuere Geschichte)

Die Kommissare und die Verfassungsgebende Versammlung

Die russische Revolution orientierte sich in jeder Beziehung an ihrem großen französischen Vorbild. So gab es in Russland bald

auch »Kommissare«, die als »Bevollmächtigte der Revolution« in Erscheinung traten und gemeinsam mit den »Mitarbeitern der Tscheka« die Sowjetmacht verkörperten. Die erste sowjetische Regierung nannte sich »Rat der Volkskommissare«.
In einem Beschluss des 2. Allrussischen Sowjetkongresses der Arbeiter- und Soldatendeputierten vom 26. Oktober wurde der Rat der Volkskommissare als Regierungsorgan bestätigt. Am Morgen desselben Tages hatte Lenin drei linken Sozialrevolutionären einen Posten in der Regierung angeboten. Nach eingehender Beratung lehnte die Fraktion der Sozialrevolutionäre das Angebot ab, da ihnen ihr Beitrag zum Umsturz mehr wert schien als nur drei Regierungssitze.
Zu jenem Zeitpunkt gehörten dem Rat der Volkskommissare folgende Personen an:

Vorsitzender des Rates – Wladimir Uljanow (Lenin);
Volkskommissare:
Innere Angelegenheiten – A. I. Rykow;
Landwirtschaft – W. P. Miljutin;
Kriegs- und Flottenangelegenheiten – ein Komitee, das sich aus drei Personen zusammensetzte: W. A. Owsejenko (Antonow), N. W. Krylenko und P. E. Dybenko;
Industrie und Handel – W. P. Nogin;
Volksbildung – A. W. Lunatscharski;
Finanzen – I. I. Skworzow (Steppanow);
Auswärtiges – L. D. Bronstein (Trotzki);
Justiz – G. I. Oppokow (Lomow);
Ernährung – I. A. Teodorowitsch;
Fernmeldewesen – N. P. Awilow (Glebow);
Nationalitätenfragen – I. W. Dschugaschwili (Stalin);
Der Posten des Volkskommissars für das Eisenbahnwesen blieb vorläufig unbesetzt. (Lenin, PSS, Bd. 35, S. 28 f.)

Bereits ein halbes Jahr später waren nur noch drei Mitglieder der ersten Regierung im Amt: Lenin, Lunatscharski und Stalin. Die meisten anderen wurden später von Stalin, dem »Schüler Lenins« vernichtet.
Lenin gefiel sich in der Rolle des Vorsitzenden. Die Sitzungen des

Rates der Volkskommissare (Sownarkom) dauerten 5 bis 6 Stunden. Dabei achtete Lenin streng auf die Einhaltung des Zeitplans. Sobald ein Referent sich nicht an die vorgeschriebene Zeit hielt, wurde er von Lenin unterbrochen. Mit der ihm eigenen Mimik ließ er seinen Blick häufig durch den Versammlungssaal schweifen, als suche er jemanden. Während der Sitzungen ließ der Revolutionsführer dem einen oder anderen Teilnehmer Notizen zukommen; er verlangte Auskunft, präzisierte Sachverhalte, erteilte Ratschläge und unterbreitete Lösungsvorschläge …

Die Menschen, die für ihn arbeiteten, bemerkten bald, dass sich hinter seinem freundlichen Lächeln unnachgiebige Strenge verbarg. Alle seine Untergebenen wussten: Lenin liebte kühle Temperaturen im Gebäude; wenn es sehr warm war, bekam er nicht genug Luft. Er hasste weiche Sessel. Er zog den Schriftverkehr Telefongesprächen vor. Bei seiner langwierigen Überarbeitung von Dokumenten achtete er mehr auf den politischen Inhalt als auf den literarischen Stil. Deshalb besaßen seine Resolutionen und Beschlüsse nicht selten einen »schwerfälligen« Stil. Er arbeitete viel, doch sobald er sich unwohl oder müde fühlte, warf er alles hin und erholte sich. Allein in seinen letzten sechs Lebensjahren unternahm er unzählige Urlaubsreisen.

Lenins permanente Überanstrengung hatte einen raschen körperlichen Verfall zur Folge.

Bereits Ende Oktober kam es zur ersten Regierungskrise. Die Vorsitzenden des Allrussischen Exekutivkomitees der Eisenbahnergewerkschaft (»Wikschel«), die unter dem Einfluss der Menschewiki und Sozialrevolutionäre agierten, forderten die Bildung einer »gleichberechtigten sozialistischen Regierung« aus Vertretern aller sozialistischen Parteien. Die »Wikschelisten« nannten diese mögliche Regierung »Volksrat«. Die Forderung von Wikschel wurde durch die vier bolschewistischen Volkskommissare Miljutin, Nogin, Rykow und Teodorowitsch sowie einige andere Mitglieder des ZK der Bolschewiki unterstützt. Als Bedingung für ihren Eintritt in den Rat der Volkskommissare forderten die Menschewiki und Sozialrevolutionäre zudem, dass die »Organisatoren der bewaffneten Verschwörung«, Lenin und Trotzki, aus diesem Gremium abberufen werden sollten.

Lenin war verärgert darüber, dass die bolschewistische Fraktion

des ZIK die Schaffung einer Koalitionsregierung befürwortete. Kamenew, der die Verhandlungen mit Wikschel leitete, zeigte sich schließlich bereit, den Gewerkschaftern Zugeständnisse zu machen. Daraufhin berief Lenin für den 1. (14.) November eine Sitzung des ZK der SDAPR ein, auf der Kamenew über den Verlauf der Verhandlungen und die Bedingungen von Menschewiki und Sozialrevolutionären berichtete. Am Ende schlug er eine Kompromisslösung vor und sprach sich für die Fortsetzung der Verhandlungen mit Wikschel aus. Dabei wurde er unter anderem durch Sinowjew, Rykow, Miljutin, Larin und Rjasanow unterstützt. Doch Lenin blieb unnachgiebig: »Die Politik Kamenews muss ab sofort unterbunden werden. Wir dürfen nicht mit der Wikschel verhandeln … Die Wikschel steht auf der Seite der Kaledins und Kornilows …« (Lenin, PSS, Bd. 35, S. 43)
Für Lenin war die berechtigte Forderung nach einer Koalitionsregierung gleichbedeutend mit Konterrevolution. Diejenigen, die nicht seiner Ansicht waren, bezichtigte er, im Bunde mit Kaledin und Kornilow zu stehen. Das war eine für Lenin typische Methode. Trotz des Druckes, den er auf seine Genossen ausübte, gelang es ihm am 1. November nicht, die widerspenstigen Bolschewiki umzustimmen. Um sein Ziel zu erreichen, benötigte der Revolutionsführer noch eine ganze Reihe von Sitzungen, Verhandlungen und Ultimaten an die Minderheit im ZK, die Wikschel unterstützte. Aus Protest gegen die undemokratische Art der Regierungsbildung verließen Kamenew, Sinowjew, Rykow, Miljutin und Nogin schließlich das ZK. Miljutin, Nogin und Teodorowitsch traten außerdem von ihren Ämtern als Volkskommissare zurück.
Daraufhin verfasste Lenin ein Ultimatum an die Aufsässigen, in dem er sie als Kompromissler und Unruhestifter brandmarkte. Neben dem Revolutionsführer unterzeichneten es A. S. Bubnow, F. E. Dserschinski, A. A. Joffe, M. K. Muranow, J. M. Swerdlow, G. J. Sokolnikow, I. W. Stalin, L. D. Trotzki und M. S. Uritzki. Laut Lenin war das Schicksal der Partei und der Revolution »von der Einhaltung des Ultimatums abhängig« (ebd., S. 48). Auf einer Regierungssitzung wandte er sich »gegen jegliche Vereinbarungen mit Wikschel« (ebd., S. 50). Lenin wollte sein Machtmonopol nicht aus den Händen geben.

Der Vorsitzende des Sownarkom sah in der Auseinandersetzung mit Wikschel lediglich einen Kampf um Regierungsposten. Für ihn war klar, dass die Menschewiki und Sozialrevolutionäre den Bolschewiki nicht das politische Machtmonopol überlassen wollten. Die »Krise im ZK und in der Regierung bewies, dass das wahre Ziel Lenins nicht die Sowjetmacht als solche war, sondern eine Sowjetmacht als Diktatur der bolschewistischen Partei« (»Nowy schurnal«, 1971, Nr. 103, S. 220). Lenin wollte eine rein bolschewistische Regierung. Durch persönliche Gespräche mit den »Kompromisslern« (Sinowjew, Miljutin, Nogin und anderen) konnte er diese Genossen schließlich von ihrer ursprünglichen Meinung über die Zusammensetzung der Sowjetregierung abbringen.
Anfangs ging Lenin ganz in seiner umfangreichen Regierungsarbeit auf. Seit der Regierungsbildung am 27. Juli 1918 versäumte er lediglich 7 der 173 Versammlungen des Rates der Volkskommissare (Welikaja Oktjabrskaja sozialistitscheskaja rewoljuzija. Enziklopedija, Moskau 1987, S. 481). Wie aus den Sitzungsprotokollen hervorgeht, hatte der Rat der Volkskommissare ein gewaltiges Arbeitspensum zu erfüllen.
Die Bolschewiki wollten die sozialistische Gesellschaft aufbauen, indem sie das riesige Land zentral verwalteten, bis in die kleinsten Bezirke hinein kontrollierten und die gesamte gesellschaftliche Entwicklung reglementierten. Allein im November und Dezember 1917 hrieten die Kommissare über beinahe 500 Fragen des staatlichen, gesellschaftlichen und wirtschaftlichen Lebens. Zu Beginn bestanden die Hauptaufgaben in der Konfiszierung, Aufteilung und Bewilligung von Mitteln sowie in der Revolutionsgerichtsbarkeit und dem Kampf gegen Sabotage. Den Bolschewiki gelang es nach der Zerschlagung des Widerstandes der Sozialrevolutionäre und deren demokratisch gesinnten Kampfgenossen, am 4. (17.) November 1917 einen Beschluss des WZIK zu erwirken, der dem Rat der Volkskommissare nicht nur die exekutive, sondern auch die legislative Gewalt zusprach (Dekrety sowjetskoj wlasti, Bd. 1, 1957, S. 44 f.). Das ZK der SDAPR(b) sollte bald darauf in den Besitz eines ungeheuren Machtmonopols gelangen: Es würde nunmehr nicht nur das WZIK, sondern auch den Rat der Volkskommissare kontrollieren.

Ein Dekret des Sownarkom folgte auf das andere, doch keines war genau durchdacht. Einzig und allein die »revolutionäre Zweckmäßigkeit« bildete die Grundlage ihrer Ausarbeitung und Annahme. Laut Gesetz war es nunmehr möglich, jede beliebige Bagatelle, die den Anschein einer »bourgeoisen Tätigkeit« hatte, zu verurteilen. So wurde das Präsidium des WZIK bald mit einer Flut von Gnadengesuchen überhäuft, wie allein die Protokolle vom Mai 1920 belegen:

»5. Bittgesuch des Kalugaer Gouvernementsversorgungskomitees zur Aufhebung des Erlasses des Volkskommissars für Versorgung über den Verweis für den Genossen Archip …
13. Bittgesuch zur Begnadigung der vom Kostromer Revolutionstribunal wegen Kartenspiels verurteilten W. Lbowski, N. Seredinski, D. Istomin, G. Beljajew, I. Postnikow, W. Usikow, D. Nagorski, P. Bytschkow, A. Waldenburg, W. Konopatow (4 Jahre Lagerhaft) sowie P. Wachomejew und W. Kwasnikow (10 Jahre) …
14. Bittgesuch des Genossen F. Iljin betreffs der Erlaubnis, in der von ihm belegten Wohnung im zweiten Haus der Sowjets bleiben zu dürfen, und seiner Befreiung von der Miete …« (Archiv der Russischen Föderation)

Lenin selbst erließ auf einem speziellen Vordruck mit dem Stempel »Vorsitzender des Rates der Volkskommissare« eine Vielzahl unterschiedlicher Anordnungen:

»Sdorowjetz, Gouvernement Orel. An Burow, Perejaslawzew; eine Kopie an den Gouvernementssowjet von Orel.
Es ist notwendig, die erbarmungslose Unterdrückung des Aufstandes der Kulaken und Sozialrevolutionäre mit der Konfiszierung des gesamten Getreides der Kulaken und dessen kostenloser Verteilung unter die Armen zu verbinden. Informieren Sie mich telegraphisch über die Ausführung.

Der Vorsitzende des Sownarkom Lenin«
(Archiv der Russischen Föderation)

Das Regierungsoberhaupt hatte niemals in der Industrie, in der Landwirtschaft oder in den Staatsorganen gearbeitet und verfügte daher nur über oberflächliche Kenntnisse der verschiedenen staatlichen Aufgabenbereiche (Wirtschaft, Verkehr, Kriegsangelegenheiten, Diplomatie usw.). Viele seiner Anordnungen waren verwirrend und schwer verständlich. So erschien in der »Prawda« ein Auszug aus seiner Rede auf einer Versammlung von Vertretern der Petrograder Garnison:

»Unsere Aufgabe, die wir keine Minute aus den Augen verlieren dürfen, besteht in der allgemeinen Bewaffnung des Volkes und der Abschaffung des stehenden Heeres. Durch die Einbeziehung der arbeitenden Bevölkerung wird die Arbeit erheblich erleichtert. Es empfiehlt sich, tägliche Versammlungen durchzuführen, wie einige Genossen vorgeschlagen haben … Jede Abteilung sollte sich gemeinsam mit den Organisationen der Arbeiter darum kümmern, dass alle notwendigen Vorbereitungen für diesen euren Krieg getroffen werden, ohne auf Anweisungen von oben zu warten. Diese Aufgabe muss bereits von der heutigen Nacht an selbständig in Angriff genommen werden.« (Lenin, PSS, Bd. 35, S. 40)

Der Artikel war überaus schwer verständlich und bisweilen sogar rätselhaft. Lenins Selbstüberschätzung und sein Mangel an Erfahrung kamen darin deutlich zum Ausdruck. Von der völligen Konzeptlosigkeit des Revolutionsführers zeugt auch ein persönlicher Brief Joffes an Trotzki:

»Krasin wurde zum Volkskommissar für das Verkehrswesen ernannt, ein Posten, für den er – ungeachtet seiner sonstigen Verdienste – überhaupt nicht geeignet war. Am Tag darauf, kurz vor meiner Abreise, hatte mich Wladimir Iljitsch zu sich bestellt. Schließlich fragte er mich, um wie viel Uhr ich denn losfahren müsse. Ich antwortete, dass ich nicht genau wisse, wann der Zug fährt.
›Dann rufen Sie den Volkskommissar für das Verkehrswesen an‹, sagte Wladimir Iljitsch zu mir.
Seiner Ansicht nach musste Krasin über alles Bescheid wissen, sogar über den Zugfahrplan, und das trotz der Tatsache, dass er erst gestern eingesetzt wurde und nicht die geringste Ahnung vom Verkehrswesen hat.« (Archiv der Sowjetarmee)

Weiter schrieb Joffe über die Auswahl und die Ernennung der Volkskommissare:

»Die Finanzen übertrug man Krestinski, obwohl er kein Finanzexperte ist. Tschitscherin, dessen diplomatische Fähigkeiten äußerst zweifelhaft sind, ist für die Außenpolitik zuständig. In einem wohlorganisierten Staat ist es jedoch notwendig, dass die entsprechenden Posten ausschließlich mit kompetenten Leuten besetzt werden, wie unter dem zaristischen Regime, wo ein Mann Finanzminister wurde, der sich durch seine lange Dienstzeit in der Finanzbehörde Hämorrhoiden zugezogen hatte. Der Minister für auswärtige Angelegenheiten war ein Mensch, der die Schwellen aller ausländischen Höfe überschritten hatte, zunächst als Attaché, dann als Gesandter und zuletzt als Botschafter ... Doch bei uns holt man irgendwelche Bauern direkt vom Hakenpflug weg. Irgendein Lutowinow wird zum Mitglied des Kollegiums des Volkskommissariats für Arbeiter- und Bauerninspektion ernannt, obwohl er weder etwas von der Inspektion versteht noch sich dafür interessiert ...« (Archiv der Sowjetarmee)

Die Regierung ließ sich vor allem von »Klassen«-Prinzipien und der Übereinstimmung ihrer Beschlüsse mit den marxistischen Dogmen leiten. Der Vorsitzende kümmerte sich um die politisch brisantesten Fragen persönlich. So legte er auf der Sitzung des Sownarkom am 28. November 1917 ein Dekret »Über die Verhaftung der prominentesten Mitglieder der Partei der Volksfeinde [die Kadetten, D. W.] und ihre Überstellung an das Revolutionstribunal« zur Abstimmung vor.
Die Debatten im Rat der Volkskommissare zeichneten sich meist durch Kürze und Bündigkeit aus. Lenin trieb zur Eile an, unterbrach lange Redebeiträge und rügte die zu spät Gekommenen. Auf seine Initiative wurde ein Beschluss »Über Maßnahmen gegen den unregelmäßigen Besuch von Versammlungen und Sitzungen« gefasst, der sich an alle Organe der Sowjetmacht richtete. In diesem Dokument heißt es:

»Eine Verspätung von mehr als 10 Minuten ohne triftigen Grund hat beim ersten Mal eine Aussprache zur Folge, beim zweiten Mal eine Lohnkürzung von einem Tagesgehalt und beim dritten Mal einen öffentlichen Verweis … Wer sich um mehr als 15 Minuten verspätet, wird öffentlich gerügt oder mit Zusatzarbeit an Feiertagen bestraft.« (Archiv der Russischen Föderation)

Für die Mitglieder des Rates der Volkskommissare wurden auf Lenins Anweisung hin besondere Sanktionen ausgearbeitet. Man veranschlagte folgende Strafen für zu spät Gekommene: bis zu einer halben Stunde – 5 Rubel; bis zu einer Stunde – 10 Rubel. Von der Bestrafung waren nur jene Volkskommissare ausgenommen, die ihre Verspätung im Voraus eingehend begründet hatten. (Archiv der russischen Föderation)

Mit diesen Maßnahmen wollte der Revolutionsführer einen zügigen Ablauf der oft endlosen Sitzungen gewährleisten. Zudem fuhr er bisweilen miteinander flüsternden Genossen scharf über den Mund, gab boshafte Äußerungen von sich und brachte »giftige Bemerkungen« zu Papier.

Lenins Sekretäre hatten sehr unter seiner Strenge zu leiden. Als der Vorsitzende des Sownarkom seine Sekretärin Fotijewa eines Tages nicht auf ihrem Platz vorfand, hinterließ er ihr eine wütende Notiz: »*Fotijewa.* Ich erteile Ihnen einen Verweis. Sie sollen nicht schlafen, sondern es gefälligst so einrichten, dass man Sie leicht findet und Sie mir *immer* zu Diensten stehen. 21. II. Lenin« (Archiv der Russischen Föderation).

Allein am 19. November 1917 befasste sich die Sowjetregierung unter anderem mit folgenden Fragen:

Verhandelte Sachverhalte	**Beschlüsse**
1. Dekret über die standesamtliche Trauung	Zur Begutachtung an das Volkskommissariat für Justiz weiterleiten
2. Dekret über die Scheidung	Zur Begutachtung an das Volkskommissariat für Justiz weiterleiten

3. Bericht Stalins über den Handel mit Finnland und über die finnischen Devisen	Pjatakow mit der Frage zur Klärung des Devisenproblems beauftragen. Wegen eines Kredits der Finanzkanzlei die Entscheidung des Kleinen Rates des Sownarkom abwarten
8. Vorschlag Stalins, die Wahlen zur Verfassungsgebenden Versammlung zu verschieben	Die Prüfung dieses Vorschlags bis zum 20. November verschieben
9. Bericht Stalins über die Ukraine und die Rada	Stalin mit der Einberufung einer Sonderkommission für den 20. November beauftragen
11. Forderung einer Sondervergütung in Höhe von 500.000 Rubeln durch die Arbeiter des Bergbaubezirks Sentejewsk	Der zwischenbehördlichen Kommission zur Begutachtung übergeben
13. Anfrage Stalins wegen der Kredite an die Kommissariate	Falls sich herausstellt, dass die Angestellten am 1. Januar 1918 ihr Gehalt bekommen haben, ist dieses Geld zurückzuerstatten. Die Verantwortlichen gegebenenfalls inhaftieren und dem Revolutionstribunal übergeben
15. Vorschlag Uljanows, den Genossen Essen zum zeitweiligen Stellvertreter des Volkskommissars für Staatskontrolle zu ernennen	Genosse T. Essen wird zum Stellvertreter des Volkskommissars für Staatskontrolle ernannt

18. Antrag des außerordentlichen Bauernkongresses auf Bewilligung von 200.000 Rubeln für anfallende Kosten	200.000 Rubel aushändigen, die restlichen 250.000 dem Fonds des Vorparlaments entnehmen
21. Bericht Glebows über eine Gehaltserhöhung für Angestellte des Post- und Fernmeldewesens (Bewilligung von 500.000 Rubeln)	Den Angestellten des Post- und Fernmeldewesens der Stadt Petrograd 50.000 Rubel für den Monat November zukommen lassen
25. Vortrag Trotzkis über die Arbeit des Kriegsministeriums	(Geheimbeschluss über die Säuberung des Ministeriums; »Entlassung« des Kommandostabs der lettischen Regimenter …)
26. Anfrage von Petrowski wegen Verhaftungen im Innenministerium	Verhaften, wenn Petrowski es als notwendig erachtet
27. »Säuberung« der Ministerien	Alle Volkskommissare werden verpflichtet, täglich einen schriftlichen Bericht über die »Säuberung« ihrer Ministerien abzuliefern.

Der Vorsitzende des Rates der Volkskommissare

W. Uljanow (Lenin)

(Archiv der Russischen Föderation)

Dieser Protokollauszug gibt Einblick in die Arbeit der Revolutionsregierung. Der alte Staatsapparat war zerschlagen, der neue arbeitete primitiv, uneffektiv und ausgesprochen bürokratisch. Während Lenin das Volk wiederholt zur Selbstverwaltung aufrief, beschnitt er dessen Handlungsfreiheit durch ständig neue Reglementierungen. Bereits am zweiten Tag nach dem Umsturz hatte er den Grundstein für einen Polizeistaat gelegt: Am 26. Oktober verfasste er den »Entwurf einer Verordnung über die Arbeiterkontrolle«, in dem als wichtigstes Element der staatlichen Ordnung die ständige Kontrolle aller Bereiche des gesellschaftlichen Lebens proklamiert wurde:

»Wer sich der Nachlässigkeit im Umgang mit Lebensmitteln oder der Verheimlichung von Lebensmittelvorräten schuldig macht, wird mit der Konfiszierung seines gesamten Eigentums und bis zu 5 Jahren Haft bestraft.« (Lenin, PSS, Bd. 35, S. 30 f.)

Bereits im Dezember 1917 wurden zahlreiche Verlage politisch andersdenkender Gruppierungen kurzerhand geschlossen. Doch damit nicht genug. Mit seiner »Verordnung über eine Kriegszensur durch die Tscheka« wurde diesem Organ »die Kontrolle über Presse, Kinematographie ... und das Post- und Fernmeldewesen übertragen« (Archiv für neuere Geschichte).

Lenin nahm sich das Recht heraus, die Beschlüsse des Rates der Volkskommissare eigenmächtig zu korrigieren. So verfasste er die folgenden Zusätze zu dem vom Sownarkom erlassenen Dekret »Das sozialistische Vaterland ist in Gefahr!«:

»2. Alle Angehörigen der reichen Klasse oder einer der ihr zugehörigen Gruppen ... werden verpflichtet, unverzüglich ein Arbeitsbuch anzuschaffen, in dem ihre Beiträge zur militärischen oder administrativen Arbeit vermerkt werden ... Diese Arbeitsbücher für Wohlhabende sind für 50 Rubel erhältlich ...
3. ... Wer kein Arbeitsbuch besitzt oder vorsätzlich falsche Angaben darin macht, wird nach dem Kriegsrecht bestraft.
All jene, die im Besitz von Waffen sind, erhalten einen neuen Waffenschein a) von ihrem Hauskomitee; b) von der Behörde ... Der Besitz von Waffen ohne diese Waffenscheine ist verboten; auf Zuwiderhandlung gegen diese Vorschrift steht Erschießung.
Die gleiche Strafe steht auf das Verstecken von Lebensmittelvorräten ...« (Lenin, PSS, Bd. 35, S. 359 f.)

So also erfüllten die neuen Machthaber ihr Versprechen, »eine freie Gesellschaft« ohne Unterdrückung, Polizeiaufsicht, Ter-

ror und Spitzeldienste zu schaffen! Trotz aller Verlogenheit und Demagogie aber plagte Lenin kein schlechtes Gewissen. Mit der Tscheka schuf sich die Regierung ihr eigenes Straforgan. Weitsichtige Menschen erkannten schon bald, welche schreckliche Gefahr von den neuen Machthabern ausging. Gorki erklärte kategorisch: »Lenin, Trotzki und ihre Anhänger haben sich mit dem verfaulten Gift der Macht infiziert, wie ihre verächtliche Einstellung zur Freiheit, zur Persönlichkeit und all den anderen Werten beweist, für deren Sieg die Demokratie einst kämpfte.« Der »Sturmvogel der Revolution« urteilte hart und kompromisslos: »… Lenin ist kein Wundertäter, sondern ein kaltblütiger Taschenspieler, dem weder die Ehre noch das Leben des Proletariats etwas bedeuten. Die Arbeiter sollten nicht zulassen, dass Hochstapler und Verrückte im Namen des Proletariats schmachvolle, sinnlose und blutige Verbrechen begehen, für die man nicht Lenin, sondern das Proletariat selbst zur Rechenschaft ziehen wird.« (»Nowaja Schisn«, 7. [20.] November 1917, Nr. 174)
Nicht nur Angehörige der Intelligenz, sondern auch einfache Menschen spürten das nahende Unheil. In den Archiven sind einige Briefe erhalten geblieben, die 1917 und in den Folgejahren an Lenin gesandt worden waren.
Em. Pawlow beispielsweise machte in seinem Schreiben die Kommissare, die »Männer in den Ledermänteln«, für alle Probleme verantwortlich. Diese Menschen »beweihräuchern Sie und wollen Sie auf einen Sockel heben, von dem aus Sie nicht mehr sehen können, was im Lande vor sich geht, während Sie für das Volk in unerreichbare Ferne rücken«. (Archiv für neuere Geschichte)
N. Woronzow klagt: »All deine Reformen führten im wesentlichen zu Folgendem: Allgemeine Zwangsarbeit … Beseitigung der Reisefreiheit … und allgegenwärtige Kontrolle der Bürger durch die Tscheka.« Der Verfasser des Briefes hielt es für möglich, dass man schließlich »deinen Leichnam durch Moskau schleift wie den Leichnam eines Usurpators«. (Archiv für neuere Geschichte) Vermutlich bekam das Oberhaupt der russischen Regierung diese Briefe niemals zu Gesicht, doch es ist offensichtlich, dass schon zu Beginn der sowjetischen Epoche viele Menschen durch die Perspektive, die Lenin dem russischen Volk bot, in Angst und Schrecken versetzt wurden.

Bisweilen griff der Revolutionsführer zu populistischen Maßnahmen, um das Ansehen der neuen Regierung zu erhöhen. In einem Dekret, das auf seine Initiative erlassen wurde, legte man das Monatsgehalt eines Volkskommissars auf 500 Rubel – plus 100 Rubel für jedes nichtarbeitende Familienmitglied – fest (Archiv der Russischen Föderation).

Lenin wusste jedoch genau, dass es sich dabei nur um die Spitze des Eisberges handelte, denn die Kommissare kamen in den Genuss besonderer Vorrechte. So bezogen sie die Datschen ehemaliger »Großbürger« und hielten sich Leibärzte. Bereits 1918 wurden für sie Spezialzüge eingesetzt, mit denen sie zu Kuren und Erholungsreisen ins Ausland fahren konnten. Die Parteispitze konnte alle möglichen Privilegien für sich in Anspruch nehmen, da sie keinerlei demokratischer Kontrolle unterlag.

Lenin selbst gönnte sich bisweilen trotz der anfallenden Arbeit einige Tage Erholung im Grünen; so etwa im Dezember 1917, als er nur zwei Monate nach dem Oktoberumsturz einen fünftägigen Urlaub nahm. (Archiv der Russischen Föderation)

Der Rat der Volkskommissare erließ ein Dekret nach dem anderen. Obwohl man öffentlich verkündet hatte, dass die reguläre Armee durch die bewaffnete Volksmacht ersetzt werden sollte, schien ein stehendes Heer doch bald unerlässlich. Im November unterzeichnete Lenin eine Reihe von Dekreten über die Armee. In dem Dekret »Über die Gleichstellung aller Armeeangehörigen« schaffte der Sownarkom alle Dienstgrade, Titel, Orden und Organisationen der Offiziere mit der Begründung ab, dass die Armee der russischen Republik nur aus freien und gleichgestellten Bürgern bestehe, »welche den ehrenvollen Titel ›Soldat der revolutionären Armee‹ tragen« (Archiv der Russischen Föderation). In anderen Dekreten wurde darauf hingewiesen, dass die Armee dem Rat der Volkskommissare als dem Organ des Volkswillens untergeordnet sei. »Die gesamte Macht in den Einheiten und Verbänden liegt bei den Soldatenkomitees. Der Kommandostab sowie alle Amtspersonen der Armee werden gewählt.« (Archiv der Russischen Föderation)

Mit derartigen Anordnungen zerstörte Lenin noch die letzten Überreste einer militärischen Organisation. Er hatte keinerlei Vorstellung von den Besonderheiten eines militärischen Systems

und dessen hierarchischem Aufbau. Auf den Schiffen und in den Regimentern herrschten bald Anarchie und revolutionäre Zügellosigkeit. Nach einigen Beschwerden über die schlechte Versorgung des Militärs folgte postwendend ein Dekret »Über die Verbesserung der Verpflegung der Soldaten«. Das Problem sollte auf »revolutionäre Weise« gelöst werden, nämlich durch »die Konfiszierung der benötigten Mittel bei den Wohlhabenden«: Der Rat der Volkskommissare erinnerte nachdrücklich daran, dass nur die »revolutionäre Selbsttätigkeit und die revolutionäre Initiative ... eine Lösung dieses drängenden Problems ermöglichen«. (Archiv der Russischen Föderation)
Dies galt nach dem 30. November auch für die Requirierung von Gold. Trotzki und Bontsch-Brujewitsch brachten den Vorschlag ein, dass »diejenigen, die Gold für die ›Beschlagnahmung‹ ausfindig machen und darüber Bescheid geben, eine Beteiligung in Höhe von einem Prozent des Marktwerts erhalten.« (Archiv der Russischen Föderation)
Mit seinen staatlichen Dekreten ermutigte Lenin die Klassenwillkür, demoralisierte die Menschen, provozierte organisierten Widerstand und entfachte auf diese Weise den Bürgerkrieg, der sich bald zu einem Flächenbrand ausweiten sollte. Dabei wurde er von den Linken Sozialrevolutionären tatkräftig unterstützt. Der Revolutionsführer revanchierte sich daraufhin mit dem Angebot, seine Mitstreiter an der Regierung zu beteiligen.
Am 9. Dezember wurde diese Frage auf einer Sitzung des Sownarkom erörtert. Als Hauptbedingung verlangte Lenin von den Linken Sozialrevolutionären, die »allgemeine politische Linie des ›Sownarkom‹« – also de facto den Kurs des bolschewistischen ZK – zu unterstützten. Nach langer nächtlicher Beratung erzielte man schließlich eine Einigung. Folgende Linke Sozialrevolutionäre wurden als Volkskommissare in die Regierung aufgenommen: A. L. Kollegajew (Landwirtschaft), I. S. Steinberg (Justiz), P. P. Proschjan (Post- und Fernmeldewesen), W. E. Trutowski (lokale Selbstverwaltung) und W. A. Karelin (Staatseigentum). Zum Volkskommissar »ohne Geschäftsbereich«, doch mit vollem Stimmrecht, wurde W. A. Algasow ernannt (Archiv der Russischen Föderation).
Sie alle erwartete eine düstere Zukunft. Wenn sie nicht schon –

wie Proschjan oder Steinberg – während des Bürgerkriegs an Typhus oder anderen bösartigen Krankheiten gestorben waren, teilten sie in den dreißiger Jahren das tragische Schicksal von Sinowjew und Kamenew.
Eine langfristigere Zusammenarbeit von Bolschewiki und Linken Sozialrevolutionären war kaum vorstellbar, und doch barg sie die einmalige Möglichkeit für einen sozialistischen Pluralismus. Wenn auch die Menschewiki in die Regierung aufgenommen worden wären, hätte man die bolschewistischen Jakobiner vielleicht noch aufhalten können.
Als Lenin im Januar 1918 auf dem III. Sowjetkongress auftrat, äußerte er in Bezug auf seine Bündnispartner: »Auf Grundlage unserer zweimonatigen Zusammenarbeit kann ich mit Zufriedenheit feststellen, dass ein Großteil der Fragen von uns einstimmig entschieden wurde.« (Lenin, PSS, Bd. 35, S. 264)
Bereits kurze Zeit später kam es jedoch zu ersten Unstimmigkeiten, als I. S. Steinberg, der Volkskommissar für Justiz, für sein Ressort das Recht auf vollständige Kontrolle über die Tscheka und die Untersuchungskommission des Revolutionstribunals forderte. Das konnten die Bolschewiki nicht zulassen.
Das Volkskommissariat der lokalen Selbstverwaltung, welches der Linken Sozialrevolutionär W. E. Trutowski leitete, wollte das System kleinerer Landbehörden (»Semstwos«) erhalten, die Bolschewiki sahen in ihnen jedoch die Bollwerke des alten Regimes …
Der Sownarkom beschäftigte sich im Laufe der kurzen Zusammenarbeit der beiden Parteien mehr als zehnmal mit derartigen Konfliktsituationen. Im Nachhinein betrachtet, gewährleistete diese Koalition jedoch eine gewisse gegenseitige Kontrolle und bewies, dass es im Prinzip in der Zukunft möglich gewesen wäre, die Fesseln der totalitären Herrschaft und des Machtmonopols zu sprengen.
Die Linken Sozialrevolutionäre hatten tatsächlich vor, sich mit den Bolschewiki zu vereinigen. Doch Lenin belächelte dieses Ansinnen.
»Warten wir erst mal ab«, entschied der Führer der Bolschewiki (Harvard University. Houghton Library. BMS Ruß. 13, T-3815, p. 1). Bis Lenin dann wegen der Ermordung des deutschen Gesandten Mirbach mit der Partei der Linken Sozialrevolutionäre

abrechnete, bestand eine recht gute Zusammenarbeit. Beispielsweise gehörten sieben Linke Sozialrevolutionäre dem 20-köpfigen Kollegium der Tscheka an, darunter Alexandrowitsch und Sachs, die beide als Stellvertreter Dserschinskis fungierten. Im April 1918 wurde mit Hilfe der Linken Sozialrevolutionäre gegen die Anarchie gekämpft. Sie unterstützten die Bolschewiki bei der Agitation auf dem Land und befürworteten das Dekret des Sownarkom vom 13. Mai 1918 »Über die Lebensmittel«, mit dem die Bolschewiki die Bauern ihres Getreides beraubten.

Die Bolschewiki waren jedoch nicht gewillt, ihre Macht mit irgendjemandem zu teilen. Dies hatte zur Folge, dass die Partei der Linken Sozialrevolutionäre am 6. und 7. Juli 1918 völlig zerschlagen wurde, nachdem sie bereits zuvor von den Bolschewiki der Verschwörung gegen den Friedensvertrag von Brest-Litowsk bezichtigt worden waren.

Als die Linken Sozialrevolutionäre am 15. Mai 1918 aus Protest den Rat der Volkskommissare verließen, atmeten die Bolschewiki erleichtert auf. Lenin hatte erneut sein Ziel erreicht: die Alleinherrschaft.

Noch beunruhigte ihn allerdings das Damoklesschwert der Verfassungsgebenden Versammlung, die eigentlich über die Zukunft des russischen Staates entscheiden sollte. In den bevorstehenden Wahlen rechnete sich Lenin bei den Bauern schlechte Chancen aus. Seine Befürchtungen waren nicht unbegründet.

Die Wahlergebnisse waren entmutigend für die Bolschewiki. Sie erhielten nur 175 Sitze in der Versammlung, während die Sozialrevolutionäre 370, die Linken Sozialrevolutionäre 40, die Menschewiki 15, die Volkssozialisten 2, die Kadetten 17, die Unabhängigen 1 und die Nationalitätengruppen 86 errangen.

Trotzki erinnert sich:

»In den ersten Tagen des Umsturzes, wenn nicht sogar schon in den ersten Stunden, beschäftigte Lenin die Frage der Verfassungsgebenden Versammlung:

›Man muss die Wahlen hinauszögern … Wir müssen unbedingt neue Wahllisten erstellen, denn so, wie sie sind, kann man sie niemandem zeigen: Die Mehrzahl sind zusammengewürfelte Intelligenzler, wir brauchen jedoch Arbeiter und Bauern. Man muss die Kornilows und die Kadetten außerhalb des Gesetzes stellen.‹

›Im Moment wäre eine Verschiebung ungünstig, denn man würde dies als Liquidierung der Verfassungsgebenden Versammlung auffassen, umso mehr als wir selbst die Provisorische Regierung der Verzögerung bezichtigt haben.‹
›Das sind alles Bagatellen! Warum ist eine Verschiebung ungünstig? Ist es etwa günstiger, wenn die Verfassungsgebende Versammlung aus Kadetten, Menschewiki und Sozialrevolutionären besteht?‹
In der Frage der Verfassungsgebenden Versammlung stand Lenin lange Zeit isoliert da. Unzufrieden meinte er:
›Das ist ein Fehler, ein offensichtlicher Fehler, der uns teuer zu stehen kommen kann! Hoffentlich wird uns dieser Fehler nicht den Kopf kosten.‹« (Trotzki, O Lenine, S. 91–92)
Lenin wog das Für und Wider einer Zerschlagung der Verfassungsgebenden Versammlung ab, hielt diesen Schritt letzten Endes aber für notwendig. Doch er war sich völlig im unklaren darüber, wie die Linken Sozialrevolutionäre darauf reagieren würden. Nachdem man diese Frage im kleinen Kreis erörtert hatte, stimmten die Linken Sozialrevolutionäre schließlich der Auflösung der Verfassungsgebenden Versammlung zu. Doch genügte dies Lenin nicht, er forderte zusätzlich militärische Maßnahmen: »Wir haben die Macht schon einmal erobert und sind nun gezwungen, militärische Maßnahmen zu ergreifen, um sie aufs Neue zu erringen« (ebd., S. 93).
Die »militärischen Maßnahmen« bestanden im Einzelnen darin, dass Lenin die Versetzung eines der zuverlässigsten lettischen Regimenter nach Petrograd anordnete. Für den Fall des Widerstandes der Verfassungsgebenden Versammlung drohte man mit Waffengewalt.
Die nächste Sitzung der Wahlkommission der Verfassungsgebenden Versammlung fand am 23. November im Taurischen Palast statt. Gegen Mittag erschien der Kommandant des Palastes, Fähnrich Prigorowski, mit dem Befehl, sämtliche Mitglieder des Ausschusses zu verhaften. Ungeachtet ihrer Proteste wurden die Professoren und Advokaten, Ärzte und Politiker am Vorabend der Wahlen für vier Tage ohne Lebensmittel in ein leeres Zimmer gesperrt. Zehn Tage zuvor hatte sich die Kommission mit folgendem Bulletin an die Öffentlichkeit gewandt:

»Der Oktoberumsturz hat in einer Reihe von Wahlkreisen die Durchführung der Wahlen unmöglich gemacht … Die Provisorische Regierung hält es nicht für möglich, die Eröffnung der Verfassungsgebenden Versammlung zu verschieben. Sie wird daher am 28. November um 14 Uhr im Taurischen Palast stattfinden.« (Iswestija Wserossiskoj po djelam o wyborach w Utschreditelnoje sobranije kommissii, S. 2)

Die Verhaftung der Kommission löste in Petrograd eine Welle des Protestes aus. Am 20. November veranstalteten die Kadetten und Rechten Sozialrevolutionäre eine Protestkundgebung vor dem Taurischen Palast. Sie versuchten den Palast zu stürmen und die Sitzung der Verfassungsgebenden Versammlung »zu eröffnen«. Den Bolschewiki gelang es dank der Unterstützung von Matrosen und Arbeitern, die Demonstranten zu vertreiben. Am Abend desselben Tages wertete der Sownarkom unter dem Vorsitz Lenins die Ereignisse in Petrograd aus. Trotzki bezeichnete den Aufstand der Rechten Sozialrevolutionäre und Menschewiki als Versuch einer bewaffneten Erhebung in Petrograd. Nach seiner Ansicht stellten die Kadetten ein ständiges Potential konterrevolutionärer Bestrebungen dar.
Lenin beantragte daraufhin die »Verhaftung der prominentesten Mitglieder der Partei der Volksfeinde und ihre Überstellung an das Revolutionstribunal« (Archiv der Russischen Föderation). Diese Aktion war die Fortsetzung einer groß angelegten Kampagne der Bolschewiki gegen die Verfassungsgebende Versammlung. Auf dem schnellsten Wege verabschiedete das WZIK ein Dekret »Über das Recht der Wähler, Deputierte abzuberufen, die nicht das Vertrauen des Volkes besitzen« (Archiv der Russischen Föderation). Obwohl die Verfassungsgebende Versammlung ihre Arbeit noch gar nicht aufgenommen hatte, wussten die Bolschewiki bereits sehr genau, wer »das Vertrauen des Volkes nicht besaß«, und entfesselten regelrechte Kampagnen gegen die entsprechenden Delegierten.
Mitte Dezember entwarf Lenin 19 Thesen über die Verfassungsgebende Versammlung, die eine jähe Abkehr der Bolschewiki von ihren ursprünglichen Losungen darstellten. Seine Hauptthese war, dass die Räte nicht nur eine »höhere Form der Demokratie« als die Verfassungsgebende Versammlung verkörperten, sondern

dass sie überhaupt die einzig mögliche demokratische Form eines Parlaments darstellten. Derart unbegründete Behauptungen bildeten fortan die theoretische Grundlage für die bolschewistische Politik. In den Thesen erklärte Lenin weitschweifig, die Wahllisten seien »veraltet« und die Bevölkerung habe noch keine Gelegenheit gehabt, die Errungenschaften der bolschewistischen Politik in Hinblick auf die Fragen des Friedens und der Übereignung von Grund und Boden entsprechend schätzen zu lernen (Lenin, PSS, Bd. 35, S. 162 ff.).
Wenn die Bolschewiki wirklich der Ansicht waren, die alten Wahllisten würden dem neuen Kräfteverhältnis der Klassen nicht gerecht, dann hätten sie ohne weiteres einen demokratischen Weg zur Lösung des Problems wählen können. Nach Meinung Wischnjaks hätte Lenin damals nur »die Verfassungsgebende Versammlung auflösen müssen, die im November nach den Wahllisten des Oktober gewählt worden war, und neue Wahlen ausschreiben und durchführen müssen« (Nowy schurnal, 1958, Nr. 52, S. 227). Lenin tat dies nicht; die Bolschewiki hatten im November verloren und würden mit Sicherheit auch in den folgenden Wahlen verlieren. Der Führer der Bolschewiki entschloss sich stattdessen, den »menschewistischen Kadettenflügel« der Versammlung zu schwächen, indem er die unbequemen Abgeordneten schrittweise abberief. Später wollte er dann der auf diese Weise dezimierten Versammlung die bolschewistischen Dekrete zur Beschlussfassung vorlegen. Falls diese Taktik nicht zum Erfolg führte, dann musste man der Verfassungsgebenden Versammlung eben »den Garaus machen«.
Gegenüber Trotzki äußerte der Revolutionsführer:

»Natürlich war es sehr unvorsichtig von uns, dass wir die Einberufung nicht verschoben haben – das war sehr, sehr riskant. Doch letzten Endes ist alles noch einmal gut gegangen. Die Auseinanderjagung der Verfassungsgebenden Versammlung durch die Sowjetmacht bedeutet die vollständige und offene Liquidierung der formalen Demokratie im Namen der revolutionären Diktatur.« (Trotzki, O Lenine, S. 94)

Um die äußere Form zu wahren, beschloss man, die Verfassungs-

gebende Versammlung dennoch einzuberufen. »Der Rat der Volkskommissare setzt als Termin der Eröffnung der Verfassungsgebenden Versammlung den 5. Januar fest. Das Quorum liegt bei 400 Abgeordneten« (Archiv der Russischen Föderation). Sogar die Mittel dazu wurden bereitgestellt. Die Bolschewiki wussten, dass man mit diesen Ausgaben nur für kurze Zeit rechnen musste. Im Dezember initiierten die Bolschewiki einen Propagandafeldzug gegen die Verfassungsgebende Versammlung. Auf einer der Sitzungen des Sownarkom brachte Trotzki den Vorschlag ein, die »bürgerliche Presse« wegen ihrer »niederträchtigen Verleumdungen der Sowjetmacht« verstärkt zu verfolgen. Man beauftragte Petrowski mit der Schaffung eines Sonderkomitees im Innenministerium, das sich speziell mit dieser Frage befassen sollte (Archiv der Russischen Föderation). Damit war der Grundstein gelegt für die Zensur durch Partei und NKWD, die später mit »Glawlit« eine Art »ideologischen Schlagbaum auf dem Wege zur Wahrheit« errichteten.
Schließlich wurde die Verfassungsgebende Versammlung eröffnet, mit der sich für große Teile der russischen Bevölkerung die letzte Hoffnung auf einen demokratischen Wandel verband. Das Volk bekundete seine Solidarität durch eine Großdemonstration. Die Bolschewiki hatten Vorsorge getroffen. Bewaffnete Kräfte hinderten die Demonstranten daran, zum Taurischen Palast zu marschieren. Daraufhin kam es zu blutigen Zusammenstößen, in deren Verlauf einige Menschen den Tod fanden.
Im Saal befanden sich 410 der insgesamt 715 Abgeordneten. Die Versammlung wurde von S. P. Schewzow, einem der ältesten Abgeordneten, eröffnet. Doch bereits seiner kurzen Rede wurde keine Aufmerksamkeit geschenkt. Vom Augenblick der Eröffnung an stimmten die Bolschewiki und die Linken Sozialrevolutionäre eine regelrechte Katzenmusik an; sie klopften auf die Tische, trampelten mit den Füßen, pfiffen und stießen Buhrufe aus (ähnlich wie bei den Kongressen unserer Volksdeputierten!). »… Anfangs hörte Lenin noch zu, später rekelte er sich teilnahmslos in seinem Sessel, drückte sich auf den Stufen des Podiums herum und war bald darauf verschwunden« (Archiv der Russischen Föderation). Bei der Wahl des Vorsitzenden der Versammlung erhielt Tschernow zwar die Mehrzahl aller Stimmen, doch man hinderte ihn daran, die Leitung der Versammlung zu überneh-

men. Laut M. W. Wischnjak erklärte Bucharin in seiner Rede, die Diktatur »lege das Fundament für das Zusammenleben der Menschen in den nächsten tausend Jahren«.

Swerdlow forderte im Namen der Bolschewiki die Anerkennung und Billigung der Dekrete der Sowjetmacht. Die sozialrevolutionäre Mehrheit wies dieses Ansinnen zurück. Daraufhin verließen die Bolschewiki, entsprechend dem von Lenin ausgearbeiteten Szenario, den Versammlungssaal. Bald darauf folgten ihnen die Linken Sozialrevolutionäre. »Die Matrosen und Rotarmisten im Saal waren nun nicht mehr zu halten«, erinnert sich Wischnjak, der zum Sekretär der Versammlung gewählt worden war. »Sie sprangen über die Barrieren der Logen, entsicherten ihre Gewehre und sausten wie der Wirbelwind auf die Empore. Von der bolschewistischen Fraktion verließen nur die namhaften Vertreter den Taurischen Palast … Das Publikum auf den Rängen geriet in Panik. Die Abgeordneten saßen regungslos auf ihren Plätzen und schwiegen. Wir sind von der Welt abgeschnitten, wie der Taurische Palast von Petrograd abgeschnitten ist und Petrograd von Russland …« (Anin, D., Rewoljuzija 1917 goda glasami jejo rukowoditjeljej, Rom 1971, S. 456–470)

Um 5 Uhr morgens forderte der bekannte Matrose A. G. Schelesnjakow im Namen der Bolschewiki die Abgeordneten auf, den Saal zu verlassen. Erst 70 Jahre später sollten frei gewählte Abgeordnete wieder einen derartigen Versammlungsraum betreten …

Nachdem Lenin den Sitzungssaal verlassen hatte, entwarf er Thesen zu einem Dekret über das Schicksal der Verfassungsgebenden Versammlung, in denen er die »Schuld« an der Auflösung des Organs den Rechten Sozialisten und Menschewiken in die Schuhe schob, da diese »den Konflikt zwischen der Verfassungsgebenden Versammlung und der Sowjetmacht« herbeigeführt hätten. (Archiv der Russischen Föderation)

In der Nacht vom 6. zum 7. Januar betonte Lenin auf einer Sitzung des WZIK, dass die sozialistische Revolution »notwendig von einem Bürgerkrieg begleitet werden« müsse. In dem Artikel »Menschen aus dem Jenseits« polemisierte er kurz darauf gegen die pathetischen Reden Tschernows und Zeretelis, die beide der Ansicht waren, ein Bürgerkrieg müsse unter allen Umständen vermieden werden. Für den Revolutionsführer stellte sich die Sache jedoch ganz anders dar: »Entweder ein Sieg im Bürgerkrieg – oder der Untergang der Revolution« (ebd., S. 229 f.).

Im Herbst 1918 erfuhr Lenin von Karl Kautskys Broschüre »Die Diktatur des Proletariats«, in welcher der Nestor der europäischen Sozialdemokratie sich ironisch gegen die These wandte, die Räte verkörperten eine höhere Form der Demokratie als die Verfassungsgebende Versammlung: »Es ist doch interessant, dass sie (die Bolschewiki – D. W.) erst zu diesem Schluss gekommen sind, nachdem sie sich in der Verfassungsgebenden Versammlung in der Minderheit befanden. Bis dahin hatte niemand die Einberufung dieses Organs stürmischer gefordert als Lenin.«

An den Fronten des Bürgerkriegs war ein aufreibender Kampf im Gange, der leicht mit einer Niederlage der Sowjetmacht hätte enden können. Das Land wurde von grausamem Hunger, Banditentum und Terror heimgesucht. Obwohl Lenins verletzte Schulter schmerzte und er einen Großteil der Regierungsarbeit anderen überließ, verfasste er sein Buch »Die proletarische Revolution und der Renegat Kautsky«. Ich denke, dass diese fast einhundert Seiten starke Arbeit sehr anschaulich den »gelehrten« Stil Lenins charakterisiert: pragmatisch, engstirnig und stilistisch außerordentlich primitiv, so dass es schwer fällt zu glauben, dass ein intelligenter Mensch all das geschrieben hat. So bezeichnet er K. Kautsky unzählige Male als »Judas«, »Renegat«, »Schurke«, »blinder Grünschnabel«, »Taugenichts«, »Handlanger der Schurken und einer Bande von Blutsaugern« und »Spießbürger«.

Dennoch muss man sich wundern, dass wir, mit unseren von marxistischem Dogmatismus überfrachteten Hirnen, die Unbeholfenheit dieses oberflächlichen und skandalösen Pamphlets nicht erkannt haben! Lenin übertraf sich selbst in seinen Schimpftiraden, indem er Kautsky beschuldigte, »verachtenswerte Methoden« anzuwenden und »niederträchtige Lügen« aus »der Müllgrube der Renegaten« zu verbreiten.

Um Lenins wahres Gesicht zu erkennen, war es nicht unbedingt erforderlich, auf die Veröffentlichung von »Lenins Geheimdokumenten« zu warten. Allein die bekannten, allen zugänglichen Werke hätten uns schon längst die Augen öffnen müssen, wäre unser Verstand nicht durch die jahrelange Propaganda benebelt worden …

Viertes Kapitel
Die Opferpriester des Terrors

Bürgerkriege gehören grundsätzlich zu den irrationalsten Elementen der Revolution.
Nikolaj Berdjajew

Lenin gelangte denkbar einfach an die Macht. Ohne Barrikaden, blutige Kämpfe und Interventionen ging die höchste Gewalt im Staat in die Hände derjenigen über, die versprachen, die Menschen auf schnellstem Wege glücklich zu machen, ihnen Frieden, Land und Freiheit zu schenken. Die kanonischen marxistischen Lehrsätze verhießen einen einfachen Neubeginn. Laut ihnen musste man nun das Privateigentum abschaffen, den bürgerlichen Staat zerstören, die Armee auflösen und stattdessen das Volk bewaffnen, die Arbeiter (es durften auch »Köchinnen« sein) zur Herrschaft befähigen, alle Geheimverträge veröffentlichen, eine strenge soziale Kontrolle in der Gesellschaft einführen und die Diktatur der Mehrheit errichten. Lenin schien in seinen Abhandlungen, etwa in »Staat und Revolution«, alles vorherzusehen. Nun galt es nur noch, nach den bereits vorhandenen Plänen das sozialistische Gebäude zu errichten. Doch das Leben war bedeutend vielfältiger als die von Lenin entworfenen Schemata. So nahte das Schreckgespenst des Hungers, viele Fabrikarbeiter erhoben sich, die Bauern hielten das Getreide zurück, die Armee zerfiel, und zahllose Banden trieben in Russland ihr Unwesen. Das Land versank in Finsternis und Chaos.

Lenin erkannte bald, dass nur die »eiserne Hand« der Diktatur seine Revolution retten konnte. Auf der Sitzung des WZIK vom 14. (27.) Dezember 1917 unterstrich er, dass man »ohne die Diktatur des Proletariats und ohne eine Umformung der alten Welt mit eiserner Hand« nicht siegen könne (Lenin, PSS, Bd. 35, S. 172). Diese Hand sollte in der Tat einiges »umformen«. Man führte die Arbeitspflicht ein, belegte die Bourgeoisie mit zahllosen Steuern und »säuberte« die Behörden. Die Relikte der alten Welt mussten alle möglichen Nachweise über »der Gesellschaft

dienliche Arbeiten« erbringen. Menschen bürgerlicher Herkunft mussten Zwangseinquartierungen in ihren Wohnungen über sich ergehen lassen und waren beständig von immer neuen Strafen bedroht. Die Kasernenordnung griff allmählich auf die zahlreichen Kommissariate, Ämter, Räte und proletarischen Organe über.
Trotzki erinnert sich, dass Steinberg, der Volkskommissar für Justiz, gegen die Anwendung von Gewalt und Repressionen als Mittel zur Lösung sozialer Probleme protestierte und Lenin, der Vorsitzende des Sownarkom, daraufhin ausrief: »Glauben Sie denn wirklich, dass wir ohne grausamen Terror als Sieger aus der Revolution hervorgehen können?«
Zu diesem Zeitpunkt hämmerte Lenin seinen Zuhörern bei jeder Gelegenheit die Notwendigkeit des Terrors ein … Derartige Tiraden konnte man Dutzende Male am Tag hören, und sie richteten sich durchweg gegen jene, die des Pazifismus verdächtigt wurden.

»Was ist denn das für eine ›große Revolution‹, wenn wir nicht einmal fähig sind, die weißgardistischen Saboteure zu erschießen? Sie sehen doch, was das bürgerliche Gesindel bei uns in den Zeitungen schreibt! Wo ist denn hier die Diktatur des Proletariats? Alles nur leeres Geschwätz und Wirrwarr …« (Trotzki, O Lenine, S. 104–105)

Wir wissen, wie unnachgiebig Lenin sein konnte. Zur Genüge bekannt ist sein Festhalten an der Idee des bewaffneten Aufstands. Und wenn auch viele seinen Weg zur sozialistischen Revolution als »unsinnig« bezeichneten, so erreichte er doch stets sein Ziel. Ständig unterstrich er die Notwendigkeit, die Diktatur zu verschärfen, um die »Revolution zu retten«. Seine Auffassung, dass der rücksichtslose Terror mit »eiserner Hand« durchzuführen sei, erhob er rasch zur praktischen Linie der Bolschewiki.
Die zunehmende Ausweglosigkeit der Lage und vor allem der Hunger im Land trieben Lenin häufig zu den grausamsten Maßnahmen. Er behauptete kategorisch, dass man mit Hilfe des Terrors den Hunger bezwingen könne. Man müsse das Brot von den Reichen nehmen und Spekulanten erschießen. Als er sich im Petrograder Rat über mögliche Maßnahmen zur Bekämpfung des Hungers äußerte, betonte er besonders, wie wichtig es sei, »die

Massen zur Eigeninitiative zu bewegen«. Diese »Eigeninitiative« manifestierte sich in ausgedehnten Durchsuchungen und Beschlagnahmungen auf der Jagd nach Brot. »Solange wir nicht mit Terror gegen Spekulanten vorgehen, also keine standrechtlichen Erschießungen durchführen, wird nichts dabei herauskommen.« Lenin drängte die Menschen zur Selbstjustiz: »Mit Räubern muss man ebenso verfahren und sie auf der Stelle erschießen ... Der vermögende Teil der Bevölkerung soll drei Tage ohne Brot eingesperrt werden, weil er Vorräte gehortet hat« (Lenin, PSS, Bd. 35, S. 311).

Die notstandsähnliche Situation, die Klassenwillkür und die vollständige Missachtung der Menschenrechte veranlassten die »Bourgeoisie« zum Widerstand, zu Protest und Sabotage. Auf bolschewistischer Seite wurde die Anwendung von Gewalt zur Norm, zu einer Facette des täglichen Lebens.

War das alles nur Zufall, oder war es historisch unvermeidbar? Ich glaube, dass man in diesem Zusammenhang drei Momente unterscheiden kann.

Erstens. Lenin verlor angesichts dieser Lawine von Problemen völlig den Überblick. Man darf nicht vergessen, dass er vor kurzem noch ein einfacher Emigrant aus den Reihen der Intelligenz gewesen war, der, im eigentlichen Sinne des Wortes, nie gearbeitet hatte, abgesehen von der Tätigkeit in seiner eigenen Partei über keinerlei Führungserfahrung verfügte und abgeschottet von der schrecklichen Realtiät des russischen Alltags lebte. Selbst mit der überragenden Kraft seines Verstandes war es für ihn schwierig, alles zu steuern (am Anfang kümmerte er sich persönlich um die Listen zur Verteilung von Wohnraum an altgediente Kommunisten und um Hilfen für die Vororte Moskaus. Zudem kontrollierte er die Kantine der Volkskommissare, absolvierte zahllose Propagandaauftritte usw.). Der alte Staatsapparat war zwar zusammengebrochen, doch er wurde durch keinen neuen ersetzt. Die Schalthebel der Macht lagen in den Händen unbeugsamer, doch völlig unerfahrener Menschen.

Obwohl Lenin das Gewaltmonopol an sich gerissen hatte, verweigerten ihm viele Bauern, Angehörige der Intelligenz und Spezialisten ihre Unterstützung. Aus einigen seiner Verordnungen und Telegrammen spricht Verwirrung, teilweise sogar Panik. Ein Telegramm an Antonow-Owsejenko und Dserschinski in Charkow lautet zum Beispiel: »Um Gottes willen, ergreift die energischsten und revolutionärsten Maßnahmen zur Lieferung von Brot, Brot und nochmals Brot!!! Sonst muss Petrograd verrecken. Setzt Sonderzüge und Truppen ein. Brot sammeln und speichern! Begleitschutz für die Züge! Erwarte tägliche Information. Um Gottes willen!« (Lenin, PSS, Bd. 50, S. 30). Dass Lenin sich damals sogar auf Gott besann, ist lediglich als Aufschrei der Verzweiflung zu verstehen, der bezeugt, dass die Führung buchstäblich zu allem bereit war.

Zweitens. Unter den russischen Jakobinern existierte eine völlig andere Skala moralischer Werte. In ihren Augen galten Erbarmungslosigkeit, Klassenhass und unverhohlener Machiavellismus als höchste revolutionäre Tugenden. Um seine Ziele zu erreichen, griff Lenin sogar auf das schreckliche Instrument der Geiselnahme zurück. So schlug er vor, »in jedem Getreidebezirk 25 bis 30 Reiche als Geiseln zu nehmen, die mit ihrem Leben für das Sammeln und Speichern aller Überschüsse bürgen sollen« (ebd., S. 144). Diese und andere Forderungen zeugen von dem völligen moralischen Niedergang.

Drittens. Der Revolutionsführer wollte einfach Schrecken verbreiten, durch den Terror die Menschen einschüchtern und die Angst als seine Waffe einsetzen. Auf diese Art hoffte er, den Widerstandswillen von Millionen von Menschen brechen zu können. Das wichtigste Argument zur Rechtfertigung des bolschewistischen Terrors war die ständige Bekräftigung Lenins, er handle im Interesse des Proletariats. Im Artikel »Plechanow über den Terror« erläuterte Uljanow in naiver Weise den angeblichen Unterschied zwischen dem Terror der Bourgeoisie und dem Terror der Bolschewiki: erstere »setzten den Terror gegen Arbeiter, Soldaten und Bauern ein, wobei sie im Interesse eines Häufchens von Gutsbesitzern und Bankiers handelten. Die Sowjetmacht dagegen ergreift Maßnahmen gegen Grundbesitzer, Marodeure und deren Handlanger und tut dies im Interesse der Arbeiter, Soldaten und Bauern.« (Lenin, PSS, Bd. 35, S. 186)

Es ist unschwer zu erkennen, dass diese Argumentationslinie sowohl in rechtlicher als auch moralischer Hinsicht völlig haltlos war; man konnte *jedes beliebige* Verbrechen rechtfertigen, wenn

man es als im »Interesse des Proletariats« erforderlich darstellte. Die Führer der Revolution wurden zu Opferpriestern des Terrors. Der rote Terror rief schon bald den weißen auf den Plan. Doch bei diesem kam die Initiative – als Reaktion auf bolschewistische Exzesse – im wesentlichen von unten.
Während Hunger, innere Zerrüttung und Klassenterror zunahmen, sah sich Russland einer neuen Herausforderung gegenüber: der drohenden deutschen Invasion. Nur durch einen demütigenden Vertrag mit Deutschland konnte sie abgewendet werden.

Die Anatomie des Friedens von Brest-Litowsk

Bereits am 20. November (3. Dezember), kaum einen Monat nach der Machteroberung, nahmen die Bolschewiki in separaten Gesprächen Kontakt mit Deutschland auf, und am 9. Dezember (22.) begannen die Friedensverhandlungen. Die Unterstützung, die Deutschland den Bolschewiki hatte zukommen lassen, zahlte sich nun für das Kaiserreich aus. Anfang Januar bekundete die deutsche Delegation ihre Bereitschaft, einen Friedensvertrag zu unterzeichnen, falls Russland riesige Gebiete (mehr als 150 000 km^2) abtreten würde. Lenin ordnete an, die Bedingungen anzunehmen und den Frieden zu unterzeichnen. Genau zu diesem Zeitpunkt nahmen dramatische Ereignisse ihren Lauf. Die Partei spaltete sich in zwei Fraktionen. Es kam zu Auseinandersetzungen zwischen den Anhängern Lenins und den sogenannten »Linken Kommunisten«, die nicht zu Unrecht den Abschluss dieses Raubfriedens für einen Verrat an der Revolution hielten.
Der entscheidende Zusammenstoß wegen des umstrittenen Friedensvertrages ereignete sich auf dem VII. Parteitag, der kurzfristig anberaumt worden war. Ich glaube, dass Lenin noch auf keiner Sitzung mit so harter Kritik konfrontiert worden war. Er und Bucharin legten ihren Standpunkt dar. Es erscheint höchst aufschlussreich, dass weder Lenins noch Bucharins Anhänger an den gigantischen Gebietsverlusten Anstoß nahmen. (Letztendlich war man gezwungen, ungefähr eine Million km^2 abzutreten. Das war mehr als die Gesamtfläche Deutschlands!) Für Uljanow ging es in

erster Linie um die Macht – das heißt, um Erhaltung der »revolutionären Errungenschaften«, wie der bolschewistische Führer es nannte. Er war bereit, Petrograd und sogar Moskau zu opfern, sofern er nur an der Macht blieb. »Ich will dem offensichtlichen Sieger Gebiete abtreten, um Zeit zu gewinnen. Darin und nur darin liegt der springende Punkt … Die Unterzeichnung eines Vertrags bei einer Niederlage ist ein Mittel, Kräfte zu sammeln.« Wenn man, wie Bucharin dies fordere, einen revolutionären Krieg führen würde, so sei das »der sicherste Weg, uns jetzt zu stürzen«. Sedmoj sjesd RKP Moskau/Petrograd, 1923, S. 126, 129, 131).
Die »Linken Kommunisten« sahen die Dinge anders: Indem sie den Friedensschluss zurückwiesen und zum revolutionären Krieg aufriefen, hofften sie, die revolutionäre Stimmung in Europa ausnutzen und einen Flächenbrand auslösen zu können. »Entweder wird die russische Revolution durch die internationale Revolution gerettet, oder sie wird durch das internationale Kapital zerschlagen werden.« Bucharin forderte, »den Friedensvertrag, der rein gar nichts bringt, zu annullieren und sofort die Vorbereitungen für die richtigen Schritte zu treffen«, das heißt, mit dem revolutionären Krieg zu beginnen. (Ebd., S. 33, 50)
Schließlich stimmte auf dem Parteitag die Mehrheit für die Position Lenins und den von ihm eingebrachten Resolutionsentwurf. Dabei spielte die Autorität Lenins und Trotzkis eine bedeutsame Rolle.
Der Führer der Bolschewiki versuchte, sämtliche Entscheidungen des Parteitags geheim zu halten. Alle Unterlagen sollten unter Verschluss bleiben. Die Delegierten mussten sich sogar dazu verpflichten, über Einzelheiten der Beratung Stillschweigen zu bewahren. Es sollte lediglich bekannt gegeben werden, dass der Parteitag für den Friedensvertrag gestimmt hatte. Lenin war sich bewusst, dass seine Ansichten in den Augen des einfachen Mannes, gelinde gesagt, unpatriotisch erscheinen mussten. Die Menschen hatten nicht vergessen, dass er noch am Vorabend des Oktoberumsturzes als »deutscher Spion« gebrandmarkt worden war. Auf Initiative Uljanows entschied man, die Hauptstadt von Petrograd nach Moskau zu verlegen. Dies kam einer Flucht vor der drohenden deutschen Okkupation gleich. In dem von Sinowjew eingebrachten Antrag, der durch den Rätekongress beschlossen

wurde, hieß es: »Während der Krise, die die russische Revolution gerade durchlebt, hat sich die Situation Petrograds als Hauptstadt erheblich verändert« (Sinowjew, Sotsch., Bd. 7, Teil 1, S. 544.). Freilich milderte Sinowjew die Entscheidung ab, indem er erklärte, dass der Umzug der Regierung nach Moskau zeitlich begrenzt sei, weil »das Berliner Proletariat uns helfen wird, sie in das rote Petrograd zurückzuverlegen. Aber wir können natürlich nicht sagen, wann das geschehen wird. Es kann auch passieren, dass wir gezwungen sind, die Hauptstadt an die Wolga oder in den Ural zu verlegen. Dies wird von der Entwicklung der internationalen Revolution abhängen.« (Ebd., S. 537)

Weder Proteste der Linken noch der einfachen Arbeiter aus Petrograd konnten verhindern, dass die Regierung am 10. und 11. März 1918 nach Moskau übersiedelte. Eigentlich war das für Deutschland ein Zeichen, dass Russland die Hauptstadt nicht verteidigen würde. Bereits am 14. März fand in Moskau die Eröffnung des Außerordentlichen Rätekongresses statt. Diese Versammlung musste sich zur ersten Teilung Russlands äußern. Die zweite Teilung sollte fast 73 Jahre später folgen.

Lenin reiste unter starker Bewachung in einem Spezialzug nach Moskau; die übrigen Regierungsmitglieder befanden sich in einem anderen Zug. In der ersten Zeit wohnten Krupskaja und Lenin in einem Zweizimmerappartement des Hotels »National« mit der Nummer 107/9. Arthur Ransome, ein englischer Journalist, beobachtete den Führer der revolutionären Regierung, wie er, umgeben von abgenutzten Koffern, Bündeln mit Bettwäsche und Büchern, in der Hotelhalle saß. (Archiv für neuere Geschichte)

Nach einigen Tagen bezog Lenin seine Amtswohnung im Kreml. Neben drei großen Räumen enthielt sie ein Zimmer für Bedienstete und eine Küche. Das Arbeitszimmer befand sich im selben Gebäude wie die Wohnung.

Unmittelbar nach seiner Ankunft beschloss der Revolutionsführer, sich vor dem Proletariat der Hauptstadt zu zeigen. Sein erster öffentlicher Auftritt fand am 12. März vor dem Moskauer Sowjet statt. Lenins Referat wirkte konfus, ließ eine klare Linie vermissen. Er sprach vom »Idioten Romanow« und dem »Aufschneider Kerenski«, er erklärte, dass »der Krieg die Revolution gezeugt hat«. Mit allen möglichen Mitteln versuchte er, die Schuld auf

»die Versöhnler und Kerenski« abzuwälzen, die »die Armee zerstört haben«. Auf die üblichen Beschuldigungen folgten düstere Prophezeiungen: »Der Krieg wird unausweichlich kommen, obwohl bei uns alles zerstört ist.«

Die nunmehr verstummte Zuhörerschaft begriff nicht, worauf der Führer der bolschewistischen Regierung hinauswollte. Schließlich kam Lenin zum wesentlichen Punkt: »Wir haben keine Armee, und ein Land, das seine Armee eingebüßt hat, muss einen beispiellos schmachvollen Frieden akzeptieren« (Lenin, PSS, Bd. 36, S. 84–87). Offenbar war es Lenin entfallen, dass er selbst nur vier Monate zuvor im Brustton der Überzeugung gesagt hatte: »Unsere Aufgabe, die wir keinen Augenblick außer Acht lassen dürfen, ist die allgemeine Bewaffnung des Volkes und die Auflösung des stehenden Heeres« (Lenin, PSS, Bd. 35, S. 40). Und sämtliche Erklärungen der Bolschewiki zur Demobilisierung der Armee, die Versammlungen der Demobilisierten, die Aufhebung des Wahlrechts für Armeeangehörige … All das blieb in seiner Rede unerwähnt.

Lenin musste spüren, wie der Boden unter seinen Füßen zu schwanken begann. Er wusste genau, dass man nur schwer Argumente finden konnte, um den Zerfall des großen Russlands zu rechtfertigen. So musste er schon sämtliche Beweisgründe, die ihm in den Sinn kamen, sowie seine ganze Beredsamkeit und Autorität aufbieten, um Herr der Lage zu bleiben. In seiner langen, fast eineinhalb Stunden dauernden Ansprache zeigte sich der Revolutionsführer ausgesprochen redselig. An wen und was er nicht alles erinnerte! Wieder wurde dem armen »Dummkopf« Kerenski, aber auch Tschernow, Zereteli und einer neuen Zielscheibe seiner Kritik, dem ukrainischen Politiker Winnitschenko, gründlich der Kopf gewaschen. Selbst den »Plünderer Napoleon«, den »Räuber Alexander I.«, die »räuberische englische Monarchie«, den »Frieden von Tilsit« und die »Pariser Commune« ließ der Redner nicht unerwähnt. Aus dem Saal ertönte bisweilen der Zwischenruf »Lüge!«, aber das störte Lenin nicht. Als er bemerkte, dass es auch jetzt noch Zeitungen gebe, die »die Seiten ihrer Ausgaben mit konterrevolutionärem Geschreibsel füllen«, rief jemand im Saal: »Die Redaktionen sind alle geschlossen worden …« Lenins schroffe Erwiderung auf diese Bemerkung, die

von Teilen des Publikums mit Applaus bedacht wurde, lautete: »Leider noch nicht alle, aber wir werden sie alle schließen.« (Lenin, PSS, Bd. 36, S. 100)
Mit dem Hinweis, dass man bald auf die Hilfe Liebknechts rechnen könne, forderte Lenin dazu auf, den »harten und schmachvollen Friedensvertrag« zu ratifizieren. Wir »werden warten, bis das internationale sozialistische Proletariat uns zu Hilfe eilt, und dann die zweite sozialistische Revolution beginnen, die bereits im Weltmaßstab stattfinden wird« (ebd., S. 111).
Der Applaus war zwar nicht »überwältigend«, aber Lenin erhielt doch ausreichend Rückhalt für die Ratifizierung des Vertrags. In namentlicher Abstimmung unterstützte ihn der Kongress nur »bedingt« mit 724 Jastimmen gegen 276 Neinstimmen. (Lenin, Biografitscheskaja chronika, Bd. 5, S. 319)
Während der Sitzung trat die Bolschewikin S. I. Gopner aus Jekaterinoslaw auf Lenin zu und fragte voll Kummer, was sie den Arbeitern ihrer Stadt sagen solle, die ja aufgrund des Vertrages den Deutschen zugesprochen würde und wie das denn möglich sein könne. Da spielte Lenin erneut seinen höchsten Trumpf aus:

»In Deutschland kommt die Revolution unausweichlich. Sie, genau diese Revolution, wird den Friedensvertrag von Brest vernichten.« (Archiv für neuere Geschichte).

Fast eine Million km^2 musste Russland abtreten. Das Land wurde gezwungen, Armee und Flotte zu demobilisieren, wobei auch die Einheiten nicht verschont blieben, die im Rahmen der Roten Armee neu formiert worden waren. Gewaltige Kontributionen mussten geleistet werden. Was Deutschland nun erhielt, überstieg alles, wovon der Kaiser und seine Minister während des Krieges zu träumen gewagt hatten. Die deutschen Streitkräfte drangen in zentrale Gebiete ein, bewegten sich in Richtung Sewastopol und rückten bis nach Petrograd und Pskow vor. Aus verschiedenen Orten gingen alarmierende Telegramme ein. Doch es sollte noch schlimmer kommen: Unter Berufung auf die Ratifizierung des Friedensvertrages »beruhigte« Lenin die verwirrten Menschen mit einem Dekret, das Kriegshandlungen gegen die Deutschen für unzulässig erklärte.

Die Menschewiki, an den Rand der Legalität gedrängt, konnten nur noch bissig und zugleich sorgenvoll feststellen: »Die Sowjetmacht ist gezwungen, sich ihr Existenzrecht durch die Erfüllung von Befehlen und Wünschen des deutschen Imperialismus zu erkaufen. Nach dem wilhelminischen Joch wird der Rus nun auch noch der Stempel der Sowjetmacht aufgedrückt. Und bald werden wir nicht mehr wissen, was für ein Regime wir haben: ein sowjetisches oder ein Mirbachsches?« (»Nowaja sarja«, 1918, Nr. 2, S. 3/4)
Vorerst versuchte das Volkskommissariat für auswärtige Angelegenheiten fieberhaft, die Deutschen mit diplomatischen Noten vom Vormarsch über die vertraglich festgelegten Linien abzuhalten. Tschitscherin richtete ein Telegramm an das Außenministerium in Berlin und ersuchte darum, dass die deutsche Armee nicht über die ukrainische Grenze vordringen möge. »Wir wiederholen unsere Bitte an die deutsche Regierung, sich genauer darüber zu äußern, wo sich ihrer Ansicht nach die Grenze der Ukrainischen Republik befindet« (Archiv des Präsidenten). Das große Russland bat darum, dass man seine Grenzen festlegt.
Lenin drängte auf den Austausch von Botschaftern. In Moskau traf Graf Wilhelm von Mirbach ein (der nicht ahnte, dass er nur noch drei Monate in der russischen Hauptstadt zu leben hatte), und nach Berlin wurde Adolf Abramowitsch Joffe entsandt, ein Mitglied des WZIK, Kandidat des ZK der RKP (b) und enger Freund L. D. Trotzkis.
Nach seiner Ankunft in Berlin schickte Joffe eine Depesche nach Moskau. Bislang, so teilte er seiner Regierung mit, habe er die Deutschen noch nicht bewegen können, ihren Vorstoß in Richtung Kaukasus zu stoppen. Die Deutschen forderten, »die Schiffe nach Sewastopol zurückzurufen«, andernfalls werde man den Vormarsch fortsetzen. »Ich empfehle«, telegraphierte der sowjetische Gesandte, »das Ultimatum anzunehmen und die Flotte von Noworossijsk nach Sewastopol zurückzuverlegen.« (Archiv des Präsidenten)
Moskau, das seine »revolutionäre Entschlusskraft« eingebüßt hatte, appellierte erneut an Deutschland, die Abmachungen nicht zu verletzen. Allerdings gab man auch diesmal wieder klein bei: In einer geheimen Direktive an den Kommandierenden der Schwarz-

meerflotte und den Flottenhauptkommissar heißt es: »Der Rat der Volkskommissare befiehlt Ihnen im Einvernehmen mit dem Obersten Kriegsrat, nach Erhalt dieses Schreibens alle Schiffe der Schwarzmeerflotte und alle Handelsschiffe, die sich in Noworossijsk befinden, zu zerstören. Lenin.« (Lenin, Woennaja perepiska [1917–1920], Moskau 1956, S. 36)

Als sich Lenin von seiner Verstörung und dem lähmenden Schrecken erholt hatte, erkannte er, dass Deutschland Russland einen schmachvollen Frieden aufgezwungen hatte, der einer Kapitulation gleichkam – und dies, obwohl es selbst am Rande einer unvermeidbaren militärischen Katastrophe stand. Was in den westlichen Hauptstädten längst alle wussten, begriff man schließlich auch in Moskau.

Joffe berichtete, dass es wachsende innenpolitische Schwierigkeiten in Deutschland gebe und dass es in der Armee gäre. Man habe in Berlin die unbestreitbare Tatsache erkannt, dass Deutschland strategisch die Westmächte nicht besiegen könne. Und die Bolschewiki sparten nicht an Mitteln, um die revolutionäre Propaganda in Deutschland zu schüren. Genauso wie die Deutschen mit Hilfe der Bolschewiki Russland in den Jahren 1916 und 1917 destabilisiert hatten, verfuhren jetzt ihre heimlichen Verbündeten. Bereits auf dem V. Sowjetkongress am 5. Juli waren im Referat Lenins, den die Sozialrevolutionäre durch Lärm und Geschrei am Reden zu hindern suchten, neue Töne zu hören. Die pathologische Angst vor dem Untergang der Sowjetrepublik schien bald wie weggeblasen. Der Revolutionsführer erlaubte sich, nun ganz anders von Deutschland und weiteren »imperialistischen Raubtieren« zu sprechen, wobei er sie freilich nicht beim Namen nannte. »Dieses verblutende Tier hat viele Stücke aus unserem lebenden Organismus herausgerissen … aber sterben werden sie und nicht wir, weil ihr Widerstand rasch schwinden wird und sie bald am Abgrund stehen werden.« (Lenin, PSS, Bd. 36, S. 497)

Nicht von den Deutschen ging die größte Bedrohung für das Herrschaftssystem der Bolschewiki aus, sondern von der Unzufriedenheit im Lande. Der Hunger zog seine Schlinge um den Hals der Städte, die die Bolschewiki unterstützten. Widerstand breitete sich aus. Nach der Euphorie des Oktobersieges kam die Einsicht, dass man mit Losungen, Aufrufen und Dekreten allein

die unzähligen schweren Probleme nicht lösen konnte. G. Solomon, der Lenin persönlich gekannt hat, gibt in einem Buch die Gedanken eines bekannten sowjetischen Diplomaten in Berlin wieder: »Wir sind verdammt und müssen doch bis zuletzt durchhalten ... Unser Experiment wird mit dem Zusammenbruch enden, und uns erwartet eine harte Strafe. Wir haben uns diese Suppe eingebrockt und müssen sie daher auch auslöffeln.« (G. Solomon, Sredi krasnych woschdej, Bd. 1, Paris 1930, S. 85)
Im Sommer 1918 vollzog sich eine interessante politische Metamorphose; während die Bolschewiki die Schwächung Deutschlands bemerkten, kam man in Berlin angesichts der Situation Russlands zu dem Schluss, dass die roten Machthaber am Ende waren. Man erkannte, unter welchem Druck sie agierten, wie sie sich unter der Last der gewaltigen Probleme krümmten. Graf Mirbach, der Lenin am 16. Mai im Kreml besuchte, äußerte zunächst die Ansicht, dass dieser »fest auf seinen Stern vertraut« und über »einen unverwüstlichen Optimismus« verfüge (Lenin, Biografitscheskaja chronika, Bd. 5, S. 459). Doch bereits einen Monat später berichtete Mirbach dem Reichskanzler Hertling: angesichts der »wachsenden Instabilität« der bolschewistischen Regierung müsse man sich »auf eine Umgruppierung der Kräfte einstellen«. Mirbach vermutete, dass Monarchisten und Kadetten »vielleicht die Basis einer zukünftigen neuen Ordnung bilden werden«, und schlug vor, man solle »unter Beachtung aller notwendigen Vorsichtsmaßnahmen im stillen damit beginnen, diesen Kreisen die von ihnen gewünschten Geldmittel zur Verfügung zu stellen ... Das bolschewistische System befindet sich in Agonie« (»Nowyj schurnal«, 1986, Nr. 162, S. 241, 243).
Ende Juni wurde der deutsche Diplomat noch deutlicher: »Nach mehr als zweimonatiger, aufmerksamer Beobachtung kann ich heute dem Bolschewismus keine günstige Diagnose stellen. Wir befinden uns zweifellos am Bett eines Schwerkranken; und obwohl eine zeitweilige Besserung möglich scheint, ist er letztendlich doch verloren« (ebd., S. 243). Mirbach hätte wahrscheinlich über Deutschland Ähnliches sagen können.
Wie man sieht, komplizierte sich die Situation im Sommer 1918, als die unlängst noch heimlich Verbündeten eine Schwächung beim jeweiligen Gegenüber wahrnahmen und dementsprechend

ihre Taktik zu ändern begannen. Lenin schickte sich an, im wesentlichen auf die Linie einzuschwenken, die bereits Trotzki in Brest-Litowsk vertreten hatte: »Weder Frieden noch Krieg«. Der Revolutionsführer war bereit, den Brester Friedensvertrag zu jedem beliebigen Zeitpunkt zu brechen, wartete jedoch noch ab. Selbst als die Linken Sozialrevolutionäre ihm einen Anlass lieferten, diesen schmachvollen Fetzen Papier zu zerreißen, indem sie am 6. Juli 1918 Wilhelm von Mirbach töteten, ergriff er die Gelegenheit nicht.

Zwei Stunden nach dem Attentat begab Lenin sich in Begleitung Swerdlows in die deutsche Botschaft an der Deneschni-Gasse, wo sie ihr Beileid und ihre Empörung über das Vorgefallene äußerten. Man telegraphierte A. A. Joffe: »Suchen Sie den deutschen Außenminister auf, und bringen Sie gegenüber der deutschen Regierung unsere Entrüstung zum Ausdruck ... Die Mörder werden einem Außerordentlichen Revolutionstribunal übergeben« (Lenin, PSS, Bd. 50, S. 113). Lenin tat alles, um seine Friedensliebe zu demonstrieren.

Als jedoch eine Woche später Tschitscherin den Revolutionsführer, der gerade zur Erholung in Kuntzewo weilte, davon in Kenntnis setzte, dass Berlin den Rat der Volkskommissare darum ersuchte, ein Bataillon deutscher Soldaten zum Schutz der Botschaft nach Moskau entsenden zu dürfen, wandte sich Lenin mit Entschiedenheit dagegen. Ohne eine Sitzung des Rates der Volkskommissare einzuberufen, wies Lenin Tschitscherin an, die deutsche Note abzulehnen.

Auf der Sitzung des WZIK vom 15. Juli hätte Lenin beinahe den Brester Vertrag platzen lassen. Wenn man die Präsenz des deutschen Bataillons zulasse, erklärte der Vorsitzende des Rates der Volkskommissare, dann bedeute dies »den Anfang einer Okkupation Russlands durch fremde Truppen«. (Warum eigentlich der Anfang? Deutschland hielt bereits riesige Gebiete des russischen Territoriums besetzt!) Lenin erklärte entschieden, dass »es Grenzen gibt«, und falls diese überschritten würden, werde man wie »ein Mann mit der Waffe in der Hand zur Verteidigung unseres Landes« bereit sein (Lenin, PSS, Bd. 36, S. 525). Er redete nun genauso wie vier Monate zuvor seine Opponenten, die »Linken Kommunisten« und die Linken Sozialrevolutionäre.

Die veränderte Einstellung Lenins gegenüber seiner Schöpfung, dem Brester Frieden, spiegelte sich auch in einer Direktive wider, die eine Kürzung der vertraglich festgelegten Geldzahlungen und Materialleistungen an Deutschland vorsah. Auf Antrag des Revolutionsführers wurde genau jener Ja. S. Ganetzki (wenn es um Geldgeschäfte ging, war dieser Mensch nicht weit) zu Verhandlungen über die finanziellen Fragen nach Berlin geschickt.
Trotz der Weigerung der Sowjetregierung das deutsche Ultimatum bezüglich des Schutzbataillons zu erfüllen, kam es zu keiner gravierenden Verstimmung in Berlin. Die Botschaft zog lediglich nach Reval um. Lenin war nun endgültig davon überzeugt, dass er es nicht mehr mit dem früheren Deutschland zu tun hatte. Die sowjetische Regierung begann unauffällig, aber entschlossen, ihren Kurs gegenüber Berlin zu ändern. Davon zeugt auch der bekannte »Brief an die amerikanischen Arbeiter«, der kurz vor dem Anschlag auf Lenin am 20. August 1918 entstand. Nach dem Inhalt dieses Dokumentes zu urteilen, war der deutsche Imperialismus für den Revolutionsführer nur noch zweitrangig; die größte Gefahr für Russland verkörperten nun die »Raubtiere des anglofranzösischen und amerikanischen Imperialismus«. Der Revolutionsführer erklärte, dass im Falle einer Offensive »der Haie des anglofranzösischen und amerikanischen Imperialismus gegen Russland … ich keine Sekunde zögern werde, nochmals genau dasselbe Abkommen mit den Raubtieren des deutschen Imperialismus zu schließen« (Lenin, PSS, Bd. 37, S. 56). Daran war man ja schon gewöhnt … Im Grunde genommen war Lenin bereit, Deutschland gegenüber den Staaten der Entente beizustehen. Tatsächlich stärkten die Kontributionszahlungen, die Getreide- und Metalllieferungen an Deutschland die Widerstandskraft des Kaiserreichs im Kampf gegen die Westmächte. Im Gegenzug versprach Berlin, die Weiße Bewegung nicht zu unterstützen.
Uljanow verfasste während eines Erholungsaufenthaltes in Gorki einen Brief an das ZK, über den Ja. M. Swerdlow äußerte: Lenin schreibt, dass »in Deutschland eine politische Krise ausgebrochen ist und die Regierung keinen Rückhalt bei den Massen findet. Die Angelegenheit wird durch die Machtübernahme des Proletariats zu einem Ende kommen. Die Taktik der Bolschewiki hat sich somit als richtig erwiesen. Wir werden den Brester

Friedensvertrag nicht *jetzt* [kursiv vom Verfasser, D. W.] zerreißen, doch wir stellen uns bereits die Frage, welche Hilfe wir den deutschen Arbeitern in ihrem schweren Kampf gegen den eigenen und den englischen Imperialismus zukommen lassen können.« (Ja. M. Swerdlow, Isbr. proisw., Bd. 3, Moskau 1960, S. 28–29) Lenin trat zwar dafür ein, die Fackel der Revolution in Deutschland zu entzünden, zögerte aber vorläufig noch, den Brester Frieden aufzukündigen. Er fürchtete nun vor allem ein Eingreifen Englands, Frankreichs und Amerikas – zu Unrecht, da die liberale Entente im Hinblick auf die inneren Probleme Russlands eine überaus passive Haltung einnahm.

Die Auswirkungen der bolschewistischen Propaganda in Deutschland und Österreich-Ungarn waren deutlich zu spüren. »Kriegs- und regierungsfeindliche Literatur«, schrieb Ju. Felschtinski, »die in deutscher Sprache in der RSFSR gedruckt wurde, verschickte man über die Botschaft Sowjetrusslands in alle Teile Deutschlands und an die Front. Seine Schuld gegenüber Deutschland, das die Vorbereitung der Revolution in Russland mit Millionenbeträgen unterstützt hatte, beglich Lenin nun mit gleicher Münze, indem er seinerseits die kommunistische Revolution in Deutschland finanzierte« (»Nowy schurnal«, 1986, Nr. 162, S. 259). Mit dem Geld wurden unter anderem Waffen und Proviant für die deutschen Arbeiter gekauft. Wie A. A. Joffe berichtete, gründete die Botschaft Sowjetrusslands über Strohmänner einen 10-Millionen-Fonds zur Unterstützung deutscher Kommunisten.

In offiziellen Noten an Moskau protestierte Berlin gegen eine Einmischung der Bolschewiki in die inneren Angelegenheiten Deutschlands. Schließlich verwies das Reich die sowjetischen Diplomaten des Landes und rief sein Botschaftspersonal zurück. Doch es war bereits zu spät. Am 9. November 1918, ein Jahr nach der bolschewistischen Revolution, wurde Kaiser Wilhelm gestürzt, und zwei Tage später unterzeichneten die Sozialdemokraten Eben und Scheidemann den Waffenstillstand. Wie nicht anders zu erwarten, hatte Deutschland den Krieg gegen die Entente verloren. Die Bolschewiki brauchten nur noch die Verträge des Brester Friedens, die am 3. März 1918 unterzeichnet worden waren, für null und nichtig zu erklären (was dann auch durch Ja. M. Swerdlow geschah). Die Entente bewahrte Russland vor den erniedrigenden Konditionen eines Friedens, der zwischen Lenin und dem Kaiser ausgehandelt worden war. So glücklich endete das äußerst riskante Spiel, auf das sich Lenin mit Deutschland eingelassen hatte. Die erste Teilung Russlands währte daher nicht lange: Sie dauerte insgesamt nur neun Monate.

Die »weißen Ornate«

So nannte die bedeutende russische Schriftstellerin Sinaida Hippius die heiligen Gewänder, die zum Symbol für die Treue gegenüber der »weißen Idee« wurden. In ihrem »Petersburger Tagebuch« schrieb sie:

»Die ganze Petersburger Bevölkerung wurde ›registriert‹ … Fast die gesamte verbliebene Intelligenz degradierte man zu bolschewistischen Bürokraten. Die Besoldung reichte gerade aus, um langsam, aber sicher zu verhungern. Die neuen Beamten, die Hunger und Peitsche zum Dienst trieben, änderten sich nicht; die Bemühungen, sie mehrheitlich zum Bolschewismus zu bekehren, blieben vergeblich. Nur einzelne streckten die Waffen und liefen über. Sie bemühen sich nun eifrig, machen sich lieb Kind bei den Kommissaren und reden pathetisch vom ›Volkszorn‹. Es gibt auch noch solche, die sich angepasst haben. Hier handelt es sich einfach um den spießbürgerlichen Menschentyp, der sich abmüht und dabei immer nur ans Essen denkt. Aber zur Verteidigung der russischen Intelligenz muss man sagen, dass ein riesiger Teil, sozusagen die erdrückende Mehrheit der Menschen ›sich gebeugt hat‹. Sie tragen unter großen Leiden und mit zusammengebissenen Zähnen das gusseiserne Kreuz des Lebens. Zu ihnen gehören fast *alle* Offiziere der Roten Armee, die dieses Amt schon innerhalb der russischen Streitkräfte bekleidet hatten. Wenn man nämlich die Offiziere mobilisiert (und solche Mobilisierungen wurden fast monatlich angeordnet), dann sperrt man sie sofort ein; und nicht nur die Offiziere selbst, sondern auch ihre Frauen, ihre Kinder, ihre Mütter und Väter, Schwestern und Brüder, ja sogar Großonkel und Großtanten. Man lässt Offiziere und Verwandte im Gefängnis unbedingt zusammen, damit klar wird, worum es geht. Und wenn man sieht, dass der Offizier zu den ›passiven Helden‹ gehört, werden alle entlassen – der Offizier in die Armee und die Verwandten unter die ständige Aufsicht der Behörden. Der Kummer ist groß, wenn vom Armeekommissar eine Anzeige gegen den ›militärischen Spezialisten‹ ins Haus flattert … Dann fahren Onkel und Tanten, ganz zu schweigen von Frau und Kindern, irgendwohin zur Zwangsarbeit, oder man sperrt sie in eine ehemalige Kasematte ein.« (D. S. Mereschkowski, S. N. Hippius, D. W. Filosofow, V. A. Slobin, Zarstwo Antichrista, München 1921, S. 55–56.)

Lenins Losung von der Umwandlung des imperialistischen Krieges in einen Bürgerkrieg bewahrheitete sich in ungeheuerlichster Weise. Alle »Ehemaligen«, denen man ihre frühere Position geraubt hatte, waren einfach dazu verdammt, Widerstand zu leisten. Es bedurfte keines Propheten, um die blutige Entwicklung dieses Krieges vorherzusehen. Jedes der Lager sah das Recht auf seiner Seite.
Schon im September 1916 hatte Lenin in seinem Schlüsselwerk »Das Kriegsprogramm der proletarischen Revolution« unmissverständlich erklärt: »Auch Bürgerkriege sind Kriege. Wer den Klassenkampf anerkennt, der wird nicht umhin können, dasselbe mit Bürgerkriegen zu tun, die eine natürliche, unter bestimmten Umständen unvermeidliche Fortsetzung, Entwicklung und Verschärfung des Klassenkampfes sind« (Lenin, PSS, Bd. 30, S. 133). Diese »natürliche« Fortführung des Klassenkampfes begann an jenem denkwürdigen Tag des Oktoberumsturzes, nahm aber ab dem Sommer 1918 schreckliche, zerstörerische und in höchstem Maße unmenschliche Formen an. Auf dem Höhepunkt des russischen Vandalismus versuchte Lenin, dem internationalen Kapital die Schuld zuzuschieben. Am 2. Dezember 1919 erklärte er: »Im Grunde genommen ist es der Weltimperialismus, der den Bürgerkrieg bei uns verursacht hat und an seiner Fortdauer schuld ist.« (Lenin, PSS, Bd. 39, S. 343.). Die imperialistischen Staaten haben tatsächlich nicht wenig getan, um die Konterrevolution zu unterstützen, aber ihre Handlungen waren unkoordiniert und spontan. Es wäre daher verfehlt, sie zum Hauptschuldigen am furchtbaren innerrussischen Konflikt zu erklären.

Lenin rief nicht nur in seinen theoretischen Äußerungen zur Gewalt gegen Millionen von Menschen auf. Als Oberhaupt der Regierung gab er tagtäglich Empfehlungen und direkte Anweisungen heraus, wie dabei vorzugehen sei. In einem seiner Hauptwerke der Revolutionsperiode mit dem Titel »Wie soll man den Wettbewerb organisieren«, das freilich erst später gedruckt, aber von den Bolschewiki in der Praxis täglich angewandt wurde, heißt es unmissverständlich, dass sich Kommunen und Zellen in der Stadt und auf dem Land »dem einen allgemeinen Ziel widmen müssen: der Säuberung russischer Erde von allen schädlichen Insekten, spitzbübischen Flöhen, reichen Wanzen und so weiter. An einem Ort verhaftet man zehn Reiche, ein Dutzend Flöhe und ein halbes Dutzend Arbeiter, die sich vor der Arbeit drücken … An einem anderen bringt man sie dazu, die Sortiermaschinen zu reinigen. An einem dritten versieht man diese schädlichen Menschen während der Verbüßung ihrer Strafe mit gelben Ausweisen, damit das ganze Volk bis zu ihrer Besserung ein waches Auge auf sie hat. An einem vierten Platz erschießt man standrechtlich einen von jenen zehn, die sich des Schmarotzertums schuldig gemacht haben. An einem fünften …« (Lenin, PSS, Bd. 35, S. 204).
Die soziale Methodologie der »Säuberung« wurde stetig vervollkommnet. Ein Schreiben Lenins an seinen Nachfolger legt davon beredtes Zeugnis ab:

»Genosse Stalin!
Im Hinblick auf die Verbannung von Menschewiki, Volkssozialisten, Kadetten und anderen möchte ich noch einige Fragen stellen. Es geht darum, dass diese Operation, obwohl schon vor meinem Urlaub begonnen, bis heute nicht abgeschlossen ist.
Wurde denn nicht entschieden, alle Volkssozialisten – Poschechonow, Mjakotin, Gorifeld, Petrischtschew und andere – ›auszumerzen‹?
Meiner Meinung nach müssen alle ausgewiesen werden. Am schädlichsten sind die Sozialrevolutionäre, weil sie durchtriebener als die anderen sind. Dazu gehören auch A. N. Potresow, Isgojew und alle Mitarbeiter des ›Ekonomist‹ (Oserow und viele andere); ebenso die Menschewiki Rosanow (Arzt, ein Schlitzohr), Wigdortschik (Migulo oder in der Art) oder Ljubow Nikolajewna

Ratschenko und ihre jüngere Tochter (man sagt, sie gehören zu den schlimmsten Feinden des Bolschewismus); N. A. Roschkow (man muss ihn verbannen, er ist unverbesserlich); S. L. Frank (der Autor der ›Methodologie‹). Die Kommission zur Überwachung Manzews, Messings und anderer soll Personenlisten vorlegen. Man müsste einige *Hundert* ähnliche Herrschaften erbarmungslos des Landes verweisen. *Wir werden Russland auf lange Zeit säubern …*
Das alles muss möglichst bald geschehen; bis zum Ende des Prozesses gegen die Sozialrevolutionäre, auf keinen Fall später. Einige Hundert müssen auch ohne Begründung verhaftet werden; hinaus mit Ihnen, meine Herren!« (Archiv für neuere Geschichte).

Von Lenin stammte nicht nur die Idee zur »Säuberung Russlands«. Er gab auch konkrete Anweisungen, und überwachte die Durchführung der Zwangsmaßnahmen.

»Genosse Unschlicht!
Veranlassen Sie bitte, mir alle beiliegenden Blätter mit Vermerken darüber zurückzuschicken, wer ausgewiesen wurde, wer einsitzt, wer von der Ausweisung verschont blieb und warum dies geschah. Halten Sie bitte Ihre Anmerkungen möglichst knapp.
Ihr Lenin« (Archiv für neuere Geschichte).

Die »Säuberung Russlands« führte schließlich zu einem der blutigsten Bürgerkriege in der Geschichte der Menschheit. Bereits Ende 1917 begannen die Generäle Aleksejew und Kornilow, eine Freiwilligenarmee aufzustellen. Die Bolschewiki versuchten, den Klassenwiderstand schon im Keim zu ersticken. Eine ihrer ersten Armeen, die unter dem Kommando von Siwers stand, kam am Don zum Einsatz. Dort erschossen die Roten reihenweise »weiße Offiziere«, die mit der Konterrevolution sympathisierten. Doch die Weißen zahlten es ihren Gegnern mit gleicher Münze heim: Kämpfer der Roten Armee und besonders Kommissare, die ihnen in die Hände gefallen waren, konnten nicht mit Nachsicht rechnen. Lenin hatte auf den richtigen Mann gesetzt, als er Trotzki mit dem Aufbau der Roten Armee beauftragte. Bronstein organisierte zudem überaus effektiv die Arbeit des am 2. Septem-

ber 1918 gegründeten Revolutionären Kriegsrates der Republik (Wolkogonow, D., Trotzki. Das Janusgesicht der Revolution, Düsseldorf 1992).
In Lenins Nachlass befindet sich ein umfangreicher Briefwechsel mit Trotzki aus der Zeit des Bürgerkriegs. In der Sowjetunion wurden jedoch nur Dokumente veröffentlicht, die kritische, negative Aussagen des Revolutionsführers gegenüber dem Vorsitzenden des Revolutionären Kriegsrates enthielten. Daher fiel auch das folgende Dankestelegramm vom Herbst 1918 der Zensur zum Opfer:

»An Trotzki in Swijaschsk,
ich danke Ihnen, die Genesung geht vorzüglich voran. Ich bin davon überzeugt, dass die Unterwerfung der Tschechen und Weißgardisten von Kasan und der kulakischen Blutsauger, die sie unterstützten, mit vorbildlicher Erbarmungslosigkeit vonstatten gehen wird.

Mit herzlichen Grüßen, Lenin«

(Archiv für neuere Geschichte)

Es scheint, als habe Lenin während des Bürgerkrieges im Schatten Trotzkis gestanden. Während der Führer der Roten Armee an der Front wirkte, beschränkte sich Lenin auf Anweisungen allgemeinpolitischen Charakters, auf Empfehlungen und Forderungen, die oft äußerst enervierend wirken mussten.
In einem Telegramm des Revolutionären Kriegsrats an Gusew, Laschewitsch und Jurenew vom Mai 1919 heißt es: »Wenn wir den Ural bis zum Winter nicht erobert haben, halte ich den Untergang der Revolution für unausweichlich …«
In einem anderen Telegramm an Sinowjew, Laschewitsch und Stasowa forderte Lenin, noch mehr Kommunisten an die Front zu schicken: »Andernfalls werden wir untergehen, da die Situation mit den Tschechoslowaken sehr ernst ist.«
Eine weitere Nachricht hatte folgenden Wortlaut: »Kiew, an Rakowski für Joffe. Ohne einen schnellen Sieg im Donbecken ist der Untergang der gesamten Revolution unvermeidbar.« (Lenin, Wojennaja perepiska, Moskau 1956, S. 39, 133, 137)
Lenin verspürte niemals den Wunsch, an die Front zu fahren, an jenen Ort, wo sich das Schicksal der Revolution entschied. Zu-

mindest hat er diese Frage weder im ZK noch im Rat der Volkskommissare aufgeworfen. Es genügte ihm, dass Trotzki, Stalin, Podwojski, Rykow, Serebrjakow, Smilga, Aralow, Antonow-Owsejenko und andere seiner Kampfgefährten die zahllosen Fronten bereisten. Der Revolutionsführer mischte sich selten in operative strategische Fragen ein. Seine Aufmerksamkeit galt hauptsächlich den politischen und sozialen Problemen.
Der Bürgerkrieg wurde nicht nur an der Front geführt, sondern auch in zahlreichen Enklaven, wo bald hier, bald dort Bauernaufstände aufflammten. Manchmal kamen diese »Unruhen« in Gebieten zum Ausbruch, die von Interventionstruppen bedroht waren. In diesen Fällen handelte Lenin besonders entschlossen. Er mobilisierte die örtlichen Parteiorgane, um die Aufstände niederzuschlagen, entsandte die notwendige Verstärkung und erließ Verordnungen zur Schaffung von Spezialeinheiten, die gegen Aufständische, Spekulanten und Saboteure vorzugehen hatten. Er forderte, drohte und drängte:

»Pensa. Exekutivkomitee des Gouvernements. 29. August 1918. Ich bin entrüstet, dass es von euch noch keine konkrete Stellungnahme gibt, welche wirksamen Maßnahmen ihr ergriffen habt, um den Kulakenaufstand in den fünf Amtsbezirken niederzuschlagen und das Getreide zu konfiszieren. Eure Untätigkeit ist sträflich.« (Leninski sbornik, XVIII, S. 209)

»Saratow. An Pajkes. 22. August … Vorläufig empfehle ich, unsere Befehlshaber zu ernennen und die Verschwörer und Überläufer zu erschießen, und zwar ohne zu fragen oder den Amtsschimmel zu bemühen.« (Ebd., S. 189)

»An Schljapnikow, 12. Dezember 1918 … Mobilisiert alle Kräfte, um die astrachanischen Spekulanten und korrupten Individuen zu fangen und zu erschießen. Diesem Gesindel muss ein Denkzettel verpasst werden, an den sich alle noch jahrelang erinnern werden.« (Leninski sbornik, XXXIV, S. 65)

»Der Revolutionäre Kriegsrat der Südfront. An Sokolnikow. Es ist der Gipfel der Nachlässigkeit, dass sich die Niederschlagung des

Kosakenaufstands so in die Länge zieht. Erstatten Sie ausführlich Bericht …« Und: »Um jeden Preis muss das Mittel der Exekution forciert Anwendung finden … Wenn Sie absolut davon überzeugt sind, nicht genug Kräfte für eine grausame und erbarmungslose Abrechnung zu haben, telegraphieren Sie mir unverzüglich und detailliert.« (Ebd., S. 122)

Die Anweisungen und Verfügungen des Revolutionsführers aus dem Kreml nahmen kein Ende: »die Niederschlagung beschleunigen«, »mit erbarmungsloser Entschlossenheit vorgehen«, »standrechtliche Erschießungen vornehmen«. Die politischen, propagandistischen und administrativen Weisungen waren überaus knapp gehalten und verfolgten immer den gleichen Zweck: Das Ziel sollte um jeden Preis erreicht werden, die Opfer spielten keine Rolle, und der Klassenstandpunkt musste mit unnachgiebiger Härte zum Ausdruck gebracht werden.

»Swijaschsk. September 1918. An Trotzki. Ich bin erstaunt und beunruhigt über die Verzögerung der Operation gegen Kasan … Meiner Meinung nach darf man die Städte nicht verschonen und weiter zögern, sondern muss sie erbarmungslos vernichten.« (Lenin, Is epochi graschdanskoj wojny, Moskau 1934, S. 44)

An eine unbekannte Person ging folgendes Telegramm: »3. Juni 1918. Ich habe ihm bereits eine Nachricht zukommen lassen. Übermitteln Sie Ter bitte nochmals, dass er alle Vorbereitungen trifft, um Baku im Falle einer Invasion vollständig niederzubrennen, und dass er dies in der Stadt öffentlich bekannt gibt.« (Archiv für neuere Geschichte)

»Swijaschsk. 30. August 1918. An Trotzki. Wenn unsere Kräfte überlegen sind und die Soldaten trotzdem geschlagen werden, dann müssen besondere Maßnahmen gegen die höheren Kommandokader ergriffen werden. Sollte man sie nicht darauf hinweisen, dass wir uns ab jetzt an das Vorbild der Französischen Revolution halten werden? Das bedeutet, man wird ebenso wie Wazetis auch den Befehlshaber der Armee und die höheren Kommandeure vor Gericht stellen und sogar erschießen lassen, falls die Gefechte sich in die Länge ziehen und nicht erfolgreich verlaufen.« (Archiv für neuere Geschichte)

»Simbirsk. An den Revolutionären Kriegsrat der Ostfront … Sie müssen sich mit allen Kräften auf die Mobilmachung, mitunter eines gesamten Frontstreifens, und auf die Requirierung von Gewehren bei der Bevölkerung konzentrieren. Die Unterschlagung von Gewehren soll mit Erschießung geahndet werden.« (Leninski sbornik, XXIV, S. 12)

In den Jahren des Bürgerkrieges war »erschießen« eines der von Lenin am häufigsten verwendeten Wörter. Die unterschiedlichsten Vergehen ließ er mit der Hinrichtung bestrafen. Dazu gehörten die »Teilnahme an einer Verschwörung«, der »Widerstand bei der Verhaftung«, die »Unterschlagung von Waffen«, und »Ungehorsam, Rückständigkeit und Schlamperei«. Sogar »ungerechtfertigte Denunziationen sollten mit dem Tod durch Erschießen bestraft werden«. Freilich erläutert Lenin nicht, ob es notwendig sei, »gerechtfertigte« Denunziationen zu ermutigen. Der Führer der Bolschewiki hat in den Jahren des Bürgerkrieges mit seinen Anordnungen ein enormes Potential an Grausamkeit heraufbeschworen, obwohl er selbst es vorzog, sich fast die ganze Zeit im Kreml oder in einem bequemen Haus außerhalb der Stadt aufzuhalten, wo nichts vom ganzen Schrecken des Brudermordes zu spüren war.

Charakteristisch ist, dass Lenin seine grausamen Anordnungen bevorzugt in Form von chiffrierten Telegrammen, vertraulichen Mitteilungen, anonymen Verfügungen oder Anordnungen im Namen des Sownarkom übermittelte. Er war sehr um seinen Ruf besorgt und wollte nicht in den Geruch eines Scharfrichters kommen. Lenin war ein energischer, fordernder, unerbittlicher und grausamer Mensch, für den es nur zwei Farben gab – die rote und die weiße.

Den Bolschewiki gelang es, die Verteidigung ihrer »Errungenschaften« zu organisieren und trotz massenhafter Desertionen eine drei Millionen starke Armee zu schaffen. Der systematische Terror, der Druck, die Mobilmachungen, die Geiselnahmen, das tiefgreifende System von Strafmaßnahmen – all das in Verbindung mit einer für Russland beispiellosen Massenpropaganda *zwang* den einfachen Bauer und Arbeiter, die Sowjetmacht zu unterstützen. Er tat dies in der Hoffnung, dass die großzügigen Versprechungen der Kommissare wenigstens zum Teil verwirklicht werden würden. Trotzki berichtete, er habe Lenin davon überzeugt, dass man ohne Zwang die Menschen nicht zum Kämpfen bringen könne.

»Um diese verhängnisvolle Instabilität zu beseitigen, brauchen wir starke Sperrabteilungen von Kommunisten und bewaffneten Arbeitertrupps«, sagte Trotzki zu Lenin vor der Abfahrt in den Osten. »Man muss sie *zwingen* zu kämpfen. Wenn wir warten, bis der Muschik etwas wittert, wird es wahrscheinlich zu spät sein.«

»Natürlich, das ist schon richtig«, antwortete Lenin, »nur befürchte ich, dass auch die Sperrabteilungen die erforderliche Härte nicht an den Tag legen werden. Der russische Mensch ist gutmütig. Er ist nicht geeignet für die resoluten Maßnahmen des revolutionären Terrors …« (Trotzki, O Lenine, S. 121)

Mit Billigung Uljanows wurden in der Roten Armee Sperrtruppen geschaffen und eingesetzt. Trotzki ordnete in einer Direktive an den Revolutionären Kriegsrat der 14. Armee vom 12. August 1919 an:

»Unsere besondere Aufmerksamkeit muss der Aushebung von Sperrabteilungen gelten: bevor man sich in der Lage sieht, eine Faust gegen den Feind ballen zu können, muss man wenigstens über ein Fäustchen gegen die Zügellosigkeit und den Egoismus der eigenen Truppen verfügen.« (Archiv der Sowjetarmee)

Die unheilvolle blutrote Farbe des Bürgerkrieges, in dem beide Seiten sich an Grausamkeit übertrafen, besaß auch antisemitische Schattierungen. Die Schwarzhunderter behaupteten in ihrer Propaganda, dass die bolschewistische Revolution eine jüdische und das Amt des Kommissars jüdischen Ursprungs sei. Bei den ungebildeten Volksmassen fielen derartige Erklärungen auf fruchtbaren Boden. Lenin hielt es nicht für notwendig, dieses Problem entschieden in Angriff zu nehmen. Alle Dokumente, in denen er über Pogrome informiert wurde (und die ich einsehen konnte, D. W.), versah er mit dem knappen Vermerk »ins Archiv«.

Der Bevollmächtigte der Allrussischen Tscheka, Silist, berichtete im November 1920 von Pogromen der ersten Kavallerie:

»Eine neue Welle von Pogromen ist über den Rayon gerollt. Die genaue Anzahl der Toten lässt sich nicht feststellen ... Teile der 1. Kavallerie (und die 6. Division) haben auf ihrem Rückzug die jüdische Bevölkerung ausgeraubt und ermordet. In Rogatschow (mehr als 30 Tote), Baranowitschi (14 Opfer), Romanow (nicht feststellbar) und Tschudnow (14 Opfer) erreichten die Pogrome gegen Juden in der Ukraine neue Ausmaße. Alle genannten Orte wurden völlig geplündert. Auch der Rayon Berditschewa wurde verwüstet ... Gorschki und Tschernjachow wurden vollkommen geplündert.« (Archiv für neuere Geschichte)

Was folgte, waren nicht etwa Weisungen Lenins, die Schuldigen zu finden und vor Gericht zu stellen, sondern nur, wie gewöhnlich, die lakonische Anweisung »ins Archiv«.

Im Juli 1921 teilte A. Tschemerinski Lenin mit: »Die verbrecherischen Pogrome in den Gouvernements von Minsk und Gomel beginnen sich mit katastrophaler Geschwindigkeit auch auf die Ukraine auszuweiten.
Besonders schwere Pogrome gab es in Kapatkewitschi am 10. Juni (175 Opfer), in Kowtschizy am 16. Juni (84 Opfer), in Koslowitschi (46 Opfer), in Ljuban (84 Opfer), in Krojtitschi, Puchowitschi und auf dem Dampfer bei Rodul (72 Opfer). Dieses Banditentum wird weder von den freiwilligen Exekutivkomitees und Kriegskommissariaten noch von den Sondereinheiten bekämpft.« (Archiv für neuere Geschichte)

Der Bürgerkrieg trug dazu bei, dass eine strenge Beschränkung jener Rechte und Freiheiten, die nach dem Oktoberumsturz feierlich proklamiert worden waren, zum charakteristischsten Element des sowjetischen Lebens wurde. In seiner Rede vor dem Plenum des Zentralrats der Gewerkschaften im April 1919 zerstreute Lenin auch die letzten Illusionen, die sich einige Gewerkschaftsmitglieder noch erhalten hatten. Der Redner zitierte Artikel 23 der Konstitution der RSFSR, in dem es hieß: »Da in der RSFSR die

Interessen der gesamten Arbeiterklasse an erster Stelle stehen, entzieht sie einzelnen Personen und einzelnen Gruppen die Rechte, wenn diese von ihnen zum Schaden der sozialistischen Revolution missbraucht werden.« Lenin erklärte, dass die Bolschewiki auch in Zukunft »einige 10 oder 100 der Aufrührer, mögen sie nun schuldig oder unschuldig sein, ins Gefängnis werfen werden, wenn sie den Interessen der Revolution zuwiderhandeln.« (Lenin, PSS, Bd. 38, S. 293). Der Bürgerkrieg lieferte den Vorwand, in vollem Umfang eine Diktatur der Partei zu errichten, die offiziell als »Diktatur des Proletariats« bezeichnet wurde.
Die weiße Sache unterlag vor allem deswegen, weil sie von Militärs und nicht von Politikern vertreten wurde. Koltschak, Denikin, Judenitsch und andere »Retter« konnten nicht verstehen, dass als einigender Gedanke nur der Plan zur zukünftigen Entwicklung Russlands dienen konnte, der im Februar 1917 geboren worden war und in den Hoffnungen auf die Verfassungsgebende Versammlung gipfelte. Die Generäle, die die Reinheit der »weißen Ornate« verkörperten, gelangten nicht über ein militärstrategisches Verständnis der Situation in Russland hinaus. Lenin dagegen war mit allen Wassern gewaschen: Flexibel in seiner Taktik, änderte er im Notfall beliebig seine Losungen, schreckte auch vor Demagogie nicht zurück und benutzte die Gewalt als oberstes Mittel im Kampf. So konnte er schließlich den Sieg davontragen.

Die Sünde des Zarenmordes

Am 18. Juli 1918 fand eine ordentliche Sitzung des Rates der Volkskommissare unter dem Vorsitz von W. I. Lenin statt. Unter den Anwesenden – es waren insgesamt 33 – befanden sich folgende Personen: Gukowski, Bontsch-Brujewitsch, Petrowski, Semaschko, Winokurow, Solowjow, Trotzki, Altvatter, Stutschka, Rykow, Nogin, Skljanski, Tschitscherin, Karachan und andere. Lenin kündigte eine außerordentliche Erklärung an und erteilte Ja. M. Swerdlow, dem Vorsitzenden des ZIK, das Wort. Der dünne Mann, mit Kneifer und dem damals modischen Spitzbärtchen, verlas einen Auszug aus dem Sitzungsprotokoll des WZIK vom selben Tag. Es ging um die Exekution von Nikolaj Romanow in Jekaterinburg.

Swerdlow erklärte, wobei er ständig den Kneifer zurechtrückte, dass auf Beschluss des Jekaterinburger Gebietssowjets Nikolaj Romanow in der Nacht vom 16. auf den 17. Juli exekutiert und seine Familie an einen sicheren Ort gebracht worden sei. Die Anordnung sei erfolgt, nachdem die Tscheka eine groß angelegte weißgardistische Verschwörung enthüllt habe, die das Ziel verfolgte, den ehemaligen Zaren und seine Familie zu entführen.

Der Vorsitzende des WZIK hob den Kopf und blickte aufmerksam in den Saal. Es gab keinerlei Anzeichen von Erregung, alle blieben gelassen; Tschitscherin schrieb, Skljanski flüsterte Karachan irgend etwas ins Ohr … Das Ereignis wurde von allen so aufgenommen, als gehöre es zur gewöhnlichen revolutionären Routine.

Swerdlow fuhr fort: »… Das WZIK, vertreten durch sein Präsidium, schätzt die Entscheidung des Gebietssowjets als richtig ein.« Das Präsidium beauftragte Swerdlow, Sosnowski und Awanesow, entsprechende Pressemitteilungen zu verfassen …

Lenin sah einen Augenblick von einer Notiz an Tschitscherin auf und schnarrte: »Gibt es Fragen an den Genossen Swerdlow?«

Fragen hatte jedoch niemand, da für alle das Schicksal des Zaren schon längst besiegelt war. Der Rat der Volkskommissare hatte am 29. Januar entschieden, Nikolaj Romanow nach Petrograd zu überführen, um ihn dem Gericht zu übergeben (Lenin, Biografitscheskaja chronika, Bd. 5, S. 242). Anfang Mai erklärte Swerdlow auf einer Sitzung des Rates der Volkskommissare, dass die Romanows nicht nach Petrograd, sondern nach Jekaterinburg überführt worden seien. Am 19. Mai erörterte man das Schicksal von Nikolaj Romanow auf einer Sitzung des ZK der RKP(b). Das Parteigremium bekräftigte die Notwendigkeit, den Zaren dem Gericht zu übergeben.

Doch all das gehörte bereits der Vergangenheit an. Nunmehr vernahm man geschäftsmäßig die Nachricht vom bitteren Los des letzten russischen Zaren. »Und die Familie hat man abtransportiert?«, fragte jemand gedämpft, erhielt jedoch keine Antwort.

»Wie lautet unsere Entscheidung?«, erklang von neuem Lenins Stimme.

Wie nicht anders zu erwarten war, billigte das WZIK sogleich einstimmig das Vorgehen der Bolschewiki von Jekaterinburg. »Gutheißen, unterstützen, einwilligen«, tönte es aus dem Plenum. Im Protokoll hieß es:

»Es wurde zur Kenntnis genommen:
Die außerordentliche Erklärung des Vorsitzenden des ZIK, Genossen Swerdlow, über die Exekution des ehemaligen Zaren Nikolaj II. Das Urteil, das vom Rat der Deputierten Jekaterinburgs gefällt wurde, wird vom Präsidium des ZIK bestätigt.
Es wurde der Beschluss gefasst, dies zur Kenntnis zu bringen.« (Archiv für neuere Geschichte)

Unmittelbar nach dieser Entscheidung ging Lenin zur Beratung über einen Dekretentwurf über, der das Volkskommissariat für das Gesundheitswesen betraf. Eile war geboten, da auf der Tagesordnung noch mehr als zwanzig weitere Punkte standen. (Lenin, Biografitscheskaja chronika, Bd. 5, S. 668–669)
Das Plenum fuhr fort, in der gleichen Manier die restlichen Fragen zu behandeln. So wurde über ein Volkskommissariat für das Gesundheitswesen, über die Reorganisation des Roten Kreuzes und über die Aufstellung einer staatlichen Statistik diskutiert, als sei nichts vorgefallen. Wie schnell hatte man sich doch an die Gewalt gewöhnt.
Lenin wusste nicht nur, dass die ganze Zarenfamilie liquidiert worden war, er erörterte diese Frage sogar mehrmals mit Swerdlow und Trotzki. Ihnen allen war klar, dass der russische Imperator hingerichtet werden musste. Die Bolschewiki durften die Revolution nicht aufs Spiel setzen, und durch Romanow erhielten die Royalisten immer noch zu viel Auftrieb … Aber man überlegte lange und ging alle Möglichkeiten durch, bevor man sich zur Exekution entschloss. Vor Gericht sollte dem Zaren die Rechnung, eine lange Liste seiner »Verbrechen«, präsentiert werden. Selbst wenn man einräumt, dass die Revolutionäre das Recht hatten, Zar Nikolaj Alexandrowitsch und die Zarin Alexandra Fjodorowna auf irgendeine Art und Weise gerichtlich zu belangen, was konnten sie denn dem Kind Alexej, dem Thronfolger, und seinen vier jüngeren Schwestern Olga, Tatjana, Maria und Anas-

tasia »zur Last legen«? Auch für ein bolschewistisches Gericht gab es keinen Grund, sie zu verurteilen!
Dabei war Brutalität gegenüber Kindern und Halbwüchsigen in jener Zeit keine Seltenheit. Im November 1920 meldete Dserschinski nach Moskau: »Heute kamen aus Grosny 403 Personen in Orel an. Es handelt sich um Kosaken beiderlei Geschlechts im Alter von 14 bis 17 Jahren, die über keinerlei Ausweispapiere verfügen und wegen des Aufstandes in Konzentrationslagern inhaftiert werden sollen.« (Archiv für neuere Geschichte) Lenin quittierte die Nachricht mit seinem hartherzigen »ins Archiv«. Es handelte sich ja nur um unbekannte Kosakenkinder, die man weder in London noch in Paris persönlich kannte. Im Falle der Romanows suchten die Bolschewiki ihre verbrecherische Aktion unter dem Vorwand der »revolutionären Lage« und »besonderer Umstände« zu rechtfertigen: Wie konnte man denn Gericht halten, wenn man sich gegen Kosaken, Offiziere und Tschechen behaupten musste? Lenin war von der Notwendigkeit einer Hinrichtung nicht allein deshalb überzeugt, weil man bei der Französischen Revolution auf dieselbe Weise vorgegangen war. Diese Handlung entsprach auch der Einstellung der russischen Sozialdemokraten. »Auf dem zweiten Parteitag im Jahre 1903, als noch vereinzelt Forderungen laut wurden, die Abschaffung der Todesstrafe in das Programm aufzunehmen, provozierte dies »nur spöttische Ausrufe: ›Und was ist mit Nikolaj II.?‹ Selbst die Menschewiki wagten 1903 nicht, den Vorschlag zu unterstützen, die Todesstrafe für den Zaren abzuschaffen.« (Lenin, PSS, Bd. 39, S. 183)
Am 21. April 1917 nahm das Zentralkomitee der RSDAP (b) bald nach der Rückkehr Lenins aus der Schweiz eine Resolution an, die von ihm selbst stammte und in der es schwarz auf weiß hieß: »Wir halten Wilhelm II. ebenso für einen gekrönten, der Todesstrafe würdigen Räuber wie Nikolaj II.« (Lenin, PSS, Bd. 31, S. 310)
In den Arbeiten, Vorträgen, Artikeln, Reden und Aufrufen, die Lenin von Mitte 1916 bis Mitte 1919 geschrieben hat, erwähnt er den Zaren mehr als hundertmal! Unter diesen Aussagen findet sich allerdings keine einzige ernst zu nehmende Analyse der Person des russischen Staatsoberhauptes. Die am häufigsten verwendeten Epitheta Lenins in Bezug auf den Zaren lauten »Nikolaj der

Blutige« und »der gekrönte Räuber« (ebd., S. 41, 68, 158, 263, 294, 310, 329, 395 usw. Und das allein in einem Band!). Lenins Vorwürfe an die Adresse des Zaren liefen stets auf dieselben Behauptungen hinaus: »Der gekrönte Räuber« hatte »Geheimverträge geschlossen« und »einen räuberischen Krieg vom Zaum gebrochen« (Lenin, PSS, Bd. 34, S. 35, 56, 59, 66, 285 usw.). Uljanow genoss es sehr, den gestürzten Monarchen verbal mit Füßen zu treten: »der geistesgestörte Nikolaj«, »der schwachsinnige Nikolaj Romanow«, »der Idiot Romanow«, »der Unhold und Idiot Romanow« (Lenin, PSS, Bd. 32, S. 97, 186; Bd. 36, S. 85, 215, 269, 362). Der Revolutionsführer glaubte noch bis zum Umsturz, dass »die Provisorische Regierung, die auf Druck der linken Parteien Nikolaj II. inhaftieren musste, den Zaren mit viel zu großen Privilegien« ausstattete. (Lenin, PSS, Bd. 32, S. 268)

Womit beschäftigte sich eigentlich Lenin am 16. Juli, dem Vor-Abend der Exekution der Zarenfamilie, und womit befasste er sich am folgenden Tage, dem 17. Juli, als die Schandtat bereits vollbracht war?

Am frühen Morgen erledigte er Routinearbeiten für den Rat der Volkskommissare: Er erteilte I. I. Wazetis und K. Ch. Danischewski Mandate für die Entsendung an die Ostfront. Der eine sollte als Kommandant, der andere als Mitglied des Kriegsrates fungieren. Er prüfte das Protokoll der vorausgegangenen Sitzung des Rates der Volkskommissare, unterschrieb es, sandte Tschitscherin die »deutschen Dokumente« zu und sprach mit einer Arbeiterdelegation aus dem Putilow-Werk.

Ein interessantes Detail gab es dennoch: man informierte ihn über eine Anfrage, die eine Kopenhagener Zeitung an den Vorsitzenden des Rates der Volkskommissare richtete. Lenin sollte zu den grassierenden Gerüchten über die Exekution des früheren Zaren Nikolaj II. Stellung nehmen (Archiv für neuere Geschichte).

Nachdem er das Blatt mit der Anfrage eine Zeit lang hin und her gewendet hatte, antwortete der Revolutionsführer schließlich, er äußere sich nicht zu Gerüchten. Das alles sei nur ein Ränkespiel der bürgerlichen Propaganda.

Abends leitete der Führer der Bolschewiki eine lange Sitzung des Rates der Volkskommissare (just in dem Moment, als die Vorbereitungen für das Blutgericht in Jekaterinburg zum Abschluss

kamen). Dutzende von Fragen gingen ihm durch den Kopf, während er die Redner zurechtwies, spitze Bemerkungen einwarf und kurze Resolutionsbeschlüsse forderte. Überdies fand er noch Zeit, N. P. Gorbunow, den Sekretär des Rates der Volkskommissare, in einer Notiz zu rügen, dass »Gespräche während der Sitzung unzulässig« seien (Lenin, Biografitscheskaja chronika, Bd. 5, S. 641). Nach der Sitzung, in tiefer Nacht, unterzeichnete Lenin den Beschluss des Rates der Volkskommissare, eine außerordentliche Kommission zum Kampf gegen die Konterrevolution an der Ostfront einzusetzen (Archiv für neuere Geschichte). Zur gleichen Zeit erteilte in Jekaterinburg Ja. M. Jurowski, ein Mann mit niedriger Stirn und Arbeiterbart, der ein schmutziges russisches Hemd trug, seinem Todeskommando die entsprechenden Anweisungen. Bereits zuvor hatte man Lenin und Swerdlow die Meldung zukommen lassen, dass »die Weißgardisten zum Angriff auf das Haus von Ipatjew bereit sind, wo sich Romanow mit seiner Familie und den Begleitpersonen unter Bewachung befindet«. Ein Beschluss des Rates der Volkskommissare sei nun um so wichtiger, da sich der Zar ja im Gebiet der Ostfront aufhielt.
Am darauf folgenden Tag erhielt der Vorsitzende des Rates der Volkskommissare einen Brief aus Jekaterinburg, auf dessen Umschlag er vermerkte: »Erhalten. Lenin« (Archiv für neuere Geschichte). Der Brief behandelte die Situation in der Stadt, in der der Imperator festgehalten wurde. Doch Lenin wusste bereits über alles Bescheid. Swerdlow hatte ihm schon vorher mitgeteilt, dass aus Moskau das vereinbarte Signal gegeben worden sei, welches mit der Weisung verknüpft war, »die Akte zu schließen«. Auf dieses Kommando hin veranlasste der Gebietssowjet des Urals alle notwendigen Maßnahmen, die in Einklang mit dem zuvor getroffenen Beschluss zur »Liquidierung der Romanows« standen.
Im Exil notierte Trotzki am 9. April 1935 ein Gespräch in sein Tagebuch, das er nach dem Fall Jekaterinburgs mit Swerdlow geführt hatte. Damals fragte Trotzki ihn beiläufig:

»›Und wo ist der Zar?‹
›Natürlich erschossen‹, antwortete dieser.
›Und seine Familie?‹
›Auch erschossen.‹

›Alle?‹, fragte ich höchst überrascht.
›Alle‹, antwortete Swerdlow. ›Na und?‹
Er wartete auf meine Reaktion, doch ich erwiderte nichts.
›Und wer hat das entschieden?‹, fragte ich nach einer Weile.
›Wir haben es hier entschieden.‹ Lenin glaubte, dass wir sie als Leitfiguren für die Weißen nicht am Leben lassen dürften, besonders nicht unter den damaligen schwierigen Bedingungen.«
(Trotzki, Dnewniki i pisma, New York 1986, S. 101)

Der 17. Juli 1918, an dem im Morgengrauen die gesamte Familie Romanow bestialisch erschossen wurde, war für Lenin ein Tag wie jeder andere: er leitete Sitzungen, diktierte Telegramme, schrieb Mitteilungen, empfing Volkskommissare, unterschrieb Dekrete, las Meldungen und Berichte. Am selben Tag referierte M. N. Pokrowski, der Stellvertreter des Volkskommissars für Bildung, über die Notwendigkeit, in Moskau 50 Denkmäler herausragender Revolutionäre und »fortschrittlicher« Persönlichkeiten aus Kunst und Literatur zu errichten. Kaum an die Macht gelangt, organisierten die Bolschewiki nachgerade antihistorische Pogrome, wobei sie Dutzende Denkmäler von »Persönlichkeiten der Ausbeuterklassen« niederrissen. Vergebens bemühten sie sich, die Vergangenheit auszulöschen, indem sie eilig die leeren Sockel mit »proletarischen Helden« versahen.
Die Tragödie von Jekaterinburg nahm ihren Lauf. In Russland und auf der ganzen Welt ließ man über den Rundfunk verbreiten, dass »ein gewisser Nikolaj Romanow« erschossen worden sei. Man habe eine »groß angelegte Verschwörung« aufgedeckt, »welche die Flucht des ehemaligen Zaren zum Ziel hatte. Unter den Bedingungen des Bürgerkriegs hätte dies zu einer zusätzlichen Gefahr für die proletarische Revolution führen können. Die Familie Romanow wurde an einen sicheren Ort gebracht.« (Archiv für neuere Geschichte)
Ende 1921 erschien in Jekaterinburg im Sammelband »Die Arbeiterrevolution im Ural«, der in einer Auflage von ca. 10 000 Exemplaren herausgeben wurde, der Artikel »Die letzten Tage des letzten Zaren« von P. M. Bykow. (Der Sammelband wurde schon bald wieder aus dem Verkehr gezogen und als »klassenfeindlich« vernichtet.) Darin war zu lesen, dass »die Frage der Erschießung

Nikolaj Romanows und all seiner Angehörigen in den ersten Julitagen entschieden wurde. Das Präsidium des Rates der Volkskommissare übernahm die Organisation und bestimmte den Tag der Hinrichtung.« (Rabotschaja revoljuzija na Urale, Jekaterinburg 1921, S. 3–29)

P. M. Bykow verfolgte in seinem Artikel Spuren, die von der Zensur der GPU noch nicht verwischt worden waren. Er stellte wahrheitsgemäß fest, dass nicht nur der Zar, sondern auch »alle seine Angehörigen« erschossen worden seien. Doch wer konnte nun dem Präsidium befohlen haben, »die Hinrichtung zu organisieren«? Da sich laut den vorliegenden Daten der Sowjet im Juli nicht versammelt hatte, musste der Befehl aus Moskau gekommen sein. G. P. Nikulin erinnerte sich nach langer Zeit an die damaligen Ereignisse, als man ihn fragte:

»Wussten Lenin, Swerdlow und andere aus der Führungsspitze bereits im Voraus von der Hinrichtung der Zarenfamilie?«

»Da Goloschtschokin (der Kriegskommissar des Uralgebietes) zweimal zu Gesprächen über das Schicksal der Romanows nach Moskau fuhr, muss man davon ausgehen, dass gerade diese Frage behandelt wurde.« (Archiv für neuere Geschichte)

Selbst wenn die Hinrichtung als Entscheidung des Jekaterinburger Sowjets »formuliert« wurde, ist kaum anzunehmen, dass diese Aktion ohne Genehmigung durch das ZK der Bolschewiki und Lenin persönlich durchgeführt worden wäre. Dafür legten die Bolschewiki viel zu großen Wert auf die Parteihierarchie. Was den Revolutionsführer von der Abrechnung mit dem Zaren abhalten konnte, war einzig der Wunsch, den Selbstherrscher öffentlich vor ein »proletarisches Gericht« zu stellen. Doch die Front rückte bedrohlich näher an Jekaterinburg heran, und die bolschewistische Macht geriet bedenklich ins Schwanken. Daher verzichtete man schließlich auch auf das »Feigenblatt« eines öffentlichen Prozesses. Dass Lenin von der Ermordung der Zarenfamilie wusste und sie billigte, soll durch ein weiteres maßgebliches Zeugnis belegt werden.

A. A. Joffe, einer der bedeutendsten sowjetischen Diplomaten, hinterließ der Nachwelt seine unvollendeten Memoiren. Im Kapitel »Lenin und unsere Außenpolitik« findet sich folgender Absatz:

»Als die Todesstrafe am ehemaligen Zaren und seiner Familie vollstreckt wurde, befand ich mich in Berlin. Offiziell wurde mir lediglich von der Hinrichtung Nikolajs II. berichtet; ich erfuhr nichts über das Schicksal seiner Frau und der Kinder und dachte daher, dass sie noch am Leben seien. Abgesandte von Wilhelm II., vom Herzog von Hessen-Darmstadt, dem Bruder der ehemaligen Zarin, und von anderen Fürsten suchten mich auf, um etwas über das Schicksal von Alexandra Fedorowna (der Prinzessin Alice von Hessen) zu erfahren. Ich konnte ihnen nur berichten, was ich selbst wusste oder vermutete. Schließlich aber begann ich an der Richtigkeit meiner Informationen zu zweifeln, weil mir verschiedene Gerüchte zu Ohren kamen. Alle meine Anfragen in Moskau blieben jedoch ergebnislos. Als schließlich der inzwischen verstorbene Dserschinski seine Reise in die Schweiz in Berlin (inkognito) unterbrach, suchte ich ihn auf und erfuhr so die ganze Wahrheit. Er ließ mich zudem wissen, dass Wladimir Iljitsch kategorisch jedem verboten hatte, mich vom wahren Verlauf der Ereignisse in Kenntnis zu setzen.«

»Wenn Joffe nur ja nichts davon erfährt«, sagte Wladimir Iljitsch laut Dserschinski, »dann wird es ihm dort in Berlin leichter fallen zu lügen« (Archiv des Präsidenten). Zu »Lügen« mussten die Bolschewiki von nun an ebenso häufig greifen wie zur Gewalt.
Sie maßen der Vernichtung der Zarendynastie eine immense Bedeutung zu. Fast zur gleichen Zeit wurden die Fürstin Jelisawjeta Fjodorowna, Großfürst Sergej Michajlowitsch, Fürst Iwan Konstantinowitsch, Fürst Konstantin Konstantinowitsch, Fürst Igor Konstantinowitsch und Graf Wladimir Palej (der Sohn des Großfürsten Pawel Alexandrowitsch) in Alapajewsk ermordet. In Perm wurde der Bruder des Imperators, Großfürst Michail Alexandrowitsch, bestialisch getötet. Noch am letzten Tag des Jahres 1917 überbrachte man Lenin die Bitte des ehemaligen Großfürsten Michail Romanow (zu dessen Gunsten Nikolaj abgedankt hatte, der aber die Krone abgelehnt hatte), den Familiennamen seiner Frau annehmen und sich damit »Bürger Barsow« nennen zu dürfen. Diese Maßnahme hätte den Bruder des Zaren retten können, wenn auch nur für einen bestimmten Zeitraum. Michail hoffte, dass ihm innerhalb dieser Frist die Ausreise gelingen würde. Le-

nin wusste, dass sich Michail gegenüber der Februarrevolution loyal verhalten hatte, sogar ein rotes Band im Knopfloch trug und sich gegenüber den Bolschewiki nichts zuschulden kommen ließ. Trotzdem legte der Revolutionsführer das Blatt zur Seite und sagte kalt: »Mit dieser Frage werden wir uns nicht beschäftigen ...« (Lenin, Biografitscheskaja chronika, Bd. 5, S. 165–166). Diese Entscheidung kam einem Todesurteil gleich.

Michail Alexandrowitsch Romanow wurde bald inhaftiert und nach Perm überführt. In der Nacht vom 11. auf den 12. Juni führte eine Gruppe von Bolschewiki Michail und seinen persönlichen Sekretär, den Engländer Johnson, aus der Stadt hinaus und erschossen sie – ganz ohne Gerichtsurteil, denn es handelte sich um eine blutige Abrechnung.

Einige Jahre später, als das Gewissen der Sowjetmenschen bereits gänzlich verkommen war, stritten A. W. Markow und I. G. Nowoselow, die an der Ermordung beteiligt gewesen waren, sogar in einem Prozess darum, wem der »historische Ruhm« für diese »Heldentat« gebührte. In einem Brief an das ZK der WKP (b) beschrieb Nowoselow detailliert, wie die Mörder brutal mit dem wehrlosen Romanow und seinem Sekretär abgerechnet und deren persönliche Sachen an sich genommen hatten.

Die Bolschewiki wollten nicht nur die Möglichkeit ausschließen, dass überlebende Aristokraten abermals die Monarchie in Russland errichteten, sondern das russische Volk zudem an den Gedanken gewöhnen, dass es einen Thermidor, eine Restauration der Vergangenheit, nicht geben werde.

Mit einem einzigen gewaltigen Schlag kappten die Sieger der Oktoberrevolution die direkte Linie der Romanow-Dynastie, die mehr als dreihundert Jahre zuvor im Kloster Ipatjew im Gouvernement Kostroma begann und – Ironie des Schicksals – im Ipatjew-Haus der Stadt Jekaterinburg ihr Ende fand.

Ähnlich wie im Falle der »deutschen Gelder« hinterließen die bolschewistischen Führer keine direkten Beweise für ihre schändlichen Gräueltaten an der Zarenfamilie. Es existiert jedoch eine große Anzahl indirekter Zeugnisse, von denen ich einige in diesem Buch angeführt habe.

Die Tatsache, dass die Todesstrafe bewilligt und ihre Ausführung bereits am darauffolgenden Tag dem WZIK bestätigt wurde, weist darauf hin, dass eine Koordination zwischen den Handlungen in Moskau und Jekaterinburg existierte und dass die verbrecherische Tat von langer Hand geplant worden war. Als auf der Plenumssitzung des ZK der RKP (b) am 19. Mai 1918 das Problem »Nikolaj Romanow« (Punkt 5 auf der Tagesordnung) erörtert wurde, schlug Swerdlow vor, »bezüglich Nikolaj *vorläufig* [Hervorhebung vom Verfasser, D. W.] noch nichts zu entscheiden« (Archiv des Präsidenten), da die bolschewistische Spitze uneins darüber war, ob man über den Zaren Gericht halten (was sollte dann mit den Kindern geschehen?) oder ihn ohne Urteil hinrichten sollte (wie konnte man in diesem Fall das Ansehen der Regierung aufrechterhalten?).

Die Mitglieder des ZK kamen schließlich darin überein, dass eine Lösung gefunden werden musste, die eine Liquidierung der direkten Dynastielinie der Romanows zuließ, ohne dass sich die Tat negativ auf das Ansehen der Sowjetmacht auswirkte. Im Juli fand man diese Lösung: »eine örtliche revolutionäre Initiative« der Jekaterinburger Bolschewiki. Moskau brauchte (nachdem es das Signal gegeben hatte) nur noch auf die Vollzugsmeldung zu warten. Derartige Zeugnisse sprechen vor allem von der taktischen Vorsicht Lenins, der über eine enorme konspirative Schulung verfügte und alle möglichen Varianten der geplanten Operationen in seine Überlegungen miteinbezog. Der Revolutionsführer gab viele seiner Anweisungen nur mündlich, häufig ohne Zeugen. So verfuhr er beispielsweise bei finanziellen Fragen, Ernennungen, geheimen Angelegenheiten der Komintern, Operationen der Tscheka und vielem mehr.

In geheimen Partei- und Kremlarchiven verwahrte man jahrzehntelang die Erinnerungen der Zarenmörder. Die Mitwirkung an der Hinrichtung der Romanows galt lange Zeit als hohes revolutionäres Verdienst, das mit staatlicher Anerkennung und Auszeichnung belohnt wurde.

Ein Mitglied der Mörderbande, G. Nikulin, entrüstete sich noch in den vierziger Jahren darüber, dass P. Jermakow unerhörterweise den Hauptverdienst an der Exekution für sich beanspruchte. Und Jermakow schrieb zur Empörung anderer »Schützen«, die ihre eigene Rolle in den Vordergrund stellten, in seinen Memoiren: »Ich erfüllte in Ehren meine Pflicht gegenüber Volk und Vaterland, in-

dem ich an der Erschießung teilnahm.« Er behauptete, persönlich den Zaren, die Zarin, den Thronfolger Alexej und eine der Zarentöchter erschossen zu haben.
In den Erinnerungen Ja. M. Jurowskis, die bereits 1922 verfasst wurden, aber jahrzehntelang in den geheimen Archiven unter Verschluss blieben, heißt es, dass »*einstweilen* [Hervorhebung vom Verfasser, D. W.] keine definitive Entscheidung [zum Schicksal des Zaren] aus dem Zentrum gekommen ist«. Er habe, als neu ernannter Kommandant des »Hauses zur besonderen Verwendung«, dort Ordnung geschaffen, indem er die Zügel straffer anzog. So »nahm sich die Zarin einmal die Freiheit, ans Fenster zu gehen. Da drohte ihr die Wache sofort, sie mit dem Bajonett zu erstechen« (Archiv des Präsidenten).
Jurowski schreibt, dass »am 16. Juli 1918 um ca. 14 Uhr Genosse ›Philipp‹ [dies war der Parteideckname von Goloschtschokin, dem Kriegskommissar des Uralgebietes] zu mir ins Haus kam und einen Beschluss des Exekutivkomitees überbrachte, laut dem Nikolaj hingerichtet werden sollte … In der Nacht käme ein Genosse, der das Losungswort ›Schornsteinfeger‹ nennen werde. Diesem solle man die Leichen aushändigen, die er beerdigen und damit die Angelegenheit abschließen werde.« Die Erzählung Jurowskis zeugt von Detailtreue und Pflichtbewusstsein. Er selbst fühlt sich als revolutionärer Held:

»Nachdem ich die Wache im Haus gerufen hatte, die für die Erschießung Nikolajs und seiner Familie vorgesehen war, verteilte ich die Rollen und wies jeden an, wen er zu erschießen habe. Ich übergab ihnen Revolver des Typs ›Nagan‹. Als dies geschehen war, baten die Letten, ich möge sie von der Verpflichtung, die Mädchen zu erschießen, befreien, weil sie dazu nicht in der Lage seien. Da hielt ich es für das beste, diese Genossen völlig von der Teilnahme an der Erschießung zu entbinden. Ich schätzte sie als Menschen ein, die im entscheidenden Moment nicht fähig sind, ihrer revolutionären Pflicht nachzukommen … Um halb zwei klopfte es. Der ›Schornsteinfeger‹ kam. Ich ging in den Wohnraum, weckte Doktor Botkin und sagte ihm, dass sich alle schnell anziehen müssten, weil in der Stadt Unruhe herrsche und ich gezwungen sei, sie an einen sichereren Ort zu bringen. Um zwei Uhr

nachts führte ich die Gruppe in einen der unteren Räume. Ich hieß sie in bestimmter Reihenfolge Platz zu nehmen. Ich allein war es, der die Familie nach unten führte. Nikolaj trug Alexej auf den Armen. Die übrigen folgten in den Kellerraum, der eine mit einem Kissen in der Hand, der andere mit sonstigen Dingen … Alexandra Fjodorowna setzte sich. Alexej auch. Ich befahl allen aufzustehen. Sie erhoben sich, wobei sie die ganze Wand und eine der Seitenwände einnahmen. Das Zimmer war klein. Ich erklärte, dass das Exekutivkomitee der Räte der Arbeiter-, Bauern- und Soldatendeputierten des Urals verfügt habe, sie zu erschießen. Nikolaj drehte sich um und fragte nach. Ich wiederholte das Gesagte und befahl: ›Feuer!‹
Ich schoss als Erster und tötete Nikolaj auf der Stelle. Eine Salve um die andere wurde abgefeuert … Lange Zeit konnte ich dieser Schießerei nicht Einhalt gebieten, die schon einen chaotischen Charakter angenommen hatte. Doch als mir dies endlich gelungen war, stellte ich fest, dass noch einige am Leben waren. Zum Beispiel lag Doktor Botkin auf seinen rechten Ellbogen gestützt da, als wolle er sich einfach nur ausruhen. Mit einem Revolverschuss brachte ich ihn zur Strecke. Alexej, Tatjana, Anastasia und Olga waren auch noch am Leben, ebenso wie Demidow. Genosse Jermakow wollte die Sache mit dem Bajonett erledigen. Doch das gelang nicht. Der Grund dafür stellte sich später heraus: Die Zarentöchter trugen ein Mieder aus Brillanten, das sie wie ein Brustpanzer schützte. Ich war gezwungen [beachten Sie: »gezwungen«!, D. W.], alle der Reihe nach zu erschießen. Zu meinem größten Bedauern richtete sich die Aufmerksamkeit der Rotarmisten auf die Sachen der Delinquenten, die sie sich anzueignen entschlossen.« (Archiv des Präsidenten)

G. P. Nikulin, der Stellvertreter Jurowskis, ergänzt diese Informationen in seiner Erzählung noch:

»Vor der Erschießung hat Jurowski folgenden Satz geäußert: ›Eure Freunde greifen Jekaterinburg an, und deswegen seid ihr zum Tode verurteilt.‹ Verstehen Sie, Sie haben überhaupt nicht kapiert, worum es geht, denn Nikolaj hat nur mit ›Aha!‹ geantwortet. Und da kamen schon die Salven – die erste, zweite, dritte …

Einige waren noch nicht ganz tot. Nun, dann musste man ihnen eben den Rest geben … Anastasia und diese … hielten schützend ein Kissen vor sich – man musste ihnen also zuerst das Kissen wegreißen und sie dann erledigen. Ja … Und der Junge war auf der Stelle … Nun, natürlich wälzte er sich noch lange hin und her, aber auf jeden Fall war der Junge erledigt … Ich zum Beispiel glaube, dass wir uns human verhalten haben … Ich glaube, dass ich mich glücklich schätzen könnte, wenn ich in Gefangenschaft der Weißen geriete und man mit mir genauso verfahren würde … Ich denke nicht, dass der Ural allein, verstehen Sie, die Verantwortung auf sich genommen hat, die Erschießung ohne Zustimmung oder wenigstens ohne stillschweigendes Einverständnis von Lenin, Swerdlow oder irgendeinem anderen Führungsmitglied vorzunehmen.« (Archiv für neuere Geschichte)

I. I. Radsichowski, ein weiterer Teilnehmer an der Exekution, berichtet:
»Ich erinnere mich noch an alle Einzelheiten. Das Feuer war unkontrolliert. Michail Alexandrowitsch Medwedew hat sich Nikolaj als Zielscheibe ausgesucht und seine ganze Munition auf ihn verschossen.
… Nun, das Urteil wurde vollstreckt, das war in unseren Augen ein gewöhnlicher Vorgang … Danach natürlich beginnst du dir die historische Bedeutung klarzumachen … [Beachten Sie: »ein gewöhnlicher Vorgang«. Man hatte sich schnell an Mord und Erschießungen gewöhnt. Sie wurden zur Norm des neuen Lebens. Dieselben Personen hatten bereits kurz vor der Abrechnung mit der Zarenfamilie ohne Gerichtsverhandlung Fürst Dolgorukow, General Tatischtschew, Gräfin Hendrikowa, Schneider und die Begleiter der Romanows erschossen, D. W.]
… Allgemein gesehen war die ganze Sache schlecht organisiert. Zum Beispiel musste Alexej elf Kugeln einstecken, bis er schließlich starb. Ganz schön zähes Bürschchen …
Später wurde eine Kundgebung abgehalten. Das Spießbürgertum versammelte sich … Als Goloschtschokin sein Referat hielt, sagte er plötzlich: ›alle, von Nikolaj bis zu dem Burschen‹, was er natürlich nicht hätte verraten dürfen. Aber das Publikum hatte offensichtlich nicht begriffen … In den Fabriken wurde die Nach-

richt euphorisch aufgenommen. In Teilen der Roten Armee löste sie einen wahren Sturm der Begeisterung aus.« (Archiv für neuere Geschichte)

Es gibt eine Reihe von Belegen dafür, dass sich Lenin mit Jurowski getroffen hat. Darüber berichtet insbesondere G. P. Nikitin, der stellvertretende Kommandant des Ipatjew-Hauses.

»Können Sie sich daran erinnern, ob Jurowski persönlich mit Swerdlow und Lenin zusammengetroffen ist?«
»Mit Lenin ist er zusammengetroffen ...«
»Nach diesem Ereignis?«
»Nach diesem Ereignis.«
»Und er hat ihm etwas gegeben ...«
»Ja, irgendetwas, er hat ihm, glaube ich, irgendeinen Zettel geschrieben ...« (Archiv für neuere Geschichte)

Gleich einem Verbrecher, den es häufig an den Tatort zurückzieht, interessierte sich der Hauptinitiator für alle Einzelheiten. Lenin war bereits mit einigen Teilnehmern der Uraltragödie zusammengetroffen, bevor diese ihren Lauf nahm. So begegnete er 1917 F. I. Goloschtschokin auf dem 7. außerordentlichen Parteitag der RKP (b) (Istoritscheski archiv, Moskau 1957, Nr. 5, S. 198). A. W. Markow, der ebenfalls an der Ermordung des Zaren beteiligt war, berichtete, er habe selbst im Kreml mit Lenin gesprochen. »1918 hatte ich auf einer Dienstreise geschäftlich mit dem Genossen Ja. M. Swerdlow in Moskau zu tun. Dieser führte mich zu W. I. Lenin, der mich über die Hinrichtung von Michail Romanow befragte. Ich sagte ihm, dass alles sauber erledigt worden sei, und er erwiderte: ›Gut so, das habt ihr richtig gemacht.‹« (Literaturnaja Rossija, Nr. 38, 21.09.90, S. 19)
Natürlich wurde auch dieses Treffen – wie so vieles andere – in der »Biographischen Chronik« nicht erwähnt.
Die Sowjetmacht, die den Zaren und seine Familie vernichtete, zensierte alles, was mit der Tragödie von Jekaterinburg in Zusammenhang stand. Weder die WKP (b) noch später die KPdSU konnten zulassen, dass die »Romanow-Sache« in den Mittelpunkt des historischen Interesses gerückt wurde. Wie die beiden folgen-

den Dokumente aus dem »besonderen Aktenordner« des Politbüros belegen, wachten die Oberpriester des Systems gewissenhaft darüber, dass die damaligen Ereignisse nicht in den Blickpunkt des öffentlichen Interesses rückten:

»26. Juli 1975
Nr. 2004–A ZK KPdSU
Betreff: Abriss der Ipatjew-Villa
Antisowjetische Kreise im Westen initiieren von Zeit zu Zeit propagandistische Kampagnen verschiedener Art um die Zarenfamilie Romanow. In Verbindung damit wird nicht selten die Villa des Kaufmanns Ipatjew in Swerdlowsk erwähnt.
Das Ipatjew-Haus steht noch immer im Zentrum der Stadt. Inzwischen wurde ein Bildungszentrum der kommunalen Kulturverwaltung darin untergebracht ... In letzter Zeit besuchen immer mehr ausländische Spezialisten Swerdlowsk. In Zukunft könnte sich der Kreis der Ausländer beträchtig vergrößern. Es besteht die Gefahr, dass das Ipatjew-Haus zunehmend in den Mittelpunkt des Interesses rückt.
In diesem Zusammenhang erscheint es zweckmäßig, das Swerdlowsker Gebietskomitee der KPdSU anzuweisen, die Frage des Abrisses der Villa im Rahmen der planmäßigen Stadtsanierung zu lösen ...
Wir bitten um Prüfung.
Der Vorsitzende des Komitees für Staatssicherheit Andropow«

Die Entscheidung ließ nicht lange auf sich warten.

»Geheim.
Beschluss des ZK der KPdSU.
Betreff: Abriss der Ipatjew-Villa in Swerdlowsk.
1. Der Vorschlag des Komitees für Staatssicherheit beim Ministerrat der UdSSR, der in der Mitteilung Nr. 2004-A vom 26. Juli 1975 unterbreitet wurde, wird angenommen.
2. Das Swerdlowsker Gebietskomitee der KPdSU wird beauftragt, die Frage des Abrisses der Ipatjew-Villa im Rahmen der planmäßigen Stadtsanierung zu lösen.

Der Sekretär des ZK«. (Archiv des Präsidenten, »Besonderer Aktenordner« [Protokolle des Politbüros und des Sekretariats des ZK der KPdSU]).

Das waren die Methoden der Bolschewiki. Was immer den Weg in eine »strahlende kommunistische Zukunft« verbauen konnte, musste umgehend liquidiert, zerstört, ausgemerzt werden. Nur wenige begriffen damals – und selbst Lenin hat es nicht erkannt –, dass die Bolschewiki mit ihrem Kurs der Unterdrückung und Gewalt geradewegs auf eine historische Niederlage zusteuerten. Erst Jahrzehnte später sollte sich ihnen dies in aller Deutlichkeit offenbaren.

Die Bolschewiki machten Nikolaj Romanow zum ewigen Märtyrer und Heiligen. Kerenski war damals weitsichtiger: »Die Provisorische Regierung ist keinen Schrittbreit vor den hasserfüllten und demagogischen Forderungen von links zurückgewichen, weil wir verhindern wollten, dass der Zar zum Märtyrer gemacht wird. Auf diese Weise konnten wir das republikanische Russland am wirksamsten vor der Wiedergeburt der Monarchenlegende schützen ... Wenn sich Nikolaj zur Zeit des Oktoberumsturzes in Zarskoje Selo aufgehalten hätte, dann wäre er nicht weniger grausam, aber schon ein Jahr früher zu Tode gekommen« (Kerenski, Isdaleka, S. 189)

Die barbarische Tradition des Zarenmordes wurde von den Bolschewiki fortgeführt.

Hat Fanny Kaplan wirklich geschossen?

Im August 1918 hatte Lenin eine Vielzahl öffentlicher Auftritte. Auf einer Kundgebung des Warschauer Revolutionsregiments teilte er den Rotarmisten vor deren Abberufung an die Front mit, ihnen sei die große Ehre zuteil geworden, »die heiligen Ideen der Revolution zu verteidigen«. Am folgenden Tag hielt er im ehemaligen Restaurant *Skalkin* vor Kommunisten des Butyrski-Rayons eine Rede. Kaum vierundzwanzig Stunden später fuhr der Revolutionsführer erneut zu einer Kundgebung von Rotarmisten, dies-

mal in den Klub auf dem Chodynski-Feld. Schließlich referierte er am 2. August noch vor der abendlichen Sitzung des Rates der Volkskommissare auf dem Arbeitertreffen des Michelson-Werkes. (Archiv für neuere Geschichte)
Lenins Ankunft in dem Betrieb, der früher Michelson gehörte, verlief ohne Zwischenfälle. Nach seiner Rede war nur verhaltener Beifall von einzelnen Gruppen der dicht gedrängt stehenden Arbeiter mit den ausgezehrten Gesichtern zu vernehmen. Mit raschen, energischen Schritten eilte der Revolutionsführer zum Automobil, wo sein Chauffeur S. K. Gil ihn bereits erwartete …
Einen Monat später, am 30. August, fand im Michelson-Werk erneut eine Kundgebung unter der Losung »Zwei Mächte« statt. Lenin wurde ein herzlicher Empfang bereitet. Alle Hoffnungen der Arbeiter richteten sich auf den Revolutionsführer. Aus den Gesichtern der Zuhörer sprach die bange Frage: »Wird es denn bald besser gehen?«
Doch der Redner erging sich wieder nur in Allgemeinplätzen und warnte die Arbeiter vor der Demokratie: »Wo die ›Demokraten‹ herrschen, dort herrscht auch der nackte Raub. Wir kennen die wahre Natur der sogenannten Demokraten!«
Lenin bekräftigte, dass »dank der Beseitigung des privaten Grundbesitzes nun die Vereinigung von Stadt- und Landproletariat zügig voranschreitet«. Der Redner appellierte an sein Publikum: »Wir müssen all unsere Streitkräfte an die tschechoslowakische Front werfen, um die ganze Bande zu zerquetschen … Für uns gibt es nur eine Alternative: Sieg oder Tod!« (Lenin, PSS, Bd. 37, S. 83–85) Nach seiner Rede eilte Lenin zum Ausgang. Was sich danach ereignete, schildert Baturin, der Adjutant des Militärkommissars der 5. Moskauer sowjetischen Infanteriedivision, in seinem Bericht an die Allrussische Außerordentliche Kommission zum Kampf gegen die Konterrevolution:

»Als Genosse Lenin die Halle der Michelson-Fabrik verließ, in der eine Kundgebung zum Thema ›Die Diktatur der Bourgeoisie und die Diktatur des Proletariats‹ stattfand, befand ich mich 15 bis 20 Schritt von ihm entfernt. Auf der Treppe am Ausgang stauten sich die Menschenmassen, so dass ich nur mit Mühe hinaus auf die Straße gelangte.

Als ich mich dem Automobil näherte, das für den Genossen Lenin bereitstand, vernahm ich drei harte, trockene Laute, die ich nicht für Revolverschüsse, sondern für die Fehlzündungen eines Motors hielt. Unmittelbar danach erblickte ich eine Menschenmenge, die bis dahin ruhig um das Automobil gestanden hatte, sich nun aber in verschiedenen Richtungen zu zerstreuen begann. Ich erkannte hinter dem Automobil den Genossen Lenin, der regungslos mit dem Gesicht nach unten auf dem Boden lag. Mir wurde klar, dass auf das Leben des Genossen Lenin ein Anschlag verübt worden war. Den Menschen, der auf den Genossen Lenin geschossen hatte, sah ich nicht. Geistesgegenwärtig rief ich: ›Haltet die Mörder des Genossen Lenin!‹ und lief sodann auf die Serpuchowka-Straße, wo die durch die Schüsse und das allgemeine Wirrwarr aufgeschreckten Menschen einzeln und in Gruppen in unterschiedlicher Richtung auseinanderliefen. Als ich den sogenannten ›Zeiger‹ auf der Serpuchowka-Straße erreichte, entdeckte ich hinter mir an einem Baum eine Frau mit Aktenkoffer und Regenschirm, die durch ihr sonderbares Aussehen meine Aufmerksamkeit erregte. Sie machte einen gehetzten, verschüchterten Eindruck, als ob sie sich auf der Flucht befände. Auf meine Frage:
›Was machen Sie hier?‹, bekam ich zur Antwort:
›Was geht Sie das an?‹
Nachdem ich ihre Taschen durchsucht und Aktenkoffer und Regenschirm an mich genommen hatte, forderte ich sie auf, mir zu folgen. An ihrem Gesichtsausdruck glaubte ich zu erkennen, dass sie den Anschlag auf den Genossen Lenin verübt hatte, und fragte sie daher geradeheraus:
›Warum haben Sie auf den Genossen Lenin geschossen?‹ Sie erwiderte abermals:
›Was geht Sie das an?‹ Diese Gegenfrage überzeugte mich endgültig von ihrer Schuld …
Da ich fürchtete, sie könne uns von Gleichgesinnten und Sympathisanten entrissen oder von der Menge gelyncht werden, befahl ich den in der Menge befindlichen bewaffneten Milizionären und Rotarmisten, uns zu begleiten … Beim Verhör im Militärkommissariat des Samoskworetzki-Rayons gab die Festgenommene ihren Namen mit ›Kaplan‹ zu Protokoll und legte ein Geständnis ab.« (Archiv des KGB)

Fanny Kaplan wurde von den Kettenhunden der bolschewistischen Inquisition, den Tschekisten Kurski, Skrypnik und Peters verhört. Auf die Frage nach ihrem Namen antwortete sie, dass sie Fanny Jefimowna, geborene Rojtman, heiße. Sie sei im Gouvernement Wolynien geboren, stamme aus einer Familie jüdischer Lehrer und habe vier Schwestern und drei Brüder. 1911 seien ihre Verwandten nach Amerika ausgewandert. Als Anarchistin habe sie 1906 ein Bombenattentat verübt. Dabei sei sie verwundet worden. Ein Standgericht habe sie zu unbefristeter oder, wie man es auch nannte, zu »ewiger« Zwangsarbeit verurteilt. Sie habe zunächst im Malzew-Zuchthaus eingesessen, später im berüchtigten Akatu. Im Gefängnis habe sie mit dem Anarchismus gebrochen und sei Sympathisantin der Sozialrevolutionäre geworden. Nach der Februarrevolution sei sie befreit worden. In Akatu habe sie zusammen mit Spiridonowa eingesessen. (Archiv des KGB)
Tatsächlich war auch die legendäre Maria Alexandrowna Spiridonowa, Parteiführerin der Linken Sozialrevolutionäre während der Revolution von 1917, in Akatu inhaftiert. Schon als Jugendliche hatte sie sich der sozialrevolutionären Bewegung angeschlossen, die den Terror als Mittel zur Durchsetzung ihrer Ziele propagierte. Das Schicksal dieser Frau war in höchstem Grade tragisch. Nachdem sie bereits unter dem Zaren elf Jahre Zwangsarbeit verbüßt hatte, verbrachte Spiridonowa fast den gesamten Rest ihres Lebens in sowjetischen Gefängnissen und in der Verbannung.
Fanny Kaplan stammte aus derselben fanatischen, revolutionären Generation. Nachdem sie als Achtzehnjährige im Zuchthaus mit Narodowolzen, Sozialrevolutionären und anderen Rebellen gegen die Selbstherrschaft und Unterdrückung in Berührung gekommen war, blieb sie für den Rest ihres jungen Lebens begeisterte Anhängerin der Revolution. Für Menschen wie Kaplan bedeuteten das Schafott, der Galgen und die »Wand« die Krönung ihres heldenhaften, revolutionären Lebens.

»... Der gestürzte Lenin wurde vom Boden gehoben und in das Automobil gesetzt. Gil holte das letzte aus dem Wagen heraus und jagte über das Kopfsteinpflaster zum Kreml. An seiner Wohnung angelangt, lehnte der verwundete Revolutionsführer jede fremde Hilfe ab, entledigte sich seines Mantels und seiner Jacke

und schleppte sich in die dritte Etage. Der bleiche Lenin begrüßte die erschrockene Maria Iljinitschna mit einem gezwungenen Lächeln: ›Ich bin leicht verwundet, nur am Arm …‹
Da kam auch schon der Arzt A. N. Winokurow und leistete dem Verwundeten erste Hilfe.« (Archiv für neuere Geschichte)

Im vorderen Zimmer klingelte unaufhörlich das Telefon. Der Arzt W. N. Rosanow erinnert sich an die Situation: »Es war kein großes Zimmer … Das übliche Bild, das man immer sieht, wenn unerwartet ein Krankheitsfall eintritt: verwirrte und aufgeregte Verwandte und Bekannte umlagern den Kranken, etwas weiter entfernt stehen leise flüsternd ebenso aufgewühlte Menschen, die aber offensichtlich dem Kranken nicht so nahe stehen. Auf der einen Seite hatten sich neben dem Bett die Ärzte des Verwundeten gruppiert: W. M. Minz, B. S. Weisbrod, W. A. Obuch, N. A. Semaschko …« (Polititscheskaja literatura [Hrsg], Wospominanija o Wladimire Iljitsche Lenine, Moskau, 1990, S. 309). Hinzu kamen noch andere herbeigerufene Ärzte wie W. M. Bontsch-Brujewitsch, A. N. Winokurow, M. I. Baranow, denen später weitere Spezialisten folgten. Beinahe ein Dutzend Ärzte kümmerte sich um Lenin, wobei sie zunächst die Reihenfolge und Art der ersten Hilfe und die darauffolgende Behandlung bestimmten. Die Doktoren beschlossen, regelmäßig offizielle Bulletins über Uljanows Gesundheitszustand zu veröffentlichen.

Das Büro des Rates der Volkskommissare veröffentlichte schließlich folgende Verlautbarung:
»Am 30. August 1918 wurden um 23 Uhr zwei Schussverletzungen festgestellt: eine Kugel drang unter dem linken Schulterblatt ein, stieß in den Brustraum vor, verletzte den oberen Lungenlappen, verursachte einen Bluterguss am Brustfell und blieb in der rechten Seite des Halses, über dem rechten Schlüsselbein stecken. Die andere Kugel drang in die linke Schulter ein, zersplitterte den Knochen und blieb unter der Haut des linken Schulterraumes stecken. Innere Blutgerinnsel konnten festgestellt werden. Der Puls liegt bei 104. Der Kranke war und ist bei vollem Bewusstsein. Zur Behandlung wurden die besten Spezialisten und Chirurgen herangezogen.« (Archiv für neuere Geschichte)

Zur gleichen Zeit, als das medizinische Corps eintraf, bereiteten Swerdlow und seine Mitarbeiter als Reaktion auf den Anschlag sicherheitshalber einen Dringlichkeitsappell des WZIK vor, der an alle sowjetischen Arbeiter, Bauern, Deputierten der Roten Armee, an alle Armeen, an alle, alle, alle … gerichtet war (Dekrety Sowjetskoj wlasti, Moskau, 1964, Bd. 3, S. 266). Doch Lenin schwebte nicht in Lebensgefahr. Der behandelnde Arzt W. A. Obuch erklärte im Moskauer Sowjet, dass sich der Herzschlag des Kranken normalisiert habe und er sich nicht in akuter Lebensgefahr befinde. Das Glück war auf der Seite des Führers der Bolschewiki. Wie W. N. Rosanow schrieb, verdankte er sein Leben dem »eigentümlichen und glücklichen Lauf der Kugel, die, nachdem sie den Hals von links nach rechts durchbohrt hatte, unmittelbar vor der Wirbelsäule, zwischen dieser und der Kehle, steckte und keine großen Halsgefäße verletzt hatte. Wäre die Kugel nur um einen Millimeter in der einen oder anderen Richtung abgewichen, so hätte dies für Wladimir Iljitsch unweigerlich den Tod bedeutet.« (Wospominanie o Wladimire Iljitsche Lenine, Bd. 5, S. 310)
Dem ZK der Partei, dem Rat der Volkskommissare und dem WZIK wurde scheinbar erst jetzt richtig bewusst, was Lenin für sie bedeutete. In einer Rede auf der Sitzung des WZIK am 2. September 1918 erklärte Trotzki: »… Lenin ist wie geschaffen für unsere Epoche, in der Blut und Eisen regieren. Jeder Dummkopf ist in der Lage, Lenin mit einer Kugel den Schädel zu zertrümmern, aber diesen Schädel wiederherzustellen ist selbst für die Natur eine schwierige Aufgabe.« (Trotzki, O Lenine, Moskau 1924, S. 152, 157–158)
Die Sorge um den Menschen, der zum unangefochtenen Führer der Bolschewiki geworden war, fand in zahllosen Lobeshymnen ihren Ausdruck. Als trüge Lenin die dornige Krone des Märtyrers auf seinem Haupt, erschien in der Presse eine wahre Flut von Genesungswünschen, Artikeln und Aufrufen, die die Parteikomitees mit dem Ausdruck tiefster Ergebenheit und Dankbarkeit angeregt hatten. Vielleicht waren dies die ersten Vorzeichen eines Personenkults, ohne den keine totalitäre Gesellschaft auskommen kann. Der Gerechtigkeit halber muss man sagen, dass Lenin zu klug war, um sich im Personenkult zu sonnen. Angelika Balabanowa, ehemalige Sekretärin der Komintern, die in ih-

ren Schriften hart mit Lenin ins Gericht geht, erinnert sich: »Die gewaltige Popularität und die schrankenlose Autorität, über die Lenin verfügte, verärgerten ihn. Er wies alle Versuche nachdrücklich zurück, ihn zu einer Art Gottheit zu stilisieren. Schließlich wagte niemand mehr, ihm in seiner Gegenwart zu schmeicheln oder nach dem Mund zu reden« (Balabanowa, A., Impression of Lenin, University of Michigan Press 1984, S. 1–2). Als die öffentlichen Lobeshymnen immer bedenklichere Ausmaße annahmen, rief der Revolutionsführer W. D. Bontsch-Brujewitsch zu sich und verlangte, er möge die Zeitungen und Zeitschriften von seinem Wunsch in Kenntnis setzen, die Kampagne der Lobpreisungen zu stoppen (Archiv für neuere Geschichte).
Was geschah weiter mit Fanny Kaplan?
Man überführte sie in den Kreml und verfrachtete sie in einen Kellerraum unter der Wohnung Swerdlows. Es folgten einige kurze Verhöre durch A. Djakonow, den Vorsitzenden des Moskauer Revolutionärstribunals, Kurski, den Volkskommissar für Justiz und die Tschekisten Peters und Skrypnik. Die bolschewistische Justiz interessierte vor allem, welche Organisation hinter Fanny Jefimowna Kaplan stand, wer sie zu der terroristischen Tat veranlasst hatte und wo sich ihre Komplizen aufhielten.
Einige Verhöre gingen in typisch bolschewistischer Foltermanier – mitten in der Nacht – vonstatten. Die hässliche, flachbrüstige Frau saß auf einem Stuhl im Kellerraum. Sie hatte große Ohren, eine gebogene Nase, einen grotesk langen, dünnen Hals und rote Haare. In ihrem funkelnden Blick war keine Spur von tödlicher Beklemmung oder Angst zu erkennen. Die Augen der gebeugten Frau hielten den Blicken der Tschekisten stand, die in Ledermänteln und mit Mauserpistolen bewaffnet am Tisch saßen. In Akatu hatte sie als Zuchthäusler gelernt, den Blick der Scharfrichter auszuhalten und sich nicht einschüchtern zu lassen. Mit leiser Stimme, ohne Aufregung, doch felsenfest von der Richtigkeit ihrer Tat überzeugt, antwortete die Terroristin:
»Ich gehöre keiner Partei an …«
»Warum haben Sie auf den Genossen Lenin geschossen?«
»Ich halte ihn für einen Verräter. Je länger er lebt, desto mehr wird die Idee des Sozialismus entstellt. Und das auf Dutzende von Jahren.«

»Wer hat Sie beauftragt, das Verbrechen zu begehen?«
»Ich habe den Anschlag aus eigenem Antrieb ausgeführt«, antwortete sie nach kurzem Schweigen.
Peters und Kurski suchten in erster Linie nach Hinweisen auf Verbindungen Kaplans zur Organisation der Sozialrevolutionäre und deren terroristischen Kampfgruppen. Man fragte sie, ob sie mit bestimmten Personen bekannt sei:
»Kennen Sie Bitzenko?« (Bitzenko, eine ehemalige politische Strafgefangene, die ebenfalls das Nertschinsker Zwangslager durchlaufen hatte, war eine bedeutende Politikerin der sozialrevolutionären Partei und Delegationsmitglied bei den Brester Friedensverhandlungen.)
»Ja, wir waren zusammen im Zwangslager inhaftiert. Ich habe Bitzenko niemals gefragt, wie man an Lenin herankommt. Im Kreml war ich nur einmal. Sensinow kannte ich nicht. Genauso wenig war mir Berkenheim bekannt. Bitzenko habe ich zum letzten Mal vor ungefähr einem Monat gesehen.«
»Wir erlebten Sie die Oktoberrevolution?«
»Die Oktoberrevolution überraschte mich in Charkow, im Krankenhaus. Ich war mit dieser Revolution unzufrieden, stand ihr ablehnend gegenüber. Ich setzte mich damals für die Verfassungsgebende Versammlung ein und stehe heute noch dazu. Was meine Orientierung innerhalb der sozialrevolutionären Partei angeht, so kann ich mich am ehesten mit Tschernow identifizieren.«
»Warum haben Sie denn nun auf Lenin geschossen? Wer hat Sie zu dieser Tat veranlasst?«
»Der Entschluss, auf ihn zu schießen, reifte in mir schon seit langem heran. Ich habe auf Lenin geschossen. Ich hatte mich zu diesem Schritt bereits im Februar entschieden. Der Gedanke kam mir in Simferopol, und ab jenem Zeitpunkt habe ich begonnen, mich auf diesen Schritt vorzubereiten …« (Archiv des KGB)
Diese Auszüge stammen alle aus dem Verhörprotokoll. Wie man sieht, versuchte Kaplan nicht, sich zu rechtfertigen, von sich abzulenken oder mildernde Umstände geltend zu machen. Doch ihre Behauptung »Ich habe auf Lenin geschossen« gemahnt zur Vorsicht. Dieser Sachverhalt ist äußerst zweifelhaft, denn keiner der Zeugen konnte zu Protokoll geben, er habe Kaplan schießen sehen. Selbst der Chauffeur Gil, der Lenin am Auto erwartete

und daher unmittelbar daneben stand, konnte die Schützin nicht identifizieren:

»Als Lenin nur noch drei Schritte vom Auto entfernt war, bemerkte ich, wie aus einer Menschengruppe eine ausgestreckte Frauenhand mit einem Browning erschien. Drei Schüsse wurden abgegeben, bevor ich in die Richtung stürzte, aus der gefeuert wurde. Die Schützin warf mir den Revolver vor die Füße und verbarg sich in der Menge. Solange ich da war, hob niemand den Revolver auf. Ich korrigiere mich: Ich habe die Frauenhand mit dem Browning erst nach dem ersten Schuss gesehen.« (Archiv des Verteidigungsministeriums)

Die im Kriegskommissariat des Samoskoworezki-Rayons verhörten 18 Zeugen berichteten im wesentlichen dasselbe. Dass es Kaplan selbst war, die auf Lenin geschossen hatte, konnte niemand mit Sicherheit bestätigen, obwohl eine große Menschenmenge am Tatort war.
Fanny Jefimowna verfügte über ein sehr schlechtes Sehvermögen. Daher ist zu bezweifeln, dass man sie in die Gruppe der Kämpfer aufgenommen hatte. Die inhaftierte D. Tarasowa, eine ehemalige Zwangsarbeiterin, die mit Kaplan in Akatu einsaß, erklärte, dass die angebliche Attentäterin fast völlig blind gewesen sei. Sie »verlor chronisch ihr Sehvermögen«, das dann mit Müh und Not wiederhergestellt wurde (Archiv des Verteidigungsministeriums). Dass Kaplan nicht einmal versucht hatte, sich zu verstecken, und schon bei der ersten Frage zugab, sie habe auf Lenin geschossen, muss ebenso zur Vorsicht mahnen wie ihre Behauptung, ihr Tod sei eingeplant gewesen. Der Kasaner Forscher Professor A. L. Litwinow behauptet, dass Protopopow, ein ehemaliger Assistent Popows bei der Tscheka, auf Lenin geschossen habe. Laut den von Litwinow zusammengetragenen Daten verhaftete man nicht nur Kaplan, sondern auch Protopopow, der noch am selben Tag, dem 30. August, oder am darauffolgenden Tag erschossen wurde. Kaplan wusste nichts davon und spielte ihre tragische Rolle bis zum bitteren Ende. Es ist nicht auszuschließen, dass die »Schüsse der Fanny Kaplan« zu den gezielten Täuschungsmanövern der Bolschewiki zählen.

Einige andere Umstände erscheinen in diesem Zusammenhang ebenso rätselhaft. Der Bolschewik A. W. Kusnezow übergab den vom Attentäter zurückgelassenen Browning, den er nach eigenen Angaben aufhob, erst drei Tage später der Tscheka. Zudem fand man in der Tasche Kaplans noch einen weiteren Browning … Aus welcher der beiden Waffen nun wirklich geschossen wurde, blieb bei der Untersuchung jedoch unberücksichtigt. Erst drei Tage nach dem Attentat hatte Jakob Michajlowitsch Jurowski (der Zarenmörder von Jekaterinburg war inzwischen nach Moskau beordert worden) auf Peters' Geheiß den Tatort untersucht, wo er vier Browning-Patronenhülsen vorfand (Archiv des Verteidigungsministeriums). Doch außer einem Zeugen behaupten alle, es seien nur drei Schüsse abgegeben worden …

Bei dem Anschlag gab es noch eine weitere Verwundete: M. G. Popowa. Laut ihrer eigenen Aussage war sie damals auf Lenin zugetreten und hatte sich bei ihm beklagt:

»›Man hat uns erlaubt, Mehl zu kaufen, aber die Sperrtruppen nehmen es uns weg …‹

›Nach einer neuen Verordnung darf nichts mehr konfisziert werden. Ihr müsst darum kämpfen.‹

Da wurde ein Schuss abgegeben, und ich fiel zu Boden.« (Archiv des Verteidigungsministeriums)

Aber das ist noch nicht alles. Die vom deutschen Professor Borchardt am 22. April 1922 aus dem Hals entfernte, beim rechten Schlüsselbein gelegene Kugel stammte, wie sich vor kurzem herausstellte, nicht aus dem Browning 150459, den Kusnezow am 2. September der Tscheka übergab. Schließlich wurde bei einer Überprüfung am 26. Juni 1963 festgestellt, dass in der Geheimakte über das Attentat die Blätter 11, 84, 87, 90 und 94 fehlen.

Die Sowjetmacht war an einer sorgfältigen Untersuchung der Vorfälle nicht interessiert, sondern begnügte sich mit einigen kurzen Verhören. Fanny Kaplan wurde nicht einmal der Prozess gemacht. Die Bolschewiki hatten anderes im Sinn: Das Attentat lieferte ihnen den Vorwand für die Entfesselung eines groß angelegten Staatsterrors. Endlich konnten sie mit ihren ehemaligen Verbündeten, den Linken Sozialrevolutionären, aufräumen. Der

Terror war die einzige Chance für die Kommunisten, sich an der Regierung zu behaupten und das Machtmonopol endgültig an sich zu reißen.

Lenin mischte sich nicht in die bolschewistische »Rechtsprechung« ein, obwohl er bei vollem Bewusstsein war. Freilich hielt sich jahrzehntelang das schöne Gerücht, der Revolutionsführer habe gefordert, Kaplan das Leben zu schenken. So glaubte man, sie bald auf Solowki, bald auf Kolyma, bald 1932 oder sogar noch 1938 gesehen zu haben.

Lange Zeit konnte man in den bolschewistischen Lagern verschiedene unglückliche Frauen mit dem Namen Kaplan finden, die die Legende nährten, der »gute Lenin« habe das Leben der selbstlosen Sozialrevolutionärin gerettet.

Doch das waren alles nur Legenden. Menschen mit dem Familiennamen Kaplan hatten unter Stalin lediglich geringe Überlebenschancen.

Drei Tage nach dem Anschlag (außer ihrem Geständnis gab es keinen stichhaltigen Beweis dafür, dass sie selbst geschossen hatte) wurde Fanny Jefimowna Kaplan, die unglückliche Terroristin, die im Grunde genommen außer Zwangslagern nichts in ihrem leidvollen Leben gesehen hatte, ohne Untersuchung und ohne Gerichtsverhandlung erschossen.

Angelika Balabanowa berichtete, dass Lenin, als er mit ihr nach dem Anschlag in Gorki zusammengetroffen war, trocken bemerkt hatte: »Das Zentralkomitee entscheidet darüber, was mit dieser Kaplan geschehen soll …« (Balabanowa, Lenin. Psychologische Beobachtungen und Betrachtungen, Hannover 1959, S. 1–2). Als ob er nicht genau gewusst hätte, dass die Terroristin bereits erschossen worden war.

Es ist kaum vorstellbar, dass Lenins Mitstreiter ihn nicht vom Schicksal Kaplans unterrichtet hatten, umso mehr als er bereits ab dem 6. September seine Arbeit wieder aufnahm, die Post durchsah und Anordnungen erteilte. Doch das wichtigste ist, dass der verwundete Revolutionsführer mit dem Kremlkommandanten P. D. Malkow zusammentraf, den die Tscheka mit der Vollstreckung der Hinrichtung beauftragt hatte (Archiv für neuere Geschichte). Nach offiziellen Quellen diskutierte Lenin damals mit Malkow die Möglichkeit, den Rat der Volkskommissare aus dem

Saal der Gerichtsbehörde in den großen Kremlpalast zu verlegen. Natürlich wurde der Rat der Volkskommissare nirgendwohin verlegt, man kann jedoch mit hoher Wahrscheinlichkeit davon ausgehen, dass Wladimir Iljitsch die Frage beschäftigt hat, wie Kaplan sich in den letzten Minuten vor ihrer Hinrichtung verhalten hatte, wie ein Mensch aus dem Leben schied, der (angeblich) einen Anschlag auf sein Leben verübt hatte.

Der Fall Kaplan ist ein weiterer Beleg für den kalten Pragmatismus Lenins, der schließlich in eine zynische Amoralität überging. Dieser Charakterzug zeichnete nicht nur den Revolutionsführer aus: Bei Staatsmännern ist die Verbindung von Politik und Moral eine sehr seltene, wenn nicht sogar einzigartige Erscheinung. Dass Lenin nicht zu dieser auserlesenen Gruppe zählte, bestätigt seine Rede auf dem dritten Komsomolkongress: »Wir glauben nicht an eine ewige Moral und entlarven alle Märchen über die Moral als Betrug« (Lenin, PSS, Bd. 41, S. 298–318).

Das erste Attentat auf den Revolutionsführer war bereits am 1. (14.) Januar verübt worden: Damals wurde sein Dienstwagen beschossen. Der Vorsitzende des Rates der Volkskommissare hatte gerade die Michajlow-Manege verlassen, wo er vor einer Einheit sprach, die unmittelbar darauf an die Front geschickt werden sollte. Er war soeben im Begriff, mit M. I. Uljanowa und Fritz Platten in Richtung Smolny aufzubrechen. »Sie waren noch keine hundert Meter gefahren, da hagelte es hinten an der Wagenkarosserie Kugeln wie Erbsen.« Platten ergriff Lenins Kopf und drückte ihn nach unten. Im Smolny angekommen, untersuchte man das Auto. Es stellte sich heraus, dass die Karosserie an vielen Stellen von Kugeln durchlöchert war und einige Schüsse die Frontscheibe durchschlagen hatten. Plattens Hand blutete. Eine Kugel hatte ihn gestreift, als er Lenins Kopf zu schützen versuchte (Prawda, Nr. 11 [2942] vom 14. Januar 1925). Ganz offensichtlich wussten die Attentäter vom Auftritt des Führers der Bolschewiki und hatten einen Hinterhalt gelegt. Doch auch damals war das Glück auf seiner Seite gewesen.

Ein Jahr später geriet Lenin, wieder im Auto, in eine heikle Lage, wobei diesmal gewöhnliche Stadtkriminelle am Werk waren. Am Abend des 19. Januar 1919 fuhren Wladimir Iljitsch, sein Leibwächter Tschabanow und seine Schwester nach Sokolniki, wo

sich Nadjeschda Krupskaja auf Anraten der Ärzte in einer Forstschule aufhielt. Nicht weit von einer Eisenbahnbrücke entfernt hielten drei bewaffnete Männer das Auto an. Lenin und seine Begleiter nahmen an, es handle sich lediglich um eine Passkontrolle. »Aber wie groß war unsere Verwunderung«, erinnerte sich später Maria Iljinitschna, »als die Männer uns plötzlich alle aus dem Automobil steigen ließen und sich mit dem Passierschein, den Wladimir Iljitsch ihnen zeigte, nicht zufrieden gaben, sondern seine Taschen zu durchsuchen begannen, wobei sie ihm den Revolverlauf an die Schläfe setzten. Schließlich entrissen sie ihm seinen Browning und den Passierschein …
›Was machen Sie denn da. Das ist Genosse Lenin! Wer sind Sie überhaupt? Zeigen Sie sofort Ihre Vollmachten.‹
›Verbrecher brauchen keine Vollmachten.‹
Die Banditen sprangen ins Auto, richteten die Revolver auf uns und verschwanden mit Vollgas in Richtung Sokolniki.« (Uljanowa, M. I., O W. I. Lenine i semje Uljanowych. Wospominanija. Otscherki. Pisma, 2 isid., Moskau 1989, S. 113–117)
Es sah Lenin ähnlich, dass er dieses »Geschäft« mit den Banditen (Auto, Waffen, Pässe und Geld gegen die Freiheit) für geglückt hielt. Wann immer er später auf dieses Ereignis zu sprechen kam, betrachtete er es als Präzedenzfall für einen gelungenen Kompromiss. »Stellen Sie sich vor«, schrieb er in »Der ›linke Radikalismus‹ als Kinderkrankheit des Kommunismus«, »Ihr Auto wird von bewaffneten Banditen angehalten. Sie würden ihnen Ihr Geld, den Pass, den Revolver und das Auto geben. Dafür werden sie von der ›angenehmen‹ Gesellschaft der Banditen befreit … Unser Kompromiss mit den Räubern des deutschen Imperialismus war ähnlicher Natur.« (Lenin, PSS, Bd. 41, S. 19)
Nach dem Überfall wurde ganz Moskau auf den Kopf gestellt. Die Tscheka verstärkte ihre Strafaktionen. Man verhängte gewissermaßen den Ausnahmezustand über die Hauptstadt. Nach einigen Wochen berichtete der Leiter für Verbrechensfahndung, K. G. Rosental:

»An Lenin,
Bericht des Leiters der Zentralverwaltung für Verbrechensfahndung.

Im Rahmen der Untersuchung des Raubüberfalls auf der Sokolniki-Chaussee sowie im allgemeinen Interesse der Verbrechensbekämpfung wurde von mir angeordnet, eine Durchsuchung aller privaten, möblierten Zimmer und Privatwohnungen durchzuführen, in denen verbrecherische Elemente der Stadt Moskau Zuflucht gefunden haben könnten. Alle Personen, die der Teilnahme an dem Überfall verdächtig waren, wurden unverzüglich inhaftiert. … Es gelang uns, an die 200 Menschen festzunehmen, unter denen sich 65 registrierte Verbrecher befanden … An dem Anschlag auf Sie waren die Banditen Jaschka Koschelkow, Sajaz-Schofjor und Lenka-Saposchnik beteiligt. Die Wohnung der Verbrecher wurde gefunden (der Hausherr hat sich bei der Verhaftung das Leben genommen).« (Archiv für neuere Geschichte)

Die Maßnahmen zum Schutze Lenins wurden auf Initiative Stalins beträchtlich verstärkt (Archiv des Präsidenten). Die verschärfte Suche nach Feinden und Terroristen hatte jedoch auch negative Auswirkungen. Sie schuf eine Atmosphäre von Misstrauen und Argwohn; überall witterte man Spione. Wachsamkeit lautete von nun an die Parole unter den Revolutionären aller Ebenen und Ränge:

»Moskau. An den Vorsitzenden des Rates der Volkskommissare Lenin.
Genosse Lenin, hiermit eröffne ich Ihnen, dass eine konspirative Verschwörung gegen die Sowjetmacht im Gange ist. Feinde von Ihnen, die mir persönlich bekannt sind, wollen Sie und den Genossen Trotzki ermorden. Ich teile Ihnen dies auf dringliche Bitte des Rotarmisten Jakowenko, 12. Eisenbahnerregiment von Krasnokutsk, mit.
Der Militärkommissar des Gouvernements Saratow, Sokolow.
28. April 1919.« (Archiv der Sowjetarmee)

Menschen wie Jakowenko gab es bald überall in einem Land, wo die Denunziation und Entlarvung von »Feinden« als sozialistische Heldentaten gefeiert wurden …
Natürlich drohte Lenin auch weiterhin Gefahr, doch nach dem Anschlag von 1918 begann man, ihn besser zu schützen. Zudem verließ der Führer der Bolschewiki selten den Kreml, fuhr nie an

die Front und bereiste weder die Gouvernements noch die neugeschaffenen Republiken. Er zog es vor, hinter den Kremlmauern zu regieren. 1922 vereitelte eine Krankheit Lenins Plan, mit Tschitscherin zur Internationalen Konferenz von Genua zu reisen. Hinzu kam eine Fehlinformation der Tscheka. Unschlicht berichtete:

»Ich habe Informationen beigelegt, die aus zuverlässiger Quelle stammen und aus denen hervorgeht, dass ein Anschlag auf die Genossen Lenin und Tschitscherin von polnischer Seite vorbereitet wird.
Die Polen planen ein Attentat auf Lenin und Tschitscherin, falls diese zur Konferenz nach Genua reisen. Sie sind daran interessiert, dass der Anschlag nicht auf ihrem eigenen Territorium verübt wird.« (Archiv des Präsidenten)

In der Folgezeit wurden wiederholt Maßnahmen ergriffen, welche die Sicherheit Uljanows erhöhen sollten. So ließ das Organisationsbüro des ZK dem Kommandanten des Kreml ein Verzeichnis von Ergänzungsmaßnahmen zum Schutz von Lenin zukommen:

»Sehr geehrter Genosse Malkow!
Das Organisationsbüro hat beschlossen:

1. Bei Ausfahrten des Genossen Lenin aus dem Kreml sind zwei Begleitfahrzeuge und fünf Leibwächter erforderlich. Der Chauffeur muss der Partei treu ergeben sein. Neben ihm soll ein bewaffneter Begleitsoldat sitzen.
2. Der Schutz der Wohnung und des Arbeitszimmers erfolgt durch kommunistische Wachsoldaten (mindestens ein Jahr Parteizugehörigkeit). Den Wachsoldaten steht eine Alarmanlage zur Verfügung. Es handelt sich dabei um einen am Boden befindlichen Knopf, der im Falle eines Angriffs zu betätigen ist.
3. Der Zugang zu Wladimir Iljitschs Wohnung wird nur mit einem Sonderausweis genehmigt, der vom Genossen Lenin persönlich ausgestellt wurde.
4. Die Kanzlei wird nach unten verlegt.
5. Das Arbeitszimmer kommt neben die Wohnung Lenins (woran das Konferenzzimmer anschließt).

6. Unter den Mitarbeitern des Rates der Volkskommissare ist eine gründliche Säuberung durchzuführen.

Der Sekretär des ZK.«

(Archiv des Präsidenten)

Die Anschläge auf Lenin, besonders jener, mit dem der Name Fanny Jefimowna Kaplan verbunden war, hatten zwei tiefgreifende historische Folgen für die sowjetische Geschichte.

Zum einen bedeutete das Attentat den Beginn eines gigantischen Personenkults. Der Anschlag auf Lenin erzeugte eine widerliche Form von »Solidarität« mit dem Revolutionsführer, die mit einer grenzenlosen Lobpreisung seiner Verdienste, seines Verstandes und seines Willens einherging. Die ewige Treue des russischen Volkes gegenüber dem »guten Zaren« verlagerte sich rasch auf die Gestalt Wladimir Iljitsch Lenins.

Die zweite Folge war die Erhebung der Gewalt in den Rang eines Mittels der Politik. Bereits vor Annahme des Dekrets über den Massenterror durch das WZIK begannen die Massenerschießungen. Bald nach dem Attentat auf Lenin wurden der frühere Justizminister Schtscheglowitow, der ehemalige Innenminister Chwostow, der Ex-Direktor des Polizeidepartments, Beljetzki, der frühere Minister Protopopow, der Priester Wostorgow und noch ein Dutzend weitere prominente Persönlichkeiten im Petrowski-Park öffentlich erschossen. Nach der Exekution wurden die Ermordeten durch das Hinrichtungskommando ausgeplündert (Archiv der russischen Revolution, Bd. VII, Berlin 1922, S. 273). Es war paradox: das Attentat auf Lenin rettete schließlich die Bolschewiki, stärkte das Regime der »Diktatur des Proletariats« und verlieh dem Staatsapparat neue Kraft. L. D. Trotzki, das »Lieblingskind der Revolution«, formulierte diesen Umstand mit brillanter Eloquenz:

»In diesen tragischen Tagen [nach dem Anschlag, D. W.] erlebte die Revolution einen entscheidenden Aufschwung. Ihre ›Güte‹ rückte dabei in den Hintergrund, und das eiserne Schwert der Partei erhielt seinen letzten Schliff. Die Entschlossenheit wuchs, und, wo es sein musste, auch die Erbarmungslosigkeit … irgendetwas setzte sich in Bewegung, wurde fester, und es ist bemerkenswert, dass dieses Mal die Revolution nicht durch eine neue Atempause, sondern umgekehrt durch eine neue Gefahr gerettet wurde.« (Trotzki, O Lenine, S. 121, 122)

Die Guillotine des Terrors

Der Anschlag auf Lenin diente als Vorwand für eine Politik des Massenterrors. Trotzki erinnert sich, dass der Linke Sozialrevolutionär Steinberg, als man die von ihm verfasste Beschlussvorlage »Vaterland in Gefahr« erörterte, entschlossen Einspruch gegen die These erhob, wer dem Feind helfe, müsse an Ort und Stelle liquidiert werden.
»Ganz im Gegenteil«, erwiderte Lenin, »genau das ist echtes revolutionäres Pathós (wobei er ironisch den Wortakzent verschob). Glauben Sie denn wirklich, dass wir ohne grausamen Terror als Sieger aus der Revolution hervorgehen werden?«
Wenn in seinem Beisein von Revolution und Diktatur gesprochen wurde, ließ Uljanow keine Gelegenheit aus, um zu betonen: »Ja, wo haben wir denn eine Diktatur? Zeigen Sie sie mir doch! Bei uns herrscht nur Wirrwarr, aber keine Diktatur.«
»Das Wort ›Wirrwarr‹«, schreibt Trotzki, »liebte er sehr.«
»Was ist denn das für eine große Revolution, wenn wir nicht einmal fähig sind, die weißgardistischen Saboteure zu erschießen … Alles nur leeres Geschwätz und Wirrwarr …« (Trotzki, O Lenine, S. 104, 105)
Übrigens kann man ähnliches nicht nur bei Trotzki, sondern auch bei Lenin selbst nachlesen. In seiner Broschüre »Die nächsten Aufgaben der Sowjetmacht« schreibt Lenin mit Bedauern:
»… unsere Staatsmacht ist viel zu sanft und ähnelt eher einer Schüssel Brei als einem Stück Eisen.« (Lenin, PSS, Bd. 36, S. 196) Wladimir Iljitsch und seine Mitstreiter gingen davon aus, man könne nur mit Hilfe des Terrors die Soldaten der neuen Armee zum Kampf zwingen, die Konterrevolution niederwerfen und die Getreideversorgung sicherstellen. Auf Initiative Swerdlows und Dserschinskis wurde auf der Sitzung des Rates der Volkskommissare vom 5. September (eine Woche nach dem Attentat!) die Frage des Massenter-

rors zur Diskussion gestellt. Nach Dserschinskis Vortrag fasste der Rat seinen Beschluss »Über den roten Terror«, der bald traurige Berühmtheit erlangen sollte. Lenin war mit ihm zufrieden, denn er hielt ihn für geeignet, den bestehenden »Wirrwarr« zu beseitigen:

»Nachdem der Rat der Volkskommissare ein Referat des Vorsitzenden der Allrussischen Außerordentlichen Kommission (Tscheka) zum Kampf gegen die Konterrevolution, die Spekulation und den Amtsmissbrauch gehört hat, beschließt er Folgendes: In der gegebenen Situation ist es unbedingt erforderlich, das Hinterland durch den Terror zu sichern. Zur Intensivierung der Tätigkeit und zur Sicherstellung eines planmäßigen Vorgehens der Allrussischen Außerordentlichen Kommission zum Kampf gegen die Konterrevolution, die Spekulation und den Amtsmissbrauch ist es unumgänglich, möglichst viele Parteigenossen in diese Kommission zu entsenden. Zum Schutz der Sowjetrepublik vor Klassenfeinden werden diese in Konzentrationslagern isoliert. Personen, die an weißgardistischen Organisationen, Verschwörungen und Rebellionen beteiligt sind, werden erschossen. Ferner ist es notwendig, die Namen aller Delinquenten und den Grund ihrer Exekution zu veröffentlichen.« (Archiv der Russischen Föderation)

Bereits vor Annahme des Dekrets über den roten Terror hatte Lenin noch andere Varianten vorgeschlagen. Auf seine Initiative hin kam es 1918 verstärkt zu Geiselnahmen. Einen Monat vor Verabschiedung des Dekrets empfahl Lenin Zjurupa: »Das Dekret soll vorsehen, in jedem Getreidebezirk 25–30 Reiche als Geiseln zu nehmen, die mit ihrem Leben für das Sammeln und Speichern aller Überschüsse bürgen sollen.«
Zjurupa, den die Empfehlung so strenger Maßnahmen betroffen machte, versuchte die Geiselfrage zu »umgehen«, worauf Lenin rasch reagierte (die Sache kam auf einer Sitzung des Rates der Volkskommissare zur Sprache): »Zjurupa. Bezüglich der Geiseln haben Sie nicht geantwortet …«
Alexander Dimitri Zjurupa, der Volkskommissar für staatliche Versorgung, versuchte dieser Frage auszuweichen, weil er Geiselnahmen grundsätzlich ablehnte und zudem die Organisierung derartiger Maßnahmen für nahezu unmöglich hielt …

Doch Lenin beharrte entschieden darauf. In einer weiteren Mitteilung an Zjurupa konkretisierte er seinen Gedanken: »Ich schlage vor, Geiseln nicht einfach wahllos zu nehmen, sondern sie nach Amtsbezirken namentlich zu bestimmen. Das Ziel dieser Inhaftierung ist: Gerade die Reichen, die ja auch für Kontributionen einstehen, sollen mit ihrem Leben für die unverzügliche Sammlung und Speicherung von Getreideüberschüssen bürgen …« (Leninski sbornik, XVIII, S. 145–146)
Lenins besonderer Hass galt den wohlhabenden Bauern, den sogenannten Kulaken:

»Liwny. An das Exekutivkomitee. Kopie an den Kriegskommissar Semaschko und die Organisation der Kommunisten. 20. August 1918, Moskau.
Ich begrüße die energische Unterwerfung der Kulaken und Weißgardisten in Ihrem Kreis. Man muss das Eisen schmieden, solange es heiß ist. Wir dürfen keine Zeit verlieren. Man muss die Armen im Kreis organisieren, das ganze Getreide und den gesamten Besitz der aufständischen Kulaken konfiszieren und die Aufwiegler unter den Großbauern aufhängen. Wichtig ist, die Armen unter Führung zuverlässiger Leute aus unseren Reihen zu mobilisieren und zu bewaffnen. Darüber hinaus sind Reiche als Geiseln zu nehmen …
Der Vorsitzende des Rates der Volkskommissare Lenin.« (Leninski sbornik, Bd. XVIII, S. 186–187)

Lenin war nicht nur der geistige Urheber des bolschewistischen Terrors, sondern erhob ihn als Politiker zudem in den Rang einer Staatsdoktrin. Als Moisej Markowitsch Wolodarski, der Kommissar für Presse, Propaganda und Agitation, ermordet wurde, erwartete Lenin von den Petrograder Bolschewiki ein entschlossenes Vorgehen. Diese aber reagierten zögerlich und unentschieden. Der Revolutionsführer verfasste daraufhin einen geharnischten Brief:

»Genosse Sinowjew! Erst heute haben wir im ZK davon gehört, dass die Arbeiter in Petrograd die Ermordung Wolodarskis mit Massenterror beantworten wollen und dass Sie (nicht Sie persönlich, sondern die Petrograder Genossen) zögern.

Ich protestiere entschieden!
Wir kompromittieren uns: Wir drohen sogar in Resolutionen des Deputiertenrates mit Massenterror, aber wenn es zur Sache geht, bremsen wir die völlig berechtigte revolutionäre Initiative der Massen.
Das darf nicht sein! Die Terroristen werden uns für Waschlappen halten. Wir befinden uns mitten im Krieg. Man muss mit der vollen Härte des Terrors gegen die Konterrevolution vorgehen. Gerade in Petrograd wäre ein Exempel für uns von entscheidender Bedeutung. Gruß, Lenin.« (Lenin, PSS, Bd. 50, S. 106)

Auf Anordnung Uljanows entwickelte die Tscheka regelmäßig Maßnahmen zum Kampf gegen die Konterrevolution. Im Juni 1921 berichtete der stellvertretende Vorsitzende der Tscheka, Unschlicht, dem Revolutionsführer über die Aktivitäten der Straforgane (ich zitiere nur einige Auszüge):

»– in erster Linie schlägt die Tscheka vor, die Zerschlagung des Parteiapparates der Sozialrevolutionäre und Menschewiki fortzusetzen, indem sie sowohl einzelne Untergrundaktivisten als auch die Leiter der Organisationen verhaftet. Ferner müssen Massenoperationen gegen die oben genannten Parteien auch auf staatlicher Ebene durchgeführt werden …
– Die Tscheka entwickelt ein Agentennetz für die Arbeit in den Auslandsorganisationen der oben genannten Parteien.
– Zusammenkünfte von Parteilosen, Arbeitern und Bauern werden mit höchster Wachsamkeit beobachtet …
– In einem Zeitraum von zwei Wochen wird ein Plan zur Entwaffnung der bäuerlichen Bevölkerung in allen Gouvernements ausgearbeitet.
– Alle ehemaligen Grundbesitzer, Großpächter, Polizisten, Offiziere … werden erfasst und registriert.
– Im Staats- und Wirtschaftsapparat wird eine gründliche Säuberung durchgeführt …
– Besonders sorgfältig werden die Gouvernements Samara, Saratow und Tambow sowie das Gebiet der Wolgadeutschen gesäubert …« (Archiv für neuere Geschichte)

Es gibt zahlreiche wissenschaftliche Arbeiten des Revolutionsführers zu dem Thema »Terror und Diktatur«. Hier sollen jedoch einige Anmerkungen zu dieser Frage genügen. Im November 1920 veröffentlichte die Zeitschrift »Kommunistische Internationale« Lenins Artikel »Zur Geschichte der Diktatur«. Eröffnet wird er, wie üblich, durch einen apologetischen Satz über diese Staatsform: »Wer nicht begriffen hat, dass die Diktatur jedweder revolutionären Klassen für deren Sieg von entscheidender Bedeutung ist, der hat nichts von der Revolutionsgeschichte verstanden …« (Lenin, PSS, Bd. 41, S. 369) Im Folgenden beschreibt Lenin eine Reihe von Situationen, die geeignet sind, den Revolutionsterror zu entschuldigen und zu rechtfertigen. Schließlich bringt er den Begriff der Diktatur auf einen einfachen Nenner: »Diktatur bedeutet – nehmen Sie dies ein für alle Mal zur Kenntnis – grenzenlose Macht, die auf der Gewalt und nicht auf dem Gesetz basiert« (ebd., S. 376). Bezeichnend dabei ist, dass sich die Macht, wie beim Banditentum, nicht auf das Gesetz stützt. Lenin gefiel es, mit der Idee zu jonglieren, die Diktatur sei die Macht der Gewalt und nicht des Gesetzes. Diese »Logik des Beils«, um mit den Worten Gorkis zu sprechen, zieht sich wie ein roter Faden durch den gesamten Artikel. Es ist erschreckend, wie sich Lenin an seiner fürchterlichen wissenschaftlichen Entdeckung ergötzte: »Die grenzenlose, keinem Gesetz untergeordnete, absolute Macht – das ist die wahre Diktatur« (ebd., S. 380). Uljanow gefiel sein theoretischer Fund, der zugleich alles erklärte und rechtfertigte, so sehr, dass er ihm seine eigene Definition gab: »Vom wissenschaftlichen Standpunkt aus bedeutet Diktatur nichts anderes als die durch nichts eingedämmte, weder durch Gesetze noch durch allgemein gültige Regeln beschränkte, unmittelbar auf der Gewalt basierende Macht.« Nach Lenin »übt das revolutionäre Volk« direkt »die Gerichtsbarkeit aus, gebraucht die Macht und schafft ein neues, revolutionäres Recht« (ebd., S. 383). Die Ausübung von Zwang im Namen der Diktatur des Proletariats war demnach »revolutionäres Recht«.

In diesem Zusammenhang ist es interessant, dass Lenin vor der Revolution niemals, von seltenen Ausnahmen abgesehen, Henkermethoden propagierte, obwohl er zu ungewöhnlichen Schlussfolgerungen durchaus fähig war (wie beispielsweise dem Gedanken, den imperialistischen Krieg in einen Bürgerkrieg umzuwandeln). Nachdem er jedoch das Ruder des russischen, bolschewistischen Staatsschiffes in die Hand genommen hatte, wandelte Lenin sich unmerklich vom Sozialdemokraten zum Jakobiner.

Der Führer der Bolschewiki gab sich der Illusion hin, mit Hilfe der Justizorgane könnte die Herausbildung eines riesigen und schwerfälligen bürokratischen Apparats verhindert werden. Der »Amtsschimmel« erregte den besonderen Unmut des Revolutionsführers. Er wies Kurski, den Volkskommissar für Justiz, an, die Auswüchse der Bürokratie zum Politikum zu machen: »Im Herbst und Winter 1921/22 müssen in Moskau 4 bis 6 Bürokratiedelikte vor Gericht gebracht werden. Dabei muss man die krassesten Fälle auswählen und jedes Urteil in ein politisches Licht rücken.« (Lenin, PSS, Bd. 54, S. 1)

Nachdem Lenin sich mit den Auswüchsen der Bürokratie beim Komitee für Erfindungen bekannt gemacht hatte (wie er schreibt, »gibt es in diesen Ämtern eine erhebliche Anzahl unfähiger Wissenschaftler, Faulenzer und anderes Gesindel«), wandte er sich erneut an Kurski: »Vor dem Revolutionstribunal muss ein politischer Prozess in Gang gebracht werden, der diesen ›wissenschaftlichen‹ Sumpf gehörig austrocknet« (ebd., S. 221).

Über solchen sporadischen Eingriffen in die Tätigkeit der Straforgane verlor der Revolutionsführer jedoch nicht sein Hauptziel aus den Augen, das in der Schaffung einer Rechtsgrundlage für den repressiven Staatsapparat bestand.

1922 begann das Volkskommissariat für Justiz mit der Ausarbeitung eines Strafgesetzbuches für die RSFSR. Lenin traf sich in dieser Angelegenheit wiederholt mit Kurski und verfasste sogar einige Artikel für das neue Gesetzbuch. In einem Schreiben an den Volkskommissar für Justiz forderte er ohne Umschweife: »Genosse Kurski! Meiner Meinung nach muss man den Einsatz von Erschießungen (als Ersatz für die Verbannung ins Ausland) verstärken ...« (Lenin, PSS, Bd. 54, S. 189)

Zwei Tage später sandte der Jurist Lenin Kurski erneut eine Botschaft, die einem politischen Befehl gleichkam:

»Das Gericht darf den Terror nicht abschaffen; dies zu versprechen, wäre eine Täuschung bzw. Selbstbetrug. Er muss vielmehr prinzipiell gesetzlich verankert werden, und zwar ohne Heuchelei oder Schönfärberei. Bei der Ausformulierung muss die Möglichkeit zu einer breiten Auslegung gewahrt bleiben, da im konkreten Fall nur das revolutionäre Rechtsbewusstsein und das revolutionäre Gewissen die letzte Entscheidung treffen können« (ebd., Bd. 54, S. 190).

Doch Lenin gab sich nicht mit diesen allgemeinen, prinzipiellen Weisungen zufrieden, sondern formulierte eigenhändig einen entsprechenden Artikel:

»Propaganda beziehungsweise Agitation für oder Mitgliedschaft beziehungsweise Mitarbeit bei Organisationen, die für jenen Teil der internationalen Bourgeoisie unterstützend tätig ist, der die Gleichberechtigung des kommunistischen Eigentumssystems nicht anerkennt und dessen gewaltsamen Sturz anstrebt, sei es durch Intervention, Blockade, Spionage, finanziellen Druck oder ähnliche Mittel, werden mit der Höchststrafe geahndet. Im Falle mildernder Umstände kann diese durch Freiheitsentzug oder Ausweisung ersetzt werden« (ebd., Bd. 45, S. 189–190).

Derartige Sätze kann nur die Feder eines Juristen zu Papier bringen! Lenins Entwurf sollte nicht in Vergessenheit geraten. Im Strafgesetzbuch der RSFSR wurde er, wenn auch mit zahlreichen Modifikationen, im Abschnitt »Konterrevolutionäre Verbrechen« berücksichtigt. Für den »Umsturzversuch«, für »Maßnahmen zur Unterstützung der internationalen Bourgeoisie«, für Spionage, feindliche Propaganda und Agitation sah Artikel 58 den Tod durch Erschießen und andere Strafmaßnahmen vor (Volkskommissariat für Justiz der UdSSR [Hsg.], Strafgesetzbuch der RSFSR, Moskau 1938, S. 26–32). Zahllose politische Gefangene des Gulag, »Terroristen«, »Spione«, »feindliche Agitatoren« und »Verbündete der Bourgeoisie« verdankten also ihr Urteil und das Strafmaß einem Artikel, der auf die persönliche Initiative Lenins zurückging. Dieser Umstand wurde übrigens nie verheimlicht. Im 1970 erschienenen Band 45 von Lenins gesammelten Werken wird in den redaktionellen Vorbemerkungen Folgendes »besondere Verdienst« konstatiert: »Die Vorschläge Lenins wurden bei späteren Bearbeitungen des Abschnittes ›Konterrevolutionäre Verbrechen‹ im Strafgesetzbuch berücksichtigt.« (Lenin, PSS, Bd. 45, S. 549)

Lenin kam eine spezielle Rolle bei der Schaffung der »Straforgane« zu, die im sowjetischen Leben eine Sonderstellung einnahmen. Auf diesem Gebiet entwickelte er nicht den Marxismus weiter, sondern leistete Pionierarbeit. Denn Marx und Engels hatten nie irgendwelche »Weisungen« erteilt, wie die »Straforgane« der proletarischen Diktatur beschaffen sein sollten.

Die im Dezember 1917 gegründete Tscheka erhielt schon bald auf Antrag Lenins das Recht zur außergerichtlichen Bestrafung. Dieses allmächtige Organ hatte die Vollmacht, Verhaftungen vorzunehmen, Untersuchungen durchzuführen, Urteile auszusprechen und diese auch zu vollstrecken. Zehntausende von Menschen wurden in den Folterkammern der Tscheka ohne Gerichtsverhandlung erschossen. Doch damit nicht genug. Auf der Politbürositzung vom 14. Mai 1921 wurde unter Lenins Vorsitz die Resolution »zur Erweiterung der Rechte der Tscheka in Bezug auf die Verhängung des höchsten Strafmaßes« verabschiedet (Archiv für neuere Geschichte).

Im Juni 1918 (drei Monate vor Annahme des Dekrets »Über den roten Terror«) fasste die Parteikonferenz der Tschekisten folgende Beschlüsse:

»… 2. Prominente und aktive Führer der Monarchisten-Kadetten, der rechten Sozialrevolutionäre und Menschewiki sind aus dem öffentlichen Leben zu entfernen.

3. Generäle und Offiziere sollen registriert und überwacht werden. Die Rote Armee und der Kommandostab … werden unter Beobachtung gestellt.

4. Bekannte und eindeutig überführte Konterrevolutionäre, Spekulanten, Räuber und korrupte Individuen werden hingerichtet« (Archiv für neuere Geschichte).

Häufig nahmen Entscheidungen des Politbüros wie etwa der Beschluss »über die Rädelsführer der Basmatschen« Gerichtsurteile vorweg: »Das mittelasiatische Büro wird angewiesen, die Rädelsführer der Basmatschen auf jeden Fall in Haft zu behalten und zur

Verhängung der Höchststrafe unverzüglich dem Revolutionstribunal zu überstellen.« (Archiv für neuere Geschichte)
Lenin kontrollierte die Tscheka persönlich. So wachte er zum Beispiel über Ernennungen und befasste sich sogar mit operativ-technischen Fragen: »… Beobachtung und Überwachung müssen vervollkommnet werden (besondere Trennwände, Holzverschläge oder Umkleidekabinen, Blitzdurchsuchungen; Systeme zur doppelten und dreifachen Sofortüberprüfung nach allen Regeln ermittlungstechnischer Kunst usw.)« (Lenin, PSS, Bd. 52, S. 222–223). Bei der Lektüre dieser Zeilen könnte man meinen, sie stammten von einem professionellen Detektiv. Der Revolutionsführer kümmerte sich jedoch nicht nur um allgemeine Richtlinien für eine wirkungsvollere Arbeit der Tscheka, sondern gab auch persönlich Anweisungen für Durchsuchungen und Verhaftungen: »Genosse Dserschinski! … Halten Sie es nicht für sinnvoll, die Verhaftungen im Rayonkomitee nachts vorzunehmen?« (Leninski sbornik, Bd. XXXVII, S. 114)
Lenin witterte überall Verrat und Spionage und lebte in ständiger Angst vor ausländischen Verschwörungen gegen das Regime. Selbst als angesichts der Hungersnot ausländische Hilfsorganisationen Abgesandte nach Russland schickten, war der Revolutionsführer auf der Hut:

»Genosse Molotow! *Geheim*
Aufgrund des Abkommens mit dem Amerikaner Hoover steht uns ein Massenansturm von Amerikanern bevor, um deren Überwachung wir uns kümmern müssen. Ich schlage dem Politbüro vor, eine Kommission zu gründen, die sich über die Tscheka und andere Straforgane mit der Verstärkung der Überwachungsmaßnahmen für Ausländer befasst. Zusammensetzung der Kommission: Molotow, Umschicht, Tschitscherin.
Diese dürfen nur mit ausdrücklichem Einverständnis Molotows durch absolut zuverlässige Parteimitglieder ersetzt werden.«
(Archiv für neuere Geschichte) Lenin

Lenin war der Mann, der der Tscheka einen Freibrief ausstellte. Nach der Revolution übte zunächst das Politbüro die Kontrolle über die Straforgane aus. Später dann war sie dem ersten Mann

in Staat und Partei vorbehalten. Kam es zum Konflikt zwischen Tscheka und anderen Staatsorganen, stellte sich Uljanow unmissverständlich auf die Seite der Tschekisten.
So protestierte M. Koslowski, der verantwortliche Funktionär des Volkskommissariats für Justiz, in einem Brief gegen die willkürlichen Erschießungen der Tscheka:

»Wladimir Iljitsch,
Vor einigen Tagen teilte ich Stalin mit, dass ich zu seiner Verfügung stehe. Doch Stalin zögert. Ich habe acht Akten beigelegt, auf die sich mein Protest gegen die Tscheka stützt …
Ich schlage vor, die Frage der Erschießung aller ehemaligen Polizisten, vom Landpolizisten bis zum Reviervorsteher …, nochmals zu überprüfen. Weiterhin beschloss die Tscheka, Krylowa wegen Mitgliedschaft in der weißgardistischen Gruppe um Saposchnikow zu erschießen. Für diesen Vorwurf gibt es keine Beweise, außer dass Krylowa die Frau Saposchnikows ist … Häufig wird entschieden, jemanden ohne Untersuchung und Begründung zu erschießen (so etwa Kasjanow, Schustrow, Schmakow und andere. Schmakow zum Beispiel wurde nur deswegen hingerichtet, weil er ›Monarchist‹ war …)«

Lenin wandte sich daraufhin an Stalin: »Genosse Stalin! Bitte prüfen Sie dies und schicken Sie es mir umgehend zurück … Dserschinski hat mir gesagt, dass das Kollegium der Tscheka dagegen Protest einlegt. Lenin« (Archiv für neuere Geschichte). Und wenn Dserschinski protestierte, konnte er sich immer auf die Unterstützung Lenins verlassen, denn die Tscheka war schließlich das »Schwert der Revolution«.
Sehr bald entwickelte sich die Tscheka zur wichtigsten Macht im Staate, die nicht nur unter den »Volksmassen«, sondern auch unter den orthodoxen Bolschewiki Angst und Schrecken verbreitete. Laut Nikola) Wasiljewitsch Krylenko verwandelte sich die Tscheka bald in ein Volkskommissariat, das »schrecklich in der Erbarmungslosigkeit seiner Repressionen und in seiner konspirativen Struktur für einen Außenstehenden völlig undurchschaubar« gewesen sei (Krylenko, N. W., Sudoustrojstwo RSFSR. Moskau 1923, S. 97).

Obwohl sich Dserschinski der wachsenden Feindseligkeit gegenüber der Tscheka bewusst war, brachte er mit dem Einverständnis Lenins im ZK der RKP einen Antrag ein, laut dem der Tscheka die Genehmigung erteilt werden sollte, in den Gouvernements die Todesstrafe auch ohne ausdrückliche Bestätigung durch Moskau zu verhängen. Darüber hinaus schlug er vor, das höchste Strafmaß auch in Fällen von »Amtsmissbrauch an der Wirtschaftsfront« verstärkt einzusetzen (Archiv für neuere Geschichte). Lenin war natürlich einverstanden.

Als der Versuch unternommen wurde, die repressive Tätigkeit der Tscheka der Kontrolle des Volkskommissariats für Justiz zu unterstellen, protestierte Dserschinski:

»Wenn die Tscheka unter die Aufsicht des Volkskommissariats für Justiz gestellt wird, bedeutet das für uns nicht nur einen enormen Prestigeverlust, sondern vermindert auch unsere Autorität im Kampf gegen das Verbrechen und bestätigt zudem das ganze weißgardistische Geschwätz über unsere ›Willkür‹ … Es handelt sich hier nicht um einen Akt der Kontrolle, sondern um einen Akt der Diskreditierung der Tscheka und ihrer Organe … Die Tscheka steht unter der Kontrolle der Partei« (Archiv für neuere Geschichte). Zumindest im letzten Punkt irrte sich Dserschinski, denn bereits damals war die Tscheka nicht mehr der Partei, sondern lediglich deren Führer rechenschaftspflichtig.

Doch neben der Tscheka, die sich allmählich zum Staat im Staate entwickelte und nach eigenem Gutdünken über Leben und Tod entscheiden konnte, blieben auch die Tribunale nicht untätig (so bezeichnete man in Analogie zur großen Französischen Revolution die neuen Gerichte). Sergej Kobjanow, ein Verteidiger im Revolutionstribunal, erinnert sich, dass dessen »Urteile weder durch Kassation noch durch Appellation angefochten werden konnten. Das Urteil wurde von niemandem bestätigt und musste innerhalb von 24 Stunden vollstreckt werden.« (Archiv der russischen Revolution, Bd. VII, Berlin 1922, S. 246)

Natürlich konnten sich die Tribunale in ihrer »Effektivität« nicht mit der Tscheka messen, doch nichtsdestoweniger waren diese Gerichte für den Tod Tausender von Menschen verantwortlich, die häufig nur aufgrund ihrer Zugehörigkeit zu einer »Ausbeuter-

klasse« verurteilt wurden. Ich verfüge zwar über keine landesweite Statistik, möchte aber einige aufschlussreiche Zahlen anführen. 1921, als der Bürgerkrieg sich dem Ende näherte und die Kampfhandlungen bereits stark nachließen, »arbeiteten« die Tribunale weiter ohne Unterlass. Obwohl in diesem Jahr um ein Vielfaches weniger Armeeangehörige erschossen wurden als beispielsweise 1918 oder 1919, nahm der revolutionäre Terror immer noch gigantische Ausmaße an. So informierten N. Sorokin, der Vertreter des Kriegskollegiums des Obersten Tribunals des WZIK, und M. Strogowitsch, der Leiter der statistischen Abteilung des WZIK, Trotzki darüber, wie viele Armeeangehörige 1921 erschossen wurden: Im Januar waren es 360 Männer, im Februar 375, im März 794, im April 740, im Mai 419, im Juni 365, im Juli 393, im August 295, im September 176, im Oktober 122, im November 11 und im Dezember 187. Insgesamt wurden 1921 4337 Soldaten und Kommandeure exekutiert (Archiv der Sowjetarmee). All dies geschah zu einem Zeitpunkt, als die »Roten« den Sieg bereits davongetragen hatten.
Bisweilen erteilte Lenin selbst Weisungen, wie der eine oder andere Prozess vonstatten gehen sollte. So wurde auf der Politbürositzung vom 27. August 1921 (an ihr nahm ein ausgewählter Kreis teil: außer Lenin waren Trotzki, Kamenew, Sinowjew, Molotow und Stalin anwesend) unter anderem die Frage erörtert, ob Baron Ungern dem Gericht übergeben werden sollte. Lenin beantragte, »gemeinsam Anklage zu erheben und, falls die Beweislage dies zulässt, woran kein Zweifel bestehen dürfte, eine öffentliche Gerichtsverhandlung abzuhalten, die so rasch wie möglich zur Urteilsverkündung kommen muss. Danach soll er umgehend erschossen werden.« (Archiv für neuere Geschichte)
Lenin trat in diesen wenigen Sätzen zugleich als Untersuchungsrichter, Staatsanwalt und Richter auf. Ein Verteidiger war ohnehin nicht erforderlich.
Es wurden jedoch nicht nur Bürgerliche, Arbeiter, Bauern und Rotarmisten erschossen. Die Tscheka machte auch vor den eigenen Reihen nicht halt, wenn geeignete Verdachtsmomente vorhanden waren. Laut der Erklärung einer Gruppe von Tschekisten an der Turkestaner Front häuften sich Exekutionen von Mitgliedern der Spezialeinheiten der Tscheka.

»Man erschießt die Mitarbeiter für die verschiedensten Verbrechen, und keiner der Kommunisten, die sich in diesen proletarischen Straforganen befinden, ist davor gefeit, schon morgen aus irgendeinem beliebigen Grund hingerichtet zu werden … Sobald ein Kommunist für das Straforgan arbeitet, hört er auf, Mensch zu sein und verwandelt sich in einen Automaten … Er darf weder seine Ansichten äußern noch über seine Nöte klagen, weil darauf die Todesstrafe steht.«

Durch ihre Arbeit und die ständige Angst vor Bestrafung entwickelten sich unter den Mitarbeitern unsittliche Verhaltensweisen wie Überheblichkeit, übertriebener Ehrgeiz, Grausamkeit und gefühlloser Egoismus. Nach und nach begannen sie eine »eigene Kaste« zu bilden (Archiv für neuere Geschichte).
Der uns bereits bekannte Ja. S. Ganetzki schlug Lenin vor, die Einheit von Tscheka und Partei noch weiter auszubauen. Es sei wichtig, schreibt Ganetzki, »eine möglichst enge Verbindung zwischen Parteiorganisationen und Außerordentlichen Kommissionen herzustellen … Man muss alle Parteimitglieder, die verantwortungsvolle Posten bekleiden, verpflichten, den Außerordentlichen Kommissionen sämtliche Informationen mitzuteilen, die ihnen auf privatem wie offiziellem Wege zukommen und für den Kampf gegen die Konterrevolution interessant sein könnten …« (Lenin i Tscheka, Moskau 1975, S. 281). Lenin antwortete: »Genosse Ganetzki! Haben Sie darüber schon mit Dserschinski gesprochen? Rufen Sie mich an. Ihr Lenin.« Mit seinem Vorschlag hatte Ganetzki bei Lenin, den er gut kannte, zweifellos ins Schwarze getroffen. Denn schließlich hatte der Revolutionsführer selbst den Satz geprägt: »Ein guter Kommunist ist zugleich auch ein guter Tschekist« (ebd., S. 363).
Trotz der äußerst schwierigen Wirtschaftslage der Republik verweigerte Lenin der Tscheka niemals finanzielle Mittel. Als Vorsitzender des Rates für Arbeit und Verteidigung unterzeichnete er im November 1921 einen Beschluss, laut dem der Tscheka eine Sonderzulage von 792.000 Goldrubeln zur »besonderen Verwendung« bewilligt wurden (Archiv für neuere Geschichte).
Die Bolschewiki hatten bereits 1918 damit begonnen, Konzentrationslager einzurichten. Freilich waren sie nicht mit den Di-

mensionen des Stalinschen Gulag vergleichbar, und schließlich war es auch noch einfacher, sich seiner Feinde durch Erschießungen zu entledigen. Aber als sich abzeichnete, dass die Bolschewiki aus dem Bürgerkrieg als Sieger hervorgehen würden, gingen die Massenexekutionen rasch zurück. Konterrevolutionäre, Terroristen und Saboteure, die den Krieg überlebt hatten, wurden nun in die Baracken der Konzentrationslager verbracht. Man nahm diese Aufgabe mit Elan in Angriff. So wurde auf der Politbürositzung vom 20. April 1921 unter dem Vorsitz Lenins der Beschluss gefasst, ein solches Lager mit einer Kapazität von 10000 bis 20000 Menschen im Rayon Uchta zu errichten (Archiv für neuere Geschichte). Bereits eine Woche später unterbreitete Dserschinski dem höchsten Parteigremium seinen Plan, »die verbrecherischen Kronstädter Matrosen in der Strafkolonie von Uchta anzusiedeln«. (Archiv für neuere Geschichte) Dann wieder schlug die Tscheka vor, ein neues Lager bei Cholmogory zu errichten (Archiv für neuere Geschichte). So ging es endlos weiter. Diese Lager sollten nicht die letzten bleiben. Schon bald war das ganze Land mit einer Unmenge von Lagern übersät, die sieben Jahrzehnte lang von Millionen Menschen bevölkert wurden.

Bereits im Bürgerkrieg konnten erste Erfahrungen mit der Deportation von Menschen gemacht werden. Besonders viele Frauen und Kinder wurden nach der grausamen Abrechnung mit den Donkosaken deportiert. Tausende dieser Unglücklichen starben, noch bevor sie das Lager erreicht hatten. Trotzki nahm Stalins zukünftige, sibirische »Marschrouten« bereits im August 1920 vorweg, als er in Moskau erklärte: »Ich schlage vor, im Kubangebiet im Namen der Regierung bekannt zu geben, dass die der Unterstützung Wrangels überführten Familien nach Transbaikalien verbannt werden. Sie sollen in jenes Gebiet ausgewiesen werden, das sich in den Händen der Japaner … und anderer befindet. Ich bitte, mir mitzuteilen, ob es dagegen Einwände gibt.« (Archiv der Sowjetarmee)

Widerspruch erhob sich zwar keiner, doch die praktische Umsetzung des Vorschlags war problematisch, da man dieses Gebiet nur auf sehr unzureichenden Verkehrswegen erreichen konnte …

In den ehemaligen Parteiarchiven des KGB-NKWD lagern die Briefe von Unglücklichen aus zahllosen Lagern. Obwohl ein Großteil dieser Dokumente von den Gefängniswärtern an Ort und Stelle vernichtet wurde, sind nicht wenige erhalten geblieben. Besonders viele existieren aus jenem Zeitraum, als die Kollektivierung begann und »Lenins Genossenschaftsplan« in die Tat umgesetzt wurde. Ich führe im Folgenden einige dieser Briefe an, die, wie ich glaube, geeignet sind, uns einen Eindruck von dieser weit zurückliegenden und grausamen Zeit zu vermitteln.

»Gesuch
der Umsiedler im Bezirk Nord-Dwinsk, im Rayon Kotlas, von der Masse des Volks im Lager Makaricha.
Wir bitten Sie, unsere Angelegenheiten zu prüfen. Warum, um Himmels willen, quält und verhöhnt man uns hier? Dafür, dass wir viel Getreide gesät und dem Staat Nutzen gebracht haben, aber jetzt unbrauchbar geworden sind?
Wenn wir unnütz sind, dann bitten wir Sie darum, uns ins Ausland zu schicken, denn hier steht uns der Hungertod bevor, und jeden Tag setzt man uns mit der Drohung, uns zu erschießen, den Revolver auf die Brust. Eine Frau erstach man mit dem Bajonett, zwei Mann wurden erschossen, und 1600 hat man in eineinhalb Monaten in der Erde begraben.
Die Massen bitten Sie, eine Kommission einzusetzen, um mit eigenen Augen zu sehen, wie wir dahinvegetieren. Ein guter Bauer hält sein Vieh besser, als wir leben müssen. Bei uns kommt von unten das Wasser, und von oben rieselt einem der Sand in die Augen. Wir entkleiden uns nicht und ziehen nie die Schuhe aus. Das Brot reicht nicht, man gibt uns nur 300 Gramm, und heißes Wasser ist auch nicht vorhanden. Wenn das noch einen Monat so weitergeht, werden nicht mehr viele von uns übrig sein.
… Bedenken Sie doch, was passiert ist: Alle hat man umgesiedelt und verbannt. Keiner ist dabei reich geworden, nur Russland hat man in den Niedergang geführt.
… Unsere Adresse: Stadt Kotlas, Bezirk Nord-Dwinsk, Lager für Umsiedler. Makaricha, Baracke 45. Im Jahre 1930.

I. W. Krylenko.«

(Archiv der Russischen Föderation)

Der Pflug der russischen Revolution hatte, wie Lenin es formulierte, »Russland umgegraben«.

Vergeblich warteten I. W. Krylenko und Millionen anderer Unglücklicher auf eine Verbesserung ihrer Lebensbedingungen. Sie gehörten nämlich, so Lenin, allesamt zum »Kleinbürgertum«, dem »Hauptfeind« der Revolution. Wenn man sie schon nicht vernichtete, musste man sie wenigstens umerziehen, ganz gleich, zu welchem Preis. Dieser Prozess war Bestandteil der praktischen Umsetzung einer Idee, die der Revolutionsführer Sozialismus nannte (Lenin, PSS, Bd. 36, S. 255, 257). Für ihn heiligte der Zweck die Mittel. So schrieb er: »Mögen die Schoßhunde der bürgerlichen Gesellschaft, von Bjelorussow bis Martow, nur winseln und kläffen wegen jedes Spans, der beim Abholzen eines großen, alten Waldes anfällt.« (Lenin, PSS, Bd. 36, S. 193)
Die Bolschewiki vermochten nicht, das Paradies auf Erden zu schaffen. Im Gegenteil: das Projekt der »neuen Gesellschaft« geriet unter Lenins Führung rasch zur Höllenfahrt.

Fünftes Kapitel
Lenins personelles Umfeld

»Für Lenin und all seine Gefolgsleute war das grundlegende Problem die Macht.«
Nikolai Berdjajew

Lenin war stets von vielen Menschen umgeben. Aufgrund seiner intellektuellen Fähigkeiten hob er sich bereits zu Beginn des Jahrhunderts deutlich von den übrigen russischen Sozialdemokraten ab. Entweder man fühlte sich zu ihm hingezogen, oder man stritt aufs heftigste mit ihm, bis hin zum Zerwürfnis, doch ihn zu ignorieren war unmöglich: Lenin war ein Mann mit Charisma, der die Menschen allein durch seine Gegenwart beeinflussen konnte. Enge Freunde hatte er jedoch nicht.

Es war, als hielte er die Menschen durch seine intellektuelle »Größe« auf Abstand. In frühen Phasen seines Lebens verband Lenin allerdings eine sehr enge Freundschaft mit J. O. Martow, H. E. Fedosejew und mit A. A. Wanejew. Später, am Vorabend der Revolution, unterhielt er herzliche, freundschaftliche Beziehungen zu G. E. Sinowjew und L. B. Kamenew.

Mitunter bekundete Lenin deutlich seine Sympathie gegenüber Swerdlow, Dserschinski, Podwojski, Lunatscharski und anderen führenden Parteigenossen. Wenn er sich, wie es häufig geschah, nach dem Gesundheitszustand und dem Wohlbefinden der ihn umgebenden Genossen erkundigte und sich Sorgen machte, ob sie auch genug gegessen und sich ausgeruht hätten, so war es Lenins Überzeugung nach einfach seine innerparteiliche Pflicht. Der Führer der Bolschewiki konnte scherzen und lachen, er konnte sich sogar familiär geben, doch er überschritt niemals die unsichtbare Grenze zum persönlichen Vertrauensverhältnis. Vielleicht bildete lediglich die Beziehung zu I. Armand eine Ausnahme; ansonsten aber galt sein ganzes Sinnen und Trachten einer Idee, deren fanatischer Verfechter und Diener er war. Solche Menschen können zwar Gleichgesinnte, Kampfgenossen, Mitverschworene und Glaubensbrüder haben, in den seltensten Fällen jedoch persönliche Freunde.

Mich interessieren vor allem die Menschen aus Lenins Umfeld, die einen spürbaren Einfluss auf die Entstehung und Entwicklung des Systems ausgeübt haben, das nach dem Oktober 1917 entstanden ist.

Folgende Personen gehörten am 25. März 1919 dem ständig amtierenden Politbüro des ZK an: W. I. Lenin, L. B. Kamenew, N. N. Krestinski, J. W. Stalin, L. D. Trotzki. N. I. Bucharin, G. E. Sinowjew und M I Kalinin hatten den Status von Kandidaten. Mit Ausnahme von Nikolaj Nikolajewitsch Krestinski, der sich im Politbüro nur bis 1921 halten konnte, und Michail Iwanowitsch Kalinin – einer Person, die offenkundig nur zur Dekoration diente – waren diese Leute, die in den ersten Jahren der Sowjetmacht das engere Umfeld Lenins darstellten, die wichtigsten Gehilfen des »Hauptarchitekten« des Systems.

Wenn ich von Lenins Umfeld spreche, möchte ich mich auf den Rahmen des Politbüros beschränken, obwohl sich der Revolutionsführer zur Klärung verschiedener Fragen auch häufig mit J. M. Swerdlow, F. E. Dserschinski, D. K. Ordschonikidse, N. I. Podwojski, M. S. Uritzki, M. M. Wolodarski, E. D. Stasowa, A. W. Lunatscharski, A. M. Kollontaj, E. A. Rachja, M. W. Frunse, N. W. Krylenko, D. I. Kurski, A. D. Zjurupa, W. D. Bontsch-Brujewitsch und anderen Revolutionären traf. Sie bildeten sozusagen die zweite Schicht des unmittelbaren Umfeldes, indem sie den Willen des Führers ausführten und seine Bestrebungen zu interpretieren und zu propagieren wussten. Eben dieses Umfeld ermöglichte es Lenin, die Linie des bewaffneten Aufstands sowie den Kriegskommunismus und den Roten Terror zu verwirklichen, alle nur denkbaren Ressourcen zur Führung des Bürgerkrieges zu mobilisieren, den Übergang zur Neuen Ökonomischen Politik zu vollziehen und die Weltrevolution zu initiieren. Die Personen aus Lenins engerem Umfeld – dem Politbüro – wie auch jene aus der »zweiten Schicht« konnten zwar ihre Individualität und Eigenart bewahren, waren aber dennoch Werkzeuge von Lenins Willen, seinen Erleuchtungen und bitteren Irrtümern. Durch sie wurde der bolschewistische Kurs aufrechterhalten.

Lenins engere Mitarbeiter gehorchten ihm bedingungslos (Unschlüssigkeit und eigenmächtiges Handeln stellten Ausnahmen dar); sie unterstützten den Führer, befehdeten sich jedoch untereinander und kämpften um den Einfluss an der Spitze der Machtpyramide. Wenn man sich mit den Personen befasst, die dem Führer der russischen Revolution nahe standen, wird man wie in einem Spiegel auch einige seiner Wesenszüge wahrnehmen, die, wenn man sich lediglich auf die Betrachtung des Führers beschränkt, nur schwer zu erkennen sind.

»Der fähigste Mann ... im ZK«

Mit diesen Worten wurde Trotzki am 24. Dezember 1922 von Lenin charakterisiert. Indem er Trotzki (wie auch Stalin) als »hervorragenden Führer des jetzigen ZK« bezeichnete (Lenin, PSS, Bd. 45, S. 345), würdigte Lenin die lange, widersprüchliche, komplizierte und ambivalente Geschichte seiner Beziehung zu diesem Genossen in ganz besonderem Maße. Kurz vor seinem Rückzug aus dem politischen Leben hielt es Lenin für nötig, die geistige Bedeutung des zweiten Mannes der russischen Revolution in einem Brief besonders hervorzuheben, wobei er sich allerdings nicht enthalten konnte, auch auf die Schwächen dieses Revolutionärs hinzuweisen: Eitelkeit und Überbetonung der »administrativen Seite der Dinge«. Dieser »umfassenden« Beurteilung Trotzkis gingen lange Jahre gemeinschaftlicher Arbeit, erbitterter Kämpfe, aufmerksamer gegenseitiger Beobachtung und erneuter Zusammenarbeit voraus.

Trotzkis Verhältnis zu Lenin durchlief mehrere Stadien. Man kann sogar sagen, dass es an der Schwelle zum neuen Jahrhundert besonders Lenin war, der dem jungen Revolutionär in schwierigen Situationen zur Seite stand.

Im Oktober 1902 klopfte Trotzki an einem frühen Morgen an die Tür von Lenins Wohnung in London. Die Adresse hatte ihm Pawel Axelrod in Zürich gegeben, wohin Trotzki nach seiner Flucht aus der sibirischen Verbannung gelangt war. In dieser Wohnung traf Trotzki zum ersten Mal mit Lenin und Krupskaja zusammen. Genötigt, auf dem Bett des künftigen Führers der zukünftigen Revolution Platz zu nehmen, bat Trotzki zunächst einmal um

Geld: unten stand nämlich noch die Droschke, die bezahlt werden musste.
Lenin führte Trotzki in den Kreis der in Russland und Europa gleichermaßen bekannten Sozialdemokraten ein: Er stellte ihn Plechanow, Potresow, Dan, Sasulitsch und Martow vor und machte ihn mit der Zeitung »Iskra« bekannt. Er wollte Trotzki zu einem seiner jungen Helfer machen und ihn weiter protegieren. Bald schon spürte er jedoch die Widerspenstigkeit, den Eigensinn und die stark ausgeprägte Eigenliebe des jungen Revolutionärs. Auf den Parteitagen der in Bolschewiki und Menschewiki aufgespaltenen SDAPR gingen Lenin und Trotzki lange Zeit getrennte Wege. Trotzki hielt Martow, Axelrod, Dan und Sasulitsch für wesentlich interessantere Persönlichkeiten als Lenin.
Nach der ersten russischen Revolution waren die beiden politisch wie ideologisch unversöhnliche Gegner. Lenin stellte Trotzki wegen seines Versuchs, eine zentristische Position einzunehmen, an den Pranger, obwohl er ihn im Grunde seines Herzens wahrscheinlich um seinen brillanten aphoristischen Stil beneidete. Er ließ keine Gelegenheit aus, um Trotzki mit Schimpfworten zu belegen. So verpasste er ihm in Anspielung auf seine jüdische Herkunft den beleidigenden Spottnamen: »Iuduschka«. In einem seiner Briefe an Inessa Armand äußerte Lenin verärgert: »Also dieser Trotzki! Immer das gleiche mit ihm, er sucht Ausflüchte, mogelt, gibt sich als Linker, hilft aber den Rechten, wo es nur geht …« (Lenin, PSS, Bd. 49, S. 390)
Trotzki stand ihm jedoch in nichts nach. Zwischen der Revolution von 1905 und dem Oktoberumsturz machte er Lenin in seinen Artikeln lächerlich, indem er seine Fähigkeiten als Theoretiker und seine Führungsqualitäten in Frage stellte. Damals sah es so aus, als würden sie für immer Feinde bleiben. Im März 1913 klagte Trotzki in seinem Brief an Nikolaj Semjonowitsch Tschcheidse über die »elenden Intrigen, die Meister Lenin, dieser professionelle Ausbeuter jeglicher Rückständigkeit in der russischen Arbeiterbewegung, systematisch bei all seinen Aktivitäten schmiedet … Das gesamte Gebäude des Leninismus ist zum gegenwärtigen Zeitpunkt auf Lügen und Fälschungen aufgebaut und birgt bereits den giftigen Keim der Verwesung in sich …« (Archiv für neuere Geschichte)
Lenin hielt Trotzki bis zum Februar 1917 für einen prowestlichen

Sozialdemokraten – was in den Augen des Führers der Bolschewiki eine schreckliche Sünde darstellte. Noch im Juli 1916 bezeichnete er ihn als »Heuchler«, als »Kautskyaner« und »Eklektiker«. Als Lenin nach Russland kam, stellte er seine Polemik gegen Trotzki ein und nannte ihn bereits einen »offenkundigen Internationalisten und Kriegsgegner« (Lenin, PSS, Bd. 31, S. 204). Lenin spürte, dass die Revolution ihn und Trotzki gegen ihren Willen einander wieder näher bringen würde.
Zu guter Letzt, nachdem die zentristische Organisation der sogenannten »Meschrayonzy« auf dem 6. Parteitag der SDAPR in die Reihen der Bolschewiki aufgenommen wurden, fand Lenin in seinem Herzen einen würdigen Platz für Trotzki. Durch die 4000 Sozialisten erfuhr Lenin eine deutliche Stärkung. Unter ihnen befanden sich so einflussreiche Persönlichkeiten wie W. Wolodarski, A. A. Joffe, A. W. Lunatscharski, D. S. Manuilski, M. S. Uritzki und K. K. Jurenew. Auch L. D. Trotzki gehörte zu den »Meschrayonzy«. Trotzki, der noch vor nicht allzu langer Zeit von Lenin als »Kautskyaner« tituliert worden war, schrieb im Sommer 1920, an Karl Kautskys Adresse gerichtet:

»Die Revolution fordert von der revolutionären Klasse, dass sie ihre Ziele mit allen Mitteln, die ihr zur Verfügung stehen, zu erreichen versucht. Das bedeutet gegebenenfalls einen bewaffneten Aufstand oder – wenn es die Situation erfordert – Terrorismus … Der Terror kann ein äußerst wirksames Mittel gegen die reaktionäre Klasse sein, die nicht bereit sein wird, freiwillig das Feld zu räumen. Die Abschreckung ist ein machtvolles Mittel sowohl der Außen-, als auch der Innenpolitik. Der Krieg basiert ebenso wie die Revolution auf Abschreckung. Ein siegreicher Krieg vernichtet in der Regel nur einen geringfügigen Teil der besiegten Armee, wirkt aber gleichzeitig abschreckend auf die übrigen und bricht ihren Willen.« (Trotzki, Werke, Bd. XII, S. 59)

In dem zitierten Auszug aus Trotzkis Werk »Terrorismus und Kommunismus« ist Lenins Argumentationslinie deutlich herauszulesen. Lenin und Trotzki stimmten in ihrem revolutionären Jakobinismus überein und hielten auch radikale Maßnahmen zur Erlangung einer sozialen Umwälzung für zulässig. Lenin war beeindruckt von dem organisatorischen Talent Trotzkis und von seiner Fähigkeit, auf jedem beliebigen Gebiet und in jedem beliebigen Tätigkeitsbereich, den man ihm zuwies, eine Wende zum Besseren zu erzielen. Da Lenin dazu neigte, ausschließlich vom »Parteistab«, also vom Zentrum aus zu agieren, war ihm Trotzki von Nutzen, da dieser seine eigenen Schwächen kompensieren half: seine Unfähigkeit und seinen Widerwillen, persönlich an der Front oder an einem anderen kritischen Ort anwesend zu sein und eine entscheidende Wende herbeizuführen. Trotzki ergänzte Lenin auf der organisatorisch-praktischen Ebene.

Lenin kam es sehr gelegen, dass Trotzki sich praktisch sofort damit einverstanden erklärte, im Hintergrund zu bleiben, und keinen Anspruch auf die Position des Vorsitzenden erhob, obwohl er dem anerkannten Führer der Bolschewiki eine Zeit lang an Beliebtheit nicht nachstand.

In Trotzkis Entwürfen für sein Buch über Lenin findet man viele winzige Details, die das Porträt des Revolutionsführers abrunden. So schreibt Trotzki beispielsweise: »Ich erinnere mich an Lenins argwöhnischen Blick, mit dem er jeden, aber auch jeden, der in einer Versammlung sprach, förmlich abtastete und taxierte; es war ein besonderer Blick – ein Blick voller Voreingenommenheiten …« (Archiv für neuere Geschichte)

Trotzki berichtete, dass sich »Lenin während der Sitzungen bei einem Rednerwechsel der Methode des Zettelschreibens bediente, um Erkundigungen einzuziehen oder um jemandes Meinung zu erfahren und auf diese Weise Zeit zu sparen. Manchmal waren die Fragen auf diesen Zetteln wie Pistolenschüsse, die dicht am Ohr vorbeizischten … Die Kunst bei diesen Notizen bestand darin, das Wesen eines Problems zu erfassen« (Archiv für neuere Geschichte). Trotzki gibt allerdings zu bedenken, dass diese »Kommunikationsmethode« einen extrem hohen Aufwand an persönlicher Energie erforderte. »Nicht selten geschah es, dass der Vorsitzende des Rates der Volkskommissare seine Briefe selbst schrieb, die Umschläge selbst beschriftete und sie selbst mit Briefmarken versah!« (Archiv für neuere Geschichte) Trotzki wertete das »Briefmarkenkleben und Briefebeschriften« als ungeheuer positive Eigenschaft. übersah dabei jedoch, dass diese Tatsache nicht gerade von verwaltungstechnischer Professionalität zeugt.

Trotzki beschränkt sich bei der Charakterisierung Lenins nicht nur auf einzelne Details, sondern schwingt sich gelegentlich auch zu allgemeinen Stellungnahmen auf. So schrieb er in seinem Artikel »Das Nationale an Lenin«, der im April 1920 (anlässlich Uljanows 50. Geburtstag) in der »Prawda« veröffentlicht wurde:

»Der Stil von Marx ist reich und herrlich, eine wunderbare Verbindung von Kraft und Weichheit, Zorn und Ironie, Strenge und Feinheit und trägt in sich die literarischen und ästhetischen Richtungen der gesamten vorangegangenen sozial-politischen deutschen Literatur seit der Reformation.
Lenins literarischer und rednerischer Stil ist fürchterlich einfach, utilitaristisch und asketisch wie auch sonst seine ganze Art. In dieser kraftvollen Askese ist jedoch nichts Moralisierendes enthalten. Da steckt kein Prinzip und kein durchdachtes System dahinter. Sie ist lediglich der äußere Ausdruck für die innere Konzentration der Kräfte auf die Bereitschaft zu handeln. Es ist eine haushälterische, bäuerliche Geschäftigkeit, nur in grandiosem Maßstab.« (Archiv für neuere Geschichte)

Der Vergleich mit Marx ist nicht ganz korrekt, denn Marx war niemals Regierungschef, und Lenin hat niemals etwas Vergleichbares wie »Das Kapital« geschrieben. Doch der Verfasser des Artikels hatte insofern recht, als er die äußere Einfachheit Lenins hervorhob, hinter der sich neben einem mächtigen Verstand Schläue und sehr oft auch Verschlagenheit verbargen. Trotzki hat recht, wenn er Lenin als einen Mann der Tat bezeichnet. In diesem Punkt konnte Trotzki nicht mit dem Revolutionsführer Schritt halten. In den kritischen Momenten des Umsturzes, des deutschen Angriffs oder des Bürgerkriegs war seine Energie zwar unerschöpflich, er hielt unzählige Reden, und der berühmte Frontzug fuhr unermüdlich durch ganz Russland. Sobald jedoch der Brand der russischen Vendee am Erlöschen war, verwandelte sich Trotzki wieder in den begabten, originellen Publizisten.
Trotzki war kein Freund der alltäglichen Kleinarbeit. Bereits Ende 1920 »welkte« er dahin: Es zog ihn nicht auf die Parteitribüne, sondern zum Schreibtisch, nicht auf die endlosen Sitzungen des Politbüros, sondern auf die Jagd und nicht in die neugegründe-

ten Kommunen, sondern in die Sanatorien der Partei. Während er sich an seinem Ruhm als Gründer der Roten Armee berauschte, die »Lehren des Oktober« schrieb und an seinen vielbändigen Gesammelten Werken arbeitete, bemächtigte Stalin sich des Apparats, beziehungsweise der Macht. Als Lenin sich aus dem politischen Geschehen zurückzog und bald darauf starb, wurden Leichtfertigkeit und Ruhmsucht Trotzki im entscheidenden Moment zum Verhängnis. Er wurde nicht der »erste« Mann im Staat, und die Notwendigkeit eines »zweiten« Führers entfiel ganz.
Als einmal während einer Sitzung des Politbüros die Rede darauf kam, dass Trotzki 1919 ohne zu zögern die Entscheidung gefällt hatte, Kommandeure und Kommissare an der Front erschießen zu lassen, falls diese die Kontrolle über eine Truppe oder einen Truppenverband verlieren würden, ergriff Lenin für Trotzki Partei. Die Richtung, die die Debatte im Politbüro nahm, lief auf eine Verurteilung Trotzkis hinaus. Trotzki erinnerte an einen Fall von Erschießungen im Jahre 1918 und erklärte zornig: »Wenn es damals, bei Swijaschsk, nicht meine drakonischen Maßnahmen gegeben hätte, so säßen wir heute nicht hier im Politbüro!«
»Absolut richtig!« – rief Lenin aus und schrieb rasch etwas auf einen Vordruck des Vorsitzenden des Rates der Volkskommissare. Anschließend reichte er Trotzki das Dokument. Darauf stand geschrieben:

»Genossen!
Ich kenne den strengen Charakter der Anweisungen des Genossen Trotzki, und ich bin so überzeugt, so absolut überzeugt von der Richtigkeit, Zweckmäßigkeit und Notwendigkeit der von Trotzki gegebenen Anordnung zum Nutzen der Sache, dass ich diese Anweisung voll und ganz unterstütze.

W. Uljanow-Lenin.«

»Ich werde Ihnen so viele Blankobögen dieser Art geben wie nötig« – fügte Lenin noch hinzu. (Trotzki, Moja Shisn, Bd. II, S. 204, 205)
Nach dem Umsturz im Oktober waren die Beziehungen zwischen Lenin und Trotzki im großen und ganzen entspannt, es entwickelte sich sogar eine gewisse Nähe zwischen ihnen. Lenin

erkannte zweifellos, dass Trotzki den anderen Mitgliedern des Parteiareopags intellektuell überlegen war. Nach Lenins Erkrankung kam es jedoch immer seltener zu persönlichen Begegnungen zwischen den beiden. Trotzki besuchte den kranken Lenin seltener als etwa Stalin oder Bucharin. Da Trotzki des Öfteren mit den Ärzten zusammentraf, die Lenin behandelten, war ihm wahrscheinlich früher als manch anderem klar, dass der Vorsitzende des Rates der Volkskommissare nie mehr aktiv am politischen Leben teilnehmen würde. Trotzki kannte den Weg nach Gorki nicht so gut wie die anderen. Es ist eine Notiz Lenins erhalten geblieben, in der er Trotzki den Weg zu seinem Landhaus beschreibt: »Ungefähr 20–30 Werst auf der Serpuchowski-Chaussee. Unter der Eisenbahnbrücke durch, dann nach der ersten Kurve nach links auf die nächste Straße (auch parallel zur Chaussee, aber es ist eine kleine, enge Straße) bis zu dem Dorf Gorki fahren (das frühere Anwesen von Reinbot). Insgesamt ungefähr 40 Werst von Moskau entfernt.« Trotzki notierte mit rotem Stift auf die Wegbeschreibung: »Nachprüfen« (Archiv für neuere Geschichte).

Obwohl Trotzki ein entspanntes, gutes Verhältnis zu Lenin hatte, spürte er manchmal, dass seine Vergangenheit alles andere als vergessen war und zu jedem beliebigen Zeitpunkt als schlagendes Argument gegen ihn verwandt werden konnte. Nicht zufällig hielt Lenin es in seinem »Vermächtnis« für notwendig, Trotzkis früheren »Nichtbolschewismus« zu erwähnen, selbst wenn er dies nicht als Anschuldigung formulierte. Sie standen sich politisch nahe, doch konnte man ihr Verhältnis nicht als freundschaftlich bezeichnen … Natalja Sedowa pflegte keinen persönlichen Umgang mit Krupskaja. Kamenew, Sinowjew, Bucharin und Stalin waren dagegen häufig zu Gast in Lenins Wohnung. Trotzki legte also sogar in Bezug auf Lenin eine demonstrativ zur Schau getragene Unabhängigkeit an den Tag.

Den Versuchen des schwer kranken Lenin, durch Briefe die Verbindung mit der Partei aufrechtzuerhalten, stand Trotzki äußerst skeptisch gegenüber. Als Lenin sich am 5. März 1923 mit der Bitte an Trotzki wandte, »die Sache der Georgier im ZK der Partei zu verteidigen«, da er nicht mit der Unparteilichkeit Stalins und Dserschinskis rechnen könne (Lenin, PSS, Bd. 54, S. 329), lehnte Trotzki dies unter dem Vorwand ab, er sei gesundheitlich nicht auf der Höhe. Vielleicht wollte er den Konflikt mit Stalin nicht verschärfen? Oder stufte er die politischen Ziele des kranken Führers schon als Launen ein? Jedenfalls schlug Trotzki Lenin die letzte Bitte seines Lebens ab.

Trotzki hatte sich innerlich bereits darauf eingestellt, dass er die Nachfolge Lenins als Parteiführer übernehmen würde, doch in diesem Punkt hatte er sich gewaltig verrechnet. Da er die anderen Mitglieder des Politbüros seine intellektuelle Überlegenheit deutlich spüren ließ, brachten ihm seine Parteigenossen eine dauerhafte, unterschwellige persönliche Feindseligkeit entgegen.

Man kann sagen, dass Lenin unbewusst immer ein gewisses Misstrauen gegenüber Trotzki hegte. Dies belegen auch einige bisher noch unbekannte Fakten.

In einigen persönlichen Notizen Lenins an Kamenew, Sinowjew und Stalin wies der Parteiführer auf die Notwendigkeit hin, Trotzki unter »Druck« zu setzen, damit er seine Haltung änderte.

Am 14. März 1921 schlug Lenin Kamenew vor, auf dem Parteitag das Wort zu ergreifen und darauf hinzuweisen, »dass die Linie Trotzkis völlig falsch ist, was sich in der Praxis noch erweisen wird«. (Archiv für neuere Geschichte) Und während einer Sitzung des Politbüros instruierte Lenin Kamenew: »Kümmern Sie sich nicht um Kalihin, überlassen Sie ihn mir. Nehmen Sie sich allein Trotzki vor« (Archiv für neuere Geschichte).

Als Trotzki, der bis zur Grenze der Belastbarkeit mit Aufträgen und Verpflichtungen überhäuft war, erfuhr, dass das Politbüro ihn auch noch mit der Überprüfung von »Gochran« beauftragen wollte, lehnte er mit der Begründung ab, er sei völlig ausgelastet, und verfasste eine entsprechende Erklärung an das Politbüro. Lenin reagierte wie folgt: »Trotzkis Brief ist unklar. Falls er eine Absage darstellen soll, bedarf es einer Zustimmung des Politbüros. Ich bin dafür, Trotzkis Absage abzulehnen« (Archiv für neuere Geschichte). Wieder setzte sich Lenin nicht persönlich mit Trotzki auseinander, sondern zog es vor, andere Mitglieder der Parteiführung heranzuziehen, die den widerspenstigen Trotzki »zur Vernunft bringen« sollten.

Möglicherweise war Stalin der Initiator vieler Debatten zu Trotzkis Haltung. Doch auch die übrigen Mitglieder des Politbüros fürchteten wohl den übermäßigen Einfluss des Vorsitzenden des

Revolutionären Kriegsrates und unterstützten den Generalsekretär in seinen Angriffen. Es ist anzunehmen, dass in dieser Frage auch radikale Vorschläge unterbreitet worden sind, bis hin zu der Forderung, Trotzki seiner Ämter zu entheben. Insbesondere darüber gibt ein Schreiben Lenins an Kamenew Aufschluss:

»Ich denke, es dürfte möglich sein, Übertreibungen zu vermeiden. Sie schreiben, dass ›das ZK bereit ist, die große Kanone über Bord zu werfen‹. Ist das etwa keine maßlose Übertreibung? Trotzki über Bord werfen – denn das ist doch damit gemeint, und anders kann man es gar nicht auslegen – das ist mehr als nur eine Grobheit. Wenn Sie mich nicht für hoffnungslos verblödet halten, wie können Sie dann an so etwas denken???? …« (Archiv für neuere Geschichte)

Lenin war wahrscheinlich der Ansicht, dass die Opposition gegen Trotzki die zulässige Grenze überschritten hatte, und verteidigte daher einen der – nach seiner Einschätzung – »herausragendsten Führer« der Partei.
Es gibt auch noch eine Reihe anderer Zeugnisse, die die Schlussfolgerung zulassen, dass die Beziehungen innerhalb des obersten Parteiareopags nicht sonderlich harmonisch waren. Kraft seines Einflusses und seiner Autorität regelte Lenin diese Beziehungen, indem er keine Spaltungen, offenen Konflikte oder direkten Angriffe unter den Mitgliedern des Politbüros zuließ. Doch bleibt es eine Tatsache, dass Lenin sich Trotzki gegenüber nicht immer offen und ehrlich verhielt. Trotzkis früherer »Nichtbolschewismus« war Lenin im Gedächtnis geblieben. Dennoch begriff er, dass dieser für ihn der nützlichste Mann im Politbüro war.
Lenin äußerte des Öfteren seine aufrichtige Bewunderung angesichts der militärischen Entschlossenheit Trotzkis. Die meisten seiner Anordnungen zu Einsätzen an der Front schickte Trotzki als Kopie an Lenin und Swerdlow. Auf vielen dieser Dokumente finden sich Anmerkungen Lenins, in denen der Vorsitzende des Sownarkom sein Einverständnis mit dem grausamen Vorgehen in den Schlachten des Bürgerkriegs bekundet.
Mitunter wirken die Telegramme Trotzkis wie kategorische Forderungen, die Lenin, der die Gefährlichkeit der Situation erfasste,

so schnell und so vollständig wie möglich zu erfüllen suchte. So hießt es in einem Telegramm an Lenin vom 28. Dezember 1918:

»Wir machen den Verteidigungsrat darauf aufmerksam, dass eine viel zu große Zahl an unersetzbaren Mitarbeitern ihrer Tätigkeit wieder enthoben wird … Die Probleme mit der Eisenbahn lassen sich hauptsächlich auf das Fehlen qualifizierter Arbeitskräfte zurückführen, die durch verängstigte und verwirrte Leute ersetzt werden, welche nicht in der Lage sind, allein zurechtzukommen. Ich mache den Verteidigungsrat außerdem auf die kritische Lage bei der Kraftstoffversorgung aufmerksam …« (Archiv der Sowjetarmee).

Das Telegramm ähnelte eher der Instruktion eines hohen Vorgesetzten an ein untergeordnetes Organ. Doch Lenin nahm keinen Anstoß daran. Er wusste, dass die Entscheidung über Sieg oder Niederlage an den Fronten des Bürgerkriegs in Trotzkis Händen lag.
Manchmal widersprach Trotzki Lenin in seinen Schreiben von der Front:

»An den Vorsitzenden des Verteidigungsrates Lenin.
Ich beziehe mich auf das Schreiben Nr. 341. Im Moment geht es nicht um die Stimmung unter den ukrainischen Kommunisten, sondern um die Versorgung der ukrainischen Armee, wie ich seinerzeit in meinem Telegramm aus der Ukraine dargelegt habe. Weder Agitation noch Repressionen können die barfüßige, zerlumpte, verlauste und hungernde Armee wieder kampffähig machen.« (Archiv der Sowjetarmee)

Trotzki agierte sehr selbstbewusst, wie es gewöhnlich nur bei Menschen der Fall ist, die ihren Wert kennen. Während der Revolution und der ihr folgenden Katastrophe des Bürgerkriegs war Trotzki ganz in seinem Element. Aus diesem Grunde war er für Lenin unersetzlich. Und noch eine weitere Eigenschaft dürfte Lenin an seinem Mitstreiter geschätzt haben: Trotzki hatte keine Angst davor, die historische Verantwortung für Schritte und Handlungen zu übernehmen, die weitreichende Folgen haben konnten. Es genügt, sich daran zu erinnern, dass Trotzki am letzten Tag der Verhandlungen in Brest-Litowsk den Rahmen von Lenins Instruktionen überschritt und die seines Erachtens einzig richtige Entscheidung traf, mit der er sowohl Berlin als auch Petrograd fürs Erste in die Enge trieb:

»Petrograd. An den Vorsitzenden des Rates der Volkskommissare Lenin.
Die Verhandlungen sind beendet. Heute hat unsere Delegation nach der endgültigen Klärung der Unannehmlichkeiten bezüglich der deutsch-österreichischen Bedingungen erklärt, dass sie aus dem imperialistischen Krieg austritt, ihre Armee demobilisiert und es ablehnt, einen Vertrag über Gebietsabtretungen zu unterzeichnen. Erteilen Sie gemäß der abgegebenen Erklärung unverzüglich den Befehl, den Krieg mit Deutschland, Österreich-Ungarn, der Türkei und Bulgarien zu beenden und an allen Fronten zu demobilisieren.
Der Volkskommissar Trotzki« (Archiv des Präsidenten).

Lenin imponierte die unerschütterliche Zuversicht, mit der Trotzki einer weltweiten proletarischen Revolution entgegensah. Er teilte diese Überzeugung, wenngleich er nach zwei Jahren Bürgerkrieg bei der Bewertung ihrer Perspektiven zurückhaltender geworden war. Doch Lenin und Trotzki waren sich einig: Falls es nicht gelingen sollte, den revolutionären Weltbrand »spontan« zu entfachen, würden sie es schrittweise, umsichtig und auf sicherem Wege in Angriff nehmen. Dieses »schrittweise« Vorgehen zeigte sich darin, dass weltweit der RKP verwandte kommunistische Parteien gegründet, die illegale Diversionstätigkeit in den kapitalistischen Ländern in die Wege geleitet sowie Arbeiterproteste und nationale Befreiungsaufstände gefördert wurden. Vom Sturm auf das Bollwerk des Kapitalismus ging man zu dessen Belagerung über.
Ich werde im Folgenden einen Auszug aus Trotzkis Tagebüchern zitieren, der viel über den Charakter dieses Revolutionärs aussagt:

»Als ich zum ersten Mal an die Front fahren wollte, zu einem Zeitpunkt, als Simbirsk schon gefallen war und Kasan dasselbe

Schicksal bevorstand, war Lenin trüber Stimmung: ›Der russische Mensch ist gutmütig‹, ›der russische Mensch ist eine Schlafmütze, eine Nulpe‹, ›bei uns herrscht Wirrwarr und keine Diktatur …‹ Ich sagte zu ihm: ›Die Truppeneinheiten müssen als Basis starke, revolutionäre Kerne erhalten, die die eiserne Disziplin von innen herstellen; es müssen zuverlässige Sperrabteilungen geschaffen werden, die parallel zu dem inneren revolutionären Kern der Einheiten von außen in Aktion treten und nicht Halt machen vor der Erschießung von Deserteuren; es muss für eine kompetente Truppenführung gesorgt werden; dem militärischen Spezialisten muss ein Kommissar mit Pistole vor die Nase gesetzt werden, und es müssen Revolutionstribunale gebildet sowie Tapferkeitsorden für persönliche Bewährung im Kampf verliehen werden.‹
Lenins Antwort lautete in etwa folgendermaßen: ›Das ist alles richtig, absolut richtig, doch die Zeit ist zu knapp; selbst wenn man die Sache unverzüglich in Angriff nehmen würde (was absolut notwendig wäre), so würde uns die eigene Partei Knüppel in den Weg legen: Sie werden jammern, alle Telefone heiß laufen lassen, sich krampfhaft an das Bestehende festklammern, eben hinderlich sein. Natürlich würden diese Maßnahmen die Revolution stählen, aber die Zeit ist trotzdem zu knapp …‹ Als Lenin im Laufe unserer Gespräche zu der Überzeugung gelangte, dass ich an den Erfolg des Unternehmens glaubte, unterstützte er mein Reisevorhaben voll und ganz, war ganz geschäftig und besorgt und rief mindestens zehnmal am Tag an, um sich zu erkundigen, wie ich mit den Reisevorbereitungen vorankäme und ob ich nicht statt dem Zug ein Flugzeug nehmen wolle …«

Als Trotzki nach den ersten Erfolgen bei Kasan zurückkehrte und in Gorki von den ersten Siegen an der Front berichtete, sog Lenin alle Informationen über die Lage an der Front begierig in sich ein und seufzte zufrieden, beinahe glücklich: »Das Spiel ist gewonnen, denn wenn man es einmal geschafft hat, Ordnung in die Armee zu bringen, dann wird es uns überall gelingen. Und eine Revolution, in der Ordnung herrscht, wird unbesiegbar sein.« (Trotzki, Dnewniki, New York 1986, S. 102–103)
Der grenzenlose Glaube an die revolutionäre Gewalt ließ diese beiden äußerst unterschiedlichen Menschen aus pragmatischen

Erwägungen zu Verbündeten werden. Der Mann mit den »hervorragendsten Eigenschaften« stand in der bolschewistischen Hierarchie an zweiter Stelle. Dennoch blieb er stets ein Einzelgänger.

Der Mann mit der »unumschränkten Macht«

So charakterisierte Lenin Stalin in seinem »Brief an den Parteitag« vom 24. Dezember 1922. In dem Triumvirat Lenin-Trotzki-Stalin war der letztgenannte zunächst der unbedeutendste und unbekannteste. Nicht zufällig bezeichnete Trotzki ihn als »herausragenden Durchschnittsmenschen«. Das Schicksal wollte es so, dass dieser unansehnliche, pockennarbige und kleinwüchsige Mensch nach Lenin die unheilvollste Rolle in der Geschichte des 20. Jahrhunderts spielte. In dem bolschewistischen Experiment hatte jeder der drei genannten Führer eine besondere historische Rolle: Lenin – die des Anstifters; Trotzki – die des Aufwieglers; und Stalin – die des Vollstreckers. Stalin realisierte Lenins Idee der Diktatur des Proletariats auf erschütternde Weise.
Bei der Erforschung von Lenins Nachlass zeigt sich, dass ihre Beziehungen weder ungetrübt noch solidarisch waren. Dies wurde besonders deutlich, als der Parteiführer erkrankte. Viele seiner Wünsche wurden einfach ignoriert, und in einigen Fällen wurden Entscheidungen getroffen, die ganz und gar nicht in seinem Sinne waren. Lenin diktierte Kamenew ein Schreiben über die Prinzipien des Aufbaus eines föderativen Staates mit der Bitte, es den Mitgliedern des Politbüros vorzulegen.
Stalin las das Schreiben und gab darauf die wenig ehrerbietige Antwort:

»Der Genosse Lenin erhebt meiner Meinung nach voreilig die Forderung, die Volkskommissariate in föderale Volkskommissariate umzuwandeln ... Allzu große Hast in dieser Frage wird nur Wasser auf die Mühlen der Unabhängigkeitsbestrebungen sein ... Laut Paragraph 5 ist Lenins Änderungsvorschlag überflüssig ...« (Archiv des Präsidenten).

Auf diese Weise äußerte Stalin sich zu fast allen Punkten und lehnte Lenins Vorschläge ab. Zwar brachte der Generalsekretär dem Revolutionsführer bis zu seinem Ableben äußerlich Ehrerbietung entgegen, doch im Geiste hatte er offensichtlich schon wesentlich früher als Trotzki sein »Kreuz« über Lenin geschlagen. Seine Beziehung zu dem kranken Revolutionsführer nutzte Stalin beinahe ausschließlich zur Festigung seiner eigenen Position. Jedesmal wenn er aus Gorki zurückkam – Stalin hielt sich dort öfter auf als die übrigen –, überbrachte er auf den Sitzungen des Politbüros, die in der Regel von Kamenew geleitet wurden, »Grüße von Iljitsch«, berichtete von dessen Instruktionen und Aufträgen. So gelang es ihm, fast unmerklich, nach und nach den Eindruck zu erwecken, als sei er ein besonderer Vertrauter Lenins. Einige von Lenin verfasste (oder diktierte) Notizen, die ausdrückliche Aufträge an ihn, Stalin, enthielten, legte dieser den Mitgliedern des Politbüros vor. So machte der Generalsekretär die Mitglieder des höchsten Parteigremiums im Mai 1922 mit folgendem Schreiben des Revolutionsführers bekannt:

»Genosse Stalin! … Ist es nicht an der Zeit, ein bis zwei mustergültige Sanatorien zu gründen, die nicht weiter als 600 Werst von Moskau entfernt liegen sollten? Dafür muss allerdings auf Gold zurückgegriffen werden. Wir geben ja auch Gold für die unvermeidlichen Reisen nach Deutschland aus und werden dies noch lange tun. Als mustergültig dürfen aber nur solche Sanatorien anerkannt werden, in denen sowohl die Ärzte als auch das Verwaltungspersonal korrekt und sorgfältig arbeiten – anders als dies sonst bei unseren sowjetischen Schlafmützen und Faulpelzen der Fall ist. Lenin«
19/V

Lenin richtet also sein Augenmerk in besonderem Maße auf die Bedürfnisse der Parteispitze, was im Sowjetstaat bald gang und gäbe wurde, und beschimpfte nebenbei seine eigenen Landsleute. Doch damit ist der Brief an Stalin noch nicht zu Ende, denn Lenin war noch etwas eingefallen, und zwar etwas »Geheimes«:

»P. S. Geheim. In Subalowo, wo man für Kamenew und Dserschinski Datschen errichtet hat und wo man im Herbst daneben eine für mich bauen wird, müssen bis zum Herbst die Reparaturen an der Vorortbahn abgeschlossen sein und die Schienenkraftwagen regelmäßig verkehren. Dann erst wird eine schnelle, konspirative und billige Verbindung über das ganze Jahr hinweg möglich sein. Überprüfen Sie alles und schreiben Sie mir. Dem in der Nähe gelegenen Sowchos muss ebenfalls auf die Beine geholfen werden.« (Archiv des Präsidenten)

Ohne von der Möglichkeit Gebrauch zu machen, nach den Sitzungen ein persönliches Gespräch mit Lenin zu führen, schickte Stalin dem Revolutionsführer oft handschriftliche Notizen zu den unterschiedlichsten Anlässen:

»Genosse Lenin!
Wann kann ich mit Ihnen über meine Arbeit im Zentrum sprechen (ich benötige 20 Minuten)? Stalin«

Wegen eines solch unbedeutenden Beweggrundes kommt es zu einem regelrechten Briefwechsel. Lenin antwortete:

»1) Entweder heute (kaum, da ich müde bin)
2) morgen, falls Sitzung ist, oder kommen Sie zu mir?
3) oder am Samstag?«

Stalin legte bedingungslose Loyalität und Ergebenheit an den Tag:

»Es ist mir ganz gleich, wann; wie es Ihnen am besten passt, ich richte mich da ganz nach Ihnen (ich kann aber auch zu Ihnen kommen, wenn Ihnen das lieber ist und Sie mir sagen, wann)« (Leninski sbornik, Bd. XXXV, S. 175–176).

Lenin schätzte diese Beflissenheit Stalins, verließ sich immer mehr auf ihn und betraute ihn mit so mancher persönlichen Angelegenheit.
So erhielt Lenin im April 1922 aus Deutschland einen Brief von G. L. Schklowski, einem alten Bolschewiken, der während des Krieges im Ausland in vielen Fragen Lenins Vertrauter gewesen

war. Schklowski bat um einen gut dotierten Posten. Lenin beauftragte Stalin, die Sache in die Hand zu nehmen: »Schklowski ist ein alter Genosse … und liegt mir in den Ohren; es sei zu befürchten, dass man ihn ›beseitigen‹ wolle usw. (Er hat Familie, Kinder; es wird nicht leicht für ihn sein, sich im kalten, hungernden Russland einzuleben …).« Lenin bat Stalin, zu klären, »was jener genau wolle«, und beendete seinen Brief in schulmeisterlichem Ton: »… man darf die Menschen nicht gering schätzen, man muss sich ihnen gegenüber aufmerksamer verhalten. Mit kommunistischen Grüßen Lenin« (Archiv des Präsidenten)

Stalin schrieb daraufhin an Schklowski: »Ihr Brief, der an den Genossen Lenin adressiert war, wurde mir mit der Bitte übergeben, mich schriftlich bei Ihnen zu erkundigen, wo und in welchem Tätigkeitsbereich Sie gerne arbeiten würden. Sie können sicher sein, dass die Partei Ihren Wünschen entgegenkommen wird …« (Archiv des Präsidenten)

Schklowskis »Wünsche« erwiesen sich als äußerst pragmatisch und konkret. Er erklärte, am liebsten sei es ihm, wenn die Familie im Ausland bleiben und sein derzeitiges Gehalt beziehen könne. Er selbst sei bereit, in Russland »reine Parteiarbeit« zu leisten oder in einer der folgenden Einrichtungen zu arbeiten: Volkskommissariat für Landwirtschaft, Volkskommissariat für auswärtige Angelegenheiten oder Komintern. Aber die »angenehmste Variante« sei es für ihn, »als bevollmächtigter Vertreter in die Schweiz zu reisen.« Stalin setzte Lenin davon in Kenntnis, dass Schklowski darum bäte, »ihn in der Schweiz unterzubringen … Wir haben in der Schweiz keine Handelsvertretung, es gibt nur das Rote Kreuz, aber ich weiß nicht, ob Schklowski für das Rote Kreuz arbeiten will (oder ob ihm das als Nichtmediziner nicht ungelegen wäre). Das müsste man feststellen …« (Archiv des Präsidenten)

Mit der Zeit wurden derartige Erscheinungen in der Parteispitze zur Norm. Lenin schrieb recht häufig solche »Brieflein« mit der Bitte, den Menschen, die ihm irgendwann einmal einen Gefallen getan hatten, »Hilfe«, »Unterstützung« und »Beistand« zu leisten. In der Folgezeit wurde es zur gängigen Praxis, dass der Parteiführer nach Lust und Laune bestimmten Personen verantwortungsvolle Posten im Staat und in der Partei zuschob. Stalin, der auf Weisung Lenins einem Menschen, der dem Revolutionsführer seinerzeit einmal nützlich gewesen war, ein warmes Plätzchen in der Schweiz besorgt hatte, sah in diesem Vorgehen eine Art von »Gerechtigkeit«.

Lenin lehrte Stalin Erbarmungslosigkeit, Unnachgiebigkeit, List, Zielstrebigkeit und die Fähigkeit, »mit den Parteikadern zusammenzuarbeiten«. Stalin erwies sich als äußerst gelehriger Schüler. Früher als alle anderen begriff er, dass ihm der tote, aber heiliggesprochene Führer äußerst nützlich sein würde. Bereits im Jahre 1920, an Lenins 50. Geburtstag, schrieb Stalin, dass mit »dem Beginn der revolutionären Epoche, in der von den Führern praktische, revolutionäre Losungen gefordert werden, die Theoretiker abtreten müssen, um neuen Menschen Platz zu machen« (Stalin, Sotsch., Bd. 4, S. 314).

Laut Stalin konnten sich nur die Personen »im Amt des Führers der proletarischen Revolution und der proletarischen Partei behaupten«, die »theoretische Stärke mit praktischer, organisatorischer Erfahrung« vereinigten (ebd., S. 314).

Der Umgang mit Lenin ließ den »wundervollen Georgier« selbstsicher, entschlossen und unnachgiebig werden. Als ob Stalin hätte vergessen können, dass Lenin ihm und Kamenew einmal im Februar 1922 ein Schreiben zur Frage des Parteihaushalts schickte, das nur so von groben Beschimpfungen strotzte. Im Anschluss an den Vorschlag, die Finanzfachleute sorgfältiger auszusuchen, fuhr Lenin fort: »Hohlköpfe als Experten findet man überall: unsere Aufgabe ist es, in erster Linie vernünftige Leute auszuwählen.« Der Revolutionsführer verlangte, »das Gesindel, das sich vor der Rechenschaftslegung drückt, zu disziplinieren … Bringen Sie diesen Scheißkerlen bei, Verantwortung zu übernehmen und vollständige, genaue Zahlen abzuliefern …« (Archiv des Präsidenten)

Obwohl Stalin bereits auf der Tammerforser Konferenz der SDAPR im Dezember 1905 mit Lenin zusammengetroffen war, gab es zwischen den beiden bis zur Revolution keinerlei Kontakte. Noch im Jahre 1915 kannte Lenin nicht einmal den Familiennamen des zukünftigen »hervorragenden« Führers. Im November desselben Jahres ersuchte er Karpinski: »Eine große Bitte: Bringen Sie über Steppko oder Michi [Decknamen N. D. Kiknadses und M. G. Zchakajas – D. W] den Familiennamen von »Koba« in Erfahrung (Josif Dsch…?? Wir haben ihn vergessen). Es ist sehr wichtig!!« (Lenin, PSS, Bd. 49, S. 101, 161). Doch vom 3. April 1917 an, dem Tag, als Stalin gemeinsam mit anderen Bolschewiki Lenin am Bahnhof Bjeloostrow begrüßte, stand der spätere Generalsekretär dem Revolutionsführer bis zu seinem Tode sehr nahe – und zwar vor allem in der Zeit nach dem Oktoberumsturz. Während des Oktoberumsturzes war Stalin irgendwie »verschwunden«. Weder Dokumente noch chronologische Abrisse und Memoiren (nicht zu verwechseln mit den zahlreichen Fälschungen der Stalinzeit) können über die Rolle von »Koba« in jenen dramatischen Tagen Aufschluss geben. Erst am 26. Oktober »tauchte Stalin wieder auf«: als er auf Lenins Vorschlag in der Sowjetregierung das Amt des Volkskommissars für Nationalitätenfragen erhielt. Während der Verhandlungen von Brest-Litwosk schwankte Stalin und versuchte, wie es noch so oft in Zukunft geschehen sollte, eine zentristische Haltung einzunehmen. So setzte er sich am 23. Februar 1918, als das Ultimatum Deutschlands auf der Sitzung des ZK der SDAPR erörtert wurde, für einen »Mittelweg« ein, indem er vorschlug, die Verhandlungen fortzusetzen, wobei »man den Frieden ja nicht zu unterzeichnen« brauche. Lenins Erwiderung darauf ist allgemein bekannt:

»Stalin hat unrecht, wenn er sagt, dass man nicht unterzeichnen sollte ... Wenn Sie nicht unterschreiben, dann unterzeichnen Sie damit das Todesurteil der Sowjetmacht, das binnen drei Wochen vollstreckt wäre ...« (Lenin, PSS, Bd. 35, S. 369).

Stalin erkannte, dass er einen Fehler gemacht hatte, und achtete von da ab tunlichst darauf, dass er sich stets im Einklang mit dem Standpunkt des Vorsitzenden des Rates der Volkskommissare befand.

Da der Generalsekretär in den Jahren des Bürgerkriegs Lenins Aufträge dienstbeflissen erfüllte, wurde er nach dem 8. Parteitag auf Vorschlag des Revolutionsführers sowohl in das Politbüro als auch in das Organisationsbüro des Zentralkomitees aufgenommen.

Lenin war Stalin gegenüber ganz offensichtlich wohl wollend eingestellt: er kümmerte sich persönlich darum, dass ihm eine Wohnung im Kreml zur Verfügung gestellt wurde, und überprüfte, ob der Volkskommissar auch den »kremlspezifischen« Verpflegungssatz erhielt. Am 15. Oktober 1920 stellte er ihm als einem der der Ersten (nach Trotzki) folgende Bescheinigung aus:

»Hiermit bestätige ich, dass der Genosse Stalin, Mitglied des Zentralkomitees der RKP, Mitglied des Rates für Arbeit und Verteidigung und Mitglied des Revolutionären Kriegsrates der Republik, das Recht hat, den Sonderzug zu benutzen.

Der Vorsitzende des Rates für Arbeit und Verteidigung
W. Uljanow (Lenin)«
(Archiv des Präsidenten)

Außer dem Posten des Volkskommissars für Nationalitätenfragen bekleidete Stalin noch das Amt des Volkskommissars für Staatskontrolle. Am 3. April 1922 wurde er zum ersten Generalsekretär des ZK gewählt. Obwohl Kamenew ihn auf der Plenarsitzung des ZK für dieses Amt vorschlug, gibt es keinen Zweifel daran, dass diese Kandidatur von Anfang an mit Lenin »abgesprochen« war. Allerdings war Stalin nur nominell »doppelter« Volkskommissar. Da er durch die Frontangelegenheiten und die Aufträge Lenins völlig ausgelastet war, blieb ihm keine Zeit, sich auf diesen Posten zu bewähren. In einem Brief an A. A. Joffe wies Lenin darauf hin, dass »das Schicksal es ihm [das heißt Stalin. – D. W.] nunmehr seit dreieinhalb Jahren nicht erlaubte, seine Funktion als Volkskommissar für die Arbeiter- und Bauerninspektion, bzw. als Volkskommissar für Nationalitätenfragen wahrzunehmen. Das ist eine Tatsache« (Lenin, PSS, Bd. 52, S. 100).
In seiner Funktion als Generalsekretär war Stalin verpflichtet, mit Lenin noch engeren Kontakt zu halten. Er hielt sich oft bei Lenin auf, lieferte ihm Informationen über die Lage der Parteiführung, holte sich bei ihm Rat und bestimmte, wer von den Kommissaren und Funktionären bei Lenin vorsprechen durfte.
Daher dürfte M. I. Uljanowa, die am 26. Juli 1926 ein Schreiben an das Präsidium des Vereinigten Plenums des ZK und der Zentralen Kontrollkommission der RKP(b) richtete, durchaus recht gehabt haben, wenn sie in ihrem Schreiben behauptete, dass »W. I. Lenin Stalin sehr schätzte … Wladimir Iljitsch pflegte Stalin zu sich zu rufen und ihm die vertraulichsten Aufträge zu ge-

ben; Aufträge, mit denen man sich nur an einen Menschen wendet, auf den man sich besonders verlässt, den man als aufrichtigen Revolutionär und teuren Genossen kennt … Überhaupt rief Lenin während der gesamten Zeit seiner Krankheit, solange ihm noch die Möglichkeit blieb, mit seinen Genossen zu verkehren, am häufigsten Stalin zu sich, und in den allerschwersten Phasen der Krankheit durfte keiner von den Mitgliedern des ZK zu ihm, außer Stalin.«

Natürlich wurden diese Zeilen zur Unterstützung Stalins in der Zeit des grausamen parteiinternen Machtkampfes geschrieben, doch sie entbehrten nicht einer gewissen Glaubwürdigkeit.

Zehn Jahre nach Lenins Tod, als Stalin zum absoluten Diktator im Land geworden war, wies jede seiner Maßnahmen Merkmale von Lenins Stil auf. Werfen wir einen Blick auf die Beschlüsse Stalins. Ihrer gibt es viele, und alle könnten sie ihrem Grundtenor nach von Lenin stammen. Sie unterscheiden sich allerdings von diesen durch ihre Einfalt:

Verfasser des Dokuments	**Beschlüsse des Genossen Stalin**
»Von Frinowski über Chomutinnikow, den Vorsitzenden des kalmückischen ZIK.«	»An den Genossen Frinowski. Falls Chomutinnikow kein Kandidat für den Obersten Sowjet ist, lohnt es sich nicht, ihn jetzt zu verhaften (mit ihm kann nach den Wahlen abgerechnet werden). Falls er Kandidat ist, soll er in zwei Wochen verhaftet werden.« 6.12.37
»Eine Notiz von Jeschow. Zum Protokoll des Verhörs von Landa.«	»An die Genossen Smirnow (PUR), Igodenko. Schenken Sie den Aussagen Landas besondere Aufmerksamkeit. Offensichtlich sind alle bezeichneten Personen (mit Ausnahme von Meretzkow) Schurken.« 17.12.37

»Jeschow und Berija über die Änderung der Grundsatzregelung bezüglich der Repressionsmaßnahmen gegenüber den Ehefrauen von Volksfeinden.«	»Die Genossen Jeschow und Berija haben recht.« 11.10.38
»Anoschin aus Engels an Berija. Über die Misslichkeiten der Leitung des NKWD in der Republik der Deutschen im Wolgagebiet (Volkskommissar Ressin).«	»An den Genossen Berija. Anweisung Stalins, Ressin zu verhaften. Poskrebyschew.« 15.11.38
»Von Ponomarenko an Molotow und Berija. Über Mängel in der Arbeit der Organe des NKWD von Belorussland.«	»An Molotow und Berija persönlich. Die belorussischen Organe sind vom Schmutz zu säubern; derartigen Schmutz gibt es auch in allen übrigen Republiken und Gebieten zur Genüge.« 18.12.38
»Notiz Berijas über die Spionagegruppe Rochlins.«	»An den Genossen Berija. Rochlin ist ein mir längst bekannter Schurke. Ich habe erst vor einem Jahr mit Bagirow über die Notwendigkeit gesprochen, Rochlin aus dem Verkehr zu ziehen. Seltsam, dass Rochlin mit solcher Verspätung verhaftet wird.« (Archiv des Präsidenten)

Das politische Vorgehen Lenins und seiner Nachfolger gründete sich auf unbegrenzte Gewalt. Stalins politische Handschrift trug deutlich Lenins Züge: Selbstvertrauen, die Gewissheit, von gottgleicher Fehlerlosigkeit zu sein, der absolute Glaube an das »Allheilmittel« der Diktatur des Proletariats, die Geringschätzung den Menschen gegenüber, die Bereitschaft, mit »Massen« zu operieren, Umsicht, Hinterlist und Unerbittlichkeit.

In einem Brief vom 22. Oktober 1919 schärfte Lenin Trotzki, dem Vorsitzenden des Revolutionären Kriegsrates, ein, dass »es für uns verteufelt wichtig ist, Judenitsch aus dem Weg zu räumen«. Er erteilte Ratschläge, wie man ihn am schnellsten »beseitigen« könnte. Einer fiel bei der Redaktion von Lenins gesammelten Werken unter den Tisch. Er lautete folgendermaßen: »… es müssen noch 20 000 Petersburger Arbeiter und 10 000 Bourgeois mobilisiert werden; hinter ihnen sind Maschinengewehre aufzustellen, und einige Hundert sind zu erschießen, um somit einen echten Druck der Massen auf Judenitsch auszuüben …«

Im Herbst 1941 erstatteten Schukow und Schdanow Stalin aus Leningrad darüber Bericht, dass die Deutschen bei ihrem Angriff auf die russischen Truppen Frauen, Kinder und alte Menschen vor sich hertrieben und dadurch die Verteidiger in eine Zwickmühle brachten. Die Frauen und Kinder schrien: »Nicht schießen! Wir sind Landsleute! Wir sind Landsleute …«

Stalin reagierte unverzüglich: »Man hat mir berichtet«, diktierte der Oberste Befehlshaber, »dass die deutschen Schufte auf ihrem Marsch auf Leningrad alte Menschen, Frauen und Kinder vor ihren Truppen hertreiben … Mein Rat dazu: Nur nicht sentimental werden, sondern dem Feind und seinen freiwilligen oder unfreiwilligen Helfershelfern eins auf die Schnauze geben … Schlagt mit aller Macht auf die Deutschen und ihre Abgesandten ein, wer sie auch sein mögen, vernichtet die Feinde, ganz egal, ob es willentliche oder unwillentliche Feinde sind …«

Lenin war der geistige Vater Stalins, doch in ihren äußerlichen Gewohnheiten waren diese beiden Menschen grundverschieden. Lenin sträubte sich dagegen, dass man Porträts von ihm verbreitete. Für Stalin war dies dagegen ein absolutes Muss. Lenin hatte eine Schwäche für Wörterbücher und blätterte gewöhnlich vor dem Einschlafen darin herum. Stalin dagegen legte, wenn er zu Bett ging, einen Stoß an Lehrbüchern, Monographien und Drehbüchern neben sich auf das Nachttischchen, um sie durchzusehen und über ihr weiteres Schicksal zu verfügen.

Lenin war sehr zurückhaltend, was Alkohol anbetraf (ein gutes Bier verschmähte er allerdings nicht). Stalin dagegen trank sowohl Wodka als auch Cognac oder georgischen Wein, und gegen Ende seines Lebens galt seine Vorliebe ausschließlich dem Wein.

Beide Parteiführer hatten keine Freunde. Vielleicht ist dies eine Gesetzmäßigkeit. Wer kann denn schon der Freund eines Führers oder Diktators sein?
Beide liebten die Geheimniskrämerei. Lenin fügte fast jedem Schreiben die Bemerkung: »geheim« oder »streng geheim« hinzu. Stalin machte aus seiner gesamten Tätigkeit im NKWD und im Politbüro ein Geheimnis.
Beide liebten es, sich zu erholen. Lenin tat dies allerdings vornehmlich, jedoch nicht ausschließlich aus gesundheitlichen Gründen. So beantragte er knapp zwei Monate nach dem Oktoberumsturz beim Rat der Volkskommissare drei bis fünf Tage Urlaub. Übrigens übernahm in dieser Zeit auf Lenins Vorschlag Stalin die Regierungsgeschäfte (Archiv der Russischen Föderation).
Nur wenigen ist bekannt, dass Stalin sich schon in den dreißiger Jahren für 2 bis 3 Monate in den Sanatorien von Sotschi, Gagry, Muchalatka und anderen südlichen Orten erholte. Dort befasste er sich mit den Regierungsgeschäften, wenn er gerade einmal nicht in die Betrachtung des türkisfarbenen Meeres versunken war, einen Spaziergang in den Alleen herrlicher Parks unternahm oder sich auf den schneeweißen Terrassen alter Schlösser philosophischen Gedanken hingab. In den Jahren 1949 bis 1952 erholte sich Stalin für jeweils viereinhalb Monate im Süden, wobei er vom August bis zu seinem Geburtstag am 21. Dezember an den schönsten Orten weilte (Archiv des Präsidenten).
Im Dezember 1922 verschlechterte sich Lenins Gesundheitszustand merklich. Das Plenum des ZK fasste einen Sonderbeschluss, durch den Stalin verpflichtet wurde, für den Tagesablauf, insbesondere für die Bettruhe des kranken Lenin Sorge zu tragen und den Ärzten dabei zu helfen, »für den Kranken so angenehme Bedingungen wie nur möglich zu schaffen«.
Obwohl vom 20. Dezember an ein Schlaganfall auf den nächsten folgte, bat Lenin um die Erlaubnis, Briefe und Anordnungen diktieren zu dürfen. In eben diesen Tagen entstanden der »Brief an den Parteitag«; »Zur Übertragung von gesetzgeberischen Befugnissen an die Staatliche Plankommission Gosplan«; »Zur Frage der Nationalitäten« oder über die »Autonomisierung« und andere von Lenins letzten Arbeiten.

Am 4. Januar 1923 diktierte Lenin seinen berühmten »Zusatz zu dem Brief vom 24. Dezember 1922«, der sich in erster Linie auf den Generalsekretär bezog. »Stalin ist grob«, hieß es darin, »und dieser Fehler, der unter uns Kommunisten durchaus erträglich ist, kann in der Funktion des Generalsekretärs nicht geduldet werden. Deshalb schlage ich den Genossen vor, die Versetzung Stalins auf einen anderen Posten in Erwägung zu ziehen und ihn durch einen anderen Mann zu ersetzen, der sich von dem Genossen Stalin nur dadurch unterscheidet, dass er toleranter, loyaler, höflicher ist und sich den Genossen gegenüber aufmerksamer, weniger launenhaft verhält ...« (Lenin, PSS, Bd. 45, S. 346).
Als Stalin erfuhr, dass Lenin mit Erlaubnis der Ärzte weiterhin Briefe diktierte, rief er Lenins Frau an und beschimpfte sie in übelster Manier. Nachdem Nadjeschda Konstantinowna den zornigen Wortschwall des Generalsekretärs unter Tränen über sich hatte ergehen lassen, schrieb sie sofort einen Brief an Kamenew: »Lew Borisowitsch, wegen eines ganz kurzen Briefes, den mir Wladimir Iljitsch mit Erlaubnis der Ärzte diktiert hat, hat sich Stalin mir gegenüber gestern einen Ausfall gröbster Art geleistet ...« (Lenin, PSS, Bd. 54, S. 674–675). Krupskaja hielt sich zurück und erzählte ihrem Mann nichts von dem Vorfall. Erst Anfang März, als man den Eindruck hatte, dass es mit Lenins Gesundheit wieder bergauf gehen würde, berichtete sie von Stalins Auftritt ihr gegenüber. Lenin war außer sich und diktierte sofort einen Brief, der der letzte in seinem Leben sein sollte:

»Streng geheim/persönlich
An den Genossen Stalin
Kopien an die Genossen Kamenew und Sinowjew
Verehrter Genosse Stalin,
Sie haben die Grobheit besessen, meine Frau ans Telefon zu rufen und sie zu beschimpfen. Obwohl sie sich Ihnen gegenüber dahingehend geäußert hat, das Gesagte auf sich beruhen zu lassen, hat sie nichtsdestoweniger Sinowjew und Kamenew von dem Vorfall in Kenntnis gesetzt. Ich habe nicht die Absicht, so leicht zu vergessen, was man mir angetan hat, und ich brauche wohl nicht erst zu betonen, dass ich das, was meiner Frau angetan wurde, genauso bewerte, als ob es mir selbst angetan worden wäre. Darum

bitte ich Sie, abzuwägen, ob Sie einverstanden sind, das Gesagte zurückzunehmen, oder ob Sie es vorziehen, die Beziehungen zwischen uns als beendet zu betrachten.
5. März 1923 Hochachtungsvoll: Lenin«
(Archiv des Präsidenten)

Stalin antwortete auf einem offiziellen Formblatt mit dem Aufdruck: »Sekretär des Zentralkomitees I. W. Stalin«:

»Genosse Lenin!
Vor fünf Wochen hatte ich ein Gespräch mit der Genossin Nadjeschda Konstantinowna, die ich nicht nur als Ihre Frau betrachte, sondern auch als eine alte Parteigenossin, und sagte ihr am Telefon etwa Folgendes: ›Die Ärzte haben verboten, politische Information an Iljitsch weiterzugeben, da Bettruhe ihrer Meinung nach das beste Heilmittel überhaupt darstellte. Sie jedoch, Nadjeschda Konstantinowna, stören, wie sich zeigt, diese Ruhe. Man darf nicht mit Iljitschs Leben spielen.‹
Ich kann nichts Grobes oder Unzulässiges in diesen Worten finden, nichts, was gegen Sie gerichtet ist, denn ich habe kein anderes Ziel vor Augen gehabt, als Ihre baldestmögliche Genesung. Ja, ich habe es sogar für meine Pflicht gehalten, darauf zu achten, dass Ihre Bettruhe eingehalten wird. Meine klärende Aussprache mit Nadjeschda Konstantinowna hat gezeigt, dass es außer unbegründeten Verdächtigungen nichts gegeben hat und auch nichts gegeben haben kann.
Wenn Sie im übrigen der Meinung sind, dass ich zur Erhaltung unserer ›Beziehungen‹ das ›Gesagte zurücknehmen‹ soll, so kann ich dies zwar tun, wenngleich ich nicht imstande bin zu begreifen, worum es hier geht, worin meine angebliche ›Schuld‹ bestehen soll und was man eigentlich von mir will.
7. III. 23 J. Stalin«
(Archiv des Präsidenten)

Bei diesem Brief handelte es sich offenkundig um eine unhöfliche, sogar provokative Erwiderung.
Es ist bekannt, dass schon bald nach Lenins Tod auf Stalins Initiative das Marx-Engels-Institut in Marx-Engels-Lenin-Institut

umbenannt wurde. Der Generalsekretär zeigte mehr Weitblick als die übrigen. Durch einen Sonderbeschluss des ZK waren alle Dokumente, Materialien und sogar persönliche Briefe an das neue Zentrum zum »Studium von Lenins Nachlass« abzugeben. Zuerst wurde das Leninarchiv gegründet, in dem sich ursprünglich insgesamt 4500 Dokumente befanden, wie Tichomirnow Stalin Anfang 1933 zu berichten wusste. Zu Beginn der dreißiger Jahre waren es dann bereits 26 000. Auf Anweisung des Generalsekretärs wurden dort auch Dokumente Lenins deponiert, die sich im Besitz von Bucharin, Sinowjew, Kamenew und anderen bekannten Bolschewiki befunden hatten (Archiv des Präsidenten). Ganetzki, Adoratzki und Tichomirnow reisten nach Wien, Warschau, Krakau, Zürich, Brüssel und Paris auf der Suche nach weiterem Material. In den Archiven des Politbüros finden sich zahlreiche Dokumente folgender Art:

»... Betrifft die Polenreise des Genossen Ganetzki. Dem Genossen Ganetzki ist eine Reise nach Polen für den Zeitraum von 2 Wochen in Sachen Leninarchiv zu bewilligen.« (Archiv des Präsidenten).

»Geheim
An den Sekretär des ZK der WKP(b), den Genossen J. W. Stalin.
Ich habe erfahren, dass sich in dem Archiv der kürzlich verstorbenen Ljubow Isakowna Axelrod zwei Briefe von Lenin und sehr viele Briefe von Plechanow befinden. Es erscheint mir ratsam, das Marx-Engels-Lenin-Institut zu beauftragen, diese Briefe von den Erben gegen eine gewisse Abfindung zu erwerben: Man könnte ihnen die Wohnung von Axelrod überlassen oder eine bestimmte Summe auszahlen.

Der Stellvertreter des Volkskommissars
8. März 1946 für auswärtige Angelegenheiten A. Losowski«
(Archiv des Präsidenten)

Nur wenige haben den verborgenen, geheimen Sinn der langjährigen Suche nach Dokumenten Lenins erfasst – vor allem auch deshalb nicht, weil viele von ihnen sofort nach ihrer Entdeckung an geheimen Aufbewahrungsorten verschwanden. Stalin brachte den gesamten brieflichen Nachlass Lenins unter seine Kontrolle. Das ganze Geheimnis von Stalins Unbesiegbarkeit und seiner teuflischen Macht bestand in seinem »Monopol auf Lenin«: dem Monopol auf die Auslegung und »Verteidigung« des Leninschen Erbes. Eben darin lag eine der Hauptursachen dafür, dass das von Lenin begründete totalitäre System so zählebig und so schwer zu reformieren war. Stalin hat nicht nur Lenins Körper einbalsamiert, sondern auch seine Ideen.

Das bolschewistische Tandem

Im Saal war es stickig. Im August des Jahres 1936 war die Luft zum Schneiden dick. Alle Fenster waren geschlossen. Der Vorsitzende des Militärkollegiums des Obersten Gerichts der UdSSR, Militärjurist W. W. Ulrich, der von Zeit zu Zeit den Kopf hob und mit seinen Fischaugen in den Saal blickte, verkündete mit lauter Stimme den Wortlaut des Urteils:

»... werden für schuldig befunden
1. Sinowjew, G. E.
2. Kamenew, L. B. ...«

Danach wurden noch vierzehn weitere Namen genannt.
Die Angeklagten erstarrten förmlich auf der Anklagebank. Jeder Name fiel wie ein Peitschenhieb. Die Stellvertreter Ulrichs, der Militärjurist I. O. Matuljewitsch und der Divisionsmilitärjurist I. T. Nikitschenko saßen aufgeplustert an ihren Tischen, förmlich wie Aasgeier, die gerade ihre Beute verdauten. Ulrich wischte sich die Stirn mit einem Tuch ab und fuhr fort, seine Worte in die schwüle, hallende Stille hineinzuschleudern:

»... werden für schuldig befunden:
a) das vereinigte trotzkistisch-sinowjewistische terroristische Zentrum zum Zwecke der Ermordung der führenden Persönlichkeiten des Sowjetstaats und der WKP(b) organisiert zu haben;

b) am 1. Dezember 1934 über die Leningrader terroristische Untergrundorganisation … den Meuchelmord an dem Genossen S. M. Kirow vorbereitet und durchgeführt zu haben;
c) eine Reihe terroristischer Gruppen gebildet zu haben, die den Mord an Stalin, Woroschilow, Schdanow, Kaganowitsch, Ordschonikidse, Kosior und Postyschew planten, d. h. Verbrechen, die unter die Artikel 58-8 und 58-11 des Strafgesetzbuches der RSFSR fallen …

Aufgrund des Dargelegten … erklärt das Militärkollegium des Obersten Gerichts der UdSSR folgende Personen für verurteilt:
1. Sinowjew, Grigorij Jewsejewitsch
2. Kamenew, Lew Borisowitsch …«

Es folgten vierzehn weitere Namen.

»… alle werden zur Höchststrafe verurteilt, zum Tod durch Erschießen. Ihr persönlicher Besitz wird eingezogen …« (Archiv des Verteidigungsministeriums).

Man führte die Verurteilten aus dem Saal. Kamenew stützte Sinowjew, der abgerissene Sätze vor sich hinmurmelte: »Er hat es versprochen, er hat es versprochen … Stalin hat es doch versprochen … man muss Stalin benachrichtigen … er hat es versprochen …« Jewdokimow, Bakajew, Ter-Baganjan, Smirnow, Reingold und noch andere, die für die gleiche Sache verurteilt wurden, verließen mit hängenden Köpfen und eingefallenen Gesichtern unter Bewachung den Saal.
In der Zelle zerbrach Sinowjew sogleich seinen Bleistift, da er einfach keine zusammenhängenden Sätze aufs Papier bringen konnte. Mit dem staatseigenen Kugelschreiber, der auf dem Nachttisch lag, schrieb Kamenew, der schon an nichts mehr glaubte, in dem Wissen, dass er nur noch wenige Stunden zu leben hatte:

»An das Präsidium des ZIK der Union.
Zutiefst bereue ich die schweren Verbrechen, mit denen ich mich an der Sache der proletarischen Revolution vergangen habe, und bitte, mir das Leben zu lassen, sofern das Präsidium darin keinen

Widerspruch zu der Zukunft der Sache des Sozialismus sowie der Sache Lenins und Stalins sieht.
24. VIII. 36 L. Kamenew«
(Archiv der Russischen Föderation)

Kamenew schrieb an das Gremium, dessen Vorsitzender er einmal gewesen war … Sinowjew und Kamenew war noch ein letzter Funken Hoffnung geblieben: Stalin hatte tatsächlich versprochen, ihr Leben zu schonen, falls sie ein vollständiges »Geständnis« ablegten und ihre Taten bereuten.
Sie ahnten nicht, dass in demselben Aktenordner, in dem sich das Urteil in Sachen »vereinigtes trotzkistisch-sinowjewistisches terroristisches Zentrum« befand, auch schon ein »Beschluss des Präsidiums des ZIK der UdSSR« bereitlag, jedes »Gnadengesuch zurückzuweisen«. Ulrich brauchte nur noch das Datum darunterzusetzen: den 24. August 1936. In demselben Raum, in dem auch die Gerichtsverhandlungen stattfanden, unterschrieb der Vorsitzende des Militärkollegiums noch ein weiteres Dokument:

»An den Kommandanten des Militärkollegiums des Obersten Gerichts der UdSSR, Hauptmann I. G. Ignatjew.
Ich schlage vor, das Urteil des Militärkollegiums des Obersten Gerichts der UdSSR gegen die zur Höchststrafe – dem Tod durch Erschießen – verurteilten Personen unverzüglich zu vollstrecken:
1. Sinowjew, Grigorij Jewsejewitsch
2. Kamenew, Lew Borisowitsch
Über die Vollstreckung ist Meldung zu machen.
Der Vorsitzende des Militärkollegiums des Obersten Gerichts der UdSSR, Militärjurist W. Ulrich« (Archiv des Verteidigungsministeriums).

Der letzte Satz erschien befremdlich: Warum sollte die Vollstreckung gemeldet werden? Die Verurteilten wurden doch bereits am 25. August, um 2.00 Uhr (insgesamt nur wenige Stunden nach der Verlesung des Urteils, mitten in der Nacht) in Anwesenheit W. W. Ulrichs und anderer Amtspersonen erschossen.
Auf diese Weise ging der Lebensweg zweier unzertrennlicher bolschewistischer Genossen zu Ende, die Lenin in persönlicher Hin-

sicht näher standen als jeder andere. Wobei man sagen muss, dass Lenin ihnen die »Niedertracht«, dass sie seinem Plan des bewaffneten Aufstands im Oktober 1917 die Unterstützung verweigert hatten, nie vergessen konnte.

Genau diese Episode wurde von Lenin auch in seinem »Brief an den Parteitag« erwähnt: »Ich muss nur immer wieder daran erinnern, dass die Oktoberepisode Sinowjews und Kamenews natürlich kein Zufall war, dass sie jedoch den beiden genauso wenig zum Vorwurf gemacht werden kann, wie seinerzeit Trotzki sein Nichtbolschewismus« (Lenin, PSS, Bd. 45, S. 345).

Das Schicksal des »bolschewistischen Tandems« war traurig. Nach dem Tod des Revolutionsführers wurden Sinowjew und Kamenew von Stalin nur noch für eine gewisse Zeit benötigt, bis er mit Trotzki abgerechnet hatte. Danach kämpften sie ein ganzes Jahrzehnt lang verzweifelt darum, wieder an die Spitze der Macht zu gelangen. Nicht einmal in ihren schlimmsten Träumen wäre es ihnen eingefallen, dass der »Asiat«, wie sie Stalin unter vier Augen nannten, mit ihnen spielen würde wie eine satte Katze mit einer halb toten Maus, die sie mit ihren Klauen erst fast zerdrückte, um dann den todbringenden Griff wieder zu lockern.

Sinowjew und Kamenew wurden beide 1883 geboren und waren dadurch beinahe wie gleichaltrige Geschwister. Sinowjew (Radomyslski) stammte aus einer Familie, die eine Molkerei in der Nähe von Jelisawetgrad in der Ukraine betrieb. Kamenew (Rosenfeld) war gebürtiger Moskauer und stammte aus der Familie eines Facharbeiters. Beide kamen sehr früh zum Marxismus und sind als »Berufsrevolutionäre« praktisch nie einer geregelten Arbeit nachgegangen. Beide (vor allem Sinowjew) galten als »Theoretiker« des Marxismus. In seinem Artikel »Über den Bolschewismus« bemerkte Lenin: »Die wichtigsten bolschewistischen Schriftsteller sind: G. Sinowjew, W. Iljin [W. Iljin war eines der meistbenutzten Pseudonyme Lenins, D. W.], J. Kamenew [d.i. L. B. Kamenew], P. Orlowski [d.i. W. W. Worowski] u. a.«

Sinowjew übertraf Kamenew noch an literarischer »Feuergeschwindigkeit«, vor allem nach der Revolution. Wäre er nicht in Ungnade gefallen, so hätten seine – mehr als zwanzig Bände umfassenden – gesammelten Werke bestimmt noch den Umfang von Trotzkis gesammelten Werken erreicht. Wenn L. D. Trotzki zweifellos schriftstellerisches Talent besaß, so war G. E. Sinowjew der literarische Bürokrat des Marxismus. Von den Werken Sinowjews ist kaum etwas übrig geblieben (Stalins Ochranka hat fast alle vernichtet), doch die erhaltenen Exemplare seiner Bücher, Broschüren und Artikel zeugen von einem dilettantischen, aber temperamentvollen Stil.

Sinowjew sprach in den Jahren von 1918 bis 1925 viele Male vor dem Sowjet sowie in einzelnen Betrieben, vor der Komintern, vor dem ZK und auf verschiedenen Konferenzen. Sämtliche schriftlichen Zeugnisse wurden von seinen Adlaten sorgfältig zusammengetragen und zur Veröffentlichung vorbereitet. So sind in einem Spezialfonds seine an das Politbüro gerichteten Aufzeichnungen in zwei Bänden erhalten. Sinowjew verfasste (unterstützt durch seine mit Federkiel bewaffneten Knappen) folgende in farblosem Stil geschriebene apologetischen Werke (besser gesagt die vorbereitenden Materialien zu diesen Werken): »W. Uljanow (Lenin)« in zwei Bänden, »Aus der Geschichte des Bolschewismus« in zwei Bänden, »Das Jahr der Revolution. Februar 1917–1918« und eine Reihe weiterer Bücher. In Sinowjews Arbeiten über die Partei ist eine rasche Verbürokratisierung der Partei als Hauptmerkmal des Systems zu erkennen. Gehilfen, Instrukteure und Sachbearbeiter bereiteten für die Parteibonzen jahrelang Reden, Vorträge und Bücher vor, die nach ihrer Veröffentlichung kein Mensch mehr las. Der Unterschied zur Gegenwart bestand allein darin, dass zu Lenins Zeiten Männer wie Sinowjew auch selbst viel an den Texten arbeiteten: Sie korrigierten, redigierten und kürzten die Reden und Referate. In der Folgezeit, unter Chruschtschow, Breschnew, Tschernenko und Gorbatschow, »vertonten« die Parteiführer nur noch die ihnen vorgelegten Texte oder setzten unter die Sammlung ihrer Reden lediglich ihre Unterschrift. Die intellektuelle Prostitution wurde zur Norm.

Kamenew war meiner Ansicht nach eine wesentlich einnehmendere Gestalt als Sinowjew. Wenn man sich aufmerksam in seine Biographie einliest, ersteht vor unseren Augen das Bild eines äußerst couragierten Menschen. So sah er sich genötigt, gegen Lenin aufzutreten (mit seiner Notiz in der Zeitschrift »Nowaja schisn« zu den Unstimmigkeiten über die Linie des bewaffneten Aufstandes), und versuchte auch gegen Stalin zu rebellieren.

Auf dem 14. Parteitag im Dezember 1925, am Geburtstag des Generalsekretärs, stieg Kamenew auf die Rednertribüne und äußerte folgende kluge Worte:

»Wir sind dagegen, einen Führerkult zu schaffen; wir sind überhaupt dagegen, ›Führer‹ zu schaffen; wir sind dagegen, dass das Sekretariat, das praktisch sowohl für die Politik, als auch für die Organisation zuständig ist, über dem politischen Organ steht. Wir sind dafür, dass unsere Leitungsstruktur so organisiert sein sollte, dass das Politbüro auch wirklich mit allen Machtbefugnissen ausgestattet ist und ihm alle Politiker unserer Partei angehören; und dass ihm das Sekretariat, das seine Anordnungen praktisch in die Tat umsetzt, untergeordnet ist ... Ich für meine Person glaube, dass unser Generalsekretär nicht für die Rolle des Zentrums, um das sich der alte, bolschewistische Stab sammelt, geeignet ist ... Eben weil ich dies dem Genossen Stalin mehrmals persönlich gesagt habe und weil ich dies auch wiederholt gegenüber der Gruppe der leninistischen Genossen geäußert habe, möchte ich es auf dem Parteitag noch einmal wiederholen: Ich bin zu der Überzeugung gelangt, dass der Genosse Stalin die Rolle des Zentrums, um das sich der bolschewistische Stab sammelt, nicht erfüllen kann ...«
(XIV. sjesd WKP[b]. M.-L. 1926, S. 274–275)

Jahrzehnte später kann man sagen, dass Kamenews Versuch, die gewaltsame, kriegerische Machtergreifung der Bolschewiki im Jahre 1917 zu verhindern, von großem Weitblick zeugte. Seine Rede auf dem 14. Parteitag war eine weise Warnung, die allerdings von niemandem beachtet wurde.
Was die moralischen, politischen und schriftstellerischen Qualitäten betraf, war Kamenew Sinowjew überlegen. Im Gegensatz zu Sinowjew, der aktiv an der Umsetzung der Ideen des bolschewistischen Terrors beteiligt war, machte sich Kamenew dabei nicht die Hände schmutzig. Betrachtet man die beiden jedoch als Gespann auf einem Tandem, so war zweifellos Sinowjew die dominierende Persönlichkeit. In der Emigration stand Sinowjew Lenin besonders nahe. Seine Frau, Slata Ionowna Lilina, war eine Zeit lang auch mit Nadjeschda Konstantinowna befreundet. In den Me-

moiren Krupskajas werden die Sinowjews relativ häufig erwähnt: »Sinowjew und Lilina sind aus Russland gekommen. Sie haben jetzt einen Sohn und waren damit beschäftigt, sich als Familie neu einzurichten.« (Krupskaja, Wospominanija, Moskau 1972, S. 166)
Grigori Jewsejewitsch Sinowjew zeichnete sich dadurch aus, dass er Lenins Anordnungen eilfertig ausführte und ihm seine Beobachtungen über die Entwicklungen in den verschiedenen im Ausland gegründeten sozialdemokratischen Gruppen vertraulich mitteilte. Vermutlich mochte Lenin Sinowjew vor allem wegen seiner Ergebenheit. Allerdings hegte er nach dem Oktober 1917 seine Vorbehalte gegen Sinowjew, die er auch in seinem »Brief an den Parteitag« zum Ausdruck brachte. Wie G. M. Dejtsch scharfsinnig feststellt, beginnen die Briefe Lenins an Sinowjew aus der Zeit vor der Revolution in der Regel mit der Anrede: »Lieber Freund!« oder »Lieber Grigori!« ... während die nach dem Oktober 1917 verfassten Briefe und Telegramme einen offizielleren Charakter besitzen: »Genosse Sinowjew!«, »An den Genossen Sinowjew« usw. (G. M. Dejtsch, »Lenins Skizzen zu den Porträts von Freunden und Gegnern«, Leningrad 1990, S. 125)
Nach allem, was über ihn bekannt ist, war Sinowjew eine ziemlich rätselhafte Gestalt. Von diesem dicklichen, schlaffen und kurzatmigen Menschen war eigentlich nur zu Lenins Lebzeiten die Rede. Nach dem Tod des Revolutionsführers geriet auch Sinowjew bald in Vergessenheit; nicht umsonst wurde er von den Menschewki als »Schildknappe« Lenins bezeichnet. Dieser äußerlich phlegmatische Mensch wirkte jedoch wie ausgewechselt, wenn er ans Rednerpult trat. Der starke, schöne, sonore Klang seiner Stimme schwebte beherrschend über dem Saal, über den Menschenmassen, und es schien so, als sei er wie geschaffen, große Reden auf großen Plätzen zu halten. Sinowjews Rednergabe kam auch zum Tragen, wenn er seine Referate auf Deutsch vor dem Kongress der Komintern oder in Deutschland hielt.
Ungeachtet der Farblosigkeit seiner Bücher sind in den Arbeiten Sinowjews mitunter recht interessante Beobachtungen enthalten. Die »Erinnerungen an Leben und Werk W. I. Lenins« wurden zu einem Zeitpunkt geschrieben, als Sinowjew den Zenit seiner politischen Karriere schon längst überschritten hatte und Stalin rasch

an Einfluss gewann. Im Hinblick darauf sind die Aufzeichnungen Sinowjews über Lenins Tod von großem Interesse. »Marx starb erst dann endgültig«, schrieb Sinowjew, »als sein Nachfolger Engels starb. Doch bei Lenin war das anders. Nach ihm gab es keinen Engels, und doch ist er alles andere als tot … Dennoch fügte sich bei ihm nicht alles so glücklich wie bei Marx.« Und später heißt es: »Der ›Fehler‹ des Vermächtnisses lag darin, dass Lenin keine genauen Vorstellungen davon hatte, wie es einmal ohne ihn sein würde.« (»Iswestija ZK KPSS«, 1989, Nr. 7, S. 172, 175)
Meiner Ansicht nach dürften es sich Sinowjew, Kamenew, Trotzki, Bucharin und einige andere nie verziehen haben, dass sie einem ausgemachten Schurken erlaubten, das Steuer des gigantischen Parteischiffs zu übernehmen; einem Mann, der ein »Monopol auf Lenin« für sich in Anspruch nahm und sich rasch zum absoluten Diktator entwickelte. 1917 und auch später behandelte Sinowjew Stalin von oben herab – als »Vertreter einer nationalen Minderheit«. Auf die schulmeisterlichen, gönnerhaften Bemerkungen Sinowjews reagierte der Generalsekretär nur selten. Als in der »Parteispitze« erörtert wurde, welchen bolschewistischen Politiker man für den Vorsitz der neugegründeten Internationale vorschlagen sollte, ließ Sinowjew eine Bemerkung fallen, durch die sich Stalin schmerzlich getroffen fühlen musste: »Wir brauchen einen Menschen mit europäischer Kultur und guten Sprachkenntnissen …« Wie wir wissen, wurde Sinowjew selbst zum ersten Vorsitzenden der Komintern gewählt. Er setzte sich leidenschaftlich dafür ein, die Revolution von Russland in andere Länder, vor allem nach Deutschland zu exportieren. Lenin unterstützte diese abenteuerliche Strategie. Im Januar 1920 stellte der Führer der Bolschewiki folgende Forderung:

»Die Befreiung der Krim muss vorangetrieben werden, damit wir die Hände frei haben, denn durch den Bürgerkrieg könnten wir gezwungen sein, uns nach Westen zu wenden, um den dortigen Kommunisten zu helfen.« (Archiv des Verteidigungsministeriums)

Während in Moskau der zweite Kongress der Kommunistischen Internationale abgehalten wurde, begann der berühmte »Marsch auf Warschau«. Die Initiative dazu ging von Lenin aus. Sinowjew ordnete an, auf der Bühne des Bolschoi-Theaters, wo die »Weltpartei der sozialistischen Revolution« tagte, eine riesige politische Weltkarte aufzuhängen. Jeden Morgen verfolgten die Delegierten mit klopfendem Herzen, wie sich die roten Fähnchen, die die Marschroute der »Roten« verdeutlichten, auf Warschau zubewegten. Sinowjew versicherte aufgeregt, dass der nächste, also der dritte Kongress der Komintern bereits in Berlin stattfinden würde; danach würde man in Paris oder London tagen. Seine Worte gingen in tosendem Beifallssturm unter …

In Sinowjews Memoiren gibt es eine Reihe von interessanten Details. So erinnert er sich, dass unter den Bolschewiki folgender scharfsinniger Witz von Plechanow kursierte: »Lenin ist in der Hinsicht ein erstklassiger Philosoph, als er in Philosophie ein Erstklässler ist …« Lenin liebte es, die Leute zu erschrecken: »›Wenn wir einen Fehler machen‹, drohte er, dann ›fliegen‹ wir.« Doch die wenigen originellen Passagen gehen in Sinowjews phrasenreichem Wortschwall völlig unter. In vielen seiner Artikel pries er Lenin als Menschen mit einer »genialen Intuition«, als »Genie der Weltrevolution« und als »Genie des Leninismus« (Archiv für neuere Geschichte). Und er liebte es, sich selbst als »strenggläubigen«, echten Bolschewiken darzustellen.

Nach 1926, als Sinowjew aus dem Politbüro ausgeschlossen wurde, schwankte er ständig zwischen der Auflehnung gegen Stalin und demütigen Reuebekundungen. Im Jahre 1930 wurde Sinowjew, der keinerlei höhere Bildung besaß, zum Direktor der Kasaner Universität ernannt und im Dezember 1931 zum stellvertretenden Vorsitzenden des Staatlichen Wissenschaftsrates.

Kamenew verbrachte weniger Zeit mit Lenin als Sinowjew, er hatte sich nicht mit dem Revolutionsführer in einer Hütte versteckt und war auch nicht in einem verplombten Waggon nach Russland gereist. Es gibt jedoch allen Grund zu der Annahme, dass Lenin sich Lew Borisowitsch enger verbunden fühlte. Das lag nicht nur daran, dass Kamenew stellvertretender Vorsitzender des Rates der Volkskommissare und stellvertretender Vorsitzender des Rates für Arbeit und Verteidigung war und daher Lenin allein durch die gemeinsame Auseinandersetzung mit der »Sache« schon besser kennengelernt haben dürfte. Kamenew war zudem ein aufrichtigerer Mensch als Sinowjew, was der von Natur aus zynische Lenin bemerken musste. Ähnlich wie bei Pjatakow, Lunatscharski und Rykow war ihm keinerlei Härte oder gar Grausamkeit eigen. Kamenew hatte den Mut, gegen Willkür zu protestieren, und war durchaus fähig, Mitleid zu zeigen. So wurden P. A. Kropotkina, der Witwe des großen Anarchismustheoretikers, der 1921 in Russland starb, erhebliche Schwierigkeiten bei der Ausreise aus Russland bereitet. Lenin gab schließlich ihrer Bitte nach, doch geschah dies nicht zuletzt auf Kamenews Betreiben hin.

In den Jahren 1921/22 traf sich Lenin sehr häufig mit Kamenew zu ausgedehnten Gesprächen (Lenin, Biochronika, Bd. 12, S. 407, 478, 479, 486, 492 u. a.). Ich denke, dass Kamenew als einer der engsten Vertrauten Lenins durch seine maßvolle, ruhige Art unmerklich Einfluss auf den Revolutionsführer nehmen konnte. Lunatscharski schrieb in einem Essay über Kamenew, dass »dieser als ein verhältnismäßig weicher Mensch galt, da er von unwahrscheinlicher Herzensgüte war. An sich ist das eher eine lobenswerte Eigenschaft. Doch vielleicht stimmt es auch, dass Kamenew im Vergleich zu Lenin, Trotzki oder Swerdlow allzu intellektuell war, den verschiedensten Einflüssen unterlag und dadurch ins Schwanken geriet.« (Lunatscharski, A., Radek, K., Trotzki, L., Siluety, S. 300)

Lenin imponierte die sanfte Ruhe Kamenews sowie dessen große Bereitwilligkeit, seine Aufträge auszuführen.

Trotz der heftigen Konflikte, die der Machtergreifung im Oktober 1917 vorausgingen, unterstützte der Revolutionsführer den Vorschlag, Kamenew zum Vorsitzenden des Allrussischen Zentralen Exekutivkomitees (WZIK) zu ernennen. Kamenew übernahm als persönlicher Stellvertreter Lenins mehrmals sehr spezielle und ziemlich heikle Aufträge in den verschiedensten Angelegenheiten. So reiste er im Januar 1918 im Zusammenhang mit der bevorstehenden Unterzeichnung des Brester Friedens nach England und Frankreich. Der Abgesandte wurde allerdings aus England ausgewiesen und musste unverrichteter Dinge über Finnland zurückkehren.

Lenin war es gewohnt, Kamenew nicht nur Staats- und Parteiaufträge, sondern auch ganz alltägliche Aufgaben zu übertragen. So bat er ihn anlässlich eines Besuchs von Gorki: »Am 12. oder 13.

kommt Gorki. Könnten Sie veranlassen, für ihn Brennholz zu besorgen?« (Lenin, PSS, Bd. 51, S. 10). – »Genosse Kamenew! Offensichtlich wird Ihre Anordnung wegen des Brennholzes für den Genossen Gorki nicht befolgt. Ich sehe mich gezwungen, die Ankömmlinge mit Versprechungen abzuspeisen. Der Genosse Gilbeau beschwert sich, dass bei ihm in der Wohnung die Temperatur nur 0 Grad Celsius beträgt. Der Schuldige muss vor Gericht gestellt werden.« (Lenin, Biochronika, Bd. 11, S. 692–693)

Am bedeutsamsten für den Revolutionsführer dürfte jedoch Kamenews Rolle als Herausgeber der Werke Lenins gewesen sein. Bereits 1907 versuchte er in Absprache mit Lenin ein dreibändiges Werk unter dem Titel: »Zwölf Jahre« herauszugeben. Kamenew hatte schon einen Vertrag mit dem sozialdemokratischen Verlag »Serno« abgeschlossen, doch aus einer Reihe von Gründen kam das Projekt nicht zustande. Der Hauptgrund bestand darin, dass sich der erste Band nach seinem Erscheinen nicht verkaufte. 1920 begann man mit der Veröffentlichung einer 20-bändigen Ausgabe von Lenins gesammelten Werken. Die letzten Bände erschienen erst nach dem Tode des Autors im Jahre 1926. Die Herausgabe wurde von L. B. Kamenew geleitet, der sich mit dem noch lebenden Klassiker über den Fortgang der Arbeit beriet.

Nach Kamenews Ausschluss aus dem Politbüro im Jahre 1926 betraute Stalin ihn mit Aufgaben in verschiedensten Arbeitsbereichen, in denen er für den »Aufbau des Sozialismus« wirken sollte. Er war Volkskommissar für den Handel, bevollmächtigter Vertreter in Japan und Italien sowie Direktor des Lenininstituts. 1934 wurde er zum Direktor des Instituts für Literatur ernannt. Es schien, als ob er endlich eine Tätigkeit gefunden hätte, in der er sich seinen Fähigkeiten entsprechend betätigen konnte. Einige Anzeichen weisen darauf hin, dass Kamenew beabsichtigte, seine Erinnerungen an Lenin niederzuschreiben, da er mehr als jeder andere mit dem literarischen Nachlass des Führers vertraut war.

Kamenew war der Erste, der mit Lenins persönlichem Archiv in Berührung kam, auf dessen Grundlage später auch das Lenininstitut entstand. Bei der Publikation der Dokumente dieses Archivs wurden von ihm bereits viele Briefe, Aufzeichnungen und Anordnungen Lenins, die nicht »leninistisch« erschienen, »ausgesiebt«. Kamenew selbst hinterließ keine »Werke«, obwohl sein literarischer Nachlass etwa fünf Bände füllen würde. Große Aufmerksamkeit verdienen meiner Meinung nach seine Reden, die dem Andenken Lenins gewidmet waren, die Vorworte zu Lenins Werken, seine Gedanken über Martow, jene Materialien, die eine regelrechte Chronik der innerparteilichen Unstimmigkeiten darstellen, sowie sein Briefwechsel mit Stalin (Archiv des Präsidenten). Kamenews politische Artikel haben einen eher dürftigen Charakter. Um vieles besser sind seine Betrachtungen zur Literatur. Er verfasste ein Buch über Tschernyschewski, mehrere Artikel über Goethe, Vorworte zu Turgenjews Romanen sowie Besprechungen zu den Büchern »Repin«, »Andrej Scheljabow«, »Lomonossow« und vielen anderen Werken (Archiv für neuere Geschichte).

Sinowjew und Kamenew ereilte ein trauriges Schicksal. Bei den heftigen innerparteilichen Kämpfen nach Lenins Tod spielten sie politisch eine mehr als bescheidene Rolle. Anfangs halfen die »siamesischen Zwillinge« dem Generalsekretär noch dabei, Trotzki zu beseitigen, doch dann fielen sie selbst Stalins Grausamkeit zum Opfer. Der Untergang von Lenins »Waffenträgern« lässt sich nicht allein durch die Unterschiede in der politischen Linie oder durch den innerparteilichen Kampf gegen die »Abweichungen« und Plattformen erklären. Lenin schuf ein System, an dessen Spitze nur Platz für einen Führer war. Doch auf diesen Posten gab es mehrere Anwärter.

Stalin konnte nicht vergessen, dass Sinowjew, Kamenew und andere »Oktoberführer« Lenin in vieler Hinsicht näher standen als er selbst. So sah der Generalsekretär in diesen Genossen potentielle Rivalen, wodurch ihr Los auf schicksalhafte Weise vorherbestimmt war. Lächerliche Märchen von Verschwörungen und geheimen »Zentren« waren nur der äußere Deckmantel jenes Prozesses, durch den Stalin sein »Monopol auf Lenin« endgültig durchsetzte.

»Der Liebling der ganzen Partei«

In Vorahnung seines bevorstehenden Todes gab Lenin eine äußerst seltsame Einschätzung über Bucharin ab, den er allem Anschein nach sehr zu schätzen schien:

»Was die jungen Mitglieder des ZK betrifft, so möchte ich ein paar Worte zu Bucharin und Pjatakow sagen. Meiner Meinung nach sind die beiden die herausragendsten Kräfte (unter den jüngsten Kräften), und in Bezug auf sie muss man sich Folgendes vor Augen halten: Bucharin ist nicht nur einer der wertvollsten und bedeutendsten Theoretiker der Partei, sondern er gilt auch zu Recht als der Liebling der ganzen Partei. Seine theoretischen Anschauungen können jedoch nur schwerlich ganz den marxistischen Anschauungen zugeordnet werden, denn in ihnen liegt etwas Scholastisches (er hat niemals studiert, und von daher hat er, denke ich, die Dialektik auch nie ganz verstanden).« (Lenin, PSS, Bd. 45, S. 345)

Dies erscheint als eine der paradoxesten Schlussfolgerungen Lenins: Einerseits nannte er Bucharin den »wertvollsten und bedeutendsten Theoretiker der Partei«, der andererseits »niemals studiert« hat und wahrscheinlich »die Dialektik auch nie ganz verstanden« hat? Seiner hohen Meinung von Bucharin als einer der »hervorragendsten Kräfte der Partei« auf der einen Seite steht die Aussage gegenüber, man könne »seine Anschauungen nur schwerlich ganz den marxistischen Anschauungen zuordnen …« Da wurde das »Scholastische« an Bucharin bemängelt, während gleichzeitig behauptet wurde, dass er »zu Recht als Liebling der ganzen Partei« galt.

Ich meine, dass das angeführte Zitat nicht so sehr Zeugnis über die »Anschauungen« Bucharins ablegt, als vielmehr über die Lenins. Wenn man all das, was Lenin über die politische »Dialektik« sagte, zusammenfasst, dann wäre die Dialektik so etwas wie die Umwandlung der Diktatur einer Klasse in die Diktatur einer Partei und schließlich in die eines Führers. Bucharin war viel weicher als alle übrigen Führer, und das war ein Mangel, der es ihm unmöglich machen musste, »die Dialektik ganz zu verstehen«. Für diese Weichheit war in Lenins grausamer Philosophie kein Platz. Die Lebendigkeit von Bucharins Denken, die Energie, mit der er als Publizist zu Werke ging, und die Ergebenheit gegenüber den Idealen des Kommunismus wie gegenüber Lenin selbst waren für den Revolutionsführer Grund genug, Bucharin als »Liebling der Partei« zu bezeichnen. Ich denke, dass die einfachen Mitglieder der RKP diese Einschätzung nicht nur nicht teilten, sondern dass viele unter ihnen nicht einmal von der Existenz Bucharins wussten.

Lenin war von führenden Parteifunktionären umgeben, die über keine abgeschlossene Ausbildung verfügten, wie etwa Trotzki, Stalin, Kamenew, Sinowjew und eben Bucharin. Die Erfahrung als »Berufsrevolutionär« galt Lenin mehr als alle Lehrgänge an der Universität.

»Der wertvollste und bedeutendste Theoretiker der Partei« war zu Anfang ein unverhohlener Anhänger des linken Flügels der Partei, der all seine Hoffnungen auf die Weltrevolution und das »Allheilmittel« der Diktatur des Proletariats setzte. Nach einigen Jahren schon hatte sich Bucharin zum führenden Kopf des rechten Flügels der Partei gewandelt, der für ein schrittweises Vorgehen und für Kompromissbereitschaft eintrat. Diese Entwicklung von einem Pol des bolschewistischen Spektrums zum anderen erstreckte sich über ein Jahrzehnt.

Über die theoretischen Anschauungen des »Lieblings der Partei« gibt ein verhältnismäßig unbekanntes Büchlein Aufschluss, das 1924 unter dem Titel »Über die Weltrevolution, unser Land, die Kultur und anderes mehr« in Leningrad erschien. Diese Arbeit enthält die Antworten, die Bucharin 1924, als sein ideologischer Standpunkt sich gerade in der Mitte zwischen linken und rechten bolschewistischen Anschauungen befand, dem Akademiemitglied I. Pawlow gab.

Das Akademiemitglied Pawlow, ein Mann, der wie fast alle echten Wissenschaftler über geistige Kühnheit verfügte, hatte in seiner Antrittsvorlesung erklärt, dass der Marxismus und der Kommunismus keine absoluten, objektiven Wahrheiten darstellten. Er zog die Chancen für eine Weltrevolution in Zweifel und konnte nichts Positives an einer Revolution erkennen, die seiner Ansicht nach zum Verfall der Kultur führte. Zudem wandte er sich gegen den Bürgerkrieg als Mittel zur Durchsetzung politischer Ziele. Bucharin machte es sich zur Aufgabe, all diese Thesen vehement zu widerlegen, und bezeichnete die Ansichten des Akademiemitglieds als »Sackgassen«.

Zunächst ging er auf Pawlows These über die Weltrevolution ein: »Es ist vollkommen offensichtlich, dass die Weltrevolution eine

Tatsache ist. Doch dass sie sich lediglich in einer bestimmten Entwicklungsphase befindet, in der das Proletariat anstelle von sechs Sechsteln erst ein Sechstel der Erde erobert hat, ist gleichfalls eine Tatsache …«

Für Bucharin stand fest: »Die bolschewistische Revolution hat das Land vor der Zerstörung und der Umwandlung in eine Kolonie bewahrt … Allein das Ausscheiden aus dem Krieg und die Weigerung, dem Schuldendienst nachzukommen, sind zwei Faktoren, die das Leben des Landes entscheidend bestimmt haben.« Diese räuberische Logik machte Bucharin nicht im mindesten verlegen. »Ist der Bürgerkrieg etwa nicht schrecklich?«, fragte Pawlow. Doch auch in diesem Punkt hatte Bucharin eine ganz klare Vorstellung: »Wenn wir die Macht des Kapitals nicht zerstören, bedeutet das unseren Untergang. Das ist es, was jedem denkenden Menschen eingebläut werden müsste. Um der Rettung der Menschheit willen müssen wir die Opfer bringen, die unsere Revolution fordert …« Der Verfasser dieses Pamphlets ahnte damals noch nicht, dass Sowjetrussland diese Opfer bringen würde. Es waren ungeheuerliche Opfer: Allein in den Jahren 1929 bis 1953 sollten 21,5 Millionen Menschen Repressionen ausgesetzt werden, unter ihnen Bucharin selbst … Und das alles um »der Rettung der Menschheit willen«? In diesem Punkt vertrat Bucharin ganz offenkundig Lenins Argumentation über den Nutzen revolutionärer Gewalt.

Die Revolution führt die Kultur ins Nichts? Bei dieser vierten und letzten Sackgasse empörten Bucharin ganz besonders die Beispiele, die Pawlow anführte: »Zur Zeit hat man für alles mögliche Geld, zum Beispiel für Japan oder für die Weltrevolution, doch unser akademisches Forschungslabor erhält nur 3 Goldrubel im Monat …«

Bucharin belehrte das Akademiemitglied in schulmeisterlichem Ton: »Wenn der positive Ausgang des Kampfes eine unabdingbare Voraussetzung für alles übrige ist, dann haben wir keine Wahl: Wir müssen alles opfern.« Hier erkennt man deutlich Lenins Prämisse, die lautete: »Um der Machterhaltung willen muss man alles opfern.« Dem Akademiemitglied war es ein Dorn im Auge, dass der Zugang zur Universität nunmehr von der Klassenzugehörigkeit abhing. Doch Bucharin hatte auch darauf eine Antwort

parat: »Andernfalls gleiten wir zu den Bestrebungen der liberalen Bourgeoisie ab, und das bedeutet nichts anderes als Dekadenz« (Bucharin, N. I., »Über die Weltrevolution, unser Land, die Kultur und anderes mehr«, Leningrad 1924, S. 28, 32, 39, 43, 49, 52 u. a.).
Die Antworten, die Bucharin dem Akademiemitglied Pawlow gab, kann man als Quintessenz seiner Ansichten als Theoretiker auffassen, für die er sich im Jahre 1918 einsetzte und von denen er sich auch 1929 nicht lossagte. Das tragische Schicksal des »Lieblings der Partei« sowie seine Herzlichkeit und Gewissenhaftigkeit bewirkten häufig eine Aufwertung seiner theoretischen Ansichten. In meinen früheren Arbeiten habe ich, was Bucharin betrifft, den gleichen Fehler begangen. Doch von der persönlichen Ausstrahlung Bucharins kann man nicht auf seine theoretischen Ansichten schließen. Sie führten in ebensolche »Sackgassen« wie die Ansichten Lenins und aller übrigen Parteiführer, die seiner Lehre anhingen.
Als Bucharin verhaftet wurde, lehnte er es zunächst ab, die »erforderlichen« Geständnisse abzulegen, doch schließlich zwang man ihn im Juni 1937 zu folgender Aussage:

»An den Volkskommissar für Innere Angelegenheiten N. I. Jeschow

Erklärung

Nach langem Zögern bin ich zu dem Schluss gekommen, dass es unabdingbar ist, meine ganze Schuld vor der Partei, der Arbeiterklasse und dem Land einzugestehen und ein für alle Mal mit meiner konterrevolutionären Vergangenheit zu brechen.
Ich gestehe, dass ich bis vor kurzem Mitglied einer Organisation der Rechten war, dass ich zusammen mit Rykow und Tomski zum Zentrum der Organisation gehörte, dass sich diese Organisation den gewaltsamen Sturz der Sowjetmacht zum Ziel setzte und dass sie dem Block der trotzkistisch-sinowjewistischen Organisation angehörte. Ein detailliertes Geständnis folgt.
Der inhaftierte N. Bucharin« (Archiv des Verteidigungsministeriums)

Die »Persönlichen Geständnisse N. Bucharins« sind ein erschütterndes Dokument. Der »wertvollste und bedeutendste Theoretiker der Partei« war unter dem Druck des Hauptmanns der Staatssicherheit, Kogan, bereit, alles, was von ihm verlangt wurde, zu gestehen. Da die Tschekisten nicht in der Lage waren, die wesentlichen Punkte der theoretischen »Irrtümer« Bucharins auszumachen, befahlen sie ihm, selbst niederzuschreiben, worin seine »Fehler« bestanden.

Die viele Seiten umfassenden Geständnisse Bucharins besitzen die Form eines philosophischen Traktats mit Untertiteln: »1. Meine allgemeinen theoretischen, antileninistischen Ansichten; 2. Die Theorie des Staates und die Theorie der Diktatur; 3. Die Theorie des Klassenkampfes unter den Bedingungen der proletarischen Diktatur; 4. Die Theorie des organisierten Kapitalismus« ... Erst am Ende des »Traktats«, das im Gefängnis des NKWD entstand, kam Bucharin auf politische Angelegenheiten zu sprechen: auf seinen »Kampf« gegen die Partei und die Entstehung seiner »Schule« mit ihren konterrevolutionären Zielen.

In der Geschichte der Repressionen der sowjetischen Staatsorgane war es wohl einmalig, dass ein Angeklagter das ihn belastende Material selbst verfasste, indem er in den eigenen theoretischen Ansichten nach Fehlern suchte.

Ich denke, dass die Reaktion auf den Brester Frieden das ehrlichste und aufrichtigste Kapitel im Leben des »Lieblings der Partei« bildete. Wahrscheinlich zuckten Bucharin und seine Anhänger, die »Linken Kommunisten«, vor Schreck zusammen, als Lenin damals mit seiner schnarrenden, das Zäpfchen-R rollenden Stimme mehrmals wiederholte, dass Hoffmann zwar nicht in der Lage sei, Petrograd oder Moskau sofort einzunehmen, dass »es aber durchaus morgen so weit sein könnte ... Vor uns zeichnet sich eine Epoche schwerster Niederlagen ab ... Wir müssen bereit sein, unter den Bedingungen der Illegalität und der offenen Versklavung durch die Deutschen unsere Arbeit beharrlich fortzusetzen.« (VII. sjesd RKP[b], Moskau/Petrograd 1923, S. 31, 32)

Auf der Gefängnispritsche des bolschewistischen Gefängnisses erinnerte sich Bucharin daran, wie er auf dem 7. Parteitag voller Heftigkeit die Worte herausgeschrien hatte, die damals seinen Verstand und sein Herz bedrängten:

»Zu solch einem Preis darf eine zweitägige Atempause, die überdies nichts bringen würde, nicht erkauft werden. Das ist der Grund, Genossen, warum wir sagen, dass eine Perspektive, wie sie der Genosse Lenin vorschlägt, für uns unannehmbar ist.« (Ebd., S. 42)

Wie weit das alles schon zurücklag … Doch damals hatte er seine ehrliche Ansicht geäußert, was er auch Stalin am 15. April 1937 aus dem Gefängnis wissen ließ: »Ich habe aufrichtig geglaubt, dass Brest den allergrößten Schaden bedeuten würde. Ich habe aufrichtig geglaubt, dass deine Politik in den Jahren 28/29 extrem gefährlich sei. Von der allgemeinen Linie bin ich zu einzelnen Personen übergegangen und nicht umgekehrt. Doch was war schlecht an mir, was war schädlich für mich? Antidialektisches Denken, Schematismus, Abstraktheit, Buchgelehrsamkeit« (Archiv des Präsidenten).

Lenin hatte ihm immer wieder suggeriert, dass er mit der Dialektik auf Kriegsfuß stünde. Nun gestand Bucharin sein »antidialektisches Denken« offen gegenüber den Gefängniswärtern, gegenüber Stalin und im Verhör gegenüber Jeschow ein. Dies tat er offenbar nicht nur, weil seine Persönlichkeit gebrochen war, sondern auch weil er den naiven Glauben hegte, man würde Gnade walten lassen, wenn er nichtbegangene Sünden eingestand.

Lenin mochte Bucharin, obwohl er ihm erheblich seltener schrieb als den anderen Kampfgenossen. Der Revolutionsführer liebte es, sich mit Bucharin zu unterhalten, wobei er ihm gegenüber oft einfach nur väterliche Sorge an den Tag legte.

Die Bolschewiki, die allmählich erkannten, dass sie ihre Stellung in Moskau erfolgreich behauptet hatten und dass sie an der Macht bleiben würden, begannen, immer mehr Wert auf ihre Gesundheit zu legen. Bereits in den zwanziger Jahren fuhren die Parteiführer regelmäßig zur Kur nach Deutschland, wo sie spezielle Ärzte konsultierten und teure Medikamente orderten. In der Regel nahmen sie gleich zwei bis drei Monate Urlaub. Vor allem Trotzki, Bucharin, Sinowjew und Joffe liebten Erholungsaufenthalte von dieser Dauer.

Im März 1922 unternahm Bucharin gemeinsam mit seiner Frau eine Urlaubsreise nach Deutschland. Lenin beauftragte die Botschaftsangehörigen, sich um Genesung und Erholung des Parteiführers zu kümmern und Moskau davon Bericht zu erstatten. In diesem Zusammenhang ist Lenins Brief nach Berlin vom 26. April 1922 von größtem Interesse:

»Streng geheim
Genosse Krestinski. Eine Kopie an Stalin
Vielen Dank für die Medikamente, die Sie mir geschickt haben. Ich würde gerne mit Ihnen über Bucharin reden. Smilga hat mir erzählt, dass er sich unmöglich benimmt. Er kuriert sich gar nicht aus, wie er sollte. Die Gerüchte über ein geplantes Attentat auf ihn haben ihn völlig aus der Fassung gebracht.
Ein Anschlag liegt durchaus im Bereich des Möglichen, und der Attentäter dürfte große Erfolgschancen haben. Deswegen schlage ich Folgendes vor:
Bucharin hierher bringen. In einem Monat (oder eineinhalb) schicken wir ihn zurück zu seiner Frau.
Bis dahin muss Folgendes erledigt sein:
1. Seine Frau muss in ein anderes Sanatorium überwiesen werden, wo es weniger Weiße und mehr kommunistische deutsche Arbeiter gibt. Aller Wahrscheinlichkeit nach lässt sich in Sachsen ein solcher Ort ausfindig machen.
2. Gleichzeitig müssen zwei bis drei kommunistische deutsche Arbeiter instruiert werden – es dürfen aber keine Plaudertaschen sein –, die ohne Bucharins Wissen in die Nähe des Sanatoriums zur Bewachung geschickt werden. Das ist leichter gesagt als getan, denn alle sind Schwätzer, Plappermäuler und Aufschneider, aber es muss getan werden.
3. Bucharins Frau soll mit ihrem Mädchennamen angesprochen werden. Das ist unserem Gesetz nach ihr gutes Recht.

Ich bitte darum, dass all das vernünftig und effektiv ausgeführt wird. Gruß. Ihr Lenin«
(Archiv für neuere Geschichte)

Lenin hatte die ganze Operation mit der »Verlängerung« nur vorgeschlagen, damit Bucharin und seine Frau sich in dem deutschen Sanatorium gut erholen konnten. Die Macht, so unerlässlich sie auch sein mag, verdirbt letztendlich die Menschen.
Bucharin war eine Art »Parteiaristokrat«. Er arbeitete sehr an sich,

eignete sich ein umfangreiches Wissen an und kannte die theoretischen Grundlagen des Marxismus. Es kann Nikolaj Iwanowitsch einfach nicht entgangen sein, dass er all den Woroschilows, Molotows und Kaganowitschs in seiner intellektuellen Entwicklung weit voraus war.

Der »frühe« Bucharin war, wie Lenin, orthodoxer Marxist. In seiner 1919 geschriebenen »Theorie der proletarischen Diktatur« argumentierte er genau so unversöhnlich wie der Revolutionsführer. Die Vertreter der II. Internationale waren für ihn »lose Schwätzer und lebende Leichname«. Kautsky war ein »Stiefellecker der Generalität« und der Völkerbund eine »unsinnige Einrichtung«. Die Diktatur galt ihm als einzig mögliche Staatsform nach dem Sieg des Proletariats: »Das Proletariat verweigert der Bourgeoisie nicht nur jegliche Freiheiten, sondern ergreift gegen sie härteste Repressionsmaßnahmen. Es verbietet ihre Presse und ihre Vereinigungen und geht mit Gewalt gegen ihre Sabotageakte vor.« (Bucharin, Isbrannye proiswedenija, Moskau 1988, S. 1–17) Wie Lenin erhob Bucharin den Klassenkampf und das Machtmonopol einer Partei zum obersten Prinzip, verurteilte die bürgerliche Demokratie und trat für eine streng zentralistische Planwirtschaft ein.

Der »späte« Bucharin verlor dagegen Ende der zwanziger Jahre seine führende Position in der Parteihierarchie, weil er seine sozialökonomischen Theorien mit liberalen Elementen verband. In seinem Vortrag »Lenins politisches Vermächtnis« vom 21. Januar 1929 kam diese »Abweichung« vom »klassischen« Leninismus deutlich zum Ausdruck. Die Industrialisierung des Landes, meinte Bucharin, dürfte nicht auf Kosten einer »übertriebenen Belastung der Bauernschaft mit Steuern und Abgaben« durchgeführt werden. Man müsse »den Bauern eine Perspektive bieten, die ihren unmittelbaren materiellen Interessen« entspräche und ihrem »persönlichen Vorteil« Rechnung trüge (ebd., S. 428–429).

Bis zu seinem Tod konnte Bucharin sich nicht mehr von dem Vorwurf reinwaschen, er würde die »Kulaken« verteidigen, das Interesse am »Privateigentum« schüren und die »persönliche Bereicherung« propagieren.

Nokolaj Iwanowitsch war weder »Häretiker« noch »Opportunist«, sondern erkannte lediglich die Unzulänglichkeit eines

Marxismus, der die Privatinitiative als Motor des ökonomischen Fortschritts einfach ausblendete. Er bemühte sich um eine behutsame Korrektur der traditionellen, festgefahrenen Ansichten und wollte so Einfluss auf den konkreten politischen Kurs der Partei nehmen. Schon bald wurde er den »Abweichlern« zugeordnet und musste daher, gemäß den Gesetzen der bolschewistischen Logik, »vom theoretischen über den politischen zum terroristischen Kampf« übergehen. Nach dem Motto »Angriff ist die beste Verteidigung« rechtfertigte er nicht nur sich selbst und seine Ansichten, sondern ging gleichzeitig zum Angriff auf Trotzki über. Den Anlass dazu bot ihm dessen Erklärung über die »Gefahr von rechts« vom Juli 1928, die er als »unerhört verleumderisch und hysterisch« bezeichnete (ebd., S. 400). Bucharin versuchte, seinen Hals auf Kosten Trotzkis zu retten, der bereits kurz vor der Zwangsausweisung stand.

Trotzki selbst war nachsichtiger mit Bucharin, wenngleich er ihn des Öfteren mit beißendem Spott überzog: »Bucharins Kampf gegen die Opposition«, schrieb er im Herbst 1927, »erinnert fatal an die Schüsse eines zu Tode erschrockenen Soldaten, der blind mit dem Gewehr über seinem Kopf herumfuchtelt und eine Unzahl von Kugeln verschießt, von denen kaum eine ins Ziel trifft. Dieses Geballere könnte höchstens irgendeinen Unbeteiligten erschrecken, der sich nicht darüber im klaren ist, dass es sich bei dem Schützen um den zu Tode erschrockenen Bucharin handelt.« (Trotzki, Portrety rewoljuzionerow, 1988, S. 141)

Später, in der Verbannung, gelang Trotzki eine recht originelle Beschreibung des Verhältnisses zwischen Bucharin und Lenin:

»Bucharins Charakter hat etwas Kindliches, das ihn in Lenins Augen zum Liebling der Partei machte. Nicht selten polemisierte er gegen Lenin, worauf dieser zwar streng, doch durchaus wohlwollend reagierte. Die polemische Härte zerstörte nie das freundschaftliche Verhältnis zwischen den beiden.

Ich erinnere mich an eine Episode, die sich auf einer Sitzung des Politbüros zugetragen hatte. Als England in seinem Kurs gegenüber der Sowjetunion eine Wendung um 180 Grad vollzog, seine interventionistische Politik aufgab und einen Handelsvertrag vorschlug, waren alle von der Ernsthaftigkeit dieses Vorschlags überzeugt … Da erhob sich plötzlich die Stimme Bucharins: ›So ist das also! Die Ereignisse stehen kopf!‹ Er blickte mich herausfordernd an. ›Machen Sie nur‹, bedeutete ich ihm. Bucharin lief von seinem Platz zum Lederdiwan hinüber und vollführte dort einen Kopfstand. Nachdem er ein bis zwei Minuten in dieser Stellung verharrte, nahm er wieder seine normale Haltung ein. Wir lachten, und Lenin ging wieder zur Tagesordnung über. Das war Bucharins Art, in der Theorie, wie in der Praxis. Bei all seiner außergewöhnlichen Begabung stellte er die Dinge häufig auf den Kopf.« (Ebd., S. 142–143)

Nach der Zerschlagung der »rechten« Opposition durch Stalin durfte sich Bucharin noch eine Weile als vollwertiges Mitglied der Partei fühlen, doch der Niedergang schritt unaufhaltsam voran.
Der ehemalige »Liebling der Partei« erwies sich als sensibler, labiler Charakter. Die ganzen dreißiger Jahre über, bis zu seiner Verhaftung (und selbst noch danach), bemühte er sich, Stalins Gunst um jeden Preis zurückzugewinnen, wobei er auch vor Selbsterniedrigung nicht zurückschreckte. Einmal verfasste er sogar ein Poem auf den »gelieben Führer«.
»Koba«, wie Bucharin Stalin bis zuletzt freundschaftlich nannte, ließ ihn eine Zeit lang hoffen. Die Briefe, die Nikolaj Iwanowitsch damals an den Generalsekretär schrieb, füllen ganze Bände. Stalin lockerte zeitweilig Bucharins Daumenschrauben, um sie dann wieder um so fester anzuziehen, worauf der »Liebling der Partei« einen weiteren, langen Brief verfasste, in dem er seine Freundschaft und Ergebenheit zum Ausdruck brachte:

»Lieber Koba! Ich war tief betrübt, als du mich wegen Ehrenburg zurechtgewiesen hast. Unter anderem hast du mir vorgeworfen, ich hielte mich selten in der Redaktion auf. Dabei bin ich täglich dort und habe sogar einige Nächte durchgearbeitet … Die letzten beiden Tage war ich allerdings wirklich nicht in Moskau, denn ich musste innerhalb von drei Tagen eine Broschüre über Kalinin schreiben … Als Beweis schicke ich dir die Broschüre, die ich soeben fertig gestellt habe. Offenbar erhältst du Informationen von einigen meiner Freunde, die damit ein bestimmtes Interesse verfolgen.

Bitte sei mir nicht böse, dass ich dir offen und ehrlich schreibe. Wenn du der Meinung bist, dass ich mich dir gegenüber zu vertraulich verhalte, dann lass es mich bitte wissen. Dein Bucharin« (Archiv des Präsidenten)

Bucharin wollte offensichtlich an die alten Zeiten anknüpfen, als die beiden Mitstreiter Lenins noch per du waren, einander lediglich argumentativ bekämpften und von stalinistischen Intrigen und Verfolgungen noch nichts zu spüren war.
Eineinhalb Monate nach seiner Verhaftung wandte sich Nikolaj Iwanowitsch erneut an Stalin. In einigen Passagen des 22 Seiten langen Briefes ging er auf sein Verhältnis zu Lenin und seine damaligen Ideale ein:

»14. April 1937, in der Nacht zum 15.
An Josif Wissarionowitsch Stalin. Persönlich.
Dieser Brief ist so persönlich, dass ich darum bitte,
ihn ungeöffnet an J. W. Stalin weiterzuleiten.
... Auf dem Plenum fühlte ich mich wie ein Mensch, der unschuldig an den Pranger gestellt wurde ... In meiner Verzweiflung schwor ich bei Lenins Todesstunde. Du weißt doch, wie grenzenlos ich ihn von ganzem Herzen und von ganzer Seele liebte. Ich beschwor seine Erinnerung. Doch sie erklärten, ich würde nur mit seinem Namen spekulieren und hätte gelogen, als ich behauptete, ich sei in seiner Todesstunde bei ihm gewesen. Man führte sogar ein »Beweisstück« an (einen Artikel Sinowjews). Die Wahrheit ist, dass ich nach Iljitschs Tod nach Moskau fuhr und dann mit allen anderen wieder nach Gorki zurückkehrte. So steht es auch in dem Artikel ... Ich leugne nicht, dass ich der Parteiführung und dir näher sein wollte. Ich sehnte mich nach den Parteiführern und einem verantwortlichen Aufgabenfeld. Ist das etwa eine Sünde oder ein Verbrechen? Dich selbst achtete und liebte ich ... Ich träumte davon, dass du mir vertrautest ... Das alles ist nun vorbei, da ich mich wie ein Wurm auf meiner Gefängnispritsche winde ... Ich möchte dir offen und ehrlich von meinem Privatleben erzählen, worüber man ja normalerweise nicht spricht.«

Bucharin berichtete von seinen Frauen, N. M. Esfir, A. W. Trawina und Njusa Larina. Bevor er Larina kennengelernt habe, sei sein Leben »freudlos und voller Leiden« verlaufen. Der Häftling gab die Hoffnung nicht auf, Stalin doch noch von seiner Loyalität überzeugen zu können:

»... Es gab eine Zeit, da haben wir bei dir zu Hause gemeinsam auf dem Diwan gesessen – und du meinst, ich hätte mich damals zum Kampf gegen dich gerüstet? Unsinn.
Was das Jahr 1928 anbelangt, so verhielt sich die Sache folgendermaßen: Ich glaubte ehrlich, dass du damals nicht so vorgingst, wie es Lenin getan hätte, und stützte mich dabei auf eine Menge Zitate aus Iljitschs Werken. Heute muss ich zugeben, dass ich Iljitschs Vermächtnis zu wörtlich und schematisch verstand ... 1928 war nämlich eine besondere Situation entstanden, die Lenin so nicht voraussehen konnte ... Ich aber habe mich wie ein Schuljunge an den Wortlaut gehalten und dabei den eigentlichen Sinn aus den Augen verloren ... 1928/29 sah ich in deiner Linie den Inbegriff einer antileninistischen Taktik. Das war zwar dumm von mir, doch genau so verhielt es sich ...«
Indem Bucharin einräumte, dass Lenin keine Empfehlungen für die Zukunft geben konnte, rechtfertigte er zugleich das Vorgehen Stalins, der die leninistische Theorie »schöpferisch weiterentwickelte«. Nikolaj Iwanowitsch kapitulierte auf der ganzen Linie und machte dabei selbst vor Lenin nicht halt.
Nachdem er seine »Fehler« eingestanden hatte, kam er auf sein Verhältnis zu Stalin zurück:

»Immer, wenn ich mit dir zusammen sein konnte, war mir ausgesprochen wohl ums Herz ... Es machte sogar Freude, dich einfach nur zu berühren. Ich entwickelte dir gegenüber dasselbe Gefühl, das ich damals für Iljitsch empfand – ein Gefühl verwandtschaftlicher Vertrautheit, unermesslicher Liebe und unbegrenzten Vertrauens, wie man es einem Menschen gegenüber empfindet, dem man alles sagen, schreiben und anvertrauen kann ...«

Weiter berichtete Bucharin von seinem Traktat, das er gerade beendet habe und Stalin widmen wolle, da er sich nunmehr als sein

»Schüler« fühle. Abermals bekräftigte er: »Ich lasse mich mit keinen Mitteln zu einer solch schändlichen Verleumdung meiner selbst zwingen …«
Der Brief schließt mit den Worten:

»… Die Zellen sind düster, und rund um die Uhr brennt elektrisches Licht. Ich wische den Boden und säubere die Latrine – man kennt das ja. Doch es zerreißt mir das Herz, dass sich all dies gerade in einem sowjetischen Gefängnis abspielt. Mein Leid und meine Trauer darüber sind grenzenlos …
Bleib gesund und glücklich N. Bucharin«
(Archiv des Präsidenten)

Stalin reichte Bucharins Brief an sämtliche Mitglieder des Politbüros weiter, die ein einhelliges Urteil fällten:
»Habe den Brief gelesen. Meines Erachtens ist er ein Betrüger. W. Molotow«. »Immer das gleiche, betrügerische Lied: ›Ich bin nicht ich, und das Pferd gehört mir nicht‹. L. Kaganowitsch«. »Zur Kenntnis genommen. M. Kalinin«. »Ganz eindeutig ein heuchlerischer Brief. W. Tschubar«. »Habe den Brief gelesen. K. Woroschilow«. »Bucharin spielt weiter seine Provinzposse. Er ist ein betrügerischer Pharisäer. A. Mikojan«. »Eine typisch bucharinsche Lüge. A. Andrejew«.
So besiegelten Stalins Mitarbeiter, die sich »Lenins Schüler« nannten, das Schicksal des »Lieblings der Partei«.
Kaum einer der Anhänger Lenins hatte den Revolutionsführer in seinen letzten Lebensmonaten zu Gesicht bekommen. Er lehnte jedes Treffen ab, da er die Sprache verloren hatte und somit zu einem Dialog nicht in der Lage war. Nadjeschda Konstantinowna erinnert sich in den von der Partei unter Verschluss gehaltenen Passagen ihrer Memoiren:

»Auf die Frage, ob er nicht Bucharin sehen wolle, der früher häufiger als alle anderen bei uns war, oder einen von den Genossen, mit denen er eng zusammenarbeitete, schüttelte er nur den Kopf, denn er wusste, dass dies seine Kräfte übersteigen würde.« (Archiv des Präsidenten)

Doch an jenem schicksalhaften Tag war Bucharin tatsächlich bei Lenin. Als die Ärzte das Zimmer des todkranken Revolutionsführers verließen, hatte dieser nur noch wenige Stunden zu leben. Da erlaubte man auch Nikolaj Iwanowitsch, ihn noch ein letztes Mal zu sehen. Er hatte also in seinem Brief an das Politbüro nicht gelogen. Das Schicksal Bucharins ist eines der traurigsten Beispiele für die Zerstörung einer Persönlichkeit durch die Mechanismen jenes entsetzlichen Systems, das er selbst einst aktiv mitaufgebaut hatte. Mit der Verurteilung Bucharins hatte das leninistische System sich zugleich selbst das Urteil gesprochen.
Der »Liebling der Partei« hatte sich schon lange vor seinem tragischen Ende mit der Problematik einer schrankenlosen Gewaltanwendung durch Partei und Staat befasst. In einem Brief an den »eisernen Felix« (Dserschinski) heißt es dazu:

»Lieber Felix Edmundowitsch,
auf der letzten Versammlung der Führung war ich leider nicht anwesend, doch ich habe gehört, Sie hätten dort u. a. behauptet, ich sei ›gegen die GPU‹ … Um alle Zweifel auszuräumen, lieber Felix Edmundowitsch, möchte ich Ihnen noch einmal erläutern, was ich wirklich darüber denke.
Ich meine, wir müssen möglichst bald zu einem liberalen Führungsstil der Sowjetmacht übergehen, das bedeutet, weniger Repressionen, größere Rechtssicherheit, größere Besonnenheit und mehr Selbstverwaltung (unter Aufsicht der Partei, versteht sich). In meinem Artikel im ›Bolschewik‹, den Sie selbst begrüßt haben, habe ich diesen Kurs theoretisch begründet. Aus diesem Grunde wende ich mich zuweilen gegen Vorschläge, die auf eine Erweiterung der Befugnisse der GPU abzielen. Verstehen Sie doch, lieber Felix Edmundowitsch (Sie wissen doch, wie sehr ich Sie schätze), dass Sie nicht den geringsten Grund haben, an meiner Loyalität gegenüber Ihnen und der GPU zu zweifeln. Es handelt sich vielmehr um eine prinzipielle Frage …

Ihr N. Bucharin«

(Archiv für neuere Geschichte)

Man muss Bucharin gebührenden Respekt dafür zollen, dass er der Erhebung von Gewalt in den Rang eines probaten Mittels der Staatspolitik derartig mutig entgegentrat. Übrigens erwiderte Dserschinski die »freundschaftlichen Gefühle« Bucharins in keiner Weise und maß dem Brief auf seine Art »prinzipielle« Bedeutung zu, indem er sich an seinen Stellvertreter Wjatscheslaw Rudolfowitsch Menschinski wandte:

»An den Genossen Menschinski. Persönlich (keine Kopie). Anbei der Brief Bucharins, den Sie mir bitte nach der Lektüre umgehend zurückschicken. Derartigen Stimmungen innerhalb der Führung des ZK müssen wir mit großer Wachsamkeit begegnen. Es wäre ein großer politischer Fehler, wenn die Partei in der prinzipiellen Frage der GPU nachgeben und, theoretisch wie praktisch, auf einen liberalen Kurs einschwenken würde. Damit würde man kleinbürgerlichen Strömungen nachgeben, welche die NÖP propagieren und den Bolschewismus ablehnen. Dies würde den Sieg des Trotzkismus bedeuten …
24/12 1924 F. Dserschinski« (ebd.)

In diesen Zusammenhang passt noch eine weitere Episode aus dem Leben Bucharins. Anfang 1921 kam es im Gouvernement Tambow zu einem großen Bauernaufstand. Lenin beauftragte Bucharin, die Lage einzuschätzen und auf der Sitzung des Politbüros vom 2. Februar 1921 über die notwendigen Maßnahmen zur Eindämmung der Unruhen zu referieren. Nikolaj Iwanowitsch schlug vor, im Gouvernement die Verteilung von Lebensmitteln zu organisieren, um so die Lage der Bauern zu erleichtern. Lenin, Stalin, Preobraschenski, Rudsutak und Kamenew stimmten diesem Vorschlag zu, doch Lenin forderte zusätzlich den Einsatz von Truppen. (Archiv für neuere Geschichte)
Bucharins »milde« Maßnahmen erwiesen sich als unzureichend, der Aufstand breitete sich weiter aus. Auf der nächsten Sitzung des Politbüros am 27. April war der »Liebling der Partei« nicht zugegen. In seiner Abwesenheit beschloss man, »Tuchatschewski zum Oberkommandierenden der Truppen im Kreis Tambow zu ernennen«. Für die Liquidierung der Banden Antonows gab man ihm einen Monat Zeit und absolut freie Hand. (Ebd.) Der Aufstand wurde blutig und grausam niedergeschlagen.
Bucharin plädierte im Zweifelsfall stets für ökonomisch-politi-

sche Maßnahmen und gegen Repressionen. N. W. Walentinow nannte ihn einen Ideologen des »rechten Kommunismus«. Vor allem in den Jahren 1924/25 übte seine Linie großen Einfluss unter den Bolschewiki aus. Auf dem 14. Parteitag verdeutlichte Nikolaj Iwanowitsch abermals seinen Ansatz:

»Es wird uns gelingen, den Sozialismus selbst auf einer so schlechten materiellen Basis wie der unseren aufzubauen. Dabei werden wir uns zwar nur im Schneckentempo vorwärts bewegen, doch nichtsdestoweniger die sozialistische Gesellschaft errichten.« (XIV. sjesd WKP[b], Moskau/Leningrad 1926, S. 84–85)

Bucharin ging davon aus, dass die NÖP den Lebensstandard der Bauern anheben und so den kontinuierlichen Übergang vom Bürgerkrieg zu Frieden und Wohlstand gewährleisten würde.
Für kurze Zeit konnte sich Bucharins Konzept der Neuen Ökonomischen Politik durchsetzen. Doch schon bald kehrte das Politbüro zu seinem alten Kurs zurück. Der Klassenkampf auf dem Land wurde grausamer als je zuvor geführt; die »Kulaken« wurden systematisch vernichtet. Stalin übernahm nun, nachdem er Trotzki ausgeschaltet hatte, dessen Konzept einer radikalen Industrialisierung und Kollektivierung. Bucharins Widerstand gegen Stalins Linie erschöpfte sich weitgehend in Lippenbekenntnissen, bis er sogar bereit war, diesen verderblichen Kurs mitzutragen. Doch der Generalsekretär wollte kein Risiko eingehen: 1929 wurde der »Liebling der Partei« aus dem Politbüro ausgeschlossen.
Lenin hatte Bucharin also damals durchaus richtig eingeschätzt:

»Er ist ein guter Wirtschaftsexperte, auf diesem Gebiet haben wir ihn ja auch immer unterstützt. In der praktischen Politik verhielt er sich allerdings stets ausgesprochen wankelmütig.« (PSS, Bd. 49, S. 194)

Nikolaj Iwanowitsch war ein labiler Mensch, der auch gar nicht den Anschein von Stärke erwecken wollte. Bei aller außergewöhnlichen Intelligenz litt er unter extremer Willensschwäche.

Das »leninsche Politbüro«

Das Politbüro war für die Sowjetmenschen über Jahrzehnte hinweg eine rätselhafte, geheimnisvolle, allmächtige und häufig auch Unheil bringende Institution.

»Das Politbüro hat beschlossen«; »In das Politbüro wurde berufen«; »N. – ein entfernter Verwandter des Politbüromitglieds X«; »Im Politbüro soll über die Frage Y diskutiert werden«; »Die Datscha eines Politbüromitglieds« – diese und ähnliche Sätze hatten für die Sowjetmenschen eine tiefgreifende, beinahe mystische Bedeutung. Jedes Mal, wenn das Plenum des ZK einberufen wurde, wartete man voller Spannung auf Verlautbarungen des Politbüros. Ein besonderes Interesse galt der Entscheidung darüber, welcher der »Kandidaten« in den Rang eines vollwertigen »Mitglieds« erhoben würde … Als ob diese Beschlüsse das Leben der einfachen Leute in irgendeiner Weise verändert hätten!

Wenn eine der großen schwarzen Limousinen unterwegs war, die im Volksmund »Mitgliederkutschen« genannt wurden und wie Panzerwagen gesichert waren, sperrte die Polizei weiträumig den Verkehr ab und eskortierte feierlich diese »heilige Prozession«. Die Datschen der Mitglieder des höchsten Beschlussorgans der Partei glichen mit ihren Wachtposten, dem Dienstpersonal, den Bassins und schattigen Alleen Fürstenresidenzen aus vergangenen Jahrhunderten. Um die Versorgung der Parteiprominenz mit Waren und Geld rankten sich Legenden im einfachen Volk. Dabei hatte alles so prosaisch begonnen …

Das Politbüro wurde am 10. (23.) Oktober 1917 zum Zwecke der Vorbereitung und Koordinierung des Umsturzes aus der Taufe gehoben. Auf jener Sitzung des ZK berichtete zunächst Swerdlow »Über den Stand der Dinge in ganz Russland«. Das Hauptreferat hielt Lenin, dessen Resolution über einen bewaffneten Aufstand danach zur Abstimmung gebracht wurde. Im Protokoll heißt es: »Die Resolution wurde mit 10 Ja- und 2 Neinstimmen angenommen.« (Kamenew und Sinowjew hatten mit Nein gestimmt).

Im Anschluss daran beschloss man die Gründung eines »Politischen Büros«, bestehend aus 7 Mitgliedern: Lenin, Sinowjew, Kamenew, Trotzki, Sokolow, Stalin und Bubnow.

Die berühmte Gründungssitzung des Politbüros fand in der Karpowkastraße 32/1 in Petrograd statt. Selbstverständlich wurde an diesem »historischen Ort« bald ein Museum samt Gedenktafel errichtet. Lenin hatte dort nach erzwungener dreimonatiger Abwesenheit seinen ersten Auftritt (damals hatte die Provisorische Regierung Haftbefehl gegen ihn erlassen).

Zu Anfang kam dem Politbüro als politischer Institution noch keine große Bedeutung zu. Vielleicht wäre es sogar vollkommen in Vergessenheit geraten, wenn Lenin nicht zu der Einsicht gekommen wäre, das ZK sei zu groß und somit als Führungsorgan ungeeignet. Nach einer Diskussion in vertraulichem Kreise kam man zu dem Ergebnis, dass es einen »harten Kern« des ZK geben müsse, das ständig in Bereitschaft sein sollte, um wichtige politische Entscheidungen zu fällen.

Auf dem 8. Parteitag referierte Sinowjew über organisatorische Fragen. Er schlug vor, die Zahl der Mitglieder des ZK auf 19 zu erhöhen, was seiner Ansicht nach eine Aufteilung dieses Organs in ein Politbüro, ein Organisationsbüro, ein Sekretariat und ein Reisebüro ermöglichen würde. Sein Vorschlag wurde angenommen. Auf dem Plenum des ZK vom 25. März 1919 wurde schließlich beschlossen:

»Das Politbüro besteht aus den Genossen Lenin, Trotzki, Stalin, Krestinski und Kamenew. Zu Kandidaten werden Sinowjew, Bucharin und Kalinin ernannt.

Das Organisationsbüro besteht aus den Genossen Krestinski, Stalin, Beloborodow, Serebrjakow und Stasowa. Kandidat ist Genosse Muranow, der gleichzeitig mit den Genossen Newski und Maximowski für das Agitations- und Reisebüro verantwortlich ist. Die Genossin Stasowa wurde zum Sekretär des ZK gewählt.« (Archiv des Präsidenten)

So wurden die Parteiorgane der Bolschewiki gegründet, unter denen das Politbüro die bedeutendste Rolle in der Geschichte des Sowjetstaats spielen sollte. Es wurde zum Inbegriff einer dunklen und geheimnisvollen Macht, »der Weisheit und des Willens« der Partei.

Die Arbeitsweise des Politbüros wurde zwar durch eine Satzung geregelt, doch seine Kompetenzen wurden nie genau festgelegt.

Man ging von Anfang an ganz selbstverständlich davon aus, dass dieses Organ über unbegrenzte Vollmachten verfügte. Auf Vorschlag Krestinskis fanden die Sitzungen regelmäßig jeden Donnerstag statt, womit eine lange »leninistische Tradition« begründet wurde.

Bald nach der Gründung des Politbüros zeigte sich, dass das höchste Parteiorgan über eine Unzahl von sozialen, ökonomischen und politischen Fragen zu entscheiden hatte. Ein halbes Dutzend Männer, die über keinerlei Erfahrungen in der Leitung eines Staates verfügten, schickten sich an, über das Schicksal eines Millionenvolkes zu entscheiden.

Für das Politbüro existierte von Anfang an keine Trennung zwischen Partei und Staat. Es wurde gleichzeitig zum höchsten Regierungsorgan, in dem innerparteiliche Fragen nur einen geringen Stellenwert hatten.

Das Politbüro tagte regelmäßig – selbst dann, wenn nur drei Mitglieder anwesend waren, wie am 28. Mai 1919, als sich lediglich Lenin, Kamenew und Krestinski versammelten. Dennoch wurde mit Hilfe von Pjatakow und Bubnow über die »Generalmobilmachung in der Ukraine« entschieden und die Haftentlassung des Linken Sozialrevolutionärs Sternberg abgelehnt. Außerdem behandelte man noch 10 weitere Tagesordnungspunkte. Das Politbüro arbeitete wie eine Maschine, die über Menschewiki, Sozialrevolutionäre oder ganz einfache Leute ebenso entschied wie über Frontverläufe und die Aufteilung ganzer Republiken.

Einige Themen, wie die Arbeit der Tscheka, der rote Terror und die Repressionen gegen die »Feinde der Revolution« hatten freilich auf den Sitzungen absolute Priorität. Am 14. Mai 1921 beschlossen Lenin, Stalin, Sinowjew, Kamenew, Molotow und Kalinin, »eine Gesetzesvorlage für den Rat der Volkskommissare auszuarbeiten, nach deren Maßgabe die Tscheka bei der Festsetzung des Strafmaßes für den Diebstahl von Volkseigentum aus den staatlichen Betrieben und Fabriken einen größeren Spielraum erhalten« sollte (Archiv für neuere Geschichte). Mitunter wurden solche Fragen auch auf regionaler Ebene entschieden. So beschlossen Kamenew, Molotow und Stalin am 2. Februar 1922: »Die Tscheka des Gouvernements Samara erhält das Recht, ohne Zustimmung der Allrussischen Tscheka ein höheres Strafmaß zu verhängen.« (Ebd.) Natürlich »vereinfachte« dieses Vorgehen die Angelegenheit, da sich die »revolutionäre Repression« auf diese Weise noch »unbürokratischer« entfalten konnte. Einen Monat später beschloss das Politbüro zudem die »Zulässigkeit außergerichtlicher Urteile durch die GPU«. Man ermächtigte die Geheimpolizei, »Ausländer in Lagern zu isolieren«. Mit Verhafteten, die sich im Besitz einer Waffe befanden, durfte sie »kurzen Prozess machen« (ebd.).

Nicht selten standen 20 bis 30 Punkte auf der Tagesordnung des Politbüros. Das eingleisige Denken in den Kategorien des Klassenkampfes ließ nur selten Meinungsverschiedenheiten aufkommen, so dass die meisten Beschlüsse einstimmig getroffen wurden. Selbst über Personalfragen entschied das oberste Beschlussorgan. Wer stellvertretender Minister, Regimentskommandeur oder Direktor eines Großbetriebs wurde, bestimmte das Politbüro, denn die Bolschewiki hatten rasch erkannt, dass die Kaderfrage für die Durchsetzung einer einheitlichen Parteilinie von großer Bedeutung war. Zum Hauptkriterium für die Auswahl der Führungskader wurde daher die ideologische Zuverlässigkeit. Ob der Betreffende etwas von seinem Aufgabengebiet verstand, hatte nicht die geringste Bedeutung, sofern er nur der »Sache der Partei« treu ergeben war. Dieses Prinzip wurde bald zur Norm für das gesamte sowjetische Leben.

Bereits kurz nach Lenins Tod wurden auf Beschluss des Politbüros die »Nomenklatura I« und die »Nomenklatura II« eingeführt. Sämtliche Kandidaten für die Ämter der »Nomenklatura I« wurden vom ZK geprüft und schließlich durch das Politbüro bestätigt. Unter diese Bestimmung fielen neben den ersten Sekretären des ZK, der Gebietskomitees und der Volkskommisariate die Kommandierenden der Streitkräfte sowie Abgesandte in den großen nichtkommunistischen Staaten. (Archiv für neuere Geschichte)

Lenin hielt nur selten Referate auf den Sitzungen des Politbüros, sondern konzentrierte sich vor allem auf seine Tätigkeit im Rat der Volkskommissare. Allerdings stellte er nie die Priorität dieses obersten Beschlussorgans vor allen anderen Institutionen der bolschewistischen Macht in Frage. Im Politbüro schenkte er den Beiträgen der Referenten keine große Beachtung, sondern verteilte stattdessen seine Notizzettel an Trotzki, Stalin, Bucharin,

Sinowjew, Tschitscherin und andere anwesende Genossen. Nur wenn ein Redner von der Parteilinie abwich, wurde er hellhörig und griff sofort in das Geschehen ein. So rügte er einmal Lunatscharski wegen der Propagierung »demokratischer Freiheiten«, weil der Volkskommissar für Kultur leichtsinnigerweise die »Reiseerlaubnis für Schaljapin« befürwortet hatte. Damals einigte man sich schließlich auf einen Kompromiss:

»Schaljapin wird die Reiseerlaubnis nur unter der Bedingung erteilt, dass die Tscheka für seine Rückkehr garantiert. Falls diese dagegen Einwände erhebt, ist die Frage neu zu prüfen.« (Archiv für neuere Geschichte)

Obwohl die Tscheka in der Tat Bedenken anmeldete, beschloss das Politbüro drei Wochen später, am 31. Mai 1921, den berühmten Sänger aus dem bolschewistischen Gefängnis zu entlassen.
Wenn Lenin gerade im Rat der Volkskommissare beschäftigt war oder aus gesundheitlichen Gründen an Sitzungen des Parteiorgans nicht teilnehmen konnte, wandte er sich bisweilen schriftlich mit Beschwerden an das Politbüro, die ihm von verschiedener Seite zugetragen wurden. So hatte ihn einmal eine Klage über Amtsmissbrauch in der Abteilung für das Wohnungswesen beim Moskauer Sowjet erreicht (so weit lässt sich also die Korruption zurückverfolgen!). Vom Rat der Volkskommissare wurde daraufhin eine Untersuchungskommission unter der Leitung von A. Diwilski eingesetzt, welche die Vorwürfe im Verlauf ihrer Ermittlungen bestätigte. Das Büro des Moskauer Parteikomitees verteidigte zunächst die Beschuldigten, bis Lenin – von Diwilski darüber informiert – einen wütenden Brief an seine Genossen im Politbüro verfasste:
»An den Genossen Molotow zur Kenntnisnahme durch die übrigen Mitglieder des Politbüros.
Das Moskauer Komitee (darunter Genosse Zelinski) verhält sich zum wiederholten Mal zu nachsichtig gegenüber kommunistischen Verbrechern, die man eigentlich aufhängen müsste.
Man beruft sich dabei auf ein Versehen, doch derartige ›Versehen‹ sind ausgesprochen gefährlich. Ich schlage daher vor:
1. den Vorschlag des Genossen Diwilski anzunehmen

2. dem Moskauer Komitee einen strengen Verweis für seine Nachsicht mit den Kommunisten zu erteilen ...«

(PSS, Bd. 45, S. 53)

Lenin kämpfte gegen einige äußerliche Auswüchse des Bürokratismus, ohne sich darüber im Klaren zu sein, dass die Wurzel allen Übels in dem von ihm begründeten System selbst lag. Seine Anstrengungen führten lediglich dazu, dass man künftig bei derartigen Straftaten raffinierter vorging.

Das Politbüro beschäftigte sich natürlich auch intensiv mit der Komintern und anderen internationalen Angelegenheiten. Auf diesem Gebiet war buchstäblich jedes Mitglied dieses Organs ein »Spezialist«. Auf der Sitzung vom 1. September 1920 debattierte man über den Vorschlag eines gewissen Kopp aus Berlin, Sowjetrussland solle sich in seinem eigenen Interesse in angemessener Form für den Mord an dem deutschen Botschafter Mirbach entschuldigen. Lenin wandte sich gegen diesen Vorschlag und ließ den Genossen Kopp wissen, er könne darüber »nur lachen«.

Wie üblich mussten auch auf dieser Sitzung insgesamt nicht weniger als 20 Tagesordnungspunkte behandelt werden. Man entschied unter anderem über die Zusammensetzung der neuen Delegation für die Friedensverhandlungen mit Polen, über den Vorschlag des Historikers Pokrowski, eine Kommission für die Erforschung der Oktoberrevolution zu gründen, über Lenins Dringlichkeitsantrag, die Geheimmitteilungen besser zu chiffrieren, und schließlich über die Bitte Leschawas, 200 Pud Gold ins Ausland verkaufen zu dürfen (Archiv für neuere Geschichte).

Das Politbüro wollte nicht nur seine guten Beziehungen zum deutschen Proletariat aufrechterhalten, sondern – eingedenk ihrer Rolle bei der Russischen Revolution – auch zur deutschen Regierung. Daher genehmigte man auf Anfrage Berlins die Durchführung von Schulungskursen für deutsche Kommandeure in Sowjetrussland (Deutschland wollte auf diese Weise die Bestimmungen des Versailler Vertrags umgehen). Lenin, Trotzki, Kamenew, Krestinski, Radek und Kalinin fassten einstimmig folgenden Beschluss: »Deutsche Kommandeursschulungen dürfen außerhalb von Moskau durchgeführt werden. Die genauen Standorte sind mit den Genossen Trotzki und Dserschinski abzusprechen.« (Ebd.)

Die Protokollbände des »leninschen« Politbüros veranschaulichen auf eindringliche Weise, wie die Partei die Staatsmacht an sich riss, sich das Monopol auf die Gesetzgebung sicherte und auf administrativem Wege das gesamte Leben bis in seine kleinsten Verästelungen bestimmte.
Das Politbüro scheute auch nicht davor zurück, in unbedeutenden, zweitrangigen Angelegenheiten Entscheidungen zu treffen, was wiederum nicht etwa ein Zeichen für eine Erneuerung der Gesellschaft und des Systems war, sondern – im Gegenteil – für die prinzipielle Unzulänglichkeit der neuen Führung. Was war das nur für ein Staat, in dem das Staatsoberhaupt mit seinen Kampfgefährten darüber beriet, ob man Deborin, Axelrod und Basarow die Lehrbefugnis für marxistische Philosophie erteilen sollte? (Archiv für neuere Geschichte)
Mit dem gleichen staatspolitischen Ernst erörterte das Politbüro Krasins Vorschlag, »die Briefe und Tagebücher der ehemaligen Zarin Alexandra Fjodorowna ins Ausland zu geben« (ebd.), oder beriet über »die Ausarbeitung einer Etikette für die sowjetische Diplomatie, einschließlich des Frühstücks sowie des Mittag- und Abendessens« (ebd.).
Die wichtigsten Entscheidungen des Politbüros unterlagen strengster Geheimhaltung. Wer wusste schon, wie die Beschlüsse über Katyn, die in- und ausländischen Terrororgane, die Berlinkrise, das Karibikabenteuer oder den Einmarsch in Ungarn, der Tschechoslowakei oder Afghanistan zustande kamen? Oder wusste etwa jemand, dass damals auch ein Einmarsch in Polen vorbereitet wurde? Bereits unter Lenin entwickelte sich das Politbüro zu einer »Regierung über der Regierung«. In der Folgezeit trat diese Tendenz noch deutlicher zutage. So lautete ein Sonderbeschluss des Politbüros vom 8. Februar 1947:

»Fragen des Ministeriums für auswärtige Angelegenheiten, des Ministeriums für den Außenhandel, des Ministeriums für Staatssicherheit, … Valutafragen sowie die wichtigsten Fragen des Ministeriums für die bewaffneten Streitkräfte werden im Politbüro des ZK der WKP(b) behandelt.« (Protokoll des Politbüros vom 8. Februar 1947, Nr. P56/137)

Unter den Generalsekretären L. I. Breschnew (Beschluss des Politbüros vom 27. April 1976, P5/11), Ju. W. Andropow (Beschluss des Politbüros vom 18. November 1982, P85/2), K. U. Tschernenko und (noch während der Prestrojka) M. S. Gorbatschow wurde der Aufgabenbereich der Mitglieder des Politbüros als »vorherige Sichtung, Vorbereitung und Kontrolle« eines staatspolitischen Fragenkatalogs definiert. Das oberste Parteigremium hatte sich schon bald in ein Kontrollorgan für das Regierungskabinett verwandelt. Dennoch hatte es in den verschiedenen Entwicklungsstadien des Sowjetstaates unterschiedliche Funktionen inne.
Als mit Stalins Machtübernahme die Position des ersten Mannes im Staat erheblich gestärkt wurde, entwickelte sich das Politbüro zum willigen Erfüllungsgehilfen des Diktators. Unter Lenin war die Diktatur des Proletariats in die Diktatur der Partei umgewandelt worden. Stalin setzte diese Entwicklung fort: Aus der Diktatur der Partei wurde eine Diktatur des Parteiführers. Damit hatte der Diktator Lenins Schöpfung, dem totalitären Staat, die Krone aufgesetzt. Das Politbüro diente ihm nur noch dazu, den Schein einer kollektiven Führung aufrechtzuerhalten, und wurde zur Kurie der bolschewistischen Inquisition. Auf der Sitzung vom 3. Dezember 1934 verfasste man folgende Beschlussvorlage für das Präsidium des ZIK der UdSSR:

»1. Die Staatsanwaltschaft wird angewiesen, die Verhandlung von Anklagen wegen Vorbereitung oder Durchführung terroristischer Akte zu beschleunigen.
2. Die Gerichte werden angewiesen, den Vollzug von Todesurteilen nicht aufgrund von Gnadengesuchen der Verbrecher aufzuschieben, da das Präsidium des ZIK der UdSSR sich nicht in der Lage sieht, derartige Gnadengesuche zu prüfen …« (Protokoll des Politbüros vom 3.12.1934, Nr. P17/89)

Das Politbüro legte dem Präsidium des Zentralen Exekutivkomitees des Landes eine Resolution vor, die man dort nur noch verabschieden musste. Ein solches Verfahren war bereits zur Regel geworden. Das oberste Parteigremium bestimmte, welche Beschlüsse die Regierungsorgane zu fassen hatten.

Die oben zitierte Resolution trägt unverkennbar Lenins Handschrift: »Verschwörer und Deserteure müssen ohne Federlesens erschossen werden. Dabei dürfen wir keinen idiotischen Papierkrieg zulassen …« (Leninski sbornik, Bd. 18, S. 189) Der Unterschied bestand lediglich darin, dass Lenin derartige Maßnahmen auf den Bürgerkrieg beschränkte, während Stalin sie auch in Friedenszeiten anwandte.
Bei meinen Recherchen zu diesem Buch konnte ich feststellen, dass Stalin sich in seinen Entscheidungen stets an Lenins Beispiel orientierte. Nachdem die Sowjetarmee im Zweiten Weltkrieg durch seine Schuld einige katastrophale Niederlagen hatte hinnehmen müssen, beauftragte der Diktator Berija, sich mit dem bulgarischen Botschafter Stamenow, einem Agenten des NKWD, in Verbindung zu setzen. Dieser sollte Kontakt mit Berlin aufnehmen, um Hitlerdeutschland »die Ukraine, Weißrussland, die baltischen Staaten, die Karelische Landenge, Bessarabien und die Bukowina als Gegenleistung für die Einstellung der Kampfhandlungen« anzubieten. Um den Preis der Versklavung von zig Millionen Menschen wollte Stalin von Hitler den Frieden erbitten. Der Agent P. A. Sudoplatow sollte die Verhandlungen mit dem bulgarischen Botschafter führen (Archiv des Präsidenten).
War schon der Brester Frieden von 1918 ein bolschewistisches Verbrechen gewesen, so lastete nun der Vorschlag eines weiteren derartigen »Abkommens« auf dem Gewissen des »leninschen Politbüros«.
Stalin entwickelte in nächtlich berauschter Runde des Öfteren Gedanken und Pläne, die er seinen hochrangigen Trinkgenossen sogleich offenbarte. Diese stimmten in allem mit ihm überein und redeten ihm stets nach dem Mund. Danach blieb es Malenkow vorbehalten, die jüngste »weise Entscheidung« des Diktators für den nächsten Tag als »Beschluss des Politbüros« aufzusetzen.
Auf das Konto des »leninschen Politbüros« unter Stalins Leitung ging eine Vielzahl von Verbrechen, von denen sich eines durch seine besonders zynische Grausamkeit von den übrigen abhob. Dabei handelt es sich um einen Beschluss vom 5. März 1940:

»I. Der NKWD der UdSSR wird angewiesen,
1) die Sache der 14700 ehemaligen polnischen Offiziere, Beam-

ten, Gutsbesitzer, politischen Spione, Gendarme und Gefängniswärter, die sich in Kriegsgefangenschaft befinden, sowie
2) die Sache der 11 000 Mitglieder verschiedener konterrevolutionärer Spionage- und Diversionsorganisationen, die sich in der Westukraine und in Belorussland im Gefängnis befinden, auf besonderer Grundlage zu verhandeln und die Höchststrafe – Tod durch Erschießen – zu verhängen.

II. Die Sache ist ohne persönliche Vorladung der betreffenden Personen und ohne Anklageerhebung abzuwickeln ...« (Protokoll des Politbüros vom 5. März 1940, Nr. P13/144)

Dieser Beweis für die Schandtat von Katyn wurde – wie so vieles andere – jahrzehntelang vor den Augen der Weltöffentlichkeit verborgen gehalten.

In den Archiven des Politbüros findet man eine Vielzahl von Dokumenten, die eine genaue Vorstellung von diesem bolschewistischen Machtorgan vermitteln. Die meisten Sitzungsprotokolle legen Zeugnis ab von seinem Dogmatismus, Obskurantismus und Pharisäertum. Das gilt insbesonders für die Jahre 1920 bis 1950. Bekanntlich kam es nach der Entlarvung Stalins auf dem 20. Parteitag der KPdSU in der höchsten Parteispitze zu einem Kampf zwischen den Verfechtern des klassischen Stalinismus und den Vertretern einer »Liberalisierung« des Systems, der schließlich mit der Verurteilung der sogenannten »parteifeindlichen Gruppe« um Malenkow, Molotow, Kaganowitsch, Bulganin, Perwuchin und Schepilow endete.

Die Plenumssitzung, auf der Molotow im Juni 1957 von seinen Mitgenossen verurteilt wurde, erstreckte sich über mehrere Tage. Das 344 Seiten starke geheime Sitzungsprotokoll dokumentiert sehr eindrucksvoll die kommunistische Moral im allgemeinen und die der Mitglieder des ZK im besonderen.

G. K. Schukow, der Kaganowitsch und Molotow beschuldigte, an den Repressionen der Jahre 1937/38 beteiligt gewesen zu sein, verlas ein Dokument, laut dem diese beiden gemeinsam mit Stalin die Erschießung von 38 679 Leitungspersonen, Kulturschaffenden und Militärs angeordnet hatten. Das Militärkollegium erhielt damals von ihnen Listen, auf denen die Todesurteile bereits im Voraus vermerkt waren. Laut Schukow hatten Stalin und Mo-

lotow allein an einem einzigen Tag, dem 12. November 1938, 3167 Erschießungen befohlen. (Archiv des Präsidenten)
Dudorow, ein Mitglied des ZK, berichtete, dass man eine ganze Reihe von Parteisekretären zu Malenkow in das Zentralkomitee bestellt hatte, um sie, nachdem sie sein Arbeitszimmer verlassen hatten, auf der Stelle zu verhaften. So erging es Kusnezow, dem Sekretär des ZK, Rodionow, dem Vorsitzenden des Ministerrats der RFSFR, Rykow, dem Sekretär des Leningrader Parteikomitees, Krinitzki, dem Sekretär des Saratower Parteikomitees, und vielen anderen führenden Genossen. Der »Generalstab der Partei« beschränkte sich nicht auf die Organisation des Terrors gegen das eigene Volk, sondern betätigte sich bisweilen auch selbst als Organ der politischen Polizei.
Chruschtschow erinnerte in seiner Polemik gegen Malenkow daran, dass das Haus, in dem sowohl sie beide als auch Bulganin, Timoschenko und Budjonny wohnten, von der Geheimpolizei mit einer Abhöranlage ausgestattet worden war. Alle, ohne Ausnahme, unterlagen der Kontrolle des Geheimdienstes.
Übrigens erregte sich auf dem Plenum niemand sonderlich darüber, dass selbst die führenden Staatsmänner unter polizeilicher Überwachung standen. Das ZK, wo man demagogisch von der Sowjetunion als dem »demokratischsten Land der Welt« sprach, hielt Spionage und Bespitzelung für selbstverständlich in einem Land, das »auf Iljitschs Spuren« wandelte.
Nach dem dramatischen 20. Parteitag, auf dem Chruschtschow mutig die Verbrechen des Geheimdienstes enthüllt hatte, begann ein neuer Abschnitt in der Geschichte des »leninschen Politbüros«. Von einer prinzipiellen Kritik an den Grundfesten des Leninismus war man jedoch weit entfernt: Nicht die Partei oder das Politbüro waren schuld an der »Verletzung der revolutionären Gesetzlichkeit«, sondern allein Stalin, Berija und der NKWD. Jeder Ansatz, die Entstehung des terroristischen Systems zu erklären, wurde im Keim erstickt. Das bekam auch Chruschtschow selbst zu spüren. Als man ihn schließlich mittels einer Verschwörung entmachtete, kam er zunächst in den Genuss der ersten Früchte seiner mutigen Haltung auf dem 20. Parteitag: Er wurde weder verhaftet noch verbannt oder erschossen, wie es früher üblich war, sondern durfte als freier Mann weiterleben.

Doch dann beschloss Chruschtschow, seine Memoiren zu schreiben. Als der ehemalige Parteiführer, der zwar über keine hohe Bildung, aber dafür über Mut und Zivilcourage verfügte, die ersten Seiten seiner Erinnerungen diktiert hatte, wurde das Politbüro vom KGB über sein Vorhaben in Kenntnis gesetzt.
Im Einzelnen heißt es im Bericht des KGB-Vorsitzenden an das Zentralkomittee vom 25. März 1970:

»Vor kurzem begann N. S. Chruschtschow mit der Abfassung seiner Erinnerungen an die Zeit seiner leitenden Partei- und Regierungstätigkeit. In seinen Memoiren ist auch von Staatsgeheimnissen die Rede, die unter anderem folgende Bereiche betreffen: Verteidigungsfähigkeit des Sowjetstaates, Entwicklung von Industrie und Landwirtschaft, wissenschaftlich-technische Errungenschaften, Arbeit der Staatssicherheitsorgane, Außenpolitik, Beziehungen der KPdSU zu den Bruderparteien in den sozialistischen und kapitalistischen Ländern … Ferner enthüllt er, dass die KPdSU geschlossene Sitzungen durchführte …«

Allein die Existenz von geschlossenen Sitzungen galt also bereits als Staatsgeheimnis.

»In Anbetracht dieser Umstände [so Andropow weiter] müssen dringend Maßnahmen operativen Charakters in die Wege geleitet werden, um die Tätigkeit N. S. Chruschtschows zu kontrollieren und einer möglichen Preisgabe von Partei- und Staatsgeheimnissen gegenüber dem Ausland vorzubeugen. Wir empfehlen daher die operative, geheime Überwachung N. S. Chruschtschows und seines Sohnes Sergej … Unseres Erachtens wäre es zudem angebracht, N. S. Chruschtschow nochmals in das ZK der KPdSU zu bestellen, um ihn an seine Verantwortung in Bezug auf Partei- und Staatsgeheimnisse zu erinnern und zu den nötigen Konsequenzen zu veranlassen …« (»Besonderer Aktenordner«, Schreiben des KGB vom 25.3.1970, Nr. 745-A/04)

Das Politbüro war außer sich: Da hatte man den ehemaligen Generalsekretär nicht einmal in die Verbannung geschickt, ja, erlaubte ihm sogar, auf seiner Datscha in den Blumenbeeten zu

wühlen – und er schrieb seine Memoiren! Das musste unverzüglich unterbunden werden!
Auf der Sitzung vom 27. März 1970 beauftragte man Kapitanow und Andropow, »gemäß dem Meinungsaustausch auf der Sitzung des Politbüros« mit Chruschtschow zu verhandeln.
Doch diese »Verhandlungen« waren nicht sehr ergiebig. Der ehemalige Parteichef und sein Sohn waren nun gewarnt und agierten vorsichtiger. Dennoch gelang es dem KGB, mehr als 2000 Manuskriptseiten in seinen Besitz zu bringen, bei denen es sich jedoch um Kopien handelte. Durch Chruschtschows Sohn und einen weiteren Verwandten gelangten die Memoiren schließlich – ohne Wissen des Autors – in den Westen. Daraufhin übten die Sicherheitsorgane massiven Druck auf den Ex-Generalsekretär aus, um zu erreichen, dass dieser seine Erinnerungen öffentlich zu »Fälschungen« erklärte. Schließlich unterzeichnete Chruschtschow die folgende Verlautbarung:

»Wie aus Pressemitteilungen der Vereinigten Staaten von Amerika und einiger anderer kapitalistischer Staaten hervorgeht, wird derzeit die Veröffentlichung der sogenannten Memoiren oder Erinnerungen N. S. Chruschtschows vorbereitet. Dabei handelt es sich um Fälschungen, die bei mir große Empörung hervorgerufen haben. Ich habe zu keiner Zeit irgendjemandem meine Memoiren übergeben, weder der ›Time‹ noch anderen ausländischen Zeitschriften ... Bei all diesen Materialien handelt es sich um Fälschungen ...
10/XI-1970 N. Chruschtschow«
(»Besonderer Aktenordner«, Dokumente N. S. Chruschtschows, 1970)

Dieser Erklärung waren erneute Verhandlungen vorausgegangen, mit denen das Politbüro den Vorsitzenden des Komitees für Parteikontrolle, A. Ja. Pelsche, sowie zwei weitere Mitglieder dieses Gremiums, S. O. Postowalow und P. E. Melnikow, beauftragt hatte.
Im Folgenden nur einige Auszüge aus diesem einstündigen Gespräch:

»Pelsche: Nach Aussage unseres Botschafters, des Genossen Dobrynin, erklärten Vertreter des amerikanischen Zeitschriftenkonzerns ›Time‹ am 6. November in New York, sie seien im Besitz der ›Memoiren N. S. Chruschtschows‹ … Sagen Sie uns doch ganz offen, wem Sie diese Materialien für die Veröffentlichung im Ausland übergeben haben.
Chruschtschow: Ich protestiere, Genosse Pelsche. Ich protestiere bei meiner Ehre! Ich habe niemandem irgendwelches Material übergeben. Schließlich bin ich genauso Kommunist wie Sie.
Pelsche: Sie müssen uns sagen, wie das Material dort hingelangt ist.
Chruschtschow: Sagen Sie es mir doch. Ich meine, dass gar nichts dort hingelangt ist. Es handelt sich um eine Provokation.
Pelsche: Sie befinden sich im Hause der Partei …
Chruschtschow: Ich habe niemals irgendjemandem irgendwelche Memoiren übergeben und hätte mir etwas derartiges auch nie erlaubt. Dass ich allerdings meine Erinnerungen diktiert habe, halte ich für mein gutes Recht als Bürger und Parteimitglied.
Pelsche: In unserem Gespräch haben wir uns doch darauf geeinigt, dass es in Ihrem Falle gefährlich ist, einen zu großen Personenkreis an der Abfassung der Memoiren zu beteiligen …
Chruschtschow: Bitte sehr, verhaften Sie mich doch, erschießen Sie mich! Ich bin des Lebens müde … Heute kam im Radio die Nachricht von de Gaulles Tod. Ich beneide ihn …
Pelsche: Was für eine Lösung schlagen Sie vor?
Chruschtschow: Ich weiß es nicht. Sie sind schuld; nicht Sie persönlich, sondern die gesamte Führung … Ich habe schon verstanden: Bevor man mich vorlädt, schickt man Agenten zu mir …
Pelsche: Viele Menschen in Moskau wissen bereits, was Sie diktiert haben.
Chruschtschow: Ich bin 77 Jahre alt und im Vollbesitz meiner geistigen Kräfte. Ich übernehme die volle Verantwortung für meine Worte und Taten …
Pelsche: Was für eine Lösung schlagen Sie also vor?
Chruschtschow: Ich weiß es nicht. Ich bin hier vollkommen isoliert und stehe praktisch unter Hausarrest. Beide Eingänge werden überwacht … Ich habe genug … Haben Sie doch Mitleid … Ich nehme jede Strafe auf mich. Erschießen Sie mich doch!

Pelsche: Das Komitee für Parteikontrolle fällt keine Todesurteile.
Chruschtschow: So war es aber früher. Wie viele tausend Menschen sind umgekommen, wie viele wurden erschossen … Und nun errichtet man Denkmäler für die ehemaligen ›Volksfeinde‹ …
Pelsche: Am 23. November, also in 13 Tagen, werden sie [die Memoiren, D. W.] veröffentlicht. Sie befinden sich bereits im Druck …
Chruschtschow: Ich bin bereit zu erklären, dass ich weder sowjetischen noch ausländischen Verlagen meine Memoiren übergeben habe und auch in Zukunft nicht beabsichtige, dies zu tun. Bitte, schreiben Sie.
Postowalow: Man muss sich genau überlegen – vor allem Sie müssen sich genau überlegen –, welche Erklärungen Sie in dieser Angelegenheit abgeben …
Chruschtschow: Ich sage nur eines: Alles, was ich diktiert habe, entspricht der Wahrheit, ohne Erfindungen oder Übertreibungen – im Gegenteil, einiges habe ich sogar abgeschwächt … Außerdem sind Schukows Memoiren doch auch veröffentlicht worden …
Postowalow: Um Schukow geht es hier nicht.
Chruschtschow: Genosse Pelsche hat mich nicht ausreden lassen. Jemanden zu unterbrechen, das ist stalinistischer Stil.
Pelsche: Das ist doch genau Ihre Angewohnheit …
Chruschtschow: Ich habe mit Stalin gebrochen und mich von ihm gelöst. Das haben Sie nicht getan …
Melnikow: Genosse Chruschtschow. Sie könnten wegen der Angelegenheit [der Veröffentlichung der Memoiren, D. W.] öffentlich protestieren und Ihrer Empörung darüber Ausdruck verleihen.
Chruschtschow: Und ich sage Ihnen: Zwingen Sie mich auf meine alten Tage nicht noch, zu lügen …«
(»Besonderer Aktenordner«, Materialien über die Memoiren N. S. Chruschtschows).

Man muss dem ehemaligen Generalsekretär Respekt zollen: Schließlich erklärte er doch nur wahrheitsgemäß, seine Memoiren nicht persönlich ins Ausland gebracht zu haben, und distanzierte sich nicht von deren Inhalt.

Jedenfalls verlor das Politbüro nach dem XX. Parteitag nicht an Machtfülle, sondern änderte nur die Methoden seiner Einflussnahme. Der offene, physische Terror wurde ersetzt durch den psychischen. Gleichzeitig »vervollkommnete« man die Manipulation der öffentlichen Meinung und die totale Bürokratisierung der Gesellschaft. Im übrigen behielt das Politbüro jedoch seinen Status einer »Regierung über der Regierung«, bei der alle Fäden der Macht zusammenliefen.

Das oberste Beschlussorgan der Partei stützte sich dabei auf den gigantischen Apparat des Zentralkomitees, der über ungefähr 20 Abteilungen verfügte, die nochmals in 180 bis 190 Sektoren unterteilt waren. Für jeden Bereich in Staat und Gesellschaft gab es einen eigenen Sektor: für die Ukraine und Moldawien, für das Zeitungswesen, für die Mitgliedsausweise, für Philosophie, für die Arbeit unter den ausländischen Studenten, für die Kinematographie, für den Maschinenbau, die Elektroindustrie, die Kolchosen, für den KGB, die Kader der sowjetischen Einrichtungen in den kapitalistischen Staaten, für den Empfang und die Versorgung von Staatsmännern aus sozialistischen Ländern und noch viele mehr.

Wie eine riesige Krake umfasste der Parteiapparat mit seinen Fangarmen sämtliche Bereiche von Staat und Gesellschaft. Dabei führte das leninistische Einparteisystem faktisch zur Auflösung herkömmlicher Parteistrukturen. Die »Partei neuen Typs« entwickelte sich zu einem straff organisierten Orden, in dem die hierarchischen Strukturen stärker ausgeprägt waren als selbst in der Armee. An der Spitze dieser bürokratischen Pyramide stand das Politbüro – ein Clan von Spitzenfunktionären, die keinerlei demokratischer Kontrolle unterlagen. Nur der erste Mann im Staat besaß die Macht, die Mitglieder des höchsten Parteiorgans innerhalb des hierarchischen Systems wieder herunterzustufen … Gleich einem Monolith unterlag das Politbüro keinerlei Veränderungen. Während das Leben seinen Lauf nahm, Menschen und Zeiten, ja die ganze Welt dem Wandel unterworfen waren, verharrte das Politbüro im Prokrustesbett seiner leninistischen Dogmen. Selbst in allgemeinmenschlichen, humanitären Fragen konnte sich dieses Gremium aus seinem dogmatischen Korsett nicht befreien. So hatten am 31. August 1983 sowjetische Kampfflugzeuge eine südkoreanische Passagiermaschine abgeschossen, die den Luftraum der UdSSR verletzt hatte. Am 2. September folgte eine Sitzung des Politbüros, in deren Verlauf der Vorfall auf jede nur erdenkliche Weise gerechtfertigt wurde: »Es handelte sich um eine grobe, antisowjetische Provokation«; »Unsere Piloten haben nur ihre militärische Pflicht erfüllt«; »Wir müssen nüchtern und sachlich an die Sache herangehen«; »Wir müssen uns an die Version halten, die in der Presse verbreitet wurde« …

Alle Überlegungen waren nur darauf gerichtet, wie man den wahren Sachverhalt am besten verschleiern konnte. Lediglich Solomenzew und Gromyko vertraten die Ansicht, dass man den Familien der Verstorbenen wenigstens »unser Beileid« bekunden sollte. Gorbatschow sah die Sache damals folgendermaßen: »Wir dürfen uns jetzt nicht in Schweigen hüllen, sondern müssen in die Offensive gehen …« (Protokoll des Politbüros vom 2. September 1983). Während sich die gesamte Weltöffentlichkeit vom Tod der 269 Passagiere erschüttert zeigte, hatten die Oberpriester des Leninismus nichts Eiligeres zu tun, als nach immer neuen Entschuldigungen für den unverzeihlichen Vorfall zu suchen.

Selbst zu Zeiten der Perestrojka befasste sich das Politbüro in erster Linie mit der Frage, wie man die Fassade des Systems erneuern konnte, ohne es in seinem Wesen zu verändern. Auf der Sitzung vom 15. Oktober 1987 diskutierte man den »Entwurf eines Vortrags für die Festsitzung anlässlich des 70. Jahrestags der Großen Sozialistischen Oktoberrevolution«. Ich möchte im Folgenden nur einige der Beiträge zitieren:

Ryschkow: »Ich meine, dieses Referat ist die richtige Antwort auf den Versuch einer Gruppe von Menschen, die Demokratie zum Schaden von Partei und Staat zu missbrauchen.«

Gorbatschow: »Wir brauchen keinen bürgerlichen Pluralismus. Bei uns herrscht bereits ein sozialistischer Pluralismus, wir respektieren die unterschiedlichen Interessen und Meinungen der Menschen.«

Ryschkow: »Genau so deutlich muss das auch in dem Referat gesagt werden … Sonst wird am Ende noch jedes Wort gegen uns verwendet: ›Also doch Pluralismus! – Wir fordern eine weitere Partei, und noch eine dritte!‹«

Ligatschow: »Ich möchte noch einmal unterstreichen, dass wir gerade jetzt dringend eine grundlegende, marxistisch-leninistische Einschätzung des ideologischen Kampfes der Partei gegen den Trotzkismus benötigen …«
Gromyko: »Eine Frage ist ja besonders umstritten: Was wären wir ohne unsere kollektivierte, sozialistische Landwirtschaft? Wie hätte unser Land vor und nach dem Krieg ohne sie ausgesehen? … Man muss deutlich machen, dass die Partei nach langem, harten Kampf den Sieg über jene dunklen Mächte errungen hat, die sie zerstören wollten …«
Gorbatschow: »Lenin stand in seiner Genialität weit über seinen Kampfgefährten … Bis zu seiner Ankunft in Petrograd hatten sich doch Stalin und all die anderen längst darauf vorbereitet, in die legale Opposition zu gehen … So war die Stimmung unter den führenden Parteifunktionären, bis Lenin die Losung ausbrachte: ›Es lebe die sozialistische Revolution!‹«
Schewardnadse: »Ein Satz lässt mich noch zweifeln, obwohl er im Prinzip korrekt ist …: ›Die Linie der Liquidierung des Kulakentums als Klasse erwies sich als richtig‹ … Vielleicht sollte man statt ›Liquidierung‹ ein anderes Wort wählen …«

Ähnlich äußerten sich auch die übrigen Mitglieder des Politbüros, und das im dritten Jahr der Perestrojka!
Die leninistische Tradition in diesen Fragen wurde ebenso gewahrt wie die Sorge um das materielle Wohl der Parteispitze. In einer Vielzahl von streng geheimen Beschlüssen bewilligten sich die führenden Parteimitglieder immer neue Vergünstigungen. So wurde auf einer Sondersitzung vom 28. Juli 1966 beschlossen:

»Der Arbeitstag der Mitglieder des Politbüros des ZK der KPdSU, der Sekretäre des ZK der KPdSU sowie der stellvertretenden Vorsitzenden des Ministerrats der UdSSR beginnt um 9 Uhr morgens und endet um 17 Uhr abends. Die Abhaltung einer Mittagspause ist obligatorisch … Der Sommerurlaub beträgt anderthalb Monate, der Winterurlaub einen Monat …«
(Protokoll der Sitzung des Politbüros vom 28. Juli 1966, Nr. P12/17)

Auf der Sitzung am 24. März 1983 wurden weitere Arbeitserleichterungen für Mitglieder und Kandidaten des Politbüros beschlossen, die älter als 65 Jahre waren (damals hatten übrigens fast alle Mitglieder diese Altesgrenze bereits überschritten). Die betreffenden Personen durften ihren Arbeitstag eine Stunde später, also erst um 10 Uhr morgens, beginnen … (Protokoll des Politbüros vom 24. März 1983, Nr. P103/12).
Man vergaß auch nicht, für das Pensionsalter vorzusorgen. 1986 wurde die Rente für die Mitglieder des Politbüros auf 800 Rubel im Monat festgesetzt. Ihre Datscha samt fünfköpfigem Dienstpersonal sowie zwei Autos der Marken »Tschajka« und »Wolga« durften sie behalten (Protokoll des Politbüros vom 2. Oktober 1986, Nr. P30/64–02).
Alle diese Dokumente wurden in einem »besonderen Aktenordner« aufbewahrt, der nur mit Erlaubnis des Generalsekretärs der KPdSU geöffnet werden durfte (ebd.).
Die politische Macht ist zwar generell mit dem Makel des Missbrauchs behaftet, doch für das bolschewistische System und sein höchstes Beschlussorgan galt dieser Umstand in besonderem Maße.

Sechstes Kapitel
Die totalitäre Gesellschaft

»Lenin negierte die Freiheit innerhalb seiner Partei. Diese Negation der Freiheit wurde auf ganz Russland übertragen.«
Nikolaj Berdjajew

Mit der Errichtung seiner »neuen Gesellschaft« verwandelte Lenin Russland in ein Experimentierfeld der Geschichte.

Am Anfang stand der Sieg über die demokratische Regierung in Petrograd. Ihm folgten die Abschaffung des Privateigentums, die Zerstörung der traditionellen bäuerlichen Gemeinde (»Obschtschina«), die Plünderung der Kirchen und die Entmachtung des nationalen Klerus. Mit dem Namen Lenin verbanden sich Antikapitalismus, Antidemokratismus, Antiliberalismus, Antireformismus, Antihumanismus und Atheismus. Hatte der heilige Fürst Wladimir von Kiew einst die Rus christianisiert, so begann nun unter Lenin der Antichrist zu wüten.

Keine andere Figur der Weltgeschichte hat je eine Gesellschaft in einem so gigantischen Ausmaß verändert.

Die neue Gesellschaft war von Grund auf totalitär. Die unendliche schöpferische Vielfalt des gesellschaftlichen und kulturellen Lebens wurde kompromisslos den starren Dogmen des Leninismus untergeordnet.

Lenin wurde zu einer universellen Waffe, die jeder seiner Nachfolger auf seine Weise für sich zu nutzen wusste. Es galt nur, das passende Zitat aus dem riesigen publizischen Nachlass des Parteiführers zu finden.

So beschwor N. S. Chruschtschow am 25. Februar 1956 in seinem Referat »Über den Personenkult und seine Folgen« im Kreml den Schatten Lenins herauf: »Lenin lehrte ...«; »Lenin hob stets die Rolle des Volkes hervor ...«; »Unter Lenin war das Zentralkomitee der Partei ein Musterbeispiel der kollektiven Leitung ...«; »Lenin forderte einen äußerst behutsamen Umgang der Partei mit dem Volk ...« Es schien, als sei der Personenkult allein dadurch entstanden, dass Stalin Lenins »Vermächtnis« missachtet hatte. Nach Chruschtschow war Lenin zwar auch bisweilen grausam vorgegangen, doch hatte seine Grausamkeit eine andere Qualität:

»Kann man etwa behaupten, dass Lenin sich nicht zu den grausamsten Maßnahmen gegen die Feinde entschlossen hat, wenn die Situation dies erforderte? Nein, das kann niemand behaupten. Er forderte stets die grausame Bestrafung der Feinde der Revolution und der Arbeiterklasse und zögerte nicht, derartige Maßnahmen erbarmungslos durchzuführen. Denken Sie nur an Lenins Kampf gegen die Sozialrevolutionäre, die Organisatoren antisowjetischer Aufstände oder gegen das konterrevolutionäre Kulakentum im Jahre 1918 … Doch Lenin wandte derartige Maßnahmen nur gegen wirkliche Klassenfeinde an …«
(Iswestija ZK KPSS, 1989, Nr. 3, S. 134)

So war das also: Wenn es »wirklich« um den Klassenfeind ging, war alles erlaubt …
»Stalin«, so der Generalsekretär weiter, »hat das Vermächtnis Lenins missachtet. Nicht ohne Grund wurde der Bau des Sowjetpalastes, der als Denkmal für Wladimir Iljitsch geplant war, über einen Zeitraum von mehr als drei Jahrzehnten immer wieder hinausgeschoben. Damit muss es ein Ende haben. Wir müssen Wladimir Iljitsch dieses Denkmal endlich errichten …« An dieser Stelle wurde Chruschtschows Rede laut Protokoll von »stürmischem, lang anhaltendem Applaus« unterbrochen.
Seine Forderung erhob der Generalsekretär zu einer Zeit, als es im Land ohnehin bereits Hunderttausende von Lenindenkmälern, -büsten und -gedenktafeln gab. Der Handel mit diesen Kultgegenständen ernährte einen ganzen Industriezweig. Noch das hinterwäldlerischste Dorf hatte damals zumindest einen Gipslenin auf seinem Marktplatz vorzuweisen.
1932 schrieb die Sowjetregierung einen Wettbewerb unter den Architekten des Landes aus, bei dem es um den Bau einer 110 Meter hohen Leninstatue ging, die als Leuchtturm für den Leningrader Hafen dienen sollte … Nach der Zerstörung der Erlöserkirche plante man auf diesem Areal tatsächlich die Errichtung eines Sowjetpalastes, den eine gigantische, 100 Meter hohe Leninstatue

krönen sollte … Auch für Moskau war ein ähnliches Projekt im Gespräch. Glücklicherweise war es leichter, derartige Projekte zu beschließen, als sie auch wirklich in die Tat umzusetzen.

Sieben Jahrzehnte lang war das Land übersät von Leninmuseen, -gedenkstätten und -bibliotheken. Zahlreiche Straßen, Kolchosen, Sowchosen, Siedlungen und Städte trugen seinen Namen. Allein das riesige Lenin-Zentralmuseum hatte Filialen in Leningrad, Tiflis, Kiew, Uljanowsk, Lwow, Baku, Taschkent, Frunse, Ufa, Krasnojarsk, Kasan, Kujbyschew und Alma-Ata …

Ganze Orte und Regionen wurden zu Leningedenkstätten erklärt: »Uljanowsk, die Geburtsstadt W. I. Lenins«, »Leninstadt Gorki«, »die sibirischen Verbannungsorte W. I. Lenins« …

Allein in Leningrad wurden ungefähr zehn Museen eröffnet. Wo immer Lenin oder einer seiner Familienangehörigen sich auch nur für kurze Zeit aufgehalten hatte, wurde sogleich ein Museum errichtet, wie in Gorki, Pskow, Ufa, Kostino, Kaschino und vielen weiteren Städten. Ausländische Städte beglückte man ebenfalls mit Leninmuseen. Derartige Einrichtungen finden sich beispielsweise in Paris, Prag, Leipzig, Helsinki, Wyborg, Krakau und Sassnitz … Selbst Städte wie Bratislava und Ulan Bator, die Lenin niemals bereist hatte, erhielten mit unserer Hilfe ihr eigenes Museum.

Keinem einzigen Heiligen, Herrscher oder Feldherrn war je eine so irrationale, an Irrsinn grenzende öffentliche Aufmerksamkeit geschenkt worden.

Die »Perestrojka« war schon lange im Gang, als im ganzen Land der siebzigste Jahrestag der Oktoberrevolution gefeiert wurde. Auf der Sitzung des ZK, wo man mehr als drei Stunden über das Referat diskutierte, das auf der Festsitzung gehalten werden sollte, unterstrich M. S. Gorbatschow nochmals die Genialität Lenins:

»Wir wollen eine Brücke bauen von Lenins Lebensjahren zur heutigen Zeit, indem wir seine Ideen und sein Herangehen an die Ereignisse jener Zeit auf unsere heutigen Verhältnisse übertragen. Denn die Dialektik, mit deren Hilfe Lenin damals die Probleme gelöst hat, ist zugleich der Schlüssel für die Bewältigung unserer gegenwärtigen Aufgaben.«

(Archiv des Präsidenten, Protokoll der Sitzung des Politbüros vom 15. Oktober 1987, S. 156)

Die Parteiführung wandelte stets auf Lenins Spuren. So blieb ihr der Weg verschlossen, der zu Freiheit, Wohlstand und der Verwirklichung der Menschenrechte führte. Unser Land blieb mehr und mehr hinter den zivilisierten Staaten der Welt zurück.

Anfang des Jahrhunderts hatte Lenin erklärt: »Gebt uns eine Armee von Berufsrevolutionären, und wir werden Russland aus den Angeln heben.«

Dieser Plan geriet für alle gesellschaftlichen Schichten Russlands zur Tragödie: für die Arbeiter, die der Marxismus zur »obersten sozialen Klasse« erklärte, für die Bauern, die von den Revolutionären zur Verfügungsmasse ihres historischen Experiments gemacht wurden, und für die Intelligenz, die in den Rang einer zweitklassigen »Zwischenschicht« absank.

Der betrogene »Hegemon«

»Genosse Berija

Im Interesse einer zügigen Abwicklung des Bauvorhabens beantrage ich die Errichtung eines weiteren Lagers für 5000 Menschen. Zu diesem Zweck benötigen wir 30000 Quadratmeter Planenstoff sowie 50 Tonnen Stacheldraht.

22. März 1947 A. Sademidko«

In dem Land, das vorgeblich »die sozialistische Gesellschaft« errichtete, erhielt Stalins Minister diesen routinemäßigen Antrag auf Nachschub von Arbeitssklaven. Millionen von Menschen, die in Lagern zusammengepfercht wurden, bauten die Straßen und Brükken, die Berg- und Wasserkraftwerke jenes Landes, das »auf Lenins Spuren« wandelte.

Der Innenminister war zugleich der »Hauptproduzent« des Landes, denn er konnte über eine vielköpfige, entrechtete Armee von Zwangsarbeitern verfügen. Der oberste Gefängniswärter erstattete seinem Parteiführer regelmäßig Bericht:

»Ich melde, dass die Bauabteilung Magnitogorsk des NKWD der UdSSR am 13. April dieses Jahres um 17 Uhr im Kokereibetrieb

von Nischni Tagil die Koksbatterie Nr. 4, bestehend aus 65 Öfen, in Betrieb genommen hat.
Die neue Batterie wird für die sowjetische Industrie jährlich 450 000 Tonnen Metallkoks zusätzlich produzieren.
Nach der Koksbatterie wird der Hochofen Nr. 3 mit einem Volumen von 1050 Kubikmetern und einer Kapazität von 450 000 Tonnen Gusseisen pro Jahr fertig gestellt und in der dritten Aprildekade 1944 in Betrieb genommen.
Der Volkskommissar für Inneres der UdSSR L. Berija« (ZGAOR)

Die Vielzahl derartiger Berichte vermittelt den Eindruck, als sei die gesamte Arbeiterklasse – die »revolutionäre Vorhut der Werktätigen« – auf den Archipel Gulag umgesiedelt worden. Um den Preis von Millionen Menschenleben erzielte dieses Zwangsarbeiterheer beachtliche Erfolge. So bereicherten Hunderttausende von Häftlingen, die in der Goldförderung eingesetzt wurden, allein im Todesjahr Stalins die UdSSR um 2049,8 Tonnen Gold. Stalin befand sich damals auf dem Höhepunkt seiner wirtschaftlichen Erfolge. Kein einziger seiner Nachfolger konnte, nachdem man die tödliche Umklammerung des Repressionssystems ein wenig gelockert hatte, diese Erfolge auch nur annähernd erreichen. Stattdessen zehrte man noch über Jahre hinweg von den Vorräten, die unter Stalin von den Zwangsarbeitern angesammelt wurden.
Lenin hatte als geschickter Politiker begriffen, dass die Chancen für eine Realisierung der bolschewistischen Pläne in dem Maße wuchsen, wie es der Partei gelang, die Arbeiterklasse hinter sich zu sammeln. Seine Rechnung ging auf: Am Vorabend der Oktoberrevolution bestand die Partei der Bolschewiki bereits zu 80 Prozent aus Arbeitern. Das Oktoberabenteuer konnte beginnen.
Die Arbeiterklasse fühlte sich zunächst als »Hegemon der Revolution«. Nach dem Umsturz, so glaubte man, würde die politische Macht, die Fabriken und Betriebe, in die Hände der Arbeiter übergehen. Die Realität sah jedoch anders aus: Nach dem Oktober wurden fast alle Schlüsselpositionen mit Vertretern der Intelligenz besetzt – Menschen, die nie in ihrem Leben in einer Zeche oder Fabrik gearbeitet hatten und die Arbeiterbewegung selbst oft genug nur aus der fernen Emigration kannten. Lenin, Trotzki, Stalin, Swerdlow, Bucharin, Ordschonikidse, Dserschinski, Lu-

natscharski, Sinowjew, Kamenew, Wolodarski, Uritzki und Radek – sie alle nannten sich zwar »Berufsrevolutionäre«, waren aber alles andere als »Proletarier«. Nach den Ereignissen des Oktobers bestand man bei den Bolschewiki zunächst darauf, dass möglichst viele »echte« Vertreter der Arbeiterklasse in das ZK nachrückten. Wie sich jedoch bald herausstellte, hatte kein »Proletarier« wirklich die Chance, in eine Führungsposition zu gelangen. Die wenigen »echten Arbeiter« wurden rasch durch »Berufsrevolutionäre« ersetzt, welche die Parteischule von der Pieke auf durchlaufen hatten. Es schien, als habe die Arbeiterklasse die politische Macht für immer an die leninistische Nomenklatura delegiert.
In Hunderten seiner Artikel und Reden vor der Machtübernahme hatte Lenin erklärt, dass die Betriebe und Fabriken sowie die politische Macht in die Verfügungsgewalt der Arbeiter übergehen würden:

»Die Arbeiter werden, nachdem sie die politische Macht erkämpft haben, den alten, bürokratischen Staatsapparat zerschlagen und dabei keinen Stein auf dem anderen lassen. Sodann werden sie ihren eigenen, neuen Staat aufbauen, dessen Umwandlung in ein bürokratisches System sie durch geeignete Maßnahmen zu verhindern wissen ...«
(PSS, Bd. 33, S. 109)

Welche naive, utopische Träumereien! Die Arbeiter sollten schon bald nach der Revolution in weit größerem Umfang als je zuvor ausgebeutet werden. Das gesamte Privateigentum wurde in Staatseigentum überführt, an dem die »Werktätigen« nur einen Anteil hatten: Arbeit, Arbeit und nochmals Arbeit! Streiks galten von nun an als Sabotage und waren ebenso verboten wie die Erhebung jedweder politischer oder ökonomischer Forderungen. Die Arbeiter wurden von ihren Produktionsmitteln entfremdet, mehr noch, zu deren bloßen Anhängseln degradiert. Der neue bürokratische Apparat übertraf in seiner Grausamkeit und Menschenverachtung den alten bei weitem.
Mit der »Diktatur des Proletariats« versprach Lenin den Arbeitern ein politisches System, in dem ihnen die Führungsrolle bei der Verwaltung von Staat und Gesellschaft vorbehalten war. Diese

»revolutionäre Demokratie« definierte der Führer der Bolschewiki als System der »organisierten, systematischen Gewaltanwendung einer gesellschaftlichen Klasse gegen die andere«. In diesem Punkt erwies sich Lenin als Prophet, denn die Arbeiterklasse sollte in der Tat die repressive Gewalt der Nomenklatura zur Genüge zu spüren bekommen. Unter seinem Nachfolger Stalin wurden die Arbeiter für Bummelei oder Verspätung ins Gefängnis geworfen und durften ihren Arbeitsplatz nicht mehr frei wählen. Die Bauern beraubte man ihres Passes, um zu verhindern, dass sie sich in den Städten ansiedelten …

Die Arbeiterklasse war für die Bolschewiki nur ein Werkzeug zur Errichtung eines »Sozialismus«, der nach Kautsky diesen Namen überhaupt nicht verdiente:

»Der sowjetische Sozialismus ist im Grunde gar kein Sozialismus, denn er entstand nicht auf der Basis von Reichtum und der ›Entwicklung der Produktivkräfte‹, sondern aus Armut und Rückständigkeit. Der Kriegskommunismus war nicht das Ergebnis einer revolutionären Entwicklung, sondern eines Zerfallsprozesses aufgrund des äußeren und inneren Krieges.«
(Kautsky, Socialdemocracy Versus Communism, New York, 1946)

Die Begriffe »Arbeiter« und »Proletarier« hatten für Lenin eine magische Anziehungskraft. Wer immer aus der »Arbeiterklasse« stammte, konnte mit dem uneingeschränkten Vertrauen des Revolutionsführers rechnen. Nicht selten erlebte der Führer der Bolschewiki aufgrund dieser übertriebenen Einschätzung eine herbe Enttäuschung.

So hatte Lenin bekanntlich zu Roman Malinowski ein freundschaftliches, beinahe herzliches Verhältnis. Der Vorsitzende der Petersburger Metallergewerkschaft genoss das volle Vertrauen des Revolutionsführers. Auf Lenins Empfehlung wurde der begabte Redner und Organisator im Januar 1912 in das ZK gewählt. Gegenüber Sinowjew lobte Lenin das neue Führungsmitglied in den höchsten Tönen.

Was damals niemand wusste: Schon im Mai 1910 war Malinowski von der zaristischen Geheimpolizei angeworben worden, die er seitdem regelmäßig über die Bolschewiki informierte. Auf seinen Hinweis verhaftete man damals Goloschtschekin, Krylenko, Ordschonikidse, Rosmirowitsch, Stalin, die Stasowa und Spandarjan. Als jedoch eine Untersuchungskommission unter Ganetzki, Sinowjew und Lenin den ehemaligen Abgeordneten der Staatlichen Duma unter die Lupe nahm, konnte man an ihm nichts Verdächtiges finden. Nach Lenins Ansicht war Malinowski von einigen »Lumpen« innerhalb der Partei angeschwärzt worden:

»Man glaubt den Schurken, Scheusalen und Stinktieren, die nur Verachtung für die Arbeiterklasse übrig haben! Und wer sind die Richter? … Die Dummköpfe Sokolow und Krestinski, die insgeheim Martow die Hände reichen!«
(Archiv für neuere Geschichte)

Als Malinowski zu Beginn des Ersten Weltkriegs in deutsche Gefangenschaft geriet, hielt Lenin über einen regelmäßigen Briefwechsel die Verbindung mit ihm aufrecht.
Erst 1918, als zunächst die Provisorische Regierung und später die Bolschewiki in den Besitz von Dokumenten der zaristischen Geheimpolizei gelangten, wurde Malinowski entlarvt und verhaftet. Nachdem Lenin davon erfahen hatte, schäumte er vor Wut: »Dieser Schuft hat uns alle an der Nase herumgeführt! Verräter! Für so einen ist Erschießen noch zu wenig!«
(Iswestija ZK KPSS, 1989, Nr. 6, S. 201)
Der Revolutionsführer musste am eigenen Leibe erfahren, dass allein die soziale Herkunft noch keine »revolutionäre Reinheit« garantierte …
Von Anfang an bemühte sich das Politbüro, auf die Arbeitskollektive Einfluss zu nehmen. So wurden zu Beginn der dreißiger Jahre auf Weisung des ZK verstärkt Parteifunktionäre in die Berg- und Wasserkraftwerke sowie zu den Eisenbahnern entsandt (Protokoll des Politbüros vom 10. Mai 1933, Bl. 31–32).
Der Aufbau der industriellen Basis des Sozialismus trug von Beginn an Zwangscharakter. Die meisten Bauvorhaben wurden von Häftlingen bewältigt, an denen es seit Ende der zwanziger Jahre nicht mangelte. Der Weißmeer-Baltikum-Kanal war ein solches Projekt. Nach seiner Fertigstellung beschloss man, auch das gesamte Gebiet um den Kanal industriell zu erschließen.

Am 15. August 1933 beauftragte das Politbüro die GPU mit der Zwangsbesiedelung der neuen Rayons und der Ausbeutung der dortigen Erzvorkommen. Das Material und die finanziellen Mittel für diese Maßnahmen wurden von der Regierung bereitgestellt (Archiv für neuere Geschichte).
Alle Volkskommissare, die mit der »Errichtung der sozialistischen Gesellschaft« beauftragt waren, forderten zunächst von Menschinski, später von Jagoda und schließlich von Berija das Menschenmaterial, das sie für ihre Projekte benötigten. Jede Straße, jede Brücke, jedes Bergwerk und jeder Kanal wurde mit Tausenden von Menschenleben bezahlt. Die genaue Anzahl der Opfer ist nicht bekannt.
Der Volkskommissar für die Schwerindustrie, S. Ordschonikidse, beschwerte sich einmal bei Stalin, dass Jagoda nicht die nötige Anzahl an »Arbeitskräften« für den Bau des Kupferkombinats von Pribalchaschsk zur Verfügung stellte. Seiner Beschwerde wurde umgehend Genüge getan (Archiv für neuere Geschichte).
Wir haben lange behauptet, der Kriegskommunismus sei eine Folge des Bürgerkriegs, mithin nur eine vorübergehende Erscheinung gewesen; später sei er dann von der NÖP abgelöst worden. Dem war jedoch nicht so. Der Kriegskommunismus entsprach voll und ganz dem Wesen von Lenins Politik. Erst als dieses System endgültig zusammengebrochen war, suchte der Revolutionsführer sein Heil in der Neuen Ökonomischen Politik. Doch die wichtigsten Elemente des Kriegskommunismus wurden über Jahrzehnte hinweg, bis zum Ende der achtziger Jahre, beibehalten. Selbst heute noch gibt es Kräfte, die eine Rückkehr zu dieser zentralistischen Kommandowirtschaft befürworten.
Die Herrschaft des Staates über die Gesellschaft, die Lenin – ungeachtet seiner These vom »Absterben der Staatsmaschinerie« – stets betrieben hatte, schuf die Grundlage für die Zählebigkeit des Kriegskommunismus. Lenin ging davon aus, dass das uneingeschränkte Monopol des Staates auf die Produktion, den Handel und die Preise schließlich zum Sozialismus führen würde. In Wirklichkeit brachte uns diese Methode jedoch nur die Kasernenordnung des Kriegskommunismus ein, zu dem Stalin – nach dem kurzen Intermezzo der NÖP – bald wieder zurückkehrte, wobei er sich auf Gedanken berufen konnte, die Lenin entwickelt

hatte: Kollektivierung der Landwirtschaft, Militarisierung der Industrie, »Gulagisierung« der Volkswirtschaft, Dirigismus und Zentralismus – all dies hatte Lenin schon lange vorher propagiert. Der Vater des Kriegskommunismus hieß Lenin. Als die Revolution aus dem Ruder zu laufen drohte, suchte er sein Heil in der gewaltsamen Reglementierung und Kontrolle der Wirtschaft. Damit legte er zugleich den Grundstein für die Militarisierung des gesamten Lebens im Lande. Der militärische Bereich war vermutlich der einzige, in dem der »Sowjetkommunismus« mit den westlichen Demokratien konkurrieren konnte. Nicht ohne Grund galt die militärische Stärke über Jahrzehnte hinweg als Beweis für die Größe des Sowjetstaates.

Um die Effektivität der Produktion zu steigern, suchte man schon bald nach einem »Ersatz« für das persönliche materielle Interesse der Produzenten und fand ihn schließlich im sogenannten »sozialistischen Wettbewerb«. Solange die »sozialistische Idee« die Bevölkerung noch begeistern konnte, zeigte diese Methode durchaus ihre Wirkung. Millionen von Menschen galt der Aufbau des Sozialismus als »Ehre« und »Heldentat«, als »Erfüllung von Lenins Vermächtnis«. Stalin gelang es in den dreißiger Jahren, die Bevölkerung für den »sozialistischen Wettbewerb«, für die Erfüllung und Übererfüllung der Planvorgaben zu begeistern. Doch die Ausbeutung des Enthusiasmus und des »sowjetischen Patriotismus« der Werktätigen hatte ihre Grenzen. Ökonomische Gesetzmäßigkeiten lassen sich eben auf Dauer ebenso wenig übergehen wie die Naturgesetze.

Die »Saat des Kommunismus« ging nicht auf. Obwohl sich Millionen Menschen redlich mühten, erwies sich der Sowjetkommunismus letztendlich als Utopie. Selbst der rationale Kern der kommunistischen Idee, die soziale Gerechtigkeit, kam bei dieser Wirtschaftsweise nicht zur Geltung. Die Arbeiter wurden schließlich zu Sklaven der Parteioligarchie.

Noch übler erging es den Bauern. Auf dem IV. Kongress der Komintern erklärte Lenin: »Die Bauern verstehen, dass wir die Macht im Namen der Arbeiterklasse ergriffen haben und dass wir mit Hilfe dieser Macht eine sozialistische Ordnung errichten wollen.« (PSS, Bd. 45, S. 289)

Nicht für die Arbeiter und noch weniger für die Bauern hatten die Revolutionäre die Macht ergriffen, sondern einzig und allein im Interesse der bolschewistischen Parteioligarchie.

Die »räuberischen Bauern«

Nach Stalins Tod erlangte der Ankauf von Getreide im Ausland beim Staat höchste Priorität. Dabei war unter dem Diktator gewiss nicht mehr Getreide produziert worden – eher im Gegenteil. Doch Stalin konnte es sich noch erlauben, die gesamte Bevölkerung des riesigen Landes auf Lebensmittelrationierung zu setzen. Millionen von Hungertoten waren für ihn nur die unvermeidbaren Opfer auf seinem großen Feldzug in eine strahlende Zukunft. Seine Nachfolger Chruschtschow und Breschnew, die mit den Auswüchsen des Stalinismus gebrochen hatten, konnten es sich dagegen nicht mehr leisten, den Getreidemangel einfach zu ignorieren. Seit 1957 bezog man den regelmäßigen Import riesiger Getreidemengen aus den USA, Kanada und anderen kapitalistischen Staaten in die Wirtschaftsplanung mit ein.
Am 16. August 1975 studierte Breschnew aufmerksam den Bericht von N. Patolitschew, dem Leiter des Außenhandelsministeriums: »Zusätzlich zu den 15 950 000 Tonnen, von denen wir Ihnen bereits in der letzten Woche berichtet haben, gelang es uns, nochmals 1 950 000 Tonnen Getreide einzukaufen. Insgesamt wurden damit bis zum 16. August dieses Jahres 17 900 000 Tonnen Getreide erworben.« Wie Patolitschew weiter berichtete, stammte das Getreide aus den USA, Kanada, Argentinien, Rumänien und Australien. Über weitere Ankäufe verhandelte man noch mit Frankreich, Westdeutschland, Ungarn, Jugoslawien, Argentinien, Brasilien und Australien:

»Unser Ziel besteht darin, zusätzlich zu den vorhandenen 20 Mio. weitere 10 Mio. Tonnen einzukaufen. Insgesamt benötigen wir 30 Mio. Tonnen.« (Archiv des Präsidenten, »Besonderer Aktenordner«, Nr. 989)

Womit sollte das Getreide bezahlt werden? Auf diese Frage gab ein weiteres Schreiben des Außenhandelsministeriums an das Politbüro Auskunft. Darin hieß es, für den Ankauf benötige man 4 Milliarden 934 Millionen Dollar. Die Autoren des Briefes schlugen vor, zusätzlich zu den bereits beschlossenen Rohstoffexporten weitere 15 Millionen Tonnen Erdöl, 1,6 Millionen Tonnen Dieselöl, Benzin und Masut sowie 397 Tonnen Gold zu verkaufen. Im Vorjahr war man noch mit dem zusätzlichen Verkauf von 265 Tonnen Gold ausgekommen (ebd., Nr. 1246, Bl. 2).

Der Getreidemangel hinderte die sowjetischen Machthaber jedoch erstaunlicherweise nicht daran, ihre Getreideexporte an sozialistische »Bruderstaaten« wie Kuba und Vietnam fortzusetzen. Die leninistische Planwirtschaft verwandelte Russland von einem der größten Getreideexporteure der Welt in ein Land, das gezwungen war, einen erheblichen Teil seines Getreidebedarfs im Ausland zu decken. Statt die eigene Landwirtschaft weiterzuentwickeln, finanzierte die UdSSR auf diese Weise die Agrarindustrie der USA und anderer kapitalistischer Staaten.

In den Nachkriegsjahren bereicherte Moskau durch seine Getreideeinkäufe westliche Banken um beinahe 9000 Tonnen Gold. Zudem kaufte man auch Fleisch, Butter und einige andere landwirtschaftliche Produkte auf dem Weltmarkt ein. Allein im Jahre 1977 wurden 42 Tonnen Gold für den Kauf von Fleisch ausgegeben (Archiv des Präsidenten, »Besonderer Aktenordner«, Nr. 21, Bl. 1/2).

Mit dem Verkauf von Gold, Öl, Gas, Erz und anderen Rohstoffen beraubte der Sowjetstaat zugleich die kommenden Generationen ihrer Ressourcen. Nicht umsonst unterlagen die Handelsbilanzen der UdSSR auf diesem Gebiet strengster Geheimhaltung, bezeugten sie doch nichts Geringeres als den Bankrott der leninistischen Planwirtschaft.

Als Lenin am 26. Oktober (8. November) 1917 auf dem II. Allrussischen Sowjetkongress das Dekret über Grund und Boden verkündete, erklärte er öffentlich, dass dieses Problem »nur von der Verfassungsgebenden Versammlung endgültig gelöst« werden könne:

»Bis zu einer großen Bodenreform, die von der Verfassungsgebenden Versammlung beschlossen werden muss, gilt folgender Erlass, der auf der Grundlage von 242 örtlichen Beschlüssen konzipiert wurde …: Das Privateigentum an Grund und Boden geht in den Besitz des Volkes über. Das Land wird durch die örtlichen Selbstverwaltungen, in Abhängigkeit vom Bevölkerungswachstum, verteilt …« (PSS, Bd. 35, S. 24)

Lenins Ausführungen wurden von gelegentlichen Unmutsäußerungen aus dem Plenum begleitet, auf die der Referent wie folgt reagierte:

»Es werden Stimmen laut, die behaupten, das Dekret und der Erlass seien von den Sozialrevolutionären verfasst worden. Selbst wenn dem so wäre, können wir uns als demokratische Regierung dem Willen der untersten Volksschichten nicht verschließen …« (PSS, Bd. 35, S. 27)

Lenin konnte nur mit Mühe seine Unzufriedenheit darüber verhehlen, dass das Programm der Sozialrevolutionäre sein Konzept einer Diktatur des Proletariats umging und das Problem von Grund und Boden im Rahmen der traditionellen bäuerlichen Gemeindestruktur löste. Die Sozialrevolutionäre wiesen dem Staat in ihrem Programm nur eine untergeordnete Rolle zu.
Seine eigene Sichtweise legte Lenin auf dem III. Allrussischen Sowjetkongress dar. Nachdem er zunächst erklärt hatte, dass das Bündnis der Bolschewiki mit den Linken Sozialrevolutionären »auf einer soliden Basis steht und sich stündlich festigt«, verkündete er: »Es gibt keinen anderen Weg zum Sozialismus als die Diktatur des Proletariats und die erbarmungslose Zerschlagung der Ausbeuterherrschaft.« (Ebd., S. 264)
In einer seiner letzten Arbeiten, »Über das Genossenschaftswesen«, entwickelte Lenin sein Konzept der Heranführung der Bauernschaft an den Sozialismus. Der Artikel enthielt einige durchaus richtige Thesen. So deckte sich, nach Lenin, in der NÖP das Privatinteresse mit dem der Allgemeinheit. Die Umstrukturierung der Landwirtschaft nach dem Genossenschaftsmodell sei ein langwieriger Prozess, der sich über ein bis zwei Jahrzehnte hinziehen könne; Voraussetzung dafür sei eine »kulturelle Revolution«. Doch hinter all diesen Ausführungen verbargen

sich die bekannten jakobinischen Motive: »Die Führungsrolle des Proletariats gegenüber der Bauernschaft muss gewährleistet sein«, »das Eigentum an den Produktionsmitteln liegt in den Händen des Staates« und desgleichen mehr. Auf den Klassenkampf konnte und wollte Lenin auch in dieser Frage nicht verzichten:

»Es ist und bleibt ein phantastischer Traum zu glauben, man könne durch eine Kooperation der verschiedenen Bevölkerungsschichten die Klassenfeinde in Klassenbrüder und den Klassenkrieg in einen Klassenfrieden verwandeln …« (PSS, Bd. 45, S. 369–373)

Selbst die besten Absichten der Revolutionäre wurden entwertet, sobald die Bolschewiki ihr altes Lied vom Klassenkampf und der Diktatur des Proletariats anstimmten. Für politische und ökonomische Freiheit sowie für eine gleichberechtigte, freiwillige Kooperation war in ihren Plänen kein Platz. Den erschütterndsten Beweis für Lenins Einstellung in der Bauernfrage lieferte seine Politik während des Bürgerkrieges, als er die Bauern gegeneinander aufhetzte und systematisch den Bürgerkrieg auf dem Land anheizte. Selbst mit der schwierigen, teilweise katastrophalen Versorgungslage in Russland lässt sich die Grausamkeit nicht rechtfertigen, die Lenin gegenüber dem produktivsten Teil der Bauernschaft entfesselte. Der Revolutionsführer hegte einen erbitterten Hass gegen die Großbauern, die sogeannnten »Kulaken«. Dabei wäre er selbst – hätte die Familie ihr Anwesen in Alakajewka damals nicht verkauft – eines der ersten Opfer der »Entkulakisierung« geworden …
Im Mai 1918 forderte Lenin den »erbarmungslosen Terror und Krieg gegen die bäuerliche Bourgeoisie, die ihre Getreideüberschüsse zurückhält … Eigentümer von Getreide, die über Überschüsse verfügen und diese nicht an den dafür vorgesehenen Sammelstellen abliefern, werden zu Volksfeinden erklärt und mit Gefängnis nicht unter zehn Jahren, der Konfiszierung ihres gesamten Vermögens sowie dem Ausschluss aus ihrer Gemeinde bestraft.« (Leninski sbornik, Bd. 18, S. 82)
Ich habe für dieses Kapitel den Titel »Die ›räuberischen Bauern‹« gewählt, weil darin Lenins Einstellung gegenüber dem pro-

duktivsten Teil der Landbevölkerung sehr genau zum Ausdruck kommt. Hätten die Bolschewiki wirklich die Entwicklung der russischen Landwirtschaft im Sinn gehabt, dann hätten ihnen die »Kulaken« und deren Wirtschaftsweise als Vorbild für die ärmeren Schichten der Landbevölkerung dienen müssen. Im Verbund mit einer effektiven Wirtschaftshilfe hätte man so den Lebensstandard schrittweise erhöhen können. Stattdessen wählte man den umgekehrten Weg und betrieb eine Angleichung nach unten: Die Kulaken wurden enteignet, ihrer Existenz beraubt, in die Armut getrieben …

Für Lenin zählte allein der »Klassenkampf« und die »Diktatur des Proletariats«:

»Man darf sich nicht einbilden, dass die Herren Sozialisten dem Volk den Sozialismus auf einem Silbertablett servieren. Der Klassenkampf wurde im Laufe der Geschichte stets mit Gewalt entschieden. Wenn die werktätigen, ausgebeuteten Massen mit Gewalt gegen die Ausbeuter vorgehen, dann befürworten wir diese Gewalt!« (PSS, Bd. 35, S. 265)

Diese Worte des Revolutionsführers auf dem III. Allrussischen Sowjetkongress wurden von donnerndem Applaus begleitet …

Im Kampf gegen die »Volksfeinde«, die »Kulaken«, schreckte Lenin auch vor Geiselnahme nicht zurück, organisierte Sperrtruppen und richtete Konzentrationslager ein. Zu seinem Strafrepertoire gehörten ferner standrechtliche Erschießungen und ein Gesetz, laut dem Dorfangehörige, die Getreideüberschüsse ihrer Mitbewohner anzeigten, diese zum halben Preis aufkaufen durften.

Bis Mitte des Jahres 1918 wurde die russische Bourgeoisie auf Weisung der Bolschewiki vollständig ausgeplündert. Lenins Losung »Expropriiert die Expropriateure« wurde rasch und gründlich in die Tat umgesetzt. Nunmehr rückten die Bauern ins Zentrum des sozialen Experiments der Revolutionäre. Die gesamte Bauernschaft – vor allem deren wohlhabender Teil – wurde zunächst mit einer Naturalsteuer und später zusätzlich mit einer Sondersteuer für die Industrie belastet. Daraufhin kam es auf dem Land zu Massenprotesten und zahlreichen Aufständen, die erbarmungslos niedergeschlagen wurden. Regelmäßige Überfälle von

Spezialtruppen, die mit der Konfiszierung von Lebensmitteln beauftragt waren, führten schließlich zu der grausamen Hungersnot der Jahre 1921/22. Einer der größten Bauernaufstände ereignete sich im August 1920 im Gouvernement Tambow. Auf Weisung des Politbüros unter Lenin wurden die Unruhen schließlich mit Waffengewalt niedergeschlagen und grausame Vergeltungsaktionen gegen die Aufständischen durchgeführt.
Während Lenin gegenüber den Interventionisten, ja sogar gegenüber Koltschak, Denikin und Wrangel Milde walten ließ, bekamen die Bauern und Kosaken seine unerbittliche Härte zu spüren. So verfügte das Allrussische Zentrale Exekutivkomitee (WZIK) am 11. Juni 1921 mit Billigung des Politbüros:

»Die Antonow-Bande wurde durch den entschlossenen Einsatz unserer Truppen zerschlagen ... Um das sozialrevolutionäre Banditentum endgültig auszurotten, befiehlt die bevollmächtigte Kommission des WZIK in Ergänzung zu den bereits verhängten Maßnahmen:

1. Bürger, die sich weigern, ihren Namen zu nennen, werden auf der Stelle und ohne Gerichtsverhandlung erschossen.
2. Es werden Geiseln genommen, die zu erschießen sind, falls die Banditen ihre Waffen nicht herausgeben.
3. Wenn in einem Haushalt Waffen gefunden werden, wird der älteste Arbeiter der Familie erschossen.
4. Familien, bei denen sich Banditen versteckt halten, werden verhaftet und aus dem Gouvernement verbannt. Der älteste Arbeiter einer solchen Familie wird ohne Gerichtsverhandlung erschossen.
5. Der älteste Arbeiter einer Familie, die Angehörige von Banditen oder deren Besitz versteckt hält, wird auf der Stelle erschossen.
6. Wenn ein Bandit mit seiner Familie flüchtet, wird sein Besitz an Bauern verteilt, die der Sowjetmacht treu ergeben sind. Das Haus wird angezündet oder auseinandergenommen.
7. Dieser Befehl ist erbarmungslos auszuführen.

Der Vorsitzende der bevollmächtigten Kommission des WZIK, Antonow-Owsejenko
Der Kommandierende der Truppen, Tuchatschewski

Der Vorsitzende des Exekutivkomitees des Gouvernements, Lawrow
Der Sekretär, Wassiljew
Dieser Befehl ist auf allen Gemeindeversammlungen zu verlesen.«
(Archiv der Sowjetarmee)

Die Verteidiger der Politik Lenins und des Leninismus berufen sich immer wieder auf ein und dasselbe Argument: Lenins Handlungsweise im Bürgerkrieg sei von den extremen Bedingungen des Hungers und des Zerfalls diktiert worden. Falls dem wirklich so war, wie lauten dann die Antworten auf folgende Fragen:

- Kann man Befehle wie die oben angeführten mit dem Verweis auf die »besondere Situation« rechtfertigen?
- Hatte Lenin nicht bereits 1917 zur Abrechnung mit den »Reichen« und zu Erschießungen aufgerufen?
- Hatten die »Reichen«, die Bourgeoisie und die »Kulaken« denn eine andere Wahl als den bewaffneten Widerstand, nachdem Lenin sie faktisch zu Gesetzlosen erklärt hatte?
- Wer war der Urheber von Chaos, Gesetzlosigkeit und Diebstahl in dem riesigen Land?
- Wer trug die Schuld an der russischen Niederlage, nachdem Deutschland schon fast geschlagen schien?
- Wer hatte Lenin und seinen Mitstreitern überhaupt die Vollmacht für ihre blutigen Experimente erteilt?

Man könnte noch Tausende derartiger Fragen stellen, die zu beantworten wohl kaum einer von Lenins Apologeten in der Lage ist …

Die schrankenlose Grausamkeit gegen die aufständischen Bauern war für die Bolschewiki ein ganz normales, revolutionäres Mittel im Kampf gegen den »Klassenfeind«. Das Politbüro der KP sanktionierte diesen Genozid am eigenen Volk. Nur selten erhoben sich zaghafte Stimmen des Protests. So wandte sich Vera Figner, die Vorsitzende des Moskauer Roten Kreuzes, im September 1921 in einem Brief an das Revolutionstribunal der Republik:

»In den Gefängnissen von Moskau befindet sich derzeit eine große Zahl von Bauern aus dem Gouvernement Tambow, die bis zur Liquidierung der Antonow-Banden als Geiseln festgehalten wer-

den. Im Lager von Nowo-Peskow sitzen 56 Geiseln ein, in Semjonow 13, in Koschuchowo 295, darunter 29 Männer über 60 Jahre, 158 Minderjährige unter 17 Jahre, 47 Kinder unter 10 Jahre und 5 Säuglinge, die noch nicht einmal ein Jahr alt sind. All diese Menschen kamen völlig zerlumpt und halb verhungert in Moskau an. Die Kinder durchwühlten auf der Suche nach etwas Essbarem sogar die Abfalleimer …
Aus den angeführten Gründen ersucht das Politische Rote Kreuz das Revolutionstribunal, die oben genannten Personen in ihre Heimatdörfer zurückzuschicken …« (Archiv der Sowjetarmee)

Doch die Machthaber waren taub gegenüber derartigen Bitten.
Im Mai 1921 waren in Tambow unter Tuchatschewski bereits mehr als 50000 Soldaten im Einsatz, die unter anderem über 3 Panzerzüge, einige hundert Maschinengewehre und 70 schwere Geschütze verfügten. Die Truppen schlugen jeden Widerstand erbarmungslos nieder, zündeten die Dörfer an und nahmen keine Gefangenen.
Antonow setzte auch nach der Zerschlagung des Aufstands seine Aktionen fort und hielt so die Bolschewiki noch einige Monate in Atem. Erst im Mai 1922 wurde er von den Tschekisten aufgespürt, nachdem ihn einige seiner eigenen Leute verraten hatten. Der Rebell konnte sich seinen Häschern zunächst durch Flucht entziehen, bis man ihn am 24. Juni 1924 erneut stellte. Gemeinsam mit seinem Bruder verschanzte er sich in einer Hütte, die von den Soldaten unter Dauerbeschuss genommen wurde. Nach einstündigem verzweifelten Widerstand entschlossen sich die Brüder schließlich zur Flucht in den nahe gelegenen Wald. Sie liefen direkt in den Kugelhagel der Rotarmisten.
Doch damit verstummten die Waffen im Gouvernement Tambow noch lange nicht. Die Machthaber rächten sich an der Bevölkerung, die Antonow unterstützt hatte …
Außer in Tambow kam es auch in zahlreichen anderen Gouvernements zu Aufständen, unter anderem in Orel, Astrachan, Brjansk, Pensa, Woronesch, am Don, in Stawropol, an der Wolga und in Westsibirien. So erhoben sich allein im Gouvernement Tobolsk einige Zehntausend Menschen. Im Jahre 1921 verlor die Rote Armee auf diese Weise 17185 Mann, nicht gerechnet

die Gefallenen der Tscheka und anderer Spezialtruppen. Insgesamt kam es in den Jahren 1921 und 1922 in 36 Gouvernements zu kriegsähnlichen Kampfhandlungen. (Nowy schurnal, 1967, Nr. 89, S. 211–212)
Die Landwirtschaft war infolge des Bürgerkriegs nicht mehr in der Lage, das riesige Land zu ernähren. In immer mehr Gebieten breiteten sich Hungersnöte aus. Auch die Arbeiter in den Städten bekamen den Hunger zu spüren. Dennoch verkaufte der Staat weiterhin Getreide ins Ausland. So schlug das Volkskommissariat für äußere Angelegenheiten Ende 1920 vor, »eine zweite Partie Getreide nach Italien zu schicken«. Daraufhin beschloss das ZK:

»Das ZK erachtet weitere Getreidelieferungen an Italien als politisch unbedingt erforderlich. Über die genaue Menge und die Modalitäten des Transfers entscheidet der Volkskommissar für Ernährung in Absprache mit dem Volkskommissariat für den Außenhandel.« (Archiv für neuere Geschichte)

Während in Russland 6 Millionen Menschen hungerten und täglich einige Tausend an Unterernährung zugrunde gingen, fasste das Politbüro unter Lenin am 7. Dezember 1922 einen wahrhaft verbrecherischen Beschluss:

»Im Interesse des Staates ist die Ausfuhr von 50 Millionen Pud Getreide [1 Pud = 16,38 kg] erforderlich. Mit der Abwicklung dieses Geschäfts wird Zjurupa beauftragt.« (Ebd.)

Als der Hunger immer weiter um sich griff, beschloss die US-amerikanische Regierung ein umfangreiches Hilfsprogramm, das viele Sowjetbürger vor dem sicheren Tod bewahrte. Die Bolschewiki bedankten sich auf ihre Weise: Während die USA kostenlos Getreide nach Russland lieferten, scheute das ZK unter Lenin keine Mittel, um auf der ganzen Welt die Revolution zu schüren und immer neue kommunistische Parteien zu gründen.
Unter dem Vorwand, man benötige Geld für den Getreidekauf, konfiszierten die Bolschewiki das Vermögen der russischen Bourgeoisie, plünderten die Kirchen und den zaristischen Goldschatz. In Wirklichkeit gingen die riesigen Geldsummen jedoch an die

kommunistischen Verbündeten im Ausland, wie ein Blick in die Archive belegt:

»Ungarische Kommunistische Partei:	
Rudnjanski	250.000
Eberlein	207.000
Brassler Kalusch	194.000
Tschechien	288.000
	215.000
Deutschland:	
An Reich für Thomas	300.500
An Reich für Thomas	100.000
An Reich für Thomas	3.000
An Reich für Thomas	7.500
An Reich für Thomas	65.000
(unleserlich)	250.000
R. Rothegel	639.000
An Rosowski für Reich	275.000
Italien:	
An Ljubarski für Carlo	15.200
An Ljubarski für Carlo	331.800
An Ljubarski für Carlo	13.000
An Ljubarski für Carlo	300.000
Bersija	487.000
Amerika:	
Kotljarow	209.000
Hawkins	500.000
Anderson	1.011.000
John Reed	1.008.000 …«

Auf die gleiche Weise floss Geld nach England, auf den Balkan, in die Schweiz und nach Schweden … (Archiv für neuere Geschichte)

Seiner konspirativen Denkweise gemäß sah Lenin in der Tätigkeit der ausländischen Hilfsorganisationen kein humanitäres Anliegen, sondern eine »Intrige der imperialistischen Bourgeoisie«. Von dieser Sichtweise zeugt ein Schreiben des Revolutionsführers vom 23. August 1921 an Molotow:

»Geheim. An den Genossen Molotow. 23.8.
Genosse Molotow,
aufgrund des Abkommens mit Hoover steht uns ein Massenansturm von Amerikanern bevor, um deren Überwachung wir uns kümmern müssen.
Ich schlage dem Politbüro vor:
Eine Kommission zu gründen, die sich über die Tscheka und andere Straforgane mit der Verstärkung der Überwachungsmaßnahmen für Ausländer befasst.
Zusammensetzung der Kommission:
Molotow, Unschlicht, Tschitscherin. Lenin«
(Archiv für neuere Geschichte)

Gleich am darauffolgenden Tag fasste das Politbüro einen entsprechenden Beschluss. Auf Weisung Stalins, Trotzkis und Kamenews wurden den amerikanischen Wohlfahrtsorganisationen zudem zahlreiche Beschränkungen auferlegt. So durften Lebensmittel nur in begrenztem Umfang an Privatpersonen und Vereinigungen abgegeben werden, man verlangte Geld für den Transport der Hilfsgüter auf den russischen Verkehrswegen und für die Benutzung der Lagerhäuser. Den bolschewistischen Führern schienen die eigenen ideologischen Prinzipien wesentlich mehr zu bedeuten als das Leben ihrer russischen Mitbürger.
Die Niederschlagung der Aufstände in den Gouvernements ging einher mit der Liquidierung der Partei der Sozialrevolutionäre, die sich als Vertreterin der bäuerlichen Interesssen hervorgetan hatte. Die Bolschewiki hatten zwar formal das Agrarprogramm der Sozialrevolutionäre übernommen, konnten sich jedoch nie mit dessen Hauptthese abfinden, laut der das Eigentum an Grund und Boden der arbeitenden Landbevölkerung in Gestalt der Bauerngemeinde (Obschtschina) zugewiesen werden sollte. Die Zerschlagung der Partei der Sozialrevolutionäre machte den Weg frei für ein bolschewistisches Gesetzwerk über Grund und Boden, laut dem alles Land in Staatseigentum überging.
Damit war das Schicksal der Bauern besiegelt. Sie wurden zum lebenden Anhängsel fremden Eigentums. Mit der ersten russischen Verfassung wurde zudem die gesetzliche Grundlage für die Kollektivierung geschaffen, und die direkten Produzenten wurden von

ihrem Produktionsmittel, dem Boden, entfremdet. Der Plan für die Verstaatlichung der Landwirtschaft und die Ablösung der traditionellen bäuerlichen Gemeindestruktur durch einen neuen sozialen Zusammenschluss »auf sozialistischer Grundlage« stammte aus der Feder Lenins. Bevor jedoch die bäuerliche Knechtschaft in den Kolchosen begann, bot die NÖP eine letzte – wenn auch sehr begrenzte – Möglichkeit freien Wirtschaftens.

Die Bolschewiki entfesselten den Bürgerkrieg auf dem Land, indem sie die armen Bevölkerungsschichten, die kein eigenes Land besaßen, gegen die wohlhabenden Bauern aufhetzten. Um den Preis von Millionen Menschenleben führten sie die Landwirtschaft auf jenen »neuen Weg«, den Lenin vorgezeichnet hatte.

Nicht umsonst konnte sich Stalin auf dem Vereinigten Plenum des ZK und des ZKK der WKP(b) am 7. Januar 1933, als die Kollektivierung schon fast beendet war, auf den Revolutionsführer berufen. In seiner Bilanz der ersten vier Jahre des Fünfjahresplans für die Landwirtschaft zitierte der Generalsekretär aus den Werken Lenins:

»›Wenn wir weiterhin auf althergebrachte Weise in kleinen landwirtschaftlichen Einheiten wirtschaften, … bedeutet das den unvermeidlichen Untergang.‹ (PSS, Bd. 20, S. 417)

›Nur mit Hilfe der vergesellschafteten, genossenschaftlichen Arbeit können wir uns aus der Sackgasse befreien, in die uns der imperialistische Krieg geführt hat.‹ (Ebd., Bd. 24, S. 537)

›Wir müssen unbedingt zur gemeinschaftlichen Bearbeitung des Bodens in großen, mustergültigen landwirtschaftlichen Einheiten übergehen; ohne diese Maßnahme können wir Russland nicht aus einer desolaten Lage befreien.‹« (Ebd., Bd. 20, S. 418) (Stalin, Sotsch., Bd. 13, S. 189)

Voller Stolz verkündete Stalin, der Fünfjahresplan für die Landwirtschaft sei »um das Dreifache« übererfüllt worden.

Mit Hilfe der Kolchosen eignete sich der Sowjetstaat zu einem eher symbolischen Preis das gesamte Getreide des Landes an. Nach den Plänen der Bolschewiki sollten die Bauern die finanzielle Basis für die Industrialisierung des Landes erwirtschaften. Diese Absicht wurde übrigens von Lenins Nachfolgern nie verheimlicht. So erklärte Stalin am 9. Juli 1928 vor dem Plenum des ZK:

»Die Bauern entrichten an den Staat nicht nur die üblichen direkten und indirekten Steuern, sondern zahlen außerdem überhöhte Preise für Industrieprodukte … Gleichzeitig erzielen sie für ihre landwirtschaftlichen Erzeugnisse unterdurchschnittliche Preise. Aus diesem Gefälle ergibt sich eine Zusatzsteuer für die Bauern, die der Entwicklung unserer Industrie zugute kommt …« (Stalin, Sotsch., Bd. 2, S. 159)

Wiederum unter Berufung auf Lenin forderte der Generalsekretär zudem »außerordentliche Maßnahmen« auf dem Lande. Von der praktischen Umsetzung dieser Forderung zeugen eine Reihe von Beschlüssen des Politbüros, die Stalins Unterschrift tragen:

»Zum Telegramm von Balitzki.
Der Vorschlag der Genossen Kaganowitsch und Balitzki, 500 Kulakenfamilien aus dem Gebiet Odessa zu verbannen, wird angenommen.« (Archiv des Präsidenten, Protokoll des Politbüros Nr. 128, 16. Januar 1933)
»Zum Telegramm von Kosior.
Der Vorschlag Kosiors, 300 Kulakenfamilien aus dem Gebiet Tschernigow zu verbannen, wird angenommen.« (Ebd.)

Ebenfalls im Januar 1933 wurden 700 Familien aus dem Gebiet Dnjepropetrowsk und 400 aus dem Gebiet Charkow verbannt (Archiv des Präsidenten).
Auf Initiative Scheboldajews wurden zusätzlich 30 000 verurteilte Kulaken aus dem nördlichen Kaukasus in sibirische Konzentrationslager deportiert. Eine weitere Million Kulaken wurden auf Beschluss des Politbüros in die nördlichen Rayons von Sibirien zwangsumgesiedelt. Die zuständigen Stellen in diesem Gebiet forderten daraufhin eine Verstärkung der Einheiten der GPU und für ihre Straforgane das Recht, ohne Genehmigung der Zentrale das höchste Strafmaß verhängen zu dürfen (Archiv des Präsidenten).
Der schreckliche bolschewistische Moloch der »Entkulakisierung« arbeitete kaltblütig und gnadenlos. Nach meinen – vermutlich unvollständigen – Berechnungen fielen 8,5 bis 9 Millionen russischer Bauern – einschließlich der Alten, Frauen und Kinder – diesen grausamen Maßnahmen zum Opfer. Rund ein Viertel von

ihnen starb bereits in den ersten Monaten der Entkulakisierung, ein weiteres Viertel bis zum Ende des ersten Jahres …

Die »Leninisten« im Politbüro, die ihre ungeheuerlichen Beschlüsse wie am Fließband produzierten, konnten nicht ahnen, dass ihre Genossen sich ein Vierteljahrhundert später auf endlosen Sitzungen den Kopf darüber zerbrechen würden, wo und mit welchen Mitteln sie den Getreidebedarf des Landes decken sollten.

Die Bolschewiki hatten bereits unter Lenin damit begonnen, die russischen Bauern in die Leibeigenen des 20. Jahrhunderts zu verwandeln. Lenins Erben wollten sich jedoch bis zuletzt nicht eingestehen, dass ihre Vorgänger das Land schon vor langer Zeit in eine historische Sackgasse geführt hatten.

Nur Breschnew ließ einmal eine Statistik über die Getreideernte der UdSSR in den Nachkriegsjahren erstellen. Natürlich wurde sie niemals veröffentlicht, sondern verschwand im »Besonderen Aktenordner« des Politbüros. Über ganze zwei Seiten zogen sich die Zahlenkolonnen hinweg, die einer Bankrotterklärung des Sowjetstaates gleichkamen: In all diesen Jahren musste das Land – von einigen wenigen Ausnahmen abgesehen – einen erheblichen Getreidemangel verzeichnen (Archiv des Präsidenten, »Besonderer Aktenordner«, Nr. 743, Bl. 1–2).

Breschnew konnte es einfach nicht fassen: Die Kolchosen konnten das Land nicht ernähren? Lenins Vermächtnis war längst erfüllt, die »räuberischen Bauern« waren vernichtet – und das Getreide reichte dennoch nicht aus? In all den Jahren nach dem 20. Parteitag musste bei den Kapitalisten Getreide gekauft werden? Was war denn mit dem sozialistischen Wettbewerb, der Neulandgewinnung, den Millionen Ordensträgern? Eben noch war doch aus Kiew der Vorschlag für die Einführung eines höchsten Ehrentitels – »Held der kommunistischen Arbeit« – gekommen, dessen erster Träger er selbst, Leonid Iljitsch, sein sollte …

Gewöhnlich verfügte Breschnew, dass derartige Berichte an alle Mitglieder des Politbüros verteilt wurden. In diesem Falle zog er es jedoch vor, das Papier nicht zur Diskussion zu stellen … Es gab Wichtigeres zu tun: drüben auf dem Schreibtisch lag ein neues, dickes Paket mit Urkunden für die Sieger im sozialistischen Wettbewerb zu Ehren des 60. Jahrestages der Oktoberrevolution. Die-

se Papiere wollte er noch unterzeichnen. Über den Rest lohnte es nicht, sich den Kopf zu zerbrechen …
Selbst während der Perestrojka beharrte man in der Bauernfrage auf den alten, leninistischen Positionen. So erklärte M. S. Gorbatschow auf der Sitzung des Politbüros vom 15. Oktober 1987:

»Die Politik der Liquidierung des Kulakentums als Klasse war grundsätzlich richtig. Warum sollte man dafür andere Begriffe wählen? So war es nun einmal. Womit wir jedoch nicht übereinstimmen können, sind die Maßnahmen nach der Entkulakisierung. Unter dem Wettbewerb und der Beschleunigung der Kollektivierung hatte vor allem die bäuerliche Mittelschicht zu leiden. Dabei handelt es sich um zwei völlig verschiedene Dinge. Doch die Politik in Bezug auf das Kulakentum war richtig.« (Archiv des Präsidenten, Protokoll des Politbüros vom 15. Oktober 1987)

Das waren bedrückende Worte aus dem Munde eines Reformers, der sich, wie es schien, später als viele andere vom leninistischen Dogmatismus befreite.
Die Bauern hatten sowohl unter dem Bürgerkrieg als auch unter der »sozialistischen Umgestaltung« am meisten zu leiden. Dabei war ihnen der blutige Krieg unbegreiflich, der um die Ideen und Losungen Lenins, die Appelle der Internationale und die Programme der Sozialrevolutionäre ausgebrochen war. Dennoch unterlagen gerade sie den stärksten Repressionen, wurden entrechtet, in die Verbannung geschickt und ihres Besitzes beraubt. Ein schlimmeres Schicksal als das der russischen Bauern ist kaum vorstellbar.

Die Tragödie der Intelligenz

In Russland wurden nicht nur die Kirchen, sondern auch die Denkmäler fanatisch zerstört – kurz: alles, was das Volk an seine »verfluchte Vergangenheit« erinnern konnte. Die Statuen des Zaren, der Grafen und Fürsten, der Generale und Gouverneure wurden vom Sockel gestürzt und in den Gießereien eingeschmolzen.

Das Volk wurde systematisch seiner Vergangenheit beraubt. Niemand ahnte damals, dass sich sieben Jahrzehnte später das gleiche noch einmal wiederholen sollte – freilich unter umgekehrten Vorzeichen …

Während das Land in Hunger und Agonie lag, hatte Lenin nichts Eiligeres zu tun, als das gepeinigte Volk mit neuen gusseisernen Götzenbildern zu beglücken. Russlands Geistesleben wurde in den Dienst der Revolution gestellt. Die revolutionäre Agitation und Propaganda erhielt nun höchste Priorität.

Krupskaja erinnert in ihren Memoiren des Öfteren an Lenins Vorliebe für das Theater: »Er liebte das Theater sehr. Alle Vorstellungen, die wir besuchten, machten großen Eindruck auf ihn.« (Krupskaja, Wospominanija o Lenine, Moskau 1989, S. 468)

Mit dieser Vorliebe kann es allerdings nicht weit her gewesen sein, denn an anderer Stelle klagte Nadjeschda Konstantinowna: »Einmal gingen wir ins Theater und verließen die Vorstellung bereits nach dem ersten Akt …«

In Moskau besuchte Lenin selten die Theater. Krupskaja berichtet, dass er einmal während einer Vorstellung von Dickens' »Heimchen am Herd« gelangweilt den Saal verließ.

Seine angebliche »Liebe« für das Theater hinderte den Revolutionsführer nicht daran, die Schließung des Bolschoj-Theaters zu unterstützen, mit der sich das Politbüro mehrfach befasste (Archiv für neuere Geschichte).

Als Lunatscharski sich für den Erhalt des Theaters einsetzte, wurde Lenin deutlich:

»An den Genossen Molotow.

Nachdem ich von Kamenew erfahren habe, dass der Rat der Volkskommissare Lunatscharskis Vorschlag unterstützt, schlage ich dem Politbüro vor, die folgenden Beschlüsse zu fassen:

1. Das Präsidium des WZIK wird angewiesen, den Beschluss des Rates der Volkskommissare aufzuheben.
2. Das Personal der Oper und des Balletts wird auf etwa 50 Künstler begrenzt, um bei den Vorstellungen in Moskau und Petersburg kostendeckend arbeiten zu können. Größere Ausgaben, z. B. für das Bühnenbild, sind zu vermeiden.
3. Von den auf diese Weise eingesparten Milliarden wird min-

destens die Hälfte für die Beseitigung des Analphabetismus bereitgestellt.

4. Lunatscharski wird … vorgeladen und von den Beschlüssen in Kenntnis gesetzt …« (PSS, Bd. 54, S. 110)

Niemand wird wohl bestreiten, dass die Beseitigung des Analphabetismus eine vorrangige Aufgabe war. Doch warum sollte dieses Vorhaben auf Kosten des Bolschoj-Theaters und anderer kultureller Zentren Russlands durchgeführt werden? Lenin betrieb die Anhebung der Volksbildung auf Kosten der geistigen und kulturellen Elite.
Auch dabei ging es dem Revolutionsführer nicht um ein humanitäres Anliegen. Die Massen sollten Lesen und Schreiben lernen, damit die Bolschewiki ihre revolutionäre Propaganda effektiver verbreiten konnten. Im Dezember 1918 verfasste Lenin seine »Instruktionen für die Zusammenstellung eines Lesebuchs für die Arbeiter und Bauern«:

»Die Aufgabe: Innerhalb von zwei Wochen soll ein Lesebuch für die Arbeiter und Bauern zusammengestellt werden …
Themen: Der Aufbau der Sowjetmacht, ihre Außen- und Innenpolitik. Zum Beispiel: Was ist die Sowjetmacht? Wie regiert sie das Land? Das Dekret über den Grund und Boden … Die Verstaatlichung der Fabriken. Die Arbeitsdisziplin. Der Imperialismus. Der imperialistische Krieg. Die Geheimverträge. Wie wir den Frieden vorbereiteten. Wofür wir jetzt kämpfen. Was ist Kommunismus? Die Trennung von Kirche und Staat …« (PSS, Bd. 37, S. 402)

In seinen Ausführungen verlor der Revolutionsführer kein Wort über die russische Geschichte und die Vergangenheit des Landes. Hauptsache, die Arbeiter wussten über den Kommunismus Bescheid …
Lenin merkte schon bald, dass das Bewusstsein des Volkes einer Festung glich, die nicht so leicht zu schleifen war. Die GPU allein reichte dafür bei weitem nicht aus. Man musste die ganze Partei mobilisieren und zudem jenen kleinen Teil der Intelligenz, der die bolschewistischen Ideen unterstützte. Ohne die Hilfe der In-

tellektuellen konnte man das Bewusstsein von Millionen Bauern nicht vom »geistigen Ballast« des alten Regimes befreien. Daher galt es als eine der vordringlichsten Aufgaben, die Intelligenz Sowjetrußlands unter die Kontrolle der Partei zu bringen und für die revolutionäre »Umerziehung« einzuspannen.
So wurde dem »Proletkult« – einer Bewegung, die die Entwicklung einer proletarischen Massenkultur unter Ausschaltung der traditionellen Kultur auf ihre Fahnen geschrieben hatte – von Lenin, Stalin, Kamenew, Krestinski und Bucharin ein Treuebekenntnis zur Partei abverlangt: »Der Kongress muss eine Resolution verabschieden, in der sich der Proletkult ausdrücklich dem Willen der Partei unterordnet.« (Archiv für neuere Geschichte, Protokoll des Politbüros vom 9. Oktober 1920)
Im November 1923 schrieb A. M. Gorki an W. F. Chodasewitsch:

»Im ›Nakanune‹ wurde eine Nachricht veröffentlicht, die mich schwer erschütterte. Auf Beschluss Nadjeschda Krupskajas und eines gewissen M. Speranski wurde eine Reihe von Autoren in Russland verboten: Platon, Kant, Schopenhauer, Wladimir Solowjow, ... Nietzsche, Lew Tolstoj, Leskow, Jasinski und einige andere, sogenannte ›Häretiker‹. Ferner wurde beschlossen, dass die Abteilung für Religion nur antireligiöse Bücher in ihren Bestand aufnehmen darf.« (Nowy schurnal, Nr. 30, S. 198)

Für sieben lange Jahrzehnte sollte dem sowjetischen Leser ein bedeutender Teil der nationalen und Weltliteratur verschlossen bleiben.
Die Erziehung einer sowjetischen Intelligenz wurde eine der Hauptaufgaben der Bolschewiki. Als theoretische Grundlage diente ihnen dabei Lenins Artikel »Parteiorganisation und Parteiliteratur«.
Zunächst musste die Intelligenz von »bürgerlichen Elementen« gesäubert werden. Diese »Säuberung« bezahlte das Land mit dem Tod, der Flucht oder der Verbannung zehntausender Persönlichkeiten des russischen Geisteslebens. Sowjetrussland wurde systematisch geistig ausgeblutet. So hieß es in einem Beschluss des Politbüros zu den »antisowjetischen Gruppierungen« vom Juni 1922:

»Dem WZIK wird vorgeschlagen, die Bildung einer Sonderkommission aus Vertretern des Außen- und des Jusitzkommissariats anzuordnen, die das Recht erhält – falls keine strengere Bestrafung erforderlich ist –, die Verbannung ins Ausland oder in bestimmte Gebiete der RSFSR als Strafmaß zu verhängen.« (Archiv für neuere Geschichte)

Unschlicht, der unter Lenin dieselbe Funktion erfüllte wie Berija unter Stalin, meldete dem Generalsekretär bereits am 2. August 1922:

»Genosse Stalin.
In Erfüllung des Beschlusses des Politbüros sende ich Ihnen das Sitzungsprotokoll der Sonderkommission sowie eine Liste der antisowjetischen Vertreter der Intelligenz von Moskau und Petrograd … Die Kommission hat beschlossen, alle genannten Personen zu inhaftieren und außer Landes zu weisen. Ferner werden wegen Propagierung antisowjetischer und idealistischer Ideen folgende konterrevolutionäre Redaktionen geschlossen: ›Wjestnik selskogo chosjajstwa‹ [Der Landwirtschaftsbote], ›Mysl‹ [Der Gedanke] und ›Ekonomitscheskoe wosroschdjenie‹ [Ökonomische Wiedergeburt].« (Archiv des Präsidenten)

Auf der Liste der GPU standen die hervorragendsten Vertreter der intellektuellen Elite Russlands. Bevor jedoch die Verhaftungen durchgeführt wurden, gingen die Namenslisten an Lenin, der sie aufmerksam prüfte und den einen oder anderen Namen hinzufügte, bevor er sie an die GPU, Dserschinski, Stalin und Unschlicht weiterleitete. Selbst als im Herbst 1922 die Verbannung eines bedeutenden Teils der russischen Denker bereits beschlossene Sache war, forderte Lenin von Unschlicht:

»17.9. Genosse Unschlicht!
Bitte schicken Sie mir sämtliche Unterlagen mit den genauen Angaben, wer verbannt, verhaftet oder wer und warum von der Verbannung begnadigt wurde … Ihr Lenin«
(Archiv für neuere Geschichte)

Die Anfrage wurde am darauffolgenden Tag gegen Mitternacht von Unschlichts Stellvertreter G. Jagoda beantwortet (Die GPU war Tag und Nacht beschäftigt; eine Menge Leute mussten verhaftet, ausgewiesen oder erschossen werden):

»18.9.1922 23.45 Uhr
An den Genossen W. I. Lenin.
Gemäß Ihrer Bitte sende ich Ihnen die Listen mit den entsprechenden Anmerkungen sowie eine gesonderte Aufstellung der Personen, die aus bestimmten Gründen in Moskau oder Petrograd belassen wurden.
Mit kommunistischem Gruß G. Jagoda
P. S. Die ersten Verbannten verlassen Moskau am Freitag, den 22. 9. G. Ja.« (Archiv für neuere Geschichte)

Die umfangreichen Listen waren nach Berufsgruppen gegliedert: »Professoren der 1. Moskauer Universität«, »Professoren der Landwirtschaftlichen Akademie Petrowsk-Rasumowsk«, »Professoren des Instituts für das Verkehrs- und Fernmeldewesen«, »Die Gesellschaft für freie Wirtschaft«, »Liste der antisowjetischen Professoren am Institut für Archäologie«, »Liste der antisowjetischen Redakteure im Verlag ›Bereg‹«, »Liste der Personen, die unter die Akte Nr. 813 fallen (die Gruppe von Abrikosow)«, »Liste der antisowjetischen Agronomen und Genossenschaftler«, »Liste der Ärzte«, »Liste der antisowjetischen Ingenieure«, »Liste der Schriftsteller«, »Liste der Petrograder Schriftsteller«. Zudem existierte eine gesonderte »Liste der antisowjetischen Intelligenzler Petrograds«.
Das Schicksal der ersten 120 Intellektuellen wurde am 31. Juli 1922 durch die Unterschriften Kamenews, Kurskis und Unschlichts besiegelt. Unter ihnen befanden sich zahlreiche berühmte Vertreter des russischen Geisteslebens.
In Lenins Augen war die Ausweisung ein »humanes« Verfahren (vermutlich dachte er dabei an seine eigene, unbeschwerte Emigrationszeit in der ruhigen, reichen Schweiz).
Mit seinem üblichen argwöhnischen Blick überflog der Revolutionsführer die Liste der Verbannten und Verhafteten, von denen ihm viele persönlich bekannt waren:

»Stratonow, W. W.	Wird ausgewiesen.
Artobolewski, I. A.	Wird an das Revolutionstribunal überwiesen und wegen seiner Agitation gegen die Beschlagnahmung des Kirchenschatzes angeklagt.
Tjapkin, N. D.	Wurde verhaftet.
Welichow, P. A.	Wurde verhaftet.
Korobkow	Wurde freigelassen … Tuberkulose im Endstadium.
Losski, N. O.	Wird ausgewiesen.
Kondratjew, I. D.	Steht unter Anklage wegen Unterstützung der Sozialrevolutionäre. Wurde verhaftet.
Frank, S. L.	Wird ausgewiesen.
Aichenwald, Ju. I.	Wird ausgewiesen.
Osorgin, M. A.	Wird ausgewiesen.
Steppun, F. A.	Wird gesucht.
Sorokin, P. A.	Wurde verhaftet. Wird ausgewiesen.
Samjatin, E. I.	Die Ausweisung wird aufgeschoben, bis ein gesonderter Befehl ergeht.
Jermolajew, N. I.	Wird nicht ins Ausland verbannt. Wird vor Gericht gestellt.
Wislouch, S. M.	Wurde verhaftet. Wird ausgewiesen.
Berdjajew, N. A.	Wird ausgewiesen.«

(Archiv des Präsidenten)

Auf einer Begleitliste der GPU wurden gesondert die verschiedenen Anklagepunkte aufgeführt. Unter dem Namen Berdjajew hieß es: »Steht dem Verlag ›Bereg‹ nahe. Kontakte zum ›Taktischen Zentrum‹ und zur ›Union der Wiedergeburt‹. Monarchist, Kadett rechter Ausrichtung, Erzreaktionär, religiös, unterstützt die kirchliche Konterrevolution. Für die Ausweisung.« (Ebd.)

Natürlich wurde Lenins Brief an Unschlicht vom 17. September in der offiziellen biographischen Chronik unterschlagen. Offenbar hielten es die Autoren für wichtiger, darauf hinzuweisen, dass der Revolutionsführer sich an diesem Tag an den diensthabenden Verwaltungssekretär des Rates der Volkskommisare mit der Bitte wandte, »Briefumschläge und Klebstoff besserer Qualität« zu schicken … (Biografitscheskaja chronika, Bd. 12, S. 378)

Zwei Tage zuvor, am 15. September 1922, hatte Lenin auf einen Brief Gorkis geantwortet, in dem dieser seine Besorgnis über die Verhaftungen in der Intelligenz zum Ausdruck brachte.
Die Antwort des Revolutionsführers fiel hart und kategorisch aus. Zunächst räumte er zwar ein, dass es bei den Verhaftungen auch zu Fehlern gekommen sei, um dann diese Aktionen doch zu rechtfertigen:

»Klar ist aber auch, dass die Verhaftung der Kadetten und ihrer Sympathisanten im Grunde eine notwendige Maßnahme darstellte … Man darf die ›intellektuellen Kräfte‹ des Volkes nicht mit denen der Bourgeoisie in einen Topf werfen. Nehmen wir zum Beispiel Korolenko: Erst kürzlich las ich seine Broschüre ›Der Krieg, das Vaterland und die Menschheit‹ vom August 1917. Eigentlich ist Korolenko ja noch einer der gemäßigteren Vertreter aus dem Umfeld der Kadetten. Man könnte ihn sogar fast als Menschewik bezeichnen. Doch was für eine schändliche Rechtfertigung des imperialistischen Krieges hat er da in seine süßlichen Phrasen verpackt! Er ist nur ein armseliger Kleinbürger, befangen in seinen bürgerlichen Voruteilen! Für solche Herren ist der imperialistische Krieg mit seinen 10 000 000 Toten eine gute Sache, die man verteidigen muss … Der Tod einiger hunderttausend Menschen in einem gerechten Bürgerkrieg gegen die Gutsbesitzer und Kapitalisten treibt ihn dagegen zur Raserei …
Die intellektuellen Kräfte der Arbeiter und Bauern wachsen im Kampf gegen die Bourgeoisie und ihre Helfershelfer, die sogenannten Intellektuellen, diese Lakaien des Kapitals, die sich als das Gehirn der Nation wähnen. In Wirklichkeit sind sie doch nur der Unrat der Nation …«

So zynisch und vulgär beurteilte der Führer der Bolschewiki die geistige Elite seines Vaterlandes. Aus derartigen Phrasen spricht nicht nur eine erstaunliche historische Kurzsichtigkeit, sondern schlicht der blinde Klassenhass. Nach meinen umfangreichen Studien bin ich fest davon überzeugt, dass Lenin weder Russland selbst noch die russische Intelligenz jemals wirklich geliebt hat.
Der Revolutionsführer beendete seinen Brief mit einem scharfen Angriff auf Gorki:

»Ich habe Sie sowohl vor als auch nach dem Aufenthalt auf Capri mehrfach gewarnt: Sie verkehren in den übelsten Kreisen der bürgerlichen Intelligenz und lassen sich von deren Klagelied einlullen … Am Ende werden Sie sich noch dazu hinreißen lassen, die Roten als die gleichen Volksfeinde wie die Weißen hinzustellen (nach dem Motto: Die Kämpfer gegen das Kapital und die Gutsbesitzer sind genauso Feinde des Volkes wie die Kapitalisten und Gutsbesitzer selbst). Passen Sie bloß auf, dass Sie eines Tages nicht noch an den lieben Gott oder an Väterchen Zar glauben …
Sie werden zugrunde gehen, wenn Sie sich nicht aus dem Milieu der bürgerlichen Intelligenz befreien! Ich wünsche von Herzen, dass Ihnen das möglichst bald gelingt.
Mit besten Grüßen Ihr Lenin«
(Archiv für neuere Geschichte)

Durch einen Beschluss des Politbüros vom August 1922 wurden auf Initiative Lenins auch die Studenten Repressionen unterworfen:

»Der Vorschlag des Genossen Unschlicht, konterrevolutionäre Elemente innerhalb der Studentenschaft ins Ausland zu verbannen, wird angenommen. Verantwortlich für diese Maßnahme ist eine Kommission unter Leitung der Genossen Kamenew, Unschlicht und Preobraschenski.«
(Archiv des Präsidenten)

Die Bolschewiki agierten sehr weitsichtig: Nicht nur die etablierten Intellektuellen, sondern auch der Nachwuchs wurde aus der Heimat vertrieben.
Lenin kannte keine Skrupel. Wenn es um Politik ging, hatte die Moral in seinen Überlegungen keinen Platz. Das bekamen auch seine langjährigen Bekannten und ehemaligen Kampfgefährten zu spüren. So forderte er ohne zu zögern die Ausweisung A. N. Potresows, zu dem er schon seit der Jahrhundertwende persönliche Kontakte gepflegt hatte.
Bereits zu Beginn des Jahrhunderts entwickelte Lenin sein eigenes Bild von den Künstlern seiner Heimat. Selbst den wahrhaft titanischen russischen Denker und Schriftsteller Lew Nikolajewitsch

Tolstoj betrachtete er ausschließlich unter dem Aspekt der Revolution. Zu dessen achtzigstem Geburtstag erschien Lenins Artikel »Lew Tolstoj als Spiegel der russischen Revolution«:

»Auf der einen Seite ist er ein genialer Künstler, der nicht nur unvergleichliche Bilder des russischen Lebens zeichnete, sondern auch Meisterwerke der Weltliteratur schuf, auf der anderen geriert er sich als Narr in Christo. Auf der einen Seite haben wir den kraftvollen, aufrichtigen Rebellen gegen die gesellschaftliche Heuchelei und Lüge, auf der anderen den ›Tolstojaner‹, einen armseligen, hysterischen Jammerlappen, einen russischen Intellektuellen, der sich schuldbewusst auf die Brust schlug und lamentierte: ›Ich bin ein schändlicher Mensch und ein Scheusal, doch ich widme mich meiner moralischen Vervollkommnung; ich esse kein Fleisch mehr, sondern ernähre mich nur noch von Reis …‹« (PSS, Bd. 17)

Lenin blickte hochmütig und oberflächlich auf Tolstoj herab. Während der greise Schriftsteller noch in hohem Alter die unbedingte Priorität allgemeinmenschlicher Werte erkannte, blieb der Revolutionsführer sein Leben lang in den dogmatischen Kategorien des Klassenkampfes befangen. Lenin behauptete allen Ernstes, »der Hauptgrund für die Niederlage der ersten russischen Revolution« sei in Tolstojs Lehre vom gewaltlosen Widerstand zu suchen (ebd., S. 213). Der große Tolstoj repräsentierte für den Revolutionsführer nur die Nichtigkeit der russischen Intelligenz. Viele russische Schriftsteller wollten sich ihrer verzweifelten Lage in der Heimat durch Emigration entziehen. Doch das Politbüro war auf der Hut. In einem Brief an das ZK erklärte Jagoda:

»Eine Reihe von Schriftstellern – darunter Wengerowa, Blok und Sologub – haben bei meinem Ministerium einen Ausreiseantrag eingereicht … Ich gebe zu bedenken, dass Schriftsteller wie Balmont, Kuprin und Bunin, die sich bereits in der Emigration befinden, im Ausland antisowjetische Hetzkampagnen initiieren und dabei auch vor Gräuelmärchen nicht zurückschrecken. Die Tscheka hält es daher nicht für vertretbar, derartigen Anträgen stattzugeben.« (Archiv für neuere Geschichte)

In Bezug auf die ukrainische Intelligenz wählte man eine andere Variante. Auf Antrag Unschlichts beschloss das Politbüro: »Die Verbannung ins Ausland wird ersetzt durch die Verbannung in entlegene Gebiete der RSFSR.« (Ebd.)
Ich glaube nicht, dass es den ukrainischen Intellektuellen damit besser erging. Nur wenige von ihnen überlebten bis in die unheilbringenden dreißiger Jahre, in denen sie ausnahmslos den stalinistischen Repressionen zum Opfer fielen.
Selbst ganze Künstlerensembles bemühten sich um die Ausreise. Im Mai 1921 beschloss das Politbüro unter Vorsitz Lenins bezüglich der »Ausreise der ersten Theaterschule des Künstlertheaters«:

»Die Entscheidung wird vertagt, bis Lunatscharski genaue Zahlen darüber vorliegen, wie viele der aus Russland ausgewiesenen Gelehrten und Künstler inzwischen wieder in die Heimat zurückgekehrt sind …« (Archiv für neuere Geschichte)

Der bolschewistischen Regierung wurde bald bewusst, dass die massenhafte Ausweisung von Spezialisten die russische Wirtschaft in eine zunehmend schwierigere Lage brachte. Am 9. August 1923 erörterte man im Politbüro unter dem Vorsitz von Kamenew einen Lagebericht Dserschinskis:

»Eine Reihe bedeutender russischer Spezialisten, die sich im Ausland in einer schwierigen Lage befinden, äußern den Wunsch, nach Russland zurückzukehren. Wir brauchen diese Spezialisten, denn unser Land ist arm an qualifizierten Fachkräften … Man muss ihnen die russische Staatsbürgerschaft zurückgeben …«

Das oberste Parteigremium beschloss: »Den russischen Spezialisten wird die Rückkehr aus der Emigration gestattet. Sie werden zur Arbeit herangezogen.« (Archiv für neuere Geschichte)
Im Laufe des Bürgerkriegs hatte das Land zahlreiche Fachkräfte verloren. Nur wenige von ihnen kehrten zurück.
Ebenfalls im Jahre 1923 beauftragte das Politbüro die Tscheka mit der »Zersetzung der weißgardistischen Emigration«. Bald darauf wurde eine Auslandsabteilung der GPU gegründet, die sich speziell mit der Spionage unter den russischen Emigranten befasste

und auch vor der Liquidierung »besonders schlimmer Feinde der Sowjetmacht« nicht Halt machte.

Zahlreiche Sonderberichte sowjetischer Agenten aus den westlichen Hauptstädten belegen: Zuerst vertrieben die bolschewistischen Machthaber einen Großteil der heimischen Intellektuellen, um später deren Vereinigungen im Ausland zu »zersetzen«, öffentlich zu diskreditieren, einzelne Vertreter als Agenten anzuwerben und die verschiedenen Gruppierungen gegeneinander aufzuhetzen. Über zahlreiche berühmte Emigranten wurden Akten angelegt, in denen man akribisch jeden ihrer Schritte festhielt. So existieren unter anderem Observationsberichte über Berdjajew, Balmont, Bunin, Hippius, Mereschkowski und Nabokow. Dabei bemühte sich der Geheimdienst besonders um Berdjajew, denn man hoffte, seinen Namen und seinen Einfluss unter den Emigranten für die Zwecke der Sowjetmacht nutzen zu können. Der zuständige Agent musste jedoch in seinem Bericht ernüchtert feststellen: »Berdjajew ist für uns nicht von Nutzen, denn er kritisiert den Kommunismus, ist entschiedener Gegner der materialistischen Philosophie und beschäftigt sich fast ausschließlich mit Theologie.« Vermutlich wurde der berühmte russische Philosoph aus diesem Grunde bei der Auslandsabteilung der GPU unter dem Decknamen »Der Geistliche« geführt (Archiv des Verteidigungsministeriums).

Nach einigen vergeblichen Annäherungsversuchen ließen Menschinskis Spione – die ja bekanntermaßen eine alles andere als religiöse Weltanschauung vertraten – schließlich von Berdjajew ab. Am meisten beunruhigte die sowjetische Führung, dass die Emigranten schon bald damit begannen, eigene Buch- und Zeitungsverlage aufzubauen. So meldete die Auslandsabteilung der GPU der bolschewistischen Führungsspitze:

»In Paris wurden folgende Verlage gegründet: ›Russkaja semlja‹ [Russische Erde], ›Russki otschag‹ [Russische Heimstatt] und ›Bjely archiw‹ [Weißes Archiv]. Periodika: ›Otetschestwo‹ [Vaterland] – Organ der Anhänger Nikolajews, ›Wjestnik krestjanskogo sojusa‹ [Bote der Bauernunion], ›Uchwat‹ [Die Ofengabel] – eine humoristische Zeitschrift, ›Teatr i iskusstwo‹ [Theater und Kunst], ›Djen russkoj kultury‹ [Tag der russischen Kultur] …«

Bei diesen Zeitungen und Zeitschriften arbeiteten Berühmtheiten wie Bunin, Kuprin, Mereschkowski, Hippius und Miljukow. Die Kremlführung befürchtete, dass über die Emigrantenverlage weißgardistische Literatur nach Sowjetrussland einsickern könne, und ergriff Präventivmaßnahmen zur Abschottung des Bewusstseins ihrer Bürger vor diesem »schädlichen, bürgerlichen Einfluss«.

Die Bolschewiki beraubten die Intelligenz systematisch ihrer schöpferischen Freiheit. Selbst die letzte Oase der Freiheit, das menschliche Bewusstsein, wurde von Verboten und Repressionen bedroht. Wer die Revolution nicht akzeptierte, aber dennoch gezwungen war, mit der neuen, bitteren Realität auf irgendeine Weise zurechtzukommen, bemühte sich um Veränderungen im eigenen Land. In diesen Zusammenhang fiel die sogenannte »Sache der Ärzte«, ein heute in Vergessenheit geratener Vorfall aus dem Jahre 1922.

Im Sommer dieses Jahres fand in Moskau der Allrussische Ärztekongress statt, über dessen Verlauf Semaschko, der Volkskommissar für Gesundheit, dem Politbüro berichtete:

»Auf dem kürzlich zu Ende gegangenen Kongress der Ärzte traten derart gefährliche Strömungen zutage, dass ich die Mitglieder des Politbüros darüber nicht im unklaren lassen möchte … Der Kongress wurde zu einem Feldzug gegen die Sowjetmedizin und für ein Versicherungssystem auf Regionalebene. Man beabsichtigt, die Kadetten und Menschewiki zu unterstützen und ein eigenes Presseorgan zu gründen.

Was die Inhaftierung der ärztlichen Führungsspitze anbelangt: Wenn wir Granowski, Manul, Wigdortschik und Liwin verhaften … steigern wird dadurch nicht noch deren Popularität?« (Archiv des Präsidenten)

Lenin, der im Nonkonformismus der Ärzte eine ernstzunehmende Gefahr witterte, ließ daraufhin Stalin wissen:

»Genosse Stalin. Ich meine, wir müssen Semaschkos Bericht – natürlich streng geheim und ohne Kopien – auch an Dserschinski und alle anderen Mitglieder des Politbüros weiterleiten, um auf dessen Grundlage eine Direktive auszuarbeiten.« (Archiv des Präsidenten)

Im Ergebnis zweier Sitzungen (24. Mai und 8. Juni 1922) fasste das Politbüro schließlich den Beschluss »Über die antisowjetischen Gruppierungen innerhalb der Intelligenz«, den nur Tomski mit der Begründung ablehnte: »Die Frage des Ärztekongresses erfordert eine andere Vorgehensweise, denn an vielem tragen wir selbst die Schuld.«
Laut der Direktive durften sämtliche Kongresse nur noch mit Genehmigung der GPU durchgeführt werden. Weiter hieß es:

»Die GPU überprüft die Zuverlässigkeit aller Presseorgane; beim Aufnahmeverfahren in die staatlichen Lehranstalten wird die Aussonderung verstärkt, Vorrang haben dabei die Arbeiter; die Gründung von Künstlervereinigungen oder sonstigen berufsspezifischen Zusammenschlüssen ohne vorherige Registrierung durch die GPU ist verboten; es wird eine ständige Kommission für die Ausweisung von Angehörigen der Intelligenz gegründet; die GPU wird mit der aufmerksamen Beobachtung des Verhaltens der Ärzte und anderer Gruppierungen der Intelligenz beauftragt.«

Unmittelbar nach Annahme dieser Direktive legte Unschlicht eine Liste mit unzuverlässigen Ärzten vor, auf der die bekanntesten Mediziner Russlands zu finden waren: Werchow, Gutkin, Rubzow, Efron, Frank, Entin, Fjodorow, Werchowski, Kanzel, Gregori, Sborski, Litschkus, Teplitz, Lichatschow und Lifschitz ... Über ihre Verhaftung sollte eine von Unschlicht, Kurski und Kamenew geleitete Kommission entscheiden. (Archiv des Präsidenten)
Ideologischen Fragen maßen die Bolschewiki stets eine große strategische Bedeutung bei. So erlaubte man dem weißgardistischen General Slaschtschew die Rückkehr nach Russland nur unter der Bedingung, dass er »seine Memoiren über die Zeit seines Kampfes gegen Sowjetrussland« verfasste und darin »die weiße Bewegung« entlarvte (Archiv für neuere Geschichte). Selbst die Stenographen wurden ihm zugeteilt, was die Bolschewiki am Ende jedoch nicht daran hinderte, den General zu »liquidieren«.
Die Intelligenz war ihrem Wesen nach Trägerin liberaler Ideen.

Wenn es dem Liberalismus gelungen wäre, seinen politischen Einfluss zu bewahren, hätte eine Diktatur des Proletariats aller Wahrscheinlichkeit nach verhindert werden können. Lenin wusste das besser als alle anderen. Nicht umsonst führte er bereits lange vor dem Oktober wütende Angriffe gegen das liberale Bürgertum. In seinem Artikel »Die Arbeiterdemokratie und die bürgerliche Demokratie« aus dem Jahre 1905 behauptete er kategorisch, in der Sozialdemokratie gebe es zwei Flügel: einen proletarischen und einen intellektuellen. Letzterer sei seinem Wesen nach liberal gesinnt und daher unfähig zu entschlossenem revolutionären Handeln. Der Liberalismus sei eine durch und durch »bürgerliche Bewegung«. Damit stand für den Revolutionsführer das Urteil fest: Die liberalen Intellektuellen waren »Kompromissler und Lakaien der Bourgeoisie«. (Leninski sbornik, Bd. 16, S. 24–36)

Das Politbüro rief Partei und Geheimdienst gelegentlich das »klassenmäßige« Verhältnis der proletarischen Diktatur zur »liberalen Intelligenz« in Erinnerung, so auch in seiner Direktive vom 2. Januar 1923: »Die GPU wird angewiesen, Personen mit liberaler Gesinnung verstärkt zu überwachen und die Feinde der Sowjetmacht durch geeignete Maßnahmen auszuschalten.«

Verbannung ins Ausland oder in entlegene Gebiete Russlands, Repressionen bis hin zu Erschießungen – das waren die Methoden Lenins. Doch die Intellektuellen griffen nicht zu den Waffen, zahlten es den Bolschewiki nicht mit gleicher Münze heim. Die Intelligenz machte ihrem Namen trotz aller Widrigkeiten Ehre.

Natürlich waren die Machthaber nach dem 20. Parteitag der KPdSU gezwungen, ihre Unterdrückungsmethoden zu ändern, doch das Bewusstsein der Menschen blieb weiterhin unter der ständigen Kontrolle von Partei und Geheimdienst.

In diesem Zusammenhang möchte ich das Protokoll einer Sitzung des Sekretariats des ZK der KPdSU vom 26. April 1983 zitieren. Es liegt mir fern, die Menschen zu verurteilen, deren Namen ich an dieser Stelle zu nennen gezwungen bin, denn schließlich dachten wir damals fast alle genauso wie sie.

Einen Punkt der Tagesordnung bildete das Theaterstück »Liebe Jelena Sergejewna« von L. Rasumowskaja:

»Gorbatschow: Es handelt sich hier um eine ernste Angelegen-

heit. Daher bitte ich besonders die Leiter der Abteilungen des ZK sowie die Vertreter des Kultusministeriums der UdSSR und der RSFSR um Aufmerksamkeit. Genosse Barabasch, erklären Sie uns bitte, wie es dazu kommen konnte, dass ein derartiges, ideologisch schädliches Theaterstück monatelang an unseren Theatern gespielt wurde. Warum hat uns das Kultusministerium nicht auf die Notwendigkeit eines Verbots für dieses Stück hingewiesen? Warum wurden wir erst vom KGB mit dieser Frage konfrontiert?
Barabasch [erster Stellvertreter des Kultusministers der UdSSR]: Dass es überhaupt zur Aufführung des Stückes ›Liebe Jelena Sergejewna‹ kommen konnte, zeugt von einer schwerwiegenden Nachlässigkeit beim Kultusministerium der UdSSR und seinen örtlichen Organen … Das Kultusministerium der RSFSR hat die zuständigen Stellen inzwischen angewiesen, die Frage einer weiteren Aufführung dieses Stückes zu prüfen … In seiner jetzigen Form darf es keinesfalls weiter gespielt werden.
Gorbatschow: Warum befassen wir uns überhaupt hier im Sekretariat der KPdSU mit dieser Frage? Das ist doch nicht normal … Wir können doch im ZK nicht über die Aufführung jedes Theaterstücks entscheiden. Wer derartige Fehler zulässt, muss streng bestraft werden.
Barabasch: Ich möchte darauf hinweisen, dass das Stück an den meisten Theatern bereits in einer korrigierten, überarbeiteten Fassung läuft.
Ponomarew: Was konnte man an diesem mehr als dürftigen Stück schon groß überarbeiten? War eine solche Bearbeitung überhaupt notwendig?
Gorbatschow: Das Kulturministerium hat sich vor dieser Frage gedrückt. Scheinbar ist ihm die Notwendigkeit der ideologischen Erziehung von Autoren dramatischer Werke nicht bewusst. Wie lange werden wir Kommunisten denn noch davor zurückschrecken, unsere Parteipositionen und die kommunistische Moral offensiv zu verteidigen? …
Ryschkow: Gab es irgendwelche Rezensionen dieses Stückes in unserer Presse?
Barabasch: Viktor Rosow hat es in der ›Literaturnaja gasjeta‹ verteidigt, und in der ›Sowjetskaja kultura‹ wurde es ähnlich positiv beurteilt.

Simjanin: Das Stück ›Liebe Jelena Sergejewna‹ ist doch kein Einzelfall. Derartige Versuche, unter dem Deckmantel der Kritik an negativen Erscheinungen unseres Lebens Schwarzmalerei zu betreiben, hat es auch schon früher gegeben … Die Partei bemüht sich, solche Auswüchse schon im Keim zu ersticken, indem sie mit den Schriftstellern und Dramaturgen zusammenarbeitet und nötigenfalls bereits in der Entstehungsphase eines Werkes korrigierend eingreift … Ist ein Stück fertig gestellt, wird es von unserer Spielplankommission begutachtet. Schließlich gibt es noch die ›Glawlit‹ [die politische Zensur – D. W.], die dafür verantwortlich zeichnet, dass in unserer Presse nichts Antisowjetisches publiziert wird …
Solomenzew: Die Mitarbeiter des Kultusministeriums wollen ihre guten Beziehungen zu den Dramaturgen und Schriftstellern nicht aufs Spiel setzen. Das überlässt man lieber uns, und das Zentralkomitee steht dann bei den Künstlern als Sündenbock da …
Gorbatschow: Wie sich zeigt, haben wir auf dem wichtigen Gebiet der ideologischen Arbeit organisatorische Defizite zu verzeichnen …
Kotschemasow: Natürlich bin auch ich nicht unschuldig an der ganzen Angelegenheit. Wir hätten schon längst unsere Arbeit mit den Kulturschaffenden umgestalten und ihnen ihre große Verantwortung deutlich machen müssen.
Gorbatschow: Wenn Sie das Problem erkannt haben, warum haben Sie dann nicht schon längst mit der Umgestaltung begonnen?
Kotschemasow: In diesem Fall hat einfach unser Kontrollsystem nicht funktioniert.
Gorbatschow: Wie konnte es passieren, dass ein solches ideologisch schädliches Theaterstück in unserer Presse so großen Beifall gefunden hat?
Stukalin [Leiter der Abteilung für Propaganda beim ZK der KPdSU]: In unserer Abteilung wussten wir nichts davon. Auch Rosows Artikel in der ›Literaturnaja gasjeta‹ ist uns entgangen.
Solomenzew: Wenn Viktor Rosow ein Theaterstück verteidigt, muss man immer auf der Hut sein …
Gorbatschow: Um es offen zu sagen: Wir sind verpflichtet, den Kampf gegen derartige Erscheinungen entschlossen zu führen.

Hören Sie doch nur, was eine der Personen des Stückes im Gespräch mit seinem Vater äußert:
›Was gibt es denn heutzutage noch für Ideale, Väterchen? Nenn mir doch nur ein einziges … Das Volk kann doch nichts dafür. Du sagst, alle sind Lumpen geworden, leben wie die Tiere, ohne Gesetz … Beruhige dich, sage ich, wir leben nun einmal in so einer Zeit …‹
Kann man diese Worte etwa übersehen? Ein einziger dieser Aussprüche müsste schon genügen, um jeden Sowjetmenschen hellhörig zu machen. Das gilt umso mehr für die Kulturarbeiter und die Zensoren.«
Von schöpferischer Freiheit konnte in Sowjetrussland wahrlich nicht die Rede sein. Dieser Protokollauszug bezeugt aber auch, dass die Intelligenz trotz ständiger Schikanen den Kampf für künstlerische Individualität und Freiheit nie aufgegeben hat.

Lenin und die Kirche

»Die Elektrizität wird den Bauern ihren Gott ersetzen. Wenn der Bauer erst einmal die Elektrizität anbetet, tritt die Sowjetmacht bald an die Stelle der Himmelsmacht.«
Das waren Lenins Worte, als er mit Miljutin, Krasin und anderen Bolschewiki über die Elektrifizierung Russlands beriet (»Nowy schurnal«, 1944, Nr. 7, S. 309).
Die Bauern akzeptierten zwar die Elektrizität, doch Gott konnte sie ihnen nicht ersetzen. Zu tief saß der Glaube in ihren Herzen. Der Schöpfer war ihnen von Kindheit an allgegenwärtig in der kunstvollen Schönheit und Feierlichkeit der orthodoxen Liturgie. Vermutlich hätte sich der Glaube an Gott noch stärker in der russischen Seele gehalten, wenn er nicht so eng mit dem Glauben an den Zaren verknüpft gewesen wäre. Auf diese »Zweifaltigkeit« von Religion und Monarchie setzte Lenin seine Hoffnungen: War der Zar erst einmal gefallen, würde auch der Glaube bald erlöschen … In dem Maße, wie die Bolschewiki im Namen eines vergänglichen, irdischen Glücks die Gewalt predigten, verurteilten sie auch die Religion.

Im selben Aufsatz, in dem Lenin die Religion zur Privatsache erklärte, heißt es nur wenige Zeilen später:
»In Bezug auf unsere eigene Partei können wir es nicht dulden, dass die Religion zur Privatsache erklärt wird.«
Über der Freiheit des Gewissens stand für ihn die allmächtige kommunistische Partei. Der Revolutionsführer erging sich in Wiederholungen der alten, atheistischen Floskeln: »Das Joch der Religion ist lediglich Produkt und Widerspiegelung des ökonomischen Jochs innerhalb der Gesellschaft.« (PSS, Bd. 12, S. 143–145) Dabei war doch offensichtlich, dass derartige Formeln überhaupt nichts erklärten, denn schließlich kann man nicht alle geistigen Prozesse mechanisch aus einem ökonomischen Determinismus ableiten.
In seinen propagandistischen Pamphleten über die Religion gerierte sich Lenin nicht selten wie ein waschechter Liberaler: »Wir fordern die vollständige Trennung von Kirche und Staat. Wir wollen das Trugbild der Religion ausschließlich mit den Waffen unserer Ideologie bekämpfen.«
Die praktische Politik der Bolschewiki sprach freilich eine andere Sprache.
Wie nicht anders zu erwarten war, wurde nach der Machtübernahme der Kommunisten sogleich die Trennung von Kirche und Staat vollzogen, und die bolschewistische Presse fuhr ihre ideologischen Geschütze auf: Begriffe wie »Popentum«, »religiöse Vernebelung« und »Konterrevolutionäre im Priesterrock« gehörten bald zum Standardrepertoire antikirchlicher Propaganda. Eigentlich hätten die Revolutionäre es dabei belassen müssen, hatte doch Lenin persönlich versichert, man wolle den Kampf gegen die Religion auf »ideologische Waffen« beschränken. Natürlich blieb es nicht bei einer solchen Einschränkung. Erstaunlich ist nur, dass der Revolutionsführer erst im Jahre 1922 – also relativ spät – zum entscheidenden Schlag gegen die Kirche ausholte. Ihm fehlte einfach ein unmittelbarer Anlass, denn die Geistlichkeit hatte sich bis dahin ausgesprochen ruhig verhalten und vermied jegliche Einmischung in die Politik. So erstaunte der Patriarch Tichon die Bolschewiki im Sommer 1918 mit seiner Weigerung, der »weißen Bewegung« seinen Segen zu erteilen. Über die Beweggründe des greisen Kirchenfürsten kann man nur mutmaßen: Vielleicht

fürchtete er den roten Terror oder spürte intuitiv, dass die Sache der »Weißen« bereits dem Untergang geweiht war.
Anlässlich der Umwandlung der Troitzko-Sergijewskaja Lawra, eines großen orthodoxen Klosters, in ein atheistisches Museum ersuchte Tichon um eine Unterredung mit Lenin. Doch die Bolschewiki lehnten seine Bitte kategorisch ab, denn sie fürchteten, dass der öffentliche Kontakt mit einem hohen Vertreter der Geistlichkeit sie kompromittieren könnte. Zudem wollte Lenin ein Exempel statuieren, indem er aller Welt demonstrierte, wie die Sowjetmacht zur Kirche auf Distanz ging. Weitere Versuche der Geistlichkeit (wie des Erzbischofs Wladimir), mit den neuen Machthabern zu verhandeln, wurden ebenfalls abgewiesen.
Allerdings stand Lenin während seiner Emigrationszeit in engem Kontakt zu Georgi Gapon, einem Priester, dessen Name in die Geschichte Russlands eingegangen ist. (Georgi Apollonowitsch Gapon [1870–1906] organisierte am 9. Januar 1905 – dem »Blutsonntag« – einen Petitionsmarsch der Petersburger Arbeiter zum Winterpalais; die gewaltsame Auflösung dieser Demonstration forderte zahlreiche Opfer.)
Zum ersten Mal trafen die beiden im Februar 1905 in Genf zusammen, wo sie lange Gespräche führten, in deren Verlauf sich der Priester zur Teilnahme an den Vorbereitungen für einen bewaffneten Aufstand in Russland bereiterklärte. Gapon organisierte die Waffenkäufe in Europa und deren Überführung nach Russland, berief eine Konferenz aller russischen Parteien sozialistischer Ausrichtung ein und propagierte die Einberufung der Verfassungsgebenden Versammlung. Lenin fand Gefallen an der extremen, radikalen Gesinnung des Priesters und besorgte ihm einen falschen Pass, mit dessen Hilfe er nach Russland gelangte. Im März 1906 wurde er von Sozialrevolutionären ermordet, die ihn als Provokateur verdächtigten.
Gapon war der einzige Geistliche, der je Lenins Sympathie weckte. Ansonsten war seine Einstellung gegenüber der Kirche stets von tiefer Feindseligkeit geprägt. Der Atheismus galt ihm als einer der Stützpfeiler der Sowjetmacht.
Der Revolutionsführer wartete nur auf einen Vorwand, um Russlands Kirche den Todesstoß versetzen zu können. Da bot ihm der Patriarch Tichon endlich den lange ersehnten Anlass. Anlässlich

der großen Hungersnot der Jahre 1921/22 wandte er sich mit einem Appell an die russische Bevölkerung:

»Aas ist für die hungernde Bevölkerung zu einer Delikatesse geworden, doch selbst an diese ›Leckerbissen‹ gelangen nur die wenigsten. Das ganze Land ächzt unter der Hungersnot. Vielerorts kommt es sogar zu Kannibalismus. Von 13 Millionen Hungernden erhalten nur 2 Millionen Hilfe.
Reicht den hungernden Brüdern und Schwestern eure helfende Hand! Mit dem Einverständnis der Gläubigen dürfen Teile des Kirchenschatzes (Ringe, Ketten und Armbänder, die für die Verzierung der Ikonen gestiftet wurden) für die Hungerhilfe herangezogen werden.« (Archiv für neuere Geschichte)

Das Politbüro befürwortete auf seiner Sitzung vom 7. Juli 1921 die Initiative Tichons und gestattete ihm sogar, seinen Aufruf über das Radio zu verbreiten. Doch Lenin beschäftigte bereits die Frage, wie er die Gelegenheit nutzen konnte, die Kirche ihres gesamten Besitzes zu berauben und ihr auf diese Weise die Existenzgrundlage zu entziehen.
Im August 1921 wandte sich Tichon erneut mit einem Appell »An die Völker der Welt und alle rechtgläubigen Christen«, und die russische Kirche gründete ein »Allrussisches Komitee für kirchliche Hungerhilfe«. Abermals wurde dazu aufgerufen, Wertgegenstände zu opfern, die keine liturgische Funktion erfüllten.
Zur selben Zeit gründeten die bürgerlichen Liberalen S. N. Prokopowitsch, E. D. Kuskowa und N. M. Kischkin ihr eigenes »Allrussisches Komitee für die Hungerhilfe«. Lenin reagierte sofort: »Unschlicht wird angewiesen, Prokopowitsch und alle anderen nichtkommunistischen Mitglieder des Hilfskomitees zu verhaften. Die Versammlung um 16 Uhr darf auf keinen Fall stattfinden.« (Archiv für neuere Geschichte)
Der Revolutionsführer duldete keine Eigenmächtigkeiten »bürgerlicher Elemente«, die laut Unschlicht zudem mit den Sozialrevolutionären in Verbindung standen und »antisowjetische Propaganda« betrieben.
Während in ganz Russland mehr als 25 Millionen Menschen Hunger litten, wurden über das ZK der Bolschewiki riesige Men-

gen Geld, Gold und Edelsteine an die kommunistischen Parteien im Ausland verteilt. Allein im Jahre 1922 waren es mehr als 19 Millionen Goldrubel, die größtenteils aus dem Kirchenschatz stammten. Das Geld gelangte unter anderem nach China, Indien, Persien, Ungarn, Italien, Frankreich, England und Deutschland.

Am 23. Februar 1922 verabschiedete das WZIK auf Initiative des Politbüros unter Lenin ein Dekret, nach dem sämtliche Wertsachen aus den russischen Kirchen – notfalls mit Gewalt – konfisziert werden sollten. Daraufhin stürmten Parteiorganisationen, GPU-Einheiten und speziell zu diesem Zweck gegründete Sondertruppen die Kirchen des Landes und forderten die Herausgabe aller Wertgegenstände. Als die Priester sich weigerten, den bolschewistischen Schergen auch die heiligen Insignien ihrer Kirche zu übergeben, wurden sie verhaftet und die Gotteshäuser vollständig ausgeplündert. Bei diesen Aktionen handelte es sich um staatlich legitimierten, offenen Diebstahl, an dem die deklassierten Schichten der Gesellschaft in großem Umfang beteiligt waren. Jeder Widerstand der Gläubigen wurde erbarmungslos unterdrückt. So berichtete die GPU dem Revolutionsführer, dass Mitte März bei einer Beschlagnahmung in dem Städtchen Schuja nahe Iwanowo mehrere Menschen ums Leben gekommen waren. Drei örtliche Kirchen waren schon geplündert, als eine Kommission aus Mitgliedern des städtischen Exekutivkomitees unter Polizeischutz in die Kirche am Kathedralenplatz eindringen wollte. Dort hatte sich bereits eine große Menschenmenge versammelt. Es kam zu Kampfhandlungen, in deren Verlauf die Polizisten Verstärkung von Soldaten des 146. Infanterieregiments erhielten, die mit zwei schweren Maschinengewehren anrückten. Noch am selben Abend übergaben die Gläubigen schließlich freiwillig 3,5 Pud silberne Wertgegenstände an das Exekutivkomitee. Doch die Kommission war damit nicht zufrieden und konfiszierte weitere 10 Pud Silber sowie zahlreiche Edelsteine.

Obwohl es sich bei dem Vorfall ganz offensichtlich um einen spontanen Protest der einfachen Leute handelte, beschuldigten die Tschekisten die »reaktionäre Geistlichkeit« der Vorbereitung des Aufstands.

Lenin war außer sich, beruhigte sich jedoch bald wieder, hatte er

doch nun einen großartigen Vorwand, mit dieser Kamarilla ein für alle Mal aufzuräumen.
Der Patriarch Tichon antwortete auf das Dekret des WZIK mit einem weiteren Aufruf »An alle treuen Kinder der russischen orthodoxen Kirche«, in dem er seine Position zur Requirierung des Kirchenschatzes verdeutlichte:

»Aus der Sicht der Kirche handelte es sich bei dieser Anordnung um ein Sakrileg. Wir halten es daher für Unsere heilige Pflicht, den Blick der Kirche auf diese Gräueltat zu richten und alle Unseren getreuen Kinder im Geiste davon in Kenntnis zu setzen.
Angesichts der besonders schwierigen Umstände entschlossen Wir Uns, alle Wertgegenstände zu opfern, die keine liturgische Bedeutung haben … Wir können jedoch nicht die Beschlagnahmung von Gegenständen billigen, deren Benutzung für außerliturgische Zwecke der Kanon der Weltkirche verbietet und als Gotteslästerung bestraft …« (Archiv des Präsidenten)

Lenin wertete den Appell des Patriarchen als Aufruf zum organisierten Widerstand der Kirche gegen die Beschlüsse der Sowjetmacht. Der Revolutionsführer befand sich zum damaligen Zeitpunkt gerade auf Urlaub in dem Dorf Korsinkino im Gouvernement Moskau, wo er unter dem Titel »Über die Bedeutung des kämpferischen Materialismus« einen programmatischen Artikel gegen die Religion verfasste. Krupskaja erinnert sich, dass Lenin damals auf ihren gemeinsamen Spaziergängen häufig über die Bekämpfung der Religion sprach.
Am 19. März 1922 schrieb der Revolutionsführer einen Brief an den Sekretär des ZK, Molotow, den er mit folgendem Vermerk versah: »Ich bitte darum, dass dieser Brief auf keinen Fall kopiert wird. Alle Mitglieder des Politbüros (auch Genosse Kalinin) sollen ihre Anmerkungen direkt auf dem Original notieren.«
Lenin war sich offensichtlich bewusst, dass sein Schreiben selbst durch die »revolutionäre Zweckmäßigkeit« nicht zu rechtfertigen war, und wählte daher die höchste Geheimhaltungsstufe.
Der sechs Seiten umfassende Brief verdeutlicht nicht nur das Verhältnis des Führers der Bolschewiki zur Kirche, sondern gibt darüber hinaus Einblick in seine Einschätzung von Politik und Moral:

»Anlässlich der Ereignisse in Schuja, die ja bereits vom Politbüro eingeschätzt wurden, scheint es mir unerlässlich, einen endgültigen Beschluss im Sinne unseres Kampfplans zu fassen …
Aus den Ereignissen in Schuja, den Zeitungsberichten bezüglich der Einstellung der Geistlichkeit zum Dekret über die Beschlagnahmung des Kirchenschatzes sowie aus dem illegalen Aufruf des Patriarchen Tichon geht zweifelsfrei hervor, dass die reaktionäre Geistlichkeit bewusst den Plan verfolgt, uns gerade zum jetzigen Zeitpunkt eine Entscheidungsschlacht zu liefern.«

Nach diesem Lagebericht und einer in Bezug auf die wirklichen Absichten der Kirche völlig verfehlten Einschätzung der Situation kam Lenin auf die Maßnahmen zu sprechen, deren Durchführung ihm »unerlässlich« erschien:

»Gerade jetzt bietet sich uns die einmalige Gelegenheit, dem Feind endgültig das Genick zu brechen und unsere Position auf Jahrzehnte hinaus zu festigen. Gerade jetzt – und nur jetzt – zu einem Zeitpunkt, da es in den Hungergebieten zu Kannibalismus kommt und die Straßen von Hunderten, wenn nicht Tausenden von Leichnamen gesäumt sind, können und müssen wir die Beschlagnahmung des Kirchenschatzes mit erbarmungsloser Härte durchführen. Auf diese Weise können wir uns einen Fonds von einigen Hundert Millionen Goldrubeln sichern (denken Sie nur an die gewaltigen Reichtümer einiger Klöster und Lawren). Ohne diesen Fonds können wir weder unseren Staat noch unsere Wirtschaft aufbauen – von der Verteidigung unserer Position auf der Konferenz von Genua ganz zu schweigen. Wir müssen diesen Fonds von einigen Hundert Millionen (vielleicht sind es sogar einige Milliarden) in unseren Besitz bringen, koste es, was es wolle.« (Archiv für neuere Geschichte)

Lenin ging es also gar nicht darum, den Millionen Hungernden zu helfen – im Gegenteil: Er nutzte die Hungersnot in zynischer Weise für die Festigung der Macht seiner Partei und des Sowjetstaates:

»Ein kluger Staatsmann [handelt es sich dabei vielleicht um Machiavelli? – D. W.] schrieb einmal sehr treffend: Wenn man zur

Durchsetzung eines bestimmten politischen Ziels gezwungen ist, grausame Maßnahmen zu ergreifen, dann sollte man dies möglichst schnell und entschlossen tun, denn das Volk kann derartige Grausamkeiten nicht lange ertragen …«

In diesem Punkt irrte der Autor. Das Volk, dem er seinen kommunistischen Weg aufzwang, erduldete über Jahrzehnte hinweg unermessliches Leid. Allein der Bürgerkrieg kostete Russland 13 Millionen Menschenleben. Bis zum Beginn der Kollektivierung, in der »glücklichen Zeit der NÖP«, kam in den Lagern eine weitere Million Menschen ums Leben. Die Zeit unter Stalin forderte schließlich 21,5 Millionen Todesopfer. Und das Volk ertrug geduldig all diese Grausamkeiten …
Lenin kam in seinem Brief »zu der zwingenden Schlussfolgerung, dass wir gerade jetzt eine erbarmungslose Entscheidungsschlacht gegen die reaktionäre Geistlichkeit schlagen müssen. Ihr Widerstand muss so grausam niedergeschlagen werden, dass sie sich noch nach Jahrzehnten daran erinnern werden.«
Die Bolschewiki leisteten ganze Arbeit bei der Zerschlagung der Kirche. Von den ursprünglich 80 000 Gotteshäusern überstanden nur 11 525 die Pogrome (Archiv des Präsidenten). Die Kirche wurde von kommunistischen Agenten unterwandert und unter die Kontrolle des Staates gebracht. Über 14 000 Priester und Kirchenfunktionäre wurden erschossen. Aus Lenins Sicht waren das noch zu wenige, hatte er doch gegenüber dem Politbüro erklärt: »Je mehr Vertreter der reaktionären Geistlichkeit und der Bourgeoisie wir im Laufe der Aktionen erschießen, desto besser.«
Bezüglich des Aufstands in Schuja verfügte er:

»Das Politbüro muss die Direktive erteilen, dass den Aufrührern von Schuja, die sich der Hungerhilfe widersetzt haben, möglichst schnell und gnadenlos der Prozess gemacht wird. Die einflussreichsten und gefährlichsten Reaktionäre von Schuja – wenn möglich auch von Moskau und anderen geistlichen Zentren – müssen erschossen werden.« (Archiv für neuere Geschichte)

Das Politbüro hielt sich streng an Lenins Direktiven. Am 20. März verabschiedeten Kamenew, Stalin, Trotzki und Molotow ein

17-Punkte-Papier, das Trotzki ausgearbeitet hatte. Man bildete eine Zentralkommission unter dem Vorsitz Kalinins, in die außerdem Jakowlew, Sapronow (Beloborodow), Unschlicht, Krasikow, Winokurow und Basilewitsch berufen wurden. Derartige Gremien wurden in allen größeren Städten gegründet, wobei man darauf achtete, »dass die Zusammensetzung dieser offiziellen Kommissionen keinen Vorwand für die chauvinistische Agitation« lieferte. Aus diesem Grunde war kein Jude in der Zentralkommission vertreten, obwohl ihre Leitung faktisch Trotzki unterlag.
Man wollte einen Keil in die Kirche treiben, indem man in einer breit angelegten Kampagne gezielt die »Neuerer« unterstützte. Im Anschluss daran sollte die gesamte geistliche Prominenz verhaftet werden. Kommunistische Truppen und Sondereinheiten sollten die Beschlagnahmung vor Ort absichern. (Archiv für neuere Geschichte)

Bald nachdem die Aktionen angelaufen waren, ließ Trotzki Lenin wissen: »Bislang wurde in erster Linie der Besitz von aufgelösten Klöstern, Museen und Gedenkstätten beschlagnahmt. Die Beute ist zwar beträchtlich, doch die Arbeit ist noch lange nicht beendet.« (Ebd.) In Schuja wurde ein Schauprozess inszeniert. Grundlage war ein Beschluss des Politbüros vom 22. März: »Die Synode und der Patriarch werden … in 15–25 Tagen verhaftet … Den schuldigen Popen und Laien von Schuja wird binnen einer Woche der Prozess gemacht. Die Rädelsführer des Aufstands werden erschossen.« (Archiv des Präsidenten)
Im ganzen Land wurden regelrechte Feldzüge gegen Kirche und Geistlichkeit durchgeführt. Neben den orthodoxen Kathedralen wurden auch jüdische Synagogen, islamische Moscheen und katholische Kirchen geplündert. In den Nächten hörte man Schüsse aus den Kellern der Tscheka und den nahe gelegenen Wäldern. Auf unbebautem Terrain und in Schluchten verscharrte man die Leichen der Priester und Gläubigen, bis das Glockengeläut über Russland verstummte. Parteifunktionäre, Tschekisten und Mitglieder der örtlichen Kommissionen zählten mit Genugtuung ihre Beute: riesige Körbe voll Gold- und Silberschmuck, unermessliche Schätze, die über Jahrhunderte hinweg von der Kirche angesammelt worden waren.

Ein erheblicher Teil der erbeuteten Wertgegenstände verschwand direkt in den Taschen der »Spezialisten« in Sachen Enteignung – Diebe und Räuber, ehemalige Häftlinge, die von den Kommissionen angeheuert wurden. Der Rest ging an das Politbüro, den Fonds der Komintern und die GPU. Nur ein geringer Teil wurde für den Ankauf von Lebensmitteln zur Verfügung gestellt.
Das WZIK informierte das Politbüro regelmäßig über die genaue Menge der erbeuteten Wertsachen:

»Bekanntmachung
über die Anzahl von Wertsachen, die bis zum 1. November 1922 in den Kirchen beschlagnahmt wurden:

Gold	– 33 Pud 32 Pfund
Silber	– 23.007 Pud 23 Pfund
Brillanten	– 35.670 Stück
Andere Wertgegenstände	– 71.762 Stück
Perlen	– 14 Pud 32 Pfund
Goldmünzen	– 3.115 Rubel
Silbermünzen	– 19.155 Rubel
Verschiedene andere Wertsachen	– 52 Pud 30 Pfund

Außer den aufgeführten Wertgegenständen wurden noch 964 Antiquitäten beschlagnahmt, die einer gesonderten Schätzung unterzogen werden.« (Archiv des Präsidenten)

Man zerstörte nicht nur die Kirchen, sondern vergriff sich auch an deren Heiligtümern. So beantragte P. Krasikow, ein Mitarbeiter des Volkskommissariats für Justiz und enger Vertrauter Lenins, die Beschlagnahmung des »silbernen Grabmals« von Barnabas in Kostroma, dessen Öffnung er außerdem zu einem öffentlichen Spektakel machen wollte. Schon vorher hatten die Bolschewiki die heiligen Reliquien des ehrwürdigen Sergius von Radonesch entweiht, der wie kein anderer den Geist der russisch-orthodoxen Kirche repräsentierte. Wiederum war es Krasikow, der aus der Öffnung des Schreins eine Propagandavorstellung machte. Der Patriarch Tichon flehte die Machthaber verzweifelt an, diese Gotteslästerung zu unterbinden, doch seine Proteste verhallten ungehört. Auf Drängen Lenins veröffentlichte das Volkskommissariat für Justiz sogar einen gesonderten Erlass »Über die Liqui-

dierung der Reliquien«. So erwarben sich die Bolschewiki den zweifelhaften Ruf von »Totengräbern«. »Gotteslästerung« war für sie ein Fremdwort.
Der Revolutionsführer drängte darauf, dass den Führern der Geistlichkeit der Prozess gemacht wurde. Anfang Mai beschloss das Politbüro auf seine Initiative:
»Das Moskauer Tribunal wird angewiesen:
1) Tichon unverzüglich vor Gericht zu stellen;
2) gegenüber den Popen das höchste Strafmaß zu verhängen.« (Archiv des Präsidenten)

Daraufhin erhob sich in der Weltöffentlichkeit eine Welle des Protests. Der Papst und der berühmte norwegische Forscher Nansen wandten sich persönlich an die Sowjetführung.
Zahlreiche politische Gruppierungen, darunter die deutschen Sozialisten und die schwedischen Pazifisten, legten ebenfalls Protest ein. Der Prozess wurde zunächst verschoben.
Die Bolschewiki verfuhren mit Tichon wie mit allen anderen Geistlichen: Man setzte ihn unter Druck, indem man ihn bedrohte und ständigen Verhören unterzog, oder machte ihm Versprechungen. Im Oktober 1922 meldete Tutschkow, der bei der GPU für die Kirche zuständig war, dem ZK:

»Bericht über die Tichon-Bewegung.
Die ›weißen Popen‹ gründeten eine Gruppe namens ›Lebendige Kirche‹. Es gelang uns, Popen und Bischöfe zu entzweien …, denn ›weiße‹ und ›schwarze‹ Geistlichkeit stehen sich feindlich gegenüber. Wir bemühen uns um den Ausschluss der Anhänger Tichons aus dem Patriarchat und den Kirchengemeinden. Wir gründen christliche Gruppen unter dem Namen ›Förderer der Erneuerung‹. Nach der Rede des Priesters Krasnitzki in der Erlöserkirche wurden 12 Laien Mitglied bei den ›Erneuerern‹.« (Archiv des Präsidenten) Im Sommer 1923 beschloss das Politbüro:

»1. Das Ermittlungsverfahren gegen Tichon wird unbefristet weitergeführt.
2. Tichon wird mitgeteilt, dass die Zwangsmaßnahmen gegen ihn aufgehoben werden, falls er

a) ein Schuldbekenntnis über seine Verbrechen gegen die Sowjetmacht ablegt;
b) die gerichtlichen Schritte gegen ihn als gerechtfertigt anerkennt;
c) sich von den Weißgardisten und anderen konterrevolutionären Organisationen lossagt;
d) sich von der katholischen Kirche distanziert.«

(Archiv für neuere Geschichte)

Inzwischen hatten Tutschkows »Erneuerer« das Zweite Allrussische Konzil einberufen, auf dem Tichon seines Amtes als Patriarch enthoben wurde. Der greise Kirchenfürst war am Ende seiner Kräfte. Am 16. Juni 1923 unterschrieb er ein Schuldbekenntnis, das ihm ganz offensichtlich die GPU diktiert hatte:

»Vom Patriarchen Tichon (Wasili Iwanowitsch Belawin).
… Da ich in einer monarchistischen Gesellschaft aufgewachsen bin und mich bis zu meiner Verhaftung unter dem Einfluss antisowjetischer Personen befand, entwickelte ich eine feindselige Gesinnung gegenüber der Sowjetmacht … Diese Feindseligkeit fand mit der Zeit ihren Ausdruck in aktiven Handlungen: Mein Appell anlässlich des Brester Friedens 1918, der Kirchenbann über die Machthaber im gleichen Jahr und schließlich der Aufruf gegen die Beschlagnahmung des Kirchenschatzes von 1922. Diese meine antisowjetischen Aktionen wurden in der Anklageschrift des Obersten Gerichts dargelegt. Die Entscheidung des Gerichts, mich für meine Taten zur Rechenschaft zu ziehen, erkenne ich als rechtmäßig an … und gebe folgende Erklärung ab:
Ich bereue meine Aktionen gegen die Sowjetmacht und bitte das Oberste Gericht, die Zwangsmaßnahmen gegen mich aufzuheben, d.h., mich aus der Haft zu entlassen. Ich erkläre gegenüber dem Obersten Gericht, dass ich ab heute kein Feind der Sowjetmacht mehr bin. Ich sage mich endgültig und entschieden von der ausländischen sowie der inneren, monarchistischen Konterrevolution los.
16. Juni 1923 Der Patriarch Tichon (Wasili Belawin)«
(Archiv des Präsidenten)

Erst mehrere Monate später, am 18. März 1924 – also nach Lenins Tod – reagierte das Politbüro auf die Erklärung. Im Beschluss des obersten Parteigremiums hieß es lapidar: »Die Akte Tichon wird geschlossen.« (Archiv des Präsidenten).

Bereits im Jahr darauf starb der Patriarch, gebrochen von seiner Haftzeit in den bolschewistischen Kerkern. Wer weiß, ob nicht auch in diesem Falle G. Jagoda, der Folterspezialist der Revolutionäre, seine Finger im Spiel hatte …

Von Lenins konzertierter Aktion sollte sich die Kirche nie mehr erholen. Sie wurde in ein schmückendes Beiwerk des Staates verwandelt, ihrer Freiheit beraubt und durch kommunistische Agenten vom Schlage Tutschkows unterwandert.

Doch damit waren ihre Leiden nicht beendet. Die Repressionen gegen die Kirche sollten noch jahrzehntelang fortgesetzt werden …

Nicht nur Lenin und die Bolschewiki waren schuld am Untergang der Kirche. Das Schicksal der russischen Orthodoxie war stets eng mit der zaristischen Selbstherrschaft verknüpft. Mit dem Zusammenbruch der Monarchie geriet auch die Kirche in eine schwere Krise, von der sie sich nie mehr erholen sollte.

Wäre die Geistlichkeit damals selbständig und unabhängig gewesen, hätte Russland vermutlich eher einen kapitalistischen Entwicklungsweg eingeschlagen, und liberal-demokratisches Gedankengut wäre in der kritischen Phase des Jahres 1917 auf fruchtbaren Boden gefallen. Damit konstatiere ich lediglich eine historische Tatsache. Es liegt mir jedoch fern, der orthodoxen Kirche Vorwürfe zu machen, umso mehr, da sie ihrem Wesen nach humanistisch ausgerichtet war. Niemals ist es im Verlauf ihrer Geschichte zu Inquisition, Hexenverbrennungen oder Kreuzzügen gekommen, und Gewalt wurde von ihr stets verurteilt.

Der rasche Zerfall der Kirche führte zu einem riesigen geistigen Vakuum, das bald von den vulgärmaterialistischen Dogmen der Bolschewiki gefüllt wurde. Der Atheismus bildete den Kern der neuen sowjetischen Religion. Der Bolschewismus zerstörte mit seiner Propaganda des Klassenhasses den Glauben der Menschen an die ewigen Werte, die der russischen Kirche heilig waren. Lenin spielte in dieser Tragödie die Rolle des Antichristen des 20. Jahrhunderts.

Siebtes Kapitel
Der geistige Kosmos

»Der Mensch befand sich in der Gewalt kosmischer Kräfte und wurde gepeinigt von den Geistern und Dämonen der Natur.«

N. Berdjajew

Die Gesellschaft, die nach den Plänen Lenins erbaut wurde, hat eine historische Niederlage erlitten. Schadenfreude ruft diese Tatsache bei uns schon allein deshalb nicht hervor, weil wir alle an ihrem Aufbau beteiligt waren. Doch wie kommt es, dass wir uns auch nach sieben Jahrzehnten noch nicht darüber im klaren sind, was wirklich im Kopf des Revolutionsführers vor sich ging? Warum war er in seinen politischen Entscheidungen so oft auf Improvisation angewiesen? Nachdem er zum Kriegskommunismus übergegangen war, der ganz seinen Überzeugungen entsprach, blies er einige Jahre später zum Rückzug und propagierte die Neue Ökonomische Politik. Warum knüpfte er seine internationalen Hoffnungen vor allem an Deutschland? Wie konnte ein Mensch, der sich für die Musik Beethovens begeisterte, eigenhändig Todesurteile unterzeichnen und einen beispiellosen Terror initiieren?

Die meisten der unzähligen »Erinnerungen« an den Revolutionsführer geben keine Antwort auf diese Fragen. Selbst N. K. Krupskaja durfte nur diejenigen Passagen ihrer Memoiren veröffentlichen, die vom ZK gebilligt wurden. Als 1938 Marietta Schaginj ans Buch »Die Familie Uljanow« erschien, reagierte das Politbüro umgehend, indem es das Werk als »schädlich und feindselig« bewertete. Es hatte sich herausgestellt, dass Krupskaja an dem Roman mitgearbeitet hatte. Im entsprechenden Beschluss des obersten Parteigremiums hieß es:

»Das Verhalten von Krupskaja wird verurteilt … Das Verhalten Krupskajas ist um so unverantwortlicher und taktloser, als die Genossin Krupskaja ohne Wissen und Einverständnis des ZK der

WKP(b) gehandelt und auf diese Weise eine Parteiangelegenheit zur Privatsache gemacht hat …« (Archiv der Russischen Föderation).

So waren die Bolschewiki: Zuerst stellten sie Lenins mumifizierten Leichnam öffentlich zur Schau, um später seiner eigenen Frau den Mund zu verbieten und weite Teile seiner privaten und politischen Biographie zu verheimlichen.
Der große russische Denker Nikolaj Berdjajew zeichnet ein tiefgründiges Charakterbild des Revolutionsführers:

»Lenin war ein typischer Russe. Er hatte ein ausdrucksvolles Gesicht mit leicht mongolischem Einschlag. Sein Charakter wies jene typisch russischen Züge auf, die dem ganzen Volk zu Eigen sind: Einfachheit, Integrität, eine gewisse Grobheit, Abneigung gegen Schönfärberei und Rhetorik, praktisches Denken und Neigung zu einem nihilistischen Zynismus auf moralischer Grundlage. In einigen seiner Charakterzüge erinnerte er an jenen russischen Typ, der in Lew Tolstoj seinen genialen Ausdruck fand; allerdings verfügte er nicht über die geistige Komplexität des großen Schriftstellers … Er vereinigte in sich Charakterzüge von Tschernyschewski, Netschajew, Tkatschew, Scheljabow, den Moskauer Großfürsten, Peter dem Großen und russischen Staatsmännern despotischer Ausrichtung … In seinen philosophischen und künstlerischen Vorlieben, in seiner gesamten geistigen Kultur war Lenin äußerst rückständig … Er hatte den Geschmack von Menschen der sechziger und siebziger Jahre des vergangenen Jahrhunderts. In ihm verband sich eine sozialrevolutionäre Gesinnung mit ideologischer Rückständigkeit.«
(Berdjajew, Istoki i smysl russkogo kommunisma, S. 94, 96)

Das scheint zwar paradox, doch genauso verhielt es sich. Die Ära der Revolutionen war zu Ende. Das angehende 20. Jahrhundert bot die große historische Chance zum Übergang von der Revolution zur Evolution. In Europa war die sozialdemokratische Bewegung auf dem Vormarsch, der bürgerliche Parlamentarismus begann sich zu entfalten, und im gesellschaftlichen Leben gewannen liberale Strömungen die Oberhand. Kautsky und teilweise auch

Plechanow spürten das mehr als alle anderen. Doch Lenin, den das Schicksal an die Spitze einer kleinen Gruppe russischer Radikaler gestellt hatte, dachte in den Kategorien der Französischen Revolution. In seinem Artikel »Das historische Schicksal der Lehre von Karl Marx«, den er 1913 zum 30. Todestag des deutschen Theoretikers verfasste, gliederte er die Weltgeschichte nach dem Erscheinen des »Kommunistischen Manifests« in drei Abschnitte:

»1) Von der Revolution 1848 bis zur Pariser Commune (1871).
2) Von der Pariser Commune bis zur russischen Revolution (1905).
3) Nach der russischen Revolution« (PSS, Bd. 23, S. 1).

Lenins Geisteswelt – sein Intellekt, sein Gefühl und sein Wille – war stets beherrscht von der Idee der Revolution. Sie war ihm Abgott, Leidenschaft und alleiniges Ziel. Er war der vollendete Apologet der Revolution.

Geheimnisse des Intellekts

Lenins Intellekt, also der rationale, theoretische Teil seines Bewusstseins, war stark und tiefgründig, aber auch extrem einseitig ausgerichtet. Der Führer der Bolschewiki verfügte über die Fähigkeit, gewaltige Mengen von Informationen zu verarbeiten, das Wesentliche zu selektieren und auf dieser Grundlage Entscheidungen zu treffen. Lunatscharski bescheinigte ihm eine extreme Leistungsfähigkeit (Lenin. Towarischtsch i tschelowjek, Moskau 1987, S. 218). Er konnte sich stundenlang mit Büchern beschäftigen, die ihn interessierten (in der Regel waren das Arbeiten deutscher, englischer und französischer Wissenschaftler). Die dabei entstandenen Konspekte wurden später als seine eigenen Werke herausgegeben, denen man »großen wissenschaftlichen Wert« bescheinigte. So wird ein ganzer Band seiner »Hefte über den Imperialismus« zu seinen Werken gerechnet, obwohl es sich dabei lediglich um umfangreiche Abschriften aus 148 Büchern und 232 Artikeln bürgerlicher Ökonomen handelt. Dabei hatte Lenin schon 1908 seine Ansichten über die bürgerlichen Wissenschaftler deutlich zum Ausdruck gebracht:

»Man darf einem Professor der politischen Ökonomie, der auf einem speziellen Teilgebiet durchaus in der Lage ist, wertvolle Arbeit zu leisten, kein Wort glauben, sobald die Rede auf die allgemeine Theorie der politischen Ökonomie kommt«. (PSS, Bd. 18, S. 363–364)

Bürgerliche Ökonomen und Philosophen waren für ihn nur »wissenschaftliche Zuarbeiter für die Theologen«. In seinen Exzerpten aus einem Buch von Professor Robert Lifman attestierte er dem Wissenschaftler: »Der Autor ist ein Erzesel, der großes Getue um seine Definitionen macht … Theoretischer Teil = völliger Blödsinn« (PSS, Bd. 28, S. 349–350).
Lenins Beziehung zu den meisten sozialdemokratischen Autoren war von Geringschätzung und Hochmut geprägt. In seinem Brief an Inessa Armand vom 13. März 1917 hieß es:

»Es drängt mich, dir meine Eindrücke über Martynows Artikel in der ›Iswestija‹ Nr. 10 mitzuteilen. Was für ein Juwel von einem Artikel! Wahrhaftig, das Schicksal schickt uns diesen Dummkopf immer wieder zu Hilfe … Er hat uns in jeder Beziehung geholfen (›Und Gott sandte einen Dummkopf‹) … Dieser Dummkopf hat uns aus der Patsche geholfen …« (Archiv für neuere Geschichte)

In den wenigen Zeilen dieses unzusammenhängenden Textes gelang es Lenin, immerhin dreimal das Wort »Dummkopf« unterzubringen. Dennoch konnte der Revolutionsführer Stunden über dem »Unsinn« der »Erzesel« zubringen, wobei er die empirischen Erhebungen dieser Autoren, für die er unverhohlene Verachtung hegte, sehr wohl für sich zu nutzen wusste.
Worüber Lenin auch sprach oder schrieb, stets kreisten seine Gedanken dabei um die Politik. Seine Politikbesessenheit nahm nicht selten geradezu monströse Formen an. Der bekannte sowjetische Diplomat Adolf Abramowitsch Joffe erinnert sich, dass Lenin an allen internationalen Angelegenheiten nur die Frage interessierte, ob ein bestimmter politischer Winkelzug die Sache der

Revolution voranbrachte: »... Unmittelbar vor der Unterzeichnung eines bestimmten Vertrags ... ließ mir Wladimir Iljitsch eine Botschaft zukommen: ›Falls der Vertrag die Sowjetisierung (des betreffenden Staates) vorantreibt, bin ich mit der Unterzeichnung einverstanden; ist dies nicht der Fall, lehne ich sie ab‹« (Archiv des Präsidenten).

Lenin verfügte nicht nur über einen »politisierten« Intellekt, sondern verstand es zudem, seine politische Linie abzusichern, indem er den Hass gegen seine Feinde auf sein Auditorium übertrug. So beschreibt der Schriftsteller Beresowski in seinen Erinnerungen einen Auftritt des Revolutionsführers vor dem WZIK im April 1918:

»... Lenins Stimme zitterte vor Erregung und Hass gegen diejenigen, die die große Sache der Befreiung der Werktätigen sabotierten ... Da begann auch in den Blicken der Menschen mit den grauen Feldblusen und schwarzen Jacken der Hass zu lodern ... Sein Sarkasmus gegen die Feinde der Arbeiterklasse ... wurde mit einem ansteckenden Lachen aus dem Auditorium quittiert. Es schien, als hätte Lenin seine Gegner bereits vor ihrem Auftritt vernichtet ...

Ich erinnere mich an die dichte Menschenmenge, in deren Strom ich [nach dem Vortrag, D. W.] nach draußen getragen wurde. Die Blicke um mich herum glühten vor Enthusiasmus. Hier und da waren abgehackte Sätze zu vernehmen:

›Das werden die Menschewiki und Sozialrevolutionäre so schnell nicht vergessen ...‹

›... Iljitsch?! Der wird's ihnen zeigen, Bruder!‹

›Mit ihm an der Spitze wird bald alles uns gehören!‹

›Wir werden die ganze Welt erobern!‹«

(W. I. Lenin w wospominanijach pisatelej, S. 153–155).

Lenins politisches Denken zeichnete sich durch Erbarmungslosigkeit aus. Er hatte die Fähigkeit, alle moralischen Bedenken mit dem Verweis auf die »politische Zweckmäßigkeit« in den Wind zu schlagen. Einmal berichteten ihm D. Kurski und L. Kamenew über den Stand des Prozesses gegen Grigorjew:

»In Anbetracht der Tatsache, dass inzwischen alle Angeklagten, mit Ausnahme Grigorjews, auf Beschluss der Moskauer Tscheka

erschossen wurden, und unter diesen Bedingungen eine Wiederaufnahme des Verfahrens allein wegen Grigorjew das Tribunal in eine ungünstige Lage versetzen würde … sollte man ihn außergerichtlich beseitigen, denn eine Freiheitsstrafe würde ihn für seine Anhänger zum Märtyrer machen …«
Lenins Antwort lautete lapidar: »Ich stimme mit Kurski und Kamenew überein.« (Archiv für neuere Geschichte)
In einem Schreiben an Tschitscherin vom 20. Juli 1920 beschäftigte sich der Revolutionsführer mit der Frage, wie man Kontakt zur Irischen Republik aufnehmen konnte, ohne dadurch die Beziehungen zu England aufs Spiel zu setzen: »Ich befürworte einen Geheimvertrag mit der Irischen Republik (unter folgenden Bedingungen: Gegenseitige Weitergabe von Informationen, … wenn möglich Waffenhilfe …); über die Irische Rupublik treten wir in Kontakt zu den irischen Kommunisten …« (Archiv für neuere Geschichte)

Als Lenin diesen Geheimvertrag vorschlug, schien er bereits vergessen zu haben, dass er selbst einst Kerenski derartige politische Praktiken zum Vorwurf gemacht hatte. Damals äußerte er in Anspielung auf den Ministerpräsidenten: »Offenheit in der Politik ist die jederzeit nachprüfbare Übereinstimmung zwischen Worten und Taten.« (PSS, Bd. 32, S. 259)
Lenins theoretische Vorstellungen über die politische Ordnung und seine Schlussfolgerungen über die »politische Zweckmäßigkeit« prägten bald auch das reale Leben.
Seine Genialität lag in der Fähigkeit, im kritischen Moment die einzig richtige Entscheidung zu treffen. Zeitweise bewegte er sich buchstäblich am Rande des Abgrunds, doch sein politisches Kalkül und teilweise auch seine Intuition halfen ihm schließlich auch in den schwierigsten Situationen.
Selbst als er bereits schwer erkrankt war, ließ der Revolutionsführer nicht von der Politik, die ihn zeit seines Lebens faszinierte. Im Sommer 1922 äußerte er gegenüber seinem Arzt Koschewnikow: »Die Politik hält mich mehr als alles andere in ihrem Bann. Nur eine noch faszinierendere Sache könnte mich davon abbringen, doch eine solche existiert nicht.« (»Iswestija ZK KPSS«, 1991, Nr. 3, S. 197)

Die totale Politisierung des Denkens musste sich schließlich auch auf Lenins Rechtsauffassung auswirken. Obwohl gelernter Jurist, interessierte sich der Revolutionsführer kaum für die Probleme seines Fachgebiets. Das Recht war für ihn nur eine Spielart der Politik. Sein Amt als Vorsitzender des Rates der Volkskommissare bot ihm reichlich Gelgenheit, seine Rechtsauffassung in konkrete Beschlüsse umzusetzen. Seine Dekrete zeugten von einseitigem, klassenkämpferischem Denken und einem unbarmherzigen Strafrechtsverständnis.
Unmittelbar nach dem Oktoberumsturz wurde die Todesstrafe für Soldaten abgeschafft. Trotzki erinnert sich, dass Lenin auf diesen Beschluss mit äußerster Empörung reagierte:

»›So ein Unsinn. Wie kann man denn eine Revolution ohne Erschießungen durchführen? Meinen Sie wirklich, wir können mit unseren Feinden fertig werden, wenn wir uns selbst entwaffnen? Was gibt es denn sonst für wirksame Repressionsmaßnahmen? Etwa die Gefängnisstrafe? Wer lässt sich denn mitten im Bürgerkrieg von so etwas abschrecken?‹
Man versuchte, ihn zu beruhigen, indem man ihm erklärte, die Todesstrafe sei nur für Deserteure abgeschafft worden, doch Lenin war nicht zu halten:
›Das ist ein Fehler, eine unverzeihliche Schwäche und pazifistische Illusion ...‹
Schließlich einigte man sich darauf, im Notfall auf die Todesstrafe zurückzugreifen, falls es keinen anderen Ausweg gäbe.« (L. D. Trotzki, O Lenine, S. 101)

Der ausgebildete Jurist hielt es für legitim, entgegen dem geltenden Recht Menschen zu erschießen. Mit Lenins Hilfe erhoben die Bolschewiki die Gesetzlosigkeit zum Gesetz.
Der Revolutionsführer hatte eine Schwäche für Schauprozesse und empfahl der Tscheka sowie dem Volkskommissariat für Justiz, die Bevölkerung durch »politische Prozesse« einzuschüchtern. So forderte er A. D. Zjurupa brieflich dazu auf, gegen »falsche Rechnungsführung und sonstige Nachlässigkeiten in Geschäftsdingen eine Reihe von exemplarischen Prozessen« zu organisieren und dabei »die härtesten Strafen« zu verhängen (PSS, Bd. 54,

S. 160). Lenin war davon überzeugt, dass die Loyalität des Volkes gegenüber der Regierung in dem Maße wuchs, wie die Öffentlichkeit von den grausamen Strafmaßnahmen Kenntnis erhielt. Gleichzeitig empfahl er jedoch Unschlicht:

»Öffentliche Prozesse sind nicht immer opportun; die Gerichte müssen mit Ihren Leuten verstärkt werden, überhaupt müssen die Tribunale stärker mit der Tscheka zusammenarbeiten; die Gerichtsverfahren müssen beschleunigt werden, wobei auf eine größere repressive Wirkung der Urteile zu achten ist; das ZK muss sich verstärkt mit dieser Frage auseinandersetzen.« (PSS, Bd. 54, S. 144)

Zu Beginn des »roten Terrors« wurden regelmäßig Listen der Erschossenen veröffentlicht, bis die Zahl der Delinquenten ins Unermessliche wuchs und die Zeitungen mit dem Druck nicht mehr nachkamen. So errichteten die Bolschewiki ihre »gerechte« Gesellschaft.

Mit dem Philosophen Lenin beschäftigte sich W. W. Senkowski, Professor am Theologischen Orthodoxen Institut von Paris, in seinem grundlegenden Werk »Geschichte der russischen Philosophie«:

»Lenins philosophische Interessen konzentrierten sich beinahe ausschließlich auf die Geschichtsphilosophie. Alle anderen Fragen interessierten ihn nur in dem Maße, wie sie die Geschichtsphilosophie tangierten. Innerhalb der Geschichtsphilosophie akzeptierte er wiederum nur die Lehre von Marx, der Rest war ihm gleichgültig. Diese geistige Beschränktheit verlieh seinen Schriften einen – im schlechten Sinne – scholastischen Charakter. Was immer der Position des dialektischen Materialismus entsprach, akzeptierte er bedenkenlos; was dieser nicht entsprach, wurde von ihm ebenso bedenkenlos verworfen.« (W. W. Senkowski, Istorija russkoj filosofii, Bd. 2, Paris 1950, S. 285)

Senkowski hatte mit seinen Ausführungen keinesfalls übertrieben, sondern bestätigte nur Lenins eigene Thesen aus dessen philosophischer Arbeit »Materialismus und Empiriokritizismus«:

»In dem Maße, wie wir uns nach der Theorie von Marx richten, werden wir uns der objektiven Wahrheit mehr und mehr annähern (ohne sie freilich jemals vollständig zu erfassen); die Beschäftigung mit allen anderen Theorien führt dagegen nur zu Verwirrung und Lüge« (PSS, Bd. 18, S. 144).

Im Grunde kam dies der Behauptung gleich, dass nur die Anhänger der marxistischen Methodologie wahre Wissenschaftler sind. Lenins Verdienst auf dem Gebiet der Philosophie bestand darin, dass er diese Wissenschaft um eine soziale Komponente bereicherte. Bedauerlicherweise zielte die leninistische Philosophie jedoch darauf ab, die Philosophen in zwei große Lager zu spalten: auf der einen Seite die »reinen« Materialisten und auf der anderen die »unreinen« Idealisten.

Der Revolutionsführer sprach mit großer Hartnäckigkeit jeder philosophischen Schule ihre Wissenschaftlichkeit ab, die der Religion ein Existenzrecht zubilligte.

Über Lenins allgemeine wissenschaftliche Standpunkte kann man geteilter Meinung sein. Wissenschaftliche Auseinandersetzungen sind ja in der philosophischen Literatur durchaus üblich. Das erklärte Prinzip der Parteilichkeit bei der philosophischen Analyse der Wirklichkeit sprengt jedoch den Rahmen der Wissenschaft und führt direkt in den Bereich des ideologischen Kampfes und seiner bolschewistischen Grundsätze.

Der Ausschließlichkeitsanspruch, den Lenin für die marxistische Philosophie formulierte, zeugt von einer dogmatischen Beschränktheit, wie sie besonders in seinem Hauptwerk »Staat und Revolution« zum Ausdruck kommt.

In seiner politischen Theorie und Praxis suchte der Revolutionsführer stets Zuflucht bei den Werken der marxistischen Klassiker. Ein passender Verweis auf die Gründerväter des Marxismus ist bis heute das Hauptargument von Kommunisten in der politischen Auseinandersetzung. In einer seiner letzten Arbeiten kritisierte Lenin den Menschewik Suchanow mit den folgenden Worten: »Sie behaupten, für den Aufbau des Sozialismus sei ein bestimmtes Maß an Zivilisiertheit erforderlich … Wenn dem so ist, warum schaffen wir dann bei uns nicht diese Voraussetzungen, indem wir die russischen Gutsbesitzer und Kapitalisten verjagen? … In welchen Büchern steht denn geschrieben, dass derartige Eingriffe in die gewöhnliche historische Abfolge unzulässig oder unmöglich sind?« (PSS, Bd. 45, S. 381)

Nach Lenin war alles erlaubt, was von den marxistischen Klassikern nicht ausdrücklich verboten wurde, sogar die Änderung der »historischen Abfolge«.

Die ästhetische Seite von Lenins Intellekt hatte eine weniger despotische Ausrichtung, vielleicht, weil er sich auf diesem Gebiet nicht als Experte fühlte. Jedenfalls war er gegenüber ästhetischen »Häretikern« wesentlich nachsichtiger als gegenüber politischen »Abweichlern«. Berdjajew hat vermutlich ein wenig übertrieben, als er Lenin in Kunstdingen »Schlichtheit und Konservatismus« bescheinigte, war jedoch mit dieser Einschätzung nicht weit von der Wirklichkeit entfernt. (Berdjajew, Istoki i smysl russkogo kommunisma, S. 99)

Lenin war ein typischer »Kunstkonsument« mit ausgesprochen konservativem Geschmack. Seine Kenntnis der literarischen Klassiker war jedoch beeindruckend. In seinen Werken zitierte er am häufigsten Tschernyschewski (über 300-mal!), dagegen sind nur zwei Dostojewski-Zitate belegt. Sozialkritische Schriftsteller und Satiriker wie Gribojedow, Saltykow-Schtschedrin und Gogol schienen ihn mehr zu interessieren als Puschkin oder Lermontow. Lenin las alle literarischen Werke aus dem Blickwinkel des Politikers und suchte in ihnen Antworten auf seine sozialökonomischen Fragen.

Neben Tschernyschewski und den oben bereits aufgeführten Schriftstellern las er mit Vorliebe Nekrasow, Uspenski, Gorki, Turgenjew, Tolstoj, Gontscharow und Pisarew. Er zog eindeutig die Klassiker den modernen Schriftstellern seiner Zeit vor. Besonders gefielen ihm Tschernyschewskis »Was tun?« und Gorkis »Mutter«: Werke, in denen die sozialen und politischen Probleme Russlands im Vordergrund standen.

Gorki stand er sehr nahe, obwohl gerade dieser Schriftsteller ihn besonders heftig kritisierte, so in seinem Artikel vom 7. (20.) November 1917:

»Lenin und seine Mitstreiter sind zu jedem Verbrechen fähig. Davon zeugen die Massaker von Petersburg und Moskau, die Beseitigung der Pressefreiheit und die unsinnigen Verhaftungen …

Dahin also treibt der Führer das Proletariat … Lenin ist kein allmächtiger Wundertäter, sondern ein kaltblütiger Taschenspieler, dem weder die Ehre noch das Leben des Proletariats etwas bedeuten.« (M. Gorki, Neswojewremmenye mysli, S. 102, 103).

Natürlich wurde dieser Artikel nicht in die dreißigbändige Gesamtausgabe der Werke des Schriftstellers aufgenommen, denn die Bolschewiki konnten nicht zulassen, dass Gorkis Kritik an Lenin in der Sowjetunion publik gemacht wurde.
Gorki änderte jedoch bald seine kategorische Haltung gegenüber dem Revolutionsführer, war er doch in der Folgezeit oft genug auf dessen Hilfe angewiesen. So bat er den Vorsitzenden des Rates der Volkskommissare im April 1919 um die Freilassung von N. A. Schklowskaja, einer Linken Sozialrevolutionärin und Sekretärin Alexander Bloks, die auch tatsächlich ein halbes Jahr später aus der Haft entlassen wurde. Im September 1920 wandte er sich abermals persönlich an Lenin mit der Bitte, dem bekannten Verleger S. A. Grschebin die Ausreise zu genehmigen. Die zahlreichen Gespräche zwischen dem Schriftsteller und dem Revolutionsführer blieben nicht ohne Wirkung: Der charismatische Lenin schlug Gorki bald in seinen Bann.
Als Privatperson betrachtete Lenin Literatur und Kunst aus der Sicht des Konsumenten, vom Standpunkt des Parteiführers sah er in ihnen jedoch ein mächtiges Instrument der politischen Einflussnahme. Aus dieser Einstellung erklärt sich auch seine Ablehnung von Oper und Ballett, die er als »höfische Kunst« abqualifizierte. In einer Resolution, die er für den Kongress des Proletkult verfasste, machte Lenin noch einmal seine Kunstauffassung deutlich: »Die Hauptaufgabe der Kunst besteht in der Entfaltung der besten Vorbilder und Traditionen der bestehenden Kultur vom Standpunkt des Marxismus, unter Berücksichtigung der Lebens- und Kampfbedingungen des Proletariats in der Epoche der Diktatur.« (Leninski sbornik, Bd. 35, S. 148)
Lenins machtvoller Geist war eindimensional und beschränkt. Er konzentrierte seine ganze Kraft auf die Politik, den Marxismus, die Diktatur des Proletariats, den Klassenkampf und die Revolution.

Ein »Mann des Schicksals«

Im Oktober 1920 hielt Lenin vor dem dritten Komsomol-Kongress eine Rede, die unser Land über Generationen hinweg ideologisch prägte. Millionen Sowjetmenschen übernahmen kritiklos Lenins Diktum über die Moral: »Die einzig wahre Moral ist den Interessen des proletarischen Klassenkampfes untergeordnet.«
Damit predigte der Revolutionsführer de facto eine Moral des sozialen Rassismus. In seinen Augen waren die Reichen und Mächtigen die Urheber aller Sünden der Welt. Die Bauernjugend belehrte er: »Wenn ein Bauer sich den Getreideüberschuss aneignet, den er auf seinem Stück Land erwirtschaftet hat, also Getreide, das weder er noch sein Vieh zum Leben benötigen, … dann hat er sich bereits in einen Ausbeuter verwandelt.«
Jeder Landwirt, der einen Überschuss erwirtschaftete und nicht bereit war, seinen Gewinn an den Staat abzuführen, wurde als Feind der Sowjetmacht gebrandmarkt.
Lenins Kriterien für die Moral orientieren sich ausnahmslos an den Aufgaben des Aufbaus der kommunistischen Gesellschaft (PSS, Bd. 41, S. 298–318).
Der politische Terror, die Beschlagnahmung des Kirchenvermögens, die Konzentrationslager für Andersdenkende – jede noch so grausame Maßnahme wurde moralisch gerechtfertigt, diente sie doch dem »Aufbau des Kommunismus«. D. Schturman bemerkte zu dieser verhängnisvollen Logik: »Die soziale Ethik, die Lenin vor diesen unwissenden Heranwachsenden … verkündete, entsprach voll und ganz Hitlers unheilvoller Formel: ›Ich befreie euch von der Chimäre eures Gewissens.‹« (Dora Schturman, W. I. Lenin, Paris 1989, S. 75)
Lenin hatte schon wenige Monate nach dem Oktoberumsturz jegliches Gespür für den Unterschied zwischen Gut und Böse verloren. Sein unbedingter Glaube an die marxistischen Dogmen führte nach der Machtergreifung zu einem hemmungslosen sozialen und moralischen Fanatismus.
»Im Namen der Revolution!«, »Auf Beschluss des Rates der Volkskommissare!« oder »Im Interesse des Proletariats!« lauteten die Parolen, in deren Namen man ungehindert die Kirchen plünderte, die »bürgerliche Intelligenz« zur Zwangsarbeit heranzog und

»Faulenzer« an die Wand stellte. Lenin hatte eine neue, intolerante und erbarmungslose Moral geschaffen.
Während der Revolutionsführer dem eigentlichen Träger der kommunistischen Gesellschaft, dem Proletariat, nur das absolute Existenzminimum zubilligte, versorgte er die Parteispitze großzügig mit materiellen Gütern.
Als die Regierung von Petrograd nach Moskau verlegt wurde, begnügte sich die Parteiführung nicht mit den besten Hotels der Hauptstadt, sondern bezog schon bald die historisch bedeutenden Räumlichkeiten des Kreml. Bereits 1918 wurden die Villen der geflüchteten Industriellen und Adeligen in den Vororten Moskaus für die Führungsspitze beschlagnahmt. Während das Verkehrssystem des Landes zusammenzubrechen drohte, beanspruchten die neuen Würdenträger ganze Sonderzüge für ihre ausgedehnten Kuraufenthalte im Ausland.
Lenin erkundigte sich regelmäßig nach dem Befinden seiner Mitstreiter. So informierte ihn Krestinski in zwei Briefen vom 12. und 14. November 1921 detailliert über den Gesundheitszustand von Rosmirowitsch, Rykow und Sokolnikow, wobei er selbst die Hämorrhoiden von Karachan und Zjurupa nicht unerwähnt ließ … (Archiv für neuere Geschichte)
Die Protokolle des Politbüros quellen über von Urlaubsbewilligungen für Trotzki, Stalin, Bucharin, Kamenew und die übrigen Parteioberen. So genehmigte das oberste Beschlussorgan der Bolschewiki Krestinski am 28. März 1921 einen zweimonatigen Kuraufenthalt in Deutschland (ebd.).
Während in Russland mehr als 20 Millionen Menschen hungerten, beantragte Lenin die Einrichtung eines Erholungsheims für die »verantwortlichen Mitarbeiter« Petrograds. Als im Wolgagebiet bereits die ersten Fälle von Kannibalismus bekannt wurden, befürwortete der Revolutionsführer in einem weiteren Schreiben an Molotow die Berufung von Leibärzten »zur Beobachtung des Gesundheitszustands der verantwortlichen Mitarbeiter«. Die Ärzte sollten dem ZK wöchentlich über das Befinden der Funktionäre Bericht erstatten. (Archiv für neuere Geschichte) Das Ausmaß der bereits damals üblichen Privilegien für die Parteifunktionäre ließ berechtigte Zweifel daran aufkommen, ob die »neue Gesellschaft« wirklich für das gesamte Volk errichtet wurde.

Lenin maß vielen kritischen Situationen für die Sowjetmacht eine existenzielle, beinahe apokalyptische Bedeutung bei. So schrieb er am 10. Mai 1918 an A. D. Zjurupa: »Wenn wir nicht augenblicklich einen erbarmungslosen Feldzug gegen die ländliche Bourgeoisie führen, ist der Untergang der Revolution unvermeidlich.« (Leninski sbornik, Bd. 18, S. 163)
Kurz darauf prophezeite er in einem Telegramm an den Departementssowjet von Kineschma: »Wenn wir die beispiellosen Schwierigkeiten nicht meistern, ist die Sache der Revolution unweigerlich zum Untergang verurteilt.« (Ebd., S. 165)
Die Jugend des Landes beschwor er: »Ohne die bewusste Disziplin der Arbeiter und Bauern ist unsere Sache verloren.« (PSS, Bd. 41, S. 306)
Den drohenden Untergang beständig vor Augen, war Lenin dennoch bereit, die Karawane der Revolution um jeden Preis ans Ziel zu führen. Er war von seiner messianischen Bestimmung überzeugt und fühlte sich als »Mann des Schicksals«.
Trotzki erinnert sich an ein Gespräch mit dem Revolutionsführer in einer Situation, als der Zusammenbruch der Sowjetmacht unmittelbar bevorzustehen schien. Auf seine Frage, was geschehen würde, falls die Deutschen bis nach Moskau vorstießen, antwortete Lenin:

»Dann ziehen wir uns weiter nach Osten zurück … und gründen eine Uralrepublik. Dabei können wir uns auf die Industrie des Uralgebiets, die Kohlevorräte von Kusnezk, das Proletariat im Ural und auf die Moskauer und Petrograder Arbeiter stützen, die mit uns nach Osten ziehen … Falls nötig, ziehen wir uns bis hinter den Ural, meinetwegen bis nach Kamtschatka zurück. Wir werden unsere Position in jedem Fall behaupten. Wenn sich die internationale Lage dann wendet, rücken wir von der Uralrepublik wieder bis Moskau und Petrograd vor …« (Trotzki, O Lenine, S. 88–89)

Land und Leute waren Lenin gleichgültig, wenn er nur seine Macht behaupten konnte …
Dennoch zeigte er gelegentlich Anzeichen von Mitgefühl. So erinnert sich A. M. Gorki an Lenins Vorliebe für die Beethoven-So-

naten in der Interpretation von Isaj Dobrowejn. Darauf angesprochen, gab der Revolutionsführer zu bedenken:

»Ich kann diese Musik nicht oft hören, denn sie versetzt mich in eine Stimmung, in der ich den Menschen den Kopf streicheln möchte, die in einer schmutzigen Hölle leben und dennoch fähig sind, etwas so überwältigend Schönes hervorzubringen. Wenn man jedoch heutzutage jemandem den Kopf streichelt, beißt er einem die Hand ab. Wir müssen zuschlagen, erbarmungslos zuschlagen, obwohl wir Gewalt im Grunde ablehnen …« (Wospominanija o Wladimire Iljitsche Lenine, Bd. 3, S. 244)

Bisweilen gewinnt man den Eindruck, dass Lenin gerade in den traditionellen Tugenden des russischen Volkes eine Hauptbedrohung für die Revolution sah. In seiner Rede vom 23. April 1924 berichtete Trotzki: »Wladimir Iljitsch sagte: ›Die Hauptgefahr besteht darin, dass der russische Mensch von Grund auf gut ist.‹ Als General Krasnow freigelassen wurde, war nur Iljitsch dagegen, fügte sich aber schließlich dem Willen der anderen …« (Archiv der Russischen Föderation)
Rein äußerlich stach Lenin kaum aus der Masse hervor. Man hätte ihn ohne weiteres für einen mittleren Gutsbesitzer halten können. Er war ein verschlossener Mensch, der es nicht mochte, wenn »Fenster und Türen ständig offen standen«. Wenn der Revolutionsführer von seiner Familie sprach, wurde er sentimental. Laut Walentinow liebte er es, ganze Abende lang Fotoalben mit Bildern seiner Verwandten zu betrachten. Er mochte keine Restaurants und aß vorwiegend zu Hause. Während seiner Emigrationszeit versorgte ihn die Mutter mit getrocknetem Stör, Lachs und Kaviar. Seine Frau und die Schwiegermutter wurden durch Bedienstete von der Hausarbeit entlastet, eine Gewohnheit, die die Familie auch nach dem Oktoberumsturz beibehielt.
Die bürokratische Kleinarbeit für die Partei belastete ihn sehr, wie aus einem Brief an I. Armand vom Mai 1914 hervorgeht: »Wie ich diese Hektik und den ganzen Kleinkram hasse, und doch bin ich untrennbar daran gekettet!! Das ist ein weiteres Anzeichen dafür, dass ich faul und müde geworden bin und mich in einer schlechten Verfassung befinde. Im Grunde liebe ich ja meinen

Beruf, doch im Moment hasse ich ihn beinahe ...« (PSS, Bd. 48, S. 285)
Wie man sieht, ging Lenin bereits davon aus, dass »Revolutionär« ein Beruf wie jeder andere war.

Der Revolutionsführer war sehr penibel. Auf seinem Schreibtisch herrschte Ordnung. Das Bohemienleben einiger russischer Sozialdemokraten in der Emigration war ihm ein Gräuel. Er mochte zwar keinen Wein, doch zu einem guten Bier ließ er sich gerne überreden. Schon in seiner Jugend hatte er das Rauchen aufgegeben, und es war ihm zuwider, wenn andere in seiner Gegenwart zur Zigarette griffen.

Persönlichem Streit ging Lenin meist aus dem Weg. Er war ausgesprochen vorsichtig und zeigte sich nach seiner Ankunft in Moskau nur noch in Begleitung seiner Leibwache, die nach dem Attentat noch verstärkt wurde. Lenin war der festen Überzeugung, dass die politischen Führer »unantastbar« sein mussten und sich keinerlei Risiko aussetzen durften.

Auf der einen Seite erwies sich der Revolutionsführer als fürsorglicher Mensch, der sich in zahlreichen Briefen liebevoll nach seiner Familie erkundigte. Als besorgter Parteigenosse empfahl er Stalin, sich häufiger Urlaub zu gönnen, und beantragte beim Politbüro eine Milchdiät für Rykow. Er achtete genau auf seine Eß- und Trinkgewohnheiten, denn seine Gesundheit ging ihm über alles. Auf der anderen Seite bereitete er sich im stillen beharrlich auf seine Rolle als Partei- und Revolutionsführer vor. Trotzki erinnert sich, dass »Lenin nach dem Sturz der Provisorischen Regierung in allen Dingen wie ein Regierungschef handelte« (L. D. Trotzki, O Lenine, S. 102).

Nach der Machtübernahme kamen sein revolutionärer Maximalismus, seine Erbarmungslosigkeit und Härte erst richtig zum Vorschein.

Lenin fühlte sich von der Vorsehung berufen. In diesem Sinne hatte Berdjajew recht, wenn er ihn als einen »Mann des Schicksals« bezeichnete.

Prophet der Komintern

Lenin, der noch ganz unter dem Eindruck der Sitzung des Kongresses der Komintern stand – der Meldungen aus den Reihen der Teilnehmer, der eigenen Analyse und vor allem des Erfolgs, den die Rote Armee bei ihrem Vormarsch auf Warschau hatte –, schickte am Abend des 23. Juli 1920 ein verschlüsseltes Telegramm nach Charkow an Stalin:

»Die Lage in der Komintern ist glänzend. Sinowjew, Bucharin und auch ich glauben, dass man die Revolution in Italien jetzt unbedingt vorantreiben sollte. Ich persönlich meine, dass hierzu die Sowjetisierung Ungarns, vielleicht sogar Tschechiens und Rumäniens vonnöten ist. Das ist genauestens zu überlegen. Teilen Sie mir in allen Einzelheiten mit, zu welchem Schluss Sie kommen. Die deutschen Kommunisten denken, dass Deutschland in der Lage ist, eine Armee von 300 000 Mann gegen uns aufzustellen.

Lenin«

(Archiv für neuere Geschichte)

Zur selben Zeit war laut Trotzki bereits ein anderer Beschluss gefasst worden: »Wir sind – dieses Mal auf Lenins Initiative – das Risiko eingegangen, dem polnischen Kleinadel und der polnischen Bourgeoisie mit dem Bajonett auf den Zahn zu fühlen« (Trotzki, O Lenine, S. 87). Im gleichen Jahr, im September 1920, wird Lenin sich noch unverhohlener äußern: »Durch den Angriff auf Warschau tragen wir zur Sowjetisierung Litauens und Polens sowie zur Revolutionierung Deutschlands bei.« Als Lenin dies im politischen Bericht auf der 9. Konferenz der RKP(b) bekundete, rief er allerdings in den Saal: »Ich bitte darum, das jetzt nicht zu notieren, da es nicht in die Presse gelangen soll« (Archiv für neuere Geschichte). In seinem Schlusswort sagte Lenin: »Sogar der Misserfolg in Polen kann uns nicht aufhalten. Wir werden daraus nur für den Angriffskrieg lernen. Wir werden Ungarn und Italien helfen und auf diese Weise riskieren, dass wir uns bei jedem Schritt daran erinnern werden, wo wir Halt machen müssen« (Archiv für neuere Geschichte). Der Marsch auf Warschau und weiter bis an die Grenzen Deutschlands wurde auf Lenins persönli-

che Initiative unternommen. Im Ergebnis der großen Niederlage bei Warschau wurde Russland dazu gezwungen, dem um so viel kleineren Land eine große Kontribution zu entrichten. Das ehemalige Imperium verlor praktisch seine polnischen Provinzen. Doch selbst in dieser Situation waren die Bolschewiki nicht in der Lage, würdevoll zu handeln. Als die ersten Zahlungen fällig wurden, entschied Moskau, diesen Betrag in Wertsachen zu begleichen, deren realer Wert allerdings um ein Vielfaches zu hoch veranschlagt wurde. Es handelte sich also schlichtweg um Betrug. Nachdem Tschitscherin von der Reaktion Warschaus erfahren hatte, gab er Lenin und dem Politbüro sogleich Bescheid:
»Wir haben uns Polen gegenüber verpflichtet, also müssen wir uns auch daran halten, am 1. November 10 Millionen Rubel in Gold und Brillanten zu zahlen. Die Brillanten, die wir ihnen bereits übergeben haben, wurden von polnischen Experten auf 2,5 Millionen Rubel in Gold geschätzt. Wir verfügen über keine weiteren Edelsteine mehr, die wir ihnen aushändigen könnten. Der Pole Olszewski hat uns im Voraus zu verstehen gegeben, dass die Presse, falls wir einer derart fehlerhaften Schätzung überführt werden würden, dieses Thema weidlich ausschlachten würde … man wird uns damit ungeheuer kompromittieren.
Ein anderer Ausweg wäre, die Differenz unverzüglich in Gold zu begleichen; doch 7,5 Millionen in Gold zum Fenster hinauszuschmeißen, wäre denn doch kaum erträglich.
Man könnte ferner versuchen, die noch fehlenden Steine sofort zu beschaffen. Wir besitzen viele Edelsteine, die aber weder sortiert noch geschätzt sind … Es sind keine Leute dafür vorhanden … Der ehemalige Direktor der Darlehenskasse, Lewitzki, befindet sich im Gefängnis. Alexandrow, der Schätzer, ist ebenfalls inhaftiert. Es ist eine Verfügung des Politbüros erforderlich, damit sie wieder unter normalen Umständen arbeiten können …«
(Archiv für neuere Geschichte)

Lenin war einverstanden. Allem Anschein nach hatte er wegen des polnischen Abenteuers keinerlei Gewissensbisse. Ihm tat es weder um die mehreren Tausend unnötigen geopferten Menschenleben leid noch um die Millionen Rubel aus dem Volksvermögen, die man aufgrund seiner revolutionären Grillen einbüßte.

Auf diese Weise endete der Versuch Lenins, seine Prophezeiung – das Entfachen eines revolutionären Brandes in Europa – direkt und im Sturm zu verwirklichen.
Vom Untergang des Kapitalismus ist heute schon lange nicht mehr ernsthaft die Rede. Im Gegenteil, viele kapitalistische Länder haben bereits einen »Sozialismus« geschaffen, von dem Lenin nur träumen konnte.
Lenins falsche Prophezeiung kam nicht von ungefähr, denn eine klassenspezifische Wahrheit gibt es nicht und wird es nie geben. Dabei hatte der Revolutionsführer selbst die Möglichkeit, konkrete Voraussagen zu treffen, in Zweifel gezogen: »… Die Versuche, im Voraus Chancen mit hundertprozentiger Genauigkeit zu berechnen, waren Scharlatanerie oder hoffnungslose Pedanterie« (Lenin, PSS, Bd. 14, S. 378–379). Gegen dieses nüchterne Urteil ist schwerlich etwas einzuwenden. Doch wie ist diese Aussage mit der Tatsache in Einklang zu bringen, dass Lenin den Zeitpunkt, wann der Kommunismus kommen würde, genau bestimmte?
Am 1. Mai 1919 prophezeite der Revolutionsführer in seiner Rede auf dem Roten Platz: »Die Mehrheit der Anwesenden, die nicht älter als 30 bis 35 Jahre alt sind, wird bereits den Kommunismus erleben« (Lenin, PSS, Bd. 38, S. 325). Diese Überzeugung war auch eineinhalb Jahre später nicht geschwunden, als Lenin seine berühmte Rede auf dem dritten Komsomolkongress mit folgenden Worten beendete: »… Die Generation der heute Fünfzehnjährigen wird in 10 bis 20 Jahren in einer kommunistischen Gesellschaft leben …« (Lenin, PSS, Bd. 41, S. 318).
Lenin konnte nicht ahnen, dass seine Prognosen über die »Blüte des Kommunismus« just in die Jahre 1937–1939 fielen – in die Zeit der Apotheose der Unmenschlichkeit.
Lenin pflegte des Öfteren auch in allgemeinen Betrachtungen ganz konkrete Prognosen abzugeben:

»… Der Sozialismus wird den Arbeitstag verkürzen, den Massen zu einem neuen Lebensstandard verhelfen und für die Mehrheit der Bevölkerung Bedingungen schaffen, die es allen ohne Ausnahme ermöglichen, ›Staatsämter‹ auszufüllen. Und das wird letztlich zu einem völligen Verschwinden jeglichen Staatsgebildes führen« (Lenin, PSS, Bd. 33, S. 117).

Doch nachdem Lenin ein vollkommen klares und detailliertes Rezept angeführt hatte, behauptete er wenig später wieder etwas völlig anderes: »Wir erheben keinerlei Anspruch darauf, dass Marx oder die Marxisten den Weg zum Sozialismus in aller Konkretheit kennen. Das ist Unsinn ...« (Lenin, PSS, Bd. 34, S. 116) Im Hinblick auf die »Weltrevolution« erfuhren Lenins prophetische Ambitionen ihren höchsten Ausdruck, ungeachtet des beispiellosen Kraftaufwandes, der zur praktischen Umsetzung dieser Prognose nötig war.

Vor allem brauchte man für die Weltrevolution auch ein entsprechendes Instrument. Vorerst existierte außer der RKP in Europa lediglich die Kommunistische Partei Deutschlands, alle übrigen waren noch im Stadium ihrer Entstehung begriffen. Auf Lenins Anordnung wandte sich Tschitscherin über das Radio an alle Kommunisten Europas und Asiens und forderte sie auf, an der Konferenz in Moskau teilzunehmen. Das Echo auf diesen Aufruf war verschwindend gering. Es war einfach niemand da, dessen Aufmerksamkeit man damit hätte erregen können.

Schließlich gelang es, einige Kriegsgefangene, die sich in Russland befanden, zur Teilnahme zu bewegen. Aus Deutschland kam nur Eberlein angereist. Eine Woche lang führte dieses nur knapp drei Dutzend umfassende Häuflein, das einer naiven Verschwörerbande glich, kontroverse Debatten: Wie sollte man sich konstituieren? Schließlich wurde ein Beschluss gefasst, mit dem die »internationale kommunistische Konferenz die Dritte Internationale« aus der Taufe hob. Das Manifest wurde von 17 Delegierten unterzeichnet. Die Hauptaufgabe, die sich laut Lenin für die neugegründete Komintern stellte, war der Kampf um die weltweite Diktatur des Proletariats.

Vom ersten Tag an diente die ephemere Organisation als Werkzeug und Deckmantel für die Tätigkeit der RKP auf internationaler Ebene. Sinowjew, der als Vorsitzender des Exekutivkomitees der Komintern nominiert wurde (und natürlich auch von den Delegierten der Komintern gewählt wurde), betrieb eine verantwortungslose Demagogie. Unzählige Male verkündete er, dass der Sieg der kommunistischen Revolution in Europa bevorstünde und dass die roten Flaggen der Sowjets schon bald auf allen Kontinenten wehen würden! (Nowij schurnal, 1959, Nr. 54,

S. 259–277) Seine Hauptaufgabe sah Sinowjew zu Anfang darin, die Vorbereitungen für einen bewaffneten Aufstand in den Ländern zu forcieren, wo eine »revolutionäre Situation heranreifte«. Dort, wo dieses Vorhaben gelang, wie 1921 in Deutschland, endete die Verschwörung mit einem Misserfolg auf der ganzen Linie. Während in Deutschland die Polizei und die Truppen damit beschäftigt waren, die geflüchteten Verschwörer einzufangen, schrie sich Sinowjew in Moskau auf der Tribüne die Seele aus dem Leib: »Greift zu den Waffen, deutsche Proletarier! Greift danach überall, wo ihr ihrer nur habhaft werden könnt! Bildet Räte! Ruft eine Rote Armee ins Leben! Die proletarische Revolution in Deutschland und auf der ganzen Welt – sie lebe hoch!«

Inzwischen bereitete man im ZK der RKP die Programme der neuen Parteien vor, formulierte »21 Bedingungen« für die Aufnahme in die Komintern (Archiv des Präsidenten) und schickte in Sachen Weltrevolution kofferweise Gold und Wertgegenstände nach Deutschland, Italien, Ungarn, Persien, Indien, China und in andere Länder. Wie schon am Vorabend des Oktobers 1917 konzentrierte sich Lenin ganz auf die organisatorischen Fragen, denn nun galt es, die Macht der Bolschewiki über den gesamten Erdball auszubreiten.

Anlässlich des ersten Jahrestages der Gründung der III. Internationale am 6. März 1920 verkündete Lenin auf dem Festakt des Moskauer Sowjets, man könne »sicher sein, dass der Sieg der kommunistischen Revolution in allen Ländern unumgänglich ist«.

Unter tosendem Applaus beendete der Führer der Bolschewiki seine Rede mit den Worten: »... Der baldige Sieg der kommunistischen Internationale auf der ganzen Welt ist uns gewiss« (Lenin, PSS, Bd. 40, S. 209, 211). Man musste schon von erstaunlicher Kurzsichtigkeit und Verantwortungslosigkeit sein, um solche Erklärungen abgeben zu können.

Nachdem die Bolschewiki die Komintern gegründet und unter ihre Kontrolle gestellt hatten, kam ihnen der Gedanke, dass man die revolutionäre Situation mit Hilfe dieser Organisation nicht nur ausnutzen, sondern – was viel wichtiger war – auch herbeiführen könne. Zu diesem Zweck sah sich Lenin vom allerersten Moment an dazu gezwungen, die Finanzlast, die für die Arbeit der »kommunistischen Weltpartei« (so wurde sie in der ersten Zeit von vielen Führern genannt) erforderlich war, dem ausgeplünderten, hungernden Sowjetrussland aufzubürden. Am 8. Oktober 1918 – also noch vor dem ersten Kongress der Komintern, der im März 1919 stattfand – beschloss das ZK, ein »Büro der RKP für die Auslandsarbeit« zu gründen, dem Balabanowa, Worowski, Bucharin und Axelrod angehörten (Archiv des Präsidenten). Daher fühlte sich Lenin dazu berechtigt, im Mai 1919 zu erklären, dass die Dritte Internationale praktisch bereits 1918 gegründet worden sei, als in einer Reihe von Ländern kommunistische Parteien entstanden (Lenin, PSS, Bd. 38, S. 302–303).

Sämtliche finanziellen Mittel zur Unterstützung der erforderlichen Organisationen wurden über dieses Büro abgewickelt, das Anfang 1919 bereits von Sinowjew geleitet wurde. Zu Beginn übte das Volkskommissariat für auswärtige Angelegenheiten noch eine gewisse Kontrolle über die Tätigkeit des Büros aus. Nach Ansicht des bekannten sowjetischen Diplomaten A. A. Joffe bildete »die Hoffnung auf die – wenn auch deutlich verspätete – Weltrevolution zur Zeit der Brester Verhandlungen und auch noch danach den Grundstein für Lenins Taktik« (Archiv des Präsidenten). Schon bald entzog das Politbüro jedoch dem Volkskommissariat für auswärtige Angelegenheiten die Zuständigkeit für die internationalen kommunistischen Aktivitäten. Sinowjew wehrte sich gegen die Bevormundung durch das Volkskommissariat für auswärtige Angelegenheiten und berichtete Lenin von den »Eifersüchteleien« Tschitscherins, bis das Büro schließlich finanzielle Unabhängigkeit erlangte.

Die finanziell und logistisch vom russischen ZK abhängige Komintern wurde zu einem willfährigen Werkzeug der bolschewistischen Pläne. Das Politbüro des ZK der RKP entschied im Grunde genommen alles: wo und wann der Kongress der Komintern stattfinden sollte, welche Fragen auf ihm erörtert werden würden und welchen Aufruf man auf dieser oder jener Sitzung beschließen sollte.

Von Anfang an unterhielten die Organe der GPU, des sowjetischen Spionagedienstes im Ausland, enge Verbindungen zur Komintern. Man knüpfte Kontakte zu den Sektionen der Komintern, finanzierte konkrete Operationen und rekrutierte die Kader. So warf der Geschäftsführer des EKKI, D. Blake, am 24. November 1920 gegenüber dem Politbüro die Frage auf, ob das »technische Personal und dessen Familien aus den konspirativen Mitteln der Komintern versorgt werden« sollten, und forderte Fotopapier und anderes Material für die illegale Arbeit. Nachdem Lenin das Schreiben gelesen hatte, notierte er, bevor er es weitergab, darauf: »Über die Konspiration – ein Bericht von Blake. Geheim« (Archiv für neuere Geschichte).

Die nationalen Sektionen der Komintern kümmerten sich nicht nur um das Wachstum »ihrer« kommunistischen Parteien und die Propagandaarbeit in den eigenen Ländern, sondern auch um die Organisation konkreter politischer Aktionen wie Streiks, Demonstrationen, Proteste und Aufstände. Das Politbüro errichtete unter dem »Dach« der Komintern im Ausland zahlreiche Stützpunkte. So erbat Gopner, der Vertreter des ZK aus Turkestan, vom Politbüro folgende Informationen:

»1. Billigen Sie die Organisation der hinduistischen Basis in Turkestan, die vom Turkestaner Büro des ZK der RKP bereits anerkannt wurde?
2. An welche Adresse soll ich die 2.000.000 Goldrubel schicken?« (Archiv für neuere Geschichte)

Zunächst war Lenin persönlich für die Finanzierung der Komintern verantwortlich. So beantragte Eino Abramowitsch Rachja, einer der Führer der kommunistischen Partei Finnlands, im Namen des ZK der FKP 10 Millionen Finnmark beim Vorsitzenden des Rates der Volkskommissare. Lenin kam seiner Bitte nach (Archiv für neuere Geschichte).

Der Revolutionsführer erhielt eine Vielzahl solcher Schreiben, sogar aus Bengalen. Ein Sympathisant der Komintern, dessen leidenschaftlicher Wunsch es war, dass Lenins Traum vom revolutionären Weltbrand in Erfüllung gehen möge, bat darum, ihm möglichst rasch Geld und Literatur zukommen zu lassen, damit er die Entmachtung der Engländer vorbereiten könne:

»Ich bitte darum, den mutigen Genossen Lenin, Trotzki und Tschitscherin, die sich so tapfer für die Befreiung der Menschheit einsetzen, meine Grüße zu übermitteln.

Wirendranat Tschattopadia«.

Die Ostsektion des ZK fügte dem Dokument einen Zusatz bei: »Wenn wir ernsthaft gedenken, Maßnahmen für eine revolutionäre Entwicklung in Indien zu ergreifen, dann sollte sich unser Zentrum im nichtmuselmanischen Indien befinden ... Was die Geldfonds betrifft, über die Tschattopadia spricht, so ist er, der lange Zeit aus Deutschland Unterhalt bezog, in dieser Hinsicht zweifellos durch das europäische Leben verdorben« (Archiv für neuere Geschichte).

Solche »Revolutionäre«, die es lediglich auf das russische Geld und Gold abgesehen hatten, gab es zur Genüge. Viele konnten davon auch ganz gut leben.

Soweit mir bekannt ist, gab es zur damaligen Zeit im EKKI keine genaue Rechnungsführung über die illegalen Transaktionen. Aufschlüsse darüber geben Briefwechsel zwischen Stalin und Sinowjew sowie Litwinow (Stellvertretender Volkskommissar für auswärtige Angelegenheiten) und Pjatnitzki (Leiter der Devisenkasse des EKKI). Dabei ging es um Geldsummen, die durch die Hände des Bevollmächtigten des Volkskommissariats für auswärtige Angelegenheiten, »Karlo« (Ljubarski) gegangen waren. Wie aus den Aktennotizen hervorgeht, übergab er von 750.000 Lire, die er an die italienische kommunistische Partei überweisen sollte, lediglich 288.000 an den Adressaten. Von dem Restbetrag verbrauchte er 124.487 tschechische Kronen und eine beträchtliche Summe in englischen Pfund für eigene Zwecke. Litwinow schlug vor, Ljubarski einen Verweis zu erteilen, doch Pjatnitzki war damit nicht zufrieden und befürwortete seine Entlassung (Archiv des Präsidenten).

Man kann davon ausgehen, dass es wohl sehr viele Menschen gab, die den politischen Eifer der bolschewistischen Führer nicht ohne Erfolg für ihre eigenen, weit von den revolutionären Idealen entfernten Ziele ausnutzten. Lenin ließ nicht nur Prophezeiungen verlauten, sondern tat alles, damit sie auch Wirklichkeit wurden. Man versuchte, den Einfluss der Komintern auf die Situation in einigen Ländern, besonders im Osten, zu vergrößern. So unterbreitete Karachan den Vorschlag, die Agitatoren der Komintern regelmäßig in eine Reihe von östlichen Ländern zu entsenden, wobei die Geldprämien für diese »Dienstreisen« nach ganz bestimmten Kriterien festgesetzt werden sollten. Die Abgesandten, die für die kommunistische Idee kämpften, wünschten keine moralische, sondern eine materielle Entlohnung:

»Aktenvorlage darüber, dass dem Volkskommissariat für auswärtige Angelegenheiten 200.000 Rubel zur Unterstützung der Arbeiterorganisationen im Osten bewilligt werden; die Agitatoren werden zu propagandistischen Zwecken im ersten Quartal des Jahres, von Januar bis März 1919 in den Osten entsandt …
Die Kosten für jeden Agitator samt Prämie werden bei dessen Rückkehr folgendermaßen festgesetzt: Nordchina und Korea – 10.000 Rubel; Südchina – 20.000 Rubel. Entsprechende Geschäftsreisen werden für Persien und Indien veranschlagt …« (Archiv für neuere Geschichte)

Lenin war von Anfang an darum bemüht, der Komintern rigide organisatorische Formen zu verleihen. Falls es gelang, eine disziplinierte und zentral geleitete internationale Organisation im Weltmaßstab zu schaffen, dann würde, so hoffte der Revolutionsführer, seine Prophezeiung von der »Unausweichlichkeit« der Weltrevolution Wirklichkeit.

Auf Lenins Anordnung verfasste Trotzki das »Manifest des II. Kongresses der Kommunistischen Internationale«. Das in Trotzkis typischem Stil abgefasste Papier strotzte von revolutionären Phrasen:

»Der Imperialismus muss aus der Welt geschafft werden, damit das Menschengeschlecht weiter existieren kann.«
»Der rückständige deutsche Parlamentarismus, eine Fehlgeburt der bürgerlichen Revolution, die ihrerseits schon eine Fehlgeburt in der Geschichte ist, steckt noch in den Kinderschuhen, leidet aber schon an allen Krankheiten des Greisenalters.«
»Die Kommunistische Internationale ist die internationale Partei des proletarischen Aufstandes und der proletarischen Diktatur.«
»Das Sowjetsystem ist eine klassenmäßige Organisation, die den Parlamentarismus bekämpfen und seinen Platz einnehmen muss …« (Trotzki, Pjat let Kominterna, S. 73–99).

In diesen wenigen Sätzen waren sowohl die Ziele als auch die gesamte Strategie der Bolschewiki in der internationalen Politik enthalten. Der unglaublich leichte Sieg im Oktober 1917 rief eine Euphorie hervor und ließ unter den Revolutionären die Überzeugung wachsen, dass selbst die allerabenteuerlichsten Pläne sie schließlich dem gewünschten Ziel näher bringen würden.
Als im März 1919 der 8. Parteitag der RKP(b) abgehalten wurde, erfuhren die Delegierten aus dem Radio von der Gründung der ungarischen Sowjetrepublik. Jubelschreie und stehende Ovationen ließen den Saal erzittern. Im Auftrag des Parteitages sandte Lenin unverzüglich eine Grußbotschaft nach Budapest: »Unser Parteitag ist davon überzeugt, dass die Zeit nicht mehr fern ist, in der der Kommunismus auf der ganzen Welt siegen wird. Die Arbeiterklasse Russlands eilt euch mit allen Kräften zu Hilfe ... Es lebe die internationale kommunistische Republik!« (Lenin, PSS, Bd. 38, S. 186).
Nicht ganz einen Monat später traf noch eine weitere frohe Botschaft ein: In Bayern war eine Regierung an die Macht gelangt, die von dem Kommunisten Eugen Levine geleitet wurde. Sie machte sich sofort daran, einige dringliche Aufgaben der Diktatur des Proletariats zu lösen: die Nationalisierung der Banken, die Gründung einer Roten Armee, die Einführung des Achtstundentags, die Bewaffnung des Proletariats und die Isolierung der Bourgeoisie. Lenin sandte auch nach München eine Grußbotschaft, die allerdings eher einer Instruktion glich: »Haben Sie ... die Arbeiter bewaffnet, die Bourgeoisie entwaffnet ... die Löhne für Landarbeiter und ungelernte Arbeiter verdoppelt, wenn nicht gar verdreifacht, das gesamte Papier und alle Druckereien zum Druck populärer Flugblätter und Zeitungen für die Massen beschlagnahmt ... den Wohnraum der Bourgeoisie in München für die sofortige Einweisung von Arbeitern in die Wohnungen der Reichen beschränkt ... Geiseln aus der Bourgeoisie genommen ... und die Arbeiter ausnahmslos für die Verteidigung als auch die ideologische Propaganda in den umliegenden Dörfern mobilisiert?« (Lenin, PSS, Bd. 38, S. 321)
Lenin war davon überzeugt, dass die europäische Revolution begonnen hatte. Wenn nur in Deutschland die revolutionäre Flamme entzündet würde! Das war das wichtigste! Dann konnte das

aus mehreren Revolutionen gespeiste, gleichzeitig auflodernde Feuer von niemandem mehr gelöscht werden. Trotzki erklärte nicht umsonst, dass das »sowjetische Deutschland in Vereinigung mit dem sowjetischen Russland stärker wäre als alle kapitalistischen Staaten zusammengenommen!« (Trotzki, Pjat let Kominterna, S. 90).

Lenin war voller Energie, tatkräftig und hellwach. Seine Emissäre reisten nach Deutschland, Ungarn und in andere angrenzenden Länder. Sie führten kofferweise Banknoten in ausländischer Währung sowie Gold und Brillanten aus dem Zarenschatz mit sich. Oftmals wurde der Wert der Preziosen nur nach dem Augenmaß bestimmt, denn fast alle »bürgerlichen« Juwelenschätzer saßen entweder im Gefängnis oder waren bereits erschossen worden. Einige hatten Glück und konnten ins Ausland fliehen. Die »Goldspritzen« wurden fortgesetzt. Es galt allein die Losung: Spart ja kein Geld für Propaganda und Waffen!

Angelika Balabanowa, zunächst eine gute Freundin Mussolinis und später Sekretärin der Komintern, erinnert sich an die damaligen Ereignisse. Kurz nach der Revolution wurde sie nach Schweden geschickt, wo sie für die Abwicklung von Geschäften mit den linken Organisationen Europas zuständig war: »Jeden Samstag erreichten Schiffe Stockholm, die mir eine sehr große Menge Geld übermittelten … Das Ziel dieser Geldtransporte war mir nicht bekannt … Ich erhielt einen Brief von Lenin, in dem er mir schrieb:

›Liebe Genossin Balabanowa. Ausgezeichnet, ausgezeichnet, Sie sind unsere fähigste und wertvollste Mitarbeiterin. Aber ich flehe Sie an, sparen Sie nicht. Geben Sie Millionen aus, viele Millionen‹« (Balabanoff, Impression of Lenin, p. 29–30). Weiter berichtet Balabanowa: »Man erklärte mir, dass ich das Geld zur Unterstützung linker Organisationen, zur Schädigung oppositioneller Gruppen und zur Diskreditierung ganz konkreter Personen verwenden sollte.«

Lenin war besorgt: er schickte Funktelegramme an alle Orte, die, wie er meinte, von dem Epizentrum der europäischen Revolution erfasst werden konnten: »An Bela Kun in Budapest: Teilen Sie mir bitte mit, welche tatsächlichen Garantien Sie dafür haben, dass die neue ungarische Regierung auch wirklich kommunistisch sein wird und nicht einfach nur sozialistisch, das heißt sozial-verräterisch?« (Lenin, PSS, Bd. 38, S. 217) Im Mai 1919 veröffentlichte Lenin in der »Prawda« eine Grußbotschaft, »An die ungarischen Arbeiter« zur Unterstützung der Kommunisten in Budapest. Darin brachte er seine Begeisterung unverhohlen zum Ausdruck: »Die Nachrichten, die wir von den ungarischen Rätepolitikern erhalten, erfüllen uns mit Freude und Begeisterung ...« Lenin warnte allerdings auch vor den drohenden Gefahren und appellierte an seine Verbündeten: »Seid hart. Wenn sich unter den Sozialisten, die sich euch und der Diktatur des Proletariats erst gestern angeschlossen haben, oder unter den Kleinbürgern irgendwelche Schwankungen zeigen sollten, so bekämpft diese Schwankungen schonungslos. Erschießen – das ist das rechtmäßige Los für einen Feigling im Krieg« (Lenin, PSS, Bd. 38, S. 384, 388). Möglicherweise haben diese jakobinischen Aufrufe zum »Erschießen« die Ungarn wie die Bayern weniger angefeuert als vielmehr erschreckt. Doch Lenin ging davon aus, dass diese Praxis der Revolution mehr Nachdruck verleihen würde.

Lenins Erklärung auf dem 8. Parteitag anlässlich der Ereignisse in Ungarn war kein bloßes Lippenbekenntnis. Man schickte Geld und Propagandaliteratur (die erst übersetzt werden musste) und versuchte, der Bruderpartei Waffen zukommen zu lassen. Podwojski teilte Lenin in einem Telegramm aus Kiew mit, dass er im Mai die Bildung einer »internationalen Division zur Hilfe für Ungarn« in Angriff genommen habe (Archiv der Russischen Föderation). Lenin trieb zur Eile an und forderte von Krestinski, dass die Absendung der »Geldsurrogate« für dieses Vorhaben beschleunigt werden solle.

In der Ukraine stellte man Truppen zur Entsendung nach Ungarn bereit, während zahlreiche Aufstände die eigene Armee mehr und mehr destabilisierten. Dazu einige Auszüge aus den »Berichten der Allrussischen Tscheka über die politische Lage in der Ukraine vom 1. Januar bis einschließlich 15. Mai 1919«:

»Berditschew.	Überfall auf die Tscheka. Das Zeughaus wurde ausgeraubt.
Belaja Zerkow.	Aufstand in der Stadt. Niedergeschlagen

	durch einen gepanzerten Zug und einen Trupp von 300 Mann.
Wassilkow.	Die Stadt wird von Rotarmisten geplündert.
Schpola.	Die örtliche Garnison nimmt Verhaftungen und Durchsuchungen vor und mordet die Bevölkerung.
Kasatin.	Die Rotarmisten des 4. Regiments von Neschinski vertreiben die Tscheka.
Ossjoter.	Aufstand in den Dörfern Nowo-Glybowo und Sworota. Niederschlagung durch einen Trupp der Tscheka. Vier Todesopfer.
Starodub.	Aufstand in dem Dorf Witelin. Niedergeschlagen durch einen Trupp von 400 Mann. 20 Todesopfer.
Krolewetz.	Aufstand in dem Dorf Antonowka. Niedergeschlagen durch den Truppenzug der Tscheka. 10 Rädelsführer wurden erschossen.
Nowosybkow.	Aufstand in Welikaja Topol, Nowo-Robsk und Lakomo-Buda. Niedergeschlagen. 8 Opfer auf unserer Seite. Die Zahl der Todesopfer aufseiten der Aufständischen ist noch nicht bekannt.
Priluki.	Aufstand in der Stadt und in dem Dörfchen Iwanizy. Niedergeschlagen durch die Garnisonstruppen mit Hilfe von Artillerie.
Konstantinograd.	Aufstand in dem Dorf Pereschepino. Niedergeschlagen durch einen Trupp der Tscheka. 10 Opfer.
Alexandrowsk.	Aufstand in dem Dorf Swistunowo. Niedergeschlagen durch einen Trupp der Tscheka. 30 Tote unter den Aufständischen.
Gomel.	Am 26. März wurde die Macht der Sowjets beseitigt …«

(Archiv der Russischen Föderation)

Die Liste der Aufstände in Städten, Dörfern, Ortschaften und Gouvernements scheint endlos. Die Bolschewiki hielten die Macht nur mit Hilfe erbarmungslosen Terrors aufrecht. Während

Lenin und das ZK die Unruhen im Innern mit eiserner Faust niederschlugen, überlegten sie, wie man den Bürgerkrieg rascher auf das Gebiet anderer Staaten verlagern konnte. Gewalt und Terror allein sollten die Anhänger der Bolschewiki auch in anderen Ländern an die Macht bringen. In dem »Manifest« des II. Kongresses der Komintern heißt es ganz konkret: »Die Kommunistische Internationale kann in ihren Reihen keine Organisationen dulden, die, nachdem sie sich einmal dem Programm der Diktatur des Proletariats verschrieben haben, weiterhin eine Politik betreiben, welche ganz eindeutig auf eine friedliche Lösung der historischen Krise abzielt« (Trotzki, Pjat let Kominterna, S. 98).

Als sich die Hoffnungen in Ungarn nicht erfüllten, richtete sich die Aufmerksamkeit der Moskauer Führer immer mehr auf den Osten. Trotzki schrieb in diesem Zusammenhang Folgendes: »… Unsere Rote Armee erweist sich in der Arena der europäischen Politik sowohl im Hinblick auf den Angriff als auch in Bezug auf die Verteidigung als ziemlich bescheidene Größe … Die Situation sieht schon ganz anders aus, wenn wir uns nach Osten wenden … Der Weg nach Indien ist im Moment für uns unter Umständen gangbarer und kürzer als der Weg in das sowjetische Ungarn …« (Archiv der Sowjetarmee) Außerdem riet Trotzki, im Ural eine mächtige militärische Basis zu schaffen, um die Revolution nach Osten zu tragen.

Unter diesen Bedingungen, so prognostizierte der Vorsitzende des Revolutionären Kriegsrates, »kann Asien bald zum Schauplatz von Aufständen werden. Daher muss mit der Vorbereitung des Vorstoßes nach Indien begonnen werden, wobei der Weg dorthin über Afghanistan führt.«

Trotzki erteilte dem Regimentsstabschef Lebedjew den Befehl, die »erforderliche militärische Ausrüstung nach Afghanistan« zu schikken. Doch Persien durfte man ebenfalls nicht außer Acht lassen. Zunächst schien es, als ob Persien »rot« werden würde. Raskolnikow erstattete Moskau von dort aus Bericht:

»Ich bin soeben aus Enseli zurückgekehrt, die Stimmung in Persien ist unbeschreiblich. Das gesamte Volk hat uns mit erstaunlichem Enthusiasmus empfangen. Ursprünglich waren nur vereinzelt rote Flaggen zu sehen, und jetzt ist schon die ganze Stadt

damit geschmückt. Die persischen Kosaken haben erklärt, dass sie sich auf unsere Seite stellen. Den russischen Offizier, der ihr Anführer war, habe ich verhaften lassen und einen von unseren Genossen an seine Stelle gesetzt …
Ich bitte um Ihre Anweisungen für das weitere Vorgehen in Persien. Habe ich, was den weiteren Vormarsch in das Innere Persiens betrifft, freie Entscheidungsgewalt, falls es dort zu einem Umsturz kommt und uns die neue Regierung um Hilfe ruft …?« (Archiv für neuere Geschichte).

Freilich kam die »Sache« in Persien bald gehörig ins Stocken. Man unternahm Anstrengungen zur Rettung der persischen Revolution. Der Vertreter des ZK der RKP(b), B. Abukow, wies in einem Brief aus Persien auf die Notwendigkeit hin, dem Genossen Mirse Kutschuk baldmöglichst Hilfe zukommen zu lassen: »Vor allem Waffen, Gold und Silber … Vorerst hat Kutschuk nur zwei Städte in der Hand … Raskolnikow hat von einer offiziellen Anerkennung gesprochen … Wir warten auf reale Hilfe …« (Archiv für neuere Geschichte).
Von allen Seiten wurde vorgeschlagen, revolutionäre Militäraktionen in Korea, China und Indien zu initiieren. Der Vorsitzende des ZIK des kalmückischen werktätigen Volkes, A. Tschaptschajew, unterbreitete im August 1919 den Vorschlag, bewaffnete Truppen von der »anderen Seite«, also über die Mongolei und Tibet, zu schicken. Doch dafür brauche man Geld und Gold und müsse Waffen mitführen, um sie an die Bevölkerung zu verteilen. Die Einheiten sollten als wissenschaftliche Spezialisten getarnt werden. Die Mongolei und Tibet müssten schneller an den weltrevolutionären Prozess herangeführt werden. Lenin ordnete unverzüglich an, konkrete Maßnahmen zur Umsetzung dieser Vorschläge zu treffen. (Archiv für neuere Geschichte)
In ihrer revolutionären Umnachtung waren die Moskauer Führer nur allzu gerne bereit, das Gewünschte als das Mögliche auszugeben.
In Bezug auf die Koreaner war Lenin vorsichtiger. Die Delegation aus Korea ersuchte den Vorsitzenden des Rates der Volkskommissare um einen persönlichen Empfang. Lenin beauftragte den Ungarn M. Räkosi, einen angesehenen Funktionär der Komintern,

die Kommunisten aus Korea zu empfangen und ihm von den »Ergebnissen des Gesprächs Mitteilung zu machen«. Die Koreaner baten Lenin um direkte Unterstützung für die koreanischen Partisanen im Kampf gegen Japan. Tschitscherin sprach sich jedoch dagegen aus und erklärte: »Wir werden Japan nicht herausfordern. Natürlich muss der Groll gegen sie weiter gehegt werden; natürlich kann und soll man den koreanischen Partisanen Hilfe leisten. Aber nicht durch offene und schon gar nicht durch demonstrative Aktionen von unserer Seite ...« Lenin äußerte sich dazu folgendermaßen: »Genosse Molotow! Ich bin voll und ganz Tschitscherins Ansicht. Keine offenen und erst recht keine demonstrativen Aktionen. Mehr Geheimhaltung. Dies als Direktive des ZK ausgeben.« (Archiv für neuere Geschichte)

Bisweilen wurde Lenin durch Meldungen oder Entscheidungen des eigenen Politbüros, ja sogar durch seine Träume und Wünsche so erregt, dass es ihm schien, als ob die Weltrevolution jetzt endlich begonnen habe und durch nichts mehr aufgehalten werden könne. Im Oktober 1918 prophezeite er Trotzki und Swerdlow: »Die internationale Revolution ist innerhalb von einer Woche so nah herangerückt, dass man mit ihr wie mit einem Ereignis der nächsten Tage rechnen kann« (Lenin, PSS, Bd. 50, S. 185). Der Prophet war ungeduldig, beharrlich und überzeugt von seiner Prognose. Es kam ihm vor allem darauf an, mit Menschen, Ideen, Waffen, aber vor allem mit Gold die Revolution voranzutreiben.

Während sich Russland m Hungerqualen krümmte und verschiedene wohltätige und soziale Organisationen um Hilfe bat, flossen auf Weisung des Politbüros, des Rates der Volkskommissare und des Revolutionsführers persönlich Millionen Rubel in das Projekt der Weltrevolution. Erst im September 1921 wurde auf eine Verfügung des Politbüros ein Haushaltsausschuss des EKKI eingerichtet, in den aus den Reihen der RKP(b) Sinowjew, Solz und Molotow berufen wurden.

Ein Blick in das Sitzungsprotokoll dieses Gremiums vom März 1922 verdeutlicht das ganze Ausmaß der Geldlieferungen:

»Anhörungen:	Beschlüsse:
1. Budget der Komm. Partei Deutschlands	1. Für dic Ausgabe von 446.592 Goldrubel (42.872.832 Deutsche Mark) an die Kom. Partei Deutschlands im Jahre 1922 stimmten Brandler, Popow, Humbert-Droz und Pjatnitzki; für 400.000 Goldrubel – Solz und Michajlow.
2. Budget der Komm. Partei Frankreichs	2. Es wurde einstimmig beschlossen, 100.000 Goldrubel (638.000 französische Francs) für publizistische Zwecke auszugeben.
3. Budget der Komm. Partei Italiens	3. 360.842 Goldrubel. Oder 4.306.000 Lire
4. Budget der Komm. Partei der Tschechoslowakei	4. Für 250.000 Goldrubel (7.910.000 tschechische Kronen) stimmten Popow, Brandler und Pjatnitzki (Humbert-Droz hatte die Kommission zu dieser Zeit bereits verlassen), für 200.000 Solz und Michajlow.
5. Budget der Komm. Partei Englands	5. Für 200.000 Goldrubel stimmten alle einstimmig …«

(Archiv des Präsidenten)

Es folgt noch eine lange Liste anderer Parteien, die von der Komintern eine »finanzielle Unterstützung« erhielten.
Alle nationalen Organisationen, die sich mit den Richtlinien der Komintern einverstanden erklärten, wurden von Lenin und seiner Partei gut versorgt. Regelmäßig füllten die kommunistischen Parteien folgender Länder ihre Kasse aus den Moskauer Geldbeständen auf: USA, Polen, Österreich, Schweiz, Schweden, Ungarn, Jugoslawien, Rumänien, Luxemburg, Holland, Griechenland, Türkei, Persien, Indien, das englische Indien (so steht es in den Protokollen), China, Korea, Japan, Deutschland, Belgien, Spanien, Argentinien, Italien, Südafrika, Estland, Lettland, Litauen, Finnland, Norwegen und andere mehr. Erhebliche Summen verteilte der Ausschuss der Komintern zudem an Jugendorganisationen und kommunistische Gewerkschaftsorganisationen, verschiedene Verlage, Büros und Zentren. Großzügiger als alle anderen wurde die Kommunistische Partei Deutschlands unterstützt (Lenin »zahlte« die Hilfe, die seiner Partei vonseiten Deutschlands am Vorabend des Umsturzes zuteil geworden war, förmlich »ab«). Die festgesetzten Zuwendungen wurden in der Regel immer »übererfüllt«. Ständig gelangten aus den Kommunistischen Zentren anderer Länder zusätzliche Anfragen nach Moskau, wobei die meisten dieser Bitten auch erfüllt werden konnten.
Allein auf der von mir erwähnten Sitzung wurden 5.536.400 Goldrubel verteilt, während der Rat der Volkskommissare im gleichen Jahr nur etwa ein Drittel dieser Summe für die Lebensmittelhilfe an die Hungernden ausgab.
Bereits unmittelbar nach der Revolution war es unter den sowjetischen Diplomaten sowie den verschiedenen Vertretern und »Bevollmächtigten« gängige Praxis, vom Kreml immer neue Mittel für die Unterstützung revolutionärer Prozesse im Ausland sowie für die Stärkung der Position Sowjetrusslands in den verschiedenen Ländern zu fordern.
So meldete A. A. Joffe im Januar 1920 Tschitscherin: »Die 15 Millionen, die wir zu viel an Estland gezahlt haben, erstatten wir in Bälde zurück.« Der Diplomat, ein Schüler Lenins, der im Jahre 1919 den Versuch unternahm, den revolutionären Prozess in Deutschland zu steuern, erinnert sich: »Als uns Koltschak mehr als 800 Millionen [in Gold – D. W.] nahm, haben wir nicht

einmal mit der Wimper gezuckt ... In Litauen und Belorussland konnte ich beobachten, wie unsere Agenten Millionen verschleudert haben ...« (Archiv für neuere Geschichte).

Mit seinem Brief bestätigte Joffe nur noch die kommunistische Verschwendungssucht im Namen »revolutionärer Ziele«.

Den Berichten Sokolnikows und Pjatnitzkis zufolge ist das offizielle Budget der Komintern im April 1922 durch einen Sonderbeschluss vom Politbüro gebilligt worden. Der Auszug mit der Unterschrift Stalins wurde an das Volkskommissariat für Finanzen geschickt, das die Summe bereitstellen sollte (Archiv des Präsidenten). Wie ich schon bemerkte, bildete das offizielle Budget nur einen Teil der bewilligten Haushaltszuweisungen. Hinzu kamen Mittel aus dem »Reservefonds«, dem Fonds des Politbüros und dem Budget der GPU, die kommunistischen Organisationen anderer Länder zur Verfügung gestellt wurden. So berichtete Karachan Stalin im April 1922, er habe den Koreanern große Summen (zweimal Gold im Werte von 600.000 Rubel und einmal 4 Millionen in zaristische Banknoten – im östlichen Ausland verschwendete das ZK der RKP [b] einige Jahre lang zaristisches Papiergeld für geheime Zwecke) – ausgehändigt. Sie dienten zur Errichtung zweier Druckereien (in Shanghai und Peking) und für konkrete illegale Aktivitäten in Korea, die gegen Japan gerichtet waren (unter anderem auch für die Organisierung des bewaffneten Widerstandes). (Archiv des Präsidenten)

Lenin wartete ungeduldig auf die Wirkung dieser Geldspritzen, doch sie wollte sich partout nicht einstellen ... Erst nach der Gründung des Haushaltsausschusses wurden nach und nach Fälle von Missbrauch und Unterschlagung großer Geldsummen der Komintern aktenkundig. Safarow klagte gegenüber Stalin, die finanziellen Mittel und Wertgegenstände würden an vollkommen »verantwortungslose Personen der einzelnen Gruppen« weitergeleitet. So seien einem gewissen Chu Han Gen und einem Ko Tschi Ir 200.000 Goldrubel zur Unterstützung der nationalen Bewegung in Korea übergeben worden. Wie sich herausstellte, wurde das Geld jedoch für die Fortsetzung der Intrigen in der koreanischen Emigration verwendet. (Archiv des Präsidenten)

Stalin erkundigte sich bei Sinowjew, was es mit dem »Frankfurter Fonds«, der in Deutschland gegründet worden sei, auf sich habe

und von wem er finanziert würde. Sinowjew war darüber nicht auf dem laufenden, versprach jedoch, man werde der Sache nachgehen, sobald Pjatnitzki und Stasowa mit ihrer Arbeit begonnen hätten (Archiv des Präsidenten). Wie sich herausstellte, war in Deutschland ein gewisser James Reich mit dem Parteidecknamen »Genosse Thomas« für die finanziellen Kontakte mit der Komintern zuständig. Beträge in Millionenhöhe, die er von Moskau erhielt, gingen durch seine Hände. Allein für die Vorbereitung des bewaffneten Aufstands der KPD im Februar 1921 übergab er dieser 62 Millionen Deutsche Mark (in Devisen und Wertgegenständen). Insgesamt verteilte »Genosse Thomas« in diesem Jahr 122 Millionen Mark, einmal abgesehen von den 50 Millionen, die er in dem »Frankfurter Fonds« unter seiner Kontrolle hielt.
Als Pjatnitzki damit begann, sich ein genaues Bild von den finanziellen Transaktionen der Komintern zu machen, stellte sich heraus, dass der geheimnisvolle »Thomas« über viele Millionen keine Rechenschaft ablegen konnte (Archiv für neuere Geschichte). Eine Mitarbeiterin der Komintern, die im Verwaltungsapparat des »Genossen Thomas« arbeitete, berichtete später: »Das Geld wurde in der Regel in der Wohnung des ›Genossen Thomas‹ aufbewahrt. Es befand sich in Koffern, Taschen, Schränken und manchmal auch in dicken Mappen auf den Bücherreihen oder dahinter. Die Übergabe des Geldes, das in mehreren Pappkartons aufgeschichtet war, von denen jeder circa 10 bis 15 kg wog, erfolgte spät abends in unseren Privatwohnungen« (Archiv für neuere Geschichte).
Eine Kommission des Politbüros, die auf Anordnung Stalins unter der Leitung Krestinskis gegründet worden war, konnte keinerlei Rechenschaftslegung für diese riesigen Summen finden. So wurde beschlossen, »den ›Genossen Thomas‹ in Zukunft mit keinen Geschäften mehr zu beauftragen, die in irgendeiner Weise mit Geldtransaktionen zu tun haben« (Archiv für neuere Geschichte). Später stellte sich sogar heraus, dass ›Genosse Thomas‹ nicht einmal Parteimitglied war, sondern rein zufällig in die finanziellen Transaktionen zur Vorbereitung der »Weltrevolution« involviert worden war. So schmolz das russische Geld auf der Jagd nach den kommunistischen Hirngespinsten dahin …
Lenin, der ständig Erschießungen als Bestrafung für Sabotage,

Spekulationen und Schiebereien forderte, war in seinem Apparat, den er für die Verwirklichung der kommunistischen Idee geschaffen hatte, nicht in der Lage, in Finanzangelegenheiten und Devisenausgaben Ordnung zu halten. Jenseits der Grenzen seines unglücklichen Vaterlandes warf er völlig achtlos mit Geld um sich, in dem naiven Glauben, dass seinen Ideen dadurch Flügel verliehen würden. In seinem Artikel »Über die Bedeutung des Goldes« vom November 1921 gerierte er sich jedoch wie ein kostenbewusster Unternehmer: »In der UdSSR muss mit dem Gold umsichtig gehaushaltet werden. Wir müssen es teuer verkaufen und dafür Waren billiger einkaufen« (Lenin, PSS, Bd. 44, S. 226). Als offensichtlich wurde, dass die Weltrevolution nicht »spontan« entfacht werden konnte, begann man in Moskau nach neuen Verbündeten Ausschau zu halten. Gänzlich unerwartet ergab sich eine sehr verlockende Situation. Im Januar 1922 machte die Leitung der zentristischen »zweieinhalbten« Internationale den Vorschlag, eine internationale Konferenz der drei Internationalen abzuhalten, die sich mit der Organisation des gemeinsamen Kampfes der Arbeiterklasse gegen die internationale Reaktion befassen sollte.

Nach einer langen Sitzung im Kreml beschlossen Lenin, Trotzki, Sinowjew, Radek und Bucharin, der Konferenz der drei Internationalen die Bildung einer »Einheitsfront« aller revolutionären Kräfte vorzuschlagen. Lenin hoffte, dass es auf diese Weise gelingen würde, einen entscheidenden Einfluss auf die zweite und zweieinhalbte Internationale zu gewinnen. Doch die Führer der zweiten Internationalen begriffen nur zu gut, welche Folgen dies für sie gehabt hätte.

Lenin hielt mit den Zielen, die er verfolgte, nicht hinter dem Berg: »Wenn es auf der Sitzung des erweiterten Exekutivkomitees immer noch Leute gibt, die nicht begriffen haben, dass uns die Taktik der Einheitsfront dazu verhelfen wird, die Führer der II. und II½. Internationale zu stürzen, dann müssen für diese Leute zusätzliche Vorlesungen und Gesprächsrunden in allgemeinverständlicher Form abgehalten werden.«

Auf der gemeinsamen Konferenz forderten die Führer der nichtbolschewistischen Internationalen die Legalisierung der Menschewiki in Russland und die Abschaffung der Todesstrafe für die

verhafteten Sozialrevolutionäre. Sie gründeten eine Kommission zur Einberufung eines Weltkongresses der Arbeiterorganisationen, die sich allerdings nur ein einziges Mal versammelte.
Lenin kritisierte die »Nachsicht«, welche die Delegation der Komintern unter Radek an den Tag legte, auf das heftigste und bezeichnete die Vereinbarungen als »politische Zugeständnisse an die internationale Bourgeoisie«. Die Sozialdemokraten im Westen waren davon überzeugt, dass für Lenin der Begriff »Zusammenarbeit« nichts anderes bedeutete als ihre Unterwerfung unter die Komintern. So ging die Idee der Vereinigung langsam zugrunde. In der Stalinzeit wurden die Ausgaben der Komintern einer strengeren Kontrolle unterzogen. Der »große Führer« teilte die finanziellen Mittel äußerst »zielgerichtet« ein. So wurde selbstverständlich der Schriftsteller Henri Barbusse gefördert, der ein Buch über Stalin schreiben wollte. Durch einen Sonderbeschluss des Politbüros erhielt der französische Biograph einen Vorschuss von 40.000 Francs.
Unterdessen war Dimitroff gezwungen, sich bei zusätzlichen Ausgaben persönlich an Stalin zu wenden. Die Kornintern wurde in die Rolle eines Anhängsels der sowjetischen Geheimdienste herabgewürdigt.

Inessa Armand

Vor Lenin lag ein Telegramm. Immer wieder las er die schreckliche Meldung und konnte einfach nicht fassen, was da stand:

»Moskau ZEKA der RKP, an Lenin. Es gelang nicht, die an Cholera erkrankte Inessa Armand zu retten Stop Sie starb am 24. September Stop Ihr Leichnam wird nach Moskau überführt Nasarow.« (Archiv für neuere Geschichte)

Draußen dämmerte es schon, jetzt, Ende September 1920, waren die Tage schon deutlich kürzer. Lenin saß lange Zeit unbeweglich an seinem Schreibtisch und starrte mit abwesendem Blick auf das schreckliche Stück Papier mit den aufgeklebten Lettern. Tagsüber

hatte er noch mit G. K. Ordschonikidse, der ihm von der Lage in Baku berichtete, gesprochen … Er sagte, wie man ihm vorgestern berichtet habe, sei mit Inessa alles in Ordnung … Er hatte nämlich gerade Sergo damit beauftragt, Inessa und ihren Sohn nach ihrer Ankunft im Kaukasus zu betreuen.
Lenin konnte es sich nicht verzeihen, dass ausgerechnet er auf ihrer Erholungsreise in den Kaukasus bestanden hatte. Ursprünglich sollte sie eigentlich nach Frankreich fahren, doch er hatte ihr davon abgeraten. Wie unsinnig das alles war … wie unsinnig und absurd. Warum konnten die Ärzte nicht helfen? Warum gerade Cholera?
Lenin war erschüttert. Wie A. Kollontaj später versicherte, beschleunigte Inessas Tod seine schicksalhafte Krankheit.
Lenins letzter Brief an Inessa, den er Mitte August 1920 verfasste, hat folgenden Wortlaut:

»Liebste Freundin! Es hat mich sehr traurig gestimmt zu erfahren, dass Sie überanstrengt und unzufrieden mit Ihrer Arbeit und den Sie umgebenden Menschen (oder Arbeitskollegen) sind. Wäre es Ihnen eine Hilfe, wenn ich Ihnen einen Platz in einem Sanatorium verschaffen würde? Ich helfe Ihnen mit Vergnügen, wo ich nur kann.
Falls Sie nach Frankreich fahren, bin ich natürlich ebenfalls bereit, Ihnen zu helfen. Ich hätte nur Bedenken, bzw. fürchte sogar, fürchte sehr, dass Ihnen dort etwas zustoßen könnte … Man wird Sie vielleicht verhaften und längere Zeit nicht wieder auf freien Fuß setzen … Man muss sehr vorsichtig sein. Wäre es nicht besser, nach Norwegen zu fahren (dort können viele Englisch) oder nach Holland? Oder nach Deutschland, als Französin russischer (oder kanadischer) Staatsangehörigkeit? Lieber nicht nach Frankreich, sonst sperrt man Sie dort ein und wird Sie wohl kaum wieder im Austausch gegen jemanden anderen freilassen. Lieber nicht nach Frankreich.
Ich habe mich herrlich erholt, bin braun gebrannt und habe weder eine Zeile noch einen Ton von irgendjemandem zu hören bekommen. Die Jagd war früher einmal gut, doch nun ist alles verödet. Überall hört man Ihren Namen: ›Ja damals, wo sie noch da waren, herrschte Ordnung‹ usw. [Die Rede ist von dem ehema-

ligen Anwesen der Familie Armand in dem Dorf Jeldigino des Puschkin-Rayons im Moskauer Gebiet. Man fragt sich freilich, welche Jagd – im August! – gemeint sein könnte – D. W.]
Falls es Ihnen im Sanatorium nicht gefällt, könnten Sie ja in den Süden fahren? Zu Sergo in den Kaukasus? Sergo arrangiert für Sie Erholung, Sonne und eine angenehme Arbeit. Sicher wird er das machen. Er ist dort eine Autorität. Denken Sie darüber nach.
Ich drücke Ihre Hand ganz fest. Ihr Lenin« (Leninski sbornik, Bd. XXXVII, S. 233)

Noch am selben Tag schrieb Lenin auf einem Vordruck des Vorsitzenden des Rates der Volkskommissare folgenden Brief:

»17. August 1920.
Ich bitte darum, der Schriftstellerin und Genossin Inessa Armand und ihrem kranken Sohn auf jede nur erdenkliche Weise die beste Unterkunft und Pflege zukommen zu lassen.
Ich bitte darum, dieser mir persönlich bekannten Parteigenossin volles Vertrauen und jegliche Art von Unterstützung entgegenzubringen« (Leninski sbornik, Bd. XXXV, S. 143).

Er telegraphierte noch einmal an Ordschonikidse, damit sich dieser um die Sicherheit und Unterbringung Inessa Armands in Kislowodsk kümmerte, und beauftragte seine Sekretäre, bei der Abreise in den Kaukasus behilflich zu sein. Es sah so aus, als ob alles in Ordnung käme, obwohl der Bürgerkrieg in Russland noch nicht beendet war. Wenn Lenin bei allen wohlmeinenden Beweggründen nicht so beharrlich gewesen wäre, vielleicht wäre er dann nicht im Oktober 1920 hinter dem Sarg Armands hergeschritten, und diese schöne, schlanke Frau hätte den Führer der Bolschewiki auf seinem letzten Weg im Jahre 1924 begleiten können.
Zehn Jahre lang nahm Inessa Armand einen bedeutenden Platz im Leben eines Menschen ein, der einer Idee fanatisch anhing und in der Lage war, im Namen der Ziele, an die er glaubte, auf alles zu verzichten. Doch diese Frau vermochte es, in dem Revolutionär, der einen Hang zum Puritanismus besaß, intime Gefühle wachzurufen, die den anderen verborgen blieben. Lenin verspürte ständig das Bedürfnis, mit ihr in Verbindung zu stehen …

Soviel ich aus den Materialien und Zeugnissen über die Beziehung Lenins und Inessa Armands ersehen konnte, war sie durchdrungen von einem erhabenen, edlen Gefühl und einer großen menschlichen Nähe. Das Allerparadoxeste daran war, dass Nadjeschda Konstantinowna Krupskaja keinen Anstoß an dem Verhältnis ihres Mannes nahm. Wie A. Kollontaj später im Gespräch mit Marcel Y. Body bezeugte, war Krupskaja über alles im Bilde. Sie wusste, dass Lenin Inessa sehr verbunden war, und äußerte mehrmals die Absicht, ihn zu verlassen. Doch Lenin hielt sie zurück.
Ich denke, dass es sich hierbei um einen der seltenen Fälle handelte, bei dem sich alle drei sittlich und edelmütig verhielten, obwohl dieses Verhältnis den bürgerlichen Normen zuwiderlief.
Lenins Privatleben war lange Zeit eintönig, einseitig und mitunter sogar langweilig gewesen. Einem Lichtstreif am Horizont gleich drang diese Frau in die strenge, asketische, von der Politik beherrschte innere Welt des Emigranten.
Ich denke, es ist müßig, Mutmaßungen darüber anzustellen, warum Lenin sich so leidenschaftlich zu dieser Frau hingezogen fühlte. Vielleicht einfach deshalb, weil sie ungewöhnlich schön war. Ferner ist es gut möglich, dass Lenin fasziniert war von ihrer Energie, die in Verbindung mit ihrer seltenen Feinfühligkeit den Charakter jenes Menschen prägte, dem gegenüber der künftige Revolutionsführer nicht gleichgültig bleiben konnte. Vermutlich bezauberte ihn auch ihre große Offenheit und Begeisterung für alles, womit sie sich beschäftigte, ob es sich nun um Kinder, die Revolution oder einen Routineauftrag der Partei handelte. Sie war eine außergewöhnliche, begeisterungsfähige und streitbare Persönlichkeit. Bei aller Antiquiertheit in Fragen, die die Familie betrafen – hier war er ganz dem Denken des 19. Jahrhunderts verhaftet –, gelang es Lenin nicht, mit dem Verstand gegen seine starken Gefühle für diese Frau anzukämpfen.
In den späten Memoiren Krupskajas wird Inessa Armand sehr oft erwähnt, doch meistens nur am Rande, ganz beiläufig in Verbindung mit irgendetwas anderem: »… In dem Haus von Inessa wohnte ihr ganzer Kreis. Wir lebten am anderen Ende des Dorfes und gingen zum Mittagessen in die öffentliche Kantine …« – »Wladimir Iljitsch schrieb eine Rede, und Inessa übersetzte sie.« – »Unser Pariser Kreis zog es zu der Zeit stark nach Russland: Inessa,

Safarow und andere waren im Begriff, dorthin zu fahren.« – »... auf die Brüsseler Vereinigungskonferenz sollte Inessa fahren. Sie konnte Französisch (Französisch war ihre Muttersprache) und war nicht in Verlegenheit zu bringen, sie hatte einen festen Charakter ...« – »Die Arbeit in Serenburg war sehr angenehm. Nach einiger Zeit kam Inessa zu uns gereist ...« – »Unser ganzes Leben war mit Parteisorgen und Parteiangelegenheiten ausgefüllt, wir führten eher ein Studentenleben als ein Familienleben und waren froh, wenn Inessa zu uns kam« (Krupskaja, Wospominanija o Wladimire Iljitsche Lenine. Bd. 2, M. 1989, S. 144, 148, 153, 175, 179).

Zur Ehre Krupskajas muss man sagen, dass sie an dem einmal gewählten Ton im Umgang mit Inessa Armand – von Parteigenossin zu Parteigenossin – stets festhielt. Sie fügte sich in ihr Schicksal und trug das Unvermeidliche mit Würde.

Gelegentlich allerdings geht Krupskaja in ihren Memoiren nicht so schnell über Inessa hinweg, sondern berichtet ausführlicher über sie: »Wir gingen stundenlang auf Waldwegen spazieren, die von gelben Herbstblättern übersät waren. Meistens gingen wir zu dritt – Wladimir Iljitsch, Inessa und ich ... manchmal saßen wir stundenlang an einem sonnigen, mit Büschen bestandenen Berghang. Iljitsch entwarf Konzepte für seine Reden und Artikel, feilte an seinen Formulierungen, und ich lernte Italienisch. Inessa nähte irgendeinen Rock und genoss vergnügt die Strahlen der Herbstsonne« (ebd., S. 191).

Möglicherweise erzählte Inessa auf diesen gemeinsamen Spaziergängen zu dritt von ihrer Herkunft, ihren Eltern und von ihrem äußerst dramatischen Schicksal, das so reich an Abenteuern war. Im standesamtlichen Gemeindestammbuch des 18. Bezirks von Paris findet sich folgender Eintrag:

»Am 9. Mai 1874 am Nachmittag um drei Uhr fünfzehn wurde in das standesamtliche Stammbuch die Geburt von Elisa, einem Mädchen eingetragen, das tags zuvor um zwei Uhr mittags in der Rue de la Chapelle 63 als Tochter Theodor Stefans, eines Opernsängers im Alter von vierundzwanzig Jahren, welcher das Kind als seines anerkannte, und der ebenfalls vierundzwanzigjährigen, nicht berufstätigen Natalie Wild zur Welt gekommen war.« (Archiv für neuere Geschichte)

Später heirateten die Eltern in der Marienkirche der englischen Stadt Newington und machten ihre Tochter dadurch zu einem »ehelichen« Kind.
Jelisaweta-Inessa konnte dem Ehepaar Uljanow erzählen, dass ihr Vater ein berühmter Künstler in Paris war. Seine Theaterkarriere war jedoch nur von kurzer Dauer, denn er starb schon früh. Die Mutter, die Gesangslehrerin wurde, blieb völlig mittellos mit drei kleinen Töchtern zurück.
Inessas Ankunft in Moskau bedeutete vermutlich einen entscheidenden Wendepunkt in ihrem Leben. Ihre Großmutter und ihre Tante – eine Lehrerin für Musik und Französisch – vermittelten ihr dort eine solide Ausbildung.
Aus den Archiven geht nur wenig über Inessa Armands Leben hervor, obwohl ihr Biograph Pawel Podljaschuk ein interessantes Buch über sie veröffentlichte (Podljaschuk, Towarischtsch Inessa, Moskau 1987).
Das talentierte Mädchen, das fließend französisch, russisch und englisch sprach und hervorragend Klavier spielte, wurde Hauslehrerin. Sie war wohl ihrem schönen Vater nachgeraten, denn sie zog die Aufmerksamkeit vieler Männer auf sich. Daher ist es auch kein Zufall, dass sie nicht lange »warten musste« und sich schon im Alter von neunzehn Jahren mit Alexander Jewgenijewitsch Armand, dem Sohn eines Kaufmanns erster Gilde, verheiratete. Die Trauung fand im Oktober 1893 in dem Dorf Puschkino bei Moskau statt, dem Sitz des Textilunternehmens der Familie Armand (Archiv für neuere Geschichte).
Wie es schien, fügte sich im weiteren alles so, wie es in einer reichen und glücklichen Familie auch sein sollte. Ein schöner und liebevoller Mann, Kinder, Reisen in den Süden und ins Ausland. Im Laufe von acht Jahren kamen fünf Kinder zur Welt: drei Söhne und zwei Töchter. Obwohl Inessa durch die Familie sehr in Beschlag genommen war, las sie viel und – was besonders erstaunlich ist – fühlte sich zu politischer und sozialer Literatur hingezogen, zu Lawrow, Michajlowski und Rousseau.
Ich weiß wirklich nicht, ob Inessa Lenin und Krupskaja von dem großen Drama in ihrem Privatleben erzählte, durch das sich ihr Leben völlig veränderte: Sie hatte bereits vier Kinder und lebte mit ihrem Mann Alexander in gutem Einvernehmen, als sie ihn

ganz unerwartet verließ. Sie ging, weil in ihr ein heißeres, stärkeres und leidenschaftlicheres Gefühl für einen anderen entflammt war. Dieser andere war der jüngere Bruder Alexanders – Wladimir …
Dieses Sujet ist allein schon eine literarische Erzählung wert. Doch ich sage dazu nur, dass es bei der Trennung zu keinen spießbürgerlichen Szenen, gegenseitigen Beschuldigungen und zu keinem schmerzhaften Hin- und Hergezerre kam. Alle litten. Es war ein großes Drama für die ganze Familie. Schon damals folgte Inessa konsequent ihren Vorstellungen von der »freien Liebe«. Noch zwei Wochen vor ihrem Tod, während ihres Aufenthaltes im Kaukasus, schrieb sie in ihr Tagebuch: »Bei Romantikern nimmt die Liebe den ersten Platz im Leben ein, sie steht über allem« (Archiv für neuere Geschichte). Zu diesem Zeitpunkt dachte Inessa freilich schon anders über die Liebe, doch mit diesen Worten meinte sie sich selbst, als sie noch jung war.
Das Leben mit Wladimir, dem Bruder ihres ersten Mannes, währte nicht lange; er war an Tuberkulose erkrankt, und nachdem er Armand in die Verbannung nach Norden gefolgt war, verschlimmerte sich sein Zustand zusehends.
Weder Kuraufenthalte in der Schweiz noch die besten Ärzte konnten ihm helfen. Nachdem Inessa ihm aus der Verbannung ins Ausland nachgeeilt war, starb Wladimir Anfang 1909 innerhalb von zwei Wochen.
Inessa Armand war schon über dreißig und hatte fünf Kinder – um die sich hauptsächlich ihr erster Mann kümmerte –, als sie an der Universität in Brüssel ihr Examen ablegte und nunmehr diplomierte Volkswirtschaftlerin war.
Im selben Jahr, als ihr zweiter Mann starb, machte Inessa Armand in Paris die Bekanntschaft von W. I. Lenin. Seit jener Zeit spielte diese Frau eine bedeutende Rolle im Leben des Revolutionsführers. Der Umfang ihres Briefwechsels ist beeindruckend, obwohl längst nicht die gesamte Korrespondenz erhalten blieb. In der offiziellen sowjetischen Geschichtsschreibung wurde stets betont, dass es sich zwar um eine persönliche Beziehung, aber dennoch hauptsächlich um eine »Parteifreundschaft« ohne jeglichen intimen Charakter gehandelt habe. Ich denke jedoch, dass Inessa Armand gerade aufgrund ihrer Bekanntschaft mit Lenin einen nicht wegzudenkenden Platz in der Geschichte eingenommen hat.

Natürlich gelangte ein Teil des erhaltenen Briefwechsels zwischen Lenin und Inessa Armand niemals an die Öffentlichkeit. Die intimen Briefe des Revolutionsführers an die Französin sind nicht erhalten – vermutlich auch aus ganz konkreten Gründen. In einem Brief Lenins, vom Juli 1914, fallen folgende Zeilen ins Auge: »Bring bitte alle unsere Briefe mit (bring sie persönlich mit; sie als Einschreiben hierher zu schicken ist nicht so günstig: Das Einschreiben könnte sehr leicht von irgendwelchen Freunden geöffnet werden. Oder ähnliches …). Bitte nimm alle Briefe mit, und wenn du kommst, reden wir über alles.« (Archiv für neuere Geschichte)
Lenin hatte vermutlich die Absicht, alle seine Briefe an Armand aus den Jahren 1912/1913, in denen sie sich am nächsten standen, zu vernichten, denn er bat sie wohl nicht nur der »Bestandsaufnahme« halber ausdrücklich darum, »alle unsere Briefe« mitzubringen.
I. Ehrenburg behauptete einmal: »Man braucht nur einen Blick auf Krupskaja zu werfen, um zu erkennen, wie wenig Lenin an Frauen interessiert war.« Das entsprach wohl kaum der Wirklichkeit. Liebe, Ergebenheit und Sympathie sind so individuelle Gefühle, dass genau das, was Ehrenburg nicht gefallen haben mag, für Lenin Wärme und Geborgenheit bedeutet haben dürfte. Seit Beginn seiner Bekanntschaft mit Armand stand Lenin ständig in Kontakt zu dieser Frau. Sie reiste der Familie Uljanow hinterher, wohnte immer in der Nähe, traf sich häufig mit Lenin und Krupskaja und wurde deren engste Vertraute. Ob in Paris, in Polen oder in der Schweiz – stets suchte die »russische Französin« die Nähe der Uljanows. A. I. Solschenizyn schrieb über dieses Verhältnis:

»Nadjeschda Konstantinowna erzog sich zu Konsequenz: es galt, Wolodja auch nicht um eine Haaresbreite von seinem Weg abzubringen – also auch wirklich nicht um eine Haaresbreite. Wo sie nur konnte, versuchte sie ihm das Leben zu erleichtern und ihm niemals lästig zu fallen, immer da zu sein, und sich dennoch, wenn sie nicht gebraucht wurde, so zu verhalten, als wäre sie nicht da … Was ihre Nebenbuhlerin betraf, so erlaubte sie sich kein böses Wort gegen sie, auch wenn es einmal etwas zu sagen gegeben hätte. Sie musste ihr freudig entgegentreten wie einer Freundin, um weder die Stimmung Wolodjas zu trüben noch seine Stellung unter den Genossen zu gefährden« (A. Solschenizyn, Lenin in Zürich, Paris 1975, S. 24).

Mit seiner Beschreibung hatte der große Schriftsteller die tatsächliche Situation recht genau erfasst.
Vom Oktober 1913 an wohnten die Uljanows in Krakau. Lenin schrieb viele Briefe an die verschiedensten Adressen: an Huysmans in Brüssel, Schklowski in Bern, Nakorjakow in New York, Gorki auf Capri, an seine Verwandten, an verschiedene Redaktionen und natürlich – wie aus den Briefen Armands hervorgeht – besonders an seine französische Freundin. Er selbst erhielt von ihr noch wesentlich mehr Briefe und, allem Anschein nach, nicht nur nach Krakau in die Ljubomirski-Straße 51. In einem langen Brief aus Paris heißt es:

»Samstagmorgen.
Lieber, jetzt bin ich also in der ›Ville de Lumi&es‹, und der erste Eindruck ist widerlich. Alles geht mir hier auf die Nerven – die graue Farbe der Straße, die aufgedonnerten Frauen, die zufällig aufgeschnappten Gespräche und sogar das Französische … Ich war traurig, weil Arosa nur eine vorübergehende Übergangslösung war. Dabei lag Arosa noch ganz nah bei Krakau, aber Paris – das hat schon etwas Endgültiges. Wir sind so weit auseinander, Lieber, sind getrennt voneinander! Und das tut so weh. Ich weiß, ich fühle es, du wirst niemals hierher kommen! Als ich auf die ach so bekannten Plätze blickte, kam es mir wie nie zuvor zu Bewusstsein, wie viel Platz du doch schon hier in Paris in meinem Leben eingenommen hast, so dass beinahe meine gesamte Tätigkeit hier in meinen Gedanken durch tausend Fäden mit dir verbunden war. Ich war damals überhaupt nicht in dich verliebt, sondern liebte dich vom ersten Augenblick an so wie heute. Ich würde auch jetzt ohne Küsse auskommen, wenn ich dich nur sehen könnte. Ab und zu mit dir reden zu können, wäre eine große Freude – und das würde auch niemandem wehtun. Warum musste ich das entbehren? Du fragst, ob ich böse bin, weil du die Trennung ›durchgeführt‹ hast. Nein, denn ich denke, dass du dabei nicht an dich gedacht hast.
In Paris war auch die Beziehung zu N. K. recht gut. In einem

unserer letzten Gespräche sagte sie mir, dass ich ihr erst kürzlich lieb und teuer geworden wäre … Ich habe mich ein bisschen an dich gewöhnt. Ich habe es so geliebt, dir zuzuhören und dich anzusehen, wenn du gesprochen hast. Erstens, weil dein Gesicht beim Sprechen so lebendig wird, und zweitens war es angenehm, dich anzuschauen, weil du es in diesem Augenblick nicht bemerktest …«

Es folgen noch einige Seiten, die sie am Abend jenes Samstags niederschrieb und die dem Leben und dem Tod ihrer Freundin Tamara gewidmet sind. Tamara war laut Inessas Worten »so etwas wie eine große Tochter oder eine jüngere, liebe Schwester … Sie war sehr einsam und liebte es, wenn ich zärtlich zu ihr war. Ich erinnere mich, dass sie mich sogar des Öfteren darum bat, zärtlich zu ihr zu sein, und ich liebkoste sie genauso, wie ich meine Kinder liebkoste …«

Im letzten Teil des mehrere Seiten umfassenden Briefes, der mit der Überschrift »Sonntag, abends« beginnt, ging sie vor allem auf ein Referat ein, welches sie halten sollte, und bat bei dieser Gelegenheit:

»Wenn du mir dienstlich schreibst, dann gib mir bitte irgendwie zu verstehen, worüber ich vor dem KSO [Komitee der Auslandsorganisationen der SDAPR. – D. W. sprechen darf und worüber nicht … Also, Lieber, für heute ist's genug – ich möchte den Brief abschicken. Gestern habe ich keinen Brief von dir bekommen! Ich habe solche Angst, dass meine Briefe nicht bei dir ankommen – Ich habe dir drei Briefe geschrieben (das ist der vierte) und ein Telegramm. Hast du sie womöglich nicht erhalten? Bei dieser Frage kommen einem die unwahrscheinlichsten Gedanken. Ich habe auch N. K. geschrieben, meinem Bruder, und Sina [S. I. Lilina – die Frau Sinowjews. – D. W.]. Es ist doch nicht möglich, dass niemand meine Briefe erhalten hat. Ich küsse dich innig. Deine Inessa« (Archiv für neuere Geschichte)

Diesen Brief braucht man wohl nicht erst zu kommentieren. Nicht zufällig erfolgte die Anspielung Inessas darauf, dass sie »auch ohne Küsse auskommen würde«, wenn sie ihn nur »sehen könnte«, und

»das würde auch niemandem wehtun«. Offensichtlich stieß die zwar häufig nur aus der Ferne wirkende, doch unterschwellig stets spürbare, machtvolle Präsenz Inessas anfangs auf den ganz natürlichen Widerstand von Nadjeschda Konstantinowna.
Dass das »Dreiecksverhältnis« nicht gerade einfach war, bezeugen insbesondere auch die vielsagenden Zeilen in Lenins Briefen an Inessa. Wie wir in Erfahrung bringen konnten, sind viele dieser Briefe einfach verschwunden (im Namen der Heiligkeit des Führers), und bei anderen wurden Kürzungen vorgenommen.
So wurden in Lenins Brief an Armand vom 13. Januar 1917, der im Band 49 seiner »Sämtlichen Werke« (PSS) veröffentlicht wurde, einige Passagen gestrichen. Nach den Worten »Liebe Freundin!« wurde folgender Satz weggelassen: »Ihre letzten Briefe waren so voller Traurigkeit und riefen bei mir so traurige Gedanken hervor und solche wahnsinnigen Gewissensbisse, dass ich überhaupt nicht mehr zur Besinnung komme …« Und in diesem Ton geht es weiter. (Archiv für neuere Geschichte) Für Lenin, der in familiären Dingen von Natur aus puritanisch eingestellt war, war diese Verbindung, die weit über den Rahmen einer normalen Freundschaft hinausging, offensichtlich alles andere als einfach. Und für Armand, die es gewohnt war, sich unbedingt und uneingeschränkt zu ihren Gefühlen zu bekennen, war die Rolle der heimlichen »Freundin« Lenins unerträglich.
Eine Woche später, am 23. Januar 1917, schrieb Lenin (selbstverständlich wurden auch hier bei der Wiedergabe in Band 49 Kürzungen vorgenommen):

»Liebe Freundin! … Die Tatsache, dass Sie auf einige meiner letzten Briefe nicht antworteten, weist offenbar auf eine etwas veränderte Stimmung oder Entscheidung oder Lage bei Ihnen hin. Ihr letzter Brief enthielt am Ende zweimal hintereinander dasselbe Wort – Ich ging los, um zu erfahren, was passiert ist, habe aber nichts in Erfahrung bringen können. Ich weiß schon nicht mehr, was ich denken soll. Sind Sie wegen irgendetwas beleidigt, sind Sie von dem Umzug zu sehr in Anspruch genommen oder sonst irgendetwas …? Ich scheue mich, Sie auszufragen, denn am Ende sind Ihnen die Fragen unangenehm, und deshalb habe ich mich entschlossen, Ihr Schweigen in diesem Punkt eben dahingehend zu verstehen, dass es Ihnen unangenehm ist, ausgefragt zu werden, und damit basta. Dann entschuldige ich mich dafür und werde es nicht wieder tun« (Archiv für neuere Geschichte).

Dieses ganze Gestammel konnte nur zwei Menschen verständlich sein, die sich sehr nahe standen. Sie mussten immer darauf Rücksicht nehmen, dass es auch noch Nadjeschda Krupskaja gab.
Lenins Aufenthalt in Krakau endete bekanntlich am Vorabend des Ersten Weltkrieges damit, dass er aufgrund eines »Spionageverdachts« vom 26. Juli bis zum 8. August in Nowy Targ inhaftiert wurde. Sogleich wandten sich die Sozialdemokraten S. Marek, F. Kon, J. Ganetzki und V. Adler an die österreichische Regierung mit dem Ersuchen, Lenin freizugeben, da er ein erklärter »Feind des Zarismus« sei. Für die österreichischen Behörden war das, was sie damals über Lenin wussten, Grund genug, dem Gericht von Nowy Targ ein Telegramm folgenden Inhalts zukommen zu lassen: »Wladimir Uljanow ist unverzüglich zu entlassen« (Leninski sbornik, Bd. II, S. 180).
Einige Wochen später befand sich Lenin zusammen mit Krupskaja schon wieder in der Schweiz. Sie blieben zunächst eine Weile in Zürich und reisten anschließend weiter nach Bern. Natürlich traf sich der Revolutionsführer dort sehr bald mit Armand. Wie in der biographischen Chronik berichtet wird, schlug er ihr vor, Referate zu halten und »auf den Zusammenschluss der linken Sozialisten verschiedener Länder hinzuarbeiten«. Er half ihr dabei, eine Publikation für die Arbeiterinnen vorzubereiten, übte sogar »Kritik am Entwurf ihrer Broschüre«, bevollmächtigte die junge Bolschewistin, an der Internationalen Sozialistischen Jugendkonferenz teilzunehmen, und vertraute ihr noch viele weitere Parteiaufgaben an. Es wird jedoch verschwiegen, dass die Französin sehr häufig bei den Uljanows zu Besuch war, viele Spaziergänge mit ihnen unternahm, für Lenin musizierte und nach Serenburg fuhr, wo sich das Ehepaar zur Erholung aufhielt.
Im März starb die Mutter Krupskajas. Wie aus den Erinnerungen Nadjeschda Konstantinownas hervorgeht, »sehnte sich die alte Frau nach Russland zurückzukehren, aber dort gab es niemanden, der sich um sie gekümmert hätte«. Sie hatte sehr oft Streit mit Lenin gehabt, doch insgesamt war ihr Verhältnis friedlich.

Sie starb leise und still. »Man verbrannte sie im Berner Krematorium«, erinnert sich Krupskaja. »Ich saß mit Wladimir Iljitsch auf dem Friedhof, als uns der Friedhofswächter nach ungefähr zwei Stunden eine Blechurne mit noch warmer Asche brachte und uns zeigte, wo wir ihre Asche in der Erde vergraben sollten.« (Krupskaja, Wospominanija o Lenine, Moskau 1968, S. 260) Am Ende gelangte die Vertriebene doch noch in die Heimat. Auf Beschluss des Sekretariats des ZK der KPdSU vom 21. Februar 1969 wurden J. W. Krupskajas sterbliche Überreste von Bern nach Leningrad überführt.

Zu jener Zeit pflegte sich Inessa immer öfter bei den Uljanows aufzuhalten.

Als Lenins Freundin nach Paris fuhr, kam es abermals zu einem regen Briefwechsel. Der Revolutionsführer unterschrieb mit »Ihr Iwan«, »Ihr Basil« und manchmal ganz offen mit »Ihr Lenin«. Zu diesem Zeitpunkt konnte Lenin schon nicht mehr ohne diese bezaubernde Frau leben.

Der Führer der Bolschewiki vertraute Inessa bedingungslos. Im Januar 1917 befand Lenin, es sei wahrscheinlich, dass die »Schweiz in den Krieg hineingezogen werde«. »In diesem Fall«, schrieb er Armand, »werden die Franzosen sofort Genf einnehmen. Aus diesem Grund gedenke ich, die Parteigelder Ihnen zu übergeben (damit Sie sie in einem kleinen, extra dafür angefertigten Geldbeutel bei sich tragen, denn in Kriegszeiten geben die Banken kein Geld heraus) ...« (Lenin, PSS, Bd. 49, S. 367)

In den Jahren 1916/17 erhielt Inessa bis zur Abreise des Revolutionsführers nach Russland die meisten Briefe Lenins. Als er von dem Sieg der Februarrevolution in Russland erfuhr, ging der allererste Brief mit der Mitteilung dieser Neuigkeit an Inessa Fjodorowna.

Natürlich befand sich Inessa auch unter den Sozialisten, die zusammen mit Lenin und Krupskaja über Deutschland nach Russland ausreisten. Sie hatte ja Kinder in Russland. Und als die »bolschewistischen Landetruppen« ihren letzten »Vorstoß« von Stockholm nach Petrograd vorgenommen hatten, war Inessa, die sich zusammen mit Lenin und Krupskaja in einem Coupe befand, im Geiste schon bei ihren Kindern, die durch die revolutionäre Arbeit so weit von ihr fortgerückt waren.

Die Revolution hatte bald Inessas Kräfte aufgezehrt. Sie war harte Arbeit nicht gewohnt. Sie bekleidete sowohl in Petrograd als auch in Moskau wichtige Posten im ZK der Partei sowie im Volkswirtschaftsrat des Moskauer Gouvernements und arbeitete, ohne sich zu schonen. Sie fuhr nach Frankreich, um die russischen Soldaten, die es durch den Krieg dorthin verschlagen hatte, freizubekommen, und betätigte sich als Journalistin. Lenin sah sie nur noch selten, denn der Revolutionsführer befand sich nun im Epizentrum der schrecklichen Ereignisse, die ganz Russland erschütterten. Manchmal gelang es ihr immerhin, mit ihm am Telefon zu sprechen. Eines von Lenins Notizbüchlein enthält Inessas Moskauer Adresse, wo sie der Revolutionsführer allerdings nur ein oder zwei Male besuchte: »Arbat, Ecke Djeneschski, Glasowski, Haus 3/14, Wohnung 12. Telefon 3 14 36 (vorübergehend)« (Leninski sbornik, Bd. XXI, S. 83).
Wie aus einigen Briefen hervorgeht, war Lenin nach wie vor sehr um seine französische Freundin besorgt:

»Liebe Freundin!
Ich wollte Sie anrufen, als ich hörte, dass Sie krank sind, aber das Telefon funktionierte nicht. Geben Sie mir die entsprechende Telefonnummer, und ich ordne an, dass der Apparat gerichtet wird. Was ist mit Ihnen? Schreiben Sie mir ein paar Worte zu Ihrer Gesundheit und was es sonst gibt.
Gruß! Lenin« (Leninski sbornik, Bd. XXXV, S. 108)

»Schreiben Sie mir bitte nur ganz kurz, was mit Ihnen ist. Es sind schlechte Zeiten: Flecktyphus, Influenza, Grippe, Cholera.
Ich bin gerade erst aufgestanden und werde heute das Haus nicht verlassen. Nadja hat 39 Grad Fieber und hat den Wunsch geäußert, Sie zu sehen.
Wie steht es mit Ihrer Temperatur?
Brauchen Sie vielleicht irgendwelche Medikamente? Ich bitte Sie inständig, es offen zu sagen. Werden Sie gesund!
Ihr Lenin« (Leninski sbornik, Bd. XXXV, S. 108)

Nach diesem Schreiben telefonierte Lenin mit dem Sekretariat des Rates der Volkskommissare und ordnete an, unverzüglich einen Arzt zu I. Armand zu schicken. Kurz darauf erkundigte sich der Revolutionführer erneut nach ihrem Gesundheitszustand:

»Liebe Freundin!
Schreiben Sie mir, ob der Doktor bei Ihnen war. Seine Anordnungen sind genau zu befolgen.
Das Telefon ist abermals kaputt. Ich habe angeordnet, es zu richten, und werde Ihre Töchter darum bitten, mir telefonisch von Ihrem Gesundheitszustand zu berichten.
Sie müssen sich genau an die Anweisungen des Doktors halten. (Nadja hatte am Morgen 37,3 und jetzt 38 Grad Celsius).
Ihr Lenin«

Neben I. Armand und Krupskaja gab es noch andere Frauen in Lenins Leben, die jedoch im Herzen des Revolutionsführers offensichtlich nur eine flüchtige Spur hinterließen: Die Freundin Krupskajas, Jakubowa, um die er in Petersburg geworben hatte, die Pianistin Jekaterina K., die ihn mit Beethovens »Appassionata« bezauberte, und eine französische Unbekannte, die dank ihrer Bekanntschaft mit Lenin eine Altersrente erhielt und die sich so gar nicht dazu entschließen konnte, die Briefe, die ihr Wladimir Iljitsch geschrieben hatte, veröffentlichen zu lassen, »solange Krupskaja noch lebte«.
Die Revolution hatte Armand unfreiwillig von Lenin entfernt, doch ihre gegenseitigen Gefühle blieben bestehen. Inessa wurde von den Entbehrungen und Belastungen sowie durch die offenkundige Aussichtslosigkeit des Kampfes zugrunde gerichtet. Nein, es waren nicht die revolutionären Ideale, an denen sie so verzweifelte, und sie bereute auch das Vergangene nicht. Sie war einfach am Ende ihrer Kräfte. Hin und wieder kümmerte sich Lenin um sie, er rief sie an, schrieb ihr, half ihren Kindern, doch sie spürte, dass das alles nur noch mechanisch geschah. Der Führer der Bolschewiki gehörte nunmehr weder sich selbst noch Krupskaja, und schon gar nicht seiner französischen Freundin. Er befand sich voll und ganz in den teuflischen Fängen der Revolution. Dennoch rief sich Lenin gelegentlich mit einer für einen russischen Jakobiner seltsam anmutenden zärtlichen Sorge bei Armand in Erinnerung:

»Genossin Inessa!
Ich habe bei Ihnen angerufen, weil ich Ihre Schuhgröße für Gummistiefel erfahren wollte. Ich hoffe, dass ich welche für Sie bekomme. Schreiben Sie mir, wie es um Ihre Gesundheit steht. Was ist mit Ihnen? War der Doktor da?
Gruß! Lenin« (Archiv für neuere Geschichte)

Für Bosch, Kollontaj oder Fotijewa versuchte er keine »Gummistiefel« zu bekommen. Seiner französischen Freundin sandte er jedoch englische Zeitungen und schickte mehrmals verschiedene Ärzte zu ihr. In jenem schicksalhaften Herbst hatte Inessa Armand den äußersten Grad der Erschöpfung erreicht. Die Last der Revolution erwies sich als zu schwer für ihre zarten Schultern. Zwischen ihr und Lenin erhob sich die Revolution mit ihrem schrecklichen Antlitz, den Erschießungen, dem Hunger und der Cholera:

»Lieber Freund!
… Bei uns ist alles wie gehabt, wie Sie es auch selbst gesehen haben, und noch kein Ende der Erschöpfung absehbar. Meine Kräfte schwinden, ich schlafe dreimal so viel wie die anderen usw …« (Archiv für neuere Geschichte)

Die letzten zusammenhanglosen Tagebucheintragungen Armands, die wie durch ein Wunder nach ihrem Tod erhalten blieben, sind zum Verständnis ihrer inneren, geistigen Verfassung von unschätzbarem Wert. Sie sind jedoch nicht sehr umfangreich. Ich führe nur einige Fragmente der Eintragungen an, die sie hastig aufs Papier warf, in einer Handschrift, die so schön war wie sie selbst. Sie sagen mehr über ihr Verhältnis zu Lenin aus als tausend Seiten der offiziellen, viele Bände umfassenden biographischen Chronik über den Revolutionsführer:

»1. IX. 1920
Jetzt habe ich Zeit und werde jeden Tag schreiben, obwohl mein Kopf schwer ist und mir scheint, dass ich mich hier in einen einzigen Magen verwandelt habe, den es unentwegt nach Essen verlangt … Außerdem habe ich ein wahnsinniges Bedürfnis danach,

allein zu sein. Es strengt mich sogar an, wenn neben mir gesprochen wird, ganz zu schweigen davon, dass mir selbst das Sprechen unendlich schwer fällt.
Ob dieses Gefühl des innerlichen Todes wohl jemals wieder vergehen wird? … Ich lache jetzt fast nie mehr, und wenn ich lächle, dann nicht deshalb, weil mir ein inneres, frohes Gefühl dazu treibt, sondern weil es einfach nötig ist, von Zeit zu Zeit ein wenig zu lächeln. Auch erstaunt mich meine gegenwärtige Gleichgültigkeit gegenüber der Natur. Wo sie mich doch früher so ergriffen hat! Und wie wenig ich jetzt die Menschen liebe! Früher kam es vor, dass ich jedem Menschen gegenüber ein warmes Gefühl aufbringen konnte. Jetzt stehe ich allen gleichgültig gegenüber. Und was das wichtigste ist – ich langweile mich mit fast allen. Wirkliche Gefühle habe ich nur gegenüber meinen Kindern und W. I. bewahrt. In allen übrigen Beziehungen fühlt sich mein Herz wie tot an. Als wären in ihm alle Quellen der Liebe und alles Mitleid mit den Menschen, woran es früher so reich war, versiegt, nachdem es all seine Kraft und all seine Leidenschaft für W. I. und die Sache verausgabt hat. Außer zu W. I. und meinen Kindern habe ich keine persönlichen Beziehungen mehr zu Menschen, nur noch sachliche. Die Menschen spüren diese Leblosigkeit in mir, und sie zahlen es mir mit der gleichen Münze der Gleichgültigkeit und sogar der Antipathie heim (früher haben mich die Menschen geliebt) … Ich bin eine lebende Leiche, und das ist schrecklich!«

Die einem Bekenntnis gleichende Eintragung ist erschütternd in ihrer Aufrichtigkeit und der Tiefe ihrer Selbstanalyse. Es ist, als ob sie gefühlt hätte, dass ihr nur noch drei Wochen zu leben bleiben. Die Revolution lebte und nährte sich von Millionen Opfern. Eines dieser Opfer war Inessa Fjodorowna Armand.
In dem kleinen Tagebuch, das Inessa im letzten Monat ihres Lebens im Nordkaukasus führte, gibt es außer dieser Eintragung noch insgesamt vier weitere.
So äußert sie sich am 3. September sehr besorgt um ihre Kinder:

»In dieser Beziehung bin ich ziemlich schwach, ganz und gar nicht wie eine römische Matrone, die ihre Kinder mit Leichtigkeit für die Interessen der Republik opfert. Das kann ich nicht …

Der Krieg kann ja noch lange dauern, und irgendwann erheben sich unsere ausländischen Genossen …
Derzeit ist unser Leben ein einziges Opfer. Es gibt kein Privatleben mehr, weil alle Kraft und alle Zeit der gemeinsamen Sache geopfert wird …«

Am 9. September kam Armand wieder auf das Thema der ersten Eintragung zu sprechen:

»Wenn ich unter Leuten bin, kommt es mir so vor, als ob ich vor ihnen mein Geheimnis verborgen hielte – dass ich eine Tote unter Lebenden bin; dass ich eine lebende Leiche bin … Mein Herz ist tot, meine Seele ist stumm, und es gelingt mir nicht völlig, mein trauriges Geheimnis vor den Leuten zu verbergen … Weil ich keine Wärme mehr aufbringen kann und weil ich diese Wärme auch nicht mehr ausstrahle, kann ich niemanden mehr glücklich machen …«

Die letzte Eintragung erfolgte am 11. September (bis zu ihrem Tod blieben noch etwas weniger als zwei Wochen). In dieser letzten Eintragung kommt Inessa auf das ihr teuerste und das wohl ewige Thema zu sprechen – die Liebe.
Der Einfluss Lenins wird hier ganz offensichtlich. Sie liebten sich, doch der Führer der Bolschewiki machte dem sanften und zärtlichen Geschöpf klar, dass die »proletarischen Interessen« gegenüber den persönlichen Vorrang hätten:

»Die Liebe hat im Verhalten zu den öffentlichen Dingen einen ganz geringen Stellenwert und kann im Vergleich mit öffentlichen Belangen nicht bestehen. In meinem Leben nimmt die Liebe freilich auch jetzt einen großen Platz ein, macht mich fürchterlich leiden und beherrscht weitgehend meine Gedanken. Und dennoch bin ich mir in jeder Minute bewusst, wie sehr ich auch leiden möge, dass Liebe und persönliche Sympathie nichtig sind im Vergleich mit den Erfordernissen des Kampfes.« (Archiv für neuere Geschichte)

Es ist gut möglich, dass es noch andere Tagebucheintragungen

gab, die nach Inessas Tod verloren gegangen sind. Man sieht jedoch deutlich, dass der Zensor, der ihren Nachlass begutachtete, strenge Hand walten ließ – einige Seiten fehlen und wurden offensichtlich herausgerissen.
Der Leichnam Inessas konnte lange nicht nach Moskau überführt werden. Es existiert ein ganzer Stoß an Telegrammen aus der Hauptstadt nach Wladikawkas. Das ZK schaltete sich in die Angelegenheit ein, und Lenin persönlich verlangte mit Nachdruck, die Überführung des Leichnams in die Hauptstadt zu beschleunigen. Es gab keinen beheizbaren Güterwagen. An Todesfälle war man gewohnt. Man begrub die Toten sogar häufig ohne Sarg. Doch in diesem Fall verlangte Moskau einen Waggon und einen Sarg. Erst als man den örtlichen Behörden mit gewaltsamen Sanktionen drohte, wurde ein Waggon bereitgestellt. Inessa war bereits am 24. September 1920 an Cholera gestorben, doch ihr Leichnam wurde erst am 11. Oktober nach Moskau überführt.
Lenin war auf dem Begräbnis am 12. Oktober völlig außer sich. Augenzeugen erinnerten sich, dass sie beim Anblick des Revolutionsführers, der hinter dem Sarg herschritt, befürchteten, er könne zusammenbrechen. Seine Augen, die voller Trauer waren, nahmen nichts um ihn herum wahr. Ein Ausdruck unsagbarer Sehnsucht legte sich scheinbar für immer auf sein Gesicht. Angelika Balabanowa, die auch auf dem Begräbnis war, erinnert sich: »Ich sah Lenin von der Seite an. Er schien verzweifelt. Seine Schirmmütze war ihm über die Augen gerutscht. Er war schon immer klein gewesen, doch jetzt schien es, als sei er geschrumpft und noch kleiner geworden. Er sah verzagt und bemitleidenswert aus. Niemals zuvor habe ich ihn so gesehen. Es war mehr als nur der Verlust einer ›guten Genossin und lieben Freundin‹. Es entstand der Eindruck, als hätte er etwas verloren, was ihm sehr lieb und sehr nahe war, und er machte auch gar nicht erst den Versuch, das zu verbergen.«
Der große, bleierne Sarg, der verschlossen blieb, wurde im Kleinen Saal des Gewerkschaftshauses aufgestellt. Es waren nur wenige Leute anwesend. Zu Füßen des Sarges lagen einige Kränze. Einer von ihnen war aus weißen Hyazinthen geflochten, und auf einem Band stand geschrieben: »Der Genossin Inessa von W. I. Lenin« (Archiv für neuere Geschichte).

Sie wurde bei der Kremlmauer beigesetzt. Lenin tat seine Schuldigkeit und kümmerte sich persönlich um die Kinder Inessas. Als er wegen seiner Krankheit nicht mehr dazu in der Lage war, übernahm Krupskaja diese Aufgabe. Lenin setzte sich dafür ein, dass Armand ein kleines, bescheidenes Denkmal gesetzt wurde, und half ihren Kindern dabei, einen Studienplatz und Arbeit zu finden. Im Dezember 1921 schickte er ein Telegramm an Rotstein: »Ich bitte Sie darum, sich Wara Armands anzunehmen [die jüngste Tochter Inessas. – D. W.] und sie, falls nötig, in Begleitung hierher zu schicken, nicht ohne sie vorher mit warmer Kleidung auszustatten …« (Lenin, PSS, Bd. 54, S. 67)
Inessa Fjodorowna Armand starb viel zu früh, obwohl sie stets bereit war, sich für »die Sache« zu opfern. Als sie Anfang Februar 1919 mit der Delegation der Russischen Gesellschaft des Roten Kreuzes nach Frankreich reiste, um dort im Expeditionskorps zu arbeiten, schrieb sie ihrer Tochter von unterwegs:

»Meine liebe Inusja.
So, jetzt bin ich also in Piter [Petrograd] … Heute haben wir in Piter übernachtet und werden weiterfahren … Ich lege dem Brief an dich noch weitere Briefe bei: Der erste Brief ist für Sascha, der zweite für Fedja [die Söhne I. Armands. – D. W.] und der dritte für Iljitsch. Von letzterem sollst nur du wissen. Den ersten und zweiten Brief übergib sofort, aber den dritten behalte vorerst bei dir. Wenn wir zurückkehren, werde ich ihn zerreißen. Sollte mir aber irgendetwas zustoßen (ich sage das nicht deshalb, weil ich denke, dass es auf meiner Reise irgendeine besondere Gefahr gäbe, aber unterwegs kann natürlich allerhand passieren, kurz und gut, für alle Fälle), dann »ergib diesen Brief W. I. persönlich. Du kannst den Brief folgendermaßen übergaben: Geh zur »Prawda«, dort sitzt Maria Iljinitschna, ihr gibst du den Brief und sagst, dass er von mir ist und persönlich für W. I. bestimmt ist. Aber behalte den Brief vorerst bei dir … Der Brief an W. I. ist am Kuvert versiegelt.« (Archiv für neuere Geschichte)

Damals kehrte Inessa im Mai 1919 nach Russland zurück. Daher bleibt der Inhalt jenes Briefes ein ewiges Geheimnis der Geschichte, obwohl wir, wie mir scheint, inzwischen einige Berechtigung zu der Annahme haben, dass die Beziehung zwischen dem Revolutionsführer und der »russischen Französin« kein Geheimnis mehr ist.

Achtes Kapitel
Das Mausoleum des Leninismus

»Der Leninismus verkörpert ein neues Herrschaftssystem: an seiner Spitze steht ein mit diktatorischen Vollmachten ausgestatteter Führer der Massen.«
N. Berdjajew

Bald nach Lenins Tod fand am 23. April 1924 ein »Abend der Erinnerungen statt, an dem Kamenew, Trotzki und Radek auftraten. Zu dieser Zeit existierte noch kein Kult um den Revolutionsführer, und ein Großteil der Reden klingt heutzutage wie eine Offenbarung. Doch eben diese »Offenbarung« enthüllte das wahre Gesicht Lenins.

Radek, eine besonders originelle und amüsante Persönlichkeit unter den Bolschewiki, meinte, dass Lenin »der erste Mensch war, der das, woran wir gearbeitet haben, nicht für ein Abstraktum hielt, welches erst in 100 Jahren realisierbar sei, sondern für etwas, das durchaus jetzt konkret werden könne ...«. Die Größe Lenins manifestiere sich in dessen Fähigkeit, »die Schwankungen der Partei zu überwinden und diese in den Kampf um die Macht zu führen«. Als Beweis für Lenins »Größe« führte Radek ein Beispiel an: »Bei einem seiner Referate im Jahre 1921 bezeichnete Uljanow den Kriegskommunismus als Fehler. Ich rief ihn an und teilte ihm mit, dass ich mit dieser Beurteilung nicht einverstanden sein könne. Daraufhin lud er mich zu sich ein und meinte: ›... wer hat Ihnen denn gesagt, dass ein Historiker immer bei der Wahrheit bleiben muss; die Partei hat drei Jahre lang eine bestimmte politische Linie verfolgt, und nun hält sie die NÖP für eine Sünde. Sie können hundert theoretische Artikel darüber schreiben, dass es sich dabei um keine Verfehlung handelt, doch im Herzen fühlen Sie genau umgekehrt. Heute behaupten Sie, dass man auf die NÖP pfeifen könne und dass sie ein Fehler sei, doch schon im nächsten Jahr schreiben Sie historische Broschüren, in denen Sie den Beweis für ihre Genialität erbringen werden ...‹« (ZGAOR)

Eine zynischere Äußerung zur Politik als diese ist kaum vorstellbar. Hier schon von einer »Offenbarung« zu sprechen, wäre verfehlt, denn all das war bereits vor den Oktoberereignissen bekannt. Interessant ist vielmehr, dass Lenins Mitstreiter diesen zynischen und vulgären Pragmatismus vorbehaltlos als Beweis seiner »Größe« werteten.

Ich glaube, dass A. N. Potresow genau jenen Charakterzug Uljanows meinte, als er vom »verbrecherisch-genialen Lenin« sprach. (Potresow, W plenu u illjusij, Paris 1927, S. 99) Der bekannte Historiker M. Geller charakterisierte auf einer internationalen Konferenz in Neapel im November 1990 sehr anschaulich jenen unbedingten Machtwillen, von dem der Revolutionsführer besessen war: »Lenin war ein Mensch, der nur eine Idee, ein Buch, eine Zeitung und eine Partei gelten ließ. Natürlich meinte er damit seine Idee, sein Buch, seine Zeitung und seine Partei. Das, was Lenin Tag und Nacht beherrschte, lässt sich am besten mit dem Wort ›Macht‹ wiedergeben.« (»Russkaja mysl«, 21. Dezember 1990) Die »Phantastereien« Uljanows wurden allen widrigen Umständen zum Trotz Realität, sie etablierten sich im Sowjetstaat in Form von veränderten Lebensformen und ideologischen Institutionen. Darüber hinaus erwies sich der Leninismus, wie der russische Marxismus nun genannt wurde, als erstaunlich lebenstüchtig und übte bisweilen sogar eine gewisse Anziehungskraft aus. Die Idee der sozialen Gerechtigkeit, die Lenin unverhohlen für seine Zwecke benutzte, ist unsterblich. Allerdings werden die mittelalterlichen Methoden, mit deren Hilfe dieses Ziel erreicht werden sollte, kaum dazu geeignet sein, Millionen Menschen jemals wieder für dieses Ideal zu begeistern. Der Leninismus in seiner klassischen Form ging nicht deswegen zugrunde, weil Gorbatschow dies so »geplant« hatte. Die historische Mission Gorbatschows bestand vielmehr darin, den Zerfall des leninistischen Systems nicht aufzuhalten. Dieser Umstand wird häufig unklar herausgestellt. Dabei hatte Michail Sergejewitsch die ganze Zeit dazu aufgerufen, von Lenin die Fähigkeit zu radikalen Veränderungen zu erlernen.

Das monolithische System Lenins wurde nicht durch seine Unvollkommenheit ausgehöhlt, sondern durch sein Unvermögen, im Wettbewerb mit der kapitalistischen Welt auf menschlicher und ökonomischer Ebene zu bestehen. Die gesamte zivilisierte Welt kam nach den Oktoberereignissen von 1917 mit der Zeit zu der Erkenntnis, dass dies kein gangbarer Weg für die Zukunft war. In diesem Sinne profitierten die westlichen Demokratien vom Oktoberumsturz, was man allerdings keineswegs von den Völkern Russlands behaupten kann.

Macht und Krankheit

Im Dezember 1935 entdeckte Chodorowski, der Leiter der Krankenstation des Kreml, in einem geheimen Archiv Aufzeichnungen des verstorbenen Neuropathologen Professor W. Kramer, bei dem Lenin in Behandlung war. Natürlich setzte er umgehend die Mächtigen des Kreml davon in Kenntnis. Die Aufzeichnungen Kramers wurden im Geheimarchiv des ZK eingelagert, wo sie mehr als ein halbes Jahrhundert verblieben.

Der Professor schrieb, dass Lenin unter der Krankheit, an der er sterben sollte, »etwa zweieinhalb Jahre litt, wobei das Krankheitsbild derartig ungewöhnliche Symptome aufwies, dass sowohl russische als auch ausländische Neuropathologen keine Anzeichen für eine herkömmliche Erkrankung des Nervensystems ausmachen konnten«. (Archiv des Präsidenten) Bereits im zweiten Halbjahr 1921 war der Vorsitzende des Rates der Volkskommissare ernsthaft erkrankt, obwohl er weiterhin sehr viel und konzentriert arbeitete. Zur Illustration soll hier der normale Tagesablauf des 21. Juli 1921 dienen.

Um 11 Uhr kam Lenin mit dem Auto aus Gorki und fuhr sofort zu einer Sitzung des Politbüros. Dort gab es einen ganzen »Wust« von Fragen zu behandeln: Es ging um die Säuberung der Partei, den Kampf gegen den Hunger, den III. Kongress der Komintern, die Steuern, die Ankunft des amerikanischen Senators D. France, die bevorstehende Parteikonferenz des Gouvernements Moskau, die Akkreditierung eines britischen Diplomaten in Petrograd, die Bestätigung W. L. Kopps als bevollmächtigten Vertreter der RSFSR in Deutschland, eine Vielzahl von Kaderfragen …

Bis zur abendlichen Regierungssitzung, die an diesem Tag auf

18 Uhr angesetzt war, beschäftigte sich Lenin mit Schreiben und Diktieren, Arbeiten, denen er sehr gerne nachging. Folgende Personen wurden dabei diesmal von ihm mit einem Brief bedacht: der Bevollmächtigte des Volkskommissars für Produktion im Nordkaukasus, M. N. Frumkin; der Vertreter des Volkskommissars für Außenhandel, A. M. Leschaw; sein eigener Vertreter im Rat der Volkskommissare, A. I. Rykow; der Vertreter des Volkskomissars für Ernährung, N. P. Brjuchanow; die Kollegiumsmitglieder des Volkskommissariats für Außenhandel, Wojkow und Chintschuk; der Sekretär des WZIK, A. S. Enukidse; das Volkskommissariat für Landwirtschaft, vertreten durch I. O. Teodorowitsch; die Sekretärin Fotijewa; der Bibliothekar Manutscharjanz; der Vertreter des Volkskommissars für Bildung, E. A. Litkens. Darüber hinaus las Lenin Briefe und Telegramme, zeichnete Finanzdokumente und Mandate ab, sah Petitionen durch, führte Telefongespräche und befasste sich mit einem Brief des japanischen Korrespondenten P. Sawajama, dem er die Einreise nach Russland verweigerte …

Abends leitete Uljanow eine Sitzung des Rates der Volkskommissare, die sich mit einer Vielzahl von Fragen beschäftigte. Währenddessen verfasste der Regierungschef immer wieder Notizen, unterschrieb Dokumente, fuhr Schwätzern über den Mund, mahnte zur Ruhe und reagierte gereizt, wenn jemand den Raum betrat oder verließ.

So reichhaltig gestaltete sich also ein ganz gewöhnlicher Arbeitstag Lenins. (Lenin, Biografitscheskaja chronika, Bd. 10, S. 573–578) Unentwegt hatte er dem Wechselspiel von wirtschaftlichen und politischen Themen, Problemen des Parteilebens und der Diplomatie zu folgen. Eine Unmenge von unbedeutenden laufenden Angelegenheiten, damals mit dem Ausdruck »Fadennudeln« bezeichnet, nahm ihn in Anspruch, und er sprach mit einer Vielzahl von Menschen. Das ohnehin labile Nervenkostüm Lenins war einer andauernden Überlastung ausgesetzt. Es ist bekannt, dass er rasch in Erregung geriet, erblasste und die Fassung verlor, wenn er von dramatischen, unheilvollen Ereignissen in Kenntnis gesetzt wurde. So berichtet K. Radek über Lenins Reaktion bei einem Gespräch, welches er im April 1917 bei der Rückreise nach Russland im Zug mit Soldaten geführt hatte, die an der schwedischen

Grenze zugestiegen waren: »Iljitsch begann mit ihnen über den Krieg zu sprechen und wurde kalkweiß.«
Er konnte den Alltagslärm genauso wenig vertragen wie Unruhe oder Gespräche während der Sitzungen. Bisweilen reizte ihn sogar Violinenmusik. Laut Lydia Alexandrowna Fotijewa verlangte Lenin, als im Juli 1921 seine Wohnung im Kreml renoviert wurde, dass die Trennwände zwischen den Zimmern »absolut schallisoliert sein sollten und die Böden nicht knarren durften«.
Seine Nerven gaben Lenin mehrfach Anlass zur Klage. So schrieb er im Februar 1917 an seine Schwester Maria Iljinitschna: »Die Fähigkeit zur Konzentration auf die Arbeit ist wegen der kranken Nerven äußerst eingeschränkt.« (Lenin, PSS, Bd. 55, S. 368)
In seinen früheren Aufzeichnungen entdeckte man Adressen von Spezialisten für Erkrankungen der Psyche und des Nervensystems, die um die Jahrhundertwende in Leipzig praktizierten. (Archiv für neuere Geschichte)
Wenn Lenin in Erregung geriet, wenn er sich ereiferte, dann war er stets bereit, äußerst harte und auch grausame Maßnahmen zu ergreifen: Während der Revolution von 1905 gab er den Aufständischen in seiner Aufregung Empfehlungen, die als anomal und erschreckend zu bewerten sind.
Für den Kampf gegen Kosaken und Gendarmen riet Lenin beispielsweise, konsequent Messer, Schlagringe, Stöcke, benzingetränkte Lappen, Nägel, Pyroxilinsprengkörper, kochendes Wasser, Steine und Säure einzusetzen. Er forderte unter anderem dazu auf, die Schwarzhunderter niederzumachen, sie zu töten und über versprengte Kosaken herzufallen. (Lenin, PSS, Bd. 11, S. 339–343)
Es ist schier unvorstellbar, wie ein Mensch, der sich selbst für intelligent und sowohl journalistisch als auch literarisch begabt hielt, ein derart reichhaltiges und ausgeklügeltes Sortiment an sadistischen Methoden entwerfen konnte.
Ratschläge dieser Art formulierte Lenin gewöhnlich in den Minuten und Stunden psychischer Anspannung, nervlicher Gereiztheit oder auch in seelischen Extremsituationen.
Die durch die Dramatik der revolutionären Ereignisse gekennzeichneten Jahre nach dem Oktoberumsturz beschleunigten den Krankheitsverlauf. Besonders deutlich wurde dies seit dem Herbst 1922. Professor W. Kramer war bereits damals klar, dass »seine

Krankheit offensichtlich nicht allein auf eine Überanstrengung, sondern auch auf eine schwere Gefäßerkrankung des Gehirns zurückzuführen ist.« (Archiv des Präsidenten)

Nicht zufällig handelte es sich bei einem Großteil jener Ärzte, die Lenin in den Jahren 1922 und 1923 behandelten, um Psychologen und Neuropathologen. In der medizinischen Literatur heißt es, dass sich psychische Erkrankungen infolge einer Artereosklerose in Form von regelmäßigen Kopfschmerzen, Gereiztheit, Aufregung, lang anhaltenden Depressionen und Zwangsvorstellungen äußern. Diese Symptome konnten auch beim kranken Lenin festgestellt werden. Zum Beispiel behauptete Jewgeni Danilow, übrigens auch im Einklang mit meinen Recherchen, dass Lenin im Verlauf seiner Krankheit immer gereizter wurde, die Ärzte wegjagte und häufig sogar Krupskaja nicht sehen wollte. (»Prolog«, Nr. 5 [56])

Trotzdem stand der Revolutionsführer weiter an der Spitze von Partei und Staat. Manisch zwanghafte Ideen quälten ihn in der Regel so lange, bis er für sie eine praktische Lösung fand. Im Herbst 1922 zum Beispiel glaubte Lenin, dass nach der Niederlage der konterrevolutionären Kräfte im Bürgerkrieg nun die Kirche an der Spitze der geheimen, antisowjetischen Opposition stünde. Vermutlich werden wir niemals genau erfahren, in welchem Ausmaß die Krankheit die Entscheidungen Lenins beeinflusste. Bekanntlich war er auch schon früher in der Lage, grausame Entschlüsse zu treffen. Man erinnere sich in diesem Zusammenhang nur an seine Direktiven und Anweisungen von 1918, in denen er sich zu Hinrichtungen äußerte. Bei einer aufmerksamen Analyse der Situationen, in denen diese Entscheidungen gefällt wurden, fällt Folgendes auf: Je höher die nervliche Belastung des Führers der Bolschewiki war, desto radikaler und erbarmungsloser fielen seine Entscheidungen aus. Durch die unermessliche und unkontrollierte Macht, über die Lenin verfügte, verschlimmerte sich seine psychische Erkrankung zusehends.

Im August und September 1922 initiierte der Revolutionsführer die Verbannung der russischen Intelligenz ins Ausland. Zu jener Zeit, nach dem Schlaganfall vom Mai, häuften sich bei Lenin Gedächtnisschwächen, er wirkte zerstreut, und seine Fähigkeit, auf Ereignisse adäquat zu reagieren, ließ spürbar nach. Wie Professor

Kramer diagnostizierte, »kann er selbst die einfachsten arithmetischen Aufgaben nicht lösen und verliert – während das Denkvermögen vollständig erhalten bleibt – die Fähigkeit, sich etwas einzuprägen, selbst wenn es sich nur um einige kurze Sätze handelt«. (Archiv des Präsidenten)

Dass »das Denkvermögen vollständig erhalten« blieb, muss man selbstverständlich bezweifeln. M. I. Uljanowa erinnert sich beispielsweise, dass Lenin, »als die Ärzte ihn aufforderten, zwölf mit sieben zu multiplizieren, dazu nicht in der Lage war. Was ihn sehr deprimierte. Doch genau hier kam seine bekannte Hartnäckigkeit zum Ausdruck. Nachdem nämlich die Ärzte gegangen waren, mühte er sich drei Stunden mit der Aufgabe ab und löste sie schließlich durch Addition (12 + 12 = 24, 24 + 12 = 36 usw.).« (Iswestija ZK KPSS, 1991, Nr. 3, S. 189)

Nur zwei Monate später ordnete der Revolutionsführer die Verbannung der Intelligenz ins Ausland an, bewilligte den Antrag des WZIK, »zur Ermächtigung der GPU, außergerichtliche Urteile fällen und vollstrecken zu dürfen« (Archiv für neuere Geschichte) und konkretisierte strategische und taktische Fragen der III. Internationale. Dabei ging es um den Übergang vom direkten Angriff auf die »bürgerliche Festung« zu deren systematischen Belagerung.

Lenin war so schwer erkrankt, dass das Politbüro ausländische Ärzte zu Hilfe rufen musste. Diesbezüglich gab Stalin Krestinski in Berlin folgende Instruktionen:

»Mit allen verfügbaren Mitteln muss auf die deutsche Regierung dahingehend eingewirkt werden, dass die Ärzte Förster und Klemperer im Sommer nach Moskau kommen dürfen ... Geben Sie Förster fünfzigtausend Goldrubel (Klemperer wird in Moskau bezahlt). Sie dürfen ihre Familien mit sich nehmen; in Moskau wird für die allerbesten Bedingungen gesorgt werden.« (Archiv des Präsidenten)

Lenin wurden die Ärzte und ihre Behandlungsmethoden bald zuwider. Er schrieb an Stalin: »Bitte ergebenst darum, mich von diesem Klemperer zu befreien ... Ich wünsche dringend, von Förster erlöst zu werden. Meine Ärzte Kramer und Koschewnikow reichen mir vollkommen.« (Archiv des Präsidenten)

In der Korrespondenz, die seine Gesinnungsgenossen untereinander führten, fand das Anliegen des Kranken jedoch kaum Beachtung. So schlug Sinowjew vor: »Die Deutschen müssen bleiben; Iljitsch soll zur Beruhigung mitgeteilt werden, dass sich alle 80 Genossen, die von den Deutschen bereits vorher untersucht wurden, nochmals einer Kontrolle unterziehen müssen.« Die Mitglieder des Politbüros waren damit einverstanden.
Lenin bestand hartnäckig darauf, über die laufenden politischen Angelegenheiten informiert zu werden:

»Genosse Stalin!
Die Ärzte weben ganz offensichtlich eine Legende, die nicht ohne Dementi bleiben darf. Ein schwerer Anfall am Freitag brachte sie aus der Fassung, worauf sie eine ausgesprochene Dummheit begannen: sie versuchten, mir ›politische‹ Besprechungen zu verbieten (dabei verstehen sie selbst kaum, was damit gemeint ist). Ich war außerordentlich erzürnt und wimmelte sie ab. Am Donnerstag war Kamenew bei mir. Wir führten eine lebhafte politische Diskussion. Ich habe danach hervorragend geschlafen und fühlte mich wunderbar. Am Freitag setzte die Lähmung ein. Ich bitte Sie inständig, mir alles rechtzeitig mitzuteilen, falls sich die Krankheit verschlimmern sollte. Nur Dummköpfe können alles auf politische Gespräche schieben. Wenn ich mich dann und wann aufrege, dann liegt dies gerade an einem Mangel an aktuellen und kompetenten Gesprächen. Ich hoffe, Sie verstehen das und schicken diesen Dummkopf von einem deutschen Professor weg. Suchen Sie mich unbedingt auf, oder schicken Sie mir stattdessen ein Mitglied des ZK, das mir vom Plenum des Zentralkomitees berichtet …« (Archiv des Präsidenten)

Der kranke Lenin sah den Sinn des Lebens allein in der Politik. Freilich sprach er im Sommer 1922 einige Male davon, dass er sich in der Landwirtschaft versuchen wolle, wenn er sich nicht mehr mit der Politik beschäftigen könne. M. I. Uljanowa erinnert sich sogar, dass er erwog, Champignons und Kaninchen zu züchten. Doch wie nicht anders zu erwarten, waren diese »ökonomischen« Gespräche nicht ernst gemeint und wurden offenbar nur durch die ländliche Umgebung des Hofes in Gorki inspiriert.

Die Verdammung zur Tatenlosigkeit bedrückte den Revolutionsführer, und er bemerkte, dass ihn die Mitstreiter aus Sorge um seine Gesundheit immer weiter vom Steuerrad des russischen Revolutionsschiffes abdrängten. Den Unwillen der meisten Politbüromitglieder, Lenins letzte Artikel zu veröffentlichen, kann man nicht allein auf das Ränkespiel des Generalsekretärs zurückführen. In ihrem dahinsiechenden Führer sahen sie bereits keine vollwertige Persönlichkeit mehr. Lenin war sich dessen bewusst, und ich glaube, dass dies seine Leiden in besonderem Maße verschlimmerte.

Die immer wiederkehrenden Gefäßkrämpfe bedrückten Lenin, und er äußerte sich des Öfteren pessimistisch über seine Genesungsaussichten. Zu Beginn des Winters 1923 bemerkte Wladimir Iljitsch nach einem Krampf, der sich über einige Minuten hinzog, zu den anwesenden Ärzten Kramer und Koschewnikow: »Irgendwann einmal werde ich einen Schlaganfall bekommen, denn ein Bauer hat mir vor vielen Jahren geweissagt: Du, Iljitsch, wirst an einem Schlaganfall sterben. Auf meine Frage, warum er dieser Meinung sei, antwortete er: Weil bei dir der Hals krankhaft kurz ist.« Obwohl Lenin zu scherzen versuchte, konnte man spüren, dass er die Meinung des Bauern teilte. (Istwestija ZK KPSS, 199, Nr. 3, S. 185)

Die Ärzte, die Lenin nach 1921 in großer Zahl um sich hatte, begannen ab dem 29. Mai 1922, seine Krankheitsgeschichte aufzuzeichnen. Fast ein ganzes Jahr lang betreute der überaus aufmerksame Neurologe A. M. Koschewnikow diesen Bericht. Vom 6. Mai bis zum 4. Juli 1923 übernahm Professor W. W. Kramer diese Aufgabe, und über die letzte schicksalhafte Phase der Krankheit berichtete Professor W. P. Osipow. Dieser war vormals Leiter des Lehrstuhls für Psychiatrie an der militär-medizinischen Akademie Sankt Petersburg gewesen und galt als einer der bedeutendsten Spezialisten seines Fachgebietes. Im Folgenden zitiere ich einige Auszüge aus der Krankheitsgeschichte W. I. Lenins vom 3. Oktober 1922 (einem Zeitpunkt relativer Erholung) bis zum zweiten Schlaganfall im Dezember desselben Jahres:

10. Oktober. Koschewnikow und Kramer unterhielten sich mit Lenin nach der Abendsitzung im Rat der Volkskommissare. »… Wegen der früheren Erkrankung sind die Nerven ein wenig gereizt, und von Zeit zu Zeit steht ihm der Wunsch zu weinen ins Gesicht geschrieben; man erwartete, dass die Tränen im nächsten Augenblick aus den Augen schießen werden, doch Wladimir Iljitsch gelingt es, sie zu unterdrücken; er hat kein einziges Mal geweint.«

31. Oktober. Um 12 Uhr hielt Wladimir Iljitsch eine Rede vor dem WZIK (es war sein erster öffentlicher Auftritt nach dem Schlaganfall vom Mai, D. W.). »Er sprach energisch, mit lauter Stimme, war konzentriert und kam kein einziges Mal aus dem Konzept … Zu Hause hörte er Musik; das Klavier stimmte ihn zwar nicht missmutig, doch die Violine konnte er nicht hören, weil ihr Klang zu stark auf ihn einwirkte.«

Am Sonntag, dem 29. Oktober, hatten die Ärzte Kamenew aufgesucht. Bei der Unterredung waren auch Stalin und Sinowjew zugegen. »Kamenew erklärte, dass Wladimir Iljitsch auf der letzten Sitzung des Rates der Volkskommissare einen der Punkte aus dem geplanten Gesetzeswerk kritisiert hatte. Dabei war ihm entgangen, dass er die Seite umgeblättert und bereits einen anderen Absatz zu lesen begonnen hatte. Erneut setzte er mit seiner Kritik an, ohne zu merken, dass der Inhalt dieses Abschnitts ein völlig anderer war.«

13. November. »Wladimir Iljitsch hielt vor dem Plenum des Kongresses der Komintern eine einstündige Rede in deutscher Sprache. Er sprach frei, ohne Notizen und kam nicht aus dem Konzept … Nach dem Vortrag bekannte Wladimir Iljitsch gegenüber Doktor Koschewnikow, dass er an einer Stelle vergessen habe, worüber er bereits gesprochen hatte und was noch zu sagen sei …« Er berichtete, dass er am Vorabend ›eine kurzzeitige Lähmung im rechten Bein verspürt hatte‹.«

Auf dem IV. Kongress der Komintern, der unter dem Motto »Fünf Jahre russische Revolution und die Perspektiven der Weltrevolution« stand, hielt Lenin eine Rede zur Neuen Ökonomischen Politik und legte darin ein aufrichtiges Bekenntnis ab: »Wir haben eine ungeheure Menge an Dummheiten begangen und tun dies noch immer. Keiner kann das besser beurteilen und deutlicher erkennen als ich.« Nach einer Reihe internationaler Niederlagen hegte Lenin erhebliche Zweifel an den Aussichten der Weltrevolution. Der Revolutionsführer bezeichnete ihre Perspek-

tiven zwar als »günstig«, ging jedoch nur kurz darauf ein. Gegen Ende der Rede äußerte er sich zwar vorsichtig, doch bestimmt zum italienischen Faschismus, dessen Erfolg auf den unzulänglichen Bildungsstand der Menschen zurückzuführen sei. Darüber hinaus zeige jener Faschismus, dass das Land seiner Entstehung »noch nicht vor den Schwarzhundertern gefeit ist«. (Lenin, PSS, Bd. 45, S. 278–294)
Es handelte sich um eine ganz normale Rede Lenins, in der man schwerlich Symptome einer Geisteskrankheit finden wird. Trotzdem kostete der Auftritt den Revolutionsführer enorme Anstrengung. Er ging bis an die Grenze seiner Belastbarkeit und war nach seinem Schlusswort schweißüberströmt.
25. November. Als Lenin einen Korridor entlang ging, verspürte er plötzlich so starke Krämpfe in den Beinen, dass er stürzte. Nur mit Mühe konnte er sich wieder aufrappeln. Nach Konsultation der Ärzte entschied man, dass er nicht an den routinemäßigen Sitzungen teilnehmen dürfe und sich eine ganze Woche erholen müsse. Am 12. Dezember 1922 arbeitete Lenin in seinem Büro im Kreml, wo er A. I. Rykow, L. B. Kamenew, A. D. Zjurupa, F. E. Dserschinski und B. S. Stomonjakow empfing. Telefonisch gab er sein Einverständnis zur Verbannung »antisowjetischer Elemente« ins Ausland. Kurz gesagt, es handelte sich um einen ganz normalen Tag.
Noch ahnte niemand, dass es Lenins letzter Arbeitstag in seinen Amtszimmer sein sollte.
13. Dezember. »Doktor Koschewnikow und Professor Kramer waren bei Wladimir Iljitsch … Die Krämpfe treten nun schon täglich auf. Heute Morgen wurde er im Bett und beim Sitzbad von Krämpfen geschüttelt … Wladimir Iljitsch ist verwirrt und besorgt über die Verschlechterung seines Zustandes.«
16. Dezember. »Sein Befinden hat sich weiter verschlechtert. Lenin kann nur noch mit Mühe schreiben, doch der Text ist unleserlich, weil sich die Buchstaben gegenseitig überlagern. 35 Minuten lang konnte er weder den rechten Arm noch das rechte Bein bewegen. Es gelingt ihm nicht, mit der Fingerspitze die Nasenspitze zu berühren.« (Archiv für neuere Geschichte)
Fast jeden Tag notierten die Ärzte: »Gegen Abend begann er nervös zu werden« oder »seine Laune wurde schlechter« usw.

Lenin ertrug nur unter Qualen seine erzwungene Isolierung vom politischen Leben. Er war kaum mehr in der Lage zu schreiben. Dokumente und Akten zur Unterschrift wurden ihm nur noch selten vorgelegt. Immer weniger wurde der Revolutionsführer in die Arbeit des Rates der Volkskommissare und des Politbüros einbezogen.

Bereits auf einer Politbürositzung vom 20. Juli 1922 hatte man entschieden: »Begegnungen mit dem Genossen Lenin dürfen nur noch mit Erlaubnis des Politbüros stattfinden.« (Archiv des Präsidenten) Mit der Umsetzung dieses Beschlusses betraute man den Generalsekretär. Als sich jedoch im Oktober der Gesundheitszustand Lenins besserte, ließ man Milde walten. Nach und nach durften ihn Kamenew, Sinowjew, Molotow, Losowski, Swiderski, Smilga, Unschlicht und einige andere besuchen. Es schien, als sei Lenin wieder in den stürmischen Strom des Lebens eingetaucht. Dennoch war er sehr beunruhigt, da er die Symptome einer Verschlechterung seines Gesundheitszustandes herannahen spürte. Lenin merkte, dass ihm nur noch wenig Zeit blieb. Der schwer kranke Revolutionsführer begann, jene Materialien zu diktieren, die als »Letzte Briefe und Artikel von W. I. Lenin« (23. Dezember 1922–2. März 1923) in die Geschichte eingingen.

Am 23. Dezember diktierte er tagsüber der Dienst habenden Sekretärin M. A. Woloditschewa Teile eines dramatischen Dokuments. Wie er später der Stenographin mitteilte, handelte es sich dabei um einen »Brief an den Parteitag«. Der erste Satz war erschütternd: »Ich würde sehr empfehlen, auf diesem Parteitag eine Reihe von Änderungen in unserer politischen Struktur vorzunehmen …« Im Folgenden begann sich jedoch abzuzeichnen, dass Lenin in erster Linie um die Einheit der Partei besorgt war, dass er eine Spaltung des Zentralkomitees und eine übermäßige Bürokratisierung des existierenden Machtapparats befürchtete. Die Wurzeln dieser bürokratischen Gefahr erkannte er allerdings nicht. Lenin war nur von einer Idee überzeugt: Mehr Arbeiter und Bauern sollten in das ZK und in den Parteiapparat. Er glaubte, dass »Arbeiter, die in allen Sitzungen des ZK, in allen Sitzungen des Politbüros anwesend sind und alle Dokumente des ZK lesen, einen Stamm ergebener Anhänger der Sowjetordnung bilden können.« (Lenin, PSS, Bd. 45, S. 348) Er strebte ausschließlich

Änderungen operativer und taktischer Natur an: Die Zahl der Mitglieder des ZK sollte durch eine verstärkte Aufnahme von Arbeitern angehoben werden. All dies sollte am Vorabend der Verschärfung des Kampfes mit den »feindlichen Staaten« geschehen. Von einer wirklichen Änderung der »politischen Ordnung« konnte jedoch keine Rede sein.

Wir alle waren naive Menschen, und viele von uns blieben es, denn wir glaubten, man bräuchte nur die Menschen, also die »Mannschaft« auszuwechseln, und schon würde sich alles zum Besseren wenden. Chruschtschow, Breschnew, Andropow, Tschernenko und Gorbatschow stammten alle »von Arbeitern und Bauern« ab, ebenso fast alle Mitglieder des Politbüros und des ZK. Und dennoch besiegelte das eiserne Korsett der Bürokratie schon bald das Schicksal des leninistischen Systems. Diese Tatsache lässt sich nicht einfach mit dem Charakter einzelner Menschen und deren sozialer Herkunft erklären.

In seinem »Brief an den Parteitag« analysierte Lenin zwar sein personelles Umfeld, vermied dabei allerdings, seinen Nachfolger direkt zu benennen. Er zählte vielmehr jene Personen auf, die seiner Meinung nach nicht dazu geeignet waren. Das Schriftstück, das auch als »Testament« Lenins bezeichnet wird, sollte nach dem Willen des Autors absolut geheim bleiben. Uljanow bat darum, fünf Exemplare des Dokuments in versiegelten Umschlägen aufzubewahren, welche nach seinem Tod nur Nadjeschda Konstantinowna öffnen dürfe. Woloditschewa machte sich nicht die Mühe, den Umschlag zu beschriften. Nicht nur seine Mitarbeiter nahmen kaum noch Rücksicht auf Lenin, sondern auch die Sekretäre. Fotijewa, die Bürovorsteherin des Rates der Volkskommissare, informierte Stalin und einige andere Mitglieder des Politbüros über den Inhalt von Lenins Diktaten. So erhielt Stalin die Möglichkeit, Maßnahmen für eine Neutralisierung von Lenins Wünschen vorzubereiten und sich den Beistand der Gefährten am Vorabend des 13. Parteitages zu sichern. (Zum Zeitpunkt des 12. Parteitages war Lenin noch am Leben, weshalb der Brief »geheim« bleiben musste.) Ich glaube, dass der Brief an den Parteitag, der den Politbüromitgliedern vorab bekannt wurde, für die Entfachung des Machtkampfes eine verhängnisvolle Rolle spielte. Wie man den Inhalt des Schreibens auch drehen und wenden mag, so geht doch aus ihm hervor, dass Trotzki zwar ein übertriebenes Selbstbewusstsein besaß und administrativen Maßnahmen zu großes Gewicht beimaß, aber dennoch »der fähigste Mann im heutigen ZK« war, weil er über herausragende Begabungen verfügte. Über Stalin wird gesagt, dass er »zu grob« sei und von der ihm zur Verfügung stehenden Macht kaum »vorsichtig genug« Gebrauch machen werde. (Lenin, PSS, Bd. 45, S. 345, 346) So kam es, dass Lenin mit seinem Versuch, den Kampf und die Spaltung aufgrund persönlicher Differenzen zwischen Stalin und Trotzki zu verhindern, in Wirklichkeit die Auseinandersetzung zwischen den beiden nur noch verschärfte.

Das Schicksal des »Briefes an den Parteitag« ist dramatisch. Das Politbüro legte den Delegierten eine abgeänderte Fassung des Dokuments vor, in welcher Lenins Kritik an Stalin verschwiegen wurde, und empfahl, Stalin im Amt des Generalsekretärs zu bestätigen. Danach verschwand der Brief jahrzehntelang in den Parteiarchiven. Es wäre verfehlt, allein die Person Stalin dafür verantwortlich zu machen. Das von Lenin geschaffene System hätte auf jeden Fall seinen »Stalin« gefunden, und die »Diktatur des Proletariats« mit ihrem Einparteisystem hätte sich unausweichlich in ein autoritäres Regime verwandelt.

Bis Anfang März diktierte Lenin einige Briefe und Aufsätze über die gesetzgebenden Funktionen der Staatlichen Plankommission, über die Nationalitätenfrage, das Genossenschaftswesen, die Besonderheiten der Revolution und über die Arbeiter- und Bauerninspektion.

Man darf den letzten Diktaten Lenins nicht ihre politische und praktische Bedeutung absprechen. Unvergänglich blieb seine Idee von der Bedeutung »der Union sozialistischer Republiken« und der Rolle des Genossenschaftswesens. In diesen Fragen ging Lenin so weit, zu erklären, »dass sich unsere ganze Auffassung vom Sozialismus grundlegend geändert hat.« (Lenin, PSS, Bd. 45, S. 376) Viele richtige Leitsätze wurden jedoch durch das alte politische Anliegen entwertet: Verschiedene Ansichten sollten geändert werden, weil »bereits heute die ganze Welt in eine Bewegung eingetreten ist, die zu einer internationalen sozialistischen Revolution führen muss.« (Lenin, PSS, Bd. 45, S. 403)

Am erstaunlichsten ist wohl, dass Lenin Ende Dezember und im

Januar überhaupt noch in der Verfassung war, dieses sehr umfangreiche Material zu diktieren. Es war, als hätte ihm das Schicksal noch einmal die Chance gegeben, sich und seine Bedeutung zu erklären. Lenin ließ diese Gelegenheit nicht ungenutzt. Daher lag sein ehemaliger scharfsinniger Gegner Wiktor Michajlowitsch Tschernow wohl falsch, als er behauptete, dass Uljanow »geistig und politisch schon mindestens ein Jahr zuvor gestorben ist«. (»Wolja Rossii«, Nr. 3, 1924)

Während seiner Krankheit las der Revolutionsführer wiederholt Gorkis Artikel »Wladimir Iljitsch Lenin«, verlangte nach Trotzkis Aufsatz »Das Nationale an Lenin« und nach Werken von Bucharin und anderen Gesinnungsgenossen. Schließlich ließ er sich Briefe und Telegramme mit Genesungswünschen und Lobliedern aus verschiedenen Teilen Russlands vorlesen. Lenin ging nun häufig in sich: Wie würden ihn die Menschen in Erinnerung behalten, was hatte er ihnen gegeben, und was hatte er erreicht?

Er befand sich nun in einer Phase, in der er sein ganzes Leben Revue passieren ließ und philosophisch bewertete. Doch in seinen letzten Gesprächen, Notizen und Artikeln gibt es kein einziges Anzeichen dafür, dass er je irgendeinen seiner Schritte bereut hätte.

Die lange Agonie

Lenin war bereits nicht mehr Herr seines Schicksals. Professor Kramer erwähnt in seinen Erinnerungen, dass bis März 1923 Hoffnung auf eine Genesung bestand, obwohl sich im Februar erneut »zunächst unbedeutende, später dann schwerwiegendere Sprachstörungen, die allerdings immer nur von kurzer Dauer waren«, bemerkbar machten. »Gelegentlich fiel es Wladimir Iljitsch schwer, sich an ein Wort, das er gerade benötigte, zu erinnern, und bisweilen äußerten sich diese Störungen darin, dass er nicht in der Lage war, das zu lesen, was er der Sekretärin diktiert hatte. Schließlich begann er, Gedanken zu artikulieren, die völlig unverständlich waren.« (Archiv des Präsidenten)

Als seine beste »Übersetzerin« erwies sich Nadjeschda Konstantinowna, die mit stoischer Gelassenheit ihr qualvolles Kreuz trug. Nach jenem denkwürdigen Telefongespräch hatte Stalin sie nicht mehr belästigt, er ignorierte Krupskaja einfach. Der Generalsekretär war der Verpflichtung überdrüssig, sich um die Behandlung des Revolutionsführers kümmern zu müssen, da er für dessen Genesung wenig Hoffnung sah. Auf der Sitzung des Politbüros am ersten Februar 1923 verlas er eine Erklärung, in der er darum bat, von den Befugnissen entlastet zu werden, die »die Umsetzung der ärztlichen Verordnungen für den Genossen Lenin betreffen«. Das Gremium lehnte diesen Antrag einstimmig ab. (Archiv des Präsidenten)

Anfang März 1923 war Lenin über die sogenannte »georgische Angelegenheit« besorgt. Der Konflikt zwischen der Mdiwani-Gruppe und dem transkaukasischen Gebietskomitee der RKP erschütterte die eben erst geschaffene Union der Republiken. Lenin war zwar mit der Haltung Mdiwanis nicht einverstanden, sah jedoch zum gegenwärtigen Zeitpunkt die größere Gefahr nicht in einem örtlichen Nationalismus, sondern in einem Großmachtchauvinismus, wie ihn G. K. Ordschonikidse, F. E. Dserschinski und J. W. Stalin vertraten.

Da Lenin der Nationalitätenfrage eine besondere Bedeutung beimaß, diktierte er ein Schreiben an Trotzki mit der Bitte, er möge »die Sache der Georgier im ZK der Partei … verteidigen. Die Sache wird zur Zeit von Stalin und Dserschinski ›verfolgt‹, und ich kann mich nicht darauf verlassen, dass sie hier unvoreingenommen reagieren.« (Lenin, PSS, Bd. 54, S. 329)

Trotzki jedoch schützte eine Krankheit vor und entzog sich auf diese Weise dem letzten Wunsch des Revolutionsführers. Der »zweite Mann« der russischen Revolution begriff, dass er, wenn er sich der »georgischen Angelegenheit« annahm, einen direkten, offenen Konflikt mit dem Generalsekretär heraufbeschwören würde. Trotzki zog es daher vor, einfach abzuwarten.

Nachdem Lenin von Trotzkis Absage erfahren hatte, diktierte er am darauffolgenden Tag den letzten Brief seines Lebens an P. G. Mdiwani, F. E. Macharadse und andere: »Aus ganzem Herzen sorge ich mich um Ihre Sache. Ich bin über die Grobheit Ordschonikidses und über die allzu große Nachsicht Stalins und Dserschinskis bestürzt. Ich bereite für Ihre Sache einige Schreiben und eine Rede vor.« (Lenin, PSS, Bd. 54, S. 330) Doch er konnte sein Vorhaben nicht mehr in die Tat umsetzen.

Der Revolutionsführer diskutierte gewöhnlich die ihn bewegenden Fragen mit Krupskaja. Er hatte seinen »geheimen Brief«, in dem er sich mit seinen Mitstreitern und insbesondere Stalin auseinandersetzte, nicht vergessen und war willens, das georgische Problem zu lösen. Dieser russifizierte Nationalist konnte ernsthaft die Situation verderben. Krupskaja hielt es nicht länger aus und gestand, dass Stalin sie zweieinhalb Monate zuvor, im Dezember 1922, am Telefon beleidigt hatte.

Am nächsten Tag, dem 6. März, schrieb W. Kramer, der eine ständige Sprachstörung und eine Lähmung der Gliedmaßen feststellte, »dass ohne erkennbare Ursache ein zweistündiger Anfall eintrat, der sich in einem völligen Verlust der Sprache und einer totalen Lähmung der rechten Extremitäten äußerte.« (Archiv des Präsidenten) Natürlich konnten die Ärzte den wahren Grund für diese plötzliche Krise nicht ahnen.

Am 8. und 9. März schien es, als habe es sich, wie früher, nur um einen vorübergehenden Anfall gehandelt. Am Abend des 9. März gab Lenin Krupskaja zu verstehen, dass es ihm besser ginge. (Archiv für neuere Geschichte) Doch am 10. März ereignete sich laut den Aufzeichnungen von Professor Kramer ein weiterer Anfall, der zu »dauerhaften Veränderungen im Bereich der Sprache sowie bei den rechten Extremitäten« führte. (Archiv des Präsidenten)

Krupskaja vollendete am 3. Februar 1924 ihre Erinnerungen mit dem Titel »Das letzte halbe Jahr im Leben von Wladimir Iljitsch«, die erstmals 1989 veröffentlicht wurden. Die Lebensgefährtin des Revolutionsführers bekräftigte, dass »die letzte Krankheit« von Wladimir Iljitsch »in zwei Abschnitte zerfällt. Die erste Phase, die bis Juli andauerte, ging mit einer steten Verschlechterung einher. Dieser Zeitraum war von schweren physischen Leiden und heftiger nervöser Gereiztheit gekennzeichnet ...« (Iswestija ZK KPSS, 1989, Nr. 4, S. 169)

Lenin wurde von vielen Ärzten aufgesucht. Zunächst konsultierte man noch einheimische Experten, doch schon bald gingen Telegramme an Krestinski nach Berlin, der bessere Therapeuten, Neuropathologen und Psychiater hinzuziehen sollte. Am 15. März beschloss das Politbüro, den Ärztestab zu erweitern und »alle medizinischen Kräfte heranzuziehen, die, in welchem Maße auch immer, zur Erstellung einer Diagnose und zur Heilung des Genossen Lenin beitragen könnten«. Stalin, Sinowjew und Rykow wurden beauftragt, die entsprechenden Maßnahmen in die Wege zu leiten. (Archiv des Präsidenten)

Damit wurde eine weitere Parteitradition begründet: Für die medizinische Versorgung der Führungsspitze wurden weder Kosten noch Mühen gescheut. Die besten Ärzte waren gerade gut genug. N. Krestinski meldete aus Berlin, dass die Professoren Minkowski, Strümpel, Bumke und Nonne anreisen würden. Mit anderen Ärzten werde noch verhandelt. Man klärte schließlich die Frage, ob die Ärzte in Pfund, Dollar oder Mark gezahlt werden sollten. (Archiv des Präsidenten) Stalin beauftragte S. Simanowski, den bekannten Spezialisten Genschen aus Schweden kommen zu lassen. Dessen Honorarforderung von 25.000 schwedischen Kronen wurde von Moskau widerspruchslos akzeptiert. (Archiv des Präsidenten)

Man entschloss sich also, zu Lenins Behandlung internationale Spezialisten einzuschalten. Der Personenkreis, der im Lauf der Zeit zur Behandlung herangezogen wurde, war beeindruckend. Es handelte sich um die Therapeuten P. I. Elistratow, G. Klemperer, L. G. Lewin, O. Minkowski, A. von Strümpel, die Neuropathologen und Psychiater W. M. Bechterew, O. Bumke, S. M. Dobrogajew, A. M. Koschewnikow, W. W. Kramer, M. B. Krol, M. Nonne, W. P. Osipow, O. Förster, S. E. Genschen und einige andere.

M. I. Uljanowa erinnert sich in ihren Memoiren, die erst im Dezember 1989 erschienen:

»Im Winter der Jahre 1920/21 und 1921/22 fühlte sich Wladimir Iljitsch schlecht. Kopfschmerzen und Arbeitsunfähigkeit beunruhigten ihn stark. Ich weiß nicht genau, wann, aber irgendwann in diesem Zeitraum sagte Wladimir Iljitsch zu Stalin, dass er wahrscheinlich an der Lähmung sterben werde, und nahm Stalin das Versprechen ab, ihm in diesem Falle dabei zu helfen, Zyankali aufzutreiben und zu verabreichen. Stalin versprach es.

Warum wandte sich Wladimir Iljitsch mit dieser Bitte an Stalin?

Weil er ihn als harten, stählernen Menschen kannte, dem jedwede Sentimentalität fremd war. Eine geeignetere Person hätte Lenin nicht finden können.«

Maria Iljinitschna kehrt in ihren achtseitigen Aufzeichnungen nochmals zu diesem Thema zurück:

»Wladimir Iljitsch richtete sich mit eben jener Bitte nach dem ersten Anfall im Mai 1922 an Stalin. Wladimir Iljitsch glaubte damals, dass es mit ihm zu Ende gehe, und forderte daher, so schnell wie möglich Stalin kommen zu lassen. Diese Bitte war so eindringlich, dass man es nicht über sich brachte, sie abzuschlagen. Stalin blieb nicht länger als fünf Minuten bei Wladimir Iljitsch. Als er Iljitsch verlassen hatte, erklärte er gegenüber Bucharin und mir, Wladimir Iljitsch habe ihn gebeten, Gift zu beschaffen, weil, so behauptete Stalin, die Zeit gekommen sei, das früher gegebene Versprechen einzulösen. Stalin habe auch jetzt seine Zusage gegeben. Sie hätten sich verabschiedet, und Stalin sei gegangen. Doch nachdem wir darüber gesprochen hatten, entschieden wir, dass man Wladimir Iljitsch aufmuntern müsse, und Stalin ging erneut zu Wladimir Iljitsch. Er sagte ihm, nach Rücksprache mit den Ärzten sei er zu der Überzeugung gelangt, dass noch nicht alles verloren sei … Wladimir Iljitsch lebte merklich auf und stimmte zu, obwohl er Stalin fragte:
›Sagen Sie auch die Wahrheit?‹
›Wann haben Sie jemals erlebt, dass ich Ihnen nicht die Wahrheit gesagt habe? …‹« (Archiv für neuere Geschichte)

Wenngleich es in den Erinnerungen von M. I. Uljanowa gewisse Ungenauigkeiten gibt, belegen sie dennoch, dass Lenin der Gedanke an Selbstmord seit dem Beginn dieser schicksalhaften Krankheit nicht mehr losließ.
Charakteristisch für Stalin ist, dass er in beiden Fällen versprach, den Willen des Vorsitzenden des Rates der Volkskommissare auszuführen. Ich glaube, dies lag im persönlichen Interesse Stalins, der eine Annäherung Lenins an Trotzki fürchtete und schon seit langem weitreichende, ehrgeizige Pläne hegte.
Ein Dokument aus den Archiven der Partei gibt hierzu genaueren

Aufschluss. Aufgrund seiner Wichtigkeit werde ich es hier vollständig wiedergeben:

»Streng geheim.

An die Mitglieder des Politbüros

Am Samstag, dem 17. März, sprach mich Genossin Uljanowa (N. K.) im Zusammenhang mit der streng geheimen ›Bitte von Wladimir Iljitsch an Stalin‹ darauf an, dass ich, Stalin, mich verpflichtet hätte, Wladimir Iljitsch eine Dosis Zyankali zu beschaffen und auszuhändigen. Im Verlaufe des Gesprächs sagte N. K., dass ›Wladimir Iljitsch unvorstellbare Qualen durchleidet‹, dass ›ein Weiterleben auf diese Art undenkbar ist‹, und bestand beharrlich darauf, ›Iljitsch seine Bitte nicht abzuschlagen‹. Angesichts der besonderen Hartnäckigkeit von N. K. und angesichts dessen, dass Wladimir Iljitsch meine Einwilligung forderte (während meines Gesprächs mit ihr in Lenins Arbeitszimmer rief Wladimir Iljitsch zweimal N. K. zu sich und forderte aufgeregt die ›Einwilligung Stalins‹; daher waren wir beide Male gezwungen, das Gespräch zu unterbrechen), hielt ich es nicht für möglich, dies abzuschlagen, und erklärte: ›Ich bitte darum, Wladimir Iljitsch zu beruhigen und mir zu glauben, dass ich, falls nötig, ohne Bedenken seine Forderung erfüllen werde.‹ Wladimir Iljitsch beruhigte sich tatsächlich.

Ich muss jedoch leider zugeben, dass ich nicht über die Kraft verfüge, die Bitte Wladimir Iljitschs zu erfüllen, und gezwungen bin, von dieser Mission, wie human und notwendig sie auch sein möge, Abstand zu nehmen, wovon ich nun das Politbüro des ZK in Kenntnis setze.

21. März 1923 I. Stalin«.

Das nächste Zitat zeigt die Reaktion der Mitglieder des Politbüros auf Stalins Mitteilung:

»Ich habe sie zur Kenntnis genommen. Ich glaube, dass die ›Unentschlossenheit‹ Stalins verständlich ist. Es wäre ratsam, im engen Kreis der Politbüromitglieder darüber einen Meinungsaustausch durchzuführen, jedoch ohne technische Sekretäre.

Tomski

Gelesen von: G. Sinowjew
Molotow
N. Bucharin
Trotzki
L. Kamenew« (Archiv des Präsidenten)

Es existiert noch eine weitere Mitteilung Stalins, die zwar undatiert ist, aber offensichtlich vom 17. März 1923 stammt:

»Streng geheim

An Simowjew und Kamenew
Eben ließ mich Nadjeschda Konstantinowna zu sich rufen und erklärte mir im Vertrauen, dass sich Iljitsch in einem ›schrecklichen‹ Zustand befinde, von Anfällen gequält werde, auf diese Art nicht weiter leben wolle und könne und daher unbedingt Zyankali verlange. Sie informierte mich davon, dass sie versucht habe, ihm das Zyankali zu geben, aber ihre Standhaftigkeit dazu nicht ausreichte, weshalb es der ›Unterstützung Stalins‹ bedürfe.
Stalin.
Das darf auf *keinen Fall* geschehen. Förster macht uns Hoffnungen, wie kann man dann an so etwas denken? Ja, wenn keine Hoffnung bestünde, aber so. Nein, nein und nochmals nein!
G. Sinowjew
L. Kamenew« (Archiv des Präsidenten)

Die Dokumente belegen, dass die Selbstmordgedanken in Lenins Gehirn fest verankert waren.
Doch bislang ist nicht völlig geklärt, wie Lenin, der sein Sprachvermögen verloren hatte, um die »Zyankalikapsel« bitten konnte. Möglicherweise hat er diesen Wunsch mit Gesten zum Ausdruck gebracht. Es ist auch nicht auszuschließen, dass Krupskaja, die durch den Zustand ihres Gatten bis an den Rand der Verzweiflung getrieben wurde und ihre eigene Schwäche so lange unterdrücken musste, kurz davor stand, Lenins Wunsch zu erfüllen. Aber woher hätte sie das Zyankali bekommen können? Schließlich handelt es sich dabei nicht einfach um ein Präparat, das neben den Hustenpastillen liegt. Vielleicht hat Stalin es ihr gegeben? Doch dies wird ein Geheimnis der Geschichte bleiben.

Nicht weniger wichtig ist auch ein weiterer Umstand: Stalin erklärte jedes Mal sein Einverständnis, das Gift »ohne Bedenken« verabreichen zu wollen. Darüber hinaus hielt er diese »Mission« für »human und notwendig«. Diese Bereitschaft wirft nicht nur ein bezeichnendes Licht auf die »Moral« Stalins, in ihr äußert sich auch der kaum verhohlene Wunsch, die Entscheidung zu beschleunigen. Während sich die Ärzte noch mit dem schwer kranken Lenin abmühten, entbrannte im Politbüro der Kampf um das Erbe. Man sparte nicht an Geld und Kräften für Lenins Behandlung, doch damit sollte eher der »rechte Glaube« an den Leninismus, an die Idee und die Sache des Revolutionsführers demonstriert werden. Die täglichen Bulletins über Lenins Gesundheitszustand waren so vage gehalten, dass es fast unmöglich schien, ihnen etwas über den wirklichen Zustand des Kranken zu entnehmen. Das ZK der Partei hatte bereits gelernt, Informationen zu manipulieren. Es wurde nur das mitgeteilt, was man für absolut notwendig hielt, um die politische Ruhe zu gewährleisten:

»Bulletin Nr. 3
Zum Gesundheitszustand von Wladimir Iljitsch
Die Sprachschwierigkeiten sowie die Schwäche des rechten Armes und des rechten Beines sind weiter unverändert. Der allgemeine Gesundheitszustand hat sich gebessert, die Temperatur beträgt 37,0 Grad, der regelmäßige und völlig normale Puls liegt bei 90 in der Minute.
14. März 1923, 14 Uhr, Professor Minkowski, Professor Förster, Professor Kramer, Privatdozent Koschewnikow, Volkskommissar für Gesundheit Semaschko.«

»Bulletin Nr. 6
Fortschritte im Artikulationsvermögen und eine gesteigerte Motorik des rechten Armes und Beines konnten festgestellt werden. Der allgemeine Gesundheitszustand ist weiterhin gut.
17. März 1923, 13 Uhr« (Archiv des Präsidenten)

Nach dem 10. März 1923, an dem sich der Schlaganfall ereignete, finden sich im »Tagebuch des diensthabenden Arztes« Ausführungen, die ein recht anschauliches Bild von Lenins Zustand vermitteln.

11. März. »… Doktor Koschewnikow ging um Viertel nach elf zu Wladimir Iljitsch. Dessen Gesichtsfarbe war bleich, aschfahl, auf dem Gesicht und in den Augen lagen Traurigkeit … Die ganze Zeit über versuchte er, etwas zu sagen, aber er brachte nur leise, unartikulierte Laute zustande … Heute verstand Wladimir Iljitsch vor allem gegen Abend immer weniger von dem, was man ihm sagte. Manchmal erwiderte er ›nein‹, wenn er eigentlich mit ›ja‹ hätte antworten müssen.«
12. März. »Heute kamen die Professoren Minkowski und Förster an. Vom Bahnhof fuhr Doktor Koschewnikow mit ihnen direkt auf eine Sitzung des Politbüros und von dort zu Wladimir Iljitsch … In Hinblick auf das Nervensystem ist er (offensichtlich) bei vollem Bewusstsein, er leidet unter einer fast vollständigen motorischen Aphasie. Heute konnte Wladimir Iljitsch nichts sagen … Wladimir Iljitsch versteht kaum, worum man ihn bittet. Man gab ihm einen Füllfederhalter, seine Brille und ein Messer. Auf die Aufforderung, die Brille zu reichen, händigte sie Wladimir Iljitsch aus; auf die Bitte nach dem Stift reichte Wladimir Iljitsch erneut die Brille (sie lag für ihn von allem am nächsten) … Nach der Visite bei Wladimir Iljitsch fuhren die Ärzte wieder ins Politbüro …« (Archiv für neuere Geschichte)
17. März. »Nach der ärztlichen Visite hat Wladimir Iljitsch gut zu Mittag gegessen. Nach einiger Zeit wollte er irgendeinen Gedanken oder Wunsch zum Ausdruck bringen. Doch als weder die Krankenschwester noch Marija Iljinitschna oder Nadjeschda Konstantinowna Wladimir Iljitsch folgen konnten, geriet er in furchtbare Erregung, worauf man ihm Brom gab und Marija Iljinitschna mit Doktor Koschewnikow telefonierte, der schließlich auch kam …« (Archiv für neuere Geschichte)

Im Mai begann sich der Gesundheitszustand wider Erwarten langsam zu bessern. Man trug Lenin auf die Veranda der Kremlwohnung, und am 15. Mai brachte man ihn unter strengsten Sicherheitsmaßnahmen in Begleitung einer Gruppe von Ärzten nach Gorki. Die Reise dorthin ging ohne großes Aufsehen und langsam vonstatten. Die ganze Operation erinnerte an die Aktion der Pioniere nach dem Zweiten Weltkrieg, die Blindgänger aus bevölkerungsreichen Gebieten abtransportierten, um sie auf freiem Feld zur Detonation zu bringen.

Koschewnikow schrieb, dass Lenin »zu Kräften gekommen war und anfing, Interesse gegenüber seinem Zustand und seiner Umgebung zu bekunden. Er erholte sich von den sogenannten sensorischen Anzeichen der Aphasie und begann, sprechen zu lernen« (Archiv des Präsidenten). Zunächst bemühte sich der hinzugezogene Arzt und Logopäde S. M. Dobrogajew zusammen mit Krupskaja um die Wiederherstellung des Sprachvermögens bei Lenin. Später dann wurde die Therapie ausschließlich seiner Ehefrau überlassen. (Archiv für neuere Geschichte)

Wie aus den medizinischen Unterlagen und aus der wichtigen Forschungsarbeit von B. Rawdin hervorgeht, war der Wortschatz Lenins nach dem 10. März äußerst begrenzt: »da«, »führe!«, »gehe!«, »geht!« und »olala«. Als multiplexen Ausdruck begann er »eben« zu gebrauchen, ein Wort, mit dessen Hilfe er Zustimmung andeutete, Einwand erhob, Forderungen aufstellte, Entrüstung ausdrückte, Bitten formulierte und ein Gespräch vorantrieb. Gewöhnlich verwendete er einzelne Wörter rein zufällig, und wenn sie bisweilen auch mehrmals in verschiedenen Kontexten vorkamen, so doch durchweg in sinnentstellender Form.

Nach langer Übung gelang es Lenin, Nadjeschda Konstantinowna einzelne Wörter wie »Versammlung«, »Zelle«, »Bauer«, »Arbeiter«, »Volk«, »Revolution« oder »Menschen« nachzusprechen. In ihrem Lernprogramm benutzte Krupskaja ein verkürztes Alphabet, grundlegende didaktische Übungen und die einfachsten Mittel zur Spracherlernung. Doch das gesamte Wortmaterial blieb nicht in Lenins Gedächtnis gespeichert, und ohne die Vorgaben der Gattin hätte er selbständig kein einziges Wort äußern können. Das mächtige Gehirn trug durch die Krankheit einen irreversiblen Schaden davon. Nach und nach starb Lenins Denkvermögen ab; er entwickelte sich fast zu einem Säugling zurück. Interessant sind in diesem Zusammenhang die Aufzeichnungen des Künstlers Ju. Annenkow:

»Im Dezember 1923 brachte mich L. B. Kamenew nach Gorki,

wo ich ein Porträt, eine genaue Skizze des kranken Lenin anfertigen sollte. Wir trafen Krupskaja. Sie sagte, dass man an ein Porträt nicht einmal denken dürfe. Tatsächlich konnte Lenin, wie er halb in eine Decke eingewickelt in seinem Liegestuhl lag und mit dem hilflosen, verzerrten Lächeln eines Menschen, der in die Kindheit zurückgefallen war, an uns vorbei blickte, nur noch als Anschauungsmaterial für seine furchtbare Krankheit, nicht aber für ein Porträt dienen.« (»Nowy schurnal«, 1961, Nr. 65, S. 149, 141, und 142)

Nach dem Tode Lenins wollten die offiziellen Geschichtsschreiber unbedingt die »Größe des kranken Revolutionsführers« hervorheben. So erzählte S. P. Sokolow, der zu Lenins Wachmannschaft gehört hatte, dass Lenin im Herbst 1923 in Gorki ein Sessel als Geschenk der kommunistischen Partei Großbritanniens überreicht worden sei. Der Revolutionsführer habe daraufhin überlegt und angeblich den Namen eines Kommissars genannt, der an der Front beide Beine verloren hatte: »Ihm werden wir diesen Sessel schikken. Denn er wird nie wieder gehen können, und bei mir geht es bislang auch noch ohne.« (»Snanie – sila«, 1990, Nr. 4, S. 24) Mythen und Legenden waren schon immer feste Bestandteile der bolschewistischen Geschichtsschreibung.
Krupskaja bemühte sich selbstlos, Lenin wenigstens ein elementares Kommunikationsvermögen zu vermitteln. Sie versuchte nicht nur, seine Sprachfähigkeit wiederherzustellen, sondern unterrichtete ihn auch in Rechtschreibung. Die ersten Worte, die die Hand Lenins mit Unterstützung der Gattin zustande brachten, lauteten »Mama« und »Papa«.
Dank der Fürsorge der Ärzte und Krupskajas ließ sich im zweiten Halbjahr 1923 eine gewisse Verbesserung in Lenins Allgemeinbefinden feststellen. Er konnte nun mit Hilfe eines Stockes langsam im Zimmer umhergehen. Durch Zeichen, einzelne Worte und Gesten gelang es ihm, eine elementare Kommunikation mit seiner Umgebung herzustellen. Der Arzt W. Kramer kommentierte diesen Prozess wie folgt: »Im November und besonders im Dezember war er in der Lage, bereits einige Worte selbständig zu formulieren, er lernte, mit der linken Hand noch besser zu schreiben, konnte sogar lesen, und wenn er die Zeitung durchsah, so

wies er durchweg auf das hin, was ihn am meisten interessierte.« (Archiv des Präsidenten)

Mit dem Bulletin Nr. 35, das am 16. Mai 1923 veröffentlicht wurde, stellte man die Mitteilungen über Lenins Gesundheitszustand ein. In der Bevölkerung kam der Eindruck auf, dass es ihm besser gehe und die völlige Genesung des Vorsitzenden des Rates der Volkskommissare nicht mehr allzu lange auf sich warten lassen würde. Lenin wollte unbedingt nach Moskau fahren. Am 18. Oktober 1923 machte man sich schließlich bei Einbruch der Dämmerung auf den Weg. Krupskaja schrieb dazu: »Eines schönen Tages ging er in die Garage, setzte sich in das Auto und bestand darauf, umgehend nach Moskau zu fahren.« Auf seiner Reise begleiteten ihn N. K. Krupskaja, M. I. Uljanowa, die Professoren W. P. Osipow und W. N. Rosanow sowie einige Mitarbeiter der Wachmannschaft. Im Kreml wurde er bereits von den Bediensteten erwartet. Mit Mühe stieg er die Stufen in seine Wohnung hinauf, wo er neugierig die Einrichtung, die Bücher und verschiedene private Dinge betrachtete. Doch schon bald musste er sich niederlegen, um auszuruhen. Dem ohnehin schwer angegriffenen Organismus hatte die eineinhalbstündige Reise stark zugesetzt.

Am darauffolgenden Tag suchte Lenin zum letzten Mal in seinem Leben sein Arbeitszimmer im Kreml auf, ging in den leeren Sitzungssaal des Rates der Volkskommissare und trat in den Hof hinaus. Der Revolutionsführer hatte sich eine Reihe von Büchern aus seiner Bibliothek ausgesucht und äußerte schließlich den Wunsch, eine Fahrt durch Moskau zu unternehmen. Die »Expedition« führte zur Allrussischen Ausstellung der landwirtschaftlichen und industriellen Produktion, doch starker Regen störte die Besichtigung. Man kehrte in den Kreml zurück, um die Bücher zu holen, und machte sich dann auf den Weg nach Gorki, das zu Lenins letzter Zufluchtsstätte werden sollte. (Archiv für neuere Geschichte)

Ein hochgeschätzter Professor äußerte einmal, Lenin sei damals gekommen, um sich von Moskau zu verabschieden. Ich weiß nicht, ob das zutrifft. Ich glaube allerdings, dass Lenin zu jener Zeit kaum in der Lage gewesen sein dürfte, so komplizierte intellektuelle Entscheidungen zu treffen. Wie eine spätere Autopsie zeigte, war sein Gehirn durch die Krankheit bereits in solchem

Maße geschädigt, dass viele Fachärzte selbst über sein elementares Kommunikationsvermögen erstaunt waren. Laut Aussage von Semaschko, dem Volkskommissar für Gesundheit, war die Verhärtung der Gefäße schon so weit fortgeschritten, dass die Arterien wie versteinert waren, als man sie bei der Autopsie mit einer Metallpinzette abgeklopft hatte. Viele Gefäßwände waren so angeschwollen und die Gefäße selbst so verengt, dass nicht einmal ein Haar mehr hindurchgepasst hätte. (Louis Fischer, Das Leben Lenins) Lenin war ein schwer kranker Mann, der nur noch dank der beispiellosen Fürsorge der Ärzte und des großen Freundeskreises weiterlebte.
Der Künstler Ju. Annenkow, der nach Lenins Tod zur Auswahl von Fotografien und Zeichnungen für Bücher herangezogen wurde, welche dem Revolutionsführer im Wladimir-Iljitsch-Lenin-Institut gewidmet waren, entdeckte dabei einen Glasbehälter, in »dem das in Alkohol konservierte Gehirn Lenins lag … Die eine Halbkugel wirkte gesund, makellos und wies klar erkennbare Windungen auf, die andere dagegen … war zusammengeschrumpft, verschrumpelt, zerdrückt und nicht größer als eine Walnuss.« (»Nowyj schurnal«, 1961, Nr. 65, S. 144)
Als man versuchsweise O. A. Pjatnizki und I. I. Skworzow-Steppanow zu Lenin schickte, um ihm über die Arbeit der Komintern und des Moskauer Sowjets zu berichten, reagierte er auf ihre Informationen völlig teilnahmslos, auch wenn er bisweilen in Erregung geriet und an mehr oder weniger passenden Stellen sein »eben« einwarf. Sämtliche Versuche der offiziellen Geschichtsschreibung, Lenin in den letzten elf Monaten seines Lebens als einen Menschen darzustellen, der sich lebhaft für die Probleme der Partei und des Landes interessierte, zeugen lediglich von einem Mangel an Achtung gegenüber einem kranken Menschen.
Nur wenige sprachen bei Lenin vor. So erhielt er im Juli Besuch von seinem Bruder D. I. Uljanow. Im selben Monat verweilte Lenin, nachdem er im nördlichen Gebäudeflügel zufällig mit dem Leiter der Gorki-Sowchose zusammengetroffen war, ganze drei Tage bei diesem und versetzte dadurch Ärzte wie Freunde in helle Aufregung. Im November kam erneut Professor W. M. Bechterew. Der Kranke traf zudem mit O. A. Pjatnizki, dem Sekretär des Exekutivkomitees der Komintern, und mit I. I. Skworzow-Step-

panow, einem der Leiter des Staatsverlages, zusammen. Später besuchten ihn N. I. Krestinski, der Botschafter der RSFSR in Deutschland, und A. K. Woroneski, der Redakteur der Zeitschrift »Krasnaja now«. Man könnte noch zwei oder drei weitere Personen aufzählen, die – außer den Ärzten und dem Bedienungspersonal – den kranken Revolutionsführer aufgesucht hatten. »Jedes Treffen erregte Wladimir Iljitsch«, erinnerte sich Krupskaja. »Man konnte dies daran erkennen, wie er nach einem solchen Besuch den Stuhl hin und her schob, wie er verkrampft die Tafel zu sich heranzog und nach der Kreide griff.« (Archiv des Präsidenten)

Einige Mitglieder des Politbüros und des Rates der Volkskommissare, die sich in der zweiten Hälfte des Jahres 1923 gerade in Gorki aufhielten, konnten Lenin von ferne beobachten, wenn er im Wagen ausfuhr oder sich im Haus entspannte. Weder Stalin noch Trotzki oder andere Gesinnungsgenossen wünschten den Revolutionsführer in einer Zeit zu sehen, in der eine normale Begegnung unmöglich schien. Fragen, die Lenin »stellte«, konnten häufig nur erraten werden. Nadjeschda Konstantinowna berichtet darüber: »Es war nur möglich, das Rätsel zu lösen, weil man weiß, welche Assoziationen bei einem Menschen geweckt werden, mit dem man sein ganzes Leben verbracht hat. Wenn wir zum Beispiel über Kalmykowaja sprachen, dann konnte ich an der fragenden Intonation des Wortes ›was‹ erkennen, dass er nun Auskunft über Potresow und seine derzeitige politische Position zu erhalten wünschte. Nach und nach entwickelte sich so zwischen uns eine besondere Art der Gesprächsführung.« (Archiv des Präsidenten)

In der biographischen Chronik wird diese Episode anders erzählt. Danach hatte Krupskaja es nicht nötig, »Rätsel zu lösen«, da sich der Revolutionsführer deutlich artikulieren konnte: »Lenin hörte N. K. Krupskaja interessiert zu, als sie ihm vom Leben und der Arbeit A. M. Kalmykowajas erzählte, die in Russland als bekannte Persönlichkeit galt; er erkundigte sich nach der derzeitigen politischen Einstellung von A. N. Potresow.« (Wladimir Iljitsch Lenin, Biochronika, Bd. 12, S. 653)

Krupskajas Gefühle schwankten zwischen Hoffnung auf Gesundung und Resignation, zwischen neuer Hoffnung und abermaliger Enttäuschung. Davon zeugen eher die Briefe an die Töchter von Inessa Armand als ihre Memoiren »Das letzte halbe Jahr im Leben von Wladimir Iljitsch«. Im Folgenden zitiere ich einige Auszüge aus verschiedenen Briefen, die nach dem März 1923 geschrieben wurden. In ihnen liegt so viel Persönliches, Weibliches, Verborgenes und Kummervolles …

6. Mai 1923: »… Ich lebe nur dafür, dass Wolodja mich morgens glücklich macht, dass er meine Hand nimmt, dass wir manchmal wortlos über verschiedene Dinge sprechen, für die es ohnehin keine Bezeichnung gibt …«

2. September 1923: »… Ich verbringe jetzt ganze Tage mit Wolodja, der auf dem Wege der Besserung ist, trotzdem verfalle ich abends in einen Zustand der Verwirrung und bin nicht einmal in der Lage, Briefe zu schreiben …«

28. Oktober 1923: »Jeden Tag macht er Fortschritte, doch sie sind mikroskopisch klein, und wir stehen weiterhin an der Schwelle zwischen Leben und Tod. Die Ärzte sagen, dass alles vorbei sei, dass er genesen würde, aber ich weiß nun bestimmt, dass sie davon keine Ahnung haben, dass sie sie auch nicht haben können.« (Archiv für neuere Geschichte)

Es schien, als sei im Krankheitsverlauf eine Art Stagnation eingetreten, die noch lange anhalten könne. Im Politbüro war man inoffiziell der Ansicht, dass zwar eine Genesung wenig wahrscheinlich sei, aber ein Ende aufgrund des stabilen Krankheitszustandes auch nicht in Sicht sei.

Mitte Januar 1924 wurde die 13. Parteikonferenz eröffnet. Man wählte Lenin in Abwesenheit zum Mitglied des Präsidiums. Krupskaja las dem Kranken sämtliche Unterlagen der Versammlung vor.

Während der Konferenz stand I. I. Skworzow-Steppanow auf Anordnung L. B. Kamenews mit N. K. Krupskaja in telefonischer Verbindung. Am 18. Januar 1924, als die Konferenz zu Ende ging, reichte er im Präsidium Kamenew eine Notiz: »Lew Borisowitsch, ich glaube, dass es am günstigsten wäre, wenn Sie beim Schlusswort ein paar Worte zum Gesundheitszustand von W. I. sagen würden, wobei Sie aber auf diese Frage nicht besonders eingehen sollten.« Skworzow-Steppanow bestand darauf, dass diese Aussagen nicht mitstenographiert und keine Informationen zu

Lenins Gesundheitszustand an die Zeitungen weitergegeben werden sollten.
Was durfte nun von den Berichten Krupskajas an die Delegierten weitergegeben werden?
Zunächst einmal, dass sie selbst nicht auf der Konferenz erscheinen und somit keine Erklärung abgeben konnte. Skworzow-Steppanow schrieb für Kamenew:

»Der Genesungsprozess verläuft zufrieden stellend. Am Stock geht er recht sicher, doch ohne fremde Hilfe kann er nicht stehen … Er formuliert einzelne Worte und kann alle Worte wiederholen, wobei er eindeutig deren Inhalt versteht … Er hat begonnen, sich mit der Parteidiskussion zu beschäftigen. So las er die Rede Rykows und einen Brief Trotzkis.
Laut den Worten von Nadjeschda Konstantinowna kann man an einigen Anzeichen erkennen, wie Wladimir Iljitsch zu den Streitfragen steht, aber sie will in dieser Hinsicht nichts über ihre Schlussfolgerungen sagen.« (Archiv des Präsidenten)

Krupskaja wiederholte nur das, was die Mitglieder des Politbüros bereits wussten. Was die möglichen »Schlussfolgerungen« betraf, so handelte es sich hier nur um Mutmaßungen. Es schien, als sei eine Stabilisierung des Gesundheitszustandes mit Aussicht auf Besserung eingetreten. Wenn man jedoch erneut ihre Memoiren »Das letzte halbe Jahr im Leben von Wladimir Iljitsch« zu Rate zieht, dann erfährt man, dass sie ihrer Mitteilung »der Genesungsprozess verläuft zufrieden stellend« an Skworzow-Steppanow Folgendes hinzufügte: »Seit Donnerstag ist eine Veränderung eingetreten: Wladimir Iljitsch schien schrecklich müde und erschöpft zu sein. Er schloss häufig die Augen, erbleichte, und was das wichtigste ist, sein Gesichtsausdruck änderte sich, er bekam einen anderen Blick, so als sei er blind.«
Aufgrund von Beschwerden kontrollierte Professor M. I. Awerbach am Abend des 20. Januar die Augen, konnte aber nichts Pathologisches feststellen. Am folgenden Tag, dem 21. Januar, untersuchten nach dem Mittagessen die Professoren O. Förster und W. P. Osipow den Kranken. Die ganze Zeit davor wirkte Lenin überaus kraftlos; zweimal bat er um Hilfe beim Aufstehen,

legte sich aber gleich darauf wieder ins Bett. Eine Viertelstunde nachdem sich hinter Professor Osipow die Tür geschlossen hatte, setzte Lenins letzter Anfall ein.
Man reichte ihm eine Bouillon und Kaffee; »er trank begierig, beruhigte sich dann ein wenig, doch schon bald begann es in seiner Brust zu brodeln«, erinnert sich Krupskaja und fügt zugleich an, dass sie angesichts der Ereignisse jegliches Zeitgefühl verloren habe. Die geheimnisvolle Krankheit brach endgültig jeglichen Überlebenswillen und machte die letzten Hoffnungen auf eine Genesung zunichte:

»Immer stärker und stärker brodelte es in seiner Brust. Immer verschwommener wurde sein Blick, Wladimir Alexandrowitsch und Petr Petrowitsch [der Sanitäter und der Chef der Wache, D. W.] hielten ihn in ihren Händen, von Zeit zu Zeit stöhnte er gedämpft, sein Körper wurde von Krämpfen geschüttelt. Ich hielt zunächst seine heiße, feuchte Hand, dann sah ich nur noch, wie sich das Taschentuch mit Blut färbte, wie sich das Siegel des Todes auf das sterbensbleiche Gesicht legte. Professor Förster und Doktor Elistratow injizierten Kampfer und bemühten sich, ihn künstlich zu beatmen, doch es war alles umsonst, man konnte ihn nicht retten.« (Archiv des Präsidenten)

Die Mumie und die »Einbalsamierung« der Ideen

Es gibt viele Versionen der Todesursache. Die offizielle, die am 23. Januar durch die Unterschrift von sechs Professoren und dem Volkskommissar Semaschko besiegelt wurde, lautet: »Die Obduktion hat ergeben, dass Wladimir Iljitsch an einer unheilbaren Gefäßerkrankung litt, die trotz aller unternommenen Anstrengungen unvermeidlich zu einem tödlichen Ende führen musste.« (Prawda, 24. Januar 1924) Ich werde mich nicht mit jener Version aufhalten, die behauptet, Lenins Tod sei durch eine »Syphilis der Gehirngefäße« verursacht worden. Die Analyse der gesamten mir zur Verfügung stehenden Literatur legt den Schluss nahe, dass diese Annahme wenig wahrscheinlich ist.

Meiner Meinung nach resultierte der Tod des Führers der russischen Bolschewiki aus dem schicksalhaften Zusammenspiel einer Reihe negativer Faktoren, insbesondere einer erblich bedingten Neigung zur Arteriosklerose und einer mangelhaften Vorbereitung des Organismus auf die enorme Belastung, der er seit 1917 ausgesetzt war.

Der Tod von Lenins Vater, I. N. Uljanow, der Schwestern A. I. Uljanowa-Elisarowa und M. I. Uljanowa sowie des Bruders D. I. Uljanow lässt keinen Zweifel an einer vererbten Gefäßerkrankung. Am Tag nach dem Tod des Revolutionsführers tagte das Plenum des ZK der RKP (b). In einer Resolution wurde unter anderem beschlossen, eine Trauersitzung des Sowjetkongresses abzuhalten, Meetings anzusetzen und den Tag der Beisetzung auf Samstag festzulegen. Der Körper des Verstorbenen sollte in Begleitung von 200 Menschen (Konferenzdelegierte und Parteiführung) nach Moskau überführt werden. Zudem beschloss man Maßnahmen zur Vorbeugung gegenüber einer Panik im Lande. Als Beisetzungsort wurde einstimmig der Rote Platz gewählt. Für den letzten Abschied wählte man das Haus der Sowjets. (Archiv des Präsidenten)

Noch am selben Tag gründete das Präsidium des ZIK der UdSSR eine Kommission zur Organisation der Beisetzung von W. I. Uljanow-Lenin, die aus folgenden Personen bestand: Dserschinski (als Vorsitzender), Muralow, Laschewitsch, Bontsch-Brujewitsch, Woroschilow, Molotow, Selenski und Enukidse. (Archiv des Präsidenten) Stalin verschickte an alle Zentralkomitees der Republiken, Gouvernements- und Gebietskomitees Telegramme mit der Nachricht vom Tode des Revolutionsführers. Zu den besonders dringlichen Maßnahmen gehörten »Vorkehrungen ... zur Vermeidung des kleinsten Anzeichens von Panik« (Archiv des Präsidenten). Unter den zahlreichen Anordnungen ging auch ein verschlüsseltes Telegramm nach Tiflis:

»Dem Genossen Trotzki auszuhändigen. Am 21. Januar um 6 Uhr und 50 Minuten trat der plötzliche Tod des Genossen Lenin ein. Die Todesursache ist auf eine Lähmung des Atemzentrums zurückzuführen. Die Beisetzung findet am Samstag, den 24. Januar 1924, statt. Stalin« (Archiv der Sowjetarmee)

Inzwischen war jedoch die Beisetzung von Samstag auf Sonntag verlegt worden. Trotzki, der dies nicht wusste, nahm an, dass er absichtlich von der Beerdigung fern gehalten werden sollte.
Die Tage vor der Bestattung waren geprägt von wiederholten Sitzungen des Politbüros, der Zentralen Kontrollkommission und der Kommission zur Organisation der Beisetzung. Man beschloss die »flächendeckende Verbreitung ausgewählter Reden und der Biographie von Wladimir Iljitsch« und ordnete an, Leninbüsten in großer Zahl zu gießen. Das Politbüro unterbreitete dem ZIK der UdSSR auf Initiative der Petrograder Kommunisten den Vorschlag, Petrograd in Leningrad umzubenennen. Das Szenarium für den Sowjetkongress, der dem Andenken des Revolutionsführers gewidmet war, erhielt seinen letzten Schliff. (Archiv des Präsidenten) Anfangs dachte niemand daran, den Leichnam des Revolutionsführers zu mumifizieren. Auch die »Prawda« sprach in einem Artikel zunächst noch vom »Grab des Genossen Lenin«. Man begann, eine letzte Ruhestätte für den Revolutionsführer auf dem Roten Platz vorzubereiten. Doch die Kommission zur Organisation der Beisetzung schlug vor, den öffentlichen Abschied von Uljanow-Lenin zu verlängern und die Bestattungszeremonie um einige Zeit zu verschieben. Dabei wurde die Idee der Mumifizierung geboren. Zu diesem Zweck balsamierte A. I. Abrikosow Lenins Leichnam mit den üblichen Mitteln ein, um ihn noch für 6 oder 7 Tage zu konservieren.
Doch bereits am 24. Januar begann man im Politbüro nach Möglichkeiten zu suchen, mit deren Hilfe man Lenins Körper für »einen gewissen Zeitraum« in der Gruft an der Kremlmauer konservieren konnte. Doch selbst einer zeitlich begrenzten Konservierung wollten weder Krupskaja noch Lenins Geschwister zustimmen. Das Politbüro beauftragte daraufhin Sinowjew und Bucharin, mit Nadjeschda Konstantinowna Rücksprache zu halten. Man versuchte sie dafür zu gewinnen, nicht mehr auf der unmittelbaren Erfüllung ihrer Forderung zu bestehen, und versprach ihr im Gegenzug, diese Frage in einem Monat nochmals zu erörtern. (Archiv des Präsidenten) Der Leichnam Lenins wurde nun zu einem Objekt politischer und ideologischer Manipulation.
Stalin äußerte sich anfangs nicht konkret zur Frage einer Mumi-

fizierung des Körpers. Nachdem er jedoch darüber nachgedacht hatte, erkannte er den ungeheuren propagandistischen Nutzen, den man aus dieser bolschewistischen Reliquie ziehen konnte. Bereits am 24. Januar beschloss das ZIK der UdSSR auf Weisung des Politbüros:

1.) den Sarg mit dem Körper von W. I. Lenin in der Gruft zu konservieren und ihn Besuchern zugänglich zu machen;
2.) auf dem Roten Platz eine Grabstätte nahe der Kremlmauer an jener Stelle zu errichten, wo sich auch die Gräber der Kampfgefährten der Oktoberrevolution befanden.

Noch am selben Tag wurde eine spezielle Kommission ins Leben gerufen, die für den Bau eines Mausoleums verantwortlich war. Man beauftragte das Akademiemitglied A. W. Schusew, die Baupläne für ein Mausoleum zu entwerfen, das, um es nochmals zu betonen, zunächst nur für einen bestimmten Zeitraum existieren sollte. (Biochronika, Bd. 12, S. 672–673)

Am 26. Januar wurde um 11 Uhr vormittags die Trauersitzung des II. Allunionskongresses der Sowjets eröffnet. In der »Biochronika« heißt es, dass auf dieser Sitzung J. W. Stalin, C. Zetkin, N. Narimanow, A. N. Sergejew, A. B. Krajuschkin, K. E. Woroschilow, P. I. Smorodin, S. F. Oldenburg und »andere« referierten (ebd., S. 675). Bei den »anderen« handelte es sich um G. E. Sinowjew, N. I. Bucharin und L. B. Kamenew. Stalins Rede klang wie der Schwur eines Führers an einen Führer: »Wir geloben dir, Genosse Lenin, den ehrenvollen Titel eines Parteimitgliedes hochzuhalten, die Einheit der Partei zu bewahren, die Diktatur des Proletariats und das Bündnis von Arbeitern und Bauern zu stärken, die Union der Republiken zu festigen und zu erweitern, die Kommunistische Internationale als weltweite Vereinigung der Arbeiter zu etablieren und zu stärken.« (J. Stalin, Sotsch., Bd. 6, S. 46–51)

Sinowjew betonte in seiner einstündigen Rede besonders, dass »wir, die wir nicht nur ein oder zwei Jahre unter dem genialen Führer Wladimir Iljitsch gearbeitet haben« und in der Partei »zwei Kriege und drei Revolutionen« überstanden haben, morgen Wladimir Iljitsch »zu Grabe tragen werden«. Sinowjew glaubte, dass die Existenz der allgemein zugänglichen Grabstätte nur auf einen bestimmten Zeitraum begrenzt sei.

Einige Ausschnitte aus Kamenews Rede erscheinen recht zweideutig, wenn man sie aus der historischen Retrospektive betrachtet. So sprach er von einer »Blutspur«, die zu Lenins Kabinett führe. Sicherlich meinte er damit das Blut des Revolutionsführers, das dieser »für die Sache des Proletariats« vergossen hatte. Allerdings lässt sich dieser Ausdruck aus heutiger Sicht auch im eigentlichen Sinne des Wortes interpretieren.

In dem Artikel »Genosse«, der am 24. Januar veröffentlicht wurde, schrieb Bucharin voll Bitterkeit: »Wir werden niemals mehr diese kolossale Stirn sehen, diesen wunderbaren Kopf, aus dem so viel revolutionäre Energie in alle Richtungen verströmte.« Bucharin bekräftigte, dass Lenin ein »Diktator im positiven Sinne des Wortes war«, der »über einen mächtigen Denkapparat, eine eiserne Faust« und ein »überschäumendes Temperament« verfügte. Kamenew bezeichnete den verstorbenen Revolutionsführer als »großen Rebellen«. Sinowjew beschrieb Lenin als »den Rebellen der Rebellen, den Denker der Denker«. Trotzki, der sich im Kaukasus befand, rief dazu auf, die »Fackel des Leninismus« zu ergreifen.

Auch der Metropolit Ewdokim musste in der Zeitung zu Lenins Tod Stellung nehmen. Er prophezeite, dass »dieses Grab noch Millionen neuer Lenins gebären und alle in einer brüderlichen, durch nichts und niemanden besiegbaren Familie vereinen wird«. Dieses Grab werde »über Generationen hinweg zu einer nie verstummenden Rednertribüne«.

Sinowjews Artikel waren fast täglich in der »Prawda« zu lesen. So schrieb er über die »Bestattung« (falls man davon sprechen kann) am 27. Januar:

»Bei winterlichem Frost – als sei es Absicht, sank die Temperatur plötzlich auf 26 Grad unter Null – erschienen Millionen von Menschen auf dem Roten Platz … Wie gut, dass man sich dazu entschied, Iljitsch in einer Gruft beizusetzen! Wie gut, dass wir rechtzeitig darauf gekommen sind, dies zu tun! Iljitschs Körper in der Erde zu begraben, wäre doch unerträglich gewesen … An der Gruft befindet sich die knappe, jedoch völlig ausreichende Inschrift: ›Lenin‹. Der Pilgerstrom des Volkes an diesen Ort wird nie versiegen. Hier wird Lenins Museum stehen. Nach und nach wird sich der ganze Platz in eine Gedenkstätte zu Ehren Lenins

verwandeln … Um 16 Uhr übergeben wir, von Salutschüssen begleitet, den Sarg der Gruft … Lenin ist tot, doch der Leninismus lebt. Wenn die proletarische Revolution auf der ganzen Welt siegen wird, so wird dies vor allem der Sieg des Leninismus sein.« (»Prawda«, 30. Januar 1924)
Wenn man die Bilder des einzigartigen Dokumentarfilms über Lenins Bestattung betrachtet, dann fällt einem etwas in die Augen, das es nur in Russland gibt. Tausende und Abertausende kamen in der Januarkälte, um den sowjetischen Zaren beizusetzen. Das Volk glaubte an ihn, es hielt ihn für einen guten Menschen. Verstärkt wurde diese Empfindung durch den Umstand, dass auf ihn geschossen worden war und dass er lange an einer Krankheit gelitten hatte. Das russische Mitgefühl und der Glaube daran, dass der Revolutionsführer das Gute wollte, machten das Beisetzungsritual zu einem Ereignis, das zur Schaffung des Mythos von einem neuen, weltlichen Heiligen erheblich beitrug.
In dem Schwarzweißfilm sind Tausende von Menschen zu sehen, die aufrichtig ihr Leid bekundeten und ihre Trauer offenbarten. Doch mich versetzen einige Losungen in Erstaunen, die über der in eisige Kälte gehüllten Menge wogten. Die Schöpfer dieser Losungen waren sich wahrscheinlich nicht bewusst, dass sie prophetische Worte verkündeten: »Lenins Grab ist die Wiege der Revolution …« Jahrzehnte sind vergangen, und heute symbolisiert das Leninmausoleum die leidvolle »Wiege« einer schicksalhaften Revolution.
Den Revolutionsführer selbst machte man zu einer Reliquie, die jedermann zugänglich war und ist. Bald begann auch die »Einbalsamierung« seiner Ideen, die wohl traurigste Folge seines Todes. In der »Prawda« wurde am 30. Januar ein kurzer Brief Krupskajas veröffentlicht, mit dem sie auf die Gründung eines Fonds zur Errichtung von »Lenindenkmäler« reagierte.

»Ich habe eine große Bitte an Sie: Verschwenden Sie Ihre Trauer über Iljitsch nicht in einer rein äußerlichen Verehrung seiner Person. Errichten Sie ihm keine Denkmäler und Paläste, die seinen Namen tragen, veranstalten Sie keine pompösen Gedenkfeiern usw. All dem maß er zu Lebzeiten so wenig Bedeutung bei – ganz im Gegenteil, all das belastete ihn eher …«

Diese Worte Krupskajas dienten in der sowjetischen Öffentlichkeit immer wieder dazu, die Bescheidenheit und Einfachheit Lenins hervorzuheben. Lenin selbst trug in der Tat keine Schuld an der »Einbalsamierung« seiner Idee, auch wenn noch zu seinen Lebzeiten das alte Moskauer Stadttor Rogoschskaja seinen Namen erhielt. Zudem gab es bereits damals in Moskau eine Uljanowstraße, einen Agitationszug »Wladimir Iljitsch« und einen Amtsbezirk im Petrograder Gouvernement, der ebenfalls seinen Namen trug … Lenin schuf ein System, das ohne einen vergötterten Führer nicht existieren konnte.
Das Mausoleum, das zunächst nur für eine befristete Zeit vorgesehen war, aber schon bald zu einer dauerhaften Einrichtung wurde, verwandelte sich in einen Ort, zu dem nicht nur die rechtgläubigen Kommunisten, sondern vor allem Schaulustige pilgerten. Mit der Zeit stellte der Besuch des Mausoleums und die Kranzniederlegung für viele staatliche Delegationen und bekannte Persönlichkeiten ein Ereignis dar, das aus dem offiziellen Protokoll für Gäste der bolschewistischen Hauptstadt kaum mehr wegzudenken war. Es ist nicht schwer, sich vorzustellen, welchen Eindruck der mumifizierte Lenin auf seine Verwandten und Bekannten hinterlassen haben musste.
Krupskaja und D. I. Uljanow besuchten die Totengruft zum ersten Mal am 26. Mai 1924. Nadjeschda Konstantinowna mied das Mausoleum nach Möglichkeit, denn die »Begegnung« mit dem Lebensgefährten versetzte ihr jedes Mal einen schweren Schock. B. I. Sborski, der Wächter der Mumie, erinnert sich, dass Krupskaja die Reliquie des Ehegatten zum letzten Mal einige Monate vor ihrem Tod im Jahre 1938 aufsuchte. Es heißt, dass sie, als sie vor dem Sarkophag stand, leise gesagt haben soll: »Er hat sich kein bisschen verändert, und ich bin so alt geworden …«
Mit der Schaffung einer Reliquie vollzogen die Bolschewiki den entscheidenden Schritt zur Umwandlung der Ideen Lenins in eine weltliche Religion. Den keinen Widerspruch duldenden Kult um den Leninismus, der nun schon rituellen Charakter zu tragen begann, kann man nur noch mit dem Glaubenskult von fanatischen Fundamentalisten vergleichen. Winston Churchill äußerte sich zu Geburt und Tod von Uljanow-Lenin sehr scharfsinnig: »Seine Geburt bedeutete ein sehr großes Unglück [für das

russische Volk, D. W.], doch nicht minder schwer wog sein Tod.« (Winston Churchill, The World Crisis, Vol. IV, London 1928)
Der Tod befreite Russland nicht von Lenin. Von nun an waren die russischen Bürger jahrzehntelang gezwungen, »sein Vermächtnis in die Praxis umzusetzen«.
Zu Beginn dieser langjährigen Gehirnwäsche einer ganzen Nation waren die Führer selbst noch aufrichtiger. Als sich das Lenininstitut Ende Dezember 1924 unter anderem an Stalin und Sinowjew mit der Bitte wandte, vor einer Instruktionsversammlung Stellung zu nehmen, was und wie man über Lenin sprechen dürfe, klagte der Generalsekretär gegenüber Sinowjew:

»Um die Wahrheit zu sagen: ich kann und will mich nicht darauf vorbereiten, und ich würde lieber zum Teufel gehen, als mich auf diesen Vortrag vorzubereiten. Mir hängt das alles zum Hals heraus.

Stalin«

Sinowjew antwortete Stalin im gleichen Ton:

»Ich glaube auch, dass uns das jetzt nicht gelingen wird. Wir sollten uns verstellen. Ich bin des Ganzen überdrüssig.

G. S.« (Archiv für neuere Geschichte)

Schon die ersten Handlungen des ZK der RKP (b) nach Lenins Tod bekräftigten, dass die Parteiführung von nun an in ihrem Kampf zum »Aufbau des Kommunismus« die Mumie und all das, was mit ihr verbunden war, zur wichtigsten Waffe machen würde, um ihre Ziele zu erreichen. Einer ihrer ersten diesbezüglichen Schritte war die Aufstockung der Partei durch »Arbeiter von der Werkbank« (ca. eine Viertelmillion), womit man Lenins Forderung Rechnung trug. Fortan gab es ein neues Thema in der RKP (b): der »Kampf um die Reinheit des Leninismus« und dessen ideologische »Weiterentwicklung«. Der gesamte innerparteiliche Kampf in den zwanziger Jahren war von dem Streben beherrscht, das Erbe Lenins zu monopolisieren. Letztendlich war Stalin damit erfolgreich.
Anfangs versuchte man noch, die Mumifizierung des Revolu-

tionsführers mit rationalen Motiven zu begründen. So erklärte der Sekretär des Präsidiums der ZIK der UdSSR, A. E. Enukidse, im Juli 1924 auf einer Sitzung der Kommission zur Verewigung des Andenkens von W. I. Uljanow-Lenin: »Wir wollten aus den sterblichen Überresten Wladimir Iljitschs nicht irgendeine ›Reliquie‹ schaffen, um durch populistische Effekthascherei sein Andenken zu bewahren … Wir … maßen und messen dem Erhalt des Abbildes unseres Parteiführers eine überaus große Bedeutung bei. Wir tun dies für die heranwachsende Generation und die zukünftigen Generationen ebenso, wie für jene Hunderttausende, vielleicht sogar Millionen von Menschen, die überglücklich sein werden, in das Antlitz dieses Menschen blicken zu dürfen.« (»Prawda«, 27. Juli 1924) Ich glaube, dass jene 150 Millionen Menschen, die im Laufe der Jahrzehnte Lenins Sarkophag besuchten, nicht einmal im Traum daran dachten, dass sie dabei »überglücklich« zu sein hatten.

Parallel zu der massenhaften Veröffentlichung von Lenins Werken und der Errichtung zahlreicher Denkmäler begann das Politbüro, das Erbe des Revolutionsführers zu selektieren. Viele Reden, Artikel, Hunderte von Briefen und Aufzeichnungen und einige Resolutionen des Vorsitzenden des Rates der Volkskommissare verschwanden für beinahe sieben Jahrzehnte in den Archiven. Unter anderem wurden auch Informationen über seinen Krankheitszustand zurückgehalten. So machte man aus den Honorarforderungen der ausländischen Ärzte, die Lenin behandelten, ein großes Geheimnis. In den Geheimarchiven findet sich eine Vielzahl von Unterlagen, die darüber Auskunft geben.

Aus einem nicht näher bekannten Grund verlangte ein Kollegiumsmitglied der GPU namens Gleb Iwanowitsch Boki einmal Informationen über die Summen, die die deutschen Ärzte erhalten hatten. Aus der sowjetischen Botschaft in Berlin teilte ihm Brodowski diesbezüglich mit:

»1) Auf Anordnung des ZK der RKP vom 24.4.22 wurden Professor Borchard 220.000 Deutsche Mark ausgehändigt.

2) Gemäß dem Schreiben der Genossen Karachan und Stalin vom 3.6.24 wurden Professor Förster 500 Pfund (für die erste Reise) ausgehändigt.

3) Auf Beschluss des ZK und gemäß dem Telegramm vom 20.9.22 erhielt Professor Förster 2.500 Pfund (für die zweite Reise).
4) Auf Anordnung des Genossen Karachan (chiffriertes Telegramm vom 29.3.23) wurden Professor Minkowski 4.400 Pfund Sterling ausbezahlt.
5) Entsprechend demselben Telegramm wurden den Professoren Bumke und Strümpel jeweils 9.500 Dollar ausgehändigt.
6) Gemäß dem Schreiben des Genossen Karachan vom 30.4.23 erhielt Professor Bumke 19.500 Dollar.
7) Gemäß demselben Schreiben des Genossen Karachan vom 30.4.23 wurden Professor Förster 4.400 Pfund Sterling übergeben ...« (Archiv des Präsidenten)

Ferner existieren noch Auszahlungsbelege an Professor Genschen in Höhe von 25.000 schwedischen Kronen und viele weitere Dokumente, die bezeugen, dass die Ärzte bei ihrer Ankunft in Moskau ausbezahlt wurden.

Diese Dokumente weisen zudem auf eine rege Korrespondenz zwischen Moskau und seinen Botschaften in den westlichen Hauptstädten hin; es wurde angeordnet, sämtliche Bedingungen und Forderungen der Ärzte zu akzeptieren. Die sowjetischen Botschafter gaben ihrerseits Empfehlungen ab, in welchem Umfang und welcher Art die von den Ärzten erbrachten Leistungen zu vergüten sei. So schrieb der Botschafter in Deutschland, N. N. Krestinski, an Stalin, Trotzki und Molotow: »Förster hat von uns bereits zweimal ein gutes Honorar erhalten; er zweifelt natürlich nicht daran, dass auch die folgenden drei Reisen gut bezahlt werden ... Ich glaube, dass Minkowski mit weniger zufrieden gestellt werden kann, als Sie Förster zahlen.« (Archiv des Präsidenten)

Wären diese Dokumente nicht in den Archiven wie ein Staatsgeheimnis gehütet worden, würden sie heute gewiss kein besonderes Interesse erregen.

Nach der ungewöhnlichen Bestattungszeremonie (der Beisetzung von Lenins Körper in einer Gruft) begannen das Politbüro sowie F. E. Dserschinski und L. B. Krasin persönlich, gemeinsam mit Wissenschaftlern nach Möglichkeiten zu suchen, den Leich-

nam des verstorbenen Revolutionsführers zu konservieren. (vgl. B.I. Sbarski, Mawsolej Lenina, Moskau 1944) Das Politbüro setzte sich sogar konkret mit technischen Fragen auseinander. So entschied man auf der Sitzung vom 13. März 1924 nach Vorträgen von Molotow und Krasin: »Angesichts des Fehlens anderer Methoden zur Konservierung des Körpers von W. I. wird der Kommission befohlen, alle Maßnahmen zu dessen Erhaltung mit Hilfe niedriger Temperaturen in die Wege zu leiten.« (Archiv des Präsidenten) Schon bald darauf entschied sich das Parteigremium jedoch für die Methode der aus Charkow stammenden W. P. Worobewa. Am 24. Juli 1924 wurde diese offiziell akzeptiert, und man schlug vor, die Wissenschaftlerin für ihre Einbalsamierungsmethode mit dem »Titel einer Verdienten Professorin« auszuzeichnen. (Archiv des Präsidenten)
Nach der Einbalsamierung, die sich über vier Monate hinzog, stellte sich heraus, dass die Mumie über einen langen Zeitraum konserviert werden konnte.
Das Politbüro behandelte die Frage der Konservierung der Leiche als ein Problem von besonderer Wichtigkeit. Der Architekt A. W. Schusew stützte sich bei seinen Plänen für ein Mausoleum auf eine Idee L. B. Krasins: »Das Grabmal soll nach Art einer Volkstribüne errichtet werden.« Alle drei Entwürfe Schusews (Kiefer [temporär], Eiche [beständig], Granit [unbegrenzt]) trugen diesem Konzept Rechnung.
Das Politbüro organisierte sogar einen Wettbewerb um den besten Entwurf für das Mausoleum. In diesem Zusammenhang erscheint ein Detail als besonders interessant: In einem Beschluss des Politbüros vom 4. Januar 1925 wurden vier Preise für die Sieger des Wettbewerbs ausgeschrieben. Der erste Preis war mit 1.000, der zweite mit 750, der dritte mit 600 und der vierte mit 500 Rubeln dotiert. (Archiv des Präsidenten) Vergleichen Sie einmal, wie hoch das Politbüro die Leistungen der ausländischen Ärzte entlohnte, die Lenin behandelt hatten, und wie billig es seine Landsleute für jenes Bauvorhaben abspeisen wollte, das, wie man später verlauten ließ, über Jahrhunderte hinweg Bestand haben sollte.
Erst am 4. Juli 1929 verfügte das Politbüro den Beginn der Bauarbeiten: »Es erscheint zweckdienlich, noch in diesem Jahr mit dem Bau eines Mausoleums für Lenin zu beginnen.« (Archiv des

Präsidenten) Faktisch wurde zu dieser Zeit die Verwaltung der Reliquie der politischen Geheimpolizei, der GPU, anvertraut. Jede Kritik an der Konservierungsidee wurde sofort unterbunden. Kaum hatte Schatzkins Artikel »Über das Spießbürgertum in der Partei«, der im Juli 1929 in der »Komsomolskaja Prawda« erschienen war, die Idee des Mausoleums in Zweifel gezogen, da bezeichnete das Politbüro diese Veröffentlichung auch schon als »schweren politischen Fehler«, der nicht ohne entsprechende personelle Konsequenzen bleiben dürfe. (Archiv des Präsidenten)
Die Leiter des NKWD informierten Stalin in den dreißiger Jahren und auch später regelmäßig über den Zustand der Mumie, über prophylaktisch im Mausoleum durchgeführte Arbeiten und über die Evakuierung von Sarkophag und Mumie nach Tjumen in den Jahren des Großen Vaterländischen Krieges im Juni 1941, wo beide bis zum Herbst 1945 bleiben sollten. Der Geheimdienst war gegenüber dem Politbüro für die Mumie verantwortlich. Besonders intensiv kümmerte sich Professor Boris Iljitsch Sbarski (seit 1944 Mitglied der Akademie) um die Konservierung des Körpers. Seine Bemühungen bewahrten ihn jedoch nicht vor der Verhaftung in den Jahren des stalinistischen Terrors.
Übrigens wurde im November 1939 auf Initiative von L. P. Berkin, dem Volkskommissar für innere Angelegenheiten, eigens ein Laboratorium für die Konservierung von Lenins Körper geschaffen, das eben jener Professor B. I. Sbarski leitete. (Archiv des Präsidenten) Anfang der siebziger Jahre arbeiteten in diesem Laboratorium bereits 27 wissenschaftliche Mitarbeiter und 33 wissenschaftliche Hilfskräfte, unter ihnen 3 Mitglieder der Akademie, 1 Korrespondent der Akademie, 3 Doktoren und 12 Kandidaten der Wissenschaft. Jeder kleine Fleck auf der Haut der Mumie, jede »Veränderung der Nase«, »Verdunkelung oder Deformation der Haut«, wurde von den Einbalsamierungsspezialisten wachsam beobachtet. Die Obrigkeit schenkte dem Laboratorium wesentlich mehr Aufmerksamkeit als dem jämmerlichen Zustand des sowjetischen Medizinwesens. Auf Beschluss der Regierung wurde 1972 sogar ein fünfundzwanzigprozentiger Gehaltszuschlag für die Mitarbeiter des Laboratoriums bewilligt. (Archiv des Präsidenten)
Auf Initiative Berijas fasste das Politbüro des ZK im März 1940 folgenden Beschluss:

»Der folgende Resolutionsentwurf des Rates der Volkskommissare der UdSSR wird hiermit bestätigt:
›1. Zum 20. Oktober 1940 wird für den Körper Lenins ein neuer Sarkophag erstellt. Professor Sbarski wird beauftragt, dem Rat der Volkskommissare der UdSSR bis zum 15.4.1940 Skizzen und Modelle für die künstlerische Gestaltung eines neuen Sarkophags vorzulegen.‹« (Archiv des Präsidenten)

Es sollte jedoch nicht der letzte Sarkophag bleiben. In den siebziger Jahren konstruierte man einen noch vollkommeneren. Für seine Anfertigung erhielten 96 Personen Orden, und Dutzende andere wurden mit hohen Belohnungen ausgezeichnet. Das Mausoleum wurde häufig renoviert. So bewilligte man 1974 für Reparaturarbeiten zusätzlich 5,5 Millionen Rubel und zeichnete 400 Personen mit Orden und Medaillen aus. Aus verschiedenen Orten wurden neue Marmorblöcke, spezielle Gerätschaften und bessere Baumaterialien herangeschafft.
Zum zehnten Todestag Lenins würdigte das Politbüro die Leistungen der Professoren W. P. Borobew und B.I.Sbarski, die sich um die Konservierung des Körpers verdient gemacht hatten. Man zeichnete sie mit dem Leninorden aus und empfahl dem Rat der Volkskommissare, ihnen einen Personenkraftwagen zur persönlichen Nutzung zur Verfügung zu stellen. (Archiv des Präsidenten) Dies war zu jener Zeit eine ausgesprochene Seltenheit. Für die sterblichen Überreste Lenins war den kommunistischen Staatsführern nichts zu teuer, denn schließlich verkörperte der einbalsamierte Revolutionsführer die Anfänge der Sowjetmacht. Lenins Mumie wurde zum leibhaftigen Beweis für die »Ewigkeit« von Lenins Ideen.
Unabhängig davon, welches Schicksal die Mumie ereilen wird (sie befindet sich auch 1993 in der Granitgruft und ist zur Besichtigung freigegeben), war sie für die ständige psychologische Beeinflussung von Millionen Menschen von einmaligem Nutzen. Nun, an der Schwelle zum 21. Jahrhundert, ist die Mumie eher Zeugnis für die große historische Niederlage eines Landes, das jahrzehntelang auf Lenins Spuren in eine ungewisse Zukunft steuerte.
Über mehrere Jahrzehnte hinweg wurden Hunderte Millionen Rubel zur Konservierung dieser Reliquie ausgegeben. Dagegen

kümmerte es die Sowjetführung wenig, dass die sterblichen Überreste von mehreren tausend Kämpfern nach dem Zweiten Weltkrieg nicht beerdigt wurden, dass das Schicksal der meisten Verschollenen bis heute nicht bekannt ist und dass die Kriegs- und Arbeitsinvaliden aufseiten der Sieger um ein Vielfaches schlechter lebten als die Besiegten. Tausende verletzte und verstümmelte Afghanistankämpfer konnten keine ausreichende medizinische Versorgung in Anspruch nehmen und erhielten weder Unterkünfte noch Rollstühle ... Für die Erhaltung der Mumie des Revolutionsführers, des Mausoleums und des Laboratoriums standen jedoch stets genügend Mittel zur Verfügung.

Allerdings wurden hin und wieder Versuche unternommen, auf die Absurdität des Mausoleums hinzuweisen. Bereits in der Nachkriegszeit wurden auf dem Roten Platz gelegentlich Flugblätter verteilt, die gegen den Verbleib des »größten russischen Gotteslästerers« am heiligen Kreml protestierten. Daneben gab es auch radikalere Aktionen: am 20. März 1959 warf einer der Museumsbesucher einen Hammer auf den Sarkophag, wobei das Glas zerbrach. Man weiß nicht, welches Schicksal ihn nach seiner Verhaftung ereilte, doch es ist nicht auszuschließen, dass er in einer psychiatrischen Anstalt zugrundeging. Ein anderer Fall: Am 1. September 1973 brachte einer der Besucher im Trauersaal einen unter seiner Kleidung befestigten Sprengsatz zur Explosion. Er überlebte das Attentat auf den toten Lenin nicht.

Diese Zwischenfälle erscheinen anomal, weil man die sowjetische Gesellschaft über Jahrzehnte hinweg dazu erzogen hatte, in der Mumie Lenins ein ideologisches Heiligtum zu sehen.

Bereits 1925 wurde auf Geheiß des Politbüros ein Speziallabor zur Erforschung des Gehirns von W. I. Lenin errichtet. Die bolschewistischen Führer wollten der Welt beweisen, dass die »großen Ideen« des Revolutionsführers einem »außergewöhnlichen Gehirn« entstammten. Man suchte nach einem Beweis für die Einzigartigkeit und absolute Richtigkeit der Ideen Lenins. 1927 wurde das Labor in das Gehirninstitut umgewandelt. Zunächst ernannte man den bekannten deutschen Professor O. Vogt zum Direktor des Instituts. Ihm folgten Professor S. A. Sarkisow und weitere bekannte Gelehrte.

Im Mai 1936 berichtete Sarkisow Stalin in einem geheimen

Schreiben über den Verlauf der Forschung an Lenins Gehirn. Ich zitiere hier nur einige Auszüge:

Der Direktor teilte mit, eine ganze Reihe von Symptomen (die Beschaffenheit der Gehirnwindungen usw.) wiesen darauf hin, dass »das Gehirn von W. I. Lenin außerordentlich hoch entwickelt« war. Das Gehirn des Revolutionsführers habe in etwa die Kapazität von 10 Großhirnhemisphären bei »Durchschnittsmenschen« und sei mit den Gehirnen von Skworzow-Steppanow, Majakowski und des bekannten Philosophen Bogdanow vergleichbar. In dem Bericht heißt es weiter, dass Lenins Gehirn »in Formalin und Alkohol eingelegt, in Blöcke zerlegt und mit Paraffin übergossen wurde. Die einzelnen Blöcke wurden nochmals in 30 963 Schnittpräparate zerteilt, welche alle im Institut lagern.« Der Autor des Berichts bekräftigte, dass Lenins Gehirn prozentual über mehr Gehirnlappenfurchen verfügte als die Gehirne von Kujbyschew, Lunatscharski, Menschinski, Mitschurin, Majakowski, dem Akademiemitglied Pawlow, Clara Zetkin, dem Akademiemitglied Lulewitsch und Ziolkowski.

Möglicherweise hat dies alles seinen wissenschaftlichen Wert Davon abgesehen muss jedoch gegen diese Art der Sezierung entschieden protestiert werden, weil sämtliche Anstrengungen (dies wird aus den Archivdokumenten deutlich) nur darauf ausgerichtet waren, die Überlegenheit von Lenins Gehirn gegenüber dem der übrigen Menschen hervorzuheben. Vielleicht benötigte der Poet Majakowski ganz einfach andere »Gehirnwindungen« als der Politiker Uljanow. In künstlerischer Hinsicht war er dem Revolutionsführer jedenfalls deutlich überlegen.

Ich würde dieses Bestreben, mit allen Mitteln herausragende Besonderheiten von Lenins Gehirn zu entdecken, als befremdlichen »physiologischen« Rassismus bezeichnen. Die gelehrten Spezialisten mögen es mir nicht übel nehmen, doch das Gehirn jedes beliebigen normalen Menschen ist einzigartig und daher durch einmalige Besonderheiten gekennzeichnet, über die andere nicht verfügen.

Es ist zum Beispiel bekannt, dass das durchschnittliche Gewicht eines normalen menschlichen Gehirns zwischen 1300 und 1400 Gramm beträgt. Lenins Gehirn lag mit 1340 Gramm gerade innerhalb dieser Norm. In Sarkisows Bericht bleiben jene

Anomalien im Gehirn des Revolutionsführers völlig außen vor, die durch die lange Krankheit hervorgerufen worden waren. Bei der Lektüre dieses umfangreichen Berichts sollte man nie seine politische Tragweite und Bestimmung vergessen.

Ich weiß nicht, wie es anderen Menschen ging, doch ich persönlich empfand einen inneren Widerwillen angesichts der Mitteilung des Wissenschaftlers, dass im Institut »ein äußerst umfangreiches anatomisches Material angesammelt wurde«. Außer den bereits oben erwähnten Gehirnen befinden sich dort noch jene von Sen Katajama, Barbusse, Andrej Bely, Bagritzki, Sobinow, Ippolitow-Iwanow und anderen bekannten Persönlichkeiten. Wenn man mit Genehmigung der früheren »Machthaber« an den Gehirnen herumexperimentierte, so ist dies eine Sache. Vollkommen anders verhält es sich dagegen, wenn man dieses »Material« nur benötigte, um es mit den genialen grauen Zellen des Revolutionsführers zu vergleichen.

Wäre es Lenin möglich gewesen, die Entwicklung nach seinem Tode weiter zu verfolgen, dann hätte er mit Genugtuung festgestellt, dass die Idee, die er in seinem allerletzten Aufsatz zu Papier gebracht hatte, Wirklichkeit geworden war. Damals hatte Lenin geschrieben, dass die Verbindung von Partei und Rätesystem »eine außerordentliche Kraftquelle für unsere Politik« darstelle. Darüber hinaus hielt er es für unumgänglich, »das Kontrollsystem der Partei mit dem der Räte zu verschmelzen.« (Lenin, PSS, Bd. 45, S. 399) Im Grunde propagierte Lenin damit die Diktatur seiner Partei, ein Prinzip, das nach seinem Tode eine weitere Steigerung erfuhr. Eine Diktatur ohne Führer ergibt jedoch keinen Sinn. So wurde Lenin selbst zum ersten Führer dieser Einparteidiktatur. Aus diesem Grund erscheint seine postume Vergötterung durchaus nicht als »Überspitzung«, »Perversion« oder subjektive Verabsolutierung der Führerrolle. Es handelte sich hierbei vielmehr um eine gesetzmäßige Folge des von Lenin selbst entwickelten Herrschaftssystems. Somit hatte der Revolutionsführer seine abnormale Verewigung in einem Mausoleum selbst herbeigeführt, obwohl dies ohne seinen ausdrücklichen Wunsch geschah.

Es ist nicht auszuschließen, dass die Idee der Mumifizierung ganz spontan aufkam. Die Verwandlung des Führers der Einparteidiktatur in ein ideologisches Idol konnte jedoch kein Zufall mehr sein, sondern war bereits Ausdruck einer totalitären Gesetzmäßigkeit. »Lenin ist lebendiger als alle Lebenden« – diese propagandistische Losung kann man durchaus auch in ihrem Wortsinn begreifen. Urteilen Sie selbst. Auf der Politbürositzung vom 16. Februar 1973 stand der »Umtausch der Mitgliedsbücher« zur Diskussion. Es scheint, als sei diese »Frage« nur deshalb auf die Tagesordnung gesetzt worden, um den folgenden Beschluss fassen zu können:

»Das Parteibuch mit der Nr. 00 000 001 für das Jahr 1973 wird auf den Namen des Gründers der Kommunistischen Partei der Sowjetunion und des Sowjetstaates W. I. Lenin ausgestellt.
Mit der Unterschrift des Parteibuchs wird der Generalsekretär des ZK der KPdSU, Genosse L. I. Breschnew, beauftragt. An der Unterzeichnung werden die Mitglieder des Politbüros des ZK der KPdSU, die Kandidaten des Politbüros des ZK der KPdSU und die Sekretäre des ZK der KPdSU teilnehmen …« (Archiv des Präsidenten)

Das war schon keine symbolische Zeremonie mehr, sondern bereits eine rituelle Handlung. Natürlich war das Parteibuch mit der Nummer 00 000 002 für einen anderen Iljitsch, nämlich für Breschnew, vorgesehen.

Das Vermächtnis und die Erben

Der Absolutheitsanspruch der Marxisten war erschütternd. Selbst der herausragende Denker Karl Marx ließ sich zu der äußerst oberflächlichen Äußerung, die Vorgeschichte der menschlichen Gesellschaft ende mit der bürgerlichen Gesellschaftsformation, hinreißen. Diese Behauptung wurde so interpretiert, dass die »wirkliche« Geschichte erst im April 1917 begann, als Lenin einen Panzerspähwagen am Finnischen Bahnhof erklomm.
Dank Lenins theoretischer Vorarbeit konnten die Bolschewiki dem Volk einschärfen, dass die Wege zu Glück, Gleichheit und Wohlstand über Gesetzlosigkeit, Willkür und Gewalt führten.

Diese Aussage bildete für viele Jahre den Grundtenor in Lenins Reden. Man könnte vielleicht einwenden, dass Lenin den Begriff der Diktatur erweiterte, indem er sie als »eine neue, im Vergleich zum Kapitalismus höhere Form der gesellschaftlichen Arbeitsorganisation« definierte. (Lenin, PSS, Bd. 39, S. 13) Doch davon sollte man sich nicht in die Irre führen lassen, denn bei dieser »gesellschaftlichen Arbeitsorganisation« handelte es sich einzig und allein um Zwang, Kontrolle, Pflicht und Reglementierungen.

Wie hatte Lenin doch in seinem grundlegenden Werk »Staat und Revolution« bemerkt: »Eine Abweichung von dieser allgemeinen Erfassung und Kontrolle durch das Volk wird dann unvergleichlich schwerer. In den seltenen Fällen, wo es dennoch dazu kommt, werden die betreffenden Personen sehr bald von den Arbeitern, die ja praktisch denkende Menschen sind und keine sentimentalen Intellektuellen, drakonisch bestraft ...« (Lenin, PSS, Bd. 33, S. 102)

Auf ebendieser methodologischen Grundlage schufen die Bolschewiki ihre neue Gesellschaft. Namenloses Leid, ungeheure Entbehrungen und Opfer waren der Preis für die Errichtung eines mächtigen, militarisierten Polizeistaates.

Laut Lenin benötigte der proletarische Staat ein Maximum an Gewalt bei einem Minimum an Freiheit.

Die Verteidiger des Bolschewismus zitierten mit Vorliebe die Worte Churchills, laut denen Stalin von Lenin ein rückständiges Agrarland übernommen hatte und es zu einem mächtigen Staat erblühen ließ, der sogar über die Atombombe verfügte. Nicht zu Ende gesponnen wurde jedoch der Gedanke, wie eine mögliche Zukunft des Staates ohne die Machtübernahme der Bolschewiki im Oktober 1917 ausgesehen hätte. Ich persönlich bin der Ansicht, dass sich dann in diesem großen Staat die Demokratie durchgesetzt hätte. Vor allem wäre Russland niemals, wie unlängst die UdSSR, zerfallen. Schließlich hatten Lenin und die Bolschewiki damals die Aufteilung des Landes in Gouvernements abgeschafft und durch Nationalstaaten ersetzt.

Was die Atombombe anbelangt, so kann sie wohl kaum als Indikator für einen zivilisierten und fortschrittlichen Staat gelten. Dem Irak ist es beinahe gelungen, sich dieses nukleare Monster zu sichern, während die Bundesrepublik Deutschland kein Inte-

resse an einer Atombombe hegt. Sind etwa diese beiden Staaten, wenn man den Maßstab der Demokratie anlegt, miteinander vergleichbar?
Auf Grundlage der leninistischen Prinzipien wurde der Prototyp eines totalitären Staates geschaffen. Obgleich die sowjetische Gesellschaft nach dem 20. Parteitag der KPdSU mit der Zeit etwas liberalisiert wurde, war sie niemals wirklich demokratisch.
In dem als Volksstaat proklamierten Land bildeten die gesellschaftlichen Organisationen (Gewerkschaften, Komsomol, Genossenschaften), die Räte der Volksdeputierten und die Arbeitskollektive das politische System. Sie waren gleichermaßen Organe der leninistischen Diktatur und der Partei, aber nicht mehr die des Proletariats.
Die letzte Verfassung der UdSSR betonte immer wieder die »Machtfülle« des Volkes. Eine einzige Frage genügt jedoch, um die kommunistischen Propagandisten in die Enge zu treiben: Warum waren bei der Wahl der Machtorgane immer schon von vornherein alle Alternativen ausgeschlossen? Damit wird deutlich, dass die sowjetischen Wahlen nur das demokratische Feigenblatt für ein diktatorisches System darstellten. Kein einziges Regierungsoberhaupt wurde in den vergangenen 74 Jahren vom Volk gewählt. Dies gilt auch für Lenin und seine bolschewistischen Freunde. Seine Erben reichten die 1917 errungene Machtposition sozusagen von Hand zu Hand weiter. Das Monopol auf die ungesetzliche Machtergreifung ist eine Tradition des Leninismus, an der alle seine Nachfolger festhielten. Sie hegten jedoch keinerlei Zweifel an der Rechtmäßigkeit ihres Vorgehens. L. I. Breschnew erklärte auf einem Treffen mit den Stimmberechtigten des Moskauer Baumanschen Wahlbezirks am 10. Juni 1966: »Es liegt nun fast schon ein halbes Jahrhundert zurück, dass die Werktätigen der leninistischen Partei die Führung des Landes anvertraut haben.« (Breschnew, O kommunistitscheskom wospitanii trudjaschtschichsja, Moskau 1974, S. 58)
Das klingt beinahe so, als ob allgemeine Wahlen durchgeführt worden wären, bei denen die kommunistische Partei einen Sieg errungen hätte und somit der Volkswille bestätigt worden wäre. Die rechtswidrige Machtaneignung wurde gewohnheitsmäßig als »Volkswille« betrachtet.

Sämtliche Staatsorgane, angefangen bei der Regierung, fungierten einzig und allein als Erfüllungsgehilfen des »Politbüros«. In diesen engen Clan nahm man nur selten jemanden auf, und wenn, dann nur nach eingehender Überprüfung. Für den Fall, dass man ein beliebiges Mitglied möglichst rasch loswerden wollte, gab es beim Generalsekretär und dem obersten Führungsgremium ein geheimes Dossier mit kompromittierendem Material über jedes Politbüromitglied. Diese Aktenbündel befanden sich in »besonderen Aktenordnern«, die nur durch den ersten Mann der Parteioligarchie, den Generalsekretär, geöffnet werden durften. Sogar über M. A. Suslow, eines der orthodoxesten Mitglieder des Politbüros, den alle ein wenig fürchteten, existierten einige für ihn äußerst unangenehme Dokumente. Darin heißt es unter anderem, dass der Sekretär des Stawropoler Gebietskomitees der Partei, M. A. Suslow, während des Krieges verwundete Kämpfer ihrem Schicksal überließ, aus der Stadt flüchtete und für seinen Eigenbedarf mehrere Fahrzeuge requirierte. Ein anderes Dokument berichtet über seine geheimen Geschäfte in Moskau, mit deren Hilfe er und seine Familie Mangelware zu symbolischen Preisen erhielten.
Ähnliche Akten existierten über alle Mitglieder des Politbüros. Der eine stammte von »Popen« ab, der andere hatte sich zu unvorsichtigen Äußerungen gegenüber seinen Bediensteten hinreißen lassen, ein dritter hatte gegen die »kommunistische Moral« verstoßen und sich mit Frauen aus seinem Amtsbezirk herumgetrieben. Jedes Politbüromitglied war belastet und konnte jederzeit beseitigt werden, wenn es in irgendeiner Angelegenheit das Missfallen des ersten Mannes im Staate erregte. Auf diese Art und Weise entfernte man Scheljepin, der nach den Worten des Generalsekretärs einen »verlogenen Demokratismus« an den Tag legte. Scheljepin war zur Erholung nicht auf seine Luxusdatscha, sondern in ein gewöhnliches Sanatorium gefahren und besuchte regelmäßig eine öffentliche Kantine, um dort zu essen. Sein Verhalten hatte zwar tiefliegende Ursachen, doch für die Partei diente es nur als Vorwand für seinen Ausschluss aus dem Politbüro.
Die Protokolle des Politbüros dokumentieren die Geschichte des großen Staates, den die Bolschewiki an sich gerissen hatten. Was kann man dort nicht alles finden!

So beriet man nach dem Test der Atombombe RDS-1 im Politbüro »über praktische Vorbereitungen zur Verteidigung gegen Angriffe mit atomaren und biologischen Waffen«. Der Bau der BaikalAmur-Eisenbahn-Magistrale sollte vorangetrieben werden, der atheistischen Erziehung wurde ein größeres Gewicht beigemessen, die Arbeit der Sicherheitsorgane wurde verbessert, die Frage des Erdöl- und Erdgasverkaufs wurde auf die Tagesordnung gesetzt … Vor allem befasste man sich jedoch mit den Vorbereitungen zu den verschiedenen Leninjubiläen.
Der Parteiareopag verstand es hervorragend, jedes Jahr über viele Stunden hinweg das Thema Lenin zu erörtern. L. I. Breschnew erklärte am 20. Juni 1968 auf einer Sitzung des Politbüros: »Die Hauptaufgabe besteht darin, den Leninismus jederzeit gegenüber Attacken und Angriffen zu schützen … Der Leninismus muss verteidigt werden, und wir werden ihn ständig und unnachgiebig verteidigen … Bekanntlich organisieren wir unser gesamtes Leben, unsere ganze Arbeit im Sinne Lenins. Das ist keine leere Phrase, das ist tatsächlich unser Leben, unsere Arbeit.« (Archiv des Präsidenten)
Lenins Nachlass umfasste einen totalitären Staat, eine bürokratische Gesellschaft, das Einparteisystem, die Herrschaft einer einzigen Ideologie, einen militanten Atheismus, totalitäre Bespitzelung, die Planwirtschaft, die Ausbeutung der Arbeiter, die endlose Militarisierung des Landes und die rastlose Suche nach Klassenfeinden. Der einfache Bürger gewöhnte sich an ein Leben, in dem das Existenzminimum durch den Staat gesichert wurde, jeder seine kärgliche Bleibe erhielt und ein paar soziale Güter wie Bildung, medizinische Versorgung und Urlaub gewährleistet waren. Das war jedoch nur das Nötigste in dem märchenhaft reichen Land. Diese Leistungen standen in keinem Verhältnis zu den eigentlichen Reichtümern des Landes. Das Volk wiederum gewöhnte sich daran und war zu einer alternativen Lebensweise kaum mehr fähig. Das Denken und Handeln wurde ihm abgenommen. Vom Kindergarten an sollten die Kleinsten eifrig von »Väterchen Lenin« und bis 1953 auch von »Väterchen Stalin« plappern. Man betrieb eine kolossale Massenverdummung. Die leninistische Gesellschaft schuf einen neuen Menschentyp.
Alle Nachfolger Lenins, vielleicht mit Ausnahme Gorbatschows,

waren mit seinen Ideen nicht wirklich vertraut und wesentlich schwächere Persönlichkeiten. Lenin hingegen war fähig zu selbständigem Denken. Bis auf Gorbatschow hatte keiner seiner Nachfolger seine Werke aufmerksam studiert und sich mit ihnen vertraut gemacht. Dennoch beriefen sie sich alle gern in ihren Referaten, die ihre Helfer verfasst hatten, auf den Revolutionsführer. Ein Leninzitat barg immer eine mystische Bedeutung in sich und machte den Redner automatisch über jede Kritik erhaben.

Am 7. September 1953 wählte das Plenum des ZK Chruschtschow zum Ersten Sekretär des ZK der Partei.

Der unbeherrschte, impulsive, inkonsequente, aber mutige Politiker ging vor allem dadurch in die Geschichte ein, dass er dem Stalinismus einen ersten und zugleich vernichtenden Schlag versetzte. Da er jedoch selbst ein »Produkt« der stalinistischen Epoche war, verurteilte er lediglich die Erscheinungsformen des Stalinismus, ohne dessen Entstehungsgeschichte und Grundlagen zu berücksichtigen. Das große Problem dabei war, dass er den wahren Lenin nicht kannte. Bei seiner Argumentation auf dem 20. Parteitag der KPdSU stützte sich Chruschtschow in erster Linie auf Lenin.

So behauptete er in seinem Bericht »Über den Personenkult und seine Folgen«, Lenin habe »niemals den Parteigenossen gewaltsam seine eigenen Ansichten aufgezwungen«. Er wusste damals nicht, dass Lenin dies sogar des Öfteren getan hatte.

Chruschtschow war ferner der Ansicht, Stalin habe den Begriff des »Volksfeindes« geprägt. Lenin hatte jedoch schon viel früher, kurz nach dem Oktoberumsturz, diesen Terminus gebraucht; genauer gesagt, bezeichnete er die »Partei der Kadetten« damals als »Partei der Volksfeinde«.

Außerdem erinnerte Chruschtschow daran, dass Lenin »im Januar 1920 … eine Verordnung über die Abschaffung des Massenterrors und der Todesstrafe« erlassen hatte. (Iswestija ZK KPSS, 1989, Nr. 3, S. 128–171)

Wie aber soll man dann folgende Aussage Lenins vom März 1922 werten: »Je mehr Großbürger und Klostergeistliche wir erschießen, desto besser …«? (Lenin, PSS, Bd. 35, S. 126)

Chruschtschow entlarvte zwar Stalin, war jedoch keineswegs gewillt, den Personenkult um Lenin in Frage zu stellen, auf den er

selbst einst Lobeshymnen gesungen hatte (etwa auf den Wahlversammlungen 1936 in Moskau, als er die Lobpreisung des Führers zu seinem Leitmotiv machte).
Chruschtschows Gespräche mit Mao Tse-tung vom 2. Oktober 1959 in Peking enthüllen sein wahres Wesen. Die folgenden Zitate sollen den »Leninismus« Chruschtschows etwas näher beleuchten. Im Laufe der Diskussion über die Beilegung der Territorialstreitigkeiten zwischen China und Indien erklärte Chruschtschow:

»Der Streit um 5 km Land mehr oder weniger ist völlig unwichtig. Lenin hat damals der Türkei Kars, Ardahan und den Ararat überlassen. Noch heute existieren deshalb in den entsprechenden Regionen Unstimmigkeiten unter den Menschen, die mit Lenins Maßnahmen nicht einverstanden waren …«
»Was die Ausreise des Dalai Lama aus Tibet angeht, so würden wir ihm an eurer Stelle nicht die Möglichkeit des Abzuges bieten. Er sollte eigentlich längst im Sarg liegen. Derzeit befindet er sich in Indien, und wahrscheinlich reist er weiter in die USA. Das kann für die sozialistischen Staaten ja wohl kaum von Vorteil sein …«
Die politischen Verhandlungen verliefen schleppend und drohten sogar zu scheitern. Chruschtschow erwiderte ohne diplomatische Umschweife, also nach dem Vorbild Lenins, auf einen Einwand der Chinesen: »Was Ungarn anbelangt … Sie verstehen schon, unsere Armee hat dort den Dummkopf Räkosi unterstützt. Das war einzig und allein unser Fehler und kein Fehler der USA …«
»Als in unserem Land die Fenster der US-amerikanischen und westdeutschen Botschaften eingeschlagen wurden, waren wir selbst die Drahtzieher.«
Im Laufe der Verhandlungen kam es zu einer hitzigen Debatte zwischen Chruschtschow und Marschall Tschen Ji:

»Chruschtschow:	Wenn Sie uns für Konjunkturpolitiker halten, Genosse Tschen Ji, dann brauchen Sie mir gar nicht erst Ihre Hand entgegenzustrecken, ich werde nicht einschlagen.
Tschen Ji:	Mir geht es ebenso, und ich muss Ihnen ehr-

	lich sagen, dass mich Ihre Wutanfälle nicht im geringsten einschüchtern.
Chruschtschow:	Geben Sie sich nur keine Mühe, von oben auf uns herabzuspucken. Ihre Spucke reicht dazu sowieso nicht … Wir haben nicht ein einziges amerikanisches Flugzeug vernichtet, sondern immer behauptet, dass es sich um einen Unfall handelte. Das können Sie ja wohl kaum als Opportunismus bezeichnen …« (Archiv des Präsidenten)

Nach diesem Muster führten Chruschtschow und die Mehrzahl der Leninisten ihre Verhandlungen: geradlinig, schroff, primitiv und taktlos. Ihre Vorgehensweise begründeten Chruschtschows Vorgänger, er selbst und seine Nachfolger gern mit folgendem Argument: »So hat es Lenin gelehrt.«
Mit Lenins Hilfe war es Chruschtschow gelungen, Stalin zu stürzen. Allerdings gab es am 14. Oktober 1964 auch einen »Auftritt« Lenins gegen Chruschtschow, der dazu führte, dass das Plenum des ZK den ersten »Antistalinisten« seiner Funktionen in Partei und Staat als Präsidiumsmitglied des ZK und Vorsitzender des Ministerrates der UdSSR entband.
Der siebzig Seiten umfassende Bericht auf dem Plenum, das Chruschtschows Amtszeit beendete, strotz erneut von Leninzitaten. Das »Vermächtnis« des Revolutionsführers, der »Brief an den Parteitag«, wurde zu einem ewig gültigen Argument gegen »neue Kandidaten für einen Personenkult«. Man fand Zitate des Revolutionsführers über die Schädlichkeit von »Verfechtern einer Umgestaltung um jeden Preis«, über die Notwendigkeit der »Staatsraison«, über die Wichtigkeit der »persönlichen Eigenschaften der Führer«, über die »Rolle der Sowjets« und vieles mehr.
Chruschtschows ehemalige Kampfgenossen stützten sich wiederum auf Lenin, als sie ihm alle möglichen Fehlentwicklungen im Lande zur Last legten: dass die wirtschaftlichen Zuwachsraten in der Zeit zwischen Stalins Tod und dem Jahr 1964 um das Doppelte zurückgegangen waren, dass es eine Verlangsamung im Bereich des wissenschaftlich-technischen Fortschritts und Schwierigkeiten in der Landwirtschaft gab …

All jene, die an Chruschtschow nun kein gutes Haar mehr ließen, hatten offenbar vergessen, dass sie den ungebildeten, aber mutigen Mann einst selbst auf diesen Posten berufen hatten.
Sie behaupteten, dass einem »… von seinen unflätigen Reden die Ohren abfallen …« »Dummkopf, Faulpelz, Tagedieb, von üblem Gestank, Schmeißfliege, Waschlappen, die blanke Scheiße« – das waren noch die harmlosesten Schimpfwörter, derer er sich mit Vorliebe bediente.
Chruschtschows ehemalige Weggefährten hatten seine Kritik am Personenkult um Stalin nicht vergessen. Der Diktator wurde von ihnen mit einigen Vorbehalten verteidigt. »Man kann doch Stalin nicht als Politiker darstellen, der nur mit Beil und Richtblock hantierte. In welches Licht würden denn dann Partei und Volk gerückt werden, die für so lange Zeit seine Herrschaft geduldet haben? … Man darf seine Verdienste weder verherrlichen noch totschweigen …« (Archiv des Präsidenten)
Chruschtschows Beseitigung erfolgte nicht aufgrund seiner vielen Fehler und Missgriffe, sie war ein Racheakt, die Vergeltung für sein Auftreten auf dem 20. Parteitag, als er dem Stalinismus den entscheidenden Schlag versetzt hatte. Obgleich sie die Auswüchse des Stalinismus verurteilten, sehnten sich alle ehemaligen »Leninisten« an der Spitze des Landes nach der stalinistischen Ordnung zurück. Chruschtschows Sturz machte deutlich, dass der Stalinismus noch existierte und erheblichen Einfluss ausübte. Der Erste Sekretär hatte zwar auf dem 20. Parteitag an den Grundfesten dieser Form des leninistischen Bolschewismus gerüttelt, doch dessen Wurzeln lagen tiefer, als er damals ahnte.
L. I. Breschnew, seit dem 8. August 1966 Generalsekretär des ZK, tat ohne Lenins »Ratschläge« keinen einzigen Schritt. In Bezug auf die Wiederbelebung der Grundidee der Kommunistischen Internationale und die Verbreitung des Kommunismus in der ganzen Welt ging Breschnew weiter als alle anderen Nachfolger Lenins. Am 16. April 1970 erklärte er bei der Einweihung der Lenin-Gedenkstätte in Uljanowsk, dass er fest »vom weltweiten Triumph des Sozialismus« überzeugt sei. »Große Anstrengungen werden notwendig sein, um diesen vollständigen und endgültigen Sieg zu erringen. Wir schauen jedoch siegesgewiss in die Zukunft.« Ein »Erfolg auf der ganzen Linie ist gewiss, da wir uns auf Lenin

stützen können«. (Breschnew, O kommunistitscheskom wospitanii trudjaschtschichsja, Moskau 1974, S. 286 f.)

Die massive Unterstützung der nationalen und antiimperialistischen Bewegungen durch Breschnew kosteten die UdSSR enorme Summen. Sehr viele Länder wie Ägypten, Äthiopien, Jemen, Angola, Afghanistan, Nicaragua, Libyen, Irak und Syrien erhielten nur aufgrund ihrer antiamerikanischen Haltung sowjetische Unterstützung. Eine derartige Strategie ließ natürlich auch keinerlei »Eigenmächtigkeiten« vonseiten der ČSSR, Ungarns und Polens zu.

Dieses alte Denkmuster war überaus gefährlich und hatte zudem keine Perspektive.

Breschnew und seine Anhänger zeigten sich unfähig, realistisch in die Zukunft zu blicken. Obgleich sie sich auf breitester Ebene einer Rhetorik des Friedens bedienten, beteiligten sie sich aktiv an dem sinnlosen Wettrüsten.

Während der Breschnew-Ära wurde es im Politbüro zur Tradition, am Ende jedes Jahres eine Bilanz über die Arbeit zu ziehen. So setzte Breschnew im Dezember 1973 seine Kollegen davon in Kenntnis, dass auf den 53 Politbüroversammlungen des zurückliegenden Jahres 615 Fragen eingehend behandelt worden seien, auf dem Wege der »operativen Fernabstimmung« sogar 3256. 2062 Fragen betrafen die Außenpolitik und den Außenhandel, 165 die Landwirtschaft, 163 die Industrie und 70 den materiellen Wohlstand. Der Generalsekretär berichtete weiter, dass es um die Ideologie »weitaus schlechter steht«: Es wurden lediglich 64 ideologische Probleme diskutiert.

Breschnew langweilte mit seinen Ziffern über Versammlungen, Beratungen und angenommene Beschlüsse, verlor jedoch kein Wort über die konkreten Ergebnisse all dieser Besprechungen. Der Referent meinte, dass »wir natürlich oft ermüden und uns überanstrengen, aber all dies, Genossen, tun wir zum Wohle unseres Landes, im Dienste unserer großen, leninistischen Partei …« Natürlich gingen die Erörterungen nie ohne ideologische Beschwörung vonstatten: »Liebe Genossen, wir arbeiten mit Ihrem Einverständnis im Geiste von Lenins Vermächtnis … Zu seiner Zeit gab es in unserer Partei oppositionelle Gruppierungen, gegen die Lenin ankämpfte. Jetzt herrscht in der Partei völliges Einvernehmen … Beispielsweise unterzeichne ich eine Reihe von

Beschlüssen, mit denen ich persönlich eigentlich nicht so recht übereinstimme … Ich handle einzig und allein aus dem Grunde so, weil die Mehrzahl der Politbüromitglieder dafür gestimmt hat.« (Archiv des Präsidenten)
Nur selten gewährte man uns Einblick in die Tagebücher von Nikolaj II., dessen intellektuelles Niveau angeblich so niedrig war. Lassen Sie mich ganz wahllos eine beliebige Seite der Aufzeichnungen des letzten russischen Zaren aufschlagen:
»Habe bis 10 Uhr geschlafen. Es war ein heißer Tag. Ich hielt zwei Vorträge … Bin viel spazieren gegangen. Um 6 Uhr Fjodorow empfangen. Gelesen. Stana hat bei uns gegessen, ist mit uns spazierengefahren und über Nacht geblieben.« (Dnewniki imperatora Nikolaja II. S. 309)
Er hatte scheinbar wenig zu tun. Die Probleme des Landes kommen in seinen Aufzeichnungen gar nicht vor. Doch wenigstens las er – und das in mehreren Fremdsprachen.
Auch Breschnew führte Tagebuch. Hier sind einige Auszüge aus dem Jahre 1977:

»*14. April – Donnerstag*
War zu Hause und habe Toljas Kopf gewaschen
Gewicht 86,7 kg
Gespräche mit Podgorny über die Aushändigung des Komsomolbilletts an mich
Aushändigung des Komsomolbilletts Nr. 1
Tjaschelnikows Rede
Mein Auftritt
Galja liest aus der Prawda über die Begrenzung der strategischen Rüstung vor.
Wer sind die Autoren dieses Materials?
Mittagessen und Erholung 14.30 Uhr bis 16.10 Uhr.
15. April – Freitag
Sawidowo – Enten – 1 Wildschwein …«

Was das alles bedeuten könnte, weiß heute wahrscheinlich kein Mensch mehr.

»*22. April – Freitag 86,4 kg*
Um 17 Uhr Versammlung anlässlich seines Geburtstages
Gespräch mit Grischin
Gromyko –
Tschernenko
Doroschina
23.–24. Urlaub«

Breschnews Eintrag über eine »Versammlung anlässlich seines Geburtstages« klingt sehr familiär. Dem Datum nach zu urteilen, scheint es sich um Lenin zu handeln.

»*3. Mai* Gewicht – 85,3 kg
Unterhaltung mit Rjabenko.
Telefongespräch mit Storoschew? Wichtige Frage.
Gespräch mit Tschernenko, K. U. –? Zur Tagesordnung des Politbüros
Schneider – Gab einen Anzug ab und nahm ein Freizeitjackett in Empfang
Habe J. W. Andropow angerufen, er kam, und wir unterhielten uns. Arbeitete mit Doroschina.«

»*3. Juni*
Habe Tschernenko empfangen – unterschrieb ein Protokoll, arbeitete mit Galja Doroschina.
Erholung – bin nach Sawidowo geflogen – 5 Wildschweine.«

Man könnte die Aneinanderreihung derartiger Ausführungen endlos fortsetzen. Zumeist geht es darin um die Erholung, das Körpergewicht, um Tätigkeiten im Haushalt … Wenn man Breschnew für irgendetwas auszeichnete oder würdigte, merkte er das besonders an:

»… Ich sprach mit dem Genossen A. N. Kopenkin – er sagte: ›Zuerst hörte ich die Befehle eines Offiziers, später die eines Generals, und nun bin ich froh, einem Marschall dienen zu dürfen.‹«
»Ich sprach mit dem Genossen Medunow auf dem Land – gut – ich gratuliere zur Beförderung …«

»Bin nicht weggefahren – niemand hat angerufen – am Morgen Haare gewaschen und geschnitten, rasiert.
Tagsüber bin ich ein bisschen spazieren gegangen – Post.
Ich habe gesehen, wie der ZSK verloren hat, die Spieler von Spartak sind Prachtkerle, sie spielen gut«.
»Wettschwimmen. Eine Stunde in einem 30-Meter-Becken. Rasur … Nach der Unterhaltung mit Ceauşescu sprach ich mit Scharwanadse.« (Der Generalsekretär schrieb den Namen dieses Politikers nicht ein einziges Mal richtig, D. W.)
»War am Abend in Astrachan auf der Jagd … habe 34 Gänse erlegt … habe eine angenehme Dusche genommen …«
»Gespräch mit Podgorny über Fußball, Hockey und auch ein bisschen über die Verfassung« (Archiv des Präsidenten)

Ich möchte noch einmal betonen, dass ich Stil und Orthographie dieser Tagebuchauszüge wie im Original belassen habe.
Aufgrund des von Lenin begründeten Machtmonopols der Partei gelangten immer wieder unbedeutende und ungebildete Menschen, die kaum des Lesens und Schreibens mächtig waren, an die Spitze des Staates. Das war kein Geheimnis, im Gegenteil, den meisten war es sogar recht.
Bei der Lektüre dieser armseligen Aufzeichnungen empfand ich keinerlei Schadenfreude. Breschnew tat mir einfach nur leid. Mehr noch aber bemitleidete ich unser Land.
Eine Woche vor seinem Tod sah ich Breschnew zum letzten Mal. Ustinow und ein Dutzend Männer führten ihn in den Swerdlowsker Saal des Kremls, in dem sich die gesamte militärische Führungsspitze des Landes versammelt hatte. Man führte ihn zum Präsidiumstisch, denn er war nicht mehr in der Lage, ohne Hilfe zu gehen. Nachdem man ihm Aufzeichnungen gereicht hatte, hielt er sich krampfhaft am Rednerpult fest und mühte sich ab, irgendetwas vorzulesen. Die im Saal versammelten Generäle senkten ihre Köpfe, so etwas war für ihr Land peinlich und für den kranken Mann eine Quälerei. Zwanzig Minuten lang waren nur undeutliche Worte zu vernehmen. Ich selbst habe seinen schmatzenden Lauten kaum Beachtung geschenkt, sondern mich nur eines gefragt: Wozu das alles? Neben dem Redner stand ein junger Mann, der ihm von Zeit zu Zeit ein Glas Tee reichte.

Wie konnte ein Mann wie Breschnew dieses große Land und die ganze sozialistische Staatengemeinschaft führen? All seine Resolutionen waren voller Fehler und bisweilen sogar komisch.
Jedermann machte sich über Breschnews Leidenschaft für Orden lustig. Die Sache ging so weit, dass man den Generalsekretär des Öfteren direkt im Politbüro auszeichnete und erst im Nachhinein der entsprechende Erlass des Präsidiums des Obersten Sowjets der UdSSR aufgesetzt wurde.
Gemäß der leninistischen Tradition musste ein Führer auch nach seinem Tode noch geehrt werden.
Nach Breschnews Tod erörterte das Politbüro im November 1982 die Frage, wie die Rolle des »großen Leninisten« in der Geschichte stärker zu würdigen sei. Man wollte die Stadt Saporoshje in »Breschnew« umbenennen. Doch Andropow protestierte: »Diese Stadt ist untrennbar mit der Schlacht von Saporoshje und den Kosakenunruhen verbunden. Vielleicht sollten wir besser Nabereschnye Tschelny Breschnews Namen geben? …«
Als dann die Raketenstartbasis den Namen des Generalsekretärs erhalten sollte, erhob Andropow erneut Einspruch: War es tatsächlich angebracht, Breschnews Namen in Verbindung mit Raketen zu bringen? Es sei doch besser, »dem Sternenstädtchen im Schtschelkowski-Rayon im Gebiet Moskau Leonid Iljitschs Namen zu verleihen«. Tichonow schlug daraufhin vor, den »Raspadskaja«-Schacht im Gebiet Kemerowo oder das Wasserkraftwerk in Nurek nach dem Generalsekretär zu benennen. Aber KGB-Chef Andropow hatte auch hier Bedenken:
»Im ›Raspadskaja‹-Schacht ist es unlängst zu einer verheerenden Katastrophe gekommen, bei der viele Menschen ihr Leben verloren haben …«
Tichonow musste sich diesem Einwand beugen, unterbreitete jedoch gleich darauf den Vorschlag, dem Eisbrecher »Arktika« Leonid Iljitschs Namen zu verleihen. Schließlich entschied man, eine ganze Reihe von Plätzen in den Großstädten umzubenennen, sogar die Stadt Kiew war im Gespräch.
Aus welchen Gründen auch immer plädierte Ustinow dafür, »sich vorerst damit zu begnügen, verschiedene Passagierschiffe umzubenennen«. Andropow erkannte bald, dass man mit seinem Einfallsreichtum am Ende war, und schlug vor, »etwas später noch eine

Reihe von Betrieben nach Breschnew zu benennen«. So wurde die Sache letztendlich auch gehandhabt. (Archiv des Präsidenten)
Juri Wladimirowitsch Andropow wurde Breschnews Nachfolger. Im Gegensatz zu seinen Vorgängern verfügte er über eine außergewöhnliche Intelligenz. Den größten Teil seines Lebens hatte er der Tscheka gewidmet, und sein Wirken dort hatte unübersehbare Spuren hinterlassen: Er ging unbeirrbar gegen die politische Diversion, gegen Dissidenten und gegen die subversive Tätigkeit des Imperialismus vor. (Archiv des Präsidenten)
Auf der Sitzung des Politbüros vom 7. Januar 1974 beispielsweise waren sich alle Anwesenden darüber einig, welche Maßnahmen gegen A. I. Solschenizyn zu ergreifen seien. J. W. Andropow erwies sich dabei als konsequenter Schüler Lenins:

»Breschnew: Man muss immerhin berücksichtigen, dass Solschenizyn zur Verleihung des Nobelpreises nicht ins Ausland gefahren ist.
Andropow: Als man ihm den Vorschlag unterbreitete, zur Nobelpreisverleihung ins Ausland zu reisen, erkundigte er sich, ob man ihm gestatten würde, in die UdSSR zurückzukehren. Genossen, seit 1965 weise ich permanent auf Solschenizyn hin. Gegenwärtig erreichen seine feindseligen Aktionen eine neue Qualität. Er ist im Begriff, eine Organisation aus ehemaligen Häftlingen innerhalb der Sowjetunion zu schaffen. Unverhohlen wendet er sich gegen Lenin, die Oktoberrevolution, ja sogar gegen die Errichtung des Sozialismus ... In unserem Land gibt es Zehntausende von Staatsfeinden, die Solschenizyn zu gegebenem Zeitpunkt tatkräftig unterstützen werden ... Ich persönlich bin der Ansicht, man sollte Solschenizyn nach sowjetischem Gesetz verurteilen ... Im Gegensatz zu den feindlichen Untergrundorganisationen, die vom KGB immer wieder aufgespürt werden, agiert Solschenizyn auf unverschämte Art und Weise, völlig unverblümt ... aus diesem Grund sollte man ihn meines Erachtens nach des Landes verweisen ...« Sämtliche Mitglieder des Politbüros unterstützten diesen Vorschlag. (Archiv des Präsidenten)
In Lenins Aufruf zur Ausweisung von Angehörigen der Intelligenz hieß es damals: »Wir werden Russland auf lange Zeit säubern!« Das war jedoch noch nicht geschehen.

Der KGB zog Bilanz über den Stand des Kampfes gegen den Antileninismus:

»An das ZK der KPdSU
Über die Ergebnisse bei der Suche nach Verfassern von anonymem antisowjetischen Material im Jahre 1982 … Im Laufe des Jahres gab es 1688 Autoren im Land, die 10407 anonyme Dokumente sowie 770 Parolen mit antisowjetischem, nationalistischem und staatsfeindlichem Inhalt verbreiteten.
Eine große Anzahl der antisowjetischen Äußerungen wurde anonym und äußerst trickreich veröffentlicht: Man benutzte Sprühfarbe, … Schablonen und fotokopierte Reproduktionen …
Unter den aufgespürten Autoren befinden sich 118 Mitglieder und Kandidaten der KPdSU sowie 204 Komsomolzen.«

Weiter wird einiges über die Motive der antisowjetischen Aktionen ausgesagt: 498 Menschen »stehen unter dem Einfluss der ideologischen Diversion des Gegners«, »228 leiden unter ›psychischen Krankheiten‹, bei 220 der Aufrührer handelt es sich um bloßes Rowdytum, 37 von ihnen befinden sich in materiellen Schwierigkeiten …«
Der Vorsitzende des Staatlichen Komitees für Staatssicherheit berichtete weiterhin über die Anzahl der Menschen, die »vorbeugend« inhaftiert wurden oder einer »medizinischen Behandlung« unterzogen wurden. (Archiv des Präsidenten)
Sämtliche Mitglieder des Politbüros unterschrieben dieses Dokument, denn sie waren seit langem an derartige Polizeiinformationen gewöhnt.
Ich bin der Ansicht, dass Andropow unter all den Staats- und Parteichefs der UdSSR Lenin geistig am nächsten stand. Er war ein bedeutender Kopf und ein Literaturkenner, der in seiner Freizeit sogar selbst einige Gedichte verfasste. Andropow verfügte über Kampfgeist, dachte »klassenmäßig«, hegte eine Vorliebe für Konspiratives und handelte uneigennützig. All das machte ihn zu einem typischen Leninisten. Bevor Andropow selbst zum Generalsekretär ernannt wurde, stand er in regelmäßigem Briefkontakt mit seinen Vorgesetzten. Seine schriftlichen Äußerungen zeichnen sich oft durch einen ungemein originellen Stil aus.

In einem seiner Schreiben an L. I. Breschnew erregte er sich darüber, dass die Amerikaner geschickt die Aufmerksamkeit der ganzen Welt auf den Nahen Osten und Israel lenkten:

»Damit versuchen sie, die Sowjetunion kleinzukriegen und die Aufmerksamkeit von ihren eigenen Angelegenheiten abzulenken. Dadurch sind Sie gezwungen, sich von morgens bis abends mit diesen Fragen zu beschäftigen und alle anderen dringenden Angelegenheiten aufzuschieben ... Ich selbst betrachte das als eine Art von Diversion, die uns künstlich auf den arabisch-israelischen Konflikt fixiert, um uns alle und insbesondere Sie persönlich damit zu überlasten.
Dadurch sind Sie gezwungen, die Beschäftigung mit vielen anderen, nicht minder wichtigen Fragen, zum Beispiel der Vorbereitung Ihres Staatsbesuchs in Indien, zu verschieben ...« (Archiv des Präsidenten)
Der zukünftige Generalsekretär witterte überall feindliche Intrigen, Ablenkungsmanöver und Fallen. Auch das zeugte von einer typisch leninistischen Denkweise. Es ist gut möglich, dass Andropow von Lenins »streng geheimem« Brief an Tschitscherin wusste, in dem es darum ging, die Konferenz von Genua öffentlich zu unterstützen, insgeheim jedoch zu hintertreiben. (Archiv für neuere Geschichte)
Der Vorsitzende des Komitees für Staatssicherheit hatte versucht, aus dem Hintergrund das Verhalten des beschränkten Breschnew zu lenken. Nachdem er am 12. November 1982 Generalsekretär geworden war, mühte sich Andropow während seiner kurzen Amtszeit, die Situation der Partei im Lande zu verbessern. Mehr als jedem anderen Mitglied der Führungsspitze war ihm bewusst, dass sich Staat und Gesellschaft in einer tiefen Stagnation befanden.
Die Wirtschaft hielt sich noch gerade so »über Wasser«, denn durch den Verkauf von Erdöl, Erdgas und anderen Rohstoffen waren Milliarden von Dollar ins Land geflossen.
Afghanistan hatte sich als militärpolitische Falle erwiesen. (Andropow selbst war einer der energischsten Befürworter der Invasion der sowjetischen Streitkräfte gewesen.)
Die Partei- und Staatsführung versank besonders in den Republiken im Sumpf der Korruption.

In den Köpfen von Millionen Menschen herrschte Misstrauen. Die Bürger des Landes scharten sich um ihre Rundfunkgeräte, um trotz des schlechten Empfangs über die ausländischen Sender die Wahrheit über die Ereignisse im eigenen Land und in der restlichen Welt zu erfahren.
Andropow ordnete eine verschärfte Ausreisekontrolle, die Unterbindung »unnötiger« Auslandskontakte, die Verstärkung der »vorbeugenden« Maßnahmen und eine erhöhte Wachsamkeit an. Auf diese Weise versuchte er, dem Verfall und der Stagnation im Land Einhalt zu gebieten. Andropow wollte den alten Idealen neues Leben einhauchen.
Bei seinen Anstrengungen orientierte er sich jedoch an traditionellen leninistischen Kategorien, so etwa bei seinem Versuch, »Ordnung zu schaffen«. Bereits kurz nach Andropows Ernennung zum Generalsekretär suchten Patrouillen die Straßen nach untätigen Herumtreibern ab. Bei diesen Treibjagden gingen ihnen Tausende obdachloser Landstreicher ins Netz.
Die Verwaltung verschärfte die Arbeitsbedingungen in den Betrieben und staatlichen Einrichtungen … Die Arbeiter begrüßten zunächst diese Maßnahmen, denn sie hatten noch nicht begriffen, dass die Krankheit des Systems in seinen Wurzeln lag.
Wie zu erwarten war, brachten diese verschärften Ordnungsmaßnahmen nur zeitweilige Erfolge. Die Stagnation des Systems schritt unaufhaltsam voran und vertiefte sich sogar weiter.
Aufgrund seiner schweren Krankheit zeigte sich Andropow selten auf Politbürositzungen und in der Öffentlichkeit. Er versuchte, mit Hilfe von »Memoranden« zu regieren. So diskutierte das Politbüro am 4. August 1983 eine Notiz Andropows zur Stationierung amerikanischer Raketen in Europa. Natürlich war in den Ausführungen des Generalsekretärs nicht die Rede davon, dass die Stationierung der sowjetischen Mittelstreckenraketen vom Typ SS-20 die USA und die NATO zu entsprechenden Schritten veranlasst haben könnte. Andropow schlug vor, alle Hebel in Bewegung zu setzen, um die Regierungen und Parlamente der NATO-Staaten dazu zu bewegen, die Stationierung der US-Raketen in Europa zu unterbinden. (Archiv des Präsidenten)
Nachdem die Parteiführung mehrere Milliarden Rubel aufgewandt hatte, um durch Mittelstreckenraketen eine militärische

Überlegenheit zu erreichen und auf diese Weise das Land in den Ruin trieb, musste sie am Ende der Vernichtung dieser Waffen zustimmen.
Als Andropow aufgrund seiner Krankheit nicht mehr fähig war, seine »Memoranden« selbst zu verfassen, diktierte er sie seinen Sekretären.
Im Oktober 1983 wurde eine Reihe von ihnen begutachtet. Tschernenko, Alijew, Gorbatschow, Grischin, Gromyko, Romanow, Demitschew, Kusnezow und andere Mitglieder des Politbüros werteten sie als »programmatisch«.
Wie schon zu Lenins Zeiten setzte Andropow erneut die Frage des Kampfes gegen »Ressortgeist und Bürokratismus« auf die Tagesordnung. Er schlug vor, das Land »von Grund auf« zu erneuern. Diese Aufgabe sollte nunmehr die Hauptarbeit des Zentralkomitees der Partei ausmachen. M. S. Gorbatschow stand an der Spitze einer Kommission, die sich verstärkt mit diesen Fragen auseinandersetzte. (Archiv des Präsidenten)
Andropows Nachfolger, der »wahre Leninist« Konstantin Ustinowitsch Tschernenko, huschte nahezu unbemerkt am politischen Horizont vorbei.
Als er auf einer Sitzung des Politbüros zum Generalsekretär gewählt werden sollte, waren die Rollen bereits im Voraus verteilt. Alle beschäftigte nur eine einzige Frage: Wer tritt als Erster auf und schlägt die Kandidatur des neuen Generalsekretärs vor? Die Sitzung wurde am 10. Februar 1984 von Tschernenko persönlich eröffnet.
»Tschernenko: Welche Vorschläge gibt es? Ich bitte die Genossen, sich zu äußern.« – Dabei richtete er seinen Blick auf Tichonow.
»Tichonow: Liebe Genossen, wir alle durchleben bittere Stunden. Der herausragende Staats- und Parteifunktionär der KPdSU, der Vorsitzende des Präsidiums des Obersten Sowjets, Juri Wladimirowitsch Andropow ist aus dem Leben geschieden ... Unsere Partei verfügt jedoch über eine ganze Reihe gut ausgebildeter Kader. Ich bin der Ansicht, dass bei uns im Politbüro des ZK nicht minder befähigte Genossen sitzen. Deshalb möchte ich dem nächsten Plenum des ZK der KPdSU den Vorschlag unterbreiten, den Genossen Tschernenko, Konstantin Ustinowitsch, zum Generalsekretär des ZK zu wählen.« (Archiv des Präsidenten)

Jeder, der einen anderen Kandidaten vorgeschlagen hätte, wäre automatisch als »Schismatiker« gebrandmarkt worden, der eine Spaltung in der Führungsspitze anstrebte. Die Vorgehensweise war denkbar einfach: Solch eine Sitzung wurde vom Vorsitzenden der Kommission für die Beisetzungsfeierlichkeiten eröffnet. Für ihn war es einzig und allein wichtig zu wissen, wem er als Erstem das Wort erteilen musste. Die leninistische Tradition der Einheit der Partei wurde nahtlos fortgesetzt.
Nach Tichonow, der Tschernenko von allen am nächsten stand, ergriffen Gromyko, Ustinow, Grischin und Gorbatschow das Wort. Gorbatschow meinte:

»Die gegenwärtige Lage erfordert wie niemals zuvor in der Geschichte den unbedingten Zusammenhalt unserer Partei und der führenden Organe wie Politbüro und Sekretariat. Man kann ohne Bedenken sagen, dass wir alle, die Mitglieder und Kandidaten des Politbüros und des ZK-Sekretariats, uns darüber einig sind, dass mit der Annahme des Vorschlags zur Wahl Konstantin Ustinowitsch Tschernenkos zum Generalsekretär des ZK der KPdSU das Prinzip der Kontinuität, über das hier schon gesprochen wurde, gewahrt bleibt … Die Einmütigkeit, mit der wir heute die Kandidatur des Generalsekretärs erörterten und Konstantin Ustinowitsch unser Vertrauen aussprachen, zeugt von der völligen Übereinstimmung innerhalb unseres Politbüros.«

Gorbatschow spielte also die Rolle, die innerhalb des Parteirituals für ihn vorgesehen war. Nach ihm meldeten sich Romanow, Alijew, Solomenzew, Worotnikow, Kusnezow, Demitschew, Ponomarjow, Dolgich, Simjanin, Ligatschow und Tschebrikow zu Wort. Sie alle rangen verzweifelt nach Worten, um sich in Bezug auf Tichonows Rede nicht zu wiederholen.
Während seiner Amtszeit als Vorsitzender des Sekretariats des Präsidiums des Obersten Sowjets und als Leiter der allgemeinen Abteilung des ZK der KPdSU hatte Tschernenko regelmäßigen Umgang mit den höchsten Staats- und Parteifunktionären gepflegt. Nachdem er Breschnews Liebling geworden war, erklomm der alte und kranke Beamte am Ende seines Lebens mit großer Beharrlichkeit die höchste Stufe einer schwindelerregenden Karri-

ere. Für viele kam es unerwartet, dass ein Mann, der erst 1977 Kandidat des Politbüros geworden war, am 13. Februar 1984 bereits Generalsekretär und dreifacher Held der sozialistischen Arbeit war. Man überschüttete ihn mit Orden und Titeln und machte ihn sogar zum Leninpreisträger. (Archiv des Präsidenten) Ein Parteibürokrat wurde zum Oberhaupt von Staat und Partei. Damit hatte der Zerfall des leninistischen Systems seinen Höhepunkt erreicht.
Als einzige Errungenschaft von Tschernenkos Regierungszeit könnte man die Neuverteilung der Pflichten unter den Mitgliedern des Politbüros betrachten. Gemäß der Tradition im ZK übernahm er selbst die Klärung von Fragen der Verteidigung, Staatssicherheit und der Parteikader. Er konnte jedoch nicht widerstehen und übernahm nach alter Gewohnheit auch noch die Aufgaben in Bezug auf die allgemeine Leitung der ZK-Angelegenheiten.
In seinem Innern blieb er stets ein Beamter.
Tschernenkos Referenten wussten um seine Leidenschaft für bürokratische Arbeit und durchwühlten Lenins Manuskripte nach einem neuen Ansatzpunkt im Kampf gegen diese chronische Krankheit des Bolschewismus. In dem Artikel »Über die wachsende Bedeutung der Führungsrolle der KPdSU«, der in der Zeitschrift »Woprosy istorii KPSS« (Fragen der Geschichte der KPdSU) Nr. 4 1980 veröffentlicht wurde, zitierten die pedantischen Parteitheoretiker einen kaum bekannten Brief Lenins, den er im September 1921 an Stomonjanow geschrieben hatte: »Die Arbeit erschlägt Sie ... Das darf nicht geschehen. Das ist ein Fehler, der sich verhängnisvoll auswirken kann. Man kann nicht an einer großen Sache arbeiten, wenn man es nicht versteht, nebensächliche Fragen an andere zu delegieren ... Organisieren Sie Ihre Arbeit so, dass Sie lediglich leiten und überprüfen. Sonst werden Sie scheitern.« (Archiv des Präsidenten)
Seit Lenins Zeit suchte das bürokratische System nach Rezepten für seine Heilung.
Dann kam die Ära Gorbatschow, mit der sich große Hoffnungen und Euphorie verbanden. Es schien, als wäre letztendlich doch noch ein würdiger Führer an die Macht gekommen. Zu Beginn waren alle davon beeindruckt, dass Gorbatschow seine Reden frei hielt. Er sprach ohne schriftliche Vorlage, flüssig und gescheit. Et-

was Vergleichbares hatte es in der Sowjetunion schon lange nicht mehr gegeben. Tatsächlich wurde jedoch bereits damals, 1985, von den Scharfsichtigsten bemerkt, dass Gorbatschow in seinen unterschiedlichen Reden zu verschiedenen Themen immer wieder über ein und dasselbe sprach. Ich erinnere mich, wie ich damals den Skeptikern entgegenhielt, er sei von seiner Reformidee besessen und wolle erreichen, dass jeder im Land sie verstand und unterstützte.

Es ist schwer, über Gorbatschow, den letzten »offiziellen« Leninisten in der Plejade der Generalsekretäre zu sprechen. Im Westen werden unzählige apologetische Bücher über ihn geschrieben, in seinem eigenen Land existieren jedoch nur zweifelhafte Artikel oder schmutzige Pamphlete wie »Fürst der Finsternis« von B. Olejnik. Sofern mir das Schicksal gewogen ist und mir noch etwas Zeit lässt, werde ich über Gorbatschow schreiben. Ich hatte bei verschiedenen Anlässen die Möglichkeit, diesen Mann zu treffen: In der Vorbereitungsphase des Unionsvertrags, auf Versammlungen und während seines Treffens mit Jelzin. Ich war einer seiner glühendsten Verehrer und bin inzwischen zu dem Schluss gekommen, dass seine Rolle erst an der Schwelle zum 21. Jahrhundert richtig bewertet werden kann. Ich war jedoch einer der Ersten, der ihn im Parlament wegen seiner »kontemplativen« Einstellung zu den Reformen, seiner Passivität im Konflikt um Karabach und vielem mehr kritisierte. Am darauffolgenden Tag wurde ich ins Verteidigungsministerium zitiert, wo man mir meinen Rücktritt nahe legte …

Zu Anfang verhielt sich Gorbatschow wie alle anderen Generalsekretäre vor ihm und führte treu den leninistischen Kurs weiter. Anders konnte er auch gar nicht handeln, um seine Pläne zu verwirklichen. Gorbatschow war weder mit Breschnew oder Tschernenko und erst recht nicht mit Andropow vergleichbar. Stärker als alle anderen hatte er ein Gespür dafür, dass im Land große Veränderungen vonnöten waren. Ihm war jedoch auch bewusst, dass ein sofortiger jäher Umschwung gefährlich sein würde. Ich bin der Ansicht, dass Gorbatschow niemals die Absicht hatte, das alte System völlig zu zerstören, sondern es reformieren wollte. Doch selbst das war für die damaligen Verhältnisse eine ungewöhnliche und kühne Aufgabe. Schon seine ersten zaghaften Schritte wa-

ren revolutionär. So hielt er am Ende der Politbürositzung vom 4. April 1985 eine für alle unerwartete Rede, die nicht auf der Tagesordnung stand und in der er sich gegen falsches Pathos, Großspurigkeit, Lobhudelei und Speichelleckerei wandte.
Um sich die Sache zu erleichtern, verlas er einfach einen umfangreichen Brief des alten Kommunisten W. A. Sawjalow aus Leningrad, in dem dieser sich über die unzähligen goldenen Sternchen an Breschnews Brust, die Ehrenpräsidien und die Lobeshymnen auf den Generalsekretär lustig machte.
Mit seinen Äußerungen machte sich Gorbatschow zum Sprachrohr des Volkes: »Lenin sprach über die Autorität der Führer … Man darf das jedoch keineswegs mit der Parteiautorität verwechseln … Es ist kein Geheimnis, dass Chruschtschow sich in seiner Kritik zu sehr auf die Persönlichkeit Stalins konzentrierte. Das brachte Schaden, und noch heute kehren wir … diesen Scherbenhaufen zusammen …« (Archiv des Präsidenten)
Gorbatschow erwies sich als Leninist, der zwar den Stalinismus ablehnte, bei der Aufarbeitung der Geschichte jedoch für eine maßvolle Herangehensweise plädierte. Vom heutigen Standpunkt aus betrachtet, bezog er damit eine zögerliche und zweideutige Position. Zum damaligen Zeitpunkt war es jedoch für Gorbatschow einfach nicht möglich, eine andere Position einzunehmen, und offensichtlich hatte er auch gar nicht diese Absicht.
Seine Beziehung zu Lenin und dem Leninismus war gelassen und ohne ideologische Überspanntheit. Er unternahm jedoch nicht den geringsten Versuch einer kritischen Auseinandersetzung mit den augenscheinlich falschen politischen Prophezeiungen des Parteiführers. Tatsächlich äußerte er sich über Lenin in der Phase der Perestrojka bisweilen auf traditionelle und apologetische Weise. So bezeichnete er auf der Politbürositzung vom 15. Oktober 1987 Lenins Entscheidung für die sozialistische Revolution als »genial«. (Archiv des Präsidenten)
Gorbatschow tat damals also einen Schritt nach vorn, aber auch vorsichtig einen halben zurück. Er war ein Mensch, der die drängende Notwendigkeit politischer Veränderungen erkannt hatte, die meisten seiner Maßnahmen blieben jedoch unentschlossen und bisweilen doppeldeutig. Ich bin der Ansicht, dass dies nicht an seinem Verstand, sondern vielmehr an seinem Charakter lag.

Nur in wenigen Situationen zeigte er Willensstärke und Entschlossenheit, wie beim Abzug der Truppen aus Afghanistan oder bei der Aufhebung von Sacharows Verbannung.
Bisweilen wirkte sich seine Entschlossenheit etwas zweifelhaft aus. Als sich der Erste Stellvertreter des Finanzministers, W. W. Demenzew, auf einer Politbürositzung gegen die Einschränkung des Alkoholverkaufs wandte, entgegnete Gorbatschow scharf: »Was Sie da sagen, ist nichts Neues. Jeder von uns weiß, dass wir den Leuten nicht vorschreiben können, wofür sie ihr Geld ausgeben sollen. Sie haben jedoch keinen anderen Vorschlag, wie man das Volk zusammenschweißen könnte. Fassen Sie sich also bitte kürzer, Sie sind nicht im Finanzministerium, sondern auf einer Politbürositzung.« (Archiv des Präsidenten)
Pseudopatrioten, Bolschewiki und Nationalisten brachten den Namen Gorbatschow stets in Zusammenhang mit dem Zerfall der UdSSR, dabei versuchte gerade er, die Union zu retten.
Es ist unendlich zu bedauern, dass die Sowjetunion auseinandergebrochen ist. Eine lebensfähige Staatenkonföderation hätte durchaus erhalten werden können. Ich bin der Ansicht, dass es für einen solchen politischen Zusammenschluss auch jetzt noch nicht zu spät ist. Weder Gorbatschow noch Jelzin »sprengten« die UdSSR. Schon in den zwanziger Jahren, unter Lenin, als das Politbüro die Gouvernements zu liquidieren begann und nationale Formationen schuf, wurde die Grundlage für den Zerfall der Union geschaffen. Die Diktatur konnte den Zerfall des Landes noch aufhalten, doch mit Beginn des Demokratisierungsprozesses wurden auch die zentrifugalen Kräfte wirksam.
Die Logik der Geschichte hatte eine neue Beziehung zwischen den Republiken, vielleicht sogar eine Demokratische Konföderation, auf die Tagesordnung gesetzt. Doch die Kräfte der alten, kommunistischen Vergangenheit taten am 19. August 1991 einen irreversiblen Schritt, der, ungeachtet der ursprünglichen Absichten, zum Zerfall des großen Landes führte.
Die Rolle des letzten offiziellen »Leninisten« Gorbatschow bestand darin, das totalitäre System zu zerstören. Er hat es jedoch nicht selbst zerstört, sondern lediglich nicht an seiner Selbstzerstörung gehindert.
Die Reformperiode unter Gorbatschow glich der Zeit nach dem

10. März 1923. Der Leninismus war zwar noch lebendig, hatte aber nicht mehr die Kraft, innovative Ideen hervorzubringen. Zu Beginn des Prozesses, den Gorbatschow als »Perestrojka« bezeichnete, trat der Leninismus in eine lange Periode der Agonie ein. Damals, nach 1985, hatten wir das Wichtigste nicht begriffen: Der Leninismus ist grundsätzlich nicht reformierbar. Entweder er existiert weiter, wie bereits etliche Jahrzehnte, oder er verschwindet völlig von der historischen Bildfläche.

Der historische Lenin

Ich wage zu behaupten, dass Lenin noch nicht in vollem Maße zu einer Figur der Geschichte geworden ist, da seine Taten, Gedanken, Programme und Prinzipien weiter fortexistieren. Sie beschäftigen viele Menschen und sind Gegenstand der ideologischen Auseinandersetzung. Lenin ist immer noch Bestandteil unseres Alltags: Kolchosen, entwertete Geldscheine und Ordensspangen tragen seinen Namen, neue kommunistische Führer berufen sich auf Lenin. Lenin ist tief in uns und unserem Bewusstsein verankert. Viele von uns sind noch immer seine »Gefangenen«.

Lenin wird erst zu dem Zeitpunkt Geschichte, wenn wir uns ihm gegenüber so gelassen verhalten können, wie wir uns derzeit gegenüber Steppan Rasin, Iwan Bolotnikow, Thomas Müntzer und Jan Zizka verhalten. Bislang können wir noch nicht auf diese Art und Weise auf Lenin zurückblicken, und daran wird sich vielleicht auch in der nahen Zukunft nichts ändern.

Der historische Lenin weist eine Reihe von Charakterzügen auf, die sich, meines Erachtens, zu einem einheitlichen Bild fügen. Er war nicht der Januskopf, als den man ihn häufig darstellte. Die Einheit und Homogenität seines Charakters ist unbestreitbar.

Lenin war ein bis zur Ekstase besessener Revolutionär. Es genügt, noch einmal an die letzten Tage vor dem Oktoberumsturz zu erinnern, als der Führer der Bolschewiki das Schicksal auf seiner Seite wähnte, so unbegrenzt war seine Gewissheit, dass der einmalige Augenblick gekommen war.

Er wandelte stets am Rande des Abgrunds und brach alle Brücken hinter sich ab, bis ihm sämtliche Rückzugswege versperrt waren. Wiktor Tschernow bemerkte dazu äußerst treffend:

»Oft gelang es Lenin lediglich aufgrund der Misserfolge seiner Feinde, am Leben zu bleiben. Häufig hatte er nur das Glück, das eigentlich immer demjenigen zuteil wird, der auch in der Lage ist, Pechsträhnen zu überstehen …
Es gibt einen gewissen gesunden Menschenverstand, der nichts unversucht lässt, ungeachtet der Tatsache, dass alles gegen ihn spricht – Logik, Schicksal und Umstände. Lenin war im Übermaß mit diesem ›gesunden Menschenverstand‹ gesegnet. Dank dieser Hartnäckigkeit konnte er so manches Mal die Partei aus Situationen retten, die bereits hoffnungslos schienen.« (»Wolja Rossii«, 1924, Nr. 3)

Im entscheidenden Moment verfügte Kerenski über keine einzige zuverlässige Division; Denikin glaubte zu früh, dass Moskau sich bereits in seinen Händen befände; die weißen Generäle waren nicht in der Lage, sich über die elementarsten Fragen zu einigen, wie etwa über die Verteilung der Kräfte an den unterschiedlichen Fronten. Das Schicksal kam Lenin mehr als einmal zu Hilfe.
Es scheint, als ob diese blinden Zufälle Lenin und die Bolschewiki gerettet hätten. Man musste jedoch auch in der Lage sein, diese Chancen zu nutzen. Lenins Besessenheit, die bisweilen sogar in Hysterie ausartete, wie auch seine Bereitschaft, halb Russland zu opfern, retteten schließlich seine unrechtmäßige Sache.
Hinter seinem gutmütigen und sanften äußeren Erscheinungsbild verbarg sich die Bereitschaft zu schrecklichen Grausamkeiten im Namen der Revolution.
Lenin war ein Diktator besonderen Typs – er war der Prototyp des revolutionären Diktators. Im Gegensatz zu Stalin, der einen Menschen häufig wegen persönlicher Differenzen vernichtete, wandte Lenin seine grausamen Maßnahmen mit der Überzeugung an, nur so die Diktatur des Proletariats verwirklichen zu können. Er war von Natur aus nicht rachsüchtig, sondern lediglich der Ansicht, dass die Revolution durch eine Schwächung der Diktatur zugrunde gehen würde. Diese jakobinische Denkweise war allerdings nicht minder gefährlich als die stalinistische Grausamkeit.

Lenin »veredelte« lediglich seine Gewalttaten und verlieh ihnen einen revolutionären Heiligenschein.
Wenn es um die Partei oder die Revolution ging, kannte Lenin keine Skrupel. Die Politik hatte bei ihm stets Vorrang vor der Moral. So befürwortete Lenin Brautwerbung und Hochzeit des Bolschewisten Wiktor Taratuta, weil damit die Parteikasse durch das Geld des Fabrikanten Schmitt aufgebessert wurde.
»Was ist dieser Wiktor (Taratuta) bloß für ein Mensch? Welch eine Niedertracht gegenüber dem Mädchen«, bemerkte damals Professor Roschkow.
Lächelnd antwortete der Revolutionsführer: »Weder Sie noch ich könnten eine reiche Kaufmannstochter des Geldes wegen heiraten. Wiktor hat es getan, das bedeutet, er ist ein nützliches Mitglied der Partei.« Lenin opferte die Moral für sein Lebenswerk. Sein Standpunkt war folgender: »Moralisch ist alles, was dem Sieg des Kommunismus dient.« Wenn tatsächlich alle Menschen bezüglich ihrer politischen Überzeugung nach diesem Prinzip des moralischen Relativismus handeln würden, dann wäre unser Leben ein einziger Albtraum. Es ist gut möglich, dass unsere Zivilisation im 21. Jahrhundert durch allgemeine moralische Normen, eine Art planetarischem Bewusstsein, vor einer ökologischen Katastrophe, vor militärischen Konfrontationen sowie Rassen- und Nationalitätskonflikten doch noch gerettet wird. Die Bolschewiki waren jedoch lediglich an der Weltrevolution interessiert.
Lenin zog die Strategie des Augenblicks einer weitsichtigen historischen Strategie vor. Oft genug handelte er ohne klaren Plan und hatte nur allgemeine Ziele im Blick. Des öfteren berief er sich auf die Worte Napoleons: »Zuerst stürzt man sich ins Gefecht – das weitere wird sich finden.« Er war bereit, seine politische Linie um hundertachtzig Grad zu ändern, wenn er erkannte, dass er damit rascher ans Ziel gelangen würde.
Nachdem er lange Zeit die Verfassungsgebende Versammlung befürwortet hatte, wandte er sich entschlossen von ihr ab, als er zu der Überzeugung gelangt war, dass die Bolschewiki sich dort in der Minderheit befinden würden.
Vor der Revolution hatte er erklärt, dass ein Separatfrieden mit Deutschland unvorteilhaft sei, nach seiner Machtübernahme suchte er jedoch sofort nach Wegen für einen Separatfrieden mit

den Deutschen. Bereits 1920 hatte das auf vollständiger Requirierung des Getreides basierende System des Kriegskommunismus das Land in die Sackgasse der Hungersnot geführt. Das hatte sogar der radikale Trotzki begriffen. Doch Lenin setzte hartnäckig seinen Kurs des Kriegskommunismus fort. Erst als bereits einige hunderttausend Menschen durch Erschießungen, Rebellionen und Hunger ums Leben gekommen waren, gab er auf. Dann kam die Wirtschaftsreform. Lenin wurde zum »Vater der Neuen Ökonomischen Politik« und verkündete: »Wir sollten nicht auf einen unmittelbaren Übergang zum Kommunismus setzen ...« (Lenin, PSS, Bd. 44, S. 164)

Lenins Ideen zur Vollendung einer groß angelegten wirtschaftlichen und sozialen Umgestaltung Russlands sowie seine Vorstellungen von der Schaffung einer gerechten kommunistischen Gesellschaft waren wahnwitzig und töricht. Entsprechend charakterisierte auch Plechanow die theoretischen Ansätze des Revolutionsführers, und Gorki bezeichnete ihn gar als »verrückt«.

Nichtsdestoweniger besaß Lenins Wahnsinn seine eigene, eiserne Logik. In dem von ihm inszenierten russischen Abenteuer sah er erst den Anfang. Russland sollte als Zünder, als Detonator für die Weltrevolution dienen. Unter den Bedingungen der tiefen weltweiten Krise, hervorgerufen durch den Krieg, den Untergang zahlreicher Monarchien und die allgemeine Orientierungslosigkeit, gab es gewisse – wenn auch nur zeitweilige – Chancen zur Entfachung eines Weltbrandes. Lenin war bereit, Russland zu opfern, um diesen Weltbrand zu initiieren.

Der Führer der Bolschewiki war eine Verkörperung historischer Verantwortungslosigkeit. Die Idee, den Planeten »rot« zu färben, basierte auf dem Lügenpaket eines Schreibtischmenschen, der über viele Jahre hinweg verschiedene Pläne für die kommunistische Weltrevolution entwarf und dabei eine Vielzahl von ethnischen, nationalen, religiösen, geographischen und kulturellen Faktoren außer Acht ließ. Für ihn gab es nur einen Wert, den er um jeden Preis verteidigte: die Macht. Mit Hilfe ebendieser Macht hoffte der Führer früher oder später die russische Revolution auf die ganze Welt ausweiten zu können.

Lenin verspürte niemals Gewissensbisse wegen seiner unverantwortlichen und nicht selten verbrecherischen Taten. Dabei hatte er die erste demokratische Regierung in der Geschichte Russlands gestürzt, die Verfassungsgebende Versammlung auseinandergejagt, die Bürger ihrer Rechte und Freiheiten beraubt, die Wirtschaft des Landes ruiniert, die Räte zu Anhängseln der Parteikomitees degradiert, die Intelligenz aus dem Vaterland verbannt, die russische Sozialdemokratie vernichtet, die Zarenfamilie liquidiert, die Volksaufstände in Tambow, Kronstadt, am Don, in Jaroslawl und anderen Städten blutig niedergeschlagen, durch Terror, Hunger und Bürgerkrieg 13 Millionen Menschen aus Russland vertrieben und ins Verderben gestürzt …

Lenin verfügte über keinerlei persönlichen Ehrgeiz. Er gehörte zu dem seltenen Typ Mensch, der sich aufrichtig mit der Idee identifizierte, an die er glaubt und der er dient. Obgleich seine Sache schließlich eine politische Niederlage erlitt, vermochte Lenin Unmögliches zu erreichen: Sein politischer Wahnwitz wurde für Millionen Menschen über viele Jahrzehnte hinweg zum Programm, denn es gelang ihm, seine epochalen, weltumspannenden, historischen Pläne eng mit der unsterblichen christlichen Idee der sozialen Gerechtigkeit zu verbinden …

Der berühmte italienische Gelehrte Vittorio Strada bemerkte: »Das Joch der kommunistischen Revolution ist beseitigt. Die geschichtliche Realität zeigt uns aber auch, dass dessen Folgen noch deutlich zu spüren sind.« (Vittorio Strada, Lenin: Traiettoria di una revoluzione. Venezia 1991, S. 95)

Der Leninismus lebt und hat noch immer viele Verfechter. Selbst jene, die viele Jahre diesen Ideen gedient haben und an deren bitterer Niederlage fast verzweifelten, haben keine Eile, sich vom Leninismus zu lösen. Sie alle fürchten sich verständlicherweise vor einem geistigen Vakuum.

Ich wiederhole es noch einmal: In meinem Kopf fiel die Bastion des Leninismus erst, nachdem mir Einblick in viele Dokumente Lenins gewährt wurde, die langsam, viel zu langsam, dem kritischen Blick der Öffentlichkeit freigegeben werden.

Statt eines Schlusswortes
Die Niederlage im Sieg

»Lenin glaubte nicht an den Menschen, aber ihn leitete ein grenzenloser Glauben an die gesellschaftliche Dressur des Menschen.«
Nikolaj Berdajew

Wenn man das äußere Chaos der Geschichte genauer betrachet, erkennt man eine umfassende Ordnung, die sich aus Notwendigkeiten, Zufälligkeiten und Gesetzmäßigkeiten ergibt. Lenin hat 1917 seinen politischen Sieg nur um den Preis einer bedingungslosen und endgültigen historischen Niederlage errungen. Sein rebellischer Geist ließ sich nicht durch nationale Grenzen einschränken und kannte weder Moral noch Religion. Lenin war bereit, ganz Russland in Brand zu setzen, damit die Überlebenden am Feuersturm der Weltrevolution teilhaben konnten. Lenin war nicht nur überzeugter Bolschewist, sondern sah sich auch als Reformator im Weltmaßstab. Zum Glück für die Menschheit konnte er jedoch sein historisches Experiment nur auf einem Teil der Erde verwirklichen.
Der Revolutionsführer konnte nicht verstehen, dass die deutsche Revolution nicht etwa aufgrund des »Verrats« durch den »Renegaten Kautsky« und die deutsche Sozialdemokratie gescheitert war, sondern weil die Arbeiter nicht an sie glaubten, die Intelligenz sie ablehnte und die Bauern ihr gleichgültig gegenüberstanden.
Dem Sieg und der Machtübernahme im Oktober 1917 folgte schon bald eine Reihe von Niederlagen. Nachdem sich die bolschewistische Hoffnung auf eine baldige Revolution im Weltmaßstab als Illusion erwiesen hatte, ging man gezwungenermaßen zu einer Politik der friedlichen Koexistenz über, ohne jedoch das revolutionäre Ziel aus den Augen zu verlieren. A. A. Joffe, ein großer Diplomat der Leninschen Schule, schrieb in seinen unveröffentlichten Erinnerungen:

»Die Weltrevolution schien so nahe zu sein (und war es tatsächlich), dass ein Einvernehmen mit der Bourgeoisie nur von kurzer Dauer schien und somit völlig einerlei war. Es war nicht wichtig, was bei den Gesprächen mit der Bourgeoisie herauskam, sondern vielmehr, dass die Verhandlungen und das Abkommen selbst eine revolutionäre Wirkung auf die breiten Massen ausübte … Als ich nach Beendigung der Verhandlungen Wladimir Iljitsch ein gebundenes Exemplar des Vertrages überreichte, kniff er listig die Augen zusammen, klopfte auf den Einband des Vertrages und fragte: ›Nun, was ist, haben Sie eine Menge Zoten aufgeschrieben?‹« (Archiv des Präsidenten)

Nach Joffe hatte lediglich die Verzögerung des Tempos der Revolution den Übergang zu einer Politik der »friedlichen Offensive« als notwendige, zeitweilige Taktik bewirkt.
Lenin war niemals von seiner Idee der Weltrevolution abgerückt: »Als mich das ZK 1921 zur Arbeit nach Turkestan schickte, betonte Wladimir Iljitsch vor meiner Abreise mir gegenüber: ›Turkestan – das ist unsere Weltpolitik. Turkestan, das ist Indien …‹« (Archiv des Präsidenten)
Die bolschewistischen Ideen mussten eine außenpolitische Niederlage nach der anderen hinnehmen: in Deutschland, Ungarn, Persien, Indien, China, Polen und anderen Ländern. Die »verräterischen Arbeiterführer« wurden bald als Hauptschuldige an der »Verzögerung der Weltrevolution« ausgemacht.
Auch in der Innenpolitik ließen die Niederlagen nicht auf sich warten, wie die Haltlosigkeit der Politik des Kriegskommunismus, die unbezwingbare Machtstellung der neuen Bürokratie, die stumme Opposition der ganzen Gesellschaft gegen den Bolschewismus und die Zwietracht in der Partei zeigten … Aufgrund dieser Tatsachen wäre es falsch zu sagen, dass der Leninismus erst 70 Jahre nach der Oktoberrevolution eine Niederlage erlitten hat, vielmehr zeichneten sich bereits zu Lenins Lebzeiten verhängnisvolle Entwicklungen ab. Der Logik der Geschichte kann man nicht entrinnen. Das bekam auch Lenin zu spüren. Nachdem er die Selbstherrschaft des Zaren und die Diktatur der Bourgeoisie beseitigt hatte, begann er, die Diktatur der bolschewistischen Partei zu errichten. Den russischen Jakobinern gelang es nicht, sich von den geschichtlichen Traditionen zu lösen. Sie waren zu keiner

positiven Evolution fähig, sondern ersetzten eine Form der Unterdrückung durch eine noch grausamere.

Das Ideal der Freiheit hatte für Lenin niemals Priorität. Nachdem er die Menschewiki, Kadetten und Linken Sozialrevolutionäre besiegt hatte, steuerte er geradewegs auf eine historische Niederlage zu.

Ich habe oft mit angehört, wie ehrliche Menschen, die unter dem Sowjetsystem aufwuchsen, voller Überzeugung meinten: »Wenn Lenin noch ein Jahrzehnt länger gelebt hätte, wäre alles anders gekommen.« Aus ihren Stimmen klangen Trauer und Enttäuschung über das Scheitern all ihrer Hoffnungen.

Tatsächlich kann man mit großer Wahrscheinlichkeit davon ausgehen, dass Lenin – ganz im Gegensatz zu Stalin – niemals seine Kampfgenossen im Politbüro beseitigt oder die Kollektivierung um den Preis von Millionen Menschenleben durchgeführt hätte. Auch die Beseitigung von Andersdenkenden hätte wohl kaum die gleichen Ausmaße wie in den dreißiger Jahren angenommen. Doch selbst ein »gemäßigterer« Kommunismus unter Lenin wäre kaum denkbar ohne Terror, Kollektivierung und Jagd auf »staatsfeindliche Elemente«. Das von Lenin geschaffene System konnte gar nicht anders handeln, lediglich im Ausmaß der Repressionen gab es Nuancen. Lenin hätte sich niemals von der Diktatur lossagen können, so viel ist sicher. Berdjajew bemerkte dazu treffend: »Lenin ist sowohl Antihumanist als auch Antidemokrat.« (Berdjajew, Istoki i smysl russkogo kommunisma, S. 102) Ich füge dem nur noch das Wort »absolut« hinzu.

Jede Art von Diktatur führt früher oder später zum totalen Verlust von Freiheit und Moral.

Sicherlich kann man Lenin nicht persönlich für alle Verbrechen verantwortlich machen, die von seinen Nachfolgern begangen wurden.

Lenin trägt beispielsweise keine Verantwortung für das Verbrechen von Katyn. Ein alter Bolschewik sagte mir, dass Stalin Polen den für Russland erniedrigenden Frieden von Riga (1921) nie verziehen hat. Der Mord an den polnischen Offizieren sei demnach nur die Rache für die Niederlage von 1920 gewesen. Nachdem man die Unglücklichen in Katyn vernichtet hatte, machte man die Faschisten dafür verantwortlich.

Lenin trägt auch keinerlei Verantwortung für die Vorbereitung und Organisation des Attentats auf Tito durch den illegalen Agenten »Max«. Die Aufgabe war sehr klar formuliert worden: »Erteilen Sie ›Max‹ den Auftrag, um eine persönliche Audienz bei Tito nachzusuchen, während der er diesen und alle im Gebäude befindlichen Personen mit Tuberkulosebakterien verseuchen soll, die aus einem speziellen Behältnis freigesetzt werden, das er bei sich trägt. ›Max‹ selbst wird nichts von der Existenz des Präparates erfahren. Um sein Leben zu retten, wird ihm vorbeugend ein Gegenmittel gespritzt.« (Archiv des Präsidenten)
Auch die Pläne des Politbüros unter Breschnew für eine Intervention in Polen im Jahre 1980 können Lenin nicht persönlich angelastet werden. In dem Dokument, das von M. A. Suslow, A. A. Gromyko, Ju. W. Andropow, D. F. Ustinow und K. U. Tschernenko unterzeichnet wurde, empfahl das oberste Parteigremium dem ZK die Mobilmachung einiger Truppenverbände sowie zusätzlich 100 000 Wehrpflichtiger. (Archiv des Präsidenten)
Allerdings marschierten auf Befehl des Führers der Bolschewiki seinerzeit Truppen in Georgien ein; außerdem diskutierte man über die Unterstützung revolutionärer Aufstände in China, Indien, Ungarn, Deutschland, Persien und anderen Ländern. Bisweilen schlug Lenin auch kleinere Aktionen vor. So empfahl er eine militärische Strafexpedition nach Litauen und Estland: »... Die Grenze an irgendeiner Stelle mindestens ein Werst überschreiten und dort 100 bis 1000 Beamte und Reiche aufhängen ...« (Archiv für neuere Geschichte)
Es bleibt noch die Frage, ob Lenin auch für die im Sowjetstaat weit verbreitete Korruption die Verantwortung trägt. Dem ist natürlich nicht so. Derartige Erscheinungen waren zwar allen bekannt, dennoch gab es darüber nie öffentliche Diskussionen. Den betreffenden Personen wurden einfach andere Arbeitsbereiche zugewiesen. Diese Posten waren jedoch nicht minder verantwortungsvoll als jene, aus denen sie entlassen wurden.
Aber auch Lenin hatte die Angewohnheit, Parteifunktionäre zu decken und zu verteidigen:

»Geheim. An den Genossen Ordschonikidse. Genosse Sergo, ich

erhielt eine Mitteilung, dass Sie … sich eine Woche lang dem Trunk ergeben und mit Weibsbildern herumgetrieben haben. Das ist ein … Skandal und eine Schande. Dabei habe ich Sie überall gelobt … Erstatten Sie mir umgehend Bericht. Es ist besser, wenn wir Sie für einige Zeit beurlauben. Sie müssen sich bessern. Sie geben ein schlechtes Beispiel.

Gruß. Ihr Lenin« (Archiv für neuere Geschichte)

Lenins Maximalismus und Radikalismus in Verbindung mit seiner Willensstärke und Besessenheit spielten eine entscheidende Rolle bei der Formierung des diktatorischen Systems, das über viele Jahre hinweg nach den ihm eigenen leninistischen Gesetzen fortexistierte. Selbst die im Jahre 1956 einsetzende Tauwetterperiode nach dem 20. Parteitag änderte nicht viel am Wesen des Systems: Die Einparteidiktatur verzichtete forthin auf physische Gewalt, die geistige Unterdrückung blieb jedoch erhalten.

Das von Niederlagen heimgesuchte leninistische System konnte sich dennoch am Leben halten. Diese Tatsache erklärt sich nicht nur durch die soziale Trägheit und das Machtmonopol der Partei, sondern auch durch bestimmte, äußerst ansprechende Prinzipien des leninistischen »Sozialismus«: kostenlose Schulbildung, unentgeltliche medizinische Versorgung, symbolische Miete für den Wohnraum und die Erholung der Kinder und Erwachsenen. Vermeidung von Arbeitslosigkeit, Sicherstellung des Existenzminimums und anderes mehr. Es versteht sich von selbst, dass all dies nur auf Kosten einer übermäßigen Ausbeutung der Arbeitskräfte und durch die staatliche Umverteilung der vorhandenen Ressourcen des Landes möglich war.

Einige dieser sozialen Errungenschaften sind dennoch durchaus erhaltenswert.

Was die sowjetischen Menschen in sieben langen Jahrzehnten durchlebten, war gewiss kein Sozialismus. Die Bolschewiki konnten ihre Macht nur mit Hilfe der Diktatur behaupten. Der Parlamentarismus wurde von ihnen unwiderruflich und von Anfang an abgelehnt. Ohne zu zögern, ging Lenin mit seinen diktatorischen Grausamkeiten bis zum äußersten. Für sein Regime bedeutete diese Linie die einzige Überlebenschance.

Lenin lehrte uns Unnachgiebigkeit gegenüber allem, was nicht sozialistisch, nicht sowjetisch, nicht marxistisch ist. Bis zum heutigen Zeitpunkt tragen wir noch diesen militanten Geist in uns. Als sich nach dem August 1991 die Chance zur Errichtung einer neuen, demokratischen Gesellschaft bot, kamen wir zu keiner Übereinkunft. Zu tief war die alte, leninistische Denkweise in unserem Bewusstsein verankert.

Lenin lebt noch in uns und wird wohl kaum so bald aus unseren Köpfen verschwinden. Die Niederlage des Leninismus wurde beschleunigt durch die Veränderung des internationalen Klimas. In dem Maße, wie durch die Politik Gorbatschows das Vertrauen zwischen den langjährigen Gegnern wuchs (in dieser Frage hat die Geschichte seinen Beitrag noch nicht entsprechend gewürdigt), wurde auch die Erosion des Leninismus beschleunigt. Das kommunistische System konnte nur unter den Bedingungen einer permanenten – realen oder eingebildeten – Bedrohung durch innere und äußere Feinde gedeihen. A. N. Potresow charakterisierte bereits Ende der zwanziger Jahre diese Besonderheit folgendermaßen: »Die tödliche Welle des Kommunismus erhob sich aus der Sturmflut des Ersten Weltkriegs. Diese Welle wird verebben, ungeachtet aller künstlichen Versuche, sie weiter in Bewegung zu halten.«

Die Niederlage des Leninismus war durch die Geschichte vorprogrammiert. Lenin hätte nur eine Chance gehabt, wenn er den politischen Pluralismus nach dem Oktober 1917 erhalten und den sozialdemokratischen Strömungen und Traditionen Raum gelassen hätte.

Das Experiment, das im epochalen und erdumfassenden Maßstab geplant war, endete mit einer historischen Niederlage. Einmal mehr wurde die traurige Wahrheit bestätigt: Das Los Russlands ist es, zu leiden, zu hoffen und erneut zu leiden …

All das, was in diesem Buch geschrieben steht, wird die Zahl meiner Feinde noch vergrößern, von denen es ohnehin schon genügend gibt … In den letzten Jahren erhielt ich Briefe mit Schuldzuweisungen und Drohungen sowie anonyme und boshafte Anrufe. Zudem wurden hinter meinem Rücken schmutzige Reden über mich geführt … Die Lenin-Apologetik zieht in unserem Lande so weite Kreise, dass auf viele Menschen nicht einmal unanfechtbare, dokumentierte Fakten wirken. Das Schicksal unseres Volkes scheint untrennbar mit Lenin und seiner Lehre verbunden. Nur die Zeit kann die Menschen endgültig vom Leninismus heilen. Es ist gut möglich, dass wir auf Lenin als historische Persönlichkeit erst im nächsten Jahrhundert völlig gelassen zurückblicken können. Zur Zeit ist Lenin in Russland jedoch noch lebendig und ruft bei den Menschen blinde Ergebenheit, Hass oder – in jüngster Zeit – einfach nur Gleichgültigkeit hervor.

Louis Fischer (russische Ausgabe) und Robert Clark haben ehrliche Bücher über den Führer der Bolschewiki geschrieben. Leider starben beide noch vor deren Veröffentlichung. Auch ich weiß nicht, ob ich die Veröffentlichung dieses Buches noch erleben werde. Doch es ist mir gelungen, meine wesentliche Erkenntnis zu formulieren: Die »Ära Lenin« ist zwar für immer vorüber, dennoch werden wir noch lange ihrem Einfluss unterliegen.

Literaturverzeichnis

Anin, D., Rewoljuziaja 1917 goda glasami jejo rukowoditljej (Die Revolution 1917 in den Augen ihrer Führer), Rom 1971

Antonow-Owsejenko, W., Im Jahre siebzehn. Erinnerungen an die Oktoberrevolution, Berlin 1958

Aranson, G., Rossija nakanune rewoljuzii (Russland am Vorabend der Revolution), New York 1962

Balabanoff, A., Lenin. Psychologische Beobachtungen und Betrachtungen, Hannover 1961

Berdjajew, N., Istoki i smyslrusskogo kommunisma (Ursprünge und Sinn des russischen Kommunismus), Paris 1955

Breschnew, L. I., O kommunistscheskom wospitaniii trudjaschtschichsja (Über die kommunistische Erziehung der Werktätigen), Moskau 1974

Bucharin, N. I., Isbrannye proiswedenija (Ausgewählte Werke), Moskau 1974

Buonarotti, F., Grakch Babjow i sagowor rawynch (Gracchus Babeuf und die Verschwörung der Gleichen), Moskau/Petrograd 1923

Dan, T., Der Ursprung des Bolschewismus, Hannover 1968

Deborin, A., Lenin, der kämpfende Materialist, Wien 1924

Dekrety Sowjetskoj wlasti (Dekrete der Sowjetmacht) 13 Bde., Moskau 1957–1989

Deutscher, I., Lenins Kindheit, Frankfurt/M. 1973

Fischer, L., Das Leben Lenins, Köln/Berlin 1965

Fotijewa, L. A., Pages from Lenins Life, Moskau 1960

Ganetzki, Ja., O Lenineo Otryvki wospominanji (Über Lenin. Fragmente von Erinnerungen), Moskau 1933

Gautschi, W., Lenin als Emigrant in der Schweiz, Köln 1973

Geyer, D., Kautskys russisches Dossier. Deutsche Sozialdemokraten als Treuhänder des russischen Parteivermögens 1910–1915, Frankfurt a. M./New York 1981

Geyer, D., Lenin in der russischen Sozialdemokratie. Die Arbeiterbewegung im Zarenreich als Organisationsproblem der revolutionären Intelligenz 1890–1903, Köln/Graz 1962

Gorbunow, N. P., Erinnerungen eines Sekretärs des Rates der Volkskommissare, Moskau/Leningrad 1934

Gorki, M., Nesowremnennye mysli (Unzeitgemäße Gedanken), Paris 1971

Grille, D., Lenins Rivale. Bogdanow und seine Philosophie, Köln 1966

Guilbeaux, H., Wladimir Iljitsch Lenin. Ein treues Bild seines Wesens, Berlin 1923
Hahlweg, W., Lenins Rückkehr nach Russland 1917. Die deutschen Akten, Leiden 1957
Hammond, Th. T., Lenin an Trade Unions and Revolution 1893–1917, New York 1957
Hitzer, F., Lenin in München. Dokumentation und Bericht, München 1977
Humbert-Droz, J., Der Krieg und die Internationale. Die Konferenzen von Zimmerwald und Kienthal, Wien 1964
Kamenew, L. B., Lenins literarisches Erbe, Hamburg 1924
Kautsky, K., Die Diktatur des Proletariats, Wien 1918
Kerenski, A. F., Isdaleka. Sbornik statjej (Aus der Ferne. Aufsatzsammlung), Paris 1922
Kersehenzew, P., Das Leben Lenins, Strasbourg 1937
Kraus, R., Die Imperialismusdebatte zwischen Lenin und Karl Kautsky, Frankfurt/M. 1978
Krschischanowski, G. M., Weliki Lenin (Der große Lenin), Moskau 1982
Krupskaja, N. K., Erinnerungen an Lenin, Berlin 1960
Krylenko, N. W., Sudoustrojstvo RSFSR (Das Gerichtssystem der RSFSR), Moskau 1923
Lazitch, B. und M. M. Drachkovitch, Lenin and the Comintern, Vol. I., Stanford (Cal.) 1972
Lenin i Simbirsk, Uljanowsk 1968
Lenin i Tscheka (Lenin und die Tscheka), Moskau 1975
Lenin in den ersten Tagen der Sowjetmacht. Nach Erinnerungen von Teilnehmern jener Tage, Moskau/Leningrad 1934
Lenin und Gorki. Eine Freundschaft in Dokumenten, Berlin/Weimar 1964
Lenin, W. I., Biografitscheskaja chronica, Bände I–XII, Moskau 1970–1982
Lenin, W. I., Biographie, Berlin 1964
Lenin, W. I., Briefe. Herausgegeben vom Institut für Marxismus-Leninismus beim ZK der SED. Bände I–X, Berlin 1967–1976
Lenin, W. I., Polnoe sobranie sotschinenij (Vollständige Sammlung der Werke PSS) 55 Bände, Moskau 1960 ff.
Lenin, W. I., w wospominanijach pisatellej (Lenin in den Erinnerungen von Schriftstellern), Moskau 1980
Lenin, W. I., Werke. Herausgegeben vom Institut für Marxismus-Leninismus beim ZK der SED. 40 Bände, 2 Registerbände und 2 Ergänzungsbände, Berlin 1955–1971

Lenin, W. I., Woennaja perepiska (1917–1920 gg.) (Militärischer Briefwechsel 1917–1920), Moskau 1956
Lenin-Chronik. Daten zu Leben und Werk, zusammengestellt von G. und H. Weber, München 1983
Lenin. Aus den Schriften 1895–1923, hrsg. von H. Weber, 2. Aufl., München 1980
Lenin. Hrsg. von L. Schapiro und P. Reddaway, Stuttgart 1970
Lenin. Leben und Werk. Mit Beiträgen von Bucharin, Kamenew, Lepeschinski, Radek, Rykow, Sinowjew, Stalin, Trotzki, Uljanowa u. a., Wien 1924
Lenin. Towarischtsch i tschelowek (Lenin. Genosse und Mensch), Moskau 1987
Lenin. Zu seinem 50. Geburtstag, Wien 1920
Leninskij sbornik (Lenin-Sammelband), Bd. I–XXXIX, Moskau 1924–1980
Lewin, M., Lenins letzter Kampf, Hamburg 1970
Losowski, A., Lenin und die Gewerkschaftsbewegung, Berlin 1924
Lübbe, P., (Hrsg.) Katsky gegen Lenin, Berlin/Bonn 1981
Ludendorff, E., Meine Kriegserinnerungen 1914–1918, Berlin 1919
Lukács, G., Lenin. Eine Studie über den Zusammenhang seiner Gedanken, Berlin 1924
Luppol, J., Lenin und die Philosophie, Wien 1929
Martow, J., und T. Dan, Die Geschichte der russischen Sozialdemokratie, Berlin 1926
Medwedjew, R. A., Oktober 1917, Hamburg 1979
Melgunow, S. P., Solotoj nemetzkij kljutsch bolschewikow (Der goldene deutsche Schlüssel der Bolschewiki), New York 1989
Mereschkowski, D. S., Grippius, S. N. u. a., Zarstwo Antichrista (Das Reich des Antichrist), München 1921
Nikitin, B., Rokowye gody (Verhängnisvolle Jahre), Paris 1937
Nikolajewski, B., A. N. Potresow, Paris 1987
Otscherki istorii Leningradskoj organisazii KPSS (Skizzen zur Geschichte der Leningrader Organisation der KPdSU), Leningrad 1962
Page, S. W., Lenin and World Revolution, London 1972
Pannekoek, A., Lenin als Philosoph, Frankfurt a. M./Wien 1969
Payne, R., Lenin. Sein Leben und sein Tod, München 1965
Pisma Lenina Gorkomu (Lenins Briefe an Gorki), Moskau 1936
Pisma W. I. Lenina materi (Lenins Briefe an die Mutter), Moskau 1967
Pisma Wladimira Iljitscha Lenina krodnym (Lenins Briefe an die Verwandten), Moskau 1985

Pjatnitzki, O., Aufzeichnungen eines Bolschewiks, Berlin 1930
Platten, F., Die Reise Lenins durch Deutschland, Berlin 1924
Plechanow, G. W., God na redine (Ein Jahr in der Heimat), 2 Bände, Paris 1921
Plechanow, G. W., Sotschinenija (Werke), 24 Bände, Moskau/Petrograd 1923–1927
Podljaschuk, P., Towarischtsch Inessa (Genossin Inessa), Moskau 1987
Possony, S. T., Lenin. Biographie, Köln 1965
Potresow, A. N., Otscherki (Studien), Paris 1927
Rabotschaja rewoljuzia na Urale (Die Arbeiterrevolution im Ural), Jekaterinenburg 1921
Radek, K., Lenin, Berlin 1924
Ransome, A., Russia in 1919, New York 1919
Ransome, A., The Crisis in Russia, New York 1921
Reed, J., Zehn Tage, die die Welt erschütterten, Hamburg 1966
Reisberg, A., Lenin. Dokumente seines Lebens, 2 Bände, Leipzig 1977
Reisberg, A., Lenin und die Zimmerwalder Bewegung, Berlin 1966
Reisberg, A., Lenins Beziehungen zur deutschen Arbeiterbewegung, Berlin 1970
Rodsjanko, M. W., Gosudarstwennaja duma i fewralskaja rewoljuzia 1917 g. (Die Staatsduma und die Februarrevolution 1917), Rostow n. D. 1919
Sbarski, V., Mawsolej Lenina (Das Lenin-Mausoleum), Moskau 1944
Schaginjan, M., Die Familie Uljanow, Berlin 1959
Schapowalow, A., Mit Lenin in Sibirien, Berlin 1931
Scharlau, W. B., und Z. A. Zeman, Freibeuter der Revolution. Parvus-Helphand, eine politische Biographie, Köln 1964
Serge, V., From Lenin to Stalin, New York 1937
Service, R., Lenin: A Political Life. Vol. 1, London 1985
Shub, D., Lenin, Wiesbaden 1952
Shukman, H., Lenin and the Russian Revolution, London 1977
Sinowjew, G., Lenin. Sein Leben und seine Tätigkeit, Berlin 1920
Solomon, G., Sredi krasnych woschdej (Unter den roten Führern), Paris 1930
Solschenizyn, A., Lenin in Zürich, Bern 1977
Stalin, J. W., Werke, Berlin 1953 ff.
Strada, V., Lenin: Traiettoria di una revoluzione, Venedig 1991
Stretzki, A., W. I. Lenin, Moskau/Leningrad 1934
Suchanow, N., 1917: Tagebuch der russischen Revolution, München 1967 Tagebuch der Sekretäre Lenins. 21. November 1922–6. März 1923, Berlin 1965
Trotzki, L. D., Der junge Lenin, Wien u. a. 1969

Trotzki, L. D., Dnewniki i pisma (Tagebücher und Briefe), New York 1986

Trotzki, L. D., O Lenine (Über Lenin), Moskau 1924

Trotzki, L. D., Pjat let Kominterna (Fünf Jahre Komintern), Moskau/ Leningrad 1925

Trotzki, L. D., Portrety rewoljuzionerow (Porträts von Revolutionären), Moskau 1988

Trotzki, L. D., Über Lenin. Material für einen Biographen, Berlin 1924

Ulam, A. B., Die Bolschewiki. Vorgeschichte und Verlauf der kommunistischen Revolution in Russland, Köln/Berlin 1967

Uljanow-Lenin W., Die ersten Dekrete der Sowjetmacht, Berlin 1970

Uljanowa, M. I., O W. I. Lenine i semje Uljanowych (Über Lenin und die Familie der Uljanows), Moskau 1989

Valentinow, N., Encounters with Lenin, London u. a. 1968

Vom Alltag der Uljanows. Eine Briefauswahl, Berlin 1973

Walentinow, N., Molosnakomyj Lenin (Der wenig bekannte Lenin), Paris 1972

Walentinow, N., Wstretschi s Leninym (Begegnungen mit Lenin), New York 1981

Welikaja Oktjabrskaja sozialistitscheskaja revoljuzija. Enziklopedija (Die Große Sozialistische Oktoberrevolution. Enzyklopädie), Moskau 1987

Wolfe, B. D., Lenin, Trotzki, Stalin. Drei, die eine Revolution machten, Frankfurt/M. 1965

Wolkogonow, D., Stalin. Triumph und Tragödie, Düsseldorf u. a. 1989

Wolkogonow, D., Trotzki. Das Janusgesicht der Revolution, Düsseldorf u. a. 1992

Wolodja, unser Bruder und Genosse. Erinnerungen der Geschwister W. I. Lenins, Berlin 1971

Wospominanija o Lenine (Erinnerungen an Lenin), Moskau 1972

Wospominanija o Wladimire Iljitsche Lenine (Erinnerungen an Lenin), Moskau 1990

Zeman, Z. A. B., Germany and the Revolution in Russia 1915–1918. Documents from the Archives of German Foreign Ministry, London/ New York 1958

Zereteli, I. G., Wospominanija o fevralskoj rewoljuzii (Erinnerungen an die Februarrevolution), Paris 1964

Zetkin, C., Erinnerungen an Lenin, Wien/Berlin 1929

eb

Dimitri Wolkogonow (1928–1995) war Professor für Philosophie, Historiker und sowjetischer Generaloberst. Seit 1950 Mitglied der KPdSU, lehrte er ab 1970 Philosophie an der Militärakademie »Lenin«. Danach arbeitete er in der Politischen Hauptverwaltung der sowjetischen Streitkräfte und war Leiter des Instituts für Militärgeschichte des Verteidigungsministeriums der UdSSR. Als solcher hatte er die Möglichkeit, die Geheimarchive der Partei zu studieren.

Dimitri Wolkogonow

TROTZKI

Das Janusgesicht der Revolution

Aus dem Russischen
übersetzt von
Vesna Jovanoska

edition berolina

1. Auflage dieser Ausgabe

Die Originalausgabe *Lew Trotzki. Polititscheskij portrjet* erschien 1992 bei Nowosti, Moskau, eine deutsche Ausgabe im selben Jahr bei ECON Verlag GmbH, Düsseldorf.
Umschlaggestaltung: BEBUG mbH, Berlin
Umschlagabbildung: © bpk / Coll. Michel Lefebvre / adoc-photos
Druck und Bindung: CPI Moravia Books s. r. o.

eb edition berolina

Alexanderstraße 1
10178 Berlin
Tel. 01805/30 99 99
FAX 01805/35 35 42
(0,14 €/Min., Mobil max. 0,42 €/Min.)

www.buchredaktion.de

*»Ein persönliches Schicksal hat auch L. Trotzki,
und es ist sinnlos, dass er versucht,
die Bitternis dieses Schicksals zu verbergen.«*

N. Berdjajew

Inhalt

Statt einer Einleitung

Das Schicksal eines Revolutionärs

Der Sonderzug war auf dem Weg nach Kiew. Er brauste an den wenigen Stationen vorbei, um die Fahrgäste so schnell als möglich in die ukrainische Hauptstadt zu befördern. Es war Nacht. In einem der Waggons schlief man nicht. Es war ein großer Salon, eingerichtet mit einigen Sesseln und einem Diwan aus Leder, einem länglichen Tisch in der Mitte und einem kleineren in der Ecke, auf dem die Telefonapparate standen. Am Panzerglasfenster stand ein Mann mittleren Wuchses mit Oberlippen- und Kinnbart, der eine aufgeknöpfte Uniformjacke und Stiefel trug. Über seiner hohen Stirn wucherte üppiges Haar, das schon leicht ergraut war. Auf der charakteristischen römischen Nase saß ein feines Pincenez, hinter dessen Gläsern lebhafte hellblaue Augen funkelten. Der Mann, der aus dem Fenster schaute, hoffte vergeblich, einige Lichter in der Dunkelheit zu entdecken. Das riesige zerrissene Land lag nicht nur in Ruinen, sondern in völliger Finsternis.

Am Tisch, mit der Feder in der Hand, saß ein junger Mann im Soldatenhemd. Ringsherum lagen Telegramme der 3. und 5. Armee der Ostfront, die auf dem Vormarsch in Richtung des Flusses Tobol waren. Die südliche Gruppierung der Front hatte sich erfolgreich in Richtung Turkestan vorgekämpft. Die knapp gehaltenen Berichte bestätigten: Admiral Koltschak wird bald am Ende seiner Kräfte sein, und dann ist der Weg nach Osten frei. Doch es waren nicht diese Probleme, die den Mann im Eisenbahnsalon beschäftigten. Sein Sekretär notierte flink die Sätze, die er ihm vom Fenster aus zuwarf. »... Das Scheitern der ungarischen Republik, unsere Misserfolge in der Ukraine und unser möglicher Verlust des Schwarzmeer-Küstenstreifens sowie unsere Erfolge an der Ostfront verändern in entscheidendem Maße unsere internationale Orientierung. Das, was gestern zweitrangig war, hat heute Vorrang ...«

Der Mann schwieg eine Weile, blickte seinen Sekretär bedeutungsvoll an und fuhr fort: »Die Lage wird sich anders darstellen, wenn wir unser Gesicht dem Osten zugewandt haben ...«

Diese Worte kamen aus dem Mund eines selbstbewussten Mannes, der, wie es schien, in der Lage war, durch den dichten, dunklen Vorhang einer Sommernacht weit hinter den Horizont zu schauen: »... Es besteht keinerlei Zweifel, dass auf den asiatischen Schlachtfeldern unsere Rote Armee eine unvergleichlich bedeutendere Macht darstellt als auf den europäischen. Unzweifelhaft eröffnet sich uns nun die Möglichkeit, nicht nur langfristig abzuwarten, wie sich die Ereignisse in Europa entwickeln werden, sondern auch an den asiatischen Frontabschnitten aktiv zu werden. Im Augenblick kann sich der Weg nach Indien für uns als durchlässiger und kürzer erweisen als der Weg nach Sowjet-Ungarn. Unsere Armee, die nach europäischen Maßstäben zurzeit keine große Bedeutung hat, kann das labile Gleichgewicht der Kolonialbeziehungen in Asien stören, dem Aufstand der unterdrückten Massen Antrieb geben und den Sieg eines solchen Aufstandes in Asien sicherstellen ...«

Der Mann ging vom Fenster zur Mitte des Salons und setzte sich in einen Sessel. »Fügen Sie zum letzten Satz hinzu: ›Selbstverständlich setzen die Operationen im Osten die Schaffung und Stärkung einer mächtigen Basis im Ural voraus. All jene Kräfte, die wir für Arbeitersiedlungen im Dongebiet einsetzen wollten, müssen wir nun im Ural konzentrieren. Dorthin müssen wir unsere besten wissenschaftlich-technischen Kräfte schicken, unsere besten Organisatoren und Administratoren ...‹«

Erregt von seinem großen Plan, konnte der Mann mit dem Pincenez seinen Redefluss kaum bremsen: »Wir müssen dorthin die besten Elemente der ukrainischen Partei schicken, die derzeit beurlaubt worden sind. Falls sie die Ukraine verlieren, dann sollen sie für die sowjetische Revolution Sibirien erobern …«

»Lew Dawidowitsch, bitte etwas langsamer, ich kann Ihnen nicht folgen«, unterbrach der Sekretär den Diktierenden und blickte ihn müde an.

»Wie? Langsamer? Nun, also langsamer …«

Das Diktat der »Aufzeichnungen an das ZK der RKP« ging weiter. Der Autor dieser Berichte äußerte hier nicht lediglich die grundlegenden strategischen Gedanken der Revolution, sondern er konkretisierte sie weitgehend: Er forderte die Schaffung eines »Reiterkorps (30 000 bis 40 000 Reiter), welches nach Indien zu werfen ist. Der Weg nach Paris und London führt durch die Städte Afghanistans, des Pandschab und Bengalens. Unsere militärischen Erfolge im Ural und in Sibirien müssen das Ansehen der sowjetischen Revolution im ganzen unterdrückten Asien außerordentlich erhöhen. Dieses Moment muss ausgenutzt werden, und irgendwo im Ural oder in Turkestan eine revolutionäre Akademie gegründet werden, ein politischer und militärischer Stab der asiatischen Revolution, der sich in allernächster Zeit als wesentlich handlungsfähiger als das Exekutivkomitee der Dritten Internationale erweisen könnte … Unsere Aufgabe besteht darin, rechtzeitig eine dringend notwendige Schwerpunktverlagerung unserer internationalen Orientierung vorzunehmen …«

»War das alles?«, fragte der Sekretär.

»Nein. Fügen Sie hinzu: ›Der vorgelegte Bericht sieht es als seine Aufgabe an, die Aufmerksamkeit des ZK auf das erwähnte Problem zu lenken.‹ So, das war alles. Nun setzen Sie darunter: ›Lew Trotzki, 5. August 1919.‹« (Zentrales Armeearchiv.)

Den Bericht an das ZK der RKP diktierte Lew Trotzki, Vorsitzender des Revolutionären Kriegsrats der Republik, Volkskommissar der Verteidigung und Mitglied des Politbüros der Partei. Niedergeschrieben wurde dieser Bericht von seinem treuen

Sekretär Nikolaj Sermuks. Während seines Lebens schrieb und diktierte Trotzki ca. 30 000 Dokumente, die in der Mehrzahl erhalten geblieben sind und sich in den unterschiedlichsten Archiven befinden. Die Auszüge aus seinen »Aufzeichnungen«, die ich oben anführte, sind äußerst charakteristisch für diese ungewöhnliche Persönlichkeit.

Beinahe alles, was Trotzki sagte und schrieb, hat eine Verbindung zur Revolution. Er war ihr Barde, ihr Orakel, wobei er bisweilen einen gewissen Hang zum Abenteurertum an den Tag legte. Die russischen Jakobiner hielten es für gesetzmäßig, für normal, für richtig, eine Revolution zu initiieren und ihr »die Sporen« zu geben.

Tausende, Millionen von Menschen wählten den revolutionären Weg und hinterließen tiefe Spuren auf der Erde. Die Spuren der meisten dieser Menschen sind von der Zeit ausgelöscht worden und unwiederbringlich verschwunden. Über Trotzki jedoch streitet und spricht man ebenso wie vor siebzig Jahren – hasserfüllt oder mit Hochachtung, feindselig oder begeistert. Der Mann mit dem ungewöhnlichen Schicksal lässt niemanden gleichgültig. Um es gleich am Anfang dieses Buches zu sagen: Ein Porträt Lew Trotzkis kann weder »weiß« noch »schwarz« ausfallen. Um ein Porträt dieses Mannes zu zeichnen, benötigen wir das gesamte Spektrum der Farben. Die öffentlichen Stellungnahmen und Urteile über den berühmten Revolutionär umfassen die ganze Bandbreite von der feierlichen Erhebung zum Führer der Weltrevolution bis zu Ächtung und Bannfluch – und endlich auch die objektive Würdigung einer bedeutenden, komplexen historischen Persönlichkeit.

Hier einige Urteile über Trotzki, die zu verschiedenen Zeiten geäußert wurden.

»Proletarischer Poet« heißt das Gedicht, welches N. W. Sarnizyn aus Nowgorod im Februar 1922 an die Moskauer Zeitungen und an Trotzki, »den Führer der Roten Armee und der Weltrevolution«, schickt:

»In Deiner Seele – so wie im lodernden Element –
Ist das Brausen des Sturmes, sind die wütenden Wogen der Empörung.
Du – proletarischer Sohn des entzürnten Russland,
In Deinen Worten klingt die donnernde Stimme der Kommune.
Paris, London, New York, Berlin –
Jede Hauptstadt kann Deine Worte hören.
Doch klarer erklingt die Melodie Deiner Rede
In Deinem heimatlichen Tal.
Dort, wo die Revolution purpurrot ist und prachtvoll!«
(Zentrales Armeearchiv.)

Derartige Verse, Artikel und Kommentare, die in den führenden Zeitungen Sowjetrusslands, den Organen der Roten Armee, aber auch in ausländischen Blättern (und ihrer waren viele) erschienen, drückten die Begeisterung vieler Menschen für den »Führer der Revolution« aus.
Die erste Biographie über den russischen Revolutionär dürfte die Arbeit G. A. Siws sein: Der ehemalige Schulkamerad veröffentlichte 1921 in New York das nicht sehr umfangreiche Buch »Trotzki«, das sich im Wesentlichen auf persönliche Erinnerungen stützt. Dann folgte eine offizielle Biographie: Auf Weisung des ZK (im Mai 1924) schrieb Bosch, ein Mitarbeiter des Istpart (der Kommission für Parteigeschichte), eine Biographie L. D. Bronsteins. Dem fünfseitigen Text wurde folgendes Parteibegleitschreiben beigefügt: »Die Biographie des Genossen Trotzki und die Liste seiner literarischen Arbeiten, die der Genosse Bosch auf Anweisung des Istpart erstellt hat, sind zur Aufbewahrung in einer Sonderabteilung des Istpart vorgesehen, von wo aus sie an wissenschaftliche Mitarbeiter vergeben werden.« (Zentrales Armeearchiv.) Diese ersten Biographien sind relativ oberflächlich. In ihnen werden äußere Fakten und Erscheinungen einer außergewöhnlichen Persönlichkeit beschrieben, aber man spürt in diesen Porträts des Revolutionärs nichts von dem scharfen, besessenen Intellekt Trotzkis.

Eineinhalb Jahrzehnte später wird Trotzki nicht mehr in hymnischen Versen besungen. Vor allem in den offiziellen Dokumenten erscheint das Bild Trotzkis als unheilvoll, widerwärtig, abstoßend. In J. W. Stalins Bericht vor dem Plenum des ZK der RKP vom Februar/März 1937 werden Trotzki und die »Trotzkisten« als eine »zügellose Bande von Saboteuren« charakterisiert. (Zentrales Parteiarchiv.)
In der sowjetischen Presse jener Jahre wird Trotzki als die Verkörperung aller Übel, Laster und Untugenden betrachtet, vom Spion bis zum Seelenverderber. Derartige Schmähungen, wie Trotzki sie während der letzten fünfzig Jahre erfuhr, wurden meines Wissens noch niemand anderem zuteil.
Erst in jüngster Zeit gibt es Versuche einer objektiven Würdigung von Trotzkis Persönlichkeit. Heute erkennt man, dass diese Persönlichkeit nicht nur den Radikalismus der kommunistischen Idee symbolisiert, ihre Kompromisslosigkeit, ihren utopischen Gehalt, sondern ebenfalls die Tragödie der Realisierung bolschewistischer Programme. Trotzki war an der Schaffung des sowjetischen Staates beteiligt, er war einer der Hauptarchitekten des bürokratischen Systems, dessen Demontage heute unter so schwierigen und schmerzhaften Bedingungen in unserem riesigen Lande vollzogen wird.
Das Schicksal hat es gewollt, dass Trotzki in sich den unerschütterlichen Glauben an kommunistische Ideale und die Unerbittlichkeit der proletarischen Diktatur vereinigte, er war einer der Inspiratoren des roten Terrors und sein Opfer zugleich. Ich glaube, dass Trotzki in dieser Hinsicht eine einmalige Erscheinung ist. Er verkörperte gleichzeitig die anziehendsten und abstoßendsten Eigenschaften eines russischen Revolutionärs.
Während ich plante, ein Triptychon der »Führer« zu schreiben – konkreter gesagt, drei politische Porträts von Lenin, Trotzki und Stalin –, war mir klar, dass sie alle sich historisch ergänzten. Lenin trat in der russischen revolutionären Geschichte als *Inspirator* auf, Trotzki war der *Aufrührer* und Stalin der *Exeku-*

tor. Durch das Prisma der Schicksale dieser Persönlichkeiten betrachtet, sind die Konflikte, die Zickzackbewegungen, die Tragödie der russischen und der sowjetischen Geschichte plastisch erkennbar. Mir scheint, dass in diesem Fall die biographische Methode besonders dazu geeignet ist, durch das persönliche Gewebe des menschlichen Daseins tiefere Einsichten in eine ganze historische Epoche zu gewinnen.

Das ungewöhnliche Schicksal Trotzkis wirkt noch heute aktuell, aufwühlend, mitreißend. Trotzki wurde schon früh mit Ruhm und Ehre bedacht. Er hatte Gelegenheit zu streiten, sich zu begeistern, mit den herausragendsten Menschen seiner Epoche zusammenzutreffen: Kautsky, Plechanow, Adler, Parvus, Martow, Dan, Axelrod, Lenin, Frunse, Bucharin, Kamenew und anderen großen Persönlichkeiten, die für lange Zeit ihre Spuren auf den staubigen Stufen der Pyramide des historischen Fortschritts hinterließen.

Trotzkis größter Triumph war die Revolution im Oktober 1917, aber es war nicht der einzige. Ja, zeitweise schien es, als würde die Phase der Triumphe nie enden. Doch bald nach der Beendigung des Bürgerkriegs musste Trotzki sich wohl im Angesicht des grauen Alltags überflüssig fühlen. Überall hieß es: Dieser Mensch sei wie geschaffen für Umstürze, Explosionen, Katastrophen, für internationalen Ruhm. Doch die Weltrevolution »stolperte«. Nicht einmal die »asiatische« gelang. Die Tragödien nahmen ihren Lauf, und derart viele davon betrafen Trotzki, dass man glauben konnte, sie seien für eine ganze revolutionäre Legion bestimmt gewesen.

Der Verlust aller Ämter, die Verbannung, Deportation, das Umherirren zwischen den Kontinenten unseres Planeten waren begleitet von Ermordungen beinahe aller Verwandten und Freunde und zahlreicher Mitstreiter. Mit dem Brandmal »Trotzkist« starben nicht nur seine tatsächlichen Mitstreiter und Anhänger, sondern auch Millionen seiner Landsleute, die man verdächtigte, dass sie unloyal dem diktatorischen Regime gegenüberstanden. Wenn man bedenkt, wie groß Stalins Hetzjagd auf Trotzki angelegt war, ist es erstaunlich, dass es ihm gelungen ist, nach der Deportation noch ein ganzes Jahrzehnt zu überleben. Zwei Monate vor seiner tragischen Ermordung schrieb er: »Ich kann sagen, dass es nicht den Gesetzmäßigkeiten entspricht, dass ich noch unter den Lebenden weile, sondern dass es eine Ausnahme ist.« (B. O., Nr. 87, S. 5.) Das Schicksal dieses Revolutionärs ist märchenhaft, ein atemberaubender Flug zur Spitze des Weltruhms und ein langes Drama des Kampfs, der Verzweiflung, der Enttäuschung und der Hoffnung, das schließlich mit der letzten Tragödie in Mexiko endete.

Trotzki selbst, der in großen historischen Dimensionen dachte, hat sein Leben nicht als Tragödie gesehen. Zumindest nicht 1930, als er auf Prinkipo weilte.

»›Nun, wie sehen Sie Ihr persönliches Schicksal?‹, fragt man mich«, schreibt der Revolutionär. »… Ich messe den historischen Prozess nicht mit dem Metermaß meines persönlichen Schicksals … Ich kenne keine persönliche Tragödie. Ich kenne den Wechsel zweier Kapitel der Revolution.« (Trotzki, Moja shisn, S. 336.) Ich erlaube mir, dem Revolutionär zu widersprechen. Trotzki konnte, da er eine große historische Persönlichkeit war, mit Würde scheitern, ohne dabei die Hoffnung zu verlieren. Früh wurde ihm klar, dass seine Niederlage sich würdiger darstellen würde als der Sieg seiner Gegner.

Trotzki schrieb zahlreiche Bücher, Artikel, Essays, Manifeste, Reportagen. Seine Biographen können auf einen reichhaltigen Nachlass zurückgreifen. Wie sich Natalja Sedowa-Trotzkaja erinnerte, hatte Trotzki geplant, noch eine Reihe umfangreicher Bücher zu schreiben. Doch »der Druck der täglichen Ereignisse verwies diese Arbeiten auf den zweiten Platz. Die Arbeit über Stalin wurde ihm von äußeren Umständen diktiert: materiellen Gründen und dem Drängen seiner Verleger. Nicht nur einmal hatte Lew Davidowitsch geplant, ein ›gut gehendes‹ Buch zu schreiben, wie er sagte, um damit Geld zu verdienen und dann auszuruhen, um sich anschließend Themen zu widmen, die ihn interessierten. Aber das gelang ihm nicht, *er war nicht fähig*, ›gut gehende‹ Bücher zu schreiben ...« (B. O., Nr. 87, S. 8.) Trotzki war einer der ersten Politiker, der das intellektuelle Potential seiner vielen Sekretäre, die sehr engagiert für ihn arbeiteten, optimal nutzte: Sermuks, Posnanski, Butow, Bljumkin, Klement, Weber, Hansen. Jeder seiner Auftritte, jede seiner improvisierten Reden, jeder Befehl – alles wurde mitstenographiert, niedergeschrieben, gedruckt. Nicht zufällig enthalten die 21 Bände seiner Werke, die in der UdSSR bis zum Jahre 1927 veröffentlicht wurden (wobei einige Bände ausgelassen wurden), hauptsächlich seine Berichte, Reden, publizistischen Arbeiten. Dies ist ein wichtiger Teil der Materialien, auf die sich ein Porträt über Trotzki stützen kann.

Der andere (wahrscheinlich sogar der wichtigere) Teil befindet sich in Archiven. Wahrscheinlich bin ich einer der sehr wenigen Wissenschaftler, denen es möglich war, in ausländischen und sowjetischen Archiven Dokumente Trotzkis einzusehen. Zu nennen wären hier besonders das Archiv der Houghton Library in der Harvard University (wo sich ca. 20 000 Dokumente Trotzkis, darunter 3000 Briefe befinden), das Internationale Institut für Sozialgeschichte (IISG) in Amsterdam (hier findet man mehr als tausend Briefe aus verschiedenen Lebensphasen, darunter auch den Briefwechsel zwischen Lenin und Trotzki), die große Sammlung B. Nikolajewski im Archiv des Hoover-Instituts und die Sonderabteilungen der sowjetischen Archive, deren Bestände bis vor kurzer Zeit nicht zugänglich waren. Dies waren vor allem große Komplexe im Zentralen Parteiarchiv des Instituts für Marxismus-Leninismus, des Zentralen Archivs der Oktoberrevolution, des Zentralen Staatlichen Archivs der Sowjetischen Armee, des Zentralarchivs des Ministeriums für Verteidigung, des Zentralarchivs des Komitees für Staatssicherheit und einiger anderer Archive. Ebenso hatte ich Gelegenheit, mich mit verschiedenen handschriftlichen Varianten einiger Bücher Trotzkis vertraut zu machen, was mir erlaubte, tiefer in das Laboratorium der publizistischen Schaffenskraft des Revolutionärs vorzudringen. Eine wichtige Quelle waren auch persönliche Stellungnahmen von Verwandten und Bekannten Trotzkis, die den Albtraum des Stalinismus überlebten. In diesem Zusammenhang möchte ich der Nichte Trotzkis, A. A. Kasatikowa, dem Großneffen W. B. Bronstein, der Frau seines jüngsten Sohnes Sergej, O. E. Grebner, und anderen Verwandten meinen Dank aussprechen. Interessante Berichte aus seinem Leben, Aussagen zu Charakter und Persönlichkeit lieferten mir N. A. Marennikowa, eine seiner Stenographinnen, A. P. Balaschow, einer der Sekretäre Stalins, sowie N. A. Ioffe, D. T. Schepilow, A. K. Mironow, W. M. Poljakow, N. G. Dubrowinski, D. S. Slatopolski, F. M. Nasarow, ferner I. I. Wratschew, Tamara Deutscher, die kürzlich verstorbene Frau Isaac Deutschers (des meiner Meinung nach größten Biographen Trotzkis) und einige andere Personen, denen ich ebenfalls zu großem Dank verpflichtet bin.

Ferner hatte ich Gelegenheit, mit wichtigen Funktionären und Wissenschaftlern der sowjetischen Organe für Staatssicherheit Kontakt aufzunehmen, die von der Tragödie des Revolutionärs nicht nur aus dritter Hand wussten. Stellvertretend nenne ich hier P. A. Sudoplatow, E. P. Pitowranow und N. A. Schelepin. Die Spezialabteilungen der UdSSR – die GPU (Staatliche Politische Verwaltung), die OGPU (Vereinigte Staatliche Politische Verwaltung), das NKWD (Volkskommissariat für Inneres) – verfolgten Trotzki von den zwanziger Jahren an bis zu seinem Tod, den diese Organe ihm schließlich brachten. Das NKWD wusste über den Verbannten weitaus mehr, als sich der deportierte Revolutionär vorstellen konnte. Stalin wurde regelmäßig über alle Schritte des Führers der Vierten Internationale unterrichtet. Auf dem Schreibtisch des Generalsekretärs der KPdSU tauchten nicht selten Schriften Trotzkis auf, die noch nicht einmal veröffentlicht waren. Hier ein Auszug aus einem Dokument, der uns vor Augen führt, wie dicht das NKWD Trotzki auf den Fersen war:

»Streng geheim.
An die Genossen Stalin, Molotow.
Ich übersende Ihnen von uns beschlagnahmte Kopien zweier Artikel Trotzkis vom 13. und 15. Januar 1938 aus dem Briefwechsel Sedows … Erwähnte Artikel sind zur Veröffentlichung in der März-Ausgabe des ›Bjulleten Opposizii‹ vorgesehen.
Volkskommissar für innere Angelegenheiten der UdSSR
Generalkommissar für Staatssicherheit
28. Februar 1938 Jeshow« (Archiv des KGB.)

Außerdem hatte ich Gelegenheit, Berichte von Mitarbeitern des NKWD einzusehen, die sich in die persönliche Umgebung Trotzkis eingeschlichen hatten. Ich habe sogar mit einigen Personen gesprochen, die »auf Weisung des ZK der RKP(B)« die Liquidierung Trotzkis organisierten.
Während ich am Porträt Trotzkis arbeitete, machte ich mich mit dem größten Teil der biographischen Arbeiten über den Revolutionär vertraut, die im letzten halben Jahrhundert in Europa und Amerika veröffentlicht worden sind. Den größten Eindruck hinterließ bei mir die umfassende Arbeit Isaac Deutschers, der meiner Meinung nach die objektivste Biographie des russischen Revolutionärs schrieb. Beeindruckend sind auch die wissenschaftlichen Leistungen Juri Felschtinskis, der wesentlich dazu beitrug, dass die Öffentlichkeit sich mit den Arbeiten Trotzkis bekannt machen konnte. Eine große wissenschaftliche Monographie erstellte der Historiker Baruch Knei-Paz. Hervorzuheben ist auch die Forschertätigkeit von Dale Reed, Michael Jakobson, Joel Carmichael, Isaac Levine, Harold Nelson, Robert Tucker und Harry Shukman. Die Analyse des Lebens und des Wirkens Trotzkis als politischer Führer und Revolutionär in unserem Lande begann vergleichsweise spät. Die Arbeiten von Ju. I. Korablew, W. I. Starzew, N. A. Wasezki, Ju. A. Poljakow, P. W. Wolobujew und einigen anderen Wissenschaftlern haben hierbei einen bedeutenden Beitrag geleistet.

Ich möchte unterstreichen, dass ich mich schon seit langem mit dem Schicksal und der Rolle der drei Führer in der Geschichte unseres Landes und der Weltgeschichte beschäftigt habe. Allmählich und Schritt für Schritt begann ich mit dem Sammeln wenig bekannter Materialien, Fakten und Publikationen, ebenso persönlicher Zeugenaussagen in unserem Lande, aber auch im Ausland. Würde man der wissenschaftlichen Methodik folgen, so müsste man zunächst über Lenin, dann über Trotzki und schließlich über Stalin schreiben. Es kam jedoch ganz anders – und das war kein Zufall. Das Buch über den sowjetischen Diktator, der heute den historischen Misserfolg unseres Vaterlandes verkörpert, war bereits 1985 fertig. Damals war eine kritische Analyse der Rolle Lenins in unserem Land schlichtweg unmöglich. Eine solche Arbeit hätte keine Chance gehabt, veröffentlicht zu werden. Unabhängig von seinem Urteil über diese Biographie wird der Leser einräumen müssen, dass dies das erste Buch über Trotzki ist, welches sich auf *sowjetisches und ausländisches* Archivmaterial stützt.

Die Vorurteile gegen diesen Mann sind in der sowjetischen Gesellschaft auch heute noch außerordentlich groß. Und obgleich ich ständig bemüht bin, in meinen Publikationen lediglich die Wahrheit zu sagen, ein objektives Bild zu zeichnen, mich nur von Fakten und historischer Logik leiten zu lassen, so ist doch bei einem Großteil der Leser und Hörer meiner Vorträge allein das Vorhaben, ein Buch über Trotzki zu schreiben, mit dem Stigma der Abtrünnigkeit behaftet. In den Köpfen vieler sowjetischer Menschen spuken immer noch Vorurteile gegen Trotzki und das Feindbild des »Trotzkismus« herum, die durch langjährige Diffamierung erzeugt und genährt wurden. Noch immer ist nicht allen klar, dass die Ontologie des Marxismus in Russland sich in drei Grundlinien teilt: Leninismus, Trotzkismus und Stalinismus. Doch alle diese Zweige wuchsen aus einer Wurzel. Alle (obgleich sie sich stark voneinander unterscheiden) haben etwas gemein: Sie setzen auf gesellschaftliche Gewalt, sie sind überzeugt von der absoluten Wahrheit einer einzigen Ideologie,

überzeugt davon, dass es rechtens ist, über das Schicksal von Millionen von Menschen zu entscheiden.
Dieses Buch über Trotzki ist keine politische *Biographie*, sondern ein politisches *Porträt.* Zwischen diesen beiden Genres sehe ich einen gravierenden Unterschied: Wenn der »Porträtist« sich streng an die historische Wahrheit hält, hat er das Recht, nach seinem Dafürhalten den Ereignissen und Prozessen eine Interpretation zu geben, die nicht nur ein Wissenschaftler sehen kann, sondern auch ein *Künstler.* Das politische Porträt unterscheidet sich also von der politischen Biographie wie die Fotografie vom Gemälde.
In meinem »Porträt« wollte ich auch zeigen, wie die Entwicklung von Freiheit zu Unfreiheit verlaufen kann. So kämpften alle Revolutionäre, unter ihnen auch Trotzki, vor der Oktoberrevolution für die Freiheit des Worts. Nachdem die Bolschewiki und die linken Sozialrevolutionäre die Macht erobert hatten, schien es zunächst so, als würden sie diesem Ideal treu bleiben. Jedoch – es schien nur so. Als M. Gorki erklärte, dass die Herrschaft der Bolschewiki »ein Weg zur Anarchie, zum Untergang des Proletariats und der Revolution« sei, folgten sogleich harte Sanktionen vonseiten der Sieger, die sich nicht nur gegen die menschewistische Zeitung »Nowaja shisn«, wo Gorki seinen Appell »An die Demokratie« veröffentlichte, sondern gegen die gesamte freie Presse richteten.
Auf einer Versammlung des Rats der Volkskommissare im Dezember 1917 forderte Trotzki, man solle strenger »gegen die bourgeoise Presse und die schändlichen Verleumdungen über die Sowjetmacht vorgehen …« (Zentrales Parteiarchiv). Diese Versammlung, die dann auch Beschlüsse über strenge Maßnahmen verabschiedete, wurde von Lenin geleitet, anwesend waren außer ihm Teodorowitsch, Swerdlow, Jelisarow, Schlichter, Stalin, Glebow, Bontsch-Brujewitsch, Lazis. Während Trotzki und seine Mitstreiter für die Freiheit kämpften, schienen sie nicht zu bemerken, dass sie diese immer weiter einengten und damit die Bedingungen für ihre vollständige Vernichtung schufen.

Dieses politische Porträt L. D. Trotzkis spiegelt das gesamte Paradoxon des Bolschewismus wider. Während sie die Freiheit als Ziel ihrer Revolution priesen, taten die Bolschewiki alles, um sie dem Volk, den einfachen Menschen, die an sie glaubten, zu nehmen. Und diese Freiheit schenkten sie der Partei, die sich des Staates bemächtigt hatte, daraufhin dem bürokratischen Apparat und schließlich einem Diktator. Trotzki hat bis zum Ende seines Lebens nicht erkannt, dass viele Ausgangspunkte der marxistischen Theorie, die er niemals irgendwelchen Zweifeln unterzog, falsch sind. Und ebendiese zutiefst fehlerhaften fundamentalen Gedanken der Lehre über die Diktatur des Proletariats und des Klassenkampfs wurden zur Grundlage des Scheiterns. Die Verabsolutierung dieser Postulate (und diesen blieb Trotzki zeit seines Lebens treu) musste schließlich zum historischen Fehlschlag werden. Deshalb ist das Porträt Trotzkis ein Versuch, einen vertiefenden Blick auf das Schicksal der *Freiheit* in Russland zu werfen, welches zweifellos tragisch ist.

In diesem Zusammenhang ist es mir ein Anliegen, dem Leser den künstlerischen und philosophischen Ansatz bei der Arbeit an diesem Buch darzulegen. Über jedem Kapitel meines Buchs steht als Motto ein Zitat des herausragenden russischen Denkers Nikolaj Alexandrowitsch Berdjajew. Und auch im Text selbst wird der Leser nicht selten den Einschätzungen und Voraussagen dieses bemerkenswerten Philosophen und Historikers begegnen. Damit unternehme ich den Versuch, die Sichtweisen zweier völlig verschiedener, jedoch intellektuell herausragender Persönlichkeiten zu dem Problemkomplex Revolution – Moral – Mensch miteinander zu konfrontieren. In diesem Widerstreit, der Gegensätzlichkeit ihrer Gedanken zu Fragen des historischen Alltags, lässt sich der Kampf zweier Ausgangspunkte verfolgen: des klassenkämpferischen und des humanistisch-gesellschaftlichen. Es wird wohl kaum nötig sein zu erwähnen, welcher Seite die geschichtliche Entwicklung recht gegeben hat. Ich bin überzeugt davon, dass Berdjajews Gedanken sehr hilfreich sein werden, um Trotzki und das Phänomen des Bolschewismus zu verstehen.

Es drängt sich die Frage auf, ob Trotzki und Berdjajew einander persönlich kannten. Sie waren Zeitgenossen. Bislang ist es mir jedoch nicht gelungen, Dokumente ausfindig zu machen, die beweisen, dass diese herausragenden Persönlichkeiten jemals zusammengetroffen sind. Wir wissen, dass Trotzki entfernten Verwandten Berdjajews in Kiew begegnete.

Bekannt ist, wie diese beiden Männer übereinander dachten. In seinem Essay »Mereshkowski«, den Trotzki im Jahre 1911 schrieb, charakterisierte er N. A. Berdjajew als »koketten, philosophischen Müßiggänger«, der zu »Halbmystik und Mystik« neigt (Kiewskaja mysl vom 20. Mai 1911). Ähnliche beleidigend-herablassende Bezeichnungen finden sich auch in einer Reihe anderer Artikel Trotzkis.

Berdjajew blieb ihm nichts schuldig. Allerdings war er nicht besessen vom Dämon der revolutionären Zerstörung, sondern ruhig und besonnen. Seine Urteile über Trotzki sind klar und scharfsichtig. Bevor Berdjajew zusammen mit anderen herausragenden Kulturschaffenden auf Weisung Lenins, die vom Politbüro (also auch von Trotzki) unterstützt wurde, Russland verlassen musste, wohnte er ganz in der Nähe von Trotzki. Den Sommer 1922, so schreibt der russische Schriftsteller in seinem autobiographischen Buch, »verbrachten wir im Kreis Swenigorod, in Barwich, einem entzückenden Ort am Ufer der Moskwa, in der Nähe von Archangelskoe Jussupowitsch, wo damals Trotzki lebte« (Berdjajew, Samoposnanie, S. 263). Weiter erinnert sich Berdjajew: »Die Wälder um Barwich herum waren zauberhaft, wir sind oft zum Pilzesammeln gegangen. Darüber vergaßen wir das grauenhafte Regime, im Dorf spürte man es weniger als anderswo …« Während der russische Denker mit seinen Freunden »Pilze sammelte«, gab Trotzki ausländischen Journalisten ein Interview, dessen Inhalt das Schicksal nicht nur Berdjajews, sondern auch der künftigen Kultur des Landes bestimmen sollte: »Im Falle neuer militärischer Komplikationen … werden all jene unversöhnlichen und unverbesserlichen Elemente zu einer militärisch-politischen Agentur der Feinde, und wir werden genötigt sein, sie nach den Gesetzen des Krieges zu erschießen. Das ist der Grund, warum wir es vorgezogen haben, während der ruhigen Periode sie rechtzeitig zu verbannen, und ich hoffe sehr, dass Sie unsere Umsicht und Humanität anerkennen werden.« (Iswestija, 30. August 1922.) Über diese Art von »Humanität« lässt sich durchaus streiten.

Berdjajew litt unter der Revolution. Möglicherweise war dies der Grund, dass er erklärte: »Die russische Revolution ist widerwärtig. Nun, jede Revolution ist widerwärtig. Gute, würdige, begrüßenswerte Revolutionen hat es niemals gegeben und kann es nicht geben … Die Französische Revolution, welche als ›groß‹ betrachtet wurde, war ebenfalls widerlich und erfolglos … Die Revolution vergiftete Russland mit Bosheit und tränkte es mit Blut … Man muss die Revolution und die Bolschewiki mehr hassen, als man Russland und das russische Volk lieben muss …« (Nikolaj Berdjajew, Nowoe srednewekowje, S. 59, 68.) Intuitiv fühlte Berdjajew, dass im 20. Jahrhundert nicht Revolutionen, sondern eher Reformen positive Früchte tragen können.

Für das Verständnis des Bolschewismus, des bürokratischen Absolutismus, der sich bald in Russland entwickelte, und ebenso für das Verständnis der Persönlichkeit Trotzkis sind nicht nur die Bücher Berdjajews über die russische Revolution von Bedeutung, sondern auch seine unmittelbaren Stellungnahmen zu Trotzki. In diesem Zusammenhang möchte ich einige Urteile anführen, die Nikolaj Berdjajew über das »Orakel« der russischen Revolution geäußert hat.

Als im Jahre 1930 in Berlin Trotzkis Autobiographie »Mein Leben« erschien, verfasste Berdjajew sogleich einen nicht sehr umfassenden, aber erstaunlich tiefgründigen Artikel. »Das Buch soll Trotzki loben als einen großen Revolutionär, und mehr noch, es soll seinen Todfeind Stalin als einen armseligen Tropf und erbärmlichen Epigonen zeigen … Zweifellos ist L. Trotzki in jeder Beziehung den anderen Bolschewiki haushoch überlegen, wenn man Lenin nicht mitrechnet. Lenin ist selbstverständlich größer und stärker, er ist der Kopf der Revolution, jedoch Trotzki ist talentierter und glänzender ...« Möglicherweise wird der Leser nicht mit allen Urteilen Berdjajews einverstanden sein. Aber ich glaube, dass diese Urteile durchaus nützlich sind für die »Einführung« in die Welt des Revolutionärs. »Das Leben Trotzkis«, schreibt Berdjajew weiter, »ist außerordentlich interessant und behandelt ein sehr ernsthaftes Thema – das Thema des dramatischen Schicksals eines revolutionären Individuums, das Thema der undankbaren Revolution, die ihre vormals gelobten Schöpfer verstößt und vernichtet.«

Berdjajew wollte wohl das Paradoxon der Persönlichkeit Trotzkis unterstreichen, als er Folgendes ziemlich überspitzte, ja abwegige Urteil formulierte: »Von ihrem ersten Auftauchen in Russland an wirkten die Bolschewiki hässlich und abstoßend, ihre Gesichter waren abstoßend, ihre Gesten waren hässlich, sie brachten hässliche Sitten und Gebräuche mit sich. Diese Hässlichkeit zeugt von ontologischer Verletzung ... L. Trotzki ist einer der wenigen, die den Wunsch haben, das ›schöne Bild‹ des Revolutionärs zu erhalten. Er liebt theatralische Gesten, hat eine Schwäche für revolutionäre Rhetorik, in seinem Stil unterscheidet er sich von dem Großteil seiner Genossen ...« (Nowy Grad 1931, 1, S. 91–94.)

Wahrscheinlich ist dieses Urteil Berdjajews ziemlich kategorisch, doch man muss einräumen, dass Trotzki sich von den anderen Führern deutlich »unterschied«. So ging er in die Geschichte ein als der erste kommunistische Führer, der gegen die ungeheuerlichen Abscheulichkeiten des Stalinismus aufgetreten ist. Trotzki wird im Pantheon der Geschichte bleiben als kompromissloser Prophet der kommunistischen Idee und als ihr ewiger Gefangener. Sein Leben beweist – unabhängig davon, wie man zu ihm stehen mag –, dass er eine große Persönlichkeit mit Idealen war. Die Beschäftigung mit diesem Menschen, der in einer finsteren Zeit sterben musste, als unser riesiges Land noch weit davon entfernt war, sich vom Stalinschen Joch zu befreien, hilft uns, den Ursprung vieler Tragödien im Leben der sowjetischen Menschen zu begreifen. Der Trotzkismus selbst als Linie des Marxismus kann nicht ausschließlich als negatives politisches Gedankengut betrachtet werden. Der positive Aspekt dieser Ideen ist unzweifelhaft: die konsequente Ablehnung des Stalinismus als totalitäre Variante eines modernen Cäsarismus. Andererseits hat der Trotzkismus als Ausdruck eines linksradikalen Marxismus von seiner Grundlage her keine Perspektive.

Am Vorabend des neuen Jahrhunderts

»Die Revolution bestätigte noch einmal die Bitternis des russischen Schicksals.«
N. Berdjajew

Die wichtigsten Führer der Großen Sozialistischen Oktoberrevolution wurden während der Regierungszeit Alexanders II. geboren. Bereits damals begannen die noch kaum spürbaren Konvulsionen der Selbstherrschaft. Ein charakteristisches Symptom war die Ermordung des Zaren durch Mitglieder der revolutionären Gruppe im Jahre 1881. Das russische Imperium war in seiner Entwicklung weit hinter den europäischen Staaten zurückgeblieben, was die zahlreichen Widersprüche innerhalb des riesigen Landes nur noch verschärfte. Früher als alle anderen wandte sich die nicht sehr große, aber geistig wache Schicht der Intelligenz von der Monarchie ab. Die rückständigen Bauern hegten immer noch die Hoffnung auf einen »guten Zaren« – eine jahrhundertealte russische Illusion[1].

I. M. Wasilewski, der Autor des 1929 erschienenen Buches über den letzten russischen Selbstherrscher, schrieb: »Das Volk war schon immer unterdrückt. Das Land wurde schon immer regiert. Die Beamten stahlen, die despotischen Verwalter wüteten nach Gutdünken.« (Wasilewski, Nikolaj II., S. 2.)

1 Sie existiert auch heute noch. Auch heute noch sagen wir: Während der Stalinzeit, zurzeit Chruschtschows, Breschnews – wir sind es also noch immer gewohnt, eine Epoche nicht nach Errungenschaften, chronologischen oder gesellschaftlichen Gesichtspunkten zu benennen, sondern nach »Zaren«. Nach alter Manier werden immer noch Erfolge (die in der Tat sehr selten sind) mit diesem oder jenem Führer in Verbindung gebracht. Die Psychologie des Zarismus ist leider immer noch lebendig.

Der Vorabend des 20. Jahrhunderts war für das russische Imperium von Verworrenheit und Unbeständigkeit geprägt. Der Glanz früherer Zeiten verblasste, der Adel geriet in eine tiefe Krise. In der Arbeiterklasse wuchs die revolutionäre Unzufriedenheit, selbst unter den Bauern, die von der Ausweglosigkeit ihres Schicksals niedergedrückt wurden, regte sich etwas. Der führende Teil der russischen Intelligenz vertrat ein Freidenkertum mit aufrührerischem Geist. Die Intelligenz bemühte sich, im Namen der Unterdrückten zu sprechen, einmal rief sie zu Reformen auf, dann wieder predigte sie äußersten Radikalismus, oft sogar bis hin zum individuellen Terror. Die Kirche, die Polizei und die Zensur versuchten mit allen Mitteln, den Thron zu stützen. Weitsichtige Menschen spürten jedoch bereits zu jener Zeit die kaum wahrnehmbaren unterirdischen »Stöße« und ahnten, dass die Zeit der großen Veränderungen und Erschütterungen gekommen war. So wie es im Februar kaum merklich nach Frühling riecht, so konnte man in Russland vor der Jahrhundertwende eine Atmosphäre erleben, die der Zeit vor dem Gewitter gleicht.

Wer konnte damals ahnen, dass nach Lenin, Plechanow, Martow ein junger revolutionärer Nachschub folgen würde, der eine besondere Rolle in allen Akten des russischen Revolutionsdramas spielen würde? Zwanzig Jahre waren beide, als das 20. Jahrhundert begann; Nur zwei Monate trennten Lew Bronstein und Josef Dshugaschwili, der später den Namen Stalin annehmen sollte.

Wenden wir uns nun den Wurzeln des Mannes zu, den Lenin im Jahre 1923 einen »herausragenden Führer« nennen sollte.

Die Familie der Bronsteins

Die Bewegungsfreiheit der Juden in Russland war in bedeutendem Maße durch den »Ansiedlungsrayon« eingeschränkt. Nach Gutdünken weiteten Alexander I. und Nikolaj I. die Grenze dieses Rayons aus oder engten sie noch mehr ein. Einige jüdische Familien wollten sich nicht in armseligen »Städtchen« zusammenpferchen lassen und zogen so gen Süden, um dort »Neuland« zu bewirtschaften. Im 19. Jahrhundert förderte die Regierung die Besiedlung des fruchtbaren Landes an den nördlichen Ufern des Schwarzen Meeres. Neben russischen und ukrainischen Bauern, Griechen und Bulgaren gab es hier auch eine geringe Zahl von jüdischen Kolonisten. Dies war eher ungewöhnlich, da die Juden sich sehr selten mit landwirtschaftlicher Arbeit und Viehzucht beschäftigten.
Die Familie der Bronsteins stammte aus einem kleinen jüdischen Städtchen in der Nähe von Poltawa. Dawid Leontjewitsch Bronstein, Trotzkis Vater, der noch die Triumphe seines Sohnes erlebte und 1922 an Typhus starb, war ein zäher und tüchtiger Mann. Er hatte in der Nähe der kleinen Stadt Bubrinez, welche sich im Gouvernement Cherson befindet, ca. 100 Desjatinen (1 Desjatine = 1,09 Hektar) Land von einem Oberst a. D. namens Janowski gekauft und war durch harte Arbeit und große Sparsamkeit allmählich zu Wohlstand gelangt. Er pachtete, kaufte und verkaufte Land und wurde so zu einem Großgrundbesitzer. Während des Bürgerkriegs nach der Oktoberrevolution befand sich Dawid Bronstein in einer durchaus zwiespältigen Lage: Die »Weißen« sahen in ihm den Vater eines Revolutionsführers; die »Roten« betrachteten ihn als Großgrundbesitzer und Ausbeuter. Es sind einige Telegramme aus jener Zeit erhalten geblieben, aus denen klar hervorgeht, dass die Verwandten Trotzkis weder von den Weißen noch von den Roten verschont worden sind. Nachdem die Roten seinem Vater seinen Besitz genommen hatten, schickte dieser dem Sohn folgendes Telegramm:

»Moskau. An den Vorsitzenden des Revolutionären Kriegsrats Trotzki zum Aufenthaltsort. Auf Weisung Denikins sind Onkel Grigori, seine Frau, sein Cousin Lew Abramowitsch Bronstein verhaftet worden und als Geisel nach Noworossijsk gebracht worden. Ihre Lage ist sehr schwierig. Bitte, alles Mögliche zu tun, um ihre Befreiung zu erwirken, und über das, was in Odessa unternommen wird, Mitteilung zu machen. Erbitte Antwort über Sturm 14 Bronstein.« (Zentrales Armeearchiv.)

Nachdem sein Vater sein Vermögen verloren hatte, verhalf Trotzki ihm zu einer Stellung als Verwalter in einer Mühle bei Moskau, die zum Wohle des Volks beschlagnahmt worden war. Bis zu seinem Tod sah Bronstein mit begeisterter Bewunderung zu seinem Sohn auf. Der Analphabet lernte gegen Ende seines Lebens sogar ein wenig Lesen, um die Überschriften der Bücher, Broschüren und Artikel seines jüngsten Sohnes entziffern zu können.

Anna, die Mutter Trotzkis, war eine typische jüdische Kleinbürgerin aus der Umgebung von Odessa, wo sie eine nicht sehr umfangreiche Schulbildung erhalten hatte. Trotzkis Vater war ein schöner Mann, und so hatte sie sich entschlossen, den Analphabeten Dawid Bronstein zu heiraten und Bäuerin zu werden, was für eine echte Städterin nicht einfach ist. Es ist ihr jedoch gelungen, einige fürs Dorf untypische Elemente geistiger Kultur in die Familie einzubringen. Anna Bronstein las gerne und ließ sich manchmal Bücher per Post schicken. Außerdem engagierte sie sich sehr für die Bildung ihrer Kinder.

Von den acht Kindern, die aus der Ehe hervorgingen, überlebten Trotzki, zwei Schwestern und ein Bruder.

Lew Bronstein wurde am 25. Oktober (7. November nach der neuen Zeitrechnung) 1879 geboren – 38 Jahre vor der großen Revolution.

In seiner kurzen Autobiographie, die 1919 veröffentlicht wird, schreibt Trotzki: »Ich wurde im Dorf Janowka, im Gouvernement Cherson, Kreis Jelisawetgrad, auf dem kleinen Besitz meines Vaters, eines Bauern, geboren.« (Zentrales Parteiarchiv.) Hier ist Trotzki ungenau: Seine Familie hatte bereits zu jener Zeit mehr als 100 Desjatinen und mehr als 200 Desjatinen Pachtland (und später viel mehr), die Familie besaß eine Dampfmühle und einiges Vieh. Auf dem Gut der Bronsteins arbeiteten Dutzende von Tagelöhnern.

Über seine frühen Jahre schreibt Trotzki außerordentlich knapp: »Meine Kindheit war nicht von Hunger und Kälte begleitet. Zurzeit meiner Geburt kannte die Familie meiner Eltern bereits den Wohlstand. Jedoch war es der hart errungene Wohlstand von Menschen, die sich aus der Not emporgearbeitet haben und nicht auf halbem Wege stehen bleiben wollten. Alle Muskeln waren angespannt, alle Gedanken kreisten um die Arbeit und um Sparsamkeit. In diesem Alltag blieb für die Kinder ein bescheidener Platz. Wir kannten zwar keine Not, doch kannten wir auch nicht die Großzügigkeit des Lebens, seine Liebkosungen. Meine Kindheit stellt für mich keine sonnige Lichtung dar wie bei einer kleinen Minderheit, aber auch keine finstere Hölle des Hungers, der Gewalt und der Verletzungen wie die Kindheit vieler, wie die Kindheit der Mehrheit. Es war eine graue Kindheit in einer kleinbürgerlichen Familie, im Dorf, in einer abgelegenen Ecke, wo die Natur wundervoll, doch die Neigungen, Sichtweisen, Interessen dürftig und begrenzt waren.« (Trotzki, Moja shisn I, S. 17.)

Ich denke, dass die Kinderjahre, die so bedeutend für die Entwicklung eines Menschen sind, sehr wohl ihren Stempel im Bewusstsein des kleinen Jungen hinterlassen haben. Vor allen Dingen war der jüngste Sohn Bronsteins von Kindheit an mit Menschen konfrontiert, die schwere körperliche Arbeit verrichteten. Auf Wunsch des Vaters musste Trotzki die Geldsummen, die der Verkauf von Weizen einbrachte, auflisten, er musste die Pud (1 Pud = 16,38 kg) Getreide, die die Bauern zum Mahlen brachten, sowie die Tageslöhne der Landarbeiter eintragen. Bei dieser Aufgabe hatte der jüngste Bronstein durchaus Gelegenheit, sich mit den harten Realitäten des Lebens vertraut zu machen.

Die andere Seite der Kindheit war eng mit der Mutter verbunden, die unentwegt bemüht war, ihren Kindern den Wunsch nach Wissen nahe zu bringen. »Die langen Winter«, erinnerte sich Trotzki, »wenn der Steppenschnee Janowka von allen Seiten zuschüttete, sich Schneewehen auftürmten, die höher als die Fenster waren, dann las Mutter gerne vor … Sie machte häufig Fehler beim Lesen und blieb oft bei schwierigem Satzbau stecken. Manchmal korrigierten wir Kinder sie, und das von ihr Vorgelesene bekam eine ganz andere Bedeutung. Doch sie las beharrlich, unermüdlich, und während der freien Stunden der ruhigen Wintertage konnte man ihr gleichmäßiges Flüstern hören.« (Trotzki, Moja shisn I, S. 36.)
Wer weiß, möglicherweise hat die Mutter gerade in diesen Abenden jene Samen geistiger Kultur ausgestreut, die bald eine reiche Saat bringen sollten? Möglicherweise hat auch die Begegnung mit den Tagelöhnern, die zu Hunderten auf das Gut zur Ernte kamen, bei dem späteren Marxisten einen tiefen Eindruck hinterlassen.
Das waren dürftig gekleidete Menschen, die lediglich magere Kohlsuppe und Brei zu Mittag und Hirsebrühe zum Abendessen erhielten. Fleisch gab es nicht, Butter auch nicht. Sie arbeiteten für Hungerlöhne. »Als Behausung dienten ihnen das weite Feld«, erinnerte sich Trotzki, »und bei Regen – die Heuschober.«
Wahrscheinlich hat die Schule den jüngsten Bronstein am meisten beeinflusst. Zunächst ging er auf die private religiöse jüdische Schule. Dort war Lew ein mittelmäßiger Schüler, da er sich nicht sonderlich für religiöse Schriften interessierte – in seiner Familie spielte Religion lediglich eine symbolische Rolle. Außerdem konnte er schlecht Jiddisch. In der Schule lernte der Junge Schreiben und Lesen auf Russisch. Kaum war er des Schreibens mächtig, begann er Gedichte zu schreiben. Zu Hause war man von ihnen begeistert. Die poetischen Versuche Trotzkis aus Kindertagen sind, im Gegensatz zu denen Stalins, nicht erhalten geblieben.
Die Mutter setzte sich sehr dafür ein, dass der junge Bronstein

1888 die Schule in Odessa besuchen konnte. M. F. Schpenzer, ein Verwandter der Bronsteins, sorgte dafür, dass Trotzki an der staatlichen Schule, die ein hohes Ansehen genoss, aufgenommen wurde. Und dies war nicht einfach, da nur ein bestimmter Prozentsatz an jüdischen Kindern an dieser Schule aufgenommen wurde. In seiner dienstlichen Autobiographie schreibt Trotzki: »Ich besuchte die Realschule des Heiligen Pawel und war während der ganzen Zeit ein ausgezeichneter Schüler.« (Zentrales Parteiarchiv.)

Die Realschulen unterschieden sich damals vom Gymnasium darin, dass die humanistischen Fächer zugunsten der naturwissenschaftlichen und mathematischen vernachlässigt wurden. Dennoch konnte sich der Realschüler dort mit Werken von Tolstoj, Shakespeare, Puschkin, Nekrasow, Dickens, Weresajew und Uspenski vertraut machen.

Die Fähigkeiten und der Ehrgeiz des Jungen zeitigten Wirkung: Trotzki war während der ganzen Schulzeit Klassenbester in allen Fächern. Die Leichtigkeit, mit der er lernte, prägte Trotzkis Charakter. Seinen Klassenkameraden gegenüber fühlte er sich intellektuell überlegen, er war selbstbewusst und beharrlich. In diesem Zusammenhang sind die Beobachtungen von Professor G. A. Siw, der L. Bronstein während der Jugendjahre kannte, interessant. Die frühe Bekanntschaft mit Trotzki ermöglichte es Siw, nach seiner Emigration aus Russland ein Buch über Trotzki zu schreiben. Darin heißt es: »... Immer und überall Erster zu sein – das machte im großen und ganzen die Persönlichkeit Bronsteins aus.« Die Natur hatte L. Bronstein ein schönes Äußeres geschenkt: lebhafte blaue Augen, wildes schwarzes Haar, ebenmäßige Gesichtszüge. Da der junge Mann überdies gute Manieren an den Tag legte und sich geschmackvoll kleidete, waren viele Menschen von ihm begeistert. Andere mochten ihn nicht – Talente werden niemals verziehen. Trotzki muss wohl sehr deutlich gespürt haben, dass er ein außergewöhnlicher Mensch war, und das mag dazu geführt haben, dass sich bei ihm starke egoistische und egozentrische Züge herausbil-

deten. Möglicherweise hatte dies auch zur Folge, dass er in der Zeit seiner Triumphe keine Freunde hatte, denen er wirklich vertrauen konnte. Für jede zwischenmenschliche Beziehung ist Gleichheit eine unabdingbare Voraussetzung; in diesem Bereich kann es keine Schuldner und Gönner geben. Schon als Jugendlicher war Trotzki nicht bereit, intellektuelle Ebenbürtigkeit anzuerkennen. Und später erkannte er einzig Lenin eine geistige Überlegenheit zu – und das erst nach der Oktoberrevolution. Ich denke, dass diese Charaktereigenschaft des künftigen »herausragenden Führers« eine der Ursachen für seine persönliche Tragödie ist. Mit Nebenrollen konnte Trotzki sich nicht zufrieden geben, er wollte nur Hauptrollen in der Geschichte spielen. Nicht einmal an die Schule, die für gewöhnlich einen sonnigen Fleck in der Erinnerung eines Menschen hinterlässt, erinnerte sich Trotzki mit positiven Gefühlen. »Im Allgemeinen«, schrieb Trotzki, »sind meine Erinnerungen an die Schule nicht düster, aber grau … Es fällt mir schwer, wenigstens einen Lehrer zu nennen, an den ich mich mit echter Zuneigung erinnere.« (Trotzki: Moja shisn I, S. 99–101.) Nicht nur einmal sprach Trotzki davon, dass es auf dieser Welt zu viel Mittelmaß gebe; dieser Gedanke stärkte sein Gefühl der eigenen Überlegenheit. Trotzki hatte das Glück, dass er während seiner Kindheit und Schulzeit einige kluge und interessante Menschen kennenlernte. Dazu gehörten z. B. Iwan Wasiljewitsch Bronstein, der bei seinen Eltern arbeitete, der Journalist und Verleger Moisej Filippowitsch Schpenzer, der Journalist Sergej Iwanowitsch Sytschewski und einige andere.
Schpenzer lehrte Trotzki die Liebe zum Wort, die »Geheimnisse« des Büchermachens und den Zauber des Schreibens. Bereits als Jugendlicher wusste er, was Korrektur, Satz, Redigieren ist. Er hatte Gelegenheit zu sehen, wie ein Buch gedruckt wird, er lernte den Geruch von frischer Druckerschwärze lieben, er sah die freudige Erregung eines Menschen, der zum ersten Mal ein Exemplar seines neuen Buchs in der Hand hielt. Er selbst schreibt später, dass dieses einfache »Geheimnis« ihn niemals

mehr gleichgültig ließ. Die Feder wurde seine wichtigste Waffe. Sogar als Trotzki in seinem berühmten Zug während des Bürgerkriegs von einer Front zur anderen fuhr, befanden sich in einem Waggon eine Redaktion und eine kleine Druckerei für seine Zeitung »V puti«. Die Liebe zur Literatur und Journalistik führte den jungen Bronstein nicht nur zur klassischen russischen Literatur, sondern weckte in ihm auch das Interesse für das Ausland, für die westliche Kultur und Zivilisation. Dieses Interesse teilte er mit vielen anderen Intellektuellen des riesigen Landes, das in vieler Hinsicht gegenüber dem Westen »hinterherhinkte«. Unter dieser historischen Rückständigkeit litt die progressive Intelligenz, die sich nach bürgerlich-demokratischen Freiheiten, nach liberaler Ordnung, kulturellen Errungenschaften sehnte. Für die jüdische Intelligenz war dies eine Welt ohne Diskriminierung. Noch bevor Trotzki zum ersten Mal in den Westen reiste, hegte er bereits Sympathien für die europäische Kultur und ihre Werte. Dieses Gedankengut beeinflusste auch seine Theorie der permanenten Revolution, die Vorstellung, dass das Schicksal der russischen Revolution vom rechtzeitigen Ausbruch der Weltrevolution abhänge, und seine Überzeugung, dass es dringend notwendig sei, einige Früchte europäischer Zivilisation nach Russland zu bringen.

In Odessa und später in Nikolajew, wo Lew Bronstein die letzte Klasse der Realschule absolvierte, entfremdete er sich immer mehr seinem Elternhaus. Wenn Trotzki während der Ferien nach Hause fuhr, muss er wohl die Enge jener kleinen Welt in der Chersoner Steppe, wo sein Vater bereits zu einem wohlhabenden Mann geworden war, geradezu körperlich gespürt haben. In dieser kleinen Welt war das Leben eingeschränkt durch den ewigen Kampf um Erfolg, Profit und Vorteil. Das Zusammentreffen der Eindrücke auf dem Lande und in der Stadt (Trotzki nannte es gern »Amalgam der Sichtweisen«), ergänzt durch reiche angeborene Begabungen und Erkenntnisdrang, bildete bei Trotzki einen scharfen, schöpferischen Intellekt heraus.

So gelang es ihm, sich rasch von den Fesseln jener Mentalität zu

befreien, die vor allem Gewinnstreben und Sparsamkeit kannte. Doch einige Charaktereigenschaften, die für diese Schicht typisch waren, konnte er auch später nicht verleugnen.
Wie andere junge, kleinbürgerliche Revolutionäre war auch Trotzki durchaus in der Lage, schnell seine Orientierungen zu wechseln. So wütend er beispielsweise den Marxismus ablehnte, so schnell wurde er ein Anhänger dieser Ideologie. Zunächst arbeitete er mit den Menschewiki zusammen, doch nach der Revolution gehörte er zu denjenigen, die eine harte Linie gegenüber den Menschewiki unterstützten. Trotzki war in der Tat einer der »Schöpfer« des roten Terrors, den er später entschieden verurteilte. Auch nachdem er sich zum Marxismus bekannte, bewahrte er einige Züge einer kleinbürgerlichen Revolutionarität, Spontaneität und manchmal sogar Fanatismus.
Die Familie der Bronsteins konnte Trotzki wohl kaum zu einem Revolutionär erziehen. Doch gab sie ihm ein Verständnis für die »Zähigkeit« der kleinbürgerlichen Atmosphäre, sie ermöglichte ihm eine Schulbildung und unterstützte ihn bis kurz vor der Revolution auch materiell. In dieser Hinsicht befand er sich also in einer günstigeren Lage als der Großteil der anderen Revolutionäre. Je mehr Trotzki sich revolutionären Angelegenheiten zuwandte, umso schwächer wurden die Verbindungen zu seiner Verwandtschaft. Sein Vater, der mit den Jahren immer wohlhabender wurde, war, wie Trotzki selbst schrieb, »rauer« geworden. Die Ursachen waren die Schwierigkeiten des Lebens, die Sorgen, die mit der Arbeit wuchsen – besonders während der Agrarkrise in den achtziger Jahren –, und die Enttäuschung durch die Kinder. (Trotzki, Moja shisn I, S. 36.)
Diese Enttäuschung bestand darin, dass keines seiner vier Kinder die Arbeit auf dem Hof weiterführen wollte. Der älteste Sohn Alexander, der ebenfalls eine Schulbildung erhalten hatte, arbeitete vor und auch nach der Revolution als Ingenieur in Zuckerfabriken. Obwohl er sich nach der Deportation Trotzkis öffentlich von seinem Bruder lossagte, wurde er verbannt, später verhaftet und am 25. 4. 1938 erschossen. Lisa, die älteste

Schwester Trotzkis, war die Einzige von den Geschwistern, die eines natürlichen Todes starb (1924). Olga, die jüngste Schwester, heiratete L. B. Kamenew (Rosenfeld). Im Jahre 1935 wurde sie verhaftet und 1941 erschossen. Sie überlebte zwei ihrer Söhne, die bereits 1936 erschossen worden sind …
Olga Eduardowna Grebner, die Frau von Trotzkis jüngstem Sohn Sergej, verglich Trotzki mit einem Aussätzigen: »Wen auch immer er berührte – er brachte Leid.« In seiner »ergänzenden Erklärung« anlässlich des Todes von Lew Sedow, seinem ältesten Sohn, schreibt Trotzki am 24. 8. 1938: »Jagoda trieb eine meiner Töchter in den vorzeitigen Tod und die andere in den Selbstmord. Er verhaftete meine beiden Schwager, welche daraufhin spurlos verschwanden. Die GPU verhaftete meinen jüngsten Sohn Sergej, der nach seiner Verhaftung verschwand …« (Trotzki, Dnewniki, S. 154.) Sergej kam 1937 im Lager um, sein älterer Bruder ein Jahr später. Und so erging es den meisten Verwandten Trotzkis.

Der revolutionäre Weg

Trotzki liebte nicht nur die Literatur, sondern auch die Mathematik. Er träumte davon, sich in die physikalisch-technische Fakultät der Universität von Odessa einzuschreiben. Er hätte Wissenschaftler werden können – wahrscheinlich sogar ein bedeutender.

Im Jahre 1896 absolvierte Bronstein die Realschule in Nikolajew. Dieses Jahr ist ein wichtiger Meilenstein – der Beginn seiner revolutionären Tätigkeit. Bronstein war siebzehn Jahre alt. Er zog zu Bekannten, die zwei erwachsene Söhne hatten und Anhänger sozialistischer Ideen waren. Diese Ideen waren neu, interessant und aufwühlend. In den ersten Monaten stand der junge Mieter, wie er selbst sagte, den »theoretischen Utopien« reichlich gleichgültig gegenüber. Wenn die beiden Brüder einander »den Nutzen des Sozialismus für die Geschichte« zu erläutern begannen, ging er lächelnd in sein Zimmer und vertiefte sich in seine Lehrbücher. Die abstrakte Welt der Mathematik, die Magie der Zahlen, der Formeln, der leidenschaftslosen, kühlen Wahrheiten hatte ihn ganz in ihren Bann gezogen.

Eines Tages erlebte er ein Streitgespräch zwischen jungen Sozialisten mit, die den Ideen der Narodniki anhingen. Von nun an konnte Trotzki sich nie mehr aus dieser Sphäre lösen. Der Prozess seiner Politisierung wurde beschleunigt, als seine neuen Freunde ihn mit Franz Schwigowski, einem Tschechen, bekannt machen. Im Garten Schwigowskis bildete sich so eine Art Kommune von »Umstürzlern«, die sich gegen Ungerechtigkeit und Tyrannei wandten. Die meisten waren Anhänger der Narodniki. Lediglich ein Mitglied dieses kleinen Kreises vertrat eine andere Position: Alexandra Sokolowskaja, eine junge Frau, die die Schriften von Marx und Engels kannte und Marxistin war. Trotzki selbst schrieb später über diese Periode in einem Brief an W. I. Newski.

»Ich besuchte damals die 7. Klasse und ging häufig zu Franz Franzewitsch Schwigowski, einem intellektuellen Obstbauern, einem Tschechen, der einen Garten gepachtet hatte. Er war ein Radikaler. Wir studierten die Artikel Michailowskis, ›Die Philosophie der Geschichte‹ von Karejew, die ›Logik‹ Mills, ›Die Psychologie‹ von Gerning, ›Die Geschichte der Kultur‹ von Lippert – alles, was uns in die Hände fiel. Das Kommunistische Manifest, das uns in handschriftlicher Form vorlag, stieß uns ab. Den ersten Band des Kapitals hatte bei uns nur Alexandra Lwowna Sokolowskaja gelesen (sie ist von der Hebammenschule in Odessa zurückgekehrt). Wir bildeten einen Kreis zur Verbreitung nützlicher Literatur – ›Rassadnik‹. In den Jahren 1896–97 war ich ein Gegner von Marx (den ich nicht gelesen hatte).« (Zentrales Parteiarchiv.)

Der erste überzeugte Marxist, mit dem Bronstein diskutierte, war tatsächlich Alexandra Sokolowskaja, die Tochter eines Narodnik, die einige Jahre später seine erste Frau werden sollte. Zwar konnte Bronstein sich bei seinen Erwiderungen auf die Argumente der sechs Jahre älteren Alexandra Sokolowskaja nicht auf konkretes Wissen stützen, doch er war auch nicht gewillt, klein beizugeben. Wie I. Deutscher bemerkte, verfügte Trotzki über eine »wunderbare Gabe des Bluffs«: Wenn er sich in Diskussionen einmischte, deren Gegenstand er nicht genau kannte, verließ er sich auf seine logische Begabung und seine Intuition, die es ihm ermöglichten, sich ehrenvoll zu schlagen. Sokolowskaja hörte lächelnd die Argumente des hitzigen jungen Bronstein, der zu beweisen versuchte, dass der »Marxismus nicht überzeugend« sei. Möglicherweise hat sie damals als Einzige begriffen, dass Trotzki improvisierte. Doch ihr imponierten die Lebhaftigkeit seiner Gedanken und die Originalität seiner Schlussfolgerungen. Sokolowskaja hat offenbar gespürt, dass dem jungen Sozialisten die Gedanken der Narodniki näherstanden, weil ihnen nicht die für den Marxismus charakteristische eiserne ökonomische »Determiniertheit« eigen war. Der selbstbewusste Bronstein fühlte sich vielmehr zu jener Theorie hingezogen, die den »subjektiven Faktor« in den Vordergrund stellte: Hier waren es »kritisch denkende Persönlichkeiten«, die Geschichte machen konnten, glänzende Helden, die sich aus der Menge erhoben, Halbgötter, die in der Lage waren, die Massen zu großen Taten zu bewegen. Bronsteins Marxismuskritik war nichts weiter als der Protest eines jungen Menschen gegen eine trockene Theorie, die er nicht kannte und wohl auch nicht verstand.

Im Narodnikitum des Realschülers steckte viel radikale Romantik, der Wunsch nach Orientierung, Aufbruchstimmung.

Sokolowskaja war der erste Mensch, dem es gelang, die Selbstsicherheit des jungen Dilettanten ins Wanken zu bringen. Und dann geschah etwas Unvorhergesehenes: Während der Streitgespräche zwischen dem jungen Bronstein und der sechs Jahre älteren Sokolowskaja entwickelte sich eine gegenseitige Zuneigung.

Immer weniger konnte der intelligente Bronstein sich der Überzeugungskraft von Alexandras Argumenten entziehen. Dennoch beschloss er, geleitet von Ehrgeiz und Widerspruchsgeist, »den Marxismus zu widerlegen«, und schrieb seinen ersten Artikel. Jahre später bemerkte Trotzki, dass dieser Artikel »glücklicherweise das Licht der Welt nicht erblickte. Und das muss niemand bedauern – am wenigsten ich selbst.« Bronstein trug sich auch mit dem Plan, zusammen mit den Sokolowski-Brüdern ein Theaterstück über den Kampf zwischen Marxisten und Narodniki zu schreiben. Doch der Eifer der jungen Menschen reichte nur zu einem ersten Treffen.

Einmal besuchte Trotzki seine Eltern und äußerte sich zu ihrem Entsetzen abfällig über den neuen Zaren Nikolaj II. Die Auseinandersetzung mit den Eltern führte zu einem vorübergehenden Bruch. Der jüngste Bronstein hatte am Gefühl der Unabhängigkeit und Selbständigkeit Gefallen gefunden und verzichtete auf die materielle Hilfe von zu Hause. Von dieser Zeit an hatten die Eltern praktisch keinen Einfluss mehr auf die Entscheidungen ihres Sohnes: die Aufnahme des Studiums an der mathematischen Fakultät von Noworossijsk-Odessa (das er sehr bald abbrach), seine Hochzeit mit Alexandra Sokolowskaja, die Verbreitung von Proklamationen – all das geschah gegen den erklärten Willen der Eltern.

Währenddessen verschärfte sich der Radikalismus des jungen Bronstein und seiner Freunde immer mehr. Die Zeitungsmeldungen über die Selbstverbrennung der Studentin Wetrowa in der Peter-Paul-Festung im Jahre 1897 hinterließen bei ihnen einen großen Eindruck. Obwohl die Motive für diesen tragischen Schritt nicht ganz klar waren, waren die Mitglieder von Schwigowskis »Gartenkommune« überzeugt davon, dass es sich hier um einen Akt des Protestes gegen die Selbstherrschaft handelte. A. G. Siw, der zu jener Zeit mit Trotzki befreundet war, berichtet, dass Bronstein ihn damals aufforderte, »in den Arbeiterbund einzutreten, den er und seine Freunde organisiert hatten« (Siw, Trotzki, S. 18). Er habe weiterhin gesagt, dass sie die Gedanken der Narodniki entschieden ablehnten und sich zur Sozialdemokratie bekennen würden.

»Wer gehört dieser Organisation an?«, fragte Siw.

»Die junge Avantgarde der Gesellschaft. Die revolutionär denkenden Studenten und Arbeiter!«, erwiderte Trotzki.

Weiter habe Lew Bronstein erzählt, dass der »Südrussische Arbeiterbund« als seine erste Aufgabe die revolutionäre Bildung der Arbeiter ansehe. Die Organisation sei zu Ehren des Bundes benannt worden, der ein Vierteljahrhundert zuvor existiert habe und von der Polizei zerschlagen worden sei.

In der Tat hatte Bronstein (der bereits seinen Untergrundnamen Lwow erhalten hatte) mit seinen Freunden einige kleine Zirkel unter den Arbeitern der Werften in Nikolajew organisiert. Aktive Mitglieder des Bundes, der nicht sehr lange existierte, waren der junge Techniker Iwan Andrejewitsch Muchin, die Geschwister Sokolowski, die Arbeiter Korotkow, Babenko, Poljak und andere. Im großen und ganzen bestand die Arbeit darin, sozialdemokratische Texte abzuschreiben und zu vervielfältigen und sie unter den Arbeitern der Werften und anderer Betriebe zu verteilen.

Die Führung des Bundes hatte kaum Erfahrung mit konspirativer Tätigkeit. Daher war es für Provokateure ein leichtes, sich in die Organisation einzuschleichen. Am 28. 1. 1898 wurden Bronstein, Schwigowski und andere Organisatoren des »Bundes« verhaftet. Trotzki schrieb am 5. 8. 1921 an W. I. Newski: »In unserer Organisation gab es keine ernsthafte Konspiration. Wir wurden alle ziemlich schnell verhaftet. Verraten hat uns der Provokateur Schrenzel. Die Arbeiter im Gefängnis und vor allem Iwan Andrejewitsch Muchin haben einen Marxisten aus mir gemacht. Eine Zeit lang saß der Buchbinder Jawitsch mit mir in einer Zelle. Wir froren, zogen alles an, was wir hatten. Aus Nikolajew brachte man mich ins Chersoner Gefängnis, daraufhin nach Odessa.« (Zentrales Parteiarchiv.)
Im Gefängnis von Odessa saß Trotzki zwei Jahre in Untersuchungshaft. Eine Gerichtsverhandlung gab es nicht. In administrativem Verfahren wurden Bronstein und drei weitere »Mittäter« zu vier Jahren Verbannung verurteilt; die anderen, darunter auch A. Sokolowskaja, erhielten weniger.
In den Notizen, die Trotzki erst nach der Revolution niederschrieb und die später die Grundlage für sein Buch »Mein Leben« bildeten, erinnert er sich, dass er nach diesem Urteil zunächst fünf Monate im Moskauer Etappen-Gefängnis und dann drei Monate im Gefängnis von Irkutsk verbrachte. Er nutzte diese Zeit, um sich weiterzubilden. Je mehr Erkenntnisse Trotzki erlangte, umso mehr dürstete es ihn nach neuem Wissen. Als er in späteren Jahren einmal gefragt wurde, was seine liebste Beschäftigung sei, antwortete er: »Geistige Arbeit: Lesen, Reflektieren und schließlich Schreiben.« (Trotzki, Dnewniki, S. 43.)
Im Butyrsker Gefängnis beschlossen Sokolowskaja und Trotzki zu heiraten. Sie baten die Gefängnisleitung um Erlaubnis und setzten ihre Eltern von ihrem Vorhaben in Kenntnis. Die Gefängnisleitung hatte nichts gegen die Heirat einzuwenden. Auch die Eltern Sokolowskajas gaben ihre Einwilligung. Doch die Bronsteins waren entschieden dagegen.

Unmittelbar vor der Hochzeit schreibt Trotzki in einem Brief an Alexandra Sokolowskaja:

»Schurotschka! Ich habe dir einen ganzen Haufen Neuigkeiten mitzuteilen (obgleich sie nicht besonders interessant sind). Am 3. dieses Monats traf ich meine Mutter. Die Begegnung endete mit einem völligen Bruch – und so ist es besser, nicht wahr? Dieses Mal habe ich widersprochen, und es kam zu einer äußerst unerfreulichen Szene. Ich habe die materielle Unterstützung ausgeschlagen. Gerade erhielt ich einen Brief von deinem Vater. Er ist ein sehr liebenswerter Mensch! Dein Vater ist nicht verbittert über meinen Bruch mit meinen Verwandten, sondern offenbar erfreut … So wird doch das Problem der Ungleichheit der Besitzverhältnisse beseitigt …

Ich bin dir innerlich so nahe, dass es mir scheint, als spürte ich deine Anwesenheit. Wenn du etwas sagen würdest, während du zum Rundgang die Treppen hinuntergehst, ich würde es in jedem Fall hören. Versuche es einmal, Saschenka! Ich habe Sehnsucht … Ich möchte dich hören, ich möchte dich sehen …

Und wenn sie uns keine Erlaubnis zur Heirat erteilen? *Das ist unmöglich!*

Es gab bei mir Augenblicke (Stunden, Tage, Monate), da ich Selbstmord für den anständigsten Ausweg hielt. Doch dafür fehlte es mir an Mut …

Die sibirische Taiga wird keine politische Aktivität zulassen. Dafür werden wir dort glücklich sein! Wie olympische Götter! Für immer und ewig unzertrennbar! Wie oft habe ich dies schon gesagt, und dennoch möchte ich es immer und immer wiederholen …« (Zentrales Parteiarchiv.)

Aus diesem Brief können wir wohl schließen, dass Trotzki aus Liebe heiratete, obgleich er die Ehe mit Alexandra später in seinem Buch »Mein Leben« als revolutionäre Notwendigkeit darstellte. In seiner Autobiographie ist dieser Episode lediglich ein Absatz gewidmet: »Bis zum Dorf Ust-Kut fuhren wir [über Wasser] annähernd drei Wochen. Man brachte mich mit einer

anderen Verbannten hierher, die ich von der Arbeit in Nikolajew her kannte.
Alexandra Lwowna spielte eine führende Rolle im Südrussischen Arbeiterbund. Ihre tiefe Ergebenheit dem Sozialismus gegenüber, ihr aufopferndes Engagement, das bis zur Selbstverleugnung ging, gaben ihr eine unanfechtbare moralische Autorität. Die gemeinsame Arbeit verband uns sehr. Um bei der Verbannung nicht getrennt untergebracht zu werden [wie hieß es doch noch gleich in dem Brief: ›Für immer und ewig unzertrennbar!‹? – D. W.], haben wir im Moskauer Etappen-Gefängnis geheiratet.« (Trotzki, Moja shisn I, S. 148.)
Ich begreife nicht, warum Trotzki es nötig hatte, die Ehe, nach der er sich so gesehnt hatte, beinahe als »fiktiv« darzustellen. Als er seine Erinnerungen schrieb, waren seine Töchter aus dieser Ehe bereits erwachsen. Vielleicht gibt es eine einfache Erklärung dafür: Trotzki zieht es häufig in seinen Büchern und Artikeln zu moralischen Sentenzen, er schreibt über Edelmut, Ehrlichkeit – aber seine erste Liebe war nicht von langer Dauer. In seiner Autobiographie konnte er sie wohl nicht verschweigen; darum war es für ihn die bequemste Lösung, sie als zwingende Notwendigkeit zur Fortsetzung der Arbeit darzustellen.
Die Geschichte der Beziehung zu seiner ersten Frau war eben nicht nur von Leidenschaft, sondern auch von einem elementaren Pragmatismus geprägt; und so befreite er sich auch in dem Augenblick von den »Fesseln«, als es seine hoch gesteckten Ziele zu erfordern schienen.
Andererseits bemühte sich Trotzki auch lange Zeit nach der Trennung, die Verbindung zu seiner ersten Frau und seinen Kindern aufrechtzuerhalten. Als die älteste Tochter Sinaida später nach Konstantinopel fuhr und ihren Vater auf Prinkipo besuchte, hoffte Alexandra, dass ihre einzige noch lebende Tochter (Nina, ihre zweite Tochter, starb 1928) vom Vater mit Wärme empfangen werden würde. Und tatsächlich tat Trotzki alles, was in seiner Macht stand, um seiner psychisch erkrankten Erstgeborenen ihr schweres Los zu erleichtern.

1935 wurde Sokolowskaja als Frau von Stalins schlimmstem persönlichen Feind nach Sibirien verbannt. Nachdem Trotzki am 2. April 1935 von ihrem Schicksal erfahren hatte, schrieb er drei Tage später in sein Tagebuch: »In den beiden letzten Tagen hat N. [Natalja Iwanowna, Trotzkis zweite Frau, D. W.] mehr an A. L. [Alexandra Lwowna] gedacht als an Serjoscha [Koseform von Sergej]. Möglicherweise wird es mit Serjoscha ein gutes Ende nehmen, aber A. L. ist im Alter von sechzig Jahren irgendwo in den fernen Norden geschickt worden.« (Trotzki, Dnewniki, S. 98.) Obwohl also »das Schicksal« sie »unwiederbringlich getrennt« hatte, wie Trotzki einmal schrieb, ließ sich die Verbundenheit zwischen diesen beiden Menschen doch nicht völlig aus dem Gedächtnis streichen.

Trotzki ist seinen revolutionären Zielen stets treu geblieben. Im Verhältnis zu anderen Menschen jedoch hat er diese Loyalität nicht immer an den Tag gelegt.

In seinem »autobiographischen Versuch« beschreibt Trotzki die Etappen seines Lebens in der Verbannung. Hier ein kleiner Auszug aus seinen Erinnerungen: »Im Dorf waren ungefähr hundert Bauernhäuser. Wir ließen uns im entlegensten nieder. Rundherum Wald, unten der Fluss. Weiter im Norden, an der Lena, liegen Goldgruben. Der Widerschein des Goldes spielte auf der Oberfläche der gesamten Lena. Ust-Kut hatte früher bessere Zeiten gekannt – wüste Zechereien, Raub und Überfall. Doch zu unserer Zeit war das Dorf verstummt. Die Trunksucht übrigens ist geblieben. Unser Hausherr und die Hausherrin tranken notorisch. Das Leben war düster, stumpf in dieser entlegenen Gegend. Die Stille der Nacht füllten die Kakerlaken mit ihrem rastlosen Treiben, sie zogen über den Tisch, durch das Bett, über das Gesicht … Im Frühling und Herbst versank das Dorf im Schlamm. Dafür war die Natur wunderschön. Doch zu jener Zeit ließ sie mich kalt. Meine Bücher und meine Bekanntschaften nahmen mich völlig in Anspruch. Ich studierte Marx, während ich die Kakerlaken von den Seiten jagte …« (Trotzki, Moja shisn I, S. 148 f.)

Er nutzte die Zeit in der Verbannung, um sich weiterzubilden. In diese Phase fallen jedoch auch seine ersten ernsthaften Versuche auf dem Gebiet des Journalismus, in denen sich bereits sein großes Talent zeigt. Diese Artikel erschienen unter dem Pseudonym »Antid Oto« in der Regionalzeitung »Wostotschnoe obosrenie«. Trotzki schrieb über alle erdenklichen Themen: über das sibirische Dorf und über die Situation der Frauen in Sibirien, über die örtlichen Behörden und über die Rolle der Selbstverwaltungsorgane (Semstwo), über Nietzsche, Gogol, Uspenski, Herzen …

Seine Urteile sind oft sehr apodiktisch. Er hatte kerne Scheu, immer seine »eigene« Meinung zu sagen. Er war stets bereit, sich gegen festgelegte Normen und eingefahrene Denkmuster zu wenden – eine Eigenschaft, die ihm viele Freunde, aber noch mehr Feinde verschaffte.

Es gelang Trotzki, einige seiner Artikel ins westliche Ausland zu schicken. Dort, in den Zirkeln der russischen Emigration, erkannte man das bedeutende journalistische Talent des unbekannten Korrespondenten. Allerdings ahnte man nicht, dass diese Artikel nicht Früchte langjähriger Arbeit, sondern das Ergebnis spontaner Improvisation waren, entstanden in den Augenblicken der Erleuchtung, in denen die Gedanken sich förmlich auf das Papier ergießen. Schriftsteller und Journalisten wissen, wie schwierig es ist, die »richtigen« Worte zu finden. »Es ist auf der Welt keine Qual, die größer wäre als die Qual des Wortes«, schrieb der früh verstorbene Poet S. Ja. Nadson, den Trotzki sehr verehrte. Doch Bronstein »quälte« sich wenig: Er schrieb sehr rasch. Manches war jedoch eher leichtgewichtig. In seinen frühen Artikeln ist der Wunsch, mit Gelehrsamkeit zu glänzen, offenkundig. Häufig beruft er sich ohne Not auf literarische und wissenschaftliche Autoritäten.

Die Lebensbedingungen der Verbannten waren in der Zarenzeit wesentlich weniger hart und grausam als in der Stalin-Ära. Im Februar 1923 beschrieb Trotzki auf Wunsch seines ausländischen Freundes M. Eastman in einem Brief seinen ersten

Aufenthalt in der Verbannung: »In Sibirien, in Ust-Kut, lebte ich mit dem polnischen Schuhmacher Mikscha in einer Wohnung. Er war ein ausgezeichneter Freund, aufmerksam, zuvorkommend, ein großartiger Koch, doch er trank, und das immer mehr. Die Zeit war aufgeteilt in häusliche Arbeiten und Lektüre. Holz hacken, auffegen, Geschirr spülen, Mikscha in der Küche helfen. Meine Lektüre war sehr vielfältig: Marx, sozialistische Literatur, Werke der Weltliteratur. Journalistische Arbeit: Ich begann Korrespondentenberichte für die ›Wostotschnoe obosrenie‹ zu schreiben. Die literarische Arbeit fand in der Regel nachts statt. Nicht selten ging es bis 5 oder 6 Uhr morgens. Diese Angewohnheit behielt ich auch später bei, während der Wiener Periode meines Lebens … Einmal wollte man mir in der Postabteilung meine Post nicht aushändigen. Ich protestierte heftig. Man verurteilte mich zu 3 Rubel Strafe. Diese Benachrichtigung erhielt ich bereits in Wercholensk, von wo ich bald floh. So wurden die 3 Rubel Strafe nie bezahlt – wie auch viele andere meiner Schulden an den Zarismus …« (Zentrales Parteiarchiv.) In Ust-Kut gab es sogar eine kleine Bibliothek, die die Verbannten zusammengestellt hatten.
Eine zweibändige Ausgabe Gleb Uspenskis hinterließ bei Trotzki den nachhaltigsten Eindruck. Zuvor war er den Erzählungen dieses Schriftstellers eher skeptisch gegenübergestanden. Doch nun verschlang er seine Bücher. Wenn dann das Kerosin in der Lampe verbrannt war und er das Buch beiseite legen musste, hatte er das Gefühl, als wäre er soeben in einem der beschriebenen russischen Dörfer gewesen, einem Dorf voller Schmerz, Sehnsucht, Finsternis. Und auch später, wenn er sich zu einem konsequenten »Westler« entwickelt haben würde (so nannte man die an der Kultur des Westens orientierten russischen Intellektuellen), würde Uspenski dennoch weiterhin zu seinen Lieblingsschriftstellern gehören. Bei der Lektüre Uspenskis unterstrich der Verbannte folgende Zeilen: »Ein ganzes Dorf arbeitet für ein Herrenhaus. Ohne Ausreden, ohne Einwände musste das Dorf tagaus, tagein, jahraus, jahrein arbeiten. Der Gutsbe-

sitzer, dem das Dorf gehörte, konnte sich ändern, er konnte einmal gut, einmal böse sein, aber für das Dorf hatte diese Veränderung keine Bedeutung: Denn Arbeit verlangten alle – die Konservativen wie die Liberalen und sogar die Radikalen – mit einem Wort, alle erdenklichen Arten von Menschen, die sich im Herrenhaus niederließen. Ganz gleichgültig, wer in ihm wohnte, vom Dorf wurde nur eines gefordert – ›Arbeit‹, die den größten Teil des Tages, des Jahres, des gesamten Lebens einnahm – Arbeit *für andere.*« (Uspenski, Werke II, S. 139 f.)
Uspenski hat Trotzki wohl derart stark beeindruckt, dass er selbst ein Dutzend Artikel über das sibirische Dorf schrieb, in denen deutlich der Einfluss des großen russischen Schriftstellers zu spüren ist. So tauchte also der Verbannte in das »einfache Leben« des russischen Dorfes ein. Was er jedoch in der Literatur schätzte, empfand er im wirklichen Leben bald als unerträglich. Die Enge in Ust-Kut und später in Wercholensk bedrückte ihn. Seine ersten erfolgreichen literarischen und journalistischen Versuche erfüllten ihn mit hochfliegenden Hoffnungen. Immerhin waren einige Artikel, die zufällig in die Redaktion der »Iskra« gelangt waren, dort sehr wohl wollend beurteilt worden. Er wollte nach Petersburg, Moskau, in die westlichen Hauptstädte. Dort war sein Platz, dort wurde er gebraucht! Als er sich nach innerem Kampf Alexandra Sokolowskaja anvertraute, schwieg sie zunächst einen Augenblick, äußerte aber keine Einwände gegen seine Flucht. Es ist nicht schwer, sich vorzustellen, was in ihr vorgegangen ist. Der jungen Frau war klar, dass sie mit zwei winzigen Kindern allein in der Einöde zurückbleiben würde, ohne große Hoffnungen auf ein neues Zusammenleben mit ihrem Mann. Doch in ihren Augen war Leiba [Lew] beinahe ein Genie, ein Mann, über den bald alle Menschen sprechen würden. Indem sie seinen Plan guthieß, glaubte sie sich im Einklang mit der revolutionären Moral: Sie war bereit, den liebsten und vertrautesten Menschen im Namen ihrer politischen Ideale zu opfern. Diese Frau sollte ihr ganzes Leben lang opfern: ihren Mann, die Kinder, ihre Schwiegersöhne, Enkelkinder und schließlich sich selbst.

Noch vor Ende des Winters führte Trotzki eine »Aufklärung« durch: Er hielt sich eine Weile in Irkutsk auf, wo er sich mit einem anderen Verbannten traf, um mit ihm einen Fluchtplan auszuhecken.

Um den Verbannungsort auch nur für einen Tag verlassen zu können, musste man beim Wercholensker Kreispolizeichef um eine Erlaubnis ersuchen. Diese sah folgendermaßen aus:

»Eignungsschein.

Dem unter öffentlicher Aufsicht der Polizei befindlichen administrativen Verbannten Leiba Dawidowitsch Bronstein wird von seiten der Irkutsker Gouvernementsverwaltung gestattet, am 20. 2. dieses Jahres für einen Tag in die Stadt Irkutsk zu reisen, wo er sich an die Regeln halten muss und auf dem Wege ohne stichhaltige Gründe nirgends verweilen darf ...« (Zentrales Parteiarchiv.)

Und im Sommer floh der Verbannte. Die Sache erwies sich als recht einfach. Ein Bauer versteckte ihn auf der Pritsche seines Wagens in einem Ballen Heu und fuhr nach Irkutsk. Diese letzte Reise durch Sibirien dürfte dem Verbannten dank der unzähligen Schlaglöcher in Erinnerung geblieben sein. In Irkutsk gaben Freunde dem Flüchtling Zivilkleidung und einen Pass, in den er seinen neuen Namen hineinschrieb, unter dem er in die Geschichte eingehen sollte. Wir wissen nicht, warum er den Familiennamen Trotzki wählte. Allerdings kannte er eine Person, die diesen Namen trug: einen Gefängnisaufseher aus Odessa, der ein auffällig gut aussehender, stattlicher Mann war. Als dieser Gendarm an einem Sommertag bei seinem täglichen Rundgang in Wercholensk auch das Bauernhäuschen, in welchem Trotzki wohnte, kontrollierte, sah er die Umrisse eines Mannes unter einer Bauerndecke. Offensichtlich schlief der Verbannte. Der Gendarm merkte nicht, dass es eine Puppe war, die Bronstein gemacht und statt seiner unter die Decke gelegt hatte.

Währenddessen fuhr Trotzki auf der Strecke der transsibirischen Eisenbahn in einem Kurierzug Richtung Westen. Unterwegs las er Homer in der russischen Übersetzung von Gneditsch. Zwei

Tage später wurde in Wercholensk ein Telegramm aufgegeben: »An den Gouverneur. Kopie an den Polizeimeister. Gestern hat sich Leiba Bronstein 23 Jahre zweieinhalb Arschin Haare kastanienfarben der Kinnbart zweigeteilt trägt Brillengläser mutwillig entfernt laut der Erklärung seiner Frau ist Bronstein nach Irkutsk gefahren [Text ohne Interpunktion].
Kreispolizeichef Ludwig.« (Zentrales Parteiarchiv.)
Einige Zeit später wurde auf Trotzkis Registrierkarte in seinen Polizeiakten folgender Vermerk eingetragen:
»Bronstein (Lew Dawidow, auch Nikolaj, Trotzki und Janowski), ohne jegliches Güterrecht, Sohn eines Kolonisten, Russe [!], Schriftsteller. 1898 wurde Bronstein als Angeklagter in der Sache ›Südrussischer Arbeiterbund‹ nach Odessa gebracht. Er wurde zu vier Jahren Verbannung unter öffentlicher Beaufsichtigung verurteilt. Am 21. 8. floh er aus Wercholensk und wurde auf die Fahndungsliste vom 1. 9. 1902 als Nr. 5530 aufgenommen.« (Zentrales Parteiarchiv.)
Auf seiner Flucht machte Trotzki in Samara halt und hielt sich eine Weile bei Krshishanowski auf. Sein Ziel war London, die Redaktion der »Iskra«, wo er bereits unter dem Pseudonym »Die Feder« bekannt war. Mit einem gefälschten Pass überschritt Trotzki halblegal die Grenze nach Österreich und fuhr seinem Schicksal entgegen. In Wien traf er mit Adler, dem Gründer der österreichischen sozialistischen Partei, zusammen.
Und einige Zeit später, an einem Oktobermorgen, begab er sich zu einer Adresse, die ihm Pawel Axelrod in Zürich gegeben hatte. Wie verabredet pochte er dreimal mit dem hölzernen Türklopfer. Lenin und seine Frau Krupskaja lebten in London in einer kleinen Einzimmerwohnung. Hier lernte Trotzki den Mann kennen, dessen Namen er zum ersten Mal während seines Aufenthalts im Moskauer Etappen-Gefängnis gehört hatte. I. Deutscher schreibt, dass Nadeshda Konstantinowna Krupskaja von der Türschwelle in die Wohnung gerufen habe: »Die Feder« ist gekommen!«
Doch Trotzki musste zunächst noch einmal die Treppen hin-

untersteigen, nachdem ihm die Gastgeber Geld gegeben hatten, um den Droschkenkutscher zu bezahlen. Aber dann »überschüttet« er Wladimir Iljitsch mit unzähligen Neuheiten aus der Heimat … Von jenem Tag an sollten sich die Wege dieser beiden Männer mehr als zwanzig Jahre lang sehr häufig kreuzen. Ihre Beziehungen sollten zwischen Verbundenheit und offener Feindschaft schwanken; beide würden in Zeiten der Uneinigkeit mit ungerechten und beleidigenden, aber auch treffenden Bemerkungen nicht geizen.

Lenin, der beinahe zehn Jahre älter als Trotzki war, sah in dem lebhaften Revolutionär, der mit leidenschaftlichem Feuer von seinen Erfahrungen in Sibirien, Samara und Zürich erzählte, einen Mann, der das Zeug dazu hatte, eine neue Seite im Buch der revolutionären Bewegung Russlands aufzuschlagen.

Der europäische »Biwak«

Im September 1929 befand Trotzki sich auf der Insel Prinkipo im Marmarameer, litt unter seiner Einsamkeit und begann sein Buch »Mein Leben« zu schreiben. Im Vorwort zu seinem zweibändigen Werk steht folgender Satz: »Hier befinde ich mich auf einem Biwak – und das nicht zum ersten Mal –, wo ich geduldig der Dinge harre, die da kommen werden.« Diese Situation hatte er in seinem Leben schon mehrmals erlebt. 1902 befand er sich das erste Mal unfreiwillig auf einem »Biwak«. Der Unterschied bestand jedoch darin, dass Trotzki während dieses ersten Aufenthalts in Westeuropa mehr handelte, als dass er abwartete: Er schrieb, er diskutierte, er reiste, er kämpfte mit der Feder, er sog die Kultur Westeuropas in sich ein, die er bislang nur aus Büchern und Zeitungsartikeln gekannt hatte. Und natürlich wartete er auch. Auf was? Auf die Revolution …

Mehr als ein Drittel seines Lebens verbrachte Trotzki in der Emigration. Und jeder »Biwak« hatte seine spezifische Bedeutung in seinem Leben. Wenn der zweite Biwak, der 1917 endete, die Zeit des »langen Abwartens« und der dritte die Zeit der »Vertreibung und Verbitterung« gewesen ist, so war der erste Biwak für den jungen Revolutionär eine »begeisternde Offenbarung«.

Die Emigration spielte schon immer eine bedeutende Rolle im politischen und geistigen Leben Russlands – ein Symptom für die historische Rückständigkeit des russischen Imperiums auf dem Gebiet der Demokratie. Um die Jahrhundertwende befand sich eine besonders starke Schicht von revolutionären Intellektuellen im Ausland: Lenin, Plechanow, Martow, Potresow, Dan, Axelrod, Sasulitsch und andere Vertreter der russischen Sozialdemokratie. Sie verkörperten jene revolutionäre Welle, die bei der ideellen und theoretischen Vorbereitung der Februar- und Oktoberrevolution des Jahres 1917 eine besondere Rolle spielte. Einen wichtigen Platz nahm in dieser Gruppe Lenin ein, der nicht nur als Vordenker auf dem Gebiet der Theorie wirk-

te, sondern auch sehr viel organisatorische Arbeit leistete. Im Herbst 1902 lernte Trotzki diese russischen Revolutionäre kennen. Er war soeben dreiundzwanzig Jahre alt geworden …
Der junge ehrgeizige Revolutionär hegte den brennenden Wunsch, bei der gesamtrussischen sozialdemokratischen Zeitung mitzuarbeiten. Das Redaktionskollegium der »Iskra« bestand aus sechs hervorragenden Köpfen, die bereits alle Bedeutendes für die revolutionäre Bewegung geleistet hatten. Es gab die Gruppe der »Alten« – Plechanow, W. I. Sasulitsch, Axelrod – und die »Jungen«: Lenin, Martow, Potresow. Sehr bald gab Lenin Trotzki eine äußerst schmeichelhafte Charakteristik: »Ein Mann mit zweifellos enormen Fähigkeiten, überzeugt, energisch, der vorwärts kommen wird. Auch auf dem Gebiet der Übersetzungen und der populären Literatur gelingt ihm einiges.« (Lenin, PSS, Bd. 46, S. 277.)
Auf Empfehlung Lenins wurde Trotzki im März 1903 in das Redaktionskollegium der Zeitung aufgenommen – als Mitglied mit beratender Stimme. Seit seiner Ankunft im Westen hatte Trotzki bereits zahlreiche Artikel geschrieben: Der erste war 1902 in der »Iskra« erschienen. Der Autor schrieb über Aufstände und revolutionäre Traditionen, über die Verbannung und über die 2. Internationale. Er veröffentlichte nicht nur in der »Iskra«, sondern auch in anderen Zeitungen.
Der Kontakt mit der glänzenden Gruppe hochgebildeter Menschen hinterließ einen unauslöschlichen Eindruck bei Trotzki. Besonders stark fühlte er sich zu Axelrod, Sasulitsch und Martow hingezogen. Über Axelrod schrieb er damals einen bewundernden Artikel, den er jedoch nicht in die zur sowjetischen Zeit erschienene Ausgabe seiner gesammelten Werke aufnahm. Und seine 1903 entstandene erste größere Arbeit »Unsere politischen Aufgaben« trug die Widmung »Meinem teuren Lehrer Pawel Borisowitsch Axelrod«. So negativ er sich in diesem Buch über Lenin äußert, so positiv schreibt er über Axelrod.
Trotzki zog in das Haus, wo Martow und Sasulitsch lebten. Stets trafen sie sich einige Male am Tag, sprachen über die Neu-

igkeiten, über die Artikel, die sie für die Zeitung »Iskra« vorbereiteten, und führten erhitzte Streitgespräche. Das junge Redaktionsmitglied verbarg auch nicht seine Begeisterung für Wera Sasulitsch, die, schon bevor Trotzki das Licht der Welt erblickte, an terroristischen Akten teilgenommen hatte und durch einen spektakulären Prozess, bei dem sie freigesprochen werden musste, in ganz Russland bekannt geworden war. Der aufrührerische Geist der Nihilistin, ihre Verdienste um die revolutionäre Sache inspirierten die Vorstellungskraft des jungen Revolutionärs. Sasulitsch gehörte zu jener Generation von russischen Revolutionären, für die der Radikalismus sowohl in der Theorie als auch in der Praxis den eigentlichen Kern des politischen Engagements bildete. Dies war einer der Gründe, warum die legendäre Revolutionärin auf Trotzki einen so tiefen Eindruck machte: Auch in Trotzkis politischem Denken dominierten lebenslang die radikalen Elemente. Halbheiten lehnte er stets ab, und so wollte er sich später auch nicht mit einem »Sozialismus in einem Land« zufrieden geben.

Zu jener Zeit hatte Trotzki auch ein ausgezeichnetes Verhältnis zu Ju. O. Martow (Zederbaum). Martow war ein hervorragender Journalist, der es verstand, tiefgründige Analysen der allerschwierigsten Probleme mit einer bilderreichen Sprache zu verbinden. Damals konnte sein Bewunderer Trotzki nicht wissen, dass er später, im Jahre 1919 zu einem ganz anderen Urteil über seinen Genossen kommen würde! Trotzki war durchaus fähig, seine Wertschätzung grundlegend zu revidieren und sowohl ungerechte als auch besonnene Urteile über jeden Menschen abzugeben. In seinen häufig sehr schroffen, manchmal auch unsachlichen Urteilen zeigt sich seine geistige Entschlossenheit und Unabhängigkeit; die Wahrheit hatte bei ihm grundsätzlich Vorrang vor persönlichen Rücksichten. Das sollten sehr bald alle Redakteure der »Iskra« zu spüren bekommen, besonders auf dem zweiten Parteitag.

In der Phase seines ersten europäischen »Biwaks« suchte Trotzki auch den Kontakt zu Persönlichkeiten, die bereits zu jener

Zeit für viele Revolutionäre zu einer lebenden Legende geworden waren. Einer von ihnen war G. W. Plechanow. Obgleich Plechanow in der Schweiz lebte, reiste er sehr häufig nach London. Plechanow lebte bereits seit langer Zeit im Westen und hatte sich seiner Heimat schon merklich entfremdet, obwohl er in den revolutionären Emigrantenkreisen als Nestor der russischen Marxisten verehrt wurde. Seine theoretischen Kenntnisse, die unbeugsame Logik, sein enzyklopädisches Wissen und seine schriftstellerische Begabung machten ihn zu einer echten Koryphäe des Marxismus. Plechanows Einstellung zu Trotzki kann man als vorsichtig, wenn nicht sogar feindselig bezeichnen. Aus einer anfänglichen leichten Ablehnung entwickelte sich rasch eine dauerhafte Abneigung. Plechanow war entschieden dagegen, dass Trotzki in das Redaktionskollegium aufgenommen wurde. Bei persönlichen Begegnungen verhielt er sich betont zurückhaltend und unfreundlich. Wiederholt erklärte er während der Redaktionssitzungen, dass die Artikel Trotzkis leichtgewichtig und schwülstig seien und das allgemeine theoretische und politische Niveau der Zeitung schmälerten. Ich denke, Plechanow hatte recht: Vielen Arbeiten Trotzkis aus jener Zeit fehlt es an Tiefe, ein Mangel, den er durch apodiktische aphoristische Behauptungen, geschliffenen Stil und originelle Zitate zu ersetzen versucht. Vorsichtiger, doch mit dem gleichen Tenor, kritisierte auch Lenin die Artikel Trotzkis. Möglicherweise half Trotzki diese Kritik, seinen grellen, effekthascherischen Stil zu korrigieren.

Trotz aller Bemühungen gelang es Trotzki also nicht, seine Beziehungen zu Georgi Walentinowitsch Plechanow zu verbessern. Der Nestor der russischen Marxisten konnte den respektlosen, jungen Revolutionär, der seine Ansicht in allen Fragen so unverblümt äußerte, nicht akzeptieren. Man sagt, Plechanow habe 1917 im vertrauten Kreis Trotzki nicht ohne Sarkasmus den »Liebling der Revolution« genannt. Und auch Trotzki begann, Plechanows Abneigung mit gleicher Vehemenz zu erwidern. In einer ganzen Reihe von Artikeln rechnete der »Liebling

der Revolution« äußerst hart mit einer der Koryphäen des Marxismus ab.
Im ersten Band von »Krieg und Revolution«, der 1922 erschien, sollte Trotzki schreiben: »Der Krieg hat eine ganze Epoche des Sozialismus bilanziert. Er hat die Führer jener Epoche gewogen und beurteilt. Erbarmungslos beseitigte er auch G. W. Plechanow. Das Unglück Plechanows entsprang der gleichen Wurzel wie auch seine unsterblichen Verdienste: Er war ein Vorläufer. Er war kein Führer des handelnden Proletariats, sondern lediglich sein theoretischer Vorbote.« (Trotzki, Sotsch. VIII, S. 56, 59.) Ich denke, dass diese Schlussfolgerung Trotzkis nicht jeder Grundlage entbehrt. Als G. W. Plechanow starb, sagte Trotzki in seiner Rede, die er am 4. Juni 1918 auf einer gemeinsamen Sitzung einer Reihe Komitees und Vereinigungen hielt: »Es gibt und kann keine größere Tragödie für einen Politiker geben, der im Verlauf von Jahrzehnten unermüdlich zu beweisen versuchte, dass die russische Revolution sich lediglich als Revolution der Arbeiterklasse entwickeln und zum Sieg gelangen könne – es kann keine größere Tragödie für einen solchen Politiker geben, als sich von der Teilnahme an der Bewegung der Arbeiterklasse in der allerentscheidendsten historischen Phase loszusagen, in der Epoche der siegreichen Revolution.« (Trotzki, Sotsch. VIII, S. 66 f.)

Bald nachdem Lenin Trotzki zur Mitarbeit in der Zeitung herangezogen hatte, begann er, sein Talent als Redner und Polemiker bei Diskussionen und Veranstaltungen zu nutzen. Seine erhitzten Wortgefechte mit dem Sozialdemokraten Tschaikowski, dem Anarchisten Tscherkesow und sogar mit Martow sind unvergessen. Im Ausland lebten zahlreiche Russen, aber es gab auch viele Engländer, Franzosen, Deutsche, Schweizer, die sich für die Theorie des Marxismus, die Perspektiven des Sozialismus in der Zukunft und die politische Lage in Russland interessierten. Auf Anraten Lenins beschränkte sich Trotzki bei seiner Arbeit nicht nur auf das journalistische Gebiet, sondern begann mit Referaten aufzutreten – und nicht nur in London, sondern auch in Brüssel, Paris, Zürich. Später, während der zweiten Emigration, würde er regelmäßig als Redner bei Veranstaltungen auftreten. Im Archivfonds L. D. Trotzkis ist ein Pariser Plakat über einen seiner Auftritte erhalten geblieben.

»Am Samstag, dem 6. Januar 1912
N. Trotzki liest ein Referat zum Thema
DRINGENDE FRAGEN,
Inhalt:
Der Aufschwung von Industrie und Handel. Die Belebung des Klassenkampfs. Wiederherstellung von Parteiorganisationen. Der Zerfall der alten Fraktionen. Die Beseitigung der Fraktionen. Prinzipienlosigkeit der Abgrenzung in kleinen Zirkeln. Wahlen zur 4. Duma. Der Kampf um die Einheit der Partei.
Eingeladen sind nur Mitglieder der Russischen Sozialdemokratischen Arbeiterpartei.
Eintrittspreis: 50 Centimes. Beginn: 8.30 Uhr abends.«
(Zentrales Parteiarchiv.)

Plakate aus dem Jahre 1903 – und auch sie gab es – haben wir nicht gefunden. Damals war Trotzki noch nicht so bekannt. Der ständige Kontakt des jungen Marxisten mit berühmten Revolutionären erweiterte nicht nur das Blickfeld der »Feder«, sondern festigte auch seinen selbstsicheren Glauben an seine Fähigkeiten und seine besondere Begabung. Trotzki legte großen Wert darauf, dass andere seine Talente lobten. Er geizte nicht mit theatralischer Gestik und kleidete sich extravagant, um bei seinem Publikum einen nachhaltigen Eindruck hervorzurufen. Trotzki liebte die Sache, aber er *liebte immer auch sich selbst.*
Schon als sehr junger Mensch war er wohl davon überzeugt, dass er tiefe Spuren in der Geschichte hinterlassen würde. Ein Beweis dafür ist die Tatsache, dass er das Material für seine öffentlichen Auftritte und seine Schriften von Anfang an sorgfältig aufbewahrte. Aber in den Archivfonds finden sich nicht

nur die Entwürfe seiner Artikel und Reden und Resolutionen, sondern auch Einladungskarten, kurze Bemerkungen, die er auf den Rand von Zeitungen oder Kalenderblättern gekritzelt hatte, und zahlreiche Ausschnitte aus Zeitschriften, die er selbst dann aufhob, wenn sein Name nur beiläufig erwähnt wurde.

Mit dieser Bemerkung möchte ich Trotzkis Bedeutung als Revolutionär nicht schmälern; vielmehr bin ich der Überzeugung, dass die Revolution für ihn ein besonderer Weg war, sich selbst auszudrücken. Sein persönliches »Ich« bedeutete für ihn immer mehr als für viele andere Führer, mit Ausnahme Stalins. Stalin, der sich stets in die Toga der *Bescheidenheit* hüllte, war sein Leben lang von einer einzigen, unersättlichen Leidenschaft besessen – der Gier nach Macht und Ruhm. Trotzki und Stalin unterscheiden sich vor allen Dingen darin, dass Ersterer von Jugend an mehr als alle anderen *intellektuelle* Größe erstrebte. Macht und Ruhm waren für ihn nicht *Selbstzweck* wie für Stalin, sondern eine *Konsequenz* aus seiner intellektuellen Überlegenheit.

Die Londoner Phase der ersten Emigration war verbunden mit einer Reihe von Reisen in andere Städte und Länder. So fuhr Trotzki auf Betreiben Lenins nach Paris und hatte dort das Glück, Jean Jaurès zu hören – ein Erlebnis, das bei ihm einen tiefen Eindruck hinterließ.

Trotzki sah in Jaurès einen Vertreter der westlichen Zivilisation, dem Bezugspunkt, von dem aus er die russische Rückständigkeit kritisierte. So schrieb er über die rednerischen Fertigkeiten der Franzosen: »… Ein russischer Bauer aus dem Schwarzerdegebiet wird auch bei Jaurès nur eine gewandte technische Schulung und eine pseudoklassizistische Deklamation entdecken. Doch in dieser Bewertung spiegelt sich lediglich die Armut unserer vaterländischen Kultur wider.« (Trotzki, Sotsch. VIII, S. 19.) Die durchaus erklärliche Verehrung Trotzkis für die westliche Kultur, Zivilisation und das Niveau der bürgerlichen Demokratie hat ihn offenbar in der Einsicht bestärkt, dass der Sieg des Sozialismus in Russland in entscheidendem Maße von der Kraft der revolutionären Umwälzungen im Westen abhinge.

Trotzkis entschiedenes »Westlertum« zeigt sich nicht nur darin, dass er für die Slawophilen nur Spott übrig hatte, sondern auch in seiner Überzeugung, dass »die größten Entdeckungen und Erfindungen im Westen geboren wurden« (Trotzki, Sotsch., S. 116–118). Manchmal konnte sogar der Eindruck entstehen, dass Trotzki sich seiner russischen Herkunft schämte. Der Revolutionär konnte jedoch sein »Westlertum« kaschieren, indem er sich auf andere russische Kulturschaffende berief, die die Werte der westeuropäischen Zivilisation vertraten. Der Briefwechsel zwischen Trotzki und seiner in Sibirien zurückgebliebenen Frau A. Sokolowskaja wurde bald immer spärlicher. Die Anziehungskraft, die die Frau einst auf ihn ausgeübt hatte, war sehr schnell vergangen.

1903 reisten Trotzkis Eltern nach Paris, um sich mit dem Sohn zu versöhnen. Im Grunde ihres Herzens waren sie stolz auf ihn. Bei dieser Begegnung machte seine Mutter einen schwachen Versuch, ihren Sohn an seine Pflichten gegenüber Sokolowskaja und den Kindern zu erinnern. Trotzki bat seine Eltern freundlich, aber bestimmt, dieses Thema nicht mehr anzusprechen: »Das alles ist für immer vorbei.« Die Mutter schwieg, und der alte Bronstein war zufrieden: Er war überzeugt davon, dass ebendiese Frau »den Sohn vom rechten Weg abgebracht« hatte. Lew zeigte seiner Mutter Zeitungsausschnitte mit seinen Artikeln und Plakate, die die »Auftritte N. Trotzkis« ankündigten. Er erzählte von den vielen berühmten Menschen, die er mittlerweile kannte. Voller Bewunderung las die Mutter die Überschriften von Leibas Artikeln, andächtig hörte der Vater zu. Die Bronsteins hatten nun begriffen, dass ihr Sohn nie wieder ein anderes Leben akzeptieren könnte; aber der Gedanke, dass er ja vielleicht ein großer Schriftsteller werden würde, tröstete sie. Als die Eltern aus Paris abreisten, gaben sie Lew Geld und versprachen ihm, seinen zwei Töchtern in Russland zu helfen. Sie konnten nicht zulassen, dass die Kinder ihres ungewöhnlichen Sohnes Not leiden mussten. Das hätte ihrer jüdischen Tradition widersprochen. Die Feinde Trotzkis – von den Schwarzhundertern bis zu den heutigen Antisemiten – haben stets die jüdische Herkunft Bronsteins hervorgehoben. Nicht selten betrachteten sie sein politisches Wirken als Ausfluss einer »zionistischen Verschwörung«, »jüdischer Intrigen«, der Freimaurerei usw. Ich denke, nichts ist weiter von der Wahrheit entfernt als der Vorwurf, Trotzki sei ein »Zionist«. Ja, es gab Situationen, in denen er unter seiner jüdischen Herkunft litt. So lehnte er den Posten des Volkskommissars für Inneres in der Regierung Lenins mit folgender Begründung ab: »Die Leute werden es nicht verstehen, wenn ein Jude dieses Amt erhält.« Trotzki konnte eben nie »vergessen«, dass er Jude war – auch deshalb nicht, weil seine Feinde ihn ständig daran erinnerten. Doch er war ebenso wenig Zionist, wie er Nationalist war. Es existieren unzählige Zeugnisse, die den internationalistischen Charakter seiner Weltanschauung bestätigen.

Im Februar 1932 erklärte er seinem Anhänger Kling: »Sie fragen mich, wie meine Einstellung zur jüdischen Sprache sei? Ich antworte: Wie zu jeder anderen Sprache. Wenn ich in meiner ›Autobiographie‹ das Wort ›Jargon‹ benutzt habe, so nur deshalb, weil die jüdische Sprache in meiner Jugend nicht ›Jiddisch‹, sondern ›Jargon‹ genannt wurde; so drückten sich die Juden selbst aus, zumindest in Odessa, und in diesem Wort liegt nichts Abwertendes.

Sie sagen, dass man mich ›Assimilator ...‹ nennt. Ich weiß wirklich nicht, welchen Sinn dieses Wort haben sollte.

Ich bin selbstverständlich ein Gegner des Zionismus und anderer Arten der Selbstisolation der jüdischen Arbeiter ...« (Trotzki-Archiv, Harvard University.)

Als jüdische Arbeiter aus den Vereinigten Staaten Trotzki auf Prinkipo im Mai 1932 mitteilten, dass sie eine jüdische Zeitung mit dem Namen »Unser Kampf« gegründet hatten, antwortete der verbannte Revolutionär: »Die Existenz einer selbständigen jüdischen Ausgabe soll nicht dazu dienen, die jüdischen Arbeiter zu isolieren, sondern im Gegenteil, sie soll ihnen jene Ideen zugänglich machen, welche alle Arbeiter inner-

halb der einen revolutionären Familie vereinigen. Es versteht sich, dass Ihr das alte Prinzip des ›Bundes‹ einer Föderation nationaler Organisationen entschieden und unversöhnlich zurückweist …« (Houghton Library.)
Ich denke, diese Worte bedürfen keines Kommentars: In ihnen drückt sich die Position Trotzkis aus, die er sein Leben lang innehatte.
In der Zeit, in der er sich an der Spitze der Macht befand, war ihm bewusst, dass es antisemitische Vorurteile gegen ihn gab. Doch als seine Situation immer prekärer wurde, bekam er diese Vorurteile noch deutlicher zu spüren. So schreibt er am 3. März 1926 an N. I. Bucharin:

»N. Iwanowitsch,
ich schreibe diesen Brief selbst (obgleich ich es nicht mehr gewohnt bin), da es mir peinlich ist, der Stenographin das zu diktieren, worüber ich schreiben möchte …
Der Sekretär der Parteizelle (über welchen ich sprach) schreibt erneut und nicht zufällig: ›Im Politbüro treiben die Juden Unfug.‹ Und wieder konnte sich niemand entschließen, darüber etwas zu sagen – aus jenem bereits genannten Grund: Man wird aus dem Betrieb hinausgeworfen …
Mit anderen Worten: *Die Mitglieder der kommunistischen Partei haben Furcht, den Parteiorganen über die Agitation der Schwarzhunderter zu berichten, weil sie annehmen, dass man sie und nicht die Erzreaktionäre hinauswirft* …
Sie werden sagen: Übertreibung! Ich würde auch vorziehen zu denken, dass es so sei. So schlage ich Ihnen vor: Lassen Sie uns in die Parteizelle gehen und es überprüfen …
Ihr Trotzki.«
(Houghton Library.)

Aber Bucharin gehörte zu jener Zeit zu den »Verbündeten« Stalins und ging mit Trotzki nirgendwohin …
Als Trotzki sich bereits im Exil befand, antwortete er in ei-

nem Brief auf die Frage eines Korrespondenten, was er von der Gründung eines autonomen Gebiets in Birobidshan halte, wie immer mit den Argumenten eines proletarischen internationalistischen Revolutionärs: »Die jüdische Frage ist jetzt ein Bestandteil der proletarischen Weltrevolution geworden. Was Birobidshan anbelangt, so ist sein Schicksal verbunden mit dem gesamten weiteren Schicksal der Sowjetunion. Die jüdische Frage ist aufgrund des gesamten historischen Schicksals des Judentums international ... Das Schicksal des jüdischen Volkes kann nur durch einen vollständigen und endgültigen Sieg des Proletariats entschieden werden.« (Houghton Library.)

Trotzkis Hoffnung, Klassenkampf und proletarische Revolution könnten zu einer Lösung der »jüdischen Frage« führen, mag naiv und illusorisch gewesen sein; doch sie beweist, wie ablehnend der Revolutionär dem Zionismus gegenüberstand. Umso sonderbarer ist es, wenn man immer wieder von »unheilvollen trotzkistischen Plänen« hört, die als Produkt der »Weltstrategie des Zionismus« betrachtet werden.

In Paris traf Trotzki unter den russischen Emigranten eine junge, kluge und schöne Frau – Natalja Sedowa. Nach seinem Auftritt in der russischen Kolonie erklärte sie sich bereit, ihm den Louvre zu zeigen. Während sie von Saal zu Saal gingen und die unsterblichen Kunstwerke bewunderten, erfuhr der junge Mann von Natalja, dass sie die Tochter reicher Eltern war und dass sie im Institut für höhere Töchter in Charkow studiert hatte, aber wegen Freidenkerei und Lektüre von radikaler Literatur ausgeschlossen worden war. Nun studierte sie Kunstgeschichte an der Sorbonne ... Die gegenseitige Anziehung war so intensiv, dass Natalja Iwanowna Sedowa sehr bald ihren Mann verließ und zu Trotzki zog. Das ganze gemeinsame Leben Lew Trotzkis und Natalja Sedowas zeigt, dass außerordentlich starke Gefühle sie verbanden, und diese Gefühle dauerten bis zum Ende ihres Lebens.

Natalja Iwanowna Sedowa erinnerte sich an jene Zeit: »Der Herbst 1902 war mit Referaten in der russischen Kolonie Paris reichlich ausgefüllt. Die Gruppe der ›Iskra‹, zu der ich gehörte, erlebte zuerst Martow, dann Lenin … Daraufhin trat ein junger Genosse auf, der aus der Verbannung geflohen war. Sein Auftritt war ein großer Erfolg, die Kolonie war begeistert, der junge ›Iskra-Mann‹ übertraf alle Erwartungen.«

N. I. Sedowa teilte mit ihrem Mann den Triumph des Aufstiegs an die Spitze des revolutionären Staates und die Bitternis des Ostrazismus, der Verfolgung und Vertreibung. Trotzki betonte wiederholt, dass Natalja Sedowa ihm geholfen habe, die demütigenden Erfahrungen seiner dritten und letzten Emigration zu überstehen. In seinem Testament, welches er in mehreren Anläufen schrieb, widmete er ihr ausschließlich liebevolle und zärtliche Zeilen. Am 27. 2. 1940 verfasste er den ersten Teil seines Testaments, in dem er seinen Anhängern und Freunden dankte, die ihm in schwierigen Stunden seines Lebens treu geblieben waren. Über seine Frau schrieb er darin: »Nun, ich glaube, dass ich das Recht habe, meine Freundin Natalja Iwanowna Sedowa als Ausnahme zu betrachten. Neben dem Glück, Kämpfer für die Sache des Sozialismus zu sein, gab das Schicksal mir das Glück, ihr Mann zu sein. Im Verlauf von nunmehr fast vierzig Jahren gemeinsamen Lebens war sie eine unerschöpfliche Quelle von Liebe, Großherzigkeit und Zärtlichkeit. Sie durchlebte großes Leiden, besonders in der letzten Periode unseres Lebens. Doch ich finde Trost darin, dass sie auch Tage des Glücks kannte …«

Es folgen einige Zeilen, die für ein Testament völlig unüblich sind: »Soeben ging Natalja vom Hof aus zum Fenster und öffnete es ein Stück weiter, damit die Luft freier durch mein Zimmer strömen kann. Ich sehe einen hellgrünen Grasstreifen unter der Mauer, den hellen blauen Himmel darüber und überall Sonnenlicht. Das Leben ist wunderschön. Auf dass die künftigen Generationen es säubern mögen vom Bösen, von Unterdrückung, Gewalt und sich des Lebens erfreuen.« (Trotzki, Dnewniki, S. 164 f.)

Der erste europäische »Biwak« Trotzkis, die Zeit vom Herbst 1902 bis zu seiner Rückkehr nach Russland zu Anfang des Jahres 1905, war möglicherweise die glücklichste Phase seines privaten Lebens. Gleichzeitig war es eine Phase der Selbstbestätigung, der Erkenntnis, eine Zeit, in der Kontakte mit anderen Revolutionären geknüpft wurden, die für sein weiteres politisches Wirken von größter Bedeutung sein sollten.

Der Radikale als Reformist?

Die russischen Radikalen waren beharrlich. Der erste Parteitag der RSDAP fand im März 1898 in Minsk statt und hatte symbolischen Charakter. Obwohl die Gründung der Russischen Sozialdemokratischen Arbeiterpartei angekündigt worden war, gab es jedoch die Partei als solche noch nicht. Bald nach dem Parteitag wurden die Mitglieder des ZK verhaftet, und es kam nicht zu einer organisierten Formierung marxistischer Gruppen und Kreise innerhalb der Partei. In die Annalen der Geschichte ging nur ein Dokument des Parteitages ein: das »Manifest der RSDAP«, geschrieben von Pjotr Struwe.

Nach aufwendigen Vorbereitungen, die von Lenin und dem Redaktionskollegium der »Iskra« durchgeführt wurden, versammelte sich im Juli und August 1903 schließlich der zweite Parteitag der RSDAP. Die Delegierten traten zunächst in Brüssel zusammen, doch da die zaristische Geheimpolizei ihre Fühler dorthin ausgestreckt hatte, wurde der Parteitag nach London verlegt. Auf dem Forum der russischen Sozialdemokraten waren 26 marxistische Organisationen (44 Delegierte mit Stimmrecht und 14 mit beratender Funktion). Trotzki hatte das Mandat der sibirischen Sozialdemokraten.

Der Kongress fand im Lagergebäude des sogenannten »Volkshauses« in Brüssel statt. Auf der Tagesordnung standen etwa zwanzig Punkte: die Konstituierung des Kongresses, die Rolle des jüdischen »Bundes« innerhalb der RSDAP, das Parteiprogramm, die nationale Frage, Demonstrationen, Aufstände, revolutionärer Terror, das Verhältnis zu den Sozialrevolutionären, Wahlen des Zentralkomitees, des Zentralorgans und des Rats der Partei.

Zunächst war keine Unruhe zu spüren. Doch bereits die Frage der Rolle des »Bundes« hätte den Parteitag beinahe gesprengt. Die jüdische Organisation der Sozialdemokraten forderte für sich eine besondere Position: nicht nur gleiche Rechte (was auch vorgesehen war), sondern darüber hinaus eine »kulturelle Autonomie«. Auf dem Parteitag waren viele Juden, und die Lösung der Probleme hing in hohem Maße davon ab, welcher Ansatz die Oberhand gewinnen würde: der nationale oder der internationale. Die Juden der »Iskra« vertraten die »internationale Linie«. Martow und Trotzki, die sich einige Tage später entschieden von Lenin distanzierten, unterstützten die Position der »Iskra«. Trotzki kritisierte die nationale Beschränktheit der »Bund«-Konzeptionen, die im Prinzip dem Gedanken einer einheitlichen starken Partei im Vielvölkerstaat widersprachen. Dies tat er mit solcher Heftigkeit, dass man ihn sogar den »Knüppel Lenins« nannte. Wenn der »Bund« in der Partei solche Privilegien erhalten sollte, müssten sich andere nationale Gruppen zurückgesetzt fühlen, erklärte er. Und falls dann auch besondere Bedingungen für andere nationale Gruppen geschaffen würden, könne man die Idee einer allrussischen Organisation begraben. Trotzki, der aufgehende Stern am Himmel der Sozialdemokratie, bezeichnete die Forderung des »Bundes« als Separatismus, der sich zunächst innerhalb der Partei und dann auch in den staatlichen Strukturen zeigen würde.

Die Leninsche Linie setzte sich durch, und der Parteitag schrieb in seine Resolution: »Der Parteitag lehnt jegliche Möglichkeit föderativer Beziehungen zwischen der RSDAP und dem ›Bund‹ als ihrem Bestandteil entschieden und prinzipiell ab und erklärt, dass der ›Bund‹ innerhalb der einheitlichen RSDAP die Position eines autonomen Bestandteils einnimmt …« Doch der »Allgemeine Jüdische Arbeiterbund« wollte sich unter diesen Bedingungen nicht der Partei anschließen.

Die Explosion kam, wie es schien, aus heiterem Himmel. Die Delegierten des Parteitages gingen zur Verabschiedung des Parteistatuts über. Bereits am ersten Paragraphen entzündete sich eine heftige Auseinandersetzung. Auf den ersten Blick erscheinen die Formulierungen von Lenin und Martow beinahe identisch. Doch es gibt einen scheinbar geringfügigen Unterschied: Lenin forderte, dass ein Parteimitglied die Partei nicht nur mit materiellen Mitteln, *sondern auch durch persönliche Teil-*

nahme unterstützen sollte. In Martows Vorschlag war von »persönlicher Mitwirkung« die Rede. Hinter diesen beiden Formulierungen verbargen sich nun zwei unterschiedliche Herangehensweisen: Lenin strebte eine stark zentralisierte Organisation an, der Menschen angehören sollten, die vollständig bestimmten Forderungen entsprachen; doch das Wesentliche war, dass sie unmittelbar an der revolutionären Arbeit teilnahmen. Martow wollte die Tore der Partei demokratisch weit öffnen, indem er eine Assoziation gleich gesinnter Personen schaffen wollte. Martow und seine Anhänger kritisierten Lenin, wobei sie die Frage der Mitgliedschaft zum Anlass für die Klärung aller aufkommenden Streitfragen in der sozialdemokratischen Bewegung nahmen. Besonders die »Beleidigten« erhoben ihre Stimmen. Lenin hatte nämlich vorgeschlagen, die Anzahl der Redakteure in der »Iskra« auf drei zu reduzieren, wobei außer ihm selbst noch Plechanow und Martow in der Redaktion bleiben sollten. Dies hatte seinen guten Grund: In 45 Ausgaben der »Iskra« hatte Martow 39, Lenin 32 und Plechanow 24 Artikel verfasst, während die weniger aktiven Mitarbeiter des Redaktionskollegiums bedeutend weniger veröffentlicht hatten: Potresow acht, Sasulitsch sechs und Axelrod vier Artikel. Lenin wollte lediglich den »produktivsten« Teil des Redaktionskollegiums der Zeitung beibehalten, denn die drei »Ausscheidenden« schrieben wenig, und das Niveau ihrer Artikel fiel deutlich ab.
Dies war der Grund dafür, dass Trotzki bei der Debatte über den ersten Paragraphen des Parteistatuts »explodierte«. Er konnte weder verstehen noch verzeihen, dass Menschen, die er tief verehrte, nun aus der »Iskra« ausscheiden sollten – und das, obgleich sich Lenin in seinen Beiträgen mit großer Achtung über sie äußerte. Martow und Trotzki warfen Lenin Grobheit vor und meinten, er wolle die Macht usurpieren. So kam es dazu, dass zwei ehemalige Verbündete und Freunde – Lenin und Martow – sich bei der Debatte über die unterschiedlichen Formulierungsvorschläge zur Mitgliedschaft mit großer Energie gegenseitig zu beschuldigen begannen. Jeder hatte An-

hänger und Befürworter. Zwei Worte – »Teilnahme« und »Mitwirkung« – spalteten den Parteitag. In dieser Situation ergriff Plechanow (jedoch nicht für lange) Partei für Lenins Position, während Trotzki Martow unterstützte. Später schrieb Trotzki über diese Auseinandersetzung: »Auf dem Parteitag eroberte Lenin Plechanow, doch nicht auf lange Sicht; gleichzeitig verlor er Martow – und zwar für immer. Plechanow hatte offenbar etwas gespürt auf dem Parteitag. Zumindest sagte er damals zu Axelrod über Lenin: ›Aus solch einem Teig werden Robespierres geknetet.‹« (Trotzki, Moja shisn I, S. 89.) Ich glaube, dass diese Bemerkung nicht ganz unbegründet ist.

Lenin war enttäuscht über Trotzkis Position, denn er hatte mit seiner rückhaltlosen Unterstützung gerechnet. Immerhin hatte der junge Revolutionär sich sogar auf diesem Parteitag eindeutig für eine starke und zentralisierte Partei ausgesprochen. Wiederholt hatte Lenin auf den Sitzungen des Parteitags und zwischen ihnen versucht, Trotzki davon zu überzeugen, dass seinen Positionen Ausgewogenheit und Durchdachtheit fehlten.

Doch wie so häufig in der Politik spielten auch hier Sympathie und Antipathie, persönliche Beziehungen und Ambitionen eine entscheidende Rolle! Martow und Axelrod standen damals Trotzki näher als W. Uljanow.

»Sein Verhalten«, schrieb Trotzki 1929 nach seiner erzwungenen Ausreise aus der UdSSR über Lenin, »schien mir unzulässig, furchtbar, empörend … Meine Abwendung von Lenin erfolgte somit auch auf ›moralischer‹ und sogar persönlicher Ebene. Doch das war nur die Oberfläche. Im Grunde hatte der Bruch einen politischen Hintergrund, der im Zusammenhang mit organisatorischen Fragen an die Oberfläche gedrungen war.« (Trotzki, Moja shisn I, S. 188–190.) Trotzki fährt fort: »So oder anders, der zweite Parteitag ging als großer Meilenstein in mein Leben ein, und wenn auch nur deswegen, weil er mich und Lenin für einige Jahre entzweite.« Ich glaube, dies sind ehrliche Worte. Doch weder Trotzki selbst noch seine zahlreichen Biographen erkannten in dem Verhalten des jungen Revolutionärs ein *Paradoxon.*

Lange Jahre sahen Wissenschaftler in den Auseinandersetzungen über die Mitgliedschaft auf dem zweiten Parteitag der RSDAP lediglich einen Streit über organisationspolitische Fragen: Wie sollte die Partei sein – eine »Festung« oder eine Assoziation? Doch der Kern dieses Konflikts liegt meiner Meinung nach tiefer. Von dem Augenblick an, als der Marxismus in Russland verbreitet wurde, haben die Denker, Politiker, Revolutionäre, d.h. diese kleine Schicht von Intellektuellen, eine Grundkonzeption geteilt, die sie jedoch unterschiedlich interpretierten. Die eine Seite stützte sich lediglich auf die radikalen Elemente des Marxismus: die Zerschlagung der alten Staatsmaschinerie, die Errichtung der Diktatur des Proletariats, die Beseitigung der Ausbeuterklassen. Die andere Seite sah im Marxismus hauptsächlich den Ausgangspunkt der sozialdemokratischen Idee, dass nicht nur der revolutionäre, sondern auch der reformistische Weg Erfolge zeitigen könne. So entwickelte sich die Position jener, die hoch gesteckte Ziele anstrebten und Terror, Gewalt, Enteignung für zulässige Mittel zu ihrer Verwirklichung hielten; und die Positionen der anderen, die die Kapitalisten auf dem Wege von Abkommen, Verhandlungen und Kompromissen zu Zugeständnissen nötigen wollten. Deshalb lässt sich mit einiger Überzeugung sagen, dass die Partei nicht aufgrund organisationspolitischer Fragen gespalten wurde, sondern wegen des Verhältnisses zur revolutionären Methodik des Denkens und Handelns.
In der russischen Sozialdemokratie stand also eine radikale revolutionäre Richtung, welche die Bolschewiki verkörperten, einer reformistischen, evolutionären gegenüber, deren Vertreter in der russischen sozialdemokratischen Bewegung von nun an die Menschewiki waren.
In Russland hat der Widerstreit dieser beiden Tendenzen zunächst dramatische und später tragische Konsequenzen gehabt. Ich glaube, es wäre ideal gewesen, wenn beide Flügel einen gemeinsamen revolutionären Strom gebildet hätten, wenn sie mit demokratischen Methoden gekämpft hätten und wenn es ihnen

gelungen wäre, in der gesellschaftlichen Praxis die Vorteile ihrer Herangehensweise und ihres Programms zu beweisen. Man kann sich leicht vorstellen, dass der Wunsch nach Monismus der einen und der anderen schließlich der revolutionären Bewegung enorme Verluste eingebracht hat. Zu jener Zeit hat Lenin die Frage nach einem Einparteienstaat niemals aufgeworfen. Die Ideen eines realen Pluralismus hatten bedauerlicherweise auch heute noch viele für ketzerisch. Hier vergessen wir schnell, dass wir uns gern als Dialektiker bezeichnen und die Dialektik als grundlegende Ursache für eine gesellschaftliche Bewegung den Kampf der Gegensätze sieht. Die Absage an den *revolutionären* Pluralismus wurde zur Quelle vielen Leides, besonders nach dem Tod Lenins.

Wo liegt nun das Paradoxon im Verhalten Trotzkis? Trotzki war seinen Überzeugungen und seiner Natur nach ein *Radikaler*, einfacher ausgedrückt, ein »Linker«, der jedoch plötzlich die Reformisten, die Gemäßigten unterstützte! Oberflächlich betrachtet erscheint dies durchaus paradox: Trotzki, der später ein glühender Verfechter der Idee der Weltrevolution und der permanenten sozialistischen Revolution werden sollte, unterstützte rückhaltlos die Position Martows, über den er später die vernichtenden Zeilen schreiben würde: »Die Hilferding, Bauer, Renner und selbst Kautsky (alle Reformisten – D. W.), die auf ihren Gebieten wesentlich gebildeter sind, sind jedoch im Vergleich zu Martow plumpe Handwerksgesellen, wenn es um die *politische* Verfälschung des Marxismus geht ...« (Trotzki, Sotsch. VIII, S. 67.)

Dieser Widerspruch ist jedoch nur ein scheinbarer. Obwohl Trotzki über außerordentliche intellektuelle Fähigkeiten verfügte, war er dennoch, was viele Fragen anbelangte, unsicher und bewegte sich an der Oberfläche. Mit seinen 23 Jahren konnte er keine Koryphäe sein. Sein auf den ersten Blick enzyklopädisch wirkendes Wissen entbehrte häufig der tiefen Analyse und war damals zum Teil dilettantisch. Er erkannte nicht, dass er, indem er Martow und seine Anhänger unterstützte, nicht nur für Martows Formulierung stimmte, sondern auch gegen seine eigene Position. Später sollte Trotzki dies begreifen. Zunächst aber würde er noch lange in Opposition zu Lenin stehen. Seinen historischen Fehler sollte der »Liebling der Revolution« bald dadurch zu korrigieren bzw. abzuschwächen suchen, dass er zentristische Positionen einnahm.

Bald nach dem Parteitag schrieb Trotzki einen »Bericht der Sibirischen Delegation«, in dem er Lenin sogar beschuldigte, er plane einen »Thermidor« und versuche, in der Partei »die Macht zu ergreifen«. In dieser Polemik hat ihn offenbar der Sinn für die Realitäten verlassen. Einen Höhepunkt der Angriffe Trotzkis gegen Lenin stellte seine Broschüre »Unsere politischen Aufgaben« dar, die im August 1904 in Genf erschien. Darin wirft er Lenin vor, er wolle die alten bekannten Sozialdemokraten verstoßen, er betreibe eine »unzulässige Zerschlagung« der Ökonomisten und versuche, die Macht in der Partei zu usurpieren. Zwar mochte er Lenin damit unrecht tun, doch er hatte scharfsinnig erkannt, dass die Ausstattung des Zentralkomitees mit besonderen Vollmachten den Weg zur Einmanndiktatur ebnen würde …

Trotzki scheute auch nicht davor zurück, Lenin in Anspielung auf Robespierre »Maximilien Lenin« sowie einen »trockenen Statistiker«, »unsauberen Advokaten«, »Demagogen« und »böswilligen Menschen« usw. zu nennen (Trotzki, Naschi polititscheskie sadatschi, S. 4–70).

Kein einziger Mensch, der sich zu jener Zeit Marxist nannte, hat Lenin so vehement attackiert. Erstaunlich ist, dass der Mann, der diese heftigen Angriffe gegen den anerkannten Führer der Russischen Sozialdemokratischen Partei richtete, von diesem »entdeckt« und gefördert worden war. Immer wieder attackierte Trotzki Lenin, ohne sich sonderlich um Logik und Sachlichkeit seiner Argumente (häufig hatte er gar keine) zu scheren. Ich denke, dass Trotzki hier die Perspektiven für die Entwicklung der sozialdemokratischen Bewegung in Russland und die reale Rolle Lenins in dieser Bewegung falsch einschätz-

te. Er mag wohl gedacht haben, dass die Dialektik des Kampfs endlich und unwiderruflich Lenin die Hauptrolle im historischen Drama aberkennen würde. Er hat sich schwer getäuscht. Für seine »antibolschewistische« Phase sollte Trotzki sich in seinem Leben noch sehr häufig rechtfertigen müssen. In seinem letzten Exil erhielt er von Anhängern einen Brief, in dem sie ihm schrieben, dass Thalheimer ihn des »Antileninismus« überführen wolle. Trotzki antwortete: »Trotzki war kein Bolschewist bis 1917. Richtig, bis 1917 stand ich außerhalb der bolschewistischen Fraktion. Ich denke jedoch, dass ich während der Zeit meiner Meinungsverschiedenheiten mit den Bolschewiki Lenin wesentlich näher stand als Thalheimer jetzt. Wenn ich mich später als eine Reihe anderer Bolschewiki Lenin anschloss, so bedeutet dies nicht, dass ich Lenin schlechter verstanden habe als diese. Franz Mehring kam wesentlich später zum Marxismus als Kautsky und Bernstein, welche von Jugend an unter dem Einfluss von Marx und Engels standen. Das verhinderte jedoch nicht, dass Franz Mehring bis zu seinem Tode ein revolutionärer Marxist blieb, während Bernstein und Kautsky ihr Leben als armselige Opportunisten fristen. Es ist völlig richtig, dass Lenin in einer Reihe wichtiger Fragen mein Gegner war, aber warum sollte daraus folgen, dass Thalheimer gegenüber mir recht hat? Das ist mir nicht klar.« (Houghton Library.)
Bis 1917 nahm er jedoch gegenüber Lenin eine paradoxe Position ein. Obwohl Trotzki selbst ein »Jakobiner« war, bezichtigte er Lenin zu Beginn des Jahrhunderts des Radikalismus; obwohl er selbst Zentralist war, warf er Lenin vor, er wolle alle Macht innerhalb der Partei in den zentralen Organen konzentrieren; obwohl er ein Anhänger Robespierres war, betrachtete er Lenin als potentiellen Diktator.
In seinen Arbeiten finden sich zahlreiche feindselige und häufig sogar beleidigende Äußerungen über Lenin. Umso mehr ärgerte es Trotzki, dass Lenin häufig so tat, als habe er die sarkastischen Attacken Trotzkis gar nicht zur Kenntnis genommen. Nur ab

und zu bedachte er Trotzki mit vernichtender Kritik. Über Trotzkis Schwanken zwischen den Bolschewiki und den Menschewiki, seine Inkonsequenz, seine Posen äußerte er sich in seinen Briefen an I. Armand. Einmal schrieb er: »Das ist Trotzki! Immer sich selbst ähnlich – er weicht aus, er mogelt, er gibt sich als Linker und unterstützt die Rechten, wo es nur geht ...« (Lenin, PSS, Band 49, S. 390.)

Und hier ein Auszug aus einem Brief Trotzkis vom 24. März 1913, in dem seine damalige Einstellung zu Lenin deutlich wird. Trotzki schrieb Nikolaj Semjonowitsch Tschcheidse, dem Mitglied der Staatsduma: »... Die schmutzigen Intrigen, die Lenin, der Meister in solchen Machenschaften, systematisch entfacht, dieser professionelle Ausbeuter jeglicher Rückständigkeit in der russischen Arbeiterbewegung ... Das gesamte Gebäude des Leninismus ist in dieser Zeit auf Lügen und Fälschungen gebaut und trägt in sich den verderblichen Grund für den eigenen Zerfall ...« (Zentrales Parteiarchiv.)

Dies ist wohl die bösartigste Tirade Trotzkis gegen Lenin. Erst während der stürmischen Ereignisse des Jahres 1917 lernte Trotzki die gewaltigen intellektuellen Fähigkeiten Lenins, seine Entschluss- und Tatkraft auf politischem und gesellschaftlichem Gebiet schätzen – und von nun an erkannte er Lenins Größe an. Von den Oktobertagen an bis zu Lenins Tod war ihre Zusammenarbeit eng, vertraut, konstruktiv. Ich denke, Trotzki war nicht nur der zweite Mann in der russischen Revolution, sondern auch der Mensch, der Lenin, was Radikalität und Entschlusskraft betraf, so nahe stand wie kein anderer. Am 10. 4. 1935 schreibt Trotzki über seine Beziehung zu Wladimir Iljitsch: »Zwischen Lenin und mir gab es scharfe Zusammenstöße, denn in den Fällen, da zwischen uns aufgrund einer ernsten Frage Uneinigkeit herrschte, gab ich nicht nach. Solche Vorfälle prägten sich natürlich dem Gedächtnis aller ein, und später wurde darüber von den Epigonen viel gesprochen und geschrieben. Aber hundertmal häufiger sind jene Fälle, da Lenin und ich ohne viele Worte miteinander übereinstimmten und dank unserem Einverständnis eine Frage im Politbüro ohne Unstimmigkeiten durchging. Diese Solidarität schätzte Lenin sehr.« (Trotzki, Dnewniki, S. 103.)

»Fähnrich Arbusow«

Mit einem Pass, der auf einen Fähnrich a. D. Arbusow ausgestellt war, kam Trotzki im Februar 1905 nach Kiew. Er hatte sich bereits daran gewöhnt, dass seine Namen in seiner Heimat ständig wechselten: Lwow, Janowski, Wikentjew, Pjotr Petrowitsch, Janow, Arbusow. ... Noch einen Monat zuvor hätte er es nicht für möglich gehalten, dass er so bald in die Heimat zurückkehren würde. Doch die Nachricht über den Blutsonntag in Petersburg hatte die gesamte Kolonie der emigrierten russischen Revolutionäre so sehr in Aufregung versetzt, dass sogar die Auseinandersetzungen zwischen den Bolschewiki und den Menschewiki in den Hintergrund traten.

Die Mehrheit der Emigranten – und sogar jene, die unter schwierigen materiellen Bedingungen dahinvegetierten – verspürten keinen Drang, nach Russland zu gehen, wo das Proletariat den Versuch unternahm, die Selbstherrschaft zu stürzen. Die Emigration hält die Menschen fest. Viele gewöhnen sich daran, »von außen« die Ereignisse im Vaterland zu betrachten, Ratschläge zu geben, analytische Abhandlungen über die letzten Streikaktionen zu verfassen und in flammenden Artikeln die Verbrechen der Selbstherrschaft zu entlarven. Etwas ganz anderes war es jedoch, wenn man sich im Moskauer Eisenbahndepot, auf dem Panzerkreuzer »Potemkin«, in den Universitäten oder mit Georgi Gapon vor dem Winterpalais befand.

Den tatkräftigen Trotzki zog es aber immer ins Zentrum der Ereignisse: zu Demonstrationen, zu Kongressen, an die Front ... Dieser Mann wollte sich nicht mit der Rolle eines passiven »Zeitzeugen« begnügen. Deswegen war seine illegale Rückkehr nach Russland eine Selbstverständlichkeit für ihn.

Der Fähnrich a. D. kam nach Kiew als respektabler, erfolgreicher Unternehmer. N. Sedowa war vorausgefahren, hatte eine Wohnung gesucht und Verbindung zum Untergrund aufgenommen. Sie machte Trotzki mit dem jungen Ingenieur L. Krasin bekannt, einem angesehenen Bolschewisten, den Lenin gut kannte. Den Aufenthalt in Kiew nutzte Trotzki, um sich eingehender mit der Lage im Lande, mit der Stimmung der Menschen und der Situation der sozialdemokratischen Organisationen vertraut zu machen. Krasin, der zwischen den beiden verfeindeten Fraktionen zu vermitteln versuchte, half ihm sehr. Trotzki machte sich jedoch nicht nur mit der Situation bekannt, sondern verfasste zahlreiche Artikel: über die Rolle der Streiks in der herannahenden Revolution, über die Janusköpfigkeit der Liberalen, über die »Renegaten«, die sich vom Marxismus abgewandt hatten.

So schrieb er in einem Artikel für die »Iskra«, der die Überschrift »Einiges über die ›qualifizierten‹ Demokraten« trug: »Den schädlichsten Typ eines Demokraten verkörpern die ehemaligen Marxisten. Ihr Hauptmerkmal: ein unentwegter, wie Zahnschmerz nagender und bohrender Hass gegen die Sozialdemokraten. An unserer Partei rächen sie sich für ihre Vergangenheit und möglicherweise für ... die Gegenwart ... Der Marxismus hat sie ›verletzt‹ – einige für das ganze Leben. Eine moralische Verbindung mit dem Proletariat und seiner Partei, wenn es sie gegeben hat, ist jetzt endgültig abgebrochen ... Die Herren ›qualifizierten Demokraten‹ werden die politische Moral anerkennen müssen: Betrügen kann man sich selbst, doch nicht die Geschichte.« (Iskra, 10. 3. 1905.) So attackierte Trotzki P. Struwe und andere Sozialdemokraten, die einen Kompromiss mit der Autokratie anstrebten.

Mit Hilfe Krasins gelangte Trotzki nach Petersburg und stürzte sich sofort in neue Arbeit. Er nahm an den laufenden Vorbereitungen und Sitzungen der Streikkomitees teil, er bereitete Proklamationen vor, die in der Stadt plakatiert und in den Betrieben und Fabriken verteilt wurden ... Als jedoch Sedowa auf der Maifeier verhaftet wurde, sah Trotzki sich gezwungen, nach Finnland zu fliehen. Während der drei Monate, die er in diesem Lande verbrachte, verfasste er Dutzende von Artikeln, Flugblättern, Proklamationen, die nach Petersburg geschickt wurden.

Nachdem die Beteiligung an den Demonstrationen zum 1. Mai

geringer ausgefallen war, als die Organisatoren des Streiks gehofft hatten, wandte sich Trotzki nun an die Arbeiter Petersburgs:

»... Hört, Genossen! Ihr erschrakt vor den zaristischen Soldaten. Doch Ihr fürchtet euch nicht, tagaus, tagein in die Fabriken und Betriebe zu gehen, wo die Maschinen euer Blut aussaugen und Eure Körper verkrüppeln.
Ihr erschrakt vor den zaristischen Soldaten.
Doch Ihr fürchtet euch nicht, Eure Brüder in die zaristische Armee zu geben, die auf dem unbeweinten Friedhof in der Mandschurei zugrunde geht.
Ihr erschrakt vor den zaristischen Soldaten.
Doch Ihr fürchtet euch nicht, tagaus, tagein unter der Knute der räuberischen Polizei zu leben, der kasernierten Henker, für die das Leben eines arbeitenden Proletariers weniger wert ist als das Leben eines Arbeitstieres ...« (Trotzki, Sotsch. II, 1, S. 246.)

In einem Aufruf an die Soldaten und Matrosen der russischen Armee schrieb Trotzki:

»... Soldaten! Ihr habt lange das Begehren des Volks nicht verstanden. Eure Vorgesetzten und Pfaffen belogen euch und verleumdeten euch gegenüber dem Volk. Sie hielten euch in Unwissenheit. Sie hetzten euch gegen das Volk auf. Sie zwangen euch, Eure Hände mit dem Blut der Arbeiter zu beflecken. Sie verwandelten euch in Scharfrichter des russischen Volks. Dank ihnen ergossen sich die furchtbaren Flüche von Müttern und Kindern, Frauen und Greisen über euch ...
Soldaten! Unser Staat ist ein gewaltiger Panzerkreuzer. Auf ihm üben zaristische Beamte Gewalt aus, auf ihm stöhnt das gequälte Volk. Es gibt nur eine Rettung für uns: Nach dem Beispiel der ›Potemkin‹ die gesamte über uns herrschende Gaunerbande über Bord zu werfen und die Verwaltung des Staats in unsere eigenen Hände zu nehmen. Wir werden selbst den Weg unseres heimatlichen Panzerkreuzers bestimmen, der da heißt Russland! ...

Soldaten! Wenn Ihr vor dem Volk steht – Waffen in die Höhe! Dem Offizier, der eine Salve befiehlt – die erste Kugel! Auf dass der Henker durch die Hand eines ehrlichen Soldaten fallen möge!« (Sotsch. II, 1, S. 251–254.)

Am 14. 5. 1905 griff das russische Geschwader unter dem Kommando Roshdestwenski in der Nähe der Insel Tsushima das japanische Geschwader unter Admiral Togo an. Die zaristische Flotte erlitt eine katastrophale Niederlage. Russland war erschüttert. Trotzki forderte in einer Proklamation, die nicht nur in Petersburg, sondern auch in anderen Städten Russlands von Hand zu Hand ging: »Schluss mit dem schmachvollen Blutbad!«

Darin schrieb er: »... Die Flotte Roshdestwenskis ist restlos zerstört worden. Beinahe alle Schiffe sind untergegangen. Sämtliche Mitglieder der Besatzung sind gefallen, verletzt oder gefangengenommen worden. Die Admiräle sind verletzt oder in Gefangenschaft. Es gibt kein Geschwader mehr, das die zaristische Armee entsenden könnte, um für die zahlreichen Niederlagen Vergeltung an Japan zu üben. Die russische Flotte existiert nicht mehr. Nicht die Japaner haben sie vernichtet. Nein, die zaristische Regierung hat sie untergehen lassen ... Das Volk braucht keinen Krieg! Die Regierungsclique benötigt ihn; sie träumte davon, andere Länder zu erobern und mit dem Blut des Volkes die Flamme des Volkszorns zu löschen ... Nieder mit den Schuldigen des schmachvollen Gemetzels – der zaristischen Regierung!« (Ebd., S. 251–254.)

Trotzki, der sich zu dieser Zeit in der Nähe von Petersburg aufhielt, wusste, dass die Geheimpolizei des Zaren ihn suchte. Aber als in der Hauptstadt der Generalstreik ausbrach, kehrte er dennoch nach Petersburg zurück. Der revolutionäre Aufschwung kam für die Bolschewiki überraschend; sie hatten mit ihm erst am ersten Jahrestag des blutigen Massakers vor dem Winterpalais gerechnet – also drei Monate später. Das Volk schuf einen russischen »Konvent« – den Rat der Arbeiterdeputierten,

an dessen Spitze G. S. Chrustalew-Nosar stand. Trotzki wurde zu seinem Stellvertreter gewählt.
Die Autorität des Revolutionsorgans wuchs rasch. Die erste Sitzung des Rats fand am 13. Oktober statt. Am 15. erschien Trotzki und zog sogleich die Aufmerksamkeit aller Mitglieder auf sich. In seiner Anwesenheit wurde der Beschluss verabschiedet, eine Zeitung mit dem Namen »Iswestija« als Ratsorgan herauszugeben; außerdem forderte man in Resolutionen die Einführung des Achtstundentags und die Anerkennung des neuen Revolutionsorgans als Vertretung der Werktätigen. Im Technologischen Institut, wo sich der Rat niedergelassen hatte, erwarteten Delegationen der verschiedenen Rayons der Hauptstadt Anweisungen und Instruktionen. Innerhalb des Rats wurde ein Exekutivkomitee gegründet, dem neben Vertretern anderer Organisationen drei Bolschewiki, drei Menschewiki, drei Sozialrevolutionäre angehörten. Unter den Bolschewiki war Swertschkow der führende Mann, unter den Menschewiki Trotzki und unter den Sozialrevolutionären Awksentjew. Chrustalew-Nosar, ein Rechtsanwalt, gehörte keiner Partei an.
Der Streik griff immer weiter um sich. Die autokratische Macht war verwirrt. Doch dann entschloss sie sich zu einem Schritt, der »der revolutionären Lokomotive Bremsklötze unterlegte«: Am 17. Oktober erließ der Zar ein Manifest, in dem er dem Volk verfassungsmäßig garantierte Freiheiten versprach. In der Nacht vom 17. zum 18. Oktober zogen Menschenmassen mit roten Flaggen durch die Straßen und forderten die Absetzung der verhassten Herrscher und Amnestie für jene, die im Zusammenhang mit den Ereignissen am 9. Januar, dem »Blutsonntag«, verhaftet worden waren. Das Volk betrachtete das Zugeständnis des Zaren als ersten Sieg.
Die sowjetische Geschichtsschreibung hat in dem zaristischen Manifest immer nur ein Täuschungsmanöver gesehen. Betrachten wir nun einmal einige Sätze dieses »Hochachtbaren Manifests«:

»… Wir übertragen der Regierung die Verpflichtung, Unseren unbeugsamen Willen zu erfüllen:
1. Der Bevölkerung eine unerschütterliche Grundlage bürgerlicher Freiheit zu schenken auf den Grundlagen echter Unantastbarkeit der Person, Freiheit des Gewissens und des Wortes, der Versammlungs- und Vereinigungsfreiheit …
3. Als unerschütterliches Recht ist festzulegen, dass ohne die Zustimmung der Staatsduma kein Gesetz in Kraft treten kann und dass dem Volk durch Wahlen eine Möglichkeit gegeben wird, tatsächlich teilzunehmen an der Überwachung der Gesetzlichkeit der Handlungen der von Uns eingerichteten Machtorgane …«

Das Manifest von Nikolaj II. war nicht nur ein Stück Papier, sondern ein großer Schritt beim Übergang zur konstitutionellen Monarchie und auf dem Weg zur bürgerlichen Demokratie. Doch Trotzki und auch die Bolschewiki bewerteten das Manifest lediglich als halben Sieg.

Die Liberalen, die Bourgeoisie und ein bedeutender Teil der Intelligenz, die sich zunächst gegen den Absolutismus gewandt hatten, machten nun einen Rückzieher, da die »drohende Anarchie« ihnen Angst einjagte.

Graf Witte, der infolge des Streiks soeben Premier geworden war, schrieb später in seinen »Erinnerungen«: »Der 17. Oktober zwang viele, sich zu besinnen; Parteien entstanden, es erwachten der Patriotismus, das Gefühl für Eigentum, und der russische Pferdewagen zog seine Zügel nach rechts …«

Viele lehnten Reformen ab und strebten eine gewaltsame Beendigung der Unruhen an. Am nächsten Tag befahl der Minister für Inneres, General Trepow, die »Unordnung zu beseitigen« und dabei »an Patronen nicht zu sparen!« Sowohl Lenin in Stockholm als auch der Rat in Petersburg spürten bereits, dass die marode Autokratie sich würde behaupten können, denn lediglich die Hauptstadt und die Arbeiter erhoben sich gegen den Zarismus. Die Regierung konnte sich nach wie vor auf riesige Massen von Bauern stützen, besonders auf jene, die Soldatenmäntel trugen. Die russischen Jakobiner begriffen, dass es nicht einmal gelingen würde, den Zarismus zu stürzen.

Am 17. Oktober versammelte sich vor der Universität eine gewaltige Menschenmenge. Auf dem Balkon traten verschiedene Redner auf; die meisten betrachteten das Manifest als großen Sieg. Dann sprach Trotzki, der unter dem Namen Janowski angekündigt wurde. Seine Worte begeisterten die Menge: »Bürger! Nun, da wir unseren Fuß auf die Kehle der herrschenden Clique gesetzt haben, verspricht sie uns die Freiheit. Feiert den Sieg noch nicht. Er ist noch nicht vollständig. Ist denn ein Wechsel ebenso viel wert wie reines Gold? Ist denn das Versprechen der Freiheit gleichbedeutend mit Freiheit? Was hat sich seit dem gestrigen Tag verändert? Sind die Tore unserer Gefängnisse geöffnet worden? Sind unsere Brüder aus dem öden Sibirien zurückgekehrt?«

Die Menge unterstützte die Worte Trotzkis mit den Losungen: »Freiheit dem Volke! Amnestie für die Gefangenen! Trepow vor Gericht!«

Trotzki schloss seine glänzende Rede mit den Worten: »Bürger! ... Wir müssen die Freiheit mit dem Schwert in der Hand verteidigen. Das zaristische Manifest ist allenfalls ein Fetzen Papier ... Heute haben sie es uns gegeben, und morgen werden sie es zerreißen, so wie ich es jetzt tun werde!«

Dabei schwenkte Trotzki das Manifest und zerriss es dann demonstrativ. (Trotzki, Die russische Revolution 1905, S. 93–96.) Die Menschenmasse applaudierte begeistert.

Aber die Bauern unterstützten die Arbeiter nicht. Die Armee blieb der Regierung treu. Die Streikenden besaßen keine Waffen. Und einem bedeutenden Teil der liberalen Intelligenz jagte die revolutionäre Offensive der Arbeiter gewaltige Angst ein. Hart und schonungslos kritisierte Trotzki die intellektuelle Schicht der russischen Gesellschaft und insbesondere die Professoren: »... Wir wissen, dass die Professoren die verknöchertste, charakterloseste, zu allem bereite Korporation der russischen Intelligenz darstellen. Es gab keine noch so unterwürfige Missi-

on, der sich die Professoren versagt hätten. Für Rang und Lohn spielten sie die Rolle der Pudel der Staatswissenschaft. Es gab keine Polizeirepression, in die Professoren nicht verwickelt waren ...« (Sotsch. II, 1, S. 129.)
Manchmal stellte Trotzki den Liberalismus sogar auf eine Stufe mit dem Zarismus. Im Vorwort für sein Buch »1905« schrieb er: »Der Autor bemüht sich nicht einmal für eine Minute, vor dem Leser seinen Hass gegenüber der zaristischen Reaktion zu verbergen, dieser niederträchtigen Vereinigung der asiatischen Peitsche und der europäischen Börse, oder seine Verachtung gegenüber dem russischen Liberalismus, den nichtswürdigsten und charakterlosesten in der Weltgalerie der politischen Parteien.«

Auf Vorschlag Trotzkis, der auf das Nachlassen des revolutionären Aufschwungs hingewiesen hatte, beschloss der Rat, die Oktoberstreiks zu beenden. Es wurden Kampfgruppen gebildet, die Pogrome verhindern und den Schutz von Demonstranten, Arbeiterzeitungen und des Rats der Arbeiterdeputierten gewährleisten sollten. Trotzki übernahm bald eine führende Rolle im Rat. Zwischen ihm und Chrustalew-Nosar entwickelte sich eine starke Rivalität. Der Vorsitzende des Rats nahm in vielen Fragen keine klare politische Position ein. Trotzki schrieb später in der Zeitung »Lutsch« über ihn: »... Das persönliche Schicksal Georgi Nosars ist zutiefst tragisch. Die Geschichte zerdrückte diesen moralisch unbeständigen Menschen, indem sie ihm eine unerträgliche Last auftürmte.«
Ende November wurde der Vorsitzende des Rats, Chrustalew-Nosar, verhaftet. Auf einer Ratssitzung wurde nun ein dreiköpfiges Präsidium gewählt, dem Trotzki (der praktisch der Vorsitzende des Rats wurde), Swertschkow und Slydnew angehörten. Einer der letzten Beschlüsse des Rats war ein Aufruf, in dem das Volk aufgefordert wurde, der zaristischen Regierung keine Steuern zu zahlen, bis die ökonomischen und sozialen Forderungen der Werktätigen erfüllt worden seien. Dies war ein Aufruf zum »Wirtschaftsboykott«.

Am 3. 12. 1905 verhafteten die Gendarmen die gesamte Führung des Rats, unter ihnen auch Trotzki. Fünfzehn Monate sollte der junge Revolutionär nun vor Gericht, in Gefängnissen und in der Verbannung verbringen.
In den Erinnerungen Swertschkows, Woitinskijs, Garwis sowie in Deutschers Trotzki-Biographie wird der letzte Arbeitstag des Rats beschrieben. Anhand dieser Zeugnisse und zusätzlicher Archivdokumente lassen sich die letzten Stunden des revolutionären Organs der Petersburger Arbeiter rekonstruieren:

Am 3. Dezember wurde die ordentliche Sitzung des russischen Konvents unter dem Vorsitz Trotzkis eröffnet. Er berichtete den Mitgliedern des Rats über die letzten Maßnahmen der zaristischen Regierung, die auf eine Verschärfung der Repressalien gegen revolutionäre Akte der Arbeiter hinzielten. Man begann gerade, den Vorschlag eines neuen Generalstreiks zu erörtern, als Gendarmen den Saal betraten. Das Gebäude war von Polizei umstellt. Der letzte Akt des Dramas ging zu Ende. In dieser kritischen Situation zeigte Trotzki Gefasstheit und Mut. Als der Gendarmerieoffizier den Haftbefehl verlas, unterbrach ihn der Vorsitzende mit den Worten: »Stören Sie die Arbeit des Rates nicht. Wenn Sie sprechen möchten, nennen Sie Ihren Namen, und ich werde die Versammlung fragen, ob sie Sie hören will!«
Der Gendarm geriet in Verwirrung und blickte unsicher in die Runde. Mittlerweile hatte der Vorsitzende dem nächsten Redner das Wort erteilt. Schließlich, nachdem Trotzki zuerst die Zustimmung des Saals eingeholt hatte, erhielt der Offizier das Wort. Totenstille herrschte, während der Mann den Haftbefehl verlas. Dann sagte der Vorsitzende in ruhigem, fast beiläufigem Ton: »Es wird vorgeschlagen, die Erklärung des Herrn Gendarmerieoffziers zur Kenntnis zu nehmen. Und nun verlassen Sie den Saal der Ratssitzung der Arbeiterdeputierten!«
Der Offizier leistete dieser Aufforderung sogleich Folge. Trotzki schlug vor, sich auf die Verhaftung vorzubereiten und alle Dokumente zu vernichten, die die Machthaber gegen den Rat ver-

wenden konnten. Ebenso riet er allen, die eine Waffe bei sich trugen, diese unbrauchbar zu machen. Die Mitglieder des Rats hatten gerade begonnen, die Anweisungen Trotzkis zu befolgen, als eine Horde von Gendarmen in den Saal stürmte. Bevor sie den Vorsitzenden ergreifen konnten, rief dieser mit lauter Stimme: »Sehen Sie, wie der Zar sein Oktobermanifest erfüllt! Da sehen Sie es!«

Während Trotzki in der Peter-Paul-Festung in Untersuchungshaft saß, schrieb er zahlreiche Artikel und Aufrufe. Augenzeugen berichten, dass die Zelle Trotzkis wie das Arbeitszimmer eines Wissenschaftlers ausgesehen habe: Hier stapelten sich Unmengen von Büchern, Zeitschriften und Zeitungen. Seine Frau, seine Eltern, seine Genossen, die in Freiheit geblieben waren, besuchten ihn zweimal in der Woche.
Das Nikolajewski-Gefängnis ließ den politischen Gefangenen viele Freiheiten. Stalin, der dies aufgrund seiner eigenen Gefängniserfahrungen wusste, würde dafür sorgen, dass politische Gefangene in den Jahren seiner Alleinherrschaft nicht in den Genuss solcher Erleichterungen kamen. Ungehindert konnte Trotzki seine im Gefängnis geschriebenen Artikel, die später legal oder illegal gedruckt wurden, seinen Genossen übergeben. Die wichtigste Arbeit dieser Periode stellte sein großer Artikel »Ergebnisse und Perspektiven« dar, in dem Trotzki seine Idee der permanenten Revolution zum ersten Mal darlegte. Trotzki stellte hier eine These auf, für welche man ihn sein Leben lang kritisieren würde: »Eine Vollendung der sozialistischen Revolution innerhalb eines nationalen Rahmens ist unmöglich … Die sozialistische Revolution wird zu einer permanenten im neuen, breiteren Sinne des Wortes: Sie wird bis zum endgültigen Triumph der neuen Gesellschaft auf unserem gesamten Planeten nicht vollendet sein.« (Trotzki, Permanentnaja rewoljuzija, S. 177.)

Der Gerichtsverhandlung maß Trotzki eine große Bedeutung bei. Er bereitete sich sorgsam darauf vor, da er hoffte, den Ge-

richtssaal mit seinem Auftritt in eine politische Tribüne verwandeln zu können. Im Nachlass Trotzkis befinden sich Entwürfe zu seiner Rede, in der er sich mit den Ursachen des Aufstands der Arbeiter auseinandersetzt. Hier beschäftigt er sich auch mit der Frage, warum die Mehrheit der Soldaten nicht die Arbeiter unterstützten: »… Im Verlauf von 25 Tagen fanden Soldatenmeetings in Grodno, Rostow, Samara, Tiflis, Kursk, Charkow, Kiew, Wyborg, Riga, Stawropol, Kawkaski, Belgorod statt … Eine Vorreiterrolle spielte der ›qualifizierte Soldat‹, der Pionier, Artillerist – in der Mehrzahl der Fälle ein Sohn der Stadt. Der bäuerliche Teil der Armee, d.h. die überwiegende Masse, wurde langsamer von der neuen Stimmung erfasst. Doch für uns wie auch für die Machthaber war klar, dass dies nur eine Frage der Zeit ist.« (Zentrales Parteiarchiv.)
Die Gefangenen in der Untersuchungshaft konnten dank der Schwäche des Regimes den Plan fassen, die existierende Ordnung weiter anzuprangern und die Ziele des Rates zu propagieren. Allerdings kam man überein, zu betonen, dass es keinerlei Bestrebungen des Rats gegeben habe, auf bewaffnetem Weg die existierende Ordnung zu beseitigen. Man wollte nicht unter den am 22. 3. 1903 verabschiedeten Artikel 128 des Strafgesetzbuches fallen, in dem es hieß: »Wer für schuldig befunden wird, einer Vereinigung anzugehören, die es sich zum Ziel gemacht hat, Maßnahmen zum Umsturz der existierenden Ordnung durchzuführen …, wird mit bis zu acht Jahren Zwangsarbeit oder Verbannung in einer Strafansiedlung bestraft.« Und falls »eine solche Vereinigung« über Sprengstoff oder Waffen verfügt hatte, erhöhte sich das Strafmaß sogar auf lebenslängliche Zwangsarbeit.
Daher wurde beschlossen, zwar den Zarismus zu entlarven, aber jeden Schritt zu vermeiden, der den Angeklagten ein solches Urteil einbringen konnte. In seiner Rede bemühte sich Trotzki einerseits, die Richter zu überzeugen, dass es keinerlei konkreten Plan zum Aufstand im Rat gegeben habe, und andererseits die Fäulnis und Volksfeindlichkeit der zaristischen Regierung zu entlarven.

»Ganz gleichgültig, wie wichtig Waffen sind, meine Herren Richter, die Hauptkraft liegt nicht in ihnen. Nein! Nicht die Fähigkeit der Masse, andere zu töten, sondern ihre große Bereitschaft zu sterben – das ist es, meine Herren Richter, was von unserem Standpunkt aus einen Volksaufstand zum Sieg führt ...« (Zentrales Parteiarchiv.)
Sowohl Trotzkis Vater als auch seine Mutter saßen während des ganzen Prozesses im Saal. Trotzki schrieb später darüber: »Während meiner Rede, deren Sinn ihr natürlich nicht vollständig klar war, weinte meine Mutter lautlos. Und sie weinte noch mehr, als zwei Dutzend Verteidiger zu mir kamen und mir einer nach dem anderen die Hände drückte ... Mutter war überzeugt, dass man mich nicht nur freisprechen, sondern irgendwie auch auszeichnen würde ...« (Trotzki, Moja schisn I, S. 219.)
Die Regierung und das Gericht sahen davon ab, die Angeklagten in Zwangsarbeit zu schicken. Vierzehn Mitglieder des Rats, darunter auch Trotzki, wurden zu lebenslänglicher Verbannung verurteilt. Als Verbannungsort wurde das hinter dem Polarkreis gelegene Dorf Obdorskoe am Fluss Ob bestimmt. Einen Tag vor der Abfahrt bekamen die zu Verbannenden graue Gefangenenkleidung. Man erlaubte ihnen jedoch, ihre eigene Kleidung und Schuhe zu behalten, ein Umstand, der für Trotzkis weiteres Schicksal von großer Bedeutung sein sollte.
Vor dem Abtransport gelang es Trotzki, einen »Abschiedsbrief« zu schreiben und weiterzugeben. In diesem Brief vom 5. 1. 1907, der für die Veröffentlichung in illegalen Publikationen bestimmt war, hieß es: »... Wir fahren fort mit dem tiefen Glauben an den baldigen Sieg des Volkes über seine Erzfeinde. Es lebe das Proletariat! Es lebe der internationale Sozialismus!« (Trotzki, Sotsch. II, 1, S. 478.) Neben Trotzki unterschrieben N. Awksentjew, Wainstein-Swesdin, I. Golynski, P. Slydnew, M. Kiselewitsch, B. Knunjanz-Radin, E. Komar, N. Nemzow, D. Swertschkow-Wwedenski, A. Simanowski, Stogow, A. Feig, G. Chrustalew-Nosar.
Seine Reise in die Verbannung sollte Trotzki später in seinem Buch »Hin und zurück« beschreiben. Bereits zu Beginn des Ab-

transports war Trotzki fest entschlossen, bei der ersten sich bietenden Möglichkeit zu fliehen. Zwar wurden die vierzehn Verbannten von mehr als fünfzig Gendarmen bewacht, doch auch hier war die Praxis in der Zarenzeit weniger streng als später in der Stalin-Ära.

Der begleitende Gendarmerieoffizier führte »die Akte« von jedem Verurteilten mit sich. Trotzkis Polizeidaten lauteten folgendermaßen:

»*Wuchs* – zwei Arschin 5/8 Werschok.
Augen – hellblau.
Farbe und Aussehen der Haut – rein, matt.
Rechtes Ohr – rund. Ohrmuschel mittelgroß und mittelbreit.
Stirn – vertikale Richtung, gerade.
Bogen der Augenbrauen – klein.
Kopfhaar – schwarz.
Bart und Schnauzbart – schwarz.
Nasenwurzel – fein, Nasenrücken erhoben, Spitze herabgesenkt.
Abstammung – Jude, dem Äußeren nach 30 Jahre alt. Wurde 1878 geboren (!). Sohn eines Kolonisten des Chersoner Gouvernements im Kreis Jelisawetgrad. Bis zu seiner Verurteilung arbeitete er als Journalist. Beruf – keiner.
Glaubensbekenntnis – jüdisch. Absolvierte die Realschule in der Stadt Odessa.
Verurteilt – zum ersten Mal vom St. Petersburger Gericht.
Grund der Verurteilung – Mitgliedschaft in einer Vereinigung, welche sich das Ziel gesetzt hatte, durch ihre Tätigkeit einen gewalttätigen, organisierten, bewaffneten Aufstand durchzuführen, um die gesetzmäßige Regierung durch eine demokratische Republik zu ersetzen (14.102 und 14.101 Art. des Strafgesetzbuches). Urteil vom 16. 11. 1906.« (Zentrales Parteiarchiv.)

Während der beschwerlichen Reise beschloss Trotzki, noch vor dem Zielort zu fliehen. Als sie das Städtchen Beresow erreicht hatten, beschloss der Gendarmerieoffizier, zwei Tage Rast zu machen. Um noch länger bleiben zu können, behauptete Trotz-

ki, er leide unter einem Hexenschuss. Unter den Verbannten befand sich auch der Arzt A. Feig, der Trotzki »instruierte«, wie er die Symptome dieses Leidens simulieren könnte.
Man erlaubte Trotzki, im Gewahrsam zweier Gendarmen einige Tage länger zu bleiben. Als der traurige Zug der anderen Verbannten und ihrer Bewacher nach Norden weiterzog, gelang es Trotzki, seine leichtsinnigen Bewacher zu überlisten und ihnen zu entkommen. Er legte 800 Kilometer durch die endlosen Weiten der Schnee-Ebene zurück, bis er den Ural erreichte. Das Risiko war nicht gering, zumal das Ende des Winters nahte und somit lange Schneestürme drohten.
Später schrieb er in seinen Erinnerungen: »Als ich losfuhr, war ich sehr besorgt. Aber als ich einen Tag später in einem bequemen Waggon auf der Strecke von Perm war, fühlte ich sogleich, dass ich gewonnen hatte ... Zunächst empfand ich es als eng und stickig in dem geräumigen und beinahe leeren Waggon. Ich suchte ein Plätzchen, wo der Wind wehte und wo es dunkel war, und meiner Brust entrang sich unwillkürlich ein lauter Schrei – der Freude und der Freiheit!« (Moja shisn I, S. 227.)
Die tollkühne Flucht gelang. Mit Hilfe N. Sedowas reiste Trotzki nach Finnland, wo er mit Lenin und Martow zusammentraf. Die Begegnung mit Lenin verlief äußerst kühl; doch Wladimir Iljitsch gab Trotzki einige Adressen, und so konnte der Flüchtling in Helsinki seine Fahrt nach Stockholm organisieren.

Das »Wiener Kapitel«

Die folgenden zehn Jahre verbrachte Trotzki im Ausland. Es war seine zweite Emigration, sein zweiter »Biwak« – eine Phase passiven Abwartens. Die ersten sieben dieser zehn Jahre verlebte er mit seiner Familie in Wien, denn in Berlin hatten ihm die Behörden keine Aufenthaltserlaubnis erteilt. Ab und zu nannte der Revolutionär diese Periode das »Wiener Kapitel«. Diesem Kapitel folgten erzwungene Aufenthalte in der Schweiz, in Frankreich, in Spanien und schließlich in den USA.
Das »Wiener Kapitel« markiert eine lange Pause in der revolutionären Laufbahn Trotzkis. Er schrieb viel, doch was er schrieb, war zumeist lediglich Aufarbeitung des Erlebten; er reiste viel und hielt Referate, er pflegte seine Kontakte zu den russischen Emigranten, er arbeitete mit den österreichischen Sozialisten zusammen, obwohl er an ihrem revolutionären Elan zweifelte …

Auf dem fünften (»Londoner«) Parteitag der RSDAP, bei dem es zu einer formellen Einigung zwischen Bolschewiki und Menschewiki kam, begegnete Trotzki zum ersten Mal Dshugaschwili, dem Bolschewiken aus Tiflis, der auf dem Parteitag unter dem Pseudonym Iwanowitsch auftrat. Trotzki erinnerte sich später, dass er den schweigenden Kaukasier kaum bemerkt habe. Dshugaschwili habe innerhalb der drei Wochen des Parteitags nicht einmal um das Wort gebeten, obwohl es eine Situation gab, in der ein konkreter Grund dafür bestanden hätte: als die Delegierten die Frage der partisanenhaften Aktionen und Expropriationen erörterten und derartige Aktionen für unzulässig erklärten. Und Dshugaschwili schwieg, obwohl er zu diesem Thema einiges zu sagen gehabt hätte.
Im Jahre 1930 würde Trotzki in seinem großen Artikel »Zur politischen Biographie Stalins« schreiben: »1907 nimmt Stalin an der Expropriation der Tifliser Bank teil … Man muss sich fragen, warum diese Tatsache feige aus allen offiziellen Biographien Stalins entfernt worden ist.«

Dshugaschwili dürfte der schlanke junge Mann, der bei seinen Auftritten so selbstsicher wirkte, sehr wohl aufgefallen sein. Denn Trotzki hatte auf diesem Parteitag Gelegenheit, einige Gesichtspunkte seiner Theorie der permanenten Revolution darzulegen. Dabei unterstrich er besonders, dass für den Erfolg einer permanenten Revolution ein Bündnis zwischen dem Proletariat und den Bauern unumgänglich sei. Obwohl er also in Schlüsselfragen durchaus der Leninschen Position nahe stand, blieb er doch in vielen Fragen noch dem rechten Flügel der russischen Sozialdemokratie verhaftet. Während der Abstimmungen über zahlreiche Resolutionen stimmte Trotzki abwechselnd mit den Bolschewiki und den Menschewiki.

In seiner »Wiener Periode« knüpfte Trotzki viele neue Beziehungen und drang tiefer in das Gewebe der sozialistischen Bewegung in Europa ein. Keiner der russischen Revolutionäre jener Zeit war ein größerer »Westler« als Trotzki. Da er die deutsche und französische Sprache hervorragend und das Englische recht gut beherrschte, konnte er sich unter den Sozialdemokraten Österreichs, Deutschlands, Frankreichs, der Schweiz, Englands wie ein Fisch im Wasser bewegen.

Vor allem aber frischte er die enge Verbindung mit Parvus (Alexander Helphand) auf. Dieser Sozialdemokrat hatte wie Trotzki an der Revolution von 1905 teilgenommen und war ebenfalls zur Verbannung in Sibirien verurteilt worden. Aber auch ihm war die Flucht gelungen. Er war ein hochgebildeter Marxist, der die grundlegenden Gedanken der Konzeption der permanenten Revolution entwickelt hatte, von denen sein Freund sich dann sehr gründlich inspirieren ließ. Trotzki verleugnete jedoch niemals, dass er in seinen jungen Jahren sehr viel von Parvus gelernt habe, wenngleich dieser Mann ihn immer wieder durch die »Widersprüchlichkeit« seiner Interessen in Erstaunen versetzt habe. So habe er sich immer gewünscht, eine große sozialistische Zeitung in drei Sprachen herauszugeben, daraus jedoch den Schluss gezogen, dass er zuerst … reich werden müsse

(Trotzki, Sotsch. II, 1, S. 592). Letzteres ist ihm später tatsächlich gelungen; der Preis war jedoch der Bruch mit der sozialistischen Bewegung. Zu Beginn des imperialistischen Kriegs beteiligte sich Parvus an militärischen deutschtürkischen Geschäften und wurde schnell reich. Vom Marxisten entwickelte er sich zum Verteidiger des deutschen Militarismus. Dennoch hat sich Trotzki bis zum Tode Parvus' im Jahre 1924 die positiven Erinnerungen an den früheren Freund bewahrt.
Dieser Mann nun machte ihn im Jahre 1907 mit dem »Vater« der Zweiten Internationale, Karl Kautsky, bekannt. Trotzki beschreibt die erste Begegnung mit ihm Folgendermaßen: »Ein weißhaariger, fröhlicher Greis mit klaren blauen Augen begrüßte mich auf russisch mit ›Sdrawstwujte‹. Zusammen mit dem, was ich über Kautsky aus Büchern wusste, ergab dies ein sehr anziehendes Bild. Besonders gefiel mir bei ihm das Fehlen jeglicher Hast, was, wie ich später begriff, eine Folge seiner zu jener Zeit unbestrittenen Autorität und der daraus entstehenden inneren Ruhe war ... Sein Geist war kantig, trocken, prosaisch, unpsychologisch, seine Urteile waren schematisch, seine Scherze banal ...« (Trotzki, Moja shisn I, S. 244–245.) Doch das Niveau seines Denkens erstaunte ihn. Als Trotzki sich von ihm verabschiedete, hatte er das Gefühl, als seien er und die anderen einen Kopf kleiner als dieser kleine Greis.
Etwas mehr als zehn Jahre später sollte sich Trotzki ganz anders über diesen Theoretiker äußern: »Die ganze Autorität Kautskys basierte auf der Versöhnung des Opportunismus in der Politik mit dem Marxismus in der Theorie ... Der Krieg brachte die Widerlegung und legte am ersten Tag die ganze Verlogenheit und Fäulnis des Kautskyanismus an den Tag ...« Dieser Mann, so fuhr Trotzki erbarmungslos fort, »transformierte den Marxismus in Richtung Quäkertum und kroch auf allen vieren vor Wilson ...« (Sotsch. VIII, S. 47 f.)
Während seines zweiten europäischen »Biwaks« hatte Trotzki außerdem Kontakt zu Clara Zetkin, Rosa Luxemburg, Karl Liebknecht, Franz Mehring, August Bebel, Victor Adler, Max Adler,

Rudolf Hilferding, Eduard Bernstein, MacDonald, Otto Bauer, Karl Renner, Christian Rakowski, Fritz Platten, Jules Guesde, Emile Vandervelde, Filippo Turati und anderen führenden Sozialdemokraten. Daran erkennt man, dass Trotzki bereits damals unter Sozialisten aller Länder großes Ansehen genoss.

Während dieser Jahre schrieb und las er sehr viel. Zeitweise hegte er sogar den Wunsch, sich an der Wiener Universität einzuschreiben, aber schließlich wusste er mittlerweile auch ohne Studium schon mehr als viele Professoren.

Manchmal »verirrte« er sich zu den Sitzungen unterschiedlichster wissenschaftlicher Gemeinschaften, beispielsweise zu den Anhängern Sigmund Freuds. Darüber berichtete er im Jahre 1924 dem großen Physiologen I. P. Pawlow in einem Brief: »... während meines Aufenthalts in Wien hatte ich ziemlich enge Berührungspunkte mit den Freudianern, ich las ihre Arbeiten und besuchte sogar ab und zu ihre Sitzungen ... Der Grundgedanke der Lehre der Psychoanalyse ist, dass die psychologischen Prozesse sich als komplexer Überbau über den physiologischen Prozessen darstellen, in deren Dienst sie stehen ... Ihre Lehre über die bedingten Reflexe, so scheint mir, entspricht der Theorie Freuds im Einzelfall. Die Sublimierung sexueller Energie, das bevorzugte Gebiet der Schule Freuds, ist die Schaffung bedingter Reflexe auf sexueller Basis ...« (Zentrales Armeearchiv.)

Wenn man diesen Text liest, könnte man denken, dass hier ein Universitätsprofessor an einen Kollegen schreibt ...

In jener Zeit beschäftigte er sich auch viel mit den bildenden Künsten; er pflegte sich lange in Galerien aufzuhalten und schrieb für die fortschrittliche Zeitung »Kiewskaja mysl« recht professionelle Artikel über die westeuropäische Kunst.

Trotzki hatte die besondere Gabe, eine Synthese zwischen westeuropäischer und russischer Kultur herstellen zu können. Menschen wie Axelrod, Dan, Parvus und Plechanow, die lange Zeit im Westen gelebt hatten, dachten allmählich eher kosmopolitisch als national. Sie fühlten sich überall »zu Hause«. Solche

Menschen sind wahrscheinlich empfänglicher für allgemeinmenschliche Werte, doch geht ihnen gleichzeitig etwas verloren, ohne das man den Schmerz, die Verbitterung und die Hoffnungen gegenüber der eigenen Heimat wohl kaum empfinden kann. Für Trotzki bot der europäische »Kessel«, wo er gründlich »auskochen« konnte, eine Möglichkeit, die revolutionären Probleme und Aufgaben seiner Heimat in engem Zusammenhang mit dem internationalen Charakter der sozialistischen Bewegung zu betrachten. Wäre Trotzki wohl auf die Idee der »permanenten Revolution« gestoßen, wenn er Parvus nicht getroffen hätte, wenn er die Gedanken und Schlussfolgerungen der Sozialdemokraten des Westens nicht in sich aufgesogen hätte?

Während seiner »Wiener Periode« arbeitete Trotzki aktiv mit den Menschewiki zusammen, gab sich aber seinen westlichen Freunden gegenüber als Zentrist. In der monatlichen Ausgabe von Kautskys »Neuer Zeit« erschienen mehr Artikel von Trotzki als von irgendeinem anderen russischen Sozialisten; darin analysierte er von seinem Standpunkt aus die Auseinandersetzungen zwischen den Bolschewiki und Menschewiki. Die westlichen Sozialdemokraten, die nicht immer die Gründe für die Unstimmigkeiten in der RSDAP verstanden, schätzten Trotzkis Arbeit.

Im August 1912 fand in Wien eine Konferenz statt, zu der Trotzki und ein Organisatonskomitee Vertreter zahlreicher sozialdemokratischer Organisationen einluden. Es kamen achtzehn Delegierte mit Stimmrecht, zehn mit beratender Stimme und fünf als Gäste. Unter den Teilnehmern war anscheinend ein zaristischer Geheimagent, denn in dem Dokument der Moskauer Geheimpolizeiabteilung Nr. 107232 vom 8. 10. 1912 sind alle verabschiedeten Resolutionen und eine Liste der Teilnehmer aufgeführt. Nach Wien kamen Michail Adamowitsch, Gajk Asatjanz, Pawel Axelrod, Grigori Alexinski, Pjotr Bronstein, Sima Bronstein, Michail Goldman, Haim Helphand, Wladimir Medem, Andrej Peterson, Rafail Rejn, Alexander Smirnow, Moisei Uritzki, Julij Zederbaum und einige andere. Trotzki leitete die Konferenz, doch die Bemühungen um Ausgleich ließen bald nach und wichen gegenseitigen Beschuldigungen. So führte die Konferenz nicht zu dem gewünschten Ergebnis. (Bolschewiki. Dokumenty 1918.)

Das Paradoxon der Position Trotzkis, der in seiner Seele immer ein revolutionärer Radikaler war, mit seinen organisationspolitischen Vorstellungen und seiner persönlichen Praxis jedoch eher dem demokratisch-reformistischen Flügel nahe stand, verwirrte einige seiner Bekannten. In der deutschen Sozialdemokratie standen Rosa Luxemburg, Karl Liebknecht und Franz Mehring den Bolschewiki am nächsten. Trotzki unterhielt zu ihnen, aber auch zu ihren Gegnern gute Beziehungen, was bei den deutschen Radikalen Argwohn weckte. Doch der russische Sozialist, der in Wien lebte, maß persönlichen Sympathien und Antipathien zu viel Bedeutung bei, als dass er sie im Namen der »Einheit« oder »Solidarität« geopfert hätte.

Häufig aber vertrat Trotzki die gleichen Positionen wie die radikalen Sozialdemokraten. So unterstützte er Luxemburg auf dem Stuttgarter Kongress. Zu Franz Mehrings siebzigstem Geburtstag schrieb Trotzki in einem offenen Brief: »... Ich, Mehring und Luxemburg befinden uns auf ein und derselben Seite des Schützengrabens, der sich durch die gesamte kapitalistische Welt zieht. Mit Franz Mehring und Rosa Luxemburg begrüßen wir den geistigen Kern der revolutionären deutschen Opposition, mit der wir in unzertrennlicher Waffenbrüderschaft verbunden sind.« (Nasche slowo, 3. 3. 1916.)

Über Karl Liebknecht äußerte er: »Er ist sehr lebhaft, leicht aufbrausend, doch er hob sich auffallend von der gesitteten, gesichtslosen und gleichgültigen Parteibürokratie ab ... Liebknecht blieb immer zur Hälfte ein Fremdling im Hause der Sozialdemokratie mit ihrer Mittelmäßigkeit und ständigen Bereitschaft zu Kompromissen ... Sein unverfälschter und tiefer revolutionärer Instinkt brachte ihn – über diese oder jene Schwankung – auf den richtigen Weg.« (Sotsch. VIII, S. 71 f.)

Während der »Wiener Periode« nahm Trotzki auch mit einer Reihe von russischen Emigranten Kontakt auf: mit A. A. Ioffe, K. B. Radek, M. I. Skobelew, A. M. Kollontaj, A. W. Lunatscharski und anderen. Mit Ioffe sollte ihn bis zu dessen Selbstmord im Jahre 1927 ein freundschaftliches Verhältnis verbinden. In Skobelew sah er seinen Schüler, doch als dieser Arbeitsminister in der Regierung Kerenski wurde, schlug Trotzkis Wohlwollen in Feindschaft um. Alexandra Kollontaj mochte er nicht besonders, denn sie stand im Briefwechsel mit Lenin, und er nahm an, dass sie ihn tendenziös informiere. Über Radek schwankten seine Auffassungen bis Anfang der dreißiger Jahre zwischen großer Sympathie und entschiedener Ablehnung. Insgesamt jedoch waren seine Kontakte mit der russischen Emigration schwächer als mit der westlichen Sozialdemokratie.

In den Jahren nach der ersten russischen Revolution und bis 1917 stand Trotzki im Amphitheater Europas, doch die Ereignisse wurden in der Loge entwickelt. Während Trotzki beinahe zum Professor der Kritik am bürgerlichen Parlamentarismus geworden war, nahm er offenbar gar nicht zur Kenntnis, dass sich, nicht ohne Einfluss der ersten russischen Revolution, bei der er eine der Hauptrollen gespielt hatte, auch ein russischer Parlamentarismus entwickelt hatte. Die Bolschewiki hatten die erste Duma boykottiert, sich aber an den anderen aktiv beteiligt. Es hätte also reichlich Material für die Reflexion über die Nutzung parlamentarischer Formen im Kampf der Arbeiterklasse gegeben. Aber das alles scheint der Aufmerksamkeit Trotzkis entgangen zu sein.

Der Grund dafür dürfte wohl kaum die räumliche Entfernung, sondern seine skeptische Einstellung zum russischen Parlamentarismus überhaupt gewesen sein. In dem Maße, wie Lenin diesen Fragen Aufmerksamkeit schenkte, strafte der radikale Trotzki sie mit Verachtung. Später würde Stalin diesen Umstand nutzen und Trotzki ein liquidatorisches Verhältnis zu legaler Arbeit vorwerfen. Insgesamt entfernte die zweite Emigration Trotzki

von den revolutionären Abläufen in Russland, den legalen wie den illegalen.
Trotzkis Familie wohnte in einer bescheidenen Dreizimmerwohnung. Das einzig Sehenswürdige an der Unterkunft des russischen Emigranten waren die vielen Bücher und die Bündel von Zeitschriften, Manuskripten, Zeitungen, die über die ganze Wohnung verstreut waren. Lange Zeit arbeitete er für die progressive Zeitung »Kiewskaja mysl«; den Löwenanteil seiner Einkünfte bildete jedoch die materielle Unterstützung, die ihm der alte Bronstein bis zur Revolution zukommen ließ. Daher konnte man die Lage des ehemaligen Vorsitzenden des Petrograder Rats als recht gut bezeichnen, während andere politische Emigranten gezwungen waren, sich mit Gelegenheitsarbeiten durchzuschlagen, und oft ein kümmerliches Dasein fristeten.
Trotzkis materielle Situation erlaubte ihm, sich völlig seiner Kreativität hinzugeben, ein relativ unabhängiges Leben zu führen, die Hauptstädte Westeuropas zu bereisen, Kongresse und Seminare zu besuchen. 1906, als Trotzki sich im Gefängnis befand, und 1908, als er in Wien war, wurden seine Söhne Lew und Sergej geboren. Ihr Schicksal würde ebenso tragisch sein wie das ihres Vaters.

Bei der Beschäftigung mit Trotzkis Aufenthalt stieß ich auf ein verblüffendes Phänomen: Niemals spricht der Vertriebene von Heimweh, von Sehnsucht nach dem väterlichen Haus. Die meisten russischen Menschen, die in der Fremde leben müssen, leiden jahrelang an einer unheilbaren Krankheit der Seele – der *Nostalgija.*
Offensichtlich aber empfand Trotzki keine Sehnsucht nach der Heimat. Oder genauer gesagt: fast keine. War er einer der ersten »Weltbürger«, für die das Zuhause dort ist, wo sie sich im Augenblick befinden? Offensichtlich hatten die langen Aufenthalte in Westeuropa, seine Bewunderung für die westeuropäische Zivilisation und sein Hass gegen das autokratische Regime in seinem Heimatland Trotzki fast immun gegen das Heimweh

gemacht. Doch in einem seiner Artikel über den Balkan klingt dennoch so etwas wie Sehnsucht nach der Heimat an. Als sein Zug durch die Dobrudscha fuhr, muss Trotzki wohl schmerzhaft die Ähnlichkeit mit der Chersoner Steppe, mit seinem heimatlichen Janowka, empfunden haben, wo zwei Jahre zuvor seine Mutter verstorben war, ohne dass er die Möglichkeit gehabt hätte, zu ihrer Beerdigung zu fahren. In dem Artikel heißt es: »... Der Weg ist so russisch, so staubig wie unser Chersoner Weg. Die Hühner flüchten vor den Hufen der Pferde wie in Russland, und um den Hals der kleinwüchsigen Pferde liegt ein russisches Pferdegeschirr, sogar der Rücken des Kutschers sieht russisch aus ... Die Dämmerung bricht herein. Es riecht nach Gras und Wegesstaub ... Stille. Es kribbelt mir in den Beinen, und mir ist, als würden wir in die Ferien fahren, von der Station Nowi Bug ins Dorf Janowka.« (Trotzki, Sotschinenija VI, S. 415–420.) Dies ist jedoch beinahe das einzige Mal, dass Trotzki sich zur *Nostalgija* bekennt.

Im September 1912 hatte die »Kiewskaja mysl« Trotzki gebeten, eine Artikelserie und eine Reportage über den Balkan zu schreiben, denn dort drohte das »Pulverfass« zu explodieren. Das angebotene Honorar war gut, im politischen Leben Westeuropas herrschte gerade »Windstille«, und so nahm Antid Oto (unter diesem Pseudonym erschienen Trotzkis Artikel in der Kiewer Zeitung) den Auftrag an. Zu diesem Zeitpunkt wusste er allerdings nicht, dass er über zwei Kriege würde berichten müssen. Der Zankapfel war Mazedonien, damals eine türkische Provinz, auf die Serbien, Bulgarien und Griechenland Anspruch erhoben. Um aber Mazedonien zu »befreien«, mussten diese Staaten gemeinschaftlich vorgehen. So entstand der Balkanbund, eine Allianz, die sich gegen die Türkei wandte. Aber natürlich verfolgten auch die Großmächte Russland, Österreich-Ungarn und England ihre Interessen in diesem Konflikt.
Der Anlass für den Kriegsausbruch war ein Massaker in den mazedonischen Orten Stip und Kocani. Am 13. Oktober 1912

überreichte Bulgarien im Namen der Verbündeten der Türkei eine Note, die als Ultimatum verstanden werden konnte. Sie blieb ohne Antwort. Daraufhin begannen die Kriegshandlungen. Bis zum Dezember hatten Bulgaren, Serben und Griechen fast ganz Mazedonien eingenommen. Die Türkei forderte einen Waffenstillstand. Doch erst am 30. 5. 1913 wurde der Friedensvertrag unterzeichnet. Unter Mithilfe der Botschafter der Großmächte wurden die Früchte des Sieges so aufgeteilt, dass alle Beteiligten unzufrieden waren und untereinander neue Ansprüche erhoben. Dies wiederum hatte zur Folge, dass unter den vormaligen Verbündeten im Juni 1913 der zweite Balkankrieg entbrannte. Bulgarien stand nun gegen Serbien, Montenegro, Griechenland und Rumänien. Einen Monat später war Bulgarien besiegt. Aufgrund dieses Ausgangs wurde im August 1913 ein weiterer Friedensvertrag unterzeichnet, in dem Mazedonien zwischen Serbien und Griechenland aufgeteilt wurde und die bulgarische Provinz Norddobrudscha an Rumänien fiel. Aber auch dieser Krieg hatte den Konflikt nicht gelöst. Im Gegenteil, es kam zu erneuten Spannungen. Über dies alles musste Trotzki den ukrainischen und russischen Lesern berichten. Von den Fronten der Balkankriege sandte er über siebzig Artikel, Reportagen, Korrespondenzen nach Kiew, die den gesamten sechsten Band seiner Werke füllen. Beinahe alle »Balkanbriefe« sind meisterhaft geschrieben.

Bewegend und aufrüttelnd schildert er das sinnlose Leid des Krieges, die unmenschliche Verhärtung der Menschen, den nationalistischen Rausch und die erschütternde Duldsamkeit …

Hier noch ein Auszug aus dem Artikel »Auf dem Balkan«, den er auf den 28. September datierte: »… Die Frauen des Ostens sind wie Zugtiere; mit Kindern auf dem Arm … und je einem Sack auf dem Rücken und unter dem Arm, drängen sie durch die Tür des Waggons, wobei sie irgendwelches Gepäck mit den Knien vor sich herschieben. Hinter ihnen die Bauern, für immer geschwärzt von der Erde und der Sonne, rau, krummbeinig, gebückt von der schweren Last. Junge Mädchen in Sarafanen, übersät mit Flöhen. Gekrümmte Greisinnen mit Kröpfen und schwarzen Kopftüchern, die sich auf Stöcke stützen, während sie auf Bänken drei, vier oder fünf Stunden schweigend und bewegungslos dasitzen. Welch furchtbare, alles ertragende Geduld!« (Zentrales Parteiarchiv.)

Trotzki war jedoch keineswegs ein unparteiischer Chronist. Seiner Meinung nach spielten die Versuche des zaristischen Russland, Einfluss auf die Entwicklung auf dem Balkan zu nehmen, sowie die panslawistische Ideologie eine unheilvolle Rolle in diesem Konflikt. Anfangs nahm er offen Partei für die Südslawen, doch je mehr er erkannte, welche Hoffnungen sie in das zaristische Russland setzten, desto mehr flaute seine Sympathie ab. Und schließlich unterstützte er die Position der unterlegenen Türkei, was sogleich einen Sturm von Protesten in Sofia, Belgrad, Kiew und Petersburg auslöste. Als er begann, über die »Gräueltaten« zu berichten, die die Verbündeten an den Türken begingen, verboten ihm die Bulgaren sogar, die Front zu besuchen. Immer heftiger griff Trotzki die Slawophilen an, in denen er Agenten des Zarismus sah. In seinen »offenen Briefen« an den Dichter Petko Todorow und Professor Miljukow bekräftigte Trotzki seinen internationalen Standpunkt und seine Ablehnung des Nationalismus.

Als der zweite Balkankrieg ausbrach, war Trotzki wieder am Ort des Geschehens. Und wieder lagen seine Sympathien auf der Seite der Besiegten – diesmal waren es die Bulgaren. Nun schrieb er über die »Gräueltaten« der neuen Sieger ... Aber er machte sich auch Gedanken darüber, wie die Lage auf dem Balkan entschärft werden könnte. Im Jahre 1909 schrieb er: »Nur ein einheitlicher Staat aller Nationalitäten auf dem Balkan, eine demokratische Föderation – nach dem Vorbild der Schweiz oder der Nordamerikanischen Republik –, kann dem Balkan Frieden bringen und Bedingungen für eine machtvolle Entwicklung der Produktivkräfte schaffen.« (Sotsch. VI, S. 10.) Im Verlauf des Krieges würde er diesen beinahe utopischen Gedanken noch häufiger äußern. So schreibt er einmal: »Wir haben gelernt,

Hosenträger zu tragen, kluge Leitartikel zu schreiben und ›Milka‹-Schokolade herzustellen, doch wenn wir die Frage des Zusammenlebens einiger Stämme auf der segensreichen Halbinsel Europas lösen sollen, sind wir unfähig, eine andere Lösung zu finden als gegenseitige Massenvernichtung.« Im Übrigen sollte sein Todfeind 1947 den vergeblichen Versuch unternehmen, auf dem Balkan eine Föderation zu gründen. Allerdings erreichte er damit nur, dass sich die Beziehungen zuspitzten.
Trotzkis Artikel über den Balkan sind von einer pazifistischen Haltung geprägt. Seine Erschütterung über die Leiden des Krieges zeigt sich zum Beispiel in den folgenden Zeilen: »Auf dem Bahnhof von Cuprin in Serbien trafen wir auf einen Transport von Kriegsgefangenen – 190 Türken und Arnauten. Man ließ sie aus den Waggons steigen und führte sie aus der Stadt hinaus – in Kasernen oder ins Gefängnis. Es war nicht das erste Bild menschlichen Leids und menschlicher Erniedrigung, welches ich im Leben sah … Aber etwas Derartiges hatte ich noch nie gesehen. 190 Menschen, verletzt, verstümmelt, krank, in zerfetzte Lumpen gehüllt, letzte Überbleibsel menschlicher Kleidung, die notdürftig um den elenden menschlichen Körper geschlungen waren. Viele trugen zerfetzte Schuhe. Andere hatten die Füße in Tücher gewickelt. Es war kalt und feucht, doch ein Drittel der Menschen ging barfuß. Diese Kriegsgefangenen in Cuprin, das war das wahre Bild des Kriegs: des defensiven und des offensiven, des kolonialen und des nationalen.« (Zentrales Parteiarchiv.)
In den Artikeln, die er zwei bis drei Jahre später schreiben würde, wird der Pazifismus dagegen als reine Utopie dargestellt. Gemäß dem Geist der Zimmerwald-Resolution schreibt Trotzki: »Die Arbeiter müssen die utopischen Forderungen des bourgeoisen oder sozialistischen Pazifismus ablehnen. Die Pazifisten erzeugen anstelle der alten Illusionen neue und versuchen, das Proletariat in den Dienst dieser Illusionen zu stellen …« (Trotzki, Sotsch. IX, S. 240.)

Die Welt im Krieg

Nicht der Pazifismus sollte in den nächsten Jahren das Schicksal der Menschen bestimmen, sondern der Krieg.

Von 1871 bis 1914 hatte es in Europa keine größeren Erschütterungen gegeben. Es schien, als würde der Kapitalismus »von selbst« liberale Züge annehmen. Die Sozialisten sicherten sich allmählich ihren Einfluss. Die Zweite Internationale glaubte, dass die Ziele des Marxismus durch Reformen erreicht werden können. Andererseits spürten alle, dass unter dem europäischen Dach die Widersprüche zwischen den imperialistischen Staaten wuchsen. In den Fabriken stellten die Arbeiter in immer größeren Mengen gigantische Kanonen, Mörser, Zeppeline, Stacheldraht und Giftgas her. Im Sommer 1914 herrschte eine gespannte Atmosphäre. Es fehlte nur ein Funke, um das Pulverfass Europa zu entzünden.

Und dann fielen die Schüsse von Sarajewo. »Das bedeutet Krieg«, sagte Trotzki zu seiner Frau, während er die Zeitung mit der Nachricht über die Ermordung des österreichischen Thronfolgerehepaars beiseite legte.

Später schilderte er in der »Kiewskaja mysl«, wie er die Straßen Wiens entlangging und auf dem Ring die demonstrierenden Menschen beobachtete. »Der große Vorplatz vor dem Kriegsministerium war schwarz von Menschen. Und es war nicht etwa ein ›besseres Publikum‹, sondern wirklich das Volk, Menschen mit krummen Beinen und rissigen Fingern. Es waren sehr viele Jugendliche und Schulkinder, aber auch viele ältere Menschen und nicht wenige Frauen. Sie schwenkten schwarz-gelbe Flaggen, sangen patriotische Lieder oder riefen: ›Alle Serben müssen sterben.‹« (Kiewskaja mysl, Nr. 328, 28. 11. 1914.)

Für Trotzki war es klar: Nationalistische, chauvinistische, patriotische Leidenschaften würden die Argumente der Moral und sogar des einfachen Selbsterhaltungstriebs hinwegfegen. Weitsichtig schrieb er: »Mobilmachung und Kriegserklärung haben gewissermaßen alle nationalen und sozialen Widersprüche im Lande weggewischt. Das ist jedoch nur eine historische ›Fristverlängerung‹, sozusagen ein politisches Moratorium. Die Wechsel sind auf einen neuen Zeitpunkt umgeschrieben worden, doch bezahlen wird man sie müssen ...« (Trotzki, Sotsch. IX, S. 6.) Trotzki erkannte ganz richtig, dass der Krieg zunächst überall die Regierungen stärkte, um sie später bis zum äußersten zu zerrütten.

Aber auch er hatte nicht damit gerechnet, dass in den ersten Augusttagen die europäische Sozialdemokratie in ihrer Mehrheit vor dem Militarismus kapitulieren sollte. »Ich hatte nicht erwartet«, erinnerte er sich später, »dass die Führer der Internationale im Fall eines Krieges in der Lage sein würden, eine ernsthafte revolutionäre Initiative zu ergreifen. Gleichzeitig aber dachte ich nicht im mindesten daran, dass die Sozialdemokratie einfach vor dem nationalen Militarismus zu Kreuze kriechen würde!« (Trotzki, Moja shisn I, S. 270.) Seit jener Zeit war Trotzki ein eingeschworener Feind der Sozialdemokraten, und er sollte es bis zum Ende seiner Tage bleiben. Später würde er schreiben: »Die Geschichte gestaltete sich in der Weise, dass sich die deutsche Sozialdemokratie während der Epoche des imperialistischen Kriegs als – und das kann man nun mit voller Objektivität sagen – konterrevolutionärste Kraft in der Weltgeschichte herausgestellt hat.« (Zentrales Armeearchiv.) Trotzki blieb nun nur noch der Weg zu den sozialistischen Radikalen. Und das waren die Bolschewiki.

Der Krieg zwang Trotzki dazu, mit seiner Familie in die Schweiz zu fliehen, denn die österreichischen Behörden fingen bereits an, sich für russische Emigranten zu interessieren. Das »Wiener Kapitel« war also beendet. Nach einem kurzen Aufenthalt in der Schweiz würden ein französischer, ein spanischer und ein nordamerikanischer folgen. Der Exodus der russischen Sozialdemokraten aus Wien verlief sehr zügig. Zunächst begaben sich alle in die Schweiz, unter ihnen auch Trotzki, Lenin, Sinowjew, Radek und Bucharin. Dort schrieb Trotzki buchstäblich innerhalb von drei Tagen die Broschüre »Der Krieg und die Internationale«. Obwohl er nach wie vor auf »Kriegsfuß« mit Lenin stand, befasste er sich hier mit einigen Gedanken Wladimir Iljitschs: der Forderung nach einem Frieden ohne Kontributionen und Annexionen und der Vorstellung, dass ein Frieden für die Werktätigen nur dann erreicht werden könne, wenn diese mit Bajonetten gegen ihre Regierungen vorgingen. Außerdem erwähnte Trotzki eine Idee, die alle als Utopie verstanden: Um den Krieg auszuschließen, müsse das Proletariat die Vereinigten Staaten von Europa gründen und daraufhin für die Gründung der Vereinigten Staaten der Welt kämpfen …

Trotzki liebte es zu prophezeien. Bei weitem nicht alle seiner Prognosen bestätigten sich. Beispielsweise war er überzeugt davon, dass nach der sozialistischen Oktoberrevolution in Europa unausweichlich eine Revolution ausbrechen würde, auch wenn es in den nächsten Jahren keine Weltrevolution geben würde. Er täuschte sich auch in seinen Prognosen über die künftige Bedeutung der Vierten Internationale, in der Auffassung, dass kleine Nationalstaaten untergehen würden. Aber viele Prognosen erwiesen sich als richtig. Bereits 1915 äußerte er die Vermutung, dass Russland nur mit Hilfe einer Revolution aus dem Krieg gehen könne. Und er fieberte diesem »Feiertag der Unterdrückten« entgegen.

In der Schweiz hielt sich Trotzki insgesamt zweieinhalb Monate auf. Die »Kiewskaja mysl« bat ihn, als Korrespondent nach Paris zu gehen und »von der Höhe des Eiffelturms« das europäische Feuer zu beobachten. Also verließ Trotzki die Schweiz und zog nach Paris. Während Trotzki Korrespondentenberichte an die »Kiewskaja mysl« schickte, arbeitete er gleichzeitig aktiv in der russischsprachigen Pariser Zeitung »Nasche slowo« mit, die den Krieg von einer antimilitaristischen Position aus beleuchtete.

In Paris vollzog sich auch Trotzkis endgültiger Bruch mit dem August-Block und den Menschewiki. Er unterstützte nun weitgehend Lenins Position. Dabei traf er mit Antonow-Owsejenko zusammen, mit dem ihn eine lange und feste Freundschaft verbinden sollte, und vertiefte seine Bekanntschaft mit Lunatscharski, Rjasanow, Losowski, Manuilski, Sokolnikow, Tschitscherin. Nun befand er sich inmitten einer Gruppe von Menschen, die wenige Jahre später die zentrale Rolle bei der russischen Revolution spielen sollte. Die Leninsche Zeitung »Sozialdemokrat« und die Zeitung Trotzkis »Nasche slowo« schrieben bald nicht mehr nur über den Moloch des Krieges, der nicht müde wurde, seine blutige Ernte einzutreiben, sondern auch über die unterirdischen Stöße, die das marode russische Imperium zu erschüttern begannen.

Nach einer langen Unterbrechung traf Trotzki im September 1915 in Zimmerwald wieder mit Lenin zusammen. In diesem kleinen Schweizer Dorf versammelten sich 38 sozialistische Delegierte aus Krieg führenden und neutralen Ländern, um eine gemeinsame Position zum Krieg zu erarbeiten.

Die Position Lenins war die revolutionärste: Er forderte den Kampf für die Umwandlung des imperialistischen Krieges in einen Bürgerkrieg. Trotzki formulierte seine Position anders: »Für die Beendigung des Kriegs ohne Sieger und Besiegte.« Auch wenn der Vorschlag Lenins nicht die Unterstützung der Mehrheit fand, zeugte die Zimmerwald-Konferenz doch von der Genese eines radikalen Flügels der sozialistischen Bewegung, eines Vorläufers der Dritten Internationale.

Trotzki schrieb unermüdlich weiter. Einige seiner Artikel stießen auf gute Resonanz. Dennoch musste Trotzki sich vorsehen und mit großer Wendigkeit arbeiten, denn die »Kiewskaja mysl« war für den Krieg, für den Krieg bis zum Sieg. Mit Vergnügen druckte sie kritische Artikel über Deutschland, während Artikel über die Entente nur mit Kürzungen erschienen. In »Nasche slowo« konnte man offener schreiben. Jeden Tag begab sich Trotzki in das Café »Rotonde«, wo alle wichtigen Zeitungen Europas auslagen. Dort traf er sich häufig mit Martow, Rjasanow, Lunatscharski und erörterte mit ihnen bei dem schlechten Kaffee der Kriegszeit die Lage in Europa. Die Einstellung

zum Krieg bildete eine Scheidelinie zwischen den Sozialisten: Als Trotzki erfuhr, dass Sasulitsch, Potresow und Plechanow »für den Krieg« waren, war er schlichtweg erschüttert.
In jener Zeit intensivierte Trotzki viele seiner alten Beziehungen zu den französischen Sozialisten. Besonders stark war die Verbindung zu A. Rosmer, die er sein ganzes Leben lang aufrechterhalten würde.
Dann aber fand das »französische Kapitel« Trotzkis ein jähes Ende. In einem der Transporte mit russischen Soldaten, die nach Marseille kamen, entbrannte eine Rebellion. Die Insurrektion wurde rasch und brutal niedergeschlagen. Bei einigen verhafteten Soldaten fand man Exemplare der Zeitung »Nasche slowo« mit Antikriegspropaganda des Korrespondenten der »Kiewskaja mysl«. Die französischen Behörden handelten unverzüglich: Die Zeitung wurde geschlossen, und Trotzki erhielt die Anweisung, das Land zu verlassen. Alle Proteste der Emigranten und der sozialistischen Freunde halfen nichts. Der »gefährliche Aufwiegler«, wie ihn die Behörden nannten, bat um die Erlaubnis, in die Schweiz oder nach Schweden reisen zu können. Er hatte die Befürchtung, dass man ihn aufgrund der Bündnisverpflichtungen Frankreichs gegenüber Russland den zaristischen Behörden ausliefern könnte.
Im Zentralen Parteiarchiv befindet sich ein Ausschnitt einer französischen Zeitung: »… Am Montag, dem 30. Oktober, wurde Trotzki mitgeteilt, dass er unverzüglich ausreisen müsse. Von dem Augenblick an, da der Befehl über seine Abschiebung unterzeichnet war, unterlag er der widerwärtigsten Polizeiüberwachung … Die zwei Polizisten, die den Auftrag hatten, sich um ihn zu kümmern, erscheinen abends bei ihm, bringen ihn fort und schicken ihn zur spanischen Grenze …«
Mitsamt seiner Familie wurde er nach Spanien abgeschoben, wo man ihn einige Tage später in Madrid als einen »bekannten Anarchisten« verhaftete. Er verbrachte einige Wochen im Gefängnis, wo er hartnäckig gegen diesen Willkürakt protestierte. Doch damit erreichte er nur eins: Man verfrachtete ihn zusam-

men mit seiner Frau und den Kindern auf das alte Passagierschiff »Monserat«, das ihn in die Vereinigten Staaten befördern sollte. »Leb wohl, Europa!«, schrieb er in sein Tagebuch. Vom Schiff aus sandte er Alfred Rosmer einen Brief, in dem es heißt: »Mein Blick blieb lange auf der im Dunst davonschwimmenden alten Kanaille Europa haften …«

Mit Frau und Kindern stand Trotzki am Vorabend des Jahres 1917 auf dem Zwischendeck der zweiten Klasse und blickte auf die schwindenden Felsen von Gibraltar zurück. Zwanzig Jahre später, zu Beginn des Jahres 1937 würde Trotzki wieder mit seiner Frau, aber ohne die Kinder (einer der Söhne würde in Paris bleiben, wo er bald sterben sollte, und der andere würde in der UdSSR erschossen, ohne dass Mutter und Vater davon erfuhren) noch einmal den Ozean in Richtung Amerika überqueren.

Die Bürde der Revolution

»In der Revolution wird Gericht
über die bösen Mächte gehalten,
aber die richtenden Mächte schaffen
selbst das Böse.«
N. Berdjajew

In den Vereinigten Staaten sollte Trotzki sich insgesamt zwei Monate aufhalten. Vom ersten Tag an hielt er Vorträge in New York, Philadelphia und anderen Städten. Kaum aber hatte Trotzki sich unter den Emigranten umgesehen, Kontakte zu amerikanischen Sozialisten geknüpft, die russischsprachige Zeitung »Nowy mir« mit Artikeln »überschüttet«, als ihn aufwühlende Nachrichten aus Russland erreichten. Die Korrespondenten der Zeitungen berichteten aus Petrograd, dass A. I. Gutschkow und W. W. Schulgin, zwei Mitglieder der Staatsduma, am 2. März in Pskow den Thronverzicht Zar Nikolaus' II. zugunsten seines Bruders Michail Alexandrowitsch entgegengenommen hatten. Die bürgerlichen Dumaleute versuchten nun mit allen Mitteln, die Monarchie zu retten. P. N. Miljukow sprach dies in seiner Rede vor den Mitgliedern der Regierung ganz offen aus: »Wir können die Frage der Staatsform nicht unbeantwortet und ungelöst lassen. Wir stellen sie uns im Rahmen einer parlamentarischen und konstitutionellen Monarchie.« Nachdem Trotzki diese Zeilen in der Zeitung gelesen hatte, warf er das Blatt wütend zu Boden.
Und was war mit den Sozialisten? Wo befand sich Lenin? Wie würden sich jetzt die Beziehungen zwischen Bolschewiki und Menschewiki entwickeln? Würde diese neue Revolution nicht mit Hilfe Deutschlands in Blut ertränkt werden? Fragen über Fragen. Doch bereits nachdem die ersten Nachrichten über die

Februarrevolution zu Trotzki gedrungen waren, stand sein Entschluss unwiderruflich fest: Sein Platz war jetzt in der Heimat, wo die Fackel der Revolution loderte. Bereits am 27. März begab er sich mit seiner Familie und einigen anderen Landsleuten an Bord des norwegischen Dampfers »Christiania-Fjord«, der nach Europa fuhr.

Bei einer Inspektion des Schiffes im kanadischen Hafen Halifax wurden seine Familie und einige andere russische Passagiere verhaftet. Während des Aufenthalts im Lager erfuhren sie, dass die britische Botschaft eine Mitteilung verbreitet habe, Trotzki habe finanzielle Unterstützung von deutschen Stellen erhalten, um in Russland die Provisorische Regierung zu stürzen. Sogar nach seiner Ankunft in Petrograd geisterte dieses Gerücht durch die russischen Zeitungen. Mit Hilfe zahlreicher Spekulationen und Dokumente, deren Echtheit weder bewiesen noch widerlegt worden ist, sollte belegt werden, dass die deutsche Regierung die Bolschewiki finanziell unterstützt habe. Bis heute haben wir keine volle Klarheit in dieser Frage. Eine der bekanntesten Untersuchungen zu diesem Thema ist wohl das Buch S. P. Melgunows, eines ehemaligen Redakteurs der Zeitschrift »Golos minuwschego«, der 1920 von den Bolschewiki zum Tode verurteilt, dann jedoch ins Ausland abgeschoben wurde (Melgunow 1940).

Nach hartnäckigen Protesten der »Prawda« gegen die Willkür der britischen Behörden sah sich die Provisorische Regierung genötigt, nach Halifax zu telegraphieren und die Engländer zu bitten, die internierten russischen Bürger freizulassen. Drei Wochen später erreichte Trotzki Skandinavien und fuhr mit dem Zug nach Petrograd.

Die revolutionäre Springflut

Nach einer zehnjährigen Unterbrechung betrat Trotzki zum ersten Mal wieder heimatlichen Boden. Als er am 5. 5. 1917 auf dem Finnischen Bahnhof in Petrograd eintraf, erwarteten ihn Bolschewiki, Menschewiki und andere auf dem Perron. Uritzki hielt sogar eine kleine Rede. Die Söhne Trotzkis, die sich bereits an die Fremde gewöhnt hatten, staunten über die vielen Menschen mit roten Bändern an ihren Revers, die alle Russisch sprachen … Trotzki kehrte als einer der letzten bekannten, im Ausland lebenden russischen Revolutionäre in die russische Hauptstadt zurück, wo er vor mehr als zehn Jahren Vorsitzender des höchsten revolutionären Organs gewesen war. Kaum war er in das Hotel »Kiew« gezogen, begab er sich auch schon in den Smolny, wo gerade eine Sitzung des Petrograder Rates stattfand. Den Vorsitz führte der ihm bereits bekannte Tschcheidse, einer der führenden Menschewiki. Man empfing Trotzki recht kühl. Denn weder die Menschewiki und Sozialrevolutionäre, die die Mehrheit im Rat bildeten, noch die Bolschewiki wussten, welche Fraktion durch seine Ankunft »Verstärkung« erhalten hatte. Trotzki, der in den letzten Jahren in der Regel eine zentristische Position eingenommen hatte (allerdings eher mit den Menschewiki sympathisierte), wusste damals wohl selbst nicht genau, wo er stand. Doch angesichts seiner Verdienste in der ersten russischen Revolution nahm man ihn bereits während dieser Sitzung in das Exekutivkomitee auf – als Mitglied mit beratender Stimme. Mit Erstaunen beobachtete Trotzki, wie seine neuen Kollegen sich die Posten in der Regierung Kerenskis teilten, welche in der Presse als »Symbiose von zehn Kapitalisten und sechs Sozialisten« bezeichnet wurde.

Auf Bitten der sozialistischen Minister Gutschkow, Zereteli und seines ehemaligen Schülers Skobelew erhielt auch Trotzki auf dieser Sitzung das Wort. In seinen Ausführungen legte er sein Verhältnis zur Revolution dar. Er stellte fest, dass in Russland »eine neue Epoche begonnen hat, eine Epoche von Blut und

Eisen, ein Kampf, bei dem es sich nicht mehr um den Kampf zwischen Nationen handelt, sondern um den Kampf der unterdrückten Klassen gegen ihre Unterdrücker« (Trotzki, Sotschinenija III, 1, S. 45 f.). Zereteli und Tschernow, die für die Fortsetzung des Kriegs »bis zum siegreichen Ende« waren, schüttelten entsetzt die Köpfe. In den Worten Trotzkis sahen sie eine deutliche Gefahr für ihren Kurs.

Trotzki kannte bereits Lenins Artikel »Über die Aufgaben des Proletariats in der gegenwärtigen Revolution«, der am 7. 4. 1917 in der »Prawda« erschienen war. Er enthält die berühmt gewordenen »April-Thesen«, die auf den Sieg der sozialistischen Revolution abziehen. In seinem Artikel kritisiert Lenin Plechanows Darlegungen in der menschewistischen Zeitung »Jedinstwo« und sein Eintreten für die »Verteidigungspolitik« chauvinistischer Machart. Lenin jedoch formuliert in seinem Artikel eine tragische Position: »Keine parlamentarische Republik – eine Rückkehr von den Räten der Arbeiterdeputierten zu ihr wäre ein Rückschritt –, sondern eine Räterepublik der Arbeiter-, Landarbeiter- und Bauerndeputierten im ganzen Land, von unten bis oben« (Lenin, Gesammelte Werke, Band 31, S. 115). Die Zurückweisung des Parlamentarismus in einem Land, in dem soeben die ersten Keime demokratischer Strukturen zu sprießen begannen, sollte sich grausam rächen. An den scharfen Ton Lenins war Trotzki mittlerweile gewöhnt, doch Plechanows grobe Anwürfe gegen Lenin, zwischen denen sich einige richtige Schlussfolgerungen fanden, überraschten ihn. Charakteristisch dafür war bereits der Titel des Artikels: »Über die Thesen Lenins und darüber, warum Fieberwahn mitunter interessant zu sein pflegt«. (Plechanow 1921.)

Trotzki erlebte, dass die revolutionäre Kampfarena die Menschen nicht nur verband, sondern auch auseinanderführte – und zwar häufig für immer. Doch auch er musste sich für eine politische Richtung entscheiden: Die Revolution erträgt keine amorphen Positionen.

Trotzkis zentristische Haltung führte ihn zunächst zu den sogenannten »Meschrayonzen«, einer Organisation der Sozialdemokraten, die 1913 entstand, das Eintreten der Menschewiki für die Vaterlandsverteidigung verurteilte, ohne völlig mit ihnen zu brechen. Diese vergleichsweise kleine Vereinigung von Sozialdemokraten näherte sich mehr und mehr den Bolschewiki an. Zu der Zeit, als Trotzki nach Petrograd kam, gehörten zu den »Meschrayonzen« viele seiner alten Freunde und Bekannten: Antonow-Owsejenko, Wolodarski, Manuilski, Ioffe, Lunatscharski, Uritzki, K. K. Jurenew und einige andere. In der Regel waren dies Intellektuelle mit sozialdemokratischer Einstellung, die durch die »westliche Schule« der sozialdemokratischen Bewegung gegangen waren und sich nun zwischen dem Radikalismus der Bolschewiki und dem Parlamentarismus der Menschewiki entscheiden mussten. Unter ihnen traf Trotzki auch jene, mit denen er zwei Jahre zuvor bei der Pariser Zeitung »Nasche slowo« zusammengearbeitet hatte.

Petrograd brodelte. Die Meeting-Euphorie kam wie ein Frühjahrshochwasser über die Straßen der Hauptstadt. Manchmal verließ Trotzki am frühen Morgen sein Hotelzimmer, um sich dann für Tage nur der Politik zu widmen ... Sitzungen, Protestkundgebungen, Meetings, Erörterungen, Auftritte. Bald erkannte er, dass die Bolschewiki das politische Kräftegleichgewicht langsam, jedoch unaufhaltsam zu ihren Gunsten verschoben. Während seines Auftritts am 10. Mai vor der Konferenz der Meschrayonzen, wo die Frage der politischen Positionsbestimmung der Gruppe diskutiert wurde, distanzierte er sich noch einmal von Lenins Partei: »Ich kann mich nicht Bolschewik nennen ... Die Anerkennung des Bolschewismus darf man von uns nicht fordern.« (Leninski sbornik IV, S. 303.)

In jenen Tagen konnte man Trotzki in den Redaktionen verschiedener Richtungen begegnen: bei der »Prawda«, dem »Wperjod«, der »Nowaja shisn«. Während der ersten drei Monate traf er mit Lunatscharski, Gorki, Suchanow, Skobelew und Kamenew zusammen. Die »Positionsbestimmung« der Akteure im russischen Drama war in vollem Gang. Zwischen Trotzki und L. B. Kamenew, der mit seiner Schwester Olga verheiratet war, entwickelte sich niemals eine enge Beziehung. In seinem Buch »Die Februarrevolution« charakterisiert Trotzki seinen Schwager nicht besonders schmeichelhaft: »Ein Bolschewik vom ersten Aufkeimen des Bolschewismus an, stand Kamenew schon immer am rechten Flügel der Partei. Kamenew, dem man theoretische Grundlagen und politisches Feingefühl nicht absprechen konnte, der große Erfahrung im Fraktionskampf in Russland besaß und über einen Fundus politischer Beobachtungen im Westen verfügte, begriff besser als andere Bolschewiki die Ideen Lenins, jedoch lediglich zu dem Zweck, um ihnen in der Praxis eine zahmere Interpretation zu verleihen. Weder Selbständigkeit in Beschlüssen noch Initiative im Handeln konnte man von ihm erwarten.« (Die Februarrevolution, Berlin 1931, S. 321.) Während der Begegnungen mit Kamenew, die häufig in seiner Wohnung stattfanden, versuchte Trotzki, Klarheit über die Positionen der Bolschewiki zu gewinnen und gleichzeitig herauszufinden, was Lenin über ihn dachte. Er wusste über das vertraute Verhältnis zwischen Lenin und Kamenew, dem Wladimir Iljitsch während einer Erkrankung sogar einen bedeutenden Teil seines persönlichen Archivs übergab, um diesen zu veröffentlichen.

Aus den Unterhaltungen mit Kamenew konnte Trotzki schließen, dass Lenin und die Mehrheit des ZK ihm vorerst noch eher vorsichtig-reserviert gegenüberstanden. Davon konnte er sich bald darauf selbst überzeugen, als er Lenin während einer gemeinsamen Konferenz der Bolschewiki und der »Meschrayonzen« begegnete. Doch Wladimir Iljitsch Lenin fühlte tiefer als jeder andere, dass große gesellschaftliche Auseinandersetzungen bevorstanden, er sah eine einmalige historische Chance für die russischen Revolutionäre, die er nicht vorbeiziehen lassen wollte. Angesichts dieser Situation wollte Lenin die berühmten und populärsten Männer auf seine Seite ziehen: Martow, Plechanow, Trotzki. Doch die erstgenannten waren schon lange überzeugte Sozialdemokraten, die den Bolschewiki distanziert gegenüberstanden. Also blieb nur noch Trotzki.

Je mehr sich Trotzki den Bolschewiki annäherte, desto besser entwickelten sich die persönlichen Beziehungen zwischen Lenin und Trotzki. Später sollte er schreiben: »Lenins Verhältnis zu mir durchlief im Verlauf des Jahres 1917 verschiedene Stadien. Lenin empfing mich zurückhaltend und abwartend. Die Juli-Tage brachten uns einander sofort näher. Als ich – gegen die Mehrheit der führenden Bolschewiki – die Losung zum Boykott des Vorparlaments vertrat, schrieb Lenin aus seinem illegalen Zufluchtsort: ›Bravo, Genosse Trotzki!‹« (Moja shisn II, S. 61.)

Einen Monat nach seiner Ankunft in Petrograd war Trotzki bereits eine der prominentesten Gestalten in den revolutionären Kreisen. Im Sommer und Herbst 1917 erfreute er sich einer großen Beliebtheit: Er wurde von den Matrosen der Baltischen Flotte sowie von den Arbeitern der Putilow-Werke und des Straßenbahndepots eingeladen und war Gast bei Versammlungen der Sozialrevolutionäre und der Bolschewiki wie auch bei Sitzungen der Studentenschaft und der Soldatenkomitees. Der Sprecher der Revolution sagte fast niemals ab. Manchmal fuhr er zusammen mit Lunatscharski, der ebenfalls ein glänzender Redner war, zu den Meetings. Dieses Duo der revolutionären Agitatoren war in Petrograd sehr beliebt.

Gern reiste er auch zu den Matrosen in Kronstadt. Dort fielen seine Worte auf fruchtbaren Boden, denn die Matrosen waren der wohl radikalste Teil der revolutionären Massen. Ihre außerordentlich wohl wollende Haltung gegenüber Trotzki zeigte sich nicht zuletzt darin, dass sie aus eigener Initiative Leibwächter stellten – und zwar nicht nur in Kronstadt, sondern auch in Petrograd. Eine besondere Beziehung unterhielt Trotzki zu dem Matrosen M. I. Markin. Später schrieb er über ihn: »Ihn muss man erwähnen, weil durch ihn – durch den ›kollektiven Markin‹ – die Oktoberrevolution siegte. Markin war Matrose der Baltischen Flotte, Artillerist und Bolschewik … Markin war kein Redner, er sprach stockend. Außerdem war er schüchtern und mürrisch … Ich wusste noch nichts von seiner Existenz, als er sich bereits um meine Familie kümmerte. Er hatte sich mit den Jungen bekannt gemacht, gab ihnen Butterbrote und Tee in der Kantine des Smolny und verschaffte ihnen auch sonst kleine Freuden, die derart selten waren in jener harten Zeit ...« (Trotzki, Moja shisn II, S. 12.)

Mit Hilfe Markins fand N. I. Sedowa eine Wohnung, meldete die Kinder in der Schule an und brachte so ein Minimum an Ordnung in das alltägliche Leben. Der Sohn A. F. Kerenskis besuchte damals die gleiche Schule wie die Söhne Trotzkis. Siebzig Jahre später erinnerte er sich, dass außer den beiden Söhnen Trotzkis auch Dmitri Schostakowitsch, der Sohn Kamenews und einige andere Kinder Berühmter auf dieser Schule waren. Die Söhne Trotzkis wurden von ihren Mitschülern spöttisch »Yankees« genannt; man stieß sich an ihren guten Manieren, ihrer Zuverlässigkeit und Unabhängigkeit den anderen gegenüber ... An dieser Stelle sollten wir erwähnen, dass Trotzki sich lediglich im Ausland seiner Familie ein wenig widmete. Mit der Erziehung der Kinder war im Grunde allein Natalja Iwanowna betraut. Hier in Russland nahm die Revolution Trotzki völlig in Anspruch; für die Kinder blieben lediglich »Reste« seiner seelischen Energie.

In jener Zeit kam es in den Massen zu einem Linksruck, der rasch voranschritt. Einer der Gründe war, dass die Februarrevolution die Menschen zwar von der Autokratie befreit hatte, doch ihnen weder Land noch Frieden schenkte. Aber die Bauern und die Arbeiter wünschten sich mehr als alles andere Frieden und Land. Die Bolschewiki erkannten schnell die Stimmung der gewaltigen Menschenmassen und versuchten unentwegt, die Massen zu überzeugen, dass neue radikale Schritte unabdingbar waren. Besonders deutlich zeigte sich dies alles am 4. Juli, dem Tag der grandiosen Antikriegsdemonstration, die zu einer Manifestation des Protests gegen das kränkelnde Regime der Provisorischen Regierung wurde. Zu jener Zeit häuften sich Meldungen über die Misserfolge an der Front. Die rechte Presse und die bourgeoisen Kräfte fielen nun über die Bolschewiki her und gaben ihnen die Schuld für die Kriegskatastrophe. Man

präsentierte zahllose schriftliche »Beweise«, die belegen sollten, dass Lenin »mit dem deutschen Generalstab verbunden« sei und dass die Bolschewiki mit ihren Umsturzplänen gegen den Zaren dem deutschen Kaiser »Vorschub leisteten«. In Trotzkis Artikel »Die Politik des fernen Ziels«, der handschriftlich im Archiv vorliegt, heißt es über die Ereignisse jener Zeit: »Im Juli 1917 versuchte die Reaktion mit allen Mitteln zu beweisen, dass die Bolschewiki im Bündnis mit den deutschen Imperialisten stünden. Kerenski, Burzew, Dan ›beweisen‹, dass die Bolschewiki, wenn auch nicht für Geld, so zumindest ›objektiv‹, die Pläne der Hohenzollern unterstützen und fördern … Doch die Bolschewiki schwankten nicht, sie krochen nicht vor den Blitzen und Donnern der spießigen öffentlichen Meinung im Juli zu Kreuze, sie ließen sich von der Hetze, von Lüge und Verleumdung nicht in die Enge treiben … Sie fassten das ferne Ziel ins Auge, verkürzten die Fristen und beschleunigten die Ereignisse …« (Zentrales Parteiarchiv.)
Die Provisorische Regierung ordnete die Verhaftung Lenins, Sinowjews, Kamenews und zahlreicher weiterer Bolschewiki an. Auf die Weise wollte die Reaktion die revolutionäre Springflut eindämmen. Vor dem Hintergrund dieser Ereignisse hatten sich Trotzki und Lenin offenbar bei der gemeinsamen Sitzung des Zentralkomitees und des Petrograder Komitees der RSDAP am 4. 7. 1917 getroffen. Als man die Frage des Auftretens und Vorgehens vor Gericht erörterte, forderte Trotzki, man solle das Gericht als revolutionäre Tribüne benutzen. Kamenew unterstützte ihn, doch Lenin und die Mehrheit seiner Anhänger nahmen zu Recht an, dass die Behörden es darauf anlegten, der Revolution ihre führenden Köpfe zu rauben. Schließlich hatten Offiziere bereits die Redaktion der »Prawda« verwüstet, bolschewistische Führer wurden verhaftet, und in der Presse häuften sich Hetzartikel gegen die Revolution. Ein »Thermidor« war nicht mehr ausgeschlossen.
Einige Tage nachdem Lenin untergetaucht war, veröffentlichte Trotzki einen offenen Brief an die Provisorische Regierung:

»Bürger Minister!
Ich weiß, dass Sie beschlossen haben, die Genossen Lenin, Sinowjew und Kamenew zu verhaften. Es ist jedoch kein Haftbefehl gegen mich ergangen. Deshalb halte ich es für unumgänglich, Ihre Aufmerksamkeit auf folgende Fakten zu lenken.
1. Im Prinzip teile ich die Position Lenins, Sinowjews und Kamenews und bin für sie in meiner Zeitung ›Wperjod‹ und während all meiner öffentlichen Auftritte eingetreten.
2. Meine Position bezüglich der Ereignisse vom 3. und 4. Juli entspricht der der oben genannten Genossen.« (Trotzki, Sotschinenija III, 1, S. 165 f.)

Nur ein sehr mutiger Mensch konnte in diesem Augenblick eine solche Erklärung herausgeben. Trotzki trat weiterhin auf Protestkundgebungen auf und erklärte unverhohlen, dass auch er, genau wie Lenin, ein unversöhnlicher Gegner der Provisorischen Regierung sei und dass jene, die die Führer der Revolution als »deutsche Spione« bezeichneten, Schurken seien. Bei solchen Kundgebungen tobte die Menge: Die meisten jubelten Trotzki zu, manche aber stießen wütende Beschimpfungen und Drohungen aus. Trotzki griff die Regierung an, weil sie den verbrecherischen imperialistischen Krieg fortsetze und versuche, dem Volk die Früchte der bürgerlichen Februarrevolution zu nehmen. So ging es ein bis zwei Wochen, bis eine Gruppe von Offizieren mit einem Haftbefehl vor Trotzkis Wohnungstür stand.
Im überfüllten Gefängnis »Kresty«, wo er zehn Jahre zuvor bereits gesessen hatte, traf Trotzki Lunatscharski, Raskolnikow, Kamenew, Dybenko, Antonow-Owsejenko und einige andere bekannte Revolutionäre aus den Reihen der Bolschewiki, Menschewiki und Sozialrevolutionäre. Am nächsten Tag erklärte der führende menschewistische Theoretiker N. N. Suchanow, ein guter Bekannter Trotzkis, im Zirkus »Modern«, wo man einen Auftritt des verhafteten Revolutionärs erwartete, dass dieser von der Provisorischen Regierung verhaftet worden sei – und

durch die Menge ging ein unvorstellbarer Aufschrei der Missbilligung. Suchanow schreibt später, es sei ihm und Martow nur mit Mühe gelungen, die Menge zu beruhigen und »den Dampf aus ihr herauszulassen«, indem sie eine Protestresolution verabschiedeten. Bald wusste das ganze revolutionäre Petrograd von der Verhaftung Trotzkis.

Auch während seines zweiten Aufenthalts im Gefängnis »Kresty« schrieb Trotzki unentwegt. In seinem Artikel »Im Gefängnis Kerenskis« berichtete F. Raskolnikow später: »Wenn der Genosse Trotzki mit seinem ausländischen Trenchcoat und Filzhut beim Rundgang auftauchte, wurde er sogleich von einigen Genossen umringt, und es begann ein lebhaftes Gespräch über Politik ... Und in seiner Zelle schrieb Trotzki von morgens bis abends ...« (Zentrales Parteiarchiv.)

Der neuerliche Gefängnisaufenthalt verschaffte Trotzki noch mehr Autorität. Ende Juli, einige Tage nach seiner Verhaftung, wurde der 6. Parteitag der RSDAP eröffnet. Er verlief unter halblegalen Bedingungen. Viele führende Parteimitglieder waren entweder untergetaucht oder im Gefängnis und konnten so den Parteitag nicht miterleben. Doch der intellektuelle und politische Einfluss Lenins war außerordentlich stark spürbar. Die Leninsche Grundidee des Augenblicks prägte den Geist des Parteitags: In dem Maße, wie die Konterrevolution vorübergehend die Oberhand gewinnt, verringert sich stark die Möglichkeit, die Macht auf friedlichem Weg zu ergreifen. Also wurde die Frage des bewaffneten Aufstands auf die Tagesordnung gesetzt. Von diesem Augenblick an trat die radikale Linie der Bolschewiki noch klarer zutage.

Dieser Parteitag war von großer Bedeutung für Trotzkis Schicksal als Revolutionär. Nach Verhandlungen und Abstimmungen wurde eine große Gruppe von etwa 4000 »Meschrayonzen« in die Partei aufgenommen – also jene sogenannten Menschewiki-Internationalisten, Zentristen und versöhnlerischen Bolschewiki, zu deren Organisation auch Trotzki gehörte. Während er im Gefängnis war, wurde das Problem seiner Parteizugehörigkeit und die vieler seiner Genossen gelöst. Trotzki wurde Bolschewist. Seine Autorität war bereits derart gewachsen, dass er bei den Wahlen ins Zentralkomitee auf diesem Parteitag sofort gewählt wurde. Dabei erhielt er lediglich drei Stimmen weniger als Lenin!

Ungeachtet aller Bemühungen konnte man vor Gericht keine ernsthaften Beschuldigungen gegen Trotzki vorbringen. Es war schwierig, seine Rednertätigkeit als gegen die staatliche Ordnung gerichtetes Verbrechen darzustellen. Außerdem hatte Trotzki mit Hungerstreik gedroht und die Aussage verweigert. Auf Verlangen des Petrograder Rats wurde er am 2. September gegen 3000 Rubel Kaution entlassen. Trotzki, Lunatscharski, Kamenew, Kollontaj und andere Revolutionäre verließen das Gefängnis als »Helden«. Sogleich stürzte sich Trotzki in seine Parteiarbeit.

Die Seite der Reaktion hatte eine andere Auffassung zu diesen Ereignissen. Der General A. Lukomski, der damals Stabsleiter beim Oberkommandierenden Brussilow war, schrieb später, nach den Juli-Ereignissen habe »sich die Provisorische Regierung nach der Unterdrückung der bolschewistischen Auftritte als unverzeihlich schwach erwiesen. Lenin, den man hätte leicht verhaften können, gab man die Möglichkeit unterzutauchen. Der inhaftierte Trotzki (Bronstein) wurde auf Befehl der Provisorischen Regierung aus dem Gefängnis entlassen. Die Verräter und Betrüger der Heimat, die für deutsches Geld arbeiten, offen eine Beendigung des Kriegs und einen Frieden ›ohne Annexionen und Kontributionen‹ fordern, wurden nicht nur nicht bestraft, sondern ihr Verfahren wurde praktisch eingestellt, und ihnen wurde die Möglichkeit gegeben, von neuem ihre Zersetzungsarbeit in Petrograd und der Armee fortzusetzen.« (Archiv russkoj rewoljuzii II, 1922, S. 89.)

Mitte September wurde in Petrograd die Demokratische Beratung eröffnet, ein Forum von politischen Parteien, die sich im Dialog über die weitere Entwicklung im Land verständigen wollten. Möglicherweise konnte diese Beratung die Revolution

noch in friedliche Bahnen lenken. Für Trotzki war diese Sitzung sehr bedeutsam: Zum ersten Mal legte er im Auftrag des ZK der Partei die Position der Bolschewiki dar. Sein Auftritt hat nach den Erinnerungen seiner Zeitgenossen einen großen Eindruck hinterlassen. Trotzki hatte sich sorgfältig vorbereitet, denn er wusste, dass sein erster Auftritt in seiner neuen Funktion entscheidende Bedeutung besitzen würde. Suchanow erinnerte sich später: »Das war zweifelsohne eine der glänzendsten Reden dieses erstaunlichen Redners … Das Auditorium im Alexandriski-Theater erstarrte schon bei der Erwähnung des Namens Trotzki.« Der Revolutionär forderte Maßnahmen zur Bewaffnung der Roten Garde. Nur so könnte man »eine wirkliche Bastion gegen die Konterrevolution« schaffen. Sollten die Vorschläge der Revolutionäre zum Friedensschluss abgelehnt werden, so »werden die bewaffneten Arbeiter Petrograds und ganz Russlands das Vaterland der Revolution vor den Soldaten des Imperialismus mit einem in der russischen Geschichte einzigartigen Heldentum beschützen.« (Suchanow, Sapiski V, S. 306 f.) Am Ende seiner Rede zog Trotzki die Legitimität und den repräsentativen Charakter der Demokratischen Beratung in Zweifel und verließ als Zeichen des Protests zusammen mit den anderen Bolschewiki demonstrativ den Saal. Damit wurde deutlich, dass die Bolschewiki Kurs auf den bewaffneten Aufstand nahmen.
Lenin lobte die Rede und Position Trotzkis auf diesem Forum. Deshalb schlugen die Bolschewiki am 25. September bei den Neuwahlen für das Exekutivkomitee des Petrograder Rats Trotzki für den Posten des Vorsitzenden vor. Nach seiner Wahl erklärte der Vorsitzende unter jubelnden Zurufen des ganzen Saales, er werde sich bemühen, nach seiner zweiten Wahl in den Rat erfolgreicher zu sein als beim ersten Mal im Jahre 1905. Seine Rede enthielt zwei bezeichnende Sätze: »Wir werden die Arbeit des Petrograder Rats im Geiste der Legalität und der vollen Freiheit aller Parteien durchführen. Die Hand des Präsidiums wird sich niemals erheben, um eine Minderheit zu unterdrücken.« (Suchanow, Sapiski VI, S. 188.) Ins Präsidium des

Rats wurden die Bolschewiki Trotzki, Kamenew, Rykow und Fjodorow, die Sozialrevolutionäre Tschernow und Kaplan sowie die Menschewiki Liber, Brojdo und Wainstein gewählt. Dieses Mal war sowohl im Rat als auch im Präsidium eine proportionale Vertretung erreicht worden; doch bald nach dem Sieg des bewaffneten Oktoberaufstands sollte Trotzki selbst es sein, der die Maßnahmen der Bolschewiki zur Liquidation der Anfänge eines revolutionären Pluralismus unterstützte. Sein Versprechen, die Rechte der Minderheiten zu achten, war zu diesem Zeitpunkt »vergessen«. Doch zehn Jahre nach seinem größten Triumph im Oktober 1917 sollte er selbst Oper des Parteimonopols werden. Und Trotzki, der zu den Architekten des bolschewistischen Systems gehörte, würde seine Entmachtung vor allem auf die Intrigen Stalins zurückführen – ohne zu begreifen, dass der erste Generalsekretär der Partei der Bolschewiki lediglich ein Produkt der Linie des Machtmonopols der Partei und der politischen Diktatur einer Klasse war.

Die Hypnose der Mythen

Trotzki, den Stalin zu einem »Spion«, »Scheusal«, »Doppelzüngler«, »Mörder«, »imperialistischen Agenten« und »Lügner« gemacht hatte, war bis zum Ende seiner Tage ein erbitterter Feind der politischen Lüge. Er schrieb: »Die Revolution bricht mit der gesellschaftlichen Lüge. Die Revolution ist gerecht. Sie beginnt damit, dass sie die Dinge und Verhältnisse beim Namen nennt ... Aber die Revolution selbst ist kein einheitlicher und harmonischer Prozess. Sie ist voller Widersprüche ... Sie selbst bringt eine neue herrschende Schicht an die Macht, die sich bemüht, ihre privilegierte Lage zu festigen, und dazu neigt, sich nicht als vorübergehendes historisches Werkzeug zu sehen, sondern als Vollendung und Krönung ...« (Trotzki, Stalinskaja schkola, S. 5–7.) Doch Trotzki konnte niemals eingestehen, dass er einer der Schöpfer jener Umstände war, in denen die Lüge wieder ihr Haupt erhob.

Bei der Lektüre von Werken über die Große Sozialistische Oktoberrevolution fällt besonders auf, dass Trotzki sehr selten erwähnt wird. Dies gilt beispielsweise auch für die Enzyklopädie »Die Große Sozialistische Oktoberrevolution«, herausgegeben 1987. Heute wird wohl kaum jemand abstreiten, dass Trotzki der zweite Mann bei dieser Revolution war. Doch in dieser Enzyklopädie von 1987 (!) wird Trotzki nur einige Male erwähnt – und das mit dem Ziel, zu zeigen, wie sehr er die Revolution behinderte ... Die Stalinschen Mystifikationen sind noch immer außerordentlich lebendig, sie prägen das Bewusstsein vieler subjektiv ehrlicher Historiker, die sich niemals von den Legenden des »Kurzen Lehrgangs« losreißen konnten. Doch Menschen, die nicht unter dem Einfluss dieser Mystifikationen standen, konnten bereits vor langer Zeit ehrlich und ehrenhaft über die Revolution und alle in ihr handelnden Personen schreiben. An dieser Stelle möge der Hinweis auf die »Enzyklopädie der russischen Revolution« von Prof. H. Shukman (Oxford) genügen. Ich möchte bei diesem Porträt Trotzkis keine chronologische

Darstellung der Ereignisse im Oktober 1917 geben. Darüber ist viel geschrieben worden – und heute werden diese Ereignisse aktiv »umgeschrieben«. Doch ich will versuchen, gestützt auf Archivmaterial und andere Dokumente, die tatsächliche Rolle Trotzkis im bewaffneten Oktoberaufstand aufzuzeigen.

Trotzki wird bis zum heutigen Tage vorgeworfen, er habe die Machtergreifung in Petrograd parallel zu der Eröffnung des zweiten Rätekongresses durchführen wollen. In der oben genannten Enzyklopädie heißt es, dass »einige (Bolschewiki, D. W.) der Ansicht waren, man solle die Machtergreifung bis zur Eröffnung des zweiten Rätekongresses (am Abend des 25. Oktober) aufschieben. Ihre Positionen orientierten sich an der Haltung des Vorsitzenden des Petrograder Rats, L. D. Trotzki, der für den Aufschub des Aufstandes war, was seine Vereitlung hätte bedeuten können.« Wie war es wirklich? Trotzki stellte sich keineswegs gegen Lenins Forderung, einen bewaffneten Aufstand zu initiieren; ganz im Gegenteil, er unterstützte diese Linie voll und ganz. Allerdings äußerte er den Gedanken, dass der Aufstand nicht nur unter der Ägide und Führung des ZK der bolschewistischen Partei ablaufen sollte, sondern auch mit dem Willen des Rätekongresses. Die bolschewistische Losung »Alle Macht den Räten!« hatte die Schaffung einer bedeutend größeren sozialen Basis für die Revolution und den Aufstand zum Ziel. Diese Losung war an den Interessen des Volks orientiert: Nicht von einer Partei, sondern von der gesamten Allianz der revolutionären Kräfte Russlands sollte der Aufstand getragen werden. Die Weltöffentlichkeit, so nahm Trotzki an, könne sich dann mit eigenen Augen davon überzeugen, dass der revolutionäre Umsturz nicht Produkt der isolierten »Verschwörung« einer radikalen Partei war, sondern von breiten progressiven Kreisen der russischen Gesellschaft ausging.

Die *unmittelbare* Gefahr einer Konterrevolution, die einige so sehr fürchteten, war möglicherweise nicht sehr groß. Aber sie bestand selbstverständlich. Im Fonds Trotzkis befindet sich eine Erklärung des Stabschefs des Oberkommandos: »Die Front fordert die Unterordnung unter die Provisorische Regierung!«, welche an den Petrograder Rat, an die Zeitungen, an die Regierung gerichtet worden war. In diesem Dokument heißt es:

»Im Namen der Frontarmeen fordern wir die Bolschewiki auf, ihre Gewaltakte unverzüglich einzustellen, von einer bewaffneten Machtübernahme Abstand zu nehmen, sich bedingungslos der Provisorischen Regierung unterzuordnen, die in völligem Einvernehmen mit den bevollmächtigten Organen der Demokratie handelt und als Einzige in der Lage ist, das Land zur Konstituierenden Versammlung zu führen, die das Schicksal Russlands bestimmen wird.
Die Fronttruppen werden diese Forderung mit all ihren Kräften unterstützen.
Der Stabschef des Oberkommandos
Duchonin
Stabschefgehilfe der Zivilverwaltung
Wyrubow
Der Vorsitzende des Gesamtheereskomitees Perekrestow« (Zentrales Parteiarchiv.)

Die Gefahr einer starken antibolschewistischen Welle existierte. Doch die selbstsichere Erklärung Duchonins hatte nicht die Erschöpfung und Demoralisierung der Truppen berücksichtigt. Die Armee wollte zu diesem Zeitpunkt nur eines – Frieden. Und diesen konnte nur die Revolution geben. Man kann Lenin verstehen, wenn er am Abend des 24. Oktober aus seinem Unterschlupf einen Brief an die Mitglieder des ZK der Partei richtet, in dem er erklärt: »Mit aller Kraft beschwöre ich die Genossen zu begreifen, dass jetzt alles an einem Haar hängt … Man muss, koste es, was es wolle, heute Abend, heute Nacht die Regierung verhaften, die Junker usw. entwaffnen (niederschlagen, wenn sie sich widersetzen sollten). Wir dürfen nicht länger warten! Wir können alles verlieren.« Und weiter schreibt er: »Die Regierung schwankt. Man muss ihr *den Garaus machen*, koste es, was es wolle!« (Lenin, PSS, Band 34, S. 345 f.)

Man muss ihr »den Garaus machen« – eine Formulierung wie diese verdeutlicht beredt den Übergang von friedlichen zu gewaltsamen Methoden. Und leider sollte diese Richtlinie bald bestimmend für das Vorgehen der Bolschewiki werden. Durch ihr zaghaftes Eintreten für ein liberaleres Klima zogen die Menschewiki lediglich den Zorn der radikalen Bolschewiki auf sich. Kurze Zeit später würde Trotzki dazu aufrufen, dass die »gusseiserne Straßenwalze der proletarischen Revolution über das Rückgrat des Menschewismus fahren soll« (Zentrales Armeearchiv). Die Unversöhnlichkeit gegenüber der Sozialdemokratie, das Bestreben, die Probleme mit Hilfe von Gewalt zu lösen, führten den Oktober auf den Weg der Repression. Allerdings haben die Vertreter der alten Gesellschaft als auch die Interventen ihren Teil dazu beigetragen.

Trotzki zufolge sollte der Aufstand beginnen, während der *Rätekongress* tagte – jenes Organ, das dann die Provisorische Regierung liquidieren und die revolutionäre Macht etablieren konnte. Somit trat Trotzki nicht für eine »Verzögerung« des Aufstandes ein, wie in unserer Literatur bis heute hartnäckig behauptet wird. Nein, er wollte dem Aufstand lediglich eine breitere Basis geben. Er glaubte, dass der Kongress jene Elemente, die noch schwankten, rascher für die Revolution gewinnen könnte. Außerdem war er der Ansicht, dass ein solches Vorgehen eine positive Wirkung auf das Bewusstsein der Bauern und Soldaten haben und auch die Haltung des Auslandes zu dem Umsturz beeinflussen würde.

Unbestritten ist der Anteil Trotzkis am Aufbau des Militärisch-Revolutionären Komitees (WRK) beim Petrograder Rat. Dabei handelt es sich um jenes Organ, das die Vorbereitung und die Durchführung des bewaffneten Oktoberaufstands leitete. Wir unterstreichen: Das WRK gehörte zum Petrograder Rat, und deshalb hatte der Vorsitzende dieses Gremiums auch in diesem Organ die führende Position inne. In seinem wohl

besten Werk, der zweibändigen »Geschichte der russischen Revolution«, schreibt Trotzki: »Der Beschluss über die Gründung des WRK, der zum ersten Mal am 9. gefasst wurde, wurde im Plenum des Rats erst eine Woche später behandelt: Der Rat ist nicht die Partei, seine Maschine ist schwerfällig … Dank des Boykotts der Versöhnler gingen lediglich die Bolschewiki und linken Sozialrevolutionäre in das Komitee: Das erleichterte und vereinfachte die Aufgabe. Von den Sozialrevolutionären arbeitete lediglich Lasimir mit, dem man sogar die Leitung des Büros übergab, um zu unterstreichen, dass es sich bei dieser Einrichtung um ein Organ der Räte und nicht der Partei handelte. Im Grunde jedoch stützte sich das Komitee, dessen Vorsitzender Trotzki war und dessen wichtigste Mitarbeiter Podwojski, Antonow-Owsejenko, Laschewitsch, Sadowski, Mechonoschin waren, ausschließlich auf Bolschewiki … Dies war der Stab des Aufstands.« (Trotzki, Istorija II, S. 121 f.) Diese Darstellung entspricht den Tatsachen.
Doch nach Lenins Tod begann man die Geschichte umzuschreiben. Nun wurde einem Militärisch-Revolutionären Zentrum der Partei, dem A. S. Bubnow, F. E. Dsershinski, Ja. M. Swerdlow, J. W. Stalin und M. S. Uritzki angehörten, die führende Rolle bei dem Aufstand zugesprochen. Dieses Gremium, das organisatorisch zum WRK beim Petrograder Rat gehörte, hatte jedoch lediglich symbolische Bedeutung. In den Archiven gibt es keinerlei Hinweise über Aktivitäten dieses Zentrums, und es kann sie auch gar nicht geben: Denn die Vorbereitung des Aufstands wurde durch das WRK durchgeführt, auf dessen archivierten Dokumenten stets die Unterschrift Trotzkis zu finden ist. Auch Lenin verdanken wir entscheidende Hinweise über die führende Rolle Trotzkis bei dem bewaffneten Oktoberaufstand. So schreibt er: »Nachdem der Petrograder Rat in die Hände der Bolschewiki übergegangen war, wurde (Trotzki) zu seinem Vorsitzenden gewählt, und in dieser Funktion organisierte und leitete er auch den Aufstand vom 25. Oktober.« (Lenin, Sobr. sotsch. XIV, 2 [1923], S. 482.)

Doch nach Lenins Tod bewertete Stalin Trotzkis Tätigkeit während der Revolution völlig anders: »Ich muss sagen, dass Genosse Trotzki keine bedeutende Rolle während des Oktoberaufstands gespielt hat und spielen konnte, da er als Vorsitzender des Petrograder Rats lediglich den Willen der entsprechenden Parteiinstanzen ausführte, die jeden Schritt Trotzkis diktierten.« (Stalin, Sotsch. VI, S. 328 f.)
Zahlreiche Dokumente, Augenzeugenberichte und Aussagen in Lenins Schriften aus jener Zeit belegen, dass Trotzki einer der wichtigsten Führer der Revolution von 1917 war. Vor mir liegen der dritte, vierte und fünfte Band der »Revolution des Jahres 1917« (Juni bis Oktober), eines Werkes, das in den Jahren 1924 bis 1926 von »Istpart« herausgegeben wurde – also zu einer Zeit, als Trotzkis Stern bereits im Sinken begriffen war. Dennoch wird der Name Stalins in diesen Bänden lediglich zehnmal genannt, während Trotzki 109-mal erwähnt wird! Diese Tatsache spricht für sich selbst.
Eine Vorstellung von der Verfälschung der Geschichte unter Stalin gibt Trotzkis Brief an »Istpart« vom 21. 10. 1927. Kurz vor dem zehnten Jahrestag der Revolution von 1917 verschickte »Istpart« einen »Fragebogen des Teilnehmers des Oktoberumsturzes«. Nach langem Hin und Her schickte man auch dem damals bereits geächteten Trotzki einen solchen Fragebogen zu. Trotzki, unterdrückt, aber nicht gebrochen, beschloss, die Fragen ausführlich zu beantworten, obwohl er natürlich wusste, dass seine Ausführungen für lange Zeit in den Archiven von »Istpart« verschwinden würden. In seinem Antwortbrief schrieb Trotzki:

»Über die Verfälschung der Geschichte des Oktoberumsturzes, der Geschichte der Revolution und der Geschichte der Partei.
Verehrte Genossen!
Sie sandten mir ausführliche Fragebogenvordrucke über meine Teilnahme am Oktoberumsturz und bitten mich um Antwort … Ich jedoch erlaube mir, Sie zu fragen: Welchen Sinn hat

es, mich über meine Teilnahme am Oktoberumsturz zu befragen, wenn der gesamte offizielle Apparat – darunter auch Sie – darauf hinarbeitet, alle Spuren dieser Teilnahme zu leugnen, zu verwischen oder zumindest zu verfälschen?
Mich haben bereits Dutzende und Hunderte von Genossen gefragt, warum ich hartnäckig zu der himmelschreienden Verfälschung der Geschichte der Oktoberrevolution und der Geschichte unserer Partei, die meinen Namen in den Schmutz zieht, schweige. Ich habe durchaus nicht die Absicht, hier das Thema dieser Fälschungen erschöpfend zu behandeln. Darüber müsste man einige Bände schreiben. Erlauben Sie mir jedoch, als Antwort auf Ihre Umfrage mit einem Dutzend von Beispielen jene bewusste und bösartige Entstellung der Vergangenheit aufzuzeigen, die nun im großen Maßstab durchgeführt wird, von allen möglichen Institutionen abgesegnet wird und sogar in die Lehrbücher Eingang findet.« (Trotzki, Stalinskaja schkola, S. 13.)

Mit dem ihm eigenen Sarkasmus verweist Trotzki auf Fakten, Zitate und Dokumente und kann so überzeugend die Armseligkeit der Stalinschen Fälschungen entlarven. Um Stalins Behauptung, Trotzki habe bei dem Oktoberaufstand keine wesentliche Rolle gespielt, zu widerlegen, braucht er nur die Ausführungen Stalins zu zitieren, die am 6. 11. 1918 in der »Prawda« erschienen waren: »Die gesamte Arbeit der Organisation des Aufstandes verlief unter unmittelbarer Führung von Trotzki, dem Vorsitzenden des Petrograder Rats. Man kann mit Sicherheit sagen, dass, was das rasche Überwechseln der Garnison auf die Seite des Rats und die geschickte Arbeit des WRK betrifft, die Partei vor allem und hauptsächlich dem Genossen Trotzki zu Dank verpflichtet ist.« Und diese Zeilen befinden sich in einem Artikel, in dem Stalin vor der Überschätzung der Verdienste Trotzkis warnte! Trotzki kommentierte sie in seinem Brief folgendermaßen: »Bekanntermaßen besitzt ein wahrheitsliebender Mensch den Vorzug, dass er sich selbst dann nicht widerspricht, wenn er ein schlechtes Gedächtnis hat, während ein korrupter, gewissenloser, der Lüge ergebener Mensch sich immerzu vergegenwärtigen muss, was er in der Vergangenheit sagte, um sich nicht lächerlich zu machen.« (Ebd.)

Diese Zeilen schrieb Trotzki im Oktober 1927, als Stalin bereits die Macht übernommen hatte und das ehemalige Mitglied des Politbüros nur noch ein Opfer von Verleumdung und Hetze war. Nur ein sehr mutiger Mann konnte sich damals so abschätzig über die Rolle Stalins bei dem Oktoberaufstand äußern: »Auch wenn ich mein Gedächtnis noch so anstrenge, kann ich die Frage nicht beantworten, worin eigentlich die Rolle Stalins in jenen revolutionären Tagen bestanden haben soll. Nicht ein einziges Mal habe ich mich an ihn wenden müssen, um seinen Rat oder seine Mitwirkung zu erbitten. Er zeigte keinerlei Initiative …« (Ebd., S. 26.)

Weiter schafft Trotzki Klarheit über die Rolle des »Militärisch- Revolutionären Zentrums«, dessen Bedeutung Apologeten Stalins vom Schlage Jaroslawskis aufgebauscht hatten, nur weil Stalin ihm angehört hatte. Er ertappt sie bei einer glatten Lüge: »Offenbar ist den stalinschen Historikern ein Versehen unterlaufen – denn in der ›Prawda‹ vom 2. 11. 1927 ist folgender Auszug aus dem Protokoll des ZK vom 16. 10. 1917 abgedruckt worden: ›Das ZK bildet ein militärisch-revolutionäres Zentrum mit folgender Besetzung: Swerdlow, Stalin, Bubnow, Uritzki und Dsershinski. Dieses Zentrum tritt in das revolutionäre Rätekomitee ein.‹«

Trotzki konnte also die stalinsche Legende über die besondere Rolle dieses »Zentrums« entkräften: Alle fünf Genossen, die ihm angehörten, waren also lediglich Mitglieder des WRK, dessen Vorsitzender Trotzki war! »Es liegt auf der Hand«, schließt der verfemte Revolutionär, »dass man Trotzki nicht noch einmal in jene Organisation aufnehmen musste, deren Vorsitzender er ohnehin schon war. Wie schwierig ist es doch, die Geschichte im nachhinein zu ›korrigieren‹.« (Ebd., S. 27.)

Die Sternstunde Trotzkis schlug während der Revolution und

des Bürgerkriegs. Die Bedeutung dieser Phase in Trotzkis Biographie versuchte ausgerechnet jener Mann aus dem Gedächtnis des Volkes zu eliminieren, dessen Rolle während der Oktobertage 1917 man lediglich mit Hilfe einer Lupe entdecken kann …

Das Orakel der Revolution

Jede Revolution birgt die Illusion in sich, dass es möglich sein könnte, das alte Leben von heute auf morgen durch ein neues zu ersetzen. Dieser Gedanke wird am leidenschaftlichsten von den Menschen vertreten, für welche die Revolution ein Wink des Schicksals ist. Aber nur wenigen von ihnen gelingt es, die Massen mit ihrem revolutionären Feuer zu entzünden und mit einigen leidenschaftlichen Sätzen dazu zu bewegen, ihrer Idee zu folgen. Trotzki aber besaß diese Begabung zum Volkstribun. Mit Hilfe seiner plastischen, bildhaften Ausdrucksweise brachte er den Menschen die elementaren Gedanken der Revolution nahe. Dieser große Agitator der Revolution wusste damals noch nicht um die Wahrheit jenes Satzes, den N. Berdjajew einige Jahre später niederschreiben würde: »In der Revolution gehen stets jene unter, die sie begonnen haben, und jene, die von ihr geträumt haben.« Von der mitreißenden Wirkung seiner Worte erzählten mir D. T. Schepilow, A. I. Kupzow, N. Borodullin und O. Grebner.

Trotzki selbst erinnerte sich gern an jene revolutionäre Zeit. »Das Leben drehte sich im Wirbelwind der Kundgebungen. Alle Redner der Revolution, die ich in Petrograd hörte, hatten heisere Stimmen oder gar keine Stimme. Die Revolution des Jahres 1905 hatte mich einen vorsichtigen Umgang mit meiner Stimme gelehrt. Daher fiel ich beinahe nie aus. Die Meetings fanden in den Fabriken, in den Lehranstalten, in den Theatern, im Zirkus, auf den Straßen und Plätzen statt. Erschöpft kam ich nach Mitternacht nach Hause zurück, im unruhigen Halbschlaf erarbeitete ich die besten Argumente gegen meine politischen Gegner, und gegen sieben Uhr morgens, manchmal sogar früher, riss mich das verhasste, unerträgliche Klopfen an der Tür aus meinen Träumen: Man holte mich zu Kundgebungen nach Peterhof, oder aber die Kronstädter hatten einen Kutter nach mir geschickt. Jedes Mal glaubte ich, ich würde die nächste Kundgebung nicht überstehen. Doch ich stieß auf eine

Art nervlicher Reserve, ich sprach eine Stunde, manchmal zwei, und während meiner Rede umgab mich bereits ein enger Ring von Delegationen aus anderen Fabriken und Gebieten. Es stellte sich heraus, dass an drei oder fünf Orten Tausende von Arbeitern auf uns warteten, eine Stunde, zwei Stunden, drei Stunden. Derart geduldig harrte in jenen Tagen die erwachte Masse auf ein neues Wort.« (Trotzki, Moja shisn II, S. 14 f.)

Suchanow schrieb über die Rolle Trotzkis als Volkstribun: »Nachdem er sich von der Arbeit im Revolutionsstab frei gemacht hatte, eilte er von der Obuchow- zur Trubotschni-Fabrik, von den Putilow- zu den Baltischen Werken, vom Manegeplatz zur Kaserne, und man hatte den Eindruck, als spreche er an all diesen Orten gleichzeitig … Sein Einfluss sowohl bei den Massen als auch im Stab war überwältigend.«

Stalin dagegen hat seit dem März 1917 – dem Zeitpunkt, zu dem er aus der Turuchansker Verbannung zurückgekehrt war – so gut wie nie vor den Arbeitern, Soldaten und Matrosen gesprochen. Ich habe lediglich zwei Hinweise auf Auftritte Stalins gefunden, doch diese haben weder Spuren im Bewusstsein der Menschen noch in der Geschichte hinterlassen. Dshugaschwili besaß andere »Fähigkeiten«, doch für sie war die Zeit noch nicht gekommen …

Anders Trotzki, das »Orakel der Revolution«, dem die Menschen in den Flottenquartieren und den Hörsälen der Universitäten ebenso gebannt lauschten wie in den Kasernen und Fabrikhallen. Diesem Mann, der das Leben des Arbeiters nur oberflächlich kannte, gelang es dennoch, mit dem Pathos seiner Überzeugungskraft die einfachen Menschen mitzureißen. Dieser Redner, der niemals eine Uniform getragen hatte, war in der Lage, eine ganze Menschenmenge in grauen Soldatenmänteln zu begeistern.

Am liebsten trat er im Zirkus »Modern« auf. Wie der Vorsitzende des Petrograder Rats später berichtete, unternahm damals keiner seiner Gegner auch nur den Versuch, an diesem Ort gegen ihn aufzutreten, denn bis dahin war es niemandem gelungen, in einem unmittelbaren Disput mit Trotzki die Oberhand zu behalten. In seinem letzten Exil schrieb er über diese Meetings im Zirkus »Modern«: »Die Hörer waren Arbeiter, Soldaten, Arbeiterinnen, Mütter, Straßenkinder, die unterdrückten Volksschichten der Hauptstadt. Jeder Quadratwerschok (altes russisches Längenmaß – 1 Werschok = 4,4 cm, A.d.Ü.) war besetzt. Die menschlichen Körper waren dicht aneinandergedrängt, die Jungen saßen auf den Schultern ihrer Väter. Säuglinge saugten an der Mutterbrust. Niemand rauchte. Die Galerien drohten jede Minute unter der Last der Menschen zusammenzubrechen. Ich gelangte auf die Tribüne durch eine enge Gasse von Körpern, manchmal trug man mich auf den Händen. Die Luft war stickig, explodierte von den Schreien, den leidenschaftlichen Rufen des Zirkus ›Modern‹.« (Moja shisn II, S. 15.) An diesem Ort erläuterte Trotzki den Massen, dass nur die Revolution den Frieden bringen konnte. »Der Krieg ruiniert uns. Jeder neue Tag bringt uns neue, schwere Wunden bei. Es gibt kein Brot, kein Holz, keine Kohle. Mit jedem Tag wird alles schlechter. Die Lage an der Front ist miserabel. Die Soldaten in den Schützengräben sind ohne Kleidung und Schuhe, sie leiden Hunger. Und für sie ist kein Ende des Krieges abzusehen, sie wissen keinen Ausweg …

Wir brauchen dringend Frieden. Wir müssen ihn auf direktem, das heißt auf revolutionärem Weg erreichen. Wir müssen uns unmittelbar an die Völker wenden, an die Armeen, und ihnen auf allen Fronten einen unverzüglichen Waffenstillstand vorschlagen …

Wer soll einen solchen Vorschlag machen? Eine revolutionäre Macht, eine echte revolutionäre Regierung, die sich auf die Armee, die Flotte, das Proletariat und auf die Bauern stützt – der Gesamtrussische Rat der Arbeiter-, Soldaten- und Bauerndeputierten …« (Rabotschi i soldat 19. 10. 1917.) Weiter erklärt Trotzki, wenn der Soldat, Matrose bald in sein Dorf zurückkehren möchte, zurück zu seiner Familie, zu seiner Mutter, zu seinem Vater und zu seiner Braut, so müsse er entschieden die

RSDAP unterstützen, ihr Programm zur Schaffung einer echten revolutionären Volksmacht.

Irgendwo in einer Ecke kauerte Posnanski und stenographierte seine Rede mit. Dieser Mann war sein neuer freiwilliger Helfer. Als Trotzki eines Abends von einer Kundgebung nach Hause ging, hörte er hinter sich Schritte – wie schon an den beiden vorausgegangenen Tagen. Rasch drehte er sich um und richtete seinen Browning auf den Mann, der ihm nachgegangen war.
»Warum verfolgen Sie mich? Wer sind Sie?«
»Ich bin Student. Mein Name ist Posnanski. Erlauben Sie mir, Sie zu begleiten und zu beschützen. Neben den Freunden haben Sie eine Menge Feinde.«
»Danke … Aber … ich bin es nicht gewohnt, Leibwächter zu haben. Ich glaube, mich wird die Revolution selbst beschützen!«
»Nun, ich werde ihr Vertreter bei Ihrem Schutze sein.«
Von diesem Augenblick an war Posnanski bis zu Trotzkis Deportation aus der UdSSR immer in seiner Nähe, wobei er nicht nur eine grenzenlose Ergebenheit an den Tag legte, sondern auch Trotzkis mündliche Äußerungen und Reden mitschrieb.
Dank der Arbeit von Posnanski, Sermuks, Glasman, Butow und anderen Helfern war Trotzki in der Lage, bereits zu Beginn der Revolution ein eigenes »Archiv« anzulegen und zahlreiche Broschüren und Bücher, welche hauptsächlich auf seinen Reden basierten, zu veröffentlichen.
Am Ende solcher Kundgebungen konnte Trotzki sicher sein, dass die Mehrheit seiner Hörer sich merklich dem Standpunkt der Bolschewiki angenähert hatte. Während er die Hände schüttelte, die ihm von allen Seiten entgegengestreckt wurden, konnte er in der Menschenmenge die vor Aufregung glänzenden Augen seiner beiden Töchter sehen: Sina und Nina. Die ältere war bereits sechzehn, die zweite ein Jahr jünger. Die Mädchen waren begeisterte Anhängerinnen ihres Vaters, den sie kaum kannten und den sie lediglich hier, bei seinen triumphalen Auftritten, sehen konnten. Wenn Trotzki sich durch die Menschenmengen

zum Ausgang des Zirkus drängte, gelang es ihm ab und zu, ihre Hände zu drücken und ein paar Worte mit ihnen zu wechseln. Mit A. L. Sokolowskaja dagegen traf Trotzki während seines gesamten Aufenthalts in Russland bis zu seiner dritten Emigration 1929 lediglich zwei- oder dreimal zusammen …

Trotzki setzte sein Rednertalent jedoch nicht nur auf den endlosen Kundgebungen ein, sondern auch auf politischen Foren: bei Parteitagen, Plenarversammlungen, auf Sitzungen verschiedener Räte und Komitees. Hier beeindruckte er nicht nur durch seine mitreißenden rhetorischen Fähigkeiten, sondern auch durch die unverblümte Klarheit, mit der er seinen Standpunkt vertrat.

Auf der Sitzung des Petrograder Rats, auf der Trotzki die Gründung des Militärisch-Revolutionären Komitees vorschlug, kam es zu einer kontroversen Debatte über die Notwendigkeit eines solchen Organs, die besonders von den Menschewiki Broido und Astrow sowie dem Sozialrevolutionär Ogurzowski in Frage gestellt wurde. Broido, der nach der Revolution für einige Zeit Stalins Stellvertreter im Kommissariat für nationale Fragen sein würde, warf den Bolschewiki vor, sie verfolgten mit der Gründung eines solchen Komitees einzig und allein den Zweck, die Macht an sich zu reißen. Und wenn dieser Vorstoß der Bolschewiki gelinge, so sei dies »die Beerdigung der Revolution«. Broido schloss mit der Erklärung, Menschewiki werde es im Militärisch-Revolutionären Komitee nicht geben.

Nun bat Trotzki um das Wort und antwortete den Menschewiki kurz, aber bestimmt: »… Noch nie trennte uns mehr von Broido und seiner Partei, und noch nie war die Taktik der Menschewiki derart verderblich wie jetzt … Man sagt zu uns, wir bereiteten einen Stab zur Machtergreifung vor. Daraus machen wir kein Geheimnis; an diesem Ort sind eine ganze Reihe von Vertretern der Front aufgetreten, und alle von ihnen haben erklärt: Wenn nicht bald ein Waffenstillstand unterzeichnet wird, wird die Front ins Hinterland geworfen.« (Rabotschij put, 18. 10. 1917.) Diese Worte ließen an Deutlichkeit und Entschiedenheit nichts zu wünschen übrig.

Auf einer späteren außerordentlichen Sitzung des Petrograder Rats erstattete Trotzki Bericht über die Arbeit des Militärisch-Revolutionären Komitees und konnte seinen Zuhörern mitteilen, man habe die Pläne der Regierung, Truppen von der Front zur Unterdrückung der revolutionären Massen einzusetzen, vereiteln können. Kategorisch formulierte er die Position des WRK: »Alle Macht den Räten – das ist unsere Losung. In allernächster Zeit, in der Zeit der Sitzung des Gesamtrussischen Rätekongresses, muss diese Losung ihre Verwirklichung erfahren. Ob es dabei zu einem Aufstand oder zu Aktionen der Massen kommen wird, hängt nicht allein und in erster Linie von den Räten ab als vielmehr von denen, die gegen den einhelligen Willen des Volks die Staatsmacht in ihren Händen halten …«
Am 22. Oktober fand eine riesige Kundgebung im Volkshaus statt. Wie Suchanow beschreibt, geriet »die Menge beinahe in Ekstase«. Trotzki gelang es, die Unterstützung für die Linie des Petrograder Rats zu festigen. Als er dem Volk nach dem Sieg der Revolution Land, Brot und Frieden versprach, jubelte ihm die Menge zu. Die Reaktion jedoch, die Gemäßigten, die Liberalen sowie die Skeptiker waren entsetzt über Trotzkis »Feuerwerk«. Die Zeitung »Nowaja shisn« vom 31. 10. 1917 charakterisierte die Reden Trotzkis als »unverschämte Auftritte«.
Auch hier ist es symptomatisch, dass Trotzki bei den Massen vorrangig um Unterstützung für die *Räte* und erst in zweiter Linie für die Partei der Bolschewiki warb. Er wusste, dass die Räte eine unermesslich breitere soziale Basis hatten als jede beliebige Partei. Damit warf er im Grunde die Frage nach der Umwandlung der »Partei«-Revolution in eine echte Volksrevolution auf. Trotzki war einer von jenen, die aufrichtig für die Realisierung der Leninschen Resolution kämpften, welche auf der konspirativen Sitzung des ZK der RSDRP am 10. Oktober verabschiedet wurde und einen bewaffneten Aufstand zum Ziel hatte. Von diesem Augenblick an war er ein »treuer Leninist«. Für Trotzki war diese Sitzung jedoch auch aus anderen Gründen denkwürdig: Er, der erst seit weniger als zwei Monaten Mitglied der Par-

tei der Bolschewiki war, wurde zwei Wochen vor dem Aufstand zusammen mit Lenin, Sinowjew, Kamenew, Stalin, Sokolnikow und Bubnow in das erste Politbüro des ZK der Partei gewählt. Einige Tage nach dieser bedeutsamen Sitzung gaben Sinowjew und Kamenew bekannt, dass sie mit dem Beschluss des ZK nicht einverstanden seien. In Gorkis Zeitung »Nowaja shisn« veröffentlichten sie eine Erklärung, in der es hieß: »Nicht nur Sinowjew und ich, sondern auch eine Reihe anderer pragmatisch denkender Genossen halten es für unzulässig, die Initiative für einen bewaffneten Aufstand in diesem Augenblick, unter den gegenwärtigen gesellschaftlichen Kräfteverhältnissen zu ergreifen. Auch wenn dieser Schritt einige Tage vor dem Rätekongress durchgeführt würde, wäre er tödlich für das Proletariat und für die Revolution ... Alles ... durch einen Aufstand in den allernächsten Tagen auf eine Karte zu setzen – das wäre ein Schritt der Verzweiflung. Aber unsere Partei ist zu stark, und es erwartet sie eine zu große Zukunft, als dass sie derartige Schritte tun könnte ...« Später mussten Sinowjew und Kamenew wiederholt öffentlich erklären, wie sehr sie diese Äußerungen bereuten. Diese Erklärung vom Oktober 1917 wurde ihnen zum Verhängnis. Aber ich meine, mit der Zeit wird die Geschichte die Zweifel der Mitstreiter Lenins anders beurteilen. Trotzki aber hatte natürlich kein Verständnis für solche Halbheiten.

Das »Orakel der Revolution« unterstützte die Vorbereitung des Aufstandes weniger durch organisatorische Maßnahmen als durch sein Engagement als Redner und Agitator. Er war einer von jenen, die die alte Staatsmaschinerie am wirkungsvollsten demontierten und ein revolutionäres Klima schufen. Seine Tätigkeit war eine Umsetzung von Mereshkowskis Aphorismus: »Jegliche Staatlichkeit ist eine erstarrte Revolution; jegliche Revolution ist eine zerschmelzende Staatlichkeit.« Nun aber war die Zeit gekommen, die Früchte der revolutionären Agitation zu ernten. Auf der außerordentlichen Sitzung des Petrograder Rats erklärte Trotzki: »Im Namen des Militärisch-Revolutio-

nären Komitees gebe ich bekannt, dass die Provisorische Regierung nicht mehr existiert (*Applaus*). Einzelne Minister sind festgenommen (›*Bravo!*‹). Andere werden in den nächsten Tagen oder Stunden verhaftet werden (*Applaus*). Die revolutionäre Garnison, die dem Militärisch-Revolutionären Komitee untersteht, hat die Versammlung des Vorparlaments aufgelöst (*stürmischer Beifall; Ausruf: ›Es lebe das Militärisch-Revolutionäre Komitee!*‹). Man hat uns gesagt, dass ein Aufstand der Garnison sofort ein Pogrom nach sich ziehen würde und die Revolution im Blut ertränken würde. Bislang ist alles unblutig verlaufen. Uns ist kein Opfer bekannt. Ich kenne in der Geschichte kein Beispiel einer revolutionären Bewegung, die von derart gewaltigen Massen getragen wurde und derart unblutig verlaufen wäre. Wir warteten hier die ganze Nacht hindurch, und da wir uns in unmittelbarer Nähe des Telefons aufhielten, konnten wir verfolgen, wie die Abteilungen der revolutionären Soldaten und Arbeitergarden lautlos ihre Pflicht erfüllten. Die Kleinbürger schliefen ruhig in ihren Betten und wussten nicht, dass zur gleichen Zeit eine Macht von der anderen abgelöst wurde … Das Winterpalais ist noch nicht eingenommen, doch sein Schicksal wird sich im Verlauf der nächsten Minuten entscheiden (*Applaus*).
In unserer Mitte befindet sich Wladimir Iljitsch Lenin, der aufgrund einer Reihe von Umständen bis zu diesem Zeitpunkt nicht unter uns sein konnte … Es lebe der zu uns zurückgekehrte Genosse Lenin! (*Lang anhaltender Beifall.*) Den Bericht über die Aufgaben der Rätemacht wird Genosse Lenin halten …« (Rabotschij put Nr. 46, 26. 10. 1917.)

Nachdem Wladimir Iljitsch Lenin am 24. Oktober abends im Smolny eingetroffen war, überstürzten sich die Ereignisse. Obwohl die Provisorische Regierung zu diesem Zeitpunkt noch immer tagte, waren ihre Stunden bereits gezählt. In der Nacht vom 24. auf den 25. Oktober nahmen Abteilungen der Rotgardisten das Hauptpostamt, den Nikolaewski-Bahnhof, die Zentrale Telefonstation ein. Der Kreuzer »Aurora« war an der Nikolaews-

ki-Brücke vor Anker gegangen. Am Morgen des 25. Oktober bestätigte das Militärisch-Revolutionäre Komitee den Appell »An die Bürger Russlands«, den Lenin verfasst hatte: »Die Provisorische Regierung ist gestürzt. Die Macht im Staat liegt nun in den Händen des Organs des Petrograder Rats der Arbeiter- und Soldatendeputierten – des Militärisch-Revolutionären Komitees ...« – jenes Komitees also, dessen Vorsitzender Trotzki war.
Während die Provisorische Regierung noch, geschützt von den letzten ihr ergebenen Abteilungen, im Winterpalais weitertagte, wurde am Abend des 25. Oktober der Zweite Gesamtrussische Rätekongress der Arbeiter- und Soldatendeputierten eröffnet. Nach dem Bericht Wladimir Iljitsch Lenins wurden die historischen Dekrete über den Frieden und über die Vergabe von Land an die Bauern angenommen und die neue Macht proklamiert. In derselben Nacht wurde das Winterpalais eingenommen. Der Aufstand, der »Oktoberumsturz«, wie man ihn damals nannte, war ein voller Erfolg.
In seinem Entwurf für eine Resolution zum Auszug der Menschewiki und Sozialrevolutionäre aus dem Kongress erklärte Trotzki: »Der Aufstand der Volksmassen benötigt keine Rechtfertigung; was geschehen ist, ist keine Verschwörung, sondern ein Aufstand ... Jenen, die hinausgegangen sind, und jenen, die mit Belehrungen auftreten, müssen wir sagen: Ihr seid armselige Einzelgänger, ihr seid Bankrotteure, ihr habt eure Rolle gespielt, und nun begebt euch dorthin, wo ihr von nun an hingehört: auf den Müllhaufen der Geschichte ...« (Trotzki, Sotsch. III, 2, S. 61, 391.)
Dies waren harte Worte gegenüber jenen Kräften, mit denen Trotzki noch vor kurzer Zeit sehr enge Beziehungen unterhalten hatte. Im Oktober machte Trotzki Schluss mit dem Paradoxon, über das wir im ersten Kapitel sprachen. Von nun an sollte ihn nichts mehr mit den Sozialdemokraten, Menschewiki und Liberalen in der sozialistischen Bewegung verbinden. Denn jetzt verfolgte er kompromisslos die Linie der Bolschewiki.
Wie Trotzki später schrieb, wurde während der Debatten um

das Dekret zur Verteilung von Grund und Boden die Frage nach dem weiteren Schicksal der verhafteten Minister der Provisorischen Regierung, unter denen sich auch Sozialisten befanden, aufgeworfen. Einige Sozialrevolutionäre forderten während der Sitzung kategorisch die Freilassung der sozialistischen Minister. Trotzki entgegnete: »Es wurde beschlossen, dass die Minister der Sozialisten, Menschewiki und Sozialrevolutionäre vorübergehend vom Militärisch-Revolutionären Komitee unter Hausarrest gestellt werden … Die zweite Frage ist die Frage der kleinbürgerlichen Haltung gegenüber diesen Verhaftungen. Genossen, wir erleben eine neue Zeit, *in der bislang übliche Vorstellungen überwunden werden müssen* (Hervorhebung durch D. W.) … Nun kommen diese Vertreter, um uns von unserer Arbeit abzuhalten und bei wichtigen Angelegenheiten zu stören, bei denen sie selbst nichts auszurichten vermochten, um uns ihre leeren Drohungen entgegenzuschleudern und mit ihrer fragwürdigen Empörung zu behelligen. (*Stürmischer Applaus.*)« (Trotzki, Sotsch. III, 2, S. 63, 391.)

Diese Ausführungen klingen wie ein Manifest des revolutionären Radikalismus, der von nun an das Tagesgeschehen prägen sollte. Dass die Revolution eine harte Hand hat, sollten bald viele Menschen zu spüren bekommen. Im Dezember 1917 wurde die Gesamtrussische Außerordentliche Kommission zum Kampf gegen Konterrevolution und Sabotage (WTschK) gegründet. Bald darauf würden die Organe der WTschK das Recht erhalten, verschiedene Gesetzesverstöße außergerichtlich zu bestrafen – bis hin zur standrechtlichen Erschießung. Im Dekret des Rats der Volkskommissare der RSFSR vom 21. 2. 1918 hieß es: »Feindliche Agenten, Spekulanten, Plünderer, Rowdys, konterrevolutionäre Agitatoren, deutsche Spione werden am Tatort erschossen.«

Russland sollte nach diesem denkwürdigen 25. 10. 1917 für einige Jahre in wachsendem Chaos versinken; Brudermord und bislang unbekannte Entbehrungen sollten das Leben der Menschen unseres Landes bestimmen.

An Lenins Seite

Manchen russischen Leser wird diese Überschrift möglicherweise in Erstaunen versetzen. Doch eine Durchsicht der Dokumente aus der Zeit nach dem Oktoberumsturz, aus den Anfängen des sozialistischen Aufbaus und der Phase des Bürgerkriegs belegt, dass Trotzki damals einer der engsten Mitarbeiter Lenins war und sich in seinem Handeln alle Licht- und Schattenseiten der russischen Revolution am exemplarischsten darstellten.

Der linke Flügel, besonders die linken Sozialrevolutionäre, die Menschewiki-Internationalisten, konnten offenbar weiterhin aktiv an der Erneuerung der Gesellschaft teilnehmen. Eine Zusammenarbeit mit den Sozialrevolutionären wurde beispielsweise bis zum Sommer 1918 fortgeführt, jedoch weder die Bolschewiki noch die Sozialrevolutionäre taten alles, um daraus eine solide Allianz werden zu lassen. Die Neigung der Bolschewiki auf das Monopol des Denkens trat in den Vordergrund.

Vorbehaltlos unterstützte Trotzki Lenins Vorschlag, die sogenannten »versöhnlerischen Parteien« aus der Regierung zu entfernen. Das ist umso erstaunlicher, als er vor nicht allzu langer Zeit erklärt hatte: »Die Minderheit wird nicht unterdrückt werden.« Doch die Macht verändert die Menschen. Nachdem Ende Oktober Kerenskis Versuche, die Truppen des Generals Krasnow auf Petrograd marschieren zu lassen, vereitelt worden waren, fand eine denkwürdige Sitzung des Petrograder Komitees der RSDAP(B) statt. Die »Ketzer« Sinowjew und Kamenew, die sich gegen den bewaffneten Aufstand ausgesprochen hatten, schlugen vor, eine »einheitliche sozialistische Regierung« zu bilden, der außer den Bolschewiki die Sozialrevolutionäre und Menschewiki angehören sollten. Auch Nogin und Lunatscharski traten für eine Koalition der sozialistischen Parteien ein. Doch Lenin war strikt dagegen, und Trotzki unterstützte seine Position. Auch hier wurde eine historische Chance vertan.

Spätestens seit Mitte 1918 befanden sich die Bolschewiki in ei-

ner selbstgewählten Isolation. Nun konnten sie sich nur noch im Bündnis mit der Gewalt an der Macht halten.
In der »Stalinschen Schule der Fälschungen«, Trotzkis Abrechnung mit dem Generalsekretär der KPdSU, wird das Protokoll dieser Sitzung des Petrograder Komitees der RSDAP zitiert. Hier findet man äußerst aufschlussreiche Sätze Lenins, die bezeichnenderweise in dem 1929 und 1958 herausgegebenen Sammelband »Protokolle des Zentralkomitees der RSDAP(B)« fehlen: »Trotzki hat seit langem gesagt, dass eine Einigung unmöglich ist. Trotzki hat dies begriffen, und seither hat es keinen besseren Bolschewiken gegeben …« Indem sozialistischem Pluralismus auf diese Weise eine klare Absage erteilt wurde, wurde das Fundament für das Machtmonopol einer einzigen Partei gelegt. Und bei diesem Beschluss waren Lenin *und* Trotzki federführend – auch wenn Stalin und seine Historiographen das später nicht wahrhaben wollten.
Natürlich hatte Trotzki auch damals Gegner in den eigenen Reihen. Einige konnten ihm seine menschewistische Vergangenheit nicht verzeihen. Anderen passte seine jüdische Herkunft nicht; sie behaupteten, Lenins Umgebung bestehe »in der Mehrzahl aus Juden«. Lenin ignorierte solche Äußerungen, die er als Ausfluss geistiger Primitivität betrachtete. Natürlich bekam er manchmal Telegramme und Briefe wie den folgenden zu Gesicht:
»Um den Bolschewismus zu retten, muss man auf einige durchaus ehrenhafte und populäre Bolschewiki verzichten: Die Räteregierung kann ein unverzügliches Rücktrittsersuchen Sinowjews, Trotzkis und Kamenews rechtfertigen und unterstützen, deren Verbleib auf hohen, einflussreichen Posten nicht dem Prinzip der nationalen Selbstbestimmung entspricht …« Weiterhin fordert der Autor »einen freiwilligen Rücktritt Swerdlows, Ioffes, Steklows, die durch Menschen russischer Herkunft zu ersetzen sind. Ein alter Narodnik, der dem Bolschewismus wohlgesinnt ist. Makari Nikolajewitsch Wasiljew.« (Zentrales Armeearchiv.)

Solche Briefe fanden natürlich keinen Widerhall bei den Führern, denn sie widersprachen den internationalistischen Prinzipien der Revolutionäre.

Als die bolschewistische Liste der Kandidaten für die Konstituierende Versammlung vorbereitet wurde, schrieb W. I. Lenin: »Das Übergewicht von Kandidaten, die sich vor allzu kurzer Zeit unserer Partei angeschlossen haben und noch wenig Erfahrung besitzen (wie Larin), ist absolut unzulässig … Eine unverzügliche Korrektur der Liste ist dringend notwendig. Es versteht sich von selbst, dass … niemand der Kandidatur eines Mannes wie zum Beispiel Trotzki widersprechen würde, denn erstens nahm Trotzki sogleich nach seinem Beitritt eine internationalistische Position ein; zweitens kämpfte er bei den Meschrayonzen für das Zusammengehen; drittens erwies er sich während der schwierigen Julitage als Herr der Lage und ergebener Anhänger der Partei des revolutionären Proletariats.« (Lenin, PSS, Bd. 34, S. 344 f.)
Die Konstituierende Versammlung, wohin Lenin Trotzki empfahl, wurde am 5. 1. 1918 eröffnet und bot ein Bild der Zerrissenheit, da zwischen den Fraktionen große Uneinigkeit herrschte. Tschernow, der Vorsitzende des russischen Parlaments, bemühte sich, mit lauter Stimme das erregte Stimmengewirr im Saal zu übertönen: »Bereits durch die Tatsache der Eröffnung dieser ersten Sitzung der Konstituierenden Versammlung wird das Ende des Bürgerkriegs zwischen den Völkern Russlands ausgerufen.« In dieser hektischen Atmosphäre gingen die Debatten bis fünf Uhr morgens weiter; dann erschien hinter dem Platz des Vorsitzenden der Matrose Anatoli Shelesnjakow und berührte Tschernow am Ärmel seines Gehrocks. Im Saal wurde es still. Der Matrose erklärte: »Auf Befehl des Kommissars Dybenko haben die Anwesenden den Saal zu verlassen.«
»Gestatten Sie, das kann nur die Konstituierende Versammlung selbst beschließen«, begann Tschernow.
An den Eingangstüren tauchten Rotgardisten und Matrosen

mit Gewehren auf. Shelesnjakow fügte hinzu: »Ich schlage allen vor, den Taurischen Palast zu verlassen, denn es ist spät, und die Wachen sind müde …«
Die linken Sozialrevolutionäre unterstützten die Haltung der Bolschewiki. Damit war das Schicksal des russischen Parlamentarismus für Jahrzehnte besiegelt. Die Zeitungen rechtfertigten das Vorgehen der Bolschewiki damit, dass die Wahlen für die Konstituierende Versammlung auf der Grundlage eines Gesetzes aus der Zeit Kerenskis durchgeführt worden waren, das der größten Bevölkerungsgruppe Russlands – den Bauern – Vorteile verschaffte. Dieses Argument war zwar nicht völlig aus der Luft gegriffen, natürlich steckte aber ein anderer Grund dahinter. Die Bolschewiki, die die Mehrheit in den Räten hatten, wollten die Macht nicht mit der Konstituierenden Versammlung teilen, wo sie in der Minderheit waren. Die Oktoberrevolution musste zwischen den Räten und der Konstituierenden Versammlung wählen, wenn sie sich behaupten wollte. Und diese Wahl war seit langem getroffen. Auch in dieser Frage unterstützte Trotzki vorbehaltlos Lenins Position.
Die Bolschewiki, die ein Viertel der Sitze in der Konstituierenden Versammlung innehatten, hätten zusammen mit den Sozialrevolutionären, die etwa die Hälfte der Sitze gewonnen hatten, eine einflussreiche Allianz bilden können. Doch zu Beginn des Jahres 1918 wollten die Sieger die Macht schon nicht mehr teilen. Auch die Sozialrevolutionäre waren nicht besonders erpicht darauf, mit den Bolschewiki als Partnern zusammenzuarbeiten. Insofern tragen auch sie historische Verantwortung für den weiteren Verlauf der Revolution. Trotzki war einer der bolschewistischen Führer, die entschieden für die Einparteienführung eintraten.

In der Zeit der Oktoberrevolution und des Bürgerkrieges herrschte mit einigen wenigen Ausnahmen (beispielsweise der Frage des Brester Friedens) Einverständnis zwischen Lenin und Trotzki. Welches Vertrauen Lenin Trotzki entgegenbrach-

te, mag folgende Episode aus der Zeit des Bürgerkrieges verdeutlichen, über die Trotzki in seiner Autobiographie berichtet: Bei einer Politbürositzung im Jahre 1919 kamen Gerüchte zur Sprache, Trotzkis Entscheidung, einen Regimentskommandeur und einen Kommissar der Ostfront erschießen zu lassen, sei gesetzeswidrig gewesen. Die beiden Funktionäre hatten den Rückzug ihres Regiments angeordnet und wollten sich nach Nishni-Nowgorod wenden. Trotzki erklärte zu den Anschuldigungen gegen ihn: »Wären meine drakonischen Maßnahmen damals bei Swijashsk nicht gewesen, so hätten wir hier keine Politbürositzung durchführen können.«
»Absolut richtig!«, sagte Lenin und begann, rasch irgendetwas mit roter Tinte auf ein Vordruckblatt des Vorsitzenden des Rats der Volkskommissare zu schreiben. Die Sitzung wurde unterbrochen, und zwei Minuten später übergab Lenin ihm einen Blankobogen, auf dem in der unteren Hälfte geschrieben stand: »Genossen! Ich kenne den strengen Charakter der Anweisungen des Genossen Trotzki und bin so überzeugt, so absolut überzeugt von der Richtigkeit, Zweckmäßigkeit und Notwendigkeit der vom Genossen Trotzki gegebenen Anweisung für den Nutzen der Sache, dass ich diese Anordnung voll und ganz unterstütze. W. Uljanow-Lenin.« Lenin fügte hinzu: »Ich werde Ihnen so viele Blankobögen dieser Art geben wie nötig.«
Weiter berichtet Trotzki: »Lenin setzte im Voraus seine Unterschrift unter jeden Beschluss, den ich in der Zukunft für notwendig halten würde. Im Übrigen hing von diesen Beschlüssen Leben und Tod menschlicher Individuen ab. Kann es mehr Vertrauen zwischen Menschen geben?« (Trotzki, Moja shisn II, S. 204 f.)
Was das Vertrauen anbelangt, so hat Trotzki recht. Aber dieses Vertrauen setzte sich über das Schicksal von Menschenleben hinweg. Sowohl Lenin als auch Trotzki war überzeugt davon, dass im Namen der Revolution alles zulässig sei. Gut informierte Leute wussten im Übrigen, dass die Informationen über die Erschießungen, die Trotzki an der Front angeordnet

hatte, durch Stalin und Woroschilow verbreitet wurden – obgleich beide zu den gleichen Methoden griffen.

Über seine Haltung gegenüber Lenin schreibt Trotzki zusammenfassend: »Mir war völlig klar, was Lenin für die Revolution, für die Geschichte und für mich persönlich bedeutete. Er war mein Lehrer. Das bedeutet nicht, dass ich seine Worte und Positionen einfach übernahm. Doch ich lernte bei ihm, selbständig zu jenen Folgerungen zu gelangen, zu denen auch er gelangte.« (Moja shisn II, S. 123.)

Bis zu seinem Tod hat Trotzki Lenin nie mehr polemisch attackiert. Meiner Ansicht nach gibt es mehrere Gründe für diese Zurückhaltung. Trotzki dürfte begriffen haben, dass ein erneuter politischer Sinneswandel seine Glaubwürdigkeit als politischer Denker nachhaltig erschüttern würde. Wie die historische Praxis zeigt, kann man in der Politik seinen Standpunkt höchstens einmal grundlegend ändern. Ferner entsprach Lenins Position während der Oktoberereignisse in wesentlichen Punkten der Haltung Trotzkis. Und später dürfte Trotzki sich schon deshalb nicht mehr polemisch über den wahren Führer der russischen Revolution geäußert haben, weil er den Mythos: »Stalin – das ist der Lenin von heute« entkräften wollte. In seiner gesamten theoretischen und publizistischen Arbeit wollte Trotzki zu verstehen geben, dass nur er Lenin verstanden habe und dass nur er seinen Ideen und Zielsetzungen vom Oktober an treu geblieben sei. Denn Lenin war die Autorität, auf die sowohl Stalin wie auch Trotzki sich berief, um die eigene Position zu rechtfertigen.

Allerdings wird man bei Trotzki vergeblich nach Beispielen jener unkritischen Lobhudelei suchen, die das stalinistische Leninbild prägen. So stellt Trotzki in seinem Buch »Die Oktoberrevolution« unmissverständlich klar: »Lenin war kein Automat, der stets unfehlbare Beschlüsse produzierte. Er war ›lediglich‹ ein genialer Mensch, und nichts, was menschlich ist, war ihm fremd, darunter auch die Eigenschaft, sich zu irren.« (Band 2, Teil 2, S. 386.)

Trotzki erkannte Lenins Genialität an, aber er zögerte nicht einen Augenblick, gegen den Leninkult aufzutreten, der bei uns jahrzehntelang praktiziert wurde. Die Ikonisierung des Genies führte zur Erosion seiner Ideen und festigte die Macht der Dogmatiker, die unter Berufung auf Lenin vieles tun konnten, was Lenin selbst niemals gutgeheißen hätte. Trotzki sah in Lenin einen Menschen, nicht einen Gott, und er hatte keine Scheu, dies offen zu bekennen. Im Jahre 1927, als die Lage des Oppositionellen außerordentlich prekär war, als Stalin bereits entschlossen war, Trotzki auf den »Müllhaufen der Geschichte« zu werfen, und der große Gegner des Generalsekretärs mit konkreten Repressionen rechnen musste, hatte er dennoch den Mut, gegen die dogmatische Verehrung Lenins zu protestieren, die Wladimir Iljitsch in einen weiteren Heiligen des Marxismus verwandeln sollte. In Trotzkis Nachlass befindet sich das Manuskript eines kurzen Artikels mit dem Titel »Über die Vergötzung«. Darin heißt es: »… Der verstorbene Lenin scheint neu geboren zu sein: Hier ist des Rätsels Lösung vom Mythos über den auferstandenen Christus. Er ist für uns noch einmal auferstanden, befreit von den Schlacken der Alltäglichkeit und zugleich sie gebieterisch bestimmend … Die Gefahr beginnt aber dort, wo Verehrung ›bürokratisiert‹ wird und das Verhältnis zu Lenin und seiner Lehre zur unumstößlichen Norm macht. Diese und andere Gefahren fasste N. K. Krupskaja wie immer sehr gut in einfache Worte. Sie erklärte, dass man Lenin keine überflüssigen Denkmäler bauen und nicht in seinem Namen unnötige und nutzlose Einrichtungen schaffen solle.« (Zentrales Parteiarchiv.) Worte wie diese sollten Trotzki den Vorwurf einbringen, er habe Lenins Bedeutung herabsetzen wollen.

Weder Lenin noch Trotzki aber erkannte die gewaltige Tragödie der russischen Revolution, die dadurch hervorgerufen wurde, dass der Umsturz in einem rückständigen Bauernland stattfand, in dem demokratische Traditionen nur schwach entwickelt waren. Sowohl der eine als auch der andere glaubte, dass man die bürgerlichdemokratische Etappe faktisch überspringen und sogleich den Weg zum Sozialismus einschlagen könne. Sowohl der eine als auch der andere gab der Geschichte die »Sporen« und tat ihr damit Gewalt an. Die Revolution, die den Menschen Frieden und Land gab, nahm ihnen etwas Wichtigeres – die Freiheit.

Der Frieden von Brest-Litowsk

Einer der Gründe für den unblutigen Verlauf des Oktoberumsturzes liegt darin, dass das Volk vom Krieg ermattet war und sich nach Frieden sehnte. Der Friedenskurs der Bolschewiki, der im ersten Dekret der Sowjetmacht programmatisch umrissen wurde, war außerordentlich populär bei Millionen von einfachen Menschen. Nun war es an der Zeit, das gegebene Versprechen einzulösen und den Krieg zu beenden.
Am 8. 11. 1917 wurde folgendes Telegramm Trotzkis über die Botschaften der Ententemächte an die Hauptstädte der mit Russland verbündeten Staaten weitergeleitet:

»Hiermit habe ich die Ehre, Ihnen, Herr Botschafter, mitzuteilen, dass der Gesamtrussische Rätekongress der Arbeiter- und Soldatendeputierten am 26. Oktober eine neue Regierung der Russischen Republik in der Form des Rats der Volkskommissare organisiert hat. Vorsitzender dieser Regierung ist Wladimir Iljitsch Lenin, die Führung der Außenpolitik ist mir als Volkskommissar für Äußeres übertragen worden.
Ich möchte Ihre Aufmerksamkeit auf den vom Gesamtrussischen Rätekongress der Arbeiter- und Soldatendeputierten gebilligten Text des Vorschlags über einen Waffenstillstand und einen demokratischen Frieden ohne Annexionen und Kontributionen auf der Grundlage der Selbstbestimmung der Völker lenken und habe die Ehre, Sie zu ersuchen, dieses Dokument als formellen Vorschlag für einen unverzüglichen Waffenstillstand an allen Fronten und eine unverzügliche Eröffnung von Friedensgesprächen zu betrachten …« (Trotzki, Sotsch. III, 2, S. 157.)

Ursprünglich hatte Trotzki, wie er selbst schreibt, nicht den Ehrgeiz gehabt, einen Posten in der Regierung zu übernehmen. »Schon seit jeher, genauer gesagt von Kindheit an, träumte ich davon, Schriftsteller zu werden. In späteren Jahren ordnete ich die Schriftstellerei wie alles andere den revolutionären Zielen unter. Nach dem Umsturz versuchte ich außerhalb der Regierung zu bleiben, indem ich mich erbot, die Leitung der Parteipresse zu übernehmen … Doch Lenin wollte davon nichts hören.« (Moja shisn II, S. 62.) Laut Trotzki hatte ihn Wladimir Iljitsch aufgefordert, den Posten des Volkskommissars für Inneres zu übernehmen. Trotzki jedoch verwies auf die zu befürchtenden antisemitischen Ressentiments gegen ihn und übernahm dann das Volkskommissariat für Äußeres. Diesen Posten bekleidete er drei Monate lang.

Als Trotzki sich zum ersten Mal in das alte Ministerium begab, begegnete er dort dem Fürsten Tatischtschew, der ihm mitteilte, dass niemand zur Arbeit gekommen sei. Als Trotzki dann jedoch verlangte, dass alle Anwesenden sich versammeln sollten, stellte sich heraus, dass eine ganze Menge Mitarbeiter anwesend waren. Nun erläuterte Trotzki den Beamten ihre neuen Aufgaben und fügte hinzu: »Wer gewissenhaft dienen möchte, bleibt auf seinem Posten.« Die Beamten lauschten widerwillig den Worten des neuen Volkskommissars, doch weder Schlüssel noch Akten wurden ihm übergeben. Am nächsten Tag schickte Trotzki den Matrosen Markin in das Ministerium, der zur Abschreckung der anderen den Fürsten Tatischtschew und den Baron Taube verhaftete. Das wirkte. Schlüssel und Dokumentenmappen tauchten auf. Auf Initiative Markins begannen einige junge Spezialisten, die Geheimpapiere zu untersuchen und die geheimen Verträge zur Veröffentlichung vorzubereiten. Aber erst nach der Ernennung Tschitscherins zum Volkskommissar für Äußeres wurden neue Mitarbeiter eingestellt und die Arbeit, wie man damals sagte, »auf proletarisch« geführt …

Auf der Sitzung des Rats der Volkskommissare vom 27. 11. 1917 wurde unter dem Vorsitz Lenins die Frage der »Besetzung der Friedensdelegation für Verhandlungen mit Deutschland über den Waffenstillstand« erörtert. Dabei wurde folgender Beschluss gefasst: »Eine Delegation aus drei Mitgliedern ist zu bestellen: Ioffe, Kamenew und Bizenko. Zu verhandeln ist auf der

Grundlage des Dekrets über den Frieden.« (Zentralarchiv der Oktoberrevolution.)
Das Volkskommissariat für Äußeres entsandte die sowjetische Delegation nach Brest-Litowsk, wo am 2. Dezember ein Waffenstillstandsabkommen unterzeichnet wurde. Am 9. Dezember begannen die Friedensverhandlungen.
Trotzki analysierte täglich die Berichte und gab sie an Lenin weiter. Zunächst verlief alles scheinbar »nach Plan«. Die Vertreter der Mittelmächte erklärten durch Kühlmann ihr Einverständnis mit den Vorschlägen der russischen Delegation, einen allgemeinen Frieden ohne Annexionen und Kontributionen abzuschließen. Doch dafür müsse eine Bedingung erfüllt werden: Auch die Staaten der Entente müssten sich mit diesem Prinzip einverstanden erklären. Trotzki wandte sich von Moskau aus erneut an die Regierungen der verbündeten Staaten mit dem Aufruf, sich der sowjetischen Formel anzuschließen: Frieden ohne Annexionen und Kontributionen. Die Antwort war Schweigen – eine Reaktion, die zu erwarten gewesen war. Währenddessen hatte die sowjetische Regierung bereits mit der Demobilisierung der russischen Armee begonnen.
Da die Staaten der Entente es ablehnten, den Appell Moskaus zu unterstützen, erklärte Kühlmann am 27. Dezember, in diesem Fall könnten die Mittelmächte die sowjetische Friedenskonzeption nicht akzeptieren. Gleichzeitig wurde erklärt, dass Deutschland und Österreich-Ungarn zum Frieden bereit wären – unter der Bedingung, dass Russland mehr als 150 000 Quadratkilometer abtreten würde. Deutschland verlangte die Moonsund-Inseln, Polen, Litauen sowie einen Teil Lettlands; die Grenzen südlich von Brest sollten nach einem Übereinkommen mit der ukrainischen Zentral-Rada festgesetzt werden.
Diese Mitteilung erreichte Trotzki in Brest-Litowsk, wohin er auf Anweisung Lenins am 24. Dezember gereist war. Auf der Fahrt zum Ort der Verhandlungen verließ der sowjetische Volkskommissar mehrfach den Zug, um sich mit Führern der regionalen Räteorgane und Bürgern der Region zu treffen.

Diese Menschen, die einen möglichst raschen Friedensschluss wünschten, berichteten ihm, dass die Schützengräben bereits fast alle leer seien. Da er ihnen nicht glaubte, fuhr er selbst zu einigen Frontabschnitten und konnte sich persönlich davon überzeugen, dass den Deutschen faktisch keine russische Armee mehr gegenüberstand. Trotzki begriff nun, dass er sich bei Friedensgesprächen nicht auf die Macht der Streitkräfte stützen konnte, sondern aus einer Position der Schwäche heraus verhandeln musste.

Nachdem Trotzki Lenin diese Situation dargelegt hatte, gab dieser seiner Überzeugung Ausdruck, man müsse diesen »Raubfrieden« akzeptieren. Aber er unterstrich, dass man zunächst im ZK und dem Rat der Volkskommissare darüber beraten müsse. Wir wissen, zu welchen scharfen Auseinandersetzungen diese Frage bei den Führern des Oktoberaufstands führte. Daher werde ich nur einige Aspekte dieser Debatte und die Position Trotzkis beleuchten. Die Vertreter des unversöhnlichen Flügels der Bolschewiki und Sozialrevolutionäre, die entschieden gegen einen »Raubfrieden« auftraten (man taufte sie sogleich »linke Kommunisten«), waren fest davon überzeugt, das revolutionäre Russland könne mit Hilfe des internationalen Proletariats dem deutschen Imperialismus die Stirn bieten.

Die Illusionen, dass sich bald in ganz Europa ein revolutionärer Brand entfachen würde, waren sehr stark. Auf Betreiben der »linken Kommunisten« wurde im Rat der Volkskommissare die Bereitstellung von zwei Millionen Goldrubel für revolutionäre Propaganda im Ausland beschlossen. Auch Trotzki hatte auf seine Fahrt nach Brest-Litowsk einige Stöße von Handzetteln und Broschüren mitgenommen, die für die Soldaten der Mittelmächte bestimmt waren. Zu diesem Ziel hatte ihn Karl Radek begleitet, der ein glänzender, kämpferischer Propagandist war. Trotzki glaubte nicht nur an einen baldigen revolutionären Aufschwung in Deutschland und den anderen Ländern, sondern er bemühte sich auch selbst, seinen Teil dazu beizutragen. So war es nicht verwunderlich, dass General Hoffmann und Kühlmann während der Plenarsitzung der Delegation vom 9. Januar 1918 gegen die »agitatorischen Appelle der sowjetischen Regierung« protestierten. Am nächsten Tag wies Trotzki diesen Protest entschieden zurück: »Wir, die Vertreter der Russischen Republik, sprechen uns und unseren Mitbürgern das Recht zur vollen Freiheit bei der Propagierung republikanischer und revolutionär-sozialistischer Überzeugungen zu.« (Sotsch. XVII, 1, S. 5.)

Abends ging Trotzki mit Kamenew, Pokrowski und Karachan im Hof der alten Festung spazieren, wo die Delegationen untergebracht waren. Dabei dachte er angespannt darüber nach, wie er das Land ohne einen Gesichtsverlust des revolutionären Russland aus dem Krieg hinausführen könnte. Ihm war klar, dass die russische Delegation, indem sie separate Verhandlungen führte, der Viererallianz neue Trumpfkarten in die Hand spielte. Zynisch hatte Kühlmann angedeutet, die russische Delegation sei doch letztendlich nur zu dem Zweck angereist, um die Kapitulation zu unterzeichnen, und bei den hochgestochenen Reflexionen Trotzkis über die Gerechtigkeit, über das Recht der Nationen auf Frieden, über die Selbstbestimmung handle es sich doch um reine revolutionäre Kosmetik. Wer die Macht hat, diktiert die Bedingungen. Trotzki dürfte kaum geahnt haben, dass die Mittelmächte selbst am Rande des Abgrundes standen, als sie Russland Knebelverträge unterbreiteten.

Während Trotzki mit den Mitgliedern seiner Delegation am Stacheldrahtzaun, der die Festung umgab, entlangging, sagte er zu ihnen: »Als ich Lenin in Petrograd während einer Verhandlungspause traf, gab er mir folgende Instruktion: Die Verhandlungen sind so weit wie möglich zu verzögern. Sollten die Deutschen ein Ultimatum stellen, so müssen wir zu deutschen Bedingungen unterzeichnen.«

»Wir können sie aber nicht endlos verzögern … Das werden die Deutschen nicht zulassen«, wandte Kamenew ein.

»Es gibt Hoffnung, dass unsere Plattform die revolutionäre Spannung in der Viererallianz fördert. Die revolutionäre Welle hat sich dort bereits erhoben …«

Als man zur Erörterung des deutschen Entwurfs für den Friedensvertrag überging, hatte Trotzki zu fast jedem Punkt Einwände.

Ottokar Czernin, der Außenminister Österreichs, schrieb 1919 in seinem Buch »Im Weltkriege« über Trotzki: »Trotzki ist zweifellos ein interessanter, gescheiter Mensch und sehr gefährlicher Gegner. Er hat eine ganz hervorragende Rednergabe, eine Schnelligkeit und Geschicklichkeit der Replik, wie ich sie noch selten gesehen habe, und dabei die ganze Frechheit, die seiner Rasse entspricht.« Die antisemitischen Ressentiments Czernins brauchen uns nicht weiter zu interessieren; bemerkenswert aber ist seine hohe Meinung über den Intellekt Trotzkis. Czernin schreibt, dass der Leiter der sowjetischen Delegation manchmal in seiner entwaffnenden Offenheit »zynisch« zu sein pflegte. So antwortete Trotzki auf die Frage des österreichischen Außenministers, welche Bedingungen Russland akzeptieren könne: »Er wisse ganz genau, dass die Macht das stärkste aller Argumente sei und dass die Zentralmächte imstande seien, Russland die Provinzen zu nehmen.« (Czernin, Im Weltkriege, S. 319, 335.)

Über den Verlauf der Verhandlungen informierte Trotzki regelmäßig Lenin, das ZK der Partei und den Rat der Volkskommissare. Als die zweite Runde der Verhandlungen begann, waren im ZK, in dem Rat der Volkskommissare, im Petrogra der Rat und in der Partei erneut erhitzte Auseinandersetzungen in der Frage von Krieg und Frieden entbrannt. Trotzki erinnerte sich später, dass am 8. Januar auf einer Beratung der bolschewistischen Führer und einiger Delegierter, die zum III. Rätekongress gereist waren, nach der Vorstellung von Lenins Thesen harte Diskussionen ausbrachen. Man beschloss, am Ende der Debatten abzustimmen. Für Lenins Position, man müsse einen separaten »Raubfrieden« akzeptieren, stimmten 15, für den »revolutionären Krieg« mit Deutschland sprachen sich 32 aus, und die Position Trotzkis – »weder Frieden noch Krieg« – unterstützten 16. Am darauffolgenden Tag wurde die gleiche Frage im ZK erörtert. Hier fiel das Abstimmungsergebnis bereits anders aus. Für einen »revolutionären Krieg« waren zwei, elf votierten dagegen, einer enthielt sich. Zwölf Mitglieder stimmten dafür, die Verhandlungen mit Deutschland zu verzögern, einer sprach sich dagegen aus. Trotzkis Position wurde von neun Personen unterstützt; ebenfalls neun stimmten dagegen.

Vielleicht haben damals lediglich Lenin und Sinowjew die Situation richtig erfasst. Trotzki war Gefangener seiner Theorie der »permanenten Revolution«. Seine Formel »Weder Frieden noch Krieg« basierte auf einer »revolutionären« Bewertung der internationalen Situation. Doch die Wahrscheinlichkeit, dass ganz Europa von einem revolutionären Brand erfasst würde, war bedeutend geringer, als der sowjetische Volkskommissar für Äußeres vermutete. Trotzki fasste seine Position in seinem Schlusswort während des III. Gesamtrussischen Rätekongresses zusammen: »… Ein echter demokratischer und allgemeiner Frieden ist lediglich dann möglich, wenn eine siegreiche Weltrevolution ausbricht. Wir glauben an sie …

Heute Nacht fahren wir nach Brest-Litowsk unter wesentlich besseren Bedingungen, als wir von dort fortfuhren.« Nachdem Trotzki unter anderem auf die vorrevolutionäre Situation in Wien und Budapest hingewiesen hatte, äußerte er die Gewissheit, die Deutschen würden »uns nicht mit einem Angriff drohen können, denn sie können nicht sicher sein, dass die deutschen Soldaten angreifen werden. Wir werden die Armee ohne Zögern weiter demobilisieren, denn wir setzen den Aufbau einer sozialistischen Roten Garde fort.«

Wie immer beendete Trotzki seine Rede mit effektvollem Pathos: »Und wenn der deutsche Imperialismus versucht, uns auf dem Rad seiner Kriegsmaschinerie zu vierteilen, so werden wir uns – wie Ostap an seinen Vater – an unsere älteren Brüder im Westen mit dem Aufruf ›Hörst du?‹ wenden, und wir sind fest davon überzeugt, dass das internationale Proletariat antworten wird: ›Ich höre!‹« (Sotsch. XVII, 1, S. 65.)

Diese Überzeugung, die einer ideologischen Hypnose ähnelte, inspirierte Trotzki wie immer zu äußerst radikalen Positionen.

Er, der so lange im Westen gelebt hatte und nicht müde wurde, die Sozialdemokratie wegen ihrer Halbherzigkeit zu kritisieren, gewann nach dem erfolgreichen Oktoberumsturz neuen Glauben an die Möglichkeit und sogar an die Unumgänglichkeit einer revolutionären Explosion in Europa.

Dieser Glaube wurde auch nicht erschüttert, als er, nach Brest-Litowsk zurückgekehrt, feststellen musste, dass die deutsche Position sich verhärtet hatte.

Ungeachtet der Warnungen seiner militärischen Berater, des Admirals W. Altvater, des Generals A. Samojlo und des Kapitäns W. Lipski, glaubte er nicht an die Möglichkeit eines Angriffs der deutschen Truppen.

Seinen Eigensinn, mochte er nun positive oder negative Auswirkungen haben, hat Sinowjew später in dem Artikel »Bolschewismus oder Trotzkismus« folgendermaßen charakterisiert: »Trotzki schafft manchmal eine politische Plattform, auf der nur ein Mensch stehen kann: der Genosse Trotzki selbst. Denn auf dieser ›Plattform‹ bleibt buchstäblich nicht einmal Platz für Gesinnungsgenossen.« (»Prawda« vom 30. 9. 1924.)

Am 28. Januar (dem 10. Februar nach dem neuen Kalender) befahl General Hoffmann vor dem Beginn der Gespräche seinen Helfern, eine politische Karte an die Wand zu hängen, auf der die deutschen Annexionswünsche eingezeichnet waren. Trotzki musste nun eine dramatische Entscheidung treffen. Die Deutschen gaben zu verstehen, dass sie eine Verzögerung der Verhandlungen nicht weiter hinnehmen und »entsprechend ihrer nationalen Interessen vorgehen« würden. Während dieser denkwürdigen letzten Sitzung vom 10. Februar gab Trotzki eine abschließende Erklärung ab, die von revolutionärem Feuer und tiefer Tragik war. Hier einige Auszüge: »... Nun ist die Stunde der Entscheidung gekommen ... Erwartungsvoll hoffen wir, dass die Stunde nicht mehr fern ist, da die unterdrückten werktätigen Klassen aller Länder die Macht in ihre Hände nehmen werden, wie es das werktätige Volk Russlands tat. Wir werden unsere Armee und unser Volk aus dem Krieg hinausführen. Unser Soldat, der Bauer, muss zu seinem Ackerland zurückkehren, um bereits in diesem Frühjahr friedlich das Land zu bearbeiten, welches die Revolution aus den Händen des Großgrundbesitzers in die Hände des Bauern gegeben hat. Unser Soldat, der Arbeiter, muss in seine Werkstatt zurückkehren, um dort nicht Werkzeuge der Zerstörung, sondern Werkzeuge für den Aufbau herzustellen und zusammen mit dem Bauern eine neue sozialistische Wirtschaft aufzubauen ... Wir weigern uns, jene Bedingungen abzusegnen, die der deutsche und österreichisch-ungarische Imperialismus mit dem Schwert in den lebenden Körper der Völker ritzt ... Nicht ein einziger ehrlicher Mensch auf der Welt wird sagen, dass die Fortsetzung der Kriegshandlungen seitens Deutschlands und Österreich-Ungarns unter den gegebenen Umständen dem Schutze des Vaterlands dient. Ich bin zutiefst davon überzeugt, dass das deutsche Volk und die Völker Österreich-Ungarns dies nicht zulassen werden.« (Trotzki, Sotsch. XVII, 1, S. 103–105.) Trotzki, der in der Regel frei sprach, konnte dieses Mal seine Augen von dem vorbereiteten Manuskript nicht abwenden. Nachdem er es verlesen hatte, ließ er den Blick durch den Saal schweifen. Sofort trat Totenstille ein. Alle waren erschüttert: Der Krieg wird beendet, die Armee wird demobilisiert, und der Frieden ist nicht unterzeichnet! Niemand kannte in der Geschichte einen Präzedenzfall für eine solche Situation. Schließlich rief General Hoffmann aus: »Unerhört!«

Trotzki schwieg eine Weile, sammelte sich und erklärte dann: »Wir haben unsere Vollmachten ausgeschöpft und werden nach Petrograd zurückkehren.«

Damit übergab er die offizielle Erklärung der Delegation der RSFSR über die Beendigung des Kriegs, ein Dokument, das lediglich aus zwei Sätzen bestand:

»Im Namen des Rats der Volkskommissare setzt die Regierung der Russischen Föderativen Republik hiermit die Regierungen und Völker, die gegen uns kämpfen, sowie die verbündeten und neutralen Länder davon in Kenntnis, dass Russland die Unterzeichnung eines Vertrags mit Annexionen ablehnt und von seiner Seite den Zustand des Kriegs mit Deutschland, Österreich-Ungarn, mit der Türkei und Bulgarien für beendet erklärt. Den russischen Streitkräften wird gleichzeitig der Befehl zur völligen Demobilisierung entlang der gesamten Front erteilt:

»Brest-Litowsk, 10. Februar 1918
Der Vorsitzende der Russischen
Friedensdelegation
Volkskommissar für Äußeres
L. Trotzki
Mitglieder der Delegation:
Volkskommissar für Staatsvermögen
W. Karelin
A. Ioffe, M. Pokrowski, A. Bizenko
Vorsitzender des Gesamtukrainischen Zentralexekutivkomitees
Medwedjew.«
(Trotzki, Sotsch. XVII, 1, S. 106.)

Kaum hatten sich die Mitglieder der Delegationen mit diesem Dokument vertraut gemacht, erhoben sich alle von ihren Plätzen. Im Saal schien es dunkler zu werden. Graf von Kühlmann erklärte drohend, dass unter den gegebenen Bedingungen die Kampfhandlungen erneut aufgenommen würden. Trotzki verließ mit seiner Delegation den Saal, und ohne sich umzuwenden, rief er Kühlmann zu: »Lassen Sie die Drohungen!«
Wieder in Petrograd, war Trotzki der festen Überzeugung, dass es ihm nicht nur gelungen sei, Russland aus dem Krieg zu führen, sondern auch den Imperialismus zu »beschämen«. Er wollte nicht verstehen, dass seine Position sich zwar an moralischen Grundsätzen orientierte, aber den Zynismus der herrschenden politischen Praxis nicht in Betracht zog. Am 16. Februar berichtete Trotzki dem Petrograder Rat begeistert seinen »Erfolg« und erklärte: »Soll Kühlmann nach Deutschland fahren, seinen Arbeitern den Friedensvertrag zeigen und ihnen erklären, war-

um dort nicht unsere Unterschrift zu finden ist. Ich halte es für außerordentlich unwahrscheinlich, dass die deutschen Truppen gegen uns aufmarschieren werden. Wenn man die Möglichkeit des Vormarsches in Prozente übertragen sollte, so sprechen 90 Prozent dagegen und 10 Prozent dafür … Wenn man die deutschen Soldaten gegen Russland schicken sollte, welches öffentlich erklärt hat, dass es sich nicht mehr im Kriegszustand befindet, würde dies auf jeden Fall einen gewaltigen revolutionären Protest seitens der deutschen Arbeiter auslösen …« (Sotsch. XVII, 1, S. 115.)

Die Enttäuschung dieser Hoffnungen, die einer bitteren Niederlage gleich war, sollte nicht lange auf sich warten lassen. Am 18. Februar, zwei Tage nach dieser euphorischen Rede Trotzkis, begannen die deutschen und österreichisch-ungarischen Truppen, ohne auf Widerstand zu stoßen, den Vormarsch an der gesamten Front.

Deutsche Armeestiefel stampften durch Dwinsk, Wendem, Minsk, Pskow und Dutzende anderer Städte und Dörfer Russlands. Trotzkis Prognose hatte sich als falsch erwiesen. Dank Lenins Hartnäckigkeit beschloss das ZK der Partei nach einer erbitterten Auseinandersetzung mit den »linken Kommunisten« am Abend des 18. Februar 1918, den »schändlichen und räuberischen Frieden« zu unterzeichnen (7 Stimmen dafür, 5 dagegen, 1 Enthaltung).

Am folgenden Tag, dem 19. Februar 1918, entwarf Trotzki den Text für einen Funkspruch an die Regierung des Deutschen Reiches, der von ihm und Lenin unterzeichnet wurde. Diese Erklärung endete mit folgenden Sätzen: »Der Rat der Volkskommissare sieht sich genötigt, sich angesichts der entstandenen Lage mit der Unterzeichnung des Friedens unter jenen Bedingungen einverstanden zu erklären, die die Delegationen der Viererallianz in Brest-Litowsk unterbreitet haben. Der Rat der Volkskommissare erklärt, dass die Antwort auf die genauen Friedensbedingungen, die von der deutschen Regierung vorgeschlagen worden waren, unverzüglich vorgelegt werden wird.«

Gleichzeitig entwarf Trotzki auf Weisung Lenins einen Aufruf des Rats der Volkskommissare der RSFSR mit der Überschrift »Das sozialistische Vaterland in Gefahr«, der am 22. Februar 1918 in der »Iswestija« veröffentlicht wurde.
In einem der letzten Absätze des Entwurfs wurde mit der standrechtlichen Hinrichtung eines jeden gedroht, der dem Feind Hilfe leisten sollte. Der linke Sozialrevolutionär Steinberg wandte sich gegen diese harte Drohung und meinte, dass das »Pathos des Aufstands« überzogen werde.
»Im Gegenteil«, erwiderte Lenin, »eben das ist das echte revolutionäre Pathos. Sie glauben doch nicht etwa, dass wir ohne den härtesten revolutionären Terror als Sieger hervorgehen können?« (Trotzki, Sotsch. XVII, 1, S. 659.)
Wenig später verabschiedete der Rat der Volkskommissare dann tatsächlich eine Verordnung »Über den roten Terror« (5. September 1918), auf deren Grundlage man überführte oder verdächtige Klassenfeinde, denen man konterrevolutionäre Aktivitäten vorwarf, verhaften oder, »falls notwendig«, erschießen konnte.
Die Arbeit des ZK der Partei der Bolschewiki, des Rats der Volkskommissare des Gesamtrussischen Zentralen Exekutivkomitees (WZIK) verfolgte nun zwei Ziele: den möglichst raschen Abschluss des »Raubfriedens« und den Aufbau von Abteilungen der Roten Armee zur Abwehr von Interventen.

Berlin stellte nun ein Ultimatum, das binnen 48 Stunden beantwortet werden musste. Eine Sitzung des ZK der RSDAP wurde einberufen. Für Lenins Vorschlag, den »Raubfrieden« zu unterzeichnen, stimmten sieben Mitglieder des ZK, vier votierten dagegen, vier enthielten sich. Ich nehme an, hier spielte die Erklärung Lenins eine große Rolle, dass er, falls man seinen Vorschlag nicht akzeptieren würde, von dem Posten des Vorsitzenden des Rats der Volkskommissare zurücktreten werde. Es gelang ihm auch, im WZIK eine Mehrheit für seine Position zu gewinnen.

Am Morgen des 24. Februar machte sich die sowjetische Delegation auf den Weg. Da die Straßen zum Teil zerstört waren, musste die Delegation den Weg mit der Eisenbahn oder sogar zu Fuß zurücklegen. Im Vergleich zu dem Ultimatum vom 21. Februar waren die Bedingungen nun noch härter geworden (der Türkei mussten zusätzlich einige Gebiete im Transkaukasus abgegeben werden). Der Delegationsleiter, Sokolnikow, lehnte jegliche Erörterung des Vertrags ab und unterzeichnete ihn sogleich am 3. März mit der Erklärung, dass die ganze Welt in diesem Dokument einen Akt imperialistischer Gewalt sehen solle. Und die Zeit sollte Lenins und Trotzkis in die Zukunft gerichteten Scharfblick bis zu einem gewissen Grade bestätigen: Noch vor Ende des Jahres 1918 wurden die Dynastien der Hohenzollern und Habsburger gestürzt, was zur Annulierung des Brester Friedens führte. Es war, als hätte Lenin vorausgesehen, dass die Gültigkeit dieses Vertrags nicht von Dauer sein würde. Später erkannte Trotzki die historische Richtigkeit der Leninschen Position an, doch er meinte, dass auch seine eigene Position nicht völlig falsch gewesen sei.

Die Rede, die er auf dem Außerordentlichen VII. (geheimen) Parteitag der RKP(B) (6. bis 8. März 1918) hielt und in der er noch einmal seine Formel »Weder Krieg noch Frieden« rechtfertigte, wirft einige Fragen auf, zu denen es bis heute nur spekulative Antworten gibt. Trotzki betonte, dass der Ausgang der Abstimmung im ZK von ihm abhing, denn »einige Genossen teilten meine Position. Ich enthielt mich und gab damit zu verstehen, dass ich die Verantwortung für eine mögliche Spaltung in der Partei nicht auf mich nehmen kann. Ich hätte es für sinnvoller gehalten, den Rückzug anzutreten, als den Frieden zu akzeptieren, um so eine Atempause zu schaffen, doch ich konnte unter solchen Bedingungen nicht die Verantwortung für die Führung der Partei übernehmen.«

Was meinte Trotzki, als ei von der »Verantwortung« für die »Führung der Partei« sprach? Wollte er damit sagen, dass er, falls er sich durchgesetzt hätte, die Führung der Partei übernommen hätte (denn Lenin hatte erklärt, dass er von seinem Posten im ZK und in der Regierung zurücktreten werde, wenn sein Vorschlag bei der Abstimmung abgelehnt würde), oder bezog sich diese Formulierung nicht auf die personelle, sondern kollektive Führung? Zwar lässt sich diese Frage nicht eindeutig beantworten, doch wenn Lenin von seinem Posten zurückgetreten wäre, so wäre eindeutig Trotzki der Kandidat für seine Nachfolge gewesen. Unter diesen Bedingungen besaßen Trotzki und mit ihm seine Anhänger Ioffe, Dserschinski und Krestinski die Weisheit, sich zu enthalten, wodurch Lenins Vorschlag die Mehrheit der Stimmen erhielt.

Als der VII. Parteitag schließlich Lenins Position bestätigte, sagte Trotzki in einer kurzen Erklärung: »Der Parteitag, das höchste Organ unserer Partei, hat sich indirekt gegen jene Politik ausgesprochen, die ich mit einigen anderen als Mitglied unserer Delegation in Brest-Litowsk vertreten habe … Mag der Parteitag dies nun beabsichtigt haben oder nicht, so hat er dies doch mit seiner letzten Abstimmung zum Ausdruck gebracht, und daher lege ich alle verantwortlichen Posten, mit denen mich … die Partei betraut hat, nieder.« (Trotzki, Sotsch. 17, I, S. 134–144.) Dieses Beispiel des *freiwilligen* Rücktritts eines sowjetischen Führers sollte allerdings nicht Schule machen: Fortan sollten alle »bis zum bitteren Ende« an ihren Posten kleben.

Trotzkis falsche Einschätzung der Absichten und Möglichkeiten Deutschlands sollte später von seinen Gegnern gebührend ausgeschlachtet werden, um den Revolutionär zu diskreditieren. Jahrzehntelang wurde in dem berüchtigten stalinistischen »Kurzen Lehrgang« dekretiert: »… Ungeachtet dessen, dass Lenin und Stalin im Namen des ZK der Partei auf der Unterzeichnung des Friedens bestanden, missachtete Trotzki als Leiter der sowjetischen Delegation in Brest verräterisch die klaren Direktiven der bolschewistischen Partei … Mehr konnten die deutschen Imperialisten von dem Verräter der Interessen des Sowjetlandes nicht verlangen.«

Doch Trotzki hatte sich lediglich in der Frage des Zeitpunkts geirrt. Wenige Monate nach Brest-Litowsk erreichte die revolutionäre Welle Westeuropa. Die Novemberrevolution in Deutschland stürzte die Dynastie der Hohenzollern vom Kaiserthron und führte zur Annullierung des räuberischen Brester Friedens.

Trotzki hatte in Brest zu viel auf einmal erreichen wollen: Russland aus dem Krieg führen, die deutsche Arbeiterklasse zum Aufstand ermutigen, das Prestige des revolutionären Russlands erhalten. Es ist nicht seine Schuld, sondern sein Unglück, dass diese Ziele damals nicht gleichzeitig zu erreichen waren. Seine Formel für Brest-Litowsk war falsch, aber ihre Motive schöpfte er aus der Musik der Revolution.

Die blutige Scheidelinie

Bei allen Revolutionen ist viel Blut geflossen. Gewiss, der Oktoberumsturz verlief ohne Blutvergießen – doch das war nur der Anfang. In Moskau beispielsweise gestaltete sich die Machtübernahme der Räte bereits wesentlich schwieriger. Der Beginn politischer Explosionen wird sehr häufig von *Bürgerkriegen* begleitet, bei denen der Klassenhass zu einer blutigen Scheidelinie zwischen Landsleuten wird. Eine solche Entwicklung fürchteten besonders die russischen Intellektuellen. Jahre vor dem Oktoberumsturz 1917 schrieb Mereshkowski in seinem Buch »Krankes Russland«: »Bei jeder Revolution kommt es zu einem solchen entscheidenden Augenblick, in dem irgendwer irgendjemanden erschießen muss, und das unbedingt leichten Herzens, so wie ein Jäger ein Rebhuhn erlegt … Die Frage der – metaphysischen, moralischen, persönlichen, gesellschaftlichen – Gewalt ist in allen Revolutionen aufgetaucht …« Mereshkowski spürte, dass eine Revolution herannahte und dass sie zu früh kommen würde. War dies die irrationale Angst eines Intellektuellen vor gesellschaftlichen Katastrophen oder eine düstere Prophezeiung? Doch Mereshkowski war nicht der Einzige, der vor künftigen Erschütterungen warnte, die nach seinen Worten ein »staatlich-revolutionäres Töte!« in sich bargen. Selbst Plechanow, der Nestor der russischen Marxisten, erschrak vor dem Gespenst der Gewalt, die die Revolution mit sich bringen würde. Dies war einer der Gründe, weshalb er die Oktoberereignisse verurteilte. Eine sozialistische Revolution wäre seiner Meinung nach nur gerechtfertigt gewesen, wenn die Mehrheit des Proletariats und der Bevölkerung Russlands an dem Umsturz beteiligt gewesen wäre. Den »richtigen« Zeitpunkt für die Revolution sah er in weiter Ferne. Kurz vor seinem Tod musste er verbittert zur Kenntnis nehmen, dass die Petrograder Zeitungen ihn, die russische Koryphäe des wissenschaftlichen Sozialismus, als »Konterrevolutionär« anprangerten. Plechanow beschloss, sich selbst treu zu bleiben und seine Meinung zu den Ereignissen zu äußern, ohne ein Blatt vor den Mund zu nehmen.

In seinem »Offenen Brief an die Petrograder Arbeiter« erklärte er: »Da das russische Proletariat die politische Macht vor der Zeit an sich gerissen hat, wird es keine soziale Revolution durchführen können, sondern lediglich einen Bürgerkrieg entfachen, der es schließlich zwingen wird, weit hinter die Positionen, die es im Februar und März dieses Jahres erobert hat, zurückzufallen.« Plechanow, der lange Jahre im Westen verbracht hatte, hatte sich zu einem typischen Sozialdemokraten entwickelt, der sich ganz und gar nicht mit dem sich abzeichnenden Verlauf der Ereignisse anfreunden konnte. »Ihre Folgen«, schrieb er in seinem »Offenen Brief«, »sind bereits jetzt außerordentlich traurig, und sie werden noch viel trauriger werden, wenn sich verantwortliche Elemente der Arbeiterklasse nicht hart und entschieden gegen die Politik der Machtergreifung einer Klasse oder – noch schlimmer – einer Partei aussprechen werden. Die Macht muss sich auf eine Koalition aller lebendigen Kräfte des Landes stützen, das heißt auf alle Klassen und Schichten, die nicht an der Wiederherstellung der alten Ordnung interessiert sind … Die bewussten Elemente unseres Proletariats müssen es vor dem großen Unglück warnen, welches ihm widerfahren kann.« (Plechanow, God na rodine II, S. 75).
Unter den Gefahren, vor denen Plechanow, Martow, Dan, Abramowitsch und andere Menschewiki warnten, war der Bürgerkrieg die entsetzlichste. Das Verhältnis zum Bürgerkrieg war einer der Hauptgründe für den Bruch zwischen den Bolschewiki sowie anderen radikalen Parteien und den Menschewiki, also jenen politischen Kräften, für die die Demokratie Vorrang besaß, selbst wenn es sich um eine bürgerliche handelte. Trotzki teilte Lenins Anschauung, dass Bürgerkriege »in jeder Klassengesellschaft eine natürliche, unter den bekannten Umständen unausweichliche Fortführung, Entwicklung und Zuspitzung des Klassenkampfes bedeuten« (Lenin, PSS, Bd. 30, S. 133). Er glaubte, dass der Bürgerkrieg unumgänglich war, denn die alten Herren, die »Ehemaligen«, die hohen zaristischen Beamten, würden nicht einfach kampflos abtreten. Bei seinen Auftritten

hob er dieses Argument häufig hervor. Trotzki suchte keinen nationalen Konsens; er ging davon aus, dass lediglich die »harte Hand« des Proletariats, die eiserne Diktatur den aufkommenden Bürgerkrieg eindämmen könnten. Als General Duchonin die verhafteten Generäle Kornilow, Denikin, Erdeli, Pokrowski aus dem Bychowsker Gefängnis entließ, traf aus Moskau ein drohendes Telegramm ein: »Warum sind die Gegner der Revolution auf freiem Fuß?« Und bereits am nächsten Tag wurde Duchonin ein Opfer von Lynchjustiz: Eine bewaffnete Menge warf ihn aus dem Stabswaggon auf die Bajonette der Soldaten …
Trotzki interessierte sich sogar für die »Theorie«, für die historischen Erfahrungen mit Bürgerkriegen – also besonders für die einschlägigen Untersuchungen von Marx. Davon zeugt folgender Brief:
»An den Leiter der Bibliothek des Rumjanzew-Museums, Genosse Gotje.
Ich bitte den Leiter, dem Genossen Gorjainow aus Ihrer Bibliothek zur Übergabe an den Genossen L. D. Trotzki das K.-Marx-Buch ›Der Bürgerkrieg in Frankreich‹ anzuvertrauen.« (Zentrales Armeearchiv.)

Der Bürgerkrieg in Russland begann streng genommen bereits im Oktober 1917, eskalierte im Sommer 1918 und dauerte bis zum Beginn des Jahres 1921. Die Ursachen lagen in den scharfen Widersprüchen zwischen den Klassen, die für die Veränderung ihrer gesellschaftlichen Lage kämpften. Aber auch äußere Widersprüche spielten eine große Rolle. In Russland, so unterstrich Lenin, habe der Imperialismus »… im Grunde den Bürgerkrieg entfacht und ist daran schuld, dass er sich in die Länge zieht …« (PSS, Bd. 39, S. 343).
Nach dem Beginn des deutschen Vormarsches, der dem Abbruch der Brester Verhandlungen folgte, spitzte sich die Lage im Land zu. Trotz ihres Hasses auf die Eroberer hoffte die Reaktion, dass es gelingen werde, mit Hilfe der deutschen Intervention die Revolution zu ersticken.

Nachdem Sokolnikow den Brester Friedensvertrag unterzeichnet hatte, stand Lenin vor der Frage, wer an der Spitze der Streitkräfte stehen sollte. Wer war fähig, auf den Trümmern der alten Armee den Aufbau revolutionärer Truppen zu organisieren? Lenin konnte sich nicht dazu entschließen, einen hohen Militär der »alten Schule« an die Spitze der entstehenden Roten Armee und der Roten Front zu stellen. Dies hätten das Volk und die Armee nicht verstanden. Nach langen Überlegungen und Beratungen mit Swerdlow entschied sich Lenin schließlich für Trotzki, der bis zu diesem Zeitpunkt noch nie eine Uniform getragen und keinerlei Erfahrung mit militärischen Fragen hatte. Wie lässt sich diese Wahl erklären, die, wie Lenin wusste, für die Bolschewiki von außerordentlicher Bedeutung war? Ich denke, dass der Führer der Revolution keine große Auswahl hatte. Es fehlten große Persönlichkeiten, die fähig gewesen wären, in kurzer Zeit die außerordentlich schwierige Aufgabe zu lösen, neue Streitkräfte der Republik zu schaffen und ihren Schutz zu gewährleisten.
Lenin dürfte besser als jeder andere gewusst haben, dass die Fähigkeit, die Bedeutung einer militärischen Organisation politisch einzuschätzen, der wichtigste Faktor für das Überleben der Revolution sein würde. Hier war revolutionäre Leidenschaft vonnöten sowie Entschlusskraft und die Fähigkeit, auf die Massen einzuwirken, dem Partisanentum ein Ende zu setzen, eine straffe Organisation einzuführen. Dieses Amt konnte nur ein Mann übernehmen, der gleichzeitig große Popularität und Autorität in der Partei besaß.
Wladimir Iljitsch kam zu dem Schluss, dass Trotzki der geeignete Mann für diese äußerst schwierige Aufgabe war. Lenin täuschte sich selten in Menschen – und auch in diesem Fall irrte er sich nicht.
Trotzki war zunächst erstaunt über den Vorschlag. Doch auf seine Einwände erwiderte Lenin: »Sagen Sie mir, wen wir sonst ernennen könnten?«
Und Trotzki »dachte nach und erklärte« sich »einverstanden« (Moja shisn II, S. 72 f.).

Am 14. März 1918, als der IV. Außerordentliche Rätekongress eröffnet wurde, erschien in der »Iswestija« eine offizielle Bekanntmachung, dass der Rat der Volkskommissare den Genossen Trotzki auf sein eigenes Ersuchen hin von seinem Posten als Volkskommissar für Äußeres entlassen und zum Volkskommissar für Militärische Angelegenheiten ernannt habe. Die Anordnung hatten der Vorsitzende des Rats der Volkskommissare, W. I. Uljanow (Lenin), der Volkskommissar für Staatsvermögen, W. A. Karelin, und der Volkskommissar für Nationalitätenfragen, J. Stalin, unterzeichnet.
Der Amtsantritt Trotzkis fiel mit dem Umzug der Sowjetregierung nach Moskau zusammen. In seiner ersten Nacht in Moskau berief der neue Volkskommissar eine Sitzung der führenden Mitarbeiter des Kommissariats ein, bei der er die grundlegenden Zielsetzungen des Aufbaus der neuen Armee darzulegen versuchte. Am nächsten Tag unterzeichnete der Volkskommissar seinen Befehl Nr. 1: »Ich ersuche den Leiter der Hauptwohnungsverwaltung, außerordentlich zügig mit der Renovierung der ehemaligen Alexandrowsker Militärschule zu beginnen und diese für das Kommissariat für Militärische Angelegenheiten herzurichten.« (Zentrales Armeearchiv.)
Die politischen Überzeugungen, die Trotzkis Denken am Vorabend des Bürgerkriegs prägten, kommen in dem Bericht, den er während der Moskauer Stadtkonferenz der RKB am 27. März 1918 hielt, außerordentlich plastisch zum Ausdruck. Aufschlussreich sind ferner die beiden Reden »Über unsere Freunde und Feinde« und »Über die äußeren und inneren Aufgaben der Sowjetmacht«, die er auf zwei Arbeiterversammlungen hielt. Mit diesen Fragen setzte er sich außerdem in seiner Schrift »Die grundlegenden Aufgaben der Sowjetmacht im Frühling 1918« auseinander (Sotsch. XVII, 1, S. 154–224). Hier charakterisierte er diese Zeit als eine »Periode der inneren Stockung«, als einige begannen, die Oktoberrevolution »entweder als Abenteuer oder als Fehler« zu betrachten. Diese »Stockung« sei jedoch ein Erbe des Zarismus, ein Resultat der Verbrechen der Autokratie.

Auch am Frieden von Brest-Litowsk seien die zaristischen Bürokraten und Diplomaten schuld, »die uns in den furchtbaren Krieg warfen, das Eigentum des Volkes raubten, das Volk bestahlen, welches sie in Finsternis und Versklavung hielten ...« (ebd., S. 213).

Seine Ansichten über die Macht legte der Volkskommissar für Militärische Angelegenheiten folgendermaßen dar: »Entweder Diktatur des Kapitals und der Landbesitzer oder Diktatur der Arbeiterklasse und der Bauernschaft.« Zwischen den Klassen könne es keinerlei Versöhnung geben. Die Konstituierende Versammlung sei eine »große« Versöhnungskammer, eine »große versöhnlerische Einrichtung der russischen Revolution« (Sotsch. XVII, 1, S. 213–257). Weiterhin meint Trotzki, dass die Konstituierende Versammlung lediglich dafür geeignet gewesen sei, einen »allgemeinen Zählappell« – wer für wen – abzuhalten, aber nicht für eine »revolutionäre schöpferische Arbeit«. Man könne die Macht mit niemandem teilen. Wenn man auf halbem Wege stehen bliebe, sei dies »keine Revolution, sondern, mit Verlaub, eine Fehlgeburt« (Sotsch. XVII, 1, S. 201). Die Macht wurde nicht dazu erobert, um sie später mit den Besiegten zu teilen. Und was war mit den linken Sozialrevolutionären, Menschewiki-Internationalisten und anderen Organisationen, die die Revolution unterstützten, sich jedoch zu anderen Methoden der Lösung sozialer, ökonomischer und politischer Fragen bekannten? Die Gleichschaltung des Denkens, der Glaube, das Monopol auf die revolutionäre Wahrheit gepachtet zu haben, brachte von Anfang an eine geistige Verarmung bei den radikalen Bolschewiki mit sich.

Einen wichtigen Platz nehmen in den Reden Trotzkis vom Frühjahr 1918 die Fragen der Arbeitsorganisation der Gesellschaft, der revolutionären Ordnung und Disziplin ein. Seine Rede vor der Parteikonferenz der Moskauer Stadtorganisation gab er als gesonderte Broschüre mit dem programmatischen Titel heraus: »Arbeit, Disziplin und Ordnung werden die Sowjetrepublik retten« (Sotsch. XVII, 1. S. 164 f.). Die »Instabilität« der Gesellschaft in der Revolutionszeit erklärt Trotzki mit dem Erwachen des Freiheitsgefühls in der unterdrückten Persönlichkeit, die bislang (und hier zitiert er seinen geliebten Dichter Gleb Uspenski) »lebte und starb, wie es die Masse der Heuschrecken tut«. Vor dem Umsturz war die Persönlichkeit »ein Mensch in der Masse, ein Sklave des Zaren, des Adels, der Bürokratie, ein Anhängsel der Maschinen der Fabrikanten« – und mit einemmal fühlte sich der Mensch als Persönlichkeit. »Dies«, so Trotzki, »ist der Grund für eine Flut desorganisierter Stimmungen, individualistischer, anarchistischer, räuberischer Tendenzen, welche wir besonders in den Kreisen der deklassierten Elemente des Landes beobachten, innerhalb der früheren Armee und dann auch bei bekannten Elementen der Arbeiterklasse.«

Trotzki machte Vorschläge, wie man mit Sabotage, Anarchie, Prahlerei, Verantwortungslosigkeit und der Inkompetenz vieler Leute fertig werden könne. Vor allen Dingen müsse man die »kollegialen Prinzipien« zurückdrängen. In der Tat wurden in der Periode der Stärkung der Sowjetmacht auf allen Stufen der Hierarchie in den Räten und der Wirtschaft Kollegien gebildet. Bald bekamen alle die Folgen der uferlosen Demokratie und Verantwortungslosigkeit zu spüren. Auf der Sitzung des Gesamtrussischen Zentralexekutivkomitees vom 29. April wurde der Beschluss angenommen, das Gewicht mehr auf Einzelleitungen sowie Zentralisierung zu legen und auch bürgerliche Spezialisten aktiv in den Arbeitsprozess einzubeziehen. Auf einer Sitzung des ZK vom 31. März propagierte und erläuterte Trotzki diesen Beschluss. Eine Reihe linker Sozialrevolutionäre und Mitarbeiter der Räte (N. Osinski, W. Smirnow, A. Bubnow, M. Tomski, A. Rykow) sahen darin eine Gefahr für die Demokratie und eine Verstärkung der Bürokratie. Trotzki setzte sich für die Einführung einer eisernen Disziplin im Lande ein, die auch Repressionen gegen Saboteure, Banditen und versteckte Feinde beinhalten sollte. Unheilvoll klingen seine Worte: »Die Bourgeoisie des Dorfs wird zum Hauptfeind der Arbeiterklasse, sie will die sowjetische Revolution aushungern … Wir warnen die Kulaken, dass wir ihnen gegenüber keinerlei Gnade kennen werden.« (Sotsch. XVII, 1, S. 183 f.) Stalin wird sich später nicht auf Trotzkis Worte berufen, und er wird die Kulaken auch nicht warnen, sondern er wird handeln und dabei keinerlei Gnade kennen.

Trotzki war überzeugt davon, dass Erkenntnis die Menschen verändern könnte. »Es gibt viele geistige Werte, hohe und ausgezeichnete, es gibt Wissenschaften, Künste – und das alles ist den arbeitenden Menschen nicht zugänglich, weil die Arbeiter oder Bauern gezwungen sind, wie Zuchthäusler zu leben, die an ihre Schubkarren gekettet sind.« Menschen mit geistiger Stählung, fährt Trotzki fort, sollten in der Lage sein, zu sich selbst zu sagen: »Ja, es versteht sich, dass ich in dem gegenwärtigen Kampf umkommen kann. Doch welchen Wert hat dieses hoffnungslose Sklavenleben unter dem Joch der Unterdrücker, verglichen mit dem ruhmreichen Tod eines Kämpfers ...?« (Ebd., S. 217.) Wie es sich für einen konsequenten Radikalen gehört, setzte Trotzki sich für einen Weg ein, der Opfer erforderte – und dieser Opferweg sollte sich später unter dem Einfluss anderer Menschen in einen »Opfersozialismus« verwandeln ...

Trotzki vereinte in sich die Qualitäten eines Pragmatikers und Träumers. Er war in der Lage, prosaische Aufgaben des Alltags zu lösen (wie die Kontrolle über die Militärspezialisten, die Reparatur von Dampflokomotiven, die Festsetzung stabiler Preise für Getreide usw.). Aus der Sphäre dieser praktischen Aufgaben konnte er schnell hinüberwechseln zu den Anhöhen, von denen aus er in »die kommunistische Zukunft« blickte. Und er besaß die Fähigkeit, diese Vision überzeugend darzustellen.

Als Trotzki auf einer Arbeiterversammlung am 14. April 1918 die Zukunftsperspektive ausmalte, für die man kämpfen, leiden und Opfer bringen müsse, herrschte im Saal völlige Stille. Die Menschen glaubten den Prophezeiungen des Redners, glaubten, dass seine Vision einer »Weltrepublik der Arbeit« Wirklichkeit werden würde. Trotzki erklärte: »Wir werden einen einheitlichen, brüderlichen Staat auf der Erde schaffen, die uns die Natur geschenkt hat. Diese Erde werden wir bearbeiten auf kollektiven Grundlagen, wir werden sie in einen blühenden Garten verwandeln, wo unsere Kinder, unsere Enkel und Urenkel wie im Paradies leben werden. Früher glaubte man an die Legenden vom Paradies; das waren dunkle und verworrene Wunschträume, war die Sehnsucht des unterdrückten Menschen nach einem besseren Leben. Der Mensch wollte ein gerechtes, saubereres Leben, und er sprach: Es muss ein solches Paradies zumindest in jener Welt geben, die sich in einer unbekannten und geheimnisvollen Sphäre befindet. Wir aber sagen, dass wir mit unseren arbeitenden Händen ein solches Paradies hier auf dieser Welt, auf dieser Erde für alle, für die Kinder und Enkel für alle Jahrhunderte schaffen werden ...« (Sotsch. XVII, 1, S. 188.) Und die Menschen, denen Trotzki dieses »Paradies« versprach, reagierten mit stürmischem Applaus auf seine Rede.

Während der Tribun der Revolution über das »Paradies« sprach, war sein Land durch vierjährigen imperialistischen Krieg und zwei Revolutionen fast völlig ausgeblutet. Konnte man damals wissen, dass der Moloch des Krieges noch drei lange Jahre auf den Schlachtfeldern des Vaterlands seine grausame Ernte einbringen würde? Die Träume vom »Paradies« würden die Panzerzüge an der Front verhüllen, die Musik der Freiheit würde das Säbelklingen, die Hufe der Reiterarmeen und das Salvenfeuer übertönen; die Hoffnung auf Frieden würde den Menschen die Kraft geben, den Typhus und den Hunger zu erdulden ... Und an diesem furchtbaren Horizont der russischen Vendée würde der Stern Trotzkis aufgehen ...

Der blutige Bürgerkrieg

»Wenn Ideen einen blutigen Kampf auf den Plätzen, Straßen, großen Wegen, auf den Feldern und in den Wäldern führen, dann tritt die Wahrheit in den Hintergrund; sie interessiert nicht mehr.«
N. Berdjajew

Der russische Friedhof bei Paris erinnerte mich an die furchtbare Wunde des Bürgerkriegs. An der Seite des alten russischen Priesters Vater Solujan schritt ich durch den Friedhof und betrachtete die vielen Grabhügel jener Menschen, die einen ewigen Zufluchtsort in der Fremde gefunden haben. Besonders deutlich empfand ich hier die Sinnlosigkeit von Bürgerkriegen, in denen häufig Bruder gegen Bruder, Vater gegen Sohn gekämpft haben. Vater Solujan sagte: »Die Zeit und die Ewigkeit müssen die Landsleute versöhnen. Damals schien es, als genügte es, die Weißen zu vernichten (oder die Roten!), und schon hast du das Glück in deinen Händen! Mit dem Tod der Brüder kann man weder Frieden noch Glück erreichen … Auf dass sie die Zeit versöhnen möge!«
Vom heutigen Standpunkt scheinen die Worte des Geistlichen der Wahrheit nahe zu kommen. Und wie war es damals? Die Revolution hat ihre eigenen harten Gesetze. Der Zorn des Volkes wurde im Jahre 1917 durch den imperialistischen Krieg, durch die Revolution, durch den Bruch mit der alten Ordnung, durch den wütenden Widerstand jener, die von der Bühne des historischen Geschehens gefegt wurden, geboren. Die politischen Parteien lenkten den Zorn der Revolution zunächst gegen die Selbstherrschaft. Nachdem sie mit Leichtigkeit die Attribute des Zarismus hinfortgefegt hatten, entdeckten die Klassen, gesellschaftlichen Kräfte und politischen Parteien voller Ver-

wirrung, dass alle unterschiedliche Ziele hatten! Einige wollten bei den Resultaten des Februar stehenbleiben; andere, denen Chaos und Zerrüttung Entsetzen einflößten, waren bereit, zur Selbstherrschaft zurückzukehren, die lediglich durch einen konstitutionellen Rahmen einzuschränken sei; und die Dritten waren entschlossen, sowohl die Ersten als auch die Zweiten aus dem Weg zu räumen …

Mehr als drei Jahre lang tobte der Krieg, in dem sich entscheiden sollte, welche Partei die Oberhand behalten würde. Beinahe fünfzehn Millionen Menschen fanden den Tod. Und es starben nicht nur Menschen in Soldatenröcken, sondern auch viele Zivilisten, die Hunger und Typhus zum Opfer fielen. Für diese blutige Verlängerung der Revolution »sorgten« nicht nur die Verteidiger der alten Ordnung, sondern auch die radikalen, unversöhnlichen Bolschewiki und schließlich auch jene ausländischen Interventen, die in der russischen Revolution eine gefährliche »Seuche« sahen.

Und Trotzki, der neuernannte Volkskommissar für Militärische Angelegenheiten und Vorsitzende des Obersten Kriegsrats, war für diesen Krieg, der seiner Meinung nach die Chance bot, nicht nur mit einem Schlag alle Ausbeuterklassen in Russland zu zerschlagen, sondern auch das Proletariat anderer Länder zur Weltrevolution anzuspornen.

Die »Gesetze« der Revolution

Lenin »glaubte« an die sozialistische Weltrevolution. Und er wusste, wenn sie sich ereignete, würde das Land, von dem sie ausging, unweigerlich in die Auseinandersetzungen einbezogen werden. Trotzki machte keinen Hehl daraus, dass er in der geplanten Roten Armee nicht nur ein Instrument zur Verteidigung Sowjetrusslands, sondern auch der entschlossenen Unterstützung internationaler revolutionärer Prozesse sah. Während seiner Rede auf einer Sitzung des Moskauer Rats am 19. März 1918 sagte er: »Mit Hilfe dieser Armee werden wir nicht nur uns selbst beschützen und verteidigen können, sondern den Kampf des internationalen Proletariats unterstützen … Beim ersten Donnerschlag der Weltrevolution müssen wir bereit sein, unseren aufständischen ausländischen Brüdern zu Hilfe zu kommen … In dem Augenblick, in dem das deutsche Proletariat, welches der Revolution näher ist als jedes andere … auf die Straße geht, müssen wir bereits vorbereitet und militärisch organisiert sein und ihm zu Hilfe kommen.« (Sotsch. XVII, 1, S. 228 f.)

Unter den Bolschewiki herrschte keineswegs Einigkeit über die Frage der hierarchischen Strukturen in einer revolutionären Armee. N. W. Krylenko, N. I. Podwojski, W. A. Antonow-Owsejenko, K. A. Mechonoschin und einige andere Militärfunktionäre der Revolution wehrten sich heftig gegen Lenins Absichten, Militärspezialisten der zaristischen Streitkräfte für den Aufbau der Roten Armee und die Organisation der Verteidigung der Republik heranzuziehen. Diese bekannten Parteileute verlangten, dass Kommandostäbe weiterhin gebildet werden sollten, waren gegen eine Einschränkung der Rolle der Soldatenkomitees und wollten die ehemaligen Generäle und Offiziere lediglich als »Berater« unter strenger Kontrolle heranziehen. Doch beim Vormarsch der deutschen Truppen offenbarte sich die Schwäche jener Abteilungen der Roten Garde, die auf der

Grundlage dieser Prinzipien organisiert waren. Hier musste sich einiges verändern.
Überdies trafen beim ZK zahlreiche Beschwerden über willkürliche »Requisitionen«, »Expropriationen« und »revolutionäre Strafen« ein. Manchmal gab es auch Erscheinungen von Raffgier. So erhielt Trotzki ein Telegramm von Kommissar Posern, in dem dieser dem Volkskommissar mitteilte, dass die »zweite Petrograder Konferenz der Rotarmisten einen Beschluss über die Notwendigkeit verabschiedet habe, den Sold der Rotarmisten auf 300 Rubel festzusetzen …«
Trotzki wusste, dass er den Verlust seiner Autorität riskieren und einer weiteren Ausbreitung des Chaos Vorschub leisten würde, wenn er bei einer solchen Frage auch nur einmal nachgab. In seinem Antwortschreiben hieß es:
»Petrograd, Smolny. An Posern.
Ich lehne es ab, Ihre Übertretungen der Dekrete der Sowjetmacht zu akzeptieren.
21. 5. 18 Volkskommissar für Militärische Angelegenheiten Trotzki.« (Zentrales Parteiarchiv.)

Zur Erklärung für die Soldaten fügte er hinzu: »Die Frage des Gehalts für die Rotarmisten wird nicht von den Petrograder Rotarmisten entschieden, sondern von den Räten der Arbeiter-, Bauern- und Rotarmistendeputierten von ganz Russland … Ein Sold von 150 Rubel ist festgesetzt worden. Jene Rotarmisten, die sich in diesen für die Republik so schwierigen Tagen mit Forderungen nach Erhöhung des Soldes beschäftigen, halte ich für schlechte Soldaten der Revolution.«

Bevor sich Trotzki zum ersten Mal an die Front begab, sprach er auf unzähligen Versammlungen, nahm an den verschiedensten Sitzungen, Beratungen, Kongressen teil und bemühte sich so, für den Aufbau der Roten Armee alle Machtorgane und Volksschichten zu gewinnen. In einem Appell an das Volk erklärt er: »Die Grundvoraussetzungen, die die Regierung bei der Schaffung der Armee zugrunde legt, sind: eine obligatorische militärische Ausbildung in Schulen, Fabriken und Dörfern; die unverzügliche Schaffung kompakter Kader, denen die ergebensten Kämpfer angehören; die Heranziehung von Militärspezialisten als Berater; die Ernennung von Militärkommissaren als Hüter der höchsten Interessen der Revolution und des Sozialismus.« (Iswestija WZIK, 24. 3. 1918.)

Voller Leidenschaft stürzte sich Trotzki in seine neue Arbeit. Täglich sprach er in seinem Büro mit Kommandeuren der Roten Garde, alten Militärs der Intendantur, neu ernannten Kommissaren, ehemaligen Generälen, Matrosen und Journalisten. Und beinahe jeden Tag erörterte er mit Lenin Fragen des Aufbaus der neuen Armee.

Der neue Volkskommissar verfolgte vorrangig das Ziel, den Männern in Uniform so rasch wie möglich die revolutionären Ideale zu vermitteln. Taktische und operative Fragen rückten in den Hintergrund. Trotzki, der die Berichte der Mitarbeiter des Kommissariats über den Verlauf des Aufbaus neuer Abteilungen der Roten Armee aufmerksam studierte, suchte immer weiter nach einem geistigen »Bindemittel«, mit dessen Hilfe es möglich war, Bauern, Arbeiter und ehemalige Offiziere in einer revolutionären militärischen Gemeinschaft zu vereinen. Dies sollte allerdings nicht nur durch moralische Appelle an das Pflichtgefühl, sondern auch durch die Androhung von Sanktionen bewerkstelligt werden.

Mitte April schrieb Trotzki den Text für den »sozialistischen Fahneneid«. In sechs Punkten wurden die Bedeutung des Kriegsdienstes, die militärische Pflicht und Ehre, die Verpflichtung, selbständig das Militärwesen zu studieren, die Bereitschaft, ohne Rücksicht auf die eigene Person für die Verteidigung Sowjetrusslands einzutreten, dargelegt. Im letzten Punkt wurde unmissverständlich klargestellt: »Wenn ich mein feierliches Gelöbnis vorsätzlich breche, so soll mich eine allgemeine Verachtung ereilen und die strenge Hand des revolutionären Gesetzes strafen.« (Sotsch. XVII, 1, 686 f.)

Dieser Eid wurde vom WZIK am 22. April 1918 bestätigt und über Jahrzehnte hinweg angewendet. Und die sowjetischen Militärs störten sich nicht an dem Umstand, dass er aus der Feder des »verachtenswerten faschistischen Söldlings Trotzki« stammte …

Trotzki maß den Kommissaren und Militärspezialisten eine besondere Bedeutung bei. Da er sehr wohl erkannte, in welcher dramatischen Lage das Land sich befand, sah er in der Massenmobilisierung von Arbeitern und Bauern einen absolut notwendigen, aber nicht ausreichenden Schritt. Diese Masse, so forderte er, müsse organisiert, unterrichtet, inspiriert und vorwärts gebracht werden. Die »Naturtalente« aus dem Volk, die sich emporgearbeitet hatten oder durch die Kommandeure entdeckt wurden, konnten die amorphen, wenig disziplinierten Einheiten nicht in revolutionäre Abteilungen einer regulären Armee umformen. Trotzki war der Ansicht, dass man Kommissare als politische Organisatoren und Inspiratoren dieser Einheiten benötigte.

Im Juni 1918 fand der Erste Gesamtrussische Kongress der Militärkommissare statt. In seiner Rede vom 7. Juni erklärte Trotzki, dass das Prinzip der Freiwilligkeit beim Aufbau der Armee sich nur »zu einem Drittel« als effektiv erweise, denn in den Einheiten seien »viele Elemente untauglich – viele Taugenichtse, viele Faulenzer, viel Abschaum«. Deshalb sei es die Pflicht der Militärkommissare, unermüdlich für die »Schaffung eines Bewusstseins innerhalb der Armee« tätig zu sein. »Der Kommissar ist ein unmittelbarer Vertreter der Sowjetmacht und der Armee, ein Hüter der Interessen der Arbeiterklasse …« Weder Trotzki noch die anderen bolschewistischen Führer störte es, dass die Armee, in der dieser »Hüter der Interessen der Arbeiterklasse« tätig war, vorwiegend aus *Bauern* bestand. Weiter führte Trotzki aus: »Sollte ein Kommissar bemerken, dass von einem militärischen Führer eine Gefahr für die Revolution ausgeht, so hat der Kommissar das Recht, erbarmungslos mit dem Konterrevolutionär abzurechnen – bis hin zur Erschießung.« (Sotsch. XVII, 1, 267 f.)

Dieses »Recht« erscheint heute als eine der Grundlagen für spätere Gesetzlosigkeiten.
Die Revolution, die, allgemein philosophisch betrachtet, die Verkörperung der Gesetzlosigkeit ist, führte zwar revolutionäre »Gesetze« ein, welche das Individuum vor Willkür schützen sollten. Wenn sie jedoch auf die Gesetzlosigkeit der Konterrevolution traf, antwortete sie ebenso mit Gesetzlosigkeit.
Zu dieser Zeit konnten neben Bolschewiki noch linke Sozialrevolutionäre Kommissare werden. Trotzki selbst äußerte sich beispielsweise sehr positiv über den linken Sozialrevolutionär Kriwoschein, der Gouvernementskommissar in Kursk war. Doch bald sollte das Machtmonopol der Bolschewiki nicht nur auf die staatlichen Organe, sondern auch auf diesen Bereich ausgeweitet werden.

Niemand hat sich so konsequent und entschieden für die Einbeziehung von Militärspezialisten beim Aufbau der Roten Armee und bei der Verteidigung der Revolution eingesetzt wie Trotzki. Er nutzte auch die Presse, um seinen Standpunkt in dieser Frage darzulegen und sich mit den Argumenten der Gegner dieser Maßnahmen auseinanderzusetzen. Am ausführlichsten äußerte er sich zu diesem Thema in dem Dokument »Militärspezialisten und die Rote Armee«, das er in der letzten Nacht des schweren Jahres 1918 verfasste. Trotzki schreibt, dass er als konsequenter Befürworter der Einbeziehung von Militärspezialisten häufig mit Protesten und Einwänden zu diesem Thema konfrontiert werde. In solchen Situationen pflege er häufig zu erwidern: »Könnten Sie mir heute zehn Divisionsleiter, fünfzig Regimentskommandeure, zwei Armeekommandeure, einen Frontkommandeur zur Verfügung stellen, die alle aus den Reihen der Kommunisten kommen?«
Trotzki fährt fort: »Als Antwort darauf lachten die ›Kritiker‹ ausweichend und lenkten das Gespräch auf ein anderes Thema.« (Sotsch. XVII, 1, S. 362.)
Weiter argumentiert er: »Bei uns verweist man nicht selten auf

Fälle, in denen Personen des Kommandostabs Verrat übten und zum Feind überliefen. Solche Fälle … gab es nicht wenige, hauptsächlich handelte es sich um Offiziere, die höhere Posten bekleideten. Doch man spricht bei uns kaum davon, wie viele Regimenter ins Verderben gestürzt worden sind wegen der fehlenden Schulung des Kommandostabs, weil der Kommandeur unfähig war, Verbindung zu halten, oder weil er es versäumt hatte, … Feldwachen aufzustellen, oder weil er sich mit der Karte nicht auskannte. Und würde man die Frage stellen, was uns bislang mehr Schaden zugefügt hat – der Verrat der ehemaligen Berufsoffiziere oder die mangelnde Ausbildung vieler neuer Kommandeure –, so hätte ich persönlich Schwierigkeiten, eine Antwort darauf zu geben.« (Ebd., 169, S. 363.) Trotzki weist auch darauf hin, dass die Fälle von Verrat in aller Munde wären, aber selbst in Parteikreisen nur wenig von jenen Offizieren bekannt wäre, »die ehrenvoll und bewusst für die Sache des Russlands der Arbeiter und Bauern gefallen sind«.

Wenn es tatsächlich um konkreten Verrat ging, kannte Trotzki keine Gnade. Davon zeugt beispielsweise der Fall des Ex-Admirals A. M. Schtschastny, der Kommandeur der Seestreitkräfte der Baltischen Flotte war. Schtschastny wurde am 27. Mai 1918 auf Weisung des Volkskommissars verhaftet. Er wurde beschuldigt, einen konterrevolutionären Umsturz vorbereitet zu haben. Am 21. Juni wurde sein Fall vor dem Obersten Revolutionstribunal der Republik verhandelt. Als wesentlichen Beweis für die Schuld des Angeklagten bezeichnet Trotzki den Inhalt eines politischen Referats, das der Admiral auf einem Kongress der Marinedelegierten verlesen wollte. Der Volkskommissar erklärte, dass es sich dabei eindeutig um ein »Dokument einer konterrevolutionären Verschwörung« handle (Sotsch. XVII, 1, S. 329). Das Gericht verurteilte Schtschastny zum Tod durch Erschießen.

Wenn die Phase vom Oktoberaufstand bis zum März 1918 mit Lenins Worten »ein siegreicher, triumphaler Einzug des Bol-

schewismus« war, so begann mit diesem Monat, in dem Trotzki sein neues Amt antrat, eine lange Periode konterrevolutionärer Ereignisse: Das Pendel schlug nun in die entgegengesetzte Richtung aus. Seit Frühjahr 1918 konnte Trotzki jeden Morgen in seinem Büro eine Reihe von Telegrammen und Mitteilungen über Aufstände, Meutereien und ausländische Interventionen lesen. Ganze Einheiten und Garnisonen liefen auf die Seite des Feindes über. Später widmete Trotzki einen ganzen Band seiner Schriften dem Bürgerkrieg. Er bezeichnete die Periode, die im März 1918 begann, als die »erste Woge der Konterrevolution«. Der Aufstand Kaledins am Don, der Vormarsch Dutows im Südural, der Aufstand Dowbor-Musnizkis in Weißrussland, der Einmarsch der deutschen und österreich-ungarischen Truppen in der Ukraine, die Intervention türkischer Verbände im Transkaukasus, der Aufstand armenischer Daschnaken und aserbaidschanischer Mussawatisten – auf der großen Karte im Arbeitszimmer Trotzkis erschienen immer mehr blaue Fähnchen, die die Herde der Konterrevolution kennzeichneten.
Als Vorsitzender des Obersten Kriegsrats erhielt Trotzki ständig Berichte von den Fronten, beriet sich mit den Militärspezialisten, telefonierte mit Lenin und versuchte alles zu tun, um die Lage zu verändern, die sich von Tag zu Tag katastrophaler gestaltete. Aber immer alarmierendere Telegramme landeten auf seinem Schreibtisch: Die Deutschen haben Taganrog eingenommen; eine Kosakenabteilung hat Orenburg überfallen; in den ukrainischen Gouvernements Kiew und Tschernigow ereignen sich heftige Bauernunruhen; in Saratow kommt es zum Aufstand der rechten Sozialrevolutionäre; in Samara erheben sich die sozialrevolutionären Maximalisten; in Sweaborg wird eine große Gruppe von Revolutionären durch finnische Weißgardisten erschossen; die Tschechen erobern Pensa, Sysran und Morschansk; General Krasnow nimmt die Stadt Liski ein – und das alles innerhalb einiger Maitage.
Mitte des Jahres befand sich Sowjetrussland in einer beinahe hoffnungslosen Lage. Eine derart bedrohliche Situation sollte sich im

Bürgerkrieg noch ein weiteres Mal einstellen – im Jahre 1919, als Denikin, der Oberbefehlshaber der Weißen an der Südfront, auf Tula vorrückte. Hinzu kamen die Interventionen der Engländer, Franzosen, Amerikaner, Japaner in Murmansk, Archangelsk, in Turkestan, im Transkaukasus, in Wladiwostok, der Aufstand der Tschechoslowakischen Legion … In den Berichten tauchen neue politische Gebilde auf: das Komitee der Mitglieder der Konstituierenden Versammlung in Samara, die sozialrevolutionäre Regierung in Jekaterinburg, das Direktorium von Ufa …

Viel später sollte Trotzki über diese Zeit schreiben: »Es hätte in jenen Tagen nicht viel gefehlt, um die Revolution niederzuwerfen. Ihr Territorium reduzierte sich auf den Umfang des alten Moskauer Fürstentums. Sie hatte fast keine Armee. Die Feinde kesselten sie von allen Seiten her ein. Nach Kasan kam Nischni-Nowgorod an die Reihe. Von dort aus eröffnete sich ein beinahe hindernisloser Weg nach Moskau …« (Moja shisn II, S. 125 f.)

Auf Lenins Vorschlag fand am 29. Juli 1918 eine gemeinsame Sitzung des WZIK und des Moskauer Rats statt. Lenins Bericht »Über die Lage der Sowjetrepublik« folgte Trotzkis Referat »Das sozialistische Vaterland in Gefahr«. Alle begriffen: Wenn keine außerordentlichen Schritte unternommen würden, würde die Konterrevolution die Oberhand gewinnen. Trotzki war sich dessen noch klarer bewusst als die meisten. Ich denke, dass Trotzki während dieser kritischen Monate des Jahres 1918 seine besten Eigenschaften zeigte: außerordentliche Entschlussfähigkeit, die Bereitschaft, bis zum Ende zu kämpfen, den Glauben, dass nicht alles verloren und die Revolution zu retten sei. Doch viele seiner Schlussfolgerungen und Vorschläge waren hart, ja sogar grausam.

»Den Einheiten unserer Rotarmisten fehlt der notwendige geistige und militärische Zusammenhalt, da sie noch keine Stählung im Kampf erfahren haben … Hier bei uns im Saal sitzen zweitausend Menschen, vielleicht sogar noch mehr, und die Mehrzahl von uns, wenn nicht sogar alle, nehmen einen revolutionären Standpunkt ein. Wir stellen kein Regiment dar, aber wenn man uns jetzt zu einem Regiment formieren, bewaffnen und an die Front schicken würde, wäre dies, denke ich, nicht das schlechteste Regiment der Welt. Warum? Weil wir qualifizierte Soldaten sind? Nein, sondern deshalb, weil uns eine bestimmte Idee leitet und weil uns bewusst ist, dass es an der Front, an die man uns schicken würde, um Leben und Tod geht, dass man hier siegen oder sterben muss.« (Sotsch. XVII, 1, S. 507 f.) Aus dieser Einschätzung zog Trotzki folgenden Schluss: Damit sich in jeder Unterabteilung ein fester kommunistischer Kern bilde, sei es notwendig, aus Moskau, Petrograd und anderen Städten die bewusstesten Arbeiter, Kommunisten, Agitatoren an die Front zu schicken. Er berichtete, Sinowjew habe ihm mitgeteilt, dass der Petrograder Rat bereits beschlossen habe, ein Viertel seiner Mitglieder, also etwa zweihundert Personen als Agitatoren, Instrukteure, Organisatoren, Kommandeure und auch als Soldaten an die tschechoslowakische Front zu schicken. Trotzki sah in der »Disziplin des revolutionären Bewusstseins« eine rettende Chance, möglicherweise die letzte. Die folgenden Ereignisse zeigten, dass diese Einschätzung richtig war.

Dann ging Trotzki auf die Überläufer ein, die in Scharen auf die Seite der Weißen wechselten. Man müsse, so erklärte Trotzki, »die aufsässigen Offiziere im Zaume halten«. Alle Offiziere, die nicht für die Roten arbeiten wollten, solle man »in Konzentrationslager stecken«. Und falls bei einem kommandierenden Offizier verdächtige Handlungen beobachtet würden, »so versteht es sich von selbst … dass der Schuldige erschossen werden muss« (Sotsch. XVII, 1, S. 508–510).

Nach den Reden Lenins und Trotzkis wurde eine von dem Vorsitzenden des Obersten Kriegsrats vorbereitete Resolution verabschiedet, in der alle Schlussfolgerungen und Vorschläge der Berichte Eingang fanden. Das Schicksal der Revolution hing an einem Haar. Jahre später würde Trotzki schreiben, dass die Revolution nur durch die Kraft des revolutionären Willens gerettet wurde. Aber später würde die Revolution durch diesen stählernen Willen zerstört werden …

An der Spitze des Revolutionären Kriegsrats

Am 2. September 1918 – zu einem Zeitpunkt, als sich die Revolution nach den Worten Trotzkis »auf ihrem absoluten Tiefpunkt« befand – wurde er auf Vorschlag Swerdlows in seinem Amt als Vorsitzender des Revolutionären Kriegsrats der Republik (RWSR) bestätigt. Einige Wochen zuvor war Trotzki in Begleitung einer Gruppe kommunistischer Agitatoren aus Moskau an die Ostfront gefahren, wo eine katastrophale Lage herrschte. Die Flammen des Bürgerkriegs breiteten sich schnell aus, so als hätte jemand ein glimmendes Streichholz in ein Bündel trockenen Reisigs geworfen. Der Zug Trotzkis, der später die gleiche Berühmtheit erlangen sollte wie einst die Pferde Alexanders des Großen, kam nur bis Swijashsk, der letzten größeren Station vor Kasan, das sich in Feindeshand befand.

Mittlerweile war auch die kurze Allianz zwischen Bolschewiki und linken Sozialrevolutionären zerbrochen. Die linken Sozialrevolutionäre hatten sich am 6. Juli 1918 zu einem Aufstand erhoben, der durch die Bolschewiki niedergeschlagen worden war. Lenin hatte Trotzki vorgeschlagen, vor dem V. Gesamtrussischen Rätekongress über diese Ereignisse zu berichten. Trotzkis Referat am 9. Juli gestaltete sich als endgültige Abrechnung mit den ehemaligen Bündnispartnern. Er kritisierte die Forderung der linken Sozialrevolutionäre, dass man »Deutschland unverzüglich den Krieg erklären sollte«. Um den Krieg zu provozieren, hätten sie den deutschen Botschafter Mirbach getötet. Die Führer dieser Partei bezeichnete er als »wahnsinnige, primitive Menschen«. Dann berichtete er über den Verlauf des Aufstands. Die linken Sozialrevolutionäre hatten eine Gruppe von zweitausend Menschen zusammengezogen und verfügten über einige Kanonen sowie einige Dutzend Maschinengewehre. Sie hatten sich von der Trjochswjatitelny-Gasse aus in Marsch gesetzt, das Telegraphenamt eingenommen, Podbelski, den Volkskommissar für das Postwesen, und Dsershinski festgesetzt und dann den Kreml beschossen. »Als wir die Geschosse beobachteten, die glücklicherweise nicht sehr zahlreich waren und in den Hof fielen, sagten wir uns: Der Rat der Volkskommissare ist nun im wahrsten Sinne des Wortes eine Zielscheibe für die linken Sozialrevolutionäre.«

»Unsere Einheiten«, fuhr Trotzki fort, »standen vor der Christus-Erlöser-Kirche, auf dem Strastnaja-Platz und am Puschkin-Denkmal sowie auf dem Arbat-Platz und im Kreml. Nach aktiven Kampfhandlungen vonseiten Podwojskis, Muralows und Wazetis' zogen sich die Sozialrevolutionäre am 7. zurück und zerstreuten sich in Richtung Kursker Bahnhof. Jene Abteilungen, die den linken Sozialrevolutionären aus Petrograd und dem westlichen Grenzgebiet zu Hilfe kommen wollten, konnten ohne Schwierigkeiten entwaffnet werden. Zu einem geringfügigen Zusammenstoß kam es beim Paschesker Korps, wo ein Kommandostab der linken Sozialrevolutionäre entwaffnet wurde: Es hat zehn Verletzte und zehn Tote gegeben ...« (Sotsch. XVII, 1, S. 451–476.)

Nach seinem Bericht unterbreitete Trotzki den Vorschlag einer Resolution, in der erklärt wurde, dass es für die linken Sozialrevolutionäre von nun an »keinen Platz in den Räten der Arbeiter- und Bauerndeputierten« geben könne. Sie wurde vom Gesamtrussischen Rätekongress angenommen.

Weder die Sozialrevolutionäre noch die Bolschewiki begriffen damals, welche große historische Chance im Jahre 1918 begraben wurde. Die abenteuerlichen Ausschreitungen der linken Sozialrevolutionäre kamen den Bolschewiki gelegen, denn sie wollten die Macht nicht einmal »symbolisch« teilen. Und Trotzki gehörte zu denen, die diese Position unterstützten.

Als daher ein kommunistischer Aktivist aus Moskau Trotzki bei einer Instruktion auf dem Weg nach Swijashsk die Frage stellte, wie nun mit Kommissaren aus den Reihen der linken Sozialrevolutionäre zu verfahren sei, bekräftigte der Volkskommissar seine Ansicht, dass diese Partei jede Existenzberechtigung verloren habe. Weiter erklärte er, nur jene Kommissare seien auf ih-

rem Posten zu belassen, »die den Aufstand öffentlich verurteilt und mit den Abenteurern gebrochen haben!«
Noch vor seiner Ankunft in Swijashsk diktierte Trotzki in seinem Waggon den Befehl Nr. 10, der völlig vom Geist der russischen Jakobiner inspiriert war:

»An alle, an alle, an alle …
… Der Kampf mit den tschechischen Weißgardisten zieht sich zu lange hin. Die Unentschlossenheit, das mangelnde Pflichtbewusstsein und der Kleinmut in unseren Reihen sind die besten Verbündeten unserer Feinde. Im Zug des Volkskommissars für Militärische Angelegenheiten, wo dieser Befehl geschrieben wird, tagt das Revolutionäre Kriegstribunal, welches uneingeschränkte Vollmachten besitzt. Der von mir ernannte Leiter für die Verteidigung der Eisenbahnlinie Moskau–Kasan, Genosse Kamenschtschikow, ordnete die Schaffung von Konzentrationslagern in Murom, Arsamas und Swijashsk an, wo finstere Agitatoren, konterrevolutionäre Offiziere, Saboteure, Parasiten, Spekulanten interniert werden sollen, die nicht standrechtlich erschossen oder durch die Tribunale zu anderen Strafen verurteilt werden …
8. August 1918. L. Trotzki.« (Zentrales Parteiarchiv.)

In seinem Telegramm an den Revolutionären Kriegsrat der Ostfront stellte Lenin fest: »Nun haben wir alles – das *ganze* Schicksal der Revolution – auf *eine* Karte gesetzt: auf den schnellen Sieg über die Tschechen an der Front Kasan-Ural-Samara.« Damals warf der Oberste Kriegsrat alle verfügbaren Kräfte an die Ostfront: das erste und zweite Moskauer Revolutionsregiment, das zweite und sechste Petrograder Regiment, einige lettische Regimenter und Kriegsschiffe aus dem Baltikum. Zurzeit der Ankunft Trotzkis an dieser Front hatte die Zentrale bereits 11 500 Mann, 19 Geschütze, 136 Maschinengewehre, 16 Flugzeuge, 6 Panzerzüge und 3 Panzerspähwagen dort hingeschickt. Zu diesem Zeitpunkt war dies das letzte Aufgebot des ausgeblu-

teten Landes. Trotzki jedoch wusste, dass die gegnerischen Kräfte an dieser Front den revolutionären Truppen weit überlegen waren: 50 000 Mann und Säbel, ungefähr 190 Geschütze und 20 Schiffe. Trotzki unterstützte den Vorschlag der Militärspezialisten, das System der Verbände aufzugeben und zum klassischen Aufbau überzugehen – der Armee, die aus drei Divisionen, einem Reiterkorps und einer Fliegereinheit bestand. Ende August waren an der Ostfront fünf Armeen mit insgesamt 70 000 Mann, mehr als 250 Geschützen und über 1000 Maschinengewehren gebildet worden.
Während der Vorbereitungen zum Gegenangriff an der Ostfront, die der Oberkommandierende I. I. Wazetis und sein Stab leiteten, erschien im Rücken der 5. Armee eine weißgardistische Brigade unter dem Kommando des Obersten W. O. Kappel und griff Swijashsk an, wo sich der Zug Trotzkis befand. Nach einem achtstündigen Kampf zog sich der Feind erschöpft zurück. Als Trotzki Lenin von dem bedrohlichen Ereignis unterrichtete, durch das die Verbindung zwischen ihm und Moskau unterbrochen worden war, sandte Wladimir Iljitsch sogleich folgendes Chiffre-Telegramm:

»Swijashsk. An Trotzki.
Habe Ihren Brief erhalten … Sollte man ihnen nicht erklären, dass wir von nun an nach dem Vorbild der Französischen Revolution vorgehen und Wazetis sowie den Armeekommandeur bei Kasan und die höheren Kommandeure vor Gericht stellen oder sogar erschießen werden, falls sich die Kampfhandlungen hinziehen und keinen Erfolg zeitigen sollten? Ich empfehle, viele erwiesenermaßen energische und kampfbereite Leute aus Petrograd und aus anderen Frontabschnitten heranzuziehen. Sollte man jetzt nicht Blochin und andere auf die Besetzung hoher Posten vorbereiten? 30. August 1918, Nr. III/Sch. Lenin.«
(Zentrales Parteiarchiv.)

Trotzki muss gespürt haben, dass diese radikalen Vorschläge in erster Linie unter dem Eindruck seiner alarmierenden Mitteilung über den Durchbruch Kappels entstanden waren. Jedenfalls wurden weder Wazetis noch der Armeekommandeur zur Verantwortung gezogen. Ein anderes Ereignis trug dazu bei, dass diese Angelegenheit in den Hintergrund trat: das Attentat der linken Sozialrevolutionärin Fanja Kaplan auf Lenin, über das Trotzki in folgendem Telegramm unterrichtet wurde:

»Swijashsk. An Trotzki.
Kommen Sie unverzüglich. Iljitsch ist verletzt. Unklar, wie gefährlich. Ruhe bewahren. Swerdlow.« (Zentrales Parteiarchiv.)

Trotzkis Zug fuhr umgehend nach Moskau zurück. »Die Stimmung in den Moskauer Parteikreisen war gedrückt, trübe, aber gefasst … Die Ärzte versicherten, dass Lenin sich außer Gefahr befinde, und versprachen baldige Genesung. Ich sprach der Partei Mut zu, indem ich auf die bevorstehenden Erfolge im Osten verwies, und kehrte sogleich nach Swijashsk zurück.« (Moja shisn II, S. 138) Auf den Befehl des Frontkommandierenden, der vom Vorsitzenden des Revolutionären Kriegsrats bestätigt wurde, gingen die zwei Armeen am 5. September bei Kasan zum Gegenangriff über. Trotzki nahm persönlich am Angriff einiger Zerstörer und armierter Flussschiffe in der Nähe von Kasan teil.
Der Zerstörer wurde von Artilleriegeschossen getroffen – doch das Kommando und der Vorsitzende des Revolutionären Kriegsrats kamen nicht zu Schaden. Trotzki erinnerte sich später, dass die Flammen, die aus dem Tankraum schlugen, das beschädigte Schiff taghell erleuchtet hätten – eine ideale Zielscheibe für feindliche Geschütze. In diesem Augenblick konnte er selbst alle Gefühle durchleben, denen Soldaten im Angesicht eines bedrohlichen Gegners ausgesetzt sind: »Jetzt würde man uns unter Kreuzfeuer nehmen, vom Landungsplatz und vom Gefälle aus. Das war furchtbar.« (Moja shisn II, S. 135 f.) Einheiten der 5. Armee gelang es gemeinsam mit Abteilungen der

2. Armee und Landungstruppen, Kasan am 10. September zu befreien. Über diesen ersten größeren Sieg der Roten Armee an der Ostfront schrieb Trotzki später in seinen Erinnerungen: »Die Kommissare erhielten in den Abteilungen die Bedeutung von revolutionären Führern, von unmittelbaren Vertretern der Diktatur. Die Tribunale machten bewusst, dass die Revolution, die sich in tödlicher Gefahr befand, höchste Selbstaufopferung verlangte. Durch die Verbindung von Agitation, organisatorischen Maßnahmen, revolutionärem Beispiel und Repressionen war im Verlauf einiger Wochen die notwendige Wende erreicht worden. Aus schwankenden, instabilen, zusammengewürfelten Massen wurde eine echte Armee geformt.« (Ebd., S. 135.) Im Befehl Nr. 33 vom 10. September 1918 wandte sich Trotzki mit folgenden Worten an die Rote Armee und an die Rote Flotte:

»Der 10. September wird als Feiertag in die Geschichte der sozialistischen Revolution eingehen. Die Einheiten der 5. Armee haben Kasan den Händen der Weißgardisten und Tschechoslowaken entrissen. Dies ist ein Wendepunkt … Soldaten und Matrosen der 5. Armee! Ihr habt Kasan eingenommen. Das wird euch hoch angerechnet. Jene Abteilungen und einzelnen Kämpfer, welche sich besonders ausgezeichnet haben, werden von der Arbeiter- und Bauernmacht entsprechend ausgezeichnet … Im Namen des Rats der Volkskommissare sage ich zu euch: Danke, Genossen! Der Vorsitzende des Revolutionären Kriegsrats der Republik
L. Trotzki.« (Zentrales Parteiarchiv.)

Nach diesen und den folgenden militärischen Erfolgen im September 1918, als die Städte Kasan, Simbirsk, Chwalynsk und andere befreit worden waren, konnte Trotzki den Blick von der Operationskarte der Ostfront abwenden und sich stärker dem gesamten Panorama des Bürgerkriegs zuwenden. Auf Anordnung des Rats der Volkskommissare und des ZK der Partei begann der Revolutionäre Kriegsrat der Republik, die Aktionen an mehreren Fronten zu koordinieren. Außer Trotzki gehörten dem ersten Revolutionären Kriegsrat noch K. Ch. Danischewski, P. A. Kobosew, K. A. Mechonoschin, A. P. Rosenholz und I. N. Smirnow an. Mit Smirnow, der auch dem Kriegsrat der Ostfront angehörte, verband Trotzki ein besonders vertrautes Verhältnis. Diese enge Beziehung sollte dem bedeutenden sowjetischen Funktionär später zum Verhängnis werden. Bereits 1936 wurde er erschossen.

Trotzki hatte einen wesentlichen Einfluss auf die Besetzung von militärischen Posten. So gehörten dem Revolutionären Kriegsrat der Republik schließlich fast nur noch Personen an, die Trotzki dem ZK vorgeschlagen hatte. Auch die Mitglieder der Kriegsräte an den Fronten waren sehr häufig auf Empfehlung des Volkskommissars ernannt worden. Fast alle, die den Bürgerkrieg überlebten, fielen den »Säuberungen« der dreißiger Jahre zum Opfer. Trotzki hatte bald ein gutes dienstliches Verhältnis zu den Oberbefehlshabern und den Mitgliedern der Revolutionären Kriegsräte, aus dem sich jedoch nur sehr selten freundschaftliche Beziehungen entwickelten. Alle schätzten Trotzkis Intellekt, seine Energie und seinen politischen Elan. Da er sie jedoch stets seine intellektuelle Überlegenheit spüren ließ, blieb das Verhältnis zumeist distanziert. Bei den Kommandeuren der Roten Armee dürfte möglicherweise auch Unmut über den militärischen Dilettantismus des Volkskommissars hinzugekommen sein, der sehr selten strategische und operative Entscheidungen traf.
Zu einigen militärischen und politischen Führern jedoch hatte Trotzki seit dem Beginn des Bürgerkriegs kein gutes Verhältnis. Einer von ihnen war Stalin. Im Oktober 1917 waren die beiden späteren Gegner nur flüchtig miteinander bekannt. Trotzki wusste von Stalin lediglich, dass der Georgier kontinuierlich Mitglied des ZK war und andere höhere Funktionen in Partei- und Staatsorganen bekleidete. Dass Stalin und Schljapnikow im Mai 1918 zu den Leitern des Versorgungswesens im Süden Russlands ernannt wurden, erfuhr Trotzki lediglich durch

ein Dokument des Rats der Volkskommissare. Danach wurde der Volkskommissar für Nationale Angelegenheiten Mitglied des Revolutionären Kriegsrats der Südfront. Bald darauf jedoch sollte Trotzki sehr unangenehme Erfahrungen mit Stalin machen, denn dieser wandte sich in militärischen Fragen häufig direkt an Lenin, ohne ihn, den Vorsitzenden des Revolutionären Kriegsrats der Republik, zu konsultieren. Es kam auch vor, dass Stalin einfach die Anordnungen Trotzkis ignorierte. Als Trotzki sich einmal wegen Stalins unkooperativer Haltung bei Lenin beschwerte, antwortete dieser mit einem Telegramm:

»Genosse Trotzki. Wenn Ihnen dieses und *alle* dechiffrierten Telegramme ans Sekretariat des Stellvertreters des Vorsitzenden z. Zt. nicht zur Verfügung stehen sollten, so schicken Sie Stalin ein chiffriertes Telegramm mit *meiner Unterschrift*: Senden Sie alle militärischen Mitteilungen auch an Trotzki, da es sonst zu einer gefährlichen Verzögerung kommen kann.
Lenin.« (Zentrales Armeearchiv.)

Schließlich war das Verhältnis zwischen Trotzki und Stalin so gespannt, dass beide sich in dieser Angelegenheit an Lenin wandten. Trotzki konnte Stalin nicht verzeihen, dass er ihn offen ignorierte. Hinzu kam, dass immer mehr Beschwerden über Stalins Grobheit und Willkür von den Fronten kamen. Nicht nur einmal forderte Trotzki, dass Stalin von seinen militärischen Aufgaben entbunden werden sollte.

»Moskau. An den Vorsitzenden des Zentralexekutivkomitees. Kopie an den Vorsitzenden des Rats der Volkskommissare, Lenin.
Ich bestehe kategorisch auf der Abberufung Stalins. Um die Zarizyn-Front steht es schlecht, ungeachtet der überschüssigen Kräfte. Woroschilow kann ein Regiment kommandieren, aber keine Armee von 50 000 Soldaten. Dennoch bin ich bereit, ihn auf seinem Posten als Kommandanten der 10. Zarizyn-Armee

zu belassen, wenn er sich dem Kommandanten der Südarmee, Sytin, unterstellt. Bis zum heutigen Tage haben die Zarizyner nicht einmal Kriegsberichte nach Koslow [dem Aufenthaltsort von Trotzkis Zug] geschickt. Ich verpflichtete sie, zweimal am Tag Kriegsberichte vorzulegen. Wenn dies morgen nicht erfüllt werden wird, werde ich Woroschilow und Minin vor Gericht stellen lassen und davon der Armee Mitteilung machen … Zarizyn [das heißt die militärische Führung] muss sich entweder unterordnen oder aufgelöst werden. Wir haben Erfolge bei allen Armeen, außer bei der Südarmee und insbesondere bei der Zarizyn-Armee zu verzeichnen, wo wir einen kolossalen Kräfteüberschuss haben, an der Spitze jedoch völlige Anarchie herrscht. Dies könnte man innerhalb von 24 Stunden mit Hilfe Ihrer energischen und entschiedenen Unterstützung in den Griff bekommen. In jedem Fall ist dies der einzige Weg, den ich sehe. Trotzki.« (Zentrales Armeearchiv.)

Lenin versuchte zunächst, die beiden Kontrahenten zu versöhnen. In einem Telegramm vom 23. Oktober 1918 berichtet Lenin dem Volkskommissar, Stalin habe bei einer Unterredung mit ihm erklärt, dass er eine Verbesserung der Beziehungen zu Trotzki wünsche. Lenins Schreiben schließt mit den Worten: »Nachdem ich Ihnen, Lew Dawidowitsch, über alle Erklärungen Stalins berichtet habe, bitte ich Sie, sie zu überdenken und zu antworten. Erstens, sind Sie zu einer persönlichen Aussprache mit Stalin bereit, wobei er bereit wäre, [zu Ihnen] zu reisen, und halten Sie es zweitens für möglich, die früheren Zusammenstöße zu vermeiden und eine Zusammenarbeit zu erreichen, woran Stalin sehr gelegen wäre?
Was mich persönlich anbelangt, so gehe ich davon aus, dass es notwendig ist, alle Anstrengungen zu unternehmen, um eine Zusammenarbeit mit Stalin zu erreichen.« (Leninski sbornik XXXVII, S. 106.)
Doch die Vermittlungsversuche Lenins führten nicht zu dem gewünschten Ergebnis. Im Verlauf des gesamten Bürgerkriegs

wandte sich Stalin immer häufiger über Trotzkis Kopf hinweg an Lenin.

Der Revolutionäre Kriegsrat der Republik war ein militärisch-politisches Organ, das die strategische Arbeit des Oberbefehlshabers und des Kommandostabs des Revolutionären Kriegsrats leitete. Wie bereits erwähnt, mischte sich Trotzki selbst selten in operativ-strategische Fragen ein, sondern verließ sich hier im Wesentlichen auf I. I. Wazetis und später auf S. S. Kamenew und andere erfahrene Militärspezialisten. Allerdings achtete er darauf, dass die allgemeine Linie der RKP(B), die Anordnungen des ZK und die Direktiven Lenins an der Front realisiert wurden. Seit dem Herbst 1918 sorgte er dafür, dass den militärischen Aktionen Pläne zugrunde gelegt wurden, in denen besonders operative und strategische Gesichtspunkte berücksichtigt wurden. Auf seinen Befehl hin entwickelte Wazetis beispielsweise einen Plan für die militärischen Maßnahmen des Herbst-Winter-Feldzugs 1918/19. Trotzki billigte Wazetis' Vorschlag und unterrichtete Lenin davon. Der Plan sah die Stärkung der Verteidigungsmöglichkeiten der Republik, die Sammlung strategischer Reserven und die konsequente Zerschlagung der konterrevolutionären Kräfte in der Ukraine, im Donbass, im Kaukasus, im Ural und in Sibirien vor. Natürlich wurden solche Pläne durch den tatsächlichen Verlauf der Kampfhandlungen modifiziert und korrigiert.
Sicher hätte es keinen geeigneteren Mann an der Spitze der Roten Armee geben können als Trotzki. Gorki berichtet 1923, dass Lenin einmal über Trotzki äußerte: »Man hätte uns keinen anderen Mann nennen können, der in der Lage gewesen wäre, innerhalb eines Jahres eine beinahe mustergültige Armee zu schaffen und dazu noch die Achtung der Militärspezialisten zu gewinnen.« (Russki sowremennik, S. 243.)

Ruhm und Bewährung an der Front

Nun zur Rolle Trotzkis an der Front. Wodurch wuchs sein Ruhm? Wie ist es zu erklären, dass seine Auftritte vor den Frontsoldaten die Moral der Truppen hoben? Sehr erhellend sind in diesem Zusammenhang die »Notizen des Adjutanten des Stabs der vierten Armee der Ostfront über den Aufenthalt des Volkskommissars für Militärische Angelegenheiten, L. D. Trotzki, bei den Einheiten im September 1918«. Einige Auszüge dieser Aufzeichnungen des Stabsoberadjutanten Sawin, die ich im Zentralen Parteiarchiv entdeckt habe, geben Aufschlüsse über Trotzkis Arbeitsstil, die Ursachen seiner Popularität und die praktischen Auswirkungen der Frontbesuche.

»Chwesin und das Mitglied des Kriegsrats Lindow haben sich von Pokrowsk auf einem Dampfschiff nach Saratow und von dort aus zum Bahnhof begeben, um den Genossen Trotzki zu empfangen. Um 9.37 Uhr morgens erreichte der Zug Trotzkis unter den Klängen der Volkshymne, die von einem Blasorchester gespielt wurden, den Bahnsteig des Bahnhofs, wo Abteilungen der Saratow-Garnison postiert waren. Als Genosse Trotzki aus dem Waggon stieg, wurde er mit einem donnernden Hurra empfangen ... In einer Automobilkolonne fuhr man zur Anlegestelle. Genosse Trotzki, Chwesin, das Mitglied des Kriegsrats, Lindow, der Adjutant Sawin, Shukow, der Vorsitzende des Exekutivkomitees Saratow, zwei Begleitsoldaten und zwei Sekretäre des Genossen Trotzki begaben sich auf den Dampfer. Um 12.15 Uhr erreichte der Dampfer Pokrowsk ... Am Hafen stand eine Ehrenwache Spalier. Der Stabschef Bulgakow hielt Rapport. Beim Stab inspizierte Trotzki alle Abteilungen. Der Kommandeur der Armee berichtete über die Lage (wies auf die schlechte Versorgung hin). Sogleich gab Trotzki Anordnung zur Verbesserung der Versorgung der Armee. Er hielt sich eine Stunde und 45 Minuten im Stab auf. Begab sich zum Hafen. Dort empfing man ihn mit der ›Marseillaise‹.

Vom Schiff aus hielt Trotzki eine Rede. Als Antwort – donnerndes Hurra.
Daraufhin begab sich Trotzki nach Wolsk. Dort wurde er ebenfalls mit der Volkshymne empfangen. Trotzki hielt eine Rede. Er forderte die baldige Einnahme Samaras. Als Antwort – ein donnerndes Hurra. Er kam nach Balakowo … Wieder Truppenspaliere, vom Automobil aus hielt er eine Rede. Er befahl, dass jeder Rotarmist, der der Begegnung beiwohnte, als Geschenk einen Monatssold zusätzlich erhalten sollte (250 Rubel). Er kam nach Chwalynsk. Wieder wurde er mit einem Spalier empfangen. Trotzki hielt eine Rede. Er fuhr zur Frontlinie der Division von Wolsk (Dorf Popowka). Dort stellte man ein internationales Regiment zusammen. Trotzki hielt seine Rede in russischer und Lindow in deutscher Sprache.

Trotzkis Anmerkungen:
1. Der Divisionschef Gawrilow ist vorlaut und verhielt sich wie ein undisziplinierter Soldat …
2. Die Regimenter sind ohne Vorposten aufgestellt worden.
3. Das internationale Regiment trat zu langsam zusammen – es müssen Probealarmübungen durchgeführt werden.
4. Mit der Nachrichtenübermittlung steht es schlecht.
5. In den Einheiten gibt es zu viel Eigenmächtigkeiten – man hält sich nicht an die Anweisungen des Stabs.
6. Die Stellungen der Stäbe befinden sich zu weit von den Truppen entfernt.
7. Die Truppen benötigen Automobile und warme Kleidung.

Insgesamt jedoch sind der revolutionäre Geist und die bewusste Disziplin in der Division von Wolsk sehr gut, es gibt keinen Platz für Wehrzersetzung.
Man begab sich entlang der Wolga hinunter nach Pokrowsk (am 10. September um 9 Uhr morgens) … Um 13.45 Uhr erreichte Trotzki zusammen mit Chwesin und Lindow Saratow. Dort sprach Trotzki auf einer sehr gut besuchten Kundgebung im Pa-

last des Volkes. Er hörte den Bericht des militärischen Führers Scharskow. Er traf Entscheidungen zu Fragen der Versorgung des Gouvernements-Wehrkommandos. Daraufhin begab er sich nach Nikolaewsk (am 20. September um 11.15 Uhr morgens kam er dort an). Ehrenwache, Spaliere, Hurra …
Abends trat er bei einer Kundgebung im Theater auf. Im Dorf Raewskoe gab er den Kämpfern jeweils 250 Rubel. Er rief: ›Vorwärts, nach Samara!‹ Denen, die sich besonders hervorgetan hatten, gab er Zigarettenetuis.
Im Dorf Bogorodskoe erzählte man beim Regiment, dass es Überläufer gebe. Man fing sie ein. Der Genosse Trotzki gab Anweisung, unverzüglich innerhalb von 24 Stunden ein Revolutionstribunal zu bilden und die Überläufer vor Gericht zu stellen: ›Alle Personen, die als Deserteure überführt worden sind, sind standrechtlich zu erschießen.‹ Man ließ das dritte und vierte Regiment hinter dem Dorf Aufstellung nehmen. Alle waren unterschiedlich gekleidet, einer trug sogar einen Zylinder. Es gibt auch Greise unter ihnen. ›Was ist, willst du kämpfen?‹, fragte Trotzki einen von ihnen.
›Ja, ich will!‹
Trotzki hielt eine Rede mit dem Appell: ›Nach Samara!‹ Er erzählte von den Deserteuren im ersten und zweiten Regiment und sagte, dass sie heute erschossen werden würden!
Er fragte nach jenen, die sich im Kampf ausgezeichnet hätten. Man nannte ihm zwanzig Männer. Man ließ sie antreten. Allerdings hatte man lediglich achtzehn Geschenke zur Verfügung. Dem einen der beiden letzten Rotarmisten schenkte Trotzki seine eigene Uhr, die er vom Handgelenk zog, dem anderen gab er seinen Browning. Er befahl, allen je 250 Rubel auszuzahlen. Man rief ›Hurra‹. In einem Tag legte man im Automobil 200 Werst zurück. Er bemerkte: Die Division sei stark und brenne darauf, Samara einzunehmen. Aber die Kommandos und Befehle würden schlecht befolgt …
Während der Reisen des Genossen Trotzki befanden sich ein Fotograf und ein Kinematograph bei ihm, die die wichtigen

Episoden der Reise und einzelne Personen festhielten, welche von Interesse für die Russische Sowjetrepublik waren und anderen Ländern der Welt als politisches Beispiel dafür dienen werden, wie das Proletariat gegen das Joch des Kapitals kämpft.
Oberadjutant Sawin.
22. September 1918. Dorf Pokrowsk, Gouvernement Samara.«

Dieses Dokument ist in vielerlei Hinsicht interessant. Auf den ersten Blick könnte man die Bemühungen Trotzkis, seine Auftritte effektvoll zu inszenieren, als Aufschneiderei betrachten. Wie konnte ein so kluger Mensch zulassen, dass man ihn empfing wie in der alten Zeit, beinahe so, als sei er ein Mitglied der Zarenfamilie? Nur aus Ehrgeiz und Eigenliebe? Ich denke nein. Trotzki wollte vielmehr jede Möglichkeit ausschöpfen, um die Autorität der neuen Zentralgewalt zu stärken und die Bedeutung des Obersten Militärkommandos der Republik hervorzuheben.

Der Volkskommissar nutzte jede Gelegenheit zu direkten Begegnungen mit den Rotarmisten. Während seiner kurzen Auftritte (sie dauerten zwischen 20 und 30 Minuten) klärte er die Kämpfer auf und setzte ihnen ein konkretes militärisches Ziel (»Nach Samara!«). Die Soldaten, die gestern noch Bauern gewesen waren, sahen in Trotzki nicht nur den »Chef«, sondern auch einen der höchsten Vertreter der neuen Macht. Die Notizen Sawins zeigen, dass Trotzki kein schlechter Psychologe war: Nachdem alle silbernen Zigarettenetuis vergeben waren (im Übrigen stammten die meisten aus zaristischen Lagerbeständen), reagierte er spontan und verschenkte seine eigene Armbanduhr und seinen Browning. Berichte über seine Auftritte und die Begeisterung, die sie ausgelöst hatten, gelangten rasch zu anderen Abschnitten der Fronten, wobei sie nicht selten durch Anekdoten ausgeschmückt wurden. So entstand eine Mischung von Dichtung und Wahrheit.

Trotzki wusste, dass seine Berühmtheit die Wirkung seiner Worte bei den wenig gebildeten Rotarmisten verstärkte. Sei-

ne Angewohnheit, Geld unter den Soldaten zu verteilen, hatte natürlich mit revolutionären Idealen nicht das Geringste zu tun … Doch Trotzki wusste: Vor ihm standen Bauern, arme Leute, die den Preis einer schwer erarbeiteten Kopeke kannten. Einen Eindruck von dem auf diese Weise entstandenen Nimbus Trotzkis vermittelt ein Artikel, der unter der Rubrik »Führer der Revolution« in der Rotarmistenzeitung »Krasny schtyk« (»Rotes Bajonett«) erschien: »Im Verlauf kürzester Zeit ist es ihm gelungen, fast ein Wunder zu vollbringen: eine ausgezeichnete Armee zu schaffen und sie zu Siegen zu führen. Trotzki selbst ist immer an der Front, an der echten Front, wo Mann gegen Mann gekämpft wird, wo verirrte Kugeln nicht unterscheiden, wer gemeiner Soldat, wer Kommandeur, wer Kommissar ist. Der Waggon, in dem er lebt, und der Dampfer, auf dem er lebte, wurden nicht selten von Artilleriefeuern beschossen. Doch Trotzki scheint diese Unannehmlichkeiten gar nicht wahrzunehmen. Unter dem Feuer des Feinds tut er wie zurzeit der Revolution nur eines: arbeiten, arbeiten, arbeiten …
Wann Trotzki ruht – weiß niemand …« (Zentrales Armeearchiv.) Aus Sawins Aufzeichnungen geht auch hervor, dass Trotzki sich bereits als historische Persönlichkeit betrachtete. Ich glaube, keiner der übrigen bolschewistischen Führer wäre auf die Idee gekommen, in Begleitung von zwei Sekretären, einem Fotografen und einem Kinematographen zu reisen, um sich in Wort und Bild für kommende Generationen verewigen zu lassen.

Immer wieder griff Trotzki auf Repressionen zurück, um den Willen der Sowjetmacht durchzusetzen. Besonders hart reagierte er auf Konfliktsituationen, bei denen es zu Zusammenstößen zwischen Angehörigen unterschiedlicher Nationalität kam. Als ihm zu Ohren kam, dass einige Einheiten der Roten Armee in Baschkirien Räubereien gegenüber der örtlichen Bevölkerung durchgeführt hatten, erließ er am 3. Juli 1919 eine Anordnung, in der es hieß: »Ich halte es für notwendig, streng und exemplarisch all jene zu bestrafen, die sich schändlich und gewalttätig gegenüber dem baschkirischen Volk benommen haben. Über die getroffenen Maßnahmen und Strafen ist zu berichten.« (Zentrales Armeearchiv.)

Da ein bedeutender Teil der Kosaken den weißen General Denikin unterstützte, betrachtete die Sowjetmacht diese Schicht als konterrevolutionär. Man forderte »die vollständige, schnelle, entschiedene Vernichtung des Kosakentums als besonderer ökonomischer Gruppe, die Zerstörung seiner Existenzgrundlagen, die physische Vernichtung seiner Beamten und Offiziere, überhaupt aller Spitzen des Kosakentums ...« (Zentrales Parteiarchiv.) Aufgrund dieser und ähnlicher Anweisungen begann die »Entkosakisierung«, auf die die Kosaken mit einem Aufstand reagierten. In einem Sonderbefehl zur Niederschlagung der Erhebung erklärte Trotzki: »... Die Nester der ehrlosen Betrüger und Verräter müssen verwüstet werden. Die Kains müssen vernichtet werden, keinerlei Schonung gegenüber den Stanizen [Kosakensiedlungen], die Widerstand leisten werden. Gnade nur für jene, die freiwillig die Waffen niederlegen und sich auf unsere Seite stellen ... Innerhalb einiger Tage müssen Sie den Don von den schwarzen Flecken des Verrats säubern ...« (Zentrales Armeearchiv.) Diese Maßnahmen führten zum gewünschten Erfolg. Im Zuge der Repressionen gegen das Kosakentum ereignete sich der »Fall Mironow«, der einen dunklen Fleck in Trotzkis Biographie markiert.

Filipp Kusmitsch Mironow war auf die Seite der Roten übergewechselt und zum Kommandeur des Reiterkorps der Donkosaken ernannt worden. Im Kampf zeichnete er sich durch große Tapferkeit aus. Er traf sich mit Lenin und hoffte, dass die Parteispitze Verständnis für die Kosaken zeigen würde. Doch als die Repressalien der Bolschewiki am Don begannen, protestierte er entschieden dagegen. Im Juni 1919 schickte er ein Telegramm an »den Bürger Trotzki, den Bürger Lenin, den Bürger Kalinin«, in dem er die terroristischen Maßnahmen von Kommissaren und Sonderabteilungen anprangerte. »Einem Bauern,

dessen Familie aus zwölf Menschen bestand, wurden die Bullen genommen; er protestierte und wurde erschossen.« Weiter erwähnt er die Erschießung von 67 Personen durch eine Sonderabteilung in Morosowo. Es ist bezeichnend, dass dieses Telegramm an Lenin und Trotzki nach der Dechiffrierung im Sekretariat von Skljanski direkt einer Sonderabteilung der WTschK übergeben wurde. Dort sah man in Mironow nun einen »verdeckten Feind«. Als Mironow sich ohne Befehl von oben mit dem Korps an die Front begab, wurde das als konterrevolutionäre Eigenmächtigkeit gewertet – und als Beweis, dass der Kommandeur einen »Aufstand gegen die Sowjetmacht« plane. Mironow wurde verhaftet und auf Befehl Trotzkis dem Gericht des Kriegstribunals übergeben. Noch vor der Verhaftung des »Meuterers« schrieb Trotzki in seinem Zug ein Flugblatt mit dem Titel »Der Oberst Mironow«. Hier räumt er ein: »Während des Vormarsches roter Truppen zum Don wurden zweifellos an verschiedenen Orten durch einzelne sowjetische Funktionäre und gewissenlose Einheiten von Rotarmisten Ungerechtigkeiten und sogar Grausamkeiten gegenüber der örtlichen Kosakenbevölkerung begangen.« Dann aber beschuldigt er Mironow, er habe »Ataman der Donkosaken« werden wollen und versucht, Denikin zu helfen. Die letzten beiden Zeilen des Flugblattes sind in der typischen Sprache des Bürgerkriegs gehalten: »In das Grab Mironows wird die Geschichte einen Espenpfahl stoßen, als Denkmal, wie es ein verachtungswürdiger Abenteurer und jämmerlicher Verräter verdient.« (Zentrales Armeearchiv.)
Das Kriegstribunal verurteilte Mironow und seine Mitstreiter zum Tod durch Erschießen. Doch das Politbüro des ZK der RKP(B) hob das Urteil am 23. Oktober 1919 auf. Zehn Monate später wurde Mironow zum Kommandeur der 2. Reiterarmee ernannt, die sich beim Sieg über Wrangel auszeichnete. Als man ihm den Posten des Oberinspektors der Kavallerie der RKKA angeboten hatte, begab er sich nach Moskau. In Gesprächen hatte Mironow bereits öfter geäußert, dass er Trotzki »nicht leiden konnte« und Misstrauen gegen ihn hegte. Ein

gewisser Wakulin verfasste eine Denunziation, in der er Mironow erneut beschuldigte, dass er einen »Aufstand am Don« plane. Im Februar 1921 wurde Mironow von neuem verhaftet und ins Butyrsker Gefängnis überführt. Der gefeierte Kommandeur schrieb aus seiner Zelle Briefe, in denen er Gerechtigkeit forderte. Doch diese Briefe, in denen Trotzki einige Male nicht ins allerbeste Licht gerückt wird, blieben ohne Antwort. Daraufhin richtete der Armeekommandierende ein weiteres Schreiben an den Stellvertreter des Vorsitzenden des Revolutionären Kriegsrats der Republik, Genosse Skljanski:

»Erklärung
Ich teile mit: Ich werde diffamiert. Ich bitte Sie und den Genossen Trotzki, Anteil an meinem Schicksal zu nehmen. In schwerster Stunde war ich bereit, für die Soziale Republik alles zu geben, und finde mich nun im Butyrsker Gefängnis wieder … In Anbetracht … meiner Verdienste im Kriege (besonders während des Krim-Feldzugs – Befehl des Revolutionären Kriegsrats der Republik vom 4. 7. 1920, Nr. 7078) bitte ich um Gerechtigkeit. Am meisten bedrückt mich nicht mein eigenes Schicksal, sondern die Tatsache, dass mich der Rotbannerorden nicht vor Verleumdung geschützt hat.
Butyrsker Gefängnis, 16. 3. 1921
Ehemaliger Kommandeur der 2. Reiterarmee Mironow.«
(Zentrales Armeearchiv.)

Zwei Wochen später schrieb der Häftling erneut Skljanski: »O Gram, wann wird man mir glauben! Ich bitte Sie, dem Genossen Trotzki, Lew Dawidowitsch, Bericht zu erstatten, dass ich unschuldig leide. Mein Leben nähert sich langsam dem Ende. Ich hungere. Im Namen meiner militärischen Verdienste bitte ich um Ihre Anteilnahme. Verurteilen Sie mich bald, aber quälen Sie mich nicht!« (Zentrales Armeearchiv.)
Trotzki kannte die Briefe Mironows. Doch es wird wohl für alle Zeiten ein Geheimnis bleiben, ob er persönlich an der Ermor-

dung Mironows beteiligt war. Am 2. April wurde der ehemalige Armeekommandeur (allein!) zum Spaziergang in den Gefängnishof geführt, wo er vom Wachturm aus von einem Wachposten erschossen wurde. Wer erteilte den Befehl? Wer hatte angeordnet, Mironow vor der Gerichtsverhandlung zu beseitigen? Wurde eine Untersuchung nach der Ermordung durchgeführt? Im Archiv gibt es keine Dokumente, die Aufschluss darüber geben könnten. Aber Mironows Briefe sind erhalten geblieben … Auch wenn sich nicht klären lässt, ob Mironow auf Befehl Trotzkis ermordet wurde, steht eines fest: Er ist nicht für den verleumdeten Armeekommandeur eingetreten. Weder er noch Skljanski oder andere führende Bolschewiki, an die sich Mironow gewandt hatte, erhörten die Hilferufe des Häftlings. Wahrscheinlich verzieh man ihm nicht, dass er einige Kommissare und Trotzki selbst wegen des Terrors gegen die Kosaken angegriffen hatte.

Äußerste Härte zeigte Trotzki auch während des Kronstädter Aufstands im März 1921. Nachdem man Trotzki davon berichtet hatte, diktierte er sogleich einen Appell:
»An die Garnison und die Bevölkerung Kronstadts und der aufrührerischen Forts.
Ich befehle all jenen, die sich gegen das sozialistische Vaterland erhoben haben, unverzüglich die Waffen niederzulegen. Nur jene, die bedingungslos den Kampf aufgeben, können mit der Gnade der Sowjetrepublik rechnen.
Gleichzeitig erteile ich den Befehl, alle Vorbereitungen zu treffen, um den Aufstand und die Aufständischen mit eiserner Faust niederzuschlagen …«
Viele Jahre später, als man sich im Westen an die blutige Rolle Trotzkis bei der Unterdrückung dieses Aufstands erinnerte, verteidigte dieser sich in seinem »Bjulleten opposizii« (»Bulletin der Opposition«) und in seinen Briefen an seine Anhänger. Diese Briefe (einige hundert) gerieten bald in die Hände des NKWD … Trotzki rechtfertigte die harten Maßnahmen zur

Unterdrückung des Aufstands so: »Die Revolution hat ihre eigenen Gesetze.« Sie erkenne nur die Starken an. »Während der Revolutionsjahre gab es bei uns nicht wenige Zusammenstöße mit Kosaken, Bauern, sogar mit Arbeitergruppen (Gruppen von Arbeitern im Ural, die ein Freiwilligenregiment in der Armee Koltschaks bildeten) ... In verschiedenen Teilen des Landes wirkten die sogenannten ›grünen‹ Bauerntruppen, die weder die ›Roten‹ noch die ›Weißen‹ anerkennen wollten. Es kam vor, dass die ›Grünen‹ mit den ›Weißen‹ zusammenstießen und durch sie harte Niederlagen erlitten; aber auch von den ›Roten‹ wurden sie nicht verschont.« (Archiv des KGB.) Laut Trotzki gehören äußerste Härte und Gewalt zu den wichtigsten »Gesetzmäßigkeiten der Revolution«.

Während Trotzki Maßnahmen für die Organisation der Abwehr und der Niederschlagung von Konterrevolution und Intervention traf, entging es ihm nicht, dass sich soziale Widersprüche durch die schwierige Lage der Sowjetrepublik zuspitzten. In diesem Zusammenhang ist ein Brief, den Trotzki an die Revolutionären Kriegsräte der Fronten schrieb, aufschlussreich: »An alle Verantwortlichen der Roten Armee und der Roten Flotte«. Der Brief trägt die Überschrift: »Mehr Gleichheit!« Auf sechs Seiten widmet sich Trotzki der Frage der sozialen Gerechtigkeit in der Armee. Hier einige Gedanken aus diesem Schreiben: »Wir leben jetzt in einer *Übergangsepoche* ... Wir sind genötigt, bei der Verteilung sowohl von Mitteln als auch von Kräften nach dem Prinzip der Dringlichkeit vorzugehen, das heißt, zuerst müssen wir für die wichtigsten Aufgaben des Staates Arbeitskräfte und materielle Mittel bereitstellen.« Wenn man »alles für die Front« gebe, bedeute dies natürlich, dass gleichzeitig die Bildung, Ernährung und Versorgung der Arbeiter und Arbeiterinnen vernachlässigt werden müsse. Das leuchte ein. Es gebe jedoch auch Menschen, die diese Prioritätensetzung für eigennützige Ziele missbrauchten. »Dass das erste Paar Stiefel und der erste Uniformmantel an den Kommandeur gehen, wird

jeder Soldat verstehen … Doch wenn ein Automobil zu fröhlichen Spazierfahrten vor den Augen der erschöpften Rotarmisten dient oder wenn die Kommandeure sich im Angesicht der halb nackten Kämpfer auffallend elegant kleiden – solche Fakten müssen bei den Rotarmisten Unwillen und Murren hervorrufen. Das Privileg selbst ist in bestimmten Fällen – ich wiederhole – unumgänglich, ein noch nicht zu beseitigendes Übel. Ein klares Übermaß an Privilegien stellt nicht nur ein Übel, sondern ein Verbrechen dar … Besonders demoralisierend ist es für die Armee, wenn Sonderrechte zur Übertretung existierender Regeln, Direktiven und Befehle missbraucht werden. Hierzu gehören vor allen Dingen ›kleine‹ Festmahle und Trinkgelage, an denen Frauen teilnehmen, und so weiter und so fort.«
Trotzki schreibt weiter, dass ein »unterwürfiger und resignierter Soldat« nicht der beste sei. Man brauche den scharfsinnigen und kritischen Soldaten, der erkenne, dass der Missbrauch von Privilegien die Kampfmoral der Roten Armee untergrabe. Trotzki formuliert eine ganze Liste von Forderungen an die Kriegsräte der Fronten und Armeen, die im Namen der sozialen Gerechtigkeit durchgeführt werden sollten. Dies war eine wichtige Bedingung nicht nur für die Kampfbereitschaft der Armee, sondern auch für die Lebensfähigkeit des jungen Staates.

Trotzkis Überzeugung, dass die Weltrevolution unmittelbar bevorstünde, schlug sich gelegentlich in Einschätzungen und Voraussagen nieder, die phantastisch und abenteuerlich anmuten. So neigte er in seinem revolutionären Hochgefühl auch dazu, die Bedeutung eines militärischen Misserfolgs zu unterschätzen. Bei einer gemeinsamen Sitzung des Moskauer Rats und der Vertreter der Gewerkschaften am 26. August 1919 stellte er einen Rückschlag folgendermaßen dar: »… Es versteht sich, Genossen, wir sind von einer Unannehmlichkeit und nicht von einer militärischen Niederlage ereilt worden – einer Unannehmlichkeit im wahrsten Sinne des Wortes. Das ist der Durchbruch der Kavallerie Mamontows. Betrachtet man diesen Vormarsch

aus der Sicht eines kavalleristischen Überfalls, so handelt es sich zweifellos um ein erfolgreich durchgeführtes Unternehmen.« Trotzki erwähnte jedoch nicht, dass General Mamontow mit seiner 9000 Mann starken Einheit im Verlauf nur eines Monats durch die Gouvernements Tambow, Rjasan, Tula, Orjol, Woronesh gezogen war und versucht hatte, einen allgemeinen Aufstand gegen die Räte zu entfachen. Die Roten, die keine Pferde besaßen, hatten sich als zu schwach erwiesen, um die Truppen des weißen Generals aufzuhalten.
Doch Trotzki zog es vor, seinen Zuhörern auf der Sitzung des Moskauer Rats die strahlende Zukunft auszumalen. Er erklärte, dass das alles nichts als »eine leichte Kavalleriestaubwolke ist und dass sie durch jenen Schlag fortgewischt werden wird, den wir gegen das Zentrum der Armee Denikins richten werden«. Und nach dem Sieg über Denikin eröffneten sich gigantische Perspektiven: »Man erwartet und braucht uns im Transkaukasus, in Georgien, in Aserbaidshan wie in Afghanistan, in Beludschistan wie in Indien und China. Räte-Ungarn hat in einem Gebiet von 70 bis 80 Werst eine vorübergehende Niederlage erlitten … Was sind schon 70 bis 80 Werst, die Budapest umgaben, im Vergleich mit jenen Tausenden von Werst, die wir für Sowjetrussland erkämpft haben! … Wir sagen unseren ungarischen Genossen: ›Wartet, Brüder, wartet! Ihr werdet kürzer warten müssen, als wir gewartet haben!‹ Und wenn wir uns gen Osten wenden, müssen wir den Völkern Asiens sagen: ›Wartet, unterdrückte Brüder, doch ihr werdet kürzer warten müssen, als ihr glaubtet!‹« (Sotsch. XVII, 2, S. 211 f.)
Aber das Warten sollte noch endlos lange dauern. Nicht nur, weil die von Trotzki so leidenschaftlich herbeigesehnte Weltrevolution ausblieb, sondern deshalb, weil ein Erfolg an einer Front nicht den Sieg über die Konterrevolution bedeutete. Denn, wie er selbst einmal sagte, hatte die junge Republik zu diesem Zeitpunkt keine Grenzen, sondern nur Fronten.
Eine knappe Woche nach seinem Auftritt in Moskau sprach Trotzki auf einer Außerordentlichen Sitzung des Petrograder

Rats über Maßnahmen zur Verteidigung der bedrohten Stadt: »… Im Westen gibt es einen Abschnitt, auf dem wir nicht einen Werst zurückweichen werden, wo wir dem Feind nicht einen Quadrat-Werschok an Territorium überlassen können. Dieser Abschnitt ist die Petrograder Front. Piter bleibt auch jetzt unser Auge, das auf Westeuropa und das Baltische Meer gerichtet ist.« Und wieder schlug er den Bogen zur weltrevolutionären Perspektive: Der Kampf der Systeme werde nicht auf dem »finnischen Planquadrat, nicht auf dem estnischen Planquadrat«, sondern »auf der Oberfläche der Weltkugel« entschieden. Und »die Frage des Schicksals von Finnland und Estland wird dann nebenbei gelöst werden«.

Und später, als die Rote Armee den polnischen Invasoren eine schwere Niederlage bereitet hatte, glaubte Trotzki, nun sei der Zeitpunkt gekommen, die Revolution über die Grenzen Sowjetrusslands hinauszutragen. Sein Befehl an die Truppen an der Westfront trug die ungewöhnliche Überschrift: »Helden, auf nach Warschau! Helden! Ihr habt dem uns angreifenden weißen Polen einen vernichtenden Schlag versetzt … Jetzt, wie bereits am ersten Tag des Krieges, wollen wir Frieden. Aber eben darum müssen wir der Regierung der polnischen Bankrotteure abgewöhnen, mit uns Versteck zu spielen. Rote Truppen – vorwärts! Helden, auf nach Warschau!« (Sotsch. XVII, 2, S. 435.)

Und in einem chiffrierten Telegramm an die West- und Südwestfront teilte er Stalin und Smilga sowie Rakowski und Skljanski mit: »… Es ist notwendig, den Vorstoß zu verstärken, um sobald wie möglich das weißgardistische Polen zu zerschlagen und die polnischen Arbeiter und Bauern bei der Bildung eines sowjetischen Polen zu unterstützen …« (Zentrales Armeearchiv.) Denn Trotzki glaubte zu dieser Zeit immer noch, dass der Bürgerkrieg lediglich eine Etappe auf dem Weg zur Weltrevolution sei: »Die Zahl unserer Gegner ist unerschöpflich und wird es so lange bleiben, solange wir nicht unsere Revolution auf andere Länder ausweiten, solange dort die Macht nicht in den Händen der Arbeiterklasse ist.« (Sotsch. XVII, 2, S. 483.)

Damals ahnte Trotzki nicht, dass das Ende des Bürgerkriegs in greifbarer Nähe lag, der Gegenangriff auf Polen jedoch mit einer vernichtenden Niederlage für die Rote Armee enden würde …

Der »fliegende« Kommandostützpunkt

Auf der Grundlage mündlicher Überlieferung entstanden viele Legenden über den »Zug Trotzkis«. Die Rotarmisten sahen in der Ankunft von Trotzkis Zug häufig eine direkte militärische Unterstützung. Die Kommandeure und Kommissare betrachteten die Ankunft des Zuges oft mit gemischten Gefühlen: Einerseits war sie ein Beweis für die besondere Bedeutung ihrer Frontabschnitte, andererseits mussten sie sich auf mögliche strenge Maßnahmen des Volkskommissars gefasst machen. In einem waren sich jedoch alle einig: Die Rotarmisten, die Kommissare, die Kommandeure glaubten daran, dass die Ankunft des Volkskommissars »die Sache vorantreiben« und zum Erfolg des Kampfes an der Front beitragen werde.

Welche Rolle spielte Trotzkis Zug im Bürgerkrieg wirklich? Wie beurteilte Trotzki selbst die Rolle dieses beweglichen Kommandostützpunkts? In seinen Erinnerungen schrieb er ein Jahrzehnt später, als er sich bereits im Exil befand: »Mein Zug wurde eilends in der Nacht vom 7. auf den 8. August 1918 in Moskau organisiert. Am Morgen begab ich mich mit ihm nach Swijashsk an die tschechoslowakische Front. Im Folgenden wurde der Zug ständig überholt und effektiver gestaltet. Bereits 1918 stellte er einen fliegenden Kommandoapparat dar. Im Zug befanden sich ein Sekretariat, eine Druckerei, eine Telegraphenstation, eine Radiostation, eine Elektrostation, eine Bibliothek, eine Garage und eine Sauna. Der Zug hatte ein derartiges Gewicht, dass er von zwei Dampflokomotiven gezogen wurde. Später musste er in zwei Züge geteilt werden. Wenn die Umstände einen längeren Aufenthalt an irgendeinem Frontabschnitt erforderten, so erfüllte einer der Züge Kurierpflichten. Der andere stand immer startbereit. Diese Front war beweglich, mit ihr war nicht zu spaßen.« (Moja shisn II, S. 143.) Zu Anfang bestand der Zug aus zwölf Waggons mit einem Personal von ca. 250 Personen: einer Wache lettischer Schützen, einer Maschinengewehrabteilung, einer Gruppe von Agitatoren, einer Nachrichtenzentrale, einem Zugführerkommando, einer Gruppe von Köchen, einer Instandsetzungsgruppe für die Wege und anderen Spezialisten. Die Waggons waren gepanzert, auf den Plattformen standen Maschinengewehre, das Zugkommando war bis an die Zähne bewaffnet. Alle trugen Lederuniformen. Später, als der Zug zweigeteilt wurde, kamen noch eine Fliegereinheit mit zusammen zwei Flugzeugen, einige Automobile und sogar ein Orchester hinzu (Zentrales Armeearchiv). Trotzki, der sehr um seine persönliche Sicherheit besorgt war und auch Komfort schätzte, ließ es auch in dieser Hinsicht an nichts fehlen: Neben der Zugwache gab es eine persönliche Leibwache für den Volkskommissar. Ihr Führer Nikolaj Schaparow war kraft einer Sondervollmacht »mit dem Erwerb von Lebensmitteln für den Vorsitzenden des Revolutionären Kriegsrats der Republik gegen Bezahlung an den Haltestationen des Zugs« betraut worden. Hier eine Bestellliste, die in Neshin dem städtischen Lebensmittelkomitee übergeben wurde: »Für die persönliche Beköstigung des Genossen Trotzki bitte ich um Bereitstellung folgender Lebensmittel auf schnellstem Wege: frisches Wild – 10 Stück, Speiseöl – 5 Flaschen, Gemüse (Spargel, Spinat, Gurken) …« (Zentrales Armeearchiv.) Die Bestellung wurde am 6. Mai 1920 aufgegeben, und in dieser Jahreszeit forderte man »Spargel, Spinat, Gurken«! Derartige Ansprüche passen schlecht zu einem Mann, der sich andererseits so vehement für mehr »Gleichheit« einsetzte …

Wenn Trotzki den Zug verließ und sich an die Front begab, wurde er in der Regel von zwanzig bis dreißig Rotarmisten mit einigen Maschinengewehren begleitet. Selbstverständlich bestand die Gefahr, dass er unterwegs in einen Hinterhalt geraten oder auf eine Kavalleriepatrouille der Weißen stoßen konnte. Doch N. A. Marennikowa, die im Sekretariat Trotzkis gearbeitet hat, meint, dass Trotzki sehr um sein Leben besorgt war: »Er wurde fast täglich von Ärzten aufgesucht, die offenbar seinen gesundheitlichen Zustand untersuchten. Und das wichtigste um ihn herum waren immer Wachen … Frunse (bei ihm habe ich ebenfalls gearbeitet) hatte lediglich einen Leibwächter.«

Auf Weisung Trotzkis wurde für das Personal des Zuges ein hohes Gehalt festgesetzt. Der Zugchef Tschikkolini und Trotzkis Sekretär erhielten das Salär eines Divisionskommandeurs. Bei seinen Fahrten forderte Trotzki immer eine hohe Geschwindigkeit. Personen, die die ungehinderte Durchfahrt des Zugs störten, wurden hart bestraft: »Astrachan. An den Revolutionären Kriegsrat. Kopie an den Vorsitzenden des Exekutivkomitees. Der Sonderzug des Genossen Trotzki erreichte Baskuntschak um 9 Uhr am 7., und das bedeutet, dass er 230 Werst innerhalb von zehn Stunden zurücklegte. Entsprechend einer Anweisung Trotzkis bitte ich die Ursachen für eine solch niedrige Geschwindigkeit des Sonderzugs zu ermitteln und die Schuldigen zur Verantwortung zu ziehen. Über die Ausführung unverzüglich Bericht erstatten.

Der Sekretär des Vorsitzenden des Revolutionären Kriegsrats, M. Glasman.« (Zentrales Armeearchiv.)

Trotzkis eigentliche Wirkungsstätte war also nicht das Gebäude des Volkskommissariats in Moskau, sondern dieser Zug, mit dem er die verschiedenen Fronten bereiste.

Auf sein Betreiben wurde im September 1918 E. M. Skljanski zum Stellvertreter des Volkskommissars und Stellvertretenden Vorsitzenden des Revolutionären Kriegsrats ernannt. Der junge Militärarzt, der sich schon 1913 den Bolschewiki angeschlossen hatte, war wie Trotzki auf militärischem Gebiet ein Dilettant. Der Volkskommissar schätzte ihn, da er sich durch Energie und organisatorische Fähigkeiten auszeichnete. Von seinem Zug erteilte er Skljanski telefonisch oder telegraphisch (oder sogar über Funk) Instruktionen, die dieser weiterleitete. Somit bildete er ein Verbindungsglied zwischen Trotzki und dem Partei- und Regierungsapparat in Moskau.

Einigen Angaben zufolge legte Trotzkis Zug während der Bürgerkriegsjahre mehr als 200 000 Kilometer zurück. Besonders häufig begab er sich an die Südfront, die nach seinen Worten

»die gefährlichste« war. Die Weißen und die Interventen wussten über den Zug Trotzkis Bescheid. Einige Male wurde er von Artillerie beschossen und aus der Luft angegriffen. Außerdem gab es einige rätselhafte Unfälle. Auch die Sozialrevolutionäre organisierten Anschläge auf den Zug.

Wie bereits erwähnt, traf Trotzki nur selten militärische Entscheidungen. Umso mehr widmete er sich der Bildung neuer Abteilungen der Roten Armee, versuchte ihre Kampfmoral durch Agitation und Geschenke zu stärken und Versorgungsengpässe zu beseitigen. Von seinem Zug aus erteilte er zahlreiche Befehle, Direktiven und Verordnungen, aufgrund derer Bauern, Arbeiter und ehemalige zaristische Offiziere mobilisiert und an die nächst gelegene Front geschickt wurden. Zur Besatzung des Zuges gehörten auch einige Dutzend Kommunisten. Häufig wurden Personen aus ihren Reihen auf Befehl Trotzkis zu Kommandeuren oder Kommissaren der neu organisierten Einheiten ernannt. Außerdem richtete Trotzki in seinem Zug eine Politabteilung ein, die nicht nur für die politische Bildung der Besatzung verantwortlich war, sondern auch für die Auswahl von Kommissaren vor Ort.

Zu Trotzkis »fliegendem Kommandostützpunkt« gehörten auch Telegraphen- und Funkwaggons. So konnte Trotzki in seinem Zug Berichte aus Moskau und Anordnungen an die Fronten senden und Berichte von den einzelnen Armeen empfangen. Hier ein Bericht über die Situation der Armeen an der Ostfront vom 3. April 1919, der von S. Gusew, einem Mitglied des Revolutionären Kriegsrats, abgefasst wurde.

»4. Armee. In der 22. Schützendivision kommt es zu Räuberei, Gewalt gegenüber Frauen, wird antikommunistische Agitation in muslimischer Sprache durchgeführt. In den Regimentern von Orlow-Kurilow arbeiten die Kommunisten halblegal; die Mobilisierten fordern ihre Entlassung. In der 1. und 5. Kompanie von Pensa agitieren kulakische Elemente, einige Mitglieder des Kommandos spielen Karten, unter den Rotarmisten entwickelt sich Unmut gegen die Etappe.

1. Armee. Division von Pensa. Beinahe alle Abteilungen sind zersetzt, sie erfüllen nicht die Kampfbefehle, die Stimmung in den Abteilungen ist panisch, besonders im Petrograder Regiment, wo ein Bataillon auseinandergelaufen ist …
5. Armee. 26. Division, 279. Regiment. Stimmung ist gut. Der Politkommissar der 27. Division teilt mit: Das Regiment mit einem Kommandeur und einem Politkommissar an der Spitze ist trotz der erteilten Befehle des Stabsleiters der 2. Brigade nicht ins Feld gezogen, die Stimmung ist schlecht …
2. Armee. Berichte sind nicht eingegangen.
3. Armee. 30. Division. Erschöpfung im Regiment von Orenburg; Mangel an Uniformen … Im Bogojawlensker Regiment glauben die Rotarmisten nicht an die Appelle der Weißen. Mangel an Wäsche. 29. Division. Im Artillerie-Regiment von Putilow gibt es eine Rotarmisten-Kommune. Im Regiment von Lesnowyborg Mangel an Uniformen. Im Petrograder Regiment gute Stimmung. Im Regiment ›Roter Adler‹ Mangel an Waffen und Medikamenten, es herrscht Erschöpfung, Mangel an Schuhwerk …« (Zentrales Archiv der Oktoberrevolution.)
Im Zug befanden sich ständig verantwortliche Mitarbeiter des Feldstabs, Kommandeure und Logistiker. Wenn es darum ging, Engpässe bei der Versorgung mit Munition, Uniformen, Medikamenten und anderem zu lösen, hielt Trotzki im Waggon eine Beratung ab, an der häufig auch Vertreter der örtlichen Behörden teilnahmen. Meistens drängte er darauf, dass vor Ort eine Lösung gefunden werden musste. »Ganz gleich, wie arm die Organe der örtlichen Behörden waren«, schrieb Trotzki, »sie waren immer in der Lage, sich einzuschränken und etwas zum Nutzen der Armee zu opfern … Ein weiteres Dutzend von Kommunisten wurde aus einer Institution abberufen und einem geschwächten Regiment zugeteilt. Es fand sich Stoff für Hemden und Fußlappen, Leder für Schuhsohlen, ein überschüssiger Zentner Fett. Die örtlichen Mittel reichten jedoch selbstverständlich nicht.« In solchen Fällen diktierte Trotzki ein Telegramm an Lenin oder die Volkskommissariate in Moskau,

oder er gab seinem Stellvertreter Skljanski direkte Anweisungen. Auf Initiative Trotzkis wurde der Orden des Roten Kampfbanners gestiftet. Bald jedoch drohte diese Auszeichnung durch massenhafte Verteilung entwertet zu werden. Wie Trotzkis Reaktion auf das folgende Telegramm zeigt, war er sich dieser Gefahr sehr wohl bewusst. In diesem Schreiben hieß es: »Der Revolutionäre Kriegsrat der Reiterarmee bittet um Ausgabe von 300 Rotbannerorden zur Auszeichnung der Kämpfer ... 19. Januar 1920. Revolutionärer Kriegsrat Woroschilow, Budjonny, Schtschadenko.« Direkt auf das Telegramm schrieb Trotzki in großen Buchstaben: »Zu viel! 50 bis 75 Stück kann man ausgeben.« (Zentrales Armeearchiv.) Später ordnete er an: »Jene Auszeichnungen, die durch den Revolutionären Kriegsrat ohne Bestätigung des Zentralen Exekutivkomitees verliehen worden sind, müssen nachträglich zur Bestätigung vorgelegt werden ...« (Zentrales Armeearchiv.) Manchmal äußerte sich Trotzki aufgrund prinzipieller Erwägungen gegen Ordensverleihungen. »Ich halte es für äußerst unpassend«, telegraphierte er an Skljanski, »Tuchatschewski anlässlich des Jahrestags der Armee mit dem Rotbannerorden auszuzeichnen. Solche Verleihungen sind eine rein monarchistische Gepflogenheit ... Tuchatschewski steht als Person nicht für die ganze Armee, er muss aufgrund von militärischen Verdiensten ausgezeichnet werden und nicht anlässlich des Jahrestags der Armee ...« (Zentrales Armeearchiv.)

Diese Argumente sind durchaus einleuchtend. Bald allerdings sollte diese »monarchistische Gepflogenheit« in unserem Lande zur Regel werden ...

Im November 1919 wurde Trotzki auf Weisung des WZIK selbst mit dem Orden des Roten Banners ausgezeichnet. In der Verordnung hieß es: »Der Genosse Lew Dawidowitsch Trotzki hat im Auftrag des WZIK die Organisation der Roten Armee übernommen und sich dieser Aufgabe mit Entschlossenheit und unerschöpflicher Energie gewidmet. Dank seines großen Einsatzes konnten hervorragende Resultate erzielt werden. In

den Tagen unmittelbarer Bedrohung für das rote Petrograd beteiligte sich der Genosse Trotzki ... selbst an der Organisation der glänzend durchgeführten Verteidigung Petrograds und inspirierte durch persönlichen Mut die Einheiten der Rotarmisten an der Front ...« (Zentrales Armeearchiv.)
Neben der täglichen Arbeit fand Trotzki auf seinem »fliegenden Kommandostützpunkt« noch Zeit zum Schreiben. Der Großteil der im Zug entstandenen Schriften erschien in den Jahren 1922 bis 1924 und umfasst fünf Bände! Trotzki selbst weist allerdings darauf hin, dass nicht nur seine publizistische, sondern auch die übrige Arbeit im Zug »ohne meine Mitarbeiter Glasman, Sermuks und den jüngeren Netschaew undenkbar gewesen wäre. Sie arbeiteten Tag und Nacht während der Fahrt des Zugs, der während der harten Kämpfe, alle Vorsicht missachtend, mit einer Geschwindigkeit von siebzig Kilometern und mehr über die zertrümmerten Eisenbahnschwellen dahinraste ...« (Moja shisn, II, S. 149.)
Allerdings bestand Trotzkis Sekretariat nicht nur aus diesen drei Personen, sondern aus über zwanzig Mitarbeitern.
Trotzki wäre nicht er selbst gewesen, hätte er nicht auf seinem »fliegenden Holländer« auch eine Zugzeitung herausgegeben. An den einzelnen Frontabschnitten wurden stapelweise Exemplare der Zeitung »W puti« sowie Flugblätter und Appelle entladen, die unter den Rotarmisten und der örtlichen Bevölkerung verteilt wurden.
Die weißen Generäle Denikin, Koltschak, Kaledin und Judenitsch kannten die propagandistischen Fähigkeiten Trotzkis und versuchten, ihn mit seinen eigenen Waffen zu schlagen. Im Mai 1919 legte Sermuks Trotzki einige Exemplare eines gefälschten »Befehls« des Vorsitzenden des Revolutionären Kriegsrats der Republik vor, die einige Soldaten von den Wänden einer Eisenbahnstation gerissen hatten. Trotzki las aufmerksam »seinen Befehl« Nr. 92 vom 1. Mai 1919: »Nach der Periode des Ausverkaufs des mir fremden und verhassten Russland wünsche ich, mit Hilfe der Kronstädter Gauner-Matrosen und mit den

Geldern der Deutschen die oberste Macht zu erlangen: Ich verwalte die Überreste Russlands auf eigene Gefahr hin und zum Leid aller, die Russland lieben. An unseren Fronten ist die Lage völlig aussichtslos; ihre Zahl ist schon gar nicht mehr zu überblicken; ich sehe lediglich, wie der Umfang meines Zarenreichs immer geringer wird; es ist lediglich ein Jahr vergangen und mir gehört weder das reiche Sibirien noch Turkestan, die gesamte Region von Perm wird in der nächsten Woche verloren gehen, die Ukraine will uns nicht anerkennen, Riga haben wir verloren, bald wird Pskow folgen und sehr bald auch Petrograd ... Wir empfinden kein Mitleid für Russland, und deshalb, Genossen, lasst uns wie zuvor die arbeitenden Bauern ausrauben und zugrunde richten, die Industrie zerstören und Gewalt, Exzesse, Gräueltaten und Betrug säen ...« (Zentrales Armeearchiv.)
Trotzki legte den »Befehl« beiseite und meinte zu seinen Helfern: »Warum hat man ihn heruntergerissen? Das war nicht nötig. Wer würde diese Fälschung schon glauben? Man hätte sie neben meine letzten echten Befehle heften sollen ...«
Die Redaktion der Zeitung »W puti« leitete Beresowski, der ehemalige Kommandeur des Moskauer Ausbildungsbataillons, der gleichzeitig das Material über die Lage an den Fronten für die »Iswestija des WZIK« zusammenstellte. Anfangs verfasste der neue Redakteur Elogen auf den Vorsitzenden des Revolutionären Kriegsrats der Republik, doch Trotzki, der ein kluger Mann war, erkannte bald, dass solche Lobreden über ihn in *seiner* Zeitung genau die entgegengesetzte Wirkung haben könnten. Daher versuchte er den Redakteur zu bremsen:

»An den Genossen Beresowski.
Im Leitartikel Nr. 18 sind Äußerungen über meine Person gemacht worden. Ich halte es für äußerst unangebracht, dass in der Zeitung, die in unserem Zug herausgegeben wird, solche lobenden Äußerungen gedruckt werden. Überhaupt bitte ich darum, dass das persönliche Moment nach Möglichkeit beiseite gelassen wird.« (Zentrales Armeearchiv.)

Bei jeder Rückkehr nach Moskau entlud Trotzki Hunderte von Akten und übergab sie dem Sekretariat des Volkskommissariats für Militärische und Marineangelegenheiten zur Aufbewahrung. Möglicherweise sind auch deshalb so viele Dokumente über seine Arbeit und den Bürgerkrieg erhalten geblieben. Sie wurden jedoch jahrzehntelang unter Verschluss gehalten, und einiges ist auch vernichtet worden. Nun aber sind die Archive geöffnet worden, und dank Trotzkis Akribie und Eitelkeit bieten sich den heutigen Historikern einzigartige Möglichkeiten, hinter die Kulissen der historischen Ereignisse jener Zeit zu blicken.

Diktatur und Terror

»In Revolutionen – und zwar in allen Revolutionen – tritt eine ungewöhnliche Niedertracht der menschlichen Natur bei vielen und außerordentlicher Heldenmut bei einigen wenigen zutage. Die Revolution ist das Kind des Schicksals, nicht der Freiheit … Die Revolution ist in bedeutendem Maße der Lohn für die Sünden der Vergangenheit.« (Berdjajew, Zarstwo, S. 150.)
Die russischen Revolutionäre waren überzeugt, dass auch in einem Bauernland, wo die Arbeiterschaft eine Minderheit darstellte, nur die Diktatur des Proletariats in der Lage sei, das Rad der Geschichte in die gewünschte Richtung zu drehen. Die Gewalt war für sie ein legitimes Mittel, um dieses Ziel zu erreichen. Der Gerechtigkeit halber ist anzumerken, dass die Gegner der Revolution in nicht geringem Maße mitverantwortlich für dieses Klima der Gewalt waren.
Die Bolschewiki sahen sich nicht zuletzt wegen des völligen Misserfolgs ihrer ökonomischen Politik genötigt, zu äußersten Formen der Diktatur des Proletariats überzugehen. Lenin erklärte unumwunden: »An der ökonomischen Front haben wir mit dem Versuch, zum Kommunismus überzugehen, im Frühjahr 1921 eine Niederlage erlitten, die weitaus schwerer wiegt als die Niederlagen … gegen Koltschak, Denikin oder Pilsudski …«
Doch wie konnte es in einem brennenden, zerstörten Land eine vernünftige Wirtschaftspolitik geben?
In großen Gebieten des Landes gab es Unruhen und Aufstände. Hier einige Auszüge aus einem Bericht über die politische Lage der Ukraine vom 15. Mai 1919, den die Leiter der Kiewer Gouvernements-Tscheka für Trotzki zusammengestellt hatten:

»Gouvernement Kiew.
Kreis Uman. Im gesamten Kreis antisemitische Agitation … Die Mitarbeiter der Tscheka – Juden, die von der Bevölkerung gefangen genommen sind – werden erschossen. Die Bauern der

umliegenden Dörfer sind gegen die Kommune und die Sowjets eingestellt …

Kreis Berditschew. Einheiten, die die Stadt durchqueren, randalieren. Es kommt zu Pogromen unter den Losungen: ›Schlag den Juden, zertrümmere die Tscheka – das sind unsere Feinde.‹

Kreis Wasilkow ist zu einem Nest von Banditen, Konterrevolutionären und anderem Gesindel geworden. Ständige Unruhen, Raubüberfälle und Morde, pausenlose Jagd auf die Tscheka. In einem Fall töteten die Banditen fast das gesamte Personal des Kollegiums und der Mitarbeiter der Tscheka. Die Lederfabrik in der Stadt wurde bis auf die Grundmauern von Rotarmisten zerstört …

Belaja Zerkow. Verhältnismäßig ruhig. In den Dörfern jedoch dauern die Aufstände an.

Kreis Taraschtscha. Fast einen Monat lang wurde die Stadt von Banditen kontrolliert. Die Untätigkeit des Militärkommissars Gorewoi zeigte sich darin, dass er bei einem Überfall einer Bande von zwanzig Personen auf die Stadt eine Versammlung der Rotarmisten einberief, um zu beraten: angreifen oder nicht angreifen? Schließlich beschloss man, die Stadt zu verlassen. Nachdem die Banditen in die Stadt eingedrungen waren, entdeckten sie die Militärlager und begannen die Waren an die Bevölkerung zu verkaufen.

Rayon Radomysl. Ebenfalls [konterrevolutionäre] Agitationen, Banden und Pogrome. Vor der Stadt Radomysl befindet sich ein Nest von Räubern, deren Anführer der Schwarzhundertmann Sokolowski ist, der die Zerstörung der Stadt durchführte. In Tschernobyl treibt die Bande Struks ihr Unwesen …« (Zentralarchiv der Oktoberrevolution.)

Ähnliche Berichte trafen aus dem ganzen Land ein. Das Volk, das von der Sowjetmacht Land erhalten hatte, war es leid, wieder und immer wieder Abgaben zu leisten und Requisitionen zu erdulden. Die Sowjetmacht war genötigt, ihre Politik gegenüber den Bauern zu ändern: Sie differenzierte ihr Verhältnis zu den verschiedenen Schichten der Bauern, ohne dabei jedoch auf außerordentliche Maßnahmen zu verzichten. So umreißt Trotzki in seinen Thesen »Grundlagen der künftigen Politik am Don« das Verhältnis der Regierung zu den Kosaken folgendermaßen: »Unsere Worte und Taten mögen den Kosaken zeigen, dass unsere Politik keine Politik der Vergeltung für die Vergangenheit ist. Wir vergessen nichts, aber wir üben keine Vergeltung für die Vergangenheit. Wir achten außerordentlich streng darauf, dass die vorrückende Rote Armee keine räuberischen Akte usw. begeht. Wir wissen genau, dass jegliches Fehlverhalten der roten Truppen am Don zu außerordentlich großen Schwierigkeiten führt ... Die Bestrafung jener Elemente, die am Don Ausschreitungen begehen, muss einen exemplarischen Charakter erhalten ...« (Sotsch. XVII, 2, S. 218 f.)

Es lag auf der Hand, dass diese Stimmung im Bauernstaat sich auch auf die Rote Armee auswirkte, denn diese bestand ja zu großen Teilen aus Bauern. Bei seinen Fahrten von einer Front zur anderen konnte Trotzki sich selbst von dem wachsenden Unmut innerhalb der Truppen überzeugen. Symptomatisch dafür ist sein folgendes Schreiben an Lenin:

»Moskau, an den Vorsitzenden des Rats der Volkskommissare, Lenin.
Alle Nachrichten vor Ort zeugen davon, dass die außerordentliche Steuer die regionale Bevölkerung aufgebracht hat, und dies spiegelt sich in unheilvoller Weise in den Einheiten wider. Das ist die überwiegende Meinung im Gouvernement. Aufgrund der schlechten Ernährungslage wäre es angezeigt, die außerordentliche Steuer entweder auszusetzen oder sie sehr stark zu reduzieren, zumindest, was die Familien der Mobilisierten betrifft.
27.12. Vorsitzender des Revolutionären Kriegsrats Trotzki.« (Zentrales Armeearchiv.)

Aber der Unmut richtete sich nicht nur gegen hohe Steuern und Requisitionen. Für die Armee wurden Tausende von Bauern mobilisiert, die bereits einige Jahre in den Schützengräben des imperialistischen Kriegs gelegen hatten. Nun, nachdem sie Land erhalten hatten, brannten sie ganz und gar nicht darauf, erneut Leben und Gesundheit im Kampf aufs Spiel zu setzen, abermals durch den Schlamm auf den endlosen Wegen Russlands zu waten und den Läusen in den Kasernen als Furter zu dienen. Die Desertion nahm gewaltige Ausmaße an. Eben erst formierte Bataillone und Regimenter schmolzen zusammen wie Schnee an der Sonne; die Soldaten liefen nach Hause und versteckten sich. Nach dem Bürgerkrieg erschien S. Olikows aufschlussreiche Arbeit »Die Desertion in der Roten Armee und ihre Bekämpfung« (Moskau 1926). Der Autor des Buches, der während der Kriegsjahre in den Organen arbeitete, die mit dem »Einfangen« der Deserteure beschäftigt waren, stellt fest, dass die Fälle von Fahnenflucht sich besonders in der zweiten Hälfte des Jahres 1918 und im ersten Halbjahr 1919 häuften. Laut seinem Bericht erfolgten innerhalb der ersten beiden Aprilwochen des Jahres 1919 genau 31 683 Festnahmen von Deserteuren und freiwillig Zurückgekehrten. In den darauffolgenden beiden Wochen waren es 47 393 Deserteure. Innerhalb einiger Monate konnten bis zu 100 000 Deserteure festgenommen werden. Nur die Androhung der Erschießung (und viele wurden erbarmungslos erschossen) brachte Tausende von Menschen dazu, an die Front zurückzukehren.

Noch in seinen Erinnerungen schreibt Trotzki überzeugt: »Man kann keine Armee ohne Repressalien aufbauen. Man kann Massen von Menschen nicht in den Tod führen, ohne die Todesstrafe im Arsenal der Befehle zu haben.« (Moja shisn II, S. 141.)

Zahlreiche Kommissionen zur Bekämpfung der Desertion wurden gegründet. Am 2. Juni 1919 unterzeichneten Lenin und Skljanski eine Verordnung des Rats der Arbeiter- und Bauernverteidigung, in der es hieß, dass all jene Deserteure, die nicht freiwillig zu ihren Einheiten zurückkehrten, »als Feinde und

Verräter des werktätigen Volks betrachtet und zu strengsten Strafen bis hin zur Erschießung verurteilt werden«.

Für Trotzki waren Repressalien ein Element des militärischen Aufbaus, eine Form der Erziehung und Disziplinierung der häufig militärisch schlecht geschulten Soldaten, der bunt zusammengewürfelten Truppen. Charakteristisch in dieser Beziehung ist sein Telegramm an den Revolutionären Kriegsrat der Westfront im Jahre 1919: »... Eines der wichtigsten Erziehungsprinzipien unserer Armee ist, dass nicht ein einziger Fehltritt, nicht ein einziges Verbrechen ungeahndet bleibt. Die Repressalien müssen unmittelbar nach dem Verstoß gegen die Disziplin erfolgen, denn Repressalien sind kein Selbstzweck, sondern verfolgen erzieherische, kämpferische Aufgaben ... Mit den härtesten Strafen zu belegen sind Verletzungen der Disziplin und Nichterfüllung der Befehle von Kommandeuren und Kommunisten ...« (Zentrales Armeearchiv.)

Bei seinen Vorschlägen zur Disziplinierung der Soldaten ging er sogar einmal so weit, die Einführung von »schwarzen Kragen ... für Deserteure, die in die Abteilungen zurückgebracht worden sind, für Soldaten, die die Befehle verweigert haben, für jene, die an Plünderungen teilgenommen haben usw.«, zu fordern (Zentrales Armeearchiv). Glücklicherweise aber fand dieser mittelalterliche Vorschlag keine Unterstützung.

Bereits nach seiner ersten Fahrt an die Front diktierte Trotzki einige harte Befehle wie den vom 30. August 1918:

»Befehl Nr. 31

An die Rote Armee und die Rote Flotte

Betrüger und Verräter dringen in die Reihen der Arbeiter- und Bauernarmee ein und arbeiten für den Sieg der Volksfeinde. Ihnen folgen Gauner und Deserteure ... Gestern wurden gemäß dem Urteil des Feldgerichts der 5. Armee der Ostfront zwanzig Deserteure erschossen. Zuerst wurden jene Kommandeure und Kommissare erschossen, die ihren Posten verlassen haben. Dann wurden die feigen Lügner, die sich krank stellten,

erschossen. Schließlich wurden einige desertierte Rotarmisten erschossen, die sich weigerten, ihr Verbrechen im Kampf wieder gutzumachen … Es leben die heldenhaften Soldaten der Roten Arbeiter- und Bauernarmee!
Tod den Gaunern! Tod den Verrätern und Deserteuren!« (Zentrales Parteiarchiv.)

Und am 26. November 1918 schreibt er in einem Brief an Lenin und Swerdlow: »Ich mache Sie darauf aufmerksam, dass die 9. Armee außerordentlich schlecht arbeitet. Die Befehle des Frontkommandos werden nicht ausgeführt, die Armee tritt auf der Stelle … Mit eiserner Hand müssen die Divisionsleiter und Regimentskommandeure gezwungen werden, koste es, was es wolle, zu Bestrafungen überzugehen. Falls sich die Lage im Verlauf der nächsten Woche nicht ändern sollte, werde ich genötigt sein, gegenüber dem Kommandostab der 9. Armee harte Repressalien anzuwenden …« (Zentrales Armeearchiv.)
Immer wieder kam es vor, dass Soldaten oder gar ganze Abteilungen ihre Stellungen räumten und flohen. Mit Billigung Moskaus fasste Trotzki daher folgenden Beschluss: Hinter den instabilen Verbänden wurden Sperrabteilungen postiert, die verpflichtet waren, im Falle eines nicht angeordneten Rückzugs die Waffen gegen ihre eigenen Kameraden einzusetzen. Als Stalin in den Jahren 1941/42 *seine* Sperrabteilungen unter neuen Bedingungen einrichtete, konnte er daher auf die Erfahrungen des Bürgerkriegs zurückgreifen …
Trotzki beschränkte sich hier nicht nur auf allgemeine Anweisungen, sondern gab ausführlichere »taktische« Empfehlungen für diese Sperrabteilungen:

»An den Genossen Iwanow, den Führer der Sperrabteilung der Front.
Offenbar beschränken die Sperrabteilungen ihre Arbeit in vielen Fällen auf die Verhaftung einzelner Deserteure. Doch während des Angriffs müssen die Sperrabteilungen eine aktive Rolle

spielen. Sie müssen so nahe wie möglich an die Etappen unserer Schützenketten heranrücken und, falls notwendig, Nachzügler und Schwankende nach vorne stoßen. Den Sperrabteilungen müssen nach Möglichkeit entweder ein Lastwagen mit einem Maschinengewehr oder ein Fahrzeug mit einem Maschinengewehr oder einige Kavalleristen mit Maschinengewehren zur Verfügung stehen.« (Zentrales Armeearchiv.)

Allerdings gab es auch Vorschriften zur Differenzierung bei den Deserteuren. In seinem Befehl Nr. 44 forderte Trotzki im Einzelnen:

»... 3) Jeder Deserteur, der sich unverzüglich im Divisionsstab oder Regiment meldet und erklärt: ›Ich bin ein Deserteur, aber ich schwöre, dass ich in Zukunft ehrlich kämpfen werde‹, muss verschont werden und die Möglichkeit erhalten, den hohen Verpflichtungen eines Kämpfers der Arbeiter- und Bauernarmee nachzukommen.
4) Ein Deserteur, der bei der Festnahme Widerstand leistet, muss standrechtlich erschossen werden.« (Zentrales Parteiarchiv.)

Als die Lage an den Fronten immer bedrohlicher wurde, stieg die Anzahl der Gesuche von mobilisierten Spezialisten, die darum baten, wieder an ihren früheren Arbeitsplatz zurückkehren zu dürfen, also in die Fabrik, die Behörde oder eine andere Einrichtung. Schließlich hatte Trotzki es satt, eine Absage nach der anderen an die vielen, vielen Schreiber solcher Gesuche zu verschicken. Ende Juni 1919 unterzeichnete er den Befehl Nr. 118, in dem es hieß: »... Ich warne diejenigen, die sich weiterhin mit solchen Gesuchen an mich wenden. Wenn diese Gesuche nicht abreißen, werde ich die Namen der Antragsteller zur allgemeinen Kenntnisnahme veröffentlichen – als Namen von Bürgern, die auf legalem Weg desertieren wollen.« (Zentrales Armeearchiv.) Und schlagartig hörten die Gesuche auf.
Auch bei den ehemaligen zaristischen Offizieren, die zu Tausen-

den mobilisiert wurden, kam es zu Desertionen. Der weiße General Denikin unterschied bei diesen Berufsoffizieren zwischen drei Gruppen: »Die erste, außerordentlich kleine [Gruppe] bestand aus jenen, ›die auf einer sowjetischen Plattform standen‹ – aufrichtige oder ›Oktober‹-Kommunisten, die in jedem Fall so sehr durch ihre Beteiligung am blutigen Werk der Bolschewiki kompromittiert waren, dass es für sie außerhalb der sowjetischen Streitkräfte keine Perspektive gab … In der zweiten, die ebenso klein war, waren die sogenannten ›Konterrevolutionäre‹, die ungeachtet der Unterdrückung, der Verfolgung und des Terrors durch die Sowjetmacht aktiv gegen diese arbeiteten. Diese Arbeit spiegelte sich in vereinzelten Unruhen, Aufständen, Attentaten, im Übertritt auf die Seite der Weißen Armee usw. wider. Die dritte Gruppe schließlich – die größte, die durch Hunger, Angst und Zwang in die Reihen der Roten Armee geworfen wurde – teilte das Gesamtschicksal der russischen Intelligenz und verwandelte sich in Spezialisten.«
General Denikin schrieb später, dass er und Kommandeure anderer antibolschewistischer Kräfte zahlreiche Schritte unternahmen, um zu erreichen, dass zaristische Offiziere die Rote Armee verließen. In einem von Denikin unterzeichneten Befehl lauteten die letzten Zeilen Folgendermaßen: »Alle, die nicht unverzüglich die Reihen der Roten Armee verlassen, erwartet der Fluch des Volkes und das Feldgericht der Russischen Armee – hart und erbarmungslos.« Dieser Befehl wurde insgeheim im Lande verteilt, und einige Offiziere folgten ihm. Auch die nun einsetzenden Repressalien verhinderten nicht, dass weiterhin einzelne ehemalige zaristische Offiziere auf die Seite der Weißen überwechselten. Damals setzte Trotzki, ohne mit der Wimper zu zucken, auf die unmoralische Methode der Geiselnahme.

»Serpuchow, Revolutionärer Kriegsrat, an Aralow.
Noch in der Zeit, als Sie Leiter der Operativabteilung waren, erhielten Sie von mir den Befehl, die familiäre Situation der ehemaligen Offiziere im Kommandostab festzustellen und jedem

schriftlich mitzuteilen (der Empfang der Mitteilung ist von jedem durch seine Unterschrift zu quittieren), dass sein Betrug oder Verrat die Verhaftung seiner Familie zur Folge haben wird und dass folglich er selbst die Verantwortung für das Schicksal seiner Familie trägt. Seit jener Zeit haben ehemalige Offiziere eine Reihe von verräterischen Handlungen begangen, doch soweit mir bekannt ist, wurde in keinem dieser Fälle die Familie des Verräters verhaftet, da offenbar die Registrierung der ehemaligen Offiziere nicht durchgeführt worden ist. Eine solche fahrlässige Haltung gegenüber dieser außerordentlich wichtigen Aufgabe ist völlig unzulässig.
2. 12. 18. Vorsitzender des Revolutionären Kriegsrats Trotzki.«
(Zentrales Armeearchiv.)

In den Jahren 1918 bis 1920 baute Trotzki besonders darauf, dass die Militärspezialisten, deren Familien faktisch zu Geiseln gemacht wurden, aus Angst um ihre Angehörigen der Sache dienen würden. Hinzu kam, dass auch viele Offiziere, die in Konzentrationslagern und Gefängnissen festgehalten wurden, den Bolschewiki als Geiseln dienten. Nicht wenige von ihnen mussten ihr Leben lassen, wenn andere auf die Seite der Weißen übergelaufen waren.
Tatsächlich kam es wohl nicht übermäßig häufig vor, dass Militärspezialisten »Verrat« übten. Denikin schreibt in seinen Erinnerungen, dass ihm innerhalb von zwei Jahren lediglich ein Fall bekannt geworden sei, in dem eine solche »Verschwörung« eine merkliche Rolle für den Ausgang der Schlacht gespielt habe.

Während des gesamten Bürgerkriegs waren die Tribunale unaufhörlich im Einsatz. Besonders viele Erschießungen wurden in den Jahren 1918 und 1919 durchgeführt, aber auch 1920 und 1921 forderte die revolutionäre Militärgerichtsbarkeit ihren traurigen Tribut. Selbstverständlich waren nicht wenige unter diesen Tausenden auch echte Feinde oder sogar Verbrecher. Die Masse der Erschossenen waren jedoch einfache Bauern, die

von ihren Einheiten in ihre ärmlichen Bauernhäuschen flohen, weil sie nicht für die »Kommune« sterben wollten.
Mir sind keine Angaben über die Gesamtzahl der Personen bekannt, die von den Kriegstribunalen während des Bürgerkriegs zum Tode verurteilt worden sind. Im Zentralen Armeearchiv befindet sich jedoch ein Dokument über die Erschießungen, die 1921 auf der Grundlage von Urteilen der Revolutionären Kriegstribunale in der RSFSR und der Ukraine durchgeführt worden sind. Das Dokument hat die Form eines Diagramms und wurde offensichtlich auf der Basis von telegraphischen Mitteilungen erstellt. Ich werde diese furchtbare Dynamik des Anstiegs und des Rückgangs der Erschießungen in Form einer Tabelle wiedergeben, die im Dokument neben dem Diagramm aufgeführt ist.

1921 zum Tode verurteilt

Jan.	Feb.	März	Apr.	Mai	Juni	Juli	Aug.	Sept.	Okt.	Nov.	Dez.	insg.
360	375	794	740	419	365	393	295	176	122	111	187	4337

Ich habe keine Informationen darüber, ob solche Dokumente auch für die beiden vorangegangenen Jahre erstellt worden sind, aber wahrscheinlich sind in diesem Zeitraum viel, viel mehr Menschen erschossen worden.
Die große Zahl von Erschießungen an den Fronten kam auch vielen Parteimitgliedern zu Ohren. Auf dem VIII. Parteitag der RKP(B) wurde dieses Thema zur Sprache gebracht, wobei es insbesondere um die Repressalien gegenüber Kommunisten ging. Wie reagierte der Volkskommissar darauf? Im Archiv liegt ein ausführlicher Brief Trotzkis an das ZK der RKP (B), in dem er seine Position zu dieser Frage darlegt. Hier einige Auszüge: »… Gerade deshalb, weil ich schwere und sogar tragische Episoden in den kämpfenden Armeen hautnah miterleben konnte,

weiß ich sehr gut, wie groß die Versuchung ist, die formale Disziplin durch eine sogenannte ›Genossendisziplin‹ zu ersetzen, das heißt, durch eine familiäre; gleichzeitig jedoch konnte ich mich sehr gut davon überzeugen, dass eine solche Veränderung die völlige Zersetzung der Armee bedeuten würde … Die Armee lässt sich nur unter äußerster Anstrengung zusammenhalten, wobei die Disziplin von oben bis unten durch strenge und in vielen Fällen harte Regeln einzuhalten ist. Die Losung der Opposition lautet: ›Lockert die Schrauben!‹ Ich jedoch stehe auf dem Standpunkt: Es ist unumgänglich, die Schrauben fester anzuziehen.« (Zentrales Armeearchiv.)
Trotzki war zwar ein entschiedener Befürworter militärischer Repressalien an der Front, doch bedeutet dies nicht, dass er Willkür und Gesetzlosigkeit bei der Verhängung von Strafen befürwortete. Trotzki hielt sich in der Regel an den Rahmen der bolschewistischen Militärpolitik, die vom ZK der Partei gebilligt worden war. In diesem Zusammenhang ist folgender Brief Trotzkis an den Revolutionären Kriegsrat der 2. Armee sehr aufschlussreich:

»Verehrte Genossen,
Der Unterredung mit dem Leiter und Kommissar der 28. Division konnte ich entnehmen, dass in der 2. Armee Erschießungen ohne Gerichtsverhandlung stattgefunden haben. Ich zweifle keinen Augenblick daran, dass die Personen, die einer solchen Strafe unterzogen worden sind, sie vollkommen verdienten. Eine Garantie hierfür ist die Besetzung des Revolutionären Kriegsrats. Nichtsdestoweniger ist die Erschießung ohne Gerichtsurteil *absolut unzulässig* [Hervorhebung durch mich, D. W.]. Es versteht sich, dass die Kommissare, Kommandeure und sogar einfache Rotarmisten im Kampf, wenn sie im Feuer stehen, gezwungen sein können, einen Betrüger, Verräter oder Provokateur, der Verwirrung in unseren Reihen zu stiften versucht, direkt zu erschießen. Doch außerhalb dieser Ausnahmesituation können Erschießungen in all jenen Fällen, in denen es

um *Bestrafung* geht, ohne Gericht, ohne Urteil des Tribunals auf gar keinen Fall zugelassen werden … Ich schlage dem Revolutionären Kriegsrat der 2. Armee vor, dafür Sorge zu tragen, dass ein ausreichend kompetentes und energisches Tribunal mit Gerichtsverhandlungen vor Ort organisiert wird. Gleichzeitig sind Erschießungen ohne Gerichtsurteile in allen Divisionen unbedingt zu unterlassen.
6. Mai 1919. Vorsitzender des Revolutionären Kriegsrats L. Trotzki.« (Zentrales Armeearchiv.)

Es war bereits höchste Zeit für eine solche Anordnung, denn Selbstjustiz der Kommandeure war in vielen Einheiten keine Seltenheit. Im selben Jahr schrieb Trotzki seinen Befehl Nr. 126:

»Genossen Rotarmisten, Kommandeure, Kommissare!
Möge sich euer gerechtfertigter Zorn nur gegen die Feinde mit der Waffe in der Hand richten. Verschont die Gefangenen, sogar wenn sie offenkundige Schurken sind. Unter den Gefangenen und Überläufern wird es nicht wenige geben, die aus Unwissenheit oder aufgrund der Anwendung von Gewalt in Denikins Armee übergewechselt sind. Ich befehle: Gefangene dürfen in keinem Fall erschossen werden, sondern sind auf Befehl des nächsten Kommandos in die Etappe zu schicken. Über alle Fälle von Verstößen ist Mitteilung zu machen, damit sogleich ein Revolutionäres Kriegstribunal zum Ort des Vergehens entsandt werden kann.« (Zentrales Armeearchiv.)

Mit solchen Anweisungen und Befehlen versuchte Trotzki, Grausamkeiten und Willkür auf administrativem Wege einzudämmen. Die Härte des Bürgerkriegs hat tiefe Spuren im Bewusstsein von Millionen russischer Menschen hinterlassen. Der heraufziehende »Sozialismus« sollte von Anfang an nicht nur vom Stempel der russischen Geschichte, sondern auch von der Barbarei des Bürgerkriegs geprägt sein.

Der Volkskommissar und die Partei

Anfang März 1919 kehrte Trotzki mit seinem Zug nach Moskau zurück. Im Revolutionären Kriegsrat hatten sich eine Menge Akten angesammelt, in denen es um Probleme ging, über die Skljanski nicht stellvertretend für seinen Vorgesetzten entscheiden konnte. Außerdem sollte in diesem Monat der Parteitag stattfinden, auf dem auch die Militärpolitik erörtert werden würde.

Trotzki hatte die Absicht, während des Parteitags seinen Bericht »Militärische Lage und Militärpolitik« vorzutragen. Er wollte eine ausführliche Einschätzung der militärischen Lage geben und eine Reihe prinzipieller Vorschläge zur Frage des Aufbaus der Roten Armee unterbreiten, wobei er wusste, dass es unter den Parteimitgliedern an der Front und in Moskau einige ernsthafte Gegner seiner Linie gab. Dies hatte er auch früher zu spüren bekommen; doch der Konflikt spitzte sich zu, als am 15. Februar 1919 einige Reglements in Kraft traten, die von ehemaligen zaristischen Offizieren erstellt worden waren, und die zu einem großen Teil auf durchaus sinnvollen Militärvorschriften der Zarenzeit basierten. Die Kommissare bemerkten dies sofort und sahen darin eine Rückkehr zu den »Regeln des alten Regimes«. Das war jedoch nicht alles. Trotzki war bekannt, dass namhafte Parteifunktionäre wie W. M. Smirnow, K. E. Woroschilow und J. M. Jaroslawski seine Arbeit offen kritisierten. Allerdings beunruhigte ihn dies nicht besonders, denn er tat beinahe alles mit Wissen Lenins, ganz gleich, ob es sich um Strategie, Vervollständigung der Armee oder um den Kampf mit den Deserteuren handelte. Während Trotzki und Skljanski sich bemühten, Probleme des Nachschubs und der Versorgung zu lösen, trafen von der Westfront und besonders von der Ostfront beunruhigende Nachrichten ein.

An der Riga-Linie waren die deutschen Truppen unter General von der Goltz zur Offensive übergegangen, und die polnischen Truppen marschierten auf Minsk. Dennoch war die Lage im

Westen nicht besonders Besorgnis erregend, denn der Gegner hatte dort nur geringe Kräfte. Wesentlich beunruhigender waren die Berichte aus dem Osten, wo Admiral Koltschaks Armee sich von den Rückschlägen des Vorjahres erholt hatte und nun erneut gegen Westen marschierte. Nach Einschätzung der Aufklärer bestand sie aus 150 000 Soldaten, denen lediglich 100 000 Rotarmisten gegenüberstanden. Die Telegramme von der Ostfront warfen alle Pläne Trotzkis über den Haufen.

Er musste sich eilends wieder an die Front begeben. Vor seiner Abfahrt am 16. März traf er sich mit Sokolnikow, dem er seine Thesen »Unsere Politik beim Aufbau der Armee« übergab. In ihnen forderte er weitere Maßnahmen zum Aufbau einer regulären Armee und zur Beseitigung der Relikte aus der Zeit des Partisanentums.

Es besteht Grund zur Annahme, dass Lenin diese Thesen gelesen hat, denn am 21. März war er es, der im Wesentlichen die Thesen Trotzkis vor den Delegierten des Parteitags verteidigte. All diese Tatsachen wurden bis vor kurzem in der sowjetischen Geschichtsschreibung verschwiegen.

Die neunzehn Thesen Trotzkis bildeten die Grundlage des Berichts, den das ZK-Mitglied Sokolnikow hielt. Er erklärte, dass die Politik des ZK in den Fragen der Militärpolitik den Thesen des Genossen Trotzki zugrunde läge, und erläuterte dann die Prinzipien zum Aufbau einer regulären Roten Armee. Dazu gehörten: die Heranziehung von Militärspezialisten aus der alten Armee für die Besetzung von Kommandoposten; die Stärkung der Position der Militärkommissare und kommunistischen Parteizellen in den Einheiten und auf den Schiffen. In diesem Zusammenhang äußerte er einen Gedanken, der Trotzki als sehr wichtig erschien: »In der Frage über die Militärspezialisten stehen wir nicht vor einem rein militärischen, sondern vor einem prinzipiellen Problem. Als die Frage erörtert wurde, ob Ingenieure zur Arbeit in der Fabrik herangezogen werden sollten … kam aus den Reihen der linken Kommunisten eine harte ›hyperkommunistische‹ Kritik, die Behauptung nämlich, die Rückkehr eines Ingenieurs in die Fabrik sei gleichbedeutend mit der Rückgabe von Kommandoposten an das Kapital. Und nun haben wir eine volle Analogie dieser Kritik auf dem Gebiet des militärischen Aufbaus. Man sagt uns: Indem ihr die ehemaligen Offiziere in die Armee zurückholt, stellt ihr damit das ehemalige Offizierskorps und die ehemalige Armee wieder her. Doch diese Genossen vergessen, dass neben dem Kommandeur ein Kommissar steht, ein Vertreter der Sowjetmacht ...« (Zentrales Armeearchiv). Sokolnikow referierte die Argumente des abwesenden Volkskommissars, doch ohne die Brillanz und Überzeugungskraft, die Trotzki besaß.

W. M. Smirnow, der Hauptopponent Trotzkis, der Mitglied des Revolutionären Kriegsrats zunächst der 5. und später der 16. Armee war, erhob in seiner Rede eine Reihe von Anschuldigungen gegen den abwesenden Volkskommissar. Er erklärte, dass »das oberste Kommando der Streitkräfte äußerst unzulänglich« sei, und behauptete, die neuen Vorschläge und Anordnungen förderten eine »mechanische Restauration der Strukturen der alten Armee, darunter auch jener, die seinerzeit nicht durch militärische Gründe, sondern durch die Klassenverhältnisse der vorrevolutionären Ordnung bedingt waren; und diese Strukturen sind organische Relikte der autokratischen Leibeigenschaftsordnung ...« (Zentrales Parteiarchiv). Weiter wandte er sich gegen das Prinzip der Einzelleitung und der strikten Disziplin. Besonders unversöhnlich war seine Haltung gegenüber den Militärspezialisten, denen man seiner Meinung nach keine militärischen Posten anvertrauen durfte. Smirnow gab damit in konzentrierter Form die Ansichten der sogenannten militärischen Opposition wieder, die offensichtlich zu den Prinzipien des Partisanentums beim Aufbau der Armee zurückkehren wollte.

Die »militärische Frage« bewegte alle Delegierten des Parteitags: 64 Personen meldeten sich, um einen Beitrag zu geben. Die Thesen der Opposition wurden von R. S. Semljatschka, F. I. Goloschtschokin, J. M. Jaroslawski und anderen unterstützt. Besonders aggressiv gestimmt war K. E. Woroschilow. Diese Unversöhnlichkeit hatte ihre Wurzeln in jener Phase des Bürgerkriegs, als Woroschilow und Stalin bei der 10. Armee eigenmächtig Maßnahmen getroffen, an den Prinzipien des Partisanentums festgehalten hatten und mit großer Härte gegen die Militärspezialisten vorgegangen waren. Trotzki hatte damals Lenin um Hilfe gebeten, und dieser hatte dafür gesorgt, dass zunächst Stalin und später auch Woroschilow aus Zarizyn zurückgerufen wurden. Woroschilow behauptete, alle Erfolge der Zarizyner Armee seien darauf zurückzuführen, dass das Kommando »nicht aus Generalstabsoffizieren, nicht aus Spezialisten« bestand. Er fand, dass eine solche Armee »unserem Ideal« näher sei. Stalin dagegen argumentierte in seiner Rede wie immer zentristisch: Einerseits kritisierte er die Thesen Trotzkis, fand darin jedoch auch Punkte, mit denen er sich einverstanden erklärte, andererseits unterstützte er bestimmte Argumente Smirnows, lehnte aber andere ab. Doch in einer Frage ließen seine Worte an Eindeutigkeit nichts zu wünschen übrig: Er glaubte an das Allheilmittel Gewalt: »Ich muss darauf hinweisen, dass jene Elemente, die nicht proletarisch sind, die den überwiegenden Teil unserer Armee bilden – die Bauern – nicht für den Sozialismus kämpfen werden. Das werden sie nicht! Freiwillig werden sie sich nicht schlagen … Und hier liegt unsere Aufgabe – diese Elemente zum Kämpfen zu zwingen, sie zu zwingen, dem Proletariat nicht nur in der Etappe, sondern auch an den Fronten zu folgen, sie zu zwingen, gegen den Imperialismus zu kämpfen …« (Iswestija ZK KPSS 1989, Nr. 11, S. 144–167.) Hier widersprach Stalin niemand: Alle waren sich darüber einig, dass die »Diktatur des Proletariats« die Bauern zwingen müsse, Getreide abzuliefern, Steuern zu zahlen und für die neue Macht zu kämpfen …

Aufgrund der Abwesenheit Trotzkis und der argumentativen Schwäche seiner Gesinnungsgenossen konnten die Anhänger der Militäropposition schließlich die Oberhand gewinnen. Bei der namentlichen Abstimmung stimmten 37 für die Thesen

Smirnows und 20 für die Thesen Trotzkis. Die »linken Kommunisten« besaßen immer noch großen Einfluss in der Partei. Während Trotzki in seinem Zug an die Front fuhr, hoffte er, dass Lenin seine Thesen verteidigen würde, denn andernfalls würden ihm die Pseudorevolutionäre große Schwierigkeiten machen. Und Trotzki hoffte nicht vergebens: Das, was Sokolnikow nicht gelungen war, besorgte Lenin.

In seiner Rede unterstrich der Führer der russischen Revolution, dass dem ZK nun bewusst geworden sei, welchen »Schaden« man dem Parteitag zugefügt habe, indem man Trotzki an die Front zurückkehren ließ. Entschieden wandte er sich gegen viele Anschuldigungen, die gegen Trotzki erhoben worden waren. »Als hier der Genosse Goloschtschokin sprach, sagte er, dass die Politik des ZK von der Militärbehörde nicht umgesetzt werde ...« Doch wenn »Sie Trotzki vorwerfen, er würde nicht die Politik des ZK umsetzen, so ist das eine schwachsinnige Anschuldigung. Sie führen nicht einmal den Schatten eines Arguments an ...« Weiterhin sprach er sich vehement gegen das Partisanentum aus und übte scharfe Kritik an den Anhängern dieser Linie. Dabei griff er auch Woroschilow an: »... das alte Partisanentum lebt in uns, und das klingt bei allen Reden Woroschilows und Goloschtschokins durch ... Woroschilow führte Fakten an, die davon zeugen, welche furchtbaren Relikte des Partisanentums es gab. Das ist eine unbestreitbare Tatsache. Genosse Woroschilow sagt: ›Wir hatten keine militärischen Spezialisten und 60 000 Mann verloren!‹ Das ist furchtbar.«

Auf Vorschlag von A. P. Rosenholz wurde eine Resolution angenommen, der die Thesen Trotzkis und Sokolnikows zugrunde lagen. Die Linie des Volkskommissars hatte sich durchgesetzt.

Allerdings gab es auch Fälle, in denen die Führung in Moskau sich gegen Trotzkis militärische Einschätzungen wandte oder gar seine Befehle annulierte. Im Frühjahr 1919 hatte die Armee an der Ostfront, die von S. S. Kamenew befehligt wurde, den Truppen Koltschaks einen schweren Schlag versetzt. Die Armee des weißen Admirals zog sich zurück und wandte sich nach Osten. Die Roten nahmen die Verfolgung der weißen Truppen auf. Am 6. Juni jedoch gab der Oberbefehlshaber Wazetis mit Billigung Trotzkis den Befehl zur Stärkung der Truppen an den Fronten der erreichten Grenzen. Trotzki wollte einige Einheiten an die Südfront werfen, doch das Oberkommando und der Revolutionäre Kriegsrat sprachen sich dagegen aus. Der Kommandeur der 5. Armee, Tuchatschewski, sollte später schreiben: Die Direktive »Trotzkis stieß auf Abwehr, sowohl seitens der Ostfront als auch des Zentralkomitees der Partei«. S. I. Gusew, M. M. Laschewitsch und K. K. Jurenew verurteilten den Beschluss Trotzkis und Wazetis' noch schärfer – er könne sich als »ein gewaltiger, fataler Fehler erweisen, der uns den Sieg der Revolution kosten kann«. Das ZK unterstützte das Oberkommando und den Revolutionären Kriegsrat gegen Trotzki und Wazetis. Alle Einheiten blieben an der Ostfront, und die Verfolgung der Truppen Koltschaks wurde fortgesetzt.

Bald darauf setzte Trotzki Kamenew auf Vorschlag von Wazetis wegen Nichtausführung eines Befehls von seinem Posten als Frontkommandeur ab. Durch Lenins Intervention wurde dieser Befehl annulliert, und Kamenew kehrte auf seinen Posten zurück. Für den Vorsitzenden des Revolutionären Kriegsrats der Republik war dies ein kräftiger Dämpfer, dem bald ein zweiter folgen sollte: Die Führung in Moskau wandte sich gegen Trotzkis Plan, Denikin über den Donbass anzugreifen. (Einige Zeit darauf allerdings kam man auf diesen Plan zurück, und später sollte Woroschilow behaupten, er stamme von Stalin.) Nachdem der überaus eitle Trotzki nun zum zweiten Mal erniedrigt worden war, reichte er sein Abschiedsgesuch ein. Auf Betreiben Lenins wurde dazu jedoch im Juli 1919 folgender Beschluss gefasst:

»Das Organisationsbüro und das Politbüro des ZK … haben nach Kenntnisnahme des Antrags des Genossen Trotzki diesen Antrag eingehend erörtert und sind zu dem einstimmigen Schluss gekommen, dass sie das Abschiedsgesuch des Genossen Trotzki absolut nicht billigen können …

Lenin, Kamenew, Krestinski, Kalinin, Serebrjakow, Stalin, Stasowa.« (Zentrales Militärarchiv.)

Trotzki fügte sich, doch er litt darunter, dass nun nicht mehr nur Woroschilow, Gusew, Smilga, Kamenew seine Maßnahmen kritisierten, sondern auch Lenin. Dem Führer der Revolution, der ein feinfühliger Psychologe war, blieb diese innere Krise Trotzkis nicht verborgen. Bei einer Sitzung des Politbüros im Juli 1919 drückte er Trotzki sein volles Vertrauen aus, indem er ihm ein Blankopapier mit Stempel des Rats der Volkskommissare übergab, auf dem durch seine Unterschrift faktisch alle Entscheidungen und Befehle Trotzkis im Voraus gebilligt wurden. Dieser Schritt dürfte Trotzkis Selbstvertrauen gestärkt haben; von der Blankovollmacht jedoch machte er niemals Gebrauch (Moja shisn II, S. 204).

Die Niederlage der Konterrevolution

Wie aber war es möglich, dass die revolutionären Kräfte trotz der zeitweise hoffnungslosen militärischen Lage am Ende doch den Sieg davontrugen? Die Geschichte vom Aufstieg und Fall des weißen Generals Denikin gibt uns einige aufschlussreiche Antworten auf diese Frage. Anton Iwanowitsch Denikin befehligte im April 1919 die weiße Freiwilligenarmee und gegen Ende des Jahres die Streitkräfte im Süden Russlands.

Bereits beim Aufbau der Freiwilligenarmee, die zunächst von Kornilow kommandiert wurde, zeigte sich ein Problem: Wie N. N. Golowin schreibt, kamen lediglich »Offiziere, Junker, Kadetten, Studenten, Gymnasiasten und so gut wie keine Soldaten«. Die Freiwilligenbewegung besaß von Anfang an den Charakter eines klaren »Klassenprotests« jener Schichten, die durch die Revolution an den Rand der Gesellschaft gedrängt worden waren oder sich gar der Verfolgung ausgesetzt sahen. Daher stellte diese Armee zunächst eine reichlich »bunte Mischung« dar: Neben dem Kornilow-Regiment und dem Georgiew-Regiment gab es drei Offiziersbataillone, ein Junkerbataillon, ein Studentenbataillon aus Rostow, zwei Batterien ... Nach Kornilows Tod übernahm Denikin im April 1918 das Kommando über diese 4000 Mann starke Armee. Doch als sich seine Position am Don und am Kuban festigte, erhielt Denikin ständig Verstärkung und materielle Unterstützung, unter anderem auch von den ehemaligen Verbündeten des zaristischen Russland. Denikin eröffnete ein großes Spiel ... Seine Armee umfasste nun bereits mehrere zehntausend Mann.

Zu jener Zeit, als Admiral Koltschak eine Niederlage nach der anderen erlitt, konnte Denikin einen Sieg nach dem anderen verzeichnen. In seinem Bericht vor dem 7. Gesamtrussischen Rätekongress der Arbeiter-, Bauern-, Rotarmisten- und werktätigen Kosakendeputierten erklärte Trotzki am 7. 12. 1919: »Denikin war zweifellos für uns weitaus gefährlicher als Koltschak«; seine Armee habe sich wie eine Kavallerielava über die russischen Weiten ergossen (Sotsch. XVII, 2, S. 349). Der Sommer und der Herbst 1919 waren die erfolgreichste Zeit für Denikin. Ende Juni dieses Jahres nahmen seine Truppen Zarizyn ein, und er erließ folgende Direktive: »Das Herz Russlands – Moskau – ist zu erobern …« Nachdem die Truppen Denikins die schlechtorganisierten Einheiten der Roten Armee bezwungen hatten, bewegten sie sich in Richtung Hauptstadt.

Im Oktober 1919 trennten sie nur noch 200 Werst von Moskau … Woronesch und Orjol waren bereits eingenommen. Tula musste jeden Augenblick fallen …

Von der Vorfreude des nahen Siegs beflügelt, bemerkte Denikin nicht, wie die bolschewistische Führung ihre Kräfte umgruppierte und große Reitereinheiten formierte, die sich auf einen großen Gegenschlag vorbereiteten.

Am 29. 7. 1919 erklärte Trotzki auf einer Versammlung von Parteifunktionären in Pensa: »Der Rückzug im Süden erklärt sich damit, dass Denikin mehr Kräfte zur Verfügung hatte und wir weniger. Nun haben wir mehr, und Denikin hat weniger. Denikin hat keine Reserven, unsere Reserven sind unerschöpflich. Wir haben mehr Kavallerie als der Gegner, wir formieren sie außerordentlich schnell … Denikin ist zu weit gegangen. Seitdem er ein riesiges Territorium eingenommen hat, muss er eine Macht schaffen, um es zu halten. Da nun das gesamte Russland in zwei Lager geteilt ist, ist Denikin genötigt, die alten Gutsbesitzer, die ehemaligen Gouverneure und Leiter der Landstände einzubeziehen. Das ist die beste Propaganda gegen Denikin. Für die Festigung der ausgedehnten Front Denikins genügt ihm nicht eine Reiterarmee, er muss zur zwangsweisen Mobilisierung von Arbeitern und Bauern übergehen, und damit bereitet er die Bedingungen für die Zersetzung seiner Armee vor. Ich denke, dass wir noch im Herbst Denikin einen entscheidenden Schlag versetzen werden …« (Sotsch. XVII, 2, S. 196 f.) Man kann nicht abstreiten, dass diese Analyse und Prognose Trotzkis richtig waren.

Der General A. S. Lukomski beklagte später, niemand habe bemerkt, welche Unzufriedenheit im Hinterland der Truppen Denikins herrschte: »Raub und Requisition, Ausschreitungen der zurückgekehrten Herren, die Verschlechterung des Lebens der armen Schichten führten zur Zersetzung der Etappe Denikins.« Der Befehl über die »Selbstversorgung« der Abteilungen führte zu regelrechten Raubzügen. Durch Aufklärer konnte Trotzki erfahren, dass die Lage Denikins immer kritischer wurde. Ende Juni 1919 schrieb Trotzki in Woronesch: »Die Banden Denikins, die sich gen Süden bewegen, das ist nicht mehr die Vorhut der anglo-französischen Truppen, nein – das ist die ganze Armee, die die Konterrevolution uns entgegenstellen kann. Hinter Denikin steht nichts weiter als eine ihm feindlich gesinnte Etappe.« Die Bürger schauten voller Angst auf die »Retter«, die sich häufig wie ordinäre Plünderer benahmen. Die auf einer breiten Front kämpfende Freiwilligenarmee konnte den Schlägen der Roten Divisionen nicht widerstehen. Die Abteilungen Denikins mussten sich nach Süden zurückziehen. Der Oberbefehlshaber versuchte die am meisten bedrohten Punkte durch die letzten Reserven zu retten, appellierte in seinen Direktiven an die Offiziersehre, doch alles war vergebens. Ende des Jahres hatte die Rote Armee bereits Rostow und Nowotscherkassk eingenommen und näherte sich Noworossijsk. In dieser Stadt sammelten sich die weißen Einheiten, die von der Roten Armee zurückgeworfen worden waren. General Kutepow, der die Stadt verteidigte, sah sich schließlich gezwungen, Denikin zu eröffnen, dass seine demoralisierten Truppen nicht mehr länger als 24 Stunden durchhalten würden. Er schlug den sofortigen Rückzug vor … Denikin konnte niemals vergessen, wie die Freiwilligen auf die überladenen Schiffe drängten, wie Offiziere Selbstmord begingen, weil sie keine Hoffnung mehr hatten, einen Platz auf dem Dampfer zu bekommen … Als letzter ging Denikin mit seinem Stabsleiter, dem General Romanowski, an Bord des russischen Zerstörers »Kapitän Sakin«.

Es gelang ihm, mit ungefähr 40 000 Soldaten auf die Krim überzusetzen. Dort versuchte er zunächst, die demoralisierten

Truppen neu zu formieren. Da er jedoch spürte, dass man das Vertrauen zu ihm verloren hatte, erklärte er bald darauf seinen Rücktritt. Am Abend des 22. März 1920 verließ er an Bord eines englischen Zerstörers für immer seine Heimat. Die Suche nach Existenzmöglichkeiten verdammte Denikin zu einem Wanderleben, das ihn durch ganz Europa führte.
Am Vorabend des Kriegs hielt er in Paris einen Vortrag mit dem Titel »Die internationalen Ereignisse und das russische Problem«, in dem er vor den Gefahren des Faschismus warnte und an alle Emigranten appellierte, zum Schutz Russlands beizutragen. Während der deutschen Okkupation geriet Denikin ins Konzentrationslager, lehnte es jedoch ab, mit den Nazis zu kollaborieren. Nach seiner Befreiung betrachtete der alte General immer wieder stundenlang die Landkarte und freute sich über die Siege der Roten Armee …
Bis zu seinem Tod blieb Denikin russischer Patriot und überzeugter Gegner des Bolschewismus. Niemals jedoch begriff er, dass die Revolution nicht nur durch »mangelnden Patriotismus« und durch die »Sozialisten« zustande kam, sondern auch durch den Zarismus, der das riesige Land in einen sinnlosen Krieg verwickelt hatte. Ebendieser Krieg hatte das Volk bis an die Grenzen der Erschöpfung getrieben und der Revolution gigantische Chancen eröffnet. Der Februar »misslang«, weil die neue Regierung dem Volk zwar Freiheit versprach, ihm aber Land und Frieden verweigerte. Der Oktober dagegen nahm den Menschen die Freiheit wieder und gab ihnen dafür Frieden und Land … Dieses große Paradoxon konnte Denikin nicht verstehen. Für ihn waren an der Tragödie Russlands lediglich die Schwäche Kerenskis und die Heimtücke der Bolschewiki schuld …

Die weiteren Faktoren, die der Revolution zum Sieg verhalfen, waren das grenzenlose, aufopferungsvolle Engagement der Bolschewiki, die harten diktatorischen Maßnahmen, die die Bauern zwangen, auf der Seite der Sowjetrepublik zu kämpfen, das hohe revolutionäre Bewusstsein der Arbeiter und der Glaube der Menschen, dass nach den langen Jahren des imperialistischen Kriegs und des Bürgerkriegs schließlich der lang ersehnte Frieden und ein wie auch immer gearteter Wohlstand eintreten würden.

Wenige Jahre nach dem Sieg der Bolschewiki, an dem Trotzki einen so maßgeblichen Anteil hatte, sollte sein Name aus der Geschichte des Bürgerkriegs getilgt werden. Auf Beschluss des Politbüros wurde in den Jahren 1928 bis 1930 das dreibändige Werk »Der Bürgerkrieg 1919–1921« herausgegeben. Im Vorwort zum ersten Band bringt es der Autor A. S. Bubnow fertig, auf fast vierzig Seiten den Namen Trotzkis nicht ein einziges Mal zu erwähnen (und dieser war zu dieser Zeit noch nicht einmal ausgewiesen, sondern befand sich in Alma-Ata). Im dritten, 1930 erschienenen Band tauchten dann Namen auf, die im ersten Band nie erwähnt worden waren. Nachdem pflichtschuldigst die besondere Rolle Lenins im Bürgerkrieg betont worden war, folgte der bezeichnende Satz: »Bei der Festlegung der wichtigsten strategischen Richtlinien (d.h. der allgemeinen strategischen Führung) spielte neben einer Reihe von Vertretern der alten bolschewistischen Garde vor allem der Genosse Stalin eine bedeutende Rolle.« (Grashdanskaja wojna III, S. 10.) Diese Vertreter der »alten bolschewistischen Garde« werden selbstverständlich nicht namentlich genannt – und Trotzki natürlich schon gar nicht. Damals begann eine lange, düstere Periode des Cäsarismus, begleitet von zynischen Fälschungen und Umschreibungen der Geschichte. Trotzki, einst Held der Epoche des Bürgerkriegs, wurde nun zu ihrem Antihelden.

Die Hypnose der Revolution

»Die russische Revolution stand unter einem schicksalhaften Vorzeichen …«
N. Berdjajew

Im Mai 1924 trug Trotzki einen Bericht über die internationale Lage der UdSSR vor dem 5. Gesamtrussischen Kongress der Bauarbeitergewerkschaft vor. Er wurde mit stehenden Ovationen empfangen, und es gelang ihm, von neuem den schwindenden Glauben der Bolschewiki an eine unmittelbar bevorstehende entscheidende Phase der Weltrevolution neu zu entfachen. Soeben hatte man ihm ein Papier gereicht, das er sogleich verlas: »Uns liegen Angaben vor, dass die KPD offenbar 3 600 000 Stimmen erhalten hat … Deutschland hat bislang eine nichtkommunistische Regierung. Doch die Macht der Arbeiter wird kommen!!!« (Zentrales Parteiarchiv.)
Stürmischer Applaus übertönte die letzten Worte des Mannes, der sein Leben lang unter der Hypnose des Glaubens an die Revolution lebte. Damals, im Mai 1924, konnte er noch nicht wissen, dass die blutigroten Funken des russischen Oktoberumsturzes von 1917 keinen revolutionären Weltbrand entfachen würden. Trotzki war ein Mensch, der die Gegensätze zwischen Reichtum und Armut aus tiefstem Herzen als unerträglich empfand. Daher sah er den Sinn seines kämpferischen Lebens letztlich darin, die revolutionäre Temperatur zu erhöhen, damit die Verhältnisse der Ausbeutung weltweit zum Schmelzen gebracht würden.

Die permanente Revolution

Kurz vor seiner Deportation aus der UdSSR arbeitete Trotzki an seiner Schrift »Die permanente Revolution und die Linie Lenins«: »Sobald ich die wichtigeren und unaufschiebbaren Arbeiten erledigt habe, werde ich meine Arbeit über die permanente Revolution beenden und an die Genossen verschicken. Die Franzosen sagen: ›Ist eine Flasche einmal entkorkt, so muss man den Wein austrinken.‹« (Zentrales Parteiarchiv.) Doch das Verdienst, die »Flasche« Theorie von der permanenten Revolution entkorkt zu haben, gebührt nicht ihm, sondern seinem früheren Weggefährten Parvus, der, wie bereits erwähnt, als überzeugter Sozialist begann und später, während des Ersten Weltkriegs, äußerst einträgliche Geschäfte mit den deutschen Militärbehörden machte.

Die zentralen Gedanken der Theorie der permanenten Revolution entwickelte Parvus noch vor der Jahrhundertwende in einer Reihe von Artikeln. Ansatzpunkte für diese Idee finden sich jedoch bereits bei Marx und Engels. Sie schrieben: »Während die demokratischen Kleinbürger die Revolution möglichst rasch (…) zum Abschluss bringen wollen, ist es unser Interesse und unsere Aufgabe, die Revolution permanent zu machen, so lange, bis alle mehr oder weniger besitzenden Klassen von der Herrschaft verdrängt sind, die Staatsgewalt vom Proletariat erobert (ist).« (Marx/Engels, Werke, Band 7, S. 247–248) Dieses Zitat ist ein Beleg dafür, wie unsinnig es war, dass die Idee der permanenten Revolution bei uns jahrzehntelang als »antimarxistisch« verurteilt wurde.

Parvus bezog sich auf diese Gedanken, als er die Permanenz als konsequente Abfolge verschiedener revolutionärer Etappen darstellte. Trotzki war durch Parvus mit dieser Theorie vertraut gemacht worden. Dennoch geht er kaum auf diese Ursprünge der Idee von der permanenten Revolution ein, sondern stellt sie im Wesentlichen als »seine« Theorie dar.

In einer Schrift über die erste russische Revolution heißt es über

diese Idee: »... Die sonderbare Bezeichnung (›permanente Revolution‹) drückte jenen Gedanken aus, dass die russische Revolution, vor der bürgerliche Ziele stehen, nicht bei ihnen stehen bleiben können wird ... Die Revolution wird ihre nächsten ›bürgerlichen‹ Aufgaben nur lösen können, wenn sie das Proletariat an die Macht bringt. Und dieses wird sich, nachdem es die Macht übernommen hat, nicht auf den bürgerlichen Rahmen der Revolution beschränken können. Nachdem es aufgrund der historischen Notwendigkeit den beschränkten bürgerlich-demokratischen Rahmen der russischen Revolution gesprengt hat, wird das siegreiche Proletariat genötigt sein, ihren nationalstaatlichen Rahmen zu sprengen, das heißt, es wird bewusst darauf hinarbeiten müssen, dass die russische Revolution zum Prolog der Weltrevolution wird.« (Trotzki, »1905«, S. 4 f.) Etwas früher hat Trotzki diesen Gedanken folgendermaßen dargelegt: »An die Macht gelangt, darf das Proletariat sich nicht auf den Rahmen bürgerlicher Demokratie beschränken, sondern muss die Taktik der *permanenten Revolution* entwickeln, das heißt die Grenzen zwischen dem Minimal- und Maximalprogramm der Sozialdemokratie beseitigen.« (Trotzki, Itogi, S. 5.)
In diesen ausführlichen Zitaten ist der Kern der Theorie von der permanenten Revolution zu erkennen. Erstens beinhaltet sie die Idee eines ununterbrochenen revolutionären Prozesses. Zweitens beschränkt sie sich nicht auf einzelne Etappen und Programme, drittens vollzieht sie sich in einem transnationalen Prozess. Hat Trotzki zunächst noch erklärt, dass die russische Revolution eine Revolution »in Westeuropa« nach sich ziehen werde, so denkt er später, wenn er ungeduldig die Weltrevolution herbeisehnt, in »interkontinentalen Maßstäben«.
In konzentrierter Form legt er die Grundgedanken seiner Konzeption noch einmal 1930 dar: »Die permanente Revolution, in dem Sinne, so wie Marx sie verstand, ist eine Revolution, die sich mit keiner Form von Klassenherrschaft aussöhnen kann, die nicht bei der bürgerlich-demokratischen Etappe stehen bleibt, die zu sozialistischen Maßnahmen und zum Kampf gegen die äu-

ßere Reaktion übergeht; eine Revolution, bei der jeder folgende Schritt auf dem vorangegangenen beruht und die nur durch die vollständige Beseitigung der Klassengesellschaft vollendet werden kann.« (Trotzki, Permanentnaja rewoljuzija, S. 12 f.)
Heute wissen wir, dass vieles von dieser abstrakten Konzeption, die mit den besten Vorsätzen entwickelt worden ist, sich schließlich als spekulativ und unrealistisch erwiesen hat. Die Vernachlässigung der »demokratischen Ideologie«, der Gedanke, man müsse gesellschaftliche Prozesse gewaltsam vorantreiben, die naive Überzeugung, dass eine »vollständige Beseitigung der Klassen« möglich sei, waren nicht nur für Trotzki charakteristisch.
Obgleich die Bolschewiki, besonders nach Lenins Tod, die Theorie der permanenten Revolution Trotzkis formal verwarfen, folgten sie während der ersten Jahre nach dem Oktober 1917 faktisch den Postulaten dieser radikalen Konzeption. Und nicht nur während dieser ersten Jahre. Die gesamte sowjetische Geschichte ist untrennbar verbunden mit dem hartnäckigen Gedanken, man müsse jenen Ländern und Völkern helfen, in denen eine revolutionäre Situation »heranreift«. Zu diesem Thema sind nicht nur kubikmeterweise Traktate geschrieben worden, sondern es wurde auch praktische »Hilfe« in kolossalem Maßstab geleistet. Es genügte lediglich, den »antiimperialistischen Charakter« dieses oder jenes Regimes festzustellen, und schon wurde die Frage nach materieller, finanzieller, ökonomischer Hilfe aufgeworfen. In diesem Sinne waren alle sowjetischen Führer »Trotzkisten«, da sie davon ausgingen, dass durch solche Hilfeleistungen der weltweite Sieg des Sozialismus beschleunigt würde …
Wurde diese Theorie lediglich deshalb verdammt, weil sie mit dem Namen Trotzkis verbunden war? Ich denke, das Problem liegt tiefer. Nach dem Ende des Bürgerkriegs mussten sich die Führer des Bolschewismus damit abfinden, dass die sehnsüchtig erwartete Weltrevolution ausgeblieben war. Unter den gegebenen Umständen musste man nun sehen, wie man mit der eigenen, der russischen, »zurechtkam«. Hatte diese Revolution

eine Überlebenschance? Konnte man den Sozialismus in einem Land aufbauen? Hatte der Sozialismus innerhalb des nationalen Rahmens eine Perspektive? Trotzki beantwortete all diese Fragen auf theoretischem Gebiet eindeutig negativ. »Die Vollendung der sozialistischen Revolution innerhalb des nationalen Rahmens ist unvorstellbar ... Die Revolution wird nicht vollendet, solange die neue Gesellschaft nicht auf unserem gesamten Planeten endgültig triumphiert.« (Ebd., S. 167.) Hier lagen also die wesentlichen Motive für die wütenden Angriffe gegen die Theorie Trotzkis: Er konnte und wollte nicht – wie Stalin – an die Möglichkeit eines Siegs des Sozialismus in einem Land glauben! Unmissverständlich erklärte er: »Die sozialistische Revolution beginnt auf nationaler Ebene, entwickelt sich international und vollendet sich im Weltmaßstab.« (Ebd., S. 169.) Er bestritt also nicht die Lebensfähigkeit des ersten sozialistischen Staats, doch er sah die Vollendung des Revolutionsprozesses nur im globalen Maßstab. Zu Recht argumentiert er gegen die Trennung von demokratischen und sozialistischen Aufgaben. »Die Theorie von Stalin und Bucharin setzt mechanisch und allen Erfahrungen der russischen Revolutionen zum Trotz die demokratische Revolution der sozialistischen entgegen ...« (Ebd.)

Trotzkis Theorie der permanenten Revolution wurde nach Lenins Tod rasch zur Zielscheibe des Triumvirats Stalin-Sinowjew-Kamenew. Dutzende von Artikeln, Kundgebungen und Reden von Parteifunktionären auf allen Ebenen verfolgten nur ein Ziel: Trotzki politisch und theoretisch zu kompromittieren, seine Rolle in der Revolution und im Bürgerkrieg herabzusetzen und ihn als haltlosen Ideologen und menschewistischen »Kleingläubigen« darzustellen, der vor dem »Aufbau des Sozialismus« in einem Lande zurückschrecke. Trotzki war darüber zutiefst betroffen; er litt sehr unter dieser Kampagne, die, wie er wusste, von der Parteiführung unter Stalin organisiert wurde. In dieser Führung stand er nun, nach Lenins Tod, ganz allein. Er versuchte, sein zeitweiliges Schweigen damit zu erklären, dass er den innerparteilichen Kampf nicht anheizen wollte.

Im Mai 1924 erklärte Trotzki vor Mitarbeitern der Presse: »… Die Genossen interessieren sich dafür, in welcher Beziehung die Theorie der permanenten Revolution zum Leninismus stehe? Mir persönlich kam es nie in den Sinn, die Frage der permanenten Revolution in eine aktuelle zu verwandeln. War doch die Idee der permanenten Revolution eine theoretische Antizipation der künftigen Entwicklung der Ereignisse. Die Ereignisse, die durch diese Theorie vorweggenommen worden sind, sind eingetroffen: Die Oktoberrevolution fand statt. Nun ist die Frage der permanenten Revolution von theoretisch-historischem und nicht von aktuellem Interesse.« Weiter unterstreicht Trotzki, dass Lenin die Gedanken der permanenten Revolution grundsätzlich teilte: »Gab es zwischen mir und dem Genossen Lenin in den Fragen der Machtergreifung, der Politik gegenüber den Bauern während des Oktober und nach dem Oktober Meinungsverschiedenheiten? … Nein, es gab keine … Selbst wenn sie [die Theorie der permanenten Revolution] fehlerhaft sein sollte, so hat diese Theorie mich in jedem Fall nicht daran gehindert, sondern mir geholfen, Seite an Seite mit Lenin durch die Oktoberrevolution zu gehen. Der Versuch, nachträglich einen Trotzkismus zu konstruieren, der dem Leninismus entgegengestellt wird, ist eine Fälschung und nichts weiter.« (Zentrales Armeearchiv.)

Trotzki versuchte, sich gegen die zahlreichen Angriffe gegen seine »permanenten« Auffassungen zu verteidigen, indem er sich auf den verstorbenen Lenin berief. Und er konnte dies mit gutem Grund tun.

Die folgenden Sätze Lenins aus dem »Proletarij« zeigen, wie nahe seine Ansichten Trotzkis Theorie von der permanenten Revolution kamen: »Wir beginnen nun, von der demokratischen Revolution nach dem Maß unserer Kraft, der Kraft des bewussten und organisierten Proletariats, zur sozialistischen Revolution überzugehen. Wir stehen für die ununterbrochene Revolution. Wir werden nicht auf halbem Wege Halt machen.« (Lenin, PSS, Bd. 3, S. 222.)

Doch die Attacken hörten nicht auf. Zu Beginn des Jahres 1925 erhielt Trotzki per Post I. W. Struwes soeben erschienene Broschüre mit dem Titel: »Die Theorie der permanenten Revolution des Genossen Trotzki« (Rostow 1925). Das Vorwort stammte von I. Wardin, einem der »offiziellen« Theoretiker des ZK. Verbittert setzte Trotzki Häkchen hinter jene Stellen, die seine Eigenliebe besonders schmerzhaft trafen. Hier einige Beispiele: »Trotzki hat nicht einmal Lenins Theorie der Revolution begriffen … Die permanente Revolution – das ist eine Geste der Verzweiflung und des Abenteurertums …«

Die Welt-Sowjetföderation

Im »Manifest des 2. Kongresses der Kommunistischen Internationale«, das Trotzki vorbereitete und vortrug, finden sich folgende Sätze: »Die Sache Sowjetrusslands hat die Kommunistische Internationale zu ihrer Sache erklärt. Das internationale Proletariat wird das Schwert nicht in die Scheide legen, solange Sowjetrussland sich nicht als Kettenglied in eine Föderation der Räterepubliken der gesamten Welt einreiht.« Das Manifest ist unterzeichnet von Leitern und Mitgliedern von 32 Delegationen, unter ihnen Lenin, Sinowjew, Bucharin, Trotzki, Paul Levi, A. Rosmer, John Reed, Miklos Rákosi, J. Marchlewski und viele andere berühmte Revolutionäre.

An die Weltrevolution glaubten damals viele, wenn nicht sogar alle Bolschewiki. Vermutlich war jedoch keiner von ihnen derart fest von ihrer Unabwendbarkeit überzeugt wie Trotzki. Während des Bürgerkriegs, als Trotzki in seinem Zug unzählige Kilometer entlang der endlosen Fronten zurücklegte, lauschte er gebannt den Nachrichten über die Ereignisse auf dem europäischen, asiatischen und amerikanischen Kontinent. Er hatte darauf bestanden, dass der Zug mit einer Radiostation ausgestattet wurde, die es ermöglichte, Nachrichten aus aller Welt empfangen zu können. Trotzki glaubte fest daran, dass das revolutionäre Feuer in Deutschland, Ungarn, Frankreich, Italien und anderen Ländern sehr bald auflodern würde. Anfang Januar 1919 entwarf er auf Weisung des ZK der RKP einen Brief an die »Spartakus- Gruppe« in Deutschland und die Kommunistische Partei Österreichs, in dem er seiner Überzeugung Ausdruck verlieh: »Der Untergang der Bourgeoisie und der Sieg des Proletariats sind gleichermaßen sicher. Der Sieg ist uns gewiss, Genossen!« (Sotsch. XIII, S. 92.)

Welche politischen Überzeugungen waren die Wurzeln dieser unbeirrbaren Gewissheit?

In seinem Buch über die Februarrevolution betrachtet Trotzki die russische Revolution und die Weltrevolution als konsequente Folge des historischen Prozesses. »Unter der Knute äußerer Notwendigkeit ist die Rückständigkeit genötigt, einen Sprung zu machen. Aus dem universellen Gesetz der ungleichmäßigen Entwicklung ergibt sich ein anderes Gesetz, das in Ermangelung eines entsprechenden Namens als Gesetz der *kombinierten Entwicklung* bezeichnet werden kann, im Sinne der Zusammenführung verschiedener Etappen des Wegs, der Vereinigung einzelner Stadien, der Verschmelzung archaischer Formen mit modernsten.« (Trotzki, Istorija, S. 22.) Trotzki widerspricht Pokrowski, Kamenew und Roshkow, die davon ausgehen, dass der historische Prozess ein Überspringen der Etappen innerhalb einer Epoche nicht kenne. »Ihr Standpunkt«, schreibt Trotzki, »ist im großen und ganzen folgender: Die politische Herrschaft der Bourgeoisie müsse der politischen Herrschaft des Proletariats vorausgehen; die bürgerlich-demokratische Republik müsse eine langwierige historische Schule für das Proletariat sein; der Versuch, diese Stufe zu überspringen, sei Abenteurertum; wenn die Arbeiterklasse im Westen die Macht nicht erobert habe, wie könne dann das russische Proletariat sich diese Aufgabe stellen …« (Ebd., S. 506.) Als Antwort darauf erklärt Trotzki, dass eben die Eigenart der historischen Entwicklung Russlands es möglich mache, einige »überflüssige« Stadien zu überspringen, im revolutionären Prozess die Rolle der Avantgarde zu übernehmen. Die Widersprüche in der Welt hätten bereits seit langem die Notwendigkeit einer revolutionären Explosion vorbereitet, es fehle nur noch ein »Detonator«. Aufgrund des Gesetzes der ungleichmäßigen Entwicklung könnte Russland dieser zündende Funke werden. Es habe sich dort vor allem deshalb eine Revolution ereignet, weil Russland in der Lage gewesen sei, einzelne Etappen zu überspringen. »So wie Frankreich die Reformation übersprungen hat«, schreibt Trotzki, »so übersprang Russland die formale Demokratie.« (Ebd., S. 32.)

Die Universalität der Klassenanalyse macht nach Trotzkis Auffassung die Weltprobleme außerordentlich ähnlich. Der Antagonismus zwischen Werktätigen und Ausbeutern, so wiederholt

Trotzki die marxistischen Thesen, könne nur durch eine Revolution gelöst werden. Russland könne diese beginnen und ideell und materiell ihre Ausbreitung auf andere Länder fördern. »Vor der Arbeiterregierung wird von Anfang an folgende Aufgabe stehen: ihre Kräfte mit den Kräften des sozialistischen Proletariats Westeuropas zu vereinen. Nur auf diesem Weg wird ihre vorübergehende revolutionäre Herrschaft zum Prolog der sozialistischen Diktatur werden.« (Trotzki, »1905«, S. 256.)
Andererseits hat der »Westler« Trotzki nach dem Oktoberumsturz wiederholt beklagt, dass die Weltrevolution nicht in den entwickelten kapitalistischen Ländern – USA, England, Deutschland – begonnen habe, denn dann hätte sie nach seiner Meinung größere Chancen gehabt. Bitter stellt Trotzki im Jahre 1925 fest: »Offenbar spinnt die Geschichte ihr Garn vom falschen Ende her.« (Pjat let, S. 28 f.) Russland war für ihn dieses rückständige »falsche Ende«. Als Etappe auf dem Weg zur »Weltsowjetföderation« sah Trotzki die revolutionären Umwälzungen in Europa, die seiner Vorstellung nach schließlich zur Bildung der »Vereinigten Staaten Europas« führen würden. »Es versteht sich, dass sich die Arbeiter- und Bauernföderation nicht auf die europäische Etappe beschränken wird. Über unsere Sowjetunion wird sie, wie bereits erwähnt, sich eine Tür nach Asien öffnen, und auf diese Weise öffnet sie für Asien eine Tür nach Europa.« (Zentrales Armeearchiv.)
Für Trotzki stellte sich nie die Frage, wie Europa oder gar die Welt nach der proletarischen Revolution konkret aussehen solle. In seinem Artikel »Über die Aktualität der Losung ›Vereinigte Staaten von Europa‹, der in der »Prawda« erschien, heißt es: »Wir werden uns hier nicht mit Voraussagen beschäftigen, in welchem Tempo die Vereinigung der europäischen Republiken vor sich gehen wird, welche wirtschaftlichen und konstitutionellen Formen sie annehmen wird, welchen Grad an Zentralisation die europäische Wirtschaft in der ersten Periode der Arbeiter- und Bauernherrschaft erreichen wird. Das kann man alles gelassen der Zukunft überlassen – unter Berücksichtigung

jener Erfahrung, die die Sowjetunion bereits besitzt.« (Sotsch. XII, S. 371.)
Während des Bürgerkriegs war Trotzki überzeugt davon, dass die Rote Armee die Ausbreitung der Revolution auf andere Länder beschleunigen könne. So ermahnt er in seinem Befehl Nr. 174 vom 30. 11. 1919 die Rotarmisten, »die über die Grenzen der Ukraine vorrücken«, dass sie Befreier und nicht Besatzer seien und das nationale Selbstbewusstsein des ukrainischen Volkes achten müssten. In diesem Befehl, der laut Trotzkis Anweisung »vor allen Kompanien, Geschwadern, Batterien und Kommandos zu verlesen ist«, heißt es:

»Genossen Soldaten, Kommandeure, Kommissare!
Ihr rückt auf das Gebiet der Ukraine vor. Indem ihr die Denikin-Bande zerschlagt, säubert ihr das Bruderland von Gewalttätern … Wehe dem, der die Waffe gegen die arbeitenden Menschen der ukrainischen Stadt oder des Dorfes erhebt. Die Arbeiter und Bauern der Ukraine sollen sich unter dem Schutz eurer Bajonette sicher fühlen. Vergesst nicht: Eure Aufgabe ist nicht die Unterwerfung der Ukraine, sondern ihre Befreiung …
Der Vorsitzende des Revolutionären Kriegsrats, Trotzki.« (Zentrales Armeearchiv.)

Im gleichen Ton wandte sich Trotzki in einem Befehl an die Soldaten der Roten Armee, die nach dem Sieg über Pilsudskis Interventionstruppen in Polen einmarschierten: »… Das Land, in das ihr vorgerückt seid, ist das Land des polnischen Volkes. Wir haben die polnische Schlachta zurückgeschlagen und werden ihr das Genick brechen … Ihr nähert euch Warschau. Betretet es nicht wie eine unterworfene Stadt, sondern als die Hauptstadt des unabhängigen Polen …« (Zentrales Armeearchiv.)
Nach seiner Auffassung musste man in den polnischen Arbeitern und Bauern »die künftigen polnischen Rotarmisten« sehen. Nachdem sich die Hoffnungen auf den Beginn der Revolution während des Bürgerkriegs zerschlagen hatten, sah Trotzki vor

allem in der Kommunistischen Internationale ein Instrument, um den revolutionären Prozess voranzutreiben. Dabei setzte er nicht zuletzt auf propagandistische Mittel.

Auf der Plenarsitzung des ZK der RKP vom 3. 4. 1922 (hier wurde Stalin zum Generalsekretär der Partei gewählt) brachte er den Vorschlag ein, »eine gegenagitatorische Kampagne im Ausland in Gang zu setzen«. Zur Organisierung dieser Arbeit bestimmte das ZK die Genossen Souvarine und Krestinski unter Führung des Genossen Trotzki (Zentrales Parteiarchiv). Die Kommunistische Internationale, das Volkskommissariat für Auswärtige Angelegenheiten und andere Kanäle im Ausland spielten eine wichtige Rolle bei dieser ideologischen Arbeit unter den Werktätigen und der Bevölkerung der kapitalistischen Länder, die trotz ihrer begrenzten Möglichkeiten mit großer Beharrlichkeit durchgeführt wurde. Wie viele führende Bolschewiki setzte Trotzki besonders große Hoffnungen auf einen Sieg der revolutionären Kräfte in Deutschland. Auf seine Anregung hin wurden im Jahr 1918 große Geldsummen für die revolutionäre Propaganda in Deutschland bereitgestellt.

Am 19. 4. 1921 übergab Sermuks, der Sekretär des Vorsitzenden des Revolutionären Kriegsrats, Karl Radek ein Papier, in dem Trotzki die Lage in Deutschland analysierte. Darin schreibt er, dass der Apparat der Sozialdemokratie und der Gewerkschaften, da er radikale Aktionen ablehne, zum »wichtigsten Faktor von Passivität und Konservatismus in den Arbeitermassen wird ... Die Arbeitermassen müssen systematisch aufgerüttelt werden mit dem Ziel, das entstandene instabile Gleichgewicht zu untergraben ...« Laut Trotzki müsse man den Arbeitern klarmachen, dass die März-Ereignisse »einen neuen himmelschreienden Verrat der Sozialdemokraten« darstellen (Zentrales Parteiarchiv).

Im September reiste Heinrich Brandler, der Führer der KPD, nach Moskau. Dort bat er die sowjetischen Führer, Trotzki zur Vorbereitung der geplanten revolutionären Erhebung nach Deutschland zu schicken. Nachdem man dieses Ersuchen im

Politbüro erörtert hatte, wählte man nicht Trotzki, sondern Pjatakow und Radek für diese Mission aus, gab jedoch gleichzeitig zu verstehen, dass man hier, in Moskau, die Strategie für den deutschen Aufstand ausarbeiten werde. Für diesen Aufstand setzte sich besonders Sinowjew, der Vorsitzende der Kommunistischen Internationale, ein.

Die Frage, welchen Anteil Trotzki an dem Misserfolg der deutschen Revolutionäre hatte, ist schwer zu beantworten. Trotzki, der in Moskau einige Male mit Brandler zusammengetoffen war, hatte den Aufstand ebenfalls zunächst befürwortet. Als aber deutlich wurde, dass die Bereitschaft zu einer Erhebung in Deutschland zu schwach entwickelt war, war er damit einverstanden gewesen, das Unternehmen »abzublasen«. Brandler jedoch gelang es nicht, die entsprechenden Anweisungen rechtzeitig zurückzunehmen, so dass die schwache Fackel des Aufstands in Hamburg dennoch entbrannte. Ihr Enthusiasmus und ihre Standhaftigkeit ließen die Arbeiter im Oktober 1923 einige Tage lang durchhalten.

Die Nachricht von der Niederschlagung der Aufständischen empfing Trotzki mit großer Niedergeschlagenheit, obgleich er im entscheidenden Augenblick der Vorbereitungsphase seine persönliche Mitwirkung verweigert hatte. Heute ist es nicht einfach zu sagen, wie es dazu kam: Glaubte er nicht an den Erfolg? War er zu beschäftigt als Vorsitzender des Revolutionären Kriegsrats? Wie auch immer, als ein konkreter Schritt zur Weiterführung der »permanenten Revolution« in Westeuropa unternommen wurde, stand Trotzki faktisch abseits.

Im Politbüro begann nun die Suche nach den Schuldigen der Niederlage. Sinowjew, Radek, Pjatakow und Trotzki wurden scharf attackiert … Auf Betreiben Sinowjews setzte das Exekutivkomitee der Kommunistischen Internationale Brandler ab und machte ihn zum Sündenbock schlechthin. Lediglich Trotzki, Radek und Pjatakow unternahmen zaghafte Versuche, ihn zu verteidigen.

Trotzki reagierte auf die deutschen Ereignisse mit offener Verbitterung: »Die wichtigste Ursache dafür, dass die KPD ohne Widerstand ihre ganz einzigartigen historischen Positionen aufgab, ist die, dass es die Partei nicht vermochte, in der neuen Situation den Automatismus der gestrigen Politik, die auf Jahre hin angelegt war, abzustreifen und das Problem der Eroberung der Macht – in der Agitation, im Handeln, in der Organisation und der Technik – intensiv in Angriff zu nehmen. Zeit ist ein wichtiges Element der Politik, besonders in einer revolutionären Epoche. Versäumte Monate müssen zuweilen in Jahren und Jahrzehnten nachgeholt werden.« (Trotzki, Nowyj kurs, S. 40–46.)

Für Trotzki war die Niederlage in Deutschland lediglich eine Mahnung: Die Weltrevolution erforderte eine langwierige und gewissenhafte Vorbereitung. Während einer Sitzung der Führung der Militärwissenschaftlichen Gesellschaft am 29. 7. 1924 forderte Trotzki die Schaffung eines »Statuts des Bürgerkriegs«, das von den Führern der sozialistischen Revolutionen angewandt werden könne. Denn wenn die Führer in kritischen Augenblicken keine Kompetenz und Festigkeit zeigten, sei der Aufstand zum Scheitern verurteilt.

Trotzki, Tuchatschewski, Radek, Unschlicht, Ioffe und andere Teilnehmer der Sitzung waren sich einig, dass die Erfahrungen der russischen Revolution von den kommunistischen Führern anderer Länder aufmerksam studiert werden sollten. »Es muss ein strategischer und taktischer Kalender des Oktober erstellt werden«, forderte der Volkskommissar. »Es muss aufgezeigt werden, wie die Ereignisse Welle um Welle anwuchsen, wie sie in der Partei, in den Räten, im Zentralkomitee, in der Militärorganisation ihren Niederschlag fanden …« Diese Erfahrungen könnten nach Trotzki den »Klassenbrüdern« bei der Vorbereitung revolutionärer Erhebungen als Anschauungsmaterial dienen.

»Im kritischen Augenblick eines revolutionären Vormarsches«, so Trotzki, »stellt sich die Lage als außerordentlich instabiles Gleichgewicht dar: Die Kugel liegt auf der Spitze des Kegels.

Abhängig vom Stoß kann die Kugel zur einen oder zur anderen Seite rollen. Dank der Festigkeit und der Entschlossenheit unserer Parteiführung ist der Ball bei uns auf die Seite des Sieges gerollt. In Deutschland hat die Parteipolitik die Kugel auf die Seite der Niederlage gestoßen.« (Sotsch. XII, S. 395.) Daher müsse das »Statut des Bürgerkriegs … zu einem unverzichtbaren Element militärischrevolutionärer Ausbildung von höchstem Niveau werden«. Die Euphorie der ersten Jahre nach dem Oktober war vergangen: Auf die Weltrevolution musste man sich mit Hilfe von Statuten vorbereiten!

Dennoch war Trotzki weiterhin fest davon überzeugt, dass der revolutionäre Weltbrand schließlich kommen werde.

Auf dem 4. Kongress der Kommunistischen Internationale ging Trotzki in seinem Bericht auf das Abebben der revolutionären Wellen in vielen Ländern ein und erklärte, dies sei lediglich ein »vorübergehender Prozess«. Man müsse für den kommenden Erfolg »das Vertrauen der überwiegenden Mehrheit der Arbeiterklasse gewinnen«. Dann würde »die Arbeiterklasse, in der Praxis von der Richtigkeit, Festigkeit und Zuverlässigkeit der kommunistischen Führung überzeugt, Resignation und Passivität abstreifen – und die Epoche des letzten Gefechts wird beginnen. Wie nah ist diese Stunde? Das können wir nicht voraussagen …«

Und in seinem Artikel »Fünf Jahre Kommunistische Internationale« von 1925 gab sich Trotzki ebenso optimistisch: »Der europäische Kapitalismus steht, historisch betrachtet, am Ende seines Weges. Er hat die Produktivkräfte nicht wesentlich weiterentwickelt. Es ist ihm nicht mehr beschieden, eine fortschrittliche Rolle zu spielen. Er kann keine neuen Perspektiven mehr eröffnen. Wenn dies nicht so wäre, wäre jeglicher Gedanke an eine proletarische Revolution in unserer Zeit eine Donquichotterie.« Mit diesen Worten sprach sich Trotzki, ohne es zu wissen, sein eigenes Urteil. Er fährt fort: »Die bürgerliche Ordnung bricht nicht von selbst zusammen. Sie muss gestürzt werden, und nur die Arbeiterklasse kann sie auf revolutionärem Wege stürzen. Wenn dies der Arbeiterklasse nicht gelingen sollte, so könnten die finsteren Voraussagen Oswald Spenglers Wirklichkeit werden. Es ist, als appelliere die Geschichte an die Arbeiter: ›Ihr müsst wissen, dass ihr, wenn ihr nicht die Bourgeoisie stürzt, unter den Trümmern der Zivilisation zugrunde gehen werdet.‹« (Trotzki, Pjat let, S. 11 f.)

»Terrorismus und Kommunismus«

Dies war der Titel eines Buches von Trotzki, das 1920 in Petrograd erschien. Es war eine Antwort auf ein Buch Karl Kautskys mit dem gleichen Titel – »Terrorismus und Kommunismus«, herausgegeben in Berlin 1919. Die Lektüre dieser Arbeit Trotzkis gibt eine Vorstellung von den grundlegenden Ansichten des linken Flügels der Bolschewisten im Vergleich zur Linie der europäischen Sozialdemokratie. Auf beinahe zweihundert Seiten polemisiert einer der radikalsten Führer der russischen Revolution gegen den angesehenen Theoretiker der zweiten Internationale. Trotzki kannte den führenden Sozialdemokraten persönlich und war ihm häufig in Europa begegnet. Dennoch schreckt er in seinem Buch auch vor persönlichen Beleidigungen nicht zurück. Er nennt Kautsky einen »heuchlerischen Opportunisten, unwürdigen Fälscher, Schmierfink«, eine »glatte Null« usw. Die Gegenargumente Trotzkis zu den Fragen der Diktatur des Proletariats, der Demokratie, der Zwangsarbeit, der Militarisierung der Arbeit, zum Selbstverständnis der Sowjetmacht, zur Bauernpolitik und zur Rolle der kommunistischen Partei bei den revolutionären Umwälzungen zeigen überzeugend den Ursprung vieler Verirrungen der Bolschewiki. Die bolschewistische Führung dachte nicht daran, die theoretischen Postulate Trotzkis zu kritisieren, denn seine Ansichten entsprachen damals ihren eigenen. So ist die »Hypnose der Revolution« nicht nur für Trotzki, sondern auch seine Mitstreiter charakteristisch. Um die Jahrhundertwende hatte auch Kautsky die Idee der Diktatur des Proletariats vertreten. Doch die Art, wie diese Idee nach dem Oktoberumsturz von 1917 in Russland verwirklicht wurde, stieß ihn zutiefst ab, und er erklärte unumwunden, dass dies die Herrschaft »einer Minderheit über der Mehrheit« sei. Der Theoretiker der 2. Internationale schrieb in seinem Buch, die Sozialdemokratie könne den Weg zur sozialistischen Umgestaltung nur dadurch ebnen, dass sie die Mehrheit im Parlament erreiche.

Trotzkis Erwiderung ist von ätzender Schärfe: »Die Geschichte hat die Nation nicht als Diskussionsklub geschaffen, der gesittet mit der Mehrheit der Stimmen über den Übergang zur sozialen Revolution abstimmt. Im Gegenteil, die von Gewalt begleitete Revolution war eben deshalb unausweichlich, weil die dringenden Erfordernisse der Geschichte nicht die Kraft besaßen, sich den Weg durch den Apparat der parlamentarischen Demokratie zu bahnen.« (Sotsch. XII, S. 38 f.) Kategorisch stellt er fest, dass »der Gedanke, auf dem Weg der parlamentarischen Demokratie an die Macht zu gelangen, dreifach hoffnungslos« sei.
Kautsky fragt die Bolschewiki in seiner Arbeit, warum sie nicht eine neue Konstituierende Versammlung einberiefen, nachdem sie die alte auseinandergejagt hätten. Da dies nicht geschehe, müsse man zwangsläufig zu der Ansicht gelangen, dass in Sowjetrussland eine Minderheit regiere. Trotzki erwidert unverblümt: »Weil wir in dieser Versammlung keine Notwendigkeit sehen. Wenn die erste Konstituierende Versammlung noch vorübergehend eine progressive Rolle spielen konnte, indem sie in den Augen der kleinbürgerlichen Elemente die im Entstehen begriffene Sowjetmacht überzeugend sanktionierte … so benötigt die Sowjetmacht nun keine Aufwertung mehr durch die ramponierte Autorität einer Konstituierenden Versammlung …« (Ebd., S. 47.)
Schonungslos geht Trotzki auch mit Kautskys Position zur Frage der revolutionären Gewalt ins Gericht. Die Ansicht, dass der »Terrorismus zum Wesen der Revolution gehört«, bezeichnet Kautsky als einen weit verbreiteten »Irrtum« und prophezeit: »Die Revolution aber bringt uns den blutigsten Terrorismus, ausgeübt von sozialistischen Regierungen. Die Bolschewiki gingen voran, aufs schärfste deswegen verurteilt von allen Sozialisten, die nicht auf dem bolschewistischen Standpunkt standen …« (K. Kautsky, Terrorismus und Kommunismus, Berlin 1919, S. 9)
Kautsky spricht sich auch entschieden gegen das »Institut der Geiseln« aus.

Wir wissen bereits, dass Trotzki auch in dieser Frage grundsätzlich anderer Ansicht war. Er begründet die Notwendigkeit revolutionärer Gewaltmaßnahmen mit dem Argument, nur auf diese Weise könne »die Bourgeoisie davon abgehalten werden, die Herrschaft des Proletariats zu untergraben. Kautsky geht offenbar davon aus, dass dies durch weinerliche Broschüren erreicht werden könne.« Trotzki fährt fort: »... wer sich prinzipiell vom Terrorismus, das heißt von den Maßnahmen zur Zerschlagung und Abschreckung der zunehmenden und bewaffneten Konterrevolution, abkehrt, der muss sich auch von der politischen Herrschaft der Arbeiterklasse abwenden, von ihrer revolutionären Diktatur. Wer sich von der Diktatur des Proletariats abkehrt, der kehrt sich von der sozialen Revolution ab und spricht das Todesurteil über den Sozialismus.« (Ebd., S. 25 f.)
»Die Frage der Form der Repressionen«, schreibt Trotzki weiter, »oder ihres Ausmaßes ist selbstverständlich keine prinzipielle. Es ist eine Frage der Zweckmäßigkeit ... Eben mit dieser einfachen, jedoch entscheidenden Tatsache lässt sich der breite Einsatz von Erschießungen im Bürgerkrieg erklären ... ›Moralisch‹ den staatlichen Terror der revolutionären Klasse verurteilen vermag lediglich der, der prinzipiell ... jegliche Gewalt ablehnt – das heißt jeden Krieg und jeden Aufstand. Dazu muss man schlicht und ergreifend ein heuchlerischer Quäker sein.« (Ebd., S. 50, 55, 59 f.) Richtig bemerkt Trotzki, dass der rote Terror häufig durch den weißen Terror hervorgerufen wurde. War es jedoch immer so? Die Bolschewiki lehnten den sozialdemokratischen »Reformismus« grundsätzlich ab. Dies schränkte die Auswahl der ihnen verbleibenden Mittel ein, unter denen nur die Gewalt »universell« blieb. Für Trotzki war die Revolution im Grunde ein Synonym für Gewalt, die er, wie auch Kautsky, Terror nennt. Sind es nicht diese Wurzeln des Bolschewismus, auf die Stalin später bei der »Lösung« sozialer, ökonomischer und kultureller Probleme zurückgreift? So wurde die Revolution zu einer grausamen Sphinx, die bereit war, jeden zu verschlingen, der sich ihr in den Weg stellte.

Die »Anatomie der Revolution« wäre unvollständig ohne den Hinweis auf die unterschiedliche Position, die Kautsky und Trotzki zur Rolle der Partei und zur Bauernfrage einnehmen. Auf die berechtigten Vorwürfe Kautskys, dass die Bolschewiki die Diktatur der Räte durch die Diktatur der Partei ablösten, welche wiederum »die anderen Parteien zerstörte oder sie in die Illegalität drängte« und damit gleichzeitig die Möglichkeit des politischen Wettbewerbs zunichte machte, entgegnet Trotzki: »Das Bündnis der Bolschewiki mit den linken Sozialrevolutionären, das einige Monate andauerte, endete mit einem blutigen Bruch. In der Tat, die Rechnung ... mussten nicht in erster Linie wir, die Kommunisten, begleichen, sondern vor allem unsere treulosen Partner.« (Ebd., S. 105.) Trotzki hielt wenig von Bündnissen und Kompromissen mit Andersdenkenden. Diese Haltung wurzelte in dem Glauben an die Unfehlbarkeit einer Partei, welcher sich im Anspruch auf das Machtmonopol im Sowjetstaat niederschlug. Und diese Herleitung des Machtmonopols von einem Monopol auf die Wahrheit gab den Bolschewiki nach Trotzkis Auffassung das Recht, eine Reihe von harten Lektionen gegen die Kulaken und Mittelbauern durchzuführen. Dabei »wurde das grundlegende politische Ziel erreicht. Das mächtige Kulakentum wurde, wenn nicht völlig zerstört, so doch tief erschüttert, sein Selbstbewusstsein wurde schwer angegriffen. Die Mittelbauern, die politisch amorph geblieben waren, begannen die fortschrittlichen Arbeiter als ihre Vertreter zu sehen ...« (Ebd., S. 110.)
Trotzkis nicht sehr umfangreiches Buch »Terrorismus und Kommunismus« ist vor allem deshalb sehr aufschlussreich, weil hier in konzentrierter Form nicht nur die konzeptionellen Grundlagen der bolschewistischen Strategie zur Behauptung der Diktatur des Proletariats im bäuerlichen Russland, sondern auch die Methoden für den Aufbau der neuen Gesellschaft dargelegt werden.
Ausführlicher äußerte sich Trotzki über diese Fragen lediglich im April 1920 auf dem dritten Gesamtrussischen Kongress der

Gewerkschaften. An diesem Kongress nahmen noch 33 menschewistische Delegierte teil, unter denen sich auch ihre Führer Dan, Abramowitsch und Martow befanden. Die Menschewiki verteidigten die sozialdemokratische Linie und wandten sich entschieden gegen Trotzkis Bericht »Über die Aufgaben des wirtschaftlichen Aufbaus«. Besonders unversöhnlich war Abramowitsch. Entschieden argumentierte er gegen die Grundthese Trotzkis, dass die Zwangsarbeit eine unabdingbare Notwendigkeit beim Aufbau des Sozialismus darstelle. Wenn der Sozialismus eine Militarisierung der Arbeit erfordere, einen massenhaften Zwang, so rief Abramowitsch aus, worin unterscheide »er sich dann von der ägyptischen Sklaverei? Auf ähnliche Weise bauten die Pharaonen ihre Pyramiden, indem sie die Massen zur Arbeit zwangen.« Die russischen Sozialdemokraten sahen in dem totalen Zwang, wie ihn die Bolschewiki forderten, mit Recht eine furchtbare Gefahr für den Sozialismus insgesamt. Jedoch für Trotzki war im Namen der Revolution und des Sozialismus, wie er ihn verstand, alles erlaubt. Hier einige Thesen und Gedanken aus seinem Bericht, der vom Politbüro der Partei gebilligt worden war. Trotzki begann reichlich unkonventionell mit den Worten: »In der Regel strebt der Mensch danach, sich der Arbeit zu entziehen ... Man kann sagen, dass der Mensch ein reichlich faules Tier ist ...« Mit diesen »biologischen« Voraussetzungen begründet er die Notwendigkeit der »Einführung der *Arbeitspflicht*« (Sotsch. XII, S. 128 f.). Wenn hier die Rede von irgendeinem kritischen Moment gewesen wäre, so hätte wohl kaum jemand diese These angefochten. Aber nein. Dieses Prinzip sollte prinzipiell und auf lange Dauer eingeführt werden. »... Es muss ein für alle Mal klar sein, dass das Prinzip der Arbeitspflicht ebenso radikal und unabänderlich das Prinzip des freien Arbeitsverhältnisses abgelöst hat wie die Vergesellschaftung der Produktionsmittel das kapitalistische Eigentum.« Im Folgenden führte Trotzki aus, wie dieses Prinzip in die Praxis umgesetzt werden solle: »Die *mobilisierten* Arbeitskräfte müssen in kurz aufeinanderfolgenden Abständen eingesetzt werden.

Die Anzahl der *mobilisierten* Arbeiter muss dem Umfang der ökonomischen Aufgabe entsprechen. Die *mobilisierten* Arbeiter müssen rechtzeitig mit den notwendigen Produktionsinstrumenten und Lebensmitteln versorgt werden … Die *Mobilisierten* müssen sich vor Ort davon überzeugen können, dass ihre Arbeitskraft planvoll eingesetzt wird …« (Ebd., S. 131.)
Ausführlich ging Trotzki auf die Arbeitsarmeen ein, also jene Truppenteile, die aufgrund des langsamen Abflauens der Kämpfe nicht mehr für den Krieg gebraucht und daher für den wirtschaftlichen Aufbau herangezogen wurden.
Auf die Einwände der Menschewiki, dass »Zwangsarbeit immer wenig produktive Arbeit« darstelle, erwiderte Trotzki, der Übergang »von der bürgerlichen Anarchie zur sozialistischen Wirtschaft« sei »ohne revolutionäre Diktatur und ohne Zwangsmaßnahmen bei der Organisation der Wirtschaft nicht möglich«.
Die Zwangsmaßnahmen sollten sich, wie Trotzki im Weiteren ausführte, auch auf den Bereich des Arbeitslohns erstrecken: »Der Arbeitslohn ist für uns in erster Linie nicht ein Mittel zur persönlichen Existenzsicherung des einzelnen Arbeiters, sondern eine Möglichkeit der Beurteilung dessen, was der einzelne Arbeiter mit seiner Arbeit für die Republik leistet …« Trotzki spricht von der Notwendigkeit, jene Arbeiter anzuspornen, die sich mehr als andere »für das allgemeine Wohl verdient machen«. Doch wenn »der Arbeiterstaat die einen belohnt, kann er bei den anderen nicht auf Bestrafung verzichten, das heißt bei jenen, die eindeutig gegen die Arbeitssolidarität verstoßen, die allgemeine Arbeit untergraben, jenen, die dem Aufbau des Sozialismus in unserem Land schweren Schaden zufügen. Repressionen zur Erreichung wirtschaftlicher Ziele sind ein unabdingbares Mittel der sozialistischen Diktatur.« Es stellt sich nun also heraus, dass Repressionen nicht nur zur Erreichung politischer Ziele, sondern auch wirtschaftlicher Ziele vonnöten sind! An dieser Stelle muss ich an die Worte Nikolaj Berdjajews denken, die er in Anspielung auf Dostojewski schrieb: »Für Brot sind sie bereit, sich von der Freiheit des Geistes loszusagen. Ich habe ge-

sehen, dass man im allerrevolutionärsten Sozialismus den Geist des Großinquisitors entdecken kann.«
Selbstverständlich wurden viele der damaligen Zwangsmaßnahmen von der Notwendigkeit zu überleben diktiert. Durch die Neue Ökonomische Politik wurden hier später Korrekturen vorgenommen. Daher konnte man den Eindruck gewinnen, dass es sich lediglich um vorübergehende Erscheinungen handelte. Doch Lenin und Trotzki sollte ein Mann nachfolgen, der eben diesen »vorübergehenden Erscheinungen« furchtbare Dauerhaftigkeit verlieh …

Revolution und neue Kultur

In Trotzkis Leben nahmen die Literatur, das Schreiben, die Kunst – kurz: die Kultur – einen herausragenden Platz ein. Dieses Interesse an der Kultur zeichnete ihn vor all seinen Mitkämpfern – mit Ausnahme Lenins – aus.

Trotzki las sehr rasch und sehr intensiv. Bereits Anfang 1921 wurde neben der Bibliothek im Zug in Moskau eine zweite eingerichtet. In einer Anweisung Butows an Dobroklonski vom Moskauer Kreiskommissariat für Militärische Angelegenheiten heißt es: »Beim Sekretariat des Vorsitzenden des Revolutionären Kriegsrats der Republik, Genosse Trotzki, wird eine Bibliothek zu militärischen, politischen und wirtschaftlichen Fragen aufgebaut. Die Anzahl der Bücher liegt bei 20 000 Bänden und wird weiterhin ständig ergänzt ... Wie bereits am Telefon besprochen, bitte ich Sie, für bibliothekarische Arbeiten mindestens drei Personen zu bestimmen, die für die zu bewältigenden Aufgaben in jeder Beziehung geeignet sind.« (Zentrales Armeearchiv.)

Sein reges Interesse für Kunst und Literatur zeigt sich in Briefen wie dem folgenden:

»An den Genossen Gramsci.
Lieber Genosse,
könnten Sie mir mitteilen, welche politische Rolle der Futurismus in Italien spielt? Wie war die Position Marinettis und seiner Schule während des Kriegs? Wie ist ihre Position jetzt? Existiert die Gruppe Marinettis noch? Wie ist ihr Verhältnis zum Futurismus? Welches Verhältnis hat D'Annunzio zum Futurismus? Ich danke Ihnen im Voraus für Ihre Antwort.
30. 8. 1922 Trotzki.« (Zentrales Armeearchiv.)

Wie wichtig Trotzki die Auseinandersetzung mit der Kultur war, verdeutlicht möglicherweise auch folgende Begebenheit aus dem Jahre 1922, in dem Trotzki an seiner originellen Schrift

»Literatur und Revolution« arbeitete. Als Lenin den Vorschlag machte, ihn zum Stellvertretenden Vorsitzenden des Rats der Volkskommissare zu wählen, lehnte Trotzki mit der Begründung ab, er sei mit Parteiarbeit überlastet. Dann nahm er Urlaub, begab sich aufs Land und setzte seine Arbeit an dem Buch über Revolution und Literatur fort! Sicher waren es vor allem auch grundsätzliche politische Überlegungen, die Trotzki bewogen, die ihm angebotene hohe Funktion auszuschlagen: 1923 erklärt er in diesem Zusammenhang, dass er die »Existenz eines Kollegiums von Stellvertretern« für »schädlich« halte (Houghton Library). Andererseits ist es jedoch auch bezeichnend, dass sich Trotzki zu jenem Zeitpunkt, als man seine Absage im Politbüro verurteilte, in einem Bauernhäuschen in der Umgebung von Moskau befand und über Literatur schrieb.

Es war Trotzkis aufrichtiges Anliegen, das Leben im Sowjetstaat zu »europäisieren«. An dieser Stelle muss erwähnt werden, dass der »Westler« Trotzki die russische Kultur in ihrer Eigenart nicht zu würdigen wusste. Noch vor der Revolution erschien in der »Kiewskaja mysl« ein Beitrag Trotzkis mit dem Titel »Über die Intelligenz«, der zahlreiche abschätzige Bemerkungen über die russische Kultur, Geschichte und den russischen Menschen enthielt. Als er den Artikel dann 1922 im XX. Band seiner Werke (»Die Kultur der alten Welt«) veröffentlichte, versuchte er, die Schroffheit seiner damaligen Urteile abzuschwächen, indem er erklärte, bei diesem Beitrag habe es sich um eine Polemik gegen nationalistische Zirkel gehandelt.
In seinem Artikel leitet Trotzki die von ihm konstatierte kulturelle Rückständigkeit Russlands aus den Unbilden der Geschichte des Landes her: »Die asiatische Invasion aus dem Osten, der erbarmungslose Druck des reicheren Europas aus dem Westen, die Tatsache, dass ein außerordentlich großer Anteil der vom Volke geschaffenen Werte von dem staatlichen Leviathan verschlungen wurde – das alles führte nicht nur zur Verelendung der arbeitenden Massen, sondern ließ auch die Ressourcen der herr-

schenden Klassen versiegen ... Unsere Adelsbürokratie spiegelt die gesamte historische Misere unseres Adels wider. Wo sind seine großen Kräfte und Namen? ... Arm ist Russland, arm ist unsere Geschichte ... Die gesellschaftliche Unfreiheit, die Sklaverei des Geistes, der den Herdentrieb nicht überwinden konnte, wollten die Slawophilen verewigen als ›Sanftmut‹ und ›Ergebung‹, die besten Blüten der slawischen Seele ...« (Sotsch. XX, S. 330 ff.)
Nach der Revolution war Trotzki bei seinen Urteilen über die russische Vergangenheit und Kultur vorsichtiger. Während er mit Recht auf die russische Rückständigkeit hinwies, gelang es ihm jedoch nicht, die Originalität und Eigenständigkeit der russischen Geschichte und Kultur zu erkennen.
Erst gegen Ende seines Lebens, als Stalins Schergen die Schlinge immer enger um ihn zogen, trat in dieser Hinsicht eine Veränderung bei Trotzki ein. Immer häufiger wandte er sich nun der Geschichte seiner Heimat zu und beschäftigte sich mit den großen russischen Schriftstellern, Denkern und Künstlern.

Welchen Einfluss hatte Trotzki auf die Entwicklung der Kultur, wie sahen seine Versuche aus, sie in den »Dienst« der Revolution zu stellen; welche Anstrengungen unternahm er, um den Massen die Kultur näher zu bringen?
Die lange Liste von Zeitungen, Zeitschriften und Büchern, die in den fünf Jahren nach der Oktoberrevolution in Sowjetrussland erschienen, zeugt vom schöpferischen Geist der zu jener Zeit noch weitgehend »unversehrten« russischen Intelligenz, von der Vielfalt der Versuche, die Revolution zu »verdauen«. Diesen intellektuellen Reichtum wollte Trotzki dazu nutzen, die russische Revolution kulturell weiterzuentwickeln. In seinem 1923 erschienenen Buch »Fragen des Alltags« schrieb Trotzki: »Worin besteht unsere Aufgabe heute, was müssen wir als Erstes lernen, was sollen wir anstreben? Wir müssen lernen, gut zu arbeiten: präzise, ordentlich, wirtschaftlich. Wir benötigen Kultur bei der Arbeit, Kultur im Leben, Kultur im Alltag. Die Herrschaft der Ausbeuter haben wir nach langer Vorbereitung

mit dem Hebel des bewaffneten Aufstands gestürzt. Es gibt jedoch keinen Hebel, der es ermöglichte, die Kultur von heute auf morgen anzuheben. Hier ist ein langer Prozess der Selbsterziehung der Arbeiterklasse und … der Bauernschaft notwendig.« (Sotsch. XXI, S. 4.)

Trotzki formulierte nicht nur solche allgemeinen Programme und Losungen, sondern benannte und konkretisierte auch die einzelnen Kettenglieder seines »Kulturplans«: den Kampf gegen den Alkoholismus, gegen das Fluchen, gegen Relikte des Althergebrachten in der Familie, gegen Grobheit.

Im Sommer 1923 fand ein Plenum des Zentralkomitees statt. Trotzki, der sich zu jener Zeit auf Urlaub befand, schrieb zu einem der Beschlüsse:

»Streng geheim.
An die Mitglieder des Zentralkomitees.
An die Mitglieder der Zentralen Kontrollkommission.

Wie sich herausstellt, wurde auf dem letzten Plenum die Frage über die Zulassung eines freien Verkaufs von [alkoholischen] Getränken für fiskalische Ziele aufgeworfen – eine Frage, die ich längst für begraben hielt. Aufgrund der außerordentlichen Wichtigkeit dieser Angelegenheit und der gewaltigen Verantwortung, die jene auf sich nehmen, welche diese Frage aufwerfen, halte ich es für unumgänglich, mich schriftlich zu äußern … Für mich ist unbestritten, dass unser Budget sich nur auf der Basis von Erfolgen der Landwirtschaft, der Industrie und des Außenhandels (Getreideausfuhr, Holzexport usw.) konsolidieren kann. Wenn nun jedoch versucht wird, das Budget auf eine ›alkoholische Basis‹ zu stellen, ist das ein Versuch, die Geschichte zu betrügen, indem wir das Staatsbudget von unseren eigenen Erfolgen auf dem Gebiet des wirtschaftlichen Aufbaus abkoppeln … Die Arbeiterklasse fühlt sich insgesamt in einem Zustand des Aufschwungs. Wenn hier Alkohol ins Spiel kommen sollte – so bedeutet dies einen Rückschritt, der zum Niedergang führt …« (Houghton Library.)

Trotzki konnte damals nicht wissen, dass der Versuch, »die Geschichte zu betrügen«, Jahrzehnte andauern würde und dass noch mehr als siebzig Jahre nach der Revolution die Einnahmen aus der Trunksucht einen der wenigen stabilen Posten im sowjetischen Budget darstellen sollten. Wie man sieht, hat sein Brief keine Früchte getragen.

In seinem Artikel »Wodka, Kirche und Kinematograph« stellte Trotzki fest: »Die Revolution erbte die Beseitigung des Schnapsmonopols als Faktum, und sie übernahm dieses Faktum, aber bereits aus prinzipiellen Erwägungen heraus ... Die Beseitigung des Umstands, dass das Volk vom Staat zum Trinken verleitet wird, gehört zum eisernen Inventar der Errungenschaften der Revolution ... Sowohl unsere wirtschaftlichen als auch unsere kulturellen Erfolge werden einhergehen mit der Verminderung der ›Promille‹. Hier wird es keine Kompromisse geben können.« (Prawda, 12. 7. 1923.)

Scharfsinnig wies Trotzki darauf hin, dass der Kampf gegen die Trunksucht eines der Mittel zur Befreiung der Frau war. Im Rahmen der »Kulturentwicklung« sollte die Aufmerksamkeit auch »auf die unterdrückte Lage der Hausfrauen, Mütter, Ehefrauen« gelenkt werden. In seinem Artikel »Den Sozialismus aufbauen – das bedeutet die Frau befreien und die Mutter beschützen« schreibt er: »Mit der Härte und Dumpfheit des Schicksals der bäuerlichen Frau – und nicht nur der armen, sondern auch der [Frau] aus der Mittelbauernfamilie – kann es möglicherweise bis heute noch kein Zuchthaus aufnehmen. Keine Pausen, kein Feiertag, kein Lichtblick!« (Sotsch. XXI, S. 55.)

Trotzki ist sich sehr wohl im klaren darüber, dass ohne eine allgemeine Anhebung des kulturellen Niveaus kein Sozialismus aufgebaut werden kann. »Tuberkulose, Syphilis, Neurasthenie, Alkoholismus«, schreibt er, »alle diese Krankheiten und viele andere sind in den Massen der Bevölkerung weit verbreitet. Die Nation muss genesen. Andernfalls ist an Sozialismus nicht zu denken. Wir müssen bis zu den Wurzeln, zu den Quellen vordringen. Und wo ist die Quelle der Nation, wenn nicht in der Mutter selbst? Der Kampf gegen die Erniedrigung der Mutter steht an erster Stelle!« (Sotsch. XXI, S. 57.) Wie ein unerschrockener Ritter aus dem Märchen kämpft Trotzki in seinen Zeitungsartikeln gegen die Hydra des Alkoholismus und der Finsternis …

Auf einer Versammlung der Arbeiter der Schuhfabrik »Pariser Kommune« beschloss man, »Schimpfworte und Flüche abzuschaffen«. Die Arbeiter, die sich diesem Beschluss nicht unterordneten, werde man »mit Hilfe der Zeitung und mit Strafen erziehen«. Sogleich meldete sich Trotzki in der »Prawda« mit seinem Artikel »Der Kampf für eine kultivierte Sprache« zu Wort, in dem er die Initiative der Fabrikarbeiter unterstützt und eine Lanze für die Schönheit der Sprache bricht.

In seinem Kampf gegen Rückständigkeit und Unwissenheit überschätzte Trotzki häufig die Möglichkeiten der revolutionären »Kultur«. Immer wieder trat er in seinen Artikeln für eine »neue sowjetische Alltagskultur« ein. Die neue »revolutionäre Symbolik des Arbeiterstaates« sei »neu, eindeutig und machtvoll: die rote Fahne, Hammer und Sichel, der rote Stern, der Arbeiter und der Bauer, der Genosse, die Internationale. In die abgeschotteten Zellen des Familienlebens ist von diesem Neuen fast noch gar nichts gedrungen …« Trotzki fordert, dass man alle Bestrebungen, den neuen revolutionären Geist im Alltag zu verankern, unterstützen solle. »Unter den Arbeitern gibt es eine Bewegung dafür, den Geburtstag zu feiern und nicht den Namenstag, den Neugeborenen nicht die Namen von Heiligen zu geben, sondern neue Namen, die neue, uns nahe Fakten, Ereignisse oder Ideen versinnbildlichen. Während einer Beratung der Moskauer Agitatoren erfuhr ich in der Pause, dass der Frauenname Oktjabrina bis zu einem bestimmten Grad Anklang gefunden hat. Es gibt den Vornamen Ninel (Lenin rückwärts). Man nannte mir den Namen Rem (Revolution, Elektrizität, Frieden [Mir]). Die Möglichkeit, eine Verbundenheit mit der Revolution auszudrücken, besteht auch, wenn man den Neugeborenen die Namen Wladimir, ebenso Iljitsch und sogar

Lenin (als Vorname), Rosa (zu Ehren Luxemburgs) usw. gibt. In einigen Fällen wurde die Geburt mit einem halb scherzhaften Ritus gefeiert, mit einer ›Begutachtung‹ des Neugeborenen durch das Fabrikkomitee, und es wurde durch einen protokollarischen ›Beschluss‹ die Aufnahme des Neugeborenen als Bürger der RSFSR verkündet.« Trotzki unterstützt diese vulgärrevolutionären Bestrebungen und schlägt vor, man solle auch weiter neue Sitten und Gebräuche schaffen.

»Nicht alles Erdachte wird sich als gelungen erweisen, nicht jede Idee wird Wurzeln fassen. Was macht es schon? Die notwendige Ausmusterung wird ihren Lauf nehmen. Das neue Leben wird jene Formen annehmen, die ihm genehm sind ...« (Prawda, 14. 7. 1923.)

Nun, der Großteil dieser »revolutionären Bräuche« konnte sich, wie zu erwarten war, nicht durchsetzen. Gebräuche und Sitten, die sich in Jahrhunderten herausgebildet hatten, ließen sich nicht durch »Erdachtes«, durch »originelle Ideen«, ablösen. Sogar die progressiven Bestrebungen, die auf die Erleichterung der Situation der Frau, den Sieg über den Alkoholismus und den Kampf gegen die Grobheit hinzielten, konnten sich nicht durchsetzen. Im Gegenteil: Der Stalinismus sollte diesen überkommenen russischen Untugenden noch weitere hinzufügen. Dem gefestigten bürokratischen System gelang es lediglich, die wunden Punkte zu bemänteln, indem es sie als »Relikte des Kapitalismus« abtat. Doch genau das, was Trotzki derart beharrlich bekämpfte – die Kulturlosigkeit in den breiten Massen –, sollte als eine der Grundlagen für die Durchsetzung und Behauptung der Stalinschen Alleinherrschaft dienen.

Wie alle bolschewistischen Führer zählte Trotzki die Kirche und die Religion zu den Hauptfeinden der Sowjetmacht und der neuen Kultur. Während einer Beratung von Mitgliedern der Arbeiterklubs am 17. 7. 1924 betonte er in seiner Rede »Der Leninismus und die Arbeiterklubs« die Notwendigkeit einer Verstärkung der antireligiösen Propaganda und wies gleichzeitig darauf hin, dass auch andere Methoden zur Liquidierung der Religion

zulässig seien: »Im Kampf gegen die Religion werden die Perioden des offenen Angriffs auf ganzer Linie von den Perioden der Blockade, der Sappe, der Umgehungsmanöver abgelöst. Im großen und ganzen sind wir soeben zu einer solchen Periode übergegangen, doch das bedeutet nicht, dass wir in Zukunft nicht von neuem zum Frontalangriff übergehen werden. Er muss nur vorbereitet werden …« (Sotsch. XXI, S. 153.)
Und dieser »Frontalangriff« sollte nicht lange auf sich warten lassen. Diese furchtbare Phase begann mit einem Vorschlag, den Lenin am 19. 3. 1922 telefonisch diktierte. Der konkrete Anlass für diesen verschärften Kurs gegen die Kirche war die schreckliche Hungersnot, die in Sowjetrussland wütete. Auf der Grundlage eines Dekrets des WZIK vom 23. 2. 1922 wurde in den Städten mit der gewaltsamen Beschlagnahmung von kirchlichen Wertgegenständen zur Finanzierung der Hungerhilfe begonnen. In der Stadt Schuja hatten sich Gläubige der Requisition widersetzt. Militärische Unterabteilungen wurden herbeigeholt, und es kam zu einem blutigen Kampf, bei dem es Tote und Verletzte gab. Lenin reagierte entschlossen. Hier einige Thesen aus seinem Vorschlag.

»Streng geheim. Bitte in keinem Fall Kopien ziehen. Jedes Politbüromitglied (ebenso Genosse Kalinin) muss Anmerkungen auf seinem Dokument machen – Lenin.
An den Genossen Molotow für die Mitglieder des Politbüros.
Anlässlich des Vorfalls in Schuja, der bereits vor dem Politbüro erörtert wird, scheint mir die Notwendigkeit gegeben, eine harte Entscheidung über den allgemeinen Schlachtplan auf diesem Gebiet zu treffen. Da ich daran zweifle, dass ich in der Lage sein werde, persönlich an der Sitzung des Politbüros am 20. März teilzunehmen, teile ich meine Vorstellungen schriftlich mit … Gerade jetzt und nur jetzt, da in den hungernden Gebieten Menschen verspeist werden und Hunderte, wenn nicht gar Tausende von Leichen an den Wegen liegen, können wir (müssen wir) die Beschlagnahmung der Kirchenschätze rasch

und mit erbarmungsloser Energie durchführen, ohne vor der Niederschlagung jeglichen Widerstands Halt zu machen … Deshalb komme ich zu der unumgänglichen Schlussfolgerung, dass wir gerade jetzt der Schwarzhundert-Geistlichkeit eine entscheidende und erbarmungslose Schlacht liefern und ihren Widerstand mit einer solchen Härte brechen müssen, dass sie dies für einige Jahrzehnte lang nicht mehr vergisst … Offiziell auftreten, mit welchen Maßnahmen auch immer, muss einzig und allein Genosse Kalinin – niemals und in keinem Fall darf in der Presse und nirgendwo sonst in der Öffentlichkeit der Genosse Trotzki auftreten … Die Beschlagnahmung der Schätze, insbesondere in den reichsten Lawren [große Klöster der russisch-orthodoxen Kirche], Klöstern und Kirchen ist mit erbarmungsloser Entschlossenheit … und in kürzester Zeit durchzuführen. Je mehr Vertreter der reaktionären Geistlichkeit und der reaktionären Bourgeoisie wir unter diesem Vorwand erschießen können, desto besser …
Lenin.« (Zentrales Parteiarchiv.)

Auf dem Dokument findet man Anmerkungen Molotows: »Einverstanden. Ich schlage jedoch vor, die Kampagne nicht auf alle Gouvernements und Städte auszuweiten, sondern nur auf jene, wo tatsächlich sehr wertvolle Schätze vorhanden sind, und dementsprechend die Kräfte und die Aufmerksamkeit der Partei zu konzentrieren. 19. 3. W. Molotow.« (Zentrales Parteiarchiv.) Am folgenden Tag unterbreitete Trotzki auf einer Politbürositzung den Entwurf für die Direktive über die Beschlagnahmung von Kirchenschätzen. Anwesend waren Kamenew, Stalin, Molotow und Trotzki. Die Direktive wurde angenommen und an alle Gouvernements verschickt. Die siebzehn Punkte des Dokuments, das Trotzki vorbereitete, beinhalten keine direkten Anweisungen zu Erschießungen, doch nach seinen Worten sollte der Kampf gegen die »Kirchenfürsten« entschlossen und innerhalb kürzester Zeit durchgeführt werden (Zentrales Parteiarchiv). Es begannen Tribunalsitzungen. In Moskau wurden

elf Personen (Geistliche, Strenggläubige und Bürger) zum Tod durch Erschießen und zu anderen Strafen verurteilt. Auf Antrag Trotzkis wurde das Todesurteil bei sechs Personen in Gefängnisstrafe umgewandelt (Zentrales Parteiarchiv).
Trotzki leitete die Kommission zur Sammlung der entnommenen Kirchengüter. Im ganzen riesigen Land wurden nun Depeschen mit der Unterschrift des Vorsitzenden des Revolutionären Kriegsrats verschickt:

»Nowgorod. An den Vorsitzenden des Gouvernement-Exekutivkomitees. Streng geheim.
Aufgrund der mir durch den Rat der Volkskommissare erteilten Anordnung zur Sammlung von Gütern bitte ich um Antwort: 1) Wer besitzt die Verfügungsgewalt über die Schätze, die sich im Kloster von Jurjew befinden? 2) Wie hoch ist nach Ihrem Wissen der annähernde Wert? 3) Wem obliegt die Bewachung? 4) Worin bestehen diese Schätze vorwiegend (Gold, Silber, Edelsteine)? 5) Wie viele Waggons werden zum Transport dieser Schätze benötigt? ... Die notwendigen Anweisungen werden Ihnen erteilt, nachdem wir Ihre Antwort erhalten haben.
7. Dezember 1921.Trotzki.«

An dieser Stelle muss nur noch hinzugefügt werden, dass Trotzki solche Depeschen lange vor der Verabschiedung des WZIK-Dekrets zur Beschlagnahmung von Kirchenschätzen verschickte ... Er beteiligte sich also sehr aktiv an den Versuchen, den Einfluss und Reichtum der Kirche zu schmälern, obgleich er in dieser Frage weniger militant eingestellt war als die übrigen Politbüromitglieder.
Am 15. Mai desselben Jahres wandte sich Trotzki an Lenin, an die Mitglieder des Politbüros sowie an die Redaktionen der »Prawda« und »Iswestija« und unterbreitete den Vorschlag, man solle die Gruppe von Geistlichen, die der Sowjetmacht loyal gegenüberstünde, aktiver unterstützen. Er beklagt in seinem Schreiben, dass der Appell dieser Gruppe, an deren Spitze der

Bischof Antonin stand, lediglich auf den Seiten der »Prawda« kurz erwähnt worden sei.
Während die Bolschewiki einerseits Antonin und andere »prosowjetische« Geistliche unterstützten, gingen sie gleichzeitig mit Gewalt gegen die Kirche vor und hofften, auf diese Weise die »geistige Revolution im russischen Volke« beschleunigen zu können. Und Trotzki befand sich im Epizentrum dieser Kampagne. Ja, die Gesetze des Hungers sind unerbittlich. Es mussten Menschenleben gerettet werden. Mussten jedoch andere dafür ausgelöscht werden? Während die Bolschewiki soziale und ökonomische Fragen zu lösen versuchten, wollten sie »nebenbei« auch kulturelle Fragen »lösen« – das heißt die Befreiung des Bewusstseins von religiösen Dogmen vorantreiben. Aber der Versuch, Ideen und Überzeugungen mit Hilfe von Gewalt zu bekämpfen, ist nicht nur amoralisch, sondern auch völlig unwirksam.
Die Requisitionen waren nicht nur ein Schlag gegen die Religion und die Kirche, sondern auch gegen die russische Kultur. Wertvolle Güter und Schätze wurden jedoch nicht nur in Kirchen und Klöstern konfisziert, sondern auch in den Häusern der Bourgeoisie, in Museen, bei Spekulanten und Händlern. Diese Schätze, häufig einzigartige Zeugnisse der russischen Kultur, wurden zu Geld gemacht, das in die Budgets verschiedenster Einrichtungen floss.
Ohne eine breite Unterstützung der Intelligenz konnte der Kampf um die Erhöhung des kulturellen Niveaus bei den Massen nicht erfolgreich geführt werden. Viele Intellektuelle jedoch lehnten die Revolution ab, stellten sich auf die Seite der »Weißen« und teilten deren bitteres Schicksal. Hunderttausende gingen in die Emigration. Jene, die geblieben waren, wurden verächtlich »Spezy« (Spezialisten) genannt und zu einfachen Befehlsempfängern von Parteifunktionären degradiert. Dies war ein wenig beneidenswertes Schicksal. Gewiss, in Lenins Umgebung gab es viele sehr intelligente Menschen, doch auf den unteren Ebenen überwogen ungebildete Revolutionäre »aus dem

Volke«. Das Niveau ihrer politischen, moralischen und geistigen Kultur war in der Regel äußerst niedrig. Über viele Jahre hinweg blieben die Abneigung und das Misstrauen gegenüber der alten Intelligenz erhalten, die gegen Ende der dreißiger Jahre durch die Stalinschen Säuberungen noch weiter ausgedünnt wurde. Ein Unheil verkündendes Signal war die Ausweisung einer großen Gruppe von angesehenen Vertretern der russischen Kultur. In einem erst kürzlich bekannt gewordenen Brief an Krylenko, den Volkskommissar für Justiz, schlägt Lenin vor, es soll gesetzlich festgelegt werden, dass Angehörige der Intelligenz, die sich nicht »entwaffnen« ließen und antisowjetische Agitation durchführten, ausgewiesen werden sollten. Heute wissen wir, dass das Politbüro am 8. 6. 1922 einen Beschluss zur Ausweisung »feindlicher intellektueller Gruppierungen« fasste, der vom WZIK am 10. 8. 1922 gebilligt wurde. Eine Kommission, die aus L. Kamenew, D. Kurski und I. Unschlicht bestand, erstellte die Listen mit den Namen der Auszuweisenden. Nach einigen Angaben wurden mehr als zweihundert Menschen ausgewiesen. Die Listen sind in den Archiven noch nicht gefunden worden.

Unter den Kulturschaffenden, die gegen ihren Willen ins Ausland abgeschoben wurden, befand sich auch Nikolaj Alexandrowitsch Berdjajew. Bitter schrieb er über seine Ausbürgerung: »Die russische Revolution war das Ende der russischen Intelligenz … Im russischen Kommunismus war der Wille zur Macht stärker als der Wille zur Freiheit.« Während er seine Verhaftungen und schließlich seine Ausweisung schildert, weist er darauf hin, dass er mit dem Kommunismus »keinen politischen, sondern einen geistigen Kampf« geführt habe: »Die Weltanschauung, die die Revolution begleitete, lehnte nicht nur die Existenz des Geistes und der geistigen Aktivität ab, sondern betrachtete den Geist als ein Hindernis bei der Verwirklichung der kommunistischen Ordnung, als konterrevolutionär. Die Renaissance der russischen Kultur zu Beginn des 20. Jahrhunderts wurde von der Revolution zerschlagen, ihre Tradition wurde unterbrochen … Ich wurde nicht aus politischen, sondern aus ideologischen Gründen aus meiner Heimat ausgewiesen. Als man mir sagte, dass man mich ausweisen werde, wurde mir wehmütig ums Herz. Ich wollte nicht emigrieren, mich stieß die Emigration ab …« (Berdjajew, Samoposnanie, S. 251–263.) Einige Wochen später standen am Oberdeck eines Dampfers, der auf dem Weg nach Deutschland war, Nikolaj Berdjajew, Pitirim Sorokin, Fjodor Steppun, Nikolaj Losski und andere russische Kulturschaffende. Viele, viele andere berühmte Schriftsteller wurden in alle Himmelsrichtungen verstreut … Tragisch und bitter ist das Schicksal der Revolution, die sich vor der geistigen Kraft ihrer eigenen Landsleute fürchtet …

In Gesprächen mit ausländischen Korrespondenten erklärte Trotzki zu der zwangsweisen Ausweisung von Kulturschaffenden: »Im Falle neuer militärischer Zuspitzungen … würden alle diese unversöhnlichen und unverbesserlichen Elemente zu einer militärisch-politischen Agentur der Feinde werden, und wir haben es vorgezogen, sie in einer ruhigen Phase rechtzeitig auszuweisen. Ich möchte die Hoffnung ausdrücken, dass Sie unsere vorausblickende Humanität anerkennen werden.« (Iswestija WZIK, 30. 8. 1922.)

Eine grausame »Humanität«. In der ablehnenden Haltung dieser Intellektuellen gegenüber der sozialistischen Revolution sahen die Führer der Bolschewiki lediglich eine Gefahr und nicht eine weise Warnung. Trotzki erklärte kategorisch: »Außerhalb der Revolution stehen heißt in der Emigration sein« (Zentrales Parteiarchiv). Trotzki wollte den kulturellen Aufbau, die kulturelle Erziehung des Volkes auf die Bahnen revolutionärer Entwicklung lenken. Er war jedoch einer der wenigen bolschewistischen Führer, die sich nicht für eine »reine« proletarische Kultur aussprachen. Die ungebildeten *Kulturträger* des Sozialismus forderten lautstark eine »proletarische Kultur«, die sich auf das Klassenbewusstsein und neue revolutionäre Werte stützen solle. Ohne sich hier entgegenzustellen, bemühte sich Trotzki, anstelle des Begriffs der »proletarischen Kultur« den der »Kultur der

Übergangsperiode« zu setzen. Diese Periode bestehe »aus den Relikten der immer noch mächtigen Kultur des Adels – und nicht alles davon ist wertlos: Puschkin, Tolstoj werden wir nicht fortwerfen, wir brauchen sie –, aus Elementen der bürgerlichen Kultur, vor allem aus Elementen der bürgerlichen Technik, die wir noch mehr benötigen … Noch leben wir mit der bürgerlichen Technik und in bedeutendem Maße mit bürgerlichen Spezialisten, wir haben noch keine eigenen Fabriken gebaut, und wir arbeiten in jenen, die wir aus den Händen der Bourgeoisie erhalten haben.« (Sotsch. XXI, S. 159.)
Eigentlich war Trotzki einer der Ersten, die gegen den wahllosen Nihilismus des Proletkults auftraten. Aber auch er schätzte jene Kulturschaffenden am meisten, die der Revolution selbstlos und ergeben dienten. Aufschlussreich ist hier ein Brief an Lunatscharskij, in dem Trotzki sich geradezu überschwänglich für den Dichter Besymenski einsetzt: »Das erste nicht sehr umfangreiche Büchlein Besymenskis ist ein Geschenk und ein Versprechen. Besymenski ist unser Poet, ein Poet des Oktober, und das mit ganzer Seele. Er muss die Revolution nicht ›annehmen‹, denn sie selbst ›nahm‹ ihn am Tag seines geistigen Erwachens ›an‹ … Er benötigt keine kosmischen Dimensionen, um die Revolution zu spüren. Die Bloksche, aristokratische Umwertung mit all ihrer mystischen (oder kosmischen) Musik des Aufstands ist ihm fremd …« (Zentrales Armeearchiv.) Gleichzeitig war er davon überzeugt, dass die Kultur-, Literatur- und Kunstschaffenden »Kämpfer der Partei« sein müssten. In einem Brief an Kamenew und Woronski schrieb er, das Ziel müsse sein, »die kommunistischen Schriftsteller geistig zusammenzuschließen« (Zentrales Armeearchiv).
Obwohl Trotzki noch immer Volkskommissar für Militärische Angelegenheiten war, beschäftigte er sich als Politbüromitglied auch mit diesen Fragen. Im Juli 1924 lud er eine Gruppe von Kulturschaffenden schriftlich zu einem Treffen mit führenden Bolschewiki ein, bei dem das »Verhältnis der Partei zur Literatur« erörtert werden sollte.

Die keineswegs erfolglosen Versuche, die Kulturschaffenden unter dem Dach der Partei zu organisieren, wurden bald durch die Einführung der Zensur gefestigt. Im Juni 1922 wurde die Hauptverwaltung für Fragen der Literatur und Kunst (Glawlit, die oberste Zensurbehörde) gegründet. Diese Behörde sollte der Freiheit des Geistes bald ein Korsett aus dogmatischen Richtlinien anlegen. Als Jewgeni Trifonow ein Jahr nach Bildung dieses Amtes eine Entgegnung auf einen scharfen Angriff Trotzkis verfasste, musste er zur Kenntnis nehmen, dass keine Zeitung bereit war, sie zu veröffentlichen … Der empörte Trifonow schrieb an Trotzki: »Sie haben meine Person in der ›Prawda‹ einer harten und vernichtenden Kritik unterzogen, weil ich einen Artikel verfasst habe, der Ihnen nicht gefiel. Ich hatte den Wunsch, Ihnen in derselben Zeitung zu antworten … Jedoch die Redaktion der ›Prawda‹ lehnte es ab, meine Antwort zu veröffentlichen … Ein Mensch Ihres Formats hat es nicht nötig, zu der Methode überzugehen, einen Gegner zu schlagen, den andere an Händen und Kehle festhalten …« Bald sollte es im Bereich der Kunst und Literatur nur noch das geben, was genehmigt und erlaubt wurde.
Aus jener Zeit stammt auch die Praxis, bei Schriftstellern literarische Werke mit einer bestimmten politischen Stoßrichtung zu »bestellen«. Im September 1921 schrieb Trotzki an den proletarischen Dichter Demjan Bedny: »Noulens [der letzte französische Gesandte am Zarenhof] ist nicht nur ein Vertreter Frankreichs … sondern, wie kürzlich im Radio mitgeteilt wurde, auch der Vorsitzende der Internationalen Kommission zur Hilfe für Russland. Nach meinem Dafürhalten muss Noulens erbarmungslos und jeden Tag geschlagen werden.« (Zentrales Armeearchiv.) So begann eine Kampagne gegen Noulens, der als »Todfeind der Sowjetmacht« bezeichnet wurde.
Hier ein Gedicht Bednys, das er aus Kiew nach Moskau schickte:

»Die Wolga-Bewohner liebt er besonders:
– dort – ist *Hunger!* – schwer wird ihm ums Herz.

Und so greift er hastig, wie zufällig,
und nimmt mit … etwas Dynamit.
Und wir darauf … Gott bewahre
Als ob ihm plötzlich etwas zustößt …
Ganz von selbst … ebenso zufällig:
– Ein Bandit ist's … den Fuß auf seine Brust!«

Obwohl Trotzki die Literatur am höchsten schätzte, die eindeutig Partei für die Revolution ergriff, setzte er sich doch immer wieder für Schriftsteller ein, die in die Schusslinie der Kritik geraten waren. Als man im Sommer 1922 B. Pilnjaks Buch »Smertel'noe manit« (»Das Tödliche lockt«) aus dem Verkehr zog und sich über dem Schriftsteller dunkle Wolken zusammenbrauten, schrieb Trotzki einen Brief an Kalinin, Rykow, Kamenew, Molotow und Stalin: »Von neuem stelle ich die Frage nach dem Büchlein Pilnjaks. Die Konfiszierung ist aufgrund der Erzählung ›Iwan und Marja‹ erfolgt. In der Tat zeichnet Pilnjak darin ein nicht sehr anziehendes Bild des Alltags … In weiteren Werken: ›Schneesturm‹ und ›Das Dritte Rom‹ drückt Pilnjak auf seine Weise sein positives Verhältnis zur Revolution aus, wenngleich sich genügend Verworrenheiten und Zweideutigkeiten finden, und wie er enden wird, lässt sich schwer voraussagen. Unter diesen Umständen jedoch sein Büchlein zu konfiszieren bedeutet, einen klaren und offensichtlichen Fehler zu begehen … Ich bitte alle Politbüromitglieder, in dieser Frage außerordentlich aufmerksam vorzugehen, nach Möglichkeit die Erzählung zu lesen und die falsche Entscheidung der GPU außer Kraft zu setzen.
11. 8. 1922 L. T.« (Zentrales Armeearchiv.)

Bereits damals begann die Praxis, dass Bücher, in denen nach Ansicht der GPU zu viele »Läuse«, »Schieber« oder »unanständige Schimpfwörter«, welche die »Revolution beleidigen«, vorkamen, konfisziert und verboten wurden, worauf häufig auch der Autor aus der Öffentlichkeit »verschwand«. Trotzki setzte sich auch hier in einigen Fällen für die betroffenen Schriftsteller ein. Einige Jahre später sollte ein solches Engagement von der Stalinschen Inquisition als »Unterstützung« für den Klassenfeind gewertet werden … Ende September 1920 wandte sich der bekannte russische Schriftsteller Fjodor Sologub mit folgendem Brief an Trotzki:

»Sehr verehrter Lew Dawidowitsch!
Ich bin für einige Tage nach Moskau gekommen; ich bitte Sie eindringlich, mir zu helfen, eine Reiseerlaubnis zu erhalten, um wenigstens für einen Monat nach Reval fahren zu können. Ich muss dringend meine literarischen Angelegenheiten regeln, meinen neuen Roman unterbringen, um Kleidung kaufen zu können, die ich und An. Nik. [seine Frau Anna Nikolajewna] dringend benötigen, wir laufen völlig zerlumpt herum, und Sie werden mir zustimmen, dass es nicht meinem Alter und meiner literarischen Stellung entspricht, um jedes Stück Brot, um jeden Holzscheit, um jedes Paar Gummischuhe oder Wollstrümpfe zu betteln – das ist ziemlich erniedrigend. Mein Verhältnis zu Ihnen ist nach wie vor unverändert, und ich bitte Sie, Gerechtigkeit walten zu lassen und der Aufrichtigkeit unserer Absichten Glauben zu schenken, die jeglicher Politik fern stehen …
Mit freundlichen Grüßen – Fjodor Sologub
PS: Ich bitte Sie sehr, mir bis Freitag zu antworten.« (Zentralarchiv der Oktoberrevolution.)

Zwei Tage später antwortete Trotzki in einem etwas herablassenden, aber im ganzen wohl wollenden Schreiben, ohne jedoch darauf zu verzichten, eine Kopie seines Briefs an Lenin, Lunatscharski, Menschinski und Tschitscherin zu schicken (möglicherweise wollte er seinen Kollegen seine kühle Einstellung gegenüber der Intelligenz, die sich durch Flucht retten wollte, demonstrieren?):

»Sehr verehrter Fjodor Kusmitsch!
Ich werde mit Ihnen nicht in eine Diskussion über Ihre Bemerkungen zu der ›Erniedrigung‹ bei den Bemühungen um Galoschen und Wollstrümpfe in unserem ausgebluteten und ruinierten Land eintreten und auch nicht darüber, dass die ›Erniedrigung‹ angeblich durch Ihre ›literarische Stellung‹ verstärkt wird. Was Ihre berufliche Reise nach Reval betrifft, so ist mir auf Anfragen hin mitgeteilt worden, dass ihr nichts im Wege steht. Ich teilte mit den Worten Ihres Briefes mit, dass Sie dabei keine Ziele politischen Charakters verfolgen. Ich muss wohl nicht erwähnen, dass ein wie auch immer geartetes Engagement Ihrer Person zugunsten der Weltausbeuter und gegen die Republik der Werktätigen die Ausreisemöglichkeiten für viele andere Bürger außerordentlich erschweren würde.
Mit freundlichen Grüßen – Trotzki.
Moskau, 30. 9. 1920.« (Zentralarchiv der Oktoberrevolution.)

In seinem 1936 erschienenen Buch »Was ist die UdSSR, und wohin geht sie?« würde der verfemte Trotzki noch einmal seine damaligen Ziele im Bereich der Kulturpolitik zusammenfassen: »Das russische Volk kannte in der Vergangenheit keine große religiöse Reformation wie die Deutschen, auch keine große bürgerliche Revolution wie die Franzosen. Aus diesen beiden Schmiedeöfen … trat die bürgerliche Individualität, eine sehr wichtige Stufe in der Entwicklung der menschlichen Persönlichkeit überhaupt. Die russischen Revolutionen von 1905 und 1917 bedeuteten notgedrungen das erste Erwachen von Individualität bei den Massen, ihre Emanzipation aus den ursprünglichen sozialen Beziehungen, das heißt, wir erfüllten, in verkürzter Form und im Eiltempo, die erzieherische Arbeit der bürgerlichen Reformationen und Revolutionen des Westens. Doch lange bevor diese Arbeit mehr oder minder vorläufig beendet war, fand sich die russische Revolution, die aus dem Untergang des Kapitalismus erwuchs, auf dem Weg zum Sozialismus.« (Trotzki, Schto takoe SSSR, S. 142 f.)

Trotzki weist darauf hin, dass Lenin aufgrund seines »konservativen« persönlichen Geschmacks außerordentlich vorsichtig an Fragen der Kunst heranging und sich gerne als inkompetent bezeichnete. Dass Lunatscharski, der Volkskommissar für Bildung und der Künste, alle möglichen Formen des Modernismus begünstigte, habe Wladimir Iljitsch häufig verwirrt, doch er beschränkte sich darauf, in privaten Gesprächen ironische Bemerkungen darüber zu machen. Es lag ihm völlig fern, seinen persönlichen Geschmack zu einem Dogma zu erheben. Über sich selbst schreibt Trotzki, er habe im Jahre 1924 das Verhältnis des Staates gegenüber den verschiedenen künstlerischen Gruppierungen und Strömungen folgendermaßen formuliert: Die entscheidende Frage sei, ob sie *für* oder *gegen* die Revolution seien – »wobei ihnen auf dem Gebiet der künstlerischen Selbstbestimmung volle Freiheit gelassen wurde« (ebd., S. 137).
Aber auch von solchen Positionen war Mitte der dreißiger Jahre nicht mehr viel übrig geblieben. Bitter konstatiert Trotzki: »Die Diktatur spiegelt die Barbarei der Vergangenheit wider und nicht die zukünftige Kultur. So erlegt sie allen Arten schöpferischer Arbeit harte Beschränkungen auf, darunter auch der geistigen Kreativität. Das Programm der Revolution sah von Anfang an in diesen Beschränkungen ein vorübergehendes Übel und verpflichtete sich, im Zuge der Festigung des neuen Regimes diese Beschränkungen der Freiheit nacheinander zu beseitigen …« Doch nun waren aus diesen »vorübergehenden Übeln« dauerhafte Übel geworden, die das geistige Leben zum Erliegen brachten: »Die großrussische Kultur, die unter dem Regime der Polizeiwillkür nicht weniger als andere leidet, lebt hauptsächlich auf Kosten der alten Generation, die bereits vor der Revolution existierte. Die Jugend scheint von einer gusseisernen Platte niedergedrückt zu sein …« (Ebd., S. 143.)

Die Funktionäre und die Macht

In der russischen Revolution wirkten möglicherweise die letzten großen Fanatiker, die glaubten, man könne mit Blut und Härte alles verändern: die ökonomischen Verhältnisse, die Natur der Menschen, ihre geistigen Werte, das nationale Selbstverständnis. Der verhängnisvolle, furchtbare Irrtum dieser Menschen ist nun offenkundig. Der Mensch kann die Welt nur würdig verändern, indem er das Gute schafft und kluge Reformen durchführt.

Wer die Diktatur des Proletariats als Hauptidee des Marxismus betrachtete, musste unumgänglich in der Gewalt ein Mittel zur Erreichung seiner Ziele sehen. Was verstand Lenin unter der Diktatur? »... Der Begriff der Diktatur bedeutet nichts anderes als eine durch nichts eingeschränkte, durch keinerlei Gesetze, durch absolut keinerlei Regeln eingeengte, unmittelbare sich auf Gewalt stützende Macht.« (Lenin, PSS, Band 41, S. 383.) Und diese These setzte der Revolutionsführer, wie wir heute wissen, häufig genug in die Praxis um:

»An den Rat der Deputierten von Nishegorod.
In Nishny wird offenkundig ein weißgardistischer Aufstand geplant. Es sind alle Anstrengungen zu unternehmen, um eine Troika von Diktatoren zusammenzustellen ... Sogleich muss ein Massenterror veranstaltet werden, Hunderte von Prostituierten, die die Soldaten und die ehemaligen Offiziere betrunken machen, sind zu erschießen und fortzuführen ... Keine Minute der Verzögerung ... Sofort handeln: Massendurchsuchungen, Erschießungen bei Waffenbesitz, Massenausweisung von Menschewiki und Unzuverlässigen.
9. 8. 1918 Ihr Lenin.«

Furchtbare Worte. Wo sind all die vorrevolutionären Beteuerungen über Demokratie, Humanismus und Gerechtigkeit geblieben ...? So entstand die Unheil verkündende Kettenreaktion: Diktatur des Proletariats, Gewalt, Totalitarismus. Und all das gibt eine klare Antwort auf die Frage nach der Rolle und dem Stellenwert der Persönlichkeit in der Revolution. Die Doktrin, dass die Arbeiterklasse das ausschließliche Recht habe zu bestimmen, führte unausweichlich zu einem Totalitarismus mit seiner harten Aufteilung in »Führer« und »Massen«. Und auch unter den Führern existierte eine Hierarchie. Der oberste Führer war umgeben von einer ganzen Pyramide von »herausragenden Führern«.

Innerhalb der Massen wurde zwischen »bewussten« und »nicht bewussten« Elementen differenziert. Zu den letzteren gehörten in Russland nach der Revolution das Kleinbürgertum, die Intelligenz, die Beamten und der größte Teil der Bauern. Mit Hilfe der allesdurchdringenden Bürokratie wurde das Volk in Klassen und Schichten und »Zwischenschichten« aufgegliedert.

Die autoritären Methoden der russischen Revolutionsführer führten dazu, dass in der Partei allmählich die sozialdemokratischen Traditionen durch neue – bolschewistische, kommunistische – ersetzt wurden. Von nun an sollte es genügen, wenn ein Funktionär von beliebigem Rang erklärte, dass irgendein konkreter Schritt oder eine Maßnahme »im Interesse des Proletariats« durchgeführt werden müssten – und schon wurden die abenteuerlichsten Aktionen für rechtens erklärt.

Das Monopol auf Macht und Denken führte dazu, dass nur noch die »Führer« etwas zu sagen hatten. Und hieraus erwuchs eine andere tückische Gefahr: Es entstand eine neue Schicht von »Führern«, die jenseits jeglicher demokratischen Kontrolle durch das Volk schalten und walten konnten – eine Entwicklung, die die Bürokratisierung beschleunigte. Die Parteizugehörigkeit wurde zur wesentlichen Bedingung für eine erfolgreiche Karriere. Bald formierte sich ein neuer Typus von Betriebsleitern, Intellektuellen und Funktionären im Allgemeinen. Als wesentliche Kriterien wurden gefordert: absolute Ergebenheit gegenüber der kommunistischen Ideologie und die bedingungslose Bereitschaft, sie in die Praxis umzusetzen, rückhaltlose Loyalität gegenüber den neuen Führern, Unversöhnlichkeit gegenüber allen »bürgerlichen Relikten«. Ab Ende der zwanziger Jahre begann man sich auf den Sitzungen, Konferenzen, Parteitagen und Beratungen in Bekundungen zur Unterstützung der »Generallinie der Partei« und Lobeshymnen auf die »Weisheit des Führers« (nunmehr war es einer) zu übertreffen. Das gleichgeschaltete Denken, das Einparteiensystem, die Einheit um jeden Preis ließen jene unheilvolle Atmosphäre aufkommen, in der die giftigen Keime der Alleinherrschaft, der Bürokratie und des Dogmatismus auf fruchtbaren Boden fielen. Die Folgen sind bis heute in unserer Gesellschaft spürbar. Die Zementierung der Einheit der Partei war von einem Verlust intellektueller und moralischer Freiheit begleitet, ohne die sich eine Persönlichkeit nicht lebendig entwickeln kann. Die Verwandlung der Partei in eine Art Staatsorganisation förderte auch die Herausbildung eines neuen Karrieretypus.

Dies alles lässt sich durch einige Auszüge aus einem interessanten Brief veranschaulichen, den Ioffe am 1. 5. 1920 an Trotzki schrieb. Ioffe bittet Trotzki in diesem um seine Protektion, da er einen höheren Posten in der RKI oder im Volkskommissariat für Äußeres anstrebt. Gewollt oder ungewollt macht der Verfasser dieses Schreibens auf den beginnenden Prozess der Bürokratisierung und der Entwicklung eines sowjetischen Karrierismus aufmerksam:

»Die Zugehörigkeit zur Partei zieht nun anstelle von Fesseln und Ketten an den Füßen und einem Strick um den Hals den Erwerb völlig realer materieller Güter nach sich, was die Parteimentalität und Parteimoral außerordentlich verändert … Dank eines ungeschriebenen Gesetzes unserer Verfassung, dem zufolge die Organe der Partei über denen des Staates stehen … kann es dazu kommen, dass ein Demagoge, ein habsüchtiger und politisch unmoralischer Mensch, der lediglich gut reden kann, an die Spitze gelangt … In Anbetracht des Mangels an materiellen Gütern in Sowjetrussland nimmt die Partei – und die Sowjetbürokratie – diese nicht nur auf Kosten der Bourgeoisie, so wie es sein sollte, in Anspruch, sondern auch zum Schaden des Proletariats, so wie es nicht sein sollte. Warum ist es Kommissaren und Kommissärchen gestattet, nach Belieben umzuziehen, und uns nicht? Warum finden sich in den Waggons immer Plätze für sie und für uns nicht? Warum gibt es für sie immer freie Plätze in den Sanatorien und für uns nicht? Und so weiter. Das war das Leitmotiv auf allen Versammlungen von Parteilosen, an denen ich teilnahm.« Nicht ohne Bitterkeit bemerkt Ioffe, dass sich eine neue psychologische Einstellung herausbilde: »Den Führern steht alles offen.«

Weiter führt er aus: »… In Moskau ist die Ungleichheit außerordentlich groß, und faktisch hängt die materielle Versorgung von dem Posten ab … Man erzählte mir z. B., dass die alten Mitglieder des WZIK vor seiner letzten Säuberung furchtbar besorgt und erschrocken gewesen seien, und zwar hauptsächlich deshalb, weil sie befürchteten, sie würden das Recht, im Hotel ›National‹ zu wohnen, und alle damit verbundenen Privilegien verlieren … Von oben bis unten, von unten bis oben ein und dasselbe. Ganz unten geht es lediglich um ein paar Stiefel und ein Soldatenhemd; weiter oben geht es um ein Automobil, um einen Waggon, um den Speisesaal des Rats der Volkskommissare, um eine Wohnung im Kreml oder im ›National‹; und ganz oben, wo das alles bereits vorhanden ist, geht es um das Prestige und um einen berühmten Namen. Wo ist hier die frühere Ergebenheit und Opferbereitschaft, wo die Selbstlosigkeit und die revolutionäre Askese geblieben! … Die Jugend wird heute bereits nach den neuen, eben von mir geschilderten Traditionen erzogen. Wie soll man sich da nicht über unsere Partei und über die Revolution entsetzen!?« (Zentrales Armeearchiv.)

Nach dem 10. Parteitag im Jahre 1921 wurde jede Fraktionierung verboten, und die bürokratischen Strukturen wurden noch verknöcherter. Die Partei wurde zu einem ideologischen Orden. Von nun an musste man ununterbrochen seine blinde Ergebenheit gegenüber der »Linie der Partei« demonstrieren und ganz besonders auf jene achten, die irgendeiner »Abweichung« verdächtig waren. Die individuelle Persönlichkeit der Revolutionäre wurde nivelliert, und sie wurden entsprechend ihres Ranges in die Partei eingeordnet. Nachdem die Partei die Bourgeoisie zerschlagen hatte, wandte sie sich nun gegen jene ihrer Mitglieder, die in irgendeiner Weise von den festgesetzten Standards abwichen. Es entstand ein neuer Typus von leitenden Funktionären: unterwürfig gegenüber dem Zentrum, misstrauisch gegenüber allen, ohne jegliche Eigeninitiative, inkompetent, kulturlos und völlig kritiklos gegenüber der »Linie der Partei«. »Säuberungen« in der Partei, die mit moralischer, politischer und schließlich physischer Vernichtung der Abweichler verbunden waren, sorgten dafür, dass dieser Typus »in Reinkultur« erhalten blieb. Unter seinen Füßen wuchs ein Piedestal an Schädeln …

Berdjajew charakterisierte diese Entwicklung folgendermaßen: Im »neuen kommunistischen Typus verdrängten die Motive des Strebens nach Herrschaft und Macht die alten Motive der Wahrheitsliebe und der Barmherzigkeit. Bei diesem Typus entwickelte sich eine Härte, die in Grausamkeit überging. Dieser neue psychologische Typus erwies sich als sehr günstig für das Konzept Lenins, er wurde zum Material für die Organisation der kommunistischen Partei, er herrschte über ein riesiges Land. Der neue psychologische Typus, der durch die Revolution zur Herrschaft bestimmt wurde, wurde aus dem Arbeiter- und Bauern-Milieu herangezogen, er war durch Partei- und Militärdisziplin gegangen. Den neuen Menschen, die von unten kamen, waren die Traditionen der russischen Kultur fremd …« (Istoki, S. 101.)

Auf der neuen politischen Bühne Russlands kristallisierten sich einige Führer heraus. Einer von ihnen war Trotzki. Wusste er, dass das System des Monopols, dass der Einfluss des Systems auf die Persönlichkeitsstruktur zu deren Verarmung und sogar Verkümmerung führen konnte? Wahrscheinlich wusste er es. Doch im Namen des hohen Ziels – der Weltrevolution – ging er davon aus, dass auch die Diktatur des Proletariats, eine strikte Aufgliederung der Gesellschaft in Klassen und Schichten und schließlich das Einparteiensystem vorübergehend notwendig seien. In einem Artikel von 1922, als die Revolution sich bereits stabilisiert hatte, stellte er die Frage, ob man nun den Menschewiki eine Mitwirkung bei der politischen Arbeit ermöglichen sollte. Und er erklärte kategorisch, dass dies niemals in Frage kommen würde (Prawda, 10. 5. 1922). So wurde die Rückkehr zu demokratischen Ursprüngen erst nach Jahrzehnten möglich – in einem außerordentlich schwierigen und schmerzhaften Prozess. Trotzki war einer jener Revolutionsführer, die nicht wenig zur weltlichen Kanonisierung Lenins beigetragen haben. Einerseits war dies Ausdruck seiner Wertschätzung für den Revolutionsführer, und andererseits kam es seinem Prestige in der Gesellschaft und in der Kommunistischen Internationale zugute. Außerdem wollte er mit seinen Artikeln, in denen er sich lobend über Lenin äußerte, die Massen, die in der Regel nur wenig politische Kultur besaßen, begeistern und anspornen. Später sollte er erkennen, dass die Erhöhung dieser Persönlichkeit zu einem Gott Stalin half, seine Macht zu festigen, indem er sich selbst zum obersten Hüter des Leninismus erklärte. Doch dann würde es zu spät sein …

Der verstoßene Revolutionär

»Fallen kann man nur aus der Höhe,
und selbst der Fall eines Menschen
ist ein Zeichen für seine Größe.«
Nikolaj Berdjajew

Erfolgen können im Leben katastrophale Niederlagen folgen. Grandiose Pläne und die titanischen Anstrengungen eines ganzen Volkes können bisweilen zu einer historischen Niederlage führen. Sieger können sich in Opfer verwandeln. In dieser Beziehung ist das Schicksal Trotzkis besonders charakteristisch. Nein, sein revolutionäres Feuer war nicht erloschen. Seine Reden waren noch immer aufregend. Nach wie vor glaubte er, dass die Donner der Revolution nur vorübergehend verstummt seien. Gebannt verfolgte er die Ereignisse der fernen chinesischen Revolution und ging davon aus, dass nun die Revolution auch aus dem Osten nach Europa kommen könnte. Nein, er war weder sich selbst noch seinen Überzeugungen untreu geworden. Doch die Zeit wurde *ihm untreu.* Der Übergang zum Frieden stellte sich in dem ausgebluteten und zerrissenen Lande als äußerst schwierig heraus. Nun war es an der Zeit, die Versprechungen, die die Revolutionäre gegenüber dem Volke gemacht hatten, einzulösen. Die Auffassungen, wie dies zu bewerkstelligen war, waren unter den bolschewistischen Parteiführern sehr unterschiedlich. Das System, das nach den Entwürfen des nun bereits todkranken Hauptarchitekten der russischen Revolution geschaffen wurde, erschreckte hellsichtige Menschen durch seine bürokratische Schwerfälligkeit.
Im Januar 1923 schrieb Trotzki eine Notiz an das Politbüro: »Im Mittelpunkt meiner schriftlichen Vorschläge, die ich dem ZK vorgelegt habe, stand die Frage über die Notwendigkeit einer

planmäßigen Leitung der staatlichen Wirtschaft, vor allem unter dem Gesichtspunkt des Wiederaufbaus und der Weiterentwicklung der Industrie. Ich habe hervorgehoben, dass wir kein Organ haben, das unmittelbar für die planmäßige Leitung der staatlichen Wirtschaft verantwortlich ist … Ich habe hervorgehoben, dass ebendies die Ursache für das Bestreben ist, immer mehr neue Führungs- und Koordinierungsorgane anzuhäufen, die schließlich nur einander behindern.« (Houghton Library.) Auf den Sitzungen des Politbüros, die nun oft in Abwesenheit Lenins stattfanden, wies Trotzki immer häufiger auf die zunehmende Bürokratisierung des entstehenden Systems und die Ineffektivität der staatlichen Verwaltung hin und kritisierte, dass der Apparat keiner Kontrolle unterstand. Viele Parteifunktionäre sahen in ihm den kommenden neuen Führer.

Die Stalinsche »Schlinge«

»Einst, im Politbüro«, erzählte mir A. P. Balaschow, ein alter Bolschewik und Mitarbeiter des Sekretariats Stalins, »entbrannte ein Streit zwischen Sinowjew und Trotzki. Alle unterstützten Sinowjew, der Trotzki zurief: ›Sehen Sie denn nicht, dass Sie sich in der *Schlinge* befinden? Mit Ihren Machenschaften werden Sie nicht durchkommen, Sie sind die Minderheit, stehen allein.‹ Trotzki wurde wütend, doch Bucharin bemühte sich zu vermitteln. Es kam häufig vor, dass Kamenew und Sinowjew sich vor einer Sitzung des Politbüros oder einer anderen Beratung bei Stalin trafen, offenbar um ihre Position abzustimmen. Wir im Sekretariat bezeichneten diese Treffen der ›Troika‹ (Stalin, Sinowjew, Kamenew) und anderer Politbüromitglieder, sofern sie eingeladen wurden, mit den Worten Sinowjews als ›Schlinge‹.«

Trotzki erkannte sehr rasch, dass sich im obersten Parteiclan eine Fraktion gegen ihn gebildet hatte. Zunächst schwieg er dazu, doch dann verlachte, kritisierte, entlarvte er die Stalinsche »Mechanik« hinter den Kulissen. So erklärte er im Juni 1927 vor dem Präsidium der Zentralen Kontrollkommission: »Sie wissen alle sehr gut, dass seit 1924 eine fraktionelle ›Siebenergruppe‹ existierte, der alle Politbüromitglieder außer mir angehörten. Meinen Platz nahm Ihr ehemaliger Vorsitzender Kujbyschew ein, der aufgrund seines Amtes der erste Hüter des Parteistatuts und der Parteimoral sein sollte, in Wirklichkeit jedoch der Erste war, der dagegen verstieß. Diese Siebenergruppe war eine illegale und parteifeindliche Einrichtung, die über das Schicksal der Partei hinter ihrem Rücken entschied … Während dieser Versammlungen wurden Maßnahmen des Kampfes gegen mich festgelegt. Im Einzelnen wurde dort festgelegt, dass die Politbüromitglieder nicht gegeneinander polemisieren würden – alle sollten gegen Trotzki polemisieren. Davon wusste die Partei nichts, davon wusste auch ich nichts. Dies wurde lange Zeit praktiziert …« (Kommunistitscheskaja opposizija III, S. 87.)

Unter dem Deckmantel des Kampfes für die Interessen des Volkes, der Partei und des Sozialismus hatte an der Spitze der Machtpyramide ein ganz ordinärer, prinzipienloser Machtkampf begonnen. Die Mitglieder der Parteispitze hatten sich gegen ein anderes führendes Mitglied verbündet, das nach ihrer Meinung große Chancen hatte, den Vorsitz der Partei zu übernehmen – eine Aussicht, die keinem von ihnen behagte.

Die Spaltung des ZK, vor der Lenin in dem »Brief an den Parteitag« in seinem berühmten »Testament«, warnte, begann Wirklichkeit zu werden. In Abwesenheit des »ersten« Führers der Revolution entbrannte ein verdeckter und harter Kampf um die Macht, um den Einfluss in der Partei. Die »Troika« hatte es sich zum Ziel gemacht, Trotzki zu isolieren und zu diskreditieren, ihn vom Schaltpult der Partei und des Landes zu entfernen. Die Sache musste forciert werden, denn es war nicht auszuschließen, dass Lenin sich im Falle einer Genesung enger mit Trotzki verbinden würde. Das aber hätte den Zusammenbruch der ehrgeizigen Pläne der »Troika« bedeutet. Es besteht kein Zweifel: Wenn Lenin gesund geworden wäre, so wäre sein schriftlich unterbreiteter Vorschlag vom 4. 1. 1923, in dem er die Ablösung Stalins von seinem Posten forderte, rasch verwirklicht worden.

Es ist bekannt, dass Lenins »Testament«, das er in einigen Anläufen (Ende Dezember 1922/Anfang Januar 1923) diktierte, ein besonderes Augenmerk auf die Beziehung zwischen Stalin und Trotzki legte. Auch anderen angesehenen bolschewistischen Führern wurde diese Aufmerksamkeit zuteil. Deshalb besteht Grund zu der Annahme, dass die Rivalität in der Führungsspitze zunahm, nachdem das »Testament« den Politbüromitgliedern bekannt geworden war. Stalin konnte nur schwerlich damit rechnen, dass er seinen Posten behalten würde, wenn Lenin gesund würde. Er hatte ein starkes Interesse daran, Trotzki zu stürzen, der zu jener Zeit noch als der »zweite Mann« in der Partei galt. Andererseits hatte sich Lenin in seinem »Testament« über Trotzki positiver als über Stalin geäußert. Er unterstrich, dass Trotzki »wohl der fähigste Mann im jetzigen ZK« sei und dass er »herausragende Fähigkeiten besitzt« (Lenin, PSS, Band 45, S. 345).

Trotzki war sehr wohl daran interessiert, Lenins Brief bekanntzumachen – die anderen jedoch nicht. Es gibt ein »streng geheimes« Dokument, das das Verhältnis der Mitglieder des Politbüros und des Präsidiums der Zentralen Kontrollkommission zur Veröffentlichung des Leninschen Dokuments darlegt. Darin zeigen sich folgende Positionen:

»1. Ich denke, dass dieser Artikel veröffentlicht werden sollte, wenn es keine formalen Gründe geben sollte, die dem im Wege stehen.
Trotzki.
2. Nicht drucken: Das ist eine Rede, die nicht vor dem Politbüro gehalten worden ist. Nichts weiter. Grundlage und Inhalt dieses Artikels ist persönliche Charakteristik.
Kamenew.
3. N. K. [Nadeshda Konstantinowna Krupskaja; Lenins Frau] war ebenfalls der Meinung, dass der Brief lediglich dem ZK vorzulegen sei. Die Frage einer Veröffentlichung habe ich nicht berührt, denn ich dachte (und denke), dass dies nicht in Frage kommt. Man kann diese Frage erörtern …
Sinowjew.
4. Ich gehe davon aus, dass eine Veröffentlichung nicht notwendig ist, zumal es keine Genehmigung zur Veröffentlichung vonseiten Iljitschs gibt.
Stalin.
5. Vorschlag des Genossen Sinowjew – nur die ZK-Mitglieder damit vertraut zu machen. Nicht veröffentlichen, denn von der breiten Öffentlichkeit wird das niemand verstehen.
Tomski.
6. Diese Bemerkungen sind nicht für die breite Öffentlichkeit geschrieben worden, sondern für das ZK, und deshalb beinhalten sie ausführliche persönliche Charakterisierungen. In diesem

Artikel findet sich nichts über die Genossenschaft. Veröffentlichung nicht notwendig.
A. Solz.
7. Die Genossen Bucharin, Rudsutak, Molotow und Kujbyschew sind für den Vorschlag des Genossen Sinowjew.
Slowatinskaja.« (Kommunistitscheskaja opposizija I, S. 56.)

Stalin und seine Verbündeten zogen es vor, Lenins »Testament« zunächst zu verstecken, denn seine Veröffentlichung hätte Trotzkis Chancen merklich steigen lassen und die der »Troika« gesenkt. Alle drei – Stalin, Kamenew und Sinowjew – verfolgten ihre eigenen ehrgeizigen Ziele. Außerdem wurden sie durch die übrigen Politbüromitglieder unterstützt. Allerdings trauten sich die Mitglieder der »Schlinge« noch nicht, offen gegen den Helden der Revolution und des Bürgerkriegs aufzutreten, denn der Name Trotzkis wurde immer noch in einem Atemzug mit dem Lenins erwähnt. Radek schrieb am 14. 10. 1922 in der »Prawda«: »Wenn man den Genossen Lenin den Verstand der Revolution nennen kann, der über die Transmission des Willens regiert, so kann man den Genossen Trotzki als stählernen Willen charakterisieren, der durch den Verstand gezügelt wird. Wie der Klang einer Glocke, die zur Arbeit ruft, erklang die Rede Trotzkis ...« Die Mitglieder der »Schlinge« wussten, dass sie zunächst einmal den Namen Trotzkis von dem Lenins »abtrennen« mussten, um ihn daraufhin in den Augen der Partei diskreditieren zu können. Wie wir wissen, trägt Trotzki in vollem Maße die historische Verantwortung für viele Ideen und Handlungen, die sich unheilvoll für die Geschichte unseres Landes auswirken sollten. Aber Trotzki war auch einer der Ersten, die die tödliche Gefahr erkannten, welche der Revolution durch die entstehende Bürokratie und Parteiherrschaft erwuchsen. Trotzki war jedoch nicht frei von persönlichen Ambitionen und, wie Lenin es ausdrückte, ein Mensch »mit übermäßigem Selbstbewusstsein und mit einer außerordentlichen Neigung, die rein administrative Seite der Dinge zu sehen« (Lenin, PSS, Band 45, S. 345).

Seinen »Opponenten«, besonders der »Troika«, war jedes Mittel recht, um die Autorität Trotzkis zu schwächen und seine ehrgeizigen Pläne zu durchkreuzen.
Trotzki spürte, dass hinter seinem Rücken geheime Intrigen gesponnen wurden, und auf den Sitzungen des Politbüros stand er in der Regel völlig allein. Man hatte ihn von allen Seiten »eingekesselt«. Aber noch blieb der Kampf auf den Rahmen des ZK und des Politbüros beschränkt. Im Herbst 1923, als Lenin bereits nicht mehr in der Lage war, Einfluss auf die Prozesse innerhalb der bolschewistischen Führung zu nehmen, wurde eine Diskussion entfacht, die sich mit aller Schärfe gegen Trotzki richtete. Unglücklicherweise befand dieser sich an einem dieser Oktobersonntage mit seinem Freund Muralow auf der Jagd. Beim Durchstreifen der Sümpfe war der leidenschaftliche Jäger gestürzt, wurde völlig durchnässt und erkältete sich. Später schrieb er: »Eine Erkältung hatte mich überwältigt ... Die Ärzte verboten mir, das Bett zu verlassen. So blieb ich den Rest des Herbstes und des Winters liegen. Das bedeutet, dass ich während der Polemik gegen den ›Trotzkismus‹ 1923 krank darniederlag. Man kann die Revolution und den Krieg voraussehen, doch die Folgen einer Herbstjagd auf Enten kann man nicht voraussehen.« (Moja shisn II, S. 238.)
Die Abwesenheit Lenins und Trotzkis gab Stalin und seinen zeitweiligen Verbündeten freie Hand. Und nun unternahmen sie alles, um den Einfluss und die Autorität Trotzkis Schritt für Schritt zurückzudrängen. Zunächst waren es relativ auffällige Maßnahmen. Das Ehrenpräsidium der Parteiversammlungen bildeten in der Regel Lenin und Trotzki. Man setzte eine Neuerung durch, nach der das Ehrenpräsidium fortan aus dem gesamten Politbüro bestand. In den Berichten über die Sitzungen, Konferenzen und Parteitage war der Name Trotzkis in der Regel stets direkt nach dem Lenins genannt. Nun wurden alle (außer Lenin) in den Zeitungen in alphabetischer Reihenfolge genannt. In der »Prawda«, der »Iswestija« und der »Krasnaja swesda« war die Wendung »Trotzki, der Führer der Roten Armee«

immer seltener und schließlich gar nicht mehr zu finden. Die Anhänger Trotzkis wurden vom Sekretariat Stalins unmerklich durch Personen ersetzt, die der »Schlinge« loyaler gegenüberstanden. In der Parteipresse tauchte der Name des Generalsekretärs der Partei immer häufiger auf. Nun wurden die politischen Biographien der Führer einer Revision unterzogen, bei der ihr Beitrag zum Sieg der Revolution neu bewertet wurde. Hier war eine kaum merkliche Kampagne im Gange, die auf die schleichende Demontage eines der größten Helden der Revolution und des Bürgerkriegs gerichtet war. Was Intrigen aus dem Hinterhalt betraf, erwies Stalin sich als unübertroffener Meister. Trotzki erfuhr später, dass verantwortliche Partei- und Staatsfunktionäre nun systematisch nach einem Kriterium ausgewählt wurden – sie mussten gegen Trotzki sein …

Die Lage im Politbüro (das wegen Trotzkis Erkrankung zeitweilig in seiner eigenen Wohnung tagte) spitzte sich durch einen Brief zu, den Trotzki am 8. 10. 1923 an das ZK und die Zentrale Kontrollkommission geschrieben hatte. Dieses fünfzehnseitige Schreiben, an dem er eine ganze Woche gearbeitet hatte, war eine eindringliche Warnung vor dem Bürokratismus. Es enthielt achtzehn Thesen zu verschiedenen Fragen des staatlichen, geistigen und des Parteilebens. Die »Schlinge« benutzte diesen Brief sogleich für neue Anschuldigungen gegen Trotzki und warf ihm Fraktionsbildung vor. Der Brief ist in einem für Trotzki untypischen schwerfälligen Stil geschrieben und enthält zahlreiche Wiederholungen. Trotzki war krank und diktierte das Schreiben in erregtem Zustand, erfüllt von Besorgnis und Unruhe. Er konstatiert eine »außerordentliche Verschlechterung der innerparteilichen Situation« und äußert sich unzufrieden über die Arbeit des höchsten politischen Organs: »Noch in größerem Maße als vor dem 12. Parteitag werden die wichtigsten wirtschaftlichen Fragen im Politbüro hastig gelöst, ohne wirkliche Vorbereitung, unabhängig von der Koordination durch den Plan.« Mit diesem Satz gibt Trotzki zu verstehen, dass der Arbeitsstil, solange Lenin noch dabei war (am 12. Parteitag nahm er bereits nicht mehr teil), demokratischer und fundierter gewesen war. Trotzki weist auf die wachsende Unzufriedenheit der Arbeiter und Bauern über die wirtschaftliche Lage hin und stellt unverblümt fest: »Es gibt keine Wirtschaftsführung, das Chaos kommt von oben.« Er wirft dem Politbüro Inkompetenz, Kommandostil und Spontaneismus vor. Auch die Kaderpolitik des Generalsekretariats unterzieht er einer harten Kritik: »Die Ernennung von Sekretären der Gouvernementskomitees [durch das Generalsekretariat] ist nun zur Regel geworden. Damit erhält der Sekretär eine von der örtlichen Organisation unabhängige Position … Der Sekretär wird seinerseits zum Initiator weiterer Ernennungen und Ablösungen innerhalb des Gouvernements. Der von oben nach unten entstehende Sekretariatsapparat zieht selbstgefällig Schritt für Schritt alle Fäden an sich. Die Teilnahme der Parteibasis am tatsächlichen Aufbau der Parteiorganisation wird mehr und mehr zu einem Phantom.« Mit erstaunlichem Weitblick spricht Trotzki über das, was andere nicht erkennen: »In den letzten ein bis anderthalb Jahren ist eine spezifische Sekretariatspsychologie entstanden, deren wesentliche Überzeugung darin besteht, dass ein Sekretär in der Lage ist, jegliche Fragen zu entscheiden, ohne mit dem Wesen der Sache vertraut zu sein. Wir können aus nächster Nähe beobachten, wie Genossen, die in der Zeit, als sie an der Spitze staatlicher Einrichtungen standen, keinerlei organisatorische, administrative oder andere Qualitäten an den Tag legten, nun, sobald sie einen Sekretärsposten innehaben, herrisch wirtschaftliche, militärische und andere Fragen zu entscheiden beginnen. Eine solche Praxis ist umso schädlicher, da sie das Gefühl von Verantwortlichkeit abtötet.« Verbittert fährt Trotzki fort: »Die Bürokratisierung des Parteiapparats hat unerhörte Ausmaße bei der Auswahl der Sekretäre gewonnen.« Die »Sekretariatshierarchie« schließe »einen offenen Meinungsaustausch aus«; innerhalb der Organisationen würde ein Bild der »automatischen Einmütigkeit« geschaffen.

In seinem Brief drückt Trotzki, wenn auch in zurückhaltender

Form, seinen Protest gegen die Machenschaften der »Schlinge« aus. Unter Berufung auf Kujbyschew erklärt er, ihm sei bekannt, dass in der obersten Führung ein Kampf gegen ihn geführt werde (Zentrales Parteiarchiv).

Trotzki stand im Politbüro auf verlorenem Posten. Doch obwohl er nicht auf Unterstützung durch den kranken Lenin hoffen konnte, besaß er den Mut, die Missstände in der Partei beim Namen zu nennen und den »Sekretariatsbürokratismus« anzuprangern. Aber seine Warnungen verhallten weitgehend ungehört, obgleich er im ZK Anhänger hatte.

Eine Woche nachdem Trotzki den Brief an das Politbüro geschickt hatte, erschien ein Dokument mit derselben Stoßrichtung, das von 46 bekannten Kommunisten unterstützt wurde. Damit war das Maß voll. Auf Vorschlag der »Troika« fand eine Außerordentliche Präsidiumssitzung der Zentralen Kontrollkommission der RKP(B) statt. Die Führung der Kontrollkommission konstatierte: »Die Unstimmigkeiten, die der Genosse Trotzki aufzählt, sind großenteils erklügelt und konstruiert.« Das Präsidium verwarf faktisch die Warnungen Trotzkis und sorgte stattdessen dafür, dass der Brief Trotzkis in den Parteiorganisationen nicht verbreitet wurde.

Die »Troika« hielt diese Reaktion jedoch für viel zu zahm. Auf Betreiben von Stalin und seinen damaligen Verbündeten wurde Ende Oktober 1923 ein Vereinigtes Plenum von ZK und ZKK einberufen. Zu diesem Plenum wurden »ausgewählte« Arbeiter von zehn großen Parteiorganisationen eingeladen. Die Mehrheit der Anwesenden verurteilte dann auch Trotzkis Brief an das Politbüro und die Erklärung der 46 als Angriff gegen das ZK und das Politbüro. Auf Vorschlag des Organisationsbüros und des ZK-Sekretariats, die sich bereits unter dem Einfluss des Generalsekretariats befanden, stufte das Plenum den Schritt Trotzkis und seiner Anhänger als »Fraktionierung« ein.

Der zu Anfang des Jahres noch merkliche Riss im Politbüro wurde nun zu einer offenen Spaltung. Erneut wurden wieder die alten Beschuldigungen gegen Trotzki wegen seines »Menschewismus« ausgegraben. Das Büro des Moskauer Komitees der RKP(B) erklärte, der »Zwist in den Reihen der RKP« bedeute »einen harten Schlag gegen die KPD und das deutsche Proletariat, das sich auf die Eroberung der Macht vorbereitet«. Auf der 13. Parteikonferenz, die Mitte Januar 1924 – wenige Tage vor Lenins Tod – stattfand, verurteilten die faktischen neuen Führer der Partei die Position Trotzkis und die seiner Anhänger als »menschewistische Revision des Bolschewismus«. Damit war die Chance vertan, die Missstände in der Partei, die bald zu verheerenden Folgen führen sollten, in einem früheren Stadium zu beseitigen.

Am letzten Tag des Plenums vom Oktober 1923 kam es zwischen Trotzki und Stalin wohl zum ersten Mal zu öffentlichen gegenseitigen Bezichtigungen. Stalin forderte sogar, man solle »Trotzki verurteilen«. Leider wurden die Beiträge während der Plenarsitzungen zu dieser Zeit noch nicht mitstenographiert, und die flüchtigen Mitschriften von Stalins Helfer B. Bashanow geben die Argumentation der Gegner nur unvollkommen wieder (Zentrales Parteiarchiv).

Aber Stalin hatte das Plenum auf seiner Seite, und Trotzkis Warnungen verhallten ungehört. Niemand hatte etwas gegen die Verwandlung der Partei in einen streng organisierten Orden einzuwenden. Dem Bürokratismus waren nun Tür und Tor geöffnet.

In den kalten Januartagen des Jahres 1924, unmittelbar nach Lenins Tod, war bereits vieles entschieden. Trotzki war nun weitgehend isoliert.

Der »Neue Kurs«

Später, im Exil, bezeichnete Trotzki die Jahre 1923 und 1924 als einen Wendepunkt in seinem Leben. Noch zu Lebzeiten Lenins, so schrieb er, hätten sich in der oberen Schicht der Parteifunktionäre kastenähnliche Züge herausgebildet. Während des Bürgerkriegs hätten alle »nach der Stimmgabel der Partei« gelebt, doch als der Druck der tödlichen Bedrohung wich »und die Nomaden der Revolution sesshaft geworden waren, entwickelten sich bei ihnen die spießigen Züge, Neigungen und Gewohnheiten selbstzufriedener Beamter« (Moja shisn II, S. 244 f.).
Das bolschewistische System, dieses Kind des Weltkriegs, befand sich im Umbruch. Das Land stand vor großen Entscheidungen. Die Neue Ökonomische Politik, die Demokratisierung auf wirtschaftlichem Gebiet mit sich brachte, schien geradezu zwangsläufig eine Demokratisierung der Politik und eine Kursveränderung der Partei zu verlangen. Doch das bereits fest etablierte Einparteiensystem zwang dem System, der Ideologie und der Kultur seine Gesetze auf. Trotzki erkannte zwar früher als andere, welche Gefahren die Bürokratisierung des Regimes in sich barg, aber er brachte diese unheilvolle Entwicklung niemals mit dem Machtmonopol der Partei in Verbindung. Vielmehr hing er dem naiven Glauben an, dass eine echte Volksmacht sich innerhalb des Rahmens dieses Einparteiensystems entwickeln könne. So dachten auch andere bolschewistische Führer, so dachten die Partei und wir alle – viele Jahrzehnte lang …
Durch seine publizistische Tätigkeit hoffte Trotzki, den Boden für Kurskorrekturen bereiten zu können. Die »Prawda« veröffentlichte am 11. 12. 1923 seinen »Brief an Parteiberatungen«, der den Titel »Neuer Kurs« trug. Ende Dezember veröffentlichte er einige weitere Artikel: »Gruppierungen und Fraktionsbildung«, »Die Frage der Parteigenerationen«, »Die soziale Zusammensetzung der Partei«, »Tradition und revolutionäre Politik«. Während die 13. Parteikonferenz tagte, wurden diese Artikel als Sammlung unter dem Titel »Der Neue Kurs« herausgegeben.

Trotzki verfolgte mit diesen Veröffentlichungen nicht das Ziel, der Partei und dem Staat »seinen« Kurs aufzudrängen, wie man uns lange Jahre glauben gemacht hat. Die Dinge lagen ganz anders: Am 5. 12. 1923 hatten das Politbüro und das Präsidium der ZKK auf ihrer gemeinsamen Sitzung eine Resolution »Über den Parteiaufbau« verabschiedet, in der den Grundorganisationen vorgeschlagen wurde, eine Reihe von Maßnahmen zur Demokratisierung des innerparteilichen Lebens zu ergreifen. Und Trotzki glaubte nun, dass seine Gedanken sich durchgesetzt hatten. Schließlich war unmittelbar nach seinem Brief vom Oktober 1923 Bewegung in die erstarrten Parteistrukturen gekommen. Viele Parteimitglieder glaubten aufrichtig, dass eine Wende zur Demokratie, zur Meinungsfreiheit, zur Beseitigung des »Sekretärsbürokratismus« möglich sei. Trotzki bezweckte also nichts, als diesen Prozess durch seine Veröffentlichungen voranzutreiben.

Durch die Resolution »Über den Parteiaufbau« sah sich Trotzki in seiner Auffassung bestätigt, dass das Gewicht beim alten Kurs einseitig auf die Seite des Apparats verlagert worden war. Der »Neue Kurs« bestünde nun darin, diese Entwicklung zu korrigieren und das kritische Engagement der Mitglieder sowie das Selbstverständnis der Partei als einer organisierten Avantgarde des Proletariats zu fördern … »Die Partei muss sich ihren eigenen Apparat unterordnen, wobei sie nicht eine Minute lang aufhören darf, eine zentralisierte Organisation zu sein.« (Prawda, 11. 12. 1923.) Wie wir sehen, kämpfte Trotzki nicht nur allgemein gegen die Parteibürokratie, sondern vor allen Dingen gegen ein Übergewicht des Apparates. Seine Allmacht, bemerkte Trotzki, habe in der Partei ein Gefühl des »Unwohlseins« hervorgerufen. Scharfsinnig erkannte er, dass »der Bürokratismus, indem er die Selbständigkeit tötet, einer Hebung des allgemeinen politischen Niveaus der Partei hinderlich ist«. Bei der Auseinandersetzung mit dieser bedrohlichen Entwicklung bezog sich Trotzki später immer wieder auf ein Beispiel aus der Geschichte: den Thermidor in der Französischen Revolution. Eine entsprechende Entwicklung trete immer dann ein, wenn die echten revolutionären Kräfte an Wachsamkeit verlören und auf der Hefe der Veränderungen eine neue privilegierte Schicht wachse. Wenn der Festtag der Revolution zu Ende gehe, so Trotzki, beginne der graue, von Kälte und Hunger geprägte Alltag. Nicht alle verstünden in solch einer Situation, dass die Not nicht eine Folge der Revolution sei, sondern lediglich eine Stufe auf dem Weg zu einer besseren Zukunft. Daher, so Trotzki, bestünde die Gefahr, dass der Geist der Revolution erkalte und es zum »Thermidor« käme. In den dreißiger Jahren würde er diesen Begriff zur Charakterisierung des »voll entfalteten« Stalinismus verwenden.

Auch die Frage des Wechselverhältnisses Führer-Partei-Klasse-Masse würde Trotzki immer wieder beschäftigen. In seiner »Geschichte der russischen Revolution« räumte er ein, dass es hier selten eine Balance gebe. Die Aufgabe der Führer sei es, sich nicht von den Massen zu entfernen. Dazu diene die Partei, deren Mitglieder sich aus der proletarischen Klasse rekrutierten. Wenn jedoch die Partei durch den Apparat ersetzt werde, so verwandle sich der Führer in einen Cäsar und die Masse in ein formloses Objekt der Manipulation.

Der Vorsitzende des Revolutionären Kriegsrats, der selbst maßgeblich an der Formierung eines mächtigen Apparats beteiligt gewesen war, kämpfte also nun dafür, dass dieser Apparat nicht die Partei kontrolliere, sondern umgekehrt. Trotzki erkannte jedoch nicht, dass ein Einparteiensystem kein Mittel zur Selbstheilung besitzt. Bei der Lektüre der Artikel Trotzkis aus dem »Neuen Kurs« kann man sich des Eindrucks nicht erwehren, dass dieser Mann, der den Boden unter den Füßen verliert, zwar kämpft, aber nicht weiß, wie man die diktatorischen Züge der Partei beseitigen könne. Die Hauptgefahr sieht er in Stalin und seiner Gruppe, doch er macht keine konkreten Vorschläge, wie man die Partei von der Vorherrschaft der Sekretäre, besonders des Generalsekretariats, befreien könnte. Trotzki wollte mit seinen Artikeln die gesamte Partei erreichen, doch die

Mehrheit hörte oder verstand ihn nicht. Zu jener Zeit herrschte in der Partei bereits ein autoritätsfixiertes Klima, in dem Kommandos und Direktiven eine dominierende Rolle spielten. Das politische Bewusstsein der meisten Mitglieder war auf außerordentlich niedrigem Niveau. Viele hatten Trotzki nicht einmal gelesen.
Über das zentrale Problem innerparteilicher Fraktionsbildungen schrieb Trotzki: »Der Beschluss des 10. Parteitags, der Fraktionsbildung verbietet, kann nur einen behelfsmäßigen Charakter haben, er gibt uns noch kein Mittel zur Lösung aller möglichen internen Schwierigkeiten an die Hand!« Wie oft sollte ihm dieser Satz später noch vorgehalten werden! Nicht alle haben damals bemerkt, dass Trotzki die Bildung von Fraktionen auf die Unmöglichkeit, unter der erdrückenden Vorherrschaft des konservativen bürokratischen Apparats seine Meinung offen zu äußern, zurückführte. Er hatte begriffen, dass in einer gesellschaftlichen Organisation keine Einmütigkeit auf demokratischer Basis erreicht werden kann, wenn es Tabus gibt.
Im »Neuen Kurs« ging Trotzki auch auf die junge Parteigeneration ein. Dass politische Führer sich an die Jugend wenden, ist nichts Neues. Trotzki jedoch nähert sich dieser Frage dialektisch: »Nur wenn innerhalb des Rahmens der Parteidemokratie eine ständige Wechselwirkung zwischen der alten und neuen Generation stattfindet, wird die alte Garde als revolutionärer Faktor erhalten bleiben.« Trotzki hoffte, dass die Parteijugend seine Kritik an der Vorherrschaft der »Alten« verstehen und unterstützen werde. Es sei, so Trotzki, als »existiere die Partei auf zwei Etagen: In der oberen wird entschieden, in der unteren werden die Entscheidungen lediglich zur Kenntnis genommen.« Die »Alten« sollten nicht für die gesamte Partei entscheiden, ohne die Jugend einzubeziehen. Die Partei könne nicht nur vom Kapital der Vergangenheit zehren.
Trotzki wendet sich auch gegen eine formalistische Interpretation von Lenins Arbeiten und erklärt überzeugend: »Man darf Lenin nicht in Zitate zerschneiden, die für alle Lebenslagen pas-

send wären, denn für Lenin steht die Formel niemals über der Wirklichkeit, sondern sie ist allenfalls ein Mittel zur Beherrschung der Wirklichkeit ...«

Trotzkis Artikel »Der Neue Kurs« endet mit der tiefsinnigen Bekräftigung: »Möge sich niemand unterstehen, den Bürokratismus mit dem Bolschewismus zu identifizieren ...« Dies war ein deutlicher Seitenhieb gegen Stalin.

Vor der 13. Parteikonferenz hoffte Trotzki immer noch, dass die von ihm vertretene Linie der demokratischen Erneuerung in der Partei Chancen habe. Er hatte für die Konferenz einen Resolutionsentwurf über die innerparteiliche Demokratie vorbereitet. Aber anstelle seines Entwurfs verabschiedete die Parteikonferenz nach dem Bericht Stalins eine andere Resolution, die die Position Trotzkis und seiner Anhänger »brandmarkte« und als »deutlichen Ausdruck kleinbürgerlicher Abweichung« und »Abschied vom Bolschewismus« klassifizierte. Trotzkis Versuche, einen »Neuen Kurs« in der Partei einzuläuten, waren damit endgültig gescheitert.

Trotzki war niedergeschlagen. Tagelang verließ er das Haus nicht, fühlte sich krank. Er suchte Ärzte auf, fuhr einige Male mit Muralow zur Jagd, schrieb Briefe und brachte sein gewaltiges Archiv in Ordnung.

Es existiert ein ganzer Stoß von Dokumenten, die er für eine Broschüre über die Invaliden des Bürgerkriegs verwenden wollte. Zusammen mit seiner Frau bemühte er sich, eine Organisation zu gründen, die sich um die »verstümmelten Kämpfer« hätte kümmern können. Doch seine Initiative scheiterte an der Bürokratie und der Armut des Landes. Ende 1922 schrieb er an das Organisationsbüro des ZK: »Mit der Auflösung des Sobes [Sozialfürsorgeamt] hängt die Frage der Kriegsinvaliden, das heißt in erster Linie der Invaliden des Bürgerkriegs, endgültig in der Luft ... Es gibt keine Person, die die gesamte Arbeit koordinieren könnte. Infolge der Versetzung des Genossen Burdukow in die Ukraine und der krankheitsbedingten Beurlaubung von N. I. Trotzkaja, der Vorsitzenden der Gesamtrussischen Kommu-

nistischen Hilfe, ist das Sobes aufgelöst worden. Dies droht das Ende der Angelegenheit zu werden.« (Zentrales Armeearchiv.)
Aber Trotzkis Anteilnahme am Schicksal der Kriegsversehrten hatte auch ihre Grenzen. Während einer Parade zu Ehren der Roten Armee hatte sich eine Gruppe von Invaliden unweit der Tribüne versammelt, um auf ihre Situation aufmerksam zu machen. Trotzki war darüber so erbost, dass er folgenden Brief an den Kommandeur des Moskauer Militärbezirks, N. I. Muralow schrieb: »… Es wäre angebracht, allen Invaliden … mitzuteilen: Falls sie nicht den üblichen Weg gehen sollten, sondern bei Paraden, Volksversammlungen usw. die Ordnung stören sollten, so werden die Schuldigen aus Moskau in eine der Provinzstädte verbannt …« (Zentrales Armeearchiv.)
Andererseits suchte Trotzki auch weiterhin nach Mitteln und Wegen, um den Invaliden ihr Schicksal zu erleichtern. Er schlug vor, dieses durch »materielle Hilfe und soziale Pädagogik« zu lösen, das heißt, die Invaliden je nach Möglichkeit in den Arbeitsprozess einzubeziehen (Zentrales Armeearchiv).

Es hatte ganz den Anschein, als habe sich Trotzki mit dem Verlust seines Einflusses abgefunden, denn er vermied es nun, sich mit der Parteispitze anzulegen. Recht passiv erfüllte er seine Verpflichtungen im Politbüro. Die Vorbereitung einer Gesamtausgabe seiner Werke nahm ihn voll und ganz in Anspruch. Noch vor dem Ende des Bürgerkriegs war mit dem Einverständnis Lenins ein Beschluss im ZK verabschiedet worden, dass zahlreiche Bücher, Artikel und Pamphlete von Trotzki veröffentlicht werden sollten. Einen der Bände widmete er der Oktoberrevolution. Während eines »Kuraufenthalts« in Kislowodsk schrieb Trotzki sehr viel. In seiner Post fand Trotzki zahlreiche Hinweise darauf, dass in der Parteipresse immer häufiger seine menschewistische Vergangenheit erwähnt wurde. Trotzki wollte nun der wachsenden Zahl seiner Kritiker entgegenhalten, »wie alles wirklich war«. Innerhalb von drei Tagen verfasste er eine Broschüre von fast sechzig Seiten, in der er seine Rolle während der Oktoberrevolution darstellte.

Obwohl erst sieben Jahre seit der russischen Revolution vergangen waren, gab es in der Partei nur noch sehr wenige, die selbst an dem Oktoberumsturz beteiligt gewesen waren.
Die »Lehren des Oktober« erregten großes Aufsehen bei der gesamten Partei. Trotzki hatte hier in den höchsten Tönen Lenins Rolle während der Revolution gewürdigt, sich abschätzig über Sinowjew und Kamenew geäußert und durchblicken lassen, wie gering die Beteiligung Stalins an den Ereignissen gewesen war. Er zitiert den Brief Kamenews vom 18. 10. 1917, in dem er und Sinowjew sich gegen den bewaffneten Aufstand aussprechen. Weiter betont er, wie wichtig es sei, die Geschichte der Oktoberrevolution zu studieren. »Es wäre unzulässig, das größte Kapitel nur deshalb aus der Geschichte der Partei zu streichen, weil nicht alle Parteimitglieder mit der Revolution des Proletariats gegangen sind. Die Partei kann und muss ihre gesamte Vergangenheit kennen, um sie richtig zu beurteilen und jedem seinen entsprechenden Platz zuzuweisen.« (Uroki, S. 54.)
Die Gegner Trotzkis schlugen unverzüglich zurück. Kamenew schrieb einen vernichtenden Artikel mit dem Titel »Leninismus oder Trotzkismus?«. Stalin fügte noch »Fakten über den Oktoberaufstand« hinzu. »Anlässlich des Artikels vom Genossen Trotzki« erschien in der Zeitschrift »Bolschewik« ein Pamphlet, in dem Wahres und Unwahres eine bunte Mischung bildeten. Der Stil dieses Artikels war geprägt von dem Wunsch, Trotzki so tief wie möglich zu treffen.
Im Politbüro hatte man ein umfassendes Programm zur Diskreditierung Trotzkis ins Auge gefasst. Auf Weisung des Sekretariats wurde in allen Parteiorganisationen eine kritische Auseinandersetzung mit den »Lehren des Oktober« initiiert. Fast alle höheren Funktionäre waren gehalten, Trotzki öffentlich zu verurteilen. Innerhalb kürzester Zeit erschienen Dutzende von Artikeln in der Presse. Die Kritik nahm ständig zu. Es gab Beleidigungen, Verleumdungen und Beschimpfungen. Mündliche und schriftliche »Erwiderungen« von Stalin, Sinowjew, Kamenew, Bucharin, Rykow, Sokolnikow, Krupskaja, Molotow und

anderen erschienen in einem Sammelband mit dem Titel »Für den Leninismus«.
Zunächst las Trotzki voller Erregung die täglichen Schmähungen, mit denen die Presse gespickt war; bald jedoch ließ er es sein. Sein Herz schmerzte, und er litt unter furchtbaren Kopfschmerzen. Seine Frau versuchte ihn zu trösten und abzulenken. Mit einem derart massiven, organisierten Druck hatte Trotzki nicht gerechnet. Natalja Iwanowna schrieb später: »... Der Beginn der Erkrankung von L. D. fällt mit der ungeheuerlichen Verleumdungskampagne gegen ihn zusammen, die wir als furchtbare Krankheit erlebten.« Zahlreiche Zeitungsausschnitte mit entsprechenden Artikeln oder Resolutionen sind von Sermuks archiviert worden. Hier einige Beispiele:

»Beschluss der Vollversammlung der Organisation der RKP in der Bebel-Fabrik. Dem ZK der Partei ist der entschiedene Protest gegen den antibolschewistischen Vorstoß Trotzkis und seinen Versuch einer Revision der Grundlagen des Leninismus mitzuteilen.«
»Resolution der Parteiorganisation der Fabrik Chalturin. Über das Rayonkomitee fordern wir das ZK auf, den Genossen Trotzki zu zwingen, sich an den Beschluss des 13. Parteitags und 5. Kongresses der Kommunistischen Internationale zu halten. Falls Trotzki dies nicht einsieht, so sollte er besser unsere Partei verlassen.«

Die Wellen der Kritik breiteten sich immer weiter aus, erfassten das Bewusstsein von immer mehr Menschen und schwemmten so den Nimbus des Helden der Revolution hinweg. Trotzki erhielt Telegramme von Ioffe, Muralow und Rakowski, in denen sie an ihn appellierten, sein Schweigen zu brechen und Widerstand zu leisten. Doch Trotzki unternahm nichts dergleichen. Einmal, als er einen Brief von Antonow-Owsejenko erhielt, schrieb er an die »Prawda«.

»Brief an die Redaktion (als Antwort auf zahlreiche Anfragen).
Verehrte Genossen!
Ich antworte nicht auf einige spezielle Artikel, die in der letzten Zeit in der ›Prawda‹ erschienen sind, da ich die Interessen der Partei, so wie ich sie verstehe, wahren will …
L. T.« (Zentrales Parteiarchiv.)

Trotzki machte auch keinerlei ernsthafte Anstrengungen, die Unterstützung seiner Anhänger zu mobilisieren. Später sollte er es versuchen, doch dann würde es zu spät sein.
Nur selten trafen Briefe beim ZK ein, in denen die Kampagne gegen Trotzki verurteilt wurde:

»Resolution der Waggonwerkstatt der Oktobereisenbahn des Moskauer Abschnitts, im Namen der Parteizelle der RKP(B). Mit 17 gegen 13 angenommen. Nach Anhörung des Berichts des Genossen Molotow über den innerparteilichen Aufbau fasst die Parteizelle folgenden Beschluss: … Die Parteizelle verfolgt mit Besorgnis die Hetzjagd, die gegen den Genossen Trotzki betrieben wird, sowohl in der Presse als auch in den Reden Stalins wie auch in den Versammlungen der ZK-Mitglieder. Die Parteizelle protestiert gegen diese Hetzjagd und hält sie für schädlich und der RKP(B) unwürdig, denn sie schadet ihrem Prestige in der Kommunistischen Internationale …«
(Zentrales Armeearchiv.)

Noch gehörte Trotzki zu der obersten Spitze in Partei und Staat; seine Porträts hingen neben denen Lenins; viele Städte, Dörfer, Straßen, Klubs und Fabriken trugen seinen Namen. Doch sein Nimbus verblasste zusehends.
Stalin wusste, dass die wesentlichen »Trümpfe« in Trotzkis Biographie der Oktoberumsturz und der Bürgerkrieg waren. Also musste man die Verdienste Trotzkis während dieser Jahre für null und nichtig erklären. Erneut wurden Lenins negative Äußerungen über Trotzki aus der Zeit vor der Revolution ausge-

graben ... Der glänzende Führer und Revolutionär, der Liebling der Rotarmisten und Matrosen wurde zum Paria.

Und noch etwas geschah, womit Trotzki nicht gerechnet hatte. Je mehr er in den Zeitungen und Zeitschriften als »Spalter«, »Menschewist« und »Antileninist« beschimpft wurde, desto mehr solidarisierten sich all jene mit ihm, die bereits früher eine Niederlage erlitten hatten. Gegen seinen Willen bekundeten Mitglieder verschiedener zerschlagener Oppositionsgruppen ihre Sympathie für Trotzki. Diesen Umstand nutzten die Mitglieder der »Schlinge« und warfen Trotzki vor, er unterstütze parteifeindliche Kräfte.

In jenen Monaten begann die Verfälschung der Geschichte der russischen Revolution. Die Rolle Stalins, der in jenen historischen Tagen unbemerkter Statist gewesen war, wurde immer mehr aufgewertet. Gleichzeitig erreichte Stalin, dass wichtige Mitarbeiter Trotzkis im Volkskommissariat für Militärische Angelegenheiten von ihren Posten entfernt wurden. Innerhalb von anderthalb Jahren waren viele Kommandeure der Bezirke, der Armeen, der Verwaltungen abgelöst worden. Die neue Beförderungsmaschinerie, die vom Sekretariat und Organisationsbüro des ZK geleitet wurde, besetzte diese Posten nun mit Personen, die Stalin, Sinowjew, Kamenew und Molotow ergeben waren. Besonders bedauerte der Volkskommissar für Militärische Angelegenheiten, dass sein Stellvertreter Skljanski gehen musste. Um Trotzki herum wurde beharrlich ein Vakuum geschaffen.

Das Duell der »herausragenden Führer«

Vom Jahr 1917 bis zum gewaltsamen Tode Trotzkis zog sich eine Rivalität, die sich zu einem unversöhnlichen Kampf steigern sollte, wie ein Faden durch die Biographien der beiden Revolutionäre, die Lenin im Dezember 1922 als »herausragende Führer« bezeichnet hatte. Erst am 20. 8. 1940 wurde auf direkte Weisung Stalins dieser Faden durchtrennt und mit dem Blut Trotzkis getränkt.

Bis 1917 kannten sich diese Männer nicht persönlich, obwohl sie einander einige Male begegnet waren. So hatten beide 1905 an dem 3. Parteitag der Sozialdemokraten in London teilgenommen, doch Trotzki hatte den Georgier schlichtweg nicht bemerkt.

Zu einer weiteren Begegnung kam es acht Jahre später in einem Wiener Hotel, in dem Trotzki mit dem Menschewik Skobelew beim Samowar saß. »Der Sohn des reichen Müllers aus Baku, Skobelew, war damals Student und mein politischer Schüler; einige Jahre später wurde er mein Gegner und Minister der Provisorischen Regierung. Wir tranken aromatischen russischen Tee und diskutierten selbstverständlich über den Sturz des Zarismus. Unerwartet wurde die Tür geöffnet, ohne Klopfen, in der Schwelle erschien ein mir unbekannter Mann, nicht sehr groß gewachsen, mager, mit braungrauem Gesicht, das deutliche Spuren von Pocken trug. Der Mann hielt eine leere Tasse in der Hand. Er hatte offenbar nicht erwartet, mich zu treffen, und in seinem Blick war nichts, was an Freundlichkeit erinnert hätte. Der Unbekannte gab einen Gutturallaut von sich, den man mit etwas gutem Willen als Begrüßung gelten lassen konnte, ging zum Samowar, füllte schweigend seine Tasse mit Tee und ging schweigend hinaus. Ich schaute Skobelew fragend an. ›Das ist der Kaukasier Dshugaschwili, ein Landsmann; er gehört jetzt dem ZK der Bolschewiki an und beginnt jetzt bei ihnen offenbar eine Rolle zu spielen.‹« (Houghton Library.)

Im Sommer und Herbst 1917 begegnete Trotzki Stalin auf ver-

schiedenen Beratungen und Sitzungen, er traf ihn einige Male bei Lenin, und er wusste, dass dieser Mann Mitglied aller möglichen Komitees, Räte, Kommissionen und Redaktionskollegien war … Während der Sitzungen war Stalin meist damit beschäftigt, zuzuhören, Pfeife zu rauchen und jene zu betrachten, die den Raum betraten. Später versuchte Trotzki sich zu erinnern, ob dieser schweigsame Mann während der Sitzungen irgendetwas gesagt hatte. Doch er konnte sich auf nichts besinnen. Der Tribun der Revolution, der in diesen stürmischen Monaten der russischen Revolution von einer Versammlung zur anderen jagte, sah in diesem Mann keine Persönlichkeit, sondern einen der vielen Statisten des Augenblicks, die kurz in Erscheinung treten und dann wieder in der Versenkung verschwinden. Doch Stalin war es gelungen, unmerklich in den Führungskern der Partei vorzudringen. Trotzki führte dies auf Lenins Bestreben zurück, Vertreter anderer Nationalitäten des Russischen Reiches um sich zu scharen, um so den internationalen Charakter der Revolution zu unterstreichen. Diese Annahme Trotzkis schien richtig zu sein, zumal Stalin nach der Revolution zum Volkskommissar für Nationale Fragen ernannt wurde.
Näher lernten sich Stalin und Trotzki in den folgenden Jahren kennen, als sie sich nicht mehr so häufig begegneten, aber durch ihre Aufgaben im Bürgerkrieg immer wieder miteinander in Berührung kamen. Stalin war damals zunächst Bevollmächtigter in Versorgungsangelegenheiten und später Mitglied des Kriegsrats an verschiedenen Fronten. Es kam sogar einige Male vor, dass Trotzki sich lobend über Stalin äußerte: so im Mai 1920, als er in einem Telegramm an den Rat der Volkskommissare die Ernennung des Genossen Stalin zum Mitglied des Revolutionären Kriegsrats der Republik befürwortete!
Wesentlich kennzeichnender für ihr Verhältnis waren allerdings die bereits erwähnten Auseinandersetzungen, die sich an den Eigenmächtigkeiten Stalins entzündeten. Trotzki forderte mehrmals die Abberufung des Georgiers von der Front. In der Frage des Aufbaus der Armee nahmen die beiden diametral ent-

gegengesetzte Standpunkte ein. Während Trotzki die Heranziehung von Militärspezialisten als unabdingbar betrachtete, hegte Stalin eine tiefe Abneigung und großes Misstrauen gegenüber den ehemaligen zaristischen Offizieren und unterstützte Vertreter des Partisanentums vom Schlage Woroschilows.

Trotzkis Telegramm aus dem Jahre 1918, in dem er »kategorisch auf der Abberufung Stalins« besteht, klingt wie ein Ultimatum. Doch Lenin und Swerdlow, die in fast allen militärischen Fragen Trotzki unterstützten, zögerten hier, für eine der Seiten Partei zu ergreifen. Stalin wurde zwar vorübergehend unter einem geeigneten Vorwand von der Front zurückgerufen, Woroschilow und andere Kommandeure erhielten andere Bereiche militärischer Arbeit zugeteilt. Gleichzeitig vermied Lenin es jedoch, sich offen auf die Seite Trotzkis und damit gegen Stalin zu stellen. Stattdessen versuchte er zwischen ihnen zu vermitteln und appellierte an die beiden Opponenten, ihre Beziehungen zu verbessern.

Vorübergehend kam es sogar zu einer gewissen Entspannung in ihrem Verhältnis, an der Stalin offenbar sehr wohl interessiert war. Trotzki schreibt darüber in seinen Erinnerungen: »Er war ganz offensichtlich bestrebt, sich mir zu nähern. Erst später wurde ich mir darüber klar, dass seine Bemühungen so etwas wie eine familiäre Vertrautheit schaffen wollten. Doch ich empfand ihn als abstoßend aufgrund jener Eigenschaften, die später in der Phase des Verfalls [der Revolution] seine Stärke darstellten: bornierte Ziele, Empirismus, Grobheit und jener besondere Zynismus eines Provinzlers, den der Marxismus von vielen Vorurteilen befreit hatte, ohne dass an ihre Stelle jedoch eine durchdachte ... Weltanschauung getreten war.« (Moja shisn II, S. 213 f.)

Stalin war einige Schritte auf Trotzki zugegangen. Er wusste, dass der andere zu jener Zeit in der politischen Hierarchie turmhoch über ihm stand, und war möglicherweise darauf erpicht, durch den zweiten Mann der russischen Revolution gefördert zu werden. Ein Hinweis darauf ist ein Artikel, den er kurz vor dem ersten Jahrestag der Oktoberrevolution über Trotzki schrieb. In diesem Beitrag, der den Titel »Der Oktoberumsturz« trägt, stellte er Trotzki direkt neben Lenin und erkannte den derzeitigen Vorsitzenden des Revolutionären Kriegsrats unumwunden als zweitwichtigsten Organisator des bewaffneten Aufstandes an (Prawda, 6. 11. 1918). Das war ein origineller Geburtstagsgruß an Trotzki, der am 7. November geboren wurde … und gleichzeitig eine fast devote Geste. Natürlich tauchte dieser Artikel später niemals in einer Ausgabe der Werke Stalins auf.

Trotzki dankte Stalin diese und andere Ergebenheitsbekundungen nicht. Als Politiker traute er ihm nicht sonderlich viel zu, und als Mensch war er ihm sogar unangenehm. Der Aufstieg Stalins in die Führungsspitze der Partei kam für Trotzki völlig unerwartet.

Lange Zeit war Trotzki fest davon überzeugt, dass das Politbüro ihm den Platz des »obersten« Führers anbieten würde. Lenins »Testament« war noch vor seinem Tod sowohl Trotzki als auch Stalin bekannt geworden und trug natürlich nicht dazu bei, die beiden zu versöhnen. Schließlich hatte der sterbende Führer darin unterstrichen, dass Trotzki »womöglich der fähigste Mann im jetzigen ZK« sei und dass man ihm seinen früheren »Nichtbolschewismus« nicht ankreiden könne. Gleichzeitig hatte er seine Zweifel geäußert, dass Stalin, der »in seinen Händen eine unermessliche Macht konzentriert« habe, »es immer verstehen wird, von dieser Macht vorsichtig genug Gebrauch zu machen«. Und dann folgte Lenins Ergänzung zu diesem Brief, die er am 4. 1. 1923 diktierte: »Stalin ist zu grob, und dieser Mangel, der in unserer Mitte und unter uns Kommunisten durchaus erträglich ist, kann in der Funktion des Generalsekretärs nicht geduldet werden. Deshalb schlage ich den Genossen vor, sich zu überlegen, wie man Stalin ablösen könnte.« Nun schienen die Tage Stalins in der Position des Generalsekretärs gezählt, und Trotzki glaubte zuversichtlich, dass er seinen wichtigsten Rivalen mit Lenins Hilfe auf »gesetzlichem« Wege beseitigen könne. Stalin aber gelang es, durch seine Intrigen und Machenschaften hinter den Kulissen seine Position zu festigen. Es besteht Grund zu der Annahme, dass die in der Parteispitze kursierende Behauptung, Lenin sei »handlungsunfähig«, von Stalin verbreitet worden ist.

Wie Trotzki später selbst einräumte, war seine Abwesenheit bei der Beisetzung Lenins ein großer Fehler. Er selbst erklärte, dass Stalin ihn durch falsche Auskünfte über den Termin bewusst irregeführt habe. Zunächst wurde ihm folgende Depesche des Generalsekretärs übermittelt:

»Tiflis. An die transkaukasische Tscheka. Unverzüglich weiterleiten und den Zeitpunkt der Übergabe mitteilen. Mogilewski oder Pankratow sollen persönlich dechiffrieren. Dem Genossen Trotzki ist mitzuteilen, dass am 21. Januar um 6 Uhr 50 Minuten [18.50 Uhr] ganz plötzlich der Genosse Lenin verschieden ist. Der Tod erfolgte aufgrund Lähmung des Atemzentrums. Die Beisetzung wird am Samstag, dem 26. Januar, stattfinden. Stalin, 22. Januar 1924.« (Zentrales Armeearchiv.)

Trotzki teilte nun telegraphisch mit, dass er zur Beerdigung nach Moskau reisen werde, und erhielt eine zweite, von Stalin unterzeichnete Depesche: »Die Beisetzung wird am Samstag stattfinden, Sie werden nicht rechtzeitig kommen können. Das Politbüro ist der Meinung, dass Sie aufgrund Ihres Gesundheitszustandes nach Suchumi fahren sollten. Stalin.«
Die Beisetzung fand jedoch am Sonntag statt. Trotzki wurde so von der persönlichen Teilnahme an den Trauerfeierlichkeiten ferngehalten, die von gewaltiger politischer Bedeutung waren. Seine Abwesenheit erregte einen äußerst ungünstigen Eindruck in der Bevölkerung und bei den Parteimitgliedern. Schließlich galt er im Bewusstsein der Öffentlichkeit immer noch als der »zweite Führer«. Viele sahen in seiner Abwesenheit eine Missachtung gegenüber dem Andenken Lenins.
Trotzki berichtet, dass Stalin mit einem »persönlichen« Chiffre-

telegramm alle ihm ergebenen höheren Parteifunktionäre aus dem gesamten Land nach Moskau gerufen habe. »Schließlich erschienen dort alle außer mir, der ich durch Stalin selbst falsch informiert worden war …« (Houghton Library.)
Aus Tiflis sandte Trotzki ein Telegramm an die »Prawda«, in dem er seinem Schmerz über Lenins Tod Ausdruck verleiht: »Wenn wir jetzt vorwärts schreiten, werden wir einen Weg finden, werden wir nicht abkommen? Unsere Herzen sind jetzt von unermesslicher Trauer erfüllt, weil wir alle dank der großen Gnade der Geschichte als Zeitgenossen Lenins geboren wurden, mit ihm arbeiteten, von ihm lernten … Wie werden wir jetzt vorwärts schreiten? – Mit der Fackel des Leninismus in den Händen …« (U welikoj mogily, Moskau 1924, S. 63.)
Tief berührt war Trotzki von dem Brief, den er zwei Tage nach der Beisetzung von N. K. Krupskaja erhielt:

»Lieber Lew Dawidowitsch,
ich schreibe Ihnen, um Ihnen zu erzählen, dass Wladimir Iljitsch ungefähr einen Monat vor seinem Tod bei der Lektüre Ihres Büchleins an der Stelle unterbrach, wo Sie eine Charakteristik von Marx und Lenin geben; und er bat mich, ihm diese Stelle noch einmal vorzulesen; dabei hörte er aufmerksam zu und las sie daraufhin noch einmal selbst.
Folgendes möchte ich noch sagen: Jene Beziehung zu Ihnen, die sich damals, als Sie aus Sibirien zu uns nach London gekommen sind, bei W. I. entwickelt hat, hat sich bis zu seinem Tod nicht verändert …
N. Krupskaja.« (Houghton Library.)

Kurz vor seinem Tod äußerte Trotzki die Vermutung und später die Überzeugung, dass Stalin »Lenin vergiftet« habe. In seinem Artikel »Der Super-Borgia im Kreml« berichtet er, dass G. Jagoda, der Stalin sehr nahe stand, »einen besonderen Giftschrank hatte, aus dem er je nach Bedarf Flakons hervorzog und sie seinen Agenten mit entsprechenden Instruktionen gab. Stalin konnte nicht passiv darauf warten, dass Lenins Zustand sich vielleicht bessern würde, denn davon hing das Schicksal Borgias ab.« (Houghton Library.) Diese These kann weder bestätigt noch widerlegt werden.

Nach Lenins Tod gewann der Kampf zwischen Stalin und Trotzki einen sehr einseitigen Charakter. Stalin attackierte, Trotzki verteidigte sich. Im Januar 1925 wurde er von seinem Posten als Volkskommissar für Militärische Angelegenheiten abgelöst; nach seiner Rückkehr aus Suchumi verlor er den Posten des Vorsitzenden des Revolutionären Kriegsrats der Republik. Auf einem ZK-Plenum, wo die Frage der weiteren Tätigkeit Trotzkis, Sinowjews und Kamenews erörtert wurde, geschah etwas Unerwartetes: Als Nachfolger Trotzkis für den Posten des Volkskommissars für Militärische Angelegenheiten wurde … Stalin vorgeschlagen. Der Generalsekretär lehnte jedoch sogleich ab, wobei er tat, als sei er höchst erstaunt über dieses Ansinnen. Der Vorschlag kam nicht durch, und Stalin blieb am Schaltpult der schnell wachsenden Apparatmaschinerie. Trotzki war auch bei dieser Sitzung nicht anwesend, er hatte sich krankgemeldet …

Nun, da Trotzki nicht mehr an der Spitze der Streitkräfte stand, stellte er keine Gefahr mehr für Stalin dar. Nachdem sich die »Troika« beraten hatte, fand sie rasch drei Aufgaben für Trotzki, die ihn aus dem Zentrum des politischen Lebens an die Peripherie befördern und in der Routine bürokratischer Arbeit versacken lassen sollten. Trotzki erhielt die Leitung des Konzessionskomitees und der elektrotechnischen Verwaltung, außerdem wurde er Vorsitzender der wissenschaftlich-technischen Verwaltung der Industrie.

Zunächst stürzte sich Trotzki in die Arbeit. Die Frage, wie man die Wissenschaft in den Dienst der entstehenden Gesellschaft stellen konnte, interessierte ihn sehr. Er fuhr von einem Laboratorium zum anderen, traf sich mit Wissenschaftlern und führte Beratungen mit technischen Mitarbeitern durch. Im Politbüro ließ er sich selten blicken. Viele Sitzungen versäumte er mit der Begründung, die neue Arbeit nehme ihn völlig in Anspruch. Es schien, als habe er sich mit der bescheidenen Rolle eines »Technokraten« abgefunden, die ihm mehr Zeit für seine publizistische Arbeit ließ. Währenddessen wurde die Kampagne gegen den Trotzkismus in der Presse fortgesetzt. Trotzki konnte sich nicht auf Dauer aus den politischen Auseinandersetzungen heraushalten. Er gab alle Posten außer dem Vorsitz im Konzessionskomitee ab und kehrte »in die Politik« zurück. In der »Troika« war eine Spaltung abzusehen: Sinowjew und Kamenew begannen zu erkennen, dass sie durch ihre Unterstützung Stalins das bürokratische Regime in der Partei stärkten und so dem künftigen Diktator den Weg ebneten. Sinowjew und Kamenew wandten sich nun an Trotzki, der allerdings trotz ihres Sinneswandels kein sonderliches Vertrauen zu diesen neuen »Verbündeten« hatte. »Bei der ersten Begegnung mit mir«, berichtet Trotzki, »erklärte Kamenew: ›Es genügt, wenn Sie und Sinowjew auf einer Tribüne erscheinen, und die Partei wird ihr wahres Zentralkomitee finden.‹« (Moja shisn II, S. 265.) Die ehemaligen Verbündeten Stalins unterschätzten jedoch die Wirksamkeit der Maßnahmen, durch die der Generalsekretär zwischenzeitlich seine Macht gefestigt hatte. Mittlerweile bestand sein Apparat lediglich aus Personen, die ihm bedingungslos ergeben waren.

Auf dem 14. Parteitag trug Sinowjew das Koreferat der Opposition vor, in dem er die Partei vor der Gefahr bürokratischer Entartung warnte. Seine Argumente waren dürftig. Mehr Eindruck hinterließ Kamenews Rede: »… Wir sind dagegen, eine ›Führertheorie‹ zu schaffen, wir sind dagegen, einen ›Führer‹ zu schaffen … Ich persönlich denke, dass unser Generalsekretär nicht die Person ist, die es vermag, den alten bolschewistischen Stab um sich zu vereinen …« Die Basis der linken Opposition wurde jedoch zusehends schwächer, auf dem Parteitag fanden die Worte Kamenews kein Gehör mehr. Im Oktober 1926 wurden Trotzki und Sinowjew aus dem Politbüro ausgeschlossen und ein Jahr später aus dem Zentralkomitee.

In einer Erklärung der Oppositionellen, die von Kamenew,

Sinowjew, Pjatakow, Smilga, Muralow, Trotzki, Bakajew, Peterson, Rakowski, Jewdokimow, Lisdin, Solowjew und Awdejew unterschrieben worden war, hieß es: »Es ist nicht wahr, dass die Opposition einen Aufstand gegen die Partei und die Sowjetmacht plant. Dafür ist es eine unbestreitbare Wahrheit, dass die Stalinsche Fraktion auf dem Weg zur Verwirklichung ihrer Ziele kaltblütig die Lösung einer physischen Zerschlagung anvisiert hat.« (Houghton Library.)

Nachdem Trotzki fast alles verloren hatte, begann er nun – verspätet –, eine oppositionelle Gruppe innerhalb der Partei aufzubauen. Illegale Beratungen wurden abgehalten. Man unternahm Versuche, oppositionelle Materialien zu drucken. Dabei unterstrich Trotzki immer wieder, dass Widerstand nur auf der ideologischen und politischen Ebene zulässig sei. Er verfasste einige »Merkblätter« und Instruktionen zur Organisation des oppositionellen Kampfes.

In seinen Erinnerungen hat Trotzkis Anhänger N. N. Gawrilow einige Aufgaben der Gruppe zusammengefasst:

»1) Wir sollten während der Parteiversammlungen aktiv unsere Ansichten verteidigen;
2) die Plattform der Opposition unter den Massen verbreiten;
3) Geld sammeln für Papier und Hilfe für jene Genossen organisieren, die verfolgt wurden;
4) mit Anhängern Kontakte knüpfen;
5) die Verbindung zu den Führern der Leningrader Oppositionsgruppe aufrechterhalten …«

Aber diese verzweifelten Versuche, Widerstand zu leisten, konnten das Schicksal Trotzkis und seiner Anhänger nicht wenden.

Ich denke, es gibt eine ganze Reihe von Ursachen für Trotzkis Scheitern.

Da die Mehrheit der Parteimitglieder nur eine sehr geringe politische Bildung besaß, wurden seine Anliegen und die Hintergründe seines Kampfes mit Stalin nicht verstanden. Die Partei in ihrer damaligen Form und Zusammensetzung war das Kind eines grausamen Krieges. Sie war geprägt von den Methoden des militärischen Kampfes; man dachte in den Kategorien von »Fronten«, »Schlägen«, »Vernichtung«, »Verrat«, »Geschlossenheit«. Wer am administrativen Schaltpult der Partei stand, hatte in bedeutendem Maße die Möglichkeit, den Verlauf der Diskussionen zu bestimmen, die öffentliche Meinung zu formen und Feindbilder zu schaffen.

Hinzu kam, dass Trotzkis radikale linke Positionen auf viele verwirrend und widersprüchlich wirkten. Die Lage im Lande war besorgniserregend. Es gab Streit über die Wege und das Tempo beim Aufbau des Sozialismus. Trotzki hielt an seiner These fest, dass die Entwicklung der Revolution in Russland von dem internationalen revolutionären Prozess abhängig sei, vertrat aber gleichzeitig weiterhin radikale linke Auffassungen zu den Fragen des sozialistischen Aufbaus. Damit schien er sich selbst zu widersprechen: Auf der einen Seite hielt er den Sozialismus in Sowjetrussland ohne revolutionäre Umwälzungen in anderen Ländern nicht für möglich, andererseits rief er zu entschiedenen Umgestaltungen im Lande auf, die so schnell wie möglich durchgeführt werden sollten. So forderte er die Verstärkung des »Drucks« auf die Kulaken und eine Forcierung der Industrialisierung. Stalins Theorie, dass der Aufbau des Sozialismus in *einem* Lande möglich sei, erschien da als eine wesentlich eindeutigere Orientierung, zumal die Hoffnung auf eine unmittelbar bevorstehende Weltrevolution bei den meisten Bolschewiki geschwunden war.

Stalin hatte früher als andere begriffen, dass es sehr günstig war, die Position des »Verteidigers« von Lenins Vermächtnis einzunehmen. In seinen Brandreden gegen Trotzki und die Oppositionellen hagelte es Lenin-Zitate. Das machte natürlich Eindruck, und so war der ehemalige Mitstreiter Lenins genötigt, sich fortwährend zu verteidigen, zu rechtfertigen und seine Loyalität gegenüber dem ZK und dem Politbüro zu beteuern. Diese defensive Haltung ließ den Eindruck entstehen, dass Trotzkis Positionen fragwürdig oder gar falsch sein müssten.

Darüber hinaus besaß Trotzki die für einen herausragenden Intellektuellen erstaunliche Fähigkeit, den allerungünstigsten Augenblick für den politischen Kampf zu wählen. Er war ein außerordentlich schlechter Taktiker, wie nicht zuletzt seine Abwesenheit bei der Beisetzung Lenins zeigte. Gewiss, Stalin hatte ihn irregeführt, aber Trotzki hätte wissen müssen, welch unguten Eindruck sein Fehlen auf seine Anhänger, auf die Parteimitglieder und bei der Armee machen würde. Nicht selten war Trotzki in kritischen Momenten des Kampfes abwesend; das eine Mal war er durch seine Krankheit verhindert, das andere Mal befand er sich im Urlaub, auf Kur oder zur Behandlung in Berlin. Es kam sogar vor, dass er ZK- oder Politbürositzungen wegen der Jagd, die in seinem Leben eine erhebliche Rolle spielte, versäumte.

Nach der Verbannung Trotzkis sollte Stalin durch einen politischen Schwenk der Opposition teilweise den Wind aus den Segeln nehmen. Im Kampf zwischen zentristischen und linken Tendenzen in der Partei gab er sich stets als Wortführer des Zentrums, während Trotzki auf dem linken Flügel stand. Dann aber geschah etwas Unerwartetes: Stalin besiegte die linke Opposition, usurpierte ihr radikales Programm und ging zur »Revolution von oben« über. Ob es nun Trotzki wollte oder nicht, viele seiner Gedanken (wenn nicht die grundlegenden) wurden von Stalin übernommen und in die Praxis umgesetzt. Allerdings wollte Trotzki bekanntlich die revolutionären Umwälzungen in der Stadt und auf dem Land mit einer demokratischen Entwicklung in Partei und Staat verbinden. Stalin erkannte alle Schwächen Trotzkis und nutzte sie rücksichtslos aus. Der ehemalige »Führer der Roten Armee« sollte bald ein politischer Führer mit einer verschwindend geringen Anhängerschaft sein.

Die Abwendung der Mitstreiter

Ein weiteres Paradoxon in der Biographie Trotzkis war das Missverhältnis zwischen der Anzahl seiner Anhänger und dem Grad seiner Popularität. Während der Revolution und des Bürgerkriegs war sein Name im ganzen Land und weit über seine Grenzen hinaus bekannt geworden. Viele Menschen sahen in ihm ein Idol der Revolution, er war ihr Symbol, er faszinierte durch seine Talente als Organisator der Armee, Staatsmann, politischer Denker, Redner und Publizist. Er schien ein unerschöpflicher »Generator« der Revolution zu sein.

Aber er war nur in der Lage, die Masse zu sehen und zu beeinflussen. Selten jedoch gewann er die Sympathie einzelner Menschen. Seit langem war er in die Rolle eines »Führers« geschlüpft, und Führer haben wenig Freunde. Und nachdem die Brandfackel des Bürgerkriegs erloschen war, stellte sich heraus, dass der zweite Mann in der Partei und im Land nur wenige Anhänger hatte.

Im Jahre 1926, als Sinowjew und Kamenew zu ihm übergelaufen waren, lag die Anzahl der Gleichgesinnten lediglich bei 7000 bis 8000 Personen – und dies war der höchste Stand, den sie erreichen sollte. Gewiss, der Opposition stand eine höchst amorphe Masse von Parteimitgliedern gegenüber, aber der hier vorherrschende Mangel an politischer Bildung machte sie zum willigen Objekt der Manipulation durch Stalin und seine Clique. So war der Generalsekretär auch in dieser Hinsicht im Vorteil, denn in den entscheidenden Augenblicken folgten die Mitglieder gehorsam den parteioffiziellen »Anweisungen«, »Direktiven«, der »Linie des ZK«.

Im Frühling 1926 war Sinowjew und Kamenew schließlich klargeworden, dass sie Stalin unterschätzt und Trotzki überschätzt hatten. Erst jetzt begriffen sie, wie hinterhältig der Generalsekretär sie gegen Trotzki ausgenutzt hatte. Als sich das Trio an einem Abend im April 1926 bei Kamenew traf, wurde allen klar, wie geschickt Stalin sie alle ausgebootet hatte. Ohne Trotzki in

die Augen zu sehen, sprachen Sinowjew und Kamenew lange über ihren Irrtum, wobei sie Trotzki allerdings vorwarfen, er sei an ihrem Fehler nicht schuldlos. Warum war er immer wieder auf ihrem »fehlerhaften« Verhalten im Oktober 1917 herumgeritten? Warum war er bei der Beisetzung Lenins nicht anwesend? War es richtig, sich ganz allein gegen Stalin zu stellen?
Trotzki muss in diesem Augenblick wohl der Gedanke über die beiden gekommen sein, den er später aufschrieb: »Ihnen beiden fehlte jene Kleinigkeit, die man Charakter nennt« (Moja shisn II, S. 263 f.). Wie I. Deutscher schreibt, stellten die beiden neuen Verbündeten Trotzkis die Zusammenarbeit mit Stalin als einen Albtraum dar: »Sie schilderten seine Schläue, Verderbtheit und Grausamkeit. Sie sagten, dass sie beide an einem sicheren Ort Briefe hinterlassen hätten, in denen sie für den Fall ihres persönlichen und unerklärlichen Ablebens der Welt zu verstehen gaben, dass ihr Tod Stalins Werk sei; und sei rieten Trotzki, das gleiche zu tun. Sie behaupteten, dass Stalin 1923/24 nur deshalb Trotzki nicht ans Leben gegangen sei, weil er gefürchtet habe, dass sich irgendein glühender Trotzkist zum Rächer machen würde.« (Deutscher, Trotzki II, S. 257.) Sinowjew und Kamenew meinten nun, dass sie im Bündnis mit Trotzki die Chance hätten, die Partei »auf den richtigen Weg« zurückzuführen und Stalin zu entmachten. Wäre diese neue Allianz direkt nach Lenins Tod entstanden, so wäre dies tatsächlich möglich gewesen. Leider aber waren Sinowjew und Kamenew nur vorübergehend zu Trotzki übergewechselt. Sie waren nicht fähig zu einem entschlossenen Kampf und sollten bald reumütig Stalins Verzeihung für ihren »Fehltritt« erflehen.
Als besonders treulos und unbeständig schätzte Trotzki G. J. Sinowjew ein. Er kannte ihn seit Anfang des Jahrhunderts, begegnete ihm in Genf und London. Damals fiel ihm der Student der Berner Universität besonders wegen seiner außerordentlichen Rednergabe und seiner »westlichen« Bildung auf. Doch noch vor der Revolution machten sich bei »Grigori« (so lau-

tete Sinowjews Parteiname) Unbeständigkeit, mangelnde Widerstandskraft gegenüber politischem Druck und Unklarheit in ideologischen Fragen bemerkbar.
Auf Lenins Empfehlung hin wurde er auf dem 5. Parteitag in London ZK-Mitglied und sollte es zwanzig Jahre lang bleiben. Zusammen mit Lenin durchquerte er Deutschland im »plombierten Waggon«. Als Lenin sich einen Monat lang vor den Häschern der Provisorischen Regierung in der Nähe der Eisenbahnstation Rasliw verstecken musste, war Sinowjew sein Leidensgefährte.
Sinowjew war fast immer einer Meinung mit Lenin. Allerdings nur »fast«, da er zunächst die »Aprilthesen« ablehnte und am 10. 10. 1917 gemeinsam mit Kamenew gegen einen bewaffneten Aufstand stimmte. Sinowjew war der erste Vorsitzende des Exekutivkomitees der Kommunistischen Internationale; bei einer Reihe von Parteitagen hielt er das Hauptreferat. Doch seine politische Inkonsequenz führte zu seiner Entmachtung und schließlich zu seinem Untergang.
Im Dezember 1934 wurde Sinowjew nachts abgeholt und angeklagt. Während der »Untersuchung« schrieb Sinowjew mit zitternder Hand eine Notiz an Stalin: »... Ich bin vor der Partei in keiner Weise schuldig, ebenso wenig vor dem ZK und vor Ihnen. Ich schwöre bei allem, was einem Bolschewik heilig sein kann, ich schwöre beim Andenken Lenins.« Stalin jedoch ordnete die Beschleunigung der Gerichtsverhandlung an, und einen Monat später, am 16. Januar, wurde sein ehemaliger Verbündeter zu zehn Jahren Haft verurteilt, nachdem er alle ihm angedichteten Verbrechen gestanden hatte. Als Zugabe verpflichtete er sich, »alle Personen, die Meiner Erinnerung nach am Kampf gegen die Partei beteiligt waren«, zu nennen (Iswestija ZK KPSS 1989, Nr. 7, S. 80). Trotzki hatte recht, als er in seinem Buch »Stalin« den Generalsekretär einen Sadisten nannte. Stalin gehörte zu jener Gattung von Sadisten, denen der Tod seiner Opfer noch keine ausreichende Befriedigung verschafft: Er wollte ihre völlige moralische Kapitulation erzwingen. Sinowjew erklärte seine bedin-

gungslose Kapitulation in einem Brief, den er am 14. 4. 1935 an Stalin schrieb:

»Nun steht es um mich so, dass ich lange auf die Bilder von Ihnen und anderen Politbüromitgliedern in den Zeitungen schaue und denke: Freunde, schaut in meine Seele, seht ihr denn nicht, dass ich nicht mehr euer Feind bin, dass ich euer bin mit Leib und Seele, dass ich alles verstanden habe, dass ich bereit bin, alles zu tun, um eure Gnade und Verzeihung zu verdienen …« (Ebd., Nr. 8, S. 89.)

Größere Hoffnungen hatte Trotzki in Kamenew gesetzt. Zwar hatte er mit ihm ähnliche Meinungsverschiedenheiten wie mit Sinowjew, doch Kamenew war nicht nur sein Schwager, sondern auch ein Mensch mit festerem Charakter als sein Freund Sinowjew. Trotzki erinnerte sich daran, wie positiv sich Lenin während der April-Konferenz über Kamenew geäußert hatte: »Zehn Jahre lang hat Kamenew sehr wertvolle Arbeit geleistet. Er ist ein wertvoller Mensch …« Nicht zufällig hatte Lenin darauf bestanden, dass Kamenew einer seiner Vertreter im Rat der Volkskommissare und im Rat für Arbeit und Verteidigung wurde. 1918 wurde Kamenew zum Bevollmächtigten des Rats der Arbeiter- und Bauernverteidigung ernannt. Seinen Anstrengungen war es zu verdanken, dass Hunderttausende von Pud Getreide in die Hauptstadt transportiert worden waren.
Trotzki hatte aber auch nicht vergessen, dass es Kamenew war, der häufig die These vertreten hatte: »Man muss einen Kampf gegen die Ablösung des Leninismus durch den Trotzkismus führen.«
Nachdem Kamenew sich auf Trotzkis Seite gestellt hatte, tat er den wohl mutigsten Schritt in seinem Leben: Auf dem 14. Parteitag warnte er vor dem heraufziehenden Cäsarismus und wandte sich dabei offen gegen Stalin: »… Unser Generalsekretär ist nicht die Person, die es vermag, den alten bolschewistischen Stab um sich zu vereinen …« Das war möglicherweise die einzige öffent-

liche Äußerung auf einem Parteitag, die die Partei vor dem künftigen Diktator warnte und faktisch seine Absetzung vorschlug. Nachdem Kamenew, Sinowjew und andere Anhänger Trotzkis während des 15. Parteitags im Jahre 1927 wegen »Fraktionstätigkeit« aus der Partei ausgeschlossen worden waren, ersuchten sie am 19. 12. 1927 in einem reuevollen Brief das Präsidium des 15. Parteitags, sie wieder in den Schoß der Partei zurückkehren zu lassen. Dieser Brief wurde von 121 Anhängern der trotzkistisch-sinowjewschen »Fraktion« unterzeichnet. Kamenew garantierte mit seiner Unterschrift die Freiwilligkeit aller Unterzeichner bezüglich der Wiederaufnahme. So verlor Trotzki auch diesen zeitweiligen Verbündeten. Sinowjew und Kamenew durften in die Reihen der Partei zurückkehren. Von nun an mussten sie ständig den Trotzkismus entlarven …

Auch später, in der Zeit der Verbannung und nach seiner Ausweisung, verfolgte Trotzki aufmerksam das Schicksal seiner ehemaligen Mitstreiter. In der Regel verdammten sie bereitwillig den »Trotzkismus«, bereuten ihre »Verbrechen«, vergaßen jede Würde. Die Reihen der Opposition wurden ausgedünnt; viele erklärten öffentlich, dass sie ihre Fraktionsarbeit aufgegeben hätten, viele wurden nach Sibirien oder Mittelasien verbannt, anderen wurde eine ehrenvollere Verbannung zuteil – sie wurden Botschafter oder Handelsvertreter.

Adolf Abramowitsch Ioffe, ein alter Bolschewik und überzeugter Anhänger Trotzkis, erschoss sich in einem Zustand der Depression, nachdem man Trotzki im Herbst 1927 Schritt für Schritt alle seine Parteiämter genommen hatte. In seinem Abschiedsbrief bekräftigt er, dass Trotzki politisch immer im Recht gewesen sei, dass es ihm jedoch an Leninscher Unbeugsamkeit und Unnachgiebigkeit gefehlt habe. »Eines Tages wird die Partei dies begreifen«, schrieb Ioffe, »und die Geschichte wird es zu schätzen wissen.«

Länger als andere hielt Karl Radek Trotzki die Treue. Er wurde nach der Zerschlagung der Opposition ins westliche Sibirien verbannt. Der glänzende Publizist war ein sehr impulsiver

Mensch, im Leben und in der Politik. Trotzki und er hatten sich bereits vor der Revolution kennengelernt. Er neigte dazu, seine politische Orientierung rasch zu verändern. Während er im Drama von Brest-Litowsk Trotzki unterstützte, brachte er es fertig, gleichzeitig die Gruppe der linken Kommunisten um Bucharin zu unterstützen. Im Auftrag Lenins unterstützte er die Gründung der Kommunistischen Partei Deutschlands. Später war er einer der ersten Befürworter der Idee der Volksfront (Krasnaja now, Jg. 1926, Nr. 10).
Trotzki empfand immer Interesse, aber auch ein gewisses Misstrauen gegenüber Radek, der zu Improvisation in der Politik neigte, doch gleichzeitig einen scharfen Verstand besaß. Radek war es, der auf einem Bündnis mit der Sozialdemokratie der westlichen Länder bestand, er war es, der versuchte, Brandler vor einem überstürzten revolutionären Vorgehen in Deutschland abzuhalten. Als Trotzki nach Alma-Ata verbannt wurde, erhielt er den ersten Brief von Radek, der sich zusammen mit Smilga in Tomsk befand. Radek schrieb über sein Leben als Verbannter, stellte Vermutungen über die zukünftigen Entwicklungen an und sprach Trotzki Mut zu. Die Briefe Trotzkis an Radek wurden nach seiner Verhaftung lange Zeit in Spezialarchiven verborgen gehalten. Hier einige Auszüge aus einem von ihnen:

»Lieber Karl Bernhardowitsch!
Da ich weiß, dass Sie Handschriften nicht lieben, schreibe ich Ihnen auf der Maschine. Wir haben uns niedergelassen. Ich erinnerte mich an die weisen Worte Sergejs: ›Kein Bündnis – weder mit Josif [Stalin] noch mit Grigori [Sinowjew]. Josif wird dich betrügen, Grigori wird fortlaufen.‹ Ich übersetze für das Marx-Engels-Institut das Buch ›Herr Vogt‹ von Marx … Bin noch nicht auf der Jagd gewesen. Sermuks ist nicht bei mir; man hat ihn verhaftet und fortgebracht. Ich rate Ihnen, vernünftig zu leben, um sich zu erhalten. Um jeden Preis. Wir werden noch sehr, sehr gebraucht …
27. 2. 1928 Ihr Trotzki.« (Zentrales Parteiarchiv.)

Radek besaß damals noch die Energie und den Mut, gegen die Lage Trotzkis zu protestieren. Am 25. 9. 1928 schrieb er nach Moskau:

»An das ZK der WKP(B).
Genossen!
Nachdem ich von der Krankheit des Genossen L. D. Trotzki erfahren habe, habe ich mich mit der Forderung an das ZK der WKP(B) gewandt, den Genossen Trotzki an einen Ort zu überführen, wo die Möglichkeit seiner Behandlung gegeben ist.
Sie haben uns aus der Partei ausgeschlossen und als Konterrevolutionäre verbannt, ohne in Betracht zu ziehen, dass die Älteren von uns ein Vierteljahrhundert für den Kommunismus kämpfen … Jene zu verbannen, die gegen die Kulaken kämpften, das ist entweder Wahnsinn oder eine bewusste Hilfe für die Kulaken …
Der revolutionäre Bolschewik, der keine schlechtere Vergangenheit hat als Sie selbst, muss von 30 Rubel im Monat sein Dasein bestreiten. Die Geschichte mit der Erkrankung des Genossen Trotzki bringt das Fass zum Überlaufen. Darum muss die Frage nach der Aufhebung der Verbannung der Bolschewiki-Leninisten mit dem Genossen Trotzki an der Spitze aufgeworfen werden. Tun Sie dies bald, damit wir, die wir den Genossen Trotzki an allen Fronten des Bürgerkriegs sahen, nicht die Schande erleben, unsere Stimme für seine Rettung erheben zu müssen. Wir haben zwar kein Parteibuch mehr, sondern einen Ausweis mit dem Siegel der GPU und der Anschuldigung des §58 …
Tomsk, 25. 9. 1928 K. Radek.« (Zentrales Parteiarchiv.)

Die folgenden Schreiben an das ZK zeugen von der allmählichen »Kapitulation« Radeks. Diese Entwicklung ist nicht nur für Radek und seinen Leidensgefährten Smilga, sondern für die gesamte Opposition charakteristisch.
Den Endpunkt dieses allmählichen Verfalls der Solidarität stellt folgender Brief dar:

»An die Zentrale Kontrollkommission der WKP(B).
Wir, die Unterzeichnenden, erklären hiermit unser Einverständnis mit der politischen Generallinie der Partei und unseren Bruch mit der Opposition … Mit Trotzkis Theorie der permanenten Revolution haben wir nichts gemein … Wir nehmen unsere Unterschriften unter den Fraktionsdokumenten zurück und bitten um Wiederaufnahme in die Partei …
Radek, Smilga.« (Zentrales Parteiarchiv.)

In ähnlicher Weise kapitulierten auch Muralow, Preobrashenski, Pjatakow, Serebjakow und viele andere prominente Anhänger Trotzkis.
Die Oppositionellen um Stalin haben nicht, wie man später über sie schrieb, »heimlich Pläne für die Restauration des Kapitalismus geschmiedet«. Vor allen Dingen besaßen sie die Fähigkeit, selbständig zu denken, den Mut, verantwortungsvolle politische Entscheidungen zu treffen, die Bereitschaft, an Dingen zu zweifeln, an denen kein Zweifel erlaubt war. Die innere Schwäche der Opposition bestand jedoch vor allen Dingen darin, dass sie keine klaren, attraktiven Alternativen hatte, die sie der Partei hätte vorschlagen können. Zu Recht unterstrich sie, dass »die Partei in die möglicherweise schwierigste Epoche ihrer Geschichte mit der schweren Last der Fehler ihrer führenden Organe« gehe. Doch Trotzki und seine Mitstreiter hatten nur vage Vorstellungen davon, was zu tun war. Sie wussten nur, was *nicht* getan werden durfte.

Die Niederlagen des Jahres 1927

1927 stellte sich Trotzki an die Spitze der »vereinigten linken« Opposition. Noch während das Juli-Plenum des ZK tagte, legte sie ihr Programm in zwei Dokumenten dar: »Erklärung der 13« und später der »Plattform der 83«. Diese Erklärungen knüpften an die Gedanken in Trotzkis Brief an die Mitglieder des ZK und der ZKK‹ vom 8. 10. 1923 und die »Erklärung der 46« vom 15. 10. 1923 an. Die linke Opposition wandte sich gegen den Kurs der Partei, »den Sozialismus in einem Land aufzubauen«. Trotzki und seine Anhänger sahen in dieser Beschränkung der Revolution nicht nur die Gefahr der Isolierung, sondern auch der Verstärkung totalitärer Tendenzen, die unausweichlich seien, wenn sich das sozialistische Russland in eine von allen Seiten eingekesselte »belagerte Festung« verwandle.
Diese Überlegungen enthielten ein rationales Moment: Die Umwandlung eines Landes oder einer Gruppe von Staaten in ein Militärlager macht die Volksmacht überflüssig. Eine »Festung«, eine »Zitadelle« und schließlich ein »Lager« benötigen einen Führer, einen Cäsaren, einen Diktator. Trotzki sah dies klarer als alle anderen. Deshalb hielt er den Aufbau des Sozialismus in einem Land, wenn er nicht von einem weltrevolutionären Prozess begleitet wurde, für falsch. In der »Plattform der 83« unterstrich Trotzki: »Eine falsche Politik beschleunigt das Anwachsen von Kräften, die der proletarischen Diktatur feindlich gesinnt sind: des Kulaken, des NÖP-Manns, des Bürokraten.«
Die vereinte linke Opposition verkündete globale radikale Ideen und Losungen, hatte aber kein Konzept, sie auf nationaler Ebene umzusetzen.

Auf Empfehlung der Leningrader Parteiorganisation war Trotzki im Oktober 1926 während des gemeinsamen Plenums von ZK und ZKK der WKP(B) aus dem Politbüro ausgeschlossen worden. Nun konzentrierte er seine gesamte Aufmerksamkeit darauf, in zahlreichen mündlichen und schriftlichen Stellungnahmen die Positionen der Opposition zu verteidigen. Die Zeitungen und Zeitschriften lehnten seine Artikel jedoch einmütig ab. Zuweilen protestierte er in Briefen gegen diese Zensur:

»An das Politbüro. An das Präsidium der ZKK
Das Politbüro hat am 12. Mai angeordnet, dass meine Artikel nicht gedruckt werden. Es handelt sich offenbar hier um zwei Artikel: ›Die chinesische Revolution und die Thesen des Genossen Stalin‹, den ich an den ›Bolschewik‹ geschickt habe, und um den Artikel ›Der richtige Weg‹, den ich an die ›Prawda‹ geschickt habe … Daraufhin erscheinen plötzlich Thesen des Genossen Stalin, die eine Bekräftigung und Vertiefung der fehlerhaftesten Seiten einer von Grund auf verfehlten Politik darstellen … Man kann alles zeitweilig schematisch unterdrücken: Kritik und Zweifel, Fragen und empörten Protest. Solche Methoden jedoch nannte Lenin grob und unloyal …
16. Mai 1927,
L. Trotzki.« (Kommunistitscheskaja opposizija III, S. 43–46.)

Natürlich fruchteten solche Briefe nichts. Die Möglichkeiten der Opposition, öffentlich ihre Positionen darzulegen und zu Vorwürfen Stellung zu nehmen, wurden immer mehr beschnitten. Das, was Stalin sagte, veröffentlichten die »Prawda«, der »Bolschewik« und andere Zeitungen. Das, was Trotzki und seine Mitstreiter sagten, erfuhren oft nur einige Dutzend Menschen. Trotzki sah nun, dass er keine Möglichkeit hatte, auf die Beschlüsse der Parteispitze Einfluss zu nehmen, und schrieb am 17. 5. 1927 einen persönlichen Brief an N. K. Krupskaja, der seine Standhaftigkeit und seine Verbitterung zeigt:

»Stalin und Bucharin verraten den Bolschewismus in seinem zentralen Punkt – dem proletarischen, revolutionären Internationalismus … Die Niederlage der deutschen Revolution von 1923, die Niederlage in Bulgarien, in Estland, die Niederlage des Generalstreiks in England, die Niederlage der chinesischen

Revolution im April haben den internationalen Kommunismus außerordentlich geschwächt … Die Schwächung einer international revolutionären Stimmung unseres Proletariats ist eine Tatsache, die durch das Parteiregime und durch falsche Erziehungsarbeit (Sozialismus in einem Land usw.) verstärkt wird. Ist es dann verwunderlich, dass unter solchen Bedingungen der linke, revolutionäre, leninsche Flügel der Partei gegen den Strom schwimmen muss? … Den Kampf bis zur Erschöpfung gegen die Opposition, der während des letzten halben Jahres geführt worden ist, will Stalin nun in einen ›Kampf bis zur Vernichtung‹ verwandeln … Wir jedoch werden gegen den Strom schwimmen …« (Ebd., S. 57–59.)

Trotzki musste sich einige Male vor gerichtsähnlichen Tribunalen verantworten. Im Juni 1927 »verhörte« man ihn auf einer Sitzung der ZKK. Das ehemalige Politbüromitglied hielt dort zwei anderthalbstündige Reden, wobei er sich nicht nur verteidigte, sondern auch zum Angriff überging. G. K. Ordschonikidse, der Vorsitzende, unterbrach Trotzki ständig. Der Beschuldigte erklärte erhitzt: »Ich behaupte, dass Ihr Kurs sich an den Bürokraten, an den Beamten orientiert, aber nicht an der Masse. Man vertraut zu sehr auf den Apparat. Im Apparat existiert eine gewaltige … gegenseitige Unterstützung, eine wechselseitige Rückversicherung – deshalb lässt sich auch der Personalbestand nicht verringern. Durch die Abgehobenheit von der Masse entsteht ein System gegenseitiger Begünstigung. Und das alles wird für die Hauptstütze der Macht gehalten. In unserer Partei wird jetzt auf den Sekretär und nicht auf einfache Parteimitglieder gesetzt. So ist das Regime der Partei beschaffen …« (Ebd., S. 126.)

Als einen Gegenstand des ideologischen Kampfes mit Stalin wählte Trotzki die chinesische Revolution. Der Generalsekretär hatte in der chinesischen Frage eine klare Stellung bezogen, während Trotzki linke, radikale Ansichten vertrat. Am

27. 11. 1923 hatte er mit Tschiang Kai-schek eine dreistündige Unterredung über zentrale Fragen der chinesischen Revolution geführt. Trotzki verfasste zahlreiche Arbeiten über dieses Thema. Nach 1926 war alles, was er über China schrieb, mit der Betrachtung der »Fehler Stalins« verbunden.
So verfasste er im April 1927 den großen Artikel »Die chinesische Revolution und die Thesen Stalins«, in dem er die fehlerhafte Linie der WKP(B) gegenüber dem Osten aufzuzeigen versuchte. Trotzki erklärte, dass man in China nicht entschlossen und rasch genug vorgegangen sei und es versäumt habe, die Bauern zu politisieren. »Wer in der Agrarrevolution eine friedliche Politik betreibt, ist zum Untergang verdammt. Wer zögert, schwankt, abwartet, die Zeit verstreichen lässt – der ist zum Untergang verdammt.« (Zentrales Parteiarchiv.)
Und in der umfangreichen Arbeit »Die neue Etappe der chinesischen Revolution«, deren Adressat das Präsidium des Exekutivkomitees der Kommunistischen Internationale war, erklärte Trotzki kategorisch: »Die opportunistische Linie von Stalin und Bucharin vollzieht nach hilflosen Schwankungen eine scharfe Zickzackbewegung; der Kampf gegen den Imperialismus verschwindet, seinen Platz nimmt der Kampf gegen den Feudalismus ein …« (Zentrales Parteiarchiv.)
In seinen Schriften zu China bemühte Trotzki sich nicht nur, die politischen Entwicklungen im Reich der Mitte zu analysieren und die »Hilflosigkeit« Stalins in internationalen Fragen zu belegen, sondern bekräftigte auch seine Ansicht, dass der Osten im weltrevolutionären Prozess eine entscheidende Rolle spiele. Trotzki hoffte, dass seine Hinwendung zur chinesischen Frage dazu beitragen würde, die Opposition zu stärken und die »Fraktion« Stalins zu schwächen.
Stalin und seinen Verbündeten gelang es jedoch Schritt für Schritt, Trotzki und seine Mitstreiter zu isolieren, indem er sie als »Abtrünnige« und »Kapitulanten« brandmarkte. So entstand eine paradoxe Situation: Trotzki, der als wichtigstes Ziel die Weltrevolution sah und Stalin wegen seiner »zurückweichleri-

schen« Position in dieser Frage kritisierte, wurde von Stalin als Revisionist bezeichnet, weil er die Möglichkeit der Schaffung einer sozialistischen Gesellschaft in der UdSSR verneine.
Im Oktober 1927 fand in Leningrad anlässlich einer Sitzung des Exekutivkomitees eine Demonstration statt. Trotzki und Sinowjew stellten sich in die Nähe der Haupttribüne und wurden von vielen der Vorübergehenden freudig begrüßt. Die einfachen Bürger sahen in Trotzki nach wie vor nicht den Führer der Opposition, sondern den Helden des Bürgerkriegs, den Begründer der Roten Armee. Trotzki muss auch hier klar geworden sein, dass der Beifall seiner Vergangenheit galt.
Ende Oktober wurde Trotzki noch einmal – es war das letzte Mal – zu einem gemeinsamen Plenum des ZK und der ZKK‹ eingeladen. Von da ab sollte Trotzki nicht mehr zum »bolschewistischen Stab« gehören.
Die Sitzung verlief stürmisch. Sobald Trotzki das Wort erhalten und einige Sätze gesprochen hatte, ertönten aus dem Saal Schreie, Lärm, Beleidigungen. Die Rede Trotzkis war leidenschaftlich, jedoch verworren. Trotzki las seinen Text ab, ohne in den Saal zu schauen. Er wurde nun nicht nur mit Ausrufen wie »Lügner«, »Quatschkopf«, »du hast dich verkauft«, »Verleumder« bedacht, sondern auch mit Büchern, Tintenfässern, Gläsern und anderen Gegenständen beworfen. Durch den Lärm des Saals hindurch tönte die aufgewühlte Stimme des Redners: »… Zwei Worte zum sogenannten ›Trotzkismus‹. Jeder Opportunist versucht, mit diesem Wort seine Blöße zu bedecken. Um den ›Trotzkismus‹ aufzubauen, arbeitet die Fabrik der Fälschungen in vollem Gang, in drei Schichten …« Nach einigen weiteren Sätzen hielt er inne und wartete eine Weile, bis die Zurufe und Beleidigungen abebbten. Dann beugte er sich erneut über seinen vorbereiteten Text. Früher hatte er die Parteifunktionäre, die nicht in der Lage waren, frei zu reden, als »Spickzettelredner« bezeichnet. Nun las er seine Rede selbst vom Blatt ab.
»… Sie wollen uns aus dem Zentralkomitee ausschließen. Wir alle wissen, dass diese Maßnahme voll und ganz auf der Linie

seiner gegenwärtigen Entwicklung liegt, genauer gesagt seines Zerfalls … Die Grobheit und die Unloyalität, über die Lenin schrieb, sind nicht nur Charakterzüge einer Person, sie sind nun die Qualitäten der führenden Fraktion, ihrer Politik und ihres Regimes … Stalin als Generalsekretär gab Lenin von Anfang an Anlass zur Besorgnis. ›Dieser Koch wird nur scharfe Gerichte kochen‹, sagte Lenin vor vertrautem Kreis während des 11. Parteitags …«

Stalin, den Trotzki in seiner Rede noch häufiger erwähnte, wirkte gelassen, blickte in den Saal, korrigierte den Text seiner großen Rede, der er nun folgenden Titel gab: »Die trotzkistische Opposition früher und jetzt«. Er hatte bereits beschlossen, dass seine auf anderthalb Stunden angesetzte vernichtende Rede gegen Trotzki in der »Prawda« veröffentlicht werden sollte. Ab und an warf er Trotzki einen Blick zu und zeichnete auf eine leere Stelle seines Redemanuskripts mehrere Wölfe; daraufhin malte er den Hintergrund des Wolfsrudels flammend rot aus …

Trotzki setzte seine Vorwürfe gegen die Parteiführung fort:

»… Heute ›Bereichert euch‹ und morgen ›Entkulakisiert euch‹ – das ist für Bucharin kein Problem … Hinter dem Rücken der Apparatschiki steht die wieder belebte innere Bourgeoisie … Und hinter ihrem Rücken [steht] die Weltbourgeoisie … Die gegenwärtige Aufgabe Stalins ist: die Partei zu spalten, die Opposition abzuspalten, die Partei an die Methoden der physischen Zerschlagung zu gewöhnen. Faschistische Zwischenrufe, die Arbeit mit der Faust, das Werfen mit Büchern oder Steinen, Gefängnisgitter – das sind die gegenwärtigen Methoden des Stalinschen Kurses … Warum sollen die Jaroslawski, Schwernik, Goloschtschokin und andere über die Kontrollziffern streiten, wenn sie ebenso gut den dicken Band der Kontrollziffern dem Oppositionellen an den Kopf werfen können? Schon sind Stimmen zu hören, die sagen: ›Tausend werden wir ausschließen, hundert werden wir erschießen, und dann wird es in der Partei ruhig werden.‹ Und das ist die Stimme des Thermidor.«

Trotzki überschätzte die Bedeutung seiner Plattform, die lediglich von ein paar tausend Intellektuellen, einigen Arbeitern und einer verschwindend geringen Anzahl von Bauern unterstützt wurde. Die letzten Worte seiner Rede sind erfüllt von einer naiven Hoffnung, die bitter enttäuscht werden sollte: »... Die Hetzjagd, die Ausschlüsse, die Verhaftungen werden unsere Plattform zum populärsten, zum vertrautesten, zum teuersten Dokument der internationalen Arbeiterbewegung machen. Schließt nur weiter aus, ihr werdet die Siege der Opposition nicht aufhalten, das heißt die Siege der revolutionären Einheit unserer Partei und der Komintern.« (Komm. Opposizija IV, S. 218–224.)

Im Folgenden verlief alles nach dem Szenario, das im Büro des Generalsekretärs entworfen worden war. Nach dem einmütigen Chor der Verurteilung, nach den leidenschaftlichen Forderungen, Trotzki aus dem ZK und der Partei hinauszujagen, nahm der Hauptregisseur des politischen Spektakels das Wort. Stalin sprach mit leiser Stimme und begleitete seine Worte durch Gesten mit seiner gesunden rechten Hand, die den Eindruck erweckten, als wolle er den Schuldigen die Köpfe abschlagen: »... Die Tatsache, dass die Hauptangriffe sich gegen Stalin richten, diese Tatsache lässt sich dadurch erklären, dass Stalin die ganzen Gaunereien der Opposition möglicherweise besser kennt als einige unserer Genossen; ihn zu bluffen ist möglicherweise nicht ganz so leicht, und so versuchen sie nun, vor allem Stalin zu treffen. Warum nicht, sollen sie doch fluchen, auf gute Gesundheit.

Wer ist denn schon Stalin, Stalin ist ein unbedeutender Mann. Nehmen Sie Lenin ...« Und der Generalsekretär begann, ausführlich Punkt für Punkt alle Sünden Trotzkis aufzuzählen und seine »verbrecherische Hetzjagd gegen Lenin« zu brandmarken. Von neuem rief Stalin Trotzkis Brief an Tschcheidse vom April 1913 in Erinnerung, in dem dieser Lenin »einen professionellen Ausbeuter jeglicher Rückständigkeit in der russischen Arbeiterbewegung« genannt hatte. Nachdem er das Zitat verlesen hatte, blickte er in den Saal, der gebannt den Worten des Generalsekretärs lauschte, und fuhr fort: »Das schreibt Trotzki. Das schreibt er über Lenin. Verwundert es dann, dass Trotzki, der derart rücksichtslos den großen Lenin malträtiert – obwohl er selbst weniger wert ist als sein Stiefel –, dass er nun einen der vielen Schüler Lenins – den Genossen Stalin – beschimpft …« (Stalin, Sotsch. X, S. 172?f.)

Wenn Stalin sich selbst als »Schüler Lenins« darstellte, dann war das doch faktisch fast das gleiche, als ob er Seite an Seite mit Lenin gekämpft hätte (der übrigens niemals Stiefel trug).

Nach dieser »Beweisführung« ging Stalin zu offenen Drohungen über: »Man spricht über die Verhaftungen der aus der Partei ausgeschlossenen Desorganisatoren, die antisowjetische Arbeit durchführen. Ja, wir verhaften sie, und wir werden sie verhaften, wenn sie nicht aufhören, die Partei und die Sowjetmacht zu unterminieren … Während des letzten Plenums von ZK und ZKK im August dieses Jahres haben einige Redner mir zu große Nachsicht gegenüber Trotzki und Sinowjew vorgeworfen, weil ich dem Plenum den sofortigen Ausschluss Trotzkis und Sinowjews aus dem ZK ausgeredet habe. Möglicherweise habe ich damals zu gutmütig gehandelt und einen Fehler zugelassen …«

… Stalin würde sich in Zukunft bemühen, nie wieder »zu gutmütig« zu sein …

»… Nun müssen wir uns in die ersten Reihen jener Genossen stellen, die den Ausschluss Trotzkis und Sinowjews aus dem ZK fordern …«

Nach diesen Worten folgte stürmischer Beifall mit Ausrufen wie »Richtig! Trotzki raus aus der Partei!« Der Applaus kam immer an den Stellen, an denen Stalin ihn erwartete … Nachdem sich der Saal wieder beruhigt hatte, setzte Stalin das Scherbengericht fort. Nun ging er auf Trotzkis Broschüre »Unsere politischen Aufgaben« von 1904 ein: »… Diese Broschüre ist übrigens deswegen interessant, weil Trotzki sie dem Menschewik P. Axelrod widmet. Es heißt dort: ›Meinem teuren Lehrer Pawel Borisowitsch Axelrod.‹ (*Gelächter. Zuruf: ›Ein eindeutiger Menschewik!‹*) Nun, was soll's – scher dich weg zu deinem ›teuren Lehrer Pawel Borisowitsch Axelrod‹! Scher dich weg! Nur beeilen Sie sich, ehrenwerter Trotzki, denn ›Pawel Borisowitsch‹ könnte aufgrund von Altersschwäche bald sterben, und dann würden Sie zu Ihrem ›Lehren zu spät kommen.« Stalin musste gar nicht erwähnen, dass Trotzki dem späteren Führer der Revolution in dieser Broschüre vorgeworfen hatte, er strebe eine Diktatur an, und ihn in Anlehnung an Robespierre »Maximilien Lenin« nannte. Es genügte, Axelrod zu erwähnen …

Während des Plenums wollte Christian Rakowski zur Verteidigung Trotzkis sprechen, doch man erteilte ihm nicht das Wort. Vergeblich versuchte er seine Rede im »Diskussionny listok« zu veröffentlichen. Im Archiv Trotzkis ist die nichtgehaltene Rede erhalten geblieben. Darin heißt es: »Man darf das, was der Genosse Stalin hier angeführt hat, nicht als Argumente ansehen – so beispielsweise den Hinweis auf die Broschüre, die Genosse Trotzki im Jahr 1904 veröffentlicht und seinem ›teuren Lehrer P. B. Axelrod‹ gewidmet hat. Ich weiß nicht, ob der Genosse Stalin es vergessen hat oder er nicht weiß, dass Lenin etwas früher als Genosse Trotzki Axelrod ebenfalls einen ›teuren Lehrer‹ genannt hat? Man darf all dies Gewäsch, all diese antibiographischen und biographischen Angaben, die hier im Überfluss angeführt worden sind, nicht als Argumente ansehen.« Nun, wenn Christian Rakowski seine Rede hätte halten dürfen, so hätte dies dennoch nichts geändert. Es war bereits ein starrer Dogmatismus entstanden, von dem jeder unorthodoxe Gedanke abprallte.

Trotzki war nun nicht mehr Mitglied des Zentralkomitees. Dies war seine zweite große Niederlage in jenem schicksalhaften Jahr. Am 23. 10. 1927 sahen Trotzki und Stalin einander zum letzten Mal. Von nun an sollten sie den Kampf lediglich aus der Entfernung führen.

Trotzki setzte sich in seinen Wagen (den man ihm noch nicht genommen hatte) und fuhr zum Kreml, wo sich seine Wohnung befand. Auch dort, in der Residenz der neuen Führer eines neuen Imperiums, war er bereits ein Fremder. Natalja

Iwanowna und sein Sekretär Grinberg versuchten ihn zu beruhigen. Nun hatte er erwartet, dass man ihn ausschließen würde, doch die Art und Weise, wie man ihn davongejagt hatte, war ungeheuer demütigend. Am nächsten Morgen schrieb Trotzki, nachdem er das offizielle Stenogramm von der Sitzung gelesen hatte, eine Notiz an das Sekretariat des ZK: »... Im Stenogramm wird nicht erwähnt, dass man mich von der Tribüne des Präsidiums aus systematisch daran hinderte zu sprechen. Es ist nicht erwähnt worden, dass von dieser Tribüne aus ein Glas auf mich geworfen wurde (man sagt, es war der Genosse Kubjak). Im Stenogramm ist nicht erwähnt, dass einer der Teilnehmer des gemeinsamen Plenums versucht hat, mich am Arm von der Tribüne zu zerren – und so weiter und so fort ... Der Genosse Jaroslawski warf während meiner Rede den Band der Kontrollziffern auf mich, ein Akt, den man nicht anders als faschistisch-verbrecherisch nennen kann ... Während der Rede des Genossen Bucharin, in der er auf eine Replik meinerseits antwortete, warf der Genosse Schwernik ebenfalls ein Buch auf mich. Der Genosse Schwernik ist ein ehemaliger ZK-Sekretär und nun Leiter der Parteiorganisation im Ural. Ich hoffe, dass seine Heldentat in das Stenogramm aufgenommen wird ...« (Komm. opposizija IV, S. 230 f.)

Trotzki gab nicht auf. Nach wie vor ging er auf Versammlungen der Opposition, schrieb Erklärungen, Proteste, instruierte die Aktivisten der trotzkistischen Gruppe.

Anlässlich des zehnten Jahrestags der Oktoberrevolution beschloss Trotzki, nachdem er sich mit Kamenew, Sinowjew, Smilga, Muralow beraten hatte, dass seine Anhänger in gesonderten Kolonnen an den Demonstrationen teilnehmen sollten. In Leningrad und einigen anderen Städten zirkulierten Aufrufe: »Die Festigkeit der Opposition durch Teilnahme an den Demonstrationen unter eigenen Losungen zeigen«.

Die Kolonnen der Opposition in Moskau und Leningrad waren nicht besonders groß. Die Teilnehmer trugen Bilder von Lenin, Trotzki und Sinowjew und Transparente mit Losungen wie »Nieder mit dem Kulak, dem NÖP-Mann und dem Bürokraten!«, »Nieder mit dem Opportunismus!«, »Erfüllt das Testament Lenins!«, »Die bolschewistische Einheit erhalten!« Stalin jedoch hatte bereits seine Anweisungen erteilt. Die Kolonnen wurden durch Polizei und Hörer der GPU-Schule und der Militärakademie getrennt. Trotzki in Moskau und Sinowjew in Leningrad fuhren in Automobilen durch die Straßen, aber nur wenige Demonstranten begrüßten die Führer der Opposition oder winkten ihnen zu. Vom Balkon des ehemaligen Hotels »Paris« versuchten Smilga, Preobrashenski und Alski, die Aufmerksamkeit der vorüberziehenden Kolonnen durch kurze Reden auf sich zu lenken. Die GPU griff jedoch rasch und hart durch. Ihre Mitarbeiter verdrängten Smilga und Preobrashenski vom Balkon und zerstreuten die Kolonnen der Opposition. Das Automobil Trotzkis wurde mit Steinen beworfen, eine Scheibe wurde eingeschlagen. Die Mitarbeiter der GPU drohten sogar, von Schusswaffen Gebrauch zu machen, wobei sie zur Abschreckung einige Male in die Luft schossen.

Der letzte Versuch, sich öffentlich an das Volk und an die Partei zu wenden, kam zu spät. In den Augen der Partei war Trotzki bereits ein Feind, ein Spalter, ein Konterrevolutionär. Muralow, Smilga und Kamenew schrieben noch am gleichen Tag, also am 7. November, folgende Zeilen an das Politbüro des ZK und das Präsidium der ZKK:

»… Auf der Semjonowskaja-Straße wurden wir vor den Augen Budjonnys, Zichons und anderer von Polizisten und Militärs beschossen (wahrscheinlich schossen sie in die Luft). Wir stoppten unser Fahrzeug. Eine Gruppe von Faschisten – fünf Leute – stürzte sich mit vulgären Beschimpfungen auf das Fahrzeug, brach das Horn ab und zerbrach den Scheinwerfer. Die Polizisten machten keinerlei Anstalten, zum Fahrzeug zu kommen … Nach der Fahrt erreichten wir die Wohnung des Genossen Smilga, Mitglied des ZK der WKP(B). Über den Fenstern der Wohnung hing ein Plakat: ›Wir werden das Testament Lenins erfüllen‹ und eine rote Stoffbahn mit den Porträts Lenins, Sinowjews und Trotzkis ... Die Sache endete damit, dass 15 bis 20 Kommandeure der ZK-Schule die Wohnungstür des Genossen Smilga einschlugen, sie zu Kleinholz verwandelten und gewaltsam in das Zimmer eintraten ... Das ›verbrecherische‹ Plakat mit der Erwähnung von Lenins Testament wurde abgerissen. Die eingedrungenen Militärs trugen als ›Trophäe‹ die Stoffbahn mit dem zerrissenen Porträt Lenins davon. Auf dem Boden blieben Bretter, Späne, Haken, Glassplitter, ein zertrümmertes Telefon usw. als Zeugnis von einer heroischen Tat zu Ehren der Oktoberrevolution zurück ...«

Der Protestbrief schloss mit den naiven Worten: »Es geht um das Schicksal der Partei, um das Schicksal der Revolution und das Schicksal des Arbeiterstaats. Die Partei wird ein Urteil fällen. Die Arbeiterklasse wird ein Urteil fällen. Wir haben keinen Zweifel daran, wie dieses Urteil aussehen wird.« (Komm. opposizija IV, S. 250–252.)

Trotzki schrieb ebenfalls einen Brief an das Politbüro, in dem er darauf hinwies, dass das gewaltsame Vorgehen gegen die oppositionellen Demonstranten von »unbeherrschtes Ausrufen im Stil der Schwarzen Hundert und mit offen antisemitischer Tendenz« begleitet gewesen sei (ebd., S. 253). Er verlangte eine Untersuchung des Vorfalls, die öffentliche Bekanntmachung ihrer Ergebnisse und die Bestrafung der Schuldigen.

Für »schuldig« wurden jedoch Trotzki und die von ihm geleitete Opposition befunden ...

Auf Vorschlag Stalins wurden Trotzki und eine Reihe anderer Oppositioneller am 14. November von der ZKK aus der Partei ausgeschlossen. Dies war die dritte offizielle Niederlage des Führers der Opposition im Jahre 1927. Seine letzte Verbindung zur Parteispitze war nun die Wohnung im Kreml. Am Tag nach seinem Ausschluss aus der Partei schrieb Trotzki folgenden Brief:

»An den Sekretär des Zentralexekutivkomitees der UdSSR.

Hiermit teile ich mit, dass ich aufgrund der Entscheidung, die über mich gefällt worden ist, gestern, am 14. November, aus

der Wohnung im Kreml ausgezogen bin. Ich werde, bis ich eine passende Wohnung gefunden habe, vorübergehend bei dem Genossen Beloborodow (Granowskaja-Straße 3, Wohnung 62) wohnen. Da mein Sohn erkrankt ist, werden meine Frau und mein Sohn die nächsten Tage noch im Kreml verbringen. Ich hoffe, dass die Wohnung nicht später als bis zum 20. frei sein wird.
L. Trotzki.« (Ebd., S. 264.)

Um die Schmach einer gewaltsamen Ausweisung aus dem Kreml zu vermeiden, halfen Freunde der Familie Trotzki, rechtzeitig umzuziehen.
In diese Zeit fiel der Selbstmord Ioffes, der Trotzki zutiefst erschütterte. Der Schuss im Kreml, wo Ioffe damals noch lebte (doch seine Ausweisung war bereits beschlossene Sache), erklang wie ein Signal des Protestes gegen die Unterdrückung der Opposition und die Ausmerzung der revolutionären Ideale. Am 17. November nahm Trotzki, der in den letzten Monaten merklich abgemagert war, an der Beisetzung seines alten Freundes teil. Obgleich die Zeremonie tagsüber stattfand, waren zahlreiche Menschen auf dem Friedhof des Neuen Jungfrauenklosters erschienen. Nachdem einige Freunde und Mitstreiter Ioffes gesprochen hatten, hielt auch Trotzki eine kurze Rede, die mit dem Appell schloss: »Der Kampf geht weiter. Jeder bleibt auf seinem Posten. Niemand wird gehen.« Die Menge begleitete Trotzki bis zu seinem Fahrzeug.
Abends wurde Trotzki in seiner neuen Wohnung ein amtliches Schriftstück gegen Unterschrift ausgehändigt. Trotzki öffnete das Kuvert:

»Beschluss des Rats der Volkskommissare der UdSSR
Über die Entlassung des Genossen L. D. Trotzki aus seiner Funktion als Vorsitzender des Hauptkonzessionskomitees und über die Ernennung des Genossen W. N. Kosandrow zum Vorsitzenden des Hauptkonzessionskomitees …

Der Vorsitzende des Rats der Volkskommissare der UdSSR und des Rats für Arbeit und Verteidigung
17. November 1927.
Rykow.« (Zentralarchiv der Oktoberrevolution.)

Dies war das letzte verbliebene Amt Trotzkis gewesen. Einige Tage später wurde er aus dem Zentralexekutivkomitee der UdSSR ausgeschlossen.
Die letzte schwere Niederlage des Jahres 1927 erfolgte im Dezember. Da Trotzki Fragen der chinesischen Revolution als »Kampffeld« gewählt hatte, um die Politik des Politbüros und des ZK zu kritisieren, beschloss man, ihm auf ebendiesem Gebiet – dem Internationalismus – einen harten Schlag zu versetzen. Vor der gemeinsamen Sitzung des Präsidiums des Exekutivkomitees der Kommunistischen Internationale und der Internationalen Kontrollkommission am 27. 12. 1927 verständigte Stalin sich mit den Mitgliedern des EKKI darauf, Trotzki aus der Komintern zu entfernen. Da das EKKI sich immer stark an der WKP(B) orientierte, verwandelte es sich allmählich in ein internationales »Anhängsel« der Kremlführung. So wurde der Antrag, Trotzki aus dem EKKI auszuschließen, auf der Sitzung am 27. 12. 1927 einstimmig angenommen.

Verhaftungen und Versammlungsverbote für die Opposition, bei denen es nicht selten zu Gewaltanwendungen kam, waren nun an der Tagesordnung. Die Presse verkündete lauthals, dass die »Trotzkisten« die Absicht verfolgten, eine »konterrevolutionäre Partei« zu gründen, die gegen die WKP(B) auftreten solle. Daraufhin verfasste Trotzki eine »Erklärung der Opposition und die Lage in der Partei«, die nicht in der Presse veröffentlicht wurde, sondern abgeschrieben und von Hand zu Hand weitergereicht wurde. »Die Stalinsche Fraktion versucht durch den Ausschluss vieler Hundert der besten Parteimitglieder – gekrönt durch den Ausschluss der Genossen Sinowjew und Trotzki – die Opposition zu zwingen, sich den Status einer zweiten

Partei zu geben … Die Opposition lässt sich jedoch nicht von der WKP(B) loslösen und wird nicht zum Aufbau einer zweiten Partei übergehen …« (Ebd., S. 263.)
Trotzki konnte nicht wissen, dass er bald nicht nur von der Partei, sondern auch von Moskau und von seiner Heimat »losgelöst« werden sollte.

Verbannung und Ausweisung

So wurde Trotzki aus dem System, das er selbst mitgeschaffen hatte, ausgestoßen. Nun musste er darüber nachdenken, wie er seinen Lebensunterhalt verdienen konnte. Durch publizistische Arbeit? Kaum … Keine Redaktion und kein Verlag wollten Artikel und Bücher des verfemten Revolutionärs veröffentlichen. Der Staatsverlag hatte mitgeteilt, dass die Herausgabe der gesammelten Werke Trotzkis abgebrochen werde … Was tun? Trotzki wusste sich zu helfen: Er rief im Marx-Engels-Institut an und bot Rjasanow, dem Direktor, der ein alter Bekannter von ihm war, an, Arbeiten der Begründer des wissenschaftlichen Sozialismus zu übersetzen. Nachdem er eine Zusage erhalten hatte, begann Trotzki bereits in Moskau, das Original von Marx' »Herr Vogt« zu lesen.

Wenn Trotzki mit den Händen auf dem Rücken in seinem kleinen Zimmer auf und ab ging, erinnerte er an einen Gefangenen. Und im Grunde war er auch ein Gefangener, denn vor den Türen der Wohnung und am Hauseingang wachten Mitarbeiter der GPU. Stalin ließ den besiegten Gegner nicht aus den Augen.

Die Niederlage der Opposition hatte auch die beiden zeitweiligen Mitstreiter Trotzkis demoralisiert. Eines Abends brachten Sinowjew und Kamenew Trotzki zwei Entwürfe einer Erklärung der Opposition für den 15. Parteitag, in denen man die Bereitschaft zur Kapitulation bekundete. Trotzki war erst bereit, eine der Varianten zu unterschreiben, als dort ein Satz über das Recht eines jeden Oppositionellen auf freie Meinungsäußerung eingefügt wurde. In einem weiteren Zusatz schrieb er: »Es ist selbstverständlich, dass die Freilassung der Genossen, die in Verbindung mit ihrer oppositionellen Arbeit verhaftet worden sind, absolut notwendig ist.« (Komm. opposizija IV, S. 275.)

Wie reagierte Stalin auf diese Erklärung? In seinem vierstündigen Rechenschaftsbericht während des 15. Parteitags, den er am 3. 12. 1927 hielt, gab es den gesonderten Abschnitt: »Die Partei und die Opposition«. Nachdem er erwähnt hatte, dass die Opposition in ihrer Erklärung bestätige, sie werde »sich allen Beschlüssen der Partei unterordnen«, machte Stalin eine Pause und erklärte dann unter stürmischem Beifall: »Ich glaube, Genossen, dass daraus nichts wird. – Es heißt, dass sie auch den Antrag stellen, die aus der Partei ausgeschlossenen Personen wieder aufzunehmen. Ich glaube, Genossen, dass auch daraus nichts wird.«

Und wieder reagierte der Saal mit lang anhaltendem Applaus.

Der Generalsekretär beschloss seine Ausführungen über die Opposition mit folgenden Worten: »Sie [die Opposition] muss sich von ihren antibolschewistischen Auffassungen offen und aufrichtig, vor der ganzen Welt, lossagen. Sie muss die Fehler verurteilen, ihre Fehler, Fehler, die sich gegenüber der Partei in Verbrechen verwandelten, offen und ehrlich vor der ganzen Welt verurteilen … Entweder dies geschieht, oder sie sollen die Partei verlassen. Und wenn sie nicht selbst gehen sollten, werden wir sie hinauswerfen!« (Stalin, Sotsch. X, S. 349–351.)

Nach dem Parteitag hatten sich die Reihen der Opposition noch weiter gelichtet. Die einen, wie Sinowjew und Kamenew, bettelten um Verzeihung, die anderen zogen sich von der politischen Arbeit zurück, die dritten erwarteten die Verbannung. Täglich berichteten Sermuks oder Posnanski, die ihrem Chef bis zum Schluss die Treue hielten, Trotzki von den neuesten Ereignissen: Rakowski hat man nach Astrachan gebracht, Smirnow nach Armenien, Radek befindet sich noch in Tobolsk … Und tags darauf berichteten sie über die Verbannung von Serebrjakow, Smilga, Preobrashenski … Ende Dezember bestellte man Posnanski zur GPU und trug ihm auf, Trotzki eine Übersiedlung nach Astrachan vorzuschlagen. Trotzki schickte am gleichen Tag einen Brief an das Politbüro, in dem er mitteilte, dass er bereit sei, an jedem Ort des Landes zu arbeiten, sofern dieser nicht schädlich für seine Gesundheit sei. Und nach Astrachan könne er mit seiner Malaria wegen des feuchten Klimas nicht übersiedeln. Eine Woche später bestellte irgendein untergeordneter Beamter der

GPU Trotzki zu sich und teilte ihm mit, dass sein Wunsch erfüllt werden könne. Er werde in eine Gegend mit einem trockenen Klima reisen, was die Heilung seiner Malaria begünstigen würde. »Entsprechend dem Gesetz, das jede konterrevolutionäre Tätigkeit bestraft, wird der Bürger Lew Dawidowitsch Trotzki in die Stadt Alma-Ata verbannt. Die Dauer des Aufenthalts wird dort angegeben. Datum der Abreise in die Verbannung ist der 16. 1. 1928.«

Grußlos verließ Trotzki das schäbige Zimmer des Beamten.

A. G. Beloborodow, der die Familie Trotzkis beherbergte, erhielt ebenfalls eine schriftliche Benachrichtigung über seine Verbannung. Die Reisevorbereitungen begannen. Weiterhin hielt Trotzki ständig Kontakt mit jenen Führern der Opposition, die noch nicht aufgegeben hatten oder noch nicht verbannt worden waren. Vielleicht glaubte er, dass noch nicht alles verloren sei, dass das Blatt sich noch wenden könnte. Die Partei musste erwachen. Der Niedergang der Revolution musste aufgehalten werden.

Kurz vor dem 16. Januar waren alle Vorbereitungen getroffen. Trotzki hatte besonderen Wert darauf gelegt, dass man all seine Papiere, Bücher und Archivmaterialien sorgfältig verpackte. Sermuks, Posnanski und sein ältester Sohn Lew verstauten all diese Dokumente in mehr als zwanzig Kisten. Am Morgen des 16. Januar begann das Warten: Wann würden sie Trotzki holen? In der Wohnung hatten sich die Söhne, die Frau A. Ioffes und noch zwei, drei Verwandte eingefunden. Rakowski, der ebenfalls gekommen war, berichtete, dass sich am Kasaner Bahnhof eine große Menschenmenge angesammelt hatte, die von Trotzki Abschied nehmen wollte. Die Miliz könne die versammelten Anhänger nicht auseinandertreiben. Sie trügen Bilder von Trotzki, und einige junge Leute hätten sich auf die Schienen vor den Zug gelegt.

Schließlich erfolgte ein Telefonanruf der GPU: Man teilte mit, dass die Abreise um zwei Tage verschoben würde. Gründe wurden nicht angegeben.

Doch schon am folgenden Tag erschien eine ganze Gruppe von Mitarbeitern der GPU. Zunächst weigerte Trotzki sich, die Wohnungstür zu öffnen. Nachdem sie schließlich doch eingelassen worden waren, widersetzte er sich dem Befehl, die Wohnung zu verlassen, und nannte ihn ungesetzlich. Darauf wurde er von einigen GPU-Leuten gegen seinen Willen zum Wagen getragen. Sein ältester Sohn lief voraus und klopfte an alle Türen: »Seht, Genossen, Trotzki wird mit Gewalt fortgebracht!« Einige Türen wurden einen Spaltbreit geöffnet, manchmal erschien ein Kopf, der gleich wieder verschwand ... Die Angst vor dem Geheimdienst war mittlerweile schon allgegenwärtig.

Stalin hat in jenen Tagen seine ganze Aufmerksamkeit auf den Ablauf dieser Operation konzentriert. Am 16. Januar hatte Menshinski ihn telefonisch darüber informiert, dass sich auf dem Kasaner Bahnhof eine große Menschenmenge versammelt hatte, und gewarnt: »Es wird Ausschreitungen geben.« Der Generalsekretär hatte einen Augenblick überlegt und dann angeordnet: »Verschieben Sie die Abreise um zwei Tage, und organisieren Sie sie für morgen. Verstanden? Das braucht niemand zu erfahren!«

Diese Hintergründe erfuhr ich durch W. W. Korneew, dessen Vater zu jener Zeit bei der GPU arbeitete und an dieser Operation teilnahm.

In meinem Buch »Stalin. Triumph und Tragödie« habe ich diese Episode ein wenig anders dargestellt, doch jetzt, da neue Dokumente zugänglich geworden sind, ist das Bild wesentlich klarer geworden. Die Mitglieder des Politbüros hatten die Frage über die Verbannung Trotzkis einige Male erörtert. Bucharin und Rykow waren dagegen, Woroschilow und Stalin sprachen sich dafür aus. Andere waren unschlüssig. Beratungen über Deportationen wurden nicht protokolliert. Schließlich jedoch setzte Stalin sich durch; und sein ständiger Gegner wurde an die chinesische Grenze verbannt. Allerdings hatte der Generalsekretär damit nicht endgültig von dem Gedanken Abschied genommen, Trotzki ins Ausland abzuschieben.

Trotzkis Reise von Moskau nach Alma-Ata ist ausführlich in seinem autobiographischen Buch »Mein Leben« beschrieben. In derselben Zeit verschärfte sich die Verfolgung seiner Anhänger. Mit der Durchführung von Verhaftungen und Verbannungen wurde eine eigens zu diesem Zwecke eingerichtete, große Sonderabteilung der GPU mit »Zweigstellen« im ganzen Land betraut. Sie war später auch für die gegen Trotzki und seine Anhänger gerichtete »Arbeit« im Ausland verantwortlich.
Zunächst wurden jene Personen verhaftet, die im Revolutionären Kriegsrat, im Volkskommissariat, im Sekretariat unmittelbar Trotzki unterstellt waren. Sermuks und Posnanski, Trotzkis engste Mitarbeiter, wurden in Alma-Ata festgenommen. Ein Leidensweg durch mehrere Lager des Gulag, an dessen Ende der Tod stand, erwartete sie.
Nadeshda Alexandrowna Marennikowa, die in den zwanziger Jahren im Sekretariat Trotzkis gearbeitet hat, erzählte mir, dass Sermuks und Posnanski sehr intelligente Menschen waren. Sie liebten ihre Arbeit und glaubten bedingungslos an Trotzki.
»Sermuks wurde 1928 verhaftet«, berichtete die achtundachtzigjährige alte Dame. »Er schrieb mir aus dem Lager. Die Briefe tragen Stempel von Medweshegorsk, Tscherepowez. 1929 brachte man ihn an einen anderen Ort. Meine Briefe hat er offenbar vernichtet, denn sonst hätten sie auch mich geholt. Alle, die ich aus dem Sekretariat Trotzkis kannte, wurden verhaftet. Ihr Schicksal ist bitter: lange Aufenthalte im Gefängnis und im Lager. Und in den Jahren 1937 bis 1938 gab es auch Erschießungen. Jemand wollte, dass sich niemand mehr an Trotzki erinnerte …«

Ende Januar kamen Trotzki, Natalja Iwanowna und ihr ältester Sohn Lew in Alma-Ata an. Damals war Alma-Ata eine völlig unbedeutende Provinzstadt. Hier musste Trotzki ein Jahr lang leben. Einige Wochen lebten die Verbannten im Hotel »Dshetysu«; später wurde ein Haus gefunden, wo man sie unterbrachte. Bis zu ihrer Verhaftung lebten auch Sermuks und Posnanski bei ihnen.

Kaum hatte sich die Familie Trotzkis niedergelassen, als sich der Revolutionär schon wieder in die Arbeit stürzte. Auch in den bedrückendsten Situationen ruhte seine Feder nicht. Und bald trafen in Moskau Briefe und Telegramme aus Alma-Ata ein. Trotzki bemühte sich, so rasch wie möglich die Aufenthaltsorte der anderen Oppositionsführer ausfindig zu machen, die Lage zu analysieren und eine neue Strategie zu erarbeiten.

Lew, der älteste Sohn Trotzkis, führte die »Kanzlei«, er archivierte alle erhaltenen Briefe und ebenso alle Antwortbriefe des Verbannten. In seiner Autobiographie zieht Trotzki Bilanz über seine rege Korrespondenz in jener Zeit. »Während der Monate April bis Oktober 1928 haben wir aus Alma-Ata 800 politische Briefe verschickt, darunter eine Reihe größerer Arbeiten. Wir versandten etwa 550 Telegramme. Wir erhielten mehr als 1000 politische Briefe, umfangreiche und weniger umfangreiche, und ungefähr 700 Telegramme ... Außerdem haben wir aus Moskau acht bis neun geheime Sendungen erhalten, das heißt konspirative Materialien und Briefe, die durch einen Eilboten gebracht wurden; ebenso viele sandten wir nach Moskau. Die geheime Post hielt uns auf dem laufenden und erlaubte uns, obgleich mit bedeutender Verspätung, zu den wichtigsten Ereignissen Stellung zu nehmen.« (Moja shisn II, S. 305.)

Und wichtige Ereignisse gab es genug. Die Getreidekrise im Lande spitzte sich immer mehr zu. Die Bauern wollten ihr Korn nicht zu den niedrigen »Festpreisen« abgeben. Obwohl das Politbüro die »Trotzkisten« aus der Partei gejagt hatte, hatte es sich nun trotzdem gespalten.

Stalin hatte eine kräftige Wende nach links unternommen, so wie Trotzki sie früher gefordert hatte, und Bucharin warnte fortwährend vor den Gefahren eines gewaltsamen Forcierens der Ereignisse. In dem »Prawda«-Artikel »Notizen eines Ökonomen« vom September 1928 schrieb Bucharin: »Wir müssen ein Maximum wirtschaftlicher Faktoren, die für den Sozialismus arbeiten, zum Einsatz bringen. Das setzt eine komplizierte Kombination von persönlichen, Gruppen-, Massen-, Gesellschafts- und Staatsinitiativen voraus. Wir haben alles zu stark zentralisiert.«

Wie Trotzki später in Mexiko schrieb, war er stets ein Gegner Bucharins gewesen. Er schätzte Bucharins Verstand, sah in ihm jedoch in erster Linie den Vertreter der rechten Kräfte in der Partei und hielt ihn daher sogar eine Zeit lang für gefährlicher als Stalin, der sich damals stets als Zentrist gab. Unter bestimmten Umständen wäre Trotzki sogar bereit gewesen, mit Stalin ein Bündnis gegen Bucharin zu schließen, der seiner Ansicht nach einen Kurs zur »Restaurierung des Kapitalismus« vertrat. Denn der Führer der »linken« Opposition forderte radikale Umwälzungen: eine forcierte Industrialisierung, die auf Kosten der Bauern gehen sollte, und einen entschlossenen sozialistischen Umbau des Dorfes, der mit einer kompromisslosen Offensive gegen die Kulaken verbunden sein sollte.

Wenn Trotzki nur gewusst hätte, dass der »Zentrist« Stalin in allernächster Zeit diese Punkte ihres Programms übernehmen würde, um nach der Zerschlagung der »linken« Opposition gegen die »Rechten« vorzugehen! Aber er und seine Anhänger nahmen an, dass Bucharin, Rykow und Tomski nun ihr Programm ohne Schwierigkeiten würden durchsetzen können.

Nun aber war das, was der Führer der Opposition für unmöglich gehalten hatte, eingetreten: Stalin kritisierte die gemäßigte Linie Bucharins und forderte Maßnahmen gegen die Kulaken sowie die Forcierung der Industrialisierung auf Kosten des Dorfes! Trotzki und viele seiner Anhänger waren verwirrt: Stalin schlug sich auf ihre Seite! Viele äußerten nun in Briefen die Hoffnung, dass sie nach der Kursänderung Stalins, der nun den Kampf gegen den »Kapitulanten« Bucharin aufgenommen habe, bald aus der Verbannung zurückgerufen würden. Wie die Korrespondenz Trotzkis aus jener Zeit zeigt, war auch er nicht ganz frei von Illusionen dieser Art (Houghton Library).

In Gesprächen mit einzelnen Emissären, die halblegal aus Moskau und Leningrad zu ihm reisten, betonte Trotzki, dass der

»Linksruck« Stalins die Richtigkeit der Strategie der Opposition bestätige. Fälschlicherweise hielt er die Politik Bucharins für gefährlicher als die Linie, die Stalin nun vertrat. Trotzki glaubte, dass die Offensive gegen die Kulaken, die Stalin proklamierte, den Generalsekretär gegen seinen Willen auf den Kurs des linken Flügels der Partei führen würde. Und dann würde die Partei die Opposition doch noch brauchen …

Und die optimistischen Prognosen der Oppositionellen schienen sich zu bewahrheiten: Eines Tages erschien bei Trotzki ein ihm unbekannter Mann, der behauptete, er sei Ingenieur und ein Anhänger des Führers der Opposition. Nachdem er sich nach den Lebensumständen in Alma-Ata erkundigt hatte, fragte er: »Halten Sie irgendwelche Schritte für möglich, die zu einer Versöhnung führen könnten?«

Trotzki erwiderte: »Eine Versöhnung ist nicht deshalb ausgeschlossen, weil ich sie nicht will, sondern weil Stalin sich nicht versöhnen kann …« (Trotzki, Dnewniki, S. 73.)

Der Besucher empfahl sich bald darauf und erschien nie wieder. Trotzki begriff, dass dieser Mann ihm eigens geschickt worden war, um seine Absichten zu sondieren. Nicht ohne Grund nahm der Verbannte an, dass Stalin sich kaum zu einer Versöhnung mit der linken Opposition entschließen würde, denn dies wäre von der Partei als Eingeständnis seiner eigenen Fehler gewertet worden. Allmählich wurde Trotzki klar, dass Stalin die Positionen der besiegten linken Opposition nur benutzte, um nun auch den rechten Flügel der Partei zu liquidieren – wobei er »formell« immer Zentrist blieb …

Als es Herbst wurde, bekam Trotzki immer seltener Post. Viele Briefe verschwanden spurlos. Einer von ihnen enthielt eine bittere Nachricht. Im Frühjahr hatte ihm seine älteste Tochter Sina in einem Brief mitgeteilt, dass ihre Schwester Nina sehr krank sei. Beide lebten in ärmlichen Verhältnissen und standen unter ständiger Beobachtung, denn sie waren leidenschaftliche Anhängerinnen ihres Vaters. Nina war erkrankt, nachdem

man ihren Mann verhaftet und ihr selbst »wegen trotzkistischer Überzeugungen« gekündigt hatte. Außer der älteren Schwester war niemand da, der sie pflegen konnte. Ein Arzt, der zu den »Töchtern Trotzkis« gegangen wäre, hätte ebenso gut sein eigenes Urteil für das Gefängnis oder für die Verbannung unterschreiben können. Da Nina somit ohne jede medizinische Betreuung blieb, starb sie am 9. Juni im Alter von 26 Jahren. Trotzki erfuhr erst 73 Tage später von ihrem Tod … Auch die ältere Tochter erkrankte nun schwer, und auch mit ihr konnte Trotzki keine Verbindung aufnehmen. Plötzlich »dauerte« die Post nach Alma-Ata sehr lange. Jeder Brief wurde bei der Sonderabteilung der GPU gelesen, kopiert und genauestens analysiert. Menshinski erstattete Stalin regelmäßig Rapport über Trotzkis Korrespondenz. Während der Generalsekretär einmal im Monat die zusammenfassenden Berichte seiner Geheimpolizei las, kam er immer mehr zu der Überzeugung, dass der politischen Arbeit von Trotzki und seinen Anhängern auf dem Territorium der UdSSR endgültig ein Ende zu setzen war.
Trotzkis »Kurier«, ein Chauffeur aus Alma-Ata, verschwand plötzlich. Wie sich später herausstellte, war er verhaftet worden. Trotzki hatte sich mit ihm immer im öffentlichen Badehaus getroffen, wo man einander unauffällig Briefe übergeben konnte. Nach der Verhaftung des Verbindungsmanns waren die Möglichkeiten, mit der Außenwelt Kontakt aufzunehmen, erheblich eingeschränkt. Die »Postblockade« hatte noch eine andere Ursache. Bucharin, der sich allmählich immer mehr in die Enge gedrängt fühlte, trug sich mit dem Gedanken, ein Bündnis mit Kamenew, Sinowjew und sogar mit Trotzki einzugehen. Ohne jede Vorsichtsmaßnahme erschien Bucharin am 11. 7. 1928 in Kamenews Wohnung, um heimlich Kontakt mit der halb zerschlagenen Opposition aufzunehmen. Er erklärte Kamenew, er bereue es jetzt, dass er Stalin bei seinem Feldzug gegen die Opposition unterstützt habe. In einem illegalen Agitationsflugblatt berichteten die linken Oppositionellen bereits im Februar 1929, dass Bucharin niedergeschlagen sei und ständig wieder-

hole: »Stalin – das ist Dschingis Khan, ein Intrigant vom allerübelsten Schlag«, durch den die »Revolution ins Verderben gestürzt« werde.
Bucharin hatte jedoch keinen konkreten »Schlachtplan« gegen den Stalinschen Kurs. Zwar suchte er Kamenew noch einige Male in seiner Wohnung auf, aber es wurden keine praktischen Schritte ausgearbeitet. Sehr bald erfuhr Stalin durch seine GPU-Agenten von diesen Kontakten. Damit war das Maß voll. Der Generalsekretär entschied, den Beschluss, den er schon seit langem gefasst hatte, endlich durchzuführen. Mitte Januar warf Stalin zum ersten Mal vor dem Politbüro die Frage einer Isolation Trotzkis auf. Bucharin wandte sich dagegen, Rykow und Tomski äußerten Bedenken. Andere sprachen sich mit Vorbehalten dafür aus. Es herrschte also keine Einigkeit in dieser Frage. Daraufhin zog Stalin aus seiner Schreibtischschublade ein Verzeichnis Menshinskis mit den Namen der Oppositionellen, von denen Trotzki in Alma-Ata Briefe erhielt, und der Kontaktpersonen, die jeden Monat zu Trotzki fuhren. Nachdem er noch einige Zeilen aus den Briefen Trotzkis vorgelesen hatte, rief er aus: »Aus dem ZK und der Partei haben wir ihn hinausgeworfen, doch dieses entartete Element hat nichts dazugelernt. Was denn, sollen wir warten, bis Trotzki Terror oder einen Aufstand organisiert hat?« Alle schwiegen. Und nun sprach Stalin den Gedanken aus, mit dem er sich schon lange trug: »Ich schlage vor, ihn ins Ausland abzuschieben.« Und er fügte hinzu: »Denken Sie gut darüber nach – einen Weg zurück wird es nicht geben.«
Nun dachten alle weniger an Trotzki als vielmehr an sich selbst. Jeder von ihnen konnte die Hand Stalins an seiner Kehle spüren; immer weniger wagten sie, ihm zu widersprechen. Der Generalsekretär gebrauchte in allen Fällen dieselben apodiktischen »Argumente«: »Hätte Lenin sich hier mit Gefühlsduseleien abgegeben?« – »Ist es nicht die Partei, die die Diktatur des Proletariats führt?« – »Was bedeuten persönliche Beziehungen gegenüber den Interessen der Revolution?« Und schon hatten Bucharin und die anderen keine Einwände mehr …

Ja, Stalin war damals bereits mächtig, aber er hatte noch nicht die unumschränkte Macht inne. Um ungehindert die furchtbare »Revolution von oben« durchführen zu können, die Millionen Bauern in halbfreie Menschen verwandeln sollte, wollte er zuvor alle tatsächlichen und möglichen Gegner ausschalten. Trotzkis Ausweisung war nun also beschlossene Sache. Zunächst aber schien es, als wollte kein Land den legendären Revolutionär aufnehmen. Schließlich aber erklärte sich die türkische Regierung dazu bereit.

Trotzki wäre nicht erstaunt gewesen, wenn man ihn nach Sibirien oder in eine noch weiter hinter dem Polarkreis gelegene Region verbannt hätte. Niemals jedoch wäre es ihm in den Sinn gekommen, dass man ihn ins Ausland deportieren könnte.

Eines Tages erschien jedoch der GPU-Agent Wolynski mit einigen bewaffneten Begleitern bei ihm, zog ein Papier aus seiner Tasche und las: »Protokoll der GPU vom 18. 1. 1929 über die Sache des Bürgers Trotzki, L. D., beschuldigt nach Artikel 58/10 des Strafgesetzbuches der RSFSR wegen konterrevolutionärer Tätigkeit, die sich im Aufbau einer illegalen antisowjetischen Partei ausdrückt, welche in letzter Zeit antisowjetische Auftritte provoziert und die Vorbereitung eines bewaffneten Kampfs gegen die Sowjetmacht betreibt. Beschluss: Der Bürger Trotzki, Lew Dawidowitsch, wird aus der UdSSR ausgewiesen.« (Houghton Library.)

Trotzki ergriff das Stück Papier und schrieb quer über den Text: »Der Beschluss der GPU, der mir am 20. 1. 1929 mitgeteilt worden ist, ist von Grund auf verbrecherisch und seiner Form nach ungesetzlich.«

Auf die Frage, wohin er deportiert werden sollte, zuckte Wolynski nur mit den Achseln.

Die Reisevorbereitungen mussten rasch vonstatten gehen. Zusammen mit seinem Sohn verpackte er alle seine Papiere und Bücher, wobei er sich wunderte, dass sie nicht beschlagnahmt wurden.

Erst ein Jahr später, als Trotzki im Ausland seine publizistische

Tätigkeit unbeirrbar fortsetzte, würde der Generalsekretär Gift und Galle spucken: Wer hatte Trotzki erlaubt, seine persönlichen Archive mitzunehmen? Und sein Zorn würde Wolynski sowie einige andere GPU-Agenten treffen …
Schließlich teilte man Trotzki mit, dass die türkische Hauptstadt Konstantinopel der Ort seines Exils sein werde. Sogleich sandte Trotzki ein Protesttelegramm nach Moskau, in dem er unter anderem schrieb:

»An das ZK der WKP(B), an das ZEK der UdSSR, an das EKKI.
1. Der Vertreter der GPU teilte mir mit, dass die deutsche sozialdemokratische Regierung mir ein Visum versagt habe. Also sind sich Müller und Stalin in der politischen Einschätzung der Opposition einig.
2. Der Vertreter der GPU teilte mir mit, dass ich gegen meinen Willen in die Hände Kemals übergeben werde. Stalin hat also mit Kemal, dem Würger der Kommunisten, eine Übereinkunft getroffen, mit der Opposition als einem gemeinsamen Feind abzurechnen …
L. Trotzki, 7.–8. Februar 1929.« (Houghton Library.)

Aber Moskau blieb unerbittlich. Der Waggon mit dem Vertriebenen, der an verschiedene Züge gehängt wurde, bewegte sich immer weiter Richtung Süden. Am 10. Februar erreichte Trotzki Odessa. Hier erwarteten ihn sein jüngster Sohn Sergej und seine Schwiegertochter, um Abschied von ihm zu nehmen. Sie sollten sich nie wieder sehen. Dann begab er sich mit seiner Frau und seinem Sohn Lew an Bord des Schiffes, das ihn nach Konstantinopel bringen sollte. Im Licht einer matten Laterne konnte er den Namen erkennen: »Iljitsch«
Während der Schiffsreise fasste er in Form einer Zeittafel die wesentlichen Ereignisse seit Beginn des Jahres 1928 zusammen:

»Chronologie.

Erste Januartage 1928:	Benachrichtigung über die Deportation. Astrachan als Verbannungsort für L. D.
12.–13. Januar:	Beschluss: Verbannung nach Alma-Ata innerhalb von drei Tagen.
16. Januar:	Wurde für Abreise bestimmt. Demonstration. Abreise verschoben.
17. Januar morgens:	Abfahrt nach Alma-Ata.
17.–26. Januar:	Unterwegs.
26. Januar, bei Tagesanbruch:	Ankunft; »Dshetysu-Hotelzimmer«.
Ende März:	Umzug in die Wohnung.
Juni:	Fahrt außerhalb der Stadt.
Ninas Tod:	Verschlechterung der Gesundheit.
Ende Juni–22. Juli:	Arbeit an den Dokumenten für den 6. Kongress.
15.–22. Juli:	Dokumente abgeschickt. Bislang mehr als 200 Telegramme erhalten.
September–Oktober:	Weitere Verschlechterung der Gesundheit, Forderung nach Verlegung.
Ende Oktober:	Große Fasanenjagd. Postblockade.
5.–6. November:	Rückkehr.
16. Dezember:	Erster Besuch Wolynskis, Ultimatum der GPU.
Dezember–20. Januar 1929:	Verstärkte Bespitzelung.
20. Januar:	Benachrichtigung über Verbannung ins Ausland.
22. Januar, bei Tagesanbruch:	Abfahrt.
29. Januar–8. Februar:	Aufenthalt in der Steppe.
10. Februar 1929:	Ankunft in Odessa.
12. Februar 1929:	Ankunft in Konstantinopel.«

(IISG, Amsterdam.)

Hier begann für Trotzki das letzte tragische Kapitel im Leben eines verstoßenen Revolutionärs.

Wanderer ohne Visum

»Revolutionen pflegen immer undankbar zu sein.«
N. Berdjajew

Als der Dampfer »Iljitsch« sich langsam Konstantinopel näherte, hatte Trotzki durchaus Grund anzunehmen, dass die türkische Hauptstadt eine Falle für ihn sein könnte. Möglicherweise würde man ihn internieren oder an einen anderen Ort verbannen. Mehr jedoch fürchtete er einen Anschlag durch Weißgardisten, von denen während des Massenexodus aus Sowjetrussland sehr viele in die Türkei ausgereist waren. Stalin selbst hatte darauf bestanden, dass Trotzki in die Türkei ausgewiesen werde. Er wusste genau, wie viele Feinde der Revolution hier lebten, und hoffte offenbar, dass sein größter Gegner einem Racheakt der Weißen zum Opfer fallen würde.
Sobald der Dampfer angelegt hatte, kamen Vertreter der türkischen Regierung an Bord. Dort befanden sich außer der Mannschaft nur Trotzki, seine Frau, sein Sohn Lew und vier Mitarbeiter der GPU. Stalin hatte sozusagen eine »Sonderfahrt« organisiert. Als Erstes überreichte Trotzki dem Grenzoffizier ein handgeschriebenes Blatt:

»Gnädiger Herr.
Vor den Toren Konstantinopels habe ich die Ehre, Ihnen mitzuteilen, dass ich die türkische Grenze keineswegs aus freien Stücken und nach eigener Wahl erreicht habe und dass ich diese Grenze nur unter Gewaltanwendung überschreiten werde. Haben Sie die Güte, Herr Präsident, meine entsprechenden Gefühle entgegenzunehmen.
12. Februar 1929. L. Trotzki.«
(Trotzki, Schto i kak proisoschlo, S. 9.)

Der Offizier drehte das Blatt mit dem Text in fremder Sprache in seinen Händen hin und her und stopfte es schließlich in seine Mappe. An Land wurde Trotzki von einem Wagen und zwei Vertretern des sowjetischen Konsulats erwartet. Er war sehr überrascht, dass die Mitarbeiter des Konsulats ihn sehr gastfreundlich empfingen, ihm und seiner Familie zwei Zimmer zuteilten, sein Gepäck trugen und sich ihm gegenüber auch sonst sehr aufmerksam verhielten.

Das Schicksal der Familie Trotzki lag im Ungewissen. Wo würde die Familie in Zukunft leben, und, vor allem, *wovon* würde sie leben? Ungern mag sich Trotzki an die Szene erinnert haben, als der Tschekist Fokin ihm vor der Abreise nach Konstantinopel einen Beutel mit anderthalbtausend Dollar überreicht hatte. Sicher hätte er dieses Geld gern abgelehnt, doch in seiner Tasche befand sich nicht eine Kopeke.

Ungefähr zwei Wochen lebte die Familie im Konsulat, wo sie zunächst weiterhin sehr zuvorkommend behandelt wurde. Bald jedoch veränderte sich die Situation. Trotzki hatte bereits in den ersten Tagen seines Aufenthalts in der Türkei Kontakte zu seinen französischen Freunden Marguerite und Alfred Rosmer geknüpft, die wiederum sehr rasch die Reporter auf ihn »angesetzt« hatten. Trotzki hatte auch selbst einige Artikel für die größeren westlichen Zeitungen geschrieben, in denen er die Ursachen und die Umstände seiner Ausweisung in die Türkei erläuterte. Und so bekamen die sowjetischen Botschafter und Konsuln in Paris, New York, London und Berlin neue Arbeit: Sie mussten nun täglich der Führung in Moskau über die Erklärungen und Artikel Trotzkis sowie die Reaktion der Öffentlichkeit und der Politiker berichten.

Prinkipo

Der Konsul musste – wohl auf strikte Anweisungen hin – Trotzki mitteilen, dass er mit seiner Familie innerhalb von einigen Tagen das Konsulatsgebäude zu verlassen habe.
Natalja Iwanowna und ihr Sohn begannen nun mit der Suche nach einer Unterkunft. Trotzki schrieb weiter, traf sich mit Journalisten und versuchte, Verbindungen zu Gleichgesinnten in anderen Ländern zu knüpfen. Und nicht nur das Ehepaar Rosmer aus Paris schickte Trotzki ein Telegramm, in dem es ihm seine Solidarität ausdrückte; auch Anhänger aus den USA, aus England und Deutschland schrieben an ihn. Die Solidaritätstelegramme und -briefe gaben Trotzki neuen Mut.
Der Konsul jedoch drohte nun die Anwendung körperlicher Gewalt an, falls die Familie das Konsulatsgebäude nicht verlassen würde. Am 5. 3. 1929 schrieb Trotzki einen Protestbrief, in dem er erklärte, dass seine Sicherheit nicht gewährleistet sei, wenn er das Konsulatsgebäude verlassen würde (IISG, Amsterdam). Der Konsul wollte den Protest nicht annehmen. Die drohenden Telegramme aus Moskau hatten ihm Angst gemacht.
Ein großer Artikel Trotzkis mit dem Titel »Wie konnte es geschehen?« hatte das Fass zum Überlaufen gebracht. In den letzten Jahren war Stalin nirgendwo so vernichtend kritisiert worden. Der Artikel begann mit der Frage: »Was ist das, Stalin?« Und sogleich folgte die Antwort: »Das ist die herausragendste Mittelmäßigkeit unserer Partei … Sein politischer Horizont ist außerordentlich eng. Das theoretische Niveau ist ebenso primitiv. Sein kompiliertes Büchlein ›Grundlagen des Leninismus‹, in dem er sich bemüht, die theoretischen Ursprünge seiner Partei zu würdigen, strotzt nur so vor Pennälerfehlern … Der Mentalität nach ist dies ein verbissener Empiriker, dem jegliche schöpferische Phantasie fehlt … Sein Verhältnis zu Fakten und Menschen zeichnet sich durch außerordentliche Rücksichtslosigkeit aus. Er wird sich niemals die Mühe machen, etwas als weiß zu

bezeichnen, was er gestern schwarz nannte … Stalinismus – das ist vor allem die automatische Arbeit des Apparats …«

Zur gleichen Zeit suchte der Vertriebene nach einem neuen Zufluchtsort. Ein Mitarbeiter des Konsulats, den Trotzki aus der Zeit des Bürgerkriegs kannte, gab ihm in einem unbeobachteten Augenblick einen Hinweis: »Der sicherste Ort ist eine der Inseln im Marmarameer.«

Am Abend des nächsten Tages hatte sich bereits etwas gefunden: die Insel Prinkipo, die anderthalb Stunden auf dem Wasserweg von Konstantinopel entfernt lag. Auf dieser winzigen Insel befindet sich das kleine Fischerdorf Biijuk-Ada, wohin einmal am Tag ein kleiner Dampfer mit zwei oder drei Passagieren fuhr und Fisch holte. Trotzki wusste, dass diese Insel früher einmal Verbannungsort für byzantinische Adlige gewesen war, die sich den Zorn ihrer Kaiser zugezogen hatten.

Trotzki mietete dort ein altes Haus, das er mit Hilfe zweier angereister Anhänger aus Deutschland in einen bewohnbaren Zustand brachte. Im Übrigen hatte er nicht vor, lange hier zu bleiben; er hatte bereits schriftlich bei den Regierungen in Paris und Berlin um eine Aufenthaltserlaubnis ersucht. Damals ahnte er noch nicht, dass er vier lange Jahre auf der Insel bleiben würde.

Nun setzte Trotzki seine publizistische Arbeit fort. Wieder schrieb er jeden Tag. Diese Lieblingsbeschäftigung unterbrach er nur gelegentlich, um mit den Fischern, mit denen er rasch Kontakt geknüpft hatte, aufs Meer hinauszufahren.

Zum Leben jedoch brauchte er Geld. Das »Stalinsche Almosen« und die von einigen Freunden überwiesenen Beträge reichten nur für die erste Zeit. Nun musste er aber sich selbst, seine Familie und zwei bis drei Sekretäre, ohne die er bereits nicht mehr auskam, ernähren. Umso mehr, da er die Absicht hatte, eine kleine Zeitschrift der linken Opposition herauszubringen.

Trotzki war so bekannt, dass er keine Probleme hatte, Herausgeber für seine Arbeiten zu finden. Bereits für seine ersten Artikel in »Daily Express«, »New York Herald Tribune« und »New York Times« und anderen Zeitungen erhielt er 10 000 Dollar.

Einige Zeit später bekam er für seine Memoiren »Mein Leben« einen Vorschuss von 7000 Dollar. Seine »Geschichte der russischen Revolution« wurde in Form von Artikeln in der »Saturday Evening Post« veröffentlicht, was ihm ungefähr 45 000 Dollar einbrachte. Insgesamt aber ging es Trotzki im Ausland finanziell immer schlecht. Schließlich musste er mit seiner literarischen Arbeit nicht nur sich selbst, sondern auch seine Familie und seine zwei oder drei Sekretäre, die »nebenberuflich« auch als Leibwachen tätig waren, ernähren. Außerdem warf seine Zeitschrift keinerlei Gewinn ab. Trotzki musste um jede Mark, um jeden Dollar und um jeden Franc kämpfen. Hier ein Brief seines Sohnes Lew Sedow aus Berlin:

»Lieber Papa,
von der ›Geschichte‹ sind 650 Exemplare verkauft worden. Von der Autobiographie 2400 Exemplare. Das ist ein Rekord. Kein einziges russisches Buch hatte im Ausland eine solche Auflage … Am 10. August werden sie 500 Mark für die ›Geschichte‹ zahlen, die restlichen 1500 nach Erscheinen des Buches … Ich habe noch 30 Mark erhalten, nur der Gauner Fuchtman hat noch nichts geschickt … Petropolis will das Verzeichnis drucken, bezahlen will er jedoch nichts … Ich denke, dass sie wenigstens 150 bis 200 Mark zahlen sollten, und werde dahingehend Druck auf sie ausüben …« (Archiv des KGB.)

Dies war Trotzkis dritte Emigration. Der Vertriebene glaubte jedoch, dass man ihn nach Moskau »zurückrufen« oder dass es dort zu Veränderungen kommen würde, die ihm eine ehrenvolle Rückkehr ermöglichten. Bis 1934 war Trotzki davon überzeugt, dass die Partei Stalin nicht lange an ihrer Spitze dulden werde. Er glaubte, dem Diktator werde die Kollektivierung und der Kampf mit den Rechten das Genick brechen. Bis dahin musste er selbst alles dafür tun, um Stalin zu entlarven, die Fehlerhaftigkeit seines Kurses und die Beschränktheit seiner Persönlichkeit aufzeigen. Da er nur spärliche Informationen aus der UdSSR erhielt, schickte er eines Tages seinen Sohn mit einem Fischer nach Konstantinopel, um dort einen Radioapparat zu kaufen. Nun konnte er ab und zu aus erster Hand erfahren, was sich im fernen Moskau abspielte.

Anfang März 1930 saß Trotzki wieder einmal vor dem Radioapparat. Ein neuer Artikel Stalins, der in der »Prawda« veröffentlicht worden war, wurde verlesen: »Vor Erfolgen von Schwindel befallen«. Sein Todfeind verkündete: »... Am 20. Februar dieses Jahres sind bereits 50 Prozent der bäuerlichen Wirtschaften in der UdSSR kollektiviert, das heißt, wir haben den Fünfjahresplan der Kollektivierung zum 20. 2. 1930 um mehr als das Doppelte erfüllt ...« Dann aber war plötzlich von »übereiltem Handeln« die Rede; die Versuche, alles ohne Ausnahme zu vergesellschaften, wurden kritisiert, da »eine solche Politik nur unseren geschworenen Feinden nützt« (Stalin, Sotsch. XII, S. 197 f.).

Trotzki betrachtete diesen Artikel Stalins als Kapitulationserklärung. In seinem Brief an seine Anhänger in den USA beurteilte er die Situation folgendermaßen: »Der neue Rückzug Stalins wurde von der Opposition genau vorausgesagt, und er wird große politische Folgen haben ... Dieser Rückzug stellt einen gewaltigen Schlag gegen die Revolution insgesamt dar. Die Autorität der Stalinschen Fraktion wird stark erschüttert werden, und eine neue Bewegung hin zur linken Opposition wird einsetzen ...« (Archiv des KGB.)

Hier war der Wunsch der Vater des Gedankens. Trotzki, der immer noch seine ultralinken Positionen in der Bauernfrage vertrat, sah in den Handlungen Stalins nicht nur Fehler, sondern auch eine »Bremse« für die Revolution.

Nach einigen Monaten auf der Insel verspürte Trotzkis Sohn Lew den starken Wunsch, zu seiner Familie nach Moskau zu reisen. Mit seinen Eltern kam er überein, dass er einen Antrag auf Einreise stelle. Dann wollte er vor Ort entscheiden, ob er in der sowjetischen Hauptstadt bleiben und arbeiten oder mit seiner Familie zu seinem Vater zurückkehren werde.

Lew übergab seinen Antrag dem sowjetischen Konsulat in Konstantinopel, das natürlich zu einer Entscheidung darüber nicht befugt war. Die Zahnräder der bürokratischen Maschinerie drehten sich langsam, bis schließlich Enukidse Stalin persönlich über den Antrag von Trotzkis Sohn unterrichtete. Der Generalsekretär lachte nur und sagte: »Und er selbst, will er nicht zurück? Mit ihm sind wir fertig. Ebenso mit seiner Familie … Ablehnen.«

So wurde Lew Sedow der Weg zu seiner Familie endgültig abgeschnitten. Bald sollte ihn die Arbeit als rechte Hand seines Vaters völlig in Anspruch nehmen. Bis zu seinem Tod würde er sich um die Herausgabe seiner Schriften, um Kontaktaufnahme mit den vielen, aber kleinen Gruppen der Anhänger Trotzkis in Europa und schließlich um die Sicherheit seines Vaters kümmern.

In der Zwischenzeit war die erste Ausgabe von Trotzkis Zeitschrift »Bjulleten opposizii« erschienen. Die Zeitschrift sollte bis 1941 existieren – elf Jahre lang. Chefredakteur und Hauptautor war Trotzki selbst. Einige Ausgaben, die in der Regel 30 bis 40 Seiten umfassten, bestanden ausschließlich aus Beiträgen des vertriebenen Revolutionärs. Um den gesamten technischen und organisatorischen Teil kümmerte sich Lew Sedow.

Die Reaktion Moskaus auf seine ersten Publikationen sollte nicht lange auf sich warten lassen. Nach einigen Monaten erhielt Trotzki bereits Banderolen mit Ausgaben der »Prawda« und des »Bolschewik«. Die »Prawda« hatte eine Erklärung von 38 ehemaligen Anhängern veröffentlicht, in der sie demonstrativ mit Trotzki brachen und seine publizistische Tätigkeit für Organe der bürgerlichen Presse verurteilten. Mit »schwerer Artillerie« wurde im »Bolschewik« aufgefahren. Dort hatte Jaroslawski zwei Schmähartikel veröffentlicht. Trotzki hatte diesen Bolschewiken seit der ersten russischen Revolution für einen prinzipienlosen Opportunisten gehalten. Voller Abscheu las er jetzt Jaroslawskis Artikel »Mister Trotzki im Dienste der Bourgeoisie oder die ersten Schritte L. Trotzkis im Ausland« und »Wie Trotzki ›antwortet‹ und wie ihm die Arbeiter antworten«.

Die Argumente wurden hier im Wesentlichen durch Unterstellungen und Beschimpfungen ersetzt: »konterrevolutionäre Aufrufe Trotzkis«, »Rekord an Dummheit«, »Rückkehr zu den Menschewiki«, »ein Schandfleck für die Sowjetunion«, »völlige intellektuelle Bankrotterklärung und Entartung Trotzkis«. Daneben lassen sich im Wesentlichen zwei Vorwürfe ausmachen: zum einen, dass Trotzki eine »große Summe an Dollars« für seine Artikel erhalten habe, zum anderen, dass er überhaupt in der bürgerlichen Presse veröffentliche (Bolschewik 5/1929, S. 67; 9–10/1929, S. 30).

Während Trotzki sich nun langsam an ein Leben »ohne Pass und Visum« gewöhnte, schwand bei ihm auch die Hoffnung, dass man ihn »zurückrufen« würde. Doch weiterhin genügte es ihm nicht, nach seiner »Niederlage« nur Erinnerungen zu schreiben und in Vergangenem zu schwelgen. Unbeirrt setzte er seinen Kampf gegen den Sieger im Kreml fort.
Neue Herausforderungen ließen nicht auf sich warten. Die Kommunistische Internationale hatte sich im Wesentlichen in ein Sprachrohr Moskaus verwandelt, das alle seine Kräfte zur Diskreditierung Trotzkis mobilisierte und einen breitangelegten ideologischen Kampf gegen den »Trotzkismus« führte.
Seit seiner Ankunft in Prinkipo war Trotzki im Auftrag Stalins bespitzelt worden. In dem kleinen Dorf, in dem er sich wieder gefangen hatte, fanden sich nicht nur Journalisten und Anhänger ein, sondern auch dubiose Individuen, die ihre Dienste als Sekretäre oder Leibwächter anboten. Einer von ihnen war Valentin Olberg, der einige Jahre später in Moskau »Zeugenaussagen« gegen den Vertriebenen machte. Im März 1931 brach im Haus der Trotzkis ein Brand aus. Trotzki schrieb an Jelena W. Krylenko, eine Freundin der Familie, die in Paris lebte: »Zusammen mit dem Haus verbrannte alles, was wir besaßen. Der Brand ereignete sich in tiefer Nacht … Alle Dinge, von der Mütze bis zu den Schuhen, fielen den Flammen zum Opfer, die gesamte Bibliothek verbrannte, doch glücklicherweise blieb

zufällig das Archiv, oder zumindest der wichtigste Teil davon, erhalten.« (Archiv des KGB.) Später, als Trotzki sich bereits in Mexiko befand, würde er immer mehr dazu neigen, diesen Vorfall als Brandstiftung anzusehen.

Die Sekretäre und Bewacher Trotzkis waren von Rosmer und Sneevliet als zuverlässige Anhänger empfohlen worden. Einer von ihnen, der Franzose Jean van Heijenoort, blieb bis zu seiner letzten Minute bei ihm und verfasste später das Buch »Mit Trotzki im Exil. Von Prinkipo nach Coyoacan«. Die türkische Regierung hatte ein halbes Dutzend Polizisten zur Bewachung des Hauses rund um die Uhr abkommandiert. Nach drei bis vier Monaten war die Sicherheit Trotzkis weitgehend gewährleistet. Außerhalb des Hauses aber waren die Spitzel, denen nichts zu entgehen schien. Als Ja. Bljumkin (ja, jener Bljumkin, der 1918 in Moskau den deutschen Botschafter Mirbach getötet hatte) aus Indien über Konstantinopel zurückkehrte, suchte er Trotzki auf, der ihm einige Briefe für Anhänger in Moskau mitgab.

Nach seiner Rückkehr in die sowjetische Hauptstadt begab sich Bljumkin sogleich zu Radek und übergab ihm ein Päckchen von Trotzki. Radek bestürmte seinen Gast, selbst zur GPU zu gehen und alles über die Begegnung mit dem verfemten Revolutionär zu erzählen. Nachdem Bljumkin verwirrt und besorgt gegangen war, rief Radek sofort Jagoda an, machte ihm Mitteilung über den abendlichen Besuch und übergab das noch verschlossene Päckchen der GPU. Bljumkin wurde sogleich verhaftet und einige Tage später erschossen, obgleich man ihm außer der Begegnung mit Trotzki nichts zur Last legen konnte. Nachdem Trotzki davon erfahren hatte, veröffentlichte er einige wütende Protesterklärungen. Ihm war jetzt klar, dass sogar Kontakte mit ihm einen tödlichen Preis hatten. Er zweifelte nicht daran, dass man ihm nach dem Leben trachtete. Bislang schützten ihn nur der günstige Aufenthaltsort und die getroffenen Sicherheitsmaßnahmen.

Stalin hatte seine Absicht, die weiße Emigration gegen Trotzki zu benutzen, nicht aufgegeben. Mitarbeiter der GPU hatten verbreitet, das tatsächliche Ziel der Ausweisung Trotzkis sei nicht die Bestrafung wegen seiner oppositionellen Tätigkeit, sondern die Initiierung eines neuen revolutionären Aufschwungs. Durch diese Lüge wollte man vor allem Offiziere der Weißen, die der Volkskommissar während des Bürgerkriegs des Landes verwiesen hatte, in ihrer Feindseligkeit gegenüber Trotzki bestärken. Bald darauf erfuhr Trotzki durch westliche Zeitungen mit Berufung auf Moskau, dass eine Gruppe von emigrierten Weißgardisten erklärt habe, sie beabsichtige, sich an dem »Verderber Russlands« zu rächen. Dabei wurde der Name des Anführers dieser Gruppe genannt: Anton Turkul, ehemaliger General der zaristischen Armee. Trotzki reagierte sofort: Er schrieb einen Brief an das Politbüro, das ZK und das Präsidium der ZIKK, den er mit dem Stempel »Streng geheim« versah, obwohl er den Brief mit der gewöhnlichen Post abschickte. In seinem Schreiben erklärte Trotzki, dass ihm die »Kooperation Stalins und General Turkuls« gegen ihn bekannt sei. »Die Frage einer terroristischen Abrechnung mit dem Verfasser dieses Briefes hat Stalin schon lange vor Turkul erörtert: 1924/25. Damals wägte er während einer Beratung in kleinem Kreise die Argumente gegeneinander ab. Das Hauptargument dagegen war folgendes: Es gab sehr viele junge, opferbereite Trotzkisten, die mit konterterroristischen Akten hätten antworten können. Diese Auskünfte erhielt ich seinerzeit von Sinowjew und Kamenew. Und nun veröffentlichte Stalin die von der GPU ermittelten Informationen über ein terroristisches Attentat, das der General Turkul vorbereite … Natürlich bin ich in die Art des Vorgehens nicht eingeweiht: Wird Turkul seine Heldentat Stalin zuschieben, oder wird Stalin sich hinter Turkul verstecken – das weiß ich nicht, aber das wissen einige von den Jagodas … Dieses Dokument wird in einer geringen, aber ausreichenden Anzahl von Exemplaren bei zuverlässigen Menschen in einigen Ländern aufbewahrt werden. Somit sind Sie gewarnt! 4. Januar 1932L. Trotzki.« (Houghton Library.)

Es ist schwer zu sagen, ob es sich bei der »Sache Turkul« um einen Bluff handelte oder ob Stalin noch nicht in der Lage war, seine Hand bis nach Prinkipo »auszustrecken«. Später erfuhr Trotzki, dass sowohl Kamenew als auch Sinowjew von seinem Brief an das Politbüro erfahren haben und wie erwartet reagierten; denn sie kämpften ums Überleben:

»An das ZK der WKP(B).
Die Genossen Jaroslawski und Schkirjatow setzten uns vom Brief Trotzkis vom 4. 1. 1932 in Kenntnis. Es handelt sich um eine gemeine Erfindung eines angeblichen Gesprächs mit dem Genossen Stalin in den Jahren 1924/25, bei dem wir über einen günstigen Zeitpunkt für einen terroristischen Akt gegen Trotzki beraten haben sollen ... Das alles ist eine widerwärtige Verleumdung mit dem Ziel, unsere Partei zu kompromittieren. Nur die kranke Phantasie Trotzkis, die völlig von der Gier vergiftet ist, dem bourgeoisen Publikum Sensationen aufzutischen, ... kann eine solch niederträchtige Verleumdung erfinden ...« (Houghton Library.)

Für Sinowjew und Kamenew war Trotzkis Brief ein schwerer Schlag. Drei Jahre später, als sie wegen »Mittäterschaft« an der Ermordung Kirows vor Gericht standen, würde man diesen Brief Trotzkis als Beweis für ihre verbrecherischen Verbindungen mit dem verstoßenen Führer der russischen Revolution heranziehen.
Trotzki musste mehr als ein Drittel seines Lebens im Ausland verbringen. Die erste Emigration dauerte zweieinhalb Jahre (1902–1905), die zweite hielt ihn zehn Jahre aus seiner Heimat fern (1907–1917), und die dritte und letzte sollte mehr als elf Jahre dauern.
Zu Anfang der dreißiger Jahre unternahm er zwei Versuche, im Interesse der Sache zu einem Kompromiss mit der Führung in Moskau zu gelangen. Seine Anhänger in Spanien hatten ihm 1931 mitgeteilt, dass die Revolution im Lande »heranrücke«.

In der kommunistischen Bewegung gab es jedoch keine Einheit. Die Mitglieder der Kommunistischen Internationale lehnten jegliche Zusammenarbeit mit den niederträchtigen »Marxisten-Leninisten« ab.

Nach langen Überlegungen setzte sich Trotzki im Februar 1931 an seinen Schreibtisch und schrieb folgenden Brief nach Moskau:

»An das Politbüro der WKP(B).

Das weitere Schicksal der spanischen Revolution hängt voll und ganz davon ab, ob sich in den nächsten Monaten in Spanien eine kampffähige kommunistische Partei herausbilden wird. Aufgrund künstlicher, der Bewegung von außen aufgedrängter Streitigkeiten ist dies nicht realisierbar …«

Trotzki erinnert an die Erfahrungen der russischen Revolution, ruft zur Einheit auf und warnt gleichzeitig: »Eine Niederlage der spanischen Revolution wird nahezu automatisch zur Etablierung eines echten Faschismus im Stil Mussolinis führen. Es ist wohl überflüssig, zu erwähnen, welche Folgen dies für ganz Europa und für die UdSSR haben würde.«

Zwei Jahre vor dem Sieg Hitlers in Deutschland hat Trotzki bereits erkannt, welche Gefahr der Faschismus für die Zivilisation darstellt. Und zugleich versucht er, die Aufmerksamkeit des Politbüros auf eine neue Chance für die Weltrevolution zu lenken. »… Andererseits würde eine erfolgreiche Entwicklung der Revolution unter den Bedingungen der bei weitem noch nicht gelösten Weltkrise gigantische Möglichkeiten eröffnen. Die tiefliegenden Meinungsverschiedenheiten in einer Reihe von Fragen, die die UdSSR und die internationale Arbeiterbewegung betreffen, dürfen kein Hinderungsgrund dafür sein, einen ehrlichen Versuch zur Herstellung einer Einheitsfront in der Arena der spanischen Revolution zu unternehmen. Noch ist es nicht zu spät! … Der weitere Verlauf der Ereignisse in Spanien – daran besteht kein Zweifel – wird jeden Tag bestätigen, dass eine Einheit der kommunistischen Reihen notwendig ist. Wenn die

Spaltung in Kauf genommen würde, wäre das eine gewaltige historische Verantwortung.
15. Februar 1931. L. Trotzki.«

Trotzki muss wohl befürchtet haben, dass dieser Brief in Moskau als Signal der Kapitulation missdeutet werden könnte, denn er schob ihn zunächst in die Schublade.
Ende April jedoch zog er ihn erneut hervor und fügte noch hinzu: »Umso mehr ist es zwingend und unaufschiebbar, all jene Maßnahmen zu ergreifen, die in meinem Brief erwähnt werden.
27. April 1931. Kadikei, L. Tr.« (Zentrales Parteiarchiv.)

Er legte den Brief in ein einfaches Kuvert und schrieb in lateinischer Schrift darauf: »An das Politbüro der WKP(B). UdSSR, Moskau.«
Seit dieser Zeit ruhte der Brief im Parteiarchiv. Trotzki erhielt natürlich nie eine Antwort.
Dennoch entschloss er sich im März 1933, einen zweiten Brief nach Moskau zu schicken. Der Anlass war diesmal seine tiefe Besorgnis über die Entwicklung in der Sowjetunion. Wieder richtete er sein Schreiben an das Politbüro der WKP(B), obwohl ihm klar war, dass ausschließlich der Generalsekretär über seinen Vorschlag entscheiden würde.

»Brief an das Politbüro der WKP(B).
Geheim.
Ich halte es für meine Pflicht, noch einen Versuch zu unternehmen und an das Gefühl der Verantwortung jener zu appellieren, die zurzeit den sowjetischen Staat führen. Die Lage im Lande und in der Partei können Sie aus der Nähe betrachten; ich nicht. Wenn die Entwicklung im Lande auf diesem Kurs weiterschreiten sollte, auf dem sie sich jetzt bewegt, ist eine Katastrophe unausweichlich …«
Dies waren prophetische Worte. Trotzki ließ sich also nicht durch den »Fünfjahresplan in vier Jahren«, die phantastischen

»Wachstumsprozente der Produktion« und den »Enthusiasmus von Millionen Menschen« täuschen; er sah, dass der Zug des Sozialismus eine hohe Geschwindigkeit erreichte, aber … sich einem niederschmetternden historischen Debakel entgegenbewegte. Uns in der UdSSR wurde dies erst in den achtziger Jahren bewusst.

Weiter schreibt Trotzki: »Es ist vollkommen sinnlos und tödlich zu glauben, dass man die jetzige Lage allein mit Hilfe von Repressalien in den Griff bekommen könnte … Was ist zu tun? Vor allem muss die Partei erneuert werden. Dies ist ein schmerzhafter Prozess, er muss jedoch durchlaufen werden. Die linke Opposition wird – daran zweifle ich keine Minute lang – bereit sein, dem ZK volle Unterstützung zu gewähren, damit die Partei ohne Erschütterungen oder mit möglichst geringen Erschütterungen in einen normalen Zustand gebracht werden kann … Es geht hier um das Schicksal des Arbeiterstaates und der internationalen Revolution …«

Trotzki sieht zwar den historischen Misserfolg voraus, doch er glaubt nach wie vor an revolutionäre Methoden, die frei sind von Bürokratie und Totalitarismus. Es kommt ihm nicht in den Sinn, die bolschewistischen Prinzipien anzuzweifeln. Er hält es für möglich, dass zwischen der derzeitigen Regierung und der linken Opposition Übereinkünfte getroffen werden könnten.

»Ganz gleich, wie angespannt die Atmosphäre ist, sie lässt sich in aufeinanderfolgenden Etappen entspannen, bei gutem Willen von beiden Seiten … Ziel dieses Briefes ist es, klarzustellen, dass die linke Opposition diesen guten Willen besitzt.« Das Politbüro könne, so Trotzki, Formen und Mittel selbst wählen, wenn man es »für notwendig hält, in Vorverhandlungen zu treten, ohne dies in die Öffentlichkeit zu bringen« (Trotzki, Dnewniki, S. 44 f.).

Auch diesmal bekam Trotzki keine Antwort aus Moskau. Stalin soll, nachdem er diesen Brief gelesen hat, schmutzige Flüche ausgestoßen und zu Menshinski, dem Leiter der OGPU, gesagt

haben: »Wann wirst du aufhören, Mäuse zu fangen?!« Es sei an der Zeit, Trotzki endlich zum Schweigen zu bringen.
Trotzki war also bereit, im Interesse seiner revolutionären Ideale eine Versöhnung anzustreben. Diese naive Geste wurde abgelehnt und die Verfolgungsjagd verstärkt fortgesetzt.
Trotzki versuchte weiterhin, eine Aufenthaltserlaubnis in einem der westlichen Länder zu erwirken. Nach wie vor jedoch wollte keine Regierung dem Helden des Oktoberumsturzes Asyl geben. Schließlich gestattete die dänische Regierung ihm und seiner Frau einen einwöchigen Besuch in Kopenhagen, wohin er auf Einladung einer Studentenorganisation fuhr. Trotzki sollte dort einige Vorträge zum 15. Jahrestag der bolschewistischen Revolution in Russland halten.
Die Reise wurde zu einer bitteren Enttäuschung. In Athen wurde ihm und seiner Frau verboten, an Land zu gehen. In Italien gestattete man ihm nur in Begleitung von Polizisten, das Schiff zu verlassen. Durch Frankreich musste er als Transitreisender fahren. Und auch in Dänemark ließ ihn die Polizei nicht aus den Augen. Außerdem gab es zahlreiche Anfeindungen. Die kommunistische Partei demonstrierte gegen die Ankunft des Mitbegründers der III. Internationale. Die Monarchisten protestierten: »Trotzki ist mitschuldig an der Ermordung der Familie Romanow.« Die bürgerliche Presse erinnerte an all seine »revolutionären Sünden«. Der sowjetische Botschafter verlangte die sofortige Ausweisung. Dennoch gelang es Trotzki, sich mit einer Gruppe seiner Anhänger aus Deutschland, Dänemark, Frankreich und Norwegen zu treffen und einige Interviews zu geben.
Er hatte gehofft, auf Dauer in Kopenhagen bleiben zu können, doch die Behörden teilten den »Gästen« mit, dass sie nach Ablauf des einwöchigen Visums des Landes verwiesen werden würden. So geschah es. Auch den Rückweg Trotzkis säumten Polizeieskorten.
Später versuchte E. W. Krylenko, Trotzki ein Visum nach Amerika zu beschaffen. Er wollte dort Vorträge über die russische

Revolution und über die Lage in der UdSSR halten. Aber schon vor der Absage war Trotzki klar, dass er kein Visum erhalten werde.

Schließlich, nach etlichen Hindernissen und Schwierigkeiten, erhielten er und seine Frau eine mit Auflagen verbundene Erlaubnis, nach Frankreich zu reisen. Zu jener Zeit war Lew Sedow aus Berlin in die französische Hauptstadt gereist, wo er sehr bald von der OGPU beobachtet wurde. Und kurze Zeit später hatte ihm die OGPU einen ihrer Agenten, den sie in Frankreich angeworben hatte, als persönlichen Mitarbeiter »untergeschoben«. Wer war dieser Mann, der nun einen ständigen Überblick über Lews Schriftwechsel und die Archive seines Vaters haben sollte und später sogar in das wichtigste Organ von Trotzki-Anhängern – das »Internationale Sekretariat« – vordringen würde.

1934 wurde die OGPU dem Volkskommissariat für Innere Angelegenheiten (NKWD der UdSSR) angeschlossen, von 1934 bis 1936 unterstand es Jagoda, von 1936 bis 1938 Jeshow.

Wie aus Archivdokumenten des KGB hervorgeht, konnte der Agent der OGPU Nr. B-187 im Sommer 1933 einen jungen Mann namens Mark Grigorjewitsch Sborowski anwerben (Archiv des KGB).

Sborowski und seine Angehörigen wurden genauestens überprüft. Er füllte eine Reihe von Fragebögen aus und schrieb eigenhändig einen Lebenslauf.

Nachdem es Sborowski gelungen war, Sedows Vertrauen zu gewinnen, war es für den Agenten der Geheimen Politischen Abteilung und der Ausländischen Abteilung der GUGB (Hauptverwaltung der Staatssicherheit des NKWD) ein leichtes, Informationen über Beschlüsse, Schritte und Absichten sowie Dokumente Trotzkis nach Moskau weiterzuleiten. Dieser jedoch kannte bis zum Ende seiner Tage nicht die Wahrheit über Sborowski.

Was für ein Mensch war dieser Mann, dem Stalin es in den Jahren 1933 bis 1939 zu verdanken hatte, dass jeder Schritt Trotz-

kis, viele seiner Artikel und Bücher noch vor ihrer Veröffentlichung in der Presse auf dem Schreibtisch des Generalsekretärs landeten?
Mark Sborowski, geboren 1908 in Uman (Gouvernement Kiew), war 1921 mit seinen Eltern nach Polen übersiedelt. Dort trat er der kommunistischen Partei bei und saß wegen Organisierung eines Streiks ein Jahr im Gefängnis. Um sich der weiteren Verfolgung durch die Polizei zu entziehen, floh er mit seiner Frau R. A. Lewi nach Berlin und später nach Paris. Das junge Paar lebte in größter Armut. Der Agent »B-187« hatte keine großen Schwierigkeiten, Sborowski anzuwerben. Von nun an würde er in den Geheimdienstberichten unter den Decknamen »Mak«, »Tjulpan« und »Kant« auftauchen. Bereits nach kurzer Zeit schrieb der Pariser »Chef« Sborowskis nach Moskau:

»Wie wir Ihnen mitteilten, hat der Informant ›Mak‹ seine Arbeit im ›Internationalen Sekretariat‹ der Trotzkisten aufgenommen, wo auch die Frau von Trotzkis Sohn arbeitet. Während der Arbeit hat sich der Informant mit der Frau von Trotzkis Sohn angefreundet, was zur Folge hatte, dass er in die russische Sektion als persönlicher Sekretär des Sohnes versetzt wurde.
Zurzeit trifft sich der Informant mit dem Sohn so gut wie jeden Tag. Damit betrachten wir unsere Auflage, einen Informanten in die Umgebung Trotzkis zu schleusen, als erfüllt.« (Archiv des KGB.)

In Moskau war man höchst erfreut über diesen schnellen Erfolg. Als Antwort auf den Bericht aus Paris folgte sogleich ein Chiffre- Telegramm mit Instruktionen:

»An Pjotr.
Da der Informant ›Mak‹ eine bestimmte Position in der Organisation eingenommen hat, ist es nun notwendig, dass er seine Position ausbaut. Instruieren Sie den Informanten sorgfältig über sein Verhalten und seine Arbeit. Teilen Sie ihm mit,

dass er nichts in der Organisation ohne Ihre Billigung unternehmen soll. Wir mahnen zur Vorsicht, auf dass er den Bogen nicht überspannt und damit alle unsere Pläne bei dieser Arbeit zerstört werden.« (Archiv des KGB.)

Bald sollte Lew Sedow »Mak« ein solches Vertrauen entgegenbringen, dass dieser Zugang zu vielen Papieren Trotzkis erhalten würde …

Die Ein-Mann-Zeitschrift

Trotzkis unermüdliche publizistische Arbeit rief den Spott seiner Gegner, der russischen Sozialdemokraten, hervor, die noch vor ihm des Landes verwiesen worden waren und sich um den von Martow gegründeten »Sozialistitscheski westnik« gruppiert hatten. Sarkastisch schrieb D. Dolin in seinem Artikel »Letztes Echo«: »Mit aller Kraft bemüht sich Trotzki, dass man ihn – Gott bewahre – nicht vergesse. Er schreibt Tag und Nacht, dicke Bücher und kleine Artikelchen, er gibt familiäre Bulletins heraus, variiert in allen Sprachen stets die gleichen Motive: Treubruch Stalins, den Verrat an der chinesischen Revolution und die zarte Liebe Lenins zu Trotzki. Aber die Menschheit ist undankbar. Über Trotzki … wird nicht gesprochen, und man erinnert sich seiner immer weniger.« (Soz. westnik 25. IV. 1931, S. 8.)
Dolin irrte sich: Über Trotzki sollte noch Jahrzehnte später gesprochen werden. Nun jedoch ruhiger, besonnener.

Auf Prinkipo verfasste Trotzki seine »Geschichte der russischen Revolution«. In diesem Buch gelingt es ihm immer wieder, mit einigen energischen Strichen nicht nur das äußere Bild der Revolution zu vergegenwärtigen, sondern auch ihre inneren Mechanismen. »Das, was dem Umsturz den Charakter eines kurzen Schlages mit einer minimalen Anzahl von Opfern verlieh, war die Kombination von revolutionärer Verschwörung, proletarischem Aufstand und dem Kampf der bäuerlichen Garnison …« Trotzki resümiert: »Der Umsturz wurde von der Partei angeführt; die tragende Kraft war das Proletariat; die bewaffneten Arbeiterabteilungen waren die geballte Faust des Aufstandes; den Ausgang des Kampfes entschied jedoch die starke bäuerliche Garnison.« (Istorija II, S. 314.)
Trotzki räumt ein, dass am »Oktoberumsturz kaum mehr als 25 000 bis 30 000« Menschen teilgenommen haben. (Ebd., S. 319.) Dieses Eingeständnis wirft ein bezeichnendes Licht auf die späteren Behauptungen der offiziellen Geschichtsschrei-

bung, es habe sich um eine »Volksrevolution« gehandelt. Als Marxist sieht Trotzki im Oktoberumsturz die gesetzmäßige Fortsetzung der Februarrevolution: »Das Wesentliche besteht darin, dass die Februarrevolution lediglich die Hülle war, in der sich der Kern der Oktoberrevolution befand. Die Geschichte der Februarrevolution ist die Geschichte davon, wie der Oktober-Kern von seinen versöhnlerischen Lastern befreit wurde.« (Trotzki, Istorija I, S. 6.)

Aufgrund seiner ideologischen Vorbehalte will Trotzki nicht sehen, dass der Februar dem Lande die Pforten zum Tempel der Demokratie öffnete. Er erkennt nicht, dass das »Überspringen« der bürgerlich-demokratischen Etappe die größte Gefahr in sich barg – die Verneigung vor der Gewalt.

Und er verschließt die Augen davor, dass die Oktoberrevolution nur zu einem geringen Teil das Werk der Bolschewiki war. Weitaus größeren Anteil daran hatten der imperialistische Krieg, die Schwäche des alten Regimes, die tiefe Krise der Gesellschaft. Die Bolschewiki, angeführt von Lenin und Trotzki, erwiesen sich lediglich als radikal und geschickt genug, um diese Umstände auszunutzen. Die Macht lag damals auf den Straßen Petrograds; die Bolschewiki und die linken Sozialrevolutionäre brauchten sie nur aufzuheben.

Unmittelbar nach seiner Ankunft in der Türkei begann Trotzki nach Möglichkeiten zu suchen, um eine nicht sehr große, aber regelmäßig erscheinende Zeitschrift herausgeben zu können. Seine Anhänger, die in der ganzen Welt verstreut waren, unterstützten das Projekt durch Spenden. In erster Linie war es das Verdienst der Rosmers in Paris, dass die Zeitschrift zustande kam. Später übernahm Lew Sedow die organisatorischen Aufgaben.

Im Februar 1929 war Trotzki in die Türkei gekommen, und bereits im Juli desselben Jahres erschien die erste Ausgabe seiner Zeitschrift, die er »Bjulleten opposizii« nannte. Trotzki erklärte, dass die Zeitschrift theoretische und politische Einschätzungen und Informationen über die Entwicklung der WKP(B) enthalten werde, ferner sollten Strategien für den Kampf gegen die Führung dieser Partei, die die Ideale des Leninismus verraten habe, aufgezeigt werden. Die Aufgabe der Zeitschrift sei es, der Partei Lenins zu helfen, wieder auf ihren ursprünglichen Weg zurückzukehren. Ferner sollten die Probleme des revolutionären Internationalismus leninscher Prägung erörtert und Dokumente der linken Opposition seit ihrer Entstehung im Jahre 1923 veröffentlicht werden.

Diese ungewöhnliche Zeitschrift erschien zwischen Juli 1929 und Juli 1941 87-mal. Da einige Nummern zweimal veröffentlicht wurden, kann man sagen, dass die Zeitschrift faktisch 65-mal herausgegeben wurde. Sie wurde durch Autorenhonorare Trotzkis und Spendengelder seiner Anhänger aus verschiedenen Ländern finanziert. Herausgegeben wurde sie jeweils dort, wo es die politischen Umstände gerade erlaubten und wo sich eine Druckerei fand, die den Preis akzeptierte, den man zahlen konnte.

Aufgrund der politischen Veränderungen in Europa musste das »Bjulleten« seinen Erscheinungsort fünfmal wechseln. Von Juli 1929 bis März 1931 erschien die Zeitschrift in Paris. Dann zog Sedow nach Berlin, da dort die finanziellen Bedingungen günstiger waren. Außerdem erschienen dort zahlreiche Bücher Trotzkis, und es gab einige Verbindungen zur UdSSR. Doch 1933, als Hitler an die Macht kam, musste Sedow Deutschland verlassen und nach Paris zurückkehren. Im März desselben Jahres kam dort die nächste Nummer der Zeitschrift heraus. Da jedoch die Bedrohung durch Agenten des stalinschen Geheimdienstes merklich zunahm, übersiedelte Sedow mit der Zeitschrift im Februar 1934 nach Zürich, kehrte jedoch im April 1935 erneut in die französische Hauptstadt zurück. Die letzte »europäische« Ausgabe kam Mitte 1939 heraus. Trotzkis Sohn war bereits am 16. 2. 1938 unter rätselhaften Umständen verstorben. Weitere Ausgaben der Zeitschrift erschienen nach Beginn des Zweiten Weltkriegs in New York. Bei der Herausgabe

der Zeitschrift in Frankreich war Molinier sowohl in finanzieller als auch organisatorischer Hinsicht eine große Stütze. Als ihn jedoch seine Frau Jeanne verließ und fortan mit Sedow zusammenlebte, zog sich Molinier zurück.
Die neue Verbindung brachte Sedow kein Glück. Aus Moskau erhielt er weiterhin verzweifelte Briefe von seiner Frau, die mit ihrer kleinen Tochter in der UdSSR zurückgeblieben war. Jeanne erwies sich als reichlich egozentrische Persönlichkeit, was Sedow zusätzlich belastete. Als einziges Ventil blieb ihm die Arbeit für seinen Vater.
Was die inhaltliche Seite der Zeitschrift anbelangt, so lassen sich drei Phasen feststellen:
Die erste vom Augenblick der Gründung bis 1933/34, stand im Zeichen von Hitlers Aufstieg und der »Krönung« Stalins zum Diktator. Noch 1932 warnte Trotzki: »In Deutschland hat der Faschismus noch nicht gesiegt. Auf seinem Weg zum Sieg stehen ihm noch gigantische Kräfte entgegen.« Wenn diese jedoch nicht zur Tat schreiten würden, so würde etwas geschehen, was nicht mehr zu korrigieren wäre. Während dieser Jahre forderte die Zeitschrift beharrlich die Rückkehr zu den leninschen Anfängen der WKP(B) und der Kommunistischen Internationale.
Die zweite Phase der Zeitschrift (von 1933/34 bis 1939) ist gezeichnet von den Anstrengungen Trotzkis, eine alternative internationale Union der Kommunisten zu schaffen – die IV. Internationale. Unter dem Eindruck des blutigen Terrors in der UdSSR verfasste er Aufrufe, in denen er offen eine »politische Revolution« gegen Stalin forderte.
In der dritten Phase, die unvollendet blieb, stand die Tätigkeit trotzkistischer und anderer kommunistischer Organisationen unter den Bedingungen des beginnenden Krieges im Zentrum. Die Zeitschrift wandte sich gleichermaßen gegen Stalin und Hitler.

Während meiner Arbeit im Stalin-Archiv konnte ich mich persönlich davon überzeugen, dass Stalin sich ganz besonders für die Artikel im »Bjulleten opposizii« interessierte, die seine Person betrafen. Im Gegensatz zu vielen anderen antisowjetischen Publikationen hatte man die Zeitschrift natürlich nicht für den Generalsekretär abonniert.

Man beschaffte sie sich durch Beschlagnahmung bei verhafteten Trotzkisten oder durch die Geheimdienste im Ausland. Nachdem die OGPU Sborowski bei Trotzki eingeschleust hatte, wusste Stalin häufig bereits vor dem Erscheinen der nächsten Ausgabe, was darin zu lesen sein würde. Wie folgendes Schreiben zeigt, leistete »Mak« ganze Arbeit:

»Streng geheim.
An die Genossen Stalin, Molotow.
Ich übersende Ihnen zwei von uns geheimdienstlich beschaffte Artikel Trotzkis vom 13. und 15. Januar 1938 aus dem laufenden Schriftwechsel Sedows mit den Überschriften ›Wird die sowjetische Regierung den Prinzipien folgen, die sie sich vor 20 Jahren zueigen gemacht hat‹, und ›Lärm um Kronstadt‹. Die angegebenen Artikel sind für die Veröffentlichung in der März-Ausgabe des ›Bjulleten opposizii‹ vorgesehen.
Volkskommissar für Inneres der UdSSR.
Generalkommissar für Staatssicherheit.
25. Februar 1938. Jeshow.« (Archiv des KGB.)

Trotzki konnte sich wohl in seinen schlimmsten Albträumen nicht vorstellen, dass der Arm Stalins so weit reichte. Der Kremlführer interessierte sich für die Größe der trotzkistischen Bewegung und für ihre Organisationen. Auf Anfrage Jeshows im März 1937 sandte die 7. Abteilung der Hauptverwaltung für Staatssicherheit des NKWD eine Liste von trotzkistischen Organen im Ausland direkt an Stalin. Diese Liste beinhaltet 54 Zeitungen, Zeitschriften und andere Publikationen. Stalin war überrascht über die große Zahl dieser Zeitschriften und Zeitungen, doch es beruhigte ihn, dass sie nur sehr unregelmäßig und in niedrigen Auflagen erschienen.

Worüber schrieb nun Trotzki in seinem »persönlichen« Organ? Welche Hoffnungen verband er damit? Welchen Einfluss hatte das Journal auf die politische Situation jener Zeit?
Anfangs war Trotzki vor allem bestrebt, die »revolutionären Neuigkeiten aus der UdSSR« zu übermitteln. Er nutzte jede Möglichkeit, um direkte Informationen aus dem sozialistischen Staat zu bekommen. Die Hauptquelle jedoch waren die sowjetischen Zeitschriften, die auch im Ausland abonniert werden konnten. Sorgfältig studierte Trotzki die dort enthaltenen Informationen und kommentierte sie entsprechend. In der Nummer von Juni/Juli 1930 fand man unter der Rubrik »Briefe aus der UdSSR« folgende Überschriften: »Verprügelung von Trotzkisten im Ober-Ural-Gefängnis«, »Protesterklärungen der Bolschewiki-Leninisten in der Kamenskaja-Kolonie«, »Wie Geschichte geschrieben wird«, »Briefe aus Moskau und Charkow«, »Über den Hunger in der Ukraine«.
In zahlreichen Artikeln beschrieb er, wie die linke Opposition durch Druck und Repressalien dazu gebracht wurde, ihre Position aufzugeben. Eine Zeit lang widmete er sich intensiv dem Thema der »Verbürgerlichung der sowjetischen Gesellschaft«. In einem seiner Artikel weist er darauf hin, dass die »dünne Schicht von Arbeitern« in der Führung immer kleiner wird und an ihre Stelle kleinbürgerliche Elemente treten.
Das immer wiederkehrende Hauptthema der Artikel im »Bjulleten« war natürlich Stalin: »Zur politischen Biographie Stalins«, »Stalin als Theoretiker«, »Stalin und die Kommunistische Internationale«, »Die Stalinsche Bürokratie und die Vereinigten Staaten«, »Stalin ist erneut Zeuge gegen Stalin«, »Die Stalinsche Bürokratie und die Ermordung Kirows«, »Die Stalinschen Repressalien in der UdSSR«, »Hitler und Stalin«, »Spanien, Stalin und Jeshow«, »Das Doppelgestirn Hitler-Stalin« …
Im Lauf der Zeit wurden Trotzkis Artikel über Stalin immer unerbittlicher. Obwohl er keinerlei Hintergrundinformationen über die Rolle der Stalinschen Bürokratie bei der Ermordung Kirows besitzt, schreibt er scharfsichtig: »Es kann nicht

der geringste Zweifel darüber bestehen, dass die Anschuldigung Stalins gegen die Gruppe von Sinowjew von Anfang bis Ende falsch ist: sowohl in Bezug auf das *Ziel* – die Wiederherstellung des Kapitalismus – als auch in Bezug auf die *Mittel* – terroristische Akte … Auf den terroristischen Akt Nikolajews antwortet Stalin mit verstärktem Terror gegen die Partei …« (B. O. Nr. 41, Jan. 1935, S. 3–7.)
Trotzki war fest überzeugt, dass Stalin die Revolution und den Sozialismus in eine Sackgasse führe. Immer wieder wirft er dem Generalsekretär vor, dass er die Rückkehr zum Kapitalismus vorantreibe, beschuldigt ihn, einer »Wendung zum Neo-NÖP« Vorschub zu leisten. Dieser traditionellen Auffassung, dass die Hauptgefahr für den Sozialismus stets von rechts käme, blieb Trotzki sein ganzes Leben lang treu.
Mit den folgenden Worten hat Trotzki allerdings recht: »Auf den Feldzug gegen die Linken folgt früher oder später ein Feldzug gegen die Rechten … Die Hauptgefahr für die UdSSR – das ist der *Stalinismus.*« (B. O. Nr. 42, Feb. 1935, S. 4.) In vielen Artikeln schreibt Trotzki ausführlich über die Stalinschen Repressalien. Ab und zu findet man in der Zeitschrift die Berichte von Menschen, die wie durch ein Wunder aus dem Gulag entkommen konnten. Einer von ihnen war der jugoslawische Kommunist A. Ziliga. Er hatte einige Jahre in den Stalinschen Isolierbaracken und Konzentrationslagern verbracht und schrieb nun über das Schicksal Sinowjews, Kamenews, Kuklins, Saluzkis, Sapronows, Smilgas, Vujovks, Budsinskas, Smirnows, Medwedews, Magids, Doroschenkos, Zederbaums und vieler anderer, denen er in den Gefängnissen begegnet war.
Solche Augenzeugenberichte hinterließen bei den nicht sehr zahlreichen Lesern einen tiefen Eindruck. Die Zeitschrift ging in der Regel von Hand zu Hand. Einzelne Artikel wurden in der linken Presse nachgedruckt. Je länger die Zeitschrift existierte, desto größer wurde der Hass des sowjetischen Diktators, der sich ungeduldig bei seinen Geheimdiensten erkundigte, wann »dieser Verleumdung des Sozialismus ein Ende gesetzt« würde.

Im Frühjahr 1939 veröffentlichte Trotzki zwei Artikel, die nicht nur Zorn, sondern unbändige Wut bei dem sowjetischen Diktator auslösten. Die Titel lauteten: »Hitler und Stalin« und »Die Kapitulation Stalins«. Trotzki, der nun bereits in Mexiko war, befasste sich darin mit dem beginnenden großen diplomatischen Spiel in dem Dreieck UdSSR-Deutschland-westliche Demokratien. Alle wollten ihre eigene Sicherheit auf Kosten anderer erwirken.

Damals war bei weitem nicht allen klar, wie diese diplomatischen Manöver enden würden. Trotzki jedoch erklärte hellsichtig: »Eine Annäherung zwischen Stalin und Hitler ist durchaus wahrscheinlich.« Zwei Diktatoren würden einander besser verstehen. Trotzki nannte das mögliche Bündnis zwischen Stalin und Hitler eine große Gefahr für alle. Mit ätzendem Sarkasmus schrieb er über den Moskauer Diktator: »Während der letzten drei Jahre erklärte Stalin alle Mitstreiter Lenins für Agenten Hitlers. Er vernichtete die Elite der Armeeführung, er ließ viele erschießen, ablösen, er verbannte ca. 30 000 Offiziere – alle aufgrund derselben Anschuldigung: Alle seien sie Agenten Hitlers oder Verbündete Hitlers. Während Stalin die Partei zerstört und die Armee enthauptet, kandidiert er selbst für die Rolle … des Hauptagenten Hitlers.« (B. O. Nr. 75/76, S. 4.)

In der Nummer vom Januar 1940 veröffentlichte Trotzki den Artikel: »Das Doppelgestirn Hitler-Stalin«. Hier gibt er einer völlig illusorischen Hoffnung Ausdruck: Seiner Meinung nach würde im Falle eines Krieges zwischen Deutschland und der UdSSR die Möglichkeit bestehen, dass beide Diktatoren durch revolutionäre Erhebungen des deutschen und des sowjetischen Volkes hinfortgefegt werden würden. Er weist darauf hin, dass der französische Botschafter Coulondre angeblich am 25. August zu Hitler gesagt haben soll: »Im Falle eines Krieges wird der wirkliche Sieger Trotzki sein.«

Man sieht, dass Trotzki noch immer den alten dogmatischen Schemata verhaftet war, die ihn zeitweise blind für die Realität machten.

Die Oktoberausgabe des »Bjulleten« (1933) war im Wesentlichen der Gründung der IV. Internationale gewidmet. Einige Zeit zuvor hatten der Vertreter der linken sowjetischen Opposition (Bolschewiki-Leninisten), die Vertreter der Sozialistischen Arbeiterpartei Deutschlands (SAP), der Unabhängigen Sozialistischen Partei Hollands und der Revolutionären Sozialistischen Partei Hollands eine Erklärung über die Grundlagen der neuen IV. Internationale unterzeichnet. Diese Gruppen waren der Ansicht, dass sich die III. Internationale als unfähig erwiesen habe, ihre historische Rolle zu erfüllen.
In seinem Artikel »Die Klassennatur des sowjetischen Staates« zog Trotzki eine Reihe wichtiger Schlussfolgerungen. Er unterstrich, dass der 12. Parteitag von 1923 »der letzte Parteitag der bolschewistischen Partei war. Die folgenden Parteitage waren bürokratische Paraden … Zur Abschaffung der führenden Clique sind keinerlei normale ›konstitutionelle‹ Wege geblieben. Man kann die Bürokratie lediglich mit Hilfe von Gewalt dazu zwingen, die Macht in die Hände der proletarischen Avantgarde zu übergeben.« (B. O. Nr. 36/37, S. 9 f.) Trotzki hält die gewaltsame Abschaffung des bürokratischen Absolutismus in der UdSSR für zulässig, er hält die Bildung einer neuen Partei im Sowjetstaat, der seinerseits grundlegend zu reformieren ist, für notwendig. Zur Lösung all dieser Aufgaben sollte die neue Internationale dienen.
In den Artikeln der Ausgabe vom Herbst 1933 räumte Trotzki ein, dass die Parteien und Gruppen, die seine Ideen vertraten, vorerst nicht in der Lage seien, die neue Internationale zu gründen. Er befürwortete die Schaffung einer internationalen Organisation unter seiner Schirmherrschaft, doch er konnte sich nicht gefahrlos in aller Öffentlichkeit organisatorischen Aufgaben widmen. Man suchte ihn. Man beschattete ihn. Nicht nur die Agenten des Stalinschen Geheimdienstes machten »Jagd« auf ihn, sondern auch die Mitarbeiter der Kommunistischen Internationale. Deshalb war Trotzki genötigt, besonders vorsichtig und konspirativ vorzugehen.

Die »Konstituierende Konferenz« der IV. Internationale, die sich auf Trotzkis Vorschlag »Weltpartei der Sozialen Revolution« nannte, fand im September 1938 statt. Das von ihm redigierte »Manifest der Konferenz« verkündete erneut die Notwendigkeit einer sozialistischen Weltrevolution. Es wandte sich sowohl gegen den Faschismus wie gegen die »Moskauer Bürokratie«, die »ein verhasstes totalitäres Regime geschaffen hat«. Dieses Regime »diskreditiert den Namen des Sozialismus«. Das Manifest rief »die Werktätigen auf, die Festungen des Kapitalismus im Sturm einzunehmen« und die Waffen zur Hand zu nehmen, »die unsere großen Lehrer Marx, Engels, Lenin und Trotzki geschmiedet haben«. (B. O. Nr. 72, Dez. 1938, S. 3 f.)
Trotzki konnte wohl der Versuchung nicht widerstehen, in der 1934 entstandenen »Quadriga« der WKP(B), die aus Marx, Engels, Lenin und Stalin bestand, einen Namen durch seinen eigenen zu ersetzen.
Im Oktober 1938 machte Trotzki eine Schallplattenaufnahme, die auf einer Kundgebung seiner Anhänger in New York abgespielt werden sollte. Dieses Tondokument endet mit den Worten: »Gestatten Sie, dass ich meine Rede mit einer Voraussage beende: Im Verlauf der nächsten zehn Jahre wird das Programm der IV. Internationale zum Programm von Millionen werden, und diese revolutionären Millionen werden in der Lage sein, Himmel und Erde im Sturm zu erobern!« (B. O. Nr. 71, S. 15 f.)

Nach 1933 war es zunehmend schwieriger geworden, die Zeitschrift in die UdSSR einzuschleusen. Nur einzelne Exemplare gelangten durch Personen mit diplomatischer Immunität oder über die Handelsflotte ins Land. Deshalb kann man sagen, dass Trotzkis Zeitschrift ab Anfang der dreißiger Jahre in der bolschewistischen Partei unbekannt war – mit Ausnahme eines engen Kreises von Mitarbeitern des NKWD und der unmittelbaren Umgebung Stalins. Für die Anhänger Trotzkis im Ausland jedoch diente die Zeitschrift als ständige Erinnerung daran, dass

es einen Menschen gab, der sich nicht mit dem diktatorischen Regime in der UdSSR, der Entartung seiner Partei und dem Triumph des »bürokratischen Absolutismus« abfand.
Der NKWD versuchte mit allen Mitteln, die Arbeit an der Zeitschrift zu behindern, und bemühte sich sogar, auf den Inhalt der Artikel Einfluss zu nehmen. Da Trotzkis Artikel nach Paris zu Sedow und damit auch in Sborowskis Hände gelangten, beschloss man in Moskau, einige Artikel Trotzkis durch vom NKWD vorbereitete Absätze zu entstellen. So traf aus Moskau folgendes Telegramm in Paris ein:

»An Oleg – Pjotr.
Ergänzung zu unserem Telegramm Nr. 969; um einige Artikel oder Absätze in die nächste Ausgabe des Bjulleten einzuschleusen, muss Folgendes unbedingt beachtet werden. Es gibt zwei Varianten: die erste – unsere Artikel im Namen von L. D. einzufügen; und die zweite – alle Artikel des ›Bjulleten‹ mit unseren Absätzen und Einfügungen zu versehen. Welche ist zu wählen? Wahrscheinlich die zweite, sie jedoch ist schwieriger, denn unsere Einfügungen müssen so platziert werden, dass die Artikel den Sinn nicht verlieren und unsere Einfügungen untergehen, im Gegenteil, sie müssen das wahre Gesicht des Trotzkismus entlarven ... Die erste Variante ist einfacher, sie gibt jedoch dem Herausgeber einen Trumpf in die Hand, wenn er unsere Arbeit in der Druckerei entdecken sollte. Die Artikel werden uns nicht entgehen, sie kommen über ›Mak‹ zu uns. Alles dreht sich nun darum, die Sache erfolgreich durchzuführen, und aus diesem Grund muss unbedingt der Setzer angeworben werden ...« (Archiv des KGB.)

Nun, besondere Erfolge auf diesem Gebiet haben weder »Oleg« noch »Pjotr« und auch nicht »Mak« erzielt, da sorgfältig Korrektur gelesen wurde.
Auch als die Zeitschrift nach Sedows Tod in die Vereinigten Staaten verlegt wurde, war man in Moskau postwendend über

die Veränderungen im Bilde. Der Mitarbeiter der 5. Abteilung des GUGB des NKWD, Gukasow, rapportierte: »Wir teilen mit, dass die Ausgabe des trotzkistischen ›Bjulleten opposizii‹ nach New York umziehen wird. Herausgeberin wird Sara Weber sein.«

Nachdem Trotzki seinen Sohn verloren hatte, schrieb er an Lews Mitarbeiter N. Estrin und M. Sborowski:

»Liebe Genossen!

Ich übersende Ihnen die Materialien über den Prozess für das ›Bjulleten‹. Falls es zu viel Material sein sollte, können Sie einen Teil der Anmerkungen und Artikel drucken. Die Unterschriften unter den einzelnen Artikeln können wegfallen, die Daten jedoch sind unverändert zu belassen.

Auf Ihren Brief, Ljowa betreffend, können wir noch nicht antworten: Wir müssen zunächst unsere Kräfte sammeln. N. I. [Natalja Iwanowna] ist sehr schwach und kann überhaupt nicht schreiben … Wie sehen Ihre materiellen Möglichkeiten und Perspektiven in Bezug auf das ›Bjulleten‹ aus?

Herzlichst Ihr L. D.«

Dieser Brief wurde beinahe gleichzeitig in Moskau und in Paris gelesen …

Die Tragödie der Familie

Als Trotzki das Leben eines Revolutionärs wählte, der seiner Idee bedingungslos ergeben war, verurteilte er seine Familie im Voraus zum Martyrium.
Es war außerordentlich gefährlich, ein Verwandter Trotzkis zu sein. Das erfuhren seine zahlreichen Angehörigen schon während des Bürgerkriegs. Im Februar 1920 erhielt Trotzki in seinem Zug ein Chiffre-Telegramm aus Odessa:

»Auf Befehl Denikins wurde im November 1919 die Familie des Genossen Trotzki, bestehend aus seinem Onkel Gersch Leontjewitsch Bronstein, dessen Frau Rachilja, die in Bobriz verhaftet worden sind, und der Cousin Lew Abramowitsch Bronstein, Kommunist, festgenommen. Sie sind als Geiseln nach Noworossijsk gebracht worden. Einigen Angaben zufolge würden sie im Austausch gegen den Neffen Koltschaks freigelassen werden. Die Verwandten der Verhafteten bitten darum, baldigst Maßnahmen zu ihrer Befreiung durch Gefangenenaustausch zu ergreifen.
Revolutionskomitee von Odessa,
Pawel Ingulow.« (Zentrales Armeearchiv.)

Bevor die linke Opposition im Herbst 1923 die politische Bühne betrat, war es in Sowjetrussland außerordentlich ehrenvoll, zur Familie Trotzkis zu gehören. Doch nach seinem Sturz und der Verbannung nach Alma-Ata änderte sich das sehr rasch.
Nina, seine jüngere Tochter aus erster Ehe, fiel 1928 einer schweren Krankheit zum Opfer, da sie ohne ärztliche Hilfe blieb. Ihr Mann war zu jener Zeit bereits verhaftet und wurde später erschossen. Ihre 1925 geborene Tochter Wolja lebte bei ihrer Großmutter A. L. Sokolowskaja. Als Trotzkis erste Frau jedoch inhaftiert und verbannt wurde, verschwand auch die Enkelin … ihr weiteres Schicksal ist unbekannt. Mit dem Tod Ninas begann die lange Reihe von Opfern in Trotzkis Familie.

Trotzkis älteste Tochter Sina hatte sehr unter den tragischen Veränderungen in der Familie zu leiden: Verbannung des Vaters, Verhaftung des Mannes, Tod der Schwester, Krankheit des Sohnes, materielle Not und der Status einer Aussätzigen. Die junge Frau beantragte eine Ausreiseerlaubnis für sich und ihren Sohn. Nach langwierigen Strapazen und Erniedrigungen gelang es ihr schließlich, eine Ausreisegenehmigung für Januar 1931 zu erhalten. Die tuberkulosekranke Frau fuhr mit ihrem Sohn zu Trotzki nach Prinkipo. Gleichzeitig tauchten bei ihr Anzeichen für eine psychische Erkrankung auf. Fortan litt sie unter tiefen Depressionen und hysterischen Anfällen. Sie hatte Sehnsucht nach ihrer Tochter, die in Moskau zurückgeblieben war; außerdem wusste sie nichts über das Schicksal ihres Mannes. Es schien ihr, als sei ihre Anwesenheit ihrem Vater lästig. Sina lebte zehn Monate bei Trotzki auf der Insel. Ihr Zustand besserte sich, doch von Heilung konnte keine Rede sein. Im Familienrat wurde beschlossen, sie zur weiteren Behandlung nach Berlin zu schicken.

Nur mit großer Mühe gelang es Trotzki, eine Einreisegenehmigung für seine Tochter zu erwirken, die ihren sechsjährigen Sohn bei den Großeltern ließ. In einem Schreiben ersuchte Trotzki den türkischen Außenminister, seiner Tochter nach der Beendigung ihrer Behandlung die Rückkehr in die Türkei zu gestatten. »Um Missverständnisse jeglicher Art zu vermeiden, halte ich es für notwendig, zu erwähnen, dass die Reise meiner schwer erkrankten Tochter weder direkt noch indirekt mit irgendwelchen politischen Zielen in Verbindung steht und ausschließlich dem Ziel einer ärztlichen Behandlung dient.« (Houghton Library.)

Trotzki empfand keine tiefe väterliche Zuneigung zu seiner ältesten Tochter; er litt darunter, doch konnte er nichts dagegen tun. Das gemeinsame Leben auf Prinkipo war unerträglich geworden. Nach Sinas Ankunft in Berlin kümmerte sich Alexandra Ramm um die Kranke. In einem Brief schrieb sie: »Das Befinden Sinas verschlechtert sich nicht nur wegen der Lungenerkrankung, sondern vor allem wegen der psychischen Situation.

Die Erkrankung spitzte sich zweifellos in Konstantinopel zu. Sie war voller Erwartung an ihren berühmten Vater usw. dorthin gereist, doch bald erlebte sie eine große Enttäuschung. Sie kam zu dem Schluss: Man liebt mich nicht. Wer ist schuldig? Die Mutter, umso mehr, da sie nicht die eigene ist … Außerdem fühlt sie sich einsam, sie ist krank. Die Schwester ist tot. Ständige Angst …« Über Sinas Situation in Berlin schreibt Alexandra Ramm: »In gewisser Weise hat sie auch hier eine Enttäuschung erlebt. Sie glaubte, dass sie hier am Leben Ljowas und Jeannes teilhaben könnte. Das geschah nicht und das konnte nicht geschehen … Einmal sagte sie zu mir: Kennen Sie nicht ein paar Menschen, die nichts zu tun haben, die zu mir kommen könnten, mir fällt es so schwer, allein zu sein …« (IISG, Amsterdam.) Auch Sedow berichtete dem Vater in seinen Briefen von den tiefen Depressionen seiner Schwester und den Bemühungen des Psychiaters, der jungen Frau zu helfen. In den Archiven habe ich jedoch nirgends Briefe von Trotzki an seine älteste Tochter entdeckt. Möglicherweise hätte ihr Leben nicht so tragisch geendet, wenn es solche Briefe gegeben hätte …
Am 20. 2. 1932, kurz nach Sinas Ankunft in Berlin, erkannte die sowjetische Regierung nicht nur Trotzki und seiner Frau, sondern allen seinen Verwandten, die zu jener Zeit im Ausland waren, die Staatsbürgerschaft ab.
Dies war ein weiterer Schlag für die junge Frau, denn sie sehnte sich nach ihrer Tochter Alexandra, die in Moskau zurückgeblieben war, und ihrem Mann, der sich in der Verbannung befand. Obwohl Trotzki erreicht hatte, dass Sinas Sohn Sewa nach Berlin gebracht wurde, verschlimmerten sich ihre Depressionen. Den nächsten Schlag ertrug sie nicht mehr: Auf Betreiben der sowjetischen Botschaft beschloss die deutsche Polizei, Trotzkis Tochter und ihren Sohn aus Berlin auszuweisen. Wohin? Die kranke Frau besaß weder einen Reisepass noch Geld … Am 5. 1. 1933 brachte sie ihren Sohn zu den Nachbarn und öffnete den Gashahn … Sie war dreißig Jahre alt. Den Sohn Sinas adoptierte Lew Sedow.

Im Verlauf von weniger als fünf Jahren verlor Trotzki seine beiden Töchter, die ihn sehr verehrten. Als er vom tragischen Tod seiner älteren Tochter erfuhr, setzte er sich sogleich an seinen Schreibtisch und schrieb einen wütenden Brief voll grenzenloser Trauer:

»An alle Mitglieder des ZK der WKP(B).
An alle Mitglieder der ZKK der WKP(B).
An das Präsidium des ZIK der UdSSR.
... Die Verfolgung meiner Tochter besaß politisch keinerlei Sinn. Mit der Aberkennung der Staatsbürgerschaft wurde ihr die einzige noch verbliebene Hoffnung geraubt, in ihre gewohnte Umgebung zurückkehren zu können und zu genesen. Und dann noch ihre Ausweisung aus Berlin (zweifellos ein Dienst, den die deutsche Polizei Stalin erwies); das alles stellt einen politisch sinnlosen Akt der Rache dar – und nichts anderes als Rache. Meine Tochter war sich ihrer Lage sehr wohl bewusst. Sie begriff, dass sie im Machtbereich der europäischen Polizei, die sie Stalin zuliebe jagen würde, keine Rettung finden würde. Ich beschränke mich auf diese Erklärung, ohne weitere Schlussfolgerungen zu ziehen. Für Schlussfolgerungen wird die Zeit noch kommen ...« (B. O., Nr. 33, S. 30.)

Nun waren Trotzki nur noch zwei Söhne geblieben. Nina und Sina hatten zwei Töchter und einen Sohn hinterlassen. Trotzkis Enkelin Wolja verschwand nach der Verbannung der Großmutter, die andere, Alexandra, verbrachte lange Jahre in Stalinschen Lagern und starb 1989 in Moskau. Der Enkel Wsewolod (Sewa) lebt heute in Mexiko als Leiter des Museums zum Gedenken an seinen Großvater und ist der Letzte seines Geschlechts.
Immer wieder war es Trotzkis zweite Frau, die ihm Kraft gab und Trost spendete. Seine Briefe an Natalja Iwanowna zeugen nicht nur von zärtlicher Zuneigung, sondern zeigen auch die große Bedeutung, die das Verhältnis seiner Frau zu ihm, zu seiner Sache und zu seinen Zielen für Trotzki besaß. Natal-

ja Iwanowna trug unerschütterlich alle Strapazen und Leiden in der Verbannung. Ihr Schicksal war bitter: Sie überlebte ihre beiden Söhne, von denen sie keinen beerdigen konnte, und sie überlebte ihren Mann um zwanzig Jahre. Nach seinem Tod hat N. I. Sedowa viel für die Erhaltung des reichhaltigen Archivs ihres Mannes getan.

Nach dem Tod Sinas wuchs bei Trotzki und seiner Frau die Angst um ihre Söhne, besonders um den jüngeren. 1929 hatte Sergej es abgelehnt, mit seinen Eltern ins Ausland zu reisen, da er beschlossen hatte, sich voll und ganz der Wissenschaft zu widmen. Sergej war in der Tat weit von jedem politischen Engagement entfernt. Er absolvierte die technische Fakultät und wurde Hochschullehrer. Mit 29 Jahren war er bereits Professor. O. E. Grebner, die erste Frau Sergejs (er heiratete zum zweiten Mal in der Verbannung, und aus dieser Ehe ging eine Tochter, Julia, hervor, die heute in den USA lebt), erzählte mir: »Sergej wurde am 4. 3. 1935 verhaftet. Sie kamen zu fünft. Die Durchsuchung dauerte einige Stunden. Sie nahmen Sergejs Bücher und das Porträt seines Vaters mit. Man brachte meinen Mann in die Ljubjanka. Dort blieb er zwei oder drei Monate. Man schob ihm eine Menge Vergehen unter … Spionage, Unterstützung des Vaters, Sabotage … Nun, er wurde nach Sibirien verbannt.«

Im Januar 1937 erschien in der »Prawda« ein Artikel mit der Überschrift »Trotzkis Sohn Sergej Sedow versuchte, Arbeiter mit Generatorgas zu vergiften«. Auf einer Versammlung in der Gießerei der Maschinenfabrik behauptete der Meister Lebedew: »Bei uns hat sich der Sohn Trotzkis, Sergej Sedow, als Ingenieur eingeschmuggelt. Dieser würdige Abkömmling seines Vaters, der sich an den Faschismus verkaufte, versuchte mit Gas eine große Gruppe von Fabrikarbeitern zu vergiften.«

Sergej Trotzki wurde sofort verhaftet. Im Sommer 1937 erhielt seine Frau eine Postkarte, die er aus dem Gefängnis hatte herausschmuggeln können: »Man bringt mich in den Norden. Für lange. Leb wohl. Ich umarme dich.« Gerüchte gingen um, dass man ihn 1941 irgendwo im Kolyma-Gebiet erschossen habe. Sein Leben war jedoch noch kürzer – am 29. 10. 1937 wurde der jüngste Sohn Trotzkis erschossen. Die einzige Schuld des jungen Professors war es gewesen, der Sohn des »obersten Ketzers« zu sein …

Die Eltern wussten lange nichts über das Schicksal ihres jüngeren Sohnes. In dem letzten Brief, den Natalja Iwanowna von Sergej erhalten hatte (sein Vater schrieb ihm nicht mehr, um ihn nicht noch mehr zu gefährden), hieß es: »Die allgemeine Situation ist äußerst schwierig, bedeutend schwieriger, als man sich vorstellen kann …« (Trotzki, Dwewniki, S. 114.)

Nachdem Natalja Iwanowna diese Mitteilung erhalten hatte, verfasste sie einen Appell an die Öffentlichkeit, an Kulturschaffende, an das Moskauer Regime: »… Eine internationale Kommission aus angesehenen und zuverlässigen Menschen ist zu bilden, wobei es sich selbstverständlich um Freunde der UdSSR handeln muss. Diese Kommission müsste alle Repressalien, die mit der Ermordung Kirows verbunden sind, überprüfen; nebenbei würde sie auch Licht in das Schicksal unseres Sohnes Sergej bringen … Könnten etwa Romain Rolland, André Gide, Bernard Shaw und andere Freunde der Sowjetunion nicht die Initiative für die Bildung einer solchen Kommission ergreifen? … Serjoscha war in den letzten Jahren ebenso weit von der Politik entfernt wie früher … Die Machthaber, angefangen bei Stalin, sind darüber sehr gut unterrichtet; denn Serjoscha, ich wiederhole es, wuchs im Kreml auf, und Stalins Sohn war häufig zu Gast im Zimmer der Jungen …« (B. O., Nr. 44, S. 11 f.)

Doch alles war vergebens. Sergej war für immer verloren … Bis zu seinem Tod hegte Trotzki die Hoffnung, dass sein Sohn sich irgendwo in einem entlegenen Lager befinde. Es gab Augenblicke, da er zu seiner Frau sagte: »Vielleicht würde ja mein Tod sein Leben retten?«

Natalja Iwanowna wandte sich noch einmal über die Presse an die Öffentlichkeit: »… Im Verlauf der letzten drei Monate schickte ich an die Frau meines Sohnes per Banküberweisung eine sehr bescheidene Geldsumme, um sie, wenn möglich, bei ihrer Hilfe für Sergej zu unterstützen ... Doch ich erhielt die Antwort: Empfänger unauffindbar ... Also ist auch die Frau meines Sohnes verhaftet ... Ich kann mich des Gedankens nicht erwehren, dass das von den sowjetischen Behörden verbreitete Gerücht, mein Sohn sei ›nicht im Gefängnis‹, in Verbindung mit den neuen Umständen einen besonders Unheil verkündenden Sinn erhält. Wenn Serjoscha nicht im Gefängnis ist, wo ist er dann? Und wo ist nun seine Frau?« (B. O., Nr. 46, S. 6.) Die Antwort war furchtbares Schweigen ...

Die Verhaftung des jüngeren Sohnes gab den Trotzkis nun auch Anlass zur Sorge über das Schicksal Lew Sedows. Er war mit der Herausgabe des »Bjulleten« betraut und arbeitete bei den beiden internationalen Organen der Anhänger Trotzkis mit. Das »Internationale Sekretariat« und das »Internationale Büro« sollten dazu beitragen, die zerstreuten Grüppchen der »Marxisten-Leninisten« zu einer einheitlichen Partei der »sozialen Weltrevolution« zusammenzuführen. In diesen Organisationen arbeitete Sedow unter dem Pseudonym »Markin«, das ihm sein Vater im Andenken an den revolutionären Matrosen gab.

Lew war der Liebling in der Familie. Er war früh in die Partei eingetreten, verehrte seinen Vater sehr und war ein überzeugter Anhänger seiner Ideen. Mitte der zwanziger Jahre, als Trotzki sich in Opposition zum Regime befand, gab Lew seine Studien an der technischen Hochschule in Moskau auf und wurde zum vertrautesten Helfer seines Vaters. Er besaß einen scharfen politischen Verstand und schrieb ausgezeichnet. Aus seiner Feder stammen eine Reihe von glänzenden Broschüren, Artikeln und das 1936 in Paris erschienene »Rotbuch über den Moskauer Prozess«.

In der Zeit, als Trotzki auf Prinkipo lebte, reiste Lew im Auftrag des Vaters von einer europäischen Hauptstadt zur anderen. Bereits damals teilte er Trotzki mit, er habe einige Male bemerkt, dass er beschattet werde.

Als in Moskau die ungeheuerlichen Prozesse begannen, waren sogar einige Funktionäre des sowjetischen Geheimdienstes so betroffen über die verbrecherische Willkür des stalinistischen Regimes, dass sie mit ihm brachen. Als Erster tat dies der hohe sowjetische Geheimdienstler Ignati Rajss. Über einen Anhänger Trotzkis ließ er dem verfemten Revolutionär eine Warnung vor der tödlichen Jagd auf ihn und seinen Sohn Lew zukommen. Anderthalb Monate nachdem Rajss sich von Moskau losgesagt hatte, wurde er in der Nähe von Lausanne erschossen. Sein Körper wurde von sieben Kugeln durchbohrt. Um die Spuren zu beseitigen, hatten ihm die Mörder einen auf einen anderen Namen ausgestellten Pass zugesteckt, doch er konnte identifiziert werden. Lew Sedow schrieb unter dem Pseudonym N. Markin im »Bjulleten« einen Nachruf auf ihn.

Und Trotzki erhielt noch eine weitere Warnung von einem hochrangigen »Deserteur« des Stalinschen Geheimdienstes: Es war ein Brief, der mit dem Namen »Stein« unterschrieben war. Dieser »Stein« behauptete, er sei ein Verwandter des hohen Geheimdienstfunktionärs Ljuschkow, der sich nach Japan abgesetzt hatte. Weiter hieß es in dem Brief, Ljuschkow habe Stein gebeten, Trotzki vor den Mordplänen des NKWD und vor allem vor einem Mann namens »Mark« zu warnen. Den Familiennamen »Marks« wisse er nicht. Der Autor des Briefes bittet Trotzki, niemandem zu vertrauen, der auf Empfehlung »Marks« zu ihm komme. Stein bat Trotzki, eine Antwort in eine Zeitung zu setzen, aus der hervorgehe, dass er den Brief erhalten habe. Und Trotzki tat es: »Ich habe Ihren Brief erhalten und zur Kenntnis genommen. Bitte melden Sie sich, damit wir persönlich miteinander sprechen können.« Der Autor meldete sich jedoch nicht, und Trotzki kam zu dem Schluss, dass es sich bei dem Brief um eine Provokation des NKWD gehandelt haben müsse. Sein Vertrauen zu Sborowski wurde durch diese Warnung nicht erschüttert.
Wie sich später herausstellte, stammte der Brief von Alexander Orlow, einem hohen sowjetischen Geheimdienstoffizier, der mit Stalin gebrochen hatte.

Später, als Trotzki sich bereits in Mexiko befand, warnte er den Sohn in seinen Briefen ständig vor der Gefahr, in der er schwebte. Einige seiner Freunde rieten Lew Sedow, er solle wenigstens vorübergehend Europa verlassen und zu seinem Vater reisen. Nach längerem Zögern schrieb Sedow seinem Vater, dass er den Verdacht hege, in seiner Umgebung sei ein »Fremder«.

Sedow lebte unter bedrückenden materiellen Bedingungen. Sein Vater konnte ihm praktisch nicht helfen, da er selbst von den Vorschüssen für noch nicht geschriebene Bücher lebte und kaum seine Schulden bezahlen konnte. Private Probleme kamen hinzu: Die Beziehung zwischen Sedow und Jeanne wurde immer schwieriger. Und die »trotzkistischen« Organisationen feindeten sich mehr an, als dass sie zusammenarbeiteten. Über seine demoralisierte Stimmung berichtete »Pjotr« Folgendes aus Paris nach Moskau:

»Aus Anlass der Geburt seines Sohnes lud ›Mak‹ das ›Söhnchen‹ [Sedow] zu sich zum Essen ein. Das ›Söhnchen‹ hielt sich den ganzen Tag bei ›Mak‹ an der Flasche fest und betrank sich ordentlich … Das ›Söhnchen‹ hatte zwar, nachdem es sich betrunken hatte, nicht das Bewusstsein verloren, ist aber sehr melancholisch geworden. Er entschuldigte sich bei ›Mak‹ und bat ihn fast unter Tränen um Verzeihung dafür, dass er ihn zu Beginn ihrer Bekanntschaft für einen Agenten der GPU gehalten habe … Gegen Ende seiner ›Offenbarungen‹ sagte das ›Söhnchen‹, dass der Kampf der Opposition schon in der Sowjetunion von Anfang an hoffnungslos gewesen sei, dass niemand an seinen Erfolg geglaubt habe, dass er bereits im Jahre 1927 den Glauben an die Revolution verloren habe und dass er nun an nichts mehr glaube, dass er Pessimist sei. Die Arbeit und der Kampf, der nun geführt würde, seien eine schlichte Verlängerung der Vergangenheit. Im Leben gebe es für ihn Wichtigeres – Frauen und Wein …« (Archiv des KGB.)

Auch in seinen Briefen an seinen Vater und seine Mutter konnte Sedow seinen Pessimismus kaum verbergen. Trotzki versuchte seinen Sohn aufzurichten und erklärte ihm, dass die USA wohl kaum die Einreise gestatten würden und er in Mexiko sogar weniger sicher wäre als in Frankreich. Welche Vorwürfe sollte sich Trotzki bereits zwei Monate später wegen dieser Worte machen! Am 8. 2. 1938 hatte Sedow eine Blinddarmentzündung. Während sein Mitarbeiter mit den Kliniken telefonierte, schrieb Lew einen letzten Brief, der nur im »schlimmsten Falle« geöffnet werden sollte. Bereits am Nachmittag konnte der Kranke in der Klinik für russische Emigranten operiert werden. Alles verlief gut, bald schon befand er sich auf dem Weg der Besserung und bereitete sich auf seine Entlassung aus dem Krankenhaus vor … Doch vier Tage später kam es zu einer urplötzlichen Verschlechterung seines Gesundheitszustandes. Nach einem schrecklichen Todeskampf, dem die Ärzte machtlos gegenüberstanden, verstarb der letzte Sohn Trotzkis. Er war 32 Jahre alt …

In den Dokumenten, die in den Archiven des KGB erhalten geblieben sind, finden sich keine Angaben über direkte Anweisungen zur Beseitigung des »Söhnchens«. Doch viele Anordnungen dieser Art wurden mündlich erteilt, um Spuren zu vermeiden. Außerdem wurde ein bedeutender Teil von Dokumenten vernichtet, wenn »die Sache erledigt« war.

Ich persönlich habe kaum Zweifel, dass Sedow auf Befehl des sowjetischen Geheimdienstes ermordet wurde. Da Trotzki sich zu jener Zeit bereits in Mexiko befand, war Sedow nun als unfreiwilliger Informant für den NKWD weniger »wert«. Allerdings bin ich ganz und gar nicht davon überzeugt, dass Sborowski an der Tat beteiligt war.

Nachdem Trotzki und seine Frau die schreckliche Nachricht aus Paris erhalten hatten, waren sie völlig erschüttert. Einige Tage schlossen sie sich in ihrem Zimmer ein, empfingen niemanden und befanden sich in einem Zustand tiefster Verzweiflung. Als sie sich gefasst hatten, forderten Trotzki und seine Freunde eine

rasche Untersuchung der Umstände, die zum Tode Sedows geführt hatten. Niemand zweifelte daran, dass Trotzkis Sohn vergiftet worden war. Allerdings fanden sich keinerlei Hinweise auf ein Verbrechen – falls es sich wirklich um Mord handelte, hatten die Täter bei ihrer »Arbeit« keinen Fehler gemacht.
Eine Woche nach dem Tod seines Sohnes schrieb Trotzki einen erschütternden Nekrolog, den man auch heute nicht ohne tiefe Bewegung lesen kann: »Jene ältere Generation, in deren Reihen wir Ende des letzten Jahrhunderts den Weg der Revolution beschritten, wurde restlos von der Bühne gefegt. Was die Zwangsarbeitsgefängnisse des Zaren, die harte Verbannung, die Entbehrungen in den Jahren der Emigration, der Bürgerkrieg und Krankheiten nicht vermochten, das besorgte in den letzten Jahren Stalin als schlimmste aller Plagen der Revolution.« Trotzki würdigt die Leistungen seines Sohnes: »Eine solche Zusammenarbeit war nur deshalb möglich, weil unsere geistige Solidarität in Fleisch und Blut übergegangen war. Beinahe auf allen meinen Büchern seit 1928 müsste der Gerechtigkeit halber neben meinem Namen auch der meines Sohnes stehen …« Seine Abschiedsworte sind voller Bitternis: »Fahr wohl, lieber und unvergleichlicher Freund! Wir, deine Mutter und ich, dachten nicht daran, dass das Schicksal uns auch diese schreckliche Aufgabe auferlegen würde: deinen Nachruf zu schreiben … Es ist uns nicht gelungen, dich zu beschützen.« (B. O., Nr. 64, S. 2–8.)
In Paris bemühten sich jene, die aus Moskau Instruktionen erhielten, dafür zu sorgen, dass ihr Informant auch weiterhin effektive Arbeit für sie leisten konnte. In der Akte Sborowskis existiert folgendes Dokument:

»1. Russ hatte während der Politbürositzung der französischen Trotzkisten ›Mak‹ vorgeschlagen, die gesamte Arbeit der russischen Gruppe zu übernehmen, bis weitere Anweisungen des ›Alten‹ [Trotzki] eintreffen. Die Franzosen würden nur ›Mak‹ als Vertreter der russischen Gruppe akzeptieren.

2. ›Mak‹ wird zusammen mit der ›Nachbarin‹ [L. Estrin] am 18. Februar [1938] einen Brief an den ›Alten‹ schicken, in dem Einzelheiten zum Tod des ›Söhnchens‹ mitgeteilt werden.
3. Die ›Nachbarin‹ teilte ›Mak‹ mit, dass drei Archive existieren:
a) das alte Archiv, das im Banksafe aufbewahrt wird, aber die Schlüssel sind bei Jeanne;
b) das alte Archiv, das bei ›Mak‹ aufbewahrt wird (ist uns bekannt);
c) hat die ›Nachbarin‹ versteckt (Archiv ›Ajax‹). Den Ort kannte das ›Söhnchen‹ nicht …
4. Die Beziehungen zwischen ›Mak‹ und der ›Nachbarin‹ sind gut. Letztere hält sich für eine ebenbürtige Nachfolgerin des ›Söhnchens‹. ›Mak‹ ist der Vorschlag unterbreitet worden, die ›Nachbarin‹ nicht ›abzuwimmeln‹, sondern alles aus ihr herauszuholen, was sie weiß. Es ist sehr wichtig, denn die Fäden zu Grol und Barmin hat die ›Nachbarin‹, und nur über sie kann ›Mak‹ sie übernehmen …
5. ›Mak‹ hat von uns die Aufgabe erhalten, weiterhin die Verbindung mit dem ›Internationalen Sekretariat‹ zu übernehmen …« (Archiv des KGB.)

Nachdem sie seinen Sohn getötet hatten, versuchten diese Menschen über seinen Leichnam hinweg die zerrissenen Fäden, die sich von den Schreibtischen des NKWD zu einem der ehemaligen Führer der russischen Revolution zogen, wieder neu zusammenzuknüpfen.

Seitdem seine erste Frau verhaftet worden war, wusste Trotzki nichts über das Schicksal seiner Enkelinnen. Ihm war nur noch sein Enkel Sewa geblieben, den Lew adoptiert hatte. Als sein neuer Vater verstarb, war der Junge erst zehn Jahre alt. Trotzki wollte nun seinen Enkel zu sich nehmen, doch das war nicht ohne weiteres möglich. Jeanne, die Freundin Lews, weigerte sich, Sewa nach Mexiko zu bringen. Nun begann ein »Briefkrieg« zwischen Trotzki und seiner Schwiegertochter, der zuweilen beleidigende Formen annahm. Nach großen Mühen gelang es ihm, einen Teil seiner Archive nach Mexiko schaffen zu lassen, doch die Sorge um seinen Enkel raubte ihm die Ruhe. Er bemühte sich sogar auf gerichtlichem Wege, seinen Enkel zu sich zu holen. Die Angelegenheit zog sich ein ganzes Jahr hin, doch weiterhin war Jeanne nicht bereit, den Jungen freizugeben. Erst im Oktober 1939 gelang es den Rosmers, Sewa zu »entführen« und nach Mexiko zu bringen.

Im Mai 1938 hieß es im »Bjulleten opposizii«: »Solange L. D. Trotzki lebt, wird die Rolle Stalins als Vernichter der alten Garde der Bolschewiki nicht erfüllt sein. Es ist nicht genug, den Genossen Trotzki zusammen mit Sinowjew, Kamenew, Bucharin und anderen Opfern des Terrors zum Tode zu verurteilen. Das Urteil muss vollstreckt werden.« (B. O., Nr. 66–67, S. 32.)

Die Tragödie der Familie Trotzki spiegelt die Tragödie des sowjetischen Volkes wider. Der Mann, der die Menschheit in eine »leuchtende Zukunft« führen wollte, war einer der Mitbegründer eines gewaltigen Übels, das mit einer Utopie verbunden war. Dieses Übel verschlang seine Familie und schließlich ihn selbst. Die Tragödie eines Vertriebenen und seiner Familie wie auch die Tragödie von Millionen Menschen in der Sowjetunion waren Ergebnis von Gewalt und der Verachtung der Freiheit.

Die Moskauer Prozesse

Nach langen Bemühungen war es Trotzki schließlich gelungen, eine Einreiseerlaubnis nach Frankreich zu erhalten. Mit diesem Land verband ihn sehr viel, denn hier hatte er seine zweite Frau kennengelernt, der er so viel verdankte.

Während Trotzki sein Archiv mit seinem Sekretär, dem Holländer Jean van Heijenoort, in Kisten verstaute, muss er festgestellt haben, dass sein literarisches »Gepäck« auf Prinkipo merklich schwerer geworden war. Hier hatte er seine beiden besten Bücher verfasst: »Die russische Revolution« und »Mein Leben«. Hier hatte er seine Zeitschrift gegründet und Hunderte von Artikeln geschrieben. Die »türkische« Periode war außerordentlich produktiv gewesen. Trotzki schrieb über seine Arbeit auf der Insel: »Auf Prinkipo lässt es sich gut mit der Feder arbeiten, besonders im Herbst und im Winter, wenn die Insel völlig leer ist und im Park die Waldschnepfen erscheinen. Hier gibt es weder Theater noch Kinos. Die Benutzung von Automobilen ist verboten. Wie viele solcher Orte gibt es auf der Welt? In unserem Haus befindet sich kein Telefon. Der Eselsschrei beruhigt die Nerven. Dass Prinkipo eine Insel ist, vergisst man keine Minute lang, denn das Meer liegt unter dem Fenster, und vor dem Meer kann man sich an keinem Punkt der Insel verstecken. Zehn Meter von der Steinmauer entfernt fangen wir Fisch, und fünfzig Meter davon – Hummer. Wochenlang ist das Meer ruhig, wie ein See.« (Trotzki, Dnewniki, S. 47.)

Trotzki, seine Frau und die beiden Sekretäre wollten unbemerkt auf dem alten italienischen Dampfer »Bulgarien« von Konstantinopel nach Marseille reisen. Bald nach ihrer Ankunft in Frankreich bemerkten die Trotzkis jedoch, dass man sie beobachtete. Das verwundert nicht, denn nun hatte Mark Sborowski seine »Arbeit« aufgenommen. Von Sedow konnte er einiges über den Aufenthalt Trotzkis in Frankreich erfahren, obgleich der Sohn ihm gegenüber zunächst misstrauisch war. Trotzki gewann bald den Eindruck, dass es in Frankreich nur so von Agenten der

OGPU wimmelte. In der kommunistischen »Humanité« waren einige Proteste gegen die Aufhebung des Einreiseverbots für Trotzki nach Frankreich erschienen. Ungeachtet der sorgsamen Konspiration wurde Trotzki von einigen Reportern, Funktionären politischer Parteien und Emigranten aus Russland erkannt. Unter strengen Sicherheitsmaßnahmen empfing Trotzki weiterhin seine Freunde aus den verschiedensten Ländern. Während dieser Begegnungen erklärte er, dass ein neuer revolutionärer Aufschwung bevorstehe, dass man sich darauf vorbereiten müsse und die Arbeit in den Massen, besonders in der Arbeiterklasse, verstärken müsse. Und man beriet, wie man die zahlreichen kleinen »trotzkistischen« Gruppen zu einer großen internationalen Organisation vereinen könne.
Ein großer Teil von Trotzkis Anhängern zweifelte jedoch an dem bevorstehenden revolutionären Aufschwung. Während einer Sitzung in Paris (August 1933), auf der vierzehn Parteien und Gruppen vertreten waren, erklärten sich nur drei im Prinzip mit der sofortigen Gründung der IV. Internationale einverstanden. Trotzki, der aus Sicherheitsgründen nicht an dieser Konferenz teilgenommen hatte, war enttäuscht. Die drei Parteien, die seine Position unterstützten, verabschiedeten eine Resolution über die Notwendigkeit, die Arbeit zur Gründung der IV. Internationale fortzuführen und ein Programm zu erstellen (B. O., Nr. 36–37, S. 12 f.).
Trotzki blieb nichts anderes übrig, als unter seinen Anhängern Propaganda zu machen und seine publizistische Tätigkeit fortzusetzen. Er nahm die Arbeit am Buch über Lenin wieder auf, kam aber nur schleppend voran. Es sollte ihm nicht gelingen, dieses Werk über den Mann zu vollenden, den er aufrichtig für den größten Revolutionär des 20. Jahrhunderts hielt.
Trotzki selbst spürte zuweilen, dass die Zeit der glänzenden Triumphe für immer vorbei war. Das Wichtigste in seinem Leben blieb in der Vergangenheit. Die Briefe, die er im September 1933 an Natalja Iwanowna schrieb (sie war in ärztlicher Behandlung in Paris), sind von Traurigkeit erfüllt. »... Meine

Liebe, ruhiger wäre es auf Prinkipo, nun scheint die kürzliche Vergangenheit besser, als sie war, dabei hatten wir doch so sehr auf Frankreich gehofft … Ist es das unwiderrufliche Alter, oder ist es ein vorübergehender steiler Abstieg, nach dem es einen Aufschwung (irgendeinen …) geben wird? Nun, wir werden sehen …« (Houghton Library.)

Im Frühjahr 1934 legte man Trotzki nahe, das Städtchen Barbizon bei Paris zu verlassen, da die Polizei dort seine Sicherheit nicht mehr garantieren könne. Die Situation hatte sich merklich zugespitzt, und die Stalinschen Agenten konnten jeden Moment zuschlagen … Nach der überstürzten Abreise aus Barbizon sollte Trotzki nur mehr ein gutes Jahr in Frankreich bleiben. Das Leben des Gejagten hatte oft erniedrigende Züge: Trotzki sah sich gezwungen, sein Bärtchen abzurasieren; und einmal musste er sich einige Tage lang auf dem Dachboden eines Bekannten von Sedow verstecken. Und nicht nur die OGPU verfolgte ihn: Er wurde sowohl von den Faschisten als auch von den Kommunisten des Landes bedroht. In dieser Situation halfen ihm besonders der Bruder Moliniers und sein treuer Sekretär Heijenoort.

Auch die finanzielle Lage wurde immer prekärer. Trotzki hatte immer weniger Zeit zum Schreiben. Ständig reiste er von einem Ort zum anderen, lebte in Hotels und konspirativen Wohnungen, versuchte, die winzigen Gruppen seiner Anhänger in Frankreich zu ermutigen und anzuspornen … Schließlich gelang es den Trotzkis, für einige Monate in einem kleinen Dorf bei Grenoble unterzutauchen.

Jeden Tag erwartete Trotzki ungeduldig die Zeitungen. Nach der Ermordung Kirows kam es in der UdSSR zu furchtbaren Entwicklungen. Täglich berichtete die bürgerliche Presse über neue Verhaftungen, über die Suche nach Verschwörern in der Umgebung des Politbüros und in der gesamten Sowjetunion.

Jeden Abend saß Trotzki vor einem Radioapparat und bemühte sich, das ferne Moskau zu empfangen. Dort redete man ohne

Unterlass über die Verbrechen Sinowjews und Kamenews, die für die Ermordung Kirows verantwortlich seien. Sie hätten auf Anweisung des Faschistenknechts Trotzki gehandelt.
Kurze Zeit bevor Trotzki mit seiner Frau Frankreich verließ, schrieb er einen Artikel, in dem er daran erinnerte, dass er bereits im März 1929 alle gewarnt habe: »Stalin wird in jedem Fall die Opposition mit Attentaten, mit der Vorbereitung eines bewaffneten Aufstandes usw. in Verbindung bringen.« (B. O., Februar 1935, Nr. 42.)
Schließlich hatten Trotzkis langwierige Bemühungen Erfolg: Die norwegische Regierung erteilte ihm eine Einreiseerlaubnis. Am 15. Juni befand sich der Ahasver der russischen Revolution bereits in Norwegen. Seine Freunde besorgten ihm eine Unterkunft in einem bescheidenen Hotel bei Oslo. Mittlerweile waren die Trotzkis völlig mittellos: Die beiden Jahre in Frankreich, wo er sich ständig auf der Flucht vor seinen Feinden befunden hatte, hatten alle Ersparnisse aufgezehrt.
Nun musste er arbeiten und nochmals arbeiten! Doch sein enormer Briefwechsel hielt ihn immer wieder von seiner publizistischen Tätigkeit ab: Ständig musste er zwischen verfeindeten Gruppen seiner Anhänger vermitteln. Und dies alles in einer Umgebung, in der man ihn wie einen Aussätzigen behandelte: Die norwegischen Behörden forderten beharrlich eine Garantie von ihm, dass er sich nicht politisch betätigen werde. Die Opposition im Osloer Parlament verlangte, den Aufenthalt Trotzkis im Lande zeitlich zu beschränken. Die Zeitungen waren voll von feindseligen Artikeln und Kommentaren. Niemand fand sich bereit, dem unerwünschten Neuankömmling ein Haus oder eine Wohnung zur Verfügung zu stellen. Das Hotel war zu teuer für ihn.
Und bald tauchten auch wieder die alten Bekannten auf – die Agenten Jagodas. Sborowski hatte aus dem Briefwechsel zwischen Sedow und seinem Vater die norwegische Adresse Trotzkis erfahren und seine Informationen sogleich nach Moskau weitergeleitet.

Schließlich fanden Trotzki und seine Frau eine Unterkunft bei der Familie des Sozialdemokraten Knudsen. Sie hatten nun keine Leibwächter und Helfer mehr bei sich und waren ganz auf sich gestellt.

Eines Tages, als Trotzki sich gerade an einem malerischen Fjord zum Fischfang befand, hörte er im Radio die Nachricht vom Beginn des großen politischen Prozesses gegen Sinowjew, Kamenew und andere, die man beschuldigte, terroristische Akte in der UdSSR organisiert zu haben. Weiter hieß es, die Ermordung Kirows sei nur der Anfang einer Welle von Attentaten gewesen, denen Stalin, Woroschilow und andere »Führer« zum Opfer hätten fallen sollen. Erschüttert verfolgte Trotzki in den nächsten Tagen am Radioapparat den Verlauf des Prozesses. Was Kamenew, Sinowjew, Mratschkowski, Bakajew in ihren »Geständnissen« aussagten, war ungeheuerlich.

Sinowjew erklärte mit leidenschaftsloser Stimme, er sei der Initiator des Mordes an Kirow gewesen und habe im Auftrag Trotzkis gehandelt. »Der Trotzkismus – das ist eine Spielart des Faschismus«, behauptete Sinowjew. Kamenew erklärte, er habe dem Faschismus gedient und zusammen mit Trotzki und Sinowjew die Konterrevolution in der UdSSR vorbereitet. Trotzki war fassungslos. Er wusste nicht, dass Sinowjew und Kamenew vor Beginn des Schauprozesses aus dem Gefängnis zu Stalin in sein Arbeitszimmer gebracht worden waren, wo ihnen der Generalsekretär folgenden Vorschlag unterbreitet hatte: Wenn sie alles »gestanden«, was ihnen zur Last gelegt wurde, und bestätigten, dass Trotzki der Drahtzieher der feindlichen terroristischen Arbeit gegen die Partei und das Land sei, so werde er sich bemühen, ihr Leben zu retten … Einen anderen Ausweg gebe es nicht, betonte Stalin, anderenfalls erwarte sie nur noch der Tod. Die gebrochenen Altbolschewiki und Mitstreiter Lenins, die einst auch Stalins Vertraute waren, mit ihm häufig Familienfeste gefeiert hatten, ließen sich auf diesen Handel ein. Dabei wussten sie seit langem, dass für Stalin Betrug ein normales Mittel der Politik war.

Trotzki begriff, dass dies nur der Anfang einer blutigen Säuberung war … und das war das Ende all dessen, was er mit Lenin geschaffen hatte … Ungeheuerlich! Unglaublich!
In seinem letzten, Ende 1936 abgeschlossenen Buch »Die verratene Revolution« rechnete Trotzki schonungslos mit der neuen bürokratischen Kaste ab. »Warum siegte Stalin?«, fragt er und antwortet: »Es wäre naiv anzunehmen, dass ein den Massen völlig unbekannter Stalin plötzlich aus den Kulissen aufgetaucht ist und einen fertigen strategischen Plan hatte. Nein. Bevor er seinen Weg gefunden hatte, fand ihn die Bürokratie … Die Bürokratie besiegte nicht nur die linke Opposition. Sie besiegte die bolschewistische Partei … Sie besiegte all ihre Feinde … Nicht mit Ideen und Argumenten, sondern aufgrund ihres Sitzfleisches. Das bleierne Hinterteil der Bürokratie wog mehr als der Kopf der Revolution … Das ist die Auflösung des Rätsels um den sowjetischen Thermidor.« (S. 25–27.) Unerwartet behauptet Trotzki dann, dass die Etablierung der Bürokratie als neuer Klasse zur Restaurierung des Kapitalismus in der UdSSR führen könnte.
Die wesentlichste Schlussfolgerung in seinem Buch »Die verratene Revolution« lautet: »Die sowjetische Bürokratie wird ihre Positionen nicht kampflos aufgeben.« Deshalb ging Trotzki davon aus, dass der Arbeiterklasse, die die erste sozialistische Revolution in der Geschichte durchgeführt hatte, nun eine weitere »ergänzende« Revolution bevorstehe – keine soziale, sondern eine »politische gegen den bürokratischen Absolutismus« (ebd., S. 67–71). Denn einen friedlichen Ausweg aus der Krise gibt es nicht. Die Konfrontation zwischen dem Volk und der bürokratischen Oligarchie, dem bürokratischen Absolutismus, ist unumgänglich. Die politische Revolution wird das Stalinsche Herrschaftssystem stürzen, doch nicht die existierenden Besitzverhältnisse verändern.« (Ebd., S. 79–81.)
Das war bereits ein offener Aufruf zur Veränderung der herrschenden politischen Verhältnisse in der UdSSR. Trotzkis Forderung nach einer zweiten Revolution beruhte auf reinem

Wunschdenken, denn eine solche Umwälzung war völlig ausgeschlossen. Wenn wir jedoch einmal diesen Aspekt von Trotzkis verzweifeltem Aufruf beiseite lassen, können wir feststellen, dass der vertriebene Revolutionär der erste Mensch war, der die Notwendigkeit zur Abschaffung des Stalinismus als System, als Ideologie, als Methodologie des Handelns und als Denkweise auf die Tagesordnung der Geschichte setzte. Er hatte begriffen, dass der Stalinismus eine der schlimmsten Formen von Totalitarismus und Cäsarismus war, die einen ungeheuren historischen Misserfolg für den sozialistischen Staat bedeutete.

Nachdem Trotzki das Manuskript der »Verratenen Revolution« fertig gestellt hatte, sandte er es noch im August 1936 seinen Verlegern nach Paris. Ein Exemplar davon aber schickte er seinem Sohn Lew mit dem Vorschlag, Auszüge im »Bjulleten« oder in bürgerlichen Organen zu veröffentlichen (Archiv des KGB). Heute lässt sich anhand von Dokumenten nachweisen, dass das gesamte Manuskript oder zumindest einzelne Teile davon in Moskau auf Stalins Schreibtisch lagen, bevor das Buch im Sommer 1937 in Paris erschien.

Der sowjetische Geheimdienst hatte eine große Anzahl von Artikeln, Interviews und »Manifesten« Trotzkis nach Moskau geschafft, die sich heute in den Archiven des KGB befinden.

Für dieses Ziel war den OGPU-Agenten jedes Mittel recht. Es ist bekannt, dass Trotzki sich bemühte, seine Archive zu retten, und Teile von ihnen für geringes Entgelt einem Pariser Institut für historische Forschungen übergab. Diese Transaktion führte Sedow zusammen mit Etienne und Nikolajewski durch. Einige Tage später brachen Unbekannte in diesem Institut ein und raubten die Dokumente Trotzkis … Außer ihm und Sedow wussten nur Nikolajewski und Etienne von dem Verkauf der Dokumente … Doch Nikolajewski wurde ebenfalls vom sowjetischen Geheimdienst beschattet. Der Agent »Gamma« berichtete über ihn im November 1936 nach Moskau: »Nikolajewski ist seit 1933 in Frankreich. Er kam aus Berlin, wo er als Bibliothekar arbeitete. Seine Freunde: Boris Souvarine, Zereteli, Boris Sapir, Friedrich Adler ...« Dasselbe Dokument enthält übrigens noch eine weitere aufschlussreiche Information: »... Aufgrund einer Übereinkunft zwischen Norwegen und der Sowjetunion wird die Korrespondenz Trotzkis geöffnet ...« (Archiv des KGB).

Im Übrigen gibt ein langer Bericht von M. Sborowski nach Moskau Aufschluss darüber, wie und wohin das Archiv verschwand. Hier ein Auszug aus seinem Bericht vom 7. 11. 1936. »Um 12 Uhr mittags rief mich das ›Söhnchen‹ zu sich. Ins Café kam außerdem die ›Nachbarin‹. Das ›Söhnchen‹ berichtet, dass die GPU des Nachts das Archiv des ›Alten‹ aus dem Institut gestohlen habe. Das ›Söhnchen‹ erzählt weiter, dass insgesamt vier Personen über den Aufenthaltsort des Archivs wussten: er, ›die Nachbarin‹, Nikolajewski und ich. Die ersten drei Personen sind außer Verdacht. Es bleibt nur noch ›Mak‹. Ihn kennen wir erst zwei Jahre ... Nach einer Weile sagte das ›Söhnchen‹, dass er persönlich hundertprozentiges Vertrauen zu ›Mak‹ habe. Man müsse überprüfen, ob das zweite Archiv, das an einem konspirativen Ort aufbewahrt werde, vollständig sei.« An dieser Stelle findet sich folgende Randbemerkung »Maks«: »Dieses Archiv haben wir bereits fotografiert.« Einige Zeilen weiter unten berichtet Sborowski: »Ich habe erfahren, dass Nikolajewski, das ›Söhnchen‹ und die ›Nachbarin‹ in meiner Abwesenheit die Möglichkeit diskutiert haben, ob ›Mak‹ das Archiv gestohlen haben könnte. Schließlich verwarfen sie diesen Verdacht und erklärten der Polizei: ›Das ist das Werk der GPU.‹ Als man ihnen einen Hinweis auf ›Mak‹ gab, erklärte die ›Nachbarin‹: ›Auf keinen Fall. Man muss ein Genie sein, um zwei Jahre lang derart schauspielern zu können. Ich erinnere mich noch sehr gut, wie er auf die Erschießungen in Moskau reagierte ...‹« (Archiv des KGB.)

Man kann sich unschwer vorstellen, welche Empfindungen die Lektüre der Manuskripte Trotzkis – und insbesondere der »Verratenen Revolution« – bei Stalin geweckt haben müssen. Es ist durchaus möglich, dass Trotzkis Aufrufe zur »politischen Revolution« und zur Beseitigung des »bürokratischen Absolutismus« in der UdSSR Stalins Entschlossenheit, eine riesige Säuberung im Lande durchzuführen, gefördert haben. Wenn man berücksichtigt, dass Stalin ein extrem misstrauischer Mensch war, kann man sich vorstellen, wie Trotzkis These von der Notwendigkeit einer »politischen Revolution« auf ihn wirkte! Ich denke, dass »Die verratene Revolution« Stalin in seinem Glauben bestätigte, dass von Trotzki eine besondere Gefahr für ihn ausging. Umso wichtiger erschien es nun dem sowjetischen Diktator, den »Trotzkismus« in der UdSSR völlig zu zertreten. Daher sollte in den folgenden Moskauer Prozessen der Hauptschlag gegen Trotzki geführt werden.

Bereits im Prozess gegen Sinowjew und Kamenew wurde er als Drahtzieher der terroristischen »Banden« gebrandmarkt. Wyschinski erklärte, er habe von Norwegen aus die Fäden gezogen. Sogleich wurde Trotzki von Reportern belagert. Der verfemte Revolutionär erklärte, dass das, was in Moskau über ihn behauptet werde, »die Lüge des Jahrhunderts« sei.

Der sowjetische Botschafter forderte nun von der norwegischen Regierung die Ausweisung Trotzkis. Die Regierung hatte bereits Maßnahmen ergriffen: Trotzki wurde in Gewahrsam genommen. Durch die Erschütterung, die Trotzki aufgrund des Moskauer Prozesses erfuhr, erkrankte er. Sborowski, der davon durch einen Brief Natalja Iwanownas an Sedow erfuhr, berichtete nach Moskau: »Der ›Alte‹ ist sehr krank, geht absolut nicht hinaus, ist bettlägerig, nachts sehr hohe Temperatur, schwitzt stark, was ihn außerordentlich schwächt. Er ist reif für ein Sanatorium, aber die norwegischen Behörden tragen noch zur Verschlechterung seiner Lage bei.« (Archiv des KGB.) Trotzki genas jedoch bald. Bis Ende Dezember befand er sich in einer Art »politischen Quarantäne«; man ließ keine Journalisten zu ihm, man sah seine Post durch, und man gestattete ihm nicht, das Haus zu verlassen. Dieser Zustand endete erst, als Mexiko sich bereit erklärte, den Vertriebenen aufzunehmen. Am

19. 12. 1936 verließ Trotzki auf dem Tanker »Rut« Norwegen. Da er befürchtete, dass man das Schiff versenken würde, schickte er für alle Fälle einen Testamentbrief an seinen Sohn nach Paris. Aber alles verlief glatt, und in den ersten Januartagen des Jahres 1937 erreichte Trotzki Mexiko. Aber drei Tage nachdem er Norwegen verlassen hatte, berichtete »Mak« nach Moskau: »Das ›Söhnchen‹ erhielt am 23. Dezember um 8.30 Uhr ein Telegramm von Held mit folgendem Inhalt: ›Tante und Onkel sind unterwegs.‹ Das ›Söhnchen‹ war durch diese Tatsache sehr aufgewühlt, da der ›Alte‹ nach seinen Informationen über Frankreich nach Mexiko gebracht werden und sich hier mit seinen Freunden treffen wird. Ein Durchreisevisum für Frankreich sei bereits erteilt worden …« Das Jahr 1937 stand im Zeichen des ungezügelten Terrors, mit dem der Führer eines riesigen Landes das eigene Volk überzog. Zum Höhepunkt des politischen Wahnsinns wurde das Februar-März-Plenum des ZK der WKP(B). Dieses Plenum billigte und unterstützte ein äußerst hartes Durchgreifen gegenüber den »Volksfeinden«. Während Trotzki in den Zeitungen über die neue Inquisition in Moskau las, mag er sich an sein Gespräch mit dem norwegischen Minister Trygve Lie erinnert haben, der ihn vor seiner Abreise nach Mexiko in seiner von Polizisten abgeschirmten Wohnung besucht hatte. Als der Minister ein Bändchen von Ibsen in Trotzkis Händen sah, fragte er ihn, was dieser von dem großen norwegischen Dramatiker halte.
Trotzki antwortete scharfsinnig: »Mir gefällt besonders die Ibsensche Auslegung des ›Volksfeindes‹. Ich finde, sie unterscheidet sich außerordentlich stark von der Moskauer Auslegung.«
Der Minister hielt es nicht für angebracht, dieses heikle Thema weiter zu vertiefen …
Doch zurück zu den Ereignissen in Moskau. Das Februar-März-Plenum, das etwa zwei Wochen tagte, beschäftigte sich im Wesentlichen mit »Problemen der Sabotage, Diversion und der Spionage der japanisch-deutschen und trotzkistischen Agenten«. Die Berichte von Shdanow, Molotow, Kaganowitsch,

Jeshow und Stalin entbehrten jeglicher rationaler Analyse – und dies aus dem einfachen Grund, weil der Gegenstand der Erörterungen ein Phantom war. Dennoch waren sich alle einig, dass der »Trotzkismus« für vogelfrei erklärt werden müsse. Wie zu erwarten, wurden die grundlegenden Argumente und Vorgehensweisen in dieser Frage in Stalins Bericht »Über Mängel der Parteiarbeit und Maßnahmen zur Liquidation trotzkistischer und anderer Doppelzüngler« genannt.
Mit verhaltener Stimme legte er darin auch die wesentlichen Eigenschaften des »Trotzkismus« dar:

»Was ist der moderne Trotzkismus? Das ist eine zügellose Bande von Saboteuren. Noch vor sieben bis acht Jahren war dies eine falsche, antileninistische politische Strömung. Kamenew und Sinowjew verneinten die Existenz einer eigenen politischen Plattform. Sie logen. Pjatakow, Radek und Sokolnikow verneinten die Existenz einer solchen Plattform während des Prozesses im Jahre 1937 nicht: die Restauration des Kapitalismus, die territoriale Aufteilung der Sowjetunion (die Ukraine den Deutschen, die fernöstliche Küstenregion den Japanern) und – im Falle eines Angriffes durch die Feinde – Schädlingsarbeit und Terror. Das alles ist das *Programm des Trotzkismus.*« (Zentrales Parteiarchiv.) Stalin wies besonders darauf hin, dass es das Bestreben der »trotzkistischen Saboteure und Spione« sei, terroristische Akte gegen die sowjetischen Führer auszuüben. Als er dann dazu aufrief, die »japanischdeutschen Agenten des Trotzkismus zu zerschlagen und auszurotten«, applaudierte das Auditorium einmütig. Diese Rede Stalins diente dem Zweck, den Schein von Gesetzmäßigkeit bei der ungeheuerlichen Säuberung im Lande zu wahren.
Nachdem Stalin zur Zerschlagung der Trotzkisten aufgerufen hatte, berichteten viele Teilnehmer des Plenums von bereits erbrachten Leistungen bei der Lösung dieser »Aufgabe«. So zum Beispiel Kosior: »Im ZK der Kommunistischen Partei der Ukraine gab es nicht wenige Trotzkisten. Viele haben wir beseitigt

und werden wir weiterhin beseitigen.« Kosior zählte nun eine lange Liste von enttarnten »Trotzkisten« auf. Andere Redner taten es ihm gleich. Kaganowitsch, der ein Genauigkeitsfanatiker war, spickte seinen Bericht mit statistischen Daten: »Wir haben im Politapparat des Volkskommissariats für Verkehrswesen 220 Personen entlarvt. Aus dem Transportwesen sind 485 ehemalige Gendarmen, 220 Sozialrevolutionäre und Menschewiki, 572 Trotzkisten, 1415 weiße Offiziere, 282 Saboteure, 443 Spione entlassen worden. Sie alle waren mit dem rechts-trotzkistischen Block verbunden.« (Zentrales Parteiarchiv.) Das Wort »entlassen« dürfte ein Euphemismus sein. Ein Spion wird wohl kaum aus einer Arbeit entlassen, um dann eine andere zu übernehmen! Woroschilow sprach über die Erfolge, die man bei der Ausmerzung des »Trotzkismus« in der Armee bereits erzielt habe. »In den Jahren 1923 und 1924 hatten die Trotzkisten beinahe die gesamte Moskauer Garnison hinter sich. Fast alle Militärakademien, die Schule des WZIK, die Artillerieschule, der Stab des Moskauer Bezirks, in dem Muralow saß, und andere Abteilungen unterstützten Trotzki ...« (Zentrales Parteiarchiv.) Hier verfälscht Woroschilow die Tatsachen. Trotzki hat niemals versucht, die Armee in den politischen Kampf einzubeziehen.
Jeshow stellte fest, dass das Volkskommissariat für Inneres den Kampf gegen den Trotzkismus vier Jahre lang sträflich vernachlässigt habe, wodurch die Verräter der Heimat Gelegenheit hatten, ihre terroristische Arbeit weiterzuentwickeln. Das Volkskommissariat für Inneres habe bei seinem Vorgehen gegen die Trotzkisten eine »falsche, lasche Linie« verfolgt.
In einer Verordnung wurde gefordert, die Geheimdienstkader zu verstärken. Diese Leute gehörten den geheimen Unterabteilungen des NKWD an, die im Ausland ein verzweigtes Netz von Befehlsempfängern aufgebaut hatten. Durch ihre Hand kamen viele Hunderte von Menschen ums Leben, die dem Stalin-Regime unerwünscht erschienen. Ebendiese Leute machten schon seit langem Jagd auf Trotzki und seine Vertrauten. Solche Menschen waren zu allem bereit, denn sie kämpften nach der

offiziellen Version gegen die »übelsten Volksfeinde«. Die Geheime Politische Abteilung des NKWD unterstand direkt dem Volkskommissar. Besonders wichtige Aufgaben – so zum Beispiel alles, was mit der Beseitigung Trotzkis zu tun hatte – wurden direkt von Stalin überwacht.

Noch vor dem Februar-März-Plenum des ZK von 1937 hatte der »Prozess gegen die 17« stattgefunden. Das Hauptziel dieses Tribunals gegen Pjatakow und andere Funktionäre war es, zu beweisen, dass Trotzki mit Hilfe der Angeklagten Sabotageakte organisiert und für die »Restauration des Kapitalismus in der UdSSR« gearbeitet habe. Nachdem man ihn gefoltert hatte, sagte Pjatakow alles, was man ihm befahl. Ausführlich schilderte er seine Begegnung mit Trotzki in Oslo (wo er niemals gewesen war) und behauptete, Trotzki habe zwei Varianten zur Machtergreifung ausgearbeitet. Für den Fall, dass man sich entschließe, während des Kriegs loszuschlagen, habe Trotzki einen terroristischen Schlag gegen Stalin und andere Führer von Partei und Staat gefordert. Die zweite Möglichkeit wäre, nach einer militärischen Niederlage an die Macht zu gelangen. Diese Variante habe Trotzki für realistischer gehalten.

Einen besonders beklemmenden Eindruck hinterließ ein anderer Prozess – der sogenannten »Prozess gegen die 21«. Unter ihnen befanden sich Bucharin, Rykow, Krestinski, Rakowski und Rosenholz – alles angebliche Mitglieder eines »rechts-trotzkistischen Blocks«. Mit Hilfe dieses Schauprozesses wollte Stalin einen weiteren tödlichen Schlag gegen Trotzki und seine Anhänger führen. Er wollte seinen Hauptgegner vor der ganzen Welt als »Terroristen«, »Spion«, »Mörder« und schließlich als »internationalen Abschaum« brandmarken. Im Kreml hoffte man, dass sich nach diesen »Enthüllungen« auf der ganzen Welt kein einziger Staat finden würde, der Trotzki Asyl gewähren würde, und dass der verfemte Revolutionär früher oder später den Sowjetbehörden ausgeliefert werden würde. Außerdem rechnete man damit, dass seine physische Liquidierung nunmehr im Ausland gelassen hingenommen werden würde. Die Tatsache, dass man Trotzki die sowjetische Staatsbürgerschaft aberkannt und die UdSSR somit kein »Recht« mehr auf ihn hatte, kümmerte Stalin wenig.

Alle Moskauer Prozesse hatten als Zielscheibe Trotzki. In der Anklageschrift gegen Pjatakow, Radek, Sokolnikow und andere wird der Name Trotzki auf einigen Seiten mehr als fünfzigmal erwähnt!

»Obwohl Trotzki sich Tausende von Kilometern vom Saal entfernt befand«, schrieb Alexander Orlow, einer der hochrangigen sowjetischen Geheimdienstfunktionäre, die Ende der dreißiger Jahre mit dem Regime gebrochen hatten, »wussten alle, dass er, wie schon während der vorangegangenen Prozesse, hier der Hauptangeklagte war. Seinetwegen wurde die Maschinerie der Stalinschen Fälschungen von neuem in Bewegung gesetzt, und jeder der Angeklagten spürte deutlich, wie hier Stalins Hass und Stalins Gier nach Rache an Trotzki pulsierten.« (Orlow, Tajnaja istorija, S. 279.)

Außerdem musste es für die zahlreichen Misserfolge in der Landwirtschaft und im Bauwesen sowie für die Tatsache, dass der Lebensstandard der Bevölkerung nur sehr langsam wuchs, schließlich einen »Schuldigen« geben. Das übermäßig forcierte Tempo auf allen Gebieten war begleitet von schlechter Arbeitsqualität und einer großen Anzahl von Unfällen und Katastrophen. Dafür gab es nur eine Erklärung: »Schädlingsarbeit und Sabotage.« Und der Initiator dieser allgegenwärtigen »Sabotage« war ein einziger Mann …

Bei allen Prozessen lauteten die schlimmsten Anschuldigungen: »Terrorismus«, »Attentatvorhaben gegen Führer der Partei und Regierung«, »die Absicht, Stalin zu töten«. Während der Moskauer Prozesse wurden jedoch keinerlei konkrete Fakten angeführt, die diese Absichten hätten bestätigen können.

Stattdessen überschüttete Staatsanwalt Wyschinski die Unglücklichen auf der Anklagebank mit zügellosen Beschimpfungen: »Stinkende Kadaver«, »verdammte Scheusale«, »Kettenhunde des Imperialismus …« Und die »Prawda« nannte die sowjetische Justiz »das demokratischste Volksgericht in der Welt«. Alle Personen, die mit Trotzki in irgendeiner Verbindung gestanden hatten, wurden nun bespitzelt, verhaftet, verbannt, ermordet. Mitarbeiter des NKWD durchforsteten die Archive der Roten Armee, des Zentralkomitees der Partei, der Oktoberrevolution und suchten in Trotzkis Direktiven, Befehlen und in seiner Korrespondenz nach Namen. Der größte Teil der Personen, deren Namen in den Archivakten vorgefunden wurden, war Verfolgungen ausgesetzt.

Der Kettenreaktion, die die Moskauer Schauprozesse auslösten, fielen Hunderttausende von Menschen zum Opfer. Laut Stalins Logik hatten sie alle für Trotzki gearbeitet. Höchst sonderbar … wie konnte eine solch gigantische Armee von Verschwörern heranwachsen? Der Opposition hatten gegen Ende der zwanziger Jahre doch nur 3000 bis 5000 Menschen angehört?! Trotzki selbst schrieb mit beißendem Sarkasmus über dieses Paradoxon: »… Entsprechend der Bilanz, die Wyschinski nach der letzten Serie von Prozessen ziehen muss, stellt sich der sowjetische Staat als zentralisierter Apparat staatlichen Verrats dar. Die Regierungsspitze und die Mehrheit der Volkskommissare (…), die wichtigsten sowjetischen Diplomaten (…), alle Führer der Kommunistischen Internationale (…), die wichtigsten Wirtschaftsführer (…), die besten Heerführer der Roten Armee (…), die herausragendsten revolutionären Arbeiter, die der Bolschewismus in 35 Jahren hervorgebracht hatte (…), die Führungsspitze und die Mitglieder der Regierung der Russischen Sowjetrepublik (…), ausnahmslos alle Führungsspitzen der 30 sowjetischen Republiken (…), die führenden Funktionäre der GPU im Verlauf der letzten zehn Jahre, schließlich – und das ist wichtiger als alles andere – die Mitglieder des allmächtigen Politbüros, das faktisch das oberste Machtorgan des Landes darstellt: Trotzki, Sinowjew, Kamenew, Tomski, Rykow, Bucharin, Rudsutak – sie alle wirkten bei der Verschwörung gegen die Sowjetmacht mit, und zwar sogar in jenen Jahren, als sich diese voll und ganz in ihren Händen befand. Sie alle bemühten sich

als Agenten anderer Länder, die von ihnen aufgebaute sowjetische Föderation zu zerstückeln und die Völker, für deren Befreiung sie Jahrzehnte lang kämpften, unter das Joch des Faschismus zu bringen.
Bei dieser verbrecherischen Arbeit haben sich Regierungschefs, Minister, Marschälle und Botschafter immer wieder einer einzigen Person untergeordnet. Nicht dem offiziellen Führer, nein – dem Vertriebenen. Es genügte, wenn Trotzki nur den Finger hob, und die Veteranen der Revolution wurden zu Agenten Hitlers und des Mikado. Auf ›Anweisung Trotzkis‹ haben führende Personen der Industrie, des Transportwesens und der Landwirtschaft die Produktivkräfte des Landes und seine Kultur zerstört. Auf einen aus Norwegen oder Mexiko entsandten Befehl des ›Volksfeindes‹ hin haben die Eisenbahnarbeiter im Fernen Osten Militärzüge verunglücken lassen und die erfahrenen Kreml-Ärzte ihre Patienten vergiftet … Hier stoßen wir jedoch auf ein Problem. Wenn alle Schaltstellen des Apparats von Trotzkisten besetzt sind, die für mich arbeiten, warum befindet sich dann Stalin im Kreml, und warum befinde ich mich im Exil?« (B. O., Nr. 65, April 1938, S. 3 f.)

Die Einsamkeit in Coyoacan

Als Trotzki Anfang Januar 1937 in Mexiko ankam, wurde ihm zu seiner Überraschung von offiziellen Vertretern des Staatspräsidenten Cardenas ein freundlicher Empfang zuteil! Faktisch war Trotzki Gast des Staatsoberhauptes und des bedeutenden Künstlers Diego Rivera, der dem Ehepaar sein nahe der Hauptstadt gelegenes Haus zur Verfügung stellte. Der große Künstler und Architekt, von dessen Werken Trotzki begeistert war, hatte sein Haus als Zufluchtsstätte der Kunst, der Inspiration und der Kreativität eingerichtet. Trotzki und seine Frau waren begeistert von ihrem neuen Heim. In einem Brief nach Paris an seinen Sohn schreibt Trotzki: »Die mexikanischen Behörden haben sich uns gegenüber als außerordentlich zuvorkommend erwiesen ... Der Präsident verfolgt eine radikale, mutige Politik. Offen unterstützt er Spanien, und er versprach, alles zu tun, um uns hier das Leben zu erleichtern.« (Houghton Library.) Diego Rivera war einer der Mitbegründer der Kommunistischen Partei Mexikos. Wie aus dem Bericht des sowjetischen Agenten »Oskar« hervorgeht, forderte er in Reden den Bruch »der wirklichen Marxisten mit dem polizeilich-reaktionären Geist, dessen Vertreter Josef Stalin ist«. (Archiv des KGB)

Aber natürlich erlebte Trotzki auch im fernen Mexiko die gleichen Anfeindungen, die ihm schon in den westeuropäischen Ländern das Leben schwer gemacht hatten. Er hatte sich jedoch bereits so sehr an die politischen Kampagnen gegen seine Person gewöhnt, dass er kaum protestierte, als der mexikanische Gewerkschaftsführer Lombardo Toledano die Ausweisung des »Feindes der sozialistischen Revolution« forderte.

Umso mehr war er dem Präsidenten zu Dank verpflichtet, der ihm an seinem Aufenthaltsort Polizeischutz gewährt hatte. Obwohl Trotzki Cardenas gegenüber wiederholt seine Dankbarkeit zum Ausdruck brachte, kam es während der dreieinhalb Jahre, die der verfemte Revolutionär in Mexiko verbrachte, niemals zu

einer persönlichen Begegnung mit dem Staatsoberhaupt. Trotzki begriff, dass er den Präsidenten mit einem Besuch in eine unangenehme Lage bringen würde.
Kaum hatte Trotzki die mexikanische Küste betreten, als auch die Mitarbeiter der Moskauer Geheimdienste dort auftauchten. An dieser Stelle muss ich einen Mann erwähnen, mit dem ich ein sehr interessantes Gespräch führte. Die Rede ist von Pawel Anatoljewitsch Sudoplatow, einem ehemaligen hohen Geheimdienstoffizier mit gewaltiger Erfahrung und einem tragischen Schicksal ... Tragisch weniger deshalb, weil er nach der Liquidation Berijas fünfzehn Jahre in sowjetischen Gefängnissen verbrachte, sondern vor allem deshalb, weil er fest daran glaubte, mit seiner Tätigkeit der Revolution und dem Sozialismus zu dienen. Wie Sudoplatow mir erzählte, wurden zu jener Zeit erfahrene Spione nach Mexiko geschickt, die die Arbeit Trotzkis beobachten und gleichzeitig an der Umsetzung von Stalins Beschluss zur physischen Liquidation Trotzkis mitarbeiten sollten.

In einem Brief erteilte Trotzki seinem Sohn eine Menge von Anweisungen. Noch auf dem Dampfer hatte er sein Buch über die Moskauer Prozesse beendet, das später unter dem Titel »Die Verbrechen Stalins« erschien. Nun mussten Verleger in verschiedenen Ländern gefunden werden. Weiter teilte Trotzki seinem Sohn mit, dass er nach einem Gespräch mit seinen amerikanischen Anhängern D. Nowak und M. Shachtman beschlossen habe, einen Gegenprozess zu organisieren, um die bei den Moskauer Prozessen in die Welt gesetzten Lügen und Verleumdungen über ihn zu entlarven. Dieser Prozess solle nach Möglichkeit in New York oder Paris durchgeführt werden, notfalls käme auch die Schweiz in Frage.
Bald darauf begann Trotzki mit den Vorbereitungen für diesen Gegenprozess. Er hoffte, dass er durch dieses Tribunal die Unterstützung der Weltöffentlichkeit gegen die Stalinsche Tyrannei gewinnen könnte. Zu jedem Anklagepunkt, der während der Moskauer Prozesse gegen ihn erhoben worden war, sam-

melte er mit peinlicher Sorgfalt Gegenbeweise. Seine beiden Sekretäre und eine technische Mitarbeiterin unterstützten ihn bei dieser Arbeit. Die Frau war die Tochter eines Russen, konnte recht gut Maschine schreiben und arbeitete, wie ich aus Dokumenten und Erzählungen entnehme, als Informantin für den NKWD und möglicherweise auch für das FBI. Diese kleine »Brigade«, zu der sich noch amerikanische Anhänger Trotzkis gesellt hatten, war von morgens bis abends beschäftigt. Trotzki hoffte, dass der Gegenprozess ein großes öffentliches Forum werden würde, auf dem »Stalin und seine Kamarilla« für den Terror, die Lügen und den Verrat der revolutionären Ideale gebrandmarkt würden.

Große Hilfe leistete ihm dabei auch Sedow, der seinem Vater Hunderte von Materialien und Dokumenten schickte, mit deren Hilfe Trotzki die Moskauer Anschuldigungen widerlegen konnte. Um beispielsweise den rein wissenschaftlichen Charakter von Trotzkis Besuch in Kopenhagen zu belegen, wurden 22 Personen durch seine Anhänger befragt; ihre Aussagen wurden nach Mexiko geschickt. Im Amsterdamer Archiv finden sich zahlreiche Zeugnisse von Sedows Bemühungen, seinen Vater bei der Widerlegung der Moskauer Anschuldigungen zu unterstützen.

Auf Initiative einer Reihe von gesellschaftlichen Organisationen wurde eine Internationale Kommission zur Untersuchung der Moskauer Prozesse einberufen. Mitglieder dieser Kommission waren der bedeutende amerikanische Philosoph und Pädagoge John Dewey (Vorsitzender), die Schriftstellerin Suzanne LaFollette, der linke Publizist Benjamin Stolberg, der Marxist Otto Rühle, der Anarchist Carlo Tresca, der amerikanische Soziologe Edward Ross, der Rabbiner Edward Israel und andere. Auch Vertreter der sowjetischen Botschaft und der Kommunistischen Partei waren als Mitglieder der Kommission vorgesehen gewesen, doch sie reagierten auf die Einladung zur Teilnahme mit beredtem Schweigen.

Der ursprüngliche Plan, den Prozess in New York oder Paris

stattfinden zu lassen, war aufgrund finanzieller Schwierigkeiten und aus Sicherheitsgründen fallen gelassen worden. Die erste Sitzung der Kommission fand im Hause Diego Riveras statt und dauerte vom 10. bis 17. April. Die zweite folgte im September 1937. In seiner Eröffnungsrede sagte Professor Dewey: »Wenn Lew Trotzki der ihm zur Last gelegten Handlungen schuldig ist, gibt es keine Strafe, die hart genug wäre … Die Tatsache, dass Herr Trotzki diese Anschuldigungen von sich weist, kann in den Augen der Kommission kein Gewicht haben. Die Tatsache jedoch, dass er ohne Anhörung verurteilt wurde, hat ein gewaltiges Gewicht vor dem Gewissen der gesamten Welt.« (B. O., Nr. 56–57, S. 17.) Während des Kreuzverhörs bestritt Trotzki alle Anschuldigungen politischer, strafrechtlicher und ideologischer Art. Die Beweismittel, die Trotzki vorlegte, entkräfteten sämtliche Scheinbeweise der Moskauer Prozesse. Besonders beeindruckt waren seine Zuhörer über folgende: »… wenn die Kommission beschließen sollte, dass ich auch nur im geringsten Maße der Verbrechen schuldig bin, die Stalin mir vorwirft, werde ich mich freiwillig in die Hände der Henker der GPU begeben …« Dies war ein sehr mutiger Schritt, denn die Kommission bestand beileibe nicht nur aus Anhängern von ihm. Trotzki bat, dass man seine Erklärung in allen Zeitungen veröffentlichen sollte.

In seiner Abschlussrede bekräftigte Trotzki, dass er nach wie vor vom letztendlichen Triumph der Ideale der Oktoberrevolution und des Weltkommunismus überzeugt sei. Am 12. 12. 1937 verkündete John Dewey das Urteil der Kommission: »Die Moskauer Prozesse sind Fälschungen, und Trotzki und Sedow sind unschuldig.« (B. O., Nr. 62–63, S. 2.) Der gesamte Prozess war in einer 617 Seiten umfassenden Dokumentation festgehalten worden, und Trotzki hoffte, dass die Verlage sich für dieses reichhaltige Material, das Stalin und den Stalinismus entlarvte, interessieren würden. Aber viele große Zeitungen in Europa und Amerika erwähnten den Gegenprozess mit keinem Wort. Die führenden politischen Kreise dieser Länder wollten nicht wegen Trotzki eine Verschlechterung der Beziehungen zu Stalin riskieren …

Nach Beendigung des Gegenprozesse fühlte Trotzki nicht nur eine innere Leere, sondern auch eine tiefe Einsamkeit. Außer einer kleinen Gruppe seiner Anhänger, einzelner Intellektueller und Kulturschaffender hatte die Welt Gleichgültigkeit, ja sogar Teilnahmslosigkeit gegenüber seinem Schicksal an den Tag gelegt. In seinem Kommentar zum Urteil der Kommission hatte er Emile Zola zitiert: »Die Wahrheit schreitet voran, nichts kann sie aufhalten.« Bislang aber hatte es die Wahrheit nicht vermocht, das Böse auch nur um einen Zentimeter zurückzudrängen.

Die ungeheuerliche, beispiellose demagogische Hetze in der UdSSR zeigte Wirkung: Immer mehr Menschen glaubten an die Untaten des »Terroristen«, »Spions«, »Mörders« Trotzki. Fassungslos verfolgte der vertriebene Revolutionär aus der Ferne diesen Prozess, in dem sich der tiefe Niedergang der Gesellschaft und der Partei offenbarte.

In dem ungleichen Kampf gegen den Stalinismus machte Trotzki grobe Fehler. So äußerte er sich negativ über die Rolle der Volksfront und der an Moskau orientierten kommunistischen Kräfte in Spanien, ohne dabei auf die schwierige Lage der Verteidiger der bedrohten spanischen Republik Rücksicht zu nehmen.

Außerdem schien er vergessen zu haben, dass er bei der Gründung des Staates, den er nun so zornig attackierte, eine führende Rolle gespielt hatte. Dieses Verhalten rief Widerspruch hervor.

Anfang 1938 warfen Eastman, Serge und Souvarine, vor kurzem noch Trotzkis Anhänger, öffentlich die Frage nach Trotzkis Verantwortung für die grausame Niederschlagung des Kronstädter Aufstandes von 1921 auf. Hatte nicht dieser Terror, die Anwendung von Gewalt gegenüber Andersdenkenden noch zu Zeiten Lenins und Trotzkis, einen Übergang zu einer repressiven Politik im Sowjetstaat bedeutet? Hatte nicht Trotzki bei der

Niederschlagung des Aufstandes eine wichtige Rolle gespielt? Worin war er also besser als Stalin?
In der Tat hat Trotzki in seinen Erinnerungen und den publizistischen Werken über den Bürgerkrieg den Kronstädter Aufstand nicht ausführlich beschrieben. In seinem Artikel »Noch einmal über die Niederwerfung Kronstadts« antwortete er nun folgendermaßen auf die Vorwürfe seiner Kritiker: »Souvarine, der sich vom schlaffen Marxisten zum triumphierenden Sykophanten gewandelt hat, behauptet in seinem Buch über Stalin, dass ich absichtlich über den Kronstädter Aufstand schwieg … In Wirklichkeit jedoch war ich persönlich in keiner Weise an der Niederschlagung des Kronstädter Aufstands und an den nachfolgenden Repressionen beteiligt … Was die Repressionen betrifft, so wurden sie, wenn ich mich richtig erinnere, unmittelbar von Dsershinski initiiert, der (mit Recht) keinerlei Einmischung in seine Funktion … duldete … Ich bin bereit einzugestehen, dass der Bürgerkrieg keine Schule der Humanität ist … Wer will, mag auf dieser Grundlage (in Artikelchen) die Revolution als Ganzes ablehnen. Ich lehne sie nicht ab. In diesem Sinne trage ich für die Niederschlagung des Kronstädter Aufstandes voll und ganz die Verantwortung.« (B. O., Nr. 70, S. 10.)
Trotzki wollte also nicht mehr wahrhaben, dass er einer der Organisatoren der grausamen Niederschlagung des Aufstandes vom März 1921 gewesen war. Um die Jahreswende 1937/38 schrieb er den etwa fünfzehn Seiten umfassenden Artikel »Rummel um Kronstadt«, der von Sborowski nach Moskau weitergeleitet wurde und sich heute im Archiv des KGB befindet. Hier setzt sich Trotzki vehement gegen die Angriffe seiner ehemaligen Freunde zur Wehr: »… Während der Revolutionsjahre hatten wir nicht wenige bewaffnete Auseinandersetzungen mit Kosaken, Bauern und auch mit bestimmten Gruppen von Arbeitern (der Gruppe der Ural-Arbeiter, die ein Freiwilligenregiment in der Armee Koltschaks aufbaute) … Der Kronstädter Aufstand ist nichts anderes als eine bewaffnete Reaktion des Kleinbürgertums auf die Schwierigkeiten der sozialistischen

Revolution und die Strenge der proletarischen Diktatur ... Sie wollen eine Revolution, die nicht zur Diktatur führt, und eine Diktatur, die ohne Zwang auskommt.«
Trotzki und Stalin waren erbitterte Gegner, beide jedoch blieben zeit ihres Lebens typische Bolschewiki, Verfechter von Gewalt, Diktatur und Zwang.

Natürlich litt Trotzki darunter, dass er von den weltpolitischen Ereignissen abgeschnitten war und immer mehr vereinsamte. Abgesehen davon aber war die Zeit, die er und seine Frau bei Diego Rivera verbrachten, beinahe idyllisch zu nennen. Nach knapp zwei Jahren kam es jedoch unerwartet zum Bruch. Der Streit zwischen ihnen entzündete sich an der Person des mexikanischen Präsidenten Cardenas. Trotzki hegte für diesen Mann ein Gefühl betonter Hochachtung, denn er war es, der ihm mutig in seinem Lande Asyl gewährte. Umso härter traf es ihn, als Rivera den Präsidenten in der Presse als »Handlanger des Moskauer Regimes« bezeichnete. Trotzki und sein Gastgeber bemühten sich, ihre wachsenden Meinungsverschiedenheiten beizulegen. Schließlich erklärte Trotzki, dass er sich nicht mehr in der Lage sähe, weiterhin die Gastfreundschaft des großen Künstlers in Anspruch zu nehmen.
Beinahe zur gleichen Zeit jedoch kam es in Trotzkis Privatleben zu einem Konflikt, den seine Biographen – mit Ausnahme I. Deutschers – stillschweigend übergehen.
Bei seiner Ankunft in Mexiko wurde Trotzki nicht nur von den Abgesandten des Präsidenten und seinen Anhängern begrüßt, sondern auch von einer sehr sympathischen Frau – der Malerin Frida Kahlo. Da sie Diego Riveras Freundin und Sekretärin war, begegnete sie ihm sehr häufig im »Blauen Haus« des Künstlers. Unerwartet entbrannte der sechsundfünfzigjährige Trotzki in heftiger Leidenschaft zu dieser klugen und bezaubernden Frau. Das war umso erstaunlicher, als Trotzki seiner Natur nach ein Puritaner war und es mit der ehelichen Treue sehr genau nahm. Doch obwohl er Natalja Iwanowna aufrichtig liebte, hätte er in

dieser Situation beinahe den Kopf verloren. Auf Vorschlag Diegos reiste Trotzki im Juli für drei Wochen auf das Landgut von Gomes Landeros, wo er sich ausruhte, ausritt, ein wenig schrieb und sich dem Fischfang widmete. Kurz nach seiner Abreise kam Frida für einen Tag zu ihm … Niemand weiß, was sich zwischen dem vom Leben gebeutelten alternden Revolutionär und der schönen jungen Frau zugetragen hat. Trotzkis Briefe an Frida Kahlo, die kürzlich von dem mexikanischen Journalisten Xaver Gusman Urbiola entdeckt wurden, scheinen von einem Jüngling zu stammen, der seine erste Liebe erlebt.
Diese Beziehung blieb Natalja und Diego nicht verborgen. Trotzkis Verstand reichte jedoch noch so weit, dass er es nicht zum Bruch mit Natalja kommen ließ und sich dem magischen Zauber entzog, den die Mexikanerin auf ihn ausgeübt hatte. Nach einer Aussprache zwischen ihm und seiner Frau versöhnten sich die Eheleute.
Es gelang ihm jedoch nicht, das Verhältnis zu Diego Rivera wieder einzurenken. Im Frühjahr 1939 erwarb Trotzki ein großes, aber ungemütliches und unförmiges Haus am Stadtrand von Coyoacan. Dieser Schritt aber stürzte ihn in große finanzielle Schwierigkeiten. Zwar schrieb er unermüdlich Artikel für zahlreiche Zeitungen, erhielt Vorschüsse für sein nicht vollendetes Buch »Stalin« und versuchte bei einigen Verlagen, seine alten Bücher neu aufzulegen. Doch er beschäftigte immerhin zwei bis drei Sekretäre, einen Leibwächter, eine Wirtschafterin und eine Schreibkraft. Angesichts seiner ständigen Geldknappheit war Trotzki genötigt, der Harvard University sein Archiv für die erstaunlich niedrige Summe von 15 000 Dollar zu überlassen. In diesem kritischen Moment halfen Trotzki seine Freunde, allen voran Albert Goldman, dem es zu verdanken war, dass der verfemte Revolutionär an seiner letzten Zufluchtsstätte mit den notwendigsten Dingen des täglichen Lebens versorgt war.
Nach dem Einzug wurden im Haus Sicherheitsvorkehrungen getroffen. Man baute einen Aussichtsturm und installierte im Haus eine Alarmanlage. Das Gebäude ähnelte nun einer Fes-

tung. Die Türen des Arbeitszimmers und des Schlafzimmers Trotzkis wurden mit Eisenblech beschlagen. Einige Polizisten bewachten das Gebäude rund um die Uhr; innerhalb des Hauses kümmerten sich die Sekretäre und der Leibwächter um Trotzkis Sicherheit. Alle Besucher wurden kontrolliert. Unbekannte Personen wurden nur in Begleitung des Leibwächters zu ihm vorgelassen. Denn nach wie vor wurde er von Journalisten und Anhängern aus verschiedenen Ländern aufgesucht. Über Sborowski hatte der sowjetische Geheimdienst erfahren, dass Trotzki »ganz versessen auf Besuche aus der Sowjetunion und aus Spanien ist« (Archiv des KGB). Diese Besonderheit versuchte man in Moskau zu berücksichtigen …

Die kleine Festung lebte ihr sorgenreiches Leben. Seit langem hatte man bemerkt, dass in der Nähe des Hauses immer häufiger unbekannte Personen auftauchten. Auf dem Nachbargrundstück begannen einige Männer einen Graben auszuheben. Bald jedoch begriff man in der Festung, dass dies nur Tarnung war, denn die Männer waren weitaus weniger mit Graben als mit Beobachten beschäftigt … Es bestand kein Zweifel daran, dass nach der Niederlage der spanischen Republik einige Mitarbeiter des NKWD von der Pyrenäenhalbinsel nach Mexiko geschickt worden waren.

Trotzki fühlte sich in seiner Festung wie ein Gefangener. Hin und wieder begab er sich aus seinem Arbeitszimmer in den Hof, um dort einige Schritte auf und ab zu gehen. Trotz der tödlichen Gefahr, in der er sich befand, fuhr Trotzki ab und zu frühmorgens mit einem oder zwei Begleitern 20 bis 30 Kilometer weit in die Natur hinaus. Vor Einbruch der Dunkelheit kehrten sie eilig wieder zurück. Manchmal, wenn die Umstände darauf hindeuteten, dass Gefahr im Verzug war, verließ Trotzki sein Haus und tauchte unter falschem Namen in einem der entlegenen Dörfer unter. Es existieren einige Briefe, die Trotzki von diesen Zufluchtsorten an Natalja geschrieben hat. Der Ton dieser Briefe an seine Frau ist sehr persönlich und zärtlich. Selten berührt Trotzki darin politische oder ideologische Fragen.

»… Während ich deinen Brief las, habe ich ein wenig geweint … Was du mir über unsere Vergangenheit sagtest, ist richtig, ich selbst habe es mir Hunderte von Malen gesagt. Ist es nicht grauenhaft, sich *jetzt* damit zu quälen, was vor mehr als zwanzig Jahren geschah?« (Houghton Library.)
Wie er Natalja anvertraute, schweiften seine Gedanken immer häufiger zurück in die Vergangenheit, zur Oktoberrevolution und zu seinem Panzerzug … Warum hatten er und Lenin damals nicht das Kainsmal auf Stalins Stirn erkannt? In den letzten anderthalb Jahren arbeitete er an einer politischen Biographie seines Todfeindes. Seine Briefe aus jener Zeit zeigen, wie sehr ihn das Porträt dieses Mannes beschäftigte, den er die Inkarnation des »Katzenjammers der russischen Revolution« nannte. Trotzki kam bei seinem Buch über Stalin nur schleppend voran. »Es ist unerträglich schwierig, gelassen über diesen Halunken zu schreiben«, beklagte er sich bei Natalja Iwanowna. In seinen Artikeln kommt neben Abscheu auch immer wieder Fassungslosigkeit über die Ungeheuerlichkeit des Stalinschen Regimes zum Ausdruck: »Die Methoden des Stalinismus stellen alles in den Schatten, führen jene Arten von Lüge, Grausamkeit und Hinterlist, die die politischen Abläufe in jeder Klassengesellschaft prägen, ad absurdum … Der Stalinismus ist ein Klumpen aus allen Missbildungen historischer Staaten, seine Unheil bringende Karikatur und widerwärtige Grimasse …« (B. O., Nr. 68/69, S. 13.)
In seinem Buch wollte Trotzki nicht nur Stalin als »Kain« brandmarken, sondern auch die Genese des Stalinismus als Erscheinung des »bürokratischen Absolutismus« aufzeigen. Doch es war ihm nicht beschieden, sein Werk zu vollenden: Er konnte lediglich elf Kapitel fertig stellen. In diesem Buch ist bei weitem nicht alles gelungen; es ist möglicherweise eines der schwächsten Werke Trotzkis. Besonders auffällig ist der völlige Mangel an Selbstkritik: Der vertriebene Revolutionär kann und will nicht über eigene Fehler sprechen. Er möchte nicht wahrhaben, dass er selbst Anteil an der Entstehung des Regimes hatte, das er nun

mit solcher Vehemenz verurteilte. Während er Stalins Terror brandmarkte, schien er seine eigenen alten Auffassungen über die Rolle der Gewalt beim revolutionären Umbau der Gesellschaft zu vergessen. Allerdings wies er mit einer gewissen Berechtigung darauf hin, dass die Bedingungen des Bürgerkriegs und die friedliche Phase der dreißiger Jahre kaum zu vergleichen seien.

Im März 1938 schrieb Trotzki an die Redaktion des »Bjulleten«: »Ich habe mich verpflichtet, innerhalb der nächsten achtzehn Monate ein Buch über Stalin zu schreiben und das Buch über Lenin zu vollenden. Meine gesamte Zeit wird zumindest in den nächsten Monaten dieser Arbeit gewidmet sein. Für das Buch über Stalin werde ich Ihre Hilfe benötigen. Übermorgen werde ich Ihnen eine Liste mit der gesamten Literatur zusenden, die ich zu Stalin besitze.«

Trotzki ahnte natürlich nicht, dass Mark Sborowski den Inhalt dieses Briefes weiterleiten würde. Man kann sich unschwer vorstellen, was in Stalin vorgegangen sein muss, als er erfuhr, dass in achtzehn Monaten aus der Feder Trotzkis ein Buch über ihn erscheinen sollte! Das durfte er nicht zulassen! Um die Jahreswende 1938/39 drängte Stalin immer energischer darauf, dass Trotzki endlich liquidiert würde.

Im Oktober 1939 reisten Alfred und Marguerite Rosmer zu Trotzki nach Mexiko und brachten endlich den Enkel Sewa zu seinen überglücklichen Großeltern. Der Junge, den das Schicksal aus Russland in die Türkei, nach Deutschland, Österreich, in die Schweiz, nach Frankreich und jetzt nach Mexiko verschlagen hatte, hatte Schwierigkeiten, seine neue Situation zu begreifen. Um ihn herum wechselten ständig die Bezugspersonen. Aus irgendeinem Grund versteckte man ihn. In der einen Schule lernte er Deutsch, in der anderen Französisch. Nach dem Tode Lew Sedows sprach niemand mehr Russisch mit ihm. Ständig gab es Streit zwischen verschiedenen Menschen, die darauf pochten, dass sie ein Anrecht auf ihn hatten. Die Tragödie der Sedows und der Trotzkis muss dem Jungen wie ein Kaleidoskop von Namen und Orten erschienen sein … Nun aber sollte die Gegenwart dieses Jungen die Einsamkeit des vertriebenen Revolutionärs lindern.

Die Illusionen der Internationale

Noch auf Prinkipo hatte Trotzki zunehmend die Hoffnung verloren, dass er jemals nach Moskau würde zurückkehren können. Ihm wurde klar, dass nun innerhalb der kommunistischen Bewegung eine Organisation geschaffen werden musste, die Stalin und dem Stalinismus die Stirn bieten könnte. Diese Organisation musste über ein klares Programm für den Kampf gegen die Bourgeoisie, den Reformismus und den Stalinismus verfügen.
Der Trotzkismus hat als politische und ideologische Strömung eine äußerst ungünstige Ausgangslage gewählt: Er stand nicht nur dem Kapitalismus, den bürgerlichen Parteien und Regierungen feindlich gegenüber, sondern auch all jenen, die nach Auffassung des Führers der Bewegung den Marxismus und Leninismus verraten hatten: also allen kommunistischen und Arbeiterparteien, die der II. Internationale angehörten und ihr Programm anerkannten.
Zu Beginn der dreißiger Jahre bildeten sich in einigen Ländern Europas sowie in Nord- und Südamerika Parteien und Gruppen, die die Ideen der »Marxisten-Leninisten« teilten und sich mit der zerschlagenen linken Opposition in der WKP(B) solidarisierten. Trotzki stand mit ihnen in einem regen Briefwechsel; Vertreter dieser Gruppen und Parteien suchten ihn auf. Bald jedoch musste er erkennen, dass allen diesen Parteien und Gruppen lediglich einige Dutzend, im besten Falle einige Hundert Personen angehörten.
Trotzki war unangenehm davon berührt, dass innerhalb dieser Parteien ständig Feindseligkeit herrschte und Spaltungen an der Tagesordnung waren.
Viele dieser Parteien setzten sich aus Personen zusammen, die aus kommunistischen und Arbeiterparteien vertrieben worden waren. Allerdings befanden sich in den Reihen der »Marxisten-Leninisten« auch nicht wenige Agenten der GPU, die alles andere als revolutionäre Ziele verfolgten. Daher findet man in den sowjetischen Archiven zahlreiche Fotokopien und Origi-

naltexte von Dokumenten der trotzkistischen Organisationen und des Internationalen Sekretariats der IV. Internationale. So war das NKWD über die Aktionen, Absichten und Konferenzen von Trotzkis Anhängern außerordentlich gut informiert. Dies erklärt, warum innerhalb kurzer Zeit Trotzkis Mitarbeiter Rudolf Klement und sein Sekretär Erwin Wolf ermordet wurden.

Trotzki konnte sich lange nicht zur endgültigen Konstituierung der IV. Internationale durchringen, obwohl es schon 1933 Pläne dazu gab. Als er sich endlich zu diesem Schritt entschloss, war das politische Klima wesentlich ungünstiger als in der ersten Hälfte der dreißiger Jahre. Die Zeit der Volksfronten war vorüber, und die Arbeiterbewegung war geschwächt. 1938, als in Paris der »Konstituierende Kongress« tagte, war die trotzkistische Bewegung sehr schwach. In der Sowjetunion wurden die letzten Anhänger Trotzkis erbarmungslos vernichtet oder in Lager gesperrt. In Deutschland und später auch in Österreich und der Tschechei bereitete Hitler Marxisten jeglicher Richtung das gleiche Schicksal.

Doch Trotzki glaubte noch immer, dass es möglich sei, wesentliche Veränderungen auf dem linken Flügel des internationalen Marxismus herbeizuführen. Er wollte »um die IV. Internationale all jene sammeln, die sie unterstützten, selbst wenn zwischen ihnen ernsthafte Meinungsverschiedenheiten existieren« (Zentrales Parteiarchiv).

Der »Konstituierende Kongress« war eine kleine konspirative Sitzung, zu der 21 Vertreter aus elf Ländern angereist waren. Er fand am 3. 9. 1938 in der Villa Alfred Rosmers bei Paris statt. Die Delegierten versammelten sich im großen Saal des Hauses und verabschiedeten fast ohne Erörterungen die vorbereiteten Dokumente. Der abwesende Trotzki wurde zum Ehrenvorsitzenden und zum Mitglied des Exekutivkomitees der neuen Internationale gewählt. Da man Provokationen vonseiten der französischen Rechtskräfte oder der OGPU befürchtete, hatte man in einer Informationsschrift Lausanne als Tagungsort angegeben.

Auf dem Kongress wurden programmatische Artikel von Trotzki verteilt: »Die Aufgaben der IV. Internationale«, »Es ist Zeit für eine internationale Offensive gegen den Stalinismus«, der »Appell« an die jungen Sozialisten und Kommunisten, in die Trotzki große Hoffnungen setzte. Bereits früher hatte er geschrieben, dass die IV. Internationale »die Internationale der Jugend« sein werde. Während des Kongresses wurde das Manifest »An die Werktätigen in der ganzen Welt« verabschiedet. In diesem Dokument hieß es, die IV. Internationale erkläre sich »mit Stolz zum Erben und Fortsetzer der Sache der Internationale von Marx«, der russischen Revolution und der Kommunistischen Internationale Lenins (B. O., Nr. 72, S. 4).

Während des Kongresses diskutierte man außerdem über aktuelle Fragen des Kampfes der Arbeiterklasse, die Situation in der UdSSR, die Position der IV. Internationale gegenüber dem drohenden Krieg. Die Delegierten verabschiedeten Resolutionen zum Krieg im Fernen Osten, zur Sowjetunion und zur internationalen Solidarität. In der Resolution zur Lage in der UdSSR hieß es: »Da die Gefahr wächst, dass alle Errungenschaften der Oktoberrevolution bedroht werden, ist der Aufruf zu einer neuen sozialen Revolution die Hauptaufgabe der russischen Sektion der IV. Internationale …«

Die konspirativen Vorsichtsmaßnahmen bei der Organisation des Kongresses waren zwecklos. Denn die sowjetische »Delegation« bestand aus einer einzigen Person … Mark Sborowski. Der sowjetische Agent berichtete nach Moskau: »Der ›Alte‹ hat angeordnet, dass ich in das Sekretariat aufgenommen werde und zu allen Sitzungen des Internationalen Sekretariats eingeladen werde.« (Archiv des KGB.)

An dem Kongress nahm auch eine Frau als Dolmetscherin teil, die ohne ihr Wissen indirekt eine sehr tragische Rolle im Leben Trotzkis spielen sollte: Sylvia Agelof. Mark Sborowski, der die trotzkistische Funktionärin aus dem Internationalen Sekretariat kannte, hatte den Auftrag erhalten, sie mit einem »jungen Mann« bekannt zu machen. Und auch hier hatte »Mak« erfolgreich gearbeitet: Nach dem Kongress wurde sie in der Nähe des Hauses der Rosmers von einem jungen Spanier erwartet, der sich Jacques Mornard nannte ... Er war, wie sich später herausstellte, nicht nur Sylvias Liebhaber ...

Trotzki hoffte in Mexiko, der Kongress würde die Geburtsstunde einer neuen starken politischen Macht sein. Wieder täuschte er sich: Die IV. Internationale erwies sich zwar als lebensfähig, doch sie blieb ohne Einfluss auf das politische Geschehen.

Gespannt wartete Trotzki am 3. und 4. September auf Nachrichten vom Kongress. Die bürgerliche Presse schwieg. Im Rundfunk kamen Meldungen über die Agonie der spanischen Republik. Am 5. September erhielt er endlich ein verschlüsseltes Telegramm: »Das Neugeborene verspricht ein Herkules zu werden.«

Voller Zuversicht erklärte Trotzki in einer amerikanischen Zeitung: »... Zehn Jahre benötigte die Kreml-Clique, um die bolschewistische Partei zu strangulieren und den ersten Arbeiterstaat in eine finstere Karikatur zu verwandeln. Zehn Jahre benötigte die Dritte Internationale, um ihr eigenes Programm in den Sumpf zu werfen und sich in einen stinkenden Leichnam zu verwandeln. Zehn Jahre! Lediglich zehn Jahre! Gestatten Sie, dass ich mit einer Voraussage schließe: Im Verlauf des nächsten Jahrzehnts wird das Programm der Vierten Internationale zum Leitstern von Millionen werden ...« (Archiv des KGB.)

Trotzki verfasste eine Reihe von Artikeln, in denen er sich kritisch mit der Kommunistischen Internationale Stalins auseinandersetzt. Ein Beitrag, der erst nach seinem Tod veröffentlicht werden konnte, trägt den Titel: »Komintern und GPU«. In diesem Artikel geht es um die Abhängigkeit der Komintern sowie der Führer und Funktionäre vieler kommunistischen Parteien von der finanziellen Unterstützung des ZK der WKP(B). Der gesamte Etat der Komintern, so Trotzki, stamme aus dem Budget des ZK oder der GPU (B. O., Nr. 86, S. 4–15). Diesen Artikel beendete der verfemte Revolutionär am 17. 8. 1940, vier Tage vor seiner Ermordung ...

Der Traum Trotzkis, eine große unabhängige Radiostation einzurichten, erfüllte sich nicht. Er konnte ihn nicht nur wegen technischer und finanzieller Schwierigkeiten nicht verwirklichen, sondern vor allem aus politischen Gründen. Kein Staat der Welt hätte Trotzki gestattet, von seinem Territorium aus in die UdSSR zu senden.
Ein halbes Jahr nach der Gründung der IV. Internationale beschloss er, nach langen Überlegungen, sich mit einem offenen Brief an die sowjetischen Arbeiter zu wenden. Er hoffte, dass es gelingen würde, einige Exemplare in die UdSSR einzuschleusen, wo man dann Abschriften des Textes illegal verbreiten konnte. Hier einige Auszüge aus diesem Dokument, das das Datum des 25. 4. 1940 trägt:

»Ihr werdet belogen!
Einen Gruß an die Arbeiter, Kolchosbauern, Rotarmisten und Angehörigen der Roten Flotte der UdSSR aus dem fernen Mexiko, wohin ich geriet, nachdem mich die Stalinsche Clique in die Türkei ausgewiesen hatte und die Bourgeoisie mich von einem Land ins andere jagte! … Jeden, der seine Stimme gegen die verhasste Bürokratie erhebt, nennen sie ›Trotzkisten‹, Agenten eines ausländischen Staates, Spion – gestern Spion Deutschlands, heute Spion Englands und Frankreichs … Zehntausende von revolutionären Kämpfern wurden ermordet … Stalin merzte die gesamte alte Garde des Bolschewismus aus, alle Mitarbeiter und Helfer Lenins, alle Kämpfer der Oktoberrevolution, alle Helden des Bürgerkriegs. Er wird für immer in die Geschichte eingehen unter dem verachtenswerten Namen Kains! … Von der Oktoberrevolution sind glücklicherweise die verstaatlichte Industrie und die kollektivierte Landwirtschaft geblieben … Gegen den imperialistischen Feind werden wir die UdSSR mit allen Kräften verteidigen … Ehrenhafte, hervorragende Revolutionäre haben im Ausland die Vierte Internationale gegründet, die bereits in den meisten Ländern der Welt ihre Sektionen hat … Wenn ich mich an dieser Arbeit beteilige, stehe ich unter

der gleichen Flagge, unter der ich zusammen mit euch und euren Vätern und älteren Brüdern im Jahre 1917 und in den Jahren des Bürgerkriegs gestanden habe; unter jener Flagge, unter der Lenin und ich den sowjetischen Staat und die Rote Armee aufbauten. Das Ziel der Vierten Internationale ist die Ausbreitung der Oktoberrevolution auf die gesamte Welt, gleichzeitig die Wiedergeburt der UdSSR und ihre Säuberung von der parasitären Bürokratie. Dies lässt sich nur durch einen Aufstand der Arbeiter, Bauern, Rotarmisten und Angehörigen der Roten Flotte gegen die neue Kaste von Unterdrückern und Parasiten erreichen. Für die Vorbereitung eines solchen Aufstandes ist eine neue Partei notwendig … Lernt, im Untergrund des Stalin-Regimes eng zusammengeschlossene und zuverlässige revolutionäre Zirkel zu bilden … Der jetzige Krieg … wird zu neuen revolutionären Explosionen führen.«

Der Brief endet mit dem Aufruf, die UdSSR als »Festung der Werktätigen« zu stärken, sich auf die »sozialistische Weltrevolution« vorzubereiten und den »Kain Stalin und seine Kamarilla« zu beseitigen (Trotzki, Dnewniki, S. 160–163). Dieser Appell wurde am 11. 5. 1940 in einer Zeitung veröffentlicht und bald auch Moskau bekannt. Dieses radikale Dokument zeugt von Trotzkis kompromissloser Bereitschaft, bis zum Ende zu gehen, aber auch von dem Ausmaß seiner Verzweiflung … Die Vorstellung, Stalin könne man durch illegale Arbeit oder gar einen Aufstand beseitigen, war völlig illusorisch. Und dies lag nicht nur an dem perfekt funktionierenden Apparat der Repressionen, sondern auch an der Unfähigkeit des verblendeten Volkes, das zu diesem Zeitpunkt nicht in der Lage war, seine Rechtlosigkeit und sein Sklavendasein bewusst wahrzunehmen.
Bereits früher hatte sich Trotzki Illusionen über den Einfluss seiner Arbeit auf das politische Klima in der UdSSR hingegeben. So wurde er nicht müde zu bekräftigen, dass die sowjetische Sektion die stärkste und einflussreichste in der IV. Internationale sei. Und das, obwohl auf dem Konstituierenden Kongress

nicht ein einziger Delegierter aus der Sowjetunion anwesend war, wenn man einmal von Stalins Agenten Mark Sborowski absieht … In seinem Artikel »Die sowjetische Sektion der Vierten Internationale«, den er im Jahre 1936, also noch vor der offiziellen Konstituierung der »Weltpartei«, verfasste, schrieb Trotzki: »Die Ideen der linken Opposition dringen in die UdSSR, insbesondere auch über unser ›Bjulleten‹.« (B. O., Nr. 48, S. 4.) Tatsache war jedoch, dass das »Bjulleten« nach 1933 lediglich in die Hände von Mitarbeitern der OGPU-NKWD geraten konnte.

Trotzki wollte die Kluft nicht sehen, die zwischen seinen märchenhaften Triumphen der Vergangenheit und seinem neuen kränkelnden und perspektivlosen Kind – der IV. Internationale – klaffte. Er wollte nicht wahrhaben, dass der revolutionäre Sturmwind der russischen Revolution nicht einfach durch 500 Exemplare des »Bjulleten« über die ganze Welt verbreitet werden konnte.

Allerdings muss an dieser Stelle noch einmal hervorgehoben werden, wie hohe illusorische politische Erwartungen und stupender politischer Scharfblick in Trotzkis Denken beieinander lagen. Derselbe Mann, der für die Schaffung einer neuen »Weltpartei« kämpfte, entlarvte zur gleichen Zeit jene politischen Kräfte, die den Krieg vorbereiteten.

Schon 1937 sagte er voraus, dass in zwei bis drei Jahren ein neuer Krieg ausbrechen werde, der Zweite Weltkrieg. Früher als viele Politiker erkannte er, dass die Machtübernahme der Faschisten in Deutschland früher oder später zum Krieg führen würde. In seinen ausgezeichneten Arbeiten – zu nennen wären unter anderem »Deutschland – der Schlüssel zur internationalen Lage« (1931), »Der einzige Weg« (1932), »Was ist der Nationalsozialismus?« (1933) – warnte er vor dem deutschen Faschismus.

Das wohl erstaunlichste Beispiel für Trotzkis politische Hellsicht ist sein im Sommer 1939 erschienener Artikel »Stalin – das Werkzeug Hitlers«. Hier kommt er zu dem Schluss, »dass die

Hauptaufgabe der Außenpolitik Stalins darin besteht, mit Hitler eine Übereinkunft zu erreichen ... Die allgemeinen Gründe für den Krieg«, bemerkt Trotzki richtig, »liegen in den unüberbrückbaren Widersprüchen des Weltimperialismus. Der unmittelbare Anstoß zur Eröffnung von Kampfhandlungen war der Abschluss des sowjetisch-deutschen Paktes ... Stalin fürchtet Hitler. Und er fürchtet ihn nicht zufällig. Die Armee ist enthauptet. Das ist keine Phrase, sondern eine tragische Tatsache. Woroschilow ist eine Fiktion. Seine Autorität ist künstlich durch totalitäre Propaganda geschaffen worden. In Schwindel erregender Höhe blieb er der, der er schon immer war: ein beschränkter Provinzieller ohne geistigen Horizont, ohne Bildung, ohne militärische Talente und sogar ohne die Fähigkeiten eines Administrators ... Der Pakt sichert Hitler die Nutzung der sowjetischen Rohstoffe ... Hitler führt militärische Operationen durch, Stalin tritt als sein Werkzeug auf ...« Trotzki geht davon aus, dass Deutschland im Herbst 1941 mit dem Angriff gegen die Sowjetunion beginnen werde. Es sei durchaus wahrscheinlich, dass einige Jahre nach der Okkupation Polens »Deutschland in die Sowjetunion einfällt ... Im Austausch für Polen überließ Hitler Moskau die Handlungsfreiheit gegenüber den baltischen Staaten. Ganz gleich, wie großartig diese ›Vorteile‹ sein mögen, sie besitzen bestenfalls konjunkturellen Charakter, und ihre einzige Garantie ist die Unterschrift Ribbentrops auf einem ›Fetzen Papier‹.« (B. O., Nr. 79–80, Aug.–Okt. 1939, S. 14–16.) Diese Prognosen machte Trotzki zwei Jahre vor dem deutschen Angriff auf die Sowjetunion!

Der vertriebene Revolutionär erkannte schon früh die Gefahr eines zweiten großen Krieges. Das einzige Mittel, um die Katastrophe abzuwenden, war für ihn eine neue Revolution. »Wenn sie sich nicht vor dem Krieg ereignen sollte, so wird der Krieg selbst die Revolution provozieren, die sowohl das stalinsche als auch das faschistische Regime hinwegfegen wird.« (B. O., 1937, Nr. 58/59, S. 5–17.)

Und auch noch nach dem Ausbruch des Zweiten Weltkriegs

schrieb Trotzki an einen seiner amerikanischen Anhänger: »In dieser furchtbaren Periode des zügellosen Weltchauvinismus … ist der einzige Weg zum Überleben der Menschheit der Weg der sozialistischen Revolution.« (Houghton Library.) Trotzki blickte weit in die Zukunft und lebte doch weiterhin in der Gedankenwelt einer für immer vergangenen Epoche.

Der Stiefsohn der Epoche

»Der aktivste der Revolutionäre erwies sich als überflüssig und unnötig für die revolutionäre Epoche. Das ist in der Tat das traurige Schicksal einer Persönlichkeit.«
N. Berdjajew

Die 43 Monate

Das Urteil war gesprochen. Es musste nur noch vollstreckt werden. Nach seiner Ausweisung aus Norwegen nach Mexiko erhielt Trotzki eine »Fristverlängerung« von 43 Monaten. Er war nicht von den stalinschen Gerichten zum Tode verurteilt worden, denn die Familie des Vertriebenen hatte bereits 1932 die Staatsbürgerschaft verloren. Und sogar Stalin konnte sich nicht durchringen, einen Menschen »offiziell« zum Tode verurteilen zu lassen, der kein Bürger der Sowjetunion war. Dennoch war Trotzkis Tod beschlossene Sache.

Trotzkis Brief an das Politbüro der WKP(B) vom April 1931, in dem er Maßnahmen zur Überwindung der Spaltung in der kommunistischen Bewegung Spaniens forderte, war keiner Antwort gewürdigt worden. Was der verfemte Revolutionär jedoch nicht wusste, war, dass die Mitglieder des Politbüros und schließlich auch Stalin selbst seinen Brief tatsächlich gelesen haben. Die Reaktion des Generalsekretärs sprach für sich:

»An Molotow, Kaganowitsch, Postyschew, Sergo [Ordshonikidse], Andrejew, Kujbyschew, Kalinin, Woroschilow, Rudsutak.
Ich meine, man müsste dem Herrn Trotzki, diesem Bandenführer und menschewistischen Scharlatan, über das EKKI eins über

den Schädel ziehen. Er soll wissen, wo er hingehört. J. Stalin.« (Zentrales Parteiarchiv.)
Darunter finden sich die servilen Anmerkungen der Politbüromitglieder: »Richtig. Ordsh.« – »Woroschilow« – »W. Kujbyschew«. Molotow ist weniger einsilbig: »Ich schlage vor, nicht zu antworten. Wenn Trotzki sich an die Presse wenden sollte, dann im Sinne des Vorschlags von Genosse Stalin antworten.« Was mag Molotow hier gemeint haben? Stalin hatte doch nichts anderes vorgeschlagen, als »eins über den Schädel ziehen …« Angesichts der Machtfülle, die Stalin zu jener Zeit in der Partei wie im Lande innehatte, kann man sicherlich davon ausgehen, dass dies eine faktische Anweisung zur physischen Vernichtung Trotzkis war. Und diese Anweisung wurde ausgeführt. Neun Jahre später sollte man Trotzki buchstäblich »eins über den Schädel ziehen«. Bereits Ende der zwanziger Jahre wurde dem Vorsitzenden der OGPU, Menshinski, eine spezielle Gruppe für besondere Operationen im Ausland unterstellt. Diese Gruppe liquidierte politische Gegner und organisierte terroristische Akte im Ausland. Die Teilnehmer dieser Operationen erhielten hohe Auszeichnungen und wurden rasch befördert. Schließlich wurden die Ausländische und die Geheime Politische Abteilung der GUGB des NKWD gegründet. Hier arbeiteten die höchsten sowjetischen Geheimdienstoffiziere, unter ihnen Subow, Serebrjanski, Sudoplatow, Slutzki, Kolesnikow, Eitingon, Spiegelglas und Fitin. Ihre Aufgabe war es, wichtige Informationen für die sowjetische Führung zu beschaffen.
Bis zum Krieg führte die Ausländische Abteilung der OGPU-NKWD direkt die Anweisungen der obersten Führung aus. So schrieb P. A. Sudoplatow in einem Brief vom 27. 6. 1989 an den Generalstaatsanwalt der UdSSR: »Während der mehr als dreißig Jahre meiner Arbeit beim Geheimdienst wurden alle Operationen, an denen ich teilnahm, nicht von Berija, sondern vom ZK der Partei veranlasst … Alle Berichte über die von mir durchgeführten Sonderoperationen werden in der allgemeinen

Abteilung des ZK der KPdSU aufbewahrt, einer von ihnen ist handschriftlich von mir auf einer Seite erstellt worden ...« Dabei handelt es sich um den Bericht über die Operation in Mexiko – die Liquidierung L. D. Trotzkis.

In einem anderen Brief an das Politbüro des ZK der KPdSU berichtet Sudoplatow, dass neben den sowjetischen Geheimdienstlern auch »Politemigranten aus der Komintern, die durch Dimitroff, Manuilski, Dolores Ibarruri vermittelt wurden«, in der Ausländischen Abteilung des NKWD arbeiteten. Auch D. P. Kolesnikow, ein ehemaliger Mitarbeiter dieser Abteilung, erklärt in einem Brief an das ZK der KPdSU, dass »hohe Funktionäre der Komintern angehörten« (Privatarchiv D. W.).

Wie die Erinnerungen Sudoplatows, Kolesnikows und ebenso Eitingons zeigen, bestand die Ausländische Abteilung nicht nur aus sowjetischen Geheimagenten, sondern auch aus Personen, die aus politischen und ideellen Gründen in die UdSSR emigriert waren und für geheimdienstliche Tätigkeiten von den Führern der Komintern empfohlen worden waren.

Mit Hilfe dieser Abteilung versuchten nun Menshinski und Jagoda, Stalins Anweisung durchzuführen und Trotzki bereits auf Prinkipo zu liquidieren. Zu diesem Zweck wurden über die Presseorgane unter kommunistischem Einfluss Gerüchte verbreitet, emigrierte Weißgardisten planten ein Attentat auf Trotzki. Diese Kampagne dürfte zwei Ziele verfolgt haben: Einerseits wollte man die Weißgardisten tatsächlich zu einem solchen Schritt provozieren, andererseits schufen die sowjetischen Agenten damit gleichzeitig ein »Alibi« für sich selbst. Doch als die Vorbereitungen für einen Anschlag die letzte Phase erreicht hatten, übersiedelte der verfemte Revolutionär nach Frankreich. Als Trotzki französischen Boden betrat, musste er wissen, dass die OGPU hier ungleich viel mehr Möglichkeiten hatte als in der Türkei. Die NKWD-Leute fanden rasch seinen Aufenthaltsort heraus. Trotzki bemerkte dies bald und wechselte ständig den Wohnort. Doch dank Sborowski gelang es ihm nie, für längere Zeit »unterzutauchen«.

Wie ich aus einer Reihe von Dokumenten schließen konnte, hat der sowjetische Spion Sergej Michailowitsch Spiegelglas im Juli 1935 einen mündlichen Befehl von Jagoda erhalten, »die Liquidation Trotzkis zu beschleunigen«. Spiegelglas, ein erfahrener Spion und einer der Leiter der Ausländischen Abteilung des NKWD, setzte die gesamte Agentur in Frankreich in Bewegung, um den »allerhöchsten« Befehl ausführen zu können. Trotzki jedoch war sehr vorsichtig. Immerhin wurde er mindestens zweimal durch NKWD-»Deserteure« vor der »Jagd« des Geheimdienstes gegen ihn gewarnt. Auffällig ist jedenfalls, dass Trotzki zu jener Zeit kaum öffentlich auftrat, Begegnungen mit Journalisten aus dem Weg ging, ständig den Wohnort wechselte und sogar sein Äußeres veränderte.
Die Agenten von Spiegelglas nahmen immer wieder Trotzkis Spur auf, beobachteten ihn, bestimmten einen günstigen Zeitpunkt für die »Operation«, doch … Trotzki verschwand immer wieder aufs Neue. In Moskau begann man ungeduldig zu werden. Als im Juni 1935 klar wurde, dass Trotzki nach Norwegen umgesiedelt war, rief man Spiegelglas nach Moskau zurück. Zu jener Zeit hatte sich das Klima im Lande bereits gewaltig verändert. Auf dem Februar-März-Plenum des ZK im Jahre 1937 warf Stalin den Sonderdiensten Schwäche und Unentschlossenheit vor. In dem Beschluss des ZK-Plenums wurde gefordert, die »Entlarvung und Ausschaltung der trotzkistischen und anderen Agenten zu Ende zu bringen, um so auch die geringsten Auswirkungen ihrer antisowjetischen Arbeit zu unterbinden«. Es wurde vorgeschlagen »die Kader der GUGB des NKWD mit neuen Leuten zu verstärken«. Jagoda, dem es nicht gelungen war, den Wunsch Stalins zu erfüllen und Trotzki noch in Frankreich zu beseitigen, wurde bald darauf verhaftet und ein Jahr später erschossen. Das war ein Signal: Stalin verzieh es niemandem, wenn er nicht in der Lage war, seine Anweisungen auszuführen. Spiegelglas konnte als Stellvertetender Leiter der 7. Abteilung der GUGB des NKWD noch eine Zeit lang Informationen und Dokumente auswerten, die Sborowski nach Mos-

kau schickte, aber auch er war bereits in Ungnade gefallen und teilte schließlich Jagodas Schicksal. Sudoplatow, der Spiegelglas persönlich kannte, erklärte zu seinem Schicksal: »Er hatte seine Aufgabe, Trotzki zu liquidieren, nicht erfüllt. Damals war so etwas unverzeihlich.«

Da Trotzki sich in Norwegen nur kurz aufhielt, blieb hier nicht viel Zeit für die Vorbereitung eines Anschlags. Doch für Stalin wurde der Wunsch, Trotzki zu beseitigen, immer mehr zu einer fixen Idee – besonders nachdem Stalin Ende 1936 erfahren hatte, dass Trotzki die Herausgabe seines Buches »Die verratene Revolution« vorbereitete. Außerdem wusste der Generalsekretär, dass Trotzki in »allernächster Zeit« ein spezielles Buch über ihn, Stalin, schreiben wollte. Stalin hatte sich bereits so sehr daran gewöhnt, wie ein Gott verehrt zu werden, dass er Kritik an seiner Person nicht mehr ertragen konnte – selbst wenn sie aus Westeuropa oder dem fernen Mexiko an sein Ohr drang. Trotzkis Polemik gegen ihn verletzte Stalins Eitelkeit; die Aufrufe zur »politischen Revolution in der UdSSR« jagten ihm Furcht ein.

Nach dem Tod Sedows musste die Geheime Politische Abteilung die Frage der weiteren Arbeit Sborowskis klären. Im April 1938 reist ein Geheimdienstfunktionär von Moskau nach Paris, um dieses Problem vor Ort zu lösen. Als Erstes schickte der »Inspektor« mit dem Decknamen »West« ein Chiffre-Telegramm nach Moskau, in dem er berichtete, dass die Lage für »Tjulpan« (Sborowski) nach dem Tode des »Söhnchens« schwierig geworden sei. Die größte Gefahr gehe von der »Nachbarin« aus, doch »Tjulpan« unterschätze sie. »Zu alledem ist er von Natur aus sehr faul.« – »West« schlug der Zentrale in Moskau vor, Sborowski weiterhin mit der »Arbeit beim – ›Bjulleten Opposizii‹« und bei der »russischen Sektion der Vierten Internationale« zu betrauen. Das wichtigste Ziel der Geheimen Politischen Abteilung war es jedoch, ihren Agenten näher an Trotzki »heranzurücken« (Archiv des KGB). »Wests« Vorschläge wurden in Moskau akzeptiert, und sogleich erschienen aus Spanien und aus der Sowjetunion angebliche »Trotzkisten« in Mexiko, die bereit waren, jeden Befehl auszuführen. Während Trotzki schrieb und allmählich Frida Kahlo vergaß, zogen sich finstere Wolken über ihm zusammen.

Anfang 1939 berief Stalin eine Beratung in engem Kreise ein, die sich mit einer Frage beschäftigte: Wie konnte man Trotzkis Liquidierung beschleunigen? In Europa roch es nach Krieg, das Land war darauf nicht vorbereitet, und Stalin erhielt täglich Mitteilungen und Berichte über neue Erklärungen, Voraussagen und Appelle Trotzkis.

In einem Artikel jener Zeit wirft der verfemte Revolutionär Stalin, Mechlis und Jeshow vor, sie hätten die Armee zerstört und damit im heranrückenden Krieg eine Niederlage vorprogrammiert. Und er fährt fort: »Die Verteidigung des Landes lässt sich nur dann gewährleisten, wenn die autokratische Clique von Saboteuren und Defätisten zerschlagen wird. Die Losung des sowjetischen Patriotismus lautet: ›Nieder mit den totalitären Defätisten. Fort mit Stalin und seiner Opritschnina!‹«

Der Kreml-Führer hatte endgültig genug. Er hatte es satt zu warten, bis es einem von seinen Menshinskis, Jagodas und schließlich Jeshows endlich gelang, Trotzki zu beseitigen. Mittlerweile hatte Stalin wieder einen neuen Leiter für das NKWD: L. P. Berija. Im März 1939 ließ Stalin den Kommissar für Staatssicherheit III. Ranges, P. A. Sudoplatow, zu sich kommen.

Sudoplatow schilderte seine Begegnung folgendermaßen: Nach einer knappen Begrüßung habe Stalin Sudoplatow einen Stuhl angeboten und sei selbst in seinem riesigen Arbeitszimmer auf- und abgegangen. Schließlich begann er über Trotzki und seine Anhänger zu sprechen. »Sie kennen natürlich das Material der Prozesse. Dort wurde überzeugend genug die Arbeit der trotzkistischen Banditen aufgedeckt. Sie haben die Strafe erhalten, die sie verdienten. Aber der Hauptdrahtzieher der Terroristen setzt sein finsteres Werk fort. Dieser Faschistenknecht muss liquidiert werden. Ohne lange Verzögerungen. Ich denke, dass Sie damit fertig werden. Hierzu müsste man mit zuverlässigen Leuten nach Mexiko fahren. Sind Sie bereit?« Sudoplatow erwiderte, dass die Mitarbeiter der Aus-

ländischen Abteilung alles Notwendige veranlassen würden, um Stalins Anweisungen zu erfüllen. Nebenbei erwähnte er jedoch, dass er persönlich sich in Mexiko nicht auskenne und kein Spanisch spreche.
»Und was ist mit Eitingon?«, fragte Stalin. »Nehmen Sie, wen Sie wollen. Sparen Sie nicht an Mitteln. Ziehen Sie auch vor Ort Kräfte heran. Durchdenken Sie alles sorgfältig, und berichten Sie mir. Auf Wiedersehen …«
Bald darauf erschien Sudoplatow noch einmal bei Stalin und berichtete über die möglichen Varianten der Operation, die Naum Isaakowitsch Eitingon leiten sollte. Dieser Agent war seit 1919 Mitglied der Partei und beherrschte neben Spanisch noch vier weitere Sprachen. Sudoplatow berichtete, dass er sich in Spanien bewährt habe und zuverlässig, findig und hart sei.
Zum Abschluss der Unterredung unterstrich Stalin, die Liquidation Trotzkis sei ein Auftrag des ZK …

Wer war dieser Agent, der sich so hoher Wertschätzung bei seinen Vorgesetzten erfreute, dass man ihn für den »Auftrag« in Mexiko auswählte? In einem Brief, den Eitingon im September 1963 aus dem Wladimirski-Gefängnis Nr. 2 an Nikita Chruschtschow richtete, beschreibt er seine Laufbahn wie folgt: »Von 1925, nachdem ich die Frunse-Akademie absolviert hatte, bis zum Beginn des Vaterländischen Krieges befand ich mich im Ausland als …« – deutlicher wollte Eitingon in einem Brief offenbar nicht werden. »Die Arbeit wurde in Amerika durchgeführt. Das ZK war mit dieser Arbeit zufrieden. Mir wurde offiziell im Namen des Organs mitgeteilt, dass man mit der von mir durchgeführten Arbeit zufrieden sei, dass man mich niemals vergessen werde … Ich wurde mit dem Lenin-Orden ausgezeichnet … Das ist jedoch nur ein Teil der Arbeit, die auf Weisung der Partei durchgeführt wurde … Persönliche Weisungen des ehemaligen Volkskommissars [Berija] führten wir in keinem einzigen Falle durch …« (Privatarchiv D. W.)

Der Sohn des Geheimdienstfunktionärs, Professor Wladimir Naumowitsch Eitingon, sagte in einem Gespräch zu mir: »Mein Vater war sehr begabt. Als Chemiker oder Physiker wäre er sicher Akademiemitglied geworden, auf jedem Gebiet hätte er herausragende Erfolge erzielt. Selbständig erlernte er vier Sprachen: Französisch, Englisch, Deutsch und Spanisch. Er war der Idee ergeben und glaubte, dass die Sache, der er diente, eines Tages triumphierend die hohen Ziele erreichen werde. Das Leben betrog nicht nur Naum Eitingon, der siebzehn Jahre illegale Arbeit im Ausland durchführte, zwölf Jahre im sowjetischen Gefängnis verbrachte, lange Zeit in den Partisanenabteilungen des Großen Vaterländischen Krieges wirkte. Er ist ein Opfer des Systems.«
Ich denke, dass der junge Eitingon recht hat. Über seinen Vater muss noch gesagt werden, dass er zusammen mit anderen Geheimdienstlern nach dem Krieg für unsere Atomphysiker wertvolle Arbeit bei der Lösung des »Problems Nr. 1«, wie man es damals nannte, leistete. Mit Hilfe des Geheimdienstes gelang es, einige Fehler der Amerikaner bei der Entwicklung der Atombombe zu vermeiden … Ich erwähne das alles nicht, um Eitingon zu entschuldigen, sondern um der Wahrheit näher zu kommen.
Sudoplatow blieb in Moskau, um »die Koordination zu sichern«, während Eitingon sich mit einer großen Gruppe von Geheimagenten nach Mexiko begab. Die meisten von ihnen waren in Spanien gewesen. Zu der Gruppe gehörten die Spanier Martines, Alvares und Chimenes sowie die Tschekisten Rabinowitsch, Griguiewitsch und andere »Lateinamerika-Spezialisten«. Dem mexikanischen »Kommando« sollte auch Sborowski angehören, aber als »Tjulpan« den amerikanischen Kontinent erreichte, war Trotzki bereits tot … Später zog sich Sborowski von der Geheimdiensttätigkeit zurück und widmete sich der Wissenschaft. 1952 veröffentlichte er zusammen mit Margaret Mead ein ethnologisches Werk über die Kultur der Juden in Osteuropa. 1956 wurde er wegen Spionageverdachts verhaftet,

aber bald darauf wieder freigelassen. Doch 1962 wurde er erneut verhaftet und zu vier Jahren Gefängnis verurteilt. Später verfasste er noch ein weiteres anthropologisches Buch. Über seine Geheimdiensttätigkeit schrieb er jedoch nichts. Dabei hätte er viel zu erzählen gehabt … Als Flüchtlinge aus Spanien getarnt, trafen in der mexikanischen Hauptstadt immer mehr Personen ein, die an der Vorbereitung der Operation beteiligt waren. Zunächst wurde auf Weisung der Komintern-Führung in Mexiko eine Kampagne eingeleitet, die die Ausweisung Trotzkis forderte. Die kommunistische Partei veröffentlichte eine Reihe von Materialien über Trotzkis »Verrat an der Sache der Arbeiterklasse«, über seine Verbindungen mit deutschen und englischen Geheimdiensten, über seine Beteiligung an der Vorbereitung von Attentaten auf die sowjetischen Führer. In den Straßen von Mexikos Hauptstadt warnten Plakate vor dem vertriebenen Revolutionär, der in Mexiko angeblich einen faschistischen Umsturz vorbereite … Im Grunde wurden hier nur die ungeheuerlichen Behauptungen der Moskauer Prozesse wiederholt.
Gleichzeitig suchte der NKWD in Moskau weitere »Belege« für Trotzkis angebliche »Spionagetätigkeit«. Ende 1938 ging ein streng geheimer Bericht mit der Unterschrift von Jeshow und Berija ans Politbüro, in dem neue »Beweise« vorgelegt wurden, dass Trotzki bereits vor der Oktoberrevolution mit dem deutschen Geheimdienst kollaboriert habe (Zentrales Armeearchiv). Doch dieses »Dokument« war eine derart offenkundige Fälschung, dass es keine weitere Beachtung fand.
Trotzki und seine Frau fühlten, dass sich das Netz immer fester um sie zusammenzog. Immer häufiger beobachteten die Wachen und die Sekretäre unbekannte Personen und Fahrzeuge, die sich in der Umgebung der Villa aufhielten. Jeder, der die Villa betrat oder verließ, wurde observiert. Auf Trotzkis Ersuchen verstärkten die Behörden seinen Polizeischutz. Zu jener Zeit erhielt er den fingierten Brief, durch den ihn der »desertierte« Geheimdienstoffizier Orlow vor der drohenden Gefahr und vor Sborowski warnte.

Auf Trotzkis Initiative wurde in der Presse der Artikel »Trotzkis Leben in Gefahr« veröffentlicht. Darin wurde unter anderem berichtet, dass in Coyoacan bereits »ein Attentatsversuch auf den Genossen Trotzki durchgeführt wurde. Getarnt als Bote, der ein Geschenk überreichen sollte, versuchte eine verdächtige Person, ins Haus vorzudringen. Der Versuch scheiterte, weil sein Verhalten verdächtig war. Er nutzte die Gelegenheit, versteckte sich und hinterließ in der Nähe ein Paket mit Sprengstoff …« (B. O., 1938, Nr. 66–67, S. 32.) In dem Artikel wurden auch Namen von Stalin- Agenten genannt, die aus Spanien nach Mexiko gekommen seien. Einige Namen stimmten sogar. Doch weder Sudoplatow noch Eitingon, Mercader, Grigulewitsch oder andere entscheidende Personen wurden genannt. Diese Agenten hatten allerdings immer unter verschiedenen Namen gearbeitet.
Wie in Moskau beschlossen, bereitete Naum Eitingon die Operation zweigleisig vor: mit Unterstützung von Mitgliedern der kommunistischen Partei Mexikos und mit einem Einzelkämpfer. David Alfaro Siqueiros, der bekannte mexikanische Künstler, hat sich ausführlich über die Motive und Absichten seiner Komplizen geäußert, die das »Stabsquartier Trotzkis in Mexiko« vernichten wollten. Doch er verschweigt einen wichtigen Teil der Wahrheit, indem er die Rolle des sowjetischen Geheimdienstes und der kommunistischen Partei Mexikos bei der Operation unerwähnt lässt. Vielmehr versucht er, den Anschlag als »spontane« Aktion von internationalistisch gesinnten Mexikanern darzustellen, die in Spanien gekämpft hatten und sich nun an Trotzki für die Taten der POUM rächen wollten, da diese nach Meinung Siqueiros' zu einer Spaltung der Republikaner geführt hätten. Es fällt schwer, seiner Behauptung Glauben zu schenken, das Ziel der Gruppe habe lediglich darin bestanden, möglichst alle Dokumente an sich zu nehmen, aber Blutvergießen zu vermeiden. Griffen sie deshalb zum Maschinengewehr? Ich denke, diese Version wurde der Öffentlichkeit präsentiert, um die Beteiligung Moskaus an dieser grausamen Aktion zu vertuschen.

Siqueiros, der in Spanien als Oberstleutnant die 82. Brigade kommandiert hatte, stellte die »Kampfgruppe« für den terroristischen Anschlag zusammen. Unter der Leitung Eitingons, den die Mitglieder der Gruppe jedoch nie zu Gesicht bekamen, wurde die Operation vorbereitet. Alles war genauestens geplant: die Ausschaltung der Polizisten, die das Haus bewachten, die Entwaffnung der Wachen, die sich innerhalb des Hauses befanden, die Unterbrechung der Telefonverbindungen, die Liquidierung Trotzkis und die Vernichtung seiner Papiere durch ein Feuer. Aber wie so häufig sollte auch hier der Zufall eine entscheidende Rolle spielen …

Am 1. Mai sah man auf den Plätzen Mexikos Tausende von Werktätigen mit Plakaten und Losungen, die nicht nur zur Klassensolidarität der Unterdrückten aufriefen, sondern auch den Präsidenten aufforderten, Trotzki unverzüglich des Landes zu verweisen. Trotzki war zwar mittlerweile Verunglimpfungen gewohnt, aber in seinem Innern war er zutiefst getroffen.

Den ganzen Mai über arbeitete er fieberhaft an dem Stalin-Buch, verfasste die Artikel »Die Rolle des Kreml in der europäischen Katastrophe«, »Bonapartismus, Faschismus, Krieg« und beantwortete Briefe. Vor dem Anschlag schrieb er auch an Sara Weber, die sich um die Herausgabe des »Bjulleten« in den USA bemühte. In seinem Schreiben meinte er, es lohne sich nicht, wegen Geldmangels zu verzagen. »Wir werden die Ausgabe veröffentlichen, wenn Geld da ist.« (Houghton Library.)

Mitte Mai wagte er es einige Male, seine »Festung« für ein bis zwei Stunden in Begleitung einiger Leibwächter zu verlassen. Einer seiner Mitarbeiter, der nur »K. M.« genannt werden möchte, berichtete später darüber: »In der Regel war jeder Spaziergang eine mittlere militärische Expedition. Es musste alles im Voraus geplant und genau vorbereitet werden. ›Sie behandeln mich wie einen leblosen Gegenstand‹, sagte er [Trotzki] manchmal, wobei er seine Ungeduld hinter einem Lächeln verbarg.«

In jener warmen Nacht vom 23. auf den 24. Mai drang bis 2.30 Uhr Licht durch das halbgeschlossene Panzerglasfenster von Trotzkis Arbeitszimmer. Seine Frau und der Enkel Sewa schliefen schon längst. Trotzki konnte lange nicht einschlafen; schließlich nahm er ein Mittel.

Über das, was dann geschah, erzählt meiner Meinung nach am eindrucksvollsten Natalja Iwanowna in ihrem wenig bekannten Buch »Leben und Sterben Lew Trotzkis«. Die Schlafenden wurden gegen 4 Uhr morgens von Schüssen um das Haus geweckt. »Wir spürten, wie Betonsplitter aus den Mauern brachen. Das Zimmer füllte sich mit Staub und Asche. Durch das offene Fenster flogen immer wieder Kugeln«, berichtet Natalja Iwanowna. Nachdem sie ihren Mann vom Bett in eine Ecke gestoßen hatte, bedeckte sie ihn mit ihrem Körper. Das Schießen dauerte noch zwanzig Minuten lang an. Plötzlich ertönte ein furchtbarer, ohrenbetäubender Schrei des erschrockenen Enkels: »Großvater!« Trotzki und seine Frau erstarrten vor Schreck. »Der Schrei des Jungen«, so erinnerte sich Trotzki später, »das war der schlimmste Augenblick in jener Nacht.« Als endlich Stille einkehrte, flüsterte Trotzki: »Sie haben ihn entführt ... Sie haben ihn entführt ...« Sogleich machten sich Trotzki und Natalja auf die Suche nach dem Enkel. Glücklicherweise fanden sie ihn nahezu unverletzt. Die Rosmers, die gerade als Gäste in Trotzkis Haus weilten, waren völlig verstört. Die Wachen redeten aufgeregt durcheinander, während sie Trotzki zu erklären versuchten, wie sich alles zugetragen hatte.

Mehr als zwanzig Personen in Polizei- und Armeeuniformen waren vorgefahren und hatten blitzschnell die Wachen entwaffnet. Robert Sheldon Harte, einer der Wächter, hatte auf Verlangen des »Majors« sogleich die Tore geöffnet. Anschließend entwaffneten die Eindringlinge auch die anderen Wachen und eröffneten das Feuer auf die Fenster und Türen von Trotzkis Arbeitszimmer und Schlafzimmer.

Sie waren sogar mit einem Maschinengewehr ausgerüstet, das sie direkt auf das Schlafzimmerfenster richteten. Doch die Stelle in der Ecke unterhalb des Fensters, an der Natalja und Trotz-

ki sich niedergeworfen hatten, lag in einem toten Winkel. Das Schicksal war ihnen noch einmal gnädig gewesen.
Das von den Eindringlingen gelegte Feuer konnte gelöscht werden, die Archive blieben unversehrt. Die Bombe, die Siqueiros' Leute auf das Haus geworfen hatten, explodierte nicht.
Am selben Morgen wurde Stalin mitgeteilt: »Operation durchgeführt. Resultate werden sich später herausstellen.«
Die mexikanischen Geheimpolizisten, die bald darauf in Trotzkis Haus erschienen, stellten voller Erstaunen fest, dass auf das Schlafzimmer 200 Kugeln abgefeuert worden waren. Da dennoch niemand zu Schaden gekommen war, wurde in der Presse die Vermutung angestellt, Trotzki habe den Anschlag selbst organisiert, um auf diese Weise Stalin in den Augen der Weltöffentlichkeit zu kompromittieren. Daraufhin schrieb Trotzki einen Brief an den mexikanischen Präsidenten, in dem er seine Überzeugung bekräftigte, dass die GPU den Anschlag organisiert habe, und sich gegen die »schändliche Hypothese des selbstorganisierten Anschlags« verwahrte. Dieser Brief zeigte Wirkung – umso mehr, als unweit von Trotzkis Haus die Leiche des Wächters Harte gefunden worden war. Die Umstände seines Todes sind allerdings immer noch ungeklärt. Da Harte ohne Widerstand die Tore der »Festung« geöffnet hatte, erhebt sich natürlich die Frage, ob er mit den Angreifern zusammenarbeitete. Trotzki war allerdings fest davon überzeugt, dass der Wächter kein Verräter gewesen war und ließ eine Tafel mit dem Namen des Toten an der Schutzmauer des Hauses anbringen.
Auch von Sudoplatow erhielt ich keine Auskünfte, die Licht in diese Angelegenheit gebracht hätten. Er berichtete mir lediglich, dass im Hause Trotzkis »eine Frau von uns« gewesen sei, deren Hilfe sich als sehr wichtig erwiesen habe. Laut Sudoplatow nahm diese Tschekistin, die in den achtziger Jahren in Moskau starb, auch an anderen Operationen teil. Ihren Namen wollte er mir jedoch nicht nennen.
An dieser Stelle muss noch erwähnt werden, dass nach Ansicht britischer Anhänger Trotzkis auch das FBI an der Ermordung

Trotzkis beteiligt gewesen ist. Im zweibändigen »Gelfand Case« (der eine große Auswahl an Gerichtsmaterialien, Briefen, Stenogrammen, Verhören und Zeugenaussagen enthält) wird bestätigt, dass das NKWD indirekt mit dem FBI zusammengearbeitet hat. Offensichtlich arbeiteten einige sowjetische Agenten, die an der Operation zur Ermordung Trotzkis teilnahmen, nicht nur für das NKWD. Im Mai 1975 begann das Internationale Komitee der Vierten Internationale, diesen Umstand zu untersuchen. Im »Gelfand Case« wird behauptet, dass Joseph Hansen, der ehemalige Sekretär Trotzkis, Sylvia Franklin, die sowohl für das NKWD wie das FBI gearbeitet haben soll, unterstützt habe (The Gelfand Case II, S. 256).

Nun kehrte wieder Ruhe in Trotzkis »Festung« ein. Denn nach dem Anschlag war allen klar, dass Stalin nun fest entschlossen war, Trotzkis Leben ein Ende zu setzen. Die Freunde, die Mitarbeiter und Anhänger des Führers der Vierten Internationale versuchten, alle nur erdenklichen Maßnahmen für Trotzkis Schutz zu ergreifen. Man schlug ihm vor, in Frankreich oder in einer der lateinamerikanischen Hauptstädte unterzutauchen. Doch Trotzki lehnte ab. Er erklärte, er sei es leid, auf der Flucht vor den Moskauer Agenten von Land zu Land zu irren. Vor allem aber könne er nicht schweigen. Und wenn er, wie bisher, fortfahren würde, Stalin zu entlarven, würden ihn seine Verfolger rasch aufspüren. Überall. Nein, er wollte sich nicht mehr verstecken.

20. August 1940

Die Mitteilung über das Misslingen des Anschlags versetzte Stalin in Wut. Berija musste einige Zornesausbrüche über sich ergehen lassen, und die Organisatoren der Operation wussten, dass ihnen leicht dasselbe Schicksal widerfahren konnte wie Spiegelglas ... Siqueiros tauchte nach dem gescheiterten Anschlag unter; später verbrachte er lange Zeit im Gefängnis und in der Verbannung. Doch er besaß den Mut, um nach Jahren zu sagen: »Meine Beteiligung an dem Überfall auf das Haus Trotzkis am 24. Mai 1940 war ein Verbrechen.« Das selbstverständlich konnten jene, die den »Auftrag« des ZK erfolgreich zu Ende führten, niemals eingestehen. Sogar heute noch behaupten sie, sie wüssten nichts über diese Angelegenheit. Über die Art und Weise, wie ich an die Dokumente zu dieser »Angelegenheit« gelangte, könnte man ein ganzes Buch schreiben. Meine Recherchen über die Hintergründe der Liquidierung Trotzkis waren mit größten Anstrengungen verbunden, und in einigen Fällen kann ich bei meinen Angaben die Quellen nicht nennen, da ich sie inoffiziell erhielt.

Ramon Mercader, in den nun Eitingon nach dem Scheitern der hervorragend vorbereiteten Operation vom 24. Mai all seine Hoffnung setzte, berichtete später, dass man ihm aufgetragen habe, »die Hinrichtung zu vollstrecken«. Man habe ihm klargemacht, dass er lediglich »ein rechtmäßiges Urteil vollstrecke«, das in Moskau ausgesprochen worden war. Durch diese Tat werde er als Held in die Geschichte des Sozialismus eingehen. Mercader hatte bereits in Spanien erlebt, wie Ungehorsam bestraft wurde: Ein bekannter Republikaner, den man während der Ereignisse in Katalonien verdächtigt hat, mit der POUM in Verbindung zu stehen, war bald darauf spurlos verschwunden. Dies, so gab man Mercader zu verstehen, sei das Gesetz der Revolution: »Verräter« würden beseitigt.

Während Eitingon sich nun ganz auf die »Einzeltäter-Variante« konzentrierte, normalisierte sich das Leben in der kleinen »Fes-

tung« wieder. Mit der Hilfe von Freunden wurden die Sicherheitsmaßnahmen verstärkt.
Kurze Zeit nach dem Attentat reisten die Rosmers nach Paris zurück. Sie wussten nicht, dass sie Trotzki nie wieder sehen würden.
Trotzki sah Anlass zu erhöhter Wachsamkeit. Zumindest aber in einer Hinsicht war Trotzki beruhigt: Orlows anonyme Warnung vor einem potentiellen Mörder in seiner Umgebung hatte sich nicht bewahrheitet, denn der Überfall war von »außen« und nicht von »innen« durchgeführt worden. Trotzki verließ nun seine Festung gar nicht mehr und vermied Kontakte zu Unbekannten.
Aber Eitingon hatte dennoch eine Möglichkeit gefunden, »seinen Mann« in Trotzkis Haus einzuschleusen.

Nachdem Mercader mit einem belgischen Pass auf den Namen Jacques Mornard aus Spanien nach Frankreich gekommen war, hatte er dort mit Hilfe Sborowskis Sylvia Agelof-Maslow kennengelernt. Die achtundzwanzigjährige Frau war aktives Mitglied einer der amerikanischen Organisationen der »Marxisten-Leninisten« und beherrschte neben der englischen, französischen und spanischen Sprache auch die russische. Wie bereits erwähnt, nahm sie im September 1938 als Dolmetscherin am Konstituierenden Kongress der Vierten Internationale teil. Bereits davor hatte sich zwischen ihr und Jacques Mornard eine stürmische Liebesbeziehung entwickelt. Mornard führte die junge Frau in Restaurants, Theater und machte ihr schließlich einen Heiratsantrag. Sie verbrachten drei glückliche, sorgenfreie Monate, denn Jacques war nicht nur attraktiv und zuvorkommend, sondern auch nicht gerade unvermögend. Nachdem Sylvia im Februar 1939 in die USA zurückgekehrt war, erschien dort einige Monate später auch Mornard, wobei er geschäftliche Gründe vorschützte. Nun nannte er sich bereits Frank Jacson und gab sich als Kanadier aus. Gegenüber Sylvia behauptete er, diese »Metamorphose« sei notwendig gewesen, um der

Einberufung zum Kriegsdienst zu entgehen. Und mit Hilfe dieser eher unscheinbaren jungen Frau, die ihr Glück kaum fassen konnte, gelang es »Jacson«, Zutritt zu Trotzkis Haus erlangen.
Sudoplatow beschreibt Mercader als einen sehr klugen, willensstarken Mann, der von fanatischen Glauben an jene Sache erfüllt war, der er sein Leben gewidmet hatte. Der NKWD-Agent stammte aus einer vornehmen Familie. Nach Angaben Sudoplatows war der Großvater oder Urgroßvater Ramons spanischer Botschafter in Petersburg und der Vater seiner Mutter Gouverneur auf Kuba. Ramons Mutter Caridad war eine sehr schwierige, impulsive Frau. Während des Bürgerkriegs brach sie mit ihrem tiefgläubigen Ehemann, trat in die kommunistische Partei ein und arbeitete für die spanische Abteilung des NKWD, die von Orlow geleitet wurde. Zu jener Zeit lernte Eitingon, der damals Orlows Stellvertreter war, Ramon und seine Mutter kennen. Bereits in Spanien konnte er sich von der Zuverlässigkeit und Entschlossenheit des jungen Offiziers der republikanischen Armee überzeugen. Bereits damals wurde Mercader geheimer Mitarbeiter des NKWD.
Luis Mercader, der jüngere Bruder des Agenten, führt das tragische Schicksal Ramons auf die Beziehung zu seiner Mutter zurück, die einen starken Einfluss auf ihn ausübte.
Nachdem sich Mercader in Mexiko niedergelassen hatte, ließ er Sylvia nachkommen. Da bereits ihre Schwester Ruth Agelof für Trotzki gearbeitet hatte, war es für Sylvia nicht schwer, Anfang 1940 eine Stelle als Sekretärin bei ihm zu erhalten.
Da Sylvia zusammen mit Ramon im Hotel »Montego« lebte, fuhr dieser sie häufig in seinem eleganten Buick zur Arbeit. Vor Trotzkis Haus öffnete er ihr die Wagentür, half ihr beim Aussteigen, küsste ihr Wange und winkte ihr zum Abschied. Häufig holte er sie auch wieder ab. Allmählich »gewöhnten« sich die Wachen Trotzkis an Sylvias attraktiven, hoch gewachsenen, zuvorkommenden »Bräutigam«. Unmerklich wurde er so »einer von ihnen«. Einmal fuhr er sogar die Rosmers in die Stadt, die Trotzki daraufhin erzählten, dass Sylvia einen »sehr sympa-

thischen und angenehmen Bräutigam« habe. Dank Marguerite Rosmer konnte Ramon sodann einige Male auf das Territorium der »Festung« vordringen: Die Frau hatte den »netten jungen Mann« gebeten, ihre Einkäufe ins Haus zu tragen. Während seines Aufenthalts in Trotzkis Haus konnte Mercader sich ein Bild über die Lage der Zimmer machen und herausfinden, wo sich Alarmanlagen und andere Sicherheitsvorkehrungen befanden.

Bis zum 26. Mai ging der junge Spanier davon aus, dass er nicht selbst die blutige Tat würde begehen müssen. Zwei Tage nach dem gescheiterten Anschlag jedoch suchte »Leonid Kotow« alias Eitingon den jungen Mann in seinem Hotelzimmer auf und führte ein langes Gespräch mit ihm. Wir wissen nicht, auf welche Weise der Geheimdienstfunktionär dem jungen Mann beigebracht hat, dass er nun die Aufgabe erledigen soll, an der die mexikanischen »Internationalisten« gescheitert seien. Doch die psychologische Massage, die er Mercader bei dieser und späteren Begegnungen verabreichte, tat ihre Wirkung. Nach einer kurzen depressiven Phase im Juni erholte sich Ramon rasch wieder und bereitete sich auf die »Aktion« vor.

Für Eitingon stand mehr als für alle anderen auf dem Spiel: ein weiterer Misserfolg hätte sein Ende bedeutet. Doch mehr als alle anderen litt Ramon: Er hatte Trotzki bereits kennengelernt und mit ihm gesprochen; die Rosmers und Natalja Iwanowna waren ihm voller Sympathie begegnet. Und er sollte ihnen nun ihre Freundlichkeit mit einer Bluttat vergelten?

Noch bevor Trotzki seinen Mörder kennenlernte, hatten ihn bereits Gedanken an das nahende Ende heimgesucht. Noch vor dem Überfall am 24. Mai hatte Trotzki beschlossen, sein Testament zu verfassen.

In diesem »letzten Willen« wird weder seine Heimat noch die Vierte Internationale, ja nicht einmal sein Enkel erwähnt ... In dem Testament tauchen lediglich zwei konkrete Personen auf: Stalin und seine Frau Natalja Iwanowna Sedowa. Offensichtlich schrieb er sein Testament in drei Anläufen: Die ersten beiden

Teile sind am 27. Februar 1940 entstanden, der letzte sehr persönliche Teil folgte am 3. März 1940.
Trotzki wäre nicht er selbst gewesen, hätte er in diesem Dokument nicht seine Ergebenheit gegenüber der Sache der Revolution betont. »43 Jahre meines bewussten Lebens war ich Revolutionär, wobei ich 42 Jahre davon unter der Flagge des Marxismus kämpfte. Wenn ich noch einmal von vorne beginnen sollte, würde ich mich selbstverständlich bemühen, diese oder jene Fehler zu vermeiden, doch die allgemeine Richtung meines Lebens würde unverändert bleiben. Ich werde als proletarischer Revolutionär, Marxist, dialektischer Materialist und folglich als unversöhnlicher Atheist sterben. Mein Glaube an eine kommunistische Zukunft der Menschheit ist heute nicht weniger leidenschaftlich, doch unbeirrbarer als in den Tagen meiner Jugend.« Am 3. März verlieh er dieser Überzeugung noch einmal Ausdruck: »Ganz gleich, wie die Umstände meines Todes sein mögen, ich werde mit dem unerschütterlichen Glauben an eine kommunistische Zukunft sterben. Dieser Glaube an den Menschen, an die Zukunft, gibt mir auch jetzt eine Widerstandskraft, die keine Religion der Welt jemals geben könnte.«
Trotzki wurde zum Don Quichotte der Weltrevolution und der »kommunistischen Zukunft der Menschheit«. Ich denke, dieser Teil des Testaments ist sehr wichtig für das Verständnis seiner Persönlichkeit.
In seinem Testament gedenkt Trotzki voller Zärtlichkeit seiner Frau Natalja Iwanowna. Nachdem er erklärt hat, dass er keinen seiner Freunde, denen er zu Dank verpflichtet sei, besonders hervorheben wolle, fährt er fort: »Ich habe wohl das Recht, eine Ausnahme für meine Freundin Natalja Iwanowna Sedowa zu machen. Neben dem Glück, Kämpfer für die Sache des Sozialismus zu sein, gab mir das Schicksal das Glück, ihr Mann sein zu dürfen. Während der beinahe 40 Jahre unseres gemeinsamen Lebens blieb sie eine unerschöpfliche Quelle der Liebe, der Großmut und Zärtlichkeit. Sie ging durch großes Leid, besonders in der letzten Periode unseres Lebens. Ich fin-

de jedoch Trost darin, dass sie auch Tage des Glücks kannte ...« Am selben Tag schrieb Trotzki, dass er seiner Frau alle Rechte zur Herausgabe seiner Werke vermache. In den ersten Zeilen seines Testaments erwähnt Trotzki seinen Gesundheitszustand: »Hoher (und ständig steigender) Blutdruck«. Er glaubt, dass »das Ende nahe ist«, wobei er annimmt, dass er wahrscheinlich an einer Gehirnblutung sterben werde. »Das ist der beste Tod, den ich mir wünschen kann.« Für den Fall jedoch, dass sich dieser Prozess länger hinziehen sollte, »behalte ich mir das Recht vor, meine Lebensdauer selbst zu bestimmen.« Selbstmord, fährt Trotzki fort, werde »in keinem Fall ein Ausdruck von Verzweiflung und Hoffnungslosigkeit sein«. Wenn man sich in einem Zustand körperlicher Hilflosigkeit befinde, sei es besser, »seinem Leben, besser gesagt, seinem zu langsamen Sterben selbst ein Ende zu setzen«. (Novy jurnal, 1984, Nr. 15, S. 232).

Ende April betrat Jacson zum ersten Mal das Haus Trotzkis; er half Marguerite, ihre Einkäufe hineinzutragen. Am 28. Mai, unmittelbar vor der Abreise der Rosmers, war er bei Trotzkis zum Essen eingeladen. Man stellte ihn als »Freund von Sylvia« vor, der die Rosmers mit seinem Wagen zum Hafen Tampico fahren werde. Am 12. Juni musste Mercader »geschäftlich« nach New York reisen und bat Trotzki, während seiner Abwesenheit seinen Buick im Hof der »Festung« parken zu dürfen.
Am 29. Juli lud Natalja Iwanowna Sylvia und Ramon zu einer »Tasse Tee« ein. Man sprach über die Zukunft der »Jungen«.
Am 1. August begleitete Ramon Sylvia und Natalja Iwanowna in die Stadt und half ihnen bei den Einkäufen. Nach der Rückkehr trug er bereitwillig alle Pakete ins Haus und verabschiedete sich dann rasch, da er »dringend etwas zu erledigen« habe.
Am 8. August erschien Mercader mit einem Blumenstrauß und Pralinen im Hause Trotzkis, ohne dass ein besonderer Anlass für diesen Besuch bestanden hätte. Im Gespräch mit Trotzki erklärte er jedoch, er sei gerne bereit, den Haus-

herrn während eines Ausflugs in die Berge zu begleiten. Trotzki dankte ihm, ließ aber nicht erkennen, ob er das Angebot wahrnehmen werde.

Am 11. August kam Mercader, um Sylvia abzuholen, wartete jedoch nicht wie sonst auf der Straße neben seinem Wagen, sondern ging ins Haus. Die Wachen sahen darin keinen Grund zur Beunruhigung: Der junge Mann galt bereits als »Freund des Hauses«. Bald darauf verließ er mit seiner »Braut« das Haus, und sie fuhren davon.

Am 17. August erschien er abermals ohne Einladung und bat Trotzki, einen Artikel von ihm durchzusehen, in dem er die Gegner der Trotzkisten attackierte. Nach einem kurzen Gespräch verabschiedete Mercader sich sogleich und ging. An diesem Tag trug er einen dunklen Anzug und einen Regenmantel über dem Arm, obgleich es sehr heiß war.

Jacson hatte insgesamt zehnmal das Haus Trotzkis aufgesucht. Und es sollte noch ein Besuch folgen, der letzte ..., am 20. August 1940, um 17 Uhr. »Nichts deutete auf etwas Böses hin«, schreibt N. I. Sedowa in ihrem erschütternden Artikel »Wie es geschah« (B. O., 1941, Nr. 85, S. 1–5). »Die Sonne schien seit dem frühen Morgen, so wie sie es hier immer tut. Die Blumen blühten, das Gras leuchtete, als sei es lackiert ... Niemand von uns, auch er selbst nicht, ahnte, was unmittelbar bevorstand.« Am Morgen kam endlich eine briefliche Bestätigung, dass die Houghton Library der Harvard-Universität in Boston die Handschriften Trotzkis zur Aufbewahrung und Nutzung erhalten habe. Trotzki war bis zu dieser Benachrichtung sehr beunruhigt über den Verbleib seiner Papiere gewesen.

Wie an jedem Tag, hatte Trotzki zunächst die Kaninchen und Hühner gefüttert, um sich daraufhin an den Schreibtisch zu setzen und am nächsten Kapitel des Stalin-Buches zu arbeiten. »Nach dem Mittagessen diktierte L. D. einige Abschnitte für seinen Artikel über den Krieg und begab sich wie immer gegen halb sechs Uhr abends wieder zu den Kaninchen ... Ich ging auf den Balkon und sah, dass neben L. D. jemand stand, den ich

nicht sogleich erkannte, sondern erst, als er den Hut abnahm und sich dem Balkon näherte. Es war Jacson.
›Ich habe furchtbaren Durst und hätte gern ein Glas Wasser‹, sagte Jacson, nachdem er mich begrüßt hatte.
›Möchten Sie vielleicht eine Tasse Tee?‹
›Nein, nein, ich habe ziemlich spät zu Mittag gegessen und spüre das Essen hier, er zeigte auf seinen Hals … Seine Gesichtsfarbe war grau-grün.«
Nach der »Generalprobe« vom 17. August, als Jacson mit dem Regenmantel über dem Arm einige Minuten mit Trotzki allein verbracht hatte, musste er nun die furchtbare Tat begehen. Er musste einen Menschen ermorden, der freundlich zu ihm war und keinerlei Argwohn gegen ihn hegte. Zwar hatte Eitingon den »Einzelkämpfer« einer sorgfältigen psychologischen »Massage« unterzogen, aber Jacson-Mercader war kein Roboter. Plötzlich erwachten heftige Skrupel in ihm. An der Front jemanden zu töten, das war etwas anderes – tötest du ihn nicht, so tötet er dich. Aber hier? Luis Mercader, der Bruder des Attentäters, erklärte 50 Jahre nach diesem furchtbaren Tag: »Mein Bruder war nicht einfach irgendein Mörder, sondern ein Mensch, der an die Sache des Kommunismus glaubte.« Und daher zweifelte Ramon nicht daran, das die stalinschen Behauptungen, Trotzki sei ein Agent des Weltimperialismus und ein Todfeind des Kommunismus, der Wahrheit entsprachen.
Allerdings war es wohl nicht nur die politische Überzeugung, die den jungen Spanier dazu trieb, die schreckliche Tat zu begehen. Ramon wusste, dass seine Mutter hier in Mexiko war und 100 Meter vom Haus entfernt zusammen mit »Leonid« (Eitingon) in einem Wagen auf ihn wartete. Sollte er den Auftrag nicht ausführen, würden sowohl er wie auch seine Mutter liquidiert werden. Seinen siebzehnjährigen Bruder hatte Eitingon aus Paris nach Moskau bringen lassen … eine weitere Geisel.
Wie bei seinem letzten Besuch war Jacson auch diesmal mit einem Regenmantel über dem Arm und einem Hut erschienen. Als Natalja Iwanowna ihn verwundert ansprach, da auch

an diesem Tag sonniges Wetter herrschte, meinte er, es könnte schließlich später noch regnen.

»Jacson«, so erinnerte sich Natalja Iwanowna, »geriet nach meiner Frage irgendwie in Verwirrung und ging zu den Kaninchenställen, wo L. D. war.«

»Ist Ihr Artikel fertig?«, fragte Natalja Iwanowna noch.

»Ja, er ist fertig.« Jacson holte einige Blätter aus seinen Taschen, wobei er sich jedoch sehr vorsichtig bewegte und den Arm, über dem der Mantel hing, fest gegen seinen Körper drückte.

Trotzki wollte eigentlich nicht in sein Zimmer zurückkehren, doch er schloss die Verschläge der Kaninchenställe, zog die Arbeitshandschuhe aus und sagte: »Nun, soll ich Ihren Artikel durchlesen?« Dann legte er seine dunkelblaue Schürze beiseite und ging mit Jacson langsam zur Tür seines Arbeitszimmers.

Über den weiteren Verlauf berichtete der Mörder selbst in seiner Gerichtsverhandlung: »Ich legte meinen Regenmantel so auf den Tisch, dass ich die Möglichkeit hatte, den Eispickel herauszuziehen, der sich in der Tasche befand. Ich hatte beschlossen, die günstige Gelegenheit, die sich mir bot, nicht vorübergehen zu lassen. In dem Augenblick, als Trotzki den Artikel zu lesen begann, den ich als Vorwand benutzt hatte, zog ich den Eispickel aus meinem Mantel, nahm ihn fest in die Hand und versetzte ihm mit geschlossenen Augen einen furchtbaren Schlag auf den Kopf … Trotzki stieß einen Schrei aus, den ich in meinem Leben niemals vergessen kann. Es war ein sehr lang gezogenes ›A, a, a…‹, unendlich lang, und mir scheint, dass dieser Schrei bis heute noch mein Hirn durchbohrt. Mit einem Ruck sprang Trotzki auf, warf sich auf mich und biss mir in die Hand. Schauen Sie: Die Spuren seiner Zähne sind heute noch zu sehen. Ich stieß ihn weg, und er fiel zu Boden. Dann erhob er sich und lief stolpernd aus dem Zimmer …« »… Es waren kaum drei bis vier Minuten vergangen, als ich diesen furchtbaren, erschütternden Schrei vernahm«, schreibt Natalja Iwanowna. »Ohne mir darüber im klaren zu sein, wessen Schrei es war, rannte ich los … Zwischen dem Esszimmer und dem Balkon, auf der Schwelle am Tür-

pfosten lehnend … stand Lew Dawidowitsch … Sein Gesicht war blutüberströmt, und das Blau seiner Augen leuchtete hell, er hatte seine Brille verloren, seine Hände hingen herunter …«
Sudoplatow sagte in einem Gespräch über den 20. August 1940 zu mir: »Bei allen Dingen lässt sich der Zufall nicht völlig ausschalten. Auch hier kam er ins Spiel. Wie konnte Trotzki die Kraft aufbringen, um nach einem so gewaltigen Schlag einen solchen Schrei auszustoßen? Wie konnte er sich wehren? Wäre er sogleich gestorben, hätte sich Mercader womöglich davonmachen können.«
Jacson-Mercader wurde sogleich von den Wachen ergriffen, und sie begannen, ihn zu schlagen. »Wir vernahmen ein jämmerliches Heulen«, erinnerte sich Natalja Iwanowna.
»›Was sollen wir mit ihm tun? Sie werden ihn töten …‹
›Nein … nicht töten. Man muss ihn zwingen, zu reden‹, brachte L. D. mit größter Anstrengung hervor. Die Wachen, allen voran Robins, schlugen mit Fäusten und Revolvergriffen auf Jacson ein, der sich kaum verteidigte. Schließlich brach er sein Schweigen, und blutüberströmt schrie er: ›Ich musste es tun! Sie halten meine Mutter fest! Ich war gezwungen, es zu tun! Tötet mich, aber hört auf, mich zu schlagen!‹«
Dies war der einzige Augenblick, in dem der Agent Schwäche zeigte. Später, während der langen Monate der Untersuchungshaft, kehrte Mercader nie mehr zu dieser Version zurück. Er habe alles selbst geplant und selbst ausgeführt, behauptete er. Er kenne keine GPU, es gäbe keinerlei Mittäter.
In dem Brief, den man in Jacsons Tasche fand, hieß es, er sei vom Trotzkismus und von Trotzki enttäuscht. Der Anstoß zu seinem Schritt sei der Vorschlag Trotzkis gewesen, er solle in die UdSSR reisen, um Stalin zu beseitigen. Es war klar, dass diesen Brief ganz andere Leute geschrieben hatten. Das Gericht konnte rasch feststellen, dass Trotzki nur zweimal für sehr kurze Zeit mit seinem Mörder allein gewesen war. Undenkbar, dass Trotzki einem Menschen, den er so wenig kannte, einen solchen Vorschlag unterbreitet hätte.

Sudoplatow erzählte, dass der Mörder auch lange nach seiner Verurteilung zu 20 Jahren Gefängnis (der höchsten Strafe nach mexikanischem Gesetz) immer wieder nach seiner wahren Identität gefragt worden sei.
Fünf Jahre verbrachte Eitingons Einzelkämpfer in einer fensterlosen Einzelzelle. Dennoch wich er lange nicht von seinen ersten Aussagen ab, obgleich man bereits während der Gerichtsverhandlung herausgefunden hatte, dass er einen falschen Namen angenommen hatte. Nach Abbüßung seiner Strafe übersiedelte er in die UdSSR.
Mit Ausnahme Mercaders gelang es allen, die an der Operation beteiligt gewesen waren, unterzutauchen. Der Wagen, der in der Nähe von Trotzkis Haus mit laufendem Motor gewartet hatte, fuhr sogleich davon, als hinter den Toren die Alarmanlage zu schrillen begann. Eitingon, Mercaders Mutter Caridad und einige andere Personen verließen die Hauptstadt auf verschiedenen Wegen.
Während die Fahndung anlief, tauchten Eitingon und Caridad in Kalifornien unter. Am Tag nach dem Attentat hatten sie über Rundfunk und Presse erfahren, dass der Anschlag erfolgreich durchgeführt worden war. Einen Monat später teilte Moskau den Organisatoren der Operation über geheimdienstliche Kanäle mit, dass man dankbar für die Ausführung der Aufgabe sei. Im Mai 1941 reisten Eitingon und Caridad über China nach Moskau.
Trotzki lebte nach dem Attentat noch 26 Stunden. Im Krankenhaus versuchte man, das Unmögliche möglich zu machen, obgleich klar war, dass die Lebenszentren des Gehirns getroffen waren. Zwei Stunden nach dem Attentat verfiel Trotzki in Koma. Vorher konnte er noch zu Natalja Iwanowna sagen: »Ich fühle … das ist das Ende, dieses Mal hatten sie Erfolg …«
Vor der Operation begannen die Krankenschwestern Trotzki zu entkleiden, indem sie ihm die blutige Kleidung mit Scheren entfernten. Mit letzter Kraft beugte er sich zu Natalja Iwanowna hinüber und flüsterte: »Ich will nicht, dass sie mich ausziehen … Ich will, dass du es tust …«

Nach der Operation bettete man ihn ein wenig höher. Über die letzten Augenblicke seines Lebens schreibt Natalja Iwanowna: »Sein Kopf neigte sich auf die Schultern nieder. Seine Hände sanken herab wie auf den Kreuzigungsszenen Tizians. Anstelle der Dornenkrone trug der Sterbende den Kopfverband. Seine Gesichtszüge hatten ihre Reinheit und ihren Stolz behalten. Es schien, als wolle er sich aufrichten und die Kontrolle über sich selbst zurückgewinnen. Doch sein Gehirn war zu stark verletzt … Alles war zu Ende. Er ist nicht mehr.« (B. O. 1941, Nr. 85, S. 5).

Am 24. August 1940 hieß es in der Prawda: »Trotzki verstarb im Krankenhaus an einem Schädelbruch, der ihm von einer Person aus seiner nächsten Umgebung zugefügt wurde.« Doch die Weltpresse zweifelte keinen Augenblick daran, dass die Drahtzieher des Attentats in Moskau saßen.

Dreieinhalb Monate nach der Ermordung Trotzkis schrieb Natalja Sedowa in einem Brief an den mexikanischen Präsidenten Cardenas: »… Sie haben das Leben Lew Trotzkis um 43 Monate verlängert. In meinem Herzen bleibt die Dankbarkeit, die ich Ihnen gegenüber für diese 43 Monate bewahren werde …«

Der Obelisk in der Fremde

Trotzkis Beerdigung in Mexiko wurde zu einer riesigen antistalinschen Manifestation. Natalja Iwanowna hatte darauf bestanden, dass die sterblichen Überreste ihres Mannes im Hofe des Hauses beigesetzt werden sollten. Der Witwe blieben nun nur noch dieses Grab und der Enkel Sewa.

Bald nach der Beerdigung beschlossen Führer der amerikanischen Sektionen der Vierten Internationale, auf Trotzkis Grab ein Denkmal zu errichten. Außerdem wollte man so bald als möglich ein Trotzki-Museum einrichten. Das Denkmal, ein schlichter Obelisk mit Hammer und Sichel darauf, war kurze Zeit später fertig, während das Museum erst 50 Jahre nach Trotzkis Tod eröffnet werden sollte.

Solange Natalja Iwanowna noch lebte, sorgte sie dafür, dass das Denkmal immer von frischen Blumen umgeben war. Heute wird das Grab mit dem Obelisk vom Enkel des Revolutionärs gepflegt.

Trotzki wurde nicht vergessen. Noch immer haben Historiker, Philosophen und Schriftsteller starkes Interesse an dieser historischen Persönlichkeit. Der Obelisk in der Fremde erinnert an einen der russischen Jakobiner, die dem Irrglauben anhingen, dass die Verwirklichung der Diktatur des Proletariats alle gesellschaftlichen Probleme lösen könne. Menschen wie Trotzki entfachten in den Menschen ungeheure Hoffnungen. Doch nach Jahrzehnten des Kampfes für die Idee zeigt sich, dass sie in eine Sackgasse geführt hat. So stirbt die Hoffnung der Menschen …

Aber der Obelisk in der Fremde erinnert auch daran, dass es Trotzki war, der als erster Stalin und den Stalinismus entlarvte und die Entartung des Bolschewismus anprangerte. Dies ist sein Hauptverdienst. Stets hat er dabei der blutigen Gestalt des Generalsekretärs sein Idol Lenin gegenübergestellt.

Der Führer der Oktoberrevolution wurde in der offiziellen sowjetischen Propaganda wie ein Gott verehrt, und auch das Volk wollte in ihm – entsprechend einer Tradition – nur einen »guten Zaren« sehen. Aber Lenin war weder ein Gott noch ein unfehlbarer Mensch. Diese grenzenlose Vergötzung entstellte das Bild des Revolutionärs, der viele theoretische und politische Fehler gemacht hatte, welche wiederum schwerwiegende Folgen für unsere Geschichte hatten.

Neben ausgeprägten intellektuellen und moralischen Qualitäten sowie einem gewaltigen persönlichen Ehrgeiz besaß Trotzki auch die leninsche Intoleranz.

Der Obelisk in Coyoacan erinnert jedoch nicht nur an den Mann, dessen Name auf der Betonplatte zu lesen ist, sondern auch an jene internationale Bewegung, die er ins Leben rief. Lange Zeit wehrte sich Trotzki gegen die Behauptung, es gebe eine »trotzkistische« Strömung. Er erkannte lediglich den Begriff der »linken Opposition« an. Im Dezember 1932 schickt er Alexandra Ramm, der Übersetzerin seiner Bücher, das Manuskript seines großen Artikels »Das Testament Lenins«, der einen Absatz mit der Überschrift: »Die Legende über den ›Trotzkismus‹« enthält. Er schreibt, dass Sinowjew und Kamenew die Urheber dieser Legende seien. Zusammen mit Stalin hätten sie die linke Opposition in der Partei »Trotzkisten« getauft.

Stalin hat diesen Begriff zum ersten Mal in seiner Arbeit »Trotzkismus oder Leninismus« gebraucht, in der er den »Trotzkismus« als »eigenständige Ideologie, die unvereinbar mit dem Leninismus ist«, bezeichnet (Stalin, Sotsch. VI, S. 324). Von diesem Augenblick an wurden jene Kommunisten, die Trotzkis politische Einschätzungen teilten, »Trotzkisten« genannt – was in der UdSSR bald gleichbedeutend mit einem Todesurteil sein sollte.

Trotzki dagegen beharrt darauf, dass seine Anhänger wirkliche »Marxisten-Leninisten«, echte Bolschewiki, seien. Hier kann man schwer widersprechen. In der Ontologie des Marxismus in Russland lassen sich drei Grundrichtungen unterscheiden: Leninismus, Trotzkismus und Stalinismus. Lenin betrachtete den Marxismus vor allem unter dem Gesichtspunkt, wie seine Ideen für die Organisation einer revolutionären Bewegung auszunutzen seien. Abgesehen von seinen theoretischen Reflexionen über die revolutionäre Partei und über organisatorische Fragen brachte er wenig Neues in den Marxismus ein. Der Stalinismus war eine tragische Groteske des Leninismus. Der Trotzkismus dürfte die radikalste Variante des Marxismus sein, da er die Fragen der »kommunistischen Weltrevolution« in den Mittelpunkt stellt. Weiterhin hat die Leninsche Überzeugung, uneingeschränkte Gewalt sei ein Mittel, um die Geschichte »anzuspornen« und in relativ kurzer Zeit grundlegende gesellschaftliche Veränderungen zu erreichen, den Trotzkismus entscheidend geprägt.

Die Tragödie Trotzkis und des Trotzkismus spiegelt einen der erschütterndsten Akte des russischen Revolutionsdramas wider. Im Gegensatz zu Stalin lehnt die Theorie Trotzkis ein totalitäres Regime ab. So war der Trotzkismus der utopische Versuch einer Synthese aus Diktatur und Demokratie, Alleinherrschaft einer Partei und politischem Pluralismus.

Während der 50 Jahre, die seit der Gründung der Vierten Internationale vergangen sind, verschwanden viele Organisationen, Parteien und sogar ganze Staaten von der politischen Bühne, aber die internationale Partei der Trotzkisten besteht immer noch und fordert unbeirrbar die Weltrevolution. Ich denke, einer der Gründe dafür ist die historische Autorität ihres Begründers.

Der Obelisk in Mexiko ist nicht nur ein Denkmal für den Führer der linken Opposition, sondern auch für jene, die ihm die Treue bewahrt haben und sich weigerten, mit dem Stalinismus ihren Frieden zu machen.

Nach Angaben Jeshows wurden Ende 1936, Anfang 1937 allein in den zentralen Institutionen Moskaus 1000 »trotzkistische Saboteure« verhaftet. Hier ein Auszug aus seiner »Statistik«:

»Verhaftete und verurteilte Trotzkisten von Oktober 1936 bis Februar 1937:

Im Volkskommissariat für Verkehrswesen	141 Personen
Im Volkskommissariat der Nahrungsmittelindustrie	100 Personen
Im Volkskommissariat für örtliche Industrie	60 Personen
Im Volkskommissariat für Binnenhande	182 Personen
Im Volkskommissariat für Landwirtschaft	102 Personen
Im Volkskommissariat für Finanzen	35 Personen
Im Volkskommissariat für Bildungswesen	228 Personen

usw. … «
(Zentrales Parteiarchiv)

Man suchte überall nach »Trotzkisten«. Nicht nur die Bekanntschaft mit Trotzki oder die Zusammenarbeit mit dem Vorsitzenden des Obersten Kriegsrates in der Zeit des Bürgerkrieges wurden als Staatsverbrechen angesehen, sondern selbst die Erwähnung seines Namens oder die Aufbewahrung seiner Bücher … Dabei entwickelte sich fast eine Art »Wettbewerb«. Da das Parteikomitee des Volkskommissariats für Finanzen weniger »Trotzkisten« als die anderen Organisationen entlarvt hatte, wurde es völlig zerschlagen. Denunziation war an der Tagesordnung, aber auch sie bewahrte viele nicht davor, selbst verhaftet zu werden.
Während Trotzki fieberhaft seine Artikel für das »Bjulleten« verfasste und neue Kanäle zur Verbreitung seiner Aufrufe in der UdSSR suchte, handelte Stalin … Tatsächlich gab es zu jener Zeit in der Sowjetunion höchstens 300 bis 400 wirkliche »Trotzkisten«. Um diese zu entlarven und zu liquidieren, warf Stalin ein engmaschiges Netz aus und vernichtete dabei Hunderttausende von Menschen.
Das totalitäre Regime eines der furchtbarsten Diktatoren dieser Erde vermochte es, Trotzkis Namen in unserem Bewusstsein zu

einem Synonym von Verrat und Verbrechen zu machen. Dieses Feindbild lebt immer noch in den Köpfen vieler Menschen. Nach meinen ersten Veröffentlichungen über Trotzki erhielt ich Tausende von Briefen, und in mehr als der Hälfte von ihnen wurde ich empört gefragt, warum ich mich mit diesem »Mörder und Verräter« beschäftigte. Das ist nicht verwunderlich, denn noch in dem sowjetischen »Politischen Wörterbuch«, das kurz vor Beginn der »Perestroika« herausgegeben wurde, galt der Trotzkismus als »geistig-politische kleinbürgerliche, dem Marxismus- Leninismus und der internationalen kommunistischen Bewegung feindlich gesonnene, konterrevolutionäre Strömung, die ihr opportunistisches Wesen in ›linken‹ Phrasen verdeckt … Mit seiner spalterischen Tätigkeit in der Arbeiter- und nationalen Befreiungsbewegung unterstützt der Trotzkismus die imperialistische Reaktion.«

Statt eines Schlussworts

Leo Trotzki – Gefangener einer Idee

»Die Revolutionäre verbeugen sich vor der Zukunft, aber sie leben mit der Vergangenheit ...«
N. Berdjajew

Trotzki dachte sein Leben lang in Kategorien von Epochen, Kontinenten und Revolutionen. Wenn er vor Tausenden von Arbeitern, Bauern, Rotarmisten sprach, schilderte er die bessere Zukunft, die mit dem Kommunismus anbrechen würde, mit solcher Überzeugungskraft, dass sie seinen Zuhörern zum Greifen nahe schien.

»Wir werden unser Reich der Arbeit schaffen«, sagte er am 24. Oktober 1918, »und die Kapitalisten und Gutsbesitzer sollen gehen, wohin sie wollen, auf einen anderen Planeten, ins Jenseits ... Nun entsteht weltweit eine neue revolutionäre Front; auf der einen Seite die Unterdrücker aller Länder, auf der anderen die Arbeiterklasse ... Dieser Augenblick wird das Ende des Weltimperialismus einläuten ... Dann werden wir das Reich der Freiheit und Gerechtigkeit errungen haben ...« (Zentrales Armeearchiv.)

Die Arbeiter und Bauern in den Soldatenmänteln applaudierten begeistert. Trotzkis Überzeugungskraft wurzelte nicht nur in seinem umfassenden Wissen, sondern auch in seinem festen, unbeirrbaren Glauben an die Sache der Revolution, an dem er bis zu seinem Tod festhielt. Bis zum Ende seiner Tage war er Gefangener einer großen Idee.

Die Verfechter der kommunistischen Idee, zu denen auch ich

lange Jahre zählte, wollen nicht verstehen, dass es wichtiger ist, sich an unvergänglichen, allgemeinmenschlichen Werten zu orientieren als an Idealen, die vom »Klassendenken« inspiriert sind. Eine Weltanschauung, die die Menschen in Klassen einteilt, kann zu neuer sozialer Ungleichheit führen, die die Gefahr des Totalitarismus in sich birgt. Aber die sozialistische Idee, wenn man sie als Streben nach sozialer Gerechtigkeit interpretiert, wird niemals sterben. Noch ist es nirgendwo gelungen, diese Idee zu verwirklichen – denn das bürokratisch-totalitäre System des Stalinismus kann man schwerlich als Sozialismus bezeichnen. Doch das bedeutet nicht, dass dies für alle Zeiten unmöglich ist. Allerdings nur unter den Vorzeichen der Demokratie und des Humanismus, nicht auf ideologischer Grundlage! Trotzki glaubte, dass nur der revolutionäre Weg in eine bessere Zukunft führen könne, und verachtete den Reformismus. Er zweifelte nie an Lenins Worten: »Der Übergang der Staatsmacht aus den Händen der einen in die Hände einer anderen Klasse ist das erste, wesentliche und grundlegende Kennzeichen der Revolution, sowohl im streng wissenschaftlichen als auch im praktisch-politischen Sinne dieses Begriffs.« (Lenin, PSS, Bd. 31, S. 133.) Der historische Fehler dieser Feststellung liegt darin, dass hier von der Herrschaft *einer Klasse* und nicht von der Herrschaft *des Volkes* die Rede ist. Doch auf der Grundlage der Herrschaft einer Klasse über die anderen kann es keine Gerechtigkeit geben. Die Zeit der Revolutionen nähert sich dem Ende, obgleich diese offenbar in Gesellschaften mit niedrigem sozialökonomischen Entwicklungsniveau weiterhin eine Rolle spielen. An der Schwelle eines neuen Jahrtausends wird offenkundig, dass mit Hilfe sozialer Reformen unvergleichlich mehr erreicht werden kann.

Die ideologische »Gefangenschaft«, die das Denken Trotzkis und anderer bolschewistischer Führer prägte, hängt mit dem hohen Stellenwert, den die Gewalt für diese Menschen besaß, zusammen. Natürlich kann man einwenden, dass alle Revolutionen der Vergangenheit blutig waren. Die Bolschewiki waren häufig gezwungen, auf konterrevolutionäre Gewalttaten mit

Gegengewalt zu reagieren. Doch die Gewalt nahm furchtbare Ausmaße an und wurde zu einem prägenden Bestandteil des öffentlichen Lebens.

Was die Rolle der proletarischen Partei in der sozialistischen Revolution anbelangte, stimmte Trotzki im Wesentlichen mit Lenins Vorstellungen überein: »Wenn man uns die Diktatur einer Partei vorwirft ... sagen wir: Ja, Diktatur einer Partei! Wir stehen auf dieser Grundlage, und wir können von ihr nicht abweichen.« (Lenin, PSS, Bd. 24, S. 423).

Am 26. Juli 1920, während des 9. Parteitags, charakterisierte Trotzki die Rolle der Kommunistischen Partei in der Epoche der proletarischen Revolution folgendermaßen:

»Heute haben wir von der polnischen Regierung einen Vorschlag erhalten, Frieden zu schließen. Wer entscheidet in dieser Frage? Wir haben den Rat der Volkskommissare, doch auch er muss einer gewissen Kontrolle unterliegen. Wessen Kontrolle? Der Kontrolle der Arbeiterklasse, als ungeformter chaotischer Masse? Nein. Das ZK der Partei wird zusammengerufen, damit es den Vorschlag untersuchen und entscheiden kann, ob und wie darauf zu antworten ist. Und wenn wir Krieg führen müssen, also neue Divisionen schaffen und für sie die besten Kräfte auswählen müssen, an wen wenden wir uns dann? An die Partei. An das Zentralkomitee ... Das gleiche gilt für die Agrarfrage, für die Lebensmittelfrage und alle anderen.« Dieses Monopol der Partei auf die Macht, das Denken und die Entscheidungsprozesse ist eine weitere Wurzel des entstehenden Totalitarismus.

Einige Jahre später wandelte Trotzki seine Position etwas ab. Er wandte sich nun gegen die »Bürokratisierung des Parteiapparats«, gegen »die falsche innerparteiliche Linie des Zentralkomitees« und gegen die »Allmacht der Sekretäre«. Doch er zweifelte nie daran, dass die Partei allein über das Schicksal von Millionen Menschen in dem riesigen Lande entscheiden sollte. Er wollte lediglich »die Organisation der Arbeiterklasse demokratisieren«. Als Vertreter utopischer Ideale geriet Trotzki wenige Jahre nach seinem Triumph in Opposition gegen das Stalinsche

Regime. Dabei berief er sich auf Lenin und den »wahren Bolschewismus«, gleichzeitig jedoch kämpfte er selbstlos gegen die Bürokratie und den Cäsarismus.
Nach 1926 hatte Trotzki keine Chance mehr, sich gegenüber dem Politbüro und seinem neuen Führer durchzusetzen. Und selbst wenn es ihm gelungen wäre, was hätte sich grundlegend verändert? Auch in diesem Fall wäre die Industrialisierung forciert worden, wären die Kulaken mit »eiserner Hand« unterdrückt und die Bauern in Kolchosen gepfercht worden. Und das Machtmonopol der Partei wäre unangetastet geblieben ... Ich denke jedoch nicht, dass Trotzki in Friedenszeiten mit derart ungeheuerlichen Repressalien gegen seine Mitbürger vorgegangen wäre. Trotzki erkannte 20 Jahre vor dem 20. Parteitag der KPdSU, dass das Gebäude der Stalinschen Lügen unweigerlich zusammenbrechen musste. Und er setzte seine gesamte Energie ein, um diesen Zusammenbruch zu fördern.

Nach der »Liquidation« Trotzkis verloren die Geheime Politische und die Ausländische Abteilung des NKWD rasch das Interesse am »Trotzkismus«. Die Vierte Internationale stellte ohne ihren Führer keine Gefahr mehr dar. Am 1. Juli 1941, als die Hitler-Armee bereits seit einer Woche mit ihren Panzern die russische Erde aufwühlte, entwarfen Agojanz und Klykow von der 4. Abteilung des NKGB einen »Beschluss zur Beendigung der geheimdienstlichen Operation«, die sich mit Trotzki und den trotzkistischen Publikationen im Ausland befasst hatte. In dem Dokument hieß es: »Das gesamte Material ist von keinerlei operativem Interesse mehr für uns.« (Archiv des KGB.)
Für die Geschichte jedoch wird Trotzki immer von Interesse bleiben. Ein Porträt dieser historischen Persönlichkeit lässt sich nicht »schwarz« oder »weiß« zeichnen. Ich denke, die folgenden Worte Berdjajews könnten diesem Porträt die letzten Striche verleihen: »Trotzki ist ein sehr typischer Revolutionär, ein Revolutionär von großem Stil, aber kein typischer Kommunist. Er versteht nicht das Wesentliche, das, was ich die Mystik

des Kollektivs nennen würde … Das Kollektiv, die Generallinie der Kommunistischen Partei, das ist doch die Analogie zu den kirchlichen Kathedralen, und jeder, der orthodox bleiben will, muss sich dem Gewissen und dem Geist des Kollektivs unterordnen … Bei Trotzki besitzt die Individualität noch eine Bedeutung, er glaubt, dass individuelles Denken, individuelle Kritik, individuelle Initiative möglich sind. Er glaubt an die Rolle der heldenhaften revolutionären Persönlichkeiten, er verachtet Mittelmäßigkeit und Talentlosigkeit.« (Nowy Grad, Jg. 1931, Nr. 1, S. 93.)

Zeittafel

1879	L. D. Trotzki (Bronstein) wird geboren (nach neuem Kalender am 7. November).
1886	Beginn des Schulbesuchs
1888	Beginn des Besuchs einer Realschule in Odessa
1896	Schulabschluss in Nikolajew
1896/97	Revolutionäre Tätigkeit in der sozialdemokratischen Arbeiterorganisation der Stadt Nikolajew
1898	Verhaftung und zwei Jahre später Verbannung nach Sibirien wegen illegaler revolutionärer Tätigkeit
1899	Heirat mit A. L. Sokolowskaja im Gefängnis
1900	Geburt der älteren Tochter Sinaida
1902	Geburt der jüngeren Tochter Nina
1902	Flucht aus der Verbannung. Illegaler Grenzübertritt. Erste Begegnung mit Lenin in London
1903	Auf dem II. Parteitag der Sozialdemokratischen Arbeiterpartei Russlands trennt sich Trotzki politisch von Lenin für viele Jahre.
1903	Heirat mit N. I. Sedowa
1905	Rückkehr nach Russland und aktive Teilnahme an der ersten russischen Revolution. Im Dezember wird er zum Vorsitzenden des Petersburger Rats gewählt.
1906	Verurteilung Trotzkis und anderer Mitglieder des Petersburger Rats
1906	Geburt des älteren Sohns Lew
1907	Verbannung nach Westsibirien. Flucht ins Ausland
1907	Erste Begegnung mit Stalin auf dem V. Parteitag der Sozialdemokratischen Arbeiterpartei Russlands in London
1907	Trotzki lernt Karl Kautsky kennen.

1907–1914	Das »Wiener Kapitel« in der Emigration
1908	Geburt des jüngeren Sohnes Sergej
1910	Tod der Mutter Anna Bronstein
1912/13	Arbeit als Kriegskorrespondent der »Kiewskaja mysl« auf dem Balkan
1914	Abreise aus Wien nach Zürich, dann nach Paris
1915/16	Mitarbeit an der Pariser Zeitung »Nasche slowo«
1916	Ausweisung aus Frankreich nach Spanien. Verhaftung durch spanische Behörden
Anfang 1917	Ankunft in New York
1917, März–Mai	Rückkehr nach Russland. Verhaftung in Kanada. Ankunft in Petrograd
1917, Mai–Juni	»Propagandistische« Arbeit in der Revolution
1917, Aug.	Auf dem VI. Parteitag der Sozialdemokratischen Arbeiterpartei Russlands (Bolschewiki) wird Trotzki zusammen mit der Gruppe der »Meschrayonzen« in die Partei aufgenommen und in das ZK gewählt.
1917, Aug.–Sept.	Verhaftung Trotzkis und anderer Bolschewiki unter der Anschuldigung, sie würden für Deutschland arbeiten
1917, Sept.	Trotzki wird Vorsitzender des Petrograder Rats.
1917, Okt.	Gründung des Militärisch-Revolutionären Komitees unter dem faktischen Vorsitz Trotzkis. Er ist einer der wichtigsten Führer des Oktoberumsturzes.
1917, Nov.	Ernennung zum Volkskommissar für Äußeres in der ersten Sowjetischen Regierung
1918, März	Ernennung zum Volkskommissar der Republik für Kriegs- und Marineangelegenheiten
1918, Sept.	Vorsitzender des Revolutionären Kriegsrats der Republik

1918–1920	Trotzki ist einer der wichtigsten Armeeführer der Republik an den Fronten des Bürgerkriegs.
1922	Der Vater Dawid Bronstein stirbt an Typhus.
1923, 8. Okt.	Brief an die Mitglieder des Zentralkomitees und der Zentralen Kontrollkommission der Russischen Kommunistischen Partei (Bolschewiki)
1923, 15. Okt.	Erklärung von 46 Anhängern Trotzkis an das Politbüro des ZK der RKP(B)
1924, Januar	Trotzki ist auf Kur im Kaukasus und nimmt nicht an der Beisetzung Lenins teil.
1924	Tod der älteren Schwester, Jelisaweta Bronstein
1925, Jan.	Absetzung vom Posten des Vorsitzenden des Revolutionären Kriegsrats der Republik sowie des Volkskommissars für Militärische Angelegenheiten
1925, Mai	Ernennung zum Vorsitzenden des Hauptkonzessionskomitees
1926, März	Reise nach Berlin zur Kur
1926, Juli	»Erklärung der 13« und »Plattform der 83«
1926, Okt.	Oppositionelle Erklärung von 16 Anhängern Trotzkis
1926, Okt.	Ausschluss Trotzkis aus dem Politbüro
1927, Sept.	Ausschluss aus dem Exekutivkomitee der Kommunistischen Internationale
1927, Okt.	Ausschluss aus dem ZK der Partei
1927, Nov.	Ausschluss aus der Partei
1928, Jan.	Verbannung nach Alma-Ata
1928, Juni	In Moskau stirbt die jüngere Tochter, Nina Newelson, an Tuberkulose.
1929, Feb.	Ausweisung aus der UdSSR in die Türkei
1929, Juli	Beginn der Herausgabe des »Bulletins der Opposition«
1930	In Berlin erscheint die Autobiographie »Mein Leben« in zwei Bänden.

1931	In Berlin erscheint der erste Band von »Geschichte der russischen Revolution«.
1932	In Berlin erscheint sein Buch »Die Stalinsche Schule der Fälschungen«.
1932, Feb.	Trotzki, seiner Frau und seinem Sohn Lew wird die sowjetische Staatsbürgerschaft aberkannt.
1932, Nov.	Trotzki fährt für kurze Zeit nach Kopenhagen, um Vorlesungen zu halten.
1933, Jan.	Selbstmord der älteren Tochter, Sinaida Wolkowa, in Berlin in einem Zustand tiefer Depression
1933, Juli	Übersiedelung mit seiner Frau aus der Türkei nach Frankreich
1934	Vorbereitungsarbeiten zur Gründung einer neuen, IV. Internationale
1934	Trotzki beginnt die Arbeit an einem Buch über Lenin, das jedoch nicht abgeschlossen wird.
1935, Juni	Übersiedelung nach Norwegen
1935	Trotzkis erste Frau, Alexandra Sokolowskaja, wird nach Sibirien verbannt, wo sie einige Jahre später umkommt.
1935	Ein Teil des Archivs Trotzkis (mit dem Briefwechsel) wird von seinem älteren Sohn Lew Sedow an das Internationale Institut für Sozialgeschichte in Amsterdam verkauft.
1936	Die Neffen Trotzkis, Alexander und Juri Kamenew, werden verhaftet und kurz darauf erschossen.
1936	Abschluss des Buches »Die verratene Revolution«
1936, Nov.	Agenten des NKWD rauben einen Teil des Archivs Trotzkis, der im Institut für historische Forschungen, Paris, aufbewahrt war.
1936, Dez.	Trotzki und seine Frau Natalja Sedowa werden nach Mexiko deportiert.
1937, Jan.	Ankunft in Mexiko, wo er politisches Asyl erhält
1937	Teilnahme an der internationalen Kommission, die die politischen Prozesse in Moskau für gefälscht erklärt

1937	Beginn der Arbeit an einem Buch über Stalin, das unvollendet bleibt
1937	In der UdSSR wird der jüngere Sohn, Sergej Sedow, verhaftet und erschossen.
1937	In der UdSSR wird der Neffe Boris Bronstein erschossen.
1938, Feb.	In Paris stirbt der ältere Sohn, Lew Sedow, unter ungeklärten Umständen.
1938, April	In Moskau wird der ältere Bruder, Alexander Bronstein, erschossen.
1938, Sept.	In Paris tritt die Gründungskonferenz der IV. Internationale zusammen.
1939	In einer Reihe von Artikeln sagt Trotzki den baldigen Beginn des Weltkriegs voraus.
1940, Feb.–März	Trotzki schreibt sein persönliches Testament.
1940, 24. Mai	Erfolgloser Anschlag auf Trotzki, organisiert vom NKWD
1940, 20. Aug.	Erneutes Attentat auf Trotzki, der am Kopf tödlich verletzt wird
1940, 21. Aug.	Trotzki stirbt.
1940, Dez.	Natalja Sedowa verkauft den restlichen Teil des Archivs Trotzkis an die Harvard University (Boston).
1941, Aug.	Die letzte Nummer des »Bulletins der Opposition« erscheint.
1941, Okt.	Seine jüngere Schwester, Olga Kamenewa, wird erschossen.

Literaturverzeichnis

Anischew, A., *Otscherki istorii grashdanskoj wojny* (Skizzen der Geschichte des Bürgerkriegs), Leningrad 1925.

Berdjajew, N., *Samoposnanie* (Selbsterkenntnis), Paris 1949.

Berdjajew, N., *Nowoe srednewekowje* (Ein neues Mittelalter), Berlin 1924.

Berdjajew, N., *Subda tscheloweka w sawremennom mire* (Das Schicksal des Menschen in der modernen Welt), Paris 1934.

Berdjajew, N., *Istoki i smysl russkogo kommunisma* (Ursprünge und Sinn des russischen Kommunismus), Paris 1955.

Berdjajew, N., *Filosofija swobodnogo ducha* (Philosophie des freien Geistes), Paris 1928.

Berdjajew, N., *O nasnatschenii tscheloweka. Opyt paradoksalnoj etiki* (Über die Bestimmung des Menschen. Versuch einer paradoxen Ethik), Paris 1931.

Berdjajew, N., *Eksistenzialnaja dialektika boshestvennogo i tschelowetschesko-go* (Die existentielle Dialektik von Göttlichem und Menschlichem), Paris 1952.

Bjulleten Opposizii 1929–1941, 4 Bde., Reprint, New York 1973.

Bolschewiki. Dokumenty bywschego Moskowskogo ochrannogo otdelenija (Bolschewiki. Dokumente der ehemaligen Moskauer Ochrana-Abteilung), Moskau 1918, dritte Aufl. Moskau 1990.

Broué, P., *Trotsky*, Paris 1988.

Carmichael, J., *Trotsky. An appreciation of his life*, London 1975.

Carmichael, J., *Trotzki*, Frankfurt/M. 1974.

Czernin, O., *Im Weltkriege*, Berlin/Wien 1919.

Deutscher, I., *Trotzki*, 3 Bde., Stuttgart 1962–63.

Direktiwy komandowanija frontow Krasnoj Armii (1917–1922 gg.) (Direktiven des Kommandos der Fronten der Roten Armee 1917–1922), Moskau 1972.

Eastman, M., *Leon Trotsky*, New York 1925.

Eastman, M., *Since Lenin Died*, London 1925.

Felschtinski, Ju., *Archiw Trotzkogo. Komnunistitscheskaja opposizija w SSSR* (Archiv Trotzkis. Die Kommunistische Opposition in der UdSSR), 4 Bde., Moskau 1990.

Gippius, S., *Stichotworenija* (Gedichte), Berlin 1921.

Grashdanskaja wojna 1918–1921 (Der Bürgerkrieg 1918–1921), Moskau 1928.

Howe, I., *Leon Trotsky*, New York 1978.

Jaroslawski, J. M., *Sa poslednej tschertoj. Trotzkistskaja opposizija posle XV sjesda*

(Hinter der letzten Linie. Die trotzkistische Opposition nach dem XV. Parteitag), Moskau/Leningrad 1930.

Kamenew, S. S., *Sapiski o grashdanskoj wojne i woennom stroitelstwe* (Aufzeichnungen über den Bürgerkrieg und den militärischen Aufbau), Moskau 1963.

Kautsky, K., *Terrorismus und Kommunismus*, Berlin 1919.

Knei-Paz, B., *The social and political thought of Leon Trotsky*, Oxford 1978.

Lenin, W. I., *Polnoe sobranie sotschinenij* (Vollständige Sammlung der Werke) 55 Bde., Moskau 1960 ff.

Leo Trotzki 1879–1940. In den Augen von Zeitgenossen, Hamburg 1979.

Levine, I. D., *Die Psyche des Mörders: der Mann, der Trotzki tötete*, Wien 1970.

Lubitz, W. (Hrsg.), *Trotsky Bibliography. A classified list of published items about Leon Trotsky and Trotskism.* Zweite Auflage München, New York, London, Paris 1988.

Ludendorff, E., *Meine Kriegserinnerungen 1914–1918*, Berlin 1919.

Mandel, E., *Leo Trotzki. Eine Einführung in sein Denken*, Berlin 1981.

Miljukow, P. N., *Istorija wtoroj russkoj rewoljuzii* (Geschichte der zweiten russischen Revolution), Paris 1924.

Miljukow, P. N., *Wospominanija (1859–1917)* (Erinnerungen 1859–1917), New York 1955.

Not Guilty. Report of the Commission of Inquiry into the Charges Made Against Leon Trotzsky in Moscow Trials, New York 1938.

Olikow, S., *Desertirstwo w Krasnoj Armii i borba s nim* (Die Desertion in der Roten Armee und ihre Bekämpfung), Moskau 1926.

Orlow, A., *Tajnaja istorija stalinskich prestuplenij* (Die geheime Geschichte der stalinschen Verbrechen), New York 1983.

Plechanow, G. W., *God na rodine* (Ein Jahr in der Heimat), 2 Bde., Paris 1921.

Prozess antisowetskogo trotzkistskogo zentra (Prozess gegen das antisowjetische trotzkistische Zentrum), Moskau 1937.

Reed, D./Jakobson, M., *Trotsky Papers at the Hoover Institution*, New York 1982.

Rosmer, A., *Moskau zu Zeiten Lenins*, Frankfurt/M. 1989.

Sedow, L., *Livre rouge sur le Procès de Moscou*, Paris 1936.

Sedow, L., *Rotbuch über den Moskauer Prozeß 1936*, Frankfurt/M. 1988.

Serge, V., *Vie et mort de Léon Trotsky*, Paris 1973.

Serge, V., *Leo Trotzki. Leben und Tod*, Wien 1978.

Sinclair, L., *Trotsky: A Bibliography*, 2 Bde., Aldershot 1989.

Sinowjew, G., *Istorija Rossijskoj Kommunistitscheskoj Partii (bolschewikow)* (Geschichte der RKP – Bolschewiki), Moskau 1924.

Sinowjew, G. J., *Leninism* (Der Leninismus), Leningrad 1925.

Siqueiros, D. A., *Man nannte mich den »Großen Oberst«. Erinnerungen*, Berlin 1988.

Siw, G. A., *Trotzki. Charakteristika (Po litschnym wospominanijam)* (Trotzki. Eine Charakteristik. Nach persönlichen Erinnerungen), New York 1921.

Stalin, J., *Sotschinenija* (Werke), 13 Bde., Moskau 1946 ff.

Strujew, I., *Teorija permanentnoj rewoljuzii tow. Trotzkogo* (Die Theorie der permanenten Revolution des Gen. Trotzki), Rostow/D. 1925.

Suchanow, N., *1917. Tagebuch der russischen Revolution*, München 1967.

Sudebnyi ottschet po delu antisowetskogo »prawotrotzkistskogo bloka« (Prozessbericht in der Sache des antisowjetischen »rechtstrotzkistischen Blocks«), Moskau 1938.

The Case of Leon Trotsky, New York 1937.

The Gelfand Case, 2 Bde., London 1985.

Trotzki, L., *Denkzettel. Politische Erfahrungen im Zeitalter der permanenten Revolution*, Frankfurt/M. 1981.

Trotzki, L., *Die Russische Revolution 1905*, München 1907.

Trotzki, L. D., *Dnewniki i pisma* (Tagebücher und Briefe), New York 1986.

Trotzki, L. D., *Istorija russkoj rewoljuzii* (Geschichte der russischen Revolution), 2 Bde., Berlin 1931–33.

Trotzki, L. D., *Itogi i perspektiwy* (Ergebnisse und Perspektiven), Moskau 1919.

Trotzki, L. D., *Literatura i rewoljuzija* (Literatur und Revolution), Moskau/Leningrad 1924.

Trotzki, L. D., *Mirowoj chosjajstwennyj krisis i nowye sadatschi Kominterna* (Die Weltwirtschaftskrise und die neuen Aufgaben der Komintern), Moskau 1921.

Trotzki, L. D., *Moja shisn. Opyt awtobiografii* (Mein Leben. Versuch einer Autobiographie), 2 Bde., Berlin 1930.

Trotzki, L. D., *Nemetzkaja rewoljuzija i stalinskaja bjurokratija* (Die deutsche Revolution und die stalinsche Bürokratie), Berlin 1932.

Trotzki, L. D., *Nowyj kurs* (Der neue Kurs), Moskau 1924.

Trotzki, L. D., *Permanentnaja rewoljuzija* (Permanente Revolution), Berlin 1930.

Trotzki, L. D., *Pjat let Kominterna* (Fünf Jahre Komintern), Moskau/Leningrad 1925.

Trotzki, L. D., *Politischeskie siluety* (Politische Silhouetten), Moskau 1990.

Trotzki, L., *Sapad i wostok* (Westen und Osten), Moskau 1924.

Trotzki, L., *Schriften*, Hamburg 1988 ff. (Bd. 1: *Sowjetgesellschaft und stalinistische Diktatur [1929–1940]*; Bd. 2: *Über China [1928–1940]*).

Trotzki, L. D., *Schto i kak proisoschlo?* (Was und wie es geschah), Paris 1929.

Trotzki, L. D., *Sotschinenija* (Werke), 21 Bde., Moskau 1925–27.

Trotzki, L. D., *Stalin*, 2 Bde., New York 1985.

Trotzki, L. D., *Stalinskaja schkola falsifikazij* (Die Stalinsche Schule der Fälschungen), Berlin 1932.

Trotzki, L. D., *Tscho takoe SSSR i kuda on idet?* (Was ist die UdSSR und wohin geht sie?), Paris [1971].

Trotzki, L., *Uroki oktjabrja* (Die Lehren des Oktober), Moskau 1924.

Trotzki, N., *Naschi polititscheskie sadatschi* (Unsere politischen Aufgaben), Genf 1904.

Uspenski, G., *Sotschinemja Gleba Uspenskogo* (Werke Gleb Uspenskis), Petersburg 1889.

U welikoj mogily (Am großen Grab), Moskau 1924.

van Heijenoort, J., *With Trotsky in Exile. From Prinkipo to Coyoacan*, Cambridge (Mass.) 1978.

Walentinow, N., *Wstretschi s Leninym* (Begegnungen mit Lenin), New York 1981.

Walentinow, N., *Malosnakomyj Lenin* (Der wenig bekannte Lenin), Paris 1972.

Wasiljewski, I. M., *Nikolaj II.*, Petrograd/Moskau 1923.

Welikaja Oktjabrskaja sozialistitscheskaja rewoljuzija (Große Sozialistische Oktoberrevolution. Eine Enzyklopädie), Moskau 1987.

Wolkogonow, D., *Stalin. Triumph und Tragödie*, Düsseldorf/Wien/New York 1989.

Wolter, U. (Hrsg.), *Die Linke Opposition in der Sowjetunion. Texte von 1923 bis 1928*, 5 Bde., Berlin 1976/77.

Woroschilow, K., *Stalin i Krasnaja Armija* (Stalin und die Rote Armee), Moskau 1929.

Personenverzeichnis

Abramowitsch, Rafail (1880–1963), russischer Menschewist und führendes Mitglied des jüdischen »Bundes«. Seit Anfang des Jahrhunderts und dann wieder 1920 Emigration. Zusammen mit Martow Gründer des menschewistischen »Sozialistitscheski Westnil« 1921 in Berlin. 1940 Emigration in die USA.

Adler, Max (1873–1937), österreichischer Soziologe, Professor in Wien. Adler suchte marxistische und kantianische Theorieelemente miteinander zu vereinen. Werke: »Der Marxismus als proletarische Lebenslehre« (1922); »Die Staatsauffassung des Marxismus« (1922).

Adler, Victor (1852–1918), österreichischer Sozialist. 1888/89 Gründer und seit 1905 im Abgeordnetenhaus Führer der Sozialdemokratischen Partei Österreichs. Werke: »Aufsätze, Reden und Briefe«, 10 Bände (1922–1929).

Alexander I. (1777–1825), russischer Zar, regierte 1801–1825.

Alexander II. (1818–1881), russischer Zar, regierte 1855–1881. 1861 Manifest über die Bauernbefreiung. 1881 wird Alexander II. Opfer eines Sprengstoffanschlags der Gruppe »Volkswillen«.

Antonow-Owsejenko, Wladimir Alexandrowitsch (1883–1939; erschossen), bolschewistischer Politiker. Seit 1901 Mitglied der SDAPR. 1902 Eintritt in die Offiziersakademie. Nach der Parteispaltung 1903 zunächst Bolschewik, später Menschewik. In der Revolution von 1905 Versuch, Truppen zum Aufstand zu bewegen. 1910 Flucht nach Paris. 1914–1917 Redakteur der in Paris erscheinenden Zeitung »Golos«, dann bei Trotzkis Zeitung »Nasche Slowo«. August 1917 Übertritt zu den Bolschewiki. Im Oktober einer der Führer des Aufstands. Danach führende Position in der Roten Armee. 1923–1927 einer der Führer der Opposition. 1924 Ablösung vom Amt des Leiters der Politischen Hauptverwaltung der Roten Armee. 1925 Botschafter in der Tschechoslowakei. 1927 Botschafter in Litauen. 1930 Botschafter in Polen. 1934 Staatsanwalt der russischen Sowjetrepublik. 1936, nach Ausbruch des Spanischen Bürgerkriegs, Generalkonsul in Barcelona. 1937 Volkskommissar für Justiz der RSFSR, Verhaftung. 1956 rehabilitiert.

Axelrod, Pawel Borisowitsch (1850–1928), russischer Menschewik. Zunächst in der Volkstümlerbewegung aktiv, wandte sich Axelrod nach seiner Emigration 1880 in die Schweiz dem Marxismus zu und war 1883 einer der Begründer der Gruppe »Befreiung der Arbeit«. Nach dem zweiten Parteitag der russischen Sozialdemokratie 1903 einer der Führer der Menschewiki. 1917 Mitglied des Exekutivkomitees des Petrograder Rats und Unterstützung der Provisorischen Regierung. Nach der Oktoberrevolution erneute Emigration. Axelrod starb 1928 in Berlin.

Bakajew, Iwan Petrowitsch (1887–1936), bolschewistischer Politiker. Arbeiter, Mitglied der bolschewistischen Partei seit 1906, Teilnahme am Oktoberumsturz in Petrograd, 1919/20 Vorsitzender der Petrograder Tscheka und Sekretär des Petrograder Rats. Als Anhänger Sinowjews gehörte er zur Vereinigten Opposition. 1927 Ausschluss aus der Partei. 1936 zum Tode verurteilt und hingerichtet.

Bauer, Otto (1881–1938), österreichischer Sozialist und wichtigster Theoretiker des Austromarxismus. Seit 1907 Redakteur der »Arbeiter-Zeitung« und Reichsratsabgeordneter. 1920 maßgeblich an der Ausarbeitung der österreichischen Verfassung und 1926 des Linzer Parteiprogramms der SPÖ beteiligt. 1934 Emigration in die Tschechoslowakei und 1938 nach Frankreich. Werke: »Die Nationalitätenfrage und die Sozialdemokratie« (1907); »Der Weg zum Sozialismus« (1913); »Zwischen zwei Weltkriegen?« (1936).

Bebel, August (1840–1913), deutscher Sozialdemokrat, von Beruf Drechsler. 1863 nahm Bebel am ersten Vereinstag Deutscher Arbeitervereine teil, 1866 trat er der Internationalen Arbeiterassoziation bei. Begründer der Sozialdemokratischen Arbeiterpartei auf dem Eisenacher Kongress 1869. Bis zu seinem Tod führend in der Sozialdemokratischen Partei und der II. Internationale. Insgesamt wurde Bebel für seine politische Tätigkeit zu 57 Monaten Festungs- und Gefängnishaft verurteilt.

Bedny, Demjan-Pridworow, Jefim Alexejewitsch (1883–1945), sowjetischer Schriftsteller. Wurde als erster revolutionärer Dichter mit dem Rotbannerorden ausgezeichnet.

Beloborodow, Alexander Gawrilowitsch (1891–1938), bolschewistischer Politiker. Parteimitglied seit 1907, 1919 Mitglied des ZK und Volkskommissar für Inneres. Bis 1929 Mitglied der Linken Opposition.

Berdjajew, Nikolaj Alexandrowitsch (1874–1948), russischer Philosoph. Studierte an den Universitäten Kiew und Heidelberg und wurde in dieser Zeit Marxist. Später wendete er sich dem Christentum zu. Nach der Oktoberrevolution Philosophieprofessor in Moskau. 1922 aus der Sowjetunion ausgewiesen wegen seiner Kritik an Atheismus und Materialismus. Lebte seit 1924 in Paris. Werke: »Die Philosophie des freien Geistes« (1927); »Das

Christentum und der Klassenkampf« (1931); »Selbsterkenntnis. Versuch einer philosophischen Autobiographie« (1949).

Bernstein, Eduard (1850–1932), deutscher Sozialdemokrat. 1871 Beitritt zur Sozialdemokratischen Arbeiterpartei. 1899 erschien s ein Buch »Die Voraussetzungen des Sozialismus und die Aufgaben der Sozialdemokratie«, das eine zentrale Rolle im Revisionismusstreit der Sozialdemokratie spielte. 1917 Beitritt zur USPD. Im letzten Jahrzehnt seines Lebens vor allem publizistisch tätig.

Bizenko, Anastasia Alexejewna (geb. 1875), russische Sozialistin. Geboren als Tochter eines Bauern, schloss sich Bizenko 1902 den Sozialrevolutionären an. Am 22. November 1905 verübte sie als Mitglied der sozialrevolutionären Kampforganisation einen Anschlag auf Generaladjutant Sacharow, der die Bauernunruhen im Wolgagebiet unterdrückt hatte. 1906 zu lebenslanger Zwangsarbeit verurteilt, 1917 durch die Februarrevolution befreit. 1918 Teilnahme an den Brester Friedensverhandlungen, wo sie – im Gegensatz zu den Linken Sozialrevolutionären – für einen Friedensschluss eintrat. Ende 1918 Übertritt zu den Bolschewiki.

Bljumkin, Jakow Grigorjewitsch (1898–1929; ermordet), sowjetischer Linkspolitiker. 1917 Mitglied der linken Sozialrevolutionäre. Gegner der Unterzeichnung des Friedensvertrags von Brest-Litowsk. Mörder des deutschen Botschafters Graf Mirbach. Nach Todesurteil begnadigt. 1918/19 Beteiligung an sozialrevolutionären Kampfgruppen in der Ukraine. 1919 Rückkehr nach Moskau und Anschluss an die sozialrevolutionäre Splittergruppe der »Maximalisten«, die 1920 zur bolschewistischen Partei übertraten. Eintritt in die Rote Armee und Mitarbeiter des sowjetischen Geheimdienstes. Anhänger Trotzkis. 1929 nach einem Besuch bei Trotzki in Prinkipo aufgrund einer Denunziation verhaftet und auf Weisung Stalins zum Tode verurteilt.

Brandler, Heinrich (1881–1967), deutscher Sozialist, von erlerntem Beruf Maurer, 1897 Mitglied der freien Gewerkschaften, 1901 der Sozialdemokratischen Partei. In der Novemberrevolution 1918 Mitglied des Arbeiter- und Soldatenrats in Chemnitz. Seit Oktober 1919 Mitglied der Zentrale der KPD. Im Oktober 1923 war Brandler in der Arbeiterregierung in Sachsen Leiter der Staatskanzlei. Im Februar 1924 aus der Zentrale der KPD abberufen. Ende der zwanziger Jahre führend in der KPD (Opposition). Nach 1933 Emigration nach Frankreich und Kuba.

Bubnow, Andrej Sergejewitsch (1883–1938; erschossen), bolschewistischer Politiker. Seit 1917 Mitglied des ZK. Arbeit M der Politischen Hauptverwaltung der Roten Armee. 1929–1937 Volkskommissar für Volksbildung der RSFSR. Versuchte Presse- und Kulturarbeit zu militarisieren. 1938 ohne Prozess deportiert, am 1. August 1938 durch das Militärkollegium des Obersten Gerichtshofs der UdSSR zum Tode verurteilt. 1956 rehabilitiert.

Bucharin, Nikolaj Iwanowitsch (1888–1938; erschossen), bolschewistischer Politiker. Mitglied der SDAPR(B) seit 1906. 1911 Verbannung nach Sibirien und Flucht nach Deutschland. Einer der Führer des Oktoberaufstands in Moskau. Seit 1917 Mitglied des Politbüros. Seit 1926 in führender Funktion in der Kommunistischen Internationale. Unterstützte zunächst Stalins Kurs, wandte sich dann aber gegen dessen Zwangskollektivierungs- und Industrialisierungspläne. 1929 Verlust seiner Funktion im Politbüro und in der Kominternleitung. 1937 verhaftet. 1988 rehabilitiert.

Cardenas y del Rio, Lázaro (1895–1970), mexikanischer Politiker indianischer Abstammung. 1934–1940 Präsident Mexikos.

Chrustalew-Nosar, Georgi Steppanowitsch (1877–1918), nomineller Vorsitzender des Petersburger Rats der Arbeiterdeputierten in der Revolution von 1905. Im Oktober 1906 Verbannung nach Sibirien, im März 1907 Flucht ins Ausland. 1917 Gegner der Oktoberrevolution. 1918 in der Ukraine erschossen.

Czernin, Ottokar Graf von und zu Chudenitz (1872–1932), österreichischer Politiker, seit Dezember 1916 Außenminister. Teilnehmer an den Friedensverhandlungen von Brest-Litowsk 1918.

Denikin, Anton Iwanowitsch (1872–1947), zaristischer Offizier. 1917 Oberbefehlshaber der Westfront. Im Bürgerkrieg einer der Führer der Weißen. 1919/20 Niederlage und Auflösung seiner Einheiten. Emigration.

Dewey, John (1859–1952), amerikanischer Philosoph, Pädagoge und Psychologe. 1904 Professor an der Columbia University in New York. 1937 Vorsitzender der Untersuchungskommission in Trotzkis Gegenprozess.

Dsershinski, Felix Edmundowitsch (1877–1926), bolschewistischer Politiker polnischer Abstammung. Seit 1906 Mitglied der SDAPR(B). Seit 1917 Mitglied des ZK und Leiter der Tscheka. Organisator des »Roten Terrors«. 1921–1924 Volkskommissar für Verkehrswesen. 1924–1926 Vorsitzender des Obersten Volkswirtschaftsrats.

Duchonin, Nikolaj Nikolajewitsch (1876–1917), zaristischer General, im Dezember 1917 umgebracht.

Dutow, Alexander Iljitsch (1864–1921), russischer Militärführer, Organisator der gegenrevolutionären Kosakenbewegungen im Uralgebiet nach 1917. Zieht sich im März 1920 mit seinen Truppen nach China zurück. Dort von einem Kosak im März 1921 getötet.

Eastman, Max (1883–1969), amerikanischer Sozialist. Nach 1922 längerer Aufenthalt in der UdSSR. Er stand in engem Kontakt zu Trotzki und berichtete in dem Buch »Since Lenin Died« (New York 1925) von Lenins »Testament« und den Fraktionsauseinandersetzungen. In den dreißiger Jahren übersetzte Eastman wichtige Bücher Trotzkis ins Englische. Seit Anfang der vierziger Jahre vertrat Eastman konservative Positionen und wurde Mitherausgeber von »Reader's Digest«.

Eitingon, Naum Isaakowitsch, sowjetischer Geheimdienstler, an den Plänen zur Ermordung Trotzkis führend beteiligt.

Engels, Friedrich (1820–1895).

Freud, Sigmund (1856–1939), Begründer der Psychoanalyse.

Frunse, Michail Wassiljewitsch (1885–1925), bolschewistischer Politiker und Militärführer. Seit 1904 Mitglied der SDAPR(B). Mehrfach verhaftet. 1917 Teilnahme am Oktoberaufstand in Moskau als Führer der Roten Garden. Im Bürgerkrieg erfolgreicher Heerführer im Kampf gegen Koltschak und Wrangel. Organisator der Roten Armee und Begründer der sowjetischen Militärwissenschaft. 1924/25 Volkskommissar für Heer und Flotte. Starb unter ungeklärten Umständen infolge einer Operation.

Gapon, Georgi Apollonowitsch (1870–1906), russischer Priester. Absolvierte 1893 das geistliche Seminar in Poltawa und studierte 1898–1903 an der Petersburger geistlichen Akademie. Anführer der großen Demonstration vom 9. Januar 1905 vor dem Winterpalais, in die geschossen wurde (»Petersburger Blutsonntag«).

Gide, André (1869–1951), französischer Schriftsteller. Gide galt, neben Romain Rolland und André Malraux, zeitweilig als Weggefährte der KPF, wandte sich aber nach einer Reise in die UdSSR 1936 gegen den Stalinismus. Sein Bericht »Zurück aus Sowjetrussland« erschien 1937 auf Deutsch in Zürich.

Glasman, Michail S. (gest. 1924; Selbstmord), bolschewistischer Politiker. Seit 1918 Mitglied der Bolschewiki. Im Bürgerkrieg Sekretär Trotzkis in dessen Panzerzug. Befasste sich mit der Herausgabe von Trotzkis Werken.

Goloschtschokin, Filipp Issajewitsch (1876–1941; erschossen), bolschewistischer Politiker. Auf der 6. Gesamtrussischen Parteikonferenz in Prag (1912) in das ZK gewählt. Seit 1918 Mitglied des sibirischen Büros des ZK. 1919 einer der Vertreter der Militäropposition. Seit 1920 Mitglied der Turkestankommission des ZEK. 1924–1932 politische Arbeit in Kasachstan.

Gorki, Maxim-Alexej Maximowitsch Peschkow (1868–1936), sowjetischer Schriftsteller. 1905 Bekanntschaft mit Lenin. Bekannte sich zum Bolschewismus und zum sozialistischen Realismus. Werke u. a.: »Verlorene Leute« (1897); »Nachtasyl« (1902); »Die Mutter« (1907); »Meine Kindheit« (1913); »Unter fremden Menschen« (1914); »Meine Universitäten« (1923); »Erinnerungen an Lew Nikolajewitsch Tolstoj« (1919).

Gramsci, Antonio (1891–1937), italienischer marxistischer Theoretiker und Politiker. Mitglied der Sozialistischen Partei Italiens seit 1913 und 1921 Mitbegründer der Kommunistischen Partei Italiens. Unter Mussolini 1928 zu zwanzig Jahren Gefängnis verurteilt.

Guesde, Jules (1845–1922), französischer Sozialist. Einer der Pioniere des Marxismus in Frankreich, an verschiedenen sozialistischen Parteigründungen beteiligt. 1914–1916 Minister, nach 1917 Gegner der Bolschewiki.

Heijenoort, Jean van (1912–1986), Trotzkis Sekretär in allen vier Ländern seines letzten Exils.

Helphand, Alexander (Parvus) (1867–1924), deutscher Sozialist russischer Herkunft. Geboren im Gouvernement Minsk als Sohn eines Handwerkers, Besuch des Gymnasiums in Odessa, 1886 Übersiedlung nach Zürich und Bekanntschaft mit Plechanow, 1891 Übersiedlung nach Deutschland. 1896 Chefredakteur der »Sächsischen Arbeiter-Zeitung« in Dresden. In der russischen Revolution von 1905 führendes Mitglied des Petersburger Rats. 1906 Flucht nach neunmonatiger Kerkerhaft auf dem Weg in die Verbannung. 1910 durchquerte er den Balkan und lebte dann in der Türkei, wo er sich vornehmlich mit Waffenhandel ein großes Vermögen erwarb. Nach 1914 Unterstützung der deutschen Kriegspolitik, nach 1917 Gegner der Oktoberrevolution in Russland.

Hilferding, Rudolf (1877–1941), österreichisch-deutscher Sozialist. 1906 arbeitete Hilferding als Redakteur der »Neuen Zeit« und als Lehrer für Volkswirtschaft und Wirtschaftsgeschichte an der zentralen Parteischule der SPD in Berlin. 1910 erschien sein Hauptwerk »Das Finanzkapital. Eine Studie über die jüngste Entwicklung des Kapitalismus«. Nach der Novemberrevolution 1918 führender Vertreter der USPD, 1922–1933 im Parteivorstand der SPD. 1933 Emigration über Dänemark nach Zürich, 1938 nach Paris. Im Februar 1941 wurde Hilferding von der französischen Polizei verhaftet und an die Gestapo ausgeliefert.

Hitler, Adolf (1889–1945).

Hoffmann, Max (1869–1927), preußischer General. Seit August 1916 Generalstabschef des Oberbefehlshabers Ost. Bei den Friedensverhandlungen in Brest-Litowsk 1918 vertrat er die harten Bedingungen der Obersten Heeresleitung.

Jagoda, Genrich Gregorijewitsch (1891–1938; erschossen), bolschewistischer Politiker. Seit 1907 Mitglied der SDAPR(B). Im Bürgerkrieg schloss er sich der Tscheka an. Seit 1920 Mitglied des Tscheka-Präsidiums. Seit 1924 stellvertretender Vorsitzender der Geheimpolizei GPU. Seit 1929 verantwortlich für die Massendeportation der Kulaken und andere Repressalien im Zusammenhang mit der Zwangskollektivierung. 1934 Leiter des NKWD, des Volkskommissariats für Inneres. 1936 leitete er die erste Säuberungswelle, die zum ersten Moskauer Schauprozess führte. 1937 verhaftet. 1938 im dritten Moskauer Schauprozess zum Tod verurteilt.

Jaroslawski, Jemeljan Michailowitsch – Minej Israilewitsch Gubelman (1878–1943), bolschewistischer Politiker. Seit 1898 Mitglied der SDAPR. Seit 1903 Bolschewik. 1918 linker Kommunist und Opposition gegen Trotzkis Militärpolitik. Seit 1921 Mitglied und Sekretär des ZK. Seit 1925 Leiter der Liga der Gottlosen. Seit 1923 Mitarbeit in der Zentralen Kontrollkommission (ZKK). 1923–1931 Ideologe der antitrotzkistischen Kampagne. 1927 Ankläger Trotzkis im Präsidium der ZKK. Seit 1928 Mitglied der »Prawda«-Redaktion. Seit 1939 Mitglied der Akademie der Wissenschaften.

Jaurès, Jean (1859–1914; ermordet), sozialdemokratischer französischer Politiker und Philosoph. 1883–1885 Professur in Toulouse. 1885–1889 einer der Führer der Linksrepublikaner. 1893–1914 einer der Führer der Sozialisten. 1902 zusammen mit Leon Blum Gründung der Sozialistischen Partei Frankreichs. 1904 Gründung der Zeitung »L'Humanite«. 1905 Zusammenschluss der Sozialistischen Partei mit anderen Parteien zur Section Francaise de l'Intemationale Ouvriere (SFIO).

Jeshow, Nikolaj Iwanowitsch (1895–1940; erschossen), bolschewistischer Politiker. Seit 1917 Mitglied der Bolschewiki. Im Bürgerkrieg Kommissar der Roten Armee. Seit 1929 Stellvertretender Volkskommissar für Landwirtschaft. Seit 1930 Mitarbeiter des ZK-Apparats und Leiter der Abteilung für führende Parteiorgane. Auf dem 17. Parteitag (1934) Wahl ins ZK. Mitglied des Orgbüros. Stellvertretender Vorsitzender der Zentralen Kontrollkommission (ZKK). Chef der Industrieabteilung des ZK. Seit 1935 Mitglied des EKKI und einer der Organisatoren der Säuberungen. Seit 1936 Chef des NKWD und Leiter des Massenterrors (»Jeshowschtschina«). 1938 Absetzung als NKWD-Chef. 1939 Verhaftung.

Jewdokimow, Grigorij Jeremejewitsch (1884–1936; erschossen), bolschewistischer Politiker. Seit 1903 Mitglied der SDAPR(B). Vor der Oktoberrevolution mehrfach in Haft und Verbannung. Nach der Revolution Vorsitzender der politischen Abteilung der 7. Armee. Teilnahme am Feldzug gegen Judenitsch. Seit 1922 Vorsitzender des Petrograder Gewerkschaftsrats und Stellvertretender Vorsitzender des Petrograder Rats. 1925 Sekretär des Leningrader Parteikomitees. Auf dem 8. (1919), 12. (1923), 13. (1924) und 14. Parteitag (1925) ins ZK gewählt. 1927 als Mitglied der Vereinigten Opposition aus der Partei ausgeschlossen. Nach Selbstkritik Wiederaufnahme im Juni 1928. 1935 zu acht Jahren Haft verurteilt. 1936 im ersten Moskauer Schauprozess erneut angeklagt und zum Tod verurteilt.

Ioffe, Adolf Abramowitsch (1883–1927; Selbstmord), bolschewistischer Politiker. Seit 1902 Mitglied der SDAPR. 1908 Mitarbeit an Trotzkis Zeitung »Prawda« in Wien. 1912 in Russland verhaftet und nach Sibirien verbannt. Durch die Februarrevolution befreit, stieß er mit den von Trotzki geführten Meshrajonzy zu den Bolschewiki. Im Oktober 1917 einer der Führer des Militärisch-Revolutionären Komitees des Petrograder Rats. Beteiligung an den Friedensverhandlungen von Brest-Litowsk und Gegner des ausgehandelten Friedensvertrags. 1918 Botschafter in Berlin. 1925 Unterstützung der linken Opposition.

Kahlo, Frida (1907–1954), mexikanische Malerin. 1907 in Coyoacän, einer Vorstadt von Mexiko-Stadt, als Tochter des emigrierten deutschen Fotografen Guillermo Kahlo und einer Mexikanerin geboren, beginnt sie 1923 ein Medizinstudium. 1926, nach einem schweren Autounfall, beginnt sie zu zeichnen und zu malen. 1929 Heirat mit Diego Rivera. 1938 Bekanntschaft mit Andre Breton. 1940 Teilnahme an der internationalen Surrealismus-Ausstellung in Mexiko. 1943 Professorin für Malerei in Mexiko-Stadt.

Kaledin, Alexej Maximowitsch (1861–1918), russischer Militärführer, Donkosak und Reitergeneral, einer der Leiter der gegenrevolutionären Kampagne im Dongebiet Ende 1917, verübte am 11. Februar 1918 Selbstmord.

Kalinin, Michail Iwanowitsch (1875–1946), bolschewistischer Politiker. Seit 1903 Mitglied der SDAPR(B). Teilnahme an der Revolution von 1905. Seit 1912 Kandidat des ZK. Teilnehmer des Oktoberaufstands. Danach Stadtoberhaupt von Petrograd. 1919–1946 Staatsoberhaupt der RSFSR und Vorsitzender des Zentralexekutivkomitees (ZEK) der UdSSR. 1919–1946 Mitglied des ZK, 1926–1946 Mitglied des Politbüros.

Kamenew, Lew Borissowitsch – L. B. Rosenfeld (1883–1936; erschossen), bolschewistischer Politiker. Seit 1901 Mitglied der SDAPR und Vertrauter Lenins. 1913/14 »Prawda«-Redakteur. 1917–1927 Mitglied des ZK.

1917 zusammen mit Sinowjew Opposition gegen Lenins Aufstandsplan (»Oktoberepisode Kamenews und Sinowjews«). 1918–1926 Vorsitzender des Moskauer Rats. Nach Lenins Tod 1924 Bildung der »Troika« mit Stalin und Sinowjew gegen Trotzki. Später Teilnahme an der Vereinigten Opposition mit Sinowjew und Trotzki gegen Stalin. 1925/26 Verlust aller Partei- und Regierungsämter. 1936 im ersten Moskauer Schauprozess zum Tod verurteilt.

Kamenew, Sergej Sergejewitsch (1881–1936), sowjetischer Militärführer. 1918 Eintritt als Militärspezialist in die Rote Armee. 1918/19 Befehlshaber der Ostfront. 1919–1924 Oberster Befehlshaber der Streitkräfte der Republik. Armeekommandeur ersten Ranges. 1927–1934 Stellvertretender Volkskommissar für Heer und Marine und Vorsitzender des Revolutionären Kriegsrats. Mitglied des ZEK.

Kautsky, Karl (1854–1938), führender Theoretiker der deutschen Sozialdemokratie. Chefredakteur der »Neuen Zeit«. 1917 Mitbegründer der USPD. Gegner der Oktoberrevolution. Werke u. a.: »Karl Marx' ökonomische Lehren« (1887); »Die soziale Revolution« (1902); »Der Weg zur Macht« (1909); »Terrorismus und Kommunismus« (1919); »Von der Demokratie zur Staatssklaverei« (1921); »Die materialistische Geschichtsauffassung« (1927).

Karelin, Wladimir Alexandrowitsch (1891–1938), russischer Sozialrevolutionär, einer der Begründer der Partei der Linken Sozialrevolutionäre. 1917/18 in der sowjetischen Koalitionsregierung. 1918 Gegner des Brester Friedens. Nach dem Scheitern des antisowjetischen Aufstands vom Juli 1918 ging Karelin in die Emigration.

Kerenski, Alexander Fjodorowitsch (1881–1970), führendes Mitglied der Partei der Sozialrevolutionäre. 1912 Fraktionsführer der Trudowiki in der 4. Duma. 1914 Verfechter der Vaterlandsverteidigung. Seit 1917 Mitglied der Partei der Sozialrevolutionäre und Stellvertretender Vorsitzender des Petrograder Rats. Justizminister in der ersten Provisorischen Regierung. Mai 1917 Kriegsminister. Juli 1917 Ministerpräsident und Einsatz für eine Offensive der russischen Armee gegen Deutschland und Österreich-Ungarn. 1918 Flucht ins Ausland. 1940 Emigration in die USA.

Kirow, Sergej Mironowitsch-Kostrikow (1886–1934; ermordet), bolschewistischer Politiker. Mitglied der SDAPR(B) seit 1904. 1905–1907 Teilnehmer der ersten russischen Revolution. 1917 Teilnehmer des Oktoberaufstands in Petrograd. 1920 Leiter der sowjetischen Delegation für den Friedensschluss mit Polen. Seit 1923 Mitglied des ZK. Seit 1926 Sekretär der Leningrader Parteiorganisation. Seit 1930 Mitglied des Politbüros. 1934 Sekretär des ZK. Mitglied des Präsidiums des ZEK.

Klement, Rudolf (1910–1938), deutscher Trotzkist. Sekretär Trotzkis in der Türkei und in Frankreich. 1938 in Paris von der GPU ermordet.

Kollontaj, Alexandra Michajlowna (1872–1952), bolschewistische Politikerin. Vor dem Ersten Weltkrieg Menschewikin, dann Mitglied der SDAPR(B). 1920/21 Angehörige der »Arbeiteropposition«. Seit 1923 Botschafterin, 1930–1945 in Schweden. Veröffentlichte Beiträge zur Frauenbefreiung.

Koltschak, Alexander Wassiljewitsch (1874–1920; erschossen), weißer Admiral. 1918 Führer der antirevolutionären Truppen in Sibirien. Ließ sich in Omsk zum »Reichsverweser« ausrufen. Nach seiner Niederlage gegen die Rote Armee von nichtbolschewistischen Gegnern seiner Diktatur erschossen.

Kornilow, Lawr Georgijewitsch (1870–1918), zaristischer Offizier und einer der Führer der Weißen. Nach der Oktoberrevolution 1917 Putschversuch (Kornilow-Putsch), den Kerenski mit Hilfe der Bolschewiki unterdrücken konnte. Führer der weißen Truppen im Dongebiet. Im Kampf gefallen.

Krestinski, Nikolaj Nikolajewitsch (1883–1938; erschossen), bolschewistischer Politiker. Schloss sich 1903 als Jurastudent den Bolschewiki an und wurde in zaristischer Zeit mehrfach verhaftet. 1917 Volkskommissar für Finanzen. 1919–1921 Mitglied des Politbüros und ZK-Sekretär. Gegner der Unterzeichnung des Friedensvertrags von Brest-Litowsk. Unterstützte 1920/21 Trotzki in der Gewerkschaftsdebatte. 1921–1930 Botschafter in Deutschland. Seit 1930 Stellvertretender Volkskommissar für Äußeres. Zeitweise sympathisierte er mit der Linken Opposition. 1937 verhaftet. Im dritten Schauprozess 1938 zum Tod verurteilt. 1956 rehabilitiert.

Krupskaja, Nadeshda Konstantinowna (1869–1939), bolschewistische Politikerin und Lenins Frau. 1896 Verhaftung wegen Zugehörigkeit zum »Kampfbund für die Befreiung der Arbeiterklasse« und Verurteilung zu drei Jahren Verbannung. 1898 Heirat Lenins in Sibirien. 1901 Emigration nach München, London und Genf. Sekretärin der »Iskra« und des Auslandsbüros des ZK der SDAPR(B). Nach der Oktoberrevolution Sekretärin des ZK, später Arbeit im Kommissariat für Volksaufklärung. Im Dezember 1922 Zusammenstoß mit Stalin. 1924 Stellungnahme gegen die Troika Stalin, Sinowjew, Kamenew, gegen Trotzki und gegen die »Erklärung der 46« (1923). 1924 Scheitern ihres Versuchs, Lenins »Brief an den Parteitag« öffentlich verlesen zu lassen. Auf dem 15. Parteitag (1927) Wahl ins ZK. Seit 1929 Stellvertretende Volkskommissarin für das Volksbildungswesen.

Krylenko, Nikolaj Wassiljewitsch (1885–1938; ermordet), bolschewistischer Politiker. Seit 1904 Mitglied der SDAPR(B). 1917 Mitglied des Militärisch-Revolutionären Komitees und einer der Führer des Oktoberaufstands. Einer der drei Volkskommissare für Heer und Flotte. 1918 Ablösung durch Trotzki und Mitarbeit am Aufbau des Justizapparats. 1922–1931 zunächst Stellvertretender Staatsanwalt, dann Staatsanwalt der Russischen Sowjetrepublik. 1922 Ankläger im Prozess gegen Mitglieder der Partei der Sozialrevolutionäre. 1930/31 Ankläger in den »Spezialisten«-Prozessen. 1931 Volkskommissar für Justiz der Russischen Sowjetrepublik. 1936 Volkskommissar für Justiz der UdSSR. 1938 verhaftet. 1956 rehabilitiert.

Kühlmann, Richard von (1873–1948), deutscher Diplomat. Vertreter Deutschlands bei den Friedensverhandlungen in Brest-Litowsk 1918.

Kujbyschew, Walerian Wladimirowitsch (1888–1935), bolschewistischer Politiker. Seit 1904 Mitglied der SDAPR(B). Im Bürgerkrieg Kommissar in der Roten Armee. Seit 1920 Mitglied des Präsidiums des Obersten Volkswirtschaftsrats. 1921 Kandidat, seit 1922 Mitglied des ZK. 1923–1926 Vorsitzender der Zentralen Kontrollkommission (ZKK). 1926–1939 Vorsitzender des Obersten Volkswirtschaftsrats. Seit 1927 Mitglied des Politbüros der KPdSU. 1930–1934 Vorsitzender der Staatlichen Plankommission. 1932 soll er sich zusammen mit Kirow gegen die harte Linie Stalins und für eine Entspannung in der Partei ausgesprochen haben. Die Ursachen seines Todes sind ungeklärt.

Kuklin, Alexander S. (1876–1936; verschwunden), bolschewistischer Politiker. Einer der ersten bolschewistischen Arbeiter in Petersburg. Auf dem 13. Parteitag (1924) in das ZK gewählt. Anhänger der »sinowj ewistischen Opposition«. 1927 Parteiausschluss. 1928 Wiederaufnahme. 1935 zu zehn Jahren Haft verurteilt. Sein Name wurde in den Moskauer Prozessen genannt.

LaFollette, Suzanne (1893–1983), amerikanische Schriftstellerin, 1937 in der Untersuchungskommission von Trotzkis Gegenprozess.

Laschewitsch, Michail Michajlowitsch (1884–1928; Selbstmord), bolschewistischer Politiker. Er wurde auf dem 7. Parteitag (1918) in das ZK gewählt. 1919 militärpolitischer Funktionär der Roten Armee. Auf dem 15. Parteitag (1927) verlor er sämtliche Funktionen.

Lenin, Wladimir Iljitsch (1870–1924).

Levi, Paul (1883–1930), deutscher Sozialist, von Beruf Jurist. Im Februar 1914 verteidigte er Rosa Luxemburg vor dem Landgericht Frankfurt a. M. Seit Frühjahr 1919 Vorsitzender der Zentrale der KPD, seit 1922 Mitglied der SPD, einer der führenden Vertreter des linken Flügels.

Liber, Michail Isaakowitsch-Goldman (1880–1937; erschossen), Mitglied des jüdischen »Bundes«. 1910 Delegation in das Auslandsbüro des ZK der SDAPR. 1917 auf dem 1. Gesamtrussischen Rätekongress Unterstützung des Blocks der Menschewiki und Sozialrevolutionäre.

Liebknecht, Karl (1871–1919), deutscher Sozialist, Sohn Wilhelm Liebknechts. 1890–1893 Studium der Rechtswissenschaften und Nationalökonomie in Leipzig und Berlin, 1900 Eintritt in die Sozialdemokratische Partei. Zusammen mit Rosa Luxemburg der bedeutendste Führer der linken Strömung in der Partei. 1907–1910 Präsident der Jugendinternationale. Am 2. Dezember 1914 stimmte Liebknecht als erster Reichstagsabgeordneter gegen die Kriegskredite. Anfang 1916 leitete er die Herausgabe der Politischen Briefe der Gruppe »Internationale« (Spartakusgruppe). In der Jahreswende 1918/19 Mitbegründer der KPD. Am 15. Januar 1919 in Berlin ermordet.

Lombardo Toledano, Vicente (1894–1968), mexikanischer Politiker und Gewerkschaftsführer. 1936–1940 Generalsekretär der Konföderation der Werktätigen Mexikos (CTM).

Losowski, Solomon Abramowitsch (1878–1952), bolschewistischer Gewerkschaftspolitiker. Seit 1903 Mitglied der SDAPR(B). 1909–1917 Emigration. 1921–1937 Sekretär der Roten Gewerkschaftsinternationale (RGI). Starb im Gefängnis.

Lunatscharski, Anatoli Wassiljewitsch (1875–1933), bolschewistischer Politiker und Kunsttheoretiker. Seit 1895 Mitglied der SDAPR. 1898–1904 Verbannung. 1906–1917 Emigration in Italien, Frankreich und der Schweiz. Enger Kontakt zu führenden Bolschewiki, vor allem zu Lenin. 1917–1929 Volkskommissar für Volksbildung und Aufsicht über wissenschaftliche Institute. 1933 zum Botschafter in Madrid ernannt. Starb auf Reise nach Spanien.

Luxemburg, Rosa (1871–1919), deutsche Sozialistin polnischer Herkunft. Geboren in Zamość (Russisch-Polen), 1889 Emigration in die Schweiz, Studium u. a. der Nationalökonomie in Zürich. 1894 Mitbegründerin der Sozialdemokratie des Königreichs Polen. Seit 1896 Mitarbeit am theoretischen Organ der deutschen Sozialdemokratie »Die Neue Zeit«. 1898/99 Veröffentlichung der Aufsatzreihe »Sozialreform der Revolution?« 1905/06 aktiv in der russischen Revolution. 1913 erschien die Studie »Die Akkumulation des Kapitals«. 1914 Kriegsgegnerin. 30. Dezember 1918 bis 1. Januar 1919 Mitbegründerin der KPD. Am 15. Januar 1919 in Berlin ermordet.

MacDonald, James Ramsay (1866–1937), englischer Sozialist. 1900 Mitbegründer der Labour Party. 1924 Premierminister der ersten Labour-Regierung, 1929 bildete er die zweite Labour-Regierung.

Mamontow, Konstantin Konstantinowitsch (1869–1920), russischer Militärführer. Nach der Oktoberrevolution ging Mamontow in das Dongebiet, wo er mit Kosakeneinheiten 1918/19 gegen die Revolution kämpfte. In einem Kavalleriefeldzug von August bis September 1919, geführt im Rücken der Roten Armee, eroberte er Tambow. Mamontow starb 1920 an Typhus.

Manuilski, Dimitri Sacharowitsch (1883–1959), bolschewistischer Politiker. Vor der Oktoberrevolution Menschewik. Trat 1917 gemeinsam mit der Trotzki-Gruppe den Bolschewiki bei. Bis zur Auflösung 1943 führendes Mitglied der Komintern. Nach Bucharins Sturz 1929 Leiter der Komintern bis 1934. 1934/35 Stellvertreter Dimitroffs als Vorsitzender der Komintern. Vertrauensmann Shdanows. Nach dem Zweiten Weltkrieg ukrainischer Außenminister und UNO-Delegierter.

Marchlewski, Julian (1866–1925), Sozialist polnischer Herkunft, ursprünglicher Beruf Färber. Seit Mitte der achtziger Jahre Mitarbeit in sozialistischen Zirkeln Polens, 1892 Emigration in die Schweiz und Studium in Zürich. 1894 Mitbegründer der Sozialdemokratie des Königreichs Polen. 1896 Übersiedlung nach Deutschland. 1898 wurde er als Mitarbeiter der »Sächsischen Arbeiter-Zeitung« zusammen mit A. Helphand aus Sachsen ausgewiesen. 1914 Kriegsgegner. 1919 Mitunterzeichner des Aufrufs zur Gründung der Kommunistischen Internationale. Bis zu seinem Tod Vorsitzender der Internationalen Roten Hilfe.

Markin, Nikolaj Grigorjewitsch (1893–1918), russischer Revolutionär, Teilnehmer der Oktoberrevolution und des Bürgerkriegs. 1917 revolutionäre Arbeit in der Baltischen Flotte, Mitglied des Petrograder Rats und Delegierter des II. Sowjetkongresses. 1917/18 Sekretär im Volkskommissariat für Äußeres und Herausgeber von Geheimdokumenten der zaristischen Diplomatie. 1918 in den Kämpfen an der Wolga gefallen.

Marx, Karl (1818–1883).

Mechonoschin, Konstantin Alexandrowitsch (1889–1938; erschossen), bolschewistischer Militärfunktionär. 1917 Mitglied des Gesamtrussischen Büros der Militärorganisation. Mitglied des Militärisch-Revolutionären Komitees. Teilnehmer am Oktoberaufstand und Kommissar im Stab des Petrograder Militärbezirks. Seit 1918 Stellvertretender Volkskommissar für militärische Angelegenheiten. Nach dem Bürgerkrieg in verschiedenen staatlichen Funktionen tätig.

Mehring, Franz (1846–1919), deutscher Sozialist. Publizist und Historiker, trat Mehring 1891 in die Sozialdemokratische Partei ein. 1892 veröffentlichte er in der »Neuen Zeit« die »Lessing-Legende«. 1898 erschien sein wissenschaftliches Hauptwerk, die »Geschichte der deutschen Sozialdemokratie«. 1914 Kriegsgegner. Ende 1918 Teilnahme an den Vorbereitungsarbeiten zur Gründung der KPD.

Mercader, Ramon (1913–1979; »Jacson«, »Jacques Mornard«). Trotzkis Mörder. Mercader wurde in Mexiko vor Gericht gestellt, verurteilt und verbüßte zwanzig Jahre im Gefängnis. 1960 freigelassen.

Mereshkowski, Dmitri Sergejewitsch (1865–1941), russischer Dichter. Mitbegründer des russischen Symbolismus, wandte sich Mereshkowski später einer christlichen Weltschau zu. Nach der Oktoberrevolution Emigration nach Paris. Verheiratet mit Sinaida Gippius. Werke u. a. »Christ und Antichrist«, 3 Bde., 1896–1905.

Miljukow, Pawel Nikolajewitsch (1859–1943), russischer Historiker und Führer der Konstitutionellen Demokraten. Nach 1914 für die Fortsetzung des Krieges bis zum Sieg. Außenminister der Provisorischen Regierung (März bis Mai 1917). 1920 Emigration nach London, 1921 nach Paris, dort Herausgeber der russischsprachigen Tageszeitung *Poslendeje Nowosti.* Schrieb u. a. »Geschichte der zweiten russischen Revolution«, Wien 1921.

Minin, Sergej Konstantinowitsch (1882–1962), bolschewistischer Politiker. Seit 1905 Mitglied der SDAPR(B). Teilnehmer der Oktoberrevolution und des Bürgerkriegs. Seit 1923 Mitglied des ZK der KP der Ukraine. Wissenschaftliche Tätigkeit und Parteiarbeit. 1925 Sympathisant der trotzkistischen Opposition.

Molotow, Wjatscheslaw Michajlowitsch-Skrjabin (1890–1986), bolschewistischer Politiker. Seit 1906 Mitglied der SDAPR(B). 1921–1957 Mitglied des ZK. 1921–1930 Sekretär des ZK. 1926–1957 Mitglied des Politbüros. 1930–1941 Vorsitzender des Rats der Volkskommissare. 1939–1949 und 1953–1956 Außenminister. 1957 aller Ämter enthoben. Bis 1961 als Diplomat tätig. 1962 Parteiausschluss, 1984 Wiederaufnahme.

Mratschkowski, Sergej Witaljewitsch (1888–1936), bolschewistischer Politiker. Parteieintritt 1905. 1917 Agitator im Ural, nach der Revolution in der Roten Armee tätig. 1925 im Wirtschaftsapparat. 1927 Parteiausschluss, 1929 Wiederaufnahme, 1936 im ersten Moskauer Prozess zum Tode verurteilt und erschossen.

Muralow, Nikolaj Iwanowitsch (1877–1937; erschossen), bolschewistischer

Politiker und Militärfunktionär. Nach 1917 Mitglied der Zentralen Kontrollkommission. Führender Funktionär in der Roten Armee und Kommandant des Moskauer Militärdistrikts. Mitglied der Linken Opposition. 1927 Parteiausschluss. 1928 Deportation nach Sibirien. 1937 im zweiten Moskauer Schauprozess zum Tode verurteilt.

Müller, Hermann (1876–1931), deutscher Sozialdemokrat. 1906 Mitglied des Parteivorstands der SPD. 1928–1930 Reichskanzler einer Großen Koalition (SPD, Zentrum, Deutsche Demokratische Partei, Deutsche Volkspartei, Bayerische Volkspartei).

Nikolaj I. (1796–1855), russischer Zar, regierte 1825–1855.

Nikolaj II. (1868–1918), russischer Zar, regierte 1894–1918. Am 16. Juli 1918 mit seiner Familie in Jekaterinburg erschossen.

Nikolajewski, Boris Iwanowitsch (1887–1966), russischer Sozialist, Journalist und Historiker. 1904 Eintritt in die russische Sozialdemokratie, später auf ihrem menschewistischen Flügel. Nach 1917 historische und Archivarbeiten. 1922 Ausweisung. Bis 1931 Vertreter des Marx-Engels-Instituts (Direktor: D. B. Rjasanow) in Berlin. Mitarbeit am menschewistischen »Sozialistitscheski vestnik«. 1937, nach Gesprächen mit Bucharin, Veröffentlichung des »Briefs eines alten Bolschewik«. 1940 Flucht vor den Nazis aus Frankreich nach New York. Dort zahlreiche Veröffentlichungen zur sowjetischen Geschichte. Bibliographie seiner Werke von A. M. Bourgina in: »Revolution and Politics in Russia. Essays in Memory of B. I. Nicolaewsky«, Bloomington/London 1972.

Orlow, Alexander (1895–1973; »Feldbin«), sowjetischer Geheimdienstler. Er warnte Trotzki 1939 vor dem geplanten Mordanschlag der GPU.

Pawlow, Iwan Petrowitsch (1849–1936), russischer Physiologe. 1890 Professor für Pharmakologie, 1895 für Physiologie in Petersburg. Sein Arbeitsschwerpunkt war die Physiologie der Verdauung und die Erforschung der Reflexe. 1904 Nobelpreis für Medizin.

Pilnjak, Boris Andrejewitsch – B. A. Wogau (1894–1938; erschossen), russisch-sowjetischer Schriftsteller. In seiner Erzählung »Die Geschichte vom nicht ausgelöschten Mond« hat er Frunses Tod dargestellt. Werke u. a.: »Das nackte Jahr« (1922); »Maschinen und Wölfe« (1925); »Die Wolga fällt ins Kaspische Meer« (1930).

Pilsudski, Josef Klemens (1867–1935), 1887 im Zusammenhang mit dem von Lenins Bruder Alexander mitvorbereiteten Attentat auf den Zaren Alexander III. verhaftet und verbannt. 1892 Rückkehr aus Sibirien und Anschluss an die Polnische Sozialistische Partei (PPS), die einen nationalistischen Kurs vertrat. 1905 gründete er die »Revolutionäre Fraktion der PPS« und verließ dann die Partei. Im Ersten Weltkrieg befehligte er die 1. Brigade der Polnischen Legion auf österreichischer Seite. 1918–1922 Staatschef nach Proklamation der Unabhängigkeit Polens von Russland. 1921 vorübergehender Rückzug aus der Politik. 1926 putschte er und wurde Diktator eines Militärregimes.

Pjatakow, Georgij (Juri) Leonidowitsch (1890–1937; erschossen), bolschewistischer Politiker. Seit 1910 Mitglied der SDAPR(B). Während der Februarrevolution Vorsitzender der Kiewer Parteiorganisation. Gemeinsam mit Bucharin Herausgeber der Zeitschrift »Kommunist«. Organisator der Oktoberrevolution in der Ukraine. 1918 Vorsitzender des Obersten Volkswirtschaftsrats. 1923–1928 Angehöriger der Linken Opposition. Auf dem 15. Parteitag (1927) ausgeschlossen. 1928 wieder in die Partei aufgenommen, ab 1930 wieder im ZK, ab 1932 stellvertr. Volkskommissar für Schwerindustrie. 1937 im zweiten Moskauer Schauprozess zum Tode verurteilt.

Platten, Fritz (1883–1942; erschossen), Schweizer Linkspolitiker. Seit 1904 Mitglied des Arbeiterbildungsvereins »Eintracht« und der Organisation der Internationalen Sozialisten. Teilnehmer der ersten russischen Revolution in Lettland. Seit 1911 Mitglied der Sozialdemokratischen Partei der Schweiz. 1912–1918 Sekretär des Vorstands. 1915/16 Mitglied der Zimmerwalder Linken. Nach der Februarrevolution Organisator der Übersiedlung russischer Revolutionäre unter Lenins Führung aus dem Schweizer Exil nach Russland. 1918 Präsidiumsmitglied des 1. Kongresses der Kommunistischen Internationale. 1919 Mitglied des Büros der Komintern. 1921 Mitbegründer der KP der Schweiz und bis 1923 deren Sekretär. 1923 Umsiedlung nach Sowjetrussland und Aufnahme einer Lehrtätigkeit. Opfer der stalinistischen Säuberung.

Plechanow, Georgij Walentinowitsch (1856–1918), marxistischer Theoretiker und Politiker. Zunächst Anhänger der Narodniki. 1880 Emigration in die Schweiz. 1883 Gründung der ersten russischen marxistischen Gruppe »Befreiung der Arbeit«. 1889–1904 Mitglied der Exekutive der II. Internationale. 1895 Bekanntschaft mit Lenin. 1900 Mitbegründer der Zeitschrift »Iskra«. 1903, nach Spaltung der SDAPR, Unterstützung der Menschewiki. 1917 Rückkehr nach Russland. Kritik an Lenins Kurs einer revolutionären Machtergreifung.

Podwojski, Nikolaj Iljitsch (1880–1948), bolschewistischer Militärfunktionär. 1917 Mitglied des Militärisch-Revolutionären Komitees und bis 1918

Volkskommissar für Militärische Angelegenheiten. Teilnehmer am Oktoberaufstand in Petrograd. Seit 1918 Mitglied im Rat der Volkskommissare.

Pokrowski, Michail Nikolajewitsch (1868–1932), marxistischer Historiker. Seit 1905 Mitglied der SDAPR(B). 1908–1917 Emigration. Bis 1914 Mitglied des ZK. Nach der Oktoberrevolution Vorsitzender des Moskauer Rats. Seit 1918 Stellvertretender Volkskommissar für Volksbildung und Leiter des staatlichen Zentralarchivs. In den zwanziger Jahren Teilnehmer der antitrotzkistischen Kampagne.

Postyschew, Pawel Petrowitsch (1887–1939; erschossen), bolschewistischer Politiker. Seit 1904 Mitglied der SDAPR(B). 1908 Verhaftung und mehrjährige Verbannung. 1917 Mitglied des Sowjets von Irkutsk und Führer der örtlichen Metallarbeitergewerkschaft. Organisator der Roten Garden im Bürgerkrieg. Seit 1923 im Auftrag der Stalin-Fraktion in der Ukraine. Seit 1925 Mitglied des ZK der ukrainischen Partei. 1926 Mitglied des dortigen Politbüros. Seit 1927 Mitglied des ZK der KPdSU und des ZEK der UdSSR. Seit 1930 Mitglied des Orgbüros und des ZK-Sekretariats. Seit 1933 Mitglied des Politbüros und Sekretär des ZK der ukrainischen KP. 1934–1937 Kandidat des Politbüros. 1937 Äußerungen von Zweifeln an einigen Verhaftungen. Daraufhin Anklage wegen »Ausrottung von Kadern« und Verurteilung zum Tod. 1956 rehabilitiert.

Potresow, Alexander Nikolajewitsch (1869–1934), russischer Menschewik. Seit den 1890er Jahren aktiv in der Arbeiterbewegung, u. a. im Petersburger Kampfbund für die Befreiung der Arbeiterklasse. 1900 Emigration. Nach 1903 einer der Führer des menschewistischen Flügels der russischen Sozialdemokratie. Nach der Oktoberrevolution 1917 erneute Emigration. Werke u. a.: »Studien über die russische Intelligenz« (1906).

Preobrashenski, Jewgeni Alexejewitsch (1886–1937), bolschewistischer Politiker und Wirtschaftstheoretiker. 1920/1921 Mitglied des ZK, Mitglied des Organisationsbüros und Sekretär des ZK. 1923–1928 führender Ökonom der Linken Opposition. Im Oktober 1927 ausgeschlossen. 1928 Deportation. 1929 Selbstkritik. 1932 bis 1936 Arbeit im Volkskommissariat für Leichtindustrie, am 13. Juli 1937 zum Tode verurteilt.

Radek, Karl Berugardowitsch-Sobelson (1885–1939; erschlagen), revolutionärer Politiker. Gehörte seit 1910 zum linken Flügel der SPD. 1918 in Deutschland verhaftet. 1919–1923 einer der wichtigsten Führer der Komintern. 1923–1928 Mitglied der Linken Opposition. 1927 Parteiausschluss und Deportation nach Sibirien. 1929 Rückkehr und Wiederaufnahme in die Partei. »Prawda«-Redakteur. 1936 erneut ausgeschlossen und verhaftet. Im Januar 1937 im zweiten Moskauer Prozess zu zehn Jahren Zwangsarbeit verurteilt.

Rajs, Ignaz (1899–1937), sowjetischer Geheimdienstler, trat aus Protest gegen die Säuberungen von seinem Posten zurück und erklärte sich 1937 öffentlich für Trotzki. Am 4. September 1937 in Lausanne von GPU-Agenten ermordet.

Rákosi, Mátyás (1892–1971), ungarischer Politiker, 1919 Volkskommissar in der ungarischen Räterepublik, danach Emigration nach Wien und in die UdSSR. Nach 1945 Generalsekretär der ungarischen Kommunistischen Partei.

Rakowski, Christian Georgijewitsch (1873–1941; erschossen), bolschewistischer Politiker. Vor dem Ersten Weltkrieg Führer der rumänischen Sozialdemokratie. Seit 1917 Mitglied der SDAPR(B). Seit 1918 Mitglied des ZK und Organisator der Revolution in der Ukraine. Vorsitzender des Rats der Volkskommissare der Ukraine. 1923–1934 Freund Trotzkis und Führer der Linken Opposition. 1924–1927 Botschafter in London und Paris. 1928–1934 Deportation. Im März 1938 im dritten Moskauer Prozess zu zwanzig Jahren Zwangsarbeit verurteilt.

Raskolnikow, Fjodor Fjodorowitsch-Iljin (1892–1939), bolschewistischer Seeoffizier. Parteimitglied seit 1910. 1918 Volkskommissar für Marine. Später Botschafter. Weigerte sich 1938, in die UdSSR zurückzukehren, schrieb am 17. August 1939 den berühmt gewordenen »Offenen Brief« an Stalin. Starb in Paris.

Reed, John (1887–1920), amerikanischer Sozialist. Er kam 1917 nach Russland und schloss sich den Bolschewiki an. Nach der Rückkehr in die USA Mitbegründer der dortigen Kommunistischen Partei. Während eines erneuten Russland-Aufenthalts gestorben. Hauptwerk: »Zehn Tage, die die Welt erschütterten«, Berlin 1957. Es war unter Stalin zeitweilig verboten, weil es dessen »führende Rolle in der Oktoberrevolution« zu wenig hervorhob.

Renner, Karl (1870–1950), österreichischer Sozialdemokrat und Staatsmann. War Bibliothekar in der Reichsratsbibliothek, bis er 1907 sozialdemokratischer Reichsratsabgeordneter wurde. 1918–1920 Mitglied der provisorischen und der konstituierenden Nationalversammlung, danach in hohen Staatsämtern. Nach dem Zweiten Weltkrieg proklamierte er als Staatskanzler einer provisorischen Regierung (April bis Dezember 1945) die Wiederherstellung der Republik Österreich. Von Dezember 1945 bis zu seinem Tod Bundespräsident.

Rivera, Diego (1886–1957), mexikanischer Maler. Seit 1922 Mitglied der Kommunistischen Partei Mexikos, 1929 Parteiausschluss. Mitte der dreißiger Jahre schloss sich Rivera den mexikanischen Trotzkisten an. Er erreichte bei Staatspräsident Cárdenas die Aufenthaltsgenehmigung für Trotzki und Natalja Sedowa, deren Gastgeber er zu Beginn ihres mexikanischen Exils war. Rivera war neben André Breton Unterzeichner des (von Breton und Trotzki verfassten) »Manifests für eine unabhängige revolutionäre Kunst« vom Juli 1938.

Rjasanow, David Borissowitsch-Goldendach (1870–1938; ermordet), schloss sich 1887 den Narodniki an und wurde später Menschewik. 1901 Emigration nach Berlin. 1905 Rückkehr nach Russland. Nach Niederschlagung der Revolution erneute Emigration. Nahm während des Ersten Weltkriegs eine internationalistische Position ein. 1915 Teilnahme an der Zimmerwalder Konferenz und Mitarbeit an Trotzkis Zeitung »Nasche Slowo«. 1917 gemeinsam mit Trotzkis Gruppe Übertritt zu den Bolschewiki. 1920/21 Eintritt für die Unabhängigkeit der Gewerkschaften. 1921–1931 Gründer und Direktor des Marx-Engels-Instituts und Herausgabe der Werke von Marx und Engels; gilt als einer der größten Marx-Kenner aller Zeiten. 1929 Wahl in die Akademie der Wissenschaften. 1931 von Angeklagten im sogenannten Menschewikiprozess beschuldigt und verbannt. Am 21. Januar 1938 zum Tode verurteilt.

Robespierre, Maximilien (1758–1794), französischer Revolutionär. 1781 Advokat in Arras. 1789 Deputierter des dritten Standes in den Generalständen, spielte Robespierre bald im Klub der Jakobiner eine maßgebende Rolle. Verhaftung am 27. Juli (9. Thermidor) 1794, am folgenden Tag Hinrichtung.

Rolland, Romain (1866–1944), französischer Schriftsteller, 1915 Nobelpreis für Literatur. 1932 berief er mit Henri Barbusse den »Weltkongress gegen den Krieg« ein.

Roshkow, Nikolai Alexandrowitsch (1868–1927), russischer Historiker, Journalist und Politiker. 1906 schließt sich Roshkow den Bolschewiki, später den Menschewiki an. In den zwanziger Jahren Lehr- und Forschungstätigkeit, Mitarbeit an der »Großen Sowjetenzyklopädie«. Werke u.a.: »Stadt und Dorf in der russischen Geschichte« (1902); »Abriss der russischen Geschichte unter soziologischem Gesichtspunkt« (2 Bde., 1903–1905); »Russische Geschichte in vergleichend-historischer Sicht« (12 Bde., 1918–1920).

Rosmer, Alfred (1877–1964), französischer Sozialist. Ursprünglich Anarchist, schloss er sich später den revolutionären Syndikalisten um die Zeitschrift »La vie ouvri&e« an, die im Ersten Weltkrieg internationalistische Positionen vertraten. 1915 lernte er Trotzki kennen und schloss mit ihm lebenslange Freundschaft. Nach der Oktoberrevolution in führenden Funktionen der Kommunistischen Internationale. Ende 1924 wegen seiner Unterstützung Trotzkis aus der KPF ausgeschlossen. 1938 fand in seinem Haus die Gründungskonferenz der Vierten Internationale statt. 1939 reiste Rosmer mit seiner Frau Marguerite nach Mexiko, wo sie als Gäste Trotzkis bis Mai 1940 lebten. Später veröffentlichte Rosmer historische Arbeiten und Erinnerungen, darunter: »Moskau zu Lenins Zeiten«, Frankfurt a.M. 1989.

Ross, Edward Alsworth (1866–1951), amerikanischer Soziologe, Professor an der University of Wisconsin. 1937 in der Untersuchungskommission von Trotzkis Gegenprozess. Werke u.a.: »Social Control« (1901); »Social Psychology« (1908).

Rudsutak, Janis Ernestowitsch (1887–1938; erschossen), bolschewistischer Politiker. Seit 1905 Mitglied der SDAPR(B). Teilnehmer des Oktoberaufstandes in Moskau. 1917–1920 Vorsitzender des Moskauer Volkswirtschaftsrats. Seit 1920 Mitglied des ZK. Mitglied des Gesamtrussischen Zentralrats der Gewerkschaften. 1922–1924 Sekretär der KPR(B). Seit 1923 Kandidat des Politbüros. 1924–1930 Volkskommissar für Verkehrswesen. 1926–1932 Mitglied des Politbüros. Seit 1934 Kandidat des Politbüros und Mitglied des ZEK der UdSSR. Opfer der Säuberungen.

Rühle, Otto (1874–1943), deutscher Sozialist, von Beruf Lehrer. Beitritt zur Sozialdemokratischen Partei 1896. Im Reichstag stimmte er 1915/16 gemeinsam mit Karl Liebknecht gegen die Kriegskredite. Am 9. November 1918 wurde Rühle Vorsitzender des Revolutionären Arbeiter- und Soldatenrats in Dresden. Einer der Führer der anarchosyndikalistischen Kräfte in der KPD, 1920 Parteiausschluss. 1933 Emigration nach Prag, 1936 nach Mexiko. Dort war Rühle eine Zeit lang Berater des mexikanischen Unterrichtsministeriums. 1937 in der Untersuchungskommission von Trotzkis Gegenprozess.

Rykow, Alexej Iwanowitsch (1881–1938; erschossen), bolschewistischer Politiker. Seit 1905 einer der Führer der Bolschewiki. Seit 1917 Volkskommissar für Inneres. 1922 bis 1930 Mitglied des Politbüros. 1924 Nachfolger Lenins als Vorsitzender des Rats der Volkskommissare. 1928 einer der Führer der rechten Opposition gegen Stalin. 1929 Ausschluss aus dem Politbüro, 1937 Parteiausschluss. März 1938 im dritten Moskauer Prozess zum Tode verurteilt.

Sadowski, Andrej Dmitrijewitsch (1880–1927), bolschewistischer Militärfunktionär. 1917 Mitglied des Militärisch-Revolutionären Komitees Petrograd. Teilnehmer am Oktoberaufstand. Kommissar im Stab des Petrograder Militärbezirks. Seit 1919 Mitglied des Zentralrats der sowjetischen Gewerkschaften. Mitglied des ZEK der UdSSR.

Salutzki, Pjotr Antonowitsch (1887–1937; erschossen), bolschewistischer Politiker. Seit 1907 Mitglied der SDAPR(B). 1917 einer der Führer der Bolschewiki in Petrograd. 1927 Ausschluss aus der Partei. 1928 nach Selbstkritik Wiederaufnahme in die Partei. 1935 Verurteilung zu mehrjähriger Haft, am 10. Januar 1937 zum Tode verurteilt.

Sasulitsch, Wera Iwanowna (1849–1919), russische Sozialistin, aktiv in Kreisen der Volkstümler und bekannt durch ihr Attentat auf den Petersburger Stadtkommandanten F. F. Trepow am 24. Januar 1878 und ihren nachfolgenden Freispruch vor Gericht. 1883 Mitbegründerin der ersten russischen marxistischen Gruppe »Befreiung der Arbeit«. Korrespondenz mit Marx und Engels über das Schicksal der russischen Dorfgemeinde. 1903 auf der Seite der Menschewiki. Sasulitsch starb am 8. Mai 1919 in Petrograd.

Sborowski (Zborowski), Mark Grigorewitsch (1908–1990), (»Etienne«, »Mark«, »Tjulpan«, »Kant«), sowjetischer Geheimdienstler. Geboren in Uman (Ukraine), studierte Sborowski 1928/29 Medizin in Paris, wo er Mitte der dreißiger Jahre enger Vertrauter von Lew Sedow wurde und an der Herausgabe des »Bulletins der Opposition« mitarbeitete. Alle Informationen leitete er nach Moskau weiter. Seit 1941 in den USA, wo er sich mit ethnologischen und anthropologischen Studien beschäftigte. Ende der fünfziger Jahre/Anfang der sechziger Jahre in den USA verhaftet. Seit 1964 Fortsetzung der Arbeit als Anthropologe in San Francisco, wo er am 30.4.1990 starb. Veröffentlichungen u. a.: M. Zborowski/E. Herzog: Das Schtetl. Die untergegangene Welt der osteuropäischen Juden. 2. Aufl., München 1991.

Schkirjatow, Matwej Fjodorowitsch (1883–1954), bolschewistischer Politiker. Seit 1906 Partei-, ab 1939 ZK-Mitglied. 1952/53 Mitglied des Politbüros.

Schostakowitsch, Dmitri Dmitrijewitsch (1906–1976), russischer Komponist. 1919–1925 Studium am Petrograder Konservatorium. Komponierte u. a. 15 Sinfonien.

Sedow, Lew (1906–1938), Trotzkis ältester Sohn. Nach 1917 aktives Mitglied des Kommunistischen Jugendverbandes und nach 1923 der Linken Opposition. Bis zu seinem Tod leitete er die Herausgabe des »Bulletins der Opposition«, zuerst in Berlin, nach 1933 in Paris. Sedow verfasste das »Rotbuch über den Moskauer Prozess 1936«. Im Februar 1938 starb er unter mysteriösen Umständen in einem Pariser Krankenhaus nach einer Blinddarmoperation.

Sedowa, Natalja (1882–1962), Trotzkis zweite Frau. Seit 1902 Studium an der Sorbonne in Paris, wo sie Trotzki kennenlernte.

Serebrjakow, Leonid Petrowitsch (1888–1937; erschossen), bolschewistischer Politiker. Seit 1905 Mitglied der SDAPR(B). Wurde als Berufsrevolutionär von 1917 mehrfach verhaftet und verbannt. Einer der Führer der Oktoberrevolution in Moskau und zeitweilig Leiter der Politischen Hauptverwaltung der Roten Armee. Seit 1921 Volkskommissar für Transportwesen. 1919–1921 ZK-Mitglied. 1923–1929 einer der Führer der Linken Opposition. 1927 Parteiausschluss. 1937 einer der Hauptangeklagten im Pjatakow-Prozess und zum Tode verurteilt.

Serge, Victor (1890–1947), französischer Sozialist, geboren in Brüssel als Sohn emigrierter russischer Revolutionäre. Vor dem Ersten Weltkrieg aktiv in der französischen anarchistischen Bewegung. Nach 1919 Arbeit im Apparat der Komintern, aktiv in der trotzkistischen Opposition. 1928 Parteiausschluss. Serge schrieb eine Reihe von autobiographisch geprägten Werken, u. a.: »Beruf: Revolutionär. Erinnerungen 1901–1917–1941«. Frankfurt a.M. 1967.

Shachtman, Max (1903–1972), amerikanischer Trotzkist, leitete die Gründungskonferenz der Vierten Internationale 1938.

Shaw, George Bernard (1856–1950), irischer Schriftsteller. 1884 wurde er führendes Mitglied der sozialistischen »Fabian Society«. 1925 Nobelpreis.

Sinowjew, Grigorij Jewsejewitsch-Radomyslski (1883–1936; erschossen), bolschewistischer Politiker. Seit 1901 Mitglied der SDAPR. Seit 1903 Bolschewik und enger Mitarbeiter Lenins. Seit 1907 Mitglied des ZK. 1908 Verhaftung und Emigration. 1917 Vorsitzender des Petrograder Rats. Seit 1919 Mitglied des Politbüros. 1924 Zusammengehen mit Stalin und Kamenew zur »Trojka«. Seit 1925 Opposition gegen Stalin und Bildung der »Vereinigten Opposition« zusammen mit Kamenew und Trotzki. 1926/27 Verlust aller Parteifunktionen. 1935 Verurteilung zu zehn Jahren Gefängnis. 1936 im ersten Moskauer Schauprozess zum Tode verurteilt.

Siqueiros, José David Alfaro (1896–1974), mexikanischer Maler und Graphiker. Bereiste 1919–1922 Europa und schuf später in Mexiko großflächige Wandgemälde im Stil des »Muralismo«. Zusammen mit Rivera und Orozco dessen führender Vertreter. 1924–1930 in der Leitung der Kommunistischen Partei Mexikos. 1937–1939 aktiv im Spanischen Bürgerkrieg. Siqueiros leitete das Attentat gegen Trotzki am 24. Mai 1940. 1960–1964 in Mexiko wegen »sozialer Zersetzung« inhaftiert. 1966 nationaler Kunstpreis von Mexiko, 1967 Lenin-Friedenspreis der UdSSR.

Skljanski, Ephraim Markowitsch (1882–1925), bolschewistischer Funktionär. Seit 1918 Stellvertretender Volkskommissar für Armee und Flotte und Stellvertretender Vorsitzender des Revolutionären Kriegsrats der Republik. Mitglied des Rats für Arbeit und Verteidigung und des Gesamtrussischen ZEK. Ertrank während einer USA-Dienstreise.

Skobelew, Matwej Iwanowitsch (1885–1938), zunächst Menschewik, später Bolschewik. Abgeordneter in der 4. Staatsduma. 1917 führendes Mitglied des Petrograder Rats. Mai 1927 Arbeitsminister in der Provisorischen Regierung.

Smilga, Iwar Tenissowitsch (1892–1938; erschossen?), bolschewistischer Politiker. Seit 1907 Mitglied der SDAPR(B). Seit 1917 Mitglied des ZK. In der Oktoberrevolution Führer der Baltischen Flotte. Im Bürgerkrieg einer der wichtigsten Organisatoren und Kommissare der Roten Armee. Mitglied des Revolutionären Kriegsrats der Republik. Stellvertretender Vorsitzender der Staatlichen Plankommission. 1923 Kampf gegen die Linke Opposition. 1926 Zusammenschluss mit Sinowjew in einer neuen Linksopposition. 1927 nach Fernost »versetzt«. Parteiausschluss und Deportation. 1928/29 Kritik an Bucharin und 1929 Bruch mit der Opposition. 1932 Verurteilung zu fünf Jahren Haft. 1936 im ersten Moskauer Schauprozess als »Terrorist« diskriminiert.

Smirnow, Iwan Nikititsch (1880–1936), bolschewistischer Politiker. Seit 1899 Mitglied der Sozialdemokratischen Arbeiterpartei Russlands, nach der Oktoberrevolution Mitglied des Revolutionären Kriegsrats. 1923 einer der Mitbegründer der Linken Opposition. 1927 Parteiausschluss, 1930 Wiederaufnahme, 1933 erneuter Ausschluss und Verhaftung, 1936 im ersten Moskauer Prozess zum Tode verurteilt und erschossen.

Smirnow, Wladimir Michailowitsch (1887–1937), bolschewistischer Politiker. Schloss sich 1907 den Bolschewiki an. 1917 einer der Führer der Revolution in Moskau. 1918 Gegner des Brester Friedens. Während des Bürgerkriegs Kommissar in verschiedenen Armeen, dann einer der Wortführer der »Demokratischen Zentralisten«. 1927 Parteiausschluss. Am 26.5.1937 zum Tode verurteilt.

Sokolnikow, Grigorij Jakowlewitsch (1888–1939; ermordet), bolschewistischer Politiker. Mitglied der SDAPR seit 1905. 1910 Emigration. Im Ersten Weltkrieg Mitarbeit an Trotzkis Zeitung »Nasche Slowo«. 1917 Rückkehr nach Moskau. Übertritt zu den Bolschewiki und Mitarbeit in der »Prawda«-Redaktion. Nach der Oktoberrevolution Volkskommissar für Finanzen. Stellvertretender Vorsitzender der Staatlichen Plankommission und Stellvertretender Volkskommissar für Äußeres. Bis 1926 Mitarbeit bei der Opposition. 1929–1934 Botschafter in Großbritannien. 1937 Verurteilung zu zehn Jahren Gefängnis im zweiten Moskauer Schauprozess.

Sologub, Fjodor (1863–1927), russischer Schriftsteller. Lehrer, dann in Petersburg Inspektor für das Volksschulwesen. Vertreter des russischen Symbolismus. Werke u. a.: »Das Buch der Märchen« (deutsch 1908), »Totenzauber« (Trilogie, deutsch 1913).

Soltz, Aron Alexandrowitsch (1872–1945), sowjetischer Jurist. In der zaristischen Zeit mehrfach verhaftet und verbannt, schloss sich Soltz nach der Februarrevolution den Bolschewiki an. 1921–1934 Präsidiumsmitglied der Zentralen Kontrollkommission/Arbeiter- und Bauern-Inspektion. Seit 1921 am Obersten Gericht der Sowjetunion.

Sorokin, Pitirim Alexandrowitsch (1889–1968), amerikanischer Soziologe russischer Herkunft. 1919 Professor in Petrograd. Emigration 1922. 1924–1930 Professor an der University of Minnesota. 1930–1935 an der Harvard University. Sein Hauptarbeitsgebiet war die Kultursoziologie (»Social and Cultural Dynamics«, 4 Bde., 1937–1941).

Souvarine, Boris – B. Lifschitz (1895–1984), französischer Linkspolitiker und Publizist. 1913–1915 Korrespondent der Zeitung »Nowaja Shisn«. Einer der Führer der französischen Sozialistischen Partei (SFIO). 1920 Beitritt zur Kommunistischen Internationale. Seit 1921 Mitglied des EKKI. 1924 Ausschluss aus dem EKKI wegen seiner Solidarisierung mit Trotzki. 1925 Herausgabe des »Bulletin Communiste« in Frankreich. 1929 Bruch mit Trotzki. 1930 beginnt er die Arbeit an einer Stalinbiographie. Während des Zweiten Weltkriegs Emigration in die USA. 1947 Rückkehr nach Frankreich.

Spengler, Oswald (1880–1936), deutscher Kultur- und Geschichtsphilosoph. Nach 1908 Gymnasiallehrer in Hamburg, nach 1911 Privatgelehrter in München. Sein Hauptwerk »Der Untergang des Abendlandes« erschien 1918–1922 in zwei Bänden.

Spiegelglas, Sergej Michajlowitsch, sowjetischer Geheimdienstler, führend an den Plänen zur Ermordung Trotzkis beteiligt.

Stalin, Josef (1878–1953), Generalsekretär des ZK der Russischen Kommunistischen Partei (Bolschewiki) seit 1922, Mitglied des Exekutivkomitees der Kommunistischen Internationale seit 1925.

Stasowa, Jelena Dmitrijewna (1873–1966), bolschewistische Politikerin. 1901 Vertrauensperson der »Iskra«. 1904 Sekretärin des Büros des ZK. 1914 Verbannung nach Sibirien. 1917 Mitglied des Russischen Büros des ZK der SDAPR(B). Teilnehmerin am Oktoberaufstand. Seit 1918 Mitglied des ZK der KPR(B). 1935 Delegierte der KPdSU(B) auf dem 7. Weltkongress der Komintern.

Struwe, Pjotr Berngardowitsch (1870–1944), russischer Journalist und Ökonom. Struwe vertrat zuerst den »legalen Marxismus« und stand nach der Revolution von 1905 auf dem rechten Flügel der Liberalen (Konstitutionellen Demokraten). Im Bürgerkrieg Minister unter Denikin und Wrangel, danach Emigration.

Suchanow, Nikolaj Nikolajewitsch-Gimmer (1882–1940), menschewistischer Politiker. 1917 Mitglied des Exekutivkomitees des Petrograder Rats. Vertrauter Maxim Gorkis. Schrieb eine Geschichte der russischen Revolution unter dem Titel »1917. Tagebuch der Russischen Revolution«. 1931 Angeklagter im »Menschewikiprozess«. Verurteilt zu 10 Jahren Gefängnis. Sein weiteres Schicksal ist unklar.

Sudoplatow, Pawel Anatoljewitsch, sowjetischer Geheimdienstler, an den Plänen zur Ermordung Trotzkis führend beteiligt.

Swerdlow, Jakob Michajlowitsch (1885–1919), bolschewistischer Politiker. Mehrfach verhaftet und verbannt. Seit 1914 zusammen mit Stalin am Verbannungsort Kurejka. Seit 1917 Mitglied des ZK. Im November 1917 zum Vorsitzenden des Gesamtrussischen ZEK gewählt.

Togo, Heihachiro (1848–1934), japanischer Admiral, der die japanische Flotte im Russisch-Japanischen Krieg 1904/05 zum Sieg führte (Seeschlacht von Tsushima am 27. Mai 1905 – der erste militärische Sieg einer asiatischen über eine europäische Macht).

Tomski, Michail Pawlowitsch-Jefremow (1880–1936), bolschewistischer Politiker. Seit 1905 Mitglied der SDAPR(B). Seit 1917 Vorsitzender der sowjetischen Gewerkschaften und Mitglied des Politbüros. Zusammen mit Bucharin Mitglied der rechten Opposition. Wurde von einem Angeklagten während des ersten Moskauer Schauprozesses beschuldigt und beging anschließend Selbstmord.

Tschcheidse, Nikolaj Semjonowitsch (1864–1926; Selbstmord), menschewistischer Politiker. Mitbegründer der ersten marxistischen Gruppe in Georgien. Seit 1903 Führer der georgischen Menschewiki. 1907–1917 Abgeordneter in der 3. und 4. Duma. Nach der Februarrevolution 1917 Vorsitzender des Petrograder Sowjets. 1919 Vorsitzender der Konstituierenden Versammlung Georgiens. 1920 Hilfeersuchen an Frankreich gegen die Rote Armee, die 1921 in Georgien einmarschierte. 1921 Emigration nach Paris.

Tschitscherin, Georgij Wassiljewitsch (1872–1936), bolschewistischer Diplomat. 1905 zunächst Mitglied der Bolschewiki, dann Übertritt zu den Menschewiki. 1915 Mitarbeit an Trotzkis Zeitung »Nasche Slowo«. 1916 in England Sekretär des Komitees der Delegierten der russischen sozialistischen Gruppen. 1917 verhaftet wegen angeblicher prodeutscher Aktivität und 1918 nach Petrograd abgeschoben. Trotzkis Nachfolger als Volkskommissar für Äußeres. Auf dem 14. (1925) und 15. Parteitag (1927) der KPR(B) in das ZK gewählt. 1930 Übergabe des Volkskommissariats an Litwinow.

Turatti, Filippo (1857–1932), italienischer Sozialist. Nach der Spaltung der italienischen Sozialistischen Partei 1922 Führer der reformistischen Richtung. 1926 Emigration nach Frankreich.

Unschlicht, Josef Stanislawowitsch (1879–1938; erschossen), bolschewistischer Politiker. Seit 1900 Mitglied der SDAPR. 1907–1911 Mitglied der Warschauer Gebietsorganisation der polnischen Sozialdemokratie. Verbannung nach Irkutsk. 1917 Mitarbeit in der Irkutsker Parteiorganisation der SDAPR(B). Seit April 1917 Mitglied des Petrograder Rats. Teilnehmer am Oktoberaufstand. Seit 1918 Mitglied des ZK der KP Litauens und Belorusslands, dort auch Volkskommissar für Militärische Angelegenheiten. Teilnehmer am Bürgerkrieg. 1921–1923 Stellvertretender Vorsitzender der Tscheka. 1925–1930 Vertreter des Volkskommissariats für Heer und Marine. 1930–1935 Angehöriger des Obersten Volkswirtschaftsrats und der Staatlichen Plankommission der UdSSR. Mitglied des ZEK der UdSSR.

Uritzki, Moisej Solomonowitsch (1873–1918; ermordet), bolschewistischer Politiker. Mitglied des Revolutionären Militärzentrums und des Zentralexekutivkomitees (ZEK). 1917/18 Mitglied des ZK. 1918 Leiter der Petrograder Tscheka und Mitglied des Komitees der revolutionären Verteidigung.

Uspenski, Gleb Iwanowitsch (1843–1902), russischer Schriftsteller. Beschäftigte sich im Sinne der Volkstümler mit dem Leben der Bauern und Arbeiter, trat aber auch mit ethnographischen und ökonomisch-soziologischen Studien hervor. Werke u. a. »Die Straße der Verlorenen« (1866); »Der Ruin« (1869); »Neue Zeiten, neue Sorgen« (1873–1878).

Vandervelde, Emile (1866–1938), belgischer Sozialist. Seit 1894 Parlamentsabgeordneter. 1900–1914 Präsident der II. Internationale. Seit 1914 Leiter verschiedener Ministerien. 1929–1936 Präsident der Sozialistischen Arbeiterinternationale.

Wardin, Ilja (1890–1943), bolschewistischer Politiker. 1917 Führer der Revolution in Saratow. 1927 Parteiausschluss, 1930 Wiederaufnahme, 1935 erneuter Ausschluss, danach durch eine Kommission des NKWD verurteilt.

Wazetis, Joachim Joachimowitsch-Jukums Vacietis (1873–1938; erschossen), bolschewistischer Militärführer. 1918 Kommandeur an der Ostfront. Später Armeekommandeur 2. Ranges. 1928 Rotbannerorden.

Wolodarski, Moisej Markowitsch-Goldstejn (1891–1918; erschossen), bolschewistischer Politiker und Publizist. Teilnehmer am Oktoberaufstand. Mitglied des ZK und des Zentralexekutivkomitees (ZEK) der Sowjets. Von einem Revolutionsgegner in Petrograd ermordet.

Woroschilow, Kliment Jefremowitsch (1881–1969), bolschewistischer Politiker und Militärführer. Seit 1903 Mitglied der SDAPR(B). 1917 zusammen mit Dsershinski Organisator der Tscheka. 1921–1961 und 1966 Mitglied des ZK. 1925–1940 Volkskommissar für die Verteidigung. 1926–1952 Mitglied des Politbüros. Seit 1935 Marschall der Sowjetunion. Seit 1940 Stellvertretender Vorsitzender des Rats der Volkskommissare. Im Zweiten Weltkrieg Oberbefehlshaber der Truppen im Nordwesten und an der Leningrader Front. Befehlshaber der Partisanenbewegung. 1945–1947 Vorsitzender der Alliierten Kontrollkommission in Ungarn. 1946–1953 Ministerpräsident. 1952–1966 Mitglied des Präsidiums des ZK der KPdSU. 1953–1966 zunächst Vorsitzender, dann Mitglied des Präsidiums des Obersten Sowjets. 1966 von Chruschtschow entmachtet. 1969 rehabilitiert.

Wyschinski, Andrej Januarjewitsch (1883–1954), Jurist. Seit 1902 Mitglied der SDAPR, seit 1903 Menschewik. Seit 1920 Mitglied der KP. Professor an der Moskauer Universität, galt als bolschewistischer Rechtstheoretiker. Seit 1933 Stellvertretender Staatsanwalt. 1935–1939 Staatsanwalt der UdSSR und Ankläger in den Moskauer Schauprozessen. 1940–1949 Stellvertretender Außenminister, 1949–1953 Außenminister. 1953/54 sowjetischer UNO-Vertreter.

Zetkin, Clara (1857–1933), deutsche Sozialistin. 1878 Anschluss an die Sozialdemokratie, aktiv in der proletarischen Frauenbewegung. 1892–1917 leitete Zetkin die sozialistische Frauenzeitschrift »Die Gleichheit«. 1914 Kriegsgegnerin, März 1919 Übertritt von der USPD zur KPD. 1919–1924 Mitglied der Zentrale und 1927–1929 des Zentralkomitees der KPD. Vor dem Exekutivkomitee der Kommunistischen Internationale referierte sie im Juni 1923 über die Gefahr des Faschismus. Am 30. August 1932 eröffnete sie als Alterspräsidentin den neu gewählten Reichstag. Clara Zetkin starb am 20. Juni 1933 in der Nähe von Moskau.

eb

Dimitri Wolkogonow (1928–1995) war Professor für Philosophie, Historiker und sowjetischer Generaloberst. Seit 1950 Mitglied der KPdSU, lehrte er ab 1970 Philosophie an der Militärakademie »Lenin«. Danach arbeitete er in der Politischen Hauptverwaltung der sowjetischen Streitkräfte und war Leiter des Instituts für Militärgeschichte des Verteidigungsministeriums der UdSSR. Als solcher hatte er die Möglichkeit, die Geheimarchive der Partei zu studieren.

Dimitri Wolkogonow

STALIN

Triumph und Tragödie

Ein politisches Porträt

Aus dem Russischen von
Vesna Jovanoska

edition berolina

1. Auflage dieser Ausgabe

Die Originalausgabe erschien 1989 bei APN, Moskau, eine deutsche Ausgabe im selben Jahr im Claassen Verlag, Düsseldorf.
Umschlaggestaltung: BEBUG mbH, Berlin
Umschlagabbildung: © bpk / adoc-photos
Druck und Bindung: CPI Moravia Books s. r. o.

eb edition berolina

Alexanderstraße 1
10178 Berlin
Tel. 01805/30 99 99
FAX 01805/35 35 42
(0,14 €/Min., Mobil max. 0,42 €/Min.)

www.buchredaktion.de

Inhalt

Einleitung

Wenn man es genau nimmt, begann das Jahr 1937 am 1. Dezember 1934. An diesem Tag wurde Sergej Mironowitsch Kirow ermordet. Aber schon die späten zwanziger Jahre hatten die Konturen der folgenden grausamen Jahrzehnte erkennen lassen. Für die Schuldigen dieser Zeit gibt es keine Rechtfertigung.

Wir erinnern uns jedoch, dass damals die Staudämme und die Hüttenwerke aus dem Boden schossen, dass Papanin, Angelina, Stachanow und Bussygin hart arbeiteten. In diesen Jahren erreichte der Patriotismus seinen Höhepunkt, und wir errangen den Sieg im Großen Vaterländischen Krieg. Es wäre falsch, bei der Verurteilung der Verbrechen Stalins die Errungenschaften des Sozialismus und seine prinzipielle Überlegenheit als Gesellschaftssystem zu bestreiten. Trotz der Verbrechen Stalins wurde viel erreicht. Aber unter demokratischen Verhältnissen wären die Erfolge größer gewesen.

Es wäre falsch, die Verurteilung Stalins oder der Personen in seiner Umgebung auszuweiten auf die Partei und auf Millionen von einfachen Menschen, deren Glaube an die Wahrhaftigkeit der revolutionären Ideale nicht erschüttert worden ist.

Es wäre falsch, die Erfolge und die Verbrechen unserer Vergangenheit miteinander zu verrechnen: Was überwog bei Stalin? Verdienste oder Verbrechen? Die Frage ist unmoralisch. Kein Verdienst rechtfertigt die Missachtung der Menschenrechte. Kann von Verdiensten eines Menschen überhaupt die Rede sein, wenn durch seine Schuld viele Millionen starben?

Heute wissen wir, dass Stalin ein grausamer Despot war, der das Volk gewaltsam von seiner politischen Führung entfremdete. Er schuf eine Symbiose von Bürokratie und Dogmatismus. Es liegen Quellen vor, anhand deren wir die Ursachen der Deformation des politischen Systems ergründen können. Unser Wissenshunger lässt sich am besten durch die Wahrheit stillen, wie bitter sie auch sein mag. Lenin schrieb: Besonders »schrecklich sind Illusionen und Selbstlüge, schlimm und zerstörerisch ist die Angst vor der Wahrheit«.

Um das Phänomen Stalin zu analysieren, muss man die Rolle von Persönlichkeiten in der Geschichte auf marxistisch-leninistischer Grundlage betrachten. Dabei werden wir auch Arbeiten Lenins heranziehen und auswerten. Vor allem die als sein »Testament« bekannten Dokumente sind von unschätzbarem Wert.

Stalin hat sein Leben lang nicht vergessen, dass Lenin in seinem »Testament«, dem »Brief an den Parteitag« vom Dezember 1922, ihn und Trotzki als »herausragende Führer« bezeichnet hat. Er vergaß aber ebenso wenig die offene und schmerzhafte Charakterisierung seiner Person. Er konnte sich auch nicht damit abfinden, dass Lenin Bucharin »Liebling der Partei« genannt hatte. Immer wieder hat Stalin versucht, Lenins Worten eine andere Bedeutung zu geben. In einer seiner Reden sagte er zum Beispiel: »Wir alle lieben Bucharin, aber die Wahrheit, die Partei und die Komintern lieben wir noch mehr.« In diesem Satz findet sich fast schon der ganze Stalin: der Idee ergeben – so, wie er sie verstand –, aber schlau und listig. Lenins Bemerkung, dass »Stalin zu grob« sei, kommentierte der Generalsekretär mit der Entgegnung, er sei »nur grob zu seinen Feinden«. In den letzten Jahren sind bei uns viele Biographien erschienen: über Cäsar, Napoleon, Charles de Gaulle, Mao Tse-tung und andere, die für immer in der Geschichte verewigt sind. Es wurde sogar ein Buch über Hitler herausgegeben. Aber es gibt keine politische Biographie Stalins in der Sowjetunion, wohingegen im Ausland einige Dutzend Bücher über ihn veröffentlicht worden sind. Die Lücke in unserer Geschichtsschreibung versuchen bislang zahlreiche belletristische und historische Publikationen zu schließen, die sich mit verschiedenen Aspekten der Stalin-Zeit befassen. Diese Publikationen sind wie ein Regen nach einer langen Dürre. Ohne Zweifel werden bald auch wissenschaftliche Untersuchungen erscheinen. Historiker werden über Stalin wie über Chruschtschow, Breschnew und andere wichtige Personen in der Geschichte unserer Partei und unseres Staats schreiben. Ich habe es mir zur Aufgabe gemacht, nur ein politisches Porträt Stalins zu entwerfen und keine Biographie.

Die hitzigen Diskussionen über Stalin verstummen nicht. Einer der Gründe für das große Interesse an seiner Person ist, dass seine Zeit, legt man historische Maßstäbe zugrunde, erst vor kurzem zu Ende gegangen ist: vor etwa vier Jahrzehnten. Das Schicksal Stalins ist noch verwoben mit den Schicksalen heute lebender Menschen und ihrer nächsten Verwandten. Viele von uns sind in der Stalin-Ära aufgewachsen, und jeder von uns ist mit seiner Zeit verbunden. Die Wunden unserer Geschichte sind nicht verheilt, und wir werden sie noch lange spüren.

Ein weiterer Grund für das anhaltende Interesse an Stalin ist die Erneuerung des Sozialismus, des Humanismus, der Gerechtigkeit, der historischen Wahrheit und der moralischen Ideale. Die Stalin-Ära hat gezeigt, dass der Dogmatismus in der Lage ist, einen Tempel der ehernen und ewigen Werte zu errichten. Außer der Veränderung gibt es jedoch nichts Ewiges. Dogmatische Blindheit ist gefährlich, sie kann eine Ideologie in eine Religion verwandeln. Der Dogmatismus überträgt alle irdischen Freuden auf morgen und morgen auf übermorgen. Die revolutionäre Erneuerung unserer Gesellschaft betrifft vor allem das gesellschaftliche Bewusstsein. Nicht zufällig sind Dogmatismus und Bürokratie zum zentralen Gegenstand unserer Kritik geworden. Beides verbinden wir in hohem Maß mit den Jahren der autokratischen Herrschaft Stalins.

Schließlich will ich noch auf einen Grund unter vielen hinweisen für das große Interesse am Leben dieses Menschen. Dieser Mann erschien seinem Volk nicht als Mensch, wie Lenin, sondern er stellte sich gottähnlich über die sowjetischen Bürger. Die sowjetischen Menschen wussten nichts über Stalin, abgesehen von den zahllosen Lobeshymnen auf ihn wie von den Statuen und Bildern. Die knappe Biographie von ihm, die kurz nach dem Krieg erschienen ist, hat keine Autoren, obwohl in der Titelei G. f. Alexandrow, M. B. Mitin, P. N. Pospelow und andere aufgeführt sind. Stalin selbst hat diese Biographie bearbeitet. Sie verherrlicht den Staatsmann und Parteiführer, aber der Mensch kommt nicht vor in ihr.

1936 wurde ein Buch von Henri Barbusse herausgegeben: »Stalin«. Es genügt, ein paar Sätze darin zu lesen, um die Qualität dieser Arbeit bewerten zu können. Zum Beispiel: »Die Geschichte seines Lebens ist eine Reihe ungezählter Siege über gewaltige Schwierigkeiten. Es verging kein Jahr seit 1917, in dem er nicht große Taten vollbrachte, von denen eine einzige genügt hätte, um ewigen Ruhm zu ernten. Stalin, das ist ein eiserner Mensch. Er macht seinem Namen alle Ehre: Stalin, der Stählerne.« Das Akademiemitglied Jemeljan Michajlowitsch Jaroslawski hat 1939 das Buch »Über den Genossen Stalin« veröffentlicht. Jaroslawski bemerkte zu Recht, über Stalin zu schreiben bedeute, über alle Aktionen der Partei im Kampf für den Aufbau des Sozialismus in unserem Land zu berichten. Aber dann finden wir darin Sätze nach dem Muster der folgenden:

»In den Volksliedern besingen und vergleichen die Sänger den Genossen Stalin mit einem gewissenhaften Gärtner, der seinen Garten liebt; und dieser Garten ist die Menschheit. Das Teuerste, das wir haben, sind die Menschen, sind die Kader. Die Fürsorge, die der Genosse Stalin den Kadern, dem Menschen, dem lebenden Menschen, zuteil werden lässt, das ist das, was das Volk am Genossen Stalin schätzt, das ist das, was wir vom Genossen Stalin lernen können.«

Der Kominternfunktionär Karl Radek widmete Stalin in seinem 1934 erschienenen Buch »Porträts und Pamphlete« ein langes Kapitel. Es liest sich wie die Lobpreisung eines Messias. Die Hymne auf den Führer, mit der Radek sich erniedrigte, bewahrte ihn nicht vor einem tragischen Schicksal.

Der wissenschaftliche Wert solcher und ähnlicher Werke sowie der Mengen von geschönter Erinnerungsliteratur, die die Stalin-Zeit behandelt, ist gering. In ihnen zeigt sich das Klima der Unterwürfigkeit und Speichelleckerei, das Stalin und seine Gesinnungsgenossen unter Einsatz von Gewalt erzeugt haben, besonders nach dem 17. Parteitag (1934).

Stalin hat hart daran gearbeitet, dass die Menschen nach seinem Tod so über ihn dachten, wie er es wollte. Er und seine Mitstreiter waren dabei nicht ohne Erfolg, wie sich in unserer Literatur zeigt. Viele Seiten der Chronik unseres Landes sind unbeschrieben, viele sind entstellt, und manche wurden herausgerissen. Dieser Umstand hat dem Autor die Arbeit schwer gemacht.

Eine andere Schwierigkeit ist mehr allgemeiner Art. Jeder Mensch birgt in sich einen Mikrokosmos unerklärlicher Welten. Alle diese Geheimnisse nimmt er mit ins Grab. Wir werden niemals alles über einen Verstorbenen erfahren, aber es gibt verschiedene

Möglichkeiten, vieles über das zu erfahren, was ein Mensch gedacht hat. Über die Gedankenwelt Stalins geben nicht nur seine Berichte, Briefe und Aufzeichnungen Aufschluss, sondern auch sein Handeln, wie es sich in der sozialen Wirklichkeit niedergeschlagen hat. Dazu gehören seine Verbrechen. Die Stalinsche Gedankenwelt ist nicht mehr gänzlich geheimnisvoll, wenn man betrachtet, wovon sie sich nährte und worin sie sich ausdrückte. Dennoch wird unser Versuch, Stalins Taten zu erklären, in einigen Fällen in einer Sackgasse enden.
Menschen, die außerhalb einer demokratischen Kontrolle stehen, die mit uneingeschränkter Macht ausgestattet sind, gewöhnen sich an das Gefühl der Unfehlbarkeit. Solche Menschen sind meist von vielen anderen Menschen umgeben, aber sie sind immer einsam. Bei Stalin hielten sich in der Regel Molotow, Kaganowitsch, Woroschilow, Malenkow und Berija auf. Stalin hatte niemanden, mit dem er sich vergleichen konnte, niemanden, mit dem er diskutieren konnte, niemanden, dem er etwas beweisen musste, niemanden, vor dem er sich zu rechtfertigen brauchte. Die Einsamkeit auf dem Gipfel, die uneingeschränkte Macht stumpften seine Gefühle ab, verwandelten sein Denken in kalte Berechnung. Jeder Schritt, der immer gleich zu einem »historischen«, »schicksalhaften«, »entscheidenden« wurde, tötete fast unmerklich das Menschliche im Menschen.

Als Grundlagen für meine Analyse dienten Lenins Arbeiten, Parteidokumente, Materialien vieler Archive: des Zentralen Parteiarchivs, des Obersten Gerichtsarchivs der UdSSR, des Zentralen Staatsarchivs der Sowjetischen Armee, des Archivs des Verteidigungsministeriums der UdSSR, des Archivs des Generalstabs der Streitkräfte der UdSSR und andere Archive und Museen. Im Archiv des Verteidigungsministeriums der UdSSR hatte ich beispielsweise Gelegenheit, viele interessante, einzigartige, nie veröffentlichte Dokumente einzusehen. Sie beziehen sich im Wesentlichen auf die militärischen Aspekte von Stalins Tätigkeit.
Schon die erste Bekanntschaft mit den Erklärungen Stalins zu militärischen Fragen zeigt, dass Stalin ganz und gar nicht immer das glaubte, was er proklamierte. Um dies zu belegen, ziehe ich auch Erinnerungen von Zeitgenossen Stalins heran. Hier ein Beispiel:

Stalin liest den Urteilsentwurf des militärischen Kollegiums des Obersten Gerichts der UdSSR gegen die Generäle D. G. Apollos, W. J. Klimowskich, A. T. Grigorjew, A. A. Korotkow, denen unter anderem »antisowjetische Verschwörung und vorsätzliche Wehrkraftzersetzung an der Westfront« zur Last gelegt wurden. Ohne zu Ende zu lesen, stieß der »Führer« hervor: »Reden Sie keinen Blödsinn!«
Daraufhin strich man »antisowjetische Verschwörung«, »verschwörerische Ziele« und »feindliche Tätigkeit« und schrieb stattdessen: »(...) offenbarten ihre Feigheit, die Unfähigkeit, ihre Befehlsgewalt anzuwenden; sie zeigten organisatorisches Unvermögen und ließen einen Verfall der militärischen Führung zu (...).« Obwohl die Beschuldigungen nach wie vor ungerechtfertigt waren und das Urteil, welches am 22. Juli 1941 vollstreckt wurde, hart war, zeigt diese Episode, dass der »Führer« im Angesicht der Gefahr, die ihn und das Land bedrohte, nicht mehr das alte »Verschwörerspiel« spielen wollte. Wo liegen die Ursachen für die Irrationalität, Grausamkeit und Hinterlistigkeit dieses Menschen? Etwa in der religiös-dogmatischen Nahrung, die er während seiner Jugendjahre in großen Mengen verschlang? Oder in der eigenartigen Eifersucht, die er gegenüber anderen Politikern wegen deren intellektuellen Formats empfand? Liegen die Ursachen in seiner Verbitterung, die schon vor der Oktoberrevolution entstanden war?
Stalins Biographie vor der Oktoberrevolution besteht im wesentlichen aus sieben Verhaftungen und fünf Fluchten. Seit seinem neunzehnten Lebensjahr erfüllte er illegal Aufträge von Parteikomitees. Er wurde immer wieder verhaftet, wechselte häufig seinen Namen, beschaffte gefälschte Pässe, befasste sich mit der »Expropriation« von Geld zugunsten der Parteikasse und wechselte häufig den Wohnsitz. In den Verbannungsorten und Gefängnissen hielt er sich nicht lange auf, er floh und versteckte sich von neuem. Der Gedanke, ins Ausland zu gehen, ist ihm nicht in den Sinn gekommen.

Eine große Hilfe für dieses Buch stellten viele Zeitungen und Zeitschriften dar, zum Beispiel Ausgaben der »Prawda« aus über dreißig Jahren, des »Bolschewik«, des »Politrabotnik« und viele andere. Ich konnte auch auf Zeitungen und Zeitschriften zurückgreifen, die nur in den zwanziger Jahren erschienen sind.

Es ist bekannt, dass im Ausland eine umfangreiche Literatur über Stalin existiert. Es werden jährlich auch Dutzende und aber Dutzende von Büchern veröffentlicht, die das Ziel haben, mit »Hilfe Stalins« die Idee des Sozialismus zu diskreditieren. Aber Stalins Praxis, den Sozialismus in Misskredit zu bringen, war weitaus gefährlicher als die Werke bürgerlicher Sowjetologen.
Ferner sind Aufzeichnungen von ausländischen Politikern, die seinerzeit Stalin begegnet sind, als Zeugnisse nicht uninteressant; wie zum Beispiel von Franklin D. Roosevelt, Winston Churchill, Charles de Gaulle, Mao Tse-tung, Enver Hodscha. Das gilt auch für einige kleinere Arbeiten von Stalins Tochter Swetlana Allilujewa, die sie in der Emigration herausgegeben hat.
Ich machte mich ferner mit den Argumenten politischer und ideologischer Gegner Stalins innerhalb des Landes vertraut, mit Arbeiten Leo Trotzkis, Grigorij Sinowjews, Lew Kamenews, Nikolaj Bucharins, Alexej Rykows, Michail Tomskis und anderer. Sie alle waren sowohl Mitstreiter als auch Schüler Lenins. Niemand von ihnen hat sich für einen Schüler Stalins gehalten. Sosehr auch später Lasar Kaganowitsch, Wjatscheslaw Molotow, Kliment Woroschilow, Georgij Malenkow, Andrej Schdanow und andere, die ihre Plätze einnahmen, versuchten, den Eindruck zu vertuschen: Stalin handelte nach dem alten Gesetz der Diktatoren. Die Menschen, die er einsetzte, zeichneten sich durch Unterwürfigkeit aus und konnten ihm seinen Rang nicht streitig machen.
Trotzki, Sinowjew, Kamenew, Bucharin und andere waren Anfang der zwanziger Jahre wesentlich bekannter als Stalin. Trotzki und Stalin waren in den Jahren der Revolution und des Bürgerkriegs nicht einmal vergleichbar, was ihre Popularität in Partei und Volk betrifft. Trotzki ging in die Geschichte ein als ein anerkannter Führer der Oktoberrevolution, als einer der Gründer der Roten Armee und als bedeutender Theoretiker. Vor dem Jahr 1927 hatte er schon 21 Bände seiner Werke veröffentlicht! Dieser energische Politiker, dem es beim Verfassen seiner Arbeiten an literarischem Talent nicht mangelte, kokettierte nicht selten vor dem Spiegel der Geschichte und versuchte, seine Ansprüche auf einen Platz an der Parteispitze zu rechtfertigen. Wahrscheinlich liebte er sich in der Revolution mehr als die Revolution selbst.
Als ich mich mit den Bänden seiner Werke vertraut machte, war ich

erstaunt darüber, dass Trotzki bereits in den Jahren des Bürgerkriegs sorgfältig darauf achtete, was später über ihn geschrieben werden sollte. Briefe und alle möglichen Schriftstücke, die er erhielt, bewahrte er sorgsam auf. So sammelte er auch Anfragen von Diplomaten, die ihn um Audienz baten, und er archivierte Zeitungsausschnitte, die über ihn und seine Arbeit berichteten. Trotzki war davon überzeugt, dass nach dem Tod Lenins die Führung der Partei auf ihn übergehen müsste. Und das nicht ohne Grund.

Häufiger als alle anderen war Stalin das Hauptziel von Trotzkis Attacken. Allerdings hat er den Großteil seiner antistalinschen Literatur erst nach seiner Verbannung aus der UdSSR verfasst. Trotzki charakterisierte Stalin als den »Herausragendsten in der Partei an Mittelmäßigkeit«. Im Übrigen hat Trotzki es kaum verborgen, dass er sich für ein intellektuelles Genie hielt. Trotzki versuchte häufig, seine Gegner als minderwertig darzustellen. So sagte er zum Beispiel 1924 über Sinowjew, er sei »von einer aufdringlichen Mittelmäßigkeit«, dem belgischen Sozialistenführer Emile Vandervelde bescheinigte er »glänzende Mittelmäßigkeit« und dem Menschewiken Irakli Zereteli »begnadete und ehrliche Mittelmäßigkeit« usw.

Nach der Verbannung aus der UdSSR blieb Trotzki eine nie nachlassende Leidenschaft: der Hass auf Stalin. Besonders deutlich tritt dies in seinem letzten, unvollendeten Buch »Stalin« hervor. Obwohl Trotzki darin versichert, persönliche Motive spielten keine Rolle: »Unsere Wege sind vor so langer Zeit und so weit auseinandergegangen, und er ist für mich in solch einem Maße Geschütz historischer und feindlicher Kräfte, sodass meine persönlichen Gefühle für ihn sich nicht von jenen unterscheiden, die ich für Hitler oder für den japanischen Mikado empfinde; das Persönliche zwischen uns ist schon lange verglüht.« Niemand auf der Welt hat so viel Vernichtendes, Böses, Polemisches über Stalin geschrieben wie Trotzki, und es hat niemand so viel zur Entlarvung Stalins beigetragen wie er.

Stalin erwiderte die Angriffe Trotzkis mit ebensolchem Hass. Besonders deutlich zeigte sich dies bei ihren Auseinandersetzungen in der Zeit der Schlacht um Zarizyn und während des Bürgerkriegs. Am tragischen 21. Januar 1924 schickte Stalin folgendes Telegramm in den Süden:

»Man übermittle dem Genossen Trotzki, dass am 21. Januar 1924 um 6.50 Uhr der Genosse Lenin unerwartet verstarb. Der Tod erfolgte durch eine Atemlähmung. Beerdigung am Samstag, den 26. Januar. Stalin«

Als er das Telegramm schrieb, wusste Stalin sicher: Jetzt steht ihm ein erbitterter und schonungsloser Kampf gegen Trotzki um die Führung in der Partei bevor. Stalin dürfte allerdings kaum geahnt haben, dass er Trotzki zwar besiegen, aber niemals von ihm loskommen würde. Die bürokratischen Befehlsmethoden, die Gewalt, das »Anziehen der Schrauben«, deren Verfechter Trotzki gewesen war, wurden zu Stalins Rüstzeug. Liegt vielleicht hierin ein Ursprung der künftigen Tragödie? Bis zur Ermordung Trotzkis im August 1940 hinterließ der Kampf zwischen Stalin und Trotzki Spuren im Denken des Generalsekretärs. Um die tiefen Schichten von Stalins Innenwelt zu verstehen, habe ich den Kampf studiert zwischen dem Generalsekretär und dem Mann, den er für seinen größten Feind hielt.

Ich hatte die Gelegenheit, mit Menschen zu sprechen, die Stalin begegnet waren. Sie waren so oder so in den Strudel der Ereignisse geraten, die durch Stalin hervorgerufen wurden. Ergiebig waren auch die Gespräche mit einer Reihe von Menschen aus der engeren Umgebung Stalins: mit ehemaligen Mitarbeitern des Zentralkomitees der Kommunistischen Partei, des Rats der Volkskommissare und des NKWD; mit ehemaligen höchsten sowjetischen Militärführern, mit Menschen aus politischen und gesellschaftlichen Institutionen – mit den Menschen also, deren Leben auf diese oder auf jene Weise durch die Handlungen oder Entscheidungen des »Führers« bestimmt wurden.
Ich habe diesem Buch den Titel »Stalin. Triumph und Tragödie« gegeben, weil ich versuchen will zu zeigen, wie der Triumph eines Menschen sich in die Tragödie eines Volks verwandelte. Nikita S. Chruschtschow setzte auf dem 20. Parteitag in seinem Bericht die Akzente auf seine Art. Er sagte über Stalin unter anderem Folgendes: »Wir können nicht sagen, dass es sich hier um die Taten eines machttrunkenen Despoten handelte. Er war zu dem Schluss gelangt, dass dies im Interesse der Partei, der arbeitenden Massen,

im Namen der Verteidigung der Ziele der Revolution getan werden müsse. Hierin liegt die ganze Tragödie!«

Ich glaube, dass diese Betrachtungsweise nicht richtig ist. Sie rechtfertigt Stalin. Der »Führer« liebte mehr als andere auf der Welt seine persönliche Macht. Er benutzte seine uneingeschränkte Macht zu ungeheuerlichen Repressalien, und darin sah er keine Tragödie.
Stalin gewöhnte sich schnell an die Gewalt als Attribut der absoluten Macht. Die Verfolgungsmaschine, die Stalin in den dreißiger Jahren mit voller Kraft wüten ließ, machte nicht nur die Funktionäre der unteren Ränge besessen, sondern auch Stalin selbst. Es ist denkbar, dass das Abgleiten zur Idee der Gewalt eine Reihe von Etappen durchlief: Zunächst war es ein Kampf gegen wirkliche Feinde, dann folgte die Vernichtung von persönlichen Gegnern, und schließlich wurde die Gewalt angewendet als Demonstration der Ergebenheit vor dem »Führer«. Im Schatten der Bedrohung von außen wurde eine Atmosphäre der geistigen Belagerung geschaffen. Dies war der spezifische Zustand des gesellschaftlichen Bewusstseins, der im Jahr 1937 seinen Höhepunkt erreichte: Die Gewalt triumphierte über das Recht und der Personenkult über die Volksmacht.
Konnte man denn wirklich glauben, dass von den sieben Politbüromitgliedern, die im Mai 1924 auf dem ersten Parteitag nach Lenins Tod gewählt wurden, alle außer Stalin plötzlich zu »Feinden« wurden? Sogar in den Zeiten der mittelalterlichen Inquisition hatte niemand auf solch einer »Sauberkeit« bestanden. Stalin vernichtete die »Feinde«, und die Wellen gingen weiter und weiter. Das war der tragische Triumph einer bösen Macht.
Manchmal ist es schwer, zu erklären, warum Stalin, der doch schon alle seine Gegner vernichtet hatte, es für nötig befand, die Verfolgung der besten Leute der Partei und des Staats fortzusetzen. Und dies am Vorabend des drohenden Kriegs.
In den Organen des Innenministeriums (NKWD) hatten einige Bolschewiki früh die Gefahr des Systems der allgemeinen Verdächtigungen und Repressionen erkannt. Allein aus ihrer Mitte wurden mehr als 23 000 zu Opfern der barbarischen Gesetzlosigkeit.

Nicht einmal die schlimmsten Grimassen der Geschichte aber konnten letzten Endes das sowjetische Volk daran hindern, sich der Verwirklichung von hohen Idealen zu nähern. Sogar die tragischsten Jahre haben es nicht vermocht, in Millionen von sowjetischen Menschen den Glauben an humanistische Werte auszulöschen. In der Dialektik des Triumphes und der Tragödie verbirgt sich die unendliche Komplexität des Seins. Auch wenn die Volksmassen die entscheidende Rolle spielen, so hängt von den Persönlichkeiten in der Geschichte doch viel ab. Das Tragische bestand hier darin, dass Stalin von Millionen nicht ans Mensch aus Fleisch und Blut, sondern als ein Symbol des Sozialismus, ja als seine Inkarnation empfunden wurde. Die häufig wiederholte Lüge kann einem als Wahrheit erscheinen. Die Vergötterung des »Führers« rechtfertigte, unter Berufung auf die Umtriebe der »Feinde«, in den Augen der Menschen die Verletzung des Rechts und schrieb alle Erfolge einem einzigen Menschen zu. Umso mehr, als Stalin es verstand, grandiose Vorhaben zu propagieren.
Stalin liebte es, besonders vor großem Publikum, sich bei der Verkündung wichtiger Entschlüsse auf die Klassiker des Marxismus-Leninismus zu berufen. Hier offenbarte er eine allgemeine menschliche Schwäche. Die Menschen suchen die Sicherheit. Selbst solch ein mächtiger Mann wie Stalin zog es vor, sich hinter ideologischen Klischees, hinter der Autorität einer Theorie, hinter den unvergänglichen Ideen seines großen Vorgängers zu verstecken.

Viel gaben mir die Erinnerungsbücher berühmter sowjetischer Militärführer: Iwan Bagramjan, Alexander Wassilewski, Arsenij Golowko, Andrej Jeremenko, Georgij Schukow, Iwan Konew, Nikolaj Kusnetzow, K. A. Meretzkow, Kirill Moskalenko, Konstantin Rokossowski, S. M. Stemenko und anderer. Selbstverständlich habe ich berücksichtigt, dass die Zeugnisse dieser verdienten Personen in einer Zeit geschrieben wurden, da über Stalin noch nicht viel bekannt war. Und kurz nach dem 20. und 22. Parteitag war es nicht möglich, das Thema des Personenkults völlig offen zu analysieren. Soldaten, besonders auf höheren Kommandoebenen, haben die erbarmungslose und ungerechte Hand Stalins am eigenen Leib zu spüren bekommen.
Aber außer A. W. Gorbatow und wenigen anderen Militärführern

ist es kaum jemandem gelungen, klar zu sagen, was sie wussten. Sich über die Repressionen, Fehler und Versäumnisse Stalins zu äußern war faktisch verboten.

Es gibt noch einen anderen Gesichtspunkt. Mit Beginn des Zweiten Weltkriegs war Stalin gegen seinen Willen gezwungen, die Gewalt innerhalb des Landes einzudämmen. Die Militärführer befassten sich in ihren Memoiren vorwiegend mit Stalins verteidigungspolitischer Aktivität. Ihm war es gelungen, den politischen Willen im Kampf um den Sieg über den Faschismus zu stärken. Vor diesem Hintergrund lässt sich die einseitig positive Darstellung Stalins durch viele Militärführer erklären. Viele tragische Schicksale scheinen weitgehend verborgen geblieben zu sein.

Einige Zehntausende von Soldaten gerieten vor dem Krieg in den Fleischwolf der Säuberungen und kamen um. Sie konnten ihren Nachkommen nichts mehr berichten. Heute wissen wir, dass Stalin auch zu Anfang des Kriegs nicht nur einmal auf grausame Methoden zurückgriff. Er ließ viele Offiziere ermorden, denen er die Verantwortung für die Niederlagen aufbürden wollte.

Wenn man heute auf die Vergangenheit schaut, kann man sich des Erstaunens, des Entsetzens und der Verständnislosigkeit nicht erwehren. Wie konnte das sowjetische Volk solches Leid so lange ertragen? Worin sind die Wurzeln dieser Leidensfähigkeit zu suchen? Etwa in der 250-jährigen Unterdrückung durch die Reiter der Goldenen Horde? In dem endlosen Kampf für Unabhängigkeit und Freiheit? Oder im nie aufhörenden Kampf gegen die Kälte und die unübersehbaren Weiten des Landes? Möglicherweise. Als wichtigste der Ursachen für die Leidensfähigkeit des sowjetischen Volks erscheint mir die Überzeugung, dass der Weg, der 1917 eingeschlagen wurde, richtig ist.

Jedes Jahrhundert hat sein »Mittelalter«. Ich bin davon überzeugt, dass die sozialistische Entwicklung unserer Gesellschaft ohne die Entartungen der dreißiger, vierziger und fünfziger Jahre vonstatten gegangen wäre, wenn sich nach Lenins Tod nicht ein solches Defizit an Volksmacht herausgestellt hätte. Die Tragödie war nicht unvermeidlich.

Heute ist es einfach, über die Alternativen zu sprechen und ein Urteil zu fällen über die Vergangenheit. Es ist leichter, die Umstände zu analysieren, als sie zu bewältigen. »Der Historiker hat

stets das Recht, dem Schicksal, das eingetroffen ist, Hypothesen gegenüberzustellen«, schrieb der französische Sozialist Jean Jaurs. Es hat in der Tat historische Alternativen gegeben.
Heute wissen wir, dass nach Lenins Tod auch Trotzki und Bucharin eine reale Chance hatten, sich an die Spitze der Partei zu stellen. Ich glaube, dass Sinowjew und Kamenew weitaus schlechtere Aussichten hatten. Es ist nicht unwahrscheinlich, dass uns vergleichbare Heimsuchungen erwartet hätten, wenn es Trotzki gelungen wäre, die Führung der Partei zu übernehmen. Er war ein Verfechter der sozialen Gewalt, und er hatte kein klares, wissenschaftliches Konzept für den Aufbau des Sozialismus in der UdSSR. Bucharin hatte ein solches Konzept, und er verstand die politischen Grundsätze der Partei. Aber bei all seiner persönlichen Anziehungskraft, bei all seiner Intelligenz, bei all seiner Menschlichkeit – während langer Jahre glaubte er nicht an die historische Notwendigkeit, die ökonomische Kraft des Landes schnell zu steigern. Und dies, obwohl die Sowjetunion eingekreist war durch imperialistische Staaten, die mit den Bolschewiki abrechnen wollten.
Nach Lenins Tod bis zum Beginn der dreißiger Jahre erwarb sich Stalin den Ruf, einer der konsequentesten und willensstärksten Verfechter der Politik einer Festigung des ersten sozialistischen Staats der Welt zu sein. Eine andere Frage ist es, wie Stalin selbst sich diesen Kurs vorstellte.
Nein, Stalin besaß keine Eigenschaften, die es ihm ermöglicht hätten, Lenin zu ersetzen. Aber solche Eigenschaften besaß niemand. Stalin besaß nicht die Genialität Lenins, nicht die theoretische Tiefe Georgij Plechanows, nicht die Kultur Anatoli Lunatscharskis. In intellektueller und moralischer Hinsicht stand er weit unter vielen, möglicherweise unter den meisten Führern der Revolution. Als aber die Machtkämpfe um die Parteispitze begannen, zeigten sich Stalins Zielstrebigkeit, seine Härte, seine Schlauheit und seine Hinterlistigkeit. Trotz seiner Schwächen hatte Stalin etwas, was die anderen nicht hatten. Dazu gehörte seine Fähigkeit, sich geschickt des Parteiapparats zu bedienen, um seine Ziele zu erreichen. Er sah im Apparat das ideale Instrument der Macht. Von Lenins Warnung vor Stalin wussten bei weitem nicht alle Bolschewiki. Nachdem die Delegierten des 13. Parteitags im Mai

1924 erfahren hatten, wie Lenin Stalin beurteilte, unterdrückte Stalin vorübergehend seine negativen Eigenschaften, was ihm in vielerlei Hinsicht die Unterstützung der Partei sicherte. Unter diesen Umständen waren die Chancen anderer, die Führung der Partei zu übernehmen, relativ gering. Viele in der Parteispitze hatten Stalin nicht vollständig durchschaut. Als sie es taten, war es zu spät.

Stalin war ein großer Schauspieler. Geschickt spielte er unzählige Rollen: zunächst die des bescheidenen Führers und des Kämpfers für die Reinheit der Parteiideale, später die des »Führers«, des »Vaters des Volkes«, des Militärführers, des Theoretikers, des Kunstexperten und des Propheten. Besonders gewissenhaft versuchte er die Rolle des treuen Schülers und Mitarbeiters des großen Lenin zu spielen. So gelang es Stalin, in der Partei und im Volk Schritt für Schritt an Popularität zu gewinnen. Letzten Endes geht es jedoch nicht um Persönlichkeiten, sondern darum, dass das demokratische Potential, das Lenin begonnen hatte aufzubauen, nicht erhalten wurde.

Jahrzehnte später versuchen wir einen Menschen zu finden, der in der historischen Rückschau eine Alternative zu Stalin hätte darstellen können. Die effektivste Alternative wäre wohl eine Gruppe von Leninisten gewesen, die die Partei geführt hätte und verpflichtet gewesen wäre, den Willen Lenins zu erfüllen. Aber die »Leninsche Garde« legte eine unerklärliche Kurzsichtigkeit an den Tag. Wenn die demokratischen »Sicherungen« gefestigt worden wären, wenn vor allem eine echte kollektive Führung geschaffen worden wäre, dann hätte es keine entscheidende Rolle gespielt, ob ein Führer die anderen überragt hätte oder nicht. Wenn zum Beispiel ein Parteibeschluss die Amtsdauer des Generalsekretärs und anderer befristet hätte, dann wären die kultischen Entartungen nicht aufgetreten. Fehlen solche Begrenzungen der Macht, dann hängt das Schicksal eines Landes stark ab von der Frage, welche Person das Steuer führt.

Oft wird vom »Stalinismus« gesprochen. Man kann über die Richtigkeit dieses Begriffs streiten, jedoch sollte man eine Tatsache nicht außer Acht lassen: dass nämlich hinter diesem Wort ein bestimmtes gesellschaftliches Phänomen steht. Es keimte, weil die gerade entstandenen demokratischen Anfänge der Volksmacht

deformiert wurden; ohne Demokratie verliert der Sozialismus nicht nur seine Kraft, sondern auch seine Attraktivität.
Der Stalinismus ist meines Erachtens ein Synonym für die Pervertierung der Theorie und Praxis des wissenschaftlichen Sozialismus. Diese Pervertierung zeigt sich vor allem in der Entfremdung der werktätigen Massen von der Macht, in der Ausuferung der Bürokratie und in der Festigung dogmatischer Klischees im gesellschaftlichen Bewusstsein. Das Austauschen der Volksmacht durch die Selbstherrschaft erzeugt eine spezifische Form der Entfremdung. Diese Entfremdung macht die Menschen sozial apathisch; sie höhlt die sozialistischen Werte aus und erstickt die Dynamik der Bewegung. Der riesige und schmerzende Schatten Stalins hat sich auf alle Sphären unserer Existenz gelegt. Sich völlig aus der bürokratischen und dogmatischen Umnachtung zu befreien erweist sich als ganz und gar nicht einfach.
Vor dem Hintergrund der tief im Volk verwurzelten ethischen Werte erscheint die Persönlichkeit Stalins besonders armselig. Stalin war nicht nur zu seinen politischen Gegnern erbarmungslos. Er diskriminierte jeden Standpunkt, der sich von seinem unterschied. Wer nicht für ihn war, der war sein Feind. Für Stalin war die Pflicht gegenüber Partei und Staat, die bedingungslos erfüllt werden sollte, immer wichtiger als die Menschenrechte.
Das wichtigste Werk Stalins war die Formierung einer allumfassenden bürokratischen Zwischenschicht. Sie war die wichtigste Stütze seiner Methoden, Schritte und Absichten. Solange die bürokratische Methode im Denken und im Handeln lebt, wird es Anhänger Stalins und seiner »harten Hand« geben. Stalin ist nicht nur Geschichte. Er ist in gewisser Weise auch Weltanschauung. Er ist ein Faktor, der den Rang von Werten bestimmt und die Wege zu ihrer Erlangung beschreibt. Es wäre zu einfach, alle Sünden, Fehler und Unzulänglichkeiten auf Stalin und sein Erbe abzuwälzen. Allerdings sind die Hauptkrankheiten unserer Gesellschaft die Bürokratie, der Dogmatismus und die Autoritätsgläubigkeit, wie sie in den Jahren der Alleinherrschaft Stalins entstanden.
Die eigene Zeit zu überdauern ist nur wenigen vergönnt. Einer von ihnen ist Stalin. Noch lange werden die Auseinandersetzungen über ihn anhalten, immer wieder wird man über seine Rolle in unserer Geschichte diskutieren. Diese Diskussionen werden

mit Hass, mit Hochachtung, mit Bitterkeit und Fassungslosigkeit geführt. Wie auch immer, am Schicksal Stalins können wir uns noch einmal überzeugen, dass am Ende die Macht der großen Idee stärker ist als die Macht eines Menschen. Gleichgültig, was für ein Titan er gewesen sein mochte. Die Macht der Zeit ist absolut. Die Zeit fließt mal lautlos, mal mit dem Donnerhall des Kriegs und der Revolution. Sie spült die größten Denkmäler, die Menschen gesetzt wurden, hinweg. Von unvergleichlich längerer Dauer sind die philosophischen Denkmäler, die Monumente der Kultur. Die Ilias, die Sonette Petrarcas, die Lehren Kants, das Igorlied. Die Ideen der sozialen Gerechtigkeit und des Humanismus sind am vollständigsten von den Begründern des wissenschaftlichen Sozialismus formuliert worden. Die Stalinsche Pervertierung vermochte es nicht, die Anziehungskraft des sozialistischen Ideals zu vernichten.

Der Versuch, ein Stalin-Porträt zu verfassen, ist nicht nur ein Exkurs in die nähere Vergangenheit. Man darf nicht vergessen, dass die Prozesse der Geschichte, die zeitlich weit von uns entfernt sind, weiterhin ihren Einfluss ausüben, und sie werden noch lange auf Gegenwart und Zukunft einwirken. Und die Zukunft ist uns oft näher, als manche glauben.

Bei meiner Arbeit an diesem Buch trieb mich ein Gedanke an: die Wahrheit über Stalin zu sagen. Das Gericht der Menschen kann trügerisch sein, das Gericht der Geschichte ist unfehlbar.

Der Feuerschein des Oktobers

Anfang 1917 war Josef Wissarionowitsch Stalin 37 Jahre alt. Das Dorf Kurejka im kalten Turuchansker Gebiet war nun schon seit vier Jahren sein Aufenthaltsort. Zeit und Gründe zum Nachdenken gab es ausreichend. Unter dem unaufhörlichen Geheul der Schneestürme, die das Bauernhäuschen bis zum Dach begruben, werden Stalins Gedanken oft zurückgeschweift sein zu denkwürdigen Ereignissen. Die erste Begegnung mit Lenin auf der Parteikonferenz in Tammerfors. Die heftigen Diskussionen während der Sitzungen und die freundschaftlichen Gespräche in den Pausen, das hatte Stalin in Verwunderung versetzt. Er erinnerte sich auch an die Parteitage in Stockholm (April/Mai 1906) und London (Mai/Juni 1907). Dort hatte er zum ersten Mal die Kunst des politischen Kampfes kennengelernt, die Kunst der Suche nach Kompromissen, ohne dabei Grundsätze aufzugeben.

Auf seinen nicht sehr zahlreichen Reisen ins Ausland fühlte er sich unsicher. Oft kam er sich fremd und überflüssig vor zwischen den scharfsinnigen Gesprächspartnern. Stalin konnte nicht so schnell und geschickt mit Worten fechten, wie es Georgij Plechanow, Pawel Axelrod und L. Martow taten. In ihm wuchsen Aggressionen und das Gefühl, intellektuell minderwertig zu sein. Schon damals keimte in ihm eine unbeirrbare Feindschaft gegenüber den politischen Emigranten, gegenüber der Fremde, gegenüber der Intelligenz. Sie wurde noch verstärkt durch die endlosen Diskussionen in billigen Cafés, in verqualmten, heruntergekommenen Hotelzimmern, durch die Auseinandersetzungen über philosophische und ökonomische Lehren.

Die Biographie Stalins vor der Oktoberrevolution lässt sich zusammenfassen zu sieben Verhaftungen und fünf Fluchten aus den Gefängnissen und Verbannungsorten des Zaren. Der zukünftige »Führer« liebte es nicht, sich öffentlich an diese Periode zu erinnern. Nie hat er später davon gesprochen, dass er an »bewaffneten Expropriationen« zugunsten der Parteikasse teilgenommen hat. Auch nicht davon, dass er, als er in Baku war, den Standpunkt

vertreten hatte: »Vereinigung mit den Menschewiki, koste es, was es wolle«, und schon gar nicht von seinen ersten hilflosen literarischen Versuchen.
Während der Schneesturm das Bauernhaus schüttelte, kam Stalin eines seiner Gedichte in den Sinn. Er liebte es. Es war in der Zeitung »Iberija« sogar veröffentlicht worden. Als er es geschrieben hatte, war er ein sechzehn- oder siebzehnjähriger Teilnehmer am Priesterseminar gewesen. Die Zeilen verstärkten seine Sehnsucht nach Freiheit und riefen eine trübe Hoffnung in ihm hervor. Stalin hatte ein hervorragendes Gedächtnis, und mit halblauter Stimme, beinahe flüsternd, hob er an zu sprechen:

Wenn der Mond mit seinem Schein
Plötzlich die Erde erhellt
Und sein Licht über weitem Horizont
Spielt in blassem Blau,
Wenn über Hainen in lazur
Die Nachtigallen singen
Und die sanfte Stimme der Schalmei
Frei erklingt, ohne zu schmelzen,
Wenn für einen Augenblick verstummen,
Um von neuem einzusetzen die rauschenden Quellen der Berge,
Und wenn das sanfte Lied des Windes
Weckt in der Nacht den stummen Wald,
Wenn der Flüchtende vor seinem Feinde flieht
Und wieder in seine kummervolle Heimat findet,
Wenn erschöpft vor Finsternis,
Er plötzlich die Sonne erblickt
– Dann weicht von drückenden Wolken der Seele
Die finstere Decke.
Die Hoffnung mit mächtiger Stimme dir das Herz von neuem weckt.
In die Höhe strebt die Seele des Poeten,
Und das Herz schlägt nicht vergebens.
Ich weiß, dass diese Hoffnung
Gesegnet ist und rein!

Während er das Gedicht vor sich hin murmelte, schaute die Inhaberin des armseligen Häuschens einige Male zu ihm hinüber. Sie war verwundert über den mürrischen Mieter. Dieser saß über einem aufgeschlagenen Buch unter einer flackernden Kerze und schaute auf das blinde, vereiste Fenster. Auch Stalin war über sich erstaunt, denn schon längst hatte er mit der Jugend jegliche sentimentale Empfindung hinter sich gelassen. Seiner Mutter schrieb er selten. Eine schwere Kindheit und das Leben eines konspirativ arbeitenden Revolutionärs machten den immer Flüchtenden engherzig, misstrauisch und kalt.

Stalin konnte Gedanken und Erinnerungen, die schmerzhaft waren, vertreiben. Es waren nun schon zehn Jahre seit dem Tod seiner Frau Kato vergangen, doch ihr vom Typhus gezeichnetes Bild stand immer wieder vor ihm. Er wird sich erinnert haben an die heimliche Trauung, die von Christophor Tchinwoleli in der Kirche des heiligen David im Juni 1904 vollzogen worden war.

Kato – Jekaterina Swanidse – war eine schöne junge Frau, die verliebt und ergeben ihre großen Augen auf ihren Mann gerichtet hatte, auf den Mann, der kurz auftauchte, um dann für lange Zeit zu verschwinden. Das Familienleben war kurz. Der erbarmungslose Typhus nahm Stalin das einzige Geschöpf, das er wahrscheinlich aufrichtig liebte. Auf einer Fotografie, die die Beerdigung seiner Frau festhält, steht Stalin am Kopfende des Grabes, mit wirrem Haar, mager und klein, tiefe Trauer im Gesicht.

Seit seinem neunzehnten Lebensjahr tat er nichts anderes, als sich zu verstecken, Aufträge von Parteikomitees zu erfüllen und sich verhaften zu lassen. Er änderte ständig Namen und Wohnsitz, beschaffte sich gefälschte Pässe. In den Gefängnissen und Verbannungsorten blieb er nicht lange, er floh und tauchte von neuem unter.

Das Leben lehrte Stalin viel: Gerissenheit, Berechnung und nicht zuletzt die Fähigkeit abzuwarten. Die Verschlossenheit, die ihm seit den Jugendjahren anhaftete, verwandelte sich mit der Zeit in Gefühllosigkeit und Erbarmungslosigkeit. Und später lernte Stalin, die Maske des ruhigen, ja menschenfreundlichen Mannes mit den scharfen Augen zu tragen.

Warum ist Josef Dschugaschwili Revolutionär geworden? Vielleicht, weil er sich schon früh die Krumen der intellektuellen Nahrung der Pfarrschule in Gori (1888–1893) und des Tifliser Priesterseminars (1894–1899) einverleibt hatte? Wer weiß. Wenn ihm nicht zufällig die Bücher von Rousseau, Nietzsche und Locke in die Hände gefallen wären, hätte der Seminarist sich auch dann gefragt, warum sein Vater, der Schuhmacher, immer nur die Schuhe der Armen flickte? Oder hat ihn das unbefriedigende religiöse Einsiedlerdasein zum Rebellen gemacht? Vielleicht hat ihm die kleine verschlissene Broschüre »Grundlagen des Marxismus« die Augen geöffnet? Niemand wird diese Frage beantworten können.

En face und im Profil

Bald nach der Oktoberrevolution hat der unauffällige Stalin allmählich begonnen, einen sichtbaren Schatten zu werfen. Und der Schatten wurde größer. In den dreißiger Jahren wurde er riesig, und in den letzten Jahren seines Lebens wurde er gigantisch.
Wer konnte bis 1917 auch nur ahnen, dass der profillose Revolutionär sich nach 1922 auf der Leiter zum Gipfel der Macht zielstrebig nach oben bewegen würde? Bis zum Beginn der Revolution war dieser Mensch nur der Polizei hinlänglich bekannt. Bei jedem neuen Kontakt mit der Polizei hatte man Dschugaschwili sorgfältig fotografiert, en face und im Profil. So auch in Baku. Die Aufnahmen zeigen einen gutmütig dreinblickenden, unrasierten jungen Mann. In der Personenbeschreibung ist präzise festgehalten, dass Dschugaschwili »dünn« sei und sein Haar »schwarz und dicht«, dass er »keinen Bart, aber einen schmalen Schnurrbart« trage, dass das Gesicht »pockennarbig« sei, die Kopfform »oval«, die Stirn »gerade und niedrig«, die Augenbrauen »lang gezogen«, die Augen »eingefallen, braungelb«, die Nase »gerade«, Körpergröße »mittel, 2 Arschin und 4,5 Werschok«, Körperbau »mittelmäßig«, Kinn »spitz«, Stimme »ruhig«, »Muttermal am linken Ohr«, am linken Fuß »zweiter und dritter Zeh zusammengewachsen« und noch zwei Dutzend andere Merkmale. Wenn Dschugaschwili die Macht ergriffen haben wird, werden sich seine Wächter der Staatssicherheit nicht mit solchen Kleinigkeiten aufhalten. Und keinem politischen Gefangenen sollte es gelingen, fünfmal aus dem Gefängnis zu entfliehen.
Schicken wir voraus: Stalin war nicht von Kindesbeinen an ein

Verbrecher, wie einige annehmen. Jedoch muss man sich seine Kindheit betrachten, wenn man den Charakter des späteren »Führers« verstehen will.

Über die Kindheit Dschugaschwilis ist kaum etwas bekannt. Stalin mochte sich nicht an diese Zeit erinnern. Sie war düster und trostlos. Jekaterina und Wissarion Dschugaschwili waren arme Leute und lebten in furchtbarer Not. Von drei Söhnen starben zwei, Michail und Georgij, nach weniger als einem Jahr; es blieb ihnen nur Soso, wie sie Josef nannten. Aber auch er erkrankte im Alter von fünf Jahren an Pocken, entging knapp dem Tod und trug die Narben davon, die später in der Personenbeschreibung der Bakuer Polizei eine Rolle spielen werden. Wie der georgische Menschewik I. Iremaschwili, der die Familie Dschugaschwili gut kannte, schrieb, war Stalins Vater ständig betrunken. Soso und seine Mutter wurden häufig Opfer seiner Brutalität. Der betrunkene Vater hatte es sich zur Gewohnheit gemacht, dem eigensinnigen Sohn vor dem Schlafengehen einen ordentlichen Hieb zu versetzen, dem Sohn, der seinen Vater offensichtlich nicht liebte. Soso lernte es, dem betrunkenen Vater geschickt aus dem Weg zu gehen. Die grundlosen Schläge verhärteten den kleinen Jungen. Die Mutter opferte sich für den Sohn auf. Unter größten Anstrengungen gelang es ihr, Soso in einer geistlichen Schule unterzubringen und später in einer Seminarschule. Die familiäre Zwietracht dauerte an. Bald kam es zum Bruch zwischen Stalins Eltern. Wissarion Dschugaschwili zog nach Tiflis, starb dort einsam in einem Nachtasyl und wurde auf Staatskosten beerdigt.

Nachdem Josef Dschugaschwili zum Berufsrevolutionär geworden war, verließ er sein Elternhaus für immer. Nach 1903 sah er seine Mutter vier- oder fünfmal. Jekaterina Georgijewna besuchte ihren Sohn in Moskau zum ersten Mal in dem Jahr, als er Generalsekretär geworden war. Das letzte Mal sah Stalin seine Mutter 1935. Dachte der Sohn daran, dass es seine Mutter, die Analphabetin, war, die ihn durch ihren starken Willen aus der bittersten Not gerettet hatte, dachte er daran, dass sie ihm die Chance gegeben hatte, zu dem zu werden, der er nun war? Sie starb einsam im Juli des tragischen Jahres 1937.

Im Dezember 1931 sprach der deutsche Schriftsteller Emil Ludwig mit Stalin:

Ludwig. »Was trieb Sie in Opposition? Vielleicht schlechte Behandlung seitens Ihrer Eltern?«
Stalin. »Nein. Meine Eltern waren zwar keine gebildeten Leute, aber sie behandelten mich keineswegs schlecht.«
Aufgrund dessen, was wir über die Kindheit Dschugaschwilis wissen, können wir erraten, dass das, was Stalin dem Schriftsteller sagte, sich ausschließlich auf die Mutter bezog. Ludwig hatte seinerzeit Porträts über Mussolini, Kaiser Wilhelm II. und Masaryk geschrieben. In einer einstündigen Unterhaltung wollte er Einblick nehmen in die Innenwelt des »sagenhaften sowjetischen Diktators«. Dies ist ihm wohl kaum gelungen. Über die Einzelheiten der frühen Jahre seines Daseins wollte Stalin sich nicht auslassen.
Der junge Soso hat in den geistlichen Schulen einige Fähigkeiten erworben, darunter ein phänomenales Gedächtnis. Die religiösen Texte lernte er schneller auswendig als seine Mitschüler. Die Bücher des Alten und Neuen Testaments haben sein ungeteiltes Interesse genossen. Er wollte das Ideal des einzigen Gottes erreichen als Träger absoluter Macht und absoluten Wissens. Jedoch war dem jungen Dschugaschwili das Erlernen der Theologie als Synthese von Dogmen und moralischen Prinzipien dann doch bald über.
Mehr als zehn Jahre verbrachte er in geistlichen Schulen, und dies konnte nicht ohne Einfluss bleiben auf das Bewusstsein des jungen Schülers. Dazu kamen später noch zehn Jahre Gefängnis für »Koba« (»Der Unbeugsame«; türkisches Dialektwort), wie sich der junge Stalin damals nannte nach einem Helden aus dem georgischen Epos »Vatermörder«. Der Eindruck, von der Gesellschaft ausgestoßen und verraten worden zu sein, verstärkte die Gefühlskälte in dem jungen Revolutionär und machte ihn unzufrieden mit seinem Schicksal. Die sonderbare Synthese der zunächst angenommenen, dann verworfenen religiösen Dogmen und die soziale Diskriminierung hatten einen unbestimmten Drang nach »rebellischer« Aktivität ausgelöst und hinterließen ihre Spuren in Stalins Charakter.
Eine Folge davon ist das Bestreben, jedes beliebige Wissen zu systematisieren und zu klassifizieren, alles in intellektuellen Schubladen einzusortieren. Meist hinterlässt dieses katechismusartige Denken bei der Umgebung den Eindruck, dieser Mensch sei fähig, organisiert und konsequent zu denken. Eine andere Eigen-

tümlichkeit Stalins war das Fehlen einer kritischen Einstellung zu den eigenen Ideen und der eigenen Vorgehensweise. Dschugaschwili hat sein Leben lang an Postulate geglaubt: zunächst an christliche und später an marxistische. Alles, was nicht in das eigene Konzept passte, erklärte Soso für ketzerisch und später für opportunistisch. Nach seiner Meinung ist er niemals von den Prinzipien des Marxismus abgewichen. Wahrscheinlich gab er dem Glauben den Vorrang vor der Wahrheit, obwohl er dies nicht einmal sich selbst eingestanden haben dürfte. Es ist gut, wenn man an Ideale glaubt. Aber ist es auch gut, wenn der Glaube die Wahrheit in den Hintergrund drängt? Die religiöse Nahrung und die sozialen Umstände ließen einen verborgenen, tief gehenden Egozentrismus in Dschugaschwili entstehen.

Stalin hat schon früh geglaubt, dass er sich im Leben auf niemanden verlassen könne – außer auf sich selbst. Die Genossen in Baku und Tiflis haben nicht nur einmal zu Koba gesagt: »Du hast einen starken Willen.« Dieses Lob beeindruckte Stalin. Er beschloss, diese Charaktereigenschaft mit einem revolutionären Pseudonym zu unterstreichen. Ab 1912 unterschrieb Dschugaschwili seine Artikel bereits mit »Stalin«: der Stählerne.

Übrigens verspürte nicht nur er den Drang, die Härte seines Charakters mit einem Namen zu betonen. Der Revolutionär Lew Borrisowitsch Rosenfeld, der bei weitem nicht den starken Willen Dschugaschwilis besaß, begnügte sich mit dem Namen »Kamenew«: der Steinerne. Aber der »Stein« wird den »Stahl« nicht überdauern, wie die Geschichte später zeigen wird.

Die religiöse Ausbildung befähigte Dschugaschwili-Stalin, eine stabile dogmatische Gedankenwelt zu formieren; obgleich der zukünftige »Führer« den Dogmatismus nicht selten kritisierte. Er neigte dazu, die eine oder andere These der marxistischen Theorie heilig zu sprechen, wobei er häufig zu katastrophalen Schlussfolgerungen gelangte.

Stalin hatte niemanden, dem er sich nahe fühlte. Es gibt wohl keinen Menschen, für den er ein Leben lang Zuneigung empfunden hätte. Sein berechnender Charakter, seine Gefühllosigkeit und seine moralische Taubheit erlaubten ihm nicht, Freunde zu haben. Um so verwunderlicher ist es, dass er sich gegen Ende seines

Lebens an seine ehemaligen Mitschüler erinnerte. Davon erzählt die folgende Geschichte.
Während des Kriegs sah Stalin zufällig, dass sich im Safe seines Helfers Alexander Nikolajewitsch Poskrebyschew eine Menge Geld befand.
»Was ist das für Geld?«, fragte Stalin und sah dabei nicht auf die Geldscheine, sondern verständnislos in die Augen seines Helfers.
»Das ist Ihr Deputiertenlohn. Er hat sich in den vielen Jahren angehäuft. Von hier nehme ich nur Geld, um Ihre Mitgliedsbeiträge an die Partei zu bezahlen«, antwortete Poskrebyschew.
Stalin schwieg, aber einige Tage später gab er Anweisung, das Geld an Petr Kopanadse, Grigorij Glurdschidse, Michail Dseradse zu schicken. Eigenhändig schrieb er auf die Zahlungsanweisungen:

»1. Meinem Freund Petja, 40 000 Rubel
2. 30 000 Rubel für Grischa
3. 30 000 Rubel für Dseradse
9. Mai 1944. Soso«

Im persönlichen Archiv Stalins sind noch einige ähnliche Notizen erhalten. In seinem siebten Lebensjahrzehnt, inmitten des Kriegs, entwickelte Stalin unerwartete philanthropische Neigungen. Es ist zwar charakteristisch, dass er sich an Jugendfreunde, mit denen er die geistliche Schule besucht hatte, erinnerte, aber die Sache bleibt verwunderlich, denn Stalin hat sich nie durch eine Neigung zu Sentimentalität und Güte ausgezeichnet. Es ist mir noch ein Fall bekannt, in dem Stalin nach dem Krieg Menschlichkeit praktizierte. Der »Führer« schrieb einen Brief ins Dorf Ptscholka im Rayon von Tomsk:

»Genossen W. G. Solomin,
ich habe Ihren Brief, den Sie mir über das Akademiemitglied Zizyn zukommen ließen, erhalten. Ich habe und werde Sie und die Freunde in Turuchansk niemals vergessen. Ich sende Ihnen von meinem Deputiertenlohn 6000 Rubel. Es ist keine große Summe, aber möglicherweise könnte sie Ihnen von Nutzen sein. Ich wünsche Ihnen Gesundheit.
J. Stalin«

Der alte Bolschewist I. D. Perfilew musste auch noch einige Zeit nach der Revolution in einem Verbannungsort verbringen, in dem auch Stalin zuvor gewohnt hatte. Er erzählte mir, dass Stalin eine Liebschaft mit einer Einheimischen gehabt und dass sie ein Kind von ihm geboren habe. Der »Führer« hat es natürlich tunlichst vermieden, darüber zu sprechen. Ich hatte leider nicht die Möglichkeit zu erkunden, ob Stalin Sorge getragen hat für diese Frau, die den Weg des verbannten Revolutionärs gekreuzt hatte. Oder beschränkte sich seine Fürsorge auf die Worte: »Ich werde euch niemals vergessen«?

Die Kälte, die Berechnung und das Misstrauen in Stalins Charakter wurden verschärft durch die Schwierigkeiten des Lebens eines Berufsrevolutionärs, der sechzehn Jahre im Untergrund, in der Verbannung oder in Gefängnissen lebte. Alle, die Stalin damals kannten, bemerkten seine Fähigkeiten: seine Selbstbeherrschung, seine Ausdauer und seine Unerschütterlichkeit. Er konnte bei lautem Getöse schlafen, regungslos Urteile, die gegen ihn ausgesprochen wurden, entgegennehmen, standhaft hielt er die Polizeivorschriften beim Transport von einem Gefangenenlager ins andere ein. Nur ein einziges Mal sah man ihn tief bewegt: als seine Frau an Typhus starb. Sie hinterließ ihrem Herumtreiberehemann einen zwei Monate alten Sohn. Das Kind wurde von einer gutherzigen Frau namens Monaselidse großgezogen.

Das Dorf Kurejka war Stalins letzter Verbannungsort vor der Revolution. Dort befanden sich auch andere Revolutionäre, unter ihnen Jakob Swerdlow. Stalin zeigte sich dort als besonders menschenscheu und finster. Swerdlow schreibt in einem Brief über Stalin: »Er ist ein guter Junge, aber viel zu sehr Individualist im alltäglichen Leben, während ich für ein Mindestmaß von Ordnung bin.«

Stalin war in dieser Zeit bereits Mitglied des Zentralkomitees der Partei (am selben Verbannungsort befanden sich damals außer Stalin und Swerdlow noch zwei weitere Mitglieder des ZK: Suren Spandarian und F. I. Goloschtschokin). Es schien, als interessierten Stalin nur die Jagd und der Fischfang. Zeitweilig versuchte er Esperanto zu lernen (einer der Mitverbannten besaß ein Lehrbuch), aber diese Leidenschaft kühlte schnell ab. Sein Einsiedlerdasein unterbrach er nur durch vereinzelte Fahrten zu Spandarian, der im Dorf Monastyrskoje lebte.

Auf den Versammlungen, die von den Verbannten abgehalten wurden, schwieg sich Stalin meist aus, nur ab und zu machte er sich durch kurze Zwischenfragen bemerkbar. Es entstand der Eindruck, als ob Stalin auf irgendetwas wartete oder als ob er der Fluchten aus der Verbannung müde geworden sei. In jedem Fall ist seine politische und soziale Passivität in den letzten zwei bis drei Jahren vor der Revolution erstaunlich.
Stalin hatte 1913 in Wien die gelungene Schrift »Marxismus und nationale Frage« verfasst. Er hatte auch manchen längeren Aufenthalt in der Verbannung genutzt, um literarisch zu arbeiten; er war mit keinerlei Parteipflichten belastet worden. Ihm war das positive Urteil Lenins über die Wiener Arbeit offensichtlich bekannt. Aber das motivierte Stalin nicht dazu, sich weiter mit diesem Thema zu beschäftigen. Die literarische und gesellschaftliche Passivität während dieser langen Jahre zeugen von einer Depression des Verbannten. Im Verlauf der letzten vier Jahre vor der Revolution hat Stalin nicht einmal den Versuch gemacht, irgendetwas Ernsthaftes zu schreiben, obwohl ihm eine umfangreiche Bibliothek und viel Zeit zur Verfügung standen. Im Übrigen hatte Stalin auch zuvor schon ein ähnliches Verhalten an den Tag gelegt: in den Jahren 1908 und 1909, als er nach Solwytschegodsk in die Verbannung geschickt worden war. Wahrscheinlich versetzte ihm die weitgehende Isolation von den revolutionären Zentren in einen Zustand der Passivität, dem er nur durch Flucht entkommen konnte.
Meist haben die in Gefängnissen oder in der Verbannung lebenden Revolutionäre viel gelesen. Für sie stellten Gefängnis und Verbannung eine Art Universität dar. So erinnerte sich Grigorij Konstantinowitsch Ordschonikidse, dass er in der Schlüsselburger Festung Adam Smith, Ricardo, Plechanow, Bogdanow, Taylor, Kljutschewski, Kostomarow, Dostojewski, Ibsen, Bunin und andere Autoren gelesen habe. Auch Stalin las nicht wenig, und es erstaunte ihn, wie lasch sich das Zarenregime zu seinen »Totengräbern« verhielt; man konnte lesen, so viel es einem beliebte, man wurde nicht zum Arbeiten gezwungen, und man konnte sogar fliehen. Um aus der Verbannung zu fliehen, benötigte man nur eines: den Wunsch dazu. Möglicherweise führten diese Umstände zu der Schlussfolgerung, die er später nicht nur einmal verkündete: Eine starke Macht müsse starke Straforgane haben.

Nachdem er zum »Führer« geworden war und den Staat blutig gesäubert hatte, akzeptierte Stalin den Vorschlag Jeschows, die Lage der politischen Gefangenen zu verschärfen. Auf dem Februar-März-Plenum des ZK 1937 wurde nach dem Bericht Jeschows und auf dessen Betreiben hin beschlossen, dass »das Gefängnisregime für die Feinde der Sowjetmacht (Trotzkisten, Sinowjewisten, Sozialrevolutionäre u. a.) untragbar« sei und dass es »eher einem erzwungenen Erholungsheimaufenthalt als einem Gefängnis gleiche; Kontakte, Schriftverkehr sind gestattet, und es ist möglich, Pakete zu empfangen«.

Nun konnte für die Unglücklichen von »Universität« keine Rede mehr sein. Die Menschen, die in die weitab gelegenen Lager gerieten, führten einen verzweifelten Kampf ums Überleben. Und diesen gewannen bei weitem nicht alle. Sogar vereinzelte Fluchtversuche waren bedeutende Ereignisse und wurden Stalin gemeldet. So geschah es am 30. Juli 1948, als der Innenminister Stalin und Berija mitteilte:

»Das MWD (Innenministerium der UdSSR; A. d. Ü.) berichtet, dass am 23. Juni dieses Jahres eine Gruppe von 33 Gefangenen aus dem Obsker Besserungs- und Arbeitslager an der nördlichen Eisenbahn-Baustrecke des MWD der UdSSR entflohen ist. Besagte entwaffneten zwei sie bewachende Soldaten und bemächtigten sich zweier Gewehre mit vierzig Patronen. Ihnen gelang die Flucht über das linke Flussufer des Ob, flussaufwärts (...).

Nach dem Stand vom 29. Juni wurden vier der Flüchtigen getötet, zwölf gefangen genommen, die übrigen werden verfolgt.

S. Kruglow«

Stalin befahl, einen Verantwortlichen vor Ort zu schicken. Dort sollten auch die übrigen Flüchtigen gefangen werden, und ihm sollte in jedem Fall berichtet werden, wie die Operation ausgegangen sei. Die Straforgane Stalins waren nicht zu vergleichen mit denen des zaristischen Regimes.

Aber nehmen wir den chronologischen Faden unseres Berichts wieder auf. Stalin las die Zeitungen, die mit einiger Verspätung ins Verbannungslager bei Turuchansk gelangten, und der zukünftige »Führer« ahnte früh, dass große Ereignisse bevorstanden. Als das Gemetzel des Ersten Weltkriegs anhob, verflüchtigten sich auch die letzten Anzeichen von politischer oder sozialer Aktivität. Wohl oder übel entsteht der Eindruck, dass Stalin nun nicht mehr aus der Verbannung fliehen wollte, obwohl er es eigentlich vorgehabt hatte. In Kriegszeiten war die Lage der Illegalen zum einen besonders schwer. Und zum anderen wollte er es wohl verhindern, zur Armee eingezogen zu werden. Im Februar 1917 befand eine Musterungskommission in Krasnojarsk übrigens Stalin für vollkommen untauglich aufgrund seiner steifen Hand und einer Beinverletzung.

In diesen vier Jahren, als in der Gesellschaft die sozialen Widersprüche und die Unzufriedenheit des Volks mit dem imperialistischen Krieg wuchsen, hat Stalin abgewartet. Vielleicht hatte die Enttäuschung über fast zwanzig Jahre fruchtloser revolutionärer Arbeit sein Bewusstsein übermannt? Oder spürte Stalin, dass ihm ein anderer Abschnitt des Lebens und des Kampfes bevorstand? Möglicherweise befielen ihn Zweifel an der Möglichkeit, die Autokratie zu stürzen? Wir werden es nie erfahren. Über diese Periode seines Lebens hat Stalin nichts geschrieben und wenig gesprochen.

Ganze vier Jahre war Stalin passiv, er hat praktisch nichts geschrieben, und er hat sich keineswegs als Mitglied des Zentralkomitees der Partei hervorgetan. Die Führer in der Verbannung waren Spandarian und Swerdlow. Die Verbannten scharten sich um diese beiden Persönlichkeiten. Stalin hielt sich zurück, allerdings verbarg er nicht seine verhaltene Sympathie für Spandarjan. Dem zornigen Revolutionär Suren Spandarjan war es nicht vergönnt, den Feuerschein der Revolution zu sehen. Er erkrankte und starb 1916 in der Verbannung. Man gewinnt den Eindruck, dass die Phase der Passivität, die man bei Stalin über lange Jahre in der Verbannung beobachten konnte, eine Zeit des Abwägens war: Welchen Weg sollte er in der Zukunft gehen? Irgendwo wuchs sein Sohn auf, dem er nie etwas gegeben hatte und dem er nie etwas geben konnte. Er wusste nichts über seine Mutter. Er war nun fast vierzig Jahre alt, und seine Perspektiven lagen im Nebel. Stalin hatte keinen Beruf, er konnte keiner Arbeit nachgehen, und tatsächlich hat er nie gearbeitet, sieht man von der Politik ab. Mit einem Wort, ein Mensch ohne Beruf hat dreißig Jahre lang unsere Partei und unser Land beherrscht, es sei denn, man akzeptiert den »unvollendeten Priester« als Beruf. Molotow absolvierte die Realschule, Malenkow brach zwar sein Studium ab, aber er erwies sich schon in seiner Jugend als ein fleißiger Sekretär des Parteiapparats. Kaganowitsch war kein schlechter Schuhmacher, aber Stalin hätte nicht einmal Schuhmacher werden können wie sein Vater. Die zaristischen Polizeibeamten schrieben bei ihren Personenbeschreibungen »Kontorist« in die Rubrik »Beruf/Handwerk«, oder sie zogen einen Strich. Stalin kam in die Verlegenheit, wenn er Fragebögen ausfüllen sollte, in denen auf Parteitagen über Geschlecht, Beschäftigung und soziale Herkunft Auskunft gegeben werden sollte. Zum Beispiel hat er in dem Fragebogen für die Delegierten des 11. Parteitags (März/April 1922), an dem er mit beratender Stimme teilnahm, die Frage »Welcher sozialen Gruppe ordnen Sie sich zu (Arbeiter, Bauer, Angestellter)?« offen gelassen, da er sich nicht entscheiden konnte, was er eintragen sollte.

Der zukünftige Generalsekretär kannte das Leben eines Arbeiters, eines Bauern oder eines Beamten weniger als das eines Verbannten oder Gefangenen. Vielleicht war dies unter den damaligen Umständen unvermeidlich. Aber Stalin glaubte, viel zu wissen über das Leben der Arbeiter. In der Tat, die Zeit sollte kommen, da er alles wissen und können würde.

Das lange Schweigen von Turuchansk war möglicherweise eine Art innere »Revision«. Alle Anzeichen sprachen dafür, dass es für Stalin zu spät war, den Pfad des Berufsrevolutionärs zu verlassen. Die Nachrichten über die zunehmende Antikriegsstimmung und über den neuen Aufschwung der revolutionären Bewegung in Petrograd gaben Stalin nach und nach den Glauben an sich selbst zurück.

Bei der Betrachtung von Stalins Biographie vor der Revolution dürfen wir nicht vergessen zu erwähnen, dass er damals schon einige Zeit einen Ruf als »Expropriator« hatte. Zur Jahrhundertwende war bei einigen Radikalen in der Arbeiterbewegung die Auffassung verbreitet, dass Enteignungen »im Interesse der revolutionären Bewegung« zulässig seien. In den schriftlichen Zeugnissen von Fjodor Dan, L. Martow, Boris Souvarine und einer Reihe anderer Zeitgenossen Stalins wird bestätigt, dass der »kau-

kasische Revolutionskämpfer Dschugaschwili« beteiligt war an Expropriationen, und wenn nicht persönlich, so war er einer ihrer Organisatoren.
Im Einzelnen berichtet Martow, dass 1907 ein Überfall auf einen von Kosaken bewachten Geldtransport bei Tiflis »nicht ohne Stalin vonstatten gegangen ist«. Es wurden dabei 300 000 Rubel »enteignet«. Sich darauf beziehend, schreibt Martow: »Dass die kaukasischen Bolschewiki bei allen möglichen dreisten Unternehmungen in der Art von Expropriationen ihre Hand im Spiel hatten, sollte doch gerade diesem Bürger Stalin sehr gut bekannt sein, der seinerzeit wegen einer Expropriationsaffäre aus der Partei ausgeschlossen wurde.«
Bei der Erklärung, die Stalin zu den Vorwürfen abgab, betonte er lediglich, dass er niemals aus der Partei ausgeschlossen worden sei, doch die Frage nach seiner Beteiligung an Enteignungen ließ er offen. Eine indirekte Antwort darauf gab Stalin in dem erwähnten Gespräch mit Emil Ludwig. Dieser fragte ihn:

»Ihre Biographie enthält Momente sozusagen ›räuberischer‹ Aktionen. Haben Sie sich für die Persönlichkeit Steppan Rasins interessiert? Wie stellen Sie sich zu ihm, diesem ›Räuber aus Idealismus‹?
Stalin. Wir Bolschewiki haben uns stets für solche historischen Persönlichkeiten wie Bolotnikow, Rasin, Pugatschow und andere interessiert.«

Stalin ließ sich zwar noch weiter über diese Bauernführer aus, jedoch ist ihm kein einziges Wort entwichen, aus dem man auf eine räuberische Tätigkeit bei ihm selbst hätte schließen können.
Die Jahre seiner Beteiligung an der revolutionären Arbeit, wenn auch nur auf regionaler Ebene, der romantische Heiligenschein des »Expropriateurs«, die Gefängnisjahre, die sibirische Verbannung verliehen Stalin nach und nach den Ruf des »Revolutionskämpfers«, des Praktikers, des Mannes der Tat. Diese Charakterisierung ist der Wirklichkeit zumindest nahe, sieht man von der Phase der Passivität während der letzten Verbannungsjahre ab.
Natürlich hatte Lenin einen wesentlichen Einfluss darauf gehabt, dass Stalin Marxist wurde. Den ersten Brief an Stalin schrieb Le-

nin 1903. Damals war Stalin gerade verbannt in das Dorf Nowaja Uda in der Nähe von Irkutsk. Lenin interessierte sich für die Revolutionäre aus abgelegenen Gebieten und wurde auf Stalin aufmerksam aufgrund einiger Publikationen in der Parteipresse und Erzählungen von Parteigenossen. In seinem Brief erklärte er Dschugaschwili einige aktuelle Probleme der Parteiarbeit. Das erste Mal hat Stalin sich Ende Januar 1924 bei einer Feier mit Kremlkursanten zu Ehren Lenins öffentlich über diesen Brief geäußert. Mit ausdrucksloser Stimme erzählte er von seinen Begegnungen mit Lenin:

»Zum ersten Mal lernte ich Lenin im Jahre 1903 kennen. Allerdings war es keine persönliche und unmittelbare Bekanntschaft, sondern sie erfolgte auf schriftlichem Wege. (...) Lenins Brief war verhältnismäßig kurz, aber er gab eine kühne, furchtlose Kritik der Praxis unserer Partei und eine ausgezeichnet klare und gedrängte Darlegung des ganzen Plans der Parteiarbeit für die nächste Periode. (...) Dieser schlichte und kühne Brief festigte in mir noch mehr die Überzeugung, dass wir in Lenin den Bergadler unserer Partei besitzen. Ich kann mir nicht verzeihen, dass ich diesen Brief Lenins, wie auch viele andere Briefe, nach Art und Gewohnheit eines alten illegalen Parteiarbeiters verbrannt habe.«

Stalin konnte über mangelnde Aufmerksamkeit Lenins nicht klagen. Als Stalin sich vor der Revolution noch in der Verbannung befand, wurde auf einer Sitzung des ZK der SDAPR(B) – der Sozialdemokratischen Arbeiterpartei Russlands (Bolschewiki) – unter Vorsitz Lenins die Frage erörtert, wie die Flucht von Swerdlow und Stalin organisiert werden sollte. Einige Zeit zuvor hatte Lenin 120 Franken an Stalin geschickt. Lenin hatte außerdem einen Brief Stalins erhalten, in dem dieser die Frage stellte, ob es möglich sei, seinen Artikel über »die kulturell-nationale Autonomie« und seine Schrift »Marxismus und nationale Frage« in einem Sammelband zu veröffentlichen, und Lenin hatte den Brief aufmerksam gelesen.

Bis 1917 haben sich Lenin und Stalin einige Male getroffen. Die längste Begegnung fand in Krakau statt. Zuvor hatten sie sich auf dem 4. Parteitag in Stockholm und auf dem 5. Parteitag in London gesehen. Allerdings interpretierte Stalin diese Begegnungen später anders. Schon 1931 erklärte er: »Immer, wenn ich ihn im Ausland besuchte – 1906, 1907, 1912, 1913 (…).« Dies vermittelt den Eindruck, dass Stalin nicht zu den Parteitagen, sondern zu Lenin fuhr. Diese Verschiebung biographischer Details hatte das Ziel, die Konzeption der »zwei Führer« zu untermalen, einen Mythos zu schaffen über eine besondere Beziehung zwischen Stalin und Lenin schon vor der Revolution. Stalin hat bei seinen Auslassungen über seine angeblich enge Beziehung zu Lenin äußerste Vorsicht walten lassen. Wie er überhaupt ein vorsichtiger Mann war.

Hier ein Beispiel dafür. Kurz vor Beginn des deutschen Überfalls 1941 erhielt Poskrebyschew einen Brief mit folgendem Inhalt:

»Genossen Poskrebyschew.
Ich bitte Sie um die Erlaubnis für die Veröffentlichung der Information in der Presse: ›Das Museum der Revolution. In Erinnerung an Lenin.‹
Verantwortlicher Leiter der TASS
5. Januar 1940 Ja. Chawinson«

Dem Brief beigelegt war das Dokument, das der Absender veröffentlicht sehen wollte:

»An W. I. Lenin, über Krupskaja, in Krakau, 7. März 1912.
Wir haben Literatur mit einem Gewicht von etwa zwei Pud (1 Pud = 16,381 Kilogramm, A. d. Ü.) gebracht. Wir haben keine finanziellen Mittel, nicht eine Kopeke. Schreiben Sie an die betreffende Stelle, dass man uns einige Leute oder Geld schicken soll (…).
Mit freundlichen Grüßen. Tschischikow«

Unten auf dem Dokument resümierte Stalin:

»Der Brief Tschischikows ist nicht von mir geschrieben worden, obwohl ich eine Zeit lang diesen Namen als Pseudonym benutzt habe.
J. Stalin«

Stalin hätte hinzufügen können, dass er noch weitere Pseudonyme benutzt hatte, nämlich: Iwanowitsch, Tschopur, Gilaschwii. Im genannten Fall war der Name »Tschischikow« entweder einer anderen Person »übertragen« worden, oder aber Stalin war zu dem Schluss gekommen, dass solch ein Brief ihn nicht »erhebe«. Eines ist in jedem Fall klar: Der »Führer« wollte nicht einmal gedanklich in die Vergangenheit zurückkehren – auch nicht in Verbindung mit Lenin.

Der Februarprolog

Wahrscheinlich spürte Stalin schon vor Beginn des Jahres 1917, dass er bald wieder nach Petrograd kommen würde; dorthin, wo ihn die Geheimpolizei vier Jahre zuvor bei einer Feier der örtlichen Parteiorganisation im Saal der Kalaschnikowbörse verhaftet hatte. Als die Februarrevolution ausbrach, drängte es die Verbannten in die Freiheit, dorthin, wo die stürmischen Ereignisse in vollem Gang waren. Der mürrische Georgier war auf der Prager Parteikonferenz im Januar 1912 als Mitglied des Zentralkomitees kooptiert worden. Trotzdem war er unter den Verbannten keine populäre Persönlichkeit. Allerdings hatte er zu Kamenew recht freundschaftliche Beziehungen unterhalten. Eine Fotografie, die in Monastyrskoje entstanden ist, zeigt Stalin neben seinem zukünftigen Verbündeten und späteren Gegner. Die »bunte Gemeinde« der Verbannten zog ihn nicht an, jene Gemeinschaft von Menschen, die sich beschäftigte mit Briefen und Nachrichten aus der »Freiheit«, mit Familienproblemen, mit endlosen Diskussionen über die klassenlose Gesellschaft, über Gerechtigkeit und Gleichheit. Ihm war jede Intellektualität fremd; nicht zufällig nannte er sich selbst nach 1917 »ungelernter Arbeiter der Revolution«. In den Augen derer, die ihn damals kannten, war Stalin ein »Revolutionskämpfer«, ein Untergrundpraktiker ohne Phantasie. Während Kurejka die Verbannten hartnäckig buchstäblich an sich festfror, gingen in Russland bis dahin nie gesehene Ereignisse vor sich. Der Moloch des Weltkriegs trieb seit nunmehr dreißig Monaten seine blutige Ernte ein. Die schmutzigen und blutigen

Schützengräben, die Gasangriffe, die erstarrten grauen Soldatenkörper im Stacheldraht waren weit weg von Stalin.
Aber aus den manchmal durchsickernden Nachrichten wusste er, dass die Industrieproduktion gesunken war, dass der Hunger das Land beherrschte und dass die Unzufriedenheit im Volk wuchs. Der Krieg verschärfte die Krise des russischen Imperiums bis zum Äußersten. Eine revolutionäre Explosion reifte heran.
Die Bourgeoisie hoffte, einen Ausweg zu finden, indem sie eine Demokratie westlicher Art forderte. Nikolaj II. hatte bei all seiner Mittelmäßigkeit ziemlich lange geschickt laviert. Er suchte nach Kompromissen und war bereit, teilweise auf die Forderungen des Bürgertums einzugehen, um die Monarchie zu retten. Zu spät. Der Vorsitzende der letzten Duma, der Führer der Oktobristen, Michail Wladimirowitsch Rodsjanko, sagte drei Wochen vor dem Sturz der Autokratie zum Zaren: »Um sie herum, Herrscher, ist nicht ein einziger zuverlässiger und ehrenhafter Mensch geblieben: Alle guten sind weit entfernt oder sind fortgegangen. Es sind nur die geblieben, die sich eines hässlichen Ruhms erfreuen.« Der Vorsitzende der Duma flehte den Zaren an, »dem Volk eine Verfassung zu schenken«, um den Thron zu retten. Aber nun konnte ihn niemand und nichts mehr retten.
Wir nähern uns wieder der Revolution, schrieb Lenin. Aufmerksam registrierte er in seinem Schweizer Exil deren Vorboten. Der erste und zentrale Akt des Februarprologs war die Zertrümmerung der Autokratie. Die Verbannten, unter ihnen auch Stalin, glaubten zwar an die Unvermeidlichkeit dieses Akts, doch hätte keiner von ihnen gedacht, dass er so plötzlich eintreten würde.
Einer der Konterrevolutionäre dieser Zeit, Wassili Witaljewitsch Schulgin, der beinahe ein ganzes Jahrhundert überlebte, erinnerte sich in seinen Memoiren »Die Tage«, wie die Selbstherrschaft endete. Als er und Alexander Iwanowitsch Gutschkow am 2. März 1917 auf Befehl des Provisorischen Komitees der Staatsduma in Pskow waren, um die Abdankung des Zaren vom Thron entgegenzunehmen, hofften sie noch, die Monarchie retten zu können. »Der Imperator«, schreibt Schulgin, »war wie immer ruhig. Nach der verworrenen Rede Gutschkows sagte Nikolaj mit monotoner Stimme, ohne Gefühle preiszugeben: Ich habe die Entscheidung getroffen, vom Thron abzudanken. Bis drei Uhr des heutigen Ta-

ges glaubte ich, dass ich zugunsten meines Sohnes Alexej abdanken würde (…). Nun habe ich den Entschluss geändert und verzichte zugunsten meines Bruders Michail auf den Thron.‹«
Zu dieser Zeit befand sich eine Gruppe Verbannter aus Monastyrskoje und Kurejka bereits in Krasnojarsk, Kansk und Atschinsk. Stalin und Kamenew waren in Atschinsk. Die Nachricht von der Abdankung Nikolajs zugunsten Michails und von dessen Weigerung, die Krone anzunehmen, nahmen sie mit Freude auf. Unter ein Telegramm, in dem Michail zu seiner weitsichtigen Entscheidung beglückwünscht wurde, setzte zu Stalins Überraschung auch Kamenew seinen Namen.
Neun Jahre später sollte davon noch einmal die Rede sein, und zwar auf einer Sitzung des Exekutivkomitees der Kommunistischen Internationale (EKKI). Stalin versuchte, Kamenews »Schwäche für die Monarchie« auszuschlachten. Seine Rede führte zurück in die weit entfernte Zeit des Jahres 1917. »Es geschah in der Stadt Atschinsk im Jahre 1917«, begann Stalin ungewohnt aufgebracht, »nach der Februarrevolution, wo ich mich zusammen mit dem Genossen Kamenew in der Verbannung befand. Es fand dort ein Bankett oder ein Meeting statt; ich erinnere mich nicht genau. Nun, und auf dieser Versammlung haben einige Bürger zusammen mit dem Genossen Kamenew ein Telegramm an Michail Romanow geschickt.«
Kamenew ruft von seinem Platz: »Gib zu, dass du lügst, gib zu, dass du lügst!«
»Seien Sie still, Kamenew!«
Kamenew ruft wieder: »Gib zu, dass du lügst!«
»Kamenew, seien Sie still, sonst wird es noch schlimmer für Sie.«
(Der Leiter der Sitzung, der deutsche Kommunist Ernst Thälmann, ruft Kamenew zur Ordnung.)
Stalin fährt fort: »Das Telegramm an Romanow, als ersten Bürger Russlands, wurde von einigen Kaufleuten und dem Genossen Kamenew entsandt. Ich habe es erst am nächsten Tag erfahren, und zwar von Kamenew selbst, der zu mir kam und mir gestand, dass er sich eine Dummheit erlaubt habe.«
Kamenew ruft erneut: »Du lügst, ich habe dir niemals dergleichen erzählt!«
Stalin: »Das Telegramm wurde in allen Zeitungen veröffentlicht, außer in den bolschewistischen. Hier wäre das erste Faktum.

Hier ist das zweite Faktum: Auf der Parteikonferenz im April erhoben die Delegierten die Frage, dass man einen Menschen wie Kamenew wegen dieses Telegramms auf gar keinen Fall ins ZK wählen sollte. Zweimal wurden geschlossene Versammlungen der Bolschewiki abgehalten, wobei Lenin den Genossen Kamenew verteidigte; und mit Anstrengung gelang es ihm, ihm als Kandidaten die Mitgliedschaft im ZK zu erhalten. Nur Lenin konnte Kamenew retten. Auch ich verteidigte Kamenew damals noch.

Hier das dritte Faktum: Es war tatsächlich richtig, dass die ›Prawda‹ damals zum Text eine Gegendarstellung Kamenews veröffentlichte, da dies das einzige Mittel war, Kamenew zu retten und die Partei vor Angriffen durch die Feinde zu schützen. Hier sehen Sie, dass Kamenew durchaus in der Lage ist, zu lügen und die Komintern zu täuschen.

Noch zwei Worte: Wie Sie nun sehen, kann und will Genosse Kamenew den Tatsachen nichts mehr entgegensetzen. Deshalb bitte ich Sie, mir die Erlaubnis zu geben, die Unterschriften derer zu sammeln, die damals auf den Ausschluss Kamenews aus dem ZK wegen dieses Telegramms bestanden.«

Trotzki vom Platz: »Fehlt nur die Unterschrift Lenins.«

Stalin: »Genosse Trotzki, für Sie wäre es besser, Sie schwiegen!«

Trotzki: »Machen Sie mir keine Angst, machen Sie mir nur keine Angst!«

Stalin: »Sie gehen gegen die Wahrheit an, aber gerade diese sollten Sie fürchten.«

Trotzki: »Das ist die Stalinsche Wahrheit, das ist Grobheit und Illoyalität.«

Stalin: »So, wie Kamenew dieses Telegramm unterschrieben hat, so werde ich auch die Unterschriften sammeln.«

Wir haben der Zeit ein wenig vorgegriffen, aber hier wurde eine Diskussion geführt, die die Ereignisse des beginnenden Jahres 1917 betrifft. Sogar Kamenew, der sich als einen orthodoxen Marxisten begriff, sah damals in der »Großherzigkeit Michails« einen Beweis für den Erfolg der Revolution. Das ist uns heute klar. Aber damals waren die Manöver des Zaren und der Bourgeoisie in der Lage, sogar einige Mitglieder des ZK der Partei aufs Glatteis zu locken.

Aber alles Manövrieren half nichts. In der Nacht zum 28. Februar befanden sich die Minister der letzten Zarenregierung in der Peter-Pauls-Festung in Arrest. Die bürgerlich-demokratische Februarrevolution hatte gesiegt. Sie war der Prolog des großen Oktobers.

In den Verbannungsorten bereiteten sich Tausende auf die Abreise vor nach Petrograd, Moskau, Kiew, Odessa, Tiflis, Baku und in andere Revolutionszentren. Stalin hatte, wie andere Verbannte, eine Fahrkarte dritter Klasse erhalten. Er saß im Waggon und schaute auf die riesigen Schneeflächen Sibiriens, die er nun hinter sich lassen würde. Er konnte nicht wissen, dass er zehn Jahre später zurückkommen würde, aber dieses Mal nicht als »ungelernter Arbeiter der Revolution«, sondern als Führer der Partei, der immer und immer mächtiger werden sollte. Während Stalin unterwegs an den Stationen aus dem Zug sprang, um heißes Wasser für den Tee zu holen, konnte er es sich nicht vorstellen, dass rund eineinhalb Jahre später auf dieser Erde Blut fließen würde. Stalin wusste nicht, was ihn in Petrograd erwartete, was er tun, welchen Parteiführern er begegnen würde.

Auf den Bahnhöfen, die sie durchfuhren, wurden die Verbannten stürmisch begrüßt. In fast jedem Zug befanden sich in jenen Tagen Verbannte. Auf den Versammlungen erklang die Marseillaise, ertönten Reden. Es sprachen der redegewandte Kamenew, der energische Swerdlow und andere zurückkehrende Verbannte. Stalin betrachtete schweigend die plötzliche Euphorie. Ihm kamen die vor kurzem gelesenen Worte Robespierres in Erinnerung: »Wenn nicht das ganze Volk sich erhebt, stirbt die ganze Wahrheit.« Wird es sich erheben? Stalin wusste es nicht.

Zu diesem Zeitpunkt hatte sich die bürgerliche Demokratie hoch erhoben. Das Kleinbürgertum liebäugelte mal mit den »linken Kapitalisten«, mal mit dem Proletariat. Der Wunsch nach Reformen wuchs. Aber das Wichtigste schien getan zu sein. Die Monarchie war gestürzt. »Eine riesige kleinbürgerliche Woge hat alles überflutet«, schrieb Lenin, »sie hat das klassenbewusste Proletariat nicht nur durch ihre zahlenmäßige Stärke, sondern auch ideologisch überwältigt.«

Es entstanden zwei Machtorgane. Dies war die Eigenart dieses Moments, die sich nicht in die klassischen Schemata bürgerlich-demokratischer Revolutionen fügen ließ. Der politische Terminus für diese eigenartige Erscheinung lautete »Doppelherrschaft«. Beide Machtorgane versammelten sich in ein und demselben Gebäude, dem Taurischen Palast. In einem Flügel des Schlosses das Provisorische Komitee der Staatsduma. Hier gab das »linke« Bürgertum, gaben die Kadetten den Ton an. Im anderen Flügel hatte sich der Petrograder Arbeiter- und Soldatenrat als Organ der Revolutionsmacht niedergelassen. Die Führung des Rats hatten die Menschewiki Nikolaj Semjonowitsch Tscheidse, Matwej Iwanowitsch Skobelew und Alexander Fjodorowitsch Kerenski von der Gruppe der Trudowiki. Im Exekutivkomitee des Rats waren die Bolschewiki in der Minderheit. Und das war kein Zufall, denn die Menschewiki konnten schon vor dem Februar legal arbeiten, und sie hatten ihre Möglichkeiten genutzt. In ihren Reihen gab es viele bekannte Intellektuelle, Propagandisten und Theoretiker des wissenschaftlichen Sozialismus.

Zu dieser Zeit war Lenin zwar anerkannter Führer der bolschewistischen Partei, aber er befand sich noch in der Emigration. Andrej Sergejewitsch Bubnow, Felix Edmundowitsch Dserschinski, Matwej Konstantinowitsch Muranow, Jan Ernestowitsch Rudsutak, »Sergo« Ordschonikidse, Jakob Michajlowitsch Swerdlow, Stalin, Jelena Dimitrijewna Stassowa und andere Parteiführer waren noch in der Verbannung, in Gefängnissen oder in Zwangsarbeitslagern. Sie wurden jedoch jeden Augenblick zurückerwartet. Die menschewistische Rätemehrheit und die Duma befürworteten gemeinsam die Übergabe der vollziehenden Staatsgewalt an die Bourgeoisie in Form einer Provisorischen Regierung. Zereteli und Kerenski erklärten, dass »die neue Revolutionsregierung unter der Kontrolle des Räte« arbeiten werde, dies sei »der Wille der Geschichte«. Die Demagogie und das Pathos beherrschten das gesellschaftliche Bewusstsein, und die meisten Menschen unterstützten die Provisorische Regierung.

Kerenski, der alles für den Sieg des Bürgertums getan hatte, wollte die Repräsentanten der Dynastie schützen. Später, als er fliehen musste, schrieb er einen Artikel unter der Überschrift: »Die Abreise Nikolajs II. nach Tobolsk«. Darin berichtet er: »Den Verleumdungen und dem Verrat zum Trotz hat die Provisorische Regierung beschlossen, schon Anfang März die Zarenfamilie ins

Ausland zu schicken. Ich selbst habe am 7. (20.) März auf der Sitzung des Moskauer Räts auf die wilden Rufe ›Tod dem Zaren!‹, ›Henkt den Zaren!‹ erwidert: ›Das wird nicht geschehen, solange wir an der Macht sind. Die Provisorische Regierung hat für die persönliche Sicherheit des Zaren und seiner Familie die Verantwortung übernommen. Diese Verpflichtung werden wir bis zum Ende einhalten. Der Zar und seine Familie werden ins Ausland nach England gebracht, ich selbst werde sie nach Murmansk bringen.«‹

»Meine Erklärung rief«, so Kerenski weiter, »in den Sowjetkreisen beider Hauptstädte eine explosionsartige Empörung hervor (...). Jedoch schon im Sommer, als der Verbleib der Zarenfamilie in Zarskoje Selo unmöglich geworden war, haben wir, die Provisorische Regierung, eine kategorische offizielle Erklärung [aus England] erhalten, dass die Übersiedlung des Zaren und seiner Familie ins Territorium des Britischen Empire bis zum Ende des Kriegs unmöglich sei.«

Die Revolution hatte in diesem Moment ihre erste Etappe vollendet. Offiziell schien die Macht in den Händen der Provisorischen Regierung zu liegen, die den alten Staatsapparat kontrollierte. Dicht neben ihr lärmte der Petrograder Rat der Arbeiter- und Soldatendeputierten. Keines von beiden Organen hatte die ganze Macht, keines konnte sie bislang vollständig an sich reißen.

Aber die Doppelherrschaft vermochte die revolutionäre Kreativität der Massen nicht zu lähmen. So wurde am 2. März 1917 in der Zeitung »Iswestija« der berühmte Befehl Nr. 1 des Arbeiter- und Soldatenrats veröffentlicht. Er regelte die Einführung demokratischer Prinzipien in der Armee: Wahlen von Komitees innerhalb der Truppen, Abschaffung militärischer Ränge und Titel, Unterstützung von Anordnungen der Provisorischen Regierung nur nach Genehmigung durch die Räte, Wahrung der revolutionären Disziplin, gleiche Bürgerrechte für Soldaten und Offiziere.

Lenin bereitete sich auf die Heimreise ins rebellierende Russland vor, Trotzki kam Ende Mai nach Petrograd, und er wusste noch nicht, wem er sich anschließen sollte, den Menschewiki oder den Bolschewiki. Die Menschewiki und die Sozialrevolutionäre beherrschten den Petrograder Sowjet. Sie unterstützten die Regierung von »zehn Kapitalisten und sechs Sozialisten«. Kerenski, Zereteli, Tschernow, Skobelew sorgten sich nur um eines: »auf keinen Fall zulassen, dass die revolutionäre Energie außer Kontrolle geriet«.

Die Revolution wird nicht mit Parteien gemacht. »Nicht die Reichsduma – die Duma der Gutsbesitzer und der Reichen –, sondern die aufständischen Arbeiter und Soldaten haben den Zaren gestürzt«, schrieb Lenin im März. *Aber an der Spitze dieser Aufständischen muss ihre Partei stehen.*

Wodurch hat sich Stalin in der Februarrevolution und später in der Oktoberrevolution hervorgetan? Was war seine wahre Rolle? Wer war er in der Revolution: Führer oder Statist? Die Analyse von Parteidokumenten und anderen Materialien, die Zeugnisse von Personen, die an den Ereignissen teilgenommen haben, ermöglichten es, diese Fragen zu beantworten.

Lange Zeit wurde Stalins Rolle in der Literatur falsch dargestellt. In der »Kurzen Biographie« etwa steht:

»In dieser verantwortungsvollen Periode hat Stalin die Partei um sich geschart, um die bürgerlich-demokratische Revolution in eine sozialistische übergehen zu lassen. Stalin und Molotow leiteten gemeinsam die Arbeit des Zentralkomitees und des Petrograder Komitees der Bolschewiki. In den Artikeln Stalins erhielten die Bolschewiki prinzipielle Richtlinien für ihre Arbeit.«

Das klingt so, als wäre er der Führer der Revolution gewesen, als hätte er zu dieser Zeit die Rolle Lenins innegehabt. Wie die wahre Chronik der Ereignisse zeigt, gibt es für diese Darstellung keinerlei Grundlage. Stalin hat überhaupt keine Richtlinien gegeben. Nachdem er nach Petrograd gekommen war, wurde er zu einem Parteifunktionär unter vielen. In den Dokumenten jener Periode, in denen die Personen aufgelistet sind, die Aufgaben im Zentralkomitee der Partei wahrgenommen haben, begegnet man dem Namen Stalins äußerst selten. Ja, Stalin saß in hohen politischen Organen, aber er machte sich in keinem von ihnen bemerkbar. Ihn kannte kaum jemand außerhalb eines engen Personenkreises. Er war ein unauffälliger Mensch, ein »Vertreter der entlegenen

Nationen«. Er besaß absolut keine Popularität. Das ist die Wahrheit.

In seinem Buch »Geschichte der russischen Revolution« beschreibt Trotzki Stalin wie folgt: »Die Lage wurde noch verwickelter Mitte März, nach der Ankunft Kamenews und Stalins aus der Verbannung, die das Steuer der offiziellen Parteipolitik schroff nach rechts warfen. (…) Blieb Kamenew in der Eigenschaft eines Publizisten eine Reihe von Jahren mit Lenin in der Emigration, wo sich der Herd der theoretischen Arbeit der Partei befand, so war Stalin als sogenannter Praktiker ohne theoretischen Horizont, ohne breite politische Interessen und ohne Kenntnis fremder Sprachen vom russischen Boden nicht zu trennen. (…) Die Fraktion Stalin–Kamenew verwandelte sich immer mehr in die linke Flanke der sogenannten revolutionären Demokratie und schloss sich der Mechanik des parlamentarischen Hinter-den-Kulissen-›Drucks‹ auf die Bourgeoisie an, diesen durch einen Druck hinter den Kulissen auf die Demokratie ergänzend.« In seinem Buch beschuldigt Trotzki Stalin, die Politik der Vaterlandsverteidigung unterstützt zu haben, was nicht immer der Wahrheit entsprach. Aber man darf Trotzkis Hinweis auf das Fehlen von theoretischen Maßstäben bei Stalin vor der Oktoberrevolution nicht unbeachtet lassen.

»Diese Unzulänglichkeiten führten zu beschränktem Praktizismus, der nur vom Rahmen der allernächsten Perspektiven begrenzt wurde«, schreibt Trotzki.

Der Februar traf Stalin nicht völlig unvorbereitet an. Er glaubte schon einige Zeit daran, dass die Revolution unumgänglich sei. Er glaubte es buchstäblich, denn die Wahrheit war für ihn untrennbar vom Glauben an sie. Wenn die Wahrheit nicht das Gewand des Glaubens trug, war sie für ihn nicht vollkommen. Es ist durchaus möglich, dass hierin nichts Verwerfliches liegt, aber es schafft einen Nährboden für die Dogmatisierung des Denkens.

In Nebenrollen

Am 12. März traf Stalin in Petrograd ein. Weder ihn noch Kamenew, noch Muranow, die alle im selben Zug angekommen waren, erwartete irgendjemand am Bahnhof. Petrograd war mit seiner Revolutionsarbeit beschäftigt. Die unauffällige Ankunft des zukünftigen »Führers« entsprach seiner Bedeutung. Er nahm seine Sperrholzkiste unter den Arm und begab sich zu den Allilujews. Sie haben ihn herzlich wie einen vertrauten Freund empfangen. Während der vergangenen langen Jahre hatte er nur von einem regelmäßig Briefe erhalten, von Sergej Jakowlewitsch Allilujew, seinem zukünftigen Schwiegervater. Allilujew war ein Bolschewik, der in die Geschichte eingegangen ist, weil er während der dramatischen Tage im Juli 1917 Lenin vor den Häschern der Provisorischen Regierung bei sich versteckte.

An diesem Tag traf er auch einige ZK-Mitglieder. Am Abend nahm man ihn ins Russische Büro des Zentralkomitees und in die Redaktion der »Prawda« auf. Nach der Stille Kurejkas konnte sich Stalin schwer an den Lärm und an das Gedränge des Revolutionsalltags gewöhnen.

Faktisch lag die redaktionelle Führung der »Prawda« seit Mitte März in den Händen von Kamenew, Muranow und Stalin. Schon während der ersten Tage ihrer Arbeit unterliefen ihnen eine Reihe von bemerkenswerten theoretischen und politischen Fehlern. Und diese Fehler waren kein Zufall. Stalin dachte nicht selbständig, er hatte keinen festen Standpunkt und kein klares Verständnis für die Schwierigkeiten des Voroktobergewitters. Er war es gewohnt, Anordnungen auszuführen und einer »Linie« zu folgen. Aber in der »Prawda« kam es darauf an, Entscheidungen zu treffen. Die Fehler begannen mit der Veröffentlichung eines Artikels von Kamenew unter dem Titel »Die Provisorische Regierung und die revolutionäre Sozialdemokratie«. Stalin unterstützte die Publikation dieses Beitrags, in dem Kamenew forderte, dass die Bolschewiki die Provisorische Regierung unterstützen sollten, denn diese »kämpft wirklich mit den Überresten des alten Regimes«. Diese Aufforderung widersprach den Auffassungen Lenins.

Am nächsten Tag veröffentlichte Kamenew bereits einen zweiten Artikel: »Ohne Geheimdiplomatie«. In diesem Artikel plädierte er für eine »revolutionäre Vaterlandsverteidigung«. Sobald die deutschen Armeen den Krieg fortsetzten, werde das revolutionäre Volk »fest auf seinem Posten stehen, Kugeln wird es mit Kugeln erwidern, Granaten wird es mit Granaten beantworten. Das ist unabänderlich.«

Solche halbmenschewistischen Ansichten Kamenews stießen nicht auf Stalins Widerstand, der damals noch wenig von den Feinheiten der großen Politik verstand. Dies zeigte sich auch, als Stalin sich am Tag nach der Veröffentlichung von Kamenews Artikel selbst in der »Prawda« zu Wort meldete. Er veröffentlichte den Artikel »Über den Krieg«. Dieser Artikel ging zwar von einer Antikriegsposition aus, aber er entsprach gleichwohl nicht Lenins Auffassungen. Einen Ausweg aus dem imperialistischen Krieg sah Stalin nur »in dem Weg des Drucks auf die Provisorische Regierung, indem man von ihr fordert, der unverzüglichen Einleitung von Friedensverhandlungen zuzustimmen«.

Der Gerechtigkeit halber muss man erwähnen, dass Stalin später seinen Fehler öffentlich eingestanden hat: 1924, auf dem Plenum der kommunistischen Fraktion im Zentralrat der Gewerkschaften. Er beschrieb seine damalige Position zur Provisorischen Regierung und deren Haltung zum Frieden und sagte: »Dies war jedoch eine zutiefst falsche Position, denn sie erzeugte pazifistische Illusionen, leitete Wasser auf die Mühle der ›Vaterlandsverteidiger‹ und erschwerte die revolutionäre Erziehung der Massen.« Er fügte hinzu, dass fast die ganze Partei damals diese Auffassung verfochten habe und dass es nur wenige Parteiorganisationen gegeben habe, die den richtigen Ton eingeschlagen hätten. In den zwanziger Jahren war Stalin noch in der Lage, Fehler einzugestehen.

Nicht ohne Stalins Einfluss verabschiedete das Büro des ZK eine Woche nach der Veröffentlichung des Artikels »Über den Krieg« die Arbeit »Über Krieg und Frieden«. Auch darin wird gefordert, Druck auf die Provisorische Regierung auszuüben mit dem Ziel, sie zur Eröffnung von Friedensverhandlungen zu veranlassen.

Während der Abwesenheit Lenins war Kamenews Gewicht in der »Prawda« groß. Er galt zu dieser Zeit als bedeutender Parteiführer. Die Politik der Vaterlandsverteidigung und die Annäherung an Positionen der Menschewiki wurden im März auf sein Betreiben hin vertreten. Stalin konnte Kamenew noch nichts entgegensetzen, da er wenig Autorität und Einfluss besaß. Auch in Abwesenheit Lenins und anderer angesehener Bolschewiki konnte Stalin, der gerade aus der Illegalität aufgetaucht war, als es notwendig gewesen wäre, der Partei einen Zusammenhalt zu geben, sich nicht als »Führer« bewähren. Swerdlow, Kamenew und Alexander Gawrilowitsch Schljapnikow machten eher von sich reden. In der schwierigen Lage formulierten sie die politischen Orientierungen und bestimmten die Marschrouten für die Politik der Partei.

Ich glaube, Stalin hat sich in dieser Zeit nicht vorstellen können, dass Lenin weniger als einen Monat später die Bolschewiki auf den Kurs der sozialistischen Revolution steuern würde. Die Manöver, mit denen Stalin sich befasste, zeigten, dass dieser das Ziel schon für erreicht hielt. In diesen Märztagen spürte man die Abwesenheit Lenins besonders stark. Ein Mittelmaß an Intellekt und an revolutionärer Leidenschaft macht es unmöglich, wichtige Aufgaben zu lösen. Zu dieser Zeit schrieb einer der menschewistischen Führer und Theoretiker, Nikolaj Nikolajewitsch Suchanow (Gimmer): »Stalin war in der politischen Arena nicht mehr als ein grauer, matter Fleck.« Auch andere bolschewistische Führer wie Pjotr Salutzki, Watscheslaw Michajlowitsch Molotow, Schljapnikow, Michail Iwanowitsch Kalinin und Michail Steppanowitsch Olminski konnten die Weisungen, die Lenin in seinen »Briefen aus der Ferne« gab, nicht immer richtig umsetzen. Es war offenkundig, dass Stalin, Kamenew und andere sich noch nicht frei gemacht hatten von der Illusion der Vaterlandsverteidigung und ebenso wenig vom Glauben an die Provisorische Regierung. Sie hielten die bürgerlich-demokratischen Errungenschaften für den Gipfel des Erreichbaren.

Die Schwankungen Stalins im Voroktober sind auf eindeutige Gründe zurückzuführen. Stalin hatte kein eigenes Konzept zur Verwirklichung der großen Idee. In der Februarrevolution und in den Tagen des Oktobersturms offenbarte er seine schwachen Seiten: geringe theoretische Kenntnisse, beschränkte Fähigkeiten zur revolutionären Kreativität, das (damals noch vorhandene) Unvermögen, politische Losungen in konkrete Aktionsprogramme zu verwandeln. Nie hat jemand Stalin einen Vorwurf daraus gemacht, dass er dem Kampf auswich, dass er nach unbeschwerlichen Wegen suchte und die Konfrontation mit dem politischen Gegner fürchtete.

Diesem Menschen mangelte es nicht am Willen. Jedoch wird ein aufmerksamer Betrachter des politischen Wegs Stalins erkennen, dass er, der Berufsrevolutionär, schon damals einen äußerst wunden Punkt hatte. Er selbst kannte ihn gut. Als es nötig war, in die Zechen, in die Fabriken zu gehen, zu den Truppen zu sprechen, auf Straßenkundgebungen aufzutreten, machte sich in Stalin das Gefühl von Unsicherheit und Unruhe breit. Im Gegensatz zu vielen anderen Revolutionären hat es ihn nie zu den Massen hingezogen. Er verstand es nicht, vor einem großen Publikum zu reden. In einem Bericht, der vom Beginn der zwanziger Jahre stammt, schildert der Arbeiter I. Kobsew einen Auftritt Stalins bei einem Meeting auf der Petrograder Wassili-Insel im April 1917: »Im Grunde hat er alles richtig, verständlich und einfach gesagt; jedoch hat sein Auftritt keinen besonderen Eindruck hinterlassen.« Nicht zufällig war Stalin seltener als irgendein anderer aus Lenins näherer Umgebung als Redner auf Versammlungen und Kundgebungen zu hören.

Es wurde besonders schwierig für Stalin, vor den Massen aufzutreten, als Lenin und Trotzki zurückgekehrt waren, als Lunatscharski, Wolodarski, Kamenew, Sinowjew und andere glänzende Redner auf den Versammlungen die Massen begeisterten. Trotzki wählte den Zirkus »Modern« zu seinem ständigen Auftrittsort, der immer voller Menschen war, die ihn hören wollten. Nicht selten wurde Trotzki auf Händen zur Rednertribüne getragen. Allerdings entstand der Eindruck, als stellte Trotzki den Inhalt seiner Reden hintenan. Er schien vor allem die Emotionen seiner Zuhörer ansprechen zu wollen. In den ersten Tagen seines Aufenthalts in Petrograd, berichtet Suchanow in seinem »Tagebuch der russischen Revolution«, eilte Trotzki, nachdem er im Zirkus »Modern« gesprochen hatte, sofort weiter zur Obuchowskifabrik, von dort zur Trubotschnifabrik, schließlich zu den Putilow-Werken, zur Baltischen Fabrik und in die Kasernen. Es schien, als hätte er überall gleichzeitig gesprochen. Trotzki berauschte sich am Anwachsen seiner Popularität, in der Tat konnte kein zweiter so stark die Massen anheizen wie er. Stalin hörte Trotzki auf verschiedenen Sitzungen und Versammlungen sprechen, und in ihm wuchsen Feindschaft und Neid gegenüber dem glänzenden Rhetoriker. Trotzki stand im Zentrum der Aufmerksamkeit. Nicht so Stalin, den Trotzki bis zum Oktober buchstäblich übersah.

Anstatt öffentlich aufzutreten, zog Stalin es vor, Artikel und Notizen zu dem einen oder anderen Ereignis zu schreiben. Seit seiner Rückkehr aus der Verbannung verfasste Stalin von Mitte März bis Oktober 1917 sechzig Beiträge für »Prawda«, »Proletaiij«, »Soldatskaja Prawda«, »Proletarskoje Delo«, »Rabotschij i Soldat«, »Rabotschij«, »Rabotschij Put« und andere.

Stalin arbeitete am liebsten im »Stab«: in der Verwaltung, in leitenden Organen, in den Büros, in den Komitees, im Rat. Schon im März hatte das Büro des ZK ihm eine weitere Aufgabe übertragen. Es delegierte ihn in das Exekutivkomitee des Petrograder Rats der Arbeiter- und Soldatendeputierten. Das Büro versammelte sich täglich, erörterte Fragen des revolutionären Alltags und erteilte Parteimitgliedern Aufgaben. So erhielt Stalin den Auftrag, stabile Verbindungen zu den Parteiorganisationen in den Gebieten des Transkaukasus und in anderen Regionen des Landes herzustellen.

Zu dieser Zeit entstanden an vielen Orten des Landes gemeinsame Organisationen von Menschewiki und Bolschewiki. Das ZK war gegen solche Vereinigungen. Von unserem heutigen Kenntnisstand aus können wir sagen, dass diese Haltung des Zentralkomitees in vielerlei Hinsicht zweifelhaft war. Die Zusammenschlüsse von Bolschewiki und Menschewiki hatten die Revolution geführt, zunächst im Kampf gegen die Autokratie, später gegen die Bourgeoisie. Von den Beteiligten wurden sie wohl als politischer Kompromiss zur Erreichung bestimmter Ziele betrachtet. Stalin verwandte große Energie darauf, die Zusammenarbeit zu zerstören.

Zweifellos war es gerechtfertigt, das Zusammenwirken der beiden Parteien zu beenden, als es die bolschewistischen Zielsetzungen behinderte. Aber die konzentrierte Gewalt gegen die Menschewiki und Sozialrevolutionäre hat, wie mir scheint, mehr Schaden als Nutzen eingebracht. Mit der Zeit sollte dies eine traurige Tradition werden. Der Faschismus der dreißiger Jahre hatte schon seine Zielfernrohre auf uns gerichtet. Wir jedoch sahen immer noch unseren »Hauptfeind« in den Sozialdemokraten.

Lenin wollte nach Russland zurückkehren, aber dies war äußerst schwierig. Nachdem er alle Möglichkeiten abgewogen hatte, beschloss er, mit einer Gruppe russischer Emigranten, unter denen sich auch Grigorij Jewsejewitscit Sinowjew (Radomyslski) befand, aus der Schweiz über Deutschland und Schweden nach Russland zu reisen. Am 3. April traf Lenin auf dem ersten Bahnhof auf russischem Territorium, Bjeloostrow, ein. Dort erwarteten ihn Vertreter des ZK, des Petrograder Komitees der SDAPR(B) und Arbeiterdelegationen. Unter den Wartenden waren Kamenew, Alexandra Kollontaj, Stalin, Uljanowa, Fjedor Raskolnikow und Schljapnikow. Raskolnikow war der Erste, der Lenins Abteil betrat. Später erinnerte er sich: »Ich war von der ersten Frage Lenins wie vor den Kopf gestoßen: ›Was wird bei euch in der ›Prawda‹ geschrieben? Wir haben einige Nummern gesehen und tüchtig auf euch geschimpft.«
Auf dem Weg von Bjeloostrow bis Petrograd sprach Lenin mit seinen Genossen über die Lage der Partei. Dabei hat Lenin Kamenew für seine Artikel in der »Prawda« kritisiert, mit denen dieser faktisch die Provisorische Regierung unterstützt hatte.
Stalin hat später berichtet, dass ihm schon am Abend des 3. April »vieles bedeutend klarer« geworden sei. Lenin hatte, obwohl er weit vom Ort des Geschehens entfernt gewesen war, dennoch besser als andere die historischen Eigenheiten des Moments verstanden. Am nächsten Tag hörte Stalin Lenins Rede im Taurischen Palast, in der dieser seine bedeutenden zehn Thesen verkündete und erläuterte. Sie sind als »Aprilthesen« in die Geschichte eingegangen. Die Thesen standen im krassen Gegensatz zur Taktik Stalins und Kamenews und zeigten die Gefahren ihrer Passivität. Lenin war der anerkannte Führer, aber er war nicht unantastbar. Die politische Lage war so kompliziert, und die Aprilthesen waren so neu und mutig, dass sogar viele leitende Funktionäre der Partei Lenins Programm nicht akzeptierten. Es wurden Stimmen laut, Lenin habe sich im Ausland von der russischen Wirklichkeit entfernt und sei einem extremen Radikalismus verfallen. Nach Stalins vorsichtigen Reden im März klangen Lenins Forderungen wie direkte Vorwürfe. Suchanow schrieb später über den Eindruck, den Lenins Rede auf viele machte: »Die Gebildeten aber, während sie kräftig und anhaltend klatschten, starrten mit einem

merkwürdigen Augenausdruck einen unbestimmten Punkt an oder ließen ihren geistesabwesenden Blick über die Versammlung streifen und dokumentierten damit ihre völlige Verwirrung.«
Auf der Versammlung der Bolschewiki am 4. April, auf der Lenin seine Thesen vorstellte, trat nur Alexandra Kollontaj auf seine Seite. Viele waren nicht einverstanden mit Lenins Thesen, viele kritisierten ihn, viele zogen seine Schlussfolgerungen in Zweifel – und nicht nur Sinowjew, Kamenew und Trotzki, wie früher meist bei uns zu lesen war.
Auch nach der Revolution wurde Lenin kritisiert, und er selbst legte Wert darauf, dass dies möglich war. Im Mai 1919 schrieb zum Beispiel Wladimir Alexandrowitsch Antonow-Owsejenko einen scharfen Brief an das ZK, in dem er erklärte, dass er nicht einverstanden sei mit Lenins Beurteilung der militärischen Lage eines Abschnitts der Südfront. Das war nichts Ungewöhnliches. Geradeaus seine Meinung zu äußern war die Norm. Lenin beauftragte einen Verantwortlichen aus dem Revolutionären Kriegsrat, eine kompetente Schlussfolgerung aus Antonow-Owsejenkos Kritik zu ziehen.
Die genialen Aprilthesen fanden bis zur 7. Parteikonferenz keine Mehrheit im Petrograder Komitee. Lenin war nicht selten in der Minderheit, woraus er keine Tragödie machte, genauso, wie er nicht triumphierte, wenn, und das war natürlich häufiger der Fall, die Mehrheit auf seiner Seite war. Lenin hielt sich immer an das, was er für richtig erkannt hatte. Eine Mehrheit kann weniger wert sein als eine Situation, in der offen verschiedene Meinungen geäußert und neue, originelle Vorgehensweisen vorgeschlagen werden. Wenn ich glaube, dass ich mich im Recht befinde, so ist es nicht tragisch, wenn ich in der Minderheit bleibe. In diesem Fall sagte Lenin: »Lieber allein bleiben wie Liebknecht: einer gegen hundertzehn.«
Nach Lenins Ankunft veränderte sich auch die »Prawda«. Lenin übernahm die Leitung des zentralen Parteiorgans. Jetzt erschienen keine fehlerhaften Artikel mehr wie zu der Zeit, als Kamenew und Stalin die Zeitung redigierten. Stalin arbeitete weiterhin in der »Prawda«-Redaktion, jedoch machte er sich nur noch durch kurze Repliken, Mitteilungen und Bemerkungen zu Alltagsfragen bemerkbar.

Lenins Thesen wurden auf der 7. Gesamtrussischen Konferenz der SDAPR(B) vom 24. bis 29. April 1917 angenommen und zur Grundlage der Parteipolitik gemacht. 151 Konferenzdelegierte vertraten 80 000 Parteimitglieder. Und diese Hand voll, verglichen mit den vielen Millionen Einwohnern Russlands, wollte nun die Welt erschüttern.
Auf dieser Konferenz sprach Lenin umfassend über die Fragen der russischen Revolution: über den Übergang der bürgerlich-demokratischen zur sozialistischen Etappe, über das Verhältnis des Proletariats zu seiner Partei, über den Krieg und die Provisorische Regierung, über die Rolle der Räte, über den Weg zur Erlangung der Mehrheit in ihnen und über vieles andere. Es entstand eine heftige Debatte. Kamenew warf Lenin vor, dass dieser nicht die tatsächliche Lage erkenne, denn sie zwinge die Partei dazu, mit der Provisorischen Regierung zusammenzuarbeiten. Auch Smidowitsch, Rykow, Georgij Leonidowitsch Pjatakow, Wladimir Pawlowitsch Miljutin und Bagdatjew wandten sich gegen Lenin. Es sollte noch eine Zeit kommen, da Stalin diese Auftritte als »verräterisch«, »feindlich« und »konterrevolutionär« abqualifizieren sollte.
Stalin unterstützte Lenins Thesen. Jedoch war seine Rede blass und wenig überzeugend, denn es mangelte ihm an starken Argumenten. Gewichtiger war sein Bericht über die nationale Frage, in dem er den Gedanken ausführte, dass »die Organisierung des Proletariats eines bestimmten Staates nach Nationalitäten lediglich zum Untergang der Idee der Klassensolidarität führt«. Für das Proletariat eines Vielvölkerstaats sei es notwendig, eine einheitliche Partei zu schaffen. Deshalb sei die Forderung nach »kultureller Autonomie« nicht internationalistisch. Er gab sich als Mann der Praxis, aber er beeindruckte niemanden. Generell versuchte Stalin in diesen hitzigen Tagen, »in der Mitte« zu bleiben, da er erkannt hatte, dass dies die günstigste Position war bei einem schnellen Wandel der Ereignisse.
Bei der Durchsicht der Dokumente jener Zeit – der Beschlüsse des ZK, der Stenogramme von Parteiversammlungen, der Telegramme der revolutionären Organe – bemerkt man, dass im Gegensatz zu den Namen Sinowjews, Kamenews, Trotzkis (der erst im Mai 1917 aus der Emigration zurückkehrte), Bucharins,

Swerdlows, Dserschinskis und anderer Stalins Name äußerst selten zu lesen ist. Bei der Lektüre von Stalins Werken und seiner »Kurzen Biographie« dagegen gewinnt man den Eindruck, als wäre Stalin immer an Lenins Seite gewesen. Da heißt es etwa:

»10. Oktober – (…) Das ZK nimmt W. I. Lenins Resolution über den bewaffneten Aufstand an und setzt für die Leitung des Aufstands ein aus sieben Personen bestehendes Politisches Büro des ZK mit W. I. Lenin und J. W. Stalin an der Spitze ein. (…)
24.-25. Oktober – (…) W. I. Lenin und J. W. Stalin leiten den bewaffneten Oktoberaufstand.«

Solche »Tatsachen«, die weit von der Wahrheit entfernt sind, nahmen Millionen von Menschen während langer Jahre für bare Münze.

Gehen wir aus von den Protokollen, den stenographischen Berichten, Memoiren und Tagebüchern, in denen Stalins Name erwähnt wird, so kommen wir zu dem Schluss, dass er nicht als herausragende Persönlichkeit, nicht als Führer, nicht als glühender Redner und Organisator in der Revolution auftrat, sondern als kaum wahrzunehmender Funktionär des Parteiapparats. Zum Beispiel wird in einer Chronik, die eine historische Kommission über die Oktoberrevolution 1924 anfertigte, Stalin im Zeitraum von Juni bis September 1917 gerade neunmal erwähnt, Boris Viktorowitsch Sawinkow dagegen mehr als vierzigmal, Matwei Iwanowitsch Skobelew mehr als fünfzigmal und Trotzki mehr als achtzigmal. Es lässt sich darüber streiten, ob solch eine statistische Art der Beurteilung politischer Aktivität angemessen ist. Aber sie zeigt immerhin, welche Spuren Stalin in der öffentlichen Meinung hinterlassen hat. Ja, er war Mitglied des ZK, er arbeitete in der »Prawda«, er saß in einer Reihe von weiteren Gremien, Räten und Kommissionen. Aber außer einer einfachen Aufzählung seiner Mitgliedschaft in verschiedenen Organen gibt es wenig, was man über die konkreten Inhalte seiner Tätigkeit sagen könnte.

Die Hauptursache dafür liegt meiner Meinung nach in Stalins Mangel an revolutionärer Kreativität. Er eignete sich gut dafür, Aufträge auszuführen, aber er besaß nur wenig Phantasie. Es war kein Zufall, dass Stalin im März nicht mehr hervorgebracht hatte

als die Warnung, »die Ereignisse nicht zu forcieren«. Wenn Lenin Aufgaben des heutigen Tages löste, sah er schon auf die Zukunft. Stalin jedoch war weiter vom Volk entfernt, nur durch den Apparat und seine Funktionäre hielt er Kontakt zu ihm. Lenin nahm jede Gelegenheit zum Dialog mit Menschen wahr, Stalin beschränkte sich auf die Verbindung zu Vertretern der Organisationen und Komitees.
Stalin war während der stürmischen Monate des Jahres 1917 unfähig, über den Alltag hinauszudenken. Viele von denen, die damals in seiner Nähe waren, zeichneten sich durch weit mehr Individualität aus. Es ist wenig wahrscheinlich, dass Stalin in jener Zeit bereits Ambitionen verspürt hatte. Seine Fehler im März waren nicht zufällig und machten häufig von sich reden. Aber seine ständige Gegenwart in den »hinteren Rängen« stabilisierte Stalins Platz innerhalb der bolschewistischen Führung. Auf der Aprilkonferenz wurde Stalin erneut ins Zentralkomitee der Partei gewählt.

Der bewaffnete Aufstand

Nach Lenins Ankunft erhielt Stalins Rolle klarere Konturen. Er führte Aufträge der Parteiführung aus. Er stand zwar im Schatten und war selten in der Öffentlichkeit zu sehen, aber er erwies sich bei bestimmten konspirativen Unternehmungen als fähig, die Verbindung zwischen den Parteigliederungen zu halten und Aktionen zu organisieren. Er war auch an Maßnahmen zur Vorbereitung des bewaffneten Aufstands beteiligt.
Im Zentralexekutivkomitee der Räte der Arbeiter- und Soldatendeputierten, das auf dem ersten Gesamtrussischen Rätekongress vom 3. bis 24. Juni gewählt worden war, hatten die Bolschewiki keine Mehrheit. Im ZEK saßen 123 Menschewiki (darunter 16 Kandidaten), 119 Sozialrevolutionäre (darunter 18 Kandidaten) und 57 Bolschewiki (darunter 22 Kandidaten). Zusammen mit Lenin, Dserschinski, Kamenew, Nikolaj Iljitsch Podwojski, Steppan Georgijewitsch Schaumjan und anderen bekannten Bolschewiki war auch Stalin in dieses Führungsorgan der Sowjets gewählt worden.

Die Beschlüsse des Kongresses wie auch des ZEK unterstützten die Provisorische Regierung. Und eine friedliche Demonstration, die im Juli durch Petrograd zog und »Alle Macht den Räten!« forderte, wurde gewaltsam aufgelöst. Es zeigte sich, dass die sozialistische Revolution nicht mehr auf friedlichem Weg durchzuführen war. Lenin schrieb später:
»Unsere Partei tat ihre unbedingte Pflicht, als sie am 4. Juli mit den zu Recht empörten Massen ging und sich bemühte, ihrer Bewegung, ihrer Demonstration einen möglichst friedlichen und organisierten Charakter zu verleihen. Denn am 4. Juli war ein friedlicher Übergang der Macht an die Sowjets noch möglich.« Aber die sozialrevolutionären und menschewistischen Führer waren »schon in den Abgrund einer widerwärtigen, konterrevolutionären Grube gestiegen«, indem sie sich mit der Provisorischen Regierung arrangierten. Die Doppelherrschaft war zu Ende.
Weil sie dazu aufgerufen hatten, die Regierung zu stürzen, wurden die Führer der Bolschewiki nach der Juli-Demonstration verfolgt. Stalin organisierte mit einigen anderen Genossen auf Anordnung des ZK Lenins Untertauchen. Für einige Zeit befand sich Lenin in der Wohnung der Allilujews. Dort fand Anfang Juli eine Sitzung von Mitgliedern des Zentralkomitees der Partei statt, an der neben Lenin Viktor Pawlowitsch Nogin, Ordschonikidse, Jelena Dimitrijewna Stassowa, Stalin und andere teilnahmen. Es ging um folgende Frage: Wie sollte Lenin auf die Forderung der Provisorischen Regierung reagieren, sich in die Hände der Justiz zu begeben? Es ist bekannt, dass Lenin vor dieser Sitzung offiziell erklärt hatte: »Im Fall, dass die Regierung meine Verhaftung fordert und dies vom Zentralexekutivkomitee befürwortet wird, werde ich mich augenblicklich dort einfinden, wohin mich das Exekutivkomitee zur Verhaftung befiehlt.« Die Meinungen gingen auseinander. Zu Beginn befürworteten viele das Erscheinen vor Gericht, unter der Voraussetzung, dass das ZEK bestimmte Garantien zugestand. Dann aber erklärten die menschewistischen ZEK-Mitglieder Liber und Anissimow, dass »sie keinerlei Garantie übernehmen könnten«. Aufgrund der entfesselten Hetze in der Presse gegen Lenin und andere Führer der Bolschewiki wurde deutlich: Die Reaktion wartete darauf, mit Lenin kurzen Prozess

machen zu können. Nach langen Erörterungen wurde Lenin davon überzeugt, sich nicht der Justiz auszuliefern, sondern für einige Zeit Petrograd zu verlassen.
Stalin hatte anfangs keine klare Position bezogen, später jedoch trat er entschieden gegen ein Erscheinen vor Gericht auf. Stalin sagte: »Man wird ihn nicht bis zum Gefängnis bringen. Man wird ihn unterwegs töten. Der Genosse Lenin muss in ein sicheres Versteck gebracht werden.«
In diesen Tagen voller Dramatik ereignete sich in Stalins Privatleben etwas sehr Bedeutendes: Er lernte Nadeschda, die Tochter Allilujews, seine zukünftige zweite Frau, näher kennen. Stalin war 22 Jahre älter als Nadeschda. Die Familie Allilujew kannte Stalin schon seit den neunziger Jahren, seit einem Aufenthalt in Baku. Übrigens schreibt die Tochter Stalins, Swetlana Allilujewa, in ihren Erinnerungen »20 Briefe an einen Freund«, dass Stalin 1903 seine zukünftige Frau, die damals zwei Jahre alt gewesen sei, vor dem Ertrinken gerettet habe. Sie sei ins Meer gefallen, und er habe sie herausgezogen. Als Nadeschda an einem Julitag des Jahres 1917 nach Hause kam, fand sie in der elterlichen Wohnung viele unbekannte Leute vor. Sie fragten das Mädchen, was sich auf den Straßen tue. Nadeschda erzählte aufgeregt, dass man sich in der Stadt erzähle, die für den »Juli-Aufstand« Verantwortlichen »seien niemand anderes als Geheimagenten Kaiser Wilhelms«. Sie würden inzwischen in einem U-Boot zurück nach Deutschland flüchten, zusammen mit ihrem Anführer Lenin. Als sie erfuhr, dass besagter Anführer der Geheimagenten Kaiser Wilhelms unter den Unbekannten in der elterlichen Wohnung war, wurde die junge Allilujewa schrecklich verlegen.
Man beschloss, Lenin maskiert und verkleidet zunächst nach Sestrorezk und dann nach Finnland zu bringen. Allilujew erinnerte sich später: »Am Abend haben wir uns alle zum Primorski-Bahnhof begeben. Ganz vorne ging der Arbeiter Jemeljanow, Parteimitglied seit 1904, mit etwas Abstand hinter ihm W. I. Lenin und Sinowjew. Stalin und ich folgten ihnen. Der Zug stand schon am Gleis. (…) Die drei Reisenden setzten sich in den letzten Waggon. Ich und Stalin warteten die Abfahrt des Zuges ab und gingen zurück.«
Allilujews Erinnerungen waren nicht ganz genau. Sinowjew be-

fand sich schon im Untergrund und war bei der Abreise Lenins nicht anwesend. Lenin wurde lediglich von Allilujew, von dem Arbeiter W. I. Sof und von Stalin begleitet.
Stalin wurde nun einer der Verbindungsmänner zwischen Lenin und dem ZK. Es besteht Grund zur Annahme, dass Lenin ihm vertraute, ihm wichtige Instruktionen und Ratschläge mitgab.
Allen wichtigen Dokumenten des 6. Parteitags, der im Juli/August 1917 tagte, war die Handschrift des im finnischen Versteck lebenden Lenins anzusehen. Die Delegierten repräsentierten nun schon rund 240 000 Parteimitglieder; innerhalb von vier Monaten waren die Reihen der Partei um das Dreifache gewachsen. Lenin sah darin eine wichtige Bestätigung des eingeschlagenen Kurses. Lenins Arbeiten »Die politische Lage«, »Zu den Losungen«, »Eine Antwort« wurden der Resolution des Parteitags zugrunde gelegt. In einer speziellen Erklärung befürwortete der Parteitag, dass Lenin nicht vor Gericht erschien. Auch der Kurs auf den bewaffneten Aufstand, den Lenin beschrieben hatte, wurde vom Parteitag unterstützt.
Stalin war trotz seiner großen Arbeitsbelastung häufig bei den Allilujews anzutreffen. Ihn, den harten, kalten Menschen, zog es zu dem naiven Wesen, halb Kind, halb Frau, seiner zukünftigen Ehefrau. Nadeschda hörte ihm mit Interesse zu, »dem alten Untergrundrevolutionär«, wie er sich ihr vorstellte.
In der politischen Arena war er, wie zuvor, kaum bemerkbar. Die Partei war zur Hälfte im Untergrund. Auf Anweisung Lenins führten Stalin und Swerdlow wichtige Aufträge aus. Die Massen kannten Stalin immer noch nicht, aber im ZK stieg sein Ansehen.
Russland näherte sich dem Oktober. Die Ereignisse waren mal komisch, mal tragisch, mal alltäglich, aber oft auch von historischer Bedeutung. Wir wollen sie hier weder beurteilen noch kommentieren. Wir wollen uns nur einige von ihnen ins Gedächtnis rufen, um die Atmosphäre dieser Zeit einzufangen. Hier einige Beispiele, wie die Petrograder Zeitungen über diese Zeit berichteten und wie die Ereignisse in den Archiven festgehalten worden sind:

26. Juli. Der 6. Parteitag der SDAPR(B) wird eröffnet. 171 Delegierte füllen ihre Fragebögen aus. 110 von ihnen haben schon im Gefängnis gesessen, insgesamt 245 Jahre lang, 10 von ihnen waren zu Zwangsarbeit verurteilt worden, zusammen für 41 Jahre, vom Wohn- und Arbeitsort verwiesen worden waren 24 Personen, zusammen für 73 Jahre, insgesamt 55 Personen hatten in Verbannung gelebt, zusammen für 127 Jahre, verhaftet gewesen waren 150 Personen, insgesamt 549-mal, 27 Personen hatten in der Emigration leben müssen für zusammen 89 Jahre. Der Parteitag wird im Auftrag des Organisationsbüros von Olminski eröffnet. Swerdlow, Olminski, Lomow, Jurenew und Stalin werden ins Präsidium gewählt. Lenin, Sinowjew, Kamenew, Trotzki, Kollontaj und Lunatscharski werden zu Ehrenvorsitzenden gewählt.

8. August. Großfürst Kirill hisst über seinem Haus die rote Flagge, und Exzar Nikolaj II. schreibt in sein Tagebuch, dass er »Tartarin aus Tarascon« lesen werde.

24. August. Kerenski besucht den ehemaligen Zaren, um ihn und seine Familie auf »die Reise zu einem sicheren Ort« vorzubereiten. Nikolaj: »Ich bin nicht beunruhigt, ich vertraue ihnen.«
28. August. General Kornilow schickt dem Kommandanten des Moskauer Militärbezirks ein Telegramm: »In dieser bedrohlichen Stunde, um Krieg innerhalb der eigenen Reihen, um Blutvergießen auf den Straßen der Residenzstadt [Moskau] zu vermeiden, ersuche ich Sie, sich mir unterzuordnen und meine Befehle auszuführen.«
Der Kommandant antwortet: »Mit Entsetzen habe ich Ihren Befehl vernommen, mich nicht der gesetzlichen Regierung unterzuordnen. Das Entfachen des Krieges innerhalb der eigenen Reihen liegt bei Ihnen, und wie ich Ihnen sagte, ist das der Tod Russlands. Es war möglich und notwendig, die Politik zu verändern, aber nicht dem Volk in einer Zeit, da die Front derart schwach war, die letzten Kräfte zu rauben. Meinen Eid wechsele ich nicht wie meine Handschuhe.«

20. September. Die »Iswestija« teilt mit, dass Wyrubowa, Badmajew, Manesewitsch und andere in Finnland in der Sweaborgskaja-Festung festgehalten würden. Die Matrosen sprechen sich kategorisch gegen die Freilassung der Gefangenen aus, solange die Macht nicht in die Hände der Räte übergegangen sei

4. Oktober. Die Insel Ösel in der Bucht von Riga ist vollständig von den Deutschen eingenommen worden. Ihre Kriegsschiffe bewegen sich auf die Insel Moon zu. Nach hartem Kampf gegen eine deutsche Übermacht verliert die russische Flotte das Schiff »Slawa«.

10. Oktober. Nach langer Abwesenheit ist Lenin wieder auf einer Sitzung des Zentralkomitees erschienen. Sie findet in der Wohnung des Menschewiken Suchanow statt, dessen Frau Mitglied der bolschewistischen Partei ist. Leiter der Sitzung ist Swerdlow. Lenin erklärt: »Heute steht die Mehrheit hinter uns. Politisch ist die Frage des Übergangs der Macht völlig herangereift. (…) Es ist notwendig, von der technischen Seite zu sprechen. Das ist der Kern der ganzen Sache.«

14. Oktober. Die »Nowaja Schisn« teilt mit, dass in Petrograd pro Tag 48 000 Pud (1 Pud = 16,381 Kilogramm) Getreide benötigt werden. Am 11. Oktober stehen 18 000, am 12. Oktober 12 000 Pud und am 13. Oktober knapp 4000 Pud Mehl zur Verfügung. Die Petrograder Duma fordert die Stadtverwaltung auf, sich an die Bevölkerung zu wenden, damit diese Ruhe bewahre. Es wird eine Sitzung einberufen, in der die Versorgungsfrage erörtert werden soll.

16. Oktober. In Petrograd findet eine Sitzung des ZK der SDAPR(B) mit Vertretern anderer Parteiorganisationen statt. Anwesend sind Lenin, Sinowjew, Kamenew, Stalin, Trotzki, Swerdlow, Dserschinski, Sokolnikow, Uritzki und Lomow. Boki vom Petrograder Komitee berichtet über die Stimmung in den verschiedenen Stadtteilen: »Kämpferische Gesinnung gibt es bislang nicht, aber die Kampfvorbereitungen laufen an. Wenn der Aufstand beginnt, werden die Massen ihn unterstützen.« Auf Lenins Vorschlag hin wird eine Resolution verabschiedet: Die Versammlung ruft alle Organisationen der Arbeiter und Soldaten zu einer geschlossenen, kraftvollen Vorbereitung des bewaffneten Aufstands auf. Für die Resolution stimmen 19, gegen sie 2. Es wird ein Zentrum zur organisatorischen Führung des bewaffneten Aufstands gebildet: Bubnow, Dserschinski, Uritzki, Swerdlow und Stalin.

20. Oktober. »Rabotschij Put« schreibt: »Die russische Revolution hat nicht wenige Autoritäten gestürzt. Ihre Kraft drückt sich darin aus, dass sie sich nicht vor ›großen Namen‹ verbeugte. Sie nahm sie in ihren Dienst oder warf sie ins Nichts, wenn sie nicht von ihr lernen wollten. Diese ›großen Namen‹, die von der Revolution gestürzt wurden, waren unter anderem Plechanow, Kropotkin, Breschkowskaja, Sassulitsch und all die alten Revolutionäre, die nur deshalb bemerkenswert waren, weil sie alt waren. (…) Wir fürchten, dass die Früchte dieser ›Säulen‹ Gorki nicht schlafen lassen werden. Wir fürchten, dass es Gorki ›tödlich‹ zu ihnen ins Archiv gezogen hat. Aber was soll's? Des Menschen Wille ist sein Himmelreich! (…) Die Revolution kann ihre Toten weder betrauern noch beerdigen.«
24. Oktober, abends. Lenin kommt aus dem Stadtteil Wyborg in den Smolny zum Militärrevolutionären Komitee. In dieser Nacht erscheint ein Trupp von Offiziersschülern im Haus Nr. 6 auf dem Finnlandski-Prospekt mit dem Ziel, die Redaktionsmitglieder der Zeitung »Rabotschij Put« und Lenin zu verhaften. Die Offiziersschüler werden jedoch von Rotgardisten entwaffnet und in die Peter-Pauls-Festung geschafft. Am selben Tag findet eine Sitzung des ZK statt. Kamenew schlägt vor, dass keines der ZK-Mitglieder den Smolny verlassen dürfe ohne besondere Genehmigung. Trotzki hält es für unumgänglich, einen Ersatzstab in der Peter-Pauls-Festung einzurichten und zu diesem Zweck ein ZK-Mitglied dorthin zu schicken. Kamenew erklärt, dass es im Fall einer Zerstörung des Smolny günstig sein könnte, einen Stützpunkt auf dem im Hafen liegenden Kreuzer »Aurora« zu haben. Stalin ist bei der Versammlung nicht anwesend. In der Nacht zum 25. Oktober wird unter Leitung des Militärrevolutionären Komitees der Winterpalast gestürmt, wo sich die Provisorische Regierung verschanzt hat.

25. Oktober. Die Chronik der Parteigeschichte verzeichnet für jede Stunde ein Ereignis – es sind wahrhaft historische Stunden. Der Nikolajewski-Bahnhof ist besetzt. Die »Aurora« ankert an der Nikolajewski-Brücke. Das Pawlowsker Regiment hat auf der Millionnoja-Straße in der Nähe des Winterpalasts Posten aufgestellt; Verdächtige werden verhaftet und zum Smolny gebracht.

Die Staatsbank ist von einem Matrosenkommando genommen worden. Das Petrograder Kosakenregiment versagt der Provisorischen Regierung seine Unterstützung. Die Telefone des Stabs und des Winterpalasts sind unterbrochen. Der Warschauer Bahnhof ist besetzt. Aus dem Gefängnis »Kresty« werden die politischen Gefangenen befreit. Truppen des Ismajlowski-Regiments besetzen das Marienpalais und fordern die Mitglieder des Vorparlaments auf, das Schloss zu räumen. Das Pawlowski-Regiment nimmt den Newski-Prospekt ein

Um 14 Uhr 35 findet unter Trotzkis Vorsitz eine außerordentliche Sitzung des Petrograder Rats der Arbeiter- und Soldatendeputierten statt. Unter tosendem Applaus teilt Trotzki mit, dass die Provisorische Regierung nicht mehr existiere, dass das Vorparlament aufgelöst worden sei, dass die politischen Gefangenen befreit worden seien und dass der Armee die Nachricht über den Sturz der alten Regierung per Funk übermittelt worden sei. Lenin tritt vor die begeisterten Menschen und spricht: »Genossen! Die Arbeiter- und Bauernrevolution, über deren Unumgänglichkeit die Bolschewiki gesprochen haben, ist vollendet!«
Es ist bekannt, dass die Organisation des Aufstands in den Händen des Militärrevolutionären Zentrums des ZK (zusammengesetzt aus fünf Personen, unter ihnen Stalin) und des Militärrevolutionären Komitees des Petrograder Sowjets lag, das eine gewaltige Arbeit für die Mobilisierung der revolutionären Kräfte zum entscheidenden Sturm leistete. In seinem historischen Brief vom 24. Oktober an die ZK-Mitglieder hatte Lenin geschrieben:

»Man muss um jeden Preis heute Abend, heute Nacht die Regierung verhaften, nachdem man die Offiziersschüler entwaffnet hat (sie besiegt hat, wenn sie Widerstand leisten) usw. Man darf nicht warten!! Man kann alles verlieren!! (...) Die Regierung wankt. Man muss *ihr den Rest geben*, koste es, was es wolle! Eine Verzögerung der Aktion kostet den Tod.«

Die sozialistische Revolution siegte. Am Abend des 25. Oktober wurde der 2. Gesamtrussische Kongress der Räte der Arbeiter-, Soldaten- und Bauerndeputierten einberufen. Auf der Sitzung

wurden die Ergebnisse der Revolution bestätigt. Ins Präsidium des Kongresses wurden die Bolschewiki Lenin, Sinowjew, Trotzki, Kamenew, Skljanski, Nogin, Krylenko, Kollontaj, Rykow, Antonow-Owsejenko, Rjasanow, Muranow, Lunatscharski, Stutschka und die Linken Sozialrevolutionäre Kamkow, Spiridonowa, Kachowskaja, Mstislawski, Saks, Karelin und Gutman gewählt.
Stalin ging in den Ereignissen jener Tage unter. Er war damit befasst, Lenins Aufträge durchzuführen. Er leitete Weisungen an die einzelnen Komitees weiter und war in der Pressearbeit tätig. In keinem Dokument jener Tage ist es mir gelungen, seinen Namen zu finden.
Martow schlug eine Resolution vor, in der erklärt wurde, dass es notwendig sei, die entstandene Krise friedlich zu lösen. Der Sozialrevolutionär Gendelman präsentierte im Namen des ZK seiner Partei eine Erklärung, in der die »gewaltsame Machtübernahme« verurteilt wurde. (Aber sogar unter den Sozialrevolutionären erhielt sie nur 60 Ja- gegen 93 Neinstimmen.) Auch der Bund und die Rechten Sozialrevolutionäre traten gegen die Machtübernahme auf. Die Menschewiki-Internationalisten und die Paole-Zionisten verließen den Kongress.
Der Kongress verabschiedete die bedeutenden Dekrete Lenins über den Frieden und über das Land, und er wählte ein Zentralexekutivkomitee. Es bestand aus 101 Mitgliedern, wobei die Bolschewiki 62 Sitze auf sich vereinten. Jedoch herrschte innerhalb der bolschewistischen Führung keine Einheit. Kamenew, Sinowjew, Nogin und Miljutin hielten es für unumgänglich, die Macht mit anderen Parteien zu teilen. Die möglichen Koalitionspartner stellten allerdings die Bedingung, dass Lenin und Trotzki nicht Mitglieder einer sozialistischen Koalitionsregierung werden dürften. Ein harter politischer Kampf in der Partei entbrannte. Auf der Seite Lenins waren Bubnow, Dserschinski, Stalin, Swerdlow, Stassowa, Trotzki, Joffe, Sokolnikow und Muranow.
Wie hat Stalin sich in den Oktobertagen verhalten? Was war seine Rolle? Warum wird sein Name so selten in den Revolutionschroniken genannt, obwohl er doch Mitglied von Leitungsorganen war? Einige Zeugnisse vorab: Die »Kurze Biographie J. W. Stalins« beurteilt seine Rolle in der Revolution so:

»Lenin und Stalin waren die Inspiratoren und Organisatoren des Sieges der Großen Sozialistischen Oktoberrevolution. Stalin war der nächste Mitkämpfer Lenins. Er leitete unmittelbar die Vorbereitung und Organisation des Aufstands. Seine Artikel wurden in allen regionalen bolschewistischen Zeitungen veröffentlicht. Stalin befahl die Vertreter der regionalen Organisationen zu sich, erteilte ihnen Anweisungen und setzte die Kampfaufgaben für bestimmte Gebiete fest. Am 16. Oktober wählte das ZK ein Parteizentrum für die Führung des Aufstands. Dieses Zentrum führte Genosse Stalin an.«

Die Apologetik ist offensichtlich: nur Lenin und er, Stalin. Er befiehlt zu sich und instruiert. Aber das stammt aus der Praxis und ist die Terminologie der dreißiger Jahre. Der Autorin dieser Biographie fiel es schwer, etwas Konkretes zu sagen, denn Stalin hat in den Tagen der Revolution weder »angeführt« noch »befohlen« und schon gar nicht »instruiert«. Er hat lediglich die Weisungen Lenins und des Militärrevolutionären Komitees des Petrograder Rats ausgeführt.

Stalin schrieb Artikel, die Parteibeschlüsse kommentierten. Am 24. Oktober ordnete Kerenski an, das Zentralorgan der Partei, »Rabotschij Put«, zuschließen. Stalin hat zusammen mit einer Abteilung von Rotgardisten an der Verteidigung der Zeitung teilgenommen. Am selbigen Tag wurde in dieser Zeitung ein langweiliger Artikel Stalins veröffentlicht, der absolut nicht im Geist der Zeit war. In »Was brauchen wir?« fordert er zum wiederholten Mal, die Konstituierende Versammlung einzuberufen. In den Aussagen ähnelt Stalins Artikel in gewisser Weise dem berühmten Brief Sinowjews und Kamenews »Zum gegenwärtigen Moment« vom 11. Oktober. Darin hatten sich die beiden öffentlich gegen den Beschluss des ZK gewandt, den bewaffneten Aufstand vorzubereiten.

Sinowjew und Kamenew hatten geschrieben: »Wir halten den Revolver an die Schläfe der Bourgeoisie.« Und Stalin hielt es noch kurz vor Beginn des Aufstands für denkbar, zur Idee der Konstituierenden Versammlung zurückzugehen. Jedoch hat Stalin gleichzeitig geäußert, dass es notwendig sei, »die Regierung Kischkin-Konowalow durch die Räteregierung der Arbeiter-, Soldaten- und Bauerndeputierten zu ersetzen«.

Stalin trat in die Sowjetregierung als Volkskommissar für Nationalitätenfragen ein. Er befand sich nun inmitten von hervorragenden Führern, die schwierige Probleme der Revolution lösten. Stalin jedoch gelang es im Jahr 1917 nicht ein einziges Mal, eine größere Initiative zu zeigen oder etwa im ZK eine originelle Idee vorzubringen und durchzusetzen. Er war einer aus der zweiten, dritten Reihe der Parteiführung, und alle Lobpreisungen, die später über seine Rolle in der Revolution verbreitet wurden, entsprechen nicht der Wahrheit.

Stalin war zwar Mitglied in fast allen revolutionären Organen, aber er trug keinerlei konkrete Verantwortung. Sein aufmerksamer Blick sah vieles. Ihn erstaunte Trotzkis Energie, Kamenews Arbeitsfähigkeit, Sinowjews Impulsivität. Stalin hat auch einige Male Plechanow gesehen. Ihn verblüfften dessen scharfe Worte auf einer Versammlung: »Die russische Geschichte hat noch nicht das Mehl gemahlen, aus dem man die Pirogge des Sozialismus backen könnte.« Wie wir wissen, ist der glänzende Propagandist des Marxismus und

Mitbegründer der Sozialdemokratischen Arbeiterpartei Russlands ein entschiedener Gegner Lenins und der Bolschewiki gewesen. Plechanow nannte die Aprilthesen Lenins »Fieberwahn«. Er verurteilte die Oktoberrevolution und später den Brester Frieden. Als Plechanow die Wirklichkeit vor Augen geführt wurde und diese ganz und gar nicht mit seinen Theorien übereinstimmte, zog er sich nach Finnland zurück. Er konnte den Oktober nicht akzeptieren, aber gegen ihn kämpfen wollte er auch nicht.

Als am 4. Juni 1918 auf einer gemeinsamen Sitzung des Zentralexekutivkomitees des Moskauer Sowjets, der Gewerkschafts- und Arbeiterorganisation Moskaus, an der auch Lenin teilnahm, in einer Schweigeminute des verstorbenen Plechanow gedacht wurde, war Stalin verblüfft. Für ihn wurde ein Mensch, der ihm offen widersprach, für immer zum Feind. Er hielt die Trauerrede Trotzkis auf Plechanow und den Nachruf Sinowjews in der »Prawda« für überflüssig. Für Stalin war die Revolution nur ein Kampf. Entweder – oder. Entweder Verbündeter oder Feind. Wenn Stalin nicht wusste, welche von zwei Positionen er unterstützen sollte, ließ seine Schwarzweißlogik nur eines zu: abwarten. Die Ehrbezeugung für den verstorbenen Plechanow betrachtete Stalin als »Liberalismus«, der Revolutionären unwürdig sei. Sie war ihm ein intellektueller Auswurf, »Speichelleckerei«.

Drei Jahre nach dem Oktoberaufstand, am 2. November 1920, versammelte sich eine Gruppe von Revolutionsteilnehmern, um Erinnerungen auszutauschen. Stalin hatte man auch eingeladen, doch er wollte nicht erscheinen. Es kamen viele, unter ihnen Trotzki, Sadowski, Mechonoschin, Podwojski, Kosmin. Viel sprach man über Lenin und auch über Trotzki, Kamenew, Kalinin, Sinowjew, Nogin, Swerdlow, Lomow, Rykow, Schaumjan, Markin, Lasimir, Tschitscherin, Walden und an andere. Ein Stenogramm dieses Treffens ist erhalten geblieben. Stalin wurde nicht einmal erwähnt.
Der zukünftige Alleinherrscher hat sehr gelitten unter seinem Schattendasein. In den dreißiger Jahren konnte Stalin Erzählungen über die Ereignisse des Oktobers nur dann gelassen anhören, wenn die Rede von zwei Führern war.
Trotzki machte Stalin später zum Hauptobjekt seiner kritischen Ermittlungen. Über die Tätigkeit Stalins während der Oktoberrevolution urteilte er hart. In seinem Buch »Stalins Schule der Fälschungen« bestätigt er, dass Stalin sich auf den Sitzungen meist ausgeschwiegen habe. »Für gewöhnlich bewegte er sich auf den offiziellen, von Lenin festgelegten Spuren«, schrieb Trotzki. »Er hat keinerlei Initiative gezeigt. Er hat keinen einzigen selbständigen Vorschlag gemacht. Daran können auch die ›marxistischen Historiker‹ der neuen Formation nichts ändern.«
Trotzki erinnerte sich an einige Episoden, in denen Stalin versuchte, Kamenew zu verteidigen, als diesem vorgeworfen wurde, einem Zickzackkurs zu folgen. Er tat dies auch in der Presse. Für einige Zeit nach der Rückkehr aus der Verbannung gab es eine Art freundschaftliches Verhältnis zwischen Stalin und Kamenew. Später haben sowohl Kamenew als auch Sinowjew in ihrer Not versucht, Stalin an die alte »Freundschaft« zu erinnern. Aber sie kannten Stalin schlecht.
Im Jahre 1924, nach Lenins Tod, veröffentlichte Trotzki einen Abriss, in dem er folgenden Dialog anführt:

»›Ja, und wenn man uns tötet‹, fragte mich Wladimir Iljitsch kurz

nach dem 25. Oktober, ›werden Swerdlow und Bucharin der Aufgabe gewachsen sein, unser Werk fortzuführen?‹
›Möglicherweise haben wir Glück, und man tötet uns nicht‹, sagte ich lachend.
›Weiß der Teufel‹, sagte Lenin und fing auch an zu lachen.«

In seinem Buch »Mein Leben« schreibt Trotzki:

»Wie ich später erfuhr, fühlte sich das damalige ›Trio‹ Stalin, Sinowjew und Kamenew durch diese Mitteilung blutig gekränkt, wagte aber nicht, seine Richtigkeit zu bestreiten. Eine Tatsache bleibt eine Tatsache: Lenin erwähnte damals nur Swerdlow und Bucharin. Andere Namen kamen ihm nicht in den Sinn.«

Man sollte diese Worte nicht unkritisch annehmen, denn der Ehrgeiz und die Machtgier Trotzkis sind bekannt. Er war davon überzeugt, dass nur er der »Nachfolger« Lenins sein könne. Und man kann davon ausgehen, dass Trotzki bis zum Ende seines Lebens versuchte, seine Reputation zu verbessern.
Stalin reagierte verbittert, wenn in der Presse seine mehr als bescheidene Rolle im Oktober deutlich und Trotzkis Rolle sichtbar wurde. Die Rede Stalins im November 1924 auf dem Plenum der kommunistischen Fraktion des Zentralrats der Gewerkschaften war von dieser Verbitterung durchsetzt. Diese Rede wurde als Broschüre erst im Jahr 1928 herausgegeben. Stalin analysierte Trotzkis Rolle in der Oktoberrevolution Folgendermaßen:

»Mag sein, sagt man uns, es kann aber nicht geleugnet werden, dass Trotzki in der Periode des Oktobers gut gekämpft hat. Ja, das stimmt, Trotzki hat im Oktober wirklich gut gekämpft. Aber nicht nur Trotzki hat in der Periode des Oktobers gut gekämpft, nicht übel gekämpft haben sogar solche Leute wie die Linken Sozialrevolutionäre, die damals Schulter an Schulter mit den Bolschewiki standen. (…)
Es wird ein praktisches Zentrum zur organisatorischen Leitung des Aufstands gewählt. (…) In dieses Zentrum werden fünf Personen gewählt: Swerdlow, Stalin, Dserschinski, Bubnow, Uritzki. (…) Somit ist, wie man sieht, in dieser Sitzung des ZK etwas

›Schreckliches‹ passiert, das heißt, der ›Inspirator, die ›Hauptfigur, der ›alleinige Führer‹ des Aufstands, Trotzki, ist ›seltsamerweise‹ nicht in das praktische Zentrum gewählt worden, das berufen war, den Aufstand zu leiten. Wie lässt sich das mit der häufig vertretenen Meinung über die besondere Rolle Trotzkis vereinbaren?«

Hier unterschlägt Stalin wieder etwas. Den Aufstand leitete das Militärrevolutionäre Komitee des Petrograder Sowjets und nicht das praktische Zentrum der Partei.

Und im Zentrum der Revolution stand Lenin. Weit hinter ihm Trotzki. Und noch weiter hinten Sinowjew, Kamenew, Swerdlow, Dserschinski, Bucharin. Und hinter ihnen ein weiterer Trupp Bolschewiki der Leninschen Schule. Irgendwo in deren Reihen finden wir auch Stalin. Zwei Führer gab es bei der Revolution nicht. Wenn man zum Beispiel im Jahr 1917 Krestinski, Radek, Rakowski, Rykow, Tomski, Serebrjakow und Dutzenden von anderen Bolschewiki erzählt hätte, dass in fünfzehn Jahren die offizielle Geschichtsschreibung behaupten würde, dass die Revolution von zwei Führern geleitet worden sei, von Lenin und von Stalin, so hätten sie dies nicht einmal für einen Scherz halten können.

Die Anwesenheit Stalins bei unzähligen Sitzungen, Kongressen und Konferenzen zeugt lediglich davon, dass er in hohe Parteiorgane gewählt worden war. Das ermöglichte es ihm, eine Reihe wichtiger Leute kennen zu lernen, einen tiefen Einblick zu nehmen in die Arbeitsmechanismen des Apparats und politische Erfahrungen zu sammeln. Aber das wichtigste für ihn war, sich eine Note Lenins zu verdienen als ein zuverlässiger Politarbeiter, der nicht nur zu eindeutigen Entscheidungen und Handlungen fähig sei, sondern auch dazu, geschickt Kompromisse einzugehen, der lavieren und bei komplizierten Problemen den Hauptkern herauskristallisieren könne. Im Oktober war Stalin ein Zentrist in der bolschewistischen Partei. Er passte sich an und wartete ab.

Die rettende Chance

Wenige Monate vor dem Jahr 1917 war die bolschewistische Partei noch klein, aber innerhalb kürzester Zeit entwickelte sie sich zu einer starken politischen Kraft. Doch die »Flitterwochen« mit der Macht währten nicht lang. Die Bolschewiki hatten dem Volk Land, Brot und Frieden versprochen. Land hatten sie begonnen zu geben. Das Land brachte Hoffnung auf Brot. Aber der Frieden hing nicht nur von den Bolschewiki ab.

Niemand hat so scharfsinnig die Dramatik dieser Frage erkannt wie Lenin. Bereits wenige Tage nachdem er den Vorsitz im Rat der Volkskommissare – so der Name der neuen Regierung – übernommen hatte, instruierte er Adolf Abramowitsch Joffe, sich mit einer Delegation zu Verhandlungen mit der deutschen Führung aufzumachen.

Anfangs schien es, dass der Erfolg bald erreicht werden würde, denn schon am 2. Dezember 1917 wurde ein Waffenstillstand bis zum 1. Januar 1918 unterschrieben. Bald darauf begannen die Friedensverhandlungen. Joffe wurde unterstützt durch Kamenew sowie weitere Bolschewiki und Linke Sozialrevolutionäre. Aber bald verschlechterte sich die Lage. In Berlin hatten die chauvinistischen Kräfte das Ruder in die Hand genommen, und sie verlangten maximale Annexionen. Sie wussten, dass die russischen Schützengräben schon zur Hälfte leer waren und dass sich hinter dem Rücken der sowjetischen Delegation nur noch der Schatten einer militärischen Macht befand. Die Deutschen forderten riesige Territorien.

Lenin bewies auch hier seinen Realitätssinn: Wenn die Regierung den schwierigen und ungerechten Frieden nicht unterschriebe, so würde »die bäuerliche Armee, durch den Krieg aufs äußerste erschöpft, bereits nach den ersten Niederlagen, wahrscheinlich nicht in einigen Monaten, sondern schon in einigen Wochen, die sozialistische Arbeiterregierung stürzen«.

Es ging um das Schicksal der Revolution. Bei der Beratung im ZK trafen zwei gegensätzliche Standpunkte aufeinander, die Position Lenins und die der »linken Kommunisten«. Die linken Kommunisten – unter ihnen Bucharin, Bubnow, Preobraschenski, Pjatakow, Radek, Ossinski und Lomow – schlugen vor, dass man die

revolutionäre Bewegung in Europa vorantreiben solle. »Ohne Revolution in Europa stirbt unsere Revolution«, sagte Pjatakow. Die linken Kommunisten glaubten, dass der revolutionäre Krieg gegen den deutschen Imperialismus das deutsche Proletariat zum revolutionären Kampf gegen die eigene Regierung veranlassen würde. Die linken Kommunisten sahen in den revolutionären Symptomen, die man in vielen Ländern Europas beobachten konnte, den Anfang eines Kontinentalfeuers, und sie meinten, dass dieses Feuer die Weltrevolution entfachen könne. Die Abstimmung im ZK ergab eine Mehrheit für ihre Argumente. Zunächst, denn kurz bevor Trotzki, der als Leiter der sowjetischen Delegation bei der zweiten Runde der Friedensverhandlungen in Brest-Litowsk eingesetzt worden war, abreiste, verschoben sich die Mehrheitsverhältnisse im ZK zugunsten Lenins.
Dennoch machte Trotzki einen unerwarteten Schritt. Am 10. Februar 1918, nach kurzer Debatte über unwesentliche Fragen, erklärte Trotzki plötzlich, dass er die Verhandlungen abbreche. »Unser Soldat ist Ackerbauer. Er muss zu seinem Acker zurückkehren, um schon im kommenden Frühling sein Land friedlich bearbeiten zu können, welches ihm die Revolution aus den Händen der Gutsbesitzer gab. Unser Arbeitersoldat muss zurückkehren in seine Werkstatt, um dort nicht Geräte der Zerstörung herzustellen, sondern Geräte des Aufbaus. (...) Wir verlassen den Krieg und ziehen uns zurück. (...) Wir befehlen die vollständige Demobilisierung unserer Armee. (...) In Zusammenhang mit dieser Mitteilung übergebe ich folgende schriftliche und unterzeichnete Erklärung:

›Im Namen des Rats der Volkskommissare ersucht die Regierung der Russischen Föderativen Republik die Regierungen und Völker, die Krieg mit uns führen, sowie die verbündeten und die neutralen Staaten, zur Kenntnis zu nehmen, dass wir keinen annexionistischen Vertrag unterzeichnen werden. Russland erklärt seinerseits den Krieg gegen Deutschland, Österreich-Ungarn, die Türkei und Bulgarien für beendet. Gleichzeitig wird dem russischen Heer die vollständige Demobilisierung an der gesamten Front befohlen.
Brest-Litowsk, 10. Februar 1918

Volkskommissar für Äußeres, L. Trotzki
Mitglieder der Delegation: W. Karelin, A. Joffe, M. Pokrowski, A. Bizenko, der Vorsitzende des gesamtukrainischen Zentralexekutivkomitees Medwedew.‹«

Drei Tage darauf: Bei seinem Auftritt vor dem Gesamtrussischen Zentralexekutivkomitee der Sowjets versuchte Trotzki zu beweisen, dass sein Entschluss die Massen im Westen »revolutionieren« werde und dass die Losung »Weder Krieg noch Frieden« sogar von den deutschen Soldaten unterstützt werden würde. Aber diese Losung öffnete dem Aggressor den Weg in das Landesinnere Russlands.
In der Geschichte wird bis zum heutigen Tag Trotzki als der Urheber dieser Losung betrachtet. Jedoch hatte der französische Botschafter in Petrograd in einem Bericht an seine Regierung die militärischen Möglichkeiten des russischen Verbündeten wie folgt bewertet: »Im gegenwärtigen Stadium der Revolution kann Russland weder Frieden schließen, noch kann es Krieg führen.« Ob Trotzki diese Auffassung des Diplomaten kannte, wissen wir nicht.
Einige Tage nach Trotzkis Verhandlungsabbruch begannen die deutschen Truppen an der gesamten Front vorzurücken. Bald marschierten sie durch Dwinsk, Wenden, Minsk, Pskow und Dutzende von anderen Städten und Dörfern Russlands. Unter dem Eindruck dieser Entwicklung beschloss das ZK nach hitzigen Diskussionen mit sieben Ja- bei vier Neinstimmen endlich, alle Bedingungen der Deutschen zu akzeptieren. Aber diese Entscheidung musste noch gebilligt werden auf dem bevorstehenden 7. Außerordentlichen Parteitag und auf dem 4. Außerordentlichen Gesamtrussischen Kongress der Räte, die im März tagten.
Stalin hatte in der Diskussion um den Brester Frieden praktisch keine Rolle gespielt. Nicht, weil er mit dieser oder jener Position nicht einverstanden gewesen wäre, sondern vielmehr, weil er nicht in der Lage war, die verzwickten Probleme zu begreifen.
Um seine Genossen unter Druck zu setzen, hatte Lenin zum Beispiel auf einer ZK-Sitzung am 23. Februar damit gedroht, die Regierung und das ZK zu verlassen, falls sein Antrag, den Frieden abzuschließen, nicht angenommen würde. Nachdem Stalin sich

vom ersten Schreck erholt hatte, fragte er: »Bedeutet das Aufgeben der Funktionen auch den Austritt aus der Partei?« Lenin verneinte dies.

Georgij Ippolitowitsch Lomow sagte geradeheraus: »Fürchtet euch nicht vor dem Rücktritt Lenins. Die Revolution ist wichtiger.« Und Moisei Solomonowitsch Uritzki erklärte: »Mit diesem schändlichen Frieden werden wir die Sowjetmacht nicht retten.« Unter dem Druck der Meinungsverschiedenheit argumentierte Stalin abwartend: »Es ist möglich, den Frieden nicht zu unterzeichnen.« Lenin erwiderte: »Stalin ist im Unrecht, wenn er sagt, dass es möglich sei, nicht zu unterzeichnen. Die Bedingungen [des Friedensvertrags] müssen unterschrieben werden. Wenn nicht, dann unterzeichnen Sie damit das Todesurteil für die Sowjetmacht innerhalb von drei Wochen. Diese Bedingungen tasten die Sowjetmacht nicht an. Ich zweifle nicht an der Notwendigkeit, diesen Frieden zu unterzeichnen. Ich habe das Ultimatum nicht deshalb gestellt, um es rückgängig zu machen. Ich will keine revolutionären Phrasen.« Nachdem Lenin alle Einwände gegen seinen Standpunkt zurückgewiesen hatte, ging Stalin auf seine Seite über.

Russland war so ermattet vom Krieg, dass jede Art von Frieden von den meisten Menschen als Chance zur Rettung angesehen wurde. Lenin und seine vertrautesten Mitstreiter hatten diese Tatsache erkannt und zogen daraus die Konsequenz. In der Geschichte gibt es nur wenige Beispiele von solcher Weitsichtigkeit und Weisheit bei der Lösung schwieriger Probleme. Lenin fürchtete nicht die Vorwürfe, er habe »Kapitulationspolitik« betrieben, den »Rückzug« veranlasst, »sich der Gnade des Imperialismus ergeben«.

In diesen dramatischen Tagen waren Sinowjew, Stassowa, Swerdlow, Sokolnikow, Smilga und Kamenew auf Lenins Seite. In entscheidenden Momenten stimmte auch Stalin für Lenin.

Die russische Vendée

Die Führer der Oktoberrevolution benutzen in ihren Reden häufig Analogien und Metaphern aus der französischen Revolution. Zu Anfang des Jahres 1918 hatten sie Grund, sich an die Vendée zu erinnern, an jene Region in Westfrankreich, die sich zwischen Nantes und La Rochelle erstreckt. Im Juni 1793 war die Vendée aufgestanden gegen die Revolution und für die Monarchie. Das Neue wird nie von allen sofort angenommen. Für die ungebildeten Bauern, die von reichen Großgrundbesitzern und vom fanatischen Klerus aufgehetzt waren, war die Revolution ein teuflisches Ungeheuer. Ein blutiger Bürgerkrieg ergriff den Westen Frankreichs. »Die Vendée wurde zur eitrigen Wunde der Republik«, schrieb Pjotr Alexejewitsch Kropotkin.

In Russland währte die Atempause nicht lange. Im Frühjahr 1918 begann die ausländische militärische Intervention. Sie weckte in der Bourgeoisie und bei den Gutsbesitzern die Hoffnung auf Revanche. Rundherum herrschte Aufruhr. In dem vom Weltkrieg zerstörten Land entbrannte der Bürgerkrieg. Die Republik hatte keine Grenzen mehr. Es gab nur noch Fronten.

In Paris, London, Berlin, Tokio, Washington und in einer Reihe anderer Hauptstädte war man überzeugt: Russland liegt in Agonie. Viele Russen gingen in die Emigration: Angehörige der Bourgeoisie, Großgrundbesitzer, Fabrikanten, Professoren, ein großer Teil der schöpferischen Intelligenz, hohe Staatsbeamte. In ihren Berichten, die im Ausland erschienen, beschrieben sie das Entsetzen, das in Russland nach der Machtübernahme durch den »Mob« aufgekommen sei, und sie sagten das baldige Ende der Räte voraus. Einige Jahre später schrieb Kalinin in der »Iswestija«: »Jetzt sind sie die Opfer, die das Unglück des Bürgerkriegs davongetragen haben. Aber ihr Unglück, gleich, wie groß es ihnen erscheinen mag, ist, verglichen mit dem Leid des Volkes von 1914 bis 1917, ein Wassertropfen im Meer. Sie haben die Qualen des Volkes nicht gesehen und haben sie mit ihrem patriotischen Gejaule übertönt.«

Das Ende der Sowjetmacht schien nicht fern, umso mehr, da eine Jagd auf hohe Funktionäre begonnen hatte. In Petrograd erschoss der Sozialrevolutionär Leonid Kenegisser Uritzki. Im Juli töteten die Weißgardisten Semjon Nachimson, den berühmten Kommissar der lettischen Schützen. Der für die Versorgung zuständige Volkskommissar Turkestans, Alexander Perschin, wurde in Taschkent umgebracht. Im Mai 1918 starben zwei Bolschewiki aus dem Dongebiet, Fjodor Podtelkow und Michail Kriwoschlykow, am Galgen der Weißkosaken. Der ehemalige Generalleutnant der Zarenarmee, Alexander Taube, der auf die Seite der Revolution übergewechselt und zum Leiter des sibirischen Stabs geworden war, fiel in die Hände der Weißgardisten und wurde zu Tode gefoltert. Den härtesten Schlag führte die Konterrevolution im Jahr 1918 in Moskau. Nach einem Auftritt vor den Arbeitern der Michelson-Fabrik schoss die Sozialrevolutionärin Fanni Kaplan auf Lenin.

Der Bürgerkrieg in Russland zeigte in seiner Härte und Unversöhnlichkeit den tiefen Klassenhass, der das Volk in zwei feindliche Lager teilte. Gefangene wurden selten gemacht. Die Weißen brachten verwundete Rotarmisten um, die sie in Lazaretten auffanden. Die Kämpfe waren erbarmungslos. An der Front wütete der Typhus. In den Schluchten wurden die Geiseln erschossen. Das Leben verlor an Wert. Der Klassenhass war stärker als die Leiden, die Trauer, die Weisheit und die Vernunft. Das Land war getränkt mit dem Blut der Brüder. Diesen Krieg führten nicht nur die militärischen Kräfte der verfeindeten Parteien. An ihm nahm auch ein großer Teil der Bevölkerung teil. Die wichtigste Triebkraft des Kriegs war die ausländische Militärintervention.

Das Gesamtrussische Zentralexekutivkomitee erklärte die Sowjetrepublik zum Kriegslager und bildete einen Revolutionären Kriegsrat unter Leitung Trotzkis. Zum Oberkommandierenden der Streitkräfte wurde Jukums Wazetis ernannt, ihn löste später Sergej Sergejewitsch Kamenew ab. Als Antwort auf den weißen Terror entbrannte der rote Terror.

Im Bürgerkrieg machte Stalin sich stärker bemerkbar als in früheren Jahren. Er führte die Aufträge des Zentralkomitees aus, sie waren schwierig und verantwortungsvoll. Stalin wurde nach Zarizyn geschickt als außerordentlicher Bevollmächtigter des ZK für Nahrungsmittelbeschaffung. Auf dem linken Flügel der Westfront spielte Zarizyn gegen Mitte des Jahres 1918 eine wichtige Rolle. Nicht nur aus militärischen Gründen, sondern auch weil

dieses Gebiet von Bedeutung war für die Ernährung der Bevölkerung. Am 31. Mai 1918 unterzeichnete Lenin eine Verordnung des Rats der Volkskommissare vom 29./30. Mai 1918, die Stalin und Alexander Gawrilowitsch Schljapnikow zu Verantwortlichen für die Lebensmittelversorgung im Süden Russlands machte und sie mit außerordentlichen Vollmachten und Rechten ausstattete.
Die Schlinge des Hungers wurde enger gezogen, und das Leben in den politischen und industriellen Zentren Russlands drohte zu ersticken. Lenin hatte sich wohl schon eine Meinung über Stalin gebildet als einen zuverlässigen Volkskommissar. Er hatte nach seiner Rückkehr aus dem Exil genügend Gelegenheiten gehabt, dem wortkargen Kaukasier zu begegnen. Dieser stellte selten Fragen, hatte nie öffentlich die Entscheidungen des ZK in Zweifel gezogen und unterwarf sich jedem Befehl. Es schien, als sei er mit der ihm vorgegebenen Rolle des unauffälligen und zuverlässigen Funktionärs zufrieden. Auch den Befehl, nach Zarizyn zu reisen, nahm Stalin ruhig an. Vor seiner Abreise in den Süden wurde Stalin noch mitgeteilt, dass Lenin die Verordnung des Rats der Volkskommissare durch eine Verfügung ergänzt habe. Darin befahl er dem verantwortlichen Funktionär des Volkskommissariats für Militärangelegenheiten S. I. Aralow, Stalin einen Trupp von 400 Mann (eingeschlossen 100 lettische Schützen) als Begleitung nach Zarizyn mitzugeben.
Stalin musste bald militärische Entscheidungen treffen: Zarizyn wurde, wie sich zeigte, von Kosaken belagert. Stalin wurde Mitglied des Bezirksmilitärrats. Innerhalb kurzer Zeit gelang es dem Bezirksmilitärrat, seine Truppen zusammenzuführen, Verstärkung zu mobilisieren, neue Divisionen zu rekrutieren, eine Kolonne von Panzerzügen und einige Arbeitereinheiten zu bilden. Auf Bitte Stalins befahl Lenin der Hauptverwaltung für den Wassertransport, die Befehle des Außerordentlichen Bevollmächtigten des Rats der Volkskommissare J. W. Stalin widerspruchslos auszuführen. Die Lage in Zarizyn stabilisierte sich, als dort Truppen der ehemaligen 5. Armee unter dem Kommando Kliment Jefremowitsch Woroschilows anrückten.
Es ist interessant, dass Stalin seine Berichte nicht an Trotzki adressierte, dem er operativ untergeordnet war, sondern dass er sich über den Kopf des Oberkommandierenden und des Vorsitzenden

des Revolutionären Kriegsrats hinweg oft mit Kleinigkeiten an Lenin wandte. Für die Mehrzahl von Stalins Telegrammen nach Moskau – wo die Sowjetregierung seit März 1918 ihren Sitz hatte – ist das Fehlen allgemeiner politischer Bewertungen und Prognosen charakteristisch.

Als Resultat der geschilderten Maßnahmen war Zarizyn nach kurzer Zeit zur Verteidigung vorbereitet. Ungeachtet der Hilfe, die der Führer der konterrevolutionären Truppen, Anton Iwanowitsch Denikin, von Nossowitsch, einem ehemaligen Zarenregimentsführer und zeitweiligen »Militärspezialisten«, erhielt, brachte der Sturm auf Zarizyn den Weißgardisten keine nennenswerten Erfolge. (Militärspezialisten wurden ehemalige Offiziere der Zarenarmee genannt, die sich in den Dienst der neuen Regierung stellten.) Später erlangten Zarizyn und andere Städte, in denen Stalin sich während des Bürgerkriegs aufgehalten hatte, eine mehr als legendäre Bedeutung in unserer Geschichtsschreibung.

Stalin hatte keinerlei operativen oder taktischen Kenntnisse, aber er zeigte in kritischen Momenten im Kampf um Zarizyn eine harte Hand. In einer Meldung an Lenin schrieb Stalin:

»Die Linie südlich Zarizyn ist noch nicht wiederhergestellt. Ich treibe alle an und schimpfe mit allen, die es verdienen; ich hoffe, dass wir die Wiederherstellung bald erreicht haben. Sie können überzeugt sein, dass wir niemanden schonen werden, weder uns noch andere, aber Getreide werden wir trotz allem liefern. Wenn unsere militärischen ›Spezialisten‹ (Schuster!) nicht geschlafen und gefaulenzt hätten, wäre die Linie nicht unterbrochen worden, und wenn die Linie wiederhergestellt wird, dann nicht dank den Militärs, sondern trotz ihnen.«

Der Verrat Nossowitschs und einer Reihe anderer ehemaliger Offiziere der Zarenarmee, die sich zunächst der Regierung zur Verfügung gestellt hatten, dann aber zur Konterrevolution überliefen, verstärkte das Misstrauen Stalins gegenüber den Militärspezialisten. Der Volkskommissar, der mit außerordentlichen Vollmachten ausgestattet war, verbarg diese Haltung nicht. Auf Stalins Initiative wurden einige Militärspezialisten festgenommen. Aus einem Lastschiff machte man ein Gefängnis. Viele wurden erschos-

sen. Viele folgten Stalins Beispiel. Nicht zufällig verurteilte Lenin in seiner Rede über die Militärfrage auf dem 8. Parteitag im März 1919 das »Partisanenunwesen«. Er sagte auch: »Zuallererst muss eine reguläre Armee bestehen, wir müssen zur regulären Armee mit den Militärspezialisten übergehen.«
Stalin widersprach Lenin nicht, aber noch Ende der dreißiger Jahren galt die ehemalige Zugehörigkeit eines roten Kommandanten zum zaristischen Offizierskorps als schwerwiegender Umstand. Der Revolutionäre Kriegsrat der Südfront, vertreten durch Stalin, Woroschilow, den Vorsitzenden des Zarizyner Rats Minin und den Frontkommandierenden Sytin, arbeitete nicht Hand in Hand. Stalin war der Meinung, dass die Beschlüsse, auch die unbedeutenden, nur kollegial gefasst werden sollten. Sytin jedoch versuchte als Kommandierender, entsprechend seiner militärischen Denkweise, die endlosen »Abstimmungen« und »Präzisierungen« beim Fassen von Beschlüssen zu umgehen. Stalin gab Moskau zu verstehen, dass Sytin kein Vertrauen verdiene. Sytin antwortete mit einem Bericht an den Revolutionären Kriegsrat der Republik. Darin betonte Sytin, dass Minin, Stalin und Woroschilow ihn in seiner Funktion als Frontkommandierender einschränkten, indem sie die Absprache aller, auch unbedeutender Fragen mit dem Kriegsrat verlangten, was die operative Führung ungemein erschwere. Stalin behielt die Oberhand. Anfang November 1918 wurde Sytin seines Postens enthoben.
Stalin überwachte die Militärspezialisten scharf. Er wusste, dass Trotzki sie unterstützte. Damals gab es zwischen Stalin und Trotzki häufig Telegrammscharmützel.
Stalin machte sich nicht die Mühe, Schützengräben, Lazarette, Versammlungsorte oder Beobachtungspunkte aufzusuchen. Er befand sich ständig im Stab, schickte endlose Depeschen, rief Kommissare und Kommandierende zu sich, verlangte Berichterstattung, drohte mit dem Kriegsgericht, erteilte Leuten Scheinaufträge, um sie auf die Probe zu stellen. Schon in den Jahren des Bürgerkriegs bediente sich Stalin häufig härtester Maßnahmen. Er ordnete die Erschießung von angeblichen Saboteuren, verdächtigen Militärspezialisten und Menschen an, die nach seiner Meinung der Sache schadeten. So war es in Zarizyn, Perm und Petrograd.

Lenin sprach in seiner Rede auf dem 8. Parteitag offen über die von Stalin angeordneten Erschießungen in Zarizyn, und er erwähnte auch die Meinungsverschiedenheiten, die hier zwischen ihm und Stalin bestanden. Die Umstände des Kriegs sind häufig so geartet, dass es nicht immer möglich ist, rückwirkend zu beurteilen, ob dieser oder jener Schritt unumgänglich war. Der Bürgerkrieg war hart. Stalin fühlte sich im Bürgerkrieg sicherer als im Oktober 1917. Damals festigte sich Stalins Glaube an die Allmacht der Gewalt. Sie war nach seiner Meinung immer gerechtfertigt, wenn sie gegen die Feinde angewendet wurde.
Vielen gefielen seine Methoden nicht. Den Frontkommandierenden entging es nicht, dass hier ein Mann mit eisernem Willen war und dass es schwer war, ihn zu einer Entscheidung zu drängen oder seine Meinung zu beeinflussen. In diesem Zusammenhang ist es interessant, den Brief Antonow-Owsejenkows anzuführen, den er am 19. Mai 1919 ans Zentralkomitee der Partei richtete. Er beklagt sich über »das unangemessene Verhalten zu ihm als Kommandeur der ukrainischen Armee«. Er bemängelt die schwache Unterstützung durch die Regierung. Ferner schrieb er, dass »Lew Dawidowitsch [Trotzki] dies verstehe«, und: »Genosse Stalin muss nur einmal brüllen, und schon gehen die ukrainischen Genossen von Intrigen zur Arbeit über.« Antonow-Owsejenko bestätigte so indirekt, wie schwer es Stalin fiel, die Lage an der Front zu meistern.
Stalin waren in der Tat die Feinheiten der Kriegskunst fremd. Deshalb berief er sich auf Disziplin, proletarische Pflichterfüllung und revolutionäres Bewusstsein, und er drohte oft mit der »revolutionären Strafe«. Nach Zarizyn fühlte Stalin sich unter seinen Mitgenossen im Zentralkomitee und im Rat der Volkskommissare bedeutend sicherer. Zu dieser Zeit war Stalin im Kreis der Parteiführer, ZK-Mitglieder und Militärführer schon ein recht bekannter Mann.
Stalin erfüllte jedoch auch an der Front lediglich die Aufgaben, die Lenin ihm aufgetragen hatte. Es existieren keine glaubwürdigen, objektiven Dokumente, die seine »großen Fähigkeiten« auf strategischem Gebiet belegen könnten. Druck ausüben – das war Stalins Stil. Die operativen Zielsetzungen Stalins waren ziemlich simpel – um nicht zu sagen: primitiv. Hier ein Beispiel seiner üb-

lichen Frontbefehle: Während eines Gesprächs (per Telefon) zwischen dem Mitglied des Revolutionären Kriegsrats der Südfront Stalin und dem Mitglied des Revolutionären Kriegsrats der 14. Armee im Oktober 1919 berichtete Letzterer, dass die Armee sich darauf vorbereite, die Stadt Kromy zurückzuerobern, und dass dafür Verstärkung benötigt würde. Stalin antwortete:

»Der Sinn unserer letzten Direktive bestand darin, Ihnen die Möglichkeit zu geben, die Regimenter in einer Gruppe zu versammeln und die besten Regimenter Denikins zu vernichten. Ich wiederhole: vernichten. Denn hier ist die Rede von Vernichtung. Dass Kromy vom Gegner eingenommen wurde, ist ein Missgeschick, das jederzeit korrigiert werden kann. Ihre Aufgabe besteht darin, nicht einzeln angreifende Regimenter gegen den Feind zu schicken, sondern den Gegner mit einer starken Gruppe in eine bestimmte Richtung zu treiben.«

Die Betonung der Gewalt ist in den Befehlen des Mitglieds des Revolutionären Kriegsrats der Südfront immer zu bemerken, was man von seinen militärischen Fähigkeiten nicht behaupten kann. Stalins Engagement im Bürgerkrieg machte sich auf zwei Gebieten bemerkbar: Einerseits erfüllte er seine Pflichten als Leiter zweier Volkskommissariate – als Volkskommissar für Nationalitätenfragen und als Volkskommissar für Arbeiter- und Bauern-Inspektion (ABI) –, andererseits erfüllte er propagandistische und militärische Aufgaben. Während des Bürgerkriegs setzte Lenin Stalin häufig als Bevollmächtigten des ZK ein und beauftragte ihn mit Inspektionen, Kontrollaufgaben, Korrekturen von bestimmten Vorgängen und der Ermittlung von Informationen.
So schickte Lenin im Juni 1918 Stalin ein Telegramm, in dem er befahl, die Regierungsverfügung, die Schiffe der Schwarzmeerflotte zu versenken, umgehend zu erfüllen. Andernfalls würden die Schuldigen zur Verantwortung gezogen. Im Telegramm wird Stalin vorgeschlagen, einen fähigen Funktionär nach Noworossijsk zu schicken, der diesen Befehl in die Tat umsetzen solle. In diesem Monat sprach Lenin auf der Konferenz der Gewerkschaften und Fabrikkomitees Moskaus über das Schicksal der Schwarzmeerflotte. Er erklärte die Lage und fügte hinzu: »Die Volkskom-

missare Stalin, Schljapnikow und Raskolnikow werden bald nach Moskau kommen und uns berichten, wie alles vor sich gegangen ist.«

Stalin erfüllte seine Rolle als politischer Führer in verschiedenen »Kapiteln« des Bürgerkriegs. So etwa während des ersten Versuchs, die Sowjetmacht zu liquidieren. Mit Hilfe von rebellierenden Soldaten hatte General Pjotr Nikolajewitsch Krasnow versucht, in Petrograd einzudringen. Auf Anweisung Lenins beteiligte sich Stalin zusammen mit Dserschinski, Ordschonikidse, Podwojski, Swerdlow und Uritzki an der Erarbeitung von Verteidigungsplänen und an der Mobilisierung von Kräften. Stalin wurden konkrete Aufgaben übertragen bei der militärischen Vorbereitung der Petrograder Garnison, beim Ausbau von Verteidigungsanlagen und bei der Rekrutierung von Fabrikarbeitern für die Roten Garden.

Bereits bei dieser Gelegenheit hatten sich viele von der Zielstrebigkeit Stalins überzeugen können. Er gab Befehle und duldete keine Widerrede. Aber viele aufmerksame Parteifunktionäre bemerkten nicht nur seine Zielstrebigkeit, sondern auch seine Rachsucht und seinen nachtragenden Charakter. Im Dezember 1918 beschuldigten Stalin und Woroschilow das Mitglied des Revolutionären Kriegsrats der Südfront Alexej Okulow der Desorganisation. Auf Drängen Stalins beschloss Lenin: »Aufgrund des zugespitzten Verhältnisses zwischen Okulow und Woroschilow halte ich es für unumgänglich, Okulow ablösen zu lassen.« Lenin hatte zwar in diesem Fall zugunsten Stalins entschieden, aber einige Zeit später erklärte er: »Der Genosse Woroschilow hat so viele Worte über Okulows furchtbare Taten hinsichtlich der Wehrkraftzersetzung gemacht. Das war ungeheuerlich. Okulow befolgte die Linie des ZK, Okulow selbst hat uns davon berichtet, dass dort Partisanentum herrschte.«

Im Juni 1919 kam es in Petrograd wieder zu einem Streit zwischen Stalin und Okulow. Letzterer forderte die Unterordnung des Petrograder Militärbezirks unter das Kommando der Westfront. Aufgrund der wiederholten Forderung Stalins in seiner Funktion als Bevollmächtigter des ZK der KPR(B) und des Verteidigungsrats in Petrograd beauftragte Lenin den Stellvertretenden Vorsitzenden des Revolutionären Kriegsrats Ephraim Skljanski, Stalin telegraphisch mitzuteilen, Okulow solle nach Moskau zurückgerufen werden, »damit der Konflikt sich nicht zuspitze«. Ende der dreißiger Jahren wird sich Stalin wieder an Okulow erinnern.

Lenin und der Revolutionäre Kriegsrat der Republik beauftragten Stalin ferner, die Gründe für die Niederlagen an verschiedenen Frontabschnitten zu ermitteln. Dies war notwendig, denn nicht nur Desorganisation konnte die Truppen behindern, sondern auch der Verrat von getarnten Monarchisten und Weißgardisten. Als die 3. Armee im Dezember 1918 im Gebiet von Perm große Verluste erlitten hatte, entstand die Gefahr, dass sich Alexander Wassiljewitsch Koltschak, der Führer der konterrevolutionären Kräfte in Sibirien, mit Teilen der englischen, amerikanischen und französischen Interventionstruppen verbündete. Deshalb schickte das ZK eine Kommission nach Wjatka, angeführt von Stalin und Dserschinski. Die Kommission hatte die Aufgabe, die Gründe für die Niederlage zu ermitteln und sofort Maßnahmen anzuordnen, damit die drohende Gefahr abgewendet werden konnte.

Die Bevollmächtigten des ZK arbeiteten zügig. Eine Gruppe von Soldaten, die offenkundig verantwortlich war für die Niederlage, wurde dem Kriegsgericht übergeben. Schwache Kommissare und Kommandeure wurden abgelöst. Die politische Arbeit mit den Rotarmisten wurde verstärkt, die Disziplin gestrafft und die Versorgung verbessert. Stalin, der ja von Anfang an den Militärspezialisten misstraute, löste die ehemaligen Zarenoffiziere, wenn er Verrat bei ihnen vermutete, sofort ab, und er ging gegen sie schroff und mitleidslos vor.

Aufgrund der geschilderten Maßnahmen gelang es der 3. Armee (zusammen mit der 2.) im Januar 1919, durch einen Gegenangriff die Lage zu stabilisieren. In seinem Bericht nach Moskau schreibt Stalin:

»Im rückwärtigen Frontgebiet der Armee wird eine durchgreifende Säuberung der Sowjet- und Parteiinstitutionen durchgeführt. In Wjatka und in den Kreisstädten sind revolutionäre Komitees organisiert worden. Die Bildung starker revolutionärer Organisationen im Dorf hat begonnen und wird fortgesetzt. (…) Die Außerordentliche Kommission des Gouvernements wurde gesäubert und mit neuen Parteifunktionären aufgefüllt.«

Die Urteile Stalins waren wie immer kategorisch. Hier ein Beispiel, wie er den Revolutionären Kriegsrat der 3. Armee beurteilte:

»Der Revolutionäre Kriegsrat der 3. Armee besteht aus zwei Mitgliedern, von denen der eine (Laschewitsch) das Kommando führt; was den anderen (Trifonow) anbetrifft, so ist es einfach nicht gelungen, seine Funktionen oder seine Rolle zu klären: Er überwacht nicht die Versorgung, überwacht nicht die Organe für die politische Erziehung der Armee und tut anscheinend überhaupt nichts. Faktisch gibt es gar keinen Revolutionären Kriegsrat.«

In seinem Bericht nennt Stalin nicht Trotzkis Namen. Er spricht lediglich über die Schwächen »einiger Führer« des Revolutionären Kriegsrats der Republik, die ihre Arbeit auf »allgemeine Anweisungen« beschränkten.

Einige übertriebene Maßnahmen Stalins mussten korrigiert werden. Auf seinen Befehl war zum Beispiel eine große Gruppe von Offizieren und Funktionären dem Kriegsgericht übergeben worden. Auf seiner Sitzung vom 5. Februar 1919 dagegen beschloss das ZK, nachdem seine Mitglieder den Bericht der Bevollmächtigten zur Kenntnis genommen hatten: »Alle durch die Kommission Stalins und Dserschinskis Festgenommenen werden der Verfügung entsprechender Institutionen übergeben.«

Bei seiner Mission in Wjatka lernte Stalin Dserschinski besser kennen und empfand Hochachtung für dessen Fähigkeit, schnelle Entschlüsse zu fassen. Stalin schätzte Entschlussfähigkeit und einen eisernen Willen mehr als alles andere. Ihm selbst mangelte es nie an diesen Qualitäten.

Manchmal offenbarte sich seine Entschlossenheit in kategorischen Forderungen an die Regierung. In einem Brief, den er am 3. Juni 1920 an der Front an Lenin schrieb, verlangte er die sofortige Auflösung der Krimfront. Es sei erforderlich, so Stalin, »entweder einen wirksamen Waffenstillstand mit Wrangel zu erwirken und damit die Möglichkeit zu erhalten, von der Krimfront ein bis zwei Divisionen abzuziehen, oder jegliche Verhandlungen mit Wrangel zu verwerfen, nicht den Moment der Verstärkung Wran-

gels abzuwarten, ihn jetzt anzugreifen und zu zertrümmern und Kräfte für die polnische Front frei zu machen. Die heutige Lage, die keine klare Antwort auf die Krimfrage gibt, ist unerträglich.«
Als er diesen Brief gelesen hatte, schrieb Lenin an Trotzki: »Das ist reine Utopie. Wird es nicht zu viele Opfer kosten? Wir verlieren eine Menge unserer Soldaten. Wir müssten es zehnmal bedenken und abwägen. Ich schlage vor, Stalin zu antworten: ›Ihr Vorschlag zum Angriff auf die Krim ist so ernst, dass wir uns erst einmal erkundigen und alles äußerst vorsichtig bedenken müssen. Warten Sie auf unsere Antwort. Lenin, Trotzki.‹«
In seinem Antwortschreiben machte Trotzki Lenin darauf aufmerksam, dass Stalin den Dienstweg nicht eingehalten hatte, als er sich direkt an Lenin wandte. Stalin hätte seinen Vorschlag an den Kommandierenden der Südwestfront Alexander Iljitsch Jegorow richten müssen. Lenin erwiderte: »Was Stalin getan hat, war nicht richtig. Es war eine Laune. Aber man muss baldigst eine Entscheidung treffen. Und welche außerordentlichen Maßnahmen?«
Obwohl Lenin versuchte, das Verhältnis zwischen Stalin und Trotzki zu verbessern, blieb es bedenklich gespannt. Der zukünftige Generalsekretär verkraftete nur schwer die wachsende Beliebtheit Trotzkis, er war der Meinung, dass Trotzki diese Popularität nicht verdiene. Er kannte die Telegramme, die Trotzki erhielt. Hier eines davon:

»An den Vorsitzenden des Revolutionären Kriegsrats, Genossen Trotzki. Zum einjährigen Jubiläum der Oktoberrevolution haben die Bewohner des Dorfes Kotschetowsk im Amtsbezirk Sosimowsk, Gouvernement Tambow, beschlossen, ihr Dorf umzubenennen und ihm Ihren Namen zu geben: Dorf Trotzki. Wir bitten um die Erlaubnis, unser Dorf nach dem Namen des uns teuren Führers der Roten Armee nennen zu dürfen.
Der Vorsitzende des Sowjets
S. Netschajew«

Die ersten Ortsumbenennungen in Sowjetrussland hatte es schon vorher gegeben. Das heutige Gatschina und Tschapajewsk trugen bereits den Namen Trotzk.

Im Schriftverkehr zwischen Lenin und Stalin findet man häufig Stellen, die Stalins Verwunderung, seine Überempfindlichkeit und Streitsucht zeigen. So antwortete Stalin auf ein Telegramm Lenins, in dem dieser ihn um Hilfe an der Kaukasusfront ersucht:

»Mir ist unklar, weshalb die Sorge um die Kaukasusfront mir auferlegt wird. Für die Verstärkung der Kaukasusfront sollte ganz und gar der Revolutionäre Kriegsrat der Republik Sorge tragen, dessen Mitglieder nach meiner Kenntnis völlig gesund sind, und nicht Stalin, der ohnehin mit Arbeit überlastet ist.«

Stalin ist unzufrieden und macht Lenin darauf aufmerksam, dass er »ohnehin mit Arbeit überlastet« sei. Lenins Antwort war hart und lakonisch:

»Tragen Sie Sorge für die Beschleunigung des Heranrückens der Verstärkung von der Südwestfront zur Kaukasusfront. Sie müssen überhaupt mit aller Kraft helfen und sich nicht mit Verwaltungskompetenzen aufhalten.
20. Februar 1920
Lenin«

Am 4. August desselben Jahres schlug Lenin Stalin in einem Telegramm vor:

»Für morgen um zehn Uhr ist ein Plenum des ZK festgesetzt. Versuchen Sie, uns bis dahin Ihre Schlussfolgerungen über die Verzögerung Budjonnys und über die Lage an der Front Wrangels zuzusenden und gleichfalls über unsere militärischen Perspektiven an beiden Fronten. Von Ihren Schlussfolgerungen können wichtige politische Entscheidungen abhängen.
Lenin«

Stalin verlor die Courage. Einerseits wollte er keine Verantwortung für eventuelle »wichtige politische Entscheidungen« tragen, und andererseits hat er nie die Gabe der Prognose besessen. Er antwortete: »Der Krieg ist ein Spiel, und alles vorauszusehen ist unmöglich.« Und: »Ich weiß nicht, warum Sie gerade meine Meinung benötigen. (…) deshalb bin ich nicht in der Lage, die von Ihnen geforderten Schlussfolgerungen zu ziehen, und beschränke mich auf nackte Tatsachen, ohne sie zu beleuchten.« Dieser Mensch führte Befehle aus. Und sonst nichts.

Ich erlaube mir, ein wenig abzuschweifen. In den Archiven sind viele an Trotzki adressierte Briefe erhalten geblieben. Besonders häufig hatte ihm Joffe geschrieben, sein langjähriger Anhänger. In einem ausführlichen Brief (mehr als zwanzig Seiten!) bittet Joffe Trotzki um die Protektion für einen einflussreichen Posten, wenn möglich, für den des Volkskommissars für Arbeiter- und Bauern-Inspektion. Joffe schreibt: »Wenn man Stalin im Interesse der Sache seines Amtes als Volkskommissar für Arbeiter- und Bauern-Inspektion entheben könnte, dann würde er auf jedem anderen Posten nützlich sein, denn im Volkskommissariat für ABI arbeitet er nicht. Man sollte Tschitscherin nicht seines Amtes als Volkskommissar für Äußeres entheben, denn er wäre nirgendwo nützlicher.« Es ist schwer zu verstehen, warum Stalin »auf jedem anderen Posten« nützlich sein könnte: weil er »nicht arbeitet«? Oder hatte Joffe bereits die erst später ausreifenden Fähigkeiten des Volkskommissars erkannt?
Joffe schrieb auch an Lenin, und er bekam folgende Antwort:

»Erstens, Sie irren sich, wenn Sie (nicht nur einmal) behaupten: ›Das ZK, das bin ich.‹ So etwas kann man nur unter schwerer nervlicher Anspannung und Übermüdung schreiben. (…)
Zweitens (…). Wie soll ich es Ihnen nur erklären? Vielleicht damit, dass das Schicksal Sie hin und her geworfen hat. Das habe ich bei vielen Funktionären gesehen. Beispiel – Stalin. Er jedoch würde für sich selbst eintreten. Das Schicksal hat ihn in den letzten dreieinhalb Jahren weder Volkskommissar für ABI noch Volkskommissar für Nationalitätenfragen sein lassen. Das ist ein Faktum. (…)
Ich drücke Ihnen fest die Hand.
Ihr Lenin«

Während des Bürgerkriegs wurde Stalin, wie viele andere, nicht nur einmal als Bevollmächtigter oder Außerordentlicher Bevollmächtigter des ZK an verschiedene Frontabschnitte entsandt. So auch im Frühjahr 1919. Die Lage um Petrograd hatte sich zugespitzt. Der Befehlshaber der weißen Streitkräfte in Nordwestrussland Nikolaj Nikolajewitsch Judenitsch und seine ausländischen Verbündeten wollten die Wiege der Revolution erobern. Mit der Verteidigung Petrograds waren die 7. Armee und die Baltische Flotte beauftragt. Die Truppen der Konterrevolution näherten sich schon den Orten Krasnoje Selo und Gatschina. Der Oberkommandierende der Roten Armee schickte starke Truppenteile von den anderen Fronten nach Petrograd.

Stalin befand sich als Außerordentlicher Bevollmächtigter entweder im Petrograder Rat oder im Armeestab. Wie immer war sein Arbeitsstil diktatorisch. Entfernung derer, mit denen er nicht fertig wurde, Übergabe jener ans Kriegsgericht, die er für schuldig für Versäumnisse und Fehler hielt, die Versorgung in Ordnung bringen, »auffrischen« der Verwaltungsorgane. Im Stab der Westfront wie auch in der 7. Armee wurde eine Verschwörung aufgedeckt; die Verschwörer wurden erschossen, versteht sich. Entsprechend dem Aufruf »Auf zur Verteidigung Petrograds!« bereiteten sich die Militärführer Remesow, Tomaschewitsch, Posern, Schatow, Peters, der angereiste Stalin und andere Genossen auf die Abwehr der Konterrevolution vor. Für die erfolgreiche Verteidigung Petrograds wurden später sowohl Trotzki als auch Stalin mit dem Orden der Roten Armee geehrt.

Früher wurde es immer so dargestellt: Wo Stalin hinkam, verbesserte sich die Lage. Das war bei weitem nicht der Fall. Wir sollten hinzufügen, dass Stalin immer gemeinsam mit anderen Genossen entsandt wurde und die Anordnungen Lenins und des ZK umsetzte. Seine persönlichen militärischen Verdienste waren mehr als bescheiden. Doch bereits im Jahr 1918 wusste die Parteiführung: Das ist nicht nur ein Mann, der zuverlässig die Aufträge des ZK ausführt, sondern auch ein Spezialist für Strafaktionen und »außerordentliche Maßnahmen«.

Und schon damals neigte Stalin zum Eigenlob. In einem Telegramm aus Petrograd an Lenin schreibt er zum Beispiel:

»Unmittelbar nach Krasnaja Gorka wurde Seraja Loschadj liquidiert. Die Geschütze in ihnen sind in voller Ordnung. Eine eilige

Überprüfung aller Forts und Festungen ist im Gange. Die Marinespezialisten versichern, dass die Einnahme von Krasnaja Gorka von der Seeseite her die Marinewissenschaft über den Haufen wirft. Mir bleibt nichts übrig, als die sogenannte Wissenschaft zu bedauern. (…) Ich halte es für meine Pflicht, zu erklären, dass ich auch weiterhin so handeln werde, trotz all meiner Hochachtung vor der Wissenschaft.«

Eine Reihe von Telegrammen von der Front zeugt von der schon damals in Ansätzen existierenden Macht Stalins. Am 15. November 1921 stellte Trotzki Stalin folgende Situation per Telegramm dar: »Es ist unumgänglich, die Frage der transkaukasischen nationalen Brigaden und der Munitionslager zu lösen, und zwar hart und endgültig.« Ferner bemerkte Trotzki, dass es notwendig sei, drei Entscheidungen über das Politbüro dieses Gebiets zu treffen. Dies ist eines der seltenen Telegramme Trotzkis an Stalin. Sie bemühten sich, einander nicht zu bemerken. Ihre gegenseitige Feindseligkeit entstand schon kurz nach ihrer Bekanntschaft. Stalin empfand Trotzki als Menschewiken. Stalin missfielen Trotzkis Selbstsicherheit, seine Beredsamkeit, seine Fähigkeit, sich darzustellen und seine Autorität. Stalin war es womöglich ein Dorn im Auge, dass der Vorsitzende des Revolutionären Kriegsrats der Republik in Sonderzügen zu den Fronten gefahren wurde, und das in Begleitung eines und manchmal zweier Panzerzüge und einer Spezialeinheit von in Leder gekleideten jungen Rotarmisten. Stalin provozierte der Komfort, mit dem Trotzki sich umgab. Und tief in seiner Seele beneidete und hasste er den Widerpart.
Als Trotzki verkündete: »Man kann die Armee nicht ohne Repressalien aufbauen; man kann nicht Menschenmassen in den Tod führen, ohne die Todesstrafe im Arsenal zu haben«, verurteilte Stalin diese Haltung nicht. Sie war ganz in seinem Sinn. In kritischen Situationen griff er selbst zu solchen Methoden, und nicht nur er. Am 12. Mai 1920 berichtete ein Mitglied des Revolutionären Kriegsrats der Südwestfront:

»An den Vorsitzenden des Revolutionären Kriegsrats der Republik, Genossen Trotzki.
An der Front der 14. Armee kam es zur schändlichen Flucht ei-

niger Einheiten während der Angriffe der polnischen Armee. Es ist Befehl gegeben worden, jeden zehnten der Deserteure zu erschießen. Bersin«

Der Bürgerkrieg war grausam. Stalin fackelte nicht lange, wenn er überzeugt war, dass Feinde vor ihm standen. Wie sich der bereits erwähnte Nossowitsch, der ehemalige Chef des Stabes des Nordkaukasischen Militärbezirks (der später zu den Weißen überlief), erinnerte, zögerte Stalin nicht, wenn er davon überzeugt war, dass Feinde vor ihm standen. So wurden in Zarizyn der Ingenieur Alexejew, zwei seiner Söhne und einige ehemalige Offiziere verhaftet und der Mitgliedschaft in konterrevolutionären Organisationen beschuldigt. Das Urteil Stabs war lakonisch: »Erschießen!« Die Gefangenen wurden ohne Gerichtsverfahren an Ort und Stelle hingerichtet. Das alles erzeugte in Stalin keine Skrupel, denn er glaubte fest an die Notwendigkeit und Wirksamkeit solcher Bestrafungsaktionen.
Auf der Sitzung des ZK vom 25. Oktober 1918 wurde auch ein Brief Stalins erörtert, in dem er über die Sabotage der Versorgung der 10. Armee berichtet. Entschlossen forderte Stalin, den Frontkommandierenden und die Kriegsratsmitglieder einem Kriegsgericht zu übergeben. Die Sitzung des ZK, in der Swerdlow den Vorsitz führte, beschloss dagegen, dass niemand vor Gericht zur Verantwortung gezogen werden sollte, sondern dass Awanesow der Auftrag erteilt werde, eine Untersuchung durchzuführen und über deren Ergebnisse dem ZK zu berichten. Stalins Ansinnen wurde zurückgewiesen.
Als Stalin seine Macht und Fähigkeit spürte, Vorgänge von lokaler, aber deswegen nicht geringer Bedeutung zu beeinflussen, begann er in einer Reihe von Fällen seinen Charakter zu offenbaren, der später zu einer der Quellen des Leids werden sollte. Stalin war hart, grob und ungeduldig. Für ihn war es nicht nur wichtig, seinen Standpunkt durchzusetzen, sondern auch, seinen Opponenten zu erniedrigen. Statt geduldig die Argumente abzuwägen, war Stalin unnachgiebig bis hin zur Wut.
Stalin rief sofort die Hilfe und Autorität Moskaus herbei, sobald ihm jemand widersprach. Er forderte Direktiven der Regierung in seinem Sinn und bezweifelte die Glaubwürdigkeit des jeweiligen

Widerparts. Fast alle, mit denen Stalin während des Bürgerkriegs in Konflikt geriet – und ihrer waren viele –, mussten später teuer dafür büßen. Wie gesagt, Stalin war nachtragend.
Nachdem Stalin ziemlich lange Mitglied des Revolutionären Kriegsrats der Südwestfront war, knüpfte er einen recht engen Kontakt zu Alexander Iljitsch Jegorow und sprach mit ihm bald eine gemeinsame Sprache. Jegorow wurde später Marschall der Sowjetunion und ein bedeutender Militärführer. Mit Wissen und Billigung Stalins wurde er Opfer der blutigen Säuberung in den dreißiger Jahren. Auf einen Brief Jegorows, in dem dieser Stalin um Gnade bat, reagierte der »Führer« nicht, obwohl Jegorow ihn daran erinnert hatte, dass sie während des Bürgerkriegs »die Suppe aus einem Teller löffelten«.
Viele Jahre zuvor aber hatte es eine Situation gegeben, in der Stalin für Jegorow eingetreten war (ein außerordentlich seltener Fall!). Trotzki hatte in Moskau dessen Ablösung als Frontkommandierender vorgeschlagen, weil ihm Misserfolge an der Krimfront angelastet wurden. Man fragte Stalin nach seiner Meinung. Seine Antwort überschritt weit den Rahmen des üblichen:

»Moskau, ZK der KPR(B), Genossen Trotzki.
Ich bin entschieden gegen die Ablösung Jegorows. Der Kandidat für den Posten, Uborewitsch, ist noch nicht reif genug für eine solche Position; und schon gar nicht Kork, der als Frontkommandeur wohl kaum in Frage käme. Die Krim haben Jegorow und der Oberkommandierende zusammen verschlafen, denn der Oberkommandierende war in Charkow, und zwei Wochen vor dem Abmarsch Wrangels fuhr er nach Moskau, ohne den Zerfall der Krimarmee zu bemerken. Wenn es nun so unumgänglich ist, jemanden zu bestrafen, dann sollte man beide bestrafen. Ich bin der Meinung, dass wir zurzeit keinen Besseren als Jegorow finden können. Es wäre nötig, den Oberkommandierenden auszutauschen, der zwischen äußerstem Optimismus und äußerstem Pessimismus schwankt, sich ständig in Widersprüche verwickelt und den Frontkommandierenden mit hineinzieht, ohne irgendetwas Positives geben zu können.
14. Juni 1920, Stalin«

Wahrscheinlich verteidigte Stalin Jegorow nur deshalb, weil der Vorschlag, ihn abzulösen, von Trotzki stammte. Und was die anbelangt, die »die Krim verschlafen haben«, so war Stalin unter ihnen. Schon 1920 fühlte sich Stalin stark genug, dem Oberkommandierenden Sergej S. Kamenew nachzusagen: Er »verwickelt sich in Widersprüche«. Moralische Unzulänglichkeit war schon seit langem zu einem Lebensattribut Stalins geworden. Je mehr sich seine Position verbesserte, umso mehr wurde diese Unzulänglichkeit zu einer gefährlichen und Unheil bringenden Eigenschaft. Wenn man die Biographie dieses Mannes betrachtet, fragt man sich: Besaß er so etwas wie eine Vorstellung von Gewissen?
Stalin lernte im Bürgerkrieg nicht nur Jegorow kennen, sondern auch viele andere sowjetische Heerführer, die die Revolution hervorgebracht hatte: Michail Wassiljewitsch Frunse, Michail Nikolajewitsch Tuchatschewski, Jeronin Petrowitsch Uborewitsch, August Iwanowitsch Kork und andere. Nach den ersten großen Erfolgen im Krieg gegen Polen erlitt die Rote Armee im Jahr 1920 eine ernsthafte Niederlage. Fast zwanzig Jahre später beschuldigte Stalin Jegorow, Tuchatschewski und andere Heerführer der »verbrecherischen Verzögerung, verbunden mit verräterischen Absichten«. Es kam ihm nicht einmal in den Sinn, dass auch er als Mitglied des Revolutionären Kriegsrats die volle Verantwortung sowohl für die Erfolge als auch für die Niederlagen der Armeen trug.
Am 2. August 1920 beschloss das Politbüro des ZK der KPR(B), den Krimabschnitt der Südwestfront zur selbständigen Südfront zu machen. Der Kriegsrat der Front schlug vor, der Westfront die 12., 14. Armee und die 1. Reiterarmee zuzuordnen. Es gelang nicht, diese Operation schnell durchzuführen. Am 13. August berichteten Jegorow und Stalin dem Oberkommandierenden, dass die betreffenden Armeen sich im Kampf im Rayon von Lwow und Rawa Russkaja befänden und dass eine Veränderung der Aufgabenstellung der Armeen unter den gegebenen Umständen unmöglich sei.
Als der Oberkommandierende Kamenew dem Kommandierenden der Südwestfront befahl, die 12. Armee und die 1. Reiterarmee abzugeben, weigerte sich Stalin, die Abtretung dieser Armeen an die Westfront zu unterschreiben. Lediglich das Mitglied des

Kriegsrats Jan A. Bersin unterschrieb die Direktive. Während die Diskussionen darüber andauerten, verging viel Zeit, und schließlich war es zu spät.

Der Abzug der 1. Reiterarmee aus Lwow begann erst am 10. August, und sie konnte der Westfront nicht mehr rechtzeitig zu Hilfe kommen. Selbstverständlich liegt die Schuld für diesen strategischen Fehler beim Revolutionären Kriegsrat der Republik, beim Oberkommandierenden und bei den Kommandierenden der Front. Stalin war zwar bereits am 5. August mit der Abtretung von drei Armeen an die Westfront einverstanden, aber er hat im entscheidenden Augenblick die Sache derart verzögert, dass schwerwiegende Folgen entstanden. Stalin selbst hatte den Vorschlag zur Abtretung gemacht, jedoch keinerlei Anstrengungen unternommen, ihn zu realisieren. Er war in gleichem Maße für den Misserfolg verantwortlich wie Trotzki, Tuchatschewski, Jegorow und andere. Natürlich hat Stalin nicht einmal daran gedacht, dies einzugestehen. In ihm entwickelten sich damals schon Ansätze der »Unfehlbarkeit«.

Es ist charakteristisch, dass später die Militärbiographen, die Stalins »besondere Verdienste« hervorhoben, im Zusammenhang mit den strategischen Verschiebungen an der Süd-, Ost- und Nordwestfront niemals Stalins Rolle im polnisch-sowjetischen Krieg erwähnen. Von einer positiven Seite konnte er sich dort nicht zeigen.

Abstrahiert man von all den furchtbaren und unverzeihlichen Taten, die Stalin vollbracht hat, und nimmt man Abstand von der Annahme, er sei von Geburt an ein »Bösewicht« gewesen, so kann man bestätigen, dass Stalin während des Bürgerkriegs bestimmte Verdienste erlangt hatte. Aber dies waren wiederum nur die Verdienste eines Beauftragten.

Seit Beginn der Revolution saß Stalin nun in höchsten Parteiorganen, zunächst im Büro des ZK, darauf im Politbüro und im Organisationsbüro. Allmählich und fast unbemerkt festigte sich sein Status, besonders gegen Ende des Bürgerkriegs. Er war zu einem der wichtigsten Mitglieder des führenden Parteikerns geworden.

Eine aufmerksame Analyse von Stalins Tätigkeit zu jener Zeit zeigt, dass er anderen Parteiführern nach wie vor weit unterlegen war. In Fragen der Theorie war er nicht mehr als ein Popularisator. Niemand konnte von ihm sagen, er sei eine »Seele«, ein »guter Mensch«. Positive moralische Eigenschaften waren Stalin nicht gegeben. Aber er hatte etwas anderes, was Sinowjew, Kamenew, Trotzki, Rykow, Tomski, Bucharin und andere Führer der Revolution nicht hatten: Unerwartet für viele, entwickelte Stalin eine enorme Zielstrebigkeit und die Fähigkeit, konkrete Ideen zu verwirklichen. Bei der Durchsetzung der von der Führung gesetzten Ziele hinterließen sein Wille, sein Elan, seine Härte und seine Entschlossenheit einen starken Eindruck auf die, die mit ihm arbeiteten.

Man darf nicht übersehen, dass Stalin sich vor allem in den Jahren des Bürgerkriegs zu einer Führungspersönlichkeit entwickelt hat. Er hatte an der Macht gekostet, verstand ihren inneren Mechanismus und war überzeugt davon, dass Druck, im rechten Augenblick angewendet, die erwünschten Resultate bringe.

Unter den Parteiführern waren auch viele Intellektuelle – »Schriftsteller«, wie Stalin Ende der zwanziger Jahre sarkastisch bemerkte. Stalin hat über dieses Thema niemals öffentlich gesprochen. Vor allem deshalb, weil Lenin ebenfalls »Intellektueller«, »Schriftsteller« und »Emigrant« war. Doch das Genie dieses Menschen war derart groß, dass Stalin, auch nachdem er später die Konzeption des »zweiten Führers«, der immer »mit Lenin« gewesen sei, entworfen hatte, niemals persönliche Ausfälle gegen den wirklichen Führer der Partei und der Revolution zuließ. Wenn Lenin Stalin kritisierte (etwa wegen der Fragen der »Autonomie« und des Außenhandelsmonopols oder im Zusammenhang mit militärischen Dingen), so gab Stalin in der Regel Lenin sofort recht. Lenin besaß eine unbegrenzte geistige »Macht« über Stalin.

Die »Intellektuellen« in der Parteiführung, die »Leninsche Garde«, haben im entscheidenden Moment nicht erkannt, wer Stalin wirklich war, und sie haben es zugelassen, dass ein Mensch mit diktatorischen Neigungen die Macht in der Partei und im Staat usurpierte. Sie alle hielten sich für Leninisten, doch als es darauf ankam, erwiesen sie sich als unfähig, den letzten Willen des einzigen Führers unserer Revolution zu erfüllen. Wie und warum ist das geschehen?

Die Warnung des Führers

Konnte Stalin, als Lenin noch lebte, auch nur daran denken, dass gerade er an die Spitze der Partei und des Staats gelangen würde? Konnte damals jemand auch nur ahnen, dass das unentwirrbare Zusammenspiel objektiver und subjektiver Umstände Stalin an die Macht bringen würde? Wohl kaum. Vielmehr hat Stalin, als Lenin noch gesund war, sich nur darum gesorgt, seine hohe Stellung nicht zu verlieren.

Solange Lenin gesund war, stellte sich die Frage nach möglichen Nachfolgern nicht. Als jedoch 1921 die ersten Anzeichen einer Erschöpfung und bald darauf einer Krankheit auftauchten, fing man unweigerlich an, sich zu fragen: Wer ist in Lenins Nähe? »Die ersten Nachrichten über Lenins Krankheit«, so erinnerte sich Natalja Sedowa, Trotzkis Frau, »wurden im Flüsterton weitergegeben. Es war, als habe nie jemand daran gedacht, dass Lenin erkranken könnte; vielen war bekannt, dass er aufmerksam über die Gesundheit der anderen wachte, er selbst aber, schien es, war gegen Krankheiten gefeit. Fast bei allen Revolutionären der älteren Generation ließ das Herz unter der zu großen Belastung nach. ›Die Motoren gehen bei allen unregelmäßig‹, klagten die Ärzte. ›Es gibt nur zwei Herzen, die in Ordnung sind‹, sagte Professor Getje zu Lew Dawidowitsch, ›bei Wladimir Iljitsch und bei Ihnen.«‹

Nach heutigen Maßstäben war Lenin noch jung. Jedoch hat er, seitdem er im April 1917 nach Russland zurückgekehrt war, sich keine Ruhepause gegönnt. Sein Arbeitstag war vierzehn bis sechzehn Stunden lang. Als er bereits erkrankt war, habe er, berichten seine Sekretäre, einmal gesagt, dass er nur zweimal »ausgeruht« habe während der ganzen Jahre. Das erste Mal, als er sich vor den Spürhunden der Provisorischen Regierung versteckte (wir jedoch wissen, dass er in dieser Zeit ein großes Werk geschrieben hat: »Staat und Revolution«), das zweite Mal »dank« Fanni Kaplans, die auf ihn geschossen hatte.

Als Lenin die nahende Krankheit spürte, wurde ihm klar, dass sich in seiner Abwesenheit die Parteiführung spalten könnte.

Vielleicht hat Lenin schon gegen Ende des Jahres 1921 einige besorgte Blicke auf seine Mitarbeiter geworfen. Möglicherweise entstand schon damals die Idee zu einem »Testament«? Im November 1922 ahnte Lenin, dass die Krankheit sich verschlimmern würde. Als er dem Bibliothekar Manutscharjanz Bücher zurückgab, bat er beharrlich, man möge ihm Friedrich Engels' »Politisches Testament (Aus unveröffentlichten Briefen)« geben. Auf den Buchumschlag schrieb er:

»Bitte auf dem Regal liegen lassen,
30. 11. 1922 Lenin«

Weniger als einen Monat später, in der Nacht zum 26. Dezember, kaum vom schweren Anfall erholt, diktierte Lenin Lidija Alexandrowna Fotijewa den dritten Teil des »Briefs an den Parteitag«. Dieser Brief zeugt davon, dass das Genie, das von Sorgen genug heimgesucht wurde, die ganze Zeit an das Kommende dachte. An das, was nach ihm sein würde.

Lenins Kampfgenossen

Russland stellte eine große revolutionäre Insel im Meer von feindlichen Staaten dar. Innerhalb des Landes wüteten Rebellion und hartnäckiger Widerstand gegen die neue Ordnung. Ganze Bezirke und Kreise weigerten sich, sich der Sowjetmacht unterzuordnen. Niemand hat so gut wie Lenin erkannt, dass die neue Macht auf ein großes Problem gestoßen war und dass von der Lösung dieses Problems das Schicksal des Landes abhing: Die Revolution hatte zwar gewonnen und die Macht der Sowjets errichtet, aber diese Macht konnte den Arbeitern und Bauern nichts geben. Der Kriegskommunismus konnte die Versprechungen wie Recht auf Arbeit, Urlaub, soziale Versorgung und Bildung nicht halten. Seine Perspektiven waren schlecht, und mutige Schritte waren vonnöten. Gehen konnte sie damals nur die Partei. Sie war der geistige und politische Grundstock, um den das Leben pulsierte. Zu Anfang des Jahres 1921 vereinigten mehr als 20 000 Grundorga-

nisationen mehr als 730 000 Kommunisten. Beinahe ein Drittel von ihnen befand sich in den Reihen der Roten Armee.
Das Zentralkomitee der Partei, mit Lenin an seiner Spitze, wurde zum Hirn des Landes. Zu dieser Zeit zählte es nur wenige Mitglieder. Zum Beispiel wählte der 10. Parteitag im März 1921 ein ZK, das aus 25 Mitgliedern und 15 Kandidaten bestand. Es erweiterte sich nur geringfügig auf dem 11. Parteitag im März/April 1922, dem letzten, den Lenin leitete: 27 Mitglieder und 19 Kandidaten. Zu Lenins Lebzeiten gab es gewöhnlich alle zwei Monate eine Sitzung des ZK. Seinen Kern bildeten Moskauer Genossen, die die größte Verantwortung für die anstehenden Aufgaben trugen: die Behebung der Schwierigkeiten im Zivil- und Militärbauwesen, das Aufrechterhalten von engen Verbindungen zu den nationalen Gliederungen der Partei, die Bestimmung des Kurses gegenüber innerparteilichen Kritikern, die Umsetzung der Neuen Ökonomischen Politik (NÖP) usw. Im Übrigen haben einige der Mitglieder dieses nicht institutionalisierten Kerns häufig Neigungen zu der einen oder anderen Gruppierung, »Plattform« oder Fraktion gezeigt. Alles war noch neu. Die Partei war nun an der Macht, und sie begann, das Land zu steuern. Es hing viel ab von den politischen Positionen, von der moralischen Qualität, von der Professionalität der Funktionäre, die den Parteikern bildeten. Lenin war der Einzige, der auf allen Nachkriegsparteitagen – dem 10., 11. und 12. (auf diesem in Abwesenheit) – einstimmig in das ZK gewählt worden war. Sein Einfluss, sein gutes Beispiel, seine Erfahrung, seine Entschlusskraft, seine theoretischen Arbeiten, sein ganzes Verhalten waren einzigartig. Dies zeigte sich besonders deutlich, als er erkrankte.
Stalin legte am 17. April 1923 vor dem 12. Parteitag seinen Organisationsrechenschaftsbericht ab. Darin stellt er fest:

»(…) innerhalb des ZK aber gibt es einen Kern von 10 bis 15 Personen, die sich in Sachen der Führung der politischen und wirtschaftlichen Arbeit unserer Organe dermaßen eingefuchst haben, dass sie Gefahr laufen, sich in eine Art Hohepriester der Führung zu verwandeln. Das ist vielleicht ganz gut, aber es hat auch eine sehr gefährliche Seite:
Diese Genossen, die große Erfahrungen in Fragen der Leitung

gesammelt haben, können von Dünkel angesteckt werden, sich abkapseln und sich der Arbeit unter den Massen entfremden. (...) Wenn sie aber neben sich keine neue Generation künftiger Führer haben (...), so haben diese hoch qualifizierten Leute alle Chancen, zu verknöchern und sich den Massen zu entfremden.«

So sprach Stalin zu Lenins Lebzeiten. Dieser Abschnitt seiner Rede ist durchzogen von Lenins Idee der ständigen Erneuerung der Parteiführung. Fünfzehn Jahre später sollte Stalin zu vollkommen anderen Schlussfolgerungen gelangen, obwohl er auch in den Jahren 1937 und 1938 nicht selten richtige Dinge äußern würde. Verhalten wird er sich jedoch anders. Aber damals, zu Beginn der zwanziger Jahre, war die Unaufrichtigkeit seiner Worte noch nicht erkennbar.
In seinem Bericht auf dem 12. Parteitag kam er zu dem Schluss:

»Der Kern innerhalb des ZK, der in der Führungsarbeit sehr gewachsen ist, wird alt und braucht Ablösung. Sie kennen den Gesundheitszustand Wladimir Iljitschs. Sie wissen, dass auch die übrigen Mitglieder des Grundkerns des ZK hinreichend verbraucht sind. Aber eine Ablösung haben wir noch nicht, das ist das Schlimme. Parteiführer heranzubilden ist sehr schwer, dazu braucht man Jahre, fünf bis zehn Jahre, mehr als zehn Jahre. Es ist viel leichter, mit Hilfe der Kavallerie des Genossen Budjonny dieses oder jenes Land zu erobern, als zwei, drei Führer von unten herauf heranzubilden, Menschen, die in Zukunft wahre Führer des Landes werden können.«

Man kann mit Stalin übereinstimmen, dass eine ständige Erneuerung der ZK-Besetzung unbedingt notwendig ist. Obwohl die Mitglieder des ZK damals nach unseren Maßstäben noch recht jung waren. Lenin war über fünfzig Jahre alt. Er war der Älteste! Nicht zufällig nannten seine Mitarbeiter ihn untereinander den »Alten«. Die Kerngruppe des ZK bestand aus vierzigjährigen Revolutionären. Und sie haben Lenin nicht geschont. Sie haben ihn geliebt, geachtet, verehrt, aber sie haben ihn nicht geschont.
Trotzki etwa ging regelmäßig auf die Jagd und zum Angeln, er fuhr zur Erholung in die Grünzonen Moskaus, er nahm Ur-

laub, um seine Arbeiten schreiben zu können. Die Nachricht von Lenins Tod überraschte ihn im Sanatorium. Auch Stalin, der sich vor Arbeit nicht scheute und für Organisationsfragen innerhalb des ZK zuständig war, gab sich keine Mühe, Lenin zu entlasten. Das Gegenteil war der Fall. Lenin hatte sich von Anfällen seiner Krankheit noch nicht erholt, als Stalin ihn am 28. Juli 1922 aufforderte, einen Korrespondenten zu empfangen. Lenin musste absagen.

Anfang der zwanziger Jahre gehörten folgende Personen zum Führungskern der Partei: Bucharin, Dserschinski, Sinowjew, Kalinin, Kamenew, Kujbyschew, Ordschonikidse, Rudsutak, Rykow, Stalin, Swerdlow, Trotzki, Frunse und auch Molotow, Pjatakow, Petrowski, Tomski, Radek, Smilga. Dies waren Menschen von ganz unterschiedlicher Herkunft, Bildung und Persönlichkeit. Fast die Hälfte der Mitarbeiter Lenins hatte Jahre in der Emigration verbracht, hatte an vielzähligen Konferenzen und Kongressen teilgenommen. Stalin fiel aus diesem Rahmen heraus. Die Entwicklung Stalins verlief, wie wir wissen, in eigenen Bahnen. Die Schläue, die Berechnung und das Misstrauen Stalins waren Ergebnisse einer fragwürdigen »Schule«. Er entdeckte früher als jeder andere aus Lenins Umgebung die Möglichkeiten des Apparats. Die Mehrheit derer, die an Lenins Seite standen, erkannte nicht die Funktion der anonymen Strukturen der Macht. Allmählich formte sich in Stalin ein spezielles Verhältnis zu jedem Mitglied der Parteiführung.

Wie schon geschildert, fühlte sich Stalin verunsichert durch die Rhetorik und das selbstbewusste Auftreten Trotzkis. Aber später verstand er, dass Trotzki auch ein Mensch der Posen, der Phrasen und der schönen Worte war. Als die Zeit des Alltags heranrückte, wurde »der Führer der Roten Armee« zunehmend blass. Sogar richtige Ideen und Konzepte trug er in herausforderndem Ton vor, und er verlor mehr und mehr von seinen Anhängern. Das wichtigste für ihn war die Losung, die Tribüne, die Gestik und nicht die konzeptionelle Arbeit. Der zukünftige Generalsekretär hat früher als andere die starken und schwachen Seiten dieses Menschen erkannt. Da Stalin sich der Popularität Trotzkis bewusst war, versuchte er zunächst, zwar keine Freundschaft aufzubauen, doch wenigstens ein kameradschaftliches Verhältnis zu Trotzki zu finden.

So erschien Stalin eines Tages ohne Einladung bei Trotzki in Archangelskoje, in der Nähe von Moskau, um diesem zum Geburtstag zu gratulieren. Aber es gelang ihnen nicht, die gegenseitige Entfremdung abzubauen. Ferner ist noch eine Episode bekannt, in der Stalin versuchte, mit Hilfe Lenins sein Verhältnis zu Trotzki zu verbessern, gar in Freundschaft zu verwandeln. Davon zeugt ein Telegramm, welches Lenin am 23. Oktober 1918 an Trotzki schrieb. Darin berichtet er über ein Gespräch zwischen ihm und Stalin über dessen Beurteilung der Lage in Zarizyn und seinen Wunsch, enger und aktiver zusammenzuarbeiten mit dem Revolutionären Kriegsrat der Republik, in dem Trotzki den Vorsitz innehatte. Am Ende des Telegramms an Trotzki schreibt Lenin:

»Nachdem ich Ihnen, Lew Dawidowitsch, über all diese Anfragen Stalins berichtet habe, bitte ich Sie, diese zu überdenken und darauf zu antworten. Erstens: Sind Sie bereit sich mit Stalin persönlich zu beraten? In diesem Falle wäre Stalin bereit, hierherzureisen. Und zweitens: Halten Sie es für möglich, unter den genannten konkreten Umständen die vorigen Meinungsverschiedenheiten zu beseitigen und eine Zusammenarbeit mit Stalin anzustreben, was er, Stalin, wünscht?
Was mich anbelangt, so halte ich es für unbedingt notwendig, alles Mögliche dafür zu tun, um eine Zusammenarbeit zwischen Ihnen und Stalin zu ermöglichen.«

Daraus ist nichts geworden, Trotzki versuchte nie, seine Überlegenheit zu verbergen, die er gegenüber Stalin empfand, dessen intellektuelles Niveau nach seiner Meinung weit unter dem seinen lag. Trotzki schrieb über Stalin:

»Bei all seinen großen, neiderfüllten Ambitionen musste Stalin seine intellektuelle und moralische Minderwertigkeit auf Schritt und Tritt fühlen. Er versuchte offensichtlich, sich mir zu nähern. Erst spät habe ich seine Bemühungen, so etwas wie familiäre Beziehungen zu mir herzustellen, erkannt. Aber er wirkte auf mich durch jene Eigenschaften abstoßend, die später, in der Welle des Niederganges, seine Stärke ausmachten: die Enge der Interessen, den Empirismus, die psychologische Plumpheit und jenen besonderen Zynismus des Kleinstädters, den der Marxismus von vielen Vorurteilen befreit hat, jedoch ohne diese durch eine voll erfasste und in Psychologie übergegangene Weltanschauung zu ersetzen.«

Stalin hat sich wiederholt in höchsten Tönen über die Rolle Trotzkis in der Revolution und im Bürgerkrieg geäußert, aber das konnte nichts ändern am kühlen Verhältnis Trotzkis zu Stalin.

Einen bemerkenswerten Platz in der Führung besaßen Sinowjew und Kamenew. Sie gingen als eigentümliches »Duo« in die Geschichte ein. Sie hatten ähnliche Auffassungen und haben fast nie gegeneinander polemisiert. Der Führer in diesem Tandem war Sinowjew. In seiner spektakulären politischen Karriere gab es Schwindel erregende Höhenflüge und abgrundtiefe Stürze. Nachdem Sinowjew 1901 in die Partei eingetreten war, verbrachte er lange Jahre in der Emigration und schrieb Bücher und Artikel. In den Tagen des Oktoberaufstands beschädigten sowohl Sinowjew als auch Kamenew ihren revolutionären Ruf, als sie sich in der Presse gegen den bewaffneten Aufstand aussprachen. Lenin schrieb: »Die Oktoberepisode Sinowjews und Kamenews war natürlich kein Zufall.«
Der Höhepunkt von Sinowjews politischer Laufbahn war seine beinahe siebenjährige Arbeit als Vorsitzender des Exekutivkomitees der Kommunistischen Internationale (EKKI). Seiner Feder ist eine Vielzahl von Artikeln entsprungen, um deren Veröffentlichung er sich aktiv bemühte. Sie wurden als einzelne Bände, als Broschüren und sogar in Anthologien publiziert.
Viele der guten Eigenschaften Sinowjews sind in der langen Zeit herangereift, die er an Lenins Seite verbrachte – nicht nur in der Emigration, sondern auch während und nach der Revolution. Lunatscharksi geht in seinen »Revolutionären Silhouetten« besonders weit in der Beurteilung der Rolle Sinowjews. Er schreibt, dass Sinowjew eine der Stützen Lenins und einer der »vier bis fünf Menschen« gewesen sei, die das politische Gehirn der Partei darstellten. Alle hätten Sinowjew für »den nächsten Helfer und für die Vertrauensperson Lenins« gehalten.
Sinowjew spielte innerhalb der Partei eine bedeutende Rolle, er war bekannt und strotzte vor vulkanartiger Energie. Häufig je-

doch unterlag er seinen Launen. Mal zeigte er sich zügellos optimistisch, mal zeigte er sich mutlos bis zum Zusammenbruch, mal brodelte er über vor Hysterie. Man musste ihn ständig aufmuntern.

Lange Zeit verhielt er sich herablassend, ja sogar hochmütig Stalin gegenüber. Zu Beginn der zwanziger Jahre machte Sinowjew sich einige Male lustig über den primitiven Stil in Stalins Artikeln, aber er tat dies nicht bösartig. Laut Sinowjew litten Stalins Artikel und Schriften an Tautologien und Trockenheit. Er selbst beherrschte eine gute Feder; er schrieb einen leichten, aphoristischen Stil.

Als er die Petrograder Parteiorganisation leitete, versuchte Sinowjew seinerzeit, Härte zu zeigen, ja, er griff manchmal sogar zu diktatorischen Gebärden. Als dann aber Judenitsch mit seinen konterrevolutionären Truppen auf die Stadt zumarschierte, geriet er in völlige Verwirrung. Diese Schwäche bemerkte Stalin, als er nach Petrograd gekommen war, ziemlich schnell. Er betrachtete Sinowjew insgeheim als Jammerlappen, der sich durch Prahlerei und Ehrgeiz hervortue. Bis zu Lenins Tod versuchte Stalin, zu Sinowjew und Kamenew eine beinahe freundschaftliche Beziehung zu pflegen. Als Lenin im November 1922 ein vertrauliches Gespräch mit Sinowjew, Kamenew und Stalin führte, hätte ein Beobachter den Eindruck gewinnen können, dass diese »Trojka« fest zusammengefügt, freundschaftlich verbunden und einig sei. Aber jeder aus der »Trojka« war von persönlichen Ambitionen getrieben. Wer konnte ahnen, dass Sinowjew später auf Stalins Initiative dreimal aus der Partei ausgeschlossen werden sollte? Zweimal wurde er wieder aufgenommen, aber beim letzten Ausschluss im Jahr 1934 kündigte sich sein baldiges Ende an. Im Übrigen ereilte seinen Partner im »Duo« – Kamenew – das gleiche Schicksal. Sinowjew war einer der besten Redner der Partei. Nicht zufällig beauftragte ihn das ZK, auf dem 12. und auf dem 13. Parteitag den politischen Rechenschaftsbericht vorzutragen. Sinowjew gehörte zu denen, die die Bildung eines Führungskerns innerhalb der Parteispitze befürworteten. In seiner Rede auf dem 14. Parteitag im Jahr 1925 sagte Sinowjew: »Wladimir Iljitsch erkrankte. (…) Wir waren genötigt, den ersten Parteitag (er meint den 12.; D. W.) ohne ihn durchzuführen. Wir wissen, dass bereits davon die Rede war, einen Kern innerhalb des Zentralkomitees unserer Partei zu bilden, und dass der 12. Parteitag sich stillschweigend darauf einigte, dass dieser Kern, natürlich unter voller Unterstützung des gesamten Zentralkomitees, unsere Partei anführt, bis Lenin wieder aufstehen wird.«

Sinowjew hielt sich lange Zeit (wie Kamenew) für einen der vertrautesten Freunde Stalins. Nachdem man ihn im Jahr 1926 aus dem Politbüro ausgeschlossen hatte, glaubte Sinowjew, es sei nicht für lange Zeit. Am Silvesterabend zum Jahr 1927 begaben sich Sinowjew und Kamenew mit einer Flasche Cognac und einer Flasche Sekt zur Wohnung Stalins. Sie wohnten nah beieinander, doch für Stalin kamen sie völlig unerwartet. Dennoch – die Versöhnung schien zu gelingen. Man duzte sich, erinnerte sich an die Vergangenheit, an die Freunde, aber über das Problem verlor man kein einziges Wort. Koba empfing die »alten Freunde« mit herzlicher Wärme, bewirtete sie, sprach freundschaftlich mit ihnen, so, als wäre er es gar nicht gewesen, der im gerade zu Ende gehenden Jahr für Kamenews und Sinowjews Ausschluss aus dem Politbüro gesorgt hatte. Das »Duo« verließ beflügelt die Wohnung Stalins. Dieser aber hatte schon längst beschlossen, dass diese Menschen, die so viel über ihn wussten, ihm nicht mehr von Nutzen sein konnten.

Es sollte der Tag kommen, an dem sie noch einmal gemeinsam zu Stalin kommen würden. Genauer: Man sollte sie zu ihm bringen. 1936 waren beide bereits im Gefängnis. Sie hatten dem »Führer« einen Brief geschrieben, und plötzlich reagierte dieser. Als sie in Stalins Arbeitszimmer geführt wurden, trafen sie dort außer dem Generalsekretär Woroschilow und Jaschow an. Stalin erwiderte ihren Gruß nicht und bot ihnen auch keinen Sitzplatz an. Während er auf und ab ging, schlug er Sinowjew und Kamenew eine Abmachung vor: Ihre Schuld sei bereits bewiesen, eine neue Gerichtsverhandlung könnte das Urteil »härter ausfallen lassen«. Aber er erinnere sich ihrer Verdienste. Wenn sie während des bevorstehenden Prozesses alles gestehen würden, besonders die unmittelbare Führung Trotzkis bei ihrer konterrevolutionären Aktivität, so würde er ihr Leben retten beziehungsweise sich darum bemühen, es zu retten, und bald darauf würde er sich dafür einsetzen, dass man sie freiließe. »Entscheiden Sie! So ist es im Interesse der Sache notwendig.« Es entstand ein langes Schweigen. Sinowjew, der Nachgiebigere von beiden, sagte leise: »Gut, wir sind einverstanden.« Er war es gewohnt, auch für Kamenew zu sprechen. Zwei Monate später wurden sie erschossen.

In dem Ort, in dem ich mit meiner Mutter, meiner Schwester und meinem Bruder lebte, erbaute man 1937 eiligst ein Lager. Einige der Gefangenen waren »nicht eskortiert«, das heißt, sie hatten die Erlaubnis, ab und zu die Zone zu verlassen. Zu ihnen gehörte Boris Semjonowitsch, der als Schuhmacher arbeitete. Zwei- oder dreimal war er auch bei uns, um meine und meines Bruders alte Lederstiefel zu flicken. Bevor er 1938 selbst verhaftet wurde, hatte er in den Sicherheitsorganen Dienst getan, und zwar in dem Gefängnis, in dem Sinowjew und Kamenew einsaßen. Er begleitete sie zu dem beschriebenen letzten Treffen mit dem »Führer«. Als man schließlich des Nachts kam, um Kamenew und Sinowjew zu töten, verhielten sie sich völlig unterschiedlich. Obwohl beide ein Gnadengesuch (und nicht nur eines!) an Stalin geschickt hatten und ihre Hoffnung darauf setzten, fühlten sie nun, dass das Ende gekommen war. Sie wurden nacheinander erschossen. Kamenew ging schweigend den Korridor entlang und knetete nervös seine Hände. Sinowjew geriet in Panik und wurde hysterisch; man trug ihn fort. Zwischen dem Tod der beiden ehemaligen Mitglieder des Führungskerns lag weniger als eine Stunde. Seinerzeit hatten sie Koba unterstützt wie niemand sonst. Der Lohn für diese Dienste war der Verlust des Lebens.

Ich habe bereits geschildert, dass Stalin Kamenew ziemlich gut aus der Turuchansker Verbannung kannte. Dort hatten sie gemeinsam die Nachricht von der Februarrevolution erhalten. Kamenew wurde im Rat der Volkskommissare Stellvertreter Lenins, und oft leitete er Sitzungen des ZK, des Politbüros oder der Regierung und nicht nur einmal auch Parteitage. Dieser Umstand hatte einen wesentlichen Einfluss auf das Verhältnis Stalins zu Kamenew.

Kamenew und Sinowjew waren bemerkenswerte Redner und Publizisten, aber ihnen fehlte ein fester Standpunkt. In kritischen Momenten oder in Zeiten des Umbruchs konnten sie ohne weiteres ihre Positionen verändern. Sie dachten in solchen Momenten vor allem an ihre persönlichen Ambitionen und an ihr Prestige. In ihrem Kampf gegen Stalin hatten sie von Beginn an keine Chance. Sie scheiterten an dessen Zielstrebigkeit und an ihrer Inkonsequenz. Obwohl Stalin die Schwächen Sinowjews und Kamenews kannte, stützte er sich eine Zeit lang auf sie, besonders auf Kamenew. Dieser führte häufig Aufträge aus, die Lenin ihm gegeben hatte. Es war bekannt, dass Kamenew geschickt Verhandlungen führen konnte und dass er viele heikle Angelegenheiten innerhalb der Partei in Ordnung gebracht hatte. Er war weniger populär als Sinowjew, aber er war gründlicher und intelligenter als dieser. Er hatte eigene Ideen, er war fähig, tiefere theoretische Verallgemeinerungen zu formulieren, er war mutig und entschlussfreudig. Die Worte Lew Borissowitsch Kamenews, die er am 21. Dezember 1925, an Stalins Geburtstag, auf dem 14. Parteitag sprach, sind in die Geschichte eingegangen:

»Wir sind dagegen, eine Theorie der Herrschaft eines Einzelnen zu schaffen, wir sind dagegen, einen ›Führer‹ zu schaffen. Wir sind dagegen, dass das Sekretariat, indem es faktisch Organisation und Politik vereint, über dem politischen Organ steht. Wir sind dafür, dass unsere Spitze folgendermaßen organisiert wird: Wir wollen, dass ein echtes, mächtiges Politbüro existiert, welches alle Politiker unserer Partei vereint und dem das Sekretariat untergeordnet ist, das die Beschlüsse des Politbüros technisch ausführt. (…)
Ich persönlich nehme an, dass unser Generalsekretär nicht die Figur ist, die in der Lage wäre, um sich herum einen alten bolschewistischen Stab zu vereinen. (…) Und eben weil ich nicht nur einmal mit dem Genossen Stalin persönlich gesprochen habe und eben weil ich mit einer Gruppe von Genossen Leninisten gesprochen habe, wiederhole ich auf diesem Parteitag: Ich bin zu der Überzeugung gekommen, dass Genosse Stalin nicht die Aufgabe desjenigen erfüllen kann, der den bolschewistischen Stab vereinen und zusammenhalten kann. Diesen Teil meiner Rede begann ich mit den Worten: Wir sind gegen eine Theorie der Herrschaft eines Einzelnen, wir sind gegen die Schaffung eines Führers.«

Das waren mutige Worte. Und viel mehr. Kamenews Worte waren wie eine Prophetie. Allein dafür verdient er Hochachtung.

Aber warum hat die, wie Kamenew sie damals nannte, »Gruppe von Genossen Leninisten« seine Position nicht unterstützt?
Auch Kamenew selbst hat sich schuldig gemacht. Er schwankte zu sehr in seinem Kampf gegen Stalin. Mal fand man ihn an der Seite Trotzkis, mal rückte er von ihm ab. Seine Aktionen hinterließen den Eindruck (der von der Wahrheit nicht weit entfernt war), dass die Motive seines Verhaltens in hohem Maß mit persönlichen Ambitionen verbunden waren. Kamenew war es nicht vergönnt, die Persönlichkeit zu werden, die es vermocht hätte, Stalin aufzuhalten. Statt zu einer Schwächung Stalins kam es zu einer Stärkung seiner Position: Hat doch Kamenew den Generalsekretär von der Position eines Oppositionellen aus angegriffen.
Das Verhältnis zwischen Trotzki, Sinowjew und Kamenew war schwierig. Ungeachtet der Tatsache, dass Kamenew Trotzkis Schwager war, gab es zwischen ihnen keine vertrauten Verbindungen. Und dies beruhte darauf, dass sowohl Trotzki als auch Sinowjew auf die Parteiführung spekulierten. Vor allem, als bekannt wurde, dass der Gesundheitszustand Lenins kritisch geworden war. Trotzki hat in seinen »Lehren des Oktober« die Rolle Sinowjews und Kamenews während der Revolution in den hässlichsten Farben gezeichnet.
Sinowjew und Kamenew forderten bekanntlich den Ausschluss Trotzkis aus dem Politbüro und aus der Partei. Aber Stalin war noch nicht der Stalin, der er gegen Ende der zwanziger Jahre und in den dreißiger Jahren werden sollte. Auf dem 14. Parteitag beschränkte sich das Zentralkomitee auf die Entlassung Trotzkis von seinem Amt als Volkskommissar für Militärangelegenheiten. Hierzu äußerte sich Stalin wie folgt

»Wir waren mit Sinowjew und Kamenew nicht einverstanden, da wir wussten, dass die Politik des Absägens große Gefahren für die Partei in sich birgt, dass die Methode des Absägens, des Aderlassens – und sie forderten Blut – gefährlich und ansteckend ist: Heute hat man den einen abgesägt, morgen kommt der andere, übermorgen ein dritter dran, und was bleibt dann in der Partei?«

Diese Worte Stalins nahm der Parteitag mit tosendem Applaus entgegen. Drei bis vier Minuten später, gegen Ende seiner Rede, äußerte sich Stalin über das Verbot der Leningrader Zeitschrift »Bolschewik«:

»Wir sind keine Liberalen. Uns stehen die Interessen der Partei höher als ein formaler Demokratismus. Jawohl, wir haben das Erscheinen eines Fraktionsorgans verboten und werden ähnliche Dinge auch in Zukunft verbieten.«

Diese Worte wurden ebenfalls mit tosendem Applaus quittiert. Den Delegierten gefiel die Härte und Entschlossenheit Stalins.

Werfen wir einige Blicke voraus. Kamenew wurde aus der Parteiführung hinausgeworfen und zum Direktor des Instituts für Weltliteratur ernannt. Als Genrich Gregorijewitsch Jagoda, Spitzenfunktionär des staatlichen Sicherheitsapparats und später selbst Opfer der Prozesse, Anfang der dreißiger Jahre einen seiner regulären Berichte beim Generalsekretär abstattete, unterbrach ihn Stalin mit den Worten: »Achten Sie auf Kamenew. (...) Ich glaube, er hat irgendeine Verbindung zu Rjutin. Lew Borissowitsch ist nicht einer von denen, die schnell aufgeben. Ich kenne ihn seit mehr als zwanzig Jahren. Er ist ein Feind.«
Und Jagoda achtete auf Kamenew. Im Jahr 1934 wurde er verhaftet. 1935 wurde er verurteilt. Zu fünf Jahren. Im selben Jahr machte man ihm noch einmal den Prozess, und die Strafe wurde auf zehn Jahre verlängert. Gegen Ende des Jahres 1936 wurde er erschossen.
Kurz darauf fiel Stalin Kamenews schmales Buch »N. G. Tschernyschewski« in die Hände (eines der Ersten in der Reihe »Das Leben bemerkenswerter Menschen«). Stalin blätterte lange darin herum. Aufmerksam las er die Überschriften und einzelne Seiten. Er wird sich vielleicht daran erinnert haben, wie Kamenew und er im Februar 1917 zitternd vor Kälte im Waggon von Atschinsk nach Petrograd gesessen und über Plechanow, Martow, Axelrod, über die menschewistische Emigration und über deren Feindschaft zu Lenin gesprochen hatten. Kamenew hatte sich über seine Zukunftspläne ausgelassen, und er war euphorisch gewesen angesichts der Revolution. Stalin legte das Buch auf den Tisch und sagte: »Nichts als Eitelkeit.« Alle Probleme

waren für Kamenew nun gelöst. Stalin stand es noch bevor, die seinen zu lösen!

Aber kehren wir zum chronologischen Faden zurück. Stalin hatte sich schnell als guter Administrator hervorgetan. Während er seine Pflichten erfüllte, gelang es ihm, sich aufmerksam und genau vor allem die Mitglieder des Politbüros und andere wichtige Genossen im ZK anzusehen. Er zog den Schluss, dass diejenigen, die er insgeheim als »Literaten« bezeichnete, den größten Einfluss in der Parteiführung besaßen. Allerdings musste er sich eingestehen, dass sie alle sich auszeichneten durch eine große Intellektualität und eine hohe Bildung. Das rief in Stalin Neid hervor: »Während wir hier die Revolution vorbereiten, haben sie dort gelesen und geschrieben.«

Einmal sprach er darüber beinahe offen. Während der Bestätigung eines Genossen in seinem Amt als ZK-Bevollmächtigter für ein Bezirkskomitee stellte sich heraus, dass der Betreffende kaum lesen und schreiben konnte. Aber Stalin setzte sich trotzdem für ihn ein: »Er ist nie im Ausland gewesen, wo hätte er sich auch bilden sollen?«

Stalin bemerkte schnell, dass Bucharin, Rykow und Tomski sich besonders für wirtschaftliche Fragen interessierten. Sie waren gute Ökonomen. Doch leider fand sich später, in den dreißiger Jahren und noch Jahrzehnte nach dem Krieg, in den oberen Rängen der Macht kein Platz für Ökonomen. Wo sie hätten sitzen müssen, saßen in der Regel Bürokraten wie Kaganowitsch und Malenkow. Im Übrigen wurden bei der bürokratischen Machtausübung auch keine großartigen Ökonomen benötigt. Solche Fachmänner wie etwa Nikolaj Alexejewitsch Wosnessenski waren überflüssig, denn vieles geschah nicht dank, sondern trotz ihrer Ratschläge und der Gesetze der Ökonomie.

Aus dieser »Trojka« (Bucharin, Rykow, Tomski) stach natürlich Nikolaj Iwanowitsch Bucharin hervor. Schon in seinem ersten Buch »Politische Ökonomie des Rentiers. Die Wert- und Profittheorie der österreichischen Schule«, das er kurz vor Ausbruch des Ersten Weltkriegs geschrieben hatte, konnte man ein tiefes Eindringen in die Ursachen wirtschaftlicher Verhältnisse und Wechselbeziehungen feststellen. 1920 erschien der erste Band von

»Ökonomik der Transformationsperiode«. In diesem Werk hat Bucharin versucht, den Prozess des Übergangs von einer kapitalistischen zu einer sozialistischen Produktionsweise zu schildern. In Anspruch genommen von stürmischen Kämpfen innerhalb der Partei und von wechselnden Umständen, gelang es Bucharin nicht, einen zweiten Band zu schreiben. Im ersten Band finden sich auch diese Sätze: »Der Kapitalismus wurde nicht aufgebaut, sondern er hat sich selbst aufgebaut. Wir jedoch bauen den Sozialismus als ein organisiertes System auf. Das wichtigste für uns ist, das Gleichgewicht zwischen allen Elementen des Systems zu finden.«

Stalin, der nur Anfängerkenntnisse in der Ökonomie besaß, beobachtete Bucharin genau. Besondere Schwierigkeiten im Verhältnis zwischen Stalin und Bucharin gab es zunächst jedoch nicht. Bucharin war nachgiebig, weichherzig, ein uneitler Intellektueller ohne persönliche Ambitionen. Man hätte fast glauben können, dass Stalin und Bucharin gute Freunde gewesen seien. Sie wohnten im Kreml dicht nebeneinander. Für Bucharin waren die Kämpfe um die Parteiführung unverständlich, ebenso sah er die Meinungsverschiedenheiten zwischen einzelnen Politbüromitgliedern mit Befremden. Nicht zufällig hat er recht lange versucht, keine feste Position im Kampf zwischen dem »Triumvirat« Stalin, Sinowjew, Kamenew und Trotzki einzunehmen. Trotzki nannte Bucharins Auftritte und Reden später »seltsam friedensstiftend«. Aber er hatte unrecht: Bucharin schätzte höher als alles andere die Autorität Lenins und die kollektive Meinung des Politbüros.

Gegenüber Alexej Iwanowitsch Rykow verhielt sich Stalin vorsichtig. Nicht nur, weil Rykow nach Lenins Tod dessen Platz als Vorsitzender des Rats der Volkskommissare einnahm. Rykow war ein Mensch von außergewöhnlicher Offenheit und Direktheit. Deshalb gelang es ihm nicht immer, gute Beziehungen zu seinen Kollegen herzustellen. Rykow sagte das, was er dachte, meist freiheraus, und er schrieb auch so. Rykow war als Volkskommissar für Inneres in die erste sowjetische Regierung eingetreten. Aber schon wenige Tage nach seiner Ernennung gab er sein Amt zurück, weil die Regierung nur von Bolschewiki gestellt wurde und nicht auf einer Koalition beruhte, wie er es gefordert hatte. Stalin lachte und sagte: »So war er schon immer.« Rykow unterstützte die NÖP gegen Versuche, wirtschaftliche Probleme durch Kommandomethoden zu lösen. Mit seinem Namen sind der erste Fünfjahresplan und andere Anfänge des sozialistischen Staats verbunden. Und Rykow versuchte später, Stalin und seine Mitarbeiter von der Notwendigkeit zu überzeugen, dass der Sozialismus die Ware-Geld-Beziehung beachten müsse und dass die wirtschaftliche Selbständigkeit der Produzenten nicht beschränkt werden solle. Aber dieser »Dialog« fand in verschiedenen Sprachen statt.

Als Stalin gegen Ende der zwanziger Jahre bereits erheblich an politischem Gewicht gewonnen hatte, ließ er sich einmal über die Direktiven zur Kollektivierung der Landwirtschaft aus. Rykow entgegnete ihm: »Ihre Politik riecht nicht einmal nach Ökonomie!« Der Generalsekretär blieb unberührt, doch den Vorwurf hat er nicht vergessen.

Stalin vergaß ohnehin nie etwas. Sein kaltes, computerartiges Gedächtnis speicherte unauslöschlich Tausende von Namen, Fakten und Ereignissen. So vergaß er nie, dass Lenin Rykow geschätzt hatte. In seinen Werken wird der Name Rykows nicht viel seltener als der Stalins erwähnt. Als Vorsitzender des Rats der Volkskommissare der UdSSR führte Rykow seit 1926 den Rat für Arbeit und Verteidigung sowie das Wissenschaftskomitee. Stalin hat auch den Auftritt Rykows auf dem Plenum des Moskauer Sowjets im März 1922 nicht vergessen. Damals erklärte dieser, dass es untragbar sei, erneut zu den Methoden des »Kriegskommunismus« überzugehen, kritisierte diejenigen scharf, die die NÖP angegriffen hatten, und nannte diese Attacken »außergewöhnlich schädlich und gefährlich«. Er verlangte, die Gewaltanwendung in den Dörfern zu beenden, es war nach seinen Worten notwendig, die »revolutionäre Gesetzlichkeit« zu wahren. Einige Jahre später nahm Rykow ein letztes Mal in seinem Leben an einer ZK-Sitzung teil, als er sich gegen ungeheuerliche Vorwürfe verteidigen musste: Spionage, Diversion und Terror.

Bucharin und Rykow sorgten sich besonders um das Schicksal der russischen Bauern. Trotzki – und Stalin war hier innerlich mit ihm einverstanden – bemerkte damals zur Bauernschaft: »Das ist Material für revolutionäre Umgestaltungen.« Bucharin und Ry-

kow waren außerordentlich beliebt beim Volk. Sie bewegten sich ohne Leibwächter, waren zugänglich und teilnahmsvoll. Einfache Leute schätzen solche Qualitäten bei Führungspersönlichkeiten besonders. Die Bescheidenheit und Zugänglichkeit Bucharins und Rykows nannte Stalin »mit dem Volk kokettieren«. Sogar natürliche Verhaltensweisen von Menschen waren ihm verdächtig.
Ebenfalls von Misstrauen geprägt war Stalins Verhältnis zu Michail Pawlowitsch Tomski. Tomski, der schon an der Revolution von 1905 teilgenommen hatte, konnte für seine Standpunkte kämpfen. Er war ein bekannter Gewerkschaftsfunktionär. Stalin duldete lange diesen »Freund Rykows«. Doch schließlich brachte er Kaganowitsch und Schwernik ins Präsidium des Zentralrats der Gewerkschaften, dem Tomski vorsaß. Stalins Getreue verdrängten den Vorsitzenden schließlich aus dem Präsidium.
Tomski nahm sich am 22. August 1936 in seiner Datscha in Bolschewo das Leben. Stalin kommentierte das mit den Worten: »Sein Selbstmord ist die Bestätigung für seine Schuld vor der Partei.« Wir wissen heute, dass genau das Gegenteil der Fall war. Tomskis Selbsttötung war die äußerste Form des Protests gegen die Alleinherrschaft des »Führers«.
Einen beachtenswerten Platz im Parteikern nahm auch Felix Edmundowitsch Dserschinski ein. Bucharin nannte ihn einen »proletarischen Jakobiner«. Dserschinski war eines der ältesten Parteimitglieder, und er hatte die Sozialdemokratische Partei Polens und Litauens mitbegründet. Karl Radek beurteilte später die Rolle Dserschinskis folgendermaßen:

»Unsere Feinde haben eine ganze Legende über die alles sehenden Augen des ZK, über die alles hörenden Ohren des ZK, über den allgegenwärtigen Dserschinski geschaffen. Sie stellten das ZK dar als riesige Armee, die das ganze Land erfasst hatte und ihre Fühler in jedes einzelne seiner Häuser ausgestreckt hatte. Sie haben nicht verstanden, worin die Kraft Dserschinskis bestand? Sie bestand darin, worin auch die Kraft der bolschewistischen Partei bestand: im völligen Vertrauen der Arbeitermassen und der Dorfarmut.«

Stalin hatte kein schlechtes Verhältnis zu Dserschinski, besonders nach einigen gemeinsamen Fahrten zur Front während des

Bürgerkriegs. Aber Stalin war neidisch auf die Wertschätzung, die Dserschinski durch Radek erfahren hatte. Bald nach dem frühen Tod Dserschinskis im Jahr 1926 sagte Stalin: »Er verbrannte an der übermäßigen Arbeit zum Nutzen des Proletariats.«

Michail Wassiljewitsch Frunse war äußerlich nicht auffällig, aber er erfreute sich höchster Anerkennung. Stalin, der lange Jahre in Gefängnis und Verbannung verbringen musste, empfand Hochachtung für »Arsenius« – so nannten Frunse auch nach der Revolution die alten Genossen. Alle wussten, dass Frunse im Jahr 1907 zweimal zum Tod verurteilt worden war, dass er lange Wochen in der Todeszelle verbracht hatte und später einige Jahre Zwangsarbeit leisten musste. Kaum jemand aber hat damals gewusst, welche große Arbeit er an der Ost-, Süd- und Turkestanfront geleistet hatte. Sie hatte schließlich zum Sieg geführt. Stalin bewunderte Frunse wegen seiner ruhigen Führungsart. Dieser proletarische Heerführer hatte immer wieder politische und militärische Willenskraft bewiesen. Frunse wurde 1925 Vorsitzender des Revolutionären Kriegsrats und Volkskommissar für Heeres- und Marineangelegenheiten, und schon bald verblüffte er seine Umgebung durch sein tiefes Verständnis der Probleme und durch seine Kreativität bei ihrer Lösung.

Frunse litt an einem Magenleiden und zog konservative Heilmethoden vor. Zeitweilig verbesserte sich sein Zustand. Aber dann entschieden die Ärzte, dass eine Operation unumgänglich sei. Einer Reihe von Veröffentlichungen zufolge sind Stalin und der Kandidat des ZK Anastas Iwanowitsch Mikojan zu Frunse ins Krankenhaus gefahren. Sie hätten dort mit Professor Rosanow gesprochen und auf einer Operation bestanden. Kurze Zeit vor dem Eingriff schrieb Frunse an seine Frau: »Ich fühle mich jetzt absolut gesund, und es erscheint mir lächerlich, an eine Operation auch nur zu denken, geschweige denn, mich operieren zu lassen. Aber beide Konsilien bestehen darauf.«

Es ist schwierig, all die Mutmaßungen über Frunses Tod zu beurteilen. Hatte das Schicksal seine Hand im Spiel, oder war es etwa eine Hand aus Fleisch und Blut? Als Frunse die Operation nicht überlebt hatte, konstatierten viele Ärzte, dass der an ihm vorgenommene Eingriff recht einfach gewesen und dass er nicht unumgänglich gewesen sei. Auf Frunses Beisetzung sagte Stalin:

»Vielleicht muss es so sein, dass die alten Genossen so leicht und so einfach ins Grab sinken. Leider aber rücken unsere jungen Genossen nicht so leicht und bei weitem nicht so einfach nach, um die alten abzulösen.«
Einige sahen in diesen Worten einen verborgenen, nur Stalin bekannten Sinn. Mutmaßungen sind zwecklos. Eines ist klar: Hätte dieser heimtückische Tod Frunse nicht heimgesucht, so hätte dieses Naturtalent auf der politischen Bühne eine herausragende Rolle spielen können. Stalin hatte dies schon früh erkannt. Und ihm war das gute Verhältnis Lenins zu Frunse nicht entgangen. Alles, was Frunse getan hatte, trug den Stempel seines außergewöhnlichen, originellen Verstandes.
Ein großartiger Organisator im ZK war Jakob Michajlowitsch Swerdlow. Lunatscharski schrieb, Swerdlow habe keinerlei persönlichen Ehrgeiz. Er gab ein Vorbild als selbstloser Politiker. Lunatscharski: »Er besaß für alles orthodoxe Ideen, er war nur ein Spiegelbild des allgemeinen Willens und der allgemeinen Linie. Persönlich erteilte er niemals Befehle, er gab nur die weiter, die er mal vom ZK, mal von Lenin erhielt.« Seine Reden, so erinnerte sich Lunatscharski, ähnelten den Leitartikeln der Parteizeitungen. Aber er beherrschte etwas, worin sich nicht viele mit ihm vergleichen konnten: Er kannte die kleinsten Nuancen der Lage innerhalb der Partei, und er besaß ausgezeichnete organisatorische Fähigkeiten. Man kann sagen, dass Swerdlow die Funktion eines Generalsekretärs der Partei ausgefüllt hatte, bevor dieses Amt geschaffen wurde. Stalin gefiel es, wie Swerdlow die Sitzungen des ZK leitete – effektiv und ohne viel Worte.
Stalin erinnerte sich gewiss an eine ZK-Sitzung, die im dramatischen März 1918 stattgefunden hatte: Auf der Tagesordnung stand eine Reihe von lebenswichtigen Fragen. Im Land herrschten Bürgerkrieg und Aufruhr. Swerdlow nahm sein schwarzes, in Wachstuch eingebundenes Heft, um darin das Sitzungsprotokoll zu führen. Er schaute die Anwesenden – Lenin, Sinowjew, Sergejew, Sokolnikow, Dserschinski, Wladimirski und Stalin – an und bat mit ruhiger Stimme, man solle doch zum Thema sprechen. Nach dem plötzlichen Tod Swerdlows gab Lenin ihm die höchste Note: Solche Menschen könne man nicht ersetzen, es sei denn durch eine Gruppe von Funktionären. Robinsons existier-

ten nur in Romanen. Die einen oder anderen Merkmale formen sich beim Menschen durch den Einfluss seiner Umgebung, im Kreis von Gleichgesinnten und von Gegnern. Stalin hätte, als er in die Gruppe um Lenin vorgestoßen war, sich einiges Wertvolle aneignen müssen; der Umgang mit Lenin und seinen Mitarbeitern hätte ihm viel geben müssen. Jedoch können sich bei weitem nicht alle einmal erworbenen Eigenschaften eines reifen Menschen ändern. Vieles, was sich in Stalin in den frühesten Jahren festgesetzt hatte – die Verschlossenheit, die kalte Berechnung, die Grausamkeit, das Misstrauen und die Gefühlsarmut –, wurde mit der Zeit nicht schwächer, sondern steigerte sich noch.

Als Stalin sich davon überzeugt hatte, dass Lenin ernsthaft krank war, begann er nach und nach sein großes »Spiel« aufzuziehen. Er hatte nun das Ziel, seine Position in der Parteiführung auszubauen. Ganz zu Anfang versuchte er sich selbst zu beweisen, dass das im Interesse der »Verteidigung des Leninismus« geschehe. Und später hielt er alles, was er tat, für moralisch gerechtfertigt, »im Namen des Aufbaus des Sozialismus in einem Lande«.

Ich glaube, dass viele derer, die Lenin umgaben, Stalin lange Zeit nicht durchschauten. Für einige war er einfach ein Funktionär, für andere kein schlechter Vertreter nationaler Gliederungen der Partei, für wiederum andere war er einfach mittelmäßig. Mittelmäßigkeit ist in vielen Führungskreisen, gleich, in welchem sozialen System, häufig anzutreffen.

Die Mitkämpfer Lenins haben Stalin nicht entlarvt. Dafür hat er sie alle »entlarvt«. Sogar die vertrautesten Mitarbeiter Lenins: Sinowjew, Kamenew, Bucharin, Rykow, Tomski, Rudsutak und viele andere, die sich nach seinem Willen als »Volksfeinde« erwiesen. Er war es, der bemerkte, dass die Rote Armee während des Bürgerkriegs beinahe ausschließlich von »Feinden« geführt worden war: Trotzki, Blücher, Jegorow, Tuchatschewski, Uborewitsch, Dybenko, Antonow-Owsejenko, Smilga, Muralow und Hunderte, sogar Tausende von weiteren »Verrätern«. Lenin wäre nie darauf gekommen, aber Stalin entdeckte scharfsinnig, dass auch die »Industriekommandeure« fast geschlossen »Schädlinge« waren: Pjatakow, Selenski, Serebrjakow, Lifschitz, Grinko, Lebed, Semjonow und Tausende anderer. Und ferner konnte nur Stalin erkennen, dass sich in der Führung der sowjetischen Diplomatie

fast nur Spione tummelten: Krestinski, Rakowski, Sokolnikow, Karachan, Bogomolow, Raskolnikow … Und wie viele aus praktisch allen Lebenssphären des Volkes hat Stalin »entlarvt«?! Vermochte schlichte »Mittelmäßigkeit« so etwas zu vollbringen? Hier hat Trotzki sich getäuscht.
Robespierre sagte am 5. Februar 1794 im Konvent: »Das erste Gesetz unserer Politik muss die Führung des Volkes mit Hilfe der Vernunft und die Beherrschung der Feinde mit Hilfe von Terror sein.« Wie dualistisch und antiquiert war doch diese Methode! Stalin regierte sowohl die einen als auch die anderen mit ein und derselben Methode – mit der Methode der Gewalt. Ich glaube, dass niemand aus Lenins Umgebung auch nur im schlimmsten Alptraum auf die Idee hätte kommen können, dass mitten unter ihnen ein solches Monster heranreifte. Nicht irgendwo, sondern im Zentrum der Parteiführung. Wie gesagt, Trotzki hat sich geirrt bei seiner Beurteilung, Stalin sei »von herausragender Mittelmäßigkeit«. Es genügt ein Argument, um dies zu widerlegen: Die Mittelmäßigkeit pflegt keine offenen Feinde zu haben. Stalin besaß mehr als genug davon. Stalin erwies sich als ein außerordentlich gerissener und hinterlistiger Politiker, dem es gelang, sich selbst zum einzigen Interpreten und Bewahrer des Leninismus zu erklären. Es ist ihm gelungen, Lenins Umgebung für die Konzentration aller Macht in seinen Händen zu benutzen.

Der Generalsekretär

Der 11. Parteitag im März/April 1922 war der letzte, an dem Lenin teilnahm. Auf diesem Parteitag berichtete Molotow über die organisatorische Arbeit des ZK. Nachdem er das Parteileben charakterisiert hatte, erläuterte er, wie überlastet einige Abteilungen des Zentralkomitees seien: Innerhalb »eines Jahres sind 22 500 Parteifunktionäre beim ZK gewesen, das heißt, etwa 60 Genossen pro Tag«. Molotow stellte den Antrag, die »Versetzung« der Kader zu vereinfachen. Er erklärte außerdem, dass die Zahl der ZK-Sitzungen sich vergrößert und die zu erörternden Fragen und Probleme beinahe um fünfzig Prozent zugenommen hätten. Auch die

Zahl der Konferenzen und anderer Versammlungen der Partei sei gewachsen. Einige andere Redner äußerten ihre Unzufriedenheit mit der Arbeit des Zentralorgans. Ossinski zum Beispiel warf dem Politbüro vor, es habe sich allzu häufig mit Kleinigkeiten befasst. Die Delegierten billigten die Gründung von drei Büros innerhalb des ZK: Politbüro, Orgbüro (Organisationsbüro) und Ökonombüro (Ökonomisches Büro), um die Führung der Partei und des Landes zu verbessern.

Bei der Durchsicht der Stenogramme der ersten Parteitage nach der Oktoberrevolution kann man in Begeisterung geraten. Man ist überwältigt von der Offenheit, der echten Glasnost. Kritik war so natürlich wie die Luft zum Atmen. Es gab keine Lobeshymnen, keine Unterwürfigkeit und keine Schmeicheleien. Niemand wollte Einheit um der Einheit willen. Es gab Führer, aber es gab keinen Kult um sie. Zum Beispiel wurde der Bericht Lenins auf dem 11. Parteitag von vielen Delegierten kritisiert.

David B. Rjasanow hat unter allgemeinem Gelächter der Delegierten die Tätigkeit des ZK so beschrieben:

»Unser ZK ist eine ganz besondere Einrichtung. Man sagt, dass das englische Parlament alles vermag: Nur eines vermag es nicht – einen Mann in eine Frau zu verwandeln. Unser ZK ist um einiges stärker: Es hat nicht nur einen sehr revolutionären Mann in ein Waschweib verwandelt, und die Anzahl solcher Waschweiber steigt unglaublich an. (…) Solange die Partei und ihre Mitglieder nicht gemeinsam die notwendigen Maßnahmen ergreifen, die doch in ihrem Namen durchgeführt werden, solange diese Maßnahmen wie Schnee auf die Köpfe der Parteimitglieder herabrieseln, so lange wird es bei uns so etwas geben, was der Genosse Lenin ›panische Stimmung‹ nannte.«

Die offene Beurteilung und Erörterung aller Fragen, die das Parteileben betrafen, waren Norm. Doch muss hier erwähnt werden, dass all diese Kritik in den dreißiger Jahren als »parteischädlich« verdammt werden wird. Bereits ein Jahrzehnt später wurde einmütig und begeistert ja gesagt.

Schon im Jahr 1920 hatte die Praxis der ZK-Arbeit gezeigt, dass jemand eingesetzt werden musste, um die Sekretariatsarbeit zu organisieren. Das ZK traf nach der Erörterung dieser Frage am 5. April 1920 folgende Entscheidung:

Als Sekretäre seien die Genossen Krestinski, Preobraschenski und Serebrjakow zu wählen. Die Frage der Benennung eines verantwortlichen Sekretärs solle noch nicht entschieden werden. Die Sekretäre seien beauftragt, dazu dem ZK einen Vorschlag zu unterbreiten, sobald sie erste Erfahrungen gesammelt hätten. In das Organisationsbüro seien außer den drei Sekretären noch die Genossen Rykow und Stalin aufzunehmen.

Das aufmerksame Studium der ZK-Protokolle, die häufig auf einzelnen, linierten Schulheftseiten geführt wurden, zeigt, dass die Sekretariatsarbeit schon oft Gegenstand der Diskussion gewesen war. Aber nun war die Rede von einer Statuserhöhung, von einem Generalsekretär. Wer hat diesen Vorschlag unterbreitet? Woraus ist er hervorgegangen? Nach den vorliegenden Quellen stammt der Vorschlag von Kamenew und Stalin. Zweifellos wusste auch Lenin von dieser Neuerung.

Das Plenum des vom 11. Parteitag gewählten ZK, das am 3. April 1922 zusammentrat, wählte ein Politbüro, ein Orgbüro und ein Sekretariat. Auf diesem Plenum wurde außerdem beschlossen, das Amt des Generalsekretärs des ZK der KPR(B) einzuführen. An diesem Tag wurde als erster Generalsekretär J. W. Stalin gewählt. So hatte Stalin gleich drei hohe Parteiposten erlangt: Er war Mitglied des Politbüros und des Orgbüros, und er war Generalsekretär. Außerdem wurden die Kandidaten des Politbüros Molotow und Kujbyschew zu Sekretären gewählt.

Heute fragt man sich: Warum gerade Stalin? Wer hat Stalin vorgeschlagen? Welchen Anteil hatte Lenin daran? Bedeutete die Wahl Stalins zum Generalsekretär, dass ihm besondere Vollmachten übergeben wurden? Um diese und ähnliche Fragen beantworten zu können, ist es notwendig, die Geschichte der Partei nach Lenins Tod zu analysieren, und die Antworten werden die Genesis des späteren Elends erklären. Kehren wir zu den nüchternen Tatsachen zurück.

Auf dem Plenum waren folgende ZK-Mitglieder versammelt: Lenin, Trotzki, Kamenew, Stalin, Dserschinski, Petrowski, Kalinin, Woroschilow, Ordschonikidse, Jaroslawski, Tomski, Rykow, Andrejew, Smirnow, Frunse, Tschubar, Kujbyschew, Sokolnikow,

Molotow, Korotkow. Außerdem anwesend waren die Kandidaten des ZK Kirow, Kisseljow, Kriwow, Pjatakow, Manuilski, Lebed, Sulimow, Bubnow, Badajew sowie das Mitglied der ZKK Soltz. Es wurden Anträge erörtert und einige Beschlüsse gefasst. Einer lautete: »Eine einstimmige Übereinkunft ist dahin gehend zu treffen, dass das ZK keinen Vorsitzenden hat. Einzig verantwortliche Personen für das ZK sind die Sekretäre; der Vorsitzende wird auf jeder Sitzung neu gewählt.«

Es wurde auch über die Frage gesprochen, warum auf der schriftlichen Liste der vom Parteitag gewählten ZK-Mitglieder die Namen Stalins, Molotows und Kujbyschews mit der Bemerkung versehen seien, sie sollten als Sekretäre gewählt werden. Kamenew erklärte, dass er während der Wahlen mit Zustimmung des Parteitags mitgeteilt habe, dass die Nennung verschiedener Namen im Zusammenhang mit der Besetzung von Sekretariatsfunktionen keineswegs das Plenum des ZK drängen, sondern lediglich als Wunsch eines größeren Teils der Delegierten verstanden werden sollte. Dieser »Wunsch« ging auf Kamenew, Sinowjew und, nicht offiziell, auf Stalin zurück. Obwohl der Parteitag eigentlich nur die ZK-Mitglieder zu nominieren hatte, hatte Kamenew doch einiges dafür getan, die Wahl der zukünftigen Sekretäre sicherzustellen. Kamenew wusste, dass die Frage nach einem Generalsekretär zur Debatte stand, und er hatte die Absicht, bestimmte Personen ins Sekretariat zu bringen. Einfacher gesagt: Kamenew wollte einen »eigenen Mann« als Leiter des ZK-Apparats sehen. Damals war das Verhältnis zwischen ihm und Stalin gut. Der zukünftige Generalsekretär hatte nicht nur einmal den besonderen Status Kamenews als früheren Stellvertreter Lenins im Rat der Volkskommissare unterstrichen. Damals genoss er innerhalb der Parteihierarchie ein höheres Ansehen als irgendjemand sonst außer Lenin. Viele Indizien sprechen dafür, dass Kamenew darauf erpicht war, auf den neu einzuführenden Posten Stalin zu setzen, und das mit Wissen und Zustimmung des Letzteren. Stalin gefiel die Arbeit im Apparat, und er hatte früher als andere die Möglichkeiten erkannt, die diese Arbeit eröffnete.

Dem Protokoll des ZK-Plenums ist zu entnehmen: »Die Ämter des Generalsekretärs und zweier Sekretäre. Als Generalsekretär ist

der Genosse Stalin zu benennen, als Sekretäre die Genossen Molotow und Kujbyschew.« Es gab keine Einwände.
Im Protokoll weiter unten hat Lenin eigenhändig vermerkt:

»Folgender Vorschlag Lenins ist anzunehmen: Das Zentralkomitee trägt dem Sekretariat auf, eine strenge Einteilung der offiziellen Sprechzeiten vorzunehmen, diese zu veröffentlichen und sich als Regel zu vergegenwärtigen, dass keinerlei andere Arbeit als tatsächliche Führungsarbeit den Sekretären persönlich auf sich zu nehmen gestattet ist. Andere Arbeiten sind vom Sekretär auf seine Helfer und seine technischen Sekretäre zu übertragen. Dem Genossen Stalin wird aufgetragen, bald Vertreter und Helfer zu benennen, welche ihm die Arbeit (mit Ausnahme der Führung) in den sowjetischen Einrichtungen abnehmen werden. Das ZK hat dem Orgbüro und dem Politbüro innerhalb von zwei Wochen eine Auflistung der Mitglieder und Kandidaten des Kollegiums und ihrer Stellvertreter für die Arbeiter- und Bauern-Inspektion [ABI] zu übergeben mit dem Ziel, den Genossen Stalin innerhalb eines Monats von der Arbeit in der ABI völlig zu befreien.«

Am folgenden Tag, dem 4. April, wurde in der »Prawda« mitgeteilt:

»Zur Kenntnisnahme der Organisation und der Mitglieder der KPR. Das Zentralkomitee des 11. Parteitags hat das Sekretariat des ZK der KPR bestätigt: die Genossen Stalin (Generalsekretär), Molotow und Kujbyschew. Vom Sekretariat des ZK werden folgende Empfangszeiten im ZK beschlossen: täglich von 12.00–15.00 Uhr montags – Molotow und Kujbyschew; dienstags – Stalin und Molotow; mittwochs – Kujbyschew und Molotow; donnerstags – Kujbyschew; freitags – Stalin und Molotow; samstags – Stalin und Kujbyschew. Adresse des Zentralkomitees: Wosdwischenka Nr. 5.
Sekretär des ZK der KPR Stalin«

Auf dem ZK-Plenum am 3. April wurde auch ein siebenköpfiges Politbüro gewählt: Lenin, Trotzki, Stalin, Kamenew, Sinowjew, Tomski, Rykow; dazu kamen drei Kandidaten: Molotow, Kalinin und Bucharin. Man bildete auch das Orgbüro.

Lenin sprach auf dem 11. Parteitag auch über die dringende Notwendigkeit, die Arbeit des ZK und des Politbüros zu verbessern, wobei er der Organisationsarbeit besondere Aufmerksamkeit schenkte. Zudem machte Lenin noch eine Reihe anderer wichtiger Bemerkungen, die leider weder damals noch später unter Stalin berücksichtigt wurden. Eine von ihnen betraf die Führungskultur. Lenin stellte fest, dass diese bei vielen verantwortlichen Funktionären miserabel sei. Einer der methodologischen Pfeiler der Führungsarbeit sei, das Hauptglied einer Problemkette zu erkennen und herauszustellen. Zurzeit scheine die Frage nach der Auswahl der richtigen Persönlichkeiten dieses wesentliche Glied in der Kette zu sein.
Die Einführung des neuen Amts veränderte die Arbeit des Sekretariats des ZK. Jedoch muss man unterstreichen, dass das Amt des Generalsekretärs nicht als Schlüsselposition mit großer Macht angesehen wurde. Wenn es so gewesen wäre, dann hätte man Lenin in diese Position gewählt.
Zu der Zeit, als Stalin Generalsekretär wurde, kämpften die Ärzte um Lenins Gesundheit. Im April 1922 kamen sie zu dem Schluss, dass eine längere Ruhepause unbedingt notwendig sei und dass Lenin Bergluft atmen müsse. Dazu solle er in den Kaukasus reisen. Lenin erklärte sich einverstanden und schrieb einige Briefe an Joseph Unschlicht und Ordschonikidse, die zu jener Zeit im Kaukasus arbeiteten. Hier einer dieser Briefe, er stammt vom 9. April 1922:

»Genosse Sergo!
Die Bitte Kamos betreffend und damit verbunden muss ich noch hinzufügen, dass ich mich *allein* niederlassen muss. So ist das Leben eines Kranken. Eine Unterredung zu dritt scheint mir sogar unerträglich. (Einmal waren Kamenew und Stalin bei mir: Es kam zu einer *Verschlechterung!*) Entweder getrennte Häuschen oder solch ein großes Haus, in dem es möglich wäre, absolute Ruhe für die Einzelnen zu gewährleisten. Das sollten Sie beachten. Besuche sollten möglichst ausbleiben. (…)
Ihr Lenin«

Aber leider musste die Ruhepause verschoben werden. Lenin setz-

te seine Arbeit fort. Er wollte die Arbeit des ZK-Apparats in Ordnung bringen.
Das Politbüro tagte auf Lenins Vorschlag einmal pro Woche, aber die anfallende Arbeit musste täglich erledigt werden. Das Sekretariat bereitete Materialien für die Politbürositzungen vor, leitete die Politbürobeschlüsse an seine Beauftragten weiter und führte Weisungen des Politbüros aus. Das Sekretariat hatte sich nicht mit Ökonomie, nicht mit der Verteidigungspolitik, nicht mit dem Staatsapparat und ebenso wenig mit Bildungsfragen zu beschäftigen. Es spielte eine rein technische, eine exekutive Rolle.
Bot Stalin die Voraussetzungen, um das Amt des Generalsekretärs zu bekleiden? Formal wohl. Er war seit 1898 Parteimitglied, seit 1912 Mitglied des ZK, wurde später ins Büro des ZK berufen, wurde Mitglied des Orgbüros und des Politbüros. Er war das einzige Politbüromitglied, das zwei Staatsämter bekleidete: Volkskommissar für Nationalitätenfragen und Volkskommissar für Arbeiter- und Bauern-Inspektion. Er war Mitglied des Kollegiums der WTschK-OGPU vom ZK aus, Mitglied des Revolutionären Kriegsrats der Republik, Mitglied des Rats für Arbeit und Verteidigung. Und das waren keineswegs alle Positionen, die Stalin zu der Zeit einnahm, als er zum Generalsekretär des Zentralkomitees gewählt wurde.
Die vielen Ämter, die Stalin bekleidete, zeugen von der Anerkennung seiner Arbeit für die revolutionäre Neugestaltung der Gesellschaft. Sie zeugen auch von einer bestimmten Kenntnis der politischen Mechanismen und der Staatsführung und nicht zuletzt von einer gewissenhaften Arbeit im Apparat. Sosehr viele großartige Revolutionäre jener Zeit sich von der administrativen Arbeit bedrückt fühlten, so sehr wurde Stalins Vorliebe für solche Arbeiten von vielen bemerkt. Die Ernennung Stalins zum Generalsekretär kam nicht unerwartet. Die meisten Parteiführer verstanden solche Ämter nicht als etwas Besonderes, solange Lenin lebte. Damals kam die Frage nach einem Partei- oder einem Staatsführer nicht auf. Es gab einen. Und Lenin war es unumstritten. In einer neuen Rolle überragte Stalin die anderen Mitglieder der Parteiführung nicht. Sie brachte ihm in und außerhalb der Partei kein zusätzliches Ansehen ein. Er war nach wie vor einer von vielen. In der Parteiführung jedoch waren seine positiven und

negativen Eigenschaften nun wesentlich klarer zu erkennen.
Bis Anfang des Jahres 1923 hatte die Krankheit Lenin noch nicht vollständig die Möglichkeit genommen, zu schreiben und zu diktieren. Er hatte einige Dutzend Briefe, Notizen und Dokumente an Stalin geschickt. Aus ihnen geht hervor, dass Lenin sich wegen verschiedener organisatorischer und politischer Fragen Sorgen machte.
Keineswegs zufällig kam er schon neun Monate nach der Wahl Stalins zum Generalsekretär zu dem Schluss, dass die Ernennung unglücklich war und dass man Stalin auf einen anderen Posten versetzen solle. Zu dieser Überzeugung gelangte Lenin aufgrund einer Reihe von Aktionen des Generalsekretärs.
So unterstützte Stalin beispielsweise den Vorschlag Sokolnikows und Bucharins, das staatliche Außenhandelsmonopol abzuschaffen. Lenin reagierte hart auf diesen Vorstoß. In einer Notiz an Stalin schrieb er:

»Genosse Stalin. Ich schlage vor (...), dass nach einer Anhörung der Politbüromitglieder eine Direktive ausgegeben werden sollte: ›Das Zentralkomitee bestätigt das Außenhandelsmonopol und ordnet an, die Vorbereitungen und Pläne über eine Fusion des Obersten Volkswirtschaftsrats mit dem Volkskommissariat für Außenhandel zu beenden. Alle Volkskommissariate sollen unterzeichnen, das Original soll an Stalin zurückgehen, eine Kopie soll nicht angefertigt werden. 15. 5., Lenin«

Als Lenin sich im September 1922 gerade von einem schweren Anfall erholt hatte, trat Stalin mit seiner Idee hervor, die nationalen Republiken im Rahmen der Russischen Sozialistischen Föderativen Sowjet- Republik (RSFSR) zu vereinigen. Diesen Plan zu realisieren hätte bedeutet, dass nicht die UdSSR gegründet worden wäre, sondern eine RSFSR, der sich auf der Grundlage nationaler Autonomie andere Nationalitäten hätten anschließen sollen. Stalin war es bereits gelungen, seinen Vorschlag einzubringen in einer ZK-Kommission, die an dieser Frage arbeitete. Als Lenin davon erfuhr, schickte er sofort einen Brief an Kamenew. Kopien des Briefs gingen an die Mitglieder des Politbüros:

»Genosse Kamenew!
Sie haben wahrscheinlich von Stalin die Resolution seiner Kommission über den Eintritt der unabhängigen Republiken in die RSFSR erhalten. (…)
Meiner Meinung nach ist dieses Problem von äußerster Wichtigkeit. Stalin hat es sehr eilig. Sie und auch Sinowjew müssen dies gut durchdenken. (Sie hatten bereits einmal die Absicht, sich damit zu beschäftigen, und nach meinem Wissen haben Sie es auch ein wenig getan.)«

Niemand war so häufig bei Lenin in der nahe Moskau gelegenen Siedlung Gorki während dessen Krankheit wie Stalin. Manchmal lud Lenin ihn ein, um über laufende Angelegenheiten informiert zu werden. Häufig fuhr der Generalsekretär auf eigene Initiative zu Lenin. Während zahlreicher Unterredungen fragte Lenin nach Einzelheiten der Parteiarbeit, informierte sich über die Ausführung der ZK-Beschlüsse, oder er erkundigte sich nach dem Gesundheitszustand von Dserschinski und Zjurupa und anderer Genossen, die verschiedentlich über Unwohlsein geklagt hatten. Auch um Stalins Gesundheit machte Lenin sich Sorgen und sprach sogar mit dessen Arzt.
Nach Stalins Vorstoß für seine »Autonomisierung« lud Lenin den Generalsekretär zu sich nach Gorki ein. Am 26. September führten sie ein dreistündiges Gespräch. Wladimir Iljitsch unterstrich, dass die Vereinigung der Sowjetrepubliken von äußerster Wichtigkeit sei und dass übereilte Entscheidungen völlig deplatziert seien. Lenin schlug eine neue Form der Staatsbildung vor: freiwillige Vereinigung der unabhängigen Republiken, darunter auch der RSFSR, zur Union der Sozialistischen Sowjetrepubliken bei Erhaltung der absoluten Gleichberechtigung aller Unionsrepubliken. Stalin stritt nie mit Lenin, er nahm dessen Argumente immer schnell an. Allerdings: Nach einigen Quellen aus den zwanziger Jahren hat Stalin Lenins Einstellung zur nationalen Frage als »liberal« charakterisiert. Es hinderte ihn später nicht daran, Lenins Thesen vorzutragen, ohne deren Urheber zu nennen.
Die häufigen Unterredungen zwischen Lenin und dem Generalsekretär dienten nicht nur der Informationsübermittlung. Sie boten Lenin auch eine Möglichkeit, seine Vorschläge und Anre-

gungen weiterzugeben. Und nicht zuletzt waren diese Gespräche Lehrstunden für Stalin. Es besteht Grund zu der Annahme, dass Lenin den Generalsekretär bei den häufigen Treffen gut kennenlernte. In einem Brief schreibt er:

»Ich glaube, dass hier die Voreiligkeit und die administrative Neigung Stalins eine schicksalhafte Rolle gespielt haben. Aber ebenso Stalins Zorn gegen den berüchtigten ›Sozial-Nationalismus‹. Zorn ist im Allgemeinen der schlechteste Ratgeber in der Politik.«

In diesem Brief bekam auch Ordschonikidse seinen Teil ab. Es ging um dessen rüdes Vorgehen bei einem Aufenthalt im Kaukasus. Ordschonikidse war im Auftrag des Politbüros an der Spitze einer Kommission in den Kaukasus gefahren, um einen Konflikt beizulegen, der in der Kommunistischen Partei Georgiens entstanden war. Er kam mit seiner Aufgabe nicht zurecht, vor allem aber ist er bei einer Diskussion handgreiflich geworden gegen ein Mitglied des Zentralkomitees der georgischen KP namens Mdiwani. Lenin schrieb:

»Diese russische Handgreiflichkeit kann man mit keinerlei Provokation, nicht einmal mit einer Beleidigung rechtfertigen. Und Genosse Ordschonikidse hat einen nicht wiedergutzumachenden Fehler begangen, indem er sich leichtsinnig dieser Handgreiflichkeit bedient hat.«

In diesem Konflikt nahm Stalin keine klare Haltung ein, was Lenin einige Einsichten ermöglichte. Er kam häufig auf diese Angelegenheit zurück. Davon zeugt das »Tagebuch der Dienst habenden Sekretäre W. L Lenins«. Dort befinden sich Aufzeichnungen Lidija Alexandrowna Fotijewas. Danach forderte Lenin zusätzliche Materialien zu Ordschonikidses Auftritt an. Stalin aber folgte dem nicht mit der Begründung, er sorge sich um Lenins Gesundheit: Der Kranke solle nicht unnötig in Aufregung versetzt werden. Aber Lenin war hartnäckig. Fünf Tage vor einem erneuten Anfall diktierte er telefonisch einen Brief an Trotzki:

»Verehrter Genosse Trotzki!
Ich möchte Sie sehr bitten, den georgischen Vorfall vor dem ZK der Partei zu vertreten. Die Angelegenheit befindet sich zurzeit unter der ›Obhut‹ Stalins und Dserschinskis. Ich kann mich nicht auf ihre Unparteilichkeit verlassen. Sogar ganz im Gegenteil.«

Am selben Tag diktierte Lenin noch einen Brief. Diesmal an Stalin. Der Brief hat eine Vorgeschichte. Am 22. Dezember 1922 hatte Lenin seiner Frau einige Briefe diktiert, die von großer Wichtigkeit für das Schicksal der Partei waren. Wahrscheinlich nach einem Schreiben an Trotzki zur Frage des Außenhandelsmonopols verschlechterte sich Lenins Gesundheitszustand plötzlich in der Nacht vom 22. zum 23. Dezember – es traten Lähmungen des rechten Arms und Beins auf. Dies wurde den Politbüromitgliedern mitgeteilt. Am nächsten Tag beschimpfte Stalin Nadeschda Konstantinowa Krupskaja während eines Telefonats und rügte sie für ihre »Missachtung der Bettruhe des kranken Führers«. Dies geschah auf äußerst grobe Art. Krupskaja, erschüttert von der Unhöflichkeit des Generalsekretärs, schrieb noch am selben Tag einen Brief an Kamenew:

»Lew Borissowitsch!
Wegen eines kurzen Briefes, den ich nach den mir von Wladimir Iljitsch mit Erlaubnis der Ärzte diktierten Worten schrieb, erlaubte sich Stalin gestern einen ungemein unhöflichen, gegen mich gerichteten Ausbruch. Ich bin nicht erst seit einem Tag in der Partei. Während all dieser dreißig Jahre habe ich niemals von irgendeinem Genossen ein grobes Wort gehört. Das Anliegen der Partei und Iljitschs ist mir nicht weniger teuer, als es Stalin ist. Ich befinde mich zurzeit an der Grenze meiner Selbstbeherrschung. Was man mit Iljitsch diskutieren kann und was nicht, weiß ich besser als irgendein Arzt, da ich nämlich weiß, was ihn nervös macht und was nicht – auf jeden Fall weiß ich es besser als Stalin. Ich wende mich an dich und an Grigorij als an zwei viel näherstehende Genossen von W. I. mit der Bitte, mich gegen grobe Einmischungen in mein Privatleben und gegen niederträchtige Schmähungen und Drohungen zu schützen. Ich habe keinen Zweifel über die Entscheidung der Kontrollkommission, mit der Stalin mir glaubt drohen zu können, ich

habe jedoch weder die Kraft noch die Zeit für so einen törichten Streit. Und ich bin ein lebendiges Wesen, und meine Nerven sind bis zum Äußersten angespannt.
N. Krupskaja«

Gestützt auf einen Beschluss des Politbüros, schützte Stalin Lenin vor Aufregungen. Man kann sich gut vorstellen, dass er die weitgehende Isolation Lenins und dessen beschränkte Einflussmöglichkeiten auf die Angelegenheiten der Partei benutzte, um seine Position zu stärken. Kamenew leitete Krupskajas Beschwerde an Stalin weiter. Dieser schrieb unverzüglich einen Brief an Krupskaja, in dem er sich entschuldigte und sein Verhalten mit der großen Sorge um Lenin rechtfertigte. Wie aufrichtig der Generalsekretär in dieser Sache war, ist schwer zu beurteilen. Moralische Normen bewertete er ausschließlich pragmatisch: Wenn es für ihn von Vorteil war, übertrat er sie.
Lenin erfuhr erst über zwei Monate nach dem Vorfall von Stalins unverschämtem Verhalten. Krupskaja berichtete ihm am 5. März 1923 davon. Im schlechten Benehmen des Generalsekretärs entdeckte Lenin nicht nur persönliche Eigenheiten, sondern mehr. Kurz nach dem Gespräch mit seiner Frau rief Lenin M. A. Woloditschewa zu sich und diktierte ihr zwei Briefe. Der erste war für Trotzki bestimmt. Darin ging es um die Einschätzung des »georgischen Vorfalls«, die dem ZK vorgelegt werden sollte. Der zweite Brief richtete sich an Stalin:

»Verehrter Genosse Stalin!
Sie haben die Grobheit besessen, meine Frau ans Telefon zu rufen und sie zu beschimpfen. Obwohl sie sich mit Ihnen einverstanden erklärt hatte, das Gesagte zu vergessen, ist dieses Faktum nichtsdestoweniger durch sie selbst, Kamenew und Sinowjew bekannt geworden. Ich bin nicht gewillt, das gegen mich Gerichtete so schnell zu vergessen, denn das, was gegen meine Frau gerichtet wird, ist ebenso gegen mich gerichtet. Deshalb bitte ich Sie abzuwägen, ob Sie bereit sind, das Gesagte zurückzunehmen und sich zu entschuldigen, oder ob Sie es vorziehen, unsere Beziehungen als beendet zu betrachten. Mit Hochachtung
Lenin, 5. März 1923«

Noch wusste niemand in der Partei, dass Lenin im Dezember 1922 und Januar 1923 einen »Brief an den Parteitag« geschrieben hatte. In diesem Brief beurteilte er die persönlichen Qualitäten der führenden Politiker der Partei, und er schlug vor, Stalin vom Amt des Generalsekretärs zu entfernen. Lenin hatte Stalins moralische Anomalien erkannt und vorausgesehen, dass sie eine Gefahr für die Partei darstellten. Doch die moralischen Kriterien verloren im Lauf der folgenden Jahre alle Bedeutung.
Am 6. März diktierte Lenin sein letztes Dokument. Auch in diesem Brief ist die Rede von Stalin.

»An die Genossen Mdiwani, Macharadse und andere, eine Kopie an den Genossen Trotzki und den Genossen Kamenew.

Verehrte Genossen!
Ich verfolge Ihre Angelegenheiten mit ganzer Seele. Ich bin von der Grobheit Ordschonikidses entsetzt und ebenso von der Nachsicht Stalins und Dserschinskis. Ich bereite für Sie Notizen und eine Rede vor.
Mit Hochachtung, Lenin,
6. März 1923«

Doch bedauerlicherweise hat Lenin weder Notizen noch eine Rede vorbereitet. Vier Tage später nahm ihm ein erneuter Anfall nicht nur die Möglichkeit zu schreiben, sondern auch zu diktieren. Jedoch besteht Grund zu der Annahme, dass Stalins Haltung im »georgischen Vorfall« Lenin in seiner Meinung über den Generalsekretär bestätigt hat, so, wie er sie im »Brief an den Parteitag« formuliert hatte. Für Lenin war es ein schwerer Schlag, erkennen zu müssen, dass die Wahl, die das Zentralkomitee Anfang April 1922 getroffen hatte, sich als schwerwiegender Fehler erwiesen hatte. Damals hatten sich alle geirrt, auch Lenin. Es ist jedoch möglich, einen Fehler wieder gutzumachen. Man durfte nicht zulassen, dass an der Spitze des ZK- Apparats ein Mensch stand, der zutiefst unmoralisch war und eine Gefahr für die Partei darstellte. Wenn Stalin zu Grobheit, Falschheit und Boshaftigkeit gegenüber Lenins nächster Umgebung fähig war, wozu war er dann gegenüber anderen Menschen fähig?

Eventuell verschlechterte sich Lenins Gesundheitszustand nicht zufällig gerade in dieser ersten Märzhälfte wesentlich. Ich kann nicht beweisen, dass der »georgische Vorfall« oder der Konflikt mit Stalin den Krankheitsverlauf Lenins beschleunigt hat, aber es ist zumindest sehr wahrscheinlich.
Manche Autoren von im Westen erschienenen Büchern sind fest überzeugt von Stalins Schuld an Lenins Tod. So dachte auch Trotzki. In seinen Memoiren schreibt er, dass nur die Krankheit Lenin daran gehindert habe, Stalin politisch zu »zertrümmern«. Die Eigenwilligkeit des Generalsekretärs habe den Führer oft außer sich geraten lassen, und dies habe den Krankheitsverlauf beschleunigt. Ich habe keine Beweise für Lenins Absicht, Stalin zu »zertrümmern«. Es besteht jedoch kein Zweifel daran, dass er sich durchgesetzt hätte, wenn ihm die Krankheit dies erlaubt hätte.

Der Brief an den Parteitag

Am Morgen des 23. Dezember 1922, nur wenige Stunden nach einem Anfall, bat Lenin die Ärzte um die Erlaubnis, einige Zeilen zu diktieren, denn »ihn beunruhigt eine Frage«. Die Ärzte lehnten ab. Er war beharrlich. Er bat. Er forderte. Schließlich wurde ihm erlaubt, kurze Zeit zu arbeiten. Und Lenin begann, seinen berühmten »Brief an den Parteitag« zu diktieren.
Lenin befand sich kurz vor der unsichtbaren Linie, die das Sein vom Nichtsein trennt. Er konnte sie jeden Moment in die Richtung überschreiten, aus der es kein Zurück mehr gibt. Die Lage im ZK und im Politbüro war beunruhigend. Veränderungen waren erforderlich. Einheit war notwendig. Lenins Meinung hatte Gewicht. Er musste sie äußern. Und er hatte nicht nur die Absicht, Wege zur Stärkung der Parteiführung aufzuzeigen, sondern er wollte auch seine Vision vom Aufbau einer sozialistischen Gesellschaft festhalten.
Das Schicksal der letzten Leninschen Dokumente ist dramatisch. Ein bedeutender Teil von ihnen wurde vor der Partei verborgen. Viele wichtige Arbeiten Lenins kamen erst 1956 ans Tageslicht, nach dem 20. Parteitag. Den Beitrag »Wie wir die Arbeiter- und

Bauern-Inspektion reorganisieren sollen (Vorschlag für den 12. Parteitag)« wollte man zunächst nur in einem Exemplar drucken lassen, um es Lenin zeigen zu können. Nachdem man den Artikel (mit Kürzungen) veröffentlicht hatte, schickten das Politbüro und das Orgbüro einen Brief an alle Gouvernementskomitees mit der Behauptung, dass es sich um einige Seiten aus dem Tagebuch des kranken Lenin handele, dem man erlaubt habe zu schreiben, weil Lenin geistige Untätigkeit nicht ertrage. Diese Unwahrheit unterschrieben Andrejew, Bucharin, Kujbyschew, Molotow, Rykow, Stalin, Tomski und Trotzki am 27. Januar 1923.

Lenins Befürchtungen und Visionen waren Stalin unverständlich. Aber nicht nur ihm. Lenin stand in intellektueller Hinsicht so hoch über seinen Mitkämpfern, dass seine Gedanken ihr Bewusstsein oft nicht erreichten. Der Grundton, der sich durch seine letzten Arbeiten zieht, ist optimistisch. Der Sozialismus in Russland hat eine Zukunft. Alle zentralen Fragen – wie die Industrialisierung, die Umgestaltung der Landwirtschaft auf der Grundlage eines freiwilligen genossenschaftlichen Zusammenschlusses, die Umwandlung der Kultur in ein Gemeingut des Volks, die Schaffung eines staatlichen Führungsmechanismus – betrachtete Lenin unter dem Gesichtspunkt einer wirklichen Machtausübung durch das Volk, einer durchgängigen Demokratisierung aller Seiten des gesellschaftlichen Lebens. Schaffung einer neuen Gesellschaft verlangt auch neue Menschen, die in der Lage sind, für dieses Ziel zu kämpfen.

Das aufmerksame Studium von Lenins Briefen, Notizen und Artikeln lässt den Schluss zu, dass Lenin früher als andere die Gefahr einer autoritären Führung erkannt hatte.

Der italienische Kommunist Antonio Gramsci hat bei der Suche nach Ursachen für den Cäsarismus einen interessanten Gedanken geäußert: Wenn zwei gegeneinander wirkende Kräfte einander zermürbten, könne sich eine dritte Kraft einmischen und die konkurrierenden Seiten unterwerfen. Dieser Gedanke lässt sich auch auf die grundlegenden sozialen Kräfte innerhalb des Landes anwenden. In Russland waren es die Arbeiterklasse, das Bauerntum und die Partei. Der Aufbau des Sozialismus war nur möglich auf der Basis eines Kompromisses, den Lenin vorgeschlagen hatte: auf der Grundlage der Neuen Ökonomischen Politik (NÖP) und der schrittweisen freiwilligen Kooperierung des Dorfes. Jeder andere Weg hätte zu Auseinandersetzungen mit der Bauernschaft, zur Erosion der Freiheit und zur Stärkung autoritärer Führungsmethoden geführt. Aber Stalin und einige andere Führer begriffen Lenins Worte nicht, dass die Partei »eine kleine Gruppe von Menschen im Vergleich zur Bevölkerung des Landes« und die Neue Ökonomische Politik die wichtigste Voraussetzung für den Aufbau des Sozialismus sei.

Die Bolschewiki waren ein Produkt des Stadtproletariats. Das Bündnis mit den Bauern, wenn es auch damals noch nicht gleichberechtigt sein konnte, sollte sich stützen auf die Freiheit des Bauern, das Land zu bestellen und Handel zu treiben. Die Bauernschaft ließ sich nur an den Sozialismus binden durch freiwillige Kooperation. Nur die NÖP vermochte es, diese beiden sozialen Kräfte zusammenzuschmieden.

Jeder andere Weg musste in die Gewalt führen, zu einer autoritären Herrschaft, zum Cäsarismus, wie Gramsci es formulierte.

Im Winter 1922 ahnte Lenin das Ende. Er verlangte die Erlaubnis zu schreiben. Am Morgen des 24. Dezember beschlossen Stalin, Kamenew und Bucharin, dass sie kein Recht hätten, den Führer zum Schweigen zu zwingen. Aber es war Vorsicht geboten und größtmögliche Ruhe erforderlich. Ständig waren Sekretärinnen erreichbar. Lenin diktierte ihnen Notizen ans Politbüro, bat um die telefonische Weitergabe verschiedener Mitteilungen, und er fragte sie nach bestimmten Daten, Materialien und Dokumenten. In der Regel hielten sich N. S. Allilujewa (Stalins Frau), M. A. Woloditschewa, M. I. Gljasser, Sch. M. Manutscharjanz, L. A. Fotijewa und S. A. Flakserman als Dienst habende Sekretärinnen abwechselnd bereit. Am 23. Dezember, als Lenin den »Brief an den Parteitag« zu diktieren begann, war M. A. Woloditschewa an der Reihe. Ihre Notiz ins Tagebuch war lakonisch:

»Er diktierte vier Minuten lang. Er fühlte sich schlecht. Es waren Ärzte anwesend. Bevor er begann zu diktieren, sagte er: ›Ich möchte einen Brief an den Parteitag diktieren. Schreiben Sie!‹ Er diktierte schnell. Sein schlechter Gesundheitszustand war spürbar.«

Lenin schaute aus dem Fenster auf verschneite Bäume. Er sprach: »Der Brief an den Parteitag ...« Im April des kommenden Jahres 1923 sollte der 12. Parteitag stattfinden. Wenn er bis zu diesem Datum nicht aufstehen konnte, so sollte man wenigstens seinen Brief vorlesen.

»Ich würde sehr empfehlen, auf diesem Parteitag eine Reihe von Änderungen in unserer politischen Struktur vorzunehmen.«

Lenin war kategorisch: ... eine Reihe von Änderungen in unserer politischen Struktur. Zunächst ist man irritiert. Was heißt das? Aber schon nach wenigen Zeilen begreift der Leser, dass es Lenin um das Wichtigste geht: um die Demokratie in der Partei und in der Gesellschaft. Der große Denker hatte erkannt, dass die Demokratie der wichtigste Hebel und die Grundlage ist für die Verwirklichung der neuen Gesellschaftsordnung.

»Ich möchte Ihnen die Erwägungen mitteilen, die ich für die wichtigsten halte.
In erster Linie rate ich, die Zahl der Mitglieder des ZK auf einige Dutzend oder sogar auf hundert zu erhöhen. Mir scheint, unserem Zentralkomitee würden, falls wir eine solche Reform nicht vornehmen, große Gefahren drohen, wenn sich der Gang der Ereignisse nicht ganz günstig für uns gestaltet (damit müssen wir aber rechnen). (...) Ich glaube, dass unsere Partei das Recht hat, von der Arbeiterklasse 50 bis 100 Mitglieder des ZK zu verlangen, und dass sie diese ohne übermäßige Anspannung der Kräfte erhalten kann.
Eine solche Reform würde unsere Partei erheblich festigen und ihren Kampf erleichtern, den sie inmitten feindlicher Staaten zu führen hat und der sich meiner Meinung nach in den nächsten Jahren stark zuspitzen kann und muss. Mir scheint, dass unsere Partei durch eine solche Maßnahme tausendfach an Stabilität gewinnen würde.
23. 12. 22
Lenin
Niederschrift M. W. (M. A. Woloditschewa; D. W.)«

Zwei- oder dreimal mehr Mitglieder im Zentralkomitee, das bedeutet: Erneuerung, näher an die Massen, weniger Einfluss kleiner Gruppen auf das Schicksal der Partei. Lenin warnte: Die internationale Lage wird sich in absehbarer Zukunft zuspitzen. Eile tut Not! Sogar solche herausragenden Politiker wie Bucharin haben diese Warnung nicht verstanden und sind im Folgenden gegen die Beschleunigung des sozialistischen Aufbaus aufgetreten.

24. Dezember 1922:
»Ich meine mit Stabilität die Garantie vor einer Spaltung in allernächster Zeit und beabsichtige, hier eine Reihe von Erwägungen rein persönlicher Natur anzustellen.
Ich denke, ausschlaggebend sind in der Frage der Stabilität unter diesem Gesichtspunkt solche Mitglieder des ZK wie Stalin und Trotzki. Die Beziehungen zwischen ihnen stellen meines Erachtens die größere Hälfte der Gefahr jener Spaltung dar, die vermieden werden könnte und zu deren Vermeidung meiner Meinung nach unter anderem die Erhöhung der Zahl der Mitglieder des ZK auf 50, auf 100 Personen dienen soll.«

Bis heute haben die Historiker das politische Gewicht Trotzkis in jener Zeit nicht vollständig erkannt. »Die größere Hälfte der Gefahr« – das war das Verhältnis zwischen Trotzki und Stalin. Lenin sah, dass Trotzki populärer war als der Generalsekretär, jedoch hatte er sich bereits von der Tatsache überzeugt, dass Stalin die Fähigkeit besaß, geschickt zu taktieren. Das gespannte Verhältnis zwischen diesen zentralen Figuren drohte sich in einen Konflikt zu verwandeln, der die Partei spalten konnte.

»Gen. Stalin hat, nachdem er Generalsekretär geworden ist, eine unermessliche Macht in seinen Händen konzentriert, und ich bin nicht überzeugt, dass er es immer verstehen wird, von dieser Macht vorsichtig genug Gebrauch zu machen.«

Worin bestand die Macht des Generalsekretärs? Von ihm hingen die Entscheidungen über alle laufenden Fragen ab, und häufig war ihre Lösung von lebenswichtiger Bedeutung für die Partei. Aber das Wesentliche, worin sich diese Macht äußerte, war die

Auswahl und Beförderung von Parteikadern, sowohl in Moskau als auch in anderen Regionen des Landes. Tausende von Funktionären! Anfangs bemerkten nicht alle die Möglichkeiten, welche die Kaderpolitik dem Generalsekretär verschaffte.

»Andererseits zeichnet sich Gen. Trotzki, wie schon sein Kampf gegen das ZK in der Frage des Volkskommissariats für Verkehrswesen bewiesen hat, nicht nur durch hervorragende Fähigkeiten aus. Persönlich ist er wohl der fähigste Mann im gegenwärtigen ZK, aber auch ein Mensch, der ein Übermaß von Selbstbewusstsein und eine übermäßige Vorliebe für rein administrative Maßnahmen hat.«

Vielleicht dachte Lenin, bevor er den nächsten Satz aussprach: »Hätte dieser Mann einen festeren revolutionären Standpunkt besessen, er wäre ein großer Führer gewesen!« Vielleicht erinnerte Lenin sich an den Bericht Trotzkis über die Rote Armee auf dem letzten Parteitag. Trotzki war bereits am Ende seiner Rede angelangt, als er überraschenderweise begann, über die »elementare militärisch-kulturelle Erziehung der Soldaten« zu sprechen. Unter allgemeiner Belebung des Saals verkündete er:

»Lassen Sie uns versuchen zu erreichen, dass die Soldaten keine Läuse haben. Dies ist eine große, wichtige Erziehungsaufgabe, denn hier sind Beharrlichkeit, Unermüdlichkeit, Härte und Vorbild nötig, um Massen von Menschen von Unsauberkeit zu befreien, in der sie aufgewachsen sind und die sich in sie hineingefressen hat. Ein Soldat mit Läusen ist doch nur ein halber Soldat. (...) Und Analphabetentum ist geistige Verlausung.«

Lenin hatte der Ausspruch gefallen: »Analphabetentum ist geistige Verlausung.« Trotzki war in der Lage, treffliche Bilder aus dem Stegreif zu formulieren.

»Diese zwei Eigenschaften zweier herausragender Führer des gegenwärtigen ZK können unbeabsichtigt zu einer Spaltung führen, und wenn unsere Partei nicht Maßnahmen ergreift, um das zu verhindern, so kann die Spaltung überraschend kommen. Ich

will die persönlichen Eigenschaften der anderen Mitglieder des ZK nicht weiter charakterisieren. Ich erinnere nur daran, dass die Episode mit Sinowjew und Kamenew im Oktober natürlich kein Zufall war, dass man sie ihnen aber ebenso wenig als persönliche Schuld anrechnen kann wie Trotzki den Nichtbolschewismus.
Was die jungen Mitglieder des ZK betrifft, so möchte ich einige Worte über Bucharin und Pjatakow sagen. Das sind meines Erachtens die hervorragendsten Kräfte (unter den jüngsten Kräften), und ihnen gegenüber sollte man Folgendes im Auge behalten: Bucharin ist nicht nur ein überaus wertvoller und bedeutender Theoretiker der Partei, er gilt auch mit Recht als Liebling der ganzen Partei, aber seine theoretischen Anschauungen können nur mit sehr großen Bedenken zu den völlig marxistischen gerechnet werden, denn in ihm steckt etwas Scholastisches (er hat die Dialektik nie studiert und, glaube ich, nie vollständig begriffen).«

In das Tagebuch der Dienst habenden Sekretäre trug M. A. Woloditschewa nach Lenins Diktat ein:

»Am nächsten Tag (24. Dezember), nach einer Unterbrechung von sechs bis acht [Uhr], rief Wladimir Iljitsch mich wieder zu sich. Er machte mich darauf aufmerksam, dass das gestern (23. Dezember) und heute (24. Dezember) Diktierte absolut geheim zu behandeln sei. Er hat dies nicht nur einmal betont. Er verlangte, dass alles, was er diktiere, an einem besonderen Ort unter besonderer Verantwortung aufzubewahren und kategorisch als geheim zu betrachten ist.«

Trotzdem hat Lidija Fotijewa, die leitende Sekretärin im Rat der Volkskommissare war und ebenfalls Diktate Lenins aufnahm, ungeachtet der Anordnung Lenins bald Stalin und andere Politbüromitglieder über die Aufzeichnungen informiert. Deshalb kam der »Brief an den Parteitag« für die Parteiführung nicht überraschend. Am folgenden Tag setzte Lenin sein Diktat fort.

»25. 12. Nun zu Pjatakow. Er ist zweifellos ein Mensch mit großer Willenskraft und glänzenden Fähigkeiten, der jedoch einen allzu starken Hang für das Administrieren und für adminstrative

Maßnahmen hat, als dass man sich in einer ernsten politischen Frage auf ihn verlassen könnte.
25. 12. 22
Lenin
Niederschrift: M. W.«

Am 26. Dezember äußerte Lenin sich über die Erweiterung der Demokratie:

»Im Grunde genommen wurde [unser Apparat] uns vom alten Regime hinterlassen, denn es war völlig unmöglich, ihn in so kurzer Zeit, besonders während des Krieges, der Hungersnot usw. umzugestalten.«

Außerdem solle eine Aufstockung des Zentralkomitees nicht nur zugunsten des Arbeiteranteils erfolgen, sondern auch zu einer größeren Repräsentation der Bauern führen. Lenin hielt es für notwendig, dass auch Vertreter des Dorfs an Sitzungen des Politbüros teilnahmen.
Wer könnte zum Parteiführer nach Lenin werden? Lenin war der anerkannte Führer nicht kraft eines Amtes, sondern kraft seiner intellektuellen und moralischen Fähigkeiten. Die Krankheit aber hatte ihn von der Führung des Zentralkomitees entfernt. Automatisch rückte eines der Politbüromitglieder auf die vordere Position. Und Stalin war nicht nur Politbüromitglied, sondern auch Generalsekretär, Verwalter sämtlicher Arbeit des Sekretariats. Es war Lenin klar: Falls er nicht mehr genesen würde (Lenin rechnete mit dieser Möglichkeit, sonst hätte er kein »Testament« vorbereitet), würde Stalin versuchen, seine Position als möglicher Führer zu festigen. Und welche Absichten hatte Trotzki? Sollte es einen Kampf geben, war eine Spaltung möglich. Die Partei musste vor dieser Gefahr gewarnt werden. Daher diktierte Lenin die »Ergänzung zum Brief vom 24. Dezember 1922«:

»Stalin ist zu grob, und dieser Mangel, der in unserer Mitte und unter uns Kommunisten durchaus erträglich ist, kann in der Funktion des Generalsekretärs nicht geduldet werden. Deshalb schlage ich den Genossen vor, sich zu überlegen, wie man Stalin ablösen

könnte und jemand anderen an diese Stelle zu setzen, der sich in jeder Hinsicht vom Gen. Stalin nur durch *einen* Vorzug unterscheidet, nämlich dadurch, dass er toleranter, loyaler, höflicher und den Genossen gegenüber aufmerksamer, weniger launenhaft ist usw. Es könnte so scheinen, als sei dieser Umstand eine winzige Kleinigkeit. Ich glaube jedoch, unter dem Gesichtspunkt einer Spaltung und unter dem Gesichtspunkt der von mir oben geschilderten Beziehungen zwischen Stalin und Trotzki ist das keine Kleinigkeit oder eine solche Kleinigkeit, die entscheidende Bedeutung erlangen kann.
4. Januar 1923
Lenin
Niederschrift: L. f. (Lidija Fotijewa; D. W.)«

Ein bedeutsamer Nachtrag: Stalin muss vom Posten des Generalsekretärs abgelöst werden. Gegen ihn gibt es bislang keine größeren politischen Vorbehalte. Er ist, vielleicht, der Idee treu. Allerdings scheint er sie nicht so zu verstehen, wie es notwendig wäre. Noch ist das politische Renommee Stalins nicht befleckt, aber mit der Politik geht immer die Moral Hand in Hand. Der scharfe Verstand Lenins erkannte in der moralischen Unzulänglichkeit Stalins eine mögliche Quelle künftiger Leiden.
Auch wegen Trotzki machte Lenin sich Sorgen. Nicht nur, weil dieser übermäßig selbstsicher war, er hatte auch politische Fehler. Der lange »Nichtbolschewismus« Trotzkis konnte nicht ohne Folgen bleiben. Sein Ehrgeiz war der Partei bekannt. Sein Linksextremismus hatte ihn nicht nur einmal zu Meinungen geführt, die denen des ZK widersprachen.
Die bonapartistischen Ambitionen Trotzkis waren so stark, dass er es für unter seiner Würde erachtete, den Posten des Stellvertretenden Vorsitzenden des Rats der Volkskommissare als Vertreter Lenins anzunehmen, wie es ihm im September 1922 vorgeschlagen worden war. Trotzki spekulierte auf eine andere Position. Er verbarg kaum, dass er sich für ein Genie hielt. Trotzki-Biograph Isaac Deutscher schreibt: »Die Verwirklichung des Leninschen Testaments, nämlich Stalin von seinem Posten abzulösen, hätte Trotzki unausweichlich auf den Posten des Parteiführers befördert. Er, Trotzki, war davon überzeugt.«

Die offenen und direkten Charakterisierungen Lenins sind ein Beispiel für die hohe politische Kultur in der bolschewistischen Partei. Freundschaftliche Direktheit war immer eine charakteristische Eigenschaft echter Kommunisten. Es ist nicht einmal in den Jahren des Personenkultes gelungen, sie vollständig zu zerstören. Schweifen wir kurz ab in das Jahr 1942, um dies zu dokumentieren.

Der Kommissar der Politischen Verwaltung der Roten Armee Werchorubow hatte verschiedene Fronten besucht. Nach damaliger Praxis schrieb er nach Beendigung seiner Reise kurze Charakteristika über die politischen Funktionäre, deren Arbeit er kontrollierte. Hier ein Auszug aus dem, was er über den Brigadekommissar Leonid Iljitsch Breschnew schrieb:

»Er scheut konzeptionelle Arbeit. Die militärischen Kenntnisse des Genossen Breschnew sind sehr schwach. An militärische Aufgaben geht er wie ein Wirtschaftsführer heran und nicht wie ein Politarbeiter. Zu Menschen verhält er sich nicht einheitlich; er neigt dazu, Lieblinge zu haben.«

Das sind nur wenige Sätze. Aber sie zeugen davon, dass die Leninsche Tradition, seine Meinung geradeheraus und offen zu äußern, noch lebendig war. Es sei dem Leser überlassen, die Einschätzungen des Regimentskommissars Werchorubow zu beurteilen.

Lenin hatte zwar vorgeschlagen, Stalin vom Amt des Generalsekretärs zu entfernen, aber er hatte nicht auf die Frage geantwortet: Wer soll statt Stalin ernannt werden? Die Nennung eines Namens, eines »Prinzen«, wäre der Bestimmung einer »Erbfolge« gleichgekommen. Das konnte Lenin nicht zulassen. Er glaubte an die Klugheit der Partei, an ihr Zentralkomitee. Es ist sinnlos, zu versuchen, die Figuren auf dem Schachbrett umzustellen, nachdem die Partie gespielt ist. Ich bin davon überzeugt, dass Lenin, als er die bekanntesten Persönlichkeiten der Revolution in seinem »Brief an den Parteitag« charakterisierte, zu verstehen geben wollte, dass keiner von ihnen als Führer der Partei geeignet war. Keiner! Vielmehr glaube ich, dass Lenin auf eine kollektive Führung der Partei setzte. Sie hätte garantieren können, dass die Macht nicht in die Hände eines Einzelnen fiel. Einer kollektiven Führung hätte es auch nicht geschadet, wenn eine Person, gleichgültig, wer, eine hervorgehobene Rolle gespielt hätte. In diesem Fall hätte es keine entscheidende Bedeutung gehabt, ob dieser »Führer« talentiert oder weniger talentiert gewesen wäre. Es hätte ein demokratisches System gegeben, das, entsprechend den Normen der Verfassung und der Partei, die Interessen des Volks, des Staats und der Partei geschützt hätte.

Aber Stalin ist es gelungen, mit Hilfe gerade der alten bolschewistischen Garde ein bürokratisches System statt eines demokratischen zu schaffen. Bis zum heutigen Tag kann niemand eine vollständige Antwort darauf geben, warum es so kam. Bestimmt muss man sich in diesem Zusammenhang die Geschichte Russlands vergegenwärtigen und ihre autokratische Tradition und auch das niedrige Niveau der politischen Kultur. Der Mangel an demokratischer Tradition in der neuen Gesellschaft spielte ebenso eine Rolle wie die Tatsache, dass das Einparteiensystem besonders hohe Ansprüche an die soziale und politische Reife der Massen stellt. Außerdem fehlten rechtliche Garantien vor dem Missbrauch der Macht.

Zwei Monate vor dem 12. Parteitag fand ein ZK-Plenum statt. Auf der Tagesordnung stand: die Reorganisation und Verbesserung der Arbeit der Leitungsorgane der Partei auf der Grundlage von Lenins Arbeit »Wie wir die Arbeiter- und Bauern-Inspektion reorganisieren sollten«. (Lenin hatte seine Argumentation in einem weiteren Dokument fortgesetzt: »Lieber weniger, aber besser«.)

Lenin hatte ausgeführt, dass es zweckmäßig sei, das ZK um 27 bis 40 Mitglieder zu erweitern und eine Rechenschaftspflicht des Politbüros gegenüber den Plenarsitzungen des ZK einzuführen. Es sei notwendig, dass drei ständige Vertreter der Zentralen Kontrollkommission (ZKK) an den Politbürositzungen teilnähmen. Sie sollten, so schrieb Lenin, dafür sorgen, »dass keinerlei Autorität, auch nicht die des Generalsekretärs und nicht der anderen ZK-Mitglieder, sie daran hindern sollten, eine Anfrage zur Überprüfung der Dokumente zu machen und im Allgemeinen eine bedingungslose Rechenschaft über die Richtigkeit aller Angelegenheiten zu erhalten«.

Lenin war der Meinung, dass nicht allein die Parteitage die ge-

wählten Führungsorgane kontrollieren sollten. Zwischen den Parteitagen solle die Zentrale Kontrollkommission die Arbeit des ZK und des Politbüros überwachen. Das ZK-Plenum hat Lenins Ratschlägen im Wesentlichen zugestimmt und anerkannt, dass es notwendig sei, die ZKK zu erweitern und ihre Tätigkeit mit der der Arbeiter- und Bauern-Inspektion zu koordinieren. Wer konnte wissen, dass die Rolle der ZKK in der Zukunft bedeutungslos werden sollte, bis Stalin sie schließlich vollends abschaffte?
Obwohl Stalin nun schon ein Jahr Generalsekretär war, hatte sich an seiner Position äußerlich nichts geändert. Sein Referat auf dem ZK-Plenum »Die nationalen Momente im Partei- und Staatsaufbau« wurde ernsthafter Kritik unterzogen. Das Plenum akzeptierte die Thesen nur im Prinzip und beschloss, dass sie überarbeitet werden müssten. Danach sollten sie Lenin vorgelegt werden. Der Generalsekretär offenbarte Schwächen auch auf einem Gebiet, auf dem er sich für einen Spezialisten hielt. Das ZK setzte eine Kommission ein, welche die Thesen in eine endgültige Fassung zu bringen hatte. Sie setzte sich zusammen aus Stalin, Rakowski und Rudsutak.
Trotzki spielte auf dem Plenum, wie so oft, eine besondere Rolle. Nach seinen Worten zerstöre die Erweiterung des ZK dessen »Straffheit und Stabilität«, und sie drohe der Genauigkeit und Richtigkeit der Arbeit des ZK außerordentlichen Schaden zuzufügen. Er schlug vor, einen »Parteirat« zu bilden, der aus zwanzig bis dreißig gewählten Personen bestehen solle. Dieses Organ solle dem ZK Weisungen erteilen und seine Arbeit kontrollieren. Faktisch schlug Trotzki vor, zwei Machtzentren innerhalb der Partei zu schaffen. Das ZK-Plenum lehnte seine Anregungen ohne große Diskussionen ab.
Der 12. Parteitag ist Lenin gefolgt und hat ein vereinigtes Kontrollorgan geschaffen: die Zentrale Kontrollkommission/Arbeiter- und Bauern-Inspektion (ZKK/ABI). So hat sein »Testament« schon zu seinen Lebzeiten begonnen zu wirken.
Vom »Brief an den Parteitag« gab es fünf Kopien in verschlossenen Kuverts. Eine war für das Sekretariat Lenins bestimmt, drei für Krupskaja und das fünfte für Lenin. Lenin hatte Woloditschewa angewiesen, auf den Kuverts zu vermerken, dass nur Lenin berechtigt sei, sie zu öffnen, und nach seinem Tod nur Krups-

kaja. Woloditschewa aber hatte sich nicht entschließen können, die Worte »nach seinem Tod« zu schreiben. Lediglich der erste Teil des Briefs – über die Erweiterung des ZK – wurde an Stalin weitergeleitet. Lenins Vorschlag ging ein in Stalins Bericht über die organisatorische Arbeit des Zentralkomitees. Der Referent erwähnte allerdings nicht, dass Lenin der Urheber der Idee war. Lenin lebte, und die Kuverts seines »Testaments« blieben verschlossen. Die Delegierten des Parteitags wählten ihn als Einzigen einstimmig in das neue ZK und entsandten ihrem Führer einen Gruß. Der Vorsitzende des Parteitags, Kamenew, verlas die Grußworte unter stürmischem Applaus.

Im März 1923 traf Lenin ein neuer schwerer Schlaganfall. Nun konnte er die Politik der Partei nicht mehr direkt beeinflussen. Er konnte sich nicht mehr einsetzen für die Verwirklichung seiner Vorschläge, wie er sie in seinem »Testament« niedergeschrieben hatte. Wer würde nun die Partei führen?

Stalin oder Trotzki

Für welchen Parteitag hat Lenin sein »Testament« diktiert? Wie zitiert, fängt es an mit den Worten: »Ich würde sehr empfehlen, auf *diesem* Parteitag eine Reihe von Änderungen ...« (Hervorhebung von mir; D. W.). Man kann davon ausgehen, dass sich diese Worte auf den 12. Parteitag beziehen. Im April 1923, als der Parteitag stattfand, war der Gesundheitszustand Lenins derart kritisch, dass er kaum seinen Willen hätte durchsetzen können, den Brief den Delegierten vorlesen zu lassen. Es entstand eine Situation, die Lenin nicht vorgesehen hatte. Wie ich bereits berichtet habe, hatte er angewiesen, die Kuverts erst nach seinem Tod zu öffnen. Es ist also nicht auszuschließen, dass der Brief an den 12. *oder* an den 13. Parteitag gerichtet war. So wenig sich die Frage nach dem Generalsekretär auf dem 12. Parteitag erhoben hatte, so sehr stellte sie sich später dem Zentralkomitee.

Stalins Autorität festigte sich mit dem 12. Parteitag. Hier trat er auf mit dem organisatorischen Bericht des Zentralkomitees und mit einem Referat über die nationalen Momente im Partei- und

Staatsaufbau. In der Tat war er mehr als alle anderen im Blickpunkt der Delegierten. In die Berichte des ZK flocht Stalin einige persönliche Überlegungen ein, vor allem zeigte sich deutlich sein Schematismus. Er hatte es schon immer geschätzt, alles in Schubladen zu sortieren, die Gedanken gewissermaßen in Reih und Glied aufzustellen. Das hinterlässt gewöhnlich den Eindruck von Klarheit, Bestimmtheit und Präzision. Davon zeugt beispielhaft sein Begriff »Transmissionsriemen«. Als wichtigsten »Transmissionsriemen« nannte er die Gewerkschaften, dort »haben wir keine starken Gegner«. Der zweite »Riemen« waren die Kooperativen: die Konsum- und Landwirtschaftsgenossenschaften. »Aber hier«, gestand Stalin, »sind wir noch nicht in der Lage, die Kooperativen auf unterer Ebene vom Einfluss uns feindlich gesinnter Kräfte zu befreien« – er dachte dabei an die Kulaken, die Großbauern. Als dritten »Riemen« nannte der Berichterstatter die Jugendverbände. Die Attacken des Gegners seien hier besonders hartnäckig. Und er zählte noch weitere »Riemen« auf: die Frauenbewegung, die Schulen, die Armee, die Presse usw. Zusätzlich versuchte Stalin, alle diese »Riemen« bildhaft zu beschreiben: Er bezeichnete die Presse als »die stärkste Waffe, durch sie spricht täglich die Partei«, die Armee erschien ihm als »Sammelbecken von Arbeitern und Bauern« und so weiter.

Es ist charakteristisch, dass der Generalsekretär in seinem Bericht außerordentlich wenig über den Inhalt der Arbeit dieser »Transmissionsriemen« sprach, aber dafür umso mehr darüber, welche feindlichen Kräfte »uns hier gegenüberstehen«. Der Klassenkampf ging gewiss weiter, nun aber versteckt und mit unklaren Fronten. Stalin lebte ausschließlich im Kampf mit offensichtlichen und mutmaßlichen Gegnern.

So raffiniert Stalin taktieren konnte – er hat seine Auffassungen damals nicht vollständig verborgen. Und bis zum Ende der zwanziger Jahre war es möglich, ihm gefahrlos zu widersprechen – die Leninsche Tradition der Glasnost starb nicht sofort. Davon kann man sich durch die Lektüre von Parteidokumenten und Zeitungen jener Jahre überzeugen.

Nach Lenins Anfall im März legte Stalin eine erhöhte Aktivität an den Tag. Immer weniger beriet er sich mit Sinowjew und Kamenew, selten mit Bucharin und fast nie mit Trotzki. Die Autorität

Stalins in der Partei wuchs kontinuierlich, was sich vor allem in einem zunehmenden Einfluss des Generalsekretärs im Politbüro bemerkbar machte. Er erreichte dies, indem er Trotzki schrittweise isolierte. Es wäre ohne die Hilfe Sinowjews und Kamenews nicht möglich gewesen.

»Eines Tages entbrannte im Politbüro ein Streit zwischen Sinowjew und Trotzki«, erzählte mir Alexej Pawlowitsch Balaschow, ein alter Bolschewik und ehemaliger Mitarbeiter in Stalins Sekretariat. »Alle unterstützten den Standpunkt Sinowjews, der Trotzki geradeaus ins Gesicht gesagt hatte: ›Sehen Sie denn nicht, dass Sie mit einem Ring am Fuß angekettet sind? Ihre Taschenspielertricks werden nicht durchkommen. Sie sind in der Minderheit mit nur einer Stimme.‹ Trotzki tobte, und Bucharin versuchte, alles zu glätten. »Häufig war es so«, erzählte Balaschow weiter, »dass sich Sinowjew, Kamenew und Stalin bei ihm (Stalin; D. W.) trafen, wenn Politbürositzungen oder irgendwelche Beratungen bevorstanden. Offenbar haben sie diese Treffen zum Zweck des Absprechens ihrer Positionen veranstaltet. Wir haben im Sekretariat diese Treffen der ›Trojka‹ untereinander auch tatsächlich ›Ring‹ genannt. In den zwanziger Jahren hatte Stalin ständig zwei bis drei Helfer. In den verschiedenen Jahren waren es Nasaretjan, Kanner, Dwinski, Mechlis, Baschanow. (…) Sie alle wussten von der absolut negativen Beziehung Stalins zu Trotzki und verhielten sich im Apparat entsprechend.«

Stalin gelang es ohne Anstrengung, Sinowjew und Kamenew auf seine Seite zu ziehen. Beide verfolgten ehrgeizige Ziele. Das gilt vor allem für Sinowjew. Und beide fürchteten Trotzki mehr als Stalin. Als Trotzki am 8. Oktober 1923 einen Brief an das ZK schrieb, in dem er die Parteiführung scharf kritisierte, ließ Stalin sich die Gelegenheit nicht entgehen.

Trotzki wurde von einer Gruppe Bolschewiki unterstützt, die die sogenannte »Erklärung der 46« unterzeichnet hatten. Unter ihnen befanden sich auch solche namhaften Persönlichkeiten wie Preobraschenski, Pjatakow, Kossior, Ossinski, Sapronow, Rafail und andere.

Trotzkis wichtigster Vorwurf lautete, dass die Partei keinen Plan für die Wirtschaftspolitik besitze. Er wiederholte seine Ideen über die »harte Konzentration« der Industrie, die die Schließung von großen Fabriken einschloss, und über die »härtere Politik gegen-

über der Bauernschaft«. Darüber hinaus bestand er auf der Politik »der Militarisierung der Arbeit«. Es lohnt sich, hier etwas ins Detail zu gehen.
Schon auf dem 9. Parteitag der KPR(B) hatte Trotzki erklärt:

»Die Arbeitermasse kann kein umherstreifendes Russland sein. Sie muss versetzbar, ernennbar und kommandierbar sein, ebenso wie die Soldaten. Das ist die Grundlage der militarisierten Arbeit, und ohne diese kann von keinerlei Industrie auf neuen Grundlagen die Rede sein, und schon gar nicht unter den Bedingungen der Zerrüttung und des Hungers.«

Drei Jahre später glaubte Trotzki noch immer, dass militärische Methoden zur Steuerung der Industrie und der Landwirtschaft angebracht seien. Der Verkünder des »Kasernenkommunismus« hat sich häufig widersprochen: Einerseits liebte er es, über die mangelnde Demokratie in der Partei zu sprechen, und andererseits wollte er das Land per Befehl regiert sehen.
Wie auch immer, die von Trotzki im Herbst 1923 initiierte Diskussion über Fragen der Wirtschaftspolitik war ein Angriff auf die Haltung des ZK, und vor allem richtete sie sich gegen Stalin als Generalsekretär. Sie wurde geführt, als Lenin krank war. Und ihr Ergebnis war anders, als Trotzki es sich erhofft hatte: Er verlor an Boden, und der Einfluss Stalins nahm zu.
Das vereinigte Plenum von ZK und ZIG‹ wies Trotzki zurück. Ihn unterstützten nur 2 von 114 Teilnehmern der Sitzung. Noch bevor der Kampf um die Führung in der Partei begann, stand Trotzki fast allein. Seine Niederlage war vollständig. Damals versuchte er, sich auf die Armee zu stützen, wo er noch einige Autorität besaß. Mit Hilfe des Leiters der Politischen Hauptverwaltung der Roten Armee Antonow-Owsejenko, eines langjährigen Anhängers, hatte Trotzki die Absicht, die Streitkräfte zu benutzen für eine Demonstration gegen die Linie des ZK. Jedoch haben die Kommunisten im Heer und in der Flotte ihn nicht unterstützt, sieht man von wenigen Ausnahmen ab. Als Resultat dieser Diskussion verurteilte die 13. Parteikonferenz im Januar 1924 nicht nur die Position Trotzkis, sondern verabschiedete auch wichtige Beschlüsse zur Wirtschaftspolitik.
Später hat Trotzki eingestanden, dass seine Attacken gegen das

Zentralkomitee und die Diskussionen, die er angefacht hatte, dem Ziel dienten, ihn zum Führer der Partei zu machen. Es ist jedoch augenfällig, dass Trotzki seine Aktionen in äußerst ungünstigen Momenten unternahm, eigentlich hätte er im Voraus wissen müssen, dass ihm eine Niederlage sicher war. Trotzki hatte seinen intellektuellen Einfluss überschätzt und Stalin massiv unterschätzt, vor allem dessen Fähigkeit, einen politischen Kampf mit allen Mitteln zu führen.

Wer war der Mann, der nach Lenins Tod die Hauptrolle in der Partei spielen wollte? Es ist bekannt, dass Trotzki sich nach dem 2. Parteitag der SDAPR im Juli/August 1903 den Menschewiki angeschlossen hatte. Im Juli 1917 wurde er, damals Mitglied der sogenannten »Meschrayonzy« (diese »Zwischengebietsgruppe« hatte etwa 4000 Mitglieder), auf dem 6. Parteitag in die Partei aufgenommen und sogleich ins ZK gewählt. Während der Oktobertage leistete Trotzki als Vorsitzender des Petrograder Sowjets eine große Arbeit. In der Tat, Trotzki hatte sich in der Revolution und während des Bürgerkriegs eine große Popularität errungen. Als Lenin im Herbst 1917 über die Aufstellung von Kandidaten für die Konstituierende Versammlung sprach, sagte er, dass »niemand einer solchen Kandidatur wie zum Beispiel der Trotzkis widersprechen könnte; denn erstens hat Trotzki direkt nach seiner Ankunft die Position eines Internationalisten eingenommen; zweitens kämpfte er innerhalb der ›Meschrayonzy‹ für einen Zusammenschluss; und drittens hat er sich in den schweren Julitagen als Herr der Lage und als ergebener Anhänger der Partei und des revolutionären Proletariats erwiesen«.

Um der historischen Wahrheit gerecht zu werden, muss man erwähnen, dass Trotzki vor und nach dem Oktoberaufstand, im Verlauf des Bürgerkriegs und danach nur Lenin an Beliebtheit nachstand. Er war einer der berühmtesten Führer der Oktoberrevolution. Bei der Aufzählung von Namen ging man damals nicht nach alphabetischer Reihenfolge vor, und Trotzki wurde fast immer nach Lenin genannt. In den Protokollen der ZK-Sitzungen wurden die Anwesenden in den Jahren 1918 bis 1921 in der Regel wie folgt aufgelistet: Lenin, Trotzki, Sinowjew, Kamenew, Stalin, Rudsutak, Tomski, Rykow, Preobraschenski, Bucharin, Kalinin, Krestinski, Dserschinski, Radek, Andrejew. So sah zum Beispiel die offizielle Anwesenheitsliste der Plenarsitzung des Zentralkomitees vom 20. und 21. November 1920 aus. Trotzkis Popularität schlug sich allerdings nicht nieder in einer großen Anzahl von Anhängern. Es entstand ein paradoxes Bild: Stalin verkörperte die »Linie«, ohne persönlich populär zu sein. Trotzki, der eine große Popularität genoss, erhielt früh den Stempel des »Fraktionsmachers«. Hinzu kommt ein Umstand, den Isaac Deutscher so beschreibt: »Trotzki war sich seiner Position in der Partei und im Land so sicher und derart von seiner Überlegenheit über seine Gegner überzeugt, dass er lange Zeit kein Verlangen verspürt hatte, um die Nachfolgeschaft zu kämpfen.«

Stalin und Trotzki waren gleichaltrig. Aber Trotzkis Intellekt war schärfer und reicher. Er besaß viele herausragende Fähigkeiten. Aber, wie gesagt, er überschätzte die Bedeutung seiner Person, und er verhielt sich arrogant und autoritär, unduldsam gegenüber anderen Auffassungen. Deshalb begannen viele an ihm zu zweifeln. Trotzki hat sich als ein schwacher Politiker erwiesen, und er war bei weitem nicht immer ein guter Theoretiker. Das Fehlen fester marxistischer Überzeugungen hat aus ihm einen Helden des Augenblicks gemacht, einen naiven Propheten und einen Möchtegerndiktator.

Stalin hatte allmählich alle schwachen Punkte in Trotzkis Persönlichkeit abgetastet, und er nutzte sein Wissen konsequent; Trotzki kümmerte sich nicht sonderlich um eine widerspruchsfreie Übereinstimmung seiner vielzähligen Reden, Artikel und Erklärungen. Er legte mehr Wert auf publizistische und rhetorische Aspekte. Er liebte Metaphern. Bei einem Gespräch mit Lenin etwa formulierte er ein »geflügeltes Wort«, das auch Stalin zu Ohren kam: »Der Kuckuck wird bald den Tod der Sowjetrepublik ausrufen.« Bei einer Unterredung mit Delegierten des Gründungskongresses der Kommunistischen Internationale sagte er: »Die Fackel in Russland könnte erlöschen, wenn nicht bald eine Revolution in Europa oder in Asien ausbricht.«

Solche Äußerungen waren für Stalin »schlagende« Argumente. Er benutzte sie, um Trotzki des Verrats und des Kapitulantentums zu beschuldigen. Und je mehr sich Trotzki rechtfertigte, umso mehr setzte er sich in den Augen anderer ins Unrecht. Stalin hat sich damals als ein äußerst raffinierter Taktiker erwiesen.

Lenin wie andere Parteiführer sahen die literarischen und organisatorischen Fähigkeiten Trotzkis, aber auch seinen starken Ehrgeiz und seine politische Beschränktheit, wie sie sich in seinem linksradikalen Verständnis zahlreicher zentraler Ideen des Marxismus äußerte. In besonderem Maß zeigt sich dies in seinem berühmten Werk über die »permanente Revolution«.
Gorki erinnerte sich, dass er sich wunderte über Lenins hohe Einschätzung von Trotzkis organisatorischen Fähigkeiten. »Als Wladimir Iljitsch meine Verwunderung bemerkt hatte, fügte er hinzu: ›Ja, ich weiß, über mein Verhältnis zu ihm lügt man irgendetwas. Aber – was wahr ist, ist wahr. Und was nicht wahr ist – ist nicht wahr, das weiß ich auch. Ihm ist es doch gelungen, die Militärspezialisten zu organisieren.‹ Nachdem er kurz geschwiegen hatte, fügte er leise und nicht fröhlich hinzu: ›Er ist ehrgeizig. Und in ihm steckt etwas – von Lassalle!‹«
Und in der Tat, Trotzki setzte Lenins Idee, ehemalige zaristische Offiziere im Interesse der Revolution einzusetzen, mit seltener Beharrlichkeit in die Tat um. Auf seine Initiative beschloss das ZK am 25. Oktober 1918, alle Offiziere, die noch als Geiseln festgehalten wurden, in die Freiheit zu entlassen. Diejenigen unter ihnen, die keiner konterrevolutionären Organisation angehörten, konnten in die Rote Armee eintreten. Allerdings heißt es in dem Beschluss weiter, dass sie »verpflichtet sind, eine Liste ihrer Familienangehörigen zu hinterlegen«. Sollten sie zu den Weißgardisten überlaufen, so würden ihre Familien verhaftet.
Stalin vergaß diese ZK-Sitzung nicht. Auf ihr war nicht nur Trotzkis Vorschlag hinsichtlich der Militärspezialisten angenommen worden. Das ZK hatte überdies Stalins Antrag abgelehnt, den Kommandierenden und ein Mitglied des Kriegsrats der Südfront vor ein Militärgericht zu stellen. Stalin verurteilte diese beiden Beschlüsse als »intellektuellen Liberalismus«.
Trotzki, so schreibt Radek, sei ein schonungsloser Mensch gewesen. Als tödliche Gefahr für Sowjetrussland aufkam, schreckte Trotzki vor keinerlei materiellen und menschlichen Opfern zurück. Darin war er Stalin ähnlich. Trotzki, erinnert sich Radek, habe einen bemerkenswerten Satz geprägt: »Wir haben ganz Russland beraubt, um die Weißen zu besiegen.« Lenin versuchte lange Zeit, Trotzki in die notwendige Richtung zu lenken. Und

hätte Lenin länger gelebt, Trotzkis Schicksal wäre sicher ein anderes gewesen.
Fast in allen Grundsatzfragen hatte Trotzki mit Stalin und oft auch mit der Partei Differenzen. Trotzki hat in der Neuen Ökonomischen Politik das erste Anzeichen bolschewistischer Entartung und den Verlust des radikalen Charakters der russischen Revolution gesehen. Seine Ideen von »der Diktatur der Industrie« und der Entfaltung der »Arbeiterarmeen«, der Unvermeidlichkeit, »Blut und Nerven« zu opfern zur Erreichung des Ziels, klangen sehr links, waren aber äußerst gefährlich.
In der Emigration wird Trotzki seine Version betonen, dass Lenin ihn in einen »Block« gegen Stalin einbeziehen und gemeinsam mit ihm auf dem 12. Parteitag den Generalsekretär von seinem Posten absetzen wollte. In seinem Buch »Mein Leben« schreibt Trotzki:

»Lenin hatte eigentlich nur noch Zeit gehabt, Stalin und dessen Verbündeten den Kampf *anzusagen*, wobei auch dieses nur die unmittelbar daran interessierten Kreise erfuhren, nicht aber die Partei.«

Warum verbreitete Trotzki diese Thesen? Vor allem, um zu erklären: Lenin habe in ihm seinen Nachfolger gesehen. In diesem Sinn hat er auch Lenins »Brief an den Parteitag« kommentiert: »Das unbestreitbare Ziel des Testaments ist: mir die Arbeit der Leitung zu erleichtern. Lenin will es natürlich mit den geringsten persönlichen Reibungen erreichen.«
Dass Trotzkis Version dubios ist, zeigen Lenins Äußerungen. Lenin war ein »Block« mit Trotzki gegen Stalin von keinerlei Nutzen. Seine Autorität war unangefochten. Es besteht kein Zweifel daran: Wäre Lenin gesund gewesen, hätte er nur vorschlagen müssen, Stalin abzulösen. Seine Argumente hätten ihr Ziel nicht verfehlt. Lenin hielt Stalin für ungeeignet als Generalsekretär, aber für ebenso ungeeignet hielt er offensichtlich Trotzki als Parteiführer.
Stalin prägte sich all die oft abenteuerlichen Ideen und Taten Trotzkis ein. Er vergaß nie dessen Verhalten bei den Friedensverhandlungen von Brest-Litowsk, nie dessen Befehl, eine Gruppe

von Politfunktionären wegen des Verrats einiger Militärspezialisten zu erschießen (Lenin hatte eine Tragödie verhindert), nie dessen Vorschlag, ein Kavalleriekorps nach Indien zu schicken, um dort eine revolutionäre Erhebung auszulösen; und er vergaß nie den Kuckuck, der bereit war, das Ende der Sowjetmacht auszurufen.

Dem Generalsekretär gefiel es nicht – ebenso wenig wie vielen anderen –, dass Trotzki sich bald nach der Revolution mit zahlreichen Helfern und Sekretären umgab. Glasman, Butow, Sermuks, Posnanski und andere halfen Trotzki, ein großes Archiv anzulegen und den Schriftverkehr zu führen, die Thesen und Materialien für seine unzähligen Artikel und Reden vorzubereiten. Diese Helfer haben ihm nicht selten kreative Impulse gegeben. Trotzki schuf sich ein intellektuelles Umfeld und hat damit einer heute üblichen Politikerpraxis vorgegriffen. Viele heutige Politiker sind ohne einen solchen Apparat nicht selten hilflos.

Der Generalsekretär war davon überzeugt, dass Trotzki während der Revolution und des Bürgerkriegs und auch danach die vielzähligen Probleme Russlands in bedeutendem Maß durch das Prisma seiner persönlichen Ambitionen betrachtet und dass er die ganze Schwere der sozialpolitischen Situation nicht erkannt hatte. Da Trotzki sein Überlegenheitsgefühl gegenüber anderen in der Regel nicht verbarg, hatte er in der Führungsspitze keine vertrauten Anhänger. Das später entstandene kurzzeitige Bündnis mit Sinowjew und Kamenew wurde nur durch seinen Zweck zusammengehalten, nämlich Stalin zu bekämpfen.

Trotzkis Niederlagen in den von ihm initiierten Auseinandersetzungen verringerten merklich seine Chancen – unabhängig davon, welchen Beschluss der Parteitag gefasst hätte, wenn Lenins Brief vorgelesen worden wäre. Stalin redete im engeren Kreis häufig darüber (möglicherweise um sich selbst zu rechtfertigen), dass er die Revolution für tödlich bedroht hielt, wenn Trotzki an die Parteispitze gelangte. Trotzki unterschätzte nicht nur den Willen und die Verschlagenheit Stalins, sondern er hatte mit seinen endlosen Polemiken auch unbeabsichtigt die Autorität Stalins gefestigt. Dieser erschien in diesem Streit als Verteidiger des Leninschen Erbes und als Bewahrer der Einheit der Partei. Je schärfer Trotzki gegen Stalin auftrat, desto schneller sank sein Popu-

laritätspegel. Es verbreitete sich die Ansicht, Trotzki attackiere nicht allein Stalin, sondern vor allem auch die Linie der Partei. So hat Trotzki Stalin geholfen, seine Position zu verstärken. In den Augen der Parteimitglieder hatte Stalin sich niemals nach links oder nach rechts geneigt, und der Generalsekretär konnte sich im Kampf gegen Trotzki außerdem auf seine zukünftigen Gegner Sinowjew und Kamenew stützen.
Am 21. Januar 1924 starb Lenin. Trotzki weilte in dieser Zeit im Süden des Landes. Aus ungeklärten Gründen wohnte er der Beerdigung nicht bei, obwohl ihm dies zeitlich möglich gewesen wäre. Auf dem Tifliser Bahnhof gab er im Telegraphenamt einen kurzen Artikel für die »Prawda« auf. In ihm sind folgende Zeilen zu lesen:

»Nun, Iljitsch ist nicht mehr. Die Partei ist verwaist. Die Arbeiterklasse ist verwaist. Ebendieses Gefühl kommt bei der Nachricht vom Tod des Lehrers, des Führers auf.
Wie werden wir weitergehen? Werden wir einen Weg finden, und werden wir nicht vom Weg abkommen? (...)
Unsere Herzen sind von solch maßloser Betrübnis erfasst, weil wir alle dank des großmütigen Willens der Geschichte als Zeitgenossen Lenins geboren wurden, weil wir mit ihm arbeiteten und von ihm lernten.
Wie werden wir weitergehen? Mit dem Leuchtfeuer des Leninismus in der Hand.«

Es wäre zynisch, die Aufrichtigkeit von Trotzkis bitteren Worten anzuzweifeln. Vor Lenin musste auch er sich verneigen.
In der Nacht des 22. Januar fand eine außerordentliche ZK-Sitzung statt. Am 26. wurde der 2. Sowjetkongress der UdSSR im Bolschojtheater eröffnet. Er beschloss, Lenins Leichnam für immer in einem Mausoleum auf dem Roten Platz aufzubahren. In unserer Literatur wurde die Trauerzeremonie bis vor kurzem noch so dargestellt, als wäre auf ihr nur Stalin mit seinem »Schwur« aufgetreten. Es war alles ganz anders. Als erster sprach Kalinin. Dann Krupskaja, dann Sinowjew. Der Vorsitzende des EKKI wandte sich mit einer Frage an die Anwesenden: »Wird es uns gelingen, unser Land in jene verheißungsvollen Gefilde zu führen, die sich dem geistigen Auge Wladimir Iljitschs offenbart hatten?

Wird es uns gelingen, zumindest mit knapper Not, indem wir alle Kräfte zusammennehmen, das zu erreichen, was Wladimir Iljitsch uns lehrte?« Es sprachen auch Bucharin, Clara Zetkin, Tomski, Sergejew, Narimanow, Kamenew. In der Rede Kamenews wurde ein interessanter Gedanke geäußert: »Er fürchtete niemals, allein zu bleiben, und wir kennen die großen Wendemomente in der Geschichte der Menschheit, als dieser Führer, berufen, die Massen der Menschheit zu führen, allein war, als um ihn herum weder eine Armee noch eine Gruppe von Gleichgesinnten war. (...) Das Einzige, was ihn niemals verlassen hat, war der Glaube an die schöpferische Kraft der Volksmassen.« Reden hielten noch Oldenburg, Woroschilow, Smorodin und Rykow. Stalin sprach als vierter nach Sinowjew.

Stalin trug seine Rede (in der Regel schrieb er deren Texte selbst, und anschließend konnten sich die Politbüromitglieder mit ihnen vertraut machen) in der pathetischen Manier eines Schwurs vor. Das katechismusartige Denken trat hier deutlich zutage. Alles war in Schubladen verteilt. Stalin rief dazu auf, ein »Königreich auf Erden und nicht im Himmel« zu schaffen. Aber in seiner Rede war noch etwas anderes, etwas, was ihm bis zum Ende seines Lebens eigen sein würde – der Glaube an die Kraft, an die Opferbereitschaft: »Wir werden keine Mühen scheuen«, »zahllose Schläge abwehren«, »die Kraft unseres Landes«, »darin ist unsere Kraft«, »wir werden unser Leben nicht schonen«. Stalin schwor im Namen der Partei, seiner Berufung als Parteimitglied treu zu bleiben, die Einheit der Partei zu erhalten, die Diktatur des Proletariats zu stärken, das Bündnis der Arbeiter und Bauern zu stützen, das Bündnis der Bruderrepubliken zu festigen und dem Internationalismus die Treue zu halten. Die Volksmacht, die sozialistische Demokratie und die Freiheit erwähnte er nicht.

Zum Nachfolger Lenins im Amt des Vorsitzenden des Rats der Volkskommissare wurde Rykow berufen, das Amt des Vorsitzenden des Rats für Arbeit und Verteidigung wurde mit Kamenew besetzt. Stalin verblieb auf dem Posten des Generalsekretärs und wartete auf die Beschlüsse des 13. Parteitags, auf welchem nach Lenins Willen der »Brief an den Parteitag« verlesen werden sollte.

Die frühen Quellen der Tragödie

Den Brief Lenins vom Dezember 1922 und den Nachtrag vom 4. Januar 1923 übergab Krupskaja dem Zentralkomitee am 18. Mai 1924, fünf Tage vor der Eröffnung des 13. Parteitags. In dem Protokoll, in dem die Übergabe dieser Dokumente festgehalten wurde, trug Krupskaja unter anderem Folgendes ein: »Ich habe die Schriften, die Wladimir Iljitsch in der Zeit vom 23. Dezember bis 23. Januar diktiert hatte – dreizehn einzelne Schriften –, übergeben. (...) Einige dieser Schriften sind veröffentlicht worden (Über die Arbeiter- und Bauern-Inspektion, Über Suchanow). Unter den nichtveröffentlichten Schriften befinden sich die vom 24./25. Dezember 1922 und die vom 4. Januar 1923, welche persönliche Charakteristika einiger Zentralkomiteemitglieder einschließen. Wladimir Iljitsch hatte seinen festen Willen geäußert, dass diese Schriften nach seinem Tode dem nächsten Parteitag zur Kenntnis vorgelegt werden sollten.
N. Krupskaja«

Das Plenum des ZK, das vor Beginn des Parteitags zusammentrat, fasste nach dem Bericht der Kommission, welche die Leninschen Papiere entgegengenommen hatte, folgenden Beschluss:

»Die gelesenen Dokumente sind gemäß dem Willen Wladimir Iljitschs dem Parteitag vorzulegen. Hierzu ist eine Bekanntmachung in den Delegationen zu veranlassen, und es muss gewährleistet sein, dass die Dokumente nicht zur Veröffentlichung freigegeben werden. Die Bekanntmachung an die Delegationen erfolgt durch Kommissionsmitglieder nach Erhalt der Papiere Iljitschs.«

Der 13. Parteitag war der erste ohne Lenin. Den politischen Bericht trug Sinowjew vor. Er begann, ungewohnt aufgeregt, vorzutragen: »(...) In der heutigen ›Prawda‹ hat einer unserer heimischen Arbeiterdichter die Stimmung der Partei in diesem Augenblick ausgezeichnet ausgedrückt:

›Dem Gedanken
erzittern die Knie,
in der Trübe der Augen
irrt der Gram umher.
Den Politbericht des ZK
liest … liest …
nicht Lenin …‹

Ohne Lenin, ohne unser Licht, ohne den genialsten Kopf auf der Erde, müssen wir nun Aufgaben von gigantischer Wichtigkeit, von denen das Schicksal unseres Landes abhängt, lösen.«
Sinowjew äußerte sich zu zahlreichen Fragen. Aber weder er noch Stalin später in seinem organisatorischen Rechenschaftsbericht sprach die Themen an, die Lenin in seinem Brief angeschnitten hatte. Dies geschah jedoch kaum vorsätzlich. Vielmehr ist anzunehmen, dass Lenins Mitstreiter die Bedeutung von dessen Vision nicht erfassten. Wie auch immer: Der Parteitag befasste sich nicht mit der Erweiterung der demokratischen Elemente in der Diktatur des Proletariats, mit der Erneuerung der Führungsorgane, mit einer weitgehenden Einbeziehung der Massen bei staatlichen Entscheidungen.
Stalin erwähnte lediglich die Leninsche Forderung nach einer Erweiterung des ZK, allerdings ohne zu vermerken, dass sie zugunsten von Arbeitern und Bauern erfolgen sollte. Noch immer hatten die Berufsrevolutionäre ein erdrückendes Übergewicht. Und nur wenige Arbeiter und Bauern wurden auf dem Parteitag in das ZK gewählt. Im politischen Bericht Sinowjews wurde das Thema der sozialistischen Demokratie in eigentümlicher Weise beleuchtet. Sinowjew zitierte die Meinungsäußerung eines Fabrikingenieurs, der erklärt hatte, dass es nicht genüge, den Menschen das Nötigste zu geben, man solle ihnen auch Menschenrechte geben. Solange wir diese Rechte nicht besäßen, so lange seien wir träge und untätig. Solange nicht anerkannt werde, dass der Mensch der höchste Wert im Staat sei, würden die Menschen eine geringe Aktivität zeigen. Ohne Zweifel waren dies richtige Worte. Jedoch formulierte der Ingenieur in seiner Stellungnahme noch einige unzutreffende Auffassungen. Auf sie ging Sinowjew mit folgenden Worten ein:

»(…) Es ist verschwendete Zeit, zu dieser Frage überflüssige Worte zu verlieren. Es ist vollkommen klar, dass sie (die Spezialisten; D. W.) solche Rechte in unserer Republik nicht sehen, ebenso, wie sie ihre Ohren ohne Spiegel nicht sehen können. Das ist unbestritten.«

So dachte nicht nur Sinowjew, sondern auch viele andere im ZK, die nicht in der Lage waren, die humanistische Konzeption des Sozialismus zu erkennen. In diesem Unverständnis verbirgt sich ein Grund für das spätere Elend.

Lenins Brief nahm auf dem Parteitag nicht den Platz ein, den er hätte einnehmen müssen. Den einzelnen Delegationen wurde der Brief von eigens dafür bestimmten Personen vorgelegt. Als besonders aktiv erwies sich Kamenew, der von einer Delegation zur anderen ging. Es gab keinerlei Diskussionen. Nach der »Lesung« wurde ein im Voraus vorbereiteter mündlicher Vorschlag vorgetragen: Stalin ist zu empfehlen, in seiner praktischen Arbeit die kritischen Anmerkungen Lenins zu beachten. Das war alles.

Als Lenins »Brief an den Parteitag« den Delegierten des 13. Parteitags bekannt gemacht wurde, war das Dokument bereits eineinhalb Jahre alt. In dieser Zeit hatte Stalin Trotzkis Attacken zurückgewiesen und dadurch die Unterstützung einer Mehrheit in der Partei gewonnen. Sollten die Delegierten des Parteitags dennoch Lenins Rat folgen und den Generalsekretär ablösen? Hatte nicht gerade Stalin sich als Verteidiger des Leninschen Erbes hervorgetan? Und bedeutete Stalin abzusetzen nicht, Trotzki anzuerkennen?

Viele Delegierte verstanden nicht sonderlich viel von den Haarspaltereien der Politik, oft haben sie die Form für den Inhalt gehalten. Ihre politische Kultur war meist niedrig. Allerdings besaßen nicht alle Bolschewiki eine niedrige politische Kultur. Hatten Sinowjew, Kamenew, Rykow, Tomski, Dserschinski, Kalinin, Rudsutak, Sokolnikow, Frunse, Andrejew und andere nicht die Notwendigkeit begriffen, Lenins »Testament« sorgfältig zu analysieren? Ich glaube, dass sie das zwar begriffen hatten, dass sie aber schließlich glaubten, einer formal verstandenen Einheit der Partei den Vorrang geben zu müssen.

Nachdem Stalin offiziell von Lenins Brief Kenntnis genommen

hatte, bot er seinen Rücktritt an. Wäre damals diesem Rücktrittsgesuch stattgegeben worden, dann wäre womöglich vieles anders gekommen. Aber der Rücktritt wurde nicht akzeptiert. Stalin hat in den zwanziger Jahren insgesamt dreimal um seine Entlassung gebeten. Nach dem 15. Parteitag, als die Opposition um Trotzki und Sinowjew geschlagen war, wandte Stalin sich auf dem ersten Plenum an die Mitglieder des ZK mit folgenden Worten:

»Ich glaube, dass für die Partei bis vor kurzem die Notwendigkeit bestand, einen Menschen von mehr oder weniger schroffem Charakter auf diesem Posten als Gegengift für die Opposition zu haben. Nun ist die Opposition nicht nur zerschlagen, sondern auch aus der Partei ausgeschlossen. Und es existiert eine Anordnung Lenins, die meiner Meinung nach in die Praxis umgesetzt werden muss. Deshalb ersuche ich das Plenum, mich aus dem Amt des Generalsekretärs zu entlassen. Ich versichere ihnen, Genossen, dass die Partei dadurch nur gewinnen kann.«

Aber zu dieser Zeit war seine Autorität schon enorm. Er verkörperte in der Partei den Mann, der für die Einheit gekämpft hatte, indem er unermüdlich gegen verschiedene Fraktionen aufgetreten war. Das Rücktrittsgesuch wurde erneut abgelehnt. Es ist anzunehmen, dass Stalin im Voraus davon überzeugt war und dass er mit diesem Vorschlag nur das Ziel verfolgte, seine Position noch zu verstärken.
Kamenew und Sinowjew haben sich auf dem 13. Parteitag dafür eingesetzt, dass Lenins Rat, Stalin abzulösen, nicht in die Tat umgesetzt wurde. Bedenkt man ihre Nähe zu Lenin, so ist dies wohl die unwürdigste Seite in ihrer politischen Biographie. Man überredete Stalin, sein Rücktrittsgesuch zurückzunehmen, und arbeitete gemeinsam ein Dokument aus, in dem Stalin aufgefordert wurde, die kritischen Bemerkungen des verstorbenen Führers zu respektieren. Sinowjew und Kamenew waren federführend beteiligt an dieser Operation, die dem Zweck diente, Lenins »Testament« zu missachten. Wenn sie nur gewusst hätten, dass sie ihren Totengräber verteidigten! Für Sinowjew und Kamenew war es am wichtigsten, nicht zuzulassen, dass Trotzki die Hauptrolle spielte. Weil sie selbst darauf spekulierten. Für sie war nicht das Schicksal

der Revolution, nicht das Schicksal von Lenins »Testament« und auch nicht die Zukunft des Landes von vorrangigem Interesse. An erster Stelle standen ihr Egoismus, ihr Ehrgeiz, ihre Eitelkeit. Sie unterschätzten Stalin ebenso, wie Trotzki es tat. So hatte etwa Sinowjew Anfang der zwanziger Jahre im engeren Kreis gesagt: »Stalin ist ein guter ausführender Funktionär, aber man kann und muss ihn immer anleiten. Stalin selbst fehlt es an der Fähigkeit zur Selbstanleitung.« Offensichtlich waren Sinowjew und Kamenew darauf aus, dass Stalin wohl auf dem Posten des Generalsekretärs bliebe, dass aber die erste Geige im Politbüro ein anderer spielen würde – natürlich Sinowjew. Stalin hatte die Absichten des Duos durchschaut, aber er gab sich zunächst den Anschein, als sei er mit dieser Aufteilung einverstanden. Stalin hatte es nicht zufällig arrangiert, dass auf dem 13. Parteitag Sinowjew mit dem politischen Rechenschaftsbericht auftreten konnte. Trotzki verhielt sich auf dem Parteitag passiv und machte den Eindruck, als warte er darauf, dass man ihn bat.
Allein hätte Stalin nichts ausrichten können. Es waren Sinowjew und Kamenew, die verhinderten, dass der »Brief an den Parteitag« öffentlich zugänglich gemacht wurde. Und obwohl dieses Dokument dann auf dem 15. Parteitag auf Anregung von Ordschonikidse in einem Bulletin veröffentlicht wurde, erreichte es nicht die breiten Schichten der Partei und auch nicht das Volk.

Als Trotzki praktisch geschlagen war und Stalin Sinowjew und Kamenew nicht mehr brauchte, kam es zum Bruch zwischen dem Duo und dem Generalsekretär. Nun wurden Kamenew und Sinowjew plötzlich »prinzipiell«. Als es um ihre persönliche Position ging, vergaßen die politischen Zwillinge rasch ihre Freundschaft zu Stalin und traten gegen ihn auf. Aber die meisten Parteimitglieder und -funktionäre bewerteten dies als Fraktionsmacherei. Das, was viele, die nun als Oppositionelle auftraten, seinerzeit getan hatten, um Stalin gegen den Willen Lenins auf dem Posten des Generalsekretärs zu halten, konnten sie nicht mehr rückgängig machen.
Trotzki hatte eine harte Niederlage erlitten. Er versuchte nun, »sein Gesicht zu wahren«. Seinen Auftritt auf dem 13. Parteitag bezeichnete Sinowjew als »parlamentsmäßig«. Nach Sinowjews

Eindruck wandte Trotzki sich nicht an die Delegierten, sondern an die gesamte Partei und versuchte, »ganz und gar nicht das zu sagen, was er denkt«. In der Tat war Trotzkis Auftritt überraschend. In seiner Rede richtete er sich vor allem gegen die Bürokratisierung des Parteiapparats. Um überzeugend zu wirken, berief er sich auf Lenin und Bucharin und attackierte die ZK-Führung aus der Position eines Neuerers, eines Kämpfers für die Bewahrung der revolutionären Tradition der Partei. »Die Masse denkt langsamer als die Partei«, erklärte Trotzki. Um die Fähigkeit der Partei, »schnell und wahr zu denken«, zu erhalten, müsse man sie befreien von den »Beschwerlichkeiten«, die ihr durch die Bürokratisierung des Parteiapparats zugefügt würden. Die Bürokratie nähre die Fraktionsbildung, sagte Trotzki, sie rechtfertige die ideologische und politische Kritik. Mit anderen Worten, die von ihm initiierten Diskussionen in der Partei betrachtete er als Antwort auf die Bürokratie im ZK und auf allen Ebenen der Parteihierarchie. In diesem Gedanken steckt ein bestimmtes Maß an Rationalität. Aber Trotzki sorgte sich weniger um die Partei als um sich selbst. Und er blieb allein: Seine Position war nicht glaubwürdig. In der Partei hatte man nicht vergessen, dass gerade er einer der Initiatoren der Methoden des »Kriegskommunismus« war, der doch unweigerlich bürokratische Verzerrungen hervorbringen musste. Der 13. Parteitag missachtete auch Lenins Rat, die Führungskräfte zu erneuern. Hätte man die Amtszeit der Funktionäre begrenzt, dann hätte es kaum zu solchen Entartungen kommen können. Stalins jahrzehntelanger Verbleib an der Spitze der Partei und des Staats musste zu Deformationen führen.

Ganz zu Anfang gab es keine äußeren Anzeichen für die Errichtung einer Diktatur. Im Gegenteil. Stalin kämpfte gegen Trotzki unter der Losung des gemeinsamen Kampfes gegen dessen Führungsanspruch. Trotzki zehrte immer noch von dem politischen Kapital, das er in den Jahren des Bürgerkriegs erworben hatte, aber er bemerkte nicht, dass es schmolz. Stalin kritisierte den Führungsanspruch Trotzkis und schlug eine demokratisch klingende Alternative vor: »kollektive Führung«. Stalin hatte aber längst den Plan gefasst, den Kern der Parteiführung allmählich zu verändern. Der erste, den er beseitigen wollte, war Trotzki. Aber die Ereignisse durften nicht forciert werden. So änderte sich die

Politbürobesetzung nach dem 13. Parteitag nur geringfügig; sogar Trotzki hatte seinen Sitz behalten. Als neues Mitglied erschien lediglich Bucharin, der schnell an Autorität innerhalb der Partei gewonnen hatte, nicht zuletzt, weil Lenin ihn »Liebling der Partei« genannt hatte. Kandidaten des Politbüros wurden Dserschinski, Sokolnikow und Frunse. Das Sekretariat wurde neu organisiert: Generalsekretär – Stalin, zweiter Sekretär – Molotow, Sekretär – Kaganowitsch. Die Zusammensetzung des Zentralkomitees hatte sich zu Stalins Gunsten entwickelt.

Stalin hatte die schwierigste Phase seiner Parteikarriere hinter sich gebracht. Man hatte ihn nicht nur im Amt des Generalsekretärs belassen, sondern es war ihm auch gelungen, seine Position in der Parteiführung auszubauen.

Der »Brief an den Parteitag« verschwand für Jahrzehnte aus dem Blickfeld der Partei. Er wurde nicht in Lenins »Gesammelten Werken« veröffentlicht, obwohl Stalin versprochen hatte, er werde dafür sorgen. Allerdings ist der Brief in den zwanziger Jahren einige Male bei innerparteilichen Auseinandersetzungen aufgetaucht. Er wurde sogar im Bulletin Nr. 30 des 15. Parteitags veröffentlicht (in einer Auflage von mehr als 10 000 Exemplaren). Mit der Aufschrift »Nur für KPR(B)-Mitglieder« wurde der Brief an die Bezirkskomitees der Partei verschickt sowie an die kommunistischen Fraktionen im Zentralexekutivkomitee und im Zentralrat der sowjetischen Gewerkschaften. Ein Teil des Briefs wurde am 2. November 1927 in der »Prawda« veröffentlicht. Deshalb wäre es falsch, zu sagen, die Partei habe nichts gewusst von Lenins »Testament«. Nachdem Lenins Wille nicht sofort erfüllt worden war, wurde es später um so schwieriger. Vor allem weil Stalin sich den Anschein gab, als wäre er bereit, sein Verhalten zu ändern. Und das wichtigste war, dass er in den Augen der Partei der führende Vertreter der ZK-Mehrheit gegen die Oppositionellen zu sein schien. Unter »Opposition« wurde häufig schon die Äußerung von Meinungen begriffen, die von denen der Mehrheit abwichen. Stalin sollte es erreichen, dass Wörter wie »Opposition« und »Fraktion« zu Synonymen für »Feinde« wurden.

Wahl und Kampf

Zu Beginn der zwanziger Jahre standen in der Umgebung Moskaus Hunderte von Landhäusern – Datschen – leer, sie waren von ihren Besitzern verlassen worden. Die meisten von ihnen waren ins Ausland geflohen, viele waren im Bürgerkrieg gefallen, und andere hatte die Revolution von diesen Attributen des »bourgeoisen Luxus« enteignet. Viele dieser Häuser wurden in Krankenhäuser, Obdachlosenheime, Erholungsheime und andere staatliche Einrichtungen verwandelt.

Auch in der Nähe des Bahnhofs Usowo standen einige Dutzend Datschen leer. Eine davon, die früher dem Ölindustriellen Subalow gehört hatte, wurde Stalin zugeteilt. In der Umgebung ließen sich Woroschilow, Schaposchnikow, Mikojan, etwas später Gamarnik und andere Staats-, Partei- und Militärführer des Landes nieder.

Eines Tages, als er mit seiner Frau bei Tisch saß, sagte Stalin: »Ich habe Geld nie gemocht, weil ich es in der Regel nie hatte.« Beim Studium der Dokumente im Stalin-Archiv war es interessant, Quittungen zu lesen, die Stalin unterzeichnet hatte. Er hatte Jelena Dimitrijewna Stassowa bescheinigt, dass er Vorschüsse aus der Parteikasse erhalten hatte zu Lasten des nächsten Gehalts. Die Vorschüsse betrugen 25, 60 oder 75 Rubel. Dieser Mensch wusste vom Geldmangel nicht nur vom Hörensagen.

Mit der Zeit erschienen im Hause Stalins eine Kinderfrau und eine Haushälterin. Damals gab es weder vielköpfige Leibwachen noch Kommandanten, noch Kuriere und auch keine anderen Bediensteten, die erst später auftauchen sollten, um dann von den Führern »Betreuungsdienst« genannt zu werden. Der bürgerliche Begriff »Diener« war verpönt.

In den ersten Jahren nach der Revolution lebte Stalin, wie alle Parteiführer, bescheiden und einfach, entsprechend dem familiären Budget und den Parteiregeln. Im Oktober 1923 hatten das ZK und die ZKK ein spezielles Rundschreiben an alle Parteikomitees geschickt. Darin waren Regeln aufgeführt, wie sie die 9. Parteikonferenz im September 1920 ausgearbeitet hatte. Danach war es unzulässig, staatliche Mittel für die Einrichtung privater

Wohnräume und Datschen zu benutzen sowie Prämien und Belohnungen in Form von Naturalien an verantwortliche Funktionäre zu vergeben. Ferner sollte verhindert werden, dass eine große Diskrepanz entstand zwischen dem Gehalt der »Spezialisten« oder Funktionäre und dem Einkommen der Arbeiter. Zu Lenins Lebzeiten war es außerdem üblich, dass ZK- Mitglieder ihre Honorare aus schriftstellerischer Tätigkeit an die Parteikasse abtraten. Die Parteiführer besaßen damals keine Wertsachen, und sogar Gespräche darüber galten als Zeichen einer kleinbürgerlichen Gesinnung, ja, sogar als parteifeindlich.

Ab und zu versammelte man sich sonntags, wenn die Umstände es erlaubten, bei Stalin. Zu ihm fuhren Bucharin mit seiner Frau, Ordschonikidse, Jenukidse, Mikojan, Molotow, Woroschilow, Budjonny, oft mit Frauen und Kindern. Unter der Ziehharmonikabegleitung Budjonnys sang man russische und ukrainische Lieder, man tanzte sogar. Nur Trotzki ist niemals in der Datscha Stalins gewesen.

Bei der Tischrunde wurden lange Gespräche geführt über die Lage des Landes, der Partei, über aktuelle innere und internationale Angelegenheiten.

Auch der Altbolschewik Allilujew war häufig bei seinem Schwiegersohn, den er sehr schätzte. Und oft erzählte er dann von den »Alten«. (Er war Parteimitglied seit Gründung der Sozialdemokratie und war sehr stolz darauf.) Nur selten gab es Auseinandersetzungen. Alle duzten sich. Sie waren alle gleich. Es gab keine Ehrbezeugungen, keine Lobeshymnen und keine Schmeicheleien. In dieser Datscha trafen sich Menschen, die noch vor weniger als zehn Jahren die Parias der Gesellschaft gewesen waren, und nun standen sie dank der historischen Umstände an der Spitze eines riesigen Staats, der sich nur schwer erholte von den zahllosen Wunden, die ihm Krieg und Bürgerkrieg beigebracht hatten. Viele Fragen, die in Stalins Datscha erörtert wurden, kamen dann im Politbüro zur Sprache. So warf Molotow einmal, als alle bei Tisch versammelt waren, eine Frage auf: Wie viel Korn geht wohl in Russland für selbstgebrannten Schnaps drauf, und wie viel Geld fehlt dadurch im Staatshaushalt? Einige Tage später, am 27. November 1923, wurde auf einer Politbürositzung folgender Beschluss gefasst:

»Das Sekretariat hat eine Kommission einzuberufen, die fortan den Kampf gegen die private Schnapsbrennerei, gegen Kokainhandel und gegen Glücksspiele (ebenso Lotteriespiele) führen soll. Als Besetzung sind vorgesehen: als Vorsitzender Genosse Smidowitsch, Stellvertreter Genosse Schwernik, als Mitglieder die Genossen Beloborodow, Danilow, Dogadow, Wladmirow.
Sekretär des ZK, Stalin«

Nach einem Datschagespräch über die Ursachen für Lenins Krankheit und Tod wurde beschlossen, die medizinische Versorgung der Parteiführung zu verbessern. Auf dem ZK-Plenum vom 31. Januar 1924 stellte Woroschilow folgenden Antrag:

»Das Präsidium der Zentralen Kontrollkommission wird gebeten, dringend notwendige Maßnahmen bezüglich der medizinischen Versorgung der Parteispitze zu treffen. Hierzu ist ein speziell dafür zu benennender Genosse auszuwählen, der für die Gesundheit der Parteispitze Sorge trägt und ebenso ihre Arbeitsbedingungen untersucht.«

Ich glaube, zu Lenins Lebzeiten wäre die Diskussion anders verlaufen: Sie hätte bei der Gesundheitsfürsorge für die Bevölkerung begonnen und hätte sich erst dann mit dem Gesundheitszustand der Parteiführung befasst. Mit solchen »Kleinigkeiten« hat alles begonnen. Das Elitedenken der Parteispitze ließ nach und nach Privilegien aufkommen: in Form von verschiedenen Zusatzzahlungen – »Kuverts« –, Extrawaggons für Mitglieder der Parteiführung, Datschen im Süden, »Betreuungsdiensten«. Alles begann ganz allmählich.

Wie baut man den Sozialismus auf?

Trotzki schrieb 1924 in Kislowodsk die »Lehren des Oktober«. In dieser Schrift versuchte er von neuem, die Rolle der anderen Revolutionsführer herabzusetzen, um seine Ansprüche auf die Parteiführung »theoretisch« zu untermauern. Trotzki schlüpfte aber

dann, wie in einem Artikel der Zeitschrift »Bolschewik« (Nr. 14, 1924) deutlich wurde, aus der Rolle des »Chronisten« in die eines leidenschaftlichen Staatsanwalts. Er versuchte zu beweisen, dass im Verlauf der Revolution »das ZK dann Recht hatte, wenn es mit Trotzki einverstanden war, und Lenin dann im unrecht war, wenn er mit Trotzki nicht einverstanden war«.
Die Oktoberrevolution »habe nur deshalb gesiegt«, weil Lenin und Trotzki, der Mehrheit des »alten Bolschewismus« zum Trotz, sie angeführt hätten. So sah die Version des ehemaligen Menschewiken aus.
Trotzki vertrat unverändert die Meinung, dass das Schicksal der Revolution in entscheidendem Maße davon abhänge, ob auch die Revolution in den Ländern Europas stattfinde. In seiner Arbeit »Die permanente Revolution« äußerte sich Trotzki noch konkreter: Die Vollendung der sozialistischen Revolution sei in nationalem Rahmen undenkbar, auch wenn das proletarische Regime eine Zeit lang aufrechterhalten werden könne. Auf die Frage, wie man den Sozialismus aufbauen solle, antwortete Trotzki: Indem man auf die Weltrevolution wartet und sie antreibt. Trotzki glaubte daran, dass eine »Oktoberrevolution« nach der anderen in den Staaten Europas entbrennen würde und dass die Rote Armee der Arbeiterklasse in diesen Ländern beim großen Umbruch hilfreich zur Seite stehen solle. Das war ohne jeden Zweifel eine linksradikale Haltung, aber es war natürlich kein »Verbrechen«, wie es später bewertet wurde. Trotzki war die Revolutionsromantik nicht fremd. Ganz im Gegensatz zu Stalin.
Trotzki schrieb in seinem Buch »Die permanente Revolution«:

»Es versteht sich, dass Russland selbständig nicht zum Sozialismus gelangen kann. Aber indem es die Ära sozialistischer Umgestaltungen eingeläutet hat, kann es der sozialistischen Entwicklung Europas Schwung geben und auf diese Weise im Schlepptau fortschrittlicher Länder zum Sozialismus gelangen.«

So dachte Trotzki bis zum Jahr 1917. Nach der Revolution änderte er seine Position in einigen Punkten. In einem Dialog mit Stalin äußerte Trotzki seine Meinung Folgendermaßen:

Stalin: »So, Sie bestreiten also, dass unsere Revolution zum Sozialismus führen kann?«
Trotzki: »Ich glaube nach wie vor, dass unsere Revolution zum Sozialismus führen kann, wenn sie einen internationalen Charakter angenommen hat.«

Trotzki erklärte die Meinungsverschiedenheiten folgendermaßen:

»Das Geheimnis unserer theoretischen Gegensätze liegt darin, dass Sie lange Zeit am historischen Prozess nicht teilgenommen haben und dass Sie jetzt versuchen, ihn zu überholen. Darin liegt auch das Geheimnis der Fehler Ihrer Wirtschaftspolitik.«

Die Theorie des Aufbaus des Sozialismus in einem Land war nach Trotzki nicht mit der Theorie der »permanenten Revolution« zu vereinbaren. Nur die Superindustrialisierung auf Kosten des Agrarsektors könne dem Staat die industrielle Grundlage geben und eine Chance, zum Sozialismus zu gelangen, schrieb Jewgeni Alexejewitsch Preobraschenski und unterstützte damit Trotzki. Stalin sah trotz seiner oberflächlichen ökonomischen Kenntnisse durchaus, in welch schwieriger Lage sich das Land befand. Die Diskussionen und Auseinandersetzungen innerhalb der Partei waren nicht nur ein Kampf um die politische Gestaltung der Gesellschaft, sondern sie waren auch eine Suche nach den Möglichkeiten, die Wirtschaft zu entwickeln. Wenn Stalin einen Sinn für die Ökonomie besessen hätte, so hätte er in Lenins letzten Artikeln die Konturen der *sozialistischen Konzeption* erkennen können: Industrialisierung verbunden mit der freiwilligen Bildung von Genossenschaften auf dem Land, Anhebung des kulturellen Niveaus der breiten Massen, Verbesserung der sozialen Verhältnisse und Entwicklung demokratischer Anfänge in der Gesellschaft. Lenins »Testament« sagt auch, dass die Neue Ökonomische Politik viele dieser Probleme in einem Knoten verbinde – den Zusammenschluss der Stadt mit dem Land, die »Freisetzung« ökonomischer Triebkräfte, den Handel, die uralte Unternehmungslust des schaffenden Menschen – und »dass aus dem Russland der NÖP das sozialistische Russland werden wird«. Diese Worte hat Stalin nie richtig verstanden.

In den ersten Jahren interessierte Stalin sich für die Anschauungen Bucharins, Preobraschenskis, Strumilins, Leontjews, Brudnis'. Er hatte jedoch große Schwierigkeiten, die Begriffe, Gesetze und Tendenzen der Ökonomie zu begreifen. Ein Mensch, der nie in der Produktion gearbeitet und der das Alphabet der Ökonomie nicht bewältigt hatte, hat schließlich erklärt, der Warenmangel sei unvermeidlich im Sozialismus. Er begleitet uns immer noch.
Stalin bemühte sich, sich ökonomische Kenntnisse anzueignen. In seiner Bibliothek befand sich das Buch O. Jermanskis »Die wissenschaftliche Organisation der Arbeit und das System Taylors«. Es ist bekannt, dass Lenin den Autor für dessen Darlegung des Taylor-Systems gelobt hatte. Höchstwahrscheinlich hatte Stalin auch deshalb dieses Buch gelesen.
Betrachtet man seine Artikel, Schriften, Notizen, Äußerungen und – am wichtigsten – sein Handeln, dann kommt man unweigerlich zu dem Schluss, dass Stalins ökonomisches Credo mehr als bescheiden blieb: Das Land muss stark sein. Nein, nicht nur stark, sondern auch mächtig. Vorrangig ist die Industrialisierung. Und dann muss man die Bauern an den Sozialismus heranführen. Auf einer ZK-Beratung prägte Stalin folgende Formel: »Je größer die Aufgaben sein werden, die vor uns stehen, desto mehr Schwierigkeiten werden wir haben.« Im »Bolschewik« (Nr. 9/10, 1926) schrieb er: »Wir stellen uns immer größere und ernsthaftere Aufgaben. Ihre Lösung sichert zunehmend erfolgreiche Schritte in Richtung Sozialismus, aber die *Erweiterung des Aufgabenfeldes* wird von einer *Erweiterung der Schwierigkeiten* begleitet.« Das klingt schon ähnlich wie das spätere Unheil verkündende Motto: »Die Zuspitzung des Klassenkampfes wächst mit der Beschleunigung der Bewegung zum Sozialismus.« Mitte der zwanziger Jahre hatte Stalin zwar eine sehr nebelhafte Vorstellung von den Wegen des sozialistischen Aufbaus, über die Methode aber hatte er schon recht konkrete Ansichten: Stärke, Befehle, Weisungen. Widerspricht dies etwa einer Diktatur?
Als Stalin die zahlreichen Äußerungen angesehener Parteigenossen las, fühlte er, dass das breite Spektrum der Meinungen über das Schicksal des Sozialismus in der UdSSR nicht allein herrührte von den unterschiedlichen theoretischen Positionen der Autoren, sondern auch hervorgerufen wurde durch die Tatsache, dass die

Umsetzung der Ideen sich als wesentlich schwieriger erwiesen, als die Bolschewiki angenommen hatten. Bucharin hat es im »Bolschewik« treffend formuliert: »Früher haben wir uns die Sache so vorgestellt: Wir erkämpfen uns die Macht, wir nehmen alles in unsere Hände, führen sofort eine Planwirtschaft ein, irgendwelche Lappalien, die sich entgegenstellen, nehmen wir zum Teil auf unseren Beiwagen, und zum Teil überwinden wir sie, und damit ist es genug. Jetzt ist es vollkommen klar, dass die Sache so ganz und gar nicht funktionieren wird.«

Ja, die Sache funktionierte ganz und gar nicht so. Während Stalin die Artikel und Berichte durchblätterte, fühlte er, dass in dieser Phase der Ungewissheit Trotzki die größte Gefahr darstellte. Allein schon, wenn er an dessen Namen dachte, erfasste Stalin eine tiefe Abneigung, die in Zorn übergehen konnte. Eines Tages erzählte man Stalin, dass Trotzki im Kreis seiner Anhänger geäußert habe, einige neue Fürsten der Partei könnten ihm, Trotzki, die historische Rolle, die er im Oktober gespielt habe, nicht verzeihen. Selbstverständlich bezog sich dieser Satz auch auf Stalin. Und dessen Ohren erreichten noch wesentlich weniger schmeichelhafte Bemerkungen Trotzkis und seiner Gesinnungsgenossen. Obwohl das Verhältnis zwischen Stalin und dem Duo Sinowjew-Kamenew nach wie vor nicht schlecht zu sein schien, spürte der Generalsekretär, dass sein allmählich wachsender Einfluss nicht in deren Sinn war. Besonders deutlich wurde ihm das nach dem 13. Parteitag. In einem Bericht während der Lehrgänge der Sekretäre der Kreiskomitees kritisierte Stalin die Äußerung Kamenews über die Existenz einer »Parteidiktatur«. »Nun, Genossen«, schloss Stalin, »wir haben eine Diktatur des Proletariats und keine Diktatur der Partei.« Der Gerechtigkeit halber muss man erwähnen, dass auch Bucharin zu jener Zeit von einer »Diktatur der Partei« ausging. Auf dem Januarplenum des ZK im Jahr 1924 hatte er gesagt: »Es ist unsere Aufgabe, zwei Gefahren zu sehen: erstens die Gefahr, die von der Zentralisierung unseres Apparats ausgeht; zweitens die Gefahr der politischen Demokratie, die entstehen kann, wenn die Demokratie im Übermaß vorhanden ist. Die Opposition sieht jedoch nur eine Gefahr in der Bürokratie. Hinter der bürokratischen Gefahr sieht sie nicht die demokratische Gefahr. Aber das ist Menschewismus. Um die Diktatur des

Proletariats zu unterstützen, muss man die Diktatur der Partei unterstützen.«
Und Radek hatte dem hinzugefügt: »Wir sind eine diktatorische Partei in einem kleinbürgerlichen Land.«
Aber Stalin kritisierte lediglich Kamenew. Es erschien ihm nicht von Nutzen, gegen viele zu »kämpfen«. Es kam ihm darauf an, allmählich und der Reihe nach vorzugehen. Alles zu seiner Zeit. Und sogleich reagierte das Duo. Während einer Politbürositzung wurde Stalins Kritik an Kamenew als »nicht kameradschaftlich« verurteilt, und man warf Stalin vor, er habe »den Kern der Position des Kritisierten« ungenau ausgedrückt. Der Generalsekretär bot sofort seinen Rücktritt an. Zum zweiten Mal, aber nicht zum letzten Mal. Das Rücktrittsgesuch wurde erneut abgelehnt, auch von Kamenew, auch von Sinowjew. Stalin erkannte die Unsicherheit seiner Gegner – sie fürchteten nach wie vor Trotzki. Der Generalsekretär konnte sich wieder einmal von der wetterfahnenabhängigen Denkweise Kamenews und Sinowjews überzeugen.
Stalin hatte schon damals den Entschluss gefasst: Sobald Trotzki erledigt ist, wird er alsbald diese »prinzipienlosen Schwätzer« beseitigen. Ihn stieß das vorlaute Wesen Sinowjews ab. In einer Rede auf der Abendsitzung des ZK-Plenums vom 14. Januar 1924 charakterisierte Sinowjew unaufgefordert verschiedene ZK-Mitglieder und andere Bolschewiki. Ein Geschwaderkommandeur benotete seine Untergebenen.
»Pjatakow«, sprach Sinowjew selbstsicher, »ist ein Bolschewik. Aber sein Bolschewismus ist noch unreif. Grün und unreif.« Einige Stunden zuvor hatte Sinowjew sich mit Pjatakows Korrekturen zu einer Resolution über ökonomische Fragen beschäftigt: »Das sind keine Korrekturen, sondern es ist eine Plattform, die sich von guten Plattformen darin unterscheidet, dass sie schlecht ist. Sonst gar nichts.« Über Sapronow sagte er, er sei ein »bodenständiger Mensch. Er steht mit beiden Füßen fest auf dem Boden und stellt alles Mögliche dar, nur keinen Leninismus.« Ossinski sei ein »Vertreter mehr intellektuellen Einschlags, der mit Bolschewismus nichts gemein hat.« Nicht einmal Trotzki verschonte er, was Stalin gewiss Freude bereitete: »Als wir seinerzeit zum Kongress in Kopenhagen ankamen, legte man uns eine Ausgabe der Zeitung ›Vorwärts‹ mit einem anonymen Artikel vor. In

diesem Artikel wurde mitgeteilt, dass Lenin und seine gesamte Gruppe Kriminelle und Expropriateure seien. Der Autor dieses Artikels war Trotzki.«

Stalin hörte zu und dachte wohl: Er hält sich bereits für den Führer. Emporkömmling, Schwätzer! Selbstverständlich hat Stalin auf diesem Plenum in keiner Weise auf Sinowjew reagiert. Aber zwei Jahre später wird er kein gutes Haar an ihm lassen. Im Mai 1926 schrieb er beispielsweise zu einer Stellungnahme Sinowjews eine Notiz an die Mitglieder des Delegationsbüros der KPR(B) bei der Kommunistischen Internationale: Manuilski, Pjatnitzki, Losowski, Bucharin, Lominadse und Sinowjew. Im Einzelnen schreibt Stalin, dass er »auf ganze acht Klatschgerüchte und eine lächerliche Stellungnahme des Genossen Sinowjew gestoßen« sei. Zu jedem einzelnen Punkt von Sinowjews Erklärung gab der Generalsekretär seine kategorischen Urteile ab. Und über deren Autor zieht er folgendes Resümee:

»Der Genosse Sinowjew teilt prahlend mit, dass es den Genossen Stalin und Manuilski nicht obliege, ihn die Notwendigkeit, gegen die ultralinken Abweichungen zu kämpfen, zu lehren, und beruft sich dabei auf seine siebzehnjährige literarische Tätigkeit. Dass der Genosse sich für einen großartigen Menschen hält, dafür bedarf es keinerlei Beweise. Aber dass die Partei ihn ebenso für einen großartigen Menschen hält, daran ist, mit Verlaub, zu zweifeln.

In der Periode von 1898 bis kurz vor der Revolution im Jahre 1917 hatten wir alten Illegalen Gelegenheit, in allen Regionen Russlands zu sein und zu arbeiten, aber dem Genossen Sinowjew sind wir weder im Untergrund noch in den Gefängnissen, noch in der Verbannung begegnet. (…)

Unsere alten Illegalen wissen sehr wohl, dass sich in der Partei eine ganze Plejade alter Funktionäre befindet, die weit vor dem Genossen in die Partei eingetreten sind und sie ohne Lärm und Prahlerei aufgebaut haben. Was ist schon die sogenannte literarische Tätigkeit des Genossen Sinowjew im Vergleich zu der Arbeit, die unsere alten Illegalen im Untergrund ganze zwanzig Jahre geleistet haben?«

Bereits Mitte der zwanziger Jahre begriffen die Gegner Stalins, dass sich hinter der »herausragenden Mittelmäßigkeit« ein außergewöhnlicher Politiker verbarg: hart, schlau, gerissen und willensstark. Bald sollten dies alle seine Gegner erfahren.

Der Leser könnte den Eindruck gewinnen, dass ich dem persönlichen Kampf zu viel Aufmerksamkeit widme. Aber damals spielte er diese Rolle. Ab und an ertappt man sich bei dem Gedanken, dass die wichtigsten Fragen der Geschichte nicht selten verdrängt werden durch die persönlichen Ambitionen der Führer.

Die nach Lenins Tod entfachten Auseinandersetzungen um Wege und Methoden des sozialistischen Aufbaus wurden stark geprägt durch persönlichen Ehrgeiz und den Kampf um die Führung. Dieser Kampf wurde im Wesentlichen zwischen Stalin, Trotzki und Sinowjew ausgetragen. Es ging um Fragen der Ökonomie, das Verhältnis zu den Bauern, den Weg der Industrialisierung, Theorie und Praxis der internationalen kommunistischen Bewegung. Häufig waren die Unterschiede der Auffassungen von zweitrangiger Bedeutung. Aber die persönlichen Ambitionen und die Rivalität, besonders zwischen Stalin und Trotzki, machten den Kampf zum Drama. Am Ende war jede von Stalins Position abweichende Meinung »klassenfeindlich«, »kapitulationistisch«, »revisionistisch«, »verräterisch« und so weiter.

Der Umstand, dass Stalin immer Lenin »verteidigte«, bedeutet nicht, dass Stalin immer Recht hatte. Lenin »verteidigten« auch die Oppositionellen, die gegen Stalin auftraten. Es hing davon ab, *wie* Lenins Ideen interpretiert wurden. In unserer Geschichtsschreibung herrschte lange die Vorstellung vor, dass Stalin, zumindest in den zwanziger Jahren, nicht abgewichen sei von Lenins Anschauungen. Dem ist aber nicht so. Es genügt, sich die fehlerhafte Einstellung Stalins zur nationalen Frage, zur NÖP, zur sozialistischen Umgestaltung des Dorfs, zum Bürokratismus in Partei und Staat und so weiter zu vergegenwärtigen. Diejenigen, die glaubten, dass nur die Oppositionellen sich geirrt und dass die Partei und Stalin immer Recht gehabt hätten, lagen falsch.

Viele falsche Entscheidungen Stalins wurden durch Parteibeschlüsse bestätigt. Hätte sich die Partei nie geirrt und hätte sie immer richtige Entscheidungen gefällt, so wäre es nicht zum Personenkult, zum blutigen Terror, zum Voluntarismus und Subjektivismus in der Führung gekommen, es hätte keine langjährige Stagnation gegeben, und wir müssten heute nicht nach lebensnotwendigen Erneuerungen rufen, nach mehr Sozialismus und mehr Demokratie. Entscheidungen und Maßnahmen eines Menschen oder einer Organisation können niemals absolut richtig sein. Das Leben schreitet durch Widersprüche, Konflikte und Hindernisse voran. Die Realität ist immer reicher als die Schemata, die Stalin so geliebt hat. Die Entscheidungen über Wege und Methoden des Aufbaus der neuen Gesellschaft sowie deren Errungenschaften und Fehler sind nicht nur mit Stalin in Verbindung zu bringen. Es ist eine andere Sache, dass Stalin zur Verkörperung des bürokratischen Modells des Sozialismus und sein Hauptverfechter wurde.

Stalin hatte sich nicht sofort für eine bestimmte Konzeption zum Aufbau der neuen Gesellschaft festgelegt. Er hat die Anschauungen Lenins, besonders wie sie sich in seinen letzten Artikeln und Briefen darstellten, nicht immer verstanden und möglicherweise nicht geteilt. Stalin griff oft auf die Ideen des »Kriegskommunismus« zurück. Er war genötigt, die NÖP für eine bestimmte Zeit zu »ertragen«. Er hatte verstanden, dass er ohne ein enges Bündnis der Arbeiterklasse mit den Bauern viele Probleme der UdSSR nicht würde lösen können. Sein Konzept zeigte sich im allmählichen Abgleiten zur Alleinherrschaft. Stalin war kein Theoretiker. Seine Schlussfolgerungen stützten sich zwar häufig auf Zitate, aber sie waren vermengt mit Willensimpulsen.

Während Stalin die Argumente Sinowjews und Kamenews las und hörte, dachte er wohl innerlich lachend: »Und diese Leute schreiben über Leninismus!« Er würde noch über den Leninismus schreiben. Und er sollte es so schreiben, dass die Unterschiede seines Verständnisses vom Leninismus zu dem der anderen allen klar würden. Aber zunächst war es notwendig, Trotzki einen Schlag zu versetzen. Stalin hatte sich besonders sorgfältig auf seinen Auftritt vor dem Plenum der kommunistischen Fraktion im Zentralrat der sowjetischen Gewerkschaften am 19. November 1924 vorbereitet. Er sprach nach Kamenew, und er gab seiner Rede die Überschrift: »Trotzkismus oder Leninismus?«

Sein Auftritt diente ausschließlich einer gnadenlosen Kritik Trotzkis, wobei er Kamenew und Sinowjew noch verteidigte. Die »Oktoberepisode« Kamenews und Sinowjews charakterisierte Stalin als zufällig: »Die Meinungsverschiedenheiten hielten nur einige Tage an, und zwar deshalb und nur deshalb, weil wir es bei Kamenew und Sinowjew mit Leninisten, mit Bolschewiki zu tun hatten.« Hier verstellte er sich; denn er hielt sie weder für Leninisten noch für Bolschewiki. Aber er benötigte sie noch im Kampf gegen Trotzki und um seine Position zu festigen. Stalin warf Fragen in den Saal:

»Wozu die neuen literarischen Ergüsse Trotzkis gegen die Partei? Was ist der Sinn, die Aufgabe, der Zweck dieser Ergüsse heute, da die Partei nicht diskutieren will, da die Partei mit einer Unmenge unaufschiebbarer Aufgaben überhäuft ist, da die Partei einmütige Arbeit am Wiederaufbau der Wirtschaft, nicht aber einen neuen Kampf um alte Fragen braucht? Wozu musste Trotzki die Partei zu neuen Diskussionen zurückzerren?«

Stalin ließ seinen Blick über die Zuhörer schweifen und antwortete hart mit gleichmäßiger Stimme:

»Und allem Anschein nach besteht diese ›Absicht‹ darin, dass Trotzki in seinen literarischen Ergüssen noch einen (noch einen!; D. W.) Versuch macht, Vorbedingungen zu schaffen, um den Leninismus durch den Trotzkismus ersetzen zu können. Trotzki muss ›auf Biegen und Brechen‹ die Partei und ihre Kader, die den Aufstand durchgeführt haben, diffamieren, um von der Diffamierung der Partei zur Diffamierung des Leninismus überzugehen.«

Hierin steckt ein wahrer Kern. Während Trotzki Lenin und den Leninismus überflüssigerweise mit schmeichelhaften Formulierungen bedachte, hat er unterschwellig nicht nur einmal verschiedene Leninsche Schlussfolgerungen über den Aufbau des Sozialismus in Zweifel gezogen. Nach Trotzki war der Sozialismus in Russland ohne Unterstützung anderer Länder nicht möglich; die Industrialisierung sei nur denkbar auf Kosten der Bauern, die NÖP sei der Beginn der Kapitulation, der Genossenschaftsplan sei verfrüht, der Oktober sei lediglich die Weiterführung der Februarrevolution, ohne die Erziehung der Bevölkerung in »Arbeiter-

armeen« werde sie die »Vorzüge des Sozialismus« nicht verstehen und so weiter.
Stalin hatte verstanden, dass Sinowjew und Kamenew begannen, sich Trotzki anzunähern, um mit ihm eine neue Opposition, die sogenannte »Vereinigte Opposition«, gegen den Generalsekretär zu bilden. Die Auftritte Stalins gegen Trotzki und später gegen dessen »neue« Verbündeten kann man in dieser Phase als »Verteidigung des Leninismus« bezeichnen. Stalin kämpfte noch mit zulässigen Mitteln. Jedoch »verteidigte« er die Zitate häufig ohne ein kreatives Verständnis. In seinen Worten war wenig Neues. Und Trotzki hatte nicht in allem unrecht, besonders nicht, was seine Warnung vor der bürokratischen Gefahr betraf. Gegen Ende seiner Rede schloss Stalin mit den Worten:

»Man spricht von Repressalien gegen die Opposition und von der Möglichkeit einer Spaltung. Das ist Unsinn, Genossen. Unsere Partei ist stark und mächtig. Sie wird keine Spaltungen zulassen. Was die Repressalien anbelangt, so bin ich entschieden dagegen.«

Stalin hatte Sinowjew und Kamenew »verschont« und sie sogar vor den Angriffen Trotzkis verteidigt. Aber die Gründer der »Vereinigten Opposition« nahmen das Geschenk des Generalsekretärs nicht an. Auf einer Politbürositzung Anfang 1925 erklärte Kamenew, unterstützt von seinem Gesinnungsgenossen, dass die technische und wirtschaftliche Rückständigkeit und die kapitalistische Umgebung zu unüberwindlichen Hindernissen für den Aufbau des Sozialismus geworden seien. Mit dieser Auffassung stellten Sinowjew und Kamenew sich in der Grundfrage hinter Trotzki. Einige Monate zuvor hatten sie ihn wegen dieser Überzeugung hart attackiert.
Die »Vereinigte Opposition« gegen die ZK-Mehrheit erforderte Antworten, eine Erarbeitung neuer Beschlüsse zu weiteren Maßnahmen für den sozialistischen Aufbau. Diese Aufgabe stellte sich nun die 14. Parteikonferenz Ende April 1925.
Stalin trat auf dieser Konferenz weder mit einem Bericht hervor, noch beteiligte er sich an den Debatten. Die wesentlichen Fragen, die auf der Konferenz erörtert wurden, bezogen sich auf die Genossenschaften (Berichterstatter: Rykow), die Metallindustrie

(Dserschinski), die Landwirtschaftssteuer (Zjurupa), den Parteiaufbau (Molotow), die revolutionäre Gesetzlichkeit (Soltz) und auf die Aufgaben der Kommunistischen Internationale (Sinowjew). Kamenew führte traditionsgemäß den Vorsitz der Konferenz. Zum letzten Mal. Er oder Sinowjew sollte nie mehr den Vorsitz auf solchen Versammlungen innehaben. Der entscheidende Schluss, zu dem die Konferenz kam, lautete, dass der Aufbau des Sozialismus in der UdSSR möglich sei, sogar angesichts des schleppenden Entwicklungstempos der proletarischen Weltrevolution. Jedoch habe der Sozialismus erst dann endgültig gesiegt, wenn internationale Garantien geschaffen würden, dass es nicht zu einer Wiederherstellung des Kapitalismus kommen könne.

Wichtig war die Diskussion über Fragen der revolutionären Gesetzlichkeit. Der Berichterstatter Aron Alexandrowitsch Soltz, Mitglied des Präsidiums der ZKK/ABI, der einst zusammen mit Stalin in der Turuchansker Verbannung gesessen hatte, bemerkte, dass die Bolschewiki nach dem Sieg der Revolution »wesentlich schärfer die Notwendigkeit einer Verbesserung unserer Wirtschaft gespürt haben als die der Festigung einer revolutionären Gesetzlichkeit«. Scharfsinnig fuhr Soltz fort:

»Die Parteimitglieder und jene, die die Sowjetmacht verwirklichen, müssen verstehen, dass unsere Gesetze mit all ihren Erscheinungen diesen Aufbau, den wir verwirklichen wollen, ebenso unterstützen und verstärken, wie die Übertretung unserer Gesetze diesen Aufbau zerstört.«

Bedauerlich, dass diese richtigen Überlegungen zehn Jahre später vollständig vergessen sein werden.

Einige Tage nach der 14. Parteikonferenz trug Stalin in der Moskauer Organisation der KPR(B) einen Bericht vor. Einen Abschnitt seines Berichts nannte Stalin »Über das Schicksal des Sozialismus in der Sowjetunion«. Stalin kritisierte Trotzki heftig, erwähnte viele seiner Arbeiten und äußerte sich ironisch über Trotzkis Theorie der permanenten Revolution. Mit großem Pathos und tiefster Überzeugung erklärte Stalin den Zuhörern die Voraussetzungen des endgültigen Sieges des Sozialismus in der UdSSR. Bei dieser Gelegenheit schimmerten schon die ersten Anzeichen seiner besonderen Rolle und seines besonderen Platzes in der Partei durch. Wie sonst hätte er es sich erlauben können, sich selbst ausführlich zu zitieren? Er legte zwar Sachverhalte dar, doch bereitete Stalin die Partei allmählich darauf vor, dass er besondere Anrechte auf die Wahrheit habe.

Stalin versuchte, sein Verständnis der Wege des Übergangs zum Sozialismus nicht nur bei Auftritten vor dem ZK und in der Presse darzulegen, sondern ebenso vor Arbeitern, wenn auch sehr selten. Stalins Assistent, Towstucha, hat eine Rede aufgeschrieben, die der Generalsekretär in den Stalin-Werkstätten der Eisenbahnbaustrecke »Oktober« am 1. März 1927 hielt.

Stalin sah die Gesichter der Arbeiter an, die neugierig auf den wenig bekannten Mann schauten. Stalin bewegte seine Hand im »Rhythmus« der Rede:

»Wir sind im Begriff, den Übergang vom Bauernland in ein Industrieland zu vollenden, und kommen dabei ohne Hilfe von außen aus. Wie sind andere Länder diesen Weg gegangen?

England begründete seine Industrie, indem es ganze 200 Jahre die Kolonien plünderte. Es kann nicht davon die Rede sein, dass wir diesen Weg einschlagen wollen.

Deutschland nahm dem besiegten Frankreich fünf Milliarden. Aber auch dieser Weg, der Weg, durch siegreiche Kriege zu rauben, entspricht uns nicht. Unsere Sache ist eine Friedenspolitik.

Es gibt noch den dritten Weg, den die Zarenregierung Russlands verfolgte. Das war der Weg der Auslandsanleihen und der Leibeigenschaft; auf Kosten der Arbeiter und Bauern. Wir wollen diesen Weg nicht gehen.

Wir haben unseren eigenen Weg – den Weg der eigenen Allkumulation. Ohne Fehler werden wir hier nicht auskommen, und wir werden Defizite haben. Aber das Gebäude, das wir bauen, ist derart grandios, dass diese Fehler und Mängel im Endeffekt keine große Bedeutung haben werden.«

Am nächsten Tag berichtet die »Rabotschaja Moskwa« über Stalins Auftritt:

»Applaus wie aus einem Maschinengewehr. Ein Mann in Soldatenkhaki und mit einer Pfeife in der Hand trat (nach Abschluss seiner Rede; D. W.) von der Bühne. Es lebe Stalin! Es lebe das ZK der KPR(B)! Stalin erhält Notizen. Aufmerksam studiert er diese Notizen und zwirbelt dabei seinen schwarzen Schnurrbart. Der Wellenschlag des Saales verstummt, und Stalin, der Generalsekretär der bolschewistischen Partei, nach dem die Werkstätten benannt worden sind, beginnt seine Gespräche mit den Arbeitern.«

Während die ersten Erfolge beim kulturellen und wirtschaftlichen Aufbau erreicht wurden, waren die Vorbereitungen für den 14. Parteitag in vollem Gange. Im Jahr 1925 wurde das Vorkriegsniveau der Landwirtschaft erreicht und auf manchen Gebieten sogar übertroffen. Die Bruttolandwirtschaftsproduktion betrug 112 Prozent des Vorkriegsstandes. Die NÖP als Verbindungsglied zwischen Stadt und Land hatte erste Früchte gebracht. Die Industrieproduktion, die über mehr als zehn Jahre dem Verfall nahe gewesen war, hatte das Vorkriegsniveau zu drei Vierteln erreicht. Neue Bauprojekte wurden in Angriff genommen, vor allem Kraftwerke. Ausländische Wirtschaftsexperten hatten dagegen vorausgesagt, dass das Vorkriegsniveau erst nach fünfzehn bis zwanzig Jahren erreicht werden könne! Bedeutende Erfolge wurden auch im Kampf gegen den Analphabetismus erzielt. Besonders in den nationalen Republiken wurde das Schulnetz erweitert. Es wurden große Anstrengungen zur Weiterentwicklung des Hochschulsystems unternommen, und es wurden wichtige Dekrete im Interesse der kulturellen Aufklärung und der Bildungsarbeit beschlossen. Die Russische Akademie der Wissenschaften wurde in eine Akademie der UdSSR umgewandelt. Bereits damals erschienen zahlreiche wissenschaftliche Arbeiten von höchstem Niveau. Die Rote Armee wurde erfolgreich auf Friedensstärke gebracht und reformiert. Diese Arbeit schritt – nach Trotzkis Ablösung – auf dem ZK- Plenum vom 17. bis zum 20. Januar 1925 voran. Statt Trotzki wurde Michail Wassiljewitsch Frunse zum Volkskommissar für Heer und Flotte und zum Vorsitzenden des Revolutionären Kriegsrats der UdSSR ernannt.
Während des Plenums machten Sinowjew und Kamenew einen unerwarteten Vorschlag. Kamenew schlug vor, man solle Trotzki vom Amt des Volkskommissars für Heer und Flotte und als Vor-

sitzenden des Revolutionären Kriegsrats ablösen und stattdessen Stalin benennen. Dieser Vorschlag lässt sich unterschiedlich beurteilen. Es ist nicht ausgeschlossen, dass Sinowjew und Kamenew den wachsenden Einfluss Stalins spürten und deshalb versuchten, ihn auf einen anderen verantwortungsvollen Posten umzusetzen. Dies hätte es ihnen ermöglicht, Stalin auf dem bevorstehenden Parteitag mit Hilfe des Leninschen Briefs vom Amt des Generalsekretärs abzulösen. Möglicherweise wollte das Duo mit diesem Schritt zwei Fliegen mit einer Klappe schlagen: Trotzki ausschalten und Stalin einen Schlag versetzen. Trotzki spielte die Rolle einer der beiden »Fliegen«, Stalin aber hat sie nicht akzeptiert. Der Generalsekretär hat seine Verwunderung und seinen Missmut über Kamenews Vorstoß nicht verborgen, was viele ZK-Mitglieder auf der Sitzung bemerkten. Kamenews Vorschlag wurde von der Mehrheit abgelehnt.

Trotzki nahm an dem Plenum nicht teil. Er war krank. In den entscheidenden Momenten des Kampfes gab er sich Blößen und zeigte sich ungeschickt. Er erleichterte es Stalin, die »Feinde nacheinander zu schlagen«.

Dieses Plenum war für Stalin von großer Bedeutung. Trotzkis Position wurde noch schwächer. Das Plenum versagte Kamenew und Sinowjew seine Unterstützung. Der Generalsekretär hatte erreicht, was seinen Gegnern nicht gelungen war: Er schlug zwei Fliegen mit einer Klappe.

Der 14. Parteitag nahte. Er setzte wichtige Zeichen für die Entwicklung der sowjetischen Wirtschaft. Aber im Dezember 1925, als der Parteitag stattfand, fiel es schwer zu glauben, dass das, was die Zeitungen schrieben, in Erfüllung gehen könnte. Doch die NÖP gab den Bolschewiki eine historische Chance. Im Grunde war sie das erste Modell eines Marktsozialismus, das in der Lage war, unter den neuen gesellschaftlichen Bedingungen den Motor der wirtschaftlichen Initiative am Laufen zu halten. Die Neue Ökonomische Politik half, die landwirtschaftliche Entwicklung schnell zu steigern. Auch die Industrieproduktion wuchs. Scharfsichtige Menschen sahen im GOELRO-Plan nicht nur einen Plan zur Elektrifizierung des Landes, sondern auch eine Möglichkeit, die sozialistische Ökonomie auf ein neues Niveau zu bringen. Gewiss, das war erst der Anfang, und es standen viele Hindernisse im Weg.

Die Industrietrusts bestimmten selbst die Preise auf kommerzieller Grundlage. Dabei entstanden Verzerrungen. Beispielsweise musste der Bauer für ein Stück Seife oder für einen Eimer Petroleum drei- bis viermal mehr Korn verkaufen als im Jahr 1913. Die Unzufriedenheit wuchs. Das war ein Besorgnis erregendes Symptom. Die Hoffnungen auf die Ansiedlung ausländischer Betriebe im Rahmen von »Konzessionen« waren vergebens. Die kapitalistischen Staaten gaben keine Kredite, und der Umfang des Außenhandels erreichte das Vorkriegsniveau nicht einmal zur Hälfte. 1,5 Millionen Erwerbslose suchten Arbeit. Jeder zweite Erwachsene im Land konnte weder schreiben noch lesen. Es war kein Geld da, um Werkbänke und Maschinen zu kaufen. Es gab kaum neue größere Bauprojekte. Und dennoch fühlten die Menschen, die die Zeitungen regelmäßig lasen, dass das Land vor riesigen Veränderungen stand. Der junge Staat hatte keine andere Wahl. Um in jener schwierigen, gefährlichen Welt zu überleben, war eine Beschleunigung der Entwicklung notwendig. Wie und auf wessen Kosten?

Vor diesem Hintergrund fand der 14. Parteitag statt. Die auffallendste Figur auf dem Parteitag war Stalin; vor allem, weil der politische Bericht, den der Generalsekretär vortrug, einen wesentlichen Platz in der Arbeit der Delegierten einnahm. Der Parteitag bestätigte die Entscheidung der 14. Parteikonferenz: »Im Allgemeinen ist der Sieg des Sozialismus (nicht im Sinne eines endgültigen Sieges) in einem einzelnen Land ohne weiteres möglich.« Der Parteitag verkündete den Übergang zur Industrialisierung als Schlüsselaufgabe der Gestaltung der sozialistischen Gesellschaft. Die Delegierten nahmen zur Kenntnis, dass dieser Kurs höchste Schwierigkeiten bringen und große Opfer verlangen werde. Es kam die Frage nach dem Entwicklungstempo auf. Völlige Klarheit zu dieser Frage herrschte weder im Kreis der Parteiführer noch bei anderen Parteitagsdelegierten.

Auf dem Parteitag machte sich auch die »Vereinigte Opposition« bemerkbar. Ihren Kern bildete die Leningrader Delegation mit Sinowjew an der Spitze. Er trug den Bericht der Opposition vor. Jedoch klang seine Rede armselig. Sinowjews Argumente und die seiner Gesinnungsgenossen waren schwach und wenig überzeugend. Sinowjew, Kamenew und Sokolnikow warnten nicht ohne

Grund vor den Gefahren der Bürokratisierung. Ihrer Meinung nach hatte sie damals schon begonnen. Aber ihre Reden waren zu sehr von ihren persönlichen Motiven geprägt, als dass sie einen Eindruck auf die Delegierten hätten hinterlassen können.

Wie bereits erwähnt, erklärte Kamenew auf dem Parteitag, dass er zu der Überzeugung gekommen sei, dass Stalin seine Aufgabe, den bolschewistischen Stab zu vereinen, nicht erfüllen könne. Nachdem Kamenew dies ausgesprochen hatte, begann der Großteil der Parteitagsdelegierten zu skandieren: »Stalin! Stalin!«, und sie brachten dem Generalsekretär eine Ovation dar. Stalin fühlte, dass seine Linie der »Verteidigung des Leninismus«, die herauszustellen er nicht müde wurde, immer größere Unterstützung in der Partei erfuhr. Er war der »Verteidiger des Leninismus« gegen alle Opponenten und Fraktionsmacher, deren persönliche Ambitionen offenkundig waren. Das ist das Geheimnis der Popularität des Generalsekretärs. Die geringe politische Kultur vieler Parteifunktionäre tat ein Übriges, um Stalins Autorität allmählich und kaum merklich zu erhöhen, bis sie die gesamte Partei erfasste.

Es schien, als hätte Stalin nie zu irgendeiner Gruppierung in der Partei gehört. Aber dieser Eindruck entstand allein, weil er jeden seiner Schritte, jede seiner Entscheidungen und seiner Kritiken mit Lenins Position identifizierte. Die Analyse von Stalins Verhalten zeigt, dass er viele Fehler gemacht, dass er mal diese, mal jene Gruppierung unterstützt hatte – aber er konnte schneller als andere seine Positionen »korrigieren«. Er verstand es, den Eindruck hervorzurufen, dass alles, was er sagte und schrieb, gleichzusetzen sei mit Lenins Auffassungen. Vor allen Dingen deshalb fand Stalin die Unterstützung der Partei. Natürlich verteidigte Stalin in vielen (jedoch nicht in allen) Fällen Lenins Ideen. Aber im Verlauf der Zeit nahm Stalins Sicht dieser Ideen einen autokratischen Charakter an. Viele Bolschewiki verbanden die Linie der Partei, die Arbeit des ZK, mit konkreten Personen. Und da es nach Lenin keinen offensichtlichen Führer mehr gab, wurde Stalin, der »Vereiniger des bolschewistischen Stabs«, zum Symbol der anfänglichen Erfolge beim Aufbau des Sozialismus. Er personifizierte die Einheit der Partei, und er stand für die Belebung der Landwirtschaft. Der Mehrheit der Delegierten war klar, dass Sinowjew, Kamenew und der auf diesem Parteitag im Schatten verbleibende Trotzki mit ihren Attacken auf das ZK vor allem das Ziel verfolgten, führende Posten in der Parteihierarchie zu erlangen. Die Niederlage der Opposition war vollständig.

Das ZK der Kommunistischen Partei der Sowjetunion (B) – so nannte sich nun die Partei – berief Sinowjew vom Posten des Vorsitzenden des EKKI ab, und bald darauf wurde der Posten auf Initiative der sowjetischen Delegation bei der Komintern ganz abgeschafft. Leiter der Leningrader Parteiorganisation wurde Sergej Mironowitsch Kirow. Kamenew wurde vom Amt des Stellvertretenden Vorsitzenden des Rats der Volkskommissare und des Vorsitzenden des Rats für Arbeit und Verteidigung abgelöst. Sinowjew und Kamenew behielten lediglich ihre Mitgliedschaft im Politbüro. In dieses Parteigremium gewählt wurden nun auch Woroschilow und Molotow, was Stalins Position deutlich stärkte. In seinem mehr als einstündigen Schlusswort zum politischen Rechenschaftsbericht des ZK kritisierte Stalin noch einmal mit harten Worten Sinowjew, Kamenew, Sokolnikow, Laschewitsch und ihre Anhänger. Im Mittelpunkt dieser Rede stand die Bekräftigung der Linie der Partei beim sozialistischen Aufbau und die Aufforderung, die Einheit der Bolschewiki zu festigen.

Aufmerksamen Beobachtern entging nicht, dass Stalin sich ständig selbst zitierte, und dies ohne jede Skrupel. Ohnehin dürften Menschen mit hoher politischer Kultur Stalins Skrupellosigkeit bei seinen Parteitagsauftritten nicht entgangen sein. So äußerte sich Stalin in beleidigendem Ton über Krupskaja und nannte ihre Rede »reinen Unsinn«. Später kam er noch einmal auf Krupskaja zurück:

»Und wodurch unterscheidet sich eigentlich Genossin Krupskaja von jedem anderen verantwortlichen Genossen? Glauben Sie etwa, die Interessen einzelner Genossen müssten höher gestellt werden als die Interessen der Partei und ihrer Einheit?«

Den Bolschewiki, fuhr Stalin demagogisch und unter Applaus fort, sei der »formale Demokratismus keinen Pfifferling wert«, die Interessen der Partei aber bedeuteten ihnen alles. Laschewitsch nannte Stalin einen »Kombinator«, Sokolnikow bescheinigte er eine übermäßige Neigung, in seinen Reden »Streiche zu spielen«,

Kamenew war für ihn ein »Wirrkopf«, Sinowjew ein »Hysteriker« und so weiter. Die Grobheit Krupskaja gegenüber ist nicht nur in Stalins politischer Taktlosigkeit begründet, sondern sie war auch eine Art Rache an ihr, die sie Zeugin war von Lenins letzten denkwürdigen Briefen, Telefongesprächen und Unterredungen. Stalin verzieh niemals und nichts. Stalin war wohl selbst aufgefallen, dass er an einigen Stellen seiner Rede überzogen hatte, und er nahm Zuflucht zu einem Verhalten, das er später noch häufiger an den Tag legen sollte. Zu seinen Äußerungen über Sinowjews schwachen Artikel »Philosophie der Epoche« erklärte er, dass er grob sei gegenüber dem Feindlichen und Fremden, und das sei ein Ergebnis seines geradlinigen Charakters. Der Generalsekretär münzte seine abstoßenden Charaktereigenschaften allmählich um in vorbildliche Tugenden. Und bereits auf dem 14. Parteitag im Jahr 1925 hat sich außer Kamenew niemand gefunden, der gegen Stalin aufgetreten wäre.

Stalin fühlte die Stimmung der Delegierten und fegte in seinem Schlusswort Kamenews Vorschlag, das Sekretariat in einen rein technischen Apparat zu verwandeln, beiseite, aber gleichzeitig äußerte er, er sei gegen die »Aussonderung« einzelner Mitglieder aus dem ZK. Stalin war sich der Ergebenheit der meisten Delegierten sicher und hielt es hier für angebracht zu verkünden, dass, wenn die Genossen darauf bestehen sollten, er »seinen Platz, ohne Lärm zu machen, zu räumen bereit« sei. Stalin hielt seine Rede wie ein erfahrener Politiker. Er erlangte die Unterstützung der Delegierten, indem er seine Uneigennützigkeit und Sorge um die Partei kundtat. Während der Generalsekretär die »Fraktionsmacher« kritisierte und verhöhnte, zeigte er seine »Großherzigkeit« und garnierte seine Reden mit Aussprüchen wie: »Nun ja, Gott mit ihm.« Obwohl Stalin bereits den Entschluss gefasst hatte, mit Sinowjew und Kamenew abzurechnen, verkündete er seine Friedfertigkeit:

»Wir sind für die Einheit, wir sind gegen das Absägen. Die Absägungspolitik ist uns zuwider. Die Partei will die Einheit und wird sie durchsetzen – mit Kamenew und Sinowjew, wenn sie es wollen, ohne sie, wenn sie es nicht wollen.«

Ich möchte darauf aufmerksam machen, dass Stalin in seinem

Schlusswort einige Bemerkungen machte, die, wenn sie in die Tat umgesetzt worden wären, die schlimmsten Perioden in der Geschichte unserer Partei hätten abwenden können. Unter Applaus und der offenkundigen Billigung der Delegierten verkündete er:

»Das Plenum entscheidet bei uns alles, und es ruft seine Führer zur Ordnung, wenn diese das Gleichgewicht zu verlieren beginnen. (…) Sollte jemand von uns über die Stränge schlagen, so wird er zur Ordnung gerufen werden – das ist notwendig, das ist unerlässlich. Es ist unmöglich, die Partei anders zu führen als durch ein Kollegium. Es ist unsinnig, nach Iljitsch davon auch nur zu träumen, es ist unsinnig, darüber zu reden.
Kollegiale Arbeit, kollegiale Leitung, Einheit in der Partei, Einheit in den Organen des ZK, bei Unterordnung der Minderheit unter die Mehrheit – das ist es, was wir jetzt brauchen.«

Der Parteitag bestätigte den Kurs des sozialistischen Aufbaus und der Industrialisierung. Aber die Demokratie in der Partei erfuhr keine Weiterentwicklung.

Der Popularisator des Leninismus

Die Worte »Theorie«, »Theoretiker« riefen bei dem jungen Dschugaschwili eine innere Angst hervor. »Eine wahre Theorie«, sprach Martow, »geht mit der Wahrheit immer Hand in Hand.« Als Stalin 1907 am 5. Parteitag der SDAPR in London teilnahm, hatte er nicht den Eindruck, dass ihn die Debatten sonderlich bereicherten. Die langwierigen Auseinandersetzungen über »das Verhältnis zu den bürgerlichen Parteien«, »die Klassensolidarität«, »die Rolle des Proletariats in der bürgerlichen Revolution« schienen ihm weit weg zu sein von der russischen Wirklichkeit.
Die Wirklichkeit machte noch während der Parteitagsarbeit gebieterisch von sich reden. Der Vorsitzende unterbrach die Debatte und teilte mit, dass in der Parteikasse nicht mehr genügend Geld sei für die Bezahlung des Versammlungslokals, die Hotelzimmer und die Heimfahrt der Delegierten. Ein Liberaler habe sich aber

bereit erklärt, einen Wechsel über 3000 Pfund auszustellen, der mit einem hohen Zinssatz zurückzuerstatten sei. Der Vorsitzende fragte die Delegierten, ob sie einverstanden seien, dass dieser Wechsel unterschrieben würde. Nach einer Pause äußerten alle laut ihr Einverständnis. Der liberale Mäzen musste mehr als zehn Jahre auf sein Geld warten. Er ging ein Risiko ein: Nicht alle Revolutionen in der Geschichte ereigneten sich wie auf Bestellung.
In einer Sitzungspause stand Dschugaschwili neben Lenin, Rosa Luxemburg und Trotzki. Diese diskutierten über die »permanente Revolution«. Die Glocke rief zur Sitzung. Lenin beendete das Streitgespräch mit einem Scherz:

»Wahrscheinlich kennt Rosa die russische Sprache ein wenig schlechter als die marxistische, deshalb gibt es zwischen uns ebendiese Unstimmigkeit. (...) Aber das lässt sich ändern!«

Dschugaschwili hatte den Kern der Theorie der »permanenten Revolution« nur schemenhaft begriffen und beteiligte sich nicht an dem Gespräch. Rund dreißig Jahre später wurde er einstimmig zum Ehrenmitglied der Akademie der Wissenschaften der UdSSR gewählt. Zu seinem siebzigsten Geburtstag schenkten ihm die Leuchten der Wissenschaft ein fettleibiges Panegyrikon von fast 800 Seiten, in dem Formulierungen wie »genialer Wissenschaftler«, »genialer Theoretiker«, »großer Denker« an unzähligen Stellen auftauchten. Die Akademiemitglieder schrieben in diesem Buch auch, wie großartig der Beitrag J. W. Stalins zur Entwicklung der Theorie des wissenschaftlichen Kommunismus, der Philosophie, der politischen Ökonomie sei und wie gewichtig die methodologische Bedeutung seiner Ideen für die Wissenschaft im Allgemeinen sei. »Der große Denker und die Koryphäe der Wissenschaft«, wie es im Protokoll Nr. 9 der Vollversammlung der Akademie der Wissenschaften der UdSSR vom 22. Dezember 1939 geschrieben steht, war vor allem ein dogmatischer Popularisator des Marxismus und ein primitiver Interpret der Leninschen Ideen.
Aber auch zu jener Zeit, als Stalin Akademiemitglied wurde, als er als »Fackel der Weltwissenschaft« verherrlicht wurde, war es nicht der Wille der Vernunft, der diese ehrwürdigen Wissenschaftler

leitete. Die Krönung des Generalsekretärs mit einem intellektuellen Kranz war nur eine von den Absonderlichkeiten, die aus der Vergötterung des »Führers« resultierten.
Ironie des Schicksals! 1949 schrieb das Akademiemitglied Pjotr Nikolajewitsch Pospelow den Artikel »J. W. Stalin – die große Koryphäe der marxistisch-leninistischen Wissenschaft«, und einige Jahre später bereitete er auf Anordnung des ZK Informationen vor für den Bericht Chruschtschows auf dem 20. Parteitag. Aber wir sind der Chronologie der Ereignisse vorausgeeilt.

Nachdem Stalin sich an die Spitze des Führungskerns der Partei gestellt hatte, glaubte er, dass er sich nicht allein hervortun dürfe durch seine organisatorischen Fähigkeiten und seine »harte Hand«, die bereits viele zu spüren bekommen hatten, sondern auch als Theoretiker. In der Tat erforderte der Übergang zu einer neuen Etappe beim Aufbau der neuen Gesellschaft das theoretische Verständnis für viele Fragen. Alles war neu in Wirtschaft, Gesellschaft und Kultur. Die Konturen des sozialistischen Aufbaus eröffneten die Möglichkeit, Themen zu erörtern, die den Rahmen der Gegenwart überschritten. Und Lenins Konzept verlangte nach einer Konkretisierung angesichts der gegebenen und der sich am Horizont abzeichnenden Bedingungen.
Außerdem begriff Stalin, dass ein Parteiführer eine Reputation als marxistischer Theoretiker haben musste. Er wollte der Führer werden, nicht nur formal, sondern auch faktisch. Ihm war klar, dass die erdrückende Mehrheit seiner Artikel keinerlei Eindruck im gesellschaftlichen Bewusstsein hinterlassen hatte. In dem Mosaik von Lösungen, Ideen und Aufrufen, das die Revolution hervorgebracht hatte, waren Stalins langweilige Artikel einfach untergegangen. Allerdings hatte Stalin, nachdem sich seine Position in der Parteispitze gefestigt hatte, einige theoretische Arbeiten veröffentlicht. Zum Beispiel »Anarchismus oder Sozialismus?« Das Niveau dieser Arbeit lässt sich anhand nur eines Fragments erkennen:

»Wenn zum Beispiel die Bourgeoisie den Boden unter den Füßen verliert und von Tag zu Tag zurückgeht, so kann sie heute noch so stark und zahlreich sein, sie muss zu guter Letzt dennoch eine

Niederlage erleiden und in die Grube fahren. Daher auch der bekannte dialektische Leitsatz: Alles, was wirklich ist, das heißt, alles, was von Tag zu Tag wächst, ist vernünftig.«

Die erdrückende Primitivität dieser Ausführungen ist offensichtlich. Sie hinderte das Akademiemitglied Mark Borissowitsch Mitin nicht daran, die hier zitierten Sätze als eine »klassische Charakteristik des Neuen« zu bezeichnen.

Kaum bemerkt wurden auch andere theoretische Arbeiten Stalins wie zum Beispiel »Marxismus und nationale Frage« (1913), »Der Oktoberumschwung und die nationale Frage« (1918), »Zur Frage der Strategie und Taktik der russischen Kommunisten« (1923) und einige andere. Stalin spürte bald, dass er nicht in der Lage war, etwas wesentlich Eigenes in die Theorie des Marxismus einzubringen. Er konnte sich davon überzeugen, dass der Genius Lenins vieles vorweggenommen hatte. Gleich, wo er sich theoretisch versuchte, den Schatten Lenins konnte er nicht verlassen. Gerade angesichts der harten Konflikte in der Partei fühlte Stalin sich aufgefordert, das Leninsche Erbe – so, wie er es verstand – umfassend zu propagieren. So kam ihm die Idee, eine Vorlesungsreihe »Über die Grundlagen des Leninismus« an der Swerdlow-Universität zu halten. Diese Vorlesungen fanden kurz nach Lenins Tod statt. Im April und im Mai 1924 wurden sie in der »Prawda« veröffentlicht. Sie brachten Stalin eine gewisse Anerkennung als »Theoretiker« ein.

Das Bildungsniveau war niedrig, nicht nur das der breiten Massen, sondern auch das der Arbeiter und Bauern in der Partei. Sie brauchten das Alphabet des Leninismus. Nur durch ihre Popularisierung konnten Lenins Ideen verständlich gemacht werden. Stalin schien dieser Aufgabe gewachsen zu sein. Sein katechismusartiges Denken erwies sich hier als geeignet. Kurze Sätze im Telegrammstil. Keine komplizierten Begriffe. Keinen theoretischen Tiefgang. Aber Klarheit, Klarheit, Klarheit. Die Vorlesungen wurden nach ihrer Veröffentlichung gut aufgenommen. Sie wurden von Agitatoren und Propagandisten der Partei genutzt zur Verminderung der politischen Unwissenheit in der Bevölkerung.

Im Folgenden wurde »Über die Grundlagen des Leninismus« und das Sammelwerk »Fragen des Leninismus« kanonisiert; die eifri-

gen Stalinschen Propagandisten verwandelten sie in Zitatsammlungen des Dogmatismus. Eine Ausgabe folgte der anderen.
In diesen Arbeiten Stalins finden sich nicht wenige Ideen, die die Weltanschauung von Millionen sowjetischer Menschen formten. Es ist jedoch eine Tatsache, dass der Generalsekretär viele der Ideen Lenins derart traktierte, dass sie kaum noch wieder zu erkennen waren. So hat er, wie erwähnt, bei der Interpretation der Diktatur des Proletariats die Akzente ausschließlich auf deren gewaltausübende Seite gesetzt und sie von ihren demokratischen Inhalten »befreit«. Und heute kann man die Seiten der Stalinschen Arbeit »Über die Liquidierung des Kulakentums als Klasse« nicht mehr lesen, ohne zu erschauern, denn wir wissen, was dahinterstand.
Ein Sammelwerk nach dem anderen erschien im Staatsverlag für Politische Literatur. Die Redakteure wagten es nicht, ohne Stalin etwas zu verändern, zu berichtigen oder zu präzisieren. So tritt einem beim Lesen einiger Stellen im Sammelwerk »Fragen des Leninismus« der kalte Schweiß auf die Stirn: Stalin polemisiert, er beschimpft, entehrt Sinowjew, Trotzki, Kamenew, Sorin, Slutzki, Bucharin, Rykow, Radek und viele, viele andere – und auch in der 11. Auflage von 1945 klingt es so, als seien sie noch am Leben: »Lassen Sie uns einmal Radek anhören« – »Trotzki spricht bereits zwei Jahre« – »Kamenew meint« – »Und was sagt Sinowjew?« – »Diese Fakten sind Sinowjew bekannt« – »Bucharin wiederholt«. Natürlich wissen wir, dass Stalin diese Arbeiten geschrieben hatte, als diese Menschen und Millionen andere noch am Leben waren. Aber Stalin polemisierte weiter gegen seine Gegner, als er sie schon vernichtet hatte. Die Argumente, die Stalin gegen sie anführte, sind nicht nur aus wissenschaftlicher Sicht untragbar, sondern auch in höchstem Maße abscheulich. Auch wenn im Buch in kursiven Lettern betont wird: »*Stürmische Ovation, alle Anwesenden erheben sich von ihren Plätzen. Donnernde Hurrarufe. Allgemeine Rufe:* ›Es lebe Genosse Stalin!‹ Die Kongressteilnehmer singen stehend die ›Internationale‹. Nach der ›Internationale‹ beginnt die Ovation von neuem. Rufe: ›Hurra!‹, ›Es lebe unser Führer, Genosse Stalin!‹« Und so war es auch. Man wird das Gefühl nicht los, dass das Buch einem furchtbaren Alptraum entsprungen ist. Nur ein Mensch, der sämtliche moralische Normen

überschritten hatte, konnte seine ideologischen Gegner vernichten und sie nach ihrer Ermordung noch verspotten. Deshalb kann man auch treffende Urteile, die in den primitiven Popularisationswerken Stalins auftauchen, nicht anders als mit Abscheu betrachten.

Als Stalin sich darauf vorbereitete, seine Vorträge zu halten und sie danach zu publizieren, war er noch nicht in völliger Gefangenschaft der ideologischen Vorurteile, die er selbst später kultivierte. 1924 schrieb er, ohne zu zögern und im Widerspruch zur Wahrheit, dass Lenins Stil eine Mischung aus russisch-revolutionärer Wucht und amerikanischer Sachlichkeit sei.

»Die amerikanische Sachlichkeit ist jene unbändige Kraft, die keinerlei Schranken kennt noch anerkennt, die mit ihrer sachlichen Beharrlichkeit alle wie immer gearteten Hindernisse hinwegfegt, die jede einmal begonnene Sache unbedingt bis zu Ende durchführt.«

Ich glaube, wenn jemand Stalins Worte »Vereinigung der russischen revolutionären Wucht mit amerikanischer Sachlichkeit – darin liegt das Wesen des Leninismus in der Partei- und in der Staatsarbeit« in späteren Jahren geäußert hätte, so hätte er dies bitter bereuen müssen. In den zwanziger Jahren war das Denken Stalins, auch wenn es jeglicher Erleuchtung entbehrte, noch nicht vollständig vom kriegerischen Dogmatismus durchsetzt.

Dass Stalin das Verhältnis zwischen Theorie und Methode nie begriffen hat, wird besonders deutlich bei der Lektüre des »berühmten« vierten Kapitels in der »Geschichte der kommunistischen Partei der Sowjetunion (Bolschewiki). Kurzer Lehrgang«. Ferner hat er die Wechselbeziehung zwischen dem Objektiven und dem Subjektiven und die grundlegenden Gesetze der gesellschaftlichen Entwicklung nicht verstanden. Seine Erklärung, dass alles in der Natur und in der Gesellschaft mit eiserner Unausweichlichkeit vorbestimmt sei, mutet stark fatalistisch an: »Die sozialistische Ordnung folgt auf die kapitalistische wie der Tag auf die Nacht.« Stalin verlachte alle, die auf die »Forderungen der Vernunft« horchten, verspottete die, die einer »allgemeinen Moral« folgten, und vertrat einen vulgären Materialismus, der mit Gewalt angereichert war. Selbstverständlich bestätigte er: »(...) ein Beispiel völliger Übereinstimmung der Produktionsverhältnisse mit dem Charakter der Produktivkräfte ist die sozialistische Volkswirtschaft in der Sowjetunion (...).« Seine Argumente klangen immer wie Feststellungen oder wie Urteile.

Die ganze Geschichte, die im »Kurzen Lehrgang« dargestellt wird, ist eine Kette von Siegen der einen und Niederlagen der anderen – Spione, Doppelzüngler, Feinde, Schädlinge. Stalin zwang alles in ein Schema: Im Leben musste es genauso sein wie in der Theorie – der Theorie, die er verbreitete. Alles, was nach Stalins Logik ablief, war gesetzmäßig: das Wachsen kommunistischer Parteien, die Zertrümmerung der »rechten Abweichung«, der »Verrat« der sozialdemokratischen Parteien und so weiter. Für Kreativität, Willen, Spiel der Vorstellungen, Kühnheit der Gedanken gab es keinen Platz.

Stalins Intellekt war ein Gefangener des Schemas: drei Grundlinien der Dialektik, vier Entwicklungsetappen des Oppositionsblocks, drei Grundlinien des Materialismus, drei Besonderheiten der Roten Armee, drei Grundwurzeln des Opportunismus und so weiter. Ja, in Lehrplänen ist so etwas vielleicht nicht schlecht. Aber die gesamte Theorie einer Inventur zu unterziehen und sie auf einige Linien, Besonderheiten und Etappen zu reduzieren – das macht die Gesellschaftswissenschaften arm und die Weltanschauung dogmatisch.

Nach einer bestimmten Zeit waren in Stalins Arbeiten rituelle Elemente zu erkennen. In seinen Gedanken sind Andeutungen, Vorbehalte oder originelle Ideen schwer zu entdecken. Das Denken des »Führers« ist gleichförmig: Alles, was aus seiner Feder fließt, ist eine Weiterentwicklung der marxistisch-leninistischen Theorie. Jeder seiner Aussprüche ist ein Programm. Und alles, was mit seiner Einstellung nicht konform geht, ist verdächtig – und vor allem feindlich. Die Vulgarisierung, die Vereinfachung, die Schematisierung und der Kategorismus verleihen Stalins Anschauungen einen primitiv-orthodoxen Charakter. Es besteht Grund zur Annahme, dass Stalin an der Genialität dessen, was er sagte, nicht zweifelte. Stalin versuchte immerhin, theoretische Fragen mit konkreten Ansprüchen und Notwendigkeiten des sozialen Lebens in Übereinstimmung zu bringen, wenn auch oft völlig mechanisch. Aber nicht allen Arbeiten anderer Marxisten war diese praktische Tendenz eigen. Bei seinem Auftritt auf der ersten Unionsberatung der Stachanow-Leute am 17. November 1935 sagte Stalin:

»Es ist schwer, Genossen, von der Freiheit allein zu leben. *(Zustimmende Zwischenrufe, Beifall.)* Um gut und froh leben zu können, ist es erforderlich, dass die Errungenschaften der politischen Freiheit durch materielle Güter ergänzt werden. Eine charakteristische Besonderheit unserer Revolution besteht darin, dass sie dem Volke nicht nur die Freiheit, sondern auch materielle Güter und die Möglichkeit gegeben hat, ein wohlhabendes und kulturvolles Leben zu führen. Deshalb lebt es sich jetzt bei uns froh, und eben auf diesem Boden ist die Stachanow-Bewegung erwachsen.«

In den zwanziger Jahren publizierten viele Parteiführer verstärkt theoretische Arbeiten zu Fragen der sozialistischen Umgestaltung der Gesellschaft. In der »Prawda« und im »Bolschewik« erschienen regelmäßig Artikel von Trotzki, Sinowjew, Kamenew, Stalin, Kalinin, Jaroslawski und anderen Parteifunktionären. Einige von ihnen kamen gut voran bei der Veröffentlichung ihrer Werke. So zum Beispiel Trotzki, dem es gelang, innerhalb von zehn Jahren nach der Revolution 21 Bände seiner Werke herauszugeben. Und die »Prawda« teilte am 4. Dezember 1924 mit, dass begonnen worden sei, eine 22bändige Ausgabe von Sinowjews Werken zu publizieren. Eine Publikationskommission beurteilte sie als »Arbeiter-Enzyklopädie«. Ebenfalls in der »Prawda« wurde die Herausgabe des Sammelbandes »Oktober. Ausgewählte Artikel W. I. Lenins, N. I. Bucharins und J. W. Stalins« angekündigt. Zu jener Zeit wurden besonders viele Schriften Bucharins veröffentlicht – »Die Widersprüche des zeitgenössischen Kapitalismus«, »Über die Neue Ökonomische Politik und unsere Aufgaben« und andere.
Stalin bemühte sich »mitzuhalten«. Seine Arbeiten der zwanziger Jahre widmeten sich der Popularisierung des Leninismus und der Polemik gegen verschiedene Gruppierungen, Oppositionen, Fraktionen und Parteiführer. Hier fühlte Stalin sich wie ein Fisch im Wasser. Nur durch seinen Kampf gegen die Opposition und nur durch seine Kritik an den Mitstreitern von gestern wurde er

zum »Theoretiker«. Stalins Denken wurde in der Polemik, in zahllosen Bissigkeiten und »Entlarvungen« ausgefeilt. Seine Auftritte auf Parteitagen, Konferenzen, ZK-Plenen und Politbürositzungen waren hart, entschieden und meist unversöhnlich.
Obwohl er sich aus taktischen Erwägungen heraus manchmal auch »Lockerungen« erlaubte. So trug Stalin am 11. Oktober 1926 auf einer Politbürositzung einen Bericht vor »Über die Maßnahmen zur Milderung des innerparteilichen Kampfes«. Diese Maßnahmen mündeten allerdings in der Formulierung von fünf ultimativen Punkten, die die Führer der Opposition anzuerkennen hatten, wenn sie im ZK bleiben wollten.
Die Polemik mit den geistigen Gegnern nahm verschiedene Gesichter an. Mal war sie von Beredsamkeit, mal von brutalen Ausdrücken begleitet und mitunter von beleidigendem Vokabular. Begriffe wie »Schwätzer«, »Verleumder«, »Verwirrer«, »Ungebildeter«, »Handlanger« benutzte Stalin nun ohne Zurückhaltung. Der Generalsekretär war sogar stolz darauf, als grober und unversöhnlicher Kämpfer aufzutreten für die Einheit der Partei, gegen die Fraktionsbildung, für die Reinheit des Leninismus.
Mit der Zeit bemerkte Stalin nicht mehr, dass er sich immer wieder selbst zitierte. So erhob er die Definition des Leninismus, die er in seinen Vorträgen an der Swerdlow-Universität gegeben hatte, in seinem Buch »Fragen des Leninismus« zur vollkommenen und unbeschränkt gültigen Definition.
Später sollte es zur Regel werden, dass Stalin fortlaufend auf seine Bücher und Artikel verwies. So im Antwortschreiben an Pokojew »Über die Möglichkeit der Errichtung des Sozialismus in unserem Lande«. Stalin verschwieg nicht nur, dass die Idee vom Aufbau des Sozialismus in zunächst nur einem Land ganz und gar Lenin gehörte, sondern er behauptete sogar, dass er der Urheber dieses Konzepts sei. Um sich nicht großartig um Argumente bemühen zu müssen, schrieb der Generalsekretär im Postskriptum: »Sie sollten den [Moskauer] ›Bolschewik‹ Nr. 3 zur Hand nehmen und dort meinen Artikel durchlesen. Das würde Ihnen die Sache erleichtern.« In seiner sonstigen Antwort auf Pokojews Fragen betont Stalin nur die Idee, »dass die Arbeiterklasse im Bündnis mit der werktätigen Bauernschaft die Kapitalisten unseres Landes vollends schlagen (…) kann. (…) Die Opposition hingegen sagte,

dass wir die eigenen Kapitalisten nicht vollends schlagen und die sozialistische Gesellschaft nicht errichten könnten.«

Stalin liebte es, Definitionen zu formulieren. Man könnte einige der bekannten Definitionen anführen: zum Wesen des Leninismus, zum Wesen der Nation, zur politischen Strategie und Taktik, über das Wesen der Abweichungen und so weiter. Möglicherweise spielten sie eine Rolle bei der Popularisierung der Leninschen Ideen. Jedoch hat Stalin, der immer zu dogmatischem Denken neigte, Definitionen heilig gesprochen. Er konnte eine ganze Rede auf ihnen aufbauen, angeblich um das falsche Verständnis des einen oder anderen Oppositionellen hinsichtlich irgendeiner Frage nachzuweisen.

Aber das Negativste in Stalins theoretischem »Schaffen« liegt vielleicht darin, dass er faktisch die humanistischen Grundlagen des Sozialismus fortwarf und einen »Opfersozialismus« schuf. Eine Analyse von Stalins theoretischen Sichtweisen und der Methoden ihrer Umsetzung in der Praxis ergibt, dass der Generalsekretär allmählich vom Leninismus abging. Es klingt paradox, aber es ist eine Tatsache: Stalin blieb zwar Bolschewik, aber wird kein Leninist! Unter den vielfältigen Erscheinungsformen des Sozialismus – dem utopischen, dem kleinbürgerlichen, dem Kasernen- und dem wissenschaftlichen Sozialismus – schuf Stalin etwas Eigenes. Sein Sozialismus, das ist ein bürokratischer Sozialismus, der in sich Elemente des Kasernenkommunismus mit Bestandteilen des Dogmatismus vereint. Mit einem Wort: Er schuf den Stalinschen Sozialismus.

Nein, es ist ihm nicht geglückt, alles am Sozialismus zu deformieren. Wir wissen, dass eine Gesellschaft, die nur einen hohen Grad an Vergesellschaftung der Produktionsmittel aufweist, in der das Kollektiv höher steht als das Individuum, in der alles von oben geplant wird, nicht als sozialistisch bezeichnet werden darf. Im Sozialismus, wie Lenin ihn sah, steht der Mensch im Zentrum der Aufmerksamkeit. Lenins Konzeption des Sozialismus, das ist Demokratie, Humanismus, soziale Gerechtigkeit. Dieser Sozialismus kann sich niemals mit der Gewalt und mit der Macht eines halbgöttlichen Führers paaren. Vor diesem Hintergrund wird offensichtlich, dass Stalin in einer bestimmten Etappe vom Leninschen Konzept des Sozialismus abging. Der Gerechtigkeit halber

muss man erwähnen, dass Stalin seine Reden, Artikel und Briefe selbst schrieb. Zeugnisse seiner Helfer und von Funktionären, die zu verschiedenen Zeiten mit ihm im Apparat des Generalsekretariats zusammengearbeitet haben, berechtigen uns zu der Annahme: Trotz einer riesigen Belastung arbeitete Stalin viel an sich. Er bestellte täglich Bücher und Zeitschriften, las Artikel und studierte Zusammenstellungen von Beiträgen der regionalen Parteipresse wie von ausländischen Zeitungen. Auch die interessantesten Briefe las er selbst.
Einmal saß er lange über einem Brief mit dem Absender »Berlin- Zehlendorf, Waldemarstr. 11, Villa Nina, W. P. Krymow«. Es war ein ungewöhnlicher Brief. Sein Autor war einer der »Ehemaligen«, ein Schriftsteller, der 1917 Russland verlassen hatte und mit Schmerzen die Entwicklung in seiner Heimat verfolgte. Während Stalin las, markierte er die für ihn wichtigen Zeilen:

»Ich schreibe Ihnen als einem der größten Staatsmänner im jetzigen Russland. Ich bin Pazifist und Internationalist, doch ich liebe Russland mehr als jedes andere Land auf der Welt. Von hier aus kann ich das eine oder andere deutlicher sehen als Sie trotz all Ihrer Weitsicht von innen. (Hier fuhr der Rotstift zweimal entlang; D. W.)
Es ist notwendig, koste es, was es wolle, dass die Macht in Ihren Händen, in den Händen des proletarischen Führers bleibt, ohne Rücksicht auf Verluste. Erinnern Sie sich: ›Wer nicht zu Missetaten fähig ist, kann kein Staatsmann sein.‹ Vor allem die Armee. Sie muss nicht kämpfen. Sie muss sein. Alle müssen über sie im Übermaß Kenntnis haben. Je mehr irgendwelche militärischen Demonstrationen, desto besser. (...) Man darf keine Mittel scheuen, die der Vergrößerung der russischen Bevölkerung und ihrer Erziehung dienen könnten. Das ist die schrecklichste Waffe gegen die kapitalistische Welt. Heute ist es klar, dass das zeitgenössische Russland ein neues Geschichtsgesetz geben kann: Das Pendel muss nicht in eine andere Richtung ausschlagen, sondern es kann für immer auf der linken Seite bleiben. (...) Lügen sind nicht notwendig, aber zwei Wahrheiten; wird die große verschwiegen, so muss man [das Volk] zwingen, an die kleine zu glauben; und wenn es notwendig sein wird, wird die kleine der

großen Platz machen. (…) Man muss die Religion nicht knebeln, das stärkt sie nur. Ziehen Sie das Privatkapital heran. Solange Sie an der Macht sind, stellt das keinerlei Gefahr dar. (…) Das Hervortreten des zeitgenössischen russischen Schöpfertums muss unterstützt werden, ungeachtet des Aufwandes. Sagen wir mal, die Literatur und noch mehr das Ballett. Man muss auf die übrige Welt einen kristallenen Schein des zeitgenössischen Russlands werfen: Damit kann man manchmal mehr erreichen als mit der breitesten Propaganda. (…) Die Revolution hat schon kolossal viel erreicht. Aber das Experiment zieht sich in die Länge, es sind irgendwelche *realen* Resultate vonnöten. Es müssen einige Versprechungen, die dem Proletariat Wohlergehen verhießen, erfüllt werden. Aber augenblicklich haben Sie mehr Amtsschimmel als zur Zarenzeit. Es gibt Fälle, wo es günstig ist, zu verzögern, aber ständig, das ist ein tödliches System.«

Stalin saß lange über dem Brief. Er hatte beinahe jede Zeile unterstrichen, denn ihm schien jede von ihnen klug und gewichtig. Er schaute noch einmal auf die Unterschrift – »Wl. Krymow, eine Veröffentlichung meines Briefes ist unerwünscht«. Stalin legte den Brief in den Ordner, in dem die Papiere lagen, zu denen er noch zurückkehren wollte.

Viele seiner theoretischen Schlussfolgerungen wurden mit der Zeit zu Quellen großen Leidens. Manchmal denke ich, ein origineller Gedanke hat so etwas wie eine Farbenpracht, sie kann orange, violett, purpur sein. Stalins Gedankenwelt dagegen war grau, und mit der Zeit zeigte sie sich in den finstersten Tönen.
Ein Beispiel: Am 14./15. Januar 1924 fand ein ZK-Plenum statt, auf dem verschiedene Fragen erörtert wurden. Sinowjew trug einen Bericht über die internationale Lage vor. Er und andere analysierten die Misserfolge der Kommunistischen Partei in Deutschland. Viele waren der Meinung, dass sie die revolutionäre Situation im Herbst 1923 nicht genutzt habe.
Auch Stalin meldete sich zu Wort. Er bezog sich auf Karl Radeks Ausführungen, der sich in der betreffenden Zeit in Deutschland aufgehalten hatte: »Ich bin gegen die Anwendung von Repressalien gegen Radek wegen seiner Fehler in der deutschen Frage.

Ihm ist eine Reihe von Fehlern unterlaufen, deren ich hier sieben anführen werde.« Eine Lieblingsbeschäftigung Stalins war es, die vermeintlichen oder tatsächlichen Fehler anderer säuberlich aufzulisten. Ich beschränke mich hier auf Fehler Nr. 4:

»Radek hält den Faschismus für den Hauptfeind und glaubt, dass eine Koalition mit der Sozialdemokratie unbedingt notwendig sei. Und unsere Schlussfolgerung lautet: Es ist ein Kampf auf Leben und Tod gegen die Sozialdemokratie notwendig.«

Dies war nicht nur ein Fehler in der Analyse. Die politische Kurzsichtigkeit bei der Beurteilung von Faschismus und Sozialdemokratie sollte die Kommunisten und alle demokratischen Kräfte in der Zukunft noch teuer zu stehen kommen.
Ein weiteres Beispiel: Während des Oktoberplenums des ZK im Jahr 1924 wurde die Frage der Arbeit auf dem Land behandelt. Molotow trug einen Bericht vor, auch Sinowjew hielt eine lange Rede. Er verstand allerdings, ebenso wie Molotow und Stalin, wenig von Agrarfragen. Und dennoch hat er die allgemeine Situation relativ realistisch eingeschätzt:

»Wir erörtern zurzeit nicht nur die Frage der Arbeit im Dorf, sondern auch die Frage des Verhältnisses zur Bauernschaft allgemein, das heißt, die Frage ist wesentlich allgemeiner, und sie wird noch einige Jahre auf der Tagesordnung bleiben, das heißt, sie umfasst das Problem, wie die Diktatur des Proletariats unter den gegenwärtigen Umständen durchgeführt wird.«

Stalin versuchte, in seinem Diskussionsbeitrag politische und theoretische Ratschläge zu geben, die als Keim für spätere schwerwiegende Fehler angesehen werden können. Das Erste, was die Partei tun müsse, sei, »die Bauernschaft von neuem zu erobern«. Zweitens müsste man sehen, dass sich das »Kampffeld verändert hat«. Drittens »müssen im Dorf Kader gebildet werden«. Das sagte Stalin im Jahr 1924, aber Stalins Rede klingt, als sei sie aus dem Jahr 1929.

Die intellektuelle Verwirrung

Die Hauptfragen, die die künstlerische Intelligenz bewegten, waren: Welchen Platz nimmt die Kultur in der neuen Gesellschaft ein? Wie steht es um die schöpferische Freiheit? Wie ist das Verhältnis zu den Werten der Vergangenheit? Einige Schriftsteller vertraten die Meinung, die russische Literatur habe nur eine Zukunft – ihre Vergangenheit. Viele schreckten vor dem revolutionären Sturm zurück. Er stellte für sie nicht nur eine persönliche Bedrohung dar, sondern auch eine Bedrohung für die Kultur.

Der Großteil der Intelligenz nahm die sozialistische Revolution nicht an. Aber nicht alle wurden zu ihren Feinden. Viele Intellektuelle wären mit den Ergebnissen der Februarrevolution zufrieden gewesen, mit einem bürgerlichem Parlament und verschiedenen Parteien. Nach einiger Zeit zeichneten sich allmählich entgegengesetzte Tendenzen ab: Übereinstimmung mit den Ideen der Oktoberrevolution und Ablehnung, lange Schwankungen und allmählicher Umschwung. Charakteristisch ist in diesem Zusammenhang der nicht sehr umfangreiche Sammelband »Wechsel der Wegzeichen«, der im Juli 1921 in Prag herausgegeben wurde. Die Autoren, meist Anhänger der Kadettenpartei und aktive Parteigänger des weißen Lagers, riefen zur Kapitulation auf. Sie verkündeten, die Bolschewiki seien aufgrund der »verhängnisvollen Ironie der Geschichte« zu »Hütern der russischen nationalen Sache« geworden. Stalin hat in den zwanziger Jahren wiederholt auf den »Wechsel der Wegzeichen« hingewiesen als Symbol für den Verfall des feindlichen Lagers. Die Autoren des Buches verheimlichten nicht ihre Meinung über den Bolschewismus. Sie hielten ihn für eine Utopie, aber sie wussten, dass »die Geschichte mit ihnen«, den Flüchtlingen aus Russland, »abrechnen wird und bereits abrechnet«. Die nostalgischen Klänge, die sich mit slawophilen Tönen vermengten, bedeuteten mehr: den Umschwung eines Teils der Intelligenz zur Unterstützung des sozialistischen Russlands. Die Sehnsucht nach dem Vaterland schob die Klasseninstinkte beiseite und versöhnte, wenn auch unter Schmerzen, mit der neuen Realität in Russland. Der Großteil der Intelligenz jedoch akzeptierte den Sozialismus nicht.

Die künstlerische Intelligenz, die in Russland geblieben war, ver-

hielt sich unterschiedlich. Es wurden bald Verbände gegründet: die Union bäuerlicher Schriftsteller, die Serapionsbrüder, der »Gebirgspass«, die Russische Assoziation Proletarischer Schriftsteller (RAPP), die Künstler-Assoziation des Revolutionären Russlands (AChRR), die »Schmiede«, die Linke Front der Künste (LEF) und andere. Hinter den Mauern der kalten Klubhäuser wurde heiß diskutiert über die proletarische Kultur, Literatur und Politik und darüber, wie die Werte der bürgerlichen Kultur einzuschätzen seien. Im Verlauf dieser literarischen Gärung entstanden umstrittene Konzepte und manchmal fehlerhafte Anschauungen. Es gab die einzigartige Chance, einen künstlerischen Pluralismus zu schaffen. Zu jener Zeit existierten noch keine Kommandomethoden, wie sie später Kunst und Literatur bedrückten.
Stalin hat sich anfangs nicht sonderlich für Kultur interessiert. Sein Verstand war rein empirisch und entbehrte jeglichen emotionalen Reichtums. Auf alle kulturellen Sphären schaute er von einer pragmatischen Position herab: »ist hilfreich«, »ist nicht hilfreich«, »stört«, »schadet«. Künstlerische Kriterien, auch wenn er sie gehabt haben sollte, hatten keine entscheidende Bedeutung. Im Mosaik literarischer Schulen und Richtungen sah er keine Gefahr, umso weniger, als die Mehrheit der Künstler über die Revolution, die neue Welt und den neuen Menschen sprach und schrieb. Auch die avantgardistische, oft sektenhafte Aktivität mancher Künstler erschien oft schlimmstenfalls als naiv. Noch war die politische Gängelung der Kunst nach Schdanowscher Manier nicht der Alltag. Aber bald sollte die These aufkommen, dass die kulturelle Entwicklung verwaltet werden müsse. In diesem Zusammenhang ist ein Leitartikel in der Zeitschrift »Bolschewik« charakteristisch; er trägt die Überschrift »Kommandokader und Kulturrevolution«. In ihm wird behauptet, dass das Problem der »Erziehung der kulturellen Kommandokader, der Erbauer des Sozialismus«, ein politisches Problem sei. Als die »Kulturkader« mit der Erziehung begannen, stürzten die ersten Kirchen ein, verschwanden erste Künstlervereinigungen und verstummten die ersten Künstler. Das war beispielsweise das Schicksal einer Gruppe von »Bauernschriftstellern«, deren bester Vertreter Sergej Alexandrowitsch Jessenin war. Es ist leider eine Tatsache, dass Bucharin an ihrem traurigen Schicksal mitschuldig ist.

Er hatte sich hier offensichtlich nicht von früheren radikalen Anschauungen befreien können. Die schöpferische Freiheit wurde allmählich eingeengt.

Stalin beobachtete die Prozesse der literarischen Gärung aufmerksam. Er fühlte, dass die Kulturrevolution, die große Veränderungen im gesellschaftlichen Bewusstsein hervorgerufen hatte, das Interesse an kulturellen Dingen, vor allem an der Literatur, erhöhen musste. Mitte der zwanziger Jahre schritt die Alphabetisierungskampagne gut voran. Bereits Mitte der zwanziger Jahre war hier die Zahl der Lese- und Schreibkundigen um ein Mehrfaches höher als vor der Revolution. Ein ähnliches Bild stellte sich in anderen Regionen dar. Als Zentren der Alphabetisierung erwiesen sich die Arbeiterklubs in den Städten und die Lesehütten in den Dörfern. Die Auflagen von Büchern, Zeitschriften und Zeitungen erhöhten sich im Eiltempo, überall wurden Bibliotheken gebaut. Es entstanden Filmstudios in Odessa, Jerewan, Taschkent und Baku.

Das Politbüro befasste sich häufig mit der Frage, wie die besten Bedingungen geschaffen werden könnten, um die Massen an die Kultur heranzuführen und um den geistigen Einfluss der Bolschewiki auf sie zu verstärken. Im Juni 1925 beschloss das Politbüro die Resolution »Über die Politik der Partei auf dem Gebiet der künstlerischen Literatur«. Darin stand, dass es dringend notwendig sei, ein behutsames Verhältnis herzustellen zu den alten Meistern der Kultur, die die Revolution angenommen hatten. Auf Stalins Vorschlag wurde unterstrichen, dass der Kampf gegen die Tendenzen der »Wechsel der Wegzeichen« unbedingt weitergeführt werden müsse. Außerdem heißt es dort, die Partei müsse mit allen Mitteln versuchen, »eigenmächtige und inkompetente administrative Einmischungen in Literaturangelegenheiten auszumerzen«. Offenkundig hat das ZK in den ersten Jahren nach der Revolution Lenins Vermächtnis respektiert, dass für den Sozialismus Kultur benötigt werde.

Stalins Helfer berichteten dem Generalsekretär über die neuen Bücher und Artikel der proletarischen Schriftsteller. Alles konnte der Generalsekretär in der Tat nicht lesen. Aus seiner Bibliothek blieben jene Bücher erhalten, in denen er Stellen angestrichen oder Bemerkungen eingetragen hatte. Die Mehrzahl seiner Bemerkungen machte Stalin mit Rotstift. Viele seiner Mitkämpfer ahmten ihn bewusst oder unbewusst nach (vor allem Woroschilow). Den Randbemerkungen nach zu urteilen, hatte Stalin Furmanows »Tschapajew« und »Mjatesch« (»Rebellion«), Serafimowitschs »Eisernen Strom«, die Erzählungen Iwanows, Gladkows »Zement«, die Werke Gorkis, den der Generalsekretär liebte, die Gedichte Besymenskis, Demjan Bednys, Jessenins und anderer bekannter Dichter gelesen.

Stalin stieß auch auf Platonows Erzählung »Wprok«. Aber allem Anschein nach hatte der Generalsekretär den talentierten Schriftsteller, der in tiefe Schichten des menschlichen Verstandes vordrang, nicht verstanden. Über Platonows Buch »Der schlaflose Satanoid« ärgerte sich der Generalsekretär, was er auch Alexander Alexandrowitsch Fadejew mitteilte. Stalin kannte die klassische westeuropäische Literatur schlecht. Er misstraute dem Westen und seiner »zersetzenden« Demokratie. Stalin liebte Theater und Kino. Besonders in den dreißiger und vierziger Jahren besuchte er regelmäßig das Bolschojtheater. Häufig schaute er sich im Kreml oder in seiner Datscha neue Filme an. In seinem Einsiedlerdasein waren die Filme, vor allem die Wochenschauen, eine Art Fenster, durch das er auf die Welt schauen konnte. Die Malerei liebte er weniger, und er verheimlichte nicht seinen mangelnden Geschmack. Fragen der schöngeistigen Literatur erörterte er nicht nur im Kreis der Politbüromitglieder, von denen die meisten keine großen Liebhaber der Kunst waren, sondern auch mit den Schriftstellern selbst – mit Gorki, Bedny, Fadejew und ebenso mit Lunatscharski.

In seinen Reden sind Bilder und Figuren aus der Literatur wesentlich seltener anzutreffen als bei Lenin, Bucharin, Trotzki und einigen anderen Parteiführern. Er brauchte sie in der Regel nur, um kritische Bemerkungen zu Beginn seiner Auftritte zu untermalen. Eines der seltenen Beispiele dafür war Stalins Rede bei einer gemeinsamen Sitzung des Präsidiums der EKKI und der Internationalen Kontrollkommission (IKK) im September 1927. Stalin antwortete auf den Beitrag des Mitgliedes des Exekutivkomitees der jugoslawischen Kommunisten Wujowitsch:

»Ich bin der Meinung, dass Wujowitschs Kritik keine Antwort wert ist. Mir fällt da eine kleine Geschichte ein, die den deutschen Dichter Heine betrifft. (...) Der Schriftsteller Auffenberg schreibt eine Menge kritischer Artikel gegen Heine (...). Heine sah sich nunmehr genötigt zu antworten. (...) Heine antwortete in der Presse mit ein paar Worten: Einen Schriftsteller ›Auffenberg hab ich nicht gelesen – ich denke: er ist ungefähr wie Arlincourt, den ich auch nicht gelesen habe‹. Die russischen Bolschewiki könnten, Heines Worte abwandelnd, über Wujowitschs kritische Exerzitien sagen: ›Einen *Bolschewik* Wujowitsch kennen wir nicht – wir denken: er ist ungefähr wie Ali-Baba, den wir auch nicht kennen.«

In einer Reihe von öffentlichen Auftritten ließ Stalin es sich nicht nehmen, sein Verhältnis zu dem einen oder anderen Schriftsteller und seinen Werken kundzutun. Die Urteile des Generalsekretärs waren wie immer kategorisch. Beispielsweise verurteilte er in einem Brief an W. Bill-Belozerkowski den Dirigenten des Bolschojtheaters Golowanow dafür, dass dieser sich gegen die mechanische Erneuerung des Repertoires auf Kosten der Klassik ausgesprochen habe. Sogleich charakterisierte der Generalsekretär das »Golowanowtum« als eine »antisowjetische Erscheinung«. In den dreißiger Jahren konnte eine solche Beurteilung den Kopf kosten. Bulgakows Werk »Beg« (»Flucht«) beurteilte Stalin als antisowjetisch, aber er schwächte seine Kritik dann etwas ab: »Ich hätte übrigens nichts gegen die Aufführung der ›Flucht‹, wenn Bulgakow zu seinen acht Träumen noch ein oder zwei Träume hinzufügte, in denen er die inneren sozialen Triebfedern des Bürgerkriegs in der UdSSR darstellt, damit der Zuschauer begreifen kann, dass alle diese auf ihre Weise ›ehrenhaften‹ Serafim und verschiedene Privatdozenten nicht einer Laune der Bolschewiki wegen aus Russland hinausgeworfen wurden, sondern weil sie auf Kosten des Volkes schmarotzten.«

Während Stalin die »Analyse« von Bulgakows Werk fortsetzte, fragte er: »Warum so häufig Stücke von Bulgakow aufgeführt werden? Weil es wahrscheinlich nicht genug eigene, für die Aufführung taugliche Stücke gibt. (...) Was das Stück ›Die Tage der Turbins‹ selbst betrifft, so ist es nicht einmal so schlecht, denn es bringt mehr Nutzen als Schaden. Vergessen Sie nicht, dass der

Haupteindruck, der beim Zuschauer von diesem Stück bleibt, ein für die Bolschewiki günstiger Eindruck ist: ›Wenn selbst solche Menschen wie die Turbins gezwungen sind, die Waffen zu strecken und sich dem Willen des Volkes zu unterwerfen, und somit zugeben, dass ihre Sache endgültig verloren ist, so bedeutet das, die Bolschewiki sind unbesiegbar.‹«

Der Generalsekretär konnte sogar denen gegenüber hart auftreten, die er mit vermeintlicher Hochachtung betrachtete; so beispielsweise gegenüber Demjan Bedny, dem Bolschewiki seit 1912, der bald nach der Revolution zu einem anerkannten proletarischen Dichter wurde. Viele seiner Fabeln, Sprüche, Lieder, Gedichte, Erzählungen und Parabeln erfreuten sich einer unermesslichen Popularität bei den breiten Massen. In einer Reihe seiner Schriften (»Pererwa«, »Steig vom Ofen herunter«, »Ohne Schonung«) kritisierte Bedny alte Traditionen, die weiter am Leben erhalten wurden. In der Propagandaabteilung des Zentralkomitees verurteilte man dies als Antipatriotismus. Man lud den Poeten zum »Gespräch« ins ZK vor. Bedny beklagte sich darüber in einem Brief an Stalin. Die Antwort des Generalsekretärs war schnell und mitleidslos.

»Aber jetzt, da das ZK sich genötigt sah, Ihre Fehler einer Kritik zu unterziehen, beginnen Sie plötzlich, zu maulen und von einer ›Schlinge‹ zu schreien. Mit welchem Recht? Vielleicht hat das ZK nicht das Recht, Ihre Fehler zu kritisieren? Vielleicht ist der Beschluss des ZK für Sie nicht verbindlich? Vielleicht sind Ihre Gedichte über jede Kritik erhaben? Finden Sie nicht, dass Sie von einer gewissen unangenehmen Krankheit angesteckt worden sind, die ›Überheblichkeit‹ heißt? (...) Nein, hoch geehrter Genosse Demjan, das ist nicht bolschewistische Kritik, sondern *Verleumdung* unseres Volkes, *Diffamierung* der UdSSR, *Diffamierung* des Proletariats der UdSSR und *Diffamierung* des russischen Proletariats. (...) Darin besteht der Kern der Sache und nicht in den leeren Lamentationen eines in Angst geratenen Intellektuellen, der vor lauter Schreck davon schwätzt, dass man angeblich Demjan ›isolieren‹ will, dass man Demjan ›nicht mehr drucken wird‹ und dergleichen mehr.«

Hatte doch Stalin vier Jahre zuvor gebeten, Bedny seine Dankbarkeit für ein Gedicht über Trotzki zu übermitteln. Es wurde am 7. Oktober 1926 in der »Prawda« veröffentlicht unter der Überschrift »Alles hat ein Ende«. Es lohnt sich, zumindest einen Auszug anzuführen, um die Atmosphäre jener schwierigen Zeit besser zu verstehen:

»Trotzki – geschwind, veröffentlicht ein Porträt im ›Ogonjok‹!
Erquicket alle mit seinem Angesicht!
Trotzki tummelt auf einem alten Pferdchen herum,
Er glänzt mit seinem zerknitterten Federkleid,
Er hüpft mit einem rot gefiederten Muraten
Mit all seinem ›Apparat‹,
Mit den Generälen der Opposition
Und seiner Thesen-Moral –
Solch ein Stab, der den ganzen Planet zu unterwerfen vermag!
Aber eine Armee gibt es nicht!
Keine einzige proletarische Kompanie!
Die Arbeiter sind nicht in der Stimmung,
Einem solchen Stab zur Schlachtbank zu folgen
Und sich und die Partei zu opfern.

Unsere Partei ist nun müde zu dienen
Als Schießscheibe der Politisiererei des Unverbesserlichen!
Es ist an der Zeit, ein Ende zu setzen
Dieser Unverfrorenheit.«

Der Generalsekretär hatte die Verse mit Vergnügen gelesen und daraufhin Molotow und einige andere angerufen. Sie waren angetan von Bednys Satire. Stalin bemerkte: »Unsere Reden gegen Trotzki werden weniger Menschen lesen als diese Verse.« Damit hatte er recht. Aber es genügte, dass der Poet sich ein wenig »im Ton vergriff« und er seine »Kränkung« nicht verbarg, und schon konnte Stalin ein anderer werden: kalt, böse, gebieterisch, abweisend.
Viele Schriftsteller wussten, wie viel von Stalins Urteil abhing, und schrieben ihm Briefe mit der Bitte um seine Meinung. Häufig waren seine Resümees herablassend mit dem unumgänglichen

Verweis auf die »Schwächen« der Arbeit. Ab und an ließ er sich auch zu Lob hinreißen. So schrieb Stalin in einem Brief an Besymenski:

»Ich habe sowohl den ›Schuss‹ als auch ›Ein Tag aus unserem Leben‹ gelesen. In diesen Werken ist nichts ›Kleinbürgerliches‹, nichts ›Parteifeindliches‹ enthalten. Sowohl das eine als auch das andere, besonders der ›Schuss‹, können für die heutige Zeit als Vorbilder revolutionärer proletarischer Kunst gelten.«

Die Zeugnisse derer, die Stalin gut kannten, sagen: Der Generalsekretär beobachtete aufmerksam die politische Haltung der wichtigeren Schriftsteller, Lyriker, Wissenschaftler und anderen kulturell Tätigen. Stalin fühlte, dass nicht alle aus der künstlerischen Intelligenz die Revolution angenommen hatten. Dafür war nicht nur die große Emigrationswelle ein Beispiel.
So machte ihn ein Brief des großen russischen Schriftstellers Wladimir Galaktinowitsch Korolenko an Lunatscharski stutzig. Dieser Brief wurde nach Korolenkos Tod in Paris veröffentlicht. Darin drückte der Schriftsteller seine Besorgnis darüber aus, dass die Gewalt im nachrevolutionären Russland das Wachstum des sozialistischen Bewusstseins bremsen werde. Stalin hielt diesen Brief für eine Fälschung. Er war auch über den Artikel Jewgeni Iwanowitsch Samjatins »Ich fürchte mich« empört. Dieser Artikel wurde in der kleinen Petrograder Zeitschrift »Haus der Künste« veröffentlicht. Der Schriftsteller schrieb zornig, aber wahrheitsgemäß:

»Authentische Literatur kann nicht dort sein, wo sie von Vollzugsbeamten und zuverlässigen Staatsbeamten gemacht wird, sondern dort, wo sie von Unvernünftigen, Einsiedlern, Häretikern, Träumern, Empörern und Skeptikern gemacht wird. Ich fürchte, dass es bei uns keine authentische Literatur geben wird, solange man nicht aufhört, auf das russische Volk zu schauen wie auf ein Kind, dessen Unschuld man bewahren muss. Ich fürchte, dass wir keine echte Literatur haben werden, solange wir nicht von einer Art Katholizismus genesen, der, nicht minder als der alte, jedes häretische Wort fürchtet.«

Später sollte er Stalin schreiben, dass er nicht mehr könne und dass er eine Arbeit »hinter Gittern« ablehne. Von der Weltanschauung mancher Schriftsteller zeugt das Buch des bekannten marxistischen Theoretikers Alexander Alexandrowitsch Bogdanow, in dem er schreibt, dass eine echte Kreativität nur dann möglich sei, wenn der Zwang zwischen den Menschen beseitigt und wenn im gesellschaftlichen Leben kein Glaube zugelassen werde an Fetische, Mythen und Klischees. Bogdanow deutete so an, dass er eine Diktatur über das künstlerische Schaffen ablehnte. Das Maß war voll. Offenkundig hatten Bogdanow und andere verstanden, dass ein revolutionärer Mythos, wenn man ihn endlos wiederholt, sich wenig von biblischen Dogmen unterscheidet. Viele der Mythen, die Stalin in der Zukunft im »Kurzen Lehrgang« verbreiten würde, sollten kritiklos hingenommen werden. Es war an der Zeit, diese scharfsinnigen Intellektuellen zu bremsen.

Stalin fragte sich, wie man die Kunst kanalisieren könnte, wie man sie auf die Massen richten könnte mit dem Ziel, sie zu gewinnen für die Bewältigung der unzähligen Schwierigkeiten, vor denen das Land stand. Die Formen der Einwirkung auf die Künstler mussten nach Stalins Verständnis hauptsächlich administrativer Art sein: Verordnungen, Abschiebung der Missliebigen, Zensur. Dabei stimmte er mit Trotzki überein, obwohl er nicht die Absicht hatte, dies öffentlich bekannt zu machen. Trotzki hat in seiner Arbeit (worüber hatte dieser fruchtbare Autor nicht geschrieben?) »Literatur und Revolution« kategorisch erklärt, dass unter der Herrschaft des Proletariats eine »harte Zensur« existieren müsse.

Diesem Rat Trotzkis sollte Stalin folgen. Er würde den Künstlern helfen, die richtige Wahl zu treffen! Wie? Das würde er sich noch durch den Kopf gehen lassen. Aber die politische Zensur würde nicht den letzten Rang einnehmen. Er war nicht in der Lage, zu verstehen, dass das intellektuelle Gewissen die Hauptrolle spielen müsste als Attribut jeder echten Demokratie.

Als Lenin krank war, wurde auf Initiative der Staatspolizei GPU und mit Stalins Unterstützung eine ungewöhnliche Aktion durchgeführt: 160 Menschen, die den Kern der russischen Kultur darstellten – Schriftsteller, Lyriker, Wissenschaftler, Philosophen, Historiker –, wurden ins Ausland abgeschoben. Die »Praw-

da« veröffentlichte am 31. August 1922 einen Artikel mit dem viel sagenden Titel: »Erste Warnung«. Darin heißt es, dass der Kampf mit den konterrevolutionären Elementen in der Kultur notwendig sei.
Das Aufkommen des sozialistischen Realismus war begleitet vom Unverständnis des Apparats für die Bedürfnisse der Künstler. Die Funktionäre der »ideologischen Front« verwandelten dieses Kunstverständnis in eine Direktive, anstatt dem Herzen und der Vernunft des Künstlers zu helfen, seinen Platz in der revolutionären Umgestaltung des Vaterlandes zu finden.
Die Abschiebung war ein Signal. Statt die Wissenschaftler und Künstler in den sozialistischen Aufbau demokratisch einzubeziehen, statt geduldig mit ihnen zu arbeiten, ließ Stalin erkennen, dass er beabsichtigte, diktatorische Methoden in der Kultur anzuwenden. Nur mit Maxim Gorki wagte er es nicht, in herablassendem oder grobem Ton zu sprechen. Beinahe zur selben Zeit, als er Bedny rügte, verfasste der Generalsekretär einen Brief an Gorki. Dieser hatte Stalin aus dem Ausland geschrieben. Gorki hatte bezweifelt, dass das Prinzip von Kritik und Selbstkritik die Lage in Sowjetrussland bessern könne. Stalin antwortete dem Schriftsteller:

»Wir können ohne Selbstkritik nicht auskommen. Das können wir keinesfalls, Alexej Maximowitsch. Ohne sie sind Stagnation, Fäulnis im Apparat, Anwachsen des Bürokratismus, Drosselung der schöpferischen Initiative der Arbeiterklasse nicht zu vermeiden. Natürlich liefert die Selbstkritik den Feinden Material. Darin haben Sie völlig recht. Aber sie liefert auch Material (und gibt den Anstoß) für unsere Vorwärtsbewegung (...).«

Wie wir sehen können, war Stalin durchaus in der Lage, richtige Urteile über die Demokratie zu fällen. Aber er hat sie nie in die Praxis umgesetzt.
Seine Helfer berichteten dem Generalsekretär ab und an über die Literatur der russischen Emigranten. Als man ihm den vielbändigen Roman des ehemaligen Weißgardistengenerals Pjotr Nikolajewitsch Krasnow »Vom Doppeladler zur roten Fahne«, der 1922 in Berlin erschien, zeigte, nahm Stalin ihn nicht einmal in

die Hand, sondern fragte bloß: »Wann hat er es geschaffen, der Schurke?«
Nicht ohne seine Mitwirkung wurde Kuprin und Alexej Tolstoj gestattet, in die UdSSR zurückzukehren. Das gilt auch für einige bekannte Dichter und Schauspieler. Als man Stalin 1933 erzählte, dass Iwan Alexejewitsch Bunin als erster Russe für würdig befunden worden war, den Nobelpreis entgegenzunehmen, bemerkte der Generalsekretär: »Na ja, nun wird er überhaupt nicht mehr das Verlangen verspüren zurückzukehren. (...) Worüber hat er denn dort in seiner Rede gesprochen?«
Man gab ihm einen Auszug aus Bunins Rede, in dem dieser sagte, dass »das wichtigste für einen Künstler die Freiheit der Gedanken und des Gewissens« sei. Stalin erwiderte nichts und wurde nachdenklich. Er konnte es nicht verstehen: Hatte man Bunin in der Sowjetunion nicht die Möglichkeiten geboten, zu denken und zu schreiben? Und so zu denken, wie es seinem intellektuellen Gewissen entsprach? Als wäre Stalin gegen die Freiheit der Gedanken, wenn sie der Diktatur des Proletariats diente? Stalin wusste zwar nicht genau, was Bunin geschrieben hatte, jedoch dachte er, ohne sich sehr zu täuschen:

»Irgendetwas über die Geheimnisse des Todes und Gottes Welt hat wohl dieser adlige Schriftsteller verkündet.« Weiter hat er sich mit Bunin nicht auseinandergesetzt. Zwar hatten seine Helfer ihm einst einen Stoß ausländischer Zeitschriften vorgelegt, und in einer von ihnen war Bunins Erzählung »Der rote General« abgedruckt, eine Geschichte, die der russischen Revolution gewidmet war. Aber Stalin hatte keine Zeit gefunden, sie zu lesen.
Für Poesie hat er sich wenig interessiert. Obgleich er in seiner Jugend etwa drei Dutzend naiver Gedichte geschrieben hatte. Er hatte nie Gedichte gelesen. Obgleich man einst in Zarizyn irgendein Gedicht Puschkins als geheimen Code benutzt hatte. Mit seiner Hilfe übermittelte man die Zahl der Züge, die Getreide nach Moskau brachten, ihre Waggonnummern und so weiter.
Man berichtete Stalin über einen weiteren Emigrantendichter: Chodassewitsch. Man teilte mit, dass er sehr talentiert sei, »möglicherweise talentierter als Bedny«. Man las sogar einige Zeilen über die »Austrocknung schöpferischer Quellen in der Fremde«.

Jedoch interessierte sich Stalin wenig für die Sackgasse, in der sich Chodassewitsch, Iwanow, Schmeljow, Ramisow, Ossorgin, Muratow und andere Emigranten befanden. Er wusste auch über die sowjetischen Poeten nicht viel. Es war nicht die Zeit vorhanden, um sich mit ihnen zu beschäftigen.
Er erinnerte sich an den Nachruf auf Jessenin, den »Volkstümler der Revolution«, der am 30. Dezember 1925 in der »Prawda« veröffentlicht worden war:

»Kaum einen der Dichter unserer Zeit hat man so gelesen und so geliebt wie Jessenin. (…)
Mit Jessenin hat die russische Literatur wahrscheinlich ihren einzigen wahren Lyriker verloren. (…)
Jessenin konnte die Stadt bis zum Ende nicht annehmen, nicht verstehen. (…) Er blieb der Romantiker des Russlands aus Stroh. Und es ist etwas Symbolisches in seinem Tode: Er erhängte sich am Rohr einer Zentralheizung. Und das ist doch eine Errungenschaft der Kultur.«

Selbstmörder konnte Stalin nicht verstehen. Selbstmord war für ihn so etwas wie freiwillige Kapitulation. Er interessierte sich dafür, was jene Schriftsteller, Dichter, Dramaturgen, Regisseure, die in Moskau, Leningrad und in anderen Städten arbeiteten, über das dachten, was im Land vor sich ging. Widersprüchliche Gefühle stellten sich bei ihm ein, wenn er das »Nackte Jahr« Pilnjaks, die »Reiterarmee« Babels, die Werke Platonows, Kins, Wesjolys, Tynjanows und Chlebnikows las. Ganz nach seinem Geschmack waren die klaren Arbeiten Furmanows, Fedins, Alexej Tolstojs und Leonows. Stalin schätzte die Filme von Wertow, Kuleschow, Eisenstein, Pudowkin und Ermler. Man sprach über den Erfolg der Stücke Lunatscharskis »Oliver Cromwell«, K. Trenews »Ljubow Jarowaja«, über Iwanows »Panzerzug 14–69« und über Sejfullinas »Wirineja«.
Was in der Malerei und Musik vor sich ging, wusste Stalin kaum. Er verschmähte die Avantgardisten, Konstruktivisten, Futuristen und Kubisten. Er verstand sie nicht und glaubte, dass auch andere sie nicht verstanden. In seinen Augen machten sie »Verrenkungen« und hatten mit den Zielen der Partei nichts zu tun.

Unter den Künstlern gingen die harten Auseinandersetzungen allmählich zu Ende. Man stritt meist nicht mehr darüber, ob man die Revolution unterstützen oder nicht unterstützen solle. Die Diskussionen drehten sich nun um die Formen der Kunst. Wie ein buntes Mosaik muteten die Namen immer neuer Künstlervereinigungen an. Nach Stalins Meinung gewährte Lunatscharski, der Volkskommissar für Volksbildung, den Künstlern zu viel Freiheit. Der Generalsekretär hielt es für angebracht, Ordnung in das Durcheinander zu bringen. Aber noch kam er nicht dazu, denn noch war der Kampf gegen die Opposition in der Partei nicht gewonnen.
Die Partei musste eine Einheit sein, es musste einen verbindlichen Kurs geben. Der letzte Parteitag hatte sehr viel in dieser Richtung geleistet. Stalin wurde klarer, dass die Partei dem Volk womöglich das, was sie versprochen hatte, nicht geben könnte ohne Kollektivierung der Landwirtschaft und Industrialisierung. Noch wurden der Zar, die Gutsbesitzer, die Kapitalisten gehasst. Noch wurde ihnen die Schuld gegeben an allen Schwierigkeiten im Land. Aber es näherte sich der zehnte Jahrestag der Oktoberrevolution! Ja, wir haben die Ausbeutung beseitigt, wir haben den Bauern Land gegeben. Die Arbeiter erhielten Zutritt zu Leitungsfunktionen in der Industrie. Und dennoch gibt es viele, die unzufrieden sind. Warum geht die Sache so langsam voran? Hat die Opposition vielleicht in einigen Punkten recht? Alle sprechen von Bürokratie. Nun, da hat man heute in der »Prawda« einen Artikel von Lebed gedruckt: »Maßnahmen zur Verbesserung des Staatsapparats und zum Kampf gegen den Bürokratismus«. Wie treffend er doch schreibt: »Welche Unzulänglichkeiten existieren in unserem Staatsapparat? Die wesentlichen unter ihnen sind: die aufgeblasenen Etats und die niedrige Qualifikation der Funktionäre (...). Die sperrige Struktur, der Parallelismus in der Arbeit, Bürokratismus und Amtsschimmel, die nicht immer treffende Auswahl der Spezialisten, die auf der schwachen Berücksichtigung der Qualifikation dieser Spezialisten beruht, und schließlich die schlechte und manchmal völlig fehlende Kontrolle über die Beschlussausführung der obersten Organe und die fehlende Kontrolle über die Arbeit der Institutionen selbst.« Ja, und darüber schreibt auch Majakowski.
In Stalin reifte ein Gedanke, von dem er allerdings noch nicht

wusste, wie er ihn verwirklichen sollte: Die verschiedenen Gruppen, die nun fast alle kräftig satt hatten, mussten zerschlagen werden. Dann würde es möglich sein, fester auf die Intelligenz zu »drücken« und sie in die Industrialisierung und Kollektivierung einzuspannen. So würde es bei den Künstlern weniger geistige Gärung geben. In einer Klassengesellschaft gibt es keine neutrale Kunst. Man muss, so wird Stalin gedacht haben, Arbeiter- und Bauernschriftsteller heranziehen. Die antiproletarischen Elemente haben in der Kultur nichts verloren.

Die »intellektuelle Verwirrung« der Künstler erschien Stalin immer häufiger als konterrevolutionäre Ketzerei. Aber sie erschien ihm nicht so gefährlich wie die »Irrlehre«, die Trotzki verkündete. Der Kampf mit ihm erreichte nun seinen Höhepunkt.

Trotzkis Niederlage

Trotzki reiste gern. Er schätzte die Erholung. Er pflegte seine Gesundheit. Sogar in den schwierigsten Jahren des Bürgerkriegs brachte er es fertig, in die Kur, auf die Jagd oder auf Fischfang zu gehen. Er schämte sich nicht seiner aristokratischen Gewohnheiten. Im Frühling des Jahres 1926 beschloss er, mit seiner Frau nach Berlin zu reisen, um dort Ärzte aufzusuchen. Im Politbüro versuchte man, ihm die Reise auszureden. Aber er bestand darauf, und er reiste ab. Die Reisedokumente Trotzkis waren ausgestellt auf den Namen Kusmenkos, eines ukrainischen Bolschewiken. Auf dem Bahnhof in Moskau verabschiedete er sich von Sinowjew und Kamenew. Im Zug waren noch seine Frau und der ehemalige Leiter seines Frontzugs, Sermuks. Ich habe bereits erwähnt, dass Trotzki ein mittelmäßiger Taktiker war, und das vor allem, weil er seinen Einfluss und seine Popularität überschätzte. Im Kampf gegen Stalin traf Trotzki die schlechtesten Entscheidungen. Er kam nicht zur Beerdigung Lenins, er erschien nicht auf einer Reihe von Sitzungen des ZK und des Politbüros. Oft zog er Urlaubsreisen, Jagdausflüge oder schriftstellerische Arbeiten vor. Stalin nutzte Trotzkis Abwesenheit optimal aus.

Später würde Trotzki noch viel Arbeit haben, sein Leben zu beschreiben. Dabei sollte er notieren, dass er während der Reise nach Berlin zu dem Schluss gekommen sei, dass es im Kampf mit Stalin keinen Kompromiss geben könne. Einer von beiden müsse den Weg frei machen. Aber er glaubte immer noch, dass er Stalin besiegen würde. Kamenew und Sinowjew hatten sich mit Trotzki zur »Vereinigten Opposition« zusammengetan, gemeinsam wollten sie nun den Generalsekretär bekämpfen.

Neben seinen öffentlichen Auftritten gegen Trotzki ergriff Stalin auch unbemerkt Maßnahmen, um dessen Einfluss zu schwächen. Alexej Pawlowitsch Balaschow, wie erwähnt einst Mitarbeiter in Stalins Sekretariat, erinnert sich, dass sich der Generalsekretär und seine Gefolgsleute nicht selten vor den Sitzungen des Politbüros bei Stalin trafen, um sich abzusprechen. Zu diesen Beratungen wurden Trotzki, Pjatakow und Sokolnikow nie eingeladen. »Wir wussten«, erzählte mir Balaschow, »dass Stalin die übliche antitrotzkistische Speise zubereitete.«

Im Dezember 1924 entdeckte Stalin, dass Trotzki in den Programmen der politischen Schulung für die Rotarmisten nach wie vor als Führer der Roten Armee geführt wurde. Er reagierte sofort. Am 10. Dezember schrieb Stalin eine Notiz, in der er vorschlug, so schnell wie möglich alle Programme durchzusehen und zu korrigieren. Einige Tage später war die Aktion abgeschlossen. Frunse übersandte Stalin eine Nachricht, der er auch den Bericht des Leiters der Agitations- und Propagandaabteilung der Politischen Verwaltung des Revolutionären Kriegsrats Alexinski über die Korrekturaktion beifügte: »Trotzki figuriert in der politischen Schulung nicht mehr als Führer der Roten Armee.«

Es lag ebenfalls an Stalin, dass seit der zweiten Hälfte des Jahres 1924 Trotzkis Name nicht mehr zur Benennung von Orten und Fabriken benutzt und dass er in der Presse seltener positiv erwähnt wurde. Dies sind nur zwei von zahlreichen Aktionen Stalins gegen den Rivalen.

In der Zeit zwischen dem 14. und dem 15. Parteitag fanden auf Stalins Betreiben einige gemeinsame Plenen des ZK und der Zentralen Kontrollkommission (ZKK) sowie Sitzungen des Zentralkomitees und des Politbüros statt, auf denen die Aktionen der Opposition erörtert wurden. Der Generalsekretär konnte sich dabei auf eine Mehrheit stützen. Gegen Trotzki und seine Verbündeten wurden verschiedene Maßnahmen beschlossen: Verweise, Parteistrafen, Ausschluss aus den Parteigremien. Die Linie der Opposition blieb jedoch unverändert: Der Kampf um den »richtigen« Parteikurs ging einher mit dem Kampf um die Führung. Allerdings entstanden im Lager der Opposition alsbald Breschen. Auf Initiative Stalins und mit Unterstützung anderer Parteiführer wurden Sinowjew im Juli und Trotzki im Oktober 1926 aus dem Politbüro ausgeschlossen. Kamenew verlor seinen Status als Kandidat des Politbüros. Das ZK sah es außerdem als unvertretbar an, Sinowjew weiter in der Kommunistischen Internationale arbeiten zu lassen. Auch andere Oppositionelle verloren ihre Staats- und Parteiämter. Auf der 15. Parteikonferenz, die im Herbst 1926 stattfand, trug Stalin einen Bericht »Über die Opposition und die innerparteiliche Lage« vor. In diesem Bericht kritisierte der Generalsekretär Trotzki, Sinowjew und Kamenew hart. Das Gleiche geschah auf dem 7. erweiterten EKKI-Plenum im Dezember desselben Jahres. Nach den Berichtsentwürfen ist zu erkennen, wie sorgfältig Stalin sich auf die Entlarvung seiner Widersacher vorbereitete. Auf gesonderten Blättern waren alle schwachen Punkte und »Sünden« der Opposition aufgelistet:

»1) Trotzki, Sinowjew und Kamenew: haben keine Fakten, lediglich Erdachtes und Klatsch.
2) Trotzki soll erklären, wem er sich bis zum Oktober angeschlossen hatte: den linken Menschewiki oder den rechten Menschewiki?
3) Warum hat Trotzki sich nicht den Reihen der Zimmerwalder Linken angeschlossen?
4) Stellt Stalin etwa dem Halbmenschewisten Mdiwani nach? Das ist ein Gerücht.
5) Kamenew sagte auf dem 4. Parteitag, dass es ein Fehler sei, ›das Feuer nach links zu eröffnen‹. Ist Kamenew ein Linker?
6) Trotzki behauptet, er habe den Aprilthesen Lenins ›vorgegriffen‹. (…) Er verglich die Fliege mit einem Wachturm!
7) Das Telegramm Kamenews an Michail Romanow.
8) Sinowjew bestand auf die Unterzeichnung der knechtenden Bedingungen der Konzession Urquharts.
9) Sinowjew: ›Diktatur der Partei‹ und so weiter.«

Stalin sammelte aufmerksam alle ihm bekannt werdenden größeren und kleineren »Sünden« der Opposition. (Und ihrer waren nicht wenige.) In seinen langen Reden breitete er sie dann unermüdlich aus. Seine Rede auf dem erweiterten Plenum des EKKI dauerte fünf Stunden, rechnet man das Schlusswort hinzu.
Nachdem Stalin alle früheren Fehler, Schwankungen, alle unterschiedlichen »Plattformen« entlarvt hatte, schlug er auf die Gegner ein: Stalin kritisierte nicht, er »schlug« mit Worten. Dabei bemerkte der Generalsekretär nicht, dass er sich selbst in Opposition gegen den Leninismus stellte, indem er seine Gegner vernichtete. In seinen Auftritten war vieles kleinlich und zweitrangig. Die Starrheit des Generalsekretärs erstickte die Idee des freien Kampfes der Meinungen. Stalin hielt schon damals jegliches Andersdenken für unzulässig.
Noch hatten die Führer der Opposition die Möglichkeit, sich zu verteidigen. Sinowjew, Kamenew und Trotzki sprachen auf der 15. Parteikonferenz lange, sie baten die Delegierten, ihnen noch eine Stunde, dann noch eine halbe Stunde, noch fünfzehn und schließlich noch zehn Minuten zu geben. Das Stenogramm der Konferenz zeigt, dass sie den Vorwürfen nichts entgegenzusetzen hatten, außer Zitaten von Marx, Engels und Lenin und von ihnen selbst. Sogar Trotzki, der für seine Beredsamkeit gerühmt wurde, konnte seine unzähligen Attacken gegen das ZK und die Partei nicht zufrieden stellend rechtfertigen. Am Ende seiner langen und verworrenen Rede erklärte er lediglich: »Wir nehmen keine uns aufgezwungenen Sichtweisen an.«
Nach Trotzki trat der Delegierte Larin auf. Treffend bemerkte er, dass sie alle dem Augenblick beiwohnten, »in dem die Revolution über einen Teil ihrer Führer hinauswächst«. Larin sagte richtig, dass in den langen
Erklärungen der Oppositionsführer lediglich ein »literarischer Streit über Zitate und mannigfaltige Interpretationen verschiedener Stellen in verschiedenen Werken« zu erkennen sei. Trotzki, Sinowjew und Kamenew hätten sich »nicht wie politische Führer, sondern wie verantwortungslose Literaten verhalten«. Andere Diskussionsredner fügten hinzu, dass die Oppositionsführer die Industrialisierung auf Kosten der Bauern durchführen wollten, ohne dabei die sozialen Folgen zu bedenken.

Der Kampf zwischen Stalin und Trotzki wurde auch in der Kommunistischen Internationale ausgetragen. Trotzki war Mitglied des EKKI, und als im Mai 1927 die Frage der chinesischen Revolution erörtert wurde, beschloss Stalin, Trotzki einen weiteren Schlag zu versetzen. Hier ein Auszug aus der Rede Stalins auf dem 10. EKKI-Plenum vom 24. Mai 1927:

»Ich werde bemüht sein, in der Polemik das persönliche Element nach Möglichkeit auszuschalten. Die persönlichen Angriffe Trotzkis und Sinowjews auf einzelne Mitglieder des Politbüros des ZK der KPdSU(B) und des Präsidiums des EKKI sind es nicht wert, dass man sich bei ihnen aufhält. Trotzki möchte offenbar in den Sitzungen des Exekutivkomitees der Komintern die Rolle eines Helden spielen, um zu erreichen, dass sich das Exekutivkomitee nicht mit den Fragen der Kriegsgefahr, der chinesischen Revolution und so weiter befasst, sondern einzig mit der Frage Trotzki. Ich bin der Meinung, Trotzki ist so viel Beachtung nicht wert. *(Zwischenruf: ›Richtig!‹)* Umso mehr, als er eher an einen Komödianten erinnert als an einen Helden und man einen Komödianten keinesfalls mit einem Helden verwechseln darf. Ich spreche schon gar nicht davon, dass es für Bucharin oder Stalin gar keine Beleidigung sein kann, wenn Leute wie Trotzki und Sinowjew, die vom 7. erweiterten Plenum des Exekutivkomitees der sozialdemokratischen Abweichung überführt worden sind, die Bolschewiki beschimpfen. Im Gegenteil, es wäre für mich die größte Beleidigung, wenn Halbmenschewiki vom Schlage eines Trotzki und Sinowjew mich lobten und nicht auf mich schimpften.«

Der nicht sehr tiefgründige Auftritt Stalins war zielstrebig und bösartig. Er qualifizierte die Oppositionellen ab und erniedrigte sie als Politiker. Am 27. September schloss das EKKI Trotzki aus seinen Reihen aus. Er war isoliert, aber er setzte seinen aussichtslosen Kampf fort. Trotzki sollte nach seiner Abschiebung aus der UdSSR bis zum Jahr 1940 der einzige der ehemaligen Revolutionsführer sein, der Stalin entlarvte und kritisierte. Doch je lauter sich seine einsame Stimme erhob, desto offensichtlicher wurde: Trotzki kämpfte weniger für die Revolution und ihre Ideale als für sich selbst. Er konnte sich niemals, bis zum letzten Tag nicht, mit seinem Fiasko versöhnen, damit, dass er vom »hinterlistigen Osseten« vertrieben worden war. Bald sollte der Marxismus nur von Bedeutung sein, sofern er ihm zum Angriff gegen Stalin diente. Und für Stalin sollte Trotzki bis zu seinem Tod in Mexiko die Inkarnation des Bösen und ein Symbol für tiefen Hass bleiben. Stalin sollte nur noch einmal diesen glühenden Hass empfinden: auf Hitler, der Stalin in den Jahren 1939 bis 1941 »hereinlegte«.

Die Oppositionellen zogen keine Schlussfolgerungen. Im Frühjahr 1927 sandten sie eine neue Plattform an das Zentralkomitee, unterschrieben von 83 Anhängern Trotzkis. Nach einigen Sitzungen des ZK und der Zentralen Kontrollkommission (ZKK) wurden Trotzki und Sinowjew im Oktober 1927 aus dem ZK ausgeschlossen und einige Monate später auch aus der Partei. Der 15. Parteitag im Dezember 1927 bestätigte diese Maßnahmen. Gleichzeitig wurde Kamenew, zusammen mit 75 weiteren Oppositionellen, ausgeschlossen. Kamenew und Sinowjew sollten später Buße tun und wieder in die Partei aufgenommen werden, und sie sollten sogar mit Unterwerfungsreden auf dem 17. Parteitag auftreten.

Der Kampf mit der Opposition fand statt, als sich die internationale Lage verschärfte und die Sowjetunion mit den Schwierigkeiten der Industrialisierung zu tun hatte. Stalin hatte den Kampf oft provoziert. Endlose Debatten lenkten die Partei ab von lebensnotwendigen Fragen. Häufig wurde über die innerparteiliche Lage in der KPR(B) auch in Gremien der Kommunistischen Internationale diskutiert. Aber auch dort fanden Trotzki und seine Mitkämpfer keine große Unterstützung. Die Aureole Trotzkis als »Held der Revolution« verblasste. In den Augen der Partei erschien er schließlich als Schönschwätzer und Möchtegernführer.

Wie an anderer Stelle schon erwähnt: Indem Trotzki die Partei in seinem Kampf gegen Stalin in immer neue Diskussionen verwickelte, verstärkte er die Autorität Stalins und seine Position als neuer Führer der Partei. Die Schlussfolgerung mutet paradox an, doch *keiner* trug so viel zur Stärkung der Position Stalins bei wie Trotzki. Es ist bemerkenswert, dass die Delegierten nur Stalin Ovationen darbrachten, als ihm das Wort zunächst für seinen Bericht und dann für sein Schlusswort auf der 15. Parteikonferenz erteilt wurde.

Diese Beifallskundgebungen waren keine organisierten Spektakel. In den Augen eines Großteils der Delegierten wurde Stalin allmählich zum Führer der Partei. Diesen Eindruck verstärkten die schwachen, wenig überzeugenden Auftritte der Opposition, der es obendrein noch an Mut fehlte. Kamenew beispielsweise verteidigte sich lediglich mit Zitaten und kokettierte mit Stalin, indem er dessen Rede als »ausführlich« mit »richtigen Zitaten« und »wahren Schlussfolgerungen« und so weiter bezeichnete. Trotzki schrieb: »Die einzige Sorge Sinowjews und seiner Freunde war jetzt: rechtzeitig zu kapitulieren. (...) Sie hofften, durch einen demonstrativen Bruch mit mir im Augenblick des 15. Parteitages, wenn nicht Wohlwollen, so doch Verzeihung zu erkaufen.«

Allen war klar, dass die Vereinigung Trotzkis mit seinen ehemaligen Gegnern Sinowjew und Kamenew sich ausschließlich gegen den Generalsekretär richtete. Stalin, der allmählich begann, an seine besondere Berufung zu glauben, ließ sich diese Chance nicht entgehen. Er hatte den Kampf aufgenommen und wollte ihn mit der politischen Vernichtung Trotzkis beenden. Davon zeugt unter anderem seine Rede auf dem Vereinigten Plenum ZK und ZKK am 23. Oktober 1927.

Auf dieser Sitzung wurde die Tagesordnung für den bevorstehenden 15. Parteitag besprochen. Es wurde beschlossen, dass auf dem Parteitag über die trotzkistische Opposition diskutiert werden sollte. Während der Sitzung wurden Stimmen hörbar und Notizen ans Präsidium gereicht, die sagten, dass das ZK das »Testament« Lenins versteckt und damit den Willen Lenins nicht erfüllt habe. Stalin konnte dazu nicht mehr schweigen.

Seine einstündige Rede auf dem Plenum war zornig und hasserfüllt. Stalin zählte Trotzkis »Sünden«, deren sich dieser seit dem Jahr 1904 »schuldig« gemacht hatte, wie auswendig gelernt auf. Der Auftritt Stalins war in der Tat nicht improvisiert; er bereitete sich immer sorgfältig vor auf seine Reden. Nachdem Stalin erkannt hatte, dass Trotzki sich auf Lenins Warnung vor den schlechten Eigenschaften des Generalsekretärs stützte, versetzte er Trotzki genau in diesem Punkt einen Schlag:

»Die Opposition glaubt, ihre Niederlage durch persönliche Momente, durch die Grobheit Stalins, die Unnachgiebigkeit

Bucharins und Rykows usw. ›erklären‹ zu können. Eine allzu billige Erklärung! Das ist ein Taschenspielertrick, aber keine Erklärung. Trotzki kämpft seit 1904 gegen den Leninismus. In der Periode von 1904 bis zur Februarrevolution 1917 trieb sich Trotzki die ganze Zeit bei den Menschewiki herum und führte einen erbitterten Kampf gegen die Partei Lenins. In dieser Periode brachte die Partei Lenins Trotzki eine ganze Reihe von Niederlagen bei. Warum? Vielleicht war die Grobheit Stalins daran schuld? Aber Stalin war damals noch nicht Sekretär des ZK, er befand sich damals fern vom Ausland, führte den Kampf in der Illegalität, gegen den Zarismus, während sich der Kampf zwischen Trotzki und Lenin im Ausland abspielte – was hat das also mit der Grobheit Stalins zu tun?«

Und dann traf der Generalsekretär den schon angeschlagenen Trotzki mit Wucht, indem er daran erinnerte, dass Trotzkis Broschüre »Unsere politischen Aufgaben« dem Menschewiken Axelrod gewidmet war. Unter Getöse im Saal las Stalin triumphierend die Widmung Trotzkis vor: »Dem teuren Lehrer Pawel Borissowitsch Axelrod«. »Nun denn«, resümierte Stalin, »glückliche Reise zu Ihrem ›teuren Lehrer Pawel Borissowitsch Axelrod‹! Glückliche Reise! Nur beeilen Sie sich, verehrtester Trotzki, denn ›Pawel Borissowitsch‹ ist recht hinfällig und könnte in Bälde sterben, und Sie könnten zu Ihrem ›Lehrer‹ zu spät kommen.«

Stalin erinnerte an das vereinigte Plenum des ZK und der ZKK im Juli/August 1927 und bemerkte mit Bedauern, dass er damals den Genossen ausgeredet habe, Trotzki und Sinowjew unverzüglich aus dem ZK auszuschließen. »Möglich, dass ich damals zu gut war und einen Fehler beging.« Ja, das war ein äußerst seltener Fall, dass Stalin einmal das Wort »gut« gebrauchte! Die Güte hat nur kurz gewährt.

»Jetzt heißt es in den ersten Reihen der Genossen stehen, die Trotzkis und Sinowjews Ausschluss aus dem ZK verlangen.«
Was Lenins »Brief an den Parteitag« anbelangte, so gab er ihm eine neue Interpretation, als er verkündete:

»Es wurde bewiesen und abermals bewiesen, dass niemand etwas verheimlicht, dass das ›Testament‹ Lenins an den 13. Parteitag gerichtet war, dass es, dieses ›Testament‹, auf dem Parteitag verlesen wurde (…) und dass der Parteitag *einstimmig* beschloss, es nicht zu veröffentlichen, unter anderem deshalb, weil Lenin dies selbst nicht gewünscht und nicht verlangt hatte.«

Wir wissen, dass es nicht klar ist, an welchen – an den 12. oder 13. – Parteitag Lenins Brief gerichtet war. Verlesen wurde er auf dem 13. Parteitag, aber dies lediglich vor den Delegationen und nicht auf dem Parteitag selbst. Der Parteitag hatte dazu keinerlei Beschluss gefasst und schon gar keinen *einstimmigen,* den Brief nicht zu veröffentlichen. Und dass »Lenin selbst es nicht wollte«, wusste allein Stalin zu berichten.
Der Generalsekretär spürte seine wachsende Kraft und die Unterstützung praktisch aller Teilnehmer des Plenums. Er beschloss, seinen wundesten Punkt zu bekämpfen, und machte vor einer offensichtlichen Lüge nicht halt. Stalin benutzte die Tatsache, dass Trotzki im September 1925 auf Druck des Politbüros (aber vor allem Stalin hatte darauf bestanden) im »Bolschewik« eine Erklärung zu Lenins »Testament« abgegeben hatte. Trotzki hatte geschrieben:

»Wladimir Iljitsch wandte sich seit der Zeit seiner Krankheit wiederholt an die leitenden Institutionen der Partei und an ihren Parteitag mit Vorschlägen, Briefen u. a. Es versteht sich von selbst, dass alle diese Briefe und Vorschläge stets bestimmungsgemäß weitergeleitet, den Delegierten des 12. und des 13. Parteitags zur Kenntnis gebracht wurden und selbstverständlich immer entsprechenden Einfluss auf die Beschlüsse der Partei ausübten. (…) Wladimir Iljitsch hat überhaupt kein ›Testament‹ hinterlassen, und der Charakter seines Verhältnisses zur Partei sowie auch der Charakter der Partei selbst schlossen die Möglichkeit eines solchen ›Testaments‹ aus. (…) *Alle Redereien über ein verheimlichtes oder verletztes* ›Testament‹ sind bösartige Erfindungen und sind ganz und gar gegen den faktischen Willen Wladimir Iljitschs.«

Konnte Trotzki damals ahnen, dass er sich in seinem Kampf gegen Stalin selbst ein Bein stellen würde, als er sich distanzierte von

Gerüchten, durch seine Hände seien Geheimdokumente in den Westen gelangt? Die Glocke hatte ihm geschlagen. In den Augen der Partei erschien Trotzki erneut als Intrigant. Nachdem Stalin das Zitat aus dem »Bolschewik« vorgelesen hatte, sagte er:

»Das schreibt Trotzki und niemand anders. Mit welchem Recht kommen jetzt Trotzki, Sinowjew und Kamenew mit ihrem Geschwätz und behaupten, dass die Partei und ihr ZK Lenins ›Testament‹ ›verheimlichen‹? (…) Man sagt, Genosse Lenin habe in diesem ›Testament‹ dem Parteitag vorgeschlagen, man solle sich im Hinblick auf Stalins ›Grobheit‹ überlegen, ob man nicht Stalin als Generalsekretär durch einen anderen Genossen ersetzen solle. Das stimmt durchaus. Ja, Genossen, ich bin grob gegen diejenigen, die grob und verräterisch die Partei zersetzen und spalten. Ich habe das nicht verheimlicht und verheimliche es nicht. Möglich, dass hier eine gewisse Milde gegenüber den Spaltern erforderlich ist. Aber das bringe ich nicht fertig. Gleich in der ersten Sitzung des ZK-Plenums nach dem 13. Parteitag ersuchte ich das Plenum des ZK, mich von der Funktion des Generalsekretärs zu entbinden. Der Parteitag selbst behandelte diese Frage.
Jede Delegation behandelte diese Frage, und alle Delegationen, unter ihnen auch Trotzki, Kamenew, Sinowjew, *verpflichteten* Stalin einstimmig, auf seinem Posten zu bleiben. Was konnte ich tun? Von meinem Posten davonlaufen? Das ist nicht meine Art, ich bin niemals von irgendeinem Posten davongelaufen, und ich habe kein Recht davonzulaufen, denn das wäre Desertion. (…) Ein Jahr danach richtete ich erneut einen Antrag an das Plenum, mich von meiner Funktion zu entbinden, aber man verpflichtete mich erneut, auf meinem Posten zu bleiben. Was konnte ich weiter tun? (…) Es ist bezeichnend, dass über Fehler Stalins in dem ›Testament‹ kein einziges Wort, keine einzige Andeutung enthalten ist. Dort ist nur von der Grobheit Stalins die Rede. Aber Grobheit ist kein Fehler in der *politischen* Linie beziehungsweise Position Stalins und kann es nicht sein.«
Trotzki, ein Meister der Intrige und Verstellung, wusste, während er im Saal saß, dass diese Rede sein politisches Ende bedeutete. Wie Trotzki später in Mexiko schrieb, fühlte er nach dieser Rede das Messer der Guillotine über seinem Kopf.

Auf dem Oktoberplenum des ZK im Jahr 1927 fand der letzte Auftritt Trotzkis als Politiker der Partei statt. Seine Rede war wirr und leidenschaftlich. Später schrieb Trotzki, er habe die »Blinden« warnen und ihnen sagen wollen, dass der »Triumph Stalins nicht lange andauern und das Scheitern seines Regimes rasch kommen wird. Die Sieger der Stunde verlassen sich übermäßig auf die Gewalt. Sie können uns ausschließen, aber sie können unseren Sieg nicht abwenden.« Über das Rednerpult gebeugt, las Trotzki schnell vom Blatt ab. (Dabei hatte er Stalin und andere Parteiführer »Spickzettler« genannt.) Er versuchte den Lärm im Saal zu übertönen. Man hörte ihm kaum zu, man unterbrach ihn mit Zwischenrufen: »Verleumdung«, »Lüge«, »Schwätzer«. Jemand rief: »Nieder mit den Fraktionsmachern!« Trotzki beeilte sich, alles loszuwerden, was er sich aufgeschrieben hatte. Er sprach über das geschwächte revolutionäre Fundament der Partei, über die Übermacht des Apparats, über die »herrschende Fraktion«, die das Land und die Partei in eine thermidorianische Entartung führe. Trotzki meinte später, dass ihm diese Rede nicht vollständig gelungen sei. In der Tat enthielt sie keine überzeugenden Argumente, keine klaren Thesen über den Sozialismus, obgleich nicht alles in ihr fehlerhaft war. Erkennbar waren der Hass auf die ZK-Führung, die Wut auf Stalin, aber das fand keinen Widerhall, weder bei den Teilnehmern des Plenums noch bei den Kommunisten, die die Möglichkeit hatten, diese Rede Trotzkis im Diskussionspapier zum 15. Parteitag zu lesen. Die Versuche der Anhänger Trotzkis, am 10. Jahrestag der Oktoberrevolution eine Kundgebung zu organisieren, waren eine Aufforderung, ihn aus der Partei zu befördern. Trotzkis Umgebung hatte beschlossen, dass seine Anhänger in der offiziellen Demonstration in besonderen Blöcken marschieren sollten. Die Losungen waren dergestalt, dass nur Eingeweihte ihren oppositionellen Sinn verstehen konnten: »Nieder mit dem Kulaken, dem Privatunternehmer, dem Bürokraten!« – »Nieder mit dem Opportunismus!« – »Erfüllt das Testament Lenins!« – »Erhaltet die bolschewistische Einheit!« Sie versuchten, Porträts von Trotzki und Sinowjew zu tragen, aber Stalin hatte schon seine Vorsichtsmaßnahmen getroffen. Die Polizei zerstreute die trotzkistischen Grüppchen.

Sinowjew war eigens nach Leningrad gefahren, um die dortige

Demonstration zu beobachten; Trotzki blieb zu diesem Zweck in Moskau. Im Automobil fuhr er die Straßen und Plätze der Hauptstadt ab. Beide konnten sich davon überzeugen, dass hinter ihnen nur wenige standen. Das Spiel war verloren. Die Partei und die Arbeiterklasse hatten sich von den Oppositionellen abgewendet. Vor zehn Jahren, auf dem 2. Rätekongress, hatte er dem den Saal verlassenden Martow hinterhergerufen: »Ihr Platz ist auf dem Müllhaufen der Geschichte!« Und nun wurde er selbst mit solchen Worten bedacht, als er versuchte, an die Demonstranten zu appellieren, die sich auf den Roten Platz zubewegten. Man warf mit Steinen nach Trotzki. Die Scheiben des Wagens wurden zerschlagen.

Am 14. November wurde Trotzki aus der Partei ausgeschlossen. Und dann ging alles sehr schnell. Trotzki versuchte noch einmal, sich an die Massen zu wenden. Der Anlass dafür war der Tod seines langjährigen Mitarbeiters Joffe, der seinem Leben selbst ein Ende gesetzt hatte.

Joffe war zunächst Menschewik gewesen. Gemeinsam mit Trotzki war er 1917 in die bolschewistische Partei eingetreten. Er war Kandidat des ZK und Mitglied des ZEK der Sowjets gewesen. Seit 1918 arbeitete er im diplomatischen Dienst. Er war ein treuer Anhänger Trotzkis und Mitglied der Opposition gewesen. Joffe hatte vor seinem Tod einen Abschiedsbrief an Trotzki geschrieben. Unter anderem ging es in dem Brief um die Beleidigung, die Joffe empfunden hatte, als das ZK es dieses Mal abgelehnt hatte, ihn finanziell zu unterstützen, damit er sich im Ausland medizinisch behandeln lassen konnte. Vor allem aber schrieb Joffe, dass die »Zensur des Politbüros« es unmöglich mache, in der Literatur die Wahrheit über die Quasiführer zu sagen, die auf »hohe Ränge erhoben« worden seien. Sein Tod sei der »Protest eines Kämpfers«, der überzeugt sei von der Wahl des Weges, den Trotzki gewählt habe. »Sie haben von 1905 an politisch immer Recht gehabt, und auch Lenin gab zu – ich erzählte Ihnen ja oft, dass ich es mit eigenen Ohren von ihm hörte –, im Jahr 1905 seien Sie und nicht er im Recht gewesen. Im Angesicht des Todes lügt man nicht.« Am Schluss seines Briefs bestärkte er Trotzki, unnachgiebig und kompromisslos zu sein. Der Brief ging durch verschiedene Hände und gab Anlass für übles Gerede. Auf Beschluss des

Zentralkomitees wurde der Brief im »Bolschewik« (Nr. 23–24, 1927) veröffentlicht.
Jemeljan Michajlowitsch Jaroslawski verfasste einen Begleitartikel unter dem Titel »Philosophie der Niedergangsstimmung«.
An der Beisetzung Joffes nahmen viele Trotzkisten teil, junge Leute, vor denen Trotzki, Sinowjew, Kamenew und andere sprachen. Es war Trotzkis letzter öffentlicher Auftritt in der Sowjetunion und die letzte öffentliche Demonstration der Opposition.
Auf Apparatssitzungen gab Stalin Anweisungen: »die Trotzkisten im Auge behalten«, »ihren Einfluss weiter schwächen«, »sie politisch zerschlagen«. Eine Verhaftungs- und Verbannungswelle setzte ein. Noch drei Jahre zuvor war Trotzki fest überzeugt davon gewesen, dass er letzten Endes an der Spitze der Partei stehen würde. Seine Auftritte konnten, ungeachtet einiger richtiger Ideen, eines nicht verbergen: Trotzki hatte sein Leben auf den Kampf mit Stalin umgestellt. Allmählich war dies offensichtlich geworden. Eine Chance, die Führung der Partei zu übernehmen, hatte Trotzki seit langem nicht mehr.
Den bitteren Kelch leerten auch die Mitglieder beider Familien Trotzkis bis zur Neige. Die erste Frau Trotzkis, Alexandra Lwowna Sokolowskaja, ihre beiden Töchter Sina und Nina (und deren Ehemänner) waren glühende Anhänger des Trotzkismus. Trotzki hatte seine erste Familie bereits im Jahr 1902 verlassen, als die jüngste Tochter vier Monate alt war. Anfangs schrieb er Alexandra Lwowna Sokolowskaja aus dem Ausland, doch später haben die Zeit und die zweite Frau die Verbindung zu Sokolowskaja einschlafen lassen. Da Trotzki wusste, dass die Historiker sich auch an seine erste Frau erinnern könnten, schrieb er im Jahr 1929 im ersten Band seiner Erinnerungen: »Das Leben hat uns getrennt, jedoch bleibt eine untrennbare geistige Verbindung und Freundschaft zwischen uns erhalten.« Beiden Töchtern Trotzkis aus erster Ehe wurde nach der Revolution einige Aufmerksamkeit zuteil wegen ihres berühmten Vaters – und einige Jahre später waren sie schlimmen Verfolgungen ausgesetzt. Das Schicksal der ersten Familie Trotzkis ist traurig. Stalin forderte nicht nur für politisches Andersdenken, sondern auch für die Zugehörigkeit zur »Verwandtschaft des Feindes« (in den dreißiger Jahren sagte man: »sozial gefährliche Elemente durch Herkunft«) einen furchtbaren Preis.

Die zweite Frau Trotzkis, Natalja Sedowa, war ebenfalls eine Revolutionärin. Eine Zeit lang lebten sie und Trotzki in Petrograd unter dem Namen Wikentjew. Sedowa begleitete ihren Mann ständig, und sie teilte mit ihm den Triumph seines Höhenflugs, die Jahre der Revolution, des Bürgerkriegs und die bitteren Jahre im Exil.
Aus zweiter Ehe hatte Trotzki zwei Söhne. Der ältere Sohn, Lew, war immer in der Nähe seines Vaters, wurde aktiver Trotzkist und starb jung unter mysteriösen Umständen in Paris nach Trotzkis Abschiebung. Der jüngste Sohn, Sergej, verließ das Elternhaus, als die Trotzkis noch im Kreml wohnten, mit der Begründung, dass ihm die »Politik zuwider« sei; er wurde nicht Mitglied des Kommunistischen Jugendverbandes, sondern vertiefte sich in die Wissenschaft. Als er sich weigerte, mit dem Vater ins Exil zu gehen, unterschrieb er sein Todesurteil. Im Januar 1937 erschien in der »Prawda« ein Artikel: »Trotzkis Sohn, Sergej Sedow, versuchte Arbeiter zu vergiften«. Sergej war zu jener Zeit bereits nach Krasnojarsk verbannt und zum »Volksfeind« erklärt worden. Auf einer Versammlung in der Schmiede der dortigen Maschinenbaufabrik sagte der Meister Lebedew: »Bei uns hat sich Sergej Sedow als Ingenieur betätigt. Dieser würdige Nachkomme, der sich dem Faschismus seines Vaters ergeben hat, versuchte, eine große Gruppe von Arbeitern mit Generatorengas zu vergiften.«
Trotzki verlor in seinem Kampf gegen Stalin schließlich alle seine Kinder (wie auch die Verwandtschaft anderer Oppositionspolitiker zu leiden hatte). Die Tragödie gab dem Ausgewiesenen in den Augen des Westens die Aureole des Märtyrers. Natalja Sedowa überlebte Trotzki um dreizehn Jahre und starb im selben Jahr wie Stalin, »der unzertrennliche Feind« ihres Mannes.
Der Generalsekretär hat anfangs »der Geschichte wegen« öffentlich gefordert, man solle »die Verwandten Trotzkis nicht anrühren«. Aber nur einige entfernte Verwandte Trotzkis sind unversehrt geblieben. Sie leben in Moskau. Ich hatte Gelegenheit, sie zu treffen. Sie führen andere Namen.
Das Politbüro erörterte einige Male die Frage, wie man mit Trotzki weiter verfahren sollte. Dieser hörte nicht auf, gegen die Partei zu arbeiten, jetzt konnte man sogar von einer antisowjetischen Aktivität sprechen. Schließlich wurde beschlossen, Trotzki aus

Moskau zu verbannen. Zunächst wurde der Führer der Opposition aus dem Kreml gewiesen, wie auch Sinowjew, Kamenew, Radek und andere ehemalige führende Politiker. Sinowjew und Kamenew beschlossen, auf dem folgenden Parteitag Buße zu tun: »Lew Dawidowitsch«, sprachen sie auf Trotzki ein, »es ist die Zeit gekommen, wo wir den Mut haben müssen zu kapitulieren.« Aber Trotzki war dazu nicht bereit. Bald wurde der Beschluss verabschiedet, Trotzki nach Alma-Ata zu schicken. Einigen Angaben zufolge wurde Bucharin beauftragt, die Abschiebung zu leiten. Als der geächtete Führer an seinem Haus abgeholt wurde, versuchten seine Anhänger eine Protestaktion durchzuführen. Trotzki weigerte sich, hinauszugehen und sich in das wartende Auto zu setzen. Man trug ihn hinaus ins Auto und später auch in das Zugabteil. Der älteste Sohn rief fortwährend: »Genossen, schaut, wie sie Trotzki tragen!« Seine Frau beschrieb das Ereignis später melodramatisch:

»Auf dem Bahnhof fand eine riesige Demonstration statt. Sie warteten. Sie riefen: ›Es lebe Trotzki!‹ Doch Trotzki ist nicht zu sehen. Wo ist er? Am Zugabteil, das für uns bestimmt war, hatte sich eine stürmische Menge versammelt. Junge Freunde hatten ein großes Porträt Lew Dawidowitschs auf dem Waggondach platziert. Man begrüßte es mit lautem ›Hurra!‹ Der Zug machte eine Ruck. Ein, zwei Schübe … Er fuhr an und stoppte sogleich. Die Demonstranten sprangen vor die Lokomotive, hielten sich an den Waggons fest, hielten den Zug an und riefen nach Trotzki. In der Menge wurden Stimmen laut, Agenten der GPU hätten L. D. unbemerkt ins Abteil geschleust und hinderten ihn daran, sich der Menge zu zeigen. Die Aufregung auf dem Bahnhof war unbeschreiblich. Es kam zu Ausschreitungen gegen die Polizei und die GPU-Agenten, es gab auf beiden Seiten Verletzte, einige wurden festgenommen.«

Stalin befand sich zu dieser Zeit im Kreml und verfolgte aufmerksam Trotzkis Abschiebung. Man berichtete ihm ständig per Telefon vom Stand der Dinge. Der Generalsekretär hörte sich schweigend alles an und sagte knapp: »Keine Nachsicht! Keine Zugeständnisse! Die Helfer Trotzkis absondern! Schnell und ohne zu zögern!« Nachdem er dies gesagt hatte, ging er nervös im Arbeitszimmer auf und ab, über irgendetwas nachdenkend. Einige Jahre später, in seiner Datscha, saß er mit den Mitarbeitern am Tisch und erörterte Informationen über Trotzkis Auftritte im Ausland. Er sagte:

»Damals haben wir zwei Fehler gemacht. Wir hätten ihn bis auf weiteres in Alma-Ata lassen sollen. (…) Ins Ausland hätten wir ihn auf gar keinen Fall schicken sollen. (…) Und noch eins: Wie konnten wir ihm erlauben, so viele Papiere auszuführen?«

Während seines Zwangsaufenthalts in Alma-Ata setzte Trotzki seine politische Aktivität fort. Nach einigen Angaben verschickte er monatlich Hunderte von Briefen und Telegrammen, er tauschte Informationen aus und versuchte, das erlöschende Feuer des Fraktionskampfes am Brennen zu erhalten. In seinen Memoiren berichtet er, dass er einen ständigen geheimen Schriftverkehr mit seinen Anhängern geführt habe. Der älteste Sohn hat den Umfang dieser Korrespondenz so beschrieben: »Von April bis Oktober 1928 schickten wir aus Alma-Ata etwa 800 politische Briefe ab, darunter eine Reihe größerer Arbeiten, und etwa 550 Telegramme. Erhalten haben wir etwa 1000 politische Briefe, größere und kleinere, und etwa 700 Telegramme, in der Mehrzahl kollektive.« Außerdem wurde noch Post per Kurier verschickt. Trotzki versuchte, die Opposition noch einmal zu aktivieren.
Nach langen Diskussionen beschloss das Politbüro im Jahr darauf, Trotzki, seine Frau und seinen Sohn des Landes zu verweisen und über Odessa nach Konstantinopel abzuschieben. Als Trotzki am 12. Februar 1929 auf dem Dampfer »Iljitsch« nach Konstantinopel saß, beschloss er, die Weltöffentlichkeit auf sich aufmerksam zu machen. In einer Erklärung an den türkischen Präsidenten Kemal Atatürk schrieb er:

»Sehr geehrter Herr!
Vor den Toren Konstantinopels habe ich die Ehre, Ihnen mitzuteilen, dass ich mich an der türkischen Grenze durchaus nicht aus freiem Willen eingefunden habe; diese Grenze werde ich nur überschreiten, weil ich mich der Gewalt unterwerfe.
12. Februar 1929 L. Trotzki«

Es begann die Irrfahrt des gescheiterten »Feldmarschalls der Weltrevolution« durch viele Länder, die schließlich in Mexiko enden sollte. Kaum hatte Trotzki Konstantinopel erreicht, übergab er der Presse eine Sammlung von sechs Artikeln unter dem Titel »Was und wie geschah es?« Den zentralen Platz in einem dieser Artikel nahm eine Idee ein, die Trotzki noch eineinhalb Jahre zuvor zu verbergen versucht hatte: Die Theorie, dass es möglich sei, den Sozialismus in einem Land aufzubauen, nannte er eine reaktionäre Lüge und ein Verbrechen gegen den revolutionären Internationalismus. Als Stalin zwei Wochen später diese Zeilen, die ihm einer seiner Helfer überreicht hatte, in der Morgenpost gelesen hatte, sagte er: »Endlich hat der Schurke aufgehört, sich zu verstellen.«
Auch im Ausland war Trotzki unablässig um seinen Ruf als Revolutionär besorgt. Er gab Schriften heraus, die durchsetzt waren von Fälschungen und Beschimpfungen und die alle nur ein Ziel verfolgten: Stalin zu treffen und sich selbst vor dem Spiegel der Geschichte als den Menschen darzustellen, den Lenin zu seinem Nachfolger habe machen wollen, was jedoch Stalin treulos verhindert habe, indem er Lenins Willen überging.
Man muss anerkennen, dass Trotzki früher als andere Stalin durchschaut und sich nicht vor ihm gebeugt hatte. Aber beim Kampf gegen Stalin nahm Trotzki es sich heraus, ein ganzes Volk zu beleidigen. Im 20. Band seiner Werke erlaubte Trotzki sich spöttische Passagen, die gegen das russische Volk gerichtet waren. In seiner Vorstellung hat kein einziger Staatsmann Russlands es weiter gebracht als bis zu einem »drittklassigen Imitator des Herzogs Alba, Metternichs und Bismarcks«, und was die Wissenschaft, Philosophie und Soziologie anbelange, so habe »Russland der Welt eine runde Null gegeben«. Nach seiner Ausweisung sagte Trotzki, er sei der Mann, für den der ganze Planet ohne Visum zugänglich geworden sei. Nach wie vor versuchte er, die Rolle des »zweiten Genies« zu spielen. Aus seinem Mund stammten die Worte: »Lenin hat man in einem plombierten Abteil zur Revolution durch Deutschland gefahren. Mich hat man gezwungenermaßen auf dem Dampfer ›Iljitsch‹ nach Konstantinopel gebracht. Deshalb fasse ich die Verbannung nicht als das letzte Wort der Geschichte auf.« Er hoffte, zurückkehren zu können. Aber auch diese Hoffnung verwirklichte sich nicht.

Stalins »Privatleben«

Bis in die zwanziger Jahre hinein stand Stalin keineswegs im Blickpunkt der Öffentlichkeit. Und noch war es möglich, ihm öffentlich zu widersprechen. So erschien in der Zeitschrift »Bolschewik« (Nr. 11–12, 1925) der Artikel Semitschs, der Stalins Position zur nationalen Frage kritisierte. Damals war dies alltäglich. Anfang 1926 wurde eine Replik Sorins im »Bolschewik« (Nr. 4) veröffentlicht, mit der er auf kritische Äußerungen Stalins gegen seinen Artikel über das Verhältnis zwischen Staat und Partei antwortete. Die Antwort Stalins, die in derselben Ausgabe veröffentlicht wurde, kann als Entschuldigung des Generalsekretärs gegenüber Sorin bezeichnet werden. Das war nichts Ungewöhnliches. Die Keime der Demokratie, die Lenin gepflegt hatte, waren noch nicht erstickt.

Stalin erschien allen als ein *gewöhnlicher* Mensch. Ein gewöhnlicher Mensch musste auch ein gewöhnliches Privatleben haben. Im Rahmen unseres politischen Porträts sind diese Aspekte nicht entscheidend, aber sie gestatten es, die Natur des »Führers« besser zu verstehen.

Ich habe mit vielen Menschen gesprochen, die Stalin in »häuslicher Umgebung« erlebt haben: Ärzte, Leibwächter, Mitarbeiter seines Sekretariats, Schriftsteller, Militärführer und andere, die diesen oder jenen Kontakt zu ihm pflegten. Ich schicke es voraus: Nur mit wenigen Ausnahmen war das »Privatleben« Stalins deckungsgleich mit seiner Arbeit. Für ihn gab es keinen freien Tag. Der Tagesablauf blieb weitgehend immer der gleiche, egal, ob es ein Montag oder ein Sonntag war. Es ist eine andere Sache, dass er gegen Ende seines Lebens nicht mehr täglich in den Kreml fuhr, sondern in seiner Datscha arbeitete. Dort fanden einige wenige Politbürositzungen statt, dort empfing er Minister, Militärführer und Gäste aus dem Ausland, und manchmal ging er hinaus in den Park, um die Frische der Nachtluft zu spüren.

Die Gewohnheit, ohne freie Tage zu arbeiten, war in den Nachrevolutionsjahren entstanden. Vor mir liegt eine Notiz der Genossen Rovio und Gjulling an Lenin mit der Bitte, sie wegen der »karelischen Frage« zu empfangen. Vom Rat der Volkskommissare wurde die Angelegenheit dem Volkskommissariat für Nationalitätenfragen übergeben. Stalins Vermerk auf der Notiz ist lakonisch:

»Ich kann [sie] am Sonntag um 3.30 Uhr im Volkskommissariat für Nationalitätenfragen empfangen.
Stalin 4. Februar 1922«

Manchmal jedoch, sonntags, konnte es geschehen, dass Stalin mit anderen Politbüromitgliedern bis nach Mitternacht an der Esstafel sitzen blieb. Aber natürlich wurden auch dann politische Fragen besprochen.
Wie gesagt, in den zwanziger Jahren lebten die politischen Führer bescheiden. Auf Anordnung Lenins hatte Stalin eine kleine Wohnung erhalten und lebte eine Zeit dort. Es ist ein Brief Lunatscharskis vom 18. November 1921 erhalten geblieben, in dem er vorschlägt, Stalin eine gemütlichere Wohnung zur Verfügung zu stellen. Lenin schrieb, nachdem er diesen Brief gelesen hatte, eine Notiz an den Chef der Leibwache Belenki:

»Genosse Belenki. Das ist mir neu. Lässt sich nichts anderes finden? Lenin. Zurücksenden.«

Neben dieser Notiz gibt es noch einen kurzen Brief Lenins an den Sekretär des ZEK Abel S. Jenukidse mit der Bitte, die Suche nach einer Wohnung für den Volkskommissar für Nationalitätenfragen zu beschleunigen und ihm telefonisch mitzuteilen, wenn der Auftrag ausgeführt sei. Bald wurde für Stalin eine Wohnung ausgewählt, in der ehemals Diener gelebt hatten. Die Wohnung sah Stalin allerdings selten. Er kam spät in der Nacht heim und machte sich früh zur Arbeit auf. Eine einfache Bleibe: alte Möbel, ein abgetretener Fußboden, kleine Fenster. Später lebte Stalin in einer Datscha in Subalowo und in den dreißiger Jahren in Kunzewo. Die dortige Datscha ließ er ständig umbauen. In den letzten Jahren hat man an das Gebäude ein kleines Holzhaus angebaut, und Stalin zog dorthin um. Schelepin, damals ein bedeutender Partei- und Staatsfunktionär, erzählte mir:

»Nach Stalins Tod, als man ein Verzeichnis über die Habe des Generalsekretärs anfertigte, stellte sich heraus, dass die Arbeit ziemlich einfach war. Es existierten keinerlei Wertsachen außer einem staatlichen Klavier. Es gab nicht einmal ein ›echtes‹ Gemälde. Preiswerte Möbel. Die Sessel waren mit Futteralen bezogen. Nichts Antiquarisches. An den Wänden hingen Bildreproduktionen in schlichten Holzrahmen. Im Saal, an einer zentralen Stelle, hing eine vergrößerte Fotografie, auf der Lenin und Stalin verewigt waren. Das Foto war 1922 in Gorki von M. I. Uljanowa aufgenommen worden. Dieses Bild ist später zu Unrecht als Fälschung bezeichnet worden. Auf dem Boden zwei Teppiche. Stalin schlief unter einer Soldatendecke. Außer einer Marschallsuniform kamen zwei Anzüge zum Vorschein (einer aus Leinen), geflickte Filzstiefel und ein Bauerntulup (Mantel aus Schafsfell; A. d. Ü.).«

Im Arbeitszimmer der Datscha stand hinter einem großen Schreibtisch ein Drehsessel. Eine Bedienstete erzählte, dass Stalin, wenn er von der Arbeit erschöpft war, sich in dem Sessel zurücklehnte und zum Fenster drehte; schweigend schaute er in den Park. Stalin mochte keinen dichten Wald. Wie mir A. T. Rybin, ehemals einer von Stalins Leibwächtern, erzählte, ordnete der Generalsekretär im Frühjahr an, welche Bäume ausgerissen werden sollten.

Auf einem Foto sieht man Stalin gekrümmt stehend, sein Töchterchen an der Hand, und ein Mann aus dem Personal kennzeichnet mit dem Beil die Bäume, die gefällt werden sollen. Vor den Bäumen, die dem Tode geweiht sind, steht der »Führer«, den Rücken zum Objektiv gewandt.

Der Generalsekretär mochte nichts Importiertes. Seine Abneigung gegen alles Ausländische, gegen »Europa«, übertrug er auch auf sein Privatleben: Seine asketische Lebensweise war keine Tugend, sondern Ergebnis der vorrevolutionären Abneigung gegen den Luxus. 1938 wurde Stalin eine andere Wohnung zugeteilt, die in einem großen Gebäude lag. Es war einst für den Senat bestimmt gewesen. Die Wohnung nahm fast die gesamte erste Etage ein. Gästezimmer, Zimmer für das Wachpersonal, Empfangsräume. Auf der darüberliegenden Etage Dienstzimmer. Prächtige Fenster, hohe Decken, große Treppen. In dieser Wohnung lebte Stalin jedoch kaum, er zog seine Datscha in Kunzewo vor.

Zu Stalins siebzigstem Geburtstag schenkte Berija ihm eine Datscha. Sie lag am Ufer eines Stausees in der Umgebung von Moskau. Berija überredete den »Führer«, sich die Datscha anzusehen.

Das schöne Haus war durch dicht stehende hohe Kiefern und Tannen kaum zu entdecken.

»Was ist das für eine Mausefalle?«, fragte Stalin Berija misstrauisch. Ohne abzulegen, ging er durch einige Zimmer, machte einen Rundgang im Haus, setzte sich wieder in den Wagen und verschwand. Er ist nie wieder an diesem Ort erschienen.
Der Generalsekretär führte ein ungesundes Leben. Bereits in den zwanziger Jahren arbeitete er fast pausenlos. Er rauchte viel. Etwa ein Jahr vor seinem Tod gab er das Rauchen auf und war stolz darauf. Stalin liebte es, ein wenig trockenen georgischen Wein vor dem Essen zu trinken. Er ging wenig spazieren. Er hatte, wie er sagte, keine »aristokratischen Gewohnheiten«. Menschen, die Stalin erlebt hatten, erinnern sich an die seltenen Minuten, wenn er vor dem Haus auftauchte. In gebeugter Haltung ging er über den schmalen asphaltierten Weg, um bald vor einem Blumenbeet oder einem Fliederstrauch wie erstarrt stehen zu bleiben. Stalin machte den Eindruck, als betrachtete er die Wunder der Natur, aber in Wirklichkeit dachte er über andere Dinge nach.
Stalin liebte es bei seinen Aufenthalten in Sotschi, am Ufer zu stehen und dem Rauschen der Kieselsteine in der Brandung zu lauschen. Das Meer stellte für ihn eine phantastische Schöpfung dar, es kannte weder Leiden noch Freude, weder die Qualen der Vergangenheit noch Sorgen um die Zukunft.

Stalin schaute in die Mappe mit Papieren, die Woroschilow ihm gegeben hatte. Was war da nicht alles zu erledigen! Es wurde der Antrag gestellt, die Traktoristen und Mähdrescherfahrer von Militärübungen zu befreien. Es wurde vorgeschlagen, ein neues Gebäude für die Rote Armee zu bauen. Es wurde über einen Auftritt Pilsudskis, des polnischen Staatschefs, berichtet. Eine Meldung aus einer tschechoslowakischen bürgerlichen Zeitung wurde ihm zur Kenntnis gebracht. Man berichtete ihm über den Brief des Kommandeurs des 26. Kavallerieregiments, der über ein Missverständnis mit dem Bevollmächtigten Gostinzew geschrieben hatte, und über den Brief des Genossen Iljin, der sich zu Fragen des Luftschiffbaus ausließ, und so weiter. Und wie viele Telegramme hatte er heute schon diktiert! An das letzte erinnerte er sich fast wörtlich:

»Rjasan, an den Sekretär des Sasowski-Gebietes, Dorf Prosjanye Poljany.
Von der Lehrerin Schirinskaja habe ich ein Telegramm erhalten. Die Lehrerin der tatarischen Schule ist vor unnötigen, groben Ungebührlichkeiten durch den Bevollmächtigten des Kadomsker Rayonexekutivkomitees Iwanow, der in ihre Wohnung eingedrungen ist, um das Hab und Gut des Vaters zu liquidieren, wobei er die Herausgabe eines Schrankes, der niemandem von Nutzen sein könnte, forderte, zu schützen. Er hinderte [Schirinskaja] an der ruhigen Fortsetzung ihrer Arbeit und drängte ihr den Gedanken auf, ihrem Leben selbst ein Ende zu setzen.
Ich bitte um umgehendes Eingreifen und um Schutz für Schirinskaja vor gleich welchen Gewaltaktionen und um Mitteilung ans ZEKA (so im Text, gemeint ist das ZK; D. W.) über die Resultate.
ZK-Sekretär J. Stalin«

Hinter jedem Papier, jedem Telegramm, hinter jeder Mitteilung stand ein Schicksal – und Schicksale. Und wie viele neue Papiere wird Towstucha ihm am nächsten Tag auf den Schreibtisch legen? Und so ging es jeden Tag.
Mit der Zeit sollten solche weniger wichtigen Aufgaben seine Helfer, Sekretäre und sein Apparat übernehmen. Aber Stalin liebte es bis zum Ende seines Lebens, selbst zu entscheiden, häufig auch unwesentliche Fragen oder über Einzelschicksale, besonders über solche, deren Fälle mit dienstlichen Angelegenheiten, mit Andersdenken und Widerspenstigkeit verbunden waren.
Je mehr Stalins Gewicht in Partei und Staat wuchs, umso mehr bemühten sich viele, sich bei einer Vielzahl von Fragen eifrig »auf seine persönliche Entscheidung« zu berufen. Kann der zuständige Volkskommissar etwa nicht selbst entscheiden, ob die Traktoristen von Militärübungen freigestellt werden? Ob ein neues Gebäude für die Rote Armee in der Hauptstadt gebaut werden sollte? Konnte sich mit dem Schicksal der Lehrerin denn keiner der Sekretäre beschäftigen? In Stalin wuchs die Vorstellung: Sie können nichts ohne mich … Und ich kann alles.
Stalin spürte zwar, dass die extreme Zentralisierung und Bürokratisierung ihn zum Gefangenen des Apparats machte, und diese aufgeblähte Verwaltung konnte möglicherweise die Entwicklung

bremsen oder gar anhalten. Und wozu waren die Volkskommissariate da? Was taten die vielzähligen Organe des Staats und der Partei? Aber Stalin wollte es nicht anders: Wenn man die Alleinherrschaft »teilt«, ist sie keine Alleinherrschaft mehr.

Nur für eines unterbrach Stalin seine Arbeit: für das Kino und für das Theater. Seit Ende der zwanziger Jahre machte er es sich zur Gewohnheit, sich ein, zwei Filme in der Woche anzusehen, gewöhnlich nach Mitternacht. Jeder Film, über den im Volk gesprochen wurde, wurde im kleinen Kinosaal im Kreml und später im Vorführraum in Stalins Datscha gezeigt. Bei einer Begegnung mit den Leitern der Agitations- und Propagandaabteilung sagte Stalin: »Das Kino ist nichts anderes als Illusion, aber das Leben diktiert seine Gesetze.« In der Filmarbeit – wie in anderen Sparten der Kunst – akzeptierte Stalin nur eines: den erzählenden Stil. Anfang der zwanziger Jahre begann seine Frau, ihm das Theater näher zu bringen. Ab und zu besuchte er mit ihr ein Moskauer Theater. Nach ihrem Tod wurde das Theater ein fester Bestandteil seines Lebens, vor allem das Bolschojtheater. Ich glaube, er hatte die meisten Inszenierungen an diesem Theater mehrmals gesehen. In den fünfziger Jahren sah Stalin sich zwanzig- oder dreißigmal »Schwanensee« an. In der Regel besuchte er das Theater allein. Er ging erst auf seinen Platz, nachdem im Saal die Beleuchtung ausgeschaltet worden war. Er setzte sich hinten in eine Ecke seiner Loge. Nach den Premieren ließ er den Schauspielern seinen Dank übermitteln. Er pflegte sogar die Generalproben zu besuchen. So erinnerte sich Rybin, zunächst Stalin-Leibwächter und später Bolschojintendant. Nadeschda Sergejewna Allilujewa war 22 Jahre jünger als ihr Mann und praktisch als Gymnasiastin zur Frau eines der Parteiführer geworden. Die Dokumente wie die Berichte von Menschen, die sie kannten – darunter auch ihre Tochter Swetlana –, zeugen davon, dass Allilujewa trotz ihrer Jugend ein ernsthaftes Wesen hatte. Im Lauf der Zeit wurde sie Parteimitglied, sie arbeitete im Volkskommissariat für Nationalitätenfragen, sie studierte. Sie war auch als Dienst habende Sekretärin in Gorki bei Lenin tätig gewesen. Übrigens nahm Stalin, nachdem Moskau Petrograd als Hauptstadt abgelöst hatte, auch die Eltern seiner Frau mit nach Moskau. Dort lebten sie einige Zeit zusammen in der nicht allzu großen Kremlwohnung.

Nadeschda Sergejewna gewöhnte sich schnell an jene Atmosphäre der endlosen Beratungen, Treffen, Kämpfe und Reisen, in der ihr Mann lebte. Eine Durchsicht der Dokumente im Stalin-Archiv zeigt, dass viele Briefe, Verordnungen, Weisungen und Telegramme nicht nur von den Helfern und Sekretariatsangehörigen – Nasaretjan, Towstucha, Kanner, Mechlis, Dwinski – geschrieben worden sind, sondern auch von Nadeschda Sergejewna. Die großen, halbkindlichen Augen der jungen Frau sahen begierig auf jene Welt, in der ihr Mann lebte. Allilujewa erkannte, dass ihr Mann der Sache gehörte und nur der Sache. Sie hatte anfangs noch nicht vollständig begriffen, wie wenig Platz ihr in seinem Leben eingeräumt war. Nicht selten unterbrach Stalin seine Frau, und manchmal mit Schimpfworten, wenn sie sich bei ihm beklagte: »Dich interessieren nicht die Familie, nicht die Kinder …« In gewissem Maß kompensierte Allilujewa die fehlende Beziehung zu ihrem Mann mit Arbeit, Studium und häufigen Treffen mit den Frauen der Mitarbeiter ihres Mannes: mit Polina Semjonowna Schemtschuschinaja (Molotows Frau), Dara Moisejewna Chasan (Andrejews Frau), Maria Markowna Kaganowitsch und mit Esfirija Issajewna Gurwitsch (Bucharins zweite Frau).

Stalin und Allilujewa bekamen zwei Kinder: das erste im Jahr 1921, Wassili, und vier Jahre später Swetlana. Danach zog auch Jakob, Stalins Sohn aus erster Ehe, zu ihnen. Er war nur sieben Jahre jünger als seine Stiefmutter, die den mit väterlicher Zuneigung nicht gerade verwöhnten Jüngling wie eine Mutter liebte. Während Allilujewa arbeitete, versorgte eine Kinderfrau die Kinder.

In der Kremlwohnung und auch in der Datscha war immer viel Familienbesuch. Außer den Schwiegereltern fanden sich dort die Brüder Allilujewas, Fjodor und Pawel, sowie ihre Schwester Anna mit ihren Verwandten ein. Es kamen auch die Verwandten Stalins aus seiner Ehe mit Jekaterina Swanidse. In den dreißiger Jahren, nach dem Tod seiner Frau, lichtete sich dieser geräuschvolle Chor von Verwandten, den Stalin selten zu Gesicht bekam, merklich und zerfiel. Nur die Eltern Allilujewas starben einen natürlichen Tod. Viele Menschen, die Stalin nahe standen, sollten noch als »Volksfeinde« enden. Nadeschda Sergejewnas Bruder Pawel versuchte mehrmals, mit dem Generalsekretär zu sprechen über Ver-

haftungen und Repressalien, auch gegen Verwandte – doch das blieb ergebnislos. Der »Führer« glaubte blind an die strafende Hand seiner Sicherheitsmaschine.
Stalin konnte sich der Erziehung seiner Kinder nicht widmen, und offenbar wollte er es auch nicht. Er sah sie äußerst selten: manchmal sonntags, wenn man sie zur Datscha brachte, oder im Süden, wo der Generalsekretär vor dem Krieg häufig Urlaub machte. Die Kinder wussten wenig über ihren Vater. Wie Swetlana später berichtet hat, eröffnete sie Wassili dereinst ein »Geheimnis«: »Weißt du, unser Vater war in seiner Jugend Georgier.« Auf kindliche Weise drückte dies die starke »Verrussung« des Vaters aus.
Am tragischsten verlief wohl das Schicksal Jakobs. Das Verhältnis zu seinem Vater war schwierig. Stalin hielt ihn für schwach, was sich später als Irrtum herausstellen sollte. Stalin war unzufrieden mit Jakobs Wahl der ersten und auch der zweiten Frau, Julia Isaakowna Meltzer. Aus diesen Ehen gingen zwei Kinder hervor. Swetlana Allilujewa erinnerte sich, dass Jakob durch das kühle Verhalten seines Vaters zu ihm an den Rand der Verzweiflung getrieben wurde – und darüber hinaus: Einmal versuchte er, sich zu erschießen. Doch glücklicherweise überlebte er, er brauchte allerdings lange, um sich von der Verletzung zu erholen. Als Stalin seinen Sohn nach dem Selbstmordversuch aufsuchte, sagte er nur barsch: »Ha, hast nicht getroffen!« Alle, und besonders Nadeschda Sergejewna, waren betroffen von der eiskalten Unbarmherzigkeit Stalins. Aber wie sollte ein Despot sich zu Hause anders verhalten? Es ist eine andere Sache, dass Stalin es verstand, sich zu verstellen, wenn er mit führenden Persönlichkeiten des Landes verkehrte, Delegationen empfing, in Versammlungen auftrat oder mit Künstlern diskutierte. Nachdem ich Stalin in diesem Buch einen »großen Schauspieler« genannt habe, frage ich mich: Erniedrige ich nicht hiermit unwillentlich einen alten und schönen Beruf? Vielleicht sollte diese Fähigkeit, sich schnell und vorsätzlich zu verstellen, mich eher veranlassen, Stalin einen großen Heuchler zu nennen? In der Familie allerdings war er er selbst.
Jakob absolvierte nach Absprache mit seinem Vater das Transportinstitut in Moskau, arbeitete dann im Kraftwerk der Stalin-Fabrik und äußerte schließlich den Wunsch, eine militärische Laufbahn

einzuschlagen. Auf Anordnung der Helfer Stalins konnte Jakob Dschugaschwili Abendkurse besuchen und wurde daraufhin sofort in den 4. Kurs der 1. Fakultät der Artillerie-Akademie der Roten Armee aufgenommen. Bei der Durchsicht der Personalakten des Oberleutnants Ja. I. Dschugaschwili fiel mir der Fragebogen ins Auge, den damals jeder Offizier ausfüllen musste. Er umfasst einige Dutzend Fragen, von denen ich nur drei anführen will:

»Haben Sie in der trotzkistischen Rechten, in nationalchauvinistischen und anderen konterrevolutionären Organisationen mitgewirkt? Wann und wo?«

»Gab es Abweichungen oder Schwankungen von der Generallinie der Partei? Wenn Sie geschwankt haben, bezüglich welcher Fragen, und wie lange dauerten diese Schwankungen an?«

»Haben Sie in der Weißen Armee oder in der Armee der Interventen, in antisowjetischen, nationalistischen Verbänden (der Konstituante- Anhänger, der Petljura-Leute, der Mussawatisten, der Daschnaken, der Menschewiki Georgiens, der Banden Machnos, Antonows und anderer) gedient, wann, wo, in welcher Funktion, wie kamen Sie dorthin, wann, in welcher Abteilung haben Sie gedient, wie lange?«

Jakob Dschugaschwili rührte man natürlich nicht an. Aber es gab damals nicht wenige Menschen, die ihr Gewissen nicht verkauften. Beispielsweise die Akademieoffiziere Iwanow, Kobrja, Timofejew, Scheremetow und Nowinkow. In ihren Dienstzeugnissen schrieben sie über den Sohn Stalins das, was er offenbar verdiente:

»Die politische Entwicklung ist befriedigend. Er ist diszipliniert, jedoch beherrscht er die militärischen Grundsätze der Dienstordnung bezüglich des Verhaltens gegenüber Vorgesetzten nicht. Praktischen Tätigkeiten ist er nicht nachgegangen. In gefechtstaktischer Ausbildung schwach. Hat große akademische Rückstände. Die staatlichen Examina wurden mit ›befriedigend‹ und ›gut‹ abgelegt.«

Als die direkten Vorgesetzten empfahlen, Dschugaschwili zum Divisionskommandeur zu ernennen und ihn zum Hauptmann zu befördern, widersprach Fakultätsleiter Scheremetow: »Mit dem Dienstzeugnis einverstanden, aber ich glaube, dass die Beförderung zum Hauptmann erst nach einem einjährigen Batteriekommando möglich ist.«

In einem Punkt herrschte Einmütigkeit: Jakob war ein ordentlicher, ehrlicher und schüchterner Mensch. Er war geprägt durch die Abneigung seines Vaters. Dschugaschwili litt darunter, dass er, nachdem er einige Semester übersprungen hatte, schlechte Leistungen erbrachte, und er fühlte sich in der Rolle des Kommandeurs unsicher. Möglicherweise beeinflusste dies sein Schicksal an der Front.

Bereits in den ersten Kriegstagen kämpfte Jakob gegen die Deutschen. Nach den vorliegenden Berichten erfüllte er tapfer seine Pflicht. Aber dann wurde seine Einheit eingekesselt, und Jakob geriet mit seinen Kameraden in Kriegsgefangenschaft.

Es gibt eine seltene Fotografie in den deutschen Archiven. Sie zeigt eine Gruppe von Hitler-Offizieren, die den Hauptmann Jakob Dschugaschwili umkreist und mit großer Neugier betrachtet. Das interessanteste an dieser Aufnahme ist Jakobs Haltung: Mit geballten Fäusten sieht er seine Feinde hasserfüllt an. Die Faschisten bemühten sich, Jakobs Gefangennahme für Propagandazwecke zu benutzen: Sie warfen Flugblätter mit der Fotografie Dschugaschwilis ab, aber die sowjetischen Menschen hielten sie für eine Fälschung.

Stalin sorgte sich weniger um das Leben seines Sohnes als wegen der Möglichkeit, die Deutschen könnten den Willen Jakobs brechen und ihn zwingen, mit ihnen zusammenzuarbeiten.

Die Erinnerungen der ehemaligen Führerin der spanischen Kommunisten Dolores Ibarruri, die 1985 erschienen sind, berichten von einem weitgehend unbekannten Ereignis, das weder bestätigt noch widerlegt worden ist. Sie schreibt, dass 1942 hinter der Front eine Sondereinheit abgesprungen sei, die die Aufgabe gehabt habe, Jakob Dschugaschwili aus der Gefangenschaft zu befreien. Zu dieser Zeit war Jakob im KZ Sachsenhausen. In dieser Gruppe habe sich auch der Spanier José Parro Moiso befunden, der mit Dokumenten eines Franco-Offiziers der »Blauen Divisi-

on« – einer auf deutscher Seite in Russland kämpfenden spanischen Einheit – ausgestattet gewesen sei. Die Operation habe jedoch erfolglos geendet, und die Gruppe sei getötet worden.
Jakob erwies sich als stärkere Persönlichkeit, als sein Vater dachte. Er fürchtete, dass die Deutschen ihn durch Folter, psychologische Bearbeitung oder spezielle Präparate dazu bringen könnten, seinen Vater und sein Volk zu verraten. Allein der Gedanke daran war ihm unerträglich, schrecklicher als der Tod. Die Hölle, die er in den Konzentrationslagern kennengelernt hatte, machte Jakob nicht zum Verräter. Aber seine Kräfte ließen nach. Am 14. April 1943 warf Jakob Dschugaschwili sich gegen den Stacheldraht, der das Lager umzäunte, und wurde von einem Wachmann erschossen.
Stalin hatte sich in seinem Sohn, wie in vielen anderen Menschen, getäuscht. Swetlana Allilujewa berichtet, Stalin habe ihr nach dem Sieg von Stalingrad wie zufällig erzählt: »Die Deutschen haben den Vorschlag gemacht, Jascha gegen irgendeinen der Ihren auszutauschen. Soll ich mich auf einen solchen Handel mit ihnen einlassen? Nein – Krieg ist Krieg.«

Das Schicksal des zweiten Sohns des »Führers« war ebenfalls bitter. Dem Vater ist es nicht gelungen, aus ihm einen starken, harten, klugen Mann zu machen. Nach dem Tod der Mutter wurde Wlassik, der Chef der Stalinschen Leibwache, praktisch zum Erzieher des Jungen. Er wurde verwöhnt und umschmeichelt, und dies formte einen Menschen von willenlosem, launischem, schwachem Charakter. Er kämpfte zwar nicht schlecht, aber auch nicht gut genug, um seine atemberaubende Karriere zu rechtfertigen. Als Hauptmann ging er an die Front, und 1947 war er bereits Generalleutnant.
Die Personalakte des Generalleutnants Wassili Iosifowitsch Stalin ist bezeichnend für die Willkür im Umgang mit Militärkadern. Ich beschränke mich darauf, einige Stationen seiner Laufbahn zu nennen, wie sie sich aus der Personalakte ergeben: 1942, im Alter von 20 Jahren, wird W. I. Stalin zum Oberst befördert. Im Januar 1943 wird er Befehlshaber des 32. Jagdfliegerregiments, ein Jahr später Befehlshaber der 3. und im Februar 1945 Befehlshaber der 286. Jagdfliegerdivision der Luftwaffe. 1946 wird W. I. Stalin

Befehlshaber des Korps, kurz darauf Stellvertretender Kommandierender und später Kommandierender der Luftstreitkräfte der Moskauer Luftabwehr. Mit 24 Jahren war W. I. Stalin aufgrund einer Weisung des Rats der Volkskommissare Generalmajor der Luftwaffe geworden und ein Jahr später schon Generalleutnant. Ein kometenhafter Aufstieg, der aber nicht auf fachlicher und moralischer Qualifikation beruhte. Im Krieg hat W. I. Stalin, wie seine Vorgesetzten in der Personalakte mitteilen, 27 Feindeinsätze geflogen und ein deutsches Flugzeug abgeschossen. Er erhielt zweimal den Rotbannerorden sowie den Alexander-Newski- und den Suworow-Orden zweiten Grades sowie verschiedene Medaillen.

Der Generalleutnant der Luftwaffe Belezki und der Generalmajor der Luftwaffe Papiwin schrieben in einem Dienstzeugnis Folgendes über Stalins Sohn:

»Er ist von hitzigem und jähzornigem Charakter und kann sich schwer zurückhalten: Es kam zu Vorfällen von Handgreiflichkeiten gegenüber Untergebenen. (…) Im Privatleben legt er Verhaltensweisen an den Tag, die sich nicht mit dem Rang eines Divisionskommandeurs vereinbaren lassen, es gab Vorfälle von taktlosem Verhalten auf den Abendveranstaltungen des Fliegerpersonals, persönliche Grobheiten gegen einzelne Offiziere, es gab einen Vorfall von leichtsinnigem Verhalten: Verlassen des Flughafens auf einem Traktor und eine Fahrt darauf in die Stadt Schauljaj mit Konflikten und Prügeleien mit den Kontrollposten des NKWD. Der Gesundheitszustand ist schlecht, besonders das Nervensystem. Er ist äußerst reizbar, was dazu führte, dass er in der letzten Zeit wenig am Flugtraining teilnahm. (…) All diese angeführten Unzulänglichkeiten mindern in bedeutendem Maße seine Autorität als Befehlshaber und sind nicht mit dem Rang eines Divisionskommandeurs vereinbar.«

Andere Dienstzeugnisse klangen ähnlich, und alle endeten mit der gleichen Schlussfolgerung: »Es wäre wünschenswert, ihn zum Studium an die Akademie zu schicken.« Die berühmten Generäle und späteren Marschälle Rudenko und Sawizki sahen damals keinen anderen Ausweg, um die Einheiten, die Stalins Sohn untergeordnet waren, vor dem »ausschweifenden Prinzen« zu schützen. Offiziere und Funktionäre, die eigene Ziele im Auge hatten, überschütteten W. I. Stalin mit Gütern und Rängen. Unbemerkt wurde er zum Alkoholiker. Man kann sich vorstellen, wie viel Leid er seinen zahlreichen Ehefrauen (mindestens vier!) gebracht hat, dieser Mensch, der sich unablässig gehen ließ. Der Missbrauch der Macht macht alle in der näheren Umgebung zu Krüppeln, sogar die eigenen Kinder.

Auf Anordnung des Vaters wurde W. I. Stalin schließlich vom hohen Posten des Kommandierenden der Moskauer Luftabwehr beurlaubt, und damit begann sein Abstieg. Bereits 21 Tage nach dem Tod des Generalsekretärs wurde der Generalleutnant W. I. Stalin im Alter von 32 Jahren auf Befehl des Verteidigungsministers aus der Armee entlassen – ohne das Recht, Uniform zu tragen. Man ließ ihn fallen.

Über sein Leben nach der Entlassung weiß Schelepin einiges zu berichten: »Nach dem Tode seines Vaters steckte man W. Stalin ins Gefängnis: Man erinnerte sich an irgendwelche Sünden und Vergehen und so weiter.« Wobei die Tochter W. I. Stalins, Nadeschda Wassiljewna, dazu sagt, dass es kein Gericht und keine Voruntersuchung gegeben habe. Man gab ihm acht Jahre, und das war's. Man wollte schnell den Mann aus dem Verkehr ziehen, der überall verbreitete, man habe seinen Vater vergiftet. Schelepin erklärt weiter:

»Chruschtschow bat mich, nach Lefortorwo zu fahren, wohin man Wassili aus dem Wladinirski-Gefängnis überführt hatte. Der Gefangene machte irgendetwas an einer Werkbank (›Arbeitserziehung‹). Man brachte ihn zu mir, er warf sich auf die Knie und begann zu weinen: ›Verzeihen Sie, verzeihen Sie, ich werde Sie nicht mehr in Verlegenheit bringen.‹ Ich erzählte Chruschtschow von der Begegnung. Dieser schwieg zunächst und sagte dann: ›Bringen Sie ihn zu mir.‹

Am Tag darauf führte man Wassili Stalin zu Chruschtschow. W. Stalin warf sich wieder, diesmal Chruschtschow, zu Füßen: Er betete, er weinte, er schwor. Chruschtschow nahm Wassili in die Arme und weinte ebenfalls, man sprach lange über den Vater. Nach dieser Begegnung beschloss man, Wassili vorzeitig aus dem

Gefängnis zu entlassen. Man bereitete einen Beschluss vor, man ließ ihn frei. Bei der Entlassung bestand man darauf, er solle offiziell den Nachnamen Wassiljew annehmen. Wassili Stalin lehnte trotz seiner Schwäche entschieden ab. Er kehrte nach Hause zurück. Seiner Tochter Nadeschda sagte er, er träume davon, als ›Direktor eines Schwimmbads‹ zu arbeiten. (…) Jedoch haben die alten Freunde Wassili allmählich zum alten Leben ›zurückgeführt‹. Einen Monat nach der Entlassung aus dem Gefängnis fuhr er einen Wagen in nicht nüchternem Zustand und verursachte einen Unfall.
Chruschtschow fluchte lange und fragte: ›Was sollen wir tun? Sperren wir ihn ein, wird er sterben. Sperren wir ihn nicht ein, auch.‹
Man beschloss, ihn zu verbannen. Man suchte einen Ort aus – Kasan. Wassili fuhr mit seiner damaligen Frau in die ›Verbannung‹. Er lebte in einer Einzimmerwohnung und hatte dort Gelegenheit, auf sein nicht sehr langes Leben mit seinem Höhenflug und Fall zu schauen. Hier erreichte Wassili die Nachricht, dass der Leichnam seines Vaters am 31. Oktober 1961 aus dem Mausoleum hinausgetragen worden sei. Gefängnis, Krankheiten, Wodka, die Herzlosigkeit der ehemaligen ›Freunde‹ verwandelten ihn in einen kompletten Invaliden.«

Am 19. März 1962 starb er. Auf dem Grabmal wurde nicht »Stalin« eingemeißelt, auch nicht »Wassiljew«, sondern »Dem einzigen Dschugaschwili«. Der Verstorbene hinterließ sieben Kinder: vier eigene und drei Adoptivkinder.
Der Diktator, von dem ein Wort genügte, um innerhalb kürzester Zeit einen riesigen Kanal ausheben zu lassen oder Hunderttausende von Menschen aus der Freiheit hinter Stacheldraht zu befördern, erwies sich als ein schlechter Vater. Für das unglückliche Schicksal seines jüngsten Sohnes ist vor allem er verantwortlich. Den gleichen Vorwurf machen ihm Chronisten, die sich mit dem Schicksal seiner Tochter Swetlana auseinandergesetzt haben. Es war ihm nicht gelungen, seine Tochter zur Patriotin zu erziehen. Ihr Schicksal ist bekannt. Offenbar liebte Stalin sie, als sie noch zur Schule ging, mehr als seine Söhne. Nicht selten schrieb er ihr liebevolle Notizen (obwohl es schwer zu glauben ist) wie diese:

»Meiner Hausherrin – Setanka
Ich grüße dich!
Ich habe alle deine Briefe erhalten. Danke für die Briefe. Ich habe dir auf die Briefe nicht geantwortet, da ich sehr beschäftigt war. Wie verbringst du deine Zeit? Wie ist dein Englisch? Fühlst du dich gut? Ich bin gesund und fröhlich wie immer. Mir ist etwas langweilig ohne dich, aber was kann ich tun, ich nehme mich zusammen. Ich küsse meine Hausherrin.
22. Juli 1939«

Der Krieg entfernte den Vater von seiner Tochter – für immer, wie sich herausstellte. Es gab keine Vertraulichkeit, keine familiäre Wärme mehr.
Als Swetlana älter wurde und sich, wie alle Mädchen in ihrem Alter, zum ersten Mal verliebte, wurde ihr Freund, der Journalist und Kinoregisseur Alexej Jakowlewitsch Kapler, verhaftet und erst zu fünf Jahren und dann zu weiteren fünf Jahren Lager verurteilt. Aus dem Lager schrieb Kapler einen Brief an Stalin:

»Lieber Josef Wissarionowitsch!
Ich wurde durch eine Sonderberatung wegen antisowjetischer Äußerungen verurteilt. Ich habe sie nicht gestanden und werde sie auch nicht gestehen. Mir wurde der Leninorden verliehen, und ich wurde mit der Stalinprämie ersten Grades ausgezeichnet. Ich nahm an den Filmen ›Sie verteidigten ihre Heimat‹, ›Kotowski‹, ›Tag des Krieges‹ teil. Ich kann bei mir nur Unbescheidenheit gestehen. Gestatten Sie mir, an die Front zu gehen, ich flehe Sie darum an.
27. Januar A. Kapler«

Stalin verlangte von Berija Auskünfte über Kapler. Man meldete ihm:

»Kapler hat eine Schwester in Frankreich. Er hat sich mit den amerikanischen Korrespondenten Shapiro und Parker getroffen. Er selbst hat seine Schuld nicht gestanden, jedoch ist er durch Agentenangaben entlarvt. (...)
16. März 1944«

Stalin glaubte solcherart Denunziationen immer.
Swetlanas weiteres Leben ist in den westlichen Medien dargestellt worden, und sie selbst hat einiges über sich geschrieben. Im Westen geriet sie in die Hände von Menschen, die sie zynisch für ihre Ziele benutzten. Offenkundig hatte sie dagegen nichts einzuwenden. Sie war sich ihrer Handlungen bewusst. Und sie hatte wohl kaum darüber nachgedacht, dass ihr erbarmungsloser Vater mit dem Familiennamen, der dazu bestimmt war, die entscheidende Linie seines Charakters zu unterstreichen, in seinen schwersten Jahren niemals auf den Gedanken gekommen war, in die Emigration zu gehen. An der Tochter des »stählernen« Vaters zeigt es sich noch einmal: Der Charakter wird nicht geerbt, ebenso wenig wie Überzeugungen. Beides muss erarbeitet werden.
Heute ist es einfach zu sagen, für Kinder sei keine Zeit gewesen. Das ist eine unzureichende Rechtfertigung. Möglicherweise wären die Kinder des »Führers« andere geworden, wäre Nadeschda Sergejewna Allilujewa am Leben geblieben.
Meine Quellen zeugen davon, dass Stalin der eigentliche Urheber des Todes von Nadeschda Allilujewa war. In der Nacht vom 8. auf den 9. November 1932 beendete Allilujewa-Stalina ihr Leben durch Selbsttötung. Ausgelöst wurde dieser tragische Schritt durch einen Streit auf einer kleinen Feier, der für die Umgebung kaum bemerkbar war. Anwesend waren unter anderem Molotow, Woroschilow und ihre Ehefrauen. Die Frau mit ihrer zerbrechlichen Natur konnte die ständigen groben Ausfälle Stalins nicht mehr ertragen. Allilujewa ging in ihr Zimmer und erschoss sich. Carolina Wassiljewna Till, die Haushälterin der Familie, fand sie am nächsten Morgen. Die Pistole lag auf dem Boden. Man rief Stalin, Molotow und Woroschilow.
Es gibt Grund zur Annahme, dass die Verstorbene einen Abschiedsbrief hinterlassen hat. Darüber kann man jedoch lediglich spekulieren. In der Welt gibt es und wird es immer große und kleine Geheimnisse geben, die niemals enträtselt werden. (Zu diesen Geheimnissen zählt auch die Frage, ob es sich tatsächlich um einen Selbstmord gehandelt hat. Daran gibt es gewisse Zweifel, auf die ich an anderer Stelle eingehen werde.) Der Tod Nadeschda Sergejewnas war, so glaube ich, kein Zufall. Vermutlich ist das Letzte, was im Menschen stirbt, die Hoffnung. Wenn es keine

Hoffnung mehr gibt, gibt es auch keinen Menschen mehr. Der Glaube und die Hoffnung verdoppeln immer die Kraft. Stalins Frau hatte beides nicht mehr.

Stalin war erschüttert. Aber er blieb sich treu: Den Selbstmord seiner Frau schrieb er nicht sich zu, sondern er verurteilte ihn als Verrat an ihm. Ihm kam nicht einmal der Gedanke, dass seine Gefühllosigkeit, das Fehlen jeglicher Wärme und Aufmerksamkeit Nadeschda Allilujewa derart verletzt hatten, dass sie sich in einer Minute tiefster Depression entschlossen hatte, bis zum Äußersten zu gehen. Stalin fuhr nicht zum Friedhof, um sich von seiner Frau zu verabschieden.

Einige Leute aus Stalins Umgebung versuchten bald, Stalin zu einer weiteren Ehe mit einer Verwandten eines Vertrauten des »Führers« zu bewegen. Alles schien entschieden zu sein. Doch aus Gründen, die wohl nur dem Witwer bekannt waren, kam die Ehe nicht zustande. Bis zum Ende seines Lebens blieb Stalin allein. Den Haushalt versorgte eine Wirtschafterin. Valentina Wassiljewna Istomina übernahm die ständige Fürsorge für den Witwer und begleitete ihn auch auf seinen Reisen ans Schwarze Meer. Als Stalin gestorben war, warf sich Istomina dem toten »Führer« in Anwesenheit von Politbüromitgliedern auf die Brust und schrie. Ihr war er offenbar näher gewesen als seinen Mitarbeitern.

Gegen Ende seines Lebens waren bei Stalin Zeichen des Andenkens an seine Frau zu bemerken. Im Esszimmer und im Arbeitszimmer seiner Datscha und auch in der Kremlwohnung erschienen plötzlich Fotografien Allilujewas. Möglicherweise hatte er am Lebensabend sein Gewissen an die Oberfläche dringen lassen? Vielleicht war wenigstens irgendjemand für Stalin für eine bestimmte Zeit heilig? Seine zweite Frau? Es fällt schwer, das zu glauben.

Es besteht kein Zweifel: Allilujewa hatte Stalin geliebt, und sie hatte sich jede erdenkliche Mühe gegeben, ihm auf seinem schwierigen Posten beizustehen. Während sie für ihren Mann sorgte, arbeitete sie, wie es damals üblich war, studierte sie und kümmerte sich um die Kinder. Ihre Verwandten bezeugen, dass Allilujewa in den letzten Jahren innerlich zerbrochen war und litt. Möglicherweise liebte Stalin sie auch auf seine Art. Jedoch ließen seine Pläne, seine Arbeit, sein Machtrausch keinen Platz in seinem Herzen für seine Frau und für seine Kinder. Stalin konnte wochenlang arbeiten, ohne irgendjemanden von seinen Familienangehörigen zu bemerken. Er interessierte sich nicht für das Wohlbefinden und die Gesundheit der ihm nahe stehenden Menschen. Viele seiner Enkelkinder hat er nie gesehen. Und er bemühte sich auch nicht, sie zu sehen. Die Kinder Wassilis aus erster Ehe, Nadeschda und Alexander, die viele bittere Minuten aufgrund ihrer Abstammung durchlebten, waren nie für würdig befunden worden, Stalins Aufmerksamkeit zu genießen. Die Schriftsteller schrieben: »Stalin denkt an uns.« An alle zu »denken« ist immer einfacher als an konkrete Menschen.

Als Alexander Semjonowitsch Swanidse, der Bruder seiner ersten Frau, dem er sehr nahe gestanden hatte, verhaftet wurde, kam es Stalin nicht in den Sinn, sich zu fragen: Wie konnte ein Mensch, den er von Kind an kannte, plötzlich zum »Feind« werden? In der moralischen Struktur des »Führers« gab es ganze Breschen und Abgründe. In Stalins Seele war es unmöglich, irgendwelche menschlichen Gefühle zu finden oder gar zu rühren. Die Tragödie seines Sohnes Jakob bereitete ihm nur insofern Sorge, als er fürchtete, sie könnte seinen Namen kompromittieren. Der zweite Sohn war eine Last. Außer Flüchen hatte er kein Mittel versucht, um seinen Sohn vom Fall abzuhalten. Nach ihren gescheiterten Ehen wurde seine Tochter ihm fremd. Die Enkel waren ihm gleichgültig. Sogar seine Mutter hatte er nie mit seiner Aufmerksamkeit verwöhnt.

Dass Stalin moralische Werte gering schätzte, war bei ihm schon früh zu beobachten. Er verachtete Mitleid und Gutherzigkeit. Für ihn war ein starker Willen von entscheidender Bedeutung. Seine Gefühlskälte verwandelte sich zunächst in Härte und dann in Erbarmungslosigkeit. Sie kostete seiner Frau das Leben und beherrschte das Schicksal seiner Kinder. Das Schlimmste ist jedoch, dass Stalin auch in der Politik keine Moral kannte. Es erschien ihm als höchste Form des Wohlverhaltens, als Pawlik Morosow seinen Vater als »Volksfeind« anzeigte. Als Berija die Frau seines engsten Vertrauten Poskrebyschew, Bronislawa Solomonowna, verhaftete, gab Stalin nach Angaben der Tochter Poskrebyschews, Galina Alexandrowna, auf alle Bitten ihres Vaters, seine Frau zu retten, immer nur eine Antwort: »Das hängt nicht von mir ab.

Ich kann da nichts tun. Im NKWD wird man schon richtig entscheiden.« Die arme Frau, Mutter zweier Kinder, wurde drei Jahre im Gefängnis festgehalten und dann erschossen. Der Vater dieser Kinder arbeitete weiterhin Tag für Tag vierzehn bis sechzehn Stunden an Stalins Seite.

»Sogar Berija, auf dessen Befehl hin die Verhaftung zustande gekommen war, pflegte weiterhin unsere Familie zu besuchen«, erzählt Galina Alexandrowna. »Im Übrigen pflegten noch viele andere berühmte Menschen uns zu besuchen: Schaposchnikow, Rokossowski, Kusnetzow, Chruschtschow, Meretzkow. Stalin kannte meine Mutter persönlich, und er wusste selbstverständlich, dass die Beschuldigung der Spionage (der Bruder meiner Mutter war ins Ausland gefahren, um medizinisches Gerät zu kaufen, und dies war der Hauptvorwurf – er wurde selbstverständlich ebenfalls erschossen) keinerlei Grundlagen hatte.« Während ich solche und ähnliche Fälle untersuchte, kam mir ein auf den ersten Blick irrsinniger Gedanke: Stalin ließ die Nächsten, die Verwandten, die Frauen derer verhaften, die ihn umgaben, weil er sie prüfen wollte in ihrer Treue und Ergebenheit ihm gegenüber. Kalinin, Molotow, Kaganowitsch, Poskrebyschew und viele andere ließen nicht einmal erahnen, dass sich in ihren Familien Katastrophen ereignet hatten. Stalin beobachtete ihr Verhalten und empfand offenbar Genugtuung angesichts ihrer Ergebenheit. Ungeheuerliche, unmoralische und grausame Taten bestimmen Stalins Biographie. Nichts Heiliges, Großmütiges, Anständiges verbarg sich hinter der Maske des großen Heuchlers, der im Leben meisterhaft so viele Rollen spielte. Alles erinnert an einen Horrorfilm.

Poskrebyschew hat ihm geglaubt, als Stalin ihn beschwichtigte: »Das hängt nicht von mir ab. Ich kann da nichts tun. Im NKWD wird man schon richtig entscheiden.« Und was sagte Berija, der weiterhin im Hause Poskrebyschew zu Gast war? Er sagte genau das Gleiche. Diese Menschen lebten mit der Lüge, mit dem Zynismus, mit der Grausamkeit. Das traurigste ist, dass niemand Stalin widersprach. Hat doch das Gewissen immer eine Chance! Sogar unter unglaublich schwierigen Bedingungen.

In einem Buch von Michail Bakunin unterstrich der Generalsekretär folgenden Satz: »Verlieren Sie keine Zeit des Zweifels an sich selbst, weil das die sinnloseste Beschäftigung ist von denen, die der Mensch erdacht hat.« Bakunin konnte es sich leisten, nicht an sich zu zweifeln. Schließlich war er nicht Generalsekretär einer großen Partei!

Diktatur oder Diktator?

Am 21. Dezember 1929 wurde Stalin fünfzig Jahre alt. Der Höhepunkt der exzessiven Lobhudelei war noch nicht erreicht. Aber immerhin war schon gut die Hälfte der »Prawda« an diesem Tag ihm gewidmet. Es erschienen darin Artikel von Kaganowitsch: »Stalin und die Partei«, Ordschonikidse: »Der steinerne Bolschewik«, Kujbyschew: »Stalin und die Industrialisierung des Landes«, Woroschilow: »Stalin und die Rote Armee«, Kalinin: »Steuermann des Bolschewismus«, Mikojan: »Der stählerne Soldat der bolschewistischen Partei« und so weiter. Der Grundstein für die Schönfärberei war gelegt. In der Gratulationsadresse des ZK und der ZKK heißt es, dass sie dem »besten Leninisten« gratulierten. Sonst wird Stalin unter anderem noch beschrieben als der »wahre Fortführer der Sache von Marx und Lenin«, als der »Organisator und Führer der sozialistischen Industrialisierung und Kollektivierung«, als der »Führer der Partei des Proletariats« usw.

Der Jubiläumstag kam zur rechten Zeit: Er zog die Aufmerksamkeit auf den Menschen, der sich entschieden gegen die Opposition gestellt hatte. Oder, wie man nun sagte, gegen die »Abweichung«. Die Popularität Stalins wuchs schnell. Scharfsinnige Menschen bemerkten damals schon, dass Stalin gegen Ende der zwanziger Jahre ein mächtiger und selbstsicherer Mann geworden war. Stalin spürte, dass er in den zwölf Jahren nach der Revolution gelernt hatte, die Zeit zu nutzen. Er wusste, wann er die Ereignisse zu forcieren hatte, wann er der Opposition einen Schlag versetzen konnte, wie schnell Industrialisierung und Kollektivierung voranzutreiben waren.

Molotow und Kaganowitsch hatten vorgeschlagen, das Jubiläum des bereits von beinahe allen anerkannten »Führers« feierlicher zu gestalten. Ihn hielt nicht Bescheidenheit davon ab. Vielmehr hatte er Lenins fünfzigsten Geburtstag noch zu stark im Gedächtnis. Und Stalin konnte sich zurückhalten, besonders am Anfang seines Aufstiegs. Noch wirkte Lenins Vorbild, wenn auch schon mit verminderter Kraft.

Lenins fünfzigster Geburtstag war im Gebäude der Moskauer Parteiorganisation gefeiert worden. Als Gawril Mjasnikow die

Feier eröffnete, war der Jubilar noch nicht anwesend. Mit einer ausführlichen, aber wenig beeindruckenden Rede trat Kamenew auf. Er unterstrich, dass Wladimir Iljitsch »Worte des Lobes nicht benötigt und dass das Proletariat nicht gewohnt ist, seine Führer mit Worten und feierlichen Oden zu ehren«. Dann sprach Gorki, der aus irgendeinem Grund Trotzkis Worte, die russische Geschichte sei arm an herausragenden Menschen, zitierte. Wie immer originell und mit Pathos trat Lunatscharski auf, der mit den Händen zeigte, wie um Lenin herum immer »der Wind weht, der Wind der Höhen«. Der proletarische Dichter Alexandrowski las Gedichte. Michal Steppanowitsch Olminski äußerte sich über die große Bedeutung der Demokratie. Stalin schienen Olminskis Worte unpassend: »Eine der charakteristischsten Grundsätze Iljitschs ist sein Demokratismus. Lenin ist von Natur aus ein Demokrat.« Stalin wird sich gedacht haben: Der Krieg ist noch nicht vorbei, und hier spricht man schon von Demokratie. Als wäre sie das wichtigste für einen Revolutionär! Dann erteilte Mjasnikow Stalin das Wort. Er hatte sich auf seine Rede vorbereitet, er hatte nach etwas Originellem gesucht, und er beschloss, auf Lenins Geburtstagsfeier über dessen Fähigkeit zu sprechen, Fehler einzugestehen. Stalin sprach darüber, dass Lenin im Dezember 1905 auf der bolschewistischen Konferenz in Tammerfors zunächst eine Teilnahme an den Wahlen zur Witteschen Duma befürwortet habe, dass er aber nach der Diskussion erklärt habe, dass er sich getäuscht habe. Außerdem habe Lenin eingestanden, dass er sich im September 1917 hinsichtlich des Vorparlaments geirrt habe. »Genosse Lenin fürchtete sich nicht, seine Fehler einzugestehen. Diese Bescheidenheit und dieser Mut haben uns besonders bestrickt.« Die Zuhörer applaudierten nur mäßig nach Stalins kurzem Auftritt. Sie waren etwas irritiert über die wenig feierlichen Worte des Volkskommissars für Nationalitätenfragen.

Plötzlich betrat Lenin den Saal. Seine Rede war kurz, dynamisch, einprägsam. »Ich muss Ihnen vor allem wirklich für zwei Dinge danken: erstens für die Glückwünsche, die heute an mich gerichtet worden sind, und zweitens noch mehr dafür, dass man mich mit Jubiläumsreden verschont hat.« Und dann begann er über Parteiangelegenheiten zu sprechen.

Warum hatte Stalin damals beschlossen, über die Irrtümer Lenins zu sprechen? Wollte er zeigen, dass der Volkskommissar für Nationalitätenfragen nicht gefügig war? Wollte er zeigen, dass er eine Sonderstellung einnahm? Wie auch immer, die Erinnerung an diesen Auftritt rief bei Stalin ein ungutes Gefühl hervor. Als der Leiter des Zentralen Parteiarchivs, Wladimir Viktorowitsch Adoratski, sich mit der Bitte an Stalin wandte, ihm die Erlaubnis zu erteilen, diese Rede in dem Sammelband »Über Lenin« zu veröffentlichen, entschied sich dieser dagegen. Er schrieb auf Adoratskis Brief:

»Genosse Adoratski.
Die Rede ist im Grunde genommen richtig niedergeschrieben worden, sie muss jedoch noch redigiert werden. Ich möchte Sie jedoch nicht veröffentlichen: Es ist mir unangenehm, über die Fehler Iljitschs zu sprechen.
J. St.«

Später jedoch sollte die Rede in Stalins »Werke« geraten. Die Zurückhaltung verließ ihn schon bald. Anfang 1925 erklärte er sich zum ersten Mal einverstanden, seinen Namen zu verewigen. Der Vorschlag stammte von Molotow. Der Vorsitzende des ZEK der UdSSR, Kalinin, und der Sekretär des ZEK, Jenukidse, unterschrieben eine Verordnung des Präsidiums des Zentralexekutivkomitees, in der es heißt:

»Die Stadt Zarizyn ist in Stadt Stalingrad umzubenennen, der Zarizyner Kreis in Stalingrader Kreis, der Zarizyner Amtsbezirk in Stalingrader Amtsbezirk, der Bahnhof Zarizyn in Bahnhof Stalingrad.«

Das Schicksal der Bauern

Die ersten grausamen Übergriffe auf dem Land ereigneten sich während der Enteignung der Gutsbesitzer-, Feudal- und Klosterländereien. Die Mitte 1918 gegründeten Komitees der Dorfarmut gingen auch gegen die Kulaken vor, wie die Großbauern genannt wurden.

Mehr als die Hälfte der Ländereien der Kulaken wurde enteignet. Die konfiszierten Maschinen und das Vieh wurden unter den Mittelbauern und den Dorfarmen aufgeteilt. Die Kulakenschicht wurde merklich kleiner. Das Dorf wurde mittelbäuerlich.

Die NÖP gab den Bauern die Möglichkeit, nach der Entrichtung einer Naturalsteuer Handel zu betreiben. Gegen Ende des Jahres 1923 verkaufte Sowjetrussland rund zwei Millionen Tonnen Weizen an andere Länder. Damals galt es als schändlich, auch nur daran zu denken, Getreide zu importieren.

Nach dem Krieg war es gelungen, die Getreideproduktion etwas zu steigern, obgleich sie noch weit unter dem Vorkriegsniveau lag. Aber auch wenn die Resultate von vor 1914 erreicht worden wären, so hätte der Staat noch immer nicht genug Getreide gehabt, es zu exportieren. Dazu waren die Einkaufspreise zu niedrig, und das Warenangebot für die Bauern war zu schlecht, als dass es sie hätte veranlassen können, mehr von ihren Erzeugnissen zu verkaufen. Die Produktionsgenossenschaften machten gerade ihre ersten Schritte. Die NÖP unterstützte vor allem die Mittelbauern und die Dorfarmen, aber auch großbäuerlichen Betrieben gab sie einen Wachstumsimpuls. Die Kulaken stellten keine Gefahr dar für den Staat, dessen Grundlage die Diktatur des Proletariats war. An dieser Stelle sei darauf verwiesen, dass es nicht angebracht wäre, die sozialistischen Ideale als Synonyme für Armut und die Ablehnung von Reichtum zu verstehen. Der Marxismus tritt lediglich gegen den Reichtum auf, der durch Ausbeutung fremder Arbeitskraft zustande kommt. Ein bedeutender Teil der Großbauern wirtschaftete mit eigener Hand.

Lenin hatte vorausgesehen, dass die sozialistische Umgestaltung am schwierigsten im Dorf durchzuführen sein würde. Doch er glaubte an die Propaganda der Elektrifizierung, der Traktoren, der Bücher! Lenin glaubte, dass es eine »ganze historische Epoche« brauche, bis die Bauernschaft für den Sozialismus gewonnen sei: »Wir können innerhalb von ein bis zwei Jahrzehnten zu einem guten Ende dieser Epoche gelangen.« In einer seiner letzten Arbeiten formulierte Lenin einen Satz von außerordentlicher Wichtigkeit: »Heute können wir mit Recht sagen, dass das einfache Wachstum der Kooperation für uns gleichbedeutend ist (…) mit dem Wachstum des Sozialismus. (…) Unter den Bedingungen völliger Kooperation stünden wir heute mit beiden Beinen auf sozialistischem Boden.« Natürlich waren in Lenins Plan des genossenschaftlichen Zusammenschlusses der Landwirtschaft nicht alle Einzelheiten angesprochen worden. Aber das wäre 1923 auch nicht möglich gewesen.

Die Steuern für die Mittel- und Großbauern wurden gesenkt, was ihnen die Möglichkeit gab, Produktionsüberschüsse zu erzielen, vor allem beim Getreide. Die Kaufkraft der Bauernschaft wuchs. Jedoch verstärkte sich auf dem Land gleichzeitig der Warenhunger. Deshalb hatten die Bauern es nicht eilig, ihr Getreide zu verkaufen. Sie brauchten kein Papiergeld, sondern Maschinen und andere Industrieprodukte, doch die Preise für sie waren zu hoch. Es entstanden Schwierigkeiten bei der Nahrungsmittelversorgung der Städte. Im Jahr 1927 zeichnete sich ab, dass es zu einer Krise kommen könnte. Die Kulaken und die Mittelbauern hielten ihr Getreide zurück, sie warteten auf günstigere Preise und auf notwendige Ware.

Die Opposition versuchte, die wachsenden Schwierigkeiten im Verhältnis zwischen dem Staat und der Bauernschaft für ihre Ziele auszunutzen. So Kamenew, als er auf dem 15. Parteitag im Dezember 1927 die Führung beschuldigte, die kapitalistischen Elemente im Dorf falsch einzuschätzen. Im Grunde rief er zu einem härteren Kurs gegen die Kulaken auf. Die Vertreter der Opposition hatten schon früher gefordert, die bei der Versorgung fehlenden 2,5 bis 3 Millionen Tonnen Getreide bei den Kulaken und Mittelbauern gewaltsam zu beschlagnahmen. Das Politbüro hatte sich dagegen entschieden, diesen Weg nicht zu gehen. In seinem politischen Rechenschaftsbericht an den Parteitag sagte Stalin:

»Unrecht haben die Genossen, man könnte und müsste mit den Kulaken durch administrative Maßnahmen, durch die GPU Schluss machen: befohlen, gestempelt und basta. Das ist ein Leichtes, aber bei weitem nicht wirksames Mittel. Der Kulak muss durch wirtschaftliche Maßnahmen und auf dem Boden der sowjetischen Gesetzlichkeit angepackt werden. Die sowjetische Gesetzlichkeit aber ist keine leere Phrase.«

Wer wollte solchen Worten nicht Recht geben? Und sie wurden

von Stalin ausgesprochen! Aber auch hier unterschieden sich die Worte von den Taten.
Stalin verstand wenig von der Bauernfrage. In seinem Leben hat er nur einmal bäuerliche Regionen besucht. Und zwar im Jahr 1928, als er wegen der Schwierigkeiten bei der Getreidebeschaffung nach Sibirien reiste. Seine Wissenslücken sollten sich später bei einer Reihe von katastrophalen Fehlentscheidungen offenbaren.
Auf dem 15. Parteitag wurden weitere Vorschläge gemacht, um die Versorgungsschwierigkeiten zu beenden und die Kollektivierung voranzubringen. Mikojan erklärte in seiner Rede, dass die Waren in den Städten stecken blieben und nicht in die Dörfer gelangten, wo eine riesige Nachfrage herrsche.

»Um eine ernsthafte Wende in der Getreidebeschaffung zu erreichen, müssen wir einen entschiedenen Umschwung bewirken. Diese Wende muss sich auf die Umverteilung der Waren von den Städten in die Dörfer stützen; um – auch dann, wenn dies eine vorübergehende, einige Monate dauernde Ausdünnung der städtischen Märkte zur Folge haben sollte – Getreide von der Bauernschaft zu erhalten. Wenn wir diesen Umschwung nicht durchführen, werden wir außerordentliche Schwierigkeiten haben, die sich auf die gesamte Wirtschaft auswirken werden.«

Auch im Bericht des ZK-Sekretärs Molotow über die Arbeit der Partei im Dorf, den er vortrug, waren im Wesentlichen richtige Ideen enthalten. Im Einzelnen unterstrich er, dass die »Entwicklung der individuellen Wirtschaft auf dem Weg zum Sozialismus ein langsamer und langwieriger Weg [ist]. Es werden nicht wenige Jahre benötigt, um von der individuellen zur kollektiven Wirtschaft zu gelangen.« In diesem Prozess sei Gewalt fehl am Platz. »Derjenige, der uns vorschlägt, jener Politik der zwangsweisen Beschlagnahme von 150 bis 200 Millionen Pud Getreide (1 Pud = 16,381 Kilogramm; A. d. Ü.) wenigstens von zehn Prozent der bäuerlichen Wirtschaften zu folgen, das heißt, nicht nur von den Kulaken, sondern auch von Teilen der Mittelbauern des Dorfes zu nehmen (...), der ist ein Feind der Arbeiter, ein Feind des Bündnisses von Arbeiter und Bauern.« Nachdem Molotow diese Worte

ausgesprochen hatte, rief Stalin laut dazwischen: »Richtig!« Während des Berichts ermutigte Stalin Molotow noch einige Male in ähnlicher Weise.
Der Parteitag erarbeitete eine Linie zur breiten Nutzung ökonomischer Methoden bei der Kooperierung auf freiwilliger Grundlage. In der Resolution zum Bericht Molotows heißt es, dass die Erfahrung die völlige Richtigkeit des Genossenschaftsplans Lenins bestätigt habe. Ferner wurden auf dem Parteitag Befehlsmethoden bei der Lösung dieser Fragen verurteilt.
Angesichts dessen erscheint die Entscheidung Stalins und auch Molotows sonderbar, den Prozess nicht nur der Kooperierung, sondern auch der Kollektivierung des Dorfes zu forcieren. Bald nach dem 15. Parteitag sagte Stalin immer häufiger, dass es geboten sei, das Tempo der Kollektivierung und Industrialisierung zu erhöhen. Ihm hatte ein Artikel des künftigen Akademiemitglieds Stanislaw Gustawowitsch Strumilin gefallen. Strumilin hat darin das Credo der »direktiven« Ökonomie formuliert: »Die Aufgabe besteht nicht darin, die Ökonomie zu erlernen, sondern sie zu verändern. Wir sind an keinerlei Gesetze gebunden. Es existieren keine Festungen, die die Bolschewiki nicht einnehmen könnten. Die Frage des Tempos entscheiden die Menschen.«
Stalin zitierte diese Sätze oft, er beschwor mit ihnen Zuhörer und Leser. Diese Phrasen drückten treffend aus, was er im Sinn hatte. Stalin vollzog eine schnelle Kehrtwendung und griff zu außerordentlichen Maßnahmen. Und das bedeutete einen Bruch mit der NÖP – mit dem Marktmodell des Sozialismus.
Ende Dezember 1927 (direkt nach dem 15. Parteitag) und im Januar 1928 trafen in den Gouvernements schreckliche Direktiven ein. Sie trugen die Unterschrift Stalins und forderten, den Druck auf die Großbauern zu verstärken und mit der Kollektivierung zu beginnen. Möglicherweise ließ sich solch ein Beschluss mit den Schwierigkeiten bei der Getreideversorgung erklären. Aber der Versuch, die Versorgungsnöte mit einer künstlichen Forcierung der Vergesellschaftung zu verknüpfen, war gleichbedeutend mit einer Abweichung vom Genossenschaftsplan Lenins.
Die Idee, die sozialistische Revolution auf dem Land voranzutreiben, wurde vermutlich von der Mehrheit in der Partei begrüßt. Radikale und linksradikale Stimmungen waren auch zehn Jahre

nach der Revolution in der Mitgliedschaft der Partei noch lebendig. Viele wollten mit einem Schlag all die Jahrhundertprobleme lösen.

Stalin war von Natur aus vorsichtig. Erst nach langem Überlegen ging er das Risiko ein, Millionen von Bauernwirtschaften zu kollektivieren, obwohl er wusste, dass die Masse der halb analphabetischen Landbevölkerung dazu noch nicht bereit war. Die utopisch-dogmatische Sichtweise Stalins zeigte sich vor allem in der Absicht, den Bauer in ein »Schräubchen« zu verwandeln in der gesellschaftlichen Agrarmaschine. Das musste die Bauern trennen von den Produktionsmitteln und von der Verteilung der Produkte. Im Grunde genommen hatte Stalin entschieden, den selbständig wirtschaftenden Bauern in eine rechtslose Arbeitskraft zu verwandeln. Zu diesem Zweck musste er die außerordentlichen Maßnahmen in »gewöhnliche« Lebensnormen umwandeln. Das ZK-Plenum im Juli 1928 unterstützte Stalin. Die Partei erklärte sich damit einverstanden, die Gewalt zum festen Bestandteil des Systems zu machen.

An die Stelle ökonomischer Gesetze traten nun Befehle. Sie beendeten die NÖP Schritt für Schritt, widersprachen den materiellen Interessen der Bauern, erstickten ihre Unternehmungslust und ihren Arbeitseifer. Einige der geächteten Linken, die ehemals Trotzki nahe gestanden hatten, hatten schon früher »entschiedene Maßnahmen« im Dorf gefordert. Und sie unterstützten Stalins neue Agrarpolitik. Pjatakow, Krestinski, Antonow-Owesejenko, Radek, Preobraschenski und andere taten Buße und wurden wieder in die Partei aufgenommen. Pjatakow wurde Vorsitzender der Staatsbank, später Stellvertreter des Volkskommissars für Schwerindustrie. Aber auch er und seine Gesinnungsgenossen mussten 1937 den bitteren Kelch bis zur Neige austrinken. Das ehemalige »Freidenkertum« verzieh Stalin keinem. Im ersten Fünfjahresplan war die Erfassung von bis zu 85 Prozent der Bauernhaushalte in Genossenschaften vorgesehen, darunter bis zu 20 Prozent in Form von Kolchosen. Aber dann wurde in Moskau beschlossen, diese Frist in der Ukraine, im Nordkaukasus, an der Unteren und Mittleren Wolga bis auf ein Jahr zu verkürzen!

Im Januar 1928 traf Stalin in Sibirien ein. In seinen Reden vor den Partei- und Wirtschaftsfunktionären forderte er, den Druck auf die Kulaken zu verstärken. Diese Reise mutete an wie die Inspektionsreise eines Kommandierenden durch seine Garnisonen. Wenn er einen ausgewählten Ort erreicht hatte, ließ er die dortigen Funktionäre zu sich rufen, hörte sie kurz an und zog unbeirrbar seine Schlussfolgerungen:

»Wie denken Sie hierüber, welche Maßnahmen gedenken Sie zu ergreifen, um Ihre Pflicht dem Lande gegenüber zu erfüllen? Ich bin durch die Bezirke Ihrer Region gefahren und konnte mich davon überzeugen, dass man sich bei Ihnen nicht ernsthaft darum bemüht, unserem Lande zu helfen, aus der Getreidekrise herauszukommen. Sie haben eine Ernte, wie sie in vielen Jahren einmal vorkommt, man kann sagen, wie sie noch nicht da gewesen ist. Getreideüberschüsse haben Sie in diesem Jahr mehr denn je, der Plan der Getreidebeschaffung aber wird nicht erfüllt. Warum, aus welchem Grunde?«

Dann folgten konkrete Empfehlungen: »Sehen Sie sich die Kulakenwirtschaften an: Dort sind die Speicher und Scheunen voll von Getreide, das Getreide liegt, da keine Speicherräume mehr da sind, in offenen Schuppen, in den Kulakenwirtschaften gibt es Getreideüberschüsse von 50 000 bis 60 000 Pud je Wirtschaft.« Stalin beendete all seine Auftritte gleich:

»Ich schlage vor:
a) von den Kulaken die sofortige Abgabe aller Getreideüberschüsse zu staatlichen Preisen zu verlangen;
b) im Falle einer Weigerung der Kulaken sich dem Gesetz zu fügen, sie gemäß Artikel 107 des Strafgesetzbuchs der RSFSR gerichtlich zur Verantwortung zu ziehen und ihre Getreideüberschüsse zugunsten des Staates zu konfiszieren mit der Maßgabe, 25 Prozent des konfiszierten Getreides unter die Dorfarmut und die wirtschaftlich schwächeren Mittelbauern zu den niedrigen staatlichen Preisen oder auf Kredit mit langjähriger Zahlungsfrist zu verteilen (…). Das bedeutet (…), dass man allmählich, aber unentwegt die individuellen Bauernwirtschaften, deren Produktion den geringsten Warenteil aufweist, zu Kollektivwirtschaften vereinen muss, deren Produktion den größten Warenteil aufweist.«

Dieser Stil verbreitete sich rasch. Die Grundlage für die Losung, die von einigen eifrigen Administratoren formuliert wurde: »Für ein extremes Entwicklungstempo der Kollektivierung!«, findet sich im Artikel Stalins »Das Jahr des großen Umschwungs«. Einige Entwicklungen im gesellschaftlichen Bewusstsein zugunsten der Genossenschaften (nicht unbedingt der Kolchosen – diese sind nur eine ihrer Formen) wurden vom Generalsekretär verstanden als Bereitschaft der Mittelbauern, in die Kolchosen zu gehen. Es folgten weitere Direktiven und Anordnungen.

Eine Woche nach seinem fünfzigsten Geburtstag sprach Stalin auf einer Konferenz von marxistischen Agrarwissenschaftlern. Seine Rede war auch insofern bemerkenswert, als er noch vor einem Beschluss des ZK verkündete:

»Das bedeutet, dass wir von der Politik der *Einschränkungen* der Ausbeutertendenzen des Kulakentums übergegangen sind zur Politik der *Liquidierung* des Kulakentums als Klasse.«

Unüberhörbar kündigte sich die Katastrophe an, die Millionen von Menschen großes Leid bringen sollte. Im Jahr 1937 erreichten die Gewalt und die Gesetzlosigkeit ihren Höhepunkt. Es traf in hohem Maße die Intelligenz, deshalb ist es nicht verwunderlich, dass darüber viel geschrieben wurde und jene Periode ins Zentrum der Aufmerksamkeit rückte.

Aber schon Ende der zwanziger, Anfang der dreißiger Jahre ergriff der stählerne Besen eine viel größere Zahl von Menschen. Unter ihnen befanden sich womöglich nicht wenige Feinde der Sowjetmacht, jedoch unermesslich mehr Unschuldige: Mittelbauern, die den Kulaken hinzugerechnet wurden, Bauern und deren Familien, die nicht in die Genossenschaften gehen wollten. Die Historiker beginnen, diese Zeit zu entschlüsseln. Die Kooperierung der kleinen Bauernwirtschaften war möglicherweise eine historische Notwendigkeit. War aber die massenhafte Anwendung von Gewalt bei dieser wirtschaftlichen Umwälzung unumgänglich? Ohne jeden Zweifel kann man sagen: Nein, es war nicht notwendig, Gewalt anzuwenden. Der Prozess der Kooperierung hätte auf freiwilliger Basis stattfinden müssen.

Auf Stalins Drängen wurde ein Dokument verfasst zur Erleichterung der »Entkulakisierung«. In ihm befindet sich eine Charakteristik des Kulaken: Einnahmen von über 300 Rubel pro Esser im Jahr (mindestens 1500 Rubel pro Familie), Betreiben von Handel, Vermietung von Gerät, Maschinen, Gebäuden; Besitz einer Mühle, einer Ölpresse und so weiter. Wenn eines dieser Kriterien zutraf, wurde aus einem Bauern ein Kulak. Ohne Berücksichtigung der sozialen Realität wurden große Gruppen von Bauern willkürlich dem Projekt »Liquidierung des Kulakentums als Klasse« unterworfen.

Die Gewalt bereitete sich ein Festmahl. Es traf die Fleißigsten, Fähigsten, Sparsamsten und Ideenreichsten. Selbstverständlich befanden sich unter ihnen auch einige, die der neuen Macht reserviert gegenüberstanden. Aber Stalin und seine Helfer machten sie alle zu Feinden des Sozialismus, die »unschädlich« gemacht werden mussten. Eine spezielle Kommission erstellte Anfang Januar 1930 einen Entwurf für einen Beschluss des ZK »Über das Tempo der Kollektivierung und über die Hilfsmaßnahmen des Staates für den kollektivwirtschaftlichen Aufbau«. Die Fristen, die darin vorgeschlagen wurden, verkürzte Stalin (eigenhändig!) gleich zweimal. Ohne jegliche wissenschaftliche Grundlage, ohne positive und negative Faktoren in Betracht zu ziehen, forderte der Generalsekretär hartnäckig: schneller, schneller, schneller! Berichte, Vorträge, Flugblätter an die Gouvernementskomitees und die Amtsbezirke. Eine Masse von Bevollmächtigten. Die einen machten Versprechungen: »Traktoren, Petroleum, Salz, Streichhölzer, Seife – alles werdet ihr erhalten, je schneller ihr euch den Kolchosen anschließt!« Die anderen gingen entschiedener vor: »Wer nicht in die Kolchose will, der ist ein Feind der Sowjetmacht!« Ausschreitungen, Streit, Gewehre mit abgesägtem Lauf, Morde an Parteifunktionären, Kolchosenaktivisten, Beschwerdebriefe nach Moskau, Hilfesuchende.

Übergriffe wurden alltäglich. Das Wort »Entkulakisierung« ging in die russische Sprache ein, zwischen ihre Mahlsteine gerieten mehr als eine Million Bauernhaushalte, keineswegs nur Kulaken. Nach einigen Berechnungen waren damals etwa drei Prozent der ländlichen Haushalte den Großbauern zuzurechnen, also rund 900 000. Viele Hunderttausende von Familien wurden in entlegene Gebiete deportiert, nachdem ihnen alle Produktionsmittel, alle Wertgegenstände, alle unbewegliche Habe weggenommen worden waren. Viele landeten in Sibirien oder im hohen Norden. Es wird kaum gelingen, eine genaue Zahl derer zu benennen, die dem Sturm der Gesetzlosigkeit zum Opfer gefallen sind. Nach einigen Angaben wurden im Jahr 1929 mehr als 150 000 Kulakenfamilien nach Sibirien und in den Norden verbannt. 1930 waren es 240 000 und 1931 über 285 000. Die »Entkulakisierung« wurde auch 1928 und nach 1931 durchgeführt. Nach meinen Berechnungen betraf die »Entkulakisierung« 8,5 bis 9 Millionen Männer, Frauen, Alte und Kinder. Die meisten wurden ihrer Heimat und ihres Besitzes beraubt. Viele wurden wegen Widerstands erschossen, und nicht wenige kamen um auf dem Weg nach Sibirien und in den Norden. Ganze Orte fielen der Gewalt zum Opfer. Und manchmal war gewöhnlicher Raub das Motiv für die Verwandlung eines Mittelbauern in einen Kulaken. Nach meinen Berechnungen wurden sechs bis acht Prozent der Bauernhaushalte in dieser oder in jener Form in den Strudel der »Entkulakisierung« gerissen.

Selbstverständlich nahmen viele Bauern diese Politik nicht ergeben hin. Es wäre nötig gewesen, so glaube ich, durchdachte administrative Methoden gegen jene Kulaken anzuwenden, die die Sowjetmacht bekämpften. Aber ein Großteil der Kulakenhaushalte hätte dem Prozess der Vergesellschaftung und Kooperierung angeschlossen werden können durch differenzierte Besteuerung, Produktionsaufgaben und -verpflichtungen. Indem den Kulaken diese Möglichkeit versagt wurde, wurden sie vor eine tragische Wahl gestellt: kämpfen oder sich dem Schicksal ergeben.

Zehntausende von Briefen richteten sich an Stalin mit Beschwerden, Unverständnis, Angst und Hass. Aber die entfesselte Maschine der Gesetzlosigkeit zermalmte ihre Opfer ohne Unterbrechung. Stalin, dem der Umfang der Erschütterung nicht entgangen sein konnte, meldete sich am 2. März 1930 zu Wort mit einem Artikel in der »Prawda«: »Vor Erfolgen von Schwindel befallen«. Der zweite Absatz dieses Artikels liest sich heute wie eine Ode an die Gewalt:

»Es ist Tatsache, dass am 20. Februar d. J. bereits 50 Prozent der Bauernwirtschaften in der UdSSR kollektiviert waren. Das bedeutet, dass wir bis zum 20. Februar 1930 den Fünfjahresplan zu mehr als *200 Prozent erfüllt* haben.«

In Stalins Artikel wird kategorisch die Schlussfolgerung gezogen (als habe diesbezüglich ein Referendum im Land stattgefunden!), dass weder Genossenschaften zur gemeinsamen Bodenbearbeitung noch Kommunen den Anforderungen der sozialistischen Umgestaltung des Dorfs entsprächen. Nur Kolchosen! Nur diese Form der Landwirtschaft sei annehmbar, so entschied der »Agrarexperte« Stalin, der kein zweites Mal ein Dorf betreten sollte. Nach seinem »Prawda«- Artikel waren die Schuldigen an »Übergriffen« auf unterster Ebene zu suchen, in den Bezirken und Kreisen. An seinen Befehlen und Direktiven konnte es demnach nicht gelegen haben.

Nach dem Artikel ergoss sich eine neue Welle von Briefen der Bauern über Stalin. Er sah sich gezwungen, die Haltung der Partei zur Kollektivierung noch einmal darzustellen. In seiner Antwort an die Bauern schrieb der Generalsekretär:

»Manche sind der Meinung, dass der Artikel ›Vor Erfolgen von Schwindel befallen‹ das Resultat einer persönlichen Initiative Stalins sei. Das ist natürlich Unsinn (...). Es war dies eine gründliche Erkundung des Zentralkomitees gewesen (...). Es ist schwer, Leute, die dem Abgrund entgegenrennen, in ihrem rasenden Laufe aufzuhalten und auf den richtigen Weg zu bringen.«

Wenn Stalin soziale, ökonomische und kulturelle Fragen erörterte, verwendete er häufig militärische Begriffe: »Erkundung«, »Front«, »Vormarsch«, »Rückzug«, »Umgruppierung der Kräfte«, »Vorziehen der Nachhut«, »die Reserven heranführen«, »vollständige Vernichtung des Feindes«. Und nun ging es eben um die »Liquidierung des Kulakentums als Klasse«. Auf der schon erwähnten Konferenz von marxistischen Agrarwissenschaftlern im Dezember 1929 erklärte Stalin, damit das Dorf der sozialistischen Stadt folge, müsse man »im Dorfe sozialistische Großbetriebe in Gestalt von Sowjet- und Kollektivwirtschaften als Stützpunkte des Sozialismus (...) *schaffen* und *fördern*«. Faktisch war dies der Befehl zur Beseitigung einer ganzen sozialen Gruppe von Bauern, ohne dass das ZK darüber diskutiert hatte.

Eine Sonderkommission des Politbüros unter dem Vorsitz Molotows erarbeitete auf Stalins Drängen im Jahr 1930 einen Beschluss des ZK »Über Maßnahmen zur Liquidierung der Kulakenwirtschaften in den Gebieten der durchgängigen Kollektivierung«. Diese Direktive verstärkte die Spannung im Dorf. Sie versperrte den Kulaken endgültig den Weg in die Kolchosen. Die Lage dieser Gruppe der Bauernschaft war ausweglos. Gegen sie wurden die brutalsten Maßnahmen ergriffen: vollständige Beschlagnahmung des Hab und Guts und Deportation der Familien in entlegene Gebiete. Entsprechend verstärkte sich der Widerstand der Kulaken gegen die Sowjetmacht, manchmal nahm er ein großes Ausmaß an. Die gesetzeswidrigen Aktionen gegen die Großbauern riefen eine Welle des Protestes, des Bandenunwesens und bewaffneter Aufstände gegen die Regierung hervor.

Die Oktoberrevolution hatte den Bauern Land gegeben. Sie waren zu Verbündeten der Arbeiterklasse geworden, ihrer Ausbeutung wurde ein Ende gesetzt. Der neue Staat war auch der Staat des Bauern! Aber nun wurde das Dorf einem Gewaltregime unterworfen. Bald stagnierte die Getreidewirtschaft und dann auch die Viehzucht. Die Arbeitsproduktivität in den Kolchosen war niedriger als bei den selbst wirtschaftenden Bauern. Die Folgen waren schwerwiegend. In vielen Gebieten wurden riesige Mengen von Vieh geschlachtet. 1933 gab es zwei- bis dreimal weniger Vieh als 1928. Um zu verhindern, dass das Fleisch eingepökelt und somit haltbar gemacht wurde, wurde der Verkauf von Salz drastisch eingeschränkt. Außerdem verringerte sich die genutzte Ackerfläche: Hunderttausende von Familien waren von ihren Höfen vertrieben worden.

Man berichtete Stalin darüber, was im Dorf vor sich ging. Der Generalsekretär verstand sehr wohl, was die Mitteilungen besagten. Aber ihm war jegliches Mitgefühl fremd. Er glaubte, dass es so nötig sei. Einst, in einer seltenen Minute, als er fast begonnen hätte, an der Richtigkeit seiner Entscheidung zu zweifeln, erinnerte er sich an den alten Rebellen Bakunin, den er irgendwo tief in seiner Seele verehrte: »Der Wille ist allmächtig: Für ihn gibt es nichts Unmögliches.« Stalin wusste, dass in Reden, Artikeln oder Gedichten sein Name vor allem einen stählernen Willen verkörperte, einen unbeugsamen Charakter und eine harte Hand. Willensstärke schätzte Stalin in der Tat höher als jede intellektuelle Fähigkeit. Das hohe Ziel rechtfertigte für ihn alle Mittel. Er

glaubte, dass die Bauern einfach nicht verstanden, was man ihnen vorschlug. Der Generalsekretär dachte nicht daran, dass das Programm, das er vorantrieb, für viele Menschen wie ein Alptraum war. Die Menschen, die sich gegen diese Politik aussprachen, erschienen ihm nicht nur als Halbgebildete, sondern vor allem auch als Leute, die nicht in der Lage waren, zu verstehen, welche Vorteile die neue Agrarpolitik der Sowjetmacht brachte. Dass es dabei nötig war, gegen Menschen im handgewebten Hemd und mit Bastschuhen an den Füßen vorzugehen, gegen Analphabeten mit ihren Traditionen und Sorgen, die wie mit einer Nabelschnur mit ihrem Boden verbunden waren, das berührte den Generalsekretär nicht sonderlich. Der Bauer war das Mittel, um das große Ziel zu erreichen. Und das Ziel war wichtiger als alles andere.
Mit der Verschärfung der Kollektivierung, vor allem seit Stalins denkwürdiger Sibirienreise vom 14. Januar bis zum 6. Februar 1928, entbrannte im Politbüro ein harter Kampf. Bucharin, unterstützt von Rykow und Tomski, versuchte Stalins Politik entgegenzuwirken, zunächst vorsichtig, später mit Nachdruck. Dies war kein Grüppchen von »Rechten«, wie es bald genannt werden sollte. Diese Männer traten vielmehr für eine maßvolle Agrarpolitik ein. In Stalins und Bucharins Reden wurden die Namen der Kontrahenten nicht genannt. Aber es war klar, wer gemeint war. Der Streit wurde publik durch eine Rede Stalins im Institut der Roten Professur am 28. Mai 1928. Dort war Bucharin vor kurzem zum einzigen Akademiemitglied aus den Reihen der politischen Führer gewählt worden, dort erfreute er sich einer großen Popularität. Gerade dort wollte der Generalsekretär den Ruf des Widersachers aushöhlen, er wollte ihn denunzieren als »Beschützer des Kulakentums« bei der Lösung der Bauern- und Getreidefrage. Bei seinem großen Auftritt, auf den Stalin sich sorgfältig vorbereitet hatte, ließ er einige versteckte Andeutungen gegen Bucharin fallen. Alle haben verstanden, auf wen sie gemünzt waren:

»Es gibt Leute, die den Ausweg aus dieser Lage in der Rückkehr zur Kulakenwirtschaft, in der Entwicklung und Entfaltung der Kulakenwirtschaft sehen. (...) Diese Leute sind der Meinung, dass sich die Sowjetmacht gleichzeitig auf zwei entgegengesetzte Klassen stützen könnte – auf die Klasse der Kulaken, deren

Wirtschaftsprinzip die Ausbeutung der Arbeiterklasse ist, und auf die Klasse der Arbeiter, deren Wirtschaftsprinzip die Beseitigung jeder Ausbeutung ist. (...) Manchmal stellt man die Kollektivierungsbewegung der Genossenschaftsbewegung entgegen, offensichtlich in der Annahme, dass die Kollektivwirtschaften und die Genossenschaften zwei verschiedene Dinge seien. Das ist natürlich falsch. Manche gehen sogar so weit, dass sie die Kollektivwirtschaften dem Genossenschaftsplan Lenins entgegenstellen. Es erübrigt sich zu sagen, dass eine solche Entgegenstellung nichts mit der Wahrheit zu tun hat.«

Bucharin verstand besser als jeder andere, warum Stalin den Aufbau der Kolchosen derart vorantrieb. Aus der Kollektivwirtschaft war es wesentlich einfacher Korn herauszuholen! Und hier hatte Stalin sich nicht getäuscht: Es war in der Tat vergleichsweise leicht, die Agrarproduktion, die einem Kommandosystem unterworfen war, unter die Knute des »Kriegskommunismus« zu zwingen. Im Jahr 1928, als die Kollektivierungskampagne begann, verkauften die Bauern dem Staat bei einem Getreide ertrag von 73 Millionen Tonnen 11 Millionen Tonnen. Im Jahr 1932 erhielt der Staat von 70 Millionen Tonnen Getreide bereits 22 Millionen Tonnen! Bei einer fast gleichen Bruttoernte gelang es dem Staat, seinen Anteil zu verdoppeln. Aber zu welchem Preis!
Im Nordkaukasus, in der Ukraine, im Wolgagebiet und in anderen Regionen des Landes entstand eine grausame Hungersnot. Es gibt keine verlässlichen Angaben über die Opfer. Aber eines ist klar: Ihre Zahl ist sehr hoch. Möglicherweise war sie ein wenig geringer als die der Opfer der »Entkulakisierung«.
Der Hunger wurde nicht nur hervorgerufen durch die Dürre, die große Gebiete austrocknete, sondern auch durch den desolaten Zustand der Landwirtschaft infolge der Kollektivierung, durch die gewalttätigen Eingriffe in die bäuerliche Produktion und schließlich durch die unausgewogene Entwicklung der Volkswirtschaft. Die Bevölkerung in den Städten wuchs jährlich um 2 bis 2,5 Millionen Menschen. Damit stieg die Zahl der Esser. Aufgrund der niedrigen Einkaufspreise konnten die Kolchosbauern die Bevölkerung aber nicht mit ausreichenden Mengen von Getreide versorgen. Von Beginn der Existenz der Kolchosprodukti-

on an war vom Prinzip der materiellen Interessiertheit des Bauern nichts zu erkennen. Der Staat exportierte zudem weiterhin Getreide. Das brachte ihm Devisen, mit denen er Maschinen im Ausland kaufen konnte. Stalin drängte. Seine Anweisungen wurden schnell befolgt. In vielen Gebieten, besonders in der Ukraine, wurde das Getreide vollständig konfisziert, ungeachtet des Hungers. Der Preis für die Industrialisierung war bitter. Die Industrialisierung bedeutete nicht nur selbstlose Arbeit der Arbeiterklasse, sondern auch unsägliche Opfer der Bauern.

Der Hunger trieb die Menschen zum Brotraub. Auf Initiative Stalins wurde am 7. August 1932 ein Gesetz verabschiedet zum Schutz des sozialistischen Eigentums. Als er es redigierte, ergänzte der Generalsekretär den Text: »Menschen, die sich am Volkseigentum vergreifen, müssen als Feinde des Volkes angesehen werden.« Für den Diebstahl von Kolchoseigentum waren Erschießung oder zehn Jahre Lager vorgesehen. Das »Gesetz über die Ähren«, wie man es auf dem Land nannte, bestrafte Tausende von Hungernden erbarmungslos. Stalin forderte seine bedingungslose Einhaltung, und bereits zu Anfang des Jahres 1933 waren mehr als 50 000 Menschen verurteilt.

Auf Stalins Anordnung wurde im Land über den Hunger nicht geschrieben, obwohl er schon Gebiete mit einer Bevölkerung von 25 bis 30 Millionen Menschen erfasst hatte. Besonders schlimm war die Lage in der Ukraine und im Wolgagebiet. Trotz der Missernte waren die Mengen an Getreide und anderen Produkten, die an den Staat abzuliefern waren, unverändert hoch geblieben. Ferner wurden neuen Kollektivwirtschaften, die noch nicht reibungslos arbeiteten, höhere Abgabemengen abverlangt. Nichterfüllung wurde als Sabotage verurteilt, als »Untergrabung der Politik der Partei im Dorf«. Tausende von Dörfern wurden von Unruhe und Verwirrung erfasst. Der passive Widerstand der Bauern drückte sich in den verschiedensten Formen aus.

Hunger und Gewalt führten dazu, dass die Kolchosen Gesetze übertraten, um Hungernde zu versorgen. In einer Zeitung wurde dazu erklärt, dass »aus den Gebieten des Nordkaukasus Nachrichten eingetroffen seien, dass raffgierige, kulakische Tendenzen in einzelnen Kolchosen und Sowchosen der Getreideproduktion aufgetreten seien. In der Kolchose Chutonsk ordnete die Leitung

trotz der Nichterfüllung des Plans (...) an, einen Getreideausdrusch zugunsten der Kolchosbauern vorzunehmen.«
Als Stalin auf dem ersten Unionskongress der Stoßarbeiter der Kollektivwirtschaften im Februar 1933 sprach, sagte er nichts über den Hunger. Er äußerte sich lediglich über »Schwierigkeiten und Strapazen« im Dorf. Die Hauptaufgabe, die der Generalsekretär den Kolchosbauern stellte, war klar:

»Von euch wird nur eins verlangt: ehrlich zu arbeiten, die Einkünfte der Kollektivwirtschaften nach der Arbeitsleistung zu verteilen, sorgfältig mit dem Hab und Gut der Kollektivwirtschaften umzugehen, sorgfältig mit den Traktoren und Maschinen umzugehen, für eine gute Pflege der Pferde zu sorgen, die Aufgaben zu erfüllen, die euch euer Arbeiter- und Bauernstaat stellt, die Kollektivwirtschaften zu festigen und die Kulaken und ihre Handlanger, die sich in die Kollektivwirtschaften eingeschlichen haben, aus diesen hinauszuwerfen.«

Über die Hilfe für Notleidende – kein Wort.
Der Sozialismus auf dem Land wurde durchgesetzt mit Gewalt. Das war Stalins Methode. Die Macht des Staats wurde bezahlt mit der Freiheit. Selbstverständlich war Getreide notwendig, um im Ausland Industrieausrüstungen zu kaufen, um die Versorgung der schnell wachsenden Städte zu gewährleisten, um Staatsreserven zu schaffen. Aber es war unzulässig, solche Maßnahmen anzuwenden! Die Kommandomethoden verdrängten nun endgültig die ökonomischen. Es wurde nicht nur der Kulak liquidiert, sondern auch der Einzelbauer beseitigt. Und alles mit Gewalt. Auf einer Beratung im ZK im Jahr 1934 erklärte Stalin gleichmütig:

»Es muss ein solcher Zustand geschaffen werden, der den Privatbauern das Leben erschwert, sodass er weniger Möglichkeiten hat als der Kolchosbauer: Man muss den Steuerdruck verstärken!«

Aber dem Druck waren auch die Kolchosen ausgesetzt. Sie waren nicht Herren ihres Landes, sondern rechtlos. Es entstand ein neuer Typ Bauer: Er war entfremdet vom Land und von den Ergebnissen seiner Arbeit. Die Menschen verloren das Recht auf

Selbstbestimmung. Verständnislosigkeit und Verwirrung führten schließlich zu Gleichgültigkeit. Genau dies hatte Bucharin befürchtet.

Bucharin kritisierte bei seinen öffentlichen Auftritten die administrativen Maßnahmen in der Wirtschaft. Der wichtigste Theoretiker des Politbüros erklärte, dass ein erfolgreiches Industrialisierungsprogramm nicht möglich sei ohne eine blühende Landwirtschaft. Druck, Beschlagnahmung und Gewalt beim Kolchosaufbau seien unzulässig. Anfang 1928 war der Ausgang des Kampfes noch offen. Zunächst fand Stalin bedingungslose Unterstützung lediglich bei Molotow und Woroschilow, während Bucharin Rykow und Tomski an seiner Seite wusste. Kujbyschew, Kalinin, Mikojan und Rudsutak schwankten und versuchten, die zwei einflussreichsten Mitglieder des Politbüros miteinander zu versöhnen. Alles hing ab von denen, die sich noch nicht entschieden hatten.

Geschickt zog Stalin die Fäden, und raffiniert bediente er sich des Apparats. Nach den Plenen des ZK und der ZKK im April, Juli und November 1928 wurde Bucharins Alternative kompromisslos zurückgewiesen.

Bucharin hatte angeregt, einen evolutionären Weg der Umgestaltung im Dorf zu gehen. Durch die Kraft des Beispiels sollte der vergesellschaftete Sektor die Einzelwirtschaft verdrängen. Bucharin entwickelte damit das Konzept der NÖP weiter. Er hatte nicht in allem recht, besonders nicht, was seine Vorstellung betraf über die Zeit, die für die Umgestaltung zur Verfügung stand. Die Geschichte hatte der Sowjetunion nicht viele Jahre zugeteilt. Und dennoch war der Kampf Bucharins gegen den Triumph der bösen Macht richtig, sowohl in moralischer als auch in politischer Hinsicht.

Stalins gewalttätige Agrarrevolution warf die Landwirtschaft für Jahrzehnte in einen Zustand der Stagnation. Das blutige Experiment, das Millionen von Menschen das Leben kostete, brachte dem Land keine Erleichterung. Der »Kriegskommunismus« war zurückgekehrt in die Dörfer, obwohl darüber niemals gesprochen wurde. Stalin pries auf vielen Sitzungen die Errungenschaften der Kolchosordnung. Die Pflichtablieferung, die unentgeltliche Abschöpfung von Getreide wurden zum Gesetz. Der freie Handel

siechte schnell dahin: Die Kolchosen hatten kein Getreide, mit dem sie hätten Handel betreiben können. Und Stalin suchte nach noch härteren Methoden. So viele Plenen des ZK fanden statt, so viele Beschlüsse wurden gefasst zur Verbesserung der Lage in der Landwirtschaft. Aber die Lage wurde schlechter.
Zehn Jahre nach der massenhaften Kollektivierung, im Mai 1939, befasste sich ein Plenum des ZK mit der »Verschwendung von Kolchosländereien«. Die Sitzung wurde von Molotow geleitet, Berichterstatter war Andrejew. Stalin machte ständig Zwischenrufe. Die Teilnehmer suchten angestrengt: Was kann man noch verbieten, einschränken, belasten? Aus dem Bericht Andrejews geht hervor, dass die Arbeitsproduktivität der Kolchosbauern fortwährend schwächer wurde. Es gab keine Einnahmen. Die Ernteerträge sanken. Die Krise auf dem Land war offensichtlich. Welche Maßnahmen würde Stalin nun ergreifen – für die er mit Sicherheit die Zustimmung seiner Umgebung bekommen würde? Nun, hier sind sie: Festsetzung eines Mindestsolls von »Arbeitstagen« bei Androhung harter Strafen für den Fall der Nichteinhaltung; Beschneidung der privaten Bodenparzellen, um die Bauern zu zwingen, mehr in der Kolchose zu leisten; weitere Verstaatlichungen und Steuern (das ZK arbeitete sich bis zu den Gemüsegärten vor); erhöhte Konzentration der Dorfbewohner (Beseitigung von Einzelgehöften); Verbot für Kolchosbauern, Heu für Privatvieh zu mähen.
Als all diese neuen Maßnahmen erörtert worden waren, schien Stalin zu zweifeln:

»Wenn man dieses Ding (diesen Beschluss; D. W.) publizieren würde, würde es da nicht Verwirrung bezüglich der Kolchosangelegenheiten schaffen?«

Aber die Genossen von den Plätzen riefen:

»Nein, im Gegenteil, das wird alles beschleunigen! Das Volk wartet schon lange!«

In die kritiklose Jasagerei, die dem »Führer« so gefiel, hatte sich bereits die Gewohnheit eingeschlichen, für das Volk zu sprechen,

obwohl dieses von der Entscheidung über sein Schicksal völlig ausgeschlossen war. Und all das begann bereits gegen Ende der zwanziger Jahre. Das erste Opfer des Stalinschen Cäsarismus wurde die Bauernschaft.
Ende 1928 beginnt in der Biographie Stalins und der Sowjetunion eine neue Etappe. Zunächst begann der Gewaltrausch der Kollektivierung, dann wurden die letzten Widersacher beseitigt. Im Zentrum dieses Kampfes stand Nikolaj Iwanowitsch Bucharin.

Bucharins Drama

Lange Zeit hatten Stalin und Bucharin gute Beziehungen gepflegt. Zeitweilig schien es sogar, als würde sie eine echte Freundschaft verbinden. Von 1927 an lebte Bucharin auf Wunsch Stalins im Kreml und später, als die Frau des Generalsekretärs sich umgebracht hatte, tauschten sie die Wohnungen. Stalin erklärte dies mit dem Wunsch, sich von der ständigen Erinnerung an das schreckliche Ende Nadeschda Sergejewnas zu befreien. Bucharin, ein Mann von feiner Natur, war anständig und aufrichtig im Verhältnis zu Stalin. Stalin und Bucharin duzten sich. Stalin redete Bucharin meist mit »Nikolaj« an, und dieser nannte den Generalsekretär »Koba«. In den Jahren 1924 bis 1928 lauschte Stalin aufmerksam Bucharins Worten, häufig unterstrich er öffentlich, dass »sein theoretischer Verstand von Lenin hoch geschätzt wurde«. Für Bucharin war Freundschaft etwas Heiliges. Von ihr konnte er sich nicht einfach abwenden – so, wie es Stalin im April 1929 auf dem Plenum von ZK und ZKK unerwarteterweise tat:

»Genossen! Ich werde auf persönliche Momente nicht eingehen, obgleich in den Reden einiger Genossen aus der Bucharin-Gruppe persönliche Momente eine recht beträchtliche Rolle spielten. Ich werde darauf nicht eingehen, weil persönliche Momente Bagatellen sind und es nicht lohnt, sich mit Bagatellen zu befassen. Bucharin hat über den persönlichen Briefwechsel mit mir gesprochen. Er hat einige Briefe verlesen, aus denen hervorgeht, dass wir, die gestern noch persönliche Freunde waren, heute in der

Politik auseinandergehen. (…) Ich glaube, dass all dies Jammern und Wehgeschrei keinen roten Heller wert ist. Wir sind kein Familienkreis, keine Innung persönlicher Freunde, sondern die politische Partei der Arbeiterklasse.«

Alles schien im Grunde richtig zu sein: Die Sache stand höher als persönliche Beziehungen. Aber wie viel Abstoßendes, Widerwärtiges war in den Worten Stalins: Die Erinnerung an eine Freundschaft sei »keinen roten Heller« wert, sie seien keine »Innung persönlicher Freunde«. Der naive Idealist Bucharin erhielt von Stalin eine Lektion in Machiavellismus.

Aber so hatte er nicht immer über Bucharin gesprochen. Wie mir Balaschow erzählte, fragte der Generalsekretär, wenn ihm die Listen mit den im Umlaufverfahren organisierten Abstimmungen übergeben wurden, häufig, ohne seinen Kopf zu erheben: »Wie steht es mit Bucharin? Ist er dafür?« Bucharins Meinung, berichtete Balaschow, war wichtig für Stalin, um sich ein Urteil zu bilden.

Was für ein Mensch war Bucharin? Er war einer der Mitkämpfer Lenins. Viele erinnern sich gern an ihn und empfinden große Bitterkeit wegen seines Schicksals. Warum hatte Lenin ihn »Liebling der Partei« genannt? Und warum hat Stalin diese herausragende Persönlichkeit ermorden lassen?

Bucharin wurde 1888 in Moskau geboren als Sohn eines Lehrers, der sich bis zum Beamten der siebten Klasse (Hofrat) hochgedient hatte. Bucharins Biographie zeigt einmal mehr, dass die Mehrheit der Führer der Oktoberrevolution keineswegs proletarischer Herkunft war. Dafür gibt es eine einfache Erklärung: Man kann nicht Führer sein, ohne die Weltkultur zu kennen. Sie sich anzueignen und sie in die soziale Praxis umzusetzen, das war damals nur Sprösslingen aus mehr oder weniger wohlhabenden Kreisen vergönnt. 1906 wurde Bucharin Parteimitglied. Über die Jugend des künftigen Theoretikers sind interessante Erinnerungen seines Freundes jener Jahre, Ilja Ehrenburg, erhalten geblieben. Bucharin war Student der ökonomischen Abteilung in der juristischen Fakultät. Er beschäftigte sich mit Propagandaarbeit unter den Arbeitern und Studenten. Seine nicht sehr große bewegliche und hagere Figur mit dem fast spärlich wachsenden Bart und den roten Haaren über der hohen Stirn konnte man in diesen Jahren häufig nicht nur bei studentischen Versammlungen an der Moskauer Universität sehen, sondern auch in Betrieben des Samoskworetzker Rayons Moskaus. Er wurde verhaftet, und 1910 gelang es ihm, aus seinem Verbannungsort Onega, einem kleinen Städtchen im Gouvernement Archangelsk, ins Ausland zu fliehen. Erst nach der Februarrevolution kehrte er zurück.

Der sechsjährige Aufenthalt im Ausland war für ihn fruchtbar. Dort lernte er Lenin kennen, der für Bucharin große Zuneigung empfand, was ihn jedoch nicht daran hinderte, mit ihm hitzige Diskussionen zu führen. Bucharin verließ kaum noch die Bibliotheken, schnell lernte er die deutsche, französische und englische Sprache. Er schrieb die Manuskripte für zwei große theoretische Arbeiten: »Die politische Ökonomie des Rentners« und »Imperialismus und Weltwirtschaft«. Bucharin beschreibt einen künftigen Staat, der in die Hände eines Tyrannen gefallen ist. Der Diktator werde mit seiner »eisernen Ferse« über die Gesichter der Menschen gehen. Dies war eine abstrakte, aber auch prophetische Warnung vor Alleinherrschaft und militärischer Gewalt.

In New York lernte Bucharin Trotzki kennen. Ungeachtet der häufigen theoretischen und politischen Unstimmigkeiten bestand zwischen ihnen über zehn Jahre lang ein freundschaftliches Verhältnis. In New York erhielt er auch die Nachricht, dass die Februarrevolution begonnen hatte. Der Weg nach Russland war lang. In Japan wurde er verhaftet und kurz darauf auch in Wladiwostok (wegen Propaganda unter Soldaten). Erst im Mai 1917 erreichte er Moskau.

Bald wurde Bucharin Redakteur der »Prawda«, und er blieb dies beinahe zwölf Jahre, mit nur einer kurzen Unterbrechung. Als Redakteur und seit 1922 Chefredakteur der wichtigsten Parteizeitung nahm er aktiv teil an der Erarbeitung der Parteipolitik und der Propaganda. Er konnte sich nicht verstellen, er konnte nicht heucheln, und er war auch kein Diplomat. 1918 wandte er sich gegen den Abschluss des Friedensvertrags von Brest-Litowsk und wurde faktisch zum Führer der Opposition gegen Lenin. Während eines Zeitraums von zwei Monaten führte Bucharin verschiedene Gruppen von »Linken« an, die gegen den Brester Frieden waren und den revolutionären Krieg verkündeten.

Während der Jahre des Bürgerkriegs verkörperte Bucharin die radikalste »linke« Linie. Und er war auch einer der Ideologen und Politiker des »Kriegskommunismus«. In seiner Arbeit »Die Ökonomik der Transformationsperiode« pries er Theorie und Praxis des »Kriegskommunismus«. Elemente von Gewalt und Direktiven in der Wirtschaft nannte Bucharin »Unkosten der Revolution«. Diese »Unkosten« erschienen ihm unvermeidbar. Die proletarische Revolution zertrümmere zunächst die Ökonomie, um sie dann rasch wiederaufzubauen. Ob es Bucharin recht war oder nicht, er war ein begeisterter Anhänger des »Kriegskommunismus«.

Am vollständigsten hatte er seine Ansichten dargelegt in seiner bekannten Arbeit »Das ABC des Kommunismus«. Bei der Fertigstellung dieser Arbeit half ihm Jewgeni Preobraschenski, auch er ein fähiger junger Theoretiker. Zu Beginn der zwanziger Jahre schätzte Stalin übrigens diesen »Katechismus« der Kommunisten hoch ein. Im »ABC« waren, wie in einer Enzyklopädie, die Grundlagen der Revolution, des Klassenkampfes, der Diktatur des Proletariats, der Rolle der Arbeiterklasse, des Programms der Kommunisten und so weiter dargelegt. Der Erfolg des Buches war groß. Es wurde rund zwanzigmal aufgelegt und erschien auch im Ausland. Dank dieses populären Buches, in dem die grundlegenden Fragen der revolutionären Bewegung in einer radikalen Sicht dargelegt wurden, wurde Bucharin im Land und in der Partei nicht weniger bekannt als Trotzki, Sinowjew und Kamenew. Im Westen beurteilte man Bucharin aufgrund dieses Buches lange Zeit als den »Hohenpriester des orthodoxen Marxismus«.

Das war nicht völlig falsch. In seinem Sammelband mit theoretischen Beiträgen, der unter dem Titel »Ataka« 1924 erschien, schreibt Bucharin vom Weltumbruch, der bevorstehe und der sowohl defensive als auch offensive Kämpfe des siegreichen Proletariats einschließe: defensive – um die angreifenden Imperialisten zurückzuschlagen, offensive – um die zurückweichende Bourgeoisie endgültig zu schlagen. Die Weltrevolution werde ein Land nach dem anderen erfassen. Das würden auch »all die Völkerbünde und anderer Unsinn, den die sozialverräterischen Banden verkünden«, nicht verhindern. In der Revolution und im Bürgerkrieg trat Bucharin als Radikaler auf oder, wenn man so will, als Romantiker, der bereit war, bis zum Äußersten zu gehen. Soll

man ihn dafür verurteilen? Wohl kaum. Die Zeit war so.
Wenige Jahre später änderten sich Bucharins Auffassungen. Er machte keinen Hehl daraus, dass dies unter dem Einfluss Lenins geschehen war, vor allem durch dessen letzte Arbeiten. Hinzu kam, dass es Bucharin mehr als anderen Parteiführern gelungen war, die Bedeutung der NÖP zu begreifen. Während Lenins Krankheit besuchte Bucharin ihn häufig, und nicht selten sprach er mit ihm unter vier Augen über Fragen der Theorie und Praxis des sozialistischen Aufbaus. Man mag über weitere Gründe von Bucharins Wandlung spekulieren. Wie auch immer, 1922/23 schließt sich Bucharin dem gemäßigten Flügel der Parteiführung an, und er konzentriert sich auf sozialökonomische Probleme.
Es lohnt sich, Bucharins neue Position zur Wirtschaftspolitik näher zu betrachten. Auch, weil in unserer Geschichte häufig Menschen hohe Partei- und Staatsfunktion bekleidet haben (Stalin ist ein herausragendes Beispiel dafür), die bestenfalls ein primitives Verständnis der Ökonomie und ihrer Gesetze besaßen. Sie erteilten Befehle, verbreiteten Losungen wie »Die Ökonomie muss ökonomisch sein«, machten riesige Pläne für morgen und verschoben morgen auf übermorgen. Für einen politischen Führer genügt es nicht, von einer Idee überzeugt zu sein, und es genügt ebenso wenig der Wunsch, sie in die Praxis umzusetzen. Er muss kompetent sein. Aber nicht nur das: Er muss auch begabt sein. Wenn wir die zahlreichen Arbeiten Bucharins lesen, die fünfzig Jahre nicht erscheinen durften in der Sowjetunion, dann sehen wir noch heute, dass er ein Führer von Leninschem Format war: feste Überzeugungen, großes Wissen und hohe Begabung.
Während Trotzki etwa in der NÖP die ersten Anzeichen einer »Entartung des Bolschewismus« entdeckte, sah Bucharin in ihr »einen zusätzlichen Hebel im Prozess des gesellschaftlichen Umbaus«. In seiner Rede vor dem Moskauer Parteiaktiv im April 1925 erklärte Bucharin, es gehe darum, die Stimuli für die Kleinproduzenten so fortzuentwickeln, dass sie in wachsendem Maße die Wirtschaft stärkten. Je größer die Auslastung unserer Fabriken sein werde, um so höher werde der Produktionsausstoß sein, umso mehr werde die Stadt das Dorf führen, und um so sanfter und gleichzeitig fester werde die Bauernschaft von der Arbeiterklasse zum Sozialismus geführt.

Einst, irgendwann zu Beginn des Jahres 1925, hatte zwischen Stalin und Bucharin ein ernsthaftes »ökonomisches Gespräch« stattgefunden. Es ging vor allem darum, dass Stalin seine Zweifel an der NÖP äußerte und auch an Bucharins Unterstützung dieser Politik. Bucharin hat dieses Gespräch später beschrieben. Stalin habe immer wieder betont, dass die NÖP »die sozialistischen Elemente erdrosseln und den Kapitalismus wiederentstehen lassen würde«. Der Generalsekretär verstand nichts von der Wirkung ökonomischer Gesetze und verließ sich auf den »proletarischen Druck«. Das Gespräch war lang, und bereits damals spürte Bucharin, dass Stalin kein Vertrauen in die NÖP setzte und dass er sie nicht verstand. Wie Trotzki sah er in ihr eine Bedrohung für die Errungenschaften der Revolution. Bucharin, enttäuscht von diesem Dialog, beschloss, sein Verständnis der NÖP in der Presse darzulegen. Bald erschien im »Bolschewik« ein tiefgründiger Artikel, der bis zum heutigen Tag an Aktualität nichts verloren hat: »Über die Neue Ökonomische Politik und unsere Aufgaben«. Darin schreibt Bucharin unter anderem:

»Der Sinn der Neuen Ökonomischen Politik, die Lenin noch in der Broschüre über die Naturalsteuer eine richtige ökonomische Politik nannte (…), besteht darin, dass eine ganze Reihe von wirtschaftlichen Faktoren, die früher einander nicht befruchten konnten, weil sie vom Schlüssel des Kriegskommunismus eingesperrt waren, sich nun jedoch in der Lage erweisen, einander zu befruchten und ebendadurch das wirtschaftliche Wachstum zu fördern. (…)
NÖP, dass heißt: weniger Druck, mehr Freiheit im Warenaustausch, da diese Freiheit uns weniger gefährlich ist. Weniger administrative Einwirkung, mehr ökonomischen Kampf, mehr Entwicklung des wirtschaftlichen Umsatzes. Nicht mit dem Privathändler kämpfen, indem man auf ihm herumtrampelt und seinen Laden schließt, sondern sich bemühen, selbst billiger zu produzieren und zu verkaufen, besser und von besserer Qualität als er.«

Diese Zeilen hatte Stalin in dem Artikel nicht begriffen, obwohl er ihn mit Randbemerkungen übersäte. Für den Generalsekretär war es schwer, zu verstehen, warum man dem Privatsektor Freiheit geben sollte? Untergrub dies denn nicht die Diktatur? Stalin hörte Bucharin zu und las dessen Schriften. Noch entgegnete er nichts.

Bis zum Ende seiner Tage betonte Bucharin, dass seine Anschauungen auf den Arbeiten Lenins beruhten, besonders auf dem »Testament«. Nach Lenins Tod war Bucharin vom Kandidaten zum Mitglied des Politbüros aufgestiegen. Nach einem seiner erfolglosen Versuche, sich Bucharins Unterstützung im Kampf gegen Stalin zu versichern, nannte Sinowjew ihn verächtlich einen »Friedensstifter«. Bucharin, der sich allen gegenüber loyal verhalten wollte, versuchte bis zum Jahr 1928, sich aus den Kämpfen in der Partei herauszuhalten. Für ihn war es wichtiger, die Entwicklungslinien der Sowjetunion zu erarbeiten und Wege für die Neugestaltung zu suchen. Dabei musste er entschieden auftreten gegen »Preobraschenskis Gesetz«, welches dieser der Parteiführung antrug. Dieses »Gesetz« besagte, dass eine Überindustrialisierung in einem Land wie Russland nur möglich sei, wenn die dafür erforderlichen Mittel aus der Bauernschaft herausgepresst würden. Der Gerechtigkeit wegen muss erwähnt werden, dass sich Preobraschenski dagegen ausgesprochen hatte, Gewalt gegen die Bauern anzuwenden. Er hielt es jedoch für unumgänglich, einen nichtäquivalenten Austausch in den Marktbeziehungen zwischen der Industrie und der Landwirtschaft durchzusetzen.

Bucharin widersprach: Die Stadt dürfe das Dorf nicht ausrauben. Nur ein politisches Bündnis in Verbindung mit einem wirtschaftlichen Bündnis könne die Entwicklung der Industrie und der Landwirtschaft vorantreiben. Mit anderen Worten: Der Theoretiker der NÖP setzte sich ein für ein harmonisches Verhältnis zwischen Stadt und Land, wobei er es allerdings für legitim hielt, in einer Anfangsphase die Ressourcen der Landwirtschaft überproportional zu beanspruchen. In einem seiner Artikel schreibt er:

»Die Genossen setzen sich für ein Hinüberpumpen von Mitteln unter Anwendung äußerster Maßnahmen ein, für einen forcierten Druck auf die Bauernschaft, der ökonomisch unvernünftig und politisch unzulässig ist. Unsere Position besteht nun keineswegs darin, dass wir uns von einem Hinüberpumpen gänzlich lossagen: Aber wir betrachten das, um was es hier geht, viel nüchterner und wollen erreichen, was wirtschaftlich und politisch zweckmäßig ist.«

Stalin hatte anfangs nichts einzuwenden gegen diese Äußerungen. Auch nichts gegen die Argumente, die Bucharin 1925 formuliert hatte:

»Es könnten Sonderlinge auftauchen, die vorschlagen, der ländlichen Bourgeoisie eine ›Bartholomäusnacht‹ anzukünden, und sie könnten versuchen zu beweisen, dass dies der Klassenlinie völlig entspräche und ganz und gar durchführbar sei. Und das ist eben das Schlimmste: Es wäre dumm in allerhöchstem Maße. Damit würden wir überhaupt nichts gewinnen, aber sehr viel verlieren. Wir ziehen es vor, den Großbauern zu erlauben, ihre Wirtschaft zu entwickeln, aber wir werden von ihnen weitaus mehr nehmen, als wir vom Mittelbauern nehmen.«

In den bäuerlichen Genossenschaften sah Bucharin die Möglichkeit, den Einfluss der Großbauern einzuschränken, aber es sollte sich nicht um eine administrative, sondern um eine ökonomische Einschränkung handeln. Im Grunde war dies eine Konkretisierung des Leninschen Genossenschaftsplans, ohne Gewalt, ohne Beschlagnahmungen, ohne Druck und ohne Drohungen.
Aber bereits im Jahr 1928, und besonders seit dem Jahr 1929, wurden Bucharins Ideen von Stalin nicht mehr nur als Abweichung vom Leninismus angesehen, sondern auch als »feindliche und volksschädliche Pläne der rechten Abweichung«, als opportunistische Irrlehre »der dem Sozialismus feindlich gesinnten Elemente«.
Bucharin bemühte sich zu beweisen, dass in Sowjetrussland keine großen feindlichen politischen Organisationen geblieben seien, die eine ernsthafte Gefahr hätten bedeuten können. Die Geschichte hat bestätigt, dass er im Prinzip Recht hatte. Allerdings hat er zwei Dinge außer Acht gelassen: Erstens hätte ein verlangsamtes Wachstum der Kooperierung, für deren Durchführung Bucharin Jahrzehnte veranschlagte, die Existenz des Sozialismus in Russland bedroht. Und zweitens verlangte die Industrialisie-

rung des Landes riesige Mittel, und ihre Quelle konnte in der Tat nur das Dorf sein. Die optimale Lösung, so denkt man, lag wohl irgendwo in der Mitte.

In den Jahren 1925 bis 1927 waren Stalin und Bucharin die einflussreichsten Politiker in der Partei. Und Bucharin half Stalin im Kampf gegen Trotzki, Sinowjew und Kamenew, obwohl er sich gleichzeitig bemühte, zu ihnen loyale Beziehungen aufrechtzuerhalten. Nachdem Trotzki, Sinowjew und Kamenew aus dem Politbüro ausgeschlossen worden waren, wuchs Stalins und Bucharins Einfluss merklich. Vor gar nicht allzu langer Zeit hatten die Oppositionellen Bucharin attackiert, und Stalin hatte zornig geantwortet: »Sie verlangen das Blut Bucharins?! Wir geben Ihnen nicht sein Blut. Das sollen Sie wissen.« Das »Blut Bucharins« sollte am Ende nur einer verlangen.

Es schien, als ergänzten sich die beiden führenden Mitglieder des Politbüros. Stalin entschied die organisatorischen und politischen Fragen, und Bucharin beschäftigte sich mit der Ausarbeitung der theoretischen Prinzipien der Parteipolitik. Ohne Übertreibung kann man sagen, dass Stalin sich bis zu Beginn des Jahres 1928 auf Bucharin verlassen hat, was die wirtschaftspolitischen Entscheidungen betraf. Er übernahm manche Formulierungen Bucharins sogar wortwörtlich, so, wie er früher manches bei Trotzki abgeschaut hatte.

Wie können wir es erklären, dass Stalin begann, sich von Bucharin abzuwenden? Warum hat der Generalsekretär, der bis Anfang 1928 Bucharins Ansichten geteilt hatte, plötzlich beschlossen, sie für »rechte Abweichungen« zu halten? Warum verwandelte sich ihre Freundschaft in Abneigung? Dafür gibt es einige Gründe. Vor allem beunruhigte Stalin Bucharins wachsende Popularität beim Volk und in der Partei. Sie war kaum geringer als Stalins. Und der Generalsekretär wurde auf einen Artikel Bucharins aufmerksam, den dieser Lenin gewidmet hatte:

»Da wir Lenin nicht mehr haben, haben wir auch keine maßgebliche Autorität mehr. Wir können jetzt nur eine *kollektive Autorität* haben. Wir haben keinen Menschen, der sagen könnte: Ich bin ohne Fehler, und ich kann die Leninsche Lehre hundertprozentig richtig interpretieren. Jeder bemüht sich, aber derjenige, der jene hundert Prozent für sich beansprucht, ordnet der eigenen Person eine ziemlich hohe Rolle zu.«

Diese Worte bezog Stalin auf sich. War er doch in seinen Vorlesungen über die Grundlagen des Leninismus an der Swerdlow-Universität als Interpret der gesamten Leninschen Lehre aufgetreten. Und dann, was soll das bedeuten: Es gebe »keine maßgebliche Autorität mehr«? Und die Autorität des Generalsekretärs?
Stalin beunruhigte ferner, dass sich um Bucharin fähige Kommunisten gesammelt hatten (Astrow, Slepkow, Maretzki, Zeitlin, Sajtzew, Goldenberg, Petrowski und andere), die schon in der Presse, in den Hochschulen und im Parteiapparat von sich reden machten. Beispielsweise wurden Slepkow und Astrow Redakteure beim »Bolschewik«, Maretzki und Zeitlin arbeiteten bei der »Prawda«, Goldenberg bei der Leningrader »Prawda«, Sajtzew war in der Zentralen Kontrollkommission tätig und so weiter. Stalin registrierte unmutig, dass Bucharins politischer und theoretischer Einfluss stärker wurde.
Eine andere Ursache verbirgt sich im willkürlichen Denken des Generalsekretärs. Die Kollektivierung Stalinscher Prägung als Revolution von oben begann insgesamt erfolgreich, besser, als man es erwartet, besser, als Bucharin geglaubt hatte. Die Berichte von den Orten des Geschehens bestärkten Stalin in seinem Glauben, dass bei entsprechendem Druck die Kollektivierung beschleunigt werden könne. Und das wichtigste war: So konnte nach Stalins Meinung die Getreidekrise rasch überwunden werden.
Als sich diese Überzeugung als Illusion erwies, sprach Stalin immer häufiger im Kreis seiner Vertrauten: »Ohne einen entschiedenen Umbruch im Dorf werden wir kein Brot haben.«
Molotow und Kaganowitsch bestärkten ihn. In Stalin wuchs die Idee, die ursprünglich festgelegten Fristen für die Umgestaltung der Landwirtschaft drastisch zu verkürzen. Als der Druck einen breiten Widerstand der verzweifelten Bauern, besonders der Kulaken, hervorrief, fiel eine »geniale« Entscheidung, die erwähnte »Liquidierung des Kulakentums als Klasse«. Die Diskussionen im Politbüro wurden heftig. Bucharin trat ebenfalls für die Kollektivierung ein und auch für ein Vorgehen gegen die Großbauern, aber ohne Enteignung und Gewalt. Bucharin und seine Mitstrei-

ter glaubten an die Effektivität ökonomischer Methoden. Kalinin, Rudsutak, Mikojan, Kujbyschew schwankten noch. Trotzki, der den Kampf im Politbüro nun als Außenstehender beobachtete, sagte zu seinen Freunden: »Die Rechten können Stalin fortjagen.« Er meinte damit, dass Bucharin und seine Anhänger eine breite Unterstützung fanden in Regierung und Gewerkschaftsführung und dass sie auch theoretisch die besseren Argumente besaßen. Sie hatten Chancen. Rykow, Lenins Nachfolger als Vorsitzender des Rats der Volkskommissare, und Tomski, ein bedeutender Führer der sowjetischen Gewerkschaften, unterstützten Bucharin aus Überzeugung. Die Versuche Stalins, ihre Meinungen zu ändern, hatten keinen Erfolg.

Das Verhältnis zwischen Stalin und Bucharin wurde entschieden schlechter, nachdem Bucharin seinen Artikel »Notizen eines Ökonomen« am 30. September 1928 in der »Prawda« veröffentlicht hatte. Bucharin bekräftigte darin seine Auffassungen und bezeichnete eine andere Vorgehensweise als »abenteuerlich«. »Wir müssen ein Maximum an wirtschaftlichen Faktoren mobilisieren, in Gang setzen, die für den Sozialismus arbeiten«, schrieb Bucharin. »Dies setzt eine äußerst schwierige Kombination persönlicher, gesellschaftlicher und staatlicher Initiativen voraus. Wir sind alle zu überzentralisiert.« Eine Woche später verurteilte das Politbüro diesen Artikel Bucharins, und Stalin verschärfte den Kampf. In langen, hitzigen Diskussionen im Politbüro konnte bereits kein Kompromiss mehr gefunden werden. Viele Sitzungen wurden nicht protokolliert, lediglich die Beschlüsse wurden niedergeschrieben. Sie zeugen davon, dass Stalin die Parteiführung hart im Griff hielt. Bucharin blieb in der Minderheit. In einer Reihe von Punkten machte Rykow Zugeständnisse. Tomski geriet ins Schwanken. Stalin forderte, Bucharin solle »aufhören, die Kollektivierung zu bremsen«. In einer heftigen Replik nannte Bucharin Stalin jähzornig einen »kleinen östlichen Despoten«. Stalin antwortete nicht auf diesen Angriff, aber er hatte sich entschieden, künftig auf Bucharin zu verzichten.

Als Bucharin erkannte, dass seine Lage schwierig wurde, unternahm er einen unüberlegten Schritt: Am 11. Juli 1928 erschien er unangekündigt in Kamenews Wohnung. Er nahm Kontakt auf zur ehemaligen Opposition, die zu zerschlagen er selbst beigetragen hatte. Später war Bucharin noch zweimal bei Kamenew. Die Treffen fanden unter vier Augen statt. Worüber die zwei ehemaligen Mitkämpfer Lenins gesprochen haben, werden wir wohl nie erfahren. Es gibt, wie Trotzki meinte, angeblich Aufzeichnungen von Kamenew, denen zu entnehmen sei, dass Bucharin wütend und niedergeschlagen gewesen sei. Er habe immer wieder erklärt, dass die »Revolution gestorben« und dass »Stalin ein Intrigant vom allerübelsten Schlage« sei, und er glaube nicht mehr daran, dass es möglich sei, irgendetwas zu ändern. So jedenfalls steht es in einer Untergrundzeitung vom 20. Januar 1929, die Anhänger Trotzkis verbreiteten. Für die Richtigkeit dieser Schilderung sollte man seine Hand nicht ins Feuer legen. Stalin wurde selbstverständlich mitgeteilt, dass Bucharin Kamenew besucht hatte. Und diese Tatsache wird auf dem Aprilplenum des ZK 1929 eines der wichtigsten »Argumente« gegen Bucharin sein. Die Kontakte mit Kamenew brachten Bucharin nichts, aber nun begann Stalins Etikett vom »Fraktionsmacher« zu wirken. Und wieder wendete Bucharin sich an die Öffentlichkeit. Am 24. Januar 1929 erschien in der »Prawda« ein Beitrag Bucharins: »Das politische Testament Lenins«. Es war der Text der Rede, die er auf der Trauersitzung zum fünften Todestag Lenins gehalten hatte.

Bucharin schrieb über Lenins Plan des sozialistischen Aufbaus, über die Wichtigkeit der NÖP, über die Demokratie. Er führte aus, dass in Lenins Schriften der Kurs des sozialistischen Aufbaus vorgezeichnet sei auf der Grundlage der Sparsamkeit, der Erhöhung der Arbeitsproduktivität und der Durchsetzung der Genossenschaftsidee auf dem Land. Ausdrücklich wandte Bucharin sich gegen jede Anwendung von Gewalt. Aber vor allem: Die Überschrift des Artikels erinnerte die Kommunisten daran, dass Lenins »Testament« auch vorschlug, Stalin vom Posten des Generalsekretärs abzulösen. Dieser Tropfen brachte das Fass zum Überlaufen. Umso mehr, als Bucharin in dem Artikel unklugerweise verbittert schreibt: »Das Gewissen ist in der Politik nicht austauschbar, wie manche glauben.« Nikolaj Bucharin erwies sich als Mensch, für den das Gewissen der höchste Maßstab war.

Aber, bei allem Scharfsinn und bei aller moralischen Integrität, Bucharin machte Fehler. Auch er hat Stalin erst spät durchschaut. Nicht immer war er konsequent in seinen Argumenten. Verfehlt war zum Beispiel sein Artikel »Böse Bemerkungen«, der am 12. Januar 1927 in der »Prawda« veröffentlicht wurde. Darin stürzte er sich völlig unbegründet auf Sergej Alexandrowitsch Jessenin und diskreditierte dessen Poesie als »Jesseninerei«, als »ungeschliffene bäuerliche Wirklichkeit«. Er gab so ein Signal für Angriffe auf diesen und andere »Bauernschriftsteller«.

Stalin bemerkte diese Fehler nicht. Der Generalsekretär hielt Bucharins Losung »Bereichert euch« für einen Ausdruck kulakischer Weltanschauung und seine Idee der Anbindung des Kulakentums an den Sozialismus für feindlich.

Nachdem Stalin in seinem Gedächtnis und in seinen Papieren gewühlt hatte, erinnerte er sich an noch eine andere »Sünde« seines Widersachers: Bucharin hatte auf dem Oktoberplenum des ZK 1924, als über die Landwirtschaft diskutiert wurde, unerwartet für alle vorgeschlagen, das Dorf zu »kolonisieren«! Allerdings hatte er darunter verstanden, 30 000 Arbeiter in die Dörfer zu schicken. Obwohl die Partei diese Idee später noch aufgreifen sollte, beschloss Stalin, sie Bucharins Sündenkonto gutzuschreiben. Und dies, obwohl allen klar war, dass »Kolonisierung« einfach ein unglücklich gewählter Begriff war. Bucharin hatte doch nichts anderes vorgeschlagen, als dass die Stadt dem Dorf helfen solle. Aber Stalin verstand es, aus Mücken Elefanten zu machen.

Das April- und das Novemberplenum des ZK und der ZKK 1929, die sich mit der »rechten Abweichung« in der Partei beschäftigten, brachten das Ende für Bucharin und seine Mitstreiter. In einer dreistündigen Rede fiel Stalin über Bucharin her. Er verurteilte ihn, weil er nicht auf den vom Politbüro am 7. Februar 1929 vorgeschlagenen Kompromiss eingegangen war, der faktisch einer Niederlage gleichgekommen wäre. Und dies bedeute, erklärte Stalin, dass es nun in der Partei eine »ZK-Linie und eine andere Linie der Bucharin-Gruppe gibt«. Ungeachtet der Tatsache, dass Stalin bis Januar 1928 mit Bucharin zusammengearbeitet hatte, beschrieb er nun einige Etappen der »Uneinstimmigkeit« mit ihm. Und das Ganze war durchsetzt mit Worten wie »Blödsinn«, »Unsinn«, »die Büchelchen Bucharins«, »unmarxistische Herangehensweise«, »Kurpfuscherei«, »falscher Marxist«, »Schwätzerei«, »halbanarchistische Pfütze Bucharins« und so weiter.

Stalin ging es vor allem darum, Bucharins Ruf als führender Theoretiker zu erschüttern: »Ja, Bucharin ist ein Theoretiker, aber er ist kein völlig marxistischer Theoretiker, er ist ein Theoretiker, der noch zu lernen hat, um ein marxistischer Theoretiker zu werden.« Stalin ließ es sich selbstverständlich nicht nehmen, Lenins Urteil über Bucharin anzuführen, wobei er einen besonderen Akzent auf den zweiten Teil setzte: »In ihm ist etwas Scholastisches. Er hat sie niemals erlernt, und ich glaube, er wird die Dialektik niemals vollständig verstehen.« Ferner zählte Stalin lange alle Unstimmigkeiten auf, die zwischen Bucharin und Lenin existiert hatten, indem er sie als Versuche interpretierte, »unseren Lehrer Lenin« zu belehren. Ja, und das sei doch nicht verwunderlich, da der »scholastische Theoretiker noch vor kurzem ein Schüler Trotzkis war, der noch gestern einen Block mit den Trotzkisten gegen die Leninisten anstrebte und durch die Hintertür zu ihnen schlich!« So interpretierte Stalin die Begegnungen zwischen Bucharin und Kamenew.

Stalins Tirade richtete sich nicht nur gegen Bucharin, sondern auch gegen Rykow und Tomski. Die Rede wurde erst viele Jahre später in Stalins »Werken« veröffentlicht. Bucharin und Rykow wurden von ihren Posten abgesetzt, sie blieben jedoch im Politbüro. Nachdem der Beschluss des Plenums allen regionalen Parteiorganisationen mitgeteilt worden war, wurden die »Rechten« im ganzen Land verfolgt. »Prawda« und andere Presseorgane publizierten systematisch Materialien, die die Verurteilung des Führers der »Rechten Opposition« rechtfertigen sollten.

Die Kampagne war gleichzeitig ein Signal, die Kollektivierung weiter zu forcieren. Über die Freiwilligkeit des Beitritts zu den Kolchosen wurde nicht einmal mehr gesprochen. Bucharin war der Meinung, dass eine zwanzigprozentige Steigerung der Industrieproduktion die Höchstgrenze sei, nach der die Landwirtschaft sich nicht mehr erholen könne. Stalin dachte anders und erhöhte die Steigerungsrate mehrfach.

Die allgemeine Kollektivierung, das war seit November 1929 die Linie der Partei. Stalin schrieb: »Das Neue und Entscheidende in der jetzigen Kollektivierungsbewegung besteht darin, dass die Bauern nicht wie früher in einzelnen Gruppen, sondern dass ganze Dörfer, Amtsbezirke und Rayons, ja sogar Bezirke in die Kollektivwirtschaften eintreten.« Aber Bucharin wollte noch immer nicht Buße tun, wie man es von ihm verlangte, und am 17. November 1929 wurde er aus dem Politbüro ausgeschlossen. Bucharin, Rykow und Tomski schrieben schon eine Woche später eine kurze Notiz an das ZK, gequält von Gewissensbissen, in der sie die eigene Position verurteilten:

»Wir halten es für unsere Pflicht mitzuteilen, dass in diesem Streit die Partei und ihr Zentralkomitee Recht hatten. Unsere Aussichten erwiesen sich als fehlerhaft. Indem wir unsere Fehler eingestehen, werden wir unsererseits einen entschiedenen Kampf gegen alle Abweichungen von der Generallinie der Partei und vor allen Dingen gegen die rechte Abweichung führen.«

Stalin gefiel es nicht, dass in dieser Erklärung sein Name nicht genannt und dass nicht festgestellt wurde, dass er Recht gehabt hatte. Nun gut. Bucharin war erledigt.

Nikolaj Bucharin hat furchtbar gelitten unter seiner Inkonsequenz. Er wendete es hin und her: Warum konnte ich das Politbüro nicht überzeugen? Er wusste, dass er nicht in allem Recht hatte. Opfer waren unumgänglich. Aber welche? Doch nicht Menschenleben! Bis zum Ende konnte er sich mit den Methoden der totalen Gewalt gegen die Bauern nicht anfreunden.

Ein halbes Jahr vor Bucharins Verhaftung erhielt Stalin, wie auch die anderen Mitglieder des Politbüros, einen Brief von ihm. Es wurde gerade über Sinowjew, Kamenew und ihre vierzehn »Mittäter« Gericht gehalten. Im Verlauf dieses Prozesses, bei dem die Angeklagten auch über Bucharin, Rykow und andere »aussagten«, teilte Staatsanwalt Wyschinski mit, dass eine Voruntersuchung in der »Angelegenheit Bucharin« eingeleitet worden sei. Soeben von einem Urlaub in Mittelasien zurückgekehrt, erfuhr Bucharin davon. Der ehemalige »Liebling der Partei« war verzweifelt. Er schrieb einen Brief an Stalin. (Es ist mir nicht gelungen, ihn zu finden.) Danach schrieb er an das Politbüro, an Wyschinski – und außerdem an Woroschilow:

»Lieber Kliment Jefremowitsch,

Du hast wahrscheinlich bereits meinen Brief, den ich ans Politbüro und an Wyschinski geschrieben habe, erhalten: Ich habe ihn heute Nacht ans Sekretariat des Genossen STALIN mit der Bitte um Weitergabe geschickt: Dort habe ich alles Wesentliche in Verbindung mit den grauenhaften, niederträchtigen Beschuldigungen Kamenews gesagt. (Ich schreibe dies jetzt und durchlebe ein Gefühl der Halbrealität: Was ist das – ein Traum, eine Fata Morgana, ein Irrenhaus, eine Halluzination? Nein, das ist die Wirklichkeit.) Ich möchte noch eine Frage in den Raum stellen: Und Sie glauben das alles? An die Wahrheit?

Nun, ich habe Artikel über Kirow geschrieben. Kirow ist, im Übrigen, als ich in Ungnade gefallen war (zu Recht) und gleichzeitig in Leningrad erkrankt war, zu mir gekommen. Er saß einen ganzen Tag bei mir, wickelte mich ein, gab mir seinen Waggon und schickte mich nach Moskau; mit solch einer liebevollen Fürsorge, dass ich mich seiner immer erinnern werde, auch noch kurz vor meinem Tode. Nun, was habe ich also Unaufrichtiges über Sergej [Kirow] geschrieben? Stellen Sie die Frage ehrlich. Wenn ich unaufrichtig war, so muss man mich unverzüglich verhaften und vernichten; denn solche Schufte darf man nicht dulden. Wenn Ihr ›unaufrichtig‹ denkt, aber mich in der Freiheit belasst, so seid Ihr Feiglinge, die keine Hochachtung verdienen.
Richtig, sofern ich meine Sinne noch beisammenhabe, so würde ich annehmen, dass es, vom internationalen Standpunkt betrachtet, dumm wäre, die Basis des Schurkentums zu erweitern. (Das würde bedeuten, den Wünschen des Leisetreters Kamenew entgegenzukommen! Und genau das war auch ihr [Kamenews und Sinowjews; A. d. Ü.] Wille – zu zeigen, dass sie nicht allein sind.) Jedoch werde ich darüber nicht mehr sprechen, denn sonst könnten Sie glauben, dass ich um Nachsicht unter dem Vorwand der großen Politik bitte. Aber ich will Gerechtigkeit: Sie ist auf meiner Seite. Ich habe in meiner Zeit vor der Partei viele Fehler begangen und habe darunter sehr gelitten. Und nochmals, und nochmals erkläre ich, dass ich mit größter innerer Überzeugung die Parteipolitik und die Führung KOBAS verteidigt habe, obgleich ich mich keiner Schmeichelei bedient habe.
Es war schön, am 3. im Flugzeug über den Wolken zu fliegen: minus 8 °C, diamantene Klarheit, das Atmen der erhabenen Weite. Mein Gott, ich habe dir irgendwelche Ungereimtheiten geschrie-

ben. Sei nicht ärgerlich. Vielleicht ist es dir bei der gegenwärtigen Konjunktur unangenehm, einen Brief von mir zu erhalten – weiß Gott: Alles ist möglich. Jedoch, ›in jedem Falle‹ versichere ich dir (der du mir gegenüber sehr gut warst), dein Gewissen muss innerlich vollkommen ruhig sein; wegen deines Verhältnisses [zu mir] habe ich dich nicht in Verlegenheit gebracht: Ich bin ganz und gar nicht schuldig, und früher oder später wird dies entdeckt werden, gleich, wie sehr man versucht, meinen Namen zu beschmutzen.
Armer Tomski! Vielleicht ist er ›verwirrt‹ – ich weiß es nicht. Ich schließe es nicht aus. Er lebte allein. Möglicherweise wäre er nicht derart finster, und möglicherweise hätte er sich nicht verirrt, wäre ich zu ihm gegangen. Das Leben des Menschen ist schwer! Aber das ist – Lyrik. Aber hier geht es um Politik, eine Sache, die wenig lyrisch, aber in ausreichendem Maße rau ist.
Dass man die Hunde erschossen hat, freut mich sehr. Trotzki ist durch den Prozess politisch geschlagen, und das wird bald vollkommen klar werden. Wenn ich im Augenblick des Krieges am Leben sein werde, werde ich darum bitten, dass man mich zum Kampf vorlässt (nicht um der schönen Worte willen), und du erweise mir dann diesen letzten Dienst und schicke mich in die Armee, wenn auch als einfachen Soldaten (sogar, wenn die widerliche Kamenewsche Kugel mich treffen sollte). Ich empfehle, bei Gelegenheit die Dramen aus der Französischen Revolution von Romain Rolland zu lesen. Verzeih mir diesen unsinnigen Brief: In mir schwirren tausend Gedanken, sie springen wie wildgewordene Pferde ohne feste Zügel.
Ich umarme dich, denn ich bin sauber.
1. 9. 1936 Nik. Bucharin«

Nachdem Woroschilow diesen Brief gelesen und alles abgewogen hatte, beschloss er, ihn an Stalin weiterzugeben und Bucharin zu antworten – und diese Antwort sowohl Stalin als auch anderen Parteiführern zur Kenntnis zu geben. Für alle Fälle verschaffte sich der Volkskommissar ein Alibi. Schnell stellte er mit Hilfe seines Sekretariats zwei Dokumente fertig:

»Absolut geheim. PERSÖNLICH
AN DIE GENOSSEN STALIN,

MOLOTOW,
KAGANOWITSCH,
ORDSCHONIKIDSE,
ANDREJEW,
TSCHUBAR,
JESCHOW.
Als Ergänzung zum Brief N. BUCHARINS, der am 1. 9. d. J. an Sie gerichtet war. Unter der Nummer 2839 sende ich Ihnen auf Befehl des Genossen K. J. WOROSCHILOW eine Kopie der Antwort des Genossen WOROSCHILOW an BUCHARIN und eine Kopie der Antwort N. BUCHARINS.
ANLAGE: auf drei Blättern.
ADJUTANT DES VOLKSKOMMISSARS FÜR VERTEIDIGUNG DER UdSSR DIVISIONSKOMMANDIERENDER
(Chmelnitzki)
4. 9. 1936«

»An den Genossen BUCHARIN.
Ich sende dir deinen Brief zurück, in dem du dir bezüglich der Parteiführung schamlose Ausfälle erlaubt hast. Wenn du mich mit einem solchen Brief von deiner völligen Unschuld überzeugen wolltest, so hast du mich vorerst von einem überzeugt: mich in Zukunft weiter von dir fern zu halten, unabhängig von den Resultaten, die die Ermittlungen in deiner Angelegenheit ergeben werden. Und wenn du dich nicht brieflich von deinen abscheulichen Epitheta an die Adresse der Parteiführung lossagst, so werde ich dich auch für einen Schurken halten.
3. 9. 1936 K. WOROSCHILOW«

Als Bucharin den Brief Woroschilows gelesen hatte, fand er die Kraft, dem Stalinschen Volkskommissar zu antworten:

»Genosse WOROSCHILOW.
Ich habe deinen grauenhaften Brief erhalten.
Mein Brief endete mit: ›Ich umarme dich.‹
Dein Brief endet mit ›Schurke‹.
Was kann ich hierauf noch schreiben? Jeder Mensch hat, genauer gesagt, sollte seinen eigenen Stolz haben.

Aber ich würde gern ein politisches Missverständnis beseitigen. Ich schrieb einen Brief von persönlichem Charakter (was ich nun sehr bedaure) in einem schwierigen seelischen Zustand; abgehetzt schrieb ich einfach an einen großen Menschen; ich wurde wahnsinnig bei dem Gedanken, dass es geschehen könnte, dass jemand an meine Schuld glauben könnte.
Und bitte, ich habe doch schreiend geschrieben:
›Wenn Ihr glaubt, unaufrichtig (dass ich beispielsweise die Kirow-Artikel ‚unaufrichtig' geschrieben hätte), und mich in der Freiheit belasst, so seid Ihr selbst Feiglinge‹ und so weiter.
Und ferner ›aber wenn Ihr selbst nicht daran glaubt, dass Kam. (Kamenew; A. d. Ü.)‹ und so weiter. Was denn, was glaube ich nach deiner Meinung, dass – Ihr Feiglinge seid, oder bezeichne ich die Parteiführung als Feiglinge?
Im Gegenteil, damit sage ich: So, wie es allen bekannt ist, dass Ihr nicht Feiglinge seid, das heißt, dass Ihr nicht daran glaubt, dass ich unaufrichtige Artikel geschrieben haben könnte. Es wird doch offensichtlich aus dem Brief selbst! Wenn ich jedoch derart unsinnig geschrieben habe, dass es möglich war, dies als Ausfall zu verstehen, so nehme ich – nicht wegen der Angst um Judas, sondern ernsthaft – dreimal, schriftlich oder wie auch immer, all jene Sätze zurück, obwohl ich ganz und gar nicht das sagen wollte, was du verstanden hast.
Ich halte die Parteiführung für bemerkenswert. Und im Brief selbst, wo ich die Möglichkeit, dass von Eurer Seite auf mich bezogene Fehler unterlaufen sein könnten, nicht ausschloss, schrieb ich: ›Es gibt in der Geschichte Fälle, dass bemerkenswerte Menschen und ausgezeichnete Politiker ebenfalls Fehler von persönlicher Art machen …‹ Stand das etwa nicht in dem Brief? Und das ist mein wirkliches Verhältnis zur Parteiführung. Ich habe dieses vor langer, langer Zeit eingestanden, und ich werde nicht müde, dies zu wiederholen. Ich erkühne mich zu glauben, dass ich das mit meiner Arbeit in all den letzten Jahren bewiesen habe.
In jedem Fall ist dies ein Missverständnis. Ich bitte darum, es zu beseitigen. Ich entschuldige mich sehr für den vorangegangenen Brief, im weiteren werde ich dich mit keinerlei Briefen belasten. Ich befinde mich nervlich in einer extremen Lage. Dadurch wurde auch der Brief hervorgerufen. Inzwischen ist es mir durchaus

möglich, ruhiger das Ende der Untersuchungen abzuwarten, die, und davon bin ich überzeugt, meine völlige Unbeteiligtheit an den Banditen beweisen werden. Denn darin liegt die Wahrheit.

3. 9. 1936
Leb wohl. BUCHARIN«

Aber Stalin lockerte noch einmal den Griff um Bucharins Hals. Am 10. September 1936 teilte die »Prawda« mit, dass die Staatsanwaltschaft die Ermittlungen eingestellt habe aufgrund von fehlenden Beweisen für eine Gesetzesübertretung. Es war nur eine Atempause.
Stalin hatte beschlossen, dass Pjatakow im kommenden Akt der Tragödie die wichtigste Rolle spielen sollte. Und Stalin selbst würde die Regie übernehmen. Im Februar 1937 sollte Bucharin an der Reihe sein. Stalin säuberte die Partei. Er hatte noch einen Anhänger Lenins am Straßenrand gefunden.

Über Diktatur und Demokratie

Lenins Bücher in Stalins Bibliothek waren stark gezeichnet durch die Hand ihres Besitzers. Wenn Stalin Lenins Schriften las oder nach Zitaten suchte, interessierten ihn die Leninschen Ideen über die Demokratie wenig. Dagegen gibt es über die Diktatur des Proletariats viele Randbemerkungen.
Als Lenin sich zu Beginn des Jahres 1917 noch im Schweizer Exil befunden hatte, hatte er sich in die theoretische Arbeit vertieft. Die Niederschriften, die in die Geschichte als »Blaues Heft« eingegangen sind, waren überschrieben: »Der Marxismus über den Staat«. Und in den aufregenden Tagen, als die Provisorische Regierung versuchte, die bolschewistische Partei zu zerschlagen und den Führer der Revolution zu töten, führte Lenin seine Arbeit in seinem finnischen Versteck fort. Als Ergebnis seiner Studien entstand die geniale Schrift »Staat und Revolution«.
Lenin sah in der Diktatur ein Instrument zur Zerschlagung der Ausbeuter, der Unterdrücker. Ohne sie wäre es zwecklos gewesen,

sich für die sozialen Umgestaltungen der Gesellschaft einzusetzen und für die Verwirklichung der Ideale des Sozialismus zu kämpfen.

In der Diktatur des Proletariats, die 1917 geboren wurde, nahm die Gewalt einen herausragenden Platz ein. Der Kampf ging um Leben oder Tod. Und es ist so gekommen, dass nicht nur in der bürgerlichen Literatur, sondern manchmal auch in der marxistischen, besonders in den zwanziger und dreißiger Jahren, die Gewalt im Mittelpunkt des Interesses stand. Dagegen hatte Lenin geglaubt, dass die aufbauende, die demokratische Funktion der Diktatur des Proletariats nicht nur die wichtigste sei, sondern im Lauf der Zeit auch die einzige würde. Stalin aber sah in der Diktatur des Proletariats vor allem anderen die Gewalt, und das für immer.

Bereits zu Beginn der dreißiger Jahre konnten scharfsinnige Menschen spüren, dass Lenins Worte »Der Apparat gehört nicht uns, sondern wir gehören ihm« die reale Lage beschrieb. Es wurde die Diktatur der Bürokratie geboren. Die Diktatur einer kollektiven Bürokratie. Und die Diktatur gebar ständig eine Elite, eine Hierarchie von Vorgesetzten. Die Direktiven wurden zum wichtigsten Mittel der Regelung sozialer Beziehungen. Alles wurde in Büros entschieden. Die Versammlungen, die Kongresse, die Plenen »befürworteten«, »unterstützten« lediglich. Die Macht des Volkes existierte nur auf dem Papier. Demokratie bedeutete für Stalin niemals mehr als die Freiheit, die Beschlüsse der Partei zu unterstützen. Sosehr Stalin glaubte, dass er, der Generalsekretär, die Partei verkörpere, so sehr begründete sich in seinen Augen der echte Demokratismus in der Bejahung seiner Entscheidungen und Absichten. Schließlich war der Generalsekretär der einzige wahre Interpret der Leninschen Lehre! Als er einst mit Bucharin, kurz vor dessen Ausschluss aus dem Politbüro, aneinandergeraten war, entspann sich folgender Disput:

Stalin: »Eure ganze Kompanie – das sind keine Marxisten, sondern Kurpfuscher. Niemand von euch hat Lenin verstanden!«
Bucharin: »Was denn, hast nur du ihn verstanden?!«
Stalin: »Ich wiederhole, ihr habt Lenin nicht verstanden! Hast du etwa vergessen, wie oft Lenin dich für deinen Linksradikalismus, deinen Opportunismus und deine Verworrenheit kritisiert hat?«

Der rote Faden in all seinem Reden: Er, Stalin, sei der »Beschützer« des Leninismus. Und so war auch sein Verständnis der Diktatur des Proletariats das einzig leninistische. In der Tatsache, dass es dem Generalsekretär gelang, das Monopol der Lenin-Interpretation an sich zu ziehen, liegt eine Ursache vieler späterer Leiden. Als Stalin auf dem Plenum von ZK und ZKK im Januar 1933 die Resultate des ersten Fünfjahresplans bekannt gab, schloss er dem Bericht einen speziellen Abschnitt an über die Aufgaben und Resultate des Kampfes »gegen die Überreste feindlicher Klassen«. Obwohl die Rede von »Überresten« war, gelobte Stalin, gegen sie »einen unerbittlichen Kampf« zu führen. Kein Wort von einer Umerziehung und Einbeziehung vieler Ehemaliger, die durch die Revolution ihre soziale Stellung verloren hatten. Er malte ein Bild der Gesellschaft nach dem ersten Fünfjahresplan und erklärte Folgendes:

»Das hat dazu geführt, dass die letzten Überreste der sterbenden Klassen: die Privatindustriellen und ihr Anhang, die Privathändler und ihre Handlanger, die ehemaligen Adligen und Popen, die Kulaken und ihre Helfershelfer, die ehemaligen weißen Offiziere und Landpolizisten, die ehemaligen Polizisten und Gendarmen (…) verkrochen sich in unseren Werken und Betrieben, in unseren Institutionen und Handelsorganisationen, in den Eisenbahn- und Schifffahrtsbetrieben und hauptsächlich in den Kollektiv- und Sowjetwirtschaften. Sie verkrochen sich und versteckten sich dort unter der Maske von ›Arbeitern‹ und ›Bauern‹, wobei sich der eine oder andere von ihnen sogar in die Partei einschlich. Was brachten sie dorthin mit? Natürlich das Gefühl des Hasses gegen die Sowjetmacht, das Gefühl erbitterter Feindschaft gegen die neuen Wirtschafts-, Lebens- und Kulturformen. (…) Darum ist das Einzige, was sie noch tun können, Schaden und Unheil für die Arbeiter, die Kollektivbauern, die Sowjetmacht und die Partei zu stiften. Und sie schaden auch, wo sie nur können, indem sie versteckte Wühlarbeit betreiben. Sie stecken Lagerhäuser in Brand und beschädigen Maschinen. Sie organisieren Sabotage. Sie organisieren Schädlingsarbeit in den Kollektivwirtschaften, in den Sowjetwirtschaften, wobei manche von ihnen, unter denen sich auch einige Professoren befinden, in ihrem Schädlingsdrang so weit gehen, dass sie dem Vieh in den Kollektiv- und Sowjetwirtschaften die Pest, die sibirische Seuche einimpfen, die Verbreitung der Meningitis unter den Pferden fördern und so weiter.«

Angesichts eines solch finsteren Bilds ergriff die ehrlichen Leute die Verwirrung. Rundherum nur Feinde, Schädlinge, Reste der Ausbeuterklassen!? Und aus irgendeinem Grunde waren sie ebenso gefährlich geblieben wie während der ersten Jahre der Sowjetmacht!? Selbstverständlich gab es nicht wenige Leute, die der Sowjetmacht feindlich gesinnt waren. Jedoch stellten sie keineswegs eine Gefahr dar, wie Stalin es beschworen hatte. Er tat dies lediglich, um zu resümieren: »Eine starke und mächtige Diktatur des Proletariats – das ist es, was wir jetzt brauchen, um die letzten Überreste der sterbenden Klassen zu vernichten und ihre Diebesmachenschaften zu vereiteln.« Und diese Diktatur des Proletariats, sie musste künftig noch stärker werden.
Derartige Auftritte Stalins gab es viele gegen Ende der zwanziger und zu Beginn der dreißiger Jahre. Seine und seiner Mitstreiter Reden drangen ein in das gesellschaftliche Bewusstsein. Der revolutionäre Enthusiasmus paarte sich mit dem Misstrauen gegenüber jedem und mit der Bereitschaft, die blödsinnigsten Märchen über angebliche Volksfeinde zu glauben. Der Wahn der Jahre 1937/38 wäre nicht möglich gewesen ohne diese Änderungen im gesellschaftlichen Bewusstsein. Millionen von Menschen, die in der sozialistischen Welt lebten, gewöhnten sich an den Gedanken, dass es unter ihren Freunden, Genossen und Kollegen in den Betrieben, in den Hochschulen, in der Roten Armee, in den Künstlerkollektiven Feinde gab, dass sie sich versteckten und auf ihre Stunde warteten. Ein Aufruf, eine Losung, eine Direktive konnte viele verleiten, »die letzten Überbleibsel des Kapitalismus zu zerschlagen«. Von hier bis zum Terror ist es nur noch ein Schritt.
»Die Repressalien«, so erklärte Stalin im Sommer 1930 auf dem 16. Parteitag, »sind unumgängliche Elemente des Vormarsches.« Und das Land marschierte in der Tat voran. Bereits 1930 hatte die Industrieproduktion 180 Prozent des Vorkriegsniveaus erreicht. Der Prozess des Übergangs vom Agrar- zum Industriestaat war in

vollem Gang. In schnellen Schritten wurde das Analphabetentum beseitigt. Millionen von Menschen erhielten die Möglichkeit, die größten Errungenschaften der Weltkultur kennen zu lernen. Das Land und das Volk befanden sich im Aufstieg.

Stalin dachte sehr viel nach über Demokratie und Diktatur. Die Bände von Lenins Schriften im Arbeitszimmer des Generalsekretärs sind keine schlechten Zeugen für die Gedanken ihres Besitzers. Er hegte keinerlei Zweifel daran: Die Diktatur kommt vor der Demokratie. Im Allgemeinen pflegte er selten zu zweifeln, und wenn ihn Zweifel überkamen, so merkte dies kaum einer. Dieses Gesicht, das keinerlei Emotionen ausdrückte, war wie geschaffen für die unzähligen Statuen und Büsten, die bald überall im Land aufgestellt werden sollten.

Stalin sprach viel über Gleichheit, über gesellschaftliche Interessen und manchmal auch über die sozialistische Demokratie. In einer Unterredung mit einer Gruppe von ZK-Mitarbeitern im Jahr 1936 ging es um Schulbücher. Stalin erklärte bei diesem Anlass Folgendes:

»Unsere Demokratie muss immer die allgemeinen Interessen an den ersten Platz stellen. Das Persönliche gegenüber dem Gesellschaftlichen – das ist beinahe gar nichts. Solange es Faulenzer, Feinde, Unterschlagungen von sozialistischem Eigentum gibt, das heißt, solange es Menschen gibt, denen der Sozialismus fremd ist, so lange muss es einen Kampf geben.«

»Das Persönliche gegenüber dem Gesellschaftlichen – das ist beinahe gar nichts.« Beständig haben wir die Menschen davon zu überzeugen versucht, dass wir alle die Herren des Volkseigentums seien. Und das, was allen gehört – gehört niemandem. Das Gefühl, ein Eigentümer zu sein, verschwand. Ständig wiesen wir triumphierend hin auf unsere Gleichheitsprinzipien. Für eine Erfindung konnten wir einem Arbeiter keine paar tausend Rubel geben, auch wenn seine Erfindung riesige Gewinne abwarf – weil es für einen zu viel sei. Allmählich bildete sich ein Arbeitertyp heraus, der fürchtete, »sich zu überarbeiten«, ein Mensch, der gelassen auf die Schönfärbereien schaute und dem auch offener Diebstahl gleichgültig war: »Was denn, wird der Staat dadurch ärmer?«

Stalin trat nicht gegen die Demokratie auf. Er verstand sie so, wie ein Despot sie verstehen konnte. Sind doch Diktatoren nicht abgeneigt, folgsame Parlamente zu bilden mit »Wahlen« und Vereidigungen. Für Stalin waren dies nützliche Attribute seiner persönlichen Diktatur.

Kein einziges Mal setzte Stalin die Macht in einen Zusammenhang mit der Demokratie. Stalin liebte nichts so wie die Macht: die volle, uneingeschränkte, die durch die Liebe von Millionen geheiligte Macht. Er machte Fortschritte. Wem ist das Unmögliche sonst gelungen: Millionen von Mitbürgern ermorden und verschleppen zu lassen und dafür die blinde Liebe von vielen Millionen von Mitbürgern zu empfangen? Und das war in Stalins Verständnis die wahre Wechselbeziehung zwischen Diktatur und Demokratie.

Mit der Zeit wurde für Stalin die »Opferbereitschaft« zu einem der wichtigsten Attribute des Sozialismus. Als neue Großbaustellen in Sibirien und im Norden geplant wurden, überprüfte das NKWD seine Reserven von Gefangenen für die »sozialistischen Großbaustellen«. Seit dem Ende der zwanziger Jahre gab es keinen Mangel an billiger und rechtloser Arbeitskraft. Alle Vorschläge, die der Ausbeutung von Gefangenen dienten, wurden von Stalin unterstützt. Entweder warf er einem seiner Helfer ein kurzes »Einverstanden« zu, oder er unterschrieb rasch das betreffende Dokument.

Ich greife hier ein wenig vor. In seinen Notizen an Stalin erklärte Berija nicht nur einmal, dass die Anforderungen für die Organe des NKWD derart groß würden, dass es an »lebender Kraft« mangele. Stalin begriff. Am 25. August 1938 fand eine Sitzung des Präsidiums des Obersten Sowjets der UdSSR statt, die sich mit der Frage der vorzeitigen Entlassung von Gefangenen wegen guter Arbeit und Führung auseinandersetzte. Stalin erklärte bei dieser Gelegenheit:

»Kann man es denn nicht so einrichten, dass die Menschen länger im Lager bleiben? Wenn wir sie jetzt freilassen, kehren sie nach Hause zurück und beginnen wieder, den alten Weg zu gehen. Im Lager ist die Atmosphäre anders, dort ist es schwer zu verderben. Bei uns gibt es doch eine freiwillige Zwangsanleihe. Deshalb wollen wir auch einen freiwilligen Zwangsverbleib einrichten.«

Die Weisung des »Führers« war klar. Es wurde das Gesetz »Über die Lager des NKWD« formuliert. Diesem Gesetz entsprechend musste der Verurteilte, der eine Strafe in den Lagern des NKWD der UdSSR abzuleisten hatte, seine durch das Gericht festgelegte Haftdauer vollständig ableisten.
Die Aushöhlung der demokratischen Grundlagen ging einher mit dem Ausbau einer Verfolgungsmaschinerie und eines gewaltigen Strafapparats. Der Dogmatismus verbreitete sich in den Gesellschaftswissenschaften, in der Ideologie und in der Propaganda. Das Defizit an Volksmacht mündete in der Überschätzung der Rolle einer Persönlichkeit und in der Lobpreisung von Stalins »Verdiensten«.
Dazu einige bemerkenswerte Stellen aus dem schon zitierten Gespräch des Generalsekretärs mit Emil Ludwig am 13. Dezember 1931:

»*Ludwig.* Um den Tisch, an dem wir sitzen, stehen 16 Stühle. Im Ausland weiß man einerseits, dass die UdSSR ein Land ist, in dem alles kollegial entschieden werden soll, andererseits aber weiß man, dass alles durch eine einzelne Person entschieden wird. Wer entscheidet denn nun?
Stalin. Nein, eine einzelne Person darf nicht entscheiden. Entscheidungen einer einzelnen Person sind immer oder fast immer einseitige Entscheidungen. In jedem Kollegium, in jedem Kollektiv gibt es Menschen, mit deren Meinung man rechnen muss. (…)
Ludwig. Aber erkennen Sie denn die positiven Eigenschaften der Jesuiten nicht an?
Stalin. Ja, sie besitzen Systematik und Beharrlichkeit beim Verfolgen ihrer schlechten Ziele. Ihre Hauptmethode aber ist Spitzelei, Spionage, Ausspürerei, Verhöhnung; was kann daran Positives sein? (…)
Ludwig. Meine Frage ist Folgende: Sie haben sich wiederholt Risiko und Gefahren ausgesetzt, man hat Sie verfolgt. Sie haben an Kämpfen teilgenommen. Eine Reihe Ihrer besten Freunde ist ums Leben gekommen. Sie sind am Leben geblieben. Womit erklären Sie das? Und glauben Sie an ein Schicksal?

Stalin. Nein, ich glaube nicht daran. (...) Schon der Begriff ›Schicksal‹ ist ein Vorurteil, ist Unsinn, ist ein Überbleibsel der Mythologie. (...) Es gibt innere und äußere Ursachen, deren Gesamtheit dazu geführt hat, dass ich am Leben geblieben bin. Aber ganz unabhängig davon könnte an meiner Stelle ein anderer sein, denn es *muss* hier jemand sitzen. Das ›Schicksal‹ ist etwas Ungesetzmäßiges, etwas Mystisches. Ich glaube nicht an Mystik.«

Zu Beginn der dreißiger Jahre stellte Stalin seine ohnehin seltenen Besuche in Betrieben oder Militäreinrichtungen ein. Einerseits wusste er wenig über die Produktion, und er verspürte auch nicht das Verlangen, sich mit technischen Dingen zu beschäftigen. Zum anderen war er ständig von dem Gefühl beherrscht, dass auf ihn ein Attentat vorbereitet würde. Hatte er sich doch Feinde gemacht; Trotzki oder andere, die er aus der Partei hinausgesäubert hatte, konnten ihm nach dem Leben trachten. Und die »Organe« bestätigten diese Bedrohung laufend. Etwa so:

»An den Sekretär des ZK der KPdSU(B),
Genossen J. W. Stalin.
Am 16. Dezember dieses Jahres, nach einer zweiwöchigen Untersuchung, fällte das Militärkollegium des Obersten Gerichts der UdSSR in einer geschlossenen Sitzung ein Urteil im Verfahren gegen eine Gruppe von Spionen und Terroristen, die auf Anweisung eines deutschen Staatsbürgers einen Terrorakt auf dem Roten Platz am 7. November 1935 vorbereitet hatte. Zum Tod durch Erschießen verurteilt wurden G. I. Schur, W. G. Freiman, S. M. Pewsner, W. O. Lewinski (...).«

Stalin las nicht weiter. Er dachte wohl: »Man macht Jagd auf mich!« Er würde schon noch die allerletzten Feinde stellen.
Stalin »erschien« dem Volk nicht oft. Er erkannte: Je seltener er in der breiten Öffentlichkeit auftreten würde, desto leichter würde es sein, beim Volk jenes Bild von sich zu formen, das er schaffen wollte. Die Rätselhaftigkeit, die Verschlossenheit gehen Hand in Hand mit dem Legendären, dem Übermenschlichen.
Stalin liebte es, vor der Landkarte zu stehen. Er betrachtete sich als Herren eines gigantischen Landes. Obwohl Stalin über keine

große Einbildungskraft verfügte, konnte er sich doch ausmalen, wie Millionen von Menschen arbeiteten und seine Befehle in die Tat umsetzten. Ab und an führte er seinen Zeigefinger über die Karte: Turksib, Magnitka, Dneproges, der Weißmeerkanal, der Kusbass; lange verharrte sein Blick auf der Kolyma-Gegend. Um diese Regionen betrachten zu können, musste man sogar einige Schritte nach rechts gehen. Nach solch einer Betrachtung der Landkarte rief er plötzlich Woroschilow an und fragte ihn: »Wird in der Roten Armee Geographie gelehrt? Kennen die Rotarmisten unsere Landkarte gut? Denn die Kenntnis der Karte unserer Heimat erzieht zum Stolz auf sie, zur Ergebenheit gegenüber unserer Sache, unserer Idee.« Woroschilow war nicht in der Lage, diese Frage zu beantworten. Er sagte irgendetwas Ausweichendes und versprach, sich ein klares Bild zu verschaffen. Am Tag darauf schickte er Stalin folgende Mitteilung:

»An den Genossen Stalin.
Auf Ihre Anfrage bezüglich der Geographie bei den Rotarmisten teile ich Ihnen mit, dass Geographie von allen Rotarmisten als Pflichtfach nach speziellen Programmen erlernt wird. Neben dem Studium der Geographie im Sinne eines allgemein bildenden Fachs wird sie ebenso während des Politikunterrichts gelehrt. Besondere Aufmerksamkeit wird hierbei dem Studium der Landkarte gewidmet.
Als Ergänzung hierzu wurden in diesem Jahr durch die PUR (Politische Hauptverwaltung der Roten Armee; A. d. Ü.) 220 000 geographische Karten, 10 000 geographische Atlanten, 800 Karten in den nationalen Sprachen und 10 000 Globen verschickt.
28. Juni 1935 K. Woroschilow«

Mit großem Vergnügen las Stalin die Notiz. Er erhob sich nicht von seinem Sessel, sondern schaute hinüber zur Landkarte. Obgleich es bis zur Wand nicht sehr nah war, sah er, wo Stalingrad, Stalino, Stalinsk, Stalinabad lagen.
Bald nach Lenins Tod war eine äußerst zweifelhafte Praxis aufgekommen: Städte, Regionen, Betriebe, Hochschulen, Theater wurden umbenannt. Sie erhielten die Namen von Größen aus Partei, Staat und Kultur. Die Zeitungen berichteten über die vorzeitige

Planerfüllung der Chemiefabrik Stalin in Moskau, der Weberei Woroschilow in Twer, der ersten und dritten Papierfabrik Sinowjew in Leningrad, der Bucharin-Fabrik in Gus Chrustalni und so weiter. Gegen Ende der zwanziger Jahre gab es im Land praktisch keinen Ort mehr, in dem nicht Stalins Name irgendwo stand. Offenkundig, so musste es scheinen, war er der alle überragende Führer des Landes. Die Lobpreisungen richteten sich nicht allein an die Adresse des »Führers«, häufig wurden auch andere Funktionäre damit bedacht. Hier ein charakteristisches Beispiel. Nikita Sergejewitsch Chruschtschow, Sekretär des Moskauer Stadtkomitees, erklärte in einer Rede auf dem Plenum der Parteiorganisation der Hauptstadt im Juni 1932: »Die richtige bolschewistische Führung des Moskauer Gebietskomitees und des Stadtkomitees der Partei, die Befehle, die wir für unsere tägliche Arbeit vom Genossen Kaganowitsch erhalten, die gewaltige Aktivität der Arbeiter gewährleisten die Erfüllung der Aufgaben, die vor der Moskauer Parteiorganisation stehen.«
Solche gebetsähnlichen Beschwörungen wurden zu wesentlichen Elementen des gesellschaftlichen Lebens. Sie erwiesen sich als derart lebendig, dass sie noch Jahrzehnte nach Stalins Tod bemüht wurden. Mit ihnen wurden nicht nur Führer vergöttert, sondern auch das Volk beleidigt. Das Volk, das alle Güter schafft, soll sich bei seinen Herren bedanken. Es drängt sich der Eindruck auf, dass die Menschen, die sich von Gott im Himmel abgewendet hatten, sich einen auf der Erde schufen.
Die Aktivisten bei der Schaffung des Führerkults waren Molotow, Woroschilow und Kaganowitsch. Ihre Stimmen ertönten am lautesten bei den Hymnen auf Stalin. Ist es nicht paradox, dass in diesem Chor ab und an auch die Stimmen Sinowjews, Kamenews, Bucharins und einiger anderer geächteter Parteiführer zu hören waren? Wie schmerzhaft ist es, ihre Reden und Artikel zu lesen. Das gilt besonders für Sinowjew, der Buße tat und sich für die begangenen »Sünden« geißelte, um gleichzeitig die »Weitsichtigkeit und Weisheit des Parteiführers, des Genossen Stalin« zu preisen. Sogar Bucharin konnte sich schmeichlerischer Worte nicht enthalten.
Im Jahr 1934 veröffentlichte Radek eine Broschüre über Stalin: »Baumeister der sozialistischen Gesellschaft«. Diese Broschüre hatte er in Form von Lektionen über die Geschichte des sozialisti-

schen Sieges geschrieben, und der Autor träumte davon, dass seine Schrift im Jahr 1967 zum fünfzigsten Jahrestag der Oktoberrevolution in der »Schule des interplanetaren Verkehrs« verlesen werden würde. Um einen Eindruck von der Diktion dieses Werks zu erhalten, sei ein Auszug zitiert:

»Die politischen Führer nehmen in der Partei und in der Geschichte ihren Platz nicht aufgrund von Wahlen ein, nicht aufgrund von Ernennungen, obgleich in einer demokratischen Partei wie der KPdSU(B) diese Wahlen und Ernennungen unumgänglich dafür waren, dass der Führer seinen Platz einnehmen konnte. Der Führer des Proletariats wird durch den Kampf um die kämpferische Linie der Partei, um die Organisation ihrer künftigen Schlachten bestimmt. Und Stalin, der bereits zu Lenins Lebzeiten zu den Ersten in der Parteiführung gehörte, wurde ihr anerkannter und geliebter Führer.«

Die Broschüre erschien zunächst in einer Auflage von 225 000 Exemplaren. Und es sollte nicht die letzte Auflage sein.
Man hat erzählt, dass Radek, dem früheren Trotzkisten, giftig vorgeworfen worden sei: »Es ist so lange nicht her, dass du über Stalin etwas ganz anderes gesagt hast! Wie ist dies zu verstehen?« Radek antwortete: »Wenn solche Menschen wie ich, Oppositionelle, in der Zeit Robespierres gelebt hätten, so wären wir bereits einen Kopf kürzer.«
Zusammen mit den Lobpreisungen in Reden, Artikeln und Büchern wurde auch die Geschichte neu betrachtet, und allmählich entstand eine neue Idee: Es hatte zwei Führer der Oktoberrevolution gegeben – Lenin und an seiner Seite der allgegenwärtige Stalin. Im Vorwort zu einer Ausgabe von Lenins Werken schreibt der Parteihistoriker Wladimir Viktorowitsch Adoratski, dass Lenins Schriften zusammen mit Stalins Schriften studiert werden sollten, dass eine Zusammenfassung von Lenins Ideen in Stalins »Grundlagen des Leninismus« gegeben sei und so weiter.
Schon vor dem Höhepunkt des Führerkults gab es Versuche, Stalin auch in einer politischen Biographie zu verewigen. Im Stalin-Archiv gibt es einen Brief von Jaroslawski an den Generalsekretär. In ihm steht:

»Sergo (Ordschonikidse; A. d. Ü.) hat mich heute kurz vor der Abreise angerufen, dass er mit Ihnen gesprochen habe bezüglich des von mir in Betracht gezogenen Buches ›Stalin‹ (…).«

Auf dem Brief ist die Antwort des Generalsekretärs vermerkt:

»An den Genossen Jaroslawski. Ich bin dagegen. Ich glaube, dass die Zeit für eine Biographie noch nicht gekommen ist.
1. 8. 1931 J. Stalin«

Der Beschluss ist eindeutig: Die Zeit ist noch nicht gekommen. Stalins Triumph hatte gerade erst begonnen. Noch war die Bauernschaft nicht zerbrochen, und die Fabriken schossen noch nicht wie Pilze aus dem Boden, noch war ein großer Teil der Leninschen Garde am Leben – jene, die wussten, wer er zehn Jahre zuvor gewesen war. Noch begnügte er sich mit den hymnischen Artikeln in den Zeitungen und Resolutionen von Versammlungen im Land. So schickte die Kommune »Stalin« aus dem ostsibirischen Dorf Zasutschei zum Beispiel folgenden Rapport nach Moskau, der in der »Prawda« veröffentlicht wurde und hier auszugsweise zitiert sei:

»Indem wir den staatlichen Produktionsplan übertroffen haben, haben wir die Anbaufläche erweitert, und die Kommune hat statt der überreichten (so im Text; D. W.) Ziffer von 262,5 Hektar 320 Hektar angebaut. (…) Wir sind für die Generallinie der Partei unter der Führung des bolschewistischen ZK und des besten Leninisten – des Genossen Stalin! Wir sind für die volle Verwirklichung des Fünfjahresplans in vier Jahren und für die Liquidierung des Kulakentums auf der Grundlage der durchgängigen Kollektivierung! (…)
Im Auftrag der Kommunarden der Kommune ›Stalin‹ Klimow, Tokmakow«

Derartige Briefe an Stalin wurden bald auf jeder Versammlung aller Betriebe, Kolchosen, Sowchosen, Hochschulen und staatlichen Einrichtungen verabschiedet. Das öffentliche Bewusstsein begann sich zu deformieren. Es begann sich ausschließlich von

Mythen zu nähren. Die Propaganda setzte immer mehr den Akzent auf den Glauben: Alles, was Stalin sagte, war unerschütterlich, wahr und bedurfte keines Beweises. Mit anderen Worten: Stalin war ein Halbgott. Schließlich wurden diese Mythen, die zur Grundlage des gesellschaftlichen Lebens geworden waren, zu zwei einfachen Postulaten zusammengefasst:

1. Der Führer der Partei und des Volkes – das ist in höchstem Maße ein weiser Mensch. Die Kraft seines Geistes ist in der Lage, auf alle Fragen der Vergangenheit zu antworten, sich in der Gegenwart zurechtzufinden und in die Zukunft vorauszuschauen. Stalin – das ist der Lenin von heute.
2. Der Führer der Partei und des Volkes – das ist die vollständige Verkörperung des Guten, der Sorge um jeden Menschen. Er verneint das Böse, die Unwissenheit, die Treulosigkeit, die Grausamkeit, er ist ein lächelnder Mensch mit einem Schnurrbart, der ein kleines Mädchen mit einer roten Flagge auf den Armen hält.

Das System der Mythen, ohne das der Personenkult undenkbar gewesen wäre, wurde gestützt durch Rituale: dauernde Berufung auf die Worte des »besten Leninisten«, Aufstellung von betrieblichen Gegenplänen, die die staatlichen Vorgaben überboten, Versendung von Dankesbriefen und so weiter. Je höher sich Stalin erhob, desto mehr erniedrigte sich das Volk. Der deutsche Schriftsteller Georg Christoph Lichtenberg hatte Recht, als er einst schrieb, dass der Ruhm berühmter Menschen oft nur die Kurzsichtigkeit jener erkläre, die sie verehrten.
Wusste Stalin, dass seine Erhebung die Partei und das Volk erniedrigte? Sah er die Amoralität dieser Entwicklung? Und unternahm der Generalsekretär Schritte, um das alles noch zu forcieren? Auf diese Fragen gibt es eine Antwort: Ja, er verstand es, er wusste es, er sah es.
Seltene Gesten der »Bescheidenheit«, die Stalin sich ab und an erlaubte, dienten nur einem Ziel – sich noch mehr zu erheben. Und er unterstützte die ermüdenden, endlosen Rituale der Lobpreisung. Der Generalsekretär sah auf den Kundgebungen die Tausenden von Demonstranten, die alle ein und dasselbe Porträt über ihren Köpfen trugen. Er las in jeder Ausgabe der »Prawda« Dut-

zende von Erwähnungen seines »stählernen« Namens und dass jeglicher Erfolg mit seiner Weisheit, seiner Sorge und seiner Voraussicht in Verbindung gebracht wurde. Stalin, der Seminarist, der seine Ausbildung nicht beendet hatte, beherrschte die Technologie des Kulis.

Towstucha, Dwinski, Kanner, Mechlis und später auch Poskrebyschew überprüften alle mehr oder weniger wichtigen Texte und Fotografien, die zur Lobpreisung des »Führers« in der Presse bestimmt waren. Die wichtigsten Artikel zeigten sie dem Generalsekretär. Nicht selten fügte er mit Bleistift ein bis zwei Worte hinzu, welche das »Außergewöhnliche«, die »Scharfsinnigkeit«, »Entschlusskraft«, den »Mut« und die »Weisheit« des Genossen Stalin hervorhoben. Er wusste, wie wichtig es war, seinem Volk den Eindruck von ruhiger Unerschütterlichkeit zu bieten in einer brodelnden Welt.

Bei Diskussionen über die Stalin-Zeit taucht häufig die Frage auf: Von welchem Monat an begann der Personenkult? Wer hat die Menschen dazu gebracht, Stalin zu lobpreisen? Und dann fallen Namen wie Woroschilow, Molotow, Kaganowitsch. Aber wenn nicht Woroschilow begonnen hätte, Stalin zu rühmen, so hätte es ein anderer getan. Die Wurzeln des Kults sind nicht bei Personen zu suchen, sondern in dem Prozess, der sich nach Lenins Tod schnell zu entwickeln begann. Die Institute des Staats, der Partei und der Gesellschaft erwiesen sich als ungeeignet. Die Unvollkommenheit des politischen Machtmechanismus ermöglichte es, dass der Wille eines einzelnen Menschen als das Verlangen eines Volks ausgegeben wurde. Stalin gelang es, die Partei in ein persönliches Machtinstrument zu verwandeln. Die Räte besaßen seit dem Ende der zwanziger Jahre eine untergeordnete, später eine Hilfs- und dann nur noch eine Requisitenfunktion. Die Partei, die verpflichtet gewesen wäre, die politische und geistige Führung der Gesellschaft zu übernehmen, wurde stattdessen zu einer staatlichen Macht. Dies erstickte ihre schöpferische Dynamik, und sie wurde zum wichtigsten Bestandteil der Stalinschen Diktatur.

Hinzu kam, dass die imperialistische Umkreisung, die reale Bedrohung der Sowjetunion von außen, Stalin und seinem Anhang als Argument diente, um die Zentralisierung der Macht, die Einschränkung der Demokratie, die Verwandlung des Landes in ein halbmilitärisches Lager zu rechtfertigen. Die Kommunistische Internationale verlor ihre Unabhängigkeit, und die Autorität der kommunistischen Parteien in aller Welt ließ Stalins Führerschaft glänzen. Sogar die wenigen bürgerlichen Politiker, die sich entschieden hatten, mit der UdSSR zusammenzuarbeiten, zogen es vor, mit Stalin zu tun zu haben als mit der verstaatlichten Partei.

Der Parteitag des Siegers

Der im Januar/Februar 1934 abgehaltene 17. Parteitag wurde in der Stalinschen Propaganda als »Parteitag der Sieger« bezeichnet. Stalin selbst nannte die Erfolge der Partei und des Landes in seinem Rechenschaftsbericht »groß und außergewöhnlich«. Unbestreitbar hatte das Land bis zum Jahr 1934 einen gewaltigen Ruck nach vorn in seiner Entwicklung gemacht. Ich habe mir den von Stalin bearbeiteten Entwurf des Berichts betrachtet. An seinen Korrekturen wird sichtbar, dass der Generalsekretär sich bemühte, die Erfolge noch stärker zu betonen. Er glaubte, dass die gewaltigen Opfer, die das Volk gebracht hatte, ein Ergebnis haben mussten. Ganze Seiten dieses Berichts hatte Stalin neu geschrieben. Er wollte dem Volk und der Partei zeigen: Seine Führung ist fruchtbar, erfolgreich und siegbringend.

Stalin legte besonderes Gewicht auf die Tatsache, dass die Industrie innerhalb von dreieinhalb Jahren nach dem 16. Parteitag den Produktionsausstoß verdoppelt hatte. Während der letzten Jahre waren neue Industriezweige geschaffen worden: Werkzeugmaschinenbau, Automobil- und Traktorenwerke, Chemiefabriken, Motoren- und Flugzeugwerke. Es wurde begonnen, Mähdrescher zu bauen, synthetischer Kautschuk wurde hergestellt, auch Stickstoff und Kunstfasern. Mit Stolz verkündete der Generalsekretär, dass Tausende von neuen Industriebetrieben die Arbeit aufgenommen hatten. Dieser Bericht Stalins war mehr als jeder andere zuvor mit Zahlen gespickt. Er hatte genügend Material, über das er vor dem Parteitag sprechen konnte.

Aber die großen Erfolge hatten ihre Schattenseite. Ein Beispiel. Mitte Juli 1933 teilte die »Prawda« mit:

»Der Genosse Stalin und der Genosse Woroschilow reisten nach Leningrad und fuhren mit dem Genossen Kirow am selben Tag zum Weißmeerkanal. Nachdem sie sich über die Arbeiten am Kanal und den Zustand der hydrotechnischen Ausrüstungen informiert hatten, fuhren sie über den Weißmeerhafen Soroka nach Murmansk.«

Zwei Wochen nach Stalins Besuch wurde ein Beschluss des Rats der Volkskommissare über die Eröffnung des Weißmeerkanals, der den Namen des Genossen Stalin tragen sollte, veröffentlicht. Das ZEK der UdSSR meldete sich ebenfalls zu Wort: Es gab bekannt, dass Arbeiter, die sich beim Bau des Kanals hervorgetan hätten, ausgezeichnet würden. Acht Personen erhielten den Leninorden: der Stellvertretende Vorsitzende der OGPU Jagoda, der Leiter des Weißmeerkanalbaus Kogan, der Leiter der Hauptverwaltung der Arbeitslager der OGPU Berman, der Assistent des Leiters des Weißmeerkanalbaus Frenkel, der Stellvertreter des Leiters des Weißmeerkanalbaus Rapoport, der Leiter der Weißmeer-Besserungs- und Arbeitslager Firin, der Stellvertreter des Ersten Ingenieurs des Weißmeerkanalbaus Schuk und der Stellvertreter des Ersten Ingenieurs des Bauwesens Werschbitzki. Auf dem 17. Parteitag sagte Kirow in seiner Rede:

»Solch einen Kanal in solch einer kurzen Zeit an solch einem Ort zu bauen, das ist in der Tat eine heldenhafte Arbeit, und man muss unseren Tschekisten ein Lob aussprechen, jenen, die diese Sache geleitet haben, jenen, die buchstäblich Wunder vollbracht haben.«

Es wäre richtiger, zu sagen, dass diese Wunder von Hunderttausenden von Gefangenen vollbracht wurden. An ihnen gab es keinen Mangel. Nach der »Entkulakisierung« von mehr als einer Million Groß- und Mittelbauern, nach dem verstärkten Kampf gegen die »Überreste der Ausbeuterklassen«, war ein großes Reservoir von billigen Arbeitskräften entstanden. Die Idee, Strafgefangene für die Volkswirtschaft auszunutzen, war nicht neu. Schon Trotzki hatte gegen Mitte der zwanziger Jahre dafür plädiert. Der Rat des »herausragenden Führers« wurde nicht überhört.

Hinsichtlich der Landwirtschaft fiel es Stalin schon wesentlich schwerer, etwas zu sagen. Ja, es waren mehr als 200 000 Kolchosen und 5000 Sowchosen gegründet worden. Die Entwicklung der Landwirtschaft, gestand der Generalsekretär, ging »um ein Vielfaches langsamer als in der Industrie voran«. Stalin erklärte auch:

»Dem Wesen der Sache nach war die Berichtsperiode für die Landwirtschaft nicht so sehr eine Periode des raschen Aufschwungs und mächtigen Anlaufs als vielmehr eine Periode, in der die Voraussetzungen für einen solchen Aufschwung und einen solchen Anlauf in der nächsten Zukunft geschaffen wurden.«

Der Generalsekretär vergaß auch nicht, auf die schwierige Lage in der Viehzucht hinzuweisen. Seitdem hat sich nichts Wesentliches mehr geändert in der Landwirtschaft.
Nachdem Stalin im Verlauf von zehn Jahren seit Lenins Tod vielzählige »Oppositionen« zerschlagen hatte, blieb auf diesem Gebiet nichts mehr zu tun für ihn. Und darüber sagte der Generalsekretär Folgendes: »Müsste man (...) auf dem 16. Parteitag aber mit den letzten Anhängern dieser Gruppierungen aufräumen, so braucht man auf diesem Parteitag nichts zu beweisen, und es gibt wohl auch niemand, der geschlagen werden müsste.« Allerdings erklärte er, dass noch Reste der feindlichen Ideologie in den Köpfen einzelner Parteimitglieder lebten, und man müsse bereit sein, diese auszumerzen. Stalin merzte allerdings weniger die Ideologie als deren Träger aus. Er erklärte, dass das Land sich der Schaffung einer »klassenlosen sozialistischen Gesellschaft« nähere, und zog gleichzeitig den Schluss, dass die Klassenlosigkeit nur erreicht werden könne »durch Stärkung der Organe der Diktatur des Proletariats durch Entfaltung des Klassenkampfes«. Auf dem »Parteitag der Sieger«, als »praktisch alle Überreste der Ausbeuterklassen liquidiert« worden waren, rief Stalin dazu auf, den Mechanismus der Gewalt und des Zwangs und den Verfolgungsapparat zu verstärken.
Stalin wusste, dass sich unter den 1225 Delegierten nicht wenige befanden, die einst verschiedenen Gruppen – »Fraktionen«, »Oppositionen«, »Abweichungen« – angehört hatten. Sie alle hatten

Buße getan, sich schuldig bekannt, und sie suchten nach Möglichkeiten, sich das Wohlwollen Stalins zu verdienen, das Wohlwollen dessen, der nun unermesslich stark geworden war. Nicht alle der »Besiegten« waren prinzipienlose, angepasste Menschen. Viele dieser ehemaligen »Oppositionellen« bereuten aufrichtig. Sie wollten nicht außerhalb der Partei stehen und unterstützten den Kurs der Beschleunigung des sozialistischen Aufbaus.
Der Generalsekretär hatte Kaganowitsch geraten, vor allen Dingen dafür zu sorgen, dass die Repräsentanten jener nicht gerade kleinen Gruppe von Personen in ihren Reuereden die Stärke und die Fähigkeiten des »Führers« betonten. Liest man diese Reden nach einigen Jahrzehnten, kann man sich die Erniedrigung der Menschen vorstellen, die sich selbst wie in einer religiösen Ekstase gegeißelt haben, und das nur deshalb, damit die Eitelkeit eines Menschen befriedigt werden konnte. Kirow sagte, dass jene ehemaligen Oppositionellen nun »versuchen, (...) an diesem Triumph mit teilzunehmen, Schritt zu halten, unsere Erhebung zu unterstützen. (...) Bitte, nehmen wir beispielsweise Bucharin. Meiner Meinung nach sang er wie nach Noten, aber die Stimme passte nicht dazu. Ich spreche schon gar nicht über den Genossen Rykow und auch nicht über den Genossen Tomski.«
Was sagten nun auf diesem »Parteitag der Sieger« jene Menschen, die noch gestern Politbüromitglieder, Mitkämpfer und Schüler Lenins waren?

Bucharin, ehemals »Liebling der Partei« und ihr Theoretiker, sagte: »Stalin war vollkommen im Recht, als er, in glänzender Anwendung der Marxschen und Leninschen Dialektik, eine ganze Reihe von theoretischen Voraussetzungen für die rechte Abweichung, die vor allem durch mich gebildet worden war, zerschlug. (...) Die Verpflichtung eines jeden Parteimitglieds ist der Zusammenschluss um den Genossen Stalin als personelle Verkörperung des Geistes und des Willens der Partei, als ihr Leiter, als ihr theoretischer und praktischer Führer.«
Rykow, Lenins Nachfolger als Vorsitzender des Rats der Volkskommissare, erklärte: »Ich würde gerne die Rolle des Genossen Stalin in der ersten Zeit nach dem Tode Wladimir Iljitschs [Lenins] charakterisieren. (...) Darüber, dass er als Führer und

als Organisator unserer Siege sich bereits in der ersten Zeit durch größte Kraft hervorgetan hat. Ich möchte das charakterisieren, wodurch der Genosse Stalin bereits in jener Periode sofort und unverzüglich vor der ganzen damaligen Parteiführung herausragte.«

Tomski, der führende Gewerkschaftspolitiker des Landes, äußerte: »Ich fühle mich verpflichtet zu sagen, dass die Angriffe auf den Genossen Stalin nur zu erklären sind, weil der Genosse Stalin der allerkonsequenteste, der allerglänzendste der Schüler Lenins war, der allerscharfsinnigste, derjenige, der am weitesten blicken konnte, derjenige, der unbeirrt die Partei auf den richtigen Weg führte, auf den Weg Lenins, derjenige, der uns mit harter Hand prügelte, derjenige, der theoretisch und praktisch auf den Kampf gegen die Opposition am besten vorbereitet war. Nur damit lassen sich die Angriffe auf den Genossen Stalin erklären.«

Sinowjew, längst geschlagen und für eine Zeit wieder in die Partei aufgenommen, nannte vier Namen nebeneinander: Marx, Engels, Lenin und Stalin. »Wir alle wissen nun, dass im Kampf, den der Genosse Stalin auf außerordentlich prinzipieller Höhe, auf außerordentlich hohem theoretischen Niveau führte, dass in diesem Kampf nicht der geringste Nachgeschmack eines irgendwie gearteten persönlichen Moments war.« Sinowjew nannte den Bericht Stalins ein »Meisterwerk«, und er sprach noch lange einschmeichlerisch »über den Triumph der Parteiführung, über den Triumph dessen, der diese Parteiführung anführte«. Weiter erklärte der ehemalige Prätendent auf die Führung der Partei: »Wir sehen nun, wie die besten Menschen der fortschrittlichen Kolchosbauernschaft nach Moskau streben, zum Kreml, wie sie versuchen, den Genossen Stalin zu erblicken, ihn mit den Augen zu berühren und möglicherweise auch mit den Händen, wie sie versuchen, direkte Anweisungen von ihm zu erhalten, um sie dann in die Massen zu tragen.«

So und ähnlich ergingen sich noch weitere ehemalige Widersacher Stalins: Kamenew, Radek, Preobraschenski, Lominadse und andere. Währenddessen saß der Generalsekretär in der zweiten Reihe des Parteitagspräsidiums. Mit gleichgültiger Miene betrachtete er den sich zum Rednerpult begebenden Kamenew. Stalin mochte sich in diesem Augenblick daran erinnert haben, wie Kamenew damals, als er die Parteitage, die Sitzungen des Politbüros und andere Versammlungen leitete, manchmal den Rednern ins Wort gefallen war. Einmal hatte Kamenew auch Stalin unterbrochen, als dieser gerade die »Fehler der Opposition« säuberlich aufzählte: »Genosse Stalin! Was zählen Sie wie ein Schaf: eins, zwei, drei? Ihre Argumente sind nicht klüger als die jener Schafe.« – »Wenn man bedenkt«, parierte der Generalsekretär, »dass Sie eines dieser Schafe sind (...)«

Was würde Kamenew nun sagen? Kamenew bettelte: »Diese Epoche, in der wir leben, in der dieser Parteitag stattfindet, ist eine neue Epoche. (...) Sie wird in die Geschichte eingehen – daran gibt es keine Zweifel – als die Epoche Stalins, ebenso wie die vorangegangene Epoche in die Geschichte als die Epoche Lenins eingegangen ist, und besonders auf uns liegt die Verpflichtung, mit allen Mitteln, allen Kräften, aller Energie dem kleinsten Wanken dieser Autorität entgegenzuwirken. (...) Ich möchte sagen, dass ich jenen Kamenew, der von 1925 bis 1933 gegen die Partei und ihre Führung gekämpft hat, für einen politischen Leichnam halte, und ich möchte vorwärts gehen, ohne hinter mir, um es mit einem biblischen Ausdruck – verzeihen Sie mir – zu sagen, dieses alte Fell herzuziehen. (...) Es lebe unser, unser Führer und Kommandeur, der Genosse Stalin!«

Stalin hörte geduldig, mit halb verschlossenen Augen, der Rede Kamenews zu. Er wusste noch nicht, dass er ihn und viele andere schon in drei Jahren nicht nur zu politischen, sondern auch zu tatsächlichen Leichen machen würde. Aber er wusste schon, dass dies der letzte öffentliche Auftritt Kamenews gewesen war. Was mag Stalin gefühlt haben, als die Lobpreisungen nicht abrissen? Er wusste noch, dass Kamenew ihn in einer Unterhaltung mit Trotzki einen »grausamen Wilden« und Sinowjew ihn einen »blutigen Osseten« genannt hatte. Bucharin hatte ihn nicht nur einmal getroffen, als er auf Stalins Unkenntnis von Fremdsprachen hinwies. Radek hatte den Generalsekretär in der ersten Auflage seines Buches »Porträts und Pamphlete« keiner Erwähnung für würdig empfunden. Preobraschenski, der sich für einen großen Theoretiker hielt, hatte ihn 1922 in einer seiner Reden als einen »Flegel« tituliert.

Rache? Nein, das ist kleinlich, wird der Triumphator gedacht haben. Die Partei soll sich selbst davon überzeugen, dass in allen Streitfragen, in allen Diskussionen, in allen Umbruchphasen immer nur er Recht gehabt hatte. Und das sagte nicht er, sondern das sagten sie, seine ehemaligen Opponenten. Alle sollen erfahren, dass er nicht nur einen starken Willen und organisatorische Fähigkeiten besaß, was in der Partei schon lange anerkannt wurde, sondern dass er auch von besonderer Weisheit und Weitsicht war, dass er die Fähigkeit besaß, Ereignissen zuvorzukommen, und dass er eine harte Hand hatte. Parteitag der Sieger? Höchstens Parteitag des Siegers!

Und Stalin wartete auf immer neue Beinamen und Vergleiche, auf noch mehr Weihrauch. Doch bei aller Phantasie der Lobredner kam niemand auf die Idee zu sagen, es finde der »Parteitag des Siegers« statt. Aber immerhin, es gab Neues zu hören: Chruschtschow und Schdanow beispielsweise nannten Stalin zum ersten Mal einen »genialen Führer«; Sinowjew zählte ihn zu den Klassikern des wissenschaftlichen Sozialismus; Kirow schätzte den Generalsekretär als »größten Strategen der Befreiung der Werktätigen unseres Landes und der ganzen Welt«; Woroschilow sagte, dass Stalin als »Schüler und Freund« Lenins zu seinem »Waffenträger« geworden sei.

Angesichts der grenzenlosen Lobeshymnen, die Stalin von jedem Redner erwartete, erstaunte ihn die damit geizende Rede des Kommandierenden des Leningrader Militärbezirks Tuchatschewski. Der Militärführer begann wieder mit seinen alten Geschichten: Er legte seine Projekte zur technischen Rekonstruktion der Armee dar. Man hatte ihm doch schon gesagt, dass er ziemlich viel phantasiere. Und trotzdem fing er wieder damit an.

Anfang der dreißiger Jahre hatte Tuchatschewski Stalin einen Brief geschrieben, in dem er sich beklagte über Stalins und Woroschilows Reaktion auf seine Vorschläge zur technischen Modernisierung der Armee:

»Auf der erweiterten Sitzung des RWS (Revolutionsrats der Armee; A. d. Ü.) der UdSSR verlas der Genosse Woroschilow Ihren Brief bezüglich meiner Notizen über die Rekonstruktion der RKKA (Roten Arbeiter- und Bauernarmee; A. d. Ü.). Der Bericht des Stabs der RKKA, durch den Ihnen meine Notiz zukam, war mir völlig unbekannt. (…) Zum gegenwärtigen Augenblick, nachdem ich den oben genannten Bericht gelesen habe, verstehe ich vollkommen Ihre Empörung über das Phantastische ›meiner‹ Berechnungen. Jedoch fühle ich mich verpflichtet zu erklären, dass in dem Bericht des Stabs der RKKA absolut nichts von mir stammt. Meine Vorstellungen sind nicht einmal als Karikatur dargestellt, sondern in direktem Sinne als ›Aufzeichnungen eines Irren‹.«

Stalin hatte bereits damals verstanden, dass Tuchatschewski, dessen Verhältnis zu Woroschilow gespannt war, eigentlich nicht gegen den Volkskommissar polemisierte, sondern gegen den Generalsekretär. Ihn störte die unabhängige Urteilskraft dieses Militärführers, der in der Tat wesentlich weiter dachte als Woroschilow, der auf dem Niveau des Bürgerkriegs stehen geblieben war.
Als Woroschilow zu seiner Parteitagsrede ansetzte, wusste Stalin bereits, worüber er sprechen würde, denn der Volkskommissar hatte ihm das Manuskript gezeigt. Woroschilow war so klug, ein neues Epitheton zu finden: »stählerner Stalin«. Er sagte: »Da wir einen derart bewährten, weisen und großen Führer haben, der unser Stalin ist, wird uns keine grässliche Schweineschnauze erschrecken, ganz gleich, wo sie auch immer erscheinen könnte.« Diese Ausdrucksweise des Volkskommissars dürfte Stalin unangenehm berührt haben: »weise«, »großer Führer« – und dann irgendwelche Schnauzen!? Stalin überhörte ebenso wenig die Reden von Dolores Ibarruri, Belewski, Bela Kun, Wilhelm Knorin und anderen Führern der internationalen kommunistischen Bewegung. Er war nun nicht mehr nur der Führer der Bolschewiki, sondern auch der »Führer des Weltproletariats«.
Der Parteitag war hervorragend verlaufen für Stalin. Er war nun schon fast zu Ende. Am letzten Tag standen Wahlen an, nur eine Formalität. Die Mitglieder des ZK und der neuen Organe der Kommissionen für Partei- und Staatskontrolle sollten gewählt werden. (Letztere sollten die ZKK ersetzen.) Die personelle Zusammensetzung der Führungsorgane war im Politbüro im Voraus abgestimmt worden, und die triumphale Ehrbezeigung für den »Führer« schien ruhig ihrer Vollendung entgegenzugehen. Die

Wahlkommission, die vom Parteitag bestimmt worden war, ging an die Arbeit. Aber plötzlich geschah etwas Unerwartetes. Aufgeregt betraten Kaganowitsch und der Vorsitzende der Wahlkommission Satonski Stalins Arbeitszimmer.

Ich möchte einige Worte über die Quellen dieser Information sagen: In seinen Erinnerungen berichtet Anastas Iwanowitsch Mikojan, Kandidat und Mitglied des Politbüros von 1926 bis 1966, detailliert über die Arbeit dieses Parteitags. Auch in anderen Erinnerungsbüchern lässt sich einiges darüber finden. In der »Geschichte der KPdSU«, die 1962 erschien, heißt es, dass sich »in der Partei eine anomale Lage gebildet hatte, die Aufregung bei einem Teil der Kommunisten, besonders bei den alten Leninschen Kadern, hervorrief. Viele Parteitagsdelegierte, vor allem jene, die das Testament W. I. Lenins kannten, waren der Meinung, dass die Zeit gekommen war, Stalin vom Posten des Generalsekretärs abzusetzen und ihm eine andere Aufgabe zuzuteilen.« Nach Mikojans Angaben (die von den alten Bolschewiki Snegow, Schatunowskaja und Andreasjan gestützt werden) teilte Kaganowitsch Stalin das unerwartete Ergebnis der Abstimmung mit: Von 1225 Delegierten stimmten 3 gegen Kirow und rund 300 gegen Stalin – beinahe ein Viertel der Stimmberechtigten!

Heute kann niemand mehr sagen, was der Generalsekretär auf Kaganowitschs Eröffnung geantwortet hat. Nach Mikojans Darstellung wurde schnell eine Entscheidung getroffen. Man beließ drei Stimmen gegen Stalin und zählte drei Stimmen gegen Kirow, und die übrigen Stimmzettel beschloss man zu vernichten. Stalin wäre, selbst wenn man die Gegenstimmen berücksichtigt hätte, natürlich auch in das ZK gekommen. Und er wäre auch wieder zum Generalsekretär gewählt worden – wenn ein solcher gewählt worden wäre. Bis zum Ende seines Lebens wurde Stalin in Partei- und Staatsdokumenten nun nicht mehr als Generalsekretär geführt. Dies war auch nicht notwendig: Der »Führer« besaß eine Machtfülle, wie sie ein gewählter Generalsekretär des ZK gar nicht haben konnte.

Allerdings hätte Stalins Glanz ein paar Kratzer abbekommen, wenn das Wahlergebnis bekannt geworden wäre. Die Folgen wären schwer abzusehen gewesen. Vielleicht wäre das Gefühl entstanden, dass die Größe des »Führers« vergänglich ist. Jedenfalls

gibt es Quellen, die besagen, dass eine Gruppe alter Bolschewiki, die von dem Wahlergebnis erfahren hätten, Kirow vorgeschlagen haben sollen, für das Amt des Generalsekretärs zu kandidieren. Kirow habe dies abgelehnt und Stalin über die Sache informiert. Es gibt einige Fakten, die dafür sprechen, dass diese Geschichte sich so oder ähnlich abgespielt hat. Zum Beispiel nahmen an jenem Parteitag nicht wenige Delegierte teil, die, wie schon erwähnt, einst verschiedenen »Oppositionen« angehört hatten und gegen Stalin aufgetreten waren. Auch hatten viele Parteifunktionäre bereits die Gelegenheit gehabt, Stalins Grobheit und seine diktatorischen Manieren am eigenen Leib zu spüren. Und die Lage in der Partei war bereits derart fortgeschritten, dass es niemand mehr wagte, Stalin offen zu kritisieren und schon gar nicht vorzuschlagen, ihn von seinem Posten abzulösen. Aber diese Menschen hatten die Möglichkeit, ihr wahres Verhältnis zu Stalin in der geheimen Wahl auszudrücken. Wenn die Angaben Mikojans, die von weiteren Zeugenaus, sagen gestützt werden, eines Tages definitiv bewiesen werden sollten, so würde eines der unglaublichsten Verbrechen Stalins gegenüber der Partei bewiesen werden. Ich will an dieser Stelle nur andeuten, dass das Schicksal der erdrückenden Mehrheit der Delegierten des »Parteitags der Sieger« grauenhaft sein wird: Stalin sah nach der Abstimmung in jedem von ihnen einen potentiellen Gegner.
Die Wahlgeschichte hatte noch eine andere Folge: Nach dem 17. Parteitag veränderte sich das Verhältnis Stalins zu Kirow. Stalin sah in Kirow nun einen Konkurrenten.

Stalin und Kirow

In seiner Rede auf dem 17. Parteitag hatte Jenukidse erklärt: »Dem Genossen Stalin ist es gelungen, sich mit den besten Menschen in unserer Partei zu umgeben, es ist ihm gelungen, mit ihnen alle Fragen zu erörtern und zu lösen, es ist ihm gelungen, aus dieser Gruppe Menschen eine derart gewaltige Kraft zu machen, wie sie die Geschichte keiner anderen revolutionären Partei kennt.« In der Tat, in jenen Jahren befanden sich in der Umgebung Stalins

einige interessante Menschen, unter ihnen Sergej Mironowitsch Kirow. Obwohl er genau genommen nicht der »Umgebung« angehörte, denn er arbeitete im Kaukasus und später in Leningrad. Kirow war für Stalin ein vertrauter Mensch. Jenukidse, ebenfalls ein Freund Stalins, übertrieb allerdings, als er sagte, dass Stalin von den »besten Menschen in unserer Partei« umgeben sei. Da gab es begabte, selbständig und klar denkende Mitarbeiter, aber da waren auch Jasager, Leute, die ihm niemals und in nichts widersprachen, deren größte Sorge es war, die Wünsche des »Führers« zu erraten und zu erfüllen. Vor allem Ende der dreißiger und in den vierziger Jahren hängten sich einige Menschen an Stalin, die man als Verbrecher bezeichnen muss.
Stalin wollte um sich herum nur ergebene Anhänger, Mitarbeiter, und das wichtigste war, er wollte Erfüllungsgehilfen, die sofort jeden Wunsch, jede Absicht, jede Geste verstanden. Öffentlich aber stellte er die Sache völlig anders dar. So finden sich in einem Antwortbrief Stalins an das Parteimitglied Schatunowski folgende Sätze:

»Sie sprechen von Ihrer ›Ergebenheit‹ mir gegenüber. Mag sein, dass Ihnen diese Worte nur zufällig entschlüpft sind. Mag sein … Sollten Ihnen aber diese Worte nicht zufällig entschlüpft sein, so würde ich Ihnen raten, das ›Prinzip‹ der Ergebenheit gegenüber Personen über Bord zu werfen. Das ist nicht bolschewistische Art. Seien Sie der Arbeiterklasse, ihrer Partei, ihrem Staat ergeben. Das ist notwendig und gut. Aber verwechseln Sie diese Ergebenheit nicht mit der Ergebenheit gegenüber Personen, mit diesem hohlen und unnützen intelligenzlerischen Phrasengeklingel.«

Aber wir wissen bereits, dass Stalin ein großer Heuchler war. Zwei seiner ergebenen Gehilfen schätzte er besonders: Towstucha und Poskrebyschew. Towstucha verstand ihn fast blind. Er verfügte über eine gute theoretische Ausbildung. Er war in der Lage, eine Idee zu formulieren und politische Fehler in Texten zu entdecken. Stalin schätzte ihn auch wegen seines unermüdlichen Arbeitseifers. Im Stalin-Archiv befinden sich Notizen des Generalsekretärs, die er an Sinowjew, Kamenew und Bucharin geschrieben hatte:

»Towstucha möchte nicht in Urlaub fahren. In dieser Angelegenheit gibt es einen Vorschlag von mir, dem Genossen Towstucha unverzüglich Urlaub zu genehmigen, diesen Vorschlag ließ er jedoch nicht zur Abstimmung kommen.«

Und sogleich erteilte Stalin seinem Helfer einen Verweis, weil dieser über den nicht zustande gekommenen Urlaub angeblich Kamenew erzählt hatte. Daraufhin schrieb der verstörte Towstucha eine Notiz:

»An Stalin.
Kopie für Kamenew.
Hiermit erkläre ich, dass ich weder dem Genossen Kamenew gegenüber noch mit irgendjemand anderem darüber gesprochen habe, dass ich Urlaub haben wolle und dass der Genosse Stalin mich nicht lasse.
Towstucha«

Halb scherzhaft notierte Kamenew:

»Ich bestätige, dass Towstucha mir niemals, nirgendwo und in keiner Weise etwas über irgendeinen Urlaub gesagt hat, er sprach lediglich davon, dass er seine Arbeit über Lenin (so im Text; D. W.) verbessern könne, wenn er seine Arbeit im ZK früher beginnen würde. Im Todesfalle Towstuchas bitte ich, mich nicht zu beschuldigen.
L. Kamenew«

Viele Jahre hielt sich Lew Sacharowitsch Mechlis in Stalins Nähe auf, und für einige Zeit war er ein Gehilfe des »Führers«. Mechlis war in Odessa geboren, er war zunächst Menschewik gewesen und trat 1918 in die Partei ein. Er lernte Stalin während des Bürgerkriegs kennen. Er übernahm eine Reihe angesehener Posten im Apparat des ZK und in der »Prawda«, er war Volkskommissar für Staatskontrolle und Leiter der Politischen Hauptverwaltung der Roten Armee. Mechlis fehlte es nicht an Fähigkeiten, jedoch besaß er einen ausgesprochenen Polizistengeist. Er war einer derjenigen, die Stalin regelmäßig vertrauliche Informationen über andere Parteiführer zukommen ließen.

Eines Tages im Jahr 1924 bat Mechlis Stalin um eine Widmung in das soeben erschienene Buch des Generalsekretärs »Über Lenin und den Leninismus«. Stalin kritzelte schnell auf die Titelseite:

»Meinem jungen Arbeitsfreund,
dem Genossen Mechlis,
der Autor.
23. 5. 24«

Allerdings hat Mechlis, nachdem er das Autogramm ergattert hatte, das Buch niemals aufgeschlagen. Alle Seiten sind nun vertrocknet und vergilbt.
Mechlis war häufiger Gast bei Stalin. Oft unterhielten sie sich lange unter vier Augen. Ihm gab Stalin die kniffligsten Aufgaben. Vor mir liegt ein ganzer Band seiner persönlichen Berichte von verschiedenen Orten, wohin der »Führer« ihn geschickt hatte. Hunderte von chiffrierten Meldungen, Telegrammen, Briefen über ein und dasselbe: »die Feinde werden aktiv«, »überall Sorglosigkeit«, »Gutherzigkeit verdirbt die Sache«, »Verschärfung der Maßnahmen notwendig«. Stalin glaubte Mechlis mehr als vielen anderen. Dieser »fand« die »Feinde« auch dort, wo niemand sonst sie gefunden hätte. Im Juli 1937, als das Rotbanner-Gesangs- und Tanzensemble im Osten auf Tournee war, erreichte Stalin ein verschlüsseltes Telegramm:

»Ich berichte: Im Ensemble des Rotbanners ist die Lage schwierig. Ich komme zu dem Schluss: Im Ensemble operiert eine Spionage-Terroristen-Gruppe. Ich habe an Ort und Stelle neunzehn Personen entlassen. Ich führe die Untersuchungen weiter. In der Besetzung befinden sich ehemalige Offiziere, Kinder von Kulaken, antisowjetische Elemente. Habe den Leiter der Sonderabteilung zur Arbeit herangezogen. Soll das Ensemble zu den Truppenteilen gelassen werden?
Mechlis«

Das größte Vertrauen Stalins genoss A. N. Poskrebyschew. Chruschtschow nannte ihn auf dem 20. Parteitag den »treuen Waffenträger« Stalins. Der ehemalige Feldscher aus Wjat-

ka, Sohn eines Schuhmachers, arbeitete seit 1922 im ZK und seit 1928 als Gehilfe Stalins. Während des Kriegs machte Stalin das ZK-Mitglied und den Deputierten des Obersten Sowjets der UdSSR zum Generalleutnant. Poskrebyschew zeichnete sich durch ein erstaunliches Durchhaltevermögen und durch ergebene Zuverlässigkeit aus. Seine älteste Tochter, Galina Alexandrowna Jegorowa, erzählte mir, dass er nie weniger als sechzehn Stunden pro Tag gearbeitet habe. Berija gelang es kurz vor Stalins Tod, Poskrebyschew aus dem Kreml zu entfernen. Und der blieb bis zum Ende seiner Tage ein ergebener Anhänger seines Herren. Übrigens war Poskrebyschews erste Frau eine entfernte Verwandte Trotzkis, was nicht ohne Folgen bleiben sollte. Poskrebyschews Tochter hat mir erzählt, dass ihr Vater es sehr bedauert habe, kein Tagebuch geführt zu haben, denn er habe viel gewusst. Jedoch habe er dann immer wieder den Schluss gezogen, dass er schon lange nicht mehr am Leben wäre, wenn er solch ein Tagebuch besessen hätte.
Jede Information an Stalin ging über Poskrebyschews Schreibtisch. Er wusste über die Entwicklungen in der Partei und im Land nicht weniger als »der Führer«. Er war ein idealer Erfüllungsgehilfe: Er dachte nicht selbständig, er widersprach nicht, und er war zu jeder Zeit für Stalin da. Obgleich Poskrebyschew von Natur aus kein harter Mensch war, hütete man sich vor ihm. Es hing viel davon ab, wann und wie er ein Papier vorlegte, wann er Stalin Vorschläge anderer unterbreitete. Der ehemalige Volkskommissar Iwan Wladimirowitsch Kowalew, der während des Kriegs manchmal drei- bis viermal täglich Stalin über militärische Bewegungen berichtete, nannte Poskrebyschew ein Arbeitstier:

»Zu beliebiger Zeit, ganz gleich, wann Stalin [mich] zu sich befahl, war der halbkahle Kopf seines Helfers immer über einen großen Berg von Papieren gebeugt. Dies war ein Mensch mit einem computerhaften Gedächtnis. Von ihm konnte man beliebige Auskünfte zu beliebigen Fragen erhalten. Mit einem Wort, er war eine Enzyklopädie.«

Wie wir wissen, waren nicht nur Stalins Helfer ihrem »Führer« treu ergeben, sondern auch seine engsten Mitarbeiter: Malenkow,

Kaganowitsch, Woroschilow zeichneten sich durch vollständige Unterwürfigkeit gegenüber Stalin aus. In jeder Hinsicht.
Darüber werde ich in den anderen Kapiteln dieses Buches noch einiges erzählen. Vorweg nur zwei Kostproben. Woroschilow bemühte sich, bei allen Entscheidungen über alle möglichen Angelegenheiten seinen »Führer« zu unterstützen. Auch im folgenden Fall. Im Jahr 1923 benötigte eine Mitarbeiterin des Sanatoriums in Jessentuki aus irgendeinem Grund eine Bescheinigung, die bemerkenswert ist. In diesem Sanatorium erholten sich damals der Generalsekretär und Woroschilow. Die Bescheinigung ist eigenhändig von Stalin geschrieben:

»Zur Kenntnisnahme sowjetischer und Parteieinrichtungen.
Ich bescheinige, dass die Besitzerin dieses Briefes, Maria Geperowa, die im Essentuksker Sanatorium tätig ist, die eine verdiente, unermüdliche Arbeiterin ist und die Vertrauen verdient, der Sowjetrepublik ergeben ist.
J. Stalin, 15. 11. 23«

Direkt unter diesen Zeilen steht:

»Ich schließe mich dem vollkommen an.
K. Woroschilow«

Als der angesehene Regimentsführer I. E. Jakir verhaftet und zum Tod durch Erschießen verurteilt worden war, wandte er sich in einem Brief an Stalin, in dem er beteuerte, dass er unschuldig sei und sich nicht zu den ihm zugeschriebenen Verbrechen bekennen könne. Stalin reagierte lakonisch: »Schurke und Hurensohn«, und Woroschilow schrieb wieder:

»Vollkommen richtige Schlussfolgerung.
K. Woroschilow«

Jakir war ein direkter Untergebener des Volkskommissars gewesen, einer der talentiertesten sowjetischen Kommandeure, den Woroschilow ausgezeichnet kannte!

Aber es gab nicht nur Molotow, Kaganowitsch, Woroschilow und die Gehilfen vom Schlage Mechlis' oder Poskrebyschews. Es gab auch andere, solche, die sich zwar als Stalins Anhänger verstanden, denen es jedoch gelungen war, ihren guten Namen zu erhalten. Einer von ihnen war Kirow, ein Bolschewik der Leninschen Formation: der Idee ergeben, ein einfacher, mitfühlender Mensch. Die Menschen, die mit ihm zu tun hatten, verehrten diesen umgänglichen und bescheidenen Politiker. Als man Kirow auf Empfehlung Lenins nach Aserbaidschan schickte, stand in seiner Kaderakte:

»Standhaftigkeit in jeder Beziehung. (…) Energischer Arbeiter. (…) Bei der Durchführung von Beschlüssen mehr als beharrlich. Er ist von ausgeglichenem Charakter und besitzt ein großes politisches Taktgefühl. (…) Er ist ein ausgezeichneter Journalist. (…) Ein erstklassiger und ausgezeichneter Redner. (…)«

Während der Jahre, in denen Kirow im Kaukasus gearbeitet hatte, hinterließ er dort ein gutes Andenken an sich. Nach dem 14. Parteitag, als die »neue Opposition« versuchte, die Leningrader Parteiorganisation zu ihrer Stütze zu machen, schickte das ZK Kirow dorthin, wo er zum Sekretär des Stadtkomitees und des Gouvernementkomitees gewählt wurde. Kirows Biograph Pompejew weiß von einer interessanten Notiz Ordschonikidses an Leningrader Genossen zu berichten:

»Liebe Freunde!
Euer Durcheinander kam uns teuer zu stehen: Man nahm uns den Genossen Kirow. Für uns ist es ein sehr großer Verlust, aber dafür hat man euch die nötige Unterstützung zukommen lassen. Ich habe nicht den geringsten Zweifel, dass Ihr die Situation wieder in den Griff bekommen werdet und dass alles in ca. zwei Monaten geregelt sein wird. Kirow ist ein Mann von unvergleichlicher Güte, nur, außer euch kennt er niemanden. Ich bin überzeugt, dass Ihr ihn mit freundschaftlichem Vertrauen umgeben werdet. Von ganzem Herzen wünsche ich euch vollen Erfolg. (…)
Kinder, bringt unseren Kirytsch unter, wie es sich gehört, denn sonst wird er sich ohne Wohnung und ohne Essen herumtreiben. (…)«

Stalin kannte Kirow schon seit den Oktobertagen im Jahr 1917. Es ist schwer zu sagen, warum der Generalsekretär von diesem immer freundlichen und energischen Mann angezogen wurde. Sie machten nicht nur einmal gemeinsam Urlaub, ihre Familien pflegten den Kontakt miteinander, obwohl sie meist weit voneinander entfernt wohnten. In einer Notiz Stalins an Ordschonikidse, die er in Sotschi geschrieben hat, steht Erstaunliches:

»Lieber Sergo!
(…) Was macht Kirow dort? Behandelt er sein Magengeschwür mit Narsan (ein Heilwasser; A. d. Ü.)? So kann man sich auch den Rest geben. Welcher Kurpfuscher ›behandelt‹ ihn? (…)
Gruß an Sina.
Gruß von Nada an euch alle. Dein Stalin.
Sotschi, 30. Juni 1925«

Stalin sorgte sich um die Gesundheit eines anderen! Keinem anderen Parteifunktionär schenkte er solche Aufmerksamkeit. Ihm gefiel dieser offene und einfache Mensch. Überall, wo Kirow erschien, versammelten sich sofort Menschen um ihn. Es gab früher einen Ausdruck, der heute fast vergessen ist: »eine gesellige Seele«. Nun, Kirow war im besten Sinne des Wortes eine gesellige Seele. Er war es unter Parteigenossen, unter den Arbeitern, unter den Studenten, unter den Rotarmisten. Während Molotow von undurchsichtigem Charakter, Kaganowitsch liebedienerisch und eilfertig und Woroschilow unterwürfig war, zeichnete sich Kirow durch menschliche Wärme und moralische Größe aus.
Eines Tages besuchte der Leningrader Parteisekretär Stalin in seiner Datscha. Man spielte Gorodki (ein Spiel, bei dem die gegeneinander spielenden Parteien versuchen, mit Wurfstöcken die von der jeweils anderen Partei aufgebauten Figuren aus Holzklötzen zu zerstören; A. d. Ü.). Während sie spielten, fragte Stalin seinen Gast: »Was liebst du mehr als alles andere, Sergej?«
Kirow schaute Stalin verwundert an und antwortete lächelnd: »Der Bolschewik muss seine Arbeit mehr lieben als seine Frau!«
»Und noch?«
»Wohl die Idee«, antwortete Kirow und baute eine neue Figur. Stalin winkte unbestimmt mit der Hand ab und stellte keine

Fragen mehr: Er konnte es nicht verstehen. Wie kann man eine »Idee« lieben? Ob es nur eine schöne Redensart war? Aber Stalin wusste, dass Kirow sich nicht zu verstellen vermochte. Und er wusste auch, dass Kirow ihn wie kein anderer beeinflussen konnte.

Er erinnerte sich an den Fall Rjutin. Stalin kannte diesen ehemaligen Fähnrich der zaristischen Armee bereits seit Beginn der zwanziger Jahre. Im Jahr 1918 war er Kommandeur der Truppen des Irkutsker Militärbezirks, im Jahr 1920 Sekretär des Irkutsker Gouvernementskomitees, in der zweiten Hälfte der zwanziger Jahre war er Parteisekretär des Krasnobreschensker Rayons in Moskau, er war Mitglied des Redaktionskollegiums des »Roten Sterns« und Kandidat des ZK. Irgendwann aber ist Rjutin aus dem Ruder gelaufen. Man berichtete Stalin, dass er ein Dokument verfasst habe, das illegal durch verschiedene Hände gegangen war: »An alle Mitglieder der KPR(B)«. In diesem Dokument wurde vor allem der Generalsekretär angegriffen als »Diktator« mit einem antileninschen »Maulkorb« in den Händen. Stalin hatte im Politbüro nicht nur den Ausschluss Rjutins aus der Partei verlangt, sondern auch die Todesstrafe. Dies war offenbar der erste Fall, in dem Stalin versuchte, vor einer Gerichtsverhandlung über das Schicksal eines Menschen zu entscheiden. Die Politbüromitglieder schwiegen. Einerseits sah es so aus, als habe Rjutin versucht, eine »konterrevolutionäre Organisation« zu schaffen, andererseits – Verurteilung zum Tod?! Die Parteispitze war in Verlegenheit, und dann meldete sich Kirow zu Wort:

»Man darf das nicht tun. Rjutin ist kein verkommener Mensch, sondern einer, der sich verirrt hat. (…) Weiß der Teufel, wer nicht noch alles Hand an diesen Brief gelegt hat. (…) Die Menschen würden uns nicht verstehen.«

Stalin erklärte sich aus irgendeinem Grund schnell einverstanden. Rjutin wurde zu zehn Jahren Haft verurteilt und starb im Jahr 1938. Stalin erkannte einmal mehr, dass Kirow seine Meinung mutig äußerte, ohne an mögliche Nachteile zu denken – sogar gegenüber dem Generalsekretär.

Stalin schenkte nur sehr wenigen seine Bücher mit einer Widmung. Kirow war des herzlichsten Autogramms des »Führers« würdig – obwohl es doch schien, als wäre dieser gar nicht in der Lage, solche Wörter überhaupt zu formulieren. Auf dem Titelblatt des Buches »Über Lenin und den Leninismus« hatte der Generalsekretär in deutlicher Handschrift sorgfältig niedergeschrieben:

»Für S. M. Kirow
Meinem lieben Freund und Bruder, der Autor. 23. 5. 24
Stalin«

Als der Vorsitzende der Sitzung des 17. Parteitags am 31. Januar 1934, Pawel Petrowitsch Postyschew, mitteilte: »Das Wort hat der Genosse Kirow«, bereiteten die Delegierten dem Leningrader Parteisekretär eine Ovation. Alle erhoben sich. Auch Stalin stand auf. Lange applaudierte der Saal dem neuen »Liebling der Partei«. In der Tat, nur noch Stalin wurde eines solchen Empfangs durch die Delegierten des Parteitags für würdig befunden. Kirows Rede war glänzend und informativ. Aber sie war auch voll des Lobs für den Generalsekretär. Möglicherweise hat Kirow in dieser Hinsicht einige Redner sogar übertrumpft. Die Chance des Gewissens existiert zwar immer, aber oft kann man sie nur wahrnehmen, wenn man sein Verhalten und seine Gewohnheiten radikal ändert. Weder Kirow noch irgendein anderer haben dies auf dem Parteitag vollbracht, dort, wo vor den Augen der Delegierten und mit ihrer Hilfe der Personenkult zementiert wurde. In der Geschichtsschreibung darf man nichts hinzufügen und nichts weglassen. Denn ansonsten wäre es keine Geschichte, sondern ihre verfälschte Kopie.
Wie wir wissen, hatten die Wahlen höchstwahrscheinlich ein überraschendes Ergebnis, das Stalin stark getroffen haben dürfte. Sein Triumph war verdüstert. Aber er ließ sich nichts anmerken. Sonst war ja alles nach Plan gelaufen. Auf dem ZK-Plenum, das nach dem Parteitag stattgefunden hatte, war Kirow ins Politbüro, ins Orgbüro und zum ZK-Sekretär gewählt worden. Er blieb außerdem Sekretär der Leningrader Parteiorganisation. Ursprünglich hatte Stalin geplant, Kirow aus Leningrad nach Moskau zu holen. Aber dann hatte er es sich anders überlegt.

Kirow hatte nun mehr Arbeit. Als ZK-Sekretär war er zuständig für die Schwer- und die Holzindustrie. Nie zuvor hatte Stalin ihn häufiger angerufen. Und wenn Kirow nach Moskau fuhr, was nun oft geschah, traf er sich meist mit Stalin zu Unterredungen. Es schien, als hätte sich nichts verändert. Einige Historiker jedoch glauben, dass Stalins Verhältnis zu Kirow nach dem 17. Parteitag nicht mehr ganz so ungebrochen war wie zuvor. Der Leningrader Sekretär habe vom »Führer« für einige unbedeutende Fehltritte Rügen erhalten. Möglicherweise. Die Zeugen, die Stalin und Kirow zu jener Zeit kannten und mit denen ich gesprochen habe, konnten nichts dergleichen bestätigen. Aber wir wissen, wie gut Stalin seine wahren Gefühle und Absichten verbergen konnte.

Am 29. November 1934 fuhr Kirow mit anderen Leningrader ZK- Mitgliedern vom Plenum in Moskau nach Hause zurück. Auf der ZK-Sitzung war unter anderem der wichtige Beschluss gefasst worden, die Karten auf Brot und andere Lebensmittel abzuschaffen. Diese Entscheidung bedeutete viel für das russische Volk, und sie sorgte für reichlich Gesprächsstoff im Zug. Die ZK-Mitglieder diskutierten auch über Bulgakows neuestes Stück und über die bevorstehende Versammlung des Leningrader Parteiaktivs, die am 1. Dezember stattfinden sollte. Kirow kehrte in bester Laune nach Leningrad zurück.

Als er am 1. Dezember die Arbeit an seinem Bericht für die Versammlung beendet hatte, kam er in den Smolny. Es war gegen 16.30 Uhr. Er ging den Korridor entlang, begrüßte einige, sprach kurz mit diesem und jenem. Er bog im engen Korridor nach links ab und ging in Richtung seines Büros. Ein unauffälliger Mann kam ihm entgegen. Vor der Tür zu Kirows Büro feuerte er zwei Schüsse auf den Parteisekretär ab. Als die Menschen herbeieilten, sahen sie Kirow mit dem Gesicht zur Erde auf dem Boden liegen, während der Mörder, der einen Revolver in der Hand hielt, seinen Kopf hysterisch gegen die Wand schlug.

In der ersten offiziellen Verlautbarung dazu hieß es: »Nach den Ergebnissen der Voruntersuchung steht fest, dass der Name des Übeltäters und Mörders des Genossen Kirow Nikolajew (Leonid Wassiljewitsch) ist, geboren 1904, ehemaliger Angestellter der Leningrader Arbeiter- und Bauern-Inspektion. Die Untersuchung wird weitergeführt.«

Zwei Stunden nach der Ermordung machten sich Stalin, Molotow, Woroschilow, Jeschow, Jagoda, Schdanow, Kossarew, Agranow, Sakowski und andere in einem speziellen Zug auf den Weg nach Leningrad. Auf dem Bahnhof belegte Stalin diejenigen, die gekommen waren, sie zu empfangen, mit entsetzlichen Flüchen, und Medwed, dem Leiter des Leningrader NKWD, schlug er mit der Hand ins Gesicht. Medwed und sein Vertreter Saporoschez wurden in den Fernen Osten versetzt, und im Jahr 1937, als die Terrormaschine in vollem Gang war, wurden sie ermordet. Nach einigen Angaben führte Stalin selbst das erste Verhör an Nikolajew durch, wobei die Moskauer Parteifunktionäre anwesend waren.
Chruschtschow berichtete auf dem 20. Parteitag:

»Es muss festgehalten werden, dass die besonderen Umstände der Ermordung Kirows bis heute noch in vielem unerklärlich und mysteriös sind und einer sorgfältigen Untersuchung bedürfen. Es gibt Gründe für die Annahme, dass Kirows Mörder, Nikolajew, unterstützt wurde von einem der Leute, deren Aufgabe es war, Kirow zu beschützen. Eineinhalb Monate vor der Ermordung wurde Nikolajew wegen verdächtigen Benehmens verhaftet, aber er wurde wieder freigelassen. Es ist ein ungewöhnlich verdächtiger Umstand, dass an dem Tag, an dem der zum Schutze Kirows abgestellte Tschekist zur Vernehmung gebracht wurde – es war der 2. Dezember 1934 –, er bei einem ›Verkehrsunfall‹ ums Leben kam, bei dem kein anderer Insasse desselben Wagens auch nur verletzt wurde. Nach der Ermordung Kirows erhielten hohe Funktionäre der Leningrader Staatspolizei sehr leichte Strafen, aber im Jahre 1937 wurden sie erschossen. Wir können annehmen, dass sie erschossen wurden, weil man die Spuren derjenigen verwischen wollte, die Kirows Ermordung organisiert hatten.«

Der Mann, der beim Unfall ums Leben kam – ein Mitarbeiter des NKWD namens Borissow –, war der Chef von Kirows Leibwache. Nach einigen Quellen soll er Kirow vor einem Attentat gewarnt haben. Wie auch immer, Nikolajew war vor dem 1. Dezember bereits zweimal verhaftet worden. Und obwohl er sich verdächtig gemacht hatte, wurde er beide Male wieder auf freien Fuß gesetzt.

In den Archiven, zu denen ich Zutritt hatte, existieren keine Materialien, die den »Fall Kirow« klären könnten. Klar ist auf jeden Fall, dass Trotzki, Sinowjew und Kamenew nichts damit zu tun hatten, wie später in der öffentlichen Version behauptet wurde. Ob Stalin dahintersteckte, können wir nicht beweisen. Aber wir kennen seine Härte, seine Hinterhältigkeit, seine Treulosigkeit und können deshalb durchaus annehmen, dass dies ein Werk seiner Hände war. Eines der indirekten Zeugnisse dafür ist die Beseitigung von zwei bis drei »Schichten« potentieller Zeugen. Das ist ohne Zweifel Stalins »Handschrift«.

Der Prozess gegen Nikolajew wurde in Windeseile durchgeführt. Bereits nach 27 Tagen wurde die Anklageschrift veröffentlicht. Darin steht, dass Nikolajew ein aktives Mitglied der trotzkistisch-sinowjewistischen terroristischen Untergrundorganisation sei. Die Anklageschrift unterzeichnet hatten der Stellvertreter des Staatsanwalts der UdSSR Andrej Januarjewitsch Wyschinski, über den wir später noch viel werden schreiben müssen, und Untersuchungsrichter L. P. Schejnin. Wie erwartet, wurden Nikolajew und weitere Angeklagte in diesem Verfahren zum Tod verurteilt und erschossen. Warum eigentlich »wie erwartet«?

Deshalb, weil am Tag der Ermordung Kirows auf Initiative Stalins ein bemerkenswerter Beschluss des ZEK der UdSSR verabschiedet wurde. Er war im Politbüro nicht erörtert worden. Und er führte zu einer Änderung des Strafgesetzes. Stalin hatte es eilig, sodass das Staatsoberhaupt, Kalinin, »nicht mehr dazu gekommen war«, den Beschluss zu unterschreiben. Statt seiner tat dies rechtswidrigerweise ZEK-Sekretär Jenukidse. In diesem Beschluss heißt es:

»1. Die Untersuchungsbehörden sind angewiesen, die Fälle all derer zu beschleunigen, die wegen der Vorbereitung von Terrorakten angeklagt sind.

2. Die Richter sind angewiesen, die Vollstreckung von Todesurteilen wegen Verbrechen in dieser Kategorie nicht aufzuhalten, um etwa eine Begnadigung in Betracht zu ziehen, da das Präsidium des Zentralen Exekutivkomitees der UdSSR es nicht für möglich hält, Eingaben dieser Art entgegenzunehmen.

3. Die Organe des Kommissariats für Innere Angelegenheiten

sind angewiesen, das Todesurteil gegen Verbrecher der oben genannten Kategorie sofort nach der Urteilsverkündung zu vollstrecken.«

Eine Reihe von Verfahren, die in Moskau und anderen Städten eingeleitet worden waren, wurden bereits auf der Grundlage dieser Anweisung beschleunigt. Praktisch wurde bereits im Dezember 1934 eine große Gruppe von »Verschwörern«, angeführt von Sinowjew und Kamenew, auf die Anklagebank gesetzt. Es wurden keine Beweisstücke gefunden für die behauptete Verwicklung jener Personen in den Mordfall Kirow. Sinowjew war auf dem 17. Parteitag zwar nicht in das ZK gewählt worden, dennoch lebte er auf und glaubte, dass »das Gewitter« vorbeigezogen sei und für ihn nun bessere Zeiten kämen. Er schrieb sogar einen Artikel und veröffentlichte ihn im »Bolschewik«. Dieser Artikel trug den Titel »Die internationale Bedeutung des verflossenen Jahrzehnts«. Es war sein letzter. Als Sinowjew in der Zeitung über Kirows Ermordung und den offiziellen Kommentar dazu gelesen hatte, brach er innerlich zusammen. Er wusste, dass ihn nun das Allerschlimmste erwartete.
Durch den Druck der Voruntersuchung und später des Staatsanwalts wurde Sinowjew gezwungen »zu gestehen«, dass die ehemalige Opposition »im allerweitesten Sinne« die »politische Verantwortung« für das Geschehene tragen könnte. Dies schien ausreichend zu sein: Indizien und Beweise hielt die Justiz nicht für erforderlich. Sinowjew erhielt zehn Jahre, Kamenew fünf Jahre, die übrigen Angeklagten wurden zu ähnlich langen Haftstrafen verurteilt. Die Urteile waren mit Stalin abgesprochen worden. Dies war der erste Fall, in dem politische Ansichten, die von der offiziellen Linie abwichen, einer Straftat gleichgesetzt wurden. So nahm das Drama zweier ehemaliger Mitkämpfer Lenins seinen Lauf. Sie mögen ehrgeizig, inkonsequent, möglicherweise unaufrichtig gewesen sein, aber sie waren auf gar keinen Fall Verbrecher. Der Mord an Kirow läutete das Herannahen einer unheilvollen Zeit ein. Das Volk glaubte an die terroristische Aktivität der ehemaligen »Oppositionellen«. Zum einen verbreiteten Kriminelle aller Arten an vielen Orten tatsächlich Angst und Unsicherheit, und zum anderen gab es keine objektiven Informationen, die den

Menschen die Möglichkeit gegeben hätten, sich ein zutreffendes Bild von der Lage zu machen. Auf Tausenden von Versammlungen erhoben sich die Forderungen nach einem entschiedenen Vorgehen gegen die »Terroristen«. Unablässig heizte die Presse die Stimmung an, sie entlarvte fortlaufend »feindliche Zentren«, »Verschwörungen« und »Terroristengruppen«.

Der 1. Dezember 1934 war ein Einschnitt in der Entwicklung des Sicherheitsapparats. Das NKWD begann schnell zu wachsen, und seine Befugnisse wurden erweitert. Allmählich gelang es den »Organen«, sich neben die Parteikomitees zu stellen, und später drängten sie diese sogar in den Hintergrund und entzogen sich ihrer Kontrolle. Das populärste Thema in der Presse wurde »die dringende Notwendigkeit einer Verstärkung der Wachsamkeit«. Die Propaganda begann umfassend, die Samen des Verdachts und des Misstrauens zu jedem zu säen. Nun setzte die Bespitzelung vieler Parteiführer ein. In vielen einfachen Menschen bildete sich die Vorstellung, dass in den Produktionsstätten, in den Kolchosen, in den Hochschulen verborgene Feinde ihr Unwesen trieben. Jeder Misserfolg, jede Katastrophe, jede Panne, jeder Unfall sollte als Werk von »Schädlingen« begriffen werden. So entstand das Klima, in dem Stalin darangehen konnte, seine blutigen Säuberungen zu inszenieren. Und das Volk war mit ihm. Die Männer, die das Säuberungswerk vorantreiben sollten, hatte Stalin schon auf ihre Posten gesetzt: Es waren vor allem Nikolaj Jeschow, Mitglied des Orgbüros und ZK-Sekretär seit Anfang 1935, und Wyschinski, ehemaliger Menschewik, zunächst Stellvertreter des Staatsanwalts und später Staatsanwalt der UdSSR.

Direktiven, Rundschreiben und die Presse riefen dazu auf, nach »Feinden« zu suchen. Und wie es sich »herausstellte«, waren ihrer nicht wenige. Die Atmosphäre der Verdächtigungen, der Angst, des Misstrauens half, die Terrorwelle schnell zu entfachen. Sie erhob sich in furchtbare Höhen in den Jahren 1937 und 1938. Und mit ihr ergoss sich eine Flut von Denunziationen auf die staatlichen Organe.

Stalin ließ sich detailliert unterrichten. Hier einige Berichte, die sich im Archiv des Obersten Gerichts der UdSSR befinden:

»An das ZK der KPdSU(B), den Genossen Stalin J. W.
An den Rat der Volkskommissare der UdSSR, den Genossen Molotow W. N.
Die Verwaltung der Staatssicherheit (…) des Nordgebiets hat die Untersuchung im Verfahren gegen die konterrevolutionäre terroristische Gruppierung, die einen Terrorakt gegen das Mitglied des ZK und den Sekretär des Nordgebietskomitees der KPdSU(B), das Mitglied des ZEK, den Genossen Wl. Iwanow, vorbereitet hatte, beendet.
Als Beschuldigte zu diesem Tatbestand wurden sieben Personen zur Verantwortung gezogen und dem Gericht übergeben: Rakitin N. G., Saostrowski P. W., Popow P. N., Lewinow G. N., Iwlew N. I., Saostrowski A. W., Kopossow N. A. Von den Beschuldigten bekannte sich nur Popow P. N. vollständig für schuldig.
Im Verfahren Rakitins und anderer empfiehlt es sich, ein Verhör während eines Lokaltermins des Militärkollegiums des Obersten Gerichts der UdSSR in der Stadt Archangelsk unter Anwendung des Gesetzes vom 1. Dezember 1934 durchzuführen. Die Hauptbeschuldigten Rakitin, Saostrowski P. W., Lewinow sollten in jedem Fall zum Tod durch Erschießen verurteilt werden, die übrigen Beschuldigten zu Freiheitsstrafen verschiedener Dauer. Wir bitten um Ihre Anweisungen.
23. Januar 1935
A. Wyschinski
W. Ulrich«

»An den Sekretär des ZK der KPdSU(B), J. W. Stalin.
Nach der Untersuchung des Tatbestands wurde Belosir L. I. zum Tod verurteilt, da sie Mitglied einer konterrevolutionären terroristischen Untergrundorganisation der ukrainischen Nationalisten ist, für die sie von Schtscherbin und Tereschtschenko angeworben wurde, die während der Oktoberfeiertage im Jahre 1934 in Kiew einen Terrorakt gegen die Genossen Postyschew I. und Balitzki ausführen sollten.
Belosir weigerte sich bei allen Verhören hartnäckig, irgendwelche Tatbestände zuzugeben, und außerdem erklärte sie, dass sie eine Begnadigung ablehne. In Anbetracht dessen bitte ich um die Anweisung, das Urteil gegen die Angeklagte Belosir L. I. durchfüh-

ren zu können. Die Genossen A. Ja. Wyschinski und A. W. Balitzki halten es für möglich, dieses Urteil zu vollstrecken.
3. Februar 1935
W. Ulrich«

»An den Sekretär des ZK der KPdSU(B), den Genossen J. W. Stalin. Am 9. März dieses Jahres untersuchte das Militärkollegium des Obersten Gerichts der UdSSR unter meinem Vorsitz in einer geschlossenen Gerichtssitzung in der Stadt Leningrad die Fälle der Mittäter Leonid Nikolajews: Milda Draule, Olga Draule, Roman Kuliner.
Milda Draule antwortete auf meine Frage, welches Ziel sie verfolgt habe, als sie versucht habe, einen Passierschein für die Versammlung des Parteiaktivs in Leningrad am 1. Dezember des vergangenen Jahres zu erhalten, sie wollte Leonid Nikolajew helfen. Wobei? Das habe von den Umständen abgehangen. Auf diese Weise stellten wir fest, dass die Angeklagten Nikolajew bei der Durchführung des Terroraktes helfen wollten.
Alle drei wurden zur Höchststrafe verurteilt – Tod durch Erschießen. In der Nacht zum 10. März wurde das Urteil vollstreckt. Ich bitte um Anweisungen: Soll dies in der Presse bekannt gegeben werden? 11. März 1935
W. Ulrich«

Am 9. März Gerichtsverhandlung, in der Nacht zum 10. März Tod durch Erschießen, am 11. März, morgens, Bericht an den obersten Opferpriester.
Beim letzten Verfahren möchte ich kurz verweilen. Etwa eineinhalb Jahre vor der Ermordung Kirows war das Gerücht verbreitet worden, Milda Draule, die ehemalige Frau Nikolajews, habe eine Affäre mit Kirow. Die Menschen, die Kirow kannten, verwarfen die Möglichkeit einer solchen Verbindung sofort. Was sollte dieser Klatsch bezwecken? Möglicherweise wollte jemand den Neurotiker Nikolajew gegen Kirow aufhetzen. Als die NKWD-Angehörigen Agranow und Schejnin mit der Voruntersuchung begannen, erklärte Nikolajew, dass er den Mord aus Rache begangen habe. Aber bald darauf »gestand« er, dass er das Verbrechen auf Anweisung der trotzkistisch-sinowjewistischen Untergrundorganisation

begangen habe. Milda Draules angebliche Affäre mit Kirow war offenbar eine Geschichte, die Nikolajew provozieren sollte. Nach dem erfolgreichen Abschluss des Unternehmens konnten Milda und Olga Draule gefährlich werden, und man beschloss, sie zu beseitigen.
Mitte 1935 wurde ein Interview veröffentlicht, das Stalin bereits ein Jahr zuvor dem englischen Schriftsteller Herbert George Wells gegeben hatte. Es passte in die Stimmung. Stalin erinnerte von neuem an das in seinen Augen Wesentliche in der Diktatur des Proletariats:an die Gewalt. Auf die Frage Wells' »Ist Ihre Propaganda nicht überholt, weil sie Propaganda für den gewaltsamen Sturz des Gesellschaftssystems ist?« antwortete Stalin:

»Die Kommunisten verherrlichen keineswegs die Anwendung von Gewalt. Aber sie, die Kommunisten, sind nicht willens, sich überrumpeln zu lassen, sie können sich nicht darauf verlassen, dass die alte Welt freiwillig von der Bühne abtritt, sie sehen, dass das alte System sich gewaltsam verteidigt, und deshalb sagen die Kommunisten der Arbeiterklasse: Beantwortet Gewalt mit Gewalt. (...) Was ist ein Führer wert, der die Wachsamkeit seiner Armee einschläfert, ein Führer, der nicht begreift, dass der Feind nicht kapitulieren wird, dass er vernichtet werden muss?«

Wie Stalin das Wort »vernichten« liebte! In vielen seiner Reden ruft er dazu auf, die Opposition, die »Überbleibsel der Ausbeuterklassen«, die Kulaken, die »Entarteten«, die »Doppelzüngler«, die »Spione«, die »Terroristen« zu »vernichten«. Und er »vernichtete«. Solange die Bremsen der Beschlüsse des 13. Parteitags funktionierten, solange in Stalins Gedächtnis die Leninsche Warnung vor dem groben Generalsekretär gegenwärtig war, war das Verhältnis zu den Oppositionellen ein Verhältnis der geistigen Gegnerschaft. Wer Buße tat – »kapitulierte« –, wurde in der Regel schnell wieder in die Partei aufgenommen. Man gab ehemaligen Oppositionellen verantwortungsvolle Posten, man publizierte ihre Artikel. So geschah es beispielsweise mit Sinowjew und Kamenew. Man nahm sie wieder in die Partei auf, sie konnten ihre Hoffnung offen äußern, dass es »ihrer Erfahrung noch bedürfe«, und sie dachten dabei aller Wahrscheinlichkeit nach an führende Positionen.

Bucharin, Rykow und Tomski wurden in der Presse als »Helfershelfer des Kulakentums« dargestellt, und nichtsdestotrotz wurden sie auf dem 16. Parteitag in das ZK gewählt. Diese Duldsamkeit war nicht nur lobenswert; sie war auch Ausdruck eines Leninschen Verständnisses von Demokratie in der Partei und im Staat. Die Ermordung Kirows erwies sich als ein guter Vorwand, den innenpolitischen Kurs im Land zu verhärten. Stalin konnte nicht vergessen, dass ein Viertel der Delegierten des 17. Parteitags gegen ihn gestimmt hatte. Und wie viele waren gegen ihn im ganzen Land? Damals konnte sich kaum jemand vorstellen, dass von 1225 Delegierten bald 1108 verhaftet würden und dass ein großer Teil von ihnen in Lagern und in den Kellern des NKWD umkommen würde. Von 139 Mitgliedern und Kandidaten des ZK der Partei, die auf diesem Parteitag gewählt worden waren, sollten 98 verhaftet und erschossen werden. Die meisten dieser Menschen waren die aktivsten Teilnehmer der Oktoberrevolution gewesen, sie waren diejenigen, die das Land nach der Erschütterung durch Krieg und Bürgerkrieg wieder aufgebaut hatten. Sie hatten den historischen Sprung vom Hakenpflug zum Industriestaat vollbracht. Die Leninsche Garde wurde bewusst ausgelöscht. Sie wusste zu viel. Stalin brauchte Jasager, Funktionäre der jüngeren Generation, die seine Vergangenheit nicht kannten.
Es war wohl kein Zufall, dass Stalin gegen Mitte des Jahres 1935 den Vorschlag unterstützte, die Gesellschaft der alten Bolschewiki und die Gesellschaft der ehemaligen politischen Katorgahäftlinge aufzulösen. Die Archive dieser Gesellschaften wurden von Kommissionen übernommen, in denen Jeschow, Schkirjatow und Malenkow saßen. Viele dieser Altbolschewiki wurden dann »Verbrechen« beschuldigt, die bereits ein Vierteljahrhundert zurücklagen. Dazu hatte man offenkundig die Archive gebraucht.
Zu dieser Zeit vollzog sich der Aufstieg Lawrenti Pawlowitsch Berijas. Bis 1936 war er 1. Sekretär des ZK der Kommunistischen Partei Georgiens. Mitte 1935 wurde im Parteiverlag des ZK der KPdSU(B) Berijas Buch »Zur Frage der Geschichte der bolschewistischen Organisationen im Kaukasus« veröffentlicht. Das Büchlein, auf gutem Papier gedruckt und mit einem festen Einband versehen (was damals eine Seltenheit war), bestand zur Hälfte aus Stalin-Zitaten und war voller Lobpreisungen des »Füh-

rers«. Aber das wesentliche ist, dass in Berijas »Werk« zwei angesehene Bolschewiki politisch denunziert werden: Abel S. Jenukidse und Mamija Orachelaschwili. Obwohl der erstere Mitglied des ZK und des ZEK und ein langjähriger Freund Stalins war, war sein Schicksal entschieden wie das des anderen auch. Stalin glaubte immer an Denunziationen. Berija machte sich dies schnell zunutze.

Orachelaschwili protestierte gegen die Verleumdung. Er schrieb Stalin einen persönlichen Brief mit dem Entwurf einer Gegendarstellung für die »Prawda«. Im Antwortbrief Stalins heißt es:

»Genosse Orachelaschwili.
Ich habe den Brief erhalten.
1) Das ZK denkt nicht daran (und hat keine Veranlassung, daran zu denken!), die Frage über Ihre Arbeit im Marx-Engels-Lenin-Institut zu stellen. Sie haben sich ereifert und darum offenbar beschlossen, diese Frage zu stellen. Das führt zu gar nichts. Bleiben Sie im IML und arbeiten Sie.
2) Den ›Brief‹ sollte man in der ›Prawda‹ drucken lassen, jedoch ist der Text Ihres ›Briefes‹ meiner Meinung nach nicht zufrieden stellend. Ich würde an Ihrer Stelle aus diesem ›Brief‹ alle ›polemischen Schönheiten‹, alle ›Exkurse‹ in die Geschichte und den ›entschiedenen Protest‹ hinauswerfen und würde kurz und einfach sagen, dass die Fehler (die und die) in der Tat begangen worden seien, aber dass die Beurteilung der Fehler, wie sie der Genosse Berija vorgenommen habe, ziemlich, sagen wir mal, hart sei und dass sie sich nicht durch den Charakter der Fehler rechtfertigen lasse. Oder irgendetwas in dieser Art. Gruß!
8. 3. 1935 J. Stalin«

Das Land und die Partei standen vor furchtbaren Heimsuchungen. Ein Mensch, der in der Diktatur des Proletariats die Gewalt vergötterte, wurde zum Diktator. Ganz gleich, ob man ihn »geliebter Führer«, »genialer Heerführer«, »weiser Baumeister« nannte, nichts und niemand konnte schließlich den tiefen Kern des diktatorischen Menschen verbergen. Aber es sollten noch Jahrzehnte vergehen, bis die Erkenntnis durchschimmerte.

In der Toga des »Führers«

»Nein, eine einzelne Person darf nicht entscheiden. Entscheidungen einer einzelnen Person sind immer oder fast immer einseitige Entscheidungen. In jedem Kollegium, in jedem Kollektiv gibt es Menschen, mit deren Meinung man rechnen muss. In jedem Kollegium, in jedem Kollektiv gibt es Menschen, die auch falsche Meinungen zum Ausdruck bringen können. (...) Unser führendes Organ, das Zentralkomitee unserer Partei, das alle unsere Sowjet- und Parteiorganisationen leitet, besteht aus etwa siebzig Mitgliedern. Unter diesen siebzig Mitgliedern des ZK befinden sich unsere besten Industriefachleute, unsere besten Genossenschaftler, unsere besten Versorgungsfachleute, unsere besten Militärfachleute, unsere besten Propagandisten, unsere besten Agitatoren, die besten Kenner unserer Sowjetwirtschaften, die besten Kenner unserer Kollektivwirtschaften, die besten Kenner der individuellen Bauernwirtschaft, unsere besten Kenner der Nationen der Sowjetunion und der nationalen Politik. In diesem Areopag ist die Weisheit unserer Partei konzentriert. Jeder hat die Möglichkeit, seine Erfahrungen beizusteuern. Wäre dem nicht so, würden die Entscheidungen von einzelnen Personen getroffen, dann gäbe es in unserer Arbeit die ernstesten Fehler.«

Stalin hat mit dem letzten Satz unwillentlich den Gedanken unterstrichen, dass viele »ernsthafte Fehler« bei der Kollektivierung, beim Partei- und Staatsaufbau, in der Kultur nur deshalb möglich geworden sind, weil ein Mensch eigenmächtig entschieden hat.
Dies zeigte sich vor allem in der Beschneidung und schließlichen Beseitigung der Kollegialität in der Arbeit des Zentralkomitees. Lenin hatte diesem Prinzip eine große Bedeutung beigemessen. Während der ersten sechs Jahre nach der Oktoberrevolution wurden 6 Parteitage, 5 Parteikonferenzen und 43 Sitzungen des ZK einberufen. Auf all diesen Versammlungen hatten die Teilnehmer die Möglichkeit, ihre Meinung frei zu äußern. In der Regel waren die wichtigsten Dokumente, die die Partei beschloss, die Frucht kollektiver Anstrengung. Bei der Erarbeitung einer Entscheidung wurden die verschiedensten Möglichkeiten und Meinungen be-

rücksichtigt. Davon zeugen die heißen Auseinandersetzungen, die Kompromisse, die zahllosen Diskussionen über alle denkbaren Fragen der Innen- und Außenpolitik.
Nach dem 17. Parteitag ergriff der »Führer« Maßnahmen, um die Kollegialität drastisch abzubauen. Er benötigte die Meinung der anderen nicht mehr. Zwischen 1934 (17. Parteitag) und 1953 (Stalins Todesjahr) fanden 2 Parteitage, 1 Parteikonferenz und 22 Plenen des ZK statt. Zwischen dem 18. und dem 19. Parteitag vergingen dreizehn Jahre! Es gab Jahre – 1941, 1942, 1943, 1945, 1946, 1948, 1950, 1951 –, in denen das Zentralkomitee sich kein einziges Mal versammelte! Stalin sah im ZK bald nur noch ein Organ, dessen er sich nach Bedarf bediente. Im Grunde wurde die Partei zur Maschine, die die Befehle des Diktators ausführte.
Bei der Vorbereitung auf den 14. Parteitag 1925 hatte Stalin im Entwurf eines Parteistatuts die Worte hervorgehoben:

»Die ordentlichen Parteitage werden alljährlich einberufen. Das Zentralkomitee hat wenigstens eine Plenarsitzung innerhalb zweier Monate durchzuführen.«

Die Verstärkung der bürokratischen Tendenzen in der KPR(B) verband sich mit dem Stalinschen Verständnis von der Einheit der Partei. Es ist hier schon beschrieben worden, dass die Parteimehrheit in den zwanziger Jahren harte Auseinandersetzungen zu bestehen hatte mit verschiedenen Oppositionsgruppen. Und dabei handelte es sich keineswegs immer um »Feinde«. Analysiert man heute den innerparteilichen Kampf, dann kommt man zu der Erkenntnis, dass einer der entscheidenden Punkte der Meinungsverschiedenheiten die Frage der Demokratie, der Wechselbeziehung zwischen Führer und Partei, der Rolle der Massen im revolutionären Prozess war. In vielen Fällen waren die »Oppositionellen« nicht einverstanden mit dem Autoritarismus, waren sie nicht bereit, uniformiert zu denken, wie Stalin es anstrebte. Wir betrachteten Andersdenkende als Feinde, obwohl wir die Dialektik kannten und wussten, dass das Leben in Widersprüchen voranschreitet.
In den Jahren nach der Oktoberrevolution gab es selbstverständlich viele Menschen, deren Ziele sich mit denen der Partei nicht

vereinbaren ließen. Unter den Bedingungen der Zerrüttung des Landes, der Bedrohung von außen und der Zunahme verschiedener oppositioneller Gruppen wurde auf Initiative Lenins auf dem 10. Parteitag im März 1921 eine bedeutende Resolution verabschiedet. Der Parteitag beschloss, die Bildung von Fraktionen in der Partei zu verbieten. Im Beschluss hieß es, dass die Einheit und die Geschlossenheit der Partei in dieser Zeit unbedingt notwendig seien. Dieser Beschluss spielte eine große Rolle bei der Stärkung der Partei. Er richtete sich nicht gegen den Streit der Meinungen, sondern gegen die Bildung von Gruppen mit politischen Positionen, die mit dem Programm und den Zielen der Partei nicht vereinbar waren.

Stalin berief sich häufig auf diesen Beschluss, um die »Oppositionen« und die »Abweichungen« zu »schlagen«. Das Wort »Opposition« war für ihn gleichbedeutend mit »Feind«. Später war die geringste Abweichung von seiner Position eine »feindliche Aktion«. Stalin kämpfte für die Einheit, er verstand sie jedoch nicht dialektisch, sondern dogmatisch, und so liquidierte er den freien Meinungsstreit unter Kommunisten und jede Kritik an den führenden Organen der Partei. Stalin setzte Einheit gleich mit widerspruchslosem Gehorsam gegenüber seinen Direktiven.

Malenkow berichtete auf dem ZK-Plenum im Januar 1938, warum ein Genosse namens Kuschtschew aus der Sarytschinsker Parteiorganisation ausgeschlossen wurde. Während eines Parteischulungsabends wurden Kuschtschew folgende Fragen gestellt:

»Können wir den Sozialismus in einem Land aufbauen?«

»Wir können den Sozialismus in einem Land aufbauen, und wir werden ihn aufbauen«, antwortete Kuschtschew.

»Und können wir den Kommunismus in einem Land aufbauen?«

»Den Kommunismus können wir in einem Land aufbauen.«

»Auch den vollständigen Kommunismus?«

»Werden wir aufbauen.«

»Und können wir den endgültigen Kommunismus aufbauen?«

»Den endgültigen? Kaum«, erklärte Kuschtschew, »ohne die Weltrevolution. Im Übrigen werde ich in den ›Fragen des Leninismus‹ nachsehen, was zu dieser Frage der Genosse Stalin schreibt.«

Für sein vorsichtiges Zweifeln in der letzten Antwort wurde Kuschtschew aus der Partei ausgeschlossen, und er verlor auch seine Arbeit. Aber Malenkow verurteilte nicht den Dogmatismus, sondern er betrachtete die Zweifel des Genossen Kuschtschew am Aufbau des »endgültigen Kommunismus« ohne Weltrevolution als Beispiel für die »Intrigen der Feinde«, die sich »in jedem Betrieb, in jedem Kolchos, in jedem Sowchos« eingeschlichen hätten. Der 10. Parteitag hat mit seinem Beschluss gegen die Fraktionsbildung auch verlangt, dass die Partei sich ständig bemühen solle, neue Ansichten in Betracht zu ziehen, dass sie mit allen Mitteln gegen den Bürokratismus kämpfen werde und für die Erweiterung des Demokratismus und der schöpferischen Initiative. Aber davon war nach wenigen Jahren nicht mehr die Rede. Von den Kommunisten wurde mehr und mehr verlangt, dass sie »unterstützten« und »guthießen«, und immer weniger, dass sie teilnahmen an der Erörterung wichtiger Probleme des politischen Lebens. Und dies erhob den »Führer« über die Partei und verwandelte ihn in eine »herrschende Persönlichkeit«.
Allmählich wurden Stalins Entscheidungen als Beschlüsse der Partei angesehen. Bereits Mitte der dreißiger Jahre wurden seine Entscheidungen als Beschlüsse des ZK oder als im Umlaufverfahren zu bestätigende Anordnungen formuliert. Die Macht des Parteiführers war faktisch nicht mehr begrenzt.
Ich möchte ein charakteristisches Beispiel anführen. Kurz vor dem Krieg lud Stalin manchmal Mitglieder und Kandidaten des Politbüros zum »Essen« in seine Datscha in Kunzewo ein. Meist waren dies Molotow, Woroschilow, Kaganowitsch, Berija und Schdanow. Seltener eingeladen zu nächtlichen Abendessen wurden Andrejew, Lainin, Mikojan, Schwernik und Wosnessenski. Während des Essens wurden verschiedene Fragen der Politik entschieden. Stalin fasste in der Regel die Ergebnisse der »Unterhaltung« zusammen. Malenkow und manchmal Schdanow formulierten danach ein Protokoll einer Politbürositzung. Es gab keine Diskussionen. Die Mitarbeiter Stalins bemühten sich vielmehr, die Meinung des »Führers« zu erraten oder rechtzeitig ja zu sagen. Sogar dem Diktator war die vollendete Folgsamkeit seiner Umgebung manchmal unangenehm. So etwa, als nach einem dieser nächtlichen Essen über den Bericht Stalins an den bevorstehen-

den 18. Parteitag gesprochen wurde. Wie im Chor begannen alle Stalin zu loben. Der hörte sich das an und warf dann hart ein:

»So, ich habe euch eine Variante gegeben, die ich aussortiert hatte, und Ihr singt Halleluja. Die Variante, mit der ich auftreten werde, ist vollkommen anders!«

Allen stockte der Atem. Berija fand als erster die Fassung zurück:

»Wenn Sie sogar diese Variante verändert haben, so kann man sich vorstellen, wie stark Ihr Bericht sein wird!«

Das Politbüro, das nach dem 17. Parteitag gewählt wurde – Andrejew, Woroschilow, Kaganowitsch, Kalinin, Kirow, Kossior, Kujbyschew, Molotow, Ordschonikidse, Stalin –, versammelte sich noch einigermaßen regelmäßig, aber selten in voller Besetzung. Häufig wurden die Fragen im engen Kreis erörtert und gelöst: Stalin, Molotow, Kaganowitsch, Woroschilow, später noch Schdanow oder Berija. Mit der Zeit stellte Stalin innerhalb des Politbüros verschiedene Kommissionen zusammen, die sogenannten »Quintette«, »Sextette«, »Septette«. Wie Chruschtschow auf dem 20. Parteitag mitteilte, wurde dieses System, das durch seine Bezeichnung an ein Kartenspiel erinnert, in einem speziellen Beschluss des Politbüros gebilligt. Selbstverständlich, das Leben war schwer, und noch zu Lenins Lebzeiten waren im ZK verschiedene Kommissionen gebildet worden. Aber das ändert nichts daran, dass alle prinzipiellen Entscheidungen von allen Mitgliedern des Politbüros und des Zentralkomitees getragen werden müssen.
Auf einer Vielzahl von Dokumenten, die Stalin durchsah, hinterließ er Bemerkungen wie »einverstanden«, »dafür«, »möglich«, aber ab und zu reichte er Papiere an seine Mitarbeiter weiter, um ihre Meinungen zu erfahren. Meistens aber interessierte ihn der Standpunkt anderer herzlich wenig.
Im April 1936 schrieb Pjatakow einen Brief an Stalin mit der Bitte, den Flug des Stratosphärenballons »SO 351« bei günstiger meteorologischer Lage zu gestatten. Stalin schrieb auf dieses Dokument:

»An den Genossen Woroschilow. Was ist zu tun?«
J. St.«

Woroschilow antwortete:

»An den Genossen Stalin.
Ich glaube, es ist möglich, eine Erlaubnis zu erteilen.
7. 4. 1936 K. Woroschilow«

Aber darunter setzte Stalin schließlich:

»Ich bin dagegen. J. St.«

Dieses kategorische Vorgehen ohne jede Diskussion führte schließlich dazu, dass viele Mitglieder und Kandidaten des Politbüros sich lediglich darum bemühten, die Entscheidungen Stalins zu erraten. Einigen ist dies gut gelungen, besonders Berija.
Obwohl Stalin öffentlich die Bedeutung der Kollegialität in der Arbeit des ZK unterstrich, konnte bereits Mitte der dreißiger Jahre niemand mehr öffentlich sein Nichteinverständnis mit der Stalinschen Politik äußern. Bei der Untersuchung des Zustandekommens vieler Beschlüsse des ZK und des Politbüros ist mir kein einziger Fall begegnet, dass irgendjemand auch nur indirekt die offensichtlich fehlerhaften und manchmal verbrecherischen Standpunkte Stalins in Zweifel gezogen hätte.
Das von ihm hervorgebrachte Verhältnis zwischen Partei und Führer musste nach Stalins Meinung auch literarisch gestützt werden. Dazu dienten die »Geschichte der Kommunistischen Partei der Sowjetunion (Bolschewiki). Kurzer Lehrgang«, die im Jahr 1938 ihre erste Auflage erlebte, die »Kurze Biographie« des »Führers«, die zehn Jahre später herauskam. In der Zeitschrift »Bolschewik« (Nr. 9, 1937) veröffentlichte Stalin einige Briefe an die Autoren des Lehrbuchs der Geschichte der KPdSU(B). Der Hauptakzent in der »Geschichte«, schrieb Stalin, solle auf den Kampf der Partei gegen die Fraktionen, Oppositionen und antibolschewistischen Bewegungen gesetzt werden. Bei dieser Art der Darstellung der Parteigeschichte würde er mit Sicherheit im Mittelpunkt stehen. Denn er »schlug« Trotzki, Sinowjew, Kame-

new, Bucharin, die Gruppen und die »Abweichungen«, die sie anführten. Mit Hilfe dieser simplen Herangehensweise stand der Sieger immer an der ersten Stelle. Gewiss, der innerparteiliche Streit hatte einen bedeutenden Platz im Leben der Partei eingenommen. Aber ihre Geschichte lässt sich nicht beschränken auf diese Kämpfe. Stalin schämte sich nicht. Er hatte den Autoren des Lehrbuchs die Anweisung gegeben, sich häufig auf seine Auslassungen zu beziehen. Er schlug beispielsweise vor, den »Brief von Engels an Bernstein aus dem Jahr 1882, den ich im ersten Kapitel meines Berichts zum 7. erweiterten Plenum des EKKI ›Über die sozialdemokratische Abweichung in der KPR(B)‹ angeführt habe, und meine Kommentare dazu zu benutzen«. Ohne diese Kommentare, schrieb Stalin weiter, »wird der Kampf der Fraktionen und Strömungen in der Geschichte der KPR(B) wie eine unverständliche Zankerei und die Bolschewiki wie unverbesserliche und rastlose Intriganten und Streithammel aussehen«.
Der »Kurze Lehrgang« wurde innerhalb kurzer Zeit von einem Autorenkollektiv geschrieben. Für Millionen von sowjetischen Menschen war er für Jahrzehnte die wichtigste Grundlage ihrer Weltanschauung. Das Buch wurde in der Sowjetunion in einer Gesamtauflage von 43 Millionen Exemplaren verkauft. Es ist durchsetzt vom Stalinschen »Genie«, von seiner »Weisheit« und »Weitsichtigkeit«. In der ersten Auflage heißt es:

»Eine Kommission des Zentralkomitees der Kommunistischen Partei der Sowjetunion hat unter Leitung des Genossen Stalin und unter seiner äußerst aktiven persönlichen Teilnahme einen ›Kurzlehrgang der Geschichte der Kommunistischen Partei der gesamten Sowjetunion (Bolschewiki)‹ zusammengestellt.«

Aber Stalin war mit dieser Formulierung nicht befriedigt. In der später herausgegebenen »Kurzen Biographie« des »Führers«, die von ihm sorgfältig redigiert wurde, findet sich eine andere Version:

»Im Jahre 1938 erschien das Buch ›Geschichte der Kommunistischen Partei der Sowjetunion (Bolschewiki). Kurzer Lehrgang‹, geschrieben vom Genossen Stalin und gebilligt von einer Kommission des Zentralkomitees der Kommunistischen Partei der Sowjetunion.«

Stalin war es nicht peinlich, dass das Buch, das vor allem ihn pries, nun auch von ihm geschrieben worden sein sollte. So wurde die ideologische Grundlage der absoluten Rolle des »Führers« geschaffen, seine Kontrolle über die Partei und über den Staat sichergestellt. Stalin hatte, nachdem praktisch alle wichtigen Mitarbeiter Lenins beseitigt waren, sie nun auch aus der Geschichte entfernt. Im »Kurzen Lehrgang« gibt es außer Lenin und Stalin kaum konkrete Personen. Es gibt nur »Feinde«.
Das Buch war Pflichtlektüre für jeden Kommunisten wie auch an allen Hochschulen und in allen Bereichen der politischen Bildung. Die Stalinschen Axiome waren eindeutig: In der Revolution gab es zwei Führer – Lenin und Stalin. Die grundlegenden Verdienste beim Aufbau des Sozialismus in der UdSSR gehören Stalin. Nach Lenin gab und gibt es in der Partei nur einen »Führer«, den »weisen«, »weitsichtigen«, »mutigen«, »entschiedenen« … Die Primitivität der Darlegungen machten den »Kurzen Lehrgang« praktisch für jeden Menschen zu einem leicht verständlichen Buch. In der Erziehung der sowjetischen Menschen, wie sie in den dreißiger Jahren einsetzte, nahm es einen bedeutenden Platz ein. Nach seinem Erscheinen am 1. Oktober 1938 wurde eine Beratung der Propagandisten Moskaus und Leningrads einberufen. Stalin hielt eine Rede. Hier einige Auszüge:

»Eine der Aufgaben der Ausgabe ist es, den Gegensatz zwischen dem Marxismus und dem Leninismus zu beseitigen. (…)
Stalins Buch ›Über die Grundlagen des Leninismus‹ legt alles grundlegend Neue dar, das Lenin in den Marxismus eingebracht hat. Ich sage nicht, dass alles dargelegt ist, vielmehr gibt Stalins Buch alles Grundlegende wieder, das Lenin in den Marxismus eingebracht hat.«

Die Herrschaft des »Führers« über Partei und Volk wurde in kultischen Akten und Ritualen bekräftigt. So wurden beispielsweise »Stalinstipendien« und »Stalinprämien« eingeführt. Der Regierungsbeschluss über die Gründung einer Leninprämie, der in

Anwesenheit Stalins im August 1925 gefasst worden war, wurde »vergessen«. Die Staatshymne, mit deren Text sich Stalin persönlich beschäftigt hatte, drückte seine Rolle im Schicksal des Vaterlandes deutlich aus:

»Stalin erzog uns zur Volkstreue,
Begeisterte uns für Arbeit und Heldentaten.«

Sergej Michalkow und G. El-Registan, die auf Stalins Anweisung den Text der Hymne entworfen hatten, legten ihn Stalin vor. Der fügte Korrekturen ein, nachdem er eine Weile über den Zeilen gesessen hatte. Im Stalin-Archiv sind diese Korrekturen erhalten geblieben. Statt »Der freien Völker edle Union« schrieb Stalin: »Die unzerstörbare Union der freien Republiken«. Der zweite Vierzeiler musste eine größere Überarbeitung erdulden. Der ursprüngliche Text lautet folgendermaßen:

»Durch die Bedrohung hindurch schimmerte für uns die Sonne der Freiheit,
Lenin erleutete uns den Weg in die Zukunft,
Uns zog Stalin, der Auserwählte des Volkes, groß,
Zur Arbeit und zum Heldentum begeisterte er uns.«

Nachdem Stalin über den Text gegangen war, sahen die zweite und dritte Zeile so aus:

»Und der große Lenin erleuchtete uns den Weg, Uns erzog Stalin zur Volkstreue.«

Stalin gefielen die Worte »Auserwählter des Volkes« nicht. Und, wenn man es bedenkt, so hat ihn das Volk tatsächlich nicht auserwählt. Er wurde zum »Führer« eines riesigen Volkes, ohne von ihm gewählt worden zu sein! Mit Stalins Korrekturen waren nicht nur Michalkow und El-Registan sofort einverstanden, sondern auch die am Abend des 28. Oktober 1943 bei Stalin versammelten Molotow, Woroschilow, Berija, Malenkow und Schtscherbakow. So »bestätigte« nicht allein Stalin den nun vorliegenden Text der Hymne. Darin fehlte auch der ursprüngliche Refrain:

»Jahrhunderte sollst du leben, Land des Sozialismus,
Unsere Fahne soll der Welt Frieden bringen,
Wachse und werde stark, ruhmreiches Vaterland,
dich schützt unser großes Volk.«

Ob Stalin nicht gefallen hatte, dass die Sowjetunion »der Welt Frieden bringen« sollte?
In der Hymne findet sich kein einziges Wort über die Partei. Allmählich festigte sich im Bewusstsein der sowjetischen Menschen der Gedanke, dass Stalin nicht nur der Führer der Partei war, sondern auch des ganzen Volks. In konzentrierter Form formulierte N. S. Chruschtschow diese Vorstellung im Dezember 1949:

»Alle Völker der Sowjetunion sehen in Stalin ihren Freund,
Vater und Führer.
Stalin – ist ein Freund des Volkes in seiner Einfachheit.
Stalin – ist der Vater des Volkes mit seiner Liebe zum Volke.
Stalin – ist der Führer der Völker in seiner Weisheit eines
Führers im Kampfe der Völker.«

Jemeljan Michajlowitsch Jaroslawski, einer der Hofkomentatoren des Stalinismus, überschrieb eines der Kapitel in seinem Buch »Über den Genossen Stalin« mit der Zeile »Der Führer der Völker«. Die wesentliche Aussage in diesem Kapitel war: »An der Seite Lenins von Ende der neunziger Jahre an und immer zusammen mit Lenin, immer auf einem Wege, niemals von diesem Wege abweichend, geht der Genosse Stalin (...).«
Während Stalin solche und ähnliche »Schöpfungen« las, war er überzeugt davon, dass er den Gipfel seines Lebenswegs noch nicht erreicht hatte. So, wie man ihn feierte, hatte man niemals zuvor einen russischen Imperator gefeiert. Schließlich glaubte er selbst an seine messianische Rolle des Unfehlbaren, Allwissenden und Allmächtigen. Bei all diesen Entartungen darf eines nicht übersehen werden: Der Führerkult stabilisierte die sowjetische Gesellschaft, wenn auch auf dogmatischer Grundlage. Heute wissen wir, dass der Zusammenhalt eines Volks auch anders zu verwirklichen ist. Aber damals, als im Land nach Lenins Tod die Ansätze einer sozialistischen Demokratie verkümmerten, hat der Glauben

an den »Führer«, an seine Weisheit und an seine Unfehlbarkeit schnell Früchte getragen. Ungeachtet der furchtbaren Repressalien gegen Ende der dreißiger Jahre, der totalitären Tendenzen in der Entwicklung des Staats und der diktatorischen Rolle des »Führers« blieben die Gesellschaft und ihre Grundlagen stabil.

Heute, Jahrzehnte nach Stalins Tod, nachdem schon viel über ihn, seine Zeit, seine Taten und Verbrechen veröffentlicht worden ist, gibt es immer noch Leute, die ihn für einen großen Umgestalter, für einen weisen Führer mit einer »harten Hand« halten. Es drängt sich der Gedanke auf, dass das »Geheimnis« der Zählebigkeit dieser Ergebenheit zu Stalin nicht nur mit zeitlichen Umständen verbunden ist (»das eigene Schicksal, die eigene Zeit, die eigenen Abgötter«), sondern auch eine Nachwirkung der damaligen Propaganda ist: »Der Sozialismus – das ist Stalin.« Deshalb ist die »Treue« zu Stalin in erheblichem Maße eine Treue zu dieser Idee. Ihr wurde so viel geopfert, und plötzlich soll das Symbol, das den Sozialismus verkörperte, eine Täuschung sein. Und »falsche Götter« zu verwerfen, das ist nicht einfach – denn sie sind ja auch Götter.

Offenbar unter dem Einfluss immer neuer Enthüllungen über Stalins Taten hat sich in den letzten Jahren der Eindruck festgesetzt, dass die geistigen Fähigkeiten dieses Menschen nicht höher als mittelmäßig einzustufen seien. Das erinnert an Trotzkis Urteil über Stalin, er sei von »herausragender Mittelmäßigkeit«. Aber dem darf man wohl kaum zustimmen. Wie wäre es sonst zu verstehen, dass Stalin vom Jahr 1912 an in die führenden Organe der Partei vordringen konnte, dass Lenin ihn einen der »herausragenden Führer« genannt hatte, dass es ihm gelang, aus einem komplizierten Kampf gegen intellektuell hoch begabte Persönlichkeiten als Sieger hervorzugehen?

Wenn wir heute Stalin charakterisieren, nennen wir zu Recht an erster Stelle seine Verbrechen. Aber diese Bewertung beleuchtet nur den moralischen Aspekt des Phänomens. Stalin hatte einen außergewöhnlichen Intellekt, und dieser verband sich organisch mit seiner Bösartigkeit. Sein Intellekt arbeitete wie eine Rechenmaschine, wie ein von jedem ethischen Ideal befreiter erbarmungsloser Apparat. In einem Satz: Stalin besaß einen außerordentlich bösen Verstand. Stalin hatte vor der Revolution bei intellektuellen Auseinandersetzungen nicht wenige Schwierigkeiten und häufig erniedrigende Minuten durchlebt. Er wollte sich nicht mit der Rolle des Statisten in diesen Diskussionen abfinden, sondern bemühte sich, den Kreis seines politischen und theoretischen Wissens zu erweitern. Trotz seiner umfangreichen Pflichten arbeitete Stalin viel, um sein intellektuelles Niveau zu erhöhen. Im Stalin-Archiv ist ein interessantes Dokument erhalten geblieben. Es hat folgende Vorgeschichte: Im Mai 1925 gab Stalin Towstucha Anweisung, für sich selbst eine gute Bibliothek zusammenzustellen. Towstucha fragte: »Welche Bücher müssen in der Bibliothek sein?« Stalin begann, Titel aufzuzählen, aber dann hörte er plötzlich auf damit. Er setzte sich an den Tisch, und in Gegenwart seines Helfers schrieb er – fast ohne nachzudenken – innerhalb von zehn bis fünfzehn Minuten mit einem Bleistift Folgendes auf das Blatt des Schulhefts:

»Eine Notiz für den Bibliothekar. Mein Rat (und meine Bitte):
1) Die Bücher sind nicht nach Autoren, sondern nach Themen zu klassifizieren:
a) Philosophie,
b) Psychologie,
c) Soziologie,
d) politische Ökonomie,
e) Finanzen,
f) Industrie,
g) Landwirtschaft,
h) Genossenschaften,
i) russische Geschichte,
j) Geschichte anderer Länder,
k) Diplomatie,
l) Innen- und Außenhandel,
m) Militärwesen,
n) nationale Frage,
o) Parteitage und Konferenzen (und ebenso Beschlüsse der Partei, der Komintern und andere (ohne Dekrete und Kodizes der Gesetze),
p) Lage der Arbeiter,
q) Lage der Bauern,

r) der Komsomol (alles, was in den einzelnen Ausgaben über den Komsomol existiert),
s) Geschichte der Revolution in anderen Ländern,
t) über das Jahr 1905,
u) über die Februarrevolution 1917,
v) über die Oktoberrevolution 1917,
w) über Lenin und Leninismus,
x) Geschichte der KPR und der Internationale,
y) über die Diskussionen in der KPdSU (Artikel, Broschüren),
z) Gewerkschaften,
A) Belletristik,
B) Kunstkritik,
C) politische Zeitschriften,
D) naturwissenschaftliche Zeitschriften,
E) Wörterbücher aller Art,
F) Memoiren.
Aus dieser Klassifikation sind folgende Bücher auszunehmen (und getrennt aufzustellen):
a) Lenin (getrennt)
b) Marx (–)
c) Engels (–)
d) Kautsky (–)
e) Plechanow (–)
f) Trotzki (–)
g) Bucharin (–)
h) Sinowjew (–)
i) Kamenew (–)
j) Lafargue (–)
k) Luxemburg (–)
1) Radek (–)
Alle übrigen nach Autoren klassifizieren. (Aus der Klassifikation sind auszuschließen und separat zu stellen: jegliche Lehrbücher, kleine Zeitschriften, antireligiöse Makulatur und so weiter.)
29. 5. 1925 J. Stalin«

Angesichts der Tatsache, dass dieser Entwurf spontan entstanden ist, und auch angesichts der Tatsache, dass die literarische Bildung in jener Zeit auf einem sehr niedrigen Niveau war, muss man Stalin einen gewissen theoretischen Überblick zubilligen. Den Hauptakzent setzte er, wie wir sehen, auf die Werke des wissenschaftlichen Sozialismus, der Geschichte und auf einige Gebiete des Wissens, die vor allem mit der politischen Arbeit und mit dem Kampf gegen die »Oppositionen« verbunden war. Sofern Autoren erwähnt sind, handelt es sich vor allem um solche, mit denen er noch streiten sollte. Im Entwurf fehlen viele sozialistische Theoretiker und solche wichtigen Autoren wie etwa Hegel, Kant, Feuerbach, Rousseau, Descartes, Diderot und viele zeitgenössische sozialistische Theoretiker.

Stalins Bibliothek lässt einige Rückschlüsse zu, er hinterließ dort seine Spuren. Auf den Seiten vieler Bücher, ob in der Kreml- Bibliothek, in Kunzewo oder in der Wohnung, befinden sich zahlreiche Randbemerkungen und unterstrichene Stellen. Auf einigen Büchern befindet sich ein Exlibris: »Bibliothek Nr. … J. W. Stalin«. Alle Bände der ersten Ausgabe der Gesammelten Werke Lenins sind mit Randbemerkungen, Unterstreichungen und Ausrufungszeichen bedeckt. Einigen Schriften hatte er sich offensichtlich nicht nur einmal zugewandt, denn diverse Stellen sind rot, blau und mit Bleistift unterstrichen. Mehr als alles interessierten Stalin die Gedanken Lenins über die Diktatur des Proletariats, sein Kampf gegen Menschewiki und Sozialrevolutionäre, seine Reden auf den Parteitagen. Sonst beschäftigte er sich von den Zeitgenossen am meisten mit den Arbeiten Bucharins und Trotzkis. Beispielsweise ist Bucharins Broschüre »Technik und Ökonomik des gegenwärtigen Kapitalismus«, die im Jahr 1932 erschienen ist, voll mit Randbemerkungen des »Führers«.

Stalin interessierte sich besonders für die Überlegungen Bucharins über die Wechselbeziehung zwischen Produktivkräften und Produktionsverhältnissen. In M. Smolenskis Biographie »Trotzki«, die 1921 in Berlin veröffentlicht worden ist, sind alle Stellen unterstrichen, die Stalins unversöhnlichen Gegner kritisch beurteilen: »Trotzki ist giftig und unerträglich«, »ein herrschsüchtiger Politiker«, »ein genialer politischer Abenteurer« und so weiter. Stalin suchte, wo er nur konnte, Argumente gegen seinen Antipoden. Offenbar entnahm er viele seiner Argumente auch Trotzkis Broschüre »Terrorismus und Kommunismus« aus dem Jahr 1920. Ebenso aufmerksam studierte er die Bücher Sinow-

jews »Der Krieg und die Krise des Sozialismus«, Kamenews »N. G. Tschernyschewski«, Bubnows »Die grundlegenden Momente in der Entwicklung der Kommunistischen Partei in Russland«, Narwskis »Zur Geschichte des Kampfes des Bolschewismus mit dem Luxemburgismus«, Stens Arbeit »Zur Frage der Stabilisierung des Kapitalismus« und andere. Alles, was den »Kampf« betraf, entging Stalins Aufmerksamkeit nicht.
Sein ganzes Leben lang interessierte Stalin sich für historische Literatur und vor allem für die Lebensbeschreibungen von Kaisern und Zaren. In den dreißiger und vierziger Jahren wurden in seiner Bibliothek historische Lehrbücher für die Mittelschule und für die Hochschulen gesammelt, und alle waren voll von seinen Randbemerkungen. Es ist nicht schwer, zu bemerken, dass Stalin in der russischen Geschichte ein wichtiges Instrument sah, um das gesellschaftliche Bewusstsein zu prägen und um seine Selbstherrschaft zu legitimieren. Die Helfer Stalins berichteten ihm ständig über die ihrer Meinung nach interessanten Artikel der Presse. Manchmal unterbrach der »Führer« die Arbeit an den Akten für dreißig oder vierzig Minuten und nahm die literarischen Neuerscheinungen in die Hand oder blätterte in Zeitschriften. Ab und zu betätigte er nach der Lektüre die Glocke, ein Helfer trat ein, und Stalin bat ihn, diesen oder jenen Schriftsteller oder Leiter einer Künstlervereinigung anzurufen und ihm Glückwünsche und Anmerkungen weiterzugeben. Es gab auch Fälle, in denen er die Feder selbst in die Hand nahm. Nachdem er »Die Steppen der Ukraine« Alexander Jewdokimowitsch Kornejtschuks durchgeblättert hatte, schrieb er sogleich einen kurzen Brief:

»Sehr verehrter Alexander Jewdokimowitsch!
Ich habe Ihr ›Die Steppen der Ukraine‹ gelesen. Es ist eine bemerkenswerte Geschichte geworden – künstlerisch einheitlich, lustig, sehr lustig. Ich befürchte nur, sie ist zu lustig; es besteht die Gefahr, dass die zügellose Fröhlichkeit in der Komödie die Aufmerksamkeit des Lesers von ihrem Inhalt ablenken könnte. Übrigens: Ich habe auf Seite 68 einige Worte hinzugefügt. Dies zur größeren Klarheit. Gruß! J. Stalin«

Die Einfügungen Stalins waren folgende:

»Die Steuerabgaben richten sich nun nicht nur nach der Anzahl des Viehs, sondern auch nach der Anzahl der Hektar des Kolchoslandes.« »Züchte so viel Kolchosvieh, wie du kannst, die Steuer bleibt dieselbe.«

Der pragmatische Verstand Stalins setzte auch hier ein: Er ließ sich die Chance nicht nehmen, um den letzten Beschluss des ZK klarzustellen.
Nachdem er das Stück Nikolaj Erdmans »Selbstmörder« gelesen hatte, schrieb er an Konstantin Sergejewitsch Stanislawski:

»Sehr verehrter Konstantin Sergejewitsch!
Ich halte nicht sehr viel von dem Stück ›Selbstmord‹ (so im Text; D. W.). Meine vertrautesten Genossen halten es für etwas leer und sogar für schädlich. (...) Ich schließe nicht aus, dass es dem Theater gelingen wird, sein Ziel zu erreichen. Der Kulturpropagandist (Genosse Stetzki) wird Ihnen in dieser Angelegenheit helfen. Es wird Genossen geben, die sich in der künstlerischen Sache auskennen. Ich bin in dieser Sache ein Dilettant.
Gruß!
9. 11. 1931 J. Stalin«

Wir sehen, der »allwissende Führer« konnte auch kokettieren. Zum Beispiel, wenn er es für nützlich hielt, sich »liberal« zu geben. Stalin verfolgte aufmerksam die Literatur, die im Ausland erschien. Speziell für ihn wurden fast alle neuen Schriften Trotzkis übersetzt. Andere Werke von Emigranten betrachtete Stalin ebenfalls mit Interesse. Im Dezember 1935 fragte der Abteilungsleiter für Presse und Verlage des ZK B. Tal bei den Mitgliedern des Politbüros an: »Bitte, geben Sie an, welche der unten aufgeführten Weißemigranten-Ausgaben für Sie im Jahre 1936 bestellt werden sollen:
1. Die letzten Neuigkeiten
2. Wiedergeburt
3. Der Sozialistische Bote
4. Die Fahne Russlands
5. Bulletin des ökonomischen Kabinetts Prokopowitschs
6. Harbiner Zeit

7. Neues Russisches Wort
8. Zeitgenössische Schriften
9. Illustriertes Russland.«

Nachdem Stalin diese Liste gelesen hatte, sagte er zu seinem Helfer: »Alles, alles bestellen!«

Das Verhältnis Stalin zur antireligiösen Literatur ist interessant, er nannte sie »Makulatur«. Die religiöse Erziehung äußerte sich sein Leben lang. Häufig finden sich religiöse Wendungen in Stalins Schriften und Reden. Erinnern wir uns an seinen dramatischen Auftritt im Rundfunk am 3. Juli 1941, als er sich mit der überraschenden Anrede »Brüder und Schwestern!« an die Bevölkerung wandte. Für die Glückwünsche zu seinem fünfzigsten Geburtstag bedankte Stalin sich in der »Prawda«: »Ihre Glückwünsche und Grüße gebe ich an die große Partei und an die Arbeiterklasse weiter, die mich geboren und erzogen hat *nach ihrem Vorbild*« (Hervorhebung von mir; D. W.). Während einer Unterhaltung mit Churchill in Moskau im August 1942 kam die Rede auf Lloyd George, einen der Urheber der ausländischen Intervention gegen die Sowjetmacht in den Jahren des Bürgerkriegs. Stalin schwieg, holte kurz Atem, als würde er die Summe seiner Erinnerungen ziehen, und sagte: »Das alles ist Vergangenheit, und die Vergangenheit gehört Gott.«
Stalin war ein Apologet der Formen und der starren Definitionen. Er konnte stundenlang nach einem Wort suchen, nach einem Begriff, den die Klassiker benutzt hatten, um, wie er annahm, die Gegner zu »schlagen«, sie »beim Wort zu nehmen«. So »überführte« Stalin Bucharin auf dem Plenum des ZK und der ZKK 1929 der »Verleumdung Lenins«. Das erschien ihm besonders wichtig, denn Bucharins Reputation als Theoretiker war bekannt.
Auf einer Sitzung, die am Vorabend des Plenums stattgefunden hatte, hatte Bucharin die richtige Vorstellung geäußert, dass ein übermäßiges Hinüberpumpen von Ressourcen aus der Landwirtschaft zugunsten der Industrie ein »übermäßig an den Kräften zehrender Tribut« sei. Am Abend wühlte er zusammen mit Towstucha lange in Lenins Werken herum. Und er wurde fündig. Sogleich formulierte er eine Kette von »schlagenden« Argumenten.

In seiner Rede auf dem Plenum sagte er: »Bucharin ereiferte sich hier mächtig und behauptete, dass in der marxistischen Literatur das Wort ›Tribut‹ nicht geduldet werden dürfe. Er empörte sich und wunderte sich darüber, dass das ZK der Partei und Marxisten überhaupt sich erlauben, das Wort ›Tribut‹ zu gebrauchen. Aber was ist daran Verwunderliches, wenn erwiesen ist, dass dieses Wort schon lange in den Artikeln eines solchen Marxisten wie des Genossen Lenin Bürgerrecht erhalten hat? Oder vielleicht genügt Lenin nicht den Anforderungen, die Bucharin an einen Marxisten stellt?«

Und hier führte Stalin einige Leninsche Arbeiten an, in denen das Wort »Tribut« in einem völlig anderen Zusammenhang vorkommt. Aus dem Auditorium kam ein Zwischenruf:

»Trotzdem wurde gegenüber dem Mittelbauern nie der Begriff ›Tribut‹ angewandt.«

Stalin antwortete:

»Glauben Sie denn, dass der Mittelbauer der Partei näherstehe als die Arbeiterklasse? Sie sind mir der richtige Marxist. Wenn man hinsichtlich der Arbeiterklasse von ›Tribut‹ sprechen kann, hinsichtlich der Arbeiterklasse, deren Partei wir sind, warum kann man nicht dasselbe hinsichtlich des Mittelbauern sagen, der doch nur unser Verbündeter ist?«

Stalin kümmerte es nicht, dass er die Auseinandersetzung mit einer Plattheit geführt hatte: Hatte Lenin das Wort »Tribut« benutzt oder nicht? Der Kern der Frage stand für ihn an zweiter Stelle.
Stalin konnte seinen politischen Verstand bei verschiedenen Diskussionen schärfen. Immer wieder benutzte er den gleichen Kunstgriff, um die Widersacher in die Ecke zu drängen. Unentwegt stellte er sich als »Verteidiger« Lenins dar und als derjenige, der als einziger Lenin richtig interpretierte. Auf jedes Argument, das ihm entgegengehalten wurde, fand Stalin schnell ein Lenin-Zitat. Oft handelte es sich dabei um Äußerungen, die Le-

nin in ganz anderen Zusammenhängen getan hatte. Stalin hatte schon seit langem bemerkt, dass der Schutzpanzer aus Lenin-Zitaten ihn praktisch unverwundbar machte.
Einst hatten sich Sinowjew und Stalin über Fragen der Kommunistischen Internationale auseinandergesetzt, zu einem Zeitpunkt, als die Beziehung zwischen ihnen schon gründlich verdorben war. Sinowjew hielt Stalin vor:

»Für Sie ist ein Lenin-Zitat wie ein Diplom für Ihre Unfehlbarkeit. Aber man muss seinen Kern sehen!«
»Ist es denn schlecht für die Idee, wenn sie ›ein Diplom‹ für den Sozialismus ist?«, entgegnete Stalin.

Ist es nicht seltsam, dass die genauen, häufig schönen und eleganten Argumente Trotzkis, Sinowjews, Kamenews und Bucharins im Auditorium oft keine Unterstützung fanden? Aber die grobschlächtigen, platten und häufig nur primitiven Sätze Stalins wurden beklatscht. Für ihn war das alles ganz einfach: Jene wollten den Leninismus revidieren, und er verteidigte ihn.
Der verwundbarste Punkt in Stalins Gedanken und Argumenten war die Unfähigkeit, die Dialektik zu beherrschen. Der »Führer« fühlte dies, und er hat sich lange und beharrlich bemüht, sein philosophisches Wissen zu vergrößern. Auf Empfehlung der Leitung des Instituts der Roten Professur lud Stalin den damals bekannten sowjetischen Philosophen und Altbolschewiken Jan Sten zu sich ein. Dieser unabhängige Denker sollte ihm »Unterricht in Dialektik« erteilen. Sten war stellvertretender Direktor des Marx-Engels-Instituts. Später arbeitete er an verantwortungsvoller Stelle im ZK-Apparat und war Delegierter auf einigen Parteitagen. Außerdem war er Mitglied der ZKK. Sten wurde zu Stalins »Philosophielehrer«. Er arbeitete ein spezielles Programm aus, das das Studium Hegels, Kants, Feuerbachs, Fichtes, Schellings und ebenso Plechanows und Kautskys umfasste. Zweimal wöchentlich kam Sten zu Stalin, und geduldig versuchte er, dem hoch gestellten Schüler Hegels philosophische Welt näher zu bringen. Die Abstraktheit machte Stalin wütend, aber er behielt die Gewalt über sich und hörte weiter Stens monotoner Stimme zu, ab und an unterbrach er ihn mit unwirschen Fragen: »Welche Bedeutung

hat das alles für den Klassenkampf?« – »Wer soll diesen ganzen Blödsinn in der Praxis anwenden?«

Sten erinnerte Stalin daran, dass Hegels Philosophie zusammen mit den Ideen anderer deutscher Philosophen eine der Quellen des Marxismus darstelle, und er fuhr ruhig fort: »Die hegelsche Philosophie ist im Grunde ein ›auf den Kopf gestellter‹ Materialismus, und deshalb ist sie zutiefst doppelsinnig. Die Genialität des Philosophen besteht darin, dass er in sein System einzelne materialistische Elemente einbezieht. Es ist im Grunde eine Enzyklopädie des Idealismus. In seinem metaphysischen System ist die dialektische Methode genial ausgearbeitet worden. Marx sagte, dass Hegels Dialektik auf dem Kopf stehe, und man müsse sie auf die Füße stellen, um ihren rationalen Kern sehen zu können …«

Stalin, bereits ungehalten, fragte: »Welche Bedeutung hat dies für die Theorie des Marxismus?«

Sten setzte geduldig noch einmal an, dem »Führer« die Grundlagen des hegelschen Denkens in stark vereinfachter Form zu erklären.

Aber Stalin verstand die Dialektik bestenfalls fragmentarisch. Möglicherweise empfand der »Schüler« bald Abneigung gegenüber dem »Lehrer«. Sten war ein Schüler des Akademiemitglieds A. M. Deborin. Dieser wurde als »theoretischer Messdiener des Trotzkismus« diskriminiert, 1937 wurde er verhaftet und ermordet. Sten hatte noch einmal Glück, wenn auch nur für kurze Zeit. Stalin beschränkte sich zunächst darauf, dem großen Wissenschaftler das Etikett eines »militanten Idealisten und Menschewiken« anzuhängen und ihn aus dem wissenschaftlichen und gesellschaftlichen Leben zu verbannen. Erst später sollte er das Schicksal seines Kollegen teilen.

Im Oktober 1930 fand eine Sitzung des Präsidiums der Kommunistischen Akademie statt. Erörtert wurden »die Meinungsverschiedenheiten an der philosophischen Front«. Die Sitzung beschränkte sich im Wesentlichen darauf, Deborin wegen seiner angeblichen »Unterschätzung der Leninschen Etappe in der Entwicklung der marxistischen Philosophie« anzugreifen. Deborin verteidigte sich verzweifelt, aber Miljutin, Mitin, Melonow und Jaroslawski »überführten« ihn, mit ihm auch Sten, Karew und Luppol der »Unterschätzung« der materialistischen Dialektik.

Nach der Sitzung gingen die heißen Debatten in der Akademie weiter. Die Gelehrten konnten sich nicht abfinden mit der Einführung von Polizeimethoden in der Wissenschaft.
Die Philosophie war das erste Opfer der Stalinschen »Wissenschaft«. Stalin ließ deutlich erkennen, dass es in den Gesellschaftswissenschaften nur einen Führer geben dürfe, und zwar den, der auch der politische Führer war.
Im Dezember desselben Jahres hielt der Generalsekretär eine Rede über die Lage an der »philosophischen Front«. Stalins Rede war hart und kategorisch. Sie zeugt vom Niveau seines philosophischen Denkens. Das Stenogramm der Rede liegt im Stalin-Archiv. Stalin sagte:

»Man muss den ganzen Mist, der sich in der Philosophie und der Naturwissenschaft angesammelt hat, durchstöbern und neu umgraben. Alles, was die Gruppe Deborins geschrieben hat, muss zerschlagen werden. Sten und Karew wird man herausbrechen können. Sten markiert den Mutigen, aber er ist ein Schüler Karews. Sten ist ein tollkühner Faulenzer. Er kann nur Unterhaltungen führen. Karew macht sich wichtig und geht wie ein aufgeblasener Sack. Deborin ist meiner Meinung nach ein unzuverlässiger Mensch, doch man sollte ihn in der Redaktion lassen (gemeint ist die Zeitschrift ›Unter dem Banner des Marxismus‹; D. W.), um jemanden zu haben, den man schlagen kann. Sie werden in der Redaktion zwei Fronten haben, aber Sie werden in der Mehrheit sein.«

Nach der Rede wurde Stalin mit Fragen überhäuft:

»Kann man den Kampf in der Theorie mit politischen Abweichungen in Zusammenhang bringen?«
Stalin: »Das ist nicht nur möglich, sondern auch unbedingt notwendig.«
»Und was ist mit den ›Linken‹? Mit den ›Rechten‹ haben wir uns schon beschäftigt.«
Stalin: »Der Formalismus tritt unter dem Deckmantel des Linksradikalismus auf. Er verkauft sein Material mit linker Soße. Und die Jugend ist erpicht auf die Linke. Und diese Herren sind gute

Köche.« »Auf was sollte man seine Aufmerksamkeit konzentrieren (...)?« Stalin: »Schlagen – ist das Hauptproblem. In alle Richtungen schlagen und dorthin, wo noch nicht geschlagen worden ist. Hegel ist für die Deborin-Leute eine Ikone. Plechanow muss entlarvt werden. Er hatte schon immer ein herablassendes Verhältnis zu Lenin gehabt. Auch bei Engels ist nicht alles richtig. In seinen Bemerkungen zum Erfurter Programm gibt es eine kleine Passage über das Hineinwachsen in den Sozialismus. Das versuchte Bucharin auszunutzen. Es wird nicht schaden, wenn wir irgendwo in unserer Arbeit auch Engels anhaken würden.«

Während Stalin auf die Fragen antwortete, hatte er vermutlich bereits beschlossen: Er musste seine Anweisungen in einem besonderen Beschluss bekräftigen. Der Beschluss des ZK über die Zeitschrift »Unter dem Banner des Marxismus« wurde im Folgemonat gefasst. Deborins Anhänger, die sich um diese Zeitschrift versammelt hatten, wurden als »Gruppe des menschewisierenden Idealismus« verurteilt.
Alexander Pawlowitsch Balaschow hat mir erzählt, dass Stalin im Verlauf von 24 Stunden eine kolossale Menge von Informationen durcharbeiten konnte: Berichte, Bescheinigungen, Telegramme, chiffrierte Meldungen, Briefe. Und auf fast jedem dieser Dokumente hinterließ er Anweisungen. In ihnen zeigt sich in komprimierter Form sein Verhältnis zu den unterschiedlichsten Fragen. Nachdem er einen der vielen Briefe, die an ihn persönlich gerichtet waren, gelesen hatte, schrieb er seine lakonischen Bemerkungen darauf: »Danken Sie für das gute Verhältnis« – »Helfen Sie dem Menschen« – »Irgendein Blödsinn«. Ab und an suchte er sich ein oder zwei Briefe heraus und antwortete ausführlich.
Da ist zum Beispiel der Brief des Altbolschewiken Schneer aus Leningrad. Er fragte Stalin nach der Gefahr einer Restauration des Kapitalismus und danach, ob es im Politbüro Abweichungen gebe. Stalin riss ein Blatt aus einem seiner großen Notizblöcke heraus und schrieb mit leserlicher Schrift:

»Genosse Schneer!«
(...) Daraus folgt nur das eine – dass die Gefahr einer Restauration des Kapitalismus bei uns existiert. (...) Ich sage in meiner Rede

direkt, dass die rechte Abweichung ›die Kraft des Kapitalismus bei uns unterschätzt‹ (…). Was die ›linke‹, trotzkistische Abweichung betrifft, so sage ich in meiner Rede direkt, dass sie die Möglichkeit der Errichtung des Sozialismus in unserem Lande verneint, dass sie die Idee des Bündnisses der Arbeiterklasse und der Bauernschaft verneint und bereit ist, ihren phantastischen Plan der Industrialisierung um den Preis des Bruchs mit der Bauernschaft durchzuführen. (…) Sie sind nicht mit meiner Erklärung zufrieden, dass es im Politbüro bei uns weder eine rechte noch eine ›linke‹ Abweichung oder Versöhnlertum ihnen gegenüber gibt. War ich zu einer solchen Erklärung berechtigt? Ja, das war ich. Warum? Weil, *als der Wortlaut des Aufrufs des ZK an die Mitglieder der Moskauer Organisation im Politbüro angenommen wurde, von den anwesenden Mitgliedern des Politbüros nicht eins dagegen stimmte.* Ist das gut oder schlecht? Ich glaube, das ist gut. (…)
Mit kommunistischem Gruß
27. 10. 1928 J. Stalin«

Ein weiteres Dokument aus den dreißiger Jahren. Aus den Tagen von Stachanows Triumph. Er und ein Kollege namens Grant fragen die Regierung, ob es möglich sei, Stachanow-Leute zu Technikern oder Ingenieuren auszubilden. Zu diesem Zweck sollten sie ein oder zwei Tage pro Sechstagewoche von der Produktion freigestellt werden. Viele unterstützten diesen Vorschlag. Es erschien revolutionär. Darüber schrieb man in den Zeitungen.
Stalin las die Anfrage und schrieb knapp darauf:

»Genosse Ordschonikidse.
Die Angelegenheit ist nicht ernst.
J. St.«

Marschall Schukow bemerkte an Stalin die »Fähigkeit, seine Gedanken verständlich zu formulieren, einen natürlichen, analytischen Verstand, eine große Gelehrsamkeit und ein selten gutes Gedächtnis«. Weiter schreibt der herausragendste der sowjetischen Heerführer:

Stalin »las viel und war ein umfassend informierter Mensch in den verschiedensten Bereichen des Wissens. Die erstaunliche Arbeitsfähigkeit, die Kunst, schnell den Kern einer Angelegenheit herauszukristallisieren, erlaubten ihm, während eines Tages eine derartige Quantität unterschiedlichen Materials durchzusehen und zu erfassen, wie sie nur einem außergewöhnlichen Menschen möglich ist. (…) Er hatte einen starken Willen, war von verschlossenem und heftigem Charakter. In der Regel ruhig und vernünftig, verfiel er von Zeit zu Zeit in scharfe Reizbarkeit. In solchen Momenten verlor er die Objektivität, er veränderte sich äußerlich stark, er wurde noch blasser, und sein Blick wurde schwer und grausam.«

Marschall Wassilewski hob das »erstaunlich starke Gedächtnis« Stalins hervor: »Ich habe niemals Menschen getroffen, die sich an derart vieles erinnerten wie er. Stalin kannte nicht nur alle Front- und Armeekommandierenden, und ihrer waren mehr als hundert, sondern auch einige Kommandeure der Korps und Divisionen. (…) Im Verlauf des ganzen Krieges erinnerte sich Stalin ständig an die Zusammensetzung der strategischen Reserven und konnte jederzeit diese oder jene Formation benennen.«

Bei allen Fähigkeiten, die er besaß, war er nicht in der Lage, langfristige Prognosen zu erarbeiten. Die Zukunft war seinem Denken verschlossen. Die Parteigenossen hatten dies früh bemerkt. Der Sekretär des Tulaer Gebietskomitees der KPR(B) Iwan Kabanow sagte Mitte der zwanziger Jahre:

»Stalin, das ist natürlich ein großer Mensch, ein großer Verstand, ein guter Organisator, jedoch ist sein Verstand nicht analytisch, sondern schematisch. Die Fragen der Vergangenheit klärt er ausgezeichnet, sodass allen alles klar wird. Aber die Perspektiven kann er schlechter erfassen. Das ist er nicht gewöhnt.«

Stalins Intellekt war in vielerlei Hinsicht außergewöhnlich, doch war er keineswegs »genial« oder gar »herausragend«. Und er hatte keine rationalen »Bremsen« bei der Beurteilung der eigenen Möglichkeiten. Stalin konnte beinahe über alle Sphären des Wissens kategorisch »urteilen« – von der politischen Ökonomie bis

zur Sprachwissenschaft. Er »unterwies« die Spezialisten der Kinematographie und der Landwirtschaft. Er zog Schlussfolgerungen in militärischen wie in historischen Fragen. Natürlich waren die meisten seiner Urteile dilettantisch.
Und Stalin kannte keine Menschenliebe. Sein böser Verstand missachtete jede Moral. Ein Beispiel: Im Juli 1946 berichtete Berija Stalin, dass sich in den Arbeitslagern des Innenministeriums während der Kriegsjahre mehr als 100 000 Gefangene »angehäuft« hätten, die vollständig arbeitsunfähig seien und deren Unterhalt außerordentlich teuer sei. Das Innenministerium schlug vor, die unheilbar Kranken, auch die seelisch Erkrankten, freizulassen. Stalin schränkte ein: mit Ausnahme besonders gefährlicher Verbrecher, von Feinden, die zu Zwangsarbeit verurteilt worden waren. Dem Führer war es nicht gleichgültig, wie die Unglücklichen sterben würden.

In Stalins Schatten

Zu Beginn des Jahres 1937 besuchte der deutsche Schriftsteller Lion Feuchtwanger Moskau. Als Resultat seiner Reise entstand das apologetische Buch »Moskau 1937«. Feuchtwanger verbarg nicht, dass er sich als Sympathisant auf den Weg gemacht hatte. Während seines Aufenthalts in der Sowjetunion wuchs seine Sympathie für unser Land noch. Feuchtwanger bemerkte und notierte in seinem Buch auch, dass Stalin im Leben der Menschen in der Sowjetunion eine ungeheure Rolle spielte:

»Die Verehrung Stalins, der maßlose Kult, den die Bevölkerung mit ihm treibt, ist mit das erste, was dem Fremden in die Augen springt, der die Sowjetunion bereist. An allen Ecken und Enden, an passenden Stellen und an unpassenden, sieht man gigantische Büsten und Bilder Stalins. Die Reden, die man zu hören bekommt, nicht etwa nur die politischen, sondern auch Vorträge über beliebige künstlerische und wissenschaftliche Themen, sind gespickt mit Verherrlichungen Stalins, und oft nimmt die Vergötzung des Mannes geschmacklose Formen an.«

Als Feuchtwanger diese Kritik bei einer Begegnung mit Stalin äußerte, zuckte dieser nur die Achseln.

»Er entschuldigt seine Bauern und Arbeiter, die zu viel zu tun gehabt hätten, um sich auch noch Geschmack beizulegen, und mokiert sich ein bisschen über die hunderttausend ungeheuerlich vergrößerten Bilder eines Mannes mit Schnurrbart, die ihm bei Demonstrationen vor Augen flirren.«

Beim Versuch, die Gründe für diese massenhafte Anbetung zu finden, kam Feuchtwanger nicht weiter als bis zu Stalins Person. Die Verbeugung vor dem Führer sei organisch gewachsen mit den Erfolgen des wirtschaftlichen Aufbaus. Das Volk sei Stalin dankbar für das Brot, für das Fleisch, für die Ordnung, für die Bildung und für die Schaffung der Armee, die diesen neuen Wohlstand schütze. Das Volk müsse jemanden haben, dem es seine Dankbarkeit für die verbesserten Lebensumstände zeigen könne, und dafür wähle es nicht abstrakte Begriffe, nicht den abstrakten »Kommunismus«, sondern einen konkreten Menschen – Stalin. So beziehe sich die Hochachtung nicht auf den Menschen Stalin, sondern vielmehr auf den Repräsentanten des erfolgreichen wirtschaftlichen Aufbaus.

»Dazu kommt, dass Stalin wirklich Fleisch vom Fleische des Volkes ist. Er ist der Sohn eines bäuerlichen Schusters, und er hat sich die Verbundenheit mit Arbeitern und Bauern bewahrt. Mehr als irgendein mir bekannter Staatsmann spricht er die Sprache des Volkes. Er ist bestimmt nicht das, was man einen großen Redner nennt. Er spricht zögernd, keineswegs blendend, mit einer etwas dumpfigen Stimme, beschwerlich. Seine Argumente kommen langsam, sie appellieren an den gesunden Menschenverstand von Leuten, die gründlich, aber nicht schnell begreifen.«

Diese einfache Erklärung gefiel Stalin. Bereits Ende 1937 wurde das Buch, das in Amsterdam erschienen war, blitzartig übersetzt und in großer Auflage in Moskau veröffentlicht. Es ist das einzige Buch in der Sowjetunion, in dem zu Lebzeiten Stalins die Existenz des Personenkults eingestanden wird. Offenkundig konnte das Volk nicht selbst zu Brot und Fleisch kommen, nicht selbst seine Armee aufbauen und nicht selbst Ordnung halten. Alles das war das Ergebnis der Arbeit eines einzigen Menschen: Stalins.

Nach dem 17. Parteitag war keiner übrig geblieben von denen, die zehn Jahre zuvor den Kern der Parteiführung gebildet hatten, außer Stalin. Nun standen während der Demonstrationen zum 1. Mai und an den Jahrestagen der Oktoberrevolution auf der Tribüne des Lenin- Mausoleums Andrejew, Woroschilow, Kaganowitsch, Kalinin, Kirow, Kossior, Kujbyschew, Molotow, Ordschonikidse und auch Mikojan, Petrowski, Postyschew, Rudsutak, Tschubar, später noch Schdanow und Eiche. Aber bald entstanden neue Lücken im Politbüro. Kirow wurde ermordet, Kujbyschew starb, Ordschonikidse beging Selbstmord. Aus dem Politbüro ausgeschlossen und Opfer der Säuberung wurden Kossior, Postyschew, Rudsutak, Tschubar und Eiche. Vor den Augen von sechs Mitgliedern und einem Kandidaten des Politbüros bot sich in den Jahren 1937 bis 1939 ein grauenhaftes Schauspiel. Diese Menschen waren nicht nur Augenzeugen. Sie alle, besonders Stalin, umgeben von seiner »Trojka«, waren als Urheber direkt an der Tragödie beteiligt. Keiner von ihnen hat den Mut besessen, dem »Führer« zu widersprechen. Was für Menschen waren das?
Noch im Frühjahr 1986 konnte man in Schukowka, einer Datschensiedlung vor Moskau, einem alten Mann begegnen mit hoher Stirn und einem Zwicker auf der Nase. Langsam ging er den schmalen Weg entlang, der durch die Siedlung führte. Vorsichtig bewegte er sich mit seinem Spazierstock und betrachtete die wenigen Menschen, die ihm entgegenkamen, aufmerksam mit seinen verblichenen braunen Augen. Der verschlissene Wollmantel, die abgetragenen Schuhe, der müde Gesichtsausdruck, sein Anblick ließen erahnen, dass dies ein Mensch war, der viel erlebt hatte. Der 97-Jährige war niemand anderes als der ehemalige Vorsitzende des Rats der Volkskommissare, das ehemalige Politbüromitglied, der ehemalige Volkskommissar für Äußeres, einer der einst engsten Mitarbeiter Stalins – Wjatscheslaw Michajlowitsch Molotow. Schon zu Lenins Lebzeiten war dieser Mann ZK-Sekretär und Kandidat des Politbüros gewesen. Lenin hat über ihn gesagt, dass er einen schädlichen und dummen Bürokratismus

verbreite. Der Dichter Tschujew traf sich häufig mit Molotow, und in seinen Schriften gibt es einige dokumentarische Zeugnisse über diesen engen Mitarbeiter Stalins. »Er war bescheiden, genau und akkurat. Er achtete darauf (...), dass das Licht in den anderen Räumen nicht unnütz brannte. Als er am 8. November 1986 starb, öffnete man sein Testament, in einem Briefumschlag befand sich ein Sparbuch: 500 Rubel für die Beerdigung.«

Dieser Mann hatte mit Trotzki, mit Bucharin, mit Rykow und mit Sinowjew zusammengearbeitet. Er war anwesend bei den Verhandlungen mit Hitler und Ribbentrop; er kannte Churchill, Roosevelt und Truman. Er war einer der wichtigsten Architekten des Nichtangriffsvertrags und des Grenz- und Freundschaftsvertrags mit Deutschland. Viele sowjetische Menschen erinnern sich an die dramatischen Worte Molotows, die er (und nicht Stalin!) am 22. Juni 1941 mittags ausgesprochen hatte: »Unsere Sache ist gerechtfertigt. Der Feind wird geschlagen werden. Der Sieg wird unser sein.«

Stalins Erschütterung über den deutschen Überfall war so groß, dass er nicht zum Volk sprechen konnte und sich ihm nicht zeigte. Er übertrug dies seiner »rechten Hand« – Molotow. Sosehr ihn auch die Politbüromitglieder versucht hatten zu überreden, sich an die Öffentlichkeit zu wenden, er konnte es nicht. Er war wie vor den Kopf geschlagen. Er hatte beschlossen, erst dann aufzutreten, wenn, wie er hoffte, der Angriff bald zurückgeschlagen sein würde. Er konnte sich nicht vorstellen, welche Katastrophe heranrückte!

Während langer Jahrzehnte war Molotow der Schatten des »Führers«. Immer in der Nähe: in den Politbürositzungen, auf der Mausoleumstribüne, in den Zeitungsartikeln, bei internationalen Konferenzen. Wenn die »Prawda« Molotows Reden veröffentlichte oder von seinen Auftritten berichtete, druckte sie meist eine Fotografie Stalins mit ab.

Was dachte der alte Mann im Jahr 1986? Möglicherweise erinnerte er sich an die ZK-Sitzung im Dezember 1930, als man Rykow vom Posten des Vorsitzenden des Rats der Volkskommissare ablöste und Stalin Molotow die Kandidatur für diesen Posten antrug. Damals sagte Molotow, dass er im Verlauf einiger Jahre »eine Schule der bolschewistischen Arbeit unter der unmittelbaren Führung des besten Schülers Lenins, unter der Führung des Genossen Stalin, durchlaufen habe. Ich bin stolz darauf.«

Kurz vor seinem Tod sagte er über Stalin: »Wenn er nicht gewesen wäre, dann weiß ich nicht, was aus uns geworden wäre.« Bis in seine letzten Tage hielt er Stalin für genial, er war überzeugt davon, dass Tuchatschewski die militärische Kraft der »Rechten« gewesen sei – ein Anhänger Rykows und Bucharins, die eine Verschwörung vorbereitet hätten. Er war nach wie vor der Überzeugung, dass »das Jahr 1937 es erlaubte, bei uns die ›fünfte Kolonne‹ für den Fall eines Krieges zu beseitigen«. Selbstverständlich, stimmte Molotow zu, »wurden Fehler gemacht, es starben viele ehrliche Kommunisten, aber das Erkämpfte ließ sich nicht durch lockere Zügel halten«. Dieser eifrige, strebsame, beharrliche, raffinierte Handlanger Stalins trägt einen gewaltigen Teil der Verantwortung für die Verbrechen der Stalin-Zeit.

Auf dem berüchtigten Februar-März-Plenum des ZK 1937 trug Molotow einen Bericht über »Die Lehren aus der Schädlingsarbeit, Diversion und Spionage der japanisch-deutsch-trotzkistischen Agenten« vor. Der Inhalt des Berichtes war ein Aufruf zum Pogrom:

»Die gestrigen Schwankungen der wankelmütigen Kommunisten sind bereits in Schädlingsakte, in Diversion und Spionage, nach Absprache mit den Faschisten und zu ihren Gunsten, übergegangen. Wir sind verpflichtet, mit Schlag auf Schlag zu antworten, wir müssen auf unserem Weg überall die Abteilungen dieser Auskundschafter und Saboteure aus dem Lager des Faschismus zerschlagen. (…) Wir müssen uns beeilen, diese Sache zu Ende zu bringen, wir dürfen sie nicht aufschieben, und wir dürfen keine Unsicherheit an den Tag legen.«

Er schwankte nicht. Im Juni desselben Jahres schrieb ein Denunziant, der Molotows Aufruf, »diese Sache zu Ende zu bringen«, genau verstanden hatte, an Stalin: Ein hoher Regierungsbeamter, der alte Bolschewik Lomow, sei mit Rykow und Bucharin befreundet gewesen. Stalin notierte auf dem Brief des Denunzianten:

»An den Genossen Molotow. Was tun?«

Die Antwort ließ nicht lange auf sich warten:

»Ich bin für die umgehende Verhaftung dieses Halunken Lomow.
W. Molotow«

Das Schicksal eines Menschen war besiegelt. Verhaftung, Verhör, Urteil, Vollstreckung. Lomow war Parteimitglied seit 1903, er gehörte dem Zentralexekutivkomitee der UdSSR an, und er wurde, wie viele Tausende anderer Bolschewiki, durch einen Federstrich zum »Volksfeind«.
Molotow sorgte in vergleichbarer Weise für die Verhaftung des 1. Sekretärs des Swerdlowsker Gebietskomitees Kabakow, des Volkskommissars für Leichtindustrie Uchanow, des Vorsitzenden des Exekutivkomitees der Region des Fernen Ostens Krutow und vieler, vieler anderer Genossen. Unter direkter Mittäterschaft Molotows wurden von 28 Volkskommissaren, deren Vorgesetzter er war, mehr als die Hälfte Opfer von Repressalien.
Molotow war grausam. Im März 1948 wandte sich der Vorsitzende des Ministerrates der RSFSR Rodionow an ihn: Er bat um Hilfe bei der Unterbringung von 2400 Invaliden und alten Verbannten. Molotows Antwort war knapp:

»Das Ministerium für Inneres ist zu verpflichten, 2400 Invaliden und überalterte Sonderumgesiedelte in Arbeitslagern unterzubringen. Stellvertretender Vorsitzender
des Ministerrates der UdSSR
W. Molotow«

Stalin erwähnte nicht nur einmal vor den Mitgliedern des Politbüros Molotows Feuereifer und kolossale Arbeitsfähigkeit. Als dieser im März 1940 fünfzig Jahre alt wurde, ordnete Stalin an, dass die Stadt Perm nun »Molotow« heißen solle, obwohl auf der Landkarte schon mehr als ein Dutzend Städte, Siedlungen, Kolchosen und Sowchosen unter diesem Namen verzeichnet waren.
In den dreißiger Jahren gab es in Stalins Umgebung keine Theoretiker mehr. Der große Theoretiker war er. Ab und zu ließ er

sich herab und erlaubte auch einigen seiner Kampfgenossen, vor allem Molotow, sich als Theoretiker zu versuchen. In einem Brief bat der Parteihistoriker Wladimir Viktorowitsch Adoratski Stalin, einen Artikel für die von der Kommunistischen Akademie vorbereitete »Philosophische Enzyklopädie« zu schreiben, und zwar über die Strategie und Taktik des Leninismus. Stalin notierte auf den Brief folgende Bemerkung:

»Genosse Adoratski.
Ich bin furchtbar beschäftigt, und ich kann Ihrer Bitte nicht nachkommen. Versuchen Sie, sich an Molotow zu wenden: Er hat Urlaub, möglicherweise findet er Zeit dafür.
Mit komm. Gruß J. Stalin«

Selbstverständlich war Molotow kein Theoretiker. Aber verglichen mit Woroschilow, Kaganowitsch, Andrejew und einigen anderen, war er vorzuziehen. Als Bucharin nicht mehr war, war der einzige »Interpret« des Marxismus-Leninismus der »Führer« selbst.
Hinter Molotows Unerschütterlichkeit, Ausdauer, Undurchdringlichkeit und Korrektheit versteckte sich ein starker böser Wille, welcher sich nicht sehr von dem Stalins unterschied.

Was den Feuereifer anbelangt, so unterschied sich Lasar Moissejewitsch Kaganowitsch nicht wesentlich von Molotow. Auch er erfreute sich eines langen Lebens. Im November 1988 feierte er seinen 95. Geburtstag in seiner Moskauer Wohnung.
Semin, der nach dem Krieg bei Wosnessenski gearbeitet hatte, erzählte mir:

»Ich erinnere mich, ich kam zu Kaganowitsch mit irgendwelchen Papieren (er leitete damals die Kriegsindustriekommission), ich trug neue Stiefel. Kaganowitsch nahm die Papiere, schaute mich an, und sein Blick blieb an meinen Stiefeln haften.
›Zieh aus!‹, kommandierte der Stalinsche Volkskommissar.
›Warum?‹, stotterte ich verständnislos.
›Zieh aus, aber schnell!‹
Kaganowitsch wollte es nicht erklären.
Er nahm die Stiefel, die kaum getragen waren. Der Volkskommis-

sar drehte sie lange in seinen Händen hin und her, er schob seine Hände in den Stiefelschacht, und schließlich warf er sie vor mir auf den Boden und erklärte zufrieden: ›Gute Stiefel.‹ – Dann fügte er hinzu: ›Ich war doch Schuhmacher.‹«

Wer weiß? Wäre er Schuhmacher geblieben, hätte er seinen guten Namen erhalten können.

Im Jahr 1911 trat Kaganowitsch in die Partei der Bolschewiki ein, seinem älteren Bruder folgend. 1918 lernte er, der damals Mitarbeiter des Gesamtrussischen Kollegiums zur Organisierung der Roten Armee in Moskau war, Stalin kennen. 1920 wurde Kaganowitsch nach Turkestan abkommandiert.

Als Stalin Generalsekretär geworden war, forderte er Kaganowitsch aus Mittelasien an und setzte ihn an die Spitze der Organisationsund Instruktionsabteilung des ZK. Nun begann der wenig gebildete, aber außerordentlich zielstrebige und höchstgradig unterwürfige Funktionär, rasch die Stufen der Parteihierarchie nach oben zu klettern.

Stalin schätzte Kaganowitsch aus drei Gründen: wegen seiner fast übermenschlichen Arbeitsfähigkeit, wegen seines absoluten Mangels an einer eigenen Meinung zu politischen Fragen und wegen seiner Ergebenheit. Oft erklärte Kaganowitsch, bevor er wusste, um was es ging, und bevor Stalin sein Votum ausgesprochen hatte: »Ich bin absolut der Meinung des Genossen Stalin.«

Eines Tages stellte Stalin seinen Mitstreiter während einer Politbürositzung auf die Probe:

»Lasar, weißt du, dass dein [Bruder] Michail (Volkskommissar für Flugzeugindustrie, Bolschewik seit 1905; D. W.) sich mit den ›Rechten‹ abgegeben hat? Es gibt genaue Angaben.«

»Man muss mit ihm nach dem Gesetz verfahren«, presste Kaganowitsch mit zitternder Stimme heraus.

Stalin schätzte solche Menschen. Die Ergebenheit zu ihm musste man ständig beweisen. Und das ging nicht mit Kleinigkeiten, nicht einfach mit Lobpreisungen. Hatte Kaganowitsch diese Ergebenheit auf dem ZK-Plenum im Februar/März 1937 etwa nicht bewiesen? Die Säuberungsmaschine lief noch nicht auf Hochtouren, aber sie hatte die Reihen der Partei schon geschwächt, und auch die Intelligenz, die Arbeiterklasse, die Bauern, die Militärs hatten schon Opfer bringen müssen. In seinem zweistündigen Bericht auf der Sitzung des ZK präsentierte der »Stalinsche Volkskommissar« die ersten Resultate:

»Wir haben im Politapparat des Volkskommissariats für Verkehrswesen 220 Personen entlarvt. Es wurden 485 ehemalige Gendarmen entlassen, 220 Sozialrevolutionäre und Menschewiki, 572 Trotzkisten, 1415 weiße Offiziere, 282 Schädlinge, 449 Spione. Sie alle waren mit der konterrevolutionären Bewegung verbunden.«

Es ist nicht schwer, sich vorzustellen, was Kaganowitsch mit den Worten »entlassen«, »Spione« und »Schädlinge« meinte. Stalin konnte zufrieden sein mit Kaganowitschs »Analyse«, die dieser auf dem Plenum erhitzt vortrug:

»Wir haben es mit einer Bande närrischer Spione zu tun. Bezüglich der Eisenbahnstrecken sind ihre Vorgehensweisen besonders raffiniert. Serebrjakow, Arnoldow und Lifschitz setzten niedrige Fahrkapazitätsnormen an, sie organisierten Entgleisungen und wirkten der Stachanow-Bewegung entgegen. Ganz besonders schädlich verhielten sich Kudrewatych, Wassiljew, Bratin, Neischtedt, Morschtschichin, Becker, Kronz, Breus – sie behinderten die Einführung der Dampflokomotive ›FD‹. Die Linie Moskau–Donbass wurde von Schädlingen gebaut; Pjatow baute die Turksib schädlingshaft; die Strecke Karaganda–Petropawlowsk wurde von Mratschkowski sabotagehaft gebaut; die Linie Eiche–Sokur wurde von Barski und Eidelman sabotagehaft gebaut.«

Obwohl die Zeitungen über die Planübererfüllungen, über die Neuererbewegung der Eisenbahner des Lobes voll waren, malte Kaganowitsch weiter an seinem düsteren Gemälde:

»Schermergon, der Leiter der Eisenbahnbauverwaltung, war ein Saboteur. Der Genosse Stalin hatte es uns nicht nur einmal gesagt: ›Er ist ein schlechter Mensch, ein Feind.‹ Der Genosse Stalin hatte uns direkt gewarnt und vorgeschlagen, ihn zu beobachten und zu überprüfen …«

»Ein verdächtiger Mensch«, warf Mikojan ein.

»Serebrjakow, diese abscheuliche Person, benannte die Verteidigungspunkte sehr genau und bestimmte die Sabotageziele.«

Und so weiter, und so fort. Ganze Scharen von Saboteuren hatten offenkundig nur eines im Sinn: sprengen, Verkehrsstockungen verursachen, den Transport behindern. Und schließlich bot Kaganowitsch eine Kostprobe des ihm eigenen Humors:

»Jemschanow, das Ekel, war seit 1934 Leiter der Moskau-Donetzk-Eisenbahnstrecke. Nachdem man ihn entlassen hatte, bekam er keine andere Arbeit mehr und ging auf direktem Wege zum Genossen Jeschow in den NKWD zur Untermiete. Er machte Vorwürfe, er machte Arnoldow Vorwürfe. (…) Alle sagten – man hat diesen Menschen nicht geschützt. Nun, jetzt beschützt und bewacht ihn der Genosse Jeschow.«

Kaganowitsch, der wie alle Mitarbeiter Stalins ungebildet war, versuchte, sich ein Renommee als Theoretiker zu schaffen. Nach einem ZK-Beschluss waren die Leiter von Institutionen, Betrieben und Behörden verpflichtet, mit den Kadern persönlich marxistisch-leninistische Schulungsveranstaltungen durchzuführen. Der ehemalige hohe Angestellte im Volkskommissariat für Verkehrswesen und spätere Volkskommissar Kowalew erzählte mir:

»Kaganowitsch versammelte eine Gruppe von Leitern und eröffnete das Seminar. Bald erteilte er mir das Wort. In meinem Vortrag sprach ich darüber, dass das Proletariat, da es spontan handele, aufgrund seiner Lage lediglich ein trade-unionistisches Bewusstsein entwickeln könne. Wie von Sinnen starrte Kaganowitsch mich an, er schaute sich um und sagte: ›Was schwatzt du da, was ist denn ein ›junionistisches‹ Bewusstsein? Das Proletariat kann alles entwickeln! Ein proletarisches Bewusstsein!‹ Alle schauten sich um. Sosehr ich auch Lenin bemühte, um Kaganowitsch die unbedingte Notwendigkeit darzustellen, dem Proletariat die wissenschaftliche Theorie ins Bewusstsein zu bringen, er verstand dies nicht. Kaganowitsch schaute mich misstrauisch an, er löste das Seminar auf, und in Zukunft nahm er von der Durchführung solcher an seinen Kräften zehrenden Dinge Abstand.«

Seine »Autorität« erwarb Kaganowitsch sich durch kurze Besuche zur »Wiederherstellung der Ordnung« in dieser oder in jener Gegend im Auftrag des »Führers«. Seine Besuche in den Gebietsparteiorganisationen von Tscheljabinsk, Iwanowo, Jaroslawl und anderen Städten waren von tatsächlichen Pogromen begleitet: Viele örtliche Funktionäre wurden abgesetzt, es wurden Verfahren gegen sie eingeleitet, die oft tödlich endeten. Stalin war zufrieden mit seinem »eisernen Lasar«, wie er ihn oft nannte. Ebensolche Mitarbeiter brauchte er. Wenn Kaganowitsch über das Schicksal von Menschen entschied, so beriet er sich mit niemandem, er folgte den Instruktionen Stalins. »Schau mal dort vor Ort genau nach und entscheide selbst ... Übe keine Nachsicht ...« Viele Dokumente zeugen davon: Nicht selten redigierte Kaganowitsch die Urteilsentwürfe bereits vor Beendigung der Untersuchung, er veränderte die Akten von Verfahren willkürlich etwa in diesem Sinn: Man habe gegen ihn, den Volkskommissar, »terroristische Akte« geplant. Wie solche Verfahren endeten, ist klar. Bald wurde er Abteilungsleiter des ZK, und durch seine Hände gingen die wichtigsten Ernennungen für hohe Posten. Bereits im Jahr 1926 wurde Kaganowitsch Kandidat des Politbüros. Damals war er 33 Jahre alt. Angesichts der schwierigen Lage in der Ukraine und auf Empfehlung des Generalsekretärs hin wurde Kaganowitsch zum Führer der ukrainischen Kommunisten gemacht. Schon damals war das Verhältnis zwischen Kaganowitsch und dem Vorsitzenden des ukrainischen Rats der Volkskommissare Tschubar schlecht, was schließlich furchtbare Folgen für diesen haben sollte. Der Streit zwischen Kaganowitsch und leitenden Funktionären des ZK der ukrainischen KP nahm kein Ende. Im Jahr 1928 kehrte der »eiserne Lasar« nach Moskau zurück und wurde 1. Sekretär des Moskauer Stadtkomitees und des Moskauer Gebietskomitees der Partei. Auf dem 16. Parteitag schickte das ZK ihn in das Politbüro.

In der ersten Hälfte der dreißiger Jahre war Kaganowitschs Einfluss besonders stark. Oft fuhr der Volkskommissar für Verkehrswesen in Gegenden, in denen die Kollektivierung schwer vorankam, und sofort nach seinem »Blitzbesuch« lief die Sache schneller. Stalin interessierten die Methoden, die der »eiserne Lasar« anwendete, wenig. Kaganowitsch war von Natur aus grausam, grob und ein typischer Vertreter des administrativ-bürokratischen Apparats.
Aufgrund seines Eingreifens vergrößerte sich im Nordkaukasus der Strom der »Entkulakisierten«, die in den Norden deportiert wurden. Im Moskauer Gebiet setzte er jeden ab, der seinen Direktiven nicht unverzüglich folgte. Weil er sie nicht begriff, wurden einige Stücke an den Moskauer Bühnen verboten. Er war Vorsitzender der Zentralkommission zur Durchführung der Parteisäuberung, und er war erbarmungslos. Sein Name steht im Zentrum des rätselhaften Vorfalls während der Wahlen zum ZK auf dem 17. Parteitag. Er war einer der Hauptinitiatoren der Vernichtung vieler historischer Denkmäler – darunter der berühmten Christus-Erlöser-Kirche – in Moskau unter dem Vorwand der Rekonstruktion der Hauptstadt. Stalin wusste den grenzenlosen Arbeitseifer seines Mitarbeiters zu schätzen und belohnte ihn mit dem soeben eingeführten Leninorden.

Zu den nächsten Mitkämpfern des »Führers« gehörte in den dreißiger Jahren auch Kliment Jefremowitsch Woroschilow. Noch zu seinen Lebzeiten wurde sein Namen zur Legende. Damals sangen die jungen Pioniere:

»Wenn uns in den Kampf
Schickt der Genosse Stalin,
Wird uns der erste Marschall
In der Schlacht begleiten.«

Woroschilow war früh zur revolutionären Bewegung gestoßen. Im Jahr 1906 lernte er auf dem 4. Parteitag als Delegierter Lenin, Stalin und andere bekannte Revolutionäre kennen. Nach längeren Verbannungsaufenthalten und Verhaftungen erlebte Woroschilow die Februarrevolution in Petrograd. In den Jahren des

Bürgerkriegs kämpfte er an verschiedenen Fronten. Er spielte, wie es bisher immer hieß, eine herausragende Rolle bei den Kämpfen um Zarizyn, während deren seine Freundschaft zu Stalin sich festigte. Der Ruhm Woroschilows als »Held des Bürgerkriegs« ist allerdings in hohem Maß eine bewusst ins Leben gerufene Legende. Gewiss, der zukünftige Volkskommissar für Verteidigung kämpfte tapfer, aber er tat dies ohne Plan und Organisation. Lenin sagte auf dem 8. Parteitag:

»Woroschilow führte solche Fakten an, die bezeugen, dass es furchtbare Spuren von Partisanentum gegeben hat. Das ist ein unbestrittenes Faktum. Der Genosse Woroschilow sagt: ›Wir hatten keinerlei militärische Spezialisten und 60 000 Mann Verlust.‹ Das ist furchtbar. (...) Das Heldentum der Zarizyner Armee geht in die Massen ein, aber es sagt: Wir sind ohne Militärspezialisten ausgekommen. Ist das etwa die Unterstützung der Parteilinie? (...) Der Genosse Woroschilow ist dafür verantwortlich, dass er dieses alte Partisanentum nicht abwerfen will.«

Woroschilow begann seinen kämpferischen Weg in der 1. Reiterarmee, deren Revolutionären Kriegsrat er angehörte; er kämpfte im Nordkaukasus und auf der Krim, er nahm an der Zerschlagung des Kronstadter Aufstands teil. Für seine Leistungen im Bürgerkrieg erhielt er zweimal den Rotbannerorden. Seit dem 10. Parteitag war Woroschilow Mitglied des ZK und seit dem 14. Parteitag auch Mitglied des Politbüros. Nach Frunses mysteriösem Tod wurde Woroschilow Volkskommissar für Heer und Flotte, und er engagierte sich beim weiteren Aufbau der Roten Armee. Die Erfolge, die dabei erzielt wurden, sind im Wesentlichen darauf zurückzuführen, dass im Volkskommissariat, in den Militärakademien und in einer Reihe von Militärbezirken viele kreative Militärführer und Militärwissenschaftler arbeiteten, die die Revolution hervorgebracht hatte; teilweise waren es Offiziere der alten Armee. Bereits Ende der zwanziger Jahre erschienen Biographien und viele Artikel über Woroschilow, unter anderem unter den Titeln: »Der Führer der Armee der Weltrevolution«, »Wir erwarten deinen Befehl, Genosse Woroschilow«, »Bolschewistischer Armeeführer«, »Von der Werkbank zum Oberkommandierenden«

und so weiter. Es wurde das Abzeichen »Woroschilow-Scharfschütze« eingeführt, und zu Ehren Kliment Woroschilows wurde ein schwerer Panzer »KW« genannt. (Ein modernerer und stärkerer Panzer trug die Typenbezeichnung »JS« – »Josef Stalin«.)
Woroschilow war berühmt. Wie stand Stalin dazu? Gelassen. Er beachtete diese Tatsache wenig, denn die Erhebung Woroschilows in den dreißiger Jahren ging einher mit den Worten: »Er erfüllt den Willen des Führers«, »der rote Marschall unter der Führung des Genossen Stalin«, »der Stalinsche Volkskommissar« und so weiter. Stalin kannte Woroschilow besser als jeder andere, er kannte auch seinen Preis. Alle glaubten, dass sie Freunde seien, doch bei einer wirklichen Freundschaft gibt es und darf es keine Schuldner geben. Aber Woroschilow stand tief in Stalins Schuld: für den Ruhm, für die Posten, für die Auszeichnungen.
Er hatte keine eigene Meinung. Er besaß nicht die beinahe unmenschliche Arbeitsfähigkeit Kaganowitschs, nicht den Verstand und die Verschlagenheit Molotows, nicht die Vorsicht und Umsicht Mikojans, und er stand in vielen weiteren Dingen weit hinter den anderen Politbüromitgliedern. Aber Stalin brauchte Woroschilow wegen der Aureole, die sich um den »Führer der Roten Armee« gebildet hatte. Stalin war überzeugt, dass der Volkskommissar ihn jederzeit unterstützen würde. Und darin hat er sich nicht getäuscht. Als die Stunde der blutigen Säuberung gekommen war, schwankte Woroschilow nicht und entfachte zusammen mit seinem »Führer« das Feuer der Verfolgung, in dem drei Marschälle der Sowjetunion verbrannten und Tausende von Kommandeuren der Roten Armee. In seiner Rede auf dem Februar-März-Plenum des ZK 1937 zählte er namentlich viele »Volksfeinde« auf, die in die Rote Armee eingedrungen seien. Woroschilow meinte, durch ein Beispiel illustrieren zu müssen, dass nicht nur an der Spitze »trotzkistische Saboteure« ihr Unwesen trieben. Der Volkskommissar verlas einen Brief des verhafteten Majors Kusmitschew:

»An den Volkskommissar für Verteidigung, den Genossen K. J. Woroschilow.
Man beschuldigt mich der Mitgliedschaft in einer konterrevolutionären terroristischen Gruppe, die ein Attentat auf Sie geplant

habe. Ja, ich war in den Jahren 1926 bis 1928 Mitglied der trotzkistischen Opposition. Vor Beginn des Jahres 1929 versuchte ich, meine Schuld zu begleichen. In Ihnen habe ich immer nicht nur den Führer der Roten Armee gesehen, sondern auch einen außerordentlich teilnahmsvollen Menschen. Ich wurde mit zwei Rotbannerorden ausgezeichnet.
Wie konnte es geschehen, dass man mich zur Bande faschistischer Mörder zählt?
Man wird mich wohl erschießen. Möglicherweise werden die Trotzkisten innerhalb einiger Jahre sagen, warum sie einen ehrlichen Menschen verleumdet haben, und wenn die Wahrheit ans Tageslicht kommen wird, bitte ich Sie, den ehrenhaften Namen meiner Familie wiederherzustellen. Entschuldigen Sie die Schmiererei, mehr Papier geben Sie einem nicht.
21. 8. 1936 Kusmitschew«

Nachdem Woroschilow den Brief verlesen hatte, ließ er seine Augen über die Zuhörerschaft schweifen und sprach:

»Und zehn Tage später gestand er: Sie wollten einen Terrorakt im Gebiet von Belaja Zerkwa während der Manöver durchführen.«

Woroschilow wusste, wie man solche Geständnisse erhielt. In seinem Bericht sagte er ferner, er spreche häufig »mit Jeschow bezüglich derer, die der Vertreibung aus den Reihen der Armee unterliegen«.
Ein anderes Mal sagte er: »Ich verteidige vereinzelte Personen. In der Tat kann man in eine unangenehme Situation geraten: Du verteidigst ihn, und auf einmal erweist er sich als echter Feind, Faschist.« Offenbar fühlte sich Woroschilow eben in solch einer unangenehmen Situation, als er folgenden Brief erhielt:

»K. J. Woroschilow. Im Andenken an meine vieljährige ehrenhafte Arbeit in der Roten Armee bitte ich Sie anzuordnen, nach meiner Familie zu schauen und ihr Hilfe zu gewähren, da sie völlig hilflos und absolut unschuldig ist. Mit ebensolcher Bitte habe ich mich an N. I. Jeschow gewandt.
9. Juni 1937 Jakir«

Mit großen Buchstaben vermerkte Woroschilow auf Jakirs Brief:

»Ich zweifle an der Ehrenhaftigkeit eines ehrlosen Menschen überhaupt.
10. Juni 1937 K. Woroschilow«

Vor mir liegen einige Bände von Dokumenten, die Woroschilow unterzeichnet oder auf die er Bemerkungen geschrieben hat. Ein Band mit Briefen von Kommandeuren, die sich angesichts ihres nahenden Prozesses, ihrer bevorstehenden Erschießung an den Volkskommissar wandten. Die Briefe Gorjatschews, Kriwoschejews, Sidorows, Chachanjans, Bukschtynowitschs, Prokofjews, Krasowskis
Hier ist der Brief Michail Jeferemows, des ehemaligen Kommandeurs des transbaikalischen Militärbezirks:

»Genossen! (…) Alle meine Brüder sind Kommunisten. Vier von ihnen sind Kommandeure der Roten Armee. Mein Sohn, siebzehn Jahre, ist Komsomolze. Mutter und Schwestern sind mit zwölf Kindern im Kolchos ›Der Weg des Sozialismus‹ im Gebiet Orel. Mein Onkel wurde im Jahre 1905 wegen Rebellion in der Flotte erhängt, mein Vater von Kulaken getötet. Ich selbst bin Moskauer Arbeiter. Ich habe am Chinakrieg teilgenommen. Ich habe Verwundungen. Ich erhielt: den Leninorden, drei Rotbannerorden, den Orden des Roten Arbeitsbanners. (…) Ich bitte Sie, meine Leiden und Qualen rascher zu beenden.
Immer Ihr Jefremow Michail«

Dieser Brief blieb ohne Antwort, wie Tausende von anderen. Woroschilow wollte die Säuberungsmaschine nicht bremsen. Mitleidlos befahl er Verhaftungen, Verurteilungen und Erschießungen. Hier der Text einiger Telegramme aus einer Vielzahl ähnlicher in den Jahren 1937 und 1938:

»Chabarowsk. An Blücher. Nr. 88. Verurteilen. K. Woroschilow«
»Swerdlowsk. An Gorbatschow. Nr. 39. Erlaube Arrest. K. Woroschilow«
»Poljarnoje. An den Kommandeur der Nördlichen Polarflottille.

Nr. 212. Verurteilen und bestrafen, wie es sich gehört. Woroschilow«
»Swerdlowsk. An Gajlit. Finden, verhaften und strengstens verurteilen. Woroschilow«
»Smolensk. An Below. An Mesis. Nr. 475. Verhaftet sie. K. Woroschilow«
»Leningrad. An Dybenko. An Meger. Nr. 16758. Ich gestatte Verhaftung und Verurteilung. Woroschilow«
»Tbilissi. An Kujbyschew. An Apse. Nr. 344. Verurteilen und erschießen. Woroschilow«

Im April/Mai 1937 schickte er Stalin eine Notiz folgenden Inhalts:

»An das Politbüro des ZK der KPdSU(B). Genossen Stalin.
Ich bitte, aus dem Militärrat beim Volkskommissar für Verteidigung der UdSSR auszuschließen:
Tuchatschweski M. N.
Eideman R. P.
Longwa R. W.
Jefimow N. A.
Appog E. f.
Sie sind aus den Reihen der RKKA (Roten Armee; A. d. Ü.) ausgeschlossen.
25. Mai 1937 K. Woroschilow«

Beim Unterzeichnen hatte Woroschilow das Wort »ausgeschlossen« weggestrichen und durch das Wort »entlassen« ersetzt. Obwohl er genau wusste, wohin man sie »entlassen« würde. In den folgenden Tagen erhielt Stalin mehr solcher Notizen, aber mit anderen Namen: Gorbatschow, Kasanski, Kork, Kutjakow, Feldman, Lapin, Jakir, Uborewitsch, Germanowitsch, Sangurski, Ogilej und andere. Den Volkskommissar kümmerte es wenig, dass sich faktisch der gesamte Militärrat beim Volkskommissar für Verteidigung der UdSSR als »faschistisch« und »trotzkistisch-bucharinistisch« erwies. Das wichtigste war, »die Linie des Genossen Stalin zu unterstützen«. Solche Mitkämpfer kamen dem »Führer« wie gerufen. Selbstverständlich tragen auch sie die Verantwortung für die Pervertierung und für die Verbrechen, die Stalin vollbrachte. Verantwortung tragen aber auch jene, die nur ja gesagt haben, die zugestimmt haben, die sich begeisterten, die den »weisen Beschlüssen« Stalins zustimmten. Der Grad ihrer Schuld ist unterschiedlich. Unter ihnen erkennen wir Andrejew, Schdanow, Kalinin, Mikojan, Malenkow, Chruschtschow und andere aus der höchsten Partei- und Staatsführung. Sie haben nicht versucht, den Wahnsinn zu verhindern.

Das Phantom Trotzki

Stalin hasste Trotzki nun mehr als vor dessen Ausweisung. Stalin fürchtete ihn nach wie vor, und ihn beunruhigte das Gefühl, dass er niemals würde loskommen können von diesem Phantom. Einmal konnte er sich kaum beherrschen. Es war in dem schon zitierten Gespräch mit Emil Ludwig. Als die Rede auf Autoritäten kam, sagte Stalin auf einmal: »Trotzki genoss ebenfalls große Autorität. (...) Und was geschah? Sobald er sich von den Arbeitern abwandte, vergaßen sie ihn.«
»Vergaßen ihn völlig?«, fragte Ludwig nach.
»Zuweilen erinnern sie sich seiner – voll Ingrimm.«
»Alle voller Ingrimm?«
»Was unsere Arbeiter betrifft, so erinnern sie sich Trotzkis mit Ingrimm, Zorn und Hass.«

Stalin war unaufrichtig. Möglicherweise hatten tatsächlich einige Arbeiter schlechte Erinnerungen an Trotzki. Aber vor allem sprach er über sich selbst. Stalin erinnerte sich an Trotzki mit Ingrimm, Zorn und Hass. Während er den Reden Molotows, Kaganowitschs, Chruschtschows oder Schdanows zuhörte, wird er gedacht haben: Wie viel klüger war doch Trotzki als diese Funktionäre! Keiner seiner Mitarbeiter war mit Trotzki zu vergleichen. Weder als Organisator noch als Redner, noch als Publizist. Und Trotzki war klüger und talentierter als er selbst. Im Kreis seiner Vertrauten hat er einmal gesagt, es sei der größte Fehler seines Lebens gewesen, Trotzki aus der Sowjetunion herausgelassen zu haben.

Stalin denunzierte Trotzki als Verräter und als Helfershelfer der Faschisten. Und Trotzki scheute keine Mühen, Stalin und Hitler auf eine Stufe zu stellen. Trotzki konnte sich in der Verbannung auf verschiedene Gruppen von Gleichgesinnten in einer Reihe von Ländern stützen und die öffentliche Meinung beeinflussen. Seine Reden und Artikel waren nach wie vor effektvoll. Seine Hauptzielscheibe war Stalin, den er den »Totengräber der Revolution« nannte.

Trotzki wusste viel. Während der Revolutionsjahre und im Bürgerkrieg war er Lenin näher gewesen als Stalin. Lenin hatte sich oft vor Trotzki gestellt, er hatte dessen organisatorisches und agitatorisches Talent geschätzt. Stalin erinnerte sich an jene Zeit, als ihr Verhältnis noch erträglich war, dass er einige radikale Ideen, die Trotzki vertrat, gutgeheißen hatte – etwa den Vormarsch auf Warschau, um das revolutionäre Feuer in Europa zu schüren. Trotzki glaubte, dass Asien revolutionärer sei als Europa. Wenn man im Südural eine revolutionäre Basis bilden würde, dann wäre ein Feldzug nach Asien mit dem Ziel, die Revolution zu beschleunigen, doch realistisch? Die Revolutionen in China und Indien müssten dann siegen. Stalin hatte diesen Thesen nicht widersprochen.

Besonders schmerzhaft traf Stalin, dass Trotzki beanspruchte, auch im Namen jener zu sprechen, die in der Sowjetunion zum Schweigen gebracht worden waren. Wenn Stalin die Übersetzungen von Trotzkis Büchern las, muss der Zorn ihn ergriffen haben. Es stellte sich heraus, dass er Trotzki falsch charakterisiert hatte in seiner Rede vor der kommunistischen Fraktion im Zentralrat der sowjetischen Gewerkschaften im November 1924. Denn nun wich Trotzki ganz und gar nicht zurück, obwohl er doch eine kapitale Niederlage hatte einstecken müssen! Trotzki war nicht feige. Er kämpfte!

Auf dem Februar-März-Plenum des ZK im Jahr 1937 sprach Stalin in seinem Bericht »Über die Mängel der Parteiarbeit und die Maßnahmen zur Liquidierung der trotzkistischen und sonstigen Doppelzüngler« auch über den »zeitgenössischen Trotzkismus«. Wie immer stellte er seinen Hörern zunächst eine Frage, als seien sie Schulkinder: Was ist Trotzkismus? Und er antwortete, er sei noch vor sieben bis acht Jahren eine antileninistische und daher grundfalsche politische Strömung gewesen, habe sich nun aber

»in eine hemmungslose und prinzipienlose Bande von Schädlingen, Diversanten, Spionen und Mördern verwandelt«. Und weiter sagte er: »Im Prozess von 1936 haben Sinowjew und Kamenew (…) entschieden geleugnet, irgendeine politische Plattform zu besitzen. (…) Beide logen. In dem Prozess von 1937 schlugen Pjatakow, Radek und Sokolnikow einen anderen Weg ein. Sie leugneten nicht, dass die Trotzkisten und Sinowjew-Leute eine politische Plattform besitzen. (…) Restauration des Kapitalismus, Liquidierung der Kollektiv- und Sowjetwirtschaften, Wiederaufrichtung des Systems der Ausbeutung, Bündnis mit den faschistischen Kräften Deutschlands und Japans zur beschleunigten Entfesselung eines Kriegs gegen die Sowjetunion, Kampf für den Krieg und gegen die Politik des Friedens, territoriale Zerstückelung der Sowjetunion unter Auslieferung der Ukraine an die Deutschen und des fernöstlichen Kriegsgebiets an die Japaner, Vorbereitung der militärischen Niederlage der Sowjetunion im Fall eines Überfalls feindlicher Staaten und, als Mittel der Erringung dieser Ziele, Schädlingsarbeit, Diversionsakte, individueller Terror gegen die Führer der Sowjetmacht, Spionage zugunsten der japanisch-deutschen faschistischen Kräfte – das ist die von Pjatakow, Radek und Sokolnikow entwickelte politische Plattform des heutigen Trotzkismus.«

So verband Stalin all seine geschlagenen und potentiellen Feinde mit dem Trotzkismus.
Trotzki war kein Feind der Revolution und des Sozialismus. Er war ein Feind Stalins. Ich möchte meine Augen nicht verschließen vor jenen antisowjetischen Auslassungen, zu denen Trotzki zuweilen gegen Ende seines Lebens manchmal neigte. In diese Sackgasse führte ihn die Logik des Kampfes gegen Stalin. Möglicherweise waren Trotzkis antisowjetische Reden und Artikel nach seiner Ausweisung manchmal schädlich für unsere Idee. Aber eines muss über ihn gesagt werden: Er zerbrach nicht. Er war einer der ersten, die merkten, was Stalin beabsichtigte. Leider hatte Trotzki in vielem recht.
Welche Gefahr ging von Trotzki aus für Stalin in den dreißiger Jahren? Konnte Trotzki die politische und gesellschaftliche Entwicklung in der Sowjetunion beeinflussen?

Als Stalin seine Alleinherrschaft festigte, irrte Trotzki in der Welt umher. Die Prinzeninseln, Frankreich, Norwegen und schließlich Mexiko. Zunächst glaubte Trotzki, dass er bald in die Sowjetunion zurückkehren könne und dass Stalin sich nicht lange halten würde. Er glaubte, dass die intellektuelle Unzulänglichkeit, die Kulturlosigkeit und die Grobheit Stalins derart offensichtlich seien, dass sie den Widerstand geradezu herausfordern müssten. Mit Hilfe seiner Anhänger, die regelrechte Wallfahrten zu den Prinzeninseln veranstalteten, gelang es Trotzki, Kontakte mit vielen kleinen Gruppen aufzunehmen, mit Gruppen, die der Komintern negativ gegenüberstanden und die Stalins Regime ablehnten. Mit ihrer Hilfe schaffte es Trotzki bald, die Herausgabe der Zeitschrift »Bulletin der Opposition« zu organisieren. Ab und zu gelang es Trotzki, bis zum Jahr 1935, einige Exemplare des »Bulletins« in die Sowjetunion zu schleusen. Es war klar, Trotzki versuchte mit seinen ehemaligen Mitkämpfern und Gleichgesinnten in der Sowjetunion Verbindung aufzunehmen.

Darüber spricht auch Trotzki-Biograph Isaac Deutscher. Im dritten Band der Biographie schreibt er beispielsweise, dass Trotzki über einen gewissen Sobolevicius wichtige Informationen aus Russland erhalten habe, unter anderem Nachschlagewerke, statistische Angaben für seine Bücher und Artikel. Außerdem hatte Trotzki rund dreißig Kisten mit seinem Archiv und seinen Büchern mit ins Ausland genommen. Durch die Hände Sobolevicius' und seines Bruders ging ein bedeutender Teil des Schriftverkehrs Trotzkis mit seinen Anhängern in der Sowjetunion, chiffrierte Nachrichten, Briefe, die mit Geheimtinte geschrieben waren, Adressen und so weiter. Die Verbindungen Trotzkis waren zwar schwach, aber er hatte bis 1935 die Möglichkeit, einige Informationen aus der UdSSR zu erhalten und dorthin auf illegalen Kanälen seine Briefe zu schicken.

Die vier langen Jahre, in denen sich Trotzki auf den Prinzeninseln aufhielt, waren eine Zeit des Wartens und der Bestimmung des weiteren Wegs. Allmählich schmolz Trotzkis Überzeugung, dass man ihn nach Moskau rufen werde. Er musste seinen Kampf gegen Stalin fortsetzen. Aber wie?

In den Augen der Kommunisten vieler Länder waren die wirtschaftlichen und kulturellen Errungenschaften der Sowjetunion verbunden mit dem Namen Stalins. Im Westen wusste man über seinen Charakter nichts, noch hatten die Aufsehen erregenden Prozesse nicht begonnen. Trotzkis Versuch, von außen politischen Druck auf Stalin und seine Politik auszuüben, war zum Scheitern verurteilt. Und es sprach nichts dafür, dass sich Trotzkis ehemalige Mitkämpfer in der Sowjetunion gegen Stalin erhoben. Aber in seinen Artikeln, Reden und Interviews erweckte Trotzki den Eindruck, dass die Opposition wachse, dass die Zahl seiner Anhänger steige und dass die »Konsolidierung der antistalinschen Kräfte« fortschreite. Leider entsprach dies nicht der Wirklichkeit. Aber der misstrauische Stalin nahm viele dieser Erklärungen für bare Münze.

Stalin war außer sich vor Wut, aber er konnte nichts tun: Zahlreiche Arbeiten Trotzkis polemisierten bereits in ihrer Überschrift gegen ihn: »Die Stalinsche Schule der Fälschungen«, »Stalins Verbrechen«, »Zur politischen Biographie Stalins«. Die letzte Arbeit, die Trotzki nicht mehr beenden konnte, hieß »Stalin«. Trotzkis Werke erschienen in vielen Ländern. Sie vermittelten ihren Lesern ein klares Bild: Da war ein finsterer asiatischer Despot, hinterlistig, grausam, fanatisch und rachsüchtig.

Im Jahr 1936 lebte Trotzki in Norwegen und schrieb das Buch »Die verratene Revolution«. In diesem Buch wandte er sich an seine Anhänger, an die Mitglieder zerschlagener Oppositionen, an ehemalige Menschewiki, Sozialrevolutionäre und Anhänger anderer Parteien. Er rief sie auf zur »politischen Revolution«. Der Hass auf Stalin, die Ausweglosigkeit und die Perspektivlosigkeit der eigenen Lage nahmen Trotzki die Möglichkeit, die politische Lage in der Sowjetunion nüchtern zu beurteilen.

Das Buch enthielt auch lange Prognosen für die gesellschaftliche Entwicklung in der Sowjetunion. Aber Trotzki erwies sich nicht als ein scharfsinniger Futurologe. Viele seiner Voraussagen gründeten in seinem leidenschaftlichen Wunsch, die Niederlage des »Führers« zu erleben. Er schrieb auch, dass Stalin kaum dem Untergang entgehen könnte, wenn Deutschland einen Krieg gegen die Sowjetunion beginne. Es ist schwer, eindeutig zu sagen, ob Trotzki dies nüchtern erwog oder ob er es herbeiwünschte.

Stalin las die Übersetzung des Buches in einer Nacht. In ihm kochte die Wut. Und in ihm reiften zwei Entscheidungen heran. Erstens: Trotzki musste aus der politischen Arena verschwinden – koste es, was es wolle. Er wusste, dass jegliche Tarnung eines Mordanschlags sinnlos sein würde. Alle würden wissen, dass er diesen Mord organisiert hatte. Zweitens: Alle, wirklich alle potentiellen Feinde seiner Diktatur innerhalb des Landes mussten liquidiert werden. Möglicherweise ahnte Stalin nicht, wie weit diese Entscheidung reichte. Die »Verratene Revolution« Trotzkis, die Stalin Anfang 1937 in die Hände bekommen hatte, spielte eine tragische Rolle.

Einige Tage später brachte Jeschow, der Volkskommissar für Inneres, stark nach Alkohol riechend, eine lange Liste des »Schemas der Verbindungen« Trotzkis mit seinen Gesinnungsgenossen in der Sowjetunion. Der »Führer« gab, nachdem er die Liste studiert hatte, Jeschow nicht einmal die Hand, um sich von ihm zu verabschieden. Stalin dachte an den Fall Bljumkin. Der Sozialrevolutionär Bljumkin hatte den deutschen Botschafter Mirbach ermordet, um den Brester Frieden zu sabotieren. Er wurde zum Tod verurteilt, doch dank Trotzkis Intervention wurde die Todesstrafe ersetzt durch eine »Sühne im Kampf zur Verteidigung der Revolution«. Bljumkin diente lange in Trotzkis Stab, und die beiden kamen sich näher. Später arbeitete Bljumkin in den Organen der GPU. Als er im Sommer 1929 aus Indien über Konstantinopel in die Sowjetunion zurückkehrte, traf er sich mit Trotzki auf den Prinzeninseln. Deutscher schreibt, dass der »Vertriebene« nach langen Gesprächen ein Schreiben an seine Mitkämpfer in Moskau verfasst und Bljumkin beraten habe, wie gegen Stalin zu kämpfen sei. Als Bljumkin in die Sowjetunion zurückkehrte, wurde er bald verhaftet. Möglicherweise hatte man ihn in der Türkei bespitzelt, als er sich auf das Schiff zur Überfahrt zu den Prinzeninseln begab, oder er hatte unvorsichtigerweise irgendjemandem in Moskau etwas über das Treffen mit Trotzki erzählt. Wahrscheinlich aber war es so, wie es Lunatscharskis Sekretär I. A. Satz berichtet hat: Bljumkin habe ein Paket von Trotzki für Radek mitgebracht, und er habe diesem auch eine mündliche Botschaft übermittelt. Als Bljumkin gegangen sei, habe Radek das Paket nicht aufgemacht, sondern Jagoda angerufen und ihm über den Besuch Bljumkins erzählt, und Jagoda habe Stalin die Sache gemeldet. Bljumkin wurde sofort verhaftet und nach einer kurzen Gerichtsverhandlung erschossen. Radek hatte einen kurzen Aufschub gewonnen.

Wie viele Bljumkins mochte es geben? wird Stalin sich gefragt haben. Und wie viele in seiner Nähe? Und hatte Bljumkin nicht Mirbach ermordet? Wo sind sie? Wie weit hatte Trotzki seine Fühler ausgestreckt? Die Zweifel, die Vorsicht, die Wut, die Angst, die Aufregung und der Hass auf Trotzki erfüllten Stalin. Nun, Bljumkins Tod hatte einige Trotzkisten erschreckt, aber wer konnte garantieren, dass die Angst den Kampfeswillen seiner Gegner schwächte?

Nun erklärte Stalin, dass der Trotzkismus die wesentliche feindliche Plattform sei. Auf ihrer Grundlage hätten sich alle Feinde des Sowjetstaats vereinigt. Trotzki wurde zur Staatsgefahr aufgebauscht. In allen Misserfolgen und Katastrophen entdeckte Stalin Trotzkis Hand. In den Prozessen der Jahre 1937/38 spielten angebliche »Verbindungen«, »Direktiven« und »Weisungen« Trotzkis, sogar Begegnungen mit ihm in Berlin oder in Oslo, eine wesentliche Rolle in den Anklageschriften. In den Berichten auf den vier ZK-Sitzungen im Jahr 1937 waren »Trotzki«, »Trotzkismus«, »trotzkistische Spione und Mörder« das wichtigste Thema.

Aber das war eine groteske Verzerrung der Wirklichkeit. Der Trotzkismus hatte sogar zurzeit seines größten Einflusses, Mitte der zwanziger Jahre, in der Partei nur wenige Mitkämpfer. Nach Trotzkis Ausweisung hielten ihm nur wenige Anhänger die Treue. Es waren vereinzelte Personen. Vielleicht ein paar Dutzend, lassen wir es ein paar hundert sein. Einige fühlten, dass Trotzki nicht mehr für die Ideale des Sozialismus kämpfte, sondern vor allem für sich. Andere wandten sich vom Trotzkismus ab und zogen sich von der Politik zurück. Und jene, denen Stalin »verzieh«, denen er erlaubte, nach Moskau zurückzukehren (Rakowski, Preobraschenski, Muralow, Sosnowski, Smirnow, Boguslawski, Radek und andere), befanden sich auf drittklassigen Posten. Stalin erlaubte den ehemaligen Oppositionellen, sich mit der Ökonomie und mit der Philosophie zu beschäftigen, aber kein Einziger von ihnen kam in eine bedeutende politische Funktion. Die erdrückende Mehrheit von ihnen hatte öffentlich abgeschworen. Keiner von ihnen stellte eine Bedrohung für die Stabilität der Gesellschaft dar.

Selbstverständlich wusste Stalin, dass er sie gezwungen hatte, sich vom »linken Kurs« loszusagen, die »permanente Revolution« zu verurteilen und den Leninismus in seiner Interpretation anzunehmen. Der »Führer« wusste, dass diese Menschen in ihrem tiefsten Inneren nach wie vor nicht seiner Meinung waren. Und das war in seinen Augen eine große Gefahr. Zu Stalins Charaktermängeln gehörte schon seit seiner Kindheit eine ausgeprägte Unaufrichtigkeit, und diese unterstellte er auch anderen.
Summa summarum: Der Trotzkismus stellte zu keinem Zeitpunkt eine Gefahr für Stalin dar. Nach 1935 verlor Trotzki faktisch jede Verbindung in die Sowjetunion. Die Zeitungen und das Radio waren nun seine wichtigsten Informationsquellen. Aber immer noch stellte Trotzki sich als einen Politiker dar, der in der Lage sei, die sozialen, politischen und ideologischen Entwicklungen in der Sowjetunion zu beeinflussen. Stalin zwang sich, daran zu glauben. Er brauchte einen Vorwand, um ein für alle Mal all denen ein Ende zu bereiten, die irgendwann seine Ansichten nicht geteilt hatten. Er wollte auch jene vernichten, die in der Lage sein könnten, irgendwann einmal gegen ihn aufzutreten. Konnte er doch nicht zulassen, dass die Prophezeiungen Trotzkis sich bewahrheiteten. Stalin wurde regelrecht übel, wenn er an Trotzkis Voraussagen dachte. Besonders an die in dem Buch, das der Emigrant innerhalb von zwei, drei Monaten verfasst hatte nach dem Prozess gegen Pjatakow, Radek, Sokolnikow, Serebrjakow und andere im Januar 1937. Der Titel allein genügte fast schon: »Stalins Verbrechen«.

Die Popularität des Triumphators

Im Juni 1937 teilte die »Prawda« mit, dass den Fliegern Tschkalow, Bajdukow und Beljakow in dem sowjetischen Flugzeug ANT-25 der erste Flug ohne Zwischenlandung von Moskau über den Nordpol nach Nordamerika gelungen sei. Das war ein Triumph der sowjetischen Technik, der sowjetischen Menschen. Im März 1937 hatte die »Prawda« berichtet, dass Alexej Stachanow einen neuen Arbeitsrekord aufgestellt habe. Während sechs Stunden habe er im – nach Stalin benannten – Schacht »Zentralnaja« 321 Tonnen Kohle gefördert. Das war das 23fache der Norm eines Hauers an diesem Abschnitt! In einer Schicht hatte Stachanow die Tagesnorm des gesamten Abschnitts um 83 Tonnen übertroffen. Auch dieser Rekord wurde mit Stalins Namen in Verbindung gebracht. In seinem Buch »Erzählung über mein Leben«, welches bald nach dem Rekord erschien, schreibt Stachanow:

»Wenn ich mich an alles erinnere, wenn ich all meine Gedanken sammele, so möchte ich immer wieder ein und dasselbe sagen: Danke, Genosse Stalin! Der Genosse Stalin hat mich derart erhoben, einen einfachen Arbeiter (…). Ich habe mich bereits an die Worte ›Stachanow-Bewegung‹ gewöhnt, mir begegnet mein eigener Name häufig in den Zeitungen, ich höre ihn auf Versammlungen. In der ersten Zeit war mir dies, offen gestanden, unverständlich. Ja, und auch jetzt denke ich, dass unsere Bewegung zu Recht die Stalinsche Bewegung genannt wird, denn die Arbeiterklasse, die den Stalinschen Weg eingeschlagen hat, um die Technik zu beherrschen, hat meinen Rekord und die Rekorde meiner Genossen hervorgebracht. Eben Genosse Stalin machte unsere Bewegung breit.«

Papanin, Tschkalow, Bussygin, Winogradowy, Kriwonos, Djukanow und viele andere Pioniere, Patrioten, Neuerer, Enthusiasten dienten als lebende Zeugen für Stalins »Führung«, »Fürsorge« und »Teilnahme«. Kein Erfolg, keine Errungenschaft, kein Rekord ohne Stalin. Die Popularität des Führers drückte sich in den ungewöhnlichsten Formen aus. Ich habe nach der Veröffentlichung von einigen Artikeln über Stalin Tausende von Briefen erhalten. Einer stammt vom Parteimitglied S. J. Plost. Er schreibt, dass sein Vater, der damals ein hoher Politfunktionär in der Roten Armee gewesen sei, ihm auf Bitte der Freunde und Hörer der Militärpolitischen Akademie »W. I. Lenin« den Namen Stalij gegeben habe. Stalij Jefimowitsch berichtet, dass das Schicksal seines Vaters furchtbar war: Am 15. Mai 1937 wurde er als »Volksfeind« verhaftet. Am 4. November, vor dem zwanzigsten Geburtstag des Großen Oktober, wurde er erschossen. Der Junge blieb am Leben, aber er, nun ein erwachsener Mensch, trägt sein ganzes Leben lang diesen furchtbaren Namen.

Sogar die Kampagnen zur Entlarvung und Vernichtung der »Feinde« machten Stalin populär. Ununterbrochen wurde in der Presse die Behauptung breit getreten, dass die »trotzkistisch-sinowjewistischen Saboteure« das Ziel hätten, einen terroristischen Anschlag auf die Führer von Partei und Staat auszuführen, und vor allem »wollen sie den Genossen Stalin töten«. Und ferner habe »der Genosse Stalin sich ständiger Gefahr ausgesetzt, und er schenkt jedem Menschen Aufmerksamkeit, der Fehler hat, wenn er sich auf den Weg der Besserung begeben will«. Auf dem Februar-März-Plenum des ZK im Jahr 1937 führte Molotow ein Beispiel für das »fürsorgliche Verhalten des Genossen Stalin zu den Kadern« an und las einen der Briefe des »Führers« vor:

»Perm, an den Sekretär des Stadtkomitees, Genossen Golyschew. Das ZK hat Auskünfte erhalten über die Verfolgung und Hetze gegen den Direktor der Motorenfabrik Pobereschski und seine Mitarbeiter wegen ehemaliger kleiner Sünden auf dem Gebiet des Trotzkismus. In Anbetracht der Tatsache, dass Pobereschski und ebenso seine Mitarbeiter zum gegenwärtigen Zeitpunkt gewissenhaft arbeiten und das volle Vertrauen des ZK genießen, bitten wir Sie, den Genossen Pobereschski und seine Mitarbeiter vor der Hetze zu bewahren und um sie eine Atmosphäre vollen Vertrauens zu schaffen.
Über die getroffenen Maßnahmen berichten Sie umgehend dem ZK der KPdSU(B).
26. Dezember 1936 Sekretär des ZK, Stalin«

»Sehen Sie, so muss man sich zu den Genossen, zu den ehemaligen Trotzkisten, die nun ehrlich arbeiten, verhalten«, schloss Molotow. Sogar als die Repressalien ihren Höhepunkt erreicht hatten, versuchte Stalin sich mit Hilfe seiner Umgebung das Ansehen eines Menschen zu geben, der in höchstem Maß gerecht und aufmerksam war.
Stalin sorgte sich sogar um Kleinigkeiten, wenn sie mit seinem »Erscheinen vor dem Volk« verbunden waren. Seine Angewohnheit, sich einfach zu kleiden und einfach zu sprechen, imponierte den Menschen. Feuchtwanger schrieb, dass Stalin kein guter Redner sei. Er spreche langsam, ohne jeden Glanz, ein wenig stimm-

los, schwerfällig. Er entwickele seine Argumente allmählich, und sie appellierten an den gesunden Menschenverstand. Wenn Stalin mit seinem listigen und angenehmen Lächeln spreche, mit seiner charakteristischen Zeigefingergeste, dann schaffe er keine Kluft zwischen sich und den Zuhörern.

Er bereitete sich sorgfältig vor auf seine seltenen Auftritte. Towstucha und später Poskrebyschew erhielten Anweisung, vor jedem Auftritt Dutzende von interessanten Zitaten aus den Werken der Begründer des wissenschaftlichen Sozialismus, aus der Literatur und der Volksdichtung herauszusuchen. Wie Antonow, ein Mitarbeiter in Woroschilows Sekretariat, berichtete, »helfen die Referenten Stalins ihm bei der Auswahl von Zitatmaterial zu entsprechenden Fragen. Häufig werden diese Fakten in den entsprechenden Volkskommissariaten angefordert. Aus diesen Zitaten wählt Stalin die für ihn notwendigen aus. Die Referenten schreiben keinerlei Text.« Während seiner Auftritte griff Stalin dann ab und zu auf solche Stellen zurück. Er sprach in einem liturgischen Tonfall, so, wie er es im Priesterseminar gelernt hatte. Seine Reden hatten eine katechismusartige Struktur: Frage–Antwort, Frage–Erklärung. Häufig kehrte er zum Refrain zurück, dem er hypnotische Wirkungen zuschrieb. Diese Auftritte haben einen großen Eindruck hinterlassen auf die Teilnehmer verschiedener Sitzungen und Treffen. Waren sie nicht Beweis seiner Weisheit?

Keine Fotografie durfte publiziert werden ohne die vorherige Genehmigung des Führers und später Poskrebyschews. Stalin schätzte die Abbildungen seiner Person: im Soldatenmantel – Verkörperung »proletarischer Strenge«; mit einem Kind an der Hand – »Vater des ganzen Volkes«; in der Uniform des Generalissimus – »großer Militärführer und Sieger«.

Während Stalin für die Stärkung seiner Alleinherrschaft sorgte, förderte er im Land den Aufbau einer Hierarchie von Parteiführern. An der Spitze natürlich »Lenins bester Schüler«. In den Berichten schreibt man, dass der Saal den »Führer« im Stehen begrüßte. Applaus ging in Ovation über. Unentwegt wird hurra gerufen. Das Entzücken ist unverfälscht. Die Lobpreisungen kennen keine Grenzen.

Und über seine Mitstreiter Molotow, Kaganowitsch, Woroschilow kann man lesen: »Im Präsidium erschien ein ruhmvoller Mitkämpfer Stalins. Wilder, lang anhaltender Applaus.« Man kennt sogar seinen Namen und Vatersnamen. Ein »standhafter Bolschewik-Leninist«, »Stalinscher Volkskommissar«, »Führer der Stalinschen Schule«.

Auch anderen führenden Funktionären, etwa den Volkskommissaren, den Sekretären der Militärbezirke und Leitern wichtiger Einrichtungen, werden Lobpreisungen zuteil, wenn auch schon zurückhaltendere: »treue Bolschewiki«, »hervorragende Tschekisten«, »selbstlose Parteifunktionäre«.

Jene, die sich noch näher am Fuß der Machtpyramide befinden, arbeiten an der Umsetzung der »Generalpläne« für die Industrialisierung und Kollektivierung, sie machen Entwürfe für die Luftflotte, sie führen Versammlungen durch, sie nehmen an der »Entkulakisierung« teil. Viele von ihnen haben großes Glück, wenn sie am Ende eines Jahrzehnts noch am Leben sind. Dann werden sie höchstwahrscheinlich auf der Leiter einige Stufen nach oben klettern. Offene Stellen wird es viele geben. Je weniger Volksmacht, desto mehr Vorgesetzte.

Stalin wusste, dass im Volk und besonders unter den Bauern die zaristischen Traditionen noch nicht an Wert verloren hatten. Die Jahrhunderte der Einschüchterung und der Finsternis mussten ihre tiefen Spuren hinterlassen, etwa einen irrationalen Glauben an einen allmächtigen Regenten in der Hauptstadt. Stalin bekam häufig Briefe von einfachen Menschen. Die Antworten wurden in seinem großen Sekretariat vorbereitet, und dort wurden den örtlichen Organen im Bedarfsfall Anordnungen erteilt, den Bittstellern zu helfen. Ab und zu antwortete Stalin auf einige Briefe selbst. Im Stalin-Archiv ist es mir gelungen, einige Dutzend Durchschläge von solchen Antwortschreiben zu entdecken. Hier ein Beispiel:

»Leningrad, Familie Klimkin.

Liebe Genossen.

Aufgrund meiner Überlastung habe ich mich mit der Antwort verspätet und bitte dafür um Entschuldigung. Die von Ihnen geäußerte Bitte habe ich bereits erfüllt. Es wurden Obligationen abgeschickt: 100 Rubel zur Verfügung des ZK der Internationalen Roten Hilfe und 300 Rubel zur Verfügung des Kolchos ›Flamme

der Revolution‹ im Bezirk Chopersk, einer der Vorreiter der Massenkollektivierung des Dorfes.
Ich lege ein Kärtchen für die Kinderchen bei, wie Sie es gewünscht haben.
7. 4. 1930 Gruß! J. Stalin«

Später wurde jeder dieser Briefe zum Gegenstand breiter Propagandakampagnen in den Rayons und Gebieten als Beispiele für die »Einfachheit und die Fürsorge des Führers für das Volk«.
Ich konnte herausfinden, dass Stalin sich nicht nur besonders für Verwaltungsprobleme interessiert hat, sondern auch für die »Technik der Alleinherrschaft«. Aufmerksam studierte er die Arbeiten Worowskis »Über die Natur des Absolutismus«, Alexandrows »Staat, Bürokratie und Absolutismus in der Geschichte Russlands«, Kasmins »Schicksal eines Herrschers« und ähnliche Werke. Man kann sagen, dass die Anziehungskraft, die die historische Literatur auf Stalin ausübte, keineswegs reines »Leserinteresse« war. Er suchte Anleitungen, »Rezepte«, er studierte die »Technik« der Macht, ihre psychologischen Nuancen. Zum Beispiel bemerkte Stalin, dass seine Reden auf verschiedenen Veranstaltungen und großen Sitzungen im Kreml einen großen Eindruck bei den Zuhörern hinterließen. Daher trat Stalin im Verlauf des Jahres 1935 häufig im Kreml auf.
Jede dieser Veranstaltungen wurde in der Presse besprochen und in den Kino-Wochenschauen gezeigt. Mit dem Anwachsen seiner Popularität beschloss Stalin allerdings, dass sein »Erscheinen vor dem Volke« seltener werden solle; dies, so glaubte er, steigere die Bedeutung seiner Auftritte. Stalin wusste, dass das »Einsiedlertum« und die »Verschlossenheit« ihm mehr Möglichkeiten gaben, Legenden über sich zu verbreiten.
Stalin zog sich zurück, wenn er die Stöße von Zeitschriften und Büchern durchblätterte, die sich mit ihm befassten. Seine Eitelkeit war unbegrenzt. Aber er konnte sie gut verbergen vor den Menschen und stattdessen die Legende von seiner »außerordentlichen Bescheidenheit« pflegen. Die Mitstreiter Stalins kannten die Eigenheiten des »Führers«, und sie begaben sich in einen regelrechten Wettstreit beim Suchen und Formulieren von Attributen, die in ihren Augen den »großen Führer« erheben konn-

ten. Im Jahr 1939, als das Blutbad noch keineswegs beendet war, schrieben Poskrebyschew und Dwinski über Stalins »großartige Menschlichkeit und Humanität«. In ihrem Artikel »Lehrer und Freund der Menschheit« findet man solche Worte:

»Stalin ging in die Revolution mit dem Bild Lenins im Geist und im Herzen. An jenen denkt er immer, sogar dann, wenn die Gedanken von Problemen beladen sind, die eine Lösung erfordern. Seine Hand schreibt automatisch auf die Blätter: ›Lenin … Lehrer … Freund …‹ Häufig haben wir von seinem Schreibtisch nach einem schweren Arbeitstag die kreuz und quer mit diesen Worten beschriebenen Blätter fortgetragen.«

Dass dies nicht nur eine schamlose Schönfärberei, sondern auch komplett falsch ist, zeigen Dokumente aus dem Stalin-Archiv. Dort finden sich Notizen wie diese:

»Genossen Andrejew, Molotow, Woroschilow: Es ist Zeit, Schluss zu machen. Runden Sie Ihre Auftritte ab, um vier Uhr soll das Plenum beendet sein. J. Stalin«

Und im Archiv finden sich auch Zettelchen, auf denen Stalin herumgekritzelt hat. Er schrieb aber nicht das, was Poskrebyschew und Dwinski gesehen zu haben behaupteten. Auf einer der Politbürositzungen fiel Stalin die Broschüre »Über die rechte Gefahr in unserer Partei« in die Hand. Er hörte zerstreut den Reden der anderen zu, und während der ganzen Zeit kritzelte er mit dem Bleistift auf dem Einband herum. Ich habe folgende Worte gefunden:

»Stalin. Anerkennen. Lehrer. Über die rechte Gefahr. Über die rechte Gefahr in unserer Partei. Muchalatka (kleine Stadt; A. d. Ü.). Sonderberatung. Tokio. Lehrer. Sokolnikow. Arbeiterverlag ›Priboi‹. Feuer. Diskussion. Molotow.«

Ein Mensch, der keinen Verdacht auf sich ziehen wollte, konnte sich bei öffentlichen Auftritten oder Unterhaltungen keine »Fehltritte« leisten. Jede auch nur indirekte »Verleumdung« des Führers endete tragisch. Wie mir der Soziologe Fjodorow erzähl-

te, ereignete sich gegen Ende der vierziger Jahre in einer Maschinen- und Traktorenstation in der Umgebung von Witebsk folgender Vorfall. Nachdem die Wände gestrichen worden waren, versammelte man sich, um die Porträts wieder an den Wänden aufzuhängen. Ein junger Traktorist, der von der Straße hereingekommen war, warf zufällig ein Bild Stalins um, das an der Wand lehnte, und beim Versuch, nicht zu fallen, trat er auf das Gesicht des »Führers«. In der Halle waren einige Menschen, die das Missgeschick des Traktoristen beobachteten. Es herrschte eisiges Schweigen. Dann machte der Meister eine scharfe Bemerkung. Drei Tage später holte man den Jungen ab, und er kehrte erst nach dem 20. Parteitag zurück. Ein anderer Fall: Eine der Sekretärinnen in der Redaktion einer Regionalzeitung vertippte sich. »Aus Stalinscher Blick« wurde versehentlich »Stalinscher Unsinn« (statt »wsor« = »Blick« schrieb sie »wsdor« = »Unsinn«; A. d. Ü.). Es war ihr letzter Tippfehler.
So wurde der »Führer« nicht allein gepriesen aufgrund der Verehrung, sondern auch aus Angst. Die Menschen wussten, und viele hatten es in ihrer nächsten Umgebung erlebt, was sie erwartete, wenn sie sich einen »Fehltritt« erlaubten. Nicht umsonst erreichte Stalins Popularität ihre Blütezeit während der Blütezeit des Denunziantentums.
In der Tat, es wäre falsch, zu glauben, dass alle Bürger den »Führer« fanatisch liebten. Man darf nicht vergessen, dass es in der Partei eine große Gruppe von Kommunisten mit vorrevolutionärer Erfahrung gab: die »Leninsche Garde«. Diese Menschen kannten die Geschichte der Partei, sie wussten, was die gegenwärtigen Parteiführer in der Oktoberrevolution geleistet hatten, nicht aus dem »Kurzen Lehrgang«. Das Resultat ist bekannt: Die »Garde« trug die größten Verluste davon.
Stalin sah, dass vieles nicht gelang. Die Landwirtschaft stagnierte. Obwohl die Ernte des Jahres 1936 ergiebig ausfiel. Es waren schon viele Jahre seit der Revolution vergangen, und er appellierte immer noch an die Menschen, er rief zu Einschränkungen im Namen der Zukunft auf, obwohl es sich doch bereits »leichter und fröhlicher« leben ließ. Die Lage der meisten Menschen verbesserte sich nicht.
Und wenn Stalin nun sagen würde, dass an diesen Schwierigkei-

ten die Schädlinge, die Saboteure schuld seien – würde das Volk es etwa nicht glauben? Umso mehr, als diese Leute ehemalige Oppositionelle waren, Leute mit verkorkstem Ruf. Die Sabotage in der Landwirtschaft, in der Industrie, im Apparat war doch offensichtlich, jeder konnte es sehen! Und fabulierten nicht ausländische Zeitungen etwas über eine antistalinistische Opposition, sogar in der Roten Armee?! Am 25. September 1936 schickten Stalin und Schdanow aus Sotschi an Molotow, Kaganowitsch und andere Politbüromitglieder ein Telegramm:

»Wir halten es für absolut notwendig und eilig, dass der Genosse Jeschow zum Volkskommissar für Inneres ernannt wird. Jagoda hat sich als gänzlich unfähig erwiesen, den trotzkistisch-sinowjewistischen Block zu entlarven. Die OGPU liegt in dieser Angelegenheit vier Jahre zurück. Dies wurde von allen Parteifunktionären und der Mehrheit der Vertreter des NKWD festgestellt.«

Das Signal war gegeben. Kaum jemand hätte sich vorstellen können, wie viele »Spione«, »Schädlinge«, »Diversanten«, »Terroristen« oder einfach »Doppelzüngler« in unserem Vaterland entdeckt werden sollten. Man hätte sogar denken können, dass nicht sie unter uns lebten, sondern wir unter ihnen!
Der kürzlich beendete Prozess gegen Sinowjew und Kamenew ermutigte Stalin. Das Volk unterstützte lebhaft die Anschuldigungen. Noch bevor die Gerichtsverhandlung stattgefunden hatte, noch bevor die Umstände des Verfahrens bekannt waren, skandierten Presse und Radio: »Vernichtet die Widerlinge!«, »Tod den Feinden!«, »Keine Nachsicht mit den Doppelzünglern!« Stalin erkannte, dass er viel erreicht hatte: Er hatte dem Volk die Wahrheit genommen, er hatte es in einen Mob verwandelt, für den nur er allein denken würde. Vielleicht war dieses Verbrechen Stalins von seinen vielen das schwerste.

Das Epizentrum der Tragödie

Anfang Dezember 1936 wurde auf dem 8. Außerordentlichen Rätekongress die neue Verfassung der UdSSR verabschiedet. In ihren Artikeln war von grundlegenden demokratischen Rechten und Freiheiten für die sowjetischen Menschen die Rede, von der Freiheit des Gewissens, des Wortes, der Presse, von der Versammlungsfreiheit, der Unantastbarkeit der Person, des Wohnorts, des Briefgeheimnisses. Es war ein Triumph Stalins. In dem Buch »Über die Verfassung der UdSSR«, das vom ZK der KPdSU(B) im Jahr 1937 herausgegeben wurde, steht:

»Bei seinem Erscheinen auf der Tribüne wird Genosse STALIN von den Kongressteilnehmern mit einer anhaltenden stürmischen Ovation begrüßt. Alle Anwesenden erheben sich von ihren Plätzen. Von allen Seiten hört man Rufe: ›Ein Hurra Genossen STALIN!‹, ›Es lebe Genosse STALIN!‹, ›Es lebe der große STALIN!‹, ›Dem großen Genius, Genossen STALIN, ein Hurra!‹, ›Vivat!‹, ›Rote Front!‹, ›Ruhm und Ehre dem Genossen STALIN!‹«

In seinem Bericht »Über den Entwurf der Verfassung der UdSSR« zählte Stalin, wie üblich, die Besonderheiten auf. Unter Nummer fünf nannte er den »konsequenten und restlos durchgeführten Demokratismus«. An dieser Stelle seines Berichts hätte er sich daran erinnern können, dass er nur einige Monate zuvor seine ehemaligen Genossen Sinowjew und Kamenew in den Tod befördert hatte. Während der letzten Treffen mit ihnen soll Stalin gesagt haben:

»Unsere Überzeugungen erlauben uns nicht, das Blut der alten Genossen zu vergießen, gleich, wie groß ihre Sünden sein mögen. Die Führer unserer Partei vergessen weder ihre Rechte noch ihre Pflichten. Der Prozess, in dem ihr verpflichtet seid, dem Staat und der Partei zu helfen, ist nicht gegen euch gerichtet, sondern gegen Trotzki. Das alles benötigt die Sowjetmacht.«

Stalin konnte sich von einem Augenblick zum anderen verwandeln. Derjenige, der in der Stille des Arbeitszimmers Erschießungs- und Haftbefehle unterschrieb, war der eine Stalin, der andere erklärte, dass im Entwurf der neuen Verfassung der Schwerpunkt auf der Garantie der demokratischen Rechte liege.
An der neuen Verfassung der Sowjetunion arbeiteten Akulow, Bubnow, Bucharin, Gamarnik, Krylenko, Jegorow, Tuchatschewski, Eideman, Uborewitsch, Jakir und andere angesehene Persönlichkeiten aus Partei, Militär und Gesellschaft. Während sie die Artikel formulierten, ahnten sie nicht, dass sie bald ein gewaltsames Ende finden würden. Unter den Bedingungen der Alleinherrschaft eines Menschen kann keine Verfassung helfen. Zu dieser Zeit begann der Staatsanwalt der UdSSR Wyschinski eine mehrere Stunden lange Anklagerede zu überarbeiten. Er bereitete sich vor auf den zweiten öffentlichen Gerichtsprozess gegen die »trotzkistische Verschwörung«. Diese Rede trug er mit großem Pathos am 28. Januar 1937 vor.

Die »Volksfeinde«

Der sowjetische Diktator hatte eine entsetzliche Angst vor einem Attentat. In den Anklageschriften der meisten Verfahren wurde auch der berüchtigte Artikel 58 angeführt – »Durchführung terroristischer Akte gegen Vertreter der Sowjetmacht«. Blättert man die Prozessakten jener Zeit durch, gewinnt man den Eindruck, als hätten Tausende und aber Tausende sowjetischer Bürger nur eines im Kopf gehabt: den »Führer« und seine ganze Umgebung zu beseitigen! Stalin wollte die Nachlässigkeiten der Französischen Revolution nicht wiederholen. Sein Terror sollte erbarmungslos sein!
Obwohl der Terminus »Volksfeind« schon früher existierte, füllte Stalin ihn nach dem Jahr 1934 »mit konkretem Inhalt«. Im »verschlossenen Brief«, den das ZK der Partei am 29. Juli 1936 an die Parteiorganisationen der Republiken und Gebiete schickte und an dessen Formulierung Stalin persönlich mitgewirkt hatte, wurde unterstrichen, dass der »Volksfeind« in der Regel »zahm und harmlos« aussehe. Er tue alles, um »allmählich in den Sozia-

lismus zu schleichen«, er akzeptiere den Sozialismus nicht, und je hoffnungsloser seine Lage sei, desto eher »greife er zum äußersten Mittel«.
Alexej Alexejewitsch Jepischew, der von 1951 bis 1953 Stellvertreter des Ministers für Staatssicherheit war, erzählte mir, dass Berija es liebte, auf Versammlungen folgende Worte zu zitieren, die er Stalin zuschrieb: »Ein Volksfeind ist nicht nur der, der sabotiert, sondern auch der, der an der Richtigkeit der Parteilinie zweifelt. Und ihrer gibt es unter uns noch sehr viele. Wir müssen sie liquidieren.«

Jepischew war wortkarg, so weit es seine Vergangenheit betraf. Nur selten war er bereit, sich zu öffnen:

»Es ist mir unter Anstrengung gelungen, aus der Höhle Berijas zu entkommen. Nach ständigen Bitten, man solle mich wieder zur Parteiarbeit zulassen, warf Berija mir zornig entgegen: ›Du willst nicht mit mir arbeiten? Nun ja, was soll es, wie du willst.‹
Einige Tage später schickte man mich nach Odessa – von neuem wurde ich zum 1. Sekretär des Gebietskomitees gewählt, und bald darauf kam der Leiter der Gebietsverwaltung des NKWD zu mir und schlug mir vor, ab morgen zu Hause zu bleiben. Ich wusste, was dies bedeutete: Jeden Tag konnte die Verhaftung erfolgen. (...) Und jene, die mit Berija zusammenarbeiteten und womöglich an etwas zweifelten, hielt er nicht nur für ›einfache‹ Volksfeinde. Ich wurde wie durch ein Wunder wegen eines glücklichen Zufalls gerettet: Berija selbst wurde in diesen Tagen verhaftet. (...) ›Volksfeind‹, das war eine universelle Formel. Es war eine Art ›Auslese‹ jener, die nicht in Stalins Muster passten.«

Die überwiegende Mehrheit der sowjetischen Menschen glaubte daran, dass ein Kampf auf Leben und Tod bevorstehe. Die Leitartikel der Zeitungen verkündeten: »Spione und Mörder«, »Verräter«, »Trotzkisten – Saboteure – Diversanten – Spione«, »die Niederträchtigsten der Niederträchtigen«, »die trotzkistische Bande der Restauratoren des Kapitalismus«. Die Lügen fielen auf einen fruchtbaren Boden. Die Menschen verdammten jene, von denen sie nun erfuhren, dass sie sich derart lang »maskiert« hatten.

Im Februar und März 1937 tagte das ZK rund zwei Wochen lang. Es wurden viele Berichte vorgetragen. Als Erster sprach ZK-Sekretär Schdanow. Er, der bereits das Wohlwollen des »Führers« genoss, äußerte in seinem Bericht einige richtige Gedanken. Aber er fügte hinzu, dass die unterdrückenden Organe heute ebenso notwendig seien wie während des Bürgerkriegs. Man müsse damit rechnen, fuhr der Berichterstatter fort, dass »solange unsere Menschen noch schlafen, die Feinde bereits arbeiten«.
In der Partei sei die Lage nicht einfach. Ihre Reihen lichteten sich, nicht wenige Feinde seien gefunden worden. Der ZK-Sekretär führte interessante Fakten an. In die Büros der Rayon- und Stadtkomitees waren bis zu 59 Prozent der Mitglieder und Kandidaten kooptiert, also ohne Wahl aufgenommen worden. In Kiew beispielsweise seien am 19. Oktober 1934 ins Stadtkomitee vierzehn Menschen kooptiert worden, darunter Aschrafjan, Dsenis, Sentschenko, Toder und andere, die sich später als Volksfeinde erwiesen hätten. Im Charkower Stadtkomitee gebe es 59 gewählte und 61 kooptierte Mitglieder. Das Büro des Stadtkomitees bestehe mit Ausnahme von einem vollständig aus Kooptierten. Schdanow brachte noch viele solcher Beispiele. Dies war nicht nur ein Symptom für einen Mangel an Demokratie in der Partei. Es war auch ein Zeichen dafür, dass sich allmählich eine Atmosphäre der Gesetzlosigkeit und Gewalttätigkeit ausbreitete. Die Berichte Molotows, Kaganowitschs, Jeschows widmeten sich im Grunde nur einer Frage: den »Lehren aus der Sabotagetätigkeit, Diversion und Spionage der japanisch-deutsch-trotzkistischen Agenten«. Ihre Reden entbehrten jeder realen Grundlage. Molotow erklärte zunächst, dass er seinen Bericht anstelle Ordschonikidses halte. Am 18. Februar, eine Woche vor Eröffnung des Plenums, hatte sich »Sergo« erschossen. In der offiziellen Erklärung hieß es, er sei an einer Herzlähmung gestorben. Die Zeugnisse von Menschen, die die Familie Ordschonikidse kannten, sagen etwas anderes aus: Ordschonikidse habe die Gewalttätigkeit gegen die angeblichen Spione und die Denunziationskampagne kritisiert. Zwischen ihm und Stalin habe es deswegen harte Auseinandersetzungen gegeben. Stalin habe ihm Meldungen geschickt, die über ihn an den NKWD gegangen seien, und damit angedeutet, wo Rauch aufsteige, sei auch Feuer. Ordschonikidse wird den

Wink verstanden haben. Um dies alles abzurunden, beauftragte Stalin Ordschonikidse, einen Bericht »über Schädlingsarbeit in der Schwerindustrie« vorzubereiten. Ordschonikidse sollte mit eigenen Händen viele Kommandeure der Produktion dem Henker ausliefern, direkt teilnehmen an der Willkür, mit der sich der alte Bolschewik nicht anfreunden konnte.

Er nutzte die Chance des Gewissens, und unter den damaligen Umständen wählt er den wohl einzig würdigen Weg. Am Tag der Selbsttötung hatten Jeschows Beauftragte Ordschonikidse das Verhörprotokoll seines Bruders Populi gegeben. Es waren auch andere Verwandte »Sergos« verhaftet worden. Man trieb ihn zum letzten Schritt. Und er tat ihn.

Molotow wusste viel zu berichten über »Volksfeinde«, die in die Schwerindustrie eingedrungen seien. Er nannte viele Namen: Aristow, Gajderow, Berman, Norkin, Karzew, Arkus, Jasowskich, Jakowlew und Dutzende anderer Leiter. Pjatakow habe diesen »Haufen von Terroristen und trotzkistischen Agenten« angeführt. Molotow sprach auch über die zunehmende »Schädlingsarbeit« in der Landwirtschaft und über den Kampf der Sicherheitsorgane gegen sie. Er hatte außerdem eine Statistik anzubieten über die Zahl der Verurteilten in den Bereichen einiger Volkskommissariate bis zum 1. März 1937:

Volkskommissariat für Schwerindustrie – 585 Menschen,
Volkskommissariat für Aufklärung – 228 Menschen,
Volkskommissariat für Leichtindustrie – 141 Menschen,
Volkskommissariat für Verkehrswesen – 137 Menschen und
Volkskommissariat für Landwirtschaft – 102 Menschen.

Molotow legte Wert auf die Behauptung, dass alle diese »Saboteure« auf Weisung des »trotzkistischen Zentrums« agierten. Er erklärte die »Strategie der Sabotage« mit einer angeblichen Losung Trotzkis: »Mit empfindlichen Schlägen empfindliche Stellen treffen.«

Kaganowitsch zählte eine fast endlose Reihe von »Saboteuren« im Eisenbahnwesen auf. In Jeschows Bericht entstand der Eindruck, als schössen die »Feinde« buchstäblich ringsherum aus dem Boden. Er war zu Beginn des Plenums für würdig befunden worden, sich Generalkommissar für Staatssicherheit nennen zu dürfen. Vor ihm hatte niemand diese Ehre erlangt. Und nach ihm nur Berija. Jeschow rief zu verstärkter Denunziation auf:

»Während der letzten Monate erinnere ich mich an keinen Fall, dass irgendeiner von den Wirtschaftern und Volkskommissariatsleitern mich auf eigene Initiative angerufen und gesagt hätte: ›Genosse Jeschow, dieser oder jener Mensch scheint mir irgendwie verdächtig, irgendetwas ist da nicht in Ordnung, beschäftigen Sie sich mit diesem Menschen.‹ (…) Und häufiger, wenn die Frage der Verhaftung eines Saboteurs, eines Trotzkisten aufkommt, versuchen einige Genossen, diesen Menschen zu verteidigen.«

Nach Jeschows Vortrag wurde ein Beschluss gefasst. In ihm wird vermerkt, dass das NKWD im Kampf gegen die Feinde um mindestens vier Jahre zurückliege. Das NKWD verpflichtete sich, »die Entlarvung und die Zerschlagung trotzkistischer und anderer Agenten zu Ende zu führen, mit dem Ziel, die geringsten Erscheinungen ihrer antisowjetischen Tätigkeiten zu unterdrücken«. Das war das Vorspiel. Nun war ein konkretes Programm vonnöten. Der »Führer« formulierte es. Es wurde eine theoretische Grundlage für den Terror gegen die »Feinde« gebraucht. Stalin erarbeitete eine. Es war notwendig, die Menschen für die Liquidierung der »trotzkistischen und anderen Doppelzüngler« zu gewinnen. Stalin löste auch diese Aufgabe. Er tat dies alles in seinem Bericht an das ZK-Plenum unter der Überschrift »Über die Mängel der Parteiarbeit und die Maßnahmen zur Liquidierung der trotzkistischen und sonstigen Doppelzüngler«. An den unzähligen Randbemerkungen und Ergänzungen des Redemanuskripts kann man erkennen, wie sorgfältig sich Stalin vorbereitet hatte.
Zu Beginn charakterisierte er das Phänomen der »politischen Unbekümmertheit«. Daraufhin ging er zu den Folgen der kapitalistischen Einkreisung über. Er erwähnte zu Recht, dass die Bedrohung durch den Imperialismus real und dass es notwendig sei, diesen Umstand beim sozialistischen Aufbau zu berücksichtigen. Aber Stalin brachte diese Bedrohung dann in einen Zusammenhang mit der »trotzkistischen Gefahr«. Die Trotzkisten charakterisierte er als närrische und prinzipienlose Bande von Saboteuren,

Spionen und Mördern, die Aufträge für die Geheimdienste ausländischer Staaten ausführten. Faktisch erklärte Stalin den Trotzkismus zur Hauptgefahr für den Sozialismus. Er zog eine Unheil verkündende Schlussfolgerung:

»Je weiter wir vorwärts schreiten, je mehr Erfolge wir erzielen werden, umso größer wird die Wut der Überreste der zerschlagenen Ausbeuterklassen werden, um so eher werden sie zu schärferen Kampfformen übergehen, umso mehr Niederträchtigkeiten werden sie gegen den Sowjetstaat begehen, umso mehr werden sie zu den verzweifelten Kampfmitteln greifen, als den letzten Mitteln zum Untergang Geweihter.«

Der »Führer« pflegte schon einige Zeit theoretische Auslegungen als Rechtfertigung für seine Politik zu benutzen. 1934 hatte er erklärt, dass die Ausbeuterklassen in der UdSSR liquidiert seien, und nun, mehr als drei Jahre später, sprach er davon, dass der Klassenkampf sich »zuspitze«. Die ehemaligen Oppositionellen hätten sich maskiert, und sie führten einen Untergrundkampf. Stalin warf, wie immer, alles in ein grausames Schema. In seinem Schlusswort am 5. März erklärte er, dass es »zehn Punkte gebe, die den Teilnehmern des Plenums unklar« seien. Im Rahmen dieser Aufzählung sagte er auch, dass einige ehemalige Trotzkisten richtige Positionen eingenommen hätten und dass man »sie nicht entehren« solle. Er formulierte den einfachen Aphorismus: »Um zu gewinnen, braucht man möglicherweise einige Korps. Und um zu verlieren, nur einige Spione. Um eine große Eisenbahnbrücke zu bauen, dazu benötigt man Tausende von Menschen, um sie zu sprengen, nur einige Menschen.«

Auf dem Februar-März-Plenum des Jahres 1937 wurde auch eine Resolution »in der Sache Bucharin und Rykow« verabschiedet. Es wurde eine Kommission zur Untersuchung dieses Falls gebildet, der unter der Leitung Mikojans sechzig ZK-Mitglieder angehörten, unter ihnen Andrejew, Stalin, Molotow, Kaganowitsch, Woroschilow, Kalinin, Jeschow, Schkirjatow, Krupskaja, Kossior, Jaroslawski, Schdanow, Chruschtschow, Jakir, Berija, Eiche, Bagirow, Budjonny, Tschubar, Kossarew, Postyschew und Gamarnik.

Vor der Zusammenkunft dieser Kommission hatte Bucharin eine leidenschaftliche Erklärung vorbereitet, in der er alle Beschuldigungen zurückwies. Der geächtete Theoretiker hatte auch Briefe an Stalin geschrieben, in denen er versuchte, den »Führer« zu überzeugen, dass die gegen ihn vorgebrachten »Anschuldigungen« einer Gruppe von verhafteten »Volksfeinden« keinerlei Grundlagen hätten. Bucharin ist es sogar gelungen, zwei- oder dreimal mit Stalin zu telefonieren. Stalin beruhigte ihn:

»Nikolaj, mach keine Panik, wir werden schon zurechtkommen. (…) Wir glauben dir, dass du kein Feind bist. Da aber Sokolnikow, Astrow, Kulikow und andere Doppelzüngler auf dich weisen und ihre Sabotageakte gestanden haben, müssen wir ganz in Ruhe Klarheit schaffen. Beruhige dich!«
»Wie kann man denn auch nur denken, dass ich ein ›Helfershelfer terroristischer Gruppen‹ sei?!«, fragte Bucharin.
»Ruhig, Nikolaj, ruhig. Wir werden schon zurechtkommen.« Und Stalin hängte den Hörer ein.

Bucharins und Rykows Erklärungen wurden von der Kommission nicht angehört. Deren wichtigstes »Argument« war: Teilnehmer des »parallelen trotzkistischen Zentrums« hätten bestätigt, dass Bucharin und Rykow von Sabotage- und Terrorakten gewusst und dabei geholfen hätten. Bucharin war verzweifelt. Rykow gab sich beherrscht; er begriff, dass sie das gleiche Schicksal erwartete wie Sinowjew und Kamenew. Bucharin trat in den Hungerstreik als Zeichen des Protests gegen die ungeheuerlichen Beschuldigungen.
Am Morgen des 27. Februar teilte Poskrebyschew Bucharin und Rykow mit, dass sie vor dem Plenum zu erscheinen hätten. (Obwohl Bucharin und Rykow noch Kandidaten des ZK waren, wurden sie zu den Sitzungen nicht mehr eingeladen.) Außer Uborewitsch und Akulow gab ihnen niemand die Hand zum Gruß. Es begann die Kommissionssitzung des Plenums zum »Verfahren« gegen Bucharin und Rykow. Noch vor Jeschows Bericht warf Stalin in den Saal:

»Bucharin ist in den Hungerstreik getreten. Nikolaj, wem stellst du ein Ultimatum, dem Zentralkomitee? Bitte es um Entschuldigung!« »Ihr habt doch vor, mich aus der Partei auszuschließen.« »Bitte das ZK um Vergebung!«

Bucharin glaubte, in den Worten Stalins einen Hoffnungsschimmer zu erkennen, und gab nach. Er verstand rasch, dass die »Ermittlungen« der ZK-Kommission auf Untersuchungen des NKWD beruhten und dass seine Erklärungen und Briefe beurteilt würden als Versuche, »die Partei in die Irre zu führen«. Die Kommissionsmitglieder hatten Belastungsmaterial, das sich auf »Aussagen« stützte, die auf gesetzeswidrige Weise aus bereits Verurteilten herausgepresst worden waren. Der Vorsitzende der Kommission, Mikojan, forderte Bucharin auf, offen seine Teilnahme an antistaatlichen Aktionen zu gestehen. Bucharin antwortete:

»Ich bin nicht Sinowjew und Kamenew, und ich werde nicht über mich lügen.«
Molotow: »Sie werden nicht gestehen? Damit beweisen Sie, dass Sie ein faschistischer Söldling sind. Sie schreiben in ihrer Presse, dass unsere Prozesse provokativ seien. Wir werden Sie verhaften, und Sie werden gestehen!«
Bucharin: »Im NKWD gibt es Menschen, die sich hinter der Autorität der Partei verstecken und eine nie da gewesene Willkür zeigen.« Stalin: »Nun ja, dorthin werden wir dich auch schicken. Du wirst schon sehen.«

Von dem betrügerischen Spiel gegen Bucharin und Rykow wussten lediglich Stalin, Jeschow und dessen nächste Mitarbeiter. Bucharin und Rykow, deren ganzes Leben offen zutage lag, konnten keine »Feinde« sein. Nachdem Stalin die Zweifel der Kommissionsmitglieder bemerkt hatte, die die Briefe und Erklärungen Bucharins gelesen hatten, machte er sich alsbald daran, den Beschluss, den er vorab mit seinen Gehilfen abgesprochen hatte, durchzusetzen. Man kam zur Abstimmung über einen Antrag, den Jeschow vorbereitet hatte:

»Bucharin und Rykow sind als Kandidaten aus dem ZK und aus

der Partei auszuschließen. Sie sind dem Militärgericht zu übergeben, und die höchste Strafe ist über sie zu verhängen – Tod durch Erschießen.«

Postyschew erklärte, dass er »für den Ausschluss und für die Übergabe an das Gericht, jedoch ohne Erschießung« sei. Budjonny, Manuilski, Schwernik, Kossarew: »für Ausschluss, Gericht und Erschießung«. Antipow, Chruschtschow, Nikolajew, Schkirjatow: »für Ausschluss, für Gericht, ohne Erschießung« …
Stalin stellte fest, dass kein einstimmiger Beschluss gefasst werden konnte, und machte einen Vorschlag:

»Ich schlage vor, Bucharin und Rykow aus der Partei auszuschließen, sie nicht dem Gericht zu übergeben, sondern die Angelegenheit zur Untersuchung dem NKWD zu übergeben.«

Stalin wusste, dass das gleichbedeutend war mit Erschießen – aber oberflächlich betrachtet erschien er geradezu als Menschenfreund. Krupskaja, Warejkis, Molotow, Woroschilow erklärten, dass sie Stalins Antrag unterstützten. Postyschews Vorschlag, der unter anderem von Kossior, Petrowski und Litwinow unterstützt wurde, lautete »Gericht ohne Erschießung«.
Mikojan, der Kommissionsvorsitzende, äußerte seine Meinung nicht öffentlich. Nach der Abstimmung beschloss man, noch einmal abzustimmen. Nun wurde einstimmig Stalins Vorschlag angenommen.

»1. Bucharin und Rykow sind als Kandidaten aus dem ZK der KPdSU(B) und aus der Partei auszuschließen; sie werden dem Gericht nicht übergeben, sondern ihre Angelegenheit wird an das NKWD weitergegeben;
2. eine Kommission, zusammengesetzt aus den Genossen Stalin, Molotow, Woroschilow, Kaganowitsch, Mikojan und Jeschow, wird angehalten, auf der Grundlage des angenommenen Beschlusses einen Entwurf für die modifizierte Resolution zu erstellen.
Vorsitzender der Kommission
27. 2. 1937 Mikojan«

Stalin verstand, dass noch ein Prozess vorbereitet werden musste. Der Ausgang war dem »Führer« bereits bekannt.
Bucharin und Rykow wurden nach Beendigung der Sitzung, kaum dass sie den Saal verlassen hatten, verhaftet. Es begannen dreizehn lange Monate, die das Plenum vom Schlussakt der Tragödie Bucharins und Rykows trennten.
Es bleibt noch hinzuzufügen, dass in der »Sache Bucharin und Rykow« noch eine Resolution verabschiedet wurde, die übersät war mit Korrekturen und Ergänzungen, die Stalin eigenhändig angebracht hat. Ihr Text lautete folgendermaßen:

»1. Auf der Grundlage der Untersuchungsmaterialien stellt das ZK fest, dass die Genossen Bucharin und Rykow zumindest über die verbrecherische, terroristische Spionage- und Diversionstätigkeit des trotzkistischen Zentrums gewusst haben. Sie verbargen es jedoch, wodurch sie verbrecherische Angelegenheiten förderten.
2. Auf der Grundlage der Untersuchungsmaterialien des NKWD und der Gegenüberstellungen stellt das Plenum des ZK fest, dass die Genossen Bucharin und Rykow zumindest über die Organisation verbrecherischer, terroristischer Gruppen seitens ihrer Schüler und Anhänger Slepkow, Zejtlin, Astrow, Maretzki, Nesterow, Rodin, Kulikow, Kotow, Uglanow, Sajtzew, Kusmin, Saposchnikow und anderer gewusst haben und dass sie nicht nur keinen Kampf dagegen geführt, sondern sie auch ermuntert haben.
3. Das Plenum des ZK der KPdSU(B) stellt fest, dass die Notiz des Genossen Bucharin an das ZK, in der er versucht, die Aussagen der oben genannten Trotzkisten und rechten Terroristen zu widerlegen, ihrem Inhalt nach ein verleumderisches Dokument ist.
In Anbetracht dessen, dass der Genosse Bucharin noch zu Lebzeiten Lenins einen Kampf gegen die Partei und gegen Lenin selbst (ebenso wie Rykow) geführt hat, ist alles Geschehene kein Zufall oder etwas Unerwartetes, deshalb (jetzt in Stalins Handschrift; D. W.): ›Bucharin und Rykow sind als Kandidaten aus dem ZK der KPdSU(B) und aus den Reihen der KPdSU(B) auszuschließen. Die Angelegenheit Bucharin und Rykow ist dem NKWD zu übergeben.‹«

Stalin konnte Bucharin und Rykow nicht einfach verschwinden lassen. Dafür kannten das Volk und die Partei sie zu gut. Es musste ein Prozess stattfinden, und damit die Beschuldigten zu diesem Prozess »heranreiften«, war Zeit vonnöten.
Die Beschlüsse des ZK-Plenums gaben starke Impulse. Bereits im März 1937 wurden in den Republiken und Gebieten Plenen der Parteikomitees abgehalten. Auf diesen Plenen wurden nicht nur die Richtlinien des »Führers« bekräftigt, sondern es wurde auch über die ersten Resultate ihrer Ausführung berichtet. Hier einige Auszüge aus Schdanows Bericht, den er am 15. März 1937 in Leningrad vorgetragen hat:

»Bucharin und Rykow unterschieden sich, wie sich zeigte, ganz und gar nicht von den Sinowjew-Leuten und Trotzkisten. Eine Bande von Räubern. Ich kann mich an kein Verhalten erinnern, das so schändlich und so abscheulich war wie das, das Bucharin und Rykow an den Tag legten. Vier Tage haben wir versucht, aus ihnen die Wahrheit herauszubekommen. Und nicht einmal ein Funken, sogar nicht einmal die leiseste Andeutung von menschlicher Beziehung zur Partei haben wir erfahren. Wie von ihrer Seite mitgeteilt wurde, seien wir nicht ihre Richter.«

Schdanow wollte Bucharin außerdem erniedrigen. Über dessen Hungerstreik erklärte er: »Um Mitternacht hat er ordentlich gegessen, wie es sich gehört, und bis zehn Uhr morgens erklärte er den Hungerstreik.«
Und er hatte noch einiges zu berichten über die »Arbeit«, die sich nun in Leningrad entfaltete: »Auf den Kirow- und Oktober-Eisenbahnstrecken wurden acht Schädlingsgruppen aufgedeckt; zehn Gruppen in den Fabriken der Stadt und ebenso im NKWD, in der PWO (Luftabwehr; A. d. Ü.), im Parteiapparat.« Innerhalb kurzer Zeit wurden in allen Rayonkomitees die »Nester der Feinde bloßgelegt: im Wyborg-Rayon 13 Menschen, im Wassileostrow-Rayon 12, im Kirow-Rayon 12. (…) Insgesamt 223 Parteifunktionäre. Sie können sich vorstellen, wie der Parteiapparat von ihnen durchsetzt war!« Mit energischem Pinselstrich fuhr Schdanow fort, das Gemälde des übermächtigen Einflusses der »Feinde« zu zeichnen in der Stadt, die einst die Wiege der Revo-

lution war. »Vom Jahr 1933 bis zum Jahr 1936 absolvierten 183 Personen das Institut der Roten Professur. 32 von ihnen wurden bereits verhaftet. Von 130 der Übrigen wurden nun in Leningrad 53 zu Volksfeinden erklärt.«

Mehr als ein halbes Jahrzehnt ist seitdem vergangen, aber der Schmerz, die Verbitterung und der Verlust sind geblieben. Wie mir K. A. Kuschela, ein achtzigjähriger Veteran aus Perm, schreibt: »Fast jede Nacht sehe ich mich selbst als jungen Mann im fernen Lager von Kolyma, und jedes Mal erwache ich vor Entsetzen.«

Die Schauprozesse

Nach dem Prozess gegen Sinowjew und Kamenew begann in Moskau am 23. Januar 1937 der sogenannte »Prozess der 17«. 17 Menschen waren angeklagt, unter ihnen Pjatakow. Das Hauptziel des Prozesses war, zu beweisen, dass Trotzki mit Hilfe der Angeklagten Sabotageaktionen organisiert und die Restauration des Kapitalismus in der Sowjetunion vorbereitet habe. Der Prozess war derart sorgfältig »vorbereitet« worden, dass Pjatakow in schillernden Farben eine Begegnung mit Trotzki in Oslo (wo der Angeklagte nie gewesen war) beschrieb. Er wusste zu berichten, dass Trotzki in seiner »Direktive« zwei Varianten einer Machtübernahme genannt habe. Die erste Variante, das sei die Machtübernahme vor dem Krieg, und die zweite Variante, das sei die Machtübernahme während eines Kriegs. Die erste Variante sei nach Trotzki das Ergebnis konzentrierter terroristischer Anschläge, auch gegen Parteiführer und selbstverständlich gegen Stalin und seine nächsten Helfer. Die zweite Variante sei von Trotzkis Standpunkt aus allerdings wahrscheinlicher – die militärische Niederlage. Sinowjew und Kamenew hatte Stalin noch durch Aushungern und Täuschung dazu gebracht, das auszusagen, was er wollte. Pjatakow und seine »Mittäter« waren gefoltert worden.

Im sogenannten »Prozess der 21« wurde über Bucharin, Rykow, Krestinski, Rakowski, Rosengolz und andere Märtyrer der Stalinschen Willkür Gericht gehalten.

Mit Hilfe dieser Prozesse wollte Stalin vor allem einen letzten vernichtenden Schlag gegen die tatsächlichen oder vermeintlichen Anhänger Trotzkis führen. Das »Duell« mit Trotzki ging weiter. In der Anklageschrift gegen Pjatakow, Radek, Sokolnikow und andere wurde Trotzkis Name auf einigen Seiten fünfzigmal erwähnt! Das Gleiche gilt für die Anklageschrift gegen Bucharin, Rykow, Krestinski, Rakowski, Rosengolz und andere Leidensgenossen. Als die Prozesse begannen, ließ Trotzki aus Mexiko verlauten: »Ja, man verurteilt Gleichgesinnte, jedoch verurteilt man sie für die Idee.« Öffentlich bekundete der Vertriebene seine Solidarität mit den Angeklagten. Das gab Stalin weitere »Argumente« in die Hand.

Verhaftungen, Verurteilungen und Erschießungen wurden zu einer Alltagserscheinung. Es wurden nicht nur »potentielle Gegner« Stalins Opfer, sondern, und das in der Mehrzahl der Fälle, zufällig auch Menschen, die Betriebe oder öffentliche Einrichtungen leiteten, in denen sich irgendwelche Vorkommnisse ereignet hatten: Brände, Explosionen, Einstürze, Unfälle und so weiter. Gegen Ende des Jahres 1937 geriet die Flut der Repressalien außer Kontrolle. In vielen Volkskommissariaten und anderen Einrichtungen wurde die Denunziation zur Überlebensgrundlage. Dies war die Folge der ersten großen politischen Prozesse. Im Stalin-Archiv ist mir nur einmal ein Dokument begegnet, das ein wenig Menschlichkeit des »Führers« erkennen lässt:

»Genossen Stalin J. W.
Die Frau Kuklins A. S. hat sich an die Staatsanwaltschaft gewandt. Kuklin wurde am 18. Januar 1936 zu zehn Jahren Freiheitsstrafe verurteilt. Kuklin befindet sich in dem Butyrskaja-Gefängnis. Nach den medizinischen Untersuchungen vom 7. Januar dieses Jahres wurde festgestellt, dass Kuklin an bösartigem Speiseröhrenkrebs leidet. Seine Lage ist anerkanntermaßen hoffnungslos.
Ich bitte um Ihre Anweisungen.
22. März 1936 A. Wyschinski«

Unten auf dem Dokument steht die Entscheidung:

»Der Genosse Stalin hat dem Genossen Ulrich zur vorfristigen Entlassung Anweisung gegeben. A. Wyschinski«

Aber sonst kannte er keine Gnade. Er sanktionierte die Erschießung seines ehemaligen Stellvertreters im Volkskommissariat für Nationalitätenfragen Brojdos; seines ehemaligen Gehilfen Nasaretjan; des ehemaligen Sekretärs Lenins Gorbunow; des ehemaligen Freunds und Sekretärs des ZEK Jenukidse; Kossarews, über den Stalin gesagt hatte, er sei ein »echter Führer der Jugend«; seines »Philosophielehrers« Stens; seines Genossen in der illegalen Arbeit Soltz; des bekannten Kundschafters Uritzki, den der »Führer« doch so geschätzt hatte; des ehemaligen Vertreters des Volkskommissariats für Äußeres Karachan; des mit ihm dereinst befreundeten Tschekisten Agranow; Bubnows, mit dem er in den Jahren des Bürgerkriegs gemeinsam die Anordnungen Lenins ausgeführt hatte; des »starken Bolschewiken« Warejkis, wie der »Führer« ihn charakterisiert hatte …
Stalin besaß ein phänomenales Gedächtnis. Während er die unzähligen Listen der Verurteilten oder Verhafteten las, stieß er häufig auf Namen, die er kannte. Er hätte über jeden von diesen etwas erzählen können, sich an etwas erinnern können, sie beschreiben können. Viele von ihnen hatten ihn immer wieder in seinem Arbeitszimmer aufgesucht. Und die endlosen Kolonnen von Militärs – all die bekannten Namen und Vornamen! Tausende von Namen! Menschen, die ihn priesen und bereit waren, jeden seiner Wünsche zu erfüllen. Vielen von ihnen sollte es gelingen, ihm ihren letzten Brief zu schreiben. Und er wird viele dieser Briefe lesen. Aber der Mensch mit dem stählernen Namen kennt keine Trauer, kein Mitleid, keine Freundschaft, keine Ehre. Es genügte, einige Buchstaben in die Ecke eines Dokuments zu setzen oder Poskrebyschew »Einverstanden« zuzurufen. Bald sollte es Wyschinski, Ulrich und Jeschow gelingen, die Bestrafungsmaschine so herzurichten, dass Stalin sich nur noch mit den trockenen Zahlen der grausamen Statistik zu befassen hatte. Es existieren Angaben, dass Stalin sich vor den Prozessen einige Male mit Wyschinski und Ulrich getroffen habe. Im Stalin-Archiv gibt es davon keine Spuren. Der Militärjurist Ulrich gefiel Stalin. Möglicherweise wegen seiner lakonischen Sprache, wegen der Strenge und Knappheit seiner Berichte von der blutigen Ernte, die er Stalin in den Jahren 1937/38 zuhauf zukommen ließ. Über die Reaktion des »Führers« auf diese Berichte kann man nur mut-

maßen. Auf einigen steht die Signatur »J. St.«, auf anderen der Schnörkel Poskrebyschews. Die Lawine solcher Berichte hätte jeden Menschen moralisch zerbrochen. Aber als der Wahn seinen Höhepunkt erreichte, ging Stalin weiter ins Theater, schaute sich nachts die Kino-Wochenschauen an, empfing Volkskommissare, redigierte Anordnungen und andere Dokumente, veranstaltete mitternächtliche Tischgelage, diktierte Antworten auf Briefe, machte Bemerkungen zu diesem oder jenem Artikel in der »Prawda« oder im »Bolschewik«.

Ulrich entsprach den Vorstellungen Stalins von einem Richter, dem Sentimentalität fremd war. Stalin sah, dass der Vorsitzende des Militärkollegiums des Obersten Gerichts der UdSSR vollkommen ruhig blieb, während er Dutzende und Hunderte von Todesurteilen unterschrieb. Er war ein lebender Bestandteil der Hinrichtungsmaschine.

Wyschinski, ein korpulenter Mann mit Brille, war eine andere Erscheinung. Stalin gefiel die Beredsamkeit des Staatsanwalts der UdSSR, der mit seinen Tiraden die auf der Anklagebank Sitzenden buchstäblich lähmte. Für die Arbeit, die Wyschinski während des Bucharin-Prozesses geleistet hatte, wurde ihm der Leninorden verliehen. Das Plädoyer des Staatsanwalts während dieses Verfahrens am 11. März 1938 hatte den »Führer« offenbar beeindruckt.

»Unser ganzes Land, Jung und Alt, erwartet und fordert das eine: die Verräter und Spione, die unsere Heimat dem Feinde verschachern wollten, müssen wie räudige Hunde erschossen werden! Unser Volk fordert das eine: Zertretet das verfluchte Otterngezücht! Die Zeit wird vergehen. Unkraut und Disteln werden die Gräber der verhassten Verräter überwuchern, die auf ewig von den ehrlichen Sowjetmenschen, dem ganzen Sowjetvolk geächtet sein werden. Und über uns, über unserem glücklichen Lande wird nach wie vor unsere Sonne mit ihren hellen Strahlen klar und freudig leuchten. Wir, unser Volk, werden nach wie vor, geführt von unserem geliebten Führer und Lehrer – dem großen Stalin –, den vom letzten Schmutz und Unrat der Vergangenheit gesäuberten Weg gehen, vorwärts und immer weiter vorwärts, dem Kommunismus entgegen!«

Der »Führer und Lehrer« liebte diensteifrige Menschen. Im Folgenden wurde Wyschinski Stellvertretender Vorsitzender des Rats der Volkskommissare, später Außenminister, und ihm wurde die Stalin- Prämie verliehen neben anderen Zeichen der besonderen Aufmerksamkeit Stalins.

Damit die politischen Spektakel auch gelangen, hat man sie lange geprobt. Der Bucharin-Prozess beispielsweise wurde mehr als ein Jahr vorbereitet. Einige Monate brauchte man allein, um den Willen der Angeklagten zu brechen. Diejenigen, die die Voruntersuchungen führten, verfügten über ein breites Spektrum von Mitteln der Gewalt, um die notwendigen Aussagen zu erhalten. Einige hielten einen, zwei oder drei Monate durch. Andere zerbrachen schnell. Und dann begannen die erniedrigenden »Repetitionen«. Die zerbrochenen Menschen mussten die ihnen aufgezwungenen Versionen auswendig lernen. Wenn die Proben zufrieden stellend verlaufen waren, wenn die Angeklagten wussten, wie sie sich und andere zu bezichtigen hatten, dann wurde den Regisseuren mitgeteilt, dass dieser oder jener Akteur zur »Premiere« bereit sei. Trotz aller Vorbereitungen aber gab es manchmal Pannen. So hieß es in der Anklageschrift, die vom Sekretär des Gerichts am 2. März 1938 verlesen wurde: Der Angeklagte Krestinski »trat in verräterische Verbindung mit dem deutschen Geheimdienst im Jahre 1921«, er habe sich gegenüber den Generälen Seeckt und Hasse zur Zusammenarbeit mit der Reichswehr für 250 000 Mark jährlich verpflichtet und auch dazu, für die Trotzkisten zu arbeiten. Als der Vorsitzende des Gerichts den Angeklagten Krestinski fragte, ob er sich schuldig bekenne, sagte jener überraschenderweise, dass er alles bestreite. Es kam Unruhe auf. Man unterbrach die Verhandlung. Man berichtete Stalin. Er fluchte: »Ihr habt den Abschaum schlecht bearbeitet.« Er gab zu verstehen: Ähnliches wolle er in Zukunft nicht mehr erleben. Man traf die notwendigen Maßnahmen. Und bereits am Abend des nächsten Tags entsprach Krestinski wieder der »Norm«.

Krestinski: »Meine Aussagen in der Voruntersuchung bestätige ich vollständig.«
Wyschinski: »Was bedeutet in diesem Falle Ihre gestrige Erklärung, die man nicht anders einschätzen kann als eine trotzkistische Provokation vor dem Gericht?«

Krestinski: »Ich war gestern, unter dem Eindruck eines momentanen scharfen Gefühls falscher Scham, das durch die Anklagebank und durch den schweren Eindruck von der Verlesung der Anklageschrift hervorgerufen und durch meinen krankhaften Zustand noch verschärft wurde, nicht imstande, die Wahrheit zu sagen, nicht imstande zu sagen, dass ich schuldig bin. (…) Ich bitte das Gericht, meine Erklärung festzuhalten, dass ich voll und ganz mich all der äußerst schwerwiegenden Anklagen, die gegen mich persönlich erhoben wurden, schuldig bekenne und dass ich mich voll für den von mir begangenen Treubruch und Verrat verantwortlich bekenne.«

Mit Ausnahme einiger kleiner Pannen verliefen die Prozesse glatt. Alle Beschuldigten stimmten dem Staatsanwalt zu, einmütig akzeptierten sie die grausigen Beschuldigungen und waren sie bereit, beliebige Details ihrer »Untaten« zu berichten: eine einzigartige Zusammenarbeit zwischen Gericht und Angeklagten! Niemand bestritt oder widerlegte etwas, alle beschuldigten sich selbst! Bucharin fiel aus dem Rahmen. In seinem Schlusswort sagte er unter anderem:

»Ich halte mich (…) sowohl politisch als auch juristisch für Sabotagetätigkeit für verantwortlich, obwohl ich mich persönlich nicht erinnern kann, Direktiven zur Sabotagetätigkeit gegeben zu haben. (…)
Der Herr Staatsanwalt erklärt, dass ich (…) einer der großen Organisatoren der Spionage gewesen sei. Welche Beweise? Die Aussagen Scharangowitschs, über dessen Existenz ich bis zur Anklageschrift nie gehört habe. (…)
Ich bestreite kategorisch die Beteiligung an der Ermordung Kiows, Menschinskis, Kujbyschews, Gorkis und Maxim Peschkows. Kirow wurde nach den Aussagen Jagodas aufgrund eines Beschlusses des ›Blocks der Rechten und Trotzkisten‹ ermordet. Ich habe das nicht gewusst.
Aber hier kommt dem Bürger Staatsanwalt das zu Hilfe, was den faktischen Inhalt bildet und was er Logik nennt.«

Das ist kein Geständnis, sondern eher eine Anklage gegen die Or-

ganisatoren des Prozesses, gegen jene, die der »nackten Logik« des Kampfes gefolgt waren, gegen jene, die die Entartung des Menschen zu verantworten hatten. Die Andeutung auf Stalin ist offenkundig. Stalin wurde über den Verlauf des Prozesses täglich auf dem Laufenden gehalten, mal durch Jeschow, mal durch Wyschinski, mal durch jemand anderen. Er korrigierte Details, machte Vorschläge. Ihm wurde als erstem die Kino-Wochenschau über den Prozess und die Fotos aus dem Gerichtssaal gezeigt. Auf seine Anweisung wurde das Spektakel in der Presse und im Rundfunk breit beleuchtet. Man lud ausländische Korrespondenten, ja sogar Diplomaten ein. Alle staunten: Die »Verbrecher« waren vollkommen »geständig«. Keine Gutachten waren notwendig, es gab keinen Streit zwischen Staatsanwalt und Verteidiger. Der Anklagevertreter war der Solist, alle übrigen begleiteten ihn. Außer der Erpressung, der Bedrohung und der Folter gab es noch einen anderen Grund für die Ergebenheit der Angeklagten. Wochen- und monatelang war ihnen eingetrichtert worden: Volk und Partei brauchen dein Geständnis. Nur ein Geständnis kann die Verbrecher endgültig entlarven. Und das hieß: Es war notwendig, zu »gestehen« und andere zu denunzieren. Und dieses Motiv schlug sich in den Schlussworten vieler Angeklagter nieder: Der Angeklagte Grinko: »Das schwerste Urteil – das höchste Strafmaß – nehme ich als mir gebührend an.« Der Angeklagte Krestinski: »Meine Verbrechen an der Heimat und an der Revolution sind unermesslich, und ich nehme jedes, auch das strengste Urteil von Ihnen als absolut verdient an.« Der Angeklagte Rykow: »Ich möchte, dass diejenigen, die noch nicht entlarvt sind und noch nicht abgerüstet haben, dies unverzüglich und offen tun. Ich möchte, dass sie sich an meinem Beispiel von der Unvermeidbarkeit abzurüsten überzeugen.« Der Angeklagte Bucharin: »Ich beuge meine Knie vor dem Lande, vor der Partei, vor dem ganzen Volk.«
Bis Bucharin so weit war, hatte es einiger Arbeit bedurft. Als er während der Voruntersuchung lange geschwiegen hatte, erlaubte Stalin Jeschow, »alle Mittel« anzuwenden. Schon zuvor war eine klare Weisung an die Organe der Staatssicherheit ergangen:

»Die Anwendung von Methoden physischer Einwirkung in der Praxis des NKWD ist, seit 1937, vom ZK der KPdSU(B) gebilligt. Es ist bekannt, dass alle bürgerlichen Geheimdienste Methoden der physischen Einwirkung gegen Vertreter des sozialistischen Proletariats zur Anwendung bringen und dabei diese Methoden in allerwiderlichster Form anwenden. Es stellt sich die Frage, warum die sozialistischen Organe der Staatssicherheit humaner sein sollten gegenüber den wütenden Agenten der Bourgeoisie und gegenüber den Erzfeinden der Arbeiterklasse und der Kollektivbauern? Das ZK der KPdSU(B) ist der Meinung, dass die Methoden der physischen Einwirkung als *Ausnahme* auch künftig gegen bekannte und erklärte Volksfeinde angewandt und in diesem Zusammenhang als zulässige und richtige Methode angesehen werden.«

Die »Ausnahmen« wurden zur Regel. Die Folter wurde angewendet, sobald der Beschuldigte Unnachgiebigkeit im »Dialog« zeigte. Bucharin gab auf, als nach Folterungen auch seine junge Frau und sein kleiner Sohn bedroht wurden. Nun unterschrieb er die schlimmsten Hirngespinste der Untersuchung.

Wyschinski: »Angeklagter Bucharin – ist es eine Tatsache, oder ist es keine Tatsache, dass eine Gruppe Ihrer Mittäter im Nordkaukasus mit weißemigrantischen Kosakenkreisen im Ausland verbunden war? Rykow sagt dies, Slepkow sagt dies.«
Bucharin: »Wenn Rykow das sagt, habe ich keinen Grund, ihm nicht zu glauben.«
Wyschinski: »War Ihnen als Verschwörer und Anführer diese Tatsache bekannt?«
Bucharin: »Nach der mathematischen Wahrscheinlichkeit kann man mit großer Wahrscheinlichkeit sagen, dass dies eine Tatsache ist.«
Wyschinski: »Erlauben Sie, dass ich Rykow noch einmal frage: Kannte Bucharin diese Tatsache?«
Rykow: »Ich persönlich nehme an, dass er der mathematischen Wahrscheinlichkeit nach davon hätte wissen müssen.«

Erbost zerriss Stalin die Blätter des Stenogramms, er fühlte den Sarkasmus der in die Enge getriebenen Menschen deutlich: Man fragt nach Verbindungen mit den Weißemigranten, und sie reden von »mathematischer Wahrscheinlichkeit«! Nach jeder Sitzung wurden die Angeklagten ermahnt: Von der Vollständigkeit und Genauigkeit der Wiedergabe jener Version, die während der Voruntersuchung abgesprochen worden war, hänge nicht nur ihr Schicksal, sondern auch das Leben ihrer nächsten Verwandten ab. Die Idee der »Gerichtsgeiseln« stammte von Stalin. Seltsame Geiseln, war ihr Schicksal dem »Führer« doch schon vor Beginn des Prozesses bekannt. Das Volk und die Partei sollten die Lehre ziehen: Opposition hat keinen Sinn. Nur er, der anerkannte und einzige »Führer«, befand sich außerhalb des Systems der Bespitzelung und Denunziation. Sogar Menschen aus seiner nächsten Umgebung konnten sich nicht unbeobachtet fühlen. Das Schicksal Kossiors, Postyschews, Rudsutaks, Tschubars und anderer aus den oberen Rängen der Macht zeugt davon.

Die Prozesse waren so organisiert, dass Stalin, ihr Hauptregisseur, im Schatten blieb. Es existieren sehr wenige öffentliche Äußerungen des »Führers« über diese Sache. Seine tatsächliche Rolle war dem Volk nicht erkennbar. Es entstand der Eindruck, als verurteile das Volk selbst die »Spione«, »Landesverräter« und »Mörder«. Und wenn wir uns vorstellen, das gesamte Volk hätte über die Angeklagten zu richten gehabt, so wäre das Ergebnis wahrscheinlich das Gleiche gewesen. Das Land war noch nicht »abgekühlt« von den Klassenkämpfen der Revolution, des Bürgerkriegs, der Kollektivierung. Jede Nachricht über einen »Terrorakt«, über »Schädlingsarbeit« und »Spionage« rief im Volk eine zornige Reaktion hervor. Der Faschismus zeigte seine Kraft in Spanien, die Militarisierung Deutschlands schritt voran, der Antikominternpakt wurde organisiert, die kapitalistische Welt sah auf das »bolschewistische Russland« lediglich durch das Zielfernrohr eines Gewehrs.

Warum haben die Angeklagten alle gestanden? Bereits zurzeit der Prozesse wurde dies zu einem Rätsel für die westliche Presse. Stalin, der das Barometer der öffentlichen Meinung immer aufmerksam beobachtete, und dies nicht nur bei sich im Land, reagierte schnell. Auf seine Veranlassung hin schrieb Wyschinski einen Artikel für die »Prawda« unter der Überschrift »Warum sie gestehen«. Darin heißt es unter anderem: Die Angeklagten stritten kategorisch ab, dass sie unter Druck gesetzt worden seien. Sie hätten bestätigt, dass die Untersuchungen in absolut korrekter Form durchgeführt worden seien, dass von Gewalt, gleich, in welcher Form, keine Rede sein könne. Der Angeklagte Muralow habe beispielsweise erklärt, dass sich während der Untersuchungshaft alle »kultiviert und wohlerzogen« ihm gegenüber verhalten hätten. »Muralow leugnete acht Monate, Boguslawski acht Tage, Radek drei Monate. Sie haben zu sprechen begonnen. Aufgrund von Beweisstücken. Die Anschuldigungen stützten sich ausschließlich auf Tatsachen. Die Angeklagten wurden durch die Schwere der unbestreitbaren Beweise erdrückt.« Daran, dass die Angeklagten »erdrückt« wurden, zweifelt heute niemand. Jedoch wurden sie nicht von »Beweisen« erdrückt. Wie eine Kommission des Politbüros auf ihrer Sitzung am 5. Februar 1988 festgestellt hat, wurde bei den Voruntersuchungen die sozialistische Gesetzlichkeit grob verletzt, »es wurde gefälscht, von den Angeklagten wurden mit unerlaubten Methoden Geständnisse erlangt«.

Stalin hatte eine heftigere Reaktion der Weltöffentlichkeit erwartet. Selbstverständlich stieß es auf allgemeines Unverständnis, dass die Angeklagten sich nicht verteidigten, sondern ausnahmslos der Anklage zustimmten. Die bürgerlichen Journalisten wussten wenig über die Hintergründe der Prozesse, und so blieben ihre Artikel und Kommentare meist an der Oberfläche. Trotzki aber machte Stalin rasend. Beinahe täglich konnte man auf den Seiten der westlichen Presse seine Interpretationen lesen, und nun wurde auch noch bekannt, dass er die Durchführung eines propagandistischen »Gegenprozesses« plane.

Stalin geriet außer sich, als er Trotzkis bissigen Artikel in der 65. Ausgabe des »Bulletins der Opposition« im Jahr 1938 las. Mit Sarkasmus und Scharfsinn enthüllte Trotzki die Verlogenheit der Prozesse:

»In dieser verbrecherischen Tätigkeit erhalten die Volkskommissare, Marschälle, Botschafter, Sekretäre unentwegt Befehle von einer Instanz, nicht von ihrem offiziellen Führer, sondern vom Vertriebenen. Es genügt, wenn Trotzki ihnen zublinzelt, und die Veteranen der Revolution werden zu Agenten Hitlers oder des Mikado. Nach Trotzkis ›Instruktionen‹, die vom besten Korrespondenten der TASS überbracht werden, zerstören die Leiter der Industrie, der Landwirtschaft und des Transportwesens die

Produktionsressourcen des Landes. Auf Befehl des ›Volksfeindes Nummer 1‹, der aus Norwegen oder aus Mexiko erteilt wurde, stören die Eisenbahner die Militärtransporte im Fernen Osten, und hoch geschätzte Ärzte vergiften ihre Patienten im Kreml. Dieses erstaunliche Bild malt Wyschinski, aber dabei entsteht eine Schwierigkeit. Im totalitären Regime schafft der Apparat eine Diktatur. Nun, wenn meine Söldlinge alle Schlüsselposten im Apparat eingenommen haben, warum sitzt dann Stalin im Kreml und ich in der Verbannung?«

Die politischen Prozesse verfolgten auch das Ziel zu beweisen, dass alle ehemaligen Oppositionellen – Trotzkisten, Bucharinisten, Sinowjewisten, Menschewiki, Daschnaki, Sozialrevolutionäre, Anarchisten, Anhänger des »Bundes« – schon immer dem Sozialismus feindlich gesinnt gewesen seien. Zu ihnen wurde faktisch auch die Mehrzahl derer gezählt, die im Ausland gewesen waren: Diplomaten, Kulturschaffende, Produktionsleiter, Wissenschaftler, sogar jene, die, ihrer internationalistischen Pflicht folgend, im Spanischen Bürgerkrieg die Republik gegen Franco und seine deutschen und italienischen Bündnispartner verteidigt hatten. Zu den »Feinden« wurden auch viele heimkehrende Emigranten gezählt und nicht wenige ausländische Kommunisten, die in der Kommunistischen Internationale oder in ihren Organisationen arbeiteten. In der Legion der »Feinde« landeten häufig auch diejenigen, die irgendwann einmal politische Zweifel angemeldet hatten. Die nahen Verwandten der Verfolgten wurden automatisch als »Feinde« angesehen. Viele Opfer stammten aus den Reihen der Tschekisten. Einige von ihnen wurden ermordet, weil sie zumindest indirekt versucht hatten, staatliche Verbrechen zu sabotieren, und andere, weil sie zu viel wussten. »Übergriffe« und Pervertierungen wurden auf sie abgewälzt, und sie wurden wegen »Schädlingsarbeit in den Organen des NKWD« verurteilt. Besonders aber wurden jene verfolgt, die sich an Lenin erinnerten und an den wahren Leninismus, die seinerzeit gegen den Zarismus gekämpft hatten und die wussten, was Freiheit und Demokratie bedeuteten. Und möglicherweise wussten sie manches über Josef Dschugaschwili, was nicht in die offizielle Biographie des »Führers« passte. Das Misstrauen, das im Land gesät wurde, verstärkte die Gewalt. Die Eisenbahner W. Sacharow und M. Motziew hatten wohl kaum eine Vorstellung davon, worin ihre vermeintlichen trotzkistischen Ansichten bestanden, aber das änderte nichts daran, dass sie am 31. Oktober 1937 zum Tod verurteilt wurden. Wie Ulrich Stalin berichtete, hatten sich »alle Beschuldigten vollständig für schuldig befunden«. Das allgemeine Misstrauen, als »Stalinsche Wachsamkeit« bezeichnet, lieferte den Mühlsteinen der »Rechtsprechung« die Opfer.

Woroschilow stellte am 29. November 1938 auf einer Sitzung des Militärrats fest: »Während des Verlaufs der Säuberung in der Roten Armee wurden in den Jahren 1937/38 mehr als 40 000 Menschen entlassen. (…) Innerhalb von zehn Monaten des Jahres 1938 wurden mehr als 100 000 neue Kommandeure ernannt.« Von den mehr als 50 Mitgliedern des Militärrats waren rund 10 übrig geblieben. Welche Gefühle mag der »Führer« gehabt haben, als er die Lücken im Kommandeurskorps sah? Bekannt ist nur dies: Nachdem Stalin die »Lücken« in den Kadern entdeckt hatte, schlug er vor, die Akademien zu erweitern und neue Schulen zu bauen.
Der ehemalige Kommissar für Transport, I. W. Kowalew, hat mir Folgendes erzählt:

»Im Jahre 1937 ernannte man mich zum Leiter der Westlichen Eisenbahnstrecke. Ich fuhr nach Minsk. Ich ging zur Verwaltung. Leer. Es war niemand da, dem ich meine Papiere übergeben konnte. Russako, meinen Vorgänger, hatte man verhaftet und erschossen. Ich ließ die Stellvertreter ausrufen – keiner da. Verhaftet. Ich suche den einen, den anderen, irgendwie eine furchtbare Stille. (…) Es war verwunderlich, wie überhaupt noch Züge fahren konnten. Wer leitete dies alles? Ich ging zur Wohnung eines Bekannten aus der Verwaltung. Zu meiner Verwunderung traf ich ihn zu Hause mit seiner weinenden Frau an. ›Warum bist du nicht bei der Arbeit?‹, begann ich das Gespräch, ohne grüßen zu können.
›Ich warte. Heute hat man mir gesagt, man werde kommen und mich abholen. Hier, ich habe meine Sachen gepackt. Nasedkin vom NKWD radiert jeden Zweiten weg. Das kann die Eisenbahn zum Stillstand bringen.‹

Nachdem ich das Bild des Elends erkannt habe, habe ich mich erdreistet und Stalin in Moskau angerufen. (Denn wenn die Strecke nicht arbeitete, wie es sich gehörte, würde man mich ebenfalls bald verhaften.) Poskrebyschew hat geantwortet. Ich habe ihm die Lage geschildert. Irgendwie hörte die Barbarei auf. Ja, und es gab niemanden mehr, den man hätte verhaften können.«

Das war keine Ausnahme. Die tödliche Maschine lief auf Hochtouren. Wie sie arbeitete, darüber geben Auszüge aus Redebeiträgen auf dem Oktoberplenum des ZK von 1937 Aufschluss.

»Jetzt entlarven und zerstören wir die Feinde: die Bucharinisten, die Rykowisten, die Trotzkisten, die Koltschak-Anhänger, die Diversanten, all das Gesindel, das wir in unserer Gegend zertrümmern. Sie starten außerordentlich offen Auftritte gegen uns. (…) Ich denke dabei an eine der beliebtesten Formen der Diversion in unserer Umgebung – das ist die Brandstiftung.«

»Weil in der Führung unserer Gebietsstaatsanwaltschaft und in unserem Gebietsgericht Schädlinge, Saboteure und Volksfeinde am Werk waren, geschah es, dass sie den Schwerpunkt der Bestrafungspolitik auf Leute übertrugen, die ganz und gar unschuldig waren: Innerhalb von drei Jahren wurden im Gebiet 18 000 Menschen aus dem Kolchos- und Dorfaktiv verurteilt (häufig, weil das Pferd lahm wurde oder weil sie sich zur Arbeit verspäteten).«

Im Mai 1939 sprach Stalin im Kreml. In der absoluten Stille war nur seine leise Stimme zu vernehmen. Die sparsamen Gesten ergänzten seine langsame Rede. Er hielt seinen Text vor sich, schaute jedoch selten hinein. Hunderte von Augenpaaren junger Kommandeure und Politfunktionäre lauschten ihm aufmerksam:

»Ich erinnere mich an einen Fall in Sibirien, wo ich einst in Verbannung war. Es war im Frühjahr, als das Wasser hoch stand. Dreißig Menschen sind zum Fluss gegangen, um Holz zu beschaffen, Holz, das von den tosenden Wellen des gewaltigen Flusses fortgetragen wurde. Gegen Abend kehrten sie in das Dorf zurück, jedoch ein Genosse fehlte. Auf die Frage, wo denn der dreißigste sei, antworteten sie gleichgültig: ›Er ist dort geblieben.‹ Auf meine Frage ›Wie das, er ist dort geblieben?‹ antworteten sie ebenso gleichgültig: ›Was gibt es da zu fragen, er ist ertrunken, hat so sein sollen.‹ Und sogleich machte sich einer von ihnen auf den Weg und erklärte: ›Das Pferd muss getränkt werden.‹ Auf meinen Vorwurf, dass sie das Vieh mehr bedauerten als die Menschen, sagte einer von ihnen unter allgemeiner Gutheißung der anderen: ›Warum sollten wir sie bedauern, die Menschen? Menschen können wir immer wieder machen. Aber das Lastpferd … Probier mal, ein Pferd zu machen. *(Allgemeines Gelächter im Saal.)*«

Der Zeigefinger verharrte für einen kurzen Moment oben, so, als wollte er das Paradoxe der Antwort des Sibiriers unterstreichen.

»Nun, so ist die gleichgültige Beziehung einiger unserer Führer zu den Menschen, zu Kadern und ihre Unfähigkeit, Menschen zu schätzen, ein Überbleibsel jenes schrecklichen Verhältnisses von Mensch zu Mensch, über das ich soeben gesprochen habe. (…) Nun, Genossen, wenn wir den Hunger erfolgreich aus der Welt schaffen wollen (…), so müssen wir vor allem lernen, die Menschen zu schätzen, die Kader zu schätzen und jeden Funktionär zu schätzen, der fähig ist, unserer Idee zu nutzen. Es ist an der Zeit, endlich zu verstehen, dass von allem wertvollen Kapital, das auf der Welt existiert, das allerwertvollste und entscheidende Kapital die Menschen, die Kader sind. Es ist an der Zeit, zu verstehen, dass unter unseren jetzigen Bedingungen ›die Kader alles entscheiden‹.«

Während er ein Strafgericht organisierte über Tausende von Kommunisten, die dem Volk und der Partei ergeben waren, sinnierte er öffentlich über die Menschen und die Kader als das »allerwertvollste Kapital«. Ich verfüge über keine offiziellen Angaben über die Opferzahl in den Jahren 1937 und 1938. Möglicherweise gibt es keine. Auf der Grundlage der vorhandenen Unterlagen (Dokumente von Parteitagen, statistische Berichte aus der Partei, Berichte aus einzelnen Regionen, Angaben aus den Archiven der Gerichtsorgane, verschiedene Berichte an Stalin, Molotow, Berija und so weiter) kann man eine vorsichtige Schätzung anstellen: In den Jahren 1937 und

1938 sind 3,5 bis 4,5 Millionen Menschen verfolgt worden. Von ihnen starben durch die Todesstrafe 600 000 bis 800 000. Sehr viele verschwanden für immer in Lagern und in Gefängnissen. Ich verfüge über eine Reihe von Dokumenten, die indirekt davon zeugen, dass die genannten Zahlen der Wirklichkeit nahe kommen. Nach dem Krieg hat sich die Zahl der Insassen in den Lagern nicht vermindert, nein, sie ist sogar gewachsen, und die Zahl der in Gefängnissen Inhaftierten blieb im Verlauf einiger Jahre konstant. Hier einige Auszüge aus den Dokumenten:

»An den Genossen Stalin.
Entsprechend Ihrer Anweisung legen wir Ihnen hiermit den Beschlussentwurf über die Organisation der Lager und Gefängnisse mit strengem Regime für die Unterbringung besonders gefährlicher Staatsverbrecher vor. (...)
18. Februar 1948 W. Abakumow
S. Kruglow«

»An den Genossen Stalin.
Das Innenministerium der UdSSR berichtet Ihnen über die Lage und Arbeit der Arbeits- und Besserungslager und -kolonien für das Jahr 1947. Am 1. Januar 1948 wurden 2 199 553 Gefangene in den Lagern und Kolonien festgehalten. Es wurden 27 neue Lager gebaut. (...) 7. März 1948 Minister für Inneres
S. Kruglow«

»An den Genossen Stalin.
Das Innenministerium der UdSSR berichtet Ihnen über die Lage und Arbeit der Arbeits- und Besserungslager und -kolonien für das Jahr 1949. Am 1. Januar 1949 wurden 2 550 275 Gefangene festgehalten; wegen konterrevolutionärer Tätigkeit: 22,7 Prozent. Eine Haftdauer von über zehn Jahren sitzen 366 489 Menschen ab. Es wurden zwei neue spezielle Lager mit strengem Regime für Spione, Diversanten, Terroristen, Trotzkisten, Rechte, Menschewiki, Sozialrevolutionäre, Anarchisten, Nationalisten, Weißemigranten erbaut. (...) Die Einsitzenden haben im Durchschnitt 1,8 Quadratmeter Wohnfläche pro Person zur Verfügung. (...)
23. Januar 1950 S. Kruglow«

Die Zahl der Gefängnisinsassen ist hier nicht berücksichtigt. Sie dürfte höchstens dreißig Prozent der »Bevölkerung« der Lager und Kolonien betragen haben. Es muss ebenfalls berücksichtigt werden, dass in den Lagern auch faschistische Kollaborateure saßen und Menschen, die während des Kriegs gegen die Sowjetmacht gearbeitet hatten. Außerdem wurden die Lager mit Deportierten aus befreiten Regionen gefüllt und mit unschuldig Verhafteten.
Die Zahl der in Lagern gefangen gehaltenen Menschen kann aus den genannten Gründen in den Jahren 1937 und 1938 nicht viel höher gewesen sein als nach dem Krieg. Die »Wohnfläche«, wie sich Innenminister Kruglow ausdrückte, wird sich später kaum erhöht haben. Man lebte auf Dreietagenpritschen. Die Belegschaft des GULAG (Hauptverwaltung für Besserungs- und Arbeitslager) erneuerte sich ständig. Täglich kamen neue Gefangene hinzu. Viele ertrugen die äußerst schweren Bedingungen nicht und starben. Irgendein Prozentsatz der Verurteilten wurde freigelassen. Das Stalinsche Bestrafungssystem konnte kaum mehr als vier bis fünf Millionen Menschen jährlich »unterhalten«.
Der Hauptschuldige an all diesen nie zuvor da gewesenen Unterdrückungsmaßnahmen ist Stalin. Der »Führer« selbst gab Jeschow oder Berija Anweisungen, nicht selten verwies er auf Personen, die nach seiner Meinung »überprüft« werden sollten. Um während der Telefongespräche und in den schriftlichen Mitteilungen die Worte »Todesstrafe« und »höchstes Strafmaß« zu umgehen, schlug Stalin vor, sie »Strafe erster Kategorie« zu nennen. Aus den Dokumenten geht hervor, dass die Unterdrückungsmaßnahmen gegen viele bekannte Personen aufgrund einer speziellen Order Stalins durchgeführt worden sind. Eiche, Rudsutak, Tschubar, Kossior, Postyschew wurden auf Geheiß Stalins verhaftet und erschossen. Im Apparat des ZK beispielsweise schlug Stalin vor, man solle den Abteilungsleiter für Propaganda A. Stetzki »überprüfen«, ebenfalls die Abteilungsleiter für Presse B. Tali, für Landwirtschaft Jakowlew und für Wissenschaft K. Bauman sowie den verantwortlichen Funktionär der Kommission für Parteikontrolle f. Sajtzew und Dutzende anderer Funktionäre. Für alle endete die »Überprüfung« mit Erschießung.
Als die Kampagne sich steigerte, genehmigte Stalin Todesurteile anhand von langen Namenslisten, und im Jahr 1938, als er die-

ser Beschäftigung »müde« geworden war, gab er den Gerichten und Tribunalen das Recht zu entscheiden, ohne ihm Bericht zu erstatten. Chruschtschow sagte auf dem 20. Parteitag, dass Jeschow in den Jahren 1937 und 1938 Stalin 383 Listen mit den Namen von vielen Tausenden von Partei- und Staatsfunktionären, von Komsomolzen, von Armee- und Wirtschaftsfunktionären geschickt habe. Sie alle seien von Stalin »bestätigt« worden. Ich glaube nicht, dass Stalin sich auf diese Listen beschränkt hat. Es gab mehr. Da auf ihnen häufig auch die Unterschriften anderer Parteiführer standen, verschwanden viele Dokumente nach dem 20. Parteitag. Wie mir A. N. Schelepin Anfang April 1988 erzählte, wurde eine Reihe von Listen, auf denen Chruschtschows Unterschrift stand, auf dessen Anweisung hin aus den Archiven entfernt. Damit beauftragt war Iwan A. Serow, damals Stellvertreter des Ministers für Staatssicherheit. Die Dokumente wurden Chruschtschow ausgehändigt, der sich, nachdem er seinen mutigen Auftritt gegen Stalin vollzogen hatte, selbst von den Verbrechen reinwaschen wollte.

Der »Führer« sorgte sich sehr darum, dass sein Name nicht mit dem in Verbindung gebracht wurde, was »WMN« (»Höchstes Strafmaß«) genannt wurde. Ich habe sehr viele Briefe vorliegen, die an Stalin, Woroschilow, Molotow und andere gerichtet sind. Es sind meist Bitten um Gnade. Manche Briefe haben die Adressaten gelesen, ohne ihre Signaturen zu hinterlassen. Sämtliche Briefschreiber kamen um. Im Jahr 1937 fanden einige ZK-Plenen statt. Auf ihnen wurde über mancherlei Fragen diskutiert: über die Vorbereitung zu den Wahlen zum Obersten Sowjet der UdSSR, über Fehler beim Ausschluss von Kommunisten aus der Partei, über Maßnahmen zur Verbesserung der Arbeit der MTS (Maschinen- und Traktorenstationen; A. d. Ü.) usw. Ein Tagesordnungspunkt jedes Plenums hieß: »Über die Zusammensetzung des ZK der KPdSU(B)«. Das bedeutete, dass die Säuberung im höchsten Parteiorgan zwischen den Parteitagen fortgesetzt wurde. So auf der Oktobertagung des ZK, als aus seinen Reihen 24 Mitglieder und Kandidaten ausgeschlossen wurden! Unter ihnen: Selenski, Lebed, Nossow, Pjatnitzki, Chatajewitsch, Ikramow, Krinitzki, Warejkis, Grinko, Ljubtschenko, Jeremin, Deribas, Demtschenko, Serebrowski, Rosengolz, Ptucha, Schubrikow und andere. Sie alle waren alte Bolschewiki und gehörten zum »Skelett« der Partei. Auf dem Dezemberplenum des ZK im selben Jahr wurde folgender Beschluss gefasst:

»Auf der Grundlage unwiderlegbarer Fakten erkennt das Plenum des ZK die Notwendigkeit an, folgende Mitglieder aus dem ZK auszuschließen und als Volksfeinde einem Arrest zu unterziehen: Bauman, Bubnow, Bulin, Meschlauk, Ruchimowitsch und Tschernow, die sich als deutsche Spione und Agenten der zaristischen Geheimpolizei erwiesen haben; Michajlow, der in konterrevolutionärer Arbeit mit Jakowlew verbunden war; und Ryndin, der in konterrevolutionärer Arbeit mit Rykow und Sulimow verbunden war.«

Stalin ergänzte handschriftlich:

»Alle diese Personen bekannten sich schuldig.«

Mehr als die Hälfte der ZK-Mitglieder waren »Spione«, »Agenten der zaristischen Geheimpolizei«! Zwanzig Jahre nach dem Untergang des Hauses Romanow! Beim Studium der vergilbten Stimmzettel habe ich keinen einzigen Einspruch gefunden. Lediglich »dafür«, »einverstanden«, »bedingungslos einverstanden«, »richtige Entscheidung«, »unumgängliche Maßnahme« und so weiter. Das Gewissen schwieg in der Gefangenschaft von Lüge und Angst.
Gegen Ende des Jahres 1938 waren keine Kandidaten mehr übrig, mit denen man die schreckliche Bresche hätte auffüllen können. Von 139 Mitgliedern und Kandidaten des ZK der Partei, die auf dem 17. Parteitag gewählt worden waren, wurden 98 Personen – siebzig Prozent – verhaftet und in den Jahren 1937 und 1938 getötet. Das war, wie gesagt, das Schicksal nicht nur der Mehrzahl der Mitglieder des Zentralkomitees, sondern auch des größeren Teils der Delegierten des »Parteitags der Sieger«. Achtzig Prozent der Delegierten des 17. Parteitags waren Bolschewiki bereits vor 1921 gewesen! Da waren Menschen, die die Leninsche Schule durchlaufen hatten: den Untergrund, die Revolution, den Bürgerkrieg. Stalin konnte nicht vergessen, dass damals fast

300 Delegierte gegen ihn gestimmt hatten. Wer waren sie? Der Diktator sah in jedem Delegierten einen potentiellen Feind. Die Partei- und Staatsorgane der Republiken, Regionen und Gebiete wurden ebenfalls blutleer gemacht. Viele Gebietskomitees wurden »enthauptet«. Unzählige Sekretäre der Parteikomitees wurden verhört, festgehalten, gefoltert und ermordet. Als er einst mit Jeschow und in Gegenwart Molotows eine Namensliste durchging, sagte Stalin:

»Wer wird sich in zehn Jahren – oder in zwanzig Jahren – an all diese Schufte erinnern? Niemand. Wer erinnert sich heute an die Bojaren, die ›Grosny‹ beseitigt hat? (Grosny: Iwan der Schreckliche; A. d. Ü.) Das Volk muss wissen: Er ›beseitigt‹ seine Feinde. Schließlich und endlich bekam jeder das, was er verdiente.«
»Das Volk versteht, Josef Wissarionowitsch, es versteht und unterstützt«, bestätigte Molotow automatisch.

Jeschow, seit Oktober 1937 Kandidat des Politbüros, kannte keine Grenzen in seinem Zynismus und in seiner Grausamkeit. Auf seinen Vorschlag hin begannen die Organe des NKWD Namenslisten derer zuammenzustellen, die unter die Rechtsprechung der Kollegien der Militärtribunale fielen. Beispielsweise genügte es, einen Menschen der Spionage zu verdächtigen, und sogleich fand er sich vor dem Militärtribunal wieder. Davon, wie man mit den »Spionen« abgerechnet hat und wie viele von ihnen »entlarvt« wurden, zeugt beispielhaft ein solcher Bericht:

»An den Kommissar für Staatssicherheit ersten Ranges, Genossen Berija L. P.
In der Zeit vom 1. Oktober 1936 bis zum 30. September 1938 wurden durch das Militärkollegium des Obersten Gerichts der UdSSR und durch Lokaltermine des Kollegiums in sechzig Städten verurteilt: Zum Tod durch Erschießen – 30 514 Menschen,
zu Gefängnisstrafen – 5 643 Menschen,
insgesamt 36 157.
15. Oktober 1938W. Ulrich«

In den Jahren 1937 und 1938 schickten Jeschow und später Berija Stalin eine große Zahl von Namenslisten mit »Spionen«, für die im Voraus, vor der Gerichtsverhandlung, konkrete Strafmaßnahmen festgelegt waren (in der Mehrzahl der Fälle: Tod durch Erschießen). Jeschow und Berija erhielten ihrerseits Berichte von Ulrich. So einen zum Beispiel:

»An den Kommissar für Staatssicherheit ersten Ranges, an den Stellvertreter des Volkskommissars für Inneres der UdSSR, Genossen Berija.
Im September 1938 wurden durch das Militärkollegium des Obersten Gerichts der UdSSR in Moskau, Leningrad, Kiew, Charkow, Chabarowsk und anderen Städten verurteilt:
Zum Tod durch Erschießen – 1809 Menschen,
zu Gefängnisstrafen – 389 Menschen,
insgesamt 2198 Menschen.
W. Ulrich«

Im Oktober waren nach einem anderen Bericht 3588 Menschen betroffen. Aber das bezieht sich nur auf die »Arbeit« der Militärtribunale. Und wie viele zivile Gerichte lieferten den Henkern die Opfer? Bei aller Brutalität war Stalin manchmal irritiert, wenn das volle Ausmaß der Repressalien zu ihm »durchdrang«. Nur so lässt es sich erklären, warum auf dem ZK-Plenum im Januar 1938 über die Fehler der Parteiorganisationen beim Ausschluss von Kommunisten gesprochen wurde. Stalin hatte diese Frage aufgeworfen. Als er die Berichte Malenkows, Bagirows, Postyschews, Kossiors, Ignatjews, Simins, Kaganowitschs, Ugarows, Kossarews gehört hatte, muss er erstaunt gewesen sein über das buchstäbliche Pogrom gegen die Kader in Staat und Partei. Beispielsweise hatte Postyschew berichtet, dass er, als er die Stadt Kujbyschew besuchte, mit der Situation konfrontiert wurde, dass aufgrund der Säuberung die regionalen Führungsorgane der Partei paralysiert waren. Weil in vielen Rayonkomitees nur noch zwei oder drei Mitglieder übrig geblieben waren, mussten sie faktisch die Arbeit einstellen. Über dreißig Rayonkomitees in diesem Gebiet waren in vergleichbarer Weise dezimiert worden! Und Stalin, Berija, Jeschow, Malenkow, Molotow wälzten alle Schuld auf Postyschew ab, obwohl dieser doch erst vor kurzem nach Kujbyschew

übergesiedelt war und damit nichts zu tun haben konnte.
Nach genauer Betrachtung der Unterlagen entsteht der Eindruck, dass der Beschluss, Postyschew auszuschalten, bereits vor dem Plenum gefasst worden war. Praktisch alle Redner, angefangen bei Malenkows Bericht, betonten »die Fehler Postyschews«. Mit Unterstützung Stalins übernahm Kaganowitsch die Rolle des Hauptkritikers:

»Ich kenne Postyschew gut. Ich bin auf Anweisung des ZK im letzten Jahr nach Kiew gefahren, als wir gröbste Fehler Postyschews in der Führung der Kiewer und der ukrainischen Parteiorganisation aufdeckten. Postyschew hat sich in Kiew als Funktionär erwiesen, der die Direktiven der Partei in der Praxis niederreißt, wofür das ZK ihn damals aus Kiew fortnahm (so im Text; D. W.). Die Blindheit des Genossen Postyschew gegenüber den Volksfeinden grenzt an Verbrechen. Er sah die Feinde nicht, nicht einmal, als die Spatzen es von den Dächern pfiffen. (...) Während ich dich im Wandelgang beobachte und deine Rede auf diesem Plenum höre, bekräftige ich, dass du das ZK der Partei an der Nase herumführst.«
»Ich habe das nie im Leben getan«, erwiderte Postyschew.
»Was Postyschew auf diesem Plenum sagte – das ist die Wiederholung von parteifeindlichen Sprüchen. Er sieht nicht, dass wir im letzten Jahr mehr als 100 000 neue Menschen auf leitende Positionen gebracht haben. Das ist unser großer Stalinscher Sieg«, fuhr Kaganowitsch fort.

Auch Jaroslawski, Kossarew und Ugarow wandten sich gegen Postyschew. Er wurde nicht mehr nur kritisiert, sondern auch beschuldigt und verurteilt. Es war klar, dass dieses Mal er als Opfer auserwählt worden war. Kaganowitsch war es gelungen, seinen Hass auf Postyschew auf die Parteiführung zu übertragen. Alles verlief so, wie Stalin und seine Helfer es beabsichtigt hatten. Postyschews Niederlage vollendete der 2. Sekretär des Kujbyschewer Gebietskomitees Ignatow, der zu diesem Plenum eingeladen worden war. Er nannte Postyschews Handlungen »parteifeindlich«. Daraufhin wandte sich Kaganowitsch an Postyschew:

»Du führst auch jetzt noch das ZK an der Nase herum. Das ist eine feindliche Linie. Postyschew als politischer Führer ist bankrott.« Postyschew: »Ich finde meine Rede, die ich hier vor dem Plenum gehalten habe, voll und ganz unrichtig und unparteilich. Wie ich diese Rede hervorbringen konnte, kann ich selbst nicht verstehen. Ich bitte das Plenum, mir zu verzeihen. Ich war nicht nur niemals mit den Feinden, sondern ich habe auch immer gegen sie gekämpft.«

Nur noch Stalin konnte jetzt Postyschew retten. Als er die vollständige Erniedrigung des alten Bolschewiken erlebte, der immer versucht hatte, sich ein eigenes Urteil zu bilden, besiegelte er dessen Schicksal:

»Wir, das Präsidium des ZK oder das Politbüro, wie Sie wollen, sind zu der Meinung gelangt, dass nach all dem, was geschehen ist, irgendwelche Maßnahmen bezüglich des Genossen Postyschew ergriffen werden müssen. Nach unserer Meinung wäre es angebracht, ihn als Kandidaten aus dem Politbüro auszuschließen und ihm die Mitgliedschaft im ZK zu belassen.«

Der Beschluss war natürlich einstimmig. Postyschew blieb es nur noch einen Monat vergönnt, in »Freiheit« zu leben. Auf Stalins Vorschlag verfasste die Parteikontrollkommission im Februar desselben Jahres einen Entwurf für einen Beschluss gegen Postyschew, der dann vom Politbüro bestätigt worden ist. Der grundlegende Inhalt dieses Dokuments war von Stalin festgelegt worden. Postyschew wurden folgende »Sünden« angelastet:

1) Auflösung von 35 Rayonkomitees der Partei (sie mussten ihre Arbeit niederlegen, nachdem innerhalb von fünf Monaten im Jahr 1937 im Kujbyschewer Gebiet 3500 Kommunisten aus der Partei ausgeschlossen worden waren; D. W.);
2) Provokation sowjetischer Organe; auf einer Stadtratsitzung waren 34 Deputierte ausgeschlossen worden;
3) Heranziehung von Kadern zu Feldarbeiten, Zerstörung von Gemeinschaftsgebäuden, Sabotage, während die Ernte in vollem Gange war;

4) während seiner Tätigkeit in Kujbyschew behinderte Postyschew das NKWD bei der Entlarvung von Feinden, indem er Schläge gegen ehrliche Kommunisten richtete;
5) Postyschews Helfer erwiesen sich sowohl in der Ukraine als auch in Kujbyschew als Volksfeinde (Spione);
6) Postyschew wusste von der Existenz einer konterrevolutionären rechtstrotzkistischen Organisation im Gebiet. (…)
Alle angezeigten Taten Postyschews sind parteifeindlich und nutzen den Volksfeinden. Postyschew ist aus den Reihen der KPdSU(B) auszuschließen.«

Alle 49 übrig gebliebenen Mitglieder und Kandidaten des ZK stimmten für diesen Beschluss. Stalins Stimmzettel lässt sich auch hier nicht finden. Er versuchte immer, so wenig »Spuren« wie möglich zu hinterlassen. Postyschews Schicksal war besiegelt. Es folgten Verhaftung und Erschießung.
Die Stalinsche »Sorge um die Kader« zeigte sich beispielhaft im Fall Postyschew. Aus irgendwelchen Gründen missfiel er dem »Führer«. Er war ein Kommunist Leninscher Schule. Und Stalin genügte es häufig, nur einen Satz zu hören, nur ein Gespräch zu führen, nur eine Information zu erhalten, um sein unumstößliches Urteil über eine Person zu fällen. In diesen Jahren war dies gleichbedeutend mit einer Verurteilung.
Malenkow hatte Stalin nach Postyschews Inspektionsreise in Kujbyschew gesagt: »Postyschew ist ein politisch schädlicher Mensch.« »Warum soll man ihn halten?« hatte Stalin gefragt. Dies reichte, um ein Menschenleben auszulöschen.
Kaum jemand dürfte dem Umstand besondere Bedeutung beigemessen haben, dass während Kossarews Rede auf dem Januar-Plenum des ZK 1938 ein Streit zwischen ihm und Mechlis entstand. Kossarew kritisierte faktisch die Politische Hauptverwaltung der Roten Armee, die von Mechlis geleitet wurde, als er Schwächen der politisch-ideologischen Arbeit mit den Komsomolzen ansprach: »In der Armee gibt es 500 000 Mitglieder der Jugendorganisation, und in die Partei werden jährlich lediglich einige tausend aufgenommen.« Gehässig erwiderte Mechlis: »Das ZK des Komsomol beschäftigt sich nicht mit dem Armeekomsomol. Ich habe Beloborodow (Sekretär des ZK des Komsomol; D.

W.) vorgeschlagen, den Komsomol der Armee zu leiten. Er lehnte ab. Man will nur aus dem ZK führen.« Ob dieser Zwist zwischen Mechlis und Kossarew, die sich ohnehin nicht gut verstanden, der ausschlaggebende Punkt war, der das Schicksal des Komsomolsekretärs besiegelte?

Nachdem das Plenum sich mit den Massenausschlüssen aus der Partei befasst und in Postyschew einen Schuldigen gefunden hatte, stellte sich heraus, dass diese Ausschlüsse nichts anderes gewesen sein konnten als Intrigen noch nicht entdeckter »Feinde«. »Es ist an der Zeit, dass alle Parteiorganisationen und ihre Führer die maskierten Feinde, die in unsere Reihen eingedrungen sind, endgültig entlarven und ausrotten.«

Statt die Ursachen der Übergriffe zu analysieren, wurde zur verstärkten Jagd auf die »noch nicht entlarvten Feinde« geblasen. Der Sekretär des Kiewer Gebietskomitees, Kudrjawzew, fragte während seiner Reden auf den Parteiversammlungen: »Habt Ihr wenigstens irgendjemanden angezeigt?« Als Resultat auf solche Aufrufe zur Wachsamkeit wurde in der Kiewer Parteiorganisation beinahe die Hälfte der Parteimitglieder denunziert. Kudrjawzew war eines der ersten Opfer.

Das Kaderpogrom führte dazu, dass viele ehrlose Menschen versuchten, die schwierige Lage zur Förderung ihrer Karriere auszunutzen oder aber auch einfach nur ein Hühnchen mit jemandem zu rupfen. Im Beschluss des Januarplenums 1938 heißt es:

»Vereinzelte Karrierekommunisten versuchen aufzusteigen und sich auszuzeichnen auf Kosten der aus der Partei Ausgeschlossenen, auf Kosten der Repressalien gegen Parteimitglieder, sie versuchen, sich selbst vor möglichen Beschuldigungen abzusichern, indem sie wahllose Repressalien gegen Parteimitglieder anwenden.«

Diese richtige Feststellung ließ sich schlecht mit dem Kurs der obersten politischen Führung vereinbaren. Denn dort sind die Ursachen zu suchen für die Welle der Denunziationen. Ein charakteristisches Beispiel aus dem Berija-Fond, in dem eine gewaltige Zahl von Denunziationen aufbewahrt ist. Ich werde eine anführen, ohne den Autor zu nennen. Möglicherweise hat er Kinder und Enkel.

»Genosse Malenkow.
Ich bin Stellvertretender Kommandeur einer Abteilung der Inneren Truppen des NKWD. Heute wurde ein Meeting anlässlich der Verleihung des Siegerordens an den Genossen Stalin veranstaltet. Zum Meeting wurden jedoch nur Offiziere eingeladen. Soldaten waren nicht eingeladen. Sonderbar. Das Meeting wurde von General Borowkin geleitet. Es traten insgesamt nur drei bis vier Menschen auf, und das Meeting wurde beendet. Nachdem das Meeting beendet worden war, sagte man, dass die Abteilung zur Erntearbeit fahren würde und dass der Leiter der Politabteilung Kusnetzow auf einen anderen Dienstplatz versetzt werden würde.
Eine derart wichtige politische Maßnahme wie das Meeting, das der Verleihung des Siegerordens an den Genossen Stalin gewidmet war, wurde verwischt, verflacht.«

Malenkow hat auf dem Brief nur zwei Worte notiert: »Genossen Berija«.

Die von Stalin gekrönte Lüge verfügte über die Schicksale von Millionen. Stalin darf nicht verziehen werden, vor allen Dingen nicht dafür, dass er im Land eine Situation schuf, in der die Lüge herrschte, in der die Lüge die Menschen zwang, sich zu unterwerfen, zu schweigen oder Beschlüsse zu unterstützen, deren Kern vielen vollkommen unklar war. Stalin glaubte, er sei im Recht, wenn er die Wahrheit »dosierte«, wenn er Verallgemeinerungen machte, die für das ganze Volk verbindlich waren, wenn er bestimmte, was für das Volk gut und was überflüssig war. Die Verfolgungen, die Gesetzlosigkeit jener Zeit konnten nur auf Lügen gebaut werden.

Tuchatschewskis »Verschwörung«

Stalin liebte die Armee, er liebte das Militär. Er liebte es, sich im großen Spiegel in der Marschallsuniform zu betrachten. Die Streitkräfte waren Gegenstand seiner besonderen Fürsorge. Der

»Führer« erinnerte sich immer mit einem gewissen Stolz an seine militärische Tätigkeit an den Fronten des Bürgerkriegs. Er war in der Tat häufiger als irgendein anderes Mitglied der bolschewistischen Führung (mit Ausnahme Trotzkis) an den Fronten gewesen.

Die Marschälle und Kommandeure waren ihm in der Mehrzahl aus der Zeit des Bürgerkriegs gut bekannt. Und gegen Ende der dreißiger Jahre entschied er über alle Beförderungen auf hohe Posten in der Roten Armee. Der »Führer« hörte in der Regel einen kurzen Bericht des Kandidaten an, schaute ihm aufmerksam in die Augen, schwieg und unterhielt sich dann sieben bis zehn Minuten mit ihm.

Ihn interessierten militärische Erfahrungen, Kenntnis von Kriegsschauplätzen, die Ansichten des künftigen Kommandeurs über die technische Ausrüstung der Armee. Ab und an stellte er überraschende Fragen: »Wie beurteilen Sie die deutschen Panzer?« – »Sind unter den heutigen Bedingungen Grenzverstärkungen notwendig?« – »Wie ist Ihre Meinung über die neue Felddienstordnung der Roten Armee?« Am Ende der Unterhaltung drückte Stalin dem aufgeregten Kommandeur schwach die Hand, wünschte ihm Erfolg auf dem neuen Posten und hoffte auf die ständige Bereitschaft des Kandidaten, die »Linie der Partei« umzusetzen. Dann machte er sich sogleich an die »Prüfung« des nächsten. Vor allem wollte er in den Augen dieser Menschen lesen: Ist dieser Kommandeur dem »Genossen Stalin« ergeben?

Stalin verbrachte viele Stunden mit den Volkskommissaren, Konstrukteuren und Wissenschaftlern, die an der Kampftechnik und an Waffen arbeiteten. In der Regel sah er sich persönlich neue Waffenmuster an, und er war häufig beim Exerzieren anwesend. Auf seine Initiative hin wurden Beratungen zu verschiedenen Themen der militärischen Rüstung einberufen, an denen er auch häufig teilnahm. Er hielt bei diesen Gelegenheiten selten Reden, aber seine Einwürfe und Bemerkungen beeinflussten den Gang der Diskussion.

Selbstverständlich beschäftigte sich Stalin mit diesen Fragen nicht allein wegen seiner Neigung zu allem Militärischen. Er verstand, dass die politische Macht und die internationale Autorität seines Landes nicht nur durch wirtschaftliche, sondern auch durch militärische Faktoren bestimmt wurde. Seit der zweiten Hälfte der dreißiger Jahre machte er sich außerdem Sorgen wegen des Anwachsens der faschistischen Gefahr und der imperialistischen Bedrohung im Westen und im Osten. In diesen Jahren widmete er sich vor allem der Roten Armee und dem NKWD. Und über den NKWD begannen Ende des Jahres 1936 Besorgnis erregende Informationen nach Moskau zu kommen.

Bemerkenswerterweise wurden die ersten Symptome eines Zwists zwischen Stalin und hohen Offizieren der Roten Armee zuerst in Deutschland wahrgenommen. Der Leiter der Hauptverwaltung für Aufklärung der Roten Armee, Korpskommandeur S. Uritzki, berichtete am 9. April 1937 Stalin und Woroschilow, dass in Berlin Gerüchte über die Existenz einer Opposition gegen die sowjetische Führung innerhalb der Generalität im Umlauf seien. Aber sie seien wenig glaubwürdig. Dann schickte Jeschow Stalin eine Notiz mit Veröffentlichungen einer Weißemigrantenorganisation namens ROWS aus Paris. Darin heißt es: »In der UdSSR plant eine Gruppe hoher Kommandeure einen Staatsstreich.« In diesen Materialien, die höchstwahrscheinlich eine Fälschung oder Hirngespinste eines Weißemigranten darstellten, wurde behauptet, dass der Kopf der »Verschwörung« Marschall Michail Nikolajewitsch Tuchatschewski sei. Stalin schickte eine Notiz an Ordschonikidse und Woroschilow mit der Bemerkung: »Ich bitte um Kenntnisnahme.« Spuren von Reaktionen seiner Mitarbeiter konnte ich auf dem Dokument nicht finden, vor allen Dingen wohl deshalb nicht, weil die offenkundige Fälschung nicht einmal Stalin beeindruckte, der doch außerordentlich misstrauisch war. Den Berichten der NKWD pflegte Stalin in fast allen Fällen zu glauben. Erlauben Sie mir einen Exkurs zu diesem Thema.

Wie mir A. T. Rybin, der damals in einer der NKWD-Abteilungen und später in der Leibwache des »Führers« arbeitete, erzählt hat, habe Stalin, als man ihm mündlich über die »Verbindungen« M. J. Koltzows mit »ausländischen Geheimdienstlern« berichtet habe, dieser »Information« zunächst keine Bedeutung beigemessen. Er habe noch eine Unterredung mit dem Schriftsteller in Erinnerung gehabt, und sie hatte einen guten Eindruck beim »Führer« hinterlassen. Als man Stalin aber einen Monat später (irgendjemandem war es wohl wichtig?!) eine Mappe mit einem Bericht und mit zwei Zeugenaussagen vorlegte von Menschen, die Koltzow persönlich kannten, befahl der »Führer«, sich mit dem Fall zu befassen. Stalin hielt es für unmöglich, dass man ihn in schriftlichen Berichten betrügen könnte. Er nahm an, dass nur er dazu ein Recht habe. Diese Besonderheit Stalins, dem Papier »zu glauben«, haben Jeschow und später Berija ausgenutzt. Berichte, Meldungen, Denunziationen, auch wenn sie noch so aberwitzig waren, fanden bei Stalin Gehör.

Stalin war so misstrauisch, dass er nicht einmal seiner nächsten Umgebung vertraute, weder seinen Helfern noch seinen Verwandten. Wie mir A. N. Schelepin erzählte, habe Stalin von Berija eine besondere Überprüfung derer verlangt, die zu seiner Leibwache gehörten. Berija spielte mit Stalins Misstrauen: Immer wieder »fand« er in Stalins Umgebung »Spione« oder »Terroristen«; und ab und zu teilte er mit, es gebe »verdächtige« Zeichen, Hinweise und so weiter. Beispielsweise befahl Berija eines Tages, einen Mann aus dem Bedienstetenpersonal namens Fedossejew mitsamt seiner Frau zu verhaften wegen Vorbereitung eines »Terrorakts«. Die Gardinen an den Fenstern wurden einen halben Meter gekürzt, damit sich niemand hinter ihnen verstecken konnte. Niemand wusste, wo Stalin in der kommenden Nacht schlafen würde – im Arbeitszimmer oder im kleinen Saal. Betten standen in beiden Räumen bereit. Stalins Zimmer durfte niemand außer Berija ohne besondere Aufforderung betreten.

Wenn Stalin zu seiner Datscha fuhr, saß er in seinem gepanzerten Auto und wusste, dass jede solche Fahrt mit einer umfangreichen Operation zur Gewährleistung seiner Sicherheit verbunden war. Neben dem Fahrer Mitrochin saßen die Leibwächter – Tukow oder (in den vierziger Jahren) Starostin – bereit, ihn im Automobil vor »Terroristen« zu schützen. Stalin hatte die Angewohnheit, aufmerksam in die Gesichter der Menschen zu sehen. Wenn ihm irgendein Blick auf einmal nicht gefiel, dann arbeitete der betreffende Mensch künftig nicht mehr für ihn.

Es existieren Gerüchte, die in Berijas Umfeld entstanden sind und die besagen, dass einige Attentate auf Stalin verübt worden seien. Aber es ist mir nicht gelungen, dafür irgendeinen Beleg zu finden. Chruschtschow unterstrich in seinem Bericht auf dem 20. Parteitag das äußerst krankhafte Misstrauen Stalins sogar gegenüber Politbüromitgliedern. Möglicherweie vertraute er nur Wlassik und Poskrebyschew. Ja, und vielleicht Walja Istomina, seiner »Wirtschafterin«, einer jungen Frau, die bald nach dem Tod Nadeschda Allilujewas zu ihm ins Haus kam. Bis zum Ende seiner Tage sorgte sie für ihn und bemühte sich, ihm, so weit es möglich war, ein gemütliches Zuhause zu bieten. Obwohl Stalin ein harter Mensch war, hat er die aufrichtige Fürsorge dieser Frau bemerkt.

Stalins Misstrauen gegenüber Tuchatschewski wuchs, als ihn eine Information des tschechoslowakischen Präsidenten Eduard Beneš erreichte. Wie der ehemalige Mitarbeiter des SS-Geheimdienstlers Ernst Kaltenbrunner Walter Hagen (im Buch »Die geheime Front«), H. Hegener (in den Memoiren »Die Reichskanzlei von 1933 bis 1945«) und ebenso Winston Churchill geschrieben haben, sei Stalin auf ein in Berlin gefälschtes Dokument über die »Zusammenarbeit« Tuchatschewskis und einer Reihe anderer Kommandeure der Roten Armee mit der deutschen Generalität hereingefallen. Mit Wissen von Abwehrchef Wilhelm Canaris habe man kunstfertig Tuchatschewskis Unterschrift gefälscht. Die Geheimdienstler aus dem Reichssicherheitshauptamt hätten dabei ein Papier über die technische Zusammenarbeit auf dem Gebiet der Luftfahrt zwischen sowjetischen Stellen und einer deutschen Firma aus dem Jahr 1926 genutzt, auf dem Tuchatschewski seine Unterschrift hinterlassen hatte.
In Berlin wurde ein Spektakel inszeniert mit Brand und anschließendem Diebstahl der Dokumente, woraufhin sie nach Prag gerieten. Über den Brand berichteten Jeschow und Woroschilow Stalin einige Male:

»In Ergänzung zu unserer Mitteilung über den Brand im Deutschen Kriegsministerium schicke ich Ihnen ausführliches Material über den Brand (in der Nacht vom 1. auf den 2. März 1937; D. W.) und eine Kopie des Rapports des Leiters der Kommission für Diversion der Gestapo. (…)
Generalkommissar für Staatssicherheit Jeschow«
Beneš führte wohl nichts Böses im Schild, als er anordnete, das Material nach Moskau weiterzuleiten. Diese Sache beunruhigte Stalin sehr, aber er beschränkte sich zunächst darauf, das Papier

Jeschow zu übergeben. Tuchatschewski wurde überwacht, und man ging daran, »Beweise« zu sammeln. Die Ereignisse entwickelten sich so weiter, wie es B. A. Wiktorow, ehemals Vertreter des Obersten Militärstaatsanwalts, geschildert hat. Nach dem 20. Parteitag leitete er eine spezielle Kommission von Militärstaatsanwälten und Untersuchungsrichtern zur Rehabilitierung unschuldig Verurteilter in den Jahren der Stalinschen Gesetzlosigkeit. In seinen Schriften hat er viele interessante Tatsachen dargelegt. Während Wiktorow in den Akten des im Jahr 1957 wegen Übertretung der Gesetzlichkeit verurteilten Untersuchungsrichters Radsiwilowski las, fielen ihm folgenden Zeilen in dessen Aussage auf:

»Ich habe in der Verwaltung des NKWD des Moskauer Gebiets gearbeitet. Ich wurde zu Frinowski (einer der Stellvertreter Jeschows; D. W.) gerufen, und er interessierte sich dafür, ob ich irgendwelche Untersuchungen gegen hohe Militärangehörige leiten würde. Ich antwortete ihm, dass ich ein Verfahren gegen den ehemaligen Brigadekommandeur Medwedew eingeleitet hätte. Frinowski gab mir eine Aufgabe: ›Es muss das Bild einer großen Verschwörung in der Roten Armee entworfen werden, deren Entlarvung eine große Rolle für die Verdienste Jeschows vor dem ZK bedeuten würde.‹ Ich habe die Aufgabe erfüllt. Nicht sofort selbstverständlich, aber ich erhielt von Medwedew die geforderten Aussagen über die Existenz einer Verschwörung in der Roten Armee. Über die erhaltenen Aussagen wurde Jeschow berichtet. Er selbst rief Medwedew persönlich zu einem Verhör zu sich. Medwedew erklärte Jeschow und Frinowski, dass seine Aussagen erfunden seien. Daraufhin befahl Jeschow, man solle Medwedew mit beliebigen Mitteln zu den vorherigen Aussagen bewegen, was auch getan wurde. Das Protokoll mit den Aussagen Medwedews, die unter physischer Einwirkung erzielt wurden, wurde obenauf gelegt.«

Kurz darauf wurden Tuchatschewski und andere »Verschwörer« verhaftet. Am Abend davor hatte man Stalin berichtet, dass Trotzki in seinem »Bulletin der Opposition« erklärt habe, die Unzufriedenheit der Militärs mit Stalins Diktat bringe einen möglichen Auftritt der Führung der Roten Armee gegen ihn auf die Tagesordnung. Das war der Tropfen, der das Fass überlaufen ließ. Bevor Stalin die Verhaftung des populären Militärführers anordnete, hörte er sich die Stellungnahmen Molotows, Woroschilows und Jeschows an.

Molotow glaubte an die Meldungen aus dem Ausland (bis zum Ende seines Lebens sollte er an Verschwörungen glauben), Woroschilow verbarg seine lang gehegte Abneigung gegen Tuchatschewski nicht, und Jeschow wollte sich mit diesem Verfahren noch höher erheben. Es leuchtet ein, dass sie für die Verhaftung des »Verschwörers« waren. Am 24. Mai tat Stalin nach einigem Zögern noch einen Schritt hin zum blutigen Drama. Den Mitgliedern und Kandidaten des ZK wurde ein Dokument zur Abstimmung zugeschickt. Hier der Inhalt:

»Auf der Grundlage von Fakten, die das Mitglied des ZK der KPdSU(B) Rudsutak und den Kandidaten des ZK der KPdSU(B) Tuchaschewski der Teilnahme am antisowjetischen, trotzkistisch-rechten (so im Text; D. W.) Verschwörungsblock und an Spionagetätigkeit gegen die UdSSR zugunsten des faschistischen Deutschlands überführen, macht das Politbüro des ZK der KPdSU(B) den Vorschlag, Rudsutak und Tuchatschewski aus der Partei auszuschließen und ihre Angelegenheit dem NKWD zu übergeben.

Der Sekretär des ZK der KPdSU(B) J. Stalin«

Alle stimmten mit »Ja«. Niemand hegte Zweifel, niemand versuchte, Rudsutak und Tuchatschewski zu verteidigen. Militärführer, die Tuchatschewski aus dem Bürgerkrieg kannten, glaubten blind an die Behauptungen der Provokateure, und sie hielten es nicht einmal für nötig, den Marschall anzuhören. Keiner wollte wissen, was hinter der Phrase »Auf der Grundlage von Fakten, die (…) überführen« stand. Einige gingen sogar weiter als Stalin in seinem Vorschlag. Budjonny beispielsweise schrieb auf seinen Stimmzettel: »Bedingunglos ›ja‹. Diese Schurken müssen bestraft werden. 25. 5.« Mechlis hatte sein »Ja«, wie meist in solchen Fällen, mehrfach unterstrichen. Weder Woroschilow noch Jegorow, die zusammen mit Tuchatschewski gedient hatten, we-

der Chruschtschow noch Mikojan, die später diesen gesetzlosen Akt verurteilen sollten, fanden in sich den Mut, dieses Ja zu verweigern. Und auch dieses Mal lässt sich ein ausgefüllter Stimmzettel Stalins nicht finden.
Stalin kannte Tuchatschewski schon seit dem Bürgerkrieg. Er wusste, wie gut dieser die 5. Armee geführt hatte. Er kannte auch den Befehl des Revolutionären Kriegsrats der Republik vom 28. Dezember 1919, in dem es heißt:

»Dem Kommandeur der 5. Armee, dem Genossen Michail Nikolajewitsch Tuchatschewski, wird für seine persönliche Tapferkeit, seine umfassende Initiative und Energie, für sein Organisationstalent, für seine Sachkenntnis, durch die er sich beim siegreichen Feldzug der heldenmütigen Roten Armee nach Osten, der mit der Einnahme der Stadt Omsk endete, hervorgetan hat, mit der Goldenen Ehrenwaffe ausgezeichnet.«

Eines Mitternachts war Stalin danach, Jeschow zu sich zu rufen, damit dieser über den Verlauf der Untersuchungen im Verfahren gegen Tuchatschewski berichtete. Während Stalin Jeschows Bericht über die Verhöre von Tuchatschewski, Jakir, Uborewitsch, Kork, Eideman, Feldman, Primakow und Putna hörte, wird er über den jüngsten der fünf Marschälle der Sowjetunion nachgedacht haben. Einerseits schätzte der »Führer« die großen beruflichen Fähigkeiten Tuchatschewskis, sein originelles strategisches Denken, seine Talente als Theoretiker. Aber andererseits war in Stalin aus dem Bürgerkrieg ein Gefühl des Misstrauens gegen die »bürgerlichen Militärspezialisten« geblieben. Er mochte den Marschall nicht wegen seiner Unabhängigkeit und seines Muts, die eigene Meinung zu vertreten. Und er wusste von den ziemlich gespannten Beziehungen zwischen Tuchatschewski und Woroschilow.
Ihm dürfte auch eine Notiz Gamarniks nicht entfallen sein, in der der Leiter der Politischen Hauptverwaltung der Roten Armee Stalin geschrieben hatte:

»Gerade eben, kurz vor meiner Abreise, erhielt ich die Kopie eines Briefes des Genossen Tuchatschewski an Sie über die Militär-

ratsbezirke, und deshalb habe ich nicht die Möglichkeit, meine Auffassung ausführlich darzulegen bezüglich dieser von ihm gestellten Frage. Der Genosse Tuchatschewski erklärt sich in seinem Schreiben mit der Belassung der Militärratsbezirke einverstanden und schlägt vor, die Leiter der Politischen Verwaltung der Bezirke aus ihrer Besetzung auszuschließen. (…)
Ich halte den Vorschlag des Genossen Tuchatschewski für absolut unrichtig und schädlich, sowohl für Friedens- als auch im Besonderen für Kriegszeiten.
Ja. Gamarnik«

Stalin hatte damals Gamarnik unterstützt. Und da gab es auch einen Bericht Tuchatschewskis, den Woroschilow Stalin gezeigt hatte. Darin befasste sich der Marschall wieder einmal mit der Frage der Ausarbeitung einer Theorie des »beweglichen Kriegs« in der Epoche der umfassenden Motorisierung, der Beschleunigung, der technischen Umrüstung der Armee. Stalin hörte sich schweigend Woroschilows Einsprüche gegen die »Theoretisiererei« Tuchatschewskis an, dem der Volkskommissar in einem speziellen Brief antworten wollte. Dieser Brief ist im Archiv erhalten geblieben. Er endet mit den Worten:

»Ich rate Ihnen, so bald als möglich mit Ihren exzessiven literarischen Neigungen Schluss zu machen und all Ihr Wissen und Ihre Energie auf die praktische Arbeit zu richten. Das wird einen sofortigen fühlbaren Nutzen für die Sache bringen, für die wir von der Partei bestimmt worden sind.
Mit kommunistischem Gruß K. Woroschilow«

Der Volkskommissar für Verteidigung war unangenehm berührt von den theoretischen Fragestellungen Tuchatschewskis, die Woroschilows geringe Bildung unterstrichen. Der Volkskommissar hing darüber hinaus veralteten militärischen Vorstellungen an. Deshalb konnte das Verhältnis zwischen ihm und seinem Stellvertreter nicht problemfrei sein. Es war nicht anzunehmen, dass Woroschilow Tuchatschewski nach seinen Fähigkeiten und Verdiensten beurteilen würde. Tuchatschewski wurde zum Kommandeur des Wolga-Militärbezirks ernannt, aber dort sollte er nicht lange bleiben.

Stalin wusste, dass Tuchatschewski seinem Vorgesetzten an intellektuellem Niveau und an theoretischen Fertigkeiten um einiges voraus war. Das kam allerdings häufig vor. Ein Vorgesetzter, so glaubte der »Führer«, müsse nicht unbedingt klüger sein als seine Untergebenen. Wichtig war, dass er die »Linie« vertrat. Woroschilow tat es. Aber Tuchatschewski? Es war schwer, das zu glauben, was Jeschow berichtete. Aber hatte nicht auch Trotzki in seiner »Verratenen Revolution« Andeutungen gemacht? Und hatte nicht dieser »Bürger ohne Visum« in einem Interview noch in Oslo erklärt: »In der Roten Armee sind nicht alle Stalin ergeben; dort erinnert man sich noch an mich«? Und Trotzki hatte Tuchatschewski doch gut gekannt. Während Stalin seine Erinnerungsfetzen mit Jeschows Bericht zusammenbrachte, zwang er sich allmählich zu glauben, dass es eine »faschistische Verschwörung« in der Roten Armee gebe. Umso mehr, als Jeschow in seinem Bericht schließlich mitteilte: »Die Verschwörer haben gestanden.«
Stalin befahl, einen schnellen Prozess ohne Öffentlichkeit und ohne Zwischenfälle durchzuführen. Alle erschießen! Auf dem Tisch lag eine aufgeschlagene Ausgabe des »Bolschewik« mit einem Artikel Tuchatschewskis »Über die neue Feldordnung der Roten Armee«. Es war nicht mehr gelungen, den Artikel aus der Ausgabe zu »werfen«. So schnell entwickeln sich die Ereignisse.
Anfang Juni 1937 wurden vor dem Militärrat die Berichte Jeschows und Woroschilows über die Entlarvung der »niederträchtigen konterrevolutionären militärfaschistischen Organisation« vorgetragen. Darin hieß es, dass die »Verschwörer« schon seit langem tätig gewesen seien und dass sie mit deutschen Militärkreisen zusammenarbeiteten. Die »Verschwörer« hätten geplant, die Führer der Partei und des Staats mit Hilfe des faschistischen Deutschlands zu ermorden und die Macht zu ergreifen.
An den Militärratssitzungen nahmen Regierungsmitglieder teil, und Stalin wurde über den Verlauf der Sitzungen unverzüglich unterrichtet. Das Schicksal Tuchatschewskis und seiner »Mittäter« war vorherbestimmt. In weniger als zwei Wochen nach seiner Verhaftung, am 11. Juni 1937, wurde eine nichtöffentliche Gerichtsverhandlung durchgeführt. In der Presse wurde darüber erst am Tag des Prozesses geschrieben. Und am darauf folgenden Tag erschien bereits die Information über das Urteil. Das Gericht hat-

te es eilig und fällte ein grauenhaft ungerechtes Urteil. Die Verhandlung wurde um neun Uhr morgens eröffnet, und schon kurz nach Mittag war das Urteil gesprochen.
Hinter dem Richtertisch saßen der in solcherlei Prozessen erfahrene Richter Ulrich, die Marschälle Budjonny und Blücher, die Armeekommandeure 1. Ranges Schaposchnikow und Below, die Armeekommandeure 2. Ranges Alksnis, Dybenko, Kaschirin und der Divisionskommandeur Gorjatschew. Verteidiger gab es ebenso wenig wie ein Recht auf Berufung – so war es im Gesetz vom 1. Dezember 1934 geregelt.
Tuchatschewski, Jakir, Uborewitsch, Putna, Primakow, Kork, Eideman, Feldman saßen ihren Kampfgenossen gegenüber. Alle kannten sich gut. Kaum einer von den Gerichtsmitgliedern wird daran geglaubt haben, dass hier über »Verschwörer und Spione« verhandelt wurde. Ich glaube, dass Tuchatschewski und seine Genossen einen Hoffnungsschimmer gesehen haben. Denn bestand das Gericht nicht aus Menschen, mit denen sie zwanzig Jahre unter ein und derselben Fahne gedient hatten?
An der Gerichtsverhandlung sollte auch der Leiter der Politischen Verwaltung der Roten Armee Jan Borissowitsch Gamarnik anwesend sein. Entweder als Angeklagter – oder als Mitglied des Gerichts. Hier der Bericht seiner Tochter:

»Ende Mai wurde mein Vater krank. Entweder fühlte er das Herannahende, oder ihn quälte ein Diabetesanfall. Er wusste, wie mir später meine Mutter (ich war damals zwölf) erzählte, dass am 27. Mai Tuchatschewski, am 29. Uborewitsch, Jakir (direkt im Zug) und andere Militärführer verhaftet worden waren. Am 30. kam Blücher zum Vater. Sie kannten sich gut vom Fernen Osten. Sie sprachen lange über irgendetwas. Daraufhin erzählte mein Vater meiner Mutter, dass man ihm vorschlage, Mitglied des Gerichts über Tuchatschewski zu werden. Aber: ›Wie könnte ich das!‹ rief mein Vater aus. ›Ich weiß doch, dass sie keine Feinde sind. Blücher sagte, wenn ich ablehnte, könnte man mich verhaften.‹
Am 31. kam Blücher noch einmal für kurze Zeit. Später kamen einige Leute und versiegelten den Safe meines Vaters. Man sagte ihm, dass er von seinem Amt abgelöst sei und dass seine Stellvertreter Owsepjan und Bulin verhaftet worden seien. Meinem Vater

befahl man, zu Hause zu bleiben. Sobald die Leute vom NKWD gegangen waren, hörten wir im Zimmer meines Vaters einen Schuss. Als ich und meine Mutter hineilten, war alles vorbei. Ich glaube, die Erschießung war eine Antwort auf Stalins Vorschlag, Mitglied des Tribunals gegen seine Kameraden zu werden. Eine Antwort auf die Gesetzlosigkeit. Anders hätte mein Vater damals nicht antworten können.

Meine Mutter wurde verhaftet, man gab ihr acht Jahre als Frau eines ›Volksfeindes‹ und dann im Lager noch zehn Jahre wegen ›Mittäterschaft mit einem Volksfeind‹. Ich habe meine Mutter niemals wieder gesehen, die entsprechend einer Benachrichtigung im Jahr 1943 im Lager gestorben sein soll. Ich wurde in einem Kinderheim untergebracht. Als ich die Volljährigkeit erreicht hatte, gab man mir sechs Jahre als ›sozial gefährliches Element‹. Im Anschluss daran begannen die Verbannungen.«

Ein typisches Schicksal, wie es Tausende von unglücklichen Verwandten von unschuldig Verurteilten traf.

Der Prozess war gut organisiert worden. Ulrich stützte den Vorwurf der »militärfaschistischen Verschwörung« hauptsächlich auf die früheren Kontakte der Angeklagten mit deutschen Stellen. Wie bereits erwähnt, hatte Tuchatschewski im Jahr 1926 die sowjetische Militärdelegation in Berlin geleitet. Jakir hatte 1929 Kurse des Generalstabs in Deutschland besucht. Kork war dort Militärattaché gewesen.

Viele hatten sich mit deutschen Repräsentanten auf diplomatischen Empfängen, bei Manövern oder bei Verhandlungen getroffen. Alle außer Primakow wiesen jegliche »Spionageverbindung« mit Deutschland entschieden von sich. Beispielsweise erklärte Tuchatschewski: »Die Begegnungen, Unterredungen mit den Vertretern des deutschen Kommandos trugen lediglich einen offiziellen Charakter. Das alles fand nur bis zur Machtergreifung Hitlers statt.«

Die Anschuldigung der »Schädlingsarbeit« gestanden die Angeklagten insofern teilweise, als sie zugaben, dass Unzulänglichkeiten in der militärischen Arbeit, beim Bau militärischer Objekte und bei Mobilisierungen aufgetreten seien – aber dies waren keine vorsätzlichen Handlungen. Eines der Hauptargumente für den

Vorwurf der »Schädlingsarbeit« war Tuchatschewskis Konzept der raschen Bildung von Panzer- und mechanisierten Verbänden auf Kosten der Kavallerie. In diesem Anklagepunkt fand Ulrich in Budjonny einen aktiven Unterstützer. Da die Angeklagten die Aussagen, die sie in der Voruntersuchung gemacht hatten, nicht aufrechterhielten, fragte der Vorsitzende dauernd: »Die Aussagen, die Sie im NKWD gemacht haben, bekräftigen Sie diese?« So wollte Ulrich die Angeklagten nötigen, die vorfabrizierten Versionen vorzutragen. Jeder dieser angesehenen sowjetischen Militärführer war physisch auf grausamste Weise gefoltert worden.

Ein weiterer Anklagepunkt lautete: »Die Absicht, Woroschilow zu entfernen (so im Text; D. W.), um den Erfolg der Verschwörung sicherzustellen«. Tuchatschewski, Kork, Putna, Uborewitsch erklärten dazu, dass sie zusammen mit Gamarnik bei der Regierung darum ersucht hätten, den Volkskommissar abzulösen, weil er nicht in der Lage sei, seinen Pflichten nachzukommen. Ein offen geäußerter Wunsch wurde vom Gericht als »verschwörerische Tätigkeit« verurteilt!

Die Angeklagten widerlegten die schmutzigen Hirngespinste und Beschuldigungen. In ihren letzten Worten sprachen Tuchatschewski, Jakir, Kork, Uborewitsch überzeugend über ihre Ergebenheit zur Heimat, zum Volk, zur Armee, und jeder von ihnen unterstrich seine Loyalität gegenüber dem »Genossen Stalin«. Sie baten um Nachsicht für mögliche Fehler in ihrer Arbeit.

Anders klangen Primakows letzte Worte. Er bestätigte die offizielle Anschuldigung und erklärte: »Alle Verschwörer verband die Flagge Trotzkis und ihre Neigung zum Faschismus.« Primakow sagte, er habe in der Voruntersuchung mehr als siebzig Menschen genannt, von denen er persönlich wisse, dass sie an einer »militärfaschistischen Verschwörung« teilnähmen. Die viele Monate andauernde Folter hatte Primakow gebrochen. Er sagte gehorsam auf, was man ihm in der Lubjanka vorgebetet hatte. Während die anderen Angeklagten gerade zwei Wochen vor dem Prozess verhaftet worden waren und ihre geistige Widerstandsfähigkeit noch nicht eingebüßt hatten, war Primakow, der berühmte Held des Bürgerkriegs, schon mehr als ein Jahr hinter Mauern gequält worden. Zu jener Zeit arbeiteten im NKWD Menschen eines ganz bestimmten Schlags: herzlose Zyniker und Sadisten, denen ein

Gewissen fremd war. Armeegeneral Gorbatow, der die Stalinschen Kreise der Hölle durchleiden musste, erinnerte sich:

»Ich erfuhr zufällig, dass der Name meines Untersuchungsrichters Stolbunski war. Ich weiß nicht, wo er heute ist. Wenn er noch am Leben ist, so wünschte ich, er könnte diese Zeilen lesen und meine Verachtung spüren. Ich glaube übrigens, dass er dies auch damals genau wusste. Bis zum heutigen Tage klingt in meinen Ohren die Unheil verkündende schrille Stimme Stolbunskis, der mir, als man mich kraftlos und blutbespritzt forttrug, erklärte: ›Du wirst schon unterschreiben, du wirst schon unterschreiben!‹ Ich ertrug auch die Qualen des zweiten Kreises der Verhöre. Als aber die dritte Serie begann, wollte ich so bald wie möglich sterben!«

Im Verfahren gegen Tuchatschewski hatte sich besonders der Untersuchungsrichter Uschakow ausgezeichnet. In seiner Erklärung, die er nach dem 20. Parteitag gegenüber der Kommission zur Rehabilitierung abgab, schrieb er:

»Als erster wurde Feldman verhaftet. Er stritt kategorisch jegliche Teilnahme an der Verschwörung ab, vor allem gegen Woroschilow. (…) Ich übernahm die Angelegenheit Feldman, und nach der Durchsicht seiner Akten kam ich zu dem Schluss, dass Feldman mit Tuchatschewski, Jakir und anderen hohen Kommandeuren durch persönliche Freundschaft verbunden war. (…) Ich ließ Feldman zu mir ins Arbeitszimmer rufen, schloss mich mit ihm am 19. Mai gegen Abend ein. Er schrieb eine Aussage über eine Verschwörung unter Teilnahme Tuchatschewskis, Jakirs, Eidemans und anderer. (…) Daraufhin beauftragte man mich, Tuchatschewski zu verhören, der bereits am nächsten Tag geständig war. Ich habe kaum geschlafen und habe ihm mehr Fakten, mehr Verschwörer entlockt. (…) Sogar am Tag des Prozesses, früh am Morgen, erhielt ich von Tuchatschewski ergänzende Aussagen über die Teilnahme Apanasenkos und anderer an der Verschwörung.«

Bei einem der Verhöre Tuchatschewskis war Wyschinski anwesend. Er zwang Tuchatschewski, die Zeilen »Ich bekenne mich schuldig, ich habe keine Beschwerden« zu unterschreiben. Be-

schwerden und Gnadengesuche hatten beinahe alle an Stalin, Molotow und Woroschilow geschrieben.
Tuchatschewski und seine Kameraden hatten eine »energische« Bearbeitung durchlaufen müssen: Einschüchterung, Bedrohung der Familien, grenzenlose Gewalt. Dann wurde ihnen in der Voruntersuchung eingetrichtert, nur ein Geständnis könne ihnen das Leben retten.
Vor der Urteilsverkündung waren Ulrich und Jeschow kurz bei Stalin. Sie berichteten ihm über den Verlauf des Prozesses und über das Verhalten der Angeklagten. Liebedienerisch legte Ulrich den Urteilsentwurf auf Stalins Schreibtisch. Der sagte, ohne ihn zu lesen: »Einverstanden.« Er schwieg eine Weile und fragte dann: »Was sagte Tuchatschewski in seinem Schlusswort?«
»Der Schuft sagte, er sei der Heimat und dem Genossen Stalin ergeben. Er bat um Nachsicht«, antwortete Jeschow schnell. »Aber es wurde schnell klar, dass er sich verstellt und dass er die Waffen nicht abgelegt hat.«
»Und das Gericht? Wie haben sich die Beisitzer verhalten?«
»Aktiv verhielt sich lediglich Budjonny. Die Gerichtsmitglieder schwiegen im Großen und Ganzen. Ein oder zwei Fragen stellten Alksnis, Blücher, ja und, ich glaube, Below.«
Stalin war die Gerichtsbesetzung von Anfang an verdächtig gewesen. Er gab sogleich Anordnung, man solle diese Leute »beobachten«. Außer Budjonny und Schaposchnikow wurden alle bald verhaftet. Der Armeekommandeur 2. Ranges Kaschirin wurde wie zwei seiner Brüder bereits einige Tage nach dem Prozess festgenommen.
In der Nacht des 12. Juni wurden Tuchatschewski und seine Kameraden erschossen. Auch Primakow, obwohl man ihm versprochen hatte, ihn wegen seines Geständnisses am Leben zu lassen. »Für die Spione und die Verräter unserer Heimat gibt es keine Gnade!« So war der Leitartikel im »Bolschewik« überschrieben, der sich mit dem Tuchatschewski-Prozess befasste.
Das Strafgericht gegen die Militärkader hatte seinen Auftakt erlebt. Menschen wie Mechlis arbeiteten nun auf vollen Touren. Jedem Telefonanruf, jedem Telegramm, jedem Bericht, jeder Verleumdung wurde nachgegangen. Hier beispielsweise zwei Telegramme, die von Mechlis stammen:

»Moskau, an das NKO (Volkskommissariat für Verteidigung; A. d. Ü.) Schtschadenko.
PURKKA (Politische Verwaltung der Roten Armee; A. d. Ü.) Kusnetzow.
Stabsführer Lukin ist ein äußerst verdächtiger Mensch, er treibt sich mit den Feinden herum und hat Verbindungen zu Jakir. Der Brigadekommandeur Fjodorow müsste ausreichendes Material über ihn haben. In meiner Notiz über Antonjuk wurde Lukin nicht wenig Aufmerksamkeit gewidmet. Sie werden nichts falsch machen, wenn Sie Lukin, ohne zu zögern, entlassen.
27. Juli Mechlis«

»An den Genossen Stalin.
Ich habe 215 Politarbeiter entlassen, ein bedeutender Teil von ihnen ist inhaftiert. Aber die Säuberung des Politapparats, besonders in den unteren Rängen, habe ich noch lange nicht abgeschlossen. Ich glaube, ich darf nicht aus Chabarowsk abreisen, bevor es mir nicht gelungen ist, auch nur ansatzweise im Kommandeurskorps Klarheit zu schaffen. (…)
28. Juli Mechlis«

Mechlis und andere »schmiedeten« mit Billigung Stalins die Niederlagen des Jahres 1941, die das Land weitere Millionen von Menschenleben kosten sollten. Die Listen der in den Säuberungen umgekommenen Kommandeure und Politarbeiter sind grauenhaft lang. Und die Tragödie ging weiter. Erst wurde der Brigadekommandeur Medwedew erschossen, der unter Folter die verlangten Aussagen gegen Tuchatschewski gemacht hatte. Jeschow begann die Spuren zu verwischen. Dann kam die Mehrzahl der Teilnehmer am Gerichtsverfahren gegen Tuchatschewski und seine Kameraden an die Reihe: Marschall Blücher, Armeekommandeur Kaschirin, Alksnis, Below, Dybenko. Ich habe einen Brief Dybenkos gefunden, den er kurz vor seiner Verhaftung aus Leningrad an Stalin schickte. Hier einige Zeilen aus diesem Brief:

»Lieber Genosse Stalin!
Nach Beschluss des Politbüros und der Regierung soll ich ein Feind unserer Heimat und unserer Partei sein. Ich bin zwar am Leben,

aber isoliert und in politischer Hinsicht eine Leiche. Aber weshalb, warum? Konnte ich etwa wissen, dass jene Amerikaner, die in Mittelasien, mit einem offiziellen Regierungsauftrag, zusammen mit offiziellen Vertretern des Volkskommissariats für Äußeres und der OGPU eintrafen, spezielle Geheimdienstagenten waren? Auf dem Weg nach Samarkand war ich nicht eine einzige Sekunde mit den Amerikanern unter vier Augen. Ich spreche doch kein Amerikanisch (so im Text; D. W.). (…) Zur provokatorischen Aussage Kerenskis und zur in der weißgardistischen Presse erschienenen Erklärung, ich sei ein deutscher Agent: Ist es nach zwanzig Jahren ehrenhafter, ergebener Arbeit für die Heimat und die Partei dem Weißgardisten Kerenski mit seinen Provokationen gelungen, sich an mir zu rächen? Das ist doch einfach ungeheuerlich.
Zwei Notizen, die der Genosse Jeschow besitzt, wurden von Bediensteten des Hotels ›National‹ geschrieben, und sie beinhalten ein Körnchen Wahrheit, welches darin besteht, dass ich manchmal, wenn Bekannte zu mir ins Hotel kamen, mir erlaubte, mit ihnen ein Gläschen zu trinken. Aber es gab keine Besäufnisse.
Ich hätte mir angeblich ein Zimmer direkt neben denen der Vertreter der Botschaft genommen? Das ist ein und dieselbe Gattung von ungeheuerlichen Provokationen. (…)
Ich hätte kulakische Neigungen bezüglich des Kolchosaufbaus? Diesen Unsinn können nur die Genossen Gorkin, Jussupow und Jewdokimow, mit denen ich in den letzten neun Jahren zusammengearbeitet habe, verbreiten. (…)
Genosse Stalin, ich flehe Sie an, die ganze Reihe von Fakten noch einmal zu überprüfen und den Schandfleck von mir zu nehmen, den ich nicht verdiene. P. Dybenko«

Einige Tage später wurde der Armeekommandeur 2. Ranges Pawel Jefimowitsch Dybenko, Parteimitglied seit 1912 und in den Oktobertagen Vorsitzender des Zentralkomitees der Baltischen Flotte, verhaftet, verurteilt und erschossen. Seine Untersuchungsrichter werden kaum gewusst haben, dass sie es mit einer historischen Persönlichkeit zu tun hatten. Als die Kosaken des Generals Krasnow sich auf den Angriff gegen Petrograd vorbereiteten, war es dem revolutionären Matrosen Dybenko gelungen, sie zu agitieren und gegen die Provisorische Regierung zu wenden.

Stalin vermerkte auf Dybenkos Brief lediglich: »Für Woroschilow«. Weder Stalin noch der Volkskommissar für Verteidigung verspürten den Wunsch, sich mit dem Schicksal des alten Bolschewiken auseinanderzusetzen, den man zuvor noch gezwungen hatte, einen Marschall der Sowjetunion und dessen Kameraden zu »verurteilen«. Stalin erhielt einige Zeit später einen Bericht des NKWD aus Deutschland. Er informierte darüber, wie hohe deutsche Militärs die Führer der Roten Armee beurteilten. Die Meinung der deutschen Generäle über Tuchatschewski interessierte Stalin nicht mehr. Über Blücher schrieben sie aus irgendeinem Grund, er sei einer der »verrußten Deutschen«. Sie unterstrichen, dass er der einflussreichste und autoritativste der sowjetischen Militärführer sei. Jegorow hielten die deutschen Generäle für einen äußerst »starken Heerführer, der einen analytischen Verstand« besitze. Aber Stalin brauchte solche Menschen kaum. Ihm gefielen unterwürfige und ergebene Menschen, solche wie Woroschilow und Budjonny.

Während Stalin einen Spaziergang auf dem schmalen Weg vor seiner Datscha in Kunzewo machte, dürfte er sich an verschiedene Dinge erinnert haben. Vermutlich auch daran, dass Trotzki sich, als ihm und seinen Angehörigen die sowjetische Staatsbürgerschaft aberkannt worden war, in einem offenen Brief an das Präsidium des ZEK gewandt hatte: »Die Opposition wird über den Ukas vom 20. Februar 1932 hinwegschreiten, wie der Arbeiter über die Pfütze hinwegschreitet auf seinem Weg zur Fabrik.« Der Brief endete mit dem Aufruf: »Entfernt Stalin!« Und kurz darauf erklärte Trotzki: »Sogar in der höchsten Spitze und ebenso in der militärischen Führung gibt es Menschen, die mit Stalin unzufrieden sind und meinen Aufruf ›Entfernt Stalin!‹ unterstützen. Solche Menschen gibt es dort nicht wenige.«

Vier einflussreiche Heerführer, vier Marschälle waren geblieben. An Woroschilow zweifelte Stalin nicht. Das war ein Mensch, dessen ganze Karriere auf Legenden, auf der Vergangenheit und auf Stalin aufgebaut war. Budjonny war ein eifriger Diener. Allerdings, hatte nicht Jeschow berichtet, dass Budjonnys Frau Verbindungen zu irgendwelchen Ausländern unterhalte? Man sollte Klarheit schaffen. Nein, Budjonny war nicht in der Lage, gegen ihn aufzutreten. Aber Blücher und Jegorow, die er aus dem Bürgerkrieg gut kannte, haben sich deutlich verändert. Sie sind anders geworden. Die Deutschen in Berlin schreiben irgendwie auf besondere Weise über sie. Auch Woroschilow war mit Jegorow unzufrieden, als dieser Leiter des Generalstabs war. Jeschow sollte diesen Brief über Marschall Jegorow überprüfen. Als Stalin von seinem Spaziergang zurückkehrte, las er den Brief noch einmal aufmerksam durch:

»An das ZK der KPdSU(B), Genossen Stalin.
Eine ganze Reihe wichtigster Fragen der Organisation der RKKA (Roten Armee; A. d. Ü.) und des operativ-strategischen Einsatzes unserer Streitkräfte ist nach meiner Überzeugung fehlerhaft und möglicherweise auch sabotagehaft gelöst worden. Das könnte in der ersten Periode eines Krieges große Misserfolge und zahlreiche überflüssige Opfer nach sich ziehen.
Ich bitte Sie, Genosse Stalin, überprüfen Sie die Tätigkeit des Marschalls Jegorow, die er als Leiter des Generalstabs der RKKA ausgeübt hat, da er faktisch die Verantwortung für die Fehler trägt, die bei der Vorbereitung des operativ-strategischen Einsatzes unserer Streitkräfte und ihrer organisatorischen Struktur zugelassen wurden. Ich kenne die politische Vergangenheit und Gegenwart des Genossen Jegorow nicht, aber seine praktische Arbeit als Leiter des Generalstabs ruft Zweifel hervor.
9. November 1937 Ja. Schigur,
Mitglied der KPdSU(B) seit 1912«

Das war der Brief Jan Matissowitsch Schigurs, eines Brigadekommandeurs, der einen Lehrstuhl in der Akademie des Generalstabs der Roten Armee hatte. Die endlosen Aufrufe zur Wachsamkeit, die grenzenlose Gesetzlosigkeit, die zur Lebensnorm in diesen alptraumhaften Jahren geworden waren, brachten viele ehrenhafte Menschen vom richtigen Weg ab. Schigur war Oberleutnant in der zaristischen Armee gewesen und hatte die Revolution sofort unterstützt; er nahm aktiv teil am Bürgerkrieg. Er wurde zweimal verletzt. Ihm wurde der Rotbannerorden verliehen. Seine Denunziation konnte ihn nicht mehr retten. Wenige Wochen nachdem er seinen furchtbaren Brief abgeschickt hatte, sollte er verhaftet und bald darauf erschossen werden. Stalin befahl Poskrebyschew, Jeschow mitzuteilen, dass dieser auf Jegorow »achten« solle. Einige Monate später hatte Jeschow den Marschall »überprüft« und »analysiert«. Umso mehr, als noch weiteres Belastungsmaterial hinzukam. Man hatte eine Jegorow belastende Aussage erzwungen von einem alten Regimentskameraden des Marschalls, der später einmal selbst ein hoher sowjetischer Militärführer werden sollte. Der frühere Regimentskamerad Jegorows wusste sich an Folgendes zu erinnern:

»1917, im November, auf dem Kongress der 1. Armee in Schtokmosgof, wo ich Delegierter war, erlebte ich einen Auftritt des damaligen Rechten Sozialrevolutionärs Jegorow A. I., der in seiner Rede den Genossen Lenin einen Abenteurer, einen Abgesandten der Deutschen nannte. Schließlich und endlich bezweckte seine Rede, dass die Soldaten Lenin nicht glaubten.«

Obwohl zu dieser Zeit das Schicksal des Marschalls bereits besiegelt war, unterstrich dieser Brief noch Jegorows »Sabotagenatur«. Im engen Kreis hat Stalin mit Molotow und Woroschilow die Resultate der »Untersuchung« durchgesprochen und beschlossen, Jegorow aus dem ZK auszuschließen und ihn dem NKWD zu übergeben. Sie hielten es außerdem für nötig, noch ein weiteres kompromittierendes »Faktum« anzuführen, und zwar im Zusammenhang mit seiner Frau. Vom 28. Februar bis zum 2. März 1938 wurde durch Umfrage unter den Mitgliedern und Kandidaten des ZK folgender Beschluss angenommen:

»Über den Genossen Jegorow.
In Anbetracht dessen, dass die Gegenüberstellung des Genossen Jegorow mit den inhaftierten Verschwörern Below, Grjasnow, Grinko, Sedjakin ergeben hat, dass sich der Genosse Jegorow politisch als noch beschmutzter erwiesen hat, als man sich vor der Gegenüberstellung hätte vorstellen können, und unter Berücksichtigung der Tatsache, dass seine Frau, geborene Zeschkowskaja, mit der er einträchtig zusammenlebte, sich als langjährige polnische Spionin herausstellte, was aus ihrer eigenen Aussage hervorgeht – sieht das ZK der KPdSU(B) es als unumgänglich an, den Genossen Jegorow als Kandidat aus dem ZK der KPdSU(B) auszuschließen. J. Stalin«

Alle stimmten erneut mit »Ja«. Stalins Stimmzettel, versteht sich, blieb wieder »sauber«. Jetzt gab es nur noch einen »verdächtigen« Marschall: Wassili Konstantinowitsch Blücher, möglicherweise einer der ruhmreichsten Heerführer der Vorkriegszeit. An seiner Brust hingen vor seiner Verhaftung vier Rotbannerorden. Er war der erste, der mit diesem Orden ausgezeichnet wurde, und er war der erste, der den Orden des Roten Sterns erhielt. Auch zählte er zu den ersten Trägern des Leninordens.
Stalin hatte im Juli/August 1938 einen Streit mit Blücher gehabt, als die japanischen Militaristen zwei sowjetische Höhen am Chassansee – Besymjannaja und Saosernaja – eingenommen hatten. Blücher hatte den Befehl erhalten, die Eindringlinge unverzüglich zu vernichten. Aber die Verwirklichung dieses Befehls verzögerte sich. Blücher wollte das Unternehmen sorgfältig vorbereiten. Er wurde über direktem Draht mit Stalin zu einem Gespräch verbunden. Der Dialog dauerte nicht lang.

Stalin: »Sagen Sie, Blücher, warum wird der Befehl des Volkskommissars für Verteidigung zur Bombardierung unseres Territoriums, das die Japaner eingenommen haben, einschließlich der Anhöhe Sajosernaja, nicht ausgeführt?«
Blücher: »Ich berichte. Die Luftstreitkräfte sind zum Abflug bereit. Der Start wird durch ungünstige meteorologische Verhältnisse verzögen. In dieser Minute habe ich Rytschagow (Kommandeur der Luftstreitkräfte; D. W.) befohlen, ohne jede Rücksicht die Luftstreitkräfte aufsteigen zu lassen und zum Angriff überzugehen. Die Luftstreitkräfte sind soeben aufgestiegen, jedoch befürchte ich, dass wir bei dieser Bombardierung sowohl eigene als auch koreanische Siedlungen treffen könnten.«
Stalin: »Sagen Sie, Genosse Blücher, ganz ehrlich: Haben Sie den Wunsch, tatsächlich gegen die Japaner zu kämpfen? Wenn Sie diesen Wunsch nicht verspüren, sagen Sie es direkt, wie es sich für einen Kommunisten gehört; aber wenn Sie den Wunsch verspüren sollten, würde ich meinen, sollten Sie sich gleich vor Ort begeben.
Ich verstehe Ihre Befürchtungen nicht, wir könnten mit der Bombardierung die koreanische Bevölkerung treffen, und ebenso wenig Ihre Befürchtung, dass die Luftstreitkräfte aufgrund von

Nebel ihre Pflicht nicht erfüllen könnten. Wer hat Ihnen untersagt, unter den Bedingungen der militärischen Auseinandersetzung mit den Japanern die koreanische Bevölkerung zu treffen? Was interessieren Sie die Koreaner, wenn unsere Menschen von den Japanern zuhauf vernichtet werden! Was bedeutet eine Wolkenbildung für die bolschewistische Luftwaffe, wenn Sie wirklich die Ehre ihres Vaterlandes verteidigen will? Ich erwarte Ihre Antwort.«

Blücher: »Den Luftstreitkräften ist befohlen worden aufzusteigen, die erste Gruppe startet um 11 Uhr 20 – Jagdflugzeuge. Rytschagow verspricht, um 13 Uhr die Angriffsflugzeuge bereitstehen zu haben. Ich und Masepow werden in eineinhalb Stunden nach Woroschilow fliegen; wenn Brendinski (Masepow und Brendinski waren Mitarbeiter des Stabes; D. W.) früher abfliegen sollte, fliegen wir zusammen. Ihre Befehle werden wir ausführen, und wir werden sie mit bolschewistischer Genauigkeit ausführen.«

Mechlis, den Stalin in den Fernen Osten geschickt hatte, versorgte die Führung in Moskau mit seinen Meldungen über die angebliche Unentschlossenheit der Kommandeure der Fernöstlichen Armee und kompromittierte so Blücher.

Bald zitierte Stalin Blücher zu sich nach Moskau, da er mit ihm unzufrieden war. Aber dann verspürte er doch nicht das Verlangen, mit ihm zu sprechen. Eine bestimmte Zeit blieb der Marschall ohne Aufgabe, und schließlich wurde er am 22. Oktober 1938 festgenommen. Den Befehl zur Festnahme hatte Jeschow unterschrieben. Zunächst schien es so, als bliebe Blücher unversehrt. Ein Beschluss des Rats der Volkskommissare der UdSSR und des ZK der KPdSU(B) vom November 1938 hatte grobe Übertretungen der Gesetzlichkeit und der Vorschriften für Untersuchungen festgestellt. Stalin und seine Umgebung, die Wellen von Repressionen hervorgerufen hatten, müssen gespürt haben, wie zerstörerisch ihr Werk war. Aber Berija, der mit der Untersuchung gegen Blücher bereits begonnen hatte, ignorierte diesen Beschluss.

Der berühmte Marschall wurde einige Tage verhört. Man verlangte von ihm das Geständnis, dass er »zu einer militärfaschistischen Verschwörung« gehört habe. Blücher blieb tapfer und stritt

alles ab. Vielleicht hat sich der Marschall, als man ihn folterte, an die Gerichtsverhandlung gegen Tuchatschewski erinnert. An diesem Verfahren hatte er als Beisitzer mitgewirkt. Damals hatte er die Chance des Gewissens nicht genutzt, um das Schicksal des ersten sowjetischen Marschalls, der dem Tod geweiht war, zu erleichtern. Und nun befand er sich selbst in den Händen Berijas.
Nach der Aussage B. A. Wiktorows, der auch in diesem Verfahren die Untersuchung geleitet hatte, hat man Blücher am 5. und 6. November, grausam bis zur Unkenntlichkeit misshandelt, zum letzten Mal gesehen. Sein Gesicht sei eine einzige blutige Masse, ein Auge sei herausgeschlagen gewesen. Am 9. November 1938 starb der Marschall der Sowjetunion an den Folgen der Folter. Er starb, aber er zerbrach nicht, und er unterschrieb nicht die ungeheuerlichen Lügen, die man ihm zumuten wollte.
Die Listen mit den Namen von Tausenden von Soldaten gingen durch Stalins, Woroschilows und anderer Führer Hände. Wie groß muss das Misstrauen gewesen sein, um diesen wahnwitzigen Denunziationen Glauben zu schenken!
Die Streitkräfte erlitten einen furchtbaren Schlag. Hitlers Geheimdienstler, die Weißgardisten und in gewisser Hinsicht auch Trotzki dürften kaum geahnt haben, dass ihre Provokationen auf einen derart fruchtbaren Boden fallen würden. In einem Kampf zur Festigung der Alleinherrschaft war der »Führer« zu Taten »herangereift«, die man nur noch als monströs bewerten kann. Es wurden praktisch alle Stellvertreter des Volkskommissars für Verteidigung ermordet, die Mehrheit der Mitglieder des Militärrats, beinahe alle Kommandeure der Bezirke und fast alle Armeekommandeure. Nach den vorliegenden Angaben kann man den Schluss ziehen, dass in den Jahren 1937 und 1938 bis zu 45 Prozent der Kommandeure und der Politkommissare in Armee und der Flotte umgekommen sind.
In einem Bericht, den sie Anfang März 1938 nach Moskau geschickt haben, teilten der Kommandeur des Kiewer Militärbezirks Timoschenko und das Mitglied des Militärrats Chruschtschow Folgendes mit: »Aus den Bezirkstruppen wurden innerhalb von einem Jahr etwa 3000 Personen als ›Volksfeinde‹ hinausgesäubert. Von ihnen wurden mehr als 1000 verhaftet. Praktisch alle Korpskommandeure und Divisionskommandeure sind aus-

getauscht worden. Als Resultat der Liquidierung von trotzkistisch-bucharinistischen Elementen ist die Kampfkraft des Bezirks gewachsen.«
Nicht alle haben geschwiegen angesichts des offenkundigen Wahnsinns. Vor mir liegt ein Brief des Brigadekommandeurs S. P. Kolossow, den er an den Volkskommissar für Verteidigung Woroschilow geschrieben hat. In ihm steht unter anderem:

»Es treffen sich zwei Kommandeure in der Straßenbahn: Nun, wie geht's? Bei uns findet die ›Schlacht von Mamajewo‹ statt. Man verhaftete den und den, den und den usw. Ich habe nun Angst, ein Wort zu sagen, sagte der andere. Du sagst was, du machst einen Fehler, und sogleich erweist du dich als Volksfeind. Die Feigheit ist zu einer normalen Erscheinung geworden. (…)
Finden Sie die Zahl derer heraus, die Sie aus der Roten Armee während des Jahres 1937 entlassen haben, und Sie werden die bittere Wahrheit erkennen.
Mich können Sie Panikmacher, Trotzkist, Volksfeind usw. nennen. Ich bin kein Feind, sondern ich glaube, dass wir es auf diese Weise noch bis zum Wahnsinn treiben werden. (…)
5. Dezember 1937 Kolossow«

Ich habe über das Schicksal Kolossows nichts in Erfahrung bringen können. Dieser Brief zeugt von dem Mut eines Kommandeurs. Nicht alle haben geschwiegen. Vielen außer Stalin war klar, dass die Armee am Vorabend der furchtbaren Prüfungen ausgeblutet wurde. Der Hunger nach Macht, das Streben, sie um jeden Preis zu behalten (obwohl sie von eingebildeten Verschwörern bedroht wurde), waren stärker als die Sorge um die Sicherheit des Vaterlands. Für den Herrscher war die Wahl zwischen »ich« und »Heimat«, wie die Tatsachen beweisen, zugunsten seiner Person ausgefallen.

Das Stalinsche Monster

Die Gewalt erreichte ihren Höhepunkt zu Beginn des Jahres 1938. Stalin erhielt immer häufiger Berichte über die katastrophalen Zustände in dieser oder jener Fabrik, auf den Eisenbahnstrecken, in den Volkskommissariaten. Die Massenverfolgung vollzog sich bereits nach eigenen Gesetzen. Die Verhaftungen brachten immer neue »Mittäter« an den Tag. Die Chancen, die sich den Karrieristen boten, provozierten immer neue Denunziationen. Manchmal wurden auf diese Weise auch Verwandte und Freunde gerächt. Die Entwicklung geriet außer Kontrolle.

Im Sommer 1938 beschloss Stalin, die Darsteller in seinem Drehbuch auszuwechseln. Er brauchte jetzt Verantwortliche für die »Fehlschläge«, »Übergriffe«, »Machtüberschreitungen« usw. Er war fest entschlossen, den Untergebenen, die bislang seinen Willen ausführten, alle denkbaren und undenkbaren Vergehen anzulasten. Auch Jeschow, Kandidat des Politbüros und lange Stalins Vertrauter, verlor die Gunst seines »Führers«. Aber die Presse hatte ihm bereits die Aureole des »hervorragenden Tschekisten«, des »treuesten Schülers Stalins«, »des Menschen, der die Menschen durchschauen kann«, verliehen. Sogar Michail Koltzow pries in der »Prawda« diesen moralischen Zwerg als »wunderbar unbeugsamen Bolschewiken (...), der, ohne zu ruhen, Tag und Nacht zielstrebig die Fäden der faschistischen Verschwörung entwirrt und zerschneidet«.

Stalin fand bald heraus, dass Jeschow ein handfester Trinker war, ein Mensch, dem jegliche politische Flexibilität und jeglicher Scharfsinn fehlten. Den »Führer« stieß nicht der grenzenlose Zynismus Jeschows ab oder etwa seine Bösartigkeit und Grausamkeit (häufig führte der Volkskommissar die Verhöre selbst durch), aber er konnte keinen willensschwachen Menschen um sich herum ertragen. Und nach seiner Überzeugung war Alkoholismus die Visitenkarte eines Willensschwachen. Die Menschen, die ihn umgaben und die er schätzte – Molotow, Kaganowitsch, Schdanow, Woroschilow, Andrejew, Chruschtschow, Poskrebyschew, Mechlis –, hatten außer ihrer absoluten Ergebenheit ihm gegenüber auch noch einen großen Willen, ihm diese zu demonstrieren. Wie erwähnt, ließ Stalin einen näheren Verwandten von fast jedem aus seiner näheren Umgebung verhaften. Hätten etwa Kalinin, Molotow, Kaganowitsch, Poskrebyschew oder andere, die sich im Schatten des Führers befanden, versucht, ihre Verwandten zu verteidigen, so hätte dies bedeutet, dass es ihnen an der politischen Willensstärke fehlte. Nach seinem Verständnis bedeutete Willensstärke die Bereitschaft, dem »Führer« alles zu opfern. Stalin, ein willensstarker und grausamer Mensch, konnte es nicht zulassen, dass sich um ihn herum »Tollpatsche« betätigten. Stalin brauchte einen Sündenbock. Und diese Rolle hatte er Jeschow zugedacht. Als Stalin Berija zu Jeschows Stellvertreter gemacht hatte, hatte er weiterreichende Ziele im Auge. Bereits von September/Oktober 1938 an verwaltete Berija faktisch den Apparat des NKWD, obwohl Jeschow formal noch auf seinem Posten saß. Vor mir liegen einige Berichte Ulrichs, die vom Militärkollegium des Obersten Gerichts der UdSSR durchgesehen und an den »Kommissar für Staatssicherheit ersten Ranges Berija« adressiert sind. Die Berichte stammen aus dem Oktober 1938. Jeschow wurde als Volkskommissar für Inneres am 7. Dezember 1938 entlassen. Er tauchte noch einmal auf der politischen Bühne auf als Volkskommissar für Wassertransport. Am 21. Januar 1939 nahm er zusammen mit Stalin und anderen an einer Gedenkversammlung teil, die dem 15. Todestag Lenins gewidmet war. Danach löste sich Jeschow buchstäblich auf. Bereits auf dem 18. Parteitag im März 1939 wurde Jeschow nicht mehr in die führenden Organe der Partei geschickt.

Man »holte« ihn, als er eine Sitzung im Volkskommissariat für Wassertransport leitete. Zwei Männer traten ein und blieben an der Tür stehen. Er verstand sofort: Das war das Ende. Stalin wollte sein Leben! Jeschow fiel auf die Knie und bat um Gnade. Dem »Stalinschen Volkskommissar« war es vergönnt, noch einige Wochen zu leben. Es ist bekannt, dass er erschossen wurde. Es geschah am 2. April 1940. Wie das Todesurteil begründet wurde, konnte ich nicht herausbekommen.

Gegen Ende des Jahres 1938 hatte Berija Stalins Segen erhalten und war voll in die »Arbeit« eingestiegen. Berijas erste Tat war die Säuberung des Jeschowschen Kaders. Solche unheilvolle Gestalten wie Frinowski, Sakowski, Berman, die ihre Verbrecherkarriere schon zu Jagodas Zeiten begonnen hatten, wurden erschossen.

Sie wurden ersetzt durch Berijas Leute, durch Typen wie Merkulow, Kobulow, Goglidse, Zanawy, Ruchadse und Kruglow, die sich durch eine besondere Ergebenheit gegenüber dem neuen Patron auszeichneten. Warum war Stalins Wahl auf Lawrenti Pawlowitsch Berija gefallen? Wie konnte es geschehen, dass dieser Abenteurer innerhalb kürzester Zeit die allerhöchsten Stufen der Macht erklomm? Er wurde Politbüromitglied, 1. Stellvertreter des Vorsitzenden des Ministerrats, Marschall der Sowjetunion, und er durfte sich bald »Held der sozialistischen Arbeit« nennen.

Stalin war Berija zum ersten Mal 1929/30 anlässlich einer Erholungskur in Zchaltubo begegnet. Berija war damals Leiter der kaukasischen GPU im Transkaukasus und für die Leibwache des »Führers« während dessen Kuraufenthalts verantwortlich. Stalin hatte einige Gespräche mit diesem Menschen geführt, der auch äußerlich einen unangenehmen Eindruck hinterließ. Aber er war in der Lage, augenblicklich jeden Wunsch Stalins zu erraten.

Zu Beginn seiner Karriere nutzte Berija die Bekanntschaft seiner Frau Nina Gegetschkori mit »Sergo« Ordschonikidse. Möglicherweise half ihm das am Beginn seiner Karriere. Aber bald hatte Ordschonikidse diesen Abenteurer durchschaut, und er lehnte ihn ab. Berija stand einer ernsthaften Opposition von vielen ehrenhaften Bolschewiken gegenüber, die diesen Karrieristen gut kannten. So versuchte beispielsweise ein führender NKWD-Mitarbeiter namens Tite Illarionowitsch Lordkipanidse, der Moskauer Führung die Augen über diesen Blutsauger zu öffnen. Die Angelegenheit endete damit, dass Lordkipanidse auf Vorschlag Stalins von seinem Posten entlassen wurde, und Berija ist es im Jahr 1937 schließlich gelungen, diesen Menschen zu ermorden, der zu viel über ihn wusste. Man kann ohne Übertreibung sagen, dass Berijas Weg nach oben mit unzähligen Leichen gepflastert ist.

Stalin war beeindruckt von Berijas willensstarkem Charakter, von seiner Entschlossenheit und von seiner ausgezeichneten Kenntnis der Lage in den transkaukasischen Republiken. Irgendjemand hatte Stalin erzählt (er erinnerte sich nicht mehr, wer, es kam ihm so vor, als sei es der Sekretär des transkaukasischen Regionskomitees der Partei Kartwelischwili gewesen), dass Berija eine finstere Vergangenheit hatte: Verbindungen zu den konterrevolutionären Banden der »Mussawatisten« und zu den Daschnaken im Bürgerkrieg. Man erzählte ihm auch von den karrieristischen Neigungen des Vorsitzenden der GPU im Transkaukasus. In bestimmten Fällen hielt Stalin diese Qualitäten für positiv; solche Menschen waren immer für alles zu haben. Da war beispielsweise Wyschinski, ein ehemaliger Menschewik, der sogar einmal befohlen hatte, Lenin zu verhaften, und wie mühte er sich jetzt! Oder Mechlis, auch er ein ehemaliger Menschewik, und jetzt gab es keinen, der dem »Führer« der Bolschewiki ergebener war als er. Im Oktober 1931 war es Stalin gelungen, Berija die erste Stufe seiner Parteikarriere hinaufklettern zu lassen. Er wurde 2. Sekretär des transkaukasischen Regionskomitees. Nach zwei oder drei Monaten hatte Stalin ihn bereits zum 1. Sekretär gemacht. Dafür war es notwendig, Kartwelischwili, Orachelaschwili, Jakowlew, Dawdariani aus dem Transkaukasus zu versetzen, weil sie gegen Berijas Beförderungen Einspruch erhoben hatten. Nach einigen Jahren, so empfand Stalin es, hatte Berija im Transkaukasus die »Ordnung« wiederhergestellt. Auch Berijas Auftritte auf den ZK-Sitzungen der Jahre 1937 und 1938 hatten Stalin gefallen.

»Wie konnten Sie Wardanjan aufnehmen, wo wir ihn doch aus dem Transkaukasus hinausgeprügelt haben?!«, unterbrach er den gerade sprechenden Jewdokimow, den Sekretär der Parteiorganisation des Asowschen und Schwarzen Meers.
»Warum habt ihr Asilow befördert? Wir haben ihn doch aus der Partei ausgeschlossen?«
»Bei der Erfüllung der Anordnungen des Genossen Stalin über die Arbeit mit den Kadern haben wir sieben Mitglieder des ZK der KP Georgiens, zwei Mitglieder des Tifliser Stadtkomitees entlarvt. Bereits im Jahre 1936 haben wir 1050 Trotzkisten-Sinowjewisten verhaftet.«

Die Welle der Repressalien war gerade erst im Aufschwung begriffen, und Berija überholte die Ereignisse. Stalin hörte zu, und möglicherweise dachte er: Obwohl Berija schon einige Jahre als Parteifunktionär arbeitete, ist er doch ein »Tschekist« geblieben. Dieser Gedanke dürfte Stalin kaum unangenehm berührt haben. Dserschinski war ebenfalls Tschekist gewesen, doch welcher Abgrund unterschied den »Ritter der Revolution« von dieser Missgeburt, die von Stalin mit solch einer Macht betraut wurde?! Der Gerechtigkeit halber muss erwähnt werden, dass damals noch wenige von den wahren »Fähigkeiten« Berijas wussten. Seine Ernennung zum Volkskommissar für Inneres verband sich direkt mit dem schon erwähnten Beschluss des ZK der KPdSU(B) und des Rats der Volkskommissare vom 17. November 1938 »Über die Verhaftungen, über die staatsanwaltschaftliche Aufsicht und über die Durchführung der Untersuchungen«. Nach dem 18. Parteitag wurden einige unschuldig Verurteilte rehabilitiert. Verglichen mit der Anzahl derer, die in die Gefängnisse geworfen und erschossen worden waren, war das lediglich eine kosmetische Operation. Wie sehr man auch die Verantwortung auf Jeschow abwälzte, das Eingeständnis, es habe massenhaft Akte der Gesetzlosigkeit gegeben, hätte auch einen Schatten auf Stalin werfen können. Und das konnte der »Führer« nicht zulassen. Die Rehabilitierungen betrafen vor allem Militärangehörige. Stalin muss gewusst haben, dass die Armee in einem Augenblick, da der Krieg vor der Schwelle stand, sehr geschwächt war. Auf seinen Befehl hin wurde aus den Gefängnissen und Verbannungsorten ein Teil jener Kommandeure entlassen, die der NKWD nicht hatte brechen können. Man entließ auch eine Reihe von Wissenschaftlern und Konstrukteuren. Unter den Entlassenen waren: K. K. Rokossowski, K. A. Meretzkow, A. W. Gorbatow, I. W. Tjulenew, S. I. Bogdanow, G. Ch. Cholostjakow, A. I. Berg, A. N. Tupolew, L. D. Landau, und andere.

Wie mir der inzwischen verstorbene Marschall K. S. Moskalenko, der an der Verhaftung und Gerichtsverhandlung Berijas teilgenommen hatte, erzählte, habe sich diese Missgestalt, als man sie am 23. Dezember 1953 zum Tod verurteilte, auf die Knie geworfen und begonnen, die Mitglieder des Obersten Gerichts um Verzeihung anzuflehen. Sein Flehen und seine Tränen unterstrichen nur den Grad der Verkommenheit dieses Menschen, dem Stalin auf verbrecherische Weise gestattet hatte, über das Leben von Tausenden von Menschen zu verfügen.

Es gibt Zeugenaussagen, die sich schwer auf ihre Richtigkeit überprüfen lassen, dass Berija, als Stalin älter wurde, die Absicht gehabt habe, die Macht an sich zu reißen. Möglicherweise hat Stalin dies gefühlt, denn in den letzten eineinhalb Jahren hat sich ihr Verhältnis spürbar abgekühlt. Davon haben mir viele erzählt. Viel Interessantes berichtete mir M. S. Wlassik, die Frau des Generalleutnants Nikolaj Sidorowitsch Wlassik, des ehemaligen Leiters der Hauptverwaltung des Ministeriums für Staatssicherheit. Wlassik war mehr als ein Vierteljahrhundert lang Hauptleibwächter Stalins, er wusste viel und genoss das Vertrauen des »Führers«. Berija hasste ihn, aber Stalin ließ es nicht zu, dass man ihn anrührte. Einige Monate vor Stalins Tod ist es Berija dann doch gelungen, Wlassik und Poskrebyschew zu kompromittieren und sie aus Stalins Umgebung zu entfernen. Wlassik wurde verhaftet und zu zehn Jahren Gefängnis und Verbannung verurteilt. Nachdem er aus dem Gefängnis zurückgekehrt war, hat er seiner Frau mit voller Überzeugung erzählt, dass Berija Stalin »geholfen« habe zu sterben. Diese Überzeugung äußerte er auch in seinen Erinnerungen, die er seiner Frau kurz vor seinem Tod diktierte. Berija hat im letzten Lebensjahr Stalins die Ärzte, die ihn behandelten, aus dem Umfeld des »Führers« entfernt und dann auch Wlassik, Poskrebyschew sowie einige andere aus dem Bedienstetenpersonal. Wie auch immer, ob der Diktator nun eines natürlichen Todes oder mit Berijas »Hilfe« gestorben ist, was wäre mit unserem Vaterland geschehen, wenn die Pläne des Monsters sich verwirklicht hätten?! Denn damals war das Machtsystem dergestalt, dass ein Wechsel von einem Diktator zum andern durchaus realistisch war. Das, was unter den Bedingungen der Demokratie unmöglich ist, wird in einem totalitären Staat wahrscheinlich. Die Partei- und Staatsführung hat schließlich doch Mut und Scharfsinn genug besessen, um dieses Monster unschädlich zu machen. Die meisten aus der Partei- und Staatsführung haben wohl gewusst, dass Berija es sich nicht nehmen lassen würde, mit ihnen »abzurechnen«. (Das Monster hatte lediglich zu Malenkow ein vertrautes Verhältnis.) Alle fürchteten den Henker. Wie mir Marschall Moskalenko erzählte, habe der Prozess gegen Berija im Dienstraum eines Mitglieds des Militärrats des Moskauer Militärbezirks stattgefunden. Die hohe Parteiführung im Kreml hatte die Möglichkeit, über eine Leitung mitzuhören. Malenkow, Chruschtschow, Molotow, Woroschilow, Bulganin, Kaganowitsch, Mikojan, Schwernik und andere konnten in den tiefsten Abgrund der Übeltaten schauen, die Stalin mit Hilfe dieser Miss-

geburt vollbracht hatte. Vieles allerdings wussten sie schon. Denn ihre Mitverantwortung für das Geschehen in den Jahren der Gesetzlosigkeit ist offensichtlich.
Es existieren einige Zeugnisse dafür, dass jene, die versuchten, an Stalins Gewissen zu appellieren und ihn dazu zu bewegen, Berijas Übeltaten zu verhindern, schnell verschwanden. Stalin blieb für diese Appelle nicht zugänglich: Dieser Henker gefiel ihm. Umso mehr, als Berija mittlerweile zu einer unabdingbaren Linie des Stalinschen Porträts geworden war.
Auf einem ZK-Plenum im Jahr 1937 versuchte der Volkskommissar für Gesundheitsschutz Kaminski, Berijas wahres Gesicht zu zeigen. Kaum war das Plenum beendet, wurde Kaminski verhaftet und bald getötet. Über Berijas verbrecherische Taten wollte auch der alte Kommunist Kedrow Stalin aufklären. Auch er wurde verhaftet und erschossen. Das Urteil über den alten Bolschewiken wurde erst nach seiner Erschießung fabriziert. Berija hatte es eilig, jeden zu beseitigen, der sein wahres Gesicht kannte.
Ein Mensch, der aufgrund seines Amtes dem Gesetz hätte ergeben sein müssen, erwies sich als die Inkarnation der absoluten Gesetzlosigkeit und Willkür. Für Berija gab es nichts Heiliges. Er vergötterte nur die Gewalt. Er war ein Sadist und führte Verhöre häufig selbst durch. Dieses Monster – und Stalin wusste, dass sein Volkskommissar für Inneres eines war – verband seine verbrecherischen Neigungen mit Melomanie. Man erzählte mir, dass er eine einzigartige Schallplattensammlung klassischer Musik besessen habe. Wenn Berija Rachmaninows Prelude hörte, habe er geweint. Die Geschichte kennt solche paradoxen Charaktere, sie zeichnen sich aus durch die absolute moralische Leere ihrer Seele. Stalin muss gewusst haben, dass Berija pervers war. Berija waren nicht einmal einzelne Buchstaben aus dem Alphabet der Moral bekannt. Der Leiter seiner Leibwache Nadoraja und sein Adjutant Sarkissow besorgten dem Verbrecher die jungen Frauen, die ihm gefielen. Die geringste Weigerung hatte grauenhafte Folgen, sowohl für die Frauen als auch für ihre Verwandten. Stalin trägt die volle Verantwortung für die Beförderung eines solchen Abschaums.
J. P. Pitowranow, der vor dem Krieg im NKWD gearbeitet hatte und nach dem Krieg Leiter der Verwaltung und Stellvertreter

des Volkskommissars war, hat mir über Berija viel Interessantes erzählt. Pitowranow blieb nur deshalb am Leben, weil er sich bereits wegen »Nachsicht gegenüber Volksfeinden« im Gefängnis befand. Pitowranow berichtete, dass Berija höchstwahrscheinlich vom Marxismus gar nichts verstand und Lenins Schriften nicht kannte. Die Politik habe für ihn nur einen Sinn gehabt, wenn sie mit seinen persönlichen Zielen verbunden gewesen sei. Berija sei nur die Macht über Menschen wichtig gewesen. Es sei schwer zu verstehen, warum er, über den Stalin sehr viel wusste, sich so lange habe halten können. In der Regel habe der »Führer«, so erinnerte sich Pitowranow, solchen Leuten die Verantwortung für irgendwelche Misserfolge aufgebürdet und sie dann erbarmungslos beseitigen lassen. Aber Berija hielt sich. Und er hielt sich nicht nur, sondern er fuhr auch fort, den Sozialismus zu diskreditieren. Offenbar lässt sich das damit erklären, dass Menschen vom Typ Berijas Stalin gefielen, weil sie bereit waren, jeden beliebigen Auftrag von ihm auszuführen. Berija war in einer Hinsicht eine Kopie des »Führers«: in seinen Methoden, die Macht auszunutzen. Stalin gab Berija die kniffligsten Aufgaben. Auch Trotzki wurde nicht ohne Berijas Mitwirkung ermordet. Das Fehlen jeglicher Prinzipien bei diesem Monster war bald Stalins ganzer Umgebung bekannt. Und viele verspürten eine gewisse Angst vor dem Volkskommissar für Inneres. Manchmal demonstrierte Berija in Anwesenheit anderer Mitglieder des Politbüros seine besondere Beziehung zu Stalin, indem er einzelne Sätze auf georgisch mit ihm wechselte. In solchen Minuten verstummten alle niedergedrückt. Man konnte sich alles Mögliche denken: Vielleicht wurde ja über Anwesende gesprochen? Während des Kriegs vertraute Stalin Berijas Behörde Aufgaben wie die Wiederherstellung von Brücken, die Verlegung von Eisenbahngleisen, die Schaffung neuer Bergwerke und so weiter an. Sie wurden mit der Kraft von Gefangenen und in unglaublich kurzer Zeit erledigt. Berijas »Kampfeinsatz« in den Jahren des Großen Vaterländischen Kriegs beschränkte sich auf zwei Fahrten als Mitglied des Staatlichen Komitees für Verteidigung in den Kaukasus. Das erste Mal im August 1942, das zweite Mal im März 1943. Die Archive bezeugen: Auch dabei hat Berija in Stalins Namen Menschen entlassen, erschossen und den Soldaten Angst eingejagt. Ihn begleiteten Kobulow, Mamulow,

Milschtein, Pijaschew, Zanawa, Ruchadse, Wlodsimirski, Karanadse. Beschimpft und erniedrigt wurden Tjulenew, Sergatzkow, Petrow und andere Militärführer. Jeder von ihnen hatte nicht nur den Gegner vor sich an der Front, sondern auch einen hinterlistigen Henker im Nacken. Berijas Telegramme an Stalin spielten in der Regel eine entscheidende Rolle. Am 1. September 1942 beispielsweise meldete Berija seinem »Führer«:

»Ich halte es für zweckmäßig, Tjulenew zum Kommandeur der Transkaukasischen Front zu ernennen, trotz all seiner Unzulänglichkeiten entspricht er mehr dieser Ernennung als Budjonny. Es muss erwähnt werden, dass die Autorität Budjonnys im Kaukasus aufgrund seiner Rückzüge bedeutend gefallen ist, ganz zu schweigen davon, dass er infolge seines Halbanalphabetentums die Sache unbedingt zum Einbruch bringen wird. (...)
Berija«

In einer schwierigen Minute hat sich Tjulenew, wie er nach Moskau berichtete, an Berija gewandt und ihn um die Erlaubnis gebeten, ein großes Kontingent der Inneren Truppen des NKWD einzusetzen, die im Kaukasus stationiert waren. »Berija gestattete lediglich, eine kleine Abteilung loszuschicken«, berichtete Tjulenew, »und das nur auf Anweisung Stalins.« Mit seinen Taten schuf der Volkskommissar für Inneres im Stab Spannungen, Nervosität, ein Klima des Misstrauens und der gegenseitigen Denunziationen. General Koslow sah sich genötigt, sich an Stalin zu wenden, und zwar mit einer Beschwerde über den Leiter der Spezialabteilung Ruchadse, der mit Berijas Wissen versuchte, operative Entscheidungen zu beeinflussen. Aber solche Proteste wurden in Moskau ignoriert. Die Anwesenheit des Monsters genügte, um jeden kreativen Gedanken der Heerführer zu ersticken: Niemand wollte sein nächstes Opfer werden. Wenn Berija mit seinem langen Gefolge abreiste, atmeten alle erleichtert auf.
Er verfügte über eine unglaubliche Macht, und dies nicht nur deshalb, weil er am Schalthebel der Bestrafungsmaschine saß, sondern auch deshalb, weil ihm das gesamte GULAG-System zur Verfügung stand.
Als die Amerikaner die Atombomben über Hiroshima und Na-

gasaki explodieren ließen, gab Stalin den Befehl, die Arbeit auf diesem Gebiet zu forcieren. Die Leitung des Projekts wurde Berija anvertraut. Seine Handlanger Merkulow, Dekanossow, Kobulow, Goglidse, Meschik, Wlodsimirski waren gehorsame Exekutoren seines bösen Willens. Auf ihre Initiative hin und mit Zustimmung Stalins wurden die Laboratorien in den Lagern aufgebaut. Dass die sowjetische Atombombe innerhalb von kürzester Zeit fertig gestellt wurde, ist selbstverständlich nicht Berijas Verdienst. Unter den Bedingungen freier wissenschaftlicher Arbeit wäre diese Aufgabe wahrscheinlich schneller bewältigt worden, aber Berija glaubte nur an die allmächtige Gewalt.

Damals schien es, als hätte Berija gewonnen, aber es schien nur so. Der Glaube an die Gerechtigkeit und an den Humanismus ist unausrottbar. Die Hoffnung und der Triumph dieser Werte sterben nicht mit den Menschen. Würden sie sterben, so hätte es keinen Wert zu leben. Hier ein Auszug aus einem Brief des Gefangenen Kedrow an das Zentralkomitee der Partei:

»Ich wende mich an Sie um Hilfe aus einer düsteren Zelle des Lefortowo-Gefängnisses. Möge mein Entsetzensschrei Ihre Ohren erreichen. Bleibt nicht taub. Schützt mich. Bitte, macht ein Ende mit den entsetzlichen Befragungen, und zeigt, dass alles ein Irrtum ist. Ich leide unschuldig. Glaubt mir. Die Zeit wird die Wahrheit ans Licht bringen. Ich bin kein Spitzel der zaristischen Ochrana (zaristische Geheimpolizei; A. d. Ü.). Ich bin kein Spion. Ich bin kein Mitglied einer antisowjetischen Organisation. Hierauf gründet sich die gegen mich gerichtete Anklage. Ich habe mich auch sonst keinerlei Verbrechen gegen Partei und Regierung schuldig gemacht. Ich bin ein alter Bolschewik, fleckenlos. Fast 40 Jahre habe ich in den Reihen der Partei für das Wohl und Gedeihen der Nation ehrlich gekämpft. (…) Aber alles hat seine Grenzen. Meine Qual hat ihren Höhepunkt erreicht. Meine Gesundheit ist gebrochen. Stärke und Energie sind im Schwinden, und das Ende kommt näher. Was kann für einen anständigen Mann schlimmer sein, als in einem Sowjetgefängnis, gezeichnet als gemeiner Verräter am Vaterland, zu sterben? Und wie wahnsinnig ist das. Unübertroffene Bitterkeit und Schmerz wüten in meinem Herzen. Nein. Nein. Das darf nicht sein, das kann nicht sein, so schreie ich. Weder die Partei noch die Sowjetregierung, noch der Volkskommissar L. P. Berija wird diese grausame, nicht wiedergutzumachende Ungerechtigkeit zulassen. Ich bin der festen Überzeugung, dass bei ruhiger, objektiver Untersuchung, ohne üble Übertreibung, ohne jeden Zorn und ohne die fürchterlichen Martern, die Grundlosigkeit der Anklagen leicht bewiesen werden könnte. Ich glaube ganz fest, dass Wahrheit und Gerechtigkeit siegen werden. Ich glaube. Ich glaube.«

Berijas Erbarmungslosigkeit kannte keine Grenzen. Hunderte, Tausende von Bittschriften blieben ohne Antwort. Ich werde noch einen Brief anführen, der gegen Ende des Kriegs an den Volkskommissar für Inneres gerichtet wurde:

»L. P. Berija. Häftling Gerassimowa
Alexandra Iwanowna;
Temnikowsker Besserungs-
und Arbeitslager
Februar 1944

Ich wurde 1937 zu acht Jahren verurteilt. Ich werde für meinen Mann W. I. Gerassimow zur Verantwortung gezogen (ehemaliger Stellvertreter des Volkskommissars für Inneres Aserbaidschans [erschossen; D. W.]). Die Schuld meines Mannes kenne ich bis heute noch nicht. Ich verlebte mit ihm zwölf Jahre und kannte ihn als außerordentlich ehrenhaften und arbeitsliebenden Menschen, der der Partei und dem Land ergeben war. Ich selbst fühle mich absolut unschuldig. Nicht einmal in Gedanken habe ich ein Verbrechen begangen. Ich habe seit meinem sechzehnten Lebensjahr bis zu meiner Verhaftung gearbeitet. Am Tage meiner Verhaftung habe ich zwei kleine Kinder meiner Mutter ohne jegliche Mittel zur Existenz überlassen. Die Kleinen wachsen. Sie brauchen ihre Mutter und meine Hilfe.
Ich flehe Sie an, untersuchen Sie meine Angelegenheit, geben Sie mir das Recht, mit meinen Kindern zu leben, zu arbeiten und sie zu erziehen. Während ich all diese Jahre in den Lagern gelebt habe, war ich überzeugt davon, dass das Recht und die Gerechtigkeit in unserem Lande über Lüge und Ungerechtigkeit siegen

werden. Diese Überzeugung gab mir die Kraft, die Trennung von meinen Kindern zu überleben.
Gerassimowa«

Dem Brief ist ein Zettel des Untersuchungsrichters Ljubimow des Aserbaidschanischen NKWD beigefügt, der das Verfahren »überprüfte«: »Sie hat nichts gestanden. Eine Sonderberatung im Jahr 1939 beließ das Urteil in Kraft.«

Schuld ohne Vergebung

In den Jahren 1937 und 1938 trat Stalin öffentlich weder mündlich noch schriftlich für eine Verstärkung der Verfolgungen ein. Sogar seine Rede während des Februar-März-Plenums des ZK im Jahr 1937, die später verkürzt in der »Prawda« abgedruckt wurde, erschien eher als ein Appell zur Wachsamkeit. Es schien, als stünde Stalin abseits, hinter den Kulissen. Aber in Wirklichkeit dirigierte er und befahl er. Er lud häufig die »drei Zwerge« Jeschow, Wyschinski und Ulrich zu sich ein – sie waren nicht nur physische, sondern auch moralische Zwerge. Der Verlauf der Untersuchungen, die Prozesse, die Urteile wurden, wenn es sich um bekannte und bemerkenswerte Personen handelte, in Stalins Arbeitszimmer erörtert. Manchmal übermittelte auch Poskrebyschew Stalins Weisungen. Auf vielen Dokumenten sind eigenhändige Korrekturen des »Führers« zu sehen. So wurde beispielsweise nach Jeschows Bericht auf dem Februar-März-Plenum des ZK ein Beschluss verabschiedet, von dem einige Punkte in Stalins Handschrift abgefasst sind, und zwar folgende:

»b) Es wird eine schlechte Organisation der Untersuchungsarbeit festgestellt. Die Untersuchungen befinden sich häufig in der Abhängigkeit des Verbrechers (!; D. W.) und seines guten Willens, erschöpfende Aussagen zu machen oder nicht. (…)
g) Es sind [in den Gefängnissen] untragbare Bedingungen für die Feinde der Sowjetmacht geschaffen worden. Ihre Unterbringung gleicht häufig eher einem erzwungenen Erholungsheim als einem

Gefängnis (sie schreiben Briefe, sie erhalten Pakete und so weiter).« Die Organe des NKWD wurden angewiesen, diese »Unzulänglichkeiten« abzustellen. Es ist nicht schwer, sich vorzustellen, wie dies geschah! Sogar nach dem Novemberbeschluss von 1938, als die blutige Barbarei langsam abnahm, verlangte Stalin, man solle die »nicht abgeschlossenen Fälle beenden«. Statt einer ruhigen Untersuchung, statt die unschuldig Inhaftierten zu entlassen und sich bei ihnen zu entschuldigen, beförderten die letzten Zuckungen dieser Kampagne weitere Menschen in den Tod. Hier einer der letzten großen Berichte aus jener Periode:

»An das ZK der KPdSU(B).
An den Genossen Stalin J. W.
Vom 21. Februar bis zum 14. März 1939 wurden vor dem Militärkollegium des Obersten Gerichts der UdSSR in geschlossenen Gerichtsverhandlungen in Moskau die Verfahren gegen 436 Personen durchgeführt. Zum Tode verurteilt – 413. Die Urteile, die auf der Grundlage des Gesetzes vom 1. Dezember 1934 gefällt worden sind, wurden vollstreckt.
In der Gerichtsverhandlung des Militärkollegiums haben sich für völlig schuldig befunden: Kossior, S. W., Tschubar, W. Ja., Postyschew, P. P., Kossarew, A. W., Werschkow, P. A., Jegorow, A. I., Fedko, I. f., Chachanjan, L. M., Bakulin, A. W., Berman, B. D., Berman, N. D., Gilinski, A. L., Gej, K. W., Smirnow, P. A. (ehemaliger Volkskommissar für Marine; D. W.), Smirnow, M. P. (ehemaliger Volkskommissar für Handel; D. W.), und andere. Einige Angeklagte stritten vor Gericht die während der Voruntersuchung gemachten Aussagen ab, aber sie wurden aufgrund anderer Materialien vollkommen überführt. (…) Vorsitzender des Militärkollegiums
des Obersten Gerichts der UdSSR
16. März 1939 Militärjurist
W. Ulrich«

Im Übrigen: In der Liste wird Jegorow als »geständig« und als »verurteilt« aufgeführt. Das ist eine Fälschung: Er hatte sich keineswegs schuldig bekannt und kam während der Voruntersuchung um.

Wie immer bewegte sich bei Stalin nichts. Die meisten der Ermordeten hatte er gekannt. Stalin erinnerte sich gewiss daran, wie das Mitglied des Politbüros Wlas Jakowlewitsch Tschubar ausgeschlossen wurde. Tschubar hatte Stalin eine lange vernünftige Notiz über Maßnahmen zur Verbesserung der Rüstungsindustrie geschrieben. Stalin hatte sie aufmerksam durchgelesen, und er merkte sich die gescheiten Vorschläge Tschubars, aber das Ende des Briefes hatte ihm nicht gefallen:

»Über all diese Erwägungen wollte ich Ihnen bereits berichten, aber die Sache fand nicht statt und wieder nicht durch meine Schuld. Es ist sehr schwer und beleidigend, sich bewusst zu machen, dass ich aufgrund von Verleumdungen von Volksfeinden aus dem Gespann treten muss, aber wo auch immer ich aufgrund Ihrer Entscheidung arbeiten müsste, immer und überall werde ich ehrlich und nach bestem Gewissen für unsere gemeinsame Sache, für das Erblühen der UdSSR und für den Kommunismus kämpfen.
16. Juni 1938 W. Tschubar«

»Er verstellt sich«, glaubte Stalin und ordnete an, den Brief an Jeschow weiterzuleiten. Es war unmöglich, Stalin zu »erweichen«. Nachdem Stalin Ulrichs Bericht über die Hinrichtung Tschubars und der anderen Verurteilten gelesen hatte, befasste er sich mit dem Vorschlag M. Mitins und P. Pospelows, eine »Kurze Biographie J. W. Stalins« vorzubereiten. E. P. Pitowranow bestätigte meinen Gedanken, dass es absolut unmöglich war, Stalin zu erweichen.

»Als man mich wegen ›Weichheit gegenüber den Volksfeinden‹ inhaftiert hatte, dachte ich bei mir: Das war es, Ende. Kein einziger Mensch aus dem Führungskern des NKWD, der verhaftet worden war, kam lebend aus Lefortowo heraus. Ich saß zusammen mit L. Schejnin, ehemals Untersuchungsrichter und später Schriftsteller. Während ich von Tag zu Tag den tragischen Ausgang erwartete, suchte ich zur selben Zeit angestrengt nach einem Ausweg. Und wie es sich später herausstellte, hatte ich einen gefunden. Nachdem ich ein Blatt Papier erhalten hatte, schrieb

ich Stalin einen Brief, bei dem ich nicht nur einmal empfangen worden war, als ich Leiter der Hauptverwaltung des NKWD war. Ich bat um nichts: weder um Nachsicht noch um Begnadigung. Ich schrieb lediglich, dass ich prinzipielle Überlegungen zur Verkollkomnung unserer Spionageabwehr hätte. Ich erreichte, dass der Leiter des Gefängnisses in meine Zelle kam. Ich sagte ihm: Über diesen Brief weiß man ›oben‹. Wenn Sie diesen Brief nicht, wie ich Ihnen auftrage, weiterleiten, dann wird es Ihnen schlecht ergehen.
Wie man mir später erzählte, wurde Stalin über diesen Brief Mitteilung gemacht. Er rief in unserer Behörde an und fragte: ›Wofür sitzt Pitowranow?‹ Man antwortete ihm. Nachdem Stalin kurz geschwiegen hatte, rief er in den Hörer: ›Nehmt ihn wieder zu euch zur Arbeit. Mir scheint, er ist kein dummer Mensch.‹ Nach einigen Tagen hat man mich unerwarteterweise entlassen. Stalin benötigte dafür nur einige Worte. Wie ich später verstand, ist es mir gelungen, mit der Psychologie des Diktators zu spielen: Ich bat nicht um Gnade, wie es alle getan haben, sondern ich schlug neue Ideen und Lösungen vor.«

Ohne Opfer ließ sich der Sozialismus nicht aufbauen, davon war Stalin überzeugt, und da ihrer sehr viele waren, gewöhnte sich Stalin an sie. Auf seine Anordnung gab es keine Angaben oder Zahlen über die Opfer der Unterdrückung in der Presse. Die Menschen waren umgeben von Gerüchten und Ängsten. In ihr Bewusstsein schlich sich die Angst ein. Besonders von dieser Angst befallen wurden jene, die Anzeichen von Misstrauen gegen ihre Person entdeckten. Ein Mensch, gegen den ein »Verfahren« eingeleitet wurde, existierte eigentlich schon nicht mehr. Die Menschen fürchteten sich nicht, weil sie sich wegen irgendetwas schuldig fühlten, sondern weil sie jederzeit damit rechnen mussten, Opfer einer Verleumdung, der Willkür zu werden. Irgendjemand kam nicht zur Arbeit. Nachts wurde der Nachbar abgeholt. Jemandem wurde leise gesagt: Teilen Sie der Familie soundso mit, dass der Vater heute von der Fabrik nicht nach Hause kommen wird. Dann wurden in der Schulbibliothek Seiten aus den Lehrbüchern gerissen.
Stalin kannte die genauen Ausmaße der Repressalien, aber das schreckte ihn nicht. Er wurde erst stutzig, als die riesigen Men-

schenverluste in Wirtschaft und Militär zu Stockungen führten. Es war klar, das lag nicht an irgendwelchen »Saboteuren«. Es war ein großes Kaderdefizit entstanden. Die Volkswirtschaft und die Armee waren um Jahre zurückgeworfen.

Wie erwähnt, fand Stalin mit Jeschow auch hier einen »Schuldigen«. Alexander Jakowlew, ein bekannter sowjetischer Konstrukteur, erinnerte sich an die Worte des »Führers«: »Jeschow – der Schurke hat im Jahr 1938 viele unschuldige Menschen umkommen lassen. Dafür haben wir ihn erschossen!« Den inhaftierten Mitgliedern und Kandidaten des Politbüros Postyschew, Rudsutak, Tschubar und Eiche wurde neben anderen »Verbrechen« auch »Ausrottung bolschewistischer Kader« vorgeworfen.

Stalin wurden die Briefe Postyschews, Kossiors, Rudsutaks, Tschubars, Eiches vorgelegt, in denen sie alle Beschuldigungen zurückwiesen. Bevor sie für die Wahl ins Politbüro vorgeschlagen wurden, waren sie von Poskrebyschew, Mechlis, Jagoda oder Jeschow bis in die »fünfte Generation« ihres Stammbaums überprüft worden. Darüber schrieben sie auch in ihren Briefen an Stalin, die sie kurz vor dem Tod verfasst haben. Darüber sprachen sie auch in der Gerichtsverhandlung. Hier auszugsweise, was Eiche in seinem Brief an Stalin geschrieben hat:

»Ich komme nun auf den schimpflichsten Teil meines Lebens und meine wirklich schwere Schuld gegen die Partei und gegen Sie. Dies ist mein Geständnis konterrevolutionärer Tätigkeit. (…) Der Fall liegt wie folgt: Da ich nicht imstande war, die Foltern zu ertragen, die ich durch Uschakow und Nikolajew (NKWD-Mitarbeiter; A. d. Ü.) erleiden musste – besonders durch den ersteren, der es ausnutzte, dass meine gebrochenen Rippen noch nicht ordentlich verheilt waren und mir große Schmerzen verursachten –, wurde ich gezwungen, mich selbst und andere anzuklagen. (…) Ich bitte Sie, dass Sie meinen Fall abermals prüfen, und zwar nicht zu dem Zweck, um mich zu verschonen, sondern um die gemeine Provokation zu entlarven, die sich wie eine Schlange um viele Leute gewunden hat, zum großen Teil durch meine Gemeinheit und verbrecherische Verleumdung. Ich habe niemals Sie oder die Partei verraten. Ich weiß, dass ich leide wegen der schändlichen und gemeinen Machenschaften von Feinden der Partei und

von Leuten, welche die Anklage gegen mich fabriziert haben.«
Aus den Zeilen dieses Briefes klingt nicht nur die Todessehnsucht, sondern auch Protest und schwache Hoffnung. Als Stalin Eiches Brief las, wusste er, dass er verantwortlich war für »diese ganze abscheuliche Provokation«.
Stalin wurde auch Rudsutaks Erklärung vorgelegt, die dieser vor Gericht abgegeben hatte. Die Gerichtsverhandlung hatte insgesamt zwanzig Minuten gedauert:

»Die einzige Bitte, mit der ich mich an das Gericht wende, ist, dem ZK der KPdSU(B) mitzuteilen, dass es im NKWD noch ein nicht liquidiertes Zentrum gibt von geschickt Verfahren fabrizierenden und unschuldige Menschen nötigenden Personen, sich irgendwelcher Verbrechen zu bekennen, die sie niemals begangen haben. Die Beschuldigten haben keine Möglichkeit zu beweisen, dass sie an diesen Verbrechen nicht teilgenommen haben, von denen in solchen Geständnissen die Rede ist. Sie werden von verschiedenen Personen gefoltert. Die Untersuchungsmethoden sind dergestalt, dass sie die Menschen zwingen, zu lügen und andere Unschuldige zu verleumden.«

Rudsutak bat um ein Treffen mit Stalin, aber dieser antwortete darauf mit einem groben Fluch. Rudsutak war ein aufrechter alter Bolschewik, der zehn Jahre in den Gefängnissen des Zaren gesessen hatte, um schließlich in Stalins Gefängnis erschossen zu werden. Rudsutak war kurz vor seiner Verhaftung im Mai 1937 bei Stalin gewesen. Ruhig und gelassen hatte er dem »Führer« Bericht erstattet. Dieser hörte ihm nicht zu, sondern er dürfte sich gefragt haben, ob Jeschows Hinweis zutraf, dass Rudsutak Verbindungen zu ausländischen Geheimdiensten unterhalte. Und als er Vorsitzender der ZKK, Volkskommissar für ABI und zuletzt Stellvertreter des Vorsitzenden des Rats der Volkskommissare gewesen sei, habe er Kontakte zu Trotzkisten gepflegt. Stalin wird eingefallen sein, dass Trotzki einst, als Lenin noch lebte, ein hohes Urteil über Rudsutak abgegeben hatte: dass er ein gebildeter Intellektueller sei, der verschiedene Sprachen beherrsche. Sofort verlor Stalin jeden Zweifel.
Am Abend desselben Tags, als Stalin das Grußwort der sowjeti-

schen Regierung an die Teilnehmer einer Expedition zum Nordpol unterschrieb, sah er zwischen anderen Unterschriften den Namen Rudsutaks. Nach kurzem Zögern strich er ihn weg. Am 24. Mai 1937 diktierte Stalin den Text, in dem die ZK-Mitglieder benachrichtigt wurden, dass eine Abstimmung per Brief notwendig sei. Die Organe des NKWD hätten unwiderlegbar festgestellt, dass Tuchatschewski und Rudsutak deutsch-faschistische Spione seien, heißt es darin.
Es gibt eine Unzahl von Dokumenten, die die ungeheuerliche Erbarmungslosigkeit Stalins beweisen. Einige Beispiele:

»An den Genossen Stalin.
Ich übersende Ihnen die Liste der Inhaftierten für das Gericht des Militärkollegiums erster Kategorie.
Jeschow«

Der Vermerk ist kurz: »Für die Erschießung aller 138 Personen.
J. St., W. Molotow«

»An den Genossen Stalin.
Ich schicke Ihnen die Bestätigung von vier Namenslisten für das Gericht. Eine Liste mit 313, eine mit 208, eine mit 15 Frauen von Volksfeinden, eine mit 200 Militärangehörigen. Ich bitte um Genehmigung, alle zum Tod zu verurteilen.
20. 8. 1938 Jeschow«

Der Vermerk auf dem Schreiben:

»Dafür
20. 8. 1938 J. St., W. Molotow«

Es gab auch grauenhafte »Rekorde«. Am 12. Dezember 1938 genehmigten Stalin und Molotow die Erschießung von 3167 Menschen! Die Listen enthielten nicht die Anklagepunkte und auch nicht die Ergebnisse der Untersuchung. Nachdem die Listen abgesegnet worden waren, musste nur noch die »formale« Urteilsverkündung erfolgen.

Vor mir liegt der Brief Vera Iwanowna Derjutschinas aus Belaja Zerkow. Sie ist neunzig Jahre alt. Ihr Brief ist eine furchtbare Anklage gegen die Stalinsche Bestrafungsmaschine:

»Als man in der furchtbaren Nacht im Jahre 1937 kam, um meinen Mann, einen Grubenarbeiter, der die vierfache Norm erfüllte (er war Stachanow-Arbeiter), zu holen, glaubte ich, das sei ein Fehler. Man sagte mir: ›Heul nicht, Närrin. In einer Stunde kommt dein Mann zurück.‹ Und er kam zwölf Jahre später zurück. Als Invalide. Und was ich alles mit den kleinen Kindern und der alten Mutter durchgemacht habe, ist unbeschreiblich. Aus unserer Wohnung hat man uns hinausgeworfen. Überall waren wir gebrandmarkt: die Familie eines Volksfeindes. Hätte es nicht gute Menschen gegeben, so wären wir alle umgekommen. Schreiben Sie über mein Schicksal in Ihrem Buch irgendwo in einem Eckchen. Dejutschina Vera Iwanowna.«

Hier der Brief des Moskauers Steppan Iwanowitsch Semjonow, der zu fünfzehn Jahren Lager verurteilt worden war. Zwei seiner Brüder wurden erschossen, und auch seine Frau starb im Gefängnis.

»Das Schlimmste ist, wenn niemand auf dich wartet, wenn du niemandem von Nutzen bist. Meine Brüder und ich, wir hätten Kinder, Enkel und Familien haben können. Der verfluchte Tamerlan hat alles zertreten und zerbrochen. Er zerstörte die Zukunft von noch nicht geborenen Bürgern. Sie konnten nicht geboren werden, da er ihre Väter und Mütter tötete. Ich lebe mein Leben in der Einsamkeit zu Ende, und bis heute kann ich nicht verstehen, wie wir in dem ›Führer‹ nicht das Ungeheuer sehen konnten. Wie konnte unser Volk das zulassen?«

Die Terrormaschine Stalins vernichtete Tausende und aber Tausende von unschuldigen Opfern, und sie alle gehen auf das persönliche Konto des unbestrittenen Urhebers der blutigen Verbrechen. Er machte nicht einmal halt vor der eigenen Familie. Einer der gewissenhaftesten Erforscher des Lebens Dschugaschwilis/Stalins, W. W. Nefedow, hat vieles herausgefunden über Schicksale von Stalins Verwandten. In der Familie Jekaterina Semjonowna Swanidses, Stalins erster Frau, trafen die Repressalien folgende Menschen:

1. Alexander Semjonowitsch Swanidse, Bruder von Stalins Frau. Parteimitglied seit 1904. Volkskommissar für Finanzen in Georgien. Bis zum Jahr 1937 arbeitete er im Volkskommissariat für Finanzen der UdSSR. Einer der nächsten Freunde Stalins. Der Spionage angeklagt und erschossen.
2. Marija Anisimowna Swanidse, Frau von A. S. Swanidse. Opernsängerin. 1937 verhaftet, zu zehn Jahren Gefängnis verurteilt. Sie starb in der Verbannung.
3. Iwan Alexandrowitsch Swanidse. Sohn von A. S. Swanidse. Verhaftet als Sohn eines »Volksfeindes«. Er kehrte 1956 aus der Verbannung zurück.
4. Marija Semjonowna Swanidse. Schwester von Stalins Frau. 1927 bis 1934 persönliche Sekretärin von ZEK-Sekretär Jenukidse. 1937 verhaftet. Sie starb im Gefängnis.
5. Julija Isaakowna (Meltzer) Dschugaschwili. Die Frau von Stalins Sohn Jakob. Verhaftet, im Jahr 1943 erschossen.

In der Familie Nadeschda Sergejewna Allilujewas, Stalins zweiter Frau, traf es diese Menschen:

1. Anna Sergejewna (Allilujewa) Redens. Die Schwester von Stalins Frau. 1948 verhaftet und wegen Spionage zu zehn Jahren verurteilt. Entlassen im Jahr 1954.
2. Stanislaw Franzewitsch Redens. Ehemann von A. S. Allilujewa, Volkskommissar für Inneres im Transkaukasus und in Kasachstan. Delegierter des 15., 16. und 17. Parteitags, Mitglied der Zentralkontrollkommission und der Zentralen Revisionskommission der Partei. 1938 als »Volksfeind« verhaftet und 1941 erschossen.
3. Xenija Alexandrowna Allilujewa, die Frau von P. S. Allilujew, des Bruders von Stalins Frau. 1947 verhaftet, 1954 entlassen.
4. Jewgenija Alexandrowna Allulijewa, Frau von P. Ja. Allilujew, des Onkels von Stalins Frau. 1948 verhaftet und wegen »Spionage« zu zehn Jahren verurteilt. 1954 entlassen.
5. Iwan Pawlowitsch Allilujew, Sohn P. Ja. Allilujews. Parteimit-

glied seit 1920, Redakteur der Zeitschrift »Sozialistische Landwirtschaft«. 1938 verhaftet und zu fünf Jahren verurteilt. Mit Hilfe S. Ja. Allilujews, Stalins Schwiegervater, im Jahr 1940 entlassen.

Es gibt Aufzeichnungen von Iwan Pawlowitsch Allilujew, der wegen »Mitgliedschaft in einer konterrevolutionären Organisation« verurteilt wurde und seine Zeit im »Soroklager« (»Vierzigerlager«; A. d. Ü.) absaß. Iwan Pawlowitsch beschreibt seine Leidensgenossen: den Brigadekommandeur Cholodkow, den Leiter einer der Verwaltungen des Moskauer Militärbezirks Lapidus, einen jungen naiven Mann namens Pjotr Schilu, der zum »Volksfeind« wurde, weil er einst neben Kossarew im Präsidium des ukrainischen Komsomol gesessen hatte.
Wie später bekannt wurde, setzte sich Sergej Jakowlewitsch, Stalins Schwiegervater, für die Entlassung seines Neffen ein. Er hatte nicht den Mut, Stalin zu bitten, so wandte er sich an Berija und an Kobulow. Dies war das einzige Mal, dass das Monster sich des Schwiegervaters des »Führers« erbarmte.
Stalin bevorzugte und benachteiligte in seiner Grausamkeit niemanden: für alle das Gleiche. Sobald einem Menschen der Stempel »Volksfeind« aufgedrückt worden war, war er für Stalin ein Nichtmensch. Sobald er von Jeschow oder Berija einen Hinweis auf die »Sabotagearbeit« oder die »konterrevolutionäre Tätigkeit« eines Menschen erhalten hatte, gab er sofort die Genehmigung zur Verhaftung. Und in der Regel interessierte sich Stalin dann nicht mehr für diesen Menschen. Es gab jedoch eine Ausnahme: Als man ihm erzählte, dass der Bruder seiner ersten Frau, Alexander Swanidse, als »deutscher Spion« zum Tod verurteilt worden sei, sagte Stalin: »Lasst ihn um Begnadigung bitten.« Der Verurteilte aber fragte: »Wofür soll ich um Gnade bitten? Ich habe keinerlei Verbrechen begangen.« Swanidse wurde erschossen. Als Stalin von den letzten Worten seines Freundes aus Kindertagen und Schwagers gehört hatte, sagte er: »Schau an, was für ein Stolzer. Er starb, aber er bat nicht um Gnade.«

An der Schwelle des Kriegs

Es war eine Nacht im Januar 1939. Moskau schlief. Nur irgendwo in den Gebäuden der Volkskommissariate, des Generalstabs, im großen Kasten auf der Lubjanka konnte man ab und zu kleine Lichtflecken durch die verhangenen Fenster sehen. Die Politbüromitglieder, die Volkskommissare, die militärische Führung waren wie immer noch auf. Dieser Arbeitsrhythmus hatte sich mit der Zeit eingespielt. Stalin war auch früher erst gegen Mitternacht heimgekehrt, aber nun, da sich die internationale Lage verschlechterte, wurde es zur Regel, dass er bis zwei, drei Uhr nachts im Arbeitszimmer blieb und manchmal auch noch länger. Nun ja, und für das NKWD war die Nacht ohnehin die reguläre »Arbeitszeit«.

Stalin rief nach Mitternacht kaum noch jemanden zu sich. Ausgenommen war nur seine nächste Umgebung: Molotow, Woroschilow, Berija. Ihre Erörterungen unterbrachen sie häufig, indem sie auf Stalins Vorschlag nach Kunzewo zu seiner Datscha fuhren, wo sie dann beim späten Nachtmahl weiterarbeiteten. In der Regel gab Stalin allen die Möglichkeit, sich zu äußern, hier und da machte er kurze Zwischenbemerkungen, und am Ende zog er ruhig die Schlussfolgerungen. Manchmal unterschied sich seine Meinung von der seiner »Gäste«. Aber das verwirrte sie nicht. Sie machten eine Wende und stimmten ihm sogleich zu. Nur Molotow widersprach ab und zu, aber ohne Nachdruck. Berija gelang es häufiger als den anderen, die Gedanken des »Führers« zu erraten, und in solchen Momenten saß er stolz am Tisch, ohne seine Befriedigung verbergen zu können.

Manchmal benötigte Stalin Informationen. Dann rief er den zuständigen Volkskommissar oder eine andere hohe Amtsperson an, die mit der betreffenden Angelegenheit vertraut war. Es ist beinahe nie vorgekommen, dass am anderen Ende des Drahtes nicht die gewünschte Person war. Oft entstand der Eindruck, als wollte Stalin den Arbeitseifer der führenden Funktionäre überprüfen. Diese versammelten auch nachts einige Mitarbeiter um sich, um plötzlich gestellte Aufgaben im Nu lösen zu können. Das nächtliche Wachen vor dem Krieg wurde zur Regel.

In dieser Nacht im Januar 1939 saß Stalin über dem Rechenschaftsbericht, mit dem er vor dem nächsten, dem 18. Parteitag auftreten wollte. Anfang Januar hatte das ZK-Plenum beschlossen, den Parteitag für den 10. März 1939 einzuberufen. Die erste Variante des Berichts, die im ZK angefertigt worden war, lässt sich heute nicht mehr rekonstruieren. Dutzende von Seiten hat Stalin neu geschrieben. Er wollte zwei Grundideen äußern. Die erste Idee: Die Welt steht vor neuen Erschütterungen. Das System der Nachkriegsfriedensverträge stürzt ein. Die ökonomische Krise verstärkt die Kriegsgefahr. Am Horizont stehen die Wolken eines neuen Weltkriegs. Die zweite Idee: Der Sozialismus hat weitere Erfolge erzielt. Stalin glaubte, dass das Land nun mächtiger geworden sei, nachdem man sich der »Saboteure« entledigt hatte. Als Stalin die Seiten der statistischen Angaben, die für ihn vorbereitet worden waren, durchgesehen hatte, dachte er nach und setzte dann an zu schreiben:

»Wir haben die wichtigsten kapitalistischen Länder in der Produktionstechnik und im Entwicklungstempo der Industrie überholt. Das ist sehr gut. Das genügt aber nicht. Man muss sie auch in ökonomischer Hinsicht überholen. Wir können das tun, und wir müssen das tun. (...) Es müssen neue Fabriken gebaut werden. Es müssen neue Kader für die Industrie geschaffen werden. Das erfordert jedoch Zeit, und zwar nicht wenig Zeit. Es ist unmöglich, die wichtigsten kapitalistischen Länder in zwei bis drei Jahren ökonomisch zu überholen. Dazu ist etwas mehr Zeit erforderlich.«

Ermüdet schob Stalin den Bericht zur Seite und rief Poskrebyschew in sein Arbeitszimmer. Er trug ihm auf, eine Liste der Delegierten des vorangegangenen Parteitags zu besorgen. Der Führer wollte wissen, wer auf diesem Parteitag ins ZK gewählt worden war. Am Tag zuvor hatte sein Helfer diese Liste nicht zur Hand gehabt. Stalin öffnete den kleinen Ordner und begann, in ihm zu lesen. Mehr als die Hälfte aller Namen war ihm gut bekannt. Er kannte viele noch aus dem Volkskommissariat für nationale Fragen, andere aus der Zeit der Kollektivierung oder aus den Sekretariaten der Gebietskomitees. Die Delegierten der Roten Armee

kannte er fast alle. Stalin führte seinen Zeigefinger die Liste hinunter, und ab und zu verharrte er bei einem Namen.
Da war W. M. Michajlow, Leiter des Bauprojektes des »Palastes der Räte«. Er war bereits ein- oder zweimal zusammen mit Akademiemitglied Iofan bei ihm gewesen, um seine Vorstellungen über das Bauprojekt kennen zu lernen. I. J. Ljubimow ist ihm in Erinnerung geblieben, weil er einer der ersten war, die ihm von der Übererfüllung des Plans in einigen Betrieben der Leichtindustrie berichtet hatten. A. S. Jenukidse, Sekretär des Präsidiums des ZEK der UdSSR, er war einst ein Freund, ja, und auf einmal hatte er sich derart verschlossen gezeigt. Hier eine ganze Reihe von Abteilungsleitern des ZK der Partei: K. Ja. Bauman, I. A. Pjatnitzki, Ja. A. Jakowlew, A. I. Stetzki. Wie die Menschen sich ändern! Jakob Arkadewitsch Epstein, den man aus irgendeinem Grund Jakowlew nannte, hatte so gut gearbeitet in den Jahren der Kollektivierung, und dann fing er plötzlich an »abzuweichen«. Stalin hatte Jakowlew nicht nur einmal zum Essen zu sich eingeladen. Stetzki konnte mit Schriftstellern und Künstlern gut umgehen, aber zu Stalin vermochte er niemals ein Vertrauensverhältnis herzustellen. Auch in diesem Fall hatte den »Führer« die Vorahnung nicht getäuscht – Stetzki war ein Feind. M. L. Ruchimowitsch, ehemals Volkskommissar für Verteidigungsindustrie. Mit ihm hatte er sich häufig getroffen, er war ein zuverlässiger, gehorsamer Mann gewesen, bis sich herausstellte, dass er Verbindungen zu den Trotzkisten hatte. L. I. Mirsojan, 1. Sekretär des ZK der KP(B) Kasachstans. Er kannte ihn schlecht, aber er wusste noch, dass er Mirsojans Kandidatur bei den »Wahlen« zum ZK zugestimmt hatte.
Stalin nahm einen Bleistift zur Hand und unterstrich die Namen der ehemaligen Mitglieder und Kandidaten des Politbüros: Rudsutak, Kossior, Tschubar, Postyschew. Gut, dass er diese Leute rechtzeitig erkannt hatte; sie hätten nicht nur für die Partei gefährlich werden können, sondern auch für ihn. Er erinnerte sich an ihre Briefe mit den Bitten um Überprüfung, um Gnade, um Eingreifen in das NKWD, da nach ihrer Meinung dort »das Nest der Bande von Provokateuren« zu finden sei.
Stalin fiel auf, dass Poskrebyschew hinter die meisten Namen der Liste mit Bleistift etwas vermerkt hatte: »w. n.« Ab und zu fand

er auch ein Datum hinter dem Namen. Das verstand er sofort. Das Datum bezog sich auf den Tag, an dem das Urteil vollstreckt worden war. Aber was das Kürzel zu bedeuten hatte, das erriet er nicht so schnell. Als er auf den Namen Ja. S. Agranows gestoßen war, fiel es ihm endlich ein: »w. n.« (»wrag naroda«) – »Volksfeind«. Auch Agranow, sein alter Genosse, hatte sich als Volksfeind erwiesen und war voriges Jahr erschossen worden. Es gab viele weitere Namen in der Liste, deren Träger nicht mehr am Leben waren: Uchanow, Semjonow, Lobow, Scheboldajew, Rumjanzew, Chatajewitsch, Demtschenko, Sulimow, Eliawa, Golodew, Lepa, Kaminski, Popow, Selenski, Bulin, Gikalo und so weiter, und so fort. Fast 300 Delegierte des 17. Parteitags hatten gegen Stalin gestimmt. In der Tat, unter den Parteitagsdelegierten hatte es viele Feinde gegeben.
Am nächsten Morgen sagte Stalin zu Malenkow, den er in letzter Zeit immer häufiger zu sich rief und mit verantwortungsvollen Aufgaben betraute: »Ich glaube, dass wir uns vom feindlichen Ballast gut gereinigt haben. Nun brauchen wir frische Kräfte, wir brauchen neue Leute in der Partei.«
Ja, die Partei braucht neue Leute. Seit dem 17. Parteitag hatte sich die Zahl ihrer Mitglieder um 330 000 verringert. Die Säuberung war gründlich gewesen. Die Partei benötigte viele neue, dem »Führer« ergebene Mitglieder, um die große Aufgabe in Angriff zu nehmen, die wichtigsten kapitalistischen Länder wirtschaftlich zu überholen. Noch im Jahr 1939 wurden mehr als eine Million Menschen Kandidaten der KPdSU(B). Die Partei wurde, wie man auch offen schrieb und sagte, »stalinsch«.
Stalin kehrte zu seinem Bericht zurück und schrieb noch einen Absatz weiter. »Einige Journalisten der ausländischen Presse schwätzen«, formulierte er in großen Druckbuchstaben, »dass die Säuberung der sowjetischen Organisationen von Spionen, Mördern und Saboteuren wie Trotzki, Sinowjew, Kamenew, Jakir, Tuchatschewski, Rosengolz, Bucharin und anderen Ausgeburten die sowjetische Regierungsform ›erschüttert‹ und dass diese Säuberung eine ›Zersetzung‹ hervorgerufen habe. Über dieses abgeschmackte Gewäsch kann man lediglich lachen.« Die Feder konnte kaum so schnell schreiben, wie der Gedanke es wollte:

»Im Jahre 1937 wurden Tuchatschewski, Jakir, Uborewitsch und andere Scheusale zum Tode verurteilt. Danach fanden die Wahlen zum Obersten Sowjet der UdSSR statt. Die Wahlen brachten der Sowjetmacht 98,6 Prozent aller stimmberechtigten Bürger. Zu Beginn des Jahres 1938 wurden Rosengolz, Rykow, Bucharin und andere Scheusale zum Tode verurteilt. Hierauf fanden die Wahlen zu den Obersten Sowjets der Unionsrepubliken statt. Die Wahlen brachten der Sowjetmacht 99,4 Prozent aller stimmberechtigten Bürger. Es stellt sich die Frage: Wo sind denn hier die Beweise für die ›Zersetzung‹, und warum hat sich diese Zersetzung in den Resultaten der Wahlen nicht niedergeschlagen?«

Politische Manöver

Zu Beginn des Jahres 1939 widmete Stalin seine besondere Aufmerksamkeit der Außenpolitik. Üblicherweise wird angenommen, dass der Zweite Weltkrieg am 1. September 1939 mit dem Angriff des faschistischen Deutschlands auf Polen begann. Stalin sah es anders. Und in gewisser Hinsicht hatte er recht. Japan führte bereits seinen Eroberungskrieg in China, Italien hatte Abessinien und Albanien überfallen, Deutschland und Italien intervenierten zugunsten der Franco-Putschisten gegen das republikanische Spanien. Deutschland hatte Österreich »angeschlossen«, und während der 18. Parteitag debattierte, zerschlug es die »Rest-Tschechei« – das, was das Münchener Abkommen von der einstigen Tschechoslowakei übrig gelassen hatte. Der Frieden war von verschiedenen Seiten her in Brand gesetzt worden.
Nicht nur Stalin fragte sich: Womit lassen sich die ständigen Konzessionen vieler Staaten gegenüber den Aggressoren erklären? Er beantwortete sich diese Frage so: »Der Hauptgrund besteht in der Ablehnung der Politik kollektiver Sicherheit durch die meisten nichtaggressiven Länder, vor allem durch England und Frankreich, in der Ablehnung der Politik kollektiven Widerstands gegenüber den Aggressoren, im Übergang zur Position des Nichteinmischens, zur Position der ›Neutralität‹.«
Als Stalin während des 18. Parteitags erfuhr, dass Deutschland

das Memelgebiet in Litauen besetzt und dass der tschechoslowakische Präsident in Berlin den Vertrag unterschrieben hatte, der die Liquidierung der tschechoslowakischen Staatlichkeit bedeutete, befahl Stalin, einen scharfen Protest nach Berlin zu schicken. In der Note, die der Volkskommissar für Äußeres Litwinow dem deutschen Botschafter in Moskau Friedrich Werner Graf von der Schulenburg übergeben ließ, wurde die deutsche Aktion scharf verurteilt und den Führern des Reiches zur Kenntnis gebracht, dass die sowjetische Regierung den Anschluss der Tschechei an das Deutsche Reich ebenso wenig akzeptieren könne wie die Gründung des »Schutzstaates Slowakei«.

Unter den Bedingungen des drohenden Weltkriegs war es notwendig, eine Strategie zu bestimmen, um zum einen die sozialökonomische Entwicklung des Landes weiter voranzutreiben und zum anderen einen wirksamen Schutz aufzubauen. Die Anhänger der Nichteinmischungspolitik spielten nach Stalins Worten »ein großes und gefährliches politisches Spiel«. Die Sowjetunion war gezwungen, an diesen politischen Manövern teilzunehmen; das Finale dieser Manöver war unklar. Im engen Kreis, zu dem einige Male auch Litwinow hinzugezogen wurde, stand die Frage zur Debatte: Was sollte man in dieser komplizierten Situation tun? Die »Flitterwochen« der Volksfronten in Europa waren zu Ende. Der europäische Kontinent war verstummt, so, als würde er fühlen, dass ihn bald Hitlers Panzerarmeen verschlingen werden.

Das Drama des Bürgerkriegs in Spanien neigte sich seinem bitteren Ende zu. Die marxistischen Parteien, von denen einige schwere Niederlagen erlitten hatten und in die Illegalität gedrängt worden waren, schauten hoffnungsvoll auf die Sowjetunion. Der Einfluss der Kommunistischen Internationale hatte deutlich abgenommen. Einen großen Teil der Schuld daran trug Stalin.

Stalin hatte die Politik der KPdSU(B) und die der Kommunistischen Internationale faktisch gleich gemacht. Er hatte die Komintern seinem Diktat unterworfen und sie dadurch diskreditiert. Die Wellen der Verfolgung hatten auch die Internationale und ihre Funktionäre ergriffen. Die furchbaren Harken des Terrors dünnten ihre Reihen aus und auch die ihrer Tochterorganisationen, der Kommunistischen Jugendinternationale, der Roten Gewerkschaftsinternationale und der Internationalen Arbeiterhilfe.

Besonders schwere Schläge erlitten die Führungen der Kommunistischen Parteien Österreichs, Ungarns, Deutschlands, Litauens, Lettlands, Polens, Rumäniens, Finnlands, Estlands, Jugoslawiens, die in ihren Heimatländern verfolgt wurden. Internationalisten, Menschen, die glaubten, einen Zufluchtsort in der Sowjetunion gefunden zu haben, gerieten zwischen die Mühlsteine der Bestrafungsmaschine. Die Liste der Ermordeten ist lang. Ich möchte wenigstens einige der Genossen aufführen, die in den Jahren der Stalinschen Gesetzlosigkeit umgekommen sind: Das sind die Mitglieder der Führung der Kommunistischen Partei Deutschlands Hermann Remmele, Hugo Eberlein und Heinz Neumann; die Funktionäre der Kommunistischen Partei Polens Pruchnjak, Lenski, Koszucka; der Generalsekretär der Kommunistischen Partei Griechenlands Kontas; der Funktionär der Kommunistischen Partei des Irans Sultan-Sade; die Funktionäre der Kommunistischen Partei Jugoslawiens Gorki, die finnischen Kommunisten Schotman und Rovio. Es kamen angesehene Persönlichkeiten der internationalen kommunistischen Bewegung um wie die Ungarn Bela Kun und Gábor, dem wegen seines Muts in den Jahren des Bürgerkriegs zweimal der Rotbannerorden verliehen worden war, oder der Schweizer Fritz Platten, einst ein Freund Lenins. Ferner gerieten in den Fleischwolf der Gesetzlosigkeit der Bulgare Avramov, Träger des Leninordens, der Finne Gylling und viele, viele andere. Besonders schwer traf es die Kommunistische Partei Polens. Sie verlor faktisch ihre gesamte Führung. Das letzte Politbüromitglied der KPP, Belewski, wurde im September 1937 verhaftet. Als man Stalin den Entwurf für einen EKKI-Beschluss über die Auflösung der KPP wegen »Umtrieben von Agenten des polnischen Faschismus« vorlegte, reagierte der »Führer« charakteristisch: »Mit der Auflösung haben wir uns zwei Jahre verspätet. Die Auflösung ist notwendig, aber die Veröffentlichung in der Presse muss meiner Meinung nach nicht sein.« Der Beschluss des Präsidiums des EKKI über die Auflösung der KPP wurde nicht auf einer Sitzung erörtert, sondern von insgesamt 6 seiner Mitglieder im Umlaufverfahren gefasst. Das Präsidium hatte aber 19 Mitglieder.

Stalin hat außerdem die sektiererischen Tendenzen in der Politik der Komintern verstärkt. Er machte sie zu einem Anhängsel seines

Apparats. Die Deformierung der internationalistischen Grundsätze und die Politik, die Stalin der Kommunistischen Internationale aufzwang, schwächten den Einfluss der Kommunisten auf die Massen und förderten objektiv den Faschismus. Stalin stellte die Sozialdemokratie auf eine Ebene mit dem Faschismus. Schuld am Abklingen der revolutionären Welle in der Welt war für ihn vor allem der »Reformismus« und der »Verrat« der Sozialdemokratie. Der »Führer« hielt meist an seinen Fehlern fest, denn er sah sie nicht als solche. Und die These vom »Sozialfaschismus« war einer der Fehler, der besonders schwerwiegende Folgen hatte. Seine Wurzeln reichen weit zurück. Sie liegen in den zwanziger Jahren.

Im Januar 1924, eine Woche vor Lenins Tod, fand ein ZK-Plenum statt. Unter anderem wurde dabei Sinowjews Bericht »Über die internationale Lage« erörtert. In dieser Debatte sprach auch Stalin. Während er Radek wegen seiner Fehler in der »deutschen Frage« kritisierte, formulierte er eine These, die er später allmählich der Kommunistischen Internationale aufdrückte: Die Hauptstütze des Faschismus, das sei die Sozialdemokratie, der man einen »tödlichen Schlag« versetzen müsse. In seiner Rede stellte Stalin die Sozialdemokratie faktisch als den größten Feind der kommunistischen und Arbeiterbewegung dar. Im selben Jahr bezeichnete Stalin in seinem Artikel »Zur internationalen Lage« Sozialdemokratie und Faschismus als »Zwillinge«. Von dieser Haltung sollte er jahrelang nicht abgehen. Im Jahr 1933 notierte Stalin, als er den Artikel des bekannten deutschen Kommunisten Fritz Hecken »Was in Deutschland geschieht« las, an den Rand folgende Bemerkung: »Sozialfaschisten? Ja.« An der Stelle, wo Heckert schreibt, dass die Sozialdemokratie auf die Seite des Faschismus übergegangen sei, fügt Stalin hinzu, dass eben aus diesem Grunde die »Kommunisten die Sozialdemokraten bereits drei Jahre Sozialfaschisten« nannten.

Stalins Kurzsichtigkeit wird hier besonders offensichtlich. Statt die Kräfte der Arbeiterklasse für den Kampf gegen den Faschismus zu vereinen, kämpften die kommunistischen Parteien gegen die Sozialdemokratie. Das alles schwächte die Abwehr gegen den Faschismus, der die Hauptgefahr für die Arbeiterklasse und die kommunistische Bewegung bedeutete.

Der Faschismus war auch die Hauptgefahr für die Sowjetunion.

Stalin und Molotow formulierten gemeinsam die »Aufgaben der Partei auf dem Gebiet der Außenpolitik«, die Stalin dann auf dem 18. Parteitag vortrug. Vier Punkte dieses Programms schrieb Stalin erst einige Stunden vor Beginn des Parteitags nieder.
Zur Außenpolitik äußerte er zwei eng miteinander verbundene Ideen: zum einen Fortsetzung der Suche nach Mitteln, um einen Krieg zu verhindern oder wenigstens so lang wie möglich aufzuschieben. Dazu gehörten nach Stalin neue Versuche, das sowjetische Konzept der kollektiven Sicherheit in Europa durchzusetzen. Die Schaffung einer breiten antisowjetischen Front sei zu verhindern. Maximale Vorsicht habe zu walten, und man dürfe nicht auf Provokationen des Feindes eingehen. Zum anderen seien alle denkbaren Maßnahmen zu ergreifen, um die Verteidigungskraft des Landes zu steigern, vor allem die Kampfkraft der Roten Armee und der Marine müsste verstärkt werden.
Stalin zerbrach sich ständig den Kopf darüber, wie er die Außenpolitik des Landes verbessern könnte, um die diplomatischen Möglichkeiten maximal auszunutzen. Litwinow stellte ihn nicht mehr zufrieden, er hatte häufig eine andere Meinung. Direkt nach den Maifeiertagen 1939 setzte er Berija auf den Volkskommissar an. Bald kündigte sich eine Verhaftung an. Es entstand eine Art »Vakuum« um Litwinow. Er wurde nicht mehr zu wichtigen Beratungen eingeladen, NKWD-Mitarbeiter führten nächtliche »Unterhaltungen« mit Helfern und Vertrauten des Volkskommissars. Im Volkskommissariat wurden seine Papiere durchwühlt. Dann wurde er aus dem ZK ausgeschlossen. Es sah so aus, als müsste Litwonow jederzeit mit dem Schlimmsten rechnen. In einem seiner letzten Berichte an Stalin hatte er geschrieben:

»Ich schicke Ihnen die Aufzeichnungen meiner heutigen Unterhaltung mit dem englischen Botschafter und die Übersetzung des englischen Deklarationsentwurfes. (…) Er verpflichtet lediglich zu einer Konsultation; das heißt zu dem, was wir selbst vorschlagen. Eine gewisse politische Bedeutung wird der Eindruck haben, es wäre ein neuer Viererpakt unter Ausschluss Italiens und Deutschlands zustande gekommen. Ich bin nicht überzeugt, dass Beck (der polnische Außenminister; A. d. Ü.) sich einverstanden erklären wird, sogar eine solche Deklaration zu unterschreiben.«

Litwinow hoffte, dass eine antifaschistische Allianz mit den westlichen Demokratien geschaffen werden konnte. In einem Brief an den französischen Botschafter in Moskau schrieb Litwinow Ende März 1939: »Auf den direkten Vorschlag über die Viererdeklaration haben wir eine direkte zustimmende Antwort gegeben.« Und die Sowjetregierung habe beschlossen, »nicht ohne Polen zu unterschreiben«. Klar sei, dass die Antwort Polens »bestimmt genug ist, um ihre (der Sowjetregierung; A. d. Ü.) negative Einstellung zu verstehen«. Litwinow glaubte, dass ein Bündnis der Sowjetunion mit den westlichen Demokratien die zuverlässigste Garantie gegen die Bedrohung durch einen neuen Weltkrieg sei. Eine solche Allianz hätte es auch ermöglicht, die kleinen Staaten zu beschützen, die Hitlerdeutschland zu verschlingen drohte. Nach einer Unterredung mit dem litauischen Botschafter am 29. März 1939 schrieb der Volkskommissar in sein Tagebuch: Der Gesandte »brachte mir einen Durchschlag der deutschlitauischen Einverständniserklärung über Memel und teilte mir währenddessen Einzelheiten des ›Abkommens‹ mit. Ribbentrop habe sich gegenüber dem Minister für Auswärtige Angelegenheiten Litauens Urbgys äußerst grob verhalten und ihm den Entwurf für die Einverständniserklärung ausgehändigt und eine umgehende Unterzeichnung gefordert. Als Urbgys widersprach, habe Ribbentrop erklärt, dass Kowno (Kaunas; D. W.) der Erde gleichgemacht werde, wenn die Einverständniserklärung nicht umgehend unterschrieben werde; die Deutschen hätten hierfür bereits alle Vorbereitungen getroffen. Ribbentrop habe sich schließlich bereit erklärt, Urbgys nach Kowno zu lassen, unter der Bedingung, dass er umgehend mit der unterschriebenen Einverständniserklärung zurückkehren würde.« Bei seinen Unterredungen mit Litwinow stellte Stalin fest, dass dieser Hitler nicht im Geringsten traute und sich beharrlich für ein Abkommen mit den westlichen Demokratien einsetzte. Diese Disposition des Volkskommissars schien Stalin verdächtig.

Litwinows Ablösung wurde in Berlin als gutes Signal gewertet. Der sowjetische Botschaftsrat Georgij Astachow berichtete nach Moskau: Die Deutschen glauben, dass es nun Chancen zur Verbesserung der deutsch-sowjetischen Beziehungen gebe. »Die Voraussetzungen dafür haben sich in Verbindung mit Litwinows Ablösung verstärkt.« Stalin ernannte als neuen Volkskommissar für

Äußeres Molotow. Indem er den faktisch zweiten Mann im Staat auf diesen Posten setzte, wollte er zu verstehen geben, welch große Bedeutung die Sowjetunion der Außenpolitik und der Erhaltung des Friedens beimesse. Stalin erklärte außerdem, dass die Mitte der dreißiger Jahre mit Frankreich und der Tschechoslowakei abgeschlossenen Verträge über die gegenseitige Hilfe »nicht funktioniert haben«.

Als Hitler sich im Jahr 1938 darauf vorbereitete, die Tschechoslowakei zu zerschlagen, veranlasste Stalin das Volkskommissariat für Äußeres, öffentlich zu erklären, dass die UdSSR bereit sei, die Tschechoslowakei zu beschützen. Es schien, als neigte Präsident Beneš dazu, diese Hilfe anzunehmen. Der Volkskommissar für Verteidigung erteilte die Weisung, im Militärsonderbezirk Kiew eine spezielle Heeresgruppierung für diesen Zweck zu schaffen. Auch im belorussischen Militärsonderbezirk wurden Vorbereitungen getroffen. Es gab auch spezielle Übungen. Die Festungsbezirke und die Luftabwehr wurden in Kampfbereitschaft versetzt. Ende September schickte Generalstabschef Boris Michajlowitsch Schaposchnikow ein Telegramm an die westlichen Militärbezirke:

»Die Rotarmisten und die Jungkommandeure, die ihren Wehrdienst in den Reihen der RKKA (Roten Armee; A. d. Ü.) leisten, sind bis zu einem speziellen Befehl nicht aus den Reihen der Armee zu entlassen.«

In einigen Regionen wurde die Teilmobilisierung eingeleitet. Mehr als siebzig Divisionen wurden in Kampfbereitschaft versetzt.
Aber zu dieser Zeit wurde das Münchener Abkommen ausgehandelt. Stalin ahnte, dass die Angst vor der »kommunistischen Seuche« stärker sein würde als die Stimme des gesunden Menschenverstands. Und er hatte sich nicht getäuscht. Der tschechoslowakischen Regierung ist es letztlich nicht gelungen, die nationalen Interessen über die Klasseninteressen zu stellen. Unter dem Druck Englands und Frankreichs kapitulierte sie vor Hitler. Frankreich annullierte faktisch den sowjetisch-französisch-tschechoslowakischen Beistandsvertrag, der damit auch für die Sowjetunion seine Bedeutung verloren hatte.

Unter diesen Umständen war es für Stalin das wichtigste, nicht zuzulassen, dass die imperialistischen Staaten sich gegen die Sowjetunion verbündeten. Auf seine Anweisung versuchten zunächst Litwinow und später Molotow, alle erdenklichen Möglichkeiten zu finden, um eine imperialistische Einigung gegen die Sowjetunion zu vermeiden. Stalin war besorgt wegen der Nichtangriffserklärung, die Deutschland mit England (im September 1938) und mit Frankreich (im Dezember 1938) vereinbart hatte. Faktisch gaben diese Abkommen Hitler »freie Hand« im Osten. Und nicht nur das: Unter bestimmten Umständen konnten diese Abkommen zur Grundlage eines antisowjetischen Bündnisses werden. Stalin wusste, dass dies das Schlimmste war, was seinem Land passieren konnte.
Bis zum 18. Parteitag machte Molotow auf Stalins Anweisung der britischen und französischen Regierung Vorschläge für dreiseitige Verhandlungen. Dabei sollten Maßnahmen gegen weitere faschistische Aggressionen ausgearbeitet werden. England und Frankreich hatten die Absicht, auf Hitler Druck auszuüben, und erklärten sich zu diesen Verhandlungen bereit, obgleich ihre Absichten sehr schnell ans Tageslicht traten. Viele Quellen beweisen, dass London und Paris vor allem Hitlers Aggressivität gegen Osten lenken wollten und nur ungerne etwas vom »Absperrungswall« hörten, den die Sowjetunion vorschlug. Litwinow schrieb an den sowjetischen Botschafter in London Maiski: »Hitler gibt sich noch den Anschein, als verstünde er die englisch-französischen Andeutungen bezüglich der Handlungsfreiheit im Osten nicht, er wird sie womöglich verstehen, wenn ihm als Zugabe zu den Andeutungen etwas anderes von England und Frankreich vorgeschlagen würde.«
Wenn man die Tagebücher Molotows und seines Stellvertreters Potemkin liest, dann wird deutlich, dass die französischen und englischen Diplomaten, mit denen sie sprachen, zwar nicht die Möglichkeit eines dreiseitigen Abkommens gegen die faschistische Gefahr verneinten, dass sie aber der Erörterung konkreter Fragen auswichen. Eine große Chance wurde vertan. Die Vertreter Englands und Frankreichs interessierten sich auch für die Frage, was Litwinows Ablösung für die sowjetische Außenpolitik bedeutete. In einer Unterredung am 11. Mai 1939 fragte der französische Botschafter Molotow:

»Wird die sowjetische Politik die gleiche sein wie zu Litwinows Zeiten?«
»Ja. In den französischen und englischen Regierungen kommt es häufiger zu Ablösungen von Ministern, ohne dass dies besondere Schwierigkeiten auslöst.«
»Kann man davon ausgehen, dass der Artikel ›Zur internationalen Lage‹, der in der ›Iswestija‹ veröffentlicht worden ist, die Meinung der Regierung wiedergibt?«
»Das ist die Meinung der Zeitung. Die ›Iswestija‹ ist ein Organ der Räte, die örtliche Organe sind. Die ›Iswestija‹ darf nicht als offiziös angesehen werden.«

So sah Molotows Verhältnis zu den Räten und zur »Iswestija« aus. Offiziell verließ der neue Volkskommissar für Äußeres Litwinows Linie nicht. Obwohl scharfsinnige Politiker begriffen, dass es für Deutschland nun leichter würde, das Bündnis der westlichen Demokratien mit der UdSSR zu verhindern. Unter den Bedingungen des gegenseitigen Misstrauens war dies einfacher zu bewerkstelligen. Heute ist uns klar, welch verhängnisvolle Rolle die Vertrauenskrise zwischen den Verhandlungspartnern spielte.
Deutschland tat alles Erdenkliche, um eine Annäherung zwischen der UdSSR, Frankreich und England zu verhindern. Kurz vor Beginn der dreiseitigen Verhandlungen erwirkte der deutsche Botschafter in Moskau Graf Schulenburg ein Treffen mit Molotow. Während dieses Treffens legte er scharf die Sicht seiner Regierung dar: »Zwischen der UdSSR und Deutschland gibt es keine politischen Widersprüche. Es bestehen alle Möglichkeiten, die beiderseitigen Interessen zu vereinen.« Molotow, der noch nicht wusste, wie die sowjetisch-englischfranzösischen Verhandlungen ausgehen würden, antwortete vorsichtig und ausweichend: »Die sowjetische Regierung steht den Bestrebungen der deutschen Regierung zur Verbesserung der Beziehungen positiv gegenüber.«
Anfang August 1939 fertigten Berijas Agenten Dossiers über die Mitglieder der englischen und französischen Militärmissionen an. Aber Stalin interessierten diese Angaben nicht. Ihm fiel zunächst auf, dass außer einigen Generälen in den Delegationen nicht wenig junge Offiziere waren. Stalin sagte zu Molotow und Berija, die sich bei ihm im Arbeitszimmer befanden: »Das ist unseriös. Diese

Leute können nicht die notwendigen Vollmachten haben. London und Paris wollen nach wie vor Poker spielen, aber wir würden gerne wissen, können sie auf europäischen Manövern auftreten?«

»Nun, offensichtlich müssen die Verhandlungen geführt werden. Lassen wir sie ihre Karten auf den Tisch legen«, sagte Molotow und schaute Stalin an.

»Nun, was soll es, was sein muss, muss sein«, antwortete Stalin trocken.

Die militärischen Verhandlungen, die im August 1939 geführt wurden (die sowjetische Delegation: Woroschilow, Kusnetzow, Loktionow, Smorodionow, Schaposchnikow), brachten schnell Klarheit. Die westlichen Staaten wollten ihre Garantien nicht auf die baltischen Staaten ausdehnen. Mehr noch, sie ermöglichten ihre Annäherung an Deutschland. Während die englisch-französisch-sowjetischen Verhandlungen im Gange waren, schloss Hitler Verträge mit Lettland und Estland.

Eine feindselige Haltung gegenüber der UdSSR verfolgte auch Ungarn. Die Position der polnischen Regierung hatte Warschaus Außenminister Beck während eines Gesprächs mit Hitler im Januar 1939 dargelegt. Er hatte erklärt, Polen »misst den sogenannten Systemen der Sicherheit keinerlei Bedeutung bei«. Der deutsche Außenminister Ribbentrop sagte bei einer Begegnung mit Beck: »Polen wird eine noch deutlichere antirussische Position einnehmen, denn sonst wird es zwischen uns kaum gemeinsame Interessen geben können.« Es wurde auch bekannt, dass der rumänische König Carol II. während seines Geheimbesuchs in Deutschland Hitler gesagt hatte: »Rumänien ist gegen Russland eingestellt, kann es aber wegen der Nachbarschaft mit Russland nicht offen zeigen. Jedoch wird Rumänien niemals einen Durchmarsch des russischen Heeres durch Rumänien zulassen, obwohl häufig behauptet wurde, dass Rumänien Russland versprochen habe, sein Heer durchmarschieren zu lassen. Das entspricht nicht der Wahrheit.«

So war die Lage in Europa bei Beginn der Verhandlungen in Moskau. Die sowjetische Delegation unter Woroschilows Leitung folgte den Instruktionen, die Stalin am 4. August genehmigt hatte. Das Dokument nannte sich »Vorstellungen zu den Verhandlungen mit England und Frankreich«. In den »Vorstellungen« werden fünf Varianten in Betracht gezogen, »unter denen der Aufmarsch unserer Kräfte möglich« sei. Deutschland wird als »Hauptaggressor« bezeichnet. Die Mitarbeiter der Volkskommissariate für Verteidigung und für Äußeres hatten genau aufgeführt, wie viele Panzer, Artillerie, Flugzeuge, Divisionen die Sowjetunion, England und Frankreich stellen müssten. »In Abhängigkeit von der Variante« war »eine Blockade der Küsten des Hauptaggressors« vorgesehen. Auch die Richtung der »Hauptschläge«, eine »Ordnung zur Koordinierung militärischer Aktionen« und so weiter waren beschrieben. Die Sowjetunion war bereit, 120 Infanteriedivisionen gegen den »Hauptaggressor« zu stellen. »Im Falle eines Angriffs des Hauptaggressors gegen uns müssen wir von England und Frankreich die Stellung von 86 Infanteriedivisionen fordern, einen entschiedenen Vormarsch ihrerseits vom 16. Tag der Mobilisierung an, eine aktive Teilnahme Polens am Krieg und ebenfalls einen ungehinderten Durchmarsch unseres Heeres durch das Territorium Galiziens und des Korridor von Wilna bei gleichzeitiger Zurverfügungstellung von rollendem Material.«

Aber bereits während der ersten Sitzungen wurde klar, dass die westlichen Delegationen nur nach Moskau gekommen waren, um allgemeine Vorstellungen darzulegen und um ihre Regierungen über Moskaus Pläne zu informieren. An die Ausarbeitung einer konkreten und wirksamen Übereinkunft dachten sie nicht.

Und dennoch hielt Stalin es für notwendig, sich noch einmal an England und Frankreich zu wenden. Er schlug ihnen vor, ein auf fünf oder zehn Jahre befristetes Abkommen mit der UdSSR abzuschließen. Der Kern dieses Abkommens sollten folgende Regelungen sein: Im Fall einer Aggression gegen einen der Vertragsunterzeichner oder gegen einen osteuropäischen Staat verpflichteten sich die Vertragsstaaten, diesem zu Hilfe zu kommen. Die Sowjetunion legte konkret dar, für welche Länder zwischen Ostsee und Schwarzem Meer die Sicherheitsgarantie gelten sollte. Aber London und Paris gaben keine Antwort. Stalin drängte, er forderte die Botschafter auf, in Paris und London eine Antwort anzumahnen.

Währenddessen saßen in Moskau zweitrangige Delegationen aus England und Frankreich, die keine Vollmachten hatten, wichtige Entscheidungen zu treffen. Außerdem wurde Stalin bekannt,

dass Briten und Franzosen versuchten, sich insgeheim mit Hitler zu arrangieren. England und Frankreich wollten offenkundig auf der Suche nach einer passenden Variante Zeit gewinnen, ohne die sowjetischen Interessen zu berücksichtigen. Hinzu kam, dass die westlichen Delegationen kein klares Konzept für gemeinsame Aktionen gegen Deutschland hatten. Sie beabsichtigten vielmehr, in einem eventuellen Abkommen der Sowjetunion die wesentliche Rolle zuzuteilen, ohne dabei zu garantieren, dass sie sich mit angemessenen Kräften am Kampf beteiligen würden.
Der »Führer« wurde ungeduldig. In der Regel versuchte er, sich seinem Ziel durch kleine, aber sichere Schritte zu nähern; doch hier verhielt er sich wie ein Schachspieler in Zeitnot. Stalin zog einen Schlussstrich. Am Morgen des 20. August legte ihm Woroschilow eine Note des Leiters der britischen Delegation Admiral Drax vor. Stalin hatte sowohl Drax als auch seinen französischen Kollegen gebeten, bald auf die sowjetischen Vorschläge zu antworten. In der Note steht:

»Lieber Marschall Woroschilow!
Bedauerlicherweise muss ich Sie davon in Kenntnis setzen, dass die englische und französische Delegation bis zum heutigen Tage noch keine Antwort erhalten hat auf die politische Frage, die Sie gebeten hatten an unsere Regierungen zu schicken.
In Anbetracht dessen – ich werde auf der nächsten Sitzung den Vorsitz führen müssen – schlage ich vor, das Treffen für 10.00 Uhr morgens, am 23. August, oder früher, wenn zu dieser Zeit die Antwort eingetroffen ist, einzuberufen.
Aufrichtig, Ihr Drax.
Admiral, Leiter der britischen Delegation«

»Genug gespielt«, sagte Stalin wütend. Noch in diesem Augenblick hätte er sich wohl kaum vorstellen können, dass sich am 23. August in der Tat Delegationen treffen würden. Allerdings in einer völlig anderen Zusammensetzung.
In diesen Tagen hielten sich in Stalins geräumigem Arbeitszimmer ständig einige Politbüromitglieder auf, und es fanden Beratungen mit Diplomaten und Militärs statt. Stalin und seinen Mitarbeitern war klar geworden, dass es keine Regierung gab, auf

die sie sich hätten verlassen können. Im Westen drohte Hitlers Deutschland, im Osten das militaristische Japan. Es schien sich zu bestätigen, was Stalin auf dem 18. Parteitag gesagt hatte: Der Antikommunismus und der Unwille Englands und Frankreichs, eine Politik der kollektiven Sicherheit zu akzeptieren, öffneten die Schleusen für die Aggression der Mitglieder des Antikominternpakts. Der Klassenegoismus, der Hass auf den Sozialismus und kleinliche Berechnungen erlaubten es London und Paris nicht, nüchtern die Konturen der Gefahr zu sehen. Besonders kurzsichtige Politiker sagten es direkt: Hitler solle ruhig einen antikommunistischen Kreuzzug gen Osten führen. Für sie schien Hitler die kleinere Gefahr zu sein gegenüber der Sowjetunion.

Bei all seiner Vorsicht fürchtete Stalin sich nicht vor der Verantwortung, da er von seiner Unfehlbarkeit überzeugt war. Wobei er im Fall eines Fehlschlags immer noch die Möglichkeit hatte, auf eine bewährte Methode zurückzugreifen und die Schuld für Misserfolge auf andere abzuwälzen. Wenn Stalin einmal eine Entscheidung getroffen hatte, so sorgte er sich nicht um ihre propagandistische Abdeckung, er verließ sich in solchen Fällen auf seinen Apparat, vor allem auf den energischen Schdanow.

Als Stalin glaubte, dass die Verhandlungen mit den Engländern und Franzosen endgültig in der Sackgasse waren, entschied er sich für die »deutsche Variante«, wie sie ihm aus Berlin beharrlich angetragen wurde. Nach seiner Meinung hatte er nun keine andere Wahl. Und als Pragmatiker warf er die ideologischen Prinzipien beiseite. Stalin fürchtete eine antisowjetische Koalition. Er fühlte sich in Zeitnot, und er nahm sich nicht die Muße, darüber nachzudenken, was später die Nachfahren, die Historiker, die Politiker über seinen Schritt sagen würden. Der Krieg stand vor der Schwelle. Um jeden Preis musste sein Beginn hinausgeschoben werden.

Das Politbüro erörterte die Schritte zur Aktivierung der Kontakte mit Berlin. Stalin forderte seine Gehilfen Dwinski und Poskrebyschew auf, alle vorhandene Literatur über Hitler, über den Faschismus und seine sozialen Wurzeln zusammenzustellen. Er wollte das Phänomen des Nationalsozialismus besser verstehen, über das er auf dem 17. Parteitag gesagt hatte: »Bei der allleraufmerksamsten Betrachtung ist es unmöglich, in ihm auch nur ein Atom von Sozialismus zu entdecken.«

Am Abend setzte sich Stalin an seinen Schreibtisch und begann die von Dwinski vorbereiteten Materialien zu studieren. Lang blätterte er in der Übersetzung von Hitlers Buch »Mein Kampf« herum. Zwei Passagen, die sich mit dem »Lebensraum im Osten« befassten, den Deutschland angeblich brauche, unterstrich Stalin mit Bleistift. Während er las, überzeugte er sich noch einmal davon, dass dieser Abenteurer vor nichts und niemandem Halt machen würde. Es gab nur eine Frage: Wann? Stalin war auch erstaunt über den wirren Antisemitismus des deutschen »Führers«. Mit diesem Wahnsinnigen musste er also kämpfen. Daran zweifelte er nicht. Und dieser Mensch, der sich an Verträge nicht hielt, schlug Stalin einen Nichtangriffsvertrag vor. Hitler, der seine Taten mit der »Vorsehung« rechtfertigte, nahm wohl an, dass der Vertrag mit Stalin ein Vertrag mit dem Teufel wäre, dem gegenüber alles erlaubt sei.

Stalin ging in seinem Arbeitszimmer auf und ab und beschäftigte sich weiter mit dem Stapel von Büchern, Artikeln und Berichten, die Dwinski ihm gebracht hatte. Die Nachrichtendienste teilten mit, dass die deutschen Landstreitkräfte im Sommer 1939 3,7 Millionen Mann zählten, 3195 Panzer, mehr als 26 000 Geschütze und Granatwerfer. Das Heer war fast zur Hälfte motorisiert. Die Luftwaffe war rund 400 000 Mann stark, und sie hatte mehr als 4000 Flugzeuge; in der Marine gab es 160 000 Soldaten und 107 Kriegsschiffe. Das war zweifellos die stärkste Armee der kapitalistischen Welt. Tausende von Antifaschisten waren in Deutschland hingerichtet worden, etwa eine Million Deutsche saßen in den Gefängnissen und Konzentrationslagern. (Nach Stalinschen Maßstäben waren das nicht viele.)

Stalin hätte Grund gehabt, über sich zu lachen. Denn 1934 hatte er unter tosendem Applaus gesagt:

»Man kann wohl kaum daran zweifeln, dass dieser Krieg der für die Bourgeoisie gefährlichste Krieg sein würde. Er würde nicht nur deshalb der gefährlichste sein, weil die Völker der Sowjetunion sich auf Tod und Leben für die Errungenschaften der Revolution schlagen würden. Er würde für die Bourgeoisie auch deshalb der gefährlichste sein, weil der Krieg sich nicht nur an den Fronten, sondern auch im feindlichen Hinterlande abspielen würde.

Die Bourgeoisie braucht nicht daran zu zweifeln, dass die zahlreichen Freunde der Arbeiterklasse der Sowjetunion in Europa und Asien bemüht sein werden, ihren Unterdrückern, die einen verbrecherischen Krieg gegen das Vaterland der Arbeiterklasse aller Länder angezettelt haben, in den Rücken zu fallen. Und mögen die Herren Bourgeois nicht uns Vorwürfe machen, wenn sie am Tage nach einem solchen Kriege einige ihnen nahe stehende Regierungen vermissen werden, die jetzt ›von Gottes Gnaden‹ wohlbehalten regieren.«

Nachdem er die Informationen der Nachrichtendienste durchgesehen hatte, wandte er sich dem Buch der englischen Schriftstellerin Dorothy Woodman »Deutschland bewaffnet sich« zu. Besonders interessierte ihn das Kapitel »Die ideologische Vorbereitung auf den Krieg«. Das Ausmaß der ideologischen Bearbeitung der Bevölkerung und der Armee war für Stalin eine regelrechte Entdeckung. Die Appelle, die Losungen des Faschismus wandten sich nicht nur an die Vernunft, an den Intellekt, sondern auch an die Instinkte und an die nationalistischen Gefühle. Kultische Rituale und blinder Fanatismus verdunkelten das politische Bewusstsein der Menschen, schufen grausame und zu allem bereite Befehlsempfänger. Die faschistischen Ideologen erzeugten eine chauvinistische Hysterie und eine politische Massenpsychose und benutzten sie für ihre Ziele.

Ja, ein Kompromiss mit solchen Leuten war gefährlich, aber er wusste, dass er sich mit Deutschland ohne die Unterstützung Englands und Frankreichs nicht anlegen konnte. Die Entscheidung reifte allmählich in Stalin heran. Die Unterredungen mit seinen Mitarbeitern gaben ihm wie immer nicht viel. Stalins Fehlkalkulation gründete sich vor allem darauf, dass er die Gefahr überschätzte, England und Frankreich könnten mit Deutschland einen Block bilden.

Die Lage im August 1939 stellte sich folgendermaßen dar: Die Gespräche der sowjetischen, englischen und französischen Militärdelegationen kamen nicht voran. Gleichzeitig entwickelten sich fieberhaft politische Kontakte zwischen Moskau und Berlin. Kaum jemand wusste, dass Anfang August in London auch geheime englischdeutsche Verhandlungen geführt wurden. Im Bericht von Botschafter Astachow aus Berlin vom 12. August steht: »Der Konflikt mit Polen reift in verstärktem Maß heran, entscheidende Ereignisse können sich in allerkürzester Zeit einstellen. (…) Die Presse verhält sich uns gegenüber äußerst korrekt. (…) Im Gegenteil, was England anbelangt, überschreitet der Spott jede Grenze elementarer Anständigkeit.« Am nächsten Tag teilt Astachow mit: »Die deutsche Regierung würde gerne, ausgehend von unserem Einverständnis, Verhandlungen zur Verbesserung der Beziehungen führen, selbige baldigst in Angriff nehmen.« Am 15. August las Schulenburg Molotow eine Erinnerungsnote vor, in der es heißt: »Die Reichsregierung ist der Auffassung, dass es zwischen Ostsee und Schwarzem Meer keine Frage gibt, die nicht zur vollen Zufriedenheit beider Länder geregelt werden könnte. Hierzu gehören Fragen wie: Ostsee, Baltikum, Polen, Südost-Fragen und so weiter.«

Am 17. August empfing Molotow Schulenburg. In der Unterhaltung erklärte der deutsche Botschafter: Die Verhandlungen mit Ribbentrop sollten in dieser Woche aufgenommen werden. Molotow erklärte im Namen Stalins (das unterstrich er besonders): »Bevor die Verhandlungen über die Verbesserung der politischen Beziehungen begonnen werden, müssen die Verhandlungen über ein Handels- und Kreditabkommen abgeschlossen werden.«

Am 19. August wird Schulenburg erneut von Molotow empfangen. Der deutsche Botschafter sagt: »In Berlin befürchtet man einen Konflikt zwischen Deutschland und Polen. Die weiteren Ereignisse hängen nicht von Deutschland ab.« Schulenburg besteht auf einer unverzüglichen Anreise Ribbentrops, um den Nichtangriffsvertrag abschließen zu können. Molotow ist bereit, Ribbentrop am 26. und 27. August zu empfangen. Das Kreditabkommen wird blitzschnell abgeschlossen. Hitler drängt. Ihm gefällt das Datum 26./27. August nicht. In diesen Tagen wollte er schon seine Soldaten auf Polen loslassen. Stalin macht Konzessionen, was außergewöhnlich für ihn ist. Dann verliert Hitler die Geduld und schreibt am 20. August ein Telegramm an Stalin. Hier einige Auszüge:

»20. August 1939
Herrn Stalin, Moskau

1. Ich begrüße die Unterzeichnung des neuen deutsch-sowjetischen Handelsabkommens als einen ersten Schritt zur Neugestaltung des deutsch-sowjetischen Verhältnisses aufrichtig.
2. Der Abschluss des Nichtangriffspaktes mit der Sowjetunion bedeutet für mich eine Festlegung der deutschen Politik auf lange Sicht. (…)
3. Ich akzeptiere den von Ihrem Außenminister, Herrn Molotow, übergebenen Entwurf des Nichtangriffspakts, halte es aber für dringend notwendig, die mit ihm noch zusammenhängenden Fragen auf schnellstem Wege zu klären. (…)
5. Die Spannung zwischen Deutschland und Polen ist unerträglich geworden. Das polnische Verhalten einer Großmacht gegenüber ist so, dass jeden Tag eine Krise ausbrechen kann. (…)
6. Es ist meine Auffassung, dass es bei der Absicht der beiden Reiche, in ein neues Verhältnis zueinander zu treten, zweckmäßig ist, keine Zeit zu verlieren. Ich schlage Ihnen daher noch einmal vor, meinen Außenminister am Dienstag, dem 22. August, spätestens aber am Mittwoch, dem 23. August, zu empfangen.
Adolf Hitler«

Der ultimative Ton des Telegramms ist offensichtlich. Stalin las es einige Male und unterstrich mit seinem Bleistift, dass »jeden Tag eine Krise ausbrechen kann«. Und er unterstrich auch den letzten Satz: »Ich würde mich freuen, Ihre baldige Antwort zu erhalten.«

Die dramatische Wende

Stalin und Molotow saßen lange über Hitlers Telegramm. Noch einmal hörten sie sich Woroschilows Vorstellungen über den weiteren Verlauf der Verhandlungen mit den Engländern und Franzosen an. Sie versuchten zu klären, wie glaubwürdig die Meldungen waren, Berlin führe Gespräche mit Paris und London – drohte nun doch die antisowjetische Koalition? Es wurde Zeit, eine Entscheidung zu fällen. Stalin stand auf, ging einige Male in seinem Arbeitszimmer auf und ab, schaute Molotow an, blieb stehen und diktierte:

»21. August 1939
An den Reichskanzler Deutschlands, Herrn A. Hitler.
Ich danke für den Brief.
Ich hoffe, dass ein deutsch-sowjetischer Nichtangriffspakt eine Wendung zur ernsthaften Besserung der politischen Beziehungen zwischen unseren Ländern schaffen wird.
Die Völker unserer Länder bedürfen friedlicher Beziehungen zueinander. Das Einverständnis der deutschen Regierung mit dem Abschluss eines Nichtangriffspaktes schafft die Grundlage für die Liquidierung der politischen Spannung und für die Aufrichtung des Friedens und der Zusammenarbeit zwischen unseren Ländern.
Die Sowjetregierung hat mich beauftragt, Ihnen mitzuteilen, dass sie einverstanden ist mit dem Eintreffen des Herrn von Ribbentrop in Moskau am 23. August.
Gezeichnet J. Stalin«

Am 23. August 1939 traf Ribbentrop in Moskau ein, und am selben Tag wurde der Nichtangriffsvertrag zwischen der Sowjetunion und Deutschland unterzeichnet. Er wurde auf zehn Jahre abgeschlossen, obwohl Schulenburg noch am 19. August eine 25-jährige Vertragsdauer vorgeschlagen hatte. Während der Gespräche bestand Ribbentrop darauf, eine Formulierung »über den freundschaftlichen Charakter der sowjetisch-deutschen Beziehungen« aufzunehmen. Als Molotow Stalin darüber berichtete, lehnte dieser den Vorschlag des deutschen Außenministers ab:

»Die sowjetische Regierung könnte das sowjetische Volk nicht ehrlich darin versichern, dass mit Deutschland freundschaftliche Beziehungen bestehen, da die nazistische Regierung sechs Jahre lang kübelweise Schmutz über die sowjetische Regierung gegossen hat.«

Aber leider blieb Stalin inkonsequent. Einen Monat später akzeptierte er, was Ribbentrop vorgeschlagen hatte.
Mit dem Abschluss des Nichtangriffsvertrags beendete die sowjetische Regierung die Verhandlungen mit den Briten und Franzosen. Der Leiter der sowjetischen Delegation Woroschilow sagte in einem Presseinterview dazu:
»Die Verhandlungen mit England und Frankreich sind nicht des-

halb abgebrochen worden, weil die UdSSR einen Nichtangriffsvertrag mit Deutschland abgeschlossen hat, sondern im Gegenteil: Die UdSSR hat einen Nichtangriffsvertrag mit Deutschland abgeschlossen, weil die militärischen Verhandlungen mit Frankreich und England in eine Sackgasse geraten waren.«

Am 21. August, in jenen Stunden, als Stalin Hitlers Telegramm studierte, hatte die letzte Sitzung der sowjetisch-englisch-französischen Verhandlungen stattgefunden. Der Leiter der französischen Delegation teilte seinem Premierminister Daladier danach mit:

»Die für heute einberufene Sitzung fand morgens statt. In der zweiten Tageshälfte fand die zweite Sitzung statt. Im Verlauf dieser beiden Sitzungen tauschten wir höfliche Bemerkungen bezüglich der Verzögerung aufgrund der politischen Probleme des Durchmarsches (durch Polen; D. W.) aus. Eine neue Sitzung, deren Datum nicht festgelegt worden ist, wird nur dann stattfinden, wenn wir in der Lage sein werden, positiv zu antworten.«

Aber die Warschauer Regierung gab keine Zustimmung zu einem Durchmarsch der sowjetischen Streitkräfte durch Polen im Fall eines Kriegs. So oder so, es hätte nichts mehr geändert.
Stalin, der sich überraschend zu einem Abkommen mit Deutschland entschlossen hatte, ging noch weiter. Er erklärte sich nun auch zu einem »Geheimen Zusatzprotokoll« bereit. Dieses Protokoll verlieh dem erzwungenen und möglicherweise unumgänglichen Nichtangriffsvertrag einen extrem negativen Charakter. Besonders zynisch ist die Vereinbarung über das Schicksal Polens. Sie ist gleichbedeutend mit einer Zustimmung zu Hitlers Absicht, Polen zu vernichten. Die Originale dieses Protokolls, so scheint es, hat niemand gesehen. Wahrscheinlich gehen die Kopien dieses Dokuments bereits seit vielen Jahren von Hand zu Hand. Ribbentrop hatte sie wohl mit nach Moskau gebracht, doch möglicherweise wurden sie nicht unterschrieben. Aber sollte es kein Geheimes Zusatzprotokoll gegeben haben, so hat es mit Sicherheit neben dem Vertrag ergänzende Übereinkünfte (eventuell auch mündlicher Art) gegeben, um die Interessensphären beider Staaten abzustecken.

Selbstverständlich erscheint der Nichtangriffsvertrag, von unserem heutigen Standpunkt aus betrachtet, in einem schlechten Licht. Ein Bündnis mit den westlichen Demokratien wäre attraktiver gewesen. Aber weder waren England und Frankreich dazu bereit, noch verfügte Stalin über die notwendige Geduld. Ausgehend von ihren Interessen und dem internationalen Kräfteverhältnis, hatte die UdSSR damals wohl keine Alternative. Auch wenn sich die sowjetische Regierung gegenüber Berlin zurückgehalten hätte, Deutschland hätte sich kaum aufhalten lassen. Der Überfall auf Polen stand fest. Die Hilfe für Polen wurde nicht nur durch Warschaus Position erschwert, sondern auch durch die mangelnde Vorbereitung der Sowjetunion zum Krieg. Eine Ablehnung des Pakts hätte zu einer breiten antisowjetischen Allianz geführt, und das Schicksal des Sozialismus hätte auf dem Spiel gestanden. Michail Gorbatschow beurteilte die Situation jener Zeit im November 1987 folgendermaßen: »Die Frage stellte sich beinahe genauso wie zurzeit des Brester Friedens: Sein oder Nichtsein der Unabhängigkeit unseres Landes, Sein oder Nichtsein des Sozialismus auf der Erde.« Ähnliche Verträge hatten im Jahr 1938 England und Frankreich mit Deutschland abgeschlossen. Und im Sommer 1939 führten sie geheime Verhandlungen mit Hitler.

Heute versuchen viele zu beweisen, dass der sowjetisch-deutsche Nichtangriffsvertrag vom 23. August 1939 der Startschuss zum Zweiten Weltkrieg gewesen sei. Dabei vergessen sie, dass bis zu jenem Zeitpunkt die westlichen Staaten bereits Österreich, die Tschechoslowakei und das Memelgebiet an Hitler ausgeliefert hatten und dass England und Frankreich wenig getan hatten, um die spanische Republik zu retten. In der Regel erinnern sie sich auch nicht daran, dass Polen, das nächste Opfer des faschistischen Deutschlands, ebenfalls einen Nichtangriffsvertrag mit Berlin abgeschlossen hatte.

Den Angriff auf Polen hatte Hitler schon im April 1939 konkret geplant (»Fall Weiß«), also lange bevor Molotow und Ribbentrop den sowjetisch-deutschen Vertrag unterzeichneten. Die Frage eines Kriegs gegen Polen hatte Hitler bereits am 22. Januar 1939 angesprochen. Hitlers Pläne gegenüber Polen waren niemandem ein Geheimnis. Der Führung der UdSSR und Stalin war es bekannt, dass Hitler sich Anfang 1939 endgültig für den Angriff auf

Polen entschieden hatte. Davon wussten auch Washington, London und Paris, aber sie hofften, dass die Eroberung Polens durch Deutschland lediglich Hitlers Überfall auf die UdSSR beschleunigen würde. Stalin konnte nicht vergessen, dass niemand an die Sowjetunion gedacht hatte, als sich im September 1938 in München die Vertreter Englands, Frankreichs, Deutschlands und Italiens versammelten. Das Münchener Abkommen mit Hitler bedeutete nicht allein einen Verrat an der Tschechoslowakei. Einige Tage nach dieser schändlichen Abmachung beurteilte der französische Botschafter in Moskau offen die Situation: »Nach der Neutralisierung der Tschechoslowakei ist für Deutschland der Weg nach Osten offen.« Am 30. September 1938, als das Münchener Abkommen unterzeichnet wurde, unterschrieben Hitler und der britische Premierminister Chamberlain auch eine Nichtangriffs- und Konsultationserklärung.

Stalin verstand offenbar, wie hoch der moralische und ideologische Preis für den Pakt mit Hitler sein würde. Trotzki im mexikanischen Exil beispielsweise übte sich in Häme: »Stalin und Hitler haben einander die Hand entgegengestreckt. Die Masken sind gefallen. Stalinismus und Faschismus in einer Allianz.« In vielen kommunistischen Parteien rief der Pakt Verwirrung hervor; ihnen fiel schwer, sich vorzustellen, dass irgendeine Übereinkunft mit den Faschisten möglich sei. Die Strategie der politischen Führung war auch nicht allen sowjetischen Menschen verständlich. Viele konnten nicht begreifen, dass es um Zeitgewinn ging und um die Verhinderung eines antisowjetischen Bündnisses. Weder Stalin noch die westlichen Regierungen bewiesen staatsmännische Weisheit.

Die Wehrmacht stand bereit. Hitler musste sie nur noch losschicken. Darüber schrieben sogar die europäischen und amerikanischen Zeitungen. Am 24. August wandte sich der Präsident der USA Roosevelt mit einem Aufruf an Hitler und an Polens Präsident Mościcki und forderte sie auf, sich an den Verhandlungstisch zu setzen. Einen Tag zuvor hatte sich schon der belgische König Leopold III. mit einem ähnlichen Aufruf über den Rundfunk an Deutschland und Polen gewandt. Am 26. August drängte der französische Premier Daladier Berlin öffentlich zu Verhandlungen mit Warschau. Zweimal appellierte der Papst an die Regierungen und Völker, den Frieden zu bewahren. Stalin konnte nichts mehr bewegen im großen Spiel. Mangels Auswahl setzte er auf Hitler. Ihm blieb nur eines: sich vorbereiten und auf den Überfall warten.

Stalin hatte sich in der Nacht des 1. September noch nicht auf den Weg zu seiner Datscha gemacht, als im Kreml um zwei Uhr morgens ein chiffriertes Telegramm aus Berlin einging. Darin stand, der deutsche Rundfunk habe gemeldet, dass in der Nacht des 31. August polnische Soldaten die Radiostation der deutschen Stadt Gleiwitz überfallen und in polnischer Sprache einen antideutschen Aufruf verlesen hätten. Stalin verstand sofort: Hitler hatte einen Vorwand zusammengeschustert, um seinen Überfall auf Polen beginnen zu können. Stalin ließ bei der sowjetischen Botschaft in Berlin anfragen, wie die Dinge sich weiterentwickelten. Der Berliner Rundfunk sende Märsche, teilte man ihm mit. Bislang gebe es keine offiziellen Erklärungen. Stalin verstand. Mit dem Angriff der Deutschen musste jederzeit gerechnet werden. Frühmorgens wurde Stalin durch einen Anruf Poskrebyschews geweckt: »Die Armeen der Wehrmacht sind in Polen eingedrungen.«

Stalin dürfte sich an das erinnert haben, was ihm Molotow vor einiger Zeit über eine Unterredung mit dem polnischen Botschafter in der UdSSR Grzybowski berichtet hatte. Der Botschafter hatte gesagt: »Polen hält den Abschluss eines Paktes über die gegenseitige Hilfe mit der UdSSR für unmöglich in Anbetracht dessen, dass Polen nicht die Möglichkeit hat, der Sowjetunion seine Hilfe zu erweisen.«

Stalin und Molotow hatten daraus geschlossen, dass die Regierung in Warschau sich auf keinerlei Abkommen mit der Sowjetunion einlassen wollte, auch nicht auf eine sowjetische Sicherheitsgarantie. Stalin studierte spätnachts die Berichte über den Überfall Deutschlands auf Polen, die ihm Poskrebyschew vorgelegt hatte. In der übernächsten Woche konnten die Soldaten mit dem Hakenkreuz an der sowjetischen Grenze stehen. Das war eine neue strategische Situation. Den Truppen der Grenzbezirke war bereits der Befehl gegeben worden, die Kampfbereitschaft zu erhöhen. Entsprechend den Vereinbarungen mit Deutschland musste die Rote Armee nun zum Marsch nach Ostpolen bereit sein.

Bei allem Mut der polnischen Soldaten, der Kampf war ungleich.

62 Divisionen, darunter 11 Panzerdivisionen mit 3000 Panzern, und 2000 Flugzeuge warf Hitler gegen Polen. Eine mechanisierte Lawine überrollte das Land. Es war klar, dieser Feldzug würde nicht länger als zwei oder drei Wochen dauern. England und Frankreich waren nicht in der Lage zu helfen.
Am 17. September 1939 sprach Molotow im Radio:

»Niemand weiß etwas über den Aufenthaltsort der polnischen Regierung. Die Bevölkerung Polens ist von ihrer unglücklichen Führung ihrem Schicksal überlassen worden. (...) Die sowjetische Regierung hält es für ihre heilige Pflicht, ihren Brüdern Ukrainern und Brüdern Belorussen, die Polen besiedeln, die Hand zur Hilfe entgegenzustrecken. (...) Die sowjetische Regierung hat dem Oberkommando der Roten Armee den Befehl erteilt, dem Heer zu befehlen, die Grenze zu überschreiten und das Leben und das Hab und Gut der Bevölkerung der Westukraine und Westbelorusslands unter seinen Schutz zu nehmen.« (In der Tat hatte die polnische Regierung am 17. September ihr Land verlassen. Am Tag darauf folgte die militärische Führung.) Stalin ordnete an, dass eine Notiz gleichen Inhalts dem polnischen Botschafter in Moskau übergeben werden sollte. Wenn wir nun einige Jahrzehnte später in den Spiegel der Geschichte schauen, können wir sehen, dass der Schritt, den die Sowjetunion unternahm, in hohem Maße gerechtfertigt war: In den Gebieten, die das sowjetische Militär besetzte, lebten überwiegend Ukrainer und Belorussen.
Die Einheiten des belorussischen und des Kiewer Militärsonderbezirks trafen nicht auf Widerstand, als sie die Grenze passierten. Bei der Lektüre der Berichte von Timoschenko, Watutin, Purkajew, Gordow, Chruschtschow und anderen richtete Stalin sein Augenmerk vor allem auf Mechlis' Meldungen. Dieser schrieb:

»Die ukrainische Bevölkerung empfängt unsere Armee als wahre Befreier. (...) Die Bevölkerung begrüßt unsere Soldaten und Kommandeure, bemüht sich ständig, unseren Rotarmisten Äpfel, Kuchen und Trinkwasser usw. zuzustecken. In der Regel werden sogar die vorderen Abteilungen von der Bevölkerung empfangen und begrüßt. Viele weinen vor Freude. (...)
Timoschenko und Borissow teilten mit, dass die Kontakte mit der

deutschen Armee nicht immer glatt verliefen. Vor Lwow »trafen unsere Panzer auf deutsche Geschütze in unmittelbarer Nähe. In Folge wurden zwei Panzerspähwagen in Brand gesetzt, der dritte zerstört, es fielen drei, und fünf Menschen wurden verletzt. Durch unsere Panzerspähwagen wurden zwei deutsche Geschütze vernichtet, ein Offizier getötet und drei Soldaten verletzt. (…)«

Der sowjetische Botschafter in Berlin berichtete nach Moskau, Hitler habe erklärt, dass nun die durch den Versailler Vertrag festgelegten Grenzen revidiert und die alten Grenzen wiederhergestellt würden. Stalin unterstrich diese Passage in dem Bericht fett. Um dem Krieg zu entgehen, wurde er »Revisionist«.

An dieser Stelle möchte ich eine brennende Frage berühren, die mit der Deportation einer großen Zahl von Polen in die Sowjetunion nach der polnischen Niederlage gegen Hitlerdeutschland verbunden ist. Unsere Freunde in Polen müssen wissen, dass wir, die sowjetischen Menschen, die Stalins Tyrannei überlebt haben, diesen rechtswidrigen und unmenschlichen Akt entschieden verurteilen. Über Folgendes würde ich gerne berichten:

»In der Zeit von 1939 bis Juni 1941 erreichten das Territorium der Sowjetunion ehemalige (?!; D. W.) polnische Bürger – 494 310 Personen.
Von dieser Anzahl in derselben Periode verringert:
ehemalige Kriegsgefangene (!?; D. W.) den Deutschen übergeben – 42 492 Personen,
entlassen und in die Ukrainische SSR und Belorussische SSR geschickt – 42 400 Personen.«

Der aufmerksame Leser wird in diesem Text einige Unstimmigkeiten entdecken: »ehemalige polnische Bürger«, »ehemalige Kriegsgefangene den Deutschen übergeben«. Was war ihr Schicksal? Wir hatten doch keinen Krieg geführt, woher kamen die »Kriegsgefangenen«?

Ich möchte noch über andere Angaben sprechen, die Licht auf viele strittige Fragen werfen. Im selben Dokument heißt es, dass

»zum Zeitpunkt des Abschlusses des Freundschaftsvertrags zwischen der Regierung der UdSSR und der Regierung W. Sikorskis (30. Juli 1941; D. W.) sich in Gefängnissen, Lagern und Verbannungsorten 389 382 Personen (Polen; A. d. Ü.) aufgehalten haben. Von ihnen wurden entsprechend dem Beschluss des Präsidiums des Obersten Sowjets der UdSSR vom 12. August 1941 389 041 Personen amnestiert. Im Jahr 1942 wurden 119 865 Personen in den Iran evakuiert (mit der Armee Anders 76 110 Militärangehörige und 43 755 Bürger). Zurzeit sind in der UdSSR 218 000 Personen verblieben.«

Dieses Dokument, für Stalin bestimmt, wurde am 2. November 1945 unterschrieben. Es gibt noch eine Reihe anderer Dokumente über die Rückkehr praktisch aller Polen in ihre Heimat. Eines möchte ich hier anführen:

»An den Genossen Molotow W. M.
Am 20. Oktober hielten sich in den Lagern des NKWD 27 010 polnische Bürger auf, die in den Jahren 1944 bis 1945 auf dem Territorium Polens aufgrund der Säuberung der Etappen der Roten Armee verhaftet und interniert worden waren.
Entsprechend den Anweisungen des Genossen Stalin unterliegen von dieser Anzahl der Entlassung und Rückbeförderung nach Polen 12 289 Personen. Die übrigen bis zum Ende dieses Jahres. Es verbleibt eine gewisse Anzahl Inhaftierter wegen Spionage, Teilnahme an Diversion und so weiter.
24. November 1945 L. Berija«

In Dutzenden von mir durchgesehenen Dokumenten über polnische Bürger, die gezwungen worden waren, in der Sowjetunion zu leben, gibt es keine genaue Angaben über die Zahl der Getöteten und Verstorbenen. Das ist das alte Leid bei der groben Übertretung des internationalen Rechts und elementarer Normen der Menschlichkeit durch Stalin. Aber ich habe vorausgegriffen.

In den Monaten nach dem deutschen Angriff auf Polen stand Stalin vor der Gefahr einer weiteren Expansion Deutschlands nach Osten. In diesen Momenten der Unsicherheit – noch einmal für

Verträge mit den westlichen Demokratien kämpfen oder sich dem faschistischen Teufel weiter annähern – spielten nationale und territoriale Überlegungen nicht die letzte Rolle.
Es ist daran zu erinnern, dass Stalin Teilnehmer des Bürgerkriegs gewesen war. Der Krieg mit Polen, der niemals offiziell erklärt worden war und im April 1920 mit dem Vormarsch Pilsudskis auf Kiew begonnen hatte, schien bald schon gewonnen für die Rote Armee, die am 12. August bis zu den Vororten Warschaus vorstieß. Aber dann war die Offensivkraft erschöpft. Dies und das verspätete Eintreffen von Reserven hatten in die Niederlage geführt. Im Friedensvertrag von Riga vom Jahr 1921 musste die Sowjetregierung die westlichen Gebiete der Ukraine und Belorusslands an Polen abtreten. Die Westgrenze der Sowjetunion lag seitdem deutlich östlich der sogenannten Curzon-Linie, die im Zusammenhang mit den Versailler Friedensverträgen fixiert worden war.
Stalin war bekanntlich am Polenfeldzug beteiligt gewesen und hatte dabei keine rühmliche Rolle gespielt. Er hatte dies nicht vergessen, und später verwischte er die Spuren. Im Januar 1925 verlangte der Generalsekretär, man solle ihm einige Archivakten des Revolutionären Kriegsrats der Südfront, die im Kiewer Staatsarchiv aufbewahrt wurden, zur Verfügung stellen. Der ZK-Apparat machte sich gleich daran, Stalins Wunsch zu erfüllen. Die Dokumente wurden im Februar für einen Zeitraum von sechs Monaten an den stellvertretenden Leiter der Aktenverwaltung des ZK Bresanowski übergeben. In dem Aktenpaket befanden sich mehr als vierzig Dokumente: Schriftverkehr, Anordnungen, geheime Rundschreiben, Mitschriften von Telefongesprächen, Befehle zu Verhaftungen, Berichte und so weiter. Sechs Monate später forderten das Zentralarchiv und das Kiewer Staatsarchiv von der Aktenverwaltung des ZK die Dokumente dringend zurück: Wo ist das Archivpaket? Bresanowski, der im Februar nach Kiew gefahren war und persönlich das Archivpaket erhalten hatte, antwortete folgendermaßen:

»An das Zentralarchiv
Die Aktenverwaltung des Sekretariats des ZK teilt hiermit mit, dass das Archiv des ZK keinerlei Materialien erhalten hat.
24. 10. 1925 Aktenverwaltung des ZK Bresanowski«

In einem hatte Bresanowski recht: Das ZK-Archiv hatte wirklich keine Akten erhalten, sie waren direkt dem Generalsekretär übergeben worden. Mir ist es nicht gelungen, diese Dokumente zu finden. Stalin wird auch noch weitere Archive »gesäubert« haben. Diese Ereignisse, die beinahe zwanzig Jahre zurücklagen und in denen er keine heldenhafte Rolle gespielt hatte, waren eine offene Wunde für Stalin. Ribbentrop erinnerte während der Verhandlungen im August 1939 einige Male an diese Episode. Es ist klar, dass der Misserfolg bei den Gesprächen mit England und Frankreich noch einen Grund hatte: Als Stalin sich an Hitler annäherte, hatte er die Absicht, die Gebiete, die im Bürgerkrieg verloren worden waren, zurückzubekommen.

Den Truppen der Roten Armee, die in die ehemals verlorenen Territorien einrückten, war es verboten, Waffengewalt anzuwenden, außer im Fall eines Angriffs auf sie. Es kam nur zu vereinzelten Auseinandersetzungen. Die ethnische Mehrheit, die Ukrainer und Belorussen, begrüßte das Eintreffen der sowjetischen Truppen.

Am 25. September hatten die sowjetischen Einheiten 250 bis 350 Kilometer zurückgelegt und die Flüsse Westlicher Bug und San erreicht, jene Linie also, die im sowjetisch-deutschen Geheimen Zusatzprotokoll festgelegt worden war. Im November 1939 wurden diese Territorien an die Ukrainische und Belorussische SSR angegliedert. Im Juni 1940 ist es der sowjetischen Regierung gelungen, auf friedlichem Weg auch die Rückgabe Bessarabiens und der Nordbukowina durchzusetzen. In Absprache mit der rumänischen Regierung wurde die Grenze entlang der Flüsse Prut und Donau festgesetzt und die Moldauische SSR gegründet.

Während Stalin sich mit territorialen Fragen befasste, übersah er nicht, dass Hitler, ungeachtet der sowjetisch-deutschen Abkommen, von seinen Plänen gegenüber dem Baltikum nicht abwich. Dort hatte in den Jahren 1917 bis 1919 die Sowjetmacht geherrscht, und Stalin glaubte, dass nun von ihrer Wiederherstellung die Rede sein müsse. Die bürgerlichen baltischen Regierungen wussten, dass die Bevölkerung ihrer Länder die Deutschen nicht liebte, die sie lange unterdrückt hatten. Ende September, Anfang Oktober 1939 wies Stalin Molotow an, Litauen, Lettland und Estland vorzuschlagen, Beistandsverträge mit der Sowjetunion abzuschließen. Die Verträge, die dann unterzeichnet wurden, sahen unter anderem vor, dass Einheiten der Roten Armee in diese Länder einrücken durften. Die sowjetischen Kontingente mussten auf Wunsch der Regierungen der baltischen Länder schwächer sein als die Armeen Litauens, Lettlands und Estlands. Die sowjetischen Einheiten befanden sich in ihren Garnisonen und mischten sich nicht ein in das Leben dieser Länder. Aber natürlich wusste Stalin, dass die Anwesenheit seiner Truppen im Baltikum sich auf die politische Atmosphäre dort auswirkte. Ich glaube, dass alle diese Schritte im Rahmen des internationalen Rechts blieben.

Im Zentralarchiv der sowjetischen Armee gibt es Hunderte von Dokumenten über die Ereignisse jener Jahre. Entsprechend den Protokollen und Zusatzabkommen wurden die Zahl und die Orte für die Stationierung der sowjetischen Truppen, die Flughäfen, Häfen, Transportwege, die Miete für Unterkünfte, Boden, Verbindungslinien usw. festgelegt. Stalin beauftragte den Vorsitzenden des Rats der Volkskommissare Molotow und andere Regierungsstellen, zusammen mit den Regierungen der baltischen Republiken alle finanziellen, diplomatischen, militärischen und organisatorischen Fragen zu lösen. Abgesehen von einigen geringfügigen Zwischenfällen hielten sich beide Seiten Wort für Wort an die Abkommen. Manchmal gingen die baltischen Partner sogar darüber hinaus. So beispielsweise, als der sowjetisch-finnische Krieg ausbrach. Der sowjetische Militärattaché in Riga, Oberst Wassiljew, berichtete nach Moskau: »Am 1. Dezember erklärte General Gartmanis: Wenn wegen der Umstände der Kriegszeiten es für Sie notwendig sein sollte, Flugplätze für die Luftwaffe in Anspruch zu nehmen, so können Sie alle unsere existierenden Flughäfen, auch die in Riga benutzen.« Die litauische Regierung teilte Moskau mit: »Ein Komitee zur Versorgung der Streitkräfte (der Roten Armee; D. W.) mit Furage und Lebensmitteln in Litauen ist einberufen worden.« Und während des Besuches des Oberkommandierenden der estnischen Armee General Johan Lajdoner Anfang Dezember 1939 entstand der Eindruck, als bahnten sich freundschaftliche Beziehungen zwischen den beiden Staaten und Armeen an.

Als die Faschisten im Juni 1940 Paris eingenommen hatten, wusste Stalin: Wenn Hitler keine Invasion nach England einleiten würde, dann würde er seinen Blick nach Osten wenden. Krampfhaft versuchte Stalin, die Verluste aus dem Winterkrieg gegen Finnland zu ersetzen, aber er musste feststellen, dass es ihm nicht in ausreichendem Maß gelang, die Kampfkraft der Roten Armee zu steigern. Er entschloss sich zu einem neuen Schritt: Mitte Juni wandte sich Moskau zunächst an die litauische Regierung und dann an die Regierungen Lettlands und Estlands und forderte sie auf, sie sollten sich mit der Stationierung weiterer sowjetischer Militärkontingente auf den Territorien ihrer Staaten einverstanden erklären. Der Ton und die Forderungen der diplomatischen Noten waren hart und ultimativ. Stalin, ermutigt durch seine Landgewinne und den Sieg gegen Finnland, ging rücksichtslos nach vorn. Er schickte Schdanow, Wyschinski, Dekanossow und andere ins Baltikum. Posdnjakow, der sich zusammen mit Dekanossow nach Litauen begeben hatte, berichtete Stalin, Molotow, Woroschilow, Kaganowitsch, Mikojan, Timoschenko und Wyschinski im Oktober 1940:

»Die politische Lage des Litauischen Korps bleibt weiterhin ungünstig, da (…) im Korps keine Klassendifferenzierung durchgeführt worden ist, das heißt, das feindliche Element ist noch nicht vom Sattel gestoßen worden, das die antisowjetische Arbeit mittels der Festigung der Soldaten auf dem nationalen Boden durchführt (so im Text; D. W.).«

Es ist nicht schwer, sich vorzustellen, wie Dekanossow, Schdanow, Wyschinski und Posdnjakow »das feindliche Element vom Sattel zu stoßen« beabsichtigten. Bittere Seiten aus der verbrecherischen Geschichte des Stalinismus. Die Lage im Baltikum änderte sich. Neben den aufrichtigen Bestrebungen des Volks und der Kommunistischen Parteien der baltischen Republiken widmeten sich auch die Hüter der »Klassenreinheit« ihrer finsteren Sache.
Es ist wichtig, einzugestehen, dass die revolutionären Umgestaltungen im Baltikum von den Völkern dieser Region durchgeführt worden sind unter dem Einfluss der Tatsache, dass die Rote Armee vor Ort war. Eine Analyse muss dialektisch sein: Die Einheit

des Äußeren und Inneren bestimmte die Veränderung der Situation. Wäre die sowjetische Armee nicht dort gewesen, so wären die Faschisten noch vor Juni 1941 ins Baltikum eingedrungen. Und das, was war, darf nicht bestritten werden: Die erdrückende Mehrheit der litauischen, lettischen und estnischen Bevölkerung stand der neuen politischen Entwicklung in ihren Ländern positiv gegenüber. Im August 1940 baten die litauische, lettische und estnische Regierung darum, ihre Staaten an die Union der Sozialistischen Sowjetrepubliken anzuschließen. Stalin nahm persönlich an den Verhandlungen mit den Vertretern dieser Staaten teil. Aber die Verwirklichung des Willens der baltischen Völker wurde durch typisch stalinistische Aktionen verfinstert. Nun wurde auch bei ihnen nach »Volksfeinden« gesucht.
Im Angesicht der faschistischen Bedrohung war die Angliederung im Großen und Ganzen positiv für die UdSSR und die baltischen Völker. Die moralische Seite dieser Frage ist allerdings nicht ganz so tadellos. Der »Führer« war es nicht gewohnt, die Völker als Subjekte ihres Schicksals zu betrachten. Er verließ sich mehr auf den Druck. Das wichtigste war: Nicht Stalin »brachte« die Revolution ins Baltikum. Diese Revolution wurde auf friedlichem Wege durch die Werktätigen in langen Kämpfen gegen die bürgerlichen Regierungen dieser Länder vollzogen. Dekanossow berichtete Stalin und Molotow im Juli 1940:

»Am 7. Juli fanden in Wilna ein großes Meeting und eine Demonstration statt. Es nahmen 80 000 Menschen teil. Die Losungen lauteten: ›Es lebe die 13. Sowjetrepublik!‹ – ›Proletarier aller Länder, vereinigt Euch!‹ – ›Es lebe der Genosse Stalin!‹ usw. Auf dem Meeting wurde eine Resolution mit einem Grußwort an die Sowjetunion und an die Rote Armee verabschiedet. (...) Es fand ein Armeekonzert statt, bei dem der Präsident, eine Reihe von Regierungsmitgliedern, Vertreter der Generalität anwesend waren. (...) Eine Reise sowjetischer Künstler nach Litauen wäre sehr passend. Ich bitte um folgende Anweisung – umgehend sind nach Litauen zu schicken: Michajlow, Lemeschew, Norzow, Schpiller, Dawydow, Ruslanowa, Kosolupowu und eine Ballettgruppe unter Mitwirkung Lepeschinskajas. (...)«

Sogar den Künstlern sollten »Anordnungen« erteilt werden. Dekanossow und seinesgleichen – alle Produkte des Stalinismus – waren in der Lage, jede ehrliche Absicht zu entweihen.
Nachdem der »Führer« im Herbst 1939 die ersten erfolgreichen Schritte zur Sicherung der westlichen Grenzen getan hatte, schaute er nach Nordwesten. Ihn beunruhigte, dass die sowjetisch-finnische Grenze so nahe bei Leningrad verlief, und er kannte Finnlands Sympathien für Deutschland. Es begannen lange Verhandlungen mit dem Ziel, die Finnen zu bewegen, ihre Grenze zurückzunehmen, wofür ihnen eine territoriale Kompensation angeboten wurde. Die Verhandlungen ergaben nichts. Der finnische Feldmarschall Mannerheim, ein ehemaliger zaristischer General, forderte, nicht nachzugeben.
In diesem Fall verlor Stalin, der doch meist vorsichtig war, das Gefühl für die Realität. Mit Unterstützung seiner Umgebung war er fest entschlossen, sein Ziel zu erreichen – durch politischen und, wenn erforderlich, auch durch militärischen Druck. Ende November begannen die gegenseitigen Beschuldigungen, die jeweils andere Seite habe die Grenze verletzt und Schießereien angezettelt. Molotow überreichte dem finnischen Botschafter in Moskau eine Note, die sich von einem Ultimatum kaum unterschied: »Die [finnische] Armee ist umgehend von der Grenze an der karelischen Landenge um 20 bis 25 Kilometer zurückzuziehen.« Im Auftrag seiner Regierung antwortete der Botschafter zwei Tage später, dass Finnland bereit sei, »in Verhandlungen zu treten über einen beiderseitigen Rückzug des Militärs in eine bestimmte Entfernung von der Grenze«. Es war klar: Finnland hatte die Herausforderung angenommen. Aber auch Helsinki verhielt sich nicht geschickt. Dort wurde die Mobilisierung ausgerufen. Am 28. November 1939 annullierte die UdSSR den Nichtangriffsvertrag mit Finnland von 1932. So hatten weder Moskau noch Helsinki alle Möglichkeiten zur Vermeidung eines Kriegs ausgeschöpft.
Stalin war überzeugt davon, dass es genüge, den Finnen Ultimaten zu stellen oder schlimmstenfalls Kriegshandlungen einzuleiten, und die Regierung in Helsinki würde sogleich seine Bedingungen annehmen. Umso mehr, als die Berechnungen der Führung des Leningrader Militärbezirks optimistisch waren. Zuversicht verbreiteten auch Berijas Berichte. So leitete der NK-

WD-Volkskommissar am 5. Oktober 1939 an Stalin und Woroschilow nachrichtendienstliche Informationen weiter, die er aus London erhalten hatte:

»Der englische Gesandte in Finnland teilte zweimal mit, dass Feldmarschall Mannerheim ihn gebeten habe, der englischen Regierung mitzuteilen, dass Finnland in allernächster Zeit die sowjetischen Forderungen erwarte, analoge Forderungen, die auch Estland gestellt worden sind, das heißt Zurverfügungstellung von Marinebasen und Flughäfen auf finnischen Inseln. Laut seiner Erklärung wird Finnland gezwungen sein, die Forderungen der Sowjetunion zu erfüllen.«

Am 30. November 1939 begannen die Kriegshandlungen, die beinahe vier Monate andauern sollten. Die Warnung von Generalstabschef Schaposchnikow vor einer Unterschätzung der Finnen erwies sich als richtig. Stalin war in der Zwischenzeit noch ein großer politischer Fehler unterlaufen: Er hatte die Bildung einer sogenannten »Regierung der Finnischen Demokratischen Republik« in Moskau herbeigeführt. An ihrer Spitze stand der finnische Kommunist Otto Wilhelm Kuusinen. Am 2. Dezember unterzeichneten Molotow und Kuusinen einen »Vertrag über gegenseitige Hilfe und Freundschaft zwischen der Sowjetunion und der Finnischen Demokratischen Republik«. Diese Aktionen waren ganz im Stalinschen Geist. Der ehrlose Krieg isolierte die Sowjetunion international. Am 14. Dezember wurde sie aus dem Völkerbund ausgeschlossen. In einer TASS-Erklärung fiel zu diesem Thema ein Satz besonders ins Auge – Stalin hatte ihn diktiert –: »Nach Auffassung sowjetischer Kreise ruft diese unsinnige Entscheidung des Völkerbundes ein ironisches Lächeln hervor; und sie wird ihre unglücklichen Urheber beschämen.«
Aber es gab nichts zu lächeln. Die Truppen des Leningrader Militärbezirks waren in schwere Kämpfe verwickelt. Die Finnen hatten ihre Verteidigung meisterhaft organisiert und hielten dem Angriff erfolgreich stand. Als Stalin diese unerwartete Lage registrieren musste, forderte er auf einer Sitzung des Hauptkriegsrats »entscheidende Schritte«.
Zwei zusätzliche Armeen, unter dem Kommando Meretzkows und

Grendals, wurden zur karelischen Landenge verlegt. Timoschenko wurde zum Frontkommandeur ernannt, Schdanow zum Mitglied des Kriegsrats, SmoRodionow zum Stabschef. Stalin nahm an diesem »Winterkrieg«, wie die Finnen ihn nennen, als Mitglied des Hauptkriegsrats teil. Bei der Durchsicht zahlreicher Archivdokumente, die diese ruhmlose Kampagne beschreiben und die die Unterschriften Woroschilows, Stalins oder Schaposchnikows tragen, konnte ich mich des Eindrucks nicht erwehren, dass die politische und militärische Führung angesichts des finnischen Widerstands in Verwirrung geriet. Sie ging so weit, dass über die Köpfe der Kommandeure an der Front hinweg taktische Befehle aus Moskau an die kämpfenden Truppen gerichtet wurden.

Nach einer vierwöchigen Vorbereitung begann am 11. Februar 1940 der Versuch, nun endlich die »Mannerheim-Linie« zu durchbrechen. Die Überlegenheit der Roten Armee zeigte schließlich Wirkung. In dem Befehl an die Truppen der Nordwestfront, der am 9. Februar 1940 von Timoschenko, Schdanow und Smorodionow unterschrieben worden war, heißt es: »Der Durchbruch und die Eroberung der ›Mannerheim-Linie‹ wird die Rote Armee mit unverwelklichem Ruhm bedecken, die heldenmütige Beschützerin des großen Sowjetischen Staates. (…) Es lebe der Große Stalin!«

Anfang März 1940 wurde der sowjetisch-finnische Friedensvertrag unterzeichnet. Ruhm gab es in diesem Fall für den »Großen Stalin« allerdings nicht zu ernten. Der Sieg hatte hohe Verluste gefordert. Stalin war verärgert. Die ganze Welt hatte die schwache Kampfkraft der Roten Armee sehen können. Kurz nach der Beendigung des Kriegs, noch im März 1940, beschloss er, Woroschilow bald vom Posten des Volkskommissars für Verteidigung abzulösen. Seitdem blickte er immer ein wenig spöttisch auf den »Helden des Bürgerkriegs« herab. Außerdem musste sich Woroschilow auf einem ZK-Plenum und vor dem Hauptkriegsrat rechtfertigen. Im Archiv ist Woroschilows Bericht erhalten geblieben. Er trägt den Titel »Die Lehren aus dem Krieg mit Finnland«. Auch Stalin hat darin Spuren hinterlassen. Er hat diverse Randbemerkungen gemacht und Korrekturen vorgenommen, bevor der Bericht verlesen werden konnte. Ich werde einige Passagen aus dem ausführlichen Papier zitieren:

»Ich muss sagen, dass weder ich – der Volkskommissar für Verteidigung – noch der Generalstab, noch die Kommandatur des Leningrader Militärbezirks zu Beginn eine vollständige Vorstellung hatten von den Besonderheiten und Schwierigkeiten, die mit diesem Krieg verbunden waren. (…) Die finnische Armee, die nicht schlecht organisiert war, war entsprechend den örtlichen Gegebenheiten und Aufgaben gerüstet und vorbereitet, und sie erwies sich als äußerst manövrierfähig, standhaft in der Verteidigung und gut diszipliniert. Mit dem Beginn der Kampfhandlungen wurde im Zentrum eine Stawka des Hauptkriegsrats gebildet in der Besetzung Genosse Stalin, Woroschilow, Generalstabschef Schaposchnikow und Volkskommissar für Marine Genosse Kusnetzow (letzterer nahm an den Sitzungen lediglich teil, wenn Fragen der Marine erörtert wurden). Ein ständiges aktives Mitglied der Stawka war der Stellvertretende Vorsitzende des Rats der Volkskommissare Molotow, obwohl er offiziell kein Mitglied der Stawka war. Die Stawka, genauer gesagt, das aktive Mitglied Genosse Stalin, leitete faktisch alle Operationen und sämtliche organisatorische Arbeit, die mit der Front verbunden war.«

Ferner gesteht der Volkskommissar auf vielen Seiten die Unzulänglichkeiten der nachrichtendienstlichen Arbeit der Roten Armee ein, die mangelhafte technische Ausrüstung der Truppen, die starre Gliederung der Einheiten, die schlechte Winterausrüstung und Lebensmittelversorgung usw. Woroschilow berichtet weiter:

»Viele hohe Befehlshaber haben sich nicht als Herren der Lage erwiesen. Die Stawka des Hauptkriegsrats war gezwungen, viele hohe Kommandeure und Stabschefs abzulösen, da ihre Heeresführung nicht nur keinen Nutzen brachte, sondern auch anerkanntermaßen schädlich war. (…) Diesen ihren Sieg konnte die Rote Armee vor allem deshalb vergleichsweise schnell erreichen, weil vom Moment der Kriegsentstehung bis zum siegreichen Ende die faktische Führung des Kriegs der Genosse Stalin auf sich genommen hatte.«

Ob Woroschilow es wusste oder nicht, er machte für die stümperhafte Kriegführung und die schlechte Vorbereitung auf den

Krieg den Diktator verantwortlich, indem er erklärte, dass der »Genosse Stalin« faktisch alle Operationen geführt habe. Obwohl der Bericht des Volkskommissars übersät war mit den mittlerweile zum Alltag gehörenden Tiraden an die Adresse des »Führers«, verschlechterte sich Stalins Laune.

In seinem Schlusswort auf der Sitzung des Hauptkriegsrats, auf der Woroschilow seinen Bericht vorgetragen hatte, sagte Stalin richtige Worte: Wir müssen »den Kult der Verehrung der Erfahrung aus dem Bürgerkrieg zerschmettern, er verstärkt unsere Rückständigkeit. Wir haben neue Leute: Aljabuschew, Tschurjulow, Mladenzew, Rytschagow und andere – das sind Meister, Ingenieure des Krieges. Der Einfluss der Teilnehmer des Bürgerkriegs unter unseren Kommandeuren ist übermächtig und hindert die jungen Kader an ihrem Vorwärtsschreiten.«

Ja, den »Kult« des Bürgerkriegs musste man »zerschmettern«. Aber es gab schon keinen »übermächtigen Einfluss der Teilnehmer des Bürgerkriegs« mehr. Viele Tausende von ihnen waren 1937/38 umgekommen. Auch einige »Ingenieure des Krieges«, wie etwa Rytschagow, werden am kommenden Krieg auf Stalins Veranlassung nicht teilnehmen.

Stalin litt mehr als alle anderen unter der Schmach des »Winterkriegs«, aber wie immer sah er bei sich keine Schuld. Schuld war in seinen Augen vor allem der Volkskommissar für Verteidigung. Stalin kritisierte Woroschilow im Politbüro erbarmungslos. Auf seinen Vorschlag bildete kurz darauf der Hauptkriegsrat einige Kommissionen, die die Lehren aus dem »Winterkrieg« ziehen sollten. Im Mai 1940 wurde Woroschilow als Volkskommissar für Verteidigung abgelöst, aber gleichzeitig zum Stellvertreter des Vorsitzenden des Rats der Volkskommissare und zum Vorsitzenden des Verteidigungskomitees des Rats der Volkskommissare ernannt. Volkskommissar für Verteidigung wurde nun der Kommandeur des Kiewer Militärsonderbezirks Timoschenko, der zugleich zum Marschall der Sowjetunion befördert wurde.

Stalin hatte begriffen, was für ein Heerführer Woroschilow war. Und Hitler war verwundert und erfreut. Seine strategischen Pläne, so schien es, beruhten auf richtigen Berechnungen. Der Sieg gegen Finnland hatte der Sowjetunion eine moralische Niederlage

eingebracht. Das wussten sowohl Stalin als auch Hitler. Jeder zog daraus seine Schlussfolgerungen.
Stalin überkam eine Unsicherheit, wie er sie in den letzten Jahren nicht gekannt hatte. Seit dem Ende des sowjetisch-finnischen Kriegs beherrschte ihn eine Idee: »Wenn Hitler nicht provoziert wird, wird er nicht angreifen.« Das kriegerische Deutschland hatte einen »unkriegerischen« Bündnispartner erhalten. Das hatte man in Berlin schnell begriffen. Hitler war dabei, seine letzten Vorbereitungen für den Feldzug nach Osten zu treffen. Und Stalin konnte nur warten und versuchen, Zeit zu gewinnen.
In einer Rede am 24. Juni 1945 sagte Stalin bei einem Empfang im Kreml: »Unsere Regierung hat nicht wenig Fehler gemacht.« Davon, dass er Fehler gemacht hatte, war nicht die Rede. Diese Fehler wurden nicht nur während des Kriegs gemacht, sondern auch vor dem Krieg. Und wahrscheinlich war der größte Fehler die Unterzeichnung des deutsch-sowjetischen Grenz- und Freundschaftsvertrags am 28. September 1939. In diesem Vertrag wurden die Interessensphären abgesteckt und eine entsprechende Karte beigefügt. Die Grenze unterschied sich von der, die im »Geheimen Zusatzprotokoll« zum Nichtangriffsvertrag vom 23. August 1939 bestimmt worden war. Sie verlief im Wesentlichen entlang der Flüsse Narew, Bug und San.
Bei den Verhandlungen am 27. und 28. September zwischen Molotow und Ribbentrop in Moskau, an denen, wie schon im August, auch Stalin teilnahm, wurde offiziell »Freundschaft« geschlossen zwischen der sozialistischen Sowjetunion und Hitlerdeutschland. Diese Tatsache entmutigte und desorientierte die antifaschistischen Kräfte in der ganzen Welt. Während der Nichtangriffsvertrag ein Produkt der Umstände war, war der Vertrag über die »Freundschaft« ein Ergebnis der Selbstüberschätzung Stalins. Stalin überschritt bei seinem Streben, einen Krieg zu vermeiden oder zumindest hinauszuschieben, bei weitem die ideologisch gerechtfertigten Grenzen.

Stalin und die Armee

In den Vorkriegsjahren gehörte der Armee die Liebe des Volks. Die Soldaten, die sich im Fernen Osten gegen Japan, im Spanischen Bürgerkrieg oder im sowjetisch-finnischen Krieg ausgezeichnet hatten, wurden zu Nationalhelden. Die Militärschulen konnten über Nachschub nicht klagen. Dem Volk war für die Armee nichts zu schade. Das Dienen in der Armee war eine ehrenvolle Aufgabe. Die Männer in den Soldatenmänteln glaubten an Stalin und die Partei, obwohl der Schock, den die blutige Säuberung hervorgerufen hatte, noch nicht völlig abgeklungen war. Das Volk war stolz auf seine Armee, die in kürzester Zeit modernisiert worden war. Und, davon waren alle überzeugt, die Rote Armee war in der Lage, die Grenzen des ersten sozialistischen Staates der Welt zu beschützen.

Aber obwohl der sowjetisch-finnische Krieg in der Presse glorifiziert worden war, rief sein Verlauf Unverständnis bei den sowjetischen Menschen hervor. Solch eine große und mächtige Armee, wie sie in der Presse gepriesen wurde, hatte nur unter größten Mühen die Streitkräfte eines kleinen Landes besiegen können.

Die desolate Situation in der Roten Armee war auch eine Folge der Säuberung. Sie hatte vor allem die hohen Kommandokader getroffen, die Politarbeiter und den Zentralapparat des Volkskommissariats für Verteidigung. Nach den vorhandenen Angaben wurden von Mai 1937 bis September 1938, das heißt im Verlauf von eineinhalb Jahren, in der Armee 36 761 Personen Repressalien unterworfen und in der Flotte mehr als 3000. Ein Teil von ihnen hatte das »Glück«, lediglich aus der Armee entlassen zu werden. Als Resultat des Kampfes gegen die »Volksfeinde« in den Jahren 1938 bis 1940 wurden alle Bezirkskommandeure abgelöst, die Stabschefs, Bezirksleiter und Stellvertreter der Kommandeure wurden zu neunzig Prozent ausgewechselt, die Korps- und Divisionskommandeure zu achtzig Prozent, die Kommandeure und Stabschefs zu neunzig Prozent. Eine weitere Folge der blutigen Säuberung war die starke Verminderung des intellektuellen Potentials in der Armee und in der Flotte. Zu Beginn des Jahres 1941 hatten lediglich 7,1 Prozent der kommandoführenden Soldaten eine höhere Militärausbildung, 55,9 Prozent eine mittle-

re, 24,6 Prozent eine beschleunigte Ausbildung (Kurse) und 12,4 Prozent keine militärische Ausbildung genossen.
Nachdem Wyschinski und Ulrich auf den Geschmack gekommen waren, schlugen sie vor, die Strafgerichtsprozeduren zu vereinfachen. Wyschinski wandte sich an Woroschilow und Jeschow und bat, eine »Sonderberatung« beim NKWD zu bevollmächtigen, militärische Ränge zu widerrufen, was bis dahin eines Gerichtsurteils bedurft hatte. Und Ulrich hatte im April 1938 »bewiesen«, dass es unumgänglich sei, »aus dem Obersten Gericht der UdSSR ein Militärkollegium auszusondern und es zu einem Militärtribunal der UdSSR zu reorganisieren«. Diese Leute wollten, dass über jedem Soldaten eine spezielle Axt der »Rechtsprechung« hing.
Stalin lebte in einer Welt, in der immer neue »Feinde« auftauchten. Sein pathologisches Misstrauen steckte seine Umgebung an und erzeugte furchtbare Wellen der Gewalt. Auf seine Anweisung hin »säuberte« Mechlis die Kader. In den Militärbezirken und Akademien trafen chiffriert seine Direktiven ein:

»Moskau PURKKA (Politische Verwaltung der Roten Armee; A. d. Ü.). An Kusnetzow. Stellen Sie eine Kommission zur Überprüfung der unterrichtenden Kader der Lenin-Akademie zusammen. Wenn noch Teilnehmer der Tolmatschewski-Gruppierung übrig geblieben sind, so sind sie bis zum letzten zu beseitigen.
5. Juli 1938 Mechlis«

Und es wurde beseitigt. Überall. Hunderte. Tausende. Obgleich ein furchtbarer Krieg näher rückte. Zu Beginn des Jahres 1939 ging die Kampagne zur Entlarvung von »Volksfeinden« und »Anhängern« Tuchatschewskis, Jakirs, Uborewitschs und anderer unschuldig getöteter Militärführer langsam zurück. Aber noch am 14. Juni 1939 berichtete Ulrich:

»Genossen J. W. Stalin
Genossen W. M. Molotow
Zum gegenwärtigen Zeitpunkt gibt es eine große Anzahl von Verfahren gegen Teilnehmer an rechtstrotzkistischen, bürgerlich-nationalistischen und Spionageorganisationen.

Im Moskauer Militärbezirk 800 Verfahren
im Nordkaukasischen Militärbezirk 700 Verfahren
im Charkower Militärbezirk 500 Verfahren
im Sibirischen Militärbezirk 400 Verfahren
Im Interesse der Geheimhaltung schlagen wir vor, zu den Gerichtsverhandlungen keine Verteidiger zuzulassen. Ich bitte um Anweisung.
Militärjurist W. Ulrich«

Die Lage in einigen Militärbezirken war katastrophal. Zur Illustration hier ein Dokument vom März 1938:

»Beschluss des Militärrats des Kiewer Militärbezirks zur Lage der Kader in der Kommando-, befehlshabenden und politischen Besetzung des Militärbezirks.
1. Als Resultat der durchgeführten großen Arbeit zur Säuberung der RKKA-Reihen von feindlichen Elementen und der Beförderung aus den unteren Reihen uneingeschränkt der Partei Lenins-Stalins ergebener Kommandeure, Politarbeiter, Befehlshaber sind die Kommandokader der Befehlshabenden und der Politarbeiter fest um unsere Partei, um den Führer der Völker, den Genossen Stalin zusammengeschlossen, um die politische Festigung und den Erfolg bei der Erhöhung der Kampfkraft der Abteilungen der RKKA zu sichern. (…) 3. Den Volksfeinden ist es gelungen, auf dem Gebiet der Kaderaufstellung viel zu verderben. Der Militärrat stellt als wichtigste Aufgabe, die Reste der feindlichen Elemente endgültig auszumerzen, wobei jeder Kommandeur, Befehlshaber, Politkommissar bei seiner Beförderung intensiv überprüft werden soll und wobei nur gründlich kontrollierte, ergebene und wachsende Kader zur Beförderung gelangen dürfen. (…)
Kommandeur der Truppen des Kiewer Militärbezirks Armeekommandeur 2. Ranges Timoschenko
Mitglied des Militärrats
Korpskommandeur Smirnow
Mitglied des Militärrats
Sekretär des ZK der KPU(B) Chruschtschow«

Am 5. Mai 1941 hielt Stalin im Kreml eine Rede vor Absolventen der Militärakademie. Er war aufrichtig wie sonst selten und sprach über vieles, was eigentlich ein Staatsgeheimnis darstellte. So versuchte Stalin die Selbstsicherheit der jungen Kommandeure und ihr Vertrauen in die Kraft der Roten Armee zu stärken. Er berichtete über die Modernisierung der Armee und ihre rasche Erweiterung. Zu Beginn des Jahres 1941, erklärte Stalin, zähle die Armee 300 Divisionen (er sagte nicht, dass nur die Hälfte davon einsatzbereit war), von denen ein Drittel mechanisiert sei. »Die Rote Armee ist eine moderne Armee, und eine moderne Armee ist eine offensive Armee.« Hier zeigte sich wieder ein ernsthafter Mangel von prinzipiellem Charakter: die Unterschätzung der strategischen Verteidigung und von Verteidigungsoperationen. Obwohl die militärpolitische Führung des Landes immer den defensiven Charakter der Militärdoktrin der UdSSR unterstrich, wurde eine offensive Verteidigungsstrategie ausgearbeitet: »Der Krieg wird auf dem Territorium des Gegners geführt werden, und der Sieg muss mit wenig Blutvergießen erreicht werden.« Im Geiste dieser Konzeption war auch das Buch N. Schpanows »Der erste Schlag«, das die Einstellungen eines bedeutenden Teils der Bevölkerung und der Militärangehörigen vor dem Krieg wiedergab. Das Buch prophezeite, dass nach dem vernichtenden Schlag der Roten Armee gegen das angreifende faschistische Deutschland dort ein Aufstand gegen das Naziregime ausbrechen werde. Warum besiegte Deutschland seine Gegner? War es unbesiegbar? Auch darauf antwortete Stalin in seiner Rede relativ offen:

»Den Deutschen ist es gelungen, Frankreich und England die Verbündeten zu nehmen.« Diese Verbündeten konnten unter den herrschenden damaligen Bedingungen nur wir sein. Die deutsche Armee war nicht unbesiegbar. »Jetzt brüstet sie sich mit räuberischen Losungen, in ihr wachsen die Selbstsicherheit und die Prahlerei. Und das ist eindeutig das allerschlimmste.«

Diese falsche Vorstellung von der »Prahlerei« der Deutschen wurde sofort aufgegriffen. In einem Dokument des Generalstabs stand dazu Folgendes: Deutschland habe im Jahr 1940 gesiegt »aufgrund der allzu günstigen Umstände, die sich für Deutschland eingestellt hatten«, und diese Siege seien nicht ohne »Zutun günstiger Zufälle« bewerkstelligt worden. In einem Entwurf für die Direktive »Über die Aufgaben der politischen Propaganda in der Roten Armee« wurde behauptet: »Die deutsche Armee hat den Geschmack an einer weiteren Verbesserung der Kriegstechnik verloren. Ein bedeutender Teil der deutschen Armee ist des Krieges müde geworden.«

Stalin war allerdings erstaunt gewesen, als er gesehen hatte, mit welcher Leichtigkeit die Wehrmacht ihre Gegner im Westen niederwarf. Stalin war nicht davon überzeugt, dass die Rote Armee aus dieser überraschenden Entwicklung rechtzeitig ihre Lehren ziehen konnte. Nachdem Stalin einen Überblick über die Strategie des deutschen Heeres studiert hatte, befahl er dem neuen Volkskommissar für Verteidigung Timoschenko, die Kampfbereitschaft der Roten Armee zu stärken. Es gab vieles, was Stalin nicht wusste. Beispielsweise wusste er nicht, wie Hitlers Generäle die Lage in der Roten Armee beurteilten. Hitler wusste von den Repressalien, die in den Jahren 1937 und 1938 über die Rote Armee gekommen waren, und wie erst nach dem Krieg bekannt wurde, verlangte er von seinen Nachrichtendiensten einen Bericht über die Qualität des Offizierskorps der sowjetischen Streitkräfte. Eineinhalb Monate vor Beginn des Kriegs wurde Hitler auf der Grundlage eines Berichts des deutschen Militärattachés in Moskau Oberst Krebs folgendermaßen unterrichtet: »Das Offizierskorps der Roten Armee ist nicht nur quantitativ, sondern auch qualitativ geschwächt. Es erweckt einen schlechteren Eindruck als im Jahr 1933. Russland wird Jahre benötigen, um das frühere Niveau zu erreichen.« In der Geschichte lässt sich kaum ein zweites Beispiel finden, dass ein Staat sich vor Beginn eines tödlichen Kampfes selbst geschwächt hat. Georgij Konstantinowitsch Schukow erinnerte sich, dass man ihm während eines großen Kriegsspiels im Dezember 1940 vorgeschlagen hatte, die »Blauen« zu kommandieren, das heißt die Wehrmacht. Armeegeneral Dimitri Grigorewitsch Pawlow, der Kommandeur des westlichen Militärsonderbezirks, führte die »Roten«. Schukow schrieb:

»So kam es, dass ich, während ich die ›Blauen‹ kommandierte, in der Tat Operationen entwickelte, die ein halbes Jahr später als reale Kampfhandlungen stattfanden. Die Konfiguration unserer

Grenzen, die Örtlichkeiten, die Lage – all das führte mich eben zu den Entscheidungen, welche später die Faschisten getroffen haben. Die Schiedsrichter verkürzten künstlich das Tempo des Vormarsches der ›Blauen‹. Und nichtsdestoweniger rückten die ›Blauen‹ am 8. Tag bis zum Gebiet von Baranowitsch vor. Als man mir im Januar 1941 auftrug, dem Obersten Militärrat die Resultate dieses strategischen Spiels mitzuteilen, lenkte ich die Aufmerksamkeit der Führung auf die ungünstige Lage der Festungsanlagen entlang der neuen Grenze. Es wäre günstiger gewesen, sie hundert Kilometer ins Landesinnere zu versetzen. Das heißt, ich habe eine kritische Bemerkung über einen Beschluss gemacht, den Stalin gefasst hatte.
Stalin hörte sich meinen Bericht aufmerksam an. Einer Frage schenkte er besondere Aufmerksamkeit: Warum waren die ›Blauen‹ derart stark, warum waren in der Ausgangslage unseres Spiels derart starke deutsche Kräfte vorausgesetzt worden? Ich antwortete, dass diese Kräfte den Möglichkeiten der Deutschen entsprächen und ebenso den realen Berechnungen all der Kräfte, die die Deutschen in der Anfangsphase gegen uns aufstellen könnten und die damit durch ihren ersten Hauptschlag einen größeren Vorteil erreichen könnten.«

Stalin gefiel Schukows Bericht, seine Argumentation, sein Mut bei der Verteidigung seiner Auffassungen. Und bald, im Februar 1941, wurde er auf Empfehlung des »Führers« zum Generalstabschef ernannt. Stalins Intuition hatte sich in diesem Fall nicht getäuscht. Die Beförderung Schukows war eine seiner richtigen Kaderentscheidungen, wie sich später zeigen sollte.
Aber meist hatten die Militärführer es schwer mit Stalin, vor allem, weil der »Führer« häufig ihre Initiativen abblockte. Mit vielen Problemen, die die Militärbezirkskommandeure, die Volkskommissare oder ihre Vertreter hätten lösen können, wandte man sich nach wie vor an Stalin. Beispielsweise berichtete Woroschilow Stalin, dass am 15. Juni 1939 ein Rotarmist namens Tschirikow ein Attentat auf den Kommandeur der Reserve Pjatkin verübt habe. In Wirklichkeit war es während eines Appells zu einer Rauferei zwischen zwei angetrunkenen Männern gekommen. In Woroschilows Darstellung aber war die Rede von einem »Atten-

tat«. Anstatt die Angelegenheit einem Gericht zu übergeben oder ein Disziplinarverfahren gegen die beiden Männer einzuleiten, berichtet der Volkskommissar Stalin. Der Beschluss des letzteren ist erbarmungslos: »Innerhalb von zwei Tagen verurteilen, zum Tod durch Erschießen verurteilen, Urteil vollstrecken, dem Regiment davon Meldung machen. J. Stalin«

In anderen Fällen hat sich Stalin eines Besseren besonnen. Manchmal stimmte er auch einer Neubewertung von Verfahren zu. So wandte sich Woroschilow einmal an Stalin und bat um die Entlassung des ehemaligen Stabsführers der Luftstreitkräfte der 1. Armee Wolodin. Auch der aberkannte Leninorden solle ihm zurückgegeben werden. Der »Führer« entschied:

»An den Genossen Woroschilow.
Einverstanden.
11. 2. 1939 J. Stalin«

Stalin empfand es als sein Recht, selbstherrlich über das Schicksal von Menschen zu entscheiden. Bis zu Beginn des Kriegs glaubten er und viele sowjetische Bürger, dass er unfehlbar sei. Es bedurfte nur eines Junitags im Jahr 1941, um diese Illusion verfliegen zu lassen.

Im Verlauf des Jahres 1940 besuchte Timoschenko alle westlichen Militärbezirke, er befahl für einige Einheiten Alarmbereitschaft und nahm an einer Reihe von Lehrgängen und Manövern teil. Die Besuche des Volkskommissars für Verteidigung und seine Teilnahme an Schulung und taktischer Ausbildung, seine Auftritte auf Versammlungen wurden in der Presse breit dargestellt.

Im Verlauf von Timoschenkos Inspektionsreisen kamen schwerwiegende Mängel zutage. Die Kommandeure und die Politkommissare verfügten nicht über die notwendige Erfahrung und begriffen die neuen Elemente der militärischen Ausbildung nur langsam. Die Kampfkraft der Einheiten erreichte nicht das Soll.

Die Analyse zahlreicher Archivdokumente und die Erinnerung von Zeitgenossen lassen den Schluss zu, dass sich Stalin in den letzten zwei Jahren vor dem Krieg nicht nur um eine quantitative Vergrößerung der Roten Armee und der Flotte bemühte, sondern auch um eine qualitative Verbesserung des gesamten militärischen Apparats. Aber die Fristen für die Reorganisierung und Verbesserung gingen von der falschen Voraussetzung aus, dass es gelingen würde, den Krieg abzuwenden oder ihn zumindest für einige Zeit hinauszuschieben. Konstantin Michajlowitsch Simonow schreibt in seinen Aufzeichnungen von Gesprächen mit Schukow: »Stalin war überzeugt, er würde aufgrund des Pakts Hitler um den kleinen Finger wickeln. Obgleich später alles ganz anders kam.« Zu jener Zeit, so erinnerte sich Schukow, »unterstützten die Menschen, die Stalin umgaben, seine politischen Urteile, die er bereits vor dem Krieg gefällt hatte. Und vor allem unterstützten sie ihn in der Überzeugung, dass, wenn wir es zu keiner Provokation unsererseits kommen ließen, wenn wir keinen falschen Schritt machten, Hitler sich nicht entschließen würde, den Pakt zu zerreißen und uns zu überfallen.« Bei der Bekräftigung dieses Standpunkts spielte Molotow eine wichtige Rolle. Dieser bestand nach einer Reise nach Berlin im November 1940 weiterhin darauf, dass Hitler die Sowjetunion nicht angreifen werde. Stalin hielt Molotow in internationalen Dingen für außerordentlich kompetent.

Das Verteidigungsarsenal

Mitte November 1940 veröffentlichte die »Iswestija« zwei Kommuniqus über die Reise des Vorsitzenden des Rats der Volkskommissare und des Volkskommissars für Äußeres Molotow nach Berlin und über die Verhandlungen mit der deutschen Führung. »Im Rahmen der freundschaftlichen Beziehungen, die zwischen den beiden Ländern existieren, in einer Atmosphäre gegenseitigen Vertrauens« habe ein Meinungsaustausch stattgefunden zwischen Molotow, dem deutschen Reichskanzler Adolf Hitler, dem Minister für Auswärtige Angelegenheiten Joachim von Ribbentrop, dem Reichsmarschall Hermann Göring und dem Stellvertreter Hitlers in der NSDAP Rudolf Heß. In Wirklichkeit aber existierte keinerlei »gegenseitiges Vertrauen«. Mit jeder Stunde wuchsen Vorsicht und Misstrauen gegenüber den »Freunden«. Ich werde auf diese Episode zurückkommen. Die Partei, die Staatsorgane, die Volkskommissariate taten viel zur Erhöhung der Kampfkraft der Armee. Dafür gab es ein Potential. Die industrielle Basis des Landes war in den dreißiger Jahren zu einer der stärksten in der Welt geworden, obwohl qualitative Mängel unübersehbar waren. An der Spitze derjenigen Volkskommissariate, die von erstrangiger Bedeutung für die Verbesserung der Verteidigungsfähigkeit des Landes waren, standen talentierte Organisatoren: I. f. Tewossjan, W. A. Malyschew, A. I. Schachurin, I. A. Lichatschow, D. f. Ustinow, B. L. Wannikow und andere.

Nun war Stalin genötigt, sich noch intensiver mit Verteidigungsfragen zu befassen. Er kannte alle Volkskommissare und viele Fabrikdirektoren persönlich, und er lud sie zu sich ein, um ihre Berichte zu hören. Wie Wannikow und Ustinow erzählten, habe Stalin ziemlich schnell den Kern der Produktionsprozesse, der Entwicklungsrichtungen, der technologischen Grundlagen und Schwierigkeiten erfasst. Die Überwindung dieser Schwierigkeiten, so nahm Stalin wie üblich an, sei nur möglich, wenn alle Mittel zu einer äußersten Kraftanstrengung mobilisiert würden.

In den Vorkriegsjahren, so erinnerte sich Wannikow, nahm sich Stalin in vielerlei Hinsicht selbst Fragen der Verteidigungsindustrie an, obwohl Nikolaj Alexejewitsch Wosnessenski deren »Chef« war. Die Rolle, die Wosnessenski im Krieg gespielt hat, ist bislang leider unzureichend beschrieben worden. Sie war bedeutend. Da Stalin keine Fachkenntnisse besaß, verließ er sich nicht auf wissenschaftlich-technische Möglichkeiten, sondern mehr auf die Methoden des Drucks und der Drohung. Wannikow schreibt, dass Stalin nach einer Sitzung gesagt habe: »Die Konstrukteure lassen immer Reserven für sich übrig, sie zeigen nicht vollständig die vorhandenen Möglichkeiten; man muss sie kräftiger aus ihnen herausdrücken.«

Und Stalin »drückte heraus«. In den Memoiren des späteren Volkskommissars für Rüstung und Verteidigungsministers Dimitri Fjodorowitsch Ustinow wird berichtet, dass es gelungen sei, ein Artilleriesystem in der Rekordzeit von achtzehn Tagen zu entwickeln. So arbeiteten die Menschen in den Kriegsjahren.

Stalins Alleinherrschaft hatte oft üble Folgen in der Rüstungsindustrie. So hatte zum Beispiel Marschall Kulik vor dem Krieg vorgeschlagen, das Kaliber der Panzerkanonen zu vergrößern. Kulik war damals Leiter der Hauptartillerieverwaltung. Zusammen mit Schdanow bestand er darauf, die 45- und die 75-Millimeter-Kanonen gegen 107-Millimeter-Geschütze auszutauschen. Stalin war sofort einverstanden, da er sich an eine Kanone dieses Kalibers aus dem Bürgerkrieg erinnerte. Jedoch hatte er nicht berücksichtigt, dass dies ein Feldgeschütz war und dass an eine Panzerkanone andere Anforderungen gestellt werden mussten. Der Volkskommissar für Rüstung Wannikow, die Fabrikdirektoren Eljan und Fradkin widersprachen Stalin, Schdanow und Kulik vorsichtig. Ohne Erfolg. Die Argumente, die auf wissenschaftlichen Berechnungen beruhten, überzeugten Stalin nicht. Man versammelte sich erneut. Wie sich Wannikow erinnerte, nahm die Diskussion einen bösartigen Charakter an. Stalin wandte sich an die anderen und sagte hart: »Wannikow will keine 107-MillimeterKanonen für die Panzer machen.« Schdanow unterstützte Stalin sogleich: »Wannikow hat sich schon immer widersetzt, das ist der Stil seiner Arbeit.« Weiterzustreiten war sinnlos und gefährlich.

Nach diesen Auseinandersetzungen unterzeichnete Stalin die von Schdanow vorbereitete Anordnung. Am Vorabend des Kriegs wurde die Produktion von Panzerkanonen kleineren Kalibers eingestellt. Der Krieg sollte bald zeigen, dass dies eine grobe Fehlentscheidung war. Man musste zur Produktion der kleineren Geschütze zurückkehren. Wie viel Zeit war verschenkt worden! Wie viel Kraft musste aufgewendet werden, um die Produktion wieder umzustellen! Einen Monat nach Kriegsbeginn fand Stalin die Schuldigen – Kulik und Schdanow. Er schimpfte, er empörte sich und konnte sich während seiner langen Tirade in der Sitzung des Politbüros nicht daran erinnern, dass er diesen katastrophalen Fehler gemacht hatte. Er konnte anderen Fehler, die er selbst gemacht hatte, nicht verzeihen.

Die 18. Parteikonferenz, die im Februar 1941 stattfand, befasste sich vor allem mit Verteidigungsfragen. Der Bericht Georgij Malenkows, der rasch zum ZK-Sekretär aufgestiegen war, »Über die Aufgaben der Parteiorganisationen auf dem Gebiet der Industrie und des Transports« befasste sich mit den Möglichkeiten der Umstellung der Industrie auf Rüstungsproduktion. Nach Stalins Willen war vorgesehen, die Industrieproduktion im Jahr 1941 um 17 bis 18 Prozent zu steigern. Das Volk war bereit, vieles zu opfern, um die Sicherheit des Landes zu gewährleisten. Während die Verteidigungsausgaben im Zeitraum des ersten Fünfjahresplans 5,4 Prozent aller Staatsausgaben ausgemacht hatten, erhöhte sich ihr Anteil am Staatshaushalt im Jahr 1941 auf 43,4 Prozent!

Stalin drängte und forderte: »Machen, koste es, was es wolle!« Die Nichterfüllung seiner Anweisungen konnte tödliche Folgen haben. Das wussten alle. Und sie wussten auch, dass das Land im kommenden Krieg standhalten und dass dafür das Unmögliche geleistet werden musste. Und sie haben es getan: Als die Hitler-Wehrmacht uns überfiel, hatte die Industrie 2700 moderne Flugzeuge und 4300 Panzer produziert.

Viel Wert wurde nun auch auf die Erhöhung der Disziplin gelegt. Unpünktlichkeit zog harte Strafen nach sich. Die Fahrlässigkeit in den Betrieben nahm merklich ab. Auch die führenden Funktionäre der Partei wurden einem größeren Druck ausgesetzt. Auf Stalins Drängen wurden auf der 18. Parteikonferenz außerordentliche Maßnahmen getroffen. Sechs Mitglieder des Zentralkomitees, darunter Litwinow und Schtschadenko, wurden zu Kandidaten herabgestuft, weil sie ihre Pflichten als ZK-Mitglieder nicht erfüllt hätten. Fünfzehn Kandidaten, unter ihnen Molotows Frau, wurden aus dem ZK ausgeschlossen. Abgelöst wurden auch neun Mitglieder der Zentralen Revisionskommission »wegen Nichterfüllung ihrer Pflichten«. Die Volkskommissare Michail Kaganowitsch, Denissow, Sergejew, Schaschkow, Ischkow, Bogatyrew wurden in einem speziellen Beschluss der Parteikonferenz verwarnt: »Wenn sie sich nicht bessern, wenn sie die Anweisungen der Partei und der Regierung nicht befolgen, so werden sie aus den Führungsorganen der Partei entfernt und entlassen.« Für einige von ihnen war dies die Ankündigung ihres Endes.

Die frei gewordenen Plätze im ZK nahmen auf Stalins Vorschlag vor allem Militärangehörige ein, darunter Schukow, Saporoschez, Tjulenew, Kirponos, Jumaschew, Apanasenko und einige andere. Der Einfluss des Militärs wuchs.

Stalin wusste, dass alles von der Mobilisierung aller Ressourcen des Landes abhing und von seiner Fähigkeit, die künftigen Gefahren zu bestehen, obgleich er nicht glauben wollte, dass sie so nahe waren. Um die Zusammenarbeit zwischen den staatlichen

Stellen und den Parteiorganisationen zu verbessern und zur »unbedingten Gewährleistung der Einheit in ihrer Führungsarbeit«, beschloss das ZK, Stalin auch zum Vorsitzenden des Rats der Volkskommissare zu ernennen. Im September 1939 war auf Anordnung Stalins im Politbüro der Beschluss gefasst worden, bis 1941 neun neue Flugzeugfabriken zu bauen! Ebenso viele Fabriken sollten rekonstruiert werden. Es galt, große Rückstände aufzuholen. Die Flugzeugindustrie begann nach einem harten Arbeitsplan ihre Produktion zu steigern. Der zuständige Volkskommissar berichtete dem ZK täglich über die Anzahl der fertig gestellten Flugzeuge und Motoren. Die Menschen verließen die Produktionshallen, die Laboratorien und Konstruktionsbüros oft mehrere Tage hintereinander nicht. Es gelang den Flugzeugbauern auf diese Weise, ihren Produktionsausstoß zu erhöhen. Allerdings begannen sie erst in der zweiten Hälfte des Jahres 1940, moderne Flugzeuge herzustellen.

Die Qualität der eilig fertig gestellten Flugzeuge war häufig nicht sehr hoch. Die Unfälle bei den Luftstreitkräften nahmen zu. Die täglichen Nachrichten über die Verluste waren entmutigend. Stalin sah nicht technische Mängel durch die forcierte Produktion als Ursache an, sondern suchte die Fehler beim Flugpersonal und unterstellte Sabotage. Er ordnete eine Untersuchung an.

Am 12. April legten Timoschenko und Schukow Stalin ihren Befehlsentwurf vor. Darin heißt es:

»Der Oberste Militärrat der Roten Armee ist nach einer Untersuchung der Unfälle und Katastrophen in den Luftstreitkräften der Roten Armee zu dem Schluss gekommen, dass die Unfälle nicht nur nicht geringer werden, sondern immer häufiger – wegen der Pflichtverletzung des Flug- und Kommandopersonals der Luftstreitkräfte, die zu Verletzungen elementarer Regeln im Flugdienst geführt haben. Wegen der Pflichtverletzungen werden bei Unfällen und Katastrophen im Durchschnitt täglich zwei bis drei Flugzeuge zerstört, was, auf das ganze Jahr umgerechnet, 600 bis 900 Flugzeuge bedeutet. Schon innerhalb des ersten knappen Quartals des Jahres 1941 kam es zu 71 Katastrophen und 156 Unfällen, dabei wurden 141 Menschen getötet und 138 Flugzeuge zerstört.«

Der Leiter der Hauptverwaltung der Luftstreitkräfte Rytschagow wurde abgesetzt, und eine Reihe von Kommandeuren wurde dem Gericht übergeben. Der Entwurf, auf dem Korrekturen Schdanows und Malenkows zu finden sind, wurde von Stalin genehmigt und mit einem bemerkenswerten Begleitschreiben versehen:

»Genosse Timoschenko.
Ich bin einverstanden, jedoch mit einem Vorbehalt, dass in der Verordnung ein Absatz über den Genossen Proskurow aufgenommen wird und dass der Genosse Proskurow ebenso wie der Genosse Mironow dem Gericht übergeben wird. Das wird nur ehrenhaft und gerecht sein.
J. Stalin«

Die Lage in der Panzer-, Artillerie- und Munitionsproduktion war ebenfalls nicht leicht. Die Konstrukteure Koschkin, Morosow und Kutscherenko schufen zwar innerhalb kürzester Zeit den berühmten Panzer T-34. Aber davon und von dem schweren Panzer vom Typ KW hatte die Armee zu Beginn des Kriegs lediglich rund 2000 Stück erhalten. Ähnlich sah die Lage in anderen Bereichen aus.
In dem Buch »Die Kriegswirtschaft der Sowjetunion während des Großen Vaterländischen Krieges«, das Wosnessenski im Jahr 1947 geschrieben hat, heißt es: »Der Krieg fand die sowjetische Militärindustrie im Prozess der Aneignung neuer Technik vor; eine massenhafte Fertigstellung von moderner Militärtechnik war noch nicht organisiert.«
Stalin, das Politbüro und die Volkskommissariate suchten einen Ausweg. Sie verlangten einen gigantischen Kraftakt der Sowjetbürger. Die Rüstungsfabriken wurden auf kriegswirtschaftliche Bedingungen umgestellt. Das Dreischichtensystem wurde eingeführt. Die Disziplin wurde weiter verstärkt. Allabendlich berichtete man Stalin über den Stand der Planerfüllung. In den letzten Jahren vor dem Krieg war auf Vorschlag Wosnessenskis der Umfang der Investitionen in Objekte der Verteidigungsindustrie im Osten des Landes stark gewachsen.
Stalin beunruhigte auch die Landwirtschaft. Deren Erträge wa-

ren nach wie vor gering. Auf Politbürositzungen, in persönlichen Unterredungen mit seinen Gehilfen über die Lage auf dem Land wurde Stalin berichtet, dass die Kolchosbauern sich ihrer Privatlandwirtschaft mehr zuwendeten als der gemeinschaftlichen. Darin musste der Grund für die Missstände liegen. Stalin beauftragte Andrejew, sich mit dieser Frage in Vorbereitung eines ZK-Plenums zu befassen. Das Plenum fand Ende Mai 1939 statt. Der Grundtenor von Andrejews Bericht war, dass erneut harte Maßnahmen getroffen werden müssten, um den Umfang des Privatlandes der Kolchosbauern wesentlich einzuschränken. Außerdem seien Arbeitstagsmindestleistungen für jedes Kolchosmitglied festzulegen. Das Plenum leitete Molotow. Das Stenogramm ist nicht veröffentlicht worden. Aber es gibt in den Archiven einige Auszüge und andere Materialien, die davon Zeugnis ablegen, dass Stalin und seine Umgebung nach wie vor auf das Kommandosystem in der Landwirtschaft setzten. In Andrejews Bericht wurde beispielsweise Folgendes angeführt:

»Im Kiewer Gebiet arbeiteten 5,8 Prozent der Artelmitglieder nicht in den Kolchosen, und 18 Prozent der Kolchosbauern arbeiteten lediglich an weniger als fünfzig Arbeitstagen.«

Stalin unterbricht den Referenten: »Was sind das für welche, die nicht in den Kolchosen arbeiten, ist das nicht herausgefunden worden?« Andrejew: »Es ist nicht herausgefunden worden, Genosse Stalin. Es ist uns nicht gelungen. Ein Teil von ihnen sind Wanderarbeiter, die Übrigen sind Raffgierige und Schmarotzer in den Kolchosen.« Stalin: »Gibt es solche, die nicht einen einzigen Arbeitstag nachweisen können?«
Andrejew: »Es gibt sie. Ohne einen einzigen Arbeitstag. Sie leben ausschließlich von ihrer privaten Landwirtschaft.«
Stalin: »Sind das Arbeitsfähige oder Invaliden?«
Andrejew: »Es gibt sehr alte Wanderarbeiter. Jedoch sie desorganisieren, zersetzen die ehrlich arbeitenden Kolchosbauern mit ihrem Verhalten.«

Daraufhin gingen die Plenumsteilnehmer zur Erörterung ergänzender Maßnahmen über. Diese Maßnahmen sollten bei den Kolchosbauern das Interesse an einer Intensivierung ihrer Arbeit erhöhen. Jedoch wurde weniger diskutiert, wie man die Kolchosbauern zu Herren ihrer Kollektive machen könnte oder wie man deren Leitung demokratisieren könnte. Es fielen in diesem Zusammenhang lediglich Worte wie »zwingen«, »verpflichten«, »einschränken«, »Druck ausüben«.

Bagirow aus Baku schlug vor, alle Gärten zu vergesellschaften, worauf Stalin einwarf: »Darüber muss nachgedacht werden. Sie müssen irgendwelche praktischen Pläne vorlegen.«

»Vorschläge vorlegen?«

»Ja.«

Die Replik des »Führers« formulierte Schdanow gleich zu einem Punkt des zu fassenden ZK-Beschlusses: »Der Genosse Bagirow ist beauftragt, dem ZK der KPdSU(B) seine Vorschläge zur Frage der faktischen Vergesellschaftung der Gärten vorzulegen.«

Schdanow erklärte weiter: »Ich mache den Vorschlag, die Korrektur des Genossen Stalin als 6. Punkt des Beschlusses zu übernehmen: ›Die Vorsitzenden der Kolchosen, die in den Wäldern individuelle Heuernte zulassen, und zwar für Kolchosbauern und Personen, die nicht dazugehören, werden aus den Kolchosen ausgeschlossen und dem Gericht als Gesetzesübertreter übergeben.‹«

Daraufhin ergab sich folgendes Bild. Ein großer Teil der grasbewachsenen Grundstücke blieb ungemäht, aber dem Kolchosbauern wurde das Mähen kategorisch untersagt.

Es gab so gut wie keine Einwände. Lediglich ein Teilnehmer des Plenums, Kulakow, äußerte Zweifel zu einem Punkt des Beschlussentwurfs:

»Ich sehe mich gezwungen, folgende Bemerkung zu machen: Hier, auf der Seite 3, sind die Getreideabgabefristen für die Einzelbauern festgelegt. Die Krasnojarsker Region muss im Monat Juli 15 Prozent des Getreides abliefern. Wir jedoch beginnen mit der Ernte erst am 1. August. Woher sollten wir im Juli das Getreide nehmen? Aus welchen Reserven könnten wir es entnehmen?«

In den letzten Vorkriegsmonaten schlug der Arbeitspuls des Landes mächtig. Die Zeitungen berichteten viel vom Krieg in Westeuropa, von der Luftschlacht über England, vom vorübergehen-

den »Tanzverbot in Deutschland«, von der Verwandlung Polens in ein »Generalgouvernement« und von »neuen Errungenschaften der Volkswirtschaft in der UdSSR«.
Rundfunk und Presse meldeten Stalins Beschlüsse. Er beauftragte die Staatliche Plankommission (Gosplan), einen Generalplan für die Wirtschaft der UdSSR für die kommenden fünfzehn Jahre zu erstellen, um eine grundlegende Aufgabe zu lösen: »die wichtigsten kapitalistischen Länder in der Pro-Kopf-Produktion von Gusseisen, Stahl, Brennmaterial, Elektroenergie, Maschinen und anderen Produktionsmitteln und Gebrauchsgütern zu überholen«.
Die »Prawda« teilte mit, dass die dritte Etappe beim Bau der Moskauer Metro begonnen habe, sie berichtete über die Kongresse der Jugendorganisationen der Republiken, über den sozialistischen Wettbewerb der Metallarbeiter. Unter der beredten Überschrift »Der falsche Film« wurde der Streifen »Das Gesetz des Lebens« von den Regisseuren Stolper und Iwanow als Predigt einer »faulen Philosophie der Zügellosigkeit« abgeurteilt. Es wurden lange Listen Stalinscher Laureaten veröffentlicht: Kotin, Axelrod, Wolfkowitsch, Schostakowitsch, Gerassimow, Eisenstein, Iofan, Koslowski. Es war die Rede von einem Bericht Chruschtschows, den er auf einer Konferenz von Kolchosaktivisten in Kiew vorgetragen hatte. Das Politbüromitglied feierte Stalin und sprach mit Pathos: »Genossen, unsere Erfolge sind kolossal. Aber wir haben unsere Aufgabe, die wir uns gestellt haben – 100 Pud Getreide pro Hektar zu ernten –, nicht erfüllt.«

Die Ermordung des Vertriebenen

Als die Vorbereitung auf den Krieg in vollem Gange war, kam über den Ozean eine lang erwartete und dennoch überraschende Mitteilung: Trotzki ist ermordet. Die Jagd auf den Vertriebenen hatte einige Jahre gedauert. Trotzki war von einigen Dutzend Polizisten und einigen Anhängern bewacht worden und hatte in den letzten Jahren seines Lebens immer größere Vorsichtsmaßnahmen getroffen. Auf Anweisung Stalins wurde eine spezielle

Unterabteilung gebildet, die das »Problem Trotzki« lösen sollte. Der »Führer« hatte bereits einige Male Berija gegenüber seine große Unzufriedenheit kundgetan. Seiner Meinung nach handelten dessen Leute ungeschickt und unentschlossen. Aber schließlich wurde die Tat doch vollbracht. Das Duell zwischen den beiden »herausragenden Führern« der russischen Revolution, das mehr als eineinhalb Jahrzehnte gedauert hatte, war zu Ende. Aus der nächsten Umgebung Lenins blieb nun nur noch Stalin. Aber Stalin empfand weder Freude noch Befriedigung. So viel Kraft hatte er bereits in den Kampf mit Trotzki investiert. Wenn der Mord in den Jahren 1937/38 geschehen wäre – so wäre es eine andere Sache gewesen. In jenen Jahren hatte er hinter jedem »Feind« Trotzkis Schatten gesehen. Nach dem Wahnsinn der Prozesse aber entstand der Eindruck, als habe Stalin seinen Hass auf Trotzki gedämpft, als habe er sich ausreichend an Trotzkis potentiellen Anhängern gerächt, und Trotzki erschien nun nicht mehr so gefährlich. Und jetzt drohte eine größere Gefahr – der Krieg mit Hitler. Am 22. August 1940 erschien in der »Prawda« eine kurze Mitteilung:

»Attentat auf Trotzki
New York. 21. August (TASS). Nach Meldungen amerikanischer Zeitungen wurde am 20. August ein Attentat auf Trotzki verübt, der in Mexiko lebte. Der Attentäter nannte sich selbst Jacques Mornard und gehört zu den Anhängern und nächsten Vertrauten Trotzkis.«

Bereits am 24. August kehrte die »Prawda« noch einmal zu Trotzki zurück, um endgültig einen Punkt hinter seinen Namen setzen zu können. Im Redaktionsartikel »Der Tod des internationalen Spions« heißt es:

»Der Mensch ist ins Grab gestiegen, dessen Namen die Werktätigen der ganzen Welt mit Verachtung und Verfluchung aussprechen, der Mensch, der über viele Jahre hinweg gegen die Sache der Arbeiterklasse und ihre Avantgarde – die bolschewistische Partei – gekämpft hatte.(…) Die nächsten Kampfgenossen Trotzkis gestanden (in den Prozessen in Moskau; D. W.), dass auch

sie, zusammen mit ihrem Chef Trotzki, bereits seit 1921 Agenten ausländischer Geheimdienste, dass sie internationale Spione waren. Mit Trotzki an der Spitze dienten sie mit Ergebenheit den Geheimdiensten und Generalstäben Englands, Frankreichs, Deutschlands und Japans. (…)
Er wurde von seinen eigenen Anhängern ermordet. Ihm setzten ebenjene Terroristen ein Ende, die er das heimtückische Morden gelehrt hatte, den Verrat und die Übeltaten gegen die Arbeiterklasse, gegen das Land der Sowjets.
Trotzki, der die bösartige Ermordung Kirows, Kujbyschews, M. Gorkis organisiert hatte, wurde Opfer seiner eigenen Intrigen, Betrügereien und Übeltaten.«

Stalin las diesen Artikel noch einmal aufmerksam durch. Nun hatte man doch alles auf die Spionage reduziert. Was denn? Hatte er etwa all die Jahre nur gegen einen Spion gekämpft? Stalin ließ die Zeitung aus den Händen fallen. Aus irgendeinem Grund erinnerte er sich an die ersten Begegnungen mit Trotzki.
Damals, auf dem Parteitag in London im Jahr 1905, hatte Trotzki ihn einfach nicht bemerkt. Die ersten zufälligen Begegnungen wurden die Grundlage für den Kampf zweier Menschen, die der Hass aufeinander während ihres ganzen Lebens begleiten sollte. Stalin war buchstäblich erschüttert von der Leichtigkeit, mit der Trotzki zwischen den Sitzungen einer Gruppe junger Leute und einer schönen Frau den Unterschied zwischen Poesie und Philosophie erklärte. »Die Poesie«, sagte der Mensch mit dem schwarzen Haar in schönen Gesten, »sieht, wenn sie einen Tautropfen betrachtet, seine Herrlichkeit, und durch diese Herrlichkeit kann man die ganze Welt sehen. Aber die Philosophie verteilt den Tautropfen auf einer Leinwand und sucht Bestimmungen, Definitionen für die Feuchtigkeit in dieser Welt.« Begeistert schauten die jungen Menschen auf Trotzki, und sie wussten wohl kaum (Stalin hat es mit Sicherheit nicht gewusst), dass der kluge Mann Gedanken Ludwig Feuerbachs wiedergab.
Ihre zweite Begegnung fand im Winter 1913 zwischen zwei Haftaufenthalten Stalins statt. Sie begegneten sich in Wien. Stalin war in Lenins Auftrag dorthin gereist, um die Veröffentlichung von Materialien einer Konferenz der Bolschewiki in Krakau zu organi-

sieren. Stalin machte in einem billigen Hotel Rast. Abends nahm er sein Teeglas und machte sich auf den Weg zum Buffet, um neuen Tee zu holen. Dort saßen zwei Männer vor dem Samowar und unterhielten sich lebhaft. Den einen von ihnen, den schlanken, nicht sehr hoch gewachsenen Mann mit schwarzen wehenden Haaren und blauen Augen hinter den Brillengläsern erkannte Stalin sofort. Es war Trotzki, der Menschewik, der häufig in der Presse mit kritischen Artikeln auf sich aufmerksam machte. Stalin grüßte kalt und goss sich Tee ein. Für ein, zwei Minuten breitete sich im Zimmer Stille aus. Trotzki betrachtete Stalin aufmerksam. Wie hätte er wissen können, dass dieser schweigsame Mensch in seinem Leben eine derart entscheidende Rolle spielen würde. Stalin betrachtete Trotzki ebenso aufmerksam von Kopf bis Fuß und ging schweigend aus dem Zimmer.

So hat Trotzki diese Begegnung geschildert: Er habe zusammen mit dem Menschewiken Skobelew Tee getrunken, als »plötzlich ein Mann mittleren Wuchses, mager, mit einem braungrauen Gesicht und Pockennarben eintrat. (...) Skobelew erklärte, dass das der Kaukasier Dschugaschwili sei, der soeben Mitglied des bolschewistischen ZK geworden sei und, wie es scheine, dort an Gewicht gewonnen habe. (...) Die außergewöhnliche äußere Erscheinung des Kaukasiers fiel mir in die Augen, die furchtbare Verbissenheit im Gesicht und der Ausdruck tiefer Feindseligkeit in den gelben Augen.«

Zwei Jahrzehnte später wird Trotzki schreiben:

»Die Erhöhung Stalins fand irgendwie hinter einem undurchsichtigen politischen Vorhang statt. Zu einem bestimmten Moment stieg seine Figur in voller Bewaffnung mit Macht plötzlich von der Kremlmauer hinunter.«

Bis zum Ende seines Lebens quälte Trotzki ein Gedanke: Mit seiner Passivität hatte er Stalin geholfen, mit Leichtigkeit »von der Kremlmauer hinunterzusteigen«. Stalin wird erst nach langer Zeit erfahren, welchen Eindruck die ersten Begegnungen mit ihm bei Trotzki hinterlassen hatten. Nach dem Jahr 1917 sollten die beiden Männer noch häufig zusammentreffen.

Nach der Oktoberrevolution glänzte Trotzkis Name. Er wurde direkt mit dem Erfolg des bewaffneten Oktoberaufstands in Verbindung gebracht. Stalin kränkten die Lobessprüche an die Adresse des »Lieblings der Revolution«. Zu jener Zeit wurde Trotzki in der Tat gefeiert:

»An den Volkskommissar für militärische Angelegenheiten Genossen Lew Dawidowitsch Trotzki
Zur Auszeichnung des Namens der Großen Proletarischen Oktoberrevolution grüßt die kommunistische Parteizelle des Moskauer Militärapothekenmagazins des Ihnen anvertrauten Kommissariats in Ihrer Person die heldenhafte sozialistische Rote Armee; die Parteizelle hat beschlossen, einen Club mit dem Namen unseres geliebten Führers der Roten Armee, des Genossen L. Trotzki, zu eröffnen. Die feierliche Eröffnung des Clubs findet am 9. dieses Monats um 6 Uhr 30 abends statt.
Der Vorsitzende der Parteizelle (Unterschrift unleserlich; D. W.)«

Stalin erinnerte sich daran, dass Trotzki, wenn er vor Beginn der Sitzungen erschien, die ganze Aufmerksamkeit auf sich gezogen hatte: Er sprach in kurzen, energischen Sätzen, die die Beliebtheit dieses Menschen nur noch steigerten, aus ihm schienen buchstäblich revolutionäre Säfte zu fließen. Wenn sie sich begegneten, so nickte Trotzki Stalin kühl zu und setzte seine Unterhaltung (mit Schljapnikow, Krestinski, Bucharin, Muralow) lebhaft fort.

Nein, in den ersten Stunden, nachdem er die Nachricht, auf die er so lange warten musste, erhalten hatte, empfand Stalin keine Befriedigung. Aber später, als ihm vollends bewusst werden sollte, dass der gefährlichste, der klügste, der beharrlichste Gegner nicht mehr unter den Lebenden weilte, da sollte Stalin innerlich triumphieren. Stalin hatte schon lange verstanden, worüber er niemals sprach: Das volle Gefühl der Unteilbarkeit seiner Macht und der Außergewöhnlichkeit seines Ichs hatte er nur, wenn er über die Leichen seiner wirklichen oder vermeintlichen Feinde schritt.
Stalin erinnerte sich noch an einige der letzten Artikel, die Trotzki in seinem »Bulletin der Opposition« publiziert hatte. In seinem Grußschreiben an den Konstituierenden Kongress der 4. Internationale schrieb Trotzki im Jahr 1938:

»Die Disproportion zwischen unseren heutigen Kräften und unseren morgigen Aufgaben ist uns klarer als unseren Kritikern. Die harte tragische Dialektik unserer Epoche arbeitet für uns. Der Krieg wird die Massen zu äußerster Verzweiflung und Empörung führen, und sie werden keine andere Führung als die 4. Internationale finden.«

In einem anderen Dokument verkündet Trotzki mystisch:

»In den nächsten zehn Jahren wird das Programm der 4. Internationale die Unterstützung von Millionen finden, und diese revolutionären Millionen können Himmel und Erde stürmen.«

Derart erhitzt prophezeite Trotzki den Triumph der 4. Internationale, den diese im Falle eines Kriegs ernten würde. Beim nüchternen Leser entstand der Eindruck: Trotzki wartete auf den Krieg, denn mit ihm verband er die Hoffnung auf seine Rückkehr auf die politische Szene der Geschichte, auf die Vernichtung Stalins, auf die Einnahme einer Position, die seiner Selbsteinschätzung entsprach. »Die ersten Opfer des kommenden Kriegs werden die Parteien der 3. Internationale sein. Und dann wird die 4. Internationale zur größten Macht der Welt werden.«
Stalin machte einige Schritte durch sein Arbeitszimmer und nahm sich das Paket des »Bulletins der Opposition« vor. Er fand die 65. Ausgabe des Jahres 1938. Im Stehen las er den Leitartikel, den Trotzki geschrieben hatte. Nicht viele Menschen können zu Zeilen zurückkehren, in denen sie beschimpft und geschmäht werden. Stalin konnte es. Er las und gewann dadurch neue Energien des Hasses.

»Was denn, Stalin lacht noch immer heimlich hinter den Kulissen? Der Faschismus schreitet von Sieg zu Sieg und findet wesentliche Hilfe im Stalinismus. Furchtbare militärische Bedrohungen klopfen an die Tore der Sowjetunion, und Stalin wählte diesen Moment, um die Armee zu erschüttern und die Nation niederzutreten (die Rede ist vom Prozess gegen Militärangehörige; D. W.).«

Der Vertriebene prophezeite (und damit war er von der Wahrheit nicht weit entfernt), es werde »einen anderen Prozess, einen wahren Prozess geben. Dann werden sich in der menschlichen Sprache nicht die Worte finden, um den allerwiderwärtigsten aller Kains, die es in der Geschichte gegeben hat, zu verteidigen.(...) Die Denkmäler, die er sich selbst errichtet hat, werden vernichtet oder in die Museen für totalitäre Schrecken aufgenommen werden. Und die siegende Arbeiterklasse wird die öffentlichen und geheimen Prozesse untersuchen, sie wird den unglücklichen Opfern der Stalinschen Bosheit und Niederträchtigkeit auf den Plätzen der befreiten Sowjetunion Denkmäler errichten.«

Stalin schlug das »Bulletin« zu, warf die Zeitschrift auf das Regal und ging einige Schritte im Zimmer. Es wird doch niemand solch einem Fieberwahn Glauben schenken? Haben doch die Trotzkisten und deren Anhänger öffentlich gestanden und sich ihrer Verbrechen für schuldig erklärt? Möglicherweise dachte Stalin, dass die Zukunft nicht viel vom Trotzkismus »zu sehen bekommen werde«, wenn es ihm gelänge, die Sache zu Ende zu bringen.

Nicht zufällig ordnete Berija kurz nach der Mitteilung über Trotzkis Ermordung an, man solle die »Liquidierung aktiver Trotzkisten in den Lagern« vorantreiben. Am Vorabend des Kriegs ging noch einmal eine Welle der Gewalt durch die Lager, von der kaum Notiz genommen wurde. In ihr kamen die letzten verurteilten »aktiven Trotzkisten« um. Eine letzte blutige Rache am ermordeten Führer der 4. Internationale.

Allein die Überschriften der Artikel Trotzkis konnten Stalin in Wut versetzen. Beispielsweise am 2. September 1939, als Trotzki das Pamphlet »Stalin – Hitlers Quartiermeister« veröffentlichte und einige Wochen später: »Das Zwillingsgestirn: Hitler–Stalin«. Während Stalin diesen Artikel las, hörte er buchstäblich Trotzkis Stimme: »Die UdSSR steht am Rande des Abgrunds. Alle Stalinschen Trümpfe bedeuten wenig, verglichen mit den Ressourcen und der Macht, die sich Hitler angeeignet hat und die er gegen die Sowjetunion anwenden wird.« Während Trotzki gegen Stalin auftrat und ihm eine Katastrophe voraussagte, hoffte er, dass der »Arbeiterstaat in der UdSSR eine Chance hat zu überleben«.

Trotzki wollte nicht die Niederlage der Sowjetunion, sondern den Untergang Stalins. In seinen Prophezeiungen über den kommen-

den Krieg spürt man die Unsicherheit: Wusste doch der Vertriebene, dass nur eine Niederlage seiner Heimat Stalins Macht beenden konnte.
Trotzki glaubte, er sei vor allen Dingen ein Mensch, der reich gesegnet sei mit dem, was wir heute Intellekt nennen. Er sah sich immer im Zentrum der Ereignisse, an denen er teilnahm. Revolutionäre Ideale waren ihm wichtig, und zwar vor allem deshalb, weil sie seine intellektuelle Bedeutung unterstreichen konnten. Er wünschte unbewusst den Krieg, weil er in diesem Krieg die einzige Möglichkeit sah, Stalin zu stürzen. Das jedoch wollte Trotzki sich nicht einmal selbst eingestehen. Seine neuen revolutionären Projekte, die im Grunde utopisch waren, führten wieder zu seiner alten »Theorie der permanenten Revolution« zurück – allerdings nur mit ihm an der Spitze. So prophezeite er in der Einleitung der Broschüre »Die Idee Karl Marx' ist lebendig«, dass als Resultat eines neuen Weltkriegs sowohl der Faschismus als auch der Stalinismus untergehen würde; eine neue proletarische Revolution »wird den Grundstein zur Existenz der Vereinigten Staaten von Europa legen«. Trotzki schreibt es zwar nicht direkt, jedoch gibt er zu verstehen, dass der Autor dieser Idee der Führer dieser »Vereinigten Staaten« werden sollte.
Wahrscheinlich erinnerte sich Stalin an den Beschluss, der zur Ausweisung Trotzkis geführt hatte. Das Politbüro erörterte diese Frage einige Male. Während der inoffiziellen Unterredungen äußerten Kirow, Rykow, Tomski, Kujbyschew, Mikoj an, Petrowski vorsichtige Zweifel: Möglicherweise hat Trotzki sich anders besonnen? Und wenn er sich für schuldig bekennen würde? Sollte man ihm nicht irgendeinen zweitrangigen Posten geben? War doch der Beliebtheitsgrad dieses Menschen immer noch ziemlich hoch. Stalin aber wollte keinerlei Versöhnung. Seine Bosheit und seine Rache hatten keinen »Rückwärtsgang«. Er wusste, solange Trotzki lebte, solange er sich in der UdSSR befand, war es für Stalin unmöglich, Ruhe zu finden. Nach einem Meinungsaustausch (damals war so etwas noch möglich) beschloss man vorzufühlen, was Trotzki selbst von einer Versöhnung halte. Man schickte einen Mann von Moskau nach Alma-Ata. Eine Woche später schickte dieser ein Telegramm: Trotzki sehe keine Schuld bei sich und keine Grundlage für eine Versöhnung mit Stalin. Nachdem

Stalin diese Mitteilung verlesen hatte, schaute er triumphierend auf seine Mitstreiter: Was hatte er immer gesagt? Den Beschluss über die Ausweisung Trotzkis zweifelte niemand mehr an. Trotzki erinnerte sich am 18. Februar 1935 folgendermaßen an diese Episode:

»Während unseres Aufenthalts in Alma-Ata erschien bei mir irgendein sowjetischer Ingenieur, der angeblich aus eigener Initiative gekommen war und angeblich mit mir sympathisierte. Er stellte Fragen zu unseren Lebensbedingungen, gab sich betrübt, und ganz nebenbei fragte er vorsichtig: ›Glauben Sie nicht, dass irgendwelche Schritte zur Versöhnung möglich wären?‹
Es ist klar, dass der Ingenieur abgesandt worden war, um meinen Puls zu fühlen. Ich antwortete ihm in diesem Sinne, dass von einer Versöhnung jetzt nicht die Rede sein könne: nicht deshalb, weil ich sie nicht wollte, sondern deshalb, weil Stalin sich nicht versöhnen könne und er genötigt sei, den Weg zu Ende zu gehen, den ihm seine Bürokratie vorgeschrieben habe.
›Womit kann das enden?‹
Mit einer blutigen Angelegenheit, antwortete ich. Stalin kann kein anderes Ende finden.
Mein Besucher verkrampfte sich, aber offenbar hatte er eine solche Antwort erwartet und ging bald.
Ich glaube, dass diese Unterhaltung eine große Rolle gespielt hat bei dem Beschluss, mich außer Landes zu weisen. Möglicherweise hatte Stalin schon früher solch einen Weg angestrebt, jedoch traf er im Politbüro auf Opposition. Nun hatte er starke Argumente: Trotzki selbst hatte erklärt, dass der Konflikt bis zur blutigen Auseinandersetzung führen würde. Die Ausweisung aus dem Land war der einzige Ausweg!«

Stalin sollte diese Zeilen aus Trotzkis Tagebuch niemals lesen. Auch er hatte damals die Ausweisung nicht für die beste Lösung gehalten. Aber zu jener Zeit konnte er seinen Hauptgegner weder aburteilen noch erschießen lassen.
Stalin war bekannt, dass der Vertriebene seine Arbeit an einem Buch mit einem äußerst kurzen Titel begonnen hatte: »Stalin«. Der »Führer« kannte Trotzkis Fähigkeiten, und er wusste, dass

aus seiner Feder eine außerordentlich giftige Arbeit fließen konnte. Stalin wusste außerdem, dass Trotzki ein flinker Schreiber war, und erwartete das Erscheinen des Buches in den Jahren 1938, 1939 und in diesem Jahr 1940. Möglicherweise existierte das Buch gar nicht? Aber trotz aller Ungewissheit drängte er Berija.
Stalin konnte nicht wissen, dass Trotzki, als er sich entschlossen hatte, zum Biographen seines Todfeindes zu werden, sich selbst dem künstlerischen Misserfolg ausgesetzt hatte. »Stalin« ist wahrscheinlich Trotzkis schwächstes Buch. Außer Bosheit, Rache, Galle konnte nichts aus seiner Feder entspringen. Ja, mit großer Kraftanstrengung ist es Trotzki gelungen, sieben Kapitel des Buches zu schreiben. Im Zentrum sehen wir Kain, der die Maske Sosos, Kobas, des Revolutionärs, des allmächtigen »Führers« der Partei und des großen Volks trug. Vieles, was er über Stalin sagt, ist wahr. Jedoch gibt es in dem Buch viele Spekulationen und Mutmaßungen, die nur ein Ziel verfolgen: zu zeigen, wie Kain zum Oberkain wurde. Nach Trotzki wurde Stalin als Bösewicht geboren und war als Kind bereits ein Monster. Es ist wohl nicht notwendig, zu betonen, dass solch eine Herangehensweise, der wir heute nicht selten begegnen, unwissenschaftlich ist. A priori kann niemand als Verbrecher abgestempelt werden. Und niemand wird als Bösewicht geboren. Man darf Stalin in den Jahren 1918, 1924 oder 1937 nicht mit einerlei Maß betrachten.
Stalin war es nicht vergönnt, diese Arbeit Trotzkis kennen zu lernen. Andernfalls hätte er Zeilen lesen können, die ihn zur Weißglut getrieben hätten:

»Um eine historische Parallele zu Stalin zu ziehen, scheiden nicht nur Cromwell, Robespierre, Napoleon und Lenin, sondern sogar Mussolini und Hitler aus. Wir gelangen zu einem näheren Verständnis Stalins, wenn wir in Kategorien von Mustafa Kemal Pascha oder vielleicht Porfirio Díaz denken.«

Gewiss, was sollte Trotzki über den Menschen denken, der aus ihm einen Herumtreiber, einen »Bürger ohne Visum« gemacht hatte. Über den Menschen, der seine nächsten Verwandten umgebracht hatte? Trotzki hatte Zeit, um Stalin und sein System zu beurteilen. Trotzki kam zu Recht zu der Schlussfolgerung, dass der Stalinismus keine Gesetzmäßigkeit war, sondern eine »historische Anomalie«. Im Jahr 1940 schrieb er, dass die historische Perspektive, die von den Marxisten aufgezeigt worden sei, einer Umbewertung bedürfe, wenn die Entfachung eines Zweiten Weltkriegs nicht zum Zusammenbruch des Kapitalismus führen würde. »Wenn das internationale Proletariat sich als unfähig erweisen sollte, seine Mission zu erfüllen, so verwandelt sich das sozialistische Programm, das auf den inneren Widersprüchen der kapitalistischen Gesellschaft beruht, in eine Utopie.« Die Jahre der Niederlagen und der Vertreibung mussten sich in pessimistischen Prognosen niederschlagen. Einen Standpunkt veränderte er jedoch niemals: Alle Schwierigkeiten der Arbeiterbewegung waren mit der »bürokratischen Entartung« Stalins und seiner Umgebung verbunden.

Stalin hatte viele Möglichkeiten, den Führer der neuen Internationale zu denunzieren. Damit beschäftigte sich auch die gehorsame Kommunistische Internationale. Die sowjetische Propaganda im Ausland, die über verschiedene Kanäle geleitet wurde, hatte in ihrem Arsenal auch dieses »Argument«: »Trotzki ist ein Handlanger des Imperialismus, sein Spion, einer der Organisatoren gemeinschädlicher Aktionen gegen die UdSSR.«

Wo sich Trotzki auch befand – in Frankreich, in Norwegen, in Mexiko –, überall hatte er Feinde. Das waren nicht nur Mitglieder der kommunistischen Parteien, von Gewerkschaften, von progressiven Organisationen, sondern nicht selten auch Menschen, die einst zu seinen Anhängern gezählt hatten. Sie waren enttäuscht von der Perspektivlosigkeit seines Programms.

Die Konferenz der mexikanischen Arbeiter und die Kommunistische Partei Mexikos protestierten scharf gegen die Einreise Trotzkis in ihr Land. Der Aufenthalt des Revolutionärs in Mexiko war begleitet vom ständigen Kampf vieler gesellschaftlicher und politischer Organisationen, die sich für seine Ausweisung einsetzten.

Trotzki fürchtete ein Attentat, deshalb schränkte er den Kreis der Bekannten und Besucher stark ein, und er fuhr kaum noch in die Berge oder in die Hauptstadt. Allmählich verschwanden viele Freunde. Vertraute Freunde bis zum Ende blieben Alfred und Marguerite Rosmer, die Trotzki noch aus der Zeit des Ersten Weltkriegs kannte. Abends gab er sich manchmal seinen Erinne-

rungen hin. Eines Tages offenbarte Trotzki bei einem Gespräch mit den Rosmers seine Idee, Stalin habe Lenin vergiftet.
Ohne über irgendwelche Fakten zu verfügen, malte der Vertriebene neue und immer mehr neue finstere Pinselstriche in das Porträt. Trotzki nahm an, dass Stalin, nachdem er von Lenins »Brief an den Parteitag« erfahren habe, kein Risiko eingehen wollte. Aber sogar die Rosmers äußerten ihre Zweifel an dieser Version. Trotzki hatte nur einen »Beweis«, den er auch in seinem Buch »Stalin« darlegt: Wenn Stalin alle Mitkämpfer Lenins getötet hatte, warum sollte er dann nicht auch den »Führer« ermordet haben?
Stalin wollte nicht, dass man ihm eine Übersetzung des Buches anfertigte. Es war wahrscheinlich das einzige Buch des Vertriebenen, das der Diktator weder sehen noch lesen wollte. Und außerdem erschien Trotzkis unvollendete Stalin-Biographie erst nach seiner Ermordung. Da interessierte es Stalin nicht mehr.
Trotzkistische Organisationen hatten mit Hilfe der mexikanischen Regierung im kleinen Ort Coyoacan für Trotzki ein großes Haus gefunden, das sie in eine wahre Festung verwandelten. Es war umgeben von einer hohen Betonmauer mit einem Wachturm. Im Haus selbst gab es beschlagene Eisentüren und eine moderne Alarmanlage. Trotzki wurde ständig von zehn Polizei- und Sonderagenten bewacht. Er besaß sogar eine Panzerweste, die er anlegte, sobald er seine Wohnanlage verließ. In seinem Zufluchtsort verfasste Trotzki Erklärungen und gab Interviews, in denen er das baldige Ende Stalins und einen wahrscheinlichen Sieg des Faschismus über die Sowjetunion prophezeite.
In den letzten zwei Jahren seines Lebens hatte Trotzki sich vollständig auf den ideologischen Kampf gegen seine ehemalige Heimat umgestellt. Die bürgerliche Presse und der Rundfunk vieler kapitalistischer Länder verbreiteten mit Vergnügen die vor Hass strotzenden Eröffnungen Trotzkis über Stalin. Im April 1940 arbeitete Trotzki an einem Aufruf: »Brief an die Arbeiter der UdSSR: Man belügt euch«. Darin rief er am Vorabend des Kriegs faktisch dazu auf, Stalin abzusetzen.
Vier Monate vor seinem Tod schrieb Trotzki:

»Die Oktoberrevolution wurde um der Werktätigen und nicht um der neuen Parasiten willen durchgeführt. Aber infolge der

Verzögerung der Weltrevolution, infolge der Erschöpfung und in starkem Maße der Rückständigkeit der russischen Arbeiter und besonders der russischen Bauern erhob sich über der Räterepublik und gegen ihre Völker eine neue unterdrückende und parasitäre Kaste, deren Führer Stalin ist.«

Trotzki hatte nun jegliches Gefühl für die Realität verloren und rief zu einem Aufstand gegen die »neue Kaste« auf. »Um diese Erhebung vorzubereiten, ist eine neue Partei nötig – eine kühne und ehrliche revolutionäre Organisation der fortgeschrittenen Arbeiter. Die 4. Internationale stellt sich den Aufbau einer solchen Partei in der Sowjetunion zur Aufgabe.« Der Appell endete mit den Worten:

»Nieder mit Kain-Stalin und seiner Kamarilla!
Nieder mit der räuberischen Bürokratie!
Es lebe die UdSSR, die Festung der Arbeiter!
Es lebe die sozialistische Weltrevolution!
25. April 1940 Mit brüderlichen Grüßen
Leo Trotzki«

Als Stalin den »Brief an die Arbeiter der UdSSR« gelesen hatte, rief er wieder einmal Berija zu sich und fluchte, dass er dies alles leid sei und allmählich daran zweifle, ob das NKWD dem ein Ende setzen wolle oder nicht. Der Volkskommissar berief einige Sitzungen ein; die Anstrengungen zur Liquidierung des Vertriebenen wurden verdoppelt. Offenbar wurde beschlossen, den Zorn einiger politischer Organisationen auf Trotzki auszunutzen, der vor allem wegen der volksfrontfeindlichen Aktionen seiner Anhänger im Spanischen Bürgerkrieg aufgekommen war. Die Komintern hatte in einer Reihe von Dokumenten die Politik der 4. Internationale und ihres Führers Trotzki verurteilt.
Am 24. Mai 1940, frühmorgens, entwaffnete eine »Gruppe Unbekannter«, in Polizeiuniformen gekleidet, die Wachen und griff das Haus an, in dem Trotzki lebte. Die Angreifer zerschossen buchstäblich das Zimmer, in dem sich Trotzki mit seiner Frau versteckt hatte. Es gelang ihnen, sich in einer Ecke hinter dem Bett zu verstecken und dem Mordanschlag zu entgehen.

Weder Trotzki noch seine Frau, noch ihr Enkel trugen Verletzungen davon. Aber jeden weiteren Tag betrachteten sie nun als Geschenk des Schicksals. Sie wussten: Auf sie war eine regelrechte Jagd angesetzt. Trotzki lebte wie ein Verurteilter in der Todeszelle, ohne zu wissen, wann der Moment der Vollstreckung kommen würde. Er hatte nicht mehr die Kraft, wieder irgendwohin zu fliehen. Sich verstecken und schweigen konnte er nicht. Und der Krieg mit Stalin ließ ihm so oder so wenig Chancen zum Überleben. Sein Gegner liebte es nicht, auf halbem Wege stehen zu bleiben.

Die Untersuchung, die die mexikanische Regierung durchführte, brachte zunächst keinerlei Resultate; die Angreifer wurden nicht gefunden. In amerikanischen und mexikanischen Zeitungen wurde sogar der Verdacht geäußert, Trotzki selbst habe diesen Überfall inszeniert, um die Kommunistische Partei Mexikos, Stalin und alle seine Verbündeten zu kompromittieren.

Ein Polizist fragte Trotzki: »Verdächtigt der Herr konkret jemanden des Attentats?«

»Aber gewiss«, antwortete der verwundert. Er beugte sich zum Ohr des Polizisten und sagte nicht ohne Ironie im Tonfall eines Verschwörers: »Der Urheber des Überfalls ist Josef Stalin, der sich dabei der GPU bediente.«

Der Mörder war schon in Trotzkis unmittelbarer Nähe. Im Jahr 1939 war er mit dem Haus Trotzki vertraut geworden. Es war der angebliche Belgier »Jacques Mornard«, ein Freund der amerikanischen Trotzkistin Sylvia Agelot, die bei Trotzki als Sekretärin gearbeitet hatte. »Mornard« war im Filmgeschäft tätig. In Geschäftskreisen stellte er sich auch als kanadischer Bürger »Frank Jacson« vor. Zunächst hatte »Jacson-Mornard« die Nähe der Rosmers gesucht, um einen Zugang zu dem scharf bewachten Vertriebenen zu bekommen. Im Mai 1940 lernte »Jacson« Trotzki kennen. In der Folge besuchte er Coyoacan regelmäßig, und in Unterhaltungen gab er zu verstehen, dass ihm Trotzkis Position »sympathisch« sei. Er schlug verschiedene Pläne vor, um die finanzielle Lage der 4. Internationale zu verbessern. Er gewann Trotzkis Vertrauen. »Jacson« fing nicht nur einmal Gespräche über »starke Persönlichkeiten« und über »die harte Hand« an. Bei Trotzki kam, wie seine Frau sich später erinnerte, sogar der Verdacht auf, dass dieser

Geschäftsmann ein Faschist sein könnte. Er war es nicht. Er war auch kein Belgier oder Kanadier. In Wirklichkeit hieß er Ramon del Rio Mercader, er war Spanier und einer der blinden Ausführungsgehilfen des Willens des »Führers der Völker«.
Irgendwann Mitte August bat »Jacson« Trotzki, einen Artikel zu korrigieren, den er zu einer wenig bedeutenden Frage geschrieben hatte. Trotzki machte einige Anmerkungen. Am 20. August, an einem Dienstagabend, kam »Jacson« mit dem korrigierten Artikel und bat Trotzki, den Text noch einmal durchzuschauen. Trotzki saß über seinem »Stalin«-Manuskript.
»Jacson« sagte später aus:

»Ich hatte meinen Regenmantel (...) auf ein Möbelstück gelegt, nahm den Eispickel zur Hand und ließ ihn mit geschlossenen Augen und meiner ganzen Kraft auf seinen Kopf niedergehen. Er brach in einen fürchterlichen, durchbohrenden Schrei aus – ich werde den Schrei mein ganzes Leben lang hören.«

Trotzki lag noch einen Tag im Koma.
In der Hosentasche des verhafteten Mörders fand man einen Brief, in dem dieser sich als einen »enttäuschten Anhänger Trotzkis« bezeichnete, der mit anderen Zielen nach Mexiko gekommen sei, aber hier den »Entschluss gefasst hatte, den Verbrecher zu töten«. Er könne es Trotzki nicht verzeihen, dass dieser sich »mit den Führern der kapitalistischen Länder arrangiert« habe.
Die Öffentlichkeit stellte sofort Fragen: Wer war der Mörder wirklich? Wer führte seine Hand? Die bürgerliche Presse skandierte im Chor: Stalin, Moskau, das NKWD, die Kommunisten. »Jacques Mornard« oder »Jacson« oder Ramon Mercader, der zu zwanzig Jahren Einzelhaft verurteilt wurde und diese Tag für Tag abgesessen hat, ist von seinen ersten Aussagen allerdings nicht abgewichen.
Er war tatsächlich das Instrument einer sorgfältig geplanten Operation des NKWD. An ihr hatten zahlreiche speziell vorbereitete Personen unter Führung des NKWD-Funktionärs Eitington teilgenommen. Als die Frage aufkam, wer die Tat schließlich begehen sollte, fiel die Wahl auf den 27jährigen ehemaligen Leutnant der spanischen republikanischen Armee Ramon Mercader. Er hatte

nicht nur Kampferfahrung, sondern er war auch überzeugt davon, dass der Aufstand der Anarchisten und Trotzkisten gegen die republikanische Regierung in Spanien im Mai 1937 von Trotzki persönlich gutgeheißen worden war. Mercader sah in Trotzkis Ermordung eine edle revolutionäre Tat. Der Terrorist trug am Tag der Tat außer dem Eispickel eine Pistole und einen Dolch bei sich. Er hatte den Eispickel benutzt, um nach der »Vollstreckung« von Stalins »Urteil« ungehört das Haus verlassen zu können. Als die Wachen den flüchtenden Mörder aber doch gefangen hatten, sagte Trotzki zu ihnen: »Nein, nein, er darf nicht getötet werden – er muss zum Sprechen gebracht werden.«

Stalin hatte beinahe eineinhalb Jahrzehnte gegen Trotzki gekämpft. Er hatte fast alle seiner Anhänger ermordet. Aber nie konnte er sich des Gefühls der Minderwertigkeit gegenüber Trotzki erwehren. Solange der Vertriebene im fernen Coyoacan lebte, konnte er seinen Cäsarismus nicht vollständig ausleben. Stalin war es nicht gelungen, Trotzki den Glauben an den Marxismus, an Lenin und an die Weltrevolution zu nehmen. In den Erinnerungen derer, die den Vertriebenen vorurteilsfrei betrachten, bleibt Trotzki der Verkünder des »revolutionären Weltfeuers« und des kommenden Triumphs der kommunistischen Ideale.

Berija wurde nach Trotzkis Tod befördert: Fünf Monate danach wurde er zum Generalkommissar für Staatssicherheit ernannt. Er übertrug die Aufgaben der Staatssicherheit Wsewolod Merkulow, behielt den Posten des Volkskommissars für Inneres und wurde außerdem noch Stellvertretender Vorsitzender des Rats der Volkskommissare. Im Westen schrieb man, dass Berija der Drahtzieher des Mordanschlags auf Trotzki sei. Ich glaube nicht, dass es in absehbarer Zeit gelingen wird, dokumentarische Zeugnisse zu finden, die diese oder andere Versionen bestätigen. Die Version, die mit Berijas Namen verbunden ist, bedarf allerdings kaum eines schriftlichen Beweises.

Nach Trotzkis Tod wurde sein Testament veröffentlicht, dessen bedeutendster Teil am 27. Februar 1940 geschrieben worden ist. Stalin konnte nicht widerstehen, er musste den letzten Willen seines Gegners kennenlernen. Trotzki hatte ihn auch hier nicht übergangen. Auf den vier Seiten des Testaments finden sich auch einige Zeilen über Stalin:

»Ich muss wohl hier kaum die einfältige und niederträchtige Verleumdung Stalins und seiner Agentur widerlegen: Meine revolutionäre Ehre ist makellos. Weder direkt noch indirekt bin ich jemals in irgendwelche knifflige Vereinbarungen oder gar Verhandlungen mit den Feinden der Arbeiterklasse getreten. Tausende von Gegnern Stalins starben als Opfer solcher lügenhaften Beschuldigungen.«

Die letzten zwei Sätze des Testaments las Stalin einige Male:

»Aber wie immer auch die Umstände meines Todes sein werden, ich werde sterben im unerschütterlichen Glauben an die Zukunft des Kommunismus. Dieser Glaube an den Menschen und an seine Zukunft gibt mir eben jetzt eine Widerstandskraft, die mir keine Religion geben könnte.«

Geheimdiplomatie

Stalin wollte, dass sein Land die kapitalistischen Länder in ökonomischer Hinsicht einholte und sogar überholte! Dafür war Zeit vonnöten, Frieden. Der Frieden musste gesichert werden. Um jeden Preis! Deshalb beförderte Stalin Molotow auf den Posten des Volkskommissars für Äußeres. Amtsvorgänger Litwinow war nach Stalins Auffassung zu sehr Antifaschist. Die klassischen Formen der Diplomatie schätzte Stalin nicht. Anstelle von Staatsbesuchen, Kongressen, internationalen Konferenzen, Spitzenbegegnungen verlegte er sich auf Korrespondenzen, Sondermissionen bevollmächtigter Vertreter und Verhandlungen im kleinen Kreis. Um solchen Verhandlungen ein besonderes Gewicht zu verleihen, pflegte er daran teilzunehmen. Stalin war davon überzeugt, dass die Diplomatie nur einem kleinen Personenkreis anvertraut werden durfte. Die Apparate des Volkskommissariats für Äußeres und des NKWD mussten Stalin mit Daten, Berichten und Einschätzungen zur außenpolitischen Lage versorgen. Er erinnerte sich nicht mehr daran, dass im ersten Dekret des Sowjetstaats die Geheimdiplomatie verurteilt worden war. Die sowjetische Regierung hatte von Dezember 1917 bis Februar 1918 in der »Prawda« und der »Iswestija« mehr als hundert Geheimdokumente aus dem Archiv des früheren Außenministeriums veröffentlicht. Stalin dagegen schätzte Geheimnisse.

Er hatte den Kern der außenpolitischen Lage seines Landes begriffen: Er konnte sich auf niemanden verlassen. Die Sowjetunion war zwar groß, aber sie war eine einsame Insel im Meer der kapitalistischen Staaten. Es war lebensnotwendig, Koalitionen zwischen den größeren imperialistischen Räubern gegen die Sowjetunion zu verhindern. Und es musste alles getan werden, um einen gleichzeitigen Krieg im Westen und im Osten zu vermeiden. Stalins These, dass der endgültige Sieg des Sozialismus noch nicht errungen sei, war gleichbedeutend mit dem Eingeständnis, dass der Sozialismus untergehen könne. Die Zaren hatten es einfacher gehabt, wird Stalin sich gedacht haben. Für die Monarchen war es leichter, sich zu einigen. Heiratsbündnisse, diplomatische Kongresse, gemeinsames Vorgehen gegen Revolutionen. Aber nun war dieser Hitler da, der erklärt hatte, dass der Kommunismus vernichtet werden müsse mitsamt den Trägern dieser Weltanschauung.

Stalin hatte nicht nur einmal den Gedanken gefasst, die USA für das Löschen des drohenden Weltbrandes zu gewinnen. Aber dann hatte er doch nichts getan, um in dieser Sache Kontakt mit dem amerikanischen Präsidenten aufzunehmen. Einerseits empfand er großes Misstrauen gegenüber dem transozeanischen Giganten, und andererseits bezweifelte Stalin, dass die Vereinigten Staaten irgendetwas Effektives in Europa würden ausrichten können.

Am 14. April 1939 hatte der amerikanische Präsident Roosevelt eine Note an Hitler und Mussolini gesandt. Darin forderte er sie auf, sich an den Verhandlungstisch zu setzen und dort alle strittigen Fragen zu lösen. Roosevelt bot seine Dienste als »Vermittler« an. Hitler und Mussolini wurden außerdem aufgerufen, sich zu verpflichten, innerhalb der nächsten zehn (oder fünfundzwanzig) Jahre die in der Note einzeln aufgeführten dreißig Staaten in Europa und im Nahen Osten nicht anzugreifen. Stalin nahm diese Initiative mit großem Interesse zur Kenntnis. Als er und Molotow diesen unerwarteten Schritt des amerikanischen Präsidenten erörterten, sagte Stalin: »Nur ein Idealist kann auch nur auf die

Erörterung dieser Vorschläge hoffen. Hitler hat Blut geleckt. Ihn aufzuhalten ist nun schwer.«
»Aber dies wäre ein würdiger Schritt«, antwortete Molotow. »In der Tat, die Welt ist noch nicht reif, ihn richtig einzuschätzen.«
Stalin und Molotow beschlossen, öffentlich auf Roosevelts Note zu reagieren. Sogleich setzten sie ein Telegramm an den amerikanischen Präsidenten auf. Es trug Kalinins Unterschrift, wobei das Staatsoberhaupt natürlich nicht nach seiner Meinung gefragt worden war.

»Herr Präsident!
Ich halte es für eine angenehme Pflicht, Ihnen mein tiefes Mitempfinden und gleichzeitig meine herzlichsten Glückwünsche bezüglich Ihres ehrenhaften Aufrufs, mit dem Sie sich an die Regierungen Deutschlands und Italiens gewandt haben, auszudrücken. Sie können versichert sein, dass Ihre Initiative den leidenschaftlichsten Widerhall in den Herzen der Völker der Sowjetischen Sozialistischen Union findet, die aufrichtig an der Erhaltung des allgemeinen Friedens interessiert sind.
16. 4. 1939 Kalinin«

Als dann aber der Bevollmächtigte Vertreter der UdSSR in den USA Umanski von Roosevelt am 30. Juni 1939 empfangen wurde, erklärte der Präsident lediglich, er hoffe, dass die englisch-französischsowjetischen Verhandlungen erfolgreich beendet würden. Stalin las Umanskis Telegramm, in dem es hieß:

»Roosevelt hat sich nicht entschieden, die ihm zur Verfügung stehenden moralischen und materiellen Mittel auszunutzen, um auf die Engländer und Franzosen einzuwirken mit dem Ziel, auf ihre außenpolitische Linie Einfluss zu nehmen.«

Stalin legte die Nachricht auf den Tisch und dachte vermutlich: »Jeder denkt zunächst einmal an sich selbst.« Wie er selbst.
Obwohl einige außenpolitische Fragen im Politbüro erörtert und entschieden wurden, so wurden sie doch immer vorab in den Unterredungen zwischen Stalin und Molotow »durchgearbeitet«. Zur Klärung konkreter Fragen zogen sie ab und zu Spezialisten

hinzu aus den Volkskommissariaten für Äußeres und für Inneres sowie aus dem militärischen Nachrichtendienst. Stalin behielt es sich vor, grundlegende Entscheidungen allein zu fällen, auch gegen Molotows Rat.

Schukow hat Simonow erzählt, dass er häufig an Diskussionen über wichtige Fragen in Stalins Arbeitszimmer teilgenommen habe. »Ich hatte die Möglichkeit, Streit und Auseinandersetzungen zu sehen, Sturheit zu sehen, die im Wesentlichen von Molotow bei einigen Fragen an den Tag gelegt wurde. Manchmal kam es dazu, dass Stalin seine Stimme erhob und sogar seine Beherrschung verlor, und Molotow lächelte, stand vom Tisch auf und blieb bei seinem Standpunkt.« Molotows Berichte von seinen Begegnungen mit der Naziführung hinterließen bei Stalin einen tiefen Eindruck. Der »Führer« kannte persönlich lediglich Ribbentrop. Nicht selten nannte er in engem Kreis Hitler und seine Umgebung »Gauner«. Sogar während der Verhandlungen über den Nichtangriffsvertrag habe Stalin es sich nicht nehmen lassen, die deutsche Delegation mit einem deftigen Schimpfwort zu belegen, wie der Justitiar des deutschen Außenministeriums Gaus bezeugt hat. Bei der Unterzeichnung des Pakts sagte Stalin: »Wir vergessen nicht, dass Ihr endgültiges Ziel der Überfall auf uns ist.« Immer wieder sprach Stalin mit Molotow über Hitler. Er wusste am besten, wie viel in einem totalitären Staat vom Diktator abhängen konnte.

In den Beziehungen zu den Nazis versuchte Stalin kaum, seinen Machiavellismus zu verbergen. Als die Zeremonie der Paktunterzeichnung beendet war, soll Stalin sein Sektglas erhoben und nicht ohne Ironie gesagt haben:

»Trinken wir auf den neuen Antikominternisten Stalin! Trinken wir auf die Gesundheit des Führers des deutschen Volkes, Hitler!«

Ribbentrop stürzte sogleich zum Telefon (die Verhandlungen wurden in Molotows Arbeitszimmer geführt) und informierte Hitler über die Unterzeichnung des Pakts und über Stalins Worte. Hitlers Antwort gab Ribbentrop sogleich freudig weiter:

»Oh, mein großer Minister für Auswärtige Angelegenheiten! Sie wissen nicht, wie viel Sie geleistet haben! Übergeben Sie dem Herrn Stalin meine Glückwünsche, dem Führer des sowjetischen Volkes!«

Nachdem man Stalin diese Worte übersetzt hatte, blickte er auf Molotow und zwinkerte ihm kaum merklich zu.
In Stalins Bibliothek befanden sich auch Bücher Machiavellis. Der Zweck heiligt die Mittel, diese Devise hatte Stalin sich angeeignet. Er und Molotow hielten es für zulässig, am falschen Spiel Hitlers teilzunehmen. Es galt, den Beginn eines unvermeidlichen Kriegs mit Deutschland aufzuschieben. Allerdings: Der schwächste Punkt in Stalins Diplomatie war seine Unfähigkeit, über den Horizont des heutigen Tages hinauszuschauen. Und ihr fundamentaler Fehler war der Mangel an Demokratie, wie er auch nach dem 20. Parteitag fortbestehen sollte. Auch vor dem Einmarsch in Afghanistan wurde kein Volksvertreter gefragt, und 14000 junge Menschen mussten diese überflüssige Aktion mit ihrem Leben bezahlen.
Drei politische Aktionen müssen wohl als die großen Schritte der Stalinschen Vorkriegsdiplomatie angesehen werden. Der erste Schritt ist die Unterzeichnung des sowjetisch-deutschen Nichtangriffsvertrags vom 23. August 1939. Ich möchte dazu noch einige Details anmerken. Stalin beobachtete die gleichgültige Einstellung der Engländer und Franzosen bei den Verhandlungen mit der Sowjetunion in Moskau, und er glaubte nicht an einen erfolgreichen Abschluss. Er hat weder Geduld noch Weisheit bewiesen. In Stalins Auftrag gab Molotow dem deutschen Botschafter in Moskau Friedrich Werner Graf von der Schulenburg zu verstehen, dass es sich wohl lohne, auf die Vorschläge Berlins zu einem Nichtangriffsvertrag zurückzukommen. Einige Monate zuvor hatte Stalin auf einen ähnlichen Vorschlag der Deutschen noch mit Schweigen geantwortet. Hitler war sofort einverstanden. Es begann ein lebhafter Telegrammaustausch. Moskau war noch vorsichtig, man musste alles abwägen. Stalin hatte beschlossen, diesen Schritt nur dann zu gehen, wenn endgültig klar geworden war, dass die Verhandlungen mit England und Frankreich aussichtslos waren. Hitler, der sich zu dieser Zeit mit Ribbentrop auf dem Obersalzberg aufhielt, war nervös. Er brauchte den Pakt,

denn dieser würde ihm freie Hand geben. Aber die Russen versuchten immer noch, sich mit den Engländern und Franzosen zu einigen. Hitler schrieb ein Telegramm an Stalin, in dem er ihn aufforderte, Ribbentrop am 22. August, spätestens am 23. August zu empfangen.

Am 23. August brachten zwei große Flugzeuge vom Typ »Condor« Ribbentrops Delegation nach Moskau. Aufgrund verschiedener Ungereimtheiten bei der Luftabwehr wurden die deutschen Flugzeuge über dem Gebiet von Welikije Luki beschossen, aber sie wurden nicht getroffen. Diese Tatsache hat M. A. Liokumowitsch mir gegenüber bestätigt, der damals in der Abteilung diente, die das Feuer gegen die deutschen Flugzeuge eröffnete. Noch am selben Tag reiste aus Moskau eine große Gruppe von NKWD-Mitarbeitern an, um zu klären, wer die »Provokation« organisiert habe. Es hätte durchaus passieren können, dass der Pakt am 23. August nicht unterzeichnet worden wäre. Am Vorabend dieses Tags versammelte Hitler seine Generäle und setzte sie über den bevorstehenden Angriff gegen Polen in Kenntnis.

Fast scheint es, als hätten die Franzosen und Engländer Stalin zum Pakt mit Hitler genötigt. Aber Stalin selbst hat damals einen Mangel an Geduld und Weitsichtigkeit bewiesen. Ihm leuchtete nicht ein, dass Hitler zu diesem Zeitpunkt mehr Interesse am Pakt hatte als er. Der Vertrag gab der Sowjetunion einen Zeitgewinn von fast zwei Jahren. Stalin hatte mit wenigstens drei oder vier Jahren gerechnet.

Stalin erinnerte sich gut an das lange Gespräch, das er mit Ribbentrop am 23. August nach dem Mittagessen geführt hatte. Der hoch gewachsene Deutsche ließ verstehen, dass Deutschland sich die Hände für einen wahrscheinlichen Krieg im Westen frei halten wolle. Während Stalin dem Außenminister zuhörte, hatte er wohl nur eines im Kopf: um jeden Preis Zeit gewinnen. Das Land und die Armee sind noch nicht bereit für den Krieg. Kommt der Pakt zustande, so wird es wenigstens keine Allianz kapitalistischer Staaten gegen die Sowjetunion geben. Das ist die Hauptsache.

Stalin sah voraus, dass viele Freunde der Sowjetunion diesen Schritt nicht verstehen würden. Aber er sah keinen anderen Ausweg. Er brauchte den Frieden, um später standhalten zu können. Und zu dieser Politik gehörten auch geheime Absprachen mit

Hitler. Ich meine das erwähnte Geheime Zusatzprotokoll, das den sowjetisch-deutschen Pakt ergänzte.
Die zweite große Aktion der Stalinschen Diplomatie ist mit der Verschiebung der Grenzen der UdSSR nach Westen verbunden. Der Beschluss, die Bevölkerung des westlichen Belorusslands und der westlichen Ukraine vor der drohenden Invasion der deutschen Truppen zu beschützen, war meines Erachtens gerechtfertigt. Er entsprach den Interessen der Werktätigen dieser Gebiete. Es ist traurig, dass Stalin diese Aktion, die den polnisch-sowjetischen Friedensvertrag von 1921 verletzte, mit einer geheimen Vereinbarung mit Hitler verband über die künftigen Grenzen und die territorialen Interessensphären.
Ich möchte einige Dokumente zitieren, die die erwähnten geheimen Absprachen zwischen Stalin und Hitler bestätigen (ganz gleich, ob sie mündlicher oder schriftlicher Art waren). Am 10. September 1939 schrieb Berija an Molotow:

»In Verbindung mit der bevorstehenden Veränderung der Stationierung der Grenztruppen des NKWD des Kiewer und des Belorussischen Militärbezirks erweitert sich die von diesen Truppen zu verteidigende Linie der Staatsgrenze der UdSSR von 1412 auf 2012 Kilometer oder um 600 Kilometer.«

Berija schlug vor, einen neuen Westlichen Grenzmilitärbezirk zu bilden. Als die sowjetischen Truppen in die westliche Ukraine und in das westliche Belorussland einmarschiert waren, wurden die Kontaktgrenzen zwischen den sowjetischen und deutschen Truppen festgelegt, entsprechend der geheimen Karte, die offenbar im August während der Verhandlungen abgestimmt worden war. Davon zeugt das folgende Dokument. Der deutsche Militärattaché in Moskau, General Köstring, übermittelte am 24. September dem Generalstab der Roten Armee folgende Botschaft:

»1. Ich bitte, dem Chef des Generalstabs der RKKA Schaposchnikow mitzuteilen, dass ich um 22 Uhr 30 von meiner Regierung eine Antwort erhalten habe, dass heute, am 24. 9. 1939, um 18 Uhr, Stadt Drogobytsch nach den Verhandlungen den Abteilungen der RKKA ohne jegliche Vorkommnisse übergeben worden ist.

2. Gleichzeitig ist man übereingekommen, dass Stadt Sambor am 26.9. morgens übergeben wird. Ich wiederhole noch einmal, während der Verhandlungen hat es keinerlei Schwierigkeiten gegeben. Ich bin sehr froh, dass alles gut gegangen ist.
3. Ich halte es für meine Pflicht mitzuteilen, dass in Drogobytsch bereits zehn Tage lang große Zisternen brennen, was wir aus den Berichten unserer Flieger entnehmen konnten. Vor Ort gehen Gerüchte herum, dass sie von den Deutschen angezündet worden seien, ich bitte, dem keinen Glauben zu schenken, denn dieses Material war uns nicht von Nutzen.
4. Bezüglich der Waggons, diese Frage kennt der Chef des Generalstabs der RKKA, haben wir uns entsprechend dem Protokoll verhalten. Das ist alles, was ich Ihnen schnell mitteilen wollte. Köstring. Entgegengenommen: Regimentskommissar Moskwin«

Ich könnte noch andere Dokumente anführen. Jedoch auch so ist alles klar: Stalin hielt es für notwendig, all diese »Details« abzustimmen. Offenbar gab es auch andere »Details«: So wurden deutsche und österreichische Antifaschisten, die in den dreißiger Jahren Verfolgungen in der Sowjetunion ausgesetzt waren oder sich in Untersuchungshaft oder Haft befanden, an Hitler ausgeliefert. Während der Augustbegegnungen zwischen Schulenburg und Molotow hatte der deutsche Botschafter einige Male die Sprache auf »die in der UdSSR inhaftierten deutschen Bürger« und ihre Übergabe an das Reich gebracht. Nach der Unterzeichnung des Pakts und nach dem Grenz- und Freundschaftsvertrag war es für Hitler nicht besonders schwierig, das Gewünschte zu erreichen. In den meisten Fällen geschah dies gegen den Willen der Betroffenen.
Die Völker des Baltikums stellten die Sowjetmacht in Estland, Lettland und Litauen wieder her. Diese Staaten befanden sich zwischen Deutschland und der Sowjetunion. Die Regierungen lavierten lange und suchten nach dem geringsten Übel. Entscheidend war in diesem Kampf der Wille der Völker, einfacher Menschen, die nicht vergessen hatten, wer dort die Sowjetmacht zwei Jahrzehnte zuvor zerschlagen hatte. Die Gefahr war offenkundig, dass die Baltischen Länder eine leichte Beute für Hitler werden konnten.

Während der sowjetisch-englisch-französischen Verhandlungen in Moskau hatte England sich geweigert, erweiterte Garantien für die Sicherheit der Baltischen Staaten zuzusagen. Im Anschluss an die Verhandlungen vom 28. September 1939 wurden Verträge über gegenseitige Hilfe mit Estland, am 5. Oktober mit Lettland und am 10. Oktober mit Litauen abgeschlossen. Litauen wurden Wilna und das Wilnagebiet angegliedert.

In den Jahren des Bürgerkriegs und der Intervention hatten die Kräfte der internationalen Reaktion und der inneren Konterrevolution der jungen Räterepublik das Baltikum gewaltsam und rechtswidrig entrissen. In Anbetracht der deutschen Bedrohung lagen die Hilfe der UdSSR und die Aufnahme der Baltischen Staaten in den Staatsverband der UdSSR im Jahr 1940 nicht nur nach Stalins Meinung im Interesse sowohl Litauens, Lettlands und Estlands als auch der Sowjetunion. Stalin nahm, wie gesagt, persönlich an allen Verhandlungen und Zeremonien der Vertragsunterzeichnung mit jedem der Baltischen Staaten teil. Dies unterstrich das besondere Gewicht dieser Schritte.

In der Reihe wichtiger außenpolitischer Aktionen der Stalinschen Diplomatie muss auch die Note vom 26. Juni 1940 an Rumänien erwähnt werden. Darin forderte die sowjetische Regierung die Rückgabe Bessarabiens, dessen gewaltsame Annexion durch Rumänien die Sowjetunion niemals anerkannt hatte.

Aber Stalin wäre nicht Stalin gewesen, hätte er bei diesen außenpolitischen Aktionen nicht auch Leid und Elend gebracht. In den neugewonnenen Gebieten der westlichen Ukraine und des westlichen Belorusslands, in den Baltischen Republiken und in Moldawien begann er bald »feindliche Elemente« zu »liquidieren«: Kulaken, Angehörige der Bourgeoisie, Händler, ehemalige Weißgardisten und einfach »verdächtige Menschen«. Viele von ihnen gingen den traurigen Weg hinter den Ural nach Sibirien. Und ihrer waren nicht wenige.

Stalin bemühte sich, die Verträge mit Leben zu erfüllen. So misstrauisch, wie er gemeinhin war, so erstaunlich ist es, dass er bei einigen Aktionen Berlins nicht hellhörig wurde. Beispielsweise weigerten sich die Deutschen im Januar 1941, das sogenannte »Wirtschaftsabkommen« über einen längeren Zeitraum als bis Ende 1941 abzuschließen. Man berichtete Stalin, dass die Deut-

schen bei den Verhandlungen über die sowjetisch-deutsche Grenze vom Fluss Igorka bis zum Baltischen Meer gerne auf Kompromisse eingegangen seien und nicht um jeden »Hügel« gestritten hätten, wie es bei Grenzangelegenheiten sonst üblich war.
Stalin und andere Führer hätten bemerken müssen, dass die Deutschen den Grenzen keine besondere Bedeutung beimaßen, weil diese Grenzen für sie nur vorübergehend galten. Die Vorstellungen des Führers vom »Lebensraum im Osten« waren keineswegs abstrakt. Aber Stalin fehlte es an staatsmännischer Weisheit, um diese und andere Tatsachen richtig einzuschätzen. Er war bereits zum Gefangenen seiner Fehleinschätzungen hinsichtlich der Absichten der Deutschen und der ihm noch zur Verfügung stehenden Zeit geworden. Schließlich wurde in diesen Jahren noch eine dritte wichtige diplomatische Aktion abgeschlossen: die Unterzeichnung des Neutralitätspakts zwischen der Sowjetunion und Japan. Ende März 1941 reiste der japanische Außenminister Yosuke Matsuoka nach Moskau. Die erste Verhandlungsrunde brachte keinen Erfolg; die Japaner bestanden auf ihrer Forderung, dass die Sowjetunion ihnen den nördlichen Teil der Sachalininsel verkaufen solle. Stalin, der an den Verhandlungen teilnahm, schwieg lange, während er dem japanischen Minister zuhörte. Dann unterbrach er den Japaner mit einer kurzen Frage: »Ist das etwa ein Scherz?« Die Verhandlungen schienen beendet. Matsuoka verabschiedete sich kühl und reiste nach Berlin weiter. Nachdem er am 8. April aus Deutschland nach Moskau zurückgekehrt war, traf er sich erneut mit den sowjetischen Führern. Aber die Verhandlungen schienen zunächst wieder nicht zum Erfolg zu führen: Die Japaner stellten nach wie vor unannehmbare Bedingungen. Aber Stalins Härte half auch hier. Am Abend seiner Abreise aus Moskau, am 13. April, nachdem Matsuoka neue Instruktionen aus Tokio erhalten hatte, wurden die unerfüllbaren Forderungen der japanischen Delegation fallen gelassen und der Neutralitätspakt zwischen der UdSSR und Japan unterzeichnet.
Durch dieses Abkommen verbesserte sich die strategische Lage der Sowjetunion im Fernen Osten. Japan hatte die Grenzen der Mongolischen Volksrepublik anerkannt. Aber die Unterzeichnung dieses Vertrags brachte für die sowjetische Regierung auch eine Reihe von Schwierigkeiten mit sich. Die chinesische Regie-

rung hatte sich schon einige Zeit zuvor gegen ein sowjetisch-japanisches Abkommen ausgesprochen. Am 27. August 1939, nach der Unterzeichnung des Nichtangriffsvertrags zwischen der UdSSR und Deutschland, empfing der Stellvertreter des Volkskommissars für Äußeres Losowski den chinesischen Botschafter Sun Fo. Der chinesische Botschafter erklärte offen:

»Uns berühren zwei Fragen:
1. Gerüchte über einen Nichtangriffsvertrag zwischen der UdSSR und Japan und 2. Gerüchte über eine mögliche Übereinkunft zwischen Japan und England.
Vom Standpunkt der nationalen Interessen Chinas ist für uns sowohl das eine als auch das andere ungünstig. Wenn die UdSSR einen Nichtangriffsvertrag mit Japan abschließen würde, so würde dies unvermeidlich zur Schwächung ihrer Hilfe für China führen.«

Auf diese Befürchtungen erwiderte Losowski:

»Was den Nichtangriffsvertrag zwischen Japan und der UdSSR betrifft, so ist uns über diese Frage nichts bekannt. Es gab eine Zeit, als die UdSSR Japan vorgeschlagen hatte, einen Nichtangriffsvertrag abzuschließen. Japan hat abgelehnt. Somit steht diese Frage nicht auf der Tagesordnung.«

Damals stand diese Frage tatsächlich nicht auf der Tagesordnung. Aber eineinhalb Jahre später versuchte Stalin, der den herannahenden Krieg ahnte, die Spannungen im Osten abzuschwächen. In den fünf Jahren zuvor hat es zwischen Japan und der Sowjetunion ernste Konflikte, harte Meinungsverschiedenheiten und schwere militärische Zusammenstöße gegeben. Die schwersten Kämpfe wurden am Chassansee und im Gebiet des Chalchin-Gol in der Mongolei ausgetragen. Während Stalin an der Zeremonie der Vertragsunterzeichnung mit Japan teilnahm, mag er wohl gedacht haben: Wie unvorhersehbar ist die Politik! Wie häufig hatte die UdSSR Japan vorgeschlagen, einen solchen Vertrag abzuschließen? Es bedurfte einer Demonstration der sowjetischen Militärmacht, und es bedurfte militärischer Konflikte in den Jahren

1938 bis 1939, um Japan erkennen zu lassen, dass Verhandlungen mit uns unumgänglich sind.
Nach der Paktunterzeichnung ließen sich beide Delegationen fotografieren. Anschließend Stalin zusammen mit Matsuoka, halb umarmt. Stalin war zufrieden. Der Krieg an zwei Fronten war weniger wahrscheinlich geworden. Auch Matsuoka freute sich: Jetzt hatte Japan freie Hand in Ostasien. Stalin wusste von diesem Plan der japanischen Militaristen. Aber er hatte keine Wahl.
Am Abend sollte Matsuoka mit dem Nachtzug aus Moskau abreisen. Es blieben nur noch wenige Minuten bis zur Abfahrt des Zugs, und plötzlich erschien Stalin mit einer vielköpfigen Leibwache am Bahnhof, um sich zu verabschieden. Japans Außenminister fühlte sich geehrt. Während der sowjetische »Führer« den Japanern die Hände drückte, bekräftigte er, dass er dem Vertragsabschluss eine große Bedeutung beimesse und auch den gleichzeitig vereinbarten Erklärungen zur Garantie der territorialen Integrität der Mongolischen Volksrepublik. Stalin fand auch Zeit, um mit den Deutschen, die Matsuoka zum Bahnhof begleitet hatten, Freundlichkeiten auszutauschen. Er wusste, wie schlecht die Sowjetunion auf einen Krieg vorbereitet war. Deshalb war er bereit, wen auch immer vom Bahnhof abzuholen oder dort zu verabschieden.
Stalin wusste zwar, dass der Krieg unausweichlich war, aber er wollte nicht glauben, dass der deutsche Angriff dicht bevorstand. Stalin war ein Gefangener dieser beiden Postulate, immer wieder sagte er: »Sich nicht von Provokationen verleiten lassen!« – »Nur nicht auf Provokationen eingehen!« – »Über den Provokationen stehen!« Bald verstand man in Berlin, dass Zeitgewinn für Stalin alles war. Und die Deutschen nutzten diese Lage zu einem unverschämten Verhalten. Seit Beginn des Jahres 1941 verletzten Dutzende von deutschen Flugzeugen systematisch die Grenze der Sowjetunion und drangen immer tiefer in ihren Luftraum ein. Wenn die Flugzeuge zu einer Landung gezwungen worden waren, wurden die Piloten und Maschinen sogleich der deutschen Seite zurückgegeben. Als kurz vor Beginn des Kriegs unsere Grenzschützer ein deutsches Aufklärungsflugzeug über sowjetischem Territorium abgeschossen hatten und die beiden Piloten dabei ums Leben gekommen waren, befahl Stalin, die Verantwortlichen

dafür zu bestrafen. Außerdem ging ein Telegramm an die sowjetische Botschaft in Berlin: »An Skornjakow. Suchen Sie umgehend Göring auf, und drücken Sie Ihr Mitgefühl über dieses Ereignis aus.«

Als Mussolini feststellen musste, dass seine Truppen bei ihrem Eroberungszug auf dem Balkan nicht vorankamen, wandte er sich an Hitler um Hilfe. Dieser erklärte sich dazu bereit unter der Bedingung, dass sich die italienischen Truppen dem deutschen Oberbefehl unterstellten. Als Hitlers Soldaten zusammengezogen wurden für den Überfall auf Griechenland und Jugoslawien, schlug die Regierung in Belgrad der Sowjetunion vor, einen Freundschafts- und Nichtangriffsvertrag abzuschließen. Am 5. April 1941 wurde der Vertrag unterzeichnet. Stalin wies Hitler darauf hin, dass eine Stationierung deutscher Truppen auf der Balkanhalbinsel unerwünscht sei. Aber Hitler ließ es sich nicht nehmen, Stalin erneut zu brüskieren. Er ignorierte »Moskaus Signal«: 24 Stunden nach der Unterzeichnung des sowjetisch-jugoslawischen Vertrags griffen die deutschen Truppen Jugoslawien an. Und dies, obwohl Botschafter Schulenburg in Moskau schon am 17. Januar 1941 erklärt worden war, dass »die Sowjetunion den Ostteil der Balkanhalbinsel für eine Zone ihrer Sicherheit halte und an Ereignissen in dieser Region nicht unbeteiligt bleiben könne«.

Schon Mitte 1940 hatte Stalin ein deutliche Verschlechterung der Beziehungen zwischen seiner und der deutschen Regierung festgestellt. Und Hitler hatte gemerkt, dass das Misstrauen der Sowjetunion wuchs. Das passte nicht in seine Pläne. Er lud Stalin ein, Berlin zu besuchen. Aber dieser liebte das Ausland nicht. In Moskau entschied man, dass Molotow fahren solle. Am Abend vor der Abreise des Volkskommissars mutmaßten Stalin und Molotow in Anwesenheit Berijas lange: Was will Hitler? Was kann getan werden, damit der Pakt wenigstens noch einige Jahre hielt?

Bereits auf dem Berliner Bahnhof, wo Molotow am 13. November 1940 von Ribbentrop, Keitel, Ley, Himmler und anderen Hitlerschen Bonzen abgeholt wurde, erklärte man ihm, dass der Führer dieser Begegnung eine große Bedeutung beimesse. Vor dem unausweichlichen Zusammenbruch Englands müsse man sich doch

mit dem »Deutschland freundlich gesinnten Staat« beraten.
Als man Molotow in Hitlers Arbeitszimmer führte, erstaunte ihn die Größe des Raums. Hitler streckte dem Volkskommissar seine weiche, schweißnasse Hand entgegen und schaute ihn aufmerksam an. Ohne Umschweife kam der Führer zur Sache: Die Länder der »Achse« stünden am Vorabend ihres Triumphs. Bald werde das Britische Empire öffentlich versteigert werden. Es sei nun notwendig, zu entscheiden, wie die Welt künftig aussehen solle. Daran seien Deutschland und, wie er hoffe, auch Russland interessiert.
Aber Molotow zeigte kein Interesse an den globalen Plänen Deutschlands und forderte beharrlich Antworten auf einige konkrete Fragen: Warum befinden sich deutsche Truppen in Finnland? Wann werden die deutschen Truppen aus Bulgarien und Rumänien zurückgezogen? Wie kam es zum Beitritt Ungarns zum Dreimächtepakt? Und Molotow ließ verstehen: Was Moskau am meisten beunruhigte, waren die sowjetisch-deutschen Beziehungen. Die Verhandlungspartner sprachen verschiedene Sprachen.
Augenblicklich verlor Hitler das Interesse an den Verhandlungen, und er schlug vor, sie am nächsten Tag fortzusetzen. Die »Partner« sprachen offenbar verschiedene Sprachen. Hitler, der Molotow bis zum Ausgang des großen Saals der neuen Reichskanzlei begleitete, berührte den Ellenbogen des Volkskommissars: »Ich weiß, die Geschichte wird Stalin für immer in Erinnerung behalten. Aber sie wird auch mich in Erinnerung behalten.«
»Ja, selbstverständlich wird sie das«, antwortete Molotow kühl.
Beide Seiten wussten, dass die Abkommen, die vor einem Jahr unterzeichnet worden waren, Totgeburten waren. Deutschland brauchte sie, um die Sowjetunion zu täuschen und freie Hand zu bekommen. Die Sowjetunion brauchte sie, um Zeit zu gewinnen. Es wurde ein großes Spiel gespielt. Beide Seiten glaubten, sie würden gewinnen. Als Molotow nachts in das Berliner Hotel »Bellevue« zurückkehrte, versuchte er sich mit einem Gedanken zu trösten: Die Deutschen können es sich nicht erlauben, die Fehler des Ersten Weltkriegs zu wiederholen – einen Kampf an zwei Fronten zu führen. In der Tat, auch nach seinem Besuch in Berlin ging Molotow davon aus, dass die Deutschen sich an den Pakt halten würden. In Stalin dagegen wuchs allmählich das Misstrauen.

Stalin achtete peinlich genau auf die Einhaltung des deutsch-sowjetischen Nichtangriffsvertrags. Zum Jahrestag der Vertragsunterzeichnung erschienen in der sowjetischen Presse viele Artikel. Die Deutschen haben sich kaum an dieses Datum erinnert. Einen Monat später, am 28. September 1940, jährte sich der sowjetisch-deutsche Grenz- und Freundschaftsvertrag: Am Tag zuvor hatten in Berlin Deutschland, Italien und Japan den Dreimächtepakt abgeschlossen. Das war Hitlers Art, das Einjahresjubiläum zu begehen.
Aber auch diese Tatsache änderte Stalins Haltung nicht: »Der Krieg ist unausweichlich, aber die Deutschen greifen erst in zwei oder drei Jahren an.« Er hielt sich bereits für unfehlbar. Und warum sollte er auch diskutieren: Alle würden doch nur versuchen, seine Meinung zu erraten. Nun erntete er die Früchte seiner Alleinherrschaft. Das bürokratische System, das er mit aller Gewalt geschaffen hatte, war nur noch in der Lage, seine Entscheidungen gutzuheißen. Wie sich Schukow erinnerte, hat Stalin einmal zwei Gehilfen aus seinem Apparat vorgeworfen: »Was soll ich mit euch überhaupt reden? Was man euch auch sagt, ihr sagt alle: ›Ja, Genosse Stalin‹, ›Selbstverständlich, Genosse Stalin‹, ›Absolut richtig, Genosse Stalin‹, ›Sie haben eine weise Entscheidung getroffen, Genosse Stalin‹.«
Eine Analyse der Archivdokumente jener Zeit zeigt, dass sich in den Sitzungen des Politbüros folgende Personen fast immer der Meinung des »Führers« angeschlossen und äußerst selten auch nur die geringsten Vorschläge gemacht haben: Andrejew, Berija (er konnte die Gedanken des Herrn am besten lesen), Woroschilow, Kaganowitsch, Kalinin, Mikojan, Malenkow, Chruschtschow, Schwernik, Schtscherbakow. Mehr Initiative dagegen legten Molotow, Wosnessenski und Schdanow an den Tag. Das Politbüro, das auf dem Plenum des ZK am 22. März 1939 gewählt worden war (Wosnessenski, Malenkow, Schtscherbakow waren im Februar 1941 als Kandidaten dorthin aufgerückt), verkörperte die Alleinherrschaft Stalins in Partei und Staat.
Niemand bezweifelte Stalins Weitsicht. Auch als seine Einschätzungen vor Beginn des Kriegs merklich von der Wirklichkeit abwichen, ließ niemand den Gedanken zu, dass Stalin einen Fehler machen könnte. Man nahm lediglich an, dass nicht alle verstan-

den, was Stalin längst klar sei. »Ich trug einen gewaltigen Glauben an Stalin in mir«, sagte Schukow, »an seinen politischen Verstand, seine Weitsicht und seine Fähigkeit, einen Ausweg aus den allerschwierigsten Lagen zu finden. Im gegebenen Fall: an seine Fähigkeit, sich einem Krieg zu entziehen, ihn hinauszuschieben. Die Unruhe zehrte die Seele auf. Aber der Glaube an Stalin und daran, dass schließlich und endlich alles so kommen würde, wie er es annahm, waren stärker.«

In den letzten zwei Monaten vor dem Krieg erhielt Stalin nicht wenige Hinweise auf den bevorstehenden deutschen Überfall. Die Warnungen kamen von den Geheimdiensten, von Diplomaten und von Freunden der Sowjetunion. Warnungen erhielt er auch von den Regierungen der USA und Großbritanniens. Churchill informierte ihn im April 1941 per Brief über Truppenbewegungen der Wehrmacht in Richtung Osten. Stalin las den Brief des britischen Premierministers aufmerksam, aber er glaubte ihm nicht. Er nahm an, die Regierung in London wolle ihn in einen Krieg mit Hitler treiben.

Aber dann, unter dem Eindruck immer neuer Indizien, beschloss die sowjetische Regierung doch, etwas zu tun. Die Nachrichtenagentur TASS veröffentlichte am 14. Juni 1941, eine Woche vor dem Überfall, die bekannte Erklärung, in der unter anderem neue deutschsowjetische Gespräche angeregt wurden:

»Vor Cripps' Ankunft in London und besonders danach haben die Gerüchte über einen ›baldigen Krieg‹ zwischen der Sowjetunion und Deutschland immer mehr zugenommen. Es heißt ferner, Deutschland habe territoriale und wirtschaftliche Forderungen an die Sowjetunion gestellt. (…) All das ist nichts anderes als plumpe Propaganda der Deutschland und der UdSSR feindlich gesinnten, an einer Ausdehnung des Kriegs interessierten Kräfte. TASS ist ermächtigt festzustellen:

Deutschland hat keinerlei Forderungen an die Sowjetunion gestellt, weshalb auch keine Verhandlungen notwendig sind.

Deutschland erfüllt die Abmachungen des sowjetisch-deutschen Paktes ebenso gewissenhaft wie die Sowjetunion. Den Bewegungen deutscher Truppen an der deutschen Ostgrenze müssen andere Ursachen zugrunde liegen, die nichts mit den sowjetisch-deut-

schen Beziehungen zu tun haben.
Die Sowjetunion hält die Bestimmungen des sowjetisch-deutschen Paktes ein und hat auch weiterhin die Absicht, dies zu tun.
Alle Gerüchte über Vorbereitungen zu einem Krieg mit Deutschland entbehren jeder Grundlage.
Die kürzlich erfolgte Einberufung von Reservisten sowie die abgehaltenen Manöver bezweckten die Ausbildung von Reserveeinheiten sowie die Prüfung der Leistungsfähigkeit des Eisenbahnnetzes, und es ist zumindest absurd, diese Operationen als deutschfeindlich hinzustellen.«

Stalin und Molotow verbanden mit dieser Initiative die Hoffnung, sie könnten die Deutschen ein oder zwei Monate hinhalten, und dann wäre der Winter schon nah und die Gefahr einer Aggression für 1941 gebannt.
Nach dem Krieg versuchten einige sowjetische Politiker, diese TASS-Erklärung als eine gewöhnliche »diplomatische Sondierungsmaßnahme« hinzustellen. Aber selbst wenn man dies als richtig unterstellt, so haben sie doch Millionen von sowjetischen Menschen und alle Soldaten gelesen! Wie sich der berühmte Militärführer Sandalow erinnerte, wurde die Erklärung bei den Streitkräften eindeutig aufgefasst: »Ein solches Auftreten einer autoritativen staatlichen Institution stumpfte die Wachsamkeit der Truppen ab. Bei den Kommandeuren führte sie zur Überzeugung, dass es irgendwelche unbekannten Umstände gebe, die unserer Regierung erlaubten, gelassen und sicher in der Sicherheit der sowjetischen Grenzen zu bleiben. Die Kommandeure übernachteten nicht mehr in den Kasernen. Die Soldaten zogen sich zur Nacht aus.«
Das Ergebnis von Stalins Sondierung war: Berlin ignorierte die TASS-Erklärung, und die sowjetischen Menschen, die damals alles für bare Münze nahmen, was von ihrer Führung kam, glaubten noch fester, dass ein Krieg unwahrscheinlich war.
Stalin hat in den letzten Monaten vor Kriegsbeginn die Möglichkeiten der Diplomatie überschätzt. Als bereits klar war, dass Hitler bald einen Krieg gegen die Sowjetunion beginnen wollte, klammerte sich Stalin an die TASS-Erklärung und an diplomatische Noten, statt die Rote Armee in volle Kampfbereitschaft zu

versetzen. Gespannt wartete man in Moskau auf Berlins Reaktion. Aber die chiffrierten Telegramme aus der sowjetischen Botschaft in Berlin sagten: Die deutsche Regierung und alle anderen Offiziellen des Nazistaats entzogen sich einer Antwort auf die TASS-Erklärung vom 14. Juni 1941. Und Berlin reagierte ebenso wenig auf eine diplomatische Note, in der sich die sowjetische Regierung über eine Grenzverletzung durch die Wehrmacht beschwerte. Daraufhin lud Molotow den deutschen Botschafter in Moskau zu sich und bat ihn, die Haltung seiner Regierung zu den in der TASS-Erklärung angesprochenen Problemen darzulegen. Gleichzeitig bemühte sich der sowjetische Botschafter in Berlin um einen Gesprächstermin bei Ribbentrop. Vergeblich.

Verhängnisvolle Rechenfehler

Schließlich wurden einige zögerliche Maßnahmen eingeleitet. Militärschüler wurden vorzeitig in ihre Einheiten zurückgeschickt, die Flughäfen wurden getarnt und 800 000 Reservisten eingezogen. Zu diesen wenigen richtigen Schritten konnte Stalin sich nur schwer entscheiden, denn ihn beherrschte die Vorstellung, auf keinen Fall die Deutschen zu provozieren. Timoschenko und Schukow mussten Stalin zu verschiedenen Fragen zwei- oder dreimal Bericht erstatten, bis dieser einverstanden war. Stalin war nach wie vor ein Gefangener der Idee, dass Hitler keinen Zweifrontenkrieg führen werde. Er übersah dabei allerdings, dass es gar keine richtige Front im Westen gab! Aber niemandem wäre es eingefallen, den »Führer« zu korrigieren. Hatten sich doch bereits alle an seine »Unfehlbarkeit« gewöhnt.

Stalin zuliebe sprachen alle einmütig über die »Unbesiegbarkeit der Roten Armee«, darüber, dass die inneren Widersprüche die kapitalistischen Länder »zerreißen werden«. Darüber schrieb die Presse, das sendete das Radio, das bestätigten die Theoretiker. Beispielsweise das Akademiemitglied Eugen Varga, den Stalin schätzte und mit dem er sogar häufiger sprach. In einer Rede vor der Militärpolitischen Akademie »Lenin« sagte Varga am 17. April 1941:

»Es kommt die Frage auf – wird es in diesem Krieg überhaupt Sieger und Verlierer geben, oder wird sich der Krieg derart in die Länge ziehen, dass keine der beiden kämpfenden Gruppen die andere besiegen kann? (…) Die Interessen der UdSSR fordern die Erhaltung des Friedens, bis die revolutionäre Krise in den kapitalistischen Ländern reif geworden ist.«

Und dann machte das Akademiemitglied eine Bemerkung ganz im trotzkistischen Geist. Aber da es nicht Trotzki sagte, hatte Stalin nichts dagegen.

»Wenn eine solche Situation entstehen sollte, dass in einigen Ländern aufgrund des Krieges eine revolutionäre Krise entsteht, die bürgerliche Macht geschwächt ist und das Proletariat die Macht in seine Hände nimmt, dann ist die Sowjetunion verpflichtet, und sie wird es tun, der proletarischen Revolution in anderen Ländern zu Hilfe zu kommen.«

Die Überschätzung der militärischen Kraft des eigenen Landes war in der Sowjetunion weit verbreitet. Aber es gab doch einige wenige, die sich in dieser kultischen Zeit die Fähigkeit, nüchtern zu denken, erhalten hatten. So wiesen Experten in einer Studie zur »Militärideologie« auf offenkundige Schwächen der Roten Armee hin, vor allem angesichts der Misserfolge im sowjetisch-finnischen Krieg: die niedrige Kultur der Militärkader, falsche ideologische Einstellungen (wie sie sich etwa in der Losung von der »Unbesiegbarkeit der Roten Armee« niederschlugen), ein falsches Verständnis der internationalen Aufgaben der Roten Armee. Dazu gehöre auch der Glaube, dass in Ländern, die einen Krieg gegen die Sowjetunion führten, sofort Aufstände der Arbeiterklasse stattfänden. Das Gerede »von der Unbesiegbarkeit macht die Menschen hochmütig, oberflächlich und lässt sie verächtlich auf die Militärwissenschaft herabschauen; auf dem Gebiet der Technik führt es zu Rückständigkeit, auf dem Gebiet der Militärtheorie zur einseitigen Ausarbeitung der einen Kampfarten zum Nachteil anderer«. Die Niederschrift der Experten umfasst dreißig Seiten, und sie enthält nicht nur eine kritische Analyse der Lage der Roten Armee und der Entwicklung des sowjetischen

militärischen Denkens, sondern auch einige konstruktive Ideen, die bis heute ihre Aktualität nicht verloren haben. Aber wieder einmal war der Kommentar des »Führers« kurz: »Zu den Akten.« Das Schicksal der Autoren dieser Studie kenne ich nicht, wobei mir klar ist, dass sie Stalin und Woroschilow kaum gefallen haben kann. Stalins größter Fehler in der Vorkriegsphase war meiner Meinung nach die Unterzeichnung des Grenz- und Freundschaftsvertrags mit Deutschland am 28. September 1939. Nach der Unterzeichnung des Nichtangriffsvertrags, der offensichtlich notwendig und historisch gerechtfertigt war (ohne das Geheimprotokoll), hätte man einen Punkt machen müssen. In den Erklärungen der Kommunistischen Internationale und in den Beschlüssen des 18. Parteitags der KPdSU(B) wurde der Faschismus zu Recht als gefährlichste
Erscheinung des Weltimperialismus, als ein Regime des Terrors, der Diktatur und des Militarismus charakterisiert. Im Denken der sowjetischen Menschen verkörperte der Faschismus den Klassenfeind in seiner schlimmsten Form. Und plötzlich »Freundschaft« mit dem Faschismus?! Das prinzipienlose Hinabrutschen Stalins und Molotows zur Reinwaschung des Faschismus lässt sich schwer erklären.

Am selben Tag wurde eine »Erklärung der Deutschen Reichsregierung und der Regierung der UdSSR« unterzeichnet, in der es heißt:

»Nachdem die Deutsche Reichsregierung und die Regierung der UdSSR durch den heute unterzeichneten Vertrag die sich aus dem Zerfall des polnischen Staates ergebenden Fragen endgültig geregelt und damit ein sicheres Fundament für einen dauerhaften Frieden in Osteuropa geschaffen haben, geben sie übereinstimmend der Auffassung Ausdruck, dass es dem wahren Interesse aller Völker entsprechen würde, dem gegenwärtig zwischen Deutschland einerseits und England und Frankreich andererseits bestehenden Kriegszustand ein Ende zu machen. Die beiden Regierungen werden deshalb ihre gemeinsamen Bemühungen, gegebenenfalls im Einvernehmen mit anderen befreundeten Mächten, darauf richten, dieses Ziel so bald als möglich zu erreichen.

Sollten jedoch die Bemühungen der beiden Regierungen erfolglos bleiben, so würde damit die Tatsache festgestellt sein, dass England und Frankreich für die Fortsetzung des Krieges verantwortlich sind, wobei im Falle einer Fortdauer des Krieges die Regierungen Deutschlands und der UdSSR sich gegenseitig über die erforderlichen Maßnahmen konsultieren werden.

Für die Deutsche Reichsregierung:	In Vollmacht der Regierung der UdSSR:
v. Ribbentrop	W. Molotow«

Sollten die Völker sich damit abfinden, dass Deutschland beinahe ganz Europa eingenommen hatte? Konnte etwa Polen, das in Ruinen lag, das »gegenseitige Einvernehmen« begrüßen? Diese prinzipiellen Konzessionen vergrößerten die Sicherheit der Sowjetunion nicht. Aber die Faschisten machten sie unverschämter, und die sowjetischen Menschen verwirrten sie.

Stalin befand sich in der »deutschen Frage« unter einem starken Einfluss Molotows, der auf seiner einseitigen Sichtweise bestand. Einige Erklärungen des Volkskommissars für Äußeres irritierten die Sowjetbürger und auch die Freunde der Sowjetunion im Ausland. So erklärte Molotow am 31. Oktober 1939 vor dem Obersten Sowjet:

»So weiß man zum Beispiel jetzt, dass in den letzten Monaten Begriffe wie ›Angriff‹ und ›Angreifer‹ einen neuen Sinn erhalten haben. Wir können uns dieser Begriffe heute nicht mehr im gleichen Sinn wie vor etwa drei oder vier Monaten bedienen. Jetzt erstrebt Deutschland den Frieden, während England und Frankreich dafür sind, den Krieg fortzusetzen. Wie Sie sehen, haben sie also die Rollen gewechselt. (...) Es kann, wie jedermann einsehen wird, von der Wiederherstellung des alten Polens nicht die Rede sein. Die britische und die französische Regierung wissen das, wollen aber trotzdem nicht den Krieg beenden, und sie suchen deshalb nach einer neuen Rechtfertigung für die Weiterführung des Krieges gegen Deutschland. So hat die britische Regierung proklamiert, dass der Krieg gegen Deutschland nichts mehr oder weniger als die Vernichtung des Hitlerismus zum Ziele habe. Daraus ergibt sich, dass sowohl in England wie in Frankreich die Befürworter des Krieges gegen Deutschland eine Art weltanschaulichen Krieg nach der Art der alten Religionskriege erklärt haben. (...) Die nationalsozialistische Weltanschauung kann, wie jedes andere Weltanschauungssystem, unterstützt oder abgelehnt werden. Jedermann wird aber begreifen, dass man eine Weltanschauung nicht durch Gewalt vernichtet. Deshalb ist es unsinnig und sogar verbrecherisch, einen solchen Krieg zur Vernichtung des Hitlerismus zu führen, indem man ihm das Mäntelchen des Kampfes für die Demokratie umhängt. Als Kampf für die Demokratie können unmöglich Maßnahmen bezeichnet werden wie das Verbot der Kommunistischen Partei in Frankreich und die Verhaftung französischer Kammerabgeordneter.«

Diese Thesen charakterisieren Stalins und Molotows außenpolitische Kurzsichtigkeit und ebenso ihre ideologische Prinzipienlosigkeit. Der Diktator, der viele tausend Menschen, ohne zu zögern, in den Tod geschickt hatte, zeigte eine sonderbare Vertrauensseligkeit bei seiner »Verbrüderung« mit dem Faschismus. Obwohl viele in der Kommunistischen Internationale die Gründe für die schnelle ideologische Wendung Stalins nicht verstanden, konnten sie auf die offizielle Position der Komintern keinen Einfluss nehmen. Die von den europäischen kommunistischen Parteien formulierte Charakterisierung des Kampfes ihrer Länder als antifaschistisch fand bis zum Juni 1941 keine Unterstützung bei der Internationale. Wieder wurden die kritischen Pfeile nicht auf die Faschisten gerichtet, sondern auf die Sozialdemokratie als »Handlanger des Militarismus«. Die Losung war so abstrakt wie sinnlos: »Dem Krieg ein Ende machen!« Indem man sich mit der Eroberung der Hälfte Europas durch Hitler einverstanden erklärte? Diese Frage wurde nicht beantwortet. Das Wort »Faschismus« verschwand für einige Zeit aus Molotows und Stalins Sprachgebrauch. Man kann davon ausgehen, dass die Herren in Berlin zufrieden waren.
Die Agitatoren im Land und in der Armee wurden in eine außerordentlich schwierige Lage gebracht. Beispielsweise stellte der Leiter der Hauptverwaltung für Politische Propaganda (GUPP) in der Roten Armee Armeekommissar 1. Ranges L. Mechlis in seiner Direktive Nr. 0246 den Polit- und Parteiorganisationen folgende Aufgabe:
»Als Grundlage für die politische Ausbildung der jungen Kämpfer

dienen das Gesetz über die allgemeine Wehrpflicht, der Bericht des Genossen Woroschilow auf der 4. Session des Obersten Sowjets der UdSSR, der Fahneneid, das Gesetz über die Strafe für den Verrat an der Heimat, die Militärgrundsätze und -vorschriften (...), die Mitteilung des Genossen Molotow ›Über die Ratifizierung des sowjetisch-deutschen Nichtangriffsvertrags‹.«

Den letzten Satz hatte Mechlis eigenhändig eingefügt. Als er Stalin seinen Bericht vorgetragen hatte, warf dieser ein: »Reizt die Deutschen nicht! Der ›Rote Stern‹ (Zeitung der Roten Armee; A. d. Ü.) schreibt häufig über die Faschisten, über den Faschismus. Hört damit auf. Die Lage ändert sich. Man muss nicht lauthals solche Dinge verkünden. Alles zu seiner Zeit. Hitler soll nicht den Eindruck bekommen, dass wir nichts anderes tun, als uns auf den Krieg mit ihm vorzubereiten.«
In den Berichten, die nach dem deutsch-sowjetischen Vertrag bei der GUPP eingingen, gab es nicht wenige Beispiele für die Verunsicherung der Soldaten. Einige Beispiele:

Militäringenieur 2. Ranges Netschajew:
»In Verbindung mit der Ratifikation des Nichtangriffsvertrages dürfen nun Termini wie ›Beschuss des Faschismus‹ bei Schießübungen nicht mehr angewendet werden. Eine Agitation und Propaganda gegen den Faschismus darf nicht durchgeführt werden, denn unsere Regierung sieht keinerlei Meinungsverschiedenheiten mit dem Faschismus.«

Dozent der Militärischen Ingenieurakademie Karatun:
»Heutzutage weiß man überhaupt nicht, was man schreiben und wie man es schreiben soll, früher hat man uns im antifaschistischen Geiste erzogen und heute entgegengesetzt.«

Oberleutnant Gromow, Militärabteilung 5365 des Charkower Militärbezirks:
»Wenn man es genau betrachtet, so hat Deutschland alle zum Narren gehalten. Deutschland wird nun kleine Länder an sich reißen, und der Nichtangriffsvertrag wird daliegen, und man wird nichts unternehmen können.«

Heute ist es schwer festzustellen, wer vorgeschlagen hat, das Wort »Freundschaft« einzufügen in den sowjetisch-deutschen Vertrag vom 28. September 1939, der dem Nichtangriffsvertrag folgte. Wenn dieser Vorschlag von der sowjetischen Seite gekommen sein sollte, so zeugt dies im besten Fall von politischer Unbedachtheit. Kam die Initiative dazu jedoch von deutscher Seite, so war es eine fein berechnete Diversion gegen das gesellschaftliche Bewusstsein eines ganzen Volkes. Im ersten wie im zweiten Fall erwies sich Stalin als unfähig, die Lage richtig einzuschätzen. Was Molotow später nicht daran hinderte zu sagen, dass Stalin »die hinterlistigen Pläne des Hitlerismus rechtzeitig erkannt« habe!
Der andere große Fehler wurde in der Verteidigungsplanung begangen. Auf persönliche Anweisung Stalins wurde im Herbst 1939, bald nach der Unterzeichnung des Vertrags über die »Freundschaft« mit Deutschland, die Ausarbeitung eines entsprechenden Dokuments durch den Generalstab in Angriff genommen.
Unter Boris Michailowitsch Schaposchnikows Leitung war mit dieser Aufgabe vor allem der künftige berühmte Marschall der Sowjetunion und damalige Oberst Alexander Michailowitsch Wassilewski betraut. Seine Grundidee war Folgende: Die Sowjetunion musste bereit sein, einen Krieg an zwei Fronten zu führen – in Europa gegen Deutschland und seine Verbündeten und im Fernen Osten gegen Japan. Dabei würden die wesentlichen Kriegshandlungen sich im Westen abspielen. Wassilewski und die Generalstäbler rechneten damit, dass der Gegner seine Streitkräfte im Westen und im Nordwesten angreifen lassen würde. Daher sei es notwendig, die Streitkräfte der Roten Armee hier zu konzentrieren. Aber Woroschilow bestätigte diesen Plan nicht, da er glaubte, dass die Maßnahmen zur Zerschlagung des Gegners nicht ausreichend erarbeitet worden seien.
Im August 1940 wurde der Verteidigungsplan überarbeitet. Nun unter Federführung des neuen Generalstabschefs Meretzkow. Wassilewski war wiederum maßgeblich daran beteiligt. Er war nach wie vor der Meinung, dass die Hauptkräfte der Armee an der Westfront stationiert werden sollten. Denn die Truppen des Gegners würden im Kriegsfall voraussichtlich in der Umgebung von Brest zusammengezogen.

Am 5. Oktober wurde der Verteidigungsplan Stalin vorgelegt. Aufmerksam hörte er dem Volkskommissar und dem Chef des Generalstabs zu. Er betrachtete einige Male aufmerksam die Landkarte, schwieg lange und ging im Zimmer auf und ab. Schließlich sagte Stalin:

»Der Standpunkt des Generalstabs, die Streitkräfte an der Westfront zu konzentrieren, ist mir nicht vollständig klar. Hitler wird angeblich versuchen, auf kürzestem Wege einen Schlag gegen Moskau zu führen. (…) Ich glaube aber, dass das Getreide der Ukraine und die Kohle des Donezbeckens für die Deutschen von besonderer Wichtigkeit ist. Jetzt, da Hitler sich auf dem Balkan bestätigt fühlt, ist es umso wahrscheinlicher, dass er seinen Hauptschlag nach Südwesten richten wird. Ich bitte den Generalstab, alles noch einmal zu überdenken und den Plan innerhalb von zehn Tagen neu vorzulegen.«

Neben dem überarbeiteten Verteidigungsplan verfasste der Generalstab ein Konzept unter dem Titel »Überlegungen über die Grundlagen der strategischen Entwicklung der Streitkräfte im Westen und Osten für die Jahre 1940 bis 1941«. Darin wurde angenommen, dass Deutschland die Hauptgefahr darstelle. Im Kriegsfall solle ein standhafter Widerstand im Grenzgebiet geleistet werden, gestützt auf befestigte Verteidigungsanlagen; ein Eindringen des Gegners auf sowjetisches Territorium sei nicht zuzulassen, um ausreichend Zeit für die Mobilisierung zu gewinnen. Schließlich sei der Gegner hinter die Grenzen zurückzudrängen und der Krieg auf seinem Territorium auszutragen. Man ging davon aus, dass die Hauptkräfte der Roten Armee zwei Wochen Zeit hätten, bevor sie in Aktion treten müssten. Weder die »Überlegungen« noch der Verteidigungsplan haben defensiven Operationen genügend Aufmerksamkeit geschenkt. Die Möglichkeit, dass starke feindliche Kräfte tief in die Sowjetunion eindrangen, wurde ausgeschlossen. Als einmal in einem strategischen Spiel eine solche Variante »simuliert« wurde, sagte Stalin böse: »Warum sollte man eine Rückzugsgesinnung kultivieren? Was denn, plant ihr etwa einen Rückzug?«
Kurz vor Beginn des Kriegs forderte Stalin für seine persönliche

Bibliothek die Felddienstordnung der Roten Armee an. Die Seiten sind übersät von Bemerkungen, die davon zeugen, dass Stalin seinen Wissensstand auf dem Gebiet der Militärkunst erhöhen wollte. Wobei seine Äußerungen bei den verschiedensten Gelegenheiten davon zeugen, dass er eher einen gesunden Menschenverstand besaß, in dem die Vorsicht eine nicht zu geringe Rolle spielte als eine hohe operative und strategische Kompetenz.

Am 14. Oktober 1940 wurde Stalin der überarbeitete Verteidigungsplan vorgelegt. Alle seine Wünsche waren natürlich berücksichtigt, und das bedeutete eine grundlegende Umorientierung der Streitkräfte. Der Hauptschlag des Gegners wurde nun im Südwesten erwartet. Und dies, obwohl die Hauptverwaltung Aufklärung der Roten Armee wusste, dass die wesentlichen Angriffskräfte der Wehrmacht (drei von vier Panzerarmeen) Smolensk als Zwischenetappe ins Auge gefasst hatten und als Fernziel Moskau. Die Militärführer hatten aber nicht den notwendigen Mut und die Argumente, um Stalin zu überzeugen. Es wäre möglich gewesen, die Streitkräfte richtig zu gruppieren.

Stalin war in den Jahren des Bürgerkriegs Mitglied des Revolutionären Kriegsrats der Süd- und der Südwestfront gewesen. Damals waren Getreide und Kohle ebenso wichtig für die Sowjetrepublik wie der Sieg über die Konterrevolution. Stalin glaubte, dass das Getreide der Ukraine und das Öl des Kaukasus Hitler dazu bringen würden, den Hauptschlag im Südwesten zu führen.

Hinzu kommt, dass auf den wichtigen Posten im Generalstab vor Beginn des Kriegs »Aufsteiger« aus dem Kiewer Militärsonderbezirk saßen: der Volkskommissar der Verteidigung Timoschenko, Schukow, seit Februar 1941 Chef des Generalstabs, Watutin, sein 1. Stellvertreter, und der Leiter der Politabteilung des Generalstabs Koschewnikow. Der Kriegsrat des Kiewer Bezirks, der natürlich Stalins Standpunkt kannte, erwartete den »Hauptschlag der vereinten Kräfte des Gegners in seinem Verantwortungsbereich«, also ebenfalls im Südwesten.

Schukow wusste, dass die deutschen Truppen, wenn sie erst einmal zum Angriff antraten, einen großen Vorteil gewinnen würden. Nach Diskussionen mit Timoschenko schrieb er am 15. Mai 1941 an Stalin:

»An den Vorsitzenden des Rats der Volkskommissare. Überlegungen zum Plan der strategischen Entwicklung der Streitkräfte der UdSSR.
Wenn in Betracht gezogen wird, dass Deutschland zur jetzigen Zeit seine Armee mobilisiert und mit breiter Nachhut hält, so hat es die Möglichkeit, uns zuvorzukommen und einen plötzlichen Schlag zu versetzen. Um dies zu vermeiden, halte ich es für unumgänglich, dem deutschen Kommando keinerlei Möglichkeiten der Initiative zu geben, dem Gegner zuvorzukommen und die deutsche Armee in dem Moment anzugreifen, wenn sie sich im Stadium der Entfaltung befindet und noch nicht in der Lage ist, die Fronten und die Verbindungen zwischen den verschiedenen Truppenteilen zu organisieren.«

Das war ein mutiger, politisch außerordentlich kluger Vorschlag. Stalin hat keine schriftlichen Spuren auf diesem Dokument hinterlassen; zu jener Zeit war der »Führer« außerordentlich vorsichtig. Er ging nach wie vor davon aus, dass das Land ausreichend Zeit habe, um sich auf einen Kampf mit dem Faschismus vorzubereiten.
Stalin gab verschiedene wichtige Informationen nicht einmal an den Generalstab weiter. Das gilt nicht nur für Churchills Warnung. Es gab noch eine Reihe anderer Berichte, denen Stalin nicht die notwendige Aufmerksamkeit schenkte. Bei einer Unterhaltung mit dem Akademiemitglied Boris Ponomarjow, einem ehemaligen ZK-Sekretär und Mitarbeiter der Kommunistischen Internationale, erfuhr ich von folgendem Vorfall:

»Irgendwann im Frühjahr 1941, es war wohl Ende Mai, traf ich zwei österreichische Kommunisten, die ›von drüben‹ gekommen waren. Erregt erzählten sie von den gewaltigen Kriegsvorbereitungen Deutschlands in Richtung der westlichen Grenzen der UdSSR. Ferner erzählten sie von endlosen Panzer- und Artilleriekolonnen, von Automobilen, die Tag und Nacht gen Osten zogen.
Ich gab diese Information an Georgij Dimitroff weiter, der darüber dann mit Stalin sprach. Einen Tag später sagte Dimitroff zu mir: ›Stalin hörte die Mitteilung der österreichischen Kommunisten und sagte, dass dies bei weitem nicht das erste Signal

dieser Art sei und dass er keinen Grund für eine außerordentliche Beunruhigung sehe. Gestern beispielsweise sei im Politbüro der Urlaubsplan erörtert worden, und einem Großteil der Mitglieder und Kandidaten sei die Möglichkeit anheim gestellt worden, im Sommer Urlaub zu machen. Als erster wird Schdanow in den Süden fahren, und dieser ist doch Mitglied des Kriegsrats des Grenzmilitärbezirks.‹ Damit hielt Stalin die Unterredung für beendet.«

Der Leiter der Hauptverwaltung Aufklärung der Roten Armee Golikow, berichtete Stalin, dass Anfang März 1941 die Stärke der Wehrmacht 8 Millionen Menschen, 12 000 Panzer, 52 000 Geschütze und rund 20 000 Flugzeuge erreicht hatte. Was wollte Deutschland mit einer derart gigantischen Kriegsmaschine, die es nicht lange würde unterhalten können? Und dem »Führer« war bekannt, dass die Hauptkräfte dieser Armada bereits in Richtung Osten aufgestellt wurden.

Gewiss, Stalin hatte auch Berichte anderer Art erhalten: über »den Unwillen des deutschen Volkes, Krieg zu führen«, über »das Deserteurtum in der deutschen Armee«, über »die defätistischen Gesinnungen in der Wehrmacht« usw. Aus Berlin kamen auf verschiedenen Wegen Informationen nach Moskau, dass in den deutschen Truppen pazifistische Gespräche geführt würden. Möglicherweise hat es das tatsächlich gegeben, aber am wichtigsten ist, dass solche Berichte Stalins Wunschdenken entsprachen. Es ist nicht ausgeschlossen, dass diese Meldungen aus Berlin eine fein berechnete Desinformation war.

Wie Schukow und Simonow erzählten, habe Stalin, als die Informationen über eine Konzentration deutscher Truppen in Richtung Osten sich häuften, einen Brief an Hitler geschrieben, in dem er seine Besorgnis äußerte. In seinem Antwortbrief habe Hitler eingestanden, dass sich in Polen in der Tat zahlreiche Einheiten versammelt hätten. Aber diese Konzentration seiner Truppen in Polen richte sich nicht gegen die Sowjetunion. Er habe die Absicht, den Pakt zu respektieren, wobei er sich mit seiner Ehre als Staatsoberhaupt verbürge. Ein Argument in Hitlers Brief beeindruckte Stalin besonders: Das deutsche Territorium werde stark bombardiert, und es sei von den Engländern aus der Luft her gut zu überblicken. Deshalb seien größere Truppenkontingente nach

Osten verlegt worden. Und der deutsche Militärattaché in Moskau sagte häufig: »Zurzeit werden unsere Truppen aufgelöst – sie sollen sich erholen.«
Der Krieg stand vor der Tür, aber das Volkskommissariat für Verteidigung und der Generalstab taten so, als würde Hitler nicht einmal daran denken anzugreifen, solange Stalin dies nicht wünschte. Sie missachteten wesentliche Erfordernisse zur Erhöhung der Kampfbereitschaft der Roten Armee. Nichts konnte sie in ihrem Glauben an Stalins Unfehlbarkeit erschüttern.

Der Leiter des Stabs des Westlichen Militärsonderbezirks, Generalmajor Wladimir Jefimowitsch Klimowskich, schrieb auf Anweisung des Militärbezirkskommandeurs Pawlow am 21. Juni um 2 Uhr 40 in der Nacht ein chriffriertes Telegramm:

»Umgehend aushändigen.
An den Chef des Generalstabs K. A.
1. Am 20. Juni wurde die Staatsgrenze in Richtung Awgusty um 17 Uhr 41 von sechs deutschen Flugzeugen übertreten. (…) Um 17 Uhr 43 von neun Flugzeugen. (…) Um 17 Uhr 45 von zehn Flugzeugen. Nach Angaben des Grenzschutzes hatten die Flugzeuge untergehängte Bomben.
2. Nach dem Bericht des Armeekommandeurs wurden drei Stacheldrahtumzäunungen entlang der Grenze bei Awgusty, Sejna, die am Tage noch standen, abends entfernt. In diesem Rayon waren in den Wäldern vermeintlich Geräusche von Landmotoren zu vernehmen. Der Grenzschutz hat seine Wachsamkeit verstärkt. (…)
W. Klimowskich«

Solche Berichte erreichten Moskau auch aus anderen Militärbezirken. Klimowskich, der im Juli 1940 zum Chef des Stabs des Westlichen Militärsonderbezirks ernannt worden war, konnte damals nicht wissen, dass er ein Jahr später, im Juli 1941 mit einer Gruppe anderer Generäle auf persönlichen Befehl Stalins erschossen werden würde. Um das Drama jener letzten Vorkriegsstunden zu verstehen, muss man Stalins Charakter betrachten. Wie bereits erwähnt, war er in wichtigen Dingen außerordent-

lich vorsichtig. Das zeigte sich beispielsweise während der Oktobertage 1917, als seine Initiative aufgrund der Komplexität und Undurchsichtigkeit der Situation minimal blieb. Dies lässt sich auch am Fall der blutigen Säuberung während der Jahre 1937 bis 1938 verfolgen. Heute ist es klar, dass Stalin schon zu Beginn der dreißiger Jahre vorhatte, seine potentiellen Gegner auszuschalten. Aber er brauchte einige Zeit, um sich dazu zu entschließen. Sogar Kirows Ermordung nutzte er nicht sofort aus. Später sagte er öffentlich, dass er »mit der Ausmerzung der Volksfeinde vier Jahre zu spät« begonnen habe. Stalin konnte geduldig abwarten, bis die gewünschte Konstellation herangereift war. Nicht zufällig nannte Bucharin Stalin seinerzeit einen »großen Dosierer«.
Aber gegenüber Hitler hat Stalins Vorsicht katastrophale Ergebnisse gebracht. Stalins Vorsicht war nicht nur durch die Furcht vor einem »vorzeitigen« Kriegsausbruch beherrscht, sondern auch von einer großen inneren Unsicherheit. Die Sowjetunion stand allein gegen die kapitalistische Welt. Jeder unvorsichtige Schritt konnte zu irreparablen Folgen führen. Stalin verhinderte derart energisch jede Möglichkeit einer »Provokation«, dass dies sogar in Berlin bemerkt wurde. Und dort zog man sogleich entsprechende Schlüsse. Stalins Vorsicht, das Fehlen jeder angemessenen Reaktion auf die Vertrags- und Grenzverletzungen Deutschlands, die betonte »Loyalität«: das alles gab Hitler Hinweise auf die Schwächen der Sowjetunion.
Auf Stalins Anweisung erhielten die sowjetischen Truppen in den westlichen Militärbezirken im Juni den Befehl, die deutschen Flugzeuge, die die Grenzen der Sowjetunion übertraten, nicht zu beschießen. Die Deutschen bemerkten dies sofort. Die Vorsicht – eine Qualität, die jeder Politiker besitzen muss – verwandelte sich in Unentschlossenheit.
Am 21. Juni berichtete der Kommandeur des Kiewer Militärsonderbezirks Generaloberst Kirponos von deutschen Überläufern. Sie hätten mitgeteilt, dass die deutschen Truppen die Sowjetunion in dieser Nacht angreifen wollten. Volkskommissar Timoschenko gab diese Meldung sogleich telefonisch an Stalin weiter. Der »Führer« schwieg eine Weile, und dann befahl er Timoschenko, Schukow und Watutin, sich unverzüglich bei ihm einzufinden. Wie Schukow sich erinnert, waren dort bereits alle Polit-

büromitglieder versammelt. Stalin sei wie immer im Raum auf und ab gegangen. Als die herbeizitierten Militärführer eintraten, wandte Stalin sich an sie und sagte: »Was werden wir tun?«
Alle schwiegen.
»Es muss umgehend eine Direktive zur Herstellung der vollen Kampfbereitschaft aller Truppen der Grenzbezirke ergehen«, unterbrach Timoschenko die Stille.
»Lesen Sie«, warf Stalin ein.
Schukow las den Entwurf einer Direktive vor, der im Generalstab angefertigt worden war. Darin wurde die dringende Notwendigkeit unterstrichen, entscheidende Maßnahmen im Rahmen des Operativplans zur Abwehr eines Überfalls zu ergreifen.
Stalin ließ den Generalstabschef nicht zu Ende lesen: »Eine solche Direktive wäre voreilig. Vielleicht lässt sich die Sache noch auf friedlichem Weg in Ordnung bringen. Es muss eine kurze Direktive erlassen werden, in der mitgeteilt wird, dass der Überfall mit provozierenden Handlungen deutscher Einheiten beginnen könne. Die Truppen der Grenzbezirke dürfen sich von keinerlei Provokationen verleiten lassen.«
Die Politbüromitglieder gingen gegen drei Uhr morgens. Dies war die kürzeste Nacht in der Hauptstadt. Übermüdet schaute Stalin aus dem Fenster seines gepanzerten Wagens auf die menschenleeren Straßen. Er wusste noch nicht, dass die deutschen Flugzeuge bereits in der Luft waren, um die sowjetischen Städte und Flughäfen zu bombardieren.
Stalin war gerade im Begriff, auf dem Diwan im Arbeitszimmer seiner Datscha einzuschlafen, als er ein vorsichtiges Klopfen an der Tür hörte. Dieses vorsichtige Klopfen erschreckte Stalin: Er wurde niemals geweckt. Es musste das Schlimmste geschehen sein.
Stalin zog sich seinen Morgenmantel an und ging hinaus. Der Chef der Wache meldete ihm: »Armeegeneral Schukow bittet Sie, Genosse Stalin, in einer unaufschiebbaren Angelegenheit ans Telefon!«
Stalin ging zum Telefon. »Ich höre.«
Schukow berichtete kurz über feindliche Luftangriffe auf Kiew, Minsk, Sewastopol, Wilna und andere Städte. Nach seinem Bericht fragte der Chef des Generalstabs bei Stalin nach: »Haben Sie

mich verstanden, Genosse Stalin?«
Der Diktator atmete schwer und sagte nichts.
Vom anderen Ende der Leitung war von neuem zu hören: »Genosse Stalin, haben Sie mich verstanden?«
Dann hatte er verstanden. Die irdischen Götter sind fehlbar. Und der Preis für ihre Fehler ist groß.
Stalin sagte mit niedergeschlagener Stimme: »Kommen Sie mit Timoschenko in den Kreml.«

Der katastrophale Anfang

Stalin ging durch den eigens für ihn eingerichteten Eingang in sein Arbeitszimmer und warf dem blassen Poskrebyschew zu: »Fordern Sie alle auf, sich hierherzubegeben, sofort!«
Leise und vorsichtig traten die Mitglieder und Kandidaten des Politbüros ein, ihnen folgten Timoschenko und Schukow. Stalin begrüßte niemanden, sondern sagte, ohne sich dabei an irgendjemanden zu wenden: »Nehmen Sie mit dem deutschen Botschafter Verbindung auf.«
Molotow ging hinaus. Es herrschte eine furchtbare Stille. Um den Tisch versammelt hatten sich Andrejew, Woroschilow, Kaganowitsch, Mikoj an, Kalinin, Schwernik, Berija, Malenkow, Wosnessenki, Schtscherbakow. Als Molotow zurückkehrte, merkte er, dass alle in gespannter Erwartung auf ihn schauten. Der Volkskommissar begab sich an seinen Platz und presste aus sich heraus: »Der Botschafter hat mitgeteilt: Die deutsche Regierung habe uns den Krieg erklärt.« Molotow warf einen kurzen Blick auf das Papier, das er in den Händen hielt, und fügte noch hinzu: »Der formale Anlass ist Standard: Das nationalsozialistische Deutschland hat beschlossen, den Russen, die sich auf einen Überfall vorbereiteten, zuvorzukommen.« Stalin setzte sich und sah Molotow an. Er erinnerte sich, wie dieser erst ein halbes Jahr zuvor nach seiner Ankunft aus Berlin am selben Tisch selbstsicher berichtet hatte:

»Hitler sucht unsere Unterstützung im Kampf mit England und seinen Verbündeten. Wir müssen auf die Zuspitzung ihrer Auseinandersetzungen warten. Hitler schwankt hin und her. Eines ist klar: Er wird sich nicht entschließen, einen Krieg an zwei Fronten zu führen. Ich glaube, wir haben Zeit, die Westgrenzen zu verstärken. Jedoch müssen wir beide Möglichkeiten im Auge behalten. Schließlich haben wir es mit einem Abenteurer zu tun.«

Jetzt war es klar. Sie hatten sich verkalkuliert. Stalin blickte zornig zu Molotow: »›Wir haben Zeit!‹ Sie sind mir ein Prophet!«
Stalin fühlte sich betrogen. Möglicherweise verspürte er zum ers-

ten Mal seit Jahren Verwirrung und Unsicherheit. Der »Führer« war es gewohnt, dass die Ereignisse sich so entwickelten, wie er es beabsichtigte. Er wollte nicht, dass seine Mitstreiter die Gelegenheit bekamen, seine Schwäche zu bemerken. Gespannt warteten sie auf seine Anordnungen.

Timoschenko unterbrach die unerträgliche Stille mit den Worten: »Genosse Stalin! Erlauben Sie mir, einen Lagebericht abzugeben?« »Berichten Sie.«

Der Stellvertreter des Generalstabschefs Generalleutnant Watutin wurde in das Arbeitszimmer gerufen. Sein kurzer Bericht brachte wenig neue Informationen: Nach einem Trommelfeuer der Artillerie und Angriffen der Luftwaffe sind starke deutsche Truppen über die Nordwest- und die Westgrenze in das sowjetische Territorium eingedrungen. Viele Grenzbefestigungsanlagen sind gefallen, obwohl deren Besatzungen sich tapfer bis zuletzt verteidigt hätten. Die Luftwaffe des Gegners bombardiert pausenlos die Flughäfen. Der Generalstab verfügt über keine weiteren konkreten Angaben.

Ein paralysierender Schock

Stalin war verwirrt, er hasste alles und jeden – man hatte ihm derart übel mitgespielt. Und er war unsicher. An jenem 22. Juni 1941 verbrachten die Politbüromitglieder beinahe 24 Stunden in seinem Arbeitszimmer. Sie warteten auf Nachrichten von den Grenzen. Ab und zu verließen sie das Arbeitszimmer, um zu telefonieren, einen Tee zu trinken, um sich ein wenig zu bewegen. Man sprach wenig. Sie hofften, dass die Misserfolge von kurzer Dauer seien. Niemand zweifelte daran, dass Hitler auf eine starke Abwehr treffen würde. Vielleicht ließ sich der Feind ja auch aufhalten, bis die Rote Armee zum entscheidenden Gegenschlag ansetzen würde.

Malenkow hatte in seiner Mappe den Entwurf für eine Weisung der Hauptverwaltung für Politische Propaganda (GUPP) »Über die Aufgaben der politischen Propaganda in der Roten Armee in der nächsten Zeit«, den ihm Mitte Juni der Leiter der GUPP

Saporoschez übergeben hatte. (Saporoschez sollte am zweiten Tag des Kriegs auf Stalins Anordnung hin durch den Armeekommissar Mechlis abgelöst werden.) Malenkow war am 20. Juni bei Stalin gewesen, um ihm den Entwurf der GUPP zu übergeben. Die Arbeiten daran hatten nach einer Sitzung des Obersten Kriegsrats und nach Stalins Rede vor den Absolventen der Militärakademie am 5. Mai 1941 begonnen. Der »Führer« hatte erklärt: In Zukunft werde ein Krieg unumgänglich sein. Man müsse zur »bedingungslosen Zerschlagung des deutschen Faschismus« bereit sein. Auf Stalins Anordnung hin waren in dem Entwurf der Weisung folgende Punkte ausgearbeitet worden:

»Die neuen Bedingungen, unter denen unser Land lebt, die jetzige internationale Lage, die voller unvorhersehbarer Möglichkeiten ist, fordern eine revolutionäre Entschlusskraft und eine ständige Bereitschaft, zu einem zerschmetternden Vormarsch gegen den Feind übergehen zu können. (…) Alle Formen der Propaganda, der Agitation und Erziehung sind auf ein Ziel zu richten – auf die politische, moralische und kämpferische Vorbereitung der Mannschaften und Offiziere, auf die richtige Führung eines offensiven und alles zerschmetternden Krieges. (…) Die Soldaten sind im Geiste eines aktiven Hasses auf den Feind zu erziehen und zum Streben, den Kampf mit ihm aufzunehmen, zur Bereitschaft, unser Vaterland auf dem Territorium des Feindes zu verteidigen und ihm einen tödlichen Schlag zu versetzen.«

Diese Direktive war auf der Grundlage von Schukows Plan einer strategischen Entfaltung der sowjetischen Streitkräfte vorbereitet worden, die im Mai Stalin übergeben worden war. Dort war ebenfalls die Rede von der dringenden Notwendigkeit, »dem Gegner zuvorzukommen und seine Hauptstreitkräfte auf dem Territorium des ehemaligen Polens und Ostpreußens zu zerschlagen«. Der Generalstab und die GUPP hielten eine kurze Verteidigungsphase für denkbar, damit die Truppen sich auf den Gegenangriff vorbereiten konnten. Den Vormarsch abwehren und dann angreifen. In den ersten ein, zwei Tagen nach Kriegsbeginn glaubte die Partei- und Militärführung deshalb nicht an eine Katastrophe. Sie erschien ihr unvorstellbar.

Erst um 0 Uhr 20 Minuten am 22. Juni begann der Generalstab die Direktive Nr. 1 weiterzuleiten. Um 1 Uhr 20 war sie in allen Militärbezirken eingetroffen. Daraufhin studierten die Kommandeure mit ihren Stäben das Dokument und trafen die entsprechenden Maßnahmen. Dabei vergingen nochmals eineinhalb Stunden. Im Großen und Ganzen blieben den Truppen zur Ausführung der Direktive weniger als sechzig Minuten. Das war entschieden zu wenig Zeit.

Die meisten Divisionen waren nach den Bombenangriffen und dem Artilleriebeschuss der Faschisten in Alarmbereitschaft versetzt worden. Aber die Einheiten erreichten die ihnen für diesen Fall zugewiesenen Stellungen nicht. Auf ihrem Weg dorthin stießen sie auf die Panzerkolonnen der Deutschen und mussten den Kampf aufnehmen.

Da es einen organisierten Widerstand nicht gab, standen die Truppen der Wehrmacht am Ende des ersten Tags schon fünfzig bis sechzig Kilometer tief auf sowjetischem Territorium. Die Divisionen der Roten Armee, die aus dem Hinterland nach vorne rückten, waren den ständigen Angriffen der deutschen Flugzeuge ausgesetzt, die den Luftraum beherrschten. Und ihnen kam ein nicht enden wollender Strom von Flüchtlingen entgegen. Es fehlte jegliche Verbindung. Die Kommandeure kannten die Lage nicht.

Als am Morgen des 22. Juni die Frage aufkam, wer sich an das Volk wenden sollte, um es über den deutschen Überfall zu informieren, hatten sich alle an Stalin gewandt. Er dachte nicht lange darüber nach. Er lehnte entschieden ab. In der Geschichtsschreibung gibt es bis zum heutigen Tag die Auffassung, dass Stalin nicht zum Volk gesprochen habe, weil die Ereignisse ihn zu stark erschüttert hätten. So glaubte Mikojan später, dass Stalin »nicht wusste, was er dem Volk sagen sollte, denn man erzog doch das Volk im Geiste dessen, dass es keinen Krieg geben würde, und wenn der Krieg beginnen würde, dass der Feind auf seinem Territorium zerschlagen werden würde usw.; aber nun musste man eingestehen, dass wir in den ersten Stunden des Kriegs eine Niederlage erlitten hatten«.

Ich glaube, es war anders. Die Frage, wer sich an das Volk wenden solle, wurde frühmorgens erörtert, als noch niemand wusste,

dass wir in den ersten Stunden des Kriegs eine Niederlage erleiden würden.
Stalin war noch unklar, wie sich die Ereignisse an der Grenze entwickelten. Er wollte nicht zum Volk sprechen, ohne genau zu wissen, wie die Lage war. Noch immer hatte Stalin sich bemüht, jedes Risiko auszuschließen, das seine Autorität erschüttern könnte. Er war zwar irritiert, aber er war auch davon überzeugt, dass er innerhalb der nächsten zwei bis drei Wochen Hitler für den Vertragsbruch bestrafen würde. Und dann würde er vor dem Volk »erscheinen«. Der lähmende Schock sollte Stalin erst vier oder fünf Tage später treffen, als er begriff, welch tödliche Gefahr nicht nur für das Vaterland aufzog, sondern auch für ihn, den »weisen und unbesiegbaren Führer«.
Es wurde beschlossen, dass Molotow sich an das Volk wenden solle. Und Stalin forderte vom Militär, »mit zerschmetternden Schlägen den eindringenden Feind zu zerschlagen«. Timoschenko gab sogleich Befehl zur Vorbereitung des Dokuments, das in der Geschichte als Direktive Nr. 2 des Obersten Kriegsrats bekannt geworden ist. Darin wird unter anderem befohlen, die deutschen Truppen, die die Grenze überschritten hatten, zu vernichten. Die Rote Armee solle allerdings zunächst die deutsche Grenze nicht überschreiten. Die sowjetischen Luftstreitkräfte sollten die gegnerischen Armeen und Flughäfen sowie Königsberg und Memel bombardieren. Die Direktive sieht nicht gerade aus wie ein militärisches Dokument. Sie war geprägt von Stalins politischen Willen. Mit was hätten die sowjetischen Flieger dem Befehl nachkommen sollen, wo sie doch am ersten Tag 1200 Flugzeuge verloren, die die Deutschen meist am Boden zerstörten?
Stalin wartete umsonst auf Siegesnachrichten. Es gab sie nicht. Der »Führer« geriet außer sich. Während des ersten Kriegstags trank Stalin lediglich eine Tasse Tee. Er glaubte, dass die Militärführer zu behäbig, dass sie unentschlossen seien, dass sie die Befehle nicht richtig ausführten. Während des Bürgerkriegs war Stalin häufig als Bevollmächtigter der Partei an verschiedene Fronten geschickt worden. Mit dem Mittel des Drucks glaubte er viel erreicht zu haben. Die unklare Lage wirkte auf ihn erdrückend. Stalin konnte nicht mehr warten. Noch bevor die Erörterungen mit Molotow, Schdanow und Malenkow über eine Weisung zur

Gründung der Stawka (Hauptquartier des Obersten Befehlshabers) begonnen hatten, stand Stalin plötzlich auf, ging in seinem Arbeitszimmer auf und ab und befahl: »Unverzüglich sind bevollmächtigte Vertreter der Stawka zur Südwest- und zur Westfront zu schicken. Zu Pawlow werden Schaposchnikow und Kulik, zu Kirponos Schukow fahren. Sie fliegen heute. Sofort.«
Er ging zu seinem Schreibtisch, schaute die Anwesenden an und sagte noch einmal hart, als ob er eine Drohung ausspräche: »Sofort!« Alle nickten. Stalin glaubte, dass nun energische Impulse aus dem Zentrum dringend notwendig seien, um die Entschlusskraft in den Stäben und bei den Truppen zu stärken.
Aber in den nächsten Tagen erkannte Stalin schließlich das wahre Ausmaß der Bedrohung, und für einige Zeit verlor er die Selbstbeherrschung. Ihn lähmte eine tiefe Erschütterung. Zeitzeugen haben berichtet, dass Stalin zwischen dem 28. und 30. Juni als »Führer« phasenweise ausfiel. Die psychische Krise war schwer, aber sie dauerte nicht lange an. Vor ihrem Beginn hatte er noch versucht, seine Energie an die Militärführung weiterzugeben. Als am Morgen des 23. Juni über die Gründung der Stawka gesprochen wurde, unterbrach er plötzlich die Erörterungen und schlug vor, dem neuen Hauptquartier ständige Berater an die Seite zu stellen. Malenkow und Timoschenko, die das Gründungsdokument vorbereitet hatten, wechselten Blicke, aber sie wagten es nicht zu widersprechen. Stalin diktierte schnell einen entsprechenden Text:

»Bei der Stawka ist ein Institut ständiger Berater für die Stawka zu organisieren in der Besetzung durch die Genossen Marschall Kulik, Marschall Schaposchnikow, Meretzkow, der Leiter der Kriegsluftstreitkräfte Schigarew, Watutin, der Leiter der Luftabwehr Woronow, Mikojan, Kaganowitsch, Wosnessenski, Schdanow, Malenkow, Mechlis.«

Diese »Anordnung der Regierung« schickte Poskrebyschew per Telegramm an die Militärbezirke und an die Fronten. In der Tat existierte dieses »Institut« ganze zwei Wochen, und das nur auf dem Papier. Es schlief ein, ohne einen einzigen Tag gearbeitet zu haben.

Ich glaube, zu den Vorkriegsfehlern Stalins und des Generalstabs sollte man auch zählen, dass wichtige Führungsorgane erst nach Kriegsbeginn gebildet worden sind. Außerdem wurde der Generalstab dadurch geschwächt, dass drei Generalstabschefs kurzfristig nacheinander ausgetauscht wurden. Diese und andere Unzulänglichkeiten machten sich schnell bemerkbar.
An der Front bahnte sich eine Katastrophe an, und das konnte man vor dem Volk nicht mehr verbergen. Stalin wusste, dass das ganze Land auf ihn, den »Führer«, schaute, der so oft mit Woroschilow dem russischen Volk versichert hatte, dass die Rote Armee in der Lage sei, jeden Feind zu schlagen. In jenen Tagen waren seine »stählerne Kraft« und sein »eiserner Wille« stark beeinträchtigt. Zeitweise schien es ihm, als sei die Lage aussichtslos. Als Watutin während eines Berichts auf der Karte den Rückzug der 8. und 11. Armee zeigte, konnte Stalin deutlich die kolossale Bresche zwischen der West- und der Nordwestfront sehen, die ein Ausmaß von 130 Kilometern erreichte!
Die Hauptstreitkräfte der Westfront waren eingekesselt oder vernichtet. Die Südwestfront hatte sich bislang besser gehalten. Warum nur hatte Stalin nicht auf die Spezialisten gehört, die ihm gesagt hatten, dass der Hauptschlag des Gegners höchstwahrscheinlich an der Westfront zu erwarten sei? Warum war es ihnen nicht gelungen, ihn zu überzeugen? Bei allen seinen Feldzügen in Europa hatte Hitler versucht, sich so schnell wie möglich zu den Hauptstädten durchzuschlagen, um den Gegner rasch zur Kapitulation zu zwingen. Warum konnten die Militärführer Stalins Aufmerksamkeit nicht auf diese Besonderheit der deutschen Strategie lenken? Jetzt war eine gigantische Umgruppierung der sowjetischen Truppen notwendig. Und die Zeit wartete nicht! Stalin geriet außer sich, er drängte, er forderte, er ließ verschiedene Leute zu sich kommen, und zeitweise sperrte er sich in seiner Datscha oder in seinem Arbeitszimmer für Stunden ein und gab kein Lebenszeichen von sich.
Volkskommissar Timoschenko, der zum Chef der Stawka ernannt worden war, fühlte sich in diesem Amt unwohl. Die Übrigen wussten, dass die Führung und alle Kompetenzen nach wie vor bei Stalin lagen. Und dieser gab sich seinen Gefühlen hin. Alle sahen seine Niedergeschlagenheit, seine Fassungslosigkeit, die sich

in gewisser Hinsicht auch auf den Generalstab übertrug. Manche Befehle der Stawka kann man lediglich als Akte der Verzweiflung deuten.
Stalin fuhr nachts zu seiner Datscha, ging in sein Arbeitszimmer und legte sich angezogen auf seinen Diwan. Aber er konnte nicht einschlafen. Er stand auf und ging in das Esszimmer. Über Lenins Porträt brannte das elektrische Lämpchen. Die mit Eichenholz beschlagenen dunklen Wände entsprachen der finsteren Laune des »Führers«. Er ging ziellos in den Zimmern hin und her, starrte auf das Telefon (in der Datscha waren drei direkte Verbindungen zum Kreml installiert worden), während er neue furchtbare Nachrichten erwartete und befürchtete. Er öffnete die Tür zum Zimmer des Dienst habenden Helfers: Dort saß General Rumjanzew. Der sprang sofort auf und starrte Stalin fragend an. Der Hausherr sah den General nur flüchtig an, schloss leise die Tür und ging zurück in sein Zimmer. In seinen Erinnerungen berichtet Mikojan, dass Molotow, Malenkow, Woroschilow, Berija, Wosnessenski und er sich verständigt hätten, Stalin die Gründung eines Staatlichen Verteidigungskomitees (GKO) vorzuschlagen, in dessen Händen die gesamte Macht im Land konzentriert sein sollte. Das Haupt des Komitees sollte Stalin sein. Mikojan schreibt:

»Wir haben beschlossen, zu ihm zu fahren. Er war in seiner nahe gelegenen Datscha. Molotow erzählte, dass Stalin derart niedergeschlagen sei, dass ihn nichts mehr interessiere, dass er die Initiative verloren habe, dass er sich in einer schwierigen Lage befinde. Damals sagte Wosnessenski besorgt: ›Wjatscheslaw, geh du voran, wir gehen hinter dir.‹ Damit war gemeint, dass, wenn Stalin sich immer noch so verhalten sollte, Molotow uns führen sollte; wir würden nach ihm eintreten. Wir waren überzeugt davon, dass wir eine Verteidigung organisieren und kämpfen konnten, wie es sich gehörte. Unter uns gab es keine Niedergangsstimmung.
Wir kamen in Stalins Datscha an. Wir fanden ihn im kleinen Esssaal, im Sessel sitzend. Er schaute uns an und fragte: ›Warum seid ihr gekommen?‹ Sein Blick war irgendwie sonderbar. Nicht weniger sonderbar war die von ihm gestellte Frage. Denn im Grunde hätte er uns zu sich rufen müssen.
In unserem Namen sagte Molotow, dass es notwendig sei, die

Macht zu konzentrieren, um alle Fragen schnell lösen zu können, um das Land so rasch wie möglich wieder auf die Beine zu stellen. An der Spitze eines solchen Organs solle Stalin sein. Stalin schaute verwundert zu uns und äußerte keinerlei Widerspruch.
›Gut‹, sagte er.«

Möglicherweise hatte Stalin anfänglich gedacht, dass der Besuch fast aller Politbüromitglieder bei ihm bedeutete, dass er nun abgesetzt würde? Vielleicht befürchtete er sogar, verhaftet zu werden? Glaubte nicht auch er, dass bei jedem Misserfolg ein »Sündenbock« gefunden werden musste? Aber nichts dergleichen geschah. Stalins Autorität war viel zu groß bei seinen Mitstreitern, als dass ihnen auch nur der Gedanke in den Kopf gekommen wäre, den »Führer« zu stürzen.
Die Stawka und der Generalstab versuchten, eine neue Verteidigungslinie zu bilden. Stalin verlor zeitweilig seine Apathie und erschien am 29. Juni zweimal unerwartet im Volkskommissariat für Verteidigung. Ohne mit derben Flüchen zu geizen, beschuldigte er die Militärführer und machte sie für alles verantwortlich. Sein Gesicht war abgemagert, grau, Ringe unter den Augen, die von Schlaflosigkeit gerötet waren. Als er zusammen mit Molotow, Woroschilow, Schdanow und Berija aus dem Gebäude des Volkskommissariats für Verteidigung hinaustrat, sagte er laut im Zorn: »Lenin hat unseren Staat geschaffen, und wir haben ihn verschissen!«
Verwundert starrte Molotow Stalin an und sagte nichts. Die anderen schwiegen auch. Stalin hatte einen Fehler gemacht. Seine Worte konnten so interpretiert werden, dass er in Panik geraten sei. Alles, was große Persönlichkeiten auch nur zufällig von sich geben, wird nicht so schnell vergessen. Besonders ihre Schwächen nicht.
Stalin hatte begriffen, dass nun ein ungeheurer Kraftakt notwendig war, sonst würden die Deutschen in wenigen Wochen in Moskau einmarschieren. Und die ersten Schritte, die davon zeugten, dass Stalin versuchte, die Kontrolle nicht nur über sich, sondern auch über die militärische Entwicklung in seine Hände zu nehmen, waren die üblichen: Er begann zunächst, Militärführer von ihren Posten zu entlassen. Als am 30. Juni auf Beschluss des

Präsidiums des Obersten Sowjets, des Rats der Volkskommissare und des Zentralkomitees das Staatliche Verteidigungskomitee gegründet wurde, wurde Stalin zu seinem Vorsitzenden. Stalins erste Maßnahme auf diesem Posten war die Ablösung des Armeegenerals Dimitri Pawlow als Kommandeur der Westfront. Statt seiner wurde der Volkskommissar für Verteidigung Timoschenko ernannt. Am selben Tag gab Generaloberst Fjodor Kusnetzow, der die Nordwestfront befehligte, den Befehl zum Rückzug seiner Truppen von der Westlichen Dwina. Als man Stalin davon berichtete, setzte er Kusnetzow ab. Dem neuen Frontkommandierenden, Generalmajor Sobennikow, erteilte Stalin den Befehl: »Die vorherige Lage wiederherstellen. An das Ufer der Westlichen Dwina zurückkehren.«

In den Verbänden, die sich zunächst zurückziehen sollten und die aber nun plötzlich ein Angriffsbefehl erreichte, entstand ein großes Durcheinander. Nachdem der Gegner diese Lage erkannt hatte, führte er einen Angriff gegen die Verbindung zwischen der 8. und der 27. Armee und durchbrach die Front. Diese Ereignisse stärkten nicht gerade die Selbstsicherheit des Vorsitzenden des Staatlichen Verteidigungskomitees.

Stalins psychischer Zustand erreichte seinen Tiefpunkt, als er die Nachricht vom Verlust Minsks erhielt. Als er den morgendlichen Kriegsbericht des Generalstabs gelesen hatte, fuhr Stalin auf seine Datscha und ließ sich praktisch den ganzen Tag im Kreml nicht mehr sehen. Molotow und Berija fuhren zu ihm. Es gibt keinerlei Angaben, worüber die »heilige Trojka« gesprochen hat.

An dieser Stelle sei mir ein Exkurs erlaubt. In der zweiten Hälfte der siebziger Jahre, 1976 oder 1977, war ich Mitglied einer Inspektionsgruppe, die von Marschall Moskalenko geleitet wurde. Einige Tage hielten wir uns in Gorki auf. An den Abenden berichtete ich dem Marschall über meine Überprüfungen der parteipolitischen Arbeit in den zu inspizierenden Einheiten. Im Anschluss daran sprach ich einige Male mit ihm über sein Erinnerungsbuch und seine Auffassungen hinsichtlich einiger Fragen unserer Geschichte. Dabei stellte ich dem Marschall eine Frage, die mich schon lange beschäftigte: »Kirill Semjonowitsch, warum haben Sie in Ihrem Buch nicht die Tatsache erwähnt, über die Sie vor

dem Parteiaktiv vor zirka zwanzig Jahren gesprochen haben? Sind Sie selbst davon überzeugt, dass alles so war?« »Was für eine Tatsache, was meinen Sie?« Der Marschall sah mich vorsichtig und misstrauisch an.
»Über das Treffen Stalins, Molotows und Berijas mit dem bulgarischen Botschafter Iwan Stamenow Ende Juni 1941.«
Moskalenko schwieg lange, schaute aus dem Fenster und sagte dann: »Es ist noch nicht die Zeit gekommen, über all diese Dinge zu sprechen. Ja, und nicht alle lassen sich überprüfen.«
»Und was halten Sie persönlich von der Glaubwürdigkeit dessen, was Berija sagte?«
»Alles, was er diesbezüglich sagte, hat ihn kaum irgendwie gerechtfertigt. Ja, und es war in seiner Lage schwer, sich etwas auszudenken, was dem Verbrecher hätte helfen können.«
Damit der Leser versteht, wovon die Rede ist, werde ich Auszüge aus einem Dokument anführen. Am 2. Juli 1957 fand eine Versammlung des Parteiaktivs des Verteidigungsministeriums der UdSSR statt, auf dem der Brief des ZK der KPdSU »Über die parteifeindliche Gruppe Malenkows, Kaganowitschs, Molotows und anderer« diskutiert wurde. Der Bericht wurde von Schukow gehalten. Es meldeten sich hohe Militärführer zu Wort: Konew, Malinowski, N. G. Kusnetzow, Nedelin, Bagramjan, Werschinin, Golikow, Meretzkow, Scheltow und weitere. Als Moskalenko das Wort erteilt wurde, berichtete er Folgendes:

»Seinerzeit entdeckte ich mit dem Generalstaatsanwalt Genossen Rudenko bei der Untersuchung des Falls Berija, wie er aussagte, (…) dass bereits im Jahre 1941 Stalin, Berija und Molotow im Arbeitszimmer die Frage einer Kapitulation der Sowjetunion gegenüber dem faschistischen Deutschland besprachen – sie trafen eine Übereinkunft, Hitler das sowjetische Baltikum, Moldawien und einen Teil des Territoriums anderer Republiken abzugeben. Dabei versuchten sie, durch den bulgarischen Botschafter Verbindungen zu Hitler aufzunehmen. So etwas hatte nicht einmal ein russischer Zar gemacht. Es ist charakteristisch, dass der bulgarische Botschafter sich als würdiger als diese Führer erwies. Er teilte ihnen mit, dass Hitler die Russen niemals besiegen werde, Stalin solle sich darüber nicht beunruhigen.«

Schließlich hat mir Moskalenko doch einiges erzählt. Bei diesem Treffen mit dem bulgarischen Botschafter, so erinnerte sich der Marschall an Berijas Aussagen, habe Stalin geschwiegen. Gesprochen habe nur Molotow. Er habe den Botschafter gebeten, mit Berlin Kontakt aufzunehmen. Seinen Vorschlag an Hitler, die Kriegshandlungen zu beenden und große Gebiete an Deutschland abzutreten, habe Molotow »einen möglichen zweiten Brester Vertrag« genannt. Lenin habe damals den Mut besessen, solch einen Schritt zu machen, und die jetzige sowjetische Regierung habe die Absicht, dies ebenfalls zu tun. Der Botschafter habe es aber abgelehnt, in dieser zweifelhaften Sache den Vermittler zu spielen, und erklärt, dass Russland den Krieg gewinnen werde, selbst wenn es seine Truppen zunächst bis zum Ural zurückziehen müsse.

»Es ist schwer, zu sagen und kategorisch zu bestätigen, dass das alles so war«, sagte Moskalenko nachdenklich. »Eines ist jedoch klar, Stalin befand sich in jenen Tagen, Ende Juni bis Anfang Juli, in einem Zustand der Verzweiflung, und er wusste nicht, welche Maßnahmen er treffen sollte. Es hätte wohl kaum einen Sinn gehabt, wenn Berija sich das alles ausgedacht hätte, umso mehr, als der damalige bulgarische Botschafter in einer Unterredung mit uns diese Tatsache bestätigt hat.« So weit mein Exkurs.

Das Volk erwartete, dass Stalin zu ihm sprach. An ihn glaubte es nach wie vor. Mit ihm verband es alle Hoffnungen. Möglicherweise half gerade das Stalin, sich von seinem Schock zu erholen. Er beschloss, sich am 3. Juli über den Rundfunk an seine Landsleute zu wenden. Stalin tat sich schwer mit der Arbeit am Text seiner Ansprache. Wie sollte er dem Volk die katastrophale Lage erklären? Auf dem Entwurf befinden sich Randbemerkungen wie »Warum?« – »Die Zerschlagung des Feindes ist unvermeidlich« – »Was muss getan werden?« Er musste sich rechtfertigen. In seiner Rede versuchte Stalin zu erklären, warum die deutschen Truppen Litauen, Lettland, einen Teil der Ukraine, Belorussland, Estland besetzen konnten.

»Es verhält sich so, dass die Truppen Deutschlands, also eines kriegführenden Landes, bereits alle mobilisiert waren und dass 170 Divisionen, die Deutschland gegen die UdSSR warf, sich bereits an den Grenzen der UdSSR befanden. Sie befanden sich schon in völliger Bereitschaft und erwarteten lediglich das Signal zum Angriff, während die sowjetischen Truppen noch nicht mobilisiert waren, um sich auf die Grenzen zuzubewegen.«

Stalin behauptete wahrheitswidrig, die besten Divisionen des Feindes seien zerschlagen. Er sprach über den sowjetisch-deutschen Nichtangriffsvertrag, aber er verlor kein einziges Wort über den schändlichen Grenz- und Freundschaftsvertrag und auch kein Wort über die vielen verhängnisvollen Rechenfehler, die er gemacht hatte.
Seine Stimme wurde sicherer, als er davon zu sprechen begann, dass nun alle Arbeit den militärischen Zielen dienen müsse. Zum ersten Mal wurde der Krieg »vaterländisch« genannt. Stalin rief zur Bildung von Partisanenabteilungen auf und dazu, »einen erbarmungslosen Kampf gegen alle Desorganisatoren der Truppen, gegen alle Deserteure und Panikmacher zu organisieren«. Nie zuvor hatte er öffentlich die Hoffnung geäußert, dass die Völker Europas und Amerikas gemeinsam den Kampf gegen Hitlerdeutschland führen sollten. Am Ende seiner Rede sagte er: »Das Staatliche Verteidigungskomitee hat seine Arbeit aufgenommen und ruft das ganze Volk auf, sich um die Partei Lenins-Stalins zu sammeln.«

Stalin hatte sich bereits daran gewöhnt, von der »Partei Lenins-Stalins« zu sprechen, und auch das Volk empfand es als normal. Wegen des immensen Glaubens an Stalin im Volk spielte seine Rede eine große mobilisierende Rolle. Damals waren nur wenige in der Lage zu sehen: Der katastrophale Anfang ist das Resultat von Stalins Alleinherrschaft. Zahllose Opfer waren die Folge der Fehlkalkulationen des »Unfehlbaren«. Paradox: Stalin machte viele Fehler und beging schwere Verbrechen. Aber dank des Systems, das er sich selbst geschaffen hatte, erschien er den meisten Menschen nach wie vor als ein zu Höherem berufener »Führer«. Der Hauptschuldige an den verheerenden Niederlagen und Opfern zu Beginn des Kriegs verkörperte die Hoffnungen des Volks. Der Glaube funktionierte.

Harte Zeiten

Seit dem 30. Juni stand Stalin an der Spitze des Staatlichen Verteidigungskomitees, und seit dem 19. Juli war er zusätzlich Volkskommissar für Verteidigung. Er arbeitete 16 bis 18 Stunden am Tag, er wurde noch härter, noch böser. Täglich legte man ihm Dutzende von Papieren vor, die nach seiner Unterschrift zu Befehlen, Direktiven, Anordnungen und Beschlüssen wurden. Die Konzentration der gesamten politischen und militärischen Macht in einer Hand hatte sowohl positive als auch negative Aspekte. Einerseits konnten so Entscheidungen schnell getroffen und durchgesetzt werden. Andererseits schwächte die Alleinherrschaft die Selbständigkeit und Initiative der militärischen und politischen Führer.

In der Stawka arbeiteten außer Stalin lediglich zwei oder drei Menschen. Sie erfüllten die Anweisungen des Obersten Befehlshabers und nicht mehr. Von den Politbüromitgliedern spielten außer Stalin während der Kriegsjahre wohl nur Wosnessenski, Schdanow und Chruschtschow eine bedeutende Rolle. Wosnessenski beschäftigte sich mit wirtschaftlichen Problemen des Landes. Schdanow und Chruschtschow waren als Mitglieder der Kriegsräte wichtige Befehlsempfänger Stalins. Woroschilow hatte nach einigen misslungenen Verteidigungsaktionen Stalins »operatives Vertrauen« verloren. Kalinin formulierte auf Anweisung Stalins Beschlüsse und nahm an der Propagandaarbeit teil. Mikojan und Kaganowitsch beschäftigten sich mit der Nahrungsmittelbeschaffung, aber als Mitglieder der Kriegsräte der Fronten hatten sie faktisch keine Aufgaben. Malenkow war der Mann, der Stalins Anweisungen im Apparat des ZK ausführte. Einige Male fuhr er nach Stalingrad, aber aufgrund seiner völligen militärischen Inkompetenz hinterließ er dort keine Spuren. Molotow war seit dem 30. Juni 1941 und bis zum Ende des Kriegs Stellvertreter des Vorsitzenden des Staatlichen Verteidigungskomitees und beschäftigte sich vor allem mit internationalen Fragen. Berija leitete die »Säuberung« des Hinterlands, die Lager für die deutschen Kriegsgefangenen sowie die sowjetischen Soldaten, die aus deutscher Gefangenschaft entkommen waren, und die »Gefängnisindustrie«, die für den Krieg arbeitete. Auf Anweisung Stalins fuhr er zweimal an die nordkaukasische Front. Andrejew befasste

sich mit der Landwirtschaft und der Versorgung der Front. Plenarsitzungen des ZK hat es in den Kriegsjahren nicht gegeben. Im Oktober 1941 waren die Mitglieder des ZK zwar nach Moskau gerufen worden, aber nachdem man sie zwei Tage warten ließ, erfuhren sie, dass Stalin und Malenkow keine Zeit hatten.
Bis zur Schlacht von Stalingrad waren viele Beschlüsse Stalins impulsiv, voreilig, widersprüchlich, inkompetent. Wobei er auch später seiner Umgebung und den Stäben noch Rätsel aufgab. Hier eines der Dokumente, die Stalin im Jahr 1942 geschrieben hat. Es trägt keine Überschrift und hat möglicherweise auch keinen Sinn. Es ist sogar für einen Eingeweihten schwer zu verstehen:

»1) 40. Armee – sieben Schützendivisionen plus zwei Panzerbrigaden.
2) Katukow – aus dem Hinterland zur 48. Armee.
3) Mischulin – bleibt vor Ort.
4) Mostowenko – in das Gebiet der 61. Armee.
5) Lisjukow – in das Gebiet westlich von Jelz.
6) Die Hauptaufgabe – im Norden.
7) Die 40. greift ebenfalls an.
Das Dokument ist persönlich vom Genossen Stalin geschrieben worden.
Generalmajor Schtemenko«

Manchmal gab Stalin, wenn er Berichte über Misserfolge oder über den Rückzug von Einheiten gehört hatte, nicht operative, sondern »Strafanweisungen«. Auch wenn sie von Schukow, Wassilewski, Schaposchnikow oder Watutin unterschrieben sind, kann man leicht den Autor erraten. Ein Beispiel: Am 10. Juli wurde klar, dass die Truppen der Nordwestfront ihre Stellungen erneut nicht halten konnten. In den Frontstabsberichten wurde in diesem Zusammenhang auf Diversionsgruppen im Hinterland verwiesen. Stalin diktierte sogleich:

»(…) Der Befehlshaber und das Mitglied des Kriegsrates, der Staatsanwalt und der Leiter der 3. Abteilung haben sich unverzüglich bei den vorderen Abteilungen einzufinden und vor Ort mit den Feiglingen und Verrätern abzurechnen.«

Während Stalin auf die Karte schaute, die im Generalstab vorbereitet worden war, konnte er deutlich drei Hauptrichtungen sehen, in denen der Gegner zielstrebig vorwärts marschierte: im Nordwesten in Richtung Leningrad, im Westen in Richtung Moskau und im Südwesten in Richtung Kiew. Möglicherweise traf Stalin in diesem Moment seine erste große strategische Entscheidung in diesem Krieg. Er schlug vor, entsprechend den Angriffsrichtungen des Feindes drei Hauptkommandos zu schaffen. Der Generalstab unterstützte diesen Vorschlag. Bereits am 10. Juli wurden auf Befehl der Stawka geschaffen: das Nordwestkommando mit dem Oberkommandierenden Woroschilow und dem Mitglied des Kriegsrats Schdanow; das Westkommando mit dem Oberkommandierenden Timoschenko und dem Mitglied des Kriegsrats Bulganin; das Südwestkommando mit dem Oberkommandierenden Budjonny und dem Mitglied des Kriegsrats Chruschtschow. Dieser Beschluss war im Prinzip richtig, aber es ist den Oberkommandos nicht gelungen, eine bemerkenswerte Rolle zu spielen.

Der Hauptgrund dafür liegt einmal mehr bei Stalin: Die Oberkommandos wurden wohl geschaffen, aber sie wurden nicht mit genügend Vollmachten ausgestattet. Über ihren Kopf hinweg und ohne Abstimmung gingen Stalins Befehle an die Truppen. Außerdem fehlten den Oberkommandos qualifiziertes Personal und technische Mittel. Bald wurden sie zu Objekten von Stalins Vorwürfen wegen ihrer »Passivität und Unentschlossenheit«.

Durch die harte Praxis des militärischen Alltags erlernte Stalin allmählich die Grundsätze der Strategie. Später würde er niemals und niemandem erzählen, dass die Geheimnisse der Kriegführung ihm allein durch die Hilfe Schukows, Schaposchnikows, Wassilewskis, Antonows, Watutins und anderer herausragender Heerführer zugänglich geworden sind. Es sollte aber die Zeit kommen, in der behauptet werden wird, Stalin habe etwas grundsätzlich Neues in die Militärwissenschaft eingebracht.

Die Verluste waren riesig: Zirka 30 Divisionen existierten faktisch nicht mehr, und rund 70 hatten mehr als die Hälfte ihres Bestands verloren. 3500 Flugzeuge waren zerstört und mehr als die Hälfte der Munitions- und Brennstofflager. Und dies alles innerhalb von drei Wochen Krieg! Selbstverständlich hatten die Deutschen diesen Erfolg nicht umsonst bekommen. In diesen ersten drei Wochen ist es den sowjetischen Soldaten, Kommandeuren und Politkommissaren gelungen, zirka 150 000 Soldaten und Offiziere der Wehrmacht, mehr als 950 Flugzeuge und einige hundert Panzer zu vernichten. Das wissen wir heute. Damals wurden in den Meldungen die Verluste des Gegners übertrieben und die eigenen Verluste untertrieben. Folgendes wurde Stalin nach zwei Wochen Krieg berichtet:

»Verluste an Flugzeugen: der Gegner – mindestens 1664
unsere – 889
Panzer: der Gegner – 2 625
unsere – 901
menschliche Verluste auf der Seite des Gegners: getötet 1 312 000

Außerdem trug der Gegner bei harten Kämpfen an verschiedenen Abschnitten riesige Verluste davon, die sich jedoch nicht errechnen lassen, da unsere Abteilungen sich zurückzogen. Viele Diversanten und Fallschirmjäger sind vernichtet und noch nicht berechnet worden.

Kriegsgefangene – 30 004 Menschen; außerdem sind viele Fallschirmjäger in Gefangenschaft genommen worden, jedoch nicht berechnet. Unsere Verluste an Vermissten und Gefangengenommenen bis zum 29. 6.: zirka 15 000 Personen.
In der Ostsee wurden 5 PL (U-Boote; D. W.) und 1 im Schwarzen Meer vernichtet. 2 Torpedoboote sind vernichtet worden.«

Das waren natürlich vollkommen falsche Zahlen. Mit der wirklichen Lage an der Front hatten sie nichts zu tun. Aber eine solche Statistik ist kein Zufall. Auch sie ist ein Ergebnis der Alleinherrschaft, die selbst bestimmt, was Wahrheit ist und was nicht. Stalin ließ nicht einmal den Gedanken zu, dass man ihn belügen könnte. Wie auch immer, die Schlagkraft der Faschisten wurde merklich geschwächt. Und das wichtigste war, dass es dem deutschen Oberkommando nicht gelang, das von Hitler gesteckte Ziel zu erreichen: die Hauptstreitkräfte der Roten Armee zu zerstören.

Die Armee kämpfte. Sie zog sich zwar zurück, aber sie kämpfte. Wenn Stalin auf die Karte schaute, kam er zu der Schlussfolgerung: Der Krieg wird lang. Wenn wir jetzt durchhalten, haben wir eine Chance.

Außer mit rein militärischen Angelegenheiten hatte Stalin täglich auch einige Stunden mit wirtschaftlichen und organisatorischen Fragen zu tun. Am 4. Juli legten Wosnessenski und Mikojan ihm das Projekt »Über die Ausarbeitung eines Kriegswirtschaftsplans zur Sicherstellung der Landesverteidigung« vor. Er unterschrieb den Entwurf, fast ohne ihn zu lesen. Im Empfangssaal drängten sich viele Offiziere, die Stalin immer neue schlechte Nachrichten von den Fronten brachten.

Auch Wosnessenski hatte es eilig. Aber es gelang ihm noch, Stalin zu berichten, dass am 30. Juni der Rat der Volkskommissare den allgemeinen Mobilisierungs- und Volkswirtschaftsplan bestätigt habe, der die Umstellung der Wirtschaft auf Kriegsproduktion innerhalb kürzester Zeit vorsah. Vor Wosnessenski war Schwernik, Vorsitzender des Rats für Evakuierung, bei Stalin gewesen. Er hatte unter anderem berichtet, wie die Verlegung kriegswichtiger Betriebe verlief. Nach dem Plan sollten zunächst Betriebe in den Osten evakuiert werden, die in Grenznähe ansässig waren. Diese Vorstellung wurde schon in den ersten Tagen des Kriegs über den Haufen geworfen. Aber bis zum Januar 1942 gelang es dann, 1523 Industriebetriebe zu verlegen, darunter waren 1360 Rüstungsbetriebe. Es ist kaum möglich, die Bedeutung dieser Leistung zu überschätzen. Jeder Tag war gefüllt mit wichtigen und weniger wichtigen Aufgaben für den Mann, der alle leitenden Funktionen des Staates bekleidete. Der Krieg bestätigte Stalin noch mehr in seiner Rolle des absoluten Diktators.

Der ehemalige Volkskommissar für Verkehrswesen Iwan Wladimirowitsch Kowalew hat mir erzählt:

»Ich erinnere mich, man lud mich damals zu einer Beratung in den Kreml ein. Was sehe ich: Eisenbahner, Militärangehörige, ZK- Funktionäre. Unter ihnen auch Kaganowitsch, Berija, der einst den Verkehr geleitet hatte. Stalin trat ein. Alle standen auf. Er, ohne langes Drumherumgerede: ›Das Staatliche Verteidigungskomitee hat den Beschluss gefasst, ein Transportkomitee zu

gründen. Ich schlage vor, den Genossen Stalin zum Vorsitzenden des Komitees zu wählen.‹ So hat er es selbst gesagt. Ich erinnere mich an einen Satz aus dieser schon so weit zurückliegenden Beratung: ›Der Verkehr, das ist eine lebenswichtige Frage. Die Frontangelegenheiten liegen in den Händen des Verkehrs. Merken Sie sich eines: Bei Nichterfüllung der Direktiven des Staatlichen Verteidigungskomitees droht das Militärtribunal.‹ Dies sagte er leise und ohne Betonung, aber es liefen einem dennoch Schauer über den Rücken. (…)
Während des Krieges musste ich Dutzende und auch Hunderte von Malen dem Obersten Befehlshaber über die Übergabe von Transportzügen an verschiedene Abschnitte der Front berichten. Es kam sogar vor, dass ich Stalin auf seinen Wunsch über einzelne Züge (mit besonders wichtiger Fracht) hin alle zwei Stunden Bericht erstatten musste. Es gab einmal einen Fall, als ich einen Zug ›verlor‹. Ich sagte, der Zug sei an der Station sowieso. Aber dort war er nicht. Stalin konnte seinen Zorn kaum zurückhalten: ›Wenn du ihn nicht findest, General, dann gehst du als gewöhnlicher Soldat an die Front.«

Und Stalin hat solche Drohungen auch wahr gemacht. Während ich in den Archiven arbeitete, habe ich zum Beispiel entdeckt, dass ein Generalmajor N. I. Moskwin von Stalin zum einfachen Soldaten degradiert und an die Front geschickt worden ist. Aber ich bin abgeschweift. Kowalew berichtete weiter:

»Poskrebyschew sagte zu mir, der ich mittlerweile kreidebleich war: ›Nimm dich in acht. Der Hausherr ist außer sich vor Wut.‹ Als ich kam, um Stalin zu berichten, waren bei ihm in der Regel Molotow, Berija, Malenkow. Ich habe zu mir selbst gesagt: Sie stören nur. Sie stellen niemals Fragen. Sie sitzen da und hören zu. Sie schreiben irgendetwas auf. Und Stalin gibt Anweisungen, telefoniert, unterschreibt die Dokumente, ruft Poskrebyschew, erteilt ihm Aufgaben. Und sie, sie sitzen da. Sie sitzen da und schauen mal Stalin an, mal den Hereintretenden. Und dieses Bild fand ich Dutzende von Malen vor. Offenbar brauchte Stalin ihre Anwesenheit. Entweder für die Ausführung von Aufträgen oder als Zeugen für die Geschichte. Kaganowitsch pflegte in der Regel nicht dort

zu sein. Er arbeitete 18 Stunden am Tag. Flüche, Krach, Drohungen. Kaganowitsch hatte weder für sich selbst noch für andere Mitleid. Ich habe ihn jedenfalls nie so wie die drei anderen bei Stalin sitzen sehen. Wenn Stalin am Telefon sprach, bemerkte ich, dass er immer nur einige Sätze sagte und dann den Telefonhörer einhängte. Er sprach kurz und verlangte kurze Berichte. Man durfte ihm niemals etwas Ungefähres berichten; sofort sagte er mit Unheil verkündender Stimme: ›Du weißt es nicht? Was tust du die ganze Zeit?‹
Häufig, sehr häufig war ich bei Stalin, jedoch bin ich kein einziges Mal gelassen und ruhig zu ihm gegangen, immer erwartete man eine Frage, auf die man nicht wusste, wie man antworten sollte. Er war furchtbar grob. Statt ›guten Tag‹ nickte er kaum merklich mit seinem Kopf. Nachdem man Bericht erstattet hatte und es keine Fragen gab, schaute man, dass man schnell und erleichtert den Raum verließ. ›Schneller! Schneller!‹, drängte Poskrebyschew. Ich bemerkte, dass Stalin mit all seiner Macht, seinem Gedächtnis, seinem Verstand alle irgendwie niederdrückte und erniedrigte. Der Mensch, der bei ihm eintrat, fühlte sich noch bedeutungsloser, als er in Wirklichkeit war.«

In den ersten Monaten des Kriegs beschäftigte Stalin sich oft mit Kleinigkeiten – mit der Verteilung von Munition und Gewehren, er befahl, die Zivilbevölkerung zum Ausheben von Panzersperren heranzuziehen, er schaute die Entwürfe der Mitteilungen des Informationsbüros durch. Eines Tages lag ein Dokument der Stawka, das an die Luftstreitkräfte adressiert war, 8 Stunden und 15 Minuten unbearbeitet in der Chiffrierabteilung. Stalin erfuhr dies und befahl als Volkskommissar für Verteidigung, die beiden verantwortlichen Offiziere zu bestrafen und sie aus dem Generalstab zu entlassen. Dann diktierte er noch eine Notiz:

»An die Genossen Wassilewski und Schigarew
Ich bitte den Leiter der Operativverwaltung des Generalstabs und den Kommandeur der Luftstreitkräfte – jeder an seinem Ort –, in der Chiffrierabteilung für Ordnung zu sorgen.
25. 8. 1941 J. St.«

Damit beschäftigte er sich, während an den Fronten furchtbare Schlachten geschlagen wurden! Aber er konnte nicht mehr ablegen, was er sich in den Jahren angewöhnt hatte: alles selbst entscheiden und für alle alles entscheiden. Bald sollte die Wirklichkeit an der Front den Arbeitsstil des Obersten Befehlshabers korrigieren.
Viele von Stalins Weisungen in den ersten Kriegsmonaten waren in hohem Maß von seinen Bürgerkriegserfahrungen geprägt. So stieg im September 1941 nach einem Telefongespräch mit Budjonny sein Interesse an der Kavallerie. Zu jener Zeit wurde unter Schukows Leitung im Generalstab gerade ein Dokument der Stawka über die Lehren aus den ersten zwei Monaten des Kriegs erarbeitet. Es sollte an die Front- und Armeekommandeure geschickt werden. Das Dokument war fast fertig. Stalin las es, er war im Großen und Ganzen einverstanden, jedoch befahl er, noch einen Punkt einzubauen:

»Viertens. Unsere Armee unterschätzt etwas die Bedeutung der Kavallerie. Bei der heutigen Lage an den Fronten, wo die rückwärtigen Etappen des Gegners sich auf einige 100 Kilometer in den Waldgegenden verstreut haben und absolut nicht sicher sind vor den Diversionshandlungen unserer Seite, könnten die Streifzüge der Roten Kavalleristen entlang der zerstreuten Etappen des Gegners die entscheidende Rolle bei der Desorganisierung der Leitung und Versorgung der deutschen Truppen spielen. Wenn unsere Kavallerieabteilungen, die sich nun irgendwo an der Front und vor der Front tummeln, hinter den Rücken des Feindes geworfen worden wären, wäre er in eine kritische Lage gebracht worden, und unsere Truppen hätten eine immense Erleichterung erfahren. Die Stawka ist der Meinung, dass für solche Streifzüge entlang der rückwärtigen Etappen des Gegners einige Dutzend leichter Kavalleriedivisionen für offensive Vernichtungsaktionen mit je 3000 Mann vollkommen genügen würden, wobei jede Division einen leichten Wagenzug mit sich führt (…).«

Diese Idee erscheint nicht sinnlos, aber vor allem war es ein Versuch, nicht nur zu den Erfahrungen aus dem Bürgerkrieg zurückzukehren, sondern auch zu denen des weit zurückliegenden Kriegs gegen Napoleon im Jahr 1812.

Die Lage war derart verzweifelt, dass Stalin zu jedem denkbaren Mittel griff. Wenn Stalin an Pawlow dachte, wurde er wütend: Wie konnte ein Frontkommandeur in einer einzigen Woche alles verlieren? Er hatte doch damals, als Stalin ihn in seinem Arbeitszimmer vor der Ernennung zum Kommandeur des Westlichen Militärsonderbezirks empfangen hatte, keinen schlechten Eindruck auf ihn gemacht. Gute Berichterstattung, reife Urteilskraft, Sicherheit im Auftreten. In der Tat, er hatte etwas wenig Erfahrung: solch eine Karriere nach Spanien! Wie hatte er sich nur die Führung der Truppen aus der Hand nehmen lassen können? Was hatte sein Stab gemacht? Warum waren die Truppen nicht kampfbereit, als die Deutschen angriffen? Stalin wollte sich bereits nicht mehr daran erinnern, dass er und Timoschenko Mitte Juni zwei oder drei chiffrierte Telegramme von Pawlow erhalten hatten mit der dringenden Bitte, die Truppen des Militärbezirks in ihre Kampfstellungen verlegen zu dürfen. Der Kommandeur des Westlichen Militärsonderbezirks hatte versucht, die Genehmigung zur Teilmobilmachung zu erhalten, er hatte versucht klarzumachen, dass es dringend notwendig sei, seine Truppen mit Funkgeräten und neuen Panzern zu verstärken. Aber davon wollte Stalin nichts mehr wissen. Pawlow war in seinen Augen einer der Hauptschuldigen der Katastrophe. Stalin ging auf seinen Schreibtisch zu und drückte den Klingelknopf. Sogleich erschien Poskrebyschew mit einem Notizblock in der Hand.
»Wer außer Pawlow steht vor dem Militärtribunal? Wann findet die Verhandlung statt? Wo ist die Anklageschrift?« Ohne eine Antwort abzuwarten, fügte er noch hinzu: »Lassen Sie Ulrich zu mir kommen.«
Poskrebyschew verließ den Raum ebenso leise, wie er ihn betreten hatte. Bald kam er wieder und legte ein dünnes Mäppchen auf den Schreibtisch. Der Oberste sah schnell die Papiere durch. Obenauf lag dieses:

»*Urteil* (Entwurf)
Im Namen der Union der Sozialistischen Sowjetrepubliken
hat das
Militärkollegium des Obersten Gerichts der UdSSR mit dem
Vorsitzenden Militärjuristen W. W. Ulrich

mit den Mitgliedern Divisionsmilitärjurist A. M. Orlow und D. Ja. Kandybin
und dem Sekretär Militärjurist A. S. Masur in einer geschlossenen Gerichtssitzung in der Stadt Moskau am ... Juli 1941 das Verfahren zu folgenden Anklagepunkten durchgeführt:
1. Pawlow Dmitri Grigorewitsch, 1897 geboren, ehemaliger Kommandeur der Westfront, Armeegeneral;
2. Klimowskich Wladimir Jefimowitsch, 1895 geboren, ehemaliger Stabschef der Westfront, Generalmajor
– beide werden der Verbrechen nach Artikel 63/2 und 76 des Strafgesetzbuches der BSSR (Belorussischen Sozialistischen Sowjetrepublik; A. d. Ü.) angeklagt;
3. Grigorjew Andrej Terentjewitsch, 1889 geboren, ehemaliger Leiter der Verbindungen zur Westfront, Generalmajor;
4. Korobkow Alexander Andrejewitsch, 1897 geboren, ehemaliger Kommandeur der 4. Armee, Generalmajor
– beide werden der Verbrechen nach Artikel 180 Paragraph ›b‹ des Strafgesetzbuches der BSSR angeklagt. (...)«

Ferner steht dort, in der Voruntersuchung sei festgestellt worden, dass die Angeklagten Pawlow und Klimowskich sich als Teilnehmer an einer antisowjetischen militärischen Verschwörung erwiesen hätten, dass sie die Mobilmachung und die Kampfbereitschaft der Truppen geschwächt, dass sie die Wehrkraft zersetzt, dass sie dem Feind kampflos die Waffen überlassen hätten usw.

»Auf diese Weise ist die Schuld Pawlows und Klimowskichs in den ihnen zur Last gelegten Verbrechen nach Artikel 63/2 und 76 des Strafgesetzbuches der BSSR und die Schuld Grigorjews und Korobkows in den ihnen zur Last gelegten Verbrechen nach Artikel 180 Paragraph ›b‹ des Strafgesetzbuches der BSSR bewiesen. Ausgehend vorn Dargelegten und nach Artikel 319 und 320 des Strafgesetzbuches der RSFSR, hat das Militärkollegium des Obersten Gerichts der UdSSR *verurteilt*:
1. Pawlow Dmitri Grigorewitsch
2. Klimowskich Wladimir Jefimowitsch
3. Grigorjew Andrej Terentjewitsch
4. Korobkow Alexander Andrejewitsch –

im Falle Pawlows zur Degradierung zum Armeegeneral und im Falle der anderen zur Degradierung zum Generalmajor, und alle unterliegen dem höchsten Strafmaß – Tod durch Erschießen, mit Konfiszierung allen persönlichen Hab und Guts. (…) Das Urteil ist endgültig, eine Revision wird nicht zugelassen.«

Nachdem Stalin den Urteilsentwurf gelesen hatte, sagte er zu Poskrebyschew:

»Das Urteil bestätige ich, jedoch sämtlichen Blödsinn von wegen ›verschwörerischer Tätigkeit‹ soll Ulrich rausschmeißen. Sie sollen das alles nicht in die Länge ziehen. Keinerlei Revision. Daraufhin ist an den Fronten Mitteilung zu machen. Sie sollen wissen, dass wir Defätisten erbarmungslos bestrafen werden.«

Alles war entschieden. Vor der Gerichtsverhandlung am 22. Juli. Der Prozess war nur ein formaler Akt. Die Angeklagten baten, man solle sie an die Front schicken, gleich, in welcher Funktion: Sie wollten beweisen, dass sie der Heimat ergeben waren. Sie baten, man möge ihnen glauben. Alles, was geschehen sei, sei ein Resultat unglücklicher Umstände. Sie haben eine Schuld nicht abgestritten. Sie wollten sie im Kampf wieder gutmachen. Ulrich gähnte und drängte: »Kürzer!«
In derselben Nacht wurden sie erschossen. Stalin sollte sich niemals mehr für diese Menschen interessieren.
Am 5. November 1956 wird der Generalstab der Sowjetarmee nach einer genauen Untersuchung des Falls folgenden Schluss ziehen:

»Vorhandene Dokumente und Berichte einer Reihe von Generälen, die im Westlichen Militärsonderbezirk gedient haben, widerlegen, ohne eine Reihe großer militärischer Mängel zu bestreiten, die Behauptung in der Anklageschrift, dass die Generäle Pawlow D. G., Klimowskich W. J., Grigorjew A. T, Korobkow A. A. und Klytsch N. A. sich der Untätigkeit, der Desorganisierung, der bewussten Wehrkraftzersetzung und der kampflosen Übergabe von Waffen an den Gegner schuldig gemacht haben.«
Es ist wahrscheinlich, dass sie vor dem Krieg und zu Beginn des

Kriegs Fehler gemacht hatten. Sie waren auf hohe Posten gesetzt worden und hatten aufgrund mangelhafter Ausbildung die Kampfhandlungen gegen den Feind, der auch den Vorteil der Überraschung auf seiner Seite wusste, nicht ausreichend organisieren können. Als ob es wenige solche Fälle gegeben hätte! Die Frontkommandeure Kusnetzow, Pawlow, Kirponos hatten nach der blutigen Säuberung der Roten Armee eine steile Karriere gemacht. Ihr Patriotismus und ihr Mut waren so unbestreitbar wie ihr Mangel an militärischer Erfahrung.

Dafür braucht es Jahre. Stalin, der ganze Schichten von Kommandeuren hatte umbringen lassen, stellte jene, die die frei werdenden Posten übernehmen mussten, vor eine schwierige Aufgabe. Er, der die Hauptschuld an der Katastrophe trug, zeigte eine außerordentliche Härte gegenüber denen, die Opfer seiner Fehlkalkulationen wurden.

Jeder Krieg ist hart. Aber Stalin machte ihn oft noch härter. Und das ist abscheulich. Ein weiteres Beispiel: Schdanow und Schukow berichteten aus Leningrad, dass die deutschen Truppen, als sie unsere Stellungen angriffen, vor sich Frauen, Kinder und alte Menschen herjagten und damit die Verteidiger in eine furchtbare Lage brachten.

Die Kinder und Frauen schrien: »Schießt nicht, wir sind die Euren! Wir sind die Euren!« Die sowjetischen Soldaten und Offiziere waren verwirrt: Was sollten sie tun? Stalin wusste es:

»Man sagt, dass die deutschen Schurken, während sie sich auf Leningrad zubewegten, vor ihre Truppen alte Männer, alte Frauen, Frauen und Kinder stellten. (…) Man sagt, dass unter den Leningrader Bolschewiki sich Menschen gefunden haben, die es nicht für möglich halten, gegen eine solche Art von Abgesandten Waffengewalt zu gebrauchen. Ich glaube, wenn es solche Menschen unter den Bolschewiki gibt, so sollte man sie als erste vernichten, denn sie sind gefährlicher als die deutschen Faschisten. Mein Rat: Keine Gefühlsduseleien, sondern dem Feind und seinen Handlangern, freiwilligen oder unfreiwilligen, die Zähne einschlagen. (…) Schlagt mit aller Kraft auf die Deutschen und auf ihre Abgesandten, ganz gleich, wer sie sind, fegt die Feinde hinweg, ganz gleich, ob sie freiwillige oder unfreiwillige Feinde sind. (…)

Diktiert um 4 Uhr am 21. 9. 1941 vom Genossen Stalin. B. Schaposchnikow«

Viele Generäle starben auf dem Schlachtfeld. Und viele töteten sich selbst, weil sie weder in Kriegsgefangenschaft kommen noch unter das Stalinsche Strafgericht fallen wollten. Einige Generäle ereilte ein noch bittereres Schicksal. Im August 1941 berichteten die Organe der Staatssicherheit Stalin, dass zwei Generäle sich freiwillig in Kriegsgefangenschaft begeben hätten und nun für die Deutschen arbeiteten. Der eine sei der Kommandeur der 28. Armee Generalleutnant Katschalow, der andere der Kommandeur der 12. Armee Generalmajor Ponedelin. Stalins Beschluss: »Verurteilen.« Die zwei Generäle wurden im Oktober 1941 in Abwesenheit nach Artikel 265 des Strafgesetzbuches der RSFSR verurteilt zum Tod durch Erschießen. Außerdem wurden ihnen ihre Orden aberkannt, sie wurden degradiert, und ihre persönliche Habe wurde eingezogen.

Die Informanten wussten nicht, dass Wladimir Jakowlewitsch Katschalow am 4. August 1941 von einem Artilleriegeschoss getötet worden war. Aber bis zum Jahr 1956 trugen die Familienangehörigen den Stempel der »Verräter der Heimat«.

Noch dramatischer war das Schicksal Pawel Grigorewitsch Ponedelins. Im August 1941 wurden er und seine Soldaten eingekesselt, und er erlitt eine schwere Verletzung. Er war bewusstlos, als er in Gefangenschaft geriet. Vier lange Jahre in Hitlerschen Lagern konnten den General nicht zerbrechen, würdig trug er sein Schicksal. Er machte denen, die verzagten, Mut und lehnte kategorisch jede Zusammenarbeit mit den Faschisten ab. Nach seiner Befreiung und Rückkehr im Jahr 1945 wurde Ponedelin verhaftet und musste nun fünf Jahre in sowjetischen Lagern verbringen.

Diejenigen, die aus den Kesseln herauskamen oder die aus der Kriegsgefangenschaft fliehen konnten, mussten sich in Speziallagern zur »Überprüfung« einfinden. Es gibt eine ganze Reihe von Berichten Berijas über die Arbeit dieser Lager. Ein Teil der Soldaten wurde nach der »Überprüfung« in neu gebildete Einheiten geschickt, andere wurden an Ort und Stelle erschossen und viele für lange Jahre ins Lager geschickt.

Im Sommer 1941 genehmigte Stalin die Verhaftung einer großen

Gruppe von Kommandeuren. Ihr Schicksal war unterschiedlich. Einigen ist es gelungen, an die Front zurückzukehren, andere verschwanden für lange Jahre in den Lagern, andere wurden getötet. In der Mehrzahl der Fälle billigte Stalin die Verhaftung, aber manchmal ordnete er sie auch selbst an. Stalin konnte nicht mehr von seinen grausamen Gewohnheiten ablassen. Damals schien es allerdings so, als würden die harten Zeiten die grausamen Taten des »Führers« rechtfertigen.

Furchtbare Verluste

»Man kann sagen«, erklärte Schukow, »dass die erste Phase des Krieges von uns endgültig verloren wurde. Kampfhandlungen finden bereits um Leningrad statt, und im Gebiet von Smolensk und im Gebiet von Kiew sind Schwerpunkte der Verteidigung. Die Stabilität der Verteidigung ist nach wie vor nicht besonders hoch. Wir sind gezwungen, mehr oder weniger gleichmäßig unsere Kräfte an der Front zu verteilen, ohne zu wissen, wo der Gegner uns mit konzentrierten Kräften den nächsten Schlag versetzt. Die strategische Initiative ist vollkommen in seiner Hand. Die Sache verschlechtert sich durch das Fehlen von zweiten Staffeln und großen Reserven in einer Reihe von Frontabschnitten. In der Luft herrscht die deutsche Luftwaffe, obgleich ihre Verluste auch bedeutend sind (weder Schukow noch Stalin ahnten, dass die sowjetischen Streitkräfte am 30. September 1941 8166 Flugzeuge verloren haben werden – 96,4 Prozent des Vorkriegsbestands; D. W.) Von 212 Divisionen (…) wurden lediglich 90 Divisionen auf 80 Prozent wieder aufgefüllt. An den Stadtgrenzen Leningrads gewinnt die Verteidigung zunehmend an ›Elastizität‹. Die Dynamik der deutschen Bewegung geht allmählich zu Ende. Offenbar muss die ganze Flotte nach Kronstadt überführt werden. Große Verluste werden unumgänglich sein. Die Kämpfe bei Smolensk gestatteten uns, die deutschen Armeen in der gefährlichsten Stoßrichtung, im Westen, aufzuhalten. Nach unseren Berechnungen nehmen an diesem Westvormarsch mehr als 60 deutsche Divisionen, also eine halbe Million Mann, teil. Zur Festigung der Front, wie Sie wissen, Genosse Stalin, wurden noch Anfang Juli die 19., 20., 21. und 22. Armee an die Westfront übergeben. Jedoch ist der Mangel an Truppen immer noch spürbar, und die Divisionen bauen ihre Kampfordnung immer noch auf einer Linie auf. Unser Versuch, einen Gegenangriff in dieser Stoßrichtung unter Teilnahme der 29., 30., 24. und 28. Armee zu starten, brachte nur teilweise ein positives Ergebnis, indem er der 20. und 16. Armee die Möglichkeit gab, den Belagerungsring zu durchbrechen und sich hinter die Frontlinie zu begeben. Unser Gegenangriff vereitelte den Schlag der Deutschen.«

Aus Schukows Lagebericht vom 12. August 1941 ging hervor, dass nun Kiew und Smolensk bedroht waren. Die Lage war unverändert bedrohlich.

Die Kiewer Verteidigungsoperation entwickelte sich erfolglos. Die eingekesselten Einheiten der 6. und 12. Armee kämpften bis zum 7. August. Sie wurden aufgerieben beim Versuch, die Einkreisung zu sprengen. Viele Soldaten gerieten in Gefangenschaft. Marschall Budjonny, dem die Legenden in diesem Krieg nicht helfen konnten, sah die Gefahr, dass auch die Truppen der Südfront in einen Kessel zu geraten drohten, und bat die Stawka um Erlaubnis, die Truppen hinter den Fluss Ingul zurückführen zu dürfen. Stalin geriet außer sich, er verbot den Rückzug und wies Budjonny eine neue Verteidigungslinie zu. Außerdem verstärkte er die Südfront mit 19 Schützen- und 5 Kavalleriedivisionen. Die Einheiten waren allerdings gerade erst formiert worden, sie waren ungeübt und unerfahren. Es fehlten Waffen. Als sie die Front erreichten, zeigte sich, dass ihr Kampfwert nicht sonderlich hoch war.

Wenn man Stalin berichtete, dass diese oder jene Verteidigungslinie verlassen worden war, geriet er entweder in Wut, oder er verfiel in einen Zustand der Apathie. Entgegen der Grundregel, sich bei Entscheidungen und bei der Beurteilung von Menschen Zeit zu lassen, erteilte er seine Befehle direkt nach dem Lagebericht. Dieses Mal war der Kommandeur der Südfront Tjulenew, den er seit langem kannte, an der Reihe. In einem Telegramm Stalins an Budjonny heißt es:

»Der Frontkommandeur Tjulenew hat sich als unfähig erwiesen. Er kann nicht angreifen, und er kann ebenso wenig den Rückzug

der Truppen führen. Er verlor auf eine Weise zwei Armeen, wie man nicht einmal Regimenter verliert. Ich schlage vor, Sie sollten sich umgehend zu Tjulenew begeben, sich persönlich Klarheit über die Lage verschaffen und unverzüglich über den Verteidigungsplan Bericht erstatten. (…) Mir scheint, dass Tjulenew demoralisiert ist und nicht in der Lage ist, die Front zu führen.
Stalin
Telefonisch diktiert um 5 Uhr 50 am 12. 8. 1941, Schaposchnikow«

Im August und September wurde es im Südwesten besonders kritisch. Stalin versuchte, mal mit dem einen, mal mit dem anderen Kommandeur Kontakt aufzunehmen, jedoch gelang dies nicht immer. Eines Tages, als Stalin in einem Lagebericht des Generalstabs über einen neuen, nicht von ihm genehmigten Rückzug einiger Einheiten in Kenntnis gesetzt worden war, diktierte er:

»Befehl der Stawka des Obersten Befehlshabers der Roten Armee Nr. 270 vom 16. August 1941.«

Der »Befehl der Verzweiflung« beginnt damit, dass von Beispielen gesprochen wird, wie Kommandeure, Politkommissare und Rotarmisten aus schlimmsten Lagen herausgekommen seien.

»Jedoch gleichzeitig hat der Kommandierende der 28. Armee, Generalleutnant Katschalow, Feigheit gezeigt und sich in Gefangenschaft begeben, während der Stab und die Abteilungen aus der Einkreisung entkommen sind; Generalmajor Ponedelin, Kommandeur der 12. Armee, begab sich in Gefangenschaft wie auch der Kommandeur des 13. Schützenkorps, Generalmajor Kirillow. Das sind schmachvolle Tatsachen. Feiglinge und Deserteure müssen vernichtet werden.
Ich befehle:
1) Diejenigen, die während des Kampfes ihre Dienstgradabzeichen abreißen und sich in Gefangenschaft begeben, sind als bösartige Deserteure anzusehen, deren Familien als Familien von Fahneneidbrechern und Verrätern der Heimat zu verhaften sind. Derartige Deserteure sind vor Ort zu erschießen.

2) Eingekesselte haben bis zur letzten Möglichkeit zu kämpfen, sich zu den Ihren durchzuschlagen. Und jene, die es vorziehen, sich in Gefangenschaft zu begeben, sind mit allen Mitteln zu vernichten; und die Familien von Rotarmisten, die sich in Gefangenschaft begeben, erhalten keinerlei staatliche Unterstützung und Hilfsmittel mehr.
3) Mutige Männer sind aktiver zu befördern.
Der Befehl ist in allen Kompanien, Staffeln und Batterien zu verlesen.«

Nachdem Stalin sein Diktat beendet hatte, las er den impulsiv diktierten Text nicht noch einmal durch. Obwohl er ihn ohne jede Rücksprache diktiert hatte, ordnete er an, auch die Unterschriften Molotows, Budjonnys, Woroschilows, Timoschenkos, Schaposchnikows und Schukows darunterzusetzen, ungeachtet der Tatsache, dass diese sich zum Teil zu diesem Zeitpunkt gar nicht in der Stawka befanden. Ende August 1941 berichtete man Stalin von einem Brief des Schriftstellers Wladimir Stawski, der zehn Tage an der Front im Rayon von Jelnja gewesen war. Hier einige Auszüge aus diesem Brief.

»Lieber Genosse Stalin!
Eine Reihe unserer Einheiten kämpft bemerkenswert, sie versetzen den Faschisten zerschmetternde Schläge. Nachdem der mutige und energische Major Genosse Utwenko an die Spitze der 19. Division gelangte, haben die Divisionsregimenter auf einem Abschnitt von 11 Kilometern (…) das 88. Regiment (der Wehrmacht; A. d. Ü.) zerschlagen und die meisten deutschen Gegenstöße zurückgeworfen. (…) Die Abteilungen, die in der Gegend von Jelnja kämpfen, durchlaufen eine militärische Schulung, sie sammeln Kampferfahrung, studieren die Taktik des Gegners und schlagen die Deutschen. (…)
Jedoch hier in der 24. Armee ist es in der letzten Zeit zu einem Umbruch gekommen. (…) Nach Angaben der Befehlshaber und der Politabteilung der Armee sind 480 bis 600 Personen wegen Desertierens, Panikmacherei und anderen Verbrechen erschossen worden. In derselben Zeit wurden 80 Personen für Auszeichnungen vorgeschlagen. Vorgestern und heute haben der Armeekom-

mandeur Genosse Rakutin und der Leiter der Politabteilung der Armee Genosse Abramow angesichts dieser Überspitzung schnell für Ordnung gesorgt. (…)«

Auf dem Brief, in dem eine schreckliche »Überspitzung« geschildert wurde, hat Stalin lediglich eine kurze Notiz hinterlassen: »Genosse Mechlis. J. St.«
Zu dieser Zeit kündigte sich eine der größten Niederlagen des Kriegs an. Eineinhalb Wochen vor Beginn dieser Katastrophe, am 8. August 1941, sprach Stalin mit Kirponos, dem Kommandeur der Südwestfront:

»Browary (Ort; A. d. Ü.). Am Apparat Generaloberst Kirponos.«
»Moskau. Am Apparat Stalin.«
Stalin: »Wir sind davon in Kenntnis gesetzt worden, dass die Front leichten Herzens beschlossen hat, Kiew dem Feind zu übergeben wegen eines vermeintlichen Mangels an Einheiten, die in der Lage wären, Kiew zu verteidigen. Ist das wahr?«
Kirponos: »Ich grüße Sie, Genosse Stalin. Man hat Ihnen unwahr berichtet. Der Kriegsrat der Front und ich veranlassen alle Maßnahmen dafür, dass Kiew sich auf gar keinen Fall ergibt. Alle unsere Gedanken und Bemühungen, sowohl meine als auch die des Kriegsrates, sind dahin gerichtet, dass Kiew nicht dem Gegner übergeben wird.«
Stalin: »Sehr gut. Ich drücke Ihnen kräftig die Hand. Ich wünsche Ihnen Erfolg. Ende.«

Die Südwestfront kämpfte verbissen. Über den Heroismus der Verteidiger Kiews wurde viel geschrieben. Sie taten alles, was sie konnten. Am 15. September gerieten die Hauptkräfte der Südwestfront in einen Kessel. Vier Tage zuvor hatte das letzte Gespräch zwischen Stalin und Kirponos stattgefunden:

»Priluki (Ort; A. d. Ü.). Ich grüße Sie. Am Apparat Kirponos, Burmistenko, Tupikow.«
»Moskau. Ich grüße Sie, hier Stalin, Schaposchnikow, Timoschenko. Ihr Vorschlag über den Rückzug der Truppen an die Grenze des Ihnen bekannten Flusses (Psjol; D. W.) scheint mir

gefährlich. (...) Es gibt folgenden Ausweg:
1) Die Streitkräfte sind umgehend umzugruppieren, und zwar auf Kosten des Kiewer Festungsrayons und anderer Truppen, und es sind verzweifelte Angriffe auf die Gruppe des Gegners um Konotopsk abwechselnd mit Jeremenko durchzuführen.
2) Eine Verteidigungslinie ist sofort entlang des Flusses Psjol oder irgendwo an dieser Linie zu organisieren, indem eine große Artilleriegruppe gegen Norden und Westen aufgestellt wird und die 5. und 6. Division hinter diese Kampflinie gezogen werden.
3) (...) Erst nach der Ausführung dieser beiden Punkte, das heißt nach der Führung eines Gegenstoßes gegen die Gruppe um Konotopsk und nach der Schaffung einer Verteidigungslinie entlang des Flusses Psjol, in einem Wort: erst nach alldem, ist mit der Evakuierung Kiews zu beginnen. (...)
Kiew nicht aufgeben und die Brücken nicht sprengen ohne Genehmigung der Stawka. Ende. Auf Wiedersehen.«
Kirponos: »Ihre Anweisungen sind klar. Ende. Auf Wiedersehen!«

Der Held der Sowjetunion Generaloberst Kirponos hätte auch »Leben Sie wohl« sagen können. Es verblieb ihm nur noch kurze Zeit zu leben. Mehr Anweisungen durch den »Führer«, der die reale Situation vollständig ignorierte, sollte er nicht erhalten. Bislang war die Einkesselung noch nicht vollzogen. Es gab noch Möglichkeiten, der tödlichen Klammer zu entkommen. Der Kriegsrat der Front wandte sich am 17. September um 5 Uhr morgens noch einmal an Stalin und bat ihn um die Genehmigung zum Durchbruch. Und wieder verweigerte Stalin sie. Er gestattete lediglich, dass die von Generalleutnant Andrej Andrejewitsch Wlassow geführte 37. Armee sich ans Westufer des Dnjepr zurückzog. Die Lage wurde unhaltbar. Der Kriegsrat beschloss am Abend des 17. September entgegen Stalins Befehl, die Truppen der Front aus der Umklammerung zu führen. Aber dazu war nun schon zu viel Zeit verloren. Außerdem hatte der Frontstab inzwischen die Verbindung zu den Armeen verloren. Auf eigene Faust versuchten die verstreuten Einheiten in zehntägigen blutigen Kämpfen, sich nach Osten durchzuschlagen. Es gelang nur wenigen.
Die Stawka, die der Lage nicht Herr war, schickte noch am 22.

und 23. September Kirponos beruhigende Telegramme folgenden Inhalts:

»An Kirponos (Südwestfront)
Mehr Entschlossenheit und Gelassenheit. Der Erfolg ist sicher. Gegen euch stehen kleine Kräfte des Gegners. Konzentrieren Sie die Artillerie in Teilgebieten, wo der Durchbruch möglich ist. (...) Unsere ganze Luftwaffe arbeitet für euch. (...) Ich wiederhole, mehr Entschlossenheit und Gelassenheit und Energie in den Aktionen. Berichten Sie häufiger.
B. Schaposchnikow«

Die Katastrophe war furchtbar. 452 720 Menschen waren eingekreist. Der Gegner hatte mehr Waffen und mehr Kampftechnik. Frontkommandeur Kirponos, sein Stabschef Tupikow und das Mitglied des Kriegsrats Burmistenko fielen in den letzten Kämpfen und teilten das Schicksal von Tausenden und aber Tausenden von Soldaten.
An der Tragödie der Südwestfront ist in entscheidendem Maß die Stawka und ihr Oberster Befehlshaber verantwortlich. Er war stur und dachte nicht strategisch. Es versteht sich, dass die Kommandeure und der Frontstab aus bekannten Gründen ebenso wenig in der Lage waren, die ihnen anvertrauten Streitkräfte zu führen. Sehr häufig wurde der Mut nicht durch Können, Organisation und Kompetenz unterstützt. Äußerlich zeigte Stalin keine Betroffenheit. Er sagte lediglich zu Schaposchnikow, der seit Juli 1941 von neuem zum Generalstabschef ernannt worden war: »Das Loch muss schnell gestopft werden. Schnell!«
»Maßnahmen sind bereits ergriffen!«, antwortete Schaposchnikow.
»Möglicherweise wird es uns gelingen, die 21. und die 38. Armee wiederherzustellen. Ich habe angeordnet, aus der Reserve der Stawka fünf Schützendivisionen und drei Panzerbrigaden heranzuziehen. Wir stellen ein neues Kommando für die Südwestfront auf. Wir benötigen Ihren Beschluss über die Führung.«
»Und wen schlagen Sie vor?«
»Ich glaube, in dieser schwierigen Lage brauchen wir eine har-

te Hand und einen erfahrenen Kopf. Offenbar werden wir keine bessere Kandidatur als die Timoschenkos finden.«

»Einverstanden.«

»Und als Mitglied des Militärrats wird Chruschtschow bestimmt, als Stabschef Generalmajor Pokrowski.«

»Nun, dann soll es so sein.«

Mitte August schickte Schdanow Stalin einen speziell versiegelten Brief. Im Kuvert befand sich ein Flugblatt mit einem Foto, das seinen Sohn Jakob mit zwei deutschen Offizieren zeigt. Dazu folgender Text:

»Das ist Jakob Dschugaschwili, der älteste Sohn Stalins, Kommandeur der Batterie des 14. Haubitzenartillerieregiments der 14. Panzerdivision, der sich am 16. Juli in der Umgebung von Witebsk mit Tausenden von anderen Kommandeuren und Soldaten ergeben hat. Auf Befehl Stalins lehren euch Timoschenko und Eure Politkommissare, dass Bolschewiki sich nicht in Gefangenschaft begeben. Trotzdem gehen fortwährend Rotarmisten zu den Deutschen über. Um euch abzuschrecken, belügen euch die Kommissare, dass die Deutschen die Kriegsgefangenen schlecht behandelten. Stalins eigener Sohn zeigt mit seinem Beispiel, dass das eine Lüge ist. Er hat sich ergeben, weil jeglicher Widerstand gegen die deutsche Armee von nun an sinnlos ist. (…)«

Das Schicksal des Sohnes beunruhigte Stalin bekanntlich nur aus einem Grund. Es wäre besser gewesen, wenn Jakob im Kampf gefallen wäre, wird Stalin gedacht haben. Was würde geschehen, wenn er nicht standhielt? Er ist schwach, man wird ihn zerbrechen, und er wird anfangen, im Rundfunk zu sprechen. Er wird sagen, was man ihm befiehlt. Der Sohn des Obersten Befehlshabers würde gegen sein Land und seinen Vater arbeiten! Dieser Gedanke war unerträglich. Gestern hatte Molotow ihm unter vier Augen mitgeteilt, dass der Präsident des schwedischen Roten Kreuzes, Graf Folke Bernadotte, über die schwedische Botschaft hatte anfragen lassen, ob Stalin ihn oder irgendeine andere Person bevollmächtige zu Verhandlungen über die Befreiung seines Sohns aus deutscher Kriegsgefangenschaft? Stalin dachte ein oder zwei Minuten nach, schaute Molotow an und begann über etwas anderes zu sprechen.

Katastrophen und Hoffnungen

Im März 1942 berief Stalin eine Beratung ein, bei der die Vorschläge des Oberkommandos der Südwestrichtung diskutiert wurden. Ob dies eine Sitzung der Stawka oder des Staatlichen Verteidigungskomitees war, ist schwer zu sagen. Anwesend waren Stalin, Woroschilow, Timoschenko, Schaposchnikow, Schukow, Wassilewski. Das Oberkommando wurde durch Timoschenko vertreten und schlug vor, im Süden eine breite Offensivoperation mit der Kraft dreier Fronten in Richtung Nikolajew–Tscherkassy–Kiew–Gomel zu unternehmen.

Schaposchnikow war dagegen: »Wir haben keine großen strategischen Reserven. Es ist zweckmäßiger, sich auf eine aktive Verteidigung entlang der ganzen Front zu beschränken, wobei eine besondere Aufmerksamkeit der Zentralrichtung gewidmet werden sollte.« »Wir können doch nicht in der Verteidigung sitzen, die Hände falten und warten, bis die Deutschen uns den ersten Schlag versetzen!«, bemerkte Stalin.

Schukow schlug vor, man solle einen Angriff gegen die Westrichtung der Deutschen führen und an den anderen Fronten eine aktive Verteidigung praktizieren. Timoschenko bestand auf seinem Vorschlag. Wassilewski unterstützte Schukows Plan. Alle warteten, was Stalin sagen würde. Bis dahin hatte er sich auf ähnlichen Sitzungen darauf beschränkt, ausgearbeitete Vorschläge abzulehnen oder zu genehmigen. Nun musste er eine Entscheidung selbst erarbeiten. Er musste eine strategische Wahl treffen. Im tiefsten Innern seiner Seele war Stalin stets ein »Zentrist«. Früher, als er noch nicht der »Führer« war, hatte er bei wichtigen Entscheidungen immer eine mittlere Position bezogen, die es ihm erlaubte, ohne größere Schwierigkeiten auf die Seite des schließlich Stärkeren zu wechseln.

Stalin blieb sich treu und traf eine halbherzige Entscheidung: Er gestattete den Truppen der Südwestrichtung eine begrenzte Offensivoperation. Sie sollte die Kräfte des Gegners um Charkow vernichten mit dem Ziel, anschließend das Donezsteinkohlebecken zu befreien. Niemand widersprach. In der Stawka widersprach man dem Obersten Befehlshaber ohnehin nur selten. Stalin wusste nicht, dass auch die Deutschen in diesem Gebiet einen

Angriff planten. Die Stawka schickte die sowjetischen Truppen in ein extremes Risiko.
Der Vormarsch auf Charkow begann am 12. Mai 1942. Und er begann erfolgreich. Während der ersten drei Tage bewegten sich die Truppen fünfzig Kilometer in die Tiefe. Vollkommen unerwartet für alle kam der kräftige Schlag der Hitlerwehrmacht aus dem Süden gegen die Flanken der sowjetischen Offensivgruppierung. Es folgte eine Reihe widersprüchlicher Anweisungen. Bereits am 18. Mai soll sich Timoschenko nach einigen Angaben (im Archiv gibt es davon keine Spuren) an Stalin gewandt haben mit der Bitte, den Vormarsch auf Charkow abzubrechen. Stalin habe dies abgelehnt und gesagt: »Wir werden aus der Reserve zwei Schützendivisionen und zwei Panzerbrigaden herausgeben. Die Südfront soll sich halten. Die Deutschen werden bald ihre Kraft verlieren.«
Den Ereignissen bei Charkow widmete Chruschtschow, damals Mitglied des Kriegsrats der Südwestfront, in seinem Bericht an den 20. Parteitag einige Passagen. Nach seinen Worten war es ihm gelungen, von der Front aus Stalin telefonisch zu erreichen. Stalin habe sich in seiner Datscha befunden. Malenkow sei am Telefon gewesen. Chruschtschow habe darauf bestanden, mit Stalin persönlich zu sprechen. Aber der Oberste Befehlshaber, der nur »einige Schritte vorn Telefon« entfernt gewesen sei, habe den Telefonhörer nicht in die Hand genommen. Chruschtschow solle vielmehr über Malenkow mit ihm sprechen. Daraufhin habe Chruschtschow die Bitte der Front weitergegeben, den Vormarsch zu beenden. Stalin habe gesagt: »Alles so lassen, wie es ist!«
Nach dieser Version war Stalin für die Charkower Katastrophe verantwortlich. Eine andere Version vertrat Schukow, der glaubte, dass die Leiter der Kriegsräte der Süd- und der Südwestfront die Schuldigen an der Niederlage gewesen seien. In seinem Buch »Erinnerungen und Reflexionen« schreibt Schukow, dass man im Generalstab früher als an der Front die Gefahr gespürt habe. Am 18. Mai habe sich der Generalstab noch einmal dafür ausgesprochen, dass man die »offensive Operation bei Charkow beenden soll. (…) Am Abend des 18. Mai fand ein Gespräch über diese Frage mit dem Mitglied des Kriegsrats der Front N. S. Chruschtschow statt, der, wie auch das Kommando der Südwestfront, erklärte, die Gefahr durch die feindliche Gruppe bei Kramatorsk

sei stark übertrieben und es bestehe kein Anlass, die Operation zu beenden.« Stalin habe sich auf die Berichte des Kriegsrats der Südwestfront gestützt und den Vorschlag des Generalstabs, die Offensive abzubrechen, zurückgewiesen.
Ich glaube, in diesem Fall ist Schukow der Wahrheit näher. Marschall Schukow unterstrich häufig, dass Stalins Beschluss auf den Berichten Timoschenkos und Chruschtschows beruht habe. Sollte es Chruschtschow vergessen haben, wie es war, so ist das eine Sache. Aber wenn er versucht haben sollte, sich im Nachhinein ein historisches Alibi zu verschaffen, so ist das eine ganz andere Sache. Und was Stalin betrifft, er war nicht in der Lage, die nüchterne Analyse des Generalstabs zu beurteilen.
Innerhalb von ein, zwei Tagen war die Schlacht verloren. Hat Stalin die Ursachen dieses Misserfolgs verstanden? Hat er endlich erkannt, welch verheerende Rolle seine Fehleinschätzungen spielten? Das ist schwer zu sagen, aber eines ist unbestritten: Er und die Stawka erhielten ständig blutige Lektionen in Kriegführung.
Nachdem Stalin die Verbitterung über die Niederlagen am eigenen Leib gespürt hatte, beschloss er, die Partisanenbewegung zu aktivieren. Ende Mai 1942 unterschrieb er den Beschluss des Staatlichen Verteidigungskomitees Nr. 1837: »Fragen der Partisanenbewegung«. Darin heißt es: »Mit dem Ziel der Vereinigung der Führung der Partisanenbewegung im Hinterland des Gegners und für eine weitere Entwicklung dieser Bewegung ist in der Stawka des Oberbefehlshabers ein Zentralstab der Partisanenbewegung zu gründen.« Der Partisanenbewegung wurden wichtige militärpolitische Aufgaben gestellt. In den Zentralstab gingen P. K. Ponomarenko (ZK), W. T. Sergienko (NKWD), G. f. Kornejew (Geheimdienstleitung des NKO). Dies war ein richtiger Schritt der Stawka, der wohl früher hätte gemacht werden sollen.
Stalin bedrückten die Misserfolge. Letztlich hat er aus ihnen viel gelernt. Aber noch war es nicht gelungen, die Front im Süden zu stabilisieren. Stalin beschloss, einen Brief an den Kriegsrat der Südwestfront zu schreiben.
26. Juni 1942, zwei Uhr nachts. Wassilewski hatte soeben den Lagebericht vorgetragen und wollte den Raum verlassen, als Stalin sagte: »Warten Sie. Ich möchte noch einmal auf den Charkower Misserfolg zurückkommen. Heute, als ich eine Anfrage an die

Südwestfront gerichtet habe, ob der Gegner bei Kupjansk aufgehalten worden sei und wie die Verteidigungslinie am Fluss Oskol verliefe, konnte man mir nichts Vernünftiges berichten. Wann werden die Leute lernen zu kämpfen? Hätte doch die Charkower Niederlage dem Stab eine Lehre sein müssen. Wann werden sie die Direktiven der Stawka ordnungsgemäß ausführen? Sie müssen daran erinnert werden. Die Verantwortlichen sollen jene, die dies verdienen, bestrafen, und ich möchte an die Führung der Front einen persönlichen Brief richten. Was halten Sie davon?«

»Ich glaube, das wäre nützlich«, antwortete Wassilewski.

Die Archive haben auch dieses Dokument für uns aufbewahrt:

»An den Kriegsrat der Südwestfront.

Wir hier in Moskau – Mitglieder des Staatlichen Verteidigungskomitees und Personen aus dem Generalstab – haben beschlossen, den Stabschef der Südwestfront, Genossen Bagramjan, von seinem Posten zu entlassen. Genosse Bagramjan stellt die Stawka nicht nur als Stabschef nicht zufrieden, der aufgefordert worden war, die Verbindung und die Führung der Armeen zu stärken, sondern auch als einfacher Berichterstatter, der verpflichtet ist, ehrlich und wahrheitsgemäß der Stawka Meldung über die Lage an der Front zu machen. Außerdem stellte sich heraus, dass Genosse Bagramjan nicht in der Lage ist, aus der Katastrophe, die sich an der Südwestfront ereignet hat, eine Lehre zu ziehen. Im Verlauf von drei Wochen ist es der Südwestfront gelungen, dank ihrer Leichtfertigkeit, nicht nur die zur Hälfte gewonnene Charkower Operation zu verlieren, sondern auch dem Gegner 18 bis 20 Divisionen zu geben.«

Stalin machte eine Pause, schwieg und schaute Wassilewski an, dann begann er von neuem, im Zimmer auf und ab zu gehen. Schließlich fragte er den Generalstabschef: »Zusammen mit Samsonow, damals im Jahr 1914, erlitt ein russischer General mit deutschem Nachnamen eine Niederlage, ich habe vergessen ...«

»Rennenkampff«, sagte Wassilewski (er war soeben erst zum Generalstabschef ernannt worden und noch nicht an die oft ungewöhnlichen Gedankengänge des Obersten Befehlshabers gewöhnt).

»Ja, selbstverständlich. Schreiben Sie weiter.«

»Das ist eine Katastrophe, die in ihren unheilvollen Resultaten der Katastrophe mit Rennenkampff und Samsonow in Ostpreußen entspricht. Nach all dem, was geschehen ist, hätte der Genosse Bagramjan, wenn er den Wunsch verspürt hätte, irgendetwas lernen können. Leider ist davon noch nichts zu sehen. Jetzt, wie auch vor der Katastrophe, ist die Verbindung des Stabs mit den Armeen nicht zufrieden stellend, die Information ist unzureichend. (…)
Wir schicken Ihnen vorübergehend für die Funktion des Stabschefs den Stellvertreter des Generalstabschefs, Genossen Bodin, der Ihre Front kennt und Ihnen einen großen Dienst erweisen kann. Genosse Bagramjan wird zum Stabschef der 28. Armee ernannt. Wenn Genosse Bagramjan sich in der Funktion als Armeestabschef von einer guten Seite zeigen sollte, so werde ich die Frage prüfen, ob man ihm die Möglichkeit geben sollte, sich weiterzubewegen.
Es ist klar, dass es sich hier nicht nur um den Genossen Bagramjan handelt. Die Rede ist hier ebenso von den Fehlern aller Kriegsratsmitglieder und vor allem des Genossen Timoschenko und des Genossen Chruschtschow. Würden wir dem Land über das ganze Ausmaß dieser Katastrophe berichten (…), so fürchte ich, dass man ziemlich schroff gegen Sie vorgehen würde. (…)
Ich wünsche Ihnen Erfolg.
26. Juni 1942, 2 Uhr J. Stalin«

Stalin entließ Wassilewski und lehnte sich erschöpft in seinen Sessel zurück. Das Jahr hatte so gut begonnen. Der Gegenstoß bei Moskau vom 5. Dezember 1941 bis zum 7. Januar 1942 war die erste große Offensivoperation gewesen, die im engen Zusammenwirken dreier Fronten erfolgreich durchgeführt worden war. Das Land jubelte: Es war gelungen, den Gegner 100 bis 250 Kilometer vom Rand der Hauptstadt nach Westen zurückzudrängen! Es sah so aus, als wäre der Wendepunkt gekommen. Erfolge auch auf der Krim, bei Tichwin, Einkesselung einer großen deutschen Gruppierung bei Demjansk. Und jetzt?
Diese neuen Niederlagen erschütterten Stalin. Jedoch nahm er sie gelassener hin als die Bedrohung, die im Oktober 1941 über der Hauptstadt geschwebt hatte. Als man ihm am 2. Oktober 1941

eine Aufzeichnung mit Hitlers Rede über den bevorstehenden Fall von Moskau brachte, mag er gedacht haben: Wenn wir jetzt nicht standhalten, so ist dies wohl das Ende für mich. Stalin lebte unter der Furcht, dass man ihn bei einer erneuten großen Niederlage absetzen und liquidieren könnte. Er erinnerte sich, dass er während dieser Tage einige Nächte lang sein Arbeitszimmer nicht verlassen hatte, lediglich zwei bis drei Stunden in der Nacht im Schlaf zu vergessen suchte und die übrige Zeit mit dem Generalstab und mit dem Politbüro fieberhaft Entscheidungen traf und Leute zu sich rufen ließ. Quasi persönlich verteilte er beinahe jeden Panzer, jede Waffe, jede Maschine. Am 1. Oktober 1941 verteilte er sogar Stacheldraht und andere Verteidigungsmittel.

Moskau war bedroht. Am 20. Oktober wurde auf Beschluss des Staatlichen Verteidigungskomitees in der Hauptstadt der Ausnahmezustand ausgerufen. Der Oktober und der November waren für Stalin, wie für das sowjetische Volk, außerordentlich schwer. Der Gegner setzte einen Schlag nach dem anderen an und ließ uns keine Möglichkeit, Luft zu schnappen. Stalin mutete wie ein Boxer an, den der Gegner in die Ecke gedrängt hatte, der sich kaum noch auf den Beinen halten konnte und der immer neue Schläge einstecken musste. Zuweilen dachte Stalin, dass nur noch ein Wunder helfen könne. Jedoch rettete ihn nicht ein Wunder, sondern das Volk, das die Kraft gefunden hatte auszuharren. Darin besteht das »Geheimnis« des Siegs vor Moskau.

In diesen Oktobertagen des Jahres 1941 hatte sich auch die Lage Leningrads verschlechtert. Die Bürger zeigten eine außerordentliche Widerstandskraft. Am 9. November erklärte Hitler, dass die deutschen Truppen Leningrad nicht stürmen, sondern aushungern wollten. Stalin war nicht überzeugt davon, dass es gelingen würde, Leningrad zu halten. Auf seine Anweisung hin gab Wassilewski am 23. Oktober 1941 ein Telegramm auf, das Stalin eigenhändig geschrieben hatte:

»An Fedjuninski, Schdanow, Kusnetzow

Aufgrund Ihrer verzögerten Aktionen kann man zu dem Schluss gelangen, dass Sie die kritische Lage noch nicht erfasst haben, in der sich die Truppen der Leningrader Front befinden. Wenn es Ihnen nicht innerhalb der nächsten, allernächsten Tage gelingen

sollte, die Front zu überprüfen und eine feste Verbindung zur 54. Armee zu schaffen, die Sie mit dem Hinterland verbindet, werden Ihre gesamten Truppen gefangen genommen werden. Diese Verbindung muss nicht nur deshalb geschaffen werden, um die Truppen der Leningrader Front zu versorgen, sondern auch besonders deshalb, um für die Truppen der Leningrader Front einen Ausweg zum Rückzug nach Osten zu gewährleisten (so im Text; D. W.) und um einer Gefangennahme zu entgehen, falls es unbedingt notwendig sein sollte, Leningrad aufzugeben. Bedenken Sie, dass Moskau sich in einer kritischen Lage befindet, und Moskau kann Ihnen nicht mit neuen Kräften helfen. Entweder es wird Ihnen gelingen, innerhalb der nächsten zwei, drei Tage die Front zu durchbrechen und Ihren Truppen die Möglichkeit zu geben, im Falle, dass es unmöglich sein sollte, Leningrad zu halten, nach Osten auszuweichen, oder Sie werden gefangen genommen. Wir verlangen von Ihnen entschlossene und schnelle Handlungen. Konzentrieren Sie 8 oder 10 Divisionen, und brechen Sie nach Osten durch. Das ist dringend notwendig für den Fall, dass Leningrad sich behaupten sollte, und auch für den Fall einer Aufgabe Leningrads. Uns ist die Armee wichtig. Wir fordern von Ihnen entschiedene Handlungen.
23. 10., 3 Uhr 35 Stalin«

Mitte Oktober 1941 fand morgens in Stalins Arbeitszimmer eine Sitzung statt, an der Mitglieder des Staatlichen Verteidigungskomitees, des Politbüros und der Armee teilnahmen: Molotow, Malenkow, Mikojan, Berija, Wosnessenski, Schtscherbakow, Kaganowitsch, Wassilewski, Artjomow. Man grüßte sich kurz, Stalin bot allen an, Platz zu nehmen, und begann seine Anweisungen zu erteilen: Wichtige gesellschaftliche Persönlichkeiten sollten evakuiert, die größten Unternehmen und Betriebe unterminiert und, wenn Moskau fallen sollte, gesprengt werden. An allen Wegen in die Hauptstadt sollten Panzersperren angelegt werden. Hier wurde auch beschlossen, wie es im Mobilisierungsplan vorgesehen war, die Regierung nach Kujbyschew zu evakuieren und den Generalstab nach Arsamas. Stalin schwieg eine Weile und sagte dann, dass er auf einen guten Ausgang hoffe: Bald sollten aus Sibirien und aus dem Fernen Osten neue Divisionen eintreffen.

»Wir werden Moskau nicht aufgeben!« – »Wir werden nicht weiter zurückweichen!« Dies waren die patriotischen Losungen der sowjetischen Menschen. Nach einer kurzzeitigen Panik Mitte Oktober auf den Straßen Moskaus kehrte ruhige Entschlossenheit ein. Die Hauptstadt war bereit zu kämpfen.
Um Stalins Datscha wurden einige Flugabwehrbatterien aufgestellt und die Wachen verstärkt. Eines Tages, als er morgens in Kunzewo ankam und aus dem Wagen stieg, wurde Stalin Augenzeuge eines Luftangriffs auf Moskau. Der ohrenbetäubende Donnerhall der Flugabwehrkanonen, die Lichtstrahlen der riesigen Scheinwerfer, das Getöse der vielen Flugzeuge an Moskaus Himmel demonstrierten realistisch die Lage der Hauptstadt. Stalin stand starr bei seinem Wagen. Irgendetwas fiel in der Nähe auf die Straße. Wlassik beugte sich hinunter: Es war ein Granatsplitter. Der Chef der Leibwache bemühte sich, Stalin zu überreden, ins Haus zu gehen (ein Schutzraum wurde erst später eingerichtet). Aber der Oberste Befehlshaber blieb noch einige Minuten stehen und atmete die kalte Luft des Oktobermorgens ein. Damals hat er wohl zum ersten Mal das Verlangen gespürt, an der Front zu sein.
Eines Tages, Mitte Oktober, als Stalin gerade zu seiner Datscha fahren wollte, sagte Berija unentschlossen zu ihm: »Das geht nicht, Genosse Stalin!« Stalin schaute ihn fragend an, und Berija erklärte ihm auf georgisch: »Die Datscha ist zur Sprengung vorbereitet worden.« Stalin geriet kurzzeitig in Aufregung, aber er beruhigte sich schnell wieder. Berija berichtete ihm noch, dass in einem der Moskauer Bahnhöfe ein Sonderzug für den Obersten Befehlshaber bereitstehe und ebenso vier Flugzeuge für die Stawka, darunter ein spezielles Flugzeug für Stalin. Stalin schwieg eine Weile. Er schwankte. Aber irgendwie fühlte er, dass es die Moral von Armee und Volk stärken würde, wenn er in der Hauptstadt bliebe. So entschloss er sich, in Moskau zu bleiben. Er wusste, dass die Evakuierung der Hauptstadt in vollem Gange war, dass die Rüstungsbetriebe und andere Fabriken unterminiert wurden und dass Berija im Falle eines Rückzugs vorgeschlagen hatte, auch die Metro zu sprengen. Er musste mit Schtscherbakow noch darüber sprechen.
Moskau fiel nicht. Auch der zweite Generalangriff der Deutschen blieb stecken! Bald genehmigte Stalin den Vorschlag des Kom-

mandeurs der Westfront Schukow, einen Gegenstoß einzuleiten. Als Hitlers Soldaten umfielen vor Erschöpfung, ging die sowjetische Armee zum Gegenangriff über. Die Deutschen erlitten ihre erste große Niederlage im Zweiten Weltkrieg. Das wesentliche an diesem Sieg war, dass die Menschen den Glauben zurückgewannen an die Möglichkeit, den Aggressor zu schlagen. Auch für Stalin war der Sieg bei Moskau von ungeheurer Bedeutung. Seit Dezember 1941 zweifelte er nicht mehr am schließlichen Erfolg, auch nicht in den Tagen der schlimmen Niederlagen, die noch kommen sollten.

In dieser Zeit verhungerten Hunderttausende von Leningradern. Armeegeneral Fedjuninski hat mir einst von einem Gespräch erzählt, das Stalin mit einer Gruppe von Leningrader Politikern nach der Blockade führte. Sie berichteten Stalin, dass Leningrad im Winter 1941/42 zur Phantomstadt geworden sei. Es war niemand da, der die auf den Straßen liegenden Leichen hätte wegtragen können. Die Schatten der Menschen bewegten sich langsam entlang der Häuserwände. Die Menschen fielen um und erhoben sich nicht mehr. Das Schlimmste ist, erzählte Fedjuninski, dass die sterbenden Menschen bis zum letzten Moment ein klares Bewusstsein gehabt hätten. Diese Stadt erlebte eine der schrecklichsten Tragödien der menschlichen Geschichte. Nach diesem Bericht habe Stalin erwidert:

»Der Tod raffte damals nicht nur die Leningrader hin. Es starben die Menschen an den Fronten, in den besetzten Gebieten. Ich gebe zu, der Tod ist schrecklich unter den Bedingungen der Ausweglosigkeit. Und Hunger ist eine Ausweglosigkeit. Wir konnten damals nichts für Leningrad tun. Moskau selbst hing damals an einem Haar. Der Tod und der Krieg gehen Hand in Hand. Dieser Schurke mit der schwarzen Strähne brachte nicht nur den Leningradern Leid.«

Wenn man Stalin von Niederlagen berichtete und von großen menschlichen und materiellen Verlusten, zeigte er keinerlei Gefühl. Stattdessen bedachte er seine Heerführer mit bösen Beschimpfungen: »Wann werden Sie es endlich lernen, Krieg zu führen?« – »Nun wiederholt sich die alte Geschichte wieder.« Stalin hatte sonst kein schlechtes Verständnis der menschlichen Psyche. Er wusste, dass er Moskau nicht verlassen durfte. Er wusste, dass in den Meldungen des Informationsbüros keinerlei panische Anklänge sein durften. Er forderte, dass man in den Zeitungen mehr über die Erfolge, den Mut und die Kampfkraft der sowjetischen Soldaten schreiben solle. Und: Einige Tage vor dem 7. November 1941, dem Jahrestag des Oktoberaufstands, fragte Stalin Molotow und Berija: »Wie werden wir unsere Militärparade durchführen?

Vielleicht ein bis zwei Stunden früher als sonst?« Molotow und Berija glaubten, sie hätten sich verhört. Was für eine Parade? Die Deutschen standen an der Stadtgrenze! Fast hätten ihre 51 Divisionen schon die Hauptstadt eingenommen.

Stalin tat so, als hätte er das Entsetzen seiner Gesprächspartner nicht erkannt, und fuhr fort: »Die Truppen der Moskauer Luftabwehr müssen verstärkt werden. Die wichtigeren Militärführer an die Front. Die Parade eröffnen wird Budjonny, und kommandieren wird General Artjomow. Wenn es während der Parade zu Bombenangriffen kommen sollte, wenn die deutschen Flugzeuge durchbrechen sollten, müssen die Getöteten und Verletzten zur Seite geschafft werden, und die Parade muss zu Ende gebracht werden. Es müssen Wochenschauberichte und Dokumentarberichte gemacht werden, die schnell vervielfältigt und im ganzen Lande verbreitet werden. Die Zeitungen müssen großflächig über die Parade berichten. Ich werde eine Rede auf einer Festversammlung halten und eine Ansprache an das Volk richten. Was sagen Sie?«

»Aber das ist doch ein Risiko … ein Risiko! Selbstverständlich wird die politische Resonanz bei uns und in anderen Ländern gewaltig sein«, stellte Molotow fest.

»Also beschlossen.« Stalin wollte nicht weiter ins Detail gehen.

»Leiten Sie die Maßnahmen ein«, er wandte sich an Berija, »aber bis zum letzten Moment darf außer Artjomow, Budjonny und einigen anderen besonders vertrauenswürdigen Personen niemand etwas von der Parade wissen.«

Diese Entscheidung war mutig und weitsichtig. Sie zeugt von der gewachsenen Sicherheit, die Stalin mittlerweile erworben hatte, von seiner Fähigkeit, auf die öffentliche Meinung des Landes Einfluss zu nehmen und die Stimmung der Menschen zu verbessern. Das war wichtig, weil der Krieg bei vielen Menschen Resignation hatte aufkommen lassen. In den besetzten Gebieten gab es schon viele Handlanger Hitlers. Stalin wusste, dass die Misserfolge den Glauben untergruben. Und nun galt es, diesen Glauben mit allen Mitteln zu stärken. Die Tatsache, dass Menschen sich massenhaft ergaben, hielt Stalin für Verrät. Ohne jede Ausnahme. Stalin wollte niemals öffentlich eingestehen, dass viele sowjetische Soldaten in deutsche Gefangenschaft gerieten. Der Vorsitzende des Staatlichen Verteidigungskomitees erklärte auf einer feierlichen Sitzung des Moskauer Sowjets, die in der Metrostation »Majakowskaja« durchgeführt wurde, dass »wir innerhalb von vier Monaten des Krieges 350 000 Gefallene und 378 000 Vermisste haben«. Stalin wusste, dass es erheblich mehr Vermisste waren. Die Rubrik »Kriegsgefangene« existierte nicht.

Kriegsgefangenschaft und Wlassow

Die faschistische Invasion brachte unermessliches Leid. Eines war die Kriegsgefangenschaft. Der Mensch, der vor die Wahl Leben oder Tod gestellt wird, entscheidet sich meist für das Leben. Im vergangenen Krieg war die Kriegsgefangenschaft für die sowjetischen Soldaten allerdings fast gleichbedeutend mit dem Tod, die Mehrzahl kam in deutschen Konzentrationslagern um.

Im Mai 1918 hatte sich die sowjetische Regierung an das Internationale Rote Kreuz und an die Regierungen der Welt gewandt und erklärt, dass die Konvention über Kriegsopfer, wie auch »alle anderen internationalen Konventionen und Abkommen, die das Rote Kreuz betreffen, die durch Russland bis Oktober 1917 anerkannt worden sind, von der Russischen Sowjetregierung anerkannt und in Zukunft eingehalten werden«. Die Genfer Konvention von 1929 aber, die sich auch mit der Kriegsgefangenenfrage befasste, wurde von der Sowjetunion nicht ratifiziert. Die Zeiten und die Menschen im Land der Räte hatten sich geändert. Und was Hitler betraf, so war das internationale Recht für ihn ein »Hirngespinst«.

In den ersten eineinhalb Jahren des Kriegs gerieten Millionen von sowjetischen Soldaten in deutsche Kriegsgefangenschaft. Bis heute gibt es in der Sowjetunion keine genauen Angaben über Gefallene und Kriegsgefangene. Man kann nur hoffen, dass nun, da der Zugang zu den Archiven zunehmend erleichtert wird, diese Daten vervollständigt und veröffentlicht werden. An anderer Stelle in diesem Buch werde ich meine Berechnungen der Verluste der Sowjetunion im Krieg vorstellen.

Stalins Ruhm, der auch nach der Entlarvung des Personenkults lange fortlebte, rührt unter anderem daher, dass die sowjetische Gesellschaft bis heute nicht den genauen Preis des Sieges kennt. Er war unvorstellbar hoch.

Es gibt Angaben darüber, wie viele gefallen sind, wie viele verletzt, wie viele krank und wie viele vermisst sind. Ferner gibt es Angaben darüber, wie viele Pferde der Kavallerie umkamen, wie viele Geschütze, Granatwerfer, Panzer und Flugzeuge verloren wurden. Aber es gibt keine Angaben darüber, wie viele in Kriegsgefangenschaft geraten sind. In einem der Dokumente wird erwähnt, dass während des Zeitraums von Juni bis Juli 1941 an allen Fronten 72 776 Menschen als vermisst galten. Wenn man die Angaben vom September hinzuzieht, so verdoppelt sich die Summe. Wir jedoch wissen, dass allein im Gebiet von Kiew 452 720 Mann eingekesselt worden waren. Ein großer Teil von ihnen geriet in Kriegsgefangenschaft. In manchen Berichten gibt es genauere Zahlen. Beispielsweise berichtete der Hauptmilitärstaatsanwalt der Roten Armee, Militärjurist Nossow, am 24. September 1941 dem Stellvertreter des Volkskommissars für Verteidigung Mechlis:

»Während der acht Tage dauernden Kämpfe in der Umgebung der Station Schukow auf der Chaussee Brjansk–Roslawl erlitt die 299. Schützendivision der 50. Armee der Brjansk-Front gewaltige Verluste. Am 12. September dieses Jahres zählte die Division weniger als 500 Bajonette (Soldaten; A. d. Ü.), wobei von 7000 Personen zirka 500 getötet worden sind, verletzt 1500, vermisst 4000 Personen ...«

Stalin selbst gestand indirekt die Existenz einer großen Zahl von Vermissten ein. In einem Telegramm an Timoschenko, Chruschtschow und Bodin fragte er:

»Die Stawka hält es für unerträglich und unzulässig, dass der Kriegsrat der Front nun bereits einige Tage keine Auskünfte über das Schicksal der 28., 38. und 57. Armee und des 22. Panzerkorps gibt. Der Stawka ist aus anderen Quellen bekannt, dass die Stäbe der genannten Armeen sich hinter den Don begeben haben, aber weder diese Stäbe noch der Kriegsrat der Front teilen der Stawka mit, wo die Truppen dieser Armeen hingeraten sind und welches ihr Schicksal ist. Führen sie ihren Kampf fort, oder sind sie in Gefangenschaft geraten? Unter diesen Armeen befand sich, scheint mir, die 14. Division – die Stawka möchte wissen: Wo sind diese Divisionen hingeraten?
J. Stalin«

Der Oberste Befehlshaber interessierte sich sehr für das Schicksal der hohen Militärführer, die vermisst wurden. Er befahl herauszufinden, was mit den Kommandeuren Katschalow, Ponedelin, Wlassow, Jefremow, Potapow, Rakutin, Samochin und Lukin geschehen sei. Über Katschalow und Ponedelin habe ich bereits geschrieben. Nachdem Wlassow und Jefremow vermisst wurden, trug Stalin Berija auf, ihr Schicksal und ihren Aufenthaltsort aufzuklären. Im Schdanow-Archiv ist folgendes Telegramm an General Sasonow erhalten geblieben:

»Auf Anweisung der Stawka des Obersten Befehlshabers haben Sie uns umgehend mitzuteilen, was Ihnen über Wlassow bekannt ist. Lebt er, haben Sie ihn gesehen, und welche Maßnahmen haben Sie für seine Auffindung getroffen? Ich warte auf eine umgehende Antwort. Schdanow«

Wlassow hat man nicht gefunden, aber er machte bald von sich reden. Und über Generalleutnant Jefremows Ende erfuhr man nur zufällig. Eine Bewohnerin des Dorfes Slobodka im Smolensker Gebiet meldete Ende April 1943, sie habe gesehen, wie Soldaten am Dorfrand »einen General begraben« hätten. Das berichtete man nach oben, wo man glaubte, dass der Armeekommandeur in Kriegsgefangenschaft geraten sei. Nach einer Untersuchung erhielt Stalin einen Bericht, der den gefallenen General rehabilitierte:

»An den Genossen Stalin
Generalleutnant Jefremow M. G. organisierte eine Gruppe von Soldaten und Kommandeuren zum Rückzug aus der Umkreisung. Während eines Kampfes mit dem Gegner in der Gegend des Dorfes Maloje Ustje wurde Generalleutnant Jefremow schwer verletzt; ohne die Möglichkeit, sich selbständig bewegen zu können, erschoss er sich und wurde im Dorf Slobodka im Temkinsker Rayon des Gebiets Smolensk beigesetzt. Nach Öffnen des Grabes konnte die Leiche identifiziert werden. (…) Ebenfalls konnte festgestellt werden, dass Jefremow eine schwere Verletzung am Gesäßknochen hatte und dass er sich erschoss, da er keine Sicherheit einer Rettung vor einer Gefangennahme hatte.
Sokolowski
30. April 1943 Bulganin«

Wie man Stalin berichtete, wurden in den Jahren 1941 und 1942 nicht wenige Generäle vermisst: Die Mehrzahl von ihnen fiel offenbar bei Ausbruchsversuchen aus Kesseln. Jene, denen es gelungen war, am Leben zu bleiben, siechten in KZs dahin. Sie waren in Gefangenschaft, aber sie waren keine Verräter. Nur wenige, wie Richter, Malyschkin und Schilenkow, ließen sich auf eine Zusammenarbeit mit den Deutschen ein. Viele Generäle starben einen qualvollen Tod in den faschistischen Lagern.
Manche konnten fliehen. Generalmajor Sysojew zum Beispiel geriet im Juli 1941 in Kriegsgefangenschaft und entkam 1943 aus dem Lager. Daraufhin wurde er drei Jahre lang »überprüft«. Einige Soldaten wurden bei der »Überprüfung« nach gelungener Flucht zum Tod durch Erschießen verurteilt wegen Nichtausführung von Befehlen oder wegen Verrats.
Nachdem er in den Jahren 1937 bis 1939 die Gesellschaft blutig gesäubert hatte, ging Stalin davon aus, dass nun niemand mehr übrig geblieben war, der mit Hitler kollaborieren würde. Aber auch hier irrte er. Vereinzelt kam es in den besetzten Gebieten zur Zusammenarbeit mit den Deutschen. Die Gründe dafür sind vielschichtig. Seit der Revolution waren gerade etwas mehr als zwei Jahrzehnte vergangen, und es gab immer noch Menschen, die sich mit der Sowjetmacht nicht abfinden wollten. Viele wurden zur Zusammenarbeit gezwungen. Besonders im Jahr 1941

dachten einige, dass die Deutschen für lange Zeit, wenn nicht für immer, gekommen seien. Und schließlich hat es schon immer schwache und willenlose Menschen gegeben, und es wird sie auch in Zukunft geben. Ja, es existierten tatsächlich Menschen, für die die Heimat nicht heilig war.
Im vergangenen Krieg kam es auch zu Fällen einer organisierten Zusammenarbeit mit den Faschisten. Einer der bekanntesten war der Verrat des Generalleutnants Andrej Andrejewitsch Wlassow, vor seiner Gefangennahme Kommandeur der 2. Stoßarmee der Wolchow-Front.
Als man Stalin gegen Ende Mai 1942 mitteilte, dass die 2. Stoßarmee im Rayon von Mjasnojbor eingekesselt worden war, nahm er dies äußerlich ruhig hin. Im Jahr 1941 hatte er solche Nachrichten dramatischer empfunden. Nun, nach der erfolgreichen Schlacht vor Moskau, war er sicher, dass dieser oder jener Misserfolg an der Front nicht in der Lage war, die Situation wesentlich zu verändern. Stalin wusste, dass Wlassow, den er drei Monate zuvor zum Generalleutnant befördert hatte, die 2. Stoßarmee kommandierte. Man schätzte ihn als starken und erfahrenen Kommandeur und hielt ihn für einen geeigneten Kandidaten für den Posten eines Frontkommandeurs.
Am 29. Juni 1942 teilte das sowjetische Informationsbüro Folgendes mit:

»Die Hitlerschen Schreiberlinge führen eine astronomische Ziffer von 30 000 angeblich in Gefangenschaft Genommenen an und auch, dass die Zahl der Getöteten die Zahl der Gefangengenommenen um ein Vielfaches übersteige. Es versteht sich, dass diese Hitlersche Fälschung nicht den Tatsachen entspricht. (…) Nach unvollständigen Angaben haben die Deutschen bei diesen Kämpfen allein an Gefallenen nicht weniger als 30 000 Menschen verloren. (…) Die Abteilungen der 2. Stoßarmee zogen sich auf zuvor vorbereitete Rückzugslinien zurück. Unsere Verluste in diesen Kämpfen belaufen sich auf 10 000 Gefallene und zirka 10 000 Vermisste. (…)«

Sehr schwer zu glauben, dass sowohl bei den Deutschen als auch bei uns die Verluste immer derart »rund« waren! Erst heute erfah-

ren wir allmählich, dass die schlecht vorbereitete Operation der Wolchow-Front im Frühjahr 1942 Tausenden und aber Tausenden von sowjetischen Menschen das Leben kostete, die bis zum heutigen Tag als Vermisste angesehen werden! Wie auch immer, bei diesen Kämpfen geriet General Wlassow in Gefangenschaft.
Einige Wochen später, spätnachts, als bei Stalin nur noch Molotow und Berija waren, holte letzterer aus seiner Ledermappe einige Blätter heraus und legte sie vor Stalin auf den Tisch.
»Was ist das?«
»Schauen Sie. Sehen Sie, wie sich der ›vermisste‹ Kommandeur der 2. Stoßarmee gemeldet hat«, antwortete Berija.
Stalin zog die Blätter näher zu sich heran und überflog sie mit den Augen:

»Ansprache des Russischen Komitees
An die Soldaten und Kommandeure der Roten Armee, an das ganze russische Volk und die anderen Völker der Sowjetunion. Das Russische Komitee setzt sich folgende Ziele: Sturz Stalins und seiner Clique, Abschluss eines ehrenhaften Friedens mit Deutschland, Schaffung eines Neuen Russlands. (…) Wir rufen auf zum Überlaufen auf die Seite der im Bündnis mit Deutschland wirkenden Russischen Befreiungsarmee. (…)
Vorsitzender des Russischen Komitees Generalleutnant Wlassow
Sekretär des Russischen Komitees Generalmajor Malyschkin«

Außerdem präsentierte Berija Passierscheine, die für den Frontwechsel vorgesehen waren, sowie den »Offenen Brief A. A. Wlassows: Warum ich mich in den Kampf gegen den Bolschewismus begeben habe« und eine weitere ähnliche Schrift.
Angeekelt schob Stalin die Papiere von sich und fragte Berija: »Und es ist nicht möglich, dass das Fälschungen sind? Was ist über Wlassow bekannt? Gibt es Bestätigungen?«
»Ja, gibt es. Wlassow arbeitet aktiv für die Deutschen.«
»Warum haben wir ihn nur nicht vor dem Krieg erkannt?«, mischte sich Molotow ein.
Statt einer Antwort zog Berija aus seiner Mappe Wlassows Personalakte hervor. Darin befand sich auch eine Fotografie. Sie zeigte einen Mann mit hohen Wangenknochen und Brillengläsern, mit

abstehenden Ohren und aufmerksamen Augen. Er war im Gebiet von Nischnij Nowgorod geboren worden; die Eltern waren Mittelbauern gewesen. Außer dem alten Vater und seiner Frau hatte er keine Verwandten mehr. Berija offenbar hatte mit Rotstift unterstrichen: Wlassow absolvierte die geistliche Schule in Nischnij Nowgorod, vor dem Jahr 1917 hatte er zwei Jahre in einem geistlichen Seminar studiert. Er hatte am Bürgerkrieg teilgenommen. Seitdem war er immer ein zuverlässiger Mann gewesen: Er hatte die 99. Schützendivision kommandiert, eine der besten Divisionen im Kiewer Militärbezirk. Zuvor war er auf einer Dienstreise in China gewesen. Er kommandierte dann das 4. mechanisierte Korps, das bei Peremyschl und Lwow nicht schlecht gekämpft hatte, und später ernannte Stalin Wlassow zum Kommandeur der 37. Armee. Sie hatte gute Erfolge erzielt. Daraufhin wurde er Kommandeur der 20. und schließlich der 2. Stoßarmee. Stalin erinnerte sich gewiss daran, dass Schaposchnikow am 20. April 1942 auf seine Anweisung Wlassow auch zum Stellvertreter des Kommandeurs der Wolchow-Front gemacht hatte. Dies war der seltene Fall einer Doppelfunktion. Die Charakteristika waren alle glänzend. Im Jahr 1938 wurde in seiner Parteicharakteristik geschrieben:

»Arbeitet hart an den Fragen der Liquidierung der Überreste von Sabotage in den Abteilungen.« Die Atteste sind unterzeichnet von solchen berühmten Heerführern wie Kirponos, Musytschenko, Parusinow, Golikow. Da steht auch: »Der Sache der Partei Lenins-Stalins und der sozialistischen Heimat ergeben.« Am 24. November 1942 schrieb Armeegeneral Schukow über Wlassow: »Er leitete die Operationen der 20. Armee: den Gegenstoß auf die Stadt Solnetschnogorsk, den Vormarsch der Armeetruppen in Richtung Wolokolamsk und den Durchbruch der Verteidigungslinie am Fluss Lama. Generalleutnant Wlassow persönlich ist in operativer Hinsicht gut ausgebildet, er besitzt organisatorisches Geschick. Mit der Leitung der Armeetruppen ist er außerordentlich gut vertraut.« Zu jener harten Zeit eine derart gute Beurteilung Schukows zu bekommen war nicht einfach. Wie kam es, dass Schukow, Kirponos, Golikow und andere den Verräter nicht rechtzeitig durchschauten? Bereits im Jahr 1942 begann die Hitlersche Führung in den Lagern nach Kriegsgefangenen zu suchen, die bereit wa-

ren, nicht nur in der »Russischen Befreiungsarmee« Wlassows zu dienen, sondern auch in anderen nationalen Legionen: in georgischen, armenischen, turkestanischen, kaukasischen, baltischen und weiteren. Es wurden viele Anstrengungen unternommen, aber das Resultat war unbedeutend. Viele Kriegsgefangene wurden zu Legionären, weil sie darin eine Chance, zu überleben und zu fliehen, sahen. Es gab selbstverständlich auch solche, die der nationalistischen Propaganda erlegen waren. Sogar in deutscher Uniform versuchten Legionäre die Frontlinie zu überschreiten, obwohl sie mit Sicherheit wussten, was sie dort erwartete. So gingen die Soldaten der Turkestan-Legion Bergenow, Chassanow und Tulebajew, nachdem sie vier Tage lang nach Partisanen gesucht hatten, am 3. Oktober 1942 zu den sowjetischen Stellungen und teilten mit, dass ein großer Teil ihres Bataillons bereit sei überzulaufen. Am 8. Oktober 1942 übertraten die ehemaligen Rotarmisten Zulaja und Kabakadse die Frontlinie im Verteidigungsabschnitt der 2. Garde-Schützendivision mit der Bitte, einer Unterabteilung der georgischen Legion zu helfen, auf die andere Seite zu wechseln. Die Deutschen setzten besonders auf die baltischen Legionen. Die Bevölkerung dieser Republiken lebte erst ein Jahr im Staatsverband der Sowjetunion, als der Krieg ausbrach. Aber der Wert auch dieser Legionen war gering.
Nach dem Krieg wurden die Menschen, die in den Legionen gedient hatten, verurteilt und verbannt. Die Führung der Baltischen Republiken wandte sich an die sowjetische Regierung mit der Bitte, die Betroffenen zu amnestieren. Am 16. März 1946 etwa schrieben der Vorsitzende des Rats der Volkskommissare der Lettischen SSR Lazis und der 1. Sekretär des ZK der KP(B) Lettlands Kalnbersin nach Moskau:

»Während der Periode der vorübergehenden Okkupation der Lettischen SSR haben die deutschen Eroberer die gesamte arbeitende Bevölkerung unter Gewaltanwendung mobilisiert, wovon sie einen Teil zur Zwangsarbeit nach Deutschland schickten und einen anderen in sogenannte Legionen der deutschen Armee abkommandierten. (…) Später, nach der Befreiung, wurden diese Menschen für sechs Jahre in die nördlichen Gebiete verbannt.
Wir bitten darum, jene, die in nichts anderem beschuldigt wer-

den als des Dienstes in den Legionen, in die Lettische SSR zurückkehren zu lassen. (…)«

Solche Briefe reichte Stalin in der Regel an Molotow und Berija weiter. Seine Entscheidung stand von vornherein fest, wenn von Menschen die Rede war, die zu den Deutschen oder mit den Deutschen gegangen waren.
Nach der Befreiung des Nordkaukasus berichtete Berija Stalin:

»Das NKWD sieht es als zweckmäßig an, aus Stawropol, Kislowodsk, Pjatigorsk, Mineralnye Wody, Jessentuki die Familienmitglieder der Banditen, der aktiven deutschen Handlanger, Verräter, Heimatverräter und freiwillig zu den Deutschen Übergelaufenen zum ständigen Aufenthalt in die Tadschikische SSR als Spezialumsiedler umzusiedeln. Umzusiedeln wären 735 Familien – 2238 Personen. Ich bitte um Ihre Anweisungen.
L. Berija«

Stalin war, wie immer, »einverstanden«. Er wusste zwar genau, dass für die Verbrechen des Vaters, des Bruders nicht die Mutter, die Schwester und die Kinder verantwortlich sein konnten. Aber Stalin war stets er selbst.
Über die Aktionen der Legionen berichteten Stalin die Politorgane und das NKWD. Er sah, dass die Legionen keine Kraft darstellten, aber dass sie durchaus eine politische Resonanz haben könnten. Dokumente und mündliche Berichte, die ich hören konnte, zeugen davon, dass Stalin eine äußerst grausame, unversöhnliche Einstellung zu den Vaterlandsverrätern hatte. In den Archiven befinden sich zahlreiche Berichte über verräterische Aktionen vereinzelter Gruppen, von Abtrünnigen, die zu den Deutschen übergelaufen waren. Hier beispielsweise ein Bericht an Berija:

»Über den Verlauf des Kampfes mit dem Banditismus in den Gebieten des Nordkaukasus.
Während der vergangenen Woche (2. bis 3. Mai) gab es sechs Bandenübergriffe. Getötet wurden acht Banditen, darunter zwei deutsche Fallschirmjäger. Verhaftet 46 Banditen. 37 Schusswaffen sind sichergestellt worden. Unsere Verluste 8 Mann. Der Anfüh-

rer der Kajakentska-Bande Iljasow Naschmuddin ist getötet worden, die Bande Temirkanows ist liquidiert worden.«

Auf einem anderen Bericht steht am oberen Rand des Blatts die Bemerkung des Volkskommissars für Inneres:

»Die Mitteilung ist an die Genossen Stalin, Molotow, Antonow geschickt worden.
20. Juli 1944 L. Berija«

Im Bericht heißt es:

»Nach dem Durchkämmen des Waldmassivs im Rayon Kasburun der Kabardinischen ASSR wurde am 12. Juli der deutsche Fallschirmjäger Fadsajew Ch. Ch. (ehemaliges Mitglied des Kommunistischen Jugendverbands, Ossete, kollaborierte mit den Okkupationstruppen im Dorf Uruch, trat 1943 in die deutsche Armee ein; trägt den Rang des Oberfeldwebels der deutschen Armee) gefangen genommen. Es wurden ebenfalls einige andere Fallschirmjäger verhaftet. Von acht Fallschirmjägern werden noch zwei gesucht. Die Übrigen sind entweder verhaftet oder getötet.
Kobulow«

Anstatt den Kampf gegen die Banditen, Handlanger der Besatzer, gegen konkrete Verbrecher weiterzuführen, beschlossen Stalin und Berija, ganze Völker umzusiedeln aus dem Nordkaukasus, aus dem Kalmückengebiet, aus der Krim nach Osten. Es ist dokumentarisch bewiesen, dass zu jener Zeit dort nicht wenig Überläufer waren. Aber wie viele Helden, wie viele ruhmreiche Söhne dieser Völker und unseres ganzen Vaterlands gab es! Allein die Tschetschenzen und Inguschen stellten gegen Ende des Kriegs 36 Helden der Sowjetunion.
Im Verlauf des Jahres 1944, als der Krieg sich seinem siegreichen Ende näherte, wurde das Unternehmen durchgeführt. Hunderttausende von Tschetschenen, Inguschen, Balkaren, Karatschajer, Krimtataren, Kalmücken und Menschen anderer Nationalitäten wurden zwangsumgesiedelt. Zu jener Zeit erreichten Stalin Berichte folgender Art:

»Staatliches Verteidigungskomitee.
Entsprechend dem Ukas des Präsidiums des Obersten Sowjets und dem Beschluss des SNK (Rats der Volkskommissare; A. d. Ü.) der UdSSR vom 28. Dezember 1943 führte das NKWD der UdSSR die Operation zur Umsiedlung von Personen kalmückischer Nationalität in östliche Regionen durch. (…) Insgesamt wurden in Züge verladen 26359 Familien oder 93139 Personen, Umsiedler, die zu den Siedlungsorten in den Regionen Altai und Krasnojarsk, in den Gebieten Omsk und Nowosibirsk verschickt worden sind. (…)
L. Berija«

Solche »Operationen« verfolgte Stalin ebenso aufmerksam wie Operationen an den Fronten. Allerdings gab es hier keinen Widerstand, denn hauptsächlich wurden alte Menschen, Frauen und Kinder deportiert. Eine tragische Unterdrückung, eine furchtbare Erschütterung von Hunderttausenden von Menschen. Aber Gefühle waren dem »Vater der Völker« nicht bekannt.

In anderen Fällen zeigte er sich großzügig:

»Zeichnen Sie die Personen aus, die beispielhaft die Befehle bezüglich der Aussiedlung ausführen!«

Und seine Anweisungen wurden schnell ausgeführt:

»Staatliches Verteidigungskomitee.
An den Genossen Stalin J. W.
Entsprechend Ihrer Anweisung lege ich den Entwurf eines Ukas des Präsidiums des Obersten Sowjets der UdSSR über die Auszeichnung mit Orden und Medaillen der Teilnehmer an der Operation zur Übersiedlung der Tschetschenen und Inguschen vor, die sich am meisten ausgezeichnet haben (wobei?; D. W.). (…)
Teilgenommen haben 19 000 Mitarbeiter des NKWD, des NKGB (Volkskommissariat für Staatssicherheit; A. d. Ü.) und der ›Smersch‹ (Hauptverwaltung für Gegenspionage und Spionageabwehr; A. d. Ü.) und bis zu hunderttausend Offiziere und Soldaten der Truppen des NKWD. Ein bedeutender Teil von ih-

nen beteiligte sich an der Übersiedlung von Karatschajern und Kalmücken, und außerdem wird dieser Teil an der bevorstehenden Operation zur Übersiedlung der Balkaren teilnehmen. Infolge dieser drei Operationen wurden in die östlichen Gebiete der UdSSR 650 000 Tschetschenen, Inguschen, Kalmücken und Karatschajer umgesiedelt.«

Stalin brachte es so weit, dass er ganze Völker des »Staatsverrats« beschuldigte! Mehr als 100 000 Soldaten befassten sich mit der Umsiedlung von alten Menschen, Frauen und Kindern. Aber wie oft haben in kritischen Momenten Regimenter und Bataillone an der Front gefehlt! Der Alleinherrscher hatte schon lange keine moralischen Bremsen mehr.

Stalin, der sich einbildete, der »Bewahrer« und »Interpret« Lenins zu sein, wollte sich partout nicht an Lenins Warnung erinnern: Nichts stört die Verbundenheit der Völker so »wie nationale Ungerechtigkeit, und gekränkte Nationalitäten sind gegenüber keiner Sache so sensibel wie gegenüber dem Gefühl der Gleichheit und gegenüber einer Verletzung dieser Gleichheit«.

Zu Stalins Opfern wurden alle Völker unserer großen Union: Russen, Ukrainer, Belorussen, Litauer, Kasachen, Juden, Kabardiner und Dutzende von anderen Nationen und Völkerschaften. Stalin hat nicht wenige nationale Knoten in unsere Geschichte gebunden, die wir heute verpflichtet sind mutig und ruhig zu entwirren. Dabei darf auf keinen Fall unsere internationale Solidarität leiden, denn sie ist die Quelle unserer Kraft und die Garantie für unser zukünftiges Erblühen.

Die Wlassow-Organisation als politische Erscheinung war das Resultat verschiedener Ursachen: der großen Misserfolge an den Fronten, des Nationalismus, der sozialen Unzufriedenheit einiger Vertreter der ehemals privilegierten Klassen (und ihrer Kinder), der Angst vor dem Strafgericht. Als der Widerstand gegen die Eroberer stärker und erfolgreicher wurde, sank die Zahl der Überläufer, und seit Ende 1942 gab es faktisch keine mehr.

Über Wlassow wurden im Westen einige Bücher geschrieben. So steht beispielsweise in Joachim Hoffmanns Buch »Die Geschichte der Wlassow-Armee«, 1984 erschienen, dass es im Mai 1943 neunzig russische Bataillone zur Verfügung der deutschen Wehr-

macht gegeben habe und beinahe ebenso viele nationale Legionen. Diese Ziffern sind stark übertrieben. Alle Bemühungen, diese »Bewegung« als »Alternative zum Bolschewismus« darzustellen, sind wenig überzeugend. Wlassows Formationen versammelten weniger Kämpfer für irgendwelche Ideale, sondern vielmehr Verbrecher, Nationalisten, Schwächlinge, willenlose Menschen, die von einer einzigen Idee beherrscht waren: überleben. Wlassows Versuch, sich auf die Weißgardistenemigration zu stützen, zeugt von der Niederträchtigkeit dieser Bewegung.
Stalin sah den Grund für die Wlassow-Organisation vor allem darin, dass nicht alle »Volksfeinde« vor dem Krieg vernichtet worden waren. Was »versäumt« worden war, wurde nun unerbittlich nachgeholt. Auf Anweisung Stalins wurde die »Überprüfung« der befreiten Gebiete dem Volkskommissariat für Inneres übertragen. Berija berichtete regelmäßig darüber. Hier ein solcher Bericht:

»Während des Jahres 1943 wurden von den Truppen des NKWD (...) 931 549 Personen zur Überprüfung festgehalten. Darunter Militärangehörige 582 515 Personen, Zivilbevölkerung 349 034 Personen. Von der Gesamtzahl der Festgehaltenen entlarvt und verhaftet 80 296 Personen (Agenten, Betrug, Verrat, Straftruppenzugehörigkeit, Deserteure, Marodeure und verbrecherische Elemente).«

Der Oberste Befehlshaber

Stalin war nicht der »geniale Militärführer«, wie er in vielen dickleibigen Büchern dargestellt wird. Stalin verfügte nie über herausragende prognostische Fähigkeiten. Sie hätten zu seinem dogmatischen Verstand auch nicht gepasst. Aber das wesentliche war, dass Stalin keine professionellen militärischen Kenntnisse besaß. Die Militärwissenschaft war ihm unbekannt, die Theorien der Kriegführungskunst ebenso. Die Erfahrung, die er aus dem Bürgerkrieg mitgebracht hatte, erwies sich als hoffnungslos unzureichend. Stalin profitierte von den außergewöhnlichen Fähigkeiten einiger hoher Militärführer, die während des Kriegs an seiner Seite standen. Das waren vor allem Schaposchnikow, Schukow, Wassilewski und Antonow. Stalin, der sich nie wirklich auf Kriegsschauplätze begeben hatte, konnte sich nur schwer in die Praxis der Kriegführung hineinversetzen.

Ein Beispiel: Am 28. August 1941 befahl Stalin, aus irgendeinem Grund als Volkskommissar für Verteidigung und nicht als Oberster Befehlshaber, den Luftstreitkräften zweier Fronten, deutsche Panzergruppierungen zu zerschlagen. Nicht weniger als 450 Flugzeuge sollten daran teilnehmen. Die Operation sollte mit Sonnenaufgang des nächsten Tages beginnen. Und was war mit der Luftaufklärung, mit der Zuweisung der Aufgaben an die einzelnen Einheiten, mit der Reihenfolge, in der die Einzelaufträge ausgeführt werden sollten? Solche Befehle des Obersten Befehlshabers gibt es viele. Sobald Stalin eine Direktive unterschrieben hatte, glaubte er, dass sofort begonnen würde, sie in die Praxis umzusetzen. Stalin begriff nicht die Komplexität militärischer Operationen. Es gab keinen genialen Strategen. Aber es gab einen kollektiven Strategen – das war der Generalstab. Seine Rolle lässt sich nicht hoch genug einschätzen.

Stalin und die Stawka

Kurz vor Beginn des Kriegs warfen Timoschenko und Schukow die Frage auf, ein bis zwei speziell geschützte Orte für die Leitung der Streitkräfte des Landes einzurichten. Aber Stalin winkte ab. So befand sich das Hauptquartier des Obersten Befehlshabers in Stalins Arbeitszimmer im Kreml oder in seiner Datscha in Kunzewo oder im Gebäude an der Kirow-Straße oder im Generalstab. Faktisch war jedes Wort Stalins endgültig entscheidend, unabhängig davon, wie diese Entscheidung formuliert wurde. Stalin maß der formellen Zugehörigkeit dieser oder jener Person zu diesem oder jenem Führungsorgan keine besondere Bedeutung bei. In der Regel wurden keine Protokolle geführt. So umfassen die Archive der Stawka Tausende von Dokumenten, Berichten, Bescheinigungen, Direktiven, Befehlen, Verordnungen, aber keinerlei Material gibt Auskunft darüber, wie strategische Fragen innerhalb der Stawka besprochen wurden. Stalin hatte es sich zur Gewohnheit gemacht, ein oder zwei Mitglieder der Stawka zu sich zu zitieren und mit ihnen operative Fragen zu erörtern. Von Anfang an wurde von den führenden Mitarbeitern des Generalstabs – dem Hauptorgan der Stawka – verlangt, dass sie mit ausgearbeiteten Vorschlägen und Beurteilungen zu Stalin gingen. Das erleichterte es dem Obersten Befehlshaber, seine Rolle des höchsten Richters und Priesters zu spielen.

Die Stawka-Mitglieder wussten, dass im Staatlichen Verteidigungskomitee jeder für irgendein Gebiet verantwortlich war: Munition, Versorgung, Flugzeuge, Verkehr und anderes. In der Stawka dagegen gab es keine speziellen Verantwortlichkeiten. Die alltägliche Führung der Fronten bewerkstelligte sie mit der Hilfe des Generalstabs, des Hauptstabs der Kriegsmarine und der Verwaltung des Volkskommissariats für Verteidigung. So ungern Stalin reiste (außer vor dem Krieg nach Süden), so wenig konnte er es ertragen, wenn Mitglieder der Stawka sich in Moskau aufhielten. Deshalb fuhren Schukow, Timoschenko, Woroschilow, Wassilewski, Woronow, Antonow und in der ersten Zeit auch Mechlis häufig zu den Truppen, obwohl sie in Moskau wesentliche Aufgaben zu erfüllen hatten. Stalin forderte tägliche Berichterstattung, telefonisch oder schriftlich. Wenn sich aus irgendwelchen Gründen der Bericht verspätete, musste man mit einer groben »Schimpfkanonade« rechnen. Hier ein Beispiel:

»An Marschall Wassilewski.
Jetzt ist es 3 Uhr 30 Minuten, 17. August. Und Sie haben sich noch immer nicht erlaubt, der Stawka einen Bericht über die Ergebnisse der Operationen nach dem 16. August und über Ihre Beurteilung der Lage zu schicken.
Ich habe Ihnen, als Bevollmächtigten der Stawka, seit langem aufgetragen, am Ende eines jeden Operationstages spezielle Berichte an die Stawka zu schicken. Sie haben beinahe immer diese Ihre Verpflichtung vergessen und haben keine Berichte an die Stawka geschickt.
Der 16. August ist ein Tag einer wichtigen Operation an der Südwestfront, wo Sie Bevollmächtigter der Stawka sind. Und nun haben Sie sich mal wieder erlaubt, Ihre Pflicht gegenüber der Stawka zu vergessen und der Stawka keine Berichte zu schicken.
Sie können sich nicht auf Zeitmangel berufen, denn auch Marschall Schukow arbeitet an der Front nicht weniger als Sie, und dennoch schickt er der Stawka jeden Tag Berichte. Der Unterschied zwischen Ihnen und Schukow besteht darin, dass er diszipliniert ist und nicht das Pflichtgefühl gegenüber der Stawka entbehrt.
Und Sie sind wenig diszipliniert und vergessen häufig Ihre Pflicht gegenüber der Stawka.
Ich verwarne Sie das letzte Mal, wenn Sie sich auch nur noch ein einziges Mal erlauben sollten, Ihre Pflicht gegenüber der Stawka zu vergessen, werden Sie von Ihrem Dienst als Chef des Generalstabs entlassen und von der Front zurückgerufen.
17. 8. 1943, 3 Uhr 30 J. Stalin«

In diesem Fall hatte man Stalin Wassilewskis Bericht nicht rechtzeitig übergeben.
Wenn ein Vertreter der Stawka an irgendeinen Frontabschnitt geschickt wurde und die Lage sich nicht unverzüglich zum Besseren wandte, wurden sogleich Konsequenzen gezogen. So im Februar 1942, als Stalin Woroschilow zur Wolchow-Front schickte. Zu diesem Zeitpunkt hatte der ehemalige Favorit des »Führers« sei-

nen legendären Ruf längst verloren. Auch dieses Mal brachte Woroschilow nichts zustande. Als Stalin dem Marschall daraufhin am Telefon vorschlug, Frontkommandeur zu werden, geriet Woroschilow in Verwirrung und lehnte den Vorschlag ab. Das ließ das Fass überlaufen. Einen Monat nach Woroschilows Rückkehr von der Front diktierte Stalin einen Beschluss des Politbüros, den ich hier in etwas gekürzter Fassung wiedergebe:

»An die Mitglieder und die Kandidaten des ZK der KPdSU(B) und an die Mitglieder der Kommission für Parteikontrolle.
Hiermit wird der Beschluss des Politbüros des ZK der KPdSU(B) (der am 1. April 1942 gefasst wurde) über die Arbeit des Genossen Woroschilow bekannt gegeben.
1. Der Krieg mit Finnland von 1939 bis 1940 legte eine große Unzulänglichkeit und Rückständigkeit in der Führung des NKO (Volkskommissariats für Verteidigung; A. d. Ü.) offen. In der Roten Armee fehlte es an Granatwerfern und Maschinenpistolen, es gab keine richtige Berechnung der Flugzeuge und Panzer, es stellte sich heraus, dass nicht ausreichend Winterkleidung für die Truppen vorhanden war, die Truppen hatten keine Ernährungskonzentrate.
Es wurden solche wichtigen Einrichtungen des NKO vernachlässigt wie die Hauptartillerieverwaltung, die Verwaltung für Kampfausbildung, die Verwaltung der Luftstreitkräfte, es herrschte ein niedriges Niveau in den militärischen Lehreinrichtungen und anderes. Das alles wirkte sich auf die lange Dauer des Krieges aus und führte zu überflüssigen Opfern. Genosse Woroschilow, der zu jener Zeit Volkskommissar für Verteidigung war, war gezwungen, die Ende März 1940 auf dem Plenum des ZK entdeckte Unzulänglichkeit seiner Führung des NKO einzugestehen. (…) Das ZK hielt es für unumgänglich, den Genossen Woroschilow vom Posten des Volkskommissariats für Verteidigung zu entlassen.
2. Zu Anfang des Krieges mit Deutschland wurde der Genosse Woroschilow zum Oberkommandierenden der Nordwestrichtung ernannt und hatte als Hauptaufgabe die Verteidigung Leningrads. Wie sich später herausstellte, war der Genosse Woroschilow nicht in der Lage, die ihm anvertraute Aufgabe zu bewältigen, und er konnte die Verteidigung Leningrads nicht organisie-

ren. In seiner Arbeit in Leningrad ließ der Genosse Woroschilow ernsthafte Fehler zu: Er gab einen Befehl zur Wahl der Bataillonskommandeure in den Abteilungen der Volksregimenter – dieser Befehl wurde auf Anweisung der Stawka geändert, da er zur Desorganisation und zur Schwächung der Disziplin in der Roten Armee führte; er organisierte einen Kriegsrat zur Verteidigung Leningrads, war jedoch selbst nicht Mitglied dieses Rats – dieser Befehl wurde ebenfalls von der Stawka als schädlich und unrichtig zurückgenommen, denn die Arbeiter Leningrads hätten meinen können, dass der Genosse Woroschilow deshalb nicht in den Rat zur Verteidigung gegangen sei, weil er nicht an die Verteidigung Leningrads glaubte; er beschäftigte sich mit dem Aufbau von Arbeiterbataillonen mit schwacher Bewaffnung, dabei vernachlässigte er die Organisation der Artillerieverteidigung Leningrads. (...) In Anbetracht all dessen hat das Staatliche Verteidigungskomitee den Genossen Woroschilow aus Leningrad abberufen. (...)
3. Aufgrund der Bitte des Genossen Woroschilow wurde er im Februar als Vertreter der Stawka an die Wolchow-Front kommandiert, um dem Kommando der Front Hilfe zu leisten. Er verweilte dort etwa einen Monat. Jedoch brachte der Aufenthalt des Genossen Woroschilow an der Wolchow-Front nicht die gewünschten Resultate. Mit dem Wunsch, dem Genossen Woroschilow noch einmal die Möglichkeit zu geben, seine Erfahrung in der Frontarbeit auszunutzen, schlug das ZK dem Genossen Woroschilow vor, das direkte Kommando der Wolchow-Front zu übernehmen. Aber der Genosse Woroschilow reagierte auf diesen Vorschlag ablehnend und verspürte nicht den Wunsch, die Verantwortung für die Wolchow-Front auf sich zu nehmen, ungeachtet dessen, dass diese Front zurzeit eine entscheidende Bedeutung für die Verteidigung Leningrads hat, indem er sich darauf berief, dass die Wolchow-Front eine schwierige Front sei und er hier nicht scheitern wolle.
Aufgrund des Dargelegten beschließt das ZK der KPdSU(B):
1. Es ist festzustellen, dass der Genosse Woroschilow sich bei der ihm anvertrauten Arbeit an der Front nicht bewährt hat.
2. Der Genosse Woroschilow ist mit Etappenarbeit zu betrauen.
Sekretär des ZK der KPdSU(B)
J. Stalin«
Woroschilow hatte Glück: Er wurde nicht degradiert wie viele

andere. Und er überlebte. Nach Stalins Tod wird er sogar sowjetisches Staatsoberhaupt. Ein Misserfolg an der Front, ein unzulänglich ausgeführter Befehl konnten in anderen Fällen ganz andere Folgen haben. Hier zwei Beispiele.
Am 22. Februar 1943 ging die 16. Armee der Westfront auf Befehl der Stawka zum Angriff über. Aber der Gegner verteidigte sich massiv, und der Vormarsch blieb stecken. Nach dem Bericht des Generalstabs vom 27. Februar überzeugte sich Stalin, dass die Armee faktisch auf der Stelle trat. Ohne sich mit irgendjemandem zu beraten, ohne weitere Informationen einzuholen, diktierte er den Stawka-Befehl Nr. 0045, in dem es heißt:

»Der Truppenkommandeur der Westfront, Generaloberst Konew I. S., ist von seinem Dienst zu befreien, da es ihm nicht gelungen ist, mit den Aufgaben zur Führung der Front zurechtzukommen, er ist der Stawka zur Verfügung zu stellen. (…)«

Konew hat, wie wir wissen, später die Möglichkeit erhalten, sich von seiner besten Seite zu zeigen. Viele erhielten eine solche Chance nicht mehr:

»An den Kommandeur der Kaukasusfront, Genossen Koslow.
(…) Der Kommandeur der 44. Armee, Generalmajor Daschitschew, ist unverzüglich zu verhaften und nach Moskau zu schicken. Es sind unverzüglich Maßnahmen dahingehend zu treffen, dass die Truppen der 44. Armee ihre volle Ordnung wiedererlangen. Der weitere Vormarsch des Gegners ist aufzuhalten und die Stadt Feodossija zu halten. (…)«

Stalin, der es gewohnt war, nachts zu arbeiten, führte diesen Arbeitsrhythmus auch in der Stawka ein. Er begann nicht vor zwölf Uhr mittags, sich mit seinen zahlreichen Aufgaben zu beschäftigen. Dann arbeitete er (unterbrochen durch eine Ruhepause – Stalin schlief tagsüber ein wenig) bis um vier oder fünf Uhr morgens durch. An diesen Arbeitsrhythmus mussten sich der Generalstab, der Rat der Volkskommissare, das ZK und alle anderen staatlichen und militärischen Organe anpassen.
Zweimal am Tag, wenn es keine außerordentlichen Ereignisse

gab, berichtete der Generalstabschef oder einer seiner Vertreter Stalin über die Lage an den Fronten. Die Berichte waren in der Regel kurz. Während Stalin zuhörte, ging er im Raum auf und ab, manchmal stellte er Fragen unterschiedlichster Art. Er ging davon aus, dass jeder Berichterstatter auf beliebige Fragen antworten können musste. Konnte er dies nicht, so rief Stalin: »Sie wissen es nicht?! Also, und was wissen Sie?«

Die Mitarbeiter des Generalstabs hatten rasch erkannt, dass Stalin viele Mängel als Oberster Befehlshaber aufwies, und sie versuchten schlechte Befehle stillschweigend zu korrigieren. Viele Militärführer hielten es für normal, dass ein Politiker kein Militärexperte war. Aber es war ihnen nicht möglich, ihren Sachverstand immer voll einzubringen. Der sowjetische Militärhistoriker Pawlenko erhielt von Schukow folgendes Statement über Stalin: »Er war und blieb ein Zivilschnauber.«

Wenn in der Stawka Entscheidungen zu treffen waren, erklärte sich Stalin in der Regel mit Schaposchnikows, Schukows und Wassilewskis Vorschlägen einverstanden. Später hörte er auf Vorschlag Schaposchnikows einige Frontkommandeure an, die an den geplanten Operationen teilnehmen sollten, und erst dann wurden die Befehle ausgefertigt. Zunächst war der Oberste Befehlshaber von dieser umfangreichen, zähen und routineartigen Arbeit entmutigt. Schaposchnikow, dessen Rolle als Lehrer Schukows, Wassilewskis, Antonows und Stalins selbst noch immer nicht ausreichend gewürdigt wird, erklärte dem Obersten geduldig, dass diese Arbeit unbedingt notwendig sei. Er erläuterte ihm auch, dass einige Operationen innerhalb von Tagen durchgeführt werden müssten, andere aber innerhalb von Monaten. Die Analyse der Archivdokumente zeigt, dass Stalin seine Ideen allgemein formulierte: »Man darf dem Feind keine Atempause geben« – »Man muss ihn nach Westen zurücktreiben« usw. Solcherlei Äußerungen besaßen natürlich keinerlei strategische Qualität.

Die menschlichen Schicksale berührten Stalin nicht, wie ich schon an verschiedenen Beispielen gezeigt habe. Wenn es darum ging, dem Feind eine Niederlage beizubringen, war kein Preis zu hoch. Lesen Sie zwei furchtbare Befehle der Stawka, die Stalin persönlich diktiert hat. Der eine ist der Befehl Nr. 0428 vom 17. November 1941:

»Die Stawka des Obersten Befehlshabers befiehlt:
1. Alle Siedlungspunkte, an denen sich deutsche Truppen befinden, sind auf 40 bis 60 Kilometer ab der Hauptkampflinie in die Tiefe zu zerstören und in Brand zu setzen und auf 20 bis 30 Kilometer nach rechts und nach links von den Wegen. Zur Vernichtung der Siedlungspunkte im angegebenen Radius ist die Luftwaffe hinzuzuziehen, sind Artillerie- und Granatwerferfeuer großflächig zu nutzen, ebenso die Kommandos der Aufklärung, Skiläufer und Partisanen-Diversionsgruppen, die mit Flaschen mit Brennstoff ausgerüstet sind (...).
2. In jedem Regiment sind Jagdkommandos zu bilden, die aus 20 bis 30 Personen bestehen – zur Inbrandsetzung und Sprengung der Siedlungspunkte. Herausragende, mutige Männer sind für kühne Aktionen bei der Vernichtung von Siedlungspunkten für staatliche Auszeichnungen vorzuschlagen. (...)«

Und die Fackelmänner nahmen ihre Arbeit auf. Der Feuerschein der Brände warf sein Licht in den dunklen Winterhimmel. Bauernhäuschen brannten lichterloh. Voller Entsetzen drückten Mütter ihre weinenden Kinder an sich. Das Stöhnen unzähliger Dörfer des Vaterlandes lag buchstäblich in der Luft. Die Deutschen setzten Dörfer in Brand, um die Partisanen zu bestrafen. Und nun taten dies auch die eigenen Soldaten. Die Dörfer und Häuser brannten vor allem dort, wo die Deutschen nicht waren. Wo die Okkupatoren waren, war die Brandstiftung nicht leicht.
Aber für wie viele sowjetische Menschen war das Haus der letzte Zufluchtsort, der Ort, wo sie hofften, überleben zu können, der Ort, wo sie ihre Kinder in Sicherheit bringen konnten? Wer vermag zu sagen, ob in diesem Befehl militärische Zweckmäßigkeit vorherrschte oder wahnsinnige Grausamkeit? Dieser Beschluss war jedenfalls ganz nach Stalins Geschmack. Er empfand niemals Mitleid mit Menschen. Niemals! Er hatte sich schon längst an Hunderte, Tausende, Millionen von Toten gewöhnt.
Armeegeneral Ljaschtschenko hat mir von einer Episode berichtet, die mit der Umsetzung dieses furchtbaren Befehls verbunden war:

»Ende 1941 kommandierte ich ein Regiment. Wir standen in der Verteidigung. Vor uns befanden sich zwei kleine Dörfer, ich erin-

nere mich wie heute: Bannowskoje und Prischib. Aus der Division kam ein Befehl: die Dörfer bis zu Artilleriereichweite in Brand setzen.
Während ich im Bunker die Details, wie der Befehl durchzuführen sei, durcharbeitete, mischte sich plötzlich ein älterer Nachrichtensoldat ein, womit er jede militärische Subordination verletzte: ›Genosse Major! Das ist mein Dorf! Da sind meine Frau, meine Kinder, meine Schwester mit ihren Kindern. Wie denn, in Brand setzen?! Es werden alle sterben!‹
›Was fällt dir ein, dich in Angelegenheiten zu mischen, die dich nichts angehen? Wir werden alles klären.‹
Nachdem wir den Unteroffizier fortgeschickt hatten, begannen wir mit den Bataillonsführern zu überlegen, was zu tun sei. Ich erinnere mich, ich habe diesen Befehl ›idiotisch‹ genannt, wofür ich bezahlen musste. Denn dies war ein Stalinscher Befehl. Aber mich retteten vor den Spezialdiensten Armeekommandeur Malinowski und das Mitglied des Kriegsrates Larin. Und die Dörfer haben wir am nächsten Morgen mit Erlaubnis des Divisionskommandeurs Samorzew eingenommen. Wir kamen ohne die Inbrandsetzung aus.«

Und hier noch ein Dokument, das Stalin diktiert hat:

»An den Kommandeur der Kalininfront
11. Januar 1942, 1 Uhr 50, Nr. 170007
(…) Im Verlauf des 11. und auf gar keinen Fall später als am 12. Januar ist die Stadt Rschew einzunehmen. (…) Die Stawka empfiehlt zu diesem Zweck, die in diesem Rayon vorhandene Artillerie, Granatwerfer, Luftstreitkräfte auszunutzen und mit aller Kraft die Stadt Rschew anzugreifen, ohne vor ernsthaften Zerstörungen der Stadt Halt zu machen.
Empfang bestätigen, über Ausführung berichten.
J. Stalin«

Die Stalingrader Erleuchtung

Über die Stalingrader Schlacht wurden Dutzende von Büchern geschrieben. Ich habe nicht die Absicht, von neuem ein Bild von dieser herausragenden Operation des Zweiten Weltkriegs zu zeichnen. Ich will mich vielmehr darauf beschränken, die Rolle des Obersten Befehlshabers in dieser Schlacht zu skizzieren.
Anfang Juli wurde die Verteidigung unserer Truppen an der Naht zwischen der Brjansk- und der Südwestfront durchbrochen, und der Feind konnte in die Tiefe vordringen. In der Folge wurden die 21. und die 40. sowjetische Armee eingekesselt. Stalin schickte sogleich Wassilewski nach Süden. Aber dessen Berichte waren nicht gerade erfreulich. Die deutschen Truppen erweiterten ihren Durchbruch auf bis zu 300 Kilometern. Einer Stoßgruppe war es gelungen, innerhalb von wenigen Tagen um 150 bis 170 Kilometer vorzudringen. Zur gleichen Zeit erlitten unsere Truppen bei Kantemirowka starke Verluste. Während Stalin sich die Karte anschaute, sah er die schreckliche Gefahr, dass die Südwestfront zum zweiten Mal (wie 1941) eingekesselt wurde. Aber mittlerweile hatte er einiges dazugelernt, und er akzeptierte den Vorschlag, die 28., 38. und 9. Armee der Südwestfront und die 37. Armee der Südfront zurückzuziehen. Die Stawka erteilte den Befehl, umgehend eine Verteidigungslinie bei Stalingrad aufzubauen. Stalin hatte nun die Möglichkeit, sich von seiner Unfähigkeit zur Prognose zu überzeugen. Schon im Mai, nach der Charkower Katastrophe, hatte Wassilewski vorgeschlagen, die Reserven der Südwest- und der Südfront zu verstärken. Stalin war dagegen gewesen. Er hatte Angst um Moskau. Und nun mussten aufgrund der strategischen Krise gewaltige Truppenmassen nach Stalingrad gebracht werden. Die Lage spitzte sich auch deshalb zu, weil der Rückzug vieler Einheiten nicht ordnungsgemäß verlief. Einige Divisionen und Abteilungen hatten einige Tage lang keinerlei Verbindung mit den höheren Stäben. Tausende von Soldaten marschierten orientierungslos durch den Staub. In der Luft herrschten die Messerschmitt-Jäger. Zuweilen entstand der Eindruck von völligem Chaos, und es schien, als würden sich die Katastrophen von 1941 wiederholen. Im Archiv existiert eine ganze Reihe drohender Telegramme Stalins an die Frontkommandeure.

Zum Beispiel:

»Stalingrad
An Wassilewski, Jeremenko, Malenkow
Der Gegner hat Ihre Front mit wenig Kräften durchstoßen. Sie haben ausreichend Möglichkeiten, den eindringenden Gegner zu vernichten. Konzentrieren Sie die Luftstreitkräfte beider Fronten, und zerschmettern Sie den vorgedrungenen Gegner.
Mobilisieren Sie Panzerzüge, und lassen Sie sie auf dem Eisenbahnring Stalingrads laufen. Gebrauchen Sie künstlichen Nebel, um den Feind zu verwirren. Kämpfen Sie gegen den vorgedrungenen Gegner nicht nur tags, sondern auch nachts. Nutzen Sie vollständig die Artillerie- und RS (Raketenwerfer; A. d. Ü.)-Kräfte aus.
Lopatin wird mit seiner Unfähigkeit und seinem mangelnden Organisationstalent die Stalingrader Front zum zweiten Mal zum Misserfolg führen. Sorgen Sie für eine zuverlässige Kontrolle über ihn, und organisieren Sie hinter dem Rücken der Armee Lopatins einen zweiten Zug.
Das wichtigste ist – nicht in Panik geraten, den unverschämten Feind nicht fürchten und das Vertrauen in unseren Erfolg bewahren.
J. Stalin

23. August 1942, 16 Uhr 35
Diktiert vom Genossen Stalin per Telefon. Bokow«

Wenn Generalstabschef Wassilewski sich in diesen Juli- und Augusttagen des Jahres 1942 zu Stalin begab, so hatte er den Eindruck, als würde er zur eigenen Hinrichtung gehen. Der Oberste Befehlshaber verbarg weder Wut noch Erregung. Nicht selten traf er impulsive Entscheidungen. Von neuem begann das Bockspringen mit den Kommandeuren. Ständig wollte er mal mit dem einen, mal mit dem anderen Stab verbunden werden. Seine Befehle und Forderungen waren immer dieselben: Auf Leben und Tod kämpfen! In der Regel war Stalin nicht in der Lage, operative Ratschläge zu geben oder strategische Entscheidungen zu treffen. Und die Truppen zogen sich zurück.

Eines Tages, als er Wassilewskis Bericht hörte, ging er nervös im Zimmer auf und ab und schaute auf die Karte, die auf dem Tisch ausgebreitet war. Auf einmal begann er über operative Fragen zu sprechen:

»Der Stawka-Befehl Nr. 270 vom 16. August 1941 ist in den Truppen vergessen worden. Vergessen! Ganz besonders in den Stäben! Bereiten Sie einen neuen Befehl für die Truppen vor mit der Grundidee: ›Rückzug ohne Befehl ist ein Verbrechen, das mit der ganzen Strenge der Kriegszeit bestraft wird.‹«
»Wann soll Ihnen der Befehl vorliegen?«
»Heute. Sobald das Dokument fertig ist, kommen Sie zu mir.«

Am 28. Juli 1942 abends unterschrieb Stalin den bekannten Befehl des Volkskommissars für Verteidigung Nr. 227, nachdem er den Entwurf radikal redigiert hatte. Lange Zeit wurde dieser Befehl sorgsam in den Militärarchiven verborgen. Heute ist er zugänglich und in verschiedenen Publikationen veröffentlicht worden:

»Der Feind wirft immer neue Kräfte an die Front ohne Rücksicht auf seine Verluste. Er schleicht voran, er bohrt sich in die Tiefe der Sowjetunion, erobert neue Gebiete, verwüstet und zerstört unsere Städte und Dörfer, vergewaltigt, beraubt und tötet die sowjetische Bevölkerung. (…)
Ein Teil der Truppen der Südfront, der den Panikmachern folgte, verließ Rostow und Nowotscherkask ohne ernsthaften Widerstand und ohne Befehl Moskaus und befleckte damit seine Fahnen mit Schande. (…)
Einige unkluge Menschen an der Front trösten sich im Gespräch damit, dass wir noch weiter nach Osten zurückweichen könnten, da wir viel Territorium hätten, viel Land, viel Bevölkerung, und damit, dass wir immer Brot haben werden im Überfluss. Damit wollen sie ihr schmachvolles Verhalten an den Fronten rechtfertigen. Aber solche Gespräche sind durch und durch falsch und verlogen und nur vorteilhaft für unsere Feinde.
Nach dem Verlust der Ukraine, Weißrusslands, des Baltikums, des Donezbeckens und anderer Gebiete haben wir bei weitem weniger Territorium und auch bei weitem weniger Menschen, Brot,

Metall, Fabriken. Wir haben mehr als 70 Millionen der Bevölkerung verloren, mehr als 800 Millionen Pud Getreide im Jahr und mehr als 10 Millionen Tonnen Metall im Jahr.
Wir haben nun keine Überlegenheit gegenüber den Deutschen, weder an menschlichen Reserven noch an Getreidereserven. Weiter zurückweichen, das bedeutet, sich selbst zu zerstören und damit auch unsere Heimat. (…)
Keinen Schritt zurück! So muss nun unser Hauptappell lauten. (Stalin unterstrich diese Worte einige Male; D. W.)
Die Kommandeure, Kommissare, Politarbeiter, Abteilungen und Einheiten, die eigenmächtig ihre Kampfstellungen verlassen, dürfen nicht mehr geduldet werden. Es darf ferner nicht geduldet werden, dass Kommandeure, Kommissare, Politarbeiter es zugelassen haben, dass einige Panikmacher die Lage auf dem Schlachtfeld bestimmten, dass sie andere Soldaten zum Rückzug hinrissen und damit dem Feind die Front öffneten.
Panikmacher und Feiglinge müssen vor Ort ausgerottet werden.
a) Rückzugsbestrebungen sind bedingungslos zu liquidieren. (…)
b) Armeekommandeure, die einen eigenmächtigen Rückzug der Truppen von den eingenommenen Positionen zugelassen haben, sind bedingungslos von ihren Posten zu entlassen und zur Stawka zur Übergabe ans Kriegsgericht zu schicken. (…)
c) Innerhalb der Grenzen der Front sind ein bis drei Strafbataillone (jeweils 800 Personen) zu bilden, wohin Kommandeure und entsprechende Politarbeiter abzukommandieren sind. (…)«

Dann wiederholte Stalin eine Idee, die er bereits am 12. September 1941 formuliert hatte:

»In jeder Schützendivision muss einen Sperrposten aus zuverlässigen Soldaten, zahlenmäßig nicht mehr als ein Bataillon, existieren, mit der Aufgabe, die Flucht der von Panik ergriffenen Soldaten aufzuhalten, ohne vor Schusswaffengebrauch Halt zu machen. (…)
Der Befehl ist vor allen Kompanien, vor allen Kavallerieabteilungen, vor allen Batterien, Fliegerstaffeln, Kommandos und Stäben zu verlesen.
Volkskommissar für Verteidigung J. Stalin«

Aber alle Härte änderte nichts an der Tatsache, dass in manchen Einheiten Panik herrschte. Die psychologische Ausbildung der Soldaten war vor dem Krieg vernachlässigt worden, und es fehlten die erfahrenen Kommandeure, die der Säuberung zum Opfer gefallen waren. Stalin versuchte, das Problem der Panik mit Sperrposten zu lösen.

Auch im Jahr 1942 gerieten viele Soldaten in Kessel. Vor allem die Kommandeure, die aus der Umkreisung entkamen, wurden direkt in Speziallager des NKWD geschickt. Darüber habe ich bereits berichtet. Angesichts der militärischen Krise, vor allem bei Stalingrad, ging der Oberste Befehlshaber noch weiter: Die Kommandeure, die in den NKWD-Speziallagern zur »Überprüfung« waren, wurden zu Sturm- und Schützenbataillonen zusammengefasst. »Die Bataillone sind zum Einsatz an den aktivsten Abschnitten der Front bestimmt.« Die Mehrzahl dieser Männer verlor dort ihr Leben.

Die Lage wurde immer schlechter. Im November 1942 hing Stalingrads Schicksal nur noch an einem Haar. In diesem Monat befahl Wassilewski einer Gruppe von Generalstabsmitarbeitern, einen Plan für einen Angriff aus südlicher Richtung auszuarbeiten. Es ist eine Karte erhalten geblieben, auf der die ersten Konturen der künftigen Operation eingezeichnet sind. Aber damals wusste Stalin noch nichts davon.

Der Oberste Befehlshaber verließ sein Zimmer tagelang nicht. Er versuchte im Schlaf zu vergessen und befahl Poskrebyschew: »Weck mich in zwei Stunden!«

Als Poskrebyschew eines Tages Mitleid mit dem in tiefen Schlaf gefallenen Menschen empfand, weckte er ihn eine halbe Stunde später als angeordnet. Stalin schaute auf seine Uhr und sagte mit leiser Stimme: »Du bist also auch so ein Philanthrop! Wassilewski soll mich anrufen, schnell! Du glatzköpfiger Philanthrop.«

Poskrebyschews rundliches Gesicht zeigte wie immer keine Reaktion. Wassilewski, der vor zwei Tagen aus Stalingrad zurückgekehrt war, rief an. Nachdem Stalin kühl einige kurze Grußworte gesprochen hatte, fragte er, ob die 1. Gardearmee, die 24. und 66. Armee in den Kampf gegangen seien und ob Munition gebracht worden sei.

Wassilewski berichtete über die Lage, wie sie sich am Abend des 3.

September darstellte: Eine der Hitlerschen Panzereinheiten sei in die Vorstädte Stalingrads eingedrungen. Stalin konnte nicht mehr an sich halten und unterbrach Wassilewski:

»Verstehen die denn dort nicht, dass, wenn wir Stalingrad aufgeben, der Süden des Landes vom Zentrum abgeschnitten sein wird und wir ihn kaum verteidigen können? Verstehen die denn dort nicht, dass das nicht nur eine Katastrophe von Stalingrad ist?! Verstehen die nicht, was es bedeutet, den wichtigsten Wasserweg und bald auch das Erdöl zu verlieren?!«

Wassilewski wartete das Ende der Schimpfkanonade ab und setzte ruhig seinen Bericht fort:

»Alles Kampffähige, was vor Stalingrad ist, verlegen wir an die bedrohten Abschnitte. Ich glaube, dass die Chancen, die Stadt zu halten, noch nicht verloren sind.«

Einige Minuten später rief Stalin Wassilewski erneut an. Aber der war nicht erreichbar. Am Apparat war Generalmajor Bokow. Stalin befahl, man solle unverzüglich Schukow, seit 26. August Stellvertreter des Obersten Befehlshabers, in Stalingrad finden und ihm folgende Weisung übergeben. Stalin schwieg eine Minute und fing dann an zu diktieren:

»Außerordentlich wichtig
Armeegeneral Genossen Schukow
Die Lage bei Stalingrad hat sich verschlechtert. Der Feind befindet sich drei Werst (etwa drei Kilometer; A. d. Ü.) von Stalingrad entfernt. Stalingrad könnte heute oder morgen eingenommen werden, wenn die Nordgruppe nicht unverzüglich Hilfe leistet. Fordern Sie von den Truppenkommandeuren, die im Norden und Nordwesten von Stalingrad stehen, dass sie unverzüglich auf den Gegner einschlagen und Stalingrad zu Hilfe kommen. Aufschub wird nicht geduldet. Eine Verzögerung würde nun gleichbedeutend mit Verbrechen sein. Die gesamten Luftstreitkräfte müssen Stalingrad zu Hilfe kommen. In Stalingrad selbst sind sehr wenig Luftstreitkräfte geblieben.

Den Erhalt und die getroffenen Maßnahmen unverzüglich mitteilen.
J. Stalin

3. 9. 1942, 22 Uhr 30
Vom Genossen Stalin telefonisch übergeben.
Bokow«

Bald antwortete Schukow, dass die 24., die 1. Gardearmee und die 66. Armee am Morgen mit dem Angriff beginnen würden. Die Vorbereitungen seien im Gang. Stalin reagierte kurz:

»An Schukow, Malenkow, Wassilewski
Antwort erhalten. Ich erwarte von Ihnen eine weitere Forcierung des Gegenschlages, um den Fall Stalingrads nicht zuzulassen.
J. Stalin

4. 9. 1942, 2 Uhr 25 Minuten Telefonisch vom Genossen Stalin übergeben. Bokow«

Stalin verlangte alle zwei bis drei Stunden Informationen aus Stalingrad, einige Male sprach er mit Schukow und mit Wassilewski, den er erneut dorthin befohlen hatte. Die Unterredungen mit Malenkow befriedigten ihn wenig. Der Mann, der in militärischen Fragen absolut hilflos war, war von Stalin als »Auskundschafter« entsandt worden. Zu den Truppen fuhr Malenkow ein- oder zweimal; die übrige Zeit verbrachte er im Stab in seinem Arbeitszimmer, ab und zu ließ er Politkommissare zu sich kommen. Am 5., 6. und 7. September organisierte Schukow einige Angriffe von Norden her. Aber sie wurden schlecht mit der Artillerie und aus der Luft unterstützt und brachten keine größeren Erfolge. Stalin bestand auf der Fortsetzung der Angriffe und verlangte den vollen Einsatz der Luftstreitkräfte:

»An Armeegeneral Schukow
Am 6. September erhalten Sie zwei Jagdflieger-Regimenter. Eines aus Kamyschin und eines von der Woronesch-Front. (...) Sie sollten in Betracht ziehen, dass Ihre Rechte nicht eingeschränkt sind

bezüglich der Verlegung von Kräften, seien es Luftstreit- oder andere Kräfte, von der Stalingrader und der Südostfront nach Norden, und umgekehrt. Sie haben alle Rechte, in den Abteilungen bei der Kräftekonzentration zu manövrieren. 3000 Geschütze N-20 sind bereits auf dem Wege zu Ihnen.
J. Stalin
2 Uhr 35 Minuten, 6. 9. 1942. Telefonisch übergeben vom Genossen Stalin. Bokow«

Schukow war gezwungen, bald per Telefon zu melden, dass es ihm nicht gelingen würde, mit den Einheiten und Truppen, die der Stalingrader Front zur Verfügung ständen, den Korridor zu durchbrechen. Die Verteidigungsstellungen der deutschen Truppen waren verstärkt worden. Weitere Angriffe mit denselben Kräften wären zwecklos gewesen, und die Truppen hätten nur große Verluste erlitten.
Stalin ließ Schukow und Wassilewski nach Moskau kommen. In Moskau standen Schukow und Wassilewski vor der Landkarte, berieten sich und kamen zu dem Schluss, dass man den Gegner mit einer festen Verteidigung ermüden und gleichzeitig einen großen Gegenstoß vorbereiten müsse. Bereits damals beschlossen die beiden Heerführer, dass die Hauptschläge gegen die Flanken der deutschen Gruppierungen gerichtet werden müssten, die von weniger kampfstarken rumänischen Truppen gedeckt wurden. Auf diese Weise entstand das Konzept, das sie dem Obersten Befehlshaber am Abend des 13. September vortrugen. Es war wie eine Erleuchtung. Aber sie kam nicht von Stalin, sondern von Schukow und Wassilewski. Zu Beginn schien Stalin sich nicht besonders für diese Idee zu interessieren. Er sagte, dass nun das wichtigste sei, Stalingrad zu halten und die Deutschen nicht weiter vordringen zu lassen. Entweder konnte Stalin das kühne Konzept der beiden Heerführer nicht beurteilen, oder er hielt es angesichts der schwierigen Lage für wenig realistisch. Die ganze Aufmerksamkeit des Obersten Befehlshabers galt der Verteidigung von Stalingrad.
Zu dem Zeitpunkt, in dem Schukow und Wassilewski dem Obersten Befehlshaber ihren Plan vortrugen, entbrannten in Stalingrad harte Straßenkämpfe. Die Deutschen waren in die Stadt

eingedrungen. Länger als zwei Monate wurde pausenlos gekämpft in den Straßen von Stalingrad. Wenn es den Deutschen am Anfang noch gelang, Dutzende von Kilometern vorzustoßen, so waren es etwas später einige Kilometer, im September einige hundert Meter am Tag, Anfang Oktober vierzig bis fünfzig Meter, und Mitte Oktober gab es kein Vorankommen mehr. Obgleich die Okkupanten 22 Divisionen in den Kampf geführt hatten und ebenso viele Einheiten ihrer Verbündeten, trat die Kriegsmaschine der Wehrmacht auf der Stelle. Und im November verlor der Gegner die Luftherrschaft.

Stalin beschäftigte sich auch mit anderen militärischen Aufgaben, aber im November kam er beinahe täglich auf die geplante Operation der Stalingrader, der Südwest- und der Donfront zurück. Im Generalstab nannte man diese Operation »Uran«. Stalin forderte, dass nur wenige Menschen in den Plan eingeweiht werden sollten. Als am 19. November der Gegenangriff begann, war Stalin zunächst vom Erfolg einigermaßen überzeugt. Diese Zuversicht schöpfte er weniger aus der Konzentrierung von dem Feind überlegenen Kräften, sondern vor allem aus der Tatsache, dass bisher keine Operation so sorgfältig geplant worden war. Das heißt aber nicht, dass ihn nicht auch Zweifel überfielen, vor allem, weil in der Luft nur ein Kräftegleichgewicht hergestellt werden konnte. Den Luftstreitkräften schenkte Stalin stets seine besondere Aufmerksamkeit, und er hielt sich auf diesem Gebiet für außerordentlich kompetent. Die Zweifel waren immerhin so stark, dass er erwog, die Operation »Uran« zu verschieben:

»Außerordentlich wichtig.
An den Genossen Konstantinow (Schukow; D. W.)
Wenn die Luftvorbereitung für die Operation bei Iwanow (Jeremenko; D. W.) und Fjodorow (Watutin; D. W.) nicht zufriedenstellend ist, dann wird die Operation misslingen. Die Kriegserfahrung mit den Deutschen zeigt, dass eine Operation gegen die Deutschen nur dann gelingen kann, wenn wir einen Vorteil in der Luft haben. (...) Wenn Nowikow glaubt, dass unsere Luftwaffe jetzt nicht in der Lage ist, diese Aufgaben zu erfüllen, so ist es besser, die Operation auf einige Zeit hinauszuschieben und mehr Luftstreitkräfte anzusammeln. Sprechen Sie mit Nowikow und

Woroschejkin. Erläutern Sie ihnen die Sachlage, und teilen Sie mir Ihren Gesamteindruck mit. 12. 11. 1942, 4 Uhr. Wassiljew (Stalin; D. W.)
Vom Genossen Stalin über Telefon übergeben. Bokow«

Bei der Durchführung der Operation verließ sich Stalin auf Schukow. Er erteilte ihm die Vollmacht, die Zusammensetzung der Angriffsformationen und die Ablauffristen festzulegen. Wahrscheinlich spürte der Oberste Befehlshaber, dass Schukow vom Kriegführen mehr verstand als er. Vier Tage vor Beginn der Operation schickte Stalin ihm ein chiffriertes Telegramm:

»Außerordentlich wichtig
Nur persönlich
An den Genossen Konstantinow (Schukow; D. W.)
Den Umzugstag Fjodorows (Watutins; D. W.) und Iwanows (Jeremenkos; D. W.) können Sie nach Ihrem Dafürhalten bestimmen, und daraufhin sollten Sie mich davon in Kenntnis setzen, nachdem Sie in Moskau angekommen sind. Wenn bei Ihnen der Eindruck entstehen sollte, dass einer von beiden den Umzug ein oder zwei Tage früher oder später beginnen sollte, so bevollmächtige ich Sie, auch diese Frage nach Ihrem Dafürhalten zu lösen.
Wassiljew (Stalin; D. W.)

15. 11. 1942, 13 Uhr 10 Minuten
Durch den Genossen Stalin telefonisch übergeben. Bokow«

Schukow nutzte seine Vollmachten: Am 19. November begannen die Truppen der Südwest- und der Donfront mit ihrem »Umzug«, und die Stalingrader Front folgte ihnen einen Tag später. Am 23. November saß der Feind im Kessel.
In der Regel legte Stalin sich um 4 bis 5 Uhr morgens zur Ruhe. Während der Stalingrader Ereignisse durchbrach er diese Ordnung: Er erhielt häufiger als sonst Berichte, auch um 6 Uhr morgens. Mit vor Müdigkeit geröteten Augen ging der Oberste Befehlshaber zum Fenster, atmete etwas frische Morgenluft ein, schaute auf den dunklen Hof des Kreml.
Mit der Zeit hatte Stalin gelernt, die Karte zu lesen. Er hatte sich

schon früher für Geographie interessiert, und er konnte lange Zeit vor der politischen Karte seines Landes, Europas oder Asiens verbringen. Nun hatte der Oberste Befehlshaber es mit speziellen Militärkarten zu tun, in die die Generalstabsmitarbeiter schnell die jeweils neue Lage eintrugen. Rote und blaue Pfeile, zackige Farblinien, Kreise, Aufmarschpunkte, eine Menge von Aufschriften. Als Stalin am Abend des 23. November die rote Linie sah, die den inneren Umkreisungsring markierte, überkamen ihn Freude und Besorgnis zugleich. Endlich war es vollbracht! Und wo? Vor Stalingrad! Wenn das nicht symbolisch war! Er kannte noch nicht die genaue Zahl der eingekesselten Deutschen (es waren mehr als 330 000), aber er wusste, wenn es gelänge, die Sache zu Ende zu bringen, so wäre dies der Beginn der Wende.

Aber gleichzeitig wusste Stalin, dass das deutsche Oberkommando alles tun würde, um die 22 eingekreisten Divisionen der 6. und 4. Armee der Wehrmacht zu retten. Und General Paulus war ein harter Gegner.

Der Oberste Befehlshaber und die Militärführer

Während des Kriegs wurden Stalins Bücher, die sich in seiner Datscha und seiner Kremlwohnung befanden, buchstäblich mit Staub bedeckt. Er hatte nur noch wenig Zeit zu lesen. Das Thema der Bücher, in die er sich in diesen seltenen Stunden vertiefte, lässt sich leicht erraten. Es ging um Krieg und Strategie. Besonders interessierten ihn Bücher über die früheren russischen Heerführer Suworow und Kutusow. Als Stalin sich am 7. November 1941, am Jahrestag des Oktoberaufstands, auf dem Roten Platz an die Truppen wandte, sagte er:

»Lasst euch in diesem Krieg von dem mutigen Beispiel unserer großen Vorfahren begeistern: Alexander Newski, Dimitri Donski, Kusma Minin, Dimitri Poscharski, Alexander Suworow, Michail Kutusow! Die siegreiche Fahne des großen Lenin soll euch beschützen!«

Stalin kam wiederholt auf die Heerführer der Vergangenheit zurück. Auf seine Initiative hin wurden der Suworow-, Kutusow-, Bogdan-Chelmitzki-, Newski-, Nachimow- und Uschakow-Orden geschaffen.
Auf Stalins Entwicklung als Oberster Befehlshaber den größten Einfluss hatten Schaposchnikow, Wassilewski, Antonow und Schukow. Ihnen war es zuzuschreiben, dass Stalin allmählich das Abc der Kriegführung erlernte. Dank dieser vier Offiziere konnte Stalin sich als militärischer Führer hervortun.
Ich wage zu behaupten, dass Boris Michajlowitsch Schaposchnikow den größten Einfluss auf Stalin (wie im Übrigen auch auf Schukow, Wassilewski, Antonow und viele, viele andere) hatte. Leider war es ihm nicht vergönnt, direkt an den großen Siegen teilzunehmen (mit Ausnahme der Schlacht vor Moskau). Schaposchnikow war Marschall und Professor zugleich: Er verfügte über eine hohe militärische Kultur, eine ausgezeichnete Bildung, große Kommandoerfahrung, theoretische Tiefe und einen großen persönlichen Charme. Schaposchnikow war in der Lage, Stalin geduldig zu überzeugen. Stalins Kompromisslosigkeit musste gegenüber dem Intellekt und der Kultur der alten russischen Militärschule passen. Vom besonderen Verhältnis Stalins zu Schaposchnikow wussten alle. Schukow, der sich einige Male ungerechtfertigte Vorwürfe und Beschimpfungen des Obersten Befehlshabers anhören musste, schreibt über Stalin:

»Eine große Hochachtung empfand er beispielsweise für den Marschall der Sowjetunion Boris Michajlowitsch Schaposchnikow. Er nannte ihn lediglich beim Vor- und Vatersnamen, und er sprach mit ihm, ohne jemals die Stimme zu erheben, sogar dann, wenn er mit seinem Bericht nicht einverstanden war. B. M. Schaposchnikow war der einzige Mensch, dem J. W. Stalin erlaubte, in seinem Arbeitszimmer zu rauchen.«

Dies war ein äußerst seltener Fall, dass Stalin einem ehemaligen Militärspezialisten Vertrauen schenkte. Beinahe alle anderen hatte Stalin vor dem Krieg vernichtet. Schaposchnikow war einer der wenigen Menschen, an die sich Stalin um Ratschläge, Erklärungen und Hilfe wandte, ohne Scham zu empfinden. Nachdem Schapo-

schnikow Stalins schlechte militärische Kenntnisse erkannt hatte, gelang es ihm, dessen Entscheidungen diplomatisch und beharrlich zu beeinflussen, ohne die Würde des Obersten Befehlshabers zu berühren. Der Hauptmarschall der Artillerie, General Nikolaj N. Woronow, war einmal anwesend, als Schaposchnikow Stalin Bericht erstattete. Er erinnerte sich: Der Marschall habe erklärt, dass von zwei Fronten keine Nachrichten eingegangen seien. Stalin habe Schaposchnikow daraufhin gefragt: »Haben Sie die Menschen bestraft, die nicht den Wunsch verspüren, uns davon zu unterrichten, was bei ihnen an den Fronten vor sich geht?«
Schaposchnikow habe geantwortet, dass er genötigt gewesen sei, den beiden Stabschefs einen Verweis zu erteilen. Da habe Stalin nur finster gelächelt und gesagt: »Bei uns werden Verweise in jeder Parteizelle erteilt. Für einen Militärangehörigen ist das keine Strafe.« Schaposchnikow habe an eine alte russische Militärtradition erinnert. Wenn ein Generalstabschef einem Stabschef an der Front einen Verweis erteile, so sei der Betroffene verpflichtet, sogleich um seine Ablösung von seinem Posten zu ersuchen. Stalin habe Schaposchnikow als einen unverbesserlichen Idealisten bezeichnet und nichts weiter gesagt.
Wenn es Schaposchnikow gelungen war, Stalin zu helfen, die Logik der Kriegführung zu begreifen, so war Georgij Konstantinowitsch Schukows Einfluss ein anderer. Stalin sah in dem berühmtesten Militärführer des Kriegs nicht nur einen willigen Befehlsempfänger der Stawka-Beschlüsse, sondern auch einen Menschen, der ihm an Entschlusskraft und Kompromisslosigkeit ähnlich war.
Wir alle wissen heute, welche gewaltige Rolle Schukow bei der Schlacht vor Moskau, bei der Rettung Leningrads, bei der Stalingrader Operation und in Dutzenden anderen Kapiteln des Kriegs gespielt hat. Es ist charakteristisch, dass Stalin ein distanzierteres Verhältnis zu Schukow entwickelte, als dieser an Popularität und Berühmtheit gewann, besonders gegen Ende des Kriegs. Als 1945 die Aktionen dreier Fronten in der Schlacht um Berlin koordiniert werden mussten, trug Stalin dies nicht etwa Schukow auf, sondern behielt es sich selbst vor.
Stalin wusste, dass Schukow ihm an Härte in nichts nachstand. Von dessen unbeugsamem Charakter konnte er sich vor allem zu

Beginn des Kriegs überzeugen. Ein Beispiel: Anfang September 1941 wandten sich der Kommandeur der Leningrader Front Woroschilow und das Mitglied des Kriegsrats der Front Schdanow an Stalin. Sie baten darum, die Schiffe der Baltischen Flotte zur Selbstversenkung vorbereiten zu dürfen für den Fall, dass es den Deutschen gelang, Leningrad zu nehmen. Stalin erlaubte es. Am 8. September unterzeichneten Woroschilow und Schdanow eine entsprechende Weisung.

Als der Beschluss des Kriegsrats bereits gefällt war, kam Schukow aus Moskau nach Leningrad und präsentierte die Vollmachten, die Stalin ihm gegeben hatte. »Hier mein Mandat«, sagte Schukow, der neue Frontkommandeur, und reichte eine Notiz des Obersten Befehlshabers weiter: »Ich verbiete, die Schiffe zu sprengen. Auf ihnen befinden sich vierzig Kampfkomplexe!«

1950 sagte Schukow über diese Episode:

»Wie kann man überhaupt Schiffe zur Selbstversenkung vorbereiten? Ja, es ist möglich, dass sie untergehen. Aber wenn es so ist, so dürfen sie nur im Kampf untergehen. Und als dann die Deutschen den am Meer gelegenen Frontabschnitt angriffen, versetzten die Matrosen mit ihren Schlachtschiffen ihnen solche Schläge, dass sie das Weite suchten. Und was für Schläge! Geschosse von 16 Zoll! Stellen Sie sich vor, was das für eine Kraft ist!«

Stalin wusste, dass Schukow in kritischen Minuten erbarmungslos sein konnte. Das imponierte dem Obersten Befehlshaber, das war ganz in seinem Geist. Schukow kämpfte kompromisslos gegen Feiglinge und Panikmacher, und wenn es die Situation erforderte, war er in der Lage, die härtesten Maßnahmen zu treffen. Beispielsweise diktierte er im September 1941, als die Lage um Leningrad kritisch war, den Befehl Nr. 0064, in dem es heißt, dass jeder Soldat erschossen werde, der die Verteidigungsstellungen ohne Erlaubnis verlasse.

Stalin war nicht nur einmal schroff gegenüber Schukow, besonders als der Krieg anfing. Im Juli 1941 verschlechterte sich die Lage der sowjetischen Truppen im Wjasma-Rayon katastrophal, und Schukow schlug vor, einen Gegenstoß im Rayon von Jelnja zu führen, um zu verhindern, dass die deutschen Truppen in den

Rücken der Westfront vordringen konnten. Stalin war nicht geneigt, den Bericht zu Ende anzuhören, und unterbrach Schukow grob: »Was für Gegenstöße? Was für ein dummes Zeug! Unsere Truppen können nicht einmal eine Verteidigung organisieren, wie es sich gehört, und Sie schlagen einen Gegenstoß vor!«
»Wenn Sie der Meinung sind, dass ich als Chef des Generalstabs lediglich dafür geeignet bin, dummes Zeug zu reden, bitte ich Sie, mich von meinem Amt als Generalstabschef abzulösen und mich an die Front zu schicken, wo ich nützlicher sein werde als hier«, antwortete Schukow.
Mechlis, der bei diesem Gespräch anwesend war, mischte sich ein: »Wer gibt Ihnen das Recht, so mit dem Genossen Stalin zu sprechen?«
Das Gespräch endete damit, dass Schukow zum Kommandeur der Reservefront wurde. Aber Stalin kam ohne diesen herausragenden Militärführer nicht aus, obwohl Berija und Mechlis immer wieder versuchten, ihn in den Augen des Obersten Befehlshabers zu kompromittieren.
In der ersten Periode des Kriegs wurde Schukow zu Stalins Retter. Als es der deutschen Heeresgruppe Mitte Anfang Oktober 1941 gelungen war, die sowjetische Verteidigungslinie zu durchbrechen und einen bedeutenden Teil der Truppen der West- und der Reservefront einzukreisen, schickte Stalin Schukow vor Ort, um die Katastrophe abzuwenden. Wie Schukow sich später erinnerte, habe Stalin auf die Karte gedeutet und bitter vermerkt: »Schauen Sie, was Konew uns eingebrockt hat. Die Deutschen können innerhalb von drei, vier Tagen vor Moskau sein. Noch schlimmer ist, dass weder Konew noch Budjonny wissen, wo ihre Truppen sich befinden und was der Gegner macht. Konew muss vor Gericht. Morgen werde ich eine spezielle Kommission mit Molotow an der Spitze dorthin schicken.«
Mit Hilfe außerordentlicher Maßnahmen ist es Schukow gelungen, die Lage zu stabilisieren. Ihm ist es auch zu verdanken, dass Konew nicht vor dem Kriegsgericht erscheinen musste.
Stalin hatte keine »Lieblinge«. Er glaubte lediglich, dass er sich auf die einen Menschen mehr, auf die anderen weniger verlassen konnte. Für ihn war es selten wichtig, was seine Umgebung ihm zuflüstern wollte.

Berija und Abakumow versuchten beispielsweise nach dem Krieg, Schukow ein Verfahren anzuhängen. Sie benutzten sogar seine Fotoalben mit Bildern, die Schukow mit amerikanischen, englischen, französischen Militärführern und Politikern zeigten. Sie hörten seine Telefongespräche ab, sie wühlten in den Archiven herum. In einem Befehl, den Stalin am 9. Juni 1946 unterschrieben hat, gibt es eine Andeutung auf einen höheren Militärführer, der der Führung des Landes einen Brief geschrieben habe, in dem »über die Tatsachen des unwürdigen und schädlichen Verhaltens seitens des Marschalls Schukow gegenüber der Regierung und dem Obersten Befehlshaber« berichtet werde. Schukow habe seine Bescheidenheit verloren, »er hat sich Verdienste bei der Erringung großer Siege zugeschrieben«, habe Unzufriedene um sich herum geschart. Der »Führer« aber konnte sich schließlich doch nicht dazu durchringen, mit dem berühmten Militärführer ins Gericht zu gehen.

Manchmal kann man hören, dass Stalin schroff gewesen sei, aber gerecht. Ein Vertreter dieser Auffassung, mit dem ich Gelegenheit hatte zu sprechen, bezog sich dabei auf das Schicksal von Stalins Sohn Wassili; Stalin habe ihn nach einem Fehlverhalten mitleidlos von seinem Posten absetzen lassen. Ja, er setzte ihn ab, aber er tat dies nur, weil Wassili ihn als seinen Vater diskreditiert hatte. Stalin hatte seinen Sohn während des Kriegs schon einmal ablösen lassen. Im Mai 1943 hatte Berija Stalin über neue Trunkenheitsausfälle des Luftwaffenregimentskommandeurs Wassili Dschugaschwili berichtet. Sogleich diktierte Stalin wütend einen Befehl:

»An den Kommandeur der Luftstreitkräfte der Roten Armee Luftwaffenmarschall Genossen Nowikow.

Ich befehle:

1. Der Luftwaffenregimentskommandeur Oberst Stalin W. J. ist unverzüglich von seinem Posten abzulösen, ihm sind keinerlei Kommandoposten anzuvertrauen bis zu neuen Anweisungen meinerseits.

2. Dem Regiment und dem ehemaligen Kommandeur des Regiments Oberst Stalin ist mitzuteilen, dass der Oberst Stalin von seinem Amt als Regimentskommandeur wegen Trunkenheit und dafür, dass er das Regiment verdirbt, abgesetzt wird.

3. Über die Ausführung Mitteilung machen.
Volkskommissar für Verteidigung J. Stalin
26. Mai 1943«

Stalins Sohn wurde schon Ende 1943 zum Kommandeur einer Luftwaffendivision ernannt. Von einem Gerechtigkeitssinn des Obersten Befehlshabers kann nicht die Rede sein: Er machte sich ausschließlich Gedanken um das eigene Renommee.
In der Regel ließ Stalin sich nicht dazu herab, die Gründe für seine Entscheidungen zu nennen. Man gewinnt den Eindruck, dass Stalin so versuchte, seiner Umgebung zu verstehen zu geben, dass er bei seinen Entschlüssen ausschließlich von den Interessen der Sache geleitet würde und dass er bei der Besetzung von Posten allein die Fähigkeiten der Kandidaten berücksichtige. So beispielsweise, als erörtert wurde, wie die in Stalingrad eingeschlossenen Truppen des Feindes endgültig ausgeschaltet werden konnten.

Berija schlug vor, den Kommandeur der Stalingrader Front Jeremenko auf seinem Posten zu belassen. Schukow zog Rokossowski vor. Nachdem Stalin die Meinungen angehört hatte, sagte er: »Jeremenko schätze ich niedriger ein als Rokossowski. Die Truppen lieben Jeremenko nicht. Rokossowski genießt eine größere Autorität. Jeremenko zeigte sich als Kommandeur der Brjansker Front von einer sehr schlechten Seite. Er ist unbescheiden und prahlerisch.«
»Aber Jeremenko wird durch diese Entscheidung bis aufs Blut verletzt sein«, sagte Schukow.
»Wir sind keine Studentinnen. Wir sind Bolschewiken und dazu verpflichtet, an die Spitze der Sache würdige Führer zu stellen.«
Als der Triumph bevorstand, beschloss Stalin, Schukow zu bevollmächtigen, das wichtigste Dokument des Kriegs zu unterzeichnen. Viele Telegramme hatte er einfach ins Telefon diktiert, aber für dieses Telegramm ließ er Antonow zu sich rufen, um ihn den Text aufnehmen zu lassen:

»An den Stellvertreter des Obersten Befehlshabers
Marschall der Sowjetunion Schukow G. K.
Das Hauptquartier des Obersten Befehlshabers bevollmächtigt

Sie, das Protokoll über die bedingungslose Kapitulation der deutschen Streitkräfte zu ratifizieren.
Oberster Befehlshaber
Marschall der Sowjetunion J. Stalin
Chef des Generalstabs der Roten Armee
Armeegeneral Antonow
7. Mai 1945
Nr. 11083«

Als Stalin das Telegramm diktiert hatte, stand er auf und drückte Antonow fest die Hand. So, als habe er dieses lang ersehnte Protokoll soeben selbst unterzeichnet.

Einer der Militärführer, der zu einem Verbindungsglied zwischen Stalin und den Fronten wurde, war Alexander Michajlowitsch Wassilewski, ein großartiger sowjetischer Militärführer. Von Juni 1942 bis Februar 1945 war Wassilewski Generalstabschef und Stellvertreter des Volkskommissars für Verteidigung. Vorübergehend kommandierte er die 3. Belorussische Front, und später wurde er zum Oberkommandierenden der sowjetischen Truppen im Fernen Osten ernannt.
Die meiste Zeit war Wassilewski als Vertreter der Stawka an der Front, um Aufträge Stalins auszuführen. Seltener war er in Moskau, wo er sich dann mit Generalstabsaufgaben beschäftigte. Bei der Vorbereitung besonders wichtiger Operationen und beim Aufkommen kritischer Situationen an der Front schickte Stalin Schukow oder Wassilewski an Ort und Stelle. Und manchmal, wie im Fall Stalingrad, beide.
Wassilewski war ein universeller Militärführer. Er konnte sich sowohl als Kommandeur als auch als Stabsmitarbeiter hervortun. Stalin wusste, dass Wassilewski sowohl schwierigste Verteidigungskämpfe als auch große Offensivoperationen gleichermaßen sicher führen konnte. Er war außerdem ein exzellenter Planungsstratege, ein guter Vertreter der Stawka und ein vorzüglicher Frontkommandeur.
Einst fragte Stalin Wassilewski: »Hat Ihnen die geistliche Ausbildung irgendetwas gegeben? Haben Sie niemals darüber nachgedacht?«

Wassilewski, von der Frage überrascht, sammelte sich schnell und antwortete klug: »Nutzloses Wissen gibt es nicht. Einiges hat sich auch im militärischen Leben als nützlich erwiesen.«
Neugierig schaute Stalin Wassilewski an und fügte dann zustimmend hinzu: »Das Wichtigste, was einen die Popen lehren können, das ist, die Menschen zu verstehen.«
Stalin verließ sich immer auf Wassilewski. Dieser besaß die außergewöhnliche Fähigkeit, ohne besondere Maßnahmen das gewünschte oder wenigstens ein annehmbares Resultat zu erreichen. Der Marschall widersprach selten, aber er war in der Lage, seine Meinung bei den Erörterungen operativer Fragen mit dem Obersten Befehlshaber deutlich darzulegen. Es ist schwer zu sagen, wie viele Tausende von Kilometern er während der Kriegsjahre von einer Front zur anderen geflogen ist mit einigen Tagen Zwischenaufenthalt in Moskau, um Stalin zu berichten und neue Anweisungen von ihm zu erhalten. Stalin telefonierte während des Kriegs fast täglich mit Wassilewski. Stalin hielt ihn nicht nur in operativer Hinsicht für unentbehrlich, sondern er hatte auch das Bedürfnis, sich mit Wassilewski zu beraten, seine geduldigen, knappen und durchdachten Berichte zu hören.

Obwohl Wassilewski bis zum Februar 1945 Generalstabschef blieb, ist die zweite Hälfte des Kriegs vor allem mit dem Namen Alexej Innokentjewitsch Antonow verbunden. Bei der Durchsicht der Archivmaterialien der Stawka fällt einem ins Auge, dass seit Ende 1943 ein Großteil der Dokumente des Hauptquartiers von Stalin und Antonow oder nur von Antonow unterzeichnet ist.
Antonow wusste, dass er sich zunächst als Stellvertreter des Generalstabschefs und später als Generalstabschef in einer günstigeren Lage befand als seine Vorgänger. Die schlimmsten Akte des Kriegs waren bereits gespielt. Als Antonow zum Generalstab kam, hatte sich ein Rund-um-die-Uhr-Arbeitstag eingestellt, und er konnte wichtige Erfahrungen in der Arbeit der Stawka sammeln. Antonow, dem Pedanten im positiven Sinne, ist es gelungen, viel Neues in die Koordinierung der Generalstabsarbeit einzubringen. Er setzte genaue Fristen für die Ausarbeitung von Informationen fest, ebenso die Termine für die Berichterstattung des Geheimdienstes, der Luftaufklärung, der Fronten, der Reserveformatio-

nen. Um diese Organisation des Arbeitsablaufs im Generalstab und in der Stawka unwiderruflich zu machen, schrieb Antonow seine Vorstellungen auf drei Seiten nieder und beschloss, dem Obersten Befehlshaber in dieser Sache zu berichten. Als Antonow eines Abends nach einem Lagebericht Stalin bat, das Reglement für die Arbeit der Stawka und des Generalstabs durchzusehen und zu bestätigen, schaute dieser ihn verwunden an, las das Dokument aufmerksam durch und schrieb kommentarlos: »Einverstanden. J. Stalin.«

Antonow zwang so praktisch auch den Obersten Befehlshaber selbst, nicht nur die Arbeit der anderen zu reglementieren, sondern auch die eigene. Wenn Stalin bis dahin zu jeder beliebigen Zeit zur Berichterstattung auffordern konnte, so versuchte er nun, sich an die neue Ordnung zu halten. Antonow ist es gelungen, die grundlegenden Funktionen des Generalstabs und dessen Zusammenarbeit mit den Hauptverwaltungen des Volkskommissariats für Verteidigung eng zu koordinieren.

Möglicherweise war Antonows Einfluss auf Stalin nicht geringer als der Schaposchnikows, Schukows und Wassilewskis. Antonow erklomm die militärische Leiter relativ schnell. 1942 kam er als Generalleutnant in den Generalstab, im April 1943 wurde er zum Generaloberst und noch im selben Jahr zum Armeegeneral befördert.

Aber Marschall der Sowjetunion wurde Antonow nie. Hier mischte sich Berija ein. Berija versuchte immer wieder, hohe Militärs auf seine Seite zu ziehen. Aber wir wissen, dass die sowjetische Generalität Berija nicht traute, und seine Bemühungen waren fruchtlos. Dass Berija am Ende von Offizieren der sowjetischen Armee verhaftet, verurteilt und hingerichtet wurde, sagt einiges aus über das Verhältnis der Marschälle und Generäle zu diesem Blutsauger.

Berija wurde gefürchtet. Aber Sympathie empfand niemand für ihn. Niemand! Berija suchte Unterstützung in der Armee. Er sah das schnelle Altern des »Führers«, und bereits gegen Ende des Kriegs verfolgte er ehrgeizige Pläne. Sie waren in einem System, in dem die Demokratie nur eine Fiktion war, ohne die Rückendeckung der Armee unmöglich zu realisieren. Aber Berijas Versuche, ein besonderes Verhältnis zu Antonow anzubahnen, führten zu nichts. Der General blieb kühl und distanziert. Daraufhin begann Berija, wie es seine Art war, Antonow zu kompromittieren. Ungeachtet dessen, dass Stalin den Einflüsterungen des Monsters nicht unbedingt glaubte, entschloss er sich, Antonow nicht zum Marschall zu befördern, obwohl er dies beabsichtigt hatte. Im Jahr 1946 stufte der »Führer« Antonow wieder zum Stellvertreter des Generalstabschefs zurück, und 1948 ließ er ihn noch tiefer fallen, als er ihn zum Stellvertretenden Kommandeur des Transkaukasischen Militärbezirks machte. Stalin hatte bereits vergessen, dass er, als er sich zum Obersten Befehlshaber machte, außerordentlich vage Vorstellungen von der Theorie und Praxis der Kriegführung hatte. Schaposchnikow, Schukow, Wassilewski, Antonow waren es, die ihm halfen, in dieser Hinsicht zu wachsen. Der Krieg war zu Ende. Für Stalin war das wichtigste das Resultat. Über den Preis des Siegs pflegte er nur dann zu sprechen, wenn er sich über die Verbrechen des Faschismus ausließ. Über eigene Fehler hat er nichts gesagt.

Das Denken des Strategen

Zu jener Zeit, als die Memoiren wichtiger sowjetischer Militärführer geschrieben wurden, konnten diese nur das sagen, was erlaubt war. Ich habe zirka zwei Jahrzehnte in der Politischen Hauptverwaltung der Sowjetischen Armee und Kriegsflotte gearbeitet. Es gab eine Zeit, als in der Presseabteilung der Politischen Hauptverwaltung auf Anweisung Suslows und seines Apparats alle Memoiren durchgesehen wurden. Ich hatte Gelegenheit, mit den Menschen zu sprechen, die in den fünfziger und sechziger Jahren und auch später die Erinnerungen von Militärführern lesen konnten. Die Manuskripte gingen von Hand zu Hand in den hohen Instanzen, und die Autoren wussten gut, was sie schreiben konnten und was sie nicht schreiben durften. Sogar Schukows Manuskript wurde Kürzungen »von oben« unterworfen. Wie die Witwe des Luftwaffenmarschalls Nowikow erzählte, habe Schukow, als er sich kurz vor seinem Tod zur Erholung im Sanatorium »Archangelskoje« aufgehalten habe, verbittert über diese Sache gesprochen. Es ist sehr bedauerlich, ja sogar ein Unglück, dass viele unserer berühmten Veteranen, die uns Erinnerungen von unschätzbarem Wert hinterlassen haben, häufig und gegen ihren Willen gezwungen wurden, mit halber Stimme zu sprechen und manchmal auch gänzlich zu schweigen. Aufgrund dieses Filters fielen aus diesen Büchern jene Fakten, Rückschlüsse, Ereignisse, Zahlen, Beobachtungen, Reflexionen und Urteile heraus, die unsere Geschichte hätten »schwärzen« können. Damals war die Zeit der Wahrheit noch nicht gekommen.

Und die Geschichte zeigte ihr schönstes Gesicht. Ich glaube, es sollte hier nicht darum gehen, die konkreten Schuldigen zu finden, sondern darum zu verstehen: In der Literatur hatte sich ein spezielles System etabliert, das auf Bestimmungen und Einschränkungen beruhte. Weder die Hauptverwaltung für Literatur und Verlagswesen noch die zahlreichen Rezensenten konnten die Vorschriften des ideologischen Systems ignorieren.

Ich weiß, dass nicht alles, was viele Militärführer geschrieben haben, in ihren Büchern gedruckt ist. Während sie ihre Erinnerungen schrieben, bemühten sie sich, häufig unter dem Einfluss äußerer Umstände, Menschen, die man während des Kriegs mit einer Lupe hätte suchen müssen, in ihren Büchern positiv zu erwähnen. Ich weiß, wie eifrige Konjunkturritter die Abteilung herausbekamen, in der Breschnew vor dem Krieg gedient hatte; oder jenen Bahnhof, wohin einst Tschernenko aus Krasnojarsk einen Zug mit Geschenken für die Armee begleitete. Viele gute Arbeiten wurden »zugeschüttet« mit Hinweisen auf Breschnew, durch die Suche nach Anlässen, seine Verdienste hervorzuheben.

Wir waren Gefangene eines falschen Bewusstseins. Häufig wurden Menschen vor die Wahl gestellt: Entweder alles im Buch wird so sein, »wie es sein soll«, oder es wird nicht erscheinen. Und noch mehr. Ich möchte niemanden beleidigen, aber ich sage es. Die meisten Memoiren, die angeblich von Militärführern geschrieben worden sind, wurden in Wahrheit von »literarischen Bearbeitern« verfasst, von Menschen, die weit von dem entfernt waren, was die Autoren erlebt hatten. Ja, sie benutzten die Materialien und Erzählungen der Militärführer, aber letztlich schrieben sie die Bücher und nicht jene, die als Autoren genannt wurden. Über einen »Mittelsmann« zu schreiben, was häufig unumgänglich ist, das bedeutet, etwas nicht Wiederholbares, etwas wirklich Eigenes zu verlieren.

Ich möchte in diesem Kapitel die Besonderheiten des strategischen Denkens des Menschen betrachten, der an der Spitze unseres Volks und unserer Armee im Großen Vaterländischen Krieg stand. Ich sage es direkt: Was Stalins Denken anbelangt, so war es auf einzelnen Gebieten höher entwickelt als das vieler sowjetischer Militärführer, aber es gab auch Bereiche, in denen er lediglich Dilettantismus, Einseitigkeit, Inkompetenz und Schablonenhaftigkeit zeigte. Ich glaube, dass Stalin im eigentlichen Sinne des Wortes kein Militärführer war. Ein Militärführer, das ist eine militärische Persönlichkeit.

Stalin war ein politischer Führer: hart, willensstark, machthungrig, der aufgrund historischer Umstände genötigt war, militärische Aufgaben zu übernehmen. Stalins starke Seite als Oberster Befehlshaber gründete sich auf seine absolute Macht. Aber nicht nur das erhob ihn über andere Militärführer. Aufgrund seiner Lage konnte er besser als die Mitglieder der Stawka und die Mitarbeiter des Generalstabs, als die Frontkommandeure die realen Möglichkeiten des Landes sehen, seiner Industrie und seiner Landwirtschaft. Wenn man so sagen kann, legte Stalin ein mehr universelles Denken an den Tag.

Der Politiker in Stalin gewann immer die Oberhand über die militärische Persönlichkeit. Für einen Strategen sind allgemeine Vorstellungen wichtig, aber bei Stalin verdeckten sie nicht selten konkrete Probleme. Und im entgegengesetzten Fall, wenn Stalin versuchte, sich auf etwas Konkretes zu konzentrieren, dann vernachlässigte er die Fragen von allgemeinem Charakter.

In den Jahren 1943 bis 1945 eignete sich Stalin als Stratege und Militärführer eine Reihe wichtiger Wahrheiten der Operativkunst an. Der Oberste Befehlshaber hatte beispielsweise verstanden, dass man zur Verteidigung nicht nur dann übergehen kann oder soll, wenn der Gegner einen dazu zwingt, sondern manchmal auch frühzeitig, um Offensivhandlungen vorbereiten zu können, wie es in einigen Operationen des Jahres 1942 geschah. Stalin mochte die Verteidigung nicht. Mit ihr verband er die finstersten Erinnerungen und Leiden. So dürfte er sich noch lange erinnert haben an jenen 16. September 1942, als kurz nach dem Mittagessen Poskrebyschew in sein Zimmer gekommen war und ihm den Sonderbericht der Hauptverwaltung Aufklärung des Generalstabs vorgelegt hatte, der die Unterschrift General Panfilows trug. Der Bericht befasste sich mit einer abgehörten Meldung aus Berlin:

»Stalingrad ist von den heldenmütigen deutschen Truppen eingenommen worden. Russland ist in einen nördlichen und südlichen Teil durchtrennt worden, die bald in den Zustand der Agonie verfallen werden.«

Stalin schaute aus dem Fenster, fürchtete eine Bestätigung der deutschen Meldung, aber dachte gleichzeitig darüber nach, wie der Kampf auch unter solchen Bedingungen fortgesetzt werden könne. Leise sagte er zu Poskrebyschew: »Verbinden Sie mich mit dem Generalstab, schnell.«
Eine Minute später diktierte er General Bokow ein Telegramm an Jeremenko und Chruschtschow:

»Teilen Sie mir deutlich mit, was dort bei Ihnen in Stalingrad vor sich geht. Ist es wahr, dass Stalingrad von den Deutschen eingenommen worden ist? Antworten Sie direkt und ehrlich. Ich erwarte eine unverzügliche Antwort.
J. Stalin 16. 9. 1942, 16 Uhr 45 Minuten
Telefonisch übergeben durch den Genossen Stalin. Bokow«

Stalin interessierte immer nur eines – das Ziel. Ihn quälten niemals Gewissensbisse, das Gefühl der Verbitterung und des Schmerzes angesichts der gewaltigen Verluste. Das Einzige, was ihn schreckte, war, dass soundso viele Divisionen vernichtet worden waren, soundso viele Korps und Armeen. In keinem einzigen Dokument der Stawka findet man einen Hinweis auf Schmerz und Trauer über die allzu großen menschlichen Verluste. Die Seite der Kunst der Kriegführung, die fordert, dass man das gesteckte Ziel mit minimalen Verlusten erreichen soll, interessierte Stalin wenig. Mehr als 20 Millionen Menschenleben musste das sowjetische Volk auf den Altar des Siegs legen. Nach den Berechnungen von Professor A. Kwascha verlor unser Volk ungefähr 26 bis 27 Millionen Menschen. Auch nach meinen Berechnungen hat in der Geschichte

noch kein Volk einen derart hohen Preis für seine Freiheit und Unabhängigkeit bezahlt.
Aber Opfer, massenhafte Opfer waren für Stalin ein unvermeidbares Attribut des modernen Kriegs. Möglicherweise dachte Stalin so, weil er der Oberste Befehlshaber einer riesigen Armee war? Gegen Ende des Kriegs waren die bewaffneten Streitkräfte der UdSSR zahlenmäßig doppelt so stark wie bei Kriegsbeginn. Was wogen da Verluste, wenn es um die Durchsetzung strategischer Ziele ging? In Stalins Befehlen finden sich unzählige Formulierungen wie diese:

»Die Stawka verpflichtet sowohl Generaloberst Jeremenko als auch Generalleutnant Gordow, keine Kräfte zu schonen und vor keinerlei Opfern Halt zu machen.«

Hier muss auch erwähnt werden, dass Stalin an der Ausarbeitung prinzipiell neuer Formen von strategischen Operationen teilgenommen hat – an Operationen von Frontgruppen. An einigen von ihnen nahmen 100, 150 und mehr Divisionen teil, Zehntausende von Geschützen, 3000 bis 5000 Panzer, 5000 bis 7000 Flugzeuge. Angesichts solcher Operationen fühlte sich Stalin wirklich als Militärführer. In großen Maßstäben sah er große Möglichkeiten der strategischen Selbstverwirklichung und Selbstbestätigung. Nach den Schlachten von Moskau und Stalingrad versuchte Stalin ständig, die Kräfte verschiedener Fronten in neue strategische Kombinationen zu bringen. Die Schlacht von Kursk, die belorussische, die ostpreußische, die Weichsel-Oder-, die Berliner oder die mandschurische Operation entsprachen nicht nur der objektiven strategischen Lage, sondern auch Stalins Vorliebe für alles Große. Oft wurden solche Operationen auf einer Breite von 500 bis 700 Kilometern vorgetragen, ihre Tiefe erreichte 300 bis 500 Kilometer, und sie dauerten bis zu einem Monat. Die Operationen wurden in der Regel vom Generalstab vorgeschlagen und vorbereitet. Stalin begriff die Pläne schnell, ab und zu korrigierte er Details. Aber prinzipielle Ideen, Alternativen zu den Vorschlägen des Generalstabs hat der Oberste Befehlshaber selten entwickelt. Meist forderte Stalin, die Luftstreitkräfte zu verstärken, und als man im Sommer 1942 begonnen hatte, Panzerarmeen zu bilden, achtete er aufmerksam darauf, dass die neuen Verbände auch umfassend eingesetzt wurden.

In den Jahren 1943 bis 1945 war er in der Lage, die Operationen richtig einzuschätzen. Nachdem er die Mitglieder der Stawka und die Frontkommandeure angehört hatte, genehmigte er in der Regel die Vorschläge, die von der Mehrheit unterstützt wurden. Seine »Genialität« äußerte sich in der zweiten Hälfte des Kriegs häufig darin, dass er vernünftige Vorschläge akzeptierte, die Schukow, Wassilewski, Antonow und andere ausgearbeitet hatten.

Manchmal allerdings hatte Stalin ganz ungewöhnliche Ideen. So eine Idee war beispielsweise der erwähnte Beschluss, am 7. November 1941 eine Parade auf dem Roten Platz abzuhalten. Oder sein Vorschlag im Sommer 1944, eine große Masse deutscher Kriegsgefangener durch die Straßen Moskaus zu führen. »Das wird die Moral des Volkes und der Armee steigern und die Zerschlagung der Faschisten beschleunigen. Was meinen Sie?«

Molotow, Berija, Woroschilow, Kalinin schauten sich kurz verwirrt an und begannen sogleich um die Wette zuzustimmen. »Ein weiser Schritt, Josef Wissarionowitsch!« – »So etwas konnten nur Sie vorschlagen!« – »Eine geniale Entscheidung!«

Bereits eine Woche später, am 13. Juli, legte Berija dem Obersten Befehlshaber den entsprechenden Plan vor.

»Entsprechend Ihren Anweisungen, Josef Wissarionowitsch, werden am 17. Juli dieses Jahres 55 000 Kriegsgefangene durch Moskau geführt, darunter: 18 Generäle, 1200 Offiziere. Sie werden von der 1., 2. und 3. Belorussischen Front in 26 Zügen nach Moskau transportiert. Die Generäle Dmitriew, Milowski, Gornostajew und der Kommissar für Staatssicherheit Arkadjew beschäftigen sich mit diesen Fragen bereits eingehend. Verantwortlich für die Bewachung und Begleitung durch Moskau sind die Mitarbeiter des NKWD Wassiljew und Romanenko. Am Abend des 16. Juli werden wir sie auf der Rennbahn und auf dem Platz der motorisierten Infanteriedivision des NKWD konzentrieren. Wir berechneten: 26 Züge – 26 Kolonnen. Die Marschroute: Moskauer Rennbahn, Leningrader Chaussee, Gorkistraße, Majakowskiplatz, weiter über den Gartenring: über die Sadowo-Triumfalnaja, Sadowo-Karetnaja, Sadowo-Samotetschnaja, Sadowo-Sucharewskaja, Sadowo-Spasskaja, Sadowo-Tschernogrjasskaja, Tschkalowskaja, über den Krimwall, über den Smolensker Boulevard, über die Barrikadnaja- und Krasnopresnenskajastraße – Rückkehr auf die Moskauer Rennbahn. (...) Beginn der Bewegung 9 Uhr morgens; Beendigung gegen 16 Uhr.«

(Die Marschroute und die Zeit sollten sich übrigens noch ändern.) Stalin unterbrach: »Werden die Kolonnen den Marsch durchhalten?«
»Sie werden es, Genosse Stalin.«
»Und was dann?«
»Frühmorgens am nächsten Tag werden sie von elf Punkten (Bahnhöfen und Stationen) in Lager nach Osten befördert.«
Berija wollte den Bericht fortsetzen, aber Stalin wollte nichts mehr hören. »Hast du eine Idee – führen Sie sie aus. Und selbst konnte Ihnen nichts einfallen?«, sagte Stalin und sah seine Mitkämpfer an. Große Bedeutung maß Stalin der moralischen Stimulierung der Soldaten bei. So wurde auf seinen Vorschlag hin Anfang September 1943 eine spezielle Auszeichnung geschaffen für Kommandeure, denen es gelungen war, einen Fluss erfolgreich zu überqueren. Wobei hinzugefügt werden muss, dass Stalin, was die Verleihung von Auszeichnungen anbelangte, recht kleinlich war.
Als man ihm auf Vorschlag Malenkows zu seinem 70. Geburtstag im Jahr 1949 den zweiten Goldenen Stern des »Helden der Sowjetunion« überreichen wollte, lehnte er ab. Scharfsinnig hatte Stalin erkannt, dass die Auszeichnung mit dem Orden »Pobeda« (»Sieg«) die letzte sein musste. Stalin unterbrach die Flut der Auszeichnungen. Das war nicht Weisheit, vielmehr hatte er begriffen, dass ein Übermaß an Orden die Autorität untergraben konnte.
Breschnew und Tschernenko konnten sich nicht zurückhalten. Sie konnten es nicht, weil sie manchmal nicht einmal das Einfache verstanden. Ein Mensch, der den Posten des ersten Mannes eines Staats einnimmt, kann sich selbst nach Belieben auszeichnen, und das ohne Begründung. Aber das bringt ihm keine Autorität ein, sondern im Gegenteil. Stalin hatte etwa ebenso viele Orden wie Mechlis, aber vier- bis fünfmal weniger als Breschnew.

In seinen Memoiren »Das Ende des Dritten Reichs« und auch in einer Reihe anderer Publikationen hat der Marschall der Sowjetunion Wassili Tschujkow die Meinung vertreten, dass man Berlin nicht im Mai, sondern im Februar 1945 hätte einnehmen können. Ihm widersprachen Schukow, Babadschanjan und andere Militärführer, auch in der Presse wurde Kritik laut. Man wies Tschujkows Auffassung zurück. Daraufhin schrieb er an das ZK der Partei. Dort beschloss man, den »widerspenstigen« Marschall angemessen zu »bearbeiten«. Auf Anordnung des ZK versammelten sich am 17. Januar 1966 beim Leiter der Politischen Hauptverwaltung Armeegeneral Jepischew herausragende sowjetische Marschälle, Generäle und Spezialisten, um Tschujkow »zur Vernunft zu bringen«. In seiner Erklärung wiederholte Tschujkow:

»(...) die sowjetischen Truppen, nachdem sie 500 Kilometer vorgedrungen waren, sind im Februar 60 Kilometer vor Berlin stehen geblieben. (...) Wer hat uns denn aufgehalten? Der Gegner oder das Oberkommando? Für den Vormarsch auf Berlin hatten wir durchaus ausreichende Truppen. Zweieinhalb Monate Atempause, die wir dem Gegner in der Westrichtung gegeben haben, halfen ihm, sich auf die Verteidigung Berlins vorzubereiten.«

Tschujkows Opponenten versuchten ihrem Kollegen zu erklären, dass die Offensivenergie der Truppen zu dieser Zeit versiegt gewesen sei, dass Nachschub gefehlt habe usw. Möglicherweise hatten sie ja recht. Aber ich sehe in dieser Beratung etwas anderes: Es hatte bereits die Periode begonnen, in der die Kritik an Stalin weitgehend verstummte. Als die Marschälle und Generäle sich über die Berlinoperation stritten, verbanden sie ihr Thema in keiner Weise mit den Beschlüssen der Stawka und Stalins. Als hätten sie sich abgesprochen. Schon die Erwähnung eines Zusammenhangs wurde entschieden verurteilt. Als Jepischew die Resultate der Erörterung zusammenfasste, erklärte er, dass Tschujkows Sichtweise »unwissenschaftlich« sei und dass es unzulässig sei, »unsere Geschichte zu schwärzen. Sonst wird es nichts geben, womit wir unsere Jugend erziehen können.« Es ist das alte dogmatische Denken, das diese ehrenhaften Menschen nicht nur damals beherrschte, sondern das uns auch heute noch in nicht geringem

Maß prägt. Stalin war schon lange tot, als der Streit über Tschujkows Thesen ausgetragen wurde, aber seine Denkweise lebte nach wie vor. Kehren wir zurück zu den Jahren des Kriegs.

Nach Stalingrad zweifelte Stalin nicht mehr am Sieg. Seitdem sah er sich regelmäßig, meist nachts, Kinowochenschauen mit Kriegsberichten an. Manchmal brachten sie ihn auf wichtige Gedanken und Entscheidungen. In einer der Wochenschauen wurde beispielsweise berichtet, wie zwei Kollaborateure irgendwo in einem halb abgebrannten Kolchosschuppen gefangen genommen worden waren. Sogleich befahl Stalin, einen Befehl an die Frontkommandeure zu schicken mit der Forderung, die Stawka-Direktive vom 14. Oktober 1942 strikt einzuhalten. Entsprechend diesem Dokument sollten entlang der Front alle Bewohner vertrieben werden, um »nicht zuzulassen, dass sich feindliche Agenten und Spione in den Abteilungen breit machten«. Stalin schrieb eigenhändig: »Außerordentlich wichtig. Die Frontzone muss unzugänglich für Spione und Agenten des Feindes sein. Es ist an der Zeit zu verstehen, dass die Siedlungspunkte (…) ein bequemer Zufluchtsort für Spione und für Spionagearbeit sind.« Nein, in der Weisung wird nicht davon gesprochen, dass die Bewohner, friedliche sowjetische Bürger, ausgesiedelt würden, um sie in Sicherheit zu bringen.
Im August 1942 und im März 1943 reiste Berija in Stalins Auftrag in den Kaukasus. Von dort schickte der Volkskommissar für Inneres Stalin eine Depesche, in der er berichtete, dass er Tschetschenen und Inguschen aus den Einheiten der Armee herausnehmen würde, da sie kein Vertrauen verdienten. Er bewertete Budjonnys, Tjulenews und Sergatzkis Aktionen, und er berichtete über seine Entscheidungen bei der Vergabe von militärischen Posten – beispielsweise ernannte er den NKWD-Mitarbeiter Rudowski, der von operativen Fragen keine Ahnung hatte, zum Stellvertreter des Kommandeurs der 47. Armee. Auf Berijas Bitte hin gab Stalin entsprechende Anweisungen. Beispielsweise am 20. August 1942:

»An den Kommandeur der Transkaukasusfront
An den Vertreter des NKO (Volkskommissar für Verteidigung; A. d. Ü.), Genossen Schtschadenko

1. Aus der 61. Schützendivision sind 3767 Armenier zu entfernen, 2721 Aserbaidschaner und 740 Personen daghestanischer Nationalitäten. (...)
2. Die aus der 61. Schützendivision entfernten Armenier, Aserbaidschaner und Angehörigen der daghestanischen Nationalitäten sind in die Reserveabteilungen der Transkaukasusfront zu schicken, und die Lücke im Bestand, die in der Division aufgrund der Entfernung entstanden ist, ist aus den Ressourcen der Front mit Russen, Ukrainern und Belorussen zu füllen. (...)
Über die Ausführung Bericht erstatten. (...)«

Berija war ein wahrer Provokateur. Während des Kriegs haben er und Stalin in der nationalen Frage einige antileninistische Entscheidungen getroffen, deren Echo wir noch heute hören können. Während seiner Aufenthalte an der Nordkaukasusfront versuchte Berija die Generäle Tjulenew, Maslennikow, Sergatzki, Petrow, Stemenko und andere Militärführer zu »bearbeiten«. Aber als Antwort darauf erreichten Stalin Telegramme und Berichte mit der Bitte, sie vor Berijas »Kommandos« zu bewahren. Berija gelang es möglicherweise, Maslennikow, der lange unter seiner direkten Leitung gearbeitet hatte, in einem gewissen Maß zu beeinflussen. Davon zeugt die Schlussfolgerung der Generäle im Generalstab Pokrowski und Platonow, die diese Frage im Jahr 1953 eingehend untersucht haben. In ihrem Bericht »Über die Frage der verbrecherischen Tätigkeit Berijas während der Verteidigung des Kaukasus in den Jahren 1942 bis 1943« schreiben sie Folgendes:

»Zur Ausführung von Verteidigungsaufgaben im östlichen Teil der Kaukasusgebirgskette wurde am 8. August eine nördliche Gruppe von Truppen der Transkaukasusfront zusammengestellt, deren Kommandeur, offenbar auf Betreiben Berijas, General Maslennikow wurde, bis dahin erfolgloser Armeekommandeur an der Kalininfront. (...)
General Maslennikow ignorierte nicht selten die Anweisungen des Frontkommandeurs und hielt die Umgruppierung der Truppen auf.«

Ich möchte nicht sagen, dass Maslennikow zu Berijas Vertrautem

wurde, aber aufgrund einiger Briefe Maslennikows an Berija im Jahr 1942 kann man die Schlussfolgerung ziehen, dass zwischen ihnen besondere Beziehungen bestanden haben. Maslennikow wandte sich als Kommandeur der 39. Armee über den Kopf seiner militärischen Vorgesetzten hinweg direkt an Berija, »aufgrund der schwierigen Lage und ebenso in Erinnerung an Ihr Versprechen, eine mögliche Unterstützung zu erweisen. (…) Mit besonderer Hochachtung für Sie. Maslennikow. 7. Juni 1942.«
Nachdem Maslennikow den Artikel der Offiziere Sawjalow und Kaljadin »Die Schlacht um den Kaukasus« in der August-Ausgabe der Zeitschrift »Militärischer Gedanke« im Jahr 1952 gelesen hatte, schrieb er am 24. November an den Leiter der militärwissenschaftlichen Verwaltung des Generalstabs einen Brief, in dem er seine Einwände gegen die Darstellung von Berijas Rolle in dem Artikel äußerte. Im Brief heißt es:

»Auf Seite 56 erinnern die Autoren, während sie die Maßnahmen des Hauptquartiers des Obersten Befehlshabers der UdSSR charakterisieren, nur flüchtig und außerordentlich wenig an die gewaltige schöpferische Arbeit und an die prinzipiellen politischen und organisatorischen Maßnahmen, die der Genosse Lawrenti Pawlowitsch Berija getroffen hat, der einen grundlegenden Umschwung geschaffen hat, der die ganze Situation veränderte, ungeachtet der außerordentlich schwierigen Lage, die sich an den Kaukasusfronten im August 1942 eingestellt hatte.
Eine solche Charakteristik der Arbeit des Genossen L. P. Berija gibt kein erschöpfendes Bild aller Maßnahmen, die unter der persönlichen und unmittelbaren Führung des Genossen Lawrenti Pawlowitsch Berija ergriffen wurden.
L. P. Berija, der einen Stalinschen Führungsstil beherrschte, zeigte an seinem persönlichen Beispiel eine vorbildliche bolschewistische, staatliche, militärische, parteipolitische und wirtschaftliche Führung der Transkaukasusfront (August 1942 bis Januar 1943) und setzte die Anweisungen des Genossen Stalin glänzend um. (…)«

Stalin kam ohne Berija nicht aus. Im tiefsten Innern seiner Seele hatte er wohl die wahren Seiten des Menschen mit dem launischen Gesichtsausdruck erkannt. Aber er brauchte ihn. Er war für ihn Inquisitor, Exekutor und Informant. Berija berichtete dem »Führer« beispielsweise einige Male, dass Berlin seit langem eine terroristische Aktion gegen ihn vorbereite. Nach den vorliegenden Informationen, so der Volkskommissar, solle ein Flugzeug eine erfahrene Gruppe von Terroristen der Wlassow-Armee hinter den sowjetischen Linien absetzen, und nach anderen Angaben hätten die Deutschen bei ihrem Rückzug Diversanten zurückgelassen. Der Volkskommissar berichtete Stalin fast jeden Monat über die umfassenden Maßnahmen, die zu seiner persönlichen Sicherheit ergriffen würden.

Was Stalin an Berija nicht gefiel, war, dass dieser viel wusste. Stalin wollte der einzige Bewahrer seiner Geheimnisse sein. Und außerdem mischte sich Berija ziemlich häufig ohne Grund in Angelegenheiten des Generalstabs ein, die ihn nichts angingen. Stalin hätte wohl nicht gewollt, dass Berija ihn überlebte. Aber noch brauchte der Oberste Befehlshaber diesen Mann.

Nach Berijas und auch Malenkows Erzählungen über ihre »Feuertaufe« an der Front hatte Stalin beschlossen, sich auch einmal kurz dort zu zeigen – für die Geschichte. Diese Reise wurde außerordentlich sorgfältig vorbereitet. Am 1. August 1943 fuhr Stalin in einem speziellen Zug vom Bahnhof Kunzewo ab. Es war eine ziemlich alte Dampflok ausgewählt worden mit halb demolierten Waggons. Zur Tarnung hängte man noch einen Wagen mit Baumstämmen an den Zug. Stalin wurde von Berija und seinem Helfer Rumjanzew begleitet sowie von einer starken zivil gekleideten Wachtruppe. Als Stalin in Gschatsk angekommen war, traf er sich mit dem Kommandeur der Westfront Sokolowski und dem Mitglied des Kriegsrats Bulganin.

Nachdem Stalin die Berichte der Stabschefs angehört hatte, übernachtete er und fuhr am nächsten Tag in Richtung Rschew zur Kalininfront, die Jeremenko befehligte. Hier machte er halt im Dorf Choroschewo. Im Häuschen einer einfachen Bäuerin, das etwas abgelegen stand, wurde er untergebracht. Die Bäuerin war zuvor mit all ihren Habseligkeiten ausquartiert worden. Dieses kleine Häuschen steht noch heute – mit einer Erinnerungstafel, die an Stalins »Heldentaten« an den Fronten erinnert. Während Stalin sich in Choroschewo aufhielt, verspürte er allerdings nicht den Wunsch, zu den Truppen zu fahren, die Kommandeure und

Soldaten zu treffen. Stalin übernachtete in dem kleinen Haus und fuhr dann nach Moskau zurück. Er war nun an der Front gewesen und glaubte wohl, so den letzten wunden Punkt in seiner Militärführerbiographie beseitigt zu haben.

Möglicherweise war es wirklich nicht notwendig, dass der Oberste Befehlshaber sich an der Front aufhielt? Er fuhr doch auch nicht zu den Fabriken, und doch hatte er die Industrialisierung des Landes vollbracht! Er war nur einmal in den Dörfern, und doch hatte er eine großartige »Revolution« auf dem Land durchgeführt! Da konnte das Schlachtfeld doch keine Ausnahme sein! Stalin vermochte aus seinem Arbeitszimmer im Kreml alles zu wissen und alles zu sehen. Er war ein unübertroffener Meister in der Führung vom Schreibtisch aus. Deshalb diente sein Besuch an der Front nicht der Erweiterung seines militärisch-strategischen Horizonts, sondern ausschließlich einer angemessenen Darstellung seiner Person in der Geschichte. Stalin dachte viel über sein historisches Renommee nach. In den Biographien sollte sich auch eine Seite finden, die die Ankunft des Obersten Befehlshabers an der Front schilderte.

Stalin hielt es auch für wichtig, dass die Verbündeten von seinem Frontbesuch erfuhren. Hier einige Auszüge aus Briefen an Roosevelt und Churchill vom August 1943.

»Erst jetzt, nach meiner Rückkehr von der Front, kann ich auf Ihre letzte Botschaft vom 16. Juli antworten. Ich zweifle nicht daran, dass Sie unsere militärische Lage berücksichtigen und Verständnis für diese Verzögerung haben werden. (...) Es ist leicht zu verstehen, dass bei der gegenwärtigen angespannten Situation an der sowjetisch-deutschen Front vom Oberkommando der sowjetischen Truppen der Einsatz aller Kräfte und außerordentliche Wachsamkeit gegenüber den Aktionen des Feindes verlangt werden. Aus diesem Grunde bin auch ich gezwungen, meine wichtigste Pflicht, die Leitung der Front, zu erfüllen und die übrigen Fragen und meine anderen Pflichten gegenwärtig etwas zurückzustellen. Ich muss öfter persönlich an verschiedenen Frontabschnitten sein und alles Übrige den Interessen der Front unterordnen.«

»Soeben bin ich von der Front zurückgekehrt und habe mich mit der Botschaft der britischen Regierung vom 7. August vertraut gemacht. (…) Gleichzeitig muss ich sagen, dass es mir angesichts der gegenwärtigen Lage an der sowjetisch-deutschen Front leider unmöglich ist, die Front zu verlassen und ihr, sei es auch nur für eine Woche, fernzubleiben. Obwohl wir in der letzten Zeit an der Front gewisse Erfolge erzielt haben, werden von den sowjetischen Truppen und vom sowjetischen Oberkommando gerade jetzt außerordentliche Anstrengungen und besondere Wachsamkeit gegenüber möglichen neuen Aktionen des Feindes verlangt. Im Zusammenhang damit muss ich häufiger als gewöhnlich die Truppen an diesem oder jenem Abschnitt unserer Front besuchen.«

Nein, Stalin hatte dies nicht nur geschrieben, um zu begründen, warum er die Einladung zu Verhandlungen mit seinen Verbündeten in Scapa Flow nicht annehmen konnte. Der Oberste Befehlshaber wollte nicht als Schreibtischmilitärführer gelten. Und zu seiner Genugtuung wussten Roosevelt und Churchill in ihrem gemeinsamen Schreiben an Stalin vom 19. August 1943 seine Rolle zu würdigen:

»Wir möchten Ihnen gegenüber wiederum die Notwendigkeit eines Dreiertreffens unterstreichen. Wir haben gleichzeitig volles Verständnis für die triftigen Gründe, die Sie veranlassen, in der Nähe der Kampffronten zu bleiben, an den Fronten, wo Ihre persönliche Anwesenheit sich so günstig für den Sieg ausgewirkt hat.«

Gegen Ende des Kriegs wandte sich Stalin wieder mehr dem politisch-gesellschaftlichen Lebens zu. Man teilte ihm mit, dass in Moskau seit langem der Stellvertreter des geistlichen Oberhaupts aller Armenier, Georg Tscheorektschjan, darauf warte, von ihm empfangen zu werden. Interessant, was kann er wollen? Was schreibt er?

»In den Tagen des Vaterländischen Kriegs hat sich die armenische Kirche mit ihrer Geistlichkeit und ihren Gläubigen in der UdSSR und im Ausland von den anderen Kirchen der Sowjetunion nicht losgelöst. Sie hat in der Tat ihre historische Treue dem großen russischen Volk und dem sowjetischen Staat erwiesen.«

Das ist klar. Aber was will er? Er bittet um Erlaubnis zur Eröffnung einer geistlichen Akademie, für eine Druckerei und für die Zeitschrift »Etschmiadsin«, Zustimmung für den Wiederaufbau der zerstörten Kirche »Swartnoz«, die Genehmigung für die Reise ausländischer Geistlicher nach Armenien, für die Eröffnung eines Bankkontos bei der Jerewaner Bank usw. Nun gut, irgendetwas wird man erlauben müssen. Die orthodoxe Kirche, und nicht nur sie, hat nicht wenig für die Unterstützung des »Führers« in den schwersten Monaten des Kriegs getan.

Stalin und die Verbündeten

In den letzten Tagen des Kriegs berichtete Antonow Stalin täglich über die Begegnungen sowjetischer Einheiten mit den Verbündeten. Damals, im Frühjahr 1945, schien es, als würde das Bündnis der ehemaligen Feinde lange halten. Bei all seinem Dogmatismus, Stalin hatte der Antihitlerkoalition die Kommunistische Internationale geopfert, ideologische Postulate beiseite geschoben und seine Augen verschlossen vor der massiven antisowjetischen Haltung Churchills und anderer westlicher Politiker vor dem Krieg. In kritischen Momenten war Stalin vor allem Pragmatiker.
In den Tagen des nahen Triumphs konnte Stalin ganz andere Berichte als in den Jahren zuvor lesen. Hier einer davon:

»Um 15 Uhr 30 am 25. April 1945 fand ein Treffen in der Umgebung einer Brücke statt, die sich östlich von Torgau befindet, zwischen Offizieren des 173. Gardeschützenregiments und Patrouilletruppen der Verbündeten, die der 1. amerikanischen Armee, dem 5. Armeekorps, der 69. Landdivision angehören. Am Ostufer des Flusses Elbe fanden sich fünf Personen, an der Spitze der Offizier der amerikanischen Armee Robertson, zu Verhandlungen ein.
Rudnik«

(Rudnik war Stabschef der 58. Gardeschützendivision.) Stalin dürfte sich gefragt haben, wie sich seine Soldaten bei ihren Kon-

takten mit Truppen der Verbündeten verhielten. Würde es Verbrüderung oder Konflikte geben? Stalin hatte drei Wochen vor der Begegnung bei Torgau ein »außerordentlich wichtiges« Telegramm von Abakumow erhalten. Die Smersch meldete darin, ein Generalmajor Kowalew habe berichtet: »Mit den Amerikanern klappt es bei uns nicht. Es ist nicht ausgeschlossen, dass hier in Poltawa die Möglichkeit eines bewaffneten Zusammenstoßes mit den Amerikanern besteht.« (Im Sommer 1944 wurde der Flughafen von Poltawa von der amerikanischen Luftwaffe für kleinere Operationen benutzt.)
Hier ein anderer Bericht:

»Die Begegnungen mit den amerikanischen und englischen Truppen gehen in feierlicher Atmosphäre vonstatten. Folgendes geschah während einer Begegnung der Generäle: Der Kommandeur der 58. Schützendivision Rusakow und der Kommandeur der 69. amerikanischen Heeresdivision Reinhardt (...) Toasts, Reden, Geschenke, ›Hurra‹. Der Leiter der Politabteilung der 5. Gardearmee Katkow teilt mit, dass die Amerikaner bei dieser Begegnung versuchten, Sterne und Knöpfe als Erinnerungsstücke zu bekommen. (...) Der General schrieb, dass die sowjetischen Soldaten darüber verwundert seien, dass man bei den Amerikanern einen General vom einfachen Soldaten schwer unterscheiden könne, alle haben die gleiche Uniform. Ganz anders bei uns: Ein General ist von weitem erkennbar.«

Eine lange Zeit des Misstrauens zwischen der UdSSR und den westlichen Demokratien musste überbrückt werden. Das, was nicht vor dem Krieg getan werden konnte, wurde mit Hitlers »Hilfe« verwirklicht. Hitler, der einen Krieg an zwei Fronten begann, machte aus der UdSSR und den westlichen Ländern Verbündete.
Stalin konnte sich gewiss daran erinnern, wie am 12. Juli 1941 der britische Botschafter in Moskau Cripps mit einigen Mitarbeitern in den Kreml gekommen war. Bei diesem Treffen waren anwesend: Stalin, Molotow, Schaposchnikow, N. G. Kusnetzow und Wyschinski. Stalin hatte sich noch nicht vom Kriegsschock erholt. Es kostete ihn große Anstrengung, dies zu verbergen. Eine

halbe Stunde vor dem Treffen hatte Schaposchnikow ihm berichtet, dass zwei starke deutsche Panzergruppen bis an die Westliche Dwina und den Dnjepr vorgedrungen seien. Stalin drückte den Engländern mechanisch die Hand und schaute beinahe geistesabwesend auf die Rücken von Molotow und Cripps, die das Abkommen über die Zusammenarbeit beider Länder unterschrieben. Eine Woche später unterzeichneten der sowjetische Botschafter in London Maiski und der tschechoslowakische Außenminister Masaryk ein solches Abkommen, und dann folgte der Vertrag zwischen der UdSSR und der polnischen Regierung über die gegenseitige Hilfe im Krieg gegen Deutschland. Auf polnischen Wunsch wurde als erster Punkt Folgendes festgehalten: »Die Regierung der UdSSR erkennt die sowjetisch-deutschen Verträge von 1939, die die territorialen Änderungen in Polen betreffen, als außer Kraft an.«

Im Juli traf Stalin sich in Moskau auch mit Harry Hopkins, dem Beauftragten des amerikanischen Präsidenten Roosevelt. Im Auftrag seines Präsidenten erklärte Hopkins: »Derjenige, der gegen Hitler kämpft, befindet sich auf der richtigen Seite in diesem Konflikt, und wir haben die Absicht, dieser Seite zu helfen.« Stalin legte kurz seine Bitte um Waffenhilfe dar und äußerte seine Hoffnung, dass der Präsident die Lage der Sowjetunion verstehen werde. Ein entsprechendes Abkommen sollte zwar erst später geschlossen werden, aber Hopkins' Reise war der erste Schritt auf dem Weg zur Zusammenarbeit.

Im selben Monat noch schickte Stalin eine Kommission nach England. Sie hatte die Aufgabe, eine Landung englischer Truppen in Europa oder in der Arktis anzuregen und Rüstungslieferungen zu erbitten. Nachdem der Leiter der Kommission Golikow aus England zurückgekehrt war, schickte Stalin ihn sofort weiter in die Vereinigten Staaten. Stalin, der Pragmatiker, warf schnell allen ideologischen Ballast ab und kam den westlichen Staaten weit entgegen. Er hatte keine andere Wahl.

Stalin spielte bei der Schaffung der Antihitlerkoalition eine bemerkenswerte Rolle. Von Kriegsbeginn an versuchte der sowjetische »Führer« so viel Unterstützung wie möglich von so vielen Ländern wie möglich zu erhalten, und er tat alles dafür, dass Japan und die Türkei gegenüber der Sowjetunion neutral blieben.

Die größten Hoffnungen setzte er auf Großbritannien und die USA.
Am 18. Juli 1941 schickte er ein Schreiben an Churchill:

»Ich glaube ferner, dass die militärische Lage der Sowjetunion wie auch die Großbritanniens wesentlich verbessert werden könnte, wenn im Westen (Nordfrankreich) und im Norden (Arktis) eine Front gegen Hitler geschaffen würde.«

Aber Churchill erklärte am 26. Juli, dass es unmöglich sei, eine zweite Front in Frankreich zu eröffnen. Stalin, dessen Land von den Schlägen der Wehrmacht erschüttert wurde, schrieb im September an Churchill:

»Hier ist die Frage angebracht: Wie können wir aus dieser mehr als ungünstigen Lage herauskommen? Ich glaube, es gibt aus einer solchen Situation nur einen einzigen Ausweg: die Errichtung einer zweiten Front auf dem Balkan oder in Frankreich noch in diesem Jahr, die die Deutschen zwingt, dreißig bis vierzig Divisionen von der Ostfront abzuziehen. Gleichzeitig müssten der Sowjetunion Anfang Oktober 30 000 Tonnen Aluminium geliefert und eine monatliche Mindesthilfe von 400 Flugzeugen und 500 (kleinen oder mittleren) Panzern gewährleistet werden.
Ohne diese beiden Hilfeleistungen wird die Sowjetunion entweder eine Niederlage erleiden oder so geschwächt werden, dass sie für lange Zeit außerstande sein wird, ihren Verbündeten durch aktive Operationen an der Kampffront gegen den Hitlerfaschismus Hilfe zu leisten.
Ich weiß, dass diese Botschaft Eurer Exzellenz Kummer bereiten wird. Aber was soll man tun? Die Erfahrung hat mich gelehrt, der Wirklichkeit ins Auge zu sehen, und sei sie noch so unangenehm, und mich nicht zu fürchten, die Wahrheit auszusprechen, so unerwünscht sie auch sein mag.«

Aber es sollte trotz wiederholter Bitten noch einige Zeit dauern, bis eine zweite Front eröffnet wurde. Es geschah, als niemand mehr daran zweifelte, dass die Sowjetunion Hitlerdeutschland allein schlagen könnte. Aber immerhin erhielt die Sowjetunion

dank des guten Willens ihrer Verbündeten eine große militärtechnische Hilfe, die in unserer Geschichtsschreibung leider lange Zeit unterschätzt oder deutlich untertrieben worden ist.
Stalin war als Vorsitzender des Staatlichen Verteidigungskomitees und der Stawka genötigt, sich immer intensiver mit diplomatischen Fragen zu beschäftigen. Je näher der Sieg rückte, umso häufiger saß Stalin mit Molotow bis tief in die Nacht über Dokumenten. Häufig traf er sich mit Vertretern der Verbündeten. Der Oberste Befehlshaber wusste, dass England und die USA in dem antifaschistischen Bündnis in den meisten Fragen übereinstimmende Positionen vertraten. Aber schon zu Beginn des Kriegs hatte Stalin einige Unterschiede zwischen den Partnern erkannt. Er war bekanntlich gerissen, und er versuchte zu entdecken, was sich hinter diesen oder jenen Schritten seiner Verbündeten verbergen mochte.
Nachdem Stalin über diplomatische und Geheimdienstkanäle Informationen über die 1., 2. und 3. Washingtoner Konferenz, über die angloamerikanischen Treffen in Casablanca und in Quebec sowie über andere Kontakte erhalten hatte, kam er zu dem Schluss, dass seine Verbündeten erst dann etwas tun würden in Europa, wenn Deutschland auf der Verliererstraße war. Im Mai und Juni 1942 schickte Stalin Molotow nach London und Washington. Der Volkskommissar sollte von den Verbündeten die Zusage einholen, dass sie noch in diesem Jahr die zweite Front eröffneten. Aber Roosevelt und Churchill äußerten Vorbehalte. Dennoch wurde am 12. Juni in einem englisch-sowjetischen Kommunique die Eröffnung der zweiten Front für das laufende Jahr zugesagt. Aber bald wurde klar, dass die Verbündeten nicht die Absicht hatten, diese Verpflichtung einzulösen. Am 23. Juli 1942 schrieb Stalin an Churchill:

»Was (...) die Frage der Errichtung einer zweiten Front in Europa [betrifft], so befürchte ich, dass diese Angelegenheit nicht mit dem notwendigen Ernst behandelt wird. Ausgehend von der Situation an der sowjetisch-deutschen Front, muss ich ganz kategorisch erklären, dass sich die Sowjetregierung nicht damit abfinden kann, die Errichtung der zweiten Front in Europa auf das Jahr 1943 hinauszuschieben.«

Nach diesem Schreiben erklärte Churchill sich bereit zu einem Treffen mit Stalin auf dem Territorium der UdSSR. Am 12. August kam der britische Premier nach Moskau. Später sollte Churchill, als er sich an seinen Flug nach Moskau erinnerte, schreiben:

»Ich begann über meine Mission in diesem trotzigen, finsteren Bolschewikenstaat nachzugrübeln. Einstens hatte ich mich so sehr bemüht, ihn schon bei der Geburt abzuwürgen, und bis zum Auftreten Hitlers hatte ich ihn als den Todfeind jeder freiheitlichen Zivilisation betrachtet. Zu welchen Worten war ich nun heute verpflichtet? General Wawell, der sich literarischen Neigungen hingab, hatte seine Gedanken in einem Gedicht zusammengefasst. Jede Strophe endete mit dem Refrain: ›Neunzehnhundertzweiundvierzig keine Zweite Front‹. Mir war, als trüge ich einen großen Eisklumpen zum Nordpol.«

Trotz der extrem schwierigen Situation an der Stalingrader und der Südostfront verbrachte Stalin lange Zeit bei Gesprächen mit Churchill. An diesen Gesprächen nahmen außerdem teil Molotow, Woroschilow, der englische Botschafter Carr und der persönliche Vertreter des amerikanischen Präsidenten Harriman. Churchill war genötigt, zu erklären, dass im Jahr 1942 keine zweite Front zustande kommen werde. Jeder Versuch in dieser Richtung müsste mit einer Niederlage der Alliierten enden, sagte der britische Premier. Stalin äußerte viele Einwände, aber sie hatten vor allem den Charakter moralischer Appelle: »Wer nichts riskieren will, kann den Krieg nicht gewinnen. Man darf die Deutschen nicht fürchten.«
»Aber eine zweite Front in Europa – das ist nicht die einzige zweite Front«, erwiderte Churchill.
Stalin insistierte. Und nachdem er sich mit Molotow beraten hatte, entschloss er sich zu einem ungewöhnlichen Schritt. Am 13. August überreichte er seinem Gesprächspartner ein Memorandum zur Frage der zweiten Front. Im Memorandum heißt es, dass die Verbündeten vom anglosowjetischen Kommuniqué vom 12. Juni 1942 Abstand genommen hätten. Weiter heißt es:

»Die Ablehnung der Regierung Großbritanniens, eine zweite Front im Jahre 1942 in Europa zu schaffen, versetzt der gesamten sowjetischen Öffentlichkeit, die mit der Schaffung einer zweiten Front gerechnet hatte, einen moralischen Schlag, erschwert die Lage der Roten Armee an der Front und fügt den Plänen des sowjetischen Oberkommandos Schaden zu. (...) Wir sind der Meinung, dass es eben im Jahr 1942 möglich und notwendig ist, eine zweite Front in Europa zu bilden.
Aber es ist mir leider nicht gelungen, den Herrn Premierminister Großbritanniens davon zu überzeugen, und Herr Harriman, Vertreter des Präsidenten der USA, unterstützte bei den Verhandlungen in Moskau vollkommen den Herrn Premierminister.
13. August 1942 J. Stalin«

Am nächsten Tag antwortete Churchill in Form einer »Erinnerungsnotiz«, dass »die Verhandlungen mit Herrn Molotow über die zweite Front, da sie sich auf mündliche und schriftliche Vorbehalte beschränkten«, nicht als Grundlage »für die Veränderung der strategischen Pläne des russischen Oberkommandos« dienen könnten.
Bis Mitte 1944 stand die Frage der zweiten Front im Zentrum der diplomatischen Bemühungen Stalins. Aber als der Sieg in greifbare Nähe rückte, traten andere Fragen in den Vordergrund.
Im Oktober 1942 stellte ein Korrespondent der amerikanischen Nachrichtenagentur Associated Press, den Stalin persönlich nicht empfangen wollte, auf schriftlichem Weg Fragen an den »Führer«:

»1. Welchen Platz nimmt in der sowjetischen Beurteilung die Möglichkeit einer zweiten Front ein?«
»Einen sehr wichtigen, man kann sagen, einen erstrangigen.«
»2. Inwiefern ist die Hilfe der Verbündeten für die Sowjetunion effektiv?«
»Verglichen mit der Hilfe, die die Sowjetunion den Verbündeten erweist, indem es die Hauptkräfte der deutsch-faschistischen Truppen auf sich zieht, ist die Hilfe der Verbündeten für die Sowjetunion bislang wenig effektiv.«

Bereits im Jahr 1942 hatte Stalin seine prinzipielle Position gegenüber den Verbündeten bestimmt. Er ging davon aus, dass die Sowjetunion, die die größte Last im Krieg gegen den Faschismus zu tragen hatte, einen besonderen Platz im Bündnis beanspruchen konnte. Bei der Verteidigung der Interessen seines Landes zeigte sich Stalin hart und beharrlich. Womit er sich bei seinen Partnern Respekt verschaffte. In Roosevelts, Churchills und de Gaulles Augen war Stalin ein kluger und harter Diktator.

Stalin bemühte sich um eine maximale Hilfe der Verbündeten, vor allem bei Rüstungsgütern, und diese Unterstützung war, wie erwähnt, enorm. Er tat dafür einiges, um ideologische Meinungsverschiedenheiten zu überwinden. Als Stalin im August 1942 mit Churchill Gespräche führte, wussten beide, dass einige Straßenzüge weiter das Exekutivkomitee der Kommunistischen Internationale saß. Das Sprachrohr des unversöhnlichen Klassengegensatzes zu den Kräften, die nicht nur Hitler, sondern auch der britische Premierminister verkörperte.

Stalin machte vor ideologischen »Spesen« nicht halt. Auf einer feierlichen Sitzung zum 25. Jahrestag der Oktoberrevolution am 6. November 1942 sagte er, dass die ideologischen Unterschiede zwischen den Verbündeten keine Hindernisse für eine militärisch- politische Zusammenarbeit seien. »Die bestehende Bedrohung diktiert den Mitgliedern der Koalition die dringende Notwendigkeit gemeinsamer Handlungen, um die Menschheit vor der Wiederkehr mittelalterlicher Gräueltaten zu bewahren.« Im Grunde wird in Stalins Bericht folgender Gedanke ausgeführt: Die Klassenlogik hat in einer Periode des Überlebenskampfs keine entscheidende Bedeutung. (Ich hoffe, dass die Menschheit auch in unseren Tagen zu dieser Schlussfolgerung gelangen wird.)

Stalins Beschluss vom Frühjahr 1943 (formuliert als Beschluss der Kommunistischen Internationale), die Komintern aufzulösen, kam für scharfsichtige Analytiker nicht unerwartet. Stalin antwortete am 28. Mai 1943 dem Korrespondenten der Nachrichtenagentur Reuter:

»Die Auflösung der Kommunistischen Internationale ist ein richtiger und zeitgemäßer Schritt, da er die Organisation eines allgemeinen Zusammenhalts aller freiheitsliebenden Nationen gegen den gemeinsamen Feind, den Hitlerismus, erleichtert. (…) Er entlarvt die Lüge der Hitleristen, ›Moskau‹ wolle sich angeblich in das Leben anderer Staaten einmischen und sie ›bolschewisieren‹.«

Stalins politischer Pragmatismus, der ihn nicht einmal von der Auflösung der Kommunistischen Internationale abhielt, brachte den »Führer« auch dazu, das Verhältnis zur orthodoxen Kirche zu regeln. Bis dahin hatte der ehemalige Seminarist die Kirchen nicht gerade mit Aufmerksamkeit verwöhnt. Und mehr noch, auf Initiative Stalins war es der russisch-orthodoxen Kirche seit 1925 verboten, ein Oberhaupt zu wählen. Vorübergehendes Oberhaupt der Kirche wurde der Patriarch Metropolit Sergej. Stalin weigerte sich lange, die Einberufung eines Konzils zu genehmigen. Aber mit einemmal, am 4. September 1943, lud er den Vorsitzenden des Rats für Angelegenheiten der russisch-orthodoxen Kirche G. G. Karpow in seine Datscha ein. Während dieses Gesprächs, an dem auch Malenkow und Berija teilnahmen, wurde die Rolle der Kirche in Kriegszeiten erörtert. An dieser Stelle muss man erwähnen, dass die russisch-orthodoxe Kirche wiederholt viel Geld für den militärischen Bedarf des Landes zur Verfügung gestellt hatte. Die Kirchendiener benutzten ihren Einfluss, um den Glauben des Volkes an den Sieg über den Aggressor zu stärken.
Nach dem Gespräch mit Karpow erklärte sich Stalin sogleich bereit, hohe Kirchendiener zu empfangen. Bereits einige Stunden später trafen bei ihm die Metropoliten Sergej, Alexej und Nikolaj ein, die verblüfft waren über das Entgegenkommen, das der »Führer« ihnen erwies. In dem folgenden langen Gespräch wurden das Konzil, die Wahl eines Patriarchen und die Eröffnung religiöser Einrichtungen genehmigt. Der Oberste Befehlshaber, selbst beglückt von seiner »Großherzigkeit«, versprach materielle Hilfe und verschiedene Lockerungen, wobei er Berija viel sagend ansah. Der Gerechtigkeit halber muss gesagt werden, dass ein bedeutender Teil der Versprechen, die Stalin gab, erfüllt wurde. Am nächsten Tag, am 5. September 1943, berichtete die »Prawda« über das Treffen zwischen der politischen Führung des Landes und dem Oberhaupt der russisch-orthodoxen Kirche.
Warum hatte Stalin sich plötzlich an die Kirche erinnert? Ich glaube, aus zwei Gründen. Zum einen wollte der Oberste Befehlshaber die Kirche belohnen wegen der patriotischen Rolle, die

sie im Krieg spielte. Der zweite Grund ist außenpolitischer Natur. Stalin bereitete sich auf die erste Begegnung der drei Führer der Antihitlerkoalition Ende des Jahres in Teheran vor. Dort wollte er nicht nur einmal mehr auf die Errichtung der zweiten Front drängen, sondern auch die Zusage zu weiteren Hilfslieferungen einholen. Eine nicht geringe Rolle bei der Unterstützung der Sowjetunion spielte in England das Hilfskomitee, dem ein wichtiger Vertreter der anglikanischen Kirche vorsaß. Nachdem Stalin einige Schreiben von führenden Mitgliedern dieser Kirche erhalten hatte, entschloss er sich zu der beschriebenen freundlichen Geste gegenüber der russisch-orthodoxen Kirche. Stalin war sicher, dass dieses Signal im Westen aufmerksam registriert und zu einer positiven Reaktion führen würde. Die Beziehungen der Verbündeten erreichten ihren Höhepunkt auf den Treffen der »Großen Drei«. Die Konferenzen von Teheran, Jalta und Potsdam waren Höhepunkte der militärisch-politischen Zusammenarbeit der doch so verschiedenen Alliierten. Möglicherweise zeigten diese Konferenzen bereits damals den Vorrang allgemeiner menschlicher Werte gegenüber Klasseninteressen und ideologischen Werten. Die Beschlüsse der Konferenzen und ihre Bedeutung sind bekannt. Ich habe lediglich die Absicht, Stalins Verhältnis zu einigen Fragen, die auf diesen Konferenzen erörtert wurden, zu beleuchten.

Stalin war ein »Stubenhocker«. Er war zwar bereit, sich mit den Verbündeten zu treffen, aber er wollte sich nicht allzu weit vom heimatlichen Boden entfernen. Churchill und Roosevelt hatten für ein Treffen Kairo, Bagdad und andere Orte südlich der UdSSR vorgeschlagen. Churchill glaubte sogar, dass Stalin sich mit einem Treffen in der Wüste einverstanden erklären würde, wenn dort ein sicheres Zeltlager aufgebaut werden könnte. Stalin bestand auf Teheran, denn nach seinen Worten konnte er von dort aus die Stawka weiter führen. Nach einigem Hin und Her sahen Churchill und Roosevelt sich gezwungen zuzustimmen. Stalin hatte selbstverständlich niemandem erzählt, dass er Angst vorm Fliegen hatte. Der Flug nach Teheran war der erste in seinem Leben. Er liebte das Risiko nicht, er wollte keine Momente des Zufalls in sein Leben bringen.

Zwei Tage vor dem Flug schickte Stalin ein Telegramm an Roosevelt und Churchill:

»Ihr Schreiben aus Kairo habe ich erhalten. Ich werde am 28. November abends in Teheran zu Ihrer Verfügung stehen.«

Stalin tat alles, um die Frage der zweiten Front in den Mittelpunkt der Teheraner Konferenz zu stellen. Er befand sich zum ersten Mal auf einer internationalen Konferenz außerhalb der Grenzen seines Staats und betrachtete aufmerksam seine Partner. Alles war neu für ihn. Churchill interessierte ihn zurzeit weniger; ihn hatte er schon einige Male getroffen und sich von seinem außergewöhnlichen Verstand und seiner Schläue überzeugt. Roosevelt, dessen Gesicht von Erschöpfung und Krankheit gezeichnet war, gefiel ihm irgendwie. Möglicherweise wegen seiner Offenheit.
Roosevelt war der Jüngste unter den dreien. Bei der Eröffnung der Konferenz sprach er als erster und nannte die Teilnehmer »Mitglieder einer neuen Familie«. Churchill fügte hinzu, dass die Führer, die sich hier versammelt hätten, die größte Konzentration der Weltmächte repräsentierten, die es jemals in der Geschichte der Menschheit gegeben habe. Roosevelt und Churchill schauten Stalin an: Was würde er in diesen ersten Minuten der Konferenz sagen? »Ich glaube, dass die Geschichte uns verwöhnt«, sagte Stalin unerwartet. »Sie hat uns sehr große Kräfte und sehr große Möglichkeiten in die Hände gegeben. Ich hoffe, dass wir alle Maßnahmen dahin gehend treffen werden, dass wir auf dieser Beratung in ausreichendem Maße im Rahmen der Zusammenarbeit jene Kraft und Macht ausnutzen, die uns unsere Völker gegeben haben. Und nun lassen Sie uns zur Arbeit übergehen.«
Am 30. November sagte Roosevelt während des Frühstücks: »Heute haben ich und Herr Churchill aufgrund der Vorschläge der Vereinigten Stäbe folgende Entscheidung getroffen: Die Operation ›Overlord‹ wird im Mai 1944 zusammen mit einer gleichzeitigen Landungsoperation in Südfrankreich beginnen.«
»Ich bin mit dieser Entscheidung zufrieden«, antwortete Stalin und bemühte sich, dabei ruhig zu bleiben. »Aber ich möchte Herrn Churchill und Herrn Roosevelt noch sagen, dass unsere Truppen einen kräftigen Schlag gegen die Deutschen für den Beginn der Landungsoperationen vorbereiten.«
In der Deklaration der drei Staaten, die von Roosevelt, Stalin und Churchill am 1. Dezember 1943 unterzeichnet wurde, heißt es:

»Wir haben uns mit Hoffnung und Entschlossenheit hier eingefunden. Wir fahren von hier fort als wirkliche Freunde des Geistes und des Ziels.« Bei den Gesprächen über Jugoslawien, die Türkei, Finnland und Japan sowie über das Nachkriegsdeutschland äußerte Stalin eine besondere Meinung. Und auf allen Konferenzen der »Großen Drei« nahm die »polnische Frage« einen bedeutenden Platz ein. Auf der letzten Plenarsitzung in Teheran machte Churchill einen Vorschlag, der offenbar mit Roosevelt abgestimmt worden war. »Der Kern des polnischen Staats und des polnischen Volks muss zwischen der sogenannten Curzon-Linie und der Linie des Flusses Oder liegen, mit Einschluss von Ostpreußen und der Provinz Oppeln in das polnische Gebiet.«

Stalin antwortete: »Wenn die Engländer einverstanden sind, uns sowjetische Länder zu geben (die eisfreien Häfen Königsberg und Memel), so werden wir einverstanden sein mit der Formel, die Herr Churchill vorschlägt.«

Während eines Meinungsaustausches über die Zukunft Polens erklärte Stalin später auf der Konferenz von Jalta, was er seit langem gut durchdacht hatte: Die polnische Frage

»ist nicht nur eine Frage der Ehre, sondern ebenfalls eine Frage der Sicherheit. Eine Frage der Ehre deshalb, weil die Russen in der Vergangenheit viele Sünden gegen Polen begangen haben. Die sowjetische Regierung ist bestrebt, diese Sünden wieder gutzumachen. Eine Frage der Sicherheit deshalb, weil mit Polen wichtige strategische Probleme des sowjetischen Staates verbunden sind. (…) In der Geschichte war Polen immer ein Korridor, durch den der Feind ging, der Russland überfiel. (…) Warum sind die Feinde bis jetzt so leicht durch Polen gekommen? Vor allen Dingen deshalb, weil Polen schwach war. Der polnische Korridor kann nicht nur von außen mechanisch durch russische Kräfte verschlossen werden. Er kann zuverlässig nur von innen mit den eigenen Kräften Polens verschlossen werden. Dafür ist es notwendig, dass Polen stark ist. Nun, deshalb ist die Sowjetunion an einer Schaffung eines mächtigen, freien und unabhängigen Polens interessiert. Die Polenfrage – das ist eine Frage von Leben und Tod für den sowjetischen Staat.«

Von dieser Position ging Stalin nicht mehr ab. Auf sein Insistieren hin erklärten sich Roosevelt und Churchill schließlich mit einem territorialen Zuwachs Polens im Norden und im Westen einverstanden. Gegen Ende des Kriegs und direkt nach der deutschen Kapitulation wurde Stalin mit militärpolitischen und diplomatischen Aufgaben förmlich überschüttet. Geholfen hat ihm Molotow. Auch bei dieser Gelegenheit konnte Stalin sich überzeugen, wie ergeben dieser war. Eine Anweisung Stalins war für Molotow mehr wert als ein Parteibeschluss. Nach dem Krieg, im November 1945, wird Molotow dem Generalissimus erzählen, wie Harriman ihn am 15. Oktober beinahe »gezüchtigt« hätte, aber er habe trotzdem Stalins Anweisungen ausgeführt. Fragend schaute Stalin seinen Volkskommissar an, und dieser berichtete von seinem Dialog mit Harriman. Stalin bereitete sich damals gerade auf seinen ersten Urlaub nach dem Krieg vor, als US-Botschafter Harriman dringlich um Audienz ersuchte. Stalin hatte seinem Volkskommissar gesagt: »Empfange du ihn, ich werde es nicht tun. Du erzählst mir später, was sie wollen.«
So erschienen also Harriman und der erste Sekretär der amerikanischen Botschaft Page bei Molotow. Nach Molotows Bericht an Stalin entspann sich folgendes Gespräch:

Harriman: »Ich habe vom Präsidenten ein Telegramm für den Generalissimus erhalten. Ich habe Anweisung, das Schreiben persönlich auszuhändigen und persönlich mit Stalin einige Fragen zu erörtern.«
Molotow: »Stalin ist für etwa eineinhalb Monate in Urlaub gefahren. Ich werde ihn über die Bitte des Präsidenten in Kenntnis setzen.«
Harriman: »Der Präsident weiß, dass Stalin in Urlaub ist, aber er hofft, dass er mich dennoch empfängt. Die Rede ist von der Londoner Konferenz. Ich bin bereit, egal, wohin zu fahren.«
Molotow: »Generalissimus Stalin arbeitet zurzeit nicht, denn er befindet sich im Urlaub weit weg von Moskau.«
Harriman: »Der Präsident hofft, dass Stalin mich doch empfangen könnte.«
Molotow: »Ich werde es Stalin mitteilen.«
Harriman: »Der Präsident nimmt an, dass der Generalissimus den Urlaub verdient hat.«

Molotow: »Wir alle nehmen an, dass Stalin Urlaub haben muss.«
Harriman: »Während der Sportparade hatte ich Gelegenheit zu sehen, wie kräftig Stalin aussah.«
Molotow: »Stalin ist wirklich ein kräftiger Mensch.«
Harriman: »Im Kinofilm über die Sportparade sah der Generalissimus Stalin sehr rüstig und lebensfroh aus.«
Molotow: »Alle sowjetischen Menschen sind froh, Stalin in einem guten Zustand zu sehen.«
Harriman: »Ich würde gerne diesen Film erhalten.«
Molotow: »Selbstverständlich, Sie erhalten ihn.«
Harriman: »Ich habe zu den Zielen meines Besuchs nichts mehr hinzuzufügen.«
Molotow: »Ich werde Stalin informieren, der sich jetzt im Urlaub befindet.«
Harriman: »Es ist nicht nötig, über die Wichtigkeit der Frage zu sprechen.«
Molotow: »Ja, selbstverständlich.«
Harriman: »Ich würde gerne als Freund zu Stalin kommen.«
Molotow: »Ich werde es Stalin weitergeben. Aber der Generalissimus ist im Urlaub.«

Nachdem Stalin den langen Bericht des Volkskommissars gehört hatte, sagte er: »Und möglicherweise wollte Harriman tatsächlich etwas Wichtiges von Truman übermitteln?«
Poskrebyschew brachte einige Mappen herein. Darin befanden sich Stalins Direktiven zu Maßnahmen in den befreiten Ländern. Als er nach einem Dokument suchte, stellte er fest, wie viele Papiere es waren. Er konnte sich in diesem Zusammenhang noch gut an die Manöver des finnischen Präsidenten Ryti erinnern. Von der sowjetischen Botschafterin in Stockholm Alexandra Kollontaj waren Informationen nach Moskau gekommen, dass die Finnen »reif« seien für den Austritt aus dem Krieg. Aber dann, am 26. Juni 1944, als Ribbentrop nach Helsinki kam, erklärte Ryti öffentlich:

»Ich erkläre als Präsident der Finnischen Republik, dass ich mit der Sowjetunion keinen Frieden schließen werde außer in Abstimmung mit dem Deutschen Reich, und ich erlaube keiner Regierung Finnlands, die von mir ernannt ist, und überhaupt niemandem, Waffenstillstands- oder Friedensverhandlungen oder Verhandlungen, die ein solches Ziel verfolgen, anders als in Abstimmung mit der Regierung des Deutschen Reichs zu führen.«

Stalin hatte schnell reagiert: Die Angriffe an der Karelischen Front mussten verstärkt werden. Ihm war seit langem klar: Starke Schläge machen einen Gegner nachgiebiger. So war es auch in diesem Fall, obwohl die Operation weniger erfolgreich verlief, als Stalin erwartet hatte. Die Finnen akzeptierten bereits am 4. September 1944 die sowjetischen Bedingungen zur Beendigung der Kriegshandlungen. Am 19. September 1944 wurde das Waffenstillstandsabkommen geschlossen.
Ein anderer Fall, mit dem Stalin sich auseinandersetzen musste, war eine Direktive an den Vorsitzenden der Alliierten Kontrollkommission in Ungarn Woroschilow und an die Stellvertreter der Vorsitzenden der Alliierten Kontrollkommissionen in Rumänien Susaikow und in Warschau Schatilow. Darin heißt es:

»Besonders wichtig!
In der letzten Zeit haben sich Fälle von Landungen ausländischer, darunter englischer und amerikanischer Flugzeuge auf von unseren Truppen eingenommenen Territorien gehäuft. Falsche Gutherzigkeit, unnötige Vertrauensseligkeit und der Verlust der Wachsamkeit (...) fördern die Benutzung dieser Stützpunkte durch feindliche Elemente für das Hinüberbringen von Terroristen auf das Territorium Polens, von Diversanten und Agenten der polnischen Exilregierung in London.«

Noch ein Dokument, das der Oberste Befehlshaber unterschrieben hat:

»Besonders wichtig!
An den Kommandeur der 2. Ukrainischen Front
An den Kommandeur der 3. Ukrainischen Front
Durchschlag: an Genossen Marschall Timoschenko
Das Hauptquartier des Obersten Befehlshabers befiehlt:
1. Der Kommandeur der 2. Ukrainischen Front hat um 10 Uhr am 31. 8. die Truppen nach Bukarest zu führen. Die Truppen

sollen in der Stadt nicht anhalten, und nach dem Durchmarsch durch die Stadt sollen sie zur Ausführung ihrer Aufgaben übergehen, die in der Direktive der Stawka Nr. 220191 festgehalten sind. Sie haben die Aufgabe, so bald als möglich das Gebiet Craiova einzunehmen. Bei dem Durchmarsch der Truppen durch Bukarest soll in der Luft über der Stadt eine möglichst große Anzahl von Flugzeugen vorhanden sein.
2. Der Kommandeur der 3. Ukrainischen Front (...), der in Bukarest eingetroffen ist, soll nach Dschurdscha marschieren mit der Aufgabe, die Donau zu überqueren. (...)
3. Auf Ordnung und Disziplin bei den Truppen, die durch Bukarest marschieren, ist zu achten. (...)
30. August 1944 J. Stalin
20 Uhr 15 Antonow«

Die Hoffnungen des rumänischen Diktators Antonescu, den Vormarsch der sowjetischen Truppen aufzuhalten, erfüllten sich nicht. Die patriotischen Kräfte nutzten das Herannahen der Roten Armee und machten der faschistischen Diktatur Antonescus am 23. August ein Ende.
Es waren ungeheure Mengen an Weisungen und Befehlen, die die Stawka im Verlauf des Kriegs erteilt hatte. Und das war noch lange nicht alles! Da gab es auch noch die Beschlüsse und Erlasse des Staatlichen Verteidigungskomitees, des Politbüros, des Volkskommissariats für Verteidigung. Stalin war klar: Er musste einen zuverlässigen Menschen damit beauftragen, seinen gesamten Schriftverkehr, seine Befehle, Direktiven und Dokumente durchzusehen. Es durfte nichts übrig bleiben, was irgendeinen Schatten auf seine Tätigkeit während der Kriegsjahre werfen konnte. Glücklicherweise hatte er die Mehrzahl seiner »zweifelhaften« Befehle mündlich gegeben. Aber da gab es ein Dokument, das Berija ihm kurz nach dem Tag des Sieges vorgelegt hatte:

»Besonders wichtig!
An die Kommandeure der 1., 2. Belorussischen, der 1., 2., 3., 4. Ukrainischen Front.
An die Genossen Berija, Merkulow, Abakumow, Golikow, Chrulew, Golubew.

Zum Zweck des organisierten Empfangs der durch die verbündeten Truppen auf dem Territorium Westdeutschlands befreiten sowjetischen Kriegsgefangenen und sowjetischen Bürger und ebenso zur Übergabe von durch die Rote Armee befreiten ehemaligen Kriegsgefangenen und Bürgern von mit uns verbündeten Ländern befiehlt das Hauptquartier des Obersten Befehlshabers: Durch die Kriegsräte sind in den Etappenregionen für die Niederlassung und für den Aufenthalt ehemaliger kriegsgefangener und heimkehrender sowjetischer Bürger Lager einzurichten. Ein Lager für je 10 000 Menschen. Insgesamt sind zu bilden: bei der 2. Belorussischen Front – 15, bei der 1. Belorussischen Front – 30, bei der 1. Ukrainischen Front – 30, bei der 4. Ukrainischen Front – 5, bei der 2. Ukrainischen Front – 10, bei der 3. Ukrainischen Front – 10 Lager. Teilweise können die Lager auch auf dem Territorium Polens errichtet werden. In den errichteten Lagern ist die Überprüfung ehemaliger sowjetischer Kriegsgefangener und befreiter Bürger vorzunehmen: bei ehemaligen Militärangehörigen – durch die Organe der Spionageabwehr ›Smersch‹; bei zivilen Personen – durch die Überprüfungskommissionen von NKWD, NKGB (Volkskommissariat für Staatssicherheit; A. d. Ü.) und ›Smersch‹ unter der Leitung eines NKWD-Vertreters. Die Überprüfungsfristen sind nicht länger als ein bis zwei Monate.
Die Übergabe der von der Roten Armee befreiten ehemaligen Kriegsgefangenen und der Bürger von mit uns verbündeten Ländern an die Vertreter des Alliierten Oberkommandos sind nach Anordnung der Kriegsräte und des Bevollmächtigten des Rats der Volkskommissare der UdSSR durchzuführen. (…)

11. Mai 1945 J. Stalin
24 Uhr 00 Minuten Antonow«

Der Höhepunkt des Kultes

Am 9. Mai brachte man Stalin das Protokoll von der Zeremonie, bei der die Vertreter Deutschlands die bedingungslose Kapitulation unterschrieben hatten. Dem Text nach zu urteilen, war alles schnell gegangen. In Wirklichkeit aber hatte es eine Verzögerung gegeben. Serow hatte ihn deswegen aus Berlin angerufen, und später hatte ihm auch Berija darüber berichtet. Nach ihren Worten war es zu einer Verzögerung von zwei bis drei Stunden gekommen »aufgrund des nachlässigen Verhaltens des Mitarbeiters des Volkskommissariats für Äußeres, des Botschafters Smirnow, der im Text des Dokuments über die Kapitulation der Deutschen, der ihm aus Moskau übergeben worden war, vier Zeilen ausgelassen hatte, und die Verbündeten haben dies bemerkt und die Unterschrift verweigert. Nach einem Vergleich mit dem Originaltext wurde das Ausgelassene hinzugefügt, und der Text des Dokuments über die Kapitulation traf auf keinerlei Einspruch.« Stalin berührte diese Sorglosigkeit, die uns heute noch überall begleitet, unangenehm.

Stalins Autorität war vor dem Krieg lediglich innerhalb der Sowjetunion unangefochten gewesen, nun war er einer der bedeutendsten Männer der Welt. Die Führer westlicher Länder bekundeten dem höchsten Repräsentanten des Sowjetstaats ihre Hochachtung. Der neue Präsident der USA Harry S. Truman bemerkte in einem Schreiben an Stalin:

»Sie demonstrierten die Fähigkeit eines freiheitsliebenden und im höchsten Maße mutigen Volks, die bösen Kräfte der Barbarei zu zertrümmern, ganz gleich, wie stark sie seien. Aufgrund unseres gemeinsamen Siegs beglückwünschen wir das Volk und die Armee der Sowjetunion und ihre hervorragende Führung.«

Churchills Worte waren emotionaler. Sein Schreiben wurde am 9. Mai im Rundfunk verlesen:

»Ich sende Ihnen herzliche Glückwünsche zum glänzenden Sieg, den Sie errungen haben, indem Sie die Eroberer aus Ihrem Land vertrieben und die nazistische Tyrannei zerschlagen haben. Ich glaube fest daran, dass von der Freundschaft und vom gegenseitigen Verständnis zwischen dem britischen und dem russischen Volk die Zukunft der Menschheit abhängt. Hier, auf unserem Inselvaterland, denken wir sehr viel an Sie, und wir wünschen Ihnen aus der Tiefe unserer Herzen Glück und Wohlergehen. Wir möchten, dass nach allen Opfern und Leiden dieses finsteren Tals, durch welches wir zusammen gegangen sind, wir nun in loyaler Freundschaft und Sympathie unter der strahlenden Sonne der siegreichen Welt gehen können.«

Auch de Gaulle erkannte die besondere Rolle Stalins beim Sieg gegen das faschistische Deutschland an:

»Sie haben aus der UdSSR eines der Hauptelemente des Kampfs gegen die Unterdrückerstaaten geschaffen, und ebendeshalb konnte der Sieg errungen werden. Das große Russland und Sie persönlich verdienen die Anerkennung des ganzen Europa, welches nur in Freiheit leben und erblühen kann.«

Stalin schob den großen Haufen von Telegrammen beiseite, die er aus der ganzen Welt erhalten hatte, und begann nach alter Gewohnheit mit der Pfeife in der Hand in seinem Arbeitszimmer auf und ab zu gehen.
In dieser aufgewühlten Welt war plötzlich alles in Bewegung – Völker, Armeen, politische Führer. Sogar der halbgelähmte Roosevelt machte lange Reisen auf Kreuzern und in Flugzeugen. Nur Stalin kam mit einem Minimum davon: ein geheimer Besuch an der Front im August 1943, ein Flug nach Teheran im selben Jahr, eine Fahrt auf die Krim zur Konferenz von Jalta mit Churchill und Roosevelt Anfang 1945. Der »Führer« des größten Staats der Welt liebte es nicht, die riesigen Weiten seines Landes zu durchqueren. Er wollte zwar alles wissen, aber in Moskau bleiben. Er hatte den Eindruck, dass es ihm gelungen war, aus dem Kreml heraus sehr weit zu blicken. Seine Neigung zum Einsiedlertum verstärkte Stalins »Rätselhaftigkeit«. Ich weiß nicht, wie er sich verhalten hätte, wenn es damals das Fernsehen schon gegeben hätte. Hätte er, wie Breschnew, den Wunsch verspürt, unaufhörlich auf dem Bildschirm zu erscheinen?

Stalin schätzte den kleinen Kreis: die Mitglieder des Politbüros, manchmal einige Volkskommissare, Militärführer und selten ausländische Politiker. Nun stand dem 65-Jährigen, der das Alter schon spürte, die letzte Auslandsreise in seinem Leben bevor. Stalin hatte sich am 26. Juni mit Harry Hopkins, dem Berater und Vertrauten des amerikanischen Präsidenten, in Moskau getroffen und bei dieser Gelegenheit den Verbündeten vorgeschlagen, ein Gipfeltreffen in Berlin durchzuführen. Truman und Churchill waren mit dem Treffen in Berlin einverstanden, und man verständigte sich auf den 15. Juli 1945 als Eröffnungstag der Potsdamer Konferenz (es wurde dann aus noch zu schildernden Gründen etwas später). Stalin wusste nicht, dass der Präsident der USA, als er diesen Termin anregte, davon ausging, dass sein Land zu diesem Zeitpunkt bereit war, einen Atombombenversuch durchzuführen (in der Sowjetunion wurde die Arbeit auf diesem Gebiet unter Berijas Leitung ebenfalls vorangetrieben). Als Truman dann in Potsdam Stalin berichtete, dass der erste erfolgreiche Atombombenversuch stattgefunden hatte, zeigte dieser äußerlich keinerlei Interesse. Der spätere sowjetische Außenminister Gromyko, der an der Potsdamer Konferenz teilgenommen hat, schreibt in seinen Memoiren:

»Churchill erwartete aufgeregt die Beendigung des Gesprächs zwischen Truman und Stalin. Und als das Gespräch zu Ende war, beeilte sich der Premier, den Präsidenten der USA zu fragen: ›Und wie war es?‹
Dieser antwortete: ›Stalin stellte mir nicht eine einzige präzisierende Frage und beschränkte sich lediglich darauf, mir für die Information zu danken.‹
Die Gesprächspartner mutmaßten, ob Stalin die Bedeutung dieser Mitteilung überhaupt verstanden hatte.«

Sie wussten nicht, dass noch am selben Abend ein chiffriertes Telegramm nach Moskau an Berija abging, in dem Stalin forderte, die Arbeit am Atomprogramm zu beschleunigen. Aber das wird erst am 24. Juli sein. Wir haben den Ereignissen vorgegriffen.
Den Plan, nach Berlin zu fliegen, lehnte der »Führer« sofort ab. Berija berief sich auf Experten und bemühte sich, Stalin zu bewei-

sen, dass ein Flug risikolos sei. Aber der Diktator war unbeugsam. Er erinnerte sich noch immer mit Schrecken daran, als das Flugzeug, das ihn Ende 1943 nach Teheran gebracht hatte, in Luftlöcher geraten war. Deshalb beschloss Stalin, mit der Eisenbahn nach Berlin zu fahren. Berija arbeitete eine spezielle Route aus, und ein Sonderzug mit gepanzerten Waggons, mit Wachen und sonstiger Begleitung wurde vorbereitet. Die Operation zur Beförderung des Führers nach Berlin wurde sorgfältiger geplant als viele Kriegsoperationen.

Stalin forderte häufig Berichte an über den Verlauf der Vorbereitungen für die Konferenz, über die Organisierung seiner Reise, ihn interessierten Details, und er gab Anweisungen. In dieses Unternehmen waren Zehntausende von Menschen einbezogen. Zwei Wochen vor der Abreise lag auf dem Schreibtisch des Generalissimus ein Dokument, das treffend Stalins Verhältnis zur eigenen Person charakterisierte:

»An den Genossen Stalin J. W.
An den Genossen Molotow W. M.
Das NKWD der UdSSR berichtet über die Beendigung der Vorbereitung der Maßnahmen zur Vorbereitung des Empfangs und der Unterbringung der bevorstehenden Konferenz (so im Text; D. W.). Vorbereitet sind 62 Villen (10 000 Quadratmeter) und ein Zwei-Etagen-Einzelhaus für den Genossen Stalin, 15 Zimmer, eine offene Veranda, Mansarde (400 Quadratmeter). Das allein stehende Gebäude ist mit allem ausgestattet. Es gibt ein Post- und Telegraphenamt. Es ist für Vorräte an Wild, Geflügel, gastronomischen und Kolonialwaren sowie anderen Produkten und Getränken gesorgt. Es sind Nebenwirtschaften sieben Kilometer von Potsdam geschaffen worden, mit Tier- und Geflügelfarmen, Gemüseanbau; es arbeiten zwei Brotbäckereien. Das gesamte Personal ist aus Moskau. Zwei spezielle Flughäfen stehen bereit. Für die Bewachung stehen sieben Regimenter der NKWD-Truppen und 1500 Personen aus der operativen Mannschaft zur Verfügung. Die Bewachung ist in drei Ringen organisiert. Der Leiter der Leibwache des allein stehenden Hauses ist Generalleutnant Wlassik. Die Bewachung des Konferenzorts übernimmt Kruglow. Ein Sonderzug ist vorbereitet. Die Reiseroute beträgt 1923 Ki-

lometer Länge (1095 durch die UdSSR, 594 durch Polen, 270 durch Deutschland). Für die Sicherheit des Weges sorgen 17000 Mann aus den Truppen des NKWD, 1515 Personen aus der operativen Mannschaft. An jedem Kilometer der Eisenbahnstrecke stehen 6 bis 15 Personen Wache. Auf der Geleitlinie werden 8 Panzerzüge der Truppen des NKWD fahren.
Für Molotow ist ein zweigeschossiges Gebäude vorbereitet worden (11 Zimmer). Für die Delegation 55 Villen, darunter 8 einzeln stehende Häuser.
2. Juli 1945 L. Berija«

Ich habe einige Kleinigkeiten ausgelassen. Wie weit hatte sich der »Führer« schon entfernt von seinem »Asketismus« der zwanziger Jahre! Je mehr Stalins Ruhm zunahm und je älter er wurde, desto mehr fürchtete er um sein Leben. Bis zur Abreise erkundigte sich Stalin, manchmal einige Male am Tag, bei Berija mal nach der Geheimhaltung des Abfahrtstermins, mal nach der Dicke des Panzerblechs der Waggons, mal nach der Strecke, die durch das Territorium Polens führte: Konnte er sich vorstellen, dass die sowjetischen Soldaten diesen Weg von Moskau nach Berlin zu Fuß und unter dem Feuer des Gegners marschiert waren? Kaum.
Als Stalin am 17. Juli um 12 Uhr in Potsdam Truman traf, sagte er, nachdem man Grußworte ausgetauscht hatte: »Ich bitte, meine Verspätung um einen Tag zu entschuldigen. Ich bin wegen Verhandlungen mit den Chinesen aufgehalten worden. Ich wollte fliegen, aber die Ärzte haben es verboten.«
»Ich verstehe vollkommen. Ich bin erfreut, den Generalissimus Stalin kennen zu lernen«, antwortete Truman.
Stalin verspätete sich, um seine Wichtigkeit zu unterstreichen. Auf einen großen »Führer« kann man und muss man warten können. Ein Mitglied der englischen Delegation in Potsdam erinnerte sich später: »Stalin verspätete sich immer zu den Sitzungen, und wir mussten lange auf seine Ankunft warten.«
Am Abend begannen die »Großen Drei« die Früchte des Sieges in Europa zu teilen. Das erwies sich als leichter, als das Bündnis aufrechtzuerhalten. Sie wussten, dass die sonderbare Allianz möglicherweise ihre letzten Tage erlebte.

Die Früchte und der Preis des Sieges

Vom 17. Juli an, zwei Wochen lang, verhandelten die Staatsoberhäupter über die Resultate des Kriegs. Sie bestimmten die Zukunft Deutschlands, sie stritten über das Schicksal der Länder Osteuropas, suchten Lösungsmöglichkeiten für die »polnische Frage«, teilten die deutsche Flotte, legten die Höhe der Reparationen fest, trafen Übereinkünfte über die Aburteilung der Kriegsverbrecher, besprachen die Fristen für die Beendigung des Kriegs mit Japan und eine Menge anderer Dinge.

Woran mag Stalin gedacht haben, als er sich in dem Land aufhielt, das eine gigantische Kriegsmaschine aufgebaut hatte, gegen die er einen langen und furchtbaren Kampf führen musste? Möglicherweise erinnerte er sich daran, dass in diesem Land die Ideologie geboren worden war, deren oberster Priester zu sein er nun schon viele Jahre beanspruchte.

Möglicherweise hätte eine Aktionseinheit der Kommunisten mit den Sozialdemokraten es nicht zugelassen, dass der Faschismus sein Haupt erhob. Ob Stalin, wenn er nach einem Konferenztag müde in seiner Potsdamer Residenz saß, an den deutschen Kommunistenführer Ernst Thälmann dachte, dem er nicht helfen konnte (oder nicht wollte)? Ende 1939 hatte Molotow von einem Telegramm eines Beraters des sowjetischen Botschafters in Berlin berichtet. Dieser hatte geschrieben, dass Thälmanns Frau zu ihm in die Vertretung gekommen sei. Sie habe auf den sowjetisch-deutschen Grenz- und Freundschaftsvertrag verwiesen und Moskau gebeten, ihren Mann aus dem faschistischen Gefängnis zu befreien. Sie habe gesagt, »sie hat keinerlei Ausweg, denn sie hat keine Existenzmittel, sie hungert buchstäblich«. Kobulow habe ihr mitgeteilt, dass die Sowjetunion ihr nicht helfen könne. Stalin hatte damals Molotow angeschaut und zu ihm gesagt, dass es vielleicht gut sei, Thälmanns Frau mit deutscher Währung zu helfen? Aber er tat nichts für Ernst Thälmann, dem es gelungen war, aus den faschistischen Folterkammern einige Briefe nach Moskau zu schicken mit der Bitte um Hilfe. Man nahm sie nicht einmal an. Stalin wollte sich nicht persönlich an Hitler mit einer Bitte wenden, er wollte nicht, dass ein »Schatten« auf den Nichtangriffsvertrag fiel. Als

er dann eine Gruppe von Antifaschisten der Gestapo auslieferte, hätte er nicht nur Thälmann befreien können.
Gewiss hat Stalin sich bei dieser Gelegenheit an eine Meldung erinnert, die ihn kurz nach dem Sieg erreicht hatte:

»Staatliches Verteidigungskomitee, an den Genossen Stalin J. W.
Der Bevollmächtigte des NKWD der UdSSR der 2. Belorussischen Front Genosse Zanawa teilte mit, dass die Frau E. Thälmanns, Rosa Thälmann, von Operativgruppen des NKWD entdeckt worden ist, die aus dem Konzentrationslager geflohen war und sich in der Stadt Fürstenberg versteckt hatte, und Thälmanns Tochter Irma, die von den Abteilungen der Roten Armee aus dem Konzentrationslager in der Stadt Neubrandenburg befreit worden ist. (…)
Thälmann R. erzählte, dass sie Thälmann das letzte Mal am 27. Februar 1944 im Gefängnis der Stadt Bautzen in Anwesenheit eines Mitarbeiters der Gestapo gesehen habe. Er habe ihr erzählt, dass man ihn ständiger Folter aussetze und von ihm verlange, seinen Überzeugungen abzuschwören. (…)
11. Mai 1945 L. Berija«

Nachdem Stalin diesen Bericht gelesen hatte, sagte er zu Poskrebyschew, man solle den befreiten Verwandten Thälmanns die notwendige Hilfe erweisen.
Wie viele solcher Angelegenheiten landeten am Ende des Kriegs auf seinem Schreibtisch! Stalin beschloss, dass Berija und Molotow sich damit beschäftigen sollten. Vor ihm stand etwas anderes, etwas Größeres: der politische Abschluss des Krieges. Nachdem er einen militärischen Sieg errungen hatte, durfte er diesen nicht ungenutzt lassen auf der politischen Arena.
Er glaubte, dass der Krieg endgültig einen Militärführer aus ihm gemacht habe. Bis zum Ende seiner Tage konnte er sich nicht von seiner Marschallsuniform trennen. Einmal wurden ihm in Anwesenheit von Mitgliedern des Politbüros Uniformen vorgeführt, die zur Hälfte aus Gold bestanden, Gold, wo es nur möglich war. »Was ist das?«, fragte Stalin und schaute auf die drei Männer, die die unbekannten Uniformen vorführten. »Das sind drei Varianten einer Uniform für den Generalissimus der Sowjet-

union«, antwortete Chrulew, der Chef der Hauptverwaltung für das Hinterland der Roten Armee. Stalin blickte noch einmal böse auf die goldenen Requisiten und jagte die gesamte Gesellschaft mit üblen Flüchen aus dem Arbeitszimmer. Wie würde er in solch einer Uniform aussehen? Wie der Empfangschef eines Nobelrestaurants oder wie ein Clown? Dummköpfe!

Mit besagtem Chrulew hatte er schon einmal in einem ähnlichen Zusammenhang zu tun gehabt. Dieser hatte auf Stalins Anweisung den ersten Entwurf für den Orden »Pobeda« anfertigen lassen. Er wurde dem Obersten Befehlshaber am 25. Oktober 1943 vorgelegt. In der Mitte des Ordensentwurfs waren die Silhouetten Lenins und Stalins abgebildet. Diese Variante gefiel dem »Führer« nicht, denn man konnte ihn lediglich an seiner charakteristischen kaukasischen Nase und an seinem Schnurrbart erkennen. Der neue Entwurf sollte aus Platin angefertigt werden. Und auch Brillanten durften nicht fehlen.

Aber nun, in Potsdam, war Stalin nicht als militärischer, sondern als politischer Führer gefordert. Während er den Reden seiner Partner zuhörte, kritzelte er nach alter Gewohnheit auf Papier. In der Regel lagen vor ihm einige Buntstifte und ein Federhalter. Manchmal schrieb er immer wieder ein und dasselbe Wort: »Reparationen« – »Kontributionen«.

Zu den Früchten des Sieges zählte Stalin nicht nur die Zerschlagung des Faschismus, sondern auch die Verwandlung der Sowjetunion in einen der einflussreichsten Staaten der Erde. Der Generalissimus fühlte bereits die Erdstöße, die das Gebäude der Antihitlerkoalition erschütterten und sie bald zerstören sollten. Aber er konnte sich nicht vorstellen, dass dies so bald geschehen würde. Nur ein sehr aufmerksamer Beobachter hätte es vermocht, die erst feinen Risse im Bündnis zu entdecken. Stalin ließ sich nicht in die Irre führen durch Trumans Ausspruch bei ihrer ersten Begegnung, dass er ein Freund des Generalissimus sein wolle. Dass dem nicht ganz so war, zeigte sich schon bei der Erörterung über die Reparationen. Und die Amerikaner gingen bei der »polnischen Frage« von der Position ab, die sie in Jalta eingenommen hatten, und stellten sich auf die Seite der Engländer. Sie versuchten, eine für die Sowjetunion äußerst ungünstige Entscheidung herbeizuführen. In der Sowjetunion war ein riesiges Gebiet okkupiert ge-

wesen, und sie hatte die höchsten menschlichen und materiellen Verluste gehabt. Die USA und Großbritannien hatten den Krieg in dieser Form nicht am eigenen Leib spüren müssen.
Stalin unterstrich, dass die Sowjetunion, wie auch Polen und Jugoslawien, nicht nur ein politisches, sondern auch ein moralisches Recht darauf habe, Ersatz für diese Verluste zur fordern. Aber Truman und Churchill stellten sich taub für Stalins Appelle. Am 13. und letzten Sitzungstag war Stalin schließlich genötigt, die für ihn ungünstigen Bedingungen zu akzeptieren. Aber der Generalissimus revanchierte sich bei der Lösung der »polnischen Frage«, indem er die Oder- Neiße-Linie als künftige deutsch-polnische Grenze und die Curzon-Linie als künftige sowjetisch-polnische Grenze durchsetzte. Stalin verschob Polen quasi nach Westen hin, auch weil er zwischen seinem Land und Deutschland einen starken slawischen Staat sehen wollte. Nicht ohne Grund beunruhigte Stalin die Tatsache, dass der amerikanische Präsident und der britische Premierminister gerne und ausführlich über Osteuropa sprachen, aber nicht über Westeuropa. Als Stalin auf der Konferenz die Frage des faschistischen Franco-Regimes aufwarf, traf er auf keinerlei Verständnis; gleichzeitig forderten Truman und Churchill Unterstützung für Titos Gegner in Jugoslawien. Die westlichen Partner äußerten sich zwar besorgt über die Lage in Bulgarien und Rumänien, aber sie wollten nicht sehen, dass in Griechenland ein Bürgerkrieg drohte, wenn die Alliierten nicht eingriffen. Manchmal schien es Stalin, als säßen am Tisch nicht Verbündete, sondern alte Feinde, die das größte Stück ergaunern wollten von dem Kuchen, den sie zusammen gebacken hatten. Und er irrte sich nicht: Die militärischen Fragen verloren sich in der Vergangenheit. An erster Stelle stand nun die Politik. Auf diesem Gebiet waren die Positionen der Partner zu verschieden, als dass es möglich gewesen wäre, solche Ergebnisse zu erzielen wie in Jalta. Der Krieg, die Gefahr, die gemeinsamen strategischen Ziele hatten die ungleichen Verbündeten geeint. Sobald der Krieg beendet, die Gefahr abgewendet und die gemeinsamen strategischen Ziele erreicht waren, trat, wie immer in solchen Fällen, der Klassenegoismus zutage. Auch den ausgezeichneten Dolmetschern gelang es nicht, die Führer der Antihitlerkoalition eine gemeinsame politische Sprache sprechen zu lassen.

Trotz aller Differenzen war Stalin mit den Resultaten der Konferenz zufrieden, wie auch die Engländer und Amerikaner. Im Sommer 1945 gelang, was ein oder zwei Jahre später unmöglich gewesen wäre. Es gelang den Alliierten, sich über die Entmilitarisierung Deutschlands zu einigen und für alle Seiten annehmbare Entscheidungen in einigen anderen Fragen zu finden. Truman bestand besonders darauf, dass die UdSSR sich öffentlich verpflichtete, in den Krieg gegen Japan einzutreten. Stalin erklärte: »Die Sowjetunion wird Mitte August bereit sein, in Aktion zu treten, und sie wird ihr Wort halten.« Stalin wollte die Eröffnung seiner »zweiten Front« nicht hinausschieben, wie es England und die USA getan hatten. Außerdem wollte er seine Verbündeten nicht enttäuschen. Als Truman die Konferenz schloss, sagte er: »Ich erkläre die Berliner Konferenz für beendet. Bis zum nächsten Treffen, das, wie ich hoffe, bald sein wird.«

»Das gebe Gott«, erwiderte Stalin.

Der Generalissimus konnte nicht wissen, dass das Abkommen über Japans Kapitulation, das auf seine Anweisung für die Sowjetunion General Derewjanko unterschreiben sollte, für lange Jahre das letzte bedeutende Dokument sein würde, das die ehemaligen Verbündeten gemeinsam unterschrieben. Er konnte ebenso wenig ahnen, dass im Pentagon bald Atomkriegspläne (»Dropshot« u. a.) gegen die Sowjetunion erarbeitet würden. Aber noch war es nicht so weit.

Ob es die Führer der verbündeten Staaten wollten oder nicht, in Potsdam war ein Schritt getan worden, der nicht nur die Hinterlassenschaft des Kriegs in Europa politisch ordnete, sondern auch einen Schritt hin zur Spaltung des Kontinents bedeutete. Die Antihitlerkoalition erlebte ihre letzten Stunden. Die westlichen Führer hatten es eilig. Weder Stalin noch Truman, noch Churchill ahnten, dass der Pfad des gegenseitigen Hasses, den sie bald betreten sollten, ihre Nachfolger in die historische Atomrüstungssackgasse führen würde. Erst Jahrzehnte später, als die Politiker entdeckten, dass die Vernichtung jeglichen Lebens auf unserem Planeten drohte, würden sie beginnen einzusehen, dass sie gezwungen sind, ihre Klassen- und ideologischen Interessen zurückzustellen zugunsten allgemeiner menschlicher Werte wie in den Jahren des vergangenen Kriegs.

Der große Sieg über den Faschismus brachte für die sowjetischen Menschen auch bittere Früchte. Der Sieg bestätigte Stalin in seinem Glauben an seine Unfehlbarkeit und an seine messianische Rolle für die Zukunft des sowjetischen Volks und des Sozialismus. Der große Sieg verwandelte Stalin endgültig in einen irdischen Gott.

Die sowjetischen Menschen erlangten die Freiheit von der Unterdrückung und Bedrohung durch den Faschismus. Aber bis zur Freiheit vom Stalinismus war es noch furchtbar weit. Die sowjetischen Bürger kehrten an ihren heimischen Herd zurück und hofften auf positive Veränderungen. Die Menschen wollten besser leben. Ohne Angst. Stalin wurde geschätzt und gefeiert, und die Menschen glaubten nun, dass es keine Gewalt, keine Kampagnen, keine Entbehrungen mehr geben würde.

Stalin ließ jedoch bald erkennen, dass sich an der politischen und wirtschaftlichen Struktur des Landes nichts ändern würde. Nun mussten die Industrie und die Landwirtschaft wieder aufgebaut werden, und zwar nach den Anweisungen, die er, Stalin, geben würde. Im Aufruf des ZK an alle Wähler zu den Wahlen zum Obersten Sowjet der UdSSR am 10. Februar 1946 wurde nicht ein Wort über Demokratie und Volksmacht verloren. Dieser Aufruf war von Stalin persönlich genehmigt worden. Die Zahnräder des von Stalin geschaffenen Apparats drehten sich erbarmungslos weiter mit der Geschwindigkeit, die der »Führer« vorgegeben hatte. Und wieder gab es Direktiven wie vom Fließband: über das Studium des »Kurzen Lehrgangs« der Geschichte der Partei, über die schwache Arbeit der Zeitungen »Molot«, »Wolschskaja Kommuna« (Kujbyschew), »Kurskaja Prawda«, über die Beendigung der »Vergeudung von Kolchosländereien« (Verbot der Nebenwirtschaften und Privatgärten der Arbeiter und Angestellten), über die schwache Arbeit der OGIS (Vereinigung der Staatsverlage); über die Ernte und Aufbewahrung von staatlichem Getreide usw., usf.

Auf vielen Dokumenten findet sich Stalins Signum. Nach wie vor glaubte er an die magische Kraft der *Anweisungen, Direktiven, Verordnungen*. Das Stalinsche bürokratische Kommandosystem, das vor dem Krieg etabliert worden war, begann nach dem Sieg schnell zu wachsen. Der Kurs, den Stalin seit 1945 einschlug, ist

ein Kurs der totalen Bürokratie. Es wurden immer neue Organisationen geschaffen, deren Hauptaufgabe es war, die Ausführung von Anweisungen und Beschlüssen zu kontrollieren. Um den Kolchosbauer endgültig unbeweglich zu machen, nahm man ihm seinen Pass. Umsiedlungen und Verbannungen fanden auch Ende der vierziger Jahre noch statt. Es waren zwar weniger als früher, aber Berijas Leute blieben nicht ohne Arbeit.
Die Gesellschaftswissenschaftler wurden endgültig zu hirnlosen Kommentatoren »großer« Dogmen gemacht. Von neuem setzten die ermüdenden und verdummenden Rituale der Lobpreisung des »Führers« ein. Von neuem wurde Offenheit zur Gefahr, sogar gegenüber nahe stehenden Menschen. Die intellektuellen Aufseher töteten unter Schdanows Leitung in der Literatur und Kultur die Freiheit des Gedankens. Der Bürokratismus begann von neuem seine gefährlichen Früchte zu erzeugen: Gleichgültigkeit und mangelnde Bereitschaft zur Eigeninitiative. Die Menschen wurden moralisch degradiert und standen im Widerspruch zwischen Worten und Taten.
Die Partei wurde zum Schatten des Staats. Oder vice versa der Staat zum Schatten der Partei. Niemand konnte eine Meinung vertreten, die sich von der offiziellen unterschied. Der Sozialismus züchtete, im Gegensatz zu seinen Losungen, eine neue bürokratische Elite heran.
Stalin nutzte den Sieg umfassend zu eigenen Zwecken aus: Entschieden festigte er das System seiner Alleinherrschaft. Zu sozialer Kreativität war er ebenso unfähig wie in den zwanziger Jahren. Nach alter Gewohnheit löste Stalin mal einen Minister, mal einen Marschall ab und war dabei immer der »geniale Führer«. In den Augen der Menschen war Stalin der »gute Zar«, und das Versetzen und Ablösen hoher Amtsträger festigte seine Autorität noch. Bis heute gibt es Menschen, denen dieser Stil gefällt: Die Korruptionsaffären der Breschnew-Zeit wären unter Stalin nicht möglich gewesen, behaupten manche. Wenn man es aber genau betrachtet, so mag es paradox klingen, doch die Wurzeln der Entartungen der »nachstalinschen Zeit« wurden unter Stalins Herrschaft gelegt. Als sie in eine Gesellschaft gelangten, in der es keine Angst und keine »harte Hand« gab, begannen die Embryonen der Nomenklaturallmacht rasch zu wachsen.

Das System der ständigen Verbote, das ohne echte sozialistische ökonomische Hebel, ohne moralische Kultur, ohne die Möglichkeit zur freien Meinungsäußerung auskommen sollte, erwies sich als ineffektiv. Als Stalin physisch und dann in einem gewissen Maße auch politisch von der Bühne ging, wurde es klar: Die Fortexistenz des Systems vertiefte die krisenhaften Erscheinungen. Die Menschen werden nach Jahren sagen: *Absolute Macht verdirbt absolut.*

Der Sieg über den Faschismus festigte die Alleinherrschaft und die kultische Unterwerfung unter den Diktator bedeutend. Für das Volk wurde er zum Messias, zum Urheber des Großen Siegs, zum unübertroffenen Militärführer. Und dieser blinde Glaube blendete das Volk, das für lange Zeit keine Wahrheit und keine Gerechtigkeit kannte. Stalin wäre niemals in der Lage gewesen, wie Lenin zu sagen: Wir brauchen Veränderungen in unseren politischen Strukturen.

Neben diesen negativen Prozessen pulsierten die Hoffnung, der Wille, die Energie des Volkes. Der Sieg über den Faschismus überzeugte die sowjetischen Menschen von der Richtigkeit des Sozialismus, von der Richtigkeit der historischen Wahl, die im Oktober 1917 getroffen worden war. Ungeachtet der vielen Hindernisse, Schwierigkeiten und Verbrechen bewahrte das Volk seinen Glauben an die bessere Zukunft. Innerhalb unfassbar kurzer Zeit ist es ihm gelungen, die Ruinen zu beseitigen und das ökonomische Potential des Landes wiederherzustellen.

Als man Stalin Ende 1945 Angaben über den ökonomischen Schaden des Kriegs vorlegte, fragte er Wosnessenski: »Ist das nicht übertrieben?«

»Es kann lediglich untertrieben sein. Innerhalb kurzer Zeit das Ausmaß aller Verluste festzustellen ist unmöglich«, antwortete dieser.

Der Krieg mit Japan stand bevor, und die Berichte Wosnessenskis besagten, dass auch eine kolossale Wiederaufbauarbeit bevorstand. Wosnessenski begriff besser als die anderen in der Umgebung des »Führers« die ökonomischen Prozesse, die im Land vor sich gingen. Stalin betrachtete ihn schon seit langem aufmerksam und hatte gemischte Gefühle ihm gegenüber. Ja, das war wohl einer der klügsten Funktionäre in seiner Umgebung, aber Stalin missfielen Wosnessenskis Unabhängigkeit und Urteilskraft. Doch ohne ihn, so glaubte Stalin, war der wirtschaftliche Wiederaufbau nicht zu bewerkstelligen. Im Februar 1947 schlug Stalin auf einem Plenum des ZK unerwartet für viele vor, Wosnessenski zum Politbüromitglied zu wählen. Wosnessenski hatte für Stalin einen Bericht über das Ausmaß der Zerstörung durch die deutschen Eroberer anfertigen lassen: 1710 Städte und Siedlungen städtischen Typs vernichtet, mehr als 70 000 Dörfer verbrannt (der »Führer« hatte zwischenzeitlich »vergessen«, dass viele davon auf sein Konto gingen), 32 000 Industriebetriebe zerstört, 65 000 Kilometer Eisenbahnlinien demoliert, rund 100 000 Kolchosen und Sowchosen verwüstet, Tausende von Maschinen- und Traktorenstationen …

Nach Wosnessenskis Bericht waren 25 Millionen Menschen im Land obdachlos, sie lebten in Erdhütten, Schuppen oder Kellern. Die Viehzucht, die bereits seit Beginn der dreißiger Jahre stagniert hatte, hatte praktisch aufgehört zu existieren: Millionen von Rindern, Schafen und Schweinen waren umgekommen. Wosnessenskis erste Berechnungen des Schadens ergaben etwa 700 Milliarden Rubel (Vorkriegswährung). Anders gesagt, das Land hatte dreißig Prozent seines Nationalreichtums verloren. Der Lebensstandard des Volkes befand sich auf dem denkbar niedrigsten Niveau.

Diese furchtbaren Kriegsfolgen aber interessierten Stalin weniger: Er war schon immer der Meinung gewesen, dass der Sozialismus ohne große Opfer nicht errichtet werden könne. Erst hatte es gegolten, den Faschismus zu schlagen, und nun musste das Land wieder aufgebaut werden. Ohne die Unterstützung durch das öffentliche Bewusstsein, ohne eine ständige Kraftanstrengung, ohne den Kampf gegen Schwierigkeiten und innere Feinde, so dachte Stalin, ließen sich solche bedeutenden Aufgaben nicht lösen.

Dass er Recht haben musste, bezeugte beispielhaft eine Aktennotiz Chruschtschows, die Poskrebyschew dem »Führer« in die Mappe gelegt hatte. Am 31. Dezember 1945 teilte Chruschtschow mit, dass es in Verbindung mit den kommenden Wahlen zum Obersten Sowjet zu Aktionen ukrainischer Nationalisten in den westlichen Regionen der ukrainischen SSR gekommen sei. Am Ende der Aktennotiz stand die Bitte, Verstärkung für die Militärbezirke der Karpaten und Lembergs zu schicken. Aber gab es nur hier »Feinde«? Wie viele hatten unter der Okkupation gelebt oder waren in Kriegsgefangenschaft gewesen? Stalin war überzeugt davon, dass von der Front nicht wenige »Dekabristen« zurückgekehrt waren.

Und dann gab es einen Bericht über die Schaffung von Vernichtungsbataillonen für den Kampf gegen das Bandenunwesen in Lettland. Auch dort Opfer. Der Krieg war zu Ende, aber die Zahl der Opfer war unüberschaubar. Außerdem wurde gemeldet, dass sich in Litauen im Vorfeld der Wahlen gleichfalls »die Aktivität antisowjetischer nationalistischer Untergrundbewegungen verstärkt« habe. Eine lange Liste: Am 15., 16., 17. und 20. Dezember 1945 waren Mitglieder und Leiter von Wahlkommissionen durch Banden ermordet worden.

Es sollte noch einige Jahre vergehen, bis das Blutvergießen im Baltikum endete. Wie hoch war der Preis für den Sieg? Wie viele Menschen mussten ihr Leben lassen? Bald würde Stalin auf der Wahlversammlung dem Volk sagen müssen, was der Sieg gekostet hatte. Während des Kriegs hatte Stalin darüber kaum nachdenken müssen; die menschlichen Ressourcen des Landes schienen ihm unerschöpflich.

Aus dem Bericht, den Wosnessenski im Januar 1946 für Stalin vorbereitet hatte, geht hervor, dass man über die Verluste erst einige Monate später Genaueres sagen könne, denn diese blutige Statistik war, besonders zu Beginn des Kriegs, außerordentlich nachlässig geführt worden. Nach Wosnessenskis vorläufigen Berechnungen hatten mehr als 15 Millionen Menschen ihr Leben lassen müssen. Stalin antwortete nichts und schrieb in sein Redemanuskript, dass 7 Millionen auf dem Schlachtfeld gefallen seien. Wie hoch war der Preis für unseren Sieg wirklich? 1946 erklärte Stalin: 7 Millionen Menschenopfer. 1956 machte Chruschtschow in einem Brief an Schwedens Ministerpräsident Erlander zum ersten Mal die Angabe von mehr als 20 Millionen. Auf was beruht diese Zahl, die auch heute noch angeführt wird? Auf ungenauen Berechnungen. Meiner Meinung nach ist an Chruschtschows Zahl nur eines wahr, und zwar die Worte mehr als. Die Historiker arbeiten heute an der Fixierung einer mehr oder weniger genauen Ziffer: Das Volk muss wissen, wie viele seiner Söhne und Töchter es auf den Altar des Sieges gelegt hat.

Bei meinen Recherchen in Archiven und Statistiken bin ich schließlich zu der Meinung gekommen, dass die Zahl der Opfer im Großen Vaterländischen Krieg zwischen 26 und 28 Millionen Menschen beträgt, von denen nicht weniger als 10 Millionen auf dem Schlachtfeld oder in Kriegsgefangenschaft starben.
Wäre Stalin selbstkritisch gewesen, so hätte ein einfacher Vergleich der sowjetischen und der deutschen Verluste ihn zu der Schlussfolgerung führen müssen, dass der Glanz des »militärischen Genies des Führers« in nicht geringem Maß auf dem Unwissen der Menschen beruhte.

Der Krieg war zu Ende. Nun konnte Stalin wieder in den Süden fahren und Kaukasusluft atmen. Berija bemühte sich sehr um die Sicherheit des »Führers«, wobei die Reisen nach Sotschi weniger Anforderungen an sein Organisationstalent stellten als die »Berliner Operation« in Vorbereitung der Potsdamer Konferenz. Der »Führer der Völker« fürchtete um sein Leben nicht nur in Deutschland, sondern auch in seiner Heimat. Einen Teil des Wegs legte er mit dem Auto zurück. Mit ihm reisten wie immer Wlassik, Poskrebyschew, Istomina, eine größere Anzahl von Mitarbeitern, Leibwachen und Bediensteten. Während er durch Orel, Kursk und andere Städte und Dörfer fuhr, verließ er einige Male den Wagen und sprach mit den Menschen. Ihn erstaunte die Selbstlosigkeit der Frauen und Kinder, die während des Kriegs Furchtbares erlebt hatten. Die Städte lagen in Trümmern. Als Stalin im Süden angekommen war, teilte man ihm mit, dass bei Suchumi und in anderen Gebieten eifrig am Bau neuer »Staatsdatschen« für ihn gearbeitet werde.
Bald hatte Stalin genug von den Kontakten mit dem Volk, er war die untertänigen Zurufe leid: »Es geht aufwärts, Genosse Stalin!« Er hatte beschlossen, dass es für seine Popularität besser sei, der Masse von der Tribüne des Mausoleums zuzuwinken, in Kinowochenschauen zu lächeln und dem Volk täglich in Form von Porträts, Statuen und Büsten zugänglich zu sein. Stalin verstand etwas von Massenpsychologie: Er durfte nicht zu nah an das Volk herantreten, es könnte seine Unzulänglichkeiten sehen.
In den Augen der Menschen musste er für immer der Mann bleiben, der den Sozialismus aufgebaut, der alle Feinde des Volkes

vernichtet, der den Faschismus besiegt hatte und der bald die sowjetischen Menschen zum »Aufbau des Kommunismus« aufrufen würde. Er, und nur er war in der Lage, zu bestimmen, wann »die Zeit zum Töten, die Zeit zum Heilen, die Zeit zum Zerstören und die Zeit zum Aufbau« gekommen war. Stalin muss gefühlt haben, dass ihn nur ein solches System gebrauchen konnte, das er selbst geschaffen hatte. Und größere Veränderungen würde wohl niemand erwarten. Die Macht des Staats musste verstärkt werden, es mussten alle beseitigt werden, die dies nicht wollten. Der große Sieg, den er errungen hatte, war ein schwerwiegendes Argument für die Richtigkeit seines Kurses. Es war zwar möglich, die Menschen zu verändern, aber das Wichtigste durfte man nicht in Frage stellen: die Ordnung, die Stalin an die Spitze der Macht befördert hatte. Stalin war überzeugt davon, dass die Ordnung, die er um jeden Preis bewahren wollte, dem nahe war, wovon die Begründer des wissenschaftlichen Sozialismus geträumt hatten.
Stalin glaubte nicht ohne Grund, dass es nach dem Krieg in der Welt eine Wende nach links geben würde. Der antifaschistische Kampf hatte die Massen zusammengefügt, er belebte die demokratischen Kräfte und bedrängte die Reaktion. Der Heroismus und die Selbstlosigkeit der sowjetischen Menschen hatten starke Sympathien für den Sowjetstaat hervorgerufen. Sogar viele Weißgardisten und emigrierte Intellektuelle zog es zurück in die Sowjetunion. Besonders interessierte sich Stalin für die Signale aus Paris, die von georgischen Menschewiki kamen. Viele von ihnen kannte er persönlich. Nach Beendigung des Krieges hatte er den Sekretär des ZK der Kommunistischen Partei Georgiens Scharija nach Paris geschickt. Dieser hatte ihm nach seiner Rückkehr berichtet, dass die georgischen Emigranten ihm alte Handschriften, Handarbeiten aus Gold und Silber, archäologische Stücke in die Heimat mitgegeben hätten. In Moskaus Auftrag hatte sich Scharija mit Noi Schordanija, Jewgeni Gegetschkori, Jossif Gobetschija und Spiridon Kedija getroffen. Zu Beginn des Treffens hatte Jordania erklärt, dass er seine Auffassung über das Fehlen von Demokratie, freier Meinungsäußerung, Pressefreiheit und Privatinitiative in der UdSSR bekräftige. Aber dann sagte er, und Stalin unterstrich diese Worte im Bericht: »Den Krieg hat Stalin gewonnen. Ich halte ihn für einen großen Menschen. Es wäre dumm,

aufgrund politischer Meinungsverschiedenheiten seine Größe zu negieren. Die Geschichte wird noch mehr von seiner Größe erzählen. Sie wird jene Seiten seiner Arbeit aufdecken, die den Zeitgenossen noch nicht bekannt sind.« Hinsichtlich des letzten Punktes hatte Jordania in gewisser Weise vollkommen recht. Viele der ehemaligen politischen Gegner äußerten den Wunsch, in die Heimat zurückzukehren. Der Sieg über den Faschismus brachte der Sowjetunion viele neue Freunde und Anhänger in der Welt. Es entstanden zahlreiche neue internationale Beziehungen für Moskau.

Es begann der Verfall der Kolonialimperien, die Welt hörte immer mehr vom Kampf der nationalen Befreiungsbewegungen. In den osteuropäischen Ländern, und dann auch in China, spielten die Kommunisten eine entscheidende Rolle. Stalin verfolgte den Aufschwung der revolutionären Bewegungen aufmerksam. Nicht ohne Grund glaubte er, dass die kommunistische Bewegung einen »zweiten Atem« erhalten hatte.

Aber die Erfolge der Kommunisten wurden bald vom kalten Krieg beendet. Das Signal für diese neue Phase der internationalen Beziehungen gab eine Rede Churchills in Fulton am 5. März 1946. Es verschlechterte sich auch die Lage in der Sowjetunion. Im Jahr 1946 wurden große Gebiete des Landes von einer Dürre befallen. Und die westliche Ukraine und das Baltikum wurden zu einer Arena harter Zusammenstöße zwischen staatlichen Sicherheitskräften und nationalistischen Gruppen. Ungeachtet der Direktiven Stalins, »die Zerschlagung der Banden zu beschleunigen«, dauerte es lange, bis der Partisanenkrieg beendet werden konnte. In der westlichen Ukraine kam es noch im Jahr 1951 zu episodischen Auseinandersetzungen mit bewaffneten Banden.

Das Leichentuch der Stalinschen »Geheimnisse«

Der Leser weiß: Stalin liebte Geheimnisse. Große und kleine. Am meisten aber liebte er die Geheimnisse der Macht. Und es waren ihrer viele. Häufig ging es um Grausamkeiten. Erst jetzt beginnen wir wirklich darüber nachzudenken: Wie konnte es einem Menschen, der unmoralisch, der nicht einmal physisch anziehend und der in politischer Hinsicht geradezu abstoßend war, gelingen, ein ganzes großes Volk zu *zwingen*, ihn zu lieben? Warum glaubten ihm Millionen, und nicht nur in unserem Land? Stalin kannte die »Geheimnisse« dieses Phänomens, er schätzte und pflegte sie. Heute, da so viel über Stalin geschrieben wird, bemühen sich viele aufrichtige Autoren, Stalin vom Sozialismus, vom Volk zu trennen. Das hatte auch Trotzki versucht, als er begann, sein Buch »Stalin« zu schreiben. In vielen Artikeln sowjetischer Autoren wird diese Absicht deutlich. Auch ich habe zuerst geglaubt, man könne den Sozialismus von Stalin lösen, aber dann kam ich zu dem Schluss, dass dies nicht möglich ist, ohne die historische Wahrheit zu verletzen. Ist es wirklich realistisch, das Volk und Stalin getrennt zu sehen bei der Beurteilung der dreißiger und vierziger Jahre? Hatten denn das Volk und die Partei nichts zu tun mit ihrem »Führer«? Haben sie ihn, der in dem riesigen Staat über allem stand, etwa nicht gefeiert? Hier verbirgt sich Stalins größtes »Geheimnis«. Es ist ihm gelungen, zum Symbol des Sozialismus zu werden.

In gewisser Hinsicht jedoch ist es möglich, Stalin vom Sozialismus zu trennen, denn zu seiner Zeit befand sich unser Land in einer Übergangsperiode. Der unreife Sozialismus ließ es zu, dass ihn ein Mensch ohne würdige Ideale regierte. Der Triumphator entfernte sich vom Volk in dem Maße, in dem der Sozialismus, den er geschaffen hatte, sich vom Leninschen Vorbild unterschied. Stalin lässt sich vom *Stalinschen Sozialismus* natürlich nicht trennen. Stalins Vorstellung vom »neuen Menschen« unterschied sich grundlegend von Lenins Idee einer harmonischen Entwicklung der Persönlichkeit in der sozialistischen Gesellschaft. Wie ist es Stalin gelungen, das Bewusstsein des Volks zu manipulieren? Vor allem mit Hilfe seines großen Apparats. Bei Gesprächen mit dem ehemaligen ZK-Sekretär Dimitri Trofimowitsch Schepilow erfuhr ich Folgendes: Stalin habe häufig mal den einen, mal den anderen Vertreter der künstlerischen Intelligenz zu sich eingeladen, auch Wissenschaftler und andere Persönlichkeiten des öffentlichen Lebens. Es konnte also geschehen, dass er plötzlich einen bedeutenden Schriftsteller, Schauspieler, Journalisten, Regisseur zu sich bat. Für den betreffenden Menschen war dies ein großes Ereig-

nis: Der »Führer« hatte sich herabgelassen, ihn einzuladen! Häufig machte Stalin bei diesen Audienzen eine »ideologische Bestellung«. Einst, so erzählte Schepilow, habe man ihm abends eine Telefonnummer gegeben und gesagt, er solle sie wählen. Während er wählte, versuchte er zu erraten, um wessen Nummer es sich handeln könne. Am anderen Ende der Leitung meldete sich Stalin: »Genosse Schepilow! Haben Sie ein wenig Zeit? Könnten Sie jetzt zu mir kommen?«
»Ja, selbstverständlich.« Schepilow berichtete weiter:

»Ich erinnere mich nicht mehr, was ich noch gesagt habe, aber der Telefonhörer schwieg bereits. Ich wusste nicht einmal, wohin ich fahren sollte. Aber sogleich klingelte es noch einmal, und man teilte mir mit, dass man mich in ein paar Minuten abholen würde. Ohne zu verstehen, was vor sich ging, bewegte ich mich durch die Korridore des Kreml, begleitet von einem schweigenden Mitarbeiter aus Stalins Sekretariat. Überall standen Wachen.«

Das Gespräch mit dem »Führer« dauerte lange, erinnerte sich Schepilow.

»Stalin holte weit aus: Die neue Zeit brauche eine neue Ökonomie. Die ›Kommandeure der Produktion‹, wie er sagte, befänden sich in ökonomischer Hinsicht auf einem sehr niedrigen Niveau. Es sei notwendig, sehr schnell ein Lehrbuch der politischen Ökonomie des Sozialismus zu schreiben. Wie ich verstehen konnte, wurde dies mir und noch zwei großen Wissenschaftlern aufgetragen. Die Empfehlungen wurden so geäußert, als wären sie schon seit langem durchdacht: Erhöhung des Niveaus der Vergesellschaftung der Produktionsmittel, Vervollkommnung der Planung, einen Plan des ›eisernen Gesetzes‹ schaffen, die Arbeitsproduktivität steigern und noch etwas im Sinne der ›Kraftökonomie‹.
(…)
Stalin hatte eine Bestellung aufgegeben. Innerhalb kürzester Frist. Uns drei ›versteckte man‹ in einer Moskauer Datscha. Am Ende jeder Woche rief Suslow an und fragte fordernd: Wie geht es voran? Wann kann man den Text lesen? Genosse Stalin wartet. Denken Sie daran!«

Auf diese Weise bestellte Stalin auch Theaterstücke, Filme, Bücher und Lehrbücher. Stalin beeinflusste damit persönlich die geistige Entwicklung der Gesellschaft.
Wie der Literaturwissenschaftler Schkerin schrieb, der wiederholt mit Scholochow zusammengetroffen war, habe Stalin diesen am 24. Mai 1942 unerwartet zu sich eingeladen. Der Dichter hatte an diesem Tag Geburtstag.
Nach einem langen Essen sagte Stalin schließlich, warum er Scholochow zu sich gebeten hatte:

»Es ist Krieg. Ein schwerer und schrecklicher Krieg. Wer wird nach dem Sieg über ihn schreiben? So würdig wie im ›Stillen Don‹. Mutige Menschen werden dort dargestellt – Melechow und Podtjolkow und noch viele andere Rote und Weiße. Aber solche wie Suworow und Kutusow gibt es darin nicht. Die Kriege jedoch, Genosse Schriftsteller, werden eben von solchen großen Heerführern gewonnen. Am Tag Ihres Geburtstags möchte ich Ihnen gute Gesundheit für viele Jahre und einen neuen talentierten, allumfassenden Roman wünschen, in dem richtig und glänzend wie im ›Stillen Don‹ Soldatenhelden und geniale Militärführer, Teilnehmer des jetzigen furchtbaren Kriegs dargestellt werden.«

Ein weiteres »Geheimnis« Stalins bestand in seinem Bestreben, die Gesellschaft ständig in der Hochspannung des Kampfs zu halten. In diesem Kampf fühlte er sich immer sicher. Vor der Revolution hatte er nichts anderes gekannt als den Kampf ums Überleben und gegen die alte Gesellschaft. Die zwanziger Jahre dienten ihm dazu, all jene politisch zu beseitigen, die nicht so dachten wie er und die möglicherweise eine führende Rolle in der Partei hätten beanspruchen können. Den Kampf um die Wege des sozialistischen Aufbaus verwandelte Stalin in einen Kampf für die Durchsetzung seiner persönlichen Macht. In den dreißiger Jahren bestand sein Kampf in der physischen Vernichtung aller realen und potentiellen Gegner. Er hat in diesem Kampf derart viel »erreicht«, dass die Erdenbewohner, falls sie überleben sollten, sich noch in Jahrhunderten nicht nur an die Barbarei Dschingis-Khans, Tamerlans und Hitlers, sondern auch an jene Stalins

erinnern werden. Er hatte zwar kein Buch mit dem Titel »Mein Kampf« geschrieben. Aber sein ganzes Lebens und sein ganzes Schaffen war sein Kampf gegen eine Unzahl von »Feinden«.
Stalin bediente sich der Idee des Klassenkampfs als Rechtfertigung des ewigen Kampfes. Als die Großgrundbesitzer und Kapitalisten beseitigt worden waren, fand er noch eine »Klasse«, die liquidiert werden musste – die Kulaken. Und als es schließlich keine offensichtlichen Klassenfeinde mehr gab, stellte Stalin die Formel auf, dass es sie immer geben würde.
Sogar als Stalin sich der Ergebenheit des ganzen Volks sicher sein konnte, wollte er sich nicht beruhigen. Im Januar 1948 rief er Innenminister Sergej Kruglow zu sich und gab ihm folgende Anweisung: Es sollten »konkrete Maßnahmen« zur Schaffung neuer Lager und Gefängnisse besonderer Art durchdacht werden. Fälle von Unzufriedenheit bei den Menschen würden häufiger, es gebe Versuche, die Grenze zu überqueren, einige Schriftsteller schwiegen, so, als würden sie gegen die Alleinherrschaft protestieren wollen. »Im Februar legen Sie mir den Entwurf für den Beschluss vor«, sagte Stalin. »Für die Trotzkisten, Menschewiki, Sozialrevolutionäre, Anarchisten, Weißemigranten müssen besondere Bedingungen geschaffen werden.«
»Wird ausgeführt, Genosse Stalin, wird ausgeführt«, sagte Berijas gehorsamer Schützling.
Der Leser soll nicht glauben, dass ich die Daten verwechselt hätte. Nein. Im Jahr 1948 sprach Stalin wieder von Trotzkisten, Menschewiki, Sozialrevolutionären, Anarchisten. Ich glaube, er suchte »neue Feinde«, gewissermaßen Neotrotzkisten, Neomenschewiki, Neosozialrevolutionäre usw.
Kruglow ließ seinen »Führer« nicht lange warten. Mitte Februar legte er das von Stalin gewünschte Dokument vor. Stalins Vermerk »Einverstanden« ist nur eine weitere Facette zur Vervollständigung seines Porträts. Für ihn waren der Kampf, die Gewalt, die Unfreiheit Mittel seines »Aufbaus« – »Aufbau« auf Stalinsche Weise. Verabsolutierungen sind immer gefährlich. Die Verabsolutierung des Klassenkampfes führte Stalin zur Negierung vieler Werte des Sozialismus. Die wichtigsten sozialistischen Werte – soziale Gerechtigkeit, Humanismus, die Freiheit der Persönlichkeit – wurden mit Füßen getreten.

Nach dem Krieg, als in Europa und in der ganzen Welt ein Ruck nach links beobachtet werden konnte, schien es, als bestätigte die Geschichte Stalins kämpferisches Weltbild. Viele glaubten, dass der eiserne Pflug des Klassenkampfes von neuem die Erde aufwühlen würde.

Damals versuchte niemand in globalen Maßstäben zu denken; das Damoklesschwert der Atomapokalypse war noch schlecht zu erkennen. Als die eisigen Winde des kalten Kriegs die Aktivität der antiimperialistischen Kräfte noch nicht eingefroren hatten, schien es, als würde die Entwicklung nicht nur auf den Zusammenbruch des Kolonialsystems hinauslaufen.

Stalins Reden in der Nachkriegszeit widmeten sich vor allem der Wiederherstellung der Volkswirtschaft, der Entwicklung der Schwerindustrie, der Belebung der Landwirtschaft. Dort hatte sich eine äußerst gespannte Situation ergeben. Der Produktionsausstoß im ersten Nachkriegsjahr war gering. Die USA hatten ihre Getreidelieferungen eingestellt, und die Ernte im europäischen Teil der Sowjetunion war katastrophal. Aber das brachte Stalin nicht aus dem seelischen Gleichgewicht. Die Menschen mussten auf die Abschaffung der Lebensmittelkarten bis Herbst 1947 warten. Wieder kam der Hunger ins Land.

Im März 1945, kurz vor Kriegsende, hatte Berija einen Bericht über die Versorgungslage in verschiedenen Gebieten angefertigt. Stalin nahm das Papier in die Hand und blätterte eine Seite um. Aus der tadschikischen Republik wurde berichtet:

»In der Umgebung von Leninabad (…) sind 20 Personen verhungert, und 500 Personen haben in Ermangelung von Nahrungsmitteln angeschwollene Bäuche. In den Gebieten von Stalinabad, Ramit, Pachtaabad, Obi-Garm und anderen Regionen sind mehr als 70 Menschen an Hunger gestorben. Es gibt noch weitere Todesfälle. Solche Tatsachen konnten auch in der Umgebung von Kurgan-Tjubinsk, Kuljabsk, Garmsk konstatiert werden. Die Hilfe, die vor Ort in diesen Gebieten geleistet worden war, ist unbedeutend.«

Im Gebiet von Tschita wurden, nach einem anderen Bericht, verendete Tiere und Baumrinden gegessen. Ferner hieß es:

»Eine bis zum Äußersten verzweifelte Mutter von sieben Kindern, deren Körper vom Hunger aufgequollen waren, tötete ihre jüngste, eineinhalb Jahre alte Tochter und benutzte sie als Nahrung, um die Übrigen zu retten. Ihr Name ist A. W. Demidenko.«

Aber Stalin wollte die bitteren Einzelheiten nicht weiterlesen. Als Berija sah, dass sein »Führer« unzufrieden war, sagte der Volkskommissar beruhigend: »Wir haben eine bestimmte Menge an Mehl bis zur neuen Ernte zugeteilt. Man wird eben durchhalten müssen!« Molotow hatte zwar die Anweisung gegeben, Mehl dorthin zu liefern, aber gleichzeitig wurden von dort im Jahr 1945 1,3 Doppelzentner Getreide pro Hektar wegtransportiert.
Ich habe viele Dokumente mit Berichten über die Hungersnot gesehen, die auch nach dem Krieg nicht endete und über die weder die Presse noch der Rundfunk informierten. Berija berichtete auch später darüber, dass beispielsweise im Dorf Butorino, im Rayon von Belejsk, Kinder Schweinefutter stahlen. Die Zensoren beseitigten Briefe, in denen es hieß, dass im Rayon von Mogoituj verweste Hühner verzehrt würden. Im Dorf Skoworodino wurden verweste Pferde verzehrt und im Rayon Uletowsk sämtliche Brennnesseln, Hopfen, Gräser und Wurzeln. Es fällt unglaublich schwer, diese Zeilen niederzuschreiben. So furchtbar war der Krieg für das Volk. Aber Stalin dachte: Große Ziele fordern große Opfer.
Stalin führte offenbar kein Tagebuch. Und viele Dokumente wurden auf seine Anweisung vernichtet. Ich konnte herausfinden, dass teilweise auch Berichte über die Ausführung von Stalins Anweisungen durch das NKWD vernichtet worden sind.
Stalin war einer der wenigen, die das Recht hatten, ausländische Publikationen zu lesen, in denen er kritisch dargestellt wurde, etwa in Satiren oder Karikaturen. So berichtete man Stalin im August 1937, dass einer der »Ehemaligen«, der Dichter Garin-Michajlowski, in der Emigrantenpresse das Poem »Puschkin und Stalin« veröffentlicht habe. Der Text, angefertigt als Dialog zwischen dem »Führer« und dem großen russischen Poeten, wurde ihm ebenfalls vorgelegt:

»Stalin (wacht auf, reibt sich die Augen, schaut um sich und blättert in Puschkins Werken. Allein.)

Nein, das war nicht Puschkin, das ist klar:
Ich suche vergeblich nach Zitaten …
Und der selbst ernannte Betrüger
Erschien mir wohl im Nachmittagsdämmerschlaf,
Jedoch ›die Gottheit verspürte Hunger‹!
Im Traume erschien mir nicht vergebens
Schaschlik und roter Wein,
Ja, und ein neuer Name … (er schreit):
He, Diener! Meine Speise wie üblich
Und die gestrige Liste der GPU.
Ich vergaß, einen Namen hinzuzufügen,
Der verdammte Puschkin brachte mich aus dem Konzept …
(er reibt sich zufrieden die Hände).
Ich weiß vor Arbeit, Genossen, nicht ein noch aus
Und Staatssorgen noch zuhauf.
So fließt wie die Wolga mein Leben dahin …
Nur wisse, Puschkin – ›Russland, das bist nicht du, sondern ich!‹«

Solche Dokumente bewahrte Stalin für einige Zeit bei sich auf und übergab sie später Poskrebyschew. Dieser vernichtete viele davon, aber einige blieben in den Archiven liegen.

Der ehemalige Stellvertreter des Ministers für Staatssicherheit Alexej Alexejewitsch Jepischew erzählte, dass Stalin ein dickleibiges schwarzes Heft besessen habe, in das er ständig etwas eingetragen habe. Möglicherweise bleibt der Inhalt dieses Hefts für immer ein Geheimnis. Ich kenne die Quelle nicht, auf die Jepischew sich bezieht. Er berichtete auch, dass Stalin eine Zeit lang persönliche Briefe von Sinowjew, Kamenew, Bucharin und sogar von Trotzki bei sich aufbewahrt habe.

Einen direkten Zugang zu Stalin hatten lediglich Berija, Poskrebyschew und Wlassik. Von einer eventuellen Existenz solcher Niederschriften konnten nur sie wissen. Aber Poskrebyschew und Wlassik, denen Stalin vertraute, wurden kurz vor dem Tod des »Führers« von Berija kompromittiert und aus Stalins Umgebung entfernt. In einem Wort, am Ende hielt sich von diesen dreien nur noch einer in Stalins Nähe auf: Berija. Als Berija und Chruschtschow die Ärzte zum sterbenden Stalin brachten, wusste das Monster, dass dies das Ende war. Berija ließ Chruschtschow,

Malenkow und die anderen Politbüromitglieder beim »Führer« zurück und raste zum Kreml. Wer kann heute sagen, ob sich dieser neue Fouché nicht an Stalins Safe zu schaffen machte? Wenn ja, wohin kann er die persönlichen Aufzeichnungen des »Führers« gebracht haben?

Berija muss gemerkt haben, dass sich in den letzten eineinhalb Jahren Stalins Verhältnis zu ihm verschlechtert hatte. Stalin seinerseits muss Berijas Absichten erraten haben. Möglicherweise hatte der Generalissimus eine Anordnung oder sogar ein Testament hinterlassen? Die Kriecherei vor dem »Führer« war damals so ausgeprägt, dass dessen Wille auch nach seinem Tod ausgeführt worden wäre. Berija hatte Anlass genug, sich zu beeilen. In Stalins Arbeitszimmer konnte nur er eindringen. Denn der »Führer« wurde von seinen Leuten bewacht. Wie auch immer, nach meinen Recherchen war Stalins Safe faktisch leer. Möglicherweise werden wir niemals mehr über dieses Stalinsche Geheimnis erfahren. Jepischew war davon überzeugt, dass Berija Stalins Safe »säuberte«, bevor dieser offiziell geöffnet wurde. Es gibt noch ein Stalinsches Geheimnis. Wird es sich jemals lüften lassen? Es geht um den Tod von Stalins Frau. Darüber gibt es offizielle Erklärungen und verschiedene Versionen. Aber keine von ihnen ist zufrieden stellend. Es gibt ein interessantes Dokument: ein Begnadigungsgesuch, das an Kalinin gerichtet ist. Es stammt von Alexandra Gawrilowna Kortschagina, die im Solowetzki-Lager gefangen gehalten wurde. Das Gesuch trägt das Datum des 22. Oktober 1935. Wie aus dem umfangreichen Brief hervorgeht, hat das Parteimitglied Kortschagina fünf Jahre als Hausangestellte bei Stalins Familie gearbeitet. Sie wurde verhaftet, als ein Gefangener, der früher im Kreml gearbeitet hatte, aussagte, dass Kortschagina behauptet habe, Stalin habe seine Frau erschossen. Wie Kortschagina in ihrem Brief schreibt, habe sich Stalin damals zur Kremlwohnung begeben, offenbar seiner Frau folgend. Kortschagina schreibt an Kalinin, dass sie gefoltert und gezwungen worden sei, eine Aussage zu ihren Ungunsten zu machen. Daraufhin sei sie ohne Gerichtsverhandlung in ein Lager geschickt worden.

Große Führer, die im Blickpunkt der Weltöffentlichkeit stehen, können ihre persönlichen Geheimnisse nicht ohne weiteres bewahren. In einer demokratischen Gesellschaft ist das auch nicht erforderlich. Die Verschlossenheit einer Gesellschaft beginnt bei ihrer Führung. Stalin hat diesbezüglich viel erreicht. Er ließ das Volk nur das sehen, was es sehen sollte. Alles andere wurde mit einem unsichtbaren Leichentuch zugedeckt.

Der Paroxysmus der Gewalt

Schon weit vor Stalins siebzigstem Geburtstag wurden auf Malenkows Initiative im Politbüro Vorbereitungen für eine würdige Begehung dieses Jubiläums getroffen.
Im Jahr seines siebzigsten Geburtstags ist es Stalin gelungen, eine Aktion durchzuführen, die auch heute noch bei älteren Menschen populär ist. Unter den Bedingungen eines Verfalls der Landwirtschaft und des Tiefstands der Leichtindustrie senkte er die Preise für Waren des Massenbedarfs. Voller Zufriedenheit las Stalin in der »Prawda«:

»Vom 1. März 1949 an werden die staatlichen Einzelhandelspreise für Waren des Massenbedarfs im Durchschnitt in folgendem Umfang gesenkt:
Brot und Mehl – um 10 Prozent
Butter – um 10 Prozent
Fleisch, Wurstwaren und Konserven – um 10 Prozent
Wodka – um 28 Prozent
Parfümeriewaren – um 20 Prozent
Wollgewebe – um 10 Prozent
Fahrräder – um 20 Prozent
Fernseher – um 25 Prozent
Uhren – um 30 Prozent
Entsprechend sind die Preise in Restaurants, Kantinen, Teestuben und anderen öffentlichen Speisestätten zu senken.«

Das Volk lebte armselig. Die Organe des Innenministeriums (MWD) berichteten, dass in einer Reihe von Gebieten, besonders im Osten, die Menschen nach wie vor hungerten und keine ausreichende Kleidung besaßen. Stalin war fest überzeugt da-

von, dass die Menschen verderben würden, wenn sie mehr als ein Minimum besäßen. Ja, und außerdem konnte man ihnen nicht mehr geben. Schließlich war es notwendig, die Verteidigung zu stärken, die Schwerindustrie zu entwickeln.
Das Land musste stark sein. Und dafür mussten auch künftig die Gürtel enger geschnallt werden. In jedem weiteren Jahr erwartete das Volk eine Preissenkung. Und es bekam sie. Stalins Autorität stieg weiter. Die Menschen wollten nicht begreifen, dass die Politik der Preissenkungen unter den Bedingungen eines extremen Warenmangels eine außerordentlich geringe Rolle beim Zuwachs des Wohlstands spielt.
Einer solchen Politik war auch soziale Demagogie nicht fremd. Aufgrund eigener Berechnungen behaupte ich, dass zu Beginn der fünfziger Jahre der Lebensstandard, der Reallohn kaum das Niveau das Jahres 1913 überschritten hatten. Möglicherweise sind meine Berechnungen nicht korrekt. Aber ich kann mich des Eindrucks nicht erwehren, dass die langen Experimente dem Volk wenig gebracht hatten hinsichtlich einer Verbesserung des Lebensstandards, wobei man natürlich nicht vergessen darf, die verheerenden Folgen des Kriegs mit einzurechnen.
Allerdings sollte man nicht außer Acht lassen, dass das kulturelle Niveau der sowjetischen Menschen entscheidend gestiegen war und sich die Freundschaft zwischen den Völkern der Sowjetunion gefestigt hatte. Es wurden auch einige Maßnahmen ergriffen, um die soziale Versorgung der Bevölkerung zu verbessern. Es gab Kriegsrenten für die Familien derer, die im Krieg gefallen waren, Unterstützungen für kinderreiche Familien und einiges andere. Aber das alles war das soziale Minimum, das nur die allgemeine Armut widerspiegelte. Der Kurs auf den Ausbau der Schwerindustrie unter den Bedingungen einer stagnierenden Landwirtschaft stellte sich ganz und gar nicht in Regenbogenfarben dar.
Nicht selten wird in heißen Diskussionen über jene vergangenen Zeiten von »Ordnung«, »Disziplin«, »Respekt vor den Gesetzen« gesprochen. Wie tief seien wir inzwischen herabgesunken, sagen manche, nun gebe es Prostitution und Drogenabhängigkeit! Ich weiß nicht, wie es zu Stalins Zeiten um die Prostitution stand, aber alle anderen Geschwüre – Trunksucht, Betrug, Diebstahl und sogar Drogensucht – gab es in unserer Gesellschaft schon da-

mals. Das jedoch fiel in die geheimzuhaltende Kriminalstatistik. Möglicherweise waren diese Erscheinungen zu jener Zeit weniger ausgeprägt als heute. Wie gesagt: Es gab sogar die Drogensucht. Im Januar 1948 berichtete Innenminister Kruglow Stalin:

»Im November 1947 wurden der Verwaltung des MWD im Gebiet von Frunse (Kirgisische SSR) Angaben darüber gemacht, dass in der Stadt Frunse eine Gruppe von Opiumhändlern – Nigmatschanow, Chabibulin, Chismutdinow, Gajnullina – arbeite. Konfisziert wurden 17 Kilogramm Opium.«

Und dann heißt es da noch:

»Im Jahre 1946 wurden von den Organen des MWD 10 563 Schüler festgehalten, die aus Betriebsschulen, aus Handwerker- und Eisenbahnschulen fortgelaufen waren. (...) Auf diesem Gebiet gibt es viele Gesetzesübertretungen: Diebstahl, Banditismus. Die Lage in den Schulen ist nicht zufrieden stellend: gesundheitsschädliche Zustände, Kälte, häufig kein Licht. (...)
S. Kruglow«

Kasernenordnung, Gewalt, administrative Methoden waren nicht in der Lage, die Kriminalität zu beseitigen oder sie auch nur einzudämmen. Stalin hätte der These wohl kaum zugestimmt, dass allein die Achtung vor dem Gesetz, eine hohe Kultur und demokratische Verhältnisse in der Lage sind, kriminelle Anomalien zu verringern.

Die Widersprüche, die durch die Alleinherrschaft und totale Bürokratie hervorgerufen worden waren, waren die Ursache der kommenden Krisen. Stalin wollte oder konnte dies nicht verstehen. Er beharrte auf ideologischen statt auf ökonomischen Hebeln, ohne zu sehen, dass der revolutionäre Enthusiasmus abnahm. Nach wie vor setzte Stalin die Hauptakzente auf den sozialistischen Wettbewerb, womit er die schöpferische Aktivität der Massen bremste; und immer wieder griff er zu den bekannten Methoden: Drohungen, Direktiven, Befehle.

Nicht zufällig fiel der Höhepunkt des Stalin-Kults mit dem sogenannten »Leningrader Fall« zusammen. Die Stalinschen »Triumphe« sind alle untrennbar mit Gewalt verbunden. Das ist die Gesetzmäßigkeit einer Alleinherrschaft. Sogar wenn sozialökonomische Programme verwirklicht werden sollten, schuf er bürgerkriegsähnliche Zustände, zumindest in regionalem Maßstab. Nach dem Sieg über den Faschismus übertrug Stalin das Epizentrum dieses »inneren Kriegs« nach Leningrad. Stalin hatte bemerkt, dass nun, nach der Beendigung des Kriegs, besonders unter den Intellektuellen leise die Hoffnung geäußert wurde, dass sich in der sowjetischen Gesellschaft etwas ändere. Prompt folgte das Kommando des Führers an Schdanow:

»Es muss etwas gegen die Ideenlosigkeit unternommen werden. In der Literatur macht sich ein Abgehen von den klassischen Prinzipien bemerkbar. Überprüfen Sie ein bis zwei Zeitschriften. Am besten in Leningrad.«

Nachdem Schdanow den traurig-berühmten Beschluss des ZK »Über die Zeitschriften ›Swesda‹ und ›Leningrad‹« in Empfang genommen hatte, begab er sich in die Stadt an der Newa. Auf der Grundlage dieses Beschlusses wurden der Film des Regisseurs Lukow und des Drehbuchautors Nilin »Bolschaja Schisn« (»Das große Leben«) und Muradelis Oper »Die große Freundschaft« verboten. Auch in die Programme der Theater wurde hart eingegriffen. Stalin meinte, dass in der Literatur und in der Kunst manches aus dem Rahmen fiel, den die Partei vorgegeben hatte. Stalin sah darin eine Bedrohung für seine Alleinherrschaft.

In seiner geistigen Welt der unverrückbaren Postulate war kein Platz für solch ein »Freidenkertum«. Die Hetzjagd auf den Satiriker Soschtschenko und die Lyrikerin Achmatowa wurde zum Signal für eine ideologische Säuberung. Leningrad hatte sich noch nicht von seinen Kriegswunden erholt, da wurde es schon zum Opfer eines ideologischen Kreuzzugs.

Im Schdanow-Archiv gibt es einen langen Brief von Vera Soschtschenko, der Frau des Satirikers, an Stalin:

»Verehrter Genosse Poskrebyschew!

Ich bitte Sie sehr, diesen Brief dem Genossen Stalin zur Durchsicht zu geben oder, wenn es ihn ermüden sollte, ihm in Kürze

den Inhalt des Briefs zu übermitteln. (…)
8. 9. 1947 Mit herzlichem Gruß
Vera Soschtschenko«

In dem besagten Brief steht unter anderem:

»Die allergrößte Freude in meinem Leben stellt der Gedanke dar, dass Sie auf der Welt existieren, und mein allergrößter Wunsch ist es, dass Sie so lange wie möglich existieren. (…)
Lieber Josef Wissarionowitsch! Ich war von dem Beschluss des ZK der KPdSU(B) über die Zeitschriften ›Swesda‹ und ›Leningrad‹ buchstäblich erschüttert. (…) Wie konnte das alles geschehen? Alle haben Soschtschenko doch geliebt. Man erkannte ihn an (Gorki, Tichonow, Schaginjan, A. A. Kusnetzow, Maiski). Von einer Flucht aus Leningrad konnte nicht die Rede sein. (…) Den ganzen Winter 1944 arbeitete er an seinem Buch über die Partisanen. (…) Von Verleumdung und Gehässigkeit kann in seinen Büchern nicht die Rede sein.«

Die mutige Frau bestritt auf diese Weise die Beschuldigungen, die gegen ihren Mann erhoben wurden. In ihrer Verzweiflung und Not machte sie eine Eröffnung:

»Er ist ein schwieriger Psychopath/Neurastheniker. (…) Sonderbare Manien. Er hat wahnsinnige Angst, verrückt zu werden wie Gogol. Er versuchte, sich mit einer Selbstanalyse zu heilen, und (…) irgendwie ist es gelungen. Seine Krankheit hat ihn mit dem Talent des Satirikers gesegnet, und das ist eben sein Pech. Er kann sich einem fremden Willen nicht unterordnen, er kann nicht auf Anweisung von anderen arbeiten.«

Stalin hat diesen Brief gelesen. Es gibt Randbemerkungen darauf, die mit Bleistift geschrieben sind; er notierte, dass das Schreiben an Schdanow weiterzuleiten sei. Er wird wohl gemerkt haben, dass hinter dem »Protest« nicht nur die Frau des Schriftstellers stand. Erstaunlicherweise beschränkte sich Stalin gegenüber Soschtschenko und seiner Familie auf den moralischen Terror. Nachdem er Leningrad einen ideologischen Schlag versetzt hatte, ließ er zwei Jahre später einen politischen Strafakt folgen, der vielen wie eine Neuauflage der Massenrepressalien der dreißiger Jahre vorkam. Mitte Februar 1949 schickte Stalin Malenkow mit einem Auftrag nach Leningrad. Der Vorwand war die Übertretung der Parteinormen auf der Leningrader Konferenz der KPdSU. Die Leningrader Parteiführer Popkow, G. f. Badajew, Kapustin und Lasutin hatten bei den Wahlen zum Gebietskomitee einige Neinstimmen erhalten, aber der Vorsitzende der Wahlkommission Tichonow hatte erklärt, dass diese Genossen einstimmig gewählt worden seien. Sogleich schrieb ein Mitglied der Wahlkommission einen anonymen Brief an das ZK. Obwohl Stalin auf dem 17. Parteitag im Jahr 1934 selbst eine grobe Wahlfälschung begangen hatte, war seine Reaktion hart. Er behauptete, es habe sich eine solche Menge bedenklicher Hinweise im Zusammenhang mit der Arbeit der Leningrader Führung angesammelt, dass es dringend notwendig sei, sofort zu reagieren. »Fahren Sie hin, Genosse Malenkow, und schauen Sie einmal, dass Sie dort alles in Ordnung bringen. Der Genosse Berija hat auch noch einige Angaben.«

»Gut, Genosse Stalin, ich fahre heute mit dem Nachtzug.«

Die Qualität der »Hinweise« war folgender Art: Das Gebietskomitee der Partei habe sich mit Unterstützung von ZK-Sekretär Kusnetzow nicht mit den Führungsorganen der Partei abgesprochen und habe eigenmächtig gehandelt. Fakten? Die Organisation eines gesamtrussischen Großhandelsmarkts im Januar 1948 in Leningrad. Ohne speziellen Beschluss der Führungsorgane!

Als treuer Lehrling Stalins »fand« Malenkow immer neue »Fehler« der Leningrader Führung, als er im Sitzungsraum des Leningrader Gebiets- und Stadtkomitees der Partei auftrat. Der schweigende Saal hörte, wie Malenkow sich in die Sache hineinsteigerte. Der Fall des Jahrmarkts war in seinen Augen ein Akt des Widerstands gegen das Zentralkomitee. Aber das Wesentliche kam noch: Der ihm von Moskau vorgegebenen Linie folgend, benutzte Malenkow einige ungeschickte Formulierungen Popkows und konstruierte seine Hauptanschuldigung: Versuch zur Gründung einer neuen Kommunistischen Partei Russlands mit weitgehenden Zielen. Alle verstanden: Malenkows Auftritt war der Vorbote großen Leids.

Die im Saal Sitzenden wussten noch nicht, dass ihr 1. Sekretär Alexej Alexandrowitsch Kusnetzow, der erst kürzlich Sekretär des Zentralkomitees geworden war, schon eine Woche zuvor von seiner Funktion entbunden worden war. Und nach Malenkows Bericht wurde die gesamte Parteiführung des Gebiets und der Stadt abgelöst. Das war erst der Anfang. Für jeden, der verdächtigt wurde, wurde schnell ein Verfahren fabriziert. Dann folgten die Verhaftungen. Und schnell fanden sich »Spione« wie Kapustin und »Entartete« wie Popkow oder »Fürsprecher der parteifeindlichen Gruppierung« wie Kusnetzow.
Im März 1949 wurde der Leningrader Wosnessenski aus dem Politbüro ausgeschlossen. Der wahre Heerführer der Ökonomie in den Jahren des Großen Vaterländischen Kriegs, das Mitglied der Akademie der Wissenschaften, dieser offene und ehrliche Mensch erschien Stalin nun gefährlich. Kruglow, Abakumow und Goglidse, Berijas Befehlsempfänger, zauberten aus dem Nichts einen »großen Fall«.
Dann begannen die Verhöre, deren Ziel es war, um jeden Preis das Geständnis zu erhalten, dass der Verhaftete ein Staats- und Parteifeind war. Malenkow rieb sich zufrieden die Hände: Stalins Anweisungen waren erfüllt. Er hatte alles in Ordnung gebracht. Und außerdem hatte er, wie auch sein engster Freund Berija, Wosnessenski und Kusnetzow schon lange nicht gemocht. Im Land war wieder, wie im Jahr 1937, die »Hexenjagd« entbrannt.
Was verleitete Stalin zu dieser verbrecherischen Aktion? Warum gab er kurz vor seinem siebzigsten Geburtstag das Startzeichen dafür? Warum folgte zwei Jahre nach dem ideologischen Schlag gegen Leningrad im August 1946 dieser furchtbare Gewaltakt? Die wahren Motive dieses Verbrechens waren nur dem Diktator bekannt. Wir kennen immerhin einige Anhaltspunkte für eine Erklärung der neuen Verfolgungswelle. Stalin konnte niemandem Unabhängigkeit und »Freidenkertum« verzeihen. Und Wosnessenski und Kusnetzow hatten ihn weniger oft gepriesen als andere. Außerdem wusste Berija, dass Wosnessenski und Kusnetzow potentielle Nachfolger Stalins waren. Das passte nicht zu seinen Plänen. In geheimen Berichten an Stalin wurde immer und immer wieder erklärt, dass Wosnessenski vor dem Krieg keine »Feinde« in der Staatlichen Plankommission (Gosplan) gefunden und

dass er sie möglicherweise gedeckt habe. Und im Übrigen hatte Berija sich nicht nur einmal darüber beschwert, dass Wosnessenski als Vorsitzender von Gosplan die Industriezweige, die er selbst leitete (Chemie- und Metallindustrie), mit weitaus mehr Aufgaben betraute als die Forstindustrie, für die Berija verantwortlich war. Aber das alles hatte Stalin überhört. Gestört hatte ihn dagegen Wosnessenskis Verhalten im Politbüro, wo der Ökonom eine Reihe überzeugender Argumente gegen zusätzliche Steuern für die Kolchosbauern vorgebracht hatte. Ebenso wenig gefiel Stalin die Absicht des für die Kader des ZK zuständigen Kusnetzow, das Innenministerium und das Ministerium für Staatssicherheit stärker zu beaufsichtigen. In diesen »widerspenstigen Leningradern« sah er nicht nur Verdächtige, sondern auch potentielle Gegner. Nach Bucharin war Wosnessenski wahrscheinlich der zweite und womöglich bislang letzte große Ökonom in unserer Führungsspitze.

Obwohl Stalin vor den Verhaftungen ein Schreiben von Wosnessenski und einigen anderen Leningradern erhalten hatte, in dem diese die Anschuldigungen bestritten, schwankte der »Führer« nicht mehr. Er hatte zunächst die Absicht gehabt, Wosnessenski zum Direktor des Marx-Engels-Lenin-Instituts zu degradieren, aber dann überlegte er es sich anders: Sie sollten alle zusammen den bitteren Kelch bis zur Neige leeren. Die Verhandlung, die im September 1950 stattfand, wurde entsprechend seinen Anweisungen durchgeführt. Zum Tod durch Erschießen wurden verurteilt: N. A. Wosnessenski, A. A. Kusnetzow, P. S. Popkow, Ja. f. Kapustin, M. I. Rodionow. Etwas später erwartete das gleiche Schicksal viele andere Leningrader, unter ihnen G. f. Badajew, I. S. Charitonow, P. I. Kubatkin, P. I. Lewin, M. W. Basow, A. D. Werbitzki, N. W. Solowjew, A. I. Burlin, W. I. Iwanow, M. N. Nikitin, W. P. Galkin, M. I. Safonow, P. A. Tschursin, A. T. Bondarenko – insgesamt etwa 200 Menschen.

Die letzten Worte Kusnetzows während des Prozesses waren: »Ich war ein Bolschewik, und ich werde einer bleiben, gleich, welches Urteil gegen mich gesprochen wird. Die Geschichte rechtfertigt uns.« In der Anklageschrift hatte es geheißen:

»Kusnetzow, Popkow, Wosnessenski, Kapustin, Lasutin, Rodionow, Turko, Sakrschewskaja, Michejew werden beschuldigt, im Jahr 1938 eine antisowjetische Gruppe gebildet zu haben. Sie versuchten, die Partei zu untergraben, mit dem Ziel, sich von der Leningrader Parteiorganisation und vom ZK abzulösen, und mit dem weiteren Ziel, einen Kampf gegen die Partei und ihr ZK zu führen. (...) Dafür versuchten sie, Unzufriedenheit unter den Kommunisten der Leningrader Organisation mit den Beschlüssen des ZK der KPdSU(B) zu schüren, wobei sie verleumderische Behauptungen verbreiteten und verräterische Absichten äußerten. (...) Ferner verschwendeten sie staatliche Mittel. Wie aus den Akten des Verfahrens hervorgeht, haben die Angeklagten während der Untersuchung und während der Gerichtsverhandlung ihre Schuld vollkommen gestanden.«

Wie diese Geständnisse zustande kamen, erklärte Turko am 29. Januar 1954 (er war noch inhaftiert):

»Ich habe keinerlei Verbrechen begangen und habe mich weder für schuldig gehalten, noch tue ich es jetzt. Die Aussagen habe ich gemacht infolge von systematischen Prügeln, da ich meine Schuld verneinte. Der Untersuchungsrichter Putinzew begann mich während der Verhöre systematisch durchzuprügeln. Er schlug mich auf den Kopf, ins Gesicht, er trat mich mit Füßen. Eines Tages hat er mich so geschlagen, dass Blut aus dem einen Ohr austrat. Nach solchen Verprügelungen schickte mich der Untersuchungsrichter in den Karzer. Er drohte, meine Frau und meine Kinder zu vernichten und mich zu zwanzig Jahren Lager zu verurteilen, wenn ich nicht gestände. (...) Daraufhin unterschrieb ich, was der Untersuchungsrichter vorschlug.«

Diesem neuerlichen Stalinschen Gewaltexzess fielen außer Wosnessenski auch sein Bruder und seine Schwester zum Opfer. Wie lächerlich die Anschuldigungen gegen diese Menschen waren, bezeugt beispielhaft der Vorwurf gegen Wosnessenskis Schwester, sie habe in den zwanziger Jahren die Ansichten der »Arbeiteropposition« geteilt. Die Begründung für die spätere Rehabilitierung enthält übrigens ebenfalls lächerliche Argumente: »Es existieren keine Beweise dafür, dass Wosnessenskaja die Ansichten der ›Arbeiteropposition‹ geteilt hat.« Und wenn es welche gegeben hätte? So war damals die Rechtsprechung. Eine Stalinsche Rechtsprechung. S. I. Semin hat berichtet, dass man Wosnessenski nach dem Urteilsspruch noch drei Monate im Gefängnis am Leben gelassen habe. (Ob der »Führer« zögerte? Während des ganzen Kriegs hatten sie zusammen im Staatlichen Verteidigungskomitee gearbeitet, und niemand hatte so viel für die Entwicklung der Ökonomie getan wie Wosnessenski.) Im Dezember habe man Wosnessenski nur leicht bekleidet in einem Lastwagen nach Moskau befördert. Entweder sei er unterwegs erfroren, oder man habe ihn erschossen.

Nach dem Leningrader Strafgericht rissen die Wellen der Gewalt noch viele Menschen ins Ungewisse. Nicht nur jene, die die Verurteilten gekannt hatten, sondern auch Mitarbeiter der »Organe«. Stalin hatte sich seit langem an die Gewalt gewöhnt. Und sogar auf dem Höhepunkt der »Säuberungen« waren schätzungsweise »nur« drei bis vier Prozent der Bevölkerung direkt betroffen. Das war in den Augen des »Führers« eine Lappalie! Aber dafür hatte er doch einiges gewonnen! Dieser Paroxysmus der Gewalt ist schwer erklärbar.

Die Wunden heilten schnell. Die innenpolitische Lage war stabil. Die Beziehungen zwischen den Völkern der UdSSR waren fest. Der ideologische Einfluss der Partei war ungemindert. Die Gewaltanfälle Stalins nahmen dennoch kein Ende, sie betrafen mal eine Region, mal eine soziale Gruppe, mal eine Institution.

Berija, Kruglow, Serow, Abakumow und andere berichteten Stalin regelmäßig über die Situation in den Arbeitslagern. Sie waren ein riesiges Reservoir kostenloser Arbeitskraft. Eines Tages veranlasste Malenkow Stalin zu einem »humanitären Akt«. Er legte dem Generalissimus eine Bescheinigung vor, die vom Leiter der Hauptverwaltung für Lager des MWD (GULAG) Dobrynin ausgestellt worden war. Aus dieser Bescheinigung ging hervor, dass im Jahr des siebzigsten Geburtstags des »Führers« in den Lagern und Kolonien 503 375 Frauen einsaßen. Malenkow erklärte: »Es sollte die Frage erörtert werden, ob die, die Kinder bis zu sieben Jahren bei sich haben, entlassen werden können.«

Stalin schaute lange auf die Bescheinigung, und schließlich erklärte er sich mit Malenkows Vorschlag einverstanden. Dessen Argumente waren überzeugend. Für die »Aufbewahrung« der Kinder in den Lagern wurden im Jahr 166 Millionen Rubel ausgegeben. Mit diesem Umstand lässt sich wohl auch Stalins »humanitärer Akt« ausreichend erklären. Nun mussten die Frauen mit Kindern bis zu sieben Jahre Zwangsarbeit an ihren Wohnorten verrichten! Nicht in den Genuss dieses Gnadenakts fielen jene Frauen, die wegen konterrevolutionärer Tätigkeit verurteilt waren.

Im September 1951 besuchte eine Delegation englischer Frauen die UdSSR. Sie baten den Gastgeber um die Erlaubnis, ein Frauenlager besuchen zu können. Die Gastgeber gerieten in Panik. Anruf bei der zuständigen Hauptverwaltung des MWD. Aber dort konnten sie natürlich nichts entscheiden. Die Sache ging weiter nach oben. Sie landete auf dem Schreibtisch des Stellvertretenden Ministers für Staatssicherheit. Dieser sah sich jedoch ebenso wenig imstande, eine Entscheidung zu treffen. Daraufhin wandte man sich an den Minister. Das gleiche Ergebnis. Suslow? Auch er konnte nichts sagen. Stattdessen wandte er sich an Malenkow. Als dieser sich schließlich mit Stalin beraten hatte, setzte Malenkow seine Unterschrift unter die Erlaubnis. Das Lager wurde selbstverständlich vorbereitet, gesäubert, aufgeräumt, und alle Insassen wurden instruiert. Siebzig Prozent der Frauen (sie befanden sich in einer schlimmen Verfassung) wurden aus dem Lager geschafft. Die englischen Gäste trafen auf politisch »bewusste« Bürger, die sich nur vorübergehend hier aufhielten. Die Delegation hinterließ sogar eine Notiz im »Gästebuch«, das man rasch erfunden hatte: »Es hat einen großen Eindruck auf uns hinterlassen, mit welcher Direktheit die Menschen auf uns zukamen. Überall ist alles sauber. Wir glauben, dass dies ein wertvolles Experiment ist, das Erfolg haben wird.«

Malenkow ließ Stalin ab und zu auch solche Nachrichten zukommen, die man meist vor ihm verbarg, damit er sich nicht aufrege. Aber Stalin regte sich niemals auf. Im September 1949, als das »große Jubiläum« nahte, legte Malenkow Stalin ein Dokument vor:

»An das ZK der KPdSU(B), an den Genossen Malenkow G. M.
Am 12. August wurden auf dem Feld der Sowchose ›Sun Yat-sen‹ im Michajlowski-Rayon die Leichen der drei Kinder der Sowcho-

searbeiterin der Primorski-Region Dmitrienko gefunden: Michail 11 Jahre, Pawel 9 Jahre und Jelena 8 Jahre. Den Mord beging die Mutter Dmitrienko L. A., geboren 1917. Sie sagte aus, sie habe den Mord aufgrund äußerst schwieriger materieller Bedingungen begangen, in denen sie sich nach der Verurteilung ihres Mannes (nach dem Gesetz vom 7. August 1932) Dmitrienko D. D., geboren 1912, im Jahre 1946 befunden habe, insbesondere, nachdem man sie aus der Schule entlassen habe, wo sie als Lehrerin gearbeitet habe, und man sie aus der Wohnung ausgesiedelt habe. Seit April arbeitete sie in einer Kolchose. Die Verwaltung habe ihr keinerlei materielle Hilfe zukommen lassen. S. Kruglow«

Es fällt außerordentlich schwer, diesen Bericht zu lesen. Wie Stalin und Malenkow auf diesen Wahnsinnsakt einer verzweifelten Mutter reagiert haben, ist schwer zu sagen. Auf dem Dokument gibt es keine Notiz. Das Leid der Menschen war ihnen gleichgültig.

Stalin hatte während der Kriegsjahre dem NKWD etwas weniger Aufmerksamkeit schenken können. In der übrigen Zeit standen die Organe der Staatssicherheit im Mittelpunkt seines Interesses. Davon zeugt besonders der NKWD-Fond »Schriftverkehr mit dem Genossen Stalin«. Der Großteil der Dokumente, die sich dort befinden, sind Berichte, Meldungen, Telegramme, Operativanweisungen, oder sie beziehen sich auf die Eröffnung neuer Lager. Viele Dokumente haben in seinem Namen Berija, Kruglow, Merkulow, Abakumow und andere unterschrieben. Der »Führer« schaute sie durch, aber die Unterschriften überließ er meist anderen. Lediglich auf einigen Dokumenten findet man sein »Einverstanden« oder »Über die Ausführung Bericht erstatten«. Für Stalin verkörperten die »Organe« im großen Maße seine Macht.

Wie hoch war der Preis der Stalinschen Alleinherrschaft? Wie hoch ist die Zahl seiner Opfer? Wie viele Menschen wurden schuldlos auf Geheiß des Tyrannen getötet? Wir werden es wohl niemals genau erfahren. Die Geheimnisse der Stalinschen Diktatur verwandelten sich in Geheimnisse der Geschichte. Es existieren einige Schätzungen von Wissenschaftlern über die Zahl der getöteten Sowjetbürger in den Jahren des Stalin-Kults. Meinen Untersuchungen zufolge kann ich folgende Angaben machen: Die »Revolution« im Dorf in den Jahren 1929 bis 1933 traf 8,5 bis 9 Millionen Bauern. 1937/38 waren 4,5 bis 5,5 Millionen sowjetischer Bürger von den Repressionen betroffen. Aber auch zwischen diesen beiden großen »Wellen« blieben die Organe von Jagoda und Jeschow nicht ohne Arbeit: Es wurden etwa eine Million Bürger verhaftet. Nach dem Krieg, besonders Ende der vierziger Jahre, nachdem 1947 die Todesstrafe abgeschafft worden war, wuchs die Zahl der Lager und der Verbannten merklich. Diese machten die sogenannte »dritte Welle« aus. Ihr fielen 5,5 bis 6,5 Millionen Menschen zum Opfer. Man könnte einwenden, es hätten nicht nur politische, sondern auch Straftäter eingesessen. Richtig. Aber bis zu Stalins Tod waren sogar nach Berijas Angaben in den Lagern 25 bis 30 Prozent der Verurteilten wegen »konterrevolutionärer Tätigkeit« verhaftet worden.

Wie auch immer. Von 1929 bis 1953 wurden 19,5 bis 22 Millionen sowjetischer Menschen zu Opfern der Stalinschen Unterdrückung (nicht berücksichtigt sind hier die Kriegsjahre). Nicht weniger als ein Drittel von ihnen wurde zum Tode verurteilt oder starb in den Lagern oder in der Verbannung. Möglicherweise sind meine Beurteilungen ziemlich zurückhaltend. Sie stützen sich auf die mir bekannten Dokumente. Ich räume ein, dass ich vieles nicht erfahren konnte.

Das ist vermutlich die schlimmste und bizarrste Welle der Gewalt, die jemals ein Diktator in der Geschichte der Menschheit ausgelöst hat. Stalin folgte immer seinem Credo, das er schon früh formuliert hatte:

»Wir werden jeden Feind vernichten, sei er auch ein alter Bolschewik. Wir werden sein gesamtes Geschlecht vernichten, seine Familie. Jeden, der mit seinen Handlungen und Gedanken, ja, auch Gedanken, einen Anschlag gegen die Einheit des sozialistischen Staats unternimmt, werden wir erbarmungslos vernichten.«

Man könnte glauben, dass dies die Worte eines mittelalterlichen Inquisitors seien. Aber diesen Worten wurde im 20. Jahrhundert gefolgt, sie waren ein ganzes Programm! Nach dem Krieg wurde die Gesellschaft nicht nur in sozialpolitischer Hinsicht konserviert, sondern sie erhielt auch weitere bürokratische und polizeistaatliche Elemente. Dennoch – die Menschen glaubten an Stalin. Alle hielten es für selbstverständlich, dass der Hauptmotor beim Aufbau der »kommunistischen Gesellschaft« die Gewalt, die Kraft, die Erbarmungslosigkeit und der Glaube an einen einzigen Träger der Wahrheit waren. Vernunft, Menschlichkeit und Freiheit wurden auf unbestimmte Zeit in die Zukunft verschoben. Nicht in einem einzigen Schulbuch, Lehrbuch der Philosophie, in keiner einzigen Monographie konnte man Kapitel über Demokratie, Freiheit und die Rechte der Persönlichkeit finden. Alles war mit dem Schorf der Gewalt bedeckt, mit dem alles erfassenden Klassenkampf.

Der alternde »Führer«

Es nahte Stalins siebzigster Geburtstag. Er wusste, welche Vorbereitungen im Politbüro und auf anderen Etagen der Macht im Gange waren. Aber das beschäftigte ihn weniger. Er war bereits übersättigt vom Ruhm, aber er war noch hungrig nach Macht. Er ließ Malenkow zu sich kommen und warnte ihn: »Lassen Sie sich nur nicht in den Kopf kommen, mich dort wieder mit einem ›Stern‹ zu beglücken!«

»Aber, Genosse Stalin, solch ein Jubiläum. Das Volk wird nicht verstehen.«

»Berufen Sie sich nicht auf das Volk. Ich habe nicht die Absicht zu streiten. Keinerlei Eigeninitiativen! Haben Sie mich verstanden?«

»Selbstverständlich, Genosse Stalin, aber die Politbüromitglieder sind der Meinung …«

Stalin unterbrach Malenkow und erklärte ihm, dass das Thema beendet sei. Er befahl Malenkow, ihm das »Drehbuch« seiner Ehrung vorzulegen, die im Bolschojtheater vonstatten gehen sollte. Und über den »Stern« hatte er nicht zufällig gesprochen.

Im Mai 1945, nach der Siegesparade, hatte sich eine Gruppe von Marschällen an Molotow und Malenkow gewandt mit dem Vorschlag, den »außerordentlichen Einsatz des Führers« mit der Auszeichnung »Held der Sowjetunion« zu honorieren. Aber Stalin hatte sich bereits zu solchen Höhen des Ruhms emporgeschwungen, dass ihn Auszeichnungen, die für gewöhnliche Sterbliche vorgesehen waren, wenig interessierten. Für ihn bedeuteten sie im Grunde nichts. Sie waren für die gewöhnlichen Menschen da. Und stellten sie ihn daher nicht auf eine Ebene mit den anderen? Er wollte nicht mehr »Held der Sowjetunion« werden.

Eines Abends bereitete Stalin sich wie jeden Tag vor, zu seiner Datscha zu fahren. Er gab Poskrebyschew letzte Anweisungen und erhob sich von seinem Stuhl, um sich anzukleiden. Plötzlich überfielen ihn Schwindelgefühle, und er wurde bewusstlos. Stalin kam schnell wieder zu sich. Poskrebyschew hielt ihn fest mit beiden Händen: »Genosse Stalin, erlauben Sie, ich werde die Ärzte rufen. Sie dürfen jetzt nicht fahren. Wir müssen die Ärzte rufen.«

»Lass das!«

Die Schwindelgefühle vergingen schnell. Stalin blieb einige Minuten sitzen, trank einen Tee und fühlte nur noch einen stumpfen Schmerz im Nacken. Die Ärzte wollte er nicht holen lassen. Er glaubte ihnen bereits genauso wenig, wie er Berija glaubte, der schon in der 4. Hauptverwaltung des Gesundheitsministeriums herumwirtschaftete. Weiß der Teufel, was er sich in den Kopf gesetzt hatte. Und Stalin wollte auch nicht, dass das Gerücht verbreitet wurde, er sei krank.

Im Politbüro hatte man beschlossen, Stalins Geburtstag groß zu feiern. Schwernik wurde zum Vorsitzenden des Komitees zur Organisierung und Durchführung des Jubiläums ernannt. Bald landete auf seinem Schreibtisch eine Notiz, die von Ponomarenko, Abakumow, Parfenow, Gromyko und Grigorjan unterschrieben worden war und in der die Kosten des Jubliäums auf zirka 5,6 Millionen Rubel geschätzt wurden. Schwernik setzte seine Unterschrift unter folgendes Dokument:

»Der Kostenvoranschlag für den Empfang und für die Betreuung der Delegationen, die in Verbindung mit dem siebzigsten Geburtstag des Genossen J. W. Stalin anreisen werden, und für die Organisierung der Geschenkeausstellung für den Genossen J. W. Stalin in einer Gesamtsumme von 5 623 255 Rubel ist entsprechend der Anlage zu bestätigen.«

Ferner wurde auch noch eine Überraschung für den Jubilar vorbereitet: Stalins Gefolgsleute hatten die Absicht, einen »Stalin-Orden« zu begründen. Ferner beschloss man eine Jubiläumsmedaille und die Internationale Stalin-Prämie »Für die Stärkung des Friedens unter den Völkern« ins Leben zu rufen.

Aber Stalin machte diese Pläne weitgehend zunichte. Nachdem er die Skizzen und Entwürfe für die verschiedenen Medaillen durchgesehen hatte, sagte er: »Ich bestätige lediglich den Beschluss über die Internationale Prämie.« Er schwieg eine Weile und fügte dann hinzu: »Und die anderen Orden werden nach meinem Tod geschaffen.« Lauthals begannen seine Mitstreiter durcheinander zu lärmen. Stalin erhob seine Hand und beruhigte seine Umgebung: »Alles zu seiner Zeit.«

An seinem Geburtstag stand Stalin wie an jedem anderen Tag um elf Uhr morgens auf. Er fühlte sich gut. Er wusste, heute würde es ein schwerer Tag werden. Nach der Ehrung im Politbüro stand ihm bevor, den gesamten Abend lang endlose Lobpreisungen zu hören. Alle werden sich gegenseitig übertrumpfen: Wer wird neue Beinamen finden, wer wird neue Verdienste des »großen Führers« entdecken? Den ganzen Dezember schon druckte die »Prawda« Artikel, Berichte, Reportagen über die Vorbereitungen auf das große Jubiläum im Land. Mit jedem Tag wuchs der Schwall der Lobpreisungen.

Nachdem Stalin im Kreml angekommen war, studierte er lange die Zeitungen, las er aufmerksam den Stoß von Produktionsberichten über die Erfüllung der Selbstverpflichtungen zu Ehren seines siebzigsten Geburtstags. Eine Stunde vor Eröffnung des Festakts im Bolschojtheater war der feierlich geschmückte Saal schon fast voll mit sorgfältig ausgesuchten Menschen. Eine halbe Stunde vor Beginn erschien auch Stalin. In einem Nebenraum für das Sitzungspräsidium begrüßte Stalin die internationalen Gäste: Palmiro Togliatti, Mao Tse-tung, Walter Ulbricht, Jumschagin Zedenbal, Johann Koplenig, Dolores Ibarruri, Gheorghe Gheorghiu-Dej, Wilko Tscherwenkow, W. Siroky, Mátyás Rákási, F. Juswjak, Kim du Bon, Henri Martell, V. Pessi und sowjetische Genossen.

Als Stalin vor die Menge trat, konnte sich der Saal nicht beruhigen. Die Ovationen waren lang und stürmisch. Nach einer kurzen Eröffnungsrede Schwerniks begannen die Auftritte. Den ganzen Abend über klang es im Saal: »Genie«, »genialer Denker und Führer«, »genialer Lehrer«, »genialer Heeresführer«. Nur Mao Tse-tung nannte ihn »groß«. Die Redner wechselten sich auf der Tribüne ab. Gegen Ende der Sitzung waren zahlreiche Zuhörer vom vielen Aufstehen und Niedersetzen erschöpft. Auf den Fotografien und in den Kinowochenschauen jener Zeit kann man sehen, dass Berija, Woroschilow, Molotow und Mikojan bereits an etwas anderes dachten.

Der Generalissimus wurde lebhafter, als man ihn mit Gedichten lobte. Jakob Kolas, der aus Belorussland angereist war, rezitierte ein langes Gedicht, das die ganze Biographie Stalins umfasste:

»Du bist die Fahne des Sieges.
Du bist das Symbol der Freiheit.
Du führst die Völker zum Glück.
Du sollst leben, unser Lehrer, lange Jahre.
Dich lobpreisen die Völker in Liedern, großer Vater und Führer.«

Stürmischen Applaus fanden auch die Verse Twardowskis. Die folgenden Worte des Poeten haben Stalin wahrscheinlich am besten gefallen:

»Viele Sommer sollen folgen,
Blätter den Blättern, Blumen den Blumen im Wechsel
Über Ihrem grauen Haar, über Ihrem Leben,
Dem teuersten auf der ganzen Welt!«

Ich glaube, dass Twardowski diese Worte aufrichtig meinte. In ihnen drückte sich unsere Verblendung aus, unser Glauben an Idole und nicht an Ideale. Alle befanden sich in einer Art religiöser Ekstase, wenn sie den Führer rühmten.

Am nächsten Tag las Stalin Dutzende von Telegrammen ausländischer Staatsführer. Poskrebyschew, der neben Stalin stand, beobachtete aufmerksam, wie sein »Herr« ein Blatt nach dem anderen beiseitelegte. Nach der Lektüre stand Stalin auf und wollte gerade sein Arbeitszimmer verlassen, als er sich plötzlich zu seinem Helfer umdrehte und sagte: »Wer hat dich auf den Gedanken gebracht, über die Zitrusfrüchte zu schreiben?«

Poskrebyschew hatte diese Frage nicht erwartet, aber er antwortete schnell: »Suslow und Malenkow haben es mir empfohlen. Man hat es in der Propagandaabteilung durchgelesen. Michail Andrejewitsch hat es selbst durchgesehen.«

Stalin sagte nichts mehr und ging hinaus. Die Frage, die er Poskrebyschew gestellt hatte, bezog sich auf einen langen Artikel in der »Prawda«, den sein wichtigster Gehilfe geschrieben hatte unter dem Titel »Gelieber Vater und großer Lehrer«. In einem Abschnitt dieses Artikels hieß es, Stalin habe nicht nur den Mitschurin-Anhängern geholfen, den Weismannismus-Morganismus zu zerschlagen, sondern er habe auch gezeigt, wie man hervorragende wissenschaftliche Methoden in die Praxis einführt. »Genosse Stalin beschäftigte sich im Verlauf vieler Jahre mit der Entwicklung und dem Studium von Zitruskulturen im Gebiet der Schwarzmeerküste«, er habe sich gezeigt als »Wissenschaftler-Neuerer«. Ferner schrieb Poskrebyschew, dass es möglich sei, »auch andere Beispiele für die Neuerertätigkeit des Genossen Stalin auf dem Gebiet der Landwirtschaft anzuführen. Beispielsweise ist die entscheidende Rolle des Genossen Stalin bei der Anpflanzung von Eukalyptusbäumen an der Schwarzmeerküste bekannt und auch bei der Entwicklung der Melonenkultur in der Umgebung von Moskau, ebenfalls bei der Entwicklung spezieller Weizensorten.«

Die Geschenkeausstellung, die Stalin sich noch tief in der Nacht anschaute, war beeindruckend. Stalin schritt langsam an einer ganzen Reihe von Flaggen der verschiedenen Republiken, der Gebiete und Betriebe vorbei. Außerdem lagen dort zirka dreißig Flaggen allein aus China und Korea. Hunderte von Gemälden. Zahllose Vasen, Alben, Schatullen, Statuetten, ein ganzes Arsenal an Waffen – Dutzende von Pistolen, Gewehren, Maschinenpistolen …

Nach dem Jubiläum verschlechterte sich Stalins Gesundheitszustand merklich. Ständig litt er an hohem Blutdruck. Er wollte aber keine Ärzte konsultieren; er glaubte ihnen nicht. Bis zu einem gewissen Grad hörte er auf die Ratschläge des Akademiemitglieds Winogradow und nahm von ihm Rezepte an, aber Berija versuchte sehr bald, ihm einzuflüstern, dass Winigradow »verdächtig« sei. Berija versuchte, dem »Führer« neue Ärzte aufzudrängen. Aber Stalin wollte auch sie nicht. Als er erfuhr, dass man Winogradow verhaftet hatte, gab er einige schmutzige Flüche zum besten, aber er tat nichts für ihn. Nachdem Winogradow beseitigt war, gab Stalin das Rauchen auf. Aber sonst führte er weiterhin ein ungesundes Leben: Er stand spät auf und arbeitete nachts. Ungeachtet seines überhöhten Blutdrucks ging er weiterhin nach alter sibirischer Sitte ins Dampfbad.

Stalin hatte Angst vor dem Tod. Ebenso wie er sein ganzes Leben lang Angst vor Attentaten und Verschwörungen hatte. Er hatte Angst davor, dass nach seinem Tod all seine Übeltaten ans Tageslicht kommen würden. Wie sich Chruschtschow erinnerte, hat Stalin häufig zu seinen Mitkämpfern gesagt: »Was werdet ihr ohne mich tun? Ihr werdet wie Kätzchen verenden!« Hier hatte er sich nicht getäuscht: Seine Welt, seine Ordnung, sein Kult waren fest an seine Person gebunden.

Seine Tochter Swetlana schrieb in einem psychologischen Porträt über ihn:

»Er vergaß alle menschlichen Verbindungen, ihn begann die Angst zu quälen, die sich in den letzten Lebensjahren in einen wahren Verfolgungswahn verwandelte. Die starken Nerven versagten schließlich. Jedoch seine Manie war keine krankhafte Phantasie: Er wusste und verstand, dass man ihn hasste, und er wusste, warum.«

Stalin kannte seine Kinder nach wie vor nicht. Der Gedanke an seinen ältesten Sohn bereitete ihm Unbehagen. Er wusste, dass sein jüngster Sohn, um dem Vater einen Gefallen zu erweisen, auf der militärischen Karriereleiter nach oben geschoben wurde. Und seine Tochter, sie schlug völlig über die Stränge. Nachdem sie ihren Mann verlassen hatte, gab Stalin Anweisung, man solle ihr eine Wohnung zuteilen. Ab und zu besuchte sie ihn in der Datscha: offenbar um seine Nörgeleien über sich ergehen zu lassen und um sich Geld zu verschaffen. Stalin steckte seiner Tochter häufig ein Geldscheinbündel von seinem Deputiertenlohn zu. Während der letzten 25 Jahre hatte er keinen einzigen Rubel ausgegeben. Er war in keinem einzigen Geschäft gewesen, und er wusste nicht, wie die Menschen von ihren bescheidenen Löhnen lebten.

Eiswinde

Stalin überlebte den großen Sieg um acht Jahre, die in vielem ungewöhnlich waren. Im Land wurden alle menschlichen Kräfte mobilisiert, um den Staat zu stärken. Auf internationalem Gebiet waren diese Jahre fast vollständig gleichbedeutend mit kaltem Krieg. »Wir sind aus diesem Krieg«, erklärte der amerikanische Präsident Truman, »als der stärkste Staat in der Welt und möglicherweise als der mächtigste in der Geschichte der Menschheit hervorgegangen.« Die USA besaßen für einige Zeit ein Atomwaffenmonopol, und sie konnten der Versuchung nicht widerstehen, aus diesem Umstand den für sie maximalen Nutzen zu ziehen. Stalins Rede auf der Wahlversammlung im Februar 1946 wurde vom Westen beinahe wie ein Appell aufgefasst. Dieser »Appell« war angesichts der gespannten Lage notwendig. Die USA strebten weiterhin die »Weltführung« an, kritisierte der »Führer«. Es fielen auch starke Worte wie: »die Welt nach dem Bild der Vereinigten Staaten umgestalten«.

Am 6. März 1946 wollte Stalin gerade in seine Datscha fahren, als Poskrebyschew eintrat und ihm ein soeben eingetroffenes chiffriertes Telegramm vorlegte. Die sowjetische Botschaft in Washington teilte mit, Churchill habe in Fulton eine ungewöhnliche Rede gehalten, in Trumans Anwesenheit. Die Rede des ehemaligen Premiers sei außerordentlich kriegerisch gewesen. Obgleich er sich zu Beginn seiner Rede positiv über Stalin geäußert habe: »Ich bin von ganzem Herzen begeistert und schätze das heldenhafte russische Volk und meinen Kampfgenossen Marschall Stalin.« Jedoch dann erklärte Churchill in seiner Rede, dass den westlichen Demokratien eine »rote Gefahr« drohe. Aber Gott sei Dank, die Vereinigten Staaten waren der stärkste Staat der Welt, was die Hoffnung erlaube, dass die Völker von ihnen geschützt werden könnten vor den »Absichten böswilliger Persönlichkeiten und dem aggressiven Geist starker Nationen«. Und Churchill sagte weiter, dass von Stettin an der Ostsee bis Triest an der Adria ein »Eiserner Vorhang« den europäischen Kontinent teile. Hier kam der ehemalige Premierminister der Wahrheit nahe. Direkt nach dem Krieg hatte Stalin eine Reihe energischer Schritte unternommen, um jegliche Kontakte mit dem Westen und auch mit der übrigen Welt einzuschränken. Lange Jahre durften die Menschen in der Sowjetunion über den Westen nur das wissen, was Leute wie Suslow für richtig hielten. Die Informationskluft zwischen den beiden Welten ließ die Weltkultur verarmen. Wir wurden ärmer an Geist.

Stalin legte das Telegramm beiseite, ging zum Telefonapparat und rief Molotow an. Die beiden »Architekten der Außenpolitik« des Landes berieten sich eine gute Stunde. Sie wussten noch nicht, dass vor Churchills Rede der amerikanische Botschafter in Moskau ein langes Telegramm an seine Regierung in Washington geschickt hatte. In diesem Telegramm hatte George f. Kennan Stalins Februarrede entstellt wiedergegeben und behauptet, dass die sowjetischen Führer den dritten Weltkrieg für »unumgänglich« hielten.

Stalin befand sich nun in einer schwierigen Lage. Zu jener Zeit verfügten die USA nicht nur als einziges Land über die Atombombe, sondern sie waren auch in jeder anderen Hinsicht unvergleichlich stärker als die Sowjetunion. Es genügt zu sagen, dass während der Kriegsjahre das Industriepotential der USA um 50 Prozent angewachsen war. Die Vereinigten Staaten produzierten viermal mehr technische Ausrüstungen, siebenmal mehr Transportmittel. Die Landwirtschaftsproduktion war um 36 Prozent gestiegen. Die Lage in der Sowjetunion stellte sich vollkommen anders dar. Tausende von Ortschaften bestanden nur aus Ruinen. In den westlichen Gebieten des Landes, vor allem im Baltikum und in der Ukraine, tobte der Partisanenkrieg. Und eine katastrophale Missernte würde das Land in einigen Monaten heimsuchen.

Stalin hatte Berija schon einige Male befohlen, »den Banditismus in einem möglichst kurzem Zeitraum zu beenden«, aber das sollte erst in einigen Jahren gelingen. Im März, kurz nach Churchills Rede in Fulton, berichtete der sowjetische Innenminister Kruglow über den Stand dieses Kampfes. Ich werde dieses ausführliche Dokument verkürzt wiedergeben:

»An den Genossen Stalin J. W.

12. April 1946.

Im Monat März des Jahres 1946 wurden in den westlichen Regi-

onen der Ukraine 8360 Banditen getötet, gefangen genommen, haben sich selbst ergeben. Konfisziert wurden 8 Granatwerfer, 20 Maschinengewehre, 712 Maschinenpistolen, 2002 Gewehre, 600 Pistolen, 1766 Granaten, 4 Druckpressen, 33 Schreibmaschinen. (…) Gefangen genommen wurden der regionale Führer der OUN (Vereinigung Ukrainischer Nationalisten; A. d. Ü.) Fedoruk f. I., der regionale Referent des Schützenbataillons Tschorny W. G., der regionale Referent Gorin I. G., der Stellvertreter des regionalen Führers Warwaritschew I. I., der Chef des Post- und Fernmeldewesens der OUN Krawtschuk L. I. Von dem Partei- und Staatsaktiv wurden 200 Personen, darunter Offiziere, Soldaten des MWD, des MGB (Ministerium für Staatssicherheit; A. d. Ü.) und der Roten Armee, getötet.
Litauische SSR: Vernichtet 145 Banditen, selbst ergeben haben sich 75, festgenommen 1500 Personen. Konfisziert: Maschinengewehre 44, Gewehre 289, Pistolen 122, Granaten 182, Vervielfältigungsapparate 12. Die Bandengruppen von Jodepukis A., Norejkis I. und eine Reihe anderer sind liquidiert worden. Innerhalb eines Monats wurden in der Republik 122 Banditenzwischenfälle registriert. Vom Aktiv, Soldaten des MWD, des MGB und der Roten Armee, wurden 215 Personen getötet.«

Stalin dachte nicht daran zu resignieren. Er würde das Land schon noch in eine Festung verwandeln. Die von Truman verkündete antikommunistische Doktrin machte in Stalins Augen auch den »Marshallplan« unannehmbar. Die UdSSR hätte zwar äußerst dringend wirtschaftliche Hilfe gebraucht, aber nach diesem Plan hätte sie diese nach Stalins Meinung nur erhalten können für den Preis einer faktischen Kontrolle der Westalliierten über die Sowjetwirtschaft. Deshalb ließ der »Führer« Molotow auf der Pariser Konferenz vom 27. Juni bis zum 2. Juli 1947 »Njet« sagen. Möglicherweise hatte Stalin tatsächlich die Ziele dieses Plans erraten. Später schrieb Truman in seinen Erinnerungen:

»Marshall hatte mit seiner Konzeption das Ziel, Europa von der Bedrohung durch eine Unterjochung zu befreien, die der russische Kommunismus vorbereitete.«

Stalin sah nur einen Ausweg aus der Lage, in die das Land zu Beginn des kalten Kriegs geraten war: die Liquidierung des Atomwaffenmonopols der USA. Und das Land musste stärker werden. In einem kolossalen Kraftakt wurden die Stahl- und die Zementproduktion sowie der Kohleabbau bis zum Jahr 1952 beinahe verdoppelt, verglichen mit dem Vorkriegsniveau. Auch die Erdölförderung wurde entschieden gesteigert. Die Anstrengungen in der Schwerindustrie schufen die Voraussetzungen für einen Ruck in der Atomwaffenforschung. Die Leitung dieser Arbeiten übertrug Stalin, wie erwähnt, Berija. Bereits vor dem Krieg hatten die Wissenschaftler A. f. Joffe, I. W. Kurtschatow, G. N. Flerow, L. D. Landau, I. J. Tamm die Grundlage geschaffen für den Bau des ersten Uranreaktors. Aber dann waren die Arbeiten unterbrochen worden. Erst 1942 wurden sie unter Kurtschatows Leitung wieder aufgenommen. Stalin drängte. Er befahl, keine Mittel zu scheuen, um die Industrie- und Forschungsprogramme realisieren zu können. Im Dezember 1946 setzten die sowjetischen Wissenschaftler die erste atomare Kettenreaktion in Gang, ein Jahr später nahm der erste Atomreaktor die Arbeit auf, was Molotow im November 1947 Anlass gab zu erklären, dass das Geheimnis der Atombombe nicht mehr existiere. Im Sommer 1949 wurde die erste sowjetische Atombombe getestet; im Jahr 1953 die Wasserstoffbombe.
Ein bedeutender Teil des GULAG arbeitete für die Rüstungsindustrie. Ein Dokument dazu:

»An den Genossen Berija L. P.
In Anbetracht der dringenden Notwendigkeit, eine wissenschaftliche Forschungsbasis im Osten zu errichten, bitte ich um Ihre Anordnung an den Minister für Inneres Genossen Kruglow über die Eröffnung eines Lagers auf dem Gelände der Filiale des ZAGI (Zentrales Aero-hydrodynamisches Institut) aus der Anzahl der Insassen sibirischer Lager in der Quantität von 1000 Menschen.
23. Juli 1946 M. Chrunitschew«

Ein anderes Dokument von vergleichbarer Qualität:

»An den Genossen Berija L. P.
Für die weitere Entwicklung des Baus bitte ich, noch ein Lager

von 5000 Menschen zu organisieren und 30 000 Meter Plane zum Nähen der Zelte und 50 Tonnen Stacheldraht zur Verfügung zu stellen.
22. März 1947 A. Sademidko«

Vierzig Jahre später ist es mir gelungen, mit dem Verfasser des zuletzt angeführten Schreibens zu sprechen. Der ehemalige Minister für den Bau von Betrieben für die Brennstoffindustrie Alexander Nikolajewitsch Sademidko antwortete auf meine Frage, wie er heute über seine Notiz an Berija denke:

»So war nun einmal die Zeit. (…) Der Sozialismus wurde mit Hilfe einer riesigen Armee von Gefangenen aufgebaut. Heute scheint mir das alles selbstverständlich wahnwitzig. (…) Eines Tages rief man mich und meinen Stellvertreter um zwei Uhr nachts zu Berija. Dieser fragte uns: ›Warum berichten Sie nicht über die Übergabe des Objekts?‹ (In einem Kombinat wurde eine spezielle Zeche gebaut.)
›Wir haben die Montage noch nicht beendet.‹
›Wer hat sie noch nicht beendet? Rufen Sie den Direktor des Kombinats!‹, rief er seinem Helfer zu.
Drei bis vier Minuten später war am anderen Ende der Leitung im Donezkohlebecken die Stimme des Direktors zu vernehmen. Berija hörte nicht zu, sondern warf einige Sätze in den Telefonhörer: ›Ich grüße Sie. Hier spricht Berija. Warum wurde die Aufgabe nicht innerhalb der Frist erfüllt? Heute gegen 8 Uhr morgens ist die Montage zu beenden!‹
Man kann sich vorstellen, wie ruhig die Nacht des Direktors dieses Kombinats war! Berija befahl sogleich seinem Helfer: ›Verbinden Sie mich mit dem Verwaltungsleiter.‹
›Ich höre, Genosse Berija!‹
›Ich habe dem Kombinatsdirektor befohlen, gegen 8 Uhr morgens die Montage zu beenden. Wenn er das nicht zustande bringen sollte, dann wirf ihn in deinen Keller. Auf Wiedersehen!‹
Mein Vertreter und ich wussten von diesen Methoden Berijas, aber wenn wir auf seine ruhigen und kurzen Anweisungen schauten, liefen uns Schauer über den Rücken.«

Sademidko schwieg eine Weile und sagte dann noch einmal: »So war damals die Zeit.«
Stalin sah den Einsatz von Gefangenen in der Rüstungsindustrie auch als »Umerziehung« von Hunderttausenden von »Feinden« und »Verrätern«. Er hatte sich schon lange daran gewöhnt, sie als »ehemalige« Menschen anzusehen.
Aber gleichgültig, welches Verhältnis wir zu Stalin haben mögen, eines muss festgestellt werden: Mit seinem erbarmungslosen Willen und durch unglaubliche Anstrengungen der sowjetischen Menschen, um den Preis riesiger materieller und menschlicher Opfer erreichte er das, was unmöglich schien. Das Atomwaffenmonopol der USA wurde beseitigt. Das war der Anfang der strategischen Parität. Stalins Intellekt, und ebenso der seiner Opponenten jenseits des Ozeans, war zu einem neuen politischen Denken nicht fähig.

Nach langen Gesprächen und Erörterungen mit Molotow und Schdanow entschloss sich Stalin, einen Schritt zu tun, der, wie vorauszusehen war, im Westen als äußerst negativ empfunden werden sollte. Stalin hielt es angesichts der schlechten internationalen Lage für dringend notwendig, ein Organ zur Koordinierung der Arbeit der kommunistischen Parteien zu gründen. In den westeuropäischen Hauptstädten und jenseits des Atlantiks wurde diese Entscheidung betrachtet als die offizielle Annahme des Aufrufs zum kalten Krieg. Als die Kommunistische Internationale geboren wurde, glaubten ihre Führer, besonders Lenin, Trotzki und Sinowjew, an die nahe Weltrevolution. Aber sie hatten die Lebenskraft der alten Welt unterschätzt. Es wurde klar, dass unter den Bedingungen der relativen Stabilisierung des Kapitalismus die Internationale nur eine begrenzte Rolle spielen konnte. Und letztlich war sie zu einem Organ der sowjetischen Politik geworden. Die Führung der internationalen revolutionären Bewegung durch ein Zentrum diskreditierte die kommunistischen Parteien nachhaltig. Nicht ohne Grund sprachen Gegner und Kritiker von »Moskaus Hand«. Aber nun glaubte Stalin, dass der Kalte Krieg und die Bildung zweier weltpolitischer Lager die Frage einer engen Zusammenarbeit der kommunistischen Parteien von neuem aufwarfen.

Auf Initiative der polnischen Kommunisten, die von Stalin unterstützt wurde, fand vom 22. bis zum 27. September 1947 in der Stadt Szklarska Poreba (bei Wroclaw) eine Beratung von Vertretern von neun europäischen kommunistischen Parteien statt. Stalin hatte Schdanow beauftragt, die KPdSU zu vertreten. Schdanow schickte dem »Führer« aus Polen ein chiffriertes Telegramm, in dem er ihm mitteilte:

»Die Arbeit der Beratung beginnt mit Informationsberichten aller kommunistischen Parteien, die an der Beratung teilnehmen. Daraufhin ist eine Tagesordnung auszuarbeiten. Wir werden folgende Punkte vorschlagen:
1) Über die internationale Lage – werden wir berichten;
2) Über die Koordinierung der Arbeit der Parteien. Wir werden den polnischen Genossen vorschlagen, diesen Bericht zu machen. Das Resultat soll die Schaffung eines Koordinationszentrums mit Sitz in Warschau sein. Ich glaube, dass eine besondere Betonung auf einen freiwilligen Beginn in dieser Sache gelegt werden muss. Ich bitte um Anweisungen. A. Schdanow«

Stalin genehmigte das Konzept. Vier Jahre nach der Auflösung der Kommunistischen Internationale wurde das Informationsbüro der kommunistischen und Arbeiterparteien gegründet. Im Westen wurde es gleich »Kominform« genannt. Schdanow berichtete Stalin, dass die Jugoslawen sich am aktivsten und positivsten verhalten hätten. Sie konnten nicht ahnen, dass dieses neue Organ schon im November 1949 eine Resolution verabschieden wird unter der Überschrift »Die jugoslawische kommunistische Partei in den Händen von Mördern und Spionen«.
Zwei Berichte hatten Schdanow besonders beeindruckt: derjenige des Vertreters des Bundes der Kommunisten Jugoslawiens (BdKJ) Edvard Kardelj und derjenige des Sekretärs des ZK der Kommunistischen Partei der Tschechoslowakei Rudolf Slansky. Aber nicht einmal ein Jahr sollte vergehen, bis Schdanow es für angebracht hielt, Kardelj als »imperialistischen Spion« abzustempeln. Und Slansky sollte im November 1952 in einem schändlichen Prozess nach Berijas Drehbuch zum Tod verurteilt werden.
In Schdanows Bericht »Über die internationale Lage« wurde eine

These formuliert, die für lange Jahre eine zentrale Rolle in der sowjetischen Propaganda spielte: »die Teilung der Welt in zwei entgegengesetzte Lager«. Das war wohl eine Antwort auf die antikommunistische Doktrin Trumans, der den Sozialismus »zurückrollen« wollte. Schdanow kritisierte den »Marshallplan« als ein »Programm der Unterjochung Europas«. Auch die sozialdemokratischen Parteien griff er an, und er scheute dabei nicht zurück vor Beleidigungen an ihre Adresse.

Auf der Beratung in Szklarska Poreba wurde beschlossen, das nächste Treffen in Belgrad durchzuführen. Aber dazu kam es nicht mehr. Es begann Stalins Kampf gegen den »Titoismus«.

Die Völker Jugoslawiens hatten unter großen Opfern und Entbehrungen einen ununterbrochenen Kampf gegen den Faschismus geführt. Mit Jugoslawien, das sich für eine sozialistische Entwicklung entschieden hatte, schloss die Sowjetunion ihren ersten Freundschaftsund Beistandsvertrag nach dem Krieg. Genauer gesagt wurde das Abkommen sogar noch während des Kriegs unterzeichnet, und zwar im April 1945, als Tito Moskau besuchte. Stalin hat sich danach häufig mit Tito getroffen und mit ihm vertraute Gespräche geführt. Ein Ergebnis dieser Unterredungen war, dass die Sowjetunion der jugoslawischen Volksarmee Kampftechnik für 32 Schützen- und Luftwaffendivisionen zur Verfügung stellte. Es schien, als würden die freundschaftlichen Beziehungen weiter ausgebaut. In der jugoslawischen Volksarmee arbeitete eine große Gruppe sowjetischer Militärspezialisten, in der UdSSR studierten Tausende von jugoslawischen Militärangehörigen. Die Zusammenarbeit zwischen der KPdSU und dem BdKJ war eng. Und auf einmal – der Konflikt. Und was für einer! In einigen Fragen, über die sich die jugoslawische und die bulgarische Führung nicht mit Moskau beraten hatten, fühlte Stalin sich hintergangen. Dazu zählten die Vorbereitung des bulgarisch-jugoslawischen Freundschaftsvertrags, die Verlegung eines jugoslawischen Luftwaffenregiments nach Albanien und die Erklärung des Führers der bulgarischen Kommunisten Georgij Dimitroff, dass es prinzipiell möglich sei, eine Föderation oder Konföderation der europäischen volksdemokratischen Staaten zu bilden. Diese »Eigenmächtigkeit« der jugoslawischen und bulgarischen Kommunisten rief seinen Zorn hervor. Der Diktator ging davon

aus, dass seine Verbündeten keinen Schritt unternehmen dürften ohne seine Anweisungen.
Stalin schlug vor, ein sowjetisch-bulgarisch-jugoslawisches Treffen durchzuführen. Es fand am 10. Februar 1948 in Moskau statt. Die Delegationen wurden von Stalin, Dimitroff und Kardelj geleitet. Auf sowjetischer Seite nahmen die Politbüromitglieder Molotow, Malenkow, Schdanow und außerdem Suslow teil. Zur bulgarischen Delegation gehörten Kostow und Kolarow. Die jugoslawische Delegation zählte Djilas und Bokarić zu ihren Mitgliedern. Stalin zeigte sich gleich zu Beginn erregt und unzufrieden wegen der Uneinigkeit hinsichtlich außenpolitischer Fragen. Er qualifizierte einige Schritte Bulgariens und Jugoslawiens als »besondere außenpolitische Linie« ab. Auf die Erwiderung der Bulgaren und Jugoslawen, dass diese Vorwürfe unbegründet und dass die Anschuldigungen persönlicher Natur seien, reagierte Stalin mit einem unerwarteten Vorschlag: Es sei dringend notwendig, Bulgarien und Jugoslawien in einer Föderation zu vereinigen. Stalin, der es gewohnt war, dass seine Wünsche als endgültige Entscheidungen angesehen wurden, stieß mit seinem Vorschlag auf Widerspruch. Sowohl Dimitroff als auch Kardelj antworteten, dass sie eine Föderation zwar nicht prinzipiell ausschließen wollten, dass dafür aber die Zeit noch nicht herangereift sei. Kardelj erklärte außerdem, dass er keine verbindliche Antwort auf diesen Vorschlag Stalins geben könne. Diese Frage müsse vielmehr von der politischen Führung seines Landes erörtert und entschieden werden. (Als Stalin später erfuhr, dass man in Belgrad beschlossen hatte, bei der Frage der Gründung einer Föderation nichts zu überstürzen, sondern sie lediglich als historische Perspektive anzusehen, wurde er rasend.) Stalin traf zum ersten Mal seit vielen Jahren auf den Widerspruch von Kommunisten! Das war unerhört! Darauf war er nicht vorbereitet.
Milovan Djilas, der das Treffen der jugoslawischen und bulgarischen Delegationen mit Stalin beschrieb, hat später darüber berichtet. Stalin habe Dimitroff, nachdem dieser seine Erklärungen abgegeben hatte, entgegengeschmettert: »Unsinn! Sie haben jedes Maß überschritten wie ein Komsomolze. Sie wollen die Welt sehen, als seien Sie immer noch Sekretär der Kommunistischen Internationale. Sie und die Jugoslawen teilen nichts über ihre Ange-

legenheiten mit, wir erfahren alles auf der Straße. Sie stellen uns vor vollendete Tatsachen!«

Als Kardelj seine Argumente vortragen wollte, wurde er von Stalin unterbrochen: »Unsinn! Die Meinungen gehen auseinander, und zwar tiefgründig! Was sagen Sie über Albanien? Sie haben uns überhaupt nicht über die Verlegung von Truppen nach Albanien informiert!«

Kardelj widersprach und sagte, dass die albanische Regierung dieser Maßnahme zugestimmt habe.

Stalin begann zu brüllen: »Das hätte zu ernsthaften internationalen Schwierigkeiten führen können: Sie beraten sich überhaupt nicht mit uns. Das ist bei Ihnen kein Fehler, sondern ein Prinzip – ja, ein Prinzip!«

Weiter schreibt Djilas: »Drei, vier Tage später machten wir uns auf den Heimweg. Frühmorgens fuhr man uns zum Flughafen Wnukowo, und ohne jede Ehrerweisung stopfte man uns ins Flugzeug.« Diese Begegnung war einem Dialog nicht einmal ähnlich. Es folgten impulsive Sanktionen: Die sowjetischen Militärberater wurden aus Jugoslawien zurückgerufen, Stalin und Molotow schrieben einen scharfen Brief an die jugoslawische Führung. Tito verfasste eine ausgewogene Antwort, die vom ZK des BdKJ gebilligt wurde. Er wies die Anschuldigung feindlicher trotzkistischer Aktionen zurück. Und unter anderem steht da: »Sosehr auch jeder von uns das Land des Sozialismus, die UdSSR, liebt, er kann auf gar keinen Fall sein Land weniger lieben, das ebenfalls den Sozialismus aufbaut.«

Im Mai kam die Antwort aus Moskau, auf 25 Seiten. Berijas »Organe« sammelten schnell eine Menge von »Fakten«, die Titos »Verrat« beweisen sollten. Stalin begriff nicht, dass er seine erste empfindliche Nachkriegsniederlage erlitten hatte. Er beschloss, noch weiter zu gehen und die Kominform einzuschalten. Belgrad erreichten zwei Schreiben aus Moskau, in denen eine jugoslawische Delegation zu einer Sitzung des Informationsbüros in Bukarest eingeladen wurde. Die Jugoslawen antworteten mit einem höflichen, aber deutlichen Nein und bewerteten diese Einladung als Einmischung in ihre inneren Angelegenheiten. Gleichzeitig erklärten sie ihre Bereitschaft, die Beziehungen wieder zu normalisieren.

Stalin beschloss, die Sitzung des Büros ohne die »Angeklagten« durchzuführen. Und das war der Bruch. Stalin schickte Malenkow, Suslow und Schdanow nach Bukarest. In seinem Bericht formulierte Schdanow Folgendes:

»Die gesamte Verantwortung für die entstandene Situation tragen Tito, Kardelj, Djilas und Rankovk. Ihre Methoden stammen aus dem Arsenal des Trotzkismus. Die Politik in der Stadt und auf dem Dorf ist nicht richtig. In einer kommunistischen Partei ist solch ein schändliches, rein türkisches terroristisches Regime nicht zu dulden. Diesem Regime muss ein Ende gemacht werden. Die kommunistische Partei Jugoslawiens wird diese ehrenhafte Aufgabe erfüllen können.« (Hervorhebung von mir; D. W.)

Wie Chruschtschow auf dem 20. Parteitag sagte, habe Stalin das Gefühl für die Realität verloren und sogar erklärt: »Ich werde meinen kleinen Finger bewegen, und es wird keinen Tito mehr geben. Er wird stürzen!«
Der Höhepunkt dieses Konflikts war die erwähnte Resolution des Informationsbüros vom November 1949: »Die jugoslawische kommunistische Partei in den Händen von Mördern und Spionen«. Den Text dieser Resolution hatte Suslow »gründlich« erarbeitet. Die jugoslawischen Führer wurden darin mit den Nazis verglichen, sie wurden der Spionage beschuldigt, eines Blocks mit dem Imperialismus, der kulakischen Entartung usw.

Die wenigen Jahre, die Stalin nach dem Krieg verblieben, waren nicht weniger stürmisch als sein gesamtes Leben zuvor. Seine Sorgen erstreckten sich nun über die Staatsgrenzen hinaus. In den sozialistischen Ländern gab es eine ganze Reihe von Problemen. Jedes dieser Länder erhielt die Möglichkeit, auf den Weg des sozialistischen Aufbaus zu treten auf der Grundlage von Prinzipien und von Besonderheiten, die den nationalen Traditionen, der historischen Erfahrung und der konkreten Situation entsprachen. Niemand kann die Erfolge der sozialistischen Länder verneinen. Unsere gemeinsame Erfahrung ist von dauerhafter Bedeutung.
Die »jugoslawische Niederlage« hat Stalin wohl gezwungen, einiges in seinem dogmatischen Arsenal neu zu durchdenken. Mögli-

cherweise hatte er sich bei dieser Gelegenheit von der Ineffektivität eines »einheitlichen Zentrums« überzeugt. Davon zeugt jedenfalls die Tatsache, dass sein Interesse am Internationalen Informationsbüro allmählich abnahm. Nach dem Bruch mit Jugoslawien wurden noch ein oder zwei Beratungen einberufen, und dann beendete das Büro stillschweigend seine Existenz. Die Anwendung von Kommandomethoden in der internationalen kommunistischen Bewegung hatte sich als erfolglos erwiesen.

Neben der Schaffung des sozialistischen Lagers in diesen finsteren Jahren des kalten Kriegs konnte Stalin als wichtige positive Tatsachen lediglich zwei Ereignisse ansehen: die Gründung der Volksrepublik China und die Formierung einer starken Bewegung der Völker für die Erhaltung des Friedens. Ende der vierziger bis Anfang der fünfziger Jahre war eine schwierige Zeit. Manchmal konnte man den Eindruck gewinnen, als hätten die politischen Führer den gesunden Menschenverstand verloren. Sogar der römische Papst mischte sich in die internationalen Auseinandersetzungen ein. Er verkündete, dass jeder Katholik, der den Kommunisten Unterstützung gewähre, exkommuniziert würde. Überall wurde die »Hexenjagd« betrieben. Es war schwer zu glauben, dass die Siegerstaaten nur drei oder vier Jahre nach dem Ende des Zweiten Weltkriegs wieder vor einem Krieg standen, diesmal jedoch gegeneinander. Amerika, von seiner Macht geblendet, konnte sich nicht damit abfinden, dass noch ein Koloss heranwuchs. Unter diesen Umständen setzte Stalin seine vorsichtige Außenpolitik fort. Er steigerte die militärische Kraft seines Landes und versuchte dabei, die ehemaligen Verbündeten nicht zu provozieren. Er behauptete zwar nicht wie Mao, dass die Atombombe ein »Papiertiger« sei, aber er glaubte, dass in einem möglichen Krieg die entscheidende Rolle die Volksmassen spielen würden.

Es gab einen Moment, in dem es schien, als würden die eisigen Winde abflauen. Am 1. Februar 1949 schickte der europäische Direktor des »International News Service« aus Paris folgendes Telegramm an Stalin:

»Der offizielle Vertreter des Weißen Hauses Charles Ross teilte heute mit, dass Präsident Truman sich über die Möglichkeit einer Beratung mit Ihnen in Washington freuen würde. Würden Sie,

Eure Exzellenz, bereit sein, zu diesem Zweck nach Washington zu reisen? Wenn nicht, wo wären Sie bereit, den Präsidenten zu treffen?«

Stalin antwortete am nächsten Tag:

»Ich danke Präsident Truman für die Einladung nach Washington. Eine Reise nach Washington ist ein lang gehegter Wunsch von mir, wie ich seinerzeit Präsident Roosevelt in Jalta und Präsident Truman in Potsdam erzählt habe. Leider bin ich zurzeit der Möglichkeit beraubt, mir diesen Wunsch zu erfüllen, denn meine Ärzte sprechen sich entschieden gegen eine längere Reise aus, insbesondere über Wasser oder in der Luft.«

Als mögliche Treffpunkte schlug Stalin Moskau, Leningrad, Kaliningrad, Odessa, Jalta, Polen, die Tschechoslowakei vor, aber er wusste, Truman würde absagen. Sie hatten nichts miteinander zu besprechen. Der Präsident setzte auf die Politik der Stärke und glaubte wohl, die Sowjetunion zum »Wohlverhalten« zwingen zu können. Ich glaube, Truman hat sich mit der Zeit jedoch davon überzeugt, dass diese Hoffnungen trügerisch waren. Stalin hatte nicht die Absicht, sich einem Diktat zu unterwerfen. Nicht zufällig erschien am 26. Juni 1949 in der »Prawda« ein Leitartikel mit der Überschrift »Truman maßlos prahlend«.
Und mit einemmal wurden in dieser unruhigen Zeit Stimmen laut, die zur Vernunft aufriefen. 1948 trafen sich in Wroclaw Pazifisten beider »Lager« zu einer Versammlung, auf der führende Vertreter der Weltkultur den Ton angaben. Dann folgte der Kongress der Friedensfreunde in Paris. Stalin, der zunächst skeptisch auf diese »intellektuelle Bewegung« herabsah, spürte auf einmal, dass sich hier einige Möglichkeiten boten.
1951 unternahmen die Friedensanhänger eine grandiose Aktion. Sie organisierten eine Unterschriftensammlung zur Unterstützung des Stockholmer Friedensappells. Die Kampagne erreichte riesige Ausmaße. Die Mitglieder des Komitees, das die Aktion organisierte, teilten nach einem Jahr mit, dass 500 Millionen Menschen die Forderung unterschrieben hätten, keinen Krieg zuzulassen! Stalin und die offizielle sowjetische Propagan-

da unterstützten die Idee der friedlichen Koexistenz. Ich glaube, dass die Stockholmer Kampagne der Beginn zur Formierung eines globalen Bewusstseins der Menschheit war. Heute sind wir diesem Ziel näher als damals, aber wie wichtig war es, die ersten Schritte zu tun!

Als im April 1949 in Paris die Weltfriedenskonferenz stattfand, an der 2000 Delegierte aus der ganzen Welt teilnahmen, verfolgte Stalin ihren Verlauf als ein politisches Ereignis von erstrangiger Wichtigkeit. Die sowjetische Delegation war von ihm und Molotow zusammengestellt worden. Ihre Mitglieder waren: Alexander Fadejew, Ilja Ehrenburg, W. L. Wassiljewskaja, Alexander Kornejtschuk, Mirso Tursun-sade, Wjatscheslaw Petrowitsch Wolgin, Pjotr Nikolajewitsch Fedossejew, L. T. Kosmodemjanskaja, Alexej Petrowitsch Maresjew. In diesem Widerstreit der Welten, als die eisigen Winde die Vernunft der Politiker und Generäle eingefroren hatten, erhielt Stalin eine gewaltige Unterstützung durch die chinesische Revolution. Der Sieg der Revolution in China veränderte merklich das Kräfteverhältnis und die Lage in der Welt. Der zwanzigjährige Kampf des chinesischen Volks für seine soziale und nationale Befreiung endete triumphal am 1. Oktober 1949 mit der Ausrufung der Volksrepublik China.

Als man Stalin mitteilte, dass der neue amerikanische Botschafter in Peking angekommen sei, wurde ihm einiges klar. Er wusste, wenn die Vereinigten Staaten Einfluss auf China gewinnen würden, dann würde die Situation der UdSSR schwieriger werden.

Stalin hatte seinerzeit einiges über China geschrieben. Einige dieser Arbeiten sind außerordentlich primitiv. Beispielsweise behauptete er, dass »die Revolutionierung des Ostens« einen entscheidenden Schub für die Verschärfung der revolutionären Krise im Westen bedeute. »Der von zwei Seiten attackierte Imperialismus muss sich als dem Tode geweiht ansehen.«

Nach der Beendigung des Zweiten Weltkriegs hatte Stalin einiges getan für die Unterstützung der Revolution in China: Die chinesische Volksbefreiungsarmee erhielt Waffen und Ausrüstungen, es wurde auch andere Hilfe geleistet. Da die USA ihm feindselig gegenüberstanden, entschloss sich Mao für die Sowjetunion. Nach dem Sieg der chinesischen Revolution entwickelten sich die Beziehungen schnell und auf breiter Grundlage. Ihren Höhepunkt

erreichten sie mit der Einladung Mao Tse-tungs nach Moskau zu Stalins siebzigstem Geburtstag.
Mit einiger Skepsis erwartete Stalin das Treffen mit dem Führer des chinesischen Volks. Obwohl er viel über China und über die chinesische Revolution geschrieben hatte, kannte er im Grunde weder die Geschichte noch die Kultur dieses Landes. Mao und Stalin führten Gespräche über die verschiedensten Themen. Am 14. Februar 1950 wurde der Vertrag über gegenseitige Hilfe unterzeichnet. Er stärkte die Position der Sowjetunion in der internationalen Auseinandersetzung.
Ich glaube, dass Stalins Nachfolger bei weitem nicht alles Mögliche getan haben, um diese guten Beziehungen der beiden großen Völker zu bewahren. Einer der Gründe des Bruchs ist dabei Maos negative Reaktion auf die Entlarvung des Personenkults auf dem 20. Parteitag der KPdSU. Der starke Händedruck zweier Giganten hielt sich historisch nicht lange. Gott sei Dank haben sich die Führer der beiden Länder von neuem die Hände gereicht.
Die eisigen Winde umwehten das Land nicht nur im Westen, sondern auch im Osten. Die Stationierung amerikanischer und sowjetischer Truppen in Korea unmittelbar nach dem Krieg führte dazu, dass unterschiedliche politische Strukturen im Norden und im Süden des Landes entstanden. Faktisch wurden zwei Staaten gegründet, die die Bevölkerung Koreas künstlich teilten. Nach dem Rückzug der sowjetischen Truppen aus Nordkorea folgte der Rückzug der Amerikaner aus Südkorea. Beide Seiten gingen davon aus, dass in beiden Teilen des Landes der Großteil der Bevölkerung ihre jeweilige Regierung unterstützte. Leider gibt es keine anderen sowjetischen, chinesischen und koreanischen Dokumente als jene, die damals in den Zeitungen publiziert wurden; zumindest sind bislang keine bekannt. Aber es ist klar, dass der Koreakrieg entstanden ist, weil jede der beiden Seiten ihre Herrschaft auf das ganze Territorium ausdehnen wollte.
Während des Koreakriegs wuchs das Vertrauen Stalins zu Mao und festigten sich die Beziehungen zwischen der UdSSR und China. Nachdem die chinesischen und nordkoreanischen Truppen das Territorium nördlich des 38. Breitengrads befreit hatten, bewegten sie sich noch 100 Kilometer südwärts. Der Kampfgeist der amerikanischen Truppen und das militärische Ansehen der

USA waren Mitte des Sommers 1951 merklich gesunken. Stalin spürte, dass ein gefährlicher Augenblick erreicht war. Die Amerikaner würden keine Niederlage hinnehmen und zum letzten Mittel greifen, zur Atombombe. Der amerikanische General MacArthur forderte, die Mandschurei zu bombardieren. Truman ließ verlauten, dass die Anwendung von Atomwaffen nicht ausgeschlossen sei. Weder Stalin noch Mao konnte eine Niederlage der Amerikaner zulassen. Es begannen zwei lange Jahre der Verhandlungen, während die Kämpfe in Korea weitergingen. Stalin verstand früh, dass beiden Seiten kein anderer Ausweg blieb, als auf einen Kompromiss einzugehen. Das entsprechende Abkommen wurde allerdings erst einige Monate nach seinem Tod, im Juli 1953, unterzeichnet.

Ich glaube, dass der Koreakrieg zum ersten Mal gezeigt hat, dass in unserer modernen Welt, die immer noch in Blöcke geteilt ist, bei einem Zusammenstoß der beiden Lager eine Pattsituation unvermeidlich ist. Zum ersten Patt kam es in Korea, zum zweiten in der Karibikkrise. Aber hier, beim zweiten Mal, setzte sich die Klugheit schneller durch.

Hat Stalin aus Korea Lehren gezogen? Es lässt sich schwer sagen. Eines jedoch ist klar, nämlich dass die Amerikaner ihre Lektion erst spät lernten. Napalm, die Atombombendrohungen, das Abenteuer in Vietnam, die langjährige Nichtanerkennung Chinas – all das waren Elemente einer Politik, die ihr Hauptaugenmerk auf die Gewalt legte. Die Sowjetunion machte ihre diesbezüglichen Erfahrungen später, im Ergebnis des Afghanistanabenteuers.

Im Koreakrieg konnte die Welt sehen, dass Amerika nicht allmächtig war. In diesem Fall war Stalin weitsichtiger als seine weltpolitischen Kontrahenten. Nach der kalten jugoslawischen Dusche war die alte Vorsicht zu ihm zurückgekehrt.

Relikte des Cäsarismus

Stalin, der manchmal irgendwelche rätselhaften Eintragungen in sein schwarzes Heft machte, kam nicht nur einmal auf den Gedanken, nach der »Kurzen Biographie« ein monumentales Werk über sich schreiben zu lassen. Davon zeugen seine Anweisung zur »Inventur« der Archive und vereinzelte Äußerungen zu Schdanow, Bulganin, Poskrebyschew über die Notwendigkeit, die »Rolle der Schüler Lenins« umfassend darzustellen.

Immer häufiger kehrte Stalin gedanklich in die Vergangenheit zurück. An die Vergangenheit erinnerten ihn auch Menschen – Verwandte seiner ehemaligen Mitkämpfer. Ab und zu legte Berija ihm Briefe vor von Verwandten bekannter Parteipolitiker, die als »Volksfeinde« erschossen oder ins Lager verbannt worden waren. Diese Menschen wandten sich persönlich an Stalin. Meist schaute sich der »Führer« die Schreiben oberflächlich an, sagte kein Wort und reichte sie Berija zurück. Dieser hatte Verständnis, sammelte die Briefe wieder ein, legte sie in seine Mappe und ging. »Sie sollen ihr Kreuz tragen«, dachte der Diktator. Die Perspektive, dass Hunderte, Tausende von Frauen, Kindern und Verwandten seiner ehemaligen Parteigenossen nach Moskau, Leningrad und in andere Städte zurückkehren sollten, behagte ihm nicht. Wie viel neue Arbeit hätte das für die »Organe« bedeutet! Nein, es sollte alles so bleiben, wie es war. Manchmal, wenn er so einen Brief erblickte, sagte er: »Was will sie denn? Bittet sie auch um die Entlassung?« und sah Berija dabei vorwurfsvoll an.

Beim letzten Mal hatte Stalin den Brief einer Enkelin Felix Dserschinskis namens Jadwiga Josifowna gelesen. Die Bittstellerin, die in Moskau lebte, setzte sich für ihre Mutter ein, die bereits lange Jahre in den Lagern von Karaganda saß. Die Tochter schrieb: »Meine Mutter ist sehr krank, sie hat Lungentuberkulose, Skorbut. Sie befindet sich in einem sehr schlechten Zustand.« Aber auch in diesem Fall blieb Stalin hart und überließ alles Berija. Stalin wollte die Schatten der für immer verschwundenen Menschen nicht mehr sehen, der Menschen, die einst Seite an Seite mit ihm gekämpft hatten. Er wollte nur das sehen, was er geschaffen hatte.

In weniger als drei Jahrzehnten war unter seinen Händen ein mächtiger Staat gewachsen, der nun in der ganzen Welt Respekt genoss. War es nicht so? Aber warum gab es dann so viele Unzufriedene? Warum wurden die Feinde, die Verräter nicht weniger? Hier, beispielsweise, lag vor ihm das Gesuch des Innenministers: »Die Fassungskapazität der Sonderlager beläuft sich zurzeit auf 180 000 Personen. Das MWD bittet um Erlaubnis, das Fassungsvermögen der Sonderlager um 70 000 Personen zu erhöhen, um es auf 250 000 zu bringen.«
Ein Leben lang betete Stalin nur eines an: den Kampf und nur den Kampf. Mit Hilfe der Partei bewegte sich Stalin immer weiter von der Leninschen Konzeption fort. Das bürokratische System hat eine Besonderheit: Es formiert sich sehr schnell. Und es ist furchtbar langlebig.
Eines der Hauptleiden der sozialistischen Entwicklung begründet sich darin, dass wir viele Lehrsätze und Formeln des wissenschaftlichen Sozialismus verabsolutiert, aber die Dialektik in unserer gesellschaftlichen und politischen Praxis nicht angewendet haben. Genau davor hatten die Begründer des Marxismus gewarnt. Vor der Oktoberrevolution, als Lenin sich vor den Spürhunden der Provisorischen Regierung versteckte, schrieb er bedeutende Zeilen über die Entwicklung des Kommunismus:

»Er geht aus dem Kapitalismus hervor, entwickelt sich historisch aus dem Kapitalismus, ist ein Resultat der Handlungen einer gesellschaftlichen Kraft, die der Kapitalismus geboren hat. Bei Marx gibt es keinen Schatten des Versuchs, eine Utopie zu schaffen, in die Leere zu mutmaßen, was man nicht wissen kann.«

Warum wiederhole ich diese berühmten Wahrheiten? Deshalb, weil man sie nach Lenins Tod rasch ignoriert hat. Der Marxismus wurde nur auszugsweise und vor allem auch nicht schöpferisch angewendet.
In den zwanziger Jahren sagten die politischen Führer häufig: »Die Arbeiterklasse kann sich nicht irren« oder »Die Partei kann sich nicht irren«. Aber sie irrten doch. Wir alle wissen, dass Stalin zur Theorie des wissenschaftlichen Sozialismus nichts Positives hinzugefügt hat. Er stützte sich lediglich auf Schemata, die häu-

fig ein halbes Jahrhundert alt waren, ohne sie auch nur irgendwie fortzuentwickeln. Stalin biss sich förmlich an den Worten des Marxismus fest. So erklärte er etwa im April 1929 vor dem ZK, als er Bucharin attackierte:

»Der Leninismus ist unbedingt für ein festes Bündnis mit den Hauptmassen der Bauernschaft, für ein Bündnis mit den Mittelbauern, aber nicht für jedes beliebige Bündnis, sondern für ein solches Bündnis mit den Mittelbauern, das die führende Rolle der Arbeiterklasse gewährleistet, die Diktatur des Proletariats festigt und die Aufhebung der Klassen erleichtert. (…) Was bedeutet das – die Bauern führen? Das bedeutet erstens, eine Linie zur Vernichtung der Klassen führen und nicht zum Kleinproduzenten. Wenn wir von dieser Linie, die grundlegend ist, abweichen würden, so würden wir aufhören, Sozialisten zu sein.«

Während Stalin den Sozialismus »erklärte«, verwandelte er ihn in eine Ansammlung von Dogmen und Polemiken. Deshalb kann man sagen, dass der Stalinismus auf einer marxistischen Grundlage gewachsen ist und sich ideologisch von ihm nährte. Daraus folgt aber nicht, dass der Marxismus am Stalinismus schuld ist. Der Marxismus als Weltanschauung und als Methodologie, als Einheit philosophischer, ökonomischer und sozialer Sichtweisen trägt keine Verantwortung dafür, wie man ihn interpretiert. Der Marxismus ist keine Rezeptsammlung, kein Kochbuch. Der Marxismus ist auch kein Maßnahmenkatalog für politische Aktionen. Die Prinzipienlosigkeit sowie das mechanische und primitive Verständnis der marxistischen Ideen waren die Vorreiter für künftiges Leid. Dieses Leid sah Stalin als Sieg an. Stalin kanonisierte die Vorstellungen des Marxismus vom Klassenkampf und schuf so die sozialen Verhältnisse, die wir heute entschieden verurteilen.
In vielen Publikationen der letzten Jahre werden alle Deformationen, alle Fehler und Verbrechen nur mit einem Menschen in Verbindung gebracht. Wenn dies alles so gewesen wäre, dann hätten wir uns schon lange vom Stalinismus befreit. Stalin ist tot, aber der Stalinismus lebt immer noch. Der Stalinismus ist zu einer der historischen Möglichkeiten geworden, jene Ideen zu realisieren, die in der marxistischen Lehre dargelegt werden. Das ewige Stre-

ben der Menschen zur Freiheit, zum Glück, zur Gleichheit, zur Gerechtigkeit, so, wie der Marxismus es interpretiert, ist ein äußerst attraktives Weltbild. Viele konsequente Anhänger des Marxismus glaubten, dass selbst der Versuch eines schöpferischen Verständnisses der Postulate des Marxismus bereits Ketzerei, Revisionismus sei. Allmählich wurde jede Ansicht, die sich von der festgelegten marxistischen unterschied, als feindlich angesehen. Der Marxismus wurde zu einer Doktrin, die nicht so sehr versuchte, sich den wechselnden Bedingungen anzupassen, als vielmehr, die Bedingungen ihren Glaubenssätzen anzupassen. Solange Lenin lebte (und davon zeugen besonders seine letzten Arbeiten), wollte er das Denken und die Taten der Bolschewiki zur Wirklichkeit hinlenken, zur schwierigen Realität des Seins, zu den Widersprüchen, die im riesigen Bauernstaat wuchsen.

Stalin nutzte die Neigung der russischen Revolutionäre zum Radikalismus maximal, als er im Namen der Idee Opfer in der Geschichte, Kultur, Tradition und auch von Menschen für gerechtfertigt erklärte. Der russische Radikalismus trug die Toga der revolutionären Romantik, die den Wohlstand und die bürgerliche Kultur ablehnt. Stalin glaubte, dass im Namen der Idee alles erlaubt sei. Und nie hat jemand gesagt, dass dies ein unmenschlicher Gedanke ist, eine soziale Sünde gegenüber dem Volk!

Das wichtigste für ihn war »fortjagen«, »niederwerfen«, »zerschlagen«, »zerschmettern«, »zerbrechen«, »entlarven«, »festnageln«. Der revolutionäre Radikalismus, von dem Stalin parasitierte, schuf eine neue Pseudokultur. Und der erste Platz in dieser Pseudokultur wurde seinen Ideen zugeteilt.

Ich möchte noch einen weiteren Aspekt erwähnen, der die revolutionäre Entwicklung vor der Oktoberrevolution und später begleitete. Ich habe dabei nicht die Absicht, die Menschewiki »rein zu waschen«, die sich für eine Arbeiterpartei hielten, aber doch in hohem Maße den Stempel eines kleinbürgerlichen Reformismus trugen. Doch man muss sehen, dass sie beharrlich gegen die dogmatischen und radikalen Doktrinen aufgetreten sind, die den Marxismus enthumanisierten und schwächten. Der Menschewismus erwies sich schließlich als fruchtlos im politischen Sinne, und das hat Lenin glänzend gezeigt. Dennoch hilft die menschewistische Kritik an Stalin, einige Seiten des Stalinismus zu verstehen.

Die Führer der menschewistischen Emigration (Martow, Abramowitsch, Dan, Nikolajewski, Dolin, Schwarz, Jugow) versuchten lange Zeit, eine Art Kampf an zwei Fronten zu führen: die Ideale der Revolution zu verteidigen und gleichzeitig ihre Entartung zu kritisieren. Bis 1965 hatten die Menschewiki eine Zeitschrift mit dem Titel »Sozialistischer Bote«. Die einflussreichsten Politiker in der Führung (sie nannte sich »Auslandsdelegation«) waren Fjodor Dan, der 1947, und Raphael Abramowitsch, der 1963 starb. Dan fühlte sich während seiner letzten Jahre immer mehr zur UdSSR hingezogen, wohingegen Abramowitsch seine antisowjetischen Ansichten beibehielt.
Nach Lenins Tod kritisierten die Menschewiki hauptsächlich Stalins antidemokratische Methoden. Als die Menschewiki beispielsweise die NÖP unterstützten, äußerten sie einen interessanten Gedanken: Die neue Linie in der Ökonomie muss von einer ernsthaften Erneuerung in der Politik begleitet werden, dann könnten bonapartistische Tendenzen in der Sowjetunion sich nicht entwickeln.
Die Wurzel dieser Tendenzen sahen die Menschewiki darin, dass sich die Partei der Bolschewiki, die sich aus der Arbeiterklasse rekrutiere, immer mehr in die Waffe einer kleinen Gruppe von Menschen verwandle. Der Stärkung der Rolle einer Person folgte ihrer Meinung nach die Entartung. Nur eine Partei, die den Pluralismus zulasse, sagte Abramowitsch, könne ein Garant für die Entwicklung von Demokratie sein. Diesen Überlegungen muss man zustimmen.

Wie beurteilten die Menschewiki Stalin? Im Zusammenhang mit einer negativen Entwicklung in der UdSSR sahen die Emigranten zwei Möglichkeiten: entweder die Konterrevolution oder die »Pseudorevolution«. Stalin sei den zweiten Weg gegangen, ob bewusst oder nicht. Der Kern des Stalinismus war ihrer Meinung nach eine Absage an all jene Traditionen, die der Sozialdemokratie zugrunde lagen. Nach der Revolution war der Menschewismus keine einheitliche politische und ideologische Kraft mehr. Dan, der lange Zeit sein unumstrittener Führer war, brach mit ihm und gründete die Zeitschrift »Nowy Mir«. Er hoffte, dass die Sowjetunion nach dem Sieg über den Faschismus zum wahren

Sozialismus finden würde. In seinem letzten Buch schrieb Dan, dass Stalin sich als unfähig erwiesen habe, den Sozialismus und die Demokratie zu vereinen.

Den Menschewiki ist es gelungen, nüchtern über den Stalinismus zu urteilen. Einige ihrer Ideen und Beurteilungen verdienen ernsthafte Aufmerksamkeit bei der historischen Analyse.

Die vielzähligen »Oppositionen«, »Fraktionen«, »Abweichungen«, die nach dem Sieg der Oktoberrevolution auftauchten, verkörperten soziale und politische Alternativen der Entwicklung, bei allem Zweifelhaften und bei allen Fehlern, die man ihnen zuschreiben muss. Möglicherweise werden meine Reflexionen orthodox denkenden Menschen als Ketzerei erscheinen. Es lässt sich vorstellen, dass die Liquidierung des revolutionären Pluralismus die Gesellschaft um einige Entwicklungsmöglichkeiten beraubt hat. Ich glaube zum Beispiel, dass die Menschewiki-Internationalisten mit ihren Führern Martow, Jermanski, Astrow und anderen keine Feinde der Revolution waren. Ebenso wenig wie die Linken Sozialrevolutionäre, die sich im November 1917 zu einer Partei zusammengeschlossen hatten. Die Vernichtung des sozialistischen Pluralismus – das ist der Beginn des Abstiegs zum Monopol auf Wahrheit und politische Macht. Die Behandlung von Verbündeten oder konstruktiven Kritikern als Feinde führte dazu, dass aus der revolutionären Demokratie ein totaler Bürokratismus gemacht wurde.

Stalin pervertierte viele Prinzipien des wissenschaftlichen Sozialismus, was auf zahlreichen Gebieten soziale Entartungen zur Folge hatte. Wie gesagt: Stalinismus ist eine pervertierte Theorie und Praxis des Sozialismus, die die Gewalt als universelles Mittel für die Realisierung politischer und sozialer Ziele ansehen. Die Verzerrung der Theorie und Praxis äußerte sich am vollständigsten in der Entfremdung. Früher gingen wir davon aus, dass die Entfremdung nur in einer kapitalistischen Gesellschaft möglich sei. Ich glaube, dem ist nicht so. In den »Ökonomisch-philosophischen Manuskripten von 1844« stellt Marx jene Seiten dar, die die Entfremdung charakterisieren:

»Die Entäußerung des Arbeiters in seinem Produkt hat die Bedeutung nicht nur, dass seine Arbeit zu einem Gegenstand, zu einer äußeren Existenz wird, sondern dass sie außer ihm, unab-

hängig, fremd von ihm existiert und eine selbständige Macht ihm gegenüber wird, dass das Leben, was er dem Gegenstand verliehen hat, ihm feindlich und fremd gegenübertritt.«
Verlust des Rechts, über die eigene Tätigkeit selbst zu bestimmen; Trennung des Produzenten vom Produkt seiner Arbeit; Entfremdung von menschenwürdigen Existenzbedingungen; Entfremdung zwischen den Menschen und den Klassen; »Entwirklichung des Arbeiters«. Im Grunde ist auch der Stalinismus eine Entfremdung des Menschen von der Macht, von seiner Teilhabe an der Leitung des Staats, der Produktion und anderer gesellschaftlicher Prozesse. Der Stalinismus ist vor allem eine diktatorische Form der Entfremdung der Menschen von der Arbeit, vom Recht auf Selbstbestimmung, von der Verwaltung des Staats. Die Entwicklung des Stalinismus durchlief einige Etappen. Es begann mit der Vernachlässigung von Lenins »Testament«. Damals hatte Stalin wohl zum ersten Mal gefühlt, dass der Olymp der Macht für ihn keine Fata Morgana, sondern ein realistisches Ziel war. Die zweite Etappe vollzog sich in den Jahren 1925 bis 1929: Die Stabilisierung des Kapitalismus im Westen fiel mit der Entstehung bürokratischer Strukturen zusammen, und Stalin gelang es, Trotzki, seinen Hauptgegner, auszuschalten. Die dritte Stufe: Kollektivierung der Landwirtschaft und Liquidierung der letzten Opposition im ZK. Sie erreicht 1934 auf dem 17. Parteitag ihren abschließenden Höhepunkt.
Bei der Charakterisierung des Stalinismus kann man eine Reihe von typischen Merkmalen anführen. Eines von ihnen ist die Alternativlosigkeit der Entwicklung. Das breite Spektrum der revolutionären Konzepte nahm nach der Revolution drastisch ab. Die Wahl zwischen zwei oder mehr Alternativen trafen häufig weltfremde Schreibtischstrategen. Stalin war auf diesem Gebiet ein unübertroffener Spezialist. Er wusste immer, was gut und was schlecht war, wo Revolution und wo Konterrevolution waren.
Der Stalinismus ist nicht nur eine geistige oder soziale Krankheit. Er ist der Antipode zu allen menschlichen Werten. Er wurde zu einer eigenartigen weltlichen Religion. Man musste nur glauben und zustimmen. Von den dreißiger Jahren an ist es mir nicht gelungen, auch nur die geringsten Spuren einer öffentlichen Äußerung gegen die Stalinschen Dogmen zu finden.

Es besteht kein Zweifel, ein Staat muss seine Interessen wahren. Wenn aber Andersdenken als antisowjetische »Propaganda oder Agitation« angesehen und auf schlimmste Weise bestraft wurde, blieb nur noch die Anpassung, um zu überleben. Obwohl dies häufig auch nicht half. Die Manipulation des gesellschaftlichen Bewusstseins führte dazu, dass Millionen von Menschen alles glaubten, was der »Führer« sagte, oder dass sie gezwungen waren, sich so zu geben, als würden sie alles glauben. Und was er sagte, hatte oft sichtbar nichts mit der Wirklichkeit zu tun. Beispielsweise am 7. Januar 1933 auf dem Plenum von ZK und ZIG‹ in seinem Bericht »Über die Ergebnisse des ersten Fünfjahresplans«. Während er davon sprach, dass der Plan auf dem Gebiet der Landwirtschaft innerhalb von vier Jahren erfüllt worden sei, sagte er nicht ein einziges Wort vom furchtbaren Hunger, der Millionen von Menschen das Leben gekostet hatte.
Von nun an wurde jede Aktivität organisiert: Welche Lobpreisungen gesprochen werden sollten, wer mit welcher Rede wo auftreten sollte, welche und wie viele Porträts bei Demonstrationen getragen werden sollten, wann und worüber zu berichten war – das und vieles andere wurde »oben« entschieden. Allmählich gewöhnten sich die Menschen daran, dass man für sie dachte. Ihnen wurde vorgeschrieben, zu »applaudieren« und zu »unterstützen«. Selbstverständlich werden viele Prozesse immer in einem gewissen Maß organisiert werden müssen, aber das muss Hand in Hand gehen mit eigenverantwortlicher Aktivität, mit Initiative, mit der Fähigkeit zu gemeinschaftlicher Kreativität. Die Organisatoren der Rapporte hielten es für selbstverständlich, dass auch die Insassen der Lager und Gefängnisse dem Führer über ihre »Erfolge« berichteten.
Stalin ging davon aus, dass die Macht nicht nur Ehrfurcht, sondern auch Angst einflößen müsse. Als allmächtiger Diktator führte er beispielsweise auch ungeschriebene »Gesetze des Verhaltens« für seine Mitkämpfer ein. Sie hatten nicht das Recht, sich ohne seine Genehmigung (zu zweit, zu dritt oder zu mehreren) zu versammeln, etwa bei einem von ihnen im Arbeitszimmer, in der Wohnung oder in der Datscha. Das galt als verdächtig und wurde nicht gebilligt. Ausnahmen wurden nur für Berija gemacht, der Malenkow nahe stand und häufig mit ihm in einem Wagen zur

Datscha oder von dort zum Kreml fuhr. Alle zusammen konnten sie sich lediglich bei Stalin treffen (wenn er sie einlud). Es klingt zwar sonderbar, aber der »Führer« liebte es nicht, während seiner Arbeitszeit viele Stunden allein zu verbringen. Häufig ließ er Molotow, Berija, Kaganowitsch, Malenkow, Schdanow zu sich rufen, und sie waren nicht selten stundenlang bei ihm. Die Gesprächsthemen, oft waren es Monologe, bestimmte immer der »Hausherr«. Es war so, als würde er laut denken. Er erwartete keine Vorschläge, Einwände, mit Ausnahme vielleicht von Molotow oder Wosnessenski. Er erwartete einmütige Zustimmung, Begeisterung für die Ideen des »Genossen Stalin«. Für ihn war dies eine Art psychologisches Doping.
Der Stalinismus als Methode der Führung und Verwaltung stützte sich vor allem auf unzählige Berichte und Bescheinigungen, die von verschiedenen Personen und Organisationen auf Anweisung des »Führers« angefertigt wurden. Ein Großteil dieser Bescheinigungen und Berichte wurde im NKWD und im NKGB angefertigt. So interessierte sich Stalin nach dem Krieg beispielsweise für die Akademie der Wissenschaften. Berija berichtete ihm, dass der Präsident der Akademie häufig krank, dass die Effektivität seiner Forschungsarbeit nicht sehr hoch sei und dass es sich lohne, auch andere Akademiemitglieder unter die Lupe zu nehmen. Stalin forderte eine Auflistung mit kurzen Charakteristika der Wissenschaftler. Bald lag sie auf seinem Schreibtisch. Es ist interessant, dass sie nicht im Präsidium der Akademie erarbeitet wurde, sondern in einer der Verwaltungen des NKGB. Ich werde Auszüge aus den Charakteristika der Akademiemitglieder anführen und in einigen Fällen wohl bedacht die Namen weglassen:

»Akademitglied B. – großer Spezialist auf dem Gebiet der Schwarzmetallurgie, hat wenig Kontakte zu seinen Kollegen aufgrund der außerordentlichen Habsucht seiner Frau.
Akademiemitglied Wawilow S. I. – Physiker. In bester Verfassung. Sein Bruder Wawilow N. I., Genetiker, wegen Sabotage in der Landwirtschaft 1940 verhaftet, verurteilt zu 15 Jahren, starb im Gefängnis von Saratow.
Akademiemitglied W. – besitzt lediglich unter den Mathematikern Autorität. Junggeselle, gebraucht Alkohol in bedeutenden

Dosen. Akademiemitglied Wolgin W. P. – Vizepräsident. Über Wolgin gibt es mehr als zwanzig Aussagen (Stetzki und andere) als Trotzkisten. Hat bis zum jetzigen Zeitpunkt keine Auszeichnungen erhalten und ist kein Laureat der Stalin-Prämie.
Akademiemitglied N. – Direktor des Instituts für Brennstoffe; nach Angaben der Agentur leitet er das Institut schlecht, ist häufig krank.
Akademiemitglied S. – nach Aussagen von Volksfeinden ist er Mitglied einer antisowjetischen Organisation. Auf dem Gebiet der Bodenschatzsuche führte er Schädlingsarbeit durch. Widmet seinem persönlichen Wohlergehen viel Aufmerksamkeit.
Akademiemitglied Lyssenko T D. – parteilos, Direktor des Instituts für Genetik. Präsident der Akademie für Landwirtschaftswissenschaften, zweimal Laureat der Stalin-Prämie. Das Akademiemitglied Lyssenko besitzt keine Autorität, alle nehmen an, dass Wawilow N. I. wegen ihm verhaftet worden ist.«

Die Liste ist lang. Auf der Grundlage solcher Bewertungen aus Berijas Abteilungen löste Stalin ernsthafte Fragen. Solche Dokumente waren entscheidend bei den vielfältigsten Problemen. Der Stalinismus teilte den Menschen die Rolle des Instruments, des Mittels zu und nicht die des Ziels. Die Aussprüche über den sowjetischen Menschen, für den es nun »leichter und fröhlicher zu leben geworden war«, konnten die Realität nicht verdecken: Die Individualität wurde unterdrückt, der Kollektivismus wurde zum Schaden der harmonischen Entwicklung der Persönlichkeit verabsolutisiert, es herrschte das Konzept der gewaltsamen Erziehung des »neuen Menschen«.
Der Stalinismus verwandelte die Volksmassen in einen gigantischen Mechanismus der Verwirklichung der Absichten des »Führers«. Der Stalinismus führte zu dem Anachronismus des Primats der Politik gegenüber der Ökonomie, des Staats gegenüber der Gesellschaft. Hier liegen die tiefen Wurzeln dessen, was wir kommandobürokratisches System nennen. Ein solches System braucht lebensnotwendig eine breite und mächtige Bürokratie auf allen Ebenen der Gesellschaft.
Es entstand ein »politischer Absolutismus«, wobei die eigenmächtigen und eigenwilligen Entscheidungen des »Führers« bei wei-

tem nicht den herrschenden Bedingungen und den anzustrebenden Zielen entsprachen. Die Politik wurde zu einer allmächtigen Sphinx, die jeden aufzufressen drohte, der auch nur indirekt irgendwelche Zweifel an ihrer Berechtigung geäußert hätte. Stalinismus – das ist die absolute Diktatur der Politik über die Ökonomie, über das soziale und geistige Leben, über die Kultur. Stalinismus – das ist die Evolution der Diktatur des Proletariats zunächst zur Diktatur der Partei und schließlich zur Diktatur eines Einzelnen.

Ein vorbeugendes Wort an jene Kritiker, die glauben, ich verstünde die Rolle der Politik im Leben der Gesellschaft nicht richtig. Nein, ich bin nicht gegen Politik, ich bin lediglich gegen ihre Verabsolutierung. Sie wird immer eine gewaltige Rolle spielen, denn nur mit ihrer Hilfe kann man die Beziehungen zwischen den Klassen, zwischen anderen sozialen Gruppen, zwischen den Nationen regeln, und nur durch sie kann man schließlich zur Volksmacht gelangen. Aber die Politik spielt nur dann ihre richtige Rolle, wenn ihr unüberwindliche demokratische Werte zugrunde gelegt werden, die geeignet sind, die Beziehungen nicht nur zwischen gesellschaftlichen Gruppen zu ordnen, sondern auch eine Wechselwirkung zwischen dem ökonomischen und geistigen Leben des Landes zu gewährleisten.

Stalin sprach über Menschenrechte und trat sie mit Füßen. Er war ein zynischer Pragmatiker. Auf dem 1. Gesamtrussischen Kongress der Kolchos-Stoßarbeiter erklärte er am 19. Februar 1933, wie man »alle Kolchosbauern wohlhabend machen« könne. Das Rezept, das er vorschlug, war einfach:

»Wenn wir ehrlich arbeiten werden, für uns arbeiten werden, in unseren Kolchosen – so werden wir erreichen, dass wir in zwei bis drei Jahren alle Kolchosbauern hochbringen werden, ebenfalls die ehemaligen armen und Mittelbauern, und zwar auf ein Niveau der Wohlhabenden, auf ein Niveau der Menschen, die ein großes Maß an Produkten besitzen und umfassend ein kulturvolles Leben führen.«

Ein zynischer Pragmatismus: Die Wohlhabenden liquidieren und gleichzeitig dazu aufrufen, wohlhabend zu werden. Stalin schätzte es, das eine zu sagen und das andere zu tun. Er schätzte es, über ein kulturvolles und fröhliches Leben zu sprechen und gleichzeitig ganze Schichten der Gesellschaft einem barbarischen Terror zu unterwerfen.

Mumien des Dogmatismus

Über den Dogmatismus des Stalinschen Denkens habe ich bereits gesprochen. Mich interessiert der Dogmatismus als einer der Grundsätze des Stalinismus, als einer seiner wichtigsten Pfeiler. Er zog zunächst allmählich in die Gesellschaftswissenschaften ein und ergriff schließlich die gesamte Gesellschaft, um sie in eine geistige Sackgasse zu führen. Stalin besaß die Fähigkeit, diese oder jene Erkenntnis des Marxismus abzutöten und sie in erstarrte Mumien zu verwandeln, die jeglicher Wahrheit entbehrten. Darin war er ein unübertroffener Meister.
Beispielsweise propagierte Stalin, wo er nur konnte, den »endgültigen Sieg des Sozialismus«. Die Grunddefinition lautete:

»Der endgültige Sieg des Sozialismus ist die volle Garantie vor Versuchen der Intervention, und das heißt auch der Restauration (des Kapitalismus; A. d. Ü.), denn gleichgültig, wie ernsthaft ein Versuch der Restauration sein sollte, er kann nur bei ernsthafter Unterstützung von außen gelingen, lediglich mit Unterstützung des internationalen Kapitals.«

Um die absolute Richtigkeit seiner Formel zu beweisen, musste Stalin demonstrieren, wie falsch seine Gegner diese Frage verstanden. Zu diesem Zweck zitierte er Sinowjew:

»Unter dem endgültigen Sieg des Sozialismus muss man zumindest verstehen: (erstens) die Beseitigung der Klassen, und das heißt (zweitens) die Aufhebung der Diktatur einer Klasse, in diesem Fall der Diktatur des Proletariats. Um mich noch klarer auszudrücken, wie sich bei uns die Frage im Jahre 1925 stellt, müssen zwei Dinge unterschieden werden: 1) die Sicherstellung der Möglichkeit, den Sozialismus aufzubauen; solch eine Möglichkeit, den Sozialismus voll aufzubauen, versteht sich, ist auch im Rahmen eines Landes denkbar; und 2) der endgültige Aufbau und die Festigung des Sozialismus, das heißt die Verwirklichung einer sozialistischen Ordnung, einer sozialistischen Gesellschaft.«

Nicht einverstanden zu sein mit Stalins Auffassungen war bereits Mitte der zwanziger Jahre eine »feindliche Abweichung« vom Marxismus. Und später sollte auch nur die Andeutung eines Nichteinverständnisses mit dem Diktator tragisch enden. Nietzsche nannte solche Menschen »Tyrannen des Geistes«. Der Stalinsche Dogmatismus war kämpferisch und erbarmungslos. Darin halfen ihm seine ideologischen Waffenträger Schdanow, Suslow, Pospelow, Mitin und andere Ritter des Dogmatismus. Besondere Fähigkeiten auf diesem Gebiet zeigte Suslow, ein wahrer ideologischer Inquisitor, dem es sogar nach Stalin noch lange Jahre gelungen ist, die Stagnation in der Theorie aufrechtzuerhalten. Überall fiel sein ideologischer Schlagbaum. Suslow war einer der Erzeuger des Dualismus, des Heuchlertums in der Theorie. Auf der Unionsberatung der Leiter der Institute für Gesellschaftswissenschaften 1962 sagte der ZK-Sekretär Suslow zum Beispiel:

»Dogmatismus – das ist die gefährlichste Form des Bruches zwischen Theorie und Praxis. Unter vermeintlicher persönlicher Treue gegenüber dem Marxismus-Leninismus bringt der Dogmatismus, der linke Opportunismus der revolutionären Theorie und Praxis, dem Sozialismus großen Schaden. Die Versuche, sich unter einem Haufen von Zitaten vom Leben abzuwenden, bedeuten ein Unvermögen oder ein Nichtwünschen, die neue historische Situation zu beurteilen, die großen Prinzipien des Marxismus-Leninismus innerhalb der neuen, wechselnden Bedingungen schöpferisch anzuwenden und zu entwickeln.«

Solche Lehrlinge Stalins wie Suslow waren Meister der Mimikry. Indem der Stalinismus die Wahrheit in eine Mumie verwandelte, verstärkte er eine Form des Dogmatismus, die aus dem Zusammenhang gerissene Thesen des Marxismus für ihre Zwecke benutzte. Es ist unbestreitbar, dass auch die Theorie des wissenschaftlichen Sozialismus der Prüfung der Zeit unterworfen ist wie jede andere Theorie. Einige Thesen der Klassiker beziehen sich lediglich auf die Zeit, in der sie formuliert wurden. Das ist natürlich. Aber auch die Schlussfolgerungen, die veraltet oder überholt sind, sollten wir kennen und schätzen. Heute würde es niemandem in den Kopf kommen, etwa jene Arbeiten der Klassiker nicht mehr zu drucken, in denen beispielsweise über die Diktatur des Proletariats gesprochen wird.

Stalin bestimmte in seiner Zeit persönlich, was publiziert werden durfte und was nicht. Im Stalin-Archiv gibt es viele Notizen, in denen um die Erlaubnis gebeten wird, diesen oder jenen Brief Lenins, dieses oder jenes Fragment der Handschriften von Marx oder Engels zu veröffentlichen. Hier zwei Beispiele. Im Juni 1939 wandte sich der Direktor des Marx-Engels-Lenin-Instituts Mitin an Stalin:

»Ich bitte um Erlaubnis für die Publikation der zwei beiliegenden Briefe W. I. Lenins an Inessa Armand in der kommenden Ausgabe des ›Bolschewik‹.«

Der Vermerk ist lakonisch: »Keine Einwände. St.«

Aber nicht immer wurde ein solches Gesuch vom »Führer« befürwortet. Schdanow, Mitin und Pospelow legten Stalin einen Artikel von Friedrich Engels vor: »Die auswärtige Politik des russischen Zarentums«. Sie waren sich nicht sicher, ob eine Publikation zweckmäßig sei. Stalin machte folgende Randbemerkungen: »Die Eroberungsabscheulichkeiten – das ist nicht das Monopol der russischen Zaren«; »Überschätzung der Rolle der Außenpolitik Russlands«; Engels habe, »indem er die Außenpolitik des Zarismus attackierte, beabsichtigt, sie jeglichen Vertrauens in den Augen der öffentlichen Meinung Europas zu berauben«. Und schließlich zog Stalin seine Schlussfolgerung:

»Lohnt es sich, nach all dem Gesagten, Engels' Artikel in unserem Kampforgan, dem ›Bolschewik‹, als einen richtunggebenden oder jedenfalls höchst lehrreichen Artikel abzudrucken? Denn es ist doch klar, dass eine Veröffentlichung im ›Bolschewik‹ bedeu-

ten würde, ihn stillschweigend gerade als solchen zu empfehlen. Ich denke, es lohnt sich nicht.
19. Juli 1934 J. Stalin«

Es ist angesichts dessen nicht verwunderlich, dass eine ganze Reihe Leninscher Dokumente nicht publiziert worden ist, und zwar über Jahrzehnte hinweg. Stalin hielt bis zum Ende seiner Tage viele Leninsche Gedanken und Ideen »in Gefangenschaft«. Der Dogmatismus erkennt nur das an, was seine Sichtweise unterstützt, und er lehnt all das ab, was ihm widerspricht. Eine echte Enzyklopädie des Dogmatismus, ein Sammelwerk von Mumien, von Halbwahrheiten und Unwahrheiten war in diesem Sinn das Lehrbuch »Geschichte der Kommunistischen Partei der Sowjetunion (Bolschewiki). Kurzer Lehrgang«. Es erlebte mehr als 300 Auflagen und wurde zirka in 43 Millionen Exemplaren verkauft! Dieses »Werk« wurde für die erwachsene Bevölkerung der Sowjetunion zu einer ebensolchen Pflichtlektüre wie der Koran für die islamischen Fundamentalisten.
Auf Beschluss des Politbüros vom 16. April 1937 konzentrierte sich eine Gruppe von Historikern – Knorin (konnte die Arbeit nicht beenden, weil er verhaftet wurde), Pospelow und Jaroslawski – auf das Schreiben dieses Buches. Zugrunde lag ihrer Arbeit ein von Stalin angefertigtes Schema zur Periodisierung der Geschichte der Partei und die von ihm vorgegebene Schwerpunktsetzung »Der Kampf der Bolschewiki gegen die antibolschewistischen Fraktionen«. Fast jeden Abschnitt der Geschichte stellte der »Führer« auf den Kopf. Für ihn war die Geschichte der Partei die Geschichte ihres innerparteilichen Kampfes. An ihrer Spitze stand der treue Mitstreiter und Nachfolger Lenins und Bewahrer seiner Sache – Stalin. Stalin verbrachte viel Zeit über dem »Kurzen Lehrgang«. Er wusste: Das Buch würde eines der wichtigsten Instrumente zur weiteren Beeinflussung des Bewusstseins von Millionen von Menschen werden.
Der Text des »Kurzen Lehrgangs« wurde mehrmals überarbeitet, bevor Stalin ihn so genehmigte, wie er im Folgenden gedruckt wurde. Als er die endgültige Version gelesen hatte, muss er selbst bemerkt haben, dass die Geschichte der Partei anmutete wie die Beschreibung eines Schlachtfelds, auf dem die erbarmungslosen

Kämpfe mit den Feinden kein Ende nehmen wollten. Er dachte eine Weile nach und beschloss, sein Konzept der Parteigeschichte vor einer möglichen Kritik in der Zukunft (in der Gegenwart war sie ausgeschlossen) zu schützen, und diktierte Folgendes:

»Es könnte scheinen, dass die Bolschewiki dem Kampf gegen die opportunistischen Elemente in der Partei zu viel Zeit gewidmet, dass sie deren Bedeutung überschätzt hätten. Das ist jedoch völlig unrichtig. Man darf in seiner Mitte nicht den Opportunismus dulden, wie man in einem gesunden Organismus kein Geschwür dulden darf. Die Partei ist der führende Trupp der Arbeiterklasse, ihre vorgeschobene Festung, ihr Kampfstab. Man darf nicht zulassen, dass in dem führenden Stab der Arbeiterklasse Kleingläubige, Opportunisten, Kapitulanten, Verräter sitzen. Gegen die Bourgeoisie auf Leben und Tod kämpfen und Kapitulanten und Verräter in seinem eigenen Stabe, in seiner eigenen Festung haben – heißt in die Lage von Leuten geraten, die sowohl von der Front wie auch vom Hinterland her beschossen werden. Es ist nicht schwer zu begreifen, dass ein solcher Kampf nur mit einer Niederlage enden kann. Festungen werden am leichtesten von innen genommen.«

Der gesamte Inhalt dieses »Werks« zielte darauf ab, die Menschen so zu erziehen, dass sie die Welt mit Stalins Augen sahen, mit den Augen eines Mannes, der in jedem dritten Bürger des Vaterlands einen »Doppelzüngler«, ein »zweifelhaftes Subjekt« zu entdecken glaubte. Es ist kaum verwunderlich, dass noch heute derart viele Anhänger des »Führers« existieren! Der »Kurze Lehrgang« spielte in ihrer Sozialisation eine wesentliche Rolle.
Außer einem engen Kreis von Wissenschaftlern und Intellektuellen lernten die Generationen der dreißiger und vierziger Jahre den echten Lenin nicht kennen. Sie lasen nicht seine Schriften, aber den »Kurzen Lehrgang«. Stalin nannte ihn ein »Manifest – das Lied der Lieder des Marxismus«.
Eine solche dogmatische und unhistorische ideologische Nahrung führte zur geistigen Verarmung, zur theoretischen Vereinfachung und zur Primitivität. Stalin schaffte einen günstigen Boden für das Heranzüchten simpel denkender Menschen, aus deren

Kreis pausenlos Karrieristen rekrutiert wurden, Denunzianten, hirnlose Befehlsempfänger. Ebendiese Schicht besetzte den bürokratischen Apparat, die Straforgane, stellte die Funktionäre für die verschiedenen Führungsebenen in Partei und Staat. Wie aus dem Malenkow-Archiv zu ersehen ist, hat dieser viele Tausende von Menschen »durch seine Hand« gehen lassen, die zur Arbeit in der Partei, in den »Organen« oder im Apparat der Ministerien bestimmt wurden.

Das geistige Potential des »Kurzen Lehrgangs« reichte für mehr als ein Jahrzehnt. Vor dem Krieg beherrschte das Stalinsche Zitatenwerk das gesellschaftliche Bewusstsein nicht nur deshalb, weil die Propagandisten es so wollten, sondern auch, weil Millionen von Menschen in einem Buch eine ganze Epoche zusammengefasst und zugänglich sahen. Die Mehrheit dieser Menschen verstand nicht, dass dieses Porträt der Zeit bis zum Äußersten entstellt war. Am auffälligsten setzten sich für die Stalinsche Politik der dogmatischen Durchdringung der Gesellschaft Schdanow und nach seinem Tod Suslow ein.

Schdanow war Stalin schon früh aufgefallen. 1929 lud Stalin den damaligen Sekretär des Regionalparteikomitees von Gorki zu einem Gespräch in den Kreml ein. Der kräftige Dreißigjährige machte einen guten Eindruck auf Stalin. Er fragte nach der Lage in Gorki, nach den Einstellungen der Menschen und danach, wie sich die Menschen in der Stadt zu Trotzkis Verbannung verhielten und zu seinem Ausschluss aus der Partei.

Ein Jahr später, auf dem 16. Parteitag, wurde Schdanow ZK-Mitglied. Dies war der Beginn eines steilen Aufstiegs. 1934, nach Kirows Ermordung, führte Schdanow bereits die Leningrader Parteiorganisation und wurde gleichzeitig Sekretär des ZK der KPdSU. Seit Februar 1935 war er Kandidat und seit 1939 Mitglied des Politbüros. Er stand Stalin sehr nah; und eine Zeitlang waren sie sogar verwandt, als Schdanows Sohn Jurij Stalins Tochter Swetlana heiratete. Die Ehe war jedoch nicht von Dauer. Stalin war zufrieden mit Schdanow. 1944 wurde Schdanow auf Initiative des Obersten Befehlshabers zum Generaloberst befördert. Damals erreichten diesen hohen Rang nur wenige Politkommissare.

Gegen Ende des Kriegs prüfte Stalin, wenn man so sagen kann,

Schdanows »militärdiplomatische Fähigkeiten«. Er führte für die Sowjetunion die Verhandlungen mit Finnland, nachdem Helsinki aus dem Krieg ausgeschieden war. Im Schdanow-Archiv liegt eine Reihe von Telegrammen an Stalin. Hier eines davon.

»An den Genossen Stalin J. W.
An den Genossen Molotow W. M.
Eilt sehr!
Heute, am 18. Januar 1945, war ich bei Mannerheim. Die Begegnung fand unter vier Augen statt und dauerte zirka zwei Stunden. Mannerheim sagte, dass die Zeit gekommen sei, nach vielen Jahren der Feindschaft eine grundlegende Wende in den Beziehungen zwischen unseren Staaten zu vollziehen. Die militärischen Verteidigungslinien gegen die UdSSR, davon sei er überzeugt, seien zwecklos, wenn es keine guten Beziehungen gebe. Im Jahre '39 habe Mannerheim, wie er erklärte, keinen Krieg gewollt, wie auch nicht den Krieg von '41 bis '44, an dessen günstigen Ausgang er noch vor seinem Beginn gezweifelt habe. Er äußerte seine Zustimmung für die Zusammenarbeit bei der Küstenverteidigung, und auf dem Festland würde er selbst das Land verteidigen. Er fragte, ob es ähnliche Verträge bereits gebe? Ich behauptete, dass es beispielsweise einen mit der Tschechoslowakei gebe. Bitte um Anweisung.
A. Schdanow«

Es antwortete nicht Stalin, sondern Molotow. Und die Antwort war hart:

»Sie sind voreilig. Der Paktabschluss mit Mannerheim entspricht dem Paktabschluss mit der Tschechoslowakei: Das ist Zukunftsmusik. Zunächst müssen die diplomatischen Beziehungen wiederhergestellt werden. Erschrecken Sie Mannerheim nicht mit radikalen Vorschlägen. Machen Sie sich lediglich ein Bild von seiner Position.
Molotow«

Stalin überprüfte seine Leute, auf die er sich verlassen wollte, genau. Manche überprüfte er lange, manchmal das ganze Leben lang. Er verzieh keinem einen größeren Fehltritt. Schdanow rechtfertigte immer Stalins Vertrauen. Allerdings, wäre er nicht im August 1948, im Alter von 52 Jahren, gestorben, hätte ihn möglicherweise die Leningrader Strafaktion getroffen. Wer weiß? Schdanows Sohn Jurij Andrejewitsch glaubt, dass Stalin sich einige Zeit vor dem Tod seines Vaters ihm gegenüber ebenso kühl verhalten habe wie gegenüber Wosnessenski, A. A. Kusnetzow und etwas später Molotow.

Schdanow arbeitete seit 1944 im ZK und erwies sich als ein harter, erbarmungsloser Kurator der Ideologie und Kultur. Schdanow verstreute »Verbote« geschickt in allen Sphären der Gesellschaft, und damit gewann er Stalins Vertrauen.

In einem Sammelband historischer Erzählungen und Erinnerungen, der 1979 in Paris herausgegeben worden ist, schreibt unter den Initialen D. D. auch ein Augenzeuge, der im August 1946 Schdanows Auftritt im Smolny zur Frage der Zeitschriften »Swesda« und »Leningrad« erlebte. Ein Auszug:

»Der Berichterstatter trat von der rechten Seite ein, hinter dem Rücken des Publikums, begleitet von einer großen Gruppe von Menschen. In seiner Hand hielt er eine Mappe. Unter dem elektrischen Licht leuchtete sein Haar. Er sah aus wie ein Mensch, der gut ausgeschlafen hatte, der ein Bad genommen hatte. Alle standen auf. Man begann zu applaudieren. Der Berichterstatter ging auf die Tribüne. Es war fünf Uhr abends. Wie üblich wurde ein Präsidium aus angesehenen Literaturschaffenden vorgeschlagen. Man lachte sogar ein wenig, weil die Schriftsteller vergessen hatten, ihren Sekretär Prokofjew fürs Präsidium vorzuschlagen. Der Berichterstatter lächelte und machte mit halblauter Stimme einen Scherz. Im Saal kehrte schnell Ruhe ein. Der Berichterstatter schwieg eine Minute und setzte dann an zu sprechen. Einige Minuten später war eine unglaubliche Stille eingekehrt. Der Saal verstummte und versteinerte. Mehr und mehr gefror er, und innerhalb von drei Stunden verwandelte er sich in eine weiße Eisscholle. Der Bericht betäubte. Die Menschen gingen schweigend auseinander. Es war bereits nach Mitternacht.«

So war Schdanow, einer der höchsten intellektuellen Aufseher

Stalins, der Wächter seiner ideologischen Mumien.
Suslow nannten viele in der Partei den »grauen Kardinal«. Er und Malenkow waren die Hohenpriester der Apparatsarbeit. Der hagere, kränklich aussehende Mensch, der immer in einem abgetragenen Anzug herumlief, schätzte die Annehmlichkeiten des Lebens mehr als andere. Suslow hatte ein stark betontes »Schlagbaumdenken«: nicht zulassen, nicht gestatten, keine Nachsicht üben. Ihn fürchteten nicht nur seine Untergebenen, sondern auch diejenigen, die mit ihm zusammenarbeiteten. 33 Jahre lang, seit 1947, gab er als Sekretär des Zentralkomitees ideologisch den Ton an. Dieser Mann tat viel für die Zementierung des Dogmatismus in den sowjetischen Gesellschaftswissenschaften, und das nicht nur zu Lebzeiten Stalins, sondern auch danach. Dieser Mann war der Bewahrer der Dogmen des Stalinismus, und auch, als er sich formal von Stalin distanziert hatte, hörte er nicht auf, die alten Mythen zu propagieren.

Auf dem Gebiet der Wissenschaften interessierte Stalin sich weniger für die Entwicklung als vielmehr für die unmittelbaren Resultate. Er unterband jegliche Verbindungen und jeglichen Austausch mit ausländischen Wissenschaftlern, und er lehnte Errungenschaften ab, die im Ausland gemacht wurden. Hunderte von talentierten Wissenschaftlern waren entweder dem Tod geweiht oder mussten lange, lange Jahre in Lagern verbringen. Aber auch dort sollte nach Stalins Willen Wissenschaft betrieben werden. Die Wissenschaftler, die man nicht hingerichtet hatte oder die nicht auf andere Weise umgekommen waren, arbeiteten in besonderen »Einrichtungen« der Lagerlaboratorien, die von einer Spezialabteilung des Innenministeriums bewacht wurden.
Berijas Leute berichteten Stalin systematisch über die Resultate, die die Arbeit der Wissenschaftler in den Lagern erbrachte. Hier einige Beispiele:

»An den Genossen Stalin J. W.
Eine Gruppe von inhaftierten Spezialisten der 4. Spezialabteilung der MWD, unter der Leitung der einsitzenden Spezialisten Professor Stachowitsch K. I. und Professor Winblat A. Ju. sowie des Ingenieurs Tejfel G. K., führt seit längerer Zeit eine Arbeit

zur Schaffung eines vaterländischen Turbinenschraubenmotors durch. Auf der Grundlage der Resultate ihrer theoretischen Forschungen schlägt die Gruppe den Bau des Motors ›TRD-7B‹ vor. Ich bitte um die Durchsicht des Beschlussentwurfs des Ministerrats.
18. Mai 1946 S. Kruglow«

»An den Genossen Stalin J. W.
Der gefangene Spezialist A. S. Abramson (zu zehn Jahren verurteilt) schlug im Jahre 1947 ein neues, originelles Konzept eines wirtschaftlichen Vergasers für Automotoren vor. Die Versuche mit dem SIS-150 ergaben eine Brennstoffersparnis von 10,9 Prozent. (...) Es wird vorgeschlagen, die Dauer der Strafe für A. S. Abramson um zwei Jahre zu verkürzen und ebenfalls für den Ingenieurmechaniker M. G. Ardschewanidse und den Ingenieurkonstrukteur G. N. Zwetkow.
Bitte um Ihre Entscheidung.
8. Februar 1951 S. Kruglow«

In diesem Fall stimmte Stalin ausnahmsweise zu.
Insgesamt waren die Wissenschaften genötigt, vor sich hin zu vegetieren. Das primitive Kommentatorentum tötete nicht nur die Seele der Wissenschaften, sondern beschränkte auch ihre Einflussmöglichkeiten drastisch. Man kann sich kaum vorstellen, wie viele Talente unterdrückt und vernichtet wurden. Man nahm ihnen jede Chance, neue Konzepte, Ideen, Bücher und Erfindungen vorzuschlagen! Wir kennen noch nicht den vollständigen Schaden, den der Stalinismus dem intellektuellen Potential der Gesellschaft zugefügt hat.
Hart traf es auch die Naturwissenschaften. Die Entwicklung der Genetik wurde um viele Jahre zurückgeworfen, und die Kybernetik war geächtet. Das lag daran, dass neue Erkenntnisse und neue Ideen in den Natur- und technischen Wissenschaften von einer vulgärpolitischen Position aus betrachtet wurden – und häufig auch ohne jegliches Verständnis. Die Jagd auf die »Kosmopoliten« führte die Wissenschaft in die Isolation, in die dogmatische Erstarrung. Artikel wie »Der Kosmopolitismus im Dienst der imperialistischen Reaktion« (»Iswestija«, 18. April 1950) töteten je-

den Wunsch nach Kontakten mit ausländischen Wissenschaftlern schon im Vorfeld ab. Die Erwähnung des Namens eines sowjetischen Wissenschaftlers in einer ausländischen Fachzeitschrift oder gar eine Einladung zu einem internationalen Kongress war nicht ungefährlich für den Betreffenden.

Den Versuch, die Stalinschen Formeln der »Dialektik« auf die Fragen der Entwicklung der Biologie zu übertragen, hat Wladimir Dudinzew in seinem Roman »Die weißen Gewänder« ausgezeichnet dargestellt. Dieser Versuch bedeutete ein Attentat auf die Wissenschaft. Wenn es sich so noch fünf oder mehr Jahre fortgesetzt hätte, so wäre die Wissenschaft in der Sowjetunion unendlich weit zurückgefallen.

Unter solchen Bedingungen kamen Menschen vom Schlag eines Trofim Denissowitsch Lyssenko an die Oberfläche, Figuren, die Stalins Forderung verstanden hatten: »In der Wissenschaft ist ein sofortiges praktisches Resultat notwendig.« In der Presse erschienen damals Artikel, die die »katzbuckelnden« sowjetischen »Morganisten« anprangerten. Beispielsweise wurden in dem Artikel des Doktors der biologischen Wissenschaften Gluschtschenko »Der reaktionäre Kern des Weismannismus« sowjetische Genetiker wie Dubinin, Filiptschenko, Koltzow, Serebrowski geschmäht und geächtet, und das Akademiemitglied Lyssenko wurde in höchsten Tönen gelobt als derjenige, der »die armselige praktische Tätigkeit« der sowjetischen »Morganisten« in seinem Bericht »Über die Lage in der Biologie« aufgezeigt habe. Für Stalin blieben die Natur- und technischen Wissenschaften im Grunde Alchemie. Sie waren etwas Rätselhaftes, das mit dem Erringen von Neuem zu tun hatte. Er glaubte, dass in der Wissenschaft das wichtigste die Organisation sei. Häufig nahm er Meldungen über wissenschaftliche Errungenschaften oder Erfindungen, wenn sie ihm überhaupt verständlich waren, mit Skepsis entgegen.

Das dogmatische Verhältnis zum Marxismus-Leninismus musste sich auch auf die Rezeption der Leninschen Arbeiten, so weit sie veröffentlicht wurden, auswirken. Angeblich konnte man Lenin nicht richtig verstehen, ohne Stalins Kommentare zu Hilfe zu nehmen. An den Hochschulen wurde vor allem überprüft, ob die Studenten die Stalinschen »Werke« intensiv gelesen hatten. Ich erinnere mich an einen Vorfall, der sich in der Panzerschule, die ich besuchte, ereignete. Nach dem Seminar rief mich der Dozent zu sich. Er war ein älterer Unteroffizier. Die Kursteilnehmer mochten ihn wegen seiner Gutmütigkeit. Als wir allein waren, sagte der Unteroffizier väterlich zu mir:

»Dein Konspekt ist gut. Es ist sofort zu erkennen, du schreibst nicht ab, sondern denkst nach. Aber ich gebe dir einen Ratschlag: Konspektiere die Stalinschen Arbeiten vollständiger. Verstehst du – vollständiger! Und noch etwas. Vor dem Namen Josef Wissarionowitschs schreib nicht Abkürzungen wie zum Beispiel ›Gen.‹, schreib vollständig ›Genosse'. Hast du mich verstanden?«
Der Unteroffizier schaute mich eindringlich an.
»Ja, Genosse Unteroffizier, ich habe verstanden!«

Am Abend erzählte mir ein Stubenkamerad, dass mit ihm und mit einigen anderen Kursteilnehmern ähnliche Gespräche geführt worden seien.

Die totale Bürokratie

Nikolaj Berdjajew hat in seinem Buch »Das Schicksal Russlands« Folgendes geschrieben:

»Die Volksmacht kann die Persönlichkeit ebenso ihrer unanfechtbaren Rechte berauben wie auch die Alleinherrschaft. So ist die bürgerliche Demokratie mit ihrem formalen Absolutismus des Prinzips der Volksmacht. Aber die soziale Demokratie Marx' befreit die Persönlichkeit ebenso wenig und ist ebenso wenig auf ihr autonomes Sein abgestimmt. Auf einem Kongress der Sozialdemokraten wurde die Meinung geäußert, dass das Proletariat die Persönlichkeit ihrer unangefochtenen Rechte berauben könne, beispielsweise des Rechts der Gedankenfreiheit, wenn es den wesentlichen Interessen des Proletariats entspreche. In diesem Fall mutet das Proletariat wie ein Absolutum an, welchem alles geopfert werden muss. Überall treffen wir auf Folgen des Absolutismus, sowohl eines staatlichen als auch eines gesellschaftlichen, er lebt nicht nur dann, wenn nur einer herrscht, sondern auch dann, wenn eine Mehrheit herrscht.«

Berdjajew sah die Gefahr der Tyrannei nicht nur in der Alleinherrschaft. Ich glaube, dass diese Überlegungen einen richtigen Kern haben: Angewendet auf den Sozialismus, wird diese Gefahr dann real, wenn die Mehrheit dem »Führer« hilft, innerhalb des Staates eine Schicht von Befehlsempfängern und Ausführern des Willens der Mehrheit zu schaffen, wenn ein kollektiver Bürokratismus ins Leben gerufen wird.

Kein Staat kann ohne Apparat auskommen. Die Bürokratie entsteht dort, wo der Apparat nicht direkt von der Entwicklung der Ökonomie abhängt und nicht mit ihr verbunden ist, und dort, wo er nicht demokratisch kontrolliert wird.

Kurz nach der Oktoberrevolution sagte Lenin: Der Apparat »muss im Interesse des Volkes frei von jedem Bürokratismus sein«. Aber bereits die ersten Jahre der Sowjetmacht zeigten, dass die Bürokratie eine bedeutend ernsthaftere Gefahr darstellte, als dies in der Theorie angenommen worden war. Wir wissen, dass Lenin sehr hart über die Bürokratie geurteilt hat, denn in ihr sah er eine Bedrohung für die neue Ordnung. Im Januar 1919 sagte er zum Beispiel angesichts eines konkreten Falls: »Für (…) ein bürokratisches Verhältnis zur Sache, für das Unvermögen, den hungernden Arbeitern zu helfen, werden die Repressalien hart sein, bis hin zur Erschießung.«

Der Kampf um die Stärkung der Sowjetmacht unter den Bedingungen des »Kriegskommunismus«, der damals überlebensnotwendig war, ließ den Apparat wachsen. Der »Kriegskommunismus« ging aus von einer totalen Kontrolle über die Produktion, die Verteilung und die Ausführung. Und damit beschäftigten sich viele, sehr viele Menschen. Es entstanden neue Elemente in der Struktur des Staats. Schon zu Lebzeiten Lenins hatte der Apparat ein geradezu bedrohliches Ausmaß angenommen, er absorbierte bereits einen bedeutenden Teil der Energie und der Ressourcen der Gesellschaft. Wenn Stalin in diesen Jahren in irgendeiner Hinsicht ein Spezialist war, dann war er es auf dem Gebiet des Apparats. Früher als andere entdeckte er die starken und die schwachen Seiten sowie die Möglichkeiten des Apparats von Staat und Partei.

Stalin war bereits Generalsekretär, als er anordnete, eine auf Dienstgraden beruhende Hierarchie in den Volkskommissariaten zu schaffen. Daraus entwickelte sich mit der Zeit die berüchtigte bürokratische Nomenklatura. Und auf Stalins Anweisung zum Beispiel erarbeitete der Geschäftsführer des Volkskommissariats für Nationalitätenfragen Bresanowski im Februar 1923 ein Dokument unter dem Titel »Aufschlüsselung der Dienste in der Struktur des Apparates des Volkskommissariats für Nationalitätenfragen in stufenartiger Gradation«. Die Dienstgrade wurden in vier Gruppen geteilt (Leiter für nationale Probleme, Leiter für administrative und wirtschaftliche Dienste, Leiter für die politische, wissenschaftliche und aufklärende Arbeit, Leiter für Literatur). Es gab im Volkskommissariat nun Parteiarbeiter höchster, hoher, mittlerer und niedriger Qualifikation; es wurde auch geregelt, welche Tätigkeiten (davon gab es nur zwei bis drei) Parteilose durchführen dürften. Nach Genehmigung der »Gradation« durch Stalin wurde der Apparat einer starren Hierarchie unterworfen. Darunter litten unter anderem die ohnehin schwachen Verbindungen des Volkskommissariats mit den realen Problemen der Nationen und Völkerschaften.

Leider war die Partei nicht in der Lage, sich zu schützen, und sie wurde selbst zum Opfer der totalen Bürokratie. Der Verlust der Leninschen demokratischen Anfänge in der Partei beschleunigte die Bürokratisierung der Gesellschaft. Bald verwandelte sich die Partei in eine Waffe des Alleinherrschers. Sie wäre in den zwanziger Jahren verpflichtet gewesen, Stalin den Weg in die Diktatur zu verstellen. Es ist schwer, das zu schreiben, aber es ist so. Wenn sie dieser Pflicht nachgekommen wäre, so müssten wir heute nicht von Perestrojka sprechen. Die Partei muss heute von neuem das Vertrauen der Massen gewinnen, neue demokratische Wege suchen, um verlorenen Einfluss in der Gesellschaft zurückzugewinnen und Bedingungen für einen umfassenden sozialistischen Pluralismus zu schaffen.

Stalin konzentrierte in seinen Händen die absolute Macht, er wurde zum großen Meister des Apparats. Und bald entstanden in der sowjetischen Bürokratie unzählige Berichte, Rechenschaftsberichte, Direktiven, Anweisungen, Kadernomenklaturen usw. Unüberschaubar viel auf den verschiedensten Gebieten wurde zum

Geheimnis erklärt, und neuen Problemen rückte man mit Hilfe neuer Abteilungen und Kontrollorgane zu Leibe. Immer mehr geschah auf dem Weg des Drucks von oben.

1922 hatte das Zentralkomitee beschlossen, wann der Generalsekretär verpflichtet war, Besucher zu empfangen. Aber Stalin ignorierte diese Seite seiner Arbeit. Die Menschen, die mit ihren Anliegen kamen, interessierten ihn nicht. Hier ein Beispiel. Jenukidse hatte einen Brief von einer ehemaligen Mitarbeiterin des Zentralapparats namens Malinowskaja erhalten, die entlassen worden war. Sie schreibt:

»Awel Safronowitsch!
(…) Ich, ein Mensch, der von der Arbeit entlassen worden ist (…), werde von allen misstrauisch angeschaut. Die, die mich kennen, sind zurzeit nicht hier: Serebrjakow, Semaschko, Rykow. Zum Genossen Stalin ist es unmöglich durchzudringen. Helfen Sie mir, Awel Safronowitsch, aus dieser unerträglichen Lage herauszukommen, ich werde Ihnen keine Unannehmlichkeiten bereiten. (…)
Malinowskaja
19. 12. 1924
Meine Telefonnummer: 2-66-93«

Das ist nur eine Seite der Bürokratie und bei weitem nicht die wesentliche. Aber die Verschlossenheit, die Unzugänglichkeit, die göttliche Entfernung von den Menschen gab es bei Stalin schon in jenen weit zurückliegenden Jahren. Die Bürokratie brauchte einen Führer vom Typ Stalin, und er brauchte eine eiserne bürokratische Maschine.

Als Lenin erkrankt war, versuchte er, besonders in seinen letzten Briefen, die überhand nehmende Bürokratie zu bekämpfen. Er sah eine Gefahr nicht nur im quantitativen Wachstum der Bürokratie, der gegenüber er vor Ausdrücken wie »Dienstgradheuschrecke« oder »bürokratische Ratte« nicht zurückschreckte. Er erkannte auch, und dies war entscheidend, dass der Apparat die Volksmacht zu verdrängen drohte. Wie konnte man nach Lenins Auffassung dieser Gefahr Herr werden?

Ich habe bereits erwähnt, dass Lenin verlangte, die Zahl der Mit-

glieder des Zentralkomitees zu erhöhen wie auch den Anteil der Arbeiter und Bauern darin. Heute wissen wir, dass das nur der Anfang sein konnte. Das ist kein Allheilmittel. Lenin setzte seine Hoffnungen auch auf eine Säuberung der Partei mit dem Ziel, sich von den Mitgliedern zu befreien, die »nicht nur nicht gegen Korruption und Amtsschimmel kämpfen können, sondern auch die, die dabei stören, gegen sie zu kämpfen«. Man kann sich vorstellen, welches Entsetzen Lenin erfasst hätte, wenn man ihm gesagt hätte, zu welchen Exzessen auf diesem Gebiet es sechs oder sieben Jahrzehnte später in der Sowjetunion kommen würde.
Den Hauptakzent legte Lenin auf die Sicherstellung einer echten Volksmacht, auf die reale Teilhabe der arbeitenden Menschen an der Leitung des Staats, auf die Erweiterung der freien Meinungsäußerung und auf die Erhöhung der Kultur des ganzen Volks. Nicht das Volk sollte vom Apparat abhängen, sondern im Gegenteil der Apparat vom Volk. Verbittert schrieb Lenin: »Gesetze sind viele geschrieben. Warum hat dieser Kampf dennoch keinen Erfolg? Weil man sie nicht nur durch Propaganda erreichen kann, sondern man kann sie nur vervollkommnen, wenn die Volksmasse hilft.« Das ist alles richtig. Aber wir müssen zugeben, dass auch das nicht ausreicht.
In der zweiten Hälfte der zwanziger Jahre entstanden zwei alternative Konzeptionen. Die eine – sie wurde von Bucharin verkörpert – ging aus von einem maßvollen Tempo der Industrialisierung und der Kooperierung. Die zweite Konzeption – die Stalin repräsentierte – beharrte auf einer extremen Beschleunigung der industriellen und landwirtschaftlichen Entwicklung. Eine solche Beschleunigung konnte nicht allein mit ökonomischen Methoden verwirklicht werden. Hier waren administrative und gewalttätige Maßnahmen unumgänglich. Sie ließen eine breite bürokratische Schicht entstehen. Man kann davon ausgehen, dass gewisse administrative Maßnahmen zu einem bestimmten Zeitpunkt unumgänglich waren. Aber nicht die Repressalien. Stalin wusste, dass auch Lenin gesagt hatte: »Der größte Fehler ist es, zu denken, dass die NÖP dem Terror ein Ende gemacht hat. Wir werden noch zum Terror zurückkommen, auch zum ökonomischen Terror.«
Ich möchte es unterstreichen, ich untersuche die Möglichkeiten,

ich äußere hiermit nicht mein Einverständnis mit solch einer Variante. Die Betonung der Gewalt schuf einen »Gesellschaftsstand«, der nicht direkt von der Qualität und Quantität der Produktion abhing, sondern in hohem Maße von politischen Richtlinien. Die Bürokratie sah die ideologischen und politischen Hebel ihrer Wirkung auf die Massen an erster Stelle und die ökonomischen irgendwo dahinter. Rasch gingen die erst schwachen Ansätze der Demokratie verloren. Viele Führer der Bolschewiki orientierten vom Beginn an auf eine Diktatur ohne Demokratie. Trotzki etwa schrieb im Jahr 1922:

»Wenn die russische Revolution, in Anbetracht der sumpfigen sozialen Verhältnisse innen, in Anbetracht der harten und immer gefährlichen Wechsel von außen, sich mit den Fesseln des bürgerlichen Demokratismus gebunden hätte, würde sie seit langem auf dem großen Weg mit durchgeschnittener Kehle liegen.«

Über die sozialistische Demokratie sprach er noch nicht, denn er ging davon aus, dass sie sich nur dann verwirklichen ließe, wenn das Feuer der Revolution auf andere Länder übergegriffen hätte. »Deshalb«, fuhr Trotzki fort, »wenn wir die Feinde erschießen, sagen wir nicht, dass das die Äolsharfen der Demokratie sängen. Eine ehrliche revolutionäre Politik schließt vor allem aus, dass den Massen Sand in die Augen gestreut wird.« Viele Bolschewiki hatten die Idee der Diktatur des Proletariats nicht vollständig begriffen, gewalttätige Lösungen erfreuten sich einer großen Popularität. Radikalismus war die Visitenkarte revolutionärer Gesinnung. Bis in unsere Tage wird unter Bürokratie lediglich Amtsschimmel, Formalismus und Papierwut verstanden. Trotzki sagte auf der 3. Unionsberatung der Arbeiter- und Dorfkorrespondenten am 28. Mai 1926: »Einen Bürokratismus gibt es bei uns, und zwar einen gewaltigen. Er stammt aus der Unkultiviertheit, er stammt aus der Unfähigkeit, aus einer Reihe historischer und politischer Ursachen.« Später hat er den Bürokratismus allerdings enger verstanden: Diensteifrigkeit, Anpassung, Konservatismus der Traditionen usw. Das alles ist richtig, aber die eigentliche Wurzel des Bürokratismus ist das Verdrängen der Volksmacht durch den Apparat, der sich außerhalb der Kontrolle durch die Massen stellt.

Die hervorstechendste Besonderheit des Stalinschen Bürokratismus besteht in seiner Totalität. Alle Staats-, Partei- und Justizorgane funktionierten nach einheitlichen ungeschriebenen Gesetzen. Jedes Organ, jedes Element des Systems, der einzelne Mensch konnten lediglich das tun, was vorgeschrieben, erlaubt oder befohlen war. In diesem System herrschte die Macht der »Anweisungen«, der »Direktiven«, »Verordnungen«. Sie brachte mit sich Drohung, Bestrafung, Verurteilung. Sie erzeugte willenlose Befehlsempfänger und wachsame Karrieristen. All das wuchs zusammen und präsentierte sich als das Phänomen einer kollektiven Bürokratie. Die totale Bürokratie ist, wie gesagt, nicht von ökonomischen Zielsetzungen abhängig. Ihr Kult ist die Allmacht des Apparats.
So war es bei uns noch bis vor kurzer Zeit: Schlechte Versorgung mit Obst und Gemüse, und prompt wird ein Ministerium für Obst- und Gemüseprodukte gegründet. In der Presse erschienen kritische Bemerkungen über die schlechte Verpackung von Lebensmitteln und von Industriegütern, und prompt wurde das Wissenschaftliche Forschungsinstitut für Verpackung, Leergut und Packmaterial gegründet. Die Qualität der Industrieprodukte verschlechterte sich, und prompt wurde für die Abteilungen der Warenkontrolle ein ganzes System von Staatsabnahmekriterien geschaffen. Ein administratives System mit administrativen Methoden zu bekämpfen ist zwecklos. Ohne die Anwendung ökonomischer, sozialer und politischer Instrumente kann man sich nicht befreien von der Bürokratie.
Dies umso mehr, als sie außerordentlich viele Gesichter hat: zahllose Namen, Stufen, Bereiche, in denen sich jede konkrete Verantwortung verliert. Stalin und seine Umgebung schufen dieses System lange, sorgfältig, beharrlich und grausam. Das bürokratische System, das sich allmählich herausbildete, erzog die gesamte Gesellschaft in seinem Geist. Die Menschen wurden zu einem Teil von ihm. Und sie gewöhnten sich an das System, und viele sehen auch heute noch Vorteile in ihm. Es wäre in der Tat falsch, vieles, was wir im sozialen und kulturellen Leben erreicht haben, zu negieren. Vollbeschäftigung, eine garantierte soziale Grundversorgung, wenn auch auf sehr niedrigem Niveau, allgemeine Bildung, wenn auch nicht von sehr hoher Qualität, Zugang zur

Kultur für die breiten Massen, eine kostenlose, wenn auch wenig zufrieden stellende medizinische Versorgung, niedrige Preise für Waren des alltäglichen Bedarfs, niedrige Mieten für wenig bequeme staatliche Wohnungen, praktisch kostenloser Aufenthalt der Kinder in Pionierlagern, Kindergärten und Kinderkrippen und anderes. Großen Beifall beim Volk rief es, wie gesagt, hervor, wenn die Regierung die Preise für Landwirtschafts- und Industriewaren senkte. Auch wenn sich das alles auf niedrigstem Niveau, bei nahezu allgemeiner Armut abspielte, erkannten die Menschen darin doch, dass die Entwicklung des Landes langsam voranschritt. Aber das waren auf gar keinen Fall Erfolge der Stalinschen Führung, sondern das Ergebnis der Selbstlosigkeit und der schweren Arbeit der sowjetischen Menschen.

In der Gesellschaft gab es zur Stalin-Zeit noch keine breite, alles durchdringende Korruption, keine moralische Zersetzung bedeutender Gruppen in der Führung der Gesellschaft, diese sollten in vollem Umfang erst drei Jahrzehnte nach Stalins Tod auftauchen. Die allgemeine Atmosphäre war so, dass man den Eindruck gewinnen konnte, die Gesellschaft sei moralisch gesund und es herrsche sozialer Wohlstand. Die totale bürokratische »Ordnung« schien auch breite Massen der Bevölkerung zufrieden zu stellen. Aus einigen Gründen. Die meisten Menschen kannten keinen anderen Sozialismus, und aufgrund der undurchsichtigen ideologischen Vorhänge wussten sie auch nicht, wie das Leben in der Welt »draußen« war. Die große Mehrheit der Menschen glaubte wirklich, dass die Arbeiter in der kapitalistischen Welt unter furchtbaren Bedingungen leben mussten. Diese Vorstellung hielt sich beharrlich und wurde vom gewaltigen Propagandaapparat unterstützt. Ich glaube, man kann sagen, dass der totale Bürokratismus irgendwie bequem ist für Menschen, die man im Geist der Unfreiheit und der Lüge erzogen hat. Ja, bequem: Im Leben ist alles vorgeschrieben, bestimmt, geplant. Die Arbeit ist geregelt, man weiß, wann man Sorge oder Freude äußern soll, wann was gesät werden soll, welcher Bericht erstattet werden muss usw. Das System sorgte sich um alles. Es bestimmte, was gut und was schlecht war. Der totale Bürokratismus ist bequem für die Befehlsempfänger, für die »Schräubchen«, wie für die Führung auf allen Ebenen. Niemand hatte die Möglichkeit, seinen Vorgesetzten zu korrigieren. Jeder Vorgesetzte wurde zu einem kleinen Stalin gegenüber seinen Untergebenen. Jeder verhielt sich schlecht dem gegenüber, der tiefer stand als er. Die auf gleicher Ebene standen, wurden schief angesehen, und jenen, die oben standen, wurde geschmeichelt.

Stalins Name wurde allmählich fast zum Mysterium. Er flößte gleichzeitig Entsetzen und Liebe ein, Angst und Ergebenheit, Unterwürfigkeit und Verehrung. Die bürokratische Maschine, die in solch einer Atmosphäre funktionierte, verwandelte den Menschen in ein unscheinbares »Schräubchen«.

Ich glaube, dass auch heute (das ist lediglich eine abstrakte Reflexion), wenn über den Menschen, über dem Leiter, über dem Betrieb das Damoklesschwert der Stalinschen Strafe hängen würde, der Plan bedingungslos erfüllt werden würde. Um jeden Preis. Genauer, um den furchtbaren Preis des Verlustes der menschlichen Würde, eines Lebens in Angst, des Schweigens, der blinden Anschuldigungen. Aber wer würde sich heute noch mit so etwas einverstanden erklären?

Der traurigste Umstand unserer Geschichte ist die erwähnte Tatsache, dass der revolutionäre Radikalismus der Bolschewiki häufig auf die Gewalt setzte, oft notgedrungen. Aber dies machte die Gewalt zur Norm, zu einer gewöhnlichen Erscheinung. Sogar Lenin war in einer Reihe von Fällen nicht frei vom Appell an den Terror. Ein Beispiel. Am 20. Juni 1918 wurde das Mitglied des Petrograder Komitees der RKP(B), der Volkskommissar für Pressewesen, Propaganda und Agitation Wolodarski von einem Sozialrevolutionär ermordet. Eine Woche später schrieb Lenin einen Brief nach Petrograd an Sinowjew, Laschewitsch und andere Mitglieder der ZK der RKP(B), in dem es unter anderem heißt:

»Genosse Sinowjew! Wir haben heute erst im ZK erfahren, dass die *Arbeiter* in Petrograd auf den Mord von Wolodarski mit Massenterror antworten wollten und dass Sie (nicht Sie persönlich, sondern die Petersburger Zekisten [Mitglieder des ZK; A. d. Ü.) oder die Pekisten (Streikposten; A. d. Ü.) das verhindert haben. Ich protestiere entschieden!

Wir kompromittieren uns selbst: Wir drohen sogar in den Resolutionen des Rats der Deputierten mit Massenterror, und wenn es

notwendig ist, bremsen wir die revolutionäre Initiative der Massen, die *vollkommen* richtig ist.
Das ist un-mög-lich!
Die Terroristen werden uns für Waschlappen halten. Es ist eine außerordentlich kämpferische Zeit. Die Energie und die Massenhaftigkeit des Terrors gegen die Konterrevolutionäre muss gefördert werden, und insbesondere in Petersburg, dessen Beispiel alles entscheidet.
Gruß! Lenin«

Das, was Lenin nur in einer »außerordentlich kämpferischen Zeit« zuließ, als alles an einem Haar hing, wurde später zur »revolutionären Norm«. Sogar dann, als es gelungen war, die revolutionären Errungenschaften zu erhalten, wurde der Terror nicht im Archiv abgegeben. Die Repressalien gegen das eigene Volk wurden vielmehr zu einer Alltagserscheinung.
In Russland waren die demokratischen Traditionen nicht stark entwickelt, um die Tradition des Polizeiapparats dagegen stand es besser. Allerdings war das, was Stalin schuf, mit dem »Dilettantismus« der Autokratie nicht zu vergleichen. Das zaristische Polizeisystem war nicht besonders hart: Beispielsweise war eine Reise ins Ausland jederzeit möglich. Für eine solche Reise musste man nur einen Antrag beim Gouverneur stellen und eine geringe Taxe bezahlen. Im Jahr 1900 beispielsweise zog es 200 000 Russen für einige Monate ins Ausland. Es ist nicht verwunderlich, dass die meisten Feinde des Zarismus sich im Ausland befanden. Viele von ihnen kannten die Schwächen der zaristischen Polizei, und sie nutzten ihre Erfahrungen bei der Formierung neuer Sicherheitsorgane nach der Revolution.
Die stalinistische Staatsbürokratie, die ständig einige Millionen Menschen hinter Stacheldraht hielt, verwandelte sie in eine »aufbauende Kraft« der neuen Gesellschaft. Stalin war, wie ich bereits sagte, der Initiator einer maximalen Ausnutzung der Arbeit von Strafgefangenen und Lagerinsassen. Das war für ihn eine prinzipielle Frage. Der »Führer« ordnete den Bau riesiger Industrieobjekte, Straßen und Eisenbahntrassen durch Gefangene an. Sogar der Bau von Atomwaffen wurde dem NKWD und später dem MWD übergeben. Die Fristen zur Ausführung der Arbeit wurden

so gesetzt, dass sie heute phantastisch scheinen. Aber in der Regel wurden sie eingehalten. Diejenigen, die diese Arbeit machten, wussten, was ihnen im anderen Fall drohte.
Als Stalin beispielsweise im Juli 1945 anordnete, die Arbeit an der Atombombe zu beschleunigen, wurden außerordentliche Maßnahmen ergriffen. Hier eine davon:

»Magadan (Stadt im Fernen Osten; A. d. Ü.). An den Leiter des Fernöstlichen Bauwesens Genossen Nikischow
Auf Beschluss des Rats der Volkskommissare der UdSSR wurde Ihnen am 13. Oktober 1945 aufgetragen, die Arbeit zur Auskundschaftung von Uranerz durchzuführen.
Diese Angelegenheit ist von außerordentlicher Wichtigkeit.
Es ist unumgänglich, alle Maßnahmen dahin gehend zu treffen, um eine energische Auskundschaftung von Uranvorkommen bereits in diesem Jahr zu entwickeln und die Ausbeutung zu organisieren, ebenso die Abgabe der Urankonzentrate. (...)
Ich bitte Sie, mir alle zwei Wochen mitzuteilen, welche Maßnahmen Sie zur Ausführung dieser Aufgabe ergreifen. (...)
L. Berija«

Praktisch alle Ministerien überschütteten das Innenministerium mit Anforderungen für Tausende, Zehntausende von arbeitenden Händen. Die Häftlinge bauten Straßen, Brücken, sie arbeiteten im Bergbau, lieferten Holzbaustoffe, förderten Uran, sie bauten Atomreaktoren, Hochhäuser, riesige Wasserkraftwerke. Ich werde nie vergessen, was ich sah, als ich 1952 mit einer Gruppe von Komsomolzen beim Bau des Wasserkraftwerks in Kujbyschew half. Der Umfang der Baustelle war unglaublich. Von einem erhöhten Platz des Damms aus konnte man sehen, wie überall Menschen herumwimmelten, wie sie geschäftig hin und her eilten, Menschen, die in graue Kittel gekleidet waren. Als wir durch eine dieser Gruppen gingen, erhob sich ein hagerer, großer junger Mann, er wandte sich an uns, und leise, aber deutlich sagte er: »Erzählen Sie draußen, wie wir hier für die großen Werke der Stalinschen Epoche arbeiten!«
Wir schauten einander an, aber dann sahen wir, dass Posten in der Nähe standen, und uns wurde alles klar. Mich hatte aller-

dings die Ausdrucksweise des Häftlings erstaunt. Bald jedoch sollte ich verstehen, warum er sich so ausdrückte: als mir ein schmales Buch in die Hände fiel mit dem Titel »Die großen Werke der Stalinschen Epoche«. Dieses Buch hatten die Akademiemitglieder Toptschiew, Krschischanowski, Winter, Ohrutschew, Nemtschinow, Scharow und andere herausgegeben, und wahrscheinlich stand es in der Lagerbibliothek. Aber was wahr ist, ist wahr: Sehr viele, wenn nicht die Mehrzahl der »großen Werke der Stalinschen Epoche« wurden von Häftlingen erbaut. Ich glaube, dass diese Seite der totalitären Gesellschaft besonders zynisch ist.
Hier noch ein Dokument, wie Stalin es schätzte:

»An den Genossen Stalin J. W.
An den Genossen Molotow W. M.
An den Genossen Malenkow G. M.
An den Genossen Berija L. P.
An den Genossen Chruschtschow N. S.
2. Februar 1951
Auf Beschluss des Ministerrates vom 30. Juli 1949 wurde das Ministerium für Inneres der UdSSR mit der Projektierung und dem Bau des Kujbyschewer Wasserkraftwerks am Fluss Wolga mit Beendigung der Arbeit im Jahre 1955 beauftragt. Der Bau verläuft nach Plan. (…)
S. Kruglow«

Ich bin im Süden, in der Region von Krasnojarsk, aufgewachsen, im Rayon von Irbejsk im Dorf Agul. Weit und breit schneebedeckte Berge, die Gebirgszüge des Östlichen Sajan, die sich zum Jenisej, Kan, Agul hinüberziehen. Überall Taiga. Das Land der ursprünglichen Sibirier, die vor eineinhalb bis zwei Jahrhunderten aus den westlichen Gouvernements Russlands gekommen sind. Im Jahr 1937 oder 1938 füllte sich unser entlegenes Agul mit Militär! Dann zogen Kolonnen von Sträflingen ein. Man begann die »Zonen« zu bauen. Innerhalb eines halben Jahres wuchsen nicht nur in Agul Lager, sondern auch in anderen Siedlungen. Stacheldraht, hohe Zäune, hinter denen die Baracken, die Wachtürme und Schäferhunde kaum zu sehen waren. Bald bemerkten die Bewohner: Immerfort kamen Kolonnen von erschöpften Men-

schen (von der Eisenbahn aus waren mehr als hundert Kilometer zu laufen), als sei das Fassungsvermögen der Lager unbegrenzt. Später hat man verstanden, was geschah. Hinter den Einfriedungen der Siedlungen verliefen lange Gräben, in die man nachts auf Fuhrwagen oder Schlitten die mit Planen bedeckten Leichen schaffte. Viele starben an den Lasten im Lager. Oder man erschoss Menschen in der Taiga. Der damals in Agul lebende Boris Franzewitsch Kreschtschuk, dessen Vater und ältester Bruder damals erschossen wurden, erzählte, er sei mit Nachbarjungen sibirische Zirbelnüsse sammeln gegangen, als sie plötzlich aus der Nähe Schüsse vernommen hätten, »als würde dickes Leinen zerrissen«. »Wir sind dann dorthin gerannt. Aus dem Gebüsch konnten wir sehen, wie Schüsse die getroffenen Sträflinge in den Graben fallen ließen, etwa zwanzig Menschen. Wir sind schnell weggerannt. Bis heute erinnere ich mich, wie einer, der nicht sofort tot war, sich an das vergilbte Gras klammerte.
Meine Mutter war Direktorin der örtlichen Schule. Zwei Gefangene halfen ihr, die Bibliothek in Ordnung zu bringen. Wir hatten es sehr schwer, vor allem nachdem man meinen Vater abgeholt und erschossen und uns hierhergeschickt hatte. In Agul gab es keine Lehrer. Daher erlaubte man meiner Mutter, die nach der Revolution einen Universitätsabschluss gemacht hatte, zu unterrichten. Mit einem der Gefangenen, dessen Namen ich mittlerweile vergessen habe (ich war damals zehn Jahre alt), sprach meine Mutter, wenn niemand in der Nähe war.
Erst viel später begriff ich, was ich gesehen hatte. Dieser Mann zog aus seiner alten Jacke ein kleines Bündel. Er entwirrte es und zeigte es meiner Mutter. Ich war nicht weit weg von ihnen und stellte mich auf die Zehenspitzen, um zu sehen, was der Gefangene in den Händen hielt. Es war eine kleine Fotografie auf fester Pappe, wie sie damals gemacht wurden, mit einem Namenszug und Worten in einer anderen Sprache am unteren Rand. Der Unglückliche sagte leise zu meiner Mutter: ›Wir waren damals in der Emigration. In der Schweiz. Hier sitzt Lenin neben meiner Frau, und das sind zwei deutsche Kommunisten.‹
Unwillkürlich schaute ich misstrauisch auf den schmutzigen, hageren Menschen, dessen Augen mit Leid gefüllt waren: Dieser Mensch hatte Lenin persönlich gekannt?! Er erklärte meiner

Mutter noch irgendetwas, dann packte er die Fotografie sorgfältig wieder weg. Er kam noch zweimal in die Schule, dann war er verschwunden. Entweder ist er gestorben (er war sehr schwach), oder man hat ihn, wie die anderen, im Wald umgebracht.

Diese Kindheitserinnerungen sind mir für immer geblieben. Wenn ich an das Schicksal meiner Familie denke, weiß ich, dass es nicht nur das Schicksal meiner Familie, sondern vieler, vieler anderer Menschen ist, die die verbrecherische Gesetzlosigkeit Stalins am eigenen Leib gespürt haben.

Meine Mutter starb ziemlich jung, bald nach dem Krieg; meinem Bruder und meiner Schwester konnte sie nicht mehr viel erzählen. Wir setzten sie auf dem Friedhof bei, von dem nicht weit entfernt die Gefangenen begraben wurden. Deren Gräber allerdings machte man dem Erdboden gleich. Namenlose Orte zeugen von der furchtbaren Tragödie des Volks. Aber das Schweigen dieser Gräber ist für uns bis heute wie ein Schrei. Dort, in diesen Lagern, haben wohl nur wenige überlebt. Aus meiner Familie kehrten aus den Lagern zwei Onkel nicht zurück, einfache Bauern, die die Unvorsicht besessen hatten, manchmal das laut zu sagen, was andere nur dachten.

Möglicherweise wird es einige geben, die, nachdem sie die letzten Passagen gelesen haben, sagen werden: ›gekränktes Söhnchen‹, ›einer von den Repressierten‹, ›eindeutig Rache‹. Nein und nochmals nein. Ich war ein junger Panzerleutnant, als Stalin starb. Für mich brach der Himmel zusammen. Denn als man meine Verwandten fortholte, verstand ich nichts. Ja, und auch später verband ich diese Tragödie nicht mit Stalins Namen. Man sagte: ›Der Vater ist gestorben.‹ Meine Mutter weinte heimlich. Dass ich ›gebrandmarkt‹ war, merkte ich erst im Juli 1952. Nach einem feierlichen Abschiedsessen sammelten die frisch gebackenen Leutnants ihr ärmliches Gepäck, um zu den verschiedensten Einheiten zu fliegen, so, wie es für uns vorbestimmt war. Vor dem Abschied mit den Freunden kam zu mir einer meiner Genossen, nahm mich zur Seite und sagte mir: ›Schwöre mir, dass du es niemandem erzählen wirst!‹

›Selbstverständlich.‹ Ich schaute ihn verwundert an und verstand nicht.

›Ich habe dich drei Jahre bespitzelt und berichtet, was du sagst, so im Allgemeinen habe ich nach dir geschaut. Entschuldige, ich konnte es nicht ablehnen.‹

›Was hast du denn erzählt?‹, fragte ich verwundert.

›Nun, du hast doch die Schule beendet, und auch noch mit ausgezeichneten Noten, also habe ich nichts Schlechtes gesagt. Nun, ich wünsche dir … Behalte mich in gutem Andenken, und wisse, sie können dir immer noch …‹«

Ich werde seinen Namen nicht nennen, denn möglicherweise arbeitet er auch jetzt irgendwo, und ich habe es ihm schließlich versprochen.

Vielleicht habe ich mich von den Überlegungen über den Stalinschen Bürokratismus etwas zu weit entfernt. Dennoch möchte ich noch Folgendes sagen: Sich an der Geschichte rächen zu wollen ist zwecklos. Ebenso zwecklos ist, sie zu verlachen. Was war, lässt sich nicht mehr ändern. Aber man muss die Geschichte kennen und sich an sie erinnern. Beispielsweise daran, dass mein Vater 37 Jahre alt war, als man ihn erschoss.

Wusste man im Kreml, was in Agul und in vielen, vielen anderen Orten geschah? Man wusste es. Im Berija-Archiv gibt es eine große Zahl von Briefen, von Aufschreien, von flehentlichen Bitten um Hilfe und mit Klagen über die Ungerechtigkeit. Hier einer von vielen Briefen, die an Stalin adressiert waren:

»Die Rede wird sein von der Lagerabteilung Nr. 14 des NKWD-Lagers Nr. 283 und dem Schacht Nr. 26. Die Lage der Sträflinge ist schwer. Mittelalterliche Inquisition wäre hier paradiesisch. Ehemalige Soldaten und Partisanen werden zusammen mit Kollaborateuren und deutschen Handlangern gehalten. Die Dauer der Haft kennt niemand, und das ist nicht leichter als Erschießung. Man schlägt uns regelmäßig. Wir sind verlaust, in durchlöcherte Lappen gekleidet. Die Ernährung ist widerlich, häufig finden sich im Essen Mäuse. Der Kohl wird mit einer pferdebetriebenen Dreschmaschine verarbeitet, dabei gerät Pferdemist dort hinein. Die Konvoire (Begleitsoldaten; A. d. Ü.) verprügeln die Gefangenen. Zu dem Zweck werden die grausamsten unter den Gefangenen ausgesucht. In diesem Brief ist kein Tropfen von Lüge. Aber ihn unterschreiben, das würde bedeuten: sofort Zwangsarbeit und Besserungslager.«

Die Bürokratie des Stalinschen Typus trägt den Mantel der Gesetzlosigkeit. Nein, Gesetze, Befehle, Verordnungen gab es viele. Aber viele Gesetze waren »gesetzlos«.
Beim Studium von Archivdokumenten konnte ich einige seltene Versuche schwachen Protests von Menschen entdecken, die sich auf hohen Stufen der Staatspyramide befanden. Das war sehr gefährlich. Im Molotow-Fond gibt es ein interessantes Schreiben, das der ehemalige Justizminister der UdSSR Rytschkow im Mai 1947 an Stalin und Molotow gerichtet hat:

»Entsprechend den Anweisungen der Regierung der UdSSR und dem Befehl des Volkskommissars für Justiz und des Staatsanwalts der UdSSR (Nr. 058 vom 20. März 1940) werden freigesprochene Personen, die konterrevolutionärer Tätigkeit beschuldigt waren, nicht unmittelbar freigelassen, sondern sie werden wieder ins Lager oder Gefängnis zurückgebracht. Sie können nur befreit werden, wenn vom MWD eine Mitteilung vorliegt, dass seinerseits keine Einwände bestünden. Diese Ordnung führt dazu, dass die freigesprochenen Personen weitere Monate lang in den Gefängnissen bleiben.
So hat das Militärkollegium des Obersten Gerichts der UdSSR am 5. April 1946 nach einem Protest des Generalstaatsanwalts der UdSSR das Urteil des Kriegstribunals der »Taman«-Schützendivision, nach dem die Bürgerin Litwinenko des Verrats an der Heimat beschuldigt und zum Tod durch Erschießen verurteilt wurde, ersetzt (das Urteil wurde in 10 Jahre Lager umgewandelt). Das Militärkollegium des Obersten Gerichts der UdSSR stellte das Verfahren wegen Mangels an Beweisen ein. Am 6. Mai 1946 wurde diese Anweisung an das Siblag (Sibirische Lagerverwaltung; A. d. Ü.) des MWD geschickt, wo sich die Gefangene aufhielt. Dort schickte man das Dokument zur Absprache der Bestimmung in die erste Spezialabteilung des MWD; jene schickten es in den Taurischen Militärbezirk. Die Angelegenheit zieht sich seit Monaten hin. (…)
Solche Tatsachen gibt es nicht wenige. Das untergräbt die Autorität des Gerichts. Ich bitte um die Einlösung der Befehle des Volkskommissars für Justiz der UdSSR und des Staatsanwalts der UdSSR Nr. 058 vom 20. März 1940.
Justizminister der UdSSR N. Rytschkow«

Stalins Reaktion ist unbekannt. Molotow schrieb auf das Dokument die Bemerkung:

»Die Genossen Gorschenin, Kruglow, Abakumow fragen. W. Molotow. 17. 5. 1947«

Stalin und das System, das er sorgfältig aufbaute, lehrten die Menschen auszuharren, sich zu unterwerfen. Die Bürokratie kann ohne die Unterdrückung des Willens nicht leben. Der Wille des »Führers« war »eisern«, und alle anderen hatten zu gehorchen. Stalin und der Stalinismus vernichteten innerhalb von dreißig Jahren tausendmal mehr Menschen als alle russischen Zaren innerhalb von drei Jahrhunderten. Aber die Menschen zu jener Zeit dachten darüber nicht nach. Sehr viele verstanden nicht den Alptraum, der sich hinter dem Vorhang der totalen Bürokratie verbarg. Möglicherweise wusste auch Alexander Fadejew nichts, als er einige Tage nach Stalins Tod einen langen Artikel schrieb unter der Überschrift: »Stalins Humanismus«. Nur die Blindheit der Seele oder die Erschütterung eines Sklaven konnte solche Sätze entstehen lassen, wie sie aus Fadejews Feder geflossen sind. Der talentierte Schriftsteller, dessen Bewusstsein vom Stalinschen Dogmatismus getrübt war, schrieb, dass wir Stalin für einen »der größten Humanisten, den es jemals auf der Welt gegeben hat«, halten müssten. Fadejew behauptete, dass der »große und einfache Mensch von unerschütterlicher Seelenkraft, wie sein Name es ausdrückte, ein guter Lehrer der Menschheit und Vater der Völker, seinen Lebensweg beendet hat, aber seine Sache ist unbesiegbar und unsterblich«. Möglicherweise quälte Fadejew das Gewissen, möglicherweise drang die Reue zu ihm durch, als er sich im Mai 1956 das Leben nahm.
Der physische Tod kam zu Stalin früher, als er ihn erwartet hatte. Hier unterschied er sich wenig von den meisten Menschen. Aber sein politischer Tod kam spät. Relikte des Stalinismus existieren noch immer. Sein historischer Tod wird wahrscheinlich nie kommen. Die Menschen können das, was sich mit seinem Namen verbindet, nicht vergessen.

Irdische Götter sind sterblich

In seinen letzten Lebensjahren traute der »Führer« niemandem mehr. Generalleutnant Nikolaj Sidorowitsch Wlassik wurde am 16. Dezember 1952 verhaftet. Verhört hat ihn Berija selbst, zusammen mit Kobulow und Wlodsimirski. Wlassik wurde »Nachsicht mit den Vergifterärzten« vorgeworfen, Bekanntschaft mit dem »Spion« W. A. Stenberg und Missbrauch des Dienstgrads (»Nutznießung von Staatseigentum«). Die wichtigste Anschuldigung allerdings wurde nicht angeführt. In einem Brief an den Vorsitzenden des Präsidiums des Obersten Sowjets der UdSSR Woroschilow vom Mai 1955 aus der Region von Krasnojarsk, wo sich Wlassik in Verbannung befand, schreibt er:

»Das Oberhaupt der Regierung (so nannte Wlassik Stalin in diesem Brief; D. W.) befand sich nach dem Krieg im Süden und äußerte in meiner Anwesenheit eine große Entrüstung gegen Berija, er sprach davon, dass die Organe des Ministeriums für Staatssicherheit ihre Arbeit nicht ausreichend durchgeführt hätten. (...) Er sagte, er habe Anweisung gegeben, Berija von der Leitung des MGB (Ministerium für Staatssicherheit; A. d. Ü.) zu entfernen. Er fragte mich, wie Merkulow, Kobulow und später auch wie Goglidse und Zanawa arbeiteten. Ich erzählte ihm, was ich wusste. (...) Und später konnte ich mich davon überzeugen, dass diese Unterhaltung zwischen mir und dem Oberhaupt der Regierung ihm (Berija; A. d. Ü.) zu Ohren gekommen war, und ich war davon erschüttert.«

Es ist nicht schwer, sich vorzustellen, dass Berija vor allem das schlechter werdende Verhältnis Stalins zu ihm beunruhigte. Wie er von Wlassiks Äußerungen, die dieser unter vier Augen gegenüber dem »Führer« getan hatte, erfahren konnte, ist unklar. Möglicherweise hat Stalin es seinem Fouché selbst erzählt? Oder vielleicht hatte Berija Stalin abhören lassen?
Weiter schreibt Wlassik in seinem Brief an Woroschilow:

»Ich hatte verstanden, dass ich nichts anderes als den Tod erwarten konnte, denn ich konnte mich noch einmal davon überzeugen, dass sie das Oberhaupt der Regierung belogen hatten. (…) Sie forderten von mir Aussagen gegen Poskrebyschew, und noch zweimal wurde ich zu Kobulow in Anwesenheit Wlodsimirskis geholt. Ich lehnte ab und erklärte, dass ich keinerlei Angaben und Kompromittierungen gegen Poskrebyschew hätte, ich sagte ihnen lediglich, dass das Oberhaupt der Regierung eine Zeit lang sehr unzufrieden mit der Arbeit unserer Organe und mit der Führung Berijas gewesen sei. Ich führte jene Fakten an, über die das Oberhaupt der Regierung zu mir gesprochen hatte – über die Versäumnisse in der Arbeit, wofür er Berija beschuldigte. (…) Für die Weigerung, gegen Poskrebyschew auszusagen, sagte man mir: ›Du wirst im Gefängnis krepieren.‹«

Ich möchte lediglich noch hinzufügen, dass Wlassiks ehemalige Mitstreiter alle »Maßnahmen« angewendet haben, die ihnen zur Verfügung standen, um eine Aussage von ihm zu erhalten. Wlassik schrieb, er sei »unzulässig verhöhnt« worden.
Bei »meiner Gesundheit und meinem fortgeschrittenen Alter konnte ich dies nicht aushalten. Ich bekam einen Nervenzusammenbruch, eine völlige Erschütterung, und verlor vollständig jegliche Selbstbeherrschung und jeglichen gesunden Menschenverstand: Ich war nicht einmal in der Lage, die von ihnen vorgefertigten Antworten durchzulesen; mit den Handschellen, die sich bis zu den Knochen durchgefressen hatten, war ich unter Bedrohung und Beschimpfung genötigt, diese für mich furchtbare Kompromittierung zu unterschreiben. Daraufhin wurden die Handschellen abgenommen, und es wurde versprochen, dass ich schlafen könne, was niemals geschah, weil in der finsteren Kammer die Selbstfolter begann.«

So war es. Man verfolgte alle. Niemand, aber auch niemand war absolut frei von Verdacht. Auch Berija fürchtete nun eine rasche Verschlechterung seiner Lage. Aber Stalin schien noch abzuwarten, möglicherweise wollte er noch eine Sache überdenken. Äußerlich ließ er sich nichts anmerken.
Auch Poskrebyschew hatte seinen Posten schon verloren. Ihn zu ersetzen war schwierig gewesen, und Stalin konnte drei Monate lang keine endgültige Entscheidung treffen – wer konnte solch

ein Waffenträger werden wie der nun geächtete Helfer? Als Poskrebyschews Nachfolger Malin den Raum betrat, deutete Stalin, mit dem Kopf nickend, auf den Tisch und zeigte damit dem neuen Helfer, was er tun sollte. Stalin antwortete nicht auf die Begrüßung: »Malenkow soll mich anrufen.«

»Wird ausgeführt, Genosse Stalin!«

Zwei, drei Minuten später hatte Stalin die Stimme seines Favoriten im Telefonhörer: »Heute Abend gehe ich ins Bolschoj. Schauen Sie alles durch. Schicken Sie mir keine Papiere mehr, und morgen Abend kommen Sie, Chruschtschow und Berija zu mir.« Er schwieg eine Weile und fügte dann hinzu: »Und Bulganin.«

»Gut, Genosse Stalin! Ich werde alles durchlesen, werde die Dokumente durchsehen, werde Ihre Anweisungen den Genossen weitergeben. Alles wird gemacht!«

Stalin fühlte sich schwach, ein leichtes Schwindelgefühl wollte nicht vorübergehen. Sonst hatte er sich, wenn er aus dem Süden, aus Sotschi, zurückgekehrt war, immer erleichtert gefühlt. Aber diesmal war eine Erholung nicht zu spüren. Am Abend machte sich Stalin mit einem Dutzend von Leibwächtern auf den Weg ins Bolschojtheater, zum Ballett »Schwanensee«.

Neben seiner Loge wartete der Intendant des Theaters Rybin auf ihn. Stalin schaute fasziniert auf die Bühne, er kannte jede Nuance der Choreographie und der Musik des Schauspiels. Er blieb nicht bis zum letzten Akt, er fuhr fort. Seine Schwäche machte ihm Angst. Stalin spürte, dass eine Bedrohung in seiner Nähe war. Und offenbar war sie diesmal real.

Am 28. Februar 1953 stand Stalin später auf als gewöhnlich, seine Laune hatte sich gebessert. Er hörte sich verschiedene Berichte an, unter anderem auch den Berijas. Dieser bemühte sich in letzter Zeit besonders, denn der »Führer« war ein noch gerissenerer Mensch als er.

Stalins Misstrauen gegenüber den Ärzten verschärfte sich noch, nachdem man Professor Winogradow verhaftet hatte. Stalin hatte ihm einst vertraut, und im Jahr 1952 hatte er eine merkliche Verschlechterung des Gesundheitszustands des »Führers« diagnostiziert. Stalins Unzufriedenheit mit den Ärzten wurde im MGB aktiv gefördert. Einer der Untersuchungsrichter namens Rjumin hatte beschlossen, sich dieser Sache anzunehmen und bald Karriere zu machen. Die Dinge entwickelten sich schnell. Die »Organe« registrierten Stalins Wunsch und bereiteten ein Verfahren vor gegen eine umfassende »Medizinerverschwörung«. Diese Verfolgungsaktion hatte eine starke antisemitische Prägung. Höchstwahrscheinlich hätte es einen Prozess mit Opfern gegeben, und wer weiß, wie weit dieser blutige Wahn gegangen wäre? Lediglich der unerwartete Tod des Tyrannen setzte dieser Tragödie ein frühes Ende.

An seinem letzten Abend interessierte sich Stalin für den Verlauf der Untersuchung. Er fragte Berija: »Was ist mit Winogradow?«

»Dieser Professor hat außer seiner Unzuverlässigkeit auch noch eine lange Zunge. Bei sich in der Klinik hat er sich einem der Ärzte mitgeteilt und gesagt, dass der Genosse Stalin einige gefährliche hypertrophe Anfälle gehabt habe …«

»Ist gut«, unterbrach Stalin ihn. »Was gedenken Sie weiterhin zu tun? Haben die Ärzte gestanden? Sagen Sie Ignatjew: Wenn er keine vollständigen Geständnisse der Ärzte bekommt, werden wir ihn einen Kopf kürzer machen.«

»Sie werden gestehen. Mit Hilfe von (Lidija; A. d. Ü.) Timaschuk und anderen Patrioten führen wir die Untersuchung durch und werden Sie bitten, einen öffentlichen Prozess zu erlauben.«

»Bereiten Sie alles vor«, sagte Stalin und wandte sich anderen Dingen zu.

Malenkow, Molotow, Chruschtschow, Berija und Bulganin waren pünktlich gekommen. Man saß bis vier Uhr am Morgen des 1. März zusammen. Am Ende der Unterredung war Stalin aufgebracht. Er verbarg nicht, dass er unzufrieden war mit Molotow, Malenkow und Berija. Auch Chruschtschow bekam sein Fett ab. Nur Bulganin wurde verschont. Alle warteten darauf, dass der »Führer« endlich aufstünde, damit man nach Hause fahren konnte. Aber Stalin sprach lange und warf seinen Mitstreitern vor, sie gingen offensichtlich davon aus, dass sie sich auf ihren Lorbeeren ausruhen könnten. Stalins Worte klangen Unheil verkündend. Stalin ahnte, dass ihm nicht mehr viel Zeit blieb. Aber er wusste nicht, dass diese wütende Tirade die letzte in seinem Leben sein würde. Unvermittelt brach Stalin seine Rede ab, nickte trocken und ging in sein Zimmer. Schweigend gingen alle hinaus und fuhren nach Hause. Es war noch dunkel. Malenkow und Berija setzten sich in einen Wagen.

Wie mir Rybin erzählt hat, seien die Bediensteten am 1. März allmählich unruhig geworden. Stalin sei nicht erschienen, er habe niemanden zu sich gerufen. Ohne Aufforderung zu ihm zu gehen war verboten. Und auf einmal, so erzählte Rybin, sei im Arbeitszimmer das Licht angegangen. Alle hätten erleichtert aufgeatmet. Man wartete auf ein Klingelzeichen; Stalin hatte nicht zu Mittag gegessen, hatte seine Post nicht durchgesehen und auch nicht die Dokumente, die ihm täglich vorgelegt werden mussten. Das war ungewöhnlich, sonderbar. Aber die Zeit sei vergangen, sagte Rybin, der seine Sympathie für Stalin nicht verbarg, und nichts sei geschehen. Es wurde 20 Uhr, dann 21 Uhr, 22 Uhr – in Stalins Zimmern herrschte Stille. Die Beunruhigung erreichte ihren Höhepunkt. Die Helfer und Wachen begannen zu streiten. Man musste zum Führer gehen, wirre Vorahnungen reiften heran. Die Dienst habenden Mitarbeiter – M. Starostin, W. Tukow, die Serviererin M. Butusowa – begannen untereinander zu besprechen, wer hineingehen sollte. Um 23 Uhr schließlich tat Starostin es und nahm die Post als Vorwand mit, falls der Hausherr unzufrieden wegen der Verletzung seiner Vorschriften sein sollte.
Starostin ging durch einige Zimmer. Er schaltete überall das Licht an. Im kleinen Esszimmer schließlich fand er Stalin auf dem Boden liegend, in Pyjamahosen und Unterhemd. Er konnte kaum seine Hand heben und winkte Starostin zu sich. Aber er konnte nicht sprechen. In seinen Augen war Entsetzen, Angst und Flehen. Auf dem Boden lag die »Prawda«, auf dem Tisch stand eine offene Flasche »Borschomi« (georgisches Mineralwasser; A. d. Ü.). Hier lag Stalin offenbar schon lange, denn das Licht im Esszimmer brannte. Starostin rief die Bedienstetenschar herbei. Sie legten Stalin auf den Diwan. Einige Male versuchte er, etwas zu sagen, aber er brachte nur undeutliche Laute heraus. Gehirnblutungen, Sprachparalyse, schließlich Bewusstseinsverlust.
Nach Rybins Bericht haben die Leibwachen versucht, im MGB Ignatjew zu erreichen. Dieser empfahl, Berija und Malenkow anzurufen. Aber Berija war unauffindbar. Und Malenkow konnte sich ohne Berija nicht entschließen, irgendwelche Maßnahmen zu ergreifen. Einer der mächtigsten Menschen auf dem Planeten war in seinen kritischsten Minuten bar jeder medizinischen Hilfe. Der Führer wurde zum Opfer seines Systems. Wie sich später heraus-

stellte, durften ohne Berijas Erlaubnis keine Ärzte zu Stalin kommen. Schließlich, um drei Uhr nachts, fand man das Stalinsche Monster in einem der Regierungshäuser in Begleitung einer neuen Frau. Zusammen mit Malenkow eilte es zu Stalin. Berija hatte eine Weinfahne. Malenkow ging zum sterbenden Stalin, auf Socken, seine neuen Stiefel trug er aus irgendeinem Grund unter dem Arm (vielleicht, um keine Geräusche zu verursachen). Der Mensch, der auf dem Diwan lag, schien seine letzten Laute von sich zu geben. Berija rief keine Ärzte herbei, sondern stürzte sich auf die Bediensteten: »Was macht ihr für eine Panik! Seht ihr nicht, der Genosse Stalin schläft fest! Marsch, weg von hier, und stört nicht den Schlaf unseres Führers! Ich werde es euch noch zeigen!«
Malenkow unterstützte ihn nicht sehr entschlossen. Es entstand der Eindruck, sagte Rybin, dass Stalin, der nach dem Anfall bereits sechs bis acht Stunden ohne medizinische Hilfe dagelegen hatte, sie auch weiterhin nicht erhalten sollte. Es sei alles so gelaufen, wie Berija es geplant hatte. Berija jagte die Leibwachen und die Hausbediensteten fort, er verbot ihnen zu telefonieren, und dann fuhren auch er und Malenkow weg. Erst gegen neun Uhr morgens am darauf folgenden Tag kamen Berija und Malenkow zurück, begleitet diesmal von Chruschtschow. Etwas später stießen weitere Politbüromitglieder und dann auch Ärzte hinzu. Berija trat zu den Ärzten und sagte, damit es alle hörten, ziemlich laut: »Garantieren Sie für das Leben des Genossen Stalin? Begreifen Sie Ihre Verantwortung für die Gesundheit des Genossen Stalin? Ich möchte Sie warnen.«
Die erschrockenen Professoren und Krankenschwestern wussten, dass nach dem Tod des »Führers« auch der eigene folgen konnte. Berija verbarg nicht sein triumphierendes Gesicht. Alle im Politbüro, eingeschlossen Malenkow, fürchteten ihn. Nachdem Berija sich sicher war, dass Stalin nicht mehr aufwachen würde, fuhr er, wie ich bereits geschildert habe, auf dem schnellsten Weg zum Kreml. Er wollte dort meiner Meinung nach die Dokumente aus Stalins Safe beseitigen, die irgendetwas über ihn besagten.
Einige Stunden später kam Berija zurück zu dem Sterbenden. Er drängte die niedergeschlagenen Mitkämpfer des »Führers« sogleich, eine Regierungsmitteilung über Stalins Erkrankung zu veröffentlichen. In dieser Mitteilung heißt es:

»In der Nacht zum 2. März kam es beim Genossen Stalin, als er sich in seiner Wohnung in Moskau befand (er war in seiner Datscha; D. W.), zu Gehirnblutungen, die lebenswichtige Teile des Gehirns erfassten. Der Genosse Stalin verlor das Bewusstsein. Es kam zu einer Lähmung der rechten Hand und des rechten Beins. Er verlor die Sprechfähigkeit. Die Herz- und Atemfunktionen ließen merklich nach. (…) Die medizinische Versorgung des Genossen Stalin wird unter ständiger Beobachtung des Zentralkomitees der KPdSU und der sowjetischen Regierung durchgeführt. (…) Die schwere Krankheit des Genossen Stalin zieht eine mehr oder weniger lange Abwesenheit des Genossen Stalin von seiner Führungstätigkeit nach sich.«

Am Bett des Sterbenden endete die Tragödie des Volkes, auch wenn diese Tatsache erst spät erkannt werden sollte. Eine Tragödie, die untrennbar mit dem Leben dieses Menschen verbunden war. Damals schien es, als sei sein Tod die Tragödie des Volks, aber dann sollte das Volk verstehen, dass die Verbrechen seines Lebens die wahre Tragödie waren.

Einige Male erschien auch Wassili, Stalins Sohn, am Sterbebett und schrie mit betrunkener Stimme: »Ihr Schurken, ihr habt meinen Vater getötet!« Stalins Tochter saß stumm im Sessel. Woroschilow, Kaganowitsch, Chruschtschow und einige andere weinten. Berija ging häufig zum Sterbenden und fragte laut: »Genosse Stalin, hier befinden sich alle Politbüromitglieder, sag uns etwas!« Berija führte sich auf wie der Kronprinz eines gigantischen Imperiums, der nun über das Leben der anderen allein zu bestimmen hatte. Stalin interessierte ihn nicht mehr. Für ihn war er Vergangenheit. Es war 9 Uhr 50 am 5. März 1953. Die Anwesenden verspürten gleichzeitig Trauer und Erleichterung.

Dann hatten es auf einmal alle es sehr eilig, alle machten sich irgendwohin auf den Weg. Die meisten ins Politbüro. Nun musste die Nachfolgerfrage gelöst werden. In einem demokratischen System ist dies eine gewöhnliche Prozedur: alles entsprechend den Verfassungsnormen. Die Sitzung des Politbüros leitete Malenkow. Die Beschlüsse waren in einem engen Kreis bereits vor der Sitzung abgesprochen worden.

Vorsitzender des Ministerrats wurde Malenkow, zu seinen Stellvertretern wurden Berija, Molotow, Bulganin und Kaganowitsch ernannt. Molotow, der dieses Amt 1949 abgegeben hatte, wurde wieder Außenminister, und Bulganin wurde Verteidigungsminister.

Gegen Ende seines Lebens hatte Stalin aller Wahrscheinlichkeit nach beabsichtigt, sich von seinen langjährigen Mitkämpfern zu »befreien« – von Berija, Woroschilow, Kaganowitsch, Mikojan, Molotow, Chruschtschow und möglicherweise von einigen weiteren. Er wollte sie auf eine besonders gerissene Weise beseitigen. Er hatte vorgeschlagen (und selbstverständlich waren alle damit einverstanden), das Politbüro auf 25 Mitglieder und 11 Kandidaten zu erweitern. Die Zahl der Sekretäre wurde auf 10 Personen erhöht. Auf diese Weise wurden seine alten Mitkämpfer zu einer Minderheit unter den neuen Spitzenfunktionären, auf die er nun seine Hoffnung setzte. Ich glaube, wenn Stalin nicht der Anfall ereilt hätte, dann hätte er einen Vorwand gefunden, Molotow, Mikojan, Berija und einige andere zu beschuldigen und sie aus der Führung auszustoßen. Es wäre nicht das erste Mal gewesen, dass er die Schuld an eigenen Fehlern und Verbrechen auf andere abgeschoben hätte.

Seine alten Mitkämpfer praktizierten nach seinem Tod genau das Gegenteil. Sie verkleinerten das Präsidium, wie das Politbüro sich zeitweise nannte, auf zehn Mitglieder und vier Kandidaten. Zu der alten »Stalinschen Garde« – Malenkow, Berija, Molotow, Woroschilow, Chruschtschow, Kaganowitsch, Mikojan – stießen Bulganin, Saburow und Perwuchin hinzu. Wenige Monate später mussten einige das ZK-Präsidium (1952–1966 hieß das Politbüro so) schon wieder verlassen und kamen nicht mehr hinein: Andrianow, Malyschew, Melnikow, Michajlow, Ponomarenko, Tschesnokow, Swerew, Kabanow, Pusanow, Tewosjan, Judin. Auch Breschnew konnte sich zunächst nicht halten und wurde zum Stellvertretenden Leiter der Politischen Hauptverwaltung der Sowjetischen Armee und der Kriegsmarine degradiert.

Seit 1934 war offiziell kein Generalsekretär des ZK mehr gewählt worden. Für alle war klar gewesen, dass Stalin nicht gewählt werden musste und wohl auch nicht wollte. Schließlich entschied das Politbüro:

»Es ist als notwendig anzusehen, dass der Genosse Chruschtschow N. S. sich auf die Arbeit im Zentralkomitee der KPdSU konzentriert, und in Verbindung damit ist er von seinem Posten als 1. Sekretär des Moskauer Komitees der KPdSU zu befreien.«

Nach den Trauerzeremonien, die im ganzen Land stattfanden, brachte man den toten »Führer« ins Mausoleum. Acht Monate war das Mausoleum für Besucher geschlossen. Die Leiche wurde einbalsamiert. Sie sollte Jahrhunderte dort liegen. Neben Lenin lag nun der Mensch, der das Recht der Auslegung der Werke seines großen Vorgängers an sich gerissen hatte. Wer konnte damals wissen, dass Stalins Mumie bereits am Abend des 31. Oktober 1961 das Mausoleum wieder verlassen sollte?
Und die Menschen, die ihre Reden einst mit Lobeshymnen auf den »genialen Führer« begonnen und beendet hatten, änderten langsam ihre Sprache. Irgendwie schien es, als würde sich der Nebel vor den Augen und um die Seelen verziehen.

Das Stalinsche Erbe

Erlauben Sie mir einen letzten Rückblick. Im August und September 1952 berichtete Malenkow Stalin einige Male über die Vorbereitungen für den 19. Parteitag. Stalin blätterte die Entwürfe für die Reden der Politbüromitglieder durch, aber sie interessierten ihn wenig. Bedeutend mehr interessierte ihn der eigene Auftritt. Nach einem vom »Führer« erarbeiteten Konzept bereitete Suslow mit einer kleinen Brigade einige Varianten für die Rede vor. Den letzten Schliff gab Stalin ihr dann selbst.
Einige Tage vor Beginn des Parteitags wurde die Uhrzeit festgesetzt, an dem er eröffnet werden sollte: sieben Uhr abends. Das Präsidium des Parteitags war nicht groß. Es gab etwas Neues: Alle Präsidiumsmitglieder saßen auf der linken Flanke. Stalin setzte sich allein nach rechts. Niemand hinter ihm, niemand neben ihm. Der »Führer« wollte sich nicht einmal mehr zwischen die Mitglieder des Politbüros setzen. Die endlosen Erwähnungen seines Namens in den Reden der Delegierten wurden von Ovatio-

nen unterbrochen. Stalin schaute auf die Psychose scheinbar normaler Menschen, die voller Ergebenheit, voller Liebe und voller Kriecherei waren.
Mir scheint, Stalin war lediglich am Eröffnungstag und am Schlusstag ununterbrochen anwesend. Zwei, drei Tage erschien er überhaupt nicht. Ich glaube, es war nicht seine Gesundheit, die ihn daran hinderte zu kommen. Stalin fand diese Foren, auf denen es keinen Kampf, keine Rätsel, keine Unklarheiten gab, seit langem uninteressant. Am letzten Tag, als alle sahen, dass Stalin sich erhob und langsam zum Rednerpult schritt, erwies ihm der Saal eine lange stehende Ovation. Seine Rede war kurz. Der Applaus, der seine Rede unterbrach, nahm bei weitem mehr Zeit ein. Stalin sagte praktisch kein Wort über die Lage im Land und in der Partei. Er bemerkte zu diesem Thema lediglich, dass es mit der Bildung von volksdemokratischen Ländern, von neuen »Stoßbrigaden«, wie er sagte, für die »Partei leichter geworden ist zu kämpfen, ja, die Arbeit geht fröhlicher voran«.
Sein Leben lang verteidigte Stalin die Einrichtungen, die er geschaffen hatte. Aber der Führer hatte die Stabilität der von ihm geschaffenen Gesellschaft überschätzt. Buchstäblich einige Stunden nach seinem Tod begannen seine Nachfolger sein Erbe zu missachten.
Im März 1953 wurde ein Jahrzehnt der Reformen eingeläutet, die alle Sphären des Lebens erfassten. Ihre Bedeutung darf man nicht unterschätzen. Besonders jene Aspekte nicht, die mit den Beschlüssen des 20. Parteitags zusammenhängen. Ein Charakteristikum aller Reformen dieser Periode waren allerdings die Unvollendetheit, die Halbheit, die »Unfähigkeit, alles bis zum Ende zu sagen«. Aber das wichtigste wurde getan: Der Terror wurde beendet. Die Freiheit hatte eine Chance erhalten, sich zu realisieren. Stalin hat uns nichts Positives hinterlassen. Und eines sei noch einmal betont: Stalin – das ist nur die Spitze des Eisbergs. Da ich nur die Spitze dargestellt habe, erhebe ich keinen Anspruch darauf, den ganzen Eisberg beschrieben zu haben.
Die furchtbaren Gefahren, die unserem Land drohten, hatte Plechanow früh erkannt. Er protestierte gegen die außerordentliche Konzentration der Macht, wie sie bald nach der Revolution einsetzte, und schrieb:

»Das ZK ›kassiert‹ alle Elemente, die mit ihm unzufrieden sind, setzt überall seine Kreaturen hin, und nachdem es alle Komitees mit seinen Kreaturen aufgefüllt hat, sichert es sich eine untergebene Mehrheit auf den Parteitagen. (...) Auf diese Weise wird es bei uns in der Partei weder eine Mehrheit noch eine Minderheit geben, deshalb, weil sich bei uns das Ideal des persischen Schahs verwirklichen wird.«

Die historische Niederlage

Auf der Tribüne des 20. Parteitags der KPdSU stand Chruschtschow. Beinahe eineinhalbtausend Delegierte hörten seinem Bericht zu. Sie waren zuerst schockiert, um dann vollständig zu erstarren. Ab und zu ertönten Zwischenrufe und Proteste angesichts der Schrecken, die er beschrieb, aber sonst Schweigen. Der 1. Sekretär zeichnete in der ihm eigenen Sprechweise schnell ein neues Bild des »Führers der Völker«. Bald beherrschte nur noch eine Szene das Denken der Delegierten: Der neue Führer der Partei, einer der ehemaligen treuen Mitkämpfer des Verstorbenen, verwandelte das Antlitz des nun stummen »Führers«. Es erschien jetzt blutig, tyrannisch, furchtbar. Das waren seltene Stunden von wahrhaft historischer Bedeutung.

Wir wissen heute, dass gleich nach Stalins Tod in der Führung der Partei der Prozess der Entstalinisierung eingeleitet wurde. Er war zunächst kaum zu erkennen. Er beschleunigte sich aber, nachdem Berija ausgeschaltet worden war. Bald nach dem 20. Parteitag schlug Chruschtschow auf einer Präsidiumssitzung vor, eine Kommission zu gründen, die die Übergriffe während der Stalin-Zeit untersuchen sollte. Er folgte dabei nicht dem Ruf seines Herzens, wie er uns später weismachen wollte. Vielmehr wurden das ZK und die Regierung überschwemmt von einer Welle von Protesten und Hoffnungen von Menschen, die sich hinter Stacheldraht befanden. Der Glaube an die Wiederherstellung der Gerechtigkeit war erwacht. Nun, nach Stalins und Berijas Tod, glaubte niemand mehr daran, dass jemand sich erdreisten könnte, weiterhin Menschen in Verbannung und Lager verfaulen zu lassen.

Chruschtschows Vorschlag, eine Untersuchungskommission zu gründen, stieß auf den wütenden Protest von Molotow, Kaganowitsch und Woroschilow. Aber Bulganin, Mikojan, Saburow und Perwuchin bildeten mit Chruschtschow die Mehrheit. Die Kommission wurde ins Leben gerufen. Sie wurde geleitet von Pospelow, der lange als Redakteur der »Prawda« gearbeitet hatte.
Kehren wir zum 20. Parteitag zurück. Chruschtschow begann ruhig:

»Das Ziel dieses Berichts ist nicht eine umfassende Wertbestimmung von Stalins Leben und Handeln. Was die Verdienste Stalins angeht, so ist eine völlig ausreichende Anzahl von Büchern, Broschüren und Studien bereits zu seinen Lebzeiten geschrieben worden. Die Rolle Stalins bei der Vorbereitung und Durchführung der Großen Sozialistischen Oktoberrevolution, im Bürgerkrieg und im Kampf um den Aufbau des Sozialismus in unserem Land ist in der ganzen Welt bekannt. Jeder weiß gut darüber Bescheid. In diesem Augenblick geht es uns um eine Frage, die jetzt und in Zukunft von gewaltiger Bedeutung für die Partei ist. Es geht uns darum festzustellen, wie der Kult um Stalin allmählich heranwuchs, dieser Kult, der von einem gewissen Augenblick an die Ursache für eine ganze Serie von außerordentlich ernsthaften und schweren Verfälschungen der Parteiprinzipien, Parteidemokratie und revolutionären Gesetzlichkeit wurde.«

Zum ersten Mal wurde vor dem Plenum eines Parteitags über Lenins »Brief an den Parteitag« gesprochen, über Lenins Charakterisierung des Generalsekretärs aus den zwanziger Jahren.
Chruschtschow unterstrich, »dass Stalin hier in einer ganzen Serie von Fällen seine Intoleranz, seine Brutalität und seinen Missbrauch der Macht bewies. Anstatt die Richtigkeit seines politischen Standpunkts zu beweisen und die Massen zu mobilisieren, wählte er oft den Weg der Unterdrückung, der physischen Beseitigung, und zwar nicht nur gegen tatsächliche Gegner, sondern auch gegen Menschen, die kein Verbrechen gegen die Partei oder die sowjetische Regierung begangen hatten.«
Der Saal erstarrte, als Chruschtschow im Einzelnen beschrieb, wie die »Verfahren« fabriziert wurden und wer die sogenannten »Volksfeinde« in Wirklichkeit waren.

Chruschtschow ist im Verlauf von drei bis vier Stunden gelungen, was unmöglich schien. Vor allem ist es ihm gelungen, Stalin den Heiligenschein zu nehmen. Chruschtschow setzte seine Akzente besonders darauf, zu zeigen, dass Stalin ein inkompetenter Führer gewesen sei: »Er kannte das Land und die Landwirtschaft nur aus Filmen«, und während des Krieges »arbeitete er die Operationen auf dem Globus aus«, er zog überhaupt nicht die »Meinungen der Parteikommissare« in Betracht.

Weiterhin führte Chruschtschow Beweise dafür an, dass Stalin ein Scharfrichter war, ein Sadist, ein Mensch, dem jegliche moralische Qualitäten fehlten. Chruschtschow unterstrich, dass Stalin »selbst der Hauptstaatsanwalt in allen diesen Fällen war. Stalin befürwortete nicht nur all diese Verhaftungen, sondern er selbst gab nach eigener Initiative Anordnungen zum Arrest.«

Chruschtschow verurteilte entschieden die Alleinherrschaft des »Führers«, die die Ursache für viele Leiden der Partei und des Volkes war. Das war eine Explosion im gesellschaftlichen Bewusstsein, ein mutiger und unerwarteter Vormarsch gegen den Cäsarismus, gegen die Gesetzlosigkeit und den Totalitarismus.

Aber Chruschtschow war und blieb ein Sohn seiner Zeit. Sein persönlicher Einsatz bei der Entlarvung des Personenkults ist unbestritten. Aber sein Bericht, der von einem alten Stalinschen Hoftheoretiker vorbereitet worden war, ging nicht in die Tiefe; er schilderte oberflächlich die Erscheinungen und sagte beinahe nichts über die Genesis des Stalinismus, über die Ursachen der Deformation des Sozialismus. Mehr noch, diese Entstellungen wurden nicht einmal eingestanden. Auch die Stalinschen »Verdienste« wurden genannt:

»Stalin hat jedoch in der Vergangenheit der Partei, der Arbeiterklasse und der internationalen Arbeiterbewegung große Dienste erwiesen. (…) Stalin war überzeugt, dass es notwendig war für die Verteidigung der Interessen der Arbeiterklasse gegen die Verschwörung der Feinde und gegen die Angriffe des imperialistischen Lagers.«

Chruschtschow hoffte, dass die Erörterungen über den Personenkult und seine Folgen im Kreis der Partei bleiben würden:

»Wir dürfen diese Sache nicht über die Partei hinausgreifen lassen, insbesondere darf es nicht an die Presse geraten. Aus diesem Grunde befassen wir uns hier auf einer geschlossenen Sitzung des Kongresses damit. Wir sollten die Grenzen kennen; wir sollten dem Feind keine Munition liefern; wir sollten unsere schmutzige Wäsche nicht vor seinen Augen waschen. Ich glaube, dass die Kongressdelegierten alle diese Vorschläge verstehen und sie richtig einzuschätzen wissen.«

Das ZK und die offizielle Presse schwiegen in der Tat über Chruschtschows »Geheimbericht«, so, als wäre es ihr Ziel, das Volk vor der ideologischen Erschütterung zu bewahren. Erst im Frühjahr 1989 wurde der Bericht in der »Iswestija des ZK der KPdSU« veröffentlicht. Die Tatsache, dass dieses Dokument vor dem Volk so lange verborgen worden war, zeugt davon, dass der Stalinismus noch immer lebt. Er hat zwar seine äußere Form verändert, aber nach wie vor machen seine Überreste sich bemerkbar. Zunächst schien es noch, dass die Partei mit der Entlarvung des Stalinismus nicht nur beginnen, sondern sie auch zu Ende führen würde. Aber Breschnew konnte sich nicht entscheiden, Stalin und den Stalinismus vollständig zu zerschlagen. Auf Anraten Suslows und anderer ging er einen anderen Weg: In der Geschichte wurden einfach Lücken gelassen. So, als hätte es Stalin nicht gegeben, als hätte es die Verbrechen des Stalinismus nicht gegeben, als hätte es den GULAG nicht gegeben.
Ja, das Böse des Stalinismus überwinden wir allmählich. Hier gibt es keine Frage. Aber man darf dabei den Sozialismus nicht negieren. Sogar nach einem großen historischen Misserfolg ist es verfrüht, über die »Fruchtlosigkeit« des sozialistischen Weges der Entwicklung zu sprechen. Die Erneuerung, zu der wir übergegangen sind, hat noch keine überzeugende Antwort gegeben: Worin besteht die historische Chance des Sozialismus? Einige Schritte und Beschlüsse der heutigen Tage sehen aus, als seien sie improvisiert und inkonsequent. Das ist auch darauf zurückzuführen, dass wir unsere historischen Erfahrungen wenig durchdacht haben, sowohl die Misserfolge als auch die Errungenschaften. Wir haben bei anderen Völkern und Gesellschaften wenig gelernt. Möglicherweise lassen sich die sozialistischen Ideale mit Hilfe neuer An-

näherungsweisen an die Bereiche der Ökonomie, der Gesellschaft und des Geistes verwirklichen. Es ist eine neue Konzeption des Sozialismus notwendig, wobei es naiv wäre, sie etwa von einem kommenden Plenum zu erwarten oder gar von einem Auftritt des einen oder anderen Führers. Die Demokratisierung der Gesellschaft mobilisiert allmählich die Kreativität der Völker; und nur auf diesem Weg kann es zu Entscheidungen kommen, die unseren Hoffnungen und Erwartungen würdig sind. Unser Volk ist zu groß, als dass es sich mit wenig zufrieden geben könnte. Nachdem es den Stalinismus abgeworfen hat, hat es ein Recht auf eine bessere Zukunft. Zur Freiheit gibt es keine Alternative. Heute glaube ich daran mehr als jemals zuvor.

Personenverzeichnis

Antonescu, Ion (1882–1946; hingerichtet), rumänischer Militärführer und Politiker. 1933 Generalstabschef des rumänischen Heeres. 1937/38 Verteidigungsminister. 1940 von König Carol II. zum Ministerpräsidenten mit uneingeschränkten Vollmachten ernannt. Seit 1941 Militärdiktator. Enge Anlehnung an Deutschland. 1941 Kriegseintritt an dessen Seite. 1944 durch eine nationale Opposition gestürzt. 1946 zum Tod verurteilt. 667

Antonow-Owsejenko, Wladimir Alexandrowitsch (1883–1939; erschossen), bolschewistischer Politiker. Seit 1901 Mitglied der SDAPR. 1902 Eintritt in die Offiziersakademie. Nach der Parteispaltung 1903 zunächst Bolschewik, später Menschewik. In der Revolution von 1905 Versuch, Truppen zum Aufstand zu bewegen. 1910 Flucht nach Paris. 1914–17 Redakteur der in Paris erscheinenden Zeitungen »Golos«, dann bei Trotzkis Zeitung »Nasche Slowo«. August 1917 Übertritt zu den Bolschewiki. Im Oktober einer der Führer des Aufstands. Danach führende Position in der Roten Armee. 1923–27 einer der Führer der Opposition. 1924 Ablösung vom Amt des Leiters der Politischen Hauptverwaltung der Roten Armee. 1925 Botschafter in der Tschechoslowakei. 1927 Botschafter in Litauen. 1930 Botschafter in Polen. 1934 Generalstaatsanwalt der russischen Sowjetrepublik. 1936, nach Ausbruch des Spanischen Bürgerkriegs, Generalkonsul in Barcelona. 1937 Volkskommissar für Justiz, Verhaftung. 1956 rehabilitiert. 55, 65, 80, 113, 141, 246

Aristow, Mina Lwowitsch (1887–1942), bolschewistischer Militärfunktionär. Seit 1905 Mitglied der SDAPR(B). Bis 1921 leitende Funktionen in der Roten Armee. Später in Wirtschaftsfunktionen tätig. 379

Armand, Inessa – Jelisaweta Fjodorowna (1874–1920), bolschewistische Politikerin. Seit 1904 Mitglied der SDAPR(B). Teilnehmerin der ersten russischen Revolution. 1909 Emigration. Teilnehmerin der Zimmerwalder und der Kienthaler Konferenz. Nach der Februarrevolution Rückkehr nach Russland und Teilnahme am Oktoberaufstand. Seit 1918 Leiterin der Abteilung für Arbeiterinnen beim ZK der KPR(B). 742

Awanessow, Warlaam Alexandrowitsch – Suren Martirosjan (1884–1930), bolschewistischer Politiker. Teilnehmer am Oktoberaufstand. Auf dem Gesamtrussischen Sowjetkongress ins Zentralexekutivkomitee (ZEK) gewählt. Sekretär des ZEK. Mitarbeit in der Zentralen Kontrollkommission/Arbeiter- und Bauern-Inspektion (ZKK/ABI). 90

Axelrod, Pawel Borissowitsch (1850?–1928), menschewistischer Politiker. Zunächst Mitglied der Narodniki. Mitbegründer der SDAPR und Gegenspieler Lenins. 1900 Mitbegründer der »Iskra«. Nach der Oktoberrevolution Emigration. 25, 107, 209, 508

Badajew, Alexej Jegorowitsch (1883–1951), bolschewistischer Politiker. Seit 1904 Mitglied der SDAPR(B). 1912 Abgeordneter in der 4. Duma. 1914 Kooption in das ZK der SDAPR(B). Nach der Oktoberrevolution Leiter der Petrograder Lebensmittelverwaltung. 1925–39 Mitglied des ZK. 1938–43 Vorsitzender des Präsidiums des Obersten Sowjets der RSFSR und Stell-

sischer Philosoph, Soziologe und Mediziner. Seit 1903 Anhänger der Bolschewiki. Theoretische Auseinandersetzungen mit Plechanow und Lenin. Forderte den Bruch des Wissensmonopols der herrschenden Klasse. Werke u. a. : »Die Wissenschaft und die Arbeiterklasse« (dt. 1920), »Allgemeine Organisationslehre: Tektologie« (dt. 1926–28). 34, 197, 437

Boki, Gleb Iwanowitsch (1879–1937), bolschewistischer Politiker. 1917 Mitglied des Büros des ZK. Teilnehmer am Oktoberaufstand in Petrograd. 1920 Mitglied der Turkestankommission des Gesamtrussischen Zentralexekutivkomitees und des Rats der Volkskommissare der Russischen Sowjetrepublik. 63

Breschko-Breschkowskaja, Jekaterina Konstantinowna (1844–1934), Mitglied der Partei der Sozialrevolutionäre. Vor der Februarrevolution mehrfach verhaftet und verbannt. Gegnerin der Oktoberrevolution. 1919 Emigration in die USA. 63

Breschnew, Leonid Iljitsch (1906–1982), sowjetischer Politiker. Seit 1937 Funktionär der KPdSU. Seit 1952 Mitglied des ZK. 1952/53 und 1956/57 Kandidat des Präsidiums (Politbüros) der KPdSU. Seit 1957 Mitglied des Politbüros der KPdSU. 1960–64 Vorsitzender des Präsidiums des Obersten Sowjets. Seit 1964 1. Sekretär der KPdSU, seit 1966 Generalsekretär. 10, 135, 640, 645, 671, 680, 774, 779

Bubnow, Andrej Sergejewitsch (1883–1940; erschossen), bolschewistischer Politiker. Seit 1917 Mitglied des ZK. Arbeit in der Politischen Hauptverwaltung der Roten Armee. 1929–37 Volkskommissar für Volksbildung der RSFSR. Versuchte Presse- und Kulturarbeit zu militarisieren. 1938 ohne Prozess deportiert. 1956 rehabilitiert. 46, 63, 66, 70, 72, 117, 332, 376, 388, 403

Bucharin, Nikolaj Iwanowitsch (1888–1938; erschossen), bolschewistischer Politiker. Mitglied der SDAPR(B) seit 1906. 1911 Verbannung nach Sibirien und Flucht nach Deutschland. Einer der Führer des Oktoberaufstands in Moskau. Seit 1917 Mitglied des ZK. Seit 1922 Chefredakteur der »Prawda«. Seit 1924 Mitglied des Politbüros. Seit 1926 in führender Funktion in der Kommunistischen Internationale. Unterstützte zunächst Stalins Kurs, wendete sich dann aber gegen dessen Zwangskollektivierungs- und Industrialisierungspläne. 1929 Verlust aller Funktionen. 1937 verhaftet. 1988 rehabilitiert. 10, 15, 20, 56, 69 f., 72, 93, 99, 107 ff., 113, 118, 121, 127, 129 f., 132, 140, 142, 147, 153 f., 158, 163, 165, 181, 184, 191, 193, 206, 253, 256–272, 274–278, 286, 293, 295, 315, 325, 331 f., 335 f., 339, 345 ff., 376, 381–387, 389 ff., 393 f., 458 f., 512, 692, 701, 731, 754

Budjonny, Semjon Michajlowitsch (1883–1973), bolschewistischer Militärführer. Seit 1919 Mitglied der KP. Im Bürgerkrieg Kommandeur der »1. Roten Reiterarmee«, die vor allem in der Ukraine kämpfte. In den zwanziger und dreißiger Jahren hohe Funktionen in der Roten Armee. 1937 als Kommandeur des Moskauer Militärbezirks Mitglied des Militärtribunals. 1941

Churchill, Winston (1874–1965), britischer konservativer Politiker. Im 2. Weltkrieg und auch später Premierminister. Einer der Mitbegründer der Antihitlerkoalition. 15, 335, 345, 413, 538, 548, 651 ff., 655, 657 ff., 662 ff., 670 f., 677 f., 686, 713 f.

Cripps, Stafford (1889–1952), britischer Anwalt und Politiker. Seit 1929 Mitglied der Labour-Partei. 1931–50 Unterhausabgeordneter. 1932 Gründer der Socialist League. 1939 Ausschluss aus der Labour-Partei, als er die Einheitsfront mit den Kommunisten gegen den Faschismus forderte. 1940–42 Botschafter in Moskau. 1942–45 Minister für Flugzeugherstellung. 1945–47 Handelsminister. 1947–50 Schatzkanzler. 538, 654

Daladier, Edouard (1884–1970), französischer Politiker. 1919–58 mit Unterbrechungen Abgeordneter der französischen Nationalversammlung für die Radikale Partei. Seit 1924 mehrfach Minister. 1933/34 Ministerpräsident, gewährte Trotzki Asyl. 1934 Unterstützer der Volksfront mit Sozialisten und Kommunisten. 1938–40 Ministerpräsident. Unterzeichner des Münchener Abkommens. 1940 Verhaftung durch die Vichy-Regierung und Auslieferung an Deutschland. 1945 wieder politisch aktiv. 476, 479

Dan, Fjodor Iljitsch – Gurwitsch (1871–1947), menschewistischer Politiker und Theoretiker. Seit 1894 Mitglied der Sozialdemokratie. Seit 1903 Mitglied der menschewistischen Partei. Nach der Februarrevolution Mitglied des ZEK. Gegner der Oktoberrevolution. Danach Arbeit als Arzt in Einrichtungen des Volkskommissariats für Gesundheitswesen. 1922 des Landes verwiesen. 37, 733 f.

Danilow, Steppan Steppanowitsch (1877–1939), bolschewistischer Politiker und Wissenschaftler. Seit 1904 Mitglied der SDAPR(B). Während der Oktoberrevolution Vorsitzender des Sowjets und Mitglied des Parteikomitees in Kostroma. Danach politische Arbeit in der Roten Armee. Nach dem Bürgerkrieg Tätigkeit als Wissenschaftler. 159

Denikin, Anton Iwanowitsch (1872–1947), zaristischer Offizier. 1917 Oberbefehlshaber der Westfront. Im Bürgerkrieg einer der Führer der Weißen. 1919/20 Niederlage und Auflösung seiner Einheiten. Emigration. 78, 81

Deutscher, Isaac (1907–67), marxistischer Publizist und Historiker. Verfasser von Biographien über Stalin und Trotzki. 135, 362, 364

Dimitroff, Georgij (1882–1949), bulgarischer Kommunist. Seit 1902 Mitglied der Sozialdemokratie. Seit 1913 Abgeordneter des bulgarischen Parlaments. 1923, nach einem gescheiterten Aufstand, Flucht aus Bulgarien. Funktionär der Kommunistischen Internationale im Westeuropäischen Büro in Berlin. 1933 von den Nazis verhaftet und Angeklagter im Reichstagsbrandprozess. Nach dem Freispruch Übersiedlung in die UdSSR. 1935–43 Generalsekretär des Exekutivkomitees der Kommunistischen Internationale. Mitbegründer der Einheits- und Volksfrontpolitik. Seit 1946 bulgarischer Ministerpräsident. Seit 1948 Generalsekretär der KP Bulgariens. 549, 720 f.

Dogadow, Alexander Iwanowitsch (1888–1937; erschossen), bolschewistischer

Aktivist. Teilnehmer an der 6. Gesamtrussischen Parteikonferenz der SDAPR(B) (1912) in Prag. 1925–30 Mitglied des ZK der KPdSU. 1930–34 ZK-Kandidat. 159

Dschugaschwili, Jakob (»Jascha«) (1907–1943; erschossen), Stalins Sohn aus erster Ehe. Im 2. Weltkrieg Gefangennahme durch die Deutschen. Weigerte sich, mit der Wehrmacht zusammenzuarbeiten, und warf sich gegen den Stacheldraht im KZ Sachsenhausen, um Wachposten zum Schießen zu veranlassen. 225–229, 235, 587

Dschugaschwili, Jekaterina G. (1859–1936), Wäscherin. Stalins Mutter. 29

Dschugaschwili, Wassili (1921–1962); Stalins Sohn aus zweiter Ehe. 225–232, 235, 634, 772

Dschugaschwili, Wissarion (gest. 1890), Schuhmacher. Stalins Vater. 29

Dserschinski, Felix Edmundowitsch (1877–1926), bolschewistischer Politiker polnischer Abstammung. Seit 1906 Mitglied der SDAPR(B). Seit 1917 Mitglied des ZK und Leiter der Tscheka. Organisator des »Roten Terrors«. 1921–24 Volkskommissar für Verkehrswesen. 1924–26 Vorsitzender des Obersten Volkswirtschaftsrats. 46, 56, 58, 63, 66, 70, 82, 83 f., 99, 110 f., 113, 116, 122 f., 126, 142, 151, 154, 169, 729

Dybenko, Pawel Jefimowitsch (1889–1938; erschossen), bolschewistischer Politiker und Militärfunktionär. Seit 1912 Mitglied der SDAPR(B). Einer der führenden Agitatoren unter den Matrosen der Ostseeflotte. Teilnehmer am Oktoberaufstand. Bis 1918 Volkskommissar für Marine. Nach dem Bürgerkrieg Kommandeur des Wolga- und Leningrader Militärbezirks. Gehörte 1937 zunächst dem Militärgericht an und wurde später selbst verhaftet. 1956 rehabilitiert. 113, 357, 419, 425 f.

Ehrenburg, Ilja Grigorjewitsch (1891–1967), sowjetischer Schriftsteller. Der Titel seines Kurzromans »Tauwetter« (1954–56) gab der teilweisen Entstalinisierung nach dem 20. Parteitag (1956) ihren Namen. Werke u. a. : »Die ungewöhnlichen Abenteuer des Julio Jurenito« (1922), »Der Fall von Paris« (1942), »Sturm« (1947), »Menschen, Jahre, Leben« (geschrieben 1961–63). 260. 725

Eideman, Robert Petrowitsch – Komkov (1895–1937; erschossen), bolschewistischer Militärführer und Schriftsteller. Seit 1918 Mitglied der bolschewistischen Partei. Im Bürgerkrieg Armeekommandeur. Mitglied der Leitung des 1934 gegründeten sowjetischen Schriftstellerverbands. 1925–35 Leiter der Kriegsakademie. 1937 verhaftet und hingerichtet. 1956 rehabilitiert. 358, 376, 417, 419, 422

Eisenstein, Sergej Michajlowitsch (1898–1948), sowjetischer Filmregisseur. Erlangte Weltruhm durch den Revolutionsfilm »Panzerkreuzer Potemkin« (1925). Filme u. a. : »Streik« (1924), »Oktober« (1927), »Das Alte und das Neue« (1929; dt. unter dem Titel »Die Generallinie«), »Que viva Mexico« (1931), »Alexander Newski« (1938), »Iwan der Schreckliche« (1. Teil 1944, 2. Teil 1946; 1958 in der UdSSR uraufgeführt). 201, 508

Erlander, Tage (1901–1985), schwedischer Politiker. 1933–73 sozialdemokra-

1907–12 Abgeordneter in der Reichsduma. Seit 1918 Außenminister der menschewistischen Regierung Georgiens. 1921 Emigration nach Frankreich. 685

Glasman, Michail S. (gest. 1924; Selbstmord), bolschewistischer Politiker. Seit 1918 Mitglied der Bolschewiki. Im Bürgerkrieg Sekretär Trotzkis in dessen Panzerzug. Befasste sich mit der Herausgabe von Trotzkis Werken. 146

Goloschtschokin, Filipp Issajewitsch (1876–1941; erschossen), bolschewistischer Politiker. Auf der 6. Gesamtrussischen Parteikonferenz in Prag (1912) in das ZK gewählt. Seit 1918 Mitglied des Sibirischen Büros des ZK. 1919 einer der Vertreter der Militäropposition. Seit 1920 Mitglied der Turkestankommission des ZEK. 1929 Mitglied der Kommission des Politbüros. 33

Golowko, Arseni Grigorjewitsch (1906–62), sowjetischer Militärführer und Admiral. Im 2. Weltkrieg u. a. Befehlshaber der Nordmeerflotte. 19

Gorbatschow, Michail Sergejewitsch (geb. 1931), sowjetischer Politiker. Seit 1952 Mitglied der KPdSU. Seit 1970 Mitglied des Obersten Sowjets. Seit 1978 Sekretär des ZK der KPdSU. 1979/80 Kandidat des Politbüros. Seit 1980 Mitglied des Politbüros. 1984/85 Vorsitzender des Außenpolitischen Ausschusses des Obersten Sowjets. Seit 1985 Generalsekretär der KPdSU. 477

Gorbunow, Nikolaj Petrowitsch (1892–1944), bolschewistischer Politiker. Seit 1917 Mitglied der bolschewistischen Partei. Teilnehmer am Oktoberaufstand in Petrograd. Leiter des Informationsbüros des Gesamtrussischen ZEK. Sekretär des Rats der Volkskommissare und persönlicher Sekretär Lenins. 1919/20 Mitglied des Revolutionären Kriegsrats der 13. und 14. Armee. Seit 1920 Geschäftsführer des Rats der Volkskommissare. Seit 1935 Mitglied der Akademie der Wissenschaften der UdSSR. Starb im Gefängnis. 388

Gorki, Maxim – Alexej Maximowitsch Peschkow (1868–1936), sowjetischer Schriftsteller. 1905 Bekanntschaft mit Lenin. Bekannte sich zum Bolschewismus und zum sozialistischen Realismus. Werke u. a. : »Verlorene Leute« (1897), »Nachtasyl« (1902), »Die Mutter« (1907), »Meine Kindheit« (1913), »Unter fremden Menschen« (1914), »Meine Universitäten« (1923), »Erinnerungen an Lew Nikolajewitsch Tolstoj« (1919). 63, 142, 192 f., 198, 240, 392, 510, 698

Göring, Hermann (1893–1946; Selbstmord), nationalsozialistischer Politiker. Seit 1922 Mitglied der NSDAP. 1923 Teilnahme am Hitler-Putsch und Flucht nach Österreich. Seit 1928 Reichstagsabgeordneter. Seit 1933 Reichsminister ohne Geschäftsbereich, Reichskommissar für Luftfahrt und für das preußische Innenministerium und preußischer Ministerpräsident. Seit 1939 Vorsitzender des Reichsverteidigungsrats und designierter Nachfolger Hitlers. In den Nürnberger Prozessen als Hauptkriegsverbrecher zum Tod verurteilt. Entzog sich der Hinrichtung durch Selbstmord. 501, 535

Gramsci, Antonio (1891–1937), italienischer marxistischer Theoretiker und Politiker. Mitglied der Sozialistischen Partei Italiens seit 1913 und 1921

Ministerpräsident und (bis 1953) Verteidigungs- und Außenminister. Seit 1954 1. Sekretär des ZK der Partei der Arbeit. 15

Hopkins, Harry Lloyd (1890–1946), amerikanischer Politiker. 1938–40 Handelsminister. Persönlicher Berater Roosevelts, unter anderem auf den Konferenzen von Casablanca (1943) und Jalta (1945). 654 f., 671

Ibarruri Gomez, Dolores – »La Pasionaria« (1895), spanische Kommunistin. 1920 Mitbegründerin der Kommunistischen Partei Spaniens. Seit 1930 Mitglied des ZK, 1932 auch des Politbüros. Seit 1936 Parlamentsabgeordnete. 1939 Emigration in die Sowjetunion. 1942–60 Generalsekretärin der spanischen KP. 1977 Rückkehr nach Spanien. 228, 297, 709

Iremaschwili, I., georgischer Schriftsteller. Verfasser der in Deutschland erschienenen Broschüre »Stalin und die Tragödie Georgiens«. 29

Iwanow, Wsewolod Wjatscheslawowitsch (1895–1963), russischer Schriftsteller. Werke u. a. : »Panzerzug 14–69« (1921; dt. 1955), »Die Rückkehr des Buddha« (1923; dt. 1962), »Abenteuer eines Fakirs« (1935; dt. 1957), »Parchomenko« (1939, dt. 1955). 192, 201

Jagoda, Genrich Gregorijewitsch (1891–1938; erschossen), bolschewistischer Politiker. Wurde vor dem 1. Weltkrieg Mitglied der SDAPR(B). Im Bürgerkrieg schloss er sich der Tscheka an. Seit 1920 Mitglied des Tscheka-Präsidiums. Seit 1924 stellvertretender Vorsitzender des Geheimdienstes GPU. Seit 1929 verantwortlich für die Massendeportation der Kulaken und andere Repressalien im Zusammenhang mit der Zwangskollektivierung. 1934 Leiter des NKWD, des Volkskommissariats für Inneres. Spielte eine entscheidende Rolle bei der Ermordung Kirows 1934. 1936 leitete er die erste Säuberungswelle, die zum ersten Moskauer Schauprozess führte. 1937 verhaftet. 1938 im dritten Moskauer Schauprozess zum Tod verurteilt. 106 f., 291, 309, 364, 373, 392, 396, 447, 705

Jakir, Jona Emanuilowitsch (1896–1937; erschossen), bolschewistischer Militärführer. Seit 1917 Mitglied der bolschewistischen Partei. 1920/21 Kommandeur einer Armeegruppe im Krieg gegen Polen. Seit 1925 Kommandeur des ukrainischen Militärbezirks. Seit 1930 Kandidat, seit 1934 Mitglied des ZK. 1937, nach Kritik an der Säuberung, Verhaftung. Im Geheimprozess gegen die Militärführung zum Tode verurteilt. 1956 rehabilitiert. 304, 356, 358, 376, 381, 417, 419 ff., 458 f., 495

Jakowlew, Jakow Arkadjewitsch – Epstein (1896–1938; erschossen), bolschewistischer Politiker. Mitglied der SDAPR(B) seit 1913. Nach der Oktoberrevolution auf Stalins Seite gegen die Linke Opposition und ZK-Mitglied. 1929–34 Volkskommissar für Landwirtschaft. 1937 mit der Säuberung der belorussischen Parteiorganisation beauftragt. 379, 401, 403, 436, 447, 457

Jaroslawski, Jemeljan Michajlowitsch – Minej Israilewitsch Gubelman (1878–1943), bolschewistischer Politiker. Seit 1898 Mitglied der SDAPR. Seit 1903 Bolschewik. 1918 linker Kommunist und Opposition gegen Trotzkis Militärpolitik. Seit 1921 Mitglied und Sekretär des ZK. Seit 1925 Leiter der Liga der Gottlosen. Seit 1923 Mitarbeit in der Zentralen Kontrollkom-

als mystisch-religiöses Ereignis. Wurde bekannt als »Bauernschriftsteller«. Werke u. a. : »Liebstes Land, das Herz träumt leise« (dt. 1958), »Trauer der Felder« (dt. 1970). 191, 193, 200, 269

Jewdokimow, Grigorij Jeremejewitsch (1884–1936; erschossen), bolschewistischer Politiker. Seit 1903 Mitglied der SDAPR(B). Vor der Oktoberrevolution mehrfach in Haft und Verbannung. Nach der Revolution Vorsitzender der politischen Abteilung der 7. Armee. Teilnahme am Feldzug gegen Judenitsch. Seit 1922 Vorsitzender des Petrograder Gewerkschaftsrats und Stellvertretender Vorsitzender des Petrograder Sowjets. 1925 Sekretär des Leningrader Parteikomitees. Auf dem 8. (1919), 12. (1923), 13. (1924) und 14. Parteitag (1925) ins ZK gewählt. 1927 als Mitglied der Vereinigten Opposition aus der Partei ausgeschlossen. Nach Selbstkritik Wiederaufnahme. 1935 zu acht Jahren Haft verurteilt. 1936 im ersten Moskauer Schauprozess erneut angeklagt und zum Tod verurteilt. 425, 436

Joffe, Adolf Abramowitsch (1883–1927; Selbstmord), bolschewistischer Politiker. Seit 1902 Mitglied der SDAPR. 1908 Mitarbeit an Trotzkis Zeitung »Prawda« in Wien. 1912 in Russland verhaftet und nach Sibirien verbannt. Durch die Februarrevolution befreit, stieß er mit den von Trotzki geführten Meschrajonzy zu den Bolschewiki. Im Oktober 1917 einer der Führer des Revolutionären Militärkomitees des Petrograder Sowjets. Beteiligung an den Friedensverhandlungen von Brest-Litowsk und Gegner des ausgehandelten Friedensvertrags. 1918 Botschafter in Berlin. 1925 Unterstützung der Linken Opposition. 66, 71, 73, 86 f., 213 f.

Judenitsch, Nikolaj Nikolajewitsch (1862–1933), weißer General. 1918–20 Befehlshaber antibolschewistischer Truppen in Nordwestrussland. 1919 Leiter des missglückten Angriffs gegen Petrograd. Emigration nach Großbritannien. 87, 102

Jurenew, Konstantin Konstantinowitsch – Krotowski (1888–1938; erschossen), bolschewistischer Politiker. Nach der Februarrevolution Mitglied des ZEK. Trat 1917 mit Trotzkis Gruppe – den Meschrayonzy – den Bolschewiki bei und wurde Mitglied des ZK. Seit 1935 Arbeit im diplomatischen Dienst. 61

Kaganowitsch, Lasar Moissejewitsch (geb. 1893), bolschewistischer Politiker. Seit 1911 Mitglied der SDAPR(B). 1924–57 Mitglied des ZK. 1924/25 und 1928–39 Sekretär des ZK. 1926–57 zunächst Kandidat, dann Mitglied des Politbüros. Einer der Organisatoren der Säuberungen in den dreißiger Jahren. 1935–53 Volkskommissar in verschiedenen Ressorts. 1953–57 Stellvertretender Vorsitzender des Rats der Volkskommissare. Unterlag im Machtkampf um Stalin-Nachfolge Chruschtschow. 1957 aller Ämter enthoben. 1961 Parteiausschluss. 13, 15, 37, 108, 110, 154, 236, 239, 267, 274, 285, 289, 293, 297 f., 303 f., 306, 322 f., 344, 348, 353, 358, 369, 373, 378 f., 381, 384, 405 f., 433, 438, 486, 503, 537, 555, 560, 565, 568, 572 f., 594, 736, 773 f., 776

Kalinin, Michail Iwanowitsch (1875–1946), bolschewistischer Politiker. Seit

haber der Streitkräfte des Warschauer Pakts. Seit 1962 Generalinspekteur des sowjetischen Verteidigungsministeriums. 19, 565, 616, 634

Kork, Awgust Iwanowitsch (1887–1937; erschossen), bolschewistischer Militärfunktionär. 1918 Eintritt in die Rote Armee. Zunächst Stabsoffizier, dann Armeekommandeur. Seit 1927 Mitglied der KPR(B). 1929–35 Befehlshaber der Militärbezirke Weißrussland, Leningrad und Moskau. 1928/29 Militärattaché in Deutschland. 1935 Leiter der Kriegsakademie der Roten Armee. 1937 verhaftet und in einem Geheimprozess zum Tod verurteilt. 1956 rehabilitiert. 91, 358, 417, 419 ff.

Kornilow, Lawr Georgijewitsch (1870–1918), zaristischer Offizier und einer der Führer der Weißen. Nach der Oktoberrevolution 1917 Putschversuch (Kornilow-Putsch), den Kerenski mit Hilfe der Bolschewiki unterdrücken konnte. Führer der weißen Truppen im Dongebiet. Im Kampf gefallen. 62

Korolenko, Wladimir Galaktinowitsch (1853–1921), russischer Schriftsteller. Zunächst von den revolutionären Demokraten beeinflusst. In den siebziger Jahren Anlehnung an die Narodniki. 1881 Deportation nach Sibirien. 1885 Rückkehr. Werke u. a. : »In schlechter Gesellschaft« (1885), »Der blinde Musiker« (1886), »Der Wald rauscht« (1886), »Die Geschichte meines Zeitgenossen« (1906–21). 197

Kossarew, Alexander Wassiljewitsch (1903–1939; ermordet), bolschewistischer Politiker. Seit 1919 Mitglied der bolschewistischen Partei. Seit 1929 Sekretär des Kommunistischen Jugendverbands Komsomol. 1937 Verhaftung wegen seines Protests gegen Säuberungen im Komsomol. 309, 381, 383, 388, 405 f., 408, 445, 457

Kossior, Stanislaw Wikentjewitsch (1889–1939; erschossen). Seit 1907 Mitglied der SDAPR(B). Vor 1917 als Berufsrevolutionär mehrfach verhaftet und verbannt. Bis 1922 führender Parteifunktionär in der Ukraine. 1927 als Gefolgsmann Stalins Kandidat des Politbüros, seit 1930 dessen Mitglied. 1938 Sekretär der ukrainischen KP. Dort verantwortlich für Zwangskollektivierung und überstürzte Industrialisierung. 1938 verhaftet und gefoltert. 1939 in einem Geheimprozess zum Tod verurteilt. 1956 rehabilitiert. 140, 323, 344, 381, 384, 394, 401, 405, 445, 457

Krasnow, Pjotr Nikolajewitsch (1869–1947; erschossen), russischer Dichter und General. 1918 Ataman der Donkosaken und Kampf gegen die Bolschewiki. 1919 Emigration nach Deutschland. Verfasser antibolschewistischer Romane. Arbeitete im 2. Weltkrieg bei der Organisation russischer Abteilungen mit dem NS-Regime zusammen. 1947 in der Sowjetunion zum Tod verurteilt. 81, 199, 426

Krestinski, Nikolaj Nikolajewitsch (1883–1938; erschossen), bolschewistischer Politiker. Schloss sich 1903 als Jurastudent den Bolschewiki an und wurde in der zaristischen Zeit mehrfach verhaftet. 1917 Volkskommissar für Finanzen. 1919–21 Mitglied des Politbüros und ZK-Sekretär. Gegner der Unterzeichnung des Friedensvertrags von Brest-Litowsk. Unterstützte 1920/21 Trotzki in der Gewerkschaftsdebatte. 1921–30 Botschafter in

Mitbegründer der finnischen KP. Nach der Niederlage im finnischen Bürgerkrieg Emigration nach Sowjetrussland. Seitdem Mitglied der Führung der Kommunistischen Internationale. 1939/40, während des finnisch-sowjetischen Kriegs, Präsident der von der Sowjetunion eingesetzten Gegenregierung. 1940 Vorsitzender des Präsidiums der Finno-Karelischen SSR. Seit 1941 Mitglied des ZK der KPdSU. 1952/53 und seit 1957 Mitglied des Politbüros der KPdSU. 489

Lafargue, Paul (1842–1911; Selbstmord), Arzt und französischer Sozialist. 1866 Mitglied der I. Internationale und ihr Korrespondierender Sekretär für Spanien. Mitbegründer von Sektionen der Internationale in Frankreich (1869/70), in Spanien und in Portugal (1871/72). Mitbegründer der französischen Arbeiterpartei. Verheiratet mit Marx' Tochter Laura. 331

Landau, Lew Dawidowitsch (1909–1968), sowjetischer Physiker. Professor in Charkow und Moskau. Seit 1946 Mitglied der Akademie der Wissenschaften. 1962 Nobelpreis für Physik. 437, 715

Larin, Juri – Michail Alexandrowitsch Lurje (1882–1932), bolschewistischer Politiker. Seit 1901 Mitglied der SDAPR. Bis Juli 1917 Menschewik, danach Übertritt zu den Bolschewiki. Nach der Oktoberrevolution Mitarbeit an der Verstaatlichung der Industrie sowie am Aufbau von Behörden der Wirtschaftsplanung. 206

Laschewitsch, Michail Michajlowitsch (1884–1928; Selbstmord), bolschewistischer Politiker. Er wurde auf dem 7. Parteitag (1918) in das ZK gewählt. 1919 militärpolitischer Funktionär der Roten Armee. Auf dem 15. Parteitag (1926) verlor er sämtliche Funktionen. 83, 175 f., 758

Lasimir, Pawel Jewgenjewitsch (1891–1920), Politiker der Linken Sozialrevolutionäre. 1917 Mitglied im Revolutionären Militärkomitee und Kommissar im Stab des Petrograder Militärbezirks. Mitglied im Rat der Volkskommissare. 68

Lebed, Dimitri Sacharowitsch (1893–1937; erschossen), bolschewistischer Politiker. In den zwanziger Jahren leitender Funktionär der Zentralen Kontrollkommission/Arbeiter- und Bauern-Inspektion (ZKK/ABI). 114, 117, 402

Leopold III. (1901–83), belgischer König. 1940 Kapitulation vor der Wehrmacht. 1950 Übertragung seiner Rechte auf seinen Sohn Baudouin. 1951 Abdankung. 479

Ley, Robert (1890–1945; Selbstmord), nationalsozialistischer Politiker. Seit 1924 Mitglied der NSDAP. Seit 1925 Gauleiter im Rheinland. Seit 1930 Reichstagsabgeordneter und Stabsleiter der Politischen Organisation der NSDAP. 1933 Organisator der Gleichschaltung der Gewerkschaften und seitdem Leiter der Deutschen Arbeitsfront. Seit 1934 Reichsorganisationsleiter. Selbstmord vor Eröffnung der Nürnberger Prozesse. 535

Lenski, Julian (1889–1937; erschossen), polnischer Linkspolitiker. Seit 1905 Mitglied der polnischen Sozialdemokratie. Seit 1917 Mitglied der SD-

ner der 13 Delegierten des 1. Parteitags der Kommunistischen Partei Chinas. 1924 Kandidat des Zentralen Exekutivkomitees der Kuomintang. Gründung und Leitung einer Ausbildungsstätte für Bauernkader. 1926/27 Organisierung der Bauernvereinigung der Kuomintang. 1927, nach dem Bruch zwischen der Kuomintang und der KPCh, Anführer eines Bauernaufstands in Hunan. Seit 1928 Führer der kommunistischen Partisanen- und Rätebewegung in Südchina. 1935 Wahl in das Politbüro und Berufung in die Militärkommission des ZK. 1935/36 Vorsitzender der Regierung der »Chinesischen Volksrepublik« in Yenan. 1937–40 Durchsetzung seiner Führungsrolle in der Partei. 1945 offiziell zum Vorsitzenden des ZK und des Politbüros gewählt. 1949 Proklamation der Volksrepublik China nach Sieg im Bürgerkrieg. 10, 15, 709, 723, 725 ff.

Martow, L. – Juli Ossipowitsch Zederbaum (1873–1923), menschewistischer Politiker. 1895 Zusammenwirken mit Lenin in Petersburg. 1897–1900 Verbannung. 1900 Mitbegründer der Zeitschrift »Iskra«. 1905 Teilnehmer an der ersten russischen Revolution. Nach deren Niederlage Exil. 1917 Rückkehr nach Russland. 1920 Emigration. 25, 37 f., 65, 107, 213, 733

Masaryk, Tomás, Garrigue (1850–1937), tschechoslowakischer Soziologe, Philosoph und Politiker. Seit 1882 Lehrtätigkeit an der Tschechischen Universität in Prag. 1891–93 Vertreter der Jungtschechen. 1907–14 Repräsentant der Realistenpartei. 1915 Gründer des tschechoslowakischen Nationalrats. 1917 Organisator der Tschechischen Legion in Russland. 1918, 1920, 1927 und 1934 zum Staatspräsidenten gewählt. Werke u. a. : »Der Selbstmord als soziale Massenerscheinung der modernen Zivilisation« (1881), »Die philosophischen und soziologischen Grundlagen des Marxismus« (1899), »Das neue Europa« (1918), »Die Weltrevolution« (1925). 30, 654

Matsuoka, Yosuke (1880–1946), japanischer Diplomat. Seit 1904 im diplomatischen Dienst. Seit 1940 japanischer Außenminister. Schloss 1940 den Dreimächtepakt mit Italien und Deutschland und 1941 den Nichtangriffsvertrag mit der Sowjetunion ab. 532, 534

Mdiwani, P. G. – Budu, bolschewistischer Politiker. In den zwanziger Jahren führender Parteifunktionär im Kaukasus. 123, 126, 205

Mechlis, Lew Sacharowitsch (1889–1953), bolschewistischer Politiker. Seit 1918 Mitglied der Bolschewiki und der Roten Armee. Arbeit in der von Stalin geleiteten Arbeiter- und Bauern-Inspektion. Seit 1922 Arbeit im Parteisekretariat. Wichtiger Helfer Stalins gegen die Opposition. Seit 1930 Herausgeber der »Prawda«. Seit 1937 Leiter der Presseabteilung des ZK, Stellvertretender Volkskommissar für Verteidigung, Leiter der Politischen Hauptverwaltung der Roten Armee, Generaloberst. 1940/41 mitverantwortlich für die sowjetischen Misserfolge im finnisch-sowjetischen Krieg und beim deutschen Überfall. 1942 von seinen Funktionen in der Roten Armee abgelöst. Bis 1945 Minister für Staatskontrolle. 140, 225, 289, 301, 304, 408, 424, 430, 433, 435, 447, 481, 495, 544, 557, 560, 599, 612, 633, 645

führer. 1902–07 Mitglied des »Bundes«. Seit 1912 Mitglied der SDAPR(B). Teilnehmer der Revolution von 1905. Seit der Februarrevolution Mitglied des Petrograder Komitees der SDAPR(B). Kommissar der lettischen Schützen. Teilnehmer am Bürgerkrieg. Von Weißgardisten erschossen. 75

Narimanow, Nariman Kerbalaj Nadshafogly (1870–1925), bolschewistischer Politiker und Publizist. 1918 führender Funktionär in Baku. Seit 1920 Mitglied des Kaukasischen Büros des ZK der KPR(B), Vorsitzender des Aserbaidschanischen Revolutionskomitees und Vorsitzender des Rats der Volkskommissare der Aserbaidschanischen SSR. Einer der Vorsitzenden des ZEK 147

Nasaretjan, Amajak Markarowitsch (1889–1937; erschossen), bolschewistischer Politiker. In den zwanziger Jahren führender KP-Funktionär im Kaukasus. 140, 225, 388

Nietzsche, Friedrich (1844–1900), deutscher Philosoph. Werke u. a. : »Geburt der Tragödie aus dem Geiste der Musik« (1872), »Unzeitgemäße Betrachtungen« (1873–76), »Menschliches, Allzumenschliches« (1878/79), »Morgenröte« (1881), »Die fröhliche Wissenschaft« (1882), »Also sprach Zarathustra« (1883–85), »jenseits von gut und böse« (1886), »Zur Genealogie der Moral« (1887), »Der Fall Wagner« (1888), »Der Antichrist« (1895), »Nietzsche contra Wagner« (1895). 28, 740

Nikolaj II. – Nikolaj Alexandrowitsch Romanow (1868–1918; erschossen), letzter Zar. Abdankung am 15. März 1917 nach Ausbruch der Februarrevolution. Im Juli 1918 zusammen mit seinen Familienangehörigen von Revolutionären erschossen. 41 f., 46, 62

Nikolajew, Leonid Wassiljewitsch (1904–34; erschossen), Kirows Mörder. Seit 1920 Mitglied der Leningrader Parteiorganisation. 1934 Parteiausschluss und Wiederaufnahme. Am 1. Dezember Attentat auf den 1. Sekretär der Leningrader Parteiorganisation und Mitglied des Politbüros Kirow. Im Dezember 1934 direkt nach einem Schnellverfahren hingerichtet. 309 f., 314, 448

Nogin, Viktor Pawlowitsch – Makar, Samowarow, Jablotschkow (1878–1924), bolschewistischer Politiker. Seit 1898 Mitglied der SDAPR. Bis 1902 Vertrauensmann der »Iskra«. Seit 1907 Arbeit in der Gewerkschaftsbewegung. Delegierter des 5. Parteitags der SDAPR(B) in London. Seit 1917 Mitglied des Zentralexekutivkomitees und des ZK. 1921 Volkskommissar für Handel und Industrie. 59, 65 f., 68

Okulow, Alexej Iwanowitsch (1880–1939; erschossen), bolschewistischer Politiker. Seit 1903 Mitglied der SDAPR(B). Nach der Feburarrevolution Mitglied des Jenissejsker Gouvernementskomitees der bolschewistischen Partei. Mitglied des Gesamtrussischen ZEK. Teilnehmer am Bürgerkrieg. Mitglied des Revolutionären Kriegsrats und des Revolutionären Militärtribunals der Republik. 82

Olminski, Michail Steppanowitsch – Galjorka Alexandrow (1863–1933), Li-

Petrowski, Grigorij Iwanowitsch (1878–1958), bolschewistischer Politiker. Seit 1919 Leiter des Zentralexekutivkomitees der Ukraine. 1922 Mitglied der Kommission, die sich mit der Vereinigung der Sowjetrepubliken beschäftigte und Vorsitzender des Präsidiums des ZEK. 1930 Mitglied des Politbüros. 1934 Kandidat des Politbüros. 1939 verlor er seine Ämter in der Ukraine und in der Partei und wurde zum stellvertretenden Direktor des Revolutionsmuseums in Moskau ernannt. Nach dem 20. Parteitag (1956) war er ein wichtiger Kronzeuge gegen den Stalinismus. 99, 116, 267, 344, 384, 515

Pilnjak, Boris Andrejewitsch – B. A. Wogau (1894–1938; erschossen), bedeutender russisch-sowjetischer Schriftsteller. In seiner Erzählung »Die Geschichte vom nicht ausgelöschten Mond« hat er Frunses Tod dargestellt. Werke u. a. : »Das nackte Jahr« (1922), »Maschinen und Wölfe« (1925), »Die Wolga fällt ins Kaspische Meer« (1930). 201

Pilsudski, Josef Klemens (1867–1935), 1887 im Zusammenhang mit dem von Lenins Bruder Alexander mitvorbereiteten Attentat auf den Zaren Alexander III. verhaftet und verbannt. 1892 Rückkehr aus Sibirien und Anschluss an die Polnische Sozialistische Partei (PPS), die einen nationalistischen Kurs vertrat. 1905 gründete er die »Revolutionäre Fraktion der PPS« und verließ dann die Partei. Im 1. Weltkrieg befehligte er die 1. Brigade der Polnischen Legion auf österreichischer Seite. 1918–22 Staatschef nach Proklamation der Unabhängigkeit Polens von Russland. 1921 vorübergehender Rückzug aus der Politik. 1926 putschte er und wurde Diktator eines Militärregimes. 222, 483

Pjatakow, Georgij (Juri) Leonidowitsch (1890–1937; erschossen), bolschewistischer Politiker. Seit 1910 Mitglied der SDAPR(B). Während der Februarrevolution Vorsitzender der Kiewer Parteiorganisation. Gemeinsam mit Bucharin Herausgeber der Zeitschrift »Kommunist«. Organisator der Oktoberrevolution in der Ukraine. 1918 Vorsitzender der ukrainischen Sowjetregierung. 1921 Stellvertretender Vorsitzender des Obersten Volkswirtschaftsrats. 1923–28 Angehöriger der Linken Opposition. Auf dem 15. Parteitag (1927) ausgeschlossen. Deportation nach Sibirien. 1937 in den Moskauer Schauprozessen zum Tod verurteilt. 56, 72, 99, 114, 117, 132 f., 140, 164, 203, 246, 277, 323, 360 f., 366, 279, 386 f.

Pjatnitzki, Josef Aronowitsch – Tarschis (1882–1938; erschossen), bolschewistischer Politiker. Vertrauensmann der »Iskra«. Leitete den Transport illegaler bolschewistischer Literatur nach Russland. Seit 1923 Sekretär des EKKI. Seit 1927 Mitglied des ZK. 1935 Delegierter der KPdSU(B) auf dem 7. Weltkongress der Kommunistischen Internationale. 165, 402, 457

Platonow, Andrej Platonowitsch (1899–1951), sowjetischer Schriftsteller. Werke u. a. : »Die Kutschervorstadt« (1968), »In der schönen und grimmigen Welt« (1969), »Unterwegs nach Tschevengut« (1973). 193, 201

Platten, Fritz (1883–1942; erschossen), Schweizer Linkspolitiker. Seit 1904 Mitglied des Arbeiterbildungsvereins »Eintracht« und der Organisation der

Internationalen Sozialisten. Teilnehmer der ersten russischen Revolution in Lettland. Seit 1911 Mitglied der Sozialdemokratischen Partei der Schweiz. 1912–18 Sekretär des Vorstands. 1915/16 Mitglied der Zimmerwalder Linken. Nach der Februarrevolution Organisator der Übersiedlung russischer Revolutionäre unter Lenins Führung aus dem Schweizer Exil nach Russland. 1918 Präsidiumsmitglied des 1. Kongresses der Kommunistischen Internationale. 1919 Mitglied des Büros der Komintern. 1921 Mitbegründer der KP der Schweiz und bis 1923 deren Sekretär. 1923 Umsiedlung nach Sowjetrussland und Aufnahme einer Lehrtätigkeit. Opfer der Stalinschen Säuberung. 461

Plechanow, Georgij Walentinowitsch (1856–1918), marxistischer Theoretiker und Politiker. Zunächst Anhänger der Narodniki. 1880 Emigration in die Schweiz. 1883 Gründung der ersten russischen marxistischen Gruppe »Befreiung der Arbeit«. 1889–1904 Mitglied der Exekutive der II. Internationale. 1895 Bekanntschaft mit Lenin. 1900 Mitbegründer der Zeitschrift »Iskra«. 1903, nach Spaltung der SDAPR, Unterstützung der Menschewiki. 1917 Rückkehr nach Russland. Kritik an Lenins Kurs einer revolutionären Machtergreifung. 21, 25, 34, 67 f., 107, 331, 337, 339, 776

Podtjolkow, Fjodor Grigorjewitsch (1886–1918; ermordet), bolschewistischer Militärführer. Nach der Oktoberrevolution Führer der revolutionären Kosaken. 1918 Vorsitzender des Revolutionären Kriegskomitees der Kosaken des Dongebiets. Vorsitzender des Rats der Volkskommissare der Don-Sowjetrepublik. Von weißen Kosaken gefangen genommen und gehängt. 76, 688

Podwojski, Nikolaj Iljitsch (1880–1948), bolschewistischer Militärfunktionär. 1917 Mitglied des Revolutionären Militärkomitees und bis 1918 Volkskommissar für Militärangelegenheiten. Teilnehmer am Oktoberaufstand in Petrograd. Seit 1918 Mitglied im Rat der Volkskommissare. 58, 68, 82

Pokrowski, Michail Nikolajewitsch (1868–1932), marxistischer Historiker. Seit 1905 Mitglied der SDAPR(B). 1908–17 Emigration. Bis 1914 Mitglied des ZK. Nach der Oktoberrevolution Vorsitzender des Moskauer Sowjets. Seit 1918 Stellvertretender Volkskommissar für Volksbildung und Leiter des staatlichen Zentralarchivs. In den zwanziger Jahren Teilnehmer der antitrotzkistischen Kampagne. 73

Posern, Boris Pawlowitsch (1882–1989), bolschewistischer Politiker. Auf dem 8. Parteitag der KPR(B) (1919) in die Schiedskommission gewählt. Seit 1934 Kandidat des ZK. 88

Poskrebyschew, Alexander Nikolajewitsch (1891–1965?), Stalins erster Sekretär. Sohn eines Schuhmachers. Seit 1922 Mitarbeiter des ZK. Seit 1928 Gehilfe Stalins. ZK-Mitglied und Deputierter des Obersten Sowjets. Während des Kriegs Ernennung zum Generalmajor. 32, 40, 236 f., 289, 300, 302 ff., 368, 371, 389, 398, 413, 427, 433, 437 f., 444, 447, 456, 458, 471, 479 f., 555, 560, 573, 575, 577, 624, 641 f., 665, 675, 682, 684, 692 f., 707, 710, 712, 729, 767 f.

Posnanski, I. M. (1898–1938; erschossen), bolschewistischer Politiker und Mi-

russischen ZEK. Seit 1918 Vorsitzender des Rats der Volkskommissare der Taurischen SSR. Von Weißgardisten getötet. 181

Smidowitsch, Pjotr Germogenowitsch (1874–1935), bolschewistischer Politiker. Seit 1898 Mitglied der SDAPR und Vertrauensmann der »Iskra«. Leistete bolschewistische Gewerkschaftsarbeit. 1912 Mitglied der Petersburger Kommission des ZK. 1916 Mitglied des Moskauer Gebietsbüros des ZK. 1917 Wahl in das Präsidium des Zentralexekutivkomitees der Sowjets. Im März 1917 zum Vorsitzenden des Gesamtrussischen Sowjets gewählt. 56, 159

Smilga, Iwan Tenissowitsch (1892–1938; erschossen?), bolschewistischer Politiker. Seit 1907 Mitglied der SDAPR(B). Seit 1917 Mitglied des ZK. In der Oktoberrevolution Führer der Baltischen Flotte. Im Bürgerkrieg einer der wichtigsten Organisatoren und Kommissare der Roten Armee. Mitglied des Revolutionären Kriegsrats der Republik. Stellvertretender Vorsitzender der Staatlichen Plankommission. 1923 Kampf gegen die Linke Opposition. 1926 Zusammenschluss mit Sinowjew in einer neuen Linksopposition. 1927 nach Fernost »versetzt«. Parteiausschluss und Deportation. 1928/29 Kritik an Bucharin und Bruch mit der Opposition. 1932 Verurteilung zu fünf Jahren Haft. 1936 im ersten Moskauer Schauprozess als »Terrorist« diskriminiert. 74, 99, 114

Smorodin, Pjotr Iwanowitsch (1897–1937; erschossen), bolschewistischer Politiker. 1917 Leiter einer revolutionären Jugendorganisation in Petrograd. 1921–24 Generalsekretär des ZK des Russischen Kommunistischen Jugendverbands. Danach Parteiarbeit in Leningrad. 148

Sof, Wjatscheslaw Iwanowitsch (1889–1937; erschossen), bolschewistischer Militärführer. Seit 1913 Mitglied der SDAPR(B). Nach der Februarrevolution Leiter des Parteikomitees von Sestroretzk und Deputierter des Petrograder Sowjets. Seit Juli 1917 einer der Verbindungsmänner zwischen dem untergetauchten Lenin und dem ZK. Im Bürgerkrieg Kommissar und Mitglied des Revolutionären Kriegsrats der Baltischen Flotte und des Komitees für die Verteidigung Petrograds. 1921–24 Kommissar beim Oberbefehlshaber der Seestreitkräfte. 1924–26 Oberbefehlshaber der Seestreitkräfte und Mitglied des Revolutionären Kriegsrats der UdSSR. Stellvertretender Volkskommissar für Verkehrswesen und Schiffsverkehr. 60

Sokolnikow, Grigorij Jakowlewitsch (1888–1939; ermordet), bolschewistischer Politiker. Mitglied der SDAPR seit 1905. 1910 Emigration. Im 1. Weltkrieg Mitarbeit an Trotzkis Zeitung »Nasche Slowo«. 1917 Rückkehr nach Moskau, Übertritt zu den Bolschewiki und Mitarbeit in der »Prawda«-Redaktion. Nach der Oktoberrevolution Volkskommissar für Finanzen, Stellvertretender Vorsitzender der Staatlichen Plankommission und Stellvertretender Volkskommissar für Äußeres. Bis 1926 Mitarbeit bei der Opposition. 1929–34 Botschafter in Großbritannien. 1937 Verurteilung zu 10 Jahren Gefängnis in den Moskauer Schauprozessen. 63, 66, 74, 113 f., 117, 121, 151, 154, 174 ff., 203, 360 f., 366, 371, 382, 387

Soltz, Aron Alexandrowitsch (1872–1945), Jurist. In der zaristischen Zeit mehrfach verhaftet und verbannt. Schloss sich nach der Februarrevolution den Bolschewiki an. 1921–34 Präsidiumsmitglied der Zentralen Kontrollkommission/Arbeiter- und Bauern-Inspektion (ZKK/ABI). Seit 1921 am Obersten Gericht der Sowjetunion. 117, 169 f., 388

Sorin, Wladimir Gordjewitsch (1893–1944; erschossen), zunächst linker Kommunist. Er bildete 1919 zusammen mit anderen die »Militäropposition«. 181, 219

Sosnowski, Lew Semjonowitsch (1886–1937; ermordet), sowjetischer Journalist. Seit 1904 Mitglied der SDAPR. Teilnehmer der Revolution von 1905. Seit 1912 Mitarbeiter der »Prawda«. 1913 Verhaftung und Verbannung. Nach der Oktoberrevolution einer der bekanntesten Journalisten. Leiter der Abteilung für Agitation und Propaganda des ZK. Seit 1923 Mitglied der Linken Opposition und Kritik an der NÖP und bürokratischen Entwicklungen. 1927 Parteiausschluss. Deportation und Redakteur der von Gefangenen herausgegebenen »Prawda hinter Gittern«. 1935 nach Selbstkritik Wiederaufnahme in die Partei. Mitarbeit an der »Iswestija«. 1936 erneuter Parteiausschluss und Verhaftung. 1937 zum Tod verurteilt. 365

Souvarine, Boris – B. Lifschitz (1895–1984), französischer Linkspolitiker und Publizist. 1913–15 Korrespondent der Zeitung »Nowaja Schisn«. Einer der Führer der Französischen Sozialistischen Partei (SFIO). 1920 Beitritt zur Kommunistischen Internationale. Seit 1921 Mitglied des EKKI. 1924 Ausschluss aus dem EKKI wegen seiner Solidarisierung mit Trotzki. 1925 Herausgabe des »Bulletin Communiste« in Frankreich. 1929 Bruch mit Trotzki. 1930 beginnt er die Arbeit an einer Stalin-Biographie. Während des 2. Weltkriegs Emigration in die USA. 1947 Rückkehr nach Frankreich. 37

Spandarian, Suren Spandarowitsch (1882–1916), bolschewistischer Politiker. Seit 1901 Berufsrevolutionär. 1906 Leiter des Arbeitslosenrats in Tiflis. 1907 Mitwirkung am Zusammenschluss der bolschewistischen Organisation im Kaukasus. Seit 1912 Mitglied des ZK. 1914 Verbannung nach Sibirien. 33, 36

Spiridonowa, Maria Alexandrowna (1889–1941; erschossen), sozialrevolutionäre Politikerin. 1917 Vorsitzende der Bauernsektion des Zentralexekutivkomitees (ZEK) der Sowjets. 1917–21 Führerin der Linken Sozialrevolutionäre. 65

Stachanow, Alexej Grigorjewitsch (1906–77), Bergarbeiter. 1935 übertraf er die Arbeitsnorm um das Sechzehnfache. Aufnahme in die Partei und Abgeordneter im Obersten Sowjet. Nach seinem Namen und Vorbild Gründung der Stachanow-Bewegung. 9, 184, 340, 350, 366

Stanislawski, Konstantin Sergejewitsch – Alexejew (1863–1938), Schauspieler, Regisseur, Pädagoge und Theaterwissenschaftler. Seit 1891 Arbeit als Regisseur. Mitbegründer des Moskauer Künstlertheaters und dessen Leiter bis zu seinem Tod. Bedeutende Inszenierungen von Stücken Tschechows, Gorkis und Ibsens. 333

Stassowa, Jelena Dmitrijewna (1873–1966), bolschewistische Politikerin.

sichtbare« (1897), »Der Krieg der Welten« (1898), »Die ersten Menschen im Mond« (1901), »Der Diktator« (1930). 315

Wladimirow, Miron Konstantinowitsch – Schejnfinkel (1879–1925), bolschewistischer Politiker. Seit 1903 Mitglied der SDAPR. Delegierter auf dem 3. Parteitag der SDAPR in London (1905). 1917 Übertritt zu den Bolschewiki. Teilnehmer der Oktoberrevolution. 1921 Volkskommissar für Ernährungswesen, danach für Landwirtschaft der Ukraine. 1922–24 Volkskommissar für Finanzen der RSFSR. Seit 1924 Stellvertretender Vorsitzender des Obersten Volkswirtschaftsrats der UdSSR. Mitglied des ZEK der UdSSR. 159

Wladimirski, Michail Fjodorowitsch (1874–1951), Arzt und bolschewistischer Politiker. Leitete im Komitee von Nischni Nowgorod 1903 die organisatorische und propagandistische Arbeit der SDAPR. 1905 zusammen mit Rykow Leiter des Moskauer Büros des ZK der SDAPR(B). 1912 Delegierter auf dem Internationalen Sozialistenkongress in Basel. Teilnehmer an der Oktoberrevolution. Auf dem 7. Parteitag in das ZK gewählt. Auf dem 8. Parteitag zum Kandidaten des ZK gewählt. 1919–21 Stellvertretender Volkskommissar für Inneres der RSFSR. 1922–25 Sekretär des ZK der ukrainischen KP, Volkskommissar für Arbeiter- und Bauern-Inspektion und Stellvertretender Vorsitzender des Rats der Volkskommissare der Ukrainischen SSR. 1930–34 Volkskommissar für Gesundheitswesen der RSFSR. 1927–51 Vorsitzender der Zentralen Revisionskommission des ZK der KPdSU(B). 113

Wlassow, Andrej Andrejewitsch (1900–46; hingerichtet), sowjetischer Offizier. Seit 1918 in der Roten Armee. Seit 1930 Mitglied der KPdSU(B). 1938 Militärberater in China. 1941 Teilnahme an der Schlacht vor Moskau. 1942 deutsche Kriegsgefangenschaft. Arbeitete mit Deutschen zusammen und baute die sogenannte Wlassow-Armee auf. Geriet mit seinen Soldaten in amerikanische Gefangenschaft. Wurde der Sowjetunion ausgeliefert und dort zum Tod verurteilt. 585, 598, 600 ff., 609, 649

Wolodarski, Moisej Markowitsch – Goldstejn (1891–1918; erschossen), bolschewistischer Politiker und Publizist. Teilnehmer am Oktoberaufstand. Mitglied des ZK und des Zentralexekutivkomitees (ZEK) der Sowjets. Von einem Gegner ermordet. 52, 758

Woroschilow, Kliment Jefremowitsch (1881–1969), bolschewistischer Politiker und Militärführer. Seit 1903 Mitglied der SDAPR(B). 1917 zusammen mit Dserschinski Organisator der Tscheka. 1921–61 und seit 1966 Mitglied des ZK. 1925–40 Volkskommissar für Verteidigung. 1926–52 Mitglied des Politbüros. Seit 1935 Marschall der Sowjetunion. Seit 1940 Stellvertretender Vorsitzender des Rats der Volkskommissare. Im 2. Weltkrieg Oberbefehlshaber der Truppen im Nordwesten und an der Leningrader Front. Befehlshaber der Partisanenbewegung. 1945–47 Vorsitzender der Alliierten Kontrollkommission in Ungarn. 1946–53 Ministerpräsident. 1952–66 Mitglied des Präsidiums des ZK der KPdSU. 1953–66 zunächst Vorsitzender, dann Mitglied des Präsidiums des Obersten Sowjets. 1966 von Chruschtschow ent-

Zjurupa, Alexander Dmitrijewitsch (1870–1928), bolschewistischer Politiker. Vor der Oktoberrevolution Vertrauensmann der »Iskra«. Seit November 1917 Stellvertretender Volkskommissar und seit Februar 1918 Volkskommissar für Ernährung der RSFSR. Seit 1921 Stellvertretender Vorsitzender des Rats der Volkskommissare und des Rats für Arbeit und Verteidigung. Seit 1922 Mitglied